U0916143

图书在版编目(CIP)数据

中国资本市场法制发展报告. 2018 / 中国证券监督管理委员会编. -- 北京 : 法律出版社, 2019
ISBN 978-7-5197-3566-1

Ⅰ. ①中… Ⅱ. ①中… Ⅲ. ①证券法-研究报告-中国-2018 Ⅳ. ①D922.287.4

中国版本图书馆 CIP 数据核字(2019)第 114384 号

中国资本市场法制发展报告(2018)
ZHONGGUO ZIBEN SHICHANG FAZHI FAZHAN BAOGAO (2018)

中国证券监督管理委员会 编

责任编辑 李 群 张红蕊
装帧设计 贾丹丹

编辑统筹 法规出版分社
出版 法律出版社
开本 787 毫米×1092 毫米 1/16
总发行 中国法律图书有限公司
印张 64
经销 新华书店
字数 1740 千
印刷 中煤(北京)印务有限公司
版本 2019 年 7 月第 1 版
责任印制 吕亚莉
印次 2019 年 7 月第 1 次印刷

法律出版社/北京市丰台区莲花池西里 7 号(100073)
网址/www.lawpress.com.cn
投稿邮箱/info@lawpress.com.cn
举报维权邮箱/jbwq@lawpress.com.cn
销售热线/400-660-8393
咨询电话/010-63939796

中国法律图书有限公司/北京市丰台区莲花池西里 7 号(100073)
全国各地中法图分、子公司销售电话:
统一销售客服/400-660-8393/6393
第一法律书店/010-83938432/8433
西安分公司/029-85330678
重庆分公司/023-67453036
上海分公司/021-62071639/1636
深圳分公司/0755-83072995

书号:ISBN 978-7-5197-3566-1
定价:290.00 元

目　录

第一部分　重要文献

第二部分　法律法规

一、法律法规文件

二、法规文件说明

第三部分　监管执法实践

第四部分　市场自律法治

第五部分　司法案例

第六部分　法律意见书选编

一、境内发行上市类

二、境内债券发行类

三、境外发行上市类

第一部分　重 要 文 献

中国证监会关于2017年法治政府建设的情况

（2018年6月22日）

2017年，中国证监会在以习近平同志为核心的党中央坚强领导下，坚决贯彻落实党的十八届四中全会关于全面推进依法治国的部署，认真学习领会党的十九大、中央经济工作会议、第五次全国金融工作会议的精神，严格按照《法治政府建设实施纲要（2015－2020年）》（中发〔2015〕36号，以下简称《纲要》）要求，紧紧围绕服务实体经济、防控金融风险、深化金融改革三项任务，持续加强法治政府建设，深入推进依法行政，严格规范公正文明执法，全面推进新时代资本市场法治建设，取得了新的进步。

一、2017年法治政府建设情况

（一）坚持依法全面从严监管

1. 依法高效履行行政许可职责，提升服务实体经济能力。全年共接收行政许可申请2669件，发出补正、受理等各类通知6319件。特别是在履行股票发行审核职责中，坚持质量第一和确保市场稳定运行，保持新股发行常态化，优化股票发行审核流程，提高审核效率。全年共审结IPO企业633家，共419家企业完成首发申购，融资2186亿元；共266家上市公司实施再融资，融资8002亿元。全年共核准境内企业境外上市和再融资申请32件，支持境内企业在香港市场融资2165亿港元。

2. 强化监督检查等日常监管，促进相关市场主体依法、规范运作。加强证券公司等证券基金期货经营机构的日常监管，全年共对160余家机构或分支机构、110余名人员采取行政监管措施，对70余家机构、60余名人员采取自律惩戒措施。加大对中介机构的监管力度，全年共对21家律师事务所从事的47个IPO证券法律项目开展专项检查，对9家律师事务所及13名律师采取行政监管措施；对2家会计师事务所、3家资产评估机构及18名注册会计师、14名资产评估师采取行政监管措施；对54家咨询机构及其分支机构、1名个人采取行政监管措施。

3. 从严查处违法行为，加强监管执法力度。通过严格查办各领域重大案件，形成强大执法威慑。全年新启动案件调查478件，新增立案312件；办结立案案件335件，同比增长43%。全年作出行政处罚决定224件，罚没款金额74.79亿元，同比增长74.74%，市场禁入44人。部署清理整顿各类交易场所“回头看”行动，基本解决地方各类交易场所的违规问题。

4. 加强一线自律监管，发挥行业自律组织职能。进一步理顺行政监管和自律管理的关系，督促、指导交易所等市场行业自律组织，发挥贴近市场一线的优势，加强其一线监管职能。沪深证券交易所大力开展“以监管会员为中心”的一线监管工作，包括证券交易所在内的市场行业自律组织全年共做出一线监管纪律处分决定300余件。

（二）完善依法行政制度体系

1. 加强重点领域立法，主动适应改革和发展需要。进一步健全符合我国国情的资本市场法制体系，扎实推进证券法修改、期货法制定及公司法、刑法修改等具有资本市场“四梁八柱”性质的基础法律立法工作，不断完善资本市场顶层制度设计。进一步完善股份减持等市场交易制度、证券交易所自律管理等一线监管制度、上市公司再融资等发行监管制度、区域性股权市场监管等资本市场规章规范性文件。全年共出台规章 13 件、规范性文件 27 件,各系统单位出台自律规则 100 余件。

2. 深化行政审批制度改革,落实“放管服”改革要求。贯彻落实《国务院关于修改部分行政法规的决定》(国务院令第 666 号),取消期货公司设立、收购、参股境外期货类经营机构行政审批事项并做好后续衔接工作。进一步做好“放管服”改革涉及的规章、规范性文件清理工作,修改、废止证券期货市场规章和规范性文件 20 件。

3. 落实法制部门起草重要监管制度的要求,完善立法体制机制。贯彻《纲要》关于重要行政管理法律法规由政府法制机构组织起草的要求,进一步发挥证监会法制工作部门的作用,集中专业力量组织修改、制定《上市公司股东、董监高减持股份的若干规定》《证券交易所管理办法》《证券期货市场诚信监督管理办法》《行政许可实施程序规定》《律师事务所从事证券法律业务管理办法》等多部重要监管规章、规则。

(三)推进行政决策民主化、科学化、法治化

1. 坚持科学民主依法决策,加强重大决策的合法性审查。实行决策前论证、决策中回避、票决制以及责任制,确保决策出台均严格履行程序。特别是将合法性审查工作摆在突出位置,对拟提交主席办公会议讨论的相关议题,都需要先进行合法性审查。

2. 严格落实《立法法》等法律法规要求,确保规章规范性文件的立法程序依法、规范、有序。进一步落实《证券期货规章制定程序规定》,严格按照法定程序制定各项规章,提高社会各方有序参与立法的途径和方式,保障各项立法程序要求落实到位。继续落实规章独立审查要求等工作机制,提升立法规范程度。有序推动证券期货规章规范性文件立法后评估试点相关工作。

3. 加大对具体行政行为的法律会签审查力度,提升行政决策质量。进一步落实证监会法制工作部门对有关法律、法规、规章执行的监督协调职责,加大对执法中法律问题的会签审查工作力度,全年共提出书面的法律会签审查意见约 500 件。按照《证券法》《行政强制法》等的要求,严格落实查封冻结强制措施的申请与审查决定相分离的体制要求,审查制发冻结决定书 10 份,累计冻结资金达 180 亿余元。

(四)坚持严格规范公正文明高效执法

1. 完善行政许可标准化制度,优化行政许可办理流程。按照国务院审改办关于行政许可标准化工作的要求,优化行政许可受理服务中心的服务规范,补充完善行政许可办结时限等办理流程。

2. 加强稽查执法规范化建设,严格规范稽查执法权力运行。形成了执法办案、执法管理、执法培训、执法保障等稽查执法内部工作制度体系。有序推进类案证据规范的编制和相关操作规范指引的起草,统一重点执法环节的程序和标准,进一步规范一线调查办案工作。规范稽查权力运行,全面梳理风险点,研究起草权力约束的相关规范,防范廉政风险。

3. 完善行政处罚工作机制,严格行政执法程序。基本形成包括行政处罚委员会、巡回审理工作组、派出机构在内的证监会系统行政处罚工作“一盘棋”格局。在行政处罚案件审理中,严格落实首长负责制、集体讨论制,以及听证、复核制度。全年共召开听证会 84 场,复核会 88 场。

4. 推进资本市场诚信建设,探索完善以诚信激励约束机制为核心的资本市场监管新方式。深入推进资本市场诚信建设,拓宽监管资源和手段。不断扩大资本市场诚信数据库覆盖面,截至 2017 年底,共收录市场机构 6.8 万余家、人员 92.3 万余名,行政许可信息 2.66 万余条,监管执法信息 2.35 万余条。建立诚信记录查询和重大失信记录公开渠道,逐步完善《证券期货市场诚信监督管理暂行办法》等诚信法律制度规范。加强部际信息共享,拓宽联合奖惩网络,全年与外部委签署 13 份失信联合惩戒备忘录和 1 份守信联合激励备忘录。

(五)强化对行政权力的监督和制约

1. 坚持用制度约束权力,强化监管权力的运行机制。进一步规范监管权力运行,提高监管工作透明度。切实贯彻《关于进一步规范发行审核权力运行的若干意见》《中国证监会稽查办案十项禁令》要求,严格规范股票发行审核权力的运行,重点防范稽查人员可能出现的

十个方面禁止性行为。修改《关于加强发行审核工作人员履职回避管理的规定》《关于加强发审委委员履职回避管理的规定》，出台《中国证监会发行审核工作预约接待办法》《关于修改〈中国证券监督管理委员会发行审核委员会办法〉的决定》等文件，依法从严完善权力运行制约和监督制度。

2. 积极接受司法监督，扎实做好行政应诉工作。2017 年，共办理行政诉讼案件 225 件，同比增长 31.6%，终审胜诉率 98%。一批证券期货监管执法的原则和标准，通过行政诉讼得到进一步的确立。在北京市高级人民法院金融审判十大典型案例中，即包含证监会胜诉的 4 例案件。同时，认真落实行政机关负责人出庭应诉要求。在北京市高级人民法院公开审理欣泰电器不服中国证监会处罚决定及复议决定上诉案中，证监会有关负责人出庭应诉，取得良好的法治效果和社会效果。

3. 积极接受人大政协监督，不断提升依法行政水平。积极做好全国人大代表建议和全国政协委员提案的答复工作，及时研究办理，切实改进工作。全年共承办全国人大议案建议 154 件，全国政协提案 137 件；共在官网公开 47 件建议提案复文，实现可公开主办件的全部公开。

4. 全面推进政务公开，不断提高监管透明度。以公开为原则，不公开为例外，推进决策公开、执行公开、管理公开、服务公开、结果公开。全年主动对外公开政府信息 14560 条；答复政府信息公开申请 1284 件。坚持每周例行新闻发布会制度，及时发布资本市场有关法律法规和政策措施，加大政策解读和舆论引导，不断健全符合资本市场特点的新闻发布体系。全年共举办 48 场例行新闻发布会，主动发布新闻超过 200 条，累计回应公众关注热点或重大舆情 50 余件。

（六）依法有效化解资本市场矛盾纠纷

1. 积极做好投资者的投诉答复处理工作，引导市场机构与投资者之间矛盾纠纷的“就地解决”。通过“12386”证监会热线服务平台，全年共接收投诉者诉求 73224 件，同比增长近 30%。平稳启动热线直转试点，在北京地区 10 家证券期货经营机构的试点过程中，超过 60% 的投诉在一周内办结，取得良好效果。

2. 完善证券期货专业调解体系机制，妥善化解市场矛盾。已初步形成覆盖全国、全领域的资本市场调解网络，专业调解组织增至 52 家。创新调解工作机制，“小额速调”业务模式已推广至全国 16 个辖区，5 家调解机构已实现网上接受申请，3 家调解机构可通过视频、电话开展调解。各相关调解组织全年共受理案件 4727 件，办结率 89.51%，调解成功率 81.26%，涉及金额 8.8 亿元，同比增长 119%。

3. 加强行政复议工作，有效化解监管矛盾。2016 年，行政复议工作机制做了进一步完善，第五届复议委员会组建，主任委员和副主任委员分别由证监会有关负责同志和法制工作部门负责人担任。2017 年，共办理行政复议案件 237 件，增长 17.9%；已办结 199 件，结案率 84%；维持原行政行为 188 件，变更原行政行为 3 件。通过行政复议，绝大多数案件实现了案结事了，有效化解了资本市场的监管矛盾。

4. 推动健全投资者赔偿新机制，切实保护投资者合法权益。组织中证中小投资者服务中心开展证券支持诉讼工作取得新进展，首次在全国范围公开征集并接受 80 名投资者委托，提起支持诉讼。截至 2017 年底，中证中小投资者服务中心已提起 7 起支持诉讼。成功组织开展首例“先行赔付”案件办理工作。兴业证券公司在欣泰电气虚假陈述案中，积极承担先行赔付责任，共与 1.2 万投资者达成和解，主动赔偿 2.4 亿元，投资者权益得到保障，市场矛盾纠纷得以化解。

（七）加强法治政府建设的组织领导和保障机制

1. 切实加强党的领导，不断提升法治政府建设水平。证监会党委高度重视法治政府建设工作，党委主要负责同志全面履行证监会法治建设“第一责任人”责任，不断完善保障和提高法治水平的体制机制。通过召开党委会等多种形式，听取法治建设有关工作汇报，及时研究解决重大问题。证监会党委要求系统各单位和部门按照《纲要》要求，结合证券期货监管工作实际，站在全面推进依法治国高度，深刻理解、坚决贯彻党中央国务院关于法治政府建设的重大决策部署。

2. 注重资源保障，优化调整机构设置。证监会通过多种工作举措，保障法治政府建设工作顺利开展。各部门、派出机构和系统单位不断完善法律内核审查制度、体制、机制,进一步重视发挥法制工作部门、法制工作小组和法制工作人员作用。持续壮大公职律师队伍,发挥其在规则起草、日常监管、稽查处罚、复议应诉等方面的作用。截至2017年底,已有公职律师近700人,比2012年底增加39%。

3.增强干部法律素养,提高依法监管的意识。首次组织98名局级(会管)干部以及会机关处级干部举行宪法宣誓仪式。健全多层次培训体系,提升监管干部的法律素养。全年共举办稽查执法、依法行政、应诉工作等24期培训班,累计培训近1700人。特别是与中国政法大学合作,举办证监会系统干部法制专项培训班,在"七五"普法期间实现对全系统所有监管干部的法制专项轮训,全年举办4期,共有518名监管干部接受了为期一周的法律培训。

二、下一步工作打算

2018年,证监会将以习近平新时代中国特色社会主义思想为指导,全面贯彻落实党的十九大精神和中央经济工作会议、第五次全国金融工作会议的部署要求,对照《纲要》内容,结合资本市场发展和监管工作实际,夯实资本市场基础法律制度,大力推动《证券法》修订、《期货法》制定等立法工作,持续推进依法行政,强化行政执法责任制,坚持依法全面从严监管理念,进一步完善日常监管、案件调查、行政处罚、行政复议等协调联动的大监管、大执法工作格局,严厉打击各类违法违规行为,大力推进资本市场法治宣传教育,提高监管干部运用法治思维和方式的能力,着力解决新时代资本市场法治建设的新情况、新问题,推动法治政府建设取得新的成绩。

第二部分　法 律 法 规

一、法律法规文件

（一）法　　律

中华人民共和国宪法修正案

（2018年3月11日第十三届全国人民代表大会第一次会议通过）

第三十二条　宪法序言第七自然段中“在马克思列宁主义、毛泽东思想、邓小平理论和‘三个代表’重要思想指引下”修改为“在马克思列宁主义、毛泽东思想、邓小平理论、‘三个代表’重要思想、科学发展观、习近平新时代中国特色社会主义思想指引下”；“健全社会主义法制”修改为“健全社会主义法治”；在“自力更生，艰苦奋斗”前增写“贯彻新发展理念”；“推动物质文明、政治文明和精神文明协调发展，把我国建设成为富强、民主、文明的社会主义国家”修改为“推动物质文明、政治文明、精神文明、社会文明、生态文明协调发展，把我国建设成为富强民主文明和谐美丽的社会主义现代化强国，实现中华民族伟大复兴”。这一自然段相应修改为：“中国新民主主义革命的胜利和社会主义事业的成就，是中国共产党领导中国各族人民，在马克思列宁主义、毛泽东思想的指引下，坚持真理，修正错误，战胜许多艰难险阻而取得的。我国将长期处于社会主义初级阶段。国家的根本任务是，沿着中国特色社会主义道路，集中力量进行社会主义现代化建设。中国各族人民将继续在中国共产党领导下，在马克思列宁主义、毛泽东思想、邓小平理论、‘三个代表’重要思想、科学发展观、习近平新时代中国特色社会主义思想指引下，坚持人民民主专政，坚持社会主义道路，坚持改革开放，不断完善社会主义的各项制度，发展社会主义市场经济，发展社会主义民主，健全社会主义法治，贯彻新发展理念，自力更生，艰苦奋斗，逐步实现工业、农业、国防和科学技术的现代化，推动物质文明、政治文明、精神文明、社会文明、生态文明协调发展，把我国建设成为富强民主文明和谐美丽的社会主义现代化强国，实现中华民族伟大复兴。”

第三十三条　宪法序言第十自然段中“在长期的革命和建设过程中”修改为“在长期的革命、建设、改革过程中”；“包括全体社会主义劳动者、社会主义事业的建设者、拥护社会主义的爱国者和拥护祖国统一的爱国者的广泛的爱国统一战线”修改为“包括全体社会主义劳动者、社会主义事业的建设者、拥护社会主义的爱国者、拥护祖国统一和致力于中华民族伟大复兴的爱国者的广泛的爱国统一战线”。这一自然段相应修改为：“社会主义的建设事业必须依靠工人、农民和知识分子，团结一切可以团结的力量。在长期的革命、建设、改革过程中，已经结成由中国共产党领导的，有各民主党派和各人民团体参加的，包括全体社会主义劳动者、社会主义事业的建设者、拥护社会主义的爱国者、拥护祖国统一和致力于中华民族伟大复兴的爱国者的广泛的爱国统一战线,这个统一战线将继续巩固和发展。中国人民政治协商会议是有广泛代表性的统一战线组织,过去发挥了重要的历史作用,今后在国家政治生活、社会生活和对外友好活动中,在进行社会主义现代化建设、维护国家的统一和团结的斗争中,将进一步发挥它的重要作用。中国共产党领导的多党合作和政治协商制度将长期存在和发展。"

第三十四条 宪法序言第十一自然段中"平等、团结、互助的社会主义民族关系已经确立,并将继续加强。"修改为:"平等团结互助和谐的社会主义民族关系已经确立,并将继续加强。"

第三十五条 宪法序言第十二自然段中"中国革命和建设的成就是同世界人民的支持分不开的"修改为"中国革命、建设、改革的成就是同世界人民的支持分不开的";"中国坚持独立自主的对外政策,坚持互相尊重主权和领土完整、互不侵犯、互不干涉内政、平等互利、和平共处的五项原则"后增加"坚持和平发展道路,坚持互利共赢开放战略";"发展同各国的外交关系和经济、文化的交流"修改为"发展同各国的外交关系和经济、文化交流,推动构建人类命运共同体"。这一自然段相应修改为:"中国革命、建设、改革的成就是同世界人民的支持分不开的。中国的前途是同世界的前途紧密地联系在一起的。中国坚持独立自主的对外政策,坚持互相尊重主权和领土完整、互不侵犯、互不干涉内政、平等互利、和平共处的五项原则,坚持和平发展道路,坚持互利共赢开放战略,发展同各国的外交关系和经济、文化交流,推动构建人类命运共同体;坚持反对帝国主义、霸权主义、殖民主义,加强同世界各国人民的团结,支持被压迫民族和发展中国家争取和维护民族独立、发展民族经济的正义斗争,为维护世界和平和促进人类进步事业而努力。"

第三十六条 宪法第一条第二款"社会主义制度是中华人民共和国的根本制度。"后增写一句,内容为:"中国共产党领导是中国特色社会主义最本质的特征。"

第三十七条 宪法第三条第三款"国家行政机关、审判机关、检察机关都由人民代表大会产生,对它负责,受它监督。"修改为:"国家行政机关、监察机关、审判机关、检察机关都由人民代表大会产生,对它负责,受它监督。"

第三十八条 宪法第四条第一款中"国家保障各少数民族的合法的权利和利益,维护和发展各民族的平等、团结、互助关系。"修改为:"国家保障各少数民族的合法的权利和利益,维护和发展各民族的平等团结互助和谐关系。"

第三十九条 宪法第二十四条第二款中"国家提倡爱祖国、爱人民、爱劳动、爱科学、爱社会主义的公德"修改为"国家倡导社会主义核心价值观,提倡爱祖国、爱人民、爱劳动、爱科学、爱社会主义的公德"。这一款相应修改为:"国家倡导社会主义核心价值观,提倡爱祖国、爱人民、爱劳动、爱科学、爱社会主义的公德,在人民中进行爱国主义、集体主义和国际主义、共产主义的教育,进行辩证唯物主义和历史唯物主义的教育,反对资本主义的、封建主义的和其他的腐朽思想。"

第四十条 宪法第二十七条增加一款,作为第三款:"国家工作人员就职时应当依照法律规定公开进行宪法宣誓。"

第四十一条 宪法第六十二条"全国人民代表大会行使下列职权"中增加一项,作为第七项"(七)选举国家监察委员会主任",第七项至第十五项相应改为第八项至第十六项。

第四十二条 宪法第六十三条"全国人民代表大会有权罢免下列人员"中增加一项,作为第四项"(四)国家监察委员会主任",第四项、第五项相应改为第五项、第六项。

第四十三条 宪法第六十五条第四款"全国人民代表大会常务委员会的组成人员不得担任国家行政机关、审判机关和检察机关的职务。"修改为:"全国人民代表大会常务委员会的组成人员不得担任国家行政机关、监察机关、审判机关和检察机关的职务。"

第四十四条 宪法第六十七条"全国人民代表大会常务委员会行使下列职权"中第六项"(六)监督国务院、中央军事委员会、最高人民法院和最高人民检察院的工作"修改为"(六)监督国务院、中央军事委员会、国家监察委员会、最高人民法院和最高人民检察院的工作";增加一项,作为第十一项"(十一)根据国家监察委员会主任的提请，任免国家监察委员会副主任、委员”，第十一项至第二十一项相应改为第十二项至第二十二项。

宪法第七十条第一款中“全国人民代表大会设立民族委员会、法律委员会、财政经济委员会、教育科学文化卫生委员会、外事委员会、华侨委员会和其他需要设立的专门委员会。”修改为：“全国人民代表大会设立民族委员会、宪法和法律委员会、财政经济委员会、教育科学文化卫生委员会、外事委员会、华侨委员会和其他需要设立的专门委员会。”

第四十五条　宪法第七十九条第三款“中华人民共和国主席、副主席每届任期同全国人民代表大会每届任期相同，连续任职不得超过两届。”修改为：“中华人民共和国主席、副主席每届任期同全国人民代表大会每届任期相同。”

第四十六条　宪法第八十九条“国务院行使下列职权”中第六项“（六）领导和管理经济工作和城乡建设”修改为“（六）领导和管理经济工作和城乡建设、生态文明建设”；第八项“（八）领导和管理民政、公安、司法行政和监察等工作”修改为“（八）领导和管理民政、公安、司法行政等工作”。

第四十七条　宪法第一百条增加一款，作为第二款：“设区的市的人民代表大会和它们的常务委员会，在不同宪法、法律、行政法规和本省、自治区的地方性法规相抵触的前提下，可以依照法律规定制定地方性法规，报本省、自治区人民代表大会常务委员会批准后施行。”

第四十八条　宪法第一百零一条第二款中“县级以上的地方各级人民代表大会选举并且有权罢免本级人民法院院长和本级人民检察院检察长。”修改为：“县级以上的地方各级人民代表大会选举并且有权罢免本级监察委员会主任、本级人民法院院长和本级人民检察院检察长。”

第四十九条　宪法第一百零三条第三款“县级以上的地方各级人民代表大会常务委员会的组成人员不得担任国家行政机关、审判机关和检察机关的职务。”修改为：“县级以上的地方各级人民代表大会常务委员会的组成人员不得担任国家行政机关、监察机关、审判机关和检察机关的职务。”

第五十条　宪法第一百零四条中“监督本级人民政府、人民法院和人民检察院的工作”修改为“监督本级人民政府、监察委员会、人民法院和人民检察院的工作”。这一条相应修改为：“县级以上的地方各级人民代表大会常务委员会讨论、决定本行政区域内各方面工作的重大事项；监督本级人民政府、监察委员会、人民法院和人民检察院的工作；撤销本级人民政府的不适当的决定和命令；撤销下一级人民代表大会的不适当的决议；依照法律规定的权限决定国家机关工作人员的任免；在本级人民代表大会闭会期间，罢免和补选上一级人民代表大会的个别代表。”

第五十一条　宪法第一百零七条第一款“县级以上地方各级人民政府依照法律规定的权限，管理本行政区域内的经济、教育、科学、文化、卫生、体育事业、城乡建设事业和财政、民政、公安、民族事务、司法行政、监察、计划生育等行政工作，发布决定和命令，任免、培训、考核和奖惩行政工作人员。”修改为：“县级以上地方各级人民政府依照法律规定的权限，管理本行政区域内的经济、教育、科学、文化、卫生、体育事业、城乡建设事业和财政、民政、公安、民族事务、司法行政、计划生育等行政工作，发布决定和命令，任免、培训、考核和奖惩行政工作人员。”

第五十二条　宪法第三章“国家机构”中增加一节，作为第七节“监察委员会”；增加五条，分别作为第一百二十三条至第一百二十七条。内容如下：

第七节　监察委员会

第一百二十三条　中华人民共和国各级监察委员会是国家的监察机关。

第一百二十四条　中华人民共和国设立国家监察委员会和地方各级监察委员会。

监察委员会由下列人员组成：

主任，

副主任若干人，

委员若干人。

监察委员会主任每届任期同本级人民代表大会每届任期相同。国家监察委员会主任连续任职不得超过两届。

监察委员会的组织和职权由法律规定。

第一百二十五条　中华人民共和国国家监察委员会是最高监察机关。

国家监察委员会领导地方各级监察委员会的工作,上级监察委员会领导下级监察委员会的工作。

第一百二十六条　国家监察委员会对全国人民代表大会和全国人民代表大会常务委员会负责。地方各级监察委员会对产生它的国家权力机关和上一级监察委员会负责。

第一百二十七条　监察委员会依照法律规定独立行使监察权,不受行政机关、社会团体和个人的干涉。

监察机关办理职务违法和职务犯罪案件,应当与审判机关、检察机关、执法部门互相配合,互相制约。

第七节相应改为第八节,第一百二十三条至第一百三十八条相应改为第一百二十八条至第一百四十三条。

中华人民共和国监察法

(2018年3月20日第十三届全国人民代表大会第一次会议通过
2018年3月20日中华人民共和国主席令第3号公布施行)

第一章　总　　则

第一条　为了深化国家监察体制改革,加强对所有行使公权力的公职人员的监督,实现国家监察全面覆盖,深入开展反腐败工作,推进国家治理体系和治理能力现代化,根据宪法,制定本法。

第二条　坚持中国共产党对国家监察工作的领导,以马克思列宁主义、毛泽东思想、邓小平理论、“三个代表”重要思想、科学发展观、习近平新时代中国特色社会主义思想为指导,构建集中统一、权威高效的中国特色国家监察体制。

第三条　各级监察委员会是行使国家监察职能的专责机关,依照本法对所有行使公权力的公职人员(以下称公职人员)进行监察,调查职务违法和职务犯罪,开展廉政建设和反腐败工作,维护宪法和法律的尊严。

第四条　监察委员会依照法律规定独立行使监察权,不受行政机关、社会团体和个人的干涉。

监察机关办理职务违法和职务犯罪案件,应当与审判机关、检察机关、执法部门互相配合,互相制约。

监察机关在工作中需要协助的,有关机关和单位应当根据监察机关的要求依法予以协助。

第五条　国家监察工作严格遵照宪法和法律,以事实为根据,以法律为准绳;在适用法律上一律平等,保障当事人的合法权益;权责对等,严格监督;惩戒与教育相结合,宽严相济。

第六条　国家监察工作坚持标本兼治、综合治理,强化监督问责,严厉惩治腐败;深化改革、健全法治,有效制约和监督权力;加强法治教育和道德教育,弘扬中华优秀传统文化,构建不敢腐、不能腐、不想腐的长效机制。

第二章　监察机关及其职责

第七条　中华人民共和国国家监察委员会是最高监察机关。

省、自治区、直辖市、自治州、县、自治县、市、市辖区设立监察委员会。

第八条　国家监察委员会由全国人民代表大会产生,负责全国监察工作。

国家监察委员会由主任、副主任若干人、委员若干人组成,主任由全国人民代表大会选举,副主任、委员由国家监察委员会主任提请全国人民代表大会常务委员会任免。

国家监察委员会主任每届任期同全国人民代表大会每届任期相同，连续任职不得超过两届。

国家监察委员会对全国人民代表大会及其常务委员会负责，并接受其监督。

第九条　地方各级监察委员会由本级人民代表大会产生，负责本行政区域内的监察工作。

地方各级监察委员会由主任、副主任若干人、委员若干人组成，主任由本级人民代表大会选举，副主任、委员由监察委员会主任提请本级人民代表大会常务委员会任免。

地方各级监察委员会主任每届任期同本级人民代表大会每届任期相同。

地方各级监察委员会对本级人民代表大会及其常务委员会和上一级监察委员会负责，并接受其监督。

第十条　国家监察委员会领导地方各级监察委员会的工作，上级监察委员会领导下级监察委员会的工作。

第十一条　监察委员会依照本法和有关法律规定履行监督、调查、处置职责：

（一）对公职人员开展廉政教育，对其依法履职、秉公用权、廉洁从政从业以及道德操守情况进行监督检查；

（二）对涉嫌贪污贿赂、滥用职权、玩忽职守、权力寻租、利益输送、徇私舞弊以及浪费国家资财等职务违法和职务犯罪进行调查；

（三）对违法的公职人员依法作出政务处分决定；对履行职责不力、失职失责的领导人员进行问责；对涉嫌职务犯罪的，将调查结果移送人民检察院依法审查、提起公诉；向监察对象所在单位提出监察建议。

第十二条　各级监察委员会可以向本级中国共产党机关、国家机关、法律法规授权或者委托管理公共事务的组织和单位以及所管辖的行政区域、国有企业等派驻或者派出监察机构、监察专员。

监察机构、监察专员对派驻或者派出它的监察委员会负责。

第十三条　派驻或者派出的监察机构、监察专员根据授权，按照管理权限依法对公职人员进行监督，提出监察建议，依法对公职人员进行调查、处置。

第十四条　国家实行监察官制度，依法确定监察官的等级设置、任免、考评和晋升等制度。

第三章　监察范围和管辖

第十五条　监察机关对下列公职人员和有关人员进行监察：

（一）中国共产党机关、人民代表大会及其常务委员会机关、人民政府、监察委员会、人民法院、人民检察院、中国人民政治协商会议各级委员会机关、民主党派机关和工商业联合会机关的公务员，以及参照《中华人民共和国公务员法》管理的人员；

（二）法律、法规授权或者受国家机关依法委托管理公共事务的组织中从事公务的人员；

（三）国有企业管理人员；

（四）公办的教育、科研、文化、医疗卫生、体育等单位中从事管理的人员；

（五）基层群众性自治组织中从事管理的人员；

（六）其他依法履行公职的人员。

第十六条　各级监察机关按照管理权限管辖本辖区内本法第十五条规定的人员所涉监察事项。

上级监察机关可以办理下一级监察机关管辖范围内的监察事项，必要时也可以办理所辖各级监察机关管辖范围内的监察事项。

监察机关之间对监察事项的管辖有争议的，由其共同的上级监察机关确定。

第十七条　上级监察机关可以将其所管辖的监察事项指定下级监察机关管辖，也可以将下级监察机关有管辖权的监察事项指定给其他监察机关管辖。

监察机关认为所管辖的监察事项重大、复杂，需要由上级监察机关管辖的，可以报请上级监察机关管辖。

第四章　监察权限

第十八条　监察机关行使监督、调查职权，有权依法向有关单位和个人了解情况，收集、调取证据。有关单位和个人应当如实提供。

监察机关及其工作人员对监督、调查过程中知悉的国家秘密、商业秘密、个人隐私，应当保密。

任何单位和个人不得伪造、隐匿或者毁灭证据。

第十九条 对可能发生职务违法的监察对象,监察机关按照管理权限,可以直接或者委托有关机关、人员进行谈话或者要求说明情况。

第二十条 在调查过程中,对涉嫌职务违法的被调查人,监察机关可以要求其就涉嫌违法行为作出陈述,必要时向被调查人出具书面通知。

对涉嫌贪污贿赂、失职渎职等职务犯罪的被调查人,监察机关可以进行讯问,要求其如实供述涉嫌犯罪的情况。

第二十一条 在调查过程中,监察机关可以询问证人等人员。

第二十二条 被调查人涉嫌贪污贿赂、失职渎职等严重职务违法或者职务犯罪,监察机关已经掌握其部分违法犯罪事实及证据,仍有重要问题需要进一步调查,并有下列情形之一的,经监察机关依法审批,可以将其留置在特定场所:

(一)涉及案情重大、复杂的;

(二)可能逃跑、自杀的;

(三)可能串供或者伪造、隐匿、毁灭证据的;

(四)可能有其他妨碍调查行为的。

对涉嫌行贿犯罪或者共同职务犯罪的涉案人员,监察机关可以依照前款规定采取留置措施。

留置场所的设置、管理和监督依照国家有关规定执行。

第二十三条 监察机关调查涉嫌贪污贿赂、失职渎职等严重职务违法或者职务犯罪,根据工作需要,可以依照规定查询、冻结涉案单位和个人的存款、汇款、债券、股票、基金份额等财产。有关单位和个人应当配合。

冻结的财产经查明与案件无关的,应当在查明后三日内解除冻结,予以退还。

第二十四条 监察机关可以对涉嫌职务犯罪的被调查人以及可能隐藏被调查人或者犯罪证据的人的身体、物品、住处和其他有关地方进行搜查。在搜查时,应当出示搜查证,并有被搜查人或者其家属等见证人在场。

搜查女性身体,应当由女性工作人员进行。

监察机关进行搜查时,可以根据工作需要提请公安机关配合。公安机关应当依法予以协助。

第二十五条 监察机关在调查过程中,可以调取、查封、扣押用以证明被调查人涉嫌违法犯罪的财物、文件和电子数据等信息。采取调取、查封、扣押措施,应当收集原物原件,会同持有人或者保管人、见证人,当面逐一拍照、登记、编号,开列清单,由在场人员当场核对、签名,并将清单副本交财物、文件的持有人或者保管人。

对调取、查封、扣押的财物、文件,监察机关应当设立专用账户、专门场所,确定专门人员妥善保管,严格履行交接、调取手续,定期对账核实,不得毁损或者用于其他目的。对价值不明物品应当及时鉴定,专门封存保管。

查封、扣押的财物、文件经查明与案件无关的,应当在查明后三日内解除查封、扣押,予以退还。

第二十六条 监察机关在调查过程中,可以直接或者指派、聘请具有专门知识、资格的人员在调查人员主持下进行勘验检查。勘验检查情况应当制作笔录,由参加勘验检查的人员和见证人签名或者盖章。

第二十七条 监察机关在调查过程中,对于案件中的专门性问题,可以指派、聘请有专门知识的人进行鉴定。鉴定人进行鉴定后,应当出具鉴定意见,并且签名。

第二十八条 监察机关调查涉嫌重大贪污贿赂等职务犯罪,根据需要,经过严格的批准手续,可以采取技术调查措施,按照规定交有关机关执行。

批准决定应当明确采取技术调查措施的种类和适用对象,自签发之日起三个月以内有效;对于复杂、疑难案件,期限届满仍有必要继续采取技术调查措施的,经过批准,有效期可以延长,每次不得超过三个月。对于不需要继续采取技术调查措施的,应当及时解除。

第二十九条 依法应当留置的被调查人如果在逃,监察机关可以决定在本行政区域内通缉,由公安机关发布通缉令,追捕归案。通缉范围超出本行政区域的,应当报请有权决定的上级监察机关决定。

第三十条 监察机关为防止被调查人及相关人员逃匿境外,经省级以上监察机关批准,可以对被调查人及相关人员采取限制出境措施，由公安机关依法执行。对于不需要继续采取限制出境措施的，应当及时解除。

第三十一条　涉嫌职务犯罪的被调查人主动认罪认罚，有下列情形之一的，监察机关经领导人员集体研究，并报上一级监察机关批准，可以在移送人民检察院时提出从宽处罚的建议：

（一）自动投案，真诚悔罪悔过的；

（二）积极配合调查工作，如实供述监察机关还未掌握的违法犯罪行为的；

（三）积极退赃，减少损失的；

（四）具有重大立功表现或者案件涉及国家重大利益等情形的。

第三十二条　职务违法犯罪的涉案人员揭发有关被调查人职务违法犯罪行为，查证属实的，或者提供重要线索，有助于调查其他案件的，监察机关经领导人员集体研究，并报上一级监察机关批准，可以在移送人民检察院时提出从宽处罚的建议。

第三十三条　监察机关依照本法规定收集的物证、书证、证人证言、被调查人供述和辩解、视听资料、电子数据等证据材料，在刑事诉讼中可以作为证据使用。

监察机关在收集、固定、审查、运用证据时，应当与刑事审判关于证据的要求和标准相一致。

以非法方法收集的证据应当依法予以排除，不得作为案件处置的依据。

第三十四条　人民法院、人民检察院、公安机关、审计机关等国家机关在工作中发现公职人员涉嫌贪污贿赂、失职渎职等职务违法或者职务犯罪的问题线索，应当移送监察机关，由监察机关依法调查处置。

被调查人既涉嫌严重职务违法或者职务犯罪，又涉嫌其他违法犯罪的，一般应当由监察机关为主调查，其他机关予以协助。

第五章　监 察 程 序

第三十五条　监察机关对于报案或者举报，应当接受并按照有关规定处理。对于不属于本机关管辖的，应当移送主管机关处理。

第三十六条　监察机关应当严格按照程序开展工作，建立问题线索处置、调查、审理各部门相互协调、相互制约的工作机制。

监察机关应当加强对调查、处置工作全过程的监督管理，设立相应的工作部门履行线索管理、监督检查、督促办理、统计分析等管理协调职能。

第三十七条　监察机关对监察对象的问题线索，应当按照有关规定提出处置意见，履行审批手续，进行分类办理。线索处置情况应当定期汇总、通报，定期检查、抽查。

第三十八条　需要采取初步核实方式处置问题线索的，监察机关应当依法履行审批程序，成立核查组。初步核实工作结束后，核查组应当撰写初步核实情况报告，提出处理建议。承办部门应当提出分类处理意见。初步核实情况报告和分类处理意见报监察机关主要负责人审批。

第三十九条　经过初步核实，对监察对象涉嫌职务违法犯罪，需要追究法律责任的，监察机关应当按照规定的权限和程序办理立案手续。

监察机关主要负责人依法批准立案后，应当主持召开专题会议，研究确定调查方案，决定需要采取的调查措施。

立案调查决定应当向被调查人宣布，并通报相关组织。涉嫌严重职务违法或者职务犯罪的，应当通知被调查人家属，并向社会公开发布。

第四十条　监察机关对职务违法和职务犯罪案件，应当进行调查，收集被调查人有无违法犯罪以及情节轻重的证据，查明违法犯罪事实，形成相互印证、完整稳定的证据链。

严禁以威胁、引诱、欺骗及其他非法方式收集证据，严禁侮辱、打骂、虐待、体罚或者变相体罚被调查人和涉案人员。

第四十一条　调查人员采取讯问、询问、留置、搜查、调取、查封、扣押、勘验检查等调查措施，均应当依照规定出示证件，出具书面通知，由二人以上进行，形成笔录、报告等书面材料，并由相关人员签名、盖章。

调查人员进行讯问以及搜查、查封、扣押等重要取证工作，应当对全过程进行录音录像，留存备查。

第四十二条　调查人员应当严格执行调查

方案,不得随意扩大调查范围、变更调查对象和事项。

对调查过程中的重要事项,应当集体研究后按程序请示报告。

第四十三条 监察机关采取留置措施,应当由监察机关领导人员集体研究决定。设区的市级以下监察机关采取留置措施,应当报上一级监察机关批准。省级监察机关采取留置措施,应当报国家监察委员会备案。

留置时间不得超过三个月。在特殊情况下,可以延长一次,延长时间不得超过三个月。省级以下监察机关采取留置措施的,延长留置时间应当报上一级监察机关批准。监察机关发现采取留置措施不当的,应当及时解除。

监察机关采取留置措施,可以根据工作需要提请公安机关配合。公安机关应当依法予以协助。

第四十四条 对被调查人采取留置措施后,应当在二十四小时以内,通知被留置人员所在单位和家属,但有可能毁灭、伪造证据,干扰证人作证或者串供等有碍调查情形的除外。有碍调查的情形消失后,应当立即通知被留置人员所在单位和家属。

监察机关应当保障被留置人员的饮食、休息和安全,提供医疗服务。讯问被留置人员应当合理安排讯问时间和时长,讯问笔录由被讯问人阅看后签名。

被留置人员涉嫌犯罪移送司法机关后,被依法判处管制、拘役和有期徒刑的,留置一日折抵管制二日,折抵拘役、有期徒刑一日。

第四十五条 监察机关根据监督、调查结果,依法作出如下处置:

(一)对有职务违法行为但情节较轻的公职人员,按照管理权限,直接或者委托有关机关、人员,进行谈话提醒、批评教育、责令检查,或者予以诫勉;

(二)对违法的公职人员依照法定程序作出警告、记过、记大过、降级、撤职、开除等政务处分决定;

(三)对不履行或者不正确履行职责负有责任的领导人员,按照管理权限对其直接作出问责决定,或者向有权作出问责决定的机关提出问责建议;

(四)对涉嫌职务犯罪的,监察机关经调查认为犯罪事实清楚,证据确实、充分的,制作起诉意见书,连同案卷材料、证据一并移送人民检察院依法审查、提起公诉;

(五)对监察对象所在单位廉政建设和履行职责存在的问题等提出监察建议。

监察机关经调查,对没有证据证明被调查人存在违法犯罪行为的,应当撤销案件,并通知被调查人所在单位。

第四十六条 监察机关经调查,对违法取得的财物,依法予以没收、追缴或者责令退赔;对涉嫌犯罪取得的财物,应当随案移送人民检察院。

第四十七条 对监察机关移送的案件,人民检察院依照《中华人民共和国刑事诉讼法》对被调查人采取强制措施。

人民检察院经审查,认为犯罪事实已经查清,证据确实、充分,依法应当追究刑事责任的,应当作出起诉决定。

人民检察院经审查,认为需要补充核实的,应当退回监察机关补充调查,必要时可以自行补充侦查。对于补充调查的案件,应当在一个月内补充调查完毕。补充调查以二次为限。

人民检察院对于有《中华人民共和国刑事诉讼法》规定的不起诉的情形的,经上一级人民检察院批准,依法作出不起诉的决定。监察机关认为不起诉的决定有错误的,可以向上一级人民检察院提请复议。

第四十八条 监察机关在调查贪污贿赂、失职渎职等职务犯罪案件过程中,被调查人逃匿或者死亡,有必要继续调查的,经省级以上监察机关批准,应当继续调查并作出结论。被调查人逃匿,在通缉一年后不能到案,或者死亡的,由监察机关提请人民检察院依照法定程序,向人民法院提出没收违法所得的申请。

第四十九条 监察对象对监察机关作出的涉及本人的处理决定不服的,可以在收到处理决定之日起一个月内,向作出决定的监察机关申请复审,复审机关应当在一个月内作出复审决定;监察对象对复审决定仍不服的,可以在收到复审决定之日起一个月内,向上一级监察机关申请复核,复核机关应当在二个月内作出复核决定。复审、复核期间,不停止原处理决定的执行。复核机关经审查,认定处理决定有错误的,原处理机关应当及时予以纠正。

第六章　反腐败国际合作

第五十条　国家监察委员会统筹协调与其他国家、地区、国际组织开展的反腐败国际交流、合作，组织反腐败国际条约实施工作。

第五十一条　国家监察委员会组织协调有关方面加强与有关国家、地区、国际组织在反腐败执法、引渡、司法协助、被判刑人的移管、资产追回和信息交流等领域的合作。

第五十二条　国家监察委员会加强对反腐败国际追逃追赃和防逃工作的组织协调，督促有关单位做好相关工作：

（一）对于重大贪污贿赂、失职渎职等职务犯罪案件，被调查人逃匿到国（境）外，掌握证据比较确凿的，通过开展境外追逃合作，追捕归案；

（二）向赃款赃物所在国请求查询、冻结、扣押、没收、追缴、返还涉案资产；

（三）查询、监控涉嫌职务犯罪的公职人员及其相关人员进出国（境）和跨境资金流动情况，在调查案件过程中设置防逃程序。

第七章　对监察机关和监察人员的监督

第五十三条　各级监察委员会应当接受本级人民代表大会及其常务委员会的监督。

各级人民代表大会常务委员会听取和审议本级监察委员会的专项工作报告，组织执法检查。

县级以上各级人民代表大会及其常务委员会举行会议时，人民代表大会代表或者常务委员会组成人员可以依照法律规定的程序，就监察工作中的有关问题提出询问或者质询。

第五十四条　监察机关应当依法公开监察工作信息，接受民主监督、社会监督、舆论监督。

第五十五条　监察机关通过设立内部专门的监督机构等方式，加强对监察人员执行职务和遵守法律情况的监督，建设忠诚、干净、担当的监察队伍。

第五十六条　监察人员必须模范遵守宪法和法律，忠于职守、秉公执法，清正廉洁、保守秘密；必须具有良好的政治素质，熟悉监察业务，具备运用法律、法规、政策和调查取证等能力，自觉接受监督。

第五十七条　对于监察人员打听案情、过问案件、说情干预的，办理监察事项的监察人员应当及时报告。有关情况应当登记备案。

发现办理监察事项的监察人员未经批准接触被调查人、涉案人员及其特定关系人，或者存在交往情形的，知情人应当及时报告。有关情况应当登记备案。

第五十八条　办理监察事项的监察人员有下列情形之一的，应当自行回避，监察对象、检举人及其他有关人员也有权要求其回避：

（一）是监察对象或者检举人的近亲属的；

（二）担任过本案的证人的；

（三）本人或者其近亲属与办理的监察事项有利害关系的；

（四）有可能影响监察事项公正处理的其他情形的。

第五十九条　监察机关涉密人员离岗离职后，应当遵守脱密期管理规定，严格履行保密义务，不得泄露相关秘密。

监察人员辞职、退休三年内，不得从事与监察和司法工作相关联且可能发生利益冲突的职业。

第六十条　监察机关及其工作人员有下列行为之一的，被调查人及其近亲属有权向该机关申诉：

（一）留置法定期限届满，不予以解除的；

（二）查封、扣押、冻结与案件无关的财物的；

（三）应当解除查封、扣押、冻结措施而不解除的；

（四）贪污、挪用、私分、调换以及违反规定使用查封、扣押、冻结的财物的；

（五）其他违反法律法规、侵害被调查人合法权益的行为。

受理申诉的监察机关应当在受理申诉之日起一个月内作出处理决定。申诉人对处理决定不服的，可以在收到处理决定之日起一个月内向上一级监察机关申请复查，上一级监察机关应当在收到复查申请之日起二个月内作出处理决定，情况属实的，及时予以纠正。

第六十一条　对调查工作结束后发现立案依据不充分或者失实，案件处置出现重大失误，监察人员严重违法的,应当追究负有责任的领导人员和直接责任人员的责任。

第八章　法律责任

第六十二条　有关单位拒不执行监察机关作出的处理决定,或者无正当理由拒不采纳监察建议的,由其主管部门、上级机关责令改正,对单位给予通报批评;对负有责任的领导人员和直接责任人员依法给予处理。

第六十三条　有关人员违反本法规定,有下列行为之一的,由其所在单位、主管部门、上级机关或者监察机关责令改正,依法给予处理:

(一)不按要求提供有关材料,拒绝、阻碍调查措施实施等拒不配合监察机关调查的;

(二)提供虚假情况,掩盖事实真相的;

(三)串供或者伪造、隐匿、毁灭证据的;

(四)阻止他人揭发检举、提供证据的;

(五)其他违反本法规定的行为,情节严重的。

第六十四条　监察对象对控告人、检举人、证人或者监察人员进行报复陷害的;控告人、检举人、证人捏造事实诬告陷害监察对象的,依法给予处理。

第六十五条　监察机关及其工作人员有下列行为之一的,对负有责任的领导人员和直接责任人员依法给予处理:

(一)未经批准、授权处置问题线索,发现重大案情隐瞒不报,或者私自留存、处理涉案材料的;

(二)利用职权或者职务上的影响干预调查工作、以案谋私的;

(三)违法窃取、泄露调查工作信息,或者泄露举报事项、举报受理情况以及举报人信息的;

(四)对被调查人或者涉案人员逼供、诱供,或者侮辱、打骂、虐待、体罚或者变相体罚的;

(五)违反规定处置查封、扣押、冻结的财物的;

(六)违反规定发生办案安全事故,或者发生安全事故后隐瞒不报、报告失实、处置不当的;

(七)违反规定采取留置措施的;

(八)违反规定限制他人出境,或者不按规定解除出境限制的;

(九)其他滥用职权、玩忽职守、徇私舞弊的行为。

第六十六条　违反本法规定,构成犯罪的,依法追究刑事责任。

第六十七条　监察机关及其工作人员行使职权,侵犯公民、法人和其他组织的合法权益造成损害的,依法给予国家赔偿。

第九章　附　则

第六十八条　中国人民解放军和中国人民武装警察部队开展监察工作,由中央军事委员会根据本法制定具体规定。

第六十九条　本法自公布之日起施行。《中华人民共和国行政监察法》同时废止。

全国人民代表大会常务委员会关于延长授权国务院在实施股票发行注册制改革中调整适用《中华人民共和国证券法》有关规定期限的决定

(2018年2月24日第十二届全国人民代表大会常务委员会第三十三次会议通过)

为了稳步推进实施股票发行注册制改革,进一步发挥资本市场服务实体经济的基础功能,第十二届全国人民代表大会常务委员会第三十三次会议决定:2015 年 12 月 27 日第十二届全国人民代表大会常务委员会第十八次会议授权国务院在实施股票发行注册制改革中调整适用《中华人民共和国证券法》有关规定的决定施行期限届满后,期限延长二年至 2020 年 2 月 29 日。国务院应当及时总结实践经验,于延长期满前,提出修改法律相关规定的意见。

国务院要进一步加强对股票发行注册制改革工作的组织领导,并将股票发行注册制改革具体实施方案报全国人民代表大会常务委员会备案。国务院证券监督管理机构要继续创造条件,积极推进股票发行注册制改革,并会同有关部门加强事前事中事后全过程监管,防范和化解风险,切实保护投资者合法权益。

本决定自 2018 年 2 月 25 日起施行。

中华人民共和国电子商务法

(2018 年 8 月 31 日第十三届全国人民代表大会常务委员会第五次会议通过
2018 年 8 月 31 日中华人民共和国主席令第 7 号公布
自 2019 年 1 月 1 日起施行)

第一章　总　　则

第一条　为了保障电子商务各方主体的合法权益,规范电子商务行为,维护市场秩序,促进电子商务持续健康发展,制定本法。

第二条　中华人民共和国境内的电子商务活动,适用本法。

本法所称电子商务,是指通过互联网等信息网络销售商品或者提供服务的经营活动。

法律、行政法规对销售商品或者提供服务有规定的,适用其规定。金融类产品和服务,利用信息网络提供新闻信息、音视频节目、出版以及文化产品等内容方面的服务,不适用本法。

第三条　国家鼓励发展电子商务新业态,创新商业模式,促进电子商务技术研发和推广应用,推进电子商务诚信体系建设,营造有利于电子商务创新发展的市场环境,充分发挥电子商务在推动高质量发展、满足人民日益增长的美好生活需要、构建开放型经济方面的重要作用。

第四条　国家平等对待线上线下商务活动,促进线上线下融合发展,各级人民政府和有关部门不得采取歧视性的政策措施,不得滥用行政权力排除、限制市场竞争。

第五条　电子商务经营者从事经营活动,应当遵循自愿、平等、公平、诚信的原则,遵守法律和商业道德,公平参与市场竞争,履行消费者权益保护、环境保护、知识产权保护、网络安全与个人信息保护等方面的义务,承担产品和服务质量责任,接受政府和社会的监督。

第六条　国务院有关部门按照职责分工负责电子商务发展促进、监督管理等工作。县级以上地方各级人民政府可以根据本行政区域的实际情况,确定本行政区域内电子商务的部门职责划分。

第七条　国家建立符合电子商务特点的协同管理体系,推动形成有关部门、电子商务行业组织、电子商务经营者、消费者等共同参与的电子商务市场治理体系。

第八条　电子商务行业组织按照本组织章程开展行业自律,建立健全行业规范,推动行业诚信建设,监督、引导本行业经营者公平参与市场竞争。

第二章　电子商务经营者

第一节　一 般 规 定

第九条　本法所称电子商务经营者,是指通过互联网等信息网络从事销售商品或者提供服务的经营活动的自然人、法人和非法人组织,包括电子商务平台经营者、平台内经营者以及通过自建网站、其他网络服务销售商品或者提供服务的电子商务经营者。

本法所称电子商务平台经营者,是指在电子商务中为交易双方或者多方提供网络经营场所、交易撮合、信息发布等服务,供交易双方或者多方独立开展交易活动的法人或者非法人组织。

本法所称平台内经营者,是指通过电子商务平台销售商品或者提供服务的电子商务经营者。

第十条　电子商务经营者应当依法办理市场主体登记。但是,个人销售自产农副产品、家庭手工业产品,个人利用自己的技能从事依法无须取得许可的便民劳务活动和零星小额交易活动,以及依照法律、行政法规不需要进行登记的除外。

第十一条　电子商务经营者应当依法履行纳税义务,并依法享受税收优惠。

依照前条规定不需要办理市场主体登记的电子商务经营者在首次纳税义务发生后,应当依照税收征收管理法律、行政法规的规定申请办理税务登记,并如实申报纳税。

第十二条　电子商务经营者从事经营活动,依法需要取得相关行政许可的,应当依法取得行政许可。

第十三条　电子商务经营者销售的商品或者提供的服务应当符合保障人身、财产安全的要求和环境保护要求,不得销售或者提供法律、行政法规禁止交易的商品或者服务。

第十四条　电子商务经营者销售商品或者提供服务应当依法出具纸质发票或者电子发票等购货凭证或者服务单据。电子发票与纸质发票具有同等法律效力。

第十五条　电子商务经营者应当在其首页显著位置,持续公示营业执照信息、与其经营业务有关的行政许可信息、属于依照本法第十条规定的不需要办理市场主体登记情形等信息,或者上述信息的链接标识。

前款规定的信息发生变更的,电子商务经营者应当及时更新公示信息。

第十六条　电子商务经营者自行终止从事电子商务的,应当提前三十日在首页显著位置持续公示有关信息。

第十七条　电子商务经营者应当全面、真实、准确、及时地披露商品或者服务信息,保障消费者的知情权和选择权。电子商务经营者不得以虚构交易、编造用户评价等方式进行虚假或者引人误解的商业宣传,欺骗、误导消费者。

第十八条　电子商务经营者根据消费者的兴趣爱好、消费习惯等特征向其提供商品或者服务的搜索结果的,应当同时向该消费者提供不针对其个人特征的选项,尊重和平等保护消费者合法权益。

电子商务经营者向消费者发送广告的,应当遵守《中华人民共和国广告法》的有关规定。

第十九条　电子商务经营者搭售商品或者服务,应当以显著方式提请消费者注意,不得将搭售商品或者服务作为默认同意的选项。

第二十条　电子商务经营者应当按照承诺或者与消费者约定的方式、时限向消费者交付商品或者服务,并承担商品运输中的风险和责任。但是,消费者另行选择快递物流服务提供者的除外。

第二十一条　电子商务经营者按照约定向消费者收取押金的,应当明示押金退还的方式、程序,不得对押金退还设置不合理条件。消费者申请退还押金,符合押金退还条件的,电子商务经营者应当及时退还。

第二十二条　电子商务经营者因其技术优势、用户数量、对相关行业的控制能力以及其他经营者对该电子商务经营者在交易上的依赖程度等因素而具有市场支配地位的,不得滥用市场支配地位,排除、限制竞争。

第二十三条　电子商务经营者收集、使用其用户的个人信息,应当遵守法律、行政法规有关个人信息保护的规定。

第二十四条　电子商务经营者应当明示用户信息查询、更正、删除以及用户注销的方式、程序,不得对用户信息查询、更正、删除以及用户注销设置不合理条件。

电子商务经营者收到用户信息查询或者更正、删除的申请的,应当在核实身份后及时提供查询或者更正、删除用户信息。用户注销的,电子商务经营者应当立即删除该用户的信息;依照法律、行政法规的规定或者双方约定保存的,依照其规定。

第二十五条 有关主管部门依照法律、行政法规的规定要求电子商务经营者提供有关电子商务数据信息的，电子商务经营者应当提供。有关主管部门应当采取必要措施保护电子商务经营者提供的数据信息的安全，并对其中的个人信息、隐私和商业秘密严格保密，不得泄露、出售或者非法向他人提供。

第二十六条 电子商务经营者从事跨境电子商务，应当遵守进出口监督管理的法律、行政法规和国家有关规定。

第二节 电子商务平台经营者

第二十七条 电子商务平台经营者应当要求申请进入平台销售商品或者提供服务的经营者提交其身份、地址、联系方式、行政许可等真实信息，进行核验、登记，建立登记档案，并定期核验更新。

电子商务平台经营者为进入平台销售商品或者提供服务的非经营用户提供服务，应当遵守本节有关规定。

第二十八条 电子商务平台经营者应当按照规定向市场监督管理部门报送平台内经营者的身份信息，提示未办理市场主体登记的经营者依法办理登记，并配合市场监督管理部门，针对电子商务的特点，为应当办理市场主体登记的经营者办理登记提供便利。

电子商务平台经营者应当依照税收征收管理法律、行政法规的规定，向税务部门报送平台内经营者的身份信息和与纳税有关的信息，并应当提示依照本法第十条规定不需要办理市场主体登记的电子商务经营者依照本法第十一条第二款的规定办理税务登记。

第二十九条 电子商务平台经营者发现平台内的商品或者服务信息存在违反本法第十二条、第十三条规定情形的，应当依法采取必要的处置措施，并向有关主管部门报告。

第三十条 电子商务平台经营者应当采取技术措施和其他必要措施保证其网络安全、稳定运行，防范网络违法犯罪活动，有效应对网络安全事件，保障电子商务交易安全。

电子商务平台经营者应当制定网络安全事件应急预案，发生网络安全事件时，应当立即启动应急预案，采取相应的补救措施，并向有关主管部门报告。

第三十一条 电子商务平台经营者应当记录、保存平台上发布的商品和服务信息、交易信息，并确保信息的完整性、保密性、可用性。商品和服务信息、交易信息保存时间自交易完成之日起不少于三年；法律、行政法规另有规定的，依照其规定。

第三十二条 电子商务平台经营者应当遵循公开、公平、公正的原则，制定平台服务协议和交易规则，明确进入和退出平台、商品和服务质量保障、消费者权益保护、个人信息保护等方面的权利和义务。

第三十三条 电子商务平台经营者应当在其首页显著位置持续公示平台服务协议和交易规则信息或者上述信息的链接标识，并保证经营者和消费者能够便利、完整地阅览和下载。

第三十四条 电子商务平台经营者修改平台服务协议和交易规则，应当在其首页显著位置公开征求意见，采取合理措施确保有关各方能够及时充分表达意见。修改内容应当至少在实施前七日予以公示。

平台内经营者不接受修改内容，要求退出平台的，电子商务平台经营者不得阻止，并按照修改前的服务协议和交易规则承担相关责任。

第三十五条 电子商务平台经营者不得利用服务协议、交易规则以及技术等手段，对平台内经营者在平台内的交易、交易价格以及与其他经营者的交易等进行不合理限制或者附加不合理条件，或者向平台内经营者收取不合理费用。

第三十六条 电子商务平台经营者依据平台服务协议和交易规则对平台内经营者违反法律、法规的行为实施警示、暂停或者终止服务等措施的，应当及时公示。

第三十七条 电子商务平台经营者在其平台上开展自营业务的，应当以显著方式区分标记自营业务和平台内经营者开展的业务，不得误导消费者。

电子商务平台经营者对其标记为自营的业务依法承担商品销售者或者服务提供者的民事责任。

第三十八条 电子商务平台经营者知道或者应当知道平台内经营者销售的商品或者提供

的服务不符合保障人身、财产安全的要求,或者有其他侵害消费者合法权益行为,未采取必要措施的,依法与该平台内经营者承担连带责任。

对关系消费者生命健康的商品或者服务,电子商务平台经营者对平台内经营者的资质资格未尽到审核义务,或者对消费者未尽到安全保障义务,造成消费者损害的,依法承担相应的责任。

第三十九条　电子商务平台经营者应当建立健全信用评价制度,公示信用评价规则,为消费者提供对平台内销售的商品或者提供的服务进行评价的途径。

电子商务平台经营者不得删除消费者对其平台内销售的商品或者提供的服务的评价。

第四十条　电子商务平台经营者应当根据商品或者服务的价格、销量、信用等以多种方式向消费者显示商品或者服务的搜索结果;对于竞价排名的商品或者服务,应当显著标明“广告”。

第四十一条　电子商务平台经营者应当建立知识产权保护规则,与知识产权权利人加强合作,依法保护知识产权。

第四十二条　知识产权权利人认为其知识产权受到侵害的,有权通知电子商务平台经营者采取删除、屏蔽、断开链接、终止交易和服务等必要措施。通知应当包括构成侵权的初步证据。

电子商务平台经营者接到通知后,应当及时采取必要措施,并将该通知转送平台内经营者;未及时采取必要措施的,对损害的扩大部分与平台内经营者承担连带责任。

因通知错误造成平台内经营者损害的,依法承担民事责任。恶意发出错误通知,造成平台内经营者损失的,加倍承担赔偿责任。

第四十三条　平台内经营者接到转送的通知后,可以向电子商务平台经营者提交不存在侵权行为的声明。声明应当包括不存在侵权行为的初步证据。

电子商务平台经营者接到声明后,应当将该声明转送发出通知的知识产权权利人,并告知其可以向有关主管部门投诉或者向人民法院起诉。电子商务平台经营者在转送声明到达知识产权权利人后十五日内,未收到权利人已经投诉或者起诉通知的,应当及时终止所采取的措施。

第四十四条　电子商务平台经营者应当及时公示收到的本法第四十二条、第四十三条规定的通知、声明及处理结果。

第四十五条　电子商务平台经营者知道或者应当知道平台内经营者侵犯知识产权的,应当采取删除、屏蔽、断开链接、终止交易和服务等必要措施;未采取必要措施的,与侵权人承担连带责任。

第四十六条　除本法第九条第二款规定的服务外,电子商务平台经营者可以按照平台服务协议和交易规则,为经营者之间的电子商务提供仓储、物流、支付结算、交收等服务。电子商务平台经营者为经营者之间的电子商务提供服务,应当遵守法律、行政法规和国家有关规定,不得采取集中竞价、做市商等集中交易方式进行交易,不得进行标准化合约交易。

第三章　电子商务合同的订立与履行

第四十七条　电子商务当事人订立和履行合同,适用本章和《中华人民共和国民法总则》《中华人民共和国合同法》《中华人民共和国电子签名法》等法律的规定。

第四十八条　电子商务当事人使用自动信息系统订立或者履行合同的行为对使用该系统的当事人具有法律效力。

在电子商务中推定当事人具有相应的民事行为能力。但是,有相反证据足以推翻的除外。

第四十九条　电子商务经营者发布的商品或者服务信息符合要约条件的,用户选择该商品或者服务并提交订单成功,合同成立。当事人另有约定的,从其约定。

电子商务经营者不得以格式条款等方式约定消费者支付价款后合同不成立;格式条款等含有该内容的,其内容无效。

第五十条　电子商务经营者应当清晰、全面、明确地告知用户订立合同的步骤、注意事项、下载方法等事项,并保证用户能够便利、完整地阅览和下载。

电子商务经营者应当保证用户在提交订单前可以更正输入错误。

第五十一条　合同标的为交付商品并采用快递物流方式交付的,收货人签收时间为交付时间。合同标的为提供服务的,生成的电子凭证或者实物凭证中载明的时间为交付时间;前述凭证没有载明时间或者载明时间与实际提供服务时间不一致的,实际提供服务的时间为交付时间。

合同标的为采用在线传输方式交付的,合同标的进入对方当事人指定的特定系统并且能够检索识别的时间为交付时间。

合同当事人对交付方式、交付时间另有约定的,从其约定。

第五十二条 电子商务当事人可以约定采用快递物流方式交付商品。

快递物流服务提供者为电子商务提供快递物流服务,应当遵守法律、行政法规,并应当符合承诺的服务规范和时限。快递物流服务提供者在交付商品时,应当提示收货人当面查验;交由他人代收的,应当经收货人同意。

快递物流服务提供者应当按照规定使用环保包装材料,实现包装材料的减量化和再利用。

快递物流服务提供者在提供快递物流服务的同时,可以接受电子商务经营者的委托提供代收货款服务。

第五十三条 电子商务当事人可以约定采用电子支付方式支付价款。

电子支付服务提供者为电子商务提供电子支付服务,应当遵守国家规定,告知用户电子支付服务的功能、使用方法、注意事项、相关风险和收费标准等事项,不得附加不合理交易条件。电子支付服务提供者应当确保电子支付指令的完整性、一致性、可跟踪稽核和不可篡改。

电子支付服务提供者应当向用户免费提供对账服务以及最近三年的交易记录。

第五十四条 电子支付服务提供者提供电子支付服务不符合国家有关支付安全管理要求,造成用户损失的,应当承担赔偿责任。

第五十五条 用户在发出支付指令前,应当核对支付指令所包含的金额、收款人等完整信息。

支付指令发生错误的,电子支付服务提供者应当及时查找原因,并采取相关措施予以纠正。造成用户损失的,电子支付服务提供者应当承担赔偿责任,但能够证明支付错误非自身原因造成的除外。

第五十六条 电子支付服务提供者完成电子支付后,应当及时准确地向用户提供符合约定方式的确认支付的信息。

第五十七条 用户应当妥善保管交易密码、电子签名数据等安全工具。用户发现安全工具遗失、被盗用或者未经授权的支付的,应当及时通知电子支付服务提供者。

未经授权的支付造成的损失,由电子支付服务提供者承担;电子支付服务提供者能够证明未经授权的支付是因用户的过错造成的,不承担责任。

电子支付服务提供者发现支付指令未经授权,或者收到用户支付指令未经授权的通知时,应当立即采取措施防止损失扩大。电子支付服务提供者未及时采取措施导致损失扩大的,对损失扩大部分承担责任。

第四章 电子商务争议解决

第五十八条 国家鼓励电子商务平台经营者建立有利于电子商务发展和消费者权益保护的商品、服务质量担保机制。

电子商务平台经营者与平台内经营者协议设立消费者权益保证金的,双方应当就消费者权益保证金的提取数额、管理、使用和退还办法等作出明确约定。

消费者要求电子商务平台经营者承担先行赔偿责任以及电子商务平台经营者赔偿后向平台内经营者的追偿,适用《中华人民共和国消费者权益保护法》的有关规定。

第五十九条 电子商务经营者应当建立便捷、有效的投诉、举报机制,公开投诉、举报方式等信息,及时受理并处理投诉、举报。

第六十条 电子商务争议可以通过协商和解,请求消费者组织、行业协会或者其他依法成立的调解组织调解,向有关部门投诉,提请仲裁,或者提起诉讼等方式解决。

第六十一条 消费者在电子商务平台购买商品或者接受服务,与平台内经营者发生争议时,电子商务平台经营者应当积极协助消费者维护合法权益。

第六十二条 在电子商务争议处理中,电子商务经营者应当提供原始合同和交易记录。因电子商务经营者丢失、伪造、篡改、销毁、隐匿或者拒绝提供前述资料,致使人民法院、仲裁机构或者有关机关无法查明事实的,电子商务经营者应当承担相应的法律责任。

第六十三条 电子商务平台经营者可以建立争议在线解决机制,制定并公示争议解决规则,根据自愿原则,公平、公正地解决当事人的争议。

第五章 电子商务促进

第六十四条 国务院和省、自治区、直辖市人民政府应当将电子商务发展纳入国民经济和社会发展规划,制定科学合理的产业政策,促进电子商务创新发展。

第六十五条 国务院和县级以上地方人民政府及其有关部门应当采取措施,支持、推动绿色包装、仓储、运输,促进电子商务绿色发展。

第六十六条 国家推动电子商务基础设施和物流网络建设,完善电子商务统计制度,加强电子商务标准体系建设。

第六十七条 国家推动电子商务在国民经济各个领域的应用,支持电子商务与各产业融合发展。

第六十八条 国家促进农业生产、加工、流通等环节的互联网技术应用,鼓励各类社会资源加强合作,促进农村电子商务发展,发挥电子商务在精准扶贫中的作用。

第六十九条 国家维护电子商务交易安全,保护电子商务用户信息,鼓励电子商务数据开发应用,保障电子商务数据依法有序自由流动。

国家采取措施推动建立公共数据共享机制,促进电子商务经营者依法利用公共数据。

第七十条 国家支持依法设立的信用评价机构开展电子商务信用评价,向社会提供电子商务信用评价服务。

第七十一条 国家促进跨境电子商务发展,建立健全适应跨境电子商务特点的海关、税收、进出境检验检疫、支付结算等管理制度,提高跨境电子商务各环节便利化水平,支持跨境电子商务平台经营者等为跨境电子商务提供仓储物流、报关、报检等服务。

国家支持小型微型企业从事跨境电子商务。

第七十二条 国家进出口管理部门应当推进跨境电子商务海关申报、纳税、检验检疫等环节的综合服务和监管体系建设,优化监管流程,推动实现信息共享、监管互认、执法互助,提高跨境电子商务服务和监管效率。跨境电子商务经营者可以凭电子单证向国家进出口管理部门办理有关手续。

第七十三条 国家推动建立与不同国家、地区之间跨境电子商务的交流合作,参与电子商务国际规则的制定,促进电子签名、电子身份等国际互认。

国家推动建立与不同国家、地区之间的跨境电子商务争议解决机制。

第六章 法律责任

第七十四条 电子商务经营者销售商品或者提供服务,不履行合同义务或者履行合同义务不符合约定,或者造成他人损害的,依法承担民事责任。

第七十五条 电子商务经营者违反本法第十二条、第十三条规定,未取得相关行政许可从事经营活动,或者销售、提供法律、行政法规禁止交易的商品、服务,或者不履行本法第二十五条规定的信息提供义务,电子商务平台经营者违反本法第四十六条规定,采取集中交易方式进行交易,或者进行标准化合约交易的,依照有关法律、行政法规的规定处罚。

第七十六条 电子商务经营者违反本法规定,有下列行为之一的,由市场监督管理部门责令限期改正,可以处一万元以下的罚款,对其中的电子商务平台经营者,依照本法第八十一条第一款的规定处罚:

(一)未在首页显著位置公示营业执照信息、行政许可信息、属于不需要办理市场主体登记情形等信息,或者上述信息的链接标识的;

(二)未在首页显著位置持续公示终止电子商务的有关信息的;

(三)未明示用户信息查询、更正、删除以及用户注销的方式、程序,或者对用户信息查询、更正、删除以及用户注销设置不合理条件的。

电子商务平台经营者对违反前款规定的平台内经营者未采取必要措施的,由市场监督管理部门责令限期改正,可以处二万元以上十万元以下的罚款。

第七十七条　电子商务经营者违反本法第十八条第一款规定提供搜索结果，或者违反本法第十九条规定搭售商品、服务的，由市场监督管理部门责令限期改正，没收违法所得，可以并处五万元以上二十万元以下的罚款；情节严重的，并处二十万元以上五十万元以下的罚款。

第七十八条　电子商务经营者违反本法第二十一条规定，未向消费者明示押金退还的方式、程序，对押金退还设置不合理条件，或者不及时退还押金的，由有关主管部门责令限期改正，可以处五万元以上二十万元以下的罚款；情节严重的，处二十万元以上五十万元以下的罚款。

第七十九条　电子商务经营者违反法律、行政法规有关个人信息保护的规定，或者不履行本法第三十条和有关法律、行政法规规定的网络安全保障义务的，依照《中华人民共和国网络安全法》等法律、行政法规的规定处罚。

第八十条　电子商务平台经营者有下列行为之一的，由有关主管部门责令限期改正；逾期不改正的，处二万元以上十万元以下的罚款；情节严重的，责令停业整顿，并处十万元以上五十万元以下的罚款：

（一）不履行本法第二十七条规定的核验、登记义务的；

（二）不按照本法第二十八条规定向市场监督管理部门、税务部门报送有关信息的；

（三）不按照本法第二十九条规定对违法情形采取必要的处置措施，或者未向有关主管部门报告的；

（四）不履行本法第三十一条规定的商品和服务信息、交易信息保存义务的。

法律、行政法规对前款规定的违法行为的处罚另有规定的，依照其规定。

第八十一条　电子商务平台经营者违反本法规定，有下列行为之一的，由市场监督管理部门责令限期改正，可以处二万元以上十万元以下的罚款；情节严重的，处十万元以上五十万元以下的罚款：

（一）未在首页显著位置持续公示平台服务协议、交易规则信息或者上述信息的链接标识的；

（二）修改交易规则未在首页显著位置公开征求意见，未按照规定的时间提前公示修改内容，或者阻止平台内经营者退出的；

（三）未以显著方式区分标记自营业务和平台内经营者开展的业务的；

（四）未为消费者提供对平台内销售的商品或者提供的服务进行评价的途径，或者擅自删除消费者的评价的。

电子商务平台经营者违反本法第四十条规定，对竞价排名的商品或者服务未显著标明“广告”的，依照《中华人民共和国广告法》的规定处罚。

第八十二条　电子商务平台经营者违反本法第三十五条规定，对平台内经营者在平台内的交易、交易价格或者与其他经营者的交易等进行不合理限制或者附加不合理条件，或者向平台内经营者收取不合理费用的，由市场监督管理部门责令限期改正，可以处五万元以上五十万元以下的罚款；情节严重的，处五十万元以上二百万元以下的罚款。

第八十三条　电子商务平台经营者违反本法第三十八条规定，对平台内经营者侵害消费者合法权益行为未采取必要措施，或者对平台内经营者未尽到资质资格审核义务，或者对消费者未尽到安全保障义务的，由市场监督管理部门责令限期改正，可以处五万元以上五十万元以下的罚款；情节严重的，责令停业整顿，并处五十万元以上二百万元以下的罚款。

第八十四条　电子商务平台经营者违反本法第四十二条、第四十五条规定，对平台内经营者实施侵犯知识产权行为未依法采取必要措施的，由有关知识产权行政部门责令限期改正；逾期不改正的，处五万元以上五十万元以下的罚款；情节严重的，处五十万元以上二百万元以下的罚款。

第八十五条　电子商务经营者违反本法规定，销售的商品或者提供的服务不符合保障人身、财产安全的要求，实施虚假或者引人误解的商业宣传等不正当竞争行为，滥用市场支配地位，或者实施侵犯知识产权、侵害消费者权益等行为的，依照有关法律的规定处罚。

第八十六条　电子商务经营者有本法规定的违法行为的，依照有关法律、行政法规的规定记入信用档案，并予以公示。

第八十七条　依法负有电子商务监督管理

职责的部门的工作人员,玩忽职守、滥用职权、徇私舞弊,或者泄露、出售或者非法向他人提供在履行职责中所知悉的个人信息、隐私和商业秘密的,依法追究法律责任。

第八十八条 违反本法规定,构成违反治安管理行为的,依法给予治安管理处罚;构成犯罪的,依法追究刑事责任。

第七章 附 则

第八十九条 本法自2019年1月1日起施行。

中华人民共和国个人所得税法

(1980年9月10日第五届全国人民代表大会第三次会议通过 根据1993年10月31日第八届全国人民代表大会常务委员会第四次会议《关于修改〈中华人民共和国个人所得税法〉的决定》第一次修正 根据1999年8月30日第九届全国人民代表大会常务委员会第十一次会议《关于修改〈中华人民共和国个人所得税法〉的决定》第二次修正 根据2005年10月27日第十届全国人民代表大会常务委员会第十八次会议《关于修改〈中华人民共和国个人所得税法〉的决定》第三次修正 根据2007年6月29日第十届全国人民代表大会常务委员会第二十八次会议《关于修改〈中华人民共和国个人所得税法〉的决定》第四次修正 根据2007年12月29日第十届全国人民代表大会常务委员会第三十一次会议《关于修改〈中华人民共和国个人所得税法〉的决定》第五次修正 根据2011年6月30日第十一届全国人民代表大会常务委员会第二十一次会议《关于修改〈中华人民共和国个人所得税法〉的决定》第六次修正 根据2018年8月31日第十三届全国人民代表大会常务委员会第五次会议《关于修改〈中华人民共和国个人所得税法〉的决定》第七次修正)

第一条 在中国境内有住所,或者无住所而一个纳税年度内在中国境内居住累计满一百八十三天的个人,为居民个人。居民个人从中国境内和境外取得的所得,依照本法规定缴纳个人所得税。

在中国境内无住所又不居住,或者无住所而一个纳税年度内在中国境内居住累计不满一百八十三天的个人,为非居民个人。非居民个人从中国境内取得的所得,依照本法规定缴纳个人所得税。

纳税年度,自公历一月一日起至十二月三十一日止。

第二条 下列各项个人所得,应当缴纳个人所得税:

(一)工资、薪金所得;

(二)劳务报酬所得;

(三)稿酬所得;

(四)特许权使用费所得;

(五)经营所得;

(六)利息、股息、红利所得;

(七)财产租赁所得;

(八)财产转让所得;

(九)偶然所得。

居民个人取得前款第一项至第四项所得(以下称综合所得),按纳税年度合并计算个人所得税;非居民个人取得前款第一项至第四项所得,按月或者按次分项计算个人所得税。纳税人取得前款第五项至第九项所得,依照本法规定分别计算个人所得税。

第三条 个人所得税的税率:

(一)综合所得,适用百分之三至百分之四十五的超额累进税率(税率表附后);

(二)经营所得,适用百分之五至百分之三十五的超额累进税率(税率表附后);

（三）利息、股息、红利所得，财产租赁所得，财产转让所得和偶然所得，适用比例税率，税率为百分之二十。

第四条 下列各项个人所得，免征个人所得税：

（一）省级人民政府、国务院部委和中国人民解放军军以上单位，以及外国组织、国际组织颁发的科学、教育、技术、文化、卫生、体育、环境保护等方面的奖金；

（二）国债和国家发行的金融债券利息；

（三）按照国家统一规定发给的补贴、津贴；

（四）福利费、抚恤金、救济金；

（五）保险赔款；

（六）军人的转业费、复员费、退役金；

（七）按照国家统一规定发给干部、职工的安家费、退职费、基本养老金或者退休费、离休费、离休生活补助费；

（八）依照有关法律规定应予免税的各国驻华使馆、领事馆的外交代表、领事官员和其他人员的所得；

（九）中国政府参加的国际公约、签订的协议中规定免税的所得；

（十）国务院规定的其他免税所得。

前款第十项免税规定，由国务院报全国人民代表大会常务委员会备案。

第五条 有下列情形之一的，可以减征个人所得税，具体幅度和期限，由省、自治区、直辖市人民政府规定，并报同级人民代表大会常务委员会备案：

（一）残疾、孤老人员和烈属的所得；

（二）因自然灾害遭受重大损失的。

国务院可以规定其他减税情形，报全国人民代表大会常务委员会备案。

第六条 应纳税所得额的计算：

（一）居民个人的综合所得，以每一纳税年度的收入额减除费用六万元以及专项扣除、专项附加扣除和依法确定的其他扣除后的余额，为应纳税所得额。

（二）非居民个人的工资、薪金所得，以每月收入额减除费用五千元后的余额为应纳税所得额；劳务报酬所得、稿酬所得、特许权使用费所得，以每次收入额为应纳税所得额。

（三）经营所得，以每一纳税年度的收入总额减除成本、费用以及损失后的余额，为应纳税所得额。

（四）财产租赁所得，每次收入不超过四千元的，减除费用八百元；四千元以上的，减除百分之二十的费用，其余额为应纳税所得额。

（五）财产转让所得，以转让财产的收入额减除财产原值和合理费用后的余额，为应纳税所得额。

（六）利息、股息、红利所得和偶然所得，以每次收入额为应纳税所得额。

劳务报酬所得、稿酬所得、特许权使用费所得以收入减除百分之二十的费用后的余额为收入额。稿酬所得的收入额减按百分之七十计算。

个人将其所得对教育、扶贫、济困等公益慈善事业进行捐赠，捐赠额未超过纳税人申报的应纳税所得额百分之三十的部分，可以从其应纳税所得额中扣除；国务院规定对公益慈善事业捐赠实行全额税前扣除的，从其规定。

本条第一款第一项规定的专项扣除，包括居民个人按照国家规定的范围和标准缴纳的基本养老保险、基本医疗保险、失业保险等社会保险费和住房公积金等；专项附加扣除，包括子女教育、继续教育、大病医疗、住房贷款利息或者住房租金、赡养老人等支出，具体范围、标准和实施步骤由国务院确定，并报全国人民代表大会常务委员会备案。

第七条 居民个人从中国境外取得的所得，可以从其应纳税额中抵免已在境外缴纳的个人所得税税额，但抵免额不得超过该纳税人境外所得依照本法规定计算的应纳税额。

第八条 有下列情形之一的，税务机关有权按照合理方法进行纳税调整：

（一）个人与其关联方之间的业务往来不符合独立交易原则而减少本人或者其关联方应纳税额，且无正当理由；

（二）居民个人控制的，或者居民个人和居民企业共同控制的设立在实际税负明显偏低的国家（地区）的企业，无合理经营需要，对应当归属于居民个人的利润不作分配或者减少分配；

（三）个人实施其他不具有合理商业目的的安排而获取不当税收利益。

税务机关依照前款规定作出纳税调整，需

要补征税款的,应当补征税款,并依法加收利息。

第九条　个人所得税以所得人为纳税人,以支付所得的单位或者个人为扣缴义务人。

纳税人有中国公民身份号码的,以中国公民身份号码为纳税人识别号;纳税人没有中国公民身份号码的,由税务机关赋予其纳税人识别号。扣缴义务人扣缴税款时,纳税人应当向扣缴义务人提供纳税人识别号。

第十条　有下列情形之一的,纳税人应当依法办理纳税申报:

(一)取得综合所得需要办理汇算清缴;

(二)取得应税所得没有扣缴义务人;

(三)取得应税所得,扣缴义务人未扣缴税款;

(四)取得境外所得;

(五)因移居境外注销中国户籍;

(六)非居民个人在中国境内从两处以上取得工资、薪金所得;

(七)国务院规定的其他情形。

扣缴义务人应当按照国家规定办理全员全额扣缴申报,并向纳税人提供其个人所得和已扣缴税款等信息。

第十一条　居民个人取得综合所得,按年计算个人所得税;有扣缴义务人的,由扣缴义务人按月或者按次预扣预缴税款;需要办理汇算清缴的,应当在取得所得的次年三月一日至六月三十日内办理汇算清缴。预扣预缴办法由国务院税务主管部门制定。

居民个人向扣缴义务人提供专项附加扣除信息的,扣缴义务人按月预扣预缴税款时应当按照规定予以扣除,不得拒绝。

非居民个人取得工资、薪金所得,劳务报酬所得,稿酬所得和特许权使用费所得,有扣缴义务人的,由扣缴义务人按月或者按次代扣代缴税款,不办理汇算清缴。

第十二条　纳税人取得经营所得,按年计算个人所得税,由纳税人在月度或者季度终了后十五日内向税务机关报送纳税申报表,并预缴税款;在取得所得的次年三月三十一日前办理汇算清缴。

纳税人取得利息、股息、红利所得,财产租赁所得,财产转让所得和偶然所得,按月或者按次计算个人所得税,有扣缴义务人的,由扣缴义务人按月或者按次代扣代缴税款。

第十三条　纳税人取得应税所得没有扣缴义务人的,应当在取得所得的次月十五日内向税务机关报送纳税申报表,并缴纳税款。

纳税人取得应税所得,扣缴义务人未扣缴税款的,纳税人应当在取得所得的次年六月三十日前,缴纳税款;税务机关通知限期缴纳的,纳税人应当按照期限缴纳税款。

居民个人从中国境外取得所得的,应当在取得所得的次年三月一日至六月三十日内申报纳税。

非居民个人在中国境内从两处以上取得工资、薪金所得的,应当在取得所得的次月十五日内申报纳税。

纳税人因移居境外注销中国户籍的,应当在注销中国户籍前办理税款清算。

第十四条　扣缴义务人每月或者每次预扣、代扣的税款,应当在次月十五日内缴入国库,并向税务机关报送扣缴个人所得税申报表。

纳税人办理汇算清缴退税或者扣缴义务人为纳税人办理汇算清缴退税的,税务机关审核后,按照国库管理的有关规定办理退税。

第十五条　公安、人民银行、金融监督管理等相关部门应当协助税务机关确认纳税人的身份、金融账户信息。教育、卫生、医疗保障、民政、人力资源社会保障、住房城乡建设、公安、人民银行、金融监督管理等相关部门应当向税务机关提供纳税人子女教育、继续教育、大病医疗、住房贷款利息、住房租金、赡养老人等专项附加扣除信息。

个人转让不动产的,税务机关应当根据不动产登记等相关信息核验应缴的个人所得税,登记机构办理转移登记时,应当查验与该不动产转让相关的个人所得税的完税凭证。个人转让股权办理变更登记的,市场主体登记机关应当查验与该股权交易相关的个人所得税的完税凭证。

有关部门依法将纳税人、扣缴义务人遵守本法的情况纳入信用信息系统,并实施联合激励或者惩戒。

第十六条　各项所得的计算,以人民币为单位。所得为人民币以外的货币的,按照人民币汇率中间价折合成人民币缴纳税款。

第十七条　对扣缴义务人按照所扣缴的税

款,付给百分之二的手续费。

第十八条 对储蓄存款利息所得开征、减征、停征个人所得税及其具体办法,由国务院规定,并报全国人民代表大会常务委员会备案。

第十九条 纳税人、扣缴义务人和税务机关及其工作人员违反本法规定的,依照《中华人民共和国税收征收管理法》和有关法律法规的规定追究法律责任。

第二十条 个人所得税的征收管理,依照本法和《中华人民共和国税收征收管理法》的规定执行。

第二十一条 国务院根据本法制定实施条例。

第二十二条 本法自公布之日起施行。

个人所得税税率表一
(综合所得适用)

级数	全年应纳税所得额	税率(%)
1	不超过36000元的	3
2	超过36000元至144000元的部分	10
3	超过144000元至300000元的部分	20
4	超过300000元至420000元的部分	25
5	超过420000元至660000元的部分	30
6	超过660000元至960000元的部分	35
7	超过960000元的部分	45

(注1:本表所称全年应纳税所得额是指依照本法第六条的规定,居民个人取得综合所得以每一纳税年度收入额减除费用六万元以及专项扣除、专项附加扣除和依法确定的其他扣除后的余额。

注2:非居民个人取得工资、薪金所得,劳务报酬所得,稿酬所得和特许权使用费所得,依照本表按月换算后计算应纳税额。)

个人所得税税率表二
(经营所得适用)

级数	全年应纳税所得额	税率(%)
1	不超过30000元的	5
2	超过30000元至90000元的部分	10
3	超过90000元至300000元的部分	20
4	超过300000元至500000元的部分	30
5	超过500000元的部分	35

(注:本表所称全年应纳税所得额是指依照本法第六条的规定,以每一纳税年度的收入总额减除成本、费用以及损失后的余额。)

中华人民共和国公司法

(1993年12月29日第八届全国人民代表大会常务委员会第五次会议通过 根据2018年10月26日第十三届全国人民代表大会常务委员会第六次会议《关于修改〈中华人民共和国公司法〉的决定》修正)

第一章 总 则

第一条 为了规范公司的组织和行为,保护公司、股东和债权人的合法权益,维护社会经济秩序,促进社会主义市场经济的发展,制定本法。

第二条 本法所称公司是指依照本法在中国境内设立的有限责任公司和股份有限公司。

第三条 公司是企业法人,有独立的法人财产,享有法人财产权。公司以其全部财产对公司的债务承担责任。

有限责任公司的股东以其认缴的出资额为限对公司承担责任;股份有限公司的股东以其认购的股份为限对公司承担责任。

第四条 公司股东依法享有资产收益、参与重大决策和选择管理者等权利。

第五条 公司从事经营活动,必须遵守法律、行政法规,遵守社会公德、商业道德,诚实守信,接受政府和社会公众的监督,承担社会责任。

公司的合法权益受法律保护,不受侵犯。

第六条 设立公司,应当依法向公司登记机关申请设立登记。符合本法规定的设立条件的,由公司登记机关分别登记为有限责任公司或者股份有限公司;不符合本法规定的设立条件的,不得登记为有限责任公司或者股份有限公司。

法律、行政法规规定设立公司必须报经批准的,应当在公司登记前依法办理批准手续。

公众可以向公司登记机关申请查询公司登记事项,公司登记机关应当提供查询服务。

第七条 依法设立的公司,由公司登记机关发给公司营业执照。公司营业执照签发日期为公司成立日期。

公司营业执照应当载明公司的名称、住所、注册资本、经营范围、法定代表人姓名等事项。

公司营业执照记载的事项发生变更的,公司应当依法办理变更登记,由公司登记机关换发营业执照。

第八条 依照本法设立的有限责任公司,必须在公司名称中标明有限责任公司或者有限公司字样。

依照本法设立的股份有限公司,必须在公司名称中标明股份有限公司或者股份公司字样。

第九条 有限责任公司变更为股份有限公司,应当符合本法规定的股份有限公司的条件。股份有限公司变更为有限责任公司,应当符合本法规定的有限责任公司的条件。

有限责任公司变更为股份有限公司的,或者股份有限公司变更为有限责任公司的,公司变更前的债权、债务由变更后的公司承继。

第十条 公司以其主要办事机构所在地为住所。

第十一条 设立公司必须依法制定公司章程。公司章程对公司、股东、董事、监事、高级管理人员具有约束力。

第十二条 公司的经营范围由公司章程规定,并依法登记。公司可以修改公司章程,改变经营范围,但是应当办理变更登记。

公司的经营范围中属于法律、行政法规规定须经批准的项目,应当依法经过批准。

第十三条 公司法定代表人依照公司章程的规定,由董事长、执行董事或者经理担任,并依法登记。公司法定代表人变更,应当办理变更登记。

第十四条 公司可以设立分公司。设立分公司,应当向公司登记机关申请登记,领取营业执照。分公司不具有法人资格,其民事责任由公司承担。

公司可以设立子公司,子公司具有法人资格,依法独立承担民事责任。

第十五条 公司可以向其他企业投资;但是,除法律另有规定外,不得成为对所投资企业的债务承担连带责任的出资人。

第十六条 公司向其他企业投资或者为他人提供担保,依照公司章程的规定,由董事会或者股东会、股东大会决议;公司章程对投资或者担保的总额及单项投资或者担保的数额有限额规定的,不得超过规定的限额。

公司为公司股东或者实际控制人提供担保的,必须经股东会或者股东大会决议。

前款规定的股东或者受前款规定的实际控制人支配的股东,不得参加前款规定事项的表决。该项表决由出席会议的其他股东所持表决权的过半数通过。

第十七条 公司必须保护职工的合法权益,依法与职工签订劳动合同,参加社会保险,加强劳动保护,实现安全生产。

公司应当采用多种形式,加强公司职工的职业教育和岗位培训,提高职工素质。

第十八条 公司职工依照《中华人民共和国工会法》组织工会,开展工会活动,维护职工合法权益。公司应当为本公司工会提供必要的活动条件。公司工会代表职工就职工的劳动报酬、工作时间、福利、保险和劳动安全卫生等事项依法与公司签订集体合同。

公司依照宪法和有关法律的规定,通过职工代表大会或者其他形式,实行民主管理。

公司研究决定改制以及经营方面的重大问题、制定重要的规章制度时,应当听取公司工会的意见,并通过职工代表大会或者其他形式听取职工的意见和建议。

第十九条　在公司中,根据中国共产党章程的规定,设立中国共产党的组织,开展党的活动。公司应当为党组织的活动提供必要条件。

第二十条　公司股东应当遵守法律、行政法规和公司章程,依法行使股东权利,不得滥用股东权利损害公司或者其他股东的利益;不得滥用公司法人独立地位和股东有限责任损害公司债权人的利益。

公司股东滥用股东权利给公司或者其他股东造成损失的,应当依法承担赔偿责任。

公司股东滥用公司法人独立地位和股东有限责任,逃避债务,严重损害公司债权人利益的,应当对公司债务承担连带责任。

第二十一条　公司的控股股东、实际控制人、董事、监事、高级管理人员不得利用其关联关系损害公司利益。

违反前款规定,给公司造成损失的,应当承担赔偿责任。

第二十二条　公司股东会或者股东大会、董事会的决议内容违反法律、行政法规的无效。

股东会或者股东大会、董事会的会议召集程序、表决方式违反法律、行政法规或者公司章程,或者决议内容违反公司章程的,股东可以自决议作出之日起六十日内,请求人民法院撤销。

股东依照前款规定提起诉讼的,人民法院可以应公司的请求,要求股东提供相应担保。

公司根据股东会或者股东大会、董事会决议已办理变更登记的,人民法院宣告该决议无效或者撤销该决议后,公司应当向公司登记机关申请撤销变更登记。

第二章　有限责任公司的设立和组织机构

第一节　设　　立

第二十三条　设立有限责任公司,应当具备下列条件:

(一)股东符合法定人数;

(二)有符合公司章程规定的全体股东认缴的出资额;

(三)股东共同制定公司章程;

(四)有公司名称,建立符合有限责任公司要求的组织机构;

(五)有公司住所。

第二十四条　有限责任公司由五十个以下股东出资设立。

第二十五条　有限责任公司章程应当载明下列事项:

(一)公司名称和住所;

(二)公司经营范围;

(三)公司注册资本;

(四)股东的姓名或者名称;

(五)股东的出资方式、出资额和出资时间;

(六)公司的机构及其产生办法、职权、议事规则;

(七)公司法定代表人;

(八)股东会会议认为需要规定的其他事项。

股东应当在公司章程上签名、盖章。

第二十六条　有限责任公司的注册资本为在公司登记机关登记的全体股东认缴的出资额。

法律、行政法规以及国务院决定对有限责任公司注册资本实缴、注册资本最低限额另有规定的,从其规定。

第二十七条　股东可以用货币出资,也可以用实物、知识产权、土地使用权等可以用货币估价并可以依法转让的非货币财产作价出资;但是,法律、行政法规规定不得作为出资的财产除外。

对作为出资的非货币财产应当评估作价,核实财产,不得高估或者低估作价。法律、行政法规对评估作价有规定的,从其规定。

第二十八条　股东应当按期足额缴纳公司章程中规定的各自所认缴的出资额。股东以货币出资的,应当将货币出资足额存入有限责任公司在银行开设的账户;以非货币财产出资的,应当依法办理其财产权的转移手续。

股东不按照前款规定缴纳出资的,除应当向公司足额缴纳外,还应当向已按期足额缴纳出资的股东承担违约责任。

第二十九条　股东认足公司章程规定的出

资后,由全体股东指定的代表或者共同委托的代理人向公司登记机关报送公司登记申请书、公司章程等文件,申请设立登记。

第三十条　有限责任公司成立后,发现作为设立公司出资的非货币财产的实际价额显著低于公司章程所定价额的,应当由交付该出资的股东补足其差额;公司设立时的其他股东承担连带责任。

第三十一条　有限责任公司成立后,应当向股东签发出资证明书。

出资证明书应当载明下列事项:

(一)公司名称;

(二)公司成立日期;

(三)公司注册资本;

(四)股东的姓名或者名称、缴纳的出资额和出资日期;

(五)出资证明书的编号和核发日期。

出资证明书由公司盖章。

第三十二条　有限责任公司应当置备股东名册,记载下列事项:

(一)股东的姓名或者名称及住所;

(二)股东的出资额;

(三)出资证明书编号。

记载于股东名册的股东,可以依股东名册主张行使股东权利。

公司应当将股东的姓名或者名称向公司登记机关登记;登记事项发生变更的,应当办理变更登记。未经登记或者变更登记的,不得对抗第三人。

第三十三条　股东有权查阅、复制公司章程、股东会会议记录、董事会会议决议、监事会会议决议和财务会计报告。

股东可以要求查阅公司会计账簿。股东要求查阅公司会计账簿的,应当向公司提出书面请求,说明目的。公司有合理根据认为股东查阅会计账簿有不正当目的,可能损害公司合法利益的,可以拒绝提供查阅,并应当自股东提出书面请求之日起十五日内书面答复股东并说明理由。公司拒绝提供查阅的,股东可以请求人民法院要求公司提供查阅。

第三十四条　股东按照实缴的出资比例分取红利;公司新增资本时,股东有权优先按照实缴的出资比例认缴出资。但是,全体股东约定不按照出资比例分取红利或者不按照出资比例优先认缴出资的除外。

第三十五条　公司成立后,股东不得抽逃出资。

第二节　组 织 机 构

第三十六条　有限责任公司股东会由全体股东组成。股东会是公司的权力机构,依照本法行使职权。

第三十七条　股东会行使下列职权:

(一)决定公司的经营方针和投资计划;

(二)选举和更换非由职工代表担任的董事、监事,决定有关董事、监事的报酬事项;

(三)审议批准董事会的报告;

(四)审议批准监事会或者监事的报告;

(五)审议批准公司的年度财务预算方案、决算方案;

(六)审议批准公司的利润分配方案和弥补亏损方案;

(七)对公司增加或者减少注册资本作出决议;

(八)对发行公司债券作出决议;

(九)对公司合并、分立、解散、清算或者变更公司形式作出决议;

(十)修改公司章程;

(十一)公司章程规定的其他职权。

对前款所列事项股东以书面形式一致表示同意的,可以不召开股东会会议,直接作出决定,并由全体股东在决定文件上签名、盖章。

第三十八条　首次股东会会议由出资最多的股东召集和主持,依照本法规定行使职权。

第三十九条　股东会会议分为定期会议和临时会议。

定期会议应当依照公司章程的规定按时召开。代表十分之一以上表决权的股东,三分之一以上的董事,监事会或者不设监事会的公司的监事提议召开临时会议的,应当召开临时会议。

第四十条　有限责任公司设立董事会的,股东会会议由董事会召集,董事长主持;董事长不能履行职务或者不履行职务的,由副董事长主持;副董事长不能履行职务或者不履行职务的,由半数以上董事共同推举一名董事主持。

有限责任公司不设董事会的,股东会会议

由执行董事召集和主持。

董事会或者执行董事不能履行或者不履行召集股东会会议职责的，由监事会或者不设监事会的公司的监事召集和主持；监事会或者监事不召集和主持的，代表十分之一以上表决权的股东可以自行召集和主持。

第四十一条　召开股东会会议，应当于会议召开十五日前通知全体股东；但是，公司章程另有规定或者全体股东另有约定的除外。

股东会应当对所议事项的决定作成会议记录，出席会议的股东应当在会议记录上签名。

第四十二条　股东会会议由股东按照出资比例行使表决权；但是，公司章程另有规定的除外。

第四十三条　股东会的议事方式和表决程序，除本法有规定的外，由公司章程规定。

股东会会议作出修改公司章程、增加或者减少注册资本的决议，以及公司合并、分立、解散或者变更公司形式的决议，必须经代表三分之二以上表决权的股东通过。

第四十四条　有限责任公司设董事会，其成员为三人至十三人；但是，本法第五十条另有规定的除外。

两个以上的国有企业或者两个以上的其他国有投资主体投资设立的有限责任公司，其董事会成员中应当有公司职工代表；其他有限责任公司董事会成员中可以有公司职工代表。董事会中的职工代表由公司职工通过职工代表大会、职工大会或者其他形式民主选举产生。

董事会设董事长一人，可以设副董事长。董事长、副董事长的产生办法由公司章程规定。

第四十五条　董事任期由公司章程规定，但每届任期不得超过三年。董事任期届满，连选可以连任。

董事任期届满未及时改选，或者董事在任期内辞职导致董事会成员低于法定人数的，在改选出的董事就任前，原董事仍应当依照法律、行政法规和公司章程的规定，履行董事职务。

第四十六条　董事会对股东会负责，行使下列职权：

（一）召集股东会会议，并向股东会报告工作；

（二）执行股东会的决议；

（三）决定公司的经营计划和投资方案；

（四）制订公司的年度财务预算方案、决算方案；

（五）制订公司的利润分配方案和弥补亏损方案；

（六）制订公司增加或者减少注册资本以及发行公司债券的方案；

（七）制订公司合并、分立、解散或者变更公司形式的方案；

（八）决定公司内部管理机构的设置；

（九）决定聘任或者解聘公司经理及其报酬事项，并根据经理的提名决定聘任或者解聘公司副经理、财务负责人及其报酬事项；

（十）制定公司的基本管理制度；

（十一）公司章程规定的其他职权。

第四十七条　董事会会议由董事长召集和主持；董事长不能履行职务或者不履行职务的，由副董事长召集和主持；副董事长不能履行职务或者不履行职务的，由半数以上董事共同推举一名董事召集和主持。

第四十八条　董事会的议事方式和表决程序，除本法有规定的外，由公司章程规定。

董事会应当对所议事项的决定作成会议记录，出席会议的董事应当在会议记录上签名。

董事会决议的表决，实行一人一票。

第四十九条　有限责任公司可以设经理，由董事会决定聘任或者解聘。经理对董事会负责，行使下列职权：

（一）主持公司的生产经营管理工作，组织实施董事会决议；

（二）组织实施公司年度经营计划和投资方案；

（三）拟订公司内部管理机构设置方案；

（四）拟订公司的基本管理制度；

（五）制定公司的具体规章；

（六）提请聘任或者解聘公司副经理、财务负责人；

（七）决定聘任或者解聘除应由董事会决定聘任或者解聘以外的负责管理人员；

（八）董事会授予的其他职权。

公司章程对经理职权另有规定的，从其规定。

经理列席董事会会议。

第五十条　股东人数较少或者规模较小的有限责任公司，可以设一名执行董事，不设董事会。执行董事可以兼任公司经理。

执行董事的职权由公司章程规定。

第五十一条 有限责任公司设监事会,其成员不得少于三人。股东人数较少或者规模较小的有限责任公司,可以设一至二名监事,不设监事会。

监事会应当包括股东代表和适当比例的公司职工代表,其中职工代表的比例不得低于三分之一,具体比例由公司章程规定。监事会中的职工代表由公司职工通过职工代表大会、职工大会或者其他形式民主选举产生。

监事会设主席一人,由全体监事过半数选举产生。监事会主席召集和主持监事会会议;监事会主席不能履行职务或者不履行职务的,由半数以上监事共同推举一名监事召集和主持监事会会议。

董事、高级管理人员不得兼任监事。

第五十二条 监事的任期每届为三年。监事任期届满,连选可以连任。

监事任期届满未及时改选,或者监事在任期内辞职导致监事会成员低于法定人数的,在改选出的监事就任前,原监事仍应当依照法律、行政法规和公司章程的规定,履行监事职务。

第五十三条 监事会、不设监事会的公司的监事行使下列职权:

(一)检查公司财务;

(二)对董事、高级管理人员执行公司职务的行为进行监督,对违反法律、行政法规、公司章程或者股东会决议的董事、高级管理人员提出罢免的建议;

(三)当董事、高级管理人员的行为损害公司的利益时,要求董事、高级管理人员予以纠正;

(四)提议召开临时股东会会议,在董事会不履行本法规定的召集和主持股东会会议职责时召集和主持股东会会议;

(五)向股东会会议提出提案;

(六)依照本法第一百五十一条的规定,对董事、高级管理人员提起诉讼;

(七)公司章程规定的其他职权。

第五十四条 监事可以列席董事会会议,并对董事会决议事项提出质询或者建议。

监事会、不设监事会的公司的监事发现公司经营情况异常,可以进行调查;必要时,可以聘请会计师事务所等协助其工作,费用由公司承担。

第五十五条 监事会每年度至少召开一次会议,监事可以提议召开临时监事会会议。

监事会的议事方式和表决程序,除本法有规定的外,由公司章程规定。

监事会决议应当经半数以上监事通过。

监事会应当对所议事项的决定作成会议记录,出席会议的监事应当在会议记录上签名。

第五十六条 监事会、不设监事会的公司的监事行使职权所必需的费用,由公司承担。

第三节 一人有限责任公司的特别规定

第五十七条 一人有限责任公司的设立和组织机构,适用本节规定;本节没有规定的,适用本章第一节、第二节的规定。

本法所称一人有限责任公司,是指只有一个自然人股东或者一个法人股东的有限责任公司。

第五十八条 一个自然人只能投资设立一个一人有限责任公司。该一人有限责任公司不能投资设立新的一人有限责任公司。

第五十九条 一人有限责任公司应当在公司登记中注明自然人独资或者法人独资,并在公司营业执照中载明。

第六十条 一人有限责任公司章程由股东制定。

第六十一条 一人有限责任公司不设股东会。股东作出本法第三十七条第一款所列决定时,应当采用书面形式,并由股东签名后置备于公司。

第六十二条 一人有限责任公司应当在每一会计年度终了时编制财务会计报告,并经会计师事务所审计。

第六十三条 一人有限责任公司的股东不能证明公司财产独立于股东自己的财产的,应当对公司债务承担连带责任。

第四节 国有独资公司的特别规定

第六十四条 国有独资公司的设立和组织机构,适用本节规定;本节没有规定的,适用本章第一节、第二节的规定。

本法所称国有独资公司，是指国家单独出资、由国务院或者地方人民政府授权本级人民政府国有资产监督管理机构履行出资人职责的有限责任公司。

第六十五条 国有独资公司章程由国有资产监督管理机构制定，或者由董事会制订报国有资产监督管理机构批准。

第六十六条 国有独资公司不设股东会，由国有资产监督管理机构行使股东会职权。国有资产监督管理机构可以授权公司董事会行使股东会的部分职权，决定公司的重大事项，但公司的合并、分立、解散、增加或者减少注册资本和发行公司债券，必须由国有资产监督管理机构决定；其中，重要的国有独资公司合并、分立、解散、申请破产的，应当由国有资产监督管理机构审核后，报本级人民政府批准。

前款所称重要的国有独资公司，按照国务院的规定确定。

第六十七条 国有独资公司设董事会，依照本法第四十六条、第六十六条的规定行使职权。董事每届任期不得超过三年。董事会成员中应当有公司职工代表。

董事会成员由国有资产监督管理机构委派；但是，董事会成员中的职工代表由公司职工代表大会选举产生。

董事会设董事长一人，可以设副董事长。董事长、副董事长由国有资产监督管理机构从董事会成员中指定。

第六十八条 国有独资公司设经理，由董事会聘任或者解聘。经理依照本法第四十九条规定行使职权。

经国有资产监督管理机构同意，董事会成员可以兼任经理。

第六十九条 国有独资公司的董事长、副董事长、董事、高级管理人员，未经国有资产监督管理机构同意，不得在其他有限责任公司、股份有限公司或者其他经济组织兼职。

第七十条 国有独资公司监事会成员不得少于五人，其中职工代表的比例不得低于三分之一，具体比例由公司章程规定。

监事会成员由国有资产监督管理机构委派；但是，监事会成员中的职工代表由公司职工代表大会选举产生。监事会主席由国有资产监督管理机构从监事会成员中指定。

监事会行使本法第五十三条第（一）项至第（三）项规定的职权和国务院规定的其他职权。

第三章 有限责任公司的股权转让

第七十一条 有限责任公司的股东之间可以相互转让其全部或者部分股权。

股东向股东以外的人转让股权，应当经其他股东过半数同意。股东应就其股权转让事项书面通知其他股东征求同意，其他股东自接到书面通知之日起满三十日未答复的，视为同意转让。其他股东半数以上不同意转让的，不同意的股东应当购买该转让的股权；不购买的，视为同意转让。

经股东同意转让的股权，在同等条件下，其他股东有优先购买权。两个以上股东主张行使优先购买权的，协商确定各自的购买比例；协商不成的，按照转让时各自的出资比例行使优先购买权。

公司章程对股权转让另有规定的，从其规定。

第七十二条 人民法院依照法律规定的强制执行程序转让股东的股权时，应当通知公司及全体股东，其他股东在同等条件下有优先购买权。其他股东自人民法院通知之日起满二十日不行使优先购买权的，视为放弃优先购买权。

第七十三条 依照本法第七十一条、第七十二条转让股权后，公司应当注销原股东的出资证明书，向新股东签发出资证明书，并相应修改公司章程和股东名册中有关股东及其出资额的记载。对公司章程的该项修改不需再由股东会表决。

第七十四条 有下列情形之一的，对股东会该项决议投反对票的股东可以请求公司按照合理的价格收购其股权：

（一）公司连续五年不向股东分配利润，而公司该五年连续盈利，并且符合本法规定的分配利润条件的；

（二）公司合并、分立、转让主要财产的；

（三）公司章程规定的营业期限届满或者章程规定的其他解散事由出现，股东会会议通过决议修改章程使公司存续的。

自股东会会议决议通过之日起六十日内，股东与公司不能达成股权收购协议的，股东可以自股东会会议决议通过之日起九十日内向人民法院提起诉讼。

第七十五条 自然人股东死亡后，其合法继承人可以继承股东资格；但是，公司章程另有规定的除外。

第四章 股份有限公司的设立和组织机构

第一节 设 立

第七十六条 设立股份有限公司，应当具备下列条件：

（一）发起人符合法定人数；

（二）有符合公司章程规定的全体发起人认购的股本总额或者募集的实收股本总额；

（三）股份发行、筹办事项符合法律规定；

（四）发起人制订公司章程，采用募集方式设立的经创立大会通过；

（五）有公司名称，建立符合股份有限公司要求的组织机构；

（六）有公司住所。

第七十七条 股份有限公司的设立，可以采取发起设立或者募集设立的方式。

发起设立，是指由发起人认购公司应发行的全部股份而设立公司。

募集设立，是指由发起人认购公司应发行股份的一部分，其余股份向社会公开募集或者向特定对象募集而设立公司。

第七十八条 设立股份有限公司，应当有二人以上二百人以下为发起人，其中须有半数以上的发起人在中国境内有住所。

第七十九条 股份有限公司发起人承担公司筹办事务。

发起人应当签订发起人协议，明确各自在公司设立过程中的权利和义务。

第八十条 股份有限公司采取发起设立方式设立的，注册资本为在公司登记机关登记的全体发起人认购的股本总额。在发起人认购的股份缴足前，不得向他人募集股份。

股份有限公司采取募集方式设立的，注册资本为在公司登记机关登记的实收股本总额。法律、行政法规以及国务院决定对股份有限公司注册资本实缴、注册资本最低限额另有规定的，从其规定。

第八十一条 股份有限公司章程应当载明下列事项：

（一）公司名称和住所；

（二）公司经营范围；

（三）公司设立方式；

（四）公司股份总数、每股金额和注册资本；

（五）发起人的姓名或者名称、认购的股份数、出资方式和出资时间；

（六）董事会的组成、职权和议事规则；

（七）公司法定代表人；

（八）监事会的组成、职权和议事规则；

（九）公司利润分配办法；

（十）公司的解散事由与清算办法；

（十一）公司的通知和公告办法；

（十二）股东大会会议认为需要规定的其他事项。

第八十二条 发起人的出资方式，适用本法第二十七条的规定。

第八十三条 以发起设立方式设立股份有限公司的，发起人应当书面认足公司章程规定其认购的股份，并按照公司章程规定缴纳出资。以非货币财产出资的，应当依法办理其财产权的转移手续。

发起人不依照前款规定缴纳出资的，应当按照发起人协议承担违约责任。

发起人认足公司章程规定的出资后，应当选举董事会和监事会，由董事会向公司登记机关报送公司章程以及法律、行政法规规定的其他文件，申请设立登记。

第八十四条 以募集设立方式设立股份有限公司的，发起人认购的股份不得少于公司股份总数的百分之三十五；但是，法律、行政法规另有规定的，从其规定。

第八十五条 发起人向社会公开募集股份，必须公告招股说明书，并制作认股书。认股书应当载明本法第八十六条所列事项，由认股人填写认购股数、金额、住所，并签名、盖章。认股人按照所认购股数缴纳股款。

第八十六条 招股说明书应当附有发起人制订的公司章程，并载明下列事项：

（一）发起人认购的股份数；

（二）每股的票面金额和发行价格；

（三）无记名股票的发行总数；

（四）募集资金的用途；

（五）认股人的权利、义务；

（六）本次募股的起止期限及逾期未募足时认股人可以撤回所认股份的说明。

第八十七条 发起人向社会公开募集股份，应当由依法设立的证券公司承销，签订承销协议。

第八十八条 发起人向社会公开募集股份，应当同银行签订代收股款协议。

代收股款的银行应当按照协议代收和保存股款，向缴纳股款的认股人出具收款单据，并负有向有关部门出具收款证明的义务。

第八十九条 发行股份的股款缴足后，必须经依法设立的验资机构验资并出具证明。发起人应当自股款缴足之日起三十日内主持召开公司创立大会。创立大会由发起人、认股人组成。

发行的股份超过招股说明书规定的截止期限尚未募足的，或者发行股份的股款缴足后，发起人在三十日内未召开创立大会的，认股人可以按照所缴股款并加算银行同期存款利息，要求发起人返还。

第九十条 发起人应当在创立大会召开十五日前将会议日期通知各认股人或者予以公告。创立大会应有代表股份总数过半数的发起人、认股人出席，方可举行。

创立大会行使下列职权：

（一）审议发起人关于公司筹办情况的报告；

（二）通过公司章程；

（三）选举董事会成员；

（四）选举监事会成员；

（五）对公司的设立费用进行审核；

（六）对发起人用于抵作股款的财产的作价进行审核；

（七）发生不可抗力或者经营条件发生重大变化直接影响公司设立的，可以作出不设立公司的决议。

创立大会对前款所列事项作出决议，必须经出席会议的认股人所持表决权过半数通过。

第九十一条 发起人、认股人缴纳股款或者交付抵作股款的出资后，除未按期募足股份、发起人未按期召开创立大会或者创立大会决议不设立公司的情形外，不得抽回其股本。

第九十二条 董事会应于创立大会结束后三十日内，向公司登记机关报送下列文件，申请设立登记：

（一）公司登记申请书；

（二）创立大会的会议记录；

（三）公司章程；

（四）验资证明；

（五）法定代表人、董事、监事的任职文件及其身份证明；

（六）发起人的法人资格证明或者自然人身份证明；

（七）公司住所证明。

以募集方式设立股份有限公司公开发行股票的，还应当向公司登记机关报送国务院证券监督管理机构的核准文件。

第九十三条 股份有限公司成立后，发起人未按照公司章程的规定缴足出资的，应当补缴；其他发起人承担连带责任。

股份有限公司成立后，发现作为设立公司出资的非货币财产的实际价额显著低于公司章程所定价额的，应当由交付该出资的发起人补足其差额；其他发起人承担连带责任。

第九十四条 股份有限公司的发起人应当承担下列责任：

（一）公司不能成立时，对设立行为所产生的债务和费用负连带责任；

（二）公司不能成立时，对认股人已缴纳的股款，负返还股款并加算银行同期存款利息的连带责任；

（三）在公司设立过程中，由于发起人的过失致使公司利益受到损害的，应当对公司承担赔偿责任。

第九十五条 有限责任公司变更为股份有限公司时，折合的实收股本总额不得高于公司净资产额。有限责任公司变更为股份有限公司，为增加资本公开发行股份时，应当依法办理。

第九十六条 股份有限公司应当将公司章程、股东名册、公司债券存根、股东大会会议记录、董事会会议记录、监事会会议记录、财务会计报告置备于本公司。

第九十七条　股东有权查阅公司章程、股东名册、公司债券存根、股东大会会议记录、董事会会议决议、监事会会议决议、财务会计报告,对公司的经营提出建议或者质询。

第二节　股东大会

第九十八条　股份有限公司股东大会由全体股东组成。股东大会是公司的权力机构,依照本法行使职权。

第九十九条　本法第三十七条第一款关于有限责任公司股东会职权的规定,适用于股份有限公司股东大会。

第一百条　股东大会应当每年召开一次年会。有下列情形之一的,应当在两个月内召开临时股东大会:

(一)董事人数不足本法规定人数或者公司章程所定人数的三分之二时;

(二)公司未弥补的亏损达实收股本总额三分之一时;

(三)单独或者合计持有公司百分之十以上股份的股东请求时;

(四)董事会认为必要时;

(五)监事会提议召开时;

(六)公司章程规定的其他情形。

第一百零一条　股东大会会议由董事会召集,董事长主持;董事长不能履行职务或者不履行职务的,由副董事长主持;副董事长不能履行职务或者不履行职务的,由半数以上董事共同推举一名董事主持。

董事会不能履行或者不履行召集股东大会会议职责的,监事会应当及时召集和主持;监事会不召集和主持的,连续九十日以上单独或者合计持有公司百分之十以上股份的股东可以自行召集和主持。

第一百零二条　召开股东大会会议,应当将会议召开的时间、地点和审议的事项于会议召开二十日前通知各股东;临时股东大会应当于会议召开十五日前通知各股东;发行无记名股票的,应当于会议召开三十日前公告会议召开的时间、地点和审议事项。

单独或者合计持有公司百分之三以上股份的股东,可以在股东大会召开十日前提出临时提案并书面提交董事会;董事会应当在收到提案后二日内通知其他股东,并将该临时提案提交股东大会审议。临时提案的内容应当属于股东大会职权范围,并有明确议题和具体决议事项。

股东大会不得对前两款通知中未列明的事项作出决议。

无记名股票持有人出席股东大会会议的,应当于会议召开五日前至股东大会闭会时将股票交存于公司。

第一百零三条　股东出席股东大会会议,所持每一股份有一表决权。但是,公司持有的本公司股份没有表决权。

股东大会作出决议,必须经出席会议的股东所持表决权过半数通过。但是,股东大会作出修改公司章程、增加或者减少注册资本的决议,以及公司合并、分立、解散或者变更公司形式的决议,必须经出席会议的股东所持表决权的三分之二以上通过。

第一百零四条　本法和公司章程规定公司转让、受让重大资产或者对外提供担保等事项必须经股东大会作出决议的,董事会应当及时召集股东大会会议,由股东大会就上述事项进行表决。

第一百零五条　股东大会选举董事、监事,可以依照公司章程的规定或者股东大会的决议,实行累积投票制。

本法所称累积投票制,是指股东大会选举董事或者监事时,每一股份拥有与应选董事或者监事人数相同的表决权,股东拥有的表决权可以集中使用。

第一百零六条　股东可以委托代理人出席股东大会会议,代理人应当向公司提交股东授权委托书,并在授权范围内行使表决权。

第一百零七条　股东大会应当对所议事项的决定作成会议记录,主持人、出席会议的董事应当在会议记录上签名。会议记录应当与出席股东的签名册及代理出席的委托书一并保存。

第三节　董事会、经理

第一百零八条　股份有限公司设董事会,其成员为五人至十九人。

董事会成员中可以有公司职工代表。董事会中的职工代表由公司职工通过职工代表大会、职工大会或者其他形式民主选举产生。

本法第四十五条关于有限责任公司董事任期的规定,适用于股份有限公司董事。

本法第四十六条关于有限责任公司董事会职权的规定,适用于股份有限公司董事会。

第一百零九条 董事会设董事长一人,可以设副董事长。董事长和副董事长由董事会以全体董事的过半数选举产生。

董事长召集和主持董事会会议,检查董事会决议的实施情况。副董事长协助董事长工作,董事长不能履行职务或者不履行职务的,由副董事长履行职务;副董事长不能履行职务或者不履行职务的,由半数以上董事共同推举一名董事履行职务。

第一百一十条 董事会每年度至少召开两次会议,每次会议应当于会议召开十日前通知全体董事和监事。

代表十分之一以上表决权的股东、三分之一以上董事或者监事会,可以提议召开董事会临时会议。董事长应当自接到提议后十日内,召集和主持董事会会议。

董事会召开临时会议,可以另定召集董事会的通知方式和通知时限。

第一百一十一条 董事会会议应有过半数的董事出席方可举行。董事会作出决议,必须经全体董事的过半数通过。

董事会决议的表决,实行一人一票。

第一百一十二条 董事会会议,应由董事本人出席;董事因故不能出席,可以书面委托其他董事代为出席,委托书中应载明授权范围。

董事会应当对会议所议事项的决定作成会议记录,出席会议的董事应当在会议记录上签名。

董事应当对董事会的决议承担责任。董事会的决议违反法律、行政法规或者公司章程、股东大会决议,致使公司遭受严重损失的,参与决议的董事对公司负赔偿责任。但经证明在表决时曾表明异议并记载于会议记录的,该董事可以免除责任。

第一百一十三条 股份有限公司设经理,由董事会决定聘任或者解聘。

本法第四十九条关于有限责任公司经理职权的规定,适用于股份有限公司经理。

第一百一十四条 公司董事会可以决定由董事会成员兼任经理。

第一百一十五条 公司不得直接或者通过子公司向董事、监事、高级管理人员提供借款。

第一百一十六条 公司应当定期向股东披露董事、监事、高级管理人员从公司获得报酬的情况。

第四节 监事会

第一百一十七条 股份有限公司设监事会,其成员不得少于三人。

监事会应当包括股东代表和适当比例的公司职工代表,其中职工代表的比例不得低于三分之一,具体比例由公司章程规定。监事会中的职工代表由公司职工通过职工代表大会、职工大会或者其他形式民主选举产生。

监事会设主席一人,可以设副主席。监事会主席和副主席由全体监事过半数选举产生。监事会主席召集和主持监事会会议;监事会主席不能履行职务或者不履行职务的,由监事会副主席召集和主持监事会会议;监事会副主席不能履行职务或者不履行职务的,由半数以上监事共同推举一名监事召集和主持监事会会议。

董事、高级管理人员不得兼任监事。

本法第五十二条关于有限责任公司监事任期的规定,适用于股份有限公司监事。

第一百一十八条 本法第五十三条、第五十四条关于有限责任公司监事会职权的规定,适用于股份有限公司监事会。

监事会行使职权所必需的费用,由公司承担。

第一百一十九条 监事会每六个月至少召开一次会议。监事可以提议召开临时监事会会议。

监事会的议事方式和表决程序,除本法有规定的外,由公司章程规定。

监事会决议应当经半数以上监事通过。

监事会应当对所议事项的决定作成会议记录,出席会议的监事应当在会议记录上签名。

第五节 上市公司组织机构的特别规定

第一百二十条 本法所称上市公司,是指其股票在证券交易所上市交易的股份有限公司。

第一百二十一条　上市公司在一年内购买、出售重大资产或者担保金额超过公司资产总额百分之三十的,应当由股东大会作出决议,并经出席会议的股东所持表决权的三分之二以上通过。

第一百二十二条　上市公司设独立董事,具体办法由国务院规定。

第一百二十三条　上市公司设董事会秘书,负责公司股东大会和董事会会议的筹备、文件保管以及公司股东资料的管理,办理信息披露事务等事宜。

第一百二十四条　上市公司董事与董事会会议决议事项所涉及的企业有关联关系的,不得对该项决议行使表决权,也不得代理其他董事行使表决权。该董事会会议由过半数的无关联关系董事出席即可举行,董事会会议所作决议须经无关联关系董事过半数通过。出席董事会的无关联关系董事人数不足三人的,应将该事项提交上市公司股东大会审议。

第五章　股份有限公司的股份发行和转让

第一节　股份发行

第一百二十五条　股份有限公司的资本划分为股份,每一股的金额相等。

公司的股份采取股票的形式。股票是公司签发的证明股东所持股份的凭证。

第一百二十六条　股份的发行,实行公平、公正的原则,同种类的每一股份应当具有同等权利。

同次发行的同种类股票,每股的发行条件和价格应当相同;任何单位或者个人所认购的股份,每股应当支付相同价额。

第一百二十七条　股票发行价格可以按票面金额,也可以超过票面金额,但不得低于票面金额。

第一百二十八条　股票采用纸面形式或者国务院证券监督管理机构规定的其他形式。

股票应当载明下列主要事项:

(一)公司名称;

(二)公司成立日期;

(三)股票种类、票面金额及代表的股份数;

(四)股票的编号。

股票由法定代表人签名,公司盖章。

发起人的股票,应当标明发起人股票字样。

第一百二十九条　公司发行的股票,可以为记名股票,也可以为无记名股票。

公司向发起人、法人发行的股票,应当为记名股票,并应当记载该发起人、法人的名称或者姓名,不得另立户名或者以代表人姓名记名。

第一百三十条　公司发行记名股票的,应当置备股东名册,记载下列事项:

(一)股东的姓名或者名称及住所;

(二)各股东所持股份数;

(三)各股东所持股票的编号;

(四)各股东取得股份的日期。

发行无记名股票的,公司应当记载其股票数量、编号及发行日期。

第一百三十一条　国务院可以对公司发行本法规定以外的其他种类的股份,另行作出规定。

第一百三十二条　股份有限公司成立后,即向股东正式交付股票。公司成立前不得向股东交付股票。

第一百三十三条　公司发行新股,股东大会应当对下列事项作出决议:

(一)新股种类及数额;

(二)新股发行价格;

(三)新股发行的起止日期;

(四)向原有股东发行新股的种类及数额。

第一百三十四条　公司经国务院证券监督管理机构核准公开发行新股时,必须公告新股招股说明书和财务会计报告,并制作认股书。

本法第八十七条、第八十八条的规定适用于公司公开发行新股。

第一百三十五条　公司发行新股,可以根据公司经营情况和财务状况,确定其作价方案。

第一百三十六条　公司发行新股募足股款后,必须向公司登记机关办理变更登记,并公告。

第二节　股份转让

第一百三十七条　股东持有的股份可以依

法转让。

第一百三十八条　股东转让其股份，应当在依法设立的证券交易场所进行或者按照国务院规定的其他方式进行。

第一百三十九条　记名股票，由股东以背书方式或者法律、行政法规规定的其他方式转让；转让后由公司将受让人的姓名或者名称及住所记载于股东名册。

股东大会召开前二十日内或者公司决定分配股利的基准日前五日内，不得进行前款规定的股东名册的变更登记。但是，法律对上市公司股东名册变更登记另有规定的，从其规定。

第一百四十条　无记名股票的转让，由股东将该股票交付给受让人后即发生转让的效力。

第一百四十一条　发起人持有的本公司股份，自公司成立之日起一年内不得转让。公司公开发行股份前已发行的股份，自公司股票在证券交易所上市交易之日起一年内不得转让。

公司董事、监事、高级管理人员应当向公司申报所持有的本公司的股份及其变动情况，在任职期间每年转让的股份不得超过其所持有本公司股份总数的百分之二十五；所持本公司股份自公司股票上市交易之日起一年内不得转让。上述人员离职后半年内，不得转让其所持有的本公司股份。公司章程可以对公司董事、监事、高级管理人员转让其所持有的本公司股份作出其他限制性规定。

第一百四十二条　公司不得收购本公司股份。但是，有下列情形之一的除外：

（一）减少公司注册资本；

（二）与持有本公司股份的其他公司合并；

（三）将股份用于员工持股计划或者股权激励；

（四）股东因对股东大会作出的公司合并、分立决议持异议，要求公司收购其股份；

（五）将股份用于转换上市公司发行的可转换为股票的公司债券；

（六）上市公司为维护公司价值及股东权益所必需。

公司因前款第（一）项、第（二）项规定的情形收购本公司股份的，应当经股东大会决议；公司因前款第（三）项、第（五）项、第（六）项规定的情形收购本公司股份的，可以依照公司章程的规定或者股东大会的授权，经三分之二以上董事出席的董事会会议决议。

公司依照本条第一款规定收购本公司股份后，属于第（一）项情形的，应当自收购之日起十日内注销；属于第（二）项、第（四）项情形的，应当在六个月内转让或者注销；属于第（三）项、第（五）项、第（六）项情形的，公司合计持有的本公司股份数不得超过本公司已发行股份总额的百分之十，并应当在三年内转让或者注销。

上市公司收购本公司股份的，应当依照《中华人民共和国证券法》的规定履行信息披露义务。上市公司因本条第一款第（三）项、第（五）项、第（六）项规定的情形收购本公司股份的，应当通过公开的集中交易方式进行。

公司不得接受本公司的股票作为质押权的标的。

第一百四十三条　记名股票被盗、遗失或者灭失，股东可以依照《中华人民共和国民事诉讼法》规定的公示催告程序，请求人民法院宣告该股票失效。人民法院宣告该股票失效后，股东可以向公司申请补发股票。

第一百四十四条　上市公司的股票，依照有关法律、行政法规及证券交易所交易规则上市交易。

第一百四十五条　上市公司必须依照法律、行政法规的规定，公开其财务状况、经营情况及重大诉讼，在每会计年度内半年公布一次财务会计报告。

第六章　公司董事、监事、高级管理人员的资格和义务

第一百四十六条　有下列情形之一的，不得担任公司的董事、监事、高级管理人员：

（一）无民事行为能力或者限制民事行为能力；

（二）因贪污、贿赂、侵占财产、挪用财产或者破坏社会主义市场经济秩序，被判处刑罚，执行期满未逾五年，或者因犯罪被剥夺政治权利，执行期满未逾五年；

（三）担任破产清算的公司、企业的董事或者厂长、经理，对该公司、企业的破产负有个人责任的，自该公司、企业破产清算完结之日起未逾三年；

(四)担任因违法被吊销营业执照、责令关闭的公司、企业的法定代表人,并负有个人责任的,自该公司、企业被吊销营业执照之日起未逾三年;

(五)个人所负数额较大的债务到期未清偿。

公司违反前款规定选举、委派董事、监事或者聘任高级管理人员的,该选举、委派或者聘任无效。

董事、监事、高级管理人员在任职期间出现本条第一款所列情形的,公司应当解除其职务。

第一百四十七条 董事、监事、高级管理人员应当遵守法律、行政法规和公司章程,对公司负有忠实义务和勤勉义务。

董事、监事、高级管理人员不得利用职权收受贿赂或者其他非法收入,不得侵占公司的财产。

第一百四十八条 董事、高级管理人员不得有下列行为:

(一)挪用公司资金;

(二)将公司资金以其个人名义或者以其他个人名义开立账户存储;

(三)违反公司章程的规定,未经股东会、股东大会或者董事会同意,将公司资金借贷给他人或者以公司财产为他人提供担保;

(四)违反公司章程的规定或者未经股东会、股东大会同意,与本公司订立合同或者进行交易;

(五)未经股东会或者股东大会同意,利用职务便利为自己或者他人谋取属于公司的商业机会,自营或者为他人经营与所任职公司同类的业务;

(六)接受他人与公司交易的佣金归为己有;

(七)擅自披露公司秘密;

(八)违反对公司忠实义务的其他行为。

董事、高级管理人员违反前款规定所得的收入应当归公司所有。

第一百四十九条 董事、监事、高级管理人员执行公司职务时违反法律、行政法规或者公司章程的规定,给公司造成损失的,应当承担赔偿责任。

第一百五十条 股东会或者股东大会要求董事、监事、高级管理人员列席会议的,董事、监事、高级管理人员应当列席并接受股东的质询。

董事、高级管理人员应当如实向监事会或者不设监事会的有限责任公司的监事提供有关情况和资料,不得妨碍监事会或者监事行使职权。

第一百五十一条 董事、高级管理人员有本法第一百四十九条规定的情形的,有限责任公司的股东、股份有限公司连续一百八十日以上单独或者合计持有公司百分之一以上股份的股东,可以书面请求监事会或者不设监事会的有限责任公司的监事向人民法院提起诉讼;监事有本法第一百四十九条规定的情形的,前述股东可以书面请求董事会或者不设董事会的有限责任公司的执行董事向人民法院提起诉讼。

监事会、不设监事会的有限责任公司的监事,或者董事会、执行董事收到前款规定的股东书面请求后拒绝提起诉讼,或者自收到请求之日起三十日内未提起诉讼,或者情况紧急、不立即提起诉讼将会使公司利益受到难以弥补的损害的,前款规定的股东有权为了公司的利益以自己的名义直接向人民法院提起诉讼。

他人侵犯公司合法权益,给公司造成损失的,本条第一款规定的股东可以依照前两款的规定向人民法院提起诉讼。

第一百五十二条 董事、高级管理人员违反法律、行政法规或者公司章程的规定,损害股东利益的,股东可以向人民法院提起诉讼。

第七章　公司债券

第一百五十三条 本法所称公司债券,是指公司依照法定程序发行、约定在一定期限还本付息的有价证券。

公司发行公司债券应当符合《中华人民共和国证券法》规定的发行条件。

第一百五十四条 发行公司债券的申请经国务院授权的部门核准后,应当公告公司债券募集办法。

公司债券募集办法中应当载明下列主要事项:

(一)公司名称;

(二)债券募集资金的用途;

(三)债券总额和债券的票面金额;

（四）债券利率的确定方式；

（五）还本付息的期限和方式；

（六）债券担保情况；

（七）债券的发行价格、发行的起止日期；

（八）公司净资产额；

（九）已发行的尚未到期的公司债券总额；

（十）公司债券的承销机构。

第一百五十五条 公司以实物券方式发行公司债券的，必须在债券上载明公司名称、债券票面金额、利率、偿还期限等事项，并由法定代表人签名，公司盖章。

第一百五十六条 公司债券，可以为记名债券，也可以为无记名债券。

第一百五十七条 公司发行公司债券应当置备公司债券存根簿。

发行记名公司债券的，应当在公司债券存根簿上载明下列事项：

（一）债券持有人的姓名或者名称及住所；

（二）债券持有人取得债券的日期及债券的编号；

（三）债券总额，债券的票面金额、利率、还本付息的期限和方式；

（四）债券的发行日期。

发行无记名公司债券的，应当在公司债券存根簿上载明债券总额、利率、偿还期限和方式、发行日期及债券的编号。

第一百五十八条 记名公司债券的登记结算机构应当建立债券登记、存管、付息、兑付等相关制度。

第一百五十九条 公司债券可以转让，转让价格由转让人与受让人约定。

公司债券在证券交易所上市交易的，按照证券交易所的交易规则转让。

第一百六十条 记名公司债券，由债券持有人以背书方式或者法律、行政法规规定的其他方式转让；转让后由公司将受让人的姓名或者名称及住所记载于公司债券存根簿。

无记名公司债券的转让，由债券持有人将该债券交付给受让人后即发生转让的效力。

第一百六十一条 上市公司经股东大会决议可以发行可转换为股票的公司债券，并在公司债券募集办法中规定具体的转换办法。上市公司发行可转换为股票的公司债券，应当报国务院证券监督管理机构核准。

发行可转换为股票的公司债券，应当在债券上标明可转换公司债券字样，并在公司债券存根簿上载明可转换公司债券的数额。

第一百六十二条 发行可转换为股票的公司债券的，公司应当按照其转换办法向债券持有人换发股票，但债券持有人对转换股票或者不转换股票有选择权。

第八章 公司财务、会计

第一百六十三条 公司应当依照法律、行政法规和国务院财政部门的规定建立本公司的财务、会计制度。

第一百六十四条 公司应当在每一会计年度终了时编制财务会计报告，并依法经会计师事务所审计。

财务会计报告应当依照法律、行政法规和国务院财政部门的规定制作。

第一百六十五条 有限责任公司应当依照公司章程规定的期限将财务会计报告送交各股东。

股份有限公司的财务会计报告应当在召开股东大会年会的二十日前置备于本公司，供股东查阅；公开发行股票的股份有限公司必须公告其财务会计报告。

第一百六十六条 公司分配当年税后利润时，应当提取利润的百分之十列入公司法定公积金。公司法定公积金累计额为公司注册资本的百分之五十以上的，可以不再提取。

公司的法定公积金不足以弥补以前年度亏损的，在依照前款规定提取法定公积金之前，应当先用当年利润弥补亏损。

公司从税后利润中提取法定公积金后，经股东会或者股东大会决议，还可以从税后利润中提取任意公积金。

公司弥补亏损和提取公积金后所余税后利润，有限责任公司依照本法第三十四条的规定分配；股份有限公司按照股东持有的股份比例分配，但股份有限公司章程规定不按持股比例分配的除外。

股东会、股东大会或者董事会违反前款规定，在公司弥补亏损和提取法定公积金之前向股东分配利润的，股东必须将违反规定分配的利润退还公司。

公司持有的本公司股份不得分配利润。

第一百六十七条　股份有限公司以超过股票票面金额的发行价格发行股份所得的溢价款以及国务院财政部门规定列入资本公积金的其他收入,应当列为公司资本公积金。

第一百六十八条　公司的公积金用于弥补公司的亏损、扩大公司生产经营或者转为增加公司资本。但是,资本公积金不得用于弥补公司的亏损。

法定公积金转为资本时,所留存的该项公积金不得少于转增前公司注册资本的百分之二十五。

第一百六十九条　公司聘用、解聘承办公司审计业务的会计师事务所,依照公司章程的规定,由股东会、股东大会或者董事会决定。

公司股东会、股东大会或者董事会就解聘会计师事务所进行表决时,应当允许会计师事务所陈述意见。

第一百七十条　公司应当向聘用的会计师事务所提供真实、完整的会计凭证、会计账簿、财务会计报告及其他会计资料,不得拒绝、隐匿、谎报。

第一百七十一条　公司除法定的会计账簿外,不得另立会计账簿。

对公司资产,不得以任何个人名义开立账户存储。

第九章　公司合并、分立、增资、减资

第一百七十二条　公司合并可以采取吸收合并或者新设合并。

一个公司吸收其他公司为吸收合并,被吸收的公司解散。两个以上公司合并设立一个新的公司为新设合并,合并各方解散。

第一百七十三条　公司合并,应当由合并各方签订合并协议,并编制资产负债表及财产清单。公司应当自作出合并决议之日起十日内通知债权人,并于三十日内在报纸上公告。债权人自接到通知书之日起三十日内,未接到通知书的自公告之日起四十五日内,可以要求公司清偿债务或者提供相应的担保。

第一百七十四条　公司合并时,合并各方的债权、债务,应当由合并后存续的公司或者新设的公司承继。

第一百七十五条　公司分立,其财产作相应的分割。

公司分立,应当编制资产负债表及财产清单。公司应当自作出分立决议之日起十日内通知债权人,并于三十日内在报纸上公告。

第一百七十六条　公司分立前的债务由分立后的公司承担连带责任。但是,公司在分立前与债权人就债务清偿达成的书面协议另有约定的除外。

第一百七十七条　公司需要减少注册资本时,必须编制资产负债表及财产清单。

公司应当自作出减少注册资本决议之日起十日内通知债权人,并于三十日内在报纸上公告。债权人自接到通知书之日起三十日内,未接到通知书的自公告之日起四十五日内,有权要求公司清偿债务或者提供相应的担保。

第一百七十八条　有限责任公司增加注册资本时,股东认缴新增资本的出资,依照本法设立有限责任公司缴纳出资的有关规定执行。

股份有限公司为增加注册资本发行新股时,股东认购新股,依照本法设立股份有限公司缴纳股款的有关规定执行。

第一百七十九条　公司合并或者分立,登记事项发生变更的,应当依法向公司登记机关办理变更登记;公司解散的,应当依法办理公司注销登记;设立新公司的,应当依法办理公司设立登记。

公司增加或者减少注册资本,应当依法向公司登记机关办理变更登记。

第十章　公司解散和清算

第一百八十条　公司因下列原因解散:

(一)公司章程规定的营业期限届满或者公司章程规定的其他解散事由出现;

(二)股东会或者股东大会决议解散;

(三)因公司合并或者分立需要解散;

(四)依法被吊销营业执照、责令关闭或者被撤销;

(五)人民法院依照本法第一百八十二条的规定予以解散。

第一百八十一条　公司有本法第一百八十条第(一)项情形的,可以通过修改公司章程而存续。

依照前款规定修改公司章程，有限责任公司须经持有三分之二以上表决权的股东通过，股份有限公司须经出席股东大会会议的股东所持表决权的三分之二以上通过。

第一百八十二条　公司经营管理发生严重困难，继续存续会使股东利益受到重大损失，通过其他途径不能解决的，持有公司全部股东表决权百分之十以上的股东，可以请求人民法院解散公司。

第一百八十三条　公司因本法第一百八十条第（一）项、第（二）项、第（四）项、第（五）项规定而解散的，应当在解散事由出现之日起十五日内成立清算组，开始清算。有限责任公司的清算组由股东组成，股份有限公司的清算组由董事或者股东大会确定的人员组成。逾期不成立清算组进行清算的，债权人可以申请人民法院指定有关人员组成清算组进行清算。人民法院应当受理该申请，并及时组织清算组进行清算。

第一百八十四条　清算组在清算期间行使下列职权：

（一）清理公司财产，分别编制资产负债表和财产清单；

（二）通知、公告债权人；

（三）处理与清算有关的公司未了结的业务；

（四）清缴所欠税款以及清算过程中产生的税款；

（五）清理债权、债务；

（六）处理公司清偿债务后的剩余财产；

（七）代表公司参与民事诉讼活动。

第一百八十五条　清算组应当自成立之日起十日内通知债权人，并于六十日内在报纸上公告。债权人应当自接到通知书之日起三十日内，未接到通知书的自公告之日起四十五日内，向清算组申报其债权。

债权人申报债权，应当说明债权的有关事项，并提供证明材料。清算组应当对债权进行登记。

在申报债权期间，清算组不得对债权人进行清偿。

第一百八十六条　清算组在清理公司财产、编制资产负债表和财产清单后，应当制定清算方案，并报股东会、股东大会或者人民法院确认。

公司财产在分别支付清算费用、职工的工资、社会保险费用和法定补偿金，缴纳所欠税款，清偿公司债务后的剩余财产，有限责任公司按照股东的出资比例分配，股份有限公司按照股东持有的股份比例分配。

清算期间，公司存续，但不得开展与清算无关的经营活动。公司财产在未依照前款规定清偿前，不得分配给股东。

第一百八十七条　清算组在清理公司财产、编制资产负债表和财产清单后，发现公司财产不足清偿债务的，应当依法向人民法院申请宣告破产。

公司经人民法院裁定宣告破产后，清算组应当将清算事务移交给人民法院。

第一百八十八条　公司清算结束后，清算组应当制作清算报告，报股东会、股东大会或者人民法院确认，并报送公司登记机关，申请注销公司登记，公告公司终止。

第一百八十九条　清算组成员应当忠于职守，依法履行清算义务。

清算组成员不得利用职权收受贿赂或者其他非法收入，不得侵占公司财产。

清算组成员因故意或者重大过失给公司或者债权人造成损失的，应当承担赔偿责任。

第一百九十条　公司被依法宣告破产的，依照有关企业破产的法律实施破产清算。

第十一章　外国公司的分支机构

第一百九十一条　本法所称外国公司是指依照外国法律在中国境外设立的公司。

第一百九十二条　外国公司在中国境内设立分支机构，必须向中国主管机关提出申请，并提交其公司章程、所属国的公司登记证书等有关文件，经批准后，向公司登记机关依法办理登记，领取营业执照。

外国公司分支机构的审批办法由国务院另行规定。

第一百九十三条　外国公司在中国境内设立分支机构，必须在中国境内指定负责该分支机构的代表人或者代理人，并向该分支机构拨付与其所从事的经营活动相适应的资金。

对外国公司分支机构的经营资金需要规定

最低限额的,由国务院另行规定。

第一百九十四条 外国公司的分支机构应当在其名称中标明该外国公司的国籍及责任形式。

外国公司的分支机构应当在本机构中置备该外国公司章程。

第一百九十五条 外国公司在中国境内设立的分支机构不具有中国法人资格。

外国公司对其分支机构在中国境内进行经营活动承担民事责任。

第一百九十六条 经批准设立的外国公司分支机构,在中国境内从事业务活动,必须遵守中国的法律,不得损害中国的社会公共利益,其合法权益受中国法律保护。

第一百九十七条 外国公司撤销其在中国境内的分支机构时,必须依法清偿债务,依照本法有关公司清算程序的规定进行清算。未清偿债务之前,不得将其分支机构的财产移至中国境外。

第十二章 法律责任

第一百九十八条 违反本法规定,虚报注册资本、提交虚假材料或者采取其他欺诈手段隐瞒重要事实取得公司登记的,由公司登记机关责令改正,对虚报注册资本的公司,处以虚报注册资本金额百分之五以上百分之十五以下的罚款;对提交虚假材料或者采取其他欺诈手段隐瞒重要事实的公司,处以五万元以上五十万元以下的罚款;情节严重的,撤销公司登记或者吊销营业执照。

第一百九十九条 公司的发起人、股东虚假出资,未交付或者未按期交付作为出资的货币或者非货币财产的,由公司登记机关责令改正,处以虚假出资金额百分之五以上百分之十五以下的罚款。

第二百条 公司的发起人、股东在公司成立后,抽逃其出资的,由公司登记机关责令改正,处以所抽逃出资金额百分之五以上百分之十五以下的罚款。

第二百零一条 公司违反本法规定,在法定的会计账簿以外另立会计账簿的,由县级以上人民政府财政部门责令改正,处以五万元以上五十万元以下的罚款。

第二百零二条 公司在依法向有关主管部门提供的财务会计报告等材料上作虚假记载或者隐瞒重要事实的,由有关主管部门对直接负责的主管人员和其他直接责任人员处以三万元以上三十万元以下的罚款。

第二百零三条 公司不依照本法规定提取法定公积金的,由县级以上人民政府财政部门责令如数补足应当提取的金额,可以对公司处以二十万元以下的罚款。

第二百零四条 公司在合并、分立、减少注册资本或者进行清算时,不依照本法规定通知或者公告债权人的,由公司登记机关责令改正,对公司处以一万元以上十万元以下的罚款。

公司在进行清算时,隐匿财产,对资产负债表或者财产清单作虚假记载或者在未清偿债务前分配公司财产的,由公司登记机关责令改正,对公司处以隐匿财产或者未清偿债务前分配公司财产金额百分之五以上百分之十以下的罚款;对直接负责的主管人员和其他直接责任人员处以一万元以上十万元以下的罚款。

第二百零五条 公司在清算期间开展与清算无关的经营活动的,由公司登记机关予以警告,没收违法所得。

第二百零六条 清算组不依照本法规定向公司登记机关报送清算报告,或者报送清算报告隐瞒重要事实或者有重大遗漏的,由公司登记机关责令改正。

清算组成员利用职权徇私舞弊、谋取非法收入或者侵占公司财产的,由公司登记机关责令退还公司财产,没收违法所得,并可以处以违法所得一倍以上五倍以下的罚款。

第二百零七条 承担资产评估、验资或者验证的机构提供虚假材料的,由公司登记机关没收违法所得,处以违法所得一倍以上五倍以下的罚款,并可以由有关主管部门依法责令该机构停业、吊销直接责任人员的资格证书,吊销营业执照。

承担资产评估、验资或者验证的机构因过失提供有重大遗漏的报告的,由公司登记机关责令改正,情节较重的,处以所得收入一倍以上五倍以下的罚款,并可以由有关主管部门依法责令该机构停业、吊销直接责任人员的资格证书,吊销营业执照。

承担资产评估、验资或者验证的机构因其

出具的评估结果、验资或者验证证明不实，给公司债权人造成损失的，除能够证明自己没有过错的外，在其评估或者证明不实的金额范围内承担赔偿责任。

第二百零八条 公司登记机关对不符合本法规定条件的登记申请予以登记，或者对符合本法规定条件的登记申请不予登记的，对直接负责的主管人员和其他直接责任人员，依法给予行政处分。

第二百零九条 公司登记机关的上级部门强令公司登记机关对不符合本法规定条件的登记申请予以登记，或者对符合本法规定条件的登记申请不予登记的，或者对违法登记进行包庇的，对直接负责的主管人员和其他直接责任人员依法给予行政处分。

第二百一十条 未依法登记为有限责任公司或者股份有限公司，而冒用有限责任公司或者股份有限公司名义的，或者未依法登记为有限责任公司或者股份有限公司的分公司，而冒用有限责任公司或者股份有限公司的分公司名义的，由公司登记机关责令改正或者予以取缔，可以并处十万元以下的罚款。

第二百一十一条 公司成立后无正当理由超过六个月未开业的，或者开业后自行停业连续六个月以上的，可以由公司登记机关吊销营业执照。

公司登记事项发生变更时，未依照本法规定办理有关变更登记的，由公司登记机关责令限期登记；逾期不登记的，处以一万元以上十万元以下的罚款。

第二百一十二条 外国公司违反本法规定，擅自在中国境内设立分支机构的，由公司登记机关责令改正或者关闭，可以并处五万元以上二十万元以下的罚款。

第二百一十三条 利用公司名义从事危害国家安全、社会公共利益的严重违法行为的，吊销营业执照。

第二百一十四条 公司违反本法规定，应当承担民事赔偿责任和缴纳罚款、罚金的，其财产不足以支付时，先承担民事赔偿责任。

第二百一十五条 违反本法规定，构成犯罪的，依法追究刑事责任。

第十三章 附 则

第二百一十六条 本法下列用语的含义：

（一）高级管理人员，是指公司的经理、副经理、财务负责人，上市公司董事会秘书和公司章程规定的其他人员。

（二）控股股东，是指其出资额占有限责任公司资本总额百分之五十以上或者其持有的股份占股份有限公司股本总额百分之五十以上的股东；出资额或者持有股份的比例虽然不足百分之五十，但依其出资额或者持有的股份所享有的表决权已足以对股东会、股东大会的决议产生重大影响的股东。

（三）实际控制人，是指虽不是公司的股东，但通过投资关系、协议或者其他安排，能够实际支配公司行为的人。

（四）关联关系，是指公司控股股东、实际控制人、董事、监事、高级管理人员与其直接或者间接控制的企业之间的关系，以及可能导致公司利益转移的其他关系。但是，国家控股的企业之间不仅因为同受国家控股而具有关联关系。

第二百一十七条 外商投资的有限责任公司和股份有限公司适用本法；有关外商投资的法律另有规定的，适用其规定。

第二百一十八条 本法自2006年1月1日起施行。

中华人民共和国企业所得税法

(2007年3月16日第十届全国人民代表大会第五次会议通过
根据2018年12月29日第十三届全国人民代表大会常务委员会第七次会议
《关于修改〈中华人民共和国电力法〉等四部法律的决定》修正)

第一章　总　　则

第一条　在中华人民共和国境内,企业和其他取得收入的组织(以下统称企业)为企业所得税的纳税人,依照本法的规定缴纳企业所得税。

个人独资企业、合伙企业不适用本法。

第二条　企业分为居民企业和非居民企业。

本法所称居民企业,是指依法在中国境内成立,或者依照外国(地区)法律成立但实际管理机构在中国境内的企业。

本法所称非居民企业,是指依照外国(地区)法律成立且实际管理机构不在中国境内,但在中国境内设立机构、场所的,或者在中国境内未设立机构、场所,但有来源于中国境内所得的企业。

第三条　居民企业应当就其来源于中国境内、境外的所得缴纳企业所得税。

非居民企业在中国境内设立机构、场所的,应当就其所设机构、场所取得的来源于中国境内的所得,以及发生在中国境外但与其所设机构、场所有实际联系的所得,缴纳企业所得税。

非居民企业在中国境内未设立机构、场所的,或者虽设立机构、场所但取得的所得与其所设机构、场所没有实际联系的,应当就其来源于中国境内的所得缴纳企业所得税。

第四条　企业所得税的税率为25%。

非居民企业取得本法第三条第三款规定的所得,适用税率为20%。

第二章　应纳税所得额

第五条　企业每一纳税年度的收入总额,减除不征税收入、免税收入、各项扣除以及允许弥补的以前年度亏损后的余额,为应纳税所得额。

第六条　企业以货币形式和非货币形式从各种来源取得的收入,为收入总额。包括:

(一)销售货物收入;

(二)提供劳务收入;

(三)转让财产收入;

(四)股息、红利等权益性投资收益;

(五)利息收入;

(六)租金收入;

(七)特许权使用费收入;

(八)接受捐赠收入;

(九)其他收入。

第七条　收入总额中的下列收入为不征税收入:

(一)财政拨款;

(二)依法收取并纳入财政管理的行政事业性收费、政府性基金;

(三)国务院规定的其他不征税收入。

第八条　企业实际发生的与取得收入有关的、合理的支出,包括成本、费用、税金、损失和其他支出,准予在计算应纳税所得额时扣除。

第九条　企业发生的公益性捐赠支出,在年度利润总额12%以内的部分,准予在计算应纳税所得额时扣除;超过年度利润总额12%的部分,准予结转以后三年内在计算应纳税所得额时扣除。

第十条　在计算应纳税所得额时,下列支出不得扣除：

（一）向投资者支付的股息、红利等权益性投资收益款项；

（二）企业所得税税款；

（三）税收滞纳金；

（四）罚金、罚款和被没收财物的损失；

（五）本法第九条规定以外的捐赠支出；

（六）赞助支出；

（七）未经核定的准备金支出；

（八）与取得收入无关的其他支出。

第十一条　在计算应纳税所得额时，企业按照规定计算的固定资产折旧，准予扣除。

下列固定资产不得计算折旧扣除：

（一）房屋、建筑物以外未投入使用的固定资产；

（二）以经营租赁方式租入的固定资产；

（三）以融资租赁方式租出的固定资产；

（四）已足额提取折旧仍继续使用的固定资产；

（五）与经营活动无关的固定资产；

（六）单独估价作为固定资产入账的土地；

（七）其他不得计算折旧扣除的固定资产。

第十二条　在计算应纳税所得额时，企业按照规定计算的无形资产摊销费用，准予扣除。

下列无形资产不得计算摊销费用扣除：

（一）自行开发的支出已在计算应纳税所得额时扣除的无形资产；

（二）自创商誉；

（三）与经营活动无关的无形资产；

（四）其他不得计算摊销费用扣除的无形资产。

第十三条　在计算应纳税所得额时，企业发生的下列支出作为长期待摊费用，按照规定摊销的，准予扣除：

（一）已足额提取折旧的固定资产的改建支出；

（二）租入固定资产的改建支出；

（三）固定资产的大修理支出；

（四）其他应当作为长期待摊费用的支出。

第十四条　企业对外投资期间，投资资产的成本在计算应纳税所得额时不得扣除。

第十五条　企业使用或者销售存货，按照规定计算的存货成本，准予在计算应纳税所得额时扣除。

第十六条　企业转让资产，该项资产的净值，准予在计算应纳税所得额时扣除。

第十七条　企业在汇总计算缴纳企业所得税时，其境外营业机构的亏损不得抵减境内营业机构的盈利。

第十八条　企业纳税年度发生的亏损，准予向以后年度结转，用以后年度的所得弥补，但结转年限最长不得超过五年。

第十九条　非居民企业取得本法第三条第三款规定的所得，按照下列方法计算其应纳税所得额：

（一）股息、红利等权益性投资收益和利息、租金、特许权使用费所得，以收入全额为应纳税所得额；

（二）转让财产所得，以收入全额减除财产净值后的余额为应纳税所得额；

（三）其他所得，参照前两项规定的方法计算应纳税所得额。

第二十条　本章规定的收入、扣除的具体范围、标准和资产的税务处理的具体办法，由国务院财政、税务主管部门规定。

第二十一条　在计算应纳税所得额时，企业财务、会计处理办法与税收法律、行政法规的规定不一致的，应当依照税收法律、行政法规的规定计算。

第三章　应 纳 税 额

第二十二条　企业的应纳税所得额乘以适用税率，减除依照本法关于税收优惠的规定减免和抵免的税额后的余额，为应纳税额。

第二十三条　企业取得的下列所得已在境外缴纳的所得税税额，可以从其当期应纳税额中抵免，抵免限额为该项所得依照本法规定计算的应纳税额；超过抵免限额的部分，可以在以后五个年度内，用每年度抵免限额抵免当年应抵税额后的余额进行抵补：

（一）居民企业来源于中国境外的应税所得；

（二）非居民企业在中国境内设立机构、场所，取得发生在中国境外但与该机构、场所有实际联系的应税所得。

第二十四条　居民企业从其直接或者间接控制的外国企业分得的来源于中国境外的股

息、红利等权益性投资收益,外国企业在境外实际缴纳的所得税税额中属于该项所得负担的部分,可以作为该居民企业的可抵免境外所得税税额,在本法第二十三条规定的抵免限额内抵免。

第四章　税 收 优 惠

第二十五条　国家对重点扶持和鼓励发展的产业和项目,给予企业所得税优惠。

第二十六条　企业的下列收入为免税收入:

(一)国债利息收入;

(二)符合条件的居民企业之间的股息、红利等权益性投资收益;

(三)在中国境内设立机构、场所的非居民企业从居民企业取得与该机构、场所有实际联系的股息、红利等权益性投资收益;

(四)符合条件的非营利组织的收入。

第二十七条　企业的下列所得,可以免征、减征企业所得税:

(一)从事农、林、牧、渔业项目的所得;

(二)从事国家重点扶持的公共基础设施项目投资经营的所得;

(三)从事符合条件的环境保护、节能节水项目的所得;

(四)符合条件的技术转让所得;

(五)本法第三条第三款规定的所得。

第二十八条　符合条件的小型微利企业,减按20%的税率征收企业所得税。

国家需要重点扶持的高新技术企业,减按15%的税率征收企业所得税。

第二十九条　民族自治地方的自治机关对本民族自治地方的企业应缴纳的企业所得税中属于地方分享的部分,可以决定减征或者免征。自治州、自治县决定减征或者免征的,须报省、自治区、直辖市人民政府批准。

第三十条　企业的下列支出,可以在计算应纳税所得额时加计扣除:

(一)开发新技术、新产品、新工艺发生的研究开发费用;

(二)安置残疾人员及国家鼓励安置的其他就业人员所支付的工资。

第三十一条　创业投资企业从事国家需要重点扶持和鼓励的创业投资,可以按投资额的一定比例抵扣应纳税所得额。

第三十二条　企业的固定资产由于技术进步等原因,确需加速折旧的,可以缩短折旧年限或者采取加速折旧的方法。

第三十三条　企业综合利用资源,生产符合国家产业政策规定的产品所取得的收入,可以在计算应纳税所得额时减计收入。

第三十四条　企业购置用于环境保护、节能节水、安全生产等专用设备的投资额,可以按一定比例实行税额抵免。

第三十五条　本法规定的税收优惠的具体办法,由国务院规定。

第三十六条　根据国民经济和社会发展的需要,或者由于突发事件等原因对企业经营活动产生重大影响的,国务院可以制定企业所得税专项优惠政策,报全国人民代表大会常务委员会备案。

第五章　源 泉 扣 缴

第三十七条　对非居民企业取得本法第三条第三款规定的所得应缴纳的所得税,实行源泉扣缴,以支付人为扣缴义务人。税款由扣缴义务人在每次支付或者到期应支付时,从支付或者到期应支付的款项中扣缴。

第三十八条　对非居民企业在中国境内取得工程作业和劳务所得应缴纳的所得税,税务机关可以指定工程价款或者劳务费的支付人为扣缴义务人。

第三十九条　依照本法第三十七条、第三十八条规定应当扣缴的所得税,扣缴义务人未依法扣缴或者无法履行扣缴义务的,由纳税人在所得发生地缴纳。纳税人未依法缴纳的,税务机关可以从该纳税人在中国境内其他收入项目的支付人应付的款项中,追缴该纳税人的应纳税款。

第四十条　扣缴义务人每次代扣的税款,应当自代扣之日起七日内缴入国库,并向所在地的税务机关报送扣缴企业所得税报告表。

第六章　特别纳税调整

第四十一条　企业与其关联方之间的业务

往来，不符合独立交易原则而减少企业或者其关联方应纳税收入或者所得额的，税务机关有权按照合理方法调整。

企业与其关联方共同开发、受让无形资产，或者共同提供、接受劳务发生的成本，在计算应纳税所得额时应当按照独立交易原则进行分摊。

第四十二条 企业可以向税务机关提出与其关联方之间业务往来的定价原则和计算方法，税务机关与企业协商、确认后，达成预约定价安排。

第四十三条 企业向税务机关报送年度企业所得税纳税申报表时，应当就其与关联方之间的业务往来，附送年度关联业务往来报告表。

税务机关在进行关联业务调查时，企业及其关联方，以及与关联业务调查有关的其他企业，应当按照规定提供相关资料。

第四十四条 企业不提供与其关联方之间业务往来资料，或者提供虚假、不完整资料，未能真实反映其关联业务往来情况的，税务机关有权依法核定其应纳税所得额。

第四十五条 由居民企业，或者由居民企业和中国居民控制的设立在实际税负明显低于本法第四条第一款规定税率水平的国家（地区）的企业，并非由于合理的经营需要而对利润不作分配或者减少分配的，上述利润中应归属于该居民企业的部分，应当计入该居民企业的当期收入。

第四十六条 企业从其关联方接受的债权性投资与权益性投资的比例超过规定标准而发生的利息支出，不得在计算应纳税所得额时扣除。

第四十七条 企业实施其他不具有合理商业目的的安排而减少其应纳税收入或者所得额的，税务机关有权按照合理方法调整。

第四十八条 税务机关依照本章规定作出纳税调整，需要补征税款的，应当补征税款，并按照国务院规定加收利息。

第七章 征收管理

第四十九条 企业所得税的征收管理除本法规定外，依照《中华人民共和国税收征收管理法》的规定执行。

第五十条 除税收法律、行政法规另有规定外，居民企业以企业登记注册地为纳税地点；但登记注册地在境外的，以实际管理机构所在地为纳税地点。

居民企业在中国境内设立不具有法人资格的营业机构的，应当汇总计算并缴纳企业所得税。

第五十一条 非居民企业取得本法第三条第二款规定的所得，以机构、场所所在地为纳税地点。非居民企业在中国境内设立两个或者两个以上机构、场所，符合国务院税务主管部门规定条件的，可以选择由其主要机构、场所汇总缴纳企业所得税。

非居民企业取得本法第三条第三款规定的所得，以扣缴义务人所在地为纳税地点。

第五十二条 除国务院另有规定外，企业之间不得合并缴纳企业所得税。

第五十三条 企业所得税按纳税年度计算。纳税年度自公历1月1日起至12月31日止。

企业在一个纳税年度中间开业，或者终止经营活动，使该纳税年度的实际经营期不足十二个月的，应当以其实际经营期为一个纳税年度。

企业依法清算时，应当以清算期间作为一个纳税年度。

第五十四条 企业所得税分月或者分季预缴。

企业应当自月份或者季度终了之日起十五日内，向税务机关报送预缴企业所得税纳税申报表，预缴税款。

企业应当自年度终了之日起五个月内，向税务机关报送年度企业所得税纳税申报表，并汇算清缴，结清应缴应退税款。

企业在报送企业所得税纳税申报表时，应当按照规定附送财务会计报告和其他有关资料。

第五十五条 企业在年度中间终止经营活动的，应当自实际经营终止之日起六十日内，向税务机关办理当期企业所得税汇算清缴。

企业应当在办理注销登记前，就其清算所得向税务机关申报并依法缴纳企业所得税。

第五十六条 依照本法缴纳的企业所得税，以人民币计算。所得以人民币以外的货币计算的,应当折合成人民币计算并缴纳税款。

第八章　附　　则

第五十七条　本法公布前已经批准设立的企业,依照当时的税收法律、行政法规规定,享受低税率优惠的,按照国务院规定,可以在本法施行后五年内,逐步过渡到本法规定的税率;享受定期减免税优惠的,按照国务院规定,可以在本法施行后继续享受到期满为止,但因未获利而尚未享受优惠的,优惠期限从本法施行年度起计算。

法律设置的发展对外经济合作和技术交流的特定地区内,以及国务院已规定执行上述地区特殊政策的地区内新设立的国家需要重点扶持的高新技术企业,可以享受过渡性税收优惠,具体办法由国务院规定。

国家已确定的其他鼓励类企业,可以按照国务院规定享受减免税优惠。

第五十八条　中华人民共和国政府同外国政府订立的有关税收的协定与本法有不同规定的,依照协定的规定办理。

第五十九条　国务院根据本法制定实施条例。

第六十条　本法自2008年1月1日起施行。1991年4月9日第七届全国人民代表大会第四次会议通过的《中华人民共和国外商投资企业和外国企业所得税法》和1993年12月13日国务院发布的《中华人民共和国企业所得税暂行条例》同时废止。

(二)司法解释及其他司法文件

最高人民法院关于适用《中华人民共和国行政诉讼法》的解释

(2018年2月6日　法释〔2018〕1号)

为正确适用《中华人民共和国行政诉讼法》(以下简称行政诉讼法),结合人民法院行政审判工作实际,制定本解释。

一、受案范围

第一条　公民、法人或者其他组织对行政机关及其工作人员的行政行为不服,依法提起诉讼的,属于人民法院行政诉讼的受案范围。

下列行为不属于人民法院行政诉讼的受案范围:

(一)公安、国家安全等机关依照刑事诉讼法的明确授权实施的行为;

(二)调解行为以及法律规定的仲裁行为;

(三)行政指导行为;

(四)驳回当事人对行政行为提起申诉的重复处理行为;

(五)行政机关作出的不产生外部法律效力的行为;

(六)行政机关为作出行政行为而实施的准备、论证、研究、层报、咨询等过程性行为;

(七)行政机关根据人民法院的生效裁判、协助执行通知书作出的执行行为,但行政机关扩大执行范围或者采取违法方式实施的除外;

(八)上级行政机关基于内部层级监督关系对下级行政机关作出的听取报告、执法检查、督促履责等行为;

(九)行政机关针对信访事项作出的登记、受理、交办、转送、复查、复核意见等行为;

(十)对公民、法人或者其他组织权利义务不产生实际影响的行为。

第二条　行政诉讼法第十三条第一项规定

的“国家行为”,是指国务院、中央军事委员会、国防部、外交部等根据宪法和法律的授权,以国家的名义实施的有关国防和外交事务的行为,以及经宪法和法律授权的国家机关宣布紧急状态等行为。

行政诉讼法第十三条第二项规定的“具有普遍约束力的决定、命令”,是指行政机关针对不特定对象发布的能反复适用的规范性文件。

行政诉讼法第十三条第三项规定的“对行政机关工作人员的奖惩、任免等决定”,是指行政机关作出的涉及行政机关工作人员公务员权利义务的决定。

行政诉讼法第十三条第四项规定的“法律规定由行政机关最终裁决的行政行为”中的“法律”,是指全国人民代表大会及其常务委员会制定、通过的规范性文件。

二、管　　辖

第三条　各级人民法院行政审判庭审理行政案件和审查行政机关申请执行其行政行为的案件。

专门人民法院、人民法庭不审理行政案件,也不审查和执行行政机关申请执行其行政行为的案件。铁路运输法院等专门人民法院审理行政案件,应当执行行政诉讼法第十八条第二款的规定。

第四条　立案后,受诉人民法院的管辖权不受当事人住所地改变、追加被告等事实和法律状态变更的影响。

第五条　有下列情形之一的,属于行政诉讼法第十五条第三项规定的“本辖区内重大、复杂的案件”:

(一)社会影响重大的共同诉讼案件;

(二)涉外或者涉及香港特别行政区、澳门特别行政区、台湾地区的案件;

(三)其他重大、复杂案件。

第六条　当事人以案件重大复杂为由,认为有管辖权的基层人民法院不宜行使管辖权或者根据行政诉讼法第五十二条的规定,向中级人民法院起诉,中级人民法院应当根据不同情况在七日内分别作出以下处理:

(一)决定自行审理;

(二)指定本辖区其他基层人民法院管辖;

(三)书面告知当事人向有管辖权的基层人民法院起诉。

第七条　基层人民法院对其管辖的第一审行政案件,认为需要由中级人民法院审理或者指定管辖的,可以报请中级人民法院决定。中级人民法院应当根据不同情况在七日内分别作出以下处理:

(一)决定自行审理;

(二)指定本辖区其他基层人民法院管辖;

(三)决定由报请的人民法院审理。

第八条　行政诉讼法第十九条规定的“原告所在地”,包括原告的户籍所在地、经常居住地和被限制人身自由地。

对行政机关基于同一事实,既采取限制公民人身自由的行政强制措施,又采取其他行政强制措施或者行政处罚不服的,由被告所在地或者原告所在地的人民法院管辖。

第九条　行政诉讼法第二十条规定的“因不动产提起的行政诉讼”是指因行政行为导致不动产物权变动而提起的诉讼。

不动产已登记的,以不动产登记簿记载的所在地为不动产所在地;不动产未登记的,以不动产实际所在地为不动产所在地。

第十条　人民法院受理案件后,被告提出管辖异议的,应当在收到起诉状副本之日起十五日内提出。

对当事人提出的管辖异议,人民法院应当进行审查。异议成立的,裁定将案件移送有管辖权的人民法院;异议不成立的,裁定驳回。

人民法院对管辖异议审查后确定有管辖权的,不因当事人增加或者变更诉讼请求等改变管辖,但违反级别管辖、专属管辖规定的除外。

第十一条　有下列情形之一的,人民法院不予审查:

(一)人民法院发回重审或者按第一审程序再审的案件,当事人提出管辖异议的;

(二)当事人在第一审程序中未按照法律规定的期限和形式提出管辖异议,在第二审程序中提出的。

三、诉讼参加人

第十二条　有下列情形之一的,属于行政诉讼法第二十五条第一款规定的“与行政行为

有利害关系”:

(一)被诉的行政行为涉及其相邻权或者公平竞争权的;

(二)在行政复议等行政程序中被追加为第三人的;

(三)要求行政机关依法追究加害人法律责任的;

(四)撤销或者变更行政行为涉及其合法权益的;

(五)为维护自身合法权益向行政机关投诉,具有处理投诉职责的行政机关作出或者未作出处理的;

(六)其他与行政行为有利害关系的情形。

第十三条 债权人以行政机关对债务人所作的行政行为损害债权实现为由提起行政诉讼的,人民法院应当告知其就民事争议提起民事诉讼,但行政机关作出行政行为时依法应予保护或者应予考虑的除外。

第十四条 行政诉讼法第二十五条第二款规定的“近亲属”,包括配偶、父母、子女、兄弟姐妹、祖父母、外祖父母、孙子女、外孙子女和其他具有扶养、赡养关系的亲属。

公民因被限制人身自由而不能提起诉讼的,其近亲属可以依其口头或者书面委托以该公民的名义提起诉讼。近亲属起诉时无法与被限制人身自由的公民取得联系,近亲属可以先行起诉,并在诉讼中补充提交委托证明。

第十五条 合伙企业向人民法院提起诉讼的,应当以核准登记的字号为原告。未依法登记领取营业执照的个人合伙的全体合伙人为共同原告;全体合伙人可以推选代表人,被推选的代表人,应当由全体合伙人出具推选书。

个体工商户向人民法院提起诉讼的,以营业执照上登记的经营者为原告。有字号的,以营业执照上登记的字号为原告,并应当注明该字号经营者的基本信息。

第十六条 股份制企业的股东大会、股东会、董事会等认为行政机关作出的行政行为侵犯企业经营自主权的,可以企业名义提起诉讼。

联营企业、中外合资或者合作企业的联营、合资、合作各方,认为联营、合资、合作企业权益或者自己一方合法权益受行政行为侵害的,可以自己的名义提起诉讼。

非国有企业被行政机关注销、撤销、合并、强令兼并、出售、分立或者改变企业隶属关系的,该企业或者其法定代表人可以提起诉讼。

第十七条 事业单位、社会团体、基金会、社会服务机构等非营利法人的出资人、设立人认为行政行为损害法人合法权益的,可以自己的名义提起诉讼。

第十八条 业主委员会对于行政机关作出的涉及业主共有利益的行政行为,可以自己的名义提起诉讼。

业主委员会不起诉的,专有部分占建筑物总面积过半数或者占总户数过半数的业主可以提起诉讼。

第十九条 当事人不服经上级行政机关批准的行政行为,向人民法院提起诉讼的,以在对外发生法律效力的文书上署名的机关为被告。

第二十条 行政机关组建并赋予行政管理职能但不具有独立承担法律责任能力的机构,以自己的名义作出行政行为,当事人不服提起诉讼的,应当以组建该机构的行政机关为被告。

法律、法规或者规章授权行使行政职权的行政机关内设机构、派出机构或者其他组织,超出法定授权范围实施行政行为,当事人不服提起诉讼的,应当以实施该行为的机构或者组织为被告。

没有法律、法规或者规章规定,行政机关授权其内设机构、派出机构或者其他组织行使行政职权的,属于行政诉讼法第二十六条规定的委托。当事人不服提起诉讼的,应当以该行政机关为被告。

第二十一条 当事人对由国务院、省级人民政府批准设立的开发区管理机构作出的行政行为不服提起诉讼的,以该开发区管理机构为被告;对由国务院、省级人民政府批准设立的开发区管理机构所属职能部门作出的行政行为不服提起诉讼的,以其职能部门为被告;对其他开发区管理机构所属职能部门作出的行政行为不服提起诉讼的,以开发区管理机构为被告;开发区管理机构没有行政主体资格的,以设立该机构的地方人民政府为被告。

第二十二条 行政诉讼法第二十六条第二款规定的“复议机关改变原行政行为”,是指复议机关改变原行政行为的处理结果。复议机关改变原行政行为所认定的主要事实和证据、改变原行政行为所适用的规范依据,但未改变原行政行为处理结果的，视为复议机关维持原行政行为。

复议机关确认原行政行为无效，属于改变原行政行为。

复议机关确认原行政行为违法，属于改变原行政行为，但复议机关以违反法定程序为由确认原行政行为违法的除外。

第二十三条 行政机关被撤销或者职权变更，没有继续行使其职权的行政机关的，以其所属的人民政府为被告；实行垂直领导的，以垂直领导的上一级行政机关为被告。

第二十四条 当事人对村民委员会或者居民委员会依据法律、法规、规章的授权履行行政管理职责的行为不服提起诉讼的，以村民委员会或者居民委员会为被告。

当事人对村民委员会、居民委员会受行政机关委托作出的行为不服提起诉讼的，以委托的行政机关为被告。

当事人对高等学校等事业单位以及律师协会、注册会计师协会等行业协会依据法律、法规、规章的授权实施的行政行为不服提起诉讼的，以该事业单位、行业协会为被告。

当事人对高等学校等事业单位以及律师协会、注册会计师协会等行业协会受行政机关委托作出的行为不服提起诉讼的，以委托的行政机关为被告。

第二十五条 市、县级人民政府确定的房屋征收部门组织实施房屋征收与补偿工作过程中作出行政行为，被征收人不服提起诉讼的，以房屋征收部门为被告。

征收实施单位受房屋征收部门委托，在委托范围内从事的行为，被征收人不服提起诉讼的，应当以房屋征收部门为被告。

第二十六条 原告所起诉的被告不适格，人民法院应当告知原告变更被告；原告不同意变更的，裁定驳回起诉。

应当追加被告而原告不同意追加的，人民法院应当通知其以第三人的身份参加诉讼，但行政复议机关作共同被告的除外。

第二十七条 必须共同进行诉讼的当事人没有参加诉讼的，人民法院应当依法通知其参加；当事人也可以向人民法院申请参加。

人民法院应当对当事人提出的申请进行审查，申请理由不成立的，裁定驳回；申请理由成立的，书面通知其参加诉讼。

前款所称的必须共同进行诉讼，是指按照行政诉讼法第二十七条的规定，当事人一方或者双方为两人以上，因同一行政行为发生行政争议，人民法院必须合并审理的诉讼。

第二十八条 人民法院追加共同诉讼的当事人时，应当通知其他当事人。应当追加的原告，已明确表示放弃实体权利的，可不予追加；既不愿意参加诉讼，又不放弃实体权利的，应追加为第三人，其不参加诉讼，不能阻碍人民法院对案件的审理和裁判。

第二十九条 行政诉讼法第二十八条规定的“人数众多”，一般指十人以上。

根据行政诉讼法第二十八条的规定，当事人一方人数众多的，由当事人推选代表人。当事人推选不出的，可以由人民法院在起诉的当事人中指定代表人。

行政诉讼法第二十八条规定的代表人为二至五人。代表人可以委托一至二人作为诉讼代理人。

第三十条 行政机关的同一行政行为涉及两个以上利害关系人，其中一部分利害关系人对行政行为不服提起诉讼，人民法院应当通知没有起诉的其他利害关系人作为第三人参加诉讼。

与行政案件处理结果有利害关系的第三人，可以申请参加诉讼，或者由人民法院通知其参加诉讼。人民法院判决其承担义务或者减损其权益的第三人，有权提出上诉或者申请再审。

行政诉讼法第二十九条规定的第三人，因不能归责于本人的事由未参加诉讼，但有证据证明发生法律效力的判决、裁定、调解书损害其合法权益的，可以依照行政诉讼法第九十条的规定，自知道或者应当知道其合法权益受到损害之日起六个月内，向上一级人民法院申请再审。

第三十一条 当事人委托诉讼代理人，应当向人民法院提交由委托人签名或者盖章的授权委托书。委托书应当载明委托事项和具体权限。公民在特殊情况下无法书面委托的，也可以由他人代书，并由自己捺印等方式确认，人民法院应当核实并记录在卷；被诉行政机关或者其他有义务协助的机关拒绝人民法院向被限制人身自由的公民核实的，视为委托成立。当事人解除或者变更委托的,应当书面报告人民法院。

第三十二条 依照行政诉讼法第三十一条第二款第二项规定,与当事人有合法劳动人事关系的职工,可以当事人工作人员的名义作为诉讼代理人。以当事人的工作人员身份参加诉讼活动,应当提交以下证据之一加以证明:

(一)缴纳社会保险记录凭证;

(二)领取工资凭证;

(三)其他能够证明其为当事人工作人员身份的证据。

第三十三条 根据行政诉讼法第三十一条第二款第三项规定,有关社会团体推荐公民担任诉讼代理人的,应当符合下列条件:

(一)社会团体属于依法登记设立或者依法免予登记设立的非营利性法人组织;

(二)被代理人属于该社会团体的成员,或者当事人一方住所地位于该社会团体的活动地域;

(三)代理事务属于该社会团体章程载明的业务范围;

(四)被推荐的公民是该社会团体的负责人或者与该社会团体有合法劳动人事关系的工作人员。

专利代理人经中华全国专利代理人协会推荐,可以在专利行政案件中担任诉讼代理人。

四、证 据

第三十四条 根据行政诉讼法第三十六条第一款的规定,被告申请延期提供证据的,应当在收到起诉状副本之日起十五日内以书面方式向人民法院提出。人民法院准许延期提供的,被告应当在正当事由消除后十五日内提供证据。逾期提供的,视为被诉行政行为没有相应的证据。

第三十五条 原告或者第三人应当在开庭审理前或者人民法院指定的交换证据清单之日提供证据。因正当事由申请延期提供证据的,经人民法院准许,可以在法庭调查中提供。逾期提供证据的,人民法院应当责令其说明理由;拒不说明理由或者理由不成立的,视为放弃举证权利。

原告或者第三人在第一审程序中无正当事由未提供而在第二审程序中提供的证据,人民法院不予接纳。

第三十六条 当事人申请延长举证期限,应当在举证期限届满前向人民法院提出书面申请。

申请理由成立的,人民法院应当准许,适当延长举证期限,并通知其他当事人。申请理由不成立的,人民法院不予准许,并通知申请人。

第三十七条 根据行政诉讼法第三十九条的规定,对当事人无争议,但涉及国家利益、公共利益或者他人合法权益的事实,人民法院可以责令当事人提供或者补充有关证据。

第三十八条 对于案情比较复杂或者证据数量较多的案件,人民法院可以组织当事人在开庭前向对方出示或者交换证据,并将交换证据清单的情况记录在卷。

当事人在庭前证据交换过程中没有争议并记录在卷的证据,经审判人员在庭审中说明后,可以作为认定案件事实的依据。

第三十九条 当事人申请调查收集证据,但该证据与待证事实无关联、对证明待证事实无意义或者其他无调查收集必要的,人民法院不予准许。

第四十条 人民法院在证人出庭作证前应当告知其如实作证的义务以及作伪证的法律后果。

证人因履行出庭作证义务而支出的交通、住宿、就餐等必要费用以及误工损失,由败诉一方当事人承担。

第四十一条 有下列情形之一,原告或者第三人要求相关行政执法人员出庭说明的,人民法院可以准许:

(一)对现场笔录的合法性或者真实性有异议的;

(二)对扣押财产的品种或者数量有异议的;

(三)对检验的物品取样或者保管有异议的;

(四)对行政执法人员身份的合法性有异议的;

(五)需要出庭说明的其他情形。

第四十二条 能够反映案件真实情况、与待证事实相关联、来源和形式符合法律规定的证据,应当作为认定案件事实的根据。

第四十三条　有下列情形之一的，属于行政诉讼法第四十三条第三款规定的"以非法手段取得的证据"：

（一）严重违反法定程序收集的证据材料；

（二）以违反法律强制性规定的手段获取且侵害他人合法权益的证据材料；

（三）以利诱、欺诈、胁迫、暴力等手段获取的证据材料。

第四十四条　人民法院认为有必要的，可以要求当事人本人或者行政机关执法人员到庭，就案件有关事实接受询问。在询问之前，可以要求其签署保证书。

保证书应当载明据实陈述、如有虚假陈述愿意接受处罚等内容。当事人或者行政机关执法人员应当在保证书上签名或者捺印。

负有举证责任的当事人拒绝到庭、拒绝接受询问或者拒绝签署保证书，待证事实又欠缺其他证据加以佐证的，人民法院对其主张的事实不予认定。

第四十五条　被告有证据证明其在行政程序中依照法定程序要求原告或者第三人提供证据，原告或者第三人依法应当提供而没有提供，在诉讼程序中提供的证据，人民法院一般不予采纳。

第四十六条　原告或者第三人确有证据证明被告持有的证据对原告或者第三人有利的，可以在开庭审理前书面申请人民法院责令行政机关提交。

申请理由成立的，人民法院应当责令行政机关提交，因提交证据所产生的费用，由申请人预付。行政机关无正当理由拒不提交的，人民法院可以推定原告或者第三人基于该证据主张的事实成立。

持有证据的当事人以妨碍对方当事人使用为目的，毁灭有关证据或者实施其他致使证据不能使用行为的，人民法院可以推定对方当事人基于该证据主张的事实成立，并可依照行政诉讼法第五十九条规定处理。

第四十七条　根据行政诉讼法第三十八条第二款的规定，在行政赔偿、补偿案件中，因被告的原因导致原告无法就损害情况举证的，应当由被告就该损害情况承担举证责任。

对于各方主张损失的价值无法认定的，应当由负有举证责任的一方当事人申请鉴定，但法律、法规、规章规定行政机关在作出行政行为时依法应当评估或者鉴定的除外；负有举证责任的当事人拒绝申请鉴定的，由其承担不利的法律后果。

当事人的损失因客观原因无法鉴定的，人民法院应当结合当事人的主张和在案证据，遵循法官职业道德，运用逻辑推理和生活经验、生活常识等，酌情确定赔偿数额。

五、期间、送达

第四十八条　期间包括法定期间和人民法院指定的期间。

期间以时、日、月、年计算。期间开始的时和日，不计算在期间内。

期间届满的最后一日是节假日的，以节假日后的第一日为期间届满的日期。

期间不包括在途时间，诉讼文书在期满前交邮的，视为在期限内发送。

第四十九条　行政诉讼法第五十一条第二款规定的立案期限，因起诉状内容欠缺或者有其他错误通知原告限期补正的，从补正后递交人民法院的次日起算。由上级人民法院转交下级人民法院立案的案件，从受诉人民法院收到起诉状的次日起算。

第五十条　行政诉讼法第八十一条、第八十三条、第八十八条规定的审理期限，是指从立案之日起至裁判宣告、调解书送达之日止的期间，但公告期间、鉴定期间、调解期间、中止诉讼期间、审理当事人提出的管辖异议以及处理人民法院之间的管辖争议期间不应计算在内。

再审案件按照第一审程序或者第二审程序审理的，适用行政诉讼法第八十一条、第八十八条规定的审理期限。审理期限自再审立案的次日起算。

基层人民法院申请延长审理期限，应当直接报请高级人民法院批准，同时报中级人民法院备案。

第五十一条　人民法院可以要求当事人签署送达地址确认书，当事人确认的送达地址为人民法院法律文书的送达地址。

当事人同意电子送达的，应当提供并确认传真号、电子信箱等电子送达地址。

当事人送达地址发生变更的，应当及时书

面告知受理案件的人民法院;未及时告知的,人民法院按原地址送达,视为依法送达。

人民法院可以通过国家邮政机构以法院专递方式进行送达。

第五十二条　人民法院可以在当事人住所地以外向当事人直接送达诉讼文书。当事人拒绝签署送达回证的,采用拍照、录像等方式记录送达过程即视为送达。审判人员、书记员应当在送达回证上注明送达情况并签名。

六、起诉与受理

第五十三条　人民法院对符合起诉条件的案件应当立案,依法保障当事人行使诉讼权利。

对当事人依法提起的诉讼,人民法院应当根据行政诉讼法第五十一条的规定接收起诉状。能够判断符合起诉条件的,应当当场登记立案;当场不能判断是否符合起诉条件的,应当在接收起诉状后七日内决定是否立案;七日内仍不能作出判断的,应当先予立案。

第五十四条　依照行政诉讼法第四十九条的规定,公民、法人或者其他组织提起诉讼时应当提交以下起诉材料:

(一)原告的身份证明材料以及有效联系方式;

(二)被诉行政行为或者不作为存在的材料;

(三)原告与被诉行政行为具有利害关系的材料;

(四)人民法院认为需要提交的其他材料。

由法定代理人或者委托代理人代为起诉的,还应当在起诉状中写明或者在口头起诉时向人民法院说明法定代理人或者委托代理人的基本情况,并提交法定代理人或者委托代理人的身份证明和代理权限证明等材料。

第五十五条　依照行政诉讼法第五十一条的规定,人民法院应当就起诉状内容和材料是否完备以及是否符合行政诉讼法规定的起诉条件进行审查。

起诉状内容或者材料欠缺的,人民法院应当给予指导和释明,并一次性全面告知当事人需要补正的内容、补充的材料及期限。在指定期限内补正并符合起诉条件的,应当登记立案。当事人拒绝补正或者经补正仍不符合起诉条件的,退回诉状并记录在册;坚持起诉的,裁定不予立案,并载明不予立案的理由。

第五十六条　法律、法规规定应当先申请复议,公民、法人或者其他组织未申请复议直接提起诉讼的,人民法院裁定不予立案。

依照行政诉讼法第四十五条的规定,复议机关不受理复议申请或者在法定期限内不作出复议决定,公民、法人或者其他组织不服,依法向人民法院提起诉讼的,人民法院应当依法立案。

第五十七条　法律、法规未规定行政复议为提起行政诉讼必经程序,公民、法人或者其他组织既提起诉讼又申请行政复议的,由先立案的机关管辖;同时立案的,由公民、法人或者其他组织选择。公民、法人或者其他组织已经申请行政复议,在法定复议期间内又向人民法院提起诉讼的,人民法院裁定不予立案。

第五十八条　法律、法规未规定行政复议为提起行政诉讼必经程序,公民、法人或者其他组织向复议机关申请行政复议后,又经复议机关同意撤回复议申请,在法定起诉期限内对原行政行为提起诉讼的,人民法院应当依法立案。

第五十九条　公民、法人或者其他组织向复议机关申请行政复议后,复议机关作出维持决定的,应当以复议机关和原行为机关为共同被告,并以复议决定送达时间确定起诉期限。

第六十条　人民法院裁定准许原告撤诉后,原告以同一事实和理由重新起诉的,人民法院不予立案。

准予撤诉的裁定确有错误,原告申请再审的,人民法院应当通过审判监督程序撤销原准予撤诉的裁定,重新对案件进行审理。

第六十一条　原告或者上诉人未按规定的期限预交案件受理费,又不提出缓交、减交、免交申请,或者提出申请未获批准的,按自动撤诉处理。在按撤诉处理后,原告或者上诉人在法定期限内再次起诉或者上诉,并依法解决诉讼费预交问题的,人民法院应予立案。

第六十二条　人民法院判决撤销行政机关的行政行为后,公民、法人或者其他组织对行政机关重新作出的行政行为不服向人民法院起诉的,人民法院应当依法立案。

第六十三条　行政机关作出行政行为时,没有制作或者没有送达法律文书,公民、法人或者其他组织只要能证明行政行为存在，并在法定期限内起诉的，人民法院应当依法立案。

第六十四条　行政机关作出行政行为时，未告知公民、法人或者其他组织起诉期限的，起诉期限从公民、法人或者其他组织知道或者应当知道起诉期限之日起计算，但从知道或者应当知道行政行为内容之日起最长不得超过一年。

复议决定未告知公民、法人或者其他组织起诉期限的，适用前款规定。

第六十五条　公民、法人或者其他组织不知道行政机关作出的行政行为内容的，其起诉期限从知道或者应当知道该行政行为内容之日起计算，但最长不得超过行政诉讼法第四十六条第二款规定的起诉期限。

第六十六条　公民、法人或者其他组织依照行政诉讼法第四十七条第一款的规定，对行政机关不履行法定职责提起诉讼的，应当在行政机关履行法定职责期限届满之日起六个月内提出。

第六十七条　原告提供被告的名称等信息足以使被告与其他行政机关相区别的，可以认定为行政诉讼法第四十九条第二项规定的"有明确的被告"。

起诉状列写被告信息不足以认定明确的被告的，人民法院可以告知原告补正；原告补正后仍不能确定明确的被告的，人民法院裁定不予立案。

第六十八条　行政诉讼法第四十九条第三项规定的"有具体的诉讼请求"是指：

（一）请求判决撤销或者变更行政行为；

（二）请求判决行政机关履行特定法定职责或者给付义务；

（三）请求判决确认行政行为违法；

（四）请求判决确认行政行为无效；

（五）请求判决行政机关予以赔偿或者补偿；

（六）请求解决行政协议争议；

（七）请求一并审查规章以下规范性文件；

（八）请求一并解决相关民事争议；

（九）其他诉讼请求。

当事人单独或者一并提起行政赔偿、补偿诉讼的，应当有具体的赔偿、补偿事项以及数额；请求一并审查规章以下规范性文件的，应当提供明确的文件名称或者审查对象；请求一并解决相关民事争议的，应当有具体的民事诉讼请求。

当事人未能正确表达诉讼请求的，人民法院应当要求其明确诉讼请求。

第六十九条　有下列情形之一，已经立案的，应当裁定驳回起诉：

（一）不符合行政诉讼法第四十九条规定的；

（二）超过法定起诉期限且无行政诉讼法第四十八条规定情形的；

（三）错列被告且拒绝变更的；

（四）未按照法律规定由法定代理人、指定代理人、代表人为诉讼行为的；

（五）未按照法律、法规规定先向行政机关申请复议的；

（六）重复起诉的；

（七）撤回起诉后无正当理由再行起诉的；

（八）行政行为对其合法权益明显不产生实际影响的；

（九）诉讼标的已为生效裁判或者调解书所羁束的；

（十）其他不符合法定起诉条件的情形。

前款所列情形可以补正或者更正的，人民法院应当指定期间责令补正或者更正；在指定期间已经补正或者更正的，应当依法审理。

人民法院经过阅卷、调查或者询问当事人，认为不需要开庭审理的，可以迳行裁定驳回起诉。

第七十条　起诉状副本送达被告后，原告提出新的诉讼请求的，人民法院不予准许，但有正当理由的除外。

七、审理与判决

第七十一条　人民法院适用普通程序审理案件，应当在开庭三日前用传票传唤当事人。对证人、鉴定人、勘验人、翻译人员，应当用通知书通知其到庭。当事人或者其他诉讼参与人在外地的，应当留有必要的在途时间。

第七十二条　有下列情形之一的，可以延期开庭审理：

（一）应当到庭的当事人和其他诉讼参与人有正当理由没有到庭的；

(二)当事人临时提出回避申请且无法及时作出决定的;

(三)需要通知新的证人到庭,调取新的证据,重新鉴定、勘验,或者需要补充调查的;

(四)其他应当延期的情形。

第七十三条 根据行政诉讼法第二十七条的规定,有下列情形之一的,人民法院可以决定合并审理:

(一)两个以上行政机关分别对同一事实作出行政行为,公民、法人或者其他组织不服向同一人民法院起诉的;

(二)行政机关就同一事实对若干公民、法人或者其他组织分别作出行政行为,公民、法人或者其他组织不服分别向同一人民法院起诉的;

(三)在诉讼过程中,被告对原告作出新的行政行为,原告不服向同一人民法院起诉的;

(四)人民法院认为可以合并审理的其他情形。

第七十四条 当事人申请回避,应当说明理由,在案件开始审理时提出;回避事由在案件开始审理后知道的,应当在法庭辩论终结前提出。

被申请回避的人员,在人民法院作出是否回避的决定前,应当暂停参与本案的工作,但案件需要采取紧急措施的除外。

对当事人提出的回避申请,人民法院应当在三日内以口头或者书面形式作出决定。对当事人提出的明显不属于法定回避事由的申请,法庭可以依法当庭驳回。

申请人对驳回回避申请决定不服的,可以向作出决定的人民法院申请复议一次。复议期间,被申请回避的人员不停止参与本案的工作。对申请人的复议申请,人民法院应当在三日内作出复议决定,并通知复议申请人。

第七十五条 在一个审判程序中参与过本案审判工作的审判人员,不得再参与该案其他程序的审判。

发回重审的案件,在一审法院作出裁判后又进入第二审程序的,原第二审程序中合议庭组成人员不受前款规定的限制。

第七十六条 人民法院对于因一方当事人的行为或者其他原因,可能使行政行为或者人民法院生效裁判不能或者难以执行的案件,根据对方当事人的申请,可以裁定对其财产进行保全、责令其作出一定行为或者禁止其作出一定行为;当事人没有提出申请的,人民法院在必要时也可以裁定采取上述保全措施。

人民法院采取保全措施,可以责令申请人提供担保;申请人不提供担保的,裁定驳回申请。

人民法院接受申请后,对情况紧急的,必须在四十八小时内作出裁定;裁定采取保全措施的,应当立即开始执行。

当事人对保全的裁定不服的,可以申请复议;复议期间不停止裁定的执行。

第七十七条 利害关系人因情况紧急,不立即申请保全将会使其合法权益受到难以弥补的损害的,可以在提起诉讼前向被保全财产所在地、被申请人住所地或者对案件有管辖权的人民法院申请采取保全措施。申请人应当提供担保,不提供担保的,裁定驳回申请。

人民法院接受申请后,必须在四十八小时内作出裁定;裁定采取保全措施的,应当立即开始执行。

申请人在人民法院采取保全措施后三十日内不依法提起诉讼的,人民法院应当解除保全。

当事人对保全的裁定不服的,可以申请复议;复议期间不停止裁定的执行。

第七十八条 保全限于请求的范围,或者与本案有关的财物。

财产保全采取查封、扣押、冻结或者法律规定的其他方法。人民法院保全财产后,应当立即通知被保全人。

财产已被查封、冻结的,不得重复查封、冻结。

涉及财产的案件,被申请人提供担保的,人民法院应当裁定解除保全。

申请有错误的,申请人应当赔偿被申请人因保全所遭受的损失。

第七十九条 原告或者上诉人申请撤诉,人民法院裁定不予准许的,原告或者上诉人经传票传唤无正当理由拒不到庭,或者未经法庭许可中途退庭的,人民法院可以缺席判决。

第三人经传票传唤无正当理由拒不到庭,或者未经法庭许可中途退庭的,不发生阻止案件审理的效果。

根据行政诉讼法第五十八条的规定,被告

经传票传唤无正当理由拒不到庭,或者未经法庭许可中途退庭的,人民法院可以按期开庭或者继续开庭审理,对到庭的当事人诉讼请求、双方的诉辩理由以及已经提交的证据及其他诉讼材料进行审理后,依法缺席判决。

第八十条　原告或者上诉人在庭审中明确拒绝陈述或者以其他方式拒绝陈述,导致庭审无法进行,经法庭释明法律后果后仍不陈述意见的,视为放弃陈述权利,由其承担不利的法律后果。

当事人申请撤诉或者依法可以按撤诉处理的案件,当事人有违反法律的行为需要依法处理的,人民法院可以不准许撤诉或者不按撤诉处理。

法庭辩论终结后原告申请撤诉,人民法院可以准许,但涉及到国家利益和社会公共利益的除外。

第八十一条　被告在一审期间改变被诉行政行为的,应当书面告知人民法院。

原告或者第三人对改变后的行政行为不服提起诉讼的,人民法院应当就改变后的行政行为进行审理。

被告改变原违法行政行为,原告仍要求确认原行政行为违法的,人民法院应当依法作出确认判决。

原告起诉被告不作为,在诉讼中被告作出行政行为,原告不撤诉的,人民法院应当就不作为依法作出确认判决。

第八十二条　当事人之间恶意串通,企图通过诉讼等方式侵害国家利益、社会公共利益或者他人合法权益的,人民法院应当裁定驳回起诉或者判决驳回其请求,并根据情节轻重予以罚款、拘留;构成犯罪的,依法追究刑事责任。

第八十三条　行政诉讼法第五十九条规定的罚款、拘留可以单独适用,也可以合并适用。

对同一妨害行政诉讼行为的罚款、拘留不得连续适用。发生新的妨害行政诉讼行为的,人民法院可以重新予以罚款、拘留。

第八十四条　人民法院审理行政诉讼法第六十条第一款规定的行政案件,认为法律关系明确、事实清楚,在征得当事人双方同意后,可以迳行调解。

第八十五条　调解达成协议,人民法院应当制作调解书。调解书应当写明诉讼请求、案件的事实和调解结果。

调解书由审判人员、书记员署名,加盖人民法院印章,送达双方当事人。

调解书经双方当事人签收后,即具有法律效力。调解书生效日期根据最后收到调解书的当事人签收的日期确定。

第八十六条　人民法院审理行政案件,调解过程不公开,但当事人同意公开的除外。

经人民法院准许,第三人可以参加调解。人民法院认为有必要的,可以通知第三人参加调解。

调解协议内容不公开,但为保护国家利益、社会公共利益、他人合法权益,人民法院认为确有必要公开的除外。

当事人一方或者双方不愿调解、调解未达成协议的,人民法院应当及时判决。

当事人自行和解或者调解达成协议后,请求人民法院按照和解协议或者调解协议的内容制作判决书的,人民法院不予准许。

第八十七条　在诉讼过程中,有下列情形之一的,中止诉讼:

(一)原告死亡,须等待其近亲属表明是否参加诉讼的;

(二)原告丧失诉讼行为能力,尚未确定法定代理人的;

(三)作为一方当事人的行政机关、法人或者其他组织终止,尚未确定权利义务承受人的;

(四)一方当事人因不可抗力的事由不能参加诉讼的;

(五)案件涉及法律适用问题,需要送请有权机关作出解释或者确认的;

(六)案件的审判须以相关民事、刑事或者其他行政案件的审理结果为依据,而相关案件尚未审结的;

(七)其他应当中止诉讼的情形。

中止诉讼的原因消除后,恢复诉讼。

第八十八条　在诉讼过程中,有下列情形之一的,终结诉讼:

(一)原告死亡,没有近亲属或者近亲属放弃诉讼权利的;

(二)作为原告的法人或者其他组织终止后,其权利义务的承受人放弃诉讼权利的。

因本解释第八十七条第一款第一、二、三项原因中止诉讼满九十日仍无人继续诉讼的,裁定终结诉讼,但有特殊情况的除外。

第八十九条 复议决定改变原行政行为错误,人民法院判决撤销复议决定时,可以一并责令复议机关重新作出复议决定或者判决恢复原行政行为的法律效力。

第九十条 人民法院判决被告重新作出行政行为,被告重新作出的行政行为与原行政行为的结果相同,但主要事实或者主要理由有改变的,不属于行政诉讼法第七十一条规定的情形。

人民法院以违反法定程序为由,判决撤销被诉行政行为的,行政机关重新作出行政行为不受行政诉讼法第七十一条规定的限制。

行政机关以同一事实和理由重新作出与原行政行为基本相同的行政行为,人民法院应当根据行政诉讼法第七十条、第七十一条的规定判决撤销或者部分撤销,并根据行政诉讼法第九十六条的规定处理。

第九十一条 原告请求被告履行法定职责的理由成立,被告违法拒绝履行或者无正当理由逾期不予答复的,人民法院可以根据行政诉讼法第七十二条的规定,判决被告在一定期限内依法履行原告请求的法定职责;尚需被告调查或者裁量的,应当判决被告针对原告的请求重新作出处理。

第九十二条 原告申请被告依法履行支付抚恤金、最低生活保障待遇或者社会保险待遇等给付义务的理由成立,被告依法负有给付义务而拒绝或者拖延履行义务的,人民法院可以根据行政诉讼法第七十三条的规定,判决被告在一定期限内履行相应的给付义务。

第九十三条 原告请求被告履行法定职责或者依法履行支付抚恤金、最低生活保障待遇或者社会保险待遇等给付义务,原告未先向行政机关提出申请的,人民法院裁定驳回起诉。

人民法院经审理认为原告所请求履行的法定职责或者给付义务明显不属于行政机关权限范围的,可以裁定驳回起诉。

第九十四条 公民、法人或者其他组织起诉请求撤销行政行为,人民法院经审查认为行政行为无效的,应当作出确认无效的判决。

公民、法人或者其他组织起诉请求确认行政行为无效,人民法院审查认为行政行为不属于无效情形,经释明,原告请求撤销行政行为的,应当继续审理并依法作出相应判决;原告请求撤销行政行为但超过法定起诉期限的,裁定驳回起诉;原告拒绝变更诉讼请求的,判决驳回其诉讼请求。

第九十五条 人民法院经审理认为被诉行政行为违法或者无效,可能给原告造成损失,经释明,原告请求一并解决行政赔偿争议的,人民法院可以就赔偿事项进行调解;调解不成的,应当一并判决。人民法院也可以告知其就赔偿事项另行提起诉讼。

第九十六条 有下列情形之一,且对原告依法享有的听证、陈述、申辩等重要程序性权利不产生实质损害的,属于行政诉讼法第七十四条第一款第二项规定的“程序轻微违法”:

(一)处理期限轻微违法;

(二)通知、送达等程序轻微违法;

(三)其他程序轻微违法的情形。

第九十七条 原告或者第三人的损失系由其自身过错和行政机关的违法行政行为共同造成的,人民法院应当依据各方行为与损害结果之间有无因果关系以及在损害发生和结果中作用力的大小,确定行政机关相应的赔偿责任。

第九十八条 因行政机关不履行、拖延履行法定职责,致使公民、法人或者其他组织的合法权益遭受损害的,人民法院应当判决行政机关承担行政赔偿责任。在确定赔偿数额时,应当考虑该不履行、拖延履行法定职责的行为在损害发生过程和结果中所起的作用等因素。

第九十九条 有下列情形之一的,属于行政诉讼法第七十五条规定的“重大且明显违法”:

(一)行政行为实施主体不具有行政主体资格;

(二)减损权利或者增加义务的行政行为没有法律规范依据;

(三)行政行为的内容客观上不可能实施;

(四)其他重大且明显违法的情形。

第一百条 人民法院审理行政案件,适用最高人民法院司法解释的,应当在裁判文书中援引。

人民法院审理行政案件,可以在裁判文书中引用合法有效的规章及其他规范性文件。

第一百零一条 裁定适用于下列范围:

(一)不予立案;

（二）驳回起诉；

（三）管辖异议；

（四）终结诉讼；

（五）中止诉讼；

（六）移送或者指定管辖；

（七）诉讼期间停止行政行为的执行或者驳回停止执行的申请；

（八）财产保全；

（九）先予执行；

（十）准许或者不准许撤诉；

（十一）补正裁判文书中的笔误；

（十二）中止或者终结执行；

（十三）提审、指令再审或者发回重审；

（十四）准许或者不准许执行行政机关的行政行为；

（十五）其他需要裁定的事项。

对第一、二、三项裁定，当事人可以上诉。

裁定书应当写明裁定结果和作出该裁定的理由。裁定书由审判人员、书记员署名，加盖人民法院印章。口头裁定的，记入笔录。

第一百零二条　行政诉讼法第八十二条规定的行政案件中的“事实清楚”，是指当事人对争议的事实陈述基本一致，并能提供相应的证据，无须人民法院调查收集证据即可查明事实；“权利义务关系明确”，是指行政法律关系中权利和义务能够明确区分；“争议不大”，是指当事人对行政行为的合法性、责任承担等没有实质分歧。

第一百零三条　适用简易程序审理的行政案件，人民法院可以用口头通知、电话、短信、传真、电子邮件等简便方式传唤当事人、通知证人、送达裁判文书以外的诉讼文书。

以简便方式送达的开庭通知，未经当事人确认或者没有其他证据证明当事人已经收到的，人民法院不得缺席判决。

第一百零四条　适用简易程序案件的举证期限由人民法院确定，也可以由当事人协商一致并经人民法院准许，但不得超过十五日。被告要求书面答辩的，人民法院可以确定合理的答辩期间。

人民法院应当将举证期限和开庭日期告知双方当事人，并向当事人说明逾期举证以及拒不到庭的法律后果，由双方当事人在笔录和开庭传票的送达回证上签名或者捺印。

当事人双方均表示同意立即开庭或者缩短举证期限、答辩期间的，人民法院可以立即开庭审理或者确定近期开庭。

第一百零五条　人民法院发现案情复杂，需要转为普通程序审理的，应当在审理期限届满前作出裁定并将合议庭组成人员及相关事项书面通知双方当事人。

案件转为普通程序审理的，审理期限自人民法院立案之日起计算。

第一百零六条　当事人就已经提起诉讼的事项在诉讼过程中或者裁判生效后再次起诉，同时具有下列情形的，构成重复起诉：

（一）后诉与前诉的当事人相同；

（二）后诉与前诉的诉讼标的相同；

（三）后诉与前诉的诉讼请求相同，或者后诉的诉讼请求被前诉裁判所包含。

第一百零七条　第一审人民法院作出判决和裁定后，当事人均提起上诉的，上诉各方均为上诉人。

诉讼当事人中的一部分人提出上诉，没有提出上诉的对方当事人为被上诉人，其他当事人依原审诉讼地位列明。

第一百零八条　当事人提出上诉，应当按照其他当事人或者诉讼代表人的人数提出上诉状副本。

原审人民法院收到上诉状，应当在五日内将上诉状副本发送其他当事人，对方当事人应当在收到上诉状副本之日起十五日内提出答辩状。

原审人民法院应当在收到答辩状之日起五日内将副本发送上诉人。对方当事人不提出答辩状的，不影响人民法院审理。

原审人民法院收到上诉状、答辩状，应当在五日内连同全部案卷和证据，报送第二审人民法院；已经预收的诉讼费用，一并报送。

第一百零九条　第二审人民法院经审理认为原审人民法院不予立案或者驳回起诉的裁定确有错误且当事人的起诉符合起诉条件的，应当裁定撤销原审人民法院的裁定，指令原审人民法院依法立案或者继续审理。

第二审人民法院裁定发回原审人民法院重新审理的行政案件，原审人民法院应当另行组成合议庭进行审理。

原审判决遗漏了必须参加诉讼的当事人或

者诉讼请求的,第二审人民法院应当裁定撤销原审判决,发回重审。

原审判决遗漏行政赔偿请求,第二审人民法院经审查认为依法不应当予以赔偿的,应当判决驳回行政赔偿请求。

原审判决遗漏行政赔偿请求,第二审人民法院经审理认为依法应当予以赔偿的,在确认被诉行政行为违法的同时,可以就行政赔偿问题进行调解;调解不成的,应当就行政赔偿部分发回重审。

当事人在第二审期间提出行政赔偿请求的,第二审人民法院可以进行调解;调解不成的,应当告知当事人另行起诉。

第一百一十条　当事人向上一级人民法院申请再审,应当在判决、裁定或者调解书发生法律效力后六个月内提出。有下列情形之一的,自知道或者应当知道之日起六个月内提出:

(一)有新的证据,足以推翻原判决、裁定的;

(二)原判决、裁定认定事实的主要证据是伪造的;

(三)据以作出原判决、裁定的法律文书被撤销或者变更的;

(四)审判人员审理该案件时有贪污受贿、徇私舞弊、枉法裁判行为的。

第一百一十一条　当事人申请再审的,应当提交再审申请书等材料。人民法院认为有必要的,可以自收到再审申请书之日起五日内将再审申请书副本发送对方当事人。对方当事人应当自收到再审申请书副本之日起十五日内提交书面意见。人民法院可以要求申请人和对方当事人补充有关材料,询问有关事项。

第一百一十二条　人民法院应当自再审申请案件立案之日起六个月内审查,有特殊情况需要延长的,由本院院长批准。

第一百一十三条　人民法院根据审查再审申请案件的需要决定是否询问当事人;新的证据可能推翻原判决、裁定的,人民法院应当询问当事人。

第一百一十四条　审查再审申请期间,被申请人及原审其他当事人依法提出再审申请的,人民法院应当将其列为再审申请人,对其再审事由一并审查,审查期限重新计算。经审查,其中一方再审申请人主张的再审事由成立的,应当裁定再审。各方再审申请人主张的再审事由均不成立的,一并裁定驳回再审申请。

第一百一十五条　审查再审申请期间,再审申请人申请人民法院委托鉴定、勘验的,人民法院不予准许。

审查再审申请期间,再审申请人撤回再审申请的,是否准许,由人民法院裁定。

再审申请人经传票传唤,无正当理由拒不接受询问的,按撤回再审申请处理。

人民法院准许撤回再审申请或者按撤回再审申请处理后,再审申请人再次申请再审的,不予立案,但有行政诉讼法第九十一条第二项、第三项、第七项、第八项规定情形,自知道或者应当知道之日起六个月内提出的除外。

第一百一十六条　当事人主张的再审事由成立,且符合行政诉讼法和本解释规定的申请再审条件的,人民法院应当裁定再审。

当事人主张的再审事由不成立,或者当事人申请再审超过法定申请再审期限、超出法定再审事由范围等不符合行政诉讼法和本解释规定的申请再审条件的,人民法院应当裁定驳回再审申请。

第一百一十七条　有下列情形之一的,当事人可以向人民检察院申请抗诉或者检察建议:

(一)人民法院驳回再审申请的;

(二)人民法院逾期未对再审申请作出裁定的;

(三)再审判决、裁定有明显错误的。

人民法院基于抗诉或者检察建议作出再审判决、裁定后,当事人申请再审的,人民法院不予立案。

第一百一十八条　按照审判监督程序决定再审的案件,裁定中止原判决、裁定、调解书的执行,但支付抚恤金、最低生活保障费或者社会保险待遇的案件,可以不中止执行。

上级人民法院决定提审或者指令下级人民法院再审的,应当作出裁定,裁定应当写明中止原判决的执行;情况紧急的,可以将中止执行的裁定口头通知负责执行的人民法院或者作出生效判决、裁定的人民法院,但应当在口头通知后十日内发出裁定书。

第一百一十九条　人民法院按照审判监督程序再审的案件,发生法律效力的判决、裁定是由第一审法院作出的，按照第一审程序审理，所作的判决、裁定，当事人可以上诉；发生法律效力的判决、裁定是由第二审法院作出的，按照第二审程序审理，所作的判决、裁定，是发生法律效力的判决、裁定；上级人民法院按照审判监督程序提审的，按照第二审程序审理，所作的判决、裁定是发生法律效力的判决、裁定。

人民法院审理再审案件，应当另行组成合议庭。

第一百二十条 人民法院审理再审案件应当围绕再审请求和被诉行政行为合法性进行。当事人的再审请求超出原审诉讼请求，符合另案诉讼条件的，告知当事人可以另行起诉。

被申请人及原审其他当事人在庭审辩论结束前提出的再审请求，符合本解释规定的申请期限的，人民法院应当一并审理。

人民法院经再审，发现已经发生法律效力的判决、裁定损害国家利益、社会公共利益、他人合法权益的，应当一并审理。

第一百二十一条 再审审理期间，有下列情形之一的，裁定终结再审程序：

（一）再审申请人在再审期间撤回再审请求，人民法院准许的；

（二）再审申请人经传票传唤，无正当理由拒不到庭的，或者未经法庭许可中途退庭，按撤回再审请求处理的；

（三）人民检察院撤回抗诉的；

（四）其他应当终结再审程序的情形。

因人民检察院提出抗诉裁定再审的案件，申请抗诉的当事人有前款规定的情形，且不损害国家利益、社会公共利益或者他人合法权益的，人民法院裁定终结再审程序。

再审程序终结后，人民法院裁定中止执行的原生效判决自动恢复执行。

第一百二十二条 人民法院审理再审案件，认为原生效判决、裁定确有错误，在撤销原生效判决或者裁定的同时，可以对生效判决、裁定的内容作出相应裁判，也可以裁定撤销生效判决或者裁定，发回作出生效判决、裁定的人民法院重新审理。

第一百二十三条 人民法院审理二审案件和再审案件，对原审法院立案、不予立案或者驳回起诉错误的，应当分别情况作如下处理：

（一）第一审人民法院作出实体判决后，第二审人民法院认为不应当立案的，在撤销第一审人民法院判决的同时，可以迳行驳回起诉；

（二）第二审人民法院维持第一审人民法院不予立案裁定错误的，再审法院应当撤销第一审、第二审人民法院裁定，指令第一审人民法院受理；

（三）第二审人民法院维持第一审人民法院驳回起诉裁定错误的，再审法院应当撤销第一审、第二审人民法院裁定，指令第一审人民法院审理。

第一百二十四条 人民检察院提出抗诉的案件，接受抗诉的人民法院应当自收到抗诉书之日起三十日内作出再审的裁定；有行政诉讼法第九十一条第二、三项规定情形之一的，可以指令下一级人民法院再审，但经该下一级人民法院再审过的除外。

人民法院在审查抗诉材料期间，当事人之间已经达成和解协议的，人民法院可以建议人民检察院撤回抗诉。

第一百二十五条 人民检察院提出抗诉的案件，人民法院再审开庭时，应当在开庭三日前通知人民检察院派员出庭。

第一百二十六条 人民法院收到再审检察建议后，应当组成合议庭，在三个月内进行审查，发现原判决、裁定、调解书确有错误，需要再审的，依照行政诉讼法第九十二条规定裁定再审，并通知当事人；经审查，决定不予再审的，应当书面回复人民检察院。

第一百二十七条 人民法院审理因人民检察院抗诉或者检察建议裁定再审的案件，不受此前已经作出的驳回当事人再审申请裁定的限制。

八、行政机关负责人出庭应诉

第一百二十八条 行政诉讼法第三条第三款规定的行政机关负责人，包括行政机关的正职、副职负责人以及其他参与分管的负责人。

行政机关负责人出庭应诉的，可以另行委托一至二名诉讼代理人。行政机关负责人不能出庭的，应当委托行政机关相应的工作人员出庭，不得仅委托律师出庭。

第一百二十九条 涉及重大公共利益、社会高度关注或者可能引发群体性事件等案件以及人民法院书面建议行政机关负责人出庭的案件,被诉行政机关负责人应当出庭。

被诉行政机关负责人出庭应诉的,应当在当事人及其诉讼代理人基本情况、案件由来部分予以列明。

行政机关负责人有正当理由不能出庭应诉的,应当向人民法院提交情况说明,并加盖行政机关印章或者由该机关主要负责人签字认可。

行政机关拒绝说明理由的,不发生阻止案件审理的效果,人民法院可以向监察机关、上一级行政机关提出司法建议。

第一百三十条 行政诉讼法第三条第三款规定的"行政机关相应的工作人员",包括该行政机关具有国家行政编制身份的工作人员以及其他依法履行公职的人员。

被诉行政行为是地方人民政府作出的,地方人民政府法制工作机构的工作人员,以及被诉行政行为具体承办机关工作人员,可以视为被诉人民政府相应的工作人员。

第一百三十一条 行政机关负责人出庭应诉的,应当向人民法院提交能够证明该行政机关负责人职务的材料。

行政机关委托相应的工作人员出庭应诉的,应当向人民法院提交加盖行政机关印章的授权委托书,并载明工作人员的姓名、职务和代理权限。

第一百三十二条 行政机关负责人和行政机关相应的工作人员均不出庭,仅委托律师出庭的或者人民法院书面建议行政机关负责人出庭应诉,行政机关负责人不出庭应诉的,人民法院应当记录在案和在裁判文书中载明,并可以建议有关机关依法作出处理。

九、复议机关作共同被告

第一百三十三条 行政诉讼法第二十六条第二款规定的"复议机关决定维持原行政行为",包括复议机关驳回复议申请或者复议请求的情形,但以复议申请不符合受理条件为由驳回的除外。

第一百三十四条 复议机关决定维持原行政行为的,作出原行政行为的行政机关和复议机关是共同被告。原告只起诉作出原行政行为的行政机关或者复议机关的,人民法院应当告知原告追加被告。原告不同意追加的,人民法院应当将另一机关列为共同被告。

行政复议决定既有维持原行政行为内容,又有改变原行政行为内容或者不予受理申请内容的,作出原行政行为的行政机关和复议机关为共同被告。

复议机关作共同被告的案件,以作出原行政行为的行政机关确定案件的级别管辖。

第一百三十五条 复议机关决定维持原行政行为的,人民法院应当在审查原行政行为合法性的同时,一并审查复议决定的合法性。

作出原行政行为的行政机关和复议机关对原行政行为合法性共同承担举证责任,可以由其中一个机关实施举证行为。复议机关对复议决定的合法性承担举证责任。

复议机关作共同被告的案件,复议机关在复议程序中依法收集和补充的证据,可以作为人民法院认定复议决定和原行政行为合法的依据。

第一百三十六条 人民法院对原行政行为作出判决的同时,应当对复议决定一并作出相应判决。

人民法院依职权追加作出原行政行为的行政机关或者复议机关为共同被告的,对原行政行为或者复议决定可以作出相应判决。

人民法院判决撤销原行政行为和复议决定的,可以判决作出原行政行为的行政机关重新作出行政行为。

人民法院判决作出原行政行为的行政机关履行法定职责或者给付义务的,应当同时判决撤销复议决定。

原行政行为合法、复议决定违法的,人民法院可以判决撤销复议决定或者确认复议决定违法,同时判决驳回原告针对原行政行为的诉讼请求。

原行政行为被撤销、确认违法或者无效,给原告造成损失的,应当由作出原行政行为的行政机关承担赔偿责任;因复议决定加重损害的,由复议机关对加重部分承担赔偿责任。

原行政行为不符合复议或者诉讼受案范围等受理条件,复议机关作出维持决定的,人民法院应当裁定一并驳回对原行政行为和复议决定的起诉。

十、相关民事争议的一并审理

第一百三十七条 公民、法人或者其他组织请求一并审理行政诉讼法第六十一条规定的相关民事争议，应当在第一审开庭审理前提出；有正当理由的，也可以在法庭调查中提出。

第一百三十八条 人民法院决定在行政诉讼中一并审理相关民事争议，或者案件当事人一致同意相关民事争议在行政诉讼中一并解决，人民法院准许的，由受理行政案件的人民法院管辖。

公民、法人或者其他组织请求一并审理相关民事争议，人民法院经审查发现行政案件已经超过起诉期限，民事案件尚未立案的，告知当事人另行提起民事诉讼；民事案件已经立案的，由原审判组织继续审理。

人民法院在审理行政案件中发现民事争议为解决行政争议的基础，当事人没有请求人民法院一并审理相关民事争议的，人民法院应当告知当事人依法申请一并解决民事争议。当事人就民事争议另行提起民事诉讼并已立案的，人民法院应当中止行政诉讼的审理。民事争议处理期间不计算在行政诉讼审理期限内。

第一百三十九条 有下列情形之一的，人民法院应当作出不予准许一并审理民事争议的决定，并告知当事人可以依法通过其他渠道主张权利：

（一）法律规定应当由行政机关先行处理的；

（二）违反民事诉讼法专属管辖规定或者协议管辖约定的；

（三）约定仲裁或者已经提起民事诉讼的；

（四）其他不宜一并审理民事争议的情形。

对不予准许的决定可以申请复议一次。

第一百四十条 人民法院在行政诉讼中一并审理相关民事争议的，民事争议应当单独立案，由同一审判组织审理。

人民法院审理行政机关对民事争议所作裁决的案件，一并审理民事争议的，不另行立案。

第一百四十一条 人民法院一并审理相关民事争议，适用民事法律规范的相关规定，法律另有规定的除外。

当事人在调解中对民事权益的处分，不能作为审查被诉行政行为合法性的根据。

第一百四十二条 对行政争议和民事争议应当分别裁判。

当事人仅对行政裁判或者民事裁判提出上诉的，未上诉的裁判在上诉期满后即发生法律效力。第一审人民法院应当将全部案卷一并移送第二审人民法院，由行政审判庭审理。第二审人民法院发现未上诉的生效裁判确有错误的，应当按照审判监督程序再审。

第一百四十三条 行政诉讼原告在宣判前申请撤诉的，是否准许由人民法院裁定。人民法院裁定准许行政诉讼原告撤诉，但其对已经提起的一并审理相关民事争议不撤诉的，人民法院应当继续审理。

第一百四十四条 人民法院一并审理相关民事争议，应当按行政案件、民事案件的标准分别收取诉讼费用。

十一、规范性文件的一并审查

第一百四十五条 公民、法人或者其他组织在对行政行为提起诉讼时一并请求对所依据的规范性文件审查的，由行政行为案件管辖法院一并审查。

第一百四十六条 公民、法人或者其他组织请求人民法院一并审查行政诉讼法第五十三条规定的规范性文件，应当在第一审开庭审理前提出；有正当理由的，也可以在法庭调查中提出。

第一百四十七条 人民法院在对规范性文件审查过程中，发现规范性文件可能不合法的，应当听取规范性文件制定机关的意见。

制定机关申请出庭陈述意见的，人民法院应当准许。

行政机关未陈述意见或者未提供相关证明材料的，不能阻止人民法院对规范性文件进行审查。

第一百四十八条 人民法院对规范性文件进行一并审查时，可以从规范性文件制定机关是否超越权限或者违反法定程序、作出行政行为所依据的条款以及相关条款等方面进行。

有下列情形之一的，属于行政诉讼法第六十四条规定的“规范性文件不合法”：

（一）超越制定机关的法定职权或者超越

法律、法规、规章的授权范围的;

(二)与法律、法规、规章等上位法的规定相抵触的;

(三)没有法律、法规、规章依据,违法增加公民、法人和其他组织义务或者减损公民、法人和其他组织合法权益的;

(四)未履行法定批准程序、公开发布程序,严重违反制定程序的;

(五)其他违反法律、法规以及规章规定的情形。

第一百四十九条 人民法院经审查认为行政行为所依据的规范性文件合法的,应当作为认定行政行为合法的依据;经审查认为规范性文件不合法的,不作为人民法院认定行政行为合法的依据,并在裁判理由中予以阐明。作出生效裁判的人民法院应当向规范性文件的制定机关提出处理建议,并可以抄送制定机关的同级人民政府、上一级行政机关、监察机关以及规范性文件的备案机关。

规范性文件不合法的,人民法院可以在裁判生效之日起三个月内,向规范性文件制定机关提出修改或者废止该规范性文件的司法建议。

规范性文件由多个部门联合制定的,人民法院可以向该规范性文件的主办机关或者共同上一级行政机关发送司法建议。

接收司法建议的行政机关应当在收到司法建议之日起六十日内予以书面答复。情况紧急的,人民法院可以建议制定机关或者其上一级行政机关立即停止执行该规范性文件。

第一百五十条 人民法院认为规范性文件不合法的,应当在裁判生效后报送上一级人民法院进行备案。涉及国务院部门、省级行政机关制定的规范性文件,司法建议还应当分别层报最高人民法院、高级人民法院备案。

第一百五十一条 各级人民法院院长对本院已经发生法律效力的判决、裁定,发现规范性文件合法性认定错误,认为需要再审的,应当提交审判委员会讨论。

最高人民法院对地方各级人民法院已经发生法律效力的判决、裁定,上级人民法院对下级人民法院已经发生法律效力的判决、裁定,发现规范性文件合法性认定错误的,有权提审或者指令下级人民法院再审。

十二、执　　行

第一百五十二条 对发生法律效力的行政判决书、行政裁定书、行政赔偿判决书和行政调解书,负有义务的一方当事人拒绝履行的,对方当事人可以依法申请人民法院强制执行。

人民法院判决行政机关履行行政赔偿、行政补偿或者其他行政给付义务,行政机关拒不履行的,对方当事人可以依法向法院申请强制执行。

第一百五十三条 申请执行的期限为二年。申请执行时效的中止、中断,适用法律有关规定。

申请执行的期限从法律文书规定的履行期间最后一日起计算;法律文书规定分期履行的,从规定的每次履行期间的最后一日起计算;法律文书中没有规定履行期限的,从该法律文书送达当事人之日起计算。

逾期申请的,除有正当理由外,人民法院不予受理。

第一百五十四条 发生法律效力的行政判决书、行政裁定书、行政赔偿判决书和行政调解书,由第一审人民法院执行。

第一审人民法院认为情况特殊,需要由第二审人民法院执行的,可以报请第二审人民法院执行;第二审人民法院可以决定由其执行,也可以决定由第一审人民法院执行。

第一百五十五条 行政机关根据行政诉讼法第九十七条的规定申请执行其行政行为,应当具备以下条件:

(一)行政行为依法可以由人民法院执行;

(二)行政行为已经生效并具有可执行内容;

(三)申请人是作出该行政行为的行政机关或者法律、法规、规章授权的组织;

(四)被申请人是该行政行为所确定的义务人;

(五)被申请人在行政行为确定的期限内或者行政机关催告期限内未履行义务;

(六)申请人在法定期限内提出申请;

(七)被申请执行的行政案件属于受理执行申请的人民法院管辖。

行政机关申请人民法院执行,应当提交行

政强制法第五十五条规定的相关材料。

人民法院对符合条件的申请,应当在五日内立案受理,并通知申请人;对不符合条件的申请,应当裁定不予受理。行政机关对不予受理裁定有异议,在十五日内向上一级人民法院申请复议的,上一级人民法院应当在收到复议申请之日起十五日内作出裁定。

第一百五十六条　没有强制执行权的行政机关申请人民法院强制执行其行政行为,应当自被执行人的法定起诉期限届满之日起三个月内提出。逾期申请的,除有正当理由外,人民法院不予受理。

第一百五十七条　行政机关申请人民法院强制执行其行政行为的,由申请人所在地的基层人民法院受理;执行对象为不动产的,由不动产所在地的基层人民法院受理。

基层人民法院认为执行确有困难的,可以报请上级人民法院执行;上级人民法院可以决定由其执行,也可以决定由下级人民法院执行。

第一百五十八条　行政机关根据法律的授权对平等主体之间民事争议作出裁决后,当事人在法定期限内不起诉又不履行,作出裁决的行政机关在申请执行的期限内未申请人民法院强制执行的,生效行政裁决确定的权利人或者其继承人、权利承受人在六个月内可以申请人民法院强制执行。

享有权利的公民、法人或者其他组织申请人民法院强制执行生效行政裁决,参照行政机关申请人民法院强制执行行政行为的规定。

第一百五十九条　行政机关或者行政行为确定的权利人申请人民法院强制执行前,有充分理由认为被执行人可能逃避执行的,可以申请人民法院采取财产保全措施。后者申请强制执行的,应当提供相应的财产担保。

第一百六十条　人民法院受理行政机关申请执行其行政行为的案件后,应当在七日内由行政审判庭对行政行为的合法性进行审查,并作出是否准予执行的裁定。

人民法院在作出裁定前发现行政行为明显违法并损害被执行人合法权益的,应当听取被执行人和行政机关的意见,并自受理之日起三十日内作出是否准予执行的裁定。

需要采取强制执行措施的,由本院负责强制执行非诉行政行为的机构执行。

第一百六十一条　被申请执行的行政行为有下列情形之一的,人民法院应当裁定不准予执行:

(一)实施主体不具有行政主体资格的;

(二)明显缺乏事实根据的;

(三)明显缺乏法律、法规依据的;

(四)其他明显违法并损害被执行人合法权益的情形。

行政机关对不准予执行的裁定有异议,在十五日内向上一级人民法院申请复议的,上一级人民法院应当在收到复议申请之日起三十日内作出裁定。

十三、附　　则

第一百六十二条　公民、法人或者其他组织对2015年5月1日之前作出的行政行为提起诉讼,请求确认行政行为无效的,人民法院不予立案。

第一百六十三条　本解释自2018年2月8日起施行。

本解释施行后,《最高人民法院关于执行〈中华人民共和国行政诉讼法〉若干问题的解释》(法释〔2000〕8号)、《最高人民法院关于适用〈中华人民共和国行政诉讼法〉若干问题的解释》(法释〔2015〕9号)同时废止。最高人民法院以前发布的司法解释与本解释不一致的,不再适用。

最高人民检察院关于指派、聘请有专门知识的人参与办案若干问题的规定(试行)

(2018 年 4 月 3 日　高检发释字〔2018〕1 号)

第一条　为了规范和促进人民检察院指派、聘请有专门知识的人参与办案,根据《中华人民共和国刑事诉讼法》《中华人民共和国民事诉讼法》《中华人民共和国行政诉讼法》等法律规定,结合检察工作实际,制定本规定。

第二条　本规定所称"有专门知识的人",是指运用专门知识参与人民检察院的办案活动,协助解决专门性问题或者提出意见的人,但不包括以鉴定人身份参与办案的人。

本规定所称"专门知识",是指特定领域内的人员理解和掌握的、具有专业技术性的认识和经验等。

第三条　人民检察院可以指派、聘请有鉴定资格的人员,或者经本院审查具备专业能力的其他人员,作为有专门知识的人参与办案。

有下列情形之一的人员,不得作为有专门知识的人参与办案:

(一)因违反职业道德,被主管部门注销鉴定资格、撤销鉴定人登记,或者吊销其他执业资格、近三年以内被处以停止执业处罚的;

(二)无民事行为能力或者限制民事行为能力的;

(三)近三年以内违反本规定第十八条至第二十一条规定的;

(四)以办案人员等身份参与过本案办理工作的;

(五)不宜作为有专门知识的人参与办案的其他情形。

第四条　人民检察院聘请检察机关以外的人员作为有专门知识的人参与办案,应当核实其有效身份证件和能够证明符合本规定第三条第一款要求的材料。

第五条　具备条件的人民检察院可以明确专门部门,负责建立有专门知识的人推荐名单库。

第六条　有专门知识的人的回避,适用《中华人民共和国刑事诉讼法》《中华人民共和国民事诉讼法》《中华人民共和国行政诉讼法》等法律规定中有关鉴定人回避的规定。

第七条　人民检察院办理刑事案件需要收集证据的,可以指派、聘请有专门知识的人开展下列工作:

(一)在检察官的主持下进行勘验或者检查;

(二)就需要鉴定、但没有法定鉴定机构的专门性问题进行检验;

(三)其他必要的工作。

第八条　人民检察院在审查起诉时,发现涉及专门性问题的证据材料有下列情形之一的,可以指派、聘请有专门知识的人进行审查,出具审查意见:

(一)对定罪量刑有重大影响的;

(二)与其他证据之间存在无法排除的矛盾的;

(三)就同一专门性问题有两份或者两份以上的鉴定意见,且结论不一致的;

(四)当事人、辩护人、诉讼代理人有异议的;

(五)其他必要的情形。

第九条　人民检察院在人民法院决定开庭后,可以指派、聘请有专门知识的人,协助公诉人做好下列准备工作:

(一)掌握涉及专门性问题证据材料的情况;

(二)补充审判中可能涉及的专门知识;

(三)拟定讯问被告人和询问证人、鉴定人、其他有专门知识的人的计划;

(四)拟定出示、播放、演示涉及专门性问

题证据材料的计划;

(五)制定质证方案;

(六)其他必要的工作。

第十条　刑事案件法庭审理中,人民检察院可以申请人民法院通知有专门知识的人出庭,就鉴定人作出的鉴定意见提出意见。

第十一条　刑事案件法庭审理中,公诉人出示、播放、演示涉及专门性问题的证据材料需要协助的,人民检察院可以指派、聘请有专门知识的人进行操作。

第十二条　人民检察院在对公益诉讼案件决定立案和调查收集证据时,就涉及专门性问题的证据材料或者专业问题,可以指派、聘请有专门知识的人协助开展下列工作:

(一)对专业问题进行回答、解释、说明;

(二)对涉案专门性问题进行评估、审计;

(三)对涉及复杂、疑难、特殊技术问题的鉴定事项提出意见;

(四)在检察官的主持下勘验物证或者现场;

(五)对行政执法卷宗材料中涉及专门性问题的证据材料进行审查;

(六)其他必要的工作。

第十三条　公益诉讼案件法庭审理中,人民检察院可以申请人民法院通知有专门知识的人出庭,就鉴定人作出的鉴定意见或者专业问题提出意见。

第十四条　人民检察院在下列办案活动中,需要指派、聘请有专门知识的人的,可以适用本规定:

(一)办理控告、申诉、国家赔偿或者国家司法救助案件;

(二)办理监管场所发生的被监管人重伤、死亡案件;

(三)办理民事、行政诉讼监督案件;

(四)检察委员会审议决定重大案件和其他重大问题;

(五)需要指派、聘请有专门知识的人的其他办案活动。

第十五条　人民检察院应当为有专门知识的人参与办案提供下列必要条件:

(一)介绍与涉案专门性问题有关的情况;

(二)提供涉及专门性问题的证据等案卷材料;

(三)明确要求协助或者提出意见的问题;

(四)有专门知识的人参与办案所必需的其他条件。

第十六条　人民检察院依法保障接受指派、聘请参与办案的有专门知识的人及其近亲属的安全。

对有专门知识的人及其近亲属进行威胁、侮辱、殴打、打击报复等,构成违法犯罪的,人民检察院应当移送公安机关处理;情节轻微的,予以批评教育、训诫。

第十七条　有专门知识的人因参与办案而支出的交通、住宿、就餐等费用,由人民检察院承担。对于聘请的有专门知识的人,应当给予适当报酬。

上述费用从人民检察院办案业务经费中列支。

第十八条　有专门知识的人参与办案,应当遵守法律规定,遵循技术标准和规范,恪守职业道德,坚持客观公正原则。

第十九条　有专门知识的人应当保守参与办案中所知悉的国家秘密、商业秘密、个人隐私以及其他不宜公开的内容。

第二十条　有专门知识的人应当妥善保管、使用并及时退还参与办案中所接触的证据等案卷材料。

第二十一条　有专门知识的人不得在同一案件中同时接受刑事诉讼当事人、辩护人、诉讼代理人,民事、行政诉讼对方当事人、诉讼代理人,或者人民法院的委托。

第二十二条　有专门知识的人违反本规定第十八条至第二十一条的规定,出现重大过错,影响正常办案的,人民检察院应当停止其作为有专门知识的人参与办案,并从推荐名单库中除名。必要时,可以建议其所在单位或者有关部门给予行政处分或者其他处分。构成违法犯罪的,依法追究行政责任或者刑事责任。

第二十三条　各省、自治区、直辖市人民检察院可以依照本规定,结合本地实际,制定具体实施办法,并报最高人民检察院备案。

第二十四条　本规定由最高人民检察院负责解释。

第二十五条　本规定自公布之日起试行。

最高人民法院关于执行和解若干问题的规定

(2018 年 2 月 22 日　法释〔2018〕3 号)

为了进一步规范执行和解,维护当事人、利害关系人的合法权益,根据《中华人民共和国民事诉讼法》等法律规定,结合执行实践,制定本规定。

第一条　当事人可以自愿协商达成和解协议,依法变更生效法律文书确定的权利义务主体、履行标的、期限、地点和方式等内容。

和解协议一般采用书面形式。

第二条　和解协议达成后,有下列情形之一的,人民法院可以裁定中止执行:

(一)各方当事人共同向人民法院提交书面和解协议的;

(二)一方当事人向人民法院提交书面和解协议,其他当事人予以认可的;

(三)当事人达成口头和解协议,执行人员将和解协议内容记入笔录,由各方当事人签名或者盖章的。

第三条　中止执行后,申请执行人申请解除查封、扣押、冻结的,人民法院可以准许。

第四条　委托代理人代为执行和解,应当有委托人的特别授权。

第五条　当事人协商一致,可以变更执行和解协议,并向人民法院提交变更后的协议,或者由执行人员将变更后的内容记入笔录,并由各方当事人签名或者盖章。

第六条　当事人达成以物抵债执行和解协议的,人民法院不得依据该协议作出以物抵债裁定。

第七条　执行和解协议履行过程中,符合合同法第一百零一条规定情形的,债务人可以依法向有关机构申请提存;执行和解协议约定给付金钱的,债务人也可以向执行法院申请提存。

第八条　执行和解协议履行完毕的,人民法院作执行结案处理。

第九条　被执行人一方不履行执行和解协议的,申请执行人可以申请恢复执行原生效法律文书,也可以就履行执行和解协议向执行法院提起诉讼。

第十条　申请恢复执行原生效法律文书,适用民事诉讼法第二百三十九条申请执行期间的规定。

当事人不履行执行和解协议的,申请恢复执行期间自执行和解协议约定履行期间的最后一日起计算。

第十一条　申请执行人以被执行人一方不履行执行和解协议为由申请恢复执行,人民法院经审查,理由成立的,裁定恢复执行;有下列情形之一的,裁定不予恢复执行:

(一)执行和解协议履行完毕后申请恢复执行的;

(二)执行和解协议约定的履行期限尚未届至或者履行条件尚未成就的,但符合合同法第一百零八条规定情形的除外;

(三)被执行人一方正在按照执行和解协议约定履行义务的;

(四)其他不符合恢复执行条件的情形。

第十二条　当事人、利害关系人认为恢复执行或者不予恢复执行违反法律规定的,可以依照民事诉讼法第二百二十五条规定提出异议。

第十三条　恢复执行后,对申请执行人就履行执行和解协议提起的诉讼,人民法院不予受理。

第十四条　申请执行人就履行执行和解协议提起诉讼,执行法院受理后,可以裁定终结原生效法律文书的执行。执行中的查封、扣押、冻结措施,自动转为诉讼中的保全措施。

第十五条　执行和解协议履行完毕,申请执行人因被执行人迟延履行、瑕疵履行遭受损害的,可以向执行法院另行提起诉讼。

第十六条　当事人、利害关系人认为执行和解协议无效或者应予撤销的,可以向执行法院提起诉讼。执行和解协议被确认无效或者撤销后,申请执行人可以据此申请恢复执行。

被执行人以执行和解协议无效或者应予撤销为由提起诉讼的,不影响申请执行人申请恢复执行。

第十七条　恢复执行后,执行和解协议已经履行部分应当依法扣除。当事人、利害关系人认为人民法院的扣除行为违反法律规定的,可以依照民事诉讼法第二百二十五条规定提出异议。

第十八条　执行和解协议中约定担保条款,且担保人向人民法院承诺在被执行人不履行执行和解协议时自愿接受直接强制执行的,恢复执行原生效法律文书后,人民法院可以依申请执行人申请及担保条款的约定,直接裁定执行担保财产或者保证人的财产。

第十九条　执行过程中,被执行人根据当事人自行达成但未提交人民法院的和解协议,或者一方当事人提交人民法院但其他当事人不予认可的和解协议,依照民事诉讼法第二百二十五条规定提出异议的,人民法院按照下列情形,分别处理:

(一)和解协议履行完毕的,裁定终结原生效法律文书的执行;

(二)和解协议约定的履行期限尚未届至或者履行条件尚未成就的,裁定中止执行,但符合合同法第一百零八条规定情形的除外;

(三)被执行人一方正在按照和解协议约定履行义务的,裁定中止执行;

(四)被执行人不履行和解协议的,裁定驳回异议;

(五)和解协议不成立、未生效或者无效的,裁定驳回异议。

第二十条　本规定自2018年3月1日起施行。

本规定施行前最高人民法院公布的司法解释与本规定不一致的,以本规定为准。

最高人民法院、中国银行业监督管理委员会关于进一步推进网络执行查控工作的通知

(2018年3月12日　法〔2018〕64号)

各省、自治区、直辖市高级人民法院,解放军军事法院,新疆维吾尔自治区高级人民法院生产建设兵团分院;各银监局,各政策性银行、大型银行、股份银行,中国邮政储蓄银行,各省级农村信用联社:

为全面落实中共中央办公厅、国务院办公厅《关于加快推进失信被执行人信用监督、警示和惩戒机制建设的意见》(中办发〔2016〕64号)、《最高人民法院、中国银行业监督管理委员会关于人民法院与银行业金融机构开展网络执行查控和联合信用惩戒工作的意见》(法〔2014〕266号)、《最高人民法院、中国银行业监督管理委员会关于联合下发〈人民法院、银行业金融机构网络执行查控工作规范〉的通知》(法〔2015〕321号),维护司法权威,防范金融风险,推动社会信用体系建设,最高人民法院、中国银行业监督管理委员会决定进一步推进人民法院和银行业金融机构的网络执行查控及联合信用惩戒工作,现将有关事项通知如下:

一、21家银行(中国工商银行、中国农业银行、中国银行、中国建设银行、交通银行、中国光大银行、中国民生银行、华夏银行、招商银行、广发银行、浦发银行、中国农业发展银行、中信银行、平安银行、渤海银行、浙商银行、兴业银行、恒丰银行、中国邮政储蓄银行、中国进出口银行、北京银行)在2018年3月31日前上线银行存款网络冻结功能和网络扣划功能。

二、有金融理财产品业务的19家银行(中

国工商银行、中国农业银行、中国银行、中国建设银行、交通银行、中国光大银行、中国民生银行、华夏银行、招商银行、广发银行、浦发银行、中信银行、平安银行、渤海银行、浙商银行、兴业银行、恒丰银行、中国邮政储蓄银行、北京银行)在2018年3月31日前上线金融理财产品网络冻结功能。

三、21家银行以外的地方性银行业金融机构在2018年4月30日前上线银行存款网络冻结功能和网络扣划功能。

四、21家银行以外的地方性银行业金融机构在2018年3月28日前完成与最高人民法院的金融理财产品查控功能测试(有无金融理财产品业务都需进行测试);有金融理财产品业务的地方性银行业金融机构,在2018年5月31日前上线金融理财产品网络查询功能,在2018年6月30日前上线金融理财产品网络冻结功能。

五、银行业金融机构应当支持银行存款在网络冻结状态下的全额扣划和部分扣划。网络扣划功能上线后,网络冻结的款项,原则上应进行网络扣划。

六、人民法院网络扣划被执行人银行存款时,应当提供相关《执行裁定书》《协助执行通知书》、执行人员工作证件及联系方式;现场扣划的,参照执行。

七、人民法院网络扣划被执行人银行存款的,应先采取网络冻结措施;网络扣划款项应当划至人民法院执行款专户或案款专户;人民法院在网络冻结被执行人款项后,应当及时通知被执行人。

八、因人民法院网络扣划失败、资金滞留在银行内部账户的,由银行联系执行法院执行人员携带《执行裁定书》《协助执行通知书》、工作证件到现场办理扣划。

异地执行法院委托当地法院代为办理的,委托法院应当提供:《执行裁定书》《协助执行通知书》《委托执行函》《送达回证》(或《回执》)及执行人员工作证件扫描件,以上法律文书应加盖委托法院电子签章,或是将盖章后的法律文书转换成彩色扫描件;受托法院应当携带以上材料的彩色打印件和受托法院执行人员工作证;银行应当协助办理。

异地执行法院通过司法专邮邮寄《执行裁定书》《协助执行通知书》原件及执行人员工作证件复印件的,银行应当协助办理。

九、银行业金融机构应研究完善银行端网络查控数据库,确保网络查控系统反馈的数据和线下柜台查询的数据保持一致;应提升银行端网络查控数据库性能,提高反馈速度和反馈率,解决查控数据积压问题;自收到全国法院网络执行查控系统发起的网络查控请求24小时之内,应予以有效反馈。

十、各省(市、区)高级人民法院,新疆维吾尔自治区高级人民法院生产建设兵团分院,各省(市、区)银监局,负责督促、落实本辖区地方性银行业金融机构,按时上线银行存款网络冻结功能和网络扣划功能、按时上线金融理财产品网络查询功能和网络冻结功能;负责跟踪、督促本辖区地方性银行业金融机构切实履行好协助执行的法定义务,提高网络查控反馈信息的准确性和反馈率;并向最高人民法院和中国银行业监督管理委员会报告进展情况。

十一、银行业金融机构要切实履行好协助执行的法定义务,严禁违法向被执行人透露案件相关信息、为被执行人逃避规避执行提供帮助。人民法院和银行业金融机构工作人员违反以上规定、造成不良影响的,将追究相关责任。

十二、人民法院与银行业金融机构关于协助执行的有关规范性文件与本通知不一致的,以本通知为准。

最高人民法院将与中国银行业监督管理委员会建立网络查控工作督促、通报、协商和检查机制,研究解决在执行过程中遇到相关问题。请各银监局将本文转发至银监分局和辖区内地方性银行业金融机构。

最高人民检察院第十批指导性案例（节录）

（2018 年 7 月 3 日　高检发研字〔2018〕10 号）

朱炜明操纵证券市场案

（检例第 39 号）

【关键词】

操纵证券市场　“抢帽子”交易　公开荐股

【基本案情】

被告人朱炜明，男，1982 年 7 月出生，原系国开证券有限责任公司上海龙华西路证券营业部（以下简称国开证券营业部）证券经纪人，上海电视台第一财经频道《谈股论金》节目（以下简称《谈股论金》节目）特邀嘉宾。

2013 年 2 月 1 日至 2014 年 8 月 26 日，被告人朱炜明在任国开证券营业部证券经纪人期间，先后多次在其担任特邀嘉宾的《谈股论金》电视节目播出前，使用实际控制的三个证券账户买入多只股票，于当日或次日在《谈股论金》节目播出中，以特邀嘉宾身份对其先期买入的股票进行公开评价、预测及推介，并于节目首播后一至二个交易日内抛售相关股票，人为地影响前述股票的交易量和交易价格，获取利益。经查，其买入股票交易金额共计人民币 2094.22 万余元，卖出股票交易金额共计人民币 2169.70 万余元，非法获利 75.48 万余元。

【要旨】

证券公司、证券咨询机构、专业中介机构及其工作人员违背从业禁止规定，买卖或者持有证券，并在对相关证券作出公开评价、预测或者投资建议后，通过预期的市场波动反向操作，谋取利益，情节严重的，以操纵证券市场罪追究其刑事责任。

【指控与证明犯罪】

2016 年 11 月 29 日，上海市公安局以朱炜明涉嫌操纵证券市场罪移送上海市人民检察院第一分院审查起诉。

审查起诉阶段，朱炜明辩称：1. 涉案账户系其父亲朱某实际控制，其本人并未建议和参与相关涉案股票的买卖；2. 节目播出时，已隐去股票名称和代码，仅展示 K 线图、描述股票特征及信息，不属于公开评价、预测、推介个股；3. 涉案账户资金系家庭共同财产，其本人并未从中受益。

检察机关审查认为，现有证据足以认定犯罪嫌疑人在媒体上公开进行了股票推介行为，并且涉案账户在公开推介前后进行了涉案股票反向操作。但是，犯罪嫌疑人与涉案账户的实际控制关系，公开推介是否构成“抢帽子”交易操纵中的“公开荐股”以及行为能否认定为“操纵证券市场”等问题，有待进一步查证。针对需要进一步查证的问题，上海市人民检察院第一分院分别于 2017 年 1 月 13 日、3 月 24 日二次将案件退回上海市公安局补充侦查，要求公安机关补充查证犯罪嫌疑人的淘宝、网银等 IP 地址、MAC 地址（硬件设备地址，用来定义网络设备的位置），并与涉案账户证券交易 IP 地址做筛选比对；将涉案账户资金出入与犯罪嫌疑人个人账户资金往来做关联比对；进一步对其父朱某在关键细节上做针对性询问，以核实朱炜明的辩解；由证券监管部门对本案犯罪嫌疑人的行为是否构成“公开荐股”“操纵证券市场”提出认定意见。

经补充侦查，上海市公安局进一步收集了朱炜明父亲朱某等证人证言、中国证监会对朱炜明操纵证券市场行为性质的认定函、司法会计鉴定意见书等证据。中国证监会出具的认定函认定：2013 年 2 月 1 日至 2014 年 8 月 26 日，朱炜明在《谈股论金》节目中通过明示股票名称或描述股票特征的方法，对 15 只股票进行公开评价和预测。朱炜明通过其控制的三个证券账户在节目播出前一至二个交易日或当天买入推荐的股票,交易金额 2094.22 万余元,并于节目播出后一至二个交易日内卖出上述股票,交易金额 2169.70 万余元,获利 75.48 万余元。朱炜明所荐股票次日交易价量明显上涨,偏离行业板块和大盘走势。其行为构成操纵证券市场,扰乱了证券市场秩序,并造成了严重社会影响。

结合补充收集的证据,上海市人民检察院第一分院办案人员再次提讯朱炜明,并听取其辩护律师意见。朱炜明在展示的证据面前,承认其在节目中公开荐股,称其明知所推荐股票价格在节目播出后会有所上升,故在公开荐股前建议其父朱某买入涉案 15 只股票,并在节目播出后随即卖出,以谋取利益。但对于指控其实际控制涉案账户买卖股票的事实予以否认。

针对其辩解,办案人员将相关证据向朱炜明及其辩护人出示,并一一阐明证据与朱炜明行为之间的证明关系。1. 账户登录、交易 IP 地址大量位于朱炜明所在的办公地点,与朱炜明出行等电脑数据轨迹一致。例如,2014 年 7 月 17 日、18 日,涉案的朱某证券账户登录、交易 IP 地址在重庆,与朱炜明的出行记录一致。2. 涉案三个账户之间与朱炜明个人账户资金往来频繁,初始资金有部分来自于朱炜明账户,转出资金中有部分转入朱炜明银行账户后由其消费,证明涉案账户资金由朱炜明控制。经过上述证据展示,朱炜明对自己实施"抢帽子"交易操纵他人证券账户买卖股票牟利的事实供认不讳。

2017 年 5 月 18 日,上海市人民检察院第一分院以被告人朱炜明犯操纵证券市场罪向上海市第一中级人民法院提起公诉。7 月 20 日,上海市第一中级人民法院公开开庭审理了本案。

法庭调查阶段,公诉人宣读起诉书指控被告人朱炜明违反从业禁止规定,以"抢帽子"交易的手段操纵证券市场谋取利益,其行为构成操纵证券市场罪。对以上指控的犯罪事实,公诉人出示了四组证据予以证明:

一是关于被告人朱炜明主体身份情况的证据。包括:1. 国开证券公司与朱炜明签订的劳动合同、委托代理合同等工作关系书证;2.《谈股论金》节目编辑陈某等证人证言;3. 户籍资料、从业资格证书等书证;4. 被告人朱炜明的供述。证明:朱炜明于 2013 年 2 月至 2014 年 8 月担任国开证券营业部证券经纪人期间,先后多次受邀担任《谈股论金》节目特邀嘉宾。

二是关于涉案账户登录异常的证据。包括:1. 证人朱某等证人的证言;2. 朱炜明出入境及国内出行记录等书证;3. 司法会计鉴定意见书、搜查笔录等;4. 被告人朱炜明的供述。证明:2013 年 2 月至 2014 年 8 月,"朱某""孙某""张某"三个涉案证券账户的实际控制人为朱炜明。

三是关于涉案账户交易异常的证据。包括:1. 证人陈某等证人的证言;2. 证监会行政处罚决定书及相关认定意见、调查报告等书证;3. 司法会计鉴定意见书;4. 节目视频拷贝光盘、QQ 群聊天记录等视听资料、电子数据;5. 被告人朱炜明的供述。证明:朱炜明在节目中推荐的 15 只股票,均被其在节目播出前一至二个交易日或播出当天买入,并于节目播出后一至二个交易日内卖出。

四是关于涉案证券账户资金来源及获利的证据。包括:1. 证人朱某的证言;2. 证监会查询通知书等书证;3. 司法会计鉴定意见书等;4. 被告人朱炜明的供述。证明:朱炜明在公开推荐股票后,股票交易量、交易价格涨幅明显。"朱某""孙某""张某"三个证券账户交易初始资金大部分来自朱炜明,且与朱炜明个人账户资金往来频繁。上述账户在涉案期间累计交易金额人民币 4263.92 万余元,获利人民币 75.48 万余元。

法庭辩论阶段,公诉人发表公诉意见:

第一,关于本案定性。证券公司、证券咨询机构、专业中介机构及其工作人员,买卖或者持有相关证券,并对该证券或其发行人、上市公司公开作出评价、预测或者投资建议,以便通过期待的市场波动取得经济利益的行为是"抢帽子"交易操纵行为。根据刑法第一百八十二条第一款第(四)项的规定,属于"以其他方法操纵"证券市场,情节严重的,构成操纵证券市场罪。

第二,关于控制他人账户的认定。综合本案证据,可以认定朱炜明通过实际控制的"朱某""孙某""张某"三个证券账户在公开荐股前买入涉案 15 只股票,荐股后随即卖出谋取利益,涉案股票价量均因荐股有实际影响,朱炜明实际获利75万余元。

第三,关于公开荐股的认定。结合证据,朱炜明在电视节目中,或明示股票名称,或介绍股票标识性信息、展示K线图等,投资者可以依据上述信息确定涉案股票名称,系在电视节目中对涉案股票公开作出评价、预测、推介,可以认定构成公开荐股。

第四,关于本案量刑建议。根据刑法第一百八十二条的规定,被告人朱炜明的行为构成操纵证券市场罪,依法应在五年以下有期徒刑至拘役之间量刑,并处违法所得一倍以上五倍以下罚金。建议对被告人朱炜明酌情判处三年以下有期徒刑,并处违法所得一倍以上的罚金。

被告人朱炜明及其辩护人对公诉意见没有异议,被告人当庭表示愿意退缴违法所得。辩护人提出,考虑被告人认罪态度好,建议从轻处罚。

法庭经审理,认定公诉人提交的证据能够相互印证,予以确认。综合考虑全案犯罪事实、情节,对朱炜明处以相应刑罚。2017年7月28日,上海市第一中级人民法院作出一审判决,以操纵证券市场罪判处被告人朱炜明有期徒刑十一个月,并处罚金人民币76万元,其违法所得予以没收。一审宣判后,被告人未上诉,判决已生效。

【指导意义】

证券公司、证券咨询机构、专业中介机构及其工作人员,违反规定买卖或者持有相关证券后,对该证券或者其发行人、上市公司作出公开评价、预测或者提出投资建议,通过期待的市场波动谋取利益的,构成"抢帽子"交易操纵行为。发布投资咨询意见的机构或者证券从业人员往往具有一定的社会知名度,他们借助影响力较大的传播平台发布诱导性信息,容易对普通投资者交易决策产生影响。其在发布信息后,又利用证券价格波动实施与投资者反向交易的行为获利,破坏了证券市场管理秩序,违反了证券市场公开、公平、公正原则,具有较大的社会危害性,情节严重的,构成操纵证券市场罪。

证券犯罪具有专业性、隐蔽性、间接性等特征,检察机关办理该类案件时,应当根据证券犯罪案件特点,引导公安机关从证券交易记录、资金流向等问题切入,全面收集涉及犯罪的书证、电子数据、证人证言等证据,并结合案件特点开展证据审查。对书证,要重点审查涉及证券交易记录的凭据,有关交易数量、交易额、成交价格、资金走向等证据。对电子数据,要重点审查收集程序是否合法,是否采取必要的保全措施,是否经过篡改,是否感染病毒等。对证人证言,要重点审查证人与犯罪嫌疑人的关系,证言能否与客观证据相印证等。

办案中,犯罪嫌疑人或被告人及其辩护人经常会提出涉案账户实际控制人及操作人非其本人的辩解。对此,检察机关可以通过行为人资金往来记录,MAC地址(硬件设备地址)、IP地址与互联网访问轨迹的重合度与连贯性,身份关系和资金关系的紧密度,涉案股票买卖与公开荐股在时间及资金比例上的高度关联性,相关证人证言在细节上是否吻合等入手,构建严密证据体系,确定被告人与涉案账户的实际控制关系。

非法证券活动涉嫌犯罪的案件,来源往往是证券监管部门向公安机关移送。审查案件过程中,人民检察院可以与证券监管部门加强联系和沟通。证券监管部门在行政执法和查办案件中收集的物证、书证、视听资料、电子数据等证据材料,在刑事诉讼中可以作为证据使用。检察机关通过办理证券犯罪案件,可以建议证券监管部门针对案件反映出的问题,加强资本市场监管和相关制度建设。

【相关规定】

《中华人民共和国刑法》第一百八十二条

《最高人民检察院、公安部关于公安机关管辖的刑事案件立案追诉标准的规定(二)》第三十九条

最高人民法院关于上海金融法院案件管辖的规定

(2018 年 8 月 7 日　法释〔2018〕14 号)

服务和保障上海国际金融中心建设,进一步明确上海金融法院案件管辖的具体范围,根据《中华人民共和国民事诉讼法》《中华人民共和国行政诉讼法》《全国人民代表大会常务委员会关于设立上海金融法院的决定》等规定,制定本规定。

第一条　上海金融法院管辖上海市辖区内应由中级人民法院受理的下列第一审金融民商事案件:

(一)证券、期货交易、信托、保险、票据、信用证、金融借款合同、银行卡、融资租赁合同、委托理财合同、典当等纠纷;

(二)独立保函、保理、私募基金、非银行支付机构网络支付、网络借贷、互联网股权众筹等新型金融民商事纠纷;

(三)以金融机构为债务人的破产纠纷;

(四)金融民商事纠纷的仲裁司法审查案件;

(五)申请承认和执行外国法院金融民商事纠纷的判决、裁定案件。

第二条　上海金融法院管辖上海市辖区内应由中级人民法院受理的以金融监管机构为被告的第一审涉金融行政案件。

第三条　以住所地在上海市的金融市场基础设施为被告或者第三人与其履行职责相关的第一审金融民商事案件和涉金融行政案件,由上海金融法院管辖。

第四条　当事人对上海市基层人民法院作出的第一审金融民商事案件和涉金融行政案件判决、裁定提起的上诉案件,由上海金融法院审理。

第五条　当事人对上海金融法院作出的第一审判决、裁定提起的上诉案件,由上海市高级人民法院审理。

第六条　上海市各中级人民法院在上海金融法院成立前已经受理但尚未审结的金融民商事案件和涉金融行政案件,由该中级人民法院继续审理。

第七条　本规定自 2018 年 8 月 10 日起施行。

最高人民法院、中国证券监督管理委员会关于全面推进证券期货纠纷多元化解机制建设的意见

(2018 年 11 月 13 日　法〔2018〕305 号)

建设证券期货纠纷多元化解机制,是畅通投资者诉求表达和权利救济渠道、夯实资本市场基础制度和保护投资者合法权益的重要举措。自 2016 年最高人民法院和中国证券监督管理委员会联合下发《关于在全国部分地区开展证券期货纠纷多元化解机制试点工作的通知》(法〔2016〕149 号)以来,试点地区人民法院与证券期货监管机构、试点调解组织加强协

调联动，充分发挥纠纷多元化解机制作用，依法、公正、高效化解证券期货纠纷，有效保护投资者的合法权益，试点工作取得积极成效。为贯彻《中共中央办公厅　国务院办公厅关于完善矛盾纠纷多元化解机制的意见》《国务院办公厅关于进一步加强资本市场中小投资者合法权益保护工作的意见》和《最高人民法院关于人民法院进一步深化多元化纠纷解决机制改革的意见》，最高人民法院和中国证券监督管理委员会在总结试点工作经验的基础上，决定在全国联合开展证券期货纠纷多元化解机制建设工作。现就有关事项提出如下意见：

一、工作目标

1. 建立、健全有机衔接、协调联动、高效便民的证券期货纠纷多元化解机制，依法保护投资者的合法权益，维护公开、公平、公正的资本市场秩序，促进资本市场的和谐健康发展。

二、工作原则

2. 依法公正原则。充分尊重投资者的程序选择权，严格遵守法定程序。调解工作的开展不得违反法律的基本原则，不得损害国家利益、社会公共利益和第三人合法权益。

3. 灵活便民原则。着眼于纠纷的实际情况，灵活确定纠纷化解的方式、时间和地点，尽可能方便投资者，降低当事人解决纠纷的成本。调解工作应当明确办理时限，提高工作效率，不得久调不决。

4. 注重预防原则。发挥调解的矛盾预防和源头治理功能，推动健康投资文化、投资理念、投资知识的传播。人民法院、证券期货监管机构及调解组织要加强信息共享，防止矛盾纠纷积累、激化。

三、工作内容

（一）加强调解组织管理

5. 加强证券期货调解组织建设。证券期货调解组织是指由证券期货监管机构、行业组织等设立或实际管理的调解机构，应当具有规范的组织形式、固定的办公场所及调解场地、专业的调解人员和健全的调解工作制度。中国证券监督管理委员会负责证券期货调解组织的认定和管理工作，定期商最高人民法院后公布。

6. 规范调解组织内部管理。调解组织应当制定工作制度和流程管理，建立科学的考核评估体系和责任追究制度。

7. 加强调解员队伍建设。调解组织应当加强调解员政治思想、职业道德建设和专业技能培训，完善调解员从业基本要求，制定调解员工作指南，建立、完善专职或专家调解员制度。

8. 调解组织受理中小投资者的纠纷调解申请，不收取费用。

9. 建立证券期货纠纷特邀调解组织和特邀调解员名册制度。各级人民法院应当将调解组织及其调解员纳入名册，做好动态更新和维护，并向证券期货纠纷当事人提供完整、准确的调解组织和调解员信息，供当事人自愿选择。

（二）健全诉调对接工作机制

10. 证券期货纠纷多元化解机制范围。自然人、法人和非法人组织之间因证券、期货、基金等资本市场投资业务产生的合同和侵权责任纠纷，均属调解范围。证券期货监管机构、调解组织的非诉讼调解、先行赔付等，均可与司法诉讼对接。

11. 调解协议的司法确认制度。经调解组织主持调解达成的调解协议，具有民事合同性质。经调解员和调解组织签字盖章后，当事人可以申请有管辖权的人民法院确认其效力。当事人申请确认调解协议的案件，按照《中华人民共和国民事诉讼法》第十五章第六节和相关司法解释的规定执行。

经人民法院确认有效的具有明确给付主体和给付内容的调解协议，一方拒绝履行的，对方当事人可以申请人民法院强制执行。

12. 落实委派调解或者委托调解机制。人民法院在受理和审理证券期货纠纷的过程中，应当依法充分行使释明权，经双方当事人同意，采取立案前委派、立案后委托、诉中邀请等方式，引导当事人通过调解组织解决纠纷。

经人民法院委派调解并达成调解协议、当事人申请司法确认的，由委派调解的人民法院依法受理。

13. 建立示范判决机制。证券期货监管机构在清理处置大规模群体性纠纷的过程中，可以将涉及投资者权利保护的相关事宜委托调解组织进行集中调解。对虚假陈述、内幕交易、操纵市场等违法行为引发的民事赔偿群体性纠纷,需要人民法院通过司法判决宣示法律规则、统一法律适用的,受诉人民法院可选取在事实认定、法律适用上具有代表性的若干个案作为示范案件,先行审理并及时作出判决;通过示范判决所确立的事实认定和法律适用标准,引导其他当事人通过证券期货纠纷多元化解机制解决纠纷,降低投资者维权成本,提高矛盾化解效率。

14. 建立小额速调机制。为更好化解资本市场纠纷,鼓励证券期货市场经营主体基于自愿原则与调解组织事先签订协议,承诺在一定金额内无条件接受该调解组织提出的调解建议方案。纠纷发生后,经投资者申请,调解组织提出调解建议方案在该金额内的,如投资者同意,视为双方已自愿达成调解协议,证券期货市场经营主体应当接受。当事人就此申请司法确认该调解协议的,人民法院应当依法办理。

15. 探索建立无争议事实记载机制。调解程序终结时,当事人未达成调解协议的,调解员在征得各方当事人同意后,可以用书面形式记载调解过程中双方没有争议的事实,并由当事人签字确认。在诉讼程序中,除涉及国家利益、社会公共利益和他人合法权益的外,当事人无须对调解过程中确认的无争议事实举证。

16. 探索建立调解前置程序。有条件的人民法院对证券、期货、基金等适宜调解的纠纷,在征求当事人意愿的基础上,引导当事人在诉讼登记立案前由特邀调解组织或者特邀调解员先行调解。

17. 充分运用在线纠纷解决方式开展工作。依托“中国投资者网”(www. investor. gov. cn)建设证券期货纠纷在线解决平台,并与人民法院办案信息平台连通,方便诉讼与调解在线对接。调解组织应当充分运用“中国投资者网”等现代传媒手段,把“面对面”与网络对话、即时化解等方式有机结合,研究制定在线纠纷解决规则,并总结推广远程调解等做法。各级人民法院要借助互联网等现代科技手段,探索开展在线委托或委派调解、调解协议在线司法确认,通过接受相关申请、远程审查和确认、快捷专业服务渠道、电子督促、电子送达等方法方便当事人参与多元化解工作,提高工作质量和效率。

(三)强化纠纷多元化解机制保障落实

18. 充分发挥督促程序功能。符合法定条件的调解协议,可以作为当事人向有管辖权的基层人民法院申请支付令的依据。

19. 调解协议所涉纠纷的司法审理范围。当事人就调解协议的履行或者调解协议的内容发生争议的,可以就调解协议问题向人民法院提起诉讼,人民法院按照合同纠纷进行审理。当事人一方以原纠纷向人民法院提起诉讼,对方当事人以调解协议抗辩并提供调解协议书的,人民法院应当就调解协议的内容进行审理。

20. 加大对多元化解机制的监管支持力度。投资者申请采用调解方式解决纠纷的,证券期货市场经营主体应当积极参与调解,配合人民法院、调解组织查明事实。对于证券期货市场经营主体无正当理由拒不履行已达成的调解协议的,证券期货监管机构应当依法记入证券期货市场诚信档案数据库。

21. 加强执法联动,严厉打击损害投资者合法权益的行为。人民法院和证券期货监管机构应当充分发挥各自职能优势,对损毁证据、转移财产等可能损害投资者合法权益的行为,依法及时采取保全措施。对工作中发现的违法、违规行为,及时予以查处;涉嫌犯罪的,依法移送有关司法机关处理。

22. 加强经费保障和人员培训。证券期货监管机构、行业自律组织等应当为建立健全证券期货纠纷多元化解机制提供必要的人员、经费和物质保障,加大对调解员的培训力度;有条件的人民法院应当提供专门处理证券期货纠纷的调解室,供特邀调解组织、调解员开展工作。建立人民法院与证券期货监管机构多层次联合培训机制,不断加强业务交流的广度和深度。

四、工作要求

23. 建立证券期货纠纷多元化解协调机制。各高级人民法院和证券期货监管机构应当各自指定联系部门和联系人,对工作中遇到的问题加强协调;强化沟通联系和信息共享,构建完善的证券期货纠纷排查预警机制,防止矛盾纠纷积累激化。

24. 加强宣传和投资者教育工作。人民法院和证券期货监管机构、行业自律组织、投资者保护专门机构、调解组织应当通过多种途径,及时总结和宣传典型案例，发挥示范教育作用；加大对证券期货纠纷多元化解机制的宣传力度，增进各方对多元化解机制的认识，引导中小投资者转变观念、理性维权。

25. 加强监督、指导、协调和管理。最高人民法院民事审判第二庭与中国证券监督管理委员会投资者保护局成立证券期货纠纷多元化解机制工作小组，具体负责证券期货纠纷多元化解机制建设的指导和协调工作。各高级人民法院要指导、督促、检查辖区内人民法院落实好证券期货多元化解机制各项工作要求。中国证券监督管理委员会负责监督指导各调解组织工作；各派出机构负责督促辖区内相关调解组织加强内部管理和规范运作，指导并支持各调解组织在本辖区开展工作。地方各级人民法院和证券期货监管机构应当将工作情况和遇到的问题，及时层报最高人民法院和中国证券监督管理委员会。

（三）行政法规、法规性文件

国务院办公厅转发证监会关于开展创新企业境内发行股票或存托凭证试点若干意见的通知

（2018 年 3 月 22 日　国办发〔2018〕21 号）

各省、自治区、直辖市人民政府，国务院各部委、各直属机构：

证监会《关于开展创新企业境内发行股票或存托凭证试点的若干意见》已经国务院同意，现转发给你们，请认真贯彻执行。

关于开展创新企业境内发行股票或存托凭证试点的若干意见

证监会

为进一步加大资本市场对实施创新驱动发展战略的支持力度，按照市场化、法治化原则，借鉴国际经验，开展创新企业境内发行股票或存托凭证试点，现提出以下意见。

一、指导思想

全面贯彻落实党的十九大精神，以习近平新时代中国特色社会主义思想为指导，认真落实党中央、国务院决策部署，坚持稳中求进工作总基调，牢固树立和贯彻新发展理念，按照高质量发展要求，统筹推进“五位一体”总体布局和协调推进“四个全面”战略布局，深化资本市场改革、扩大开放，支持创新企业在境内资本市场发行证券上市，助力我国高新技术产业和战略性新兴产业发展提升，推动经济发展质量变革、效率变革、动力变革。

二、试点原则

（一）服务国家战略。以服务创新驱动发展为引领，坚持创新与发展有机结合，改革与开放并行并重，助力大众创业万众创新，推动经济结构调整和产业转型升级。

（二）坚持依法合规。在法律法规框架下，做好与相关政策的衔接配合，稳妥适度开展制度创新,确保试点依法依规、高效可行。

(三)稳步有序推进。统筹谋划,循序渐进,探索通过试点解决创新企业境内上市问题,为进一步深化改革、完善制度积累经验、创造条件。

(四)切实防控风险。充分保护中小投资者合法权益,处理好试点与风险防控的关系,把防控风险放到更加重要的位置。强化监管,维护金融市场稳定,坚决守住不发生系统性风险的底线。

三、试点企业

试点企业应当是符合国家战略、掌握核心技术、市场认可度高,属于互联网、大数据、云计算、人工智能、软件和集成电路、高端装备制造、生物医药等高新技术产业和战略性新兴产业,且达到相当规模的创新企业。其中,已在境外上市的大型红筹企业,市值不低于2000亿元人民币;尚未在境外上市的创新企业(包括红筹企业和境内注册企业),最近一年营业收入不低于30亿元人民币且估值不低于200亿元人民币,或者营业收入快速增长,拥有自主研发、国际领先技术,同行业竞争中处于相对优势地位。试点企业具体标准由证监会制定。本意见所称红筹企业,是指注册地在境外、主要经营活动在境内的企业。

证监会成立科技创新产业化咨询委员会(以下简称咨询委员会),充分发挥相关行业主管部门及专家学者作用,严格甄选试点企业。咨询委员会由相关行业权威专家、知名企业家、资深投资专家等组成,按照试点企业标准,综合考虑商业模式、发展战略、研发投入、新产品产出、创新能力、技术壁垒、团队竞争力、行业地位、社会影响、行业发展趋势、企业成长性、预估市值等因素,对申请企业是否纳入试点范围作出初步判断。证监会以此为重要依据,审核决定申请企业是否列入试点,并严格按照法律法规受理审核试点企业发行上市申请。

四、试点方式

试点企业可根据相关规定和自身实际,选择申请发行股票或存托凭证上市。允许试点红筹企业按程序在境内资本市场发行存托凭证上市;具备股票发行上市条件的试点红筹企业可申请在境内发行股票上市;境内注册的试点企业可申请在境内发行股票上市。本意见所称存托凭证,是指由存托人签发、以境外证券为基础在中国境内发行、代表境外基础证券权益的证券。

试点企业在境内发行的股票或存托凭证均应在境内证券交易所上市交易,并在中国证券登记结算有限责任公司集中登记存管、结算。试点企业募集的资金可以人民币形式或购汇汇出境外,也可留存境内使用。试点企业募集资金的使用、存托凭证分红派息等应符合我国外资、外汇管理等相关规定。

证监会根据证券法等法律法规规定,依照现行股票发行核准程序,核准试点红筹企业在境内公开发行股票;原则上依照股票发行核准程序,由发行审核委员会依法审核试点红筹企业存托凭证发行申请。

试点企业在境内的股票或存托凭证相关发行、上市和交易等行为,均纳入现行证券法规范范围。证监会依据证券法和本意见及相关规定实施监管,并与试点红筹企业上市地等相关国家或地区证券监督管理机构建立监管合作机制,实施跨境监管。

五、发行条件

试点企业在境内发行股票应符合法律法规规定的股票发行条件。其中,试点红筹企业股权结构、公司治理、运行规范等事项可适用境外注册地公司法等法律法规规定,但关于投资者权益保护的安排总体上应不低于境内法律要求。对存在协议控制架构的试点企业,证监会会同有关部门区分不同情况,依法审慎处理。

试点红筹企业在境内发行以股票为基础证券的存托凭证应符合证券法关于股票发行的基本条件,同时符合下列要求:一是股权结构、公司治理、运行规范等事项可适用境外注册地公司法等法律法规规定,但关于投资者权益保护的安排总体上应不低于境内法律要求;二是存在投票权差异、协议控制架构或类似特殊安排的,应于首次公开发行时,在招股说明书等公开发行文件显要位置充分、详细披露相关情况特别是风险、公司治理等信息,以及依法落实保护投资者合法权益规定的各项措施。

六、存托凭证基础制度安排

在中国境内发行存托凭证应符合以下基础制度安排，并严格遵守相关监管规则。

（一）参与主体。

基础证券发行人在境外发行的基础证券由存托人持有，并由存托人在境内签发存托凭证。基础证券发行人应符合证券法关于股票等证券发行的基本条件，参与存托凭证发行，依法履行信息披露等义务，并按规定接受证监会及证券交易所监督管理。

存托人应按照存托协议约定，根据存托凭证持有人意愿行使境外基础证券相应权利，办理存托凭证分红、派息等业务。存托人资质应符合证监会有关规定。

存托凭证持有人依法享有存托凭证代表的境外基础证券权益，并按照存托协议约定，通过存托人行使其权利。

（二）存托协议。

基础证券发行人、存托人及存托凭证持有人通过存托协议明确存托凭证所代表权益及各方权利义务。投资者持有存托凭证即成为存托协议当事人，视为其同意并遵守存托协议约定。存托协议应约定因存托凭证发生的纠纷适用中国法律法规规定，由境内法院管辖。

（三）存托凭证基础财产。

存托凭证基础财产包括境外基础证券及其衍生权益。存托人可在境外委托金融机构担任托管人。托管人负责托管存托凭证基础财产，并负责办理与托管相关的其他业务。存托人和托管人应为存托凭证基础财产单独立户，将存托凭证基础财产与其自有财产有效隔离、分别管理、分别记账，不得将存托凭证基础财产归入其自有财产，不得违背受托义务侵占存托凭证基础财产。

（四）跨境转换。

存托凭证与基础证券之间转换的具体要求和方式由证监会规定。

七、信息披露

试点企业及其控股股东、实际控制人等相关信息披露义务人应真实、准确、完整、及时、公平地披露信息，不得有虚假记载、误导性陈述或重大遗漏。试点红筹企业原则上依照现行上市公司信息披露制度履行信息披露义务。试点红筹企业及其控股股东、实际控制人等相关信息披露义务人在境外披露的信息应以中文在境内同步披露，披露内容应与其在境外市场披露内容一致。

试点红筹企业在境内发行证券，应按照证券法等法律法规规定披露财务信息，并在上市安排中明确会计年度期间等相关问题。试点红筹企业在境内发行证券披露的财务报告信息，可按照中国企业会计准则或经财政部认可与中国企业会计准则等效的会计准则编制，也可在按照国际财务报告准则或美国会计准则编制的同时，提供按照中国企业会计准则调整的差异调节信息。

八、投资者保护

试点企业不得有任何损害境内投资者合法权益的特殊安排和行为。发行股票的，应执行境内现行投资者保护制度；尚未盈利试点企业的控股股东、实际控制人和董事、高级管理人员在企业实现盈利前不得减持上市前持有的股票。发行存托凭证的，应确保存托凭证持有人实际享有权益与境外基础股票持有人权益相当，由存托人代表境内投资者对境外基础股票发行人行使权利。投资者合法权益受到损害时，试点企业应确保境内投资者获得与境外投资者相当的赔偿。

九、法律责任

试点企业等相关市场主体违法违规发行证券，未按规定披露信息，所披露信息存在虚假记载、误导性陈述或重大遗漏，或者存在内幕交易、操纵市场等其他违法行为的，应依照证券法等法律法规规定承担法律责任。试点企业等相关市场主体导致投资者合法权益受到损害的，应依法承担赔偿责任，投资者可依法直接要求其承担损害赔偿责任。存托人或托管人违反本意见和证监会有关规定的，证监会可依法采取监管措施，并追究其法律责任。

十、组织管理

各地区、各相关部门要高度重视，统一思想，提高认识，加大工作力度，确保试点依法有序开展。证监会要根据证券法和本意见规定，加强与各地区、各相关部门的协调配合,稳妥推动相关工作,完善相关配套制度和监管规则,加强市场监管、投资者教育和跨境监管执法合作,依法严肃查处违法违规行为,监督试点企业认真履行信息披露义务,督促中介机构诚实守信、勤勉尽责,切实保护投资者合法权益。

国务院办公厅关于做好政府公报工作的通知

(2018 年 3 月 28 日　国办发〔2018〕22 号)

各省、自治区、直辖市人民政府,国务院各部委、各直属机构:

政府公报是刊登行政法规和规章标准文本的法定载体,是政府机关发布政令的权威渠道,在推进政务公开、加强政务服务、促进依法行政、密切党和政府同人民群众联系等方面发挥着重要作用。但也要看到,有的地方和部门公报工作还存在法定载体作用发挥不充分、工作机制不健全、部分规章文件发布不及时、查询使用不便捷等问题,难以适应新时代要求,不能很好满足公众对政府信息公开日益增长的需要。为全面贯彻习近平新时代中国特色社会主义思想和党的十九大精神,落实党中央、国务院关于全面推进政务公开工作的部署和要求,做好政府公报工作,着力将政府公报打造成权威、规范、便民的政务公开平台,经国务院同意,现就有关事项通知如下:

一、分级权威发布。建立以中央、省、市三级为主的政府公报体系,坚持传达政令、宣传政策、指导工作、服务社会的办刊宗旨,形成行政法规、规章和规范性文件的权威发布平台。国务院公报应及时刊登行政法规和国务院文件,逐步实现统一刊登国务院部门的规章和规范性文件。省级人民政府和设区的市、自治州人民政府要办好本级政府公报,统一刊登本级政府规章和规范性文件以及所属部门规范性文件,逐步做到施行前刊登。其他市、县级人民政府可结合实际积极探索创办政府公报,地方政府所属部门以及乡镇政府、街道办事处不办政府公报。政府公报原则上不刊登上级政府及上级政府所属部门文件,不得刊登商业性广告。要加强对公报刊登内容的校对审核,杜绝责任差错,确保公报准确性;参照《党政机关公文格式》国家标准,统一公报编排格式,增强公报规范性;缩短出刊周期,优化出刊方式,提高公报时效性。

二、完善工作机制。各地区、各部门要建立健全规范性文件公开审查机制和督促约束机制,建立完善部门文件报送制度、联络员制度和报送刊登情况通报制度。发文机关应做好公开属性审查,将主动公开文件转送政府公报编辑部门在政府公报上刊登。国务院各部门要及时将部门规章和规范性文件送国务院办公厅,供国务院公报刊登;地方人民政府所属部门制发的规范性文件应及时送本级人民政府办公厅(室),供本级政府公报刊登。要完善政府公报编校审发等办刊工作规范和制度体系,优化流程,健全机制,严格管理,严把质量关口,实现政府公报工作科学化、规范化、制度化。

三、办好政府公报电子版。要充分发挥互联网覆盖面广、传播迅速、便于查询的优势,着力办好政府公报电子版,进一步扩大公报受众面。在政府网站首页设立政府公报专栏,重点展示政府公报电子版,并提供目录导航和内容检索等服务。优化电子版阅读界面,实现与纸质版内容格式一致。电子版应与纸质版同步发行,有条件的地方可在政府公报清样定稿后优先发布电子版。要充分利用电子签名、电子水印等防护手段,确保电子版安全可信、不被篡改。要适应移动互联网发展趋势,推出适合移动平台展示的电子版,提升用户体验,满足手机用户需求。

四、建设政府公报数据库。要建立政府公报数据库并向公众开放,提供文件检索功能,方便公众查阅和开发利用。完善数据库建设标准规范，做好数据采集和维护工作，推动数据交换整合，实现各级政府公报数据互联互通和资源共享。加强政府公报数据库安全管理，确保数据完整、准确。推进政府公报数字化工作，实现创刊以来刊登内容全部入库管理。鼓励依托政府公报数据库创新数字化产品，向社会公众提供多样化服务。政府公报数据库要与政府网站资源统筹开发利用，避免重复建设。

五、提升服务效果。要强化政府公报服务公众的功能，以赠阅为主要发行方式，赠阅范围应覆盖本地区国家档案馆、公共图书馆、政务（行政）服务大厅等政府信息公开查阅场所和公共服务场所，以及乡镇政府、街道办事处、社区、村（居）委会等基层单位和法院、检察院等司法机关。要适时了解受赠单位政府公报使用情况，优化调整赠阅范围和数量，不断提升政府公报使用效果。在确保行政法规、规章和规范性文件应登尽登的基础上，政府公报还可刊登发文机关配套解读材料等。可通过编印赠阅政策读本、文件汇编等方式，进一步提升政府公报工作服务水平。要充分利用政府网站、报刊、电视电台以及微博微信、移动客户端等媒体，加大宣传力度，扩大政府公报的知晓度和影响力。

六、加强组织领导。地方人民政府办公厅（室）是本地区政府公报工作的主管部门，要加强组织领导，明确责任分工，加强协调配合，把政府公报工作纳入政务公开工作统一部署、统一推进、统一考核。要指定专门机构和人员负责政府公报工作，加强业务培训、交流研讨和调查研究，不断创新工作方式，强化能力建设，打造一支政策水平高、责任意识强、文字编辑能力过硬、勇于开拓创新的政府公报工作队伍。要将政府公报工作所需经费列入财政预算，不得自筹或向企业、社会摊派。上级政府公报主管部门要加强督促检查和业务指导，推动政府公报工作规范有序开展。

国务院办公厅关于开展涉及产权保护的规章、规范性文件清理工作的通知

（2018年5月5日　国办发〔2018〕29号）

各省、自治区、直辖市人民政府，国务院各部委、各直属机构：

依法平等保护各类产权，对增强市场主体创业创新活力和投资意愿、推动经济持续健康发展具有重要意义。为全面贯彻习近平新时代中国特色社会主义思想和党的十九大精神，落实党中央、国务院关于完善产权保护制度依法保护产权的部署，营造平等保护各种所有制经济产权和合法权益的法治环境，经国务院同意，现就开展涉及产权保护的规章、规范性文件清理工作有关事项通知如下：

一、清理范围

此次清理的范围是省、自治区、直辖市、设区的市、自治州人民政府和国务院部门制定的规章，以及县级以上地方各级人民政府及其所属部门、国务院部门制定的规范性文件。清理的重点是，有违平等保护各种所有制经济主体财产所有权、使用权、经营权、收益权等各类产权的规定，不当限制企业生产经营、企业和居民不动产交易等民事主体财产权利行使的规定，以及在市场准入、生产要素使用、财税金融投资价格等政策方面区别性、歧视性对待不同所有制经济主体的规定。

二、清理职责

清理工作坚持“谁制定、谁清理”的原则。国务院部门制定的规章、规范性文件和县级以上地方人民政府所属部门制定的规范性文件，由制定部门负责清理；部门联合制定或涉及多

个部门职责的,由牵头部门负责组织清理;制定部门被撤销或职权已调整的,由继续行使其职权的部门负责清理。县级以上地方人民政府制定的规章、规范性文件,由实施部门提出清理意见和建议,报同级人民政府决定。

国务院各部门在开展清理工作的同时,认为法律、行政法规存在不利于产权保护的有关规定,应当提出具体建议、修改方案和修改废止理由,并公开征求意见。

三、清理要求

各地区、各部门要依据《中共中央 国务院关于完善产权保护制度依法保护产权的意见》(以下简称《意见》)部署的各项任务和上位法修改、废止情况,逐项研究清理。规章、规范性文件的主要内容与《意见》相抵触,或与涉及产权保护的法律、行政法规不一致的,要予以废止;部分内容与《意见》不一致,或与涉及产权保护的法律、行政法规不一致的,要予以修改。要确保规章、规范性文件的有关规定应改尽改、应废尽废,使党中央、国务院关于完善产权保护制度依法保护产权的部署不折不扣落实到位。

四、结果报送

县级以上地方人民政府要及时将清理结果报送上一级地方人民政府汇总。各省(自治区、直辖市)人民政府和国务院各部门应于2018年10月底前将本地区、本部门的规章、规范性文件清理结果报送国务院,同时抄送国家发展改革委、司法部。国务院有关部门应于2018年8月底前将法律、行政法规的清理意见、修改草案和说明按立法程序报送国务院,并抄送国家发展改革委、司法部。国家发展改革委、司法部应于2018年12月底前将上述清理情况汇总后报送国务院。

五、组织实施

各地区、各部门要充分认识清理工作的重要性,加强组织领导,制定具体方案,明确责任分工和时限要求,抓紧开展清理工作。要强化监督检查,建立涉及产权保护的规章、规范性文件清理工作长效机制,根据完善产权保护制度工作进展动态清理。对清理不及时、影响产权保护任务措施有效落实的,要依法依规予以问责。各地区、各部门要加强宣传报道,广泛听取社会公众意见,并向社会公开清理结果。国家发展改革委、司法部要加强统筹协调指导,及时跟踪了解进展情况,研究解决共性问题,确保清理工作顺利完成。

附件:1. 规章清理情况统计表

2. 规范性文件清理情况统计表

附件1

规章清理情况统计表

填表单位:　　　　填表时间:　　年　月　日

制定单位名称				
已废止的规章	序　号	规章名称	废止日期	备　注
已修改的规章	序　号	规章名称	修改日期	备　注

续表

	序　　号	规章名称	时间安排	备　　注
拟废止的规章				
	序　　号	规章名称	时间安排	备　　注
拟修改的规章				

附件 2

规范性文件清理情况统计表

填表单位：　　　　　　　　填表日期：　年　月　日

处理结果	类　　别	数　　量
已废止的规范性文件	国务院部门规范性文件	
	省级政府及其部门规范性文件	
	市级政府及其部门规范性文件	
	县级政府及其部门规范性文件	
	合　计	
已修改的规范性文件	国务院部门规范性文件	
	省级政府及其部门规范性文件	
	市级政府及其部门规范性文件	
	县级政府及其部门规范性文件	
	合　计	
拟废止的规范性文件	国务院部门规范性文件	
	省级政府及其部门规范性文件	
	市级政府及其部门规范性文件	
	县级政府及其部门规范性文件	
	合　计	
拟修改的规范性文件	国务院部门规范性文件	
	省级政府及其部门规范性文件	
	市级政府及其部门规范性文件	
	县级政府及其部门规范性文件	
	合　计	

国务院办公厅关于加强行政规范性文件制定和监督管理工作的通知

(2018 年 5 月 16 日　国办发〔2018〕37 号)

各省、自治区、直辖市人民政府,国务院各部委、各直属机构:

行政规范性文件是除国务院的行政法规、决定、命令以及部门规章和地方政府规章外,由行政机关或者经法律、法规授权的具有管理公共事务职能的组织(以下统称行政机关)依照法定权限、程序制定并公开发布,涉及公民、法人和其他组织权利义务,具有普遍约束力,在一定期限内反复适用的公文。制发行政规范性文件是行政机关依法履行职能的重要方式,直接关系群众切身利益,事关政府形象。近年来,各地区、各部门不断加强行政规范性文件制定和监督管理工作,取得了一定成效,但乱发文、出台"奇葩"文件的现象还不同程度地存在,侵犯了公民、法人和其他组织的合法权益,损害了政府公信力。为全面贯彻习近平新时代中国特色社会主义思想和党的十九大精神,落实党中央、国务院关于推进依法行政、建设法治政府的部署和要求,切实保障群众合法权益,维护政府公信力,经国务院同意,现就加强行政规范性文件制定和监督管理工作通知如下:

一、严格依法行政,防止乱发文件

(一)严禁越权发文。坚持法定职责必须为、法无授权不可为,严格按照法定权限履行职责,严禁以部门内设机构名义制发行政规范性文件。要严格落实权责清单制度,行政规范性文件不得增加法律、法规规定之外的行政权力事项或者减少法定职责;不得设定行政许可、行政处罚、行政强制等事项,增加办理行政许可事项的条件,规定出具循环证明、重复证明、无谓证明的内容;不得违法减损公民、法人和其他组织的合法权益或者增加其义务,侵犯公民人身权、财产权、人格权、劳动权、休息权等基本权利;不得超越职权规定应由市场调节、企业和社会自律、公民自我管理的事项;不得违法制定含有排除或者限制公平竞争内容的措施,违法干预或者影响市场主体正常生产经营活动,违法设置市场准入和退出条件等。

(二)严控发文数量。凡法律、法规、规章和上级文件已经作出明确规定的,现行文件已有部署且仍然适用的,不得重复发文;对内容相近、能归并的尽量归并,可发可不发、没有实质性内容的一律不发,严禁照抄照搬照转上级文件、以文件"落实"文件。确需制定行政规范性文件的,要讲求实效,注重针对性和可操作性,并严格文字把关,确保政策措施表述严谨、文字精练、准确无误。

二、规范制发程序,确保合法有效

(三)严格制发程序。行政规范性文件必须严格依照法定程序制发,重要的行政规范性文件要严格执行评估论证、公开征求意见、合法性审核、集体审议决定、向社会公开发布等程序。要加强制发程序管理,健全工作机制,完善工作流程,确保制发工作规范有序。

(四)认真评估论证。全面论证行政规范性文件制发的必要性、可行性和合理性,是确保行政规范性文件合法有效的重要前提。起草行政规范性文件,要对有关行政措施的预期效果和可能产生的影响进行评估,对该文件是否符合法律法规和国家政策、是否符合社会主义核心价值观、是否符合公平竞争审查要求等进行把关。对专业性、技术性较强的行政规范性文件,要组织相关领域专家进行论证。评估论证结论要在文件起草说明中写明,作为制发文件的重要依据。

(五)广泛征求意见。除依法需要保密的

外,对涉及群众切身利益或者对公民、法人和其他组织权利义务有重大影响的行政规范性文件,要向社会公开征求意见。起草部门可以通过政府网站、新闻发布会以及报刊、广播、电视等便于群众知晓的方式,公布文件草案及其说明等材料,并明确提出意见的方式和期限。对涉及群众重大利益调整的,起草部门要深入调查研究,采取座谈会、论证会、实地走访等形式充分听取各方面意见,特别是利益相关方的意见。建立意见沟通协商反馈机制,对相对集中的意见建议不予采纳的,公布时要说明理由。

（六）严格审核把关。建立程序完备、权责一致、相互衔接、运行高效的行政规范性文件合法性审核机制,是做好合法性审核工作的重要保证。起草部门要及时将送审稿及有关材料报送制定机关的办公机构和负责合法性审核的部门,并保证材料的完备性和规范性。制定机关的办公机构要对起草部门是否严格依照规定的程序起草、是否进行评估论证、是否广泛征求意见等进行审核。制定机关负责合法性审核的部门要对文件的制定主体、程序、有关内容等是否符合法律、法规和规章的规定,及时进行合法性审核。未经合法性审核或者经审核不合法的,不得提交集体审议。

（七）坚持集体审议。制定行政规范性文件要实行集体研究讨论制度,防止违法决策、专断决策、“拍脑袋”决策。地方各级人民政府制定的行政规范性文件要经本级政府常务会议或者全体会议审议决定,政府部门制定的行政规范性文件要经本部门办公会议审议决定。集体审议要充分发扬民主,确保参会人员充分发表意见,集体讨论情况和决定要如实记录,不同意见要如实载明。

（八）及时公开发布。行政规范性文件经审议通过或批准后,由制定机关统一登记、统一编号、统一印发,并及时通过政府公报、政府网站、政务新媒体、报刊、广播、电视、公示栏等公开向社会发布,不得以内部文件形式印发执行,未经公布的行政规范性文件不得作为行政管理依据。对涉及群众切身利益、社会关注度高、可能影响政府形象的行政规范性文件,起草部门要做好出台时机评估工作,在文件公布后加强舆情收集,及时研判处置,主动回应关切,通过新闻发布会、媒体访谈、专家解读等方式进行解释说明,充分利用政府网站、社交媒体等加强与公众的交流和互动。县级以上各级人民政府要逐步构建权威发布、信息共享、动态更新的行政规范性文件信息平台,以大数据等技术手段实现对文件的标准化、精细化、动态化管理。

三、加强监督检查,严格责任追究

（九）健全责任机制。地方各级人民政府对所属部门、上级人民政府对下级人民政府、各部门对本部门制发的行政规范性文件要加强监督检查,发现存在侵犯公民、法人和其他组织合法权益,损害政府形象和公信力的,要加大查处力度,对负有责任的领导干部和直接责任人员,依纪依法追究责任。对问题频发、造成严重后果的地方和部门,要通过约谈或者专门督导等方式督促整改,必要时向社会曝光。

（十）强化备案监督。健全行政规范性文件备案监督制度,做到有件必备、有备必审、有错必纠。制定机关要及时按照规定程序和时限报送备案,主动接受监督。省级以下地方各级人民政府制定的行政规范性文件要报上一级人民政府和本级人民代表大会常务委员会备案,地方人民政府部门制定的行政规范性文件要报本级人民政府备案,地方人民政府两个或两个以上部门联合制定的行政规范性文件由牵头部门负责报送备案。实行垂直管理的部门,下级部门制定的行政规范性文件要报上一级主管部门备案,同时抄送文件制定机关所在地的本级人民政府。地方人民政府负责备案审查的部门要加大备案监督力度,及时处理违法文件,对审查发现的问题可以采取适当方式予以通报。健全行政规范性文件动态清理工作机制,根据全面深化改革、全面依法治国要求和经济社会发展需要,以及上位法和上级文件制定、修改、废止情况,及时对本地区、本部门行政规范性文件进行清理。充分利用社会监督力量,健全公民、法人和其他组织对行政规范性文件建议审查制度。加强党委、人大、政府等系统备案工作机构的协作配合,建立备案审查衔接联动机制。探索与人民法院、人民检察院建立工作衔接机制,推动行政监督与司法监督形成合力,及时发现并纠正违法文件。

（十一）加强督查考核。完善行政规范性文件制发管理制度,充分发挥政府督查机制作用,将行政规范性文件制定和监督管理工作纳入法治政府建设督察的内容,并作为依法行政考核内容列入法治政府建设考评指标体系。建立督查情况通报制度,对工作落实好的,予以通报表扬;对工作落实不力的,予以通报批评。

各地区、各部门要按照要求抓紧对本地区、本部门的文件开展自查自纠,发现存在违反法律法规和国家政策、侵犯群众合法权益的"奇葩"文件等问题的,要及时纠正,造成严重影响的,要按照有关规定严肃问责。要做好机构改革过程中行政规范性文件清理和实施的衔接工作,新组建或者职责调整的政府部门要对本部门负责实施的行政规范性文件进行清理,需要修改的,及时进行修改;不需要修改的,做好继续实施的衔接工作,确保依法履职。

各地区、各部门要将本通知的贯彻落实情况和工作中遇到的重要事项及时报司法部。

外国企业常驻代表机构登记管理条例

(2010 年 11 月 19 日中华人民共和国国务院令第 584 号公布　根据 2013 年 7 月 18 日国务院令第 638 号《关于废止和修改部分行政法规的决定》修订　根据 2018 年 9 月 18 日国务院令第 703 号《关于修改部分行政法规的决定》修正)

第一章　总　　则

第一条　为了规范外国企业常驻代表机构的设立及其业务活动,制定本条例。

第二条　本条例所称外国企业常驻代表机构(以下简称代表机构),是指外国企业依照本条例规定,在中国境内设立的从事与该外国企业业务有关的非营利性活动的办事机构。代表机构不具有法人资格。

第三条　代表机构应当遵守中国法律,不得损害中国国家安全和社会公共利益。

第四条　代表机构设立、变更、终止,应当依照本条例规定办理登记。

外国企业申请办理代表机构登记,应当对申请文件、材料的真实性负责。

第五条　省、自治区、直辖市人民政府市场监督管理部门是代表机构的登记和管理机关(以下简称登记机关)。

登记机关应当与其他有关部门建立信息共享机制,相互提供有关代表机构的信息。

第六条　代表机构应当于每年 3 月 1 日至 6 月 30 日向登记机关提交年度报告。年度报告的内容包括外国企业的合法存续情况、代表机构的业务活动开展情况及其经会计师事务所审计的费用收支情况等相关情况。

第七条　代表机构应当依法设置会计账簿,真实记载外国企业经费拨付和代表机构费用收支情况,并置于代表机构驻在场所。

代表机构不得使用其他企业、组织或者个人的账户。

第八条　外国企业委派的首席代表、代表以及代表机构的工作人员应当遵守法律、行政法规关于出入境、居留、就业、纳税、外汇登记等规定;违反规定的,由有关部门依照法律、行政法规的相关规定予以处理。

第二章　登 记 事 项

第九条　代表机构的登记事项包括:代表机构名称、首席代表姓名、业务范围、驻在场所、驻在期限、外国企业名称及其住所。

第十条　代表机构名称应当由以下部分依次组成:外国企业国籍、外国企业中文名称、驻在城市名称以及"代表处"字样,并不得含有下列内容和文字:

（一）有损于中国国家安全或者社会公共利益的；

（二）国际组织名称；

（三）法律、行政法规或者国务院规定禁止的。

代表机构应当以登记机关登记的名称从事业务活动。

第十一条　外国企业应当委派一名首席代表。首席代表在外国企业书面授权范围内，可以代表外国企业签署代表机构登记申请文件。

外国企业可以根据业务需要，委派1至3名代表。

第十二条　有下列情形之一的，不得担任首席代表、代表：

（一）因损害中国国家安全或者社会公共利益，被判处刑罚的；

（二）因从事损害中国国家安全或者社会公共利益等违法活动，依法被撤销设立登记、吊销登记证或者被有关部门依法责令关闭的代表机构的首席代表、代表，自被撤销、吊销或者责令关闭之日起未逾5年的；

（三）国务院市场监督管理部门规定的其他情形。

第十三条　代表机构不得从事营利性活动。

中国缔结或者参加的国际条约、协定另有规定的，从其规定，但是中国声明保留的条款除外。

第十四条　代表机构可以从事与外国企业业务有关的下列活动：

（一）与外国企业产品或者服务有关的市场调查、展示、宣传活动；

（二）与外国企业产品销售、服务提供、境内采购、境内投资有关的联络活动。

法律、行政法规或者国务院规定代表机构从事前款规定的业务活动须经批准的，应当取得批准。

第十五条　代表机构的驻在场所由外国企业自行选择。

根据国家安全和社会公共利益需要，有关部门可以要求代表机构调整驻在场所，并及时通知登记机关。

第十六条　代表机构的驻在期限不得超过外国企业的存续期限。

第十七条　登记机关应当将代表机构登记事项记载于代表机构登记簿，供社会公众查阅、复制。

第十八条　代表机构应当将登记机关颁发的外国企业常驻代表机构登记证（以下简称登记证）置于代表机构驻在场所的显著位置。

第十九条　任何单位和个人不得伪造、涂改、出租、出借、转让登记证和首席代表、代表的代表证（以下简称代表证）。

登记证和代表证遗失或者毁坏的，代表机构应当在指定的媒体上声明作废，申请补领。

登记机关依法作出准予变更登记、准予注销登记、撤销变更登记、吊销登记证决定的，代表机构原登记证和原首席代表、代表的代表证自动失效。

第二十条　代表机构设立、变更，外国企业应当在登记机关指定的媒体上向社会公告。

代表机构注销或者被依法撤销设立登记、吊销登记证的，由登记机关进行公告。

第二十一条　登记机关对代表机构涉嫌违反本条例的行为进行查处，可以依法行使下列职权：

（一）向有关的单位和个人调查、了解情况；

（二）查阅、复制、查封、扣押与违法行为有关的合同、票据、账簿以及其他资料；

（三）查封、扣押专门用于从事违法行为的工具、设备、原材料、产品（商品）等财物；

（四）查询从事违法行为的代表机构的账户以及与存款有关的会计凭证、账簿、对账单等。

第三章　设立登记

第二十二条　设立代表机构应当向登记机关申请设立登记。

第二十三条　外国企业申请设立代表机构，应当向登记机关提交下列文件、材料：

（一）代表机构设立登记申请书；

（二）外国企业住所证明和存续2年以上的合法营业证明；

（三）外国企业章程或者组织协议；

（四）外国企业对首席代表、代表的任命文件；

(五)首席代表、代表的身份证明和简历;

(六)同外国企业有业务往来的金融机构出具的资金信用证明;

(七)代表机构驻在场所的合法使用证明。

法律、行政法规或者国务院规定设立代表机构须经批准的,外国企业应当自批准之日起90日内向登记机关申请设立登记,并提交有关批准文件。

中国缔结或者参加的国际条约、协定规定可以设立从事营利性活动的代表机构的,还应当依照法律、行政法规或者国务院规定提交相应文件。

第二十四条 登记机关应当自受理申请之日起15日内作出是否准予登记的决定,作出决定前可以根据需要征求有关部门的意见。作出准予登记决定的,应当自作出决定之日起5日内向申请人颁发登记证和代表证;作出不予登记决定的,应当自作出决定之日起5日内向申请人出具登记驳回通知书,说明不予登记的理由。

登记证签发日期为代表机构成立日期。

第二十五条 代表机构、首席代表和代表凭登记证、代表证申请办理居留、就业、纳税、外汇登记等有关手续。

第四章 变更登记

第二十六条 代表机构登记事项发生变更,外国企业应当向登记机关申请变更登记。

第二十七条 变更登记事项的,应当自登记事项发生变更之日起60日内申请变更登记。

变更登记事项依照法律、行政法规或者国务院规定在登记前须经批准的,应当自批准之日起30日内申请变更登记。

第二十八条 代表机构驻在期限届满后继续从事业务活动的,外国企业应当在驻在期限届满前60日内向登记机关申请变更登记。

第二十九条 申请代表机构变更登记,应当提交代表机构变更登记申请书以及国务院市场监督管理部门规定提交的相关文件。

变更登记事项依照法律、行政法规或者国务院规定在登记前须经批准的,还应当提交有关批准文件。

第三十条 登记机关应当自受理申请之日起10日内作出是否准予变更登记的决定。作出准予变更登记决定的,应当自作出决定之日起5日内换发登记证和代表证;作出不予变更登记决定的,应当自作出决定之日起5日内向申请人出具变更登记驳回通知书,说明不予变更登记的理由。

第三十一条 外国企业的有权签字人、企业责任形式、资本(资产)、经营范围以及代表发生变更的,外国企业应当自上述事项发生变更之日起60日内向登记机关备案。

第五章 注销登记

第三十二条 有下列情形之一的,外国企业应当在下列事项发生之日起60日内向登记机关申请注销登记:

(一)外国企业撤销代表机构;

(二)代表机构驻在期限届满不再继续从事业务活动;

(三)外国企业终止;

(四)代表机构依法被撤销批准或者责令关闭。

第三十三条 外国企业申请代表机构注销登记,应当向登记机关提交下列文件:

(一)代表机构注销登记申请书;

(二)代表机构税务登记注销证明;

(三)海关、外汇部门出具的相关事宜已清理完结或者该代表机构未办理相关手续的证明;

(四)国务院市场监督管理部门规定提交的其他文件。

法律、行政法规或者国务院规定代表机构终止活动须经批准的,还应当提交有关批准文件。

第三十四条 登记机关应当自受理申请之日起10日内作出是否准予注销登记的决定。作出准予注销决定的,应当自作出决定之日起5日内出具准予注销通知书,收缴登记证和代表证;作出不予注销登记决定的,应当自作出决定之日起5日内向申请人出具注销登记驳回通知书,说明不予注销登记的理由。

第六章 法律责任

第三十五条 未经登记,擅自设立代表机构或者从事代表机构业务活动的，由登记机关责令停止活动，处以5万元以上20万元以下的罚款。

代表机构违反本条例规定从事营利性活动的，由登记机关责令改正，没收违法所得，没收专门用于从事营利性活动的工具、设备、原材料、产品（商品）等财物，处以5万元以上50万元以下罚款；情节严重的，吊销登记证。

第三十六条　提交虚假材料或者采取其他欺诈手段隐瞒真实情况，取得代表机构登记或者备案的，由登记机关责令改正，对代表机构处以2万元以上20万元以下的罚款，对直接负责的主管人员和其他直接责任人员处以1000元以上1万元以下的罚款；情节严重的，由登记机关撤销登记或者吊销登记证，缴销代表证。

代表机构提交的年度报告隐瞒真实情况、弄虚作假的，由登记机关责令改正，对代表机构处以2万元以上20万元以下的罚款；情节严重的，吊销登记证。

伪造、涂改、出租、出借、转让登记证、代表证的，由登记机关对代表机构处以1万元以上10万元以下的罚款；对直接负责的主管人员和其他直接责任人员处以1000元以上1万元以下的罚款；情节严重的，吊销登记证，缴销代表证。

第三十七条　代表机构违反本条例第十四条规定从事业务活动以外活动的，由登记机关责令限期改正；逾期未改正的，处以1万元以上10万元以下的罚款；情节严重的，吊销登记证。

第三十八条　有下列情形之一的，由登记机关责令限期改正，处以1万元以上3万元以下的罚款；逾期未改正的，吊销登记证：

（一）未依照本条例规定提交年度报告的；

（二）未按照登记机关登记的名称从事业务活动的；

（三）未按照中国政府有关部门要求调整驻在场所的；

（四）未依照本条例规定公告其设立、变更情况的；

（五）未依照本条例规定办理有关变更登记、注销登记或者备案的。

第三十九条　代表机构从事危害中国国家安全或者社会公共利益等严重违法活动的，由登记机关吊销登记证。

代表机构违反本条例规定被撤销设立登记、吊销登记证，或者被中国政府有关部门依法责令关闭的，自被撤销、吊销或者责令关闭之日起5年内，设立该代表机构的外国企业不得在中国境内设立代表机构。

第四十条　登记机关及其工作人员滥用职权、玩忽职守、徇私舞弊，未依照本条例规定办理登记、查处违法行为，或者支持、包庇、纵容违法行为的，依法给予处分。

第四十一条　违反本条例规定，构成违反治安管理行为的，依照《中华人民共和国治安管理处罚法》的规定予以处罚；构成犯罪的，依法追究刑事责任。

第七章　附　　则

第四十二条　本条例所称外国企业，是指依照外国法律在中国境外设立的营利性组织。

第四十三条　代表机构登记的收费项目依照国务院财政部门、价格主管部门的有关规定执行，代表机构登记的收费标准依照国务院价格主管部门、财政部门的有关规定执行。

第四十四条　香港特别行政区、澳门特别行政区和台湾地区企业在中国境内设立代表机构的，参照本条例规定进行登记管理。

第四十五条　本条例自2011年3月1日起施行。1983年3月5日经国务院批准，1983年3月15日原国家工商行政管理局发布的《关于外国企业常驻代表机构登记管理办法》同时废止。

中华人民共和国个人所得税法实施条例

(1994 年 1 月 28 日中华人民共和国国务院令第 142 号发布　根据 2005 年 12 月 19 日国务院令第 452 号《关于修改〈中华人民共和国个人所得税法实施条例〉的决定》第一次修订　根据 2008 年 2 月 18 日国务院令第 519 号《关于修改〈中华人民共和国个人所得税法实施条例〉的决定》第二次修订　根据 2011 年 7 月 19 日国务院令第 600 号《关于修改〈中华人民共和国个人所得税法实施条例〉的决定》第三次修订　2018 年 12 月 18 日国务院令第 707 号第四次修订)

第一条　根据《中华人民共和国个人所得税法》(以下简称个人所得税法),制定本条例。

第二条　个人所得税法所称在中国境内有住所,是指因户籍、家庭、经济利益关系而在中国境内习惯性居住;所称从中国境内和境外取得的所得,分别是指来源于中国境内的所得和来源于中国境外的所得。

第三条　除国务院财政、税务主管部门另有规定外,下列所得,不论支付地点是否在中国境内,均为来源于中国境内的所得:

(一)因任职、受雇、履约等在中国境内提供劳务取得的所得;

(二)将财产出租给承租人在中国境内使用而取得的所得;

(三)许可各种特许权在中国境内使用而取得的所得;

(四)转让中国境内的不动产等财产或者在中国境内转让其他财产取得的所得;

(五)从中国境内企业、事业单位、其他组织以及居民个人取得的利息、股息、红利所得。

第四条　在中国境内无住所的个人,在中国境内居住累计满 183 天的年度连续不满六年的,经向主管税务机关备案,其来源于中国境外且由境外单位或者个人支付的所得,免予缴纳个人所得税;在中国境内居住累计满 183 天的任一年度中有一次离境超过 30 天的,其在中国境内居住累计满 183 天的年度的连续年限重新起算。

第五条　在中国境内无住所的个人,在一个纳税年度内在中国境内居住累计不超过 90 天的,其来源于中国境内的所得,由境外雇主支付并且不由该雇主在中国境内的机构、场所负担的部分,免予缴纳个人所得税。

第六条　个人所得税法规定的各项个人所得的范围:

(一)工资、薪金所得,是指个人因任职或者受雇取得的工资、薪金、奖金、年终加薪、劳动分红、津贴、补贴以及与任职或者受雇有关的其他所得。

(二)劳务报酬所得,是指个人从事劳务取得的所得,包括从事设计、装潢、安装、制图、化验、测试、医疗、法律、会计、咨询、讲学、翻译、审稿、书画、雕刻、影视、录音、录像、演出、表演、广告、展览、技术服务、介绍服务、经纪服务、代办服务以及其他劳务取得的所得。

(三)稿酬所得,是指个人因其作品以图书、报刊等形式出版、发表而取得的所得。

(四)特许权使用费所得,是指个人提供专利权、商标权、著作权、非专利技术以及其他特许权的使用权取得的所得;提供著作权的使用权取得的所得,不包括稿酬所得。

(五)经营所得,是指:

1. 个体工商户从事生产、经营活动取得的所得,个人独资企业投资人、合伙企业的个人合伙人来源于境内注册的个人独资企业、合伙企业生产、经营的所得;

2. 个人依法从事办学、医疗、咨询以及其他有偿服务活动取得的所得;

3. 个人对企业、事业单位承包经营、承租经营以及转包、转租取得的所得;

4. 个人从事其他生产、经营活动取得的所得。

（六）利息、股息、红利所得，是指个人拥有债权、股权等而取得的利息、股息、红利所得。

（七）财产租赁所得，是指个人出租不动产、机器设备、车船以及其他财产取得的所得。

（八）财产转让所得，是指个人转让有价证券、股权、合伙企业中的财产份额、不动产、机器设备、车船以及其他财产取得的所得。

（九）偶然所得，是指个人得奖、中奖、中彩以及其他偶然性质的所得。

个人取得的所得，难以界定应纳税所得项目的，由国务院税务主管部门确定。

第七条　对股票转让所得征收个人所得税的办法，由国务院另行规定，并报全国人民代表大会常务委员会备案。

第八条　个人所得的形式，包括现金、实物、有价证券和其他形式的经济利益；所得为实物的，应当按照取得的凭证上所注明的价格计算应纳税所得额，无凭证的实物或者凭证上所注明的价格明显偏低的，参照市场价格核定应纳税所得额；所得为有价证券的，根据票面价格和市场价格核定应纳税所得额；所得为其他形式的经济利益的，参照市场价格核定应纳税所得额。

第九条　个人所得税法第四条第一款第二项所称国债利息，是指个人持有中华人民共和国财政部发行的债券而取得的利息；所称国家发行的金融债券利息，是指个人持有经国务院批准发行的金融债券而取得的利息。

第十条　个人所得税法第四条第一款第三项所称按照国家统一规定发给的补贴、津贴，是指按照国务院规定发给的政府特殊津贴、院士津贴，以及国务院规定免予缴纳个人所得税的其他补贴、津贴。

第十一条　个人所得税法第四条第一款第四项所称福利费，是指根据国家有关规定，从企业、事业单位、国家机关、社会组织提留的福利费或者工会经费中支付给个人的生活补助费；所称救济金，是指各级人民政府民政部门支付给个人的生活困难补助费。

第十二条　个人所得税法第四条第一款第八项所称依照有关法律规定应予免税的各国驻华使馆、领事馆的外交代表、领事官员和其他人员的所得，是指依照《中华人民共和国外交特权与豁免条例》和《中华人民共和国领事特权与豁免条例》规定免税的所得。

第十三条　个人所得税法第六条第一款第一项所称依法确定的其他扣除，包括个人缴付符合国家规定的企业年金、职业年金，个人购买符合国家规定的商业健康保险、税收递延型商业养老保险的支出，以及国务院规定可以扣除的其他项目。

专项扣除、专项附加扣除和依法确定的其他扣除，以居民个人一个纳税年度的应纳税所得额为限额；一个纳税年度扣除不完的，不结转以后年度扣除。

第十四条　个人所得税法第六条第一款第二项、第四项、第六项所称每次，分别按照下列方法确定：

（一）劳务报酬所得、稿酬所得、特许权使用费所得，属于一次性收入的，以取得该项收入为一次；属于同一项目连续性收入的，以一个月内取得的收入为一次。

（二）财产租赁所得，以一个月内取得的收入为一次。

（三）利息、股息、红利所得，以支付利息、股息、红利时取得的收入为一次。

（四）偶然所得，以每次取得该项收入为一次。

第十五条　个人所得税法第六条第一款第三项所称成本、费用，是指生产、经营活动中发生的各项直接支出和分配计入成本的间接费用以及销售费用、管理费用、财务费用；所称损失，是指生产、经营活动中发生的固定资产和存货的盘亏、毁损、报废损失，转让财产损失，坏账损失，自然灾害等不可抗力因素造成的损失以及其他损失。

取得经营所得的个人，没有综合所得的，计算其每一纳税年度的应纳税所得额时，应当减除费用6万元、专项扣除、专项附加扣除以及依法确定的其他扣除。专项附加扣除在办理汇算清缴时减除。

从事生产、经营活动，未提供完整、准确的纳税资料，不能正确计算应纳税所得额的，由主管税务机关核定应纳税所得额或者应纳税额。

第十六条　个人所得税法第六条第一款第五项规定的财产原值，按照下列方法确定：

(一)有价证券,为买入价以及买入时按照规定交纳的有关费用;

(二)建筑物,为建造费或者购进价格以及其他有关费用;

(三)土地使用权,为取得土地使用权所支付的金额、开发土地的费用以及其他有关费用;

(四)机器设备、车船,为购进价格、运输费、安装费以及其他有关费用。

其他财产,参照前款规定的方法确定财产原值。

纳税人未提供完整、准确的财产原值凭证,不能按照本条第一款规定的方法确定财产原值的,由主管税务机关核定财产原值。

个人所得税法第六条第一款第五项所称合理费用,是指卖出财产时按照规定支付的有关税费。

第十七条 财产转让所得,按照一次转让财产的收入额减除财产原值和合理费用后的余额计算纳税。

第十八条 两个以上的个人共同取得同一项目收入的,应当对每个人取得的收入分别按照个人所得税法的规定计算纳税。

第十九条 个人所得税法第六条第三款所称个人将其所得对教育、扶贫、济困等公益慈善事业进行捐赠,是指个人将其所得通过中国境内的公益性社会组织、国家机关向教育、扶贫、济困等公益慈善事业的捐赠;所称应纳税所得额,是指计算扣除捐赠额之前的应纳税所得额。

第二十条 居民个人从中国境内和境外取得的综合所得、经营所得,应当分别合并计算应纳税额;从中国境内和境外取得的其他所得,应当分别单独计算应纳税额。

第二十一条 个人所得税法第七条所称已在境外缴纳的个人所得税税额,是指居民个人来源于中国境外的所得,依照该所得来源国家(地区)的法律应当缴纳并且实际已经缴纳的所得税税额。

个人所得税法第七条所称纳税人境外所得依照本法规定计算的应纳税额,是居民个人抵免已在境外缴纳的综合所得、经营所得以及其他所得的所得税税额的限额(以下简称抵免限额)。除国务院财政、税务主管部门另有规定外,来源于中国境外一个国家(地区)的综合所得抵免限额、经营所得抵免限额以及其他所得抵免限额之和,为来源于该国家(地区)所得的抵免限额。

居民个人在中国境外一个国家(地区)实际已经缴纳的个人所得税税额,低于依照前款规定计算出的来源于该国家(地区)所得的抵免限额的,应当在中国缴纳差额部分的税款;超过来源于该国家(地区)所得的抵免限额的,其超过部分不得在本纳税年度的应纳税额中抵免,但是可以在以后纳税年度来源于该国家(地区)所得的抵免限额的余额中补扣。补扣期限最长不得超过五年。

第二十二条 居民个人申请抵免已在境外缴纳的个人所得税税额,应当提供境外税务机关出具的税款所属年度的有关纳税凭证。

第二十三条 个人所得税法第八条第二款规定的利息,应当按照税款所属纳税申报期最后一日中国人民银行公布的与补税期间同期的人民币贷款基准利率计算,自税款纳税申报期满次日起至补缴税款期限届满之日止按日加收。纳税人在补缴税款期限届满前补缴税款的,利息加收至补缴税款之日。

第二十四条 扣缴义务人向个人支付应税款项时,应当依照个人所得税法规定预扣或者代扣税款,按时缴库,并专项记载备查。

前款所称支付,包括现金支付、汇拨支付、转账支付和以有价证券、实物以及其他形式的支付。

第二十五条 取得综合所得需要办理汇算清缴的情形包括:

(一)从两处以上取得综合所得,且综合所得年收入额减除专项扣除的余额超过6万元;

(二)取得劳务报酬所得、稿酬所得、特许权使用费所得中一项或者多项所得,且综合所得年收入额减除专项扣除的余额超过6万元;

(三)纳税年度内预缴税额低于应纳税额;

(四)纳税人申请退税。

纳税人申请退税,应当提供其在中国境内开设的银行账户,并在汇算清缴地就地办理税款退库。

汇算清缴的具体办法由国务院税务主管部门制定。

第二十六条 个人所得税法第十条第二款所称全员全额扣缴申报,是指扣缴义务人在代扣税款的次月十五日内,向主管税务机关报送其支付所得的所有个人的有关信息、支付所得数额、扣除事项和数额、扣缴税款的具体数额和总额以及其他相关涉税信息资料。

第二十七条　纳税人办理纳税申报的地点以及其他有关事项的具体办法，由国务院税务主管部门制定。

第二十八条　居民个人取得工资、薪金所得时，可以向扣缴义务人提供专项附加扣除有关信息，由扣缴义务人扣缴税款时减除专项附加扣除。纳税人同时从两处以上取得工资、薪金所得，并由扣缴义务人减除专项附加扣除的，对同一专项附加扣除项目，在一个纳税年度内只能选择从一处取得的所得中减除。

居民个人取得劳务报酬所得、稿酬所得、特许权使用费所得，应当在汇算清缴时向税务机关提供有关信息，减除专项附加扣除。

第二十九条　纳税人可以委托扣缴义务人或者其他单位和个人办理汇算清缴。

第三十条　扣缴义务人应当按照纳税人提供的信息计算办理扣缴申报，不得擅自更改纳税人提供的信息。

纳税人发现扣缴义务人提供或者扣缴申报的个人信息、所得、扣缴税款等与实际情况不符的，有权要求扣缴义务人修改。扣缴义务人拒绝修改的，纳税人应当报告税务机关，税务机关应当及时处理。

纳税人、扣缴义务人应当按照规定保存与专项附加扣除相关的资料。税务机关可以对纳税人提供的专项附加扣除信息进行抽查，具体办法由国务院税务主管部门另行规定。税务机关发现纳税人提供虚假信息的，应当责令改正并通知扣缴义务人；情节严重的，有关部门应当依法予以处理，纳入信用信息系统并实施联合惩戒。

第三十一条　纳税人申请退税时提供的汇算清缴信息有错误的，税务机关应当告知其更正；纳税人更正的，税务机关应当及时办理退税。

扣缴义务人未将扣缴的税款解缴入库的，不影响纳税人按照规定申请退税，税务机关应当凭纳税人提供的有关资料办理退税。

第三十二条　所得为人民币以外货币的，按照办理纳税申报或者扣缴申报的上一月最后一日人民币汇率中间价，折合成人民币计算应纳税所得额。年度终了后办理汇算清缴的，对已经按月、按季或者按次预缴税款的人民币以外货币所得，不再重新折算；对应当补缴税款的所得部分，按照上一纳税年度最后一日人民币汇率中间价，折合成人民币计算应纳税所得额。

第三十三条　税务机关按照个人所得税法第十七条的规定付给扣缴义务人手续费，应当填开退还书；扣缴义务人凭退还书，按照国库管理有关规定办理退库手续。

第三十四条　个人所得税纳税申报表、扣缴个人所得税报告表和个人所得税完税凭证式样，由国务院税务主管部门统一制定。

第三十五条　军队人员个人所得税征收事宜，按照有关规定执行。

第三十六条　本条例自2019年1月1日起施行。

国务院办公厅关于聚焦企业关切进一步推动优化营商环境政策落实的通知

（2018年10月29日　国办发〔2018〕104号）

各省、自治区、直辖市人民政府，国务院各部委、各直属机构：

党中央、国务院高度重视深化“放管服”改革、优化营商环境工作，近年来部署出台了一系列有针对性的政策措施，优化营商环境工作取得积极成效。但同时我国营商环境仍存在一些短板和突出问题，企业负担仍需降低，小微企业融资难融资贵仍待缓解，投资和贸易便利化水平仍有待进一步提升,审批难审批慢依然存在,一些地方监管执法存在"一刀切"现象,产权保护仍需加强,部分政策制定不科学、落实不到位等。目前亟须以市场主体期待和需求为导向,围绕破解企业投资生产经营中的"堵点""痛点",加快打造市场化、法治化、国际化营商环境,增强企业发展信心和竞争力。经国务院同意,现将有关事项通知如下:

一、坚决破除各种不合理门槛和限制,营造公平竞争市场环境

(一)进一步减少社会资本市场准入限制。发展改革委、商务部要牵头负责在2018年底前修订并全面实施新版市场准入负面清单,推动"非禁即入"普遍落实。发展改革委要加强协调指导督促工作,有关部门和地方按职责分工尽快在民航、铁路、公路、油气、电信等领域,落实一批高质量的项目吸引社会资本参与。发展改革委、财政部要牵头继续规范有序推进政府和社会资本合作(PPP)项目建设,在核查清理后的PPP项目库基础上,加大对符合规定的PPP项目推进力度,督促地方政府依法依规落实已承诺的合作条件,加快项目进度。发展改革委要组织开展招投标领域专项整治,消除在招投标过程中对不同所有制企业设置的各类不合理限制和壁垒,严格落实《必须招标的工程项目规定》,赋予社会投资的房屋建筑工程建设单位发包自主权。

(二)推动缓解中小微企业融资难融资贵问题。人民银行要牵头会同有关部门疏通货币信贷政策传导机制,综合运用多种工具,细化监管措施,强化政策协调,提高政策精准度,稳定市场预期。抓好支小再贷款、中小企业高收益债券、小微企业金融债券、知识产权质押融资等相关政策落实。银保监会要抓紧制定出台鼓励银行业金融机构对民营企业加大信贷支持力度,不盲目停贷、压贷、抽贷、断贷的政策措施,防止对民营企业随意减少授信、抽贷断贷"一刀切"等做法;建立金融机构绩效考核与小微信贷投放挂钩的激励机制,修改完善尽职免责实施办法。财政部、人力资源社会保障部、人民银行要指导各地区加大创业担保贷款贴息资金支持。各地区要通过设立创业启动基金等方式,支持高校毕业生等群体创业创新。银保监会、税务总局要积极推进"银税互动",鼓励商业银行依托纳税信用信息创新信贷产品,推动税务、银行信息互联互通,缓解小微企业融资难题。银保监会要督促有关金融机构坚决取消和查处各类违规手续费,除银团贷款外,不得向小微企业收取贷款承诺费、资金管理费,严格限制向小微企业收取财务顾问费、咨询费等费用,减少融资过程中的附加费用,降低融资成本。

(三)清理地方保护和行政垄断行为。市场监管总局、发展改革委要在2018年年底前组织各地区、各有关部门完成对清理废除妨碍统一市场和公平竞争政策文件、执行公平竞争审查制度情况的自查,并向全社会公示,接受社会监督;2019年修订《公平竞争审查制度实施细则(暂行)》。市场监管总局要牵头负责在2018年年底前清理废除现有政策措施中涉及地方保护、指定交易、市场壁垒等的内容,查处并公布一批行政垄断案件,坚决纠正滥用行政权力排除、限制竞争行为。

(四)加强诚信政府建设。各地区、各部门要把政府诚信作为优化营商环境的重要内容,建立健全"政府承诺+社会监督+失信问责"机制,凡是对社会承诺的服务事项,都要履行约定义务,接受社会监督,没有执行到位的要有整改措施并限期整改,对整改不到位、严重失职失责的要追究责任。发展改革委要监测评价城市政务诚信状况,组织开展政府机构失信问题专项治理。各地区要梳理政府对企业失信事项,提出依法依规限期解决的措施,治理"新官不理旧账"等问题,研究建立因政府规划调整、政策变化造成企业合法权益受损的补偿救济机制。同时,要加大政府欠款清偿力度。

二、推动外商投资和贸易便利化,提高对外开放水平

(五)切实保障外商投资企业公平待遇。发展改革委、商务部要在2019年3月底前,全面清理取消在外商投资准入负面清单以外领域针对外资设置的准入限制,实现市场准入内外资标准一致,落实以在线备案为主的外商投资管理制度,并组织对外资企业在政府采购、资金补助、资质许可等方面是否享有公平待遇进行专项督查。商务部要督促各地区2018年底前在省级层面建立健全外资投诉处理机制,及时回应和解决外资企业反映的问题。商务部、发展改革委、司法部要组织各地区和各有关部门，2019年完成与现行开放政策不符的法规、规章和规范性文件的废止或修订工作。司法部、商务部、发展改革委要加快推动统一内外资法律法规，制定外资基础性法律。

（六）进一步促进外商投资。发展改革委要会同有关部门积极推进重大外资项目建设，将符合条件的外资项目纳入重大建设项目范围，或依申请按程序加快调整列入相关产业规划，给予用地、用海审批等支持，加快环评审批进度，推动项目尽快落地。发展改革委、商务部要在2019年3月底前完成《外商投资产业指导目录》和《中西部地区外商投资优势产业目录》修订工作，扩大鼓励外商投资范围。财政部、税务总局、发展改革委、商务部要在2018年底前制定出台征管办法等政策文件，督促各地区严格执行外商再投资暂不征收预提所得税政策适用范围从鼓励类外资项目扩大至所有非禁止项目和领域的要求。

（七）降低进出口环节合规成本和推进通关便利化。财政部要会同市场监管总局、海关总署、交通运输部、发展改革委、商务部抓紧建立并启动相关工作机制，指导督促各地区认真落实国务院确定的降低集装箱进出口环节合规成本的要求，抓紧制定公布口岸收费目录清单，加强督促检查，确保落实到位。海关总署要牵头商有关部门进一步优化通关流程和作业方式，推动精简进出口环节监管证件，能退出口岸验核的退出，2018年底前整体通关时间比2017年压减1/3，到2021年压减1/2。商务部要尽快完成进口许可管理货物目录调整，减去已无必要监管的产品。

（八）完善出口退税政策，加快出口退税进度。财政部、税务总局要抓紧制定出台完善出口退税政策的操作文件，简并退税率，提高部分商品出口退税率，推动实体经济降成本、保持外贸稳定增长。税务总局、海关总署等部门要加强合作，进一步加快出口退税进度，对信用评级高、纳税记录好的企业简化手续、缩短退税时间；全面推行无纸化退税申报，提高退税审核效率，确保2018年底前将办理退税平均时间由目前13个工作日缩短至10个工作日；尽快实现电子退库全联网全覆盖，实现申报、证明办理、核准、退库等业务网上办理。同时，要采取切实有效的措施防范和坚决打击骗取出口退税行为。

三、持续提升审批服务质量，提高办事效率

（九）进一步简化企业投资审批。发展改革委要牵头优化投资项目审批流程，2018年年底前公布投资审批事项统一名称和申请材料，2019年实现各类投资审批在线并联办理；2019年出台指导地方开展投资项目承诺制改革的文件，实现政府定标准、企业作承诺、过程强监管、失信有惩戒，大幅压缩投资项目落地时间。住房城乡建设部要牵头推进工程建设项目审批制度改革，会同发展改革委、人力资源社会保障部、应急部等有关部门，在2018年底前完成《房屋建筑和市政基础设施工程施工图设计文件审查管理办法》、《建设工程消防监督管理规定》、《关于进一步做好建筑业工伤保险工作的意见》等部门规章、规范性文件和标准规范修订工作，精简取消部分审批前置条件，推动将消防设计审核、人防设计审查等纳入施工图联审，进一步压减工程建设项目审批时限；同时，再提出一批优化精简工程建设项目审批相关法律法规和政策文件的修改建议。2019年在全国开展全流程、全覆盖的工程建设项目审批制度改革，指导地方统一审批流程，通过精简审批事项和条件、下放审批权限、合并审批事项、调整审批时序、转变管理方式、推行告知承诺制等措施，完善审批体系，努力实现“一张蓝图”统筹项目实施、“一个系统”实施统一管理、“一个窗口”提供综合服务、“一张表单”整合申报材料、“一套机制”规范审批运行。有条件的地方可探索试行新批工业用地“标准地”制度，用地企业可直接开工建设，不再需要各类审批，建成投产后，有关部门按照既定标准与法定条件验收。

（十）深化商事制度改革。国务院审改办、市场监管总局要会同有关部门按时在全国范围内对第一批106项涉企行政审批事项开展“证照分离”改革，逐一制定出台直接取消审批、审批改为备案、实行告知承诺或优化准入服务的具体办法和加强事中事后监管的措施，并于2018年11月10日前向社会公开。要按照涉企许可证全覆盖的要求，抓紧梳理形成中央设定的涉及市场准入的行政审批事项清单，并组织

各地区梳理地方设定的各类审批事项,在自贸试验区率先实现"证照分离"改革全覆盖,条件成熟后在全国推广。市场监管总局要会同税务总局、人力资源社会保障部等有关部门,在全面梳理企业注销各环节办理事项基础上,2018 年年底前研究提出疏解"堵点"、优化流程的改革措施,编制公布统一的企业注销操作指南,破解企业注销难题。

(十一)进一步压减行政许可等事项。2018 年年底前,国务院审改办要牵头组织各部门对现有行政许可事项进行一次全面清理论证,再推动取消部分行政许可事项,2019 年 3 月底前修订公布新的行政许可事项清单,清单外许可事项一律视作违规审批。国务院审改办要在 2019 年组织各地区、各有关部门清理各类变相审批和许可,对以备案、登记、注册、目录、年检、监制、认定、认证、专项计划等形式变相设置审批的违规行为进行整治。国务院审改办要组织有关部门试点开展现有行政许可的成本和效果评估,充分听取企业、公众、专家学者的意见,并根据评估结果,及时调整完善相关许可。

(十二)加快制定政务服务事项清单和推进政务服务标准化。国务院办公厅要督促各地区抓紧以省为单位公布各层级政府"马上办、网上办、就近办、一次办"审批服务事项目录,协调各有关方面加快编制全国标准统一的行政权力事项目录清单,推动各地区、各部门编制公共服务事项清单。国务院办公厅、发展改革委要督促各地区、各部门提升政务服务质量,加快推进全国一体化在线政务服务平台建设,制定统一的审批服务事项编码、规范标准、办事指南和时限,消除模糊条款,优化审批服务流程,制作易看易懂、实用简便的办理流程图(表),2019 年统一事项办理标准。同时,督促各地区、各部门建立政务服务满意度调查机制,并纳入绩效考核。

四、进一步减轻企业税费负担,降低企业生产经营成本

(十三)清理物流、认证、检验检测、公用事业等领域经营服务性收费。发展改革委、交通运输部、公安部、市场监管总局、生态环境部要组织落实货车年审、年检和尾气排放检验"三检合一"等政策,2018 年底前公布货车"三检合一"检验检测机构名单,全面实现"一次上线、一次检测、一次收费"。公安部、市场监管总局要查处整治公章刻制领域行政垄断案件,严禁各地公安机关指定公章刻制企业,纠正和制止垄断经营、强制换章、不合理收费等现象。市场监管总局要在 2018 年年底前再取消 10% 以上实行强制性认证的产品种类或改为以自我声明方式实施,科学合理简化认证管理单元,减少认证证书种类,提升认证、检测"一站式""一体化"服务能力;增加认证机构数量,引导和督促认证机构降低收费标准。对教育、医疗、电信、金融、公证、供水供电等公共服务领域收费,各行业主管部门要加强监督检查,重点检查是否存在收费项目取消后继续收取或变相收取、越权违规设立收费项目、擅自扩大收费范围和提高收费标准等行为,发现问题要严肃整改问责。

(十四)整治政府部门下属单位、行业协会商会、中介机构等乱收费行为。发展改革委、市场监管总局要牵头会同有关行业主管部门,依法整治"红顶中介",督促有关部门和单位取消违法违规收费、降低收费标准,坚决纠正行政审批取消后由中介机构和部门下属单位变相审批及违法违规收费、加重企业负担等现象。发展改革委、市场监管总局要督促指导各有关部门在 2019 年 3 月底前,对本部门下属单位涉企收费情况进行一次全面清理,整顿政府部门下属单位利用行政权力违规收费行为。人民银行、银保监会、证监会要推动中国银行间市场交易商协会、中国支付清算协会、中国证券投资基金业协会、中国互联网金融协会等金融类协会规范合理收取会费、服务费,减轻企业负担。民政部、市场监管总局、发展改革委、财政部、国资委要在 2018 年年底前部署检查行业协会商会收费情况,纠正不合理收费和强制培训等行为,并建立健全行业协会商会乱收费投诉举报和查处机制。

(十五)规范降低涉企保证金和社保费率,减轻企业负担。工业和信息化部、财政部要牵头组织有关部门,清理没有法律、行政法规依据或未经国务院批准的涉企保证金,严格执行已公布的涉企保证金目录清单,进一步降低涉企保证金缴纳标准,推广以银行保函替代现金缴纳保证金。市场监管总局要牵头会同有关部门,加强对厂房租金的监督检查和指导工作,各地区要落实管控责任,切实做好管控工作,严厉打击囤积厂房、哄抬租金等违规行为,对问题严重的地方要严肃追究责任。财政部要抓紧研究提出进一步降低企业税负的具体方案。人力资源社会保障部、财政部、税务总局、医保局等部门要根据国务院有关部署,抓紧制定出台降低社保费率的具体实施办法,做好相关准备工作,与征收体制改革同步实施,确保总体上不增加企业负担。

五、大力保护产权,为创业创新营造良好环境

(十六)加快知识产权保护体系建设。知识产权局要采取措施提高专利、商标注册审查质量和效率,全面推进商标注册全程电子化,确保2018年年底前将商标注册审查周期压缩至6个月、高价值专利审查周期压减10%以上。市场监管总局要会同公安部、农业农村部、海关总署、知识产权局等有关部门在2018年年底前制定出台对网购、进出口等重点领域加强知识产权执法的实施办法;对侵犯商业秘密、专利商标地理标志侵权假冒、网络盗版侵权等违法行为开展集中整治。知识产权局要牵头实施"互联网+"知识产权保护工作方案,引导电商平台运用"互联网+"高效处理侵权假冒投诉,在进出口环节知识产权保护工作中推进线上信息共享、办案咨询、案件协查。司法部、市场监管总局、知识产权局要积极配合加快推进专利法修订实施工作,推动建立侵权惩罚性赔偿制度,解决知识产权侵权成本低、维权成本高问题。商务部、知识产权局要加强对中小微企业知识产权海外维权的援助。

(十七)加快落实各项产权保护措施。发展改革委、司法部要督促各地区、各部门抓紧完成不利于产权保护的规章、规范性文件清理工作,2018年年底前将清理情况汇总报国务院。发展改革委要配合高法院继续加大涉产权冤错案件甄别纠正力度,2019年6月底前再审理公布一批有代表性、有影响力的产权纠纷申诉案件。

六、加强和规范事中事后监管,维护良好市场秩序

(十八)加强事中事后监管。国务院办公厅、市场监管总局要会同有关部门抓紧研究制定加强和规范事中事后监管的指导意见,落实放管结合、并重的要求,在持续深化简政放权的同时,进一步强化事中事后监管,建立健全适合我国高质量发展要求、全覆盖、保障安全的事中事后监管制度,夯实监管责任,健全监管体系,创新监管方式,完善配套政策,寓监管于服务之中,不断提高事中事后监管的针对性和有效性,规范市场秩序,进一步激发市场活力。

(十九)创新市场监管方式。各有关部门要进一步转变理念,创新工作方法,根据自身职责加强和创新事中事后监管,积极推进"双随机、一公开"监管、信用监管、大数据监管、"告知承诺+事中事后监管"等新型监管方式,既提高监管效能,又切实减少对企业的干扰。市场监管总局要在2018年年底前研究制定在市场监管领域全面推行部门联合"双随机、一公开"监管的指导意见。加快深化质量认证制度改革,规范认证行业发展,通过质量认证和监管、完善标准规范,促进企业提品质、创品牌,让群众放心消费。发展改革委要会同有关部门加快信用体系建设,2018年年底前完成50个以上重点领域联合奖惩备忘录。国务院办公厅要牵头会同各有关部门和各地区加快推进"互联网+监管"系统建设,力争2019年9月底前与国家政务服务平台同步上线运行。

(二十)坚决纠正"一刀切"式执法,规范自由裁量权。生态环境部要加强分类指导、精准施策,及时纠正一些地区以环保检查为由"一刀切"式关停企业的做法,并严肃追责。生态环境部、交通运输部、农业农村部、文化和旅游部、市场监管总局等部门要依法精简行政处罚事项,分别制定规范执法自由裁量权的办法,指导各地区细化、量化行政处罚标准,防止执法随意、标准不一等现象。财政部要督促将各级行政执法机关办案经费按规定纳入预算管理,禁止将罚没收入与行政执法机关利益挂钩,对违规行为进行整改和问责。

七、强化组织领导,进一步明确工作责任

(二十一)提高认识,进一步明确抓落实的责任。各地区、各部门要以习近平新时代中国特色社会主义思想为指导,认真贯彻落实党中央、国务院决策部署,坚持稳中求进工作总基

调,将优化营商环境、减轻企业负担、解决企业反映的突出问题作为稳就业、稳金融、稳外贸、稳外资、稳投资、稳预期的重要措施,想企业所想,急企业所急,消除制约企业发展的各种障碍,进一步增强企业发展信心和动力,确保今年经济社会发展各项目标任务全面如期完成。主要领导同志要亲自负责,分管领导同志要具体抓到位,并层层明确落实责任。各有关部门要进一步细化抓落实的措施,制定落实上述政策的具体实施办法,明确责任人、实施主体、实施时间、实施要求,确保各项政策取得实效。

(二十二)落实地方政府责任。各省(区、市)政府要按照本通知精神,认真梳理分析本地区营商环境存在的突出问题,找准政策落实中的"堵点",切实承担优化本地区营商环境的职责,结合实际有针对性地制定出台落实有关政策的具体办法。同时,要主动对标先进,相互学习借鉴,进一步深化"放管服"改革,探索推出更多切实管用的改革举措,降低制度性交易成本,不断优化营商环境。

(二十三)组织开展营商环境评价。发展改革委要牵头在2018年年底前构建营商环境评价机制,通过引入第三方等方式在22个城市开展试评价;2019年在各省(区、市)以及计划单列市、副省级城市、省会城市、若干地级市开展营商环境评价,编制发布《中国营商环境报告》;2020年在全国地级及以上城市开展营商环境评价。

(二十四)增强政策制定实施的科学性和透明度。各有关部门要加强调查研究和科学论证,提高政策质量,增强政策稳定性。对企业高度关注的行业规定或限制性措施调整要设置合理过渡期,防止脱离实际、层层加码。科学审慎研判拟出台政策的预期效果和市场反应,统筹把握好政策出台时机和力度,防止政策效应叠加共振或相互抵销,避免给市场造成大的波动。各地区、各有关部门要在2018年年底前建立健全企业家参与涉企政策制定机制,制定出台政府重大经济决策主动向企业家和行业协会商会问计求策的操作办法,完善与企业的常态化联系机制。

(二十五)强化政策宣传解读和舆论引导。各地区、各部门要对已出台的优化营商环境政策措施及时跟进解读,准确传递权威信息和政策意图,并向企业精准推送各类优惠政策信息,提高政策可及性。对于市场主体关注的重点难点问题,要及时研究解决,回应社会关切,合理引导预期。要总结推广基层利企便民的创新典型做法,借鉴吸收国内外有益经验,进一步推动形成竞相优化营商环境的良好局面。

(二十六)加强对政策落实的督促检查。凡是与上述政策要求不符的文件,要及时进行修订,防止出现惠企政策被原有规定堵住、卡壳等现象。各地区、各部门要按照规定时限,向社会公布落实政策的具体措施,接受社会监督,并进行自查。各地区要在2018年年底前设立营商环境投诉举报和查处回应制度,及时纠正发现的问题,并公开曝光营商环境反面典型案例。各地区、各部门要将有关落实情况报国务院。

国务院办公厅关于全面推行行政规范性文件合法性审核机制的指导意见

(2018年12月4日　国办发〔2018〕115号)

各省、自治区、直辖市人民政府,国务院各部委、各直属机构:

制定行政规范性文件(以下简称规范性文件)是行政机关或者经法律、法规授权的具有管理公共事务职能的组织(以下统称行政机关)依法履行职能的重要方式。对规范性文件进行合法性审核是确保行政机关出台的规范性文件合法有效的重要措施。全面推行规范性文件合法性审核机制，是推进依法行政、建设法治政府的必然要求，有利于维护国家法制统一、政令统一，有利于从源头上防止违法文件出台、促进行政机关严格规范公正文明执法，有利于保障公民、法人和其他组织的合法权益。《中共中央关于全面深化改革若干重大问题的决定》提出，要完善规范性文件合法性审核机制。中共中央、国务院印发的《法治政府建设实施纲要（2015—2020 年）》要求完善规范性文件制定程序，落实合法性审核制度。为全面推行规范性文件合法性审核机制，经党中央、国务院同意，现提出以下意见。

一、总体要求

（一）指导思想。以习近平新时代中国特色社会主义思想为指导，全面贯彻党的十九大和十九届二中、三中全会精神，认真落实党中央、国务院决策部署，按照依法治国、依法执政、依法行政共同推进，法治国家、法治政府、法治社会一体建设的要求，全面推行规范性文件合法性审核机制，维护国家法制统一、尊严、权威，加快建设法治政府，提高政府治理能力。

（二）主要目标。进一步明确规范性文件合法性审核的范围、主体、程序、职责和责任，建立健全程序完备、权责一致、相互衔接、运行高效的合法性审核机制，落实审核工作要求，加大组织保障力度，确保所有规范性文件均经过合法性审核，保证规范性文件合法有效。

二、严格落实工作措施

（三）明确审核范围。各地区、各部门要结合工作实际，从制定主体、公文种类、管理事项等方面，确定纳入规范性文件合法性审核的标准和范围，编制规范性文件制定主体清单，明确规范性文件的公文种类，列明规范性文件管理事项类别。凡涉及公民、法人和其他组织权利义务的规范性文件，均要纳入合法性审核范围，确保实现全覆盖，做到应审必审。行政机关内部执行的管理规范、工作制度、机构编制、会议纪要、工作方案、请示报告及表彰奖惩、人事任免等文件，不纳入规范性文件合法性审核范围。

（四）确定审核主体。各级人民政府及其部门要明确具体承担规范性文件合法性审核工作的部门或者机构（以下统称审核机构）。以县级以上人民政府或者其办公机构名义印发的规范性文件，或者由县级以上人民政府部门起草、报请本级人民政府批准后以部门名义印发的规范性文件，由同级人民政府审核机构进行审核；起草部门已明确专门审核机构的，应当先由起草部门审核机构进行审核。国务院部门制定的规范性文件，由本部门审核机构进行审核。省、自治区、直辖市和设区的市人民政府部门制定的规范性文件，由本部门审核机构进行审核，也可以根据实际需要由本级人民政府确定的审核机构进行审核。县（市、区）人民政府部门、乡镇人民政府及街道办事处制定的规范性文件，已明确专门审核机构或者专门审核人员的，由本单位审核机构或者审核人员进行审核；未明确专门审核机构或者专门审核人员的，统一由县（市、区）人民政府确定的审核机构进行审核。

（五）规范审核程序。各地区、各部门要根据实际情况确定规范性文件合法性审核程序，明确起草单位、制定机关办公机构及审核机构的职责权限，严格执行材料报送、程序衔接、审核时限等工作要求。起草单位报送的审核材料，应当包括文件送审稿及其说明，制定文件所依据的法律、法规、规章和国家政策规定，征求意见及意见采纳情况，本单位的合法性审核意见，以及针对不同审核内容需要的其他材料等。起草单位直接将文件送审稿及有关材料报送制定机关办公机构的，制定机关办公机构要对材料的完备性、规范性进行审查。符合要求的，转送审核机构进行审核；不符合要求的，可以退回，或者要求起草单位在规定时间内补充材料或说明情况后转送审核机构进行审核。起草单位直接将文件送审稿及有关材料报送审核机构进行审核的，审核机构要对材料的完备性、规范性进行审核，不符合要求的，可以退回，或者要求起草单位在规定时间内补充材料或说明情况。除为了预防、应对和处置突发事件，或者执行上级机关的紧急命令和决定需要立即制定实施规范性文件等外，合法性审核时间一般不少于 5 个工作日，最长不超过 15 个工作日。

（六）明确审核职责。审核机构要认真履行审核职责，防止重形式、轻内容、走过场，严格审核以下内容：制定主体是否合法；是否超越制定机关法定职权；内容是否符合宪法、法律、法规、规章和国家政策规定;是否违法设立行政许可、行政处罚、行政强制、行政征收、行政收费等事项;是否存在没有法律、法规依据作出减损公民、法人和其他组织合法权益或者增加其义务的情形;是否存在没有法律、法规依据作出增加本单位权力或者减少本单位法定职责的情形;是否违反规范性文件制定程序。审核机构要根据不同情形提出合法、不合法、应当予以修改的书面审核意见。起草单位应当根据合法性审核意见对规范性文件作必要的修改或者补充;特殊情况下,起草单位未完全采纳合法性审核意见的,应当在提请制定机关审议时详细说明理由和依据。

(七)强化审核责任。要充分发挥合法性审核机制对确保规范性文件合法有效的把关作用,不得以征求意见、会签、参加审议等方式代替合法性审核。未经合法性审核或者经审核不合法的文件,不得提交集体审议。审核机构未严格履行审核职责导致规范性文件违法,造成严重后果的,依纪依法追究有关责任人员的责任;未经合法性审核或者不采纳合法性审核意见导致规范性文件违法,造成严重后果的,依纪依法追究有关责任人员的责任。

三、健全审核工作机制

(八)完善审核工作方式。审核机构可以根据工作需要,采用多种方式进行合法性审核,提高质量和效率。对影响面广、情况复杂、社会关注度高的规范性文件,如审核过程中遇到疑难法律问题,要在书面征求意见的基础上,采取召开座谈会、论证会等方式听取有关方面意见。要建立健全专家协助审核机制,充分发挥政府法律顾问、公职律师和有关专家作用。

(九)发挥审核管理信息平台作用。要积极探索利用信息化手段推进规范性文件合法性审核机制建设,完善合法性审核管理信息平台,制定建设标准,统一格式、文本等各项管理要求,做好与公文管理系统和政务信息公开平台的衔接,实现电子审核一体化和平台互联互通。建立合法性审核台账,对已审核的规范性文件实行动态化、精细化管理。建立合法性审核信息共享机制,充分利用大数据技术和资源,加强对审核数据的统计分析,推动信息共享和整合,切实提高审核实效。

四、加大组织保障力度

(十)加强组织领导。各地区、各部门要充分认识全面推行规范性文件合法性审核机制的重要意义,主要负责同志作为本地区、本部门规范性文件合法性审核工作第一责任人,要切实加强对规范性文件合法性审核机制建设工作的领导,听取合法性审核工作情况汇报,及时研究解决工作中的重要问题。要结合本地区、本部门实际制定具体实施意见,进一步完善工作制度,明确责任分工和时间进度要求,细化具体措施,确保各项工作落实到位。

(十一)注重能力建设。各地区、各部门要高度重视规范性文件合法性审核能力建设,认真落实审核责任。要设立专门工作机构或者明确相关机构负责合法性审核工作,配齐配强审核工作力量,确保与审核工作任务相适应。要加强合法性审核人员正规化、专业化、职业化建设,建立健全定期培训和工作交流制度,多形式开展业务学习和经验交流,全面提升合法性审核人员的政治素质和业务能力。

(十二)强化指导监督。各地区、各部门要将规范性文件合法性审核机制建设情况纳入法治政府建设督察内容,将规范性文件合法性审核工作纳入法治政府建设考评指标体系,建立情况通报制度,对工作扎实、成效显著的予以表扬激励,对工作开展不力的及时督促整改,对工作中出现问题造成不良后果的依纪依法问责。各级人民政府对所属部门、上级人民政府对下级人民政府要加强指导监督,发现问题及时纠正。审核机构要建立健全统计分析、规范指导、沟通衔接、问题通报等机制,加强共性问题研究,定期向制定机关、起草单位通报本地区、本部门合法性审核情况和存在的问题,切实提高规范性文件质量。

司法部负责组织协调、统筹推进、督促指导本意见贯彻落实工作。要及时跟踪了解落实情况,督促检查指导规范性文件合法性审核机制建设,总结交流推广工作经验,研究协调解决共性问题。各地区、各部门要将本意见的贯彻落实情况和工作中遇到的重要事项及时报司法部。

国务院办公厅关于全面推行行政执法公示制度执法全过程记录制度重大执法决定法制审核制度的指导意见

（2018 年 12 月 5 日　国办发〔2018〕118 号）

各省、自治区、直辖市人民政府，国务院各部委、各直属机构：

行政执法是行政机关履行政府职能、管理经济社会事务的重要方式。近年来，各地区、各部门不断加强行政执法规范化建设，执法能力和水平有了较大提高，但执法中不严格、不规范、不文明、不透明等问题仍然较为突出，损害人民群众利益和政府公信力。《中共中央关于全面推进依法治国若干重大问题的决定》和《法治政府建设实施纲要（2015—2020 年）》对全面推行行政执法公示制度、执法全过程记录制度、重大执法决定法制审核制度（以下统称"三项制度"）作出了具体部署、提出了明确要求。聚焦行政执法的源头、过程、结果等关键环节，全面推行"三项制度"，对促进严格规范公正文明执法具有基础性、整体性、突破性作用，对切实保障人民群众合法权益，维护政府公信力，营造更加公开透明、规范有序、公平高效的法治环境具有重要意义。为指导各地区、各部门全面推行"三项制度"，经党中央、国务院同意，现提出如下意见。

一、总体要求

（一）指导思想。

以习近平新时代中国特色社会主义思想为指导，全面贯彻党的十九大和十九届二中、三中全会精神，着力推进行政执法透明、规范、合法、公正，不断健全执法制度、完善执法程序、创新执法方式、加强执法监督，全面提高执法效能，推动形成权责统一、权威高效的行政执法体系和职责明确、依法行政的政府治理体系，确保行政机关依法履行法定职责，切实维护人民群众合法权益，为落实全面依法治国基本方略、推进法治政府建设奠定坚实基础。

（二）基本原则。

坚持依法规范。全面履行法定职责，规范办事流程，明确岗位责任，确保法律法规规章严格实施，保障公民、法人和其他组织依法行使权利，不得违法增加办事的条件、环节等负担，防止执法不作为、乱作为。

坚持执法为民。牢固树立以人民为中心的发展思想，贴近群众、服务群众，方便群众及时获取执法信息、便捷办理各种手续、有效监督执法活动，防止执法扰民、执法不公。

坚持务实高效。聚焦基层执法实践需要，着力解决实际问题，注重措施的有效性和针对性，便于执法人员操作，切实提高执法效率，防止程序烦琐、不切实际。

坚持改革创新。在确保统一、规范的基础上，鼓励、支持、指导各地区、各部门因地制宜、更新理念、大胆实践，不断探索创新工作机制，更好服务保障经济社会发展，防止因循守旧、照搬照抄。

坚持统筹协调。统筹推进行政执法各项制度建设，加强资源整合、信息共享，做到各项制度有机衔接、高度融合，防止各行其是、重复建设。

（三）工作目标。

"三项制度"在各级行政执法机关全面推行，行政处罚、行政强制、行政检查、行政征收征用、行政许可等行为得到有效规范，行政执法公示制度机制不断健全，做到执法行为过程信息全程记载、执法全过程可回溯管理、重大执法决定法制审核全覆盖，全面实现执法信息公开透明、执法全过程留痕、执法决定合法有效，行政执法能力和水平整体大幅提升，行政执法行为被纠错率明显下降,行政执法的社会满意度显著提高。

二、全面推行行政执法公示制度

行政执法公示是保障行政相对人和社会公众知情权、参与权、表达权、监督权的重要措施。行政执法机关要按照“谁执法谁公示”的原则,明确公示内容的采集、传递、审核、发布职责,规范信息公示内容的标准、格式。建立统一的执法信息公示平台,及时通过政府网站及政务新媒体、办事大厅公示栏、服务窗口等平台向社会公开行政执法基本信息、结果信息。涉及国家秘密、商业秘密、个人隐私等不宜公开的信息,依法确需公开的,要作适当处理后公开。发现公开的行政执法信息不准确的,要及时予以更正。

(四)强化事前公开。行政执法机关要统筹推进行政执法事前公开与政府信息公开、权责清单公布、“双随机、一公开”监管等工作。全面准确及时主动公开行政执法主体、人员、职责、权限、依据、程序、救济渠道和随机抽查事项清单等信息。根据有关法律法规,结合自身职权职责,编制并公开本机关的服务指南、执法流程图,明确执法事项名称、受理机构、审批机构、受理条件、办理时限等内容。公开的信息要简明扼要、通俗易懂,并及时根据法律法规及机构职能变化情况进行动态调整。

(五)规范事中公示。行政执法人员在进行监督检查、调查取证、采取强制措施和强制执行、送达执法文书等执法活动时,必须主动出示执法证件,向当事人和相关人员表明身份,鼓励采取佩戴执法证件的方式,执法全程公示执法身份;要出具行政执法文书,主动告知当事人执法事由、执法依据、权利义务等内容。国家规定统一着执法服装、佩戴执法标识的,执法时要按规定着装、佩戴标识。政务服务窗口要设置岗位信息公示牌,明示工作人员岗位职责、申请材料示范文本、办理进度查询、咨询服务、投诉举报等信息。

(六)加强事后公开。行政执法机关要在执法决定作出之日起 20 个工作日内,向社会公布执法机关、执法对象、执法类别、执法结论等信息,接受社会监督,行政许可、行政处罚的执法决定信息要在执法决定作出之日起 7 个工作日内公开,但法律、行政法规另有规定的除外。建立健全执法决定信息公开发布、撤销和更新机制。已公开的行政执法决定被依法撤销、确认违法或者要求重新作出的,应当及时从信息公示平台撤下原行政执法决定信息。建立行政执法统计年报制度,地方各级行政执法机关应当于每年 1 月 31 日前公开本机关上年度行政执法总体情况有关数据,并报本级人民政府和上级主管部门。

三、全面推行执法全过程记录制度

行政执法全过程记录是行政执法活动合法有效的重要保证。行政执法机关要通过文字、音像等记录形式,对行政执法的启动、调查取证、审核决定、送达执行等全部过程进行记录,并全面系统归档保存,做到执法全过程留痕和可回溯管理。

(七)完善文字记录。文字记录是以纸质文件或电子文件形式对行政执法活动进行全过程记录的方式。要研究制定执法规范用语和执法文书制作指引,规范行政执法的重要事项和关键环节,做到文字记录合法规范、客观全面、及时准确。司法部负责制定统一的行政执法文书基本格式标准,国务院有关部门可以参照该标准,结合本部门执法实际,制定本部门、本系统统一适用的行政执法文书格式文本。地方各级人民政府可以在行政执法文书基本格式标准基础上,参考国务院部门行政执法文书格式,结合本地实际,完善有关文书格式。

(八)规范音像记录。音像记录是通过照相机、录音机、摄像机、执法记录仪、视频监控等记录设备,实时对行政执法过程进行记录的方式。各级行政执法机关要根据行政执法行为的不同类别、阶段、环节,采用相应音像记录形式,充分发挥音像记录直观有力的证据作用、规范执法的监督作用、依法履职的保障作用。要做好音像记录与文字记录的衔接工作,充分考虑音像记录方式的必要性、适当性和实效性,对文字记录能够全面有效记录执法行为的,可以不进行音像记录;对查封扣押财产、强制拆除等直接涉及人身自由、生命健康、重大财产权益的现场执法活动和执法办案场所,要推行全程音像记录;对现场执法、调查取证、举行听证、留置送达和公告送达等容易引发争议的行政执法过程，要根据实际情况进行音像记录。要建立健全执法音像记录管理制度，明确执法音像记录的设备配备、使用规范、记录要素、存储应用、监督管理等要求。研究制定执法行为用语指引，指导执法人员规范文明开展音像记录。配备音像记录设备、建设询问室和听证室等音像记录场所，要按照工作必需、厉行节约、性能适度、安全稳定、适量够用的原则，结合本地区经济发展水平和本部门执法具体情况确定，不搞“一刀切”。

（九）严格记录归档。要完善执法案卷管理制度，加强对执法台账和法律文书的制作、使用、管理，按照有关法律法规和档案管理规定归档保存执法全过程记录资料，确保所有行政执法行为有据可查。对涉及国家秘密、商业秘密、个人隐私的记录资料，归档时要严格执行国家有关规定。积极探索成本低、效果好、易保存、防删改的信息化记录储存方式，通过技术手段对同一执法对象的文字记录、音像记录进行集中储存。建立健全基于互联网、电子认证、电子签章的行政执法全过程数据化记录工作机制，形成业务流程清晰、数据链条完整、数据安全有保障的数字化记录信息归档管理制度。

（十）发挥记录作用。要充分发挥全过程记录信息对案卷评查、执法监督、评议考核、舆情应对、行政决策和健全社会信用体系等工作的积极作用，善于通过统计分析记录资料信息，发现行政执法薄弱环节，改进行政执法工作，依法公正维护执法人员和行政相对人的合法权益。建立健全记录信息调阅监督制度，做到可实时调阅，切实加强监督，确保行政执法文字记录、音像记录规范、合法、有效。

四、全面推行重大执法决定法制审核制度

重大执法决定法制审核是确保行政执法机关作出的重大执法决定合法有效的关键环节。行政执法机关作出重大执法决定前，要严格进行法制审核，未经法制审核或者审核未通过的，不得作出决定。

（十一）明确审核机构。各级行政执法机关要明确具体负责本单位重大执法决定法制审核的工作机构，确保法制审核工作有机构承担、有专人负责。加强法制审核队伍的正规化、专业化、职业化建设，把政治素质高、业务能力强、具有法律专业背景的人员调整充实到法制审核岗位，配强工作力量，使法制审核人员的配置与形势任务相适应，原则上各级行政执法机关的法制审核人员不少于本单位执法人员总数的5%。要充分发挥法律顾问、公职律师在法制审核工作中的作用，特别是针对基层存在的法制审核专业人员数量不足、分布不均等问题，探索建立健全本系统内法律顾问、公职律师统筹调用机制，实现法律专业人才资源共享。

（十二）明确审核范围。凡涉及重大公共利益，可能造成重大社会影响或引发社会风险，直接关系行政相对人或第三人重大权益，经过听证程序作出行政执法决定，以及案件情况疑难复杂、涉及多个法律关系的，都要进行法制审核。各级行政执法机关要结合本机关行政执法行为的类别、执法层级、所属领域、涉案金额等因素，制定重大执法决定法制审核目录清单。上级行政执法机关要对下一级执法机关重大执法决定法制审核目录清单编制工作加强指导，明确重大执法决定事项的标准。

（十三）明确审核内容。要严格审核行政执法主体是否合法，行政执法人员是否具备执法资格；行政执法程序是否合法；案件事实是否清楚，证据是否合法充分；适用法律、法规、规章是否准确，裁量基准运用是否适当；执法是否超越执法机关法定权限；行政执法文书是否完备、规范；违法行为是否涉嫌犯罪、需要移送司法机关等。法制审核机构完成审核后，要根据不同情形，提出同意或者存在问题的书面审核意见。行政执法承办机构要对法制审核机构提出的存在问题的审核意见进行研究，作出相应处理后再次报送法制审核。

（十四）明确审核责任。行政执法机关主要负责人是推动落实本机关重大执法决定法制审核制度的第一责任人，对本机关作出的行政执法决定负责。要结合实际，确定法制审核流程，明确送审材料报送要求和审核的方式、时限、责任，建立健全法制审核机构与行政执法承办机构对审核意见不一致时的协调机制。行政执法承办机构对送审材料的真实性、准确性、完整性，以及执法的事实、证据、法律适用、程序的合法性负责。法制审核机构对重大执法决定的法制审核意见负责。因行政执法承办机构的承办人员、负责法制审核的人员和审批行政执法

决定的负责人滥用职权、玩忽职守、徇私枉法等,导致行政执法决定错误,要依纪依法追究相关人员责任。

五、全面推进行政执法信息化建设

行政执法机关要加强执法信息管理,及时准确公示执法信息,实现行政执法全程留痕,法制审核流程规范有序。加快推进执法信息互联互通共享,有效整合执法数据资源,为行政执法更规范、群众办事更便捷、政府治理更高效、营商环境更优化奠定基础。

(十五)加强信息化平台建设。依托大数据、云计算等信息技术手段,大力推进行政执法综合管理监督信息系统建设,充分利用已有信息系统和数据资源,逐步构建操作信息化、文书数据化、过程痕迹化、责任明晰化、监督严密化、分析可量化的行政执法信息化体系,做到执法信息网上录入、执法程序网上流转、执法活动网上监督、执法决定实时推送、执法信息统一公示、执法信息网上查询,实现对行政执法活动的即时性、过程性、系统性管理。认真落实国务院关于加快全国一体化在线政务服务平台建设的决策部署,推动政务服务"一网通办",依托电子政务外网开展网上行政服务工作,全面推行网上受理、网上审批、网上办公,让数据多跑路、群众少跑腿。

(十六)推进信息共享。完善全国行政执法数据汇集和信息共享机制,制定全国统一规范的执法数据标准,明确执法信息共享的种类、范围、流程和使用方式,促进执法数据高效采集、有效整合。充分利用全国一体化在线政务服务平台,在确保信息安全的前提下,加快推进跨地区、跨部门执法信息系统互联互通,已建设并使用的有关执法信息系统要加强业务协同,打通信息壁垒,实现数据共享互通,解决"信息孤岛"等问题。认真梳理涉及各类行政执法的基础数据,建立以行政执法主体信息、权责清单信息、办案信息、监督信息和统计分析信息等为主要内容的全国行政执法信息资源库,逐步形成集数据储存、共享功能于一体的行政执法数据中心。

(十七)强化智能应用。要积极推进人工智能技术在行政执法实践中的运用,研究开发行政执法裁量智能辅助信息系统,利用语音识别、文本分析等技术对行政执法信息数据资源进行分析挖掘,发挥人工智能在证据收集、案例分析、法律文件阅读与分析中的作用,聚焦争议焦点,向执法人员精准推送办案规范、法律法规规定、相似案例等信息,提出处理意见建议,生成执法决定文书,有效约束规范行政自由裁量权,确保执法尺度统一。加强对行政执法大数据的关联分析、深化应用,通过提前预警、监测、研判,及时发现解决行政机关在履行政府职能、管理经济社会事务中遇到的新情况、新问题,提升行政立法、行政决策和风险防范水平,提高政府治理的精准性和有效性。

六、加大组织保障力度

(十八)加强组织领导。地方各级人民政府及其部门的主要负责同志作为本地区、本部门全面推行"三项制度"工作的第一责任人,要切实加强对本地区、本部门行政执法工作的领导,做好"三项制度"组织实施工作,定期听取有关工作情况汇报,及时研究解决工作中的重大问题,确保工作有方案、部署有进度、推进有标准、结果有考核。要建立健全工作机制,县级以上人民政府建立司法行政、编制管理、公务员管理、信息公开、电子政务、发展改革、财政、市场监管等单位参加的全面推行"三项制度"工作协调机制,指导协调、督促检查工作推进情况。国务院有关部门要加强对本系统全面推行"三项制度"工作的指导,强化行业规范和标准统一,及时研究解决本部门、本系统全面推行"三项制度"过程中遇到的问题。上级部门要切实做到率先推行、以上带下,充分发挥在行业系统中的带动引领作用,指导、督促下级部门严格规范实施"三项制度"。

(十九)健全制度体系。要根据本指导意见的要求和各地区、各部门实际情况,建立健全科学合理的"三项制度"体系。加强和完善行政执法案例指导、行政执法裁量基准、行政执法案卷管理和评查、行政执法投诉举报以及行政执法考核监督等制度建设,推进全国统一的行政执法资格和证件管理,积极做好相关制度衔接工作,形成统筹行政执法各个环节的制度体系。

(二十)开展培训宣传。要开展"三项制度"专题学习培训,加强业务交流。认真落实

“谁执法谁普法”普法责任制的要求，加强对全面推行“三项制度”的宣传，通过政府网站、新闻发布会以及报刊、广播、电视、网络、新媒体等方式，全方位宣传全面推行“三项制度”的重要意义、主要做法、典型经验和实施效果，发挥示范带动作用，及时回应社会关切，合理引导社会预期，为全面推行“三项制度”营造良好的社会氛围。

（二十一）加强督促检查。要把“三项制度”推进情况纳入法治政府建设考评指标体系，纳入年底效能目标考核体系，建立督查情况通报制度，坚持鼓励先进与鞭策落后相结合，充分调动全面推行“三项制度”工作的积极性、主动性。对工作不力的要及时督促整改，对工作中出现问题造成不良后果的单位及人员要通报批评，依纪依法问责。

（二十二）保障经费投入。要建立责任明确、管理规范、投入稳定的执法经费保障机制，保障行政执法机关依法履职所需的执法装备、经费，严禁将收费、罚没收入同部门利益直接或者变相挂钩。省级人民政府要分类制定行政执法机关执法装备配备标准、装备配备规划、设施建设规划和年度实施计划。地方各级行政执法机关要结合执法实际，将执法装备需求报本级人民政府列入财政预算。

（二十三）加强队伍建设。高素质的执法人员是全面推行“三项制度”取得实效的关键。要重视执法人员能力素质建设，加强思想道德和素质教育，着力提升执法人员业务能力和执法素养，打造政治坚定、作风优良、纪律严明、廉洁务实的执法队伍。加强行政执法人员资格管理，统一行政执法证件样式，建立全国行政执法人员和法制审核人员数据库。健全行政执法人员和法制审核人员岗前培训和岗位培训制度。鼓励和支持行政执法人员参加国家统一法律职业资格考试，对取得法律职业资格的人员可以简化或免于执法资格考试。建立科学的考核评价体系和人员激励机制。保障执法人员待遇，完善基层执法人员工资政策，建立和实施执法人员人身意外伤害和工伤保险制度，落实国家抚恤政策，提高执法人员履职积极性，增强执法队伍稳定性。

各地区、各部门要于2019年3月底前制定本地区、本部门全面推行“三项制度”的实施方案，并报司法部备案。司法部要加强对全面推行“三项制度”的指导协调，会同有关部门进行监督检查和跟踪评估，重要情况及时报告国务院。

国务院办公厅关于推广第二批支持创新相关改革举措的通知

（2018年12月23日　国办发〔2018〕126号）

各省、自治区、直辖市人民政府，国务院各部委、各直属机构：

按照党中央、国务院决策部署，京津冀、上海、广东（珠三角）、安徽（合芜蚌）、四川（成德绵）、湖北武汉、陕西西安、辽宁沈阳8个区域和有关省市、部门，在知识产权保护、科技成果转化激励、科技金融创新、军民深度融合、管理体制创新等方面先行先试、大胆创新，取得了一批改革突破和可复制推广经验，国务院办公厅已于2017年印发通知予以推广。之后，相关方面继续加强改革探索，形成了新一批支持创新的改革举措，经国务院批准，决定在更大范围内复制推广。现就有关事项通知如下：

一、推广的改革举措（共23项）

（一）知识产权保护方面5项：知识产权民事、刑事、行政案件“三合一”审判；省级行政区内专利等专业技术性较强的知识产权案件跨市（区）审理；以降低侵权损失为核心的专利保险机制；知识产权案件审判中引入技术调查官制度;基于“两表指导、审助分流”的知识产权案件快速审判机制。

(二)科技成果转化激励方面4项:以事前产权激励为核心的职务科技成果权属改革;技术经理人全程参与的科技成果转化服务模式;技术股与现金股结合激励的科技成果转化相关方利益捆绑机制;“定向研发、定向转化、定向服务”的订单式研发和成果转化机制。

(三)科技金融创新方面5项:区域性股权市场设置科技创新专板;基于“六专机制”的科技型企业全生命周期金融综合服务;推动政府股权基金投向种子期、初创期企业的容错机制;以协商估值、坏账分担为核心的中小企业商标质押贷款模式;创新创业团队回购地方政府产业投资基金所持股权的机制。

(四)军民深度融合方面6项。

(五)管理体制创新方面3项:允许地方高校自主开展人才引进和职称评审;以授权为基础、市场化方式运营为核心的科研仪器设备开放共享机制;以地方立法形式建立推动改革创新的决策容错机制。

二、高度重视推广工作

各地区、各部门要以习近平新时代中国特色社会主义思想为指导,全面贯彻党的十九大和十九届二中、三中全会精神,坚定实施创新驱动发展战略,进一步深刻领会和把握推广支持创新相关改革举措的重大意义,将其作为深入贯彻落实新发展理念、推进经济高质量发展、建设现代化经济体系的重要抓手。要着力推进构建与创新驱动发展要求相适应的新体制、新模式,深化简政放权、放管结合、优化服务改革,加快政府职能深刻转变,促进政府治理体系和治理能力现代化,加快打造国际一流、公平竞争的营商环境,更大激发市场活力、增强内生动力、释放内需潜力,推动经济社会持续健康发展。

三、认真抓好组织实施

各省(区、市)人民政府要把推广支持创新相关改革举措列为本地区重点工作,切实加强组织领导,结合各自实际情况,研究制定推广工作方案。要加强督促检查,积极创造条件开展复制推广工作,确保改革举措落地生根、产生实效。国务院各有关部门要结合工作职能,积极协调、指导推进复制推广工作。需国务院批准的事项要按程序报批,需调整有关行政法规、国务院文件和部门规章规定的按法定程序办理。国家发展改革委和科技部要适时督促检查推广工作进展情况及效果,重大问题及时向国务院报告。

附件:第二批支持创新相关改革举措推广清单。

附件

第二批支持创新相关改革举措推广清单

序号	改革举措	主要内容	指导部门	推广范围
一、知识产权保护方面(共5项)				
1	知识产权民事、刑事、行政案件“三合一”审判	整合分散的审判资源,实行知识产权民事、刑事、行政案件审判“三合一”,实现审判力量集中、审判标准统一,提高审判效率,缩短审判周期	最高人民法院、最高人民检察院、国家知识产权局	全国
2	省级行政区内专利等专业技术性较强的知识产权案件跨市(区)审理	授权市级人民法院跨市(区)管辖省级范围内第一审知识产权民事和行政案件,集中优势审判资源管辖技术性、专业性较强的案件,实现裁判标准统一	最高人民法院、国家知识产权局	全国

续表

序号	改革举措	主要内容	指导部门	推广范围
3	以降低侵权损失为核心的专利保险机制	围绕专利应用和维权，开发包括专利代理责任险、专利执行险、专利被侵权损失险等保险产品，降低创新主体的侵权损失	国家知识产权局、中国银保监会	全国
4	知识产权案件审判中引入技术调查官制度	法院审理知识产权案件时，可以引入技术调查官，帮助法官准确高效地认定技术事实，提高审判质量和效率	最高人民法院、国家知识产权局	全国
5	基于“两表指导、审助分流”的知识产权案件快速审判机制	法官助理庭前指导原被告双方聚焦问题，指导原被告双方填写《诉讼要素表》和《有效抗辩释明表》，帮助原告全面检视己方诉讼请求和证据，向原被告双方释明裁判法律依据；庭审时法官主要审理上述两个表格中的焦点问题，大幅减少反复释明法律规定和讨论原被告双方的无效主张、抗辩质证的时间，提高庭审效率，缩短诉讼周期	最高人民法院、国家知识产权局	全国
二、科技成果转化激励方面（共4项）				
6	以事前产权激励为核心的职务科技成果权属改革	赋予科研人员一定比例的职务科技成果所有权，将事后科技成果转化收益奖励，前置为事前国有知识产权所有权奖励，以产权形式激发职务发明人从事科技成果转化的重要动力	科技部、国家发展改革委、财政部、国家知识产权局、教育部、国务院国资委、中科院、司法部	8个改革试验区域
7	技术经理人全程参与的科技成果转化服务模式	以技术交易市场为依托，技术经理人全程参与成果转化，将技术供给方、技术需求方、技术中介整合在一起，集成技术、人才、政策、资金、服务等创新资源，帮助高校、科研院所提高成果转化效率和成功率	科技部	全国
8	技术股与现金股结合激励的科技成果转化相关方利益捆绑机制	转制院所和事业单位管理人员、科研人员，在按有关规定履行审批程序后，以“技术股+现金股”组合形式持有股权，与孵化企业发展捆绑在一起，提升科技成果转化效率和成功率	科技部、国务院国资委	全国
9	“定向研发、定向转化、定向服务”的订单式研发和成果转化机制	以校地产业研究院为平台，有针对性为企业设计和实施研发项目，研发团队全程参与企业技术攻关和成果转化，帮助企业突破发展急需的关键技术，提高高校和科研院所科技成果供给的有效性	科技部	全国
三、科技金融创新方面（共5项）				
10	区域性股权市场设置科技创新专板	根据科技型中小企业的特点，在区域性股权市场推出“科技创新板”，提供挂牌展示、托管交易、投融资服务、培训辅导等服务，开拓融资渠道，缓解科技型中小企业融资难问题	中国证监会	8个改革试验区域

续表

序号	改革举措	主要内容	指导部门	推广范围
11	基于"六专机制"的科技型企业全生命周期金融综合服务	银行完善以专用风险管理制度和技术手段、专项激励考核机制和专属客户信贷标准为核心的科技金融风险防控机制,试点银行建立专营组织架构体系、专业经营管理团队和专门管理信息系统。面向科技型企业推出远期共赢利息、知识产权质押等多种专属信贷产品,为轻资产、未盈利科技型企业提供有效的金融服务	中国银保监会、科技部、中国人民银行	全国
12	推动政府股权基金投向种子期、初创期企业的容错机制	针对地方股权基金中的种子基金、风险投资基金设置不同比例的容错率,推动种子基金、风险投资基金投资企业发展早期	国家发展改革委、财 政部	全国
13	以协商估值、坏账分担为核心的中小企业商标质押贷款模式	简化质押登记流程,建立商标质物处置机制,通过贷款贴息等方式,开展商标权质押贷款等无形资产质押融资,拓展中小企业融资途径	中国人民银行、中国银保监会、工业和信息化部、国家知识产权局	全国
14	创新创业团队回购地方政府产业投资基金所持股权的机制	地方政府产业投资基金在参股高层次创新创业团队所办企业时,约定在一定时期内,创新创业团队可按照投资本金和同期商业贷款利息回购股权,激发创新创业积极性	国家发展改革委、财政部	全国
四、军民深度融合方面(共6项)				
五、管理体制创新方面(共3项)				
21	允许地方高校自主开展人才引进和职称评审	将职称评审和人才引进自主权下放给地方高校,允许高校因需评聘科研教学人员,自主制定招聘方案、设置岗位条件,依规发布招聘信息、组织公开招聘,及时引进"高精尖缺"人才和稳定骨干人才	教育部、人力资源社会保障部	8个改革试验区域
22	以授权为基础、市场化方式运营为核心的科研仪器设备开放共享机制	在不改变所有权前提下,科研仪器设备所有方与专业服务机构协议约定服务价格,或约定服务收入分配比例,授权专业服务机构对科研仪器设备进行市场化运营管理,提高科研仪器设备使用效率(免税进口的科研仪器设备按有关政策规定执行)	科技部、财政部、国务院国资委	全国
23	以地方立法形式建立推动改革创新的决策容错机制	通过制定实施地方性法规,对政府部门、国有企业负责人在推动战略性新兴产业发展和实施创新项目中出现工作过失或影响任期目标实现的,只要没有谋取私利、符合程序规定,可免除行政追责和效能问责	国家发展改革委、国务院国资委、审计署	全国

（四）中国证监会规章

关于修改《中国证券监督管理委员会行政许可实施程序规定》的决定

（2018年3月8日 证监会令第138号）

一、在第十五条第一款中增加两项分别作为该款第（三）、（四）项："（三）为申请人制作、出具有关申请材料的证券公司、证券服务机构因涉嫌违法违规被中国证监会及其派出机构立案调查，或者被司法机关侦查，尚未结案，且涉案行为与其为申请人提供服务的行为属于同类业务或者对市场有重大影响；"

"（四）为申请人制作、出具有关申请材料的证券公司、证券服务机构的有关人员因涉嫌违法违规被中国证监会及其派出机构立案调查，或者被司法机关侦查，尚未结案，且涉案行为与其为申请人提供服务的行为属于同类业务或者对市场有重大影响；"

二、在第二十二条第一款中增加两项分别作为该款第（三）、（四）项："（三）为申请人制作、出具有关申请材料的证券公司、证券服务机构因涉嫌违法违规被中国证监会及其派出机构立案调查，或者被司法机关侦查，尚未结案，且涉案行为与其为申请人提供服务的行为属于同类业务或者对市场有重大影响；"

"（四）为申请人制作、出具有关申请材料的证券公司、证券服务机构的有关人员因涉嫌违法违规被中国证监会及其派出机构立案调查，或者被司法机关侦查，尚未结案，且涉案行为与其为申请人提供服务的行为属于同类业务或者对市场有重大影响；"

三、在第二十三条中增加一款作为第二款："因本规定第二十二条第一款第（三）、（四）项规定情形中止审查的，证券公司、证券服务机构应当指派与被调查事项无关的人员，对该机构或者有关人员为被中止审查的申请事项制作、出具的申请材料进行复核。按要求提交复核报告，并对申请事项符合行政许可法定条件、标准，所制作、出具的文件不存在虚假记载、误导性陈述或者重大遗漏发表明确复核意见的，中国证监会应当在30个工作日内恢复审查，通知申请人。"

本决定自2018年4月23日起施行。

《中国证券监督管理委员会行政许可实施程序规定》根据本决定作相应的修改，重新公布。

中国证券监督管理委员会行政许可实施程序规定

(2009 年 12 月 16 日中国证券监督管理委员会第 265 次主席办公会议审议通过 根据 2018 年 3 月 8 日中国证券监督管理委员会《关于修改〈中国证券监督管理委员会行政许可实施程序规定〉的决定》修订)

第一章 总 则

第一条 为了规范中国证券监督管理委员会(以下简称中国证监会)实施行政许可行为,完善证券期货行政许可实施程序制度,根据《行政许可法》、《证券法》、《证券投资基金法》、《期货交易管理条例》等法律、行政法规,制定本规定。

第二条 本规定所称行政许可,是指中国证监会根据自然人、法人或者其他组织(以下称申请人)的申请,经依法审查,准予其从事证券期货市场特定活动的行为。

第三条 中国证监会实施行政许可,其程序适用本规定。

申请人依法取得行政许可后,申请变更行政许可、延续行政许可有效期的,适用本规定。

第四条 中国证监会依照法定的权限、范围、条件和程序实施行政许可,遵循公开、公平、公正和便民的原则,提高办事效率,提供优质服务。

法律、行政法规规定实施行政许可应当遵循审慎监管原则的,从其规定。

第五条 中国证监会可以依法授权派出机构实施行政许可。授权实施的行政许可,以派出机构的名义作出行政许可决定。

第六条 中国证监会实施行政许可实行统一受理、统一送达、一次告知补正、说明理由、公示等制度。

第二章 一般程序

第一节 受 理

第七条 中国证监会实施行政许可,由专门的机构(以下称受理部门)办理行政许可申请受理事项。

第八条 申请人提交申请材料,受理部门应当要求申请人出示单位介绍信、身份证等身份证明文件,并予以核对。申请人委托他人提交申请材料的,受理部门还应当要求受托人提交申请人的授权委托书,出示受托人的身份证明文件。受理部门应当留存申请人、申请人的受托人的身份证明文件复印件。

申请人提交申请材料,应当填写《申请材料情况登记表》。

第九条 受理部门发现申请事项依法不需要取得行政许可或者不属于中国证监会职权范围的,应当即时告知申请人不予受理,并出具不予受理通知。申请事项依法不属于中国证监会职权范围的,还应当同时告知申请人向有关行政机关申请。

第十条 受理部门接收申请材料,应当及时办理登记手续,并向申请人开具申请材料接收凭证。

第十一条 负责审查申请材料的部门(以下称审查部门)对申请材料进行形式审查,需要申请人补正申请材料的,应当自出具接收凭证之日起 5 个工作日内一次性提出全部补正要求。审查部门不得多次要求申请人补正申请材料。

第十二条 需要申请人补正申请材料的,受理部门应当出具补正通知;申请人补正申请材料需要使用已提交申请材料的,应当将申请材料退回申请人并予以登记。

申请人应当自补正通知发出之日起 30 个工作日内提交补正申请材料。

受理部门负责接收、登记申请人按照要求提交的补正申请材料。

第十三条 申请人在作出受理申请决定之

前要求撤回申请的，受理部门应当检查并留存申请人或者其受托人的身份证明文件（或复印件）、授权委托书、撤回申请的报告，收回申请材料接收凭证，经登记后将申请材料退回申请人。

将申请材料退回申请人，应当留存一份申请材料（或复印件）。

第十四条 申请事项属于中国证监会职权范围，申请材料齐全、符合法定形式的，由受理部门出具受理通知。

决定受理的申请，按照法律、行政法规的规定，申请人应当交纳有关费用的，受理部门应当通知申请人先行交费，凭交费凭证领取受理通知。

第十五条 申请人有下列情形之一的，作出不予受理申请决定：

（一）通知申请人补正申请材料，申请人在30个工作日内未能提交全部补正申请材料；

（二）申请人在30个工作日内提交的补正申请材料仍不齐全或者不符合法定形式；

（三）为申请人制作、出具有关申请材料的证券公司、证券服务机构因涉嫌违法违规被中国证监会及其派出机构立案调查，或者被司法机关侦查，尚未结案，且涉案行为与其为申请人提供服务的行为属于同类业务或者对市场有重大影响；

（四）为申请人制作、出具有关申请材料的证券公司、证券服务机构的有关人员因涉嫌违法违规被中国证监会及其派出机构立案调查，或者被司法机关侦查，尚未结案，且涉案行为与其为申请人提供服务的行为属于同类业务或者对市场有重大影响；

（五）法律、行政法规及中国证监会规定的其他情形。

决定不予受理申请的，受理部门出具不予受理通知，告知申请人或者其受托人取回申请材料。申请人或者其受托人取回申请材料的，受理部门应当检查并留存申请人或者其受托人的身份证明文件（或复印件）、授权委托书，经登记后将申请材料退回申请人。

第十六条 受理或者不予受理申请决定，应当自出具申请材料接收凭证之日起5个工作日内或者接收全部补正申请材料之日起两个工作日内作出，逾期不作出决定或者不告知申请人补正申请材料的，自出具申请材料接收凭证之日起即为受理。

第二节 审　　查

第十七条 审查部门在审查申请材料过程中，认为需要申请人作出书面说明、解释的，原则上应当将问题一次汇总成书面反馈意见。申请人应当在审查部门规定的期限内提交书面回复意见；确有困难的，可以提交延期回复的书面报告，并说明理由。

确需由申请人作出进一步说明、解释的，审查部门可以提出第二次书面反馈意见，并要求申请人在书面反馈意见发出之日起30个工作日内提交书面回复意见。

申请人的书面回复意见不明确，情况复杂，审查部门难以作出准确判断的，经中国证监会负责人批准，可以增加书面反馈的次数，并要求申请人在书面反馈意见发出之日起30个工作日内提交书面回复意见。

书面反馈意见由受理部门告知、送达申请人。申请人提交的书面回复意见，由受理部门负责接收、登记。

审查部门负责审查申请材料的工作人员在首次书面反馈意见告知、送达申请人之前，不得就申请事项主动与申请人或者其受托人进行接触。

第十八条 需要申请人当面就其提交的书面回复意见作出说明、解释的，审查部门应当指派两名以上工作人员在办公场所与申请人、申请人聘请的中介机构或者申请人的受托人进行会谈。涉及重大事项的，审查部门应当制作会谈记录，并由审查部门工作人员、参与会谈的申请人、申请人聘请的中介机构或者申请人的受托人签字确认。

需要申请人就其提交的书面回复意见作出说明、解释，事项简单的，审查部门工作人员可以通过电话、传真、电子邮件等方式办理，并制作、留存有关电话记录、传真件或者电子邮件。

第十九条 审查部门在审查申请材料过程中，依据法定条件和程序，可以直接或者委托派出机构对申请材料的有关内容进行实地核查。

对有关举报材料，中国证监会及其派出机构可以通过下列方式进行核查：

(一)要求申请人作出书面说明;

(二)要求负有法定职责的有关中介机构作出书面说明;

(三)委托有关中介机构进行实地核查;

(四)直接进行实地核查;

(五)法律、行政法规以及中国证监会规定的其他核查方式。需要实地核查的,中国证监会及其派出机构应当指派两名以上工作人员进行核查。

第三节 决 定

第二十条 在审查申请材料过程中,申请人有下列情形之一的,应当作出终止审查的决定,通知申请人:

(一)申请人主动要求撤回申请;

(二)申请人是自然人,该自然人死亡或者丧失行为能力;

(三)申请人是法人或者其他组织,该法人或者其他组织依法终止;

(四)申请人未在规定的期限内提交书面回复意见,且未提交延期回复的报告,或者虽提交延期回复的报告,但未说明理由或理由不充分;

(五)申请人未在本规定第十七条第二款、第三款规定的 30 个工作日内提交书面回复意见。

第二十一条 申请人主动要求撤回申请的,应当向受理部门提交书面报告,受理部门应当出具终止审查通知,经检查并留存申请人或者其受托人的身份证明文件(或复印件)、授权委托书,留存一份申请材料(或复印件),登记后将申请材料退回申请人。

第二十二条 在审查申请材料过程中,有下列情形之一的,应当作出中止审查的决定,通知申请人:

(一)申请人因涉嫌违法违规被行政机关调查,或者被司法机关侦查,尚未结案,对其行政许可事项影响重大;

(二)申请人被中国证监会依法采取限制业务活动、责令停业整顿、指定其他机构托管、接管等监管措施,尚未解除;

(三)为申请人制作、出具有关申请材料的证券公司、证券服务机构因涉嫌违法违规被中国证监会及其派出机构立案调查,或者被司法机关侦查,尚未结案,且涉案行为与其为申请人提供服务的行为属于同类业务或者对市场有重大影响;

(四)为申请人制作、出具有关申请材料的证券公司、证券服务机构的有关人员因涉嫌违法违规被中国证监会及其派出机构立案调查,或者被司法机关侦查,尚未结案,且涉案行为与其为申请人提供服务的行为属于同类业务或者对市场有重大影响;

(五)对有关法律、行政法规、规章的规定,需要进一步明确具体含义,请求有关机关作出解释;

(六)申请人主动要求中止审查,理由正当。

法律、行政法规、规章对前款情形另有规定的,从其规定。

第二十三条 因本规定第二十二条第一款第(一)、(二)、(五)项规定情形中止审查的,该情形消失后,中国证监会恢复审查,通知申请人。

因本规定第二十二条第一款第(三)、(四)项规定情形中止审查的,证券公司、证券服务机构应当指派与被调查事项无关的人员,对该机构或者有关人员为被中止审查的申请事项制作、出具的申请材料进行复核。按要求提交复核报告,并对申请事项符合行政许可法定条件、标准,所制作、出具的文件不存在虚假记载、误导性陈述或者重大遗漏发表明确复核意见的,中国证监会应当在 30 个工作日内恢复审查,通知申请人。

申请人主动要求中止审查的,应当向受理部门提交书面申请。同意中止审查的,受理部门应当出具中止审查通知。申请人申请恢复审查的,应当向受理部门提交书面申请。同意恢复审查的,受理部门应当出具恢复审查通知。

第二十四条 中国证监会根据申请人的申请是否符合法定条件、标准,作出准予或者不予行政许可的决定。

作出不予行政许可决定的,应当在不予行政许可决定中说明理由,并告知申请人享有依法申请行政复议或者提起行政诉讼的权利。

第二十五条 作出准予行政许可的决定,

需要颁发行政许可证件的,应当向申请人颁发下列行政许可证件:

(一)中国证监会的批准文件;

(二)资格证、资质证或者其他合格证书;

(三)许可证、执照或者其他许可证书;

(四)法律、行政法规规定的其他行政许可证件。

第三章 简易程序

第二十六条 事项简单、审查标准明确、申请材料采用格式文本的行政许可,其实施程序适用本章规定。

适用简易程序的行政许可事项,由中国证监会予以公布。

第二十七条 适用简易程序的行政许可,受理部门当场进行形式审查,并直接作出是否受理的决定或者提出补正申请材料的要求。申请材料存在可以当场更正的错误的,受理部门应当允许申请人当场更正。

第二十八条 审查部门在审查适用简易程序的行政许可申请过程中,可以向申请人口头提出申请材料中存在的问题,要求申请人进行说明、解释,并应当制作相关记录后签字保存。确需书面反馈意见的,依照本规定第十七条的规定办理。

第二十九条 适用简易程序的行政许可,由审查部门根据中国证监会负责人的授权,作出准予或者不予行政许可决定,并加盖中国证监会印章。

第四章 特殊程序

第三十条 派出机构进行初步审查、中国证监会进行复审并作出决定的行政许可,由派出机构依照本规定第二章第一节的规定接收、登记申请材料,作出是否受理的决定并送达申请人。

中国证监会根据审查情况和派出机构的初步审查意见,作出准予或者不予行政许可的决定。

第三十一条 中国证监会审查、派出机构出具书面意见的行政许可,其受理事项依照本规定第二章第一节的规定办理。

中国证监会根据审查情况和派出机构的意见,作出准予或者不予行政许可的决定。

第三十二条 依法由中国证监会和其他行政机关共同作出决定的行政许可,中国证监会主办的,其受理事项依照本规定第二章第一节的规定办理。

中国证监会提出审查意见,将申请材料移送有关行政机关审查会签。有关行政机关审查会签完毕,中国证监会根据会签情况作出准予或者不予行政许可决定。

第三十三条 依法由中国证监会和其他行政机关共同作出决定的行政许可,其他行政机关主办的,由受理部门接收、登记申请材料。

中国证监会审查会签后,退回主办行政机关或者转送其他需要会签的行政机关。

第五章 期限与送达

第三十四条 除本规定第四章规定的由派出机构进行初步审查的行政许可、中国证监会和其他行政机关共同作出决定的行政许可外,中国证监会实施行政许可应当自受理申请之日起20个工作日内作出行政许可决定。20个工作日内不能作出行政许可决定的,经中国证监会负责人批准,可以延长10个工作日,并由受理部门将延长期限的理由告知申请人。但是,法律、行政法规另有规定的,从其规定。

第三十五条 派出机构进行初步审查,中国证监会进行复审并作出决定的行政许可,派出机构应当自其受理行政许可申请之日起20个工作日内审查完毕并向中国证监会报送初步审查意见和全部申请材料。中国证监会应当自接收前述材料之日起20个工作日内作出行政许可决定。但是,法律、行政法规另有规定的,从其规定。

第三十六条 需要申请人对申请材料中存在的问题进行说明、解释的,自书面反馈意见发出之日起到接收申请人书面回复意见的时间,不计算在本章规定的期限内。

第三十七条 需要对行政许可申请进行实地核查或者对有关举报材料进行核查的,自作出核查决定之日起到核查结束的时间,不计算在本章规定的期限内。

第三十八条 依法需要专家评审的行政许

可,自书面通知专家参加评审会议之日起到评审会议结束所需的时间,不计算在本章规定的期限内。受理部门应当将专家评审会议所需时间在受理通知书中注明。

第三十九条 依照本规定中止审查行政许可申请的,自书面通知中止审查之日起至书面通知恢复审查之日止的时间,不计算在本章规定的期限内。

第四十条 作出准予或者不予行政许可的决定,应当自作出决定之日起10个工作日内向申请人送达本规定第二十五条规定的行政许可证件或者不予行政许可的书面决定。

第四十一条 在行政许可受理、审查环节出具的申请材料接收凭证,送达的补正通知、受理通知、不予受理通知、书面反馈意见等行政许可文件,应当加盖中国证监会行政许可专用章。

由派出机构进行初步审查的行政许可,派出机构在受理环节出具的有关行政许可文件应使用加盖中国证监会行政许可专用章的函件。

在行政许可决定环节送达的中止审查通知、恢复审查通知、终止审查通知、本规定第二十五条规定的行政许可证件以及不予行政许可书面决定等,应当加盖中国证监会印章。

第四十二条 补正通知、受理通知、不予受理通知、书面反馈意见、中止审查通知、恢复审查通知、终止审查通知、本规定第二十五条规定的行政许可证件、不予行政许可书面决定等行政许可文件,由受理部门按照申请人选定的联系方式和送达方式统一告知、送达申请人,受理部门应当对送达的情况进行记录并存档。

依据本规定第三十条、第三十一条作出的行政许可书面决定,还应当同时抄送有关派出机构。

第四十三条 行政许可文件可以通过邮寄、申请人自行领取、申请人委托他人领取、公告等方式送达申请人。

第四十四条 申请人要求邮寄送达行政许可文件的,受理部门应当采用挂号信或者特快专递的方式送达,并应当附送达回证,在挂号信或者特快专递的封面写明行政许可文件的名称。受理部门应当及时向邮政部门索要证明申请人签收的邮政部门回执。

第四十五条 申请人自行领取行政许可文件的,受理部门应当要求申请人出示单位介绍信、身份证等身份证明文件并予以签收。申请人委托他人领取的,受理部门应当要求受托人出示申请人的授权委托书、受托人的身份证明文件并予以签收。受理部门应当留存申请人、申请人的受托人的身份证明文件复印件。

第四十六条 申请人在接到领取通知5个工作日内不领取行政许可文件且受理部门无法通过邮寄等方式送达的,可以公告送达。自公告之日起,经过60日,即视为送达。

第六章 公 示

第四十七条 行政许可的事项、依据、条件、数量、程序、期限以及需要申请人提交的全部申请材料的目录和申请书示范文本等应当进行公示,以方便申请人查阅。

依法应当举行国家考试,赋予公民从事有关证券期货业务特定资格的,应当事先公示资格考试的报名条件、报考办法、考试科目以及考试大纲。

第四十八条 中国证监会采取下列方式进行公示:

(一)在中国证监会互联网站上公布;

(二)印制行政许可手册,并放置在办公场所;

(三)在办公场所张贴;

(四)其他有效便捷的公示方式。

第四十九条 申请人要求对公示内容予以说明、解释的,审查部门予以说明、解释。

第五十条 作出准予或者不予行政许可决定的,应当自作出决定之日起20个工作日内在中国证监会互联网站上予以公布;但涉及国家秘密、商业秘密、个人隐私的除外。

中国证监会定期出版公告,收录中国证监会及其派出机构作出的准予或者不予行政许可决定。

第七章 附 则

第五十一条 法律、行政法规对有关行政许可实施程序另有规定的,从其规定。

本规定有原则规定,中国证监会规章及规范性文件有具体程序规定的,依照具体程序规定执行。

本规定第三章、第四章未作出规定的其他程序,适用第二章的规定。

第五十二条　中国证监会受理部门、审查部门、派出机构及其工作人员在实施行政许可活动中违反本规定的,依照有关行政许可执法监督的规定进行处理。

第五十三条　本规定自2010年2月1日起施行。《中国证券监督管理委员会行政许可实施程序规定(试行)》(证监发〔2004〕62号)同时废止。

证券期货市场诚信监督管理办法

(2018年3月28日　证监会令第139号)

第一章　总　　则

第一条　为了加强证券期货市场诚信建设,保护投资者合法权益,维护证券期货市场秩序,促进证券期货市场健康稳定发展,根据有关法律、行政法规,制定本办法。

第二条　中国证券监督管理委员会(以下简称中国证监会)建立全国统一的证券期货市场诚信档案数据库(以下简称诚信档案),记录证券期货市场诚信信息。

第三条　记入诚信档案的诚信信息的界定、采集与管理,诚信信息的公开、查询,诚信约束、激励与引导等,适用本办法。

第四条　公民(自然人)、法人或者其他组织从事证券期货市场活动,应当诚实信用,遵守法律、行政法规、规章和依法制定的自律规则,禁止欺诈、内幕交易、操纵市场以及其他损害投资者合法权益的不诚实信用行为。

第五条　中国证监会鼓励、支持诚实信用的公民、法人或者其他组织从事证券期货市场活动,实施诚信约束、激励与引导。

第六条　中国证监会可以和国务院其他部门、地方人民政府、国家司法机关、行业组织、境外证券期货监管机构建立诚信监管合作机制,实施诚信信息共享,推动健全社会信用体系。

第二章　诚信信息的采集和管理

第七条　下列从事证券期货市场活动的公民、法人或者其他组织的诚信信息,记入诚信档案:

(一)证券业从业人员、期货从业人员和基金从业人员;

(二)证券期货市场投资者、交易者;

(三)证券发行人、上市公司、全国中小企业股份转让系统挂牌公司、区域性股权市场挂牌转让证券的企业及其董事、监事、高级管理人员、主要股东、实际控制人;

(四)区域性股权市场的运营机构及其董事、监事和高级管理人员,为区域性股权市场办理账户开立、资金存放、登记结算等业务的机构;

(五)证券公司、期货公司、基金管理人、债券受托管理人、债券发行担保人及其董事、监事、高级管理人员、主要股东和实际控制人或者执行事务合伙人,合格境外机构投资者、合格境内机构投资者及其主要投资管理人员,境外证券类机构驻华代表机构及其总代表、首席代表;

(六)会计师事务所、律师事务所、保荐机构、财务顾问机构、资产评估机构、投资咨询机构、信用评级机构、基金服务机构、期货合约交割仓库以及期货合约标的物质量检验检疫机构等证券期货服务机构及其相关从业人员;

(七)为证券期货业务提供存管、托管业务的商业银行或者其他金融机构,及其存管、托管部门的高级管理人员;

(八)为证券期货业提供信息技术服务或者软硬件产品的供应商;

(九)为发行人、上市公司、全国中小企业

股份转让系统挂牌公司提供投资者关系管理及其他公关服务的服务机构及其人员；

(十)证券期货传播媒介机构、人员；

(十一)以不正当手段干扰中国证监会及其派出机构监管执法工作的人员；

(十二)其他有与证券期货市场活动相关的违法失信行为的公民、法人或者其他组织。

第八条　本办法所称诚信信息包括：

(一)公民的姓名、性别、国籍、身份证件号码，法人或者其他组织的名称、住所、统一社会信用代码等基本信息；

(二)中国证监会、国务院其他主管部门等其他省部级及以上单位和证券期货交易场所、证券期货市场行业协会、证券登记结算机构等全国性证券期货市场行业组织(以下简称证券期货市场行业组织)作出的表彰、奖励、评比，以及信用评级机构、诚信评估机构作出的信用评级、诚信评估；

(三)中国证监会及其派出机构作出的行政许可决定；

(四)发行人、上市公司、全国中小企业股份转让系统挂牌公司及其主要股东、实际控制人，董事、监事和高级管理人员，重大资产重组交易各方，及收购人所作的公开承诺的未履行或者未如期履行、正在履行、已如期履行等情况；

(五)中国证监会及其派出机构作出的行政处罚、市场禁入决定和采取的监督管理措施；

(六)证券期货市场行业组织实施的纪律处分措施和法律、行政法规、规章规定的管理措施；

(七)因涉嫌证券期货违法被中国证监会及其派出机构调查及采取强制措施；

(八)到期拒不执行中国证监会及其派出机构生效行政处罚决定及监督管理措施，因拒不配合中国证监会及其派出机构监督检查、调查被有关机关作出行政处罚或者处理决定，以及拒不履行已达成的证券期货纠纷调解协议；

(九)债券发行人未按期兑付本息等违约行为、担保人未按约定履行担保责任；

(十)因涉嫌证券期货犯罪被中国证监会及其派出机构移送公安机关、人民检察院处理；

(十一)以不正当手段干扰中国证监会及其派出机构监管执法工作，被予以行政处罚、纪律处分，或者因情节较轻，未受到处罚处理，但被纪律检查或者行政监察机构认定的信息；

(十二)因证券期货犯罪或者其他犯罪被人民法院判处刑罚；

(十三)因证券期货侵权、违约行为被人民法院判决承担较大民事赔偿责任；

(十四)因违法开展经营活动被银行、保险、财政、税收、环保、工商、海关等相关主管部门予以行政处罚；

(十五)因非法开设证券期货交易场所或者组织证券期货交易被地方政府行政处罚或者采取清理整顿措施；

(十六)因违法失信行为被证券公司、期货公司、基金管理人、证券期货服务机构以及证券期货市场行业组织开除；

(十七)融资融券、转融通、证券质押式回购、约定式购回、期货交易等信用交易中的违约失信信息；

(十八)违背诚实信用原则的其他行为信息。

第九条　诚信档案不得采集公民的宗教信仰、基因、指纹、血型、疾病和病史信息以及法律、行政法规规定禁止采集的其他信息。

第十条　本办法第八条第(二)项所列公民、法人或者其他组织所受表彰、奖励、评比和信用评级、诚信评估信息，由其自行向中国证监会及其派出机构申报，记入诚信档案。

公民、法人或者其他组织按规定向中国证监会及其派出机构申报前款规定以外的其他诚信信息，记入诚信档案。

公民、法人或者其他组织申报的诚信信息应当真实、准确、完整。

第十一条　本办法第八条第(一)项、第(三)项至第(十一)项诚信信息，由中国证监会及其派出机构、证券期货市场行业组织依其职责采集并记入诚信档案；第(十六)项、第(十七)项诚信信息，由相关证券期货市场行业组织、证券期货经营机构采集并记入诚信档案；其他诚信信息由中国证监会及其派出机构通过政府信息公开、信用信息共享等途径采集并记入诚信档案。

第十二条　记入诚信档案的诚信信息所对应的决定或者行为经法定程序撤销、变更的，中国证监会及其派出机构相应删除、修改该诚信信息。

第十三条　本办法第八条规定的违法失信信息，在诚信档案中的效力期限为3年，但因证券期货违法行为被行政处罚、市场禁入、刑事处罚和判决承担较大侵权、违约民事赔偿责任的信息，其效力期限为5年。

法律、行政法规或者中国证监会规章对违法失信信息的效力期限另有规定的，国务院其他主管部门对其产生的违法失信信息的效力期限另有规定的，从其规定。

前款所规定的效力期限，自对违法失信行为的处理决定执行完毕之日起算。

超过效力期限的违法失信信息，不再进行诚信信息公开，并不再接受诚信信息申请查询，公民、法人或者其他组织根据本办法第十七条申请查询自己信息的除外。

第三章　诚信信息的公开与查询

第十四条　本办法第八条第（二）、（三）、（四）、（六）项信息和第（五）项的行政处罚、市场禁入信息依法向社会公开。

中国证监会在其网站建立证券期货市场违法失信信息公开查询平台，社会公众可通过该平台查询本办法第八条第（五）项行政处罚、市场禁入决定信息，第（六）项信息等违法失信信息。

第十五条　中国证监会对有下列严重违法失信情形的市场主体，在证券期货市场违法失信信息公开查询平台进行专项公示：

（一）因操纵市场、内幕交易、欺诈发行、虚假披露信息、非法从事证券期货业务、利用未公开信息交易以及编造、传播虚假信息被中国证监会及其派出机构作出行政处罚；

（二）被中国证监会及其派出机构采取市场禁入措施；

（三）因证券期货犯罪被人民法院判处刑罚；

（四）因拒不配合中国证监会及其派出机构监督检查、调查被有关机关作出行政处罚或者处理决定；

（五）到期拒不执行中国证监会及其派出机构生效行政处罚决定；

（六）严重侵害投资者合法权益、市场反应强烈的其他严重违法失信情形。

严重违法失信主体的专项公示期为一年，自公示之日起算。

第十六条　除本办法第十四条、第十五条规定之外的诚信信息，公民、法人或者其他组织可以根据本办法规定向中国证监会及其派出机构申请查询。

第十七条　公民、法人或者其他组织提出诚信信息查询申请，符合以下条件之一的，中国证监会及其派出机构予以办理：

（一）公民、法人或者其他组织申请查询自己的诚信信息的；

（二）发行人、上市公司申请查询拟任董事、监事、高级管理人员的诚信信息的；

（三）发行人、上市公司申请查询拟参与本公司并购、重组的公民、法人或者其他组织的诚信信息的；

（四）发行人、上市公司申请查询拟委托的证券公司、证券服务机构及其相关从业人员的诚信信息的；

（五）证券公司、债券受托管理人、证券服务机构申请查询其所提供专业服务的发行人、上市公司及其董事、监事、高级管理人员、控股股东和实际控制人以及债券发行担保人的诚信信息的；

（六）证券公司、期货公司、基金管理人、证券期货服务机构申请查询已聘任或者拟聘任的董事、监事、高级管理人员或者其他从业人员的诚信信息的；

（七）中国证监会规定的其他条件。

第十八条　公民、法人或者其他组织提出诚信信息查询申请，应当如实提供如下材料：

（一）查询申请书；

（二）身份证明文件；

（三）办理本办法第十七条第（二）项至第（六）项查询申请的，查询申请书应经查询对象签字或者盖章同意，或者有查询对象的其他书面同意文件。

第十九条　公民、法人或者其他组织提出的查询申请，符合条件，材料齐备的，中国证监会及其派出机构自收到查询申请之日起5个工作日内反馈。

第二十条　公民、法人或者其他组织申请查询的诚信信息属于国家秘密，其他公民、法人或者其他组织的商业秘密及个人隐私的,中国证监会及其派出机构不予查询,但应当在答复中说明。

第二十一条　记入诚信档案的公民、法人或者其他组织,认为其诚信信息具有本办法第十二条规定的应予删除、修改情形的,或者具有其他重大、明显错误的,可以向中国证监会及其派出机构申请更正。

中国证监会及其派出机构收到公民、法人或者其他组织的信息更正申请后,应当在 15 个工作日内进行处理,并将处理结果告知申请人。确有本办法第十二条规定的应予删除、修改情形的,或者其他重大、明显错误情形的,应予更正。

第二十二条　公民、法人或者其他组织通过申请查询获取诚信信息的,不得泄露或者提供他人使用,不得进行以营利为目的的使用、加工或者处理,不得用于其他非法目的。

第四章　诚信约束、激励与引导

第二十三条　中国证监会建立发行人、上市公司、全国中小企业股份转让系统挂牌公司、证券公司、期货公司、基金管理人、证券期货服务机构、证券期货基金从业人员等主要市场主体的诚信积分制度,实行诚信分类监督管理。

诚信积分和诚信分类监督管理具体办法另行制定。

第二十四条　向中国证监会及其派出机构申请行政许可,申请人以及申请事项涉及的有关当事人应当书面承诺其所提交的申请材料真实、准确、完整,并诚信合法地参与证券期货市场活动。

第二十五条　中国证监会及其派出机构审查行政许可申请,应当查阅申请人以及申请事项所涉及的有关当事人的诚信档案,对其诚信状况进行审查。

证券期货市场行业组织在履行登记、备案、注册、会员批准等工作职责时,应当按照前款规定办理。

第二十六条　中国证监会及其派出机构审查行政许可申请,发现申请人以及有关当事人有本办法第八条第(四)项中的未履行或者未如期履行承诺信息,或者第(五)项至第(十七)项规定的违法失信信息的,可以要求申请人或者受申请人委托为行政许可申请提供证券期货服务的有关机构提供书面反馈意见。

书面反馈意见应就如下事项进行说明:

(一)诚信信息所涉及相关事实的基本情况;

(二)有关部门所作决定、处理的执行及其他后续情况,并提供证明材料;

(三)有关证券期货服务机构关于诚信信息对行政许可事项是否构成影响的分析。

申请人或者有关证券期货服务机构应在规定期限内提交书面反馈意见。

第二十七条　申请人或者有关证券期货服务机构的书面反馈意见不明确,有关分析、说明不充分的,中国证监会及其派出机构可以直接或者委托有关机构对有关事项进行核查。

第二十八条　根据本办法第二十六条、第二十七条提供书面反馈意见或者进行核查的时间,不计入行政许可法定期限。

第二十九条　行政许可申请人以及申请事项所涉及的有关当事人有本办法第八条第(四)项中的未履行或者未如期履行承诺信息,或者第(五)项至第(十七)项规定的违法失信信息之一,属于法定不予许可条件范围的,中国证监会及其派出机构应当依法作出不予许可的决定。

申请人以及申请事项所涉及的有关当事人的诚信信息虽不属于法定不予许可条件范围,但有关法律、行政法规和规章对行政许可法定条件提出诚实信用要求、作出原则性规定或者设定授权性条款的,中国证监会及其派出机构可以综合考虑诚信状况等相关因素,审慎审查申请人提出的行政许可申请事项。

第三十条　业务创新试点申请人有本办法第八条第(四)项中的未履行或者未如期履行承诺信息,或者第(五)项至第(十七)项规定的违法失信信息之一的,中国证监会及其派出机构、证券期货市场行业组织可以暂缓或者不予安排,但申请人能证明该违法失信信息与业务创新明显无关的除外。

第三十一条　中国证监会及其派出机构审查行政许可,对符合以下条件的,在受理后,即时进行审查:

(一)近三年没有违反证券期货法律、行政

法规和中国证监会规定的失信记录;

(二)近三年没有因违法开展经营活动被银行、保险、税收、环保、海关等相关主管部门予以行政处罚;

(三)没有因证券期货犯罪或者其他犯罪被人民法院判处刑罚。

中国证监会及其派出机构审查行政许可,可以在同等条件下对诚信积分较高的申请人优先审查。

第三十二条 中国证监会及其派出机构、证券期货市场行业组织在业务创新试点安排中,可以在法律、行政法规规定的范围内,对于同等条件下诚信状况较好的申请人予以优先安排。

第三十三条 中国证监会及其派出机构在对公民、法人或者其他组织进行行政处罚、实施市场禁入和采取监督管理措施中,应当查阅当事人的诚信档案,在综合考虑当事人违法行为的性质、情节、损害投资者合法权益程度和当事人诚信状况等因素的基础上,依法作出处理。

第三十四条 中国证监会及其派出机构在开展监督检查等日常监管工作中,应当查阅被监管机构的诚信档案,根据被监管机构的诚信状况,有针对性地进行现场检查和非现场检查,或者适当调整、安排现场检查的对象、频率和内容。

第三十五条 证券登记结算机构、证券公司、期货公司等机构在为投资者、客户开立证券、期货相关账户时,应当查询投资者、客户的诚信档案,按照规定办理相关账户开立事宜。

第三十六条 证券公司在办理客户证券质押式回购、约定式购回以及融资融券业务申请时,可以查阅客户的诚信档案,根据申请人的诚信状况,决定是否予以办理,或者确定和调整授信额度。

证券金融公司在开展转融通业务时,可以查阅证券公司的诚信档案,根据证券公司的诚信状况,决定是否对其进行转融通,或者确定和调整授信额度。

第三十七条 发行人、上市公司、全国中小企业股份转让系统挂牌公司、证券公司、期货公司、基金管理人、证券期货服务机构拟聘任董事、监事、高级管理人员以及从业人员的,应当查询拟聘任人员的诚信档案,并将其诚信状况作为决定是否聘任的依据。

第三十八条 证券公司、证券服务机构受托为发行人、上市公司、全国中小企业股份转让系统挂牌公司等提供证券服务的,应当查询委托人的诚信档案,并将其诚信状况作为决定是否接受委托、确定收费标准的依据。

第三十九条 公民、法人或者其他组织公开发布证券期货市场评论信息,所述事实内容与实际情况不相符合的,或者存在其他显著误导公众情形的,中国证监会及其派出机构可以对其出具诚信关注函,记入诚信档案,并可将有关情况向其所在工作单位、所属主管部门或者行业自律组织通报。

证券期货投资咨询机构及其人员公开发布证券期货市场评论信息违反规定的,依照有关规定处理、处罚。

公民、法人或者其他组织利用公开发布证券期货市场评论信息进行操纵市场等违法行为的,依法予以处罚;构成犯罪的,由司法机关依法追究刑事责任。

第四十条 证券期货市场行业组织应当教育和鼓励其成员以及从业人员遵守法律,诚实信用。对遵守法律、诚实信用的成员以及从业人员,可以给予表彰、奖励。

中国证监会鼓励证券期货市场行业组织等建立证券期货市场诚信评估制度,组织开展对有关行业和市场主体的诚信状况评估,并将评估结果予以公示。

中国证券业协会、中国期货业协会、中国上市公司协会、中国证券投资基金业协会建立年度诚信会员制度。具体办法由相关协会制定,报中国证监会备案。

第四十一条 上市公司、全国中小企业股份转让系统挂牌公司、证券公司、期货公司、基金管理人和证券期货服务机构等应当不断完善内部诚信监督、约束制度机制,提高诚信水平。

中国证监会及其派出机构对前款规定机构的内部诚信监督、约束制度机制建设情况进行检查、指导,并可以将检查情况在行业和辖区内进行通报。

第四十二条 对有本办法第八条第(四)项中的未履行或者未如期履行承诺信息,或者第(五)项至第(十七)项规定的违法失信信息的公民,中国证监会及其派出机构、证券期货市场行业组织可以不聘任其担任下列职务：

（一）中国证监会股票发行审核委员会委员；

（二）中国证监会上市公司并购重组审核委员会委员；

（三）中国证监会及其派出机构、证券期货市场行业组织成立的负有审核、监督、核查、咨询职责的其他组织的成员。

第四十三条　中国证监会与国务院其他部门、地方人民政府、国家司法机关和有关组织建立对证券期货市场参与主体的失信联合惩戒和守信联合激励制度机制，提供证券期货市场主体的相关诚信信息，依法实施联合惩戒、激励。

第五章　监督与管理

第四十四条　中国证监会诚信监督管理机构履行下列职责：

（一）界定、组织采集证券期货市场诚信信息；

（二）建立、管理诚信档案，组织、督促诚信信息的记入；

（三）组织办理诚信信息的公开、查询和共享；

（四）建立、协调实施诚信监督、约束与激励机制；

（五）中国证监会规定的其他诚信监督管理与服务职责。

第四十五条　中国证监会各派出机构负责接收、办理公民、法人或者其他组织根据本办法规定提出的诚信信息记入申报、诚信信息查询申请、诚信信息更正申请等事项。

第四十六条　中国证监会及其派出机构、证券期货市场行业组织，未按照本办法规定及时、真实、准确、完整地记入诚信信息，造成不良后果的，按照有关规定对相关责任人员进行行政处分；情节严重的，依法追究法律责任。

第四十七条　违反本办法第十条、第十八条、第二十二条、第三十五条、第三十七条、第三十八条规定的，中国证监会及其派出机构可以采取责令改正、监管谈话、出具警示函、责令公开说明、在一定期限内不予接受其诚信信息申报和查询申请等监督管理措施；情节严重的，依法追究法律责任。

第六章　附　　则

第四十八条　中国证监会及其派出机构办理诚信信息查询，除可以收取打印、复制、装订、邮寄成本费用外，不得收取其他费用。

第四十九条　证券期货市场行业组织在履行自律管理职责中，查询诚信档案，实施诚信约束、激励的，参照本办法有关规定执行。

第五十条　本办法自2018年7月1日起施行。《证券期货市场诚信监督管理暂行办法》（证监会令第106号）同时废止。

外商投资证券公司管理办法

（2018年4月28日　证监会令第140号）

第一条　为了适应证券市场对外开放的需要，加强和完善对外商投资证券公司的监督管理，明确外商投资证券公司的设立条件和程序，根据《中华人民共和国公司法》（以下简称公司法）和《中华人民共和国证券法》（以下简称证券法）有关规定，制定本办法。

第二条　本办法所称外商投资证券公司是指：

（一）境外股东与境内股东依法共同出资设立的证券公司；

（二）境外投资者依法受让、认购内资证券公司股权，内资证券公司依法变更的证券公司；

（三）内资证券公司股东的实际控制人变更为境外投资者，内资证券公司依法变更的证券公司。

第三条 中国证券监督管理委员会(以下简称中国证监会)负责对外商投资证券公司的审批和监督管理。

第四条 外商投资证券公司的名称、组织形式、注册资本、业务范围、组织机构的设立及职责以及股东、董事、监事、高级管理人员等,应当符合公司法、证券法等法律、法规和中国证监会的有关规定。

第五条 设立外商投资证券公司除应当符合公司法、证券法、《证券公司监督管理条例》和经国务院批准的中国证监会规定的证券公司设立条件外,还应当符合下列条件:

(一)境外股东具备本办法规定的资格条件,其出资比例、出资方式符合本办法的规定;

(二)初始业务范围与控股股东或者第一大股东的经营证券业务经验相匹配;

(三)中国证监会规定的其他审慎性条件。

第六条 外商投资证券公司的境外股东,应当具备下列条件:

(一)所在国家或者地区具有完善的证券法律和监管制度,相关金融监管机构已与中国证监会或者中国证监会认可的机构签定证券监管合作谅解备忘录,并保持着有效的监管合作关系;

(二)为在所在国家或者地区合法成立的金融机构,近3年各项财务指标符合所在国家或者地区法律的规定和监管机构的要求;

(三)持续经营证券业务5年以上,近3年未受到所在国家或者地区监管机构或者行政、司法机关的重大处罚,无因涉嫌重大违法违规正受到有关机关调查的情形;

(四)具有完善的内部控制制度;

(五)具有良好的国际声誉和经营业绩,近3年业务规模、收入、利润居于国际前列,近3年长期信用均保持在高水平;

(六)中国证监会规定的其他审慎性条件。

第七条 境外股东应当以自由兑换货币出资。

境外股东累计持有的(包括直接持有和间接控制)外商投资证券公司股权比例,应当符合国家关于证券业对外开放的安排。

第八条 申请设立外商投资证券公司,应当由全体股东共同指定的代表或者委托的代理人向中国证监会提交下列文件:

(一)境内外股东的法定代表人或者授权代表共同签署的申请表;

(二)关于设立外商投资证券公司的合同及章程草案;

(三)外商投资证券公司拟任董事长、总经理、合规负责人简历;

(四)股东的营业执照或者注册证书、证券业务资格证书复印件;

(五)申请前3年境内外股东经审计的财务报表;

(六)境外股东所在国家或者地区相关监管机构或者中国证监会认可的境外机构出具的关于该境外股东是否具备本办法第六条第(二)项、第(三)项规定的条件的说明函;

(七)境外股东具有良好的国际声誉和经营业绩,近3年业务规模、收入、利润居于国际前列以及近3年长期信用情况的证明文件;

(八)由中国境内律师事务所出具的法律意见书;

(九)中国证监会要求的其他文件。

第九条 中国证监会依照有关法律、行政法规和本办法对第八条规定的申请文件进行审查,并在规定期限内作出是否批准的决定,书面通知申请人。不予批准的,书面说明理由。

第十条 股东应当自中国证监会的批准文件签发之日起6个月内足额缴付出资或者提供约定的合作条件,选举董事、监事,聘任高级管理人员,并向公司登记机关申请设立登记,领取营业执照。

第十一条 外商投资证券公司应当自营业执照签发之日起15个工作日内,向中国证监会提交下列文件,申请经营证券业务许可证:

(一)营业执照副本复印件;

(二)公司章程;

(三)由中国境内具有证券相关业务资格的会计师事务所出具的验资报告;

(四)董事、监事、高级管理人员和主要业务人员的名单、任职资格证明文件和证券从业资格证明文件;

(五)内部控制制度文本;

(六)营业场所和业务设施情况说明书;

(七)中国证监会要求的其他文件。

第十二条 中国证监会依照有关法律、行政法规和本办法对第十一条规定的申请文件进行审查,并自接到符合要求的申请文件之日起15个工作日内作出决定。对符合规定条件的,颁发经营证券业务许可证;对不符合规定条件的,不予颁发,并书面说明理由。

第十三条　未取得中国证监会颁发的经营证券业务许可证,外商投资证券公司不得开业,不得经营证券业务。

第十四条　内资证券公司申请变更为外商投资证券公司的,应当具备本办法第五条规定的条件。

收购或者参股内资证券公司的境外股东应当具备本办法第六条规定的条件,其收购的股权比例或者出资比例应当符合本办法第七条的规定。

内资证券公司股东的实际控制人变更为境外投资者,应当具备本办法第六条规定的条件,其间接控制的证券公司股权比例应当符合本办法第七条的规定。不具备条件或者间接控制证券公司股权比例不符合规定的,应当在3个月内完成规范整改。

第十五条　内资证券公司申请变更为外商投资证券公司,应当向中国证监会提交下列文件:

(一)法定代表人签署的申请表;

(二)股东(大)会关于变更为外商投资证券公司的决议;

(三)公司章程修改草案;

(四)股权转让协议或者出资协议(股份认购协议);

(五)拟在该证券公司任职的境外投资者委派人员的名单、简历以及相应的从业资格证明文件、任职资格证明文件;

(六)境外股东的营业执照或者注册证书、相关业务资格证书复印件;

(七)申请前3年境外股东经审计的财务报表;

(八)境外股东所在国家或者地区相关监管机构或者中国证监会认可的境外机构出具的关于该境外股东是否具备本办法第六条第(二)项、第(三)项规定条件的说明函;

(九)境外股东具有良好的国际声誉和经营业绩,近3年业务规模、收入、利润居于国际前列以及近3年长期信用情况的证明文件;

(十)由中国境内律师事务所出具的法律意见书;

(十一)中国证监会要求的其他文件。

第十六条　中国证监会依照有关法律、行政法规和本办法对第十五条规定的申请文件进行审查,并在规定期限内作出是否批准的决定,书面通知申请人。不予批准的,书面说明理由。

第十七条　获准变更的证券公司,应当自中国证监会的批准文件签发之日起6个月内,办理股权转让或者增资事宜,向公司登记机关申请变更登记,换领营业执照。

第十八条　获准变更的证券公司应当自变更登记之日起15个工作日内,向中国证监会提交下列文件,申请换发经营证券业务许可证:

(一)营业执照副本复印件;

(二)外商投资证券公司章程;

(三)公司原有经营证券业务许可证及其副本;

(四)由中国境内具有证券相关业务资格的会计师事务所出具的验资报告;

(五)中国证监会要求的其他文件。

第十九条　中国证监会依照有关法律、行政法规和本办法对第十八条规定的申请文件进行审查,并自接到符合要求的申请文件之日起15个工作日内作出决定。对符合规定条件的,换发经营证券业务许可证;对不符合规定条件的,不予换发,并书面说明理由。

第二十条　外商投资证券公司合并或者外商投资证券公司与内资证券公司合并后新设或者存续的证券公司,应当具备本办法规定的外商投资证券公司的设立条件;其境外股东持股比例应当符合本办法的规定。

外商投资证券公司分立后设立的证券公司,股东中有境外股东的,其境外股东持股比例应当符合本办法的规定。

第二十一条　境外投资者可以依法通过证券交易所的证券交易持有上市内资证券公司股份,或者与上市内资证券公司建立战略合作关系并经中国证监会批准持有上市内资证券公司股份。

境外投资者依法通过证券交易所的证券交易持有或者通过协议、其他安排与他人共同持有上市内资证券公司5%以上股份的,应当符合本办法第六条规定的条件,并遵守证券法和中国证监会关于上市公司收购和证券公司变更审批的有关规定。

第二十二条　按照本办法规定提交中国证监会的申请文件及报送中国证监会的资料，必须使用中文。境外股东及其所在国家或者地区相关监管机构或者中国证监会认可的境外机构出具的文件、资料使用外文的，应当附有与原文内容一致的中文译本。

申请人提交的文件及报送的材料，不能充分说明申请人的状况的，中国证监会可以要求申请人作出补充说明。

第二十三条　外商投资证券公司涉及国家安全审查的，按照国家有关规定办理。

第二十四条　香港特别行政区、澳门特别行政区和台湾地区的投资者投资证券公司的，参照适用本办法。国家另有规定的，从其规定。

第二十五条　外商投资证券公司的设立、变更、终止、业务活动及监督管理事项，本办法未作规定的，适用中国证监会的其他有关规定。

第二十六条　本办法自公布之日起施行。《外资参股证券公司设立规则》同时废止。

上市公司国有股权监督管理办法

（2018 年 5 月 16 日　国务院国有资产监督管理委员会、财政部、中国证券监督管理委员会令第 36 号）

第一章　总　　则

第一条　为规范上市公司国有股权变动行为，推动国有资源优化配置，平等保护各类投资者合法权益，防止国有资产流失，根据《中华人民共和国公司法》、《中华人民共和国证券法》、《中华人民共和国企业国有资产法》、《企业国有资产监督管理暂行条例》等法律法规，制定本办法。

第二条　本办法所称上市公司国有股权变动行为，是指上市公司国有股权持股主体、数量或比例等发生变化的行为，具体包括：国有股东所持上市公司股份通过证券交易系统转让、公开征集转让、非公开协议转让、无偿划转、间接转让、国有股东发行可交换公司债券；国有股东通过证券交易系统增持、协议受让、间接受让、要约收购上市公司股份和认购上市公司发行股票；国有股东所控股上市公司吸收合并、发行证券；国有股东与上市公司进行资产重组等行为。

第三条　本办法所称国有股东是指符合以下情形之一的企业和单位，其证券账户标注“SS”：

（一）政府部门、机构、事业单位、境内国有独资或全资企业；

（二）第一款中所述单位或企业独家持股比例超过 50%，或合计持股比例超过 50%，且其中之一为第一大股东的境内企业；

（三）第二款中所述企业直接或间接持股的各级境内独资或全资企业。

第四条　上市公司国有股权变动行为应坚持公开、公平、公正原则，遵守国家有关法律、行政法规和规章制度规定，符合国家产业政策和国有经济布局结构调整方向，有利于国有资本保值增值，提高企业核心竞争力。

第五条　上市公司国有股权变动涉及的股份应当权属清晰，不存在受法律法规规定限制的情形。

第六条　上市公司国有股权变动的监督管理由省级以上国有资产监督管理机构负责。省级国有资产监督管理机构报经省级人民政府同意，可以将地市级以下有关上市公司国有股权变动的监督管理交由地市级国有资产监督管理机构负责。省级国有资产监督管理机构需建立相应的监督检查工作机制。

上市公司国有股权变动涉及政府社会公共

管理事项的,应当依法报政府有关部门审核。受让方为境外投资者的,应当符合外商投资产业指导目录或负面清单管理的要求,以及外商投资安全审查的规定,涉及该类情形的,各审核主体在接到相关申请后,应就转让行为是否符合吸收外商投资政策向同级商务部门征求意见,具体申报程序由省级以上国有资产监督管理机构商同级商务部门按《关于上市公司国有股向外国投资者及外商投资企业转让申报程序有关问题的通知》(商资字〔2004〕1 号)确定的原则制定。

按照法律、行政法规和本级人民政府有关规定,须经本级人民政府批准的上市公司国有股权变动事项,国有资产监督管理机构应当履行报批程序。

第七条 国家出资企业负责管理以下事项:

(一)国有股东通过证券交易系统转让所持上市公司股份,未达到本办法第十二条规定的比例或数量的事项;

(二)国有股东所持上市公司股份在本企业集团内部进行的无偿划转、非公开协议转让事项;

(三)国有控股股东所持上市公司股份公开征集转让、发行可交换公司债券及所控股上市公司发行证券,未导致其持股比例低于合理持股比例的事项;国有参股股东所持上市公司股份公开征集转让、发行可交换公司债券事项;

(四)国有股东通过证券交易系统增持、协议受让、认购上市公司发行股票等未导致上市公司控股权转移的事项;

(五)国有股东与所控股上市公司进行资产重组,不属于中国证监会规定的重大资产重组范围的事项。

第八条 国有控股股东的合理持股比例(与国有控股股东属于同一控制人的,其所持股份的比例应合并计算)由国家出资企业研究确定,并报国有资产监督管理机构备案。

确定合理持股比例的具体办法由省级以上国有资产监督管理机构另行制定。

第九条 国有股东所持上市公司股份变动应在作充分可行性研究的基础上制定方案,严格履行决策、审批程序,规范操作,按照证券监管的相关规定履行信息披露等义务。在上市公司国有股权变动信息披露前,各关联方要严格遵守保密规定。违反保密规定的,应依法依规追究相关人员责任。

第十条 上市公司国有股权变动应当根据证券市场公开交易价格、可比公司股票交易价格、每股净资产值等因素合理定价。

第十一条 国有资产监督管理机构通过上市公司国有股权管理信息系统(以下简称管理信息系统)对上市公司国有股权变动实施统一监管。

国家出资企业应通过管理信息系统,及时、完整、准确将所持上市公司股份变动情况报送国有资产监督管理机构。

其中,按照本办法规定由国家出资企业审核批准的变动事项须通过管理信息系统作备案管理,并取得统一编号的备案表。

第二章 国有股东所持上市公司股份通过证券交易系统转让

第十二条 国有股东通过证券交易系统转让上市公司股份,按照国家出资企业内部决策程序决定,有以下情形之一的,应报国有资产监督管理机构审核批准:

(一)国有控股股东转让上市公司股份可能导致持股比例低于合理持股比例的;

(二)总股本不超过 10 亿股的上市公司,国有控股股东拟于一个会计年度内累计净转让(累计转让股份扣除累计增持股份后的余额,下同)达到总股本 5% 及以上的;总股本超过 10 亿股的上市公司,国有控股股东拟于一个会计年度内累计净转让数量达到 5000 万股及以上的;

(三)国有参股股东拟于一个会计年度内累计净转让达到上市公司总股本 5% 及以上的。

第十三条 国家出资企业、国有资产监督管理机构决定或批准国有股东通过证券交易系统转让上市公司股份时,应当审核以下文件:

(一)国有股东转让上市公司股份的内部决策文件;

(二)国有股东转让上市公司股份方案,内容包括但不限于:转让的必要性,国有股东及上市公司基本情况、主要财务数据,拟转让股份权属情况，转让底价及确定依据，转让数量、转让时限等；

（三）上市公司股份转让的可行性研究报告；

（四）国家出资企业、国有资产监督管理机构认为必要的其他文件。

第三章　国有股东所持上市公司股份公开征集转让

第十四条　公开征集转让是指国有股东依法公开披露信息，征集受让方转让上市公司股份的行为。

第十五条　国有股东拟公开征集转让上市公司股份的，在履行内部决策程序后，应书面告知上市公司，由上市公司依法披露，进行提示性公告。国有控股股东公开征集转让上市公司股份可能导致上市公司控股权转移的，应当一并通知上市公司申请停牌。

第十六条　上市公司发布提示性公告后，国有股东应及时将转让方案、可行性研究报告、内部决策文件、拟发布的公开征集信息等内容通过管理信息系统报送国有资产监督管理机构。

第十七条　公开征集信息内容包括但不限于：拟转让股份权属情况、数量，受让方应当具备的资格条件，受让方的选择规则，公开征集期限等。

公开征集信息对受让方的资格条件不得设定指向性或违反公平竞争要求的条款，公开征集期限不得少于10个交易日。

第十八条　国有资产监督管理机构通过管理信息系统对公开征集转让事项出具意见。国有股东在获得国有资产监督管理机构同意意见后书面通知上市公司发布公开征集信息。

第十九条　国有股东收到拟受让方提交的受让申请及受让方案后，应当成立由内部职能部门人员以及法律、财务等独立外部专家组成的工作小组，严格按照已公告的规则选择确定受让方。

第二十条　公开征集转让可能导致上市公司控股权转移的，国有股东应当聘请具有上市公司并购重组财务顾问业务资格的证券公司、证券投资咨询机构或者其他符合条件的财务顾问机构担任财务顾问（以下简称财务顾问）。财务顾问应当具有良好的信誉，近三年内无重大违法违规记录，且与受让方不存在利益关联。

第二十一条　财务顾问应当勤勉尽责，遵守行业规范和职业道德，对上市公司股份的转让方式、转让价格、股份转让对国有股东和上市公司的影响等方面出具专业意见；并对拟受让方进行尽职调查，出具尽职调查报告。尽职调查应当包括但不限于以下内容：

（一）拟受让方受让股份的目的；

（二）拟受让方的经营情况、财务状况、资金实力及是否有重大违法违规记录和不良诚信记录；

（三）拟受让方是否具有及时足额支付转让价款的能力、受让资金的来源及合法性；

（四）拟受让方是否具有促进上市公司持续发展和改善上市公司法人治理结构的能力。

第二十二条　国有股东确定受让方后，应当及时与受让方签订股份转让协议。股份转让协议应当包括但不限于以下内容：

（一）转让方、上市公司、拟受让方的名称、法定代表人及住所；

（二）转让方持股数量、拟转让股份数量及价格；

（三）转让方、受让方的权利和义务；

（四）股份转让价款支付方式及期限；

（五）股份登记过户的条件；

（六）协议生效、变更和解除条件、争议解决方式、违约责任等。

第二十三条　国有股东公开征集转让上市公司股份的价格不得低于下列两者之中的较高者：

（一）提示性公告日前30个交易日的每日加权平均价格的算术平均值；

（二）最近一个会计年度上市公司经审计的每股净资产值。

第二十四条　国有股东与受让方签订协议后，属于本办法第七条规定情形的，由国家出资企业审核批准，其他情形由国有资产监督管理机构审核批准。

第二十五条　国家出资企业、国有资产监督管理机构批准国有股东所持上市公司股份公开征集转让时，应当审核以下文件：

（一）受让方的征集及选择情况；

（二）国有股东基本情况、受让方基本情况及上一年度经审计的财务会计报告；

（三）股份转让协议及股份转让价格的定价说明；

（四）受让方与国有股东、上市公司之间在最近12个月内股权转让、资产置换、投资等重大情况及债权债务情况；

（五）律师事务所出具的法律意见书；

（六）财务顾问出具的尽职调查报告（适用于上市公司控股权转移的）；

（七）国家出资企业、国有资产监督管理机构认为必要的其他文件。

第二十六条　国有股东应在股份转让协议签订后5个工作日内收取不低于转让价款30%的保证金，其余价款应在股份过户前全部结清。在全部转让价款支付完毕或交由转让双方共同认可的第三方妥善保管前，不得办理股份过户登记手续。

第二十七条　国有资产监督管理机构关于国有股东公开征集转让上市公司股份的批准文件或国有资产监督管理机构、管理信息系统出具的统一编号的备案表和全部转让价款支付凭证是证券交易所、中国证券登记结算有限责任公司办理上市公司股份过户登记手续的必备文件。

上市公司股份过户前，原则上受让方人员不能提前进入上市公司董事会和经理层，不得干预上市公司正常生产经营。

第四章　国有股东所持上市公司股份非公开协议转让

第二十八条　非公开协议转让是指不公开征集受让方，通过直接签订协议转让上市公司股份的行为。

第二十九条　符合以下情形之一的，国有股东可以非公开协议转让上市公司股份：

（一）上市公司连续两年亏损并存在退市风险或严重财务危机，受让方提出重大资产重组计划及具体时间表的；

（二）企业主业处于关系国家安全、国民经济命脉的重要行业和关键领域，主要承担重大专项任务，对受让方有特殊要求的；

（三）为实施国有资源整合或资产重组，在国有股东、潜在国有股东（经本次国有资源整合或资产重组后成为上市公司国有股东的，以下统称国有股东）之间转让的；

（四）上市公司回购股份涉及国有股东所持股份的；

（五）国有股东因接受要约收购方式转让其所持上市公司股份的；

（六）国有股东因解散、破产、减资、被依法责令关闭等原因转让其所持上市公司股份的；

（七）国有股东以所持上市公司股份出资的。

第三十条　国有股东在履行内部决策程序后，应当及时与受让方签订股份转让协议。涉及上市公司控股权转移的，在转让协议签订前，应按本办法第二十条、第二十一条规定聘请财务顾问，对拟受让方进行尽职调查，出具尽职调查报告。

第三十一条　国有股东与受让方签订协议后，属于本办法第七条规定情形的，由国家出资企业审核批准，其他情形由国有资产监督管理机构审核批准。

第三十二条　国有股东非公开协议转让上市公司股份的价格不得低于下列两者之中的较高者：

（一）提示性公告日前30个交易日的每日加权平均价格的算术平均值；

（二）最近一个会计年度上市公司经审计的每股净资产值。

第三十三条　国有股东非公开协议转让上市公司股份存在下列特殊情形的，可按以下原则确定股份转让价格：

（一）国有股东为实施资源整合或重组上市公司，并在其所持上市公司股份转让完成后全部回购上市公司主业资产的，股份转让价格由国有股东根据中介机构出具的该上市公司股票价格的合理估值结果确定；

（二）为实施国有资源整合或资产重组，在国有股东之间转让且上市公司中的国有权益并不因此减少的，股份转让价格应当根据上市公司股票的每股净资产值、净资产收益率、合理的市盈率等因素合理确定。

第三十四条　国家出资企业、国有资产监督管理机构批准国有股东非公开协议转让上市公司股份时，应当审核以下文件：

（一）国有股东转让上市公司股份的决策文件；

（二）国有股东转让上市公司股份的方案，内容包括但不限于：不公开征集受让方的原因，转让价格及确定依据，转让的数量，转让收入的使用计划等；

（三）国有股东基本情况、受让方基本情况及上一年度经审计的财务会计报告；

（四）可行性研究报告；

（五）股份转让协议；

（六）以非货币资产支付的说明；

（七）拟受让方与国有股东、上市公司之间在最近12个月内股权转让、资产置换、投资等重大情况及债权债务情况；

（八）律师事务所出具的法律意见书；

（九）财务顾问出具的尽职调查报告（适用于上市公司控股权转移的）；

（十）国家出资企业、国有资产监督管理机构认为必要的其他文件。

第三十五条　以现金支付股份转让价款的，转让价款收取按照本办法第二十六条规定办理；以非货币资产支付股份转让价款的，应当符合国家相关规定。

第三十六条　国有资产监督管理机构关于国有股东非公开协议转让上市公司股份的批准文件或国有资产监督管理机构、管理信息系统出具的统一编号的备案表和全部转让价款支付凭证（包括非货币资产的交割凭证）是证券交易所、中国证券登记结算有限责任公司办理上市公司股份过户登记手续的必备文件。

第五章　国有股东所持上市公司股份无偿划转

第三十七条　政府部门、机构、事业单位、国有独资或全资企业之间可以依法无偿划转所持上市公司股份。

第三十八条　国有股东所持上市公司股份无偿划转属于本办法第七条规定情形的，由国家出资企业审核批准，其他情形由国有资产监督管理机构审核批准。

第三十九条　国家出资企业、国有资产监督管理机构批准国有股东所持上市公司股份无偿划转时，应当审核以下文件：

（一）国有股东无偿划转上市公司股份的内部决策文件；

（二）国有股东无偿划转上市公司股份的方案和可行性研究报告；

（三）上市公司股份无偿划转协议；

（四）划转双方基本情况、上一年度经审计的财务会计报告；

（五）划出方债务处置方案及或有负债的解决方案，及主要债权人对无偿划转的无异议函；

（六）划入方未来12个月内对上市公司的重组计划或未来三年发展规划（适用于上市公司控股权转移的）；

（七）律师事务所出具的法律意见书；

（八）国家出资企业、国有资产监督管理机构认为必要的其他文件。

第四十条　国有资产监督管理机构关于国有股东无偿划转上市公司股份的批准文件或国有资产监督管理机构、管理信息系统出具的统一编号的备案表是证券交易所、中国证券登记结算有限责任公司办理股份过户登记手续的必备文件。

第六章　国有股东所持上市公司股份间接转让

第四十一条　本办法所称国有股东所持上市公司股份间接转让是指因国有产权转让或增资扩股等原因导致国有股东不再符合本办法第三条规定情形的行为。

第四十二条　国有股东拟间接转让上市公司股份的，履行内部决策程序后，应书面通知上市公司进行信息披露，涉及国有控股股东的，应当一并通知上市公司申请停牌。

第四十三条　国有股东所持上市公司股份间接转让应当按照本办法第二十三条规定确定其所持上市公司股份价值，上市公司股份价值确定的基准日应与国有股东资产评估的基准日一致，且与国有股东产权直接持有单位对该产权变动决策的日期相差不得超过一个月。

国有产权转让或增资扩股到产权交易机构挂牌时，因上市公司股价发生大幅变化等原因，导致资产评估报告的结论已不能反映交易标的的真实价值的，原决策机构应对间接转让行为重新审议。

第四十四条 国有控股股东所持上市公司股份间接转让,应当按本办法第二十条、第二十一条规定聘请财务顾问,对国有产权拟受让方或投资人进行尽职调查,并出具尽职调查报告。

第四十五条 国有股东所持上市公司股份间接转让的,国有股东应在产权转让或增资扩股协议签订后,产权交易机构出具交易凭证前报国有资产监督管理机构审核批准。

第四十六条 国有资产监督管理机构批准国有股东所持上市公司股份间接转让时,应当审核以下文件:

(一)产权转让或增资扩股决策文件、资产评估结果核准、备案文件及可行性研究报告;

(二)经批准的产权转让或增资扩股方案;

(三)受让方或投资人征集、选择情况;

(四)国有产权转让协议或增资扩股协议;

(五)国有股东资产作价金额,包括国有股东所持上市公司股份的作价说明;

(六)受让方或投资人基本情况及上一年度经审计的财务会计报告;

(七)财务顾问出具的尽职调查报告(适用于国有控股股东国有产权变动的);

(八)律师事务所出具的法律意见书;

(九)国有资产监督管理机构认为必要的其他文件。

第四十七条 国有股东产权转让或增资扩股未构成间接转让的,其资产评估涉及上市公司股份作价按照本办法第四十三条规定确定。

第七章 国有股东发行可交换公司债券

第四十八条 本办法所称国有股东发行可交换公司债券,是指上市公司国有股东依法发行、在一定期限内依据约定条件可以交换成该股东所持特定上市公司股份的公司债券的行为。

第四十九条 国有股东发行的可交换公司债券交换为上市公司每股股份的价格,应不低于债券募集说明书公告日前1个交易日、前20个交易日、前30个交易日该上市公司股票均价中的最高者。

第五十条 国有股东发行的可交换公司债券,其利率应当在参照同期银行贷款利率、银行票据利率、同行业其他企业发行的债券利率,以及标的公司股票每股交换价格、上市公司未来发展前景等因素的前提下,通过市场询价合理确定。

第五十一条 国有股东发行可交换公司债券属于本办法第七条规定情形的,由国家出资企业审核批准,其他情形由国有资产监督管理机构审核批准。

第五十二条 国家出资企业、国有资产监督管理机构批准国有股东发行可交换公司债券时,应当审核以下文件:

(一)国有股东发行可交换公司债券的内部决策文件;

(二)国有股东发行可交换公司债券的方案,内容包括但不限于:国有股东、上市公司基本情况及主要财务数据,预备用于交换的股份数量及保证方式,风险评估论证情况、偿本付息及应对债务风险的具体方案,对国有股东控股地位影响的分析等;

(三)可行性研究报告;

(四)律师事务所出具的法律意见书;

(五)国家出资企业、国有资产监督管理机构认为必要的其他文件。

第八章 国有股东受让上市公司股份

第五十三条 本办法所称国有股东受让上市公司股份行为主要包括国有股东通过证券交易系统增持、协议受让、间接受让、要约收购上市公司股份和认购上市公司发行股票等。

第五十四条 国有股东受让上市公司股份属于本办法第七条规定情形的,由国家出资企业审核批准,其他情形由国有资产监督管理机构审核批准。

第五十五条 国家出资企业、国有资产监督管理机构批准国有股东受让上市公司股份时,应当审核以下文件:

(一)国有股东受让上市公司股份的内部决策文件;

(二)国有股东受让上市公司股份方案,内容包括但不限于:国有股东及上市公司的基本情况、主要财务数据、价格上限及确定依据、数量及受让时限等;

（三）可行性研究报告；

（四）股份转让协议（适用于协议受让的）、产权转让或增资扩股协议（适用于间接受让的）；

（五）财务顾问出具的尽职调查报告和上市公司估值报告（适用于取得控股权的）；

（六）律师事务所出具的法律意见书；

（七）国家出资企业、国有资产监督管理机构认为必要的其他文件。

第五十六条 国有股东将其持有的可转换公司债券或可交换公司债券转换、交换成上市公司股票的，通过司法机关强制执行手续取得上市公司股份的，按照相关法律、行政法规及规章制度的规定办理，并在上述行为完成后10个工作日内将相关情况通过管理信息系统按程序报告国有资产监督管理机构。

第九章 国有股东所控股上市公司吸收合并

第五十七条 本办法所称国有股东所控股上市公司吸收合并，是指国有控股上市公司之间或国有控股上市公司与非国有控股上市公司之间的吸收合并。

第五十八条 国有股东所控股上市公司应当聘请财务顾问，对吸收合并的双方进行尽职调查和内部核查，并出具专业意见。

第五十九条 国有股东应指导上市公司根据股票交易价格，并参考可比交易案例，合理确定上市公司换股价格。

第六十条 国有股东应当在上市公司董事会审议吸收合并方案前，将该方案报国有资产监督管理机构审核批准。

第六十一条 国有资产监督管理机构批准国有股东所控股上市公司吸收合并时，应当审核以下文件：

（一）国家出资企业、国有股东的内部决策文件；

（二）国有股东所控股上市公司吸收合并的方案，内容包括但不限于：国有控股股东及上市公司基本情况、换股价格的确定依据、现金选择权安排、吸收合并后的股权结构、债务处置、职工安置、市场应对预案等；

（三）可行性研究报告；

（四）律师事务所出具的法律意见书；

（五）国有资产监督管理机构认为必要的其他文件。

第十章 国有股东所控股上市公司发行证券

第六十二条 本办法所称国有股东所控股上市公司发行证券包括上市公司采用公开方式向原股东配售股份、向不特定对象公开募集股份、采用非公开方式向特定对象发行股份以及发行可转换公司债券等行为。

第六十三条 国有股东所控股上市公司发行证券，应当在股东大会召开前取得批准。属于本办法第七条规定情形的，由国家出资企业审核批准，其他情形报国有资产监督管理机构审核批准。

第六十四条 国家出资企业、国有资产监管机构批准国有股东所控股上市公司发行证券时，应当审核以下文件：

（一）上市公司董事会决议；

（二）国有股东所控股上市公司发行证券的方案，内容包括但不限于：相关国有股东、上市公司基本情况，发行方式、数量、价格，募集资金用途，对国有股东控股地位影响的分析，发行可转换公司债券的风险评估论证情况、偿本付息及应对债务风险的具体方案等；

（三）可行性研究报告；

（四）律师事务所出具的法律意见书；

（五）国家出资企业、国有资产监督管理机构认为必要的其他文件。

第十一章 国有股东与上市公司进行资产重组

第六十五条 本办法所称国有股东与上市公司进行资产重组是指国有股东向上市公司注入、购买或置换资产并涉及国有股东所持上市公司股份发生变化的情形。

第六十六条 国有股东就资产重组事项进行内部决策后，应书面通知上市公司，由上市公司依法披露，并申请股票停牌。在上市公司董事会审议资产重组方案前，应当将可行性研究报告报国家出资企业、国有资产监督管理机构预审核,并由国有资产监督管理机构通过管理信息系统出具意见。

第六十七条　国有股东与上市公司进行资产重组方案经上市公司董事会审议通过后,应当在上市公司股东大会召开前获得相应批准。属于本办法第七条规定情形的,由国家出资企业审核批准,其他情形由国有资产监督管理机构审核批准。

第六十八条　国家出资企业、国有资产监督管理机构批准国有股东与上市公司进行资产重组时,应当审核以下文件:

(一)国有股东决策文件和上市公司董事会决议;

(二)资产重组的方案,内容包括但不限于:资产重组的原因及目的,涉及标的资产范围、业务情况及近三年损益情况、未来盈利预测及其依据,相关资产作价的说明,资产重组对国有股东及上市公司权益、盈利水平和未来发展的影响等;

(三)资产重组涉及相关资产的评估备案表或核准文件;

(四)律师事务所出具的法律意见书;

(五)国家出资企业、国有资产监督管理机构认为必要的其他文件。

第六十九条　国有股东参股的非上市企业参与非国有控股上市公司的资产重组事项由国家出资企业按照内部决策程序自主决定。

第十二章　法律责任

第七十条　在上市公司国有股权变动中,相关方有下列行为之一的,国有资产监督管理机构或国家出资企业应要求终止上市公司股权变动行为,必要时应向人民法院提起诉讼:

(一)不履行相应的内部决策程序、批准程序或者超越权限,擅自变动上市公司国有股权的;

(二)向中介机构提供虚假资料,导致审计、评估结果失真,造成国有资产损失的;

(三)相关方恶意串通,签订显失公平的协议,造成国有资产损失的;

(四)相关方采取欺诈、隐瞒等手段变动上市公司国有股权,造成国有资产损失的;

(五)相关方未在约定期限内履行承诺义务的;

(六)违反上市公司信息披露规定,涉嫌内幕交易的。

第七十一条　违反有关法律、法规或本办法的规定变动上市公司国有股权并造成国有资产损失的,国有资产监督管理机构可以责令国有股东采取措施限期纠正;国有股东、上市公司负有直接责任的主管人员和其他直接责任人员,由国有资产监督管理机构或者相关企业按照权限给予纪律处分,造成国有资产损失的,应负赔偿责任;涉嫌犯罪的,依法移送司法机关处理。

第七十二条　社会中介机构在上市公司国有股权变动的审计、评估、咨询和法律等服务中违规执业的,由国有资产监督管理机构将有关情况通报其行业主管部门,建议给予相应处罚;情节严重的,国有股东三年内不得再委托其开展相关业务。

第七十三条　上市公司国有股权变动批准机构及其有关人员违反有关法律、法规或本办法的规定,擅自批准或者在批准中以权谋私,造成国有资产损失的,由有关部门按照权限给予纪律处分;涉嫌犯罪的,依法移送司法机关处理。

国有资产监督管理机构违反有关法律、法规或本办法的规定审核批准上市公司国有股权变动并造成国有资产损失的,对直接负责的主管人员和其他责任人员给予纪律处分;涉嫌犯罪的,依法移送司法机关处理。

第十三章　附　　则

第七十四条　不符合本办法规定的国有股东标准,但政府部门、机构、事业单位和国有独资或全资企业通过投资关系、协议或者其他安排,能够实际支配其行为的境内外企业,证券账户标注为“CS”,所持上市公司股权变动行为参照本办法管理。

第七十五条　政府部门、机构、事业单位及其所属企业持有的上市公司国有股权变动行为,按照现行监管体制,比照本办法管理。

第七十六条　金融、文化类上市公司国有股权的监督管理,国家另有规定的,依照其规定。

第七十七条　国有或国有控股的专门从事

证券业务的证券公司及基金管理公司转让、受让上市公司股份的监督管理按照相关规定办理。

第七十八条　国有出资的有限合伙企业不作国有股东认定，其所持上市公司股份的监督管理另行规定。

第七十九条　本办法自2018年7月1日起施行。

关于修改《首次公开发行股票并上市管理办法》的决定

（2018年6月6日　证监会令第141号）

第二十六条增加一款，作为第二款：中国证监会根据《关于开展创新企业境内发行股票或存托凭证试点的若干意见》等规定认定的试点企业（以下简称试点企业），可不适用前款第（一）项、第（五）项规定。

第四十九条修改为："发行人股票发行前只需在一种中国证监会指定报刊刊登提示性公告，告知投资者网上刊登的地址。同时将招股说明书全文和摘要刊登于中国证监会指定的网站并将招股说明书全文置于发行人住所、拟上市证券交易所、保荐人、主承销商和其他承销机构的住所，以备公众查阅。"

增加一条，作为第五十六条："发行人公开发行证券上市当年即亏损的，中国证监会自确认之日起暂停保荐机构的保荐机构资格3个月，撤销相关人员的保荐代表人资格，尚未盈利的试点企业除外。"

本决定自2018年6月6日起施行。

《首次公开发行股票并上市管理办法》根据本决定作相应修改，重新公布。

首次公开发行股票并上市管理办法

（2006年5月17日中国证券监督管理委员会第180次主席办公会议审议通过　根据2015年12月30日中国证券监督管理委员会《关于修改〈首次公开发行股票并上市管理办法〉的决定》修正　根据2018年6月6日中国证券监督管理委员会《关于修改〈首次公开发行股票并上市管理办法〉的决定》修正）

第一章　总　　则

第一条　为了规范首次公开发行股票并上市的行为，保护投资者的合法权益和社会公共利益，根据《证券法》《公司法》，制定本办法。

第二条　在中华人民共和国境内首次公开发行股票并上市，适用本办法。

境内公司股票以外币认购和交易的，不适用本办法。

第三条　首次公开发行股票并上市，应当符合《证券法》《公司法》和本办法规定的发行条件。

第四条　发行人依法披露的信息，必须真实、准确、完整，不得有虚假记载、误导性陈述或者重大遗漏。

第五条　保荐人及其保荐代表人应当遵循勤勉尽责、诚实守信的原则，认真履行审慎核查和辅导义务，并对其所出具的发行保荐书的真实性、准确性、完整性负责。

第六条　为证券发行出具有关文件的证券服务机构和人员,应当按照本行业公认的业务标准和道德规范,严格履行法定职责,并对其所出具文件的真实性、准确性和完整性负责。

第七条　中国证券监督管理委员会(以下简称中国证监会)对发行人首次公开发行股票的核准,不表明其对该股票的投资价值或者投资者的收益作出实质性判断或者保证。股票依法发行后,因发行人经营与收益的变化引致的投资风险,由投资者自行负责。

第二章　发行条件

第一节　主体资格

第八条　发行人应当是依法设立且合法存续的股份有限公司。

经国务院批准,有限责任公司在依法变更为股份有限公司时,可以采取募集设立方式公开发行股票。

第九条　发行人自股份有限公司成立后,持续经营时间应当在 3 年以上,但经国务院批准的除外。

有限责任公司按原账面净资产值折股整体变更为股份有限公司的,持续经营时间可以从有限责任公司成立之日起计算。

第十条　发行人的注册资本已足额缴纳,发起人或者股东用作出资的资产的财产权转移手续已办理完毕,发行人的主要资产不存在重大权属纠纷。

第十一条　发行人的生产经营符合法律、行政法规和公司章程的规定,符合国家产业政策。

第十二条　发行人最近 3 年内主营业务和董事、高级管理人员没有发生重大变化,实际控制人没有发生变更。

第十三条　发行人的股权清晰,控股股东和受控股股东、实际控制人支配的股东持有的发行人股份不存在重大权属纠纷。

第二节　规范运行

第十四条　发行人已经依法建立健全股东大会、董事会、监事会、独立董事、董事会秘书制度,相关机构和人员能够依法履行职责。

第十五条　发行人的董事、监事和高级管理人员已经了解与股票发行上市有关的法律法规,知悉上市公司及其董事、监事和高级管理人员的法定义务和责任。

第十六条　发行人的董事、监事和高级管理人员符合法律、行政法规和规章规定的任职资格,且不得有下列情形:

(一)被中国证监会采取证券市场禁入措施尚在禁入期的;

(二)最近 36 个月内受到中国证监会行政处罚,或者最近 12 个月内受到证券交易所公开谴责;

(三)因涉嫌犯罪被司法机关立案侦查或者涉嫌违法违规被中国证监会立案调查,尚未有明确结论意见。

第十七条　发行人的内部控制制度健全且被有效执行,能够合理保证财务报告的可靠性、生产经营的合法性、营运的效率与效果。

第十八条　发行人不得有下列情形:

(一)最近 36 个月内未经法定机关核准,擅自公开或者变相公开发行过证券;或者有关违法行为虽然发生在 36 个月前,但目前仍处于持续状态;

(二)最近 36 个月内违反工商、税收、土地、环保、海关以及其他法律、行政法规,受到行政处罚,且情节严重;

(三)最近 36 个月内曾向中国证监会提出发行申请,但报送的发行申请文件有虚假记载、误导性陈述或重大遗漏;或者不符合发行条件以欺骗手段骗取发行核准;或者以不正当手段干扰中国证监会及其发行审核委员会审核工作;或者伪造、变造发行人或其董事、监事、高级管理人员的签字、盖章;

(四)本次报送的发行申请文件有虚假记载、误导性陈述或者重大遗漏;

(五)涉嫌犯罪被司法机关立案侦查,尚未有明确结论意见;

(六)严重损害投资者合法权益和社会公共利益的其他情形。

第十九条　发行人的公司章程中已明确对外担保的审批权限和审议程序,不存在为控股股东、实际控制人及其控制的其他企业进行违规担保的情形。

第二十条 发行人有严格的资金管理制度,不得有资金被控股股东、实际控制人及其控制的其他企业以借款、代偿债务、代垫款项或者其他方式占用的情形。

第三节 财务与会计

第二十一条 发行人资产质量良好,资产负债结构合理,盈利能力较强,现金流量正常。

第二十二条 发行人的内部控制在所有重大方面是有效的,并由注册会计师出具了无保留结论的内部控制鉴证报告。

第二十三条 发行人会计基础工作规范,财务报表的编制符合企业会计准则和相关会计制度的规定,在所有重大方面公允地反映了发行人的财务状况、经营成果和现金流量,并由注册会计师出具了无保留意见的审计报告。

第二十四条 发行人编制财务报表应以实际发生的交易或者事项为依据;在进行会计确认、计量和报告时应当保持应有的谨慎;对相同或者相似的经济业务,应选用一致的会计政策,不得随意变更。

第二十五条 发行人应完整披露关联方关系并按重要性原则恰当披露关联交易。关联交易价格公允,不存在通过关联交易操纵利润的情形。

第二十六条 发行人应当符合下列条件:

(一)最近3个会计年度净利润均为正数且累计超过人民币3000万元,净利润以扣除非经常性损益前后较低者为计算依据;

(二)最近3个会计年度经营活动产生的现金流量净额累计超过人民币5000万元;或者最近3个会计年度营业收入累计超过人民币3亿元;

(三)发行前股本总额不少于人民币3000万元;

(四)最近一期末无形资产(扣除土地使用权、水面养殖权和采矿权等后)占净资产的比例不高于20%;

(五)最近一期末不存在未弥补亏损。

中国证监会根据《关于开展创新企业境内发行股票或存托凭证试点的若干意见》等规定认定的试点企业(以下简称试点企业),可不适用前款第(一)项、第(五)项规定。

第二十七条 发行人依法纳税,各项税收优惠符合相关法律法规的规定。发行人的经营成果对税收优惠不存在严重依赖。

第二十八条 发行人不存在重大偿债风险,不存在影响持续经营的担保、诉讼以及仲裁等重大或有事项。

第二十九条 发行人申报文件中不得有下列情形:

(一)故意遗漏或虚构交易、事项或者其他重要信息;

(二)滥用会计政策或者会计估计;

(三)操纵、伪造或篡改编制财务报表所依据的会计记录或者相关凭证。

第三十条 发行人不得有下列影响持续盈利能力的情形:

(一)发行人的经营模式、产品或服务的品种结构已经或者将发生重大变化,并对发行人的持续盈利能力构成重大不利影响;

(二)发行人的行业地位或发行人所处行业的经营环境已经或者将发生重大变化,并对发行人的持续盈利能力构成重大不利影响;

(三)发行人最近1个会计年度的营业收入或净利润对关联方或者存在重大不确定性的客户存在重大依赖;

(四)发行人最近1个会计年度的净利润主要来自合并财务报表范围以外的投资收益;

(五)发行人在用的商标、专利、专有技术以及特许经营权等重要资产或技术的取得或者使用存在重大不利变化的风险;

(六)其他可能对发行人持续盈利能力构成重大不利影响的情形。

第三章 发行程序

第三十一条 发行人董事会应当依法就本次股票发行的具体方案、本次募集资金使用的可行性及其他必须明确的事项作出决议,并提请股东大会批准。

第三十二条 发行人股东大会就本次发行股票作出的决议,至少应当包括下列事项:

(一)本次发行股票的种类和数量;

(二)发行对象;

(三)价格区间或者定价方式;

(四)募集资金用途;

(五)发行前滚存利润的分配方案;

(六)决议的有效期;

(七)对董事会办理本次发行具体事宜的授权;

(八)其他必须明确的事项。

第三十三条 发行人应当按照中国证监会的有关规定制作申请文件,由保荐人保荐并向中国证监会申报。

特定行业的发行人应当提供管理部门的相关意见。

第三十四条 中国证监会收到申请文件后,在5个工作日内作出是否受理的决定。

第三十五条 中国证监会受理申请文件后,由相关职能部门对发行人的申请文件进行初审,并由发行审核委员会审核。

第三十六条 中国证监会在初审过程中,将征求发行人注册地省级人民政府是否同意发行人发行股票的意见。

第三十七条 中国证监会依照法定条件对发行人的发行申请作出予以核准或者不予核准的决定,并出具相关文件。

自中国证监会核准发行之日起,发行人应在6个月内发行股票;超过6个月未发行的,核准文件失效,须重新经中国证监会核准后方可发行。

第三十八条 发行申请核准后、股票发行结束前,发行人发生重大事项的,应当暂缓或者暂停发行,并及时报告中国证监会,同时履行信息披露义务。影响发行条件的,应当重新履行核准程序。

第三十九条 股票发行申请未获核准的,自中国证监会作出不予核准决定之日起6个月后,发行人可再次提出股票发行申请。

第四章 信息披露

第四十条 发行人应当按照中国证监会的有关规定编制和披露招股说明书。

第四十一条 招股说明书内容与格式准则是信息披露的最低要求。不论准则是否有明确规定,凡是对投资者作出投资决策有重大影响的信息,均应当予以披露。

第四十二条 发行人应当在招股说明书中披露已达到发行监管对公司独立性的基本要求。

第四十三条 发行人及其全体董事、监事和高级管理人员应当在招股说明书上签字、盖章,保证招股说明书的内容真实、准确、完整。保荐人及其保荐代表人应当对招股说明书的真实性、准确性、完整性进行核查,并在核查意见上签字、盖章。

第四十四条 招股说明书中引用的财务报表在其最近一期截止日后6个月内有效。特别情况下发行人可申请适当延长,但至多不超过1个月。财务报表应当以年度末、半年度末或者季度末为截止日。

第四十五条 招股说明书的有效期为6个月,自中国证监会核准发行申请前招股说明书最后一次签署之日起计算。

第四十六条 申请文件受理后、发行审核委员会审核前,发行人应当将招股说明书(申报稿)在中国证监会网站(www. csrc. gov. cn)预先披露。发行人可以将招股说明书(申报稿)刊登于其企业网站,但披露内容应当完全一致,且不得早于在中国证监会网站的披露时间。

第四十七条 发行人及其全体董事、监事和高级管理人员应当保证预先披露的招股说明书(申报稿)的内容真实、准确、完整。

第四十八条 预先披露的招股说明书(申报稿)不是发行人发行股票的正式文件,不能含有价格信息,发行人不得据此发行股票。

发行人应当在预先披露的招股说明书(申报稿)的显要位置声明:“本公司的发行申请尚未得到中国证监会核准。本招股说明书(申报稿)不具有据以发行股票的法律效力,仅供预先披露之用。投资者应当以正式公告的招股说明书全文作为作出投资决定的依据。”

第四十九条 发行人股票发行前只需在一种中国证监会指定报刊刊登提示性公告,告知投资者网上刊登的地址。同时将招股说明书全文和摘要刊登于中国证监会指定的网站并将招股说明书全文置于发行人住所、拟上市证券交易所、保荐人、主承销商和其他承销机构的住所,以备公众查阅。

第五十条 保荐人出具的发行保荐书、证券服务机构出具的有关文件应当作为招股说明书的备查文件,在中国证监会指定的网站上披露,并置备于发行人住所、拟上市证券交易所、保荐人、主承销商和其他承销机构的住所,以备公众查阅。

第五十一条　发行人可以将招股说明书摘要、招股说明书全文、有关备查文件刊登于其他报刊和网站,但披露内容应当完全一致,且不得早于在中国证监会指定报刊和网站的披露时间。

第五章　监管和处罚

第五十二条　发行人向中国证监会报送的发行申请文件有虚假记载、误导性陈述或者重大遗漏的,发行人不符合发行条件以欺骗手段骗取发行核准的,发行人以不正当手段干扰中国证监会及其发行审核委员会审核工作的,发行人或其董事、监事、高级管理人员的签字、盖章系伪造或者变造的,除依照《证券法》的有关规定处罚外,中国证监会将采取终止审核并在36个月内不受理发行人的股票发行申请的监管措施。

第五十三条　保荐人出具有虚假记载、误导性陈述或者重大遗漏的发行保荐书,保荐人以不正当手段干扰中国证监会及其发行审核委员会审核工作的,保荐人或其相关签字人员的签字、盖章系伪造或变造的,或者不履行其他法定职责的,依照《证券法》和保荐制度的有关规定处理。

第五十四条　证券服务机构未勤勉尽责,所制作、出具的文件有虚假记载、误导性陈述或者重大遗漏的,除依照《证券法》及其他相关法律、行政法规和规章的规定处罚外,中国证监会将采取12个月内不接受相关机构出具的证券发行专项文件,36个月内不接受相关签字人员出具的证券发行专项文件的监管措施。

第五十五条　发行人、保荐人或证券服务机构制作或者出具的文件不符合要求,擅自改动已提交的文件,或者拒绝答复中国证监会审核中提出的相关问题的,中国证监会将视情节轻重,对相关机构和责任人员采取监管谈话、责令改正等监管措施,记入诚信档案并公布;情节特别严重的,给予警告。

第五十六条　发行人公开发行证券上市当年即亏损的,中国证监会自确认之日起暂停保荐机构的保荐机构资格3个月,撤销相关人员的保荐代表人资格,尚未盈利的试点企业除外。

第五十七条　发行人披露盈利预测的,利润实现数如未达到盈利预测的80%,除因不可抗力外,其法定代表人、盈利预测审核报告签字注册会计师应当在股东大会及中国证监会指定报刊上公开作出解释并道歉;中国证监会可以对法定代表人处以警告。

利润实现数未达到盈利预测的50%的,除因不可抗力外,中国证监会在36个月内不受理该公司的公开发行证券申请。

第六章　附　　则

第五十八条　在中华人民共和国境内,首次公开发行股票且不上市的管理办法,由中国证监会另行规定。

第五十九条　本办法自2006年5月18日起施行。《关于股票发行工作若干规定的通知》(证监〔1996〕12号)、《关于做好1997年股票发行工作的通知》(证监〔1997〕13号)、《关于股票发行工作若干问题的补充通知》(证监〔1998〕8号)、《关于对拟发行上市企业改制情况进行调查的通知》(证监发字〔1998〕259号)、《关于对拟公开发行股票公司改制运行情况进行调查的通知》(证监发〔1999〕4号)、《关于拟发行股票公司聘请审计机构等问题的通知》(证监发行字〔2000〕131号)和《关于进一步规范股票首次发行上市有关工作的通知》(证监发行字〔2003〕116号)同时废止。

关于修改《首次公开发行股票并在创业板上市管理办法》的决定

(2018 年 6 月 6 日　证监会令第 142 号)

第十一条增加一款,作为第二款:中国证监会根据《关于开展创新企业境内发行股票或存托凭证试点的若干意见》等规定认定的试点企业(以下简称试点企业),可不适用前款第(二)项规定和第(三)项"不存在未弥补亏损"的规定。

增加一条,作为第五十五条:"发行人公开发行证券上市当年即亏损的,中国证监会自确认之日起暂停保荐机构的保荐机构资格 3 个月,撤销相关人员的保荐代表人资格,尚未盈利的试点企业除外。"

本决定自 2018 年 6 月 6 日起施行。

《首次公开发行股票并在创业板上市管理办法》根据本决定作相应修改,重新公布。

首次公开发行股票并在创业板上市管理办法

(2014 年 2 月 11 日中国证券监督管理委员会第 26 次主席办公会议审议通过　根据 2015 年 12 月 30 日中国证券监督管理委员会《关于修改〈首次公开发行股票并在创业板上市管理办法〉的决定》修正　根据 2018 年 6 月 6 日中国证券监督管理委员会《关于修改〈首次公开发行股票并在创业板上市管理办法〉的决定》修正)

第一章　总　　则

第一条　为了规范首次公开发行股票并在创业板上市的行为,促进自主创新企业及其他成长型创业企业的发展,保护投资者的合法权益,维护社会公共利益,根据《证券法》《公司法》,制定本办法。

第二条　在中华人民共和国境内首次公开发行股票并在创业板上市,适用本办法。

第三条　发行人申请首次公开发行股票并在创业板上市,应当符合《证券法》《公司法》和本办法规定的发行条件。

第四条　发行人依法披露的信息,必须真实、准确、完整、及时,不得有虚假记载、误导性陈述或者重大遗漏。

发行人作为信息披露第一责任人,应当及时向保荐人、证券服务机构提供真实、准确、完整的财务会计资料和其他资料,全面配合保荐人、证券服务机构开展尽职调查。

第五条　发行人的控股股东、实际控制人、董事、监事、高级管理人员等责任主体应当诚实守信,全面履行公开承诺事项,不得在发行上市中损害投资者的合法权益。

第六条　保荐人及其保荐代表人应当严格履行法定职责,遵守业务规则和行业规范,对发行人的申请文件和信息披露资料进行审慎核查,督导发行人规范运行,对证券服务机构出具的专业意见进行核查,对发行人是否具备持续盈利能力、是否符合法定发行条件作出专业判断,并确保发行人的申请文件和招股说明书等信息披露资料真实、准确、完整、及时。

第七条　为股票发行出具文件的证券服务机构和人员,应当严格履行法定职责,遵守本行业的业务标准和执业规范，对发行人的相关业务资料进行核查验证，确保所出具的相关专业文件真实、准确、完整、及时。

第八条　中国证券监督管理委员会（以下简称中国证监会）依法对发行人申请文件的合法合规性进行审核，依法核准发行人的首次公开发行股票申请，并对发行人股票发行进行监督管理。

证券交易所依法制定业务规则，创造公开、公平、公正的市场环境，保障创业板市场的正常运行。

第九条　中国证监会依据发行人提供的申请文件核准发行人首次公开发行股票申请，不对发行人的盈利能力、投资价值或者投资者的收益作出实质性判断或者保证。

投资者自主判断发行人的投资价值，自主作出投资决策，自行承担股票依法发行后因发行人经营与收益变化或者股票价格变动引致的投资风险。

第十条　创业板市场应当建立健全与投资者风险承受能力相适应的投资者准入制度，向投资者充分提示投资风险，注重投资者需求，切实保护投资者特别是中小投资者的合法权益。

第二章　发行条件

第十一条　发行人申请首次公开发行股票应当符合下列条件：

（一）发行人是依法设立且持续经营三年以上的股份有限公司。有限责任公司按原账面净资产值折股整体变更为股份有限公司的，持续经营时间可以从有限责任公司成立之日起计算；

（二）最近两年连续盈利，最近两年净利润累计不少于一千万元；或者最近一年盈利，最近一年营业收入不少于五千万元。净利润以扣除非经常性损益前后孰低者为计算依据；

（三）最近一期末净资产不少于二千万元，且不存在未弥补亏损；

（四）发行后股本总额不少于三千万元。

中国证监会根据《关于开展创新企业境内发行股票或存托凭证试点的若干意见》等规定认定的试点企业（以下简称试点企业），可不适用前款第（二）项规定和第（三）项"不存在未弥补亏损"的规定。

第十二条　发行人的注册资本已足额缴纳，发起人或者股东用作出资的资产的财产权转移手续已办理完毕。发行人的主要资产不存在重大权属纠纷。

第十三条　发行人应当主要经营一种业务，其生产经营活动符合法律、行政法规和公司章程的规定，符合国家产业政策及环境保护政策。

第十四条　发行人最近两年内主营业务和董事、高级管理人员均没有发生重大变化，实际控制人没有发生变更。

第十五条　发行人的股权清晰，控股股东和受控股股东、实际控制人支配的股东所持发行人的股份不存在重大权属纠纷。

第十六条　发行人具有完善的公司治理结构，依法建立健全股东大会、董事会、监事会以及独立董事、董事会秘书、审计委员会制度，相关机构和人员能够依法履行职责。

发行人应当建立健全股东投票计票制度，建立发行人与股东之间的多元化纠纷解决机制，切实保障投资者依法行使收益权、知情权、参与权、监督权、求偿权等股东权利。

第十七条　发行人会计基础工作规范，财务报表的编制和披露符合企业会计准则和相关信息披露规则的规定，在所有重大方面公允地反映了发行人的财务状况、经营成果和现金流量，并由注册会计师出具无保留意见的审计报告。

第十八条　发行人内部控制制度健全且被有效执行，能够合理保证公司运行效率、合法合规和财务报告的可靠性，并由注册会计师出具无保留结论的内部控制鉴证报告。

第十九条　发行人的董事、监事和高级管理人员应当忠实、勤勉，具备法律、行政法规和规章规定的资格，且不存在下列情形：

（一）被中国证监会采取证券市场禁入措施尚在禁入期的；

（二）最近三年内受到中国证监会行政处罚，或者最近一年内受到证券交易所公开谴责的；

（三）因涉嫌犯罪被司法机关立案侦查或者涉嫌违法违规被中国证监会立案调查，尚未有明确结论意见的。

第二十条　发行人及其控股股东、实际控制人最近三年内不存在损害投资者合法权益和社会公共利益的重大违法行为。

发行人及其控股股东、实际控制人最近三年内不存在未经法定机关核准,擅自公开或者变相公开发行证券,或者有关违法行为虽然发生在三年前,但目前仍处于持续状态的情形。

第三章　发 行 程 序

第二十一条　发行人董事会应当依法就本次发行股票的具体方案、本次募集资金使用的可行性及其他必须明确的事项作出决议,并提请股东大会批准。

本次发行股票时发行人股东公开发售股份的,发行人董事会还应当依法合理制定股东公开发售股份的具体方案并提请股东大会批准。

第二十二条　发行人股东大会应当就本次发行股票作出决议,决议至少应当包括下列事项:

(一)股票的种类和数量;

(二)发行对象;

(三)发行方式;

(四)价格区间或者定价方式;

(五)募集资金用途;

(六)发行前滚存利润的分配方案;

(七)决议的有效期;

(八)对董事会办理本次发行具体事宜的授权;

(九)其他必须明确的事项。

第二十三条　发行人应当按照中国证监会有关规定制作申请文件,由保荐人保荐并向中国证监会申报。

第二十四条　保荐人保荐发行人发行股票并在创业板上市,应当对发行人的成长性进行尽职调查和审慎判断并出具专项意见。发行人为自主创新企业的,还应当在专项意见中说明发行人的自主创新能力,并分析其对成长性的影响。

第二十五条　中国证监会收到申请文件后,在五个工作日内作出是否受理的决定。

第二十六条　中国证监会受理申请文件后,由相关职能部门对发行人的申请文件进行初审,由创业板发行审核委员会审核,并建立健全对保荐人、证券服务机构工作底稿的检查制度。

第二十七条　中国证监会自申请文件受理之日起三个月内,依法对发行人的发行申请作出予以核准、中止审核、终止审核、不予核准的决定,并出具相关文件。发行人根据要求补充、修改发行申请文件的时间不计算在内。

发行人应当自中国证监会核准之日起十二个月内发行股票,发行时点由发行人自主选择;超过十二个月未发行的,核准文件失效,须重新经中国证监会核准后方可发行。

第二十八条　发行申请核准后至股票发行结束前,发行人应当及时更新信息披露文件内容,财务报表过期的,发行人还应当补充财务会计报告等文件;保荐人及证券服务机构应当持续履行尽职调查职责;其间发生重大事项的,发行人应当暂缓或者暂停发行,并及时报告中国证监会,同时履行信息披露义务;出现不符合发行条件事项的,中国证监会撤回核准决定。

第二十九条　股票发行申请未获核准的,发行人可自中国证监会作出不予核准决定之日起六个月后再次提出股票发行申请。

第四章　信 息 披 露

第三十条　发行人应当以投资者的决策需要为导向,按照中国证监会的有关规定编制和披露招股说明书,内容简明易懂,语言浅白平实,便于中小投资者阅读。

第三十一条　中国证监会制定的创业板招股说明书内容与格式准则是信息披露的最低要求。不论准则是否有明确规定,凡是对投资者作出投资决策有重大影响的信息,均应当予以披露。

第三十二条　发行人应当在招股说明书显要位置作如下提示:“本次股票发行后拟在创业板市场上市,该市场具有较高的投资风险。创业板公司具有业绩不稳定、经营风险高、退市风险大等特点,投资者面临较大的市场风险。投资者应充分了解创业板市场的投资风险及本公司所披露的风险因素,审慎作出投资决定。”

第三十三条　发行人应当在招股说明书中分析并完整披露对其持续盈利能力产生重大不利影响的所有因素,充分揭示相关风险,并披露保荐人对发行人是否具备持续盈利能力的核查结论意见。

第三十四条 发行人应当在招股说明书中披露已达到发行监管对公司独立性的基本要求。

第三十五条 发行人应当在招股说明书中披露相关责任主体以及保荐人、证券服务机构及相关人员作出的承诺事项、承诺履行情况以及对未能履行承诺采取的约束措施,包括但不限于:

(一)本次发行前股东所持股份的限售安排、自愿锁定股份、延长锁定期限或者相关股东减持意向的承诺;

(二)稳定股价预案;

(三)依法承担赔偿或者补偿责任的承诺;

(四)填补被摊薄即期回报的措施及承诺;

(五)利润分配政策(包括现金分红政策)的安排及承诺。

第三十六条 发行人及其全体董事、监事和高级管理人员应当在招股说明书上签名、盖章,保证招股说明书内容真实、准确、完整、及时。保荐人及其保荐代表人应当对招股说明书的真实性、准确性、完整性、及时性进行核查,并在核查意见上签名、盖章。

发行人的控股股东、实际控制人应当对招股说明书出具确认意见,并签名、盖章。

第三十七条 招股说明书引用的财务报表在其最近一期截止日后六个月内有效。特别情况下发行人可申请适当延长,但至多不超过一个月。财务报表应当以年度末、半年度末或者季度末为截止日。

第三十八条 招股说明书的有效期为六个月,自公开发行前招股说明书最后一次签署之日起计算。

第三十九条 发行人申请文件受理后,应当及时在中国证监会网站预先披露招股说明书(申报稿)。发行人可在公司网站刊登招股说明书(申报稿),所披露的内容应当一致,且不得早于在中国证监会网站披露的时间。

第四十条 发行人及保荐人应当对预先披露的招股说明书(申报稿)负责,一经申报及预披露,不得随意更改,并确保不存在故意隐瞒及重大差错。

第四十一条 预先披露的招股说明书(申报稿)不能含有股票发行价格信息。

发行人应当在预先披露的招股说明书(申报稿)的显要位置作如下声明:"本公司的发行申请尚未得到中国证监会核准。本招股说明书(申报稿)不具有据以发行股票的法律效力,仅供预先披露之用。投资者应当以正式公告的招股说明书作为投资决定的依据。"

第四十二条 发行人及其全体董事、监事和高级管理人员应当保证预先披露的招股说明书(申报稿)的内容真实、准确、完整、及时。

第四十三条 发行人股票发行前应当在中国证监会指定网站全文刊登招股说明书,同时在中国证监会指定报刊刊登提示性公告,告知投资者网上刊登的地址及获取文件的途径。

发行人应当将招股说明书披露于公司网站,时间不得早于前款规定的刊登时间。

第四十四条 保荐人出具的发行保荐书、证券服务机构出具的文件及其他与发行有关的重要文件应当作为招股说明书备查文件,在中国证监会指定网站和公司网站披露。

第四十五条 发行人应当将招股说明书及备查文件置备于发行人、拟上市证券交易所、保荐人、主承销商和其他承销机构的住所,以备公众查阅。

第四十六条 申请文件受理后至发行人发行申请经中国证监会核准、依法刊登招股说明书前,发行人及与本次发行有关的当事人不得以广告、说明会等方式为公开发行股票进行宣传。

第五章 监督管理和法律责任

第四十七条 证券交易所应当建立适合创业板特点的上市、交易、退市等制度,加强对相关当事人履行公开承诺行为的监督和约束,督促保荐人履行持续督导义务,对违反有关法律、法规、交易所业务规则以及不履行承诺的行为,及时采取相应的监管措施。

第四十八条 证券交易所应当建立适合创业板特点的市场风险警示及投资者持续教育的制度,督促发行人建立健全保护投资者合法权益的制度以及防范和纠正违法违规行为的内部控制体系。

第四十九条 自申请文件受理之日起,发行人及其控股股东、实际控制人、董事、监事、高级管理人员以及保荐人、证券服务机构及相关人员即对发行申请文件的真实性、准确性、完整性、及时性承担相应的法律责任。

发行人的发行申请文件和信息披露文件存在自相矛盾或者同一事实表述不一致且有实质性差异的,中国证监会将中止审核并自确认之日起十二个月内不受理相关保荐代表人推荐的发行申请。

第五十条 发行人向中国证监会报送的发行申请文件有虚假记载、误导性陈述或者重大遗漏的,中国证监会将终止审核并自确认之日起三十六个月内不受理发行人的发行申请,并依照《证券法》的有关规定进行处罚;致使投资者在证券交易中遭受损失的,发行人及其控股股东、实际控制人、董事、监事、高级管理人员以及保荐人、证券服务机构应当依法承担赔偿责任。

第五十一条 发行人不符合发行条件以欺骗手段骗取发行核准的,发行人以不正当手段干扰中国证监会及其发行审核委员会审核工作的,发行人或其董事、监事、高级管理人员、控股股东、实际控制人的签名、盖章系伪造或者变造的,发行人及与本次发行有关的当事人违反本办法规定为公开发行股票进行宣传的,中国证监会将终止审核并自确认之日起三十六个月内不受理发行人的发行申请,并依照《证券法》的有关规定进行处罚。

第五十二条 保荐人出具有虚假记载、误导性陈述或者重大遗漏的发行保荐书的,保荐人以不正当手段干扰中国证监会及其发行审核委员会审核工作的,保荐人或其相关签名人员的签名、盖章系伪造或变造的,或者不履行其他法定职责的,依照《证券法》和保荐制度的有关规定处理。

第五十三条 证券服务机构未勤勉尽责,所制作、出具的文件有虚假记载、误导性陈述或者重大遗漏的,中国证监会将自确认之日起十二个月内不接受相关机构出具的证券发行专项文件,三十六个月内不接受相关签名人员出具的证券发行专项文件,并依照《证券法》及其他相关法律、行政法规和规章的规定进行处罚;给他人造成损失的,应当依法承担赔偿责任。

第五十四条 发行人、保荐人或证券服务机构制作或者出具文件不符合要求,擅自改动招股说明书或者其他已提交文件的,或者拒绝答复中国证监会审核提出的相关问题的,中国证监会将视情节轻重,对相关机构和责任人员采取监管谈话、责令改正等监管措施,记入诚信档案并公布;情节严重的,给予警告等行政处罚。

第五十五条 发行人公开发行证券上市当年即亏损的,中国证监会自确认之日起暂停保荐机构的保荐机构资格 3 个月,撤销相关人员的保荐代表人资格,尚未盈利的试点企业除外。

第五十六条 发行人披露盈利预测,利润实现数如未达到盈利预测的百分之八十的,除因不可抗力外,其法定代表人、财务负责人应当在股东大会及中国证监会指定网站、报刊上公开作出解释并道歉;情节严重的,中国证监会给予警告等行政处罚。

利润实现数未达到盈利预测的百分之五十的,除因不可抗力外,中国证监会还可以自确认之日起三十六个月内不受理该公司的公开发行证券申请。

注册会计师为上述盈利预测出具审核报告的过程中未勤勉尽责的,中国证监会将视情节轻重,对相关机构和责任人员采取监管谈话等监管措施,记入诚信档案并公布;情节严重的,给予警告等行政处罚。

第六章 附 则

第五十七条 本办法自 2014 年 5 月 14 日起施行。《首次公开发行股票并在创业板上市管理暂行办法》(证监会令第 61 号)、《关于进一步做好创业板推荐工作的指引》(证监会公告〔2010〕8 号)同时废止。

存托凭证发行与交易管理办法(试行)

(2018年6月6日　证监会令第143号)

第一章　总　　则

第一条　为了规范存托凭证发行和交易行为,保护投资者合法权益,维护证券市场秩序,根据《中华人民共和国证券法》(以下简称《证券法》)《中华人民共和国证券投资基金法》《关于开展创新企业境内发行股票或存托凭证试点的若干意见》(以下简称《若干意见》)以及相关法律、行政法规,制定本办法。

第二条　本办法所称存托凭证是指由存托人签发、以境外证券为基础在中国境内发行、代表境外基础证券权益的证券。

存托凭证的发行和交易,适用《证券法》《若干意见》、本办法以及中国证监会的其他规定。存托凭证的境外基础证券发行人应当参与存托凭证发行,依法履行发行人、上市公司的义务,承担相应的法律责任。

第三条　境外基础证券发行人的股权结构、公司治理、运行规范等事项适用境外注册地公司法等法律法规规定的,应当保障对中国境内投资者权益的保护总体上不低于中国法律、行政法规以及中国证监会规定的要求,并保障存托凭证持有人实际享有的权益与境外基础证券持有人的权益相当,不得存在跨境歧视。

第四条　中国证监会依照上市公司监管的相关规定,对发行存托凭证的境外基础证券发行人进行持续监督管理。法律、行政法规或者中国证监会另有规定的除外。

证券交易所依据章程、协议和业务规则,对存托凭证上市、交易活动、境外基础证券发行人及其他信息披露义务人的信息披露行为等进行自律监管。

第二章　存托凭证的发行

第五条　公开发行以股票为基础证券的存托凭证的,境外基础证券发行人应当符合下列条件:

(一)《证券法》第十三条第(一)项至第(三)项关于股票公开发行的基本条件;

(二)为依法设立且持续经营三年以上的公司,公司的主要资产不存在重大权属纠纷;

(三)最近三年内实际控制人未发生变更,且控股股东和受控股股东、实际控制人支配的股东持有的境外基础证券发行人股份不存在重大权属纠纷;

(四)境外基础证券发行人及其控股股东、实际控制人最近三年内不存在损害投资者合法权益和社会公共利益的重大违法行为;

(五)会计基础工作规范、内部控制制度健全;

(六)董事、监事和高级管理人员应当信誉良好,符合公司注册地法律规定的任职要求,近期无重大违法失信记录;

(七)中国证监会规定的其他条件。

第六条　公开发行以股票为基础证券的存托凭证的,境外基础证券发行人应当按照中国证监会规定的格式和内容,向中国证监会报送发行申请文件。

第七条　申请公开发行存托凭证的,境外基础证券发行人应当依照《证券法》《若干意见》以及中国证监会规定,报请中国证监会核准。

中国证监会发行审核委员会依照《证券法》第二十三条以及中国证监会规定,审核存托凭证发行申请。

仅面向符合适当性管理要求的合格投资者

公开发行存托凭证的,可以简化核准程序,具体程序由中国证监会另行规定。

第八条　申请存托凭证公开发行并上市的,境外基础证券发行人应当依照《证券法》第十一条、第四十九条的规定,聘请具有保荐资格的机构担任保荐人。保荐人应当依照法律、行政法规以及中国证监会规定尽职履行存托凭证发行上市推荐和持续督导职责。

公开发行存托凭证的,应当依照《证券法》第二十八条至第三十六条的规定,由证券公司承销,但投资者购买以非新增证券为基础证券的存托凭证以及中国证监会规定无需由证券公司承销的其他情形除外。

第九条　存托凭证在中国境内首次公开发行并上市后,拟发行以境外基础证券发行人新增证券为基础证券的存托凭证的,适用《证券法》《若干意见》以及中国证监会关于上市公司证券发行的规定。

第三章　存托凭证的上市和交易

第十条　依法公开发行的存托凭证应当在中国境内证券交易所上市交易。境外基础证券发行人申请存托凭证上市的,应当符合证券交易所业务规则规定的上市条件,并按照证券交易所的规定提出上市申请,证券交易所审核同意后,双方签订上市协议。

证券交易所应当依据《证券法》《若干意见》以及中国证监会规定制定存托凭证上市的相关业务规则。

第十一条　存托凭证的交易应当遵守法律、行政法规、中国证监会规定以及证券交易所业务规则的规定。

存托凭证的交易可以按照有关规定采取做市商交易方式。

证券交易所应当按照《证券法》第一百一十五条规定,对存托凭证交易实行实时监控,并可以根据需要,对出现重大异常交易情况的证券账户限制交易。

第十二条　境外基础证券发行人的股东、实际控制人、董事、监事、高级管理人员和存托凭证的其他投资者在中国境内减持其持有的存托凭证的,应当遵守法律、行政法规、中国证监会规定以及证券交易所业务规则的规定。

第十三条　境外基础证券发行人的收购及相关股份权益变动活动应当遵守法律、行政法规以及中国证监会规定。

第十四条　境外基础证券发行人实施重大资产重组、发行存托凭证购买资产的,应当符合法律、行政法规以及中国证监会规定。境外基础证券发行人不得通过发行存托凭证在中国境内重组上市。

第十五条　存托凭证应当在中国证券登记结算有限责任公司集中登记、存管和结算。

中国证券登记结算有限责任公司应当依据《证券法》《若干意见》以及中国证监会规定制定存托凭证登记结算业务规则。

第四章　存托凭证的信息披露

第十六条　境外基础证券发行人及其控股股东、实际控制人等信息披露义务人应当依照《证券法》《若干意见》、中国证监会规定以及证券交易所业务规则,及时、公平地履行信息披露义务,所披露的信息必须真实、准确、完整,不得有虚假记载、误导性陈述或者重大遗漏。

境外基础证券发行人的董事、监事、高级管理人员应当忠实、勤勉地履行职责,保证境外基础证券发行人所披露的信息真实、准确、完整。

证券交易所对境外基础证券发行人及其他信息披露义务人披露信息进行监督,督促其依法及时、准确地披露信息。

第十七条　境外基础证券发行人应当按照中国证监会、证券交易所的规定编制并披露招股说明书、上市公告书,披露存托协议、托管协议等文件。

境外基础证券发行人应当在招股说明书中,充分披露境外注册地公司法律制度及其公司章程或者章程性文件的主要规定与《中华人民共和国公司法》等法律制度的主要差异,以及该差异对存托凭证在中国境内发行、上市和对投资者保护的影响。

境外基础证券发行人具有股东投票权差异、企业协议控制架构或者类似特殊安排的,应当在招股说明书等公开发行文件显要位置充分、详细披露相关情况特别是风险、公司治理等信息,并以专章说明依法落实保护投资者合法权益规定的各项措施。

境外基础证券发行人的董事、高级管理人员应当对招股说明书签署书面确认意见。

第十八条　境外基础证券发行人应当按照《证券法》《若干意见》、中国证监会规定以及证券交易所业务规则，按时披露定期报告，并及时就可能对基础证券、存托凭证及其衍生品种交易价格产生较大影响的重大事件披露临时报告。

第十九条　境外基础证券发行人应当按照中国证监会规定的内容和格式要求，编制并披露定期报告。

境外基础证券发行人具有股东投票权差异、企业协议控制架构或者类似特殊安排的，应当在定期报告中披露相关情形及其对中国境内投资者带来的重大影响和风险。

境外基础证券发行人的董事、高级管理人员应当对定期报告签署书面确认意见。

第二十条　发生《证券法》第六十七条以及《上市公司信息披露管理办法》第三十条规定的重大事件，投资者尚未得知时，境外基础证券发行人应当立即披露，说明事件的起因、目前的状态和可能产生的法律后果。

持有或者通过持有境内外存托凭证而间接持有境外基础证券发行人发行的股份合计达到百分之五以上的投资者，属于《证券法》第六十七条第二款第(八)项以及《上市公司信息披露管理办法》第三十条第二款第(八)项规定的持有公司百分之五以上股份的股东。

《上市公司信息披露管理办法》第三十条第二款第(十四)项规定的任一股东所持公司百分之五以上股份，包括持有或者通过持有境内外存托凭证而间接持有境外基础证券发行人发行的股份合计达到百分之五。

《上市公司信息披露管理办法》第三十条第二款第(十五)项规定的主要资产包括境外基础证券发行人境内实体运营企业的主要资产。

第二十一条　发生以下情形之一的，境外基础证券发行人应当及时进行披露：

(一)存托人、托管人发生变化；

(二)存托的基础财产发生被质押、挪用、司法冻结或者发生其他权属变化；

(三)对存托协议作出重大修改；

(四)对托管协议作出重大修改；

(五)对股东投票权差异、企业协议控制架构或者类似特殊安排作出重大调整；

(六)中国证监会规定的其他情形。

第二十二条　境外基础证券发行人及其控股股东、实际控制人等信息披露义务人应当保证其在境外市场披露的信息同步在境内市场披露。

第二十三条　中国证监会、证券交易所对证券已在境外上市的基础证券发行人及其控股股东、实际控制人等信息披露义务人，可以根据境外上市地的监管水平以及境外基础证券发行人公司治理、信息披露等合规运作情况，对其信息披露事项作出具体规定。

除前款规定外，境外基础证券发行人及其控股股东、实际控制人等信息披露义务人有其他需要免予披露或者暂缓披露相关信息特殊情况的，可以根据中国证监会规定以及证券交易所业务规则免予披露或者暂缓披露相关信息，但应当说明原因，并聘请律师事务所就上述事项出具法律意见。

免予披露或者暂缓披露相关信息的原因和律师事务所出具的法律意见应当及时披露。

第二十四条　境外基础证券发行人或者其他信息披露义务人向中国证监会、证券交易所提供的文件或者信息披露文件应当使用中文，文件内容应当与其在境外市场提供的文件或者所披露的文件的内容一致。上述文件内容不一致时，以中文文件为准。

第二十五条　境外基础证券发行人应当在中国境内设立证券事务机构，聘任熟悉境内信息披露规定和要求的信息披露境内代表，负责存托凭证上市期间的信息披露与监管联络事宜。

第五章　存托凭证的存托和托管

第二十六条　下列机构可以依法担任存托人：

(一)中国证券登记结算有限责任公司及其子公司；

(二)经国务院银行业监督管理机构批准的商业银行；

(三)证券公司。

担任存托人的机构应当符合下列条件：

(一)组织机构健全,内部控制规范,风险管理有效;

(二)财务状况良好,净资产或者资本净额符合规定;

(三)信誉良好,最近三年内无重大违法行为;

(四)拥有与开展存托业务相适应的从业人员、机构配置和业务设施;

(五)法律、行政法规和规章规定的其他条件。

第二十七条　存托人应当承担以下职责:

(一)与境外基础证券发行人签署存托协议,并根据存托协议约定协助完成存托凭证的发行上市;

(二)安排存放存托凭证基础财产,可以委托具有相应业务资质、能力和良好信誉的托管人管理存托凭证基础财产,并与其签订托管协议,督促其履行基础财产的托管职责。存托凭证基础财产因托管人过错受到损害的,存托人承担连带赔偿责任;

(三)建立并维护存托凭证持有人名册;

(四)办理存托凭证的签发与注销;

(五)按照中国证监会规定和存托协议约定,向存托凭证持有人发送通知等文件;

(六)按照存托协议约定,向存托凭证持有人派发红利、股息等权益,根据存托凭证持有人意愿行使表决权等权利;

(七)境外基础证券发行人股东大会审议有关存托凭证持有人权利义务的议案时,存托人应当参加股东大会并为存托凭证持有人权益行使表决权;

(八)中国证监会规定和存托协议约定的其他职责。

第二十八条　境外基础证券发行人、存托人和存托凭证持有人通过存托协议明确存托凭证所代表权益和各方权利义务。投资者持有存托凭证即成为存托协议当事人,视为其同意并遵守存托协议约定。

存托协议应当符合法律、行政法规以及中国证监会规定,并包括以下条款:

(一)境外基础证券发行人、存托人的名称、注册地、成立依据的法律和主要经营场所;

(二)基础证券的种类;

(三)发行存托凭证的数量安排;

(四)存托凭证的签发、注销等安排;

(五)基础财产的存放和托管安排;

(六)境外基础证券发行人的权利和义务;

(七)存托人的权利和义务;

(八)存托凭证持有人的权利和义务;

(九)基础证券涉及的分红权、表决权等相应权利的具体行使方式和程序;

(十)存托凭证持有人的保护机制;

(十一)存托凭证涉及收费标准、收费对象和税费处理;

(十二)约定事项的变更方式;

(十三)存托凭证终止上市的安排;

(十四)违约责任;

(十五)解决争议的方法;

(十六)存托协议适用中国法律;

(十七)诉讼管辖法院为中国境内有管辖权的人民法院;

(十八)其他重要事项。

境外基础证券发行人、存托人修改存托协议的,应当由境外基础证券发行人提前以公告形式通知存托凭证持有人。

境外基础证券发行人应当向中国证监会提交存托协议,作为其发行、上市申请文件。存托协议修改的,应当及时向中国证监会报告。

第二十九条　存托人可以委托境外金融机构担任托管人。存托人委托托管人的,应当在存托协议中明确基础财产由托管人托管。托管人应当承担下列职责:

(一)托管基础财产;

(二)按照托管协议约定,协助办理分红派息、投票等相关事项;

(三)向存托人提供基础证券的市场信息;

(四)中国证监会规定和托管协议约定的其他职责。

第三十条　存托人与托管人签订的托管协议,应当包括下列条款:

(一)协议当事人的名称、注册地和主要经营场所;

(二)基础证券种类和数量;

(三)存托人指令的发送、确认和执行的程序;

(四)基础财产不得作为托管人破产财产或者清算财产,及相关资产隔离措施;

(五)托管人的报酬计算方法与支付方式;

（六）基础财产托管及解除托管的程序；

（七）约定事项的变更方式；

（八）违约责任；

（九）解决争议的方法；

（十）其他重要事项。

境外基础证券发行人应当向中国证监会提交存托人与托管人签署的托管协议，作为其发行申请文件。托管协议修改的，存托人应当及时告知境外基础证券发行人，并由境外基础证券发行人向中国证监会报告。

第三十一条　存托人、托管人应当忠实、勤勉地履行各项职责和义务，不得损害存托凭证持有人的合法权益。

存托人行使境外基础证券相应权利，应当按照存托协议约定的方式事先征求存托凭证持有人的意愿并按其意愿办理，不得擅自行使相应权利或者处分相应存托凭证基础财产。

第三十二条　存托人应当为存托凭证基础财产单独立户，将存托凭证基础财产与其自有财产有效隔离、分别管理、分别记账，不得将存托凭证基础财产归入其自有财产，不得侵占、挪用存托凭证基础财产。

第三十三条　存托人不得买卖其签发的存托凭证，不得兼任其履行存托职责的存托凭证的保荐人。

第六章　投资者保护

第三十四条　向投资者销售存托凭证或者提供相关服务的机构，应当遵守中国证监会关于投资者适当性管理的规定。

证券交易所应当在业务规则中明确存托凭证投资者适当性管理的相关事项。

第三十五条　境外基础证券发行人应当确保存托凭证持有人实际享有的资产收益、参与重大决策、剩余财产分配等权益与境外基础证券持有人权益相当。境外基础证券发行人不得作出任何损害存托凭证持有人合法权益的行为。

法律、行政法规以及中国证监会规定对投资者保护有强制性规定的，应当适用其规定。

第三十六条　境外基础证券发行人、存托人应当按照存托协议约定，采用安全、经济、便捷的网络或者其他方式为存托凭证持有人行使权利提供便利。

第三十七条　中证中小投资者服务中心有限责任公司可以购买最小交易份额的存托凭证，依法行使存托凭证持有人的各项权利。

中证中小投资者服务中心有限责任公司可以接受存托凭证持有人的委托，代为行使存托凭证持有人的各项权利。

中证中小投资者服务中心有限责任公司可以支持受损害的存托凭证持有人依法向人民法院提起民事诉讼。

第三十八条　境外基础证券发行人与其境内实体运营企业之间的关系安排，不得损害存托凭证持有人等投资者的合法权益。

第三十九条　境外基础证券发行人具有股东投票权差异等特殊架构的，其持有特别投票权的股东应当按照所适用的法律以及公司章程行使权利，不得滥用特别投票权，不得损害存托凭证持有人等投资者的合法权益。

出现前款情形，损害存托凭证持有人等投资者合法权益的，境外基础证券发行人及特别投票权股东应当改正，并依法承担对投资者的损害赔偿责任。

第四十条　存托凭证暂停、终止上市的情形和程序，由证券交易所业务规则规定。

存托凭证出现终止上市情形的，存托人应当根据存托协议的约定，为存托凭证持有人的权利行使提供必要保障。

存托凭证终止上市的，存托人应当根据存托协议的约定卖出基础证券，并将卖出所得扣除税费后及时分配给存托凭证持有人。基础证券无法卖出的，境外基础证券发行人应当在存托协议中作出合理安排，保障存托凭证持有人的合法权益。

第四十一条　存托凭证持有人与境外基础证券发行人、存托人、证券服务机构等主体发生纠纷的，可以向中证中小投资者服务中心有限责任公司及其他依法设立的调解组织申请调解。

第四十二条　投资者通过证券投资基金投资存托凭证的，基金管理人应当制定严格的投资决策流程和风险管理制度，做好制度、业务流程、技术系统等方面准备工作。

基金管理人应当根据审慎原则合理控制基金投资存托凭证的比例，在基金合同、招募说明书中明确投资存托凭证的比例、策略等,并充分揭示风险。

基金托管人应当加强对基金投资存托凭证的监督,切实保护基金份额持有人的合法权益。

第四十三条 已经获得中国证监会核准或者准予注册的公开募集证券投资基金投资存托凭证,应当遵守以下规定:

(一)基金合同已明确约定基金可投资境内上市交易的股票的,基金管理人可以投资存托凭证;

(二)基金合同没有明确约定基金可投资境内上市交易的股票的,如果投资存托凭证,基金管理人应当召开基金份额持有人大会进行表决。

公开募集证券投资基金投资存托凭证的比例限制、估值核算、信息披露等依照境内上市交易的股票执行。

第四十四条 合格境外机构投资者和人民币合格境外机构投资者投资存托凭证的比例限制按照有关管理规定执行,计算基础为境内上市的存托凭证。

第七章 法律责任

第四十五条 中国证监会依法履行职责,对境外基础证券发行人及其控股股东、实际控制人、境内实体运营企业、存托人、托管人、保荐人、承销机构、证券服务机构及其他主体采取进行现场检查、进入涉嫌违法行为发生场所调查取证等措施的,适用《证券法》第一百八十条规定。

第四十六条 存托凭证的发行、交易等活动违反本办法规定的,中国证监会可以采取以下监管措施:

(一)责令改正;

(二)监管谈话;

(三)出具警示函;

(四)认定为不适当人选;

(五)依法可以采取的其他监管措施。

第四十七条 有下列行为的,中国证监会依据《证券法》相关规定进行行政处罚;构成犯罪的,依法追究刑事责任:

(一)未经中国证监会核准,擅自公开或者变相公开发行存托凭证;

(二)不符合发行条件的境外基础证券发行人以欺骗手段骗取存托凭证发行核准;

(三)保荐人在存托凭证发行、上市中出具有虚假记载、误导性陈述或者重大遗漏的保荐书,或者不履行其他法定职责;

(四)境外基础证券发行人或者其他信息披露义务人未按照规定披露信息、报送有关报告,或者所披露的信息、报送的报告有虚假记载、误导性陈述或者重大遗漏;

(五)内幕信息知情人和非法获取内幕信息的人利用内幕信息买卖存托凭证、泄露内幕信息、建议他人买卖存托凭证;

(六)违反《证券法》的规定操纵存托凭证市场;

(七)证券服务机构在为存托凭证的发行、交易等证券业务活动提供服务中,未勤勉尽责,所制作、出具的文件有虚假记载、误导性陈述或者重大遗漏;

(八)《证券法》规定的其他违法行为。

第四十八条 境外基础证券发行人的股东、实际控制人、董事、监事、高级管理人员和存托凭证的其他投资者违反本办法第十二条的规定,在中国境内减持其持有的存托凭证的,责令改正,给予警告,没收违法所得,并处三万元罚款。

第四十九条 法律、行政法规禁止参与股票交易的人员,直接或者以化名、借他人名义持有、买卖、接受他人赠送存托凭证的,依照《证券法》第一百九十九条的规定进行行政处罚。属于国家工作人员的,还应当依法给予行政处分。

第五十条 有下列行为的,依照《证券法》第二百零一条的规定进行行政处罚:

(一)为存托凭证的发行出具审计报告、资产评估报告或者法律意见书等文件的证券服务机构和人员,在该存托凭证承销期内和期满后六个月内,买卖该存托凭证;

(二)为境外基础证券发行人出具审计报告、资产评估报告或者法律意见书等文件的证券服务机构和人员,自接受境外基础证券发行人委托之日起至上述文件公开后五日内,买卖该存托凭证。

第五十一条 境外基础证券发行人的董事、监事、高级管理人员、通过存托凭证或者其他方式持有境外基础证券发行人发行的股份百分之五以上的投资者，将其持有的存托凭证在买入后六个月内卖出，或者在卖出后六个月内又买入的，依照《证券法》第一百九十五条的规定处罚。但是证券公司因包销购入售后剩余存托凭证对应境外基础证券发行人已发行股份达到百分之五以上的除外。

第五十二条　收购人违反本办法第十三条规定的，依照《证券法》第二百一十三条的规定处罚。

收购人或者收购人的控股股东，利用对境外基础证券发行人的收购，损害被收购境外基础证券发行人及其投资者的合法权益的，依照《证券法》第二百一十四条的规定处罚。

第五十三条　存托人、托管人违反本办法规定的，责令改正，给予警告，没收违法所得，并处三万元罚款。对直接负责的主管人员和其他直接责任人员给予警告，没收违法所得，并处三万元罚款。

经中国证监会责令改正后拒不改正或者违法违规情节严重的，中国证监会可以采取责令境外基础证券发行人更换存托人、责令存托人更换托管人、三十六个月内不受理由其担任存托人的申请文件、取消存托人资质等监管措施。

存托人中参与存托业务的人员，在任期内，直接或者以化名、借他人名义持有、买卖、接受他人赠送存托凭证的，责令改正，给予警告，没收违法所得，并处三万元罚款。

第五十四条　违反本办法情节严重的，中国证监会可以对有关责任人员采取证券市场禁入的措施。

第五十五条　境外基础证券发行人及其控股股东、实际控制人、存托人、托管人、保荐人、承销机构、证券服务机构等违反本办法规定，导致存托凭证持有人等投资者合法权益受到损害的，应当依法承担赔偿责任。

第八章　附　　则

第五十六条　境内企业在境外发行存托凭证适用《证券法》等法律、行政法规以及中国证监会关于境内企业到境外发行证券或者将其证券在境外上市交易的规定。境内上市公司以新增证券为基础在境外发行存托凭证的，还应当同时符合有关上市公司证券发行的规定。

第五十七条　存托凭证与基础证券之间的转换应当符合国家有关规定。

境内证券交易所与境外证券交易所之间互联互通业务中涉及的存托凭证发行、交易、信息披露和投资者保护等事宜，中国证监会或者证券交易所另有规定的，从其规定。

第五十八条　中国证监会与有关国家或者地区的证券监督管理机构加强跨境监管执法合作，依法查处存托凭证业务相关跨境违法违规行为。

第五十九条　本办法下列用语具有如下含义：

（一）基础证券，是指存托凭证代表的由境外基础证券发行人在境外发行的证券；

（二）基础财产，是指基础证券及其衍生权益；

（三）存托人，是指按照存托协议的约定持有境外基础证券，并相应签发代表境外基础证券权益的存托凭证的中国境内法人；

（四）托管人，是指受存托人委托，按照托管协议托管存托凭证所代表的基础证券的金融机构；

（五）控股股东，是指通过存托凭证或者其他方式持有境外基础证券发行人发行的股份合计达到百分之五十以上的股东；持有股份的比例虽然不足百分之五十，但依其持有的股份所享有的表决权已足以对股东大会或者董事会的决议产生重大影响的股东；

（六）实际控制人，是指虽不是境外基础证券发行人的股东，但通过投资关系、协议或者其他安排，能够实际支配境外基础证券发行人的人；

（七）董事、监事、高级管理人员，是指境外基础证券发行人的董事、监事、高级管理人员或者执行类似职权的人员。没有监事、监事会或者执行类似职权的人员或者组织安排的，不适用《证券法》和本办法有关监事、监事会的规定；

（八）境内实体运营企业，是指由注册地在境外、主要经营活动在境内的红筹企业通过协议方式实际控制的境内企业；

（九）内幕信息，是指《证券法》第七十五条和本办法第二十条、第二十一条规定的信息；

(十)内幕信息知情人,是指《证券法》第七十四条规定的人员及存托人、托管人的相关人员。其中,持有或者通过持有境内外存托凭证而间接持有境外基础证券发行人发行的股份合计达到百分之五以上的投资者,属于《证券法》第七十四条第(二)项规定的持有公司百分之五以上股份的股东。

第六十条　本办法自公布之日起施行。

关于修改《证券发行与承销管理办法》的决定

(2018 年 6 月 15 日　证监会令第 144 号)

一、第二条第一款修改为:“发行人在境内发行股票、存托凭证或者可转换公司债券(以下统称证券),证券公司在境内承销证券以及投资者认购境内发行的证券,适用本办法。中国证监会另有规定的,从其规定。”

增加一款,作为第二款:“存托凭证境外基础证券发行人应履行本办法中发行人、上市公司的义务,承担相应的法律责任,境内发行与承销存托凭证适用本办法中关于发行与承销股票的相关规定,但本办法对存托凭证另有规定的除外。”

二、第四条修改为:“首次公开发行股票,可以通过向网下投资者询价的方式确定股票发行价格,也可以通过发行人与主承销商自主协商直接定价等其他合法可行的方式确定发行价格。公开发行股票数量在 2000 万股(含)以下且无老股转让计划的,可以通过直接定价的方式确定发行价格。发行人和主承销商应当在招股意向书(或招股说明书,下同)和发行公告中披露本次发行股票的定价方式。上市公司发行证券的定价,应当符合中国证监会关于上市公司证券发行的有关规定。”

三、第五条第二款修改为:“网下投资者参与报价时,应当持有一定金额的非限售股份或存托凭证。发行人和主承销商可以根据自律规则,设置网下投资者的具体条件,并在发行公告中预先披露。主承销商应当对网下投资者是否符合预先披露的条件进行核查,对不符合条件的投资者,应当拒绝或剔除其报价。”

四、第十条第二款修改为:“网上投资者有效申购倍数超过 50 倍、低于 100 倍(含)的,应当从网下向网上回拨,回拨比例为本次公开发行股票数量的 20%;网上投资者有效申购倍数超过 100 倍的,回拨比例为本次公开发行股票数量的 40%;网上投资者有效申购倍数超过 150 倍的,回拨后无锁定期网下发行比例不超过本次公开发行股票数量的 10%。本款所指公开发行股票数量应按照扣除设定限售期的股票数量计算。”

五、第十一条修改为:“首次公开发行股票,持有一定数量非限售股份或存托凭证的投资者才能参与网上申购。网上投资者应当自主表达申购意向,不得全权委托证券公司进行新股申购。采用其他方式进行网上申购和配售的,应当符合中国证监会的有关规定。”

六、第十四条增加一款作为第四款:“根据《关于开展创新企业境内发行股票或存托凭证试点的若干意见》认定的试点企业在境内发行股票或存托凭证的,根据需要向战略投资者配售。”

七、第十五条增加一款作为第二款:“根据《关于开展创新企业境内发行股票或存托凭证试点的若干意见》认定的试点企业在境内发行股票或存托凭证的,根据需要采用超额配售选择权。”

八、第三十二条修改为:“发行人和主承销商在发行过程中公告的信息只需选择一家中国证监会指定的报刊披露,同时将其刊登在中国证监会指定的互联网网站,并置备于中国证监会指定的场所,供公众查阅。”

九、第三十四条增加一项作为第六项:“上述信息中网上申购前每位网下投资者的详细报价情况及发行结果公告中网下投资者的情况只需刊登在中国证监会指定的互联网网站。”

十、第三十五条增加一款作为第二款：“发行人尚未盈利的，可以不披露发行市盈率及与同行业市盈率比较的相关信息，应当披露市销率、市净率等反映发行人所在行业特点的估值指标。”

本决定自2018年6月15日起施行。

《证券发行与承销管理办法》根据本决定作相应修改并对条文顺序作相应调整，重新公布。

证券发行与承销管理办法

（2013年10月8日中国证券监督管理委员会第11次主席办公会议审议通过　根据2014年3月21日、2015年12月30日、2017年9月7日、2018年6月15日中国证券监督管理委员会《关于修改〈证券发行与承销管理办法〉的决定》修订）

第一章　总　　则

第一条　为规范证券发行与承销行为，保护投资者合法权益，根据《证券法》和《公司法》，制定本办法。

第二条　发行人在境内发行股票、存托凭证或者可转换公司债券（以下统称证券），证券公司在境内承销证券以及投资者认购境内发行的证券，适用本办法。中国证监会另有规定的，从其规定。

存托凭证境外基础证券发行人应履行本办法中发行人、上市公司的义务，承担相应的法律责任，境内发行与承销存托凭证适用本办法中关于发行与承销股票的相关规定，但本办法对存托凭证另有规定的除外。

首次公开发行股票时公司股东公开发售其所持股份（以下简称老股转让）的，还应当符合中国证券监督管理委员会（以下简称中国证监会）的相关规定。

第三条　中国证监会依法对证券发行与承销行为进行监督管理。证券交易所、证券登记结算机构和中国证券业协会应当制定相关业务规则（以下简称相关规则），规范证券发行与承销行为。证券公司承销证券，应当依据本办法以及中国证监会有关风险控制和内部控制等相关规定，制定严格的风险管理制度和内部控制制度，加强定价和配售过程管理，落实承销责任。

为证券发行出具相关文件的证券服务机构和人员，应当按照本行业公认的业务标准和道德规范，严格履行法定职责，对其所出具文件的真实性、准确性和完整性承担责任。

第二章　定价与配售

第四条　首次公开发行股票，可以通过向网下投资者询价的方式确定股票发行价格，也可以通过发行人与主承销商自主协商直接定价等其他合法可行的方式确定发行价格。公开发行股票数量在2000万股（含）以下且无老股转让计划的，可以通过直接定价的方式确定发行价格。发行人和主承销商应当在招股意向书（或招股说明书，下同）和发行公告中披露本次发行股票的定价方式。上市公司发行证券的定价，应当符合中国证监会关于上市公司证券发行的有关规定。

第五条　首次公开发行股票，网下投资者须具备丰富的投资经验和良好的定价能力，应当接受中国证券业协会的自律管理，遵守中国证券业协会的自律规则。

网下投资者参与报价时，应当持有一定金额的非限售股份或存托凭证。发行人和主承销商可以根据自律规则，设置网下投资者的具体条件，并在发行公告中预先披露。主承销商应当对网下投资者是否符合预先披露的条件进行核查，对不符合条件的投资者，应当拒绝或剔除其报价。

第六条 首次公开发行股票采用询价方式定价的,符合条件的网下机构和个人投资者可以自主决定是否报价,主承销商无正当理由不得拒绝。网下投资者应当遵循独立、客观、诚信的原则合理报价,不得协商报价或者故意压低、抬高价格。

网下投资者报价应当包含每股价格和该价格对应的拟申购股数,且只能有一个报价。非个人投资者应当以机构为单位进行报价。首次公开发行股票价格(或发行价格区间)确定后,提供有效报价的投资者方可参与申购。

第七条 首次公开发行股票采用询价方式的,网下投资者报价后,发行人和主承销商应当剔除拟申购总量中报价最高的部分,剔除部分不得低于所有网下投资者拟申购总量的10%,然后根据剩余报价及拟申购数量协商确定发行价格。剔除部分不得参与网下申购。

公开发行股票数量在4亿股(含)以下的,有效报价投资者的数量不少于10家;公开发行股票数量在4亿股以上的,有效报价投资者的数量不少于20家。剔除最高报价部分后有效报价投资者数量不足的,应当中止发行。

第八条 首次公开发行股票时,发行人和主承销商可以自主协商确定参与网下询价投资者的条件、有效报价条件、配售原则和配售方式,并按照事先确定的配售原则在有效申购的网下投资者中选择配售股票的对象。

第九条 首次公开发行股票采用直接定价方式的,全部向网上投资者发行,不进行网下询价和配售。

首次公开发行股票采用询价方式的,公开发行后总股本在4亿股(含)以下的,网下初始发行比例不低于本次公开发行股票数量的60%;公开发行后总股本超过4亿股的,网下初始发行比例不低于本次公开发行股票数量的70%。其中,应当安排不低于本次网下发行股票数量的40%优先向通过公开募集方式设立的证券投资基金(以下简称公募基金)、全国社会保障基金(以下简称社保基金)和基本养老保险基金(以下简称养老金)配售,安排一定比例的股票向根据《企业年金基金管理办法》设立的企业年金基金和符合《保险资金运用管理暂行办法》等相关规定的保险资金(以下简称保险资金)配售。公募基金、社保基金、养老金、企业年金基金和保险资金有效申购不足安排数量的,发行人和主承销商可以向其他符合条件的网下投资者配售剩余部分。

对网下投资者进行分类配售的,同类投资者获得配售的比例应当相同。公募基金、社保基金、养老金、企业年金基金和保险资金的配售比例应当不低于其他投资者。

安排向战略投资者配售股票的,应当扣除向战略投资者配售部分后确定网下网上发行比例。

网下投资者可与发行人和主承销商自主约定网下配售股票的持有期限并公开披露。

第十条 首次公开发行股票网下投资者申购数量低于网下初始发行量的,发行人和主承销商不得将网下发行部分向网上回拨,应当中止发行。

网上投资者有效申购倍数超过50倍、低于100倍(含)的,应当从网下向网上回拨,回拨比例为本次公开发行股票数量的20%;网上投资者有效申购倍数超过100倍的,回拨比例为本次公开发行股票数量的40%;网上投资者有效申购倍数超过150倍的,回拨后无锁定期网下发行比例不超过本次公开发行股票数量的10%。本款所指公开发行股票数量应按照扣除设定限售期的股票数量计算。

网上投资者申购数量不足网上初始发行量的,可回拨给网下投资者。

第十一条 首次公开发行股票,持有一定数量非限售股份或存托凭证的投资者才能参与网上申购。网上投资者应当自主表达申购意向,不得全权委托证券公司进行新股申购。采用其他方式进行网上申购和配售的,应当符合中国证监会的有关规定。

第十二条 首次公开发行股票的网下发行应和网上发行同时进行,网下和网上投资者在申购时无需缴付申购资金。投资者应当自行选择参与网下或网上发行,不得同时参与。

发行人股东拟进行老股转让的,发行人和主承销商应于网下网上申购前协商确定发行价格、发行数量和老股转让数量。采用询价方式且无老股转让计划的,发行人和主承销商可以通过网下询价确定发行价格或发行价格区间。网上投资者申购时仅公告发行价格区间、未确定发行价格的,主承销商应当安排投资者按价格区间上限申购。

第十三条 网下和网上投资者申购新股、可转换公司债券、可交换公司债券获得配售后，应当按时足额缴付认购资金。网上投资者连续12个月内累计出现3次中签后未足额缴款的情形时，6个月内不得参与新股、可转换公司债券、可交换公司债券申购。

网下和网上投资者缴款认购的新股或可转换公司债券数量合计不足本次公开发行数量的70%时，可以中止发行。

除本办法规定的中止发行情形外，发行人和主承销商还可以约定中止发行的其他具体情形并事先披露。中止发行后，在核准文件有效期内，经向中国证监会备案，可重新启动发行。

第十四条 首次公开发行股票数量在4亿股以上的，可以向战略投资者配售。发行人应当与战略投资者事先签署配售协议。

发行人和主承销商应当在发行公告中披露战略投资者的选择标准、向战略投资者配售的股票总量、占本次发行股票的比例以及持有期限等。

战略投资者不参与网下询价，且应当承诺获得本次配售的股票持有期限不少于12个月，持有期自本次公开发行的股票上市之日起计算。

根据《关于开展创新企业境内发行股票或存托凭证试点的若干意见》认定的试点企业在境内发行股票或存托凭证的，根据需要向战略投资者配售。

第十五条 首次公开发行股票数量在4亿股以上的，发行人和主承销商可以在发行方案中采用超额配售选择权。超额配售选择权的实施应当遵守中国证监会、证券交易所、证券登记结算机构和中国证券业协会的规定。

根据《关于开展创新企业境内发行股票或存托凭证试点的若干意见》认定的试点企业在境内发行股票或存托凭证的，根据需要采用超额配售选择权。

第十六条 首次公开发行股票网下配售时，发行人和主承销商不得向下列对象配售股票：

（一）发行人及其股东、实际控制人、董事、监事、高级管理人员和其他员工；发行人及其股东、实际控制人、董事、监事、高级管理人员能够直接或间接实施控制、共同控制或施加重大影响的公司，以及该公司控股股东、控股子公司和控股股东控制的其他子公司；

（二）主承销商及其持股比例5%以上的股东，主承销商的董事、监事、高级管理人员和其他员工；主承销商及其持股比例5%以上的股东、董事、监事、高级管理人员能够直接或间接实施控制、共同控制或施加重大影响的公司，以及该公司控股股东、控股子公司和控股股东控制的其他子公司；

（三）承销商及其控股股东、董事、监事、高级管理人员和其他员工；

（四）本条第（一）、（二）、（三）项所述人士的关系密切的家庭成员，包括配偶、子女及其配偶、父母及配偶的父母、兄弟姐妹及其配偶、配偶的兄弟姐妹、子女配偶的父母；

（五）过去6个月内与主承销商存在保荐、承销业务关系的公司及其持股5%以上的股东、实际控制人、董事、监事、高级管理人员，或已与主承销商签署保荐、承销业务合同或达成相关意向的公司及其持股5%以上的股东、实际控制人、董事、监事、高级管理人员；

（六）通过配售可能导致不当行为或不正当利益的其他自然人、法人和组织。

本条第（二）、（三）项规定的禁止配售对象管理的公募基金不受前款规定的限制，但应符合中国证监会的有关规定。

第十七条 发行人和承销商及相关人员不得泄露询价和定价信息；不得以任何方式操纵发行定价；不得劝诱网下投资者抬高报价，不得干扰网下投资者正常报价和申购；不得以提供透支、回扣或者中国证监会认定的其他不正当手段诱使他人申购股票；不得以代持、信托持股等方式谋取不正当利益或向其他相关利益主体输送利益；不得直接或通过其利益相关方向参与认购的投资者提供财务资助或者补偿；不得以自有资金或者变相通过自有资金参与网下配售；不得与网下投资者互相串通，协商报价和配售；不得收取网下投资者回扣或其他相关利益。

第十八条 上市公司发行证券，存在利润分配方案、公积金转增股本方案尚未提交股东大会表决或者虽经股东大会表决通过但未实施的，应当在方案实施后发行。相关方案实施前，主承销商不得承销上市公司发行的证券。

第十九条 上市公司向原股东配售股票(以下简称配股),应当向股权登记日登记在册的股东配售,且配售比例应当相同。

上市公司向不特定对象公开募集股份(以下简称增发)或者发行可转换公司债券,可以全部或者部分向原股东优先配售,优先配售比例应当在发行公告中披露。

网上投资者在申购可转换公司债券时无需缴付申购资金。

第二十条 上市公司增发或者发行可转换公司债券,主承销商可以对参与网下配售的机构投资者进行分类,对不同类别的机构投资者设定不同的配售比例,对同一类别的机构投资者应当按相同的比例进行配售。主承销商应当在发行公告中明确机构投资者的分类标准。

主承销商未对机构投资者进行分类的,应当在网下配售和网上发行之间建立回拨机制,回拨后两者的获配比例应当一致。

第二十一条 上市公司非公开发行证券的,发行对象及其数量的选择应当符合中国证监会关于上市公司证券发行的相关规定。

第三章 证券承销

第二十二条 发行人和主承销商应当签订承销协议,在承销协议中界定双方的权利义务关系,约定明确的承销基数。采用包销方式的,应当明确包销责任;采用代销方式的,应当约定发行失败后的处理措施。

证券发行依照法律、行政法规的规定应由承销团承销的,组成承销团的承销商应当签订承销团协议,由主承销商负责组织承销工作。证券发行由两家以上证券公司联合主承销的,所有担任主承销商的证券公司应当共同承担主承销责任,履行相关义务。承销团由3家以上承销商组成的,可以设副主承销商,协助主承销商组织承销活动。

承销团成员应当按照承销团协议及承销协议的规定进行承销活动,不得进行虚假承销。

第二十三条 证券公司承销证券,应当依照《证券法》第二十八条的规定采用包销或者代销方式。上市公司非公开发行股票未采用自行销售方式或者上市公司配股的,应当采用代销方式。

第二十四条 股票发行采用代销方式的,应当在发行公告(或认购邀请书)中披露发行失败后的处理措施。股票发行失败后,主承销商应当协助发行人按照发行价并加算银行同期存款利息返还股票认购人。

第二十五条 证券公司实施承销前,应当向中国证监会报送发行与承销方案。

第二十六条 上市公司发行证券期间相关证券的停复牌安排,应当遵守证券交易所的相关规则。

主承销商应当按有关规定及时划付申购资金冻结利息。

第二十七条 投资者申购缴款结束后,发行人和主承销商应当聘请具有证券、期货相关业务资格的会计师事务所对申购和募集资金进行验证,并出具验资报告;还应当聘请律师事务所对网下发行过程、配售行为、参与定价和配售的投资者资质条件及其与发行人和承销商的关联关系、资金划拨等事项进行见证,并出具专项法律意见书。证券上市后10日内,主承销商应当将验资报告、专项法律意见随同承销总结报告等文件一并报中国证监会。

第四章 信息披露

第二十八条 发行人和主承销商在发行过程中,应当按照中国证监会规定的要求编制信息披露文件,履行信息披露义务。发行人和承销商在发行过程中披露的信息,应当真实、准确、完整、及时,不得有虚假记载、误导性陈述或者重大遗漏。

第二十九条 首次公开发行股票申请文件受理后至发行人发行申请经中国证监会核准、依法刊登招股意向书前,发行人及与本次发行有关的当事人不得采取任何公开方式或变相公开方式进行与股票发行相关的推介活动,也不得通过其他利益关联方或委托他人等方式进行相关活动。

第三十条 首次公开发行股票招股意向书刊登后,发行人和主承销商可以向网下投资者进行推介和询价,并通过互联网等方式向公众投资者进行推介。

发行人和主承销商向公众投资者进行推介时,向公众投资者提供的发行人信息的内容及完整性应与向网下投资者提供的信息保持一致。

第三十一条 发行人和主承销商在推介过程中不得夸大宣传，或以虚假广告等不正当手段诱导、误导投资者，不得披露除招股意向书等公开信息以外的发行人其他信息。

承销商应当保留推介、定价、配售等承销过程中的相关资料至少三年并存档备查，包括推介宣传材料、路演现场录音等，如实、全面反映询价、定价和配售过程。

第三十二条 发行人和主承销商在发行过程中公告的信息只需选择一家中国证监会指定的报刊披露，同时将其刊登在中国证监会指定的互联网网站，并置备于中国证监会指定的场所，供公众查阅。

第三十三条 发行人披露的招股意向书除不含发行价格、筹资金额以外，其内容与格式应当与招股说明书一致，并与招股说明书具有同等法律效力。

第三十四条 首次公开发行股票的发行人和主承销商应当在发行和承销过程中公开披露以下信息：

（一）招股意向书刊登首日在发行公告中披露发行定价方式、定价程序、参与网下询价投资者条件、股票配售原则、配售方式、有效报价的确定方式、中止发行安排、发行时间安排和路演推介相关安排等信息；发行人股东拟老股转让的，还应披露预计老股转让的数量上限，老股转让股东名称及各自转让老股数量，并明确新股发行与老股转让数量的调整机制。

（二）网上申购前披露每位网下投资者的详细报价情况，包括投资者名称、申购价格及对应的拟申购数量；剔除最高报价有关情况；剔除最高报价部分后网下投资者报价的中位数和加权平均数以及公募基金报价的中位数和加权平均数；有效报价和发行价格（或发行价格区间）的确定过程；发行价格（或发行价格区间）及对应的市盈率；网下网上的发行方式和发行数量；回拨机制；中止发行安排；申购缴款要求等。已公告老股转让方案的，还应披露老股转让和新股发行的确定数量，老股转让股东名称及各自转让老股数量，并应提示投资者关注，发行人将不会获得老股转让部分所得资金。按照发行价格计算的预计募集资金总额低于拟以本次募集资金投资的项目金额的，还应披露相关投资风险。

（三）如公告的发行价格（或发行价格区间上限）市盈率高于同行业上市公司二级市场平均市盈率，发行人和主承销商应当在披露发行价格的同时，在投资风险特别公告中明示该定价可能存在估值过高给投资者带来损失的风险，提醒投资者关注。内容至少包括：

1. 比较分析发行人与同行业上市公司的差异及该差异对估值的影响；提请投资者关注发行价格与网下投资者报价之间存在的差异。

2. 提请投资者关注投资风险，审慎研判发行定价的合理性，理性做出投资决策。

（四）在发行结果公告中披露获配机构投资者名称、个人投资者个人信息以及每个获配投资者的报价、申购数量和获配数量等，并明确说明自主配售的结果是否符合事先公布的配售原则；对于提供有效报价但未参与申购，或实际申购数量明显少于报价时拟申购量的投资者应列表公示并着重说明；缴款后的发行结果公告中披露网上、网下投资者获配未缴款金额以及主承销商的包销比例，列表公示获得配售但未足额缴款的网下投资者；发行后还应披露保荐费用、承销费用、其他中介费用等发行费用信息。

（五）向战略投资者配售股票的，应当在网下配售结果公告中披露战略投资者的名称、认购数量及持有期限等情况。

（六）上述信息中网上申购前每位网下投资者的详细报价情况及发行结果公告中网下投资者的情况只需刊登在中国证监会指定的互联网网站。

第三十五条 发行人和主承销商在披露发行市盈率时，应同时披露发行市盈率的计算方式。在进行行业市盈率比较分析时，应当按照中国证监会有关上市公司行业分类指引中制定的行业分类标准确定发行人行业归属，并分析说明行业归属的依据。存在多个市盈率口径时，应当充分列示可供选择的比较基准，并应当按照审慎、充分提示风险的原则选取和披露行业平均市盈率。发行人还可以同时披露市净率等反映发行人所在行业特点的估值指标。

发行人尚未盈利的，可以不披露发行市盈率及与同行业市盈率比较的相关信息，应当披露市销率、市净率等反映发行人所在行业特点的估值指标。

第五章　监管和处罚

第三十六条　中国证监会对证券发行承销过程实施事中事后监管,发现涉嫌违法违规或者存在异常情形的,可责令发行人和承销商暂停或中止发行,对相关事项进行调查处理。

第三十七条　中国证券业协会应当建立对承销商询价、定价、配售行为和网下投资者报价行为的日常监管制度,加强相关行为的监督检查,发现违规情形的,应当及时采取自律监管措施。中国证券业协会还应当建立对网下投资者和承销商的跟踪分析和评价体系,并根据评价结果采取奖惩措施。

第三十八条　发行人、证券公司、证券服务机构、投资者及其直接负责的主管人员和其他直接责任人员有失诚信、违反法律、行政法规或者本办法规定的,中国证监会可以视情节轻重采取责令改正、监管谈话、出具警示函、责令公开说明、认定为不适当人选等监管措施,或者采取市场禁入措施,并记入诚信档案;依法应予行政处罚的,依照有关规定进行处罚;涉嫌犯罪的,依法移送司法机关,追究其刑事责任。

第三十九条　证券公司承销未经核准擅自公开发行的证券的,依照《证券法》第一百九十条的规定处罚。

证券公司承销证券有前款所述情形的,中国证监会可以采取12至36个月暂不受理其证券承销业务有关文件的监管措施。

第四十条　证券公司及其直接负责的主管人员和其他直接责任人员在承销证券过程中,有下列行为之一的,中国证监会可以采取本办法第三十八条规定的监管措施;情节比较严重的,还可以采取3至12个月暂不受理其证券承销业务有关文件的监管措施;依法应予行政处罚的,依照《证券法》第一百九十一条的规定予以处罚:

(一)夸大宣传,或以虚假广告等不正当手段诱导、误导投资者;

(二)以不正当竞争手段招揽承销业务;

(三)从事本办法第十七条规定禁止的行为;

(四)向不符合本办法第五条规定的网下投资者配售股票,或向本办法第十六条规定禁止配售的对象配售股票;

(五)未按本办法要求披露有关文件;

(六)未按照事先披露的原则和方式配售股票,或其他未依照披露文件实施的行为;

(七)向投资者提供除招股意向书等公开信息以外的发行人其他信息;

(八)未按照本办法要求保留推介、定价、配售等承销过程中相关资料;

(九)其他违反证券承销业务规定的行为。

第四十一条　发行人及其直接负责的主管人员和其他直接责任人员有下列行为之一的,中国证监会可以采取本办法第三十八条规定的监管措施;构成违反《证券法》相关规定的,依法进行行政处罚:

(一)从事本办法第十七条规定禁止的行为;

(二)夸大宣传,或以虚假广告等不正当手段诱导、误导投资者;

(三)向投资者提供除招股意向书等公开信息以外的发行人信息;

(四)中国证监会认定的其他情形。

第六章　附　　则

第四十二条　其他证券的发行与承销比照本办法执行。中国证监会另有规定的,从其规定。

第四十三条　本办法自2013年12月13日起施行。2006年9月17日发布并于2010年10月11日、2012年5月18日修改的《证券发行与承销管理办法》同时废止。

证券期货经营机构及其工作人员廉洁从业规定

（2018年6月27日 证监会令第145号）

第一条 为促进资本市场健康发展，净化资本市场生态环境，保护投资者合法权益，切实加强对证券期货经营机构及其工作人员廉洁从业的监督管理，根据《证券法》《证券投资基金法》《证券公司监督管理条例》《期货交易管理条例》等法律法规，制定本规定。

第二条 本规定所称廉洁从业，是指证券期货经营机构及其工作人员在开展证券期货业务及相关活动中，严格遵守法律法规、中国证监会的规定和行业自律规则，遵守社会公德、商业道德、职业道德和行为规范，公平竞争，合规经营，忠实勤勉，诚实守信，不直接或者间接向他人输送不正当利益或者谋取不正当利益。

第三条 中国证监会应当加强对证券期货经营机构及其工作人员廉洁从业的监督管理。

中国证券业协会、中国期货业协会、中国证券投资基金业协会等自律组织依据章程、相关自律规则对证券期货经营机构及其工作人员进行廉洁从业的自律管理。

第四条 证券期货经营机构承担廉洁从业风险防控主体责任。

证券期货经营机构董事会决定廉洁从业管理目标，对廉洁从业管理的有效性承担责任。

证券期货经营机构主要负责人是落实廉洁从业管理职责的第一责任人，各级负责人在职责范围内承担相应管理责任。

第五条 证券期货经营机构应当指定专门部门对本机构及其工作人员的廉洁从业情况进行监督、检查，充分发挥纪检监察、合规、审计等部门的合力，发现问题及时处理，重大情况及时报告。

第六条 证券期货经营机构应当建立健全廉洁从业内部控制制度，制定具体、有效的事前风险防范体系、事中管控措施和事后追责机制，对所从事的业务种类、环节及相关工作进行科学、系统的廉洁风险评估，识别廉洁从业风险点，强化岗位制衡与内部监督机制并确保运作有效。

前款规定的业务种类、环节包括业务承揽、承做、销售、交易、结算、交割、投资、采购、商业合作、人员招聘，以及申请行政许可、接受监管执法和自律管理等。

第七条 证券期货经营机构应当制定工作人员廉洁从业规范，明确廉洁从业要求，加强从业人员廉洁培训和教育，培育廉洁从业文化。

证券期货经营机构应当将工作人员廉洁从业纳入工作人员管理体系，在遇有人员聘用、晋级、提拔、离职以及考核、审计、稽核等情形时，对其廉洁从业情况予以考察评估。

第八条 证券期货经营机构应当强化财经纪律，杜绝账外账等不规范行为。对于业务活动中产生的费用支出制定明确的内部决策流程和具体标准，确保相关费用支出合法合规。

第九条 证券期货经营机构及其工作人员在开展证券期货业务及相关活动中，不得以下列方式向公职人员、客户、正在洽谈的潜在客户或者其他利益关系人输送不正当利益：

（一）提供礼金、礼品、房产、汽车、有价证券、股权、佣金返还等财物，或者为上述行为提供代持等便利；

（二）提供旅游、宴请、娱乐健身、工作安排等利益；

（三）安排显著偏离公允价格的结构化、高收益、保本理财产品等交易；

（四）直接或者间接向他人提供内幕信息、未公开信息、商业秘密和客户信息，明示或者暗示他人从事相关交易活动；

（五）其他输送不正当利益的情形。

证券期货经营机构及其工作人员按照证券期货经营机构依法制定的内部规定及限定标

准,依法合理营销的,不适用前款规定。

第十条 证券期货经营机构工作人员不得以下列方式谋取不正当利益:

(一)直接或者间接以第九条所列形式收受、索取他人的财物或者利益;

(二)直接或者间接利用他人提供或主动获取的内幕信息、未公开信息、商业秘密和客户信息谋取利益;

(三)以诱导客户从事不必要交易、使用客户受托资产进行不必要交易等方式谋取利益;

(四)违规从事营利性经营活动,违规兼任可能影响其独立性的职务或者从事与所在机构或者投资者合法利益相冲突的活动;

(五)违规利用职权为近亲属或者其他利益关系人从事营利性经营活动提供便利条件;

(六)其他谋取不正当利益的情形。

第十一条 证券期货经营机构及其工作人员不得以下列方式干扰或者唆使、协助他人干扰证券期货监督管理或者自律管理工作:

(一)以不正当方式影响监督管理或者自律管理决定;

(二)以不正当方式影响监督管理或者自律管理人员工作安排;

(三)以不正当方式获取监督管理或者自律管理内部信息;

(四)协助利益关系人,拒绝、干扰、阻碍或者不配合监管人员行使监督、检查、调查职权;

(五)其他干扰证券期货监督管理或者自律管理工作的情形。

第十二条 证券期货经营机构及其工作人员在开展投资银行类业务过程中,不得以下列方式输送或者谋取不正当利益:

(一)以非公允价格或者不正当方式为自身或者利益关系人获取拟上市公司股权;

(二)以非公允价格或者不正当方式为自身或者利益关系人获取拟并购重组上市公司股权或者标的资产股权;

(三)以非公允价格为利益关系人配售债券或者约定回购债券;

(四)泄露证券发行询价和定价信息,操纵证券发行价格;

(五)直接或者间接通过聘请第三方机构或者个人的方式输送利益;

(六)以与监管人员或者其他相关人员熟悉,或者以承诺价格、利率、获得批复及获得批复时间等为手段招揽项目、商定服务费;

(七)其他输送或者谋取不正当利益的行为。

第十三条 证券期货经营机构应当对其股东、客户等相关方做好辅导和宣传工作,告知相关方应当遵守廉洁从业规定。

第十四条 证券期货经营机构应当定期或者不定期开展廉洁从业内部检查,对发现的问题及时整改,对责任人严肃处理。

责任人为中共党员的,同时按照党的纪律要求进行处理。

第十五条 证券期货经营机构应当于每年4月30日前,向中国证监会有关派出机构报送上年度廉洁从业管理情况报告。

有下列情形之一的,证券期货经营机构应当在五个工作日内,向中国证监会有关派出机构报告:

(一)证券期货经营机构在内部检查中,发现存在违反本规定行为的;

(二)证券期货经营机构及其工作人员发现监管人员存在应当回避的情形而未进行回避、利用职务之便索取或者收受不正当利益等违反廉洁规定行为的;

(三)证券期货经营机构及其工作人员发现其股东、客户等相关方以不正当手段干扰监管工作的;

(四)证券期货经营机构或者其工作人员因违反廉洁从业规定被纪检监察部门、司法机关立案调查或者被采取纪律处分、行政处罚、刑事处罚等措施的。

出现前款第(一)项情形的,应当同时向主管纪检监察部门报告,出现第(一)(二)(三)项情形且涉嫌犯罪的,相关部门应当依法移送监察、司法机关。

第十六条 中国证监会在对证券期货经营机构及其工作人员的现场检查中,可以将廉洁从业管理情况纳入检查范围。证券期货经营机构及其工作人员应当予以配合。

第十七条 中国证券业协会、中国期货业协会、中国证券投资基金业协会等自律组织应当制定和实施行业廉洁从业自律规则,监督、检查会员及其从业人员的执业行为,对违反廉洁从业规定的采取自律惩戒措施,并按照规定记入证券期货市场诚信档案。

第十八条　证券期货经营机构及其工作人员违反本规定的，中国证监会可以采取出具警示函、责令参加培训、责令定期报告、责令改正、监管谈话、认定为不适当人选、暂不受理行政许可相关文件等行政监管措施。

第十九条　证券期货经营机构及其工作人员违反本规定，并构成违反《证券法》《证券投资基金法》《证券公司监督管理条例》《期货交易管理条例》规定违法情形的，中国证监会可以采取限制业务活动，限制向董事、监事、高级管理人员支付报酬、提供福利，责令更换董事、监事、高级管理人员等行政监管措施，并按照相关法律法规的规定进行处罚。

第二十条　证券期货经营机构及其工作人员违反本规定第九条、第十条、第十一条、第十二条、第十三条、第十四条、第十五条规定，按照相关法律法规的规定进行处罚，相关法律法规没有规定的，处以警告、3万元以下罚款。

第二十一条　证券期货经营机构及其工作人员违反本规定，公司董事、监事、高级管理人员和其他人员负有管理责任的，中国证监会可以对其采取第十八条和第二十条规定的行政监管措施或者行政处罚。

第二十二条　证券期货经营机构工作人员违反相关法律法规和本规定，情节严重的，中国证监会可以依法对其采取市场禁入的措施。

证券期货经营机构工作人员在开展证券期货业务及相关活动中向公职人员及其利益关系人输送不正当利益，或者唆使、协助他人向公职人员及其利益关系人输送不正当利益，情节特别严重的，中国证监会可以依法对其采取终身市场禁入的措施。

第二十三条　证券期货经营机构及其工作人员违反本规定，有下列情形之一的，中国证监会应当从重处理：

（一）直接、间接或者唆使、协助他人向监管人员输送利益；

（二）连续或者多次违反本规定；

（三）涉及金额较大或者涉及人员较多；

（四）产生恶劣社会影响；

（五）曾为公职人员特别是监管人员，以及曾任证券期货经营机构合规风控职务的人员违反本规定；

（六）中国证监会认定应当从重处理的其他情形。

第二十四条　证券期货经营机构通过有效的廉洁从业风险管理，主动发现违反本规定的行为，并积极有效整改，落实责任追究，完善内部控制制度和业务流程，及时向中国证监会报告的，依法免于追究责任或者从轻、减轻处理。

证券期货经营机构工作人员违反本规定，事后及时向中国证监会报告，或者积极配合调查的，依法免于追究责任或者从轻、减轻处理。

第二十五条　证券期货经营机构及其工作人员涉嫌违反党纪、政纪的，中国证监会将有关情况通报相关主管单位纪检监察部门；涉嫌犯罪的，依法移送监察、司法机关，追究其刑事责任。

第二十六条　本规定所称证券期货经营机构是指证券公司、期货公司、基金管理公司及其子公司。

本规定所称监管人员包括在中国证监会及其派出机构、行业协会、证券期货交易所、全国中小企业股份转让系统等单位从事监管工作的人员、发行审核委员会委员、并购重组委员会委员等。

第二十七条　私募基金管理人、其他公募基金管理人、证券期货投资咨询机构、证券资信评级机构、基金销售机构、基金托管人以及从事基金评价、基金估值、信息技术服务等证券期货服务类机构参照本规定执行。

第二十八条　中央纪委驻中国证监会纪检组及系统各级纪检监察机关对中国证监会、相关自律组织的上述工作开展监督、检查、问责。

第二十九条　本规定自公布之日起施行。

关于修改《关于改革完善并严格实施上市公司退市制度的若干意见》的决定

(2018 年 7 月 27 日　证监会令第 146 号)

一、将第一段修改为:上市公司退市是指公司股票在证券交易所终止上市交易。上市公司退市制度是资本市场重要的基础性制度。一方面,上市公司基于实现发展战略、维护合理估值、稳定控制权以及成本效益法则等方面的考虑,认为不再需要继续维持上市地位,或者继续维持上市地位不再有利于公司发展,可以主动向证券交易所申请其股票终止交易。另一方面,证券交易所为维护公开交易股票的总体质量与市场信心,保护投资者特别是中小投资者合法权益,依照规则要求交投不活跃、股权分布不合理、市值过低而不再适合公开交易的股票终止交易,特别是对于存在严重违法违规行为的公司,证券交易所可以依法强制其股票退出市场交易。

二、删除原第(五)条、第(六)条、第(七)条、第(八)条。增加一条,作为第(五)条:对重大违法公司实施暂停上市、终止上市。上市公司构成欺诈发行、重大信息披露违法或者其他涉及国家安全、公共安全、生态安全、生产安全和公众健康安全等领域的重大违法行为的,证券交易所应当严格依法作出暂停、终止公司股票上市交易的决定。

证券交易所应当制定上市公司因重大违法行为暂停上市、终止上市实施规则。

三、第(十五)条改为第(十二)条,其中“借壳上市”修改为“重组上市”。

四、增加一条,作为第(二十)条:明确强制退市公司相关责任主体的工作要求。强制退市公司的控股股东、实际控制人、董事、监事、高级管理人员等相关责任主体,应当按照本意见的规定履行有关义务及公开承诺要求,积极配合地方政府、证监会及其派出机构、证券交易所做好退市相关工作,切实履行公司退市后正常生产经营的各项职责。

原第(二十)条改为第(十七)条。

五、第(二十四)条改为第(二十二)条,修改为:切实加强退市实施工作的统筹和协调。证券交易所要建立健全退市工作协调机制,及时制定各方联动的工作方案。要进一步加强与地方政府、国务院有关部门的沟通协调,积极推动地方政府将上市公司退市维稳工作有机纳入地方维稳工作机制和工作体系,配合地方政府妥善做好职工、债权人、股东及其他利益相关方的安置安抚、解释疏导与纠纷处置等工作,维护上市公司的经营秩序、财产安全与社会稳定。要高度重视舆情监测和舆论引导,及时掌握媒体及市场各方的反应,并通过有理有据、务实高效的措施综合应对处理。要及时分析、研判退市制度执行过程中出现的新情况、新问题,采取有效措施,切实加以解决。

六、第(二十五)条改为第(二十三)条,修改为:证券交易所应当依法履行退市工作职责。证券交易所是实施退市制度的责任主体,应当按照本意见的要求,及时完善上市规则及其配套规则,并严格执行。对于应当退市的公司,必须按照“出现一家、退市一家”的原则,坚决维护退市制度的严肃性和权威性。证券交易所应当督促退市公司依法及时、准确、完整地披露与退市有关的信息。证监会要切实加强对证券交易所的监督检查,确保本意见各项工作要求的严格执行和落实。

七、本决定自 2018 年 7 月 27 日起施行。本决定施行前,上市公司已被认定构成重大违法行为或者已被依法移送公安机关,并被作出终止上市决定的,适用原规定。除上述情形外,上市公司因本决定施行前发生的重大违法行为的暂停上市、终止上市,适用本决定。

《关于改革完善并严格实施上市公司退市制度的若干意见》根据本决定做相应修改并对条文顺序作相应调整，重新发布。

关于改革完善并严格实施上市公司退市制度的若干意见

（2014 年 2 月 7 日中国证券监督管理委员会第 24 次主席办公会议审议通过　根据 2018 年 7 月 27 日中国证券监督管理委员会《关于修改〈关于改革完善并严格实施上市公司退市制度的若干意见〉的决定》修正）

上市公司退市是指公司股票在证券交易所终止上市交易。上市公司退市制度是资本市场重要的基础性制度。一方面，上市公司基于实现发展战略、维护合理估值、稳定控制权以及成本效益法则等方面的考虑，认为不再需要继续维持上市地位，或者继续维持上市地位不再有利于公司发展，可以主动向证券交易所申请其股票终止交易。另一方面，证券交易所为维护公开交易股票的总体质量与市场信心，保护投资者特别是中小投资者合法权益，依照规则要求交投不活跃、股权分布不合理、市值过低而不再适合公开交易的股票终止交易，特别是对于存在严重违法违规行为的公司，证券交易所可以依法强制其股票退出市场交易。

要充分尊重并保护市场主体基于其意思自治作出的退市决定，而不是将退市与否作为评判一家公司好坏的绝对标准。进一步改革完善并严格执行退市制度，有利于健全资本市场功能，降低市场经营成本，增强市场主体活力，提高市场竞争能力，有利于实现优胜劣汰，惩戒重大违法行为，引导理性投资，保护投资者特别是中小投资者合法权益。为贯彻落实《国务院关于进一步促进资本市场健康发展的若干意见》的有关要求，根据《证券法》的有关规定，按照市场化、法治化、常态化的原则，现就退市制度改革实施有关事项提出如下意见：

一、健全上市公司主动退市制度

（一）确立主动退市的途径和方式。上市公司通过对上市地位维持成本收益的理性分析，或者为充分利用不同证券交易场所的比较优势，或者为便捷、高效地对公司治理结构、股权结构、资产结构、人员结构等实施调整，或者为进一步实现公司股票的长期价值，可以依据《证券法》和证券交易所规则实现主动退市。

上市公司在履行必要的决策程序后，可以主动向证券交易所提出申请，撤回其股票在该交易所的交易，并决定不再在交易所交易。

上市公司在履行必要的决策程序后，可以主动向证券交易所提出申请，撤回其股票在该交易所的交易，并转而申请在其他交易场所交易或者转让。

上市公司向所有股东发出回购全部股份或者部分股份的要约，导致公司股本总额、股权分布等发生变化不再具备上市条件的，其股票按照证券交易所规则退出市场交易。

上市公司股东向所有其他股东发出收购全部股份或者部分股份的要约，导致公司股本总额、股权分布等发生变化不再具备上市条件的，其股票按照证券交易所规则退出市场交易。

除上市公司股东外的其他收购人向所有股东发出收购全部股份或者部分股份的要约，导致公司股本总额、股权分布等发生变化不再具备上市条件的，其股票按照证券交易所规则退出市场交易。

上市公司因新设合并或者吸收合并，不再具有独立主体资格并被注销，其股票按照证券交易所规则退出市场交易。

上市公司股东大会决议解散的，其股票按照证券交易所规则退出市场交易。

（二）明确主动退市公司的内部决策程序。上市公司拟决定其股票不再在交易所交易，或者转而申请在其他交易场所交易或者转让的，应当召开股东大会作出决议，须经出席会议的股东所持表决权的 2/3 以上通过，并须经出席会议的中小股东所持表决权的 2/3 以上通过。

在召开股东大会前,上市公司应当充分披露退市原因及退市后的发展战略,包括并购重组安排、经营发展计划、重新上市安排等。独立董事应当针对上述事项是否有利于公司长远发展和全体股东利益充分征询中小股东意见,在此基础上发表独立意见,独立董事意见应当与股东大会通知一并公布。上市公司应当聘请财务顾问为主动退市提供专业服务、发表专业意见并予以披露。

全面要约收购上市公司股份、实施以上市公司为对象的公司合并、上市公司全面回购股份以及上市公司自愿解散,应当按照上市公司收购、重组、回购等监管制度及公司法律制度严格履行实施程序。

(三)规范主动退市申请与决定程序。申请其股票退出市场交易,或者转而申请在其他交易场所交易或者转让的上市公司应当在股东大会作出终止上市决议后的15个交易日内,向证券交易所提交退市申请。退市申请至少应当包括股东大会决议、退市申请书、退市后去向安排的说明、异议股东保护的专项说明及证券交易所规定的其他材料。证券交易所应当自上市公司提交退市申请之日起5个交易日内,作出是否受理的决定并通知公司;决定受理的,应当自受理上市公司提交的退市申请之日起15个交易日内,重点从保护投资者特别是中小投资者权益的角度,在审查决策程序合规性的基础上,作出同意或者不同意其股票终止上市交易的决定。

因全面要约收购上市公司股份、实施以上市公司为对象的公司合并、上市公司全面回购股份以及上市公司自愿解散,导致公司股票退出市场交易的,证券交易所应当在上市公司公告回购或者收购结果、完成合并交易、作出解散决议之日起15个交易日内,作出终止其股票上市的决定。

建立上市公司主动退市的专门报告制度。证券交易所应当在作出同意或者不同意上市公司主动退市决定之日起15个工作日内,以及上市公司退出市场交易之日起15个工作日内,将上市公司主动退市情况报告证监会。

(四)健全主动退市的配套政策措施。完善上市公司收购制度,丰富要约收购履约保证形式,研究建立包括触发条件、救济程序等内容的余股强制挤出制度。完善上市公司股份回购制度,允许上市公司公开发行优先股以回购发行在外的普通股。制定上市公司吸收合并专门制度规范。研究丰富并购融资工具。完善非上市公众公司并购重组制度,对包括退市公司在内的非上市公众公司并购重组的条件、程序、披露要求等作出规范。

上市公司在出现股价低于每股净资产等情形时部分乃至全面回购股份,导致公司股票退出市场交易的,公司可以申请再次公开发行证券,或者向其选择的证券交易所申请重新上市。存在强制退市可能的上市公司在触及强制退市指标前,实施主动退市,在消除可能导致强制退市的情形后,可以重新申请上市。涉嫌欺诈发行的公司或其控股股东、实际控制人,在受到证监会行政处罚前,按照公开承诺回购或者收购全部新股,赔偿中小投资者经济损失,及时申请其股票退出市场交易的,可以从轻或者减轻处罚。

证券交易所可以通过设定差异化的上市年费、提高信息披露要求等经济或者自律方式,加大存在强制退市可能的上市公司维持上市地位的成本,引导其主动退出交易所市场。

二、实施重大违法公司强制退市制度

(五)对重大违法公司实施暂停上市、终止上市。上市公司构成欺诈发行、重大信息披露违法或者其他涉及国家安全、公共安全、生态安全、生产安全和公众健康安全等领域的重大违法行为的,证券交易所应当严格依法作出暂停、终止公司股票上市交易的决定。

证券交易所应当制定上市公司因重大违法行为暂停上市、终止上市实施规则。

三、严格执行不满足交易标准要求的强制退市指标

证券交易所应当在继续严格执行其上市规则等文件中已经规定的各项相关退市指标的基础上,及时补充并适时调整完善以下指标:

(六)关于股本总额、股权分布的退市指标。因股本总额发生变化不再具备上市条件,在证券交易所规定的期限内仍不能达到上市条件的上市公司,证券交易所应当依法终止其股票上市交易。证券交易所可以针对不同板块,

在上市条件中规定不同的股本总额要求。

社会公众持股比例不足公司股份总数25%的上市公司，或者股本总额超过人民币4亿元，社会公众持股比例不足公司股份总数10%的上市公司，在证券交易所规定的期限内仍不能达到上市条件的，证券交易所应当终止其股票上市交易。证券交易所应当制定基于单一股东最低持股量及股东人数最低要求等能够动态反映股权分布状况的退市指标。

（七）关于股票成交量的退市指标。上市公司股票流动性严重不足，已经不再适合公开交易，证券交易所应当及时终止其上市交易。证券交易所可以针对不同板块，在综合分析该板块股票交易总体情况的基础上，对于一定期限内股票累计成交量的最低限额作出具体规定，并根据实施效果，适时予以调整。

（八）关于股票市值的退市指标。公司股票连续20个交易日（不含停牌交易日）每日收盘价均低于股票面值的，证券交易所应当终止其上市交易。

四、严格执行体现公司财务状况的强制退市指标

证券交易所应当在继续严格执行其上市规则等文件中已经规定的各项相关退市指标的基础上，及时补充并适时调整完善以下指标：

（九）关于公司净利润、净资产、营业收入、审计意见类型的退市指标。上市公司因净利润、净资产、营业收入、审计意见类型或者追溯重述后的净利润、净资产、营业收入等触及规定标准，其股票被暂停上市交易后，公司披露的最近一个会计年度经审计的财务会计报告存在扣除非经常性损益前后的净利润孰低者为负值、期末净资产为负值、营业收入低于证券交易所规定数额或者被会计师事务所出具保留意见、无法表示意见、否定意见的审计报告等情形之一的，证券交易所应当终止其股票上市交易。

（十）关于未在规定期限内依法如实披露的退市指标。公司在证券交易所规定的期限内，未改正财务会计报告中的重大差错或者虚假记载的，证券交易所应当终止其股票上市交易。法定期限届满后，公司在证券交易所规定的期限内，依然未能披露年度报告或者半年度报告的，证券交易所应当终止其股票上市交易。公司因净利润、净资产、营业收入、审计意见类型或者追溯重述后的净利润、净资产、营业收入等触及规定标准，其股票被暂停上市交易，不能在法定期限内披露最近一个会计年度的年度报告的，证券交易所应当终止其股票上市交易。

五、完善与退市相关的配套制度安排

（十一）严格执行恢复上市程序。证券交易所应当明确暂停上市公司提出恢复上市申请及证券交易所作出相应决定的时限要求。在规定期限内未提出恢复上市申请或不符合恢复上市条件的，证券交易所应当终止其股票上市交易。提交的申请材料不全且逾期未补充的，证券交易所应当及时作出终止其股票上市交易的决定。

（十二）限制相关主体股份减持行为。上市公司首次公开发行股票申请或者披露文件，存在虚假记载、误导性陈述或者重大遗漏，被证监会立案稽查的，在形成案件调查结论前，上市公司控股股东、实际控制人、董事、监事、高级管理人员、持有首次公开发行股票前已发行股份的股东及其他持有法律、行政法规、证监会规定、证券交易所规则规定的限售股的股东或者自愿承诺股份限售的股东，应当遵守在公开募集及上市文件或者其他文件中作出的公开承诺，暂停转让其拥有权益的股份。上市公司发行新股申请或者披露文件，或者构成重组上市的重大资产重组申请或者相关披露文件出现上述情形的，在形成案件调查结论前，上市公司控股股东、实际控制人、董事、监事、高级管理人员、重组方及其一致行动人、上市公司购买资产对应经营实体的股份或者股权持有人，及其他持有法律、行政法规、证监会规定、证券交易所规则规定的限售股的股东或者自愿承诺股份限售的股东，应当遵守在信息披露文件或者其他文件中作出的公开承诺，暂停转让其拥有权益的股份。证券交易所和证券登记结算机构应当采取相应措施，确保控股股东、实际控制人、重组方及其他承诺主体切实履行上述承诺。

（十三）设立“退市整理期”。对于股票已经被证券交易所决定终止上市交易的强制退市公司，证券交易所应当设置“退市整理期”，在其退市前给予30个交易日的股票交易时间。在股票被证券交易所决定终止上市交易前，经董事会决议通过并已公告筹划重大资产重组事项的强制退市公司应当召开股东大会,对公司股票是否进入“退市整理期”交易进行表决,证券交易所应当按照股东大会决议对公司股票是否进入“退市整理期”交易作出安排。“退市整理期”公司的并购重组行政许可申请将不再受理;已经受理的,应当终止审核。证券交易所应当建立参与“退市整理期”股票交易的投资者适当性制度。

(十四)明确公司退市后的去向及交易安排。主动退市公司可以选择在证券交易场所交易或者转让其股票,或者依法作出其他安排。

强制退市公司股票应当统一在全国中小企业股份转让系统设立的专门层次挂牌转让。

(十五)明确重新上市条件及程序。主动退市公司可以随时向其选择的证券交易所提出重新上市申请。强制退市公司在证券交易所规定的间隔期届满后,可以向其选择的证券交易所提出重新上市申请。退市公司拟申请重新上市的,应当召开股东大会,对申请重新上市事项作出决议,股东大会决议须经出席股东大会的股东所持表决权的2/3以上通过。证券交易所应当制定退市公司重新上市的具体规定,在条件、程序、信息披露、交易安排等方面,可以区分主动退市公司与强制退市公司,以及强制退市公司所触及强制退市指标的不同作出差异化安排。

六、加强退市公司投资者合法权益保护

(十六)认真贯彻执行投资者保护的总体性要求。保护投资者特别是中小投资者合法权益,是退市制度的重要政策目标,也是退市工作的重中之重。要在退市工作的各个环节,认真落实《国务院办公厅关于进一步加强资本市场中小投资者合法权益保护工作的意见》的要求。

(十七)强化上市公司退市前的信息披露义务。证券交易所应当依照《证券法》及其配套的证券监管规定,有针对性地完善主动退市公司、强制退市公司的信息披露规则。上市公司退市前应当及时、准确、完整地持续披露其股票可能暂停或者终止上市交易的提示性公告。严厉打击虚假陈述、内幕交易、操纵市场等违法行为。

(十八)完善主动退市公司异议股东保护机制。主动退市公司应当在其公司章程中对主动退市股东大会表决机制以及对决议持异议股东的回购请求权、现金选择权等作出专门安排。

(十九)明确重大违法公司及相关责任主体的民事赔偿责任。上市公司存在本意见规定的重大违法行为,公司及其控股股东、实际控制人、董事、监事、高级管理人员等相关责任主体,应当按照《证券法》、《国务院办公厅关于进一步加强资本市场中小投资者合法权益保护工作的意见》的规定,赔偿投资者损失;或者根据信息披露文件中的公开承诺内容或者其他协议安排,通过回购股份等方式赔偿投资者损失。

七、进一步落实退市工作责任

(二十)明确强制退市公司相关责任主体的工作要求。强制退市公司的控股股东、实际控制人、董事、监事、高级管理人员等相关责任主体,应当按照本意见的规定履行有关义务及公开承诺要求,积极配合地方政府、证监会及其派出机构、证券交易所做好退市相关工作,切实履行公司退市后正常生产经营的各项职责。

(二十一)认真做好政策配套和监测应对工作。证监会及其派出机构要按照简政放权、监管转型的要求,积极稳妥推进股票发行注册制改革和公司并购重组制度改革,营造与退市市场化、法治化、常态化要求相适应的政策环境。要鼓励依法开展并购方式、并购工具创新。要加强舆论宣传,引导各类市场主体正确认识和理解退市的本质及其基本功能,树立退市的正确理念。要针对有条件、有意愿实施主动退市的上市公司,做好政策说明与指导工作。要在上市公司日常监管中,密切关注上市公司的财务状况、交易状况、合规状况,持续跟踪存在强制退市可能的上市公司,通过实地走访、现场检查等方式,及时掌握情况,有效形成预判,提前制定上市公司退市风险应急处置预案。要与证券交易场所、国务院有关部门、地方政府建立更为顺畅的信息通报、共享机制,对于存在强制退市可能的上市公司,应当提前将有关情况通报地方政府。

(二十二)切实加强退市实施工作的统筹和协调。证券交易所要建立健全退市工作协调机制,及时制定各方联动的工作方案。要进一

步加强与地方政府、国务院有关部门的沟通协调，积极推动地方政府将上市公司退市维稳工作有机纳入地方维稳工作机制和工作体系，配合地方政府妥善做好职工、债权人、股东及其他利益相关方的安置安抚、解释疏导与纠纷处置等工作，维护上市公司的经营秩序、财产安全与社会稳定。要高度重视舆情监测和舆论引导，及时掌握媒体及市场各方的反应，并通过有理有据、务实高效的措施综合应对处理。要及时分析、研判退市制度执行过程中出现的新情况、新问题，采取有效措施，切实加以解决。

（二十三）证券交易所应当依法履行退市工作职责。证券交易所是实施退市制度的责任主体，应当按照本意见的要求，及时完善上市规则及其配套规则，并严格执行。对于应当退市的公司，必须按照“出现一家、退市一家”的原则，坚决维护退市制度的严肃性和权威性。证券交易所应当督促退市公司依法及时、准确、完整地披露与退市有关的信息。证监会要切实加强对证券交易所的监督检查，确保本意见各项工作要求的严格执行和落实。

本意见自2014年11月16日起施行。

附件：上市公司退市情形一览表

上市公司退市情形一览表

序号	主动退市
1	上市公司在履行必要的决策程序后，主动向证券交易所提出申请，撤回其股票在该交易所的交易，并决定不再在交易所交易
2	上市公司在履行必要的决策程序后，主动向证券交易所提出申请，撤回其股票在该交易所的交易，并转而申请在其他交易场所交易或者转让
3	上市公司向所有股东发出回购全部股份或者部分股份的要约，导致公司股本总额、股权分布等发生变化不再具备上市条件，其股票按照证券交易所规则退出市场交易
4	上市公司股东向所有其他股东发出收购全部股份或者部分股份的要约，导致公司股本总额、股权分布等发生变化不再具备上市条件，其股票按照证券交易所规则退出市场交易
5	除上市公司股东外的其他收购人向所有股东发出收购全部股份或者部分股份的要约，导致公司股本总额、股权分布等发生变化不再具备上市条件，其股票按照证券交易所规则退出市场交易
6	上市公司因新设合并或者吸收合并，不再具有独立主体资格并被注销，其股票按照证券交易所规则退出市场交易
7	上市公司股东大会决议解散，其股票按照证券交易所规则退出市场交易
	强制退市
8	上市公司存在欺诈发行、重大信息披露违法或者其他涉及国家安全、公共安全、生态安全、生产安全和公众健康安全等领域的重大违法行为
9	上市公司股本总额发生变化不再具备上市条件，且在证券交易所规定的期限内仍不能达到上市条件
10	上市公司社会公众持股比例不足公司股份总数的25%，或者公司股本总额超过4亿元，社会公众持股比例不足公司股份总数的10%，且在证券交易所规定的期限内仍不能达到上市条件
11	上市公司股票在一定期限内累计成交量低于证券交易所规定的最低限额
12	上市公司股票连续20个交易日（不含停牌交易日）每日股票收盘价均低于股票面值
13	上市公司因净利润、净资产、营业收入、审计意见类型或者追溯重述后的净利润、净资产、营业收入等触及规定标准，其股票被暂停上市后，公司披露的最近一个会计年度经审计的财务会计报告显示扣除非经常性损益前、后的净利润孰低者为负值

续表

序号	强制退市
14	上市公司因净利润、净资产、营业收入、审计意见类型或者追溯重述后的净利润、净资产、营业收入等触及规定标准,其股票被暂停上市后,公司披露的最近一个会计年度经审计的财务会计报告显示期末净资产为负值
15	上市公司因净利润、净资产、营业收入、审计意见类型或者追溯重述后的净利润、净资产、营业收入等触及规定标准,其股票被暂停上市后,公司披露的最近一个会计年度经审计的财务会计报告显示营业收入低于证券交易所规定数额
16	上市公司因净利润、净资产、营业收入、审计意见类型或者追溯重述后的净利润、净资产、营业收入等触及规定标准,其股票被暂停上市后,公司披露的最近一个会计年度经审计的财务会计报告被会计师事务所出具否定意见、无法表示意见或者保留意见
17	上市公司在证券交易所规定期限内,未改正财务会计报告中的重大差错或者虚假记载
18	法定期限届满后,上市公司在证券交易所规定的期限内,依然未能披露年度报告或者半年度报告
19	上市公司因净利润、净资产、营业收入、审计意见类型或者追溯重述后的净利润、净资产、营业收入等触及规定标准,其股票被暂停上市,不能在法定期限内披露最近一个会计年度的年度报告
20	上市公司股票被暂停上市后在规定期限内未提出恢复上市申请
21	上市公司股票被暂停上市后其向交易所提交的恢复上市申请材料不全且逾期未补充
22	上市公司股票被暂停上市后其恢复上市申请未获证券交易所同意
23	上市公司被法院宣告破产
24	证券交易所规定的其他情形

关于修改《证券登记结算管理办法》的决定

(2018 年 8 月 15 日　证监会令第 147 号)

将第十九条第二款修改为:“前款所称投资者包括中国公民、中国法人、中国合伙企业、符合规定的外国人及法律、行政法规、中国证监会规章规定的其他投资者。”

增加一款,作为第十九条第三款:“外国人申请开立证券账户的具体办法,由证券登记结算机构制定,报中国证监会批准。”

本决定自 2018 年 9 月 15 日起施行。

《证券登记结算管理办法》根据本决定作相应的修改,重新公布。

证券登记结算管理办法

(2006年4月7日发布 根据2009年11月20日、2017年12月7日、2018年8月15日中国证券监督管理委员会《关于修改〈证券登记结算管理办法〉的决定》修正)

第一章 总 则

第一条 为了规范证券登记结算行为,保护投资者的合法权益,维护证券登记结算秩序,防范证券登记结算风险,保障证券市场安全高效运行,根据《证券法》、《公司法》等法律、行政法规的规定,制定本办法。

第二条 在证券交易所上市的股票、债券、证券投资基金份额等证券及证券衍生品种(以下统称证券)的登记结算,适用本办法。

非上市证券的登记结算业务,参照本办法执行。

境内上市外资股的登记结算业务,法律、行政法规、中国证券监督管理委员会(以下简称中国证监会)另有规定的,从其规定。

第三条 证券登记结算活动必须实行公开、公平、公正、安全、高效的原则。

第四条 证券登记结算机构是为证券交易提供集中登记、存管与结算服务,不以营利为目的的法人。

证券登记结算业务采取全国集中统一的运营方式,由证券登记结算机构依法集中统一办理。

证券登记结算机构实行行业自律管理。

第五条 证券登记结算活动必须遵守法律、行政法规、中国证监会的规定以及证券登记结算机构依法制定的业务规则。

第六条 中国证监会依法对证券登记结算机构及证券登记结算活动进行监督管理。

第二章 证券登记结算机构

第七条 证券登记结算机构的设立和解散,必须经中国证监会批准。

第八条 证券登记结算机构履行下列职能:

(一)证券账户、结算账户的设立和管理;

(二)证券的存管和过户;

(三)证券持有人名册登记及权益登记;

(四)证券和资金的清算交收及相关管理;

(五)受发行人的委托派发证券权益;

(六)依法提供与证券登记结算业务有关的查询、信息、咨询和培训服务;

(七)中国证监会批准的其他业务。

第九条 证券登记结算机构不得从事下列活动:

(一)与证券登记结算业务无关的投资;

(二)购置非自用不动产;

(三)在本办法第六十五条、第六十六条规定之外买卖证券;

(四)法律、行政法规和中国证监会禁止的其他行为。

第十条 证券登记结算机构的下列事项,应当报中国证监会批准:

(一)章程、业务规则的制定和修改;

(二)董事长、副董事长、总经理和副总经理的任免;

(三)依法应当报中国证监会批准的其他事项。

前款第(一)项中所称的业务规则,是指证券登记结算机构的证券账户管理、证券登记、证券托管与存管、证券结算、结算参与人管理等与证券登记结算业务有关的业务规则。

第十一条 证券登记结算机构的下列事项和文件,应当向中国证监会报告:

(一)业务实施细则;

(二)制定或修改业务管理制度、业务复原计划、紧急应对程序;

(三)办理新的证券品种的登记结算业务,变更登记结算业务模式;

(四)结算参与人和结算银行资格的取得

和丧失等变动情况;

(五)发现重大业务风险和技术风险,发现重大违法违规行为,或涉及重大诉讼;

(六)任免分公司总经理、公司总经理助理、公司部门负责人;

(七)有关经营情况和国家有关规定执行情况的年度工作报告;

(八)经会计师事务所审计的年度财务报告,财务预决算方案和重大开支项目,聘请或更换会计师事务所;

(九)与证券交易所签订的主要业务合作协议,与证券发行人、结算参与人和结算银行签订的各项业务协议的样本格式;

(十)重大国际合作与交流活动、涉港澳台重大事务;

(十一)与证券登记结算有关的主要收费项目和标准的制定或调整;

(十二)中国证监会要求报告的其他事项和文件。

第十二条　证券登记结算机构应当妥善保存登记、存管和结算的原始凭证及有关文件和资料。其保存期限不得少于20年。

第十三条　证券登记结算机构对其所编制的与证券登记结算业务有关的数据和资料进行专属管理;未经证券登记结算机构同意,任何组织和个人不得将其专属管理的数据和资料用于商业目的。

第十四条　证券登记结算机构及其工作人员依法对与证券登记结算业务有关的数据和资料负有保密义务。

对与证券登记结算业务有关的数据和资料,证券登记结算机构应当拒绝查询,但有下列情形之一的,证券登记结算机构应当依法办理:

(一)证券持有人查询其本人的有关证券资料;

(二)证券发行人查询其证券持有人名册及有关资料;

(三)证券交易所、中国金融期货交易所依法履行职责要求证券登记结算机构提供相关数据和资料;

(四)人民法院、人民检察院、公安机关和中国证监会依照法定的条件和程序进行查询和取证。

证券登记结算机构应当采取有效措施,方便证券持有人查询其本人证券的持有记录。

第十五条　证券登记结算机构应当公开业务规则、与证券登记结算业务有关的主要收费项目和标准。

证券登记结算机构制定或者变更业务规则、调整证券登记结算主要收费项目和标准等,应当征求相关市场参与人的意见。

第十六条　证券登记结算机构工作人员必须忠于职守、依法办事、不得利用职务便利谋取不正当利益,不得泄露所知悉的有关单位和个人的商业秘密。

证券登记结算机构违反《证券法》及本办法规定的,中国证监会依法予以行政处罚;对直接负责的主管人员和其他直接责任人员,依法给予行政处分。

第三章　证券账户的管理

第十七条　投资者通过证券账户持有证券,证券账户用于记录投资者持有证券的余额及其变动情况。

第十八条　证券应当记录在证券持有人本人的证券账户内,但依据法律、行政法规和中国证监会的规定,证券记录在名义持有人证券账户内的,从其规定。

证券登记结算机构为依法履行职责,可以要求名义持有人提供其名下证券权益拥有人的相关资料。

第十九条　投资者开立证券账户应当向证券登记结算机构提出申请。

前款所称投资者包括中国公民、中国法人、中国合伙企业、符合规定的外国人及法律、行政法规、中国证监会规章规定的其他投资者。

外国人申请开立证券账户的具体办法,由证券登记结算机构制定,报中国证监会批准。

投资者申请开立证券账户应当保证其提交的开户资料真实、准确、完整。

第二十条　证券登记结算机构可以直接为投资者开立证券账户,也可以委托证券公司代为办理。

证券登记结算机构为投资者开立证券账户,应当遵循方便投资者和优化配置账户资源的原则。

第二十一条　证券公司代理开立证券账

户，应当向证券登记结算机构申请取得开户代理资格。

证券公司代理开立证券账户，应当根据证券登记结算机构的业务规则，对投资者提供的有效身份证明文件原件及其他开户资料的真实性、准确性、完整性进行审核，并应当妥善保管相关开户资料，保管期限不得少于20年。

第二十二条　投资者不得将本人的证券账户提供给他人使用。

第二十三条　证券登记结算机构应当根据业务规则，对开户代理机构开立证券账户的活动进行监督。开户代理机构违反业务规则的，证券登记结算机构可以根据业务规则暂停、取消其开户代理资格，并提请中国证监会按照相关规定采取暂停或撤销其相关证券业务许可；对直接负责的主管人员和其他直接责任人员，单处或并处警告、罚款、撤销任职资格或证券从业资格等处罚措施。

第二十四条　证券公司应当掌握其客户的资料及资信状况，并对其客户证券账户的使用情况进行监督。证券公司发现其客户在证券账户使用过程中存在违规行为的，应当按照证券登记结算机构的业务规则处理，并及时向证券登记结算机构和证券交易所报告。涉及法人以他人名义设立证券账户或者利用他人证券账户买卖证券的，还应当向中国证监会报告，由中国证监会依法予以处罚。

第二十五条　投资者在证券账户开立和使用过程中存在违规行为的，证券登记结算机构应当依法对违规证券账户采取限制使用、注销等处置措施。

第四章　证券的登记

第二十六条　上市证券的发行人，应当委托证券登记结算机构办理其所发行证券的登记业务。

证券登记结算机构应当与委托其办理证券登记业务的证券发行人签订证券登记及服务协议，明确双方的权利义务。

证券登记结算机构应当制定并公布证券登记及服务协议的范本。

证券登记结算机构可以根据政府债券主管部门的要求办理上市政府债券的登记业务。

第二十七条　证券登记结算机构根据证券账户的记录，确认证券持有人持有证券的事实，办理证券持有人名册的登记。

第二十八条　证券公开发行后，证券发行人应当向证券登记结算机构提交已发行证券的证券持有人名册及其他相关资料。证券登记结算机构据此办理证券持有人名册的初始登记。

证券发行人应当保证其所提交资料的合法、真实、准确、完整。证券登记结算机构不承担由于证券发行人原因导致证券持有人名册及其他相关资料有误而产生的损失和法律后果。

第二十九条　证券在证券交易所上市交易的，证券登记结算机构应当根据证券交易的交收结果办理证券持有人名册的变更登记。

证券以协议转让、继承、捐赠、强制执行、行政划拨等方式转让的，证券登记结算机构根据业务规则变更相关证券账户的余额，并相应办理证券持有人名册的变更登记。

证券因质押、锁定、冻结等原因导致其持有人权利受到限制的，证券登记结算机构应当在证券持有人名册上加以标记。

第三十条　证券登记结算机构应当保证证券持有人名册和登记过户记录真实、准确、完整，不得隐匿、伪造或者毁损。

第三十一条　证券登记结算机构应当按照业务规则和协议定期向证券发行人发送其证券持有人名册及有关资料。

第三十二条　证券发行人申请办理权益分派等代理服务的，应当按照业务规则和协议向证券登记结算机构提交有关资料并支付款项。

证券发行人未及时履行上述义务的，证券登记结算机构有权推迟或不予办理，证券发行人应当及时发布公告说明有关情况。

第三十三条　证券发行人或者其清算组等终止证券登记及相关服务协议的，证券登记结算机构应当依法向其交付证券持有人名册及其他登记资料。

第五章　证券的托管和存管

第三十四条　投资者应当委托证券公司托管其持有的证券，证券公司应当将其自有证券和所托管的客户证券交由证券登记结算机构存管，但法律、行政法规和中国证监会另有规定的除外。

第三十五条 证券登记结算机构为证券公司设立客户证券总账和自有证券总账,用以统计证券公司交存的客户证券和自有证券。

证券公司应当委托证券登记结算机构维护其客户及自有证券账户,但法律、行政法规和中国证监会另有规定的除外。

第三十六条 投资者买卖证券,应当与证券公司签订证券交易、托管与结算协议。

证券登记结算机构应当制定和公布证券交易、托管与结算协议中与证券登记结算业务有关的必备条款。必备条款应当包括但不限于以下内容:

(一)证券公司根据客户的委托,按照证券交易规则提出交易申报,根据成交结果完成其与客户的证券和资金的交收,并承担相应的交收责任;客户应当同意集中交易结束后,由证券公司委托证券登记结算机构办理其证券账户与证券公司证券交收账户之间的证券划付;

(二)实行质押式回购交易的,投资者和证券公司应当按照业务规则的规定向证券登记结算机构提交用于回购的质押券。投资者和证券公司之间债权债务关系不影响证券登记结算机构按照业务规则对证券公司提交的质押券行使质押权;

(三)客户出现资金交收违约时,证券公司可以委托证券登记结算机构将客户净买入证券划付到其证券处置账户内,并要求客户在约定期限内补足资金。客户出现证券交收违约时,证券公司可以将相当于证券交收违约金额的资金暂不划付给该客户。

第三十七条 证券公司应当将其与客户之间建立、变更和终止证券托管关系的事项报送证券登记结算机构。

证券登记结算机构应当对上述事项加以记录。

第三十八条 客户要求证券公司将其持有证券转由其他证券公司托管的,相关证券公司应当依据证券交易所及证券登记结算机构有关业务规则予以办理,不得拒绝,但有关法律、行政法规和中国证监会另有规定的除外。

第三十九条 证券公司应当采取有效措施,保证其托管的证券的安全,禁止挪用、盗卖。

证券登记结算机构应当采取有效措施,保证其存管的证券的安全,禁止挪用、盗卖。

第四十条 证券的质押、锁定、冻结或扣划,由托管证券的证券公司和证券登记结算机构按照证券登记结算机构的相关规定办理。

第六章 证券和资金的清算交收

第四十一条 证券公司参与证券和资金的集中清算交收,应当向证券登记结算机构申请取得结算参与人资格,与证券登记结算机构签订结算协议,明确双方的权利义务。

没有取得结算参与人资格的证券公司,应当与结算参与人签订委托结算协议,委托结算参与人代其进行证券和资金的集中清算交收。

证券登记结算机构应当制定并公布结算协议和委托结算协议范本。

第四十二条 证券登记结算机构应当选择符合条件的商业银行作为结算银行,办理资金划付业务。

结算银行的条件,由证券登记结算机构制定。

第四十三条 证券和资金结算实行分级结算原则。证券登记结算机构负责办理证券登记结算机构与结算参与人之间的集中清算交收;结算参与人负责办理结算参与人与客户之间的清算交收。

第四十四条 证券登记结算机构应当设立证券集中交收账户和资金集中交收账户,用以办理与结算参与人的证券和资金的集中清算交收。

结算参与人应当根据证券登记结算机构的规定,申请开立证券交收账户和资金交收账户用以办理证券和资金的交收。同时经营证券自营业务和经纪业务的结算参与人,应当申请开立自营证券、资金交收账户和客户证券、资金交收账户分别用以办理自营业务的证券、资金交收和经纪业务的证券、资金交收。

第四十五条 证券登记结算机构采取多边净额结算方式的,应当根据业务规则作为结算参与人的共同对手方,按照货银对付的原则,以结算参与人为结算单位办理清算交收。

第四十六条 证券登记结算机构与参与多边净额结算的结算参与人签订的结算协议应当包括下列内容:

（一）对于结算参与人负责结算的证券交易合同，该合同双方结算参与人向对手方结算参与人收取证券或资金的权利，以及向对手方结算参与人支付资金或证券的义务一并转让给证券登记结算机构；

（二）受让前项权利和义务后，证券登记结算机构享有原合同双方结算参与人对其对手方结算参与人的权利，并应履行原合同双方结算参与人对其对手方结算参与人的义务。

第四十七条　证券登记结算机构进行多边净额清算时，应当将结算参与人的证券和资金轧差计算出应收应付净额，并在清算结束后将清算结果及时通知结算参与人。

证券登记结算机构采取其他结算方式的，应当按照相关业务规则进行清算。

第四十八条　集中交收前，结算参与人应当向客户收取其应付的证券和资金，并在结算参与人证券交收账户、结算参与人资金交收账户留存足额证券和资金。

结算参与人与客户之间的证券划付，应当委托证券登记结算机构代为办理。

第四十九条　集中交收过程中，证券登记结算机构应当在交收时点，向结算参与人收取其应付的资金和证券，同时交付其应收的证券和资金。交收完成后不可撤销。

结算参与人未能足额履行应付证券或资金交收义务的，不能取得相应的资金或证券。

对于同时经营自营业务以及经纪业务或资产管理业务的结算参与人，如果其客户资金交收账户资金不足的，证券登记结算机构可以动用该结算参与人自营资金交收账户内的资金完成交收。

第五十条　集中交收后，结算参与人应当向客户交付其应收的证券和资金。

结算参与人与客户之间的证券划付，应当委托证券登记结算机构代为办理。

第五十一条　证券登记结算机构应当在结算业务规则中对结算参与人与证券登记结算机构之间的证券和资金的集中交收以及结算参与人与客户之间的证券和资金的交收期限分别做出规定。

结算参与人应当在规定的交收期限内完成证券和资金的交收。

第五十二条　因证券登记结算机构的原因导致清算结果有误的，结算参与人在履行交收责任后可以要求证券登记结算机构予以纠正，并承担结算参与人遭受的直接损失。

第七章　风险防范和交收违约处理

第一节　风险防范和控制措施

第五十三条　证券登记结算机构应当采取下列措施，加强证券登记结算业务的风险防范和控制：

（一）制定完善的风险防范制度和内部控制制度；

（二）建立完善的技术系统，制定由结算参与人共同遵守的技术标准和规范；

（三）建立完善的结算参与人和结算银行准入标准和风险评估体系；

（四）对结算数据和技术系统进行备份，制定业务紧急应变程序和操作流程。

第五十四条　证券登记结算机构应当与证券交易所相互配合，建立证券市场系统性风险的防范制度。

证券登记结算机构应当与证券交易所签订业务合作协议，明确双方的权利义务。

第五十五条　证券登记结算机构应当按照结算风险共担的原则，组织结算参与人建立证券结算互保金，用于在结算参与人交收违约时保障交收的连续进行。

证券结算互保金的筹集、使用、管理和补缴办法，由证券登记结算机构在业务规则中规定。

第五十六条　证券登记结算机构可以视结算参与人的风险状况，采取要求结算参与人提供交收担保等风险控制措施。

结算参与人提供交收担保的具体标准，由证券登记结算机构根据结算参与人的风险程度确定和调整。

证券登记结算机构应当将结算参与人提交的交收担保物与其自有资产隔离，严格按结算参与人分户管理，不得挪用。

第五十七条　结算参与人可以在其资金交收账户内，存放证券结算备付金用于完成交收。

证券登记结算机构应当将结算参与人存放的结算备付金与其自有资金隔离，严格按结算参与人分户管理，不得挪用。

第五十八条　证券登记结算机构应当对质押式回购实行质押品保管库制度,将结算参与人提交的用于融资回购担保的质押券转移到质押品保管库。

第五十九条　证券登记结算机构收取的下列资金和证券,只能按业务规则用于已成交的证券交易的清算交收,不得被强制执行:

(一)证券登记结算机构收取的证券结算风险基金、证券结算互保金,以及交收担保物、回购质押券等用于担保交收的资金和证券;

(二)证券登记结算机构根据本办法设立的证券集中交收账户、资金集中交收账户、专用清偿账户内的证券和资金以及根据业务规则设立的其他专用交收账户内的证券和资金;

(三)结算参与人证券交收账户、结算参与人证券处置账户等结算账户内的证券以及结算参与人资金交收账户内根据成交结果确定的应付资金;

(四)根据成交结果确定的投资者进入交收程序的应付证券和资金;

(五)证券登记结算机构在银行开设的结算备付金等专用存款账户、新股发行验资专户内的资金,以及发行人拟向投资者派发的债息、股息和红利等。

第六十条　证券登记结算机构可以根据组织管理证券登记结算业务的需要,按照有关规定申请授信额度,或将专用清偿账户中的证券用于申请质押贷款,以保障证券登记结算活动的持续正常进行。

第二节　集中交收的违约处理

第六十一条　证券登记结算机构应当设立专用清偿账户,用于在结算参与人发生违约时存放暂不交付或扣划的证券和资金。

第六十二条　结算参与人发生资金交收违约时,应当按照以下程序办理:

(一)违约结算参与人应当向证券登记结算机构发送证券交收划付指令,在该结算参与人当日全部应收证券中指定相当于已交付资金等额的证券种类、数量及对应的证券账户,由证券登记结算机构交付结算参与人;并指定相当于不足金额的证券种类和数量,由证券登记结算机构暂不交付给结算参与人。

(二)证券登记结算机构在规定期限内收到有效证券交收划付指令的,应当依据结算业务规则将相应证券交付结算参与人,将暂不交付的证券划入专用清偿账户,并通知该结算参与人在规定的期限内补足资金或提交交收担保。

证券登记结算机构在规定期限内未收到有效证券交收划付指令的,属于结算参与人重大交收违约情形,证券登记结算机构应当将拟交付给结算参与人的全部证券划入专用清偿账户,暂不交付结算参与人,并通知结算参与人在规定的期限内补足资金或提交交收担保。

暂不交付的证券、补充资金或交收担保不足以弥补违约金额的,证券登记结算机构可以扣划该结算参与人的自营证券,并在转入专用清偿账户后通知结算参与人。

第六十三条　结算参与人发生资金交收违约的,证券登记结算机构应当按照下列顺序动用资金,完成与对手方结算参与人的资金交收:

(一)违约结算参与人的担保物中的现金部分;

(二)证券结算互保金中违约结算参与人交纳的部分;

(三)证券结算互保金中其他结算参与人交纳的部分;

(四)证券结算风险基金;

(五)其他资金。

第六十四条　结算参与人发生证券交收违约时,证券登记结算机构有权暂不交付相当于违约金额的应收资金。

证券登记结算机构应当将暂不划付的资金划入专用清偿账户,并通知该结算参与人。结算参与人应当在规定的期限内补足证券,或者提供证券登记结算机构认可的担保。

第六十五条　结算参与人发生证券交收违约的,证券登记结算机构可以动用下列证券,完成与对手方结算参与人的证券交收:

(一)违约结算参与人提交的用以冲抵的相同证券;

(二)委托证券公司以专用清偿账户中的资金买入的相同证券;

(三)其他来源的相同证券。

第六十六条　违约结算参与人未在规定的期间内补足资金、证券的,证券登记结算机构可以处分违约结算参与人所提供的担保物、质押品保管库中的回购质押券、卖出专用清偿账户内的证券。

前款处置所得，用于补足违约结算参与人欠付的资金、证券和支付相关费用；有剩余的，应当归还该相关违约结算参与人；不足偿付的，证券登记结算机构应当向相关违约结算参与人追偿。

在规定期限内无法追偿的证券或资金，证券登记结算机构可以依法动用证券结算互保金和证券结算风险基金予以弥补。依法动用证券结算互保金和证券结算风险基金弥补损失后，证券登记结算机构应当继续向违约结算参与人追偿。

第六十七条　结算参与人发生资金交收违约或证券交收违约的，证券登记结算机构可以按照有关规定收取违约金。证券登记结算机构收取的违约金应当计入证券结算风险基金。

第六十八条　结算参与人发生重大交收违约情形的，证券登记结算机构可以按照以下程序办理：

（一）暂停、终止办理其部分、全部结算业务，以及中止、撤销结算参与人资格，并提请证券交易所采取停止交易措施。

（二）提请中国证监会按照相关规定采取暂停或撤销其相关证券业务许可；对直接负责的主管人员和其他直接责任人员，单处或并处警告、罚款、撤销任职资格或证券从业资格的处罚措施。

证券登记结算机构提请证券交易所采取停止交易措施的具体办法由证券登记结算机构商证券交易所制定，报中国证监会批准。

第六十九条　证券登记结算机构依法动用证券结算互保金和证券结算风险基金，以及对违约结算参与人采取前条规定的处置措施的，应当在证券登记结算机构年度报告中列示。

第三节　结算参与人与客户交收的违约处理

第七十条　结算参与人可以根据证券登记结算机构的规定，向证券登记结算机构申请开立证券处置账户，用以存放暂不交付给客户的证券。

第七十一条　结算参与人可以视客户的风险状况，采取包括要求客户提供交收担保在内的风险控制措施。

客户提供交收担保的具体标准，由结算参与人与客户在证券交易、托管与结算协议中明确。

第七十二条　客户出现资金交收违约时，结算参与人可以发出指令，委托证券登记结算机构将客户净买入证券划付到其证券处置账户内，并要求客户在约定期限内补足资金。

第七十三条　客户出现证券交收违约时，结算参与人可以将相当于证券交收违约金额的资金暂不划付给该客户。

第七十四条　违约客户未在规定的期间内补足资金、证券的，结算参与人可以将证券处置账户内的相应证券卖出，或用暂不交付的资金补购相应证券。

前款处置所得，用于补足违约客户欠付的资金、证券和支付相关费用；有剩余的，应当归还该客户；尚有不足的，结算参与人有权继续向客户追偿。

第七十五条　结算参与人未及时将客户应收资金支付给客户或未及时委托证券登记结算机构将客户应收证券从其证券交收账户划付到客户证券账户的，结算参与人应当对客户承担违约责任，给客户造成损失的，结算参与人应当承担对客户的赔偿责任。

第七十六条　客户对结算参与人交收违约的，结算参与人不能因此拒绝履行对证券登记结算机构的交收义务，也不得影响已经完成和正在进行的证券和资金的集中交收及证券登记结算机构代为办理的证券划付。

第七十七条　没有取得结算参与人资格的证券公司与其客户之间的结算权利义务关系，参照本办法执行。

第八章　附　　则

第七十八条　本办法下列用语的含义是：

登记，是指证券登记结算机构接受证券发行人的委托，通过设立和维护证券持有人名册确认证券持有人持有证券事实的行为。

托管，是指证券公司接受客户委托，代其保管证券并提供代收红利等权益维护服务的行为。

存管,是指证券登记结算机构接受证券公司委托,集中保管证券公司的客户证券和自有证券,并提供代收红利等权益维护服务的行为。

结算,是指清算和交收。

清算,是指按照确定的规则计算证券和资金的应收应付数额的行为。

交收,是指根据确定的清算结果,通过转移证券和资金履行相关债权债务的行为。

名义持有人,是指受他人指定并代表他人持有证券的机构。

结算参与人,是指经证券登记结算机构核准,有资格参与集中清算交收的证券公司或其他机构。

共同对手方,是指在结算过程中,同时作为所有买方和卖方的交收对手并保证交收顺利完成的主体。

货银对付,是指证券登记结算机构与结算参与人在交收过程中,当且仅当资金交付时给付证券、证券交付时给付资金。

多边净额结算,是指证券登记结算机构将每个结算参与人所有达成交易的应收应付证券或资金予以冲抵轧差,计算出相对每个结算参与人的应收应付证券或资金的净额,再按照应收应付证券或资金的净额与每个结算参与人进行交收。

证券集中交收账户,是指证券登记结算机构为办理多边交收业务开立的结算账户,用于办理结算参与人与证券登记结算机构之间的证券划付。

资金集中交收账户,是指证券登记结算机构为办理多边交收业务开立的结算账户,用于办理结算参与人与证券登记结算机构之间的资金划付。

结算参与人证券交收账户,是指结算参与人向证券登记结算机构申请开立的用于证券交收的结算账户。对于同时经营自营业务以及经纪业务或资产管理业务的结算参与人,其证券交收账户包括自营证券交收账户和客户证券交收账户。

结算参与人资金交收账户,是指结算参与人向证券登记结算机构申请开立的用于资金交收的结算账户。对于同时经营自营业务以及经纪业务或资产管理业务的结算参与人,其资金交收账户包括自营资金交收账户和客户资金交收账户。

专用清偿账户,是指证券登记结算机构开立的结算账户,用于存放结算参与人交收违约时证券登记结算机构暂未交付、扣划的证券和资金。

证券处置账户,是指结算参与人向证券登记结算机构申请开立的结算账户,用于存放客户交收违约时证券公司暂不交付给客户的证券。

质押品保管库,是指证券登记结算机构开立的质押品保管专用账户,用于存放结算参与人提交的用于回购的质押券等质押品。

证券结算备付金,是指结算参与人在其资金交收账户内存放的用于完成资金交收的资金。

证券结算互保金,是指全体结算参与人缴纳的用以在发生交收违约时弥补流动性不足以及交收违约损失的资金。

第七十九条 证券公司以外的机构经中国证监会批准,可以接受证券登记结算机构委托为投资者开立证券账户、可以接受投资者委托托管其证券,或者申请成为结算参与人为客户办理证券和资金的清算交收,有关证券登记结算业务处理参照本办法执行。

第八十条 本办法由中国证监会负责解释、修订。

第八十一条 本办法自2006年7月1日起施行。

关于修改《上市公司股权激励管理办法》的决定

（2018 年 8 月 15 日　证监会令第 148 号）

一、第八条第一款修改为："激励对象可以包括上市公司的董事、高级管理人员、核心技术人员或者核心业务人员，以及公司认为应当激励的对公司经营业绩和未来发展有直接影响的其他员工，但不应当包括独立董事和监事。外籍员工任职上市公司董事、高级管理人员、核心技术人员或者核心业务人员的，可以成为激励对象。"

二、第四十五条第二款修改为："激励对象为外籍员工的，可以向证券登记结算机构申请开立证券账户。"

本决定自 2018 年 9 月 15 日起施行。

《上市公司股权激励管理办法》根据本决定作相应的修改，重新公布。

上市公司股权激励管理办法

（2016 年 5 月 4 日中国证券监督管理委员会 2016 年第 6 次主席办公会议审议通过　根据 2018 年 8 月 15 日中国证券监督管理委员会《关于修改〈上市公司股权激励管理办法〉的决定》修正）

第一章　总　　则

第一条　为进一步促进上市公司建立健全激励与约束机制，依据《中华人民共和国公司法》（以下简称《公司法》）、《中华人民共和国证券法》（以下简称《证券法》）及其他法律、行政法规的规定，制定本办法。

第二条　本办法所称股权激励是指上市公司以本公司股票为标的，对其董事、高级管理人员及其他员工进行的长期性激励。

上市公司以限制性股票、股票期权实行股权激励的，适用本办法；以法律、行政法规允许的其他方式实行股权激励的，参照本办法有关规定执行。

第三条　上市公司实行股权激励，应当符合法律、行政法规、本办法和公司章程的规定，有利于上市公司的持续发展，不得损害上市公司利益。

上市公司的董事、监事和高级管理人员在实行股权激励中应当诚实守信，勤勉尽责，维护公司和全体股东的利益。

第四条　上市公司实行股权激励，应当严格按照本办法和其他相关规定的要求履行信息披露义务。

第五条　为上市公司股权激励计划出具意见的证券中介机构和人员，应当诚实守信、勤勉尽责，保证所出具的文件真实、准确、完整。

第六条　任何人不得利用股权激励进行内幕交易、操纵证券市场等违法活动。

第二章　一般规定

第七条　上市公司具有下列情形之一的，不得实行股权激励：

（一）最近一个会计年度财务会计报告被注册会计师出具否定意见或者无法表示意见的审计报告；

（二）最近一个会计年度财务报告内部控制被注册会计师出具否定意见或无法表示意见

的审计报告;

(三)上市后最近36个月内出现过未按法律法规、公司章程、公开承诺进行利润分配的情形;

(四)法律法规规定不得实行股权激励的;

(五)中国证监会认定的其他情形。

第八条 激励对象可以包括上市公司的董事、高级管理人员、核心技术人员或者核心业务人员,以及公司认为应当激励的对公司经营业绩和未来发展有直接影响的其他员工,但不应当包括独立董事和监事。外籍员工任职上市公司董事、高级管理人员、核心技术人员或者核心业务人员的,可以成为激励对象。

单独或合计持有上市公司5%以上股份的股东或实际控制人及其配偶、父母、子女,不得成为激励对象。下列人员也不得成为激励对象:

(一)最近12个月内被证券交易所认定为不适当人选;

(二)最近12个月内被中国证监会及其派出机构认定为不适当人选;

(三)最近12个月内因重大违法违规行为被中国证监会及其派出机构行政处罚或者采取市场禁入措施;

(四)具有《公司法》规定的不得担任公司董事、高级管理人员情形的;

(五)法律法规规定不得参与上市公司股权激励的;

(六)中国证监会认定的其他情形。

第九条 上市公司依照本办法制定股权激励计划的,应当在股权激励计划中载明下列事项:

(一)股权激励的目的;

(二)激励对象的确定依据和范围;

(三)拟授出的权益数量,拟授出权益涉及的标的股票种类、来源、数量及占上市公司股本总额的百分比;分次授出的,每次拟授出的权益数量、涉及的标的股票数量及占股权激励计划涉及的标的股票总额的百分比、占上市公司股本总额的百分比;设置预留权益的,拟预留权益的数量、涉及标的股票数量及占股权激励计划的标的股票总额的百分比;

(四)激励对象为董事、高级管理人员的,其各自可获授的权益数量、占股权激励计划拟授出权益总量的百分比;其他激励对象(各自或者按适当分类)的姓名、职务、可获授的权益数量及占股权激励计划拟授出权益总量的百分比;

(五)股权激励计划的有效期,限制性股票的授予日、限售期和解除限售安排,股票期权的授权日、可行权日、行权有效期和行权安排;

(六)限制性股票的授予价格或者授予价格的确定方法,股票期权的行权价格或者行权价格的确定方法;

(七)激励对象获授权益、行使权益的条件;

(八)上市公司授出权益、激励对象行使权益的程序;

(九)调整权益数量、标的股票数量、授予价格或者行权价格的方法和程序;

(十)股权激励会计处理方法、限制性股票或股票期权公允价值的确定方法、涉及估值模型重要参数取值合理性、实施股权激励应当计提费用及对上市公司经营业绩的影响;

(十一)股权激励计划的变更、终止;

(十二)上市公司发生控制权变更、合并、分立以及激励对象发生职务变更、离职、死亡等事项时股权激励计划的执行;

(十三)上市公司与激励对象之间相关纠纷或争端解决机制;

(十四)上市公司与激励对象的其他权利义务。

第十条 上市公司应当设立激励对象获授权益、行使权益的条件。拟分次授出权益的,应当就每次激励对象获授权益分别设立条件;分期行权的,应当就每次激励对象行使权益分别设立条件。

激励对象为董事、高级管理人员的,上市公司应当设立绩效考核指标作为激励对象行使权益的条件。

第十一条 绩效考核指标应当包括公司业绩指标和激励对象个人绩效指标。相关指标应当客观公开、清晰透明,符合公司的实际情况,有利于促进公司竞争力的提升。

上市公司可以公司历史业绩或同行业可比公司相关指标作为公司业绩指标对照依据,公司选取的业绩指标可以包括净资产收益率、每股收益、每股分红等能够反映股东回报和公司价值创造的综合性指标,以及净利润增长率、主营业务收入增长率等能够反映公司盈利能力和市场价值的成长性指标。以同行业可比公司相关指标作为对照依据的,选取的对照公司不少于3家。

激励对象个人绩效指标由上市公司自行确定。

上市公司应当在公告股权激励计划草案的同时披露所设定指标的科学性和合理性。

第十二条 拟实行股权激励的上市公司,可以下列方式作为标的股票来源:

(一)向激励对象发行股份;

(二)回购本公司股份;

(三)法律、行政法规允许的其他方式。

第十三条 股权激励计划的有效期从首次授予权益日起不得超过10年。

第十四条 上市公司可以同时实行多期股权激励计划。同时实行多期股权激励计划的,各期激励计划设立的公司业绩指标应当保持可比性,后期激励计划的公司业绩指标低于前期激励计划的,上市公司应当充分说明其原因与合理性。

上市公司全部在有效期内的股权激励计划所涉及的标的股票总数累计不得超过公司股本总额的10%。非经股东大会特别决议批准,任何一名激励对象通过全部在有效期内的股权激励计划获授的本公司股票,累计不得超过公司股本总额的1%。

本条第二款所称股本总额是指股东大会批准最近一次股权激励计划时公司已发行的股本总额。

第十五条 上市公司在推出股权激励计划时,可以设置预留权益,预留比例不得超过本次股权激励计划拟授予权益数量的20%。

上市公司应当在股权激励计划经股东大会审议通过后12个月内明确预留权益的授予对象;超过12个月未明确激励对象的,预留权益失效。

第十六条 相关法律、行政法规、部门规章对上市公司董事、高级管理人员买卖本公司股票的期间有限制的,上市公司不得在相关限制期间内向激励对象授出限制性股票,激励对象也不得行使权益。

第十七条 上市公司启动及实施增发新股、并购重组、资产注入、发行可转债、发行公司债券等重大事项期间,可以实行股权激励计划。

第十八条 上市公司发生本办法第七条规定的情形之一的,应当终止实施股权激励计划,不得向激励对象继续授予新的权益,激励对象根据股权激励计划已获授但尚未行使的权益应当终止行使。

在股权激励计划实施过程中,出现本办法第八条规定的不得成为激励对象情形的,上市公司不得继续授予其权益,其已获授但尚未行使的权益应当终止行使。

第十九条 激励对象在获授限制性股票或者对获授的股票期权行使权益前后买卖股票的行为,应当遵守《证券法》《公司法》等相关规定。

上市公司应当在本办法第二十条规定的协议中,就前述义务向激励对象作出特别提示。

第二十条 上市公司应当与激励对象签订协议,确认股权激励计划的内容,并依照本办法约定双方的其他权利义务。

上市公司应当承诺,股权激励计划相关信息披露文件不存在虚假记载、误导性陈述或者重大遗漏。

所有激励对象应当承诺,上市公司因信息披露文件中有虚假记载、误导性陈述或者重大遗漏,导致不符合授予权益或行使权益安排的,激励对象应当自相关信息披露文件被确认存在虚假记载、误导性陈述或者重大遗漏后,将由股权激励计划所获得的全部利益返还公司。

第二十一条 激励对象参与股权激励计划的资金来源应当合法合规,不得违反法律、行政法规及中国证监会的相关规定。

上市公司不得为激励对象依股权激励计划获取有关权益提供贷款以及其他任何形式的财务资助,包括为其贷款提供担保。

第三章 限制性股票

第二十二条 本办法所称限制性股票是指激励对象按照股权激励计划规定的条件,获得的转让等部分权利受到限制的本公司股票。

限制性股票在解除限售前不得转让、用于担保或偿还债务。

第二十三条 上市公司在授予激励对象限

制性股票时,应当确定授予价格或授予价格的确定方法。授予价格不得低于股票票面金额,且原则上不得低于下列价格较高者:

(一)股权激励计划草案公布前 1 个交易日的公司股票交易均价的 50% ;

(二)股权激励计划草案公布前 20 个交易日、60 个交易日或者 120 个交易日的公司股票交易均价之一的 50% 。

上市公司采用其他方法确定限制性股票授予价格的,应当在股权激励计划中对定价依据及定价方式作出说明。

第二十四条 限制性股票授予日与首次解除限售日之间的间隔不得少于 12 个月。

第二十五条 在限制性股票有效期内,上市公司应当规定分期解除限售,每期时限不得少于 12 个月,各期解除限售的比例不得超过激励对象获授限制性股票总额的 50% 。

当期解除限售的条件未成就的,限制性股票不得解除限售或递延至下期解除限售,应当按照本办法第二十六条规定处理。

第二十六条 出现本办法第十八条、第二十五条规定情形,或者其他终止实施股权激励计划的情形或激励对象未达到解除限售条件的,上市公司应当回购尚未解除限售的限制性股票,并按照《公司法》的规定进行处理。

对出现本办法第十八条第一款情形负有个人责任的,或出现本办法第十八条第二款情形的,回购价格不得高于授予价格;出现其他情形的,回购价格不得高于授予价格加上银行同期存款利息之和。

第二十七条 上市公司应当在本办法第二十六条规定的情形出现后及时召开董事会审议回购股份方案,并依法将回购股份方案提交股东大会批准。回购股份方案包括但不限于以下内容:

(一)回购股份的原因;

(二)回购股份的价格及定价依据;

(三)拟回购股份的种类、数量及占股权激励计划所涉及的标的股票的比例、占总股本的比例;

(四)拟用于回购的资金总额及资金来源;

(五)回购后公司股本结构的变动情况及对公司业绩的影响。

律师事务所应当就回购股份方案是否符合法律、行政法规、本办法的规定和股权激励计划的安排出具专业意见。

第四章 股票期权

第二十八条 本办法所称股票期权是指上市公司授予激励对象在未来一定期限内以预先确定的条件购买本公司一定数量股份的权利。

激励对象获授的股票期权不得转让、用于担保或偿还债务。

第二十九条 上市公司在授予激励对象股票期权时,应当确定行权价格或者行权价格的确定方法。行权价格不得低于股票票面金额,且原则上不得低于下列价格较高者:

(一)股权激励计划草案公布前 1 个交易日的公司股票交易均价;

(二)股权激励计划草案公布前 20 个交易日、60 个交易日或者 120 个交易日的公司股票交易均价之一。

上市公司采用其他方法确定行权价格的,应当在股权激励计划中对定价依据及定价方式作出说明。

第三十条 股票期权授权日与获授股票期权首次可行权日之间的间隔不得少于 12 个月。

第三十一条 在股票期权有效期内,上市公司应当规定激励对象分期行权,每期时限不得少于 12 个月,后一行权期的起算日不得早于前一行权期的届满日。每期可行权的股票期权比例不得超过激励对象获授股票期权总额的 50% 。

当期行权条件未成就的,股票期权不得行权或递延至下期行权,并应当按照本办法第三十二条第二款规定处理。

第三十二条 股票期权各行权期结束后,激励对象未行权的当期股票期权应当终止行权,上市公司应当及时注销。

出现本办法第十八条、第三十一条规定情形,或者其他终止实施股权激励计划的情形或激励对象不符合行权条件的,上市公司应当注销对应的股票期权。

第五章 实施程序

第三十三条 上市公司董事会下设的薪酬

与考核委员会负责拟订股权激励计划草案。

第三十四条 上市公司实行股权激励,董事会应当依法对股权激励计划草案作出决议,拟作为激励对象的董事或与其存在关联关系的董事应当回避表决。

董事会审议本办法第四十六条、第四十七条、第四十八条、第四十九条、第五十条、第五十一条规定中有关股权激励计划实施的事项时,拟作为激励对象的董事或与其存在关联关系的董事应当回避表决。

董事会应当在依照本办法第三十七条、第五十四条的规定履行公示、公告程序后,将股权激励计划提交股东大会审议。

第三十五条 独立董事及监事会应当就股权激励计划草案是否有利于上市公司的持续发展,是否存在明显损害上市公司及全体股东利益的情形发表意见。

独立董事或监事会认为有必要的,可以建议上市公司聘请独立财务顾问,对股权激励计划的可行性、是否有利于上市公司的持续发展、是否损害上市公司利益以及对股东利益的影响发表专业意见。上市公司未按照建议聘请独立财务顾问的,应当就此事项作特别说明。

第三十六条 上市公司未按照本办法第二十三条、第二十九条定价原则,而采用其他方法确定限制性股票授予价格或股票期权行权价格的,应当聘请独立财务顾问,对股权激励计划的可行性、是否有利于上市公司的持续发展、相关定价依据和定价方法的合理性、是否损害上市公司利益以及对股东利益的影响发表专业意见。

第三十七条 上市公司应当在召开股东大会前,通过公司网站或者其他途径,在公司内部公示激励对象的姓名和职务,公示期不少于10天。

监事会应当对股权激励名单进行审核,充分听取公示意见。

上市公司应当在股东大会审议股权激励计划前5日披露监事会对激励名单审核及公示情况的说明。

第三十八条 上市公司应当对内幕信息知情人在股权激励计划草案公告前6个月内买卖本公司股票及其衍生品种的情况进行自查,说明是否存在内幕交易行为。

知悉内幕信息而买卖本公司股票的,不得成为激励对象,法律、行政法规及相关司法解释规定不属于内幕交易的情形除外。

泄露内幕信息而导致内幕交易发生的,不得成为激励对象。

第三十九条 上市公司应当聘请律师事务所对股权激励计划出具法律意见书,至少对以下事项发表专业意见:

(一)上市公司是否符合本办法规定的实行股权激励的条件;

(二)股权激励计划的内容是否符合本办法的规定;

(三)股权激励计划的拟订、审议、公示等程序是否符合本办法的规定;

(四)股权激励对象的确定是否符合本办法及相关法律法规的规定;

(五)上市公司是否已按照中国证监会的相关要求履行信息披露义务;

(六)上市公司是否为激励对象提供财务资助;

(七)股权激励计划是否存在明显损害上市公司及全体股东利益和违反有关法律、行政法规的情形;

(八)拟作为激励对象的董事或与其存在关联关系的董事是否根据本办法的规定进行了回避;

(九)其他应当说明的事项。

第四十条 上市公司召开股东大会审议股权激励计划时,独立董事应当就股权激励计划向所有的股东征集委托投票权。

第四十一条 股东大会应当对本办法第九条规定的股权激励计划内容进行表决,并经出席会议的股东所持表决权的2/3以上通过。除上市公司董事、监事、高级管理人员、单独或合计持有上市公司5%以上股份的股东以外,其他股东的投票情况应当单独统计并予以披露。

上市公司股东大会审议股权激励计划时,拟为激励对象的股东或者与激励对象存在关联关系的股东,应当回避表决。

第四十二条 上市公司董事会应当根据股东大会决议,负责实施限制性股票的授予、解除限售和回购以及股票期权的授权、行权和注销。

上市公司监事会应当对限制性股票授予日及期权授予日激励对象名单进行核实并发表

意见。

第四十三条　上市公司授予权益与回购限制性股票、激励对象行使权益前,上市公司应当向证券交易所提出申请,经证券交易所确认后,由证券登记结算机构办理登记结算事宜。

第四十四条　股权激励计划经股东大会审议通过后,上市公司应当在60日内授予权益并完成公告、登记;有获授权益条件的,应当在条件成就后60日内授出权益并完成公告、登记。上市公司未能在60日内完成上述工作的,应当及时披露未完成的原因,并宣告终止实施股权激励,自公告之日起3个月内不得再次审议股权激励计划。根据本办法规定上市公司不得授出权益的期间不计算在60日内。

第四十五条　上市公司应当按照证券登记结算机构的业务规则,在证券登记结算机构开设证券账户,用于股权激励的实施。

激励对象为外籍员工的,可以向证券登记结算机构申请开立证券账户。

尚未行权的股票期权,以及不得转让的标的股票,应当予以锁定。

第四十六条　上市公司在向激励对象授出权益前,董事会应当就股权激励计划设定的激励对象获授权益的条件是否成就进行审议,独立董事及监事会应当同时发表明确意见。律师事务所应当对激励对象获授权益的条件是否成就出具法律意见。

上市公司向激励对象授出权益与股权激励计划的安排存在差异时,独立董事、监事会(当激励对象发生变化时)、律师事务所、独立财务顾问(如有)应当同时发表明确意见。

第四十七条　激励对象在行使权益前,董事会应当就股权激励计划设定的激励对象行使权益的条件是否成就进行审议,独立董事及监事会应当同时发表明确意见。律师事务所应当对激励对象行使权益的条件是否成就出具法律意见。

第四十八条　因标的股票除权、除息或者其他原因需要调整权益价格或者数量的,上市公司董事会应当按照股权激励计划规定的原则、方式和程序进行调整。

律师事务所应当就上述调整是否符合本办法、公司章程的规定和股权激励计划的安排出具专业意见。

第四十九条　分次授出权益的,在每次授出权益前,上市公司应当召开董事会,按照股权激励计划的内容及首次授出权益时确定的原则,决定授出的权益价格、行使权益安排等内容。

当次授予权益的条件未成就时,上市公司不得向激励对象授予权益,未授予的权益也不得递延下期授予。

第五十条　上市公司在股东大会审议通过股权激励方案之前可对其进行变更。变更需经董事会审议通过。

上市公司对已通过股东大会审议的股权激励方案进行变更的,应当及时公告并提交股东大会审议,且不得包括下列情形:

(一)导致加速行权或提前解除限售的情形;

(二)降低行权价格或授予价格的情形。

独立董事、监事会应当就变更后的方案是否有利于上市公司的持续发展,是否存在明显损害上市公司及全体股东利益的情形发表独立意见。律师事务所应当就变更后的方案是否符合本办法及相关法律法规的规定、是否存在明显损害上市公司及全体股东利益的情形发表专业意见。

第五十一条　上市公司在股东大会审议股权激励计划之前拟终止实施股权激励的,需经董事会审议通过。

上市公司在股东大会审议通过股权激励计划之后终止实施股权激励的,应当由股东大会审议决定。

律师事务所应当就上市公司终止实施激励是否符合本办法及相关法律法规的规定、是否存在明显损害上市公司及全体股东利益的情形发表专业意见。

第五十二条　上市公司股东大会或董事会审议通过终止实施股权激励计划决议,或者股东大会审议未通过股权激励计划的,自决议公告之日起3个月内,上市公司不得再次审议股权激励计划。

第六章　信 息 披 露

第五十三条　上市公司实行股权激励,应当真实、准确、完整、及时、公平地披露或者提供信息，不得有虚假记载、误导性陈述或者重大遗漏。

第五十四条　上市公司应当在董事会审议通过股权激励计划草案后，及时公告董事会决议、股权激励计划草案、独立董事意见及监事会意见。

上市公司实行股权激励计划依照规定需要取得有关部门批准的，应当在取得有关批复文件后的2个交易日内进行公告。

第五十五条　股东大会审议股权激励计划前，上市公司拟对股权激励方案进行变更的，变更议案经董事会审议通过后，上市公司应当及时披露董事会决议公告，同时披露变更原因、变更内容及独立董事、监事会、律师事务所意见。

第五十六条　上市公司在发出召开股东大会审议股权激励计划的通知时，应当同时公告法律意见书；聘请独立财务顾问的，还应当同时公告独立财务顾问报告。

第五十七条　股东大会审议通过股权激励计划及相关议案后，上市公司应当及时披露股东大会决议公告、经股东大会审议通过的股权激励计划，以及内幕信息知情人买卖本公司股票情况的自查报告。股东大会决议公告中应当包括中小投资者单独计票结果。

第五十八条　上市公司分次授出权益的，分次授出权益的议案经董事会审议通过后，上市公司应当及时披露董事会决议公告，对拟授出的权益价格、行使权益安排、是否符合股权激励计划的安排等内容进行说明。

第五十九条　因标的股票除权、除息或者其他原因调整权益价格或者数量的，调整议案经董事会审议通过后，上市公司应当及时披露董事会决议公告，同时公告律师事务所意见。

第六十条　上市公司董事会应当在授予权益及股票期权行权登记完成后、限制性股票解除限售前，及时披露相关实施情况的公告。

第六十一条　上市公司向激励对象授出权益时，应当按照本办法第四十四条规定履行信息披露义务，并再次披露股权激励会计处理方法、公允价值确定方法、涉及估值模型重要参数取值的合理性、实施股权激励应当计提的费用及对上市公司业绩的影响。

第六十二条　上市公司董事会按照本办法第四十六条、第四十七条规定对激励对象获授权益、行使权益的条件是否成就进行审议的，上市公司应当及时披露董事会决议公告，同时公告独立董事、监事会、律师事务所意见以及独立财务顾问意见（如有）。

第六十三条　上市公司董事会按照本办法第二十七条规定审议限制性股票回购方案的，应当及时公告回购股份方案及律师事务所意见。回购股份方案经股东大会批准后，上市公司应当及时公告股东大会决议。

第六十四条　上市公司终止实施股权激励的，终止实施议案经股东大会或董事会审议通过后，上市公司应当及时披露股东大会决议公告或董事会决议公告，并对终止实施股权激励的原因、股权激励已筹划及实施进展、终止实施股权激励对上市公司的可能影响等作出说明，并披露律师事务所意见。

第六十五条　上市公司应当在定期报告中披露报告期内股权激励的实施情况，包括：

（一）报告期内激励对象的范围；

（二）报告期内授出、行使和失效的权益总额；

（三）至报告期末累计已授出但尚未行使的权益总额；

（四）报告期内权益价格、权益数量历次调整的情况以及经调整后的最新权益价格与权益数量；

（五）董事、高级管理人员各自的姓名、职务以及在报告期内历次获授、行使权益的情况和失效的权益数量；

（六）因激励对象行使权益所引起的股本变动情况；

（七）股权激励的会计处理方法及股权激励费用对公司业绩的影响；

（八）报告期内激励对象获授权益、行使权益的条件是否成就的说明；

（九）报告期内终止实施股权激励的情况及原因。

第七章　监 督 管 理

第六十六条　上市公司股权激励不符合法律、行政法规和本办法规定，或者上市公司未按照本办法、股权激励计划的规定实施股权激励的，上市公司应当终止实施股权激励，中国证监会及其派出机构责令改正,并书面通报证券交易所和证券登记结算机构。

第六十七条 上市公司未按照本办法及其他相关规定披露股权激励相关信息或者所披露的信息有虚假记载、误导性陈述或者重大遗漏的,中国证监会及其派出机构对公司及相关责任人员采取责令改正、监管谈话、出具警示函等监管措施;情节严重的,依照《证券法》予以处罚;涉嫌犯罪的,依法移交司法机关追究刑事责任。

第六十八条 上市公司因信息披露文件有虚假记载、误导性陈述或者重大遗漏,导致不符合授予权益或行使权益安排的,未行使权益应当统一回购注销,已经行使权益的,所有激励对象应当返还已获授权益。对上述事宜不负有责任的激励对象因返还已获授权益而遭受损失的,可按照股权激励计划相关安排,向上市公司或负有责任的对象进行追偿。

董事会应当按照前款规定和股权激励计划相关安排收回激励对象所得收益。

第六十九条 上市公司实施股权激励过程中,上市公司独立董事及监事未按照本办法及相关规定履行勤勉尽责义务的,中国证监会及其派出机构采取责令改正、监管谈话、出具警示函、认定为不适当人选等措施;情节严重的,依照《证券法》予以处罚;涉嫌犯罪的,依法移交司法机关追究刑事责任。

第七十条 利用股权激励进行内幕交易或者操纵证券市场的,中国证监会及其派出机构依照《证券法》予以处罚;情节严重的,对相关责任人员实施市场禁入等措施;涉嫌犯罪的,依法移交司法机关追究刑事责任。

第七十一条 为上市公司股权激励计划出具专业意见的证券服务机构和人员未履行勤勉尽责义务,所发表的专业意见存在虚假记载、误导性陈述或者重大遗漏的,中国证监会及其派出机构对相关机构及签字人员采取责令改正、监管谈话、出具警示函等措施;情节严重的,依照《证券法》予以处罚;涉嫌犯罪的,依法移交司法机关追究刑事责任。

第八章 附 则

第七十二条 本办法下列用语具有如下含义:

标的股票:指根据股权激励计划,激励对象有权获授或者购买的上市公司股票。

权益:指激励对象根据股权激励计划获得的上市公司股票、股票期权。

授出权益(授予权益、授权):指上市公司根据股权激励计划的安排,授予激励对象限制性股票、股票期权的行为。

行使权益(行权):指激励对象根据股权激励计划的规定,解除限制性股票的限售、行使股票期权购买上市公司股份的行为。

分次授出权益(分次授权):指上市公司根据股权激励计划的安排,向已确定的激励对象分次授予限制性股票、股票期权的行为。

分期行使权益(分期行权):指根据股权激励计划的安排,激励对象已获授的限制性股票分期解除限售、已获授的股票期权分期行权的行为。

预留权益:指股权激励计划推出时未明确激励对象、股权激励计划实施过程中确定激励对象的权益。

授予日或者授权日:指上市公司向激励对象授予限制性股票、股票期权的日期。授予日、授权日必须为交易日。

限售期:指股权激励计划设定的激励对象行使权益的条件尚未成就,限制性股票不得转让、用于担保或偿还债务的期间,自激励对象获授限制性股票完成登记之日起算。

可行权日:指激励对象可以开始行权的日期。可行权日必须为交易日。

授予价格:上市公司向激励对象授予限制性股票时所确定的、激励对象获得上市公司股份的价格。

行权价格:上市公司向激励对象授予股票期权时所确定的、激励对象购买上市公司股份的价格。

标的股票交易均价:标的股票交易总额/标的股票交易总量。

本办法所称的“以上”“以下”含本数,“超过”“低于”“少于”不含本数。

第七十三条 国有控股上市公司实施股权激励,国家有关部门对其有特别规定的,应当同时遵守其规定。

第七十四条 本办法适用于股票在上海、

深圳证券交易所上市的公司。

第七十五条 本办法自2016年8月13日起施行。原《上市公司股权激励管理办法(试行)》(证监公司字〔2005〕151号)及相关配套制度同时废止。

外商投资期货公司管理办法

(2018年8月24日 证监会令第149号)

第一条 为适应期货市场对外开放需要,加强和完善对外商投资期货公司的监督管理,根据《中华人民共和国公司法》、《期货交易管理条例》有关规定,制定本办法。

第二条 本办法所称外商投资期货公司是指单一或有关联关系的多个境外股东直接持有或间接控制公司5%以上股权的期货公司。

第三条 中国证券监督管理委员会(以下简称中国证监会)及其派出机构依法对外商投资期货公司实施监督管理。

第四条 外商投资期货公司的名称、组织形式、注册资本、组织机构的设立及职责等,应当符合《中华人民共和国公司法》、《期货交易管理条例》、《期货公司监督管理办法》等法律、行政法规和中国证监会的有关规定。

第五条 直接持有期货公司5%以上股权的境外股东,除应当符合《期货公司监督管理办法》第七条和第九条规定的条件外,还应当具备下列条件:

(一)持续经营5年以上,近3年未受到所在国家或者地区监管机构或者行政、司法机关的重大处罚;

(二)管理层具有良好的专业素质和管理能力;

(三)具有健全的内部控制制度和风险管理体系;

(四)具有良好的国际声誉和经营业绩,近3年业务规模、收入、利润居于国际前列,近3年长期信用均保持在高水平;

(五)中国证监会规定的其他审慎性条件。

有关联关系的多个境外股东合计持有期货公司5%以上股权的,每个境外股东均应具备上款所列条件。

第六条 除通过中国境内证券公司间接持有期货公司股权及中国证监会规定的其他情形外,境外投资者通过投资关系、协议或其他安排,实际控制期货公司5%以上股权的,应当转为直接持股。

单独或与关联方、一致行动人共同实际控制期货公司5%以上股权的境外投资者,应当具备本办法第五条规定的条件。

第七条 境外股东应当以自由兑换货币出资。境外股东累计持有的(包括直接持有和间接控制)外商投资期货公司股权比例,应当符合国家关于期货业对外开放的安排。

第八条 外商投资期货公司的董事、监事和高级管理人员应当具备中国证监会规定的任职条件。

外商投资期货公司的高级管理人员须在中国境内实地履职。

第九条 境外机构设立外商投资期货公司,应当在公司登记机关登记注册,并向中国证监会提出申请。除应当向中国证监会提交《期货公司监督管理办法》规定的申请文件外,还应当提交下列文件:

(一)申请前3年该境外机构经审计的财务报表;

(二)该境外机构所在国家或者地区相关监管机构或者中国证监会认可的机构出具的关于该境外机构是否具备本办法第五条第一款第一项及《期货公司监督管理办法》第七条第五项、第九条第一款第二项规定条件的说明函;

(三)该境外机构是否具备本办法第五条第一款第二项、第三项规定条件的说明材料;

(四)该境外机构是否具备本办法第五条第一款第四项规定条件的证明文件;

(五)由中国境内律师事务所出具的法律意见书;

(六)中国证监会规定的其他申请文件。

境外股东变更股权属《期货公司监督管理办法》第十七条规定情形的,应当向中国证监会提出申请,申请文件适用前款规定。

第十条 获得中国证监会批准设立的外商投资期货公司,应当按国家外汇管理部门的规定办理相关业务登记手续,足额缴付出资或者提供约定的合作条件。

第十一条 外商投资期货公司申请颁发或换发《经营证券期货业务许可证》,应当向中国证监会提交下列文件:

(一)营业执照副本复印件;

(二)公司章程;

(三)由中国境内具有期货相关业务资格的会计师事务所出具的验资报告;

(四)董事、监事、高级管理人员和主要业务人员的名单,符合任职条件证明文件及期货从业资格证明文件;

(五)高级管理人员在中国境内实地履职的说明文件;

(六)内部控制制度和风险管理制度文本;

(七)营业场所和业务设施情况说明书;

(八)中国证监会要求的其他文件。

申请换发《经营证券期货业务许可证》的,还应当提交公司原有《经营证券期货业务许可证》。

未取得中国证监会颁发的《经营证券期货业务许可证》,外商投资期货公司不得经营期货业务。

第十二条 外商投资期货公司合并或者分立后设立的外商投资期货公司,其股权变动应当符合本办法的规定。

第十三条 境外投资者依法通过证券交易所的证券交易持有或者通过协议、其他安排与他人共同持有上市期货公司股份达到5%以上的,应当具备本办法第五条规定的条件,并遵守法律、行政法规和中国证监会关于上市公司收购、期货公司变更审批的有关规定。

第十四条 外商投资期货公司及其境外股东向中国证监会提交的申请文件,以及向中国证监会及其派出机构报送的文件、资料,必须使用中文。境外股东及其所在国家或者地区相关监管机构或者中国证监会认可的机构出具的文件、资料,以及外商投资期货公司股东会、董事会、监事会、总经理办公会相关文件、资料使用外文的,应当附有与原文内容一致的中文译本。

申请人提交的文件及报送的材料,不能充分说明申请人状况的,中国证监会可以要求申请人作出补充说明。

第十五条 外商投资期货公司交易、结算、风险控制等信息系统的核心服务器以及记录、存储客户信息的数据设备,应当设置在中国境内。

在符合法律、行政法规和中国证监会有关规定的前提下,外商投资期货公司可以利用境外股东的资源和技术,提升信息系统的效率和安全水平。

第十六条 外商投资期货公司及其股东、董事、监事、高级管理人员违反本办法规定的,中国证监会及其派出机构可以依照《期货交易管理条例》、《期货公司监督管理办法》、《期货公司董事、监事和高级管理人员任职资格管理办法》等相关规定采取行政监管措施或予以处罚。

第十七条 香港特别行政区、澳门特别行政区和台湾地区的投资者投资期货公司的,参照适用本办法。国家另有规定的,从其规定。

第十八条 外商投资期货公司的设立、变更、终止、业务活动及监督管理事项,本办法未作规定的,适用中国证监会的其他有关规定。

第十九条 本办法自公布之日起施行。

证券公司和证券投资基金管理公司境外设立、收购、参股经营机构管理办法

(2018年9月25日 证监会令第150号)

第一条 为了规范证券公司、证券投资基金管理公司(以下统称证券基金经营机构)在境外设立、收购子公司或者参股经营机构的行为,根据《中华人民共和国证券法》《中华人民共和国证券投资基金法》《证券公司监督管理条例》等法律、行政法规,制定本办法。

第二条 证券基金经营机构在境外设立、收购子公司或者参股经营机构,适用本办法。

境外子公司和参股经营机构在境外的注册登记、变更、终止以及开展业务活动等事项,应当遵守所在国家或者地区的法律法规和监管要求。

第三条 证券基金经营机构在境外设立、收购子公司或者参股经营机构,应当对境外市场状况、法律法规、监管环境等进行必要的调查研究,综合考虑自身财务状况、公司治理情况、内部控制和风险管理水平、对子公司的管理和控制能力、发展规划等因素,全面评估论证,合理审慎决策。

第四条 证券基金经营机构在境外设立、收购子公司或者参股经营机构,不得从事危害中华人民共和国主权、安全和社会公共利益的行为,不得违反反洗钱等相关法律法规的规定。

第五条 境外子公司、参股经营机构依照属地监管原则由境外监督管理机构监管。中国证券监督管理委员会(以下简称中国证监会)与境外监督管理机构建立跨境监督管理合作机制,加强监管信息交流和执法合作,督促证券基金经营机构依法履行对境外子公司、参股经营机构的管理职责。

第六条 证券基金经营机构应当按照国家外汇管理部门和中国证监会的相关规定,建立完备的外汇资产负债风险管理系统,依法办理外汇资金进出相关手续。

第七条 证券基金经营机构在境外设立、收购子公司或者参股经营机构,应当经中国证监会批准。

第八条 证券基金经营机构在境外设立、收购子公司或者参股经营机构,应当符合下列条件:

(一)拟设立、收购子公司和参股经营机构所在国家或者地区具有完善的证券法律和监管制度,已与中国证监会或者中国证监会认可的机构签定监管合作谅解备忘录,并保持有效的监管合作关系;

(二)最近3年未因重大违法违规行为受到行政或刑事处罚,最近1年未因治理结构不健全、内部控制不完善等原因被采取重大监管措施,不存在因涉嫌重大违法违规行为正在被立案调查或者正处于整改期间的情形;

(三)财务状况及资产流动性良好,证券公司净资产不低于60亿元人民币,证券投资基金管理公司净资产不低于6亿元人民币;持续经营原则满2年;最近12个月各项风险控制指标(如有)持续符合规定,且在境外设立、收购子公司和参股经营机构后各项风险控制指标仍然符合规定;

(四)法人治理结构健全,风险管理制度和内部控制机制完善且能够有效覆盖拟在境外设立、收购的子公司和参股的经营机构;

(五)中国证监会规定的其他条件。

第九条 证券基金经营机构设立境外子公司的,应当全资设立,中国证监会认可的除外。

第十条 证券基金经营机构在境外设立、收购子公司或者参股经营机构,应当向中国证监会提交下列申请材料:

(一)法定代表人签署的申请报告;

(二)在境外设立、收购子公司或者参股经

营机构的相关决议文件;

(三)拟设立、收购子公司或者参股经营机构的章程(草案);

(四)证券基金经营机构符合在境外设立、收购子公司和参股经营机构条件的说明;

(五)证券基金经营机构与境外子公司、参股经营机构之间防范风险传递、利益冲突和利益输送的相关措施安排及说明;

(六)证券基金经营机构能够对境外子公司和参股经营机构有效管理的说明,内容应当包括对现有境内子公司的风险管理和内部控制安排及实施效果,拟对境外子公司的管控安排,拟对境外参股经营机构相关表决权的实施机制等;

(七)在境外设立、收购子公司或者参股经营机构的协议(如适用);

(八)可行性研究报告,内容至少包括:在境外设立、收购子公司或者参股经营机构的必要性及可行性,外汇资金来源的说明,境外子公司或者参股经营机构的名称、组织形式、管理架构、股权结构图、业务范围、业务发展规划的说明,主要人员简历等;

(九)与境外监督管理机构沟通情况的说明;

(十)中国证监会要求的其他材料。

第十一条 境外子公司或者参股经营机构应当从事证券、期货、资产管理或者中国证监会认可的其他金融业务,以及金融业务中间介绍、金融信息服务、金融信息技术系统服务、为特定金融业务及产品提供后台支持服务等中国证监会认可的金融相关业务,不得从事与金融无关的业务。

第十二条 境外子公司应当具有简明、清晰、可穿透的股权架构,法人层级应当与境外子公司资本规模、经营管理能力和风险管控水平相适应。

境外子公司可以设立专业孙公司开展金融业务和金融相关业务。除确有需要外,上述孙公司不得再设立机构。

境外子公司再设立、收购、参股经营机构,应当按照国家有关规定履行相关的审批或者备案手续。

第十三条 境外子公司不得直接或者间接在境内从事经营性活动,为境外子公司提供后台支持或者辅助等中国证监会认可的活动除外。

境外子公司在境内设立机构,从事后台支持或者辅助等中国证监会认可活动的,证券基金经营机构应当事先报中国证监会备案。

第十四条 证券基金经营机构应当充分履行股东职责,依法参与境外子公司的法人治理,健全对境外子公司的风险管控,形成权责明确、流程清晰、制衡有效的管理机制。

第十五条 证券基金经营机构应当指派分管境外机构的高级管理人员作为股东代表出席股东(大)会。股东代表因故不能出席时,应当书面授权证券基金经营机构相关部门负责人代为出席。

第十六条 证券基金经营机构在境外设立、收购子公司,应当确保对子公司董事会具有影响力。仅设执行董事的,执行董事应当由证券基金经营机构提名。证券基金经营机构应当履行内部程序确定提名人选,所提名的董事应当符合以下条件:

(一)熟悉中国证监会及境外机构所在地相关法律法规和业务规范,具备良好的职业操守,最近3年无相关违法违规记录;

(二)具备5年以上证券、基金等金融领域的工作经历;

(三)具备履行职责所必需的时间和精力;

(四)中国证监会规定的其他条件。

第十七条 证券基金经营机构应当通过股东提案等方式,在境外子公司章程中明确下列事项由境外子公司股东会审议:

(一)决定经营方针和投资计划,决定年度财务预算方案、决算方案;

(二)选举和更换董事;

(三)变更业务范围、股权或注册资本,修改章程;

(四)合并、分立、解散或者清算;

(五)购买、出售资产或者投资、借贷、关联交易、担保等的金额达到或超过净资产的10%;

(六)设立、收购、参股经营机构;

(七)其他应当由股东会审议的事项。

第十八条 证券基金经营机构应当通过股东提案等方式,在境外子公司章程中明确下列事项由境外子公司董事会审议:

（一）购买、出售资产或者投资、借贷、关联交易、担保等的金额超过净资产的5%但不足10%，且不低于500万元人民币；

（二）内部管理机构的设置；

（三）聘任或者解聘境外子公司经营管理负责人、合规管理负责人、风险管理负责人、财务负责人等经营管理层人员，决定上述人员的考核结果和薪酬；

（四）涉及合规管理、内部控制、风险防范的重大事项；

（五）其他应当由董事会审议的事项。

第十九条 股东代表和提名的董事应当在收到相关会议议案后，及时向证券基金经营机构报告，并提交议案事项涉及的相关材料。

涉及本办法第十七条、第十八条股东会和董事会审议事项的相关议案，证券基金经营机构应当按照公司章程，提交证券基金经营机构股东会、董事会或者经营决策机构集体讨论，合规负责人应当进行合规审查，出具书面合规审查意见。集体决策的意见应当反馈给其委派的股东代表和提名的董事贯彻落实。

第二十条 证券基金经营机构应当采取有效措施，建立决策事项落实跟踪制度及决策效果评估制度，督促其委派的股东代表和提名的董事根据证券基金经营机构的意见履行职责，事后及时评估决策效果，不断改进提升决策质量。

第二十一条 证券基金经营机构应当建立境外机构、股东代表及所提名董事等相关人员的重大事项报告机制，明确报告的事项范围、时间要求和报告路径，确保证券基金经营机构能够及时知悉并处理境外机构经营管理等重大事项，有效防范、评估和化解风险。

第二十二条 证券基金经营机构应当建立健全对境外子公司的内部稽核和外部审计制度，完善对境外子公司的财务稽核、业务稽核、风险控制监督等，检查和评估境外子公司内部控制的有效性、财务运营的稳健性等。外部审计每年不少于一次，内部稽核定期进行。

第二十三条 证券基金经营机构应当建立与境外子公司、参股经营机构之间有效的信息隔离和风险隔离制度，控制内幕信息和未公开信息等敏感信息的不当流动和使用，有效防范风险传递和利益输送。

第二十四条 证券基金经营机构应当加强与境外子公司之间交易的管理，发生此类交易的，证券基金经营机构应当履行必要的内部程序并在公司年度报告以及监察稽核报告中说明；依照法律法规应当对外信息披露的，应当严格履行信息披露义务。

证券基金经营机构应当通过股东提案等方式，明确境外子公司、参股经营机构的关联交易管理制度，对关联交易行为认定标准、交易定价方法、交易审批程序等进行规范，保证关联交易决策的独立性，严格防范非公平关联交易风险。

第二十五条 证券基金经营机构应当通过股东提案等方式，在境外子公司章程中明确境外子公司高级管理人员应当符合以下条件：

（一）熟悉相关法律法规和业务规范，最近3年无相关违法违规记录；

（二）具备5年以上证券、基金等金融领域的工作经历和履行职责所必需的经营管理能力；

（三）中国证监会规定的其他条件。

证券基金经营机构的董事、监事、高级管理人员等在境外子公司、参股经营机构兼职的，应当遵守境内外相关规定，不得兼任与现有职责相冲突的职务。证券基金经营机构应当参照境内证券基金行业人员离任审计或离任审查的相关管理规定，对境外子公司的董事、高级管理人员和重要岗位人员开展离任审计或离任审查。

第二十六条 证券基金经营机构应当建立健全境外子公司激励约束机制，督促境外子公司完善绩效年薪制度。激励机制应当合理、均衡、有效，达到鼓励合规、稳健经营、长期有效的目的，不得过度激励、短期激励。

证券基金经营机构应当建立健全履职评价和责任追究机制，对损害境外子公司、参股经营机构合法权益，导致境外子公司、参股经营机构出现经营风险或者违法违规问题的人员依法追究责任。

第二十七条 证券基金经营机构应当建立并持续完善覆盖境外机构的合规管理、风险管理和内部控制体系。

证券基金经营机构应当要求境外子公司的合规负责人和风险管理负责人每年度结束后30个工作日内，向证券基金经营机构报送年度合规专报和风险测评专报。证券基金经营机构的合规负责人、风险管理负责人应当对上述专报进行审查,并签署审查意见。

第二十八条　证券基金经营机构对境外子公司增资,或者依法为境外子公司提供融资、担保以及其他类似增信措施的,应当履行内部的决策程序,并在作出决议之日起5个工作日内向中国证监会备案;依法为境外子公司出具不具有实质性担保义务的安慰函以及其他类似文件的,应当于出具文件的次月前5个工作日内向中国证监会备案。

第二十九条　证券基金经营机构在境外参股经营机构的,应当依法参与经营管理,充分行使股东权利,积极履行股东义务。

第三十条　证券基金经营机构应当在每月前10个工作日内,通过中国证监会有关监管信息平台报送上一月度境外子公司的主要财务数据及业务情况。

证券基金经营机构应当在每年4月底之前通过中国证监会有关监管信息平台报送上一年度境外机构经审计的财务报告、审计报告以及年度工作报告,年度工作报告的内容包括但不限于:持牌情况、获得交易所等会员资格情况、业务开展情况、财务状况、法人治理情况、岗位设置和人员配备情况、下属机构情况、配合调查情况、被境外监管机构采取监管措施或者处罚情况等。

中国证监会派出机构应当每月对辖区内证券基金经营机构报送的境外机构有关文件进行分析,并在每季度结束后15个工作日内,向中国证监会报告辖区内证券基金经营机构境外机构的经营管理、内控合规和风险管理等情况。

第三十一条　证券基金经营机构境外子公司发生下列事项的,证券基金经营机构应当在5个工作日内向中国证监会及相关派出机构书面报告:

(一)注册登记、取得业务资格、经营非持牌业务;

(二)作出变更名称、股权或注册资本,修改章程重要条款,分立、合并或者解散等的决议;

(三)取得、变更或者注销交易所等会员资格;

(四)变更董事长、总经理、合规负责人和风险管理负责人;

(五)机构或其从业人员受到境外监管机构或交易所的现场检查、调查、纪律处分或处罚;

(六)预计发生重大亏损、遭受超过净资产10%的重大损失以及公司财务状况发生其他重大不利变化;

(七)与证券基金经营机构及其关联方发生重大关联交易;

(八)按规定应当向境外监管机构报告的重大事项。

第三十二条　证券基金经营机构在境外设立、收购子公司或者参股经营机构,以及对境外子公司和参股经营机构的管理,违反法律、行政法规和本办法规定的,中国证监会及相关派出机构可以对证券基金经营机构采取出具警示函、责令定期报告、责令改正、监管谈话等行政监管措施;对直接负责的董事、监事、高级管理人员和其他责任人员,可以采取出具警示函、责令参加培训、责令改正、监管谈话、认定为不适当人选等行政监管措施。

第三十三条　证券基金经营机构因治理结构不健全、内部控制不完善,未按本办法履行对境外机构的管理和控制职责,导致境外机构违法违规经营或者出现重大风险的,对证券基金经营机构及其直接负责的董事、监事、高级管理人员和其他直接责任人员,依照《中华人民共和国证券投资基金法》第二十四条、《证券公司监督管理条例》第七十条采取行政监管措施。

第三十四条　证券基金经营机构违反本办法规定,依法应予处罚的,对证券基金经营机构及其直接负责的主管人员和其他直接责任人员,按照相关法律法规的规定进行处罚。相关法律法规没有规定的,处以警告、3万元以下罚款。涉嫌犯罪的,依法移送司法机关追究刑事责任。

第三十五条　本办法所称收购,指通过购买境外已设立机构股权等方式控制该机构。

第三十六条　境外子公司、参股经营机构所在地法律法规以及关于上市公司的相关监管政策和自律规则对其外资比例、章程内容、法人治理等方面的规定与本办法存在不一致的,从其规定。

第三十七条　本办法施行前,证券基金经营机构已经获准设立、收购子公司或者参股经营机构的，应当在本办法施行后36个月内，逐步规范，达到本办法的相关要求。逾期未达到要求的，中国证监会及相关派出机构依法采取行政监管措施。其中，对于已经存在的股权架构不符合要求的，证券基金经营机构应当降低组织架构复杂程度，简化法人层级，并报中国证监会备案认可。

证券基金经营机构不得在境外经营放债或类似业务。已经开展上述业务的，自本办法施行之日起，不得新增上述业务，存量业务到期终结。

第三十八条 本办法自公布之日起施行。中国证监会发布的《关于证券投资基金管理公司在香港设立机构的规定》（证监会公告〔2008〕12号）同时废止。

证券期货经营机构私募资产管理业务管理办法

（2018年10月22日 证监会令第151号）

第一章 总 则

第一条 为规范证券期货经营机构私募资产管理业务，保护投资者及相关当事人的合法权益，维护证券期货市场秩序，根据《中华人民共和国证券法》、《中华人民共和国证券投资基金法》（以下简称《证券投资基金法》）、《证券公司监督管理条例》、《期货交易管理条例》、《关于规范金融机构资产管理业务的指导意见》（银发〔2018〕106号，以下简称《指导意见》）及相关法律法规，制定本办法。

第二条 在中华人民共和国境内，证券期货经营机构非公开募集资金或者接受财产委托，设立私募资产管理计划（以下简称资产管理计划）并担任管理人，由托管机构担任托管人，依照法律法规和资产管理合同的约定，为投资者的利益进行投资活动，适用本办法。

本办法所称证券期货经营机构，是指证券公司、基金管理公司、期货公司及前述机构依法设立的从事私募资产管理业务的子公司。

证券期货经营机构非公开募集资金开展资产证券化业务，由中国证券监督管理委员会（以下简称中国证监会）另行规定。

第三条 证券期货经营机构从事私募资产管理业务，应当遵循自愿、公平、诚实信用和客户利益至上原则，恪尽职守，谨慎勤勉，维护投资者合法权益，服务实体经济，不得损害国家利益、社会公共利益和他人合法权益。

证券期货经营机构应当遵守审慎经营规则，制定科学合理的投资策略和风险管理制度，有效防范和控制风险，确保业务开展与资本实力、管理能力及风险控制水平相适应。

第四条 证券期货经营机构不得在表内从事私募资产管理业务，不得以任何方式向投资者承诺本金不受损失或者承诺最低收益。

投资者参与资产管理计划，应当根据自身能力审慎决策，独立承担投资风险。

第五条 证券期货经营机构从事私募资产管理业务，应当实行集中运营管理，建立健全内部控制和合规管理制度，采取有效措施，将私募资产管理业务与公司其他业务分开管理，控制敏感信息的不当流动和使用，防范内幕交易、利用未公开信息交易、利益冲突和利益输送。

第六条 资产管理计划财产的债务由资产管理计划财产本身承担，投资者以其出资为限对资产管理计划财产的债务承担责任。但资产管理合同依照《证券投资基金法》另有约定的，从其约定。

资产管理计划财产独立于证券期货经营机构和托管人的固有财产，并独立于证券期货经营机构管理的和托管人托管的其他财产。证券期货经营机构、托管人不得将资产管理计划财产归入其固有财产。

证券期货经营机构、托管人因资产管理计划财产的管理、运用或者其他情形而取得的财产和收益,归入资产管理计划财产。

证券期货经营机构、托管人因依法解散、被依法撤销或者被依法宣告破产等原因进行清算的,资产管理计划财产不属于其清算财产。

非因资产管理计划本身的债务或者法律规定的其他情形,不得查封、冻结、扣划或者强制执行资产管理计划财产。

第七条　中国证监会及其派出机构依据法律、行政法规和本办法的规定,对证券期货经营机构私募资产管理业务实施监督管理。

第八条　证券交易场所、期货交易所、证券登记结算机构、中国证券业协会(以下简称证券业协会)、中国期货业协会(以下简称期货业协会)、中国证券投资基金业协会(以下简称证券投资基金业协会)依照法律、行政法规和中国证监会的规定,对证券期货经营机构私募资产管理业务实施自律管理。

第二章　业务主体

第九条　证券期货经营机构从事私募资产管理业务,应当依法经中国证监会批准。法律、行政法规和中国证监会另有规定的除外。

第十条　证券期货经营机构从事私募资产管理业务,应当符合以下条件:

(一)净资产、净资本等财务和风险控制指标符合法律、行政法规和中国证监会的规定;

(二)法人治理结构良好,内部控制、合规管理、风险管理制度完备;

(三)具备符合条件的高级管理人员和三名以上投资经理;

(四)具有投资研究部门,且专职从事投资研究的人员不少于三人;

(五)具有符合要求的营业场所、安全防范设施、信息技术系统;

(六)最近两年未因重大违法违规行为被行政处罚或者刑事处罚,最近一年未因重大违法违规行为被监管机构采取行政监管措施,无因涉嫌重大违法违规正受到监管机构或有权机关立案调查的情形;

(七)中国证监会根据审慎监管原则规定的其他条件。

证券公司、基金管理公司、期货公司设立子公司从事私募资产管理业务,并由其投资研究部门为子公司提供投资研究服务的,视为符合前款第(四)项规定的条件。

第十一条　证券期货经营机构从事私募资产管理业务,应当履行以下管理人职责:

(一)依法办理资产管理计划的销售、登记、备案事宜;

(二)对所管理的不同资产管理计划的受托财产分别管理、分别记账,进行投资;

(三)按照资产管理合同的约定确定收益分配方案,及时向投资者分配收益;

(四)进行资产管理计划会计核算并编制资产管理计划财务会计报告;

(五)依法计算并披露资产管理计划净值,确定参与、退出价格;

(六)办理与受托财产管理业务活动有关的信息披露事项;

(七)保存受托财产管理业务活动的记录、账册、报表和其他相关资料;

(八)以管理人名义,代表投资者利益行使诉讼权利或者实施其他法律行为;

(九)法律、行政法规和中国证监会规定的其他职责。

第十二条　投资经理应当依法取得从业资格,具有三年以上投资管理、投资研究、投资咨询等相关业务经验,具备良好的诚信记录和职业操守,且最近三年未被监管机构采取重大行政监管措施、行政处罚。

第十三条　证券期货经营机构应当将受托财产交由依法取得基金托管资格的托管机构实施独立托管。法律、行政法规和中国证监会另有规定的除外。

托管人应当履行下列职责:

(一)安全保管资产管理计划财产;

(二)按照规定开设资产管理计划的托管账户,不同托管账户中的财产应当相互独立;

(三)按照资产管理合同约定,根据管理人的投资指令,及时办理清算、交割事宜;

(四)建立与管理人的对账机制,复核、审查管理人计算的资产管理计划资产净值和资产管理计划参与、退出价格;

(五)监督管理人的投资运作,发现管理人的投资或清算指令违反法律、行政法规、中国证监会的规定或者资产管理合同约定的，应当拒绝执行，并向中国证监会相关派出机构和证券投资基金业协会报告；

（六）办理与资产管理计划托管业务活动有关的信息披露事项；

（七）对资产管理计划财务会计报告、年度报告出具意见；

（八）保存资产管理计划托管业务活动的记录、账册、报表和其他相关资料；

（九）对资产管理计划投资信息和相关资料承担保密责任，除法律、行政法规、规章规定或者审计要求、合同约定外，不得向任何机构或者个人提供相关信息和资料；

（十）法律、行政法规和中国证监会规定的其他职责。

第十四条 证券期货经营机构可以自行销售资产管理计划，也可以委托具有基金销售资格的机构（以下简称销售机构）销售或者推介资产管理计划。

销售机构应当依法、合规销售或者推介资产管理计划。

第十五条 证券期货经营机构可以自行办理资产管理计划份额的登记、估值、核算，也可以委托中国证监会认可的其他机构代为办理。

第十六条 证券期货经营机构从事私募资产管理业务，可以聘请符合中国证监会规定条件并接受国务院金融监督管理机构监管的机构为其提供投资顾问服务。证券期货经营机构依法应当承担的责任不因聘请投资顾问而免除。

证券期货经营机构应当向投资者详细披露所聘请的投资顾问的资质、收费等情况，以及更换、解聘投资顾问的条件和程序，充分揭示聘请投资顾问可能产生的特定风险。

证券期货经营机构不得聘请个人或者不符合条件的机构提供投资顾问服务。

第十七条 证券期货经营机构、托管人、投资顾问及相关从业人员不得有下列行为：

（一）利用资产管理计划从事内幕交易、操纵市场或者其他不当、违法的证券期货业务活动；

（二）泄露因职务便利获取的未公开信息、利用该信息从事或者明示、暗示他人从事相关交易活动；

（三）为违法或者规避监管的证券期货业务活动提供交易便利；

（四）从事非公平交易、利益输送等损害投资者合法权益的行为；

（五）利用资产管理计划进行商业贿赂；

（六）侵占、挪用资产管理计划财产；

（七）利用资产管理计划或者职务便利为投资者以外的第三方谋取不正当利益；

（八）直接或者间接向投资者返还管理费；

（九）以获取佣金或者其他不当利益为目的，使用资产管理计划财产进行不必要的交易；

（十）法律、行政法规和中国证监会规定禁止的其他行为。

第三章 业务形式

第十八条 证券期货经营机构可以为单一投资者设立单一资产管理计划，也可以为多个投资者设立集合资产管理计划。

集合资产管理计划的投资者人数不少于二人，不得超过二百人。

第十九条 单一资产管理计划可以接受货币资金委托，或者接受投资者合法持有的股票、债券或中国证监会认可的其他金融资产委托。集合资产管理计划原则上应当接受货币资金委托，中国证监会认可的情形除外。

证券登记结算机构应当按照规定为接受股票、债券等证券委托的单一资产管理计划办理证券非交易过户等手续。

第二十条 资产管理计划应当具有明确、合法的投资方向，具备清晰的风险收益特征，并区分最终投向资产类别，按照下列规定确定资产管理计划所属类别：

（一）投资于存款、债券等债权类资产的比例不低于资产管理计划总资产80%的，为固定收益类；

（二）投资于股票、未上市企业股权等股权类资产的比例不低于资产管理计划总资产80%的，为权益类；

（三）投资于商品及金融衍生品的持仓合约价值的比例不低于资产管理计划总资产80%，且衍生品账户权益超过资产管理计划总资产20%的，为商品及金融衍生品类；

（四）投资于债权类、股权类、商品及金融衍生品类资产的比例未达到前三类产品标准的,为混合类。

第二十一条 根据资产管理计划的类别、投向资产的流动性及期限特点、投资者需求等因素,证券期货经营机构可以设立存续期间办理参与、退出的开放式资产管理计划,或者存续期间不办理参与和退出的封闭式资产管理计划。

开放式资产管理计划应当明确投资者参与、退出的时间、次数、程序及限制事项。开放式集合资产管理计划每三个月至多开放一次计划份额的参与、退出,中国证监会另有规定的除外。

第二十二条 单一资产管理计划可以不设份额,集合资产管理计划应当设定为均等份额。

开放式集合资产管理计划不得进行份额分级。封闭式集合资产管理计划可以根据风险收益特征对份额进行分级。同级份额享有同等权益、承担同等风险。分级资产管理计划优先级与劣后级的比例应当符合法律、行政法规和中国证监会的规定。

分级资产管理计划的名称应当包含“分级”或“结构化”字样,证券期货经营机构应当向投资者充分披露资产管理计划的分级设计及相应风险、收益分配、风险控制等信息。

第二十三条 证券期货经营机构可以设立基金中基金资产管理计划,将80%以上的资产管理计划资产投资于接受国务院金融监督管理机构监管的机构发行的资产管理产品,但不得违反本办法第四十四条、第四十五条以及中国证监会的其他规定。

证券期货经营机构应当向投资者充分披露基金中基金资产管理计划所投资资产管理产品的选择标准、资产管理计划发生的费用、投资管理人及管理人关联方所设立的资产管理产品的情况。

本办法所称关联方按照《企业会计准则》的规定确定。

第二十四条 证券期货经营机构可以设立管理人中管理人资产管理计划,具体规则由中国证监会另行制定。

第四章 非公开募集

第二十五条 资产管理计划应当以非公开方式向合格投资者募集。

证券期货经营机构、销售机构不得公开或变相公开募集资产管理计划,不得通过报刊、电台、电视、互联网等传播媒体或者讲座、报告会、传单、布告、自媒体等方式向不特定对象宣传具体资产管理计划。

证券期货经营机构不得设立多个资产管理计划,同时投资于同一非标准化资产,以变相突破投资者人数限制或者其他监管要求。单一主体及其关联方的非标准化资产,视为同一非标准化资产。

任何单位和个人不得以拆分份额或者转让份额收(受)益权等方式,变相突破合格投资者标准或人数限制。

第二十六条 证券期货经营机构募集资产管理计划,应当与投资者、托管人签订资产管理合同。资产管理合同应当包括《证券投资基金法》第九十二条、第九十三条规定的内容。

资产管理合同应当对巨额退出、延期支付、延期清算、管理人变更或者托管人变更等或有事项,作出明确约定。

第二十七条 证券期货经营机构和销售机构在募集资产管理计划过程中,应当按照中国证监会的规定,严格履行适当性管理义务,充分了解投资者,对投资者进行分类,对资产管理计划进行风险评级,遵循风险匹配原则,向投资者推荐适当的产品,禁止误导投资者购买与其风险承受能力不相符合的产品,禁止向风险识别能力和风险承受能力低于产品风险等级的投资者销售资产管理计划。

投资者应当以真实身份和自有资金参与资产管理计划,并承诺委托资金的来源符合法律、行政法规的规定。投资者未作承诺,或者证券期货经营机构、销售机构知道或者应当知道投资者身份不真实、委托资金来源不合法的,证券期货经营机构、销售机构不得接受其参与资产管理计划。

第二十八条 销售机构应当在募集结束后十个工作日内,将销售过程中产生和保存的投资者信息及资料全面、准确、及时提供给证券期货经营机构。

资产管理计划存续期间持续销售的,销售机构应当在销售行为完成后五个工作日内,将销售过程中产生和保存的投资者信息及资料全面、准确、及时提供给证券期货经营机构。

第二十九条 集合资产管理计划募集期间，证券期货经营机构、销售机构应当在规定期限内，将投资者参与资金存入集合资产管理计划份额登记机构指定的专门账户。集合资产管理计划成立前，任何机构和个人不得动用投资者参与资金。

按照前款规定存入专门账户的投资者参与资金，独立于证券期货经营机构、销售机构的固有财产。非因投资者本身的债务或者法律规定的其他情形，不得查封、冻结、扣划或者强制执行存入专门账户的投资者参与资金。

第三十条 集合资产管理计划成立应当具备下列条件：

（一）募集过程符合法律、行政法规和中国证监会的规定；

（二）募集金额达到资产管理合同约定的成立规模，且不违反中国证监会规定的最低成立规模；

（三）投资者人数不少于二人；

（四）符合中国证监会规定以及资产管理合同约定的其他条件。

第三十一条 集合资产管理计划的募集金额缴足之日起十个工作日内，证券期货经营机构应当委托具有证券相关业务资格的会计师事务所进行验资并出具验资报告。

集合资产管理计划在取得验资报告后，由证券期货经营机构公告资产管理计划成立；单一资产管理计划在受托资产入账后，由证券期货经营机构书面通知投资者资产管理计划成立。

第三十二条 证券期货经营机构应当在资产管理计划成立之日起五个工作日内，将资产管理合同、投资者名单与认购金额、验资报告或者资产缴付证明等材料报证券投资基金业协会备案，并抄报中国证监会相关派出机构。

资产管理计划完成备案前不得开展投资活动，以现金管理为目的，投资于银行活期存款、国债、中央银行票据、政策性金融债、地方政府债券、货币市场基金等中国证监会认可的投资品种的除外。

证券投资基金业协会应当制定资产管理计划备案规则，明确工作程序和期限，并向社会公开。

第三十三条 证券期货经营机构应当在资产管理合同约定的募集期内，完成集合资产管理计划的募集。募集期届满，集合资产管理计划未达到本办法第三十条规定的成立条件的，证券期货经营机构应当承担下列责任：

（一）以其固有财产承担因募集行为而产生的债务和费用；

（二）在募集期届满后三十日内返还投资者已缴纳的款项，并加计银行同期活期存款利息。

第三十四条 证券期货经营机构以自有资金参与集合资产管理计划，应当符合法律、行政法规和中国证监会的规定，并按照《中华人民共和国公司法》和公司章程的规定，获得公司股东会、董事会或者其他授权程序的批准。

证券期货经营机构自有资金所持的集合资产管理计划份额，应当与投资者所持的同类份额享有同等权益、承担同等风险。

第三十五条 投资者可以通过证券交易所以及中国证监会认可的其他方式，向合格投资者转让其持有的集合资产管理计划份额，并按规定办理份额变更登记手续。转让后，持有资产管理计划份额的合格投资者合计不得超过二百人。

证券期货经营机构应当在集合资产管理计划份额转让前，对受让人的合格投资者身份和资产管理计划的投资者人数进行合规性审查。受让方首次参与集合资产管理计划的，应当先与证券期货经营机构、托管人签订资产管理合同。

证券期货经营机构、交易场所不得通过办理集合资产管理计划的份额转让，公开或变相公开募集资产管理计划。

第五章 投资运作

第三十六条 证券期货经营机构设立集合资产管理计划进行投资，除中国证监会另有规定外，应当采用资产组合的方式。

资产组合的具体方式和比例，依照法律、行政法规和中国证监会的规定在资产管理合同中约定。

第三十七条 资产管理计划可以投资于以下资产：

(一)银行存款、同业存单,以及符合《指导意见》规定的标准化债权类资产,包括但不限于在证券交易所、银行间市场等国务院同意设立的交易场所交易的可以划分为均等份额、具有合理公允价值和完善流动性机制的债券、中央银行票据、资产支持证券、非金融企业债务融资工具等;

(二)上市公司股票、存托凭证,以及中国证监会认可的其他标准化股权类资产;

(三)在证券期货交易所等国务院同意设立的交易场所集中交易清算的期货及期权合约等标准化商品及金融衍生品类资产;

(四)公开募集证券投资基金(以下简称公募基金),以及中国证监会认可的比照公募基金管理的资产管理产品;

(五)第(一)至(三)项规定以外的非标准化债权类资产、股权类资产、商品及金融衍生品类资产;

(六)第(四)项规定以外的其他受国务院金融监督管理机构监管的机构发行的资产管理产品;

(七)中国证监会认可的其他资产。

前款第(一)项至第(四)项为标准化资产,第(五)项至第(六)项为非标准化资产。

中国证监会对证券期货经营机构从事私募资产管理业务投资于本条第一款第(五)项规定资产另有规定的,适用其规定。

第三十八条　资产管理计划可以依法参与证券回购、融资融券、转融通以及中国证监会认可的其他业务。法律、行政法规和中国证监会另有规定的除外。

证券期货经营机构可以依法设立资产管理计划在境内募集资金,投资于中国证监会认可的境外金融产品。

第三十九条　资产管理计划不得直接投资商业银行信贷资产;不得违规为地方政府及其部门提供融资,不得要求或者接受地方政府及其部门违规提供担保;不得直接或者间接投资法律、行政法规和国家政策禁止投资的行业或领域。

第四十条　资产管理计划存续期间,证券期货经营机构应当严格按照法律、行政法规、中国证监会规定以及合同约定的投向和比例进行资产管理计划的投资运作。

资产管理计划改变投向和比例的,应当事先取得投资者同意,并按规定履行合同变更程序。

因证券期货市场波动、证券发行人合并、资产管理计划规模变动等证券期货经营机构之外的因素导致资产管理计划投资不符合法律、行政法规和中国证监会规定的投资比例或者合同约定的投资比例的,证券期货经营机构应当在流动性受限资产可出售、可转让或者恢复交易的十五个交易日内调整至符合相关要求。确有特殊事由未能在规定时间内完成调整的,证券期货经营机构应当及时向中国证监会相关派出机构和证券投资基金业协会报告。

第四十一条　证券期货经营机构应当确保资产管理计划所投资的资产组合的流动性与资产管理合同约定的参与、退出安排相匹配,确保在开放期保持适当比例的现金或者其他高流动性金融资产,且限制流动性受限资产投资比例。

第四十二条　资产管理计划的总资产不得超过该计划净资产的200%,分级资产管理计划的总资产不得超过该计划净资产的140%。

第四十三条　证券期货经营机构应当对资产管理计划实行净值化管理,确定合理的估值方法和科学的估值程序,真实公允地计算资产管理计划净值。

第四十四条　资产管理计划接受其他资产管理产品参与,证券期货经营机构应当切实履行主动管理职责,不得进行转委托,不得再投资除公募基金以外的其他资产管理产品。

第四十五条　资产管理计划投资于其他资产管理产品的,应当明确约定所投资的资产管理产品不再投资除公募基金以外的其他资产管理产品。

资产管理计划投资于其他资产管理产品的,计算该资产管理计划的总资产时应当按照穿透原则合并计算所投资资产管理产品的总资产。

资产管理计划投资于其他私募资产管理产品的,该资产管理计划按照穿透原则合并计算的投资同一资产的比例以及投资同一或同类资产的金额,应当符合本办法及中国证监会相关规定。

资产管理计划应当按照所投资资产管理产品披露投资组合的频率,及时更新计算该资产管理计划所投资资产的金额或比例。

证券期货经营机构不得将其管理的资产管理计划资产投资于该机构管理的其他资产管理计划,依法设立的基金中基金资产管理计划以及中国证监会另有规定的除外。

第四十六条 证券期货经营机构应当切实履行主动管理职责,不得有下列行为:

(一)为其他机构、个人或者资产管理产品提供规避投资范围、杠杆约束等监管要求的通道服务;

(二)在资产管理合同中约定由委托人或其指定第三方自行负责尽职调查或者投资运作;

(三)在资产管理合同中约定由委托人或其指定第三方下达投资指令或者提供投资建议;

(四)在资产管理合同中约定管理人根据委托人或其指定第三方的意见行使资产管理计划所持证券的权利;

(五)法律、行政法规和中国证监会禁止的其他行为。

第六章 信 息 披 露

第四十七条 证券期货经营机构、托管人、销售机构和其他信息披露义务人应当依法披露资产管理计划信息,保证所披露信息的真实性、准确性、完整性、及时性,确保投资者能够按照资产管理合同约定的时间和方式查阅或者复制所披露的信息资料。

第四十八条 资产管理计划应向投资者提供下列信息披露文件:

(一)资产管理合同、计划说明书和风险揭示书;

(二)资产管理计划净值,资产管理计划参与、退出价格;

(三)资产管理计划定期报告,至少包括季度报告和年度报告;

(四)重大事项的临时报告;

(五)资产管理计划清算报告;

(六)中国证监会规定的其他事项。

证券期货经营机构向投资者提供的信息披露文件,应当及时报送中国证监会相关派出机构、证券投资基金业协会。

信息披露文件的内容与格式指引由中国证监会或者授权证券投资基金业协会另行制定。

第四十九条 证券期货经营机构募集资产管理计划,除向投资者提供资产管理合同外,还应当制作计划说明书和风险揭示书,详细说明资产管理计划管理和运作情况,充分揭示资产管理计划的各类风险。

计划说明书披露的信息应当与资产管理合同内容一致。销售机构应当使用证券期货经营机构制作的计划说明书和其他销售材料,不得擅自修改或者增减材料。

风险揭示书应当作为资产管理计划合同的一部分交由投资者签字确认。

第五十条 资产管理计划运作期间,证券期货经营机构应当按照以下要求向投资者提供相关信息:

(一)投资标准化资产的资产管理计划至少每周披露一次净值,投资非标准化资产的资产管理计划至少每季度披露一次净值;

(二)开放式资产管理计划净值的披露频率不得低于资产管理计划的开放频率,分级资产管理计划应当披露各类别份额净值;

(三)每季度结束之日起一个月内披露季度报告,每年度结束之日起四个月内披露年度报告;

(四)发生资产管理合同约定的或者可能影响投资者利益的重大事项时,在事项发生之日起五日内向投资者披露;

(五)中国证监会规定的其他要求。

资产管理计划成立不足三个月或者存续期间不足三个月的,证券期货经营机构可以不编制资产管理计划当期的季度报告和年度报告。

第五十一条 披露资产管理计划信息,不得有下列行为:

(一)虚假记载、误导性陈述或者重大遗漏;

(二)对投资业绩进行预测,或者宣传预期收益率;

(三)承诺收益,承诺本金不受损失或者限定损失金额或比例;

(四)夸大或者片面宣传管理人、投资经理及其管理的资产管理计划的过往业绩;

(五)恶意诋毁、贬低其他资产管理人、托管人、销售机构或者其他资产管理产品;

(六)中国证监会禁止的其他情形。

第五十二条 集合资产管理计划年度财务会计报告应当经具有证券相关业务资格的会计师事务所审计,审计机构应当对资产管理计划会计核算及净值计算等出具意见。

第七章 变更、终止与清算

第五十三条 资产管理合同需要变更的,证券期货经营机构应当按照资产管理合同约定的方式取得投资者和托管人的同意,保障投资者选择退出资产管理计划的权利,对相关后续事项作出公平、合理安排。

证券期货经营机构应当自资产管理合同变更之日起五个工作日内报证券投资基金业协会备案,并抄报中国证监会相关派出机构。

第五十四条 资产管理计划展期应当符合下列条件:

(一)资产管理计划运作规范,证券期货经营机构、托管人未违反法律、行政法规、中国证监会规定和资产管理合同的约定;

(二)资产管理计划展期没有损害投资者利益的情形;

(三)中国证监会规定的其他条件。

集合资产管理计划展期的,还应当符合集合资产管理计划的成立条件。

第五十五条 有下列情形之一的,资产管理计划终止:

(一)资产管理计划存续期届满且不展期;

(二)证券期货经营机构被依法撤销资产管理业务资格或者依法解散、被撤销、被宣告破产,且在六个月内没有新的管理人承接;

(三)托管人被依法撤销基金托管资格或者依法解散、被撤销、被宣告破产,且在六个月内没有新的托管人承接;

(四)经全体投资者、证券期货经营机构和托管人协商一致决定终止的;

(五)发生资产管理合同约定的应当终止的情形;

(六)集合资产管理计划存续期间,持续五个工作日投资者少于二人;

(七)法律、行政法规及中国证监会规定的其他情形。

证券期货经营机构应当自资产管理计划终止之日起五个工作日内报证券投资基金业协会备案,并抄报中国证监会相关派出机构。

第五十六条 资产管理计划终止的,证券期货经营机构应当在发生终止情形之日起五个工作日内开始组织清算资产管理计划财产。

清算后的剩余财产,集合资产管理计划应当按照投资者持有份额占总份额的比例或者资产管理合同的约定,以货币资金形式分配给投资者,中国证监会另有规定的除外;单一资产管理计划应当按照合同约定的形式将全部财产交还投资者自行管理。

证券期货经营机构应当在资产管理计划清算结束后五个工作日内将清算结果报证券投资基金业协会备案,并抄报中国证监会相关派出机构。

资产管理计划因委托财产流动性受限等原因延期清算的,证券期货经营机构应当及时向中国证监会相关派出机构和证券投资基金业协会报告。

第五十七条 证券期货经营机构、托管人、销售机构等机构应当按照法律、行政法规和中国证监会的规定保存资产管理计划的会计账册,妥善保存有关的合同、协议、交易记录等文件、资料和数据,任何人不得隐匿、伪造、篡改或者销毁。保存期限自资产管理计划终止之日起不少于二十年。

第八章 风险管理与内部控制

第五十八条 证券期货经营机构应当建立健全与私募资产管理业务相关的投资者适当性、投资决策、公平交易、会计核算、风险控制、合规管理、投诉处理等管理制度,覆盖私募资产管理业务的产品设计、募集、研究、投资、交易、会计核算、信息披露、清算、信息技术、投资者服务等各个环节,明确岗位职责和责任追究机制,确保各项制度流程得到有效执行。

第五十九条 证券期货经营机构应当采取有效措施,确保私募资产管理业务与其他业务在场地、人员、账户、资金、信息等方面相分离,不同投资经理管理的资产管理计划的持仓和交易等重大非公开投资信息相隔离,控制敏感信息的不当流动和使用,切实防范内幕交易、利用未公开信息交易、利益冲突和利益输送。

第六十条　证券期货经营机构应当明确投资决策流程与授权管理制度，建立、维护投资对象与交易对手备选库，设定清晰的清算流程和资金划转路径，对资产管理计划账户日常交易情况进行风险识别、监测，严格执行风险控制措施和投资交易复核程序，保证投资决策按照法律、行政法规、中国证监会的规定以及合同约定执行。

投资经理应当在授权范围内独立、客观地履行职责，重要投资应当有详细的研究报告和风险分析支持。

第六十一条　证券期货经营机构应当建立健全信用风险管理制度，对信用风险进行准确识别、审慎评估、动态监控、及时应对和全程管理。

证券期货经营机构应当对投资对象、交易对手开展必要的尽职调查，实施严格的准入管理和交易额度管理，评估并持续关注证券发行人、融资主体和交易对手的资信状况，以及担保物状况、增信措施和其他保障措施的有效性。出现可能影响投资者权益的事项，证券期货经营机构应当及时采取申请追加担保、依法申请财产保全等风险控制措施。

第六十二条　资产管理计划投资于本办法第三十七条第（五）项规定资产的，证券期货经营机构应当建立专门的质量控制制度，进行充分尽职调查并制作书面报告，设置专岗负责投后管理、信息披露等事宜，动态监测风险。

第六十三条　证券期货经营机构应当建立健全流动性风险监测、预警与应急处置制度，将私募资产管理业务纳入常态化压力测试机制，压力测试应当至少每季度进行一次。

证券期货经营机构应当结合市场状况和自身管理能力制定并持续更新流动性风险应急预案，明确预案触发情景、应急程序与措施、应急资金来源、公司董事会、管理层及各部门职责与权限等。

第六十四条　证券期货经营机构应当建立公平交易制度及异常交易监控机制，公平对待所管理的不同资产，对投资交易行为进行监控、分析、评估、核查，监督投资交易的过程和结果，保证公平交易原则的实现，不得开展可能导致不公平交易和利益输送的交易行为。

证券期货经营机构应当对不同资产管理计划之间发生的同向交易和反向交易进行监控。同一资产管理计划不得在同一交易日内进行反向交易。确因投资策略或流动性等需要发生同日反向交易的，应要求投资经理提供决策依据，并留存书面记录备查。

资产管理计划依法投资于本办法第三十七条第（三）项规定资产的，在同一交易日内进行反向交易的，不受前款规定限制。

第六十五条　证券期货经营机构的自营账户、资产管理计划账户、作为投资顾问管理的产品账户之间，以及不同资产管理计划账户之间，不得发生交易，有充分证据证明进行有效隔离并且价格公允的除外。

子公司从事私募资产管理业务的，证券期货经营机构的自营账户、资产管理计划账户以及作为投资顾问管理的产品账户与子公司的资产管理计划账户之间的交易，适用本条规定。

第六十六条　证券期货经营机构应当建立健全关联交易管理制度，对关联交易认定标准、交易定价方法、交易审批程序进行规范，不得以资产管理计划的资产与关联方进行不正当交易、利益输送、内幕交易和操纵市场。

证券期货经营机构以资产管理计划资产从事重大关联交易的，应当遵守法律、行政法规、中国证监会的规定和合同约定，事先取得投资者的同意，事后及时告知投资者和托管人，并向中国证监会相关派出机构和证券投资基金业协会报告，投资于证券期货的关联交易还应当向证券期货交易所报告。

第六十七条　证券期货经营机构应当建立健全信息披露管理制度，设置专门部门或者专岗负责信息披露工作，明确负责的高级管理人员，并建立复核机制，通过规范渠道向投资者披露有关信息，还应当定期对信息披露工作的真实性、准确性、完整性、及时性等进行评估。

第六十八条　证券期货经营机构和托管人应当加强对私募资产管理业务从业人员的管理，加强关键岗位的监督与制衡，投资经理、交易执行、风险控制等岗位不得相互兼任，并建立从业人员投资申报、登记、审查、处置等管理制度，防范与投资者发生利益冲突。

证券期货经营机构应当完善长效激励约束机制，不得以人员挂靠、业务包干等方式从事私募资产管理业务。

证券期货经营机构分管私募资产管理业务的高级管理人员、私募资产管理业务部门负责人以及投资经理离任的,证券期货经营机构应当立即对其进行离任审查,并自离任之日起三十个工作日内将审查报告报送中国证监会相关派出机构和证券投资基金业协会。

第六十九条 证券期货经营机构应当建立资产管理计划的销售机构和投资顾问的授权管理体系,明确销售机构和投资顾问的准入标准和程序,对相关机构资质条件、专业服务能力和风险管理制度等进行尽职调查,确保其符合法规规定。证券期货经营机构应当以书面方式明确界定双方的权利与义务,明确相关风险的责任承担方式。

证券期货经营机构应当建立对销售机构和投资顾问履职情况的监督评估机制,发现违法违规行为的,应当及时更换并报告中国证监会相关派出机构和证券投资基金业协会。

第七十条 证券期货经营机构应当每月从资产管理计划管理费中计提风险准备金,或者按照法律、行政法规以及中国证监会的规定计算风险资本准备。

风险准备金主要用于弥补因证券期货经营机构违法违规、违反资产管理合同约定、操作错误或者技术故障等给资产管理计划资产或者投资者造成的损失。风险准备金计提比例不得低于管理费收入的10%,风险准备金余额达到上季末资产管理计划资产净值的1%时可以不再提取。

计提风险准备金的证券期货经营机构,应当选定具有基金托管资格的商业银行开立专门的私募资产管理业务风险准备金账户,该账户不得与公募基金风险准备金账户及其他类型账户混用,不得存放其他性质资金。风险准备金的投资管理和使用,应当参照公募基金风险准备金监督管理有关规定执行。证券期货经营机构应当在私募资产管理业务管理年度报告中,对风险准备金的提取、投资管理、使用、年末结余等情况作专项说明。

第七十一条 证券期货经营机构合规管理和风险管理部门应当定期对私募资产管理业务制度及执行情况进行检查,发现违反法律、行政法规、中国证监会规定或者合同约定的,应当及时纠正处理,并向中国证监会及相关派出机构、证券投资基金业协会报告。

第七十二条 证券期货经营机构应当建立健全应急处理机制,对发生延期兑付、负面舆论、群体性事件等风险事件的处理原则、方案等作出明确规定,并指定高级管理人员负责实施。出现重大风险事件的,应当及时向中国证监会及相关派出机构、证券投资基金业协会报告。

第九章 监督管理与法律责任

第七十三条 证券期货经营机构应当于每月十日前向中国证监会及相关派出机构、证券投资基金业协会报送资产管理计划的持续募集情况、投资运作情况、资产最终投向等信息。

证券期货经营机构应当在每季度结束之日起一个月内,编制私募资产管理业务管理季度报告,并报中国证监会相关派出机构和证券投资基金业协会备案。证券期货经营机构、托管人应当在每年度结束之日起四个月内,分别编制私募资产管理业务管理年度报告和托管年度报告,并报中国证监会相关派出机构和证券投资基金业协会备案。

证券期货经营机构应当在私募资产管理业务管理季度报告和管理年度报告中,就本办法所规定的风险管理与内部控制制度在报告期内的执行情况等进行分析,并由合规负责人、风控负责人、总经理分别签署。

第七十四条 证券期货经营机构进行年度审计,应当同时对私募资产管理业务的内部控制情况进行审计。

证券期货经营机构应当在每年度结束之日起四个月内将前述审计结果报送中国证监会及相关派出机构、证券投资基金业协会。

第七十五条 证券交易场所、期货交易所、中国期货市场监控中心(以下简称期货市场监控中心)应当对证券期货经营机构资产管理计划交易行为进行监控。发现存在重大风险、重大异常交易或者涉嫌违法违规事项的,应当及时报告中国证监会及相关派出机构。

证券投资基金业协会应当按照法律、行政法规和中国证监会规定对证券期货经营机构资产管理计划实施备案管理和监测监控。发现提交备案的资产管理计划不符合法律、行政法规和中国证监会规定的,不得予以备案,并报告中国证监会及相关派出机构；发现已备案的资产管理计划存在重大风险或者违规事项的，应当及时报告中国证监会及相关派出机构。

第七十六条 中国证监会及其派出机构对证券期货经营机构、托管人、销售机构和投资顾问等服务机构从事私募资产管理及相关业务的情况，进行定期或者不定期的现场和非现场检查，相关机构应当予以配合。

中国证监会相关派出机构应当定期对辖区证券期货经营机构私募资产管理业务开展情况进行总结分析，纳入监管季度报告和年度报告，发现存在重大风险或者违规事项的，应当及时报告中国证监会。

第七十七条 中国证监会与中国人民银行、中国银行保险监督管理委员会建立监督管理信息共享机制，加强资产管理业务的统计信息共享。

中国证监会及其派出机构、证券交易场所、期货交易所、证券登记结算机构、期货市场监控中心、证券业协会、期货业协会、证券投资基金业协会应当加强证券期货经营机构私募资产管理业务数据信息共享。

证券交易场所、期货交易所、证券登记结算机构、期货市场监控中心、证券业协会、期货业协会、证券投资基金业协会应当按照中国证监会的要求，定期或者不定期提供证券期货经营机构私募资产管理业务专项统计、分析等数据信息。

中国证监会相关派出机构应当每月对证券期货经营机构资产管理计划备案信息和业务数据进行分析汇总，并按照本办法第七十六条的规定报告。

第七十八条 证券期货经营机构、托管人、销售机构和投资顾问等服务机构违反法律、行政法规、本办法及中国证监会其他规定的，中国证监会及相关派出机构可以对其采取责令改正、监管谈话、出具警示函、责令定期报告、暂不受理与行政许可有关的文件等行政监管措施；对直接负责的主管人员和其他直接责任人员，采取监管谈话、出具警示函、责令参加培训、认定为不适当人选等行政监管措施。

第七十九条 证券公司及其子公司、基金管理公司及其子公司违反本办法规定构成公司治理结构不健全、内部控制不完善等情形的，对证券公司、基金管理公司及其直接负责的董事、监事、高级管理人员和其他直接责任人员，依照《证券投资基金法》第二十四条、《证券公司监督管理条例》第七十条采取行政监管措施。

期货公司及其子公司违反本办法规定被责令改正且逾期未改正，其行为严重危及期货公司的稳健运行，损害客户合法权益，或者涉嫌严重违法违规正在被中国证监会及其派出机构调查的，依照《期货交易管理条例》第五十五条采取行政监管措施。

证券期货经营机构未尽合规审查义务，提交备案的资产管理计划明显或者频繁不符合法律、行政法规和中国证监会规定的，依照本条第一款、第二款规定，采取责令暂停私募资产管理业务三个月的行政监管措施；情节严重的，采取责令暂停私募资产管理业务六个月以上的行政监管措施。

第八十条 证券期货经营机构、托管人、销售机构和投资顾问等服务机构有下列情形之一且情节严重的，除法律、行政法规另有规定外，给予警告，并处三万元以下罚款，对直接负责的主管人员和其他直接责任人员，给予警告，并处三万元以下罚款：

（一）违反本办法第三条至第六条规定的基本原则；

（二）违反本办法第十一条、第十三条的规定，未按规定履行管理人和托管人职责，或者从事第十七条所列举的禁止行为；

（三）违反本办法第十四条、第十六条的规定，聘请不符合条件的销售机构、投资顾问；

（四）违反本办法第二十二条关于产品分级的规定；

（五）违反本办法第二十五条、第二十六条、第二十七条、第二十八条、第二十九条、第三十条、第三十一条、第三十二条、第三十四条、第三十五条关于非公开募集的规定；

（六）违反本办法第五章关于投资运作的规定；

（七）违反本办法第四十七条、第四十八条、第五十条、第五十一条，未按照规定向投资者披露资产管理计划信息；

（八）未按照本办法第八章的规定建立健全和有效执行资产管理业务相关制度，内部控制或者风险管理不完善，引发较大风险事件或者存在重大风险隐患；

(九)违反本法第四十八条、第七十三条,未按照规定履行备案或者报告义务,导致风险扩散。

第八十一条　证券期货经营机构、托管人、销售机构和投资顾问等服务机构的相关从业人员违反法律、行政法规和本办法规定,情节严重的,中国证监会可以依法采取市场禁入措施。

第十章　附　　则

第八十二条　过渡期自本办法实施之日起至2020年12月31日。

过渡期内,证券期货经营机构应当自行制定整改计划,有序压缩不符合本办法规定的资产管理计划规模;对于不符合本办法规定的存量资产管理计划,其持有资产未到期的,证券期货经营机构可以设立老产品对接,或者予以展期。过渡期结束后,证券期货经营机构不得发行或者存续违反本办法规定的资产管理计划。

依据《证券公司客户资产管理业务管理办法》(证监会令第93号)、《证券公司定向资产管理业务实施细则》(证监会公告〔2012〕30号)设立的存量定向资产管理计划投资于上市公司股票、挂牌公司股票的,其所持证券的所有权归属、权利行使、信息披露以及证券账户名称等不符合本办法规定的,不受前述过渡期期限的限制,但最晚应当在2023年12月31日前完成规范。

第八十三条　鼓励证券公司设立子公司从事私募资产管理业务,加强风险法人隔离。专门从事资产管理业务的证券公司除外。

鼓励证券公司设立子公司专门从事投资于本办法第三十七条第(五)项规定资产的私募资产管理业务。

中国证监会依据审慎监管原则,对依照本条第一款、第二款规定设立子公司的证券公司,在分类评价、风险资本准备计算等方面实施差异化安排。

第八十四条　证券期货经营机构设立特定目的公司或者合伙企业从事私募资产管理业务的,参照适用本办法。

第八十五条　本办法自2018年10月22日起施行。《证券公司客户资产管理业务管理办法》(证监会令第93号)、《基金管理公司特定客户资产管理业务试点办法》(证监会令第83号)、《期货公司资产管理业务试点办法》(证监会令第81号)、《证券公司集合资产管理业务实施细则》(证监会公告〔2013〕28号)、《证券公司定向资产管理业务实施细则》(证监会公告〔2012〕30号)、《关于实施〈基金管理公司特定客户资产管理业务试点办法〉有关问题的规定》(证监会公告〔2012〕23号)、《基金管理公司单一客户资产管理合同内容与格式准则》(证监会公告〔2012〕24号)、《基金管理公司特定多个客户资产管理合同内容与格式准则》(证监会公告〔2012〕25号)同时废止。

证券基金经营机构信息技术管理办法

(2018年12月19日　证监会令第152号)

第一章　总　　则

第一条　为加强证券基金经营机构信息技术管理,保障证券基金行业信息系统安全、合规运行,保护投资者合法权益,根据《证券法》、《证券投资基金法》、《证券公司监督管理条例》等法律法规,制定本办法。

第二条　证券基金经营机构借助信息技术手段从事证券基金业务活动,信息技术服务机构为证券基金业务活动提供信息技术服务,适用本办法。

第三条　本办法所称证券基金经营机构,是指经中国证监会批准在境内设立的证券公司和管理公开募集基金的基金管理公司(以下简称基金管理公司)。

本办法所称信息技术服务机构,是指为证券基金业务活动提供信息技术服务的机构。信息技术服务的范围如下:

(一)重要信息系统的开发、测试、集成及测评;

(二)重要信息系统的运维及日常安全管理;

(三)中国证监会规定的其他情形。

以上机构统称证券基金经营与服务机构。

第四条 证券基金经营机构是从事证券基金业务活动的责任主体,应当保障充足的信息技术投入,在依法合规、有效防范风险的前提下,充分利用现代信息技术手段完善客户服务体系、改进业务运营模式、提升内部管理水平、增强合规风控能力,持续强化现代信息技术对证券基金业务活动的支撑作用。

第五条 中国证监会及其派出机构依法对证券基金经营与服务机构借助信息技术手段从事证券基金业务活动或提供相关服务实施监督管理。

中国证券业协会及中国证券投资基金业协会依照本办法制定和完善相关自律规则,对证券基金经营机构借助信息技术手段从事证券基金业务活动或提供相关服务实施自律管理。

中证信息技术服务有限责任公司(以下简称中证信息)在中国证监会指导下制定相关配套业务规则,协助开展信息技术相关备案、监测、检测和检查等工作。

第二章 信息技术治理

第六条 证券基金经营机构应当完善信息技术运用过程中的权责分配机制,建立健全信息技术管理制度和操作流程,保障与业务活动规模及复杂程度相适应的信息技术投入水平,持续满足信息技术资源的可用性、安全性与合规性要求。

第七条 证券基金经营机构董事会负责审议本公司的信息技术管理目标,对信息技术管理的有效性承担责任,履行下列职责:

(一)审议信息技术战略,确保与本公司的发展战略、风险管理策略、资本实力相一致;

(二)建立信息技术人力和资金保障方案;

(三)评估年度信息技术管理工作的总体效果和效率;

(四)公司章程规定的其他信息技术管理职责。

第八条 证券基金经营机构经营管理层负责落实信息技术管理目标,对信息技术管理工作承担责任,履行下列职责:

(一)组织实施董事会相关决议;

(二)建立责任明确、程序清晰的信息技术管理组织架构,明确管理职责、工作程序和协调机制;

(三)完善绩效考核和责任追究机制;

(四)公司章程规定或董事会授权的其他信息技术管理职责。

第九条 证券基金经营机构应当在公司管理层下设立信息技术治理委员会或指定专门委员会(以下统称信息技术治理委员会)负责制定信息技术战略并审议下列事项:

(一)信息技术规划,包括但不限于信息技术建设规划、信息安全规划、数据治理规划等;

(二)信息技术投入预算及分配方案;

(三)重要信息系统建设或重大改造立项、重大变更方案;

(四)信息技术应急预案;

(五)使用信息技术手段开展相关业务活动的审查报告以及年度评估报告;

(六)信息技术治理委员会委员提请审议的事项;

(七)其他对信息技术管理产生重大影响的事项。

信息技术治理委员会应当由高级管理人员以及合规管理部门、风险管理部门、稽核审计部门、主要业务部门、信息技术管理部门等部门负责人组成,可聘请外部专业人员担任信息技术治理委员会委员或顾问。

第十条 证券基金经营机构应当指定一名熟悉证券、基金业务,具有信息技术相关专业背景、任职经历、履职能力的高级管理人员为首席信息官,由其负责信息技术管理工作,并具备下列任职条件:

(一)从事信息技术相关工作十年以上,其中证券、基金行业信息技术相关工作年限不少于三年;或者在证券监管机构、证券基金业自律

组织任职八年以上;

(二)最近三年未被金融监管机构实施行政处罚或采取重大行政监管措施;

(三)中国证监会规定的其他条件。

第十一条 证券基金经营机构应当设立信息技术管理部门或指定专门机构(以下统称信息技术管理部门)负责实施信息技术规划、信息系统建设、信息技术质量控制、信息安全保障、运维管理等工作。

第三章 信息技术合规与风险管理

第十二条 证券基金经营机构应当将信息技术运用情况纳入合规与风险管理体系,为合规管理部门和风险管理部门配备与业务活动规模、复杂程度相适应的信息技术资源,并建立相应的审查、监测和检查机制,确保合规与风险管理覆盖信息技术运用的各个环节。

第十三条 证券基金经营机构借助信息技术手段从事证券基金业务活动的,应当在业务系统上线时,同步上线与业务活动复杂程度和风险状况相适应的风险管理系统或相关功能(以下统称风险管理系统),对风险进行识别、监控、预警和干预。

第十四条 证券基金经营机构借助信息技术手段从事证券基金业务活动前,应当开展内部审查,验证下列事项并建立存档记录:

(一)业务系统的流程设计、功能设置、参数配置和技术实现应当遵循业务合规的原则,不得违反法律法规及中国证监会的规定;

(二)风险管理系统功能完备、权限清晰,能够与业务系统同步上线运行;

(三)具备完善的信息安全防护措施,能够保障经营数据和客户信息的安全、完整;

(四)具备符合要求的信息系统备份及运维管理能力,能够保障相关系统安全、平稳运行。

第十五条 证券基金经营机构应当识别借助信息技术手段从事证券基金业务活动的各类风险,建立持续有效的风险监测机制。证券基金经营机构应当及时、稳妥处置发现的风险问题,并至少每年开展一次风险监测机制及执行情况的有效性评估。

第十六条 证券基金经营机构应当定期开展信息技术管理工作专项审计,频率不低于每年一次,确保三年内完成信息技术管理全部事项的审计工作,包括但不限于信息技术治理、信息技术合规与风险管理、信息技术安全管理、应急管理。

证券基金经营机构应当委托外部专业机构开展信息技术管理工作的全面审计,频率不低于每三年一次;未能有效实施信息技术管理被采取行政处罚措施、监管措施或者自律管理措施的,应当在三个月内完成对有关事项的专项审计。

证券基金经营机构应当跟踪审计发现问题的整改情况,相关问题未能及时整改的,应当说明理由,并将审计报告提交信息技术治理委员会审议。证券基金经营机构应当妥善保存审计报告,保存期限不得少于二十年。

第十七条 除法律法规及中国证监会另有规定外,证券基金经营机构应当通过自身运营管理的信息系统直接接收客户交易指令,并记录客户交易指令接收时间。

第十八条 证券基金经营机构应当按照中国证监会有关规定采集、记录、存储、报送客户交易终端信息,并采取有效的技术措施,保障相关信息真实、准确、完整。

证券基金经营机构借助专业化交易信息系统向特定客户提供交易服务的,应当要求客户登记交易终端信息;信息发生变更的,应当要求客户履行变更程序,确保客户真实使用的客户交易终端信息与登记内容一致。

第十九条 证券基金经营机构使用电子合同从事证券基金业务活动的,应当将电子合同存储在指定的信息系统,并提供可供投资者及合同其他相关方查询、下载的公开渠道。

第二十条 证券基金经营机构从事证券交易相关业务,应当按照监管规定及自律管理规则的要求,确保风险管理系统具备审查账户资金及证券是否充足、监控交易及资金划转是否异常等功能。

第四章 信息技术安全

第一节 信息系统安全

第二十一条 证券基金经营机构应当建立独立于生产环境的专用开发测试环境,避免风险传导；开发测试环境使用未脱敏数据的，应当采取与生产环境同等的安全控制措施。

证券基金经营机构在生产环境开展重要信息系统技术或业务测试的，应对测试流程及结果进行审查。

第二十二条　证券基金经营机构重要信息系统上线或发生重大变更的，应当制定专项实施方案，并对信息系统上线或变更操作行为进行审查、确认和跟踪。

证券基金经营机构重要信息系统计划停止使用的，应当开展技术和业务影响评估，制定完整的系统停用和数据迁移保管方案，并组织必要的评审及停用后的安全检查。

第二十三条　证券基金经营机构应当结合公司发展战略、市场交易规模等因素定期对重要信息系统开展压力测试和评估分析，确保其容量满足业务开展需要。

第二十四条　证券基金经营机构应当建立健全信息系统安全监测机制，设定监测指标并持续监测重要信息系统的运行状况。

证券基金经营机构应当指定专人跟踪监测发现的异常情形，及时处置并定期开展评估分析。

第二十五条　证券基金经营机构应当妥善保存信息系统开发、测试、上线、变更及运维过程中产生的文档，并根据业务开展情况以及信息系统的重要程度建立与监测工作相适应的日志留痕机制，确保满足应急处置和审计需要。

第二十六条　证券基金经营机构重要信息系统部署以及所承载数据的管理，应当遵循法律法规等规定。

第二十七条　证券基金经营机构可以在安全、合规的前提下为子公司提供机房、通信网络及其他信息技术基础设施，并协助开展相关运维工作。

证券基金经营机构为其子公司提供信息技术服务的，应当充分评估信息技术基础设施的支撑能力与冗余程度，并与子公司签订服务协议，明确合作双方的权利义务，以及建立日常协作、业务隔离和应急管理机制，防范基础设施共用产生的新增风险。

证券基金经营机构可以设立信息技术专业子公司，为母公司提供信息技术服务。信息技术专业子公司经中国证监会备案后可为其他金融机构提供信息技术服务。

第二十八条　证券基金经营机构应当确保重要信息系统具备可审计功能，并可以根据监管部门的要求转换、提供数据。

第二节　数据治理

第二十九条　证券基金经营机构应当结合公司发展战略，建立全面、科学、有效的数据治理组织架构以及数据全生命周期管理机制，确保数据统一管理、持续可控和安全存储，切实履行数据安全及数据质量管理职责，不断提升数据使用价值。

第三十条　证券基金经营机构应当将经营及客户数据按照重要性和敏感性进行分类分级，并根据不同类别和级别作出差异化数据管理制度安排。

第三十一条　证券基金经营机构应当完善网络隔离、用户认证、访问控制、数据加密、数据备份、数据销毁、日志记录、病毒防范和非法入侵检测等安全保障措施，保护经营数据和客户信息安全，防范信息泄露与损毁。

第三十二条　证券基金经营机构应当遵循最少功能以及最小权限等原则分配信息系统管理、操作和访问权限，并履行审批流程。合规管理和风险管理部门应当对权限管理制度和操作流程进行合规审查及风险控制。

证券基金经营机构应当建立对信息系统权限的定期检查与核对机制，确保用户权限与其工作职责相匹配，防止出现授权不当的情形。

证券基金经营机构应当对重要信息系统的开发、测试、运维实施必要分离，保证信息技术管理部门内部岗位的相互制衡。

第三十三条　证券基金经营机构应当记录经营数据和客户信息的使用情况，并持续监督信息技术服务机构等相关方落实保密协议的情况。

证券基金经营机构发现其他机构、个人违规存储或使用自身经营数据和客户信息的，应当排查数据泄露途径、评估影响范围，采取合理可行的整改措施，及时处置风险隐患，并按照中国证监会规定履行报告和调查处理职责。

证券基金经营机构发现信息技术服务机构等相关方违规存储或者使用自身经营数据和客

户信息的,应当责令其立即改正并销毁已获取的经营数据和客户信息;信息技术服务机构等相关方拒绝配合整改的,证券基金经营机构应当立即停止与其合作,并采取措施维护自身及客户的合法权益。

第三十四条 证券基金经营机构应当建立健全数据安全管理制度,不得收集与服务无关的客户信息,不得购买或使用非法获取或来源不明的数据。在收集使用客户信息之前,证券基金经营机构应当公开收集、使用的规则和目的,并征得客户同意。

除法律法规和中国证监会另有规定外,证券基金经营机构不得允许或者配合其他机构、个人截取、留存客户信息,不得以任何方式向其他机构、个人提供客户信息。

第三十五条 证券基金经营机构应当充分挖掘、梳理和分析数据内容,提高管理精细化程度,在业务经营、风险管理与内部控制中加强数据应用,实现同一客户、同类业务统一管理,充分发挥数据价值。

第三节 应急管理

第三十六条 证券基金经营机构借助信息技术手段从事证券基金业务活动的,应当建立信息技术应急管理的组织架构,确定重要业务及其恢复目标,制定应急预案,配置充足资源,稳妥处置信息技术突发事件,并积极开展应急演练和信息技术应急管理的评估与改进。

第三十七条 证券基金经营机构应当落实下列应急管理职责:

(一)信息技术管理部门为信息技术应急管理的牵头组织部门,组织开展信息技术应急预案的制定、演练、评估与改进工作,并负责信息系统的应急响应与恢复;

(二)各业务部门负责评估本业务条线信息技术突发事件相关风险,开展业务影响分析,确定并实施重要业务恢复目标和恢复策略;

(三)风险管理部门负责评估信息系统与相关业务恢复目标和恢复策略制定的合理性,确保与公司整体风险管理策略保持一致。

第三十八条 证券基金经营机构应当制定并持续完善应急预案,包括应急管理建设目标、备份信息系统建设和恢复机制、备份数据恢复机制、业务恢复或替代措施、应急联系方式、与客户沟通方式、向监管部门及有关单位的报告路径、应急预案披露与更新机制等内容。

证券基金经营机构应急预案应当充分考虑重要信息系统故障、相关信息技术服务机构无法继续提供服务、证券基金经营机构信息技术高管或重要技术团队发生重大变动以及自然灾害等可能影响重要信息系统平稳运行的事件。

第三十九条 证券基金经营机构应当根据系统变更、业务变化等情况,持续更新应急预案。

证券基金经营机构应当根据应急预案定期组织关键岗位人员开展应急演练,演练频率不低于每年一次,并确保应急演练在两年内覆盖全部重要信息系统。应急演练应当形成报告,保存期限不得少于五年。

第四十条 证券基金经营机构应当在公司网站、客户交易终端等渠道公示信息技术突发事件发生时客户可采取的替代交易方式等信息,提示客户防范和应对可能出现的风险。

第四十一条 证券基金经营机构应当确保备份系统与生产系统具备同等的处理能力,保持备份数据与原始数据的一致性。重要信息系统应当符合下列信息系统备份能力等级要求:

(一)实时信息系统、非实时信息系统的数据备份能力应当达到第一级;

(二)非实时信息系统的故障应对能力应当达到第二级;

(三)证券公司实时信息系统的故障应对能力应当达到第四级,基金管理公司实时信息系统的故障应对能力应当达到第三级;

(四)实时信息系统、非实时信息系统应当具备灾难及重大灾难应对能力,相关技术指标应当分别达到灾难应对能力第五级、重大灾难应对能力第六级;

(五)灾难应对能力可以通过重大灾难应对能力体现,但重大灾难应对能力相关技术指标应当达到灾难应对能力第五级。

第四十二条 证券基金经营机构应当按照中国证监会有关规定,建立信息安全事件的分级响应机制,明确内部处置工作流程,确保相关信息系统及时恢复运行。

第五章 信息技术服务机构

第四十三条 证券基金经营机构借助信息技术手段从事证券基金业务活动的，可以委托信息技术服务机构提供产品或服务，但证券基金经营机构依法应当承担的责任不因委托而免除或减轻。

证券基金经营机构应当清晰、准确、完整的掌握重要信息系统的技术架构、业务逻辑和操作流程等内容，确保重要信息系统运行始终处于自身控制范围。除法律法规及中国证监会另有规定外，不得将重要信息系统的运维、日常安全管理交由信息技术服务机构独立实施。

第四十四条 基金管理公司应当选择已在中国证监会备案的信息技术服务机构，并在备案范围内与其开展合作；证券公司应当选择符合本办法第四十七条所列条件的信息技术服务机构开展合作。

证券基金经营机构委托信息技术服务机构提供服务，应当按照本办法第十四条的规定对信息技术服务机构及相关信息系统进行内部审查，并向中国证监会及其派出机构报送审查意见及相关资料。

证券基金经营机构应当在选择信息技术服务机构之前，制定更换服务提供方的流程及预案，确保在特定情况下可更换服务提供方。

第四十五条 证券基金经营机构应当与信息技术服务机构签订服务协议和保密协议，明确各方权利、义务和责任，约定质量考核标准、持续监控机制、异常处理机制、服务变更或者终止的处置流程以及现场服务人员保密要求等内容，并持续监督信息技术服务机构及相关人员落实服务协议和保密协议的情况。

证券基金经营机构应当参照本办法第三条在服务协议中列明委托信息技术服务机构提供的服务范围、服务方式、涉及信息系统及相关证券基金业务活动类型。

第四十六条 信息技术服务机构出现异常情形的，证券基金经营机构应当按照应急预案开展内部评估与审查；信息技术服务机构保障能力不足，导致相关产品或服务的可用性、完整性或机密性丧失的，应当及时更换信息技术服务机构。

第四十七条 为基金管理公司提供信息技术服务的机构（以下简称基金信息技术服务机构）应当符合下列条件并向中国证监会备案：

（一）近三年未因从事非法金融活动，违反金融监管部门有关规定展业，为非法金融活动提供信息发布服务等情形受到监管部门行政处罚或重大监管措施；

（二）信息技术服务机构及其控股股东、实际控制人、实际控制人控制的其他信息技术服务机构最近一年内不存在证券期货重大违法违规记录；

（三）具备安全、稳定的信息技术服务能力；

（四）具备及时、高效的应急响应能力；

（五）熟悉相关证券基金业务，具备持续评估信息技术产品及服务是否符合监管要求的能力；

（六）中国证监会规定的其他情形。

第四十八条 基金信息技术服务机构备案材料应当包括本机构基本情况、信息技术服务情况、服务对象情况、内部控制情况等相关资料。备案内容发生变更的，基金信息技术服务机构应当及时更新备案材料。

基金信息技术服务机构备案材料不完整或者不符合规定的，应当根据中国证监会要求及时补正。

第四十九条 为证券公司、证券投资咨询机构提供信息技术服务的机构（以下简称证券信息技术服务机构）可以自愿接受中证信息业务指导，并遵守相关业务规则。

第五十条 信息技术服务机构应当健全内部质量控制机制，定期监测相关产品或服务，在提供服务过程中出现明显质量问题的，应当立即核实有关情况，采取必要的处理措施，明确修复完成时限，及时完成修复工作。

第五十一条 信息技术服务机构为证券基金业务活动提供信息技术服务，不得有下列行为：

（一）参与证券基金经营机构向客户提供业务服务的任何环节或向投资者、社会公众等发布可能引发其从事证券基金业务误解的信息；

（二）截取、存储、转发和使用证券基金业务活动相关经营数据和客户信息；

(三)在服务对象不知情的情况下,转委托第三方提供信息技术服务;

(四)提供的产品或服务相关功能、操作流程、系统权限及参数配置违反现行法律法规;

(五)无正当理由关闭系统接口或设置技术壁垒;

(六)向社会公开发布信息安全漏洞、信息系统压力测试结果等网络安全信息或泄露未公开信息;

(七)法律法规及中国证监会禁止的其他行为。

第六章　监督管理

第五十二条　证券基金经营机构新建或更换重要信息系统所在机房、证券基金交易相关信息系统,应当在开展相关业务活动的五个工作日内向中国证监会报送有关资料,包括内部审查意见、机房基本信息、技术架构设计、操作流程、信息安全管理资料、业务制度、合规管理及风险管理制度等。

第五十三条　证券基金经营机构应当在报送年度报告的同时报送年度信息技术管理专项报告,说明报告期内信息技术治理、信息技术合规与风险管理、信息技术安全管理、信息技术审计等执行本办法规定的情况。

信息技术服务机构提供信息技术服务时,应当按照中国证监会要求定期报送相关资料。

证券基金经营与服务机构提交报告的内容应当真实、准确、完整。

第五十四条　证券基金经营机构应当按照中国证监会有关规定履行信息安全事件报告和调查处理职责。

第五十五条　信息技术服务机构出现下列情形的,应当立即报告住所地中国证监会派出机构:

(一)人员、财务、技术管理等方面发生重大变化,可能无法持续为证券基金经营机构提供信息技术服务;

(二)提供的信息技术服务存在明显缺陷,可能导致所服务的三家及以上证券基金经营机构发生信息系统运营异常、数据泄露、遭受网络攻击等情形;

(三)其他可能对投资者合法权益、证券期货市场造成严重影响的事件。

第五十六条　中国证监会及其派出机构在对证券基金经营与服务机构信息技术管理及服务活动的监管过程中,可以采用渗透测试、漏洞扫描及信息技术风险评估等方式开展现场检查及非现场检查。证券基金经营与服务机构应当予以配合,如实提供有关文件、资料,不得拒绝、阻碍或隐瞒。

第五十七条　证券基金经营机构违反本办法规定的,中国证监会及其派出机构可以依法对其采取责令改正、暂停业务、出具警示函、责令定期报告、责令增加合规检查次数、公开谴责等行政监管措施;对直接负责的主管人员和其他责任人员采取责令改正、监管谈话、出具警示函、公开谴责等行政监管措施。

第五十八条　证券基金经营机构违反本办法规定,反映公司治理混乱、内控失效的,中国证监会及其派出机构可以按照《证券投资基金法》第二十四条、《证券公司监督管理条例》第七十条的规定,采取责令暂停部分或全部业务、责令更换董事、监事、高级管理人员或者限制其权利等行政监管措施。

第五十九条　信息技术服务机构违反本办法规定的,中国证监会及其派出机构可以要求其提交说明材料,并采取责令改正、监管谈话、出具警示函等行政监管措施,情节严重的,中国证监会及其派出机构可以对信息技术服务机构及其直接负责的主管人员和其他直接责任人员单处或者并处警告、三万元以下罚款。

信息技术服务机构在经营活动中无法持续符合本办法第四十七条所列条件或者违反第五十一条规定的,中国证监会及其派出机构可以责令其改正;拒不改正或者情节严重的,注销备案。

信息技术服务机构被注销备案的,不得新增提供信息技术服务,保障存量信息技术服务正常运行、证券交易所上线新产品及中国证监会另有规定的情形除外。

第七章　附　　则

第六十条　证券基金专项业务服务机构借助信息技术手段从事证券基金业务活动的,参照本办法执行。

从事证券公司客户交易结算资金存管活动的商业银行、从事公开募集基金的基金托管机构、证券基金经营机构在境内依法设立的子公司及其下设机构借助信息技术手段从事相关证券基金业务活动的，参照本办法执行。

第六十一条　证券基金专项业务服务机构违反本办法规定的，中国证监会及其派出机构可以对证券基金专项业务服务机构及其直接负责的主管人员和其他直接责任人员单处或者并处警告、责令停止基金服务业务或三万元以下罚款等行政监管措施。

第六十二条　证券基金经营机构、证券基金专项业务服务机构应当按照本办法第五十二条规定，在本办法实施之日起半年内将已投产的重要信息系统所在机房、证券基金交易相关信息系统等相关情况报送中国证监会。

本办法实施前，已提供相关服务的基金信息技术服务机构应当按照本办法规定，在本办法实施之日起半年内向中国证监会备案。

本办法实施前，已从事相关业务活动且不符合本办法第十七条规定的，证券基金经营机构应当妥善处理相关问题，并在本办法实施之日起半年内完成整改；整改未完成前，不得借助违规接收客户交易指令的信息系统增加新客户或提供新服务。

第六十三条　本办法中下列用语的含义：

（一）证券基金专项业务服务机构，是指从事公开募集基金的销售、销售支付、份额登记、估值、投资顾问、评价等基金服务业务的机构和证券投资咨询机构。

（二）重要信息系统，是指支持证券基金经营机构和证券基金专项业务服务机构关键业务功能、如出现异常将对证券期货市场和投资者产生重大影响的信息系统。包括集中交易系统、投资交易系统、金融产品销售系统、估值核算系统、投资监督系统、份额登记系统、第三方存管系统、融资融券业务系统、网上交易系统、电话委托系统、移动终端交易系统、法人清算系统、具备开户交易或者客户资料修改功能的门户网站、承载投资咨询业务的系统、存放承销保荐业务工作底稿相关数据的系统、专业即时通信软件以及与上述信息系统具备类似功能的信息系统。

（三）重大变更，是指经证券基金经营机构、证券基金专项业务服务机构自行评估，可能影响业务合规和信息系统安全稳定运行的系统变更，包括但不限于信息技术服务机构更换、技术架构重大调整、主要功能变化等。

（四）专业化交易信息系统，是指除网上交易系统、移动终端交易系统等标准化交易系统外，证券基金经营机构向具有个性化需求并且符合规定条件的特定客户提供服务的交易系统。

（五）证券基金经营机构信息系统备份能力、数据备份能力、故障应对能力、重大灾难应对能力、实时信息系统、非实时信息系统以及备份能力等级相关定义参见中国证监会关于信息系统备份能力相关行业标准。

第六十四条　本办法自2019年6月1日起实施。《证券投资基金销售机构通过第三方电子商务平台开展业务管理暂行规定》（证监会公告〔2013〕18号）同时废止。

附件一：

中国证监会规范性文件目录

1. 养老目标证券投资基金指引（试行）（2018年2月11日　证监会公告〔2018〕2号）

2. 区域性股权市场信息报送指引（试行）（2018年2月12日　证监会公告〔2018〕3号）

3. 上市公司创业投资基金股东减持股份的特别规定（2018年3月1日　证监会公告〔2018〕4号）

4. 证券公司投资银行类业务内部控制指引（2018年3月23日　证监会公告〔2018〕6号）

5. 公开发行证券的公司信息披露编报规则

第14号——非标准审计意见及其涉及事项的处理(2018年修订)(2018年4月19日　证监会公告〔2018〕7号)

6. 公开发行证券的公司信息披露编报规则第19号——财务信息的更正及相关披露(2018年修订)(2018年4月24日　证监会公告〔2018〕8号)

7. 关于在一定期限内适当限制特定严重失信人乘坐火车和民用航空器实施细则(2018年5月14日　证监会公告〔2018〕9号)

8. 关于进一步规范货币市场基金互联网销售、赎回相关服务的指导意见(2018年5月30日　证监会公告〔2018〕10号)

9. 保荐创新企业境内发行股票或存托凭证尽职调查工作实施规定(2018年6月6日　证监会公告〔2018〕11号)

10. 公开发行证券的公司信息披露编报规则第22号——创新试点红筹企业财务报告信息特别规定(试行)(2018年6月6日　证监会公告〔2018〕12号)

11. 试点创新企业境内发行股票或存托凭证并上市监管工作实施办法(2018年6月6日　证监会公告〔2018〕13号)

12. 公开发行证券的公司信息披露编报规则第23号——试点红筹企业公开发行存托凭证招股说明书内容与格式指引(2018年6月6日　证监会公告〔2018〕14号)

13. 公开发行证券的公司信息披露内容与格式准则第40号——试点红筹企业公开发行存托凭证并上市申请文件(2018年6月6日　证监会公告〔2018〕15号)

14. 中国证监会科技创新咨询委员会工作规则(试行)(2018年6月6日　证监会公告〔2018〕16号)

15. 关于试点创新企业实施员工持股计划和期权激励的指引(2018年6月6日　证监会公告〔2018〕17号)

16. 关于试点创新企业整体变更前累计未弥补亏损、研发费用资本化和政府补助列报等会计处理事项的指引(2018年6月6日　证监会公告〔2018〕18号)

17. 创新企业境内发行股票或存托凭证上市后持续监管实施办法(试行)(2018年6月14日　证监会公告〔2018〕19号)

18. 存托凭证存托协议内容与格式指引(试行)(2018年6月14日　证监会公告〔2018〕20号)

19. 关于商业银行担任存托凭证试点存托人有关事项规定(2018年6月15日　证监会公告〔2018〕21号)

20. 关于加强证券公司在投资银行类业务中聘请第三方等廉洁从业风险防控的意见(2018年6月27日　证监会公告〔2018〕22号)

21. 证券基金经营机构使用香港机构证券投资咨询服务暂行规定(2018年6月27日　证监会公告〔2018〕23号)

22. 关于修改《中国证券监督管理委员会上市公司并购重组审核委员会工作规程》的决定(2018年7月3日　证监会公告〔2018〕24号)

23.《中国证券监督管理委员会行政许可实施程序规定》第十五条、第二十二条有关规定的适用意见——证券期货法律适用意见第13号(2018年7月10日　证监会公告〔2018〕25号)

24. 关于进一步加强期货经营机构客户交易终端信息采集有关事项的公告(2018年9月7日　证监会公告〔2018〕27号)

25. 上市公司治理准则(2018年9月30日　证监会公告〔2018〕29号)

26. 关于上海证券交易所与伦敦证券交易所互联互通存托凭证业务的监管规定(试行)(2018年10月12日　证监会公告〔2018〕30号)

27. 证券期货经营机构私募资产管理计划运作管理规定(2018年10月22日　证监会公告〔2018〕31号)

28. 关于"12386"中国证监会服务热线运行有关事项的公告(2018年10月22日　证监会公告〔2018〕32号)

29.《非上市公众公司重大资产重组管理办法》第十八条、第十九条有关规定的适用意见——证券期货法律适用意见第14号(2018年10月26日　证监会公告〔2018〕33号)

30. 关于完善上市公司股票停复牌制度的指导意见(2018年11月6日　证监会公告〔2018〕34号)

31. 关于支持上市公司回购股份的意见(2018年11月9日　证监会公告〔2018〕35号)

32. 公开发行证券的公司信息披露内容与格式准则第26号——上市公司重大资产重组(2018年修订)(2018年11月15日　证监会公告〔2018〕36号)

33. 关于认真学习贯彻《全国人民代表大会常务委员会关于修改〈中华人民共和国公司法〉的决定》的通知(2018年11月20日　证监会公告〔2018〕37号)

34. 关于落实证明事项清理工作取消相关事项的决定(2018年11月22日　证监会公告〔2018〕38号)

35. 证券公司大集合资产管理业务适用《关于规范金融机构资产管理业务的指导意见》操作指引(2018年11月28日　证监会公告〔2018〕39号)

36. 中国证监会、住房城乡建设部关于推进住房租赁资产证券化相关工作的通知(2018年4月24日　证监发〔2018〕30号)

附件二：

其他部委发布的相关部门规章及规范性文件

1. 中国人民银行、国家海洋局、国家发展改革委、工业和信息化部、财政部、中国银监会、中国证监会、中国保监会关于改进和加强海洋经济发展金融服务的指导意见(2018年1月15日　银发〔2018〕7号)

2. 商务部、中国人民银行、国资委等关于印发《对外投资备案(核准)报告暂行办法》的通知(2018年1月18日　商合发〔2018〕24号)

3. 中国银监会、中国人民银行、中国证监会、中国保监会、国家外汇管理局关于进一步支持商业银行资本工具创新的意见(2018年1月18日　银监发〔2018〕5号)

4. 国家发展改革委、中国人民银行、财政部、中国银监会、国资委、中国证监会、中国保监会关于市场化银行债权转股权实施中有关具体政策问题的通知(2018年1月19日　发改财金〔2018〕152号)

5. 财政部关于印发《国有金融企业集中采购管理暂行规定》的通知(2018年2月5日　财金〔2018〕9号)

6. 国家发展改革委、中国人民银行、民政部等印发《关于对婚姻登记严重失信当事人开展联合惩戒的合作备忘录》的通知(2018年2月26日　发改财金〔2018〕342号)

7. 国家发展改革委、中国人民银行、交通运输部等印发《关于对交通运输工程建设领域守信典型企业实施联合激励的合作备忘录》的通知(2018年2月28日　发改财金〔2018〕377号)

8. 国家发展改革委、中央文明办、最高人民法院等关于在一定期限内适当限制特定严重失信人乘坐火车推动社会信用体系建设的意见(2018年3月2日　发改财金〔2018〕384号)

9. 财政部、税务总局、中国证监会关于支持原油等货物期货市场对外开放税收政策的通知(2018年3月13日　财税〔2018〕21号)

10. 财政部关于规范金融企业对地方政府和国有企业投融资行为有关问题的通知(2018年3月28日　财金〔2018〕23号)

11. 中央网信办、中国证监会关于印发《关于推动资本市场服务网络强国建设的指导意见》的通知(2018年3月30日　中网办发文〔2018〕3号)

12. 国家发展改革委、财政部、商务部、中国人民银行、中国银保监会、中国证监会关于引导对外投融资基金健康发展的意见(2018年4月10日　发改外资〔2018〕553号)

13. 中国人民银行金融市场司关于证券公司短期融资券管理有关事项的通知(2018年4月12日　银市场〔2018〕14号)

14. 中国人民银行、中国银保监会、中国证监会、国家外汇管理局关于规范金融机构资产管理业务的指导意见(2018 年 4 月 27 日　银发〔2018〕106 号)

15. 中国人民银行、中国银保监会、中国证监会关于加强非金融企业投资金融机构监管的指导意见(2018 年 4 月 27 日　银发〔2018〕107 号)

16. 商务部关于修改《外商投资企业设立备案申报表》《外商投资企业变更备案申报表》的公告(2018 年 5 月 14 日　商务部公告 2018 年第 41 号)

17. 国家发展改革委、中国人民银行、文化和旅游部等印发《关于对旅游领域严重失信相关责任主体实施联合惩戒的合作备忘录》的通知(2018 年 5 月 18 日　发改财金〔2018〕737 号)

18. 中国人民银行、国家外汇管理局关于人民币合格境外机构投资者境内证券投资管理有关问题的通知(2018 年 6 月 12 日　银发〔2018〕157 号)

19. 国家发展改革委、财政部关于证券期货业监管费标准等有关问题的通知(2018 年 6 月 22 日　发改价格规〔2018〕917 号)

20. 中国人民银行、中国银保监会、中国证监会、国家发展改革委、财政部关于进一步深化小微企业金融服务的意见(2018 年 6 月 23 日　银发〔2018〕162 号)

21. 外商投资准入特别管理措施(负面清单)(2018 年版)(2018 年 6 月 28 日　国家发展和改革委员会、商务部令第 18 号)

22. 金融资产投资公司管理办法(试行)(2018 年 6 月 29 日　银保监会令 2018 年第 4 号)

23. 商务部关于修改《外商投资企业设立及变更备案管理暂行办法》的决定(2018 年 6 月 29 日　商务部令 2018 年第 6 号)

24. 自由贸易试验区外商投资准入特别管理措施(负面清单)(2018 年版)(2018 年 6 月 30 日　国家发展和改革委员会、商务部令第 19 号)

25. 国家发展改革委办公厅、最高人民法院办公厅、民航局综合司、铁路总公司办公厅关于落实在一定期限内适当限制特定严重失信人乘坐火车、民用航空器有关工作的通知(2018 年 7 月 9 日　发改办财金〔2018〕794 号)

26. 中国人民银行办公厅关于进一步明确规范金融机构资产管理业务指导意见有关事项的通知(2018 年 7 月 20 日　银办发〔2018〕129 号)

27. 关于信用评级机构在银行间债券市场和交易所债券市场开展债券评级业务有关事宜的公告(2018 年 9 月 4 日　中国人民银行、证监会公告〔2018〕第 14 号)

28. 商业银行理财业务监督管理办法(2018 年 9 月 26 日　银保监会令 2018 年第 6 号)

29. 人民银行、银保监会、证监会关于印发《互联网金融从业机构反洗钱和反恐怖融资管理办法(试行)》的通知(2018 年 9 月 29 日　银发〔2018〕230 号)

30. 慈善组织保值增值投资活动管理暂行办法(2018 年 10 月 30 日　民政部令第 62 号)

31. 国家发展改革委办公厅、人民银行办公厅、财政部办公厅、银保监会办公厅、证监会办公厅关于鼓励相关机构参与市场化债转股的通知(2018 年 11 月 13 日　发改办财金〔2018〕1442 号)

32. 国家发展改革委、工业和信息化部、财政部、人力资源和社会保障部、自然资源部、人民银行、国资委、税务总局、市场监管总局、银保监会、证监会关于进一步做好"僵尸企业"及去产能企业债务处置工作的通知(2018 年 11 月 23 日　发改财金〔2018〕1756 号)

33. 人民银行、证监会、国家发展改革委关于进一步加强债券市场执法工作的意见(2018 年 11 月 23 日　银发〔2018〕296 号)

34. 人民银行、银保监会、证监会关于完善系统重要性金融机构监管的指导意见(2018 年 11 月 26 日　银发〔2018〕301 号)

35. 财政部、国家税务总局、证监会关于个人转让全国中小企业股份转让系统挂牌公司股票有关个人所得税政策的通知(2018 年 11 月 30 日　财税〔2018〕137 号)

36. 商业银行理财子公司管理办法(2018 年 12 月 2 日　银保监会令 2018 年第 7 号)

37. 国家发展改革委关于支持优质企业直接融资进一步增强企业债券服务实体经济能力

的通知（2018 年 12 月 5 日 发改财金〔2018〕1806 号）

38. 财政部、国家税务总局、证监会关于继续执行内地与香港基金互认有关个人所得税政策的通知（2018 年 12 月 17 日 财税〔2018〕154 号）

二、法规文件说明

关于修改《关于改革完善并严格实施上市公司退市制度的若干意见》的起草说明

为进一步完善上市公司退市制度，充分发挥证券交易所的一线监管职能，严格落实证券交易所作为退市决策主体的法定责任，促进上市公司质量的提高，切实维护投资者合法权益。中国证监会拟对《关于改革完善并严格实施上市公司退市制度的若干意见》部分条文进行修改。现将有关修改情况说明如下：

一、修改背景

上市公司退市制度是资本市场一项基础性制度，对于推进供给侧结构性改革，优化资源配置，促进优胜劣汰，提高上市公司质量有重要作用。2014 年我会发布了《关于改革完善并严格实施上市公司退市制度的若干意见》（以下简称《意见》），健全了主动退市机制，落实了重大违法强制退市安排，进一步优化交易类、财务类退市指标，并对决策程序、投资者保护等作了较为全面的安排。这次对《意见》的修改，在总结《意见》实施以来的经验基础上，调整了重大违法强制退市的内容，强调证券交易所的退市工作主体责任，加大退市执行力度。

二、修改的主要内容

一是强化沪深证券交易所对重大违法公司实施强制退市的决策主体责任。增加一条，明确规定“上市公司构成欺诈发行、重大信息披露违法或者其他重大违法行为的，证券交易所应当严格依法作出暂停、终止公司股票上市交易的决定。证券交易所应当制定上市公司因重大违法行为暂停上市、终止上市实施规则”。同时，考虑到上市公司有重大违法行为，是《证券法》规定的证券交易所决定上市公司退市的情形，且这次对 2014 年《意见》的修改，进一步明确了证券交易所对上市公司有重大违法情形时的退市决策主体责任，因此，删除原来有关上市公司因欺诈发行、重大信息披露违法暂停上市、终止上市具体情形的规定，以及相应的终止上市例外情形、恢复上市、重新上市的规定。

二是对新老划断作出安排。新规定施行前，上市公司已被认定构成重大违法行为或者已被依法移送公安机关，并被作出终止上市决定的，适用原规定。除上述情形外，上市公司因新规定施行前发生的重大违法行为的暂停上市、终止上市，适用新规定。

与上述修改相适应，对 2014 年《意见》附件“上市公司退市情形一览表”中的有关内容一并进行了调整完善。

特此说明。

关于《外商投资证券公司管理办法》的起草说明

为进一步扩大我国证券业对外开放,结合近年来合资证券公司发展情况,我会拟修订《外资参股证券公司设立规则》(以下简称《外资规则》),并以《外商投资证券公司管理办法》重新发布。现说明如下:

一、修订背景

《外资规则》自2002年6月发布实施以来,历经2007年、2012年两次修订,总体来看,证券业对外开放取得积极效果,引入了一定的公司治理、合规经营、内部控制等先进经验。但随着证券业发展的内外环境发生重大变化,有些政策已不适应证券业发展和对外开放的需要,如:外资持股比例和业务范围的双重限制容易引发中外股东对合资证券公司的战略定位、展业模式和经营管理等方面的分歧和矛盾;外资合计持有上市内资证券公司股份的比例不得超过25%的规定,限制了其在境外发行上市融资的能力。此外,内地在CEPA项下先行扩大证券业对港资和澳资机构开放,积累了一些经验,需复制推广为普惠性的开放政策。2017年11月,中美两国元首会晤,我方承诺:"将单个或多个外国投资者直接或间接投资证券、基金管理、期货公司的投资比例限制放宽至51%,上述措施实施三年后,投资比例不受限制"。兑现上述承诺,需要修订《外资规则》。

二、修订原则与思路

本次修订《外资规则》遵循的原则是,保持证券业对外开放政策的连续性、渐进性和前瞻性,适度调整优化合资证券公司设立条件,有序扩大合资证券公司业务范围。修订思路如下:

(一)允许外资控股合资证券公司。一是取消"外资必须与内资证券公司合作成立合资证券公司"的限制。二是落实中美元首会晤达成的"外资持有证券公司的股权比例限制放宽至51%,上述措施实施三年后,投资比例不受限制"共识,明确外资持有合资证券公司股权比例"累计不得超过我国证券业对外开放所作出的承诺"。三是体现外资由参转控,将名称由《外资参股证券公司设立规则》改为《外商投资证券公司管理办法》。

(二)逐步放开合资证券公司业务范围。允许新设合资证券公司根据自身情况,依照《证券法》第125条和《证券公司业务范围审批暂行规定》,原则可申请4项业务,1年后可申请增加业务,每次可申请增加2项。为防止无序申请证券业务牌照,要求合资证券公司的初始业务范围需与控股股东、第一大股东的证券业务经验相匹配。

(三)完善外资持有上市证券公司股份的规定。一是将全部境外投资者持有上市内资证券公司股份的比例提高到不得超过我国证券业对外开放所作的承诺(目前为51%),与外资合计持有非上市证券公司的最高股权比例一致。二是适当放宽单个境外投资者持有上市证券公司股份的比例限制,要求"通过证券交易所的证券交易或者协议收购方式,单个境外投资者持有,或者通过协议、其他安排与他人共同持有上市证券公司已发行的股份比例不得超过30%",否则应当限期规范整改。

(四)明确境内股东的实际控制人身份变更导致内资证券公司性质变更的相关政策。针对监管实践出现新的情况"部分内资证券公司股东的实际控制人身份变更(由中国籍变更为外籍),导致境外投资者间接持有内资证券公司股权",本次修订将上述情形纳入外商投资证券公司的范围,明确了相关规范要求,该类境外投资者应当限期符合境外股东条件。

(五)完善境外股东条件。为实现"引入优质境外股东、引入境外先进管理经验"的目的,优化境外股东条件。一是将境外股东由"至少有1名是金融机构"调整为"均应为金融机构";二是将"具有良好的声誉和经营业绩"细化为"具有良好的国际声誉和经营业绩,近3年业务规模、收入、利润居于国际前列,近3年长期信用均保持在高水平"。确保引入的外方股东均为具备丰富金融活动经验的优质公司。

三、修订内容

《外资规则》共29条,此次修订删除4条,增加1条;修订后为26条,核心修改7条,文字性修改17条。主要修订内容如下:

一是在原第二条适用范围增加一项"(三)内资证券公司股东的控股股东、实际控制人变更为境外投资者,内资证券公司依法变更的证券公司"。

二是在原第四条进一步明确外商投资证券公司的股东、业务范围及董事、监事、高级管理人员等也应符合法律法规和我会规定,不得危害国家安全。同时,删除原第五条关于经营范围的规定、原第八条关于境内股东条件的规定、原第九条关于境内股东出资要求的规定、原第十一条关于董事监事高级管理人员任职资格条件的规定。

三是修改原第六条设立外资参股证券公司应符合的条件。删除第(一)项;删除第(四)项与第(五)项关于制度、系统、场地等具体要求;将第(二)项修改为"境外股东具备本办法规定的资格条件,其出资比例、出资方式符合本办法的规定",作为第(一)项;增加一项"(三)初始业务范围与控股股东、第一大股东的经营证券业务经验相匹配"。

四是修改原第七条外资参股证券公司的境外股东应当具备的条件,将第(二)项、第(四)项合并,修改为"系在所在国家或者地区合法成立的金融机构,近3年各项财务指标符合所在国家或者地区法律的规定和监管机构的要求"。

第(三)项中增加不得存在违法违规被立案调查的内容,且强调入股股东持续经营证券业务5年以上。具体表述为:"持续经营证券业务5年以上,近3年未受到所在国家或者地区监管机构或者行政、司法机关的重大处罚,无因涉嫌重大违法违规正受到有关机关调查的情形"。

第(六)项修改为"具有良好的国际声誉和经营业绩,近3年业务规模、收入、利润居于国际前列,近3年长期信用均保持在高水平"。

五是修改原第十条第一款关于境外股东持股比例的规定。修改为"境外股东持有(包括直接持有和间接控制)外商投资证券公司股权比例,累计不得超过我国证券业对外开放所作的承诺且原则上不得低于25%。内资证券公司依法变更为外商投资证券公司的,境外股东持股比例下限不受25%的限制"。

删除第二款"境内股东中的内资证券公司,应当至少有1名的持股比例或者在外资参股证券公司中拥有的权益比例不低于49%"、第三款"内资证券公司变更为外资参股证券公司后,应当至少有1名内资股东的持股比例不低于49%"。

六是原第十八条增加一款"内资证券公司股东的控股股东、实际控制人变更为境外投资者,相关境外投资者应当具备本办法第六条规定的条件,其间接控制证券公司股权比例应当符合本办法第七条的规定。相关境外投资者不具备条件或其间接控制证券公司股权比例不符合规定的,应当在3个月内完成规范整改;相关上市证券公司股份因停牌、处于锁定期暂无法转让的,应当在上述情形消除后3个月内完成规范整改"。

七是将原第二十五条第三款修改为"通过证券交易所的证券交易或者协议收购方式,单个境外投资者持有,或者通过协议、其他安排与他人共同持有上市证券公司已发行的股份比例不得超过30%。相关境外投资者持有证券公司股权比例不符合规定的,应当在30日内完成规范整改;相关上市证券公司股份因停牌、处于锁定期暂无法转让的,应当在上述情形消除后30日内完成规范整改。

全部境外投资者持有(包括直接持有和间接控制)上市内资证券公司股份的比例不得超过我国证券业对外开放所作的承诺"。

关于修改《首次公开发行股票并上市管理办法》的起草说明

为深入贯彻落实党的十九大精神,贯彻落实习近平总书记的系列重要讲话精神,和李克强总理指示精神,服务创新驱动发展战略,我会拟对《首次公开发行股票并上市管理办法》(以下简称《首发办法》)进行修改。现将有关修改情况说明如下:

一、修改背景

《首发办法》对规范首次公开发行股票并上市行为,保护投资者合法权益和社会公共利益,服务实体经济发展,发挥了积极作用。随着我国综合国力的提升和国际影响力的日益加强,国内创新企业不断涌现,形成新动能,为我国经济的快速发展,国民生活水平的提高做出积极贡献。但由于新经济业务模式特点,一些创新企业仍处于亏损状态,现有部分发行条件的设置已经不能满足服务创新企业发展的需要,亟需在推进改革过程中进行完善,使资本市场更好服务实体经济、助力国家创新驱动战略、培育新动能。

二、修改的总体思路和主要内容

《首发办法》修改的总体思路是以服务创新驱动发展战略为引领,坚持创新与发展有机结合,改革与开放并行并重的原则,允许符合《关于开展创新企业境内发行股票或存托凭证试点的若干意见》等规定,经中国证监会认定的试点企业在境内发行上市,可以不适用发行条件关于盈利指标相关要求。

本次《首发办法》修改后总体架构不变,仍分为总则、发行条件、发行程序、信息披露、监管和处罚、附则6章,共58条。在第二十六条增加一款,修改为:

"第二十六条发行人应当符合下列条件:

(一)最近3个会计年度净利润均为正数且累计超过人民币3000万元,净利润以扣除非经常性损益前后较低者为计算依据;

(二)最近3个会计年度经营活动产生的现金流量净额累计超过人民币5000万元;或者最近3个会计年度营业收入累计超过人民币3亿元;

(三)发行前股本总额不少于人民币3000万元;

(四)最近一期末无形资产(扣除土地使用权、水面养殖权和采矿权等后)占净资产的比例不高于20%;

(五)最近一期末不存在未弥补亏损。

中国证监会根据《关于开展创新企业境内发行股票或存托凭证试点的若干意见》等规定认定的试点企业,可不适用前款第(一)项、第(五)项规定。"

特此说明。

关于修改《首次公开发行股票并在创业板上市管理办法》的起草说明

为贯彻落实党的十九大精神,贯彻落实习近平总书记的系列重要讲话精神,和李克强总理指示精神,服务国家创新驱动发展战略,我会拟对《首次公开发行股票并在创业板上市管理

办法》(以下简称《创业板首发办法》)进行修改。现将有关修改情况说明如下:

一、修改背景

《创业板首发办法》对规范首次公开发行股票并上市行为,促进自主创新企业及其他成长型创业企业发展,保护投资者的合法权益,服务实体经济发展,发挥了积极作用。随着我国综合国力的提升和国际影响力的日益加强,国内创新企业不断涌现,形成新动能,为我国经济的快速发展,国民生活水平的提高做出积极贡献。但由于新经济业务模式特点,一些创新企业仍处于亏损状态,现有部分发行条件的设置已经不能满足此类企业发展的需要,亟需在推进改革过程中进行完善,使资本市场更好服务实体经济、助力国家创新驱动战略、培育新动能。

二、修改的总体思路和主要内容

《创业板首发办法》修改的总体思路是以服务创新驱动发展战略为引领,坚持创新与发展有机结合,改革与开放并行并重的原则,允许符合《关于开展创新企业境内发行股票或存托凭证试点的若干意见》,经中国证监会认定的试点企业在境内发行上市,可以不适用发行条件关于盈利指标相关要求。

本次《创业板首发办法》修改后总体架构不变,仍分为总则、发行条件、发行程序、信息披露、监督管理和法律责任、附则6章,共56条。在第十一条增加一款,修改为:

"第十一条发行人申请首次公开发行股票应当符合下列条件:

(一)发行人是依法设立且持续经营三年以上的股份有限公司。有限责任公司按原账面净资产值折股整体变更为股份有限公司的,持续经营时间可以从有限责任公司成立之日起计算;

(二)最近两年连续盈利,最近两年净利润累计不少于一千万元;或者最近一年盈利,最近一年营业收入不少于五千万元。净利润以扣除非经常性损益前后孰低者为计算依据;

(三)最近一期末净资产不少于二千万元,且不存在未弥补亏损;

(四)发行后股本总额不少于三千万元。

中国证监会根据《关于开展创新企业境内发行股票或存托凭证试点的若干意见》等规定认定的试点企业,可不适用前款第(二)项规定和第(三)项"不存在未弥补亏损"的规定。"

特此说明。

关于修改《证券发行与承销管理办法》的起草说明

为深入贯彻落实党的十九大精神和党中央、国务院相关决策部署,服务创新驱动发展战略,稳妥安排创新试点企业境内发行股票或存托凭证,根据《关于开展创新企业境内发行股票或存托凭证试点的若干意见》,我会拟对《证券发行与承销管理办法》(以下简称《办法》)进行修订。修订后,《办法》共43条,其中,修改8条。现将修订情况说明如下:

一、将试点企业在境内发行存托凭证纳入《办法》的适用范围。境内发行与承销存托凭证,执行《办法》中关于发行与承销股票的相关规定;存托凭证境外基础证券发行人应履行《办法》中发行人、上市公司的义务,承担相应的法律责任。

二、允许发行规模2000万股以下的企业也可通过询价方式确定发行价格。创新企业普遍存在业务模式新、估值难度大等特点,专业投资者参与询价可促进其价格发现。为提高企业定价方式的灵活性,公开发行股票数量在2000万股(含)以下且无老股转让计划的,可以通过直接定价的方式确定发行价格,也可以通过向网下投资者询价的方式确定发行价格。

三、明确申购新股或存托凭证的市值计算包含存托凭证。投资者申购新股或存托凭证需持有一定市值,市值的计算包括股票和存托凭证市值。市值计算规则由中国证券登记结算公司与沪、深证券交易所具体制定。

四、规定网下设定锁定期的股份均不参与向网上回拨。为便于形成网上网下合理的股份分配结构,稳定市场、平抑炒作,同时增强对网下投资者的报价约束,充分发挥专业机构投资者的定价能力,对网上网下回拨机制进行调整,规定对网下配售的股份可根据需要灵活设定锁定期,设锁定期的股份不参与向网上的回拨。

五、允许发行存托凭证的企业根据需要进行战略配售和采用超额配售选择权。为减少存托凭证发行对二级市场的冲击,维护市场稳定,发行存托凭证的,可根据需要向战略投资者进行战略配售和采用超额配售选择权,并遵守《办法》中关于战略配售和超额配售选择权相关规定。

六、完善未盈利企业估值指标的信息披露要求。鉴于未盈利企业不适用市盈率的估值指标,明确未盈利企业应披露市销率、市净率等反映发行人所在行业特点的估值指标。

特此说明。

关于《关于修改〈中国证券监督管理委员会发行审核委员会办法〉的决定》的起草说明

为认真贯彻党中央、国务院关于促进资本市场稳定健康发展的决策部署,切实提高资本市场服务实体经济能力,防范化解资本市场重大风险,保护投资者合法权益,中国证监会拟对《中国证券监督管理委员会发行审核委员会办法》(以下简称《发审委办法》)进行修订,进一步优化发审委组织结构、强化发审委人员管理、规范发审委工作流程。现将有关修改情况说明如下:

一、修改背景

2017 年,证监会对《发审委办法》进行了修改,着力强化发行审核委员会(以下简称发审委)制度运行监管。随后换届产生的第十七届发审委,在证监会党委的领导下,严格贯彻落实党中央和国务院决策部署,坚持依法全面从严监管理念,落实股票发行常态化工作,严把上市公司准入关,支持实体经济企业融资发展。

总的来看,2017 年对《发审委办法》的修改主要集中在委员遴选、建立发审监察机制等方面。第十七届发审委履职以来,证监会在完善发审委工作流程机制和人员管理上作了许多有益的探索,相关工作取得了一定成果。为了将相关经验制度化,进一步完善发审委运行体制机制,强化发审委队伍建设,更充分地满足发行审核工作的实际需要,有必要进一步完善发审委制度。

二、修改的主要内容

一是调整发审委人员结构。现行《发审委办法》第六条明确规定,“发审委委员为 66 名,部分发审委委员可以为专职”。考虑到,固定的委员人数难以适应动态变化的工作需要,为了进一步提高发审委组织管理的科学化水平,有必要设定一定的弹性调整空间;同时,兼职委员难以保证足够的时间和精力参与审核工作。综合前述两点考虑,将《发审委办法》第六条第二款修改为“发审委委员为 35 名,中国证监会可以根据工作实际需要进行适当调整”。

二是完善委员解聘的规定。发审委换届时,委员候选人资格的获得并非只是通过个人申请,而是采取“个人意愿 + 所在单位推荐”的模式。去年修改《发审委办法》时,强化了推荐单位责任。为保证权责相统一,单位有推荐委员的权利,也应当同时有取消推荐的权利。因此,修改《发审委办法》第十条,明确推荐单位可以提请解除委员职务。

三是允许委员参加初审会。初审会是证监会有关职能部门审核企业发行申请的重要环节。委员参加初审会,可以更好地了解情况、解决疑问。现行《发审委办法》中对此没有明确规定。为此,在第十三条中增加一款,规定委员可以列席证监会有关职能部门的初审会议。

四是进一步规范发审会取消的工作流程。审核实践中,发审会确定并公告后,存在企业临时暴露问题需要进一步核查的情况,其中发审委委员发现问题的,由委员在发审会上建议暂缓表决;证监会有关职能部门发现问题的,由有关职能部门提前取消发审会。但现行《发审委办法》只规定了暂缓表决的程序,没有规定取消发审会的程序。根据实践需要,有必要在《发审委办法》中增加相关内容,明确有关职能部门发现发行人存在尚待调查核实的重大问题,需要取消发审会的,应当在发审会召开前公告。

五是增强审核程序的一致性和透明度。此前,出于对非公开发行和公开发行差异化的机制安排,《发审委办法》对非公开发行做出了特殊的程序规定,包括审核信息不公开、不设置暂缓表决程序和会后事项发审会等。随着发行审核制度的不断完善,为进一步贯彻落实依法全面从严的监管理念,有必要提高发行审核的科学化、透明化水平。为此,修改特别程序的相关条文内容,使特别程序除表决票数要求不同外,在会前会后信息公开、暂缓表决和取消审核、会后事项发审会等其他各方面与普通程序保持一致。

六是增加暂停委员履行职务的管理手段。为进一步强化委员监管力度,丰富管理手段,在现行《发审委办法》第四十一、四十二条的相关措施中,增加暂停委员履行职务的措施。

七是调整个别文字表述。

特此说明。

《存托凭证发行与交易管理办法(征求意见稿)》起草说明

为深入贯彻党的十九大和全国金融工作会议精神,服务实体经济,深化金融体制改革,完善金融市场体系,进一步扩大资本市场对外开放,根据《国务院办公厅转发证监会关于开展创新企业境内发行股票或存托凭证试点若干意见的通知》(国办发〔2018〕21 号),证监会起草了《存托凭证发行与交易管理办法》(以下简称《管理办法》),现说明如下:

一、起草背景

一是贯彻落实《关于开展创新企业境内发行股票或存托凭证试点的若干意见》,充分发挥资本市场服务实体经济发展的需要。

党的十九大提出,推动互联网、大数据、人工智能和实体经济深度融合。十三届全国人大一次会议政府工作报告提出,支持优质创新型企业上市融资。为此,国务院批转了《关于开展创新企业境内发行股票或存托凭证试点的若干意见》(以下简称《若干意见》),对支持创新企业在境内发行上市作出了系统制度安排,并明确了存托凭证的基础制度框架。为了给规范存托凭证的发行、交易及相关活动提供具体法律依据,需要按照《证券法》和《若干意见》的相关要求研究制定《管理办法》。

二是稳步扩大我国资本市场双向开放,提升我国资本市场国际化水平的需要。

目前,证监会正在推进沪伦两地股票市场互联互通机制建设,“沪伦通”项目初期也拟采取存托凭证互挂方式实现两地市场互联互通,制定《管理办法》,对存托凭证的发行上市、存托托管、信息披露、投资者保护、监督管理、法律责任等作出全面安排,有利于为“沪伦通”项目奠定制度基础。

二、起草思路与定位

为落实国务院批转的《若干意见》相关要求,《管理办法》定位于以部门规章形式对存托凭证基本制度作出全面的统一规范,既为创新企业通过发行存托凭证回归境内资本市场奠定制度基础,也为未来开通“沪伦通”预留制度空间,做好规则准备。

基于上述定位,考虑到国务院通过转发

《若干意见》的形式将存托凭证认定为证券,其发行、交易应当适用《证券法》的规定,但存托凭证作为新的证券品种,《证券法》未对其作专门规定,且现有股票及上市公司持续监管规则可能无法完全适用。因此,《管理办法》一方面作出了与《证券法》的衔接安排,并逐一明确《证券法》关于股票的相关规定适用于存托凭证的事项;另一方面,就存托凭证的发行与上市后的持续监管制度进行了原则性的衔接规定,为后续相关监管规定细化具体要求预留空间。具体来说,一是,对于《证券法》中可以直接适用于存托凭证的,如擅自公开发行证券法律责任、发行人欺诈发行法律责任等,《管理办法》通过援引性条款的形式予以衔接。二是,对于《证券法》中明确适用于股票,但基于存托凭证的法律性质,也应当同样适用的规定,如禁止短线交易等,《管理办法》通过描述禁止性行为,并援引《证券法》相应法律责任条款的形式予以规范。三是,针对存托凭证这种新的证券品种,对于《证券法》中缺乏明确规定的,如存托人和托管人职责、存托协议和托管协议必备条款等,《管理办法》作了相应安排。四是,对于《若干意见》仅作出原则性规定,或者明确规定可以适用境外法律的,《管理办法》设置了例外条款。

三、需要说明的问题

一是关于存托凭证的类型。境外成熟市场基于存托凭证的不同类型,相关主体权利义务、基础法律关系、监管逻辑等基础制度存在较大差异。根据《若干意见》并考虑兼容“沪伦通”业务模式,《管理办法》主要针对参与型存托凭证的发行、上市等作出了规定,明确境外基础证券发行人应当参与存托凭证发行,承担发行人、上市公司义务。

二是关于监管原则的宽严把握。考虑到有些试点红筹公司本身不是经营实体,也不直接拥有营业用资产,而是通过 VIE 架构实际控制境内实体运营企业,具有不稳定性,《管理办法》根据《若干意见》的要求,在《证券法》框架下,在监管原则上总体从严把握,明确境内实体运营企业应当对与其有关的信息披露内容的真实、准确、完整承担责任,并针对存托凭证及境外基础证券发行人特点,就存托安排、不同投票权、协议控制等事项作出特别披露要求,但也根据《若干意见》规定,作出了例外规定,从而做到监管公平、均衡。

三是关于投资者保护措施。我国证券市场的基础制度、投资者结构等与境外市场相比有一定差异,为投资者提供相关保护措施具有必要性;同时,考虑到试点企业多为 VIE 架构的红筹公司,境外红筹公司与境内实体运营企业在股权结构上完全独立,其权利义务仅依靠合同予以约定。若红筹公司在存托凭证发行过程中因损害投资者合法权益而应当承担损害赔偿责任时,投资者很难通过起诉红筹公司获得赔偿。因此,《管理办法》中设置了多项特有的投资者保护措施,如存托凭证持有人特别事项单独表决机制,境外基础证券发行人及其控股股东、实际控制人的退市回购义务,境内实体运营企业对与其有关信息披露的责任等。

四是关于法律责任。为确保存托凭证发行、交易及相关活动中的违法行为能够根据《证券法》进行查处,对于境外基础证券发行人等存托凭证参与主体的违法违规行为,《管理办法》明确规定应当依照《证券法》的相关规定处罚,为监管提供制度依据。同时,还规定了现场检查、调查取证,采取监管措施,实施市场禁入等,丰富监管手段,建立了完备的责任追究体系。

四、主要内容

《管理办法》共八章,六十一条,主要包括以下内容:

第一章为总则。一是规定了《管理办法》的立法目的和立法依据。二是规定了存托凭证的定义,明确了存托凭证的发行、上市、交易等相关行为的法律适用。三是明确境外基础证券发行人应当履行发行人、上市公司的义务,并承担相应法律责任。四是为落实《若干意见》对投资者保护的相关要求,对投资者的同等保护作出了原则性规定。五是规定了中国证监会依照上市公司监管的相关规定,对境外基础证券发行人进行持续监管,以及证券交易所的自律监管职责。

第二章为存托凭证的发行。一是针对公开发行以股票为基础证券的存托凭证,规定了基本发行条件。二是规定了公开发行以股票为基础证券的存托凭证的发行申请文件，明确境外基础证券发行人为存托凭证发行申请文件的报送主体。三是规定了公开发行存托凭证的发行审核程序、保荐和承销安排。四是对通过发行存托凭证进行再融资作出了原则性规定。

第三章为存托凭证的上市和交易。一是规定存托凭证上市应当符合证券交易所规定的上市条件，证券交易所应当根据《证券法》《若干意见》以及中国证监会的相关规定制定存托凭证上市规则。二是对存托凭证的交易作出了原则性规定，并对存托凭证的减持、权益披露、收购、重大资产重组作出了规定。三是规定了存托凭证的登记和结算。

第四章为存托凭证的信息披露。一是规定了信息披露的总体要求，明确境外基础证券发行人及其控股股东、实际控制人等相关信息披露义务人为信息披露的责任主体。二是规定了相关信息披露义务主体的发行披露义务、持续信息披露义务及相关披露要求。三是规定了信息披露义务人的同步披露、差异披露及披露语言要求。四是规定境外基础证券发行人应当在境内设立证券事务机构，委任信息披露境内代表办理境内信息披露相关事宜。

第五章为存托凭证的存托和托管。一是规定了存托人、托管人及其职责，对存托人资质作出了原则性规定。二是规定了存托协议、托管协议的必备条款，对参与各方的权利义务作出了安排。三是明确了存托人、托管人职责履行的要求，以及存托人的资产隔离、避免利益冲突的相关要求。

第六章为投资者保护。一是规定了投资者适当性管理制度，对证券交易所落实投资者适当性提出了原则性要求。二是提出了投资者同等保护原则，要求境外基础证券发行人、存托人应当为投资者行使权利提供便利。三是规定了投资者特别保护原则，明确中证中小投资者服务中心有限责任公司可以持有存托凭证行使权利、支持诉讼。四是明确了境外基础证券发行人与其实际控制的境内实体运营企业之间的关系安排应当合法合规，境内实体运营企业对与其有关的信息披露内容的真实、准确、完整承担责任；规定了境外基础证券发行人持有特别投票权差异股股东的义务，存托凭证持有人特别事项单独表决机制，存托凭证的暂停、终止上市及退市保护制度。五是规定了纠纷调解机制。六是规定了证券投资基金投资存托凭证的要求。

第七章为法律责任。一是规定了证监会可以对相关参与主体采取现场检查、调查取证等措施。二是规定了证监会可以采取的监管措施、市场禁入措施。三是对相关参与主体违反证券法律法规的民事责任、行政责任作出了针对性规定。

第八章为附则。一是对境外发行存托凭证、存托凭证的跨境转换和互联互通业务作出了原则性规定。二是规定了跨境监管执法合作，以及有关术语释义和生效事项。

《上市公司治理准则》（征求意见稿）修订说明

为深入贯彻党的十九大精神，认真落实党中央、国务院关于资本市场改革发展的决策部署，进一步促进上市公司规范运作，提升上市公司治理水平，保护投资者合法权益，中国证监会对《上市公司治理准则》（以下简称《准则》）进行了修订，形成了征求意见稿。现就有关情况说明如下：

一、修订背景和前期工作情况

2002年1月，中国证监会联合原国家经济贸易委员会共同发布《准则》。自实施以来，《准则》对于推动建立现代企业制度、指导上市公司规范运作、促进上市公司发展发挥了重要作用。近年来，我国上市公司数量稳步增长，类型逐步丰富，投资者结构日趋多元，以《公司法》《证券法》为基础的上市公司监管法规体系不断完善,同时上市公司治理中也出现了一些新情况新问题,修改完善《准则》具有现实必要性,也具备了较好的法制和实践基础。与此同时,1999 年经济合作与发展组织(OECD)的《公司治理原则》也经历了 2004 年、2015 年两次修订。因此,也有必要修改完善《准则》,吸收借鉴公司治理国际先进经验,更好与国际接轨。

《准则》修订启动以来,证监会组织了专项工作小组,在基础研究、案例分析、规则梳理方面做了扎实工作,征求了相关部委、上市公司、机构投资者、中介机构、专家学者等各方意见。召开了各类座谈会 30 场次,参与上市公司 230 多家次、机构投资者和中介机构等 60 多家次,邀请专家学者深度参与、给予指导。证监会领导当面听取了企业家的意见和建议。期间,还举办了公司治理国际研讨会。2017 年 9 月,证监会应邀以“参与方”身份加入 OECD 公司治理委员会,并在涉及 G20/OECD《公司治理原则》实施工作时升级为“联合伙伴方”。通过各种渠道,进一步扩大国际交流,吸收借鉴境外市场公司治理实践经验。

二、修订指导思想和原则

《准则》修订工作始终坚持以习近平新时代中国特色社会主义思想为指导,全面贯彻党的十九大精神,坚持以人民为中心的发展思想,立足中国国情、借鉴国际经验,着力推动上市公司规范运作、改善治理、提高质量,保护投资者尤其是中小投资者合法权益,促进资本市场稳定健康发展。

一是坚持本土化和实效性。全面梳理公司治理相关法律法规、自律规则,总结分析现阶段新情况新问题,将实践中行之有效的公司治理和监管经验上升为制度,并与现有制度有效衔接,进一步健全上市公司的治理架构和运作机制,规范各方行为,解决公司治理突出问题。

二是注重国际化和现代化。认真研究 OECD《公司治理原则》等国际准则修订情况,整理分析境外市场公司治理立法和实践情况,吸收借鉴公司治理国际经验,注重开放性和包容性,倡导良好公司治理实践。

三是兼顾原则性和操作性。《准则》以上市公司治理基本要求和核心内容的原则性规定为主,适用于境内各类上市公司;同时,授权证券交易所、相关协会等制定自律规则,细化操作规定,形成相对完善的规则体系,以推动落实。

三、修订主要内容

此次修订,对原《准则》作了全面梳理,删除了一些现实意义不强的原有规定,对章节条款作了调整优化,对条文内容和文字表述作了梳理简化,增强了规范性和严谨性;同时,根据我国资本市场发展状况、上市公司实际和投资者特点,吸收借鉴国际经验,增加了上市公司治理一系列新要求。

征求意见稿共 10 章 97 条,主要修改内容包括以下四个方面:

(一)紧扣新时代主题,体现中国特色公司治理新要求

一是将新发展理念等根本要求贯彻到公司治理中。上市公司作为中国企业的优秀代表,应当通过良好公司治理实践,将新发展理念等要求转化为公司的发展战略和内生动力。征求意见稿“总则”第三条规定上市公司应当贯彻落实新发展理念,弘扬优秀企业家精神,积极履行社会责任,形成良好公司治理实践,明确公司治理应当健全、有效、透明,强化内外部监督制衡,并在后续条款中予以具体体现。

二是增加上市公司党建要求。加强上市公司党建工作是全面从严治党的必然要求,把加强党的领导和完善公司治理统一起来是中国特色公司治理的重要内容。根据《中国共产党章程》和《公司法》的规定,征求意见稿第五条第一款对上市公司党建工作提出原则性要求。同时,落实全国国有企业党的建设工作会议部署,总结国有控股上市公司将党建工作要求写入公司章程的实践经验,第五条第二款对国有控股上市公司“党建入章”作出专门规定。

三是服务保障“三大攻坚战”。上市公司数量多、体量大、影响广,理应成为落实党和国家重大决策部署的“排头兵”。按照党中央关于重点打好防范化解重大风险、精准脱贫、污染防治攻坚战的部署,征求意见稿对上市公司提出了相应要求,并体现在公司治理中。第九十三条要求上市公司建立内部控制及风险管理制度,加强对公司重要营运行为、下属公司管控等

情况的检查监督；第八十五条要求上市公司积极践行绿色发展理念，将生态环保要求融入发展战略和公司治理；第八十六条要求上市公司在社区福利、救灾助困、公益事业等方面履行社会责任，并对上市公司参与扶贫工作予以重点强调。

（二）立足投资者结构特点，强化中小投资者合法权益保护

一是突出中小投资者作为股东享有的权利保障。针对我国资本市场中小投资者占比高的特点，征求意见稿进一步突出对中小投资者合法权益的保护，要求确保股东得到公平对待（第三条）；强调在上市公司治理中，依法保障股东权利，注重保护中小股东合法权益（第八条）；要求上市公司积极回报股东，在公司章程中明确利润分配办法尤其是现金分红政策，具备条件而不进行现金分红的要充分披露原因（第十条）；明确上市公司股东大会以现场与网络投票相结合的方式召开，以便利股东参会（第十五条）。

二是加强对控股股东、实际控制人及其关联方的约束。针对实践中部分控股股东、实际控制人滥用控制地位，损害中小股东合法权益的情况，征求意见稿进一步强化了约束，在诚信义务（第六十二条）、承诺履行（第六十五条）、保持上市公司独立性（第六章第二节）、信息披露义务（第八十九条）等方面提出了新要求。

三是发挥中小投资者保护机构的作用。近年来，中证中小投资者服务中心以股东身份积极行使权利，在维护中小投资者合法权益、促进提升上市公司治理水平方面发挥了积极作用，这是我国资本市场的有益探索。征求意见稿第八十一条增加了中小投资者保护机构在上市公司治理中发挥积极作用的原则性规定，为下一步探索预留了空间。

（三）借鉴国际经验，体现公司治理最新发展趋势

一是增加机构投资者参与公司治理有关规定。为适应我国资本市场双向开放不断深化的趋势，倡导长期理性投资和价值投资理念，引导投资者更加关注公司内在价值，征求意见稿借鉴 OECD《公司治理原则》2015 年修订的经验，新增第七章，鼓励机构投资者参与公司治理，依法行使股东权利，并对外公开参与公司治理情况及其效果（第七十七条至第七十九条）。

二是重视中介机构在公司治理中的积极作用。多年实践表明，中介机构在上市公司财务报表审计、信息披露等方面发挥着重要作用。征求意见稿要求证券公司、律师事务所、会计师事务所等中介机构在提供专业服务时，积极关注上市公司治理状况，并要求上市公司审慎选择中介机构（第八十条），从而形成公司治理的外部约束。

三是强化董事会审计委员会的职责。原《准则》规定了上市公司董事会可以设置相关专门委员会。目前，审计委员会在上市公司已基本全覆盖，并在上市公司财务报告审计及内部控制等方面发挥了重要作用。OECD《公司治理原则》对审计委员会的作用作了专门强调，并视为良好实践。征求意见稿明确规定“上市公司董事会应当设立审计委员会”（第三十八条），并对审计委员会的职责作了强化（第三十九条）。上市公司可以根据自身情况设立其他专门委员会，保持治理上的灵活性。

四是确立了环境、社会责任和公司治理（ESG）信息披露的基本框架。征求意见稿第九十四条、第九十五条分别对上市公司披露环境信息、履行社会责任情况以及公司治理相关信息作了规定，形成了 ESG 信息披露的基本框架，与国际主要市场的 ESG 信息披露发展保持了同步，有利于提高我国上市公司的 ESG 评级，提升我国资本市场的国际竞争力。

（四）结合实践发展，对新情况新问题作出规范

一是规范上市公司控制权变动中公司治理相关问题。针对上市公司控制权变动导致上市公司治理不稳定的情况，征求意见稿对相关问题作出了回应，包括不得通过公司章程、股东大会决议或者董事会决议等剥夺或者限制股东的法定权利（第七条）；要求董事解聘的补偿条款内容公平合理（第二十条）；上市公司控制权变更过渡期内有关各方应保持公司稳定经营，出现重大问题及时报告（第六十六条）。

二是对独立董事强化职权并规范要求。独立董事制度在促进上市公司规范运作、保护中小投资者合法权益方面发挥了重要作用，也存在需要改进的地方。征求意见稿一方面明确了独立董事针对相关事项的特别职权（第三十六条），同时，对其履职行为提出了新的要求（第

三十七条),以促进其作用的发挥。

三是健全上市公司评价与激励机制。征求意见稿将上市公司董监高评价分为绩效评价、履职评价,分别明确基本要求(第五十六条);根据实践发展,增加了上市公司实施股权激励与员工持股等激励机制的原则规定(第六十一条)。

四是完善信息披露要求,增强上市公司透明度。总结多年来上市公司信息披露法规制度完善和实践成果,征求意见稿完善了信息披露相关要求,规定了信息披露基本原则(第八十七条),要求上市公司制定董监高对外发布信息的行为规范(第八十八条),对上市公司以外的其他信息披露义务人进行约束(第八十九条),对自愿性信息披露作了规范,既鼓励扩大披露,又提出了要求(第九十条)。

四、其他事项的说明

本次修订后,《准则》将由中国证监会以规范性文件的形式予以发布。《准则》作为上市公司治理的基础性、原则性规范,构建了现行法律制度下我国上市公司治理的基本框架,其有效实施离不开相关配套规定的完善。下一步,中国证监会将根据新《准则》,制定或修改相关文件,督促指导证券交易所、协会等自律组织完善相关自律规则,对《准则》的原则性规定予以明确和细化,逐步构建“1 + X”的上市公司治理规则体系,并做好宣传培训和跟踪评估等工作,推动《准则》相关要求得到落实,切实提升上市公司治理水平。

关于修改《证券登记结算管理办法》和《上市公司股权激励管理办法》的起草说明

为深入贯彻党的十九大精神,落实党中央、国务院关于加快建设人才强国的战略要求和深入推进资本市场对外开放的部署安排,经与有关部门认真研究,总结以往证券账户开立制度工作成果,并借鉴境外市场经验做法,证监会拟在现行法律框架内,进一步放开外国人 A 股证券账户开立政策。

一、背景情况

党的十九大报告明确提出,要聚天下英才而用之,加快建设人才强国。从吸引更多优秀人才回流,投身创业创新的角度出发,保障外国人在我国的投资权利,是留住外籍优秀人才在我国工作生活的重要措施。尤其在资本市场领域,证券期货经营机构的发展已经进入新的历史阶段,“走出去”和“引进来”的步调加快,发展跨境业务的需求进一步提高,允许对外籍人才实施股权激励、允许其参与我国证券市场交易,是吸引境外优秀金融人才的重要方式,对引进境外市场先进经验,加快我国证券期货行业与国际接轨,打造世界一流的证券期货经营机构有积极意义。同时,允许外国人开立 A 股证券账户,也是吸引外资,支持我国实体经济发展的重要渠道。

二、现行规定

按照《证券法》第一百六十六条规定,投资者申请开立账户,须持有证明中国公民身份或者中国法人资格的合法证件,但国家另有规定的除外。通过例外规定的方式,在法律上为外国人开立 A 股证券账户提供了依据。实践中,根据资本市场发展需要和我国资本项目对外开放的进展程度,目前已对外国人开户作了一定安排,主要允许三类外国人直接开立 A 股账户:一是根据《中央办公厅国务院办公厅印发〈关于加强外国人永久居留服务管理的意见〉的通知》,取得我国永久居留身份证的外国人,可以开立 A 股账户。二是外国人在境内依法设立外商投资股份有限公司并在 A 股上市的,可以开立 A 股证券账户持有本公司股票。三是按照《上市公司股权激励管理办法》,A 股上市公司中在境内工作的外籍员工,参与公司股权激励的，可以开立 A 股证券账户持有本公司股票。

三、境外经验做法

从境外主要市场国家和地区的经验做法看，其在资本项目开放的环境下，对外国人开立本国证券账户普遍持开放态度，基本上实现了国民待遇。例如，外籍投资者在美国开立证券账户与美国居民适用政策一样，只需向证券经纪商提供必要证明材料，在国籍上未作特别限制。而且，持有账户的外籍投资者如属于非美国居民外籍人士，还可享受税收方面的优惠政策。英国根据欧盟的《金融工具市场指令 2》（MiFIDII）规定，在外籍投资者开立本国证券账户方面不做额外监管要求或特殊规定。韩国《金融投资服务和资本市场法》等法律规定，外国人可以进行证券或者场内衍生商品的买卖以及其他交易，但在韩国没有六个月以上住址或者居所的个人，买卖和交易额度受到一定限制。在韩国的商业机构工作或从事商业活动的外国人，可以享受国民待遇，取得等同于本国公民的投资权利。我国香港、台湾地区也均允许外国人开立证券账户。

四、修改内容及配套制度措施安排

（一）进一步扩大申请开立 A 股证券账户的外国人范围

在现有规定的基础上，允许以下两类外国人直接开立 A 股证券账户：一是在我国境内工作的外国人。二是 A 股上市公司中在境外工作并参与股权激励的外籍员工。

（二）具体制度修改

《证券登记结算管理办法》第十九条第二款改为："前款所称投资者包括中国公民、中国法人、中国合伙企业，符合规定的外国人及法律、行政法规、中国证监会规章规定的其他投资者"，并增加一款，作为第三款："外国人申请开立证券账户的具体办法，由证券登记结算机构制定，报中国证监会批准"。

《上市公司股权激励管理办法》第八条第一款修改为："外籍员工任职上市公司董事、高级管理人员、核心技术人员或者核心业务人员的，可以成为激励对象"；第四十五条第二款修改为："激励对象为外籍员工的，可以向证券登记结算机构申请开立证券账户。"

在上述修改基础上，再通过中国证券登记结算公司（法定证券登记、结算机构）的业务规则对有关开户事项作出具体安排。作为此次扩大开放的配套制度安排，相关部门也将从税收制度、外汇管理等方面给予支持。

需要说明的是，本次开放的外国自然人投资者，其本国证券监管机构必须已与我会建立监管合作机制，相关投资者开立 A 股证券账户的，必须遵守我国证券法律规定，适用统一的交易、结算、登记及资金存管等制度规则。

上海证券交易所与伦敦证券交易所市场互联互通存托凭证业务监管规定（试行）（征求意见稿）起草说明

为规范"沪伦通"存托凭证业务，根据《证券法》《国务院办公厅转发证监会关于开展创新企业境内发行股票或存托凭证试点若干意见的通知》（国办发〔2018〕21 号）、《存托凭证发行与交易管理办法（试行）》（证监会令第 143 号，以下简称《存托凭证管理办法》），证监会起草了《上海证券交易所与伦敦证券交易所市场互联互通存托凭证业务监管规定（试行）》（以下简称《监管规定》）。现说明如下：

一、起草背景

为落实习近平主席 2015 年 10 月访英和中英经济财金对话有关成果，中英双方经过协商，将通过上海证券交易所和伦敦证券交易所上市公司互相以存托凭证方式到对方市场挂牌上市的业务模式实现两地市场互联互通。为了给

"沪伦通"存托凭证业务涉及的发行上市、交易、跨境转换等行为提供具体法律依据和行为规范,证监会研究起草了本规定。

二、起草原则和思路

《监管规定》以现行法规制度为基础,根据《存托凭证管理办法》的授权,结合"沪伦通"业务特征作出具体制度安排,如"沪伦通"标的公司为已在英国上市的外国公司,且外国公司以其非新增股票为基础证券发行上市CDR,并不直接在境内市场融资;"沪伦通"CDR可与其对应的基础股票进行跨境转换;信息披露等持续监管上存在一些需要协调中英两国监管要求之处;"沪伦通"还涉及境内上市公司到境外发行GDR业务等。同时,《监管规定》本着保护投资合法权益,维护市场公平秩序,防范金融风险的原则,对参与沪伦通的相关市场主体和行为提出了具体规范性要求,并充分发挥证券交易所的监管职能,将一些具体事项下沉至交易所业务规则层面进行规定。

三、主要内容

《监管规定》共三十条,主要包括以下内容:

(一)第1至2条相当于总则部分。一是规定了《监管规定》的立法目的和立法依据。二是对"沪伦通存托凭证业务"的内涵进行了界定,规定了《监管规定》的适用范围以及沪伦通CDR发行人的范围。

(二)第3至8条关于CDR发行上市监管安排。一是规定境外基础证券发行人以其非新增股票为基础证券在境内发行上市CDR,应当符合《存托凭证管理办法》关于公开发行存托凭证的有关规定,境外基础证券发行人应当依法履行发行人的义务,承担发行人的责任。二是规定了发行申请文件及其内容与格式要求,明确了发行核准程序,并根据《存托凭证管理办法》的授权,对仅面向合格投资者发行CDR的核准程序作出适当简化安排。三是根据"沪伦通"项目中与英国监管机构建立的监管合作安排,规定了CDR会计审计准则适用以及审计师监管要求。四是规定了保荐及尽调的法律适用、重点核查事项以及辅导备案和辅导验收地点等事项。五是规定了CDR的核准数量上限安排。

(三)第9至14条关于CDR存托和跨境转换。一是就CDR存托人的资格条件以及商业银行从事"沪伦通"存托业务与《存托凭证管理办法》等规定作了衔接。二是规定了跨境转换业务类型(生成和兑回)以及证券公司从事跨境转换业务的基本条件和备案要求;同时规定跨境转换机构可以按照证券交易所的规定接受投资者委托进行跨境转换。三是规定了存托机构、跨境转换机构参与CDR初始流动性建立的业务安排。四是要求跨境转换机构按照QDII管理办法开展资产托管业务,并在国家主管部门批准的跨境转换额度内开展业务,境外投资的范围和存量资产余额应当符合《监管规定》及中国证监会的有关规定。

(四)第15至17条关于CDR持续监管。一是规定CDR持续监管原则上适用《创新企业境内发行股票或存托凭证上市后持续监管实施办法(试行)》关于已在境外上市红筹企业的规定。二是对定期报告中的季度报告和重大资产重组作了例外规定,不强制要求披露季报,对于不涉及在境内发行CDR的重大资产重组,境外基础证券发行人将其在境外披露的信息同步在境内披露即可,无需再按境内规则进行披露。三是规定做市商因履行做市义务而持有境外基础股票及中国存托凭证的,不适用权益变动披露的有关规定。

(五)第18至26条关于境内上市公司发行GDR。一是规定了GDR的发行条件和发行价格,将境内上市公司在境外发行上市GDR纳入境内企业境外上市监管;鉴于GDR可以转换为A股,为避免制度套利,上市公司应同时符合境内非公开再融资的有关条件,且发行价格原则上不得低于定价基准日前二十个交易日基础股票收盘价均价(加权平均值)的90%。二是规定了GDR对应基础股票的登记存管和上市要求以及GDR存续期内数量上限安排。三是规定了GDR与基础股票的转换安排,并对GDR存托人及参与跨境转换的境外券商提出了监管要求;为避免制度套利,保护境内投资者合法权益,维护制度公平性同时兼顾商业可行性,在境外首次公开发行的GDR自上市之日起6个月不得兑回为A股。四是规定境内上市公司以新增股票为基础证券发行GDR购买资产的,应当符合《上市公司重大资产重组管理办法》的有关条件。五是规定境外投资者通过 GDR 及其他方式持有 A 股的权益应当合并计算,以满足外资持股比例限制等有关规定。

(六)第27至30条相当于附则。一是明确对市场参与主体进行监督管理的基本法律适用。二是明确了跨境转换机构的监督管理要求及相应的法律责任,与《证券法》法律责任条款等做了衔接。三是明确了 CDR 数据错误的纠错机制。四是明确了《监管规定》的生效日期。

特此说明。

《境外证券期货交易所驻华代表机构管理办法(征求意见稿)》修订说明

2007 年 5 月,中国证监会发布了《境外证券交易所驻华代表机构管理办法》(证监会令第44号)。该办法的实施,对于加强境外证券交易所代表处的监管,规范其日常活动和行为发挥了重要作用。2015 年 5 月,国务院决定取消“境外证券交易所驻华代表机构审批”非行政许可审批事项,我会公告的后续管理衔接措施已将此改为备案。为落实“放管服”改革成果,需对原管理办法进行修订。

为贯彻落实党的十九大及全国金融工作会议精神,加强备案制下对境外证券期货交易所代表处(以下简称“代表处”)事中事后监管,进一步规范其日常活动,切实防范潜在金融风险,我会启动了对现行代表处管理办法修订工作,组成了专项工作小组,开展了重点专题研究,形成了《境外证券期货交易所驻华代表机构管理办法(征求意见稿)》(以下简称《管理办法》)。现将修订情况说明如下:

一、修订的总体原则

《管理办法》修订工作以贯彻落实十九大对外开放重要决策部署、服务我国外交大局为出发点,以强化事中事后监管、防控金融风险为核心,切实贯彻落实“简政放权、放管结合”要求,充分考虑近年来代表处监管工作中出现的新情况,并吸收借鉴国际经验。修订工作遵循的原则包括:

一是立足国情,兼顾对外开放需要。修订参考了《外国企业常驻代表机构登记管理条例》等上位法的规定,借鉴外资金融机构、外国银行、外国保险机构驻华代表处相关管理办法,参考英国、新加坡、香港等国家和地区管理境外金融机构代表处相关做法,力求修订符合法律法规规定与我国金融监管惯例,同时又契合新时代对外开放精神和要求。

二是注重在承继的基础上精简。境外证券交易所驻华代表处设立由许可制改为备案制后,相应的监管要求必然有所变化。修订一方面按照备案制要求删减、合并了部分原有条款,另一方面对原办法已施行多年且行之有效的部分规定,结合新的监管要求加以修改完善,以确保新旧管理办法顺利过渡和衔接。

三是着力防控金融风险。修订对境外交易所代表处活动范围进行了明确界定,完善了事中事后监督管理要求,并且细化和提高了法律责任,以形成约束和威慑,切实防控金融风险,维护金融安全。

二、修订的框架及主要内容

原办法共六章 40 条,修订后的《管理办法》共六章 18 条,依次为“总则、设立备案、变更与撤销、监督管理、法律责任、附则”。其中,将原办法“第二章申请与设立”改为“第二章设立备案”,主要修改内容如下:

(一)完善适用范围,落实全国金融工作会议“所有金融业务都要纳入监管”有关要求

原办法未对境外期货交易所设立驻华代表处予以规范,随着我国资本市场特别是期货市场对外开放不断深化,部分境外期货交易所在中国设立了类代表处性质的办公室或者公司,

游离于监管之外。为实现监管全覆盖、消除监管空白,《管理办法》第二条将适用范围从证券交易所扩大到证券期货交易所,从而将境外期货交易所代表处也纳入监管。

(二)明晰备案制要求和程序,体现行政审批改革成果

为进一步落实行政审批制度改革有关要求,《管理办法》将代表处申请设立行政许可由审批改为事后备案(第二章),对原办法相关条文按照行政审批改革内容进行了全面更新,对境外证券期货交易所提交的备案材料做出了明确要求(第四条),对备案程序进行了说明,并增加公示备案相关材料以提升透明度(第五条)。

(三)进一步规范代表处活动范围,防范金融风险

《管理办法》规定代表处的活动范围为“从事联络、调研等非经营性活动”(第二条);考虑到行业惯例将“推介”视为经营性活动,为避免歧义,《管理办法》不再使用原办法中的“推介”一词,将其改为“市场介绍”(第十条),并新增负面清单“不得涉及具体产品;不得介绍开户、交易方式、交易费用等具有交易导向的内容;不得提出或接受买卖任何证券、期货合约和其他金融产品的要约”。为防止代表处非法开展经营性活动,《管理办法》进一步明确了代表处及其工作人员“不得以任何形式进行广告宣传,不得与任何法人或者自然人签订可能给代表处或者其境外交易所带来收入的协议或者合同,不得向境内单位或者个人提供交易直接接入服务,不得通过境外交易所会员等任何机构以任何形式向境内单位或者个人提供交易服务以及其他法律、法规规定的禁止性活动”(第九条)。

(四)加强事中事后监督管理,提高监管效能

一是加大信息公开。通过强化信息公示,增加备案、变更、撤销等事项透明度,提升公众知情权(第五条)。二是突出诚信监管。通过建立诚信档案和公示,提升监管效能,扩大社会监督,并强化对境外监管机构的信息通报(第十七条)。三是强化责任追究。进一步明确细化了非法设立代表处、代表处非法在境内开展业务等行为的法律责任(第十四至十六条)。

关于《关于修改〈中国证券监督管理委员会发行审核委员会办法〉的决定》的起草说明

为认真贯彻党中央、国务院关于促进资本市场稳定健康发展的决策部署,切实提高资本市场服务实体经济能力,防范化解资本市场重大风险,保护投资者合法权益,中国证监会拟对《中国证券监督管理委员会发行审核委员会办法》(以下简称《发审委办法》)进行修订,进一步优化发审委组织结构、强化发审委人员管理、规范发审委工作流程。现将有关修改情况说明如下:

一、修改背景

2017年,证监会对《发审委办法》进行了修改,着力强化发行审核委员会(以下简称发审委)制度运行监管。随后换届产生的第十七届发审委,在证监会党委的领导下,严格贯彻落实党中央和国务院决策部署,坚持依法全面从严监管理念,落实股票发行常态化工作,严把上市公司准入关,支持实体经济企业融资发展。

总的来看,2017年对《发审委办法》的修改主要集中在委员遴选、建立发审监察机制等方面。第十七届发审委履职以来,证监会在完善发审委工作流程机制和人员管理上作了许多有益的探索,相关工作取得了一定成果。为了将相关经验制度化,进一步完善发审委运行体制机制,强化发审委队伍建设,更充分地满足发行审核工作的实际需要,有必要进一步完善发审委制度。

二、修改的主要内容

一是调整发审委人员结构。现行《发审委办法》第六条明确规定，“发审委委员为66名，部分发审委委员可以为专职”。考虑到，固定的委员人数难以适应动态变化的工作需要，为了进一步提高发审委组织管理的科学化水平，有必要设定一定的弹性调整空间；同时，兼职委员难以保证足够的时间和精力参与审核工作。综合前述两点考虑，将《发审委办法》第六条第二款修改为“发审委委员为35名，中国证监会可以根据工作实际需要进行适当调整”。

二是完善委员解聘的规定。发审委换届时，委员候选人资格的获得并非只是通过个人申请，而是采取“个人意愿+所在单位推荐”的模式。去年修改《发审委办法》时，强化了推荐单位责任。为保证权责相统一，单位有推荐委员的权利，也应当同时有取消推荐的权利。因此，修改《发审委办法》第十条，明确推荐单位可以提请解除委员职务。

三是允许委员参加初审会。初审会是证监会有关职能部门审核企业发行申请的重要环节。委员参加初审会，可以更好地了解情况、解决疑问。现行《发审委办法》中对此没有明确规定。为此，在第十三条中增加一款，规定委员可以列席证监会有关职能部门的初审会议。

四是进一步规范发审会取消的工作流程。审核实践中，发审会确定并公告后，存在企业临时暴露问题需要进一步核查的情况，其中发审委委员发现问题的，由委员在发审会上建议暂缓表决；证监会有关职能部门发现问题的，由有关职能部门提前取消发审会。但现行《发审委办法》只规定了暂缓表决的程序，没有规定取消发审会的程序。根据实践需要，有必要在《发审委办法》中增加相关内容，明确有关职能部门发现发行人存在尚待调查核实的重大问题，需要取消发审会的，应当在发审会召开前公告。

五是增强审核程序的一致性和透明度。此前，出于对非公开发行和公开发行差异化的机制安排，《发审委办法》对非公开发行做出了特殊的程序规定，包括审核信息不公开、不设置暂缓表决程序和会后事项发审会等。随着发行审核制度的不断完善，为进一步贯彻落实依法全面从严的监管理念，有必要提高发行审核的科学化、透明化水平。为此，修改特别程序的相关条文内容，使特别程序除表决票数要求不同外，在会前会后信息公开、暂缓表决和取消审核、会后事项发审会等其他各方面与普通程序保持一致。

六是增加暂停委员履行职务的管理手段。为进一步强化委员监管力度，丰富管理手段，在现行《发审委办法》第四十一、四十二条的相关措施中，增加暂停委员履行职务的措施。

七是调整个别文字表述。

特此说明。

《期货公司分类监管规定》修订说明

为落实依法全面从严监管要求，适应期货市场发展变化，引导期货公司专注主业、合规经营、稳健发展、做优做强，提升期货业服务能力和竞争力，我会修订《期货公司分类监管规定》（以下简称《规定》），现说明如下：

一、修订背景

2009年8月，我会发布《期货公司分类监管规定（试行）》（证监会公告〔2009〕22号），开始实施分类监管制度；2011年4月修订发布《期货公司分类监管规定》（证监会公告〔2011〕9号），沿用至今。我会已累计开展10次期货公司分类评价。

分类评价是结合经营业绩及合规状况对期货公司打分排名，并从优至劣划为A（AAA、AA、A）、B（BBB、BB、B）、C（CCC、CC、C）、D、E等5类11个级别的过程。在长期的监管实践中，分类监管已成为期货行业重要的监管抓手和引导工具,对促进期货公司合规经营、稳健发展发挥了重要作用。随着期货市场发展变化,期货公司分类监管制度应当与时俱进,提高评价适应性和科学性。

二、修订原则

一是稳定制度框架,保持工作连续。在维持总体制度框架不变的基础上,优化调整评价指标,确保分类评价工作的稳定性和连续性。二是适应行业变化,体现监管导向。综合反映期货公司业务发展情况,引导期货公司专注主业,深耕期货市场,提升服务能力。三是加大违规成本,强化监管威慑。在净资本监管、保证金安全、业务合规性等方面提高违规成本,强化监管底线要求。四是优化评价体系,理顺评价程序。吸收多年评价经验,深化期货监管协作机制,促进评价工作多方参与、衔接有序。

三、修订内容

(一)优化加分指标

一是设立服务实体经济能力指标大类。该类别评价期货公司开展产业服务的情况。本次修订结合期货公司近年来业务开展情况,明确纳入两项指标:一是"保险 + 期货"业务规模,评价期货公司"保险 + 期货"试点开展情况,该指标设计为综合指标,其中承保货值、项目数量、实际赔付等要素按不同权重折算加总;二是机构客户日均持仓,评价期货公司引导产业和机构投资者开展套期保值的情况,属于原培育和发展机构投资者项下指标之一。两项指标最大分值各为 2 分。

二是合并存在重复评价的加分指标。历年评价结果显示,日均客户权益总额、机构客户日均权益、机构客户日均权益增长量三项指标相关性较高,存在重复评价。本次修订删去机构客户日均权益增长量指标,同时合并机构客户日均权益、日均客户权益总额指标,并将境外客户权益纳入考虑,形成"加权调整后日均客户权益总额"这一综合指标,其中自然人客户、境内法人客户、境外法人客户权重系数分别为 0.5、1、1.2,该指标最大分值设为 4 分。

三是将资产管理业务投向期货市场情况纳入评价。新设"资产管理产品日均衍生品权益"指标,计算期货公司自主管理的资产管理产品从事期货、期权交易的保证金规模,该指标能够侧面反映期货资管利用期货工具进行资产配置或管理风险的情况,最大分值设为 1 分。

四是微调部分指标的评价标准。将期货业务收入计算口径由总收入改为净收入,即扣除支付给中间介绍机构的佣金和居间人劳务报酬,反映期货公司自主销售能力;将加权调整后客户权益总额和期货业务收入指标不符合相关要求不予加分改为减半加分,平滑加分梯次;删除净利润和成本管理能力限制加分条件,简化计分方式;重新安排各指标最大加分值,与指标重要性相匹配。

五是适当增加评审委员会授权,为灵活调整指标预留空间。允许评审委员会根据期货公司服务实体经济情况增加服务实体经济能力评价内容,并根据市场发展状况对"保险 + 期货"业务规模、加权调整后日均客户权益总额两项指标涉及的权重系数作出调整。

(二)优化扣分指标

一是重组风险管理能力指标。结合期货公司业务实践及期货法规变化情况,将风险管理能力指标重组为公司治理、内部控制、资本管理、业务管理、客户管理、信息技术管理等 6 类 39 个评价子项,对每个子项区分一般性问题和违规问题,分别扣分 0.5 分和 1 分。此外,明确期货公司收到行政处罚事先告知书、因涉嫌违法违规被立案调查或者发生风险事件,造成严重影响,反映出风险管理能力存在问题的,需要对照扣分。

二是调整特定情形扣分项目。提高"两金"违规成本,将净资本预警或不达标、保证金重大预警扣分分值翻倍;将"信息系统不符合监管要求"列为特定情形,细化扣分标准;删去"开展期货投资咨询等创新业务不符合有关业务规则"情形,改为纳入风险管理能力指标;考虑到期货公司设立、变更分支机构行政许可已取消,删去"未经许可设立、变更经营场所"情形,并将按时报备要求纳入风险管理能力指标。

三是细化措施和处罚扣分项目。行政监管措施方面,增加"被出具警示函,每次扣 1 分"、"董事、监事和高级管理人员因对公司违法违规行为负有责任被出具警示函的,每人次扣 1 分",明确期货公司及其董事、监事和高级管理人员因同一事项被采取监管措施或处罚的，应当分别计算，合计扣分。自律监管措施方面，简化自律组织扣分档次，增加“子公司被中国期货业协会纪律惩戒的，每次扣0.5分”、“风险管理公司被期货交易所自律处罚的，每次扣0.5分，最高扣5分”、“资产管理产品被期货交易所自律处罚的，每次扣0.25分，最高扣3分”、“资产管理业务违规被中国证券投资基金业协会采取纪律处分的，每次扣0.5分”。

四是扩充“一票降级”情形。在现行规定列出的股东虚假或抽逃出资、挪用保证金、超范围经营等情形基础上，增列欺诈客户、从事内幕交易、传播虚假信息、参与非法期货活动、恶意规避监管等“红线”。修改后“一票降级”情形增至八项。

五是鼓励主动上报、自查自纠违规行为。期货公司主动上报不符合风险管理能力评价标准的违规行为，经中国证监会派出机构认可后可以按一般性问题扣分。期货公司在评价期内自行纠正主动上报的违规行为，及时消除不良影响，积极堵塞管理漏洞，反映出期货公司合规管理制度健全且有效执行的，经中国证监会派出机构上报评审委员会认可后可以对相关扣分予以加回。

（三）优化评价程序

一是增加期货公司自评内容。期货公司除对扣分指标进行自评外，还需按要求向监控中心和期货业协会补充上报涉及服务实体经济能力和市场竞争力指标计算的数据和材料。二是明确监控中心和期货业协会为初审单位。监控中心负责对除“保险＋期货”业务规模以外的加分指标进行汇总计算；期货业协会负责对“保险＋期货”业务规模进行汇总计算。三是明确监管协作机制。监控中心、期货业协会初审中发现重大异常应当通报派出机构，派出机构应当核查反馈。期货业协会、期货交易所对期货公司及其子公司、资产管理产品采取纪律处分或自律处罚的，应当通报期货公司住所地派出机构。

（四）其他修订内容

一是将剩余净资本加分门槛由1亿元提高至2亿元，鼓励期货公司提升资本实力和抗风险能力。二是明确中国证监会于每年评价工作开始前向相关单位下发通知及工作指引，明确工作要求及操作细则。三是明确中国证监会可以组织相关单位对期货公司服务国家战略、信息技术建设、投资者教育等方面进行专项评价，每项最高可加2分。

第三部分　监管执法实践

一、行　政　许　可

（一）2018 年证监会作出的行政许可决定书目录

发文字号	发文标题
证监许可〔2018〕1 号	关于核准中国建筑第六工程局有限公司向合格投资者公开发行可续期公司债券的批复
证监许可〔2018〕2 号	关于核准北京市基础设施投资有限公司向合格投资者公开发行公司债券的批复
证监许可〔2018〕3 号	关于核准江西省省属国有企业资产经营（控股）有限公司向合格投资者公开发行公司债券的批复
证监许可〔2018〕4 号	关于核准山东联创互联网传媒股份有限公司向合格投资者公开发行公司债券的批复
证监许可〔2018〕5 号	关于核准普洛斯洛华中国海外控股（香港）有限公司向合格投资者公开发行公司债券的批复
证监许可〔2018〕6 号	关于准予前海开源鼎康债券型证券投资基金注册的批复
证监许可〔2018〕7 号	关于准予万家中证创业成长指数分级证券投资基金变更注册的批复
证监许可〔2018〕8 号	关于核准甘肃省交通规划勘察设计院股份有限公司股票在全国中小企业股份转让系统公开转让的批复
证监许可〔2018〕9 号	关于不予核准内蒙古蒙草生态环境（集团）股份有限公司公开发行可转换公司债券申请的决定
证监许可〔2018〕10 号	关于准予前海开源沪港深公用事业行业股票型证券投资基金变更注册的批复
证监许可〔2018〕11 号	关于准予易方达港股通红利灵活配置混合型证券投资基金注册的批复
证监许可〔2018〕12 号	关于准予华泰保兴尊信定期开放纯债债券型发起式证券投资基金注册的批复
证监许可〔2018〕13 号	关于准予招商丰茂灵活配置混合型发起式证券投资基金注册的批复
证监许可〔2018〕14 号	关于准予长安裕腾灵活配置混合型证券投资基金注册的批复
证监许可〔2018〕15 号	关于准予华宝中证 500 指数增强型发起式证券投资基金注册的批复
证监许可〔2018〕16 号	关于准予中欧锦昱混合型证券投资基金变更注册的批复

续表

发文字号	发文标题
证监许可〔2018〕17 号	关于准予鹏华尊诚 3 个月定期开放债券型发起式证券投资基金注册的批复
证监许可〔2018〕18 号	关于准予汇安价值精选灵活配置混合型证券投资基金注册的批复
证监许可〔2018〕19 号	关于准予融通红利机会主题精选灵活配置混合型证券投资基金注册的批复
证监许可〔2018〕20 号	关于准予融通新能源汽车主题精选灵活配置混合型证券投资基金注册的批复
证监许可〔2018〕21 号	关于准予兴业龙腾双益平衡混合型证券投资基金注册的批复
证监许可〔2018〕22 号	关于准予嘉实新添康定期开放灵活配置混合型证券投资基金注册的批复
证监许可〔2018〕23 号	关于准予长信企业精选两年定期开放灵活配置混合型证券投资基金注册的批复
证监许可〔2018〕24 号	关于准予招商瑞源稳健配置混合型证券投资基金注册的批复
证监许可〔2018〕25 号	关于准予中欧强盈定期开放债券型证券投资基金变更注册的批复
证监许可〔2018〕26 号	关于准予鑫元增利定期开放债券型发起式证券投资基金注册的批复
证监许可〔2018〕27 号	关于准予招商添利两年定期开放债券型证券投资基金注册的批复
证监许可〔2018〕28 号	关于准予中银证券汇享定期开放债券型发起式证券投资基金注册的批复
证监许可〔2018〕29 号	关于准予上投摩根沪港深创新商业模式灵活配置混合型证券投资基金变更注册的批复
证监许可〔2018〕30 号	关于准予富国中证 1000 指数增强型证券投资基金（LOF）注册的批复
证监许可〔2018〕31 号	关于准予鑫元常利定期开放债券型发起式证券投资基金注册的批复
证监许可〔2018〕32 号	关于核准联想控股股份有限公司向合格投资者公开发行可续期公司债券的批复
证监许可〔2018〕33 号	关于准予前海开源鼎欣债券型证券投资基金注册的批复
证监许可〔2018〕34 号	关于准予前海开源润和 6 个月定期开放债券型证券投资基金变更注册的批复
证监许可〔2018〕35 号	关于核准启迪设计集团股份有限公司向李海建等发行股份购买资产的批复
证监许可〔2018〕36 号	关于不予核准中能电气股份有限公司非公开发行股票申请的决定
证监许可〔2018〕37 号	关于核准北京航天长峰股份有限公司向叶德智等发行股份购买资产并募集配套资金的批复
证监许可〔2018〕38 号	关于核准三诺生物传感股份有限公司向建投嘉孚（上海）投资有限公司等发行股份购买资产并募集配套资金的批复
证监许可〔2018〕39 号	关于核准湖北省广播电视信息网络股份有限公司公开发行可转换公司债券的批复
证监许可〔2018〕40 号	关于核准湖北兴发化工集团股份有限公司非公开发行股票的批复
证监许可〔2018〕41 号	关于核准陕西广电网络传媒（集团）股份有限公司公开发行可转换公司债券的批复
证监许可〔2018〕42 号	关于核准深圳康泰生物制品股份有限公司公开发行可转换公司债券的批复
证监许可〔2018〕43 号	关于核准西藏旅游股份有限公司非公开发行股票的批复
证监许可〔2018〕44 号	关于核准湖北富邦科技股份有限公司配股的批复

续表

发文字号	发文标题
证监许可〔2018〕45号	关于不予核准江苏吴江中国东方丝绸市场股份有限公司向江苏盛虹科技股份有限公司等发行股份购买资产的决定
证监许可〔2018〕46号	关于核准南京紫金投资集团有限责任公司向合格投资者公开发行公司债券的批复
证监许可〔2018〕47号	关于核准南山集团有限公司向合格投资者公开发行公司债券的批复
证监许可〔2018〕48号	关于核准深圳市怡亚通供应链股份有限公司向合格投资者公开发行公司债券的批复
证监许可〔2018〕49号	关于核准台州市金融投资有限责任公司向合格投资者公开发行公司债券的批复
证监许可〔2018〕50号	关于核准江苏爱康科技股份有限公司向合格投资者公开发行公司债券的批复
证监许可〔2018〕51号	关于核准中国科学院控股有限公司向合格投资者公开发行公司债券的批复
证监许可〔2018〕52号	关于准予财通资管深证100低波动率指数证券投资基金(LOF)注册的批复
证监许可〔2018〕53号	关于准予广发中小盘精选混合型证券投资基金注册的批复
证监许可〔2018〕54号	关于核准上海天永智能装备股份有限公司首次公开发行股票的批复
证监许可〔2018〕55号	关于核准河北养元智汇饮品股份有限公司首次公开发行股票的批复
证监许可〔2018〕56号	关于准予申万菱信上证50交易型开放式指数发起式证券投资基金注册的批复
证监许可〔2018〕57号	关于准予财通多策略福佑定期开放灵活配置混合型发起式证券投资基金注册的批复
证监许可〔2018〕58号	关于准予华富富瑞3个月定期开放债券型发起式证券投资基金注册的批复
证监许可〔2018〕59号	关于准予财通资管鑫盛6个月定期开放混合型证券投资基金注册的批复
证监许可〔2018〕60号	关于准予光大保德信安泽债券型证券投资基金注册的批复
证监许可〔2018〕61号	关于准予信诚嘉鑫定期开放债券型发起式证券投资基金注册的批复
证监许可〔2018〕62号	关于准予交银施罗德先进制造混合型证券投资基金变更注册的批复
证监许可〔2018〕63号	关于准予汇安量化优选灵活配置混合型证券投资基金注册的批复
证监许可〔2018〕64号	关于准予上投摩根富时发达市场REITs指数型证券投资基金(QDII)注册的批复
证监许可〔2018〕65号	关于核准海克利尔国际投资有限责任公司人民币合格境外机构投资者资格的批复
证监许可〔2018〕66号	关于核准豁免新疆雪峰投资控股有限责任公司要约收购新疆雪峰科技(集团)股份有限公司股份义务的批复
证监许可〔2018〕67号	关于核准新希望集团有限公司向合格投资者公开发行公司债券的批复
证监许可〔2018〕68号	关于核准九州通医药集团股份有限公司向合格投资者公开发行公司债券的批复
证监许可〔2018〕69号	关于核准河钢股份有限公司向合格投资者公开发行可续期公司债券的批复
证监许可〔2018〕70号	关于核准广州番禺海怡房地产开发有限公司向合格投资者公开发行公司债券的批复
证监许可〔2018〕71号	关于核准中庚地产实业集团有限公司向合格投资者公开发行公司债券的批复

续表

发 文 字 号	发 文 标 题
证监许可〔2018〕72 号	关于不予核准无锡新宏泰电器科技股份有限公司向吴佩芳等发行股份购买资产并募集配套资金的决定
证监许可〔2018〕73 号	关于不予核准深圳市海普瑞药业集团股份有限公司向李锂等发行股份购买资产的决定
证监许可〔2018〕74 号	关于准予中银泰享定期开放债券型发起式证券投资基金注册的批复
证监许可〔2018〕75 号	关于准予招商招信纯债债券型证券投资基金变更注册的批复
证监许可〔2018〕76 号	关于准予平安大华鼎兴定期开放混合型证券投资基金变更注册的批复
证监许可〔2018〕77 号	关于准予前海开源乾盛定期开放债券型发起式证券投资基金注册的批复
证监许可〔2018〕78 号	关于准予建信战略精选灵活配置混合型证券投资基金注册的批复
证监许可〔2018〕79 号	关于准予财通资管鸿睿 12 个月定期开放债券型证券投资基金注册的批复
证监许可〔2018〕80 号	关于准予银河中证沪港深高股息指数型证券投资基金(LOF)注册的批复
证监许可〔2018〕81 号	关于准予平安大华合丰定期开放纯债债券型发起式证券投资基金注册的批复
证监许可〔2018〕82 号	关于准予招商添润 3 个月定期开放债券型发起式证券投资基金注册的批复
证监许可〔2018〕83 号	关于核准内蒙古兴业矿业股份有限公司向合格投资者公开发行公司债券的批复
证监许可〔2018〕84 号	关于核准哈尔滨誉衡集团有限公司向合格投资者公开发行公司债券的批复
证监许可〔2018〕85 号	关于核准铁牛集团有限公司向合格投资者公开发行公司债券的批复
证监许可〔2018〕86 号	关于核准山水环境科技股份有限公司定向发行股票的批复
证监许可〔2018〕87 号	关于核准新疆七星建设科技股份有限公司定向发行股票的批复
证监许可〔2018〕88 号	关于核准恒逸石化股份有限公司向合格投资者公开发行公司债券的批复
证监许可〔2018〕89 号	关于核准金浦钛业股份有限公司向合格投资者公开发行公司债券的批复
证监许可〔2018〕90 号	关于核准维维食品饮料股份有限公司向合格投资者公开发行公司债券的批复
证监许可〔2018〕91 号	关于核准豁免辽宁东北亚港航发展有限公司要约收购营口港务股份有限公司股份义务的批复
证监许可〔2018〕92 号	关于核准东旭集团有限公司向合格投资者公开发行公司债券的批复
证监许可〔2018〕93 号	关于核准绿城房地产集团有限公司向合格投资者公开发行公司债券的批复
证监许可〔2018〕94 号	关于核准郑州中瑞实业集团有限公司向合格投资者公开发行公司债券的批复
证监许可〔2018〕95 号	关于核准北京合众思壮科技股份有限公司向合格投资者公开发行公司债券的批复
证监许可〔2018〕96 号	关于核准金圆水泥股份有限公司向合格投资者公开发行绿色公司债券的批复
证监许可〔2018〕97 号	关于核准厦门象屿集团有限公司向合格投资者公开发行可续期公司债券的批复
证监许可〔2018〕98 号	关于核准福建省能源集团有限责任公司向合格投资者公开发行公司债券的批复
证监许可〔2018〕99 号	关于核准根力多生物科技股份有限公司定向发行股票的批复

续表

发文字号	发文标题
证监许可〔2018〕100 号	关于核准豁免辽宁东北亚港航发展有限公司要约收购大连港股份有限公司股份义务的批复
证监许可〔2018〕101 号	关于核准国家电力投资集团公司向公众投资者公开发行公司债券的批复
证监许可〔2018〕102 号	关于核准天马微电子股份有限公司向厦门金财产业发展有限公司等发行股份购买资产并募集配套资金的批复
证监许可〔2018〕103 号	关于准予中欧元亨混合型证券投资基金变更注册的批复
证监许可〔2018〕104 号	关于准予前海开源多元策略灵活配置混合型证券投资基金变更注册的批复
证监许可〔2018〕105 号	关于准予华泰柏瑞医疗健康混合型证券投资基金注册的批复
证监许可〔2018〕106 号	关于准予财通资管消费精选灵活配置混合型证券投资基金注册的批复
证监许可〔2018〕107 号	关于准予嘉实核心优势股票型发起式证券投资基金注册的批复
证监许可〔2018〕108 号	关于准予富国港股通量化精选股票型证券投资基金注册的批复
证监许可〔2018〕109 号	关于准予招商招乾纯债债券型证券投资基金变更注册的批复
证监许可〔2018〕110 号	关于准予交银施罗德致远量化智投策略定期开放混合型证券投资基金注册的批复
证监许可〔2018〕111 号	关于准予鑫元淳利定期开放债券型发起式证券投资基金注册的批复
证监许可〔2018〕112 号	关于准予平安大华中证 500 交易型开放式指数证券投资基金注册的批复
证监许可〔2018〕113 号	关于准予工银瑞信睿智深证 100 指数分级证券投资基金变更注册的批复
证监许可〔2018〕114 号	关于核准安徽菱湖漆股份有限公司定向发行股票的批复
证监许可〔2018〕115 号	关于核准新奥生态控股股份有限公司配股的批复
证监许可〔2018〕116 号	关于核准北京银信长远科技股份有限公司配股的批复
证监许可〔2018〕117 号	关于核准博雅生物制药集团股份有限公司非公开发行股票的批复
证监许可〔2018〕118 号	关于核准中山大洋电机股份有限公司公开发行可转换公司债券的批复
证监许可〔2018〕119 号	关于核准广东太安堂药业股份有限公司非公开发行股票的批复
证监许可〔2018〕120 号	关于准予南华瑞鑫定期开放债券型发起式证券投资基金注册的批复
证监许可〔2018〕121 号	关于准予国投瑞银顺源 6 个月定期开放债券型证券投资基金注册的批复
证监许可〔2018〕122 号	关于准予诺德增强收益债券型证券投资基金变更注册的批复
证监许可〔2018〕123 号	关于核准贵州泰永长征技术股份有限公司首次公开发行股票的批复
证监许可〔2018〕124 号	关于核准北京淳中科技股份有限公司首次公开发行股票的批复
证监许可〔2018〕125 号	关于核准华西证券股份有限公司首次公开发行股票的批复
证监许可〔2018〕126 号	关于不予核准上海悉地工程设计顾问股份有限公司首次公开发行股票申请的决定
证监许可〔2018〕127 号	关于不予核准联德精密材料(中国)股份有限公司首次公开发行股票申请的决定
证监许可〔2018〕128 号	关于准予广发中债 1－3 年农发行债券指数证券投资基金注册的批复
证监许可〔2018〕129 号	关于准予鹏华丰信分级债券型证券投资基金变更注册的批复

续表

发文字号	发文标题
证监许可〔2018〕130 号	关于核准中石化石油工程技术服务股份有限公司增发境外上市外资股的批复
证监许可〔2018〕131 号	关于准予新疆前海联合全民健康产业灵活配置混合型证券投资基金变更注册的批复
证监许可〔2018〕132 号	关于准予平安大华鼎沣定期开放灵活配置混合型证券投资基金变更注册的批复
证监许可〔2018〕133 号	关于准予平安大华沪深 300 交易型开放式指数证券投资基金联接基金注册的批复
证监许可〔2018〕134 号	关于准予华安研究精选混合型证券投资基金注册的批复
证监许可〔2018〕135 号	关于准予汇安趋势动力股票型证券投资基金注册的批复
证监许可〔2018〕136 号	关于准予天弘荣享定期开放债券型发起式证券投资基金注册的批复
证监许可〔2018〕137 号	关于准予天弘成享定期开放债券型发起式证券投资基金注册的批复
证监许可〔2018〕138 号	关于准予中融聚业 3 个月定期开放债券型发起式证券投资基金注册的批复
证监许可〔2018〕139 号	关于核准广东江粉磁材股份有限公司向领胜投资(深圳)有限公司等发行股份购买资产的批复
证监许可〔2018〕140 号	关于核准广东省路桥建设发展有限公司向合格投资者公开发行公司债券的批复
证监许可〔2018〕141 号	关于核准济南圣泉集团股份有限公司定向发行股票的批复
证监许可〔2018〕142 号	关于核准中石化石油工程技术服务股份有限公司非公开发行股票的批复
证监许可〔2018〕143 号	关于核准河南广安生物科技股份有限公司定向发行股票的批复
证监许可〔2018〕144 号	关于核准中原证券股份有限公司变更注册资本的批复
证监许可〔2018〕145 号	关于核准天津创业环保集团股份有限公司非公开发行股票的批复
证监许可〔2018〕146 号	关于核准北京耐威科技股份有限公司非公开发行股票的批复
证监许可〔2018〕147 号	关于核准豁免天津泰达投资控股有限公司要约收购天津泰达股份有限公司股份义务的批复
证监许可〔2018〕148 号	关于准予民生加银和鑫债券型证券投资基金变更注册的批复
证监许可〔2018〕149 号	关于准予前海开源沪港深裕瑞定期开放混合型证券投资基金变更注册的批复
证监许可〔2018〕150 号	关于准予中证银行交易型开放式指数证券投资基金注册的批复
证监许可〔2018〕151 号	关于准予汇安融鑫纯债定期开放债券型发起式证券投资基金注册的批复
证监许可〔2018〕152 号	关于准予农银汇理量化智慧动力混合型证券投资基金注册的批复
证监许可〔2018〕153 号	关于准予财通资管睿智 6 个月定期开放债券型发起式证券投资基金注册的批复
证监许可〔2018〕154 号	关于准予建信鑫享回报灵活配置混合型证券投资基金变更注册的批复
证监许可〔2018〕155 号	关于核准利欧集团股份有限公司公开发行可转换公司债券的批复
证监许可〔2018〕156 号	关于核准陕西省天然气股份有限公司非公开发行股票的批复
证监许可〔2018〕157 号	关于核准广汇能源股份有限公司配股的批复
证监许可〔2018〕158 号	关于核准荣盛石化股份有限公司非公开发行股票的批复

续表

发文字号	发文标题
证监许可〔2018〕159 号	关于不予核准北京全时天地在线网络信息股份有限公司首次公开发行股票申请的决定
证监许可〔2018〕160 号	关于准予嘉实资源精选股票型发起式证券投资基金注册的批复
证监许可〔2018〕161 号	关于准予平安大华短债债券型证券投资基金注册的批复
证监许可〔2018〕162 号	关于核准中源家居股份有限公司首次公开发行股票的批复
证监许可〔2018〕163 号	关于核准御家汇股份有限公司首次公开发行股票的批复
证监许可〔2018〕164 号	关于核准南京聚隆科技股份有限公司首次公开发行股票的批复
证监许可〔2018〕165 号	关于准予嘉实金融精选股票型发起式证券投资基金注册的批复
证监许可〔2018〕166 号	关于准予富兰克林国海恒裕 6 个月定期开放债券型发起式证券投资基金注册的批复
证监许可〔2018〕167 号	关于准予上证 10 年期地方政府债交易型开放式指数证券投资基金注册的批复
证监许可〔2018〕168 号	关于准予招商添琪 3 个月定期开放债券型发起式证券投资基金注册的批复
证监许可〔2018〕169 号	关于准予广发沪港深行业龙头混合型证券投资基金注册的批复
证监许可〔2018〕170 号	关于准予国寿安保华兴灵活配置混合型证券投资基金注册的批复
证监许可〔2018〕171 号	关于准予汇添富鑫利债券型证券投资基金变更注册的批复
证监许可〔2018〕172 号	关于核准鲁西化工集团股份有限公司向合格投资者公开发行公司债券的批复
证监许可〔2018〕173 号	关于核准北京东方园林环境股份有限公司向合格投资者公开发行公司债券的批复
证监许可〔2018〕174 号	关于核准上海北特科技股份有限公司向董巍等发行股份购买资产并募集配套资金的批复
证监许可〔2018〕175 号	关于核准安徽江南化工股份有限公司向盾安控股集团有限公司等发行股份购买资产并募集配套资金的批复
证监许可〔2018〕176 号	关于核准海南瑞泽新型建材股份有限公司向徐湛元等发行股份购买资产并募集配套资金的批复
证监许可〔2018〕177 号	关于核准吉林省金冠电气股份有限公司向张汉鸿等发行股份购买资产并募集配套资金的批复
证监许可〔2018〕178 号	关于核准广东雪莱特光电科技股份有限公司向何立等发行股份购买资产并募集配套资金的批复
证监许可〔2018〕179 号	关于核准新疆天山畜牧生物工程股份有限公司向陈德宏等发行股份购买资产并募集配套资金的批复
证监许可〔2018〕180 号	关于不予核准河南金丹乳酸科技股份有限公司首次公开发行股票申请的决定
证监许可〔2018〕181 号	关于核准重庆博腾制药科技股份有限公司非公开发行股票的批复
证监许可〔2018〕182 号	关于核准徐工集团工程机械股份有限公司非公开发行股票的批复
证监许可〔2018〕183 号	关于核准千禾味业食品股份有限公司公开发行可转换公司债券的批复
证监许可〔2018〕184 号	关于核准吉林敖东药业集团股份有限公司公开发行可转换公司债券的批复
证监许可〔2018〕185 号	关于核准青岛鼎信通讯股份有限公司公开发行可转换公司债券的批复

续表

发文字号	发文标题
证监许可〔2018〕186号	关于不予核准常州天晟新材料股份有限公司非公开发行股票申请的决定
证监许可〔2018〕187号	关于不予核准厦门新立基股份有限公司首次公开发行股票申请的决定
证监许可〔2018〕188号	关于核准北京恒业世纪科技股份有限公司定向发行股票的批复
证监许可〔2018〕189号	关于准予西部利得量化阿尔法混合型证券投资基金变更注册的批复
证监许可〔2018〕190号	关于准予诺安浙享定期开放债券型发起式证券投资基金注册的批复
证监许可〔2018〕191号	关于准予招商招惠纯债债券型证券投资基金变更注册的批复
证监许可〔2018〕192号	关于准予鑫元半年定期开放债券型证券投资基金变更注册的批复
证监许可〔2018〕193号	关于准予鑫元一年定期开放债券型证券投资基金变更注册的批复
证监许可〔2018〕194号	关于准予中银通享定期开放债券型发起式证券投资基金注册的批复
证监许可〔2018〕195号	关于准予富兰克林国海恒嘉6个月定期开放债券型发起式证券投资基金注册的批复
证监许可〔2018〕196号	关于准予永赢恒益债券型证券投资基金注册的批复
证监许可〔2018〕197号	关于准予新疆前海联合研究优选灵活配置混合型证券投资基金注册的批复
证监许可〔2018〕198号	关于准予易方达富财纯债债券型证券投资基金注册的批复
证监许可〔2018〕199号	关于准予永赢增益债券型证券投资基金注册的批复
证监许可〔2018〕200号	关于准予汇添富鑫益定期开放债券型证券投资基金变更注册的批复
证监许可〔2018〕201号	关于核准深圳市贝特瑞新能源材料股份有限公司定向发行股票的批复
证监许可〔2018〕202号	关于核准北京七维航测科技股份有限公司定向发行股票的批复
证监许可〔2018〕203号	关于核准招商局港口控股有限公司向合格投资者公开发行公司债券的批复
证监许可〔2018〕204号	关于准予上银慧佳盈债券型证券投资基金注册的批复
证监许可〔2018〕205号	关于准予兴银汇盈定期开放债券型发起式证券投资基金注册的批复
证监许可〔2018〕206号	关于准予诺德消费升级灵活配置混合型证券投资基金注册的批复
证监许可〔2018〕207号	关于准予南方人工智能主题混合型证券投资基金注册的批复
证监许可〔2018〕208号	关于准予诺安中证100指数型证券投资基金变更注册的批复
证监许可〔2018〕209号	关于准予嘉实致兴定期开放纯债债券型发起式证券投资基金注册的批复
证监许可〔2018〕210号	关于核准北京清畅电力技术股份有限公司定向发行股票的批复
证监许可〔2018〕211号	关于核准木林森股份有限公司向义乌和谐明芯股权投资合伙企业（有限合伙）发行股份购买资产并募集配套资金的批复
证监许可〔2018〕212号	关于核准天津七一二通信广播股份有限公司首次公开发行股票的批复
证监许可〔2018〕213号	关于核准江苏金融租赁股份有限公司首次公开发行股票的批复
证监许可〔2018〕214号	关于核准江南嘉捷电梯股份有限公司重大资产重组及向天津奇信志成科技有限公司等发行股份购买资产的批复
证监许可〔2018〕215号	关于核准中华企业股份有限公司向上海地产（集团）有限公司发行股份购买资产并募集配套资金的批复

续表

发文字号	发文标题
证监许可〔2018〕216 号	关于核准苏州天弘激光股份有限公司定向发行股票的批复
证监许可〔2018〕217 号	关于核准豁免烟台国丰投资控股有限公司要约收购万华化学集团股份有限公司股份义务的批复
证监许可〔2018〕218 号	关于核准荣科科技股份有限公司向秦毅等发行股份购买资产并募集配套资金的批复
证监许可〔2018〕219 号	关于核准中通国脉通信股份有限公司向周才华等发行股份购买资产并募集配套资金的批复
证监许可〔2018〕220 号	关于核准中文在线数字出版集团股份有限公司向朱明等发行股份购买资产的批复
证监许可〔2018〕221 号	关于核准招商局能源运输股份有限公司向中国经贸船务有限公司发行股份购买资产的批复
证监许可〔2018〕222 号	关于核准苏州华源控股股份有限公司向王卫红等发行股份购买资产并募集配套资金的批复
证监许可〔2018〕223 号	关于核准上海大生农业金融科技股份有限公司向合格投资者公开发行公司债券的批复
证监许可〔2018〕224 号	关于核准苏宁环球股份有限公司向合格投资者公开发行公司债券的批复
证监许可〔2018〕225 号	关于核准新疆金融投资有限公司向合格投资者公开发行可续期公司债券的批复
证监许可〔2018〕226 号	关于核准厦门象屿集团有限公司向合格投资者公开发行可交换公司债券的批复
证监许可〔2018〕227 号	关于核准朗姿股份有限公司向合格投资者公开发行公司债券的批复
证监许可〔2018〕228 号	关于核准保集控股集团有限公司向合格投资者公开发行公司债券的批复
证监许可〔2018〕229 号	关于核准豁免张家界市经济发展投资集团有限公司要约收购张家界旅游集团股份有限公司股份义务的批复
证监许可〔2018〕230 号	关于准予红土创新增强收益债券型证券投资基金注册的批复
证监许可〔2018〕231 号	关于准予兴全祥泰定期开放债券型发起式证券投资基金注册的批复
证监许可〔2018〕232 号	关于准予平安大华高等级债债券型证券投资基金注册的批复
证监许可〔2018〕233 号	关于准予银华心怡灵活配置混合型证券投资基金注册的批复
证监许可〔2018〕234 号	关于准予华富恒玖 3 个月定期开放债券型证券投资基金注册的批复
证监许可〔2018〕235 号	关于核准恒力石化股份有限公司向范红卫等发行股份购买资产并募集配套资金的批复
证监许可〔2018〕236 号	关于核准中国远洋海运集团有限公司向合格投资者公开发行公司债券的批复
证监许可〔2018〕237 号	关于核准上海景峰制药有限公司向合格投资者公开发行公司债券的批复
证监许可〔2018〕238 号	关于不予核准苏州宇邦新型材料股份有限公司首次公开发行股票并在创业板上市申请的决定
证监许可〔2018〕239 号	关于不予核准四川安宁铁钛股份有限公司首次公开发行股票申请的决定
证监许可〔2018〕240 号	关于核准都城伟业集团有限公司向合格投资者公开发行公司债券的批复
证监许可〔2018〕241 号	关于核准福建安井食品股份有限公司公开发行可转换公司债券的批复

续表

发文字号	发文标题
证监许可〔2018〕242 号	关于核准福建天马科技集团股份有限公司公开发行可转换公司债券的批复
证监许可〔2018〕243 号	关于核准浙江华通医药股份有限公司公开发行可转换公司债券的批复
证监许可〔2018〕244 号	关于核准大唐国际发电股份有限公司非公开发行股票的批复
证监许可〔2018〕245 号	关于核准安徽安凯汽车股份有限公司非公开发行股票的批复
证监许可〔2018〕246 号	关于准予华安睿明两年定期开放灵活配置混合型证券投资基金注册的批复
证监许可〔2018〕247 号	关于准予安信中证复兴发展 100 主题指数型证券投资基金注册的批复
证监许可〔2018〕248 号	关于准予工银瑞信新经济灵活配置混合型证券投资基金（QDII）注册的批复
证监许可〔2018〕249 号	关于准予鑫元兴利债券型证券投资基金变更注册的批复
证监许可〔2018〕250 号	关于准予鹏华兴盛定期开放灵活配置混合型证券投资基金变更注册的批复
证监许可〔2018〕251 号	关于准予中银医疗保健灵活配置混合型证券投资基金注册的批复
证监许可〔2018〕252 号	关于准予海富通鼎丰定期开放债券型发起式证券投资基金注册的批复
证监许可〔2018〕253 号	关于核准倍加洁集团股份有限公司首次公开发行股票的批复
证监许可〔2018〕254 号	关于核准华夏航空股份有限公司首次公开发行股票的批复
证监许可〔2018〕255 号	关于准予国联安鑫旺混合型证券投资基金变更注册的批复
证监许可〔2018〕256 号	关于准予博时慧选纯债债券型证券投资基金变更注册的批复
证监许可〔2018〕257 号	关于准予华安鼎益定期开放债券型发起式证券投资基金注册的批复
证监许可〔2018〕258 号	关于准予恒生前海港股通高股息低波动指数证券投资基金注册的批复
证监许可〔2018〕259 号	关于准予华夏全球科技先锋混合型证券投资基金（QDII）注册的批复
证监许可〔2018〕260 号	关于准予富国周期优势混合型证券投资基金注册的批复
证监许可〔2018〕261 号	关于核准华宝香精股份有限公司首次公开发行股票的批复
证监许可〔2018〕262 号	关于核准润建通信股份有限公司首次公开发行股票的批复
证监许可〔2018〕263 号	关于不予核准重庆顺博铝合金股份有限公司首次公开发行股票申请的决定
证监许可〔2018〕264 号	关于核准阜新德尔汽车部件股份有限公司公开发行可转换公司债券的批复
证监许可〔2018〕265 号	关于核准上海复星医药（集团）股份有限公司向合格投资者公开发行公司债券的批复
证监许可〔2018〕266 号	关于核准中国能源建设股份有限公司向合格投资者公开发行公司债券的批复
证监许可〔2018〕267 号	关于核准中材科技股份有限公司向合格投资者公开发行可续期公司债券的批复
证监许可〔2018〕268 号	关于核准江苏苏美达集团有限公司向合格投资者公开发行公司债券的批复
证监许可〔2018〕269 号	关于核准宜华企业（集团）有限公司向合格投资者公开发行公司债券的批复
证监许可〔2018〕270 号	关于核准上海临港经济发展（集团）有限公司向合格投资者公开发行绿色公司债券的批复
证监许可〔2018〕271 号	关于核准瑞银证券有限责任公司融资融券业务资格的批复
证监许可〔2018〕272 号	关于核准银泰证券有限责任公司保荐机构资格的批复

续表

发 文 字 号	发 文 标 题
证监许可〔2018〕273 号	关于准予华宝绿色主题混合型证券投资基金注册的批复
证监许可〔2018〕274 号	关于准予天治稳健双鑫债券型证券投资基金注册的批复
证监许可〔2018〕275 号	关于准予平安大华中证 500 交易型开放式指数证券投资基金联接基金注册的批复
证监许可〔2018〕276 号	关于准予海富通弘丰定期开放债券型发起式证券投资基金注册的批复
证监许可〔2018〕277 号	关于准予招商招诚半年定期开放债券型发起式证券投资基金注册的批复
证监许可〔2018〕278 号	关于准予华安 MSCI 中国 A 股国际交易型开放式指数证券投资基金注册的批复
证监许可〔2018〕279 号	关于准予平安大华 MSCI 中国 A 股低波动交易型开放式指数证券投资基金注册的批复
证监许可〔2018〕280 号	关于准予上投摩根香港精选港股通混合型证券投资基金注册的批复
证监许可〔2018〕281 号	关于核准南京中生联合股份有限公司增发境外上市外资股的批复
证监许可〔2018〕282 号	关于核准大千生态景观股份有限公司公开发行可转换公司债券的批复
证监许可〔2018〕283 号	关于核准江苏新泉汽车饰件股份有限公司公开发行可转换公司债券的批复
证监许可〔2018〕284 号	关于核准宜宾天原集团股份有限公司非公开发行股票的批复
证监许可〔2018〕285 号	关于核准三力士股份有限公司公开发行可转换公司债券的批复
证监许可〔2018〕286 号	关于核准广东盛路通信科技股份有限公司公开发行可转换公司债券的批复
证监许可〔2018〕287 号	关于不予核准芜湖顺荣三七互娱网络科技股份有限公司公开发行可转换公司债券申请的决定
证监许可〔2018〕288 号	关于不予核准浙富控股集团股份有限公司非公开发行股票申请的决定
证监许可〔2018〕289 号	关于核准浙江长城电工科技股份有限公司首次公开发行股票的批复
证监许可〔2018〕290 号	关于不予核准国旅联合股份有限公司向陈维力等发行股份购买资产并募集配套资金的决定
证监许可〔2018〕291 号	关于核准广州白云电器设备股份有限公司向白云电气集团有限公司发行股份购买资产的批复
证监许可〔2018〕292 号	关于核准山西焦化股份有限公司向山西焦化集团有限公司发行股份购买资产并募集配套资金的批复
证监许可〔2018〕293 号	关于核准杭州萧山国际机场有限公司向合格投资者公开发行公司债券的批复
证监许可〔2018〕294 号	关于核准中国船舶重工股份有限公司向中国信达资产管理股份有限公司等发行股份购买资产的批复
证监许可〔2018〕295 号	关于核准海南海德实业股份有限公司非公开发行股票的批复
证监许可〔2018〕296 号	关于核准多氟多化工股份有限公司非公开发行股票的批复
证监许可〔2018〕297 号	关于核准江苏澳洋顺昌股份有限公司非公开发行股票的批复
证监许可〔2018〕298 号	关于核准苏州天孚光通信股份有限公司非公开发行股票的批复
证监许可〔2018〕299 号	关于核准北京同有飞骥科技股份有限公司非公开发行股票的批复
证监许可〔2018〕300 号	关于准予中金瑞和灵活配置混合型证券投资基金注册的批复

续表

发 文 字 号	发 文 标 题
证监许可〔2018〕301 号	关于准予人保纯债一年定期开放债券型证券投资基金注册的批复
证监许可〔2018〕302 号	关于准予金鹰添润纯债债券型证券投资基金变更注册的批复
证监许可〔2018〕303 号	关于准予永赢惠添利灵活配置混合型证券投资基金注册的批复
证监许可〔2018〕304 号	关于准予中欧兴华定期开放债券型发起式证券投资基金注册的批复
证监许可〔2018〕305 号	关于准予富国臻选成长灵活配置混合型证券投资基金注册的批复
证监许可〔2018〕306 号	关于准予平安大华双债添益债券型证券投资基金注册的批复
证监许可〔2018〕307 号	关于准予平安大华鼎诚定期开放债券型证券投资基金变更注册的批复
证监许可〔2018〕308 号	关于准予兴业机遇债券型证券投资基金注册的批复
证监许可〔2018〕309 号	关于准予华泰柏瑞益通定期开放债券型发起式证券投资基金注册的批复
证监许可〔2018〕310 号	关于准予兴业嘉润 3 个月定期开放债券型发起式证券投资基金注册的批复
证监许可〔2018〕311 号	关于准予长信富瑞三年定期开放债券型证券投资基金注册的批复
证监许可〔2018〕312 号	关于准予诺安上证新兴产业交易型开放式指数证券投资基金联接基金变更注册的批复
证监许可〔2018〕313 号	关于准予万家瑞隆灵活配置混合型证券投资基金变更注册的批复
证监许可〔2018〕314 号	关于准予银华可转债债券型证券投资基金注册的批复
证监许可〔2018〕315 号	关于核准华泰证券股份有限公司非公开发行股票的批复
证监许可〔2018〕316 号	关于准予中融季季红定期开放债券型证券投资基金注册的批复
证监许可〔2018〕317 号	关于准予中金瑞祥灵活配置混合型证券投资基金注册的批复
证监许可〔2018〕318 号	关于核准湖南盐业股份有限公司首次公开发行股票的批复
证监许可〔2018〕319 号	关于核准上海爱婴室商务服务股份有限公司首次公开发行股票的批复
证监许可〔2018〕320 号	关于核准广东宏川智慧物流股份有限公司首次公开发行股票的批复
证监许可〔2018〕321 号	关于核准彩讯科技股份有限公司首次公开发行股票的批复
证监许可〔2018〕322 号	关于核准北京华胜天成科技股份有限公司向合格投资者公开发行公司债券的批复
证监许可〔2018〕323 号	关于核准华夏幸福基业股份有限公司向合格投资者公开发行公司债券的批复
证监许可〔2018〕324 号	关于核准安徽军工集团控股有限公司向合格投资者公开发行公司债券的批复
证监许可〔2018〕325 号	关于核准景德镇市国资运营投资控股集团有限责任公司向合格投资者公开发行公司债券的批复
证监许可〔2018〕326 号	关于核准北京鸿坤伟业房地产开发有限公司向合格投资者公开发行公司债券的批复
证监许可〔2018〕327 号	关于核准华灿光电股份有限公司向义乌和谐芯光股权投资合伙企业（有限合伙）等发行股份购买资产并募集配套资金的批复
证监许可〔2018〕328 号	关于核准厦门象屿集团有限公司向合格投资者公开发行公司债券的批复
证监许可〔2018〕329 号	关于核准国泰君安证券股份有限公司向合格投资者公开发行公司债券的批复

续表

发文字号	发文标题
证监许可〔2018〕330 号	关于核准南京新工投资集团有限责任公司向合格投资者公开发行公司债券的批复
证监许可〔2018〕331 号	关于准予新疆前海联合泓瑞定期开放债券型发起式证券投资基金注册的批复
证监许可〔2018〕332 号	关于准予国投瑞银顺享定期开放债券型发起式证券投资基金注册的批复
证监许可〔2018〕333 号	关于准予中融聚安 3 个月定期开放债券型发起式证券投资基金注册的批复
证监许可〔2018〕334 号	关于准予国泰价值精选灵活配置混合型证券投资基金注册的批复
证监许可〔2018〕335 号	关于准予中加颐兴定期开放债券型发起式证券投资基金注册的批复
证监许可〔2018〕336 号	关于准予泰达宏利金利 3 个月定期开放债券型发起式证券投资基金注册的批复
证监许可〔2018〕337 号	关于准予万家新机遇龙头企业灵活配置混合型证券投资基金注册的批复
证监许可〔2018〕338 号	关于准予东吴新产业精选混合型证券投资基金变更注册的批复
证监许可〔2018〕339 号	关于核准深圳市新南山控股(集团)股份有限公司吸收合并深圳赤湾石油基地股份有限公司的批复
证监许可〔2018〕340 号	关于核准天风证券股份有限公司向合格投资者公开发行公司债券的批复
证监许可〔2018〕341 号	关于核准北京东土科技股份有限公司向合格投资者公开发行创新创业公司债券的批复
证监许可〔2018〕342 号	关于准予东亚联丰亚太区多元收益基金注册的批复
证监许可〔2018〕343 号	关于准予长安裕隆灵活配置混合型证券投资基金注册的批复
证监许可〔2018〕344 号	关于准予博时量化价值股票型证券投资基金注册的批复
证监许可〔2018〕345 号	关于准予国泰恒生港股通指数证券投资基金(LOF)注册的批复
证监许可〔2018〕346 号	关于核准山西东杰智能物流装备股份有限公司向梁燕生等发行股份购买资产并募集配套资金的批复
证监许可〔2018〕347 号	关于准予平安大华合慧定期开放纯债债券型发起式证券投资基金注册的批复
证监许可〔2018〕348 号	关于准予中金可转债债券型证券投资基金注册的批复
证监许可〔2018〕349 号	关于准予国泰江源优势精选灵活配置混合型证券投资基金注册的批复
证监许可〔2018〕350 号	关于核准东方电子股份有限公司向东方电子集团有限公司等发行股份购买资产的批复
证监许可〔2018〕351 号	关于核准深圳市立业集团有限公司向合格投资者公开发行公司债券的批复
证监许可〔2018〕352 号	关于核准阳泉煤业(集团)股份有限公司向合格投资者公开发行可续期公司债券的批复
证监许可〔2018〕353 号	关于核准镇江国有投资控股集团有限公司向合格投资者公开发行公司债券的批复
证监许可〔2018〕354 号	关于核准东方电气股份有限公司向中国东方电气集团有限公司发行股份购买资产的批复
证监许可〔2018〕355 号	关于核准设立华融基金管理有限公司的批复
证监许可〔2018〕356 号	关于核准浙江亘古电缆股份有限公司定向发行股票的批复
证监许可〔2018〕357 号	关于准予长城智能产业灵活配置混合型证券投资基金注册的批复

续表

发 文 字 号	发 文 标 题
证监许可〔2018〕358 号	关于准予南方君信灵活配置混合型证券投资基金注册的批复
证监许可〔2018〕359 号	关于准予易方达恒信定期开放债券型发起式证券投资基金注册的批复
证监许可〔2018〕360 号	关于准予广发汇元纯债定期开放债券型发起式证券投资基金注册的批复
证监许可〔2018〕361 号	关于准予富国转型机遇混合型证券投资基金注册的批复
证监许可〔2018〕362 号	关于准予华富恒欣 6 个月定期开放债券型证券投资基金注册的批复
证监许可〔2018〕363 号	关于准予平安大华可转债债券型证券投资基金注册的批复
证监许可〔2018〕364 号	关于准予东吴骏宏一年定期开放债券型证券投资基金注册的批复
证监许可〔2018〕365 号	关于准予华安 MSCI 中国 A 股国际交易型开放式指数证券投资基金联接基金注册的批复
证监许可〔2018〕366 号	关于准予融通量化多策略灵活配置混合型证券投资基金注册的批复
证监许可〔2018〕367 号	关于准予广发科技动力股票型证券投资基金注册的批复
证监许可〔2018〕368 号	关于准予南方成安优选灵活配置混合型证券投资基金注册的批复
证监许可〔2018〕369 号	关于准予华安沪深 300 交易型开放式指数证券投资基金变更注册的批复
证监许可〔2018〕370 号	关于准予鹏扬核心价值灵活配置混合型证券投资基金注册的批复
证监许可〔2018〕371 号	关于准予渤海汇金量化汇盈灵活配置混合型发起式证券投资基金变更注册的批复
证监许可〔2018〕372 号	关于核准豁免国家能源投资集团有限责任公司要约收购烟台龙源电力技术股份有限公司股份义务的批复
证监许可〔2018〕373 号	关于核准攀钢集团攀枝花钢钒有限公司向合格投资者公开发行公司债券的批复
证监许可〔2018〕374 号	关于准予兴业安保优选混合型证券投资基金注册的批复
证监许可〔2018〕375 号	关于准予信达澳银中证沪港深高股息精选指数型证券投资基金注册的批复
证监许可〔2018〕376 号	关于准予汇添富年年瑞定期开放混合型证券投资基金变更注册的批复
证监许可〔2018〕377 号	关于准予国泰聚利价值定期开放灵活配置混合型证券投资基金注册的批复
证监许可〔2018〕378 号	关于准予农银汇理金鑫 3 个月定期开放债券型发起式证券投资基金注册的批复
证监许可〔2018〕379 号	关于准予上投摩根尚睿混合型基金中基金（FOF）注册的批复
证监许可〔2018〕380 号	关于准予中融量化精选混合型基金中基金（FOF）注册的批复
证监许可〔2018〕381 号	关于准予前海开源裕源混合型基金中基金（FOF）注册的批复
证监许可〔2018〕382 号	关于核准豁免深圳市福德国有资本运营有限公司要约收购深圳市农产品股份有限公司股份义务的批复
证监许可〔2018〕383 号	关于核准豁免国家能源投资集团有限责任公司要约收购国电长源电力股份有限公司股份义务的批复
证监许可〔2018〕384 号	关于核准豁免国家能源投资集团有限责任公司要约收购国电电力发展股份有限公司股份义务的批复
证监许可〔2018〕385 号	关于核准豁免国家能源投资集团有限责任公司豁免要约收购宁夏英力特化工股份有限公司股份义务的批复

续表

发文字号	发文标题
证监许可〔2018〕386 号	关于核准豁免国家能源投资集团有限责任公司要约收购内蒙古平庄能源股份有限公司股份义务的批复
证监许可〔2018〕387 号	关于核准北京汽车股份有限公司向合格投资者公开发行可续期公司债券的批复
证监许可〔2018〕388 号	关于准予金鹰添盛定期开放债券型发起式证券投资基金注册的批复
证监许可〔2018〕389 号	关于准予金鹰鑫富灵活配置混合型证券投资基金变更注册的批复
证监许可〔2018〕390 号	关于准予博时聚瑞纯债债券型证券投资基金变更注册的批复
证监许可〔2018〕391 号	关于准予富国全球顶级消费品混合型证券投资基金变更注册的批复
证监许可〔2018〕392 号	关于准予银河庭芳 3 个月定期开放债券型发起式证券投资基金注册的批复
证监许可〔2018〕393 号	关于核准泰州口岸船舶有限公司向合格投资者公开发行公司债券的批复
证监许可〔2018〕394 号	关于核准广东文化长城集团股份有限公司向安卓易(北京)科技有限公司等发行股份购买资产并募集配套资金的批复
证监许可〔2018〕395 号	关于准予博时富兴纯债 3 个月定期开放债券型发起式证券投资基金注册的批复
证监许可〔2018〕396 号	关于准予东吴鼎泰纯债债券型证券投资基金注册的批复
证监许可〔2018〕397 号	关于准予国泰优势行业混合型证券投资基金注册的批复
证监许可〔2018〕398 号	关于准予中信建投中证北京 50 交易型开放式指数证券投资基金注册的批复
证监许可〔2018〕399 号	关于准予中信建投中证北京 50 交易型开放式指数证券投资基金联接基金注册的批复
证监许可〔2018〕400 号	关于准予银河鑫年享 12 个月定期开放灵活配置混合型证券投资基金变更注册的批复
证监许可〔2018〕401 号	关于准予银河鑫年享 18 个月定期开放灵活配置混合型证券投资基金变更注册的批复
证监许可〔2018〕402 号	关于准予汇添富经典成长定期开放混合型证券投资基金注册的批复
证监许可〔2018〕403 号	关于准予平安大华合瑞定期开放债券型证券投资基金变更注册的批复
证监许可〔2018〕404 号	关于准予银华心选三年定期开放灵活配置混合型证券投资基金注册的批复
证监许可〔2018〕405 号	关于准予创金合信汇益纯债一年定期开放债券型证券投资基金注册的批复
证监许可〔2018〕406 号	关于准予金鹰添惠纯债债券型证券投资基金变更注册的批复
证监许可〔2018〕407 号	关于准予华夏产业升级混合型证券投资基金注册的批复
证监许可〔2018〕408 号	关于准予 MSCI 中国 A 股国际通交易型开放式指数证券投资基金注册的批复
证监许可〔2018〕409 号	关于准予 MSCI 中国 A 股国际通交易型开放式指数证券投资基金发起式联接基金注册的批复
证监许可〔2018〕410 号	关于准予博时广利纯债债券型证券投资基金变更注册的批复
证监许可〔2018〕411 号	关于准予工银瑞信瑞景定期开放债券型发起式证券投资基金注册的批复
证监许可〔2018〕412 号	关于准予创金合信汇誉纯债六个月定期开放债券型证券投资基金注册的批复
证监许可〔2018〕413 号	关于准予博时荣享回报灵活配置定期开放混合型证券投资基金注册的批复

续表

发文字号	发文标题
证监许可〔2018〕414 号	关于准予中加心益灵活配置混合型证券投资基金变更注册的批复
证监许可〔2018〕415 号	关于不予核准长城影视股份有限公司向井冈山市乐意传媒中心（普通合伙）等发行股份购买资产并募集配套资金的决定
证监许可〔2018〕416 号	关于准予华夏鼎福三个月定期开放债券型发起式证券投资基金注册的批复
证监许可〔2018〕417 号	关于准予富国股息优选灵活配置混合型证券投资基金注册的批复
证监许可〔2018〕418 号	关于准予中邮纯债汇利三个月定期开放债券型发起式证券投资基金注册的批复
证监许可〔2018〕419 号	关于准予招商 MSCI 中国 A 股国际通指数型证券投资基金注册的批复
证监许可〔2018〕420 号	关于核准上海电气集团股份有限公司向合格投资者公开发行可交换公司债券的批复
证监许可〔2018〕421 号	关于核准中国南方航空集团有限公司向合格投资者公开发行公司债券的批复
证监许可〔2018〕422 号	关于准予银河景行 3 个月定期开放债券型发起式证券投资基金注册的批复
证监许可〔2018〕423 号	关于核准四川天邑康和通信股份有限公司首次公开发行股票的批复
证监许可〔2018〕424 号	关于核准浙江锋龙电气股份有限公司首次公开发行股票的批复
证监许可〔2018〕425 号	关于核准鹏博士电信传媒集团股份有限公司向合格投资者公开发行公司债券的批复
证监许可〔2018〕426 号	关于核准东方集团股份有限公司向合格投资者公开发行公司债券的批复
证监许可〔2018〕427 号	关于核准山东省金融资产管理股份有限公司向合格投资者公开发行公司债券的批复
证监许可〔2018〕428 号	关于准予创金合信春来回报一年期定期开放混合型发起式证券投资基金注册的批复
证监许可〔2018〕429 号	关于准予南方多元债券型发起式证券投资基金变更注册的批复
证监许可〔2018〕430 号	关于准予工银瑞信印度市场证券投资基金（LOF）注册的批复
证监许可〔2018〕431 号	关于核准中国南方航空股份有限公司非公开发行境外上市外资股的批复
证监许可〔2018〕432 号	关于核准振德医疗用品股份有限公司首次公开发行股票的批复
证监许可〔2018〕433 号	关于核准芜湖伯特利汽车安全系统股份有限公司首次公开发行股票的批复
证监许可〔2018〕434 号	关于核准江苏鼎胜新能源材料股份有限公司首次公开发行股票的批复
证监许可〔2018〕435 号	关于核准豁免烟台万华化工有限公司要约收购万华化学集团股份有限公司股份义务的批复
证监许可〔2018〕436 号	关于不予核准龙岩卓越新能源股份有限公司首次公开发行股票并在创业板上市申请的决定
证监许可〔2018〕437 号	关于不予核准欣贺股份有限公司首次公开发行股票申请的决定
证监许可〔2018〕438 号	关于不予核准钜泉光电科技（上海）股份有限公司首次公开发行股票申请的决定
证监许可〔2018〕439 号	关于不予核准广东天元实业集团股份有限公司首次公开发行股票并在创业板上市申请的决定
证监许可〔2018〕440 号	关于不予核准深圳雷杜生命科学股份有限公司首次公开发行股票并在创业板上市申请的决定

续表

发文字号	发文标题
证监许可〔2018〕441 号	关于不予核准上海锦和商业经营管理股份有限公司首次公开发行股票申请的决定
证监许可〔2018〕442 号	关于不予核准广东朝阳电子科技股份有限公司首次公开发行股票申请的决定
证监许可〔2018〕443 号	关于不予核准三达膜环境技术股份有限公司首次公开发行股票申请的决定
证监许可〔2018〕444 号	关于不予核准温州康宁医院股份有限公司首次公开发行股票申请的决定
证监许可〔2018〕445 号	关于不予核准北京挖金客信息科技股份有限公司首次公开发行股票申请的决定
证监许可〔2018〕446 号	关于不予核准山东玻纤集团股份有限公司首次公开发行股票申请的决定
证监许可〔2018〕447 号	关于不予核准上海通领汽车科技股份有限公司首次公开发行股票申请的决定
证监许可〔2018〕448 号	关于不予核准北京建工环境修复股份有限公司首次公开发行股票并上市申请的决定
证监许可〔2018〕449 号	关于不予核准无锡普天铁心股份有限公司首次公开发行股票并在创业板上市申请的决定
证监许可〔2018〕450 号	关于不予核准赣州腾远钴业新材料股份有限公司首次公开发行股票申请的决定
证监许可〔2018〕451 号	关于不予核准河南蓝信科技股份有限公司首次公开发行股票并在创业板上市申请的决定
证监许可〔2018〕452 号	关于不予核准上海广联环境岩土工程股份有限公司首次公开发行股票并在创业板上市申请的决定
证监许可〔2018〕453 号	关于不予核准深圳市安健科技股份有限公司首次公开发行股票并在创业板上市申请的决定
证监许可〔2018〕454 号	关于不予核准重庆百亚卫生用品股份有限公司首次公开发行股票申请的决定
证监许可〔2018〕455 号	关于核准豁免深圳市福德国有资本运营有限公司要约收购深圳市深宝实业股份有限公司股份义务的批复
证监许可〔2018〕456 号	关于核准北京千方科技股份有限公司向北京千方集团有限公司等发行股份购买资产并募集配套资金的批复
证监许可〔2018〕457 号	关于核准天洁集团有限公司向合格投资者公开发行公司债券的批复
证监许可〔2018〕458 号	关于核准西部矿业股份有限公司向合格投资者公开发行公司债券的批复
证监许可〔2018〕459 号	关于核准豁免中粮集团有限公司要约收购中原特钢股份有限公司股份义务的批复
证监许可〔2018〕460 号	关于核准清华控股有限公司向合格投资者公开发行公司债券的批复
证监许可〔2018〕461 号	关于准予中欧华盈三年定期开放混合型证券投资基金注册的批复
证监许可〔2018〕462 号	关于准予农银汇理睿选灵活配置混合型证券投资基金注册的批复
证监许可〔2018〕463 号	关于准予国投瑞银中证 500 指数量化增强型证券投资基金注册的批复
证监许可〔2018〕464 号	关于准予永赢盛益债券型证券投资基金注册的批复
证监许可〔2018〕465 号	关于准予融通四季添利债券型证券投资基金(LOF)变更注册的批复
证监许可〔2018〕466 号	关于准予永赢荣益债券型证券投资基金注册的批复
证监许可〔2018〕467 号	关于准予华泰柏瑞国企整合精选混合型证券投资基金注册的批复

续表

发文字号	发文标题
证监许可〔2018〕468 号	关于不予核准骅威文化股份有限公司非公开发行股票申请的决定
证监许可〔2018〕469 号	关于不予核准上海科泰电源股份有限公司非公开发行股票申请的决定
证监许可〔2018〕470 号	关于核准中国国际金融股份有限公司增发境外上市外资股的批复
证监许可〔2018〕471 号	关于核准南兴装备股份有限公司向屏南唯创众成股权投资合伙企业(有限合伙)等发行股份购买资产的批复
证监许可〔2018〕472 号	关于核准上海康达化工新材料股份有限公司向盛杰等发行股份购买资产并募集配套资金的批复
证监许可〔2018〕473 号	关于核准义乌华鼎锦纶股份有限公司向邹春元等发行股份购买资产并募集配套资金的批复
证监许可〔2018〕474 号	关于核准河北衡水老白干酒业股份有限公司向佳沃集团有限公司等发行股份购买资产并募集配套资金的批复
证监许可〔2018〕475 号	关于核准洛阳玻璃股份有限公司向中国洛阳浮法玻璃集团有限责任公司等发行股份购买资产并募集配套资金的批复
证监许可〔2018〕476 号	关于核准新凤鸣集团股份有限公司公开发行可转换公司债券的批复
证监许可〔2018〕477 号	关于核准北京高能时代环境技术股份有限公司公开发行可转换公司债券的批复
证监许可〔2018〕478 号	关于核准哈尔滨威帝电子股份有限公司公开发行可转换公司债券的批复
证监许可〔2018〕479 号	关于核准陕西省国际信托股份有限公司配股的批复
证监许可〔2018〕480 号	关于不予核准天津中环半导体股份有限公司向国电科技环保集团股份有限公司发行股份购买资产并募集配套资金的决定
证监许可〔2018〕481 号	关于核准中国能源建设股份有限公司发行可转换为境外上市外资股的公司债券的批复
证监许可〔2018〕482 号	关于核准中国建材股份有限公司增发境外上市外资股的批复
证监许可〔2018〕483 号	关于不予核准龙利得包装印刷股份有限公司首次公开发行股票并在创业板上市申请的决定
证监许可〔2018〕484 号	关于不予核准广东格林精密部件股份有限公司首次公开发行股票并在创业板上市申请的决定
证监许可〔2018〕485 号	关于不予核准上海丽人丽妆化妆品股份有限公司首次公开发行股票并上市申请的决定
证监许可〔2018〕486 号	关于核准浙商银行股份有限公司增发境外上市外资股的批复
证监许可〔2018〕487 号	关于准予汇添富智能制造股票型证券投资基金注册的批复
证监许可〔2018〕488 号	关于准予富兰克林国海国策导向(沪港深)灵活配置混合型证券投资基金变更注册的批复
证监许可〔2018〕489 号	关于准予长城久弘纯债债券型证券投资基金注册的批复
证监许可〔2018〕490 号	关于准予安信中证 500 指数增强型证券投资基金注册的批复
证监许可〔2018〕491 号	关于准予泰康颐享混合型证券投资基金注册的批复
证监许可〔2018〕492 号	关于准予德邦民裕进取量化精选灵活配置混合型证券投资基金注册的批复
证监许可〔2018〕493 号	关于核准美的置业集团有限公司向合格投资者公开发行公司债券的批复

续表

发文字号	发文标题
证监许可〔2018〕494 号	关于核准北京市文化投资发展集团有限责任公司向合格投资者公开发行公司债券的批复
证监许可〔2018〕495 号	关于核准河北港口集团有限公司向合格投资者公开发行可交换公司债券的批复
证监许可〔2018〕496 号	关于准予新疆前海联合添鑫债券型证券投资基金变更注册的批复
证监许可〔2018〕497 号	关于准予战略新兴成指交易型开放式指数证券投资基金注册的批复
证监许可〔2018〕498 号	关于准予南方瑞祥一年定期开放灵活配置混合型证券投资基金注册的批复
证监许可〔2018〕499 号	关于准予安信永鑫定期开放债券型证券投资基金变更注册的批复
证监许可〔2018〕500 号	关于准予泰康新机遇灵活配置混合型证券投资基金变更注册的批复
证监许可〔2018〕501 号	关于准予华泰柏瑞 MSCI 中国 A 股国际通交易型开放式指数证券投资基金注册的批复
证监许可〔2018〕502 号	关于准予富国尊利纯债定期开放债券型发起式证券投资基金注册的批复
证监许可〔2018〕503 号	关于准予建信 MSCI 中国 A 股国际通交易型开放式指数证券投资基金注册的批复
证监许可〔2018〕504 号	关于准予华安 CES 港股通精选 100 交易型开放式指数证券投资基金联接基金注册的批复
证监许可〔2018〕505 号	关于准予汇添富消费升级混合型证券投资基金注册的批复
证监许可〔2018〕506 号	关于核准山东索力得焊材股份有限公司定向发行股票的批复
证监许可〔2018〕507 号	关于核准豁免中共陕西省委宣传部要约收购陕西广电网络传媒(集团)股份有限公司股份义务的批复
证监许可〔2018〕508 号	关于准予国泰农惠定期开放债券型证券投资基金注册的批复
证监许可〔2018〕509 号	关于准予鹏华产业精选灵活配置混合型证券投资基金注册的批复
证监许可〔2018〕510 号	关于准予上投摩根欧洲动力策略股票型证券投资基金(QDII)注册的批复
证监许可〔2018〕511 号	关于准予金元顺安沣泰定期开放债券型发起式证券投资基金注册的批复
证监许可〔2018〕512 号	关于准予金元顺安沣顺定期开放债券型发起式证券投资基金注册的批复
证监许可〔2018〕513 号	关于准予国投瑞银和安债券型证券投资基金变更注册的批复
证监许可〔2018〕514 号	关于准予华夏恒利 6 个月定期开放债券型证券投资基金变更注册的批复
证监许可〔2018〕515 号	关于准予申万菱信智能驱动股票型证券投资基金注册的批复
证监许可〔2018〕516 号	关于准予华夏潜龙精选股票型证券投资基金注册的批复
证监许可〔2018〕517 号	关于准予平安大华 MSCI 中国 A 股国际交易型开放式指数证券投资基金联接基金注册的批复
证监许可〔2018〕518 号	关于准予泰康策略优选灵活配置混合型证券投资基金变更注册的批复
证监许可〔2018〕519 号	关于核准江西沃格光电股份有限公司首次公开发行股票的批复
证监许可〔2018〕520 号	关于核准仙鹤股份有限公司首次公开发行股票的批复
证监许可〔2018〕521 号	关于核准珠海华发综合发展有限公司向合格投资者公开发行公司债券的批复
证监许可〔2018〕522 号	关于核准大禹节水集团股份有限公司向合格投资者公开发行公司债券的批复

续表

发 文 字 号	发 文 标 题
证监许可〔2018〕523号	关于核准上海华谊(集团)公司向合格投资者公开发行公司债券的批复
证监许可〔2018〕524号	关于核准特变电工股份有限公司向合格投资者公开发行可续期公司债券的批复
证监许可〔2018〕525号	关于核准广东中盈盛达融资担保投资股份有限公司增发境外上市外资股的批复
证监许可〔2018〕526号	关于不予核准广州信联智通实业股份有限公司首次公开发行股票并上市申请的决定
证监许可〔2018〕527号	关于核准绿城房地产集团有限公司向合格投资者公开发行公司债券的批复
证监许可〔2018〕528号	关于准予平安大华MSCI中国A股国际交易型开放式指数证券投资基金注册的批复
证监许可〔2018〕529号	关于准予中信保诚新蓝筹灵活配置混合型证券投资基金注册的批复
证监许可〔2018〕530号	关于准予东吴深证100指数增强型证券投资基金(LOF)变更注册的批复
证监许可〔2018〕531号	关于准予创金合信汇祥纯债三年期定期开放债券型证券投资基金注册的批复
证监许可〔2018〕532号	关于准予易方达蓝筹精选混合型证券投资基金注册的批复
证监许可〔2018〕533号	关于准予农银汇理周期资源灵活配置混合型证券投资基金注册的批复
证监许可〔2018〕534号	关于准予财通聚利纯债债券型证券投资基金注册的批复
证监许可〔2018〕535号	关于准予鹏华兴康定期开放灵活配置混合型证券投资基金变更注册的批复
证监许可〔2018〕536号	关于准予国投瑞银新增长灵活配置混合型证券投资基金变更注册的批复
证监许可〔2018〕537号	关于准予富国产业驱动混合型证券投资基金注册的批复
证监许可〔2018〕538号	关于准予财通新视野灵活配置混合型证券投资基金注册的批复
证监许可〔2018〕539号	关于准予银华行业轮动混合型证券投资基金注册的批复
证监许可〔2018〕540号	关于准予财通量化价值优选灵活配置混合型证券投资基金注册的批复
证监许可〔2018〕541号	关于准予南方宏元债券型发起式证券投资基金变更注册的批复
证监许可〔2018〕542号	关于准予创金合信汇泰纯债两年期定期开放债券型证券投资基金注册的批复
证监许可〔2018〕543号	关于准予广发双擎升级混合型证券投资基金注册的批复
证监许可〔2018〕544号	关于准予招商稳祯定期开放混合型证券投资基金注册的批复
证监许可〔2018〕545号	关于准予工银瑞信红利优享灵活配置混合型证券投资基金注册的批复
证监许可〔2018〕546号	关于准予华夏鼎禄三个月定期开放债券型发起式证券投资基金注册的批复
证监许可〔2018〕547号	关于准予长江乐越定期开放债券型发起式证券投资基金注册的批复
证监许可〔2018〕548号	关于准予景顺长城MSCI中国A股国际通交易型开放式指数证券投资基金注册的批复
证监许可〔2018〕549号	关于准予景顺长城MSCI中国A股国际通交易型开放式指数证券投资基金联接基金注册的批复
证监许可〔2018〕550号	关于准予财通汇利纯债债券型证券投资基金注册的批复
证监许可〔2018〕551号	关于准予建信MSCI中国A股国际通交易型开放式指数证券投资基金发起式联接基金注册的批复

续表

发文字号	发文标题
证监许可〔2018〕552号	关于核准广西丰林木业集团股份有限公司非公开发行股票的批复
证监许可〔2018〕553号	关于核准顾家家居股份有限公司公开发行可转换公司债券的批复
证监许可〔2018〕554号	关于核准重庆再升科技股份有限公司公开发行可转换公司债券的批复
证监许可〔2018〕555号	关于核准吉林高速公路股份有限公司非公开发行股票的批复
证监许可〔2018〕556号	关于核准宁波横河模具股份有限公司公开发行可转换公司债券的批复
证监许可〔2018〕557号	关于核准国联安基金管理有限公司变更股权的批复
证监许可〔2018〕558号	关于核准烟台东诚药业集团股份有限公司向由守谊等发行股份购买资产并募集配套资金的批复
证监许可〔2018〕559号	关于不予核准神州数码信息服务股份有限公司向章珠明等发行股份购买资产并募集配套资金的决定
证监许可〔2018〕560号	关于准予国投瑞银顺达纯债债券型证券投资基金注册的批复
证监许可〔2018〕561号	关于核准厦门金圆投资集团有限公司向合格投资者公开发行公司债券的批复
证监许可〔2018〕562号	关于核准株洲市国有资产投资控股集团有限公司向合格投资者公开发行可续期公司债券的批复
证监许可〔2018〕563号	关于核准中国中化股份有限公司向合格投资者公开发行公司债券的批复
证监许可〔2018〕564号	关于核准广东省粤科金融集团有限公司向合格投资者公开发行公司债券的批复
证监许可〔2018〕565号	关于核准中国化学工程集团有限公司向合格投资者公开发行可交换公司债券的批复
证监许可〔2018〕566号	关于不予核准浙江华达新型材料股份有限公司首次公开发行股票并上市申请的决定
证监许可〔2018〕567号	关于不予核准杭州千岛湖鲟龙科技股份有限公司首次公开发行股票并在创业板上市申请的决定
证监许可〔2018〕568号	关于不予核准重庆广电数字传媒股份有限公司首次公开发行股票并在创业板上市申请的决定
证监许可〔2018〕569号	关于不予核准南通冠东模塑股份有限公司首次公开发行股票并上市申请的决定
证监许可〔2018〕570号	关于不予核准北京新时空科技股份有限公司首次公开发行股票并上市申请的决定
证监许可〔2018〕571号	关于不予核准深圳时代装饰股份有限公司首次公开发行股票并上市申请的决定
证监许可〔2018〕572号	关于核准南京越博动力系统股份有限公司首次公开发行股票的批复
证监许可〔2018〕573号	关于核准广东文灿压铸股份有限公司首次公开发行股票的批复
证监许可〔2018〕574号	关于核准杭州天地数码科技股份有限公司首次公开发行股票的批复
证监许可〔2018〕575号	关于准予西部利得中证国有企业红利指数增强型证券投资基金(LOF)注册的批复
证监许可〔2018〕576号	关于准予鑫元合利定期开放债券型发起式证券投资基金注册的批复
证监许可〔2018〕577号	关于准予中航瑞鑫混合型证券投资基金注册的批复

续表

发 文 字 号	发 文 标 题
证监许可〔2018〕578 号	关于准予万家聚利混合型证券投资基金注册的批复
证监许可〔2018〕579 号	关于准予前海开源价值成长灵活配置混合型证券投资基金注册的批复
证监许可〔2018〕580 号	关于准予平安大华鑫悦混合型证券投资基金变更注册的批复
证监许可〔2018〕581 号	关于准予广发龙头优选灵活配置混合型证券投资基金注册的批复
证监许可〔2018〕582 号	关于准予华宝标普沪港深中国增强价值指数证券投资基金(LOF)注册的批复
证监许可〔2018〕583 号	关于准予泰康裕泰回报混合型证券投资基金变更注册的批复
证监许可〔2018〕584 号	关于准予长城久荣纯债定期开放债券型发起式证券投资基金注册的批复
证监许可〔2018〕585 号	关于准予富国沪港深业绩驱动混合型证券投资基金注册的批复
证监许可〔2018〕586 号	关于准予前海开源乾利定期开放债券型发起式证券投资基金注册的批复
证监许可〔2018〕587 号	关于准予金元顺安沣泉债券型证券投资基金注册的批复
证监许可〔2018〕588 号	关于准予长安鑫盈灵活配置混合型证券投资基金注册的批复
证监许可〔2018〕589 号	关于准予东方人工智能主题混合型证券投资基金注册的批复
证监许可〔2018〕590 号	关于准予中科沃土沃瑞灵活配置混合型发起式证券投资基金注册的批复
证监许可〔2018〕591 号	关于准予博时聚利纯债债券型证券投资基金变更注册的批复
证监许可〔2018〕592 号	关于核准江苏澳洋科技股份有限公司非公开发行股票的批复
证监许可〔2018〕593 号	关于准予泰达宏利泽利 3 个月定期开放债券型发起式证券投资基金注册的批复
证监许可〔2018〕594 号	关于准予上投摩根安裕回报混合型证券投资基金变更注册的批复
证监许可〔2018〕595 号	关于准予易方达 MSCI 中国 A 股国际通交易型开放式指数证券投资基金注册的批复
证监许可〔2018〕596 号	关于准予广发全球收益债券型证券投资基金(QDII)注册的批复
证监许可〔2018〕597 号	关于准予东方永泰纯债 1 年定期开放债券型证券投资基金注册的批复
证监许可〔2018〕598 号	关于准予博时保泰保本混合型证券投资基金变更注册的批复
证监许可〔2018〕599 号	关于准予中金浙金 6 个月定期开放债券型发起式证券投资基金注册的批复
证监许可〔2018〕600 号	关于准予宝盈盈泰纯债债券型证券投资基金注册的批复
证监许可〔2018〕601 号	关于核准海亮集团有限公司向合格投资者公开发行公司债券的批复
证监许可〔2018〕602 号	关于武汉当代科技产业集团股份有限公司向合格投资者公开发行可续期公司债券的批复
证监许可〔2018〕603 号	关于核准神思电子技术股份有限公司向齐心等发行股份购买资产并募集配套资金的批复
证监许可〔2018〕604 号	关于核准天津凯发电气股份有限公司公开发行可转换公司债券的批复
证监许可〔2018〕605 号	关于不予核准深圳市贝斯达医疗股份有限公司首次公开发行股票并在创业板上市申请的决定
证监许可〔2018〕606 号	关于不予核准博拉网络股份有限公司首次公开发行股票并在创业板上市申请的决定

续表

发文字号	发文标题
证监许可〔2018〕607 号	关于核准扬州市城建国有资产控股(集团)有限责任公司向合格投资者公开发行公司债券的批复
证监许可〔2018〕608 号	关于核准新疆中泰化学股份有限公司向合格投资者公开发行公司债券的批复
证监许可〔2018〕609 号	关于核准广汇能源股份有限公司向合格投资者公开发行公司债券的批复
证监许可〔2018〕610 号	关于准予永赢润益债券型证券投资基金注册的批复
证监许可〔2018〕611 号	关于准予格林伯盈定期开放混合型证券投资基金变更注册的批复
证监许可〔2018〕612 号	关于核准招商证券股份有限公司向合格投资者公开发行公司债券的批复
证监许可〔2018〕613 号	关于核准上海宝龙实业发展有限公司向合格投资者公开发行公司债券的批复
证监许可〔2018〕614 号	关于准予浦银安盛盛泽定期开放债券型发起式证券投资基金注册的批复
证监许可〔2018〕615 号	关于准予汇添富中国战略新兴产业成份交易型开放式指数发起式证券投资基金注册的批复
证监许可〔2018〕616 号	关于核准浙江海亮股份有限公司非公开发行股票的批复
证监许可〔2018〕617 号	关于核准广西博世科环保科技股份有限公司公开发行可转换公司债券的批复
证监许可〔2018〕618 号	关于核准沈阳机床股份有限公司非公开发行股票的批复
证监许可〔2018〕619 号	关于准予国投瑞银行业先锋灵活配置混合型证券投资基金注册的批复
证监许可〔2018〕620 号	关于准予建信创业板交易型开放式指数证券投资基金联接基金变更注册的批复
证监许可〔2018〕621 号	关于准予平安大华合颖定期开放纯债债券型发起式证券投资基金注册的批复
证监许可〔2018〕622 号	关于准予华泰保兴尊利债券型证券投资基金注册的批复
证监许可〔2018〕623 号	关于准予圆信永丰中高等级债券型证券投资基金注册的批复
证监许可〔2018〕624 号	关于准予国投瑞银品牌优势灵活配置混合型证券投资基金注册的批复
证监许可〔2018〕625 号	关于准予东方增长中小盘混合型开放式证券投资基金变更注册的批复
证监许可〔2018〕626 号	关于准予华夏优势精选股票型证券投资基金注册的批复
证监许可〔2018〕627 号	关于准予华夏鼎沛债券型证券投资基金注册的批复
证监许可〔2018〕628 号	关于准予华泰柏瑞现代服务业混合型证券投资基金注册的批复
证监许可〔2018〕629 号	关于准予新疆前海联合先进制造灵活配置混合型证券投资基金注册的批复
证监许可〔2018〕630 号	关于准予易方达鑫转增利混合型证券投资基金注册的批复
证监许可〔2018〕631 号	关于准予申万菱信安泰惠利纯债债券型证券投资基金注册的批复
证监许可〔2018〕632 号	关于准予易方达中盘成长混合型证券投资基金注册的批复
证监许可〔2018〕633 号	关于准予华夏新兴消费混合型证券投资基金注册的批复
证监许可〔2018〕634 号	关于准予诺安中证 500 交易型开放式指数证券投资基金联接基金变更注册的批复
证监许可〔2018〕635 号	关于准予华泰保兴安悦混合型证券投资基金变更注册的批复
证监许可〔2018〕636 号	关于准予汇添富全球消费行业混合型证券投资基金注册的批复

续表

发文字号	发文标题
证监许可〔2018〕637号	关于准予新疆前海联合泳泰纯债债券型证券投资基金变更注册的批复
证监许可〔2018〕638号	关于核准宜华健康医疗股份有限公司向合格投资者公开发行公司债券的批复
证监许可〔2018〕639号	关于核准厦门国贸集团股份有限公司向合格投资者公开发行可续期公司债券的批复
证监许可〔2018〕640号	关于核准浙商创投股份有限公司向合格投资者公开发行创新创业公司债券的批复
证监许可〔2018〕641号	关于核准威海市国有资本运营有限公司向合格投资者公开发行公司债券的批复
证监许可〔2018〕642号	关于核准浙江天堂硅谷资产管理集团有限公司向合格投资者公开发行创新创业公司债券的批复
证监许可〔2018〕643号	关于核准天津城市基础设施建设投资集团有限公司向合格投资者公开发行公司债券的批复
证监许可〔2018〕644号	关于核准中原出版传媒投资控股集团有限公司向合格投资者公开发行可交换公司债券的批复
证监许可〔2018〕645号	关于核准江信基金管理有限公司变更股权的批复
证监许可〔2018〕646号	关于核准特变电工股份有限公司向合格投资者公开发行公司债券的批复
证监许可〔2018〕647号	关于核准中国建材国际工程集团有限公司向合格投资者公开发行公司债券的批复
证监许可〔2018〕648号	关于准予建信上证50交易型开放式指数证券投资基金联接基金变更注册的批复
证监许可〔2018〕649号	关于准予华宝港股通香港精选混合型证券投资基金注册的批复
证监许可〔2018〕650号	关于准予工银瑞信新能源汽车主题混合型证券投资基金注册的批复
证监许可〔2018〕651号	关于准予工银瑞信可转债优选债券型证券投资基金注册的批复
证监许可〔2018〕652号	关于准予景顺长城智能生活混合型证券投资基金注册的批复
证监许可〔2018〕653号	关于核准深圳市新纶科技股份有限公司向唐千军等发行股份购买资产并募集配套资金的批复
证监许可〔2018〕654号	关于核准深圳市英维克科技股份有限公司向上海康子工业贸易有限公司等发行股份购买资产的批复
证监许可〔2018〕655号	关于核准江苏雅克科技股份有限公司向沈琦等发行股份购买资产的批复
证监许可〔2018〕656号	关于准予国投瑞银新动力灵活配置混合型证券投资基金变更注册的批复
证监许可〔2018〕657号	关于准予先锋博盈纯债债券型证券投资基金注册的批复
证监许可〔2018〕658号	关于准予先锋汇盈纯债债券型证券投资基金注册的批复
证监许可〔2018〕659号	关于核准北京国有资本经营管理中心向合格投资者公开发行公司债券的批复
证监许可〔2018〕660号	关于核准紫光国芯股份有限公司向合格投资者公开发行公司债券的批复
证监许可〔2018〕661号	关于准予先锋安盈纯债债券型证券投资基金注册的批复
证监许可〔2018〕662号	关于准予富国裕利纯债3个月定期开放债券型发起式证券投资基金变更注册的批复
证监许可〔2018〕663号	关于准予泰达宏利绩优增长灵活配置混合型证券投资基金注册的批复

续表

发文字号	发文标题
证监许可〔2018〕664 号	关于准予华富恒悦定期开放债券型证券投资基金注册的批复
证监许可〔2018〕665 号	关于准予诺安汇利灵活配置混合型证券投资基金注册的批复
证监许可〔2018〕666 号	关于准予创金合信汇利纯债三年期定期开放债券型证券投资基金注册的批复
证监许可〔2018〕667 号	关于准予中银康利灵活配置混合型证券投资基金变更注册的批复
证监许可〔2018〕668 号	关于核准阿特斯阳光电力集团有限公司向合格投资者公开发行公司债券的批复
证监许可〔2018〕669 号	关于核准苏州元禾控股股份有限公司向合格投资者公开发行创新创业公司债券的批复
证监许可〔2018〕670 号	关于核准兰州兰石集团有限公司向合格投资者公开发行公司债券的批复
证监许可〔2018〕671 号	关于核准云南创新新材料股份有限公司向 PAUL XIAOMING LEE 等发行股份购买资产并募集配套资金的批复
证监许可〔2018〕672 号	关于核准北京恒泰实达科技股份有限公司向陈志生等发行股份购买资产并募集配套资金的批复
证监许可〔2018〕673 号	关于不予核准稳健医疗用品股份有限公司首次公开发行股票并上市申请的决定
证监许可〔2018〕674 号	关于不予核准申联生物医药(上海)股份有限公司首次公开发行股票并上市申请的决定
证监许可〔2018〕675 号	关于不予核准江苏蓝电环保股份有限公司首次公开发行股票并上市申请的决定
证监许可〔2018〕676 号	关于核准浙江省围海建设集团股份有限公司向上海千年工程投资管理有限公司等发行股份购买资产并募集配套资金的批复
证监许可〔2018〕677 号	关于核准亚普汽车部件股份有限公司首次公开发行股票的批复
证监许可〔2018〕678 号	关于核准无锡药明康德新药开发股份有限公司首次公开发行股票的批复
证监许可〔2018〕679 号	关于核准深圳市特区建设发展集团有限公司向合格投资者公开发行公司债券的批复
证监许可〔2018〕680 号	关于不予核准浙江海翔药业股份有限公司公开发行可转换公司债券申请的决定
证监许可〔2018〕681 号	关于不予核准惠州亿纬锂能股份有限公司公开发行可转换公司债券申请的决定
证监许可〔2018〕682 号	关于准予鑫元全利债券型发起式证券投资基金注册的批复
证监许可〔2018〕683 号	关于准予国投瑞银新收益灵活配置混合型证券投资基金变更注册的批复
证监许可〔2018〕684 号	关于准予工银瑞信优势品牌定期开放灵活配置混合型证券投资基金注册的批复
证监许可〔2018〕685 号	关于准予平安大华惠锦纯债债券型证券投资基金注册的批复
证监许可〔2018〕686 号	关于准予鹏华优选回报灵活配置混合型证券投资基金注册的批复
证监许可〔2018〕687 号	关于准予工银瑞信精选金融地产行业混合型证券投资基金注册的批复
证监许可〔2018〕688 号	关于准予华泰柏瑞 MSCI 中国 A 股国际通交易型开放式指数证券投资基金联接基金注册的批复
证监许可〔2018〕689 号	关于准予中融恒裕纯债债券型证券投资基金注册的批复

续表

发文字号	发文标题
证监许可〔2018〕690号	关于准予国投瑞银顺昌纯债债券型证券投资基金注册的批复
证监许可〔2018〕691号	关于准予创金合信新能源汽车主题股票型发起式证券投资基金注册的批复
证监许可〔2018〕692号	关于准予南方昌元可转债债券型证券投资基金注册的批复
证监许可〔2018〕693号	关于准予交银施罗德裕如纯债债券型证券投资基金注册的批复
证监许可〔2018〕694号	关于准予国投瑞银新机遇灵活配置混合型证券投资基金变更注册的批复
证监许可〔2018〕695号	关于准予工银瑞信聚福混合型证券投资基金注册的批复
证监许可〔2018〕696号	关于核准华能国际电力股份有限公司非公开发行股票的批复
证监许可〔2018〕697号	关于核准深圳市凯中精密技术股份有限公司公开发行可转换公司债券的批复
证监许可〔2018〕698号	关于核准江苏吴江农村商业银行股份有限公司公开发行可转换公司债券的批复
证监许可〔2018〕699号	关于核准浙江东音泵业股份有限公司公开发行可转换公司债券的批复
证监许可〔2018〕700号	关于核准豁免南京市城市建设投资控股（集团）有限责任公司要约收购南京纺织品进出口股份有限公司股份义务的批复
证监许可〔2018〕701号	关于核准迈凯希金融公司设立北京代表处的批复
证监许可〔2018〕702号	关于核准陕西炼石有色资源股份有限公司非公开发行股票的批复
证监许可〔2018〕703号	关于准予华夏聚丰稳健目标风险混合型基金中基金（FOF）注册的批复
证监许可〔2018〕704号	关于准予南方合顺多资产配置混合型基金中基金（FOF）注册的批复
证监许可〔2018〕705号	关于准予前海开源裕泽定期开放混合型基金中基金（FOF）注册的批复
证监许可〔2018〕706号	关于准予长信稳进资产配置混合型基金中基金（FOF）注册的批复
证监许可〔2018〕707号	关于准予建信福泽裕泰混合型基金中基金（FOF）注册的批复
证监许可〔2018〕708号	关于准予前海开源MSCI中国A股指数型证券投资基金注册的批复
证监许可〔2018〕709号	关于准予平安大华估值优势灵活配置混合型证券投资基金注册的批复
证监许可〔2018〕710号	关于准予国泰消费优选股票型证券投资基金注册的批复
证监许可〔2018〕711号	关于准予国投瑞银新成长灵活配置混合型证券投资基金变更注册的批复
证监许可〔2018〕712号	关于准予创金合信工业周期精选股票型发起式证券投资基金注册的批复
证监许可〔2018〕713号	关于准予广发景智纯债债券型证券投资基金注册的批复
证监许可〔2018〕714号	关于准予广发趋势动力灵活配置混合型证券投资基金注册的批复
证监许可〔2018〕715号	关于准予易方达鑫转添利混合型证券投资基金注册的批复
证监许可〔2018〕716号	关于准予人保转型新动力灵活配置混合型证券投资基金注册的批复
证监许可〔2018〕717号	关于准予国投瑞银顺鑫一年期定期开放债券型证券投资基金变更注册的批复
证监许可〔2018〕718号	关于准予易方达科顺定期开放灵活配置混合型证券投资基金注册的批复
证监许可〔2018〕719号	关于准予宝盈人工智能主题股票型证券投资基金注册的批复
证监许可〔2018〕720号	关于准予上银未来生活灵活配置混合型证券投资基金注册的批复

续表

发文字号	发文标题
证监许可〔2018〕721号	关于准予工银瑞信医药健康行业股票型证券投资基金注册的批复
证监许可〔2018〕722号	关于准予中金中证优选300指数证券投资基金(LOF)注册的批复
证监许可〔2018〕723号	关于准予富国广利定期开放混合型证券投资基金变更注册的批复
证监许可〔2018〕724号	关于准予中欧安财定期开放债券型发起式证券投资基金注册的批复
证监许可〔2018〕725号	关于准予格林伯锐灵活配置混合型证券投资基金注册的批复
证监许可〔2018〕726号	关于核准深圳瑞龙期货有限公司变更股权的批复
证监许可〔2018〕727号	关于核准广西农垦集团有限责任公司向合格投资者公开发行可续期公司债券的批复
证监许可〔2018〕728号	关于核准广东省粤电集团有限公司向合格投资者公开发行公司债券的批复
证监许可〔2018〕729号	关于核准广州市城市建设开发有限公司向合格投资者公开发行公司债券的批复
证监许可〔2018〕730号	关于核准北京合纵科技股份有限公司向合格投资者公开发行公司债券的批复
证监许可〔2018〕731号	关于核准中国建筑第五工程局有限公司向合格投资者公开发行可续期公司债券的批复
证监许可〔2018〕732号	关于核准天津中环半导体股份有限公司向合格投资者公开发行公司债券的批复
证监许可〔2018〕733号	关于准予九泰锐丰定增两年定期开放灵活配置混合型证券投资基金变更注册的批复
证监许可〔2018〕734号	关于准予华宝上证180成长交易型开放式指数证券投资基金联接基金变更注册的批复
证监许可〔2018〕735号	关于准予华宸未来信用增利债券型发起式证券投资基金变更注册的批复
证监许可〔2018〕736号	关于准予民生加银恒益纯债债券型证券投资基金注册的批复
证监许可〔2018〕737号	关于准予汇安丰泰灵活配置混合型证券投资基金变更注册的批复
证监许可〔2018〕738号	关于核准联想控股股份有限公司“全流通”试点申请的批复
证监许可〔2018〕739号	关于核准深信服科技股份有限公司首次公开发行股票的批复
证监许可〔2018〕740号	关于核准福达合金材料股份有限公司首次公开发行股票的批复
证监许可〔2018〕741号	关于核准北京汽车股份有限公司增发境外上市外资股的批复
证监许可〔2018〕742号	关于准予恒生指数基金注册的批复
证监许可〔2018〕743号	关于准予中银香港盈荟系列－中银香港全天候香港股票基金注册的批复
证监许可〔2018〕744号	关于核准南京证券股份有限公司首次公开发行股票的批复
证监许可〔2018〕745号	关于核准江苏省新能源开发股份有限公司首次公开发行股票的批复
证监许可〔2018〕746号	关于核准绿色动力环保集团股份有限公司首次公开发行股票的批复
证监许可〔2018〕747号	关于核准设立蜂巢基金管理有限公司的批复
证监许可〔2018〕748号	关于核准隆鑫控股有限公司向合格投资者公开发行公司债券的批复
证监许可〔2018〕749号	关于核准广州金融控股集团有限公司向合格投资者公开发行可续期公司债券的批复

续表

发文字号	发文标题
证监许可〔2018〕750号	关于核准豁免常州金坛昶昇投资有限公司要约收购卓郎智能技术股份有限公司股份义务的批复
证监许可〔2018〕751号	关于核准上海华铭智能终端设备股份有限公司向陈放等发行股份购买资产并募集配套资金的批复
证监许可〔2018〕752号	关于核准中国兵器装备集团有限公司向合格投资者公开发行可续期公司债券的批复
证监许可〔2018〕753号	关于核准万达集团股份有限公司向合格投资者公开发行公司债券的批复
证监许可〔2018〕754号	关于核准中国兵器装备集团有限公司向合格投资者公开发行公司债券的批复
证监许可〔2018〕755号	关于核准迈克生物股份有限公司向合格投资者公开发行创新创业公司债券的批复
证监许可〔2018〕756号	关于核准山东国瓷功能材料股份有限公司向王鸿娟等发行股份购买资产的批复
证监许可〔2018〕757号	关于核准高升控股股份有限公司向刘凤琴等发行股份购买资产并募集配套资金的批复
证监许可〔2018〕758号	关于核准鹏欣环球资源股份有限公司向姜照柏等发行股份购买资产并募集配套资金的批复
证监许可〔2018〕759号	关于核准深圳欣锐科技股份有限公司首次公开发行股票的批复
证监许可〔2018〕760号	关于核准豁免招商局港通发展(深圳)有限公司及其一致行动人要约收购深圳赤湾港航股份有限公司股份义务的批复
证监许可〔2018〕761号	关于准予嘉实新添盈定期开放混合型证券投资基金注册的批复
证监许可〔2018〕762号	关于准予工银瑞信添祥一年定期开放债券型证券投资基金注册的批复
证监许可〔2018〕763号	关于准予广发沪深300指数增强型发起式证券投资基金注册的批复
证监许可〔2018〕764号	关于准予中信保诚稳鸿债券型证券投资基金注册的批复
证监许可〔2018〕765号	关于准予光大保德信超短债债券型证券投资基金注册的批复
证监许可〔2018〕766号	关于准予上投摩根核心精选股票型证券投资基金注册的批复
证监许可〔2018〕767号	关于准予国投瑞银顺泓定期开放债券型证券投资基金注册的批复
证监许可〔2018〕768号	关于核准豁免牧原实业集团有限公司要约收购牧原食品股份有限公司股份义务的批复
证监许可〔2018〕769号	关于准予平安大华优势产业灵活配置混合型证券投资基金注册的批复
证监许可〔2018〕770号	关于准予安信价值发现定期开放混合型证券投资基金(LOF)注册的批复
证监许可〔2018〕771号	关于准予鹏华实业债纯债债券型证券投资基金变更注册的批复
证监许可〔2018〕772号	关于准予融通研究优选混合型证券投资基金注册的批复
证监许可〔2018〕773号	关于核准中加国际资产管理有限公司人民币合格境外机构投资者资格的批复
证监许可〔2018〕774号	关于准予诺安鼎利混合型证券投资基金注册的批复
证监许可〔2018〕775号	关于准予海富通电子信息传媒产业股票型证券投资基金注册的批复
证监许可〔2018〕776号	关于准予汇添富创新医药主题混合型证券投资基金注册的批复
证监许可〔2018〕777号	关于准予创金合信汇泽纯债一年期定期开放债券型证券投资基金注册的批复

续表

发文字号	发文标题
证监许可〔2018〕778 号	关于准予中银香港香港股票基金注册的批复
证监许可〔2018〕779 号	关于核准科沃斯机器人股份有限公司首次公开发行股票的批复
证监许可〔2018〕780 号	关于核准汉嘉设计集团股份有限公司首次公开发行股票的批复
证监许可〔2018〕781 号	关于核准齐鲁高速公路股份有限公司发行境外上市外资股的批复
证监许可〔2018〕782 号	关于核准杉杉品牌运营股份有限公司发行境外上市外资股的批复
证监许可〔2018〕783 号	关于核准武汉锐科光纤激光技术股份有限公司首次公开发行股票的批复
证监许可〔2018〕784 号	关于核准浙江芯能光伏科技股份有限公司首次公开发行股票的批复
证监许可〔2018〕785 号	关于核准四川侨源气体股份有限公司首次公开发行股票的批复
证监许可〔2018〕786 号	关于核准中国航空科技工业股份有限公司“全流通”试点申请的批复
证监许可〔2018〕787 号	关于核准江西银行股份有限公司发行境外上市外资股的批复
证监许可〔2018〕788 号	关于核准鞍钢股份有限公司发行可转换为境外上市外资股的公司债券的批复
证监许可〔2018〕789 号	关于核准山东黄金矿业股份有限公司发行境外上市外资股的批复
证监许可〔2018〕790 号	关于准予平安大华惠安纯债债券型证券投资基金注册的批复
证监许可〔2018〕791 号	关于准予国泰瑞和纯债债券型证券投资基金注册的批复
证监许可〔2018〕792 号	关于核准地素时尚股份有限公司首次公开发行股票的批复
证监许可〔2018〕793 号	关于准予申万菱信安泰聚利纯债债券型证券投资基金注册的批复
证监许可〔2018〕794 号	关于准予广发可转债债券型发起式证券投资基金注册的批复
证监许可〔2018〕795 号	关于准予华泰保兴吉年红混合型证券投资基金注册的批复
证监许可〔2018〕796 号	关于准予国融融银灵活配置混合型证券投资基金注册的批复
证监许可〔2018〕797 号	关于准予九泰锐华定增灵活配置混合型证券投资基金变更注册的批复
证监许可〔2018〕798 号	关于准予广发中证 1000 指数型发起式证券投资基金注册的批复
证监许可〔2018〕799 号	关于准予易方达鑫转招利混合型证券投资基金注册的批复
证监许可〔2018〕800 号	关于准予永赢惠益债券型证券投资基金注册的批复
证监许可〔2018〕801 号	关于准予诺安积极配置混合型证券投资基金注册的批复
证监许可〔2018〕802 号	关于核准上海复星医药(集团)股份有限公司增发境外上市外资股的批复
证监许可〔2018〕803 号	关于核准上海豫园旅游商城股份有限公司向浙江复星商业发展有限公司等发行股份购买资产的批复
证监许可〔2018〕804 号	关于核准蓝帆医疗股份有限公司向淄博蓝帆投资有限公司等发行股份购买资产并募集配套资金的批复
证监许可〔2018〕805 号	关于准予国投瑞银顺祥定期开放债券型发起式证券投资基金注册的批复
证监许可〔2018〕806 号	关于核准南通锻压设备股份有限公司向九江市伍原汇锦投资管理中心(有限合伙)等发行股份购买资产并募集配套资金的批复
证监许可〔2018〕807 号	关于建议同意江苏金通灵流体机械科技股份有限公司发行股份购买资产并募集配套资金申请的请示

续表

发文字号	发文标题
证监许可〔2018〕808 号	关于核准长城证券股份有限公司首次公开发行股票的批复
证监许可〔2018〕809 号	关于准予中加颐信纯债债券型证券投资基金注册的批复
证监许可〔2018〕810 号	关于准予九泰锐诚定增灵活配置混合型证券投资基金变更注册的批复
证监许可〔2018〕811 号	关于准予诺安优化配置混合型证券投资基金注册的批复
证监许可〔2018〕812 号	关于准予中融恒惠纯债债券型证券投资基金注册的批复
证监许可〔2018〕813 号	关于准予华富恒财分级债券型证券投资基金变更注册的批复
证监许可〔2018〕814 号	关于准予宝盈鸿瑞债券型证券投资基金注册的批复
证监许可〔2018〕815 号	关于核准富士康工业互联网股份有限公司首次公开发行股票的批复
证监许可〔2018〕816 号	关于准予长城久瑞纯债债券型证券投资基金注册的批复
证监许可〔2018〕817 号	关于准予平安大华惠诚纯债债券型证券投资基金注册的批复
证监许可〔2018〕818 号	关于准予富国 MSCI 中国 A 股国际通指数增强型证券投资基金注册的批复
证监许可〔2018〕819 号	关于准予南华中证杭州湾区交易型开放式指数证券投资基金注册的批复
证监许可〔2018〕820 号	关于准予长城久兆中小板 300 指数分级证券投资基金变更注册的批复
证监许可〔2018〕821 号	关于核准福建三钢闽光股份有限公司向福建省三钢(集团)有限责任公司等发行股份购买资产的批复
证监许可〔2018〕822 号	关于准予安信永瑞定期开放债券型发起式证券投资基金注册的批复
证监许可〔2018〕823 号	关于准予平安大华惠兴纯债债券型证券投资基金注册的批复
证监许可〔2018〕824 号	关于准予广发集嘉债券型证券投资基金注册的批复
证监许可〔2018〕825 号	关于准予永赢嘉益债券型证券投资基金注册的批复
证监许可〔2018〕826 号	关于准予东方汇理香港组合－灵活配置增长基金注册的批复
证监许可〔2018〕827 号	关于核准亿嘉和科技股份有限公司首次公开发行股票的批复
证监许可〔2018〕828 号	关于核准中信建投证券股份有限公司首次公开发行股票的批复
证监许可〔2018〕829 号	关于核准宁德时代新能源科技股份有限公司首次公开发行股票的批复
证监许可〔2018〕830 号	关于不予核准中鼎资信评级服务有限公司证券市场资信评级业务许可的决定
证监许可〔2018〕831 号	关于核准量子高科(中国)生物股份有限公司向上海睿昀企业管理中心(有限合伙)等发行股份购买资产的批复
证监许可〔2018〕832 号	关于核准杭州永创智能设备股份有限公司非公开发行股票的批复
证监许可〔2018〕833 号	关于核准保定天威保变电气股份有限公司非公开发行股票的批复
证监许可〔2018〕834 号	关于核准北京首创股份有限公司非公开发行股票的批复
证监许可〔2018〕835 号	关于核准汕头万顺包装材料股份有限公司公开发行可转换公司债券的批复
证监许可〔2018〕836 号	关于核准海澜之家股份有限公司公开发行可转换公司债券的批复
证监许可〔2018〕837 号	关于核准格林美股份有限公司非公开发行股票的批复
证监许可〔2018〕838 号	关于核准阳煤化工股份有限公司非公开发行股票的批复

续表

发 文 字 号	发 文 标 题
证监许可〔2018〕839 号	关于准予创金合信汇远纯债两年期定期开放债券型证券投资基金注册的批复
证监许可〔2018〕840 号	关于核准中国同辐股份有限公司发行境外上市外资股的批复
证监许可〔2018〕841 号	关于核准豁免中粮酒业投资有限公司要约收购酒鬼酒股份有限公司股份义务的批复
证监许可〔2018〕842 号	关于准予南方瑞合三年定期开放混合型发起式证券投资基金(LOF)注册的批复
证监许可〔2018〕843 号	关于准予银河中证有色金属交易型开放式指数证券投资基金变更注册的批复
证监许可〔2018〕844 号	关于准予东方臻选纯债债券型证券投资基金注册的批复
证监许可〔2018〕845 号	关于准予鹏扬淳合债券型证券投资基金注册的批复
证监许可〔2018〕846 号	关于准予建信目标收益一年期债券型证券投资基金变更注册的批复
证监许可〔2018〕847 号	关于准予永赢裕益债券型证券投资基金注册的批复
证监许可〔2018〕848 号	关于准予华宝中证 1000 指数分级证券投资基金变更注册的批复
证监许可〔2018〕849 号	关于准予东方臻宝纯债债券型证券投资基金注册的批复
证监许可〔2018〕850 号	关于准予安信优享纯债债券型证券投资基金注册的批复
证监许可〔2018〕851 号	关于准予民生加银新兴成长混合型证券投资基金注册的批复
证监许可〔2018〕852 号	关于准予中航瑞景 3 个月定期开放债券型发起式证券投资基金注册的批复
证监许可〔2018〕853 号	关于准予鹏扬泓利债券型证券投资基金注册的批复
证监许可〔2018〕854 号	关于准予万家智造优势混合型证券投资基金注册的批复
证监许可〔2018〕855 号	关于核准中信证券股份有限公司向合格投资者公开发行公司债券的批复
证监许可〔2018〕856 号	关于准予海富通研究精选混合型证券投资基金注册的批复
证监许可〔2018〕857 号	关于准予嘉实互融精选股票型证券投资基金注册的批复
证监许可〔2018〕858 号	关于准予银河中证银行交易型开放式指数证券投资基金变更注册的批复
证监许可〔2018〕859 号	关于准予恒越研究精选混合型证券投资基金注册的批复
证监许可〔2018〕860 号	关于不予核准上海龙旗科技股份有限公司首次公开发行股票并在创业板上市申请的决定
证监许可〔2018〕861 号	关于不予核准浙江春晖智能控制股份有限公司首次公开发行股票并在创业板上市申请的决定
证监许可〔2018〕862 号	关于不予核准北京朝歌数码科技股份有限公司首次公开发行股票并在创业板上市申请的决定
证监许可〔2018〕863 号	关于不予核准南通国盛智能科技集团股份有限公司首次公开发行股票并上市申请的决定
证监许可〔2018〕864 号	关于不予核准常州恐龙园股份有限公司首次公开发行股票并上市申请的决定
证监许可〔2018〕865 号	关于不予核准深圳市明微电子股份有限公司首次公开发行股票并在创业板上市申请的决定
证监许可〔2018〕866 号	关于准予国泰民安增益定期开放灵活配置混合型证券投资基金变更注册的批复

续表

发文字号	发文标题
证监许可〔2018〕867 号	关于准予万家瑞旭灵活配置混合型证券投资基金变更注册的批复
证监许可〔2018〕868 号	关于准予中加颐睿纯债债券型证券投资基金注册的批复
证监许可〔2018〕869 号	关于准予人保鑫瑞中短债债券型证券投资基金注册的批复
证监许可〔2018〕870 号	关于准予景顺长城 MSCI 中国 A 股国际通指数增强型证券投资基金注册的批复
证监许可〔2018〕871 号	关于核准美国桥水投资公司人民币合格境外机构投资者资格的批复
证监许可〔2018〕872 号	关于核准英大基金管理有限公司变更股权的批复
证监许可〔2018〕873 号	关于核准浙江苍南仪表集团股份有限公司发行境外上市外资股的批复
证监许可〔2018〕874 号	关于核准浙江长安仁恒科技股份有限公司非公开发行境外上市外资股的批复
证监许可〔2018〕875 号	关于核准保利文化集团股份有限公司增发境外上市外资股的批复
证监许可〔2018〕876 号	关于核准北京长久物流股份有限公司公开发行可转换公司债券的批复
证监许可〔2018〕877 号	关于核准东旭蓝天新能源股份有限公司非公开发行股票的批复
证监许可〔2018〕878 号	关于核准深圳市景旺电子股份有限公司公开发行可转换公司债券的批复
证监许可〔2018〕879 号	关于核准中国振华(集团)科技股份有限公司非公开发行股票的批复
证监许可〔2018〕880 号	关于核准梦百合家居科技股份有限公司公开发行可转换公司债券的批复
证监许可〔2018〕881 号	关于核准昆山科森科技股份有限公司公开发行可转换公司债券的批复
证监许可〔2018〕882 号	关于核准彤程新材料集团股份有限公司首次公开发行股票的批复
证监许可〔2018〕883 号	关于核准广东燕塘乳业股份有限公司非公开发行股票的批复
证监许可〔2018〕884 号	关于核准北京金隅集团股份有限公司向合格投资者公开发行公司债券的批复
证监许可〔2018〕885 号	关于核准天风证券股份有限公司首次公开发行股票的批复
证监许可〔2018〕886 号	关于核准江河创建集团股份有限公司分拆所属企业梁志天设计集团有限公司境外上市的批复
证监许可〔2018〕887 号	关于核准唐山冀东水泥股份有限公司重大资产重组的批复
证监许可〔2018〕888 号	关于核准九江银行股份有限公司发行境外上市外资股的批复
证监许可〔2018〕889 号	关于准予永赢泰益债券型证券投资基金注册的批复
证监许可〔2018〕890 号	关于准予华泰保兴安晟混合型证券投资基金变更注册的批复
证监许可〔2018〕891 号	关于准予民生加银创新成长混合型证券投资基金注册的批复
证监许可〔2018〕892 号	关于准予嘉实瑞享定期开放灵活配置混合型证券投资基金注册的批复
证监许可〔2018〕893 号	关于准予创金合信恒利超短债债券型证券投资基金注册的批复
证监许可〔2018〕894 号	关于准予中金 MSCI 中国 A 股国际质量指数发起式证券投资基金注册的批复
证监许可〔2018〕895 号	关于核准道富环球投资资产管理有限公司人民币合格境外机构投资者资格的批复
证监许可〔2018〕896 号	关于核准道富环球投资有限公司人民币合格境外机构投资者资格的批复

续表

发文字号	发文标题
证监许可〔2018〕897 号	关于核准道富环球投资爱尔兰有限公司人民币合格境外机构投资者资格的批复
证监许可〔2018〕898 号	关于核准道富环球投资信托公司人民币合格境外机构投资者资格的批复
证监许可〔2018〕899 号	关于核准成都前锋电子股份有限公司向北京汽车集团有限公司等发行股份购买资产并募集配套资金的批复
证监许可〔2018〕900 号	关于核准豁免新疆建融国有资本运营投资(集团)有限责任公司要约收购新疆北新路桥集团股份有限公司股份义务的批复
证监许可〔2018〕901 号	关于核准海能达通信股份有限公司向合格投资者公开发行公司债券的批复
证监许可〔2018〕902 号	关于核准豁免北京汽车集团有限公司要约收购成都前锋电子股份有限公司股份义务的批复
证监许可〔2018〕903 号	关于准予博时富源纯债债券型证券投资基金注册的批复
证监许可〔2018〕904 号	关于准予银河睿丰定期开放债券型发起式证券投资基金注册的批复
证监许可〔2018〕905 号	关于准予富国恒生中国企业交易型开放式指数证券投资基金注册的批复
证监许可〔2018〕906 号	关于核准武汉明德生物科技股份有限公司首次公开发行股票的批复
证监许可〔2018〕907 号	关于核准密尔克卫化工供应链服务股份有限公司首次公开发行股票的批复
证监许可〔2018〕908 号	关于准予汇添富印度精选混合型证券投资基金(QDII)注册的批复
证监许可〔2018〕909 号	关于准予国泰丰祺纯债债券型证券投资基金注册的批复
证监许可〔2018〕910 号	关于准予国泰金鹿保本增值混合证券投资基金变更注册的批复
证监许可〔2018〕911 号	关于准予人保鑫利回报债券型证券投资基金注册的批复
证监许可〔2018〕912 号	关于准予华宝中证全指证券公司交易型开放式指数证券投资基金发起式联接基金注册的批复
证监许可〔2018〕913 号	关于准予南方赢元债券型证券投资基金注册的批复
证监许可〔2018〕914 号	关于准予国投瑞银双债丰利两年定期开放债券型证券投资基金变更注册的批复
证监许可〔2018〕915 号	关于核准集成期货股份有限公司变更股权及注册资本的批复
证监许可〔2018〕916 号	关于核准万科企业股份有限公司向合格投资者公开发行公司债券的批复
证监许可〔2018〕917 号	关于核准昆山鹿城村镇银行股份有限公司定向发行优先股的批复
证监许可〔2018〕918 号	关于核准设立中庚基金管理有限公司的批复
证监许可〔2018〕919 号	关于核准四川大普信用评级股份有限公司从事证券市场资信评级业务的批复
证监许可〔2018〕920 号	关于核准北京中北联信用评估有限公司从事证券市场资信评级业务的批复
证监许可〔2018〕921 号	关于核准豁免深圳市招融投资控股有限公司要约收购招商证券股份有限公司股份义务的批复
证监许可〔2018〕922 号	关于准予招商 3 年封闭运作战略配售灵活配置混合型证券投资基金(LOF)注册的批复
证监许可〔2018〕923 号	关于准予汇添富 3 年封闭运作战略配售灵活配置混合型证券投资基金(LOF)注册的批复

续表

发文字号	发文标题
证监许可〔2018〕924号	关于准予华夏3年封闭运作战略配售灵活配置混合型证券投资基金（LOF）注册的批复
证监许可〔2018〕925号	关于准予嘉实3年封闭运作战略配售灵活配置混合型证券投资基金（LOF）注册的批复
证监许可〔2018〕926号	关于准予易方达3年封闭运作战略配售灵活配置混合型证券投资基金（LOF）注册的批复
证监许可〔2018〕927号	关于准予南方3年封闭运作战略配售灵活配置混合型证券投资基金（LOF）注册的批复
证监许可〔2018〕928号	关于核准青岛海尔股份有限公司发行境外上市外资股的批复
证监许可〔2018〕929号	关于核准际华集团股份有限公司向合格投资者公开发行公司债券的批复
证监许可〔2018〕930号	关于核准仙鹤股份有限公司向合格投资者公开发行公司债券的批复
证监许可〔2018〕931号	关于核准冠福控股股份有限公司向合格投资者公开发行公司债券的批复
证监许可〔2018〕932号	关于核准中国华电集团资本控股有限公司向合格投资者公开发行公司债券的批复
证监许可〔2018〕933号	关于核准新疆东方环宇燃气股份有限公司首次公开发行股票的批复
证监许可〔2018〕934号	关于核准中铝国际工程股份有限公司首次公开发行股票的批复
证监许可〔2018〕935号	关于核准青岛海容商用冷链股份有限公司首次公开发行股票的批复
证监许可〔2018〕936号	关于核准中国农业银行股份有限公司非公开发行股票的批复
证监许可〔2018〕937号	关于核准北大方正集团有限公司向合格投资者公开发行公司债券的批复
证监许可〔2018〕938号	关于准予浙商丰利增强债券型证券投资基金注册的批复
证监许可〔2018〕939号	关于准予富国中证价值交易型开放式指数证券投资基金注册的批复
证监许可〔2018〕940号	关于准予银华积极精选混合型证券投资基金注册的批复
证监许可〔2018〕941号	关于核准中国蓝星（集团）股份有限公司向合格投资者公开发行公司债券的批复
证监许可〔2018〕942号	关于准予凯石淳行业精选混合型证券投资基金注册的批复
证监许可〔2018〕943号	关于准予泰达宏利印度机会股票型证券投资基金（QDII）注册的批复
证监许可〔2018〕944号	关于准予华安双核驱动混合型证券投资基金注册的批复
证监许可〔2018〕945号	关于准予华安中证500行业中性低波动交易型开放式指数证券投资基金注册的批复
证监许可〔2018〕946号	关于准予景顺长城量化港股通股票型证券投资基金注册的批复
证监许可〔2018〕947号	关于准予华安中证500行业中性低波动交易型开放式指数证券投资基金联接基金注册的批复
证监许可〔2018〕948号	关于核准中国建筑第二工程局有限公司向合格投资者公开发行可续期公司债券的批复
证监许可〔2018〕949号	关于准予华夏中证央企结构调整交易型开放式指数证券投资基金注册的批复
证监许可〔2018〕950号	关于准予华夏中证央企结构调整交易型开放式指数证券投资基金联接基金注册的批复

续表

发文字号	发文标题
证监许可〔2018〕951 号	关于准予红土创新新科技股票型发起式证券投资基金注册的批复
证监许可〔2018〕952 号	关于准予光大保德信尊泰一年定期开放债券型证券投资基金注册的批复
证监许可〔2018〕953 号	关于准予华安沪深 300 行业中性低波动交易型开放式指数证券投资基金注册的批复
证监许可〔2018〕954 号	关于准予中融聚明 3 个月定期开放债券型发起式证券投资基金注册的批复
证监许可〔2018〕955 号	关于准予红土创新稳健混合型证券投资基金注册的批复
证监许可〔2018〕956 号	关于准予富国优势精选混合型证券投资基金注册的批复
证监许可〔2018〕957 号	关于准予泰康弘实 3 个月定期开放混合型发起式证券投资基金注册的批复
证监许可〔2018〕958 号	关于准予广发估值优势混合型证券投资基金注册的批复
证监许可〔2018〕959 号	关于准予华安低碳生活混合型证券投资基金注册的批复
证监许可〔2018〕960 号	关于准予德邦海利货币市场基金变更注册的批复
证监许可〔2018〕961 号	关于准予博时中证央企结构调整交易型开放式指数证券投资基金注册的批复
证监许可〔2018〕962 号	关于准予博时中证央企结构调整交易型开放式指数证券投资基金联接基金注册的批复
证监许可〔2018〕963 号	关于准予上证可质押城投债交易型开放式指数证券投资基金变更注册的批复
证监许可〔2018〕964 号	关于准予恒生前海中证质量成长低波动指数证券投资基金注册的批复
证监许可〔2018〕965 号	关于准予山西证券裕利债券型证券投资基金变更注册的批复
证监许可〔2018〕966 号	关于准予易方达恒惠定期开放债券型发起式证券投资基金注册的批复
证监许可〔2018〕967 号	关于准予中融沪港深高股息精选灵活配置混合型证券投资基金注册的批复
证监许可〔2018〕968 号	关于准予银华中证央企结构调整交易型开放式指数证券投资基金注册的批复
证监许可〔2018〕969 号	关于准予银华中证央企结构调整交易型开放式指数证券投资基金联接基金注册的批复
证监许可〔2018〕970 号	关于核准江西赣锋锂业股份有限公司发行境外上市外资股的批复
证监许可〔2018〕971 号	关于核准中天钢铁集团有限公司向合格投资者公开发行公司债券的批复
证监许可〔2018〕972 号	关于核准中国希格玛有限公司向合格投资者公开发行公司债券的批复
证监许可〔2018〕973 号	关于核准珠海恒基达鑫国际化工仓储股份有限公司向合格投资者公开发行公司债券的批复
证监许可〔2018〕974 号	关于准予富国中证价值交易型开放式指数证券投资基金联接基金注册的批复
证监许可〔2018〕975 号	关于准予银河和美生活主题混合型证券投资基金注册的批复
证监许可〔2018〕976 号	关于核准设立湘财基金管理有限公司的批复
证监许可〔2018〕977 号	关于核准北京华图宏阳教育文化发展股份有限公司发行境外上市外资股的批复
证监许可〔2018〕978 号	关于核准康美药业股份有限公司向合格投资者公开发行公司债券的批复
证监许可〔2018〕979 号	关于核准申万宏源集团股份有限公司向合格投资者公开发行公司债券的批复

续表

发文字号	发文标题
证监许可〔2018〕980号	关于核准中国供销集团有限公司向合格投资者公开发行可续期公司债券的批复
证监许可〔2018〕981号	关于核准广州开发区金融控股集团有限公司向合格投资者公开发行公司债券的批复
证监许可〔2018〕982号	关于准予华安制造先锋混合型证券投资基金注册的批复
证监许可〔2018〕983号	关于准予南方交元债券型证券投资基金注册的批复
证监许可〔2018〕984号	关于准予富国金融债债券型证券投资基金注册的批复
证监许可〔2018〕985号	关于准予国联安价值优选股票型证券投资基金注册的批复
证监许可〔2018〕986号	关于准予鑫元臻利债券型证券投资基金注册的批复
证监许可〔2018〕987号	关于准予中信建投稳瑞定期开放债券型证券投资基金注册的批复
证监许可〔2018〕988号	关于准予融通增悦债券型证券投资基金注册的批复
证监许可〔2018〕989号	关于准予长江乐鑫纯债定期开放债券型发起式证券投资基金注册的批复
证监许可〔2018〕990号	关于准予广发汇立定期开放债券型发起式证券投资基金注册的批复
证监许可〔2018〕991号	关于准予鑫元核心资产股票型发起式证券投资基金注册的批复
证监许可〔2018〕992号	关于准予宝盈量化成长股票型证券投资基金注册的批复
证监许可〔2018〕993号	关于准予建信港股通恒生中国企业交易型开放式指数证券投资基金注册的批复
证监许可〔2018〕994号	关于准予创金合信量化多策略混合型证券投资基金注册的批复
证监许可〔2018〕995号	关于不予核准上海沃施园艺股份有限公司向山西汇景企业管理咨询有限公司等发行股份购买资产并募集配套资金的决定
证监许可〔2018〕996号	关于核准上海汇得科技股份有限公司首次公开发行股票的批复
证监许可〔2018〕997号	关于核准中国人民保险集团股份有限公司首次公开发行股票的批复
证监许可〔2018〕998号	关于核准金华春光橡塑科技股份有限公司首次公开发行股票的批复
证监许可〔2018〕999号	关于核准快乐购物股份有限公司向芒果传媒有限公司等发行股份购买资产并募集配套资金的批复
证监许可〔2018〕1000号	关于核准奥园集团有限公司向合格投资者公开发行公司债券的批复
证监许可〔2018〕1001号	关于核准上饶银行股份有限公司定向发行股票的批复
证监许可〔2018〕1002号	关于核准四川中光防雷科技股份有限公司向王曙光等发行股份购买资产的批复
证监许可〔2018〕1003号	关于核准白银有色集团股份有限公司向中非发展基金有限公司发行股份购买资产并募集配套资金的批复
证监许可〔2018〕1004号	关于核准成都天翔环境股份有限公司向成都亲华科技有限公司等发行股份购买资产并募集配套资金的批复
证监许可〔2018〕1005号	关于核准天津中环半导体股份有限公司向国电科技环保集团股份有限公司发行股份购买资产并募集配套资金的批复
证监许可〔2018〕1006号	关于核准宁波双林汽车部件股份有限公司向双林集团股份有限公司等发行股份购买资产并募集配套资金的批复

续表

发文字号	发文标题
证监许可〔2018〕1007 号	关于准予南方泽元债券型证券投资基金注册的批复
证监许可〔2018〕1008 号	关于准予汇安裕阳三年定期开放混合型证券投资基金注册的批复
证监许可〔2018〕1009 号	关于准予红土创新景润定期开放债券型发起式证券投资基金变更注册的批复
证监许可〔2018〕1010 号	关于准予国联安增鑫纯债债券型证券投资基金注册的批复
证监许可〔2018〕1011 号	关于准予华夏鼎通债券型证券投资基金注册的批复
证监许可〔2018〕1012 号	关于准予华泰紫金季季享定期开放债券型发起式证券投资基金注册的批复
证监许可〔2018〕1013 号	关于准予汇添富悦享定期开放混合型证券投资基金注册的批复
证监许可〔2018〕1014 号	关于准予富国量化多策略灵活配置混合型证券投资基金变更注册的批复
证监许可〔2018〕1015 号	关于准予新华家盈双利混合型证券投资基金注册的批复
证监许可〔2018〕1016 号	关于准予财通量化核心优选混合型证券投资基金注册的批复
证监许可〔2018〕1017 号	关于准予中金 MSCI 中国 A 股国际价值指数发起式证券投资基金注册的批复
证监许可〔2018〕1018 号	关于准予中金 MSCI 中国 A 股国际红利指数发起式证券投资基金注册的批复
证监许可〔2018〕1019 号	关于准予新华 MSCI 中国 A 股国际交易型开放式指数证券投资基金注册的批复
证监许可〔2018〕1020 号	关于准予华泰保兴消费行业阿尔法股票型证券投资基金变更注册的批复
证监许可〔2018〕1021 号	关于不予核准北京博睿宏远数据科技股份有限公司首次公开发行股票并在创业板上市申请的决定
证监许可〔2018〕1022 号	关于不予核准安佑生物科技集团股份有限公司首次公开发行股票并上市申请的决定
证监许可〔2018〕1023 号	关于不予核准浙江叁益科技股份有限公司首次公开发行股票并上市申请的决定
证监许可〔2018〕1024 号	关于不予核准宁波天益医疗器械股份有限公司首次公开发行股票并上市申请的决定
证监许可〔2018〕1025 号	关于核准中国铁塔股份有限公司发行境外上市外资股的批复
证监许可〔2018〕1026 号	关于核准江苏省广电有线信息网络股份有限公司向昆山市信息港网络科技有限责任公司等发行股份购买资产并募集配套资金的批复
证监许可〔2018〕1027 号	关于核准信达地产股份有限公司向中国信达资产管理股份有限公司等发行股份购买资产的批复
证监许可〔2018〕1028 号	关于准予长信双利优选灵活配置混合型证券投资基金变更注册的批复
证监许可〔2018〕1029 号	关于准予建信中证 1000 指数增强型发起式证券投资基金注册的批复
证监许可〔2018〕1030 号	关于准予华安深证 300 指数证券投资基金(LOF)变更注册的批复
证监许可〔2018〕1031 号	关于准予中信保诚稳达债券型证券投资基金注册的批复
证监许可〔2018〕1032 号	关于准予融通通捷债券型证券投资基金注册的批复
证监许可〔2018〕1033 号	关于准予国金量化添利定期开放债券型发起式证券投资基金注册的批复
证监许可〔2018〕1034 号	关于准予万家鑫悦纯债债券型证券投资基金注册的批复
证监许可〔2018〕1035 号	关于准予融通增辉定期开放债券型发起式证券投资基金注册的批复

续表

发文字号	发文标题
证监许可〔2018〕1036号	关于准予新疆前海联合泳祺纯债债券型证券投资基金注册的批复
证监许可〔2018〕1037号	关于准予中加颐合纯债债券型证券投资基金注册的批复
证监许可〔2018〕1038号	关于准予长信稳裕三个月定期开放债券型发起式证券投资基金注册的批复
证监许可〔2018〕1039号	关于准予鹏扬淳利定期开放债券型证券投资基金注册的批复
证监许可〔2018〕1040号	关于准予永赢盈益债券型证券投资基金注册的批复
证监许可〔2018〕1041号	关于核准格力地产股份有限公司向合格投资者公开发行公司债券的批复
证监许可〔2018〕1042号	关于核准阳光城集团股份有限公司向合格投资者公开发行公司债券的批复
证监许可〔2018〕1043号	关于核准福建阳光集团有限公司向合格投资者公开发行公司债券的批复
证监许可〔2018〕1044号	关于核准重庆龙湖企业拓展有限公司向合格投资者公开发行公司债券的批复
证监许可〔2018〕1045号	关于核准红星美凯龙控股集团有限公司向合格投资者公开发行公司债券的批复
证监许可〔2018〕1046号	关于核准金辉集团股份有限公司向合格投资者公开发行公司债券的批复
证监许可〔2018〕1047号	关于核准旭辉集团股份有限公司向合格投资者公开发行公司债券的批复
证监许可〔2018〕1048号	关于核准中国华能集团有限公司向合格投资者公开发行公司债券的批复
证监许可〔2018〕1049号	关于准予富国主题量化精选灵活配置混合型证券投资基金变更注册的批复
证监许可〔2018〕1050号	关于准予国金量化多因子股票型证券投资基金注册的批复
证监许可〔2018〕1051号	关于准予富国生物医药科技混合型证券投资基金注册的批复
证监许可〔2018〕1052号	关于准予工银瑞信瑞福纯债债券型证券投资基金注册的批复
证监许可〔2018〕1053号	关于准予长盛同锦研究精选混合型证券投资基金注册的批复
证监许可〔2018〕1054号	关于准予长盛龙头双核驱动混合型证券投资基金注册的批复
证监许可〔2018〕1055号	关于准予创金合信鑫优选灵活配置混合型证券投资基金变更注册的批复
证监许可〔2018〕1056号	关于准予博道启航混合型证券投资基金注册的批复
证监许可〔2018〕1057号	关于准予上投摩根动力精选混合型证券投资基金注册的批复
证监许可〔2018〕1058号	关于准予华宝标普中国A股质量价值指数证券投资基金(LOF)注册的批复
证监许可〔2018〕1059号	关于核准广东爱得威建设(集团)股份有限公司发行境外上市外资股的批复
证监许可〔2018〕1060号	关于核准长飞光纤光缆股份有限公司首次公开发行股票的批复
证监许可〔2018〕1061号	关于不予核准金健米业股份有限公司非公开发行股票申请的决定
证监许可〔2018〕1062号	关于核准岭南生态文旅股份有限公司公开发行可转换公司债券的批复
证监许可〔2018〕1063号	关于核准蓝盾信息安全技术股份有限公司公开发行可转换公司债券的批复
证监许可〔2018〕1064号	关于核准曙光信息产业股份有限公司公开发行可转换公司债券的批复
证监许可〔2018〕1065号	关于不予核准会稽山绍兴酒股份有限公司公开发行可转换公司债券申请的决定
证监许可〔2018〕1066号	关于核准凯德技术长沙股份有限公司定向发行股票的批复

续表

发文字号	发文标题
证监许可〔2018〕1067 号	关于核准中粮置业投资有限公司向合格投资者公开发行公司债券的批复
证监许可〔2018〕1068 号	关于核准广东东阳光科技控股股份有限公司向宜昌东阳光药业股份有限公司发行股份购买资产的批复
证监许可〔2018〕1069 号	关于准予工银瑞信上证 50 交易型开放式指数证券投资基金注册的批复
证监许可〔2018〕1070 号	关于准予工银瑞信上证 50 交易型开放式指数证券投资基金联接基金注册的批复
证监许可〔2018〕1071 号	关于准予富国消费升级混合型证券投资基金注册的批复
证监许可〔2018〕1072 号	关于准予景顺长城量化先锋混合型证券投资基金注册的批复
证监许可〔2018〕1073 号	关于准予广发睿阳三年定期开放混合型证券投资基金注册的批复
证监许可〔2018〕1074 号	关于准予银华兴盛股票型证券投资基金注册的批复
证监许可〔2018〕1075 号	关于准予交银施罗德核心资产混合型证券投资基金注册的批复
证监许可〔2018〕1076 号	关于准予中金 MSCI 中国 A 股国际低波动指数发起式证券投资基金注册的批复
证监许可〔2018〕1077 号	关于核准国泰租赁有限公司向合格投资者公开发行可续期公司债券的批复
证监许可〔2018〕1078 号	关于准予农银汇理稳进多因子股票型证券投资基金注册的批复
证监许可〔2018〕1079 号	关于准予嘉实消费精选股票型证券投资基金注册的批复
证监许可〔2018〕1080 号	关于核准设立惠升基金管理有限责任公司的批复
证监许可〔2018〕1081 号	关于核准招金矿业股份有限公司向合格投资者公开发行公司债券的批复
证监许可〔2018〕1082 号	关于核准山东威高集团医用高分子制品股份有限公司“全流通”试点的批复
证监许可〔2018〕1083 号	关于核准浙江捷昌线性驱动科技股份有限公司首次公开发行股票的批复
证监许可〔2018〕1084 号	关于核准北京康辰药业股份有限公司首次公开发行股票的批复
证监许可〔2018〕1085 号	关于核准江苏长电科技股份有限公司非公开发行股票的批复
证监许可〔2018〕1086 号	关于准予嘉实互通精选股票型证券投资基金注册的批复
证监许可〔2018〕1087 号	关于准予富国金融地产行业混合型证券投资基金注册的批复
证监许可〔2018〕1088 号	关于准予安信盈利驱动股票型证券投资基金注册的批复
证监许可〔2018〕1089 号	关于准予人保量化基本面混合型证券投资基金注册的批复
证监许可〔2018〕1090 号	关于准予华宝科技先锋混合型证券投资基金注册的批复
证监许可〔2018〕1091 号	关于准予 MSCI 中国 A 股交易型开放式指数证券投资基金变更注册的批复
证监许可〔2018〕1092 号	关于准予 MSCI 中国 A 股交易型开放式指数证券投资基金联接基金变更注册的批复
证监许可〔2018〕1093 号	关于准予东方量化多策略混合型证券投资基金注册的批复
证监许可〔2018〕1094 号	关于准予鹏华研究驱动混合型证券投资基金注册的批复
证监许可〔2018〕1095 号	关于核准连云港港口集团有限公司向合格投资者公开发行可续期公司债券的批复
证监许可〔2018〕1096 号	关于核准国开证券股份有限公司向合格投资者公开发行公司债券的批复

续表

发 文 字 号	发 文 标 题
证监许可〔2018〕1097 号	关于核准中民投租赁控股有限公司向合格投资者公开发行公司债券的批复
证监许可〔2018〕1098 号	关于核准福建省电子信息（集团）有限责任公司向合格投资者公开发行可续期公司债券的批复
证监许可〔2018〕1099 号	关于核准牧原食品股份有限公司向合格投资者公开发行公司债券的批复
证监许可〔2018〕1100 号	关于核准宁夏伊品生物科技股份有限公司向合格投资者公开发行公司债券的批复
证监许可〔2018〕1101 号	关于核准华侨城集团有限公司向合格投资者公开发行公司债券的批复
证监许可〔2018〕1102 号	关于准予华润元大润丰债券型证券投资基金变更注册的批复
证监许可〔2018〕1103 号	关于准予中欧沪深 300 指数增强型证券投资基金（LOF）变更注册的批复
证监许可〔2018〕1104 号	关于准予中欧医疗创新股票型证券投资基金注册的批复
证监许可〔2018〕1105 号	关于准予前海开源 MSCI 中国 A 股消费指数型证券投资基金注册的批复
证监许可〔2018〕1106 号	关于准予东方城镇消费主题混合型证券投资基金注册的批复
证监许可〔2018〕1107 号	关于准予恒越高股息精选混合型证券投资基金注册的批复
证监许可〔2018〕1108 号	关于准予华润元大中创 100 交易型开放式指数证券投资基金联接基金变更注册的批复
证监许可〔2018〕1109 号	关于核准内蒙古鄂尔多斯资源股份有限公司向合格投资者公开发行公司债券的批复
证监许可〔2018〕1110 号	关于核准绿城房地产集团有限公司向合格投资者公开发行公司债券的批复
证监许可〔2018〕1111 号	关于核准广东腾越建筑工程有限公司向合格投资者公开发行公司债券的批复
证监许可〔2018〕1112 号	关于核准华润电力投资有限公司向合格投资者公开发行公司债券的批复
证监许可〔2018〕1113 号	关于核准安徽长城军工股份有限公司首次公开发行股票的批复
证监许可〔2018〕1114 号	关于核准上海大汉三通通信股份有限公司定向发行股票的批复
证监许可〔2018〕1115 号	关于核准重庆市涪陵国有资产投资经营集团有限公司向合格投资者公开发行公司债券的批复
证监许可〔2018〕1116 号	关于核准远洋地产有限公司向合格投资者公开发行公司债券的批复
证监许可〔2018〕1117 号	关于准予财通多策略福瑞定期开放混合型发起式证券投资基金变更注册的批复
证监许可〔2018〕1118 号	关于准予东兴量化趋势灵活配置混合型证券投资基金变更注册的批复
证监许可〔2018〕1119 号	关于准予安信量化优选股票型发起式证券投资基金注册的批复
证监许可〔2018〕1120 号	关于准予中银中债 3—5 年期农发行债券指数证券投资基金注册的批复
证监许可〔2018〕1121 号	关于准予永赢消费主题灵活配置混合型证券投资基金注册的批复
证监许可〔2018〕1122 号	关于准予国融融君灵活配置混合型证券投资基金注册的批复
证监许可〔2018〕1123 号	关于准予安信聚利增强债券型证券投资基金注册的批复
证监许可〔2018〕1124 号	关于准予金信消费升级股票型发起式证券投资基金注册的批复
证监许可〔2018〕1125 号	关于准予交银施罗德沪港深创新成长灵活配置混合型证券投资基金变更注册的批复

续表

发文字号	发文标题
证监许可〔2018〕1126 号	关于准予万家汽车新趋势混合型证券投资基金注册的批复
证监许可〔2018〕1127 号	关于核准富善国际资产管理(香港)有限公司人民币合格境外机构投资者资格的批复
证监许可〔2018〕1128 号	关于核准南京新街口百货商店股份有限公司向三胞集团有限公司发行股份购买资产并募集配套资金的批复
证监许可〔2018〕1129 号	关于核准北控清洁能源集团有限公司向合格投资者公开发行绿色可续期公司债券的批复
证监许可〔2018〕1130 号	关于核准四川和邦生物科技股份有限公司向合格投资者公开发行公司债券的批复
证监许可〔2018〕1131 号	关于核准南京新港开发总公司向合格投资者公开发行公司债券的批复
证监许可〔2018〕1132 号	关于核准北京友宝在线科技股份有限公司定向发行股票的批复
证监许可〔2018〕1133 号	关于核准山水环境科技股份有限公司定向发行股票的批复
证监许可〔2018〕1134 号	关于核准重庆市涪陵国有资产投资经营集团有限公司向合格投资者公开发行可续期公司债券的批复
证监许可〔2018〕1135 号	关于准予中邮中证价值回报量化策略指数型发起式证券投资基金注册的批复
证监许可〔2018〕1136 号	关于准予华夏创业板交易型开放式指数证券投资基金发起式联接基金注册的批复
证监许可〔2018〕1137 号	关于准予华泰保兴研究智选灵活配置混合型证券投资基金注册的批复
证监许可〔2018〕1138 号	关于准予兴业上证红利低波动交易型开放式指数证券投资基金注册的批复
证监许可〔2018〕1139 号	关于准予中银双息回报混合型证券投资基金注册的批复
证监许可〔2018〕1140 号	关于准予红塔红土盛新一年定期开放混合型证券投资基金注册的批复
证监许可〔2018〕1141 号	关于准予宝盈盈润纯债债券型证券投资基金注册的批复
证监许可〔2018〕1142 号	关于准予上银鑫恒灵活配置混合型证券投资基金注册的批复
证监许可〔2018〕1143 号	关于准予嘉实新添福定期开放混合型证券投资基金注册的批复
证监许可〔2018〕1144 号	关于准予华夏中小企业板交易型开放式指数基金发起式联接基金注册的批复
证监许可〔2018〕1145 号	关于准予中融医疗健康精选混合型证券投资基金注册的批复
证监许可〔2018〕1146 号	关于准予中融智选质量股票型证券投资基金注册的批复
证监许可〔2018〕1147 号	关于准予万家家乐债券型证券投资基金变更注册的批复
证监许可〔2018〕1148 号	关于准予长城久悦混合型证券投资基金变更注册的批复
证监许可〔2018〕1149 号	关于准予永赢智能领先混合型证券投资基金注册的批复
证监许可〔2018〕1150 号	关于准予新疆前海联合泳盛纯债债券型证券投资基金注册的批复
证监许可〔2018〕1151 号	关于准予融通丰利四分法证券投资基金变更注册的批复
证监许可〔2018〕1152 号	关于准予恒生前海恒锦裕利混合型证券投资基金注册的批复
证监许可〔2018〕1153 号	关于准予财通集成电路产业股票型证券投资基金注册的批复
证监许可〔2018〕1154 号	关于核准保利协鑫(苏州)新能源有限公司向合格投资者公开发行公司债券的批复

续表

发文字号	发文标题
证监许可〔2018〕1155号	关于核准南通江山农药化工股份有限公司向合格投资者公开发行公司债券的批复
证监许可〔2018〕1156号	关于核准北信瑞丰基金管理有限公司变更股权的批复
证监许可〔2018〕1157号	关于核准布雷尔利(保定)金属家居用品股份有限公司定向发行股票的批复
证监许可〔2018〕1158号	关于核准珠海格力集团有限公司向合格投资者公开发行公司债券的批复
证监许可〔2018〕1159号	关于核准深圳市捷佳伟创新能源装备股份有限公司首次公开发行股票的批复
证监许可〔2018〕1160号	关于不予核准安徽万朗磁塑股份有限公司首次公开发行股票并上市申请的决定
证监许可〔2018〕1161号	关于不予核准深圳华智融科技股份有限公司首次公开发行股票并在创业板上市申请的决定
证监许可〔2018〕1162号	关于不予核准北京时代凌宇科技股份有限公司首次公开发行股票并在创业板上市申请的决定
证监许可〔2018〕1163号	关于不予核准成都航天模塑股份有限公司首次公开发行股票并在创业板上市申请的决定
证监许可〔2018〕1164号	关于不予核准海南中和药业股份有限公司首次公开发行股票并上市申请的决定
证监许可〔2018〕1165号	关于不予核准北京中视电传传媒广告股份有限公司首次公开发行股票并上市申请的决定
证监许可〔2018〕1166号	关于不予核准广州方邦电子股份有限公司首次公开发行股票并在创业板上市申请的决定
证监许可〔2018〕1167号	关于不予核准天津立中集团股份有限公司首次公开发行股票并上市申请的决定
证监许可〔2018〕1168号	关于不予核准福建省闽华电源股份有限公司首次公开发行股票并上市申请的决定
证监许可〔2018〕1169号	关于准予中加颐鑫纯债债券型证券投资基金注册的批复
证监许可〔2018〕1170号	关于准予诺德量化核心灵活配置混合型证券投资基金注册的批复
证监许可〔2018〕1171号	关于准予信达澳银先进智造股票型证券投资基金注册的批复
证监许可〔2018〕1172号	关于准予信诚惠泽债券型证券投资基金(LOF)变更注册的批复
证监许可〔2018〕1173号	关于核准中国石油化工集团公司向公众投资者公开发行可交换公司债券的批复
证监许可〔2018〕1174号	关于不予核准海宁中国皮革城股份有限公司发行股份购买资产的决定
证监许可〔2018〕1175号	关于核准无锡隆盛科技股份有限公司向谈渊智等发行股份购买资产的批复
证监许可〔2018〕1176号	关于核准山东中磁视讯股份有限公司定向发行股票的批复
证监许可〔2018〕1177号	关于准予银华裕利混合型发起式证券投资基金注册的批复
证监许可〔2018〕1178号	关于准予国泰价值优选灵活配置混合型证券投资基金注册的批复
证监许可〔2018〕1179号	关于准予广发景祥纯债债券型证券投资基金变更注册的批复
证监许可〔2018〕1180号	关于核准中源协和细胞基因工程股份有限公司向王晓鸽等发行股份购买资产并募集配套资金的批复

续表

发文字号	发文标题
证监许可〔2018〕1181 号	关于核准金正大生态工程集团股份有限公司向中国农业产业发展基金有限公司等发行股份购买资产的批复
证监许可〔2018〕1182 号	关于核准博敏电子股份有限公司向共青城浩翔投资管理合伙企业(有限合伙)等发行股份购买资产并募集配套资金的批复
证监许可〔2018〕1183 号	关于核准深圳麦格米特电气股份有限公司向林普根等发行股份购买资产的批复
证监许可〔2018〕1184 号	关于准予国金双债增利一年定期开放债券型证券投资基金注册的批复
证监许可〔2018〕1185 号	关于准予汇安核心成长混合型证券投资基金注册的批复
证监许可〔2018〕1186 号	关于准予平安大华惠轩纯债债券型证券投资基金注册的批复
证监许可〔2018〕1187 号	关于准予浦银安盛日日利货币市场基金变更注册的批复
证监许可〔2018〕1188 号	关于准予浙商兴永纯债三个月定期开放债券型发起式证券投资基金注册的批复
证监许可〔2018〕1189 号	关于核准安徽美佳新材料股份有限公司定向发行股票的批复
证监许可〔2018〕1190 号	关于核准广东澄星无人机股份有限公司定向发行股票的批复
证监许可〔2018〕1191 号	关于准予永赢聚益债券型证券投资基金注册的批复
证监许可〔2018〕1192 号	关于核准北京光环新网科技股份有限公司向共青城云创投资管理合伙企业(有限合伙)等发行股份购买资产并募集配套资金的批复
证监许可〔2018〕1193 号	关于核准泓德基金管理有限公司变更股权的批复
证监许可〔2018〕1194 号	关于核准深圳安特医疗股份有限公司发行境外上市外资股的批复
证监许可〔2018〕1195 号	关于核准四川能投发展股份有限公司发行境外上市外资股的批复
证监许可〔2018〕1196 号	关于核准安徽雷鸣科化股份有限公司向淮北矿业(集团)有限责任公司等发行股份购买资产并募集配套资金的批复
证监许可〔2018〕1197 号	关于准予圆信永丰医药健康混合型证券投资基金注册的批复
证监许可〔2018〕1198 号	关于准予万家人工智能混合型证券投资基金注册的批复
证监许可〔2018〕1199 号	关于核准郑州银行股份有限公司首次公开发行股票的批复
证监许可〔2018〕1200 号	关于核准北京新兴东方航空装备股份有限公司首次公开发行股票的批复
证监许可〔2018〕1201 号	关于核准上海雅运纺织化工股份有限公司首次公开发行股票的批复
证监许可〔2018〕1202 号	关于核准广东海纳川生物科技股份有限公司定向发行股票的批复
证监许可〔2018〕1203 号	关于核准福建森达电气股份有限公司定向发行股票的批复
证监许可〔2018〕1204 号	关于核准江苏吴江中国东方丝绸市场股份有限公司向江苏盛虹科技股份有限公司等发行股份购买资产的决定
证监许可〔2018〕1205 号	关于核准中矿资源勘探股份有限公司向孙梅春等发行股份购买资产并募集配套资金的批复
证监许可〔2018〕1206 号	关于准予中科沃土沃盛创新驱动混合型证券投资基金注册的批复
证监许可〔2018〕1207 号	关于准予嘉实新添盛定期开放混合型证券投资基金注册的批复
证监许可〔2018〕1208 号	关于准予华宝宝丰高等级债券型发起式证券投资基金注册的批复

续表

发文字号	发文标题
证监许可〔2018〕1209 号	关于准予银华 MSCI 中国 A 股交易型开放式指数证券投资基金注册的批复
证监许可〔2018〕1210 号	关于准予银华 MSCI 中国 A 股交易型开放式指数证券投资基金联接基金注册的批复
证监许可〔2018〕1211 号	关于准予创金合信量化动力混合型证券投资基金注册的批复
证监许可〔2018〕1212 号	关于准予招商添荣 3 个月定期开放债券型发起式证券投资基金注册的批复
证监许可〔2018〕1213 号	关于准予中融策略优选混合型证券投资基金注册的批复
证监许可〔2018〕1214 号	关于准予恒越核心精选混合型证券投资基金注册的批复
证监许可〔2018〕1215 号	关于准予嘉合锦程价值精选混合型证券投资基金注册的批复
证监许可〔2018〕1216 号	关于核准国美电器有限公司向合格投资者公开发行公司债券的批复
证监许可〔2018〕1217 号	关于核准首创置业股份有限公司向合格投资者公开发行公司债券的批复
证监许可〔2018〕1218 号	关于核准中加基金管理有限公司变更股权的批复
证监许可〔2018〕1219 号	关于不予核准罗顿发展股份有限公司向宁波梅山保税港区德稻股权投资合伙企业(有限合伙)等发行股份购买资产并募集配套资金的决定
证监许可〔2018〕1220 号	关于核准国家电力投资集团有限公司向公众投资者公开发行公司债券的批复
证监许可〔2018〕1221 号	关于核准利尔化学股份有限公司公开发行可转换公司债券的批复
证监许可〔2018〕1222 号	关于核准云南省城市建设投资集团有限公司向合格投资者公开发行公司债券的批复
证监许可〔2018〕1223 号	关于核准杭州市城市建设投资集团有限公司向合格投资者公开发行公司债券的批复
证监许可〔2018〕1224 号	关于核准深圳市贝特瑞新能源材料股份有限公司定向发行股票的批复
证监许可〔2018〕1225 号	关于核准泉州农村商业银行股份有限公司定向发行股票的批复
证监许可〔2018〕1226 号	关于核准宁夏晟晏实业集团有限公司向合格投资者公开发行公司债券的批复
证监许可〔2018〕1227 号	关于准予广发恒生中国企业精明指数型发起式证券投资基金(QDII)注册的批复
证监许可〔2018〕1228 号	关于准予华富恒裕纯债债券型证券投资基金注册的批复
证监许可〔2018〕1229 号	关于准予鹏华核心优势混合型证券投资基金注册的批复
证监许可〔2018〕1230 号	关于准予华泰柏瑞核心优势混合型证券投资基金注册的批复
证监许可〔2018〕1231 号	关于准予泓德量化精选混合型证券投资基金注册的批复
证监许可〔2018〕1232 号	关于核准中航工业机电系统股份有限公司公开发行可转换公司债券的批复
证监许可〔2018〕1233 号	关于不予核准江苏新美星包装机械股份有限公司非公开发行股票申请的决定
证监许可〔2018〕1234 号	关于核准江西特种电机股份有限公司非公开发行股票的批复
证监许可〔2018〕1235 号	关于核准中国南方航空股份有限公司非公开发行股票的批复
证监许可〔2018〕1236 号	关于核准云南铜业股份有限公司非公开发行股票的批复
证监许可〔2018〕1237 号	关于核准奇精机械股份有限公司公开发行可转换公司债券的批复

续表

发 文 字 号	发 文 标 题
证监许可〔2018〕1238 号	关于准予华夏养老目标日期 2040 三年持有期混合型基金中基金(FOF)注册的批复
证监许可〔2018〕1239 号	关于准予嘉实养老目标日期 2040 五年持有期混合型发起式基金中基金(FOF)注册的批复
证监许可〔2018〕1240 号	关于准予易方达汇诚养老目标日期 2043 三年持有期混合型基金中基金(FOF)注册的批复
证监许可〔2018〕1241 号	关于准予工银瑞信养老目标日期 2035 三年持有期混合型基金中基金(FOF)注册的批复
证监许可〔2018〕1242 号	关于准予鹏华养老目标日期 2035 三年持有期混合型基金中基金(FOF)注册的批复
证监许可〔2018〕1243 号	关于准予银华尊和养老目标日期 2035 三年持有期混合型基金中基金(FOF)注册的批复
证监许可〔2018〕1244 号	关于准予中欧预见养老目标日期 2035 三年持有期混合型基金中基金(FOF)注册的批复
证监许可〔2018〕1245 号	关于准予南方养老目标日期 2035 三年持有期混合型基金中基金(FOF)注册的批复
证监许可〔2018〕1246 号	关于准予泰达宏利泰和平衡养老目标三年持有期混合型基金中基金(FOF)注册的批复
证监许可〔2018〕1247 号	关于准予中银安康稳健养老目标一年定期开放混合型基金中基金(FOF)注册的批复
证监许可〔2018〕1248 号	关于准予富国鑫旺稳健养老目标一年持有期混合型基金中基金(FOF)注册的批复
证监许可〔2018〕1249 号	关于准予博时颐泽稳健养老目标 12 个月定期开放混合型基金中基金(FOF)注册的批复
证监许可〔2018〕1250 号	关于准予万家稳健养老目标三年持有期混合型基金中基金(FOF)注册的批复
证监许可〔2018〕1251 号	关于准予广发稳健养老目标一年持有期混合型基金中基金(FOF)注册的批复
证监许可〔2018〕1252 号	关于核准鹏鼎控股(深圳)股份有限公司首次公开发行股票的批复
证监许可〔2018〕1253 号	关于核准宁波永新光学股份有限公司首次公开发行股票的批复
证监许可〔2018〕1254 号	关于核准长沙银行股份有限公司首次公开发行股票的批复
证监许可〔2018〕1255 号	关于核准江苏井神盐化股份有限公司向江苏省盐业集团有限责任公司发行股份购买资产的批复
证监许可〔2018〕1256 号	关于核准盛屯矿业集团股份有限公司向林奋生等发行股份购买资产的批复
证监许可〔2018〕1257 号	关于核准茂业通信网络股份有限公司向刘英魁发行股份购买资产的批复
证监许可〔2018〕1258 号	关于核准深圳市远致投资有限公司向合格投资者公开发行公司债券的批复
证监许可〔2018〕1259 号	关于准予前海开源沪港深非周期性行业股票型证券投资基金变更注册的批复
证监许可〔2018〕1260 号	关于准予中金金元债券型证券投资基金注册的批复
证监许可〔2018〕1261 号	关于准予华润元大安鑫灵活配置混合型证券投资基金变更注册的批复
证监许可〔2018〕1262 号	关于准予富兰克林国海全球科技互联混合型证券投资基金(QDII)注册的批复
证监许可〔2018〕1263 号	关于准予平安大华估值精选混合型证券投资基金注册的批复

续表

发文字号	发文标题
证监许可〔2018〕1264 号	关于准予易方达安瑞短债债券型证券投资基金注册的批复
证监许可〔2018〕1265 号	关于核准复地（集团）股份有限公司向合格投资者公开发行公司债券的批复
证监许可〔2018〕1266 号	关于核准金茂投资管理（上海）有限公司向合格投资者公开发行公司债券的批复
证监许可〔2018〕1267 号	关于核准中国光大集团股份公司向合格投资者公开发行公司债券的批复
证监许可〔2018〕1268 号	关于不予核准广东波斯科技股份有限公司首次公开发行股票并上市申请的决定
证监许可〔2018〕1269 号	关于不予核准湖南五新隧道智能装备股份有限公司首次公开发行股票并上市申请的决定
证监许可〔2018〕1270 号	关于准予易方达中证海外中国互联网 50 交易型开放式指数证券投资基金联接基金注册的批复
证监许可〔2018〕1271 号	关于准予前海开源优质成长混合型证券投资基金注册的批复
证监许可〔2018〕1272 号	关于准予嘉实回报精选混合型证券投资基金注册的批复
证监许可〔2018〕1273 号	关于准予招商金鸿债券型证券投资基金注册的批复
证监许可〔2018〕1274 号	关于准予万家鑫然纯债债券型证券投资基金注册的批复
证监许可〔2018〕1275 号	关于准予华富恒盛纯债债券型证券投资基金注册的批复
证监许可〔2018〕1276 号	关于准予合煦智远嘉选混合型证券投资基金注册的批复
证监许可〔2018〕1277 号	关于准予长江可转债债券型证券投资基金注册的批复
证监许可〔2018〕1278 号	关于准予华安安浦债券型证券投资基金注册的批复
证监许可〔2018〕1279 号	关于准予创金合信鑫价值灵活配置混合型证券投资基金变更注册的批复
证监许可〔2018〕1280 号	关于准予平安大华港股通恒生中国企业交易型开放式指数证券投资基金注册的批复
证监许可〔2018〕1281 号	关于准予诺德新生活混合型证券投资基金注册的批复
证监许可〔2018〕1282 号	关于准予长信先机两年定期开放灵活配置混合型证券投资基金变更注册的批复
证监许可〔2018〕1283 号	关于准予汇添富鑫汇定期开放债券型证券投资基金变更注册的批复
证监许可〔2018〕1284 号	关于核准健康元药业集团股份有限公司配股的批复
证监许可〔2018〕1285 号	关于核准河南德威科技股份有限公司定向发行股票的批复
证监许可〔2018〕1286 号	关于核准三江购物俱乐部股份有限公司非公开发行股票的批复
证监许可〔2018〕1287 号	关于准予长盛多因子策略优选股票型证券投资基金注册的批复
证监许可〔2018〕1288 号	关于准予创金合信鑫回报灵活配置混合型证券投资基金变更注册的批复
证监许可〔2018〕1289 号	关于准予景顺长城集英成长两年定期开放混合型证券投资基金注册的批复
证监许可〔2018〕1290 号	关于准予银华盛利混合型发起式证券投资基金注册的批复
证监许可〔2018〕1291 号	关于准予国投瑞银优选收益灵活配置混合型证券投资基金变更注册的批复
证监许可〔2018〕1292 号	关于准予财通资管鑫源混合型证券投资基金变更注册的批复

续表

发文字号	发文标题
证监许可〔2018〕1293 号	关于准予国融稳融债券型证券投资基金注册的批复
证监许可〔2018〕1294 号	关于准予华宝大健康混合型证券投资基金注册的批复
证监许可〔2018〕1295 号	关于准予华富恒欣 6 个月定期开放债券型证券投资基金变更注册的批复
证监许可〔2018〕1296 号	关于准予嘉实致盈债券型证券投资基金注册的批复
证监许可〔2018〕1297 号	关于准予海富通聚丰纯债债券型证券投资基金注册的批复
证监许可〔2018〕1298 号	关于准予弘毅远方国企转型升级混合型发起式证券投资基金注册的批复
证监许可〔2018〕1299 号	关于核准东北证券股份有限公司向合格投资者公开发行公司债券的批复
证监许可〔2018〕1300 号	关于核准成都天奥电子股份有限公司首次公开发行股票的批复
证监许可〔2018〕1301 号	关于核准上海市北高新股份有限公司向合格投资者公开发行公司债券的批复
证监许可〔2018〕1302 号	关于核准豁免北京市海淀区国有资产投资经营有限公司要约收购北京三聚环保新材料股份有限公司股份义务的批复
证监许可〔2018〕1303 号	关于核准星辉互动娱乐股份有限公司配股的批复
证监许可〔2018〕1304 号	关于核准设立明亚基金管理有限责任公司的批复
证监许可〔2018〕1305 号	关于核准中远海运控股股份有限公司非公开发行股票的批复
证监许可〔2018〕1306 号	关于核准北京耐威科技股份有限公司非公开发行股票的批复
证监许可〔2018〕1307 号	关于核准浙江方正电机股份有限公司非公开发行股票的批复
证监许可〔2018〕1308 号	关于核准广州市昊志机电股份有限公司非公开发行股票的批复
证监许可〔2018〕1309 号	关于核准肇庆华锋电子铝箔股份有限公司向林程等发行股份购买资产的批复
证监许可〔2018〕1310 号	关于核准广东联泰环保股份有限公司公开发行可转换公司债券的批复
证监许可〔2018〕1311 号	关于核准山东美晨生态环境股份有限公司公开发行可转换公司债券的批复
证监许可〔2018〕1312 号	关于核准莱克电气股份有限公司公开发行可转换公司债券的批复
证监许可〔2018〕1313 号	关于核准宜华生活科技股份有限公司配股的批复
证监许可〔2018〕1314 号	关于核准迪安诊断技术集团股份有限公司非公开发行股票的批复
证监许可〔2018〕1315 号	关于核准中航光电科技股份有限公司公开发行可转换公司债券的批复
证监许可〔2018〕1316 号	关于核准山东南山铝业股份有限公司配股的批复
证监许可〔2018〕1317 号	关于核准红相股份有限公司非公开发行股票的批复
证监许可〔2018〕1318 号	关于准予财通资管鸿益中短债债券型证券投资基金注册的批复
证监许可〔2018〕1319 号	关于准予凯石涵行业精选混合型证券投资基金注册的批复
证监许可〔2018〕1320 号	关于准予交银施罗德裕祥纯债债券型证券投资基金注册的批复
证监许可〔2018〕1321 号	关于准予国泰民裕进取灵活配置混合型证券投资基金注册的批复
证监许可〔2018〕1322 号	关于准予浦银安盛环保新能源混合型证券投资基金注册的批复
证监许可〔2018〕1323 号	关于准予国泰国证航天军工指数证券投资基金(LOF)变更注册的批复
证监许可〔2018〕1324 号	关于准予广发汇宏 6 个月定期开放债券型发起式证券投资基金注册的批复

续表

发文字号	发文标题
证监许可〔2018〕1325 号	关于准予华泰柏瑞量化明选混合型证券投资基金注册的批复
证监许可〔2018〕1326 号	关于准予华安中证定向增发事件指数证券投资基金(LOF)变更注册的批复
证监许可〔2018〕1327 号	关于核准北京汽车集团有限公司向合格投资者公开发行公司债券的批复
证监许可〔2018〕1328 号	关于核准中海地产集团有限公司向合格投资者公开发行公司债券的批复
证监许可〔2018〕1329 号	关于准予招商丰韵混合型证券投资基金注册的批复
证监许可〔2018〕1330 号	关于准予万家鑫意纯债债券型证券投资基金注册的批复
证监许可〔2018〕1331 号	关于准予浦银安盛盛融定期开放债券型发起式证券投资基金注册的批复
证监许可〔2018〕1332 号	关于核准中泰国际资产管理有限公司合格境外机构投资者资格的批复
证监许可〔2018〕1333 号	关于核准浙江恒逸集团有限公司向合格投资者公开发行公司债券的批复
证监许可〔2018〕1334 号	关于核准广州港股份有限公司向合格投资者公开发行公司债券的批复
证监许可〔2018〕1335 号	关于核准悦达资本股份有限公司向合格投资者公开发行公司债券的批复
证监许可〔2018〕1336 号	关于核准中国中化股份有限公司向合格投资者公开发行可续期公司债券的批复
证监许可〔2018〕1337 号	关于核准华能国际电力股份有限公司向合格投资者公开发行公司债券的批复
证监许可〔2018〕1338 号	关于核准江苏丰山集团股份有限公司首次公开发行股票的批复
证监许可〔2018〕1339 号	关于核准上海申达股份有限公司非公开发行股票的批复
证监许可〔2018〕1340 号	关于核准深圳市洲明科技股份有限公司公开发行可转换公司债券的批复
证监许可〔2018〕1341 号	关于核准上海医药集团股份有限公司向合格投资者公开发行公司债券的批复
证监许可〔2018〕1342 号	关于核准华宝投资有限公司向合格投资者公开发行公司债券的批复
证监许可〔2018〕1343 号	关于核准中原银行股份有限公司境外发行优先股的批复
证监许可〔2018〕1344 号	关于核准江苏张家港农村商业银行股份有限公司公开发行可转换公司债券的批复
证监许可〔2018〕1345 号	关于核准豁免乐山市国有资产监督管理委员会要约收购峨眉山旅游股份有限公司股份义务的批复
证监许可〔2018〕1346 号	关于核准合盛硅业股份有限公司向合格投资者公开发行公司债券的批复
证监许可〔2018〕1347 号	关于核准中国铝业股份有限公司向合格投资者公开发行公司债券的批复
证监许可〔2018〕1348 号	关于核准长盛基金(香港)有限公司合格境外机构投资者资格的批复
证监许可〔2018〕1349 号	关于核准贵阳银行股份有限公司非公开发行优先股的批复
证监许可〔2018〕1350 号	关于核准华西证券股份有限公司向合格投资者公开发行公司债券的批复
证监许可〔2018〕1351 号	关于不予核准上海晶丰明源半导体股份有限公司首次公开发行股票并上市申请的决定
证监许可〔2018〕1352 号	关于不予核准上海广泽食品科技股份有限公司非公开发行股票申请的决定
证监许可〔2018〕1353 号	关于不予核准杭州申昊科技股份有限公司首次公开发行股票并上市申请的决定
证监许可〔2018〕1354 号	关于准予国泰策略收益灵活配置混合型证券投资基金变更注册的批复

续表

发文字号	发文标题
证监许可〔2018〕1355 号	关于准予中加聚利纯债定期开放债券型证券投资基金注册的批复
证监许可〔2018〕1356 号	关于准予信诚稳丰债券型证券投资基金变更注册的批复
证监许可〔2018〕1357 号	关于准予嘉合磐稳纯债债券型证券投资基金注册的批复
证监许可〔2018〕1358 号	关于准予浦银安盛睿弘灵活配置混合型证券投资基金变更注册的批复
证监许可〔2018〕1359 号	关于准予招商添盈纯债债券型证券投资基金注册的批复
证监许可〔2018〕1360 号	关于准予招商富时中国 A – H50 指数型证券投资基金(LOF)注册的批复
证监许可〔2018〕1361 号	关于准予浦银安盛睿华灵活配置混合型证券投资基金变更注册的批复
证监许可〔2018〕1362 号	关于不予核准厦门乾照光电股份有限公司公开发行可转换公司债券申请的决定
证监许可〔2018〕1363 号	关于核准宁波旭升汽车技术股份有限公司公开发行可转换公司债券的批复
证监许可〔2018〕1364 号	关于核准河南通达电缆股份有限公司非公开发行股票的批复
证监许可〔2018〕1365 号	关于不予核准北京煜邦电力技术股份有限公司首次公开发行股票并在创业板上市申请的决定
证监许可〔2018〕1366 号	关于不予核准安徽金春无纺布股份有限公司首次公开发行股票并在创业板上市申请的决定
证监许可〔2018〕1367 号	关于准予金鹰鑫日享债券型证券投资基金注册的批复
证监许可〔2018〕1368 号	关于核准中航国际租赁有限公司向合格投资者公开发行公司债券的批复
证监许可〔2018〕1369 号	关于核准海通恒信国际租赁股份有限公司向合格投资者公开发行公司债券的批复
证监许可〔2018〕1370 号	关于准予凯石泓行业轮动混合型证券投资基金注册的批复
证监许可〔2018〕1371 号	关于准予宝盈安泰短债债券型证券投资基金注册的批复
证监许可〔2018〕1372 号	关于准予中信保诚创新成长灵活配置混合型证券投资基金注册的批复
证监许可〔2018〕1373 号	关于准予招商添德 3 个月定期开放债券型发起式证券投资基金注册的批复
证监许可〔2018〕1374 号	关于准予金鹰添祥中短债债券型证券投资基金注册的批复
证监许可〔2018〕1375 号	关于准予东兴核心成长混合型证券投资基金注册的批复
证监许可〔2018〕1376 号	关于准予人保优势产业混合型证券投资基金注册的批复
证监许可〔2018〕1377 号	关于准予金鹰添悦债券型证券投资基金注册的批复
证监许可〔2018〕1378 号	关于核准广东顶固集创家居股份有限公司首次公开发行股份的批复
证监许可〔2018〕1379 号	关于核准江西金力永磁科技股份有限公司首次公开发行股票的批复
证监许可〔2018〕1380 号	关于准予国投瑞银先进制造混合型证券投资基金注册的批复
证监许可〔2018〕1381 号	关于准予宝盈祥颐定期开放混合型证券投资基金注册的批复
证监许可〔2018〕1382 号	关于准予中加瑞利纯债债券型证券投资基金注册的批复
证监许可〔2018〕1383 号	关于准予信达澳银安和纯债债券型证券投资基金注册的批复
证监许可〔2018〕1384 号	关于准予中加颐智纯债债券型证券投资基金注册的批复

续表

发文字号	发文标题
证监许可〔2018〕1385 号	关于准予信诚稳益债券型证券投资基金变更注册的批复
证监许可〔2018〕1386 号	关于准予银华远见混合型发起式证券投资基金注册的批复
证监许可〔2018〕1387 号	关于准予浙商汇金量化精选灵活配置混合型发起式证券投资基金变更注册的批复
证监许可〔2018〕1388 号	关于准予先锋精睿混合型证券投资基金变更注册的批复
证监许可〔2018〕1389 号	关于核准 WisdomTree 管理有限公司人民币合格境外机构投资者资格的批复
证监许可〔2018〕1390 号	关于核准中国国际海运集装箱（集团）股份有限公司增发境外上市外资股的批复
证监许可〔2018〕1391 号	关于核准武汉贝斯特通信集团股份有限公司首次公开发行股票的批复
证监许可〔2018〕1392 号	关于核准国泰君安证券股份有限公司增发境外上市外资股的批复
证监许可〔2018〕1393 号	关于准予东吴中证可转换债券指数分级证券投资基金变更注册的批复
证监许可〔2018〕1394 号	关于准予富国中债－1－3 年国开行债券指数证券投资基金注册的批复
证监许可〔2018〕1395 号	关于准予华宝美国道琼斯工业平均指数证券投资基金（LOF）注册的批复
证监许可〔2018〕1396 号	关于准予国泰中证申万证券行业指数证券投资基金（LOF）变更注册的批复
证监许可〔2018〕1397 号	关于准予鹏华丰茂债券型证券投资基金变更注册的批复
证监许可〔2018〕1398 号	关于准予方正富邦丰利债券型证券投资基金注册的批复
证监许可〔2018〕1399 号	关于核准宁波兴瑞电子科技股份有限公司首次公开发行股票的批复
证监许可〔2018〕1400 号	关于准予平安大华合锦定期开放债券型证券投资基金变更注册的批复
证监许可〔2018〕1401 号	关于准予汇添富 3 年封闭运作研究优选灵活配置混合型证券投资基金注册的批复
证监许可〔2018〕1402 号	关于准予广发汇兴 3 个月定期开放债券型发起式证券投资基金注册的批复
证监许可〔2018〕1403 号	关于准予银华中短期政策性金融债定期开放债券型证券投资基金注册的批复
证监许可〔2018〕1404 号	关于准予宝盈品牌消费股票型证券投资基金注册的批复
证监许可〔2018〕1405 号	关于准予中信保诚景泰债券型证券投资基金注册的批复
证监许可〔2018〕1406 号	关于核准上海合全药业股份有限公司定向发行股票的批复
证监许可〔2018〕1407 号	关于核准阜阳颍淮农村商业银行股份有限公司定向发行股票的批复
证监许可〔2018〕1408 号	关于核准豁免深圳市投资控股有限公司要约收购深圳市物业发展（集团）股份有限公司股份义务的批复
证监许可〔2018〕1409 号	关于准予华安安泰定期开放债券型发起式证券投资基金注册的批复
证监许可〔2018〕1410 号	关于准予长盛港股通行业龙头混合型证券投资基金注册的批复
证监许可〔2018〕1411 号	关于准予华夏全球聚享证券投资基金（QDII）注册的批复
证监许可〔2018〕1412 号	关于准予凯石澜龙头经济定期开放混合型证券投资基金注册的批复
证监许可〔2018〕1413 号	关于准予嘉实新添元定期开放混合型证券投资基金注册的批复
证监许可〔2018〕1414 号	关于准予方正富邦深证 100 交易型开放式指数证券投资基金注册的批复

续表

发文字号	发文标题
证监许可〔2018〕1415 号	关于准予申万菱信安泰瑞利一年定期开放混合型证券投资基金注册的批复
证监许可〔2018〕1416 号	关于准予鹏华丰惠债券型证券投资基金变更注册的批复
证监许可〔2018〕1417 号	关于准予信诚稳利债券型证券投资基金变更注册的批复
证监许可〔2018〕1418 号	关于准予嘉实恒生港股通新经济指数证券投资基金(LOF)注册的批复
证监许可〔2018〕1419 号	关于核准中国长江三峡集团有限公司向公众投资者公开发行绿色可交换公司债券的批复
证监许可〔2018〕1420 号	关于核准无锡蠡湖增压技术股份有限公司首次公开发行股票的批复
证监许可〔2018〕1421 号	关于核准江苏利通电子股份有限公司首次公开发行股票的批复
证监许可〔2018〕1422 号	关于准予诺安恒鑫混合型证券投资基金注册的批复
证监许可〔2018〕1423 号	关于准予汇安鼎利纯债债券型证券投资基金注册的批复
证监许可〔2018〕1424 号	关于准予浦银安盛普益纯债债券型证券投资基金注册的批复
证监许可〔2018〕1425 号	关于准予招商添悦纯债债券型证券投资基金注册的批复
证监许可〔2018〕1426 号	关于准予长盛竞争优势混合型证券投资基金注册的批复
证监许可〔2018〕1427 号	关于准予中信建投同顺量化逆向策略股票型证券投资基金注册的批复
证监许可〔2018〕1428 号	关于准予中银弘享债券型证券投资基金注册的批复
证监许可〔2018〕1429 号	关于核准山东高速集团有限公司向合格投资者公开发行公司债券的批复
证监许可〔2018〕1430 号	关于核准中广核风电有限公司向合格投资者公开发行公司债券的批复
证监许可〔2018〕1431 号	关于准予鹏华丰达债券型证券投资基金变更注册的批复
证监许可〔2018〕1432 号	关于准予华富中证 5 年恒定久期国开债指数型证券投资基金注册的批复
证监许可〔2018〕1433 号	关于准予平安大华鑫达定期开放灵活配置混合型证券投资基金变更注册的批复
证监许可〔2018〕1434 号	关于核准陕西延长石油化建股份有限公司向陕西延长石油(集团)有限责任公司等发行股份购买资产的批复
证监许可〔2018〕1435 号	关于核准袁隆平农业高科技股份有限公司向王义波等发行股份购买资产的批复
证监许可〔2018〕1436 号	关于核准深圳迈瑞生物医疗电子股份有限公司首次公开发行股票的批复
证监许可〔2018〕1437 号	关于核准山东高速集团有限公司向合格投资者公开发行可续期公司债券的批复
证监许可〔2018〕1438 号	关于核准华帝股份有限公司非公开发行股票的批复
证监许可〔2018〕1439 号	关于核准耀之国际资产管理有限公司人民币合格境外机构投资者资格的批复
证监许可〔2018〕1440 号	关于核准柳州市投资控股有限公司向合格投资者公开发行公司债券的批复
证监许可〔2018〕1441 号	关于核准新城控股集团股份有限公司向合格投资者公开发行公司债券的批复
证监许可〔2018〕1442 号	关于核准中信证券股份有限公司向合格投资者公开发行公司债券的批复
证监许可〔2018〕1443 号	关于核准天津中环半导体股份有限公司向合格投资者公开发行可续期公司债券的批复

续表

发文字号	发文标题
证监许可〔2018〕1444 号	关于核准中国大唐集团有限公司向合格投资者公开发行可续期公司债券的批复
证监许可〔2018〕1445 号	关于准予景顺长城创新成长混合型证券投资基金注册的批复
证监许可〔2018〕1446 号	关于准予中银通享定期开放债券型发起式证券投资基金变更注册的批复
证监许可〔2018〕1447 号	关于准予人保福睿 18 个月定期开放债券型证券投资基金注册的批复
证监许可〔2018〕1448 号	关于准予鑫元永利定期开放债券型发起式证券投资基金变更注册的批复
证监许可〔2018〕1449 号	关于核准万华化学集团股份有限公司向烟台国丰投资控股有限公司等发行股份吸收合并烟台万华化工有限公司的批复
证监许可〔2018〕1450 号	关于准予南方中债 3－5 年农发行债券指数证券投资基金注册的批复
证监许可〔2018〕1451 号	关于准予平安大华惠聚纯债债券型证券投资基金注册的批复
证监许可〔2018〕1452 号	关于准予平安大华创业板交易型开放式指数证券投资基金注册的批复
证监许可〔2018〕1453 号	关于准予长盛研发回报混合型证券投资基金注册的批复
证监许可〔2018〕1454 号	关于准予鹏华中短债 3 个月定期开放债券型证券投资基金注册的批复
证监许可〔2018〕1455 号	关于准予中邮沪港深精选混合型证券投资基金注册的批复
证监许可〔2018〕1456 号	关于准予人保福泽纯债一年定期开放债券型证券投资基金注册的批复
证监许可〔2018〕1457 号	关于准予创金合信鑫动力灵活配置混合型证券投资基金变更注册的批复
证监许可〔2018〕1458 号	关于准予人保鑫裕增强债券型证券投资基金注册的批复
证监许可〔2018〕1459 号	关于核准杭州士兰微电子股份有限公司向合格投资者公开发行公司债券的批复
证监许可〔2018〕1460 号	关于准予海富通上海清算所中高等级短期融资券指数证券投资基金注册的批复
证监许可〔2018〕1461 号	关于核准华安证券股份有限公司向合格投资者公开发行公司债券的批复
证监许可〔2018〕1462 号	关于准予南方中债 1－3 年国开行债券指数证券投资基金注册的批复
证监许可〔2018〕1463 号	关于核准深圳市龙光控股有限公司向合格投资者公开发行公司债券的批复
证监许可〔2018〕1464 号	关于核准中国长江电力股份有限公司向合格投资者公开发行公司债券的批复
证监许可〔2018〕1465 号	关于核准中广核风电有限公司向合格投资者公开发行可续期公司债券的批复
证监许可〔2018〕1466 号	关于核准中银国际证券股份有限公司向合格投资者公开发行公司债券的批复
证监许可〔2018〕1467 号	关于核准苏州协鑫新能源投资有限公司向合格投资者公开发行公司债券的批复
证监许可〔2018〕1468 号	关于核准昆明川金诺化工股份有限公司非公开发行股票的批复
证监许可〔2018〕1469 号	关于核准宁波银行股份有限公司非公开发行优先股的批复
证监许可〔2018〕1470 号	关于核准福建福晟集团有限公司向合格投资者公开发行公司债券的批复
证监许可〔2018〕1471 号	关于核准美尚生态景观股份有限公司非公开发行股票的批复
证监许可〔2018〕1472 号	关于核准成都高新投资集团有限公司向合格投资者公开发行公司债券的批复
证监许可〔2018〕1473 号	关于核准圆通速递股份有限公司公开发行可转换公司债券的批复

续表

发文字号	发文标题
证监许可〔2018〕1474 号	关于核准贵州省广播电视信息网络股份有限公司公开发行可转换公司债券的批复
证监许可〔2018〕1475 号	关于核准浙江天成自控股份有限公司公开发行可转换公司债券的批复
证监许可〔2018〕1476 号	关于准予招商添裕纯债债券型证券投资基金注册的批复
证监许可〔2018〕1477 号	关于准予广发中债 1 - 3 年国开行债券指数证券投资基金注册的批复
证监许可〔2018〕1478 号	关于准予中欧强泽债券型证券投资基金变更注册的批复
证监许可〔2018〕1479 号	关于准予国泰嘉睿纯债债券型证券投资基金注册的批复
证监许可〔2018〕1480 号	关于准予招商中债 1 - 5 年进出口行债券指数证券投资基金注册的批复
证监许可〔2018〕1481 号	关于准予富时中国 A50 交易型开放式指数证券投资基金注册的批复
证监许可〔2018〕1482 号	关于准予富荣富开 1 - 3 年国开债纯债债券型证券投资基金注册的批复
证监许可〔2018〕1483 号	关于准予农银汇理金瑞债券型证券投资基金注册的批复
证监许可〔2018〕1484 号	关于准予富国优质发展混合型证券投资基金注册的批复
证监许可〔2018〕1485 号	关于准予国联安增富一年定期开放纯债债券型发起式证券投资基金注册的批复
证监许可〔2018〕1486 号	关于核准中交第一公路工程局有限公司向合格投资者公开发行可续期公司债券的批复
证监许可〔2018〕1487 号	关于核准广州越秀金融控股集团股份有限公司向广州恒运企业集团股份有限公司等发行股份购买资产并募集配套资金的批复
证监许可〔2018〕1488 号	关于核准江西国泰民爆集团股份有限公司向江西省民爆投资有限公司发行股份购买资产的批复
证监许可〔2018〕1489 号	关于核准云南省建设投资控股集团有限公司向合格投资者公开发行公司债券的批复
证监许可〔2018〕1490 号	关于核准同方国信投资控股有限公司向合格投资者公开发行公司债券的批复
证监许可〔2018〕1491 号	关于核准平安证券股份有限公司向合格投资者公开发行公司债券的批复
证监许可〔2018〕1492 号	关于核准四川科伦药业股份有限公司向合格投资者公开发行公司债券的批复
证监许可〔2018〕1493 号	关于核准杭州正才控股集团有限公司向合格投资者公开发行公司债券的批复
证监许可〔2018〕1494 号	关于核准宁波开发投资集团有限公司向合格投资者公开发行公司债券的批复
证监许可〔2018〕1495 号	关于核准常高新集团有限公司向合格投资者公开发行公司债券的批复
证监许可〔2018〕1496 号	关于核准设立朱雀基金管理有限公司的批复
证监许可〔2018〕1497 号	关于核准设立同泰基金管理有限公司的批复
证监许可〔2018〕1498 号	关于准予方正富邦中证 500 交易型开放式指数证券投资基金注册的批复
证监许可〔2018〕1499 号	关于准予华润元大医疗保健量化混合型证券投资基金变更注册的批复
证监许可〔2018〕1500 号	关于准予兴银汇盈定期开放债券型发起式证券投资基金变更注册的批复
证监许可〔2018〕1501 号	关于准予财通新兴蓝筹混合型证券投资基金注册的批复
证监许可〔2018〕1502 号	关于准予鹏扬淳享债券型证券投资基金注册的批复

续表

发文字号	发文标题
证监许可〔2018〕1503 号	关于准予长盛价值发现股票型证券投资基金注册的批复
证监许可〔2018〕1504 号	关于准予浙商汇金短债债券型证券投资基金注册的批复
证监许可〔2018〕1505 号	关于准予建信润利增强债券型证券投资基金注册的批复
证监许可〔2018〕1506 号	关于准予中欧匠心两年持有期混合型证券投资基金注册的批复
证监许可〔2018〕1507 号	关于准予恒生前海港股通精选混合型证券投资基金注册的批复
证监许可〔2018〕1508 号	关于核准中铁铁龙集装箱物流股份有限公司向合格投资者公开发行公司债券的批复
证监许可〔2018〕1509 号	关于核准闽西兴杭国有资产投资运营有限公司向合格投资者公开发行公司债券的批复
证监许可〔2018〕1510 号	关于核准重庆公路物流基地建设有限公司向合格投资者公开发行公司债券的批复
证监许可〔2018〕1511 号	关于核准无锡市市政公用产业集团有限公司向合格投资者公开发行公司债券的批复
证监许可〔2018〕1512 号	关于核准中交疏浚（集团）股份有限公司向合格投资者公开发行公司债券的批复
证监许可〔2018〕1513 号	关于准予广发汇承定期开放债券型发起式证券投资基金注册的批复
证监许可〔2018〕1514 号	关于准予银华安盈短债债券型证券投资基金注册的批复
证监许可〔2018〕1515 号	关于核准朗诗集团股份有限公司向合格投资者公开发行公司债券的批复
证监许可〔2018〕1516 号	关于核准中铁十九局集团有限公司向合格投资者公开发行可续期公司债券的批复
证监许可〔2018〕1517 号	关于核准浙江昂利康制药股份有限公司首次公开发行股票的批复
证监许可〔2018〕1518 号	关于准予国投瑞银顺享定期开放债券型发起式证券投资基金变更注册的批复
证监许可〔2018〕1519 号	关于准予国金惠盈纯债债券型证券投资基金注册的批复
证监许可〔2018〕1520 号	关于准予国联安鑫发混合型证券投资基金变更注册的批复
证监许可〔2018〕1521 号	关于准予嘉合锦创优势精选混合型证券投资基金注册的批复
证监许可〔2018〕1522 号	关于准予国联安鑫乾混合型证券投资基金变更注册的批复
证监许可〔2018〕1523 号	关于准予南方吉元短债债券型证券投资基金注册的批复
证监许可〔2018〕1524 号	关于准予财通资管鸿利中短债债券型证券投资基金注册的批复
证监许可〔2018〕1525 号	关于准予广发景润纯债债券型证券投资基金注册的批复
证监许可〔2018〕1526 号	关于准予永赢祥益债券型证券投资基金注册的批复
证监许可〔2018〕1527 号	关于准予广发安泽回报纯债债券型证券投资基金变更注册的批复
证监许可〔2018〕1528 号	关于准予汇安丰恒灵活配置混合型证券投资基金变更注册的批复
证监许可〔2018〕1529 号	关于准予工银瑞信战略新兴产业混合型证券投资基金注册的批复
证监许可〔2018〕1530 号	关于准予圆信永丰精选回报混合型证券投资基金注册的批复
证监许可〔2018〕1531 号	关于准予银华添润定期开放债券型证券投资基金变更注册的批复

续表

发文字号	发文标题
证监许可〔2018〕1532号	关于准予博道卓远混合型证券投资基金注册的批复
证监许可〔2018〕1533号	关于准予国联安增盈纯债债券型证券投资基金注册的批复
证监许可〔2018〕1534号	关于准予国联安增裕一年定期开放纯债债券型发起式证券投资基金注册的批复
证监许可〔2018〕1535号	关于不予核准南京银行股份有限公司非公开发行股票申请的决定
证监许可〔2018〕1536号	关于核准浙江美大实业股份有限公司公开发行可转换公司债券的批复
证监许可〔2018〕1537号	关于不予核准徐州海伦哲专用车辆股份有限公司向齐秉春等发行股份购买资产并募集配套资金的决定
证监许可〔2018〕1538号	关于准予汇安短债债券型证券投资基金注册的批复
证监许可〔2018〕1539号	关于核准中航证券有限公司向合格投资者公开发行公司债券的批复
证监许可〔2018〕1540号	关于核准赛轮金宇集团股份有限公司向合格投资者公开发行公司债券的批复
证监许可〔2018〕1541号	关于核准江苏苏美达集团有限公司向合格投资者公开发行可续期公司债券的批复
证监许可〔2018〕1542号	关于核准豁免鲁冠球三农扶志基金要约收购万向德农股份有限公司股份义务的批复
证监许可〔2018〕1543号	关于核准豁免鲁冠球三农扶志基金要约收购河北承德露露股份有限公司股份义务的批复
证监许可〔2018〕1544号	关于不予核准上海来伊份股份有限公司公开发行可转换公司债券申请的决定
证监许可〔2018〕1545号	关于核准中国航空科技工业股份有限公司增发境外上市外资股的批复
证监许可〔2018〕1546号	关于不予核准东莞市凯金新能源科技股份有限公司首次公开发行股票并在创业板上市申请的决定
证监许可〔2018〕1547号	关于核准浙江航民股份有限公司向浙江航民实业集团有限公司等发行股份购买资产的批复
证监许可〔2018〕1548号	关于核准豁免山东省国有资产投资控股有限公司要约收购山东省中鲁远洋渔业股份有限公司股份义务的批复
证监许可〔2018〕1549号	关于核准安信证券股份有限公司证券投资基金托管资格的批复
证监许可〔2018〕1550号	关于核准福建实达集团股份有限公司向合格投资者公开发行公司债券的批复
证监许可〔2018〕1551号	关于核准四川蓝光发展股份有限公司向合格投资者公开发行公司债券的批复
证监许可〔2018〕1552号	关于核准鑫苑(中国)置业有限公司向合格投资者公开发行公司债券的批复
证监许可〔2018〕1553号	关于核准设立西藏东财基金管理有限公司的批复
证监许可〔2018〕1554号	关于核准上海瑞威资产管理股份有限公司发行境外上市外资股的批复
证监许可〔2018〕1555号	关于核准艺星医疗美容集团股份有限公司首次公开发行境外上市外资股的批复
证监许可〔2018〕1556号	关于核准云南城投置业股份有限公司向合格投资者公开发行公司债券的批复
证监许可〔2018〕1557号	关于核准中国南山开发(集团)股份有限公司向合格投资者公开发行公司债券的批复
证监许可〔2018〕1558号	关于核准新疆绿原国有资产经营集团有限公司向合格投资者公开发行公司债券的批复

续表

发文字号	发文标题
证监许可〔2018〕1559 号	关于准予前海开源沪港深聚瑞混合型证券投资基金注册的批复
证监许可〔2018〕1560 号	关于准予华宝绿色领先股票型证券投资基金注册的批复
证监许可〔2018〕1561 号	关于准予博时汇悦回报混合型证券投资基金注册的批复
证监许可〔2018〕1562 号	关于准予泓德研究优选混合型证券投资基金注册的批复
证监许可〔2018〕1563 号	关于准予博时富永纯债 3 个月定期开放债券型发起式证券投资基金注册的批复
证监许可〔2018〕1564 号	关于准予易方达科融混合型证券投资基金注册的批复
证监许可〔2018〕1565 号	关于准予农银汇理金禄债券型证券投资基金注册的批复
证监许可〔2018〕1566 号	关于准予东海核心价值精选混合型证券投资基金注册的批复
证监许可〔2018〕1567 号	关于核准广州富力地产股份有限公司向合格投资者公开发行公司债券的批复
证监许可〔2018〕1568 号	关于核准新华水力发电有限公司向合格投资者公开发行绿色可续期公司债券的批复
证监许可〔2018〕1569 号	关于核准厦门中骏集团有限公司向合格投资者公开发行公司债券的批复
证监许可〔2018〕1570 号	关于核准浙江华媒控股股份有限公司向合格投资者公开发行公司债券的批复
证监许可〔2018〕1571 号	关于核准北方华锦化学工业股份有限公司向合格投资者公开发行公司债券的批复
证监许可〔2018〕1572 号	关于核准深圳市铂科新材料股份有限公司首次公开发行股票的批复
证监许可〔2018〕1573 号	关于核准江苏通用科技股份有限公司非公开发行股票的批复
证监许可〔2018〕1574 号	关于核准包头东宝生物技术股份有限公司非公开发行股票的批复
证监许可〔2018〕1575 号	关于核准湛江国联水产开发股份有限公司非公开发行股票的批复
证监许可〔2018〕1576 号	关于准予华夏中证四川国企改革交易型开放式指数证券投资基金注册的批复
证监许可〔2018〕1577 号	关于准予华夏中证四川国企改革交易型开放式指数证券投资基金联接基金注册的批复
证监许可〔2018〕1578 号	关于准予万家家裕债券型证券投资基金变更注册的批复
证监许可〔2018〕1579 号	关于准予中庚价值领航混合型证券投资基金注册的批复
证监许可〔2018〕1580 号	关于准予永赢通益债券型证券投资基金注册的批复
证监许可〔2018〕1581 号	关于准予华安鼎益定期开放债券型发起式证券投资基金变更注册的批复
证监许可〔2018〕1582 号	关于核准泰禾集团股份有限公司向合格投资者公开发行公司债券的批复
证监许可〔2018〕1583 号	关于核准青岛城市建设投资(集团)有限责任公司向合格投资者公开发行可续期公司债券的批复
证监许可〔2018〕1584 号	关于核准盈峰投资控股集团有限公司向合格投资者公开发行公司债券的批复
证监许可〔2018〕1585 号	关于核准山西建设投资集团有限公司向合格投资者公开发行可续期公司债券的批复
证监许可〔2018〕1586 号	关于核准山东晨鸣纸业集团股份有限公司向合格投资者公开发行可续期公司债券的批复

续表

发文字号	发文标题
证监许可〔2018〕1587 号	关于核准青岛城市建设投资(集团)有限责任公司向合格投资者公开发行公司债券的批复
证监许可〔2018〕1588 号	关于核准江苏洋河集团有限公司向合格投资者公开发行公司债券的批复
证监许可〔2018〕1589 号	关于核准三井住友银行股份有限公司人民币合格境外机构投资者资格的批复
证监许可〔2018〕1590 号	关于核准中化能源股份有限公司发行境外上市外资股的批复
证监许可〔2018〕1591 号	关于核准上海集优机械股份有限公司境外上市外资股配股的批复
证监许可〔2018〕1592 号	关于核准成都高速公路股份有限公司发行境外上市外资股的批复
证监许可〔2018〕1593 号	关于准予国泰宁益定期开放灵活配置混合型证券投资基金变更注册的批复
证监许可〔2018〕1594 号	关于核准银华国际资本管理有限公司人民币合格境外机构投资者资格的批复
证监许可〔2018〕1595 号	关于核准平安大华基金管理有限公司变更股权的批复
证监许可〔2018〕1596 号	关于核准漳州市九龙江集团有限公司向合格投资者公开发行公司债券的批复
证监许可〔2018〕1597 号	关于核准江苏丹阳农村商业银行股份有限公司定向发行股票的批复
证监许可〔2018〕1598 号	关于核准河北唐山农村商业银行股份有限公司定向发行股票的批复
证监许可〔2018〕1599 号	关于核准桂林银行股份有限公司定向发行股票的批复
证监许可〔2018〕1600 号	关于核准中国长江三峡集团有限公司向合格投资者公开发行公司债券的批复
证监许可〔2018〕1601 号	关于准予汇丰亚太股票(日本除外)专注波幅基金注册的批复
证监许可〔2018〕1602 号	关于核准泰达宏利基金管理有限公司变更股权的批复
证监许可〔2018〕1603 号	关于核准江苏紫金农村商业银行股份有限公司首次公开发行股票的批复
证监许可〔2018〕1604 号	关于核准浙江新农化工股份有限公司首次公开发行股票的批复
证监许可〔2018〕1605 号	关于核准湖南宇晶机器股份有限公司首次公开发行股票的批复
证监许可〔2018〕1606 号	关于核准新疆交通建设集团股份有限公司首次公开发行股票的批复
证监许可〔2018〕1607 号	关于核准浙江五洲新春集团股份有限公司向浙江五洲新春集团控股有限公司等发行股份购买资产并募集配套资金的批复
证监许可〔2018〕1608 号	关于不予核准神州数码集团股份有限公司发行股份购买资产并募集配套资金申请的决定
证监许可〔2018〕1609 号	关于不予核准江苏飞力达国际物流股份有限公司发行股份购买资产的决定
证监许可〔2018〕1610 号	关于核准深圳市深宝实业股份有限公司向深圳市福德国有资本运营有限公司发行股份购买资产的批复
证监许可〔2018〕1611 号	关于核准深圳市超频三科技股份有限公司向黄海燕等发行股份购买资产的批复
证监许可〔2018〕1612 号	关于核准江苏常铝铝业股份有限公司向周卫平发行股份购买资产并募集配套资金的批复
证监许可〔2018〕1613 号	关于核准北京海兰信数据科技股份有限公司向珠海市智海创信海洋科技服务合伙企业(有限合伙)等发行股份购买资产的批复
证监许可〔2018〕1614 号	关于核准北京扬德环境科技股份有限公司定向发行股票的批复
证监许可〔2018〕1615 号	关于核准北京宇信科技集团股份有限公司首次公开发行股票的批复

续表

发文字号	发文标题
证监许可〔2018〕1616 号	关于核准万家基金管理有限公司合格境内机构投资者资格的批复
证监许可〔2018〕1617 号	关于核准中国人保香港资产管理有限公司人民币合格境外机构投资者资格的批复
证监许可〔2018〕1618 号	关于核准设立淳厚基金管理有限公司的批复
证监许可〔2018〕1619 号	关于湖北凯龙化工集团股份有限公司公开发行可转换公司债券的批复
证监许可〔2018〕1620 号	关于准予中欧瑾泰灵活配置混合型证券投资基金变更注册的批复
证监许可〔2018〕1621 号	关于准予国联安行业领先混合型证券投资基金注册的批复
证监许可〔2018〕1622 号	关于核准山鹰国际控股股份公司公开发行可转换公司债券的批复
证监许可〔2018〕1623 号	关于不予核准北京金房暖通节能技术股份有限公司首次公开发行股票并上市申请的决定
证监许可〔2018〕1624 号	关于核准中粮屯河糖业股份有限公司非公开发行股票的批复
证监许可〔2018〕1625 号	关于核准广东溢多利生物科技股份有限公司公开发行可转换公司债券的批复
证监许可〔2018〕1626 号	关于核准江苏中天科技股份有限公司公开发行可转换公司债券的批复
证监许可〔2018〕1627 号	关于核准深圳市特发信息股份有限公司公开发行可转换公司债券的批复
证监许可〔2018〕1628 号	关于不予核准国安达股份有限公司首次公开发行股票并在创业板上市申请的决定
证监许可〔2018〕1629 号	关于核准苏州中来光伏新材股份有限公司公开发行可转换公司债券的批复
证监许可〔2018〕1630 号	关于核准苏州迈为科技股份有限公司首次公开发行股票的批复
证监许可〔2018〕1631 号	关于核准广东光华科技股份有限公司公开发行可转换公司债券的批复
证监许可〔2018〕1632 号	关于核准桐昆集团股份有限公司公开发行可转换公司债券的批复
证监许可〔2018〕1633 号	关于核准安徽金种子酒业股份有限公司非公开发行股票的批复
证监许可〔2018〕1634 号	关于核准国药控股股份有限公司向合格投资者公开发行公司债券的批复
证监许可〔2018〕1635 号	关于准予国融融泰灵活配置混合型证券投资基金注册的批复
证监许可〔2018〕1636 号	关于准予中泰星元价值优选灵活配置混合型证券投资基金注册的批复
证监许可〔2018〕1637 号	关于准予人保行业轮动混合型证券投资基金注册的批复
证监许可〔2018〕1638 号	关于核准宁夏农垦集团有限公司向合格投资者公开发行公司债券的批复
证监许可〔2018〕1639 号	关于核准重庆三峡融资担保集团股份有限公司向合格投资者公开发行可续期公司债券的批复
证监许可〔2018〕1640 号	关于核准渣打银行（中国）有限公司证券投资基金托管资格的批复
证监许可〔2018〕1641 号	关于核准豁免常州投资集团有限公司要约收购常柴股份有限公司股份义务的批复
证监许可〔2018〕1642 号	关于核准红星美凯龙家居集团股份有限公司向合格投资者公开发行公司债券的批复
证监许可〔2018〕1643 号	关于准予广发稳健策略混合型证券投资基金注册的批复
证监许可〔2018〕1644 号	关于准予泰康中证港股通非银行金融主题指数型发起式证券投资基金注册的批复

续表

发 文 字 号	发 文 标 题
证监许可〔2018〕1645 号	关于准予华泰柏瑞中证红利低波动交易型开放式指数证券投资基金注册的批复
证监许可〔2018〕1646 号	关于核准豁免广东省建筑工程集团有限公司要约收购广东水电二局股份有限公司股份义务的批复
证监许可〔2018〕1647 号	关于核准起步股份有限公司向合格投资者公开发行公司债券的批复
证监许可〔2018〕1648 号	关于核准上海爱建集团股份有限公司向合格投资者公开发行公司债券的批复
证监许可〔2018〕1649 号	关于核准广州市时代控股集团有限公司向合格投资者公开发行公司债券的批复
证监许可〔2018〕1650 号	关于核准湖南财信投资控股有限责任公司向合格投资者公开发行公司债券的批复
证监许可〔2018〕1651 号	关于核准中建方程投资发展集团有限公司向合格投资者公开发行可续期公司债券的批复
证监许可〔2018〕1652 号	关于准予广发深证 100 指数分级证券投资基金变更注册的批复
证监许可〔2018〕1653 号	关于准予鑫元悦利定期开放债券型发起式证券投资基金注册的批复
证监许可〔2018〕1654 号	关于准予南华瑞元定期开放债券型发起式证券投资基金注册的批复
证监许可〔2018〕1655 号	关于准予富荣福安灵活配置混合型证券投资基金变更注册的批复
证监许可〔2018〕1656 号	关于准予银华信用精选一年定期开放债券型发起式证券投资基金注册的批复
证监许可〔2018〕1657 号	关于准予融通国企改革新机遇灵活配置混合型证券投资基金变更注册的批复
证监许可〔2018〕1658 号	关于准予中信建投睿新灵活配置混合型证券投资基金变更注册的批复
证监许可〔2018〕1659 号	关于准予永赢诚益债券型证券投资基金注册的批复
证监许可〔2018〕1660 号	关于准予南华瑞颐混合型证券投资基金变更注册的批复
证监许可〔2018〕1661 号	关于准予华安养老目标日期 2030 三年持有期混合型发起式基金中基金(FOF)注册的批复
证监许可〔2018〕1662 号	关于准予国泰民安养老目标日期 2040 三年持有期混合型基金中基金(FOF)注册的批复
证监许可〔2018〕1663 号	关于准予汇添富养老目标日期 2050 五年持有期混合型基金中基金(FOF)注册的批复
证监许可〔2018〕1664 号	关于准予建信优享稳健养老目标一年持有期混合型基金中基金(FOF)注册的批复
证监许可〔2018〕1665 号	关于准予兴全安泰平衡养老目标三年持有期混合型基金中基金(FOF)注册的批复
证监许可〔2018〕1666 号	关于准予汇添富养老目标日期 2030 三年持有期混合型基金中基金(FOF)注册的批复
证监许可〔2018〕1667 号	关于准予华夏养老目标日期 2035 三年持有期混合型发起式基金中基金(FOF)注册的批复
证监许可〔2018〕1668 号	关于准予汇添富养老目标日期 2040 五年持有期混合型基金中基金(FOF)注册的批复
证监许可〔2018〕1669 号	关于准予泰达宏利养老目标日期 2040 三年持有期混合型基金中基金(FOF)注册的批复

续表

发文字号	发文标题
证监许可〔2018〕1670号	关于准予华夏养老目标日期2045三年持有期混合型基金中基金（FOF）注册的批复
证监许可〔2018〕1671号	关于准予嘉实养老目标日期2050五年持有期混合型发起式基金中基金（FOF）注册的批复
证监许可〔2018〕1672号	关于准予中欧预见养老目标日期2050五年持有期混合型基金中基金（FOF）注册的批复
证监许可〔2018〕1673号	关于核准湖北省联合发展投资集团有限公司向合格投资者公开发行可续期公司债券的批复
证监许可〔2018〕1674号	关于核准中喜生态产业股份有限公司定向发行股票的批复
证监许可〔2018〕1675号	关于核准中粮生物化学（安徽）股份有限公司向COFCO Bio－chemical Investment Co.,Ltd.发行股份购买资产申请的批复
证监许可〔2018〕1676号	关于核准博天环境集团股份有限公司向许又志等发行股份购买资产并募集配套资金的批复
证监许可〔2018〕1677号	关于核准广西北部湾银行股份有限公司定向发行股票的批复
证监许可〔2018〕1678号	关于核准欣捷投资控股集团有限公司向合格投资者公开发行公司债券的批复
证监许可〔2018〕1679号	关于核准深圳市特发集团有限公司向合格投资者公开发行公司债券的批复
证监许可〔2018〕1680号	关于核准阳泉煤业（集团）股份有限公司向合格投资者公开发行公司债券的批复
证监许可〔2018〕1681号	关于核准网信证券有限责任公司融资融券业务资格的批复
证监许可〔2018〕1682号	关于核准设立睿远基金管理有限公司的批复
证监许可〔2018〕1683号	关于核准中邮国际（英国）有限公司人民币合格境外机构投资者资格的批复
证监许可〔2018〕1684号	关于核准沪江教育科技（上海）股份有限公司首次公开发行境外上市外资股的批复
证监许可〔2018〕1685号	关于不予核准安融信用评级有限公司证券市场资信评级业务许可的决定
证监许可〔2018〕1686号	关于核准东方证券股份有限公司证券投资基金托管资格的批复
证监许可〔2018〕1687号	关于核准瑞康医药股份有限公司向合格投资者公开发行可续期公司债券的批复
证监许可〔2018〕1688号	关于核准广东珠江投资管理集团有限公司向合格投资者公开发行公司债券的批复
证监许可〔2018〕1689号	关于核准中联重科股份有限公司向合格投资者公开发行公司债券的批复
证监许可〔2018〕1690号	关于核准河南新野纺织股份有限公司向合格投资者公开发行公司债券的批复
证监许可〔2018〕1691号	关于核准平安不动产有限公司向合格投资者公开发行可续期公司债券的批复
证监许可〔2018〕1692号	关于核准温氏食品集团股份有限公司向合格投资者公开发行公司债券的批复
证监许可〔2018〕1693号	关于准予泓德裕丰中短债债券型证券投资基金注册的批复
证监许可〔2018〕1694号	关于准予国联安智能制造混合型证券投资基金注册的批复
证监许可〔2018〕1695号	关于准予人保沪深300指数型证券投资基金注册的批复
证监许可〔2018〕1696号	关于准予博道中证500指数增强型证券投资基金注册的批复

续表

发文字号	发文标题
证监许可〔2018〕1697号	关于准予兴全合润分级混合型证券投资基金变更注册的批复
证监许可〔2018〕1698号	关于准予东方红睿阳灵活配置混合型证券投资基金(LOF)变更注册的批复
证监许可〔2018〕1699号	关于准予工银瑞信瑞泽定期开放债券型证券投资基金注册的批复
证监许可〔2018〕1700号	关于核准中交路桥建设有限公司向合格投资者公开发行可续期公司债券的批复
证监许可〔2018〕1701号	关于准予富兰克林国海恒嘉6个月定期开放债券型发起式证券投资基金变更注册的批复
证监许可〔2018〕1702号	关于准予富荣富金专项金融债纯债债券型证券投资基金注册的批复
证监许可〔2018〕1703号	关于准予中银证券军工安全灵活配置混合型证券投资基金变更注册的批复
证监许可〔2018〕1704号	关于准予南方畅利定期开放债券型发起式证券投资基金注册的批复
证监许可〔2018〕1705号	关于准予广发港股通优质增长混合型证券投资基金注册的批复
证监许可〔2018〕1706号	关于准予广发景明中短债债券型证券投资基金注册的批复
证监许可〔2018〕1707号	关于核准豁免中交房地产集团有限公司要约收购中交地产股份有限公司股份义务的批复
证监许可〔2018〕1708号	关于核准广汇汽车服务股份公司向合格投资者公开发行公司债券的批复
证监许可〔2018〕1709号	关于核准浙江省浙商资产管理有限公司向合格投资者公开发行公司债券的批复
证监许可〔2018〕1710号	关于核准豁免天津津诚国有资本投资运营有限公司要约收购天津松江股份有限公司股份义务的批复
证监许可〔2018〕1711号	关于准予财通资管鑫达回报混合型证券投资基金变更注册的批复
证监许可〔2018〕1712号	关于核准深圳市沃尔核材股份有限公司向合格投资者公开发行公司债券的批复
证监许可〔2018〕1713号	关于准予国寿安保安丰纯债债券型证券投资基金注册的批复
证监许可〔2018〕1714号	关于核准紫光集团有限公司向合格投资者公开发行公司债券的批复
证监许可〔2018〕1715号	关于准予创金合信鑫日享短债债券型证券投资基金注册的批复
证监许可〔2018〕1716号	关于准予华泰柏瑞丰汇债券型证券投资基金变更注册的批复
证监许可〔2018〕1717号	关于准予国泰聚禾纯债债券型证券投资基金注册的批复
证监许可〔2018〕1718号	关于准予华泰保兴尊悦债券型证券投资基金变更注册的批复
证监许可〔2018〕1719号	关于核准江西省港航建设投资有限公司向合格投资者公开发行公司债券的批复
证监许可〔2018〕1720号	关于准予国泰利享中短债债券型证券投资基金注册的批复
证监许可〔2018〕1721号	关于准予长信中证能源互联网主题指数型证券投资基金(LOF)变更注册的批复
证监许可〔2018〕1722号	关于准予南方智诚混合型证券投资基金注册的批复
证监许可〔2018〕1723号	关于准予人保中证500指数型证券投资基金注册的批复
证监许可〔2018〕1724号	关于准予浙商汇金聚鑫定期开放债券型发起式证券投资基金注册的批复

续表

发文字号	发文标题
证监许可〔2018〕1725号	关于核准宁波水表股份有限公司首次公开发行股票的批复
证监许可〔2018〕1726号	关于核准新希望乳业股份有限公司首次公开发行股票的批复
证监许可〔2018〕1727号	关于核准青岛银行股份有限公司首次公开发行股票的批复
证监许可〔2018〕1728号	关于核准上海华培动力科技股份有限公司首次公开发行股票的批复
证监许可〔2018〕1729号	关于核准北京拓尔思信息技术股份有限公司向江南等发行股份购买资产并募集配套资金的批复
证监许可〔2018〕1730号	关于核准通威股份有限公司公开发行可转换公司债券的的批复
证监许可〔2018〕1731号	关于核准长沙岱勒新材料科技股份有限公司公开发行可转换公司债券的批复
证监许可〔2018〕1732号	关于核准福建福能股份有限公司公开发行可转换公司债券的批复
证监许可〔2018〕1733号	关于核准海南钧达汽车饰件股份有限公司公开发行可转换公司债券的批复
证监许可〔2018〕1734号	关于核准苏州华源控股股份有限公司公开发行可转换公司债券的批复
证监许可〔2018〕1735号	关于核准安徽省安泰科技股份有限公司定向发行股票的批复
证监许可〔2018〕1736号	关于核准科润智能控制股份有限公司定向发行股票的批复
证监许可〔2018〕1737号	关于核准中融新大集团有限公司向合格投资者公开发行公司债券的批复
证监许可〔2018〕1738号	关于核准厦门象屿集团有限公司向合格投资者公开发行可续期公司债券的批复
证监许可〔2018〕1739号	关于核准深圳市卓越商业管理有限公司向合格投资者公开发行公司债券的批复
证监许可〔2018〕1740号	关于核准天马微电子股份有限公司向合格投资者公开发行公司债券的批复
证监许可〔2018〕1741号	关于核准南京寒锐钴业股份有限公司公开发行可转换公司债券的批复
证监许可〔2018〕1742号	关于核准辽宁禾丰牧业股份有限公司非公开发行股票的批复
证监许可〔2018〕1743号	关于核准中国中铁股份有限公司向合格投资者公开发行公司债券的批复
证监许可〔2018〕1744号	关于核准豁免信达投资有限公司要约收购信达地产股份有限公司股份义务的批复
证监许可〔2018〕1745号	关于核准安通控股股份有限公司非公开发行股票的批复
证监许可〔2018〕1746号	关于核准科大智能科技股份有限公司非公开发行股票的的批复
证监许可〔2018〕1747号	关于核准浙江台华新材料股份有限公司公开发行可转换公司债券的批复
证监许可〔2018〕1748号	关于核准安徽安科生物工程（集团）股份有限公司非公开发行股票的批复
证监许可〔2018〕1749号	关于核准东信和平科技股份有限公司配股的批复
证监许可〔2018〕1750号	关于核准深圳赤湾港航股份有限公司向 China Merchants Investment Development Company Limited 发行股份购买资产并募集配套资金的批复
证监许可〔2018〕1751号	关于核准宜昌东阳光长江药业股份有限公司增发境外上市外资股的批复
证监许可〔2018〕1752号	关于核准中国天楹股份有限公司向中节能华禹（镇江）绿色产业并购投资基金（有限合伙）等发行股份购买资产并募集配套资金的批复
证监许可〔2018〕1753号	关于不予核准四川浩物机电股份有限公司发行股份购买资产并募集配套资金的决定

续表

发文字号	发文标题
证监许可〔2018〕1754 号	关于核准益丰大药房连锁股份有限公司向石朴英等发行股份购买资产的批复
证监许可〔2018〕1755 号	关于核准北京钢研高纳科技股份有限公司向王兴雷等发行股份购买资产并募集配套资金的批复
证监许可〔2018〕1756 号	关于核准华泰证券股份有限公司向合格投资者公开发行公司债券的批复
证监许可〔2018〕1757 号	关于核准中国建材股份有限公司向合格投资者公开发行公司债券的批复
证监许可〔2018〕1758 号	关于核准中国南方航空股份有限公司向合格投资者公开发行公司债券的批复
证监许可〔2018〕1759 号	关于核准金光纸业(中国)投资有限公司向合格投资者公开发行公司债券的批复
证监许可〔2018〕1760 号	关于核准武汉同济现代医药科技股份有限公司定向发行股票的批复
证监许可〔2018〕1761 号	关于准予浙商丰盈纯债六个月定期开放债券型证券投资基金注册的批复
证监许可〔2018〕1762 号	关于准予弘毅远方消费升级混合型发起式证券投资基金注册的批复
证监许可〔2018〕1763 号	关于准予人保鑫盛纯债债券型证券投资基金注册的批复
证监许可〔2018〕1764 号	关于准予诺德量化蓝筹增强混合型证券投资基金变更注册的批复
证监许可〔2018〕1765 号	关于准予方正富邦信泓灵活配置混合型证券投资基金注册的批复
证监许可〔2018〕1766 号	关于准予中泰玉衡价值优选灵活配置混合型证券投资基金注册的批复
证监许可〔2018〕1767 号	关于准予鹏华研究智选混合型证券投资基金注册的批复
证监许可〔2018〕1768 号	关于准予永赢伟益债券型证券投资基金注册的批复
证监许可〔2018〕1769 号	关于准予兴银颖新灵活配置混合型证券投资基金变更注册的批复
证监许可〔2018〕1770 号	关于准予兴银先锋成长混合型证券投资基金注册的批复
证监许可〔2018〕1771 号	关于准予鹏华精选回报三年定期开放混合型证券投资基金注册的批复
证监许可〔2018〕1772 号	关于核准中国外运股份有限公司吸收合并中外运空运发展股份有限公司申请的批复
证监许可〔2018〕1773 号	关于准予山西证券超短债债券型证券投资基金注册的批复
证监许可〔2018〕1774 号	关于准予汇安嘉鑫纯债债券型证券投资基金注册的批复
证监许可〔2018〕1775 号	关于准予浦银安盛睿富灵活配置混合型证券投资基金变更注册的批复
证监许可〔2018〕1776 号	关于准予博时中债 1－3 年政策性金融债指数证券投资基金注册的批复
证监许可〔2018〕1777 号	关于准予招商鑫悦中短债债券型证券投资基金注册的批复
证监许可〔2018〕1778 号	关于核准康希诺生物股份公司发行境外上市外资股的批复
证监许可〔2018〕1779 号	关于准予广发景秀纯债债券型证券投资基金注册的批复
证监许可〔2018〕1780 号	关于准予国泰润鑫纯债债券型证券投资基金变更注册的批复
证监许可〔2018〕1781 号	关于准予金鹰添鑫定期开放债券型发起式证券投资基金注册的批复
证监许可〔2018〕1782 号	关于准予南方纯元债券型证券投资基金变更注册的批复
证监许可〔2018〕1783 号	关于准予鑫元享利债券型证券投资基金注册的批复
证监许可〔2018〕1784 号	关于准予中金新元一年定期开放债券型证券投资基金注册的批复

续表

发文字号	发文标题
证监许可〔2018〕1785号	关于核准中国银行股份有限公司开展存托凭证试点存托业务的批复
证监许可〔2018〕1786号	关于核准深圳能源集团股份有限公司向合格投资者公开发行可续期公司债券的批复
证监许可〔2018〕1787号	关于核准广东恒健投资控股有限公司向合格投资者公开发行公司债券的批复
证监许可〔2018〕1788号	关于核准物产中大集团股份有限公司向合格投资者公开发行可续期公司债券的批复
证监许可〔2018〕1789号	关于核准漳州市九龙江集团有限公司向合格投资者公开发行可续期公司债券的批复
证监许可〔2018〕1790号	关于核准内蒙古蒙电华能热电股份有限公司向合格投资者公开发行可续期公司债券的批复
证监许可〔2018〕1791号	关于核准威海市商业银行股份有限公司定向发行股票的批复
证监许可〔2018〕1792号	关于核准无锡药明康德新药开发股份有限公司发行境外上市外资股的批复
证监许可〔2018〕1793号	关于核准国家开发投资集团有限公司向合格投资者公开发行公司债券的批复
证监许可〔2018〕1794号	关于核准物产中大集团股份有限公司向合格投资者公开发行公司债券的批复
证监许可〔2018〕1795号	关于核准天津农村商业银行股份有限公司定向发行股票的批复
证监许可〔2018〕1796号	关于不予核准武汉微创光电股份有限公司首次公开发行股票并在创业板上市申请的决定
证监许可〔2018〕1797号	关于核准贵研铂业股份有限公司配股的批复
证监许可〔2018〕1798号	关于核准万向钱潮股份有限公司配股的批复
证监许可〔2018〕1799号	关于核准天齐锂业股份有限公司发行境外上市外资股的批复
证监许可〔2018〕1800号	关于不予核准浙江恒强科技股份有限公司首次公开发行股票并在创业板上市申请的决定
证监许可〔2018〕1801号	关于核准吉林华微电子股份有限公司配股的批复
证监许可〔2018〕1802号	关于核准江苏爱朋医疗科技股份有限公司首次公开发行股票的批复
证监许可〔2018〕1803号	关于核准安徽中鼎密封件股份有限公司公开发行可转换公司债券的批复
证监许可〔2018〕1804号	关于核准温岭浙江工量刃具交易中心股份有限公司发行境外上市外资股的批复
证监许可〔2018〕1805号	关于核准浙江鸿翔建设集团股份有限公司发行境外上市外资股的批复
证监许可〔2018〕1806号	关于准予平安大华中证5－10年期国债活跃券交易型开放式指数证券投资基金注册的批复
证监许可〔2018〕1807号	关于准予平安大华高等级债债券型证券投资基金变更注册的批复
证监许可〔2018〕1808号	关于准予长信合利一年定期开放混合型证券投资基金变更注册的批复
证监许可〔2018〕1809号	关于准予平安大华中债－中高等级公司债利差因子交易型开放式指数证券投资基金注册的批复
证监许可〔2018〕1810号	关于准予招商安庆债券型证券投资基金注册的批复
证监许可〔2018〕1811号	关于准予永赢昌益债券型证券投资基金注册的批复
证监许可〔2018〕1812号	关于准予银华安丰中短期政策性金融债债券型证券投资基金注册的批复

续表

发文字号	发文标题
证监许可〔2018〕1813 号	关于准予汇添富短债债券型证券投资基金注册的批复
证监许可〔2018〕1814 号	关于核准豁免淮河能源控股集团有限责任公司要约收购安徽皖江物流(集团)股份有限公司股份义务的批复
证监许可〔2018〕1815 号	关于核准豁免新疆生产建设兵团第二师国有资产监督管理委员会要约收购新疆冠农果茸集团股份有限公司股份义务的批复
证监许可〔2018〕1816 号	关于核准江苏南通农村商业银行股份有限公司定向发行股票的批复
证监许可〔2018〕1817 号	关于准予西部利得久安回报灵活配置混合型证券投资基金变更注册的批复
证监许可〔2018〕1818 号	关于准予财通中证香港红利等权投资指数型证券投资基金注册的批复
证监许可〔2018〕1819 号	关于准予浦银安盛盛元纯债债券型证券投资基金变更注册的批复
证监许可〔2018〕1820 号	关于准予汇安多因子混合型证券投资基金注册的批复
证监许可〔2018〕1821 号	关于准予广发消费升级股票型证券投资基金注册的批复
证监许可〔2018〕1822 号	关于准予方正富邦中证 500 交易型开放式指数证券投资基金联接基金注册的批复
证监许可〔2018〕1823 号	关于准予国泰创业板指数证券投资基金(LOF)变更注册的批复
证监许可〔2018〕1824 号	关于核准天津保税区投资控股集团有限公司向合格投资者公开发行可续期公司债券的批复
证监许可〔2018〕1825 号	关于核准华夏幸福基业股份有限公司向合格投资者公开发行公司债券的批复
证监许可〔2018〕1826 号	关于核准广发证券股份有限公司向合格投资者公开发行公司债券的批复
证监许可〔2018〕1827 号	关于准予富荣福泰灵活配置混合型证券投资基金变更注册的批复
证监许可〔2018〕1828 号	关于准予红土创新沪深 300 指数增强型发起式证券投资基金注册的批复
证监许可〔2018〕1829 号	关于准予汇添富中证医药卫生交易型开放式指数证券投资基金联接基金注册的批复
证监许可〔2018〕1830 号	关于准予嘉实新添益定期开放混合型证券投资基金注册的批复
证监许可〔2018〕1831 号	关于核准上海豫园旅游商城股份有限公司向合格投资者公开发行公司债券的批复
证监许可〔2018〕1832 号	关于核准北京京能电力股份有限公司向合格投资者公开发行公司债券的批复
证监许可〔2018〕1833 号	关于核准中国葛洲坝集团股份有限公司向合格投资者公开发行公司债券的批复
证监许可〔2018〕1834 号	关于核准深圳市天健(集团)股份有限公司向合格投资者公开发行可续期公司债券的批复
证监许可〔2018〕1835 号	关于核准联想控股股份有限公司向合格投资者公开发行公司债券的批复
证监许可〔2018〕1836 号	关于核准广东道氏技术股份有限公司向广东远为投资有限公司等发行股份购买资产的批复
证监许可〔2018〕1837 号	关于核准上海城地建设股份有限公司向沙正勇等发行股份购买资产并募集配套资金的批复
证监许可〔2018〕1838 号	关于不予核准中粮地产(集团)股份有限公司向 Vibrant Oak Limited(明毅有限公司)发行股份购买资产并募集配套资金的决定

续表

发文字号	发文标题
证监许可〔2018〕1839 号	关于核准青岛港国际股份有限公司首次公开发行股票的批复
证监许可〔2018〕1840 号	关于核准泸州市商业银行股份有限公司发行境外上市外资股的批复
证监许可〔2018〕1841 号	关于核准烟台中宠食品股份有限公司公开发行可转换公司债券的批复
证监许可〔2018〕1842 号	关于核准深圳拓邦股份有限公司公开发行可转换公司债券的批复
证监许可〔2018〕1843 号	关于核准深圳市尚荣医疗股份有限公司公开发行可转换公司债券的批复
证监许可〔2018〕1844 号	关于核准阳煤化工股份有限公司非公开发行股票的批复
证监许可〔2018〕1845 号	关于核准深圳市隆利科技股份有限公司首次公开发行股票的批复
证监许可〔2018〕1846 号	关于核准博彦科技股份有限公司公开发行可转换公司债券的批复
证监许可〔2018〕1847 号	关于核准浙江伟明环保股份有限公司公开发行可转换公司债券的批复
证监许可〔2018〕1848 号	关于核准豁免海南省国有资产监督管理委员会要约收购海南海峡航运股份有限公司股份义务的批复
证监许可〔2018〕1849 号	关于准予宝盈聚享纯债定期开放债券型发起式证券投资基金注册的批复
证监许可〔2018〕1850 号	关于准予新华红利股主题灵活配置混合型证券投资基金变更注册的批复
证监许可〔2018〕1851 号	关于核准天津城市基础设施建设投资集团有限公司向合格投资者公开发行公司债券的批复
证监许可〔2018〕1852 号	关于准予创金合信汇泰纯债两年期定期开放债券型证券投资基金变更注册的批复
证监许可〔2018〕1853 号	关于准予博时安诚 18 个月定期开放债券型证券投资基金变更注册的批复
证监许可〔2018〕1854 号	关于准予广发招财短债债券型证券投资基金注册的批复
证监许可〔2018〕1855 号	关于准予新华安颐回报 18 个月定期开放混合型证券投资基金变更注册的批复
证监许可〔2018〕1856 号	关于准予交银施罗德中债 1－3 年农发行债券指数证券投资基金注册的批复
证监许可〔2018〕1857 号	关于核准北京首创股份有限公司向合格投资者公开发行绿色公司债券的批复
证监许可〔2018〕1858 号	关于核准中国国际海运集装箱（集团）股份有限公司向合格投资者公开发行公司债券的批复
证监许可〔2018〕1859 号	关于核准申万宏源证券有限公司向合格投资者公开发行公司债券的批复
证监许可〔2018〕1860 号	关于核准浙江开元酒店管理股份有限公司发行境外上市外资股的批复
证监许可〔2018〕1861 号	关于核准中建三局集团有限公司向合格投资者公开发行可续期公司债券的批复
证监许可〔2018〕1862 号	关于核准中泰证券股份有限公司向合格投资者公开发行公司债券的批复
证监许可〔2018〕1863 号	关于核准鹏扬基金管理有限公司变更股权的批复
证监许可〔2018〕1864 号	关于核准花样年集团（中国）有限公司向合格投资者公开发行公司债券的批复
证监许可〔2018〕1865 号	关于核准国药控股（中国）融资租赁有限公司向合格投资者公开发行公司债券的批复
证监许可〔2018〕1866 号	关于准予泰达宏利年年添利定期开放债券型证券投资基金注册的批复
证监许可〔2018〕1867 号	关于准予国寿安保新蓝筹灵活配置混合型证券投资基金注册的批复

续表

发文字号	发文标题
证监许可〔2018〕1868 号	关于准予平安大华核心优势混合型证券投资基金注册的批复
证监许可〔2018〕1869 号	关于准予诺安沪港深精选灵活配置混合型证券投资基金变更注册的批复
证监许可〔2018〕1870 号	关于准予易方达 MSCI 中国 A 股国际通交易型开放式指数证券投资基金发起式联接基金注册的批复
证监许可〔2018〕1871 号	关于不予核准成都博瑞传播股份有限公司发行股份购买资产的决定
证监许可〔2018〕1872 号	关于核准豁免中电网络通信有限公司要约收购广州杰赛科技股份有限公司股份义务的批复
证监许可〔2018〕1873 号	关于核准众信旅游集团股份有限公司向郭洪斌等发行股份购买资产的批复
证监许可〔2018〕1874 号	关于准予平安大华可转债债券型证券投资基金变更注册的批复
证监许可〔2018〕1875 号	关于准予广发中债 1－3 年农发行债券指数证券投资基金变更注册的批复
证监许可〔2018〕1876 号	关于准予永赢宏益债券型证券投资基金注册的批复
证监许可〔2018〕1877 号	关于准予招商招景纯债债券型证券投资基金变更注册的批复
证监许可〔2018〕1878 号	关于准予中银稳汇短债债券型证券投资基金注册的批复
证监许可〔2018〕1879 号	关于准予中融聚汇 3 个月定期开放债券型发起式证券投资基金注册的批复
证监许可〔2018〕1880 号	关于准予人保安惠三个月定期开放债券型发起式证券投资基金注册的批复
证监许可〔2018〕1881 号	关于准予天弘穗利一年定期开放债券型证券投资基金注册的批复
证监许可〔2018〕1882 号	关于准予平安大华中证人工智能主题交易型开放式指数证券投资基金注册的批复
证监许可〔2018〕1883 号	关于准予易方达安悦超短债债券型证券投资基金注册的批复
证监许可〔2018〕1884 号	关于准予华夏中短债债券型证券投资基金注册的批复
证监许可〔2018〕1885 号	关于准予诺德量化成长增强混合型证券投资基金变更注册的批复
证监许可〔2018〕1886 号	关于准予新华安享多鑫定期开放灵活配置混合型证券投资基金变更注册的批复
证监许可〔2018〕1887 号	关于准予长城久盈纯债分级债券型证券投资基金变更注册的批复
证监许可〔2018〕1888 号	关于核准河南省交通规划设计研究院股份有限公司向杨彬等发行股份购买资产的批复
证监许可〔2018〕1889 号	关于准予方正富邦深证 100 交易型开放式指数证券投资基金联接基金注册的批复
证监许可〔2018〕1890 号	关于准予长盛盛康灵活配置混合型证券投资基金变更注册的批复
证监许可〔2018〕1891 号	关于准予景顺长城景泰聚利纯债债券型证券投资基金注册的批复
证监许可〔2018〕1892 号	关于准予华夏鼎康债券型证券投资基金注册的批复
证监许可〔2018〕1893 号	关于准予国融融盛龙头严选混合型证券投资基金注册的批复
证监许可〔2018〕1894 号	关于准予博时中证 800 证券保险指数分级证券投资基金变更注册的批复
证监许可〔2018〕1895 号	关于准予工银瑞信聚盈混合型证券投资基金注册的批复
证监许可〔2018〕1896 号	关于准予长城创新动力灵活配置混合型证券投资基金变更注册的批复

续表

发文字号	发文标题
证监许可〔2018〕1897号	关于准予景顺长城中证500指数增强型证券投资基金注册的批复
证监许可〔2018〕1898号	关于准予南方臻元债券型证券投资基金注册的批复
证监许可〔2018〕1899号	关于准予农银汇理永安混合型证券投资基金注册的批复
证监许可〔2018〕1900号	关于核准上海沪工焊接集团股份有限公司向许宝瑞等发行股份购买资产并募集配套资金的批复
证监许可〔2018〕1901号	关于核准豁免中国铁路物资集团有限公司要约收购新疆国统管道股份有限公司股份义务的批复
证监许可〔2018〕1902号	关于不予核准深圳市宇驰检测技术股份有限公司首次公开发行股票并在创业板上市申请的决定
证监许可〔2018〕1903号	关于核准锦州银行股份有限公司增发境外上市外资股的批复
证监许可〔2018〕1904号	关于准予易方达保本一号混合型证券投资基金变更注册的批复
证监许可〔2018〕1905号	关于核准长信基金管理有限责任公司变更股权的批复
证监许可〔2018〕1906号	关于核准瑞士嘉盛银行有限公司人民币合格境外机构投资者资格的批复
证监许可〔2018〕1907号	关于核准上海北特科技股份有限公司非公开发行股票的批复
证监许可〔2018〕1908号	关于核准宜宾纸业股份有限公司非公开发行股票的批复
证监许可〔2018〕1909号	关于不予核准上海秦森园林股份有限公司首次公开发行股票并上市申请的决定
证监许可〔2018〕1910号	关于核准长沙景嘉微电子股份有限公司非公开发行股票的批复
证监许可〔2018〕1911号	关于核准深圳市中装建设集团股份有限公司公开发行可转换公司债券的批复
证监许可〔2018〕1912号	关于核准青岛海尔股份有限公司公开发行可转换公司债券的批复
证监许可〔2018〕1913号	关于核准创维数字股份有限公司公开发行可转换公司债券的批复
证监许可〔2018〕1914号	关于核准上海君实生物医药科技股份有限公司发行境外上市外资股的批复
证监许可〔2018〕1915号	关于核准辽宁成大生物股份有限公司发行境外上市外资股的批复
证监许可〔2018〕1916号	关于核准重庆对外经贸（集团）有限公司向合格投资者公开发行可续期公司债券的批复
证监许可〔2018〕1917号	关于核准阳泉煤业（集团）股份有限公司向合格投资者公开发行可续期公司债券的批复
证监许可〔2018〕1918号	关于核准江苏亨通光电股份有限公司向合格投资者公开发行公司债券的批复
证监许可〔2018〕1919号	关于核准中国铁建股份有限公司向合格投资者公开发行公司债券的批复
证监许可〔2018〕1920号	关于核准设立博远基金管理有限公司的批复
证监许可〔2018〕1921号	关于核准新疆天利期货经纪有限公司变更股权的批复
证监许可〔2018〕1922号	关于核准荣盛石化股份有限公司向合格投资者公开发行绿色公司债券的批复
证监许可〔2018〕1923号	关于核准广州航新航空科技股份有限公司向合格投资者公开发行创新创业公司债券的批复
证监许可〔2018〕1924号	关于核准云南省城市建设投资集团有限公司向合格投资者公开发行可续期公司债券的批复

续表

发文字号	发文标题
证监许可〔2018〕1925 号	关于准予银河乐活优萃混合型证券投资基金注册的批复
证监许可〔2018〕1926 号	关于准予博时中证银行指数分级证券投资基金变更注册的批复
证监许可〔2018〕1927 号	关于准予国泰中证生物医药交易型开放式指数证券投资基金注册的批复
证监许可〔2018〕1928 号	关于准予国泰中证生物医药交易型开放式指数证券投资基金联接基金注册的批复
证监许可〔2018〕1929 号	关于准予中融央视财经 50 交易型开放式指数证券投资基金注册的批复
证监许可〔2018〕1930 号	关于准予中融央视财经 50 交易型开放式指数证券投资基金联接基金注册的批复
证监许可〔2018〕1931 号	关于准予万家中证 500 指数增强型发起式证券投资基金注册的批复
证监许可〔2018〕1932 号	关于准予汇丰晋信港股通精选股票型证券投资基金注册的批复
证监许可〔2018〕1933 号	关于准予长城研究精选混合型证券投资基金注册的批复
证监许可〔2018〕1934 号	关于核准盈峰环境科技集团股份有限公司向宁波盈峰资产管理有限公司等发行股份购买资产的批复
证监许可〔2018〕1935 号	关于核准浙江日发精密机械股份有限公司向浙江日发控股集团有限公司等发行股份购买资产并募集配套资金的批复
证监许可〔2018〕1936 号	关于核准北京辰安科技股份有限公司向中科大资产经营有限责任公司等发行股份购买资产并募集配套资金的批复
证监许可〔2018〕1937 号	关于核准恒逸石化股份有限公司向浙江恒逸集团有限公司等发行股份购买资产并募集配套资金的批复
证监许可〔2018〕1938 号	关于准予国泰丰盈纯债债券型证券投资基金注册的批复
证监许可〔2018〕1939 号	关于准予建信双利策略主题分级股票型证券投资基金变更注册的批复
证监许可〔2018〕1940 号	关于准予博时中债 3－5 年进出口行债券指数证券投资基金注册的批复
证监许可〔2018〕1941 号	关于准予华夏鼎盛债券型证券投资基金变更注册的批复
证监许可〔2018〕1942 号	关于准予华夏鼎略债券型证券投资基金注册的批复
证监许可〔2018〕1943 号	关于准予农银汇理可转债债券型证券投资基金注册的批复
证监许可〔2018〕1944 号	关于准予工银瑞信添慧债券型证券投资基金注册的批复
证监许可〔2018〕1945 号	关于准予国金惠鑫短债债券型证券投资基金注册的批复
证监许可〔2018〕1946 号	关于准予中信保诚景丰债券型证券投资基金注册的批复
证监许可〔2018〕1947 号	关于准予工银瑞信尊利中短债债券型证券投资基金注册的批复
证监许可〔2018〕1948 号	关于准予东海祥利纯债债券型证券投资基金注册的批复
证监许可〔2018〕1949 号	关于准予平安大华高端制造混合型证券投资基金注册的批复
证监许可〔2018〕1950 号	关于准予红土创新盈润定期开放债券型发起式证券投资基金变更注册的批复
证监许可〔2018〕1951 号	关于准予富国德利纯债三个月定期开放债券型发起式证券投资基金注册的批复
证监许可〔2018〕1952 号	关于准予天弘港股通精选灵活配置混合型发起式证券投资基金注册的批复
证监许可〔2018〕1953 号	关于准予方正富邦富利纯债债券型发起式证券投资基金注册的批复

续表

发文字号	发文标题
证监许可〔2018〕1954 号	关于准予诺安恒惠债券型证券投资基金注册的批复
证监许可〔2018〕1955 号	关于准予鹏扬添利增强债券型证券投资基金注册的批复
证监许可〔2018〕1956 号	关于核准山东领信信息科技股份有限公司定向发行股票的批复
证监许可〔2018〕1957 号	关于核准无锡上机数控股份有限公司首次公开发行股票的批复
证监许可〔2018〕1958 号	关于核准罗博特科智能科技股份有限公司首次公开发行股票的批复
证监许可〔2018〕1959 号	关于核准福莱特玻璃集团股份有限公司首次公开发行股票的批复
证监许可〔2018〕1960 号	关于核准有友食品股份有限公司首次公开发行股票的批复
证监许可〔2018〕1961 号	关于核准青岛蔚蓝生物股份有限公司首次公开发行股票的批复
证监许可〔2018〕1962 号	关于核准中远海运发展股份有限公司向合格投资者公开发行可续期公司债券的批复
证监许可〔2018〕1963 号	关于核准北京三聚环保新材料股份有限公司向合格投资者公开发行可续期公司债券的批复
证监许可〔2018〕1964 号	关于核准中国环球租赁有限公司向合格投资者公开发行公司债券的批复
证监许可〔2018〕1965 号	关于核准春秋航空股份有限公司向合格投资者公开发行公司债券的批复
证监许可〔2018〕1966 号	关于核准青海大通农村商业银行股份有限公司定向发行股票的批复
证监许可〔2018〕1967 号	关于核准大众交通（集团）股份有限公司向合格投资者公开发行公司债券的批复
证监许可〔2018〕1968 号	关于核准冰轮环境技术股份有限公司公开发行可转换公司债券的批复
证监许可〔2018〕1969 号	关于核准广州迪森热能技术股份有限公司公开发行可转换公司债券的批复
证监许可〔2018〕1970 号	关于核准佳都新太科技股份有限公司公开发行可转换公司债券的批复
证监许可〔2018〕1971 号	关于核准维格娜丝时装股份有限公司公开发行可转换公司债券的批复
证监许可〔2018〕1972 号	关于核准亚夏汽车股份有限公司重大资产重组及向鲁忠芳等发行股份购买资产的批复
证监许可〔2018〕1973 号	关于核准贵州久联民爆器材发展股份有限公司向贵州盘江化工（集团）有限公司等发行股份购买资产的批复
证监许可〔2018〕1974 号	关于核准宁波海运股份有限公司向浙江省能源集团有限公司等发行股份购买资产的批复
证监许可〔2018〕1975 号	关于核准北京东方中科集成科技股份有限公司向东方科仪控股集团有限公司发行股份购买资产的批复
证监许可〔2018〕1976 号	关于核准中节能环保装备股份有限公司向周震球等发行股份购买资产并募集配套资金的批复
证监许可〔2018〕1977 号	关于核准豁免中国兵器装备集团有限公司要约收购重庆建设汽车系统股份有限公司股份义务的批复
证监许可〔2018〕1978 号	关于核准航天工业发展股份有限公司向王建国等发行股份购买资产并募集配套资金的批复
证监许可〔2018〕1979 号	关于核准河南思维自动化设备股份有限公司向赵建州等发行股份购买资产并募集配套资金的批复

续表

发文字号	发文标题
证监许可〔2018〕1980 号	关于核准青岛天华院化学工程股份有限公司向 CNCE Global Holdings（Hong Kong）Co. ,Limited 等发行股份购买资产并募集配套资金的批复
证监许可〔2018〕1981 号	关于核准广州越秀融资租赁有限公司向合格投资者公开发行公司债券的批复
证监许可〔2018〕1982 号	关于准予富国股息优选灵活配置混合型证券投资基金变更注册的批复
证监许可〔2018〕1983 号	关于准予嘉合睿金定期开放灵活配置混合型发起式证券投资基金变更注册的批复
证监许可〔2018〕1984 号	关于准予鹏华中证酒交易型开放式指数证券投资基金注册的批复
证监许可〔2018〕1985 号	关于准予汇安融鑫纯债定期开放债券型发起式证券投资基金变更注册的批复
证监许可〔2018〕1986 号	关于准予富国新天锋定期开放债券型证券投资基金变更注册的批复
证监许可〔2018〕1987 号	关于准予银河家盈纯债债券型证券投资基金注册的批复
证监许可〔2018〕1988 号	关于准予泰康中证港股通大消费主题指数型发起式证券投资基金注册的批复
证监许可〔2018〕1989 号	关于准予招商中债 1 – 5 年农发行债券指数证券投资基金注册的批复
证监许可〔2018〕1990 号	关于准予浦银安盛政策性金融债债券型证券投资基金注册的批复
证监许可〔2018〕1991 号	关于准予国寿安保尊荣中短债债券型证券投资基金注册的批复
证监许可〔2018〕1992 号	关于准予景顺长城景泰鑫利纯债债券型证券投资基金注册的批复
证监许可〔2018〕1993 号	关于核准华泰证券股份有限公司发行全球存托凭证并在伦敦证券交易所上市的批复
证监许可〔2018〕1994 号	关于准予上投摩根智慧生活灵活配置混合型证券投资基金变更注册的批复
证监许可〔2018〕1995 号	关于准予交银施罗德量化智投策略定期开放混合型证券投资基金变更注册的批复
证监许可〔2018〕1996 号	关于准予永赢合益债券型证券投资基金注册的批复
证监许可〔2018〕1997 号	关于准予汇添富丰润中短债债券型证券投资基金注册的批复
证监许可〔2018〕1998 号	关于准予国泰聚享纯债债券型证券投资基金注册的批复
证监许可〔2018〕1999 号	关于准予华安沪港深优选混合型证券投资基金注册的批复
证监许可〔2018〕2000 号	关于准予银河嘉裕纯债债券型证券投资基金注册的批复
证监许可〔2018〕2001 号	关于核准金徽酒股份有限公司非公开发行股票的批复
证监许可〔2018〕2002 号	关于核准瑞银证券有限责任公司变更实际控制人的批复
证监许可〔2018〕2003 号	关于不予核准珠海安联锐视科技股份有限公司首次公开发行股票并在创业板上市申请的决定
证监许可〔2018〕2004 号	关于核准国机重型装备集团股份有限公司定向发行股票的批复
证监许可〔2018〕2005 号	关于核准东吴中新资产管理(亚洲)有限公司人民币合格境外机构投资者资格的批复
证监许可〔2018〕2006 号	关于核准金科地产集团股份有限公司向合格投资者公开发行公司债券的批复
证监许可〔2018〕2007 号	关于核准华润医药控股有限公司向合格投资者公开发行公司债券的批复
证监许可〔2018〕2008 号	关于核准西安银行股份有限公司首次公开发行股票的批复

续表

发文字号	发文标题
证监许可〔2018〕2009 号	关于核准华致酒行连锁管理股份有限公司首次公开发行股票的批复
证监许可〔2018〕2010 号	关于核准华林证券股份有限公司首次公开发行股票的批复
证监许可〔2018〕2011 号	关于不予核准浙江力邦合信智能制动系统股份有限公司首次公开发行股票并上市申请的决定
证监许可〔2018〕2012 号	关于核准华安基金管理有限公司变更股权的批复
证监许可〔2018〕2013 号	关于核准北京控股集团有限公司向合格投资者公开发行可续期公司债券的批复
证监许可〔2018〕2014 号	关于核准上海农村商业银行股份有限公司定向发行股票的批复
证监许可〔2018〕2015 号	关于核准广发银行股份有限公司定向发行股票的批复
证监许可〔2018〕2016 号	关于准予惠理价值基金注册的批复
证监许可〔2018〕2017 号	关于准予上投摩根领先优选混合型证券投资基金注册的批复
证监许可〔2018〕2018 号	关于准予华宝中证医疗交易型开放式指数证券投资基金注册的批复
证监许可〔2018〕2019 号	关于准予广发中证 100 交易型开放式指数证券投资基金注册的批复
证监许可〔2018〕2020 号	关于准予长城量化精选股票型证券投资基金注册的批复
证监许可〔2018〕2021 号	关于准予汇添富丰利短债债券型证券投资基金注册的批复
证监许可〔2018〕2022 号	关于准予国泰信利三个月定期开放债券型发起式证券投资基金注册的批复
证监许可〔2018〕2023 号	关于准予新疆前海联合科技先锋混合型证券投资基金注册的批复
证监许可〔2018〕2024 号	关于核准国家电力投资集团有限公司向合格投资者公开发行可续期公司债券的批复
证监许可〔2018〕2025 号	关于核准湖州市城市投资发展集团有限公司向合格投资者公开发行公司债券的批复
证监许可〔2018〕2026 号	关于核准中国建银投资有限责任公司向合格投资者公开发行公司债券的批复
证监许可〔2018〕2027 号	关于准予新华聚利债券型证券投资基金注册的批复
证监许可〔2018〕2028 号	关于准予天弘增强回报债券型证券投资基金注册的批复
证监许可〔2018〕2029 号	关于准予天弘弘丰增强回报债券型证券投资基金注册的批复
证监许可〔2018〕2030 号	关于准予国泰裕祥三个月定期开放债券型发起式证券投资基金注册的批复
证监许可〔2018〕2031 号	关于准予新华华立灵活配置混合型证券投资基金变更注册的批复
证监许可〔2018〕2032 号	关于准予建信睿兴纯债债券型证券投资基金注册的批复
证监许可〔2018〕2033 号	关于准予南华瑞享混合型证券投资基金变更注册的批复
证监许可〔2018〕2034 号	关于准予西部利得得鑫债券型证券投资基金变更注册的批复
证监许可〔2018〕2035 号	关于准予富国短债债券型证券投资基金注册的批复
证监许可〔2018〕2036 号	关于准予中银证券瑞盈定期开放灵活配置混合型证券投资基金变更注册的批复
证监许可〔2018〕2037 号	关于准予融通中证军工指数分级证券投资基金变更注册的批复
证监许可〔2018〕2038 号	关于准予兴银双月理财债券型证券投资基金变更注册的批复

续表

发 文 字 号	发 文 标 题
证监许可〔2018〕2039 号	关于准予工银瑞信尊享短债债券型证券投资基金注册的批复
证监许可〔2018〕2040 号	关于准予平安大华鑫荣混合型证券投资基金变更注册的批复
证监许可〔2018〕2041 号	关于核准豁免中国信息通信科技集团有限公司要约收购武汉光迅科技股份有限公司股份义务的批复
证监许可〔2018〕2042 号	关于核准豁免中国信息通信科技集团有限公司要约收购大唐电信科技股份有限公司股份义务的批复
证监许可〔2018〕2043 号	关于核准豁免中国信息通信科技集团有限公司要约收购烽火通信科技股份有限公司股份义务的批复
证监许可〔2018〕2044 号	关于核准北京市基础设施投资有限公司向合格投资者公开发行公司债券的批复
证监许可〔2018〕2045 号	关于核准新奥(中国)燃气投资有限公司向合格投资者公开发行公司债券的批复
证监许可〔2018〕2046 号	关于核准中国化学工程集团有限公司向合格投资者公开发行可续期公司债券的批复
证监许可〔2018〕2047 号	关于核准北京市海淀区国有资本经营管理中心向合格投资者公开发行公司债券的批复
证监许可〔2018〕2048 号	关于核准广东星徽精密制造股份有限公司向孙才金等发行股份购买资产并募集配套资金的批复
证监许可〔2018〕2049 号	关于核准利达光电股份有限公司向中国兵器装备集团有限公司发行股份购买资产并募集配套资金的批复
证监许可〔2018〕2050 号	关于核准广东河源农村商业银行股份有限公司定向发行股票的批复
证监许可〔2018〕2051 号	关于准予财通资管鸿运中短债债券型证券投资基金注册的批复
证监许可〔2018〕2052 号	关于准予创金合信恒兴中短债债券型证券投资基金注册的批复
证监许可〔2018〕2053 号	关于准予嘉实中短债债券型证券投资基金注册的批复
证监许可〔2018〕2054 号	关于核准山东联创互联网传媒股份有限公司向高胜宁等发行股份购买资产并募集配套资金的批复
证监许可〔2018〕2055 号	关于核准安徽楚江科技新材料股份有限公司向缪云良等发行股份购买资产并募集配套资金的批复
证监许可〔2018〕2056 号	关于核准江苏高科技投资集团有限公司向合格投资者公开发行创新创业公司债券的批复
证监许可〔2018〕2057 号	关于核准新疆金风科技股份有限公司境外上市外资股配股的批复
证监许可〔2018〕2058 号	关于核准中山市金马科技娱乐设备股份有限公司首次公开发行股票的批复
证监许可〔2018〕2059 号	关于核准北京城建设计发展集团股份有限公司发行境外上市外资股的批复
证监许可〔2018〕2060 号	关于核准苏州龙杰特种纤维股份有限公司首次公开发行股票的批复
证监许可〔2018〕2061 号	关于核准苏州恒铭达电子科技股份有限公司首次公开发行股票的批复
证监许可〔2018〕2062 号	关于核准合肥丰乐种业股份有限公司向朱黎辉等发行股份购买资产并募集配套资金的批复
证监许可〔2018〕2063 号	关于核准科大国创软件股份有限公司向孙路等发行股份购买资产并募集配套资金的批复

续表

发文字号	发文标题
证监许可〔2018〕2064 号	关于核准中国铝业股份有限公司向华融瑞通股权投资管理有限公司等发行股份购买资产的批复
证监许可〔2018〕2065 号	关于核准天泽信息产业股份有限公司向肖四清等发行股份购买资产并募集配套资金的批复
证监许可〔2018〕2066 号	关于核准内蒙古霍林河露天煤业股份有限公司向中电投蒙东能源集团有限责任公司发行股份购买资产并募集配套资金的批复
证监许可〔2018〕2067 号	关于核准正奇金融控股股份有限公司向合格投资者公开发行公司债券的批复
证监许可〔2018〕2068 号	关于核准中国环球租赁有限公司向合格投资者公开发行可续期公司债券的批复
证监许可〔2018〕2069 号	关于核准宁波舜通集团有限公司向合格投资者公开发行公司债券的批复
证监许可〔2018〕2070 号	关于核准比亚迪股份有限公司向合格投资者公开发行可续期公司债券的批复
证监许可〔2018〕2071 号	关于核准东方国际创业股份有限公司向合格投资者公开发行可交换公司债券的批复
证监许可〔2018〕2072 号	关于准予大成惠福纯债债券型证券投资基金注册的批复
证监许可〔2018〕2073 号	关于准予泰康港股通中证香港银行投资指数型发起式证券投资基金注册的批复
证监许可〔2018〕2074 号	关于准予博时富淳纯债 3 个月定期开放债券型发起式证券投资基金注册的批复
证监许可〔2018〕2075 号	关于准予大成景盈债券型证券投资基金注册的批复
证监许可〔2018〕2076 号	关于准予鑫元荣利三个月定期开放债券型发起式证券投资基金注册的批复
证监许可〔2018〕2077 号	关于准予博时富融纯债债券型证券投资基金注册的批复
证监许可〔2018〕2078 号	关于准予富国蓝筹精选股票型证券投资基金（QDII）注册的批复
证监许可〔2018〕2079 号	关于准予长江量化匠心甄选股票型证券投资基金注册的批复
证监许可〔2018〕2080 号	关于准予华夏科技成长股票型证券投资基金注册的批复
证监许可〔2018〕2081 号	关于核准盛世大联保险代理股份有限公司发行境外上市外资股的批复
证监许可〔2018〕2082 号	关于核准创金合信基金管理有限公司变更股权的批复
证监许可〔2018〕2083 号	关于核准雪湖资本（香港）有限公司合格境外机构投资者资格的批复
证监许可〔2018〕2084 号	关于核准深圳赛格股份有限公司向合格投资者公开发行公司债券的批复
证监许可〔2018〕2085 号	关于核准山东宏桥新型材料有限公司向合格投资者公开发行可续期公司债券的批复
证监许可〔2018〕2086 号	关于准予广发中证 100 交易型开放式指数证券投资基金发起式联接基金注册的批复
证监许可〔2018〕2087 号	关于准予华宝消费升级混合型证券投资基金注册的批复
证监许可〔2018〕2088 号	关于准予泰康中证港股通地产指数型发起式证券投资基金注册的批复
证监许可〔2018〕2089 号	关于准予华安鼎瑞定期开放债券型发起式证券投资基金变更注册的批复
证监许可〔2018〕2090 号	关于准予永赢惠泽一年定期开放灵活配置混合型发起式证券投资基金注册的批复

续表

发文字号	发文标题
证监许可〔2018〕2091 号	关于核准豁免甘肃能源化工投资集团有限公司要约收购甘肃靖远煤电股份有限公司股份义务的批复
证监许可〔2018〕2092 号	关于核准重庆龙湖企业拓展有限公司向合格投资者公开发行公司债券的批复
证监许可〔2018〕2093 号	关于核准浙江东日股份有限公司配股的批复
证监许可〔2018〕2094 号	关于核准广发证券股份有限公司非公开发行股票的批复
证监许可〔2018〕2095 号	关于核准福建海峡环保集团股份有限公司公开发行可转换公司债券的批复
证监许可〔2018〕2096 号	关于核准鞍山七彩化学股份有限公司首次公开发行股票的批复
证监许可〔2018〕2097 号	关于核准江苏长青农化股份有限公司公开发行可转换公司债券的批复
证监许可〔2018〕2098 号	关于核准珠海港股份有限公司非公开发行股票的批复
证监许可〔2018〕2099 号	关于核准厦门吉宏包装科技股份有限公司非公开发行股票的批复
证监许可〔2018〕2100 号	关于核准山东大业股份有限公司公开发行可转换公司债券的批复
证监许可〔2018〕2101 号	关于核准 FMR 有限公司人民币合格境外机构投资者资格的批复
证监许可〔2018〕2102 号	关于准予银河久泰纯债债券型证券投资基金注册的批复
证监许可〔2018〕2103 号	关于准予鑫元恒利三个月定期开放债券型发起式证券投资基金注册的批复
证监许可〔2018〕2104 号	关于准予凯石源混合型证券投资基金注册的批复
证监许可〔2018〕2105 号	关于核准长城证券股份有限公司向合格投资者公开发行公司债券的批复
证监许可〔2018〕2106 号	关于核准中国水利水电第八工程局有限公司向合格投资者公开发行绿色可续期公司债券的批复
证监许可〔2018〕2107 号	关于核准平安国际融资租赁有限公司向合格投资者公开发行可续期公司债券的批复
证监许可〔2018〕2108 号	关于准予中银汇享债券型证券投资基金注册的批复
证监许可〔2018〕2109 号	关于准予天治鑫利半年定期开放债券型证券投资基金变更注册的批复
证监许可〔2018〕2110 号	关于准予鹏扬利沣短债债券型证券投资基金注册的批复
证监许可〔2018〕2111 号	关于核准上海会畅通讯股份有限公司向戴元永等发行股份购买资产并募集配套资金的批复
证监许可〔2018〕2112 号	关于核准河北四通新型金属材料股份有限公司向天津东安兄弟有限公司等发行股份购买资产的批复
证监许可〔2018〕2113 号	关于准予博时富乐纯债债券型证券投资基金注册的批复
证监许可〔2018〕2114 号	关于准予鹏华金鼎灵活配置混合型证券投资基金变更注册的批复
证监许可〔2018〕2115 号	关于准予中加瑞鑫纯债债券型证券投资基金注册的批复
证监许可〔2018〕2116 号	关于准予广发景和中短债债券型证券投资基金注册的批复
证监许可〔2018〕2117 号	关于准予平安中证粤港澳大湾区发展主题交易型开放式指数证券投资基金注册的批复
证监许可〔2018〕2118 号	关于准予国联安核心资产策略混合型证券投资基金注册的批复
证监许可〔2018〕2119 号	关于准予凯石湛混合型证券投资基金注册的批复

续表

发文字号	发文标题
证监许可〔2018〕2120 号	关于准予嘉实新添福定期开放混合型证券投资基金变更注册的批复
证监许可〔2018〕2121 号	关于准予华宝宝裕纯债债券型证券投资基金注册的批复
证监许可〔2018〕2122 号	关于准予中信保诚消费主题量化股票型证券投资基金注册的批复
证监许可〔2018〕2123 号	关于核准中国电子信息产业集团有限公司向合格投资者公开发行公司债券的批复
证监许可〔2018〕2124 号	关于核准湖北钟祥农村商业银行股份有限公司定向发行股票的批复
证监许可〔2018〕2125 号	关于核准安徽肥西农村商业银行股份有限公司定向发行股票的批复
证监许可〔2018〕2126 号	关于准予银河丰泰 3 个月定期开放债券型发起式证券投资基金注册的批复
证监许可〔2018〕2127 号	关于准予融通超短债债券型证券投资基金注册的批复
证监许可〔2018〕2128 号	关于准予鑫元泽利债券型证券投资基金注册的批复
证监许可〔2018〕2129 号	关于准予嘉实致享纯债债券型证券投资基金注册的批复
证监许可〔2018〕2130 号	关于准予大成中华沪深港 300 指数证券投资基金（LOF）注册的批复
证监许可〔2018〕2131 号	关于准予南方国利 6 个月定期开放债券型发起式证券投资基金注册的批复
证监许可〔2018〕2132 号	关于准予中银福建国有企业债 6 个月定期开放债券型证券投资基金注册的批复
证监许可〔2018〕2133 号	关于准予广发政策性金融债债券型证券投资基金注册的批复
证监许可〔2018〕2134 号	关于准予上银慧祥利债券型证券投资基金注册的批复
证监许可〔2018〕2135 号	关于准予融通中证全指证券公司指数分级证券投资基金变更注册的批复
证监许可〔2018〕2136 号	关于准予人保鑫泽纯债债券型证券投资基金注册的批复
证监许可〔2018〕2137 号	关于准予永赢迅利中高等级短债债券型证券投资基金注册的批复
证监许可〔2018〕2138 号	关于准予博时中债 5－10 年农发行债券指数证券投资基金注册的批复
证监许可〔2018〕2139 号	关于准予工银瑞信沪深 300 交易型开放式指数证券投资基金注册的批复
证监许可〔2018〕2140 号	关于核准广州市城市建设开发有限公司向合格投资者公开发行公司债券的批复
证监许可〔2018〕2141 号	关于核准恒逸石化股份有限公司向合格投资者公开发行公司债券的批复
证监许可〔2018〕2142 号	关于核准台州市国有资本运营集团有限公司向合格投资者公开发行公司债券的批复
证监许可〔2018〕2143 号	关于核准上海世茂股份有限公司向合格投资者公开发行公司债券的批复
证监许可〔2018〕2144 号	关于准予平安惠鸿纯债债券型证券投资基金注册的批复
证监许可〔2018〕2145 号	关于核准豁免招商局轮船有限公司要约收购招商局能源运输股份有限公司股份义务的批复
证监许可〔2018〕2146 号	关于核准豁免北京能源集团有限责任公司要约收购北京昊华能源股份有限公司股份义务的批复
证监许可〔2018〕2147 号	关于核准四川天一科技股份有限公司向中国昊华化工集团股份有限公司发行股份购买资产并募集配套资金的批复

续表

发文字号	发文标题
证监许可〔2018〕2148 号	关于核准北京东方新星石化工程股份有限公司重大资产重组及向南京奥赛康投资管理有限公司等发行股份购买资产的批复
证监许可〔2018〕2149 号	关于核准能科科技股份有限公司向龚军等发行股份购买资产的批复
证监许可〔2018〕2150 号	关于核准浙江三维橡胶制品股份有限公司向吴善国等发行股份购买资产的批复
证监许可〔2018〕2151 号	关于核准兰州三毛实业股份有限公司向甘肃省国有资产投资集团有限公司发行股份购买资产的批复
证监许可〔2018〕2152 号	关于核准上海沃施园艺股份有限公司向山西汇景企业管理咨询有限公司等发行股份购买资产的批复
证监许可〔2018〕2153 号	关于准予永赢颐利债券型证券投资基金注册的批复
证监许可〔2018〕2154 号	关于核准中粮地产(集团)股份有限公司向 Vibrant Oak Limited(明毅有限公司)发行股份购买资产并募集配套资金的批复
证监许可〔2018〕2155 号	关于核准上海新华发行集团有限公司向合格投资者公开发行可续期公司债券的批复
证监许可〔2018〕2156 号	关于核准上海威派格智慧水务股份有限公司首次公开发行股票的批复
证监许可〔2018〕2157 号	关于核准深圳市华阳国际工程设计股份有限公司首次公开发行股票的批复
证监许可〔2018〕2158 号	关于核准康龙化成(北京)新药技术股份有限公司首次公开发行股票的批复
证监许可〔2018〕2159 号	关于核准启明星辰信息技术集团股份有限公司公开发行可转换公司债券的批复
证监许可〔2018〕2160 号	关于核准云南鸿翔一心堂药业(集团)股份有限公司公开发行可转换公司债券的批复
证监许可〔2018〕2161 号	关于核准江苏江都农村商业银行股份有限公司定向发行股票的批复
证监许可〔2018〕2162 号	关于核准交通银行股份有限公司公开发行可转换公司债券的批复
证监许可〔2018〕2163 号	关于重新核准设立华融基金管理有限公司的批复
证监许可〔2018〕2164 号	关于核准兴业银行股份有限公司非公开发行优先股的批复
证监许可〔2018〕2165 号	关于核准平安银行股份有限公司公开发行可转换公司债券的批复
证监许可〔2018〕2166 号	关于核准华夏银行股份有限公司非公开发行股票的批复
证监许可〔2018〕2167 号	关于核准江苏银行股份有限公司公开发行可转换公司债券的批复
证监许可〔2018〕2168 号	关于核准中信银行股份有限公司公开发行可转换公司债券的批复
证监许可〔2018〕2169 号	关于核准明阳智慧能源集团股份公司首次公开发行股票的批复
证监许可〔2018〕2170 号	关于核准山东省金融资产管理股份有限公司向合格投资者公开发行公司债券的批复
证监许可〔2018〕2171 号	关于核准郑州宇通集团有限公司向合格投资者公开发行公司债券的批复
证监许可〔2018〕2172 号	关于准予万家社会责任 18 个月定期开放混合型证券投资基金(LOF)注册的批复
证监许可〔2018〕2173 号	关于核准豁免江苏省港口集团有限公司要约收购南京港股份有限公司股份义务的批复

续表

发文字号	发文标题
证监许可〔2018〕2174 号	关于核准中国核工业建设股份有限公司向合格投资者公开发行可续期公司债券的批复
证监许可〔2018〕2175 号	关于准予国泰结构转型灵活配置混合型证券投资基金变更注册的批复
证监许可〔2018〕2176 号	关于核准江苏金湖农村商业银行股份有限公司定向发行股票的批复
证监许可〔2018〕2177 号	关于核准湘村高科农业股份有限公司定向发行股票的批复
证监许可〔2018〕2178 号	关于核准上海上报资产管理有限公司向合格投资者公开发行公司债券的批复
证监许可〔2018〕2179 号	关于核准伊犁农四师国有资产投资有限责任公司向合格投资者公开发行公司债券的批复
证监许可〔2018〕2180 号	关于核准湖北兴发化工集团股份有限公司向合格投资者公开发行公司债券的批复
证监许可〔2018〕2181 号	关于核准中国铁建房地产集团有限公司向合格投资者公开发行公司债券的批复
证监许可〔2018〕2182 号	关于不予核准深圳市远望谷信息技术股份有限公司向左德昌等发行股份购买资产并募集配套资金的决定
证监许可〔2018〕2183 号	关于核准立昂技术股份有限公司向金泼等发行股份购买资产并募集配套资金的批复
证监许可〔2018〕2184 号	关于核准豁免北京首都旅游集团有限责任公司要约收购北京首商集团股份有限公司股份义务的批复
证监许可〔2018〕2185 号	关于核准上海至纯洁净系统科技股份有限公司向赵浩等发行股份购买资产并募集配套资金的批复
证监许可〔2018〕2186 号	关于核准四川雅化实业集团股份有限公司公开发行可转换公司债券的批复
证监许可〔2018〕2187 号	关于核准北京华宇软件股份有限公司非公开发行股票的批复
证监许可〔2018〕2188 号	关于核准凌云工业股份有限公司配股的批复
证监许可〔2018〕2189 号	关于核准老百姓大药房连锁股份有限公司公开发行可转换公司债券的批复
证监许可〔2018〕2190 号	关于核准安阳钢铁股份有限公司非公开发行股票的批复
证监许可〔2018〕2191 号	关于核准浙江今飞凯达轮毂股份有限公司公开发行可转换公司债券的批复
证监许可〔2018〕2192 号	关于核准柳州银行股份有限公司定向发行股票的批复
证监许可〔2018〕2193 号	关于核准山西盂县农村商业银行股份有限公司定向发行股票的批复
证监许可〔2018〕2194 号	关于准予海富通稳健养老目标一年持有期混合型发起式基金中基金（FOF）注册的批复
证监许可〔2018〕2195 号	关于准予国联安安享稳健养老目标一年持有期混合型基金中基金（FOF）注册的批复
证监许可〔2018〕2196 号	关于准予国投瑞银稳健养老目标一年持有期混合型基金中基金（FOF）注册的批复
证监许可〔2018〕2197 号	关于准予交银施罗德安享稳健养老目标一年持有期混合型基金中基金（FOF）注册的批复
证监许可〔2018〕2198 号	关于准予民生加银康宁稳健养老目标一年持有期混合型基金中基金（FOF）注册的批复

续表

发文字号	发文标题
证监许可〔2018〕2199 号	关于准予招商和悦稳健养老目标一年持有期混合型基金中基金(FOF)注册的批复
证监许可〔2018〕2200 号	关于准予长信颐天平衡养老目标三年持有期混合型基金中基金(FOF)注册的批复
证监许可〔2018〕2201 号	关于准予上投摩根锦程均衡养老目标三年持有期混合型基金中基金(FOF)注册的批复
证监许可〔2018〕2202 号	关于准予兴业养老目标日期 2035 三年持有期混合型基金中基金(FOF)注册的批复
证监许可〔2018〕2203 号	关于准予南方富元稳健养老目标一年持有期混合型基金中基金(FOF)注册的批复
证监许可〔2018〕2204 号	关于准予易方达汇诚养老目标日期 2033 三年持有期混合型基金中基金(FOF)注册的批复
证监许可〔2018〕2205 号	关于准予易方达汇诚养老目标日期 2038 三年持有期混合型基金中基金(FOF)注册的批复
证监许可〔2018〕2206 号	关于准予工银瑞信养老目标日期 2050 五年持有期混合型发起式基金中基金(FOF)注册的批复
证监许可〔2018〕2207 号	关于准予华夏养老目标日期 2050 五年持有期混合型发起式基金中基金(FOF)注册的批复
证监许可〔2018〕2208 号	关于核准豁免西安曲江新区管理委员会要约收购西安饮食股份有限公司股份义务的批复
证监许可〔2018〕2209 号	关于核准河北沽源农村商业银行股份有限公司定向发行股票的批复
证监许可〔2018〕2210 号	关于准予汇添富 AAA 级信用纯债债券型证券投资基金注册的批复
证监许可〔2018〕2211 号	关于核准豁免江西省军工控股集团有限公司要约收购江西国泰民爆集团股份有限公司股份义务的批复
证监许可〔2018〕2212 号	关于核准豁免江西省民爆投资有限公司要约收购江西国泰民爆集团股份有限公司股份义务的批复
证监许可〔2018〕2213 号	关于核准上海电气(集团)总公司向合格投资者公开发行公司债券的批复
证监许可〔2018〕2214 号	关于核准苏州电器科学研究院股份有限公司向合格投资者公开发行公司债券的批复
证监许可〔2018〕2215 号	关于不予核准中孚信息股份有限公司向黄建等发行股份购买资产并募集配套资金的决定
证监许可〔2018〕2216 号	关于不予核准通化金马药业集团股份有限公司向苏州工业园区德信义利投资中心(有限合伙)等发行股份购买资产并募集配套资金的决定
证监许可〔2018〕2217 号	关于核准中原特钢股份有限公司重大资产置换及向中粮集团有限公司等发行股份购买资产的批复
证监许可〔2018〕2218 号	关于准予蜂巢卓睿灵活配置混合型证券投资基金注册的批复
证监许可〔2018〕2219 号	关于核准豁免中国铜业有限公司要约收购云南驰宏锌锗股份有限公司股份义务的批复
证监许可〔2018〕2220 号	关于核准豁免中国铜业有限公司要约收购云南铝业股份有限公司股份义务的批复
证监许可〔2018〕2221 号	关于准予国寿安保中证养老产业指数分级证券投资基金变更注册的批复

续表

发文字号	发文标题
证监许可〔2018〕2222 号	关于核准绝味食品股份有限公司公开发行可转换公司债券的批复
证监许可〔2018〕2223 号	关于核准甘肃清河源清真食品股份有限公司发行境外上市外资股的批复
证监许可〔2018〕2224 号	关于核准安徽省司尔特肥业股份有限公司公开发行可转换公司债券的批复
证监许可〔2018〕2225 号	关于核准新疆伊力特实业股份有限公司公开发行可转换公司债券的批复
证监许可〔2018〕2226 号	关于核准大参林医药集团股份有限公司公开发行可转换公司债券的批复
证监许可〔2018〕2227 号	关于核准邯郸银行股份有限公司定向发行股票的批复
证监许可〔2018〕2228 号	关于准予泰康产业升级混合型证券投资基金注册的批复
证监许可〔2018〕2229 号	关于准予天治量化核心精选混合型证券投资基金注册的批复
证监许可〔2018〕2230 号	关于准予战略新兴成指交易型开放式指数证券投资基金发起式联接基金注册的批复
证监许可〔2018〕2231 号	关于准予华安智能生活混合型证券投资基金注册的批复
证监许可〔2018〕2232 号	关于准予国联安新科技混合型证券投资基金注册的批复
证监许可〔2018〕2233 号	关于准予泰达宏利巨龙平衡混合型证券投资基金（QDII）注册的批复
证监许可〔2018〕2234 号	关于准予财通资管深证 100 低波动率指数证券投资基金（LOF）变更注册的批复
证监许可〔2018〕2235 号	关于准予博时优势企业 3 年封闭运作灵活配置混合型证券投资基金（LOF）注册的批复

（二）2018 年派出机构作出的行政许可决定书目录

发文字号	发文标题
京证监许可〔2018〕1 号	关于核准张艳国证券公司监事任职资格的批复
京证监许可〔2018〕2 号	关于核准瑞士银行（中国）有限公司证券投资基金销售业务资格的批复
京证监许可〔2018〕3 号	关于核准丁玮证券公司经理层高级管理人员任职资格的批复
京证监许可〔2018〕4 号	关于核准王珍军证券公司独立董事任职资格的批复
京证监许可〔2018〕5 号	关于核准林伟证券公司董事任职资格的批复
京证监许可〔2018〕6 号	关于核准东兴证券股份有限公司设立 3 家分支机构的批复 1
京证监许可〔2018〕7 号	关于核准华融证券股份有限公司变更公司章程重要条款的批复 1
京证监许可〔2018〕8 号	关于核准北京高华证券有限责任公司变更公司章程重要条款的批复 1
京证监许可〔2018〕9 号	关于核准中国民族证券有限责任公司变更公司章程重要条款的批复 4
京证监许可〔2018〕10 号	关于核准徐翌成证券公司经理层高级管理人员任职资格的批复

续表

发文字号	发文标题
京证监许可〔2018〕11 号	关于核准王晟证券公司经理层高级管理人员任职资格的批复
京证监许可〔2018〕12 号	关于核准高盛高华证券有限责任公司变更公司章程重要条款的批复
京证监许可〔2018〕13 号	关于核准首创证券有限责任公司变更公司章程重要条款的批复 3
京证监许可〔2018〕14 号	关于核准刘显忠证券公司监事任职资格的批复
京证监许可〔2018〕15 号	关于核准中国国际金融股份有限公司变更公司章程重要条款的批复
京证监许可〔2018〕16 号	关于核准信达券股份有限公司变更公司章程重要条款的批复
京证监许可〔2018〕17 号	关于核准民生证券股份有限公司变更公司章程重要条款的批复 1
京证监许可〔2018〕18 号	关于核准中信建投证券股份有限公司变更公司章程重要条款的批复 7
京证监许可〔2018〕19 号	关于核准林煊证券公司监事任职资格的批复
京证监许可〔2018〕20 号	关于核准朱佳证券公司董事任职资格的批复
京证监许可〔2018〕21 号	关于核准张沁证券公司董事任职资格的批复
京证监许可〔2018〕22 号	关于核准贺立言证券公司董事任职资格的批复
京证监许可〔2018〕23 号	关于核准董轼证券公司董事长类人员任职资格的批复
京证监许可〔2018〕24 号	关于核准许雯证券公司监事任职资格的批复
京证监许可〔2018〕25 号	关于核准张小艾证券公司董事长类人员任职资格的批复
京证监许可〔2018〕26 号	关于核准潘向东证券公司经理层高级管理人员任职资格的批复
京证监许可〔2018〕27 号	关于核准李格平证券公司经理层高级管理人员任职资格的批复
京证监许可〔2018〕28 号	关于核准王波证券公司董事任职资格的批复
京证监许可〔2018〕29 号	关于核准赵丽君证券公司监事任职资格的批复
京证监许可〔2018〕30 号	关于核准第一创业证券承销保荐有限责任公司变更公司章程重要条款的批复
京证监许可〔2018〕31 号	关于核准王云泉证券公司董事任职资格的批复
京证监许可〔2018〕32 号	关于核准雍苹证券公司董事长类人员任职资格的批复 1
京证监许可〔2018〕33 号	关于核准杨丽璇证券公司监事任职资格的批复
京证监许可〔2018〕34 号	关于核准代娟证券公司监事任职资格的批复
京证监许可〔2018〕35 号	关于核准法盛投资管理公司变更北京代表处名称的批复
京证监许可〔2018〕36 号	关于核准中国民族证券有限责任公司变更公司章程重要条款的批复 5
京证监许可〔2018〕37 号	关于核准陈琨证券公司经理层高级管理人员任职资格的批复
京证监许可〔2018〕38 号	关于核准刘淳证券公司独立董事任职资格的批复
京证监许可〔2018〕39 号	关于核准瑞信方正证券有限责任公司变更公司章程重要条款的批复 1
京证监许可〔2018〕40 号	关于核准雍苹证券公司董事长类人员任职资格的批复 2
京证监许可〔2018〕41 号	关于核准张天犁证券公司董事任职资格的批复
京证监许可〔2018〕42 号	关于韩国未来资产证券株式会社北京代表处更名的批复

续表

发 文 字 号	发 文 标 题
京证监许可〔2018〕43 号	关于核准信达证券股份有限公司设立 1 家分支机构的批复 1
京证监许可〔2018〕44 号	关于核准民生证券股份有限公司变更公司章程重要条款的批复 4
京证监许可〔2018〕45 号	关于核准民生证券股份有限公司设立 3 家分支机构的批复
京证监许可〔2018〕46 号	关于核准尚敏证券公司经理层高级管理人员任职资格的批复
京证监许可〔2018〕47 号	关于核准王泽兰证券公司董事任职资格的批复
京证监许可〔2018〕48 号	关于核准张志名证券公司经理层高级管理人员任职资格的批复
京证监许可〔2018〕49 号	关于核准中国银河证券股份有限公司设立 21 家分支机构的批复
京证监许可〔2018〕50 号	关于核准东兴证券股份有限公司变更公司章程重要条款的批复 1
京证监许可〔2018〕51 号	关于核准中国国际金融股份有限公司变更公司章程重要条款的批复 1
京证监许可〔2018〕52 号	关于核准李晓鹏证券公司董事任职资格的批复
京证监许可〔2018〕53 号	关于核准张科证券公司监事任职资格的批复
京证监许可〔2018〕54 号	关于核准韩晓普证券公司经理层高级管理人员任职资格的批复
京证监许可〔2018〕55 号	关于核准中国民族证券有限责任公司变更公司章程重要条款的批复 6
京证监许可〔2018〕56 号	关于核准单云涛证券公司独立董事任职资格的批复
京证监许可〔2018〕57 号	关于核准中国国际金融股份有限公司设立 2 家分支机构的批复
京证监许可〔2018〕58 号	关于核准刘向东证券公司董事任职资格的批复
京证监许可〔2018〕59 号	关于核准北京百度百盈科技有限公司证券投资基金销售业务资格的批复
京证监许可〔2018〕60 号	关于核准卞荣华证券公司董事任职资格的批复
京证监许可〔2018〕61 号	关于核准信达证券股份有限公司设立 1 家分支机构的批复 2
京证监许可〔2018〕62 号	关于核准房东明证券公司董事任职资格的批复
京证监许可〔2018〕63 号	关于核准中信建投证券股份有限公司设立 1 家分支机构的批复 1
京证监许可〔2018〕64 号	关于核准陈鹏君证券公司经理层高级管理人员任职资格的批复
京证监许可〔2018〕65 号	关于核准侯延琨证券公司董事任职资格的批复
京证监许可〔2018〕66 号	关于核准国都证券股份有限公司撤销北京大望路证券营业部的批复
京证监许可〔2018〕67 号	关于核准东兴证券股份有限公司变更公司章程重要条款的批复 2
京证监许可〔2018〕68 号	关于核准孙晓文证券公司监事任职资格的批复
京证监许可〔2018〕69 号	关于核准施华证券公司董事任职资格的批复
京证监许可〔2018〕70 号	关于核准中国民族证券有限责任公司变更公司章程重要条款的批复 7
京证监许可〔2018〕71 号	关于核准方燕证券公司监事任职资格的批复
京证监许可〔2018〕72 号	关于核准国开证券股份有限公司变更公司章程重要条款的批复
京证监许可〔2018〕73 号	关于核准王卫证券公司经理层高级管理人员任职资格的批复
京证监许可〔2018〕74 号	关于核准韩雪松证券公司监事任职资格的批复

续表

发文字号	发文标题
京证监许可〔2018〕75号	关于核准张涛证券公司董事任职资格的批复
京证监许可〔2018〕76号	关于核准国开证券股份有限公司设立3家分支机构的批复
京证监许可〔2018〕77号	关于核准东兴证券股份有限公司设立5家分支机构的批复
京证监许可〔2018〕78号	关于核准中信建投证券股份有限公司变更公司章程重要条款的批复8
京证监许可〔2018〕79号	关于核准肖立红证券公司董事任职资格的批复
京证监许可〔2018〕80号	关于核准中信建投证券股份有限公司设立1家分支机构的批复2
津证监许可〔2018〕1号	关于核准渤海证券股份有限公司变更公司章程重要条款的批复
津证监许可〔2018〕2号	关于核准渤海证券股份有限公司在辽宁省大连市等地设立5家证券分支机构的批复
津证监许可〔2018〕3号	关于核准财达期货有限公司期货投资咨询业务资格的批复
津证监许可〔2018〕4号	关于核准王志刚证券公司经理层高级管理人员任职资格的批复
津证监许可〔2018〕5号	关于核准董光沛证券公司董事任职资格的批复
冀证监许可〔2018〕1号	关于核准财达证券股份有限公司变更公司章程重要条款的批复
冀证监许可〔2018〕2号	关于核准财达证券股份有限公司设立雄安分公司的批复
冀证监许可〔2018〕3号	关于核准李建海证券公司监事任职资格的批复
冀证监许可〔2018〕4号	关于核准财达证券股份有限公司设立石家庄等11家分公司的批复
冀证监许可〔2018〕5号	关于核准刘丽证券公司经理层高级管理人员任职资格的批复
冀证监许可〔2018〕6号	关于核准河北恒银期货经纪有限公司增加注册资本同时变更股权的批复
晋证监许可字〔2018〕1号	关于核准山西证券股份有限公司设立12家分支机构的批复
晋证监许可字〔2018〕2号	关于核准大同证券有限责任公司变更公司章程重要条款的批复
晋证监许可字〔2018〕3号	关于核准杨增军证券公司董事任职资格的批复
晋证监许可字〔2018〕4号	关于核准闫晓华证券公司经理层高级管理人员任职资格的批复
晋证监许可字〔2018〕5号	关于核准山西证券股份有限公司变更公司章程重要条款的批复
晋证监许可字〔2018〕6号	关于核准薛跃证券公司独立董事任职资格的批复
晋证监许可字〔2018〕7号	关于核准大同证券有限责任公司设立1家分支机构的批复
晋证监许可字〔2018〕8号	关于核准刘文康证券公司监事任职资格的批复
晋证监许可字〔2018〕9号	关于核准李华证券公司董事任职资格的批复
晋证监许可字〔2018〕10号	关于核准山西证券股份有限公司变更公司章程重要条款的批复
晋证监许可字〔2018〕11号	关于核准夏贵所证券公司董事任职资格的批复
晋证监许可字〔2018〕12号	关于核准藏立忠证券公司董事任职资格的批复
黑证监许可字〔2018〕1号	关于核准赵洪波证券公司董事长任职资格的批复
黑证监许可字〔2018〕2号	关于核准江海证券有限公司设立3家分支机构的批复
沪证监许可〔2018〕1号	关于核准李国柱证券公司经理层高级管理人员任职资格的批复

续表

发文字号	发文标题
沪证监许可〔2018〕2号	关于核准马永刚证券公司经理层高级管理人员任职资格的批复
沪证监许可〔2018〕3号	关于核准新湖期货有限公司变更股权的批复
沪证监许可〔2018〕4号	关于核准上海证券有限责任公司设立1家证券分公司的批复
沪证监许可〔2018〕5号	关于核准朱海珏证券公司经理层高级管理人员任职资格的批复
沪证监许可〔2018〕6号	关于核准爱建证券有限责任公司变更公司章程重要条款的批复
沪证监许可〔2018〕7号	关于核准申万宏源证券有限公司变更公司章程重要条款的批复
沪证监许可〔2018〕8号	关于核准侯学东证券公司董事任职资格的批复
沪证监许可〔2018〕9号	关于核准程修文证券公司经理层高级管理人员任职资格的批复
沪证监许可〔2018〕10号	关于核准国泰君安证券股份有限公司变更公司章程重要条款的批复
沪证监许可〔2018〕11号	关于核准 Ermanno Pascutto 证券公司独立董事任职资格的批复
沪证监许可〔2018〕12号	关于核准王国峰证券公司经理层高级管理人员任职资格的批复
沪证监许可〔2018〕13号	关于核准熊伟证券公司经理层高级管理人员任职资格的批复
沪证监许可〔2018〕14号	关于核准李昊证券公司经理层高级管理人员任职资格的批复
沪证监许可〔2018〕15号	关于核准华宝证券有限责任公司设立5家证券分支机构的批复
沪证监许可〔2018〕16号	关于核准高丽娟证券公司监事任职资格的批复
沪证监许可〔2018〕17号	关于核准王初证券公司经理层高级管理人员任职资格的批复
沪证监许可〔2018〕18号	关于核准庄嘉谊证券公司董事任职资格的批复
沪证监许可〔2018〕19号	关于核准叶展证券公司经理层高级管理人员任职资格的批复
沪证监许可〔2018〕20号	关于核准中泰证券(上海)资产管理有限公司变更公司章程重要条款的批复
沪证监许可〔2018〕21号	关于核准上海东方证券资产管理有限公司变更公司章程重要条款的批复
沪证监许可〔2018〕22号	关于核准佟洁证券公司监事任职资格的批复
沪证监许可〔2018〕23号	关于核准光大证券股份有限公司设立1家分公司和21家证券营业部的批复
沪证监许可〔2018〕24号	关于核准严弘证券公司独立董事任职资格的批复
沪证监许可〔2018〕25号	关于核准夏晶寒证券公司董事任职资格的批复
沪证监许可〔2018〕26号	关于核准郭胜北证券公司经理层高级管理人员任职资格的批复
沪证监许可〔2018〕27号	关于核准刘炜证券公司董事任职资格的批复
沪证监许可〔2018〕28号	关于核准长江证券承销保荐有限公司变更公司章程重要条款的批复
沪证监许可〔2018〕29号	关于核准于湘泳证券公司经理层高级管理人员任职资格的批复
沪证监许可〔2018〕30号	关于核准张信军证券公司经理层高级管理人员任职资格的批复
沪证监许可〔2018〕31号	关于核准陈天翔证券公司董事任职资格的批复
沪证监许可〔2018〕32号	关于核准李丹证券公司董事任职资格的批复
沪证监许可〔2018〕33号	关于核准海通证券股份有限公司变更公司章程重要条款的批复

续表

发文字号	发文标题
沪证监许可〔2018〕34 号	关于核准吕劲新证券公司董事任职资格的批复
沪证监许可〔2018〕35 号	关于核准林鹏证券公司经理层高级管理人员的批复
沪证监许可〔2018〕36 号	关于核准赵雪松证券公司董事任职资格的批复
沪证监许可〔2018〕37 号	关于核准王华证券公司董事任职资格的批复
沪证监许可〔2018〕38 号	关于核准许晓明证券公司监事任职资格的批复
沪证监许可〔2018〕39 号	关于核准张芊证券公司董事长类人员任职资格的批复
沪证监许可〔2018〕40 号	关于核准陆正飞证券公司独立董事任职资格的批复
沪证监许可〔2018〕41 号	关于核准光大证券股份有限公司变更公司章程重要条款的批复
沪证监许可〔2018〕42 号	关于核准徐洋证券公司经理层高级管理人员任职资格的批复
沪证监许可〔2018〕43 号	关于核准冯小东证券公司监事任职资格的批复
沪证监许可〔2018〕44 号	关于核准林发成证券公司董事任职资格的批复
沪证监许可〔2018〕45 号	关于核准林景臻证券公司董事长类人员任职资格的批复
沪证监许可〔2018〕46 号	关于核准周浩证券公司董事任职资格的批复
沪证监许可〔2018〕47 号	关于核准陈蓓妮证券公司监事任职资格的批复
沪证监许可〔2018〕48 号	关于核准国泰君安证券股份有限公司设立 8 家证券营业部的批复
沪证监许可〔2018〕49 号	关于核准廖胜森证券公司董事任职资格的批复
沪证监许可〔2018〕50 号	关于核准董曼证券公司董事任职资格的批复
沪证监许可〔2018〕51 号	关于核准陆雄文证券公司独立董事任职资格的批复
沪证监许可〔2018〕52 号	关于核准东方证券股份有限公司变更公司章程重要条款的批复
沪证监许可〔2018〕53 号	关于核准德邦证券股份有限公司变更公司章程重要条款的批复
沪证监许可〔2018〕54 号	关于核准 Geoffrey M. Riddell 证券公司独立董事任职资格的批复
沪证监许可〔2018〕55 号	关于核准管涛证券公司独立董事任职资格的批复
沪证监许可〔2018〕56 号	关于核准葛文兵证券公司经理层高级管理人员任职资格的批复
沪证监许可〔2018〕57 号	关于核准东证融汇证券资产管理有限公司变更公司章程重要条款的批复
沪证监许可〔2018〕58 号	关于核准吴联生证券公司独立董事任职资格的批复
沪证监许可〔2018〕59 号	关于核准闫峻证券公司董事任职资格的批复
沪证监许可〔2018〕60 号	关于核准赵宏证券公司经理层高级管理人员任职资格的批复
沪证监许可〔2018〕61 号	关于核准张烁证券公司经理层高级管理人员任职资格的批复
沪证监许可〔2018〕62 号	关于核准陆嘉证券公司经理层高级管理人员任职资格的批复
沪证监许可〔2018〕63 号	关于核准张轶证券公司董事任职资格的批复
沪证监许可〔2018〕64 号	关于核准宋炳方证券公司董事任职资格的批复
沪证监许可〔2018〕65 号	关于核准俞枫证券公司经理层高级管理人员任职资格的批复

续表

发文字号	发文标题
沪证监许可〔2018〕66 号	关于核准 Koo Kenneth Hsi Jung 证券公司经理层高级管理人员任职资格的批复
沪证监许可〔2018〕67 号	关于核准陆肖马证券公司独立董事任职资格的批复
沪证监许可〔2018〕68 号	关于核准 Greg B Hagen 证券公司监事任职资格的批复
沪证监许可〔2018〕69 号	关于核准建信期货有限责任公司期货投资咨询业务资格的批复
沪证监许可〔2018〕70 号	关于核准申万宏源证券有限公司设立 4 家证券营业部的批复
沪证监许可〔2018〕71 号	关于核准中银国际证券股份有限公司设立 5 家证券营业部的批复
沪证监许可〔2018〕72 号	关于核准中泰证券(上海)资产管理有限公司变更公司章程重要条款的批复
沪证监许可〔2018〕73 号	关于核准东方证券股份有限公司设立 15 家证券营业部的批复
沪证监许可〔2018〕74 号	关于核准崔伟证券公司董事任职资格的批复
沪证监许可〔2018〕75 号	关于核准黄伟证券公司董事任职资格的批复
沪证监许可〔2018〕76 号	关于核准光大证券股份有限公司设立 24 家证券营业部的批复
沪证监许可〔2018〕77 号	关于核准德邦证券股份有限公司设立 2 家证券营业部的批复
沪证监许可〔2018〕78 号	关于核准周雷证券公司经理层高级管理人员任职资格的批复
沪证监许可〔2018〕79 号	关于核准孙文秋证券公司监事任职资格的批复
沪证监许可〔2018〕80 号	关于核准卢勇证券公司经理层高级管理人员任职资格的批复
沪证监许可〔2018〕81 号	关于核准沈奕证券公司经理层高级管理人员任职资格的批复
沪证监许可〔2018〕82 号	关于核准张守之证券公司董事任职资格的批复
沪证监许可〔2018〕83 号	关于核准上海证券有限责任公司设立 2 家证券分支机构的批复
沪证监许可〔2018〕84 号	关于核准上海国泰君安证券资产管理有限公司变更公司章程重要条款的批复
沪证监许可〔2018〕85 号	关于核准陈健证券公司经理层高级管理人员任职资格的批复
沪证监许可〔2018〕86 号	关于核准丁伟证券公司独立董事任职资格的批复
沪证监许可〔2018〕87 号	关于核准中银国际证券股份有限公司变更公司章程重要条款的批复
沪证监许可〔2018〕88 号	关于核准汤琳证券公司经理层高级管理人员的批复
沪证监许可〔2018〕89 号	关于核准王勇证券公司独立董事任职资格的批复
沪证监许可〔2018〕90 号	关于核准中银国际证券股份有限公司变更公司章程重要条款的批复
沪证监许可〔2018〕91 号	关于核准中原证券股份有限公司在上海市撤销 1 家分支机构的批复
沪证监许可〔2018〕92 号	关于核准杨毅证券公司监事任职资格的批复
沪证监许可〔2018〕93 号	关于核准华菁证券有限公司变更公司章程重要条款的批复
沪证监许可〔2018〕94 号	关于核准李云亮证券公司经理层高级管理人员任职资格的批复
沪证监许可〔2018〕95 号	关于核准顾勇证券公司经理层高级管理人员任职资格的批复
沪证监许可〔2018〕96 号	关于核准鲁伟铭证券公司经理层高级管理人员任职资格的批复
沪证监许可〔2018〕97 号	关于核准徐海宁证券公司经理层高级管理人员任职资格的批复

续表

发文字号	发文标题
沪证监许可〔2018〕98号	关于核准段涛证券公司经理层高级管理人员任职资格的批复
沪证监许可〔2018〕99号	关于核准申港证券股份有限公司变更业务范围的批复
沪证监许可〔2018〕100号	关于核准德邦证券股份有限公司变更公司章程重要条款的批复
沪证监许可〔2018〕101号	关于核准贾璐证券公司董事长类人员任职资格的批复
沪证监许可〔2018〕102号	关于核准杜琦证券公司监事任职资格的批复
沪证监许可〔2018〕103号	关于核准黄伟证券公司董事任职资格的批复
沪证监许可〔2018〕104号	关于核准尚理慧证券公司经理层高级管理人员任职资格的批复
沪证监许可〔2018〕105号	关于核准万励证券公司董事任职资格的批复
沪证监许可〔2018〕106号	关于核准邹伟证券公司董事任职资格的批复
浙证监许可〔2018〕1号	关于核准财通证券资产管理有限公司变更公司章程重要条款的批复
浙证监许可〔2018〕2号	关于核准杨勇证券公司监事任职资格的批复
浙证监许可〔2018〕3号	关于核准浙商证券股份有限公司设立7家分支机构的批复
浙证监许可〔2018〕4号	关于核准浙江浙商证券资产管理有限公司变更公司章程重要条款的批复
浙证监许可〔2018〕5号	关于核准路迹证券公司经理层高级管理人员任职资格的批复
浙证监许可〔2018〕6号	关于核准张晖证券公司经理层高级管理人员任职资格的批复
浙证监许可〔2018〕7号	关于核准陆建强证券公司董事长类人员任职资格的批复
浙证监许可〔2018〕8号	关于核准冯建兰证券公司经理层高级管理人员任职资格的批复
浙证监许可〔2018〕9号	关于核准财通证券资产管理有限公司设立1家分支机构的批复
浙证监许可〔2018〕10号	关于核准浙商证券股份有限公司变更公司章程重要条款的批复
浙证监许可〔2018〕11号	关于核准财通证券股份有限公司设立3家分支机构的批复
浙证监许可〔2018〕12号	关于核准浙江浙商证券资产管理有限公司变更公司章程重要条款的批复
浙证监许可〔2018〕13号	关于核准沈立强证券公司董事任职资格的批复
浙证监许可〔2018〕14号	关于核准金元证券股份有限公司撤销杭州丰潭路证券营业部的批复
皖证监函〔2018〕41号	关于核准国元证券股份有限公司变更公司章程重要条款的批复
皖证监函〔2018〕163号	关于核准魏玖长证券公司独立董事任职资格的批复
皖证监函〔2018〕194号	关于核准韦翔、左江证券公司董事任职资格的批复
皖证监函〔2018〕259号	关于核准朱宜存、周洪证券公司董事任职资格的批复
皖证监函〔2018〕296号	关于核准华安证券股份有限公司变更公司章程重要条款的批复
皖证监函〔2018〕308号	关于核准姚卫东证券公司监事任职资格的批复
皖证监函〔2018〕344号	关于核准唐泳证券公司经理层高级管理人员任职资格的批复
皖证监函〔2018〕345号	关于核准陈蓓证券公司董事任职资格的批复
皖证监函〔2018〕428号	关于核准杜晓斌证券公司监事任职资格的批复

续表

发文字号	发文标题
鲁证监许可〔2018〕1号	关于核准中泰证券股份有限公司变更公司章程重要条款的批复
鲁证监许可〔2018〕2号	关于核准黄永刚证券公司经理层高级管理人员任职资格的批复
鲁证监许可〔2018〕3号	关于核准中泰证券股份有限公司撤销新泰新建二路证券营业部的批复
鲁证监许可〔2018〕4号	关于核准曹灶强证券公司监事任职资格的批复
鲁证监许可〔2018〕5号	关于核准范天云证券公司监事任职资格的批复
鲁证监许可〔2018〕6号	关于核准满洪杰证券公司独立董事任职资格的批复
鲁证监许可〔2018〕7号	关于核准招金期货有限公司变更股权的批复
鲁证监许可〔2018〕8号	关于核准陈肖鸿证券公司董事任职资格的批复
鲁证监许可〔2018〕9号	关于核准中信证券(山东)有限责任公司撤销济宁古槐路证券营业部的批复
豫证监发〔2018〕7号	关于核准肖怡忱证券公司监事任职资格的批复
豫证监发〔2018〕11号	关于核准李昭欣证券公司经理层高级管理人员任职资格的批复
豫证监发〔2018〕38号	关于核准张宪胜证券公司监事任职资格的批复
豫证监发〔2018〕57号	关于核准曹宗远证券公司监事任职资格的批复
豫证监发〔2018〕69号	关于核准花金钟证券公司经理层高级管理人员任职资格的批复
豫证监发〔2018〕77号	关于核准常军胜证券公司经理层高级管理人员任职资格的批复
豫证监发〔2018〕198号	关于核准中原证券股份有限公司变更章程重要条款的批复
豫证监发〔2018〕225号	关于核准张东明证券公司独立董事任职资格的批复
豫证监发〔2018〕226号	关于核准田圣春证券公司董事任职资格的批复
豫证监发〔2018〕277号	关于核准陆正心证券公司董事任职资格的批复
豫证监发〔2018〕315号	关于核准中原证券股份有限公司设立3家分支机构的批复
豫证监发〔2018〕316号	关于核准赵慧文证券公司经理层高级管理人员任职资格的批复
鄂证监许可〔2018〕1号	湖北证监局关于核准丁晓文证券公司经理层高级管理人员任职资格的批复
鄂证监许可〔2018〕2号	湖北证监局关于核准天风证券股份有限公司设立10家分支机构的批复
鄂证监许可〔2018〕3号	湖北证监局关于核准赵晓光证券公司经理层高级管理人员任职资格的批复
鄂证监许可〔2018〕4号	湖北证监局关于长江证券股份有限公司独立董事任职资格的批复
鄂证监许可〔2018〕5号	湖北证监局关于核准宏信证券有限责任公司撤销2家分支机构的批复
鄂证监许可〔2018〕6号	湖北证监局关于核准周纯证券公司经理层高级管理人员任职资格的批复
鄂证监许可〔2018〕7号	湖北证监局关于长江证券股份有限公司监事任职资格的批复
鄂证监许可〔2018〕8号	湖北证监局关于核准宋望明证券公司经理层高级管理人员任职资格的批复
鄂证监许可〔2018〕9号	湖北证监局关于核准罗国华证券公司经理层高级管理人员任职资格的批复
鄂证监许可〔2018〕10号	湖北证监局关于核准长江证券股份有限公司变更公司章程重要条款的批复
鄂证监许可〔2018〕11号	湖北证监局关于核准天风证券股份有限公司撤销1家分支机构的批复

续表

发文字号	发文标题
鄂证监许可〔2018〕12 号	湖北证监局关于核准美尔雅期货有限公司期货投资咨询业务资格的批复
鄂证监许可〔2018〕13 号	湖北证监局关于核准天风证券股份有限公司设立 7 家分支机构的批复
鄂证监许可〔2018〕14 号	湖北证监局关于长江证券股份有限公司监事王一准任职资格的批复
鄂证监许可〔2018〕15 号	湖北证监局关于核准李新华证券公司董事长类人员任职资格的批复
渝证监许可〔2018〕1 号	关于核准赵冬梅证券公司经理层高级管理人员任职资格的批复
渝证监许可〔2018〕2 号	关于核准宏信证券有限责任公司撤销重庆新南路证券营业部的批复
渝证监许可〔2018〕3 号	关于核准西南证券股份有限公司变更公司章程重要条款的批复
广东证监许可〔2018〕1 号	关于核准崔秀红证券公司经理层高级管理人员任职资格的批复
广东证监许可〔2018〕2 号	关于核准广州证券股份有限公司变更公司章程重要条款的批复
广东证监许可〔2018〕3 号	关于核准广发证券资产管理(广东)有限公司变更公司章程重要条款的批复
广东证监许可〔2018〕4 号	关于核准季王锋证券公司经理层高级管理人员任职资格的批复
广东证监许可〔2018〕5 号	关于核准万联证券股份有限公司变更公司章程重要条款的批复
广东证监许可〔2018〕6 号	关于核准姜永宏证券公司独立董事任职资格的批复
广东证监许可〔2018〕7 号	关于核准彭燎原证券公司独立董事任职资格的批复
广东证监许可〔2018〕8 号	关于核准东莞证券股份有限公司变更公司章程重要条款的批复
广东证监许可〔2018〕9 号	关于核准英大证券有限责任公司撤销广东分公司的批复
广东证监许可〔2018〕10 号	关于核准吴顺虎证券公司经理层高级管理人员任职资格的批复
广东证监许可〔2018〕11 号	关于核准朱琬瑜证券公司监事会主席任职资格的批复
广东证监许可〔2018〕12 号	关于核准钟沁昇证券公司经理层高级管理人员任职资格的批复
广东证监许可〔2018〕13 号	关于核准叶鹏证券公司经理层高级管理人员任职资格的批复
广东证监许可〔2018〕14 号	关于核准汤晓东证券公司经理层高级管理人员任职资格的批复
广东证监许可〔2018〕15 号	关于核准广发证券股份有限公司变更公司章程重要条款的批复
广东证监许可〔2018〕16 号	关于核准王硕证券公司经理层高级管理人员任职资格的批复
广东证监许可〔2018〕17 号	关于核准广州证券股份有限公司设立 3 家分支机构的批复
广东证监许可〔2018〕18 号	关于核准赵必伟证券公司董事任职资格的批复
广东证监许可〔2018〕19 号	关于核准孔维成证券公司经理层高级管理人员任职资格的批复
广东证监许可〔2018〕20 号	关于核准范立夫证券公司独立董事任职资格的批复
广东证监许可〔2018〕21 号	关于核准张永衡证券公司经理层高级管理人员任职资格的批复
广东证监许可〔2018〕22 号	关于核准金曦证券公司监事会主席任职资格的批复
广东证监许可〔2018〕23 号	关于核准广发证券股份有限公司变更公司章程重要条款的批复
广东证监许可〔2018〕24 号	关于核准马智彬证券公司董事任职资格的批复
广东证监许可〔2018〕25 号	关于核准蓝海林证券公司监事任职资格的批复

续表

发文字号	发文标题
广东证监许可〔2018〕26 号	关于核准赖淑娴证券公司监事任职资格的批复
广东证监许可〔2018〕27 号	关于核准广州证券股份有限公司变更公司章程重要条款的批复
广东证监许可〔2018〕28 号	关于核准叶秋彬证券公司经理层高级管理人员任职资格的批复
广东证监许可〔2018〕29 号	关于核准刘新华证券公司董事任职资格的批复
川证监机构〔2018〕5 号	关于核准川财证券有限责任公司变更公司章程重要条款的批复
川证监机构〔2018〕6 号	关于核准川财证券有限责任公司设立 1 家分支机构的批复
川证监机构〔2018〕7 号	关于庞晓龙证券公司董事长类人员任职资格的批复
川证监机构〔2018〕8 号	关于相立军证券公司董事长类人员任职资格的批复
川证监机构〔2018〕9 号	关于李平证券公司独立董事任职资格的批复
川证监机构〔2018〕11 号	关于核准宏信证券有限责任公司变更公司章程重要条款的批复
川证监机构〔2018〕12 号	关于核准华西证券股份有限公司设立 9 家分支机构的批复
川证监机构〔2018〕16 号	关于核准川财证券有限责任公司设立 1 家分支机构的批复
川证监机构〔2018〕18 号	关于马骏证券公司经理层高级管理人员任职资格的批复
川证监机构〔2018〕20 号	关于核准华创证券有限责任公司撤销 1 家分支机构的批复
川证监机构〔2018〕21 号	关于核准华西证券股份有限公司变更公司章程重要条款的批复
川证监机构〔2018〕25 号	关于核准国金证券股份有限公司设立 2 家分支机构的批复
川证监机构〔2018〕26 号	关于核准宏信证券有限责任公司撤销 1 家分支机构的批复
川证监机构〔2018〕27 号	关于王洪英证券公司监事任职资格的批复
川证监机构〔2018〕28 号	关于常亮证券公司经理层高级管理人员任职资格的批复
川证监机构〔2018〕30 号	关于骆玉鼎证券公司独立董事任职资格的批复
川证监机构〔2018〕34 号	关于核准川财证券有限责任公司设立 1 家分支机构的批复
川证监机构〔2018〕37 号	关于谢红证券公司监事任职资格的批复
川证监机构〔2018〕39 号	关于王志平证券公司董事任职资格的批复
川证监机构〔2018〕40 号	关于金树成证券公司董事长类人员任职资格的批复
川证监机构〔2018〕51 号	关于核准国金证券股份有限公司设立 3 家分支机构的批复
川证监机构〔2018〕52 号	关于核准华西证券股份有限公司设立 9 家分支机构的批复
川证监机构〔2018〕54 号	关于核准国金证券股份有限公司变更公司章程重要条款的批复
云证监许可〔2018〕1 号	云南证监局关于核准太平洋证券股份有限公司设立河南许昌营业部的批复
云证监许可〔2018〕2 号	云南证监局关于核准太平洋证券股份有限公司变更公司章程重要条款的批复
云证监许可〔2018〕3 号	云南证监局关于核准红塔证券股份有限公司变更公司章程重要条款的批复
云证监许可〔2018〕4 号	云南证监局关于李丽证券公司董事任职资格的批复
云证监许可〔2018〕5 号	云南证监局关于伍志旭证券公司独立董事任职资格的批复

续表

发文字号	发文标题
云证监许可〔2018〕6 号	云南证监局关于核准中泰证券股份有限公司撤销砚山砚华东路证券营业部的批复
云证监许可〔2018〕7 号	云南证监局关于程绪兰证券公司高级管理人员任职资格的批复
云证监许可〔2018〕8 号	云南证监局关于核准红塔证券股份有限公司设立 7 家分支机构的批复
云证监许可〔2018〕9 号	云南证监局关于核准长江证券股份有限公司撤销蒙自银河路证券营业部的批复
云证监许可〔2018〕10 号	云南证监局关于核准国泰君安证券股份有限公司撤销富宁文体路证券营业部的批复
陕证监许可字〔2018〕1 号	关于陈更新证券公司监事任职资格的批复
陕证监许可字〔2018〕2 号	关于核准中邮证券有限责任公司变更注册资本的批复
陕证监许可字〔2018〕3 号	关于核准中邮证券有限责任公司变更公司章程重要条款的批复
陕证监许可字〔2018〕4 号	关于常瑞明证券公司独立董事任职资格的批复
陕证监许可字〔2018〕5 号	关于核准薛军荣证券公司经理层高级管理人员任职资格的批复
陕证监许可字〔2018〕6 号	关于核准赵斌证券公司监事会主席任职资格的批复
陕证监许可字〔2018〕7 号	关于核准开源证券股份有限公司变更公司章程重要条款的批复
陕证监许可字〔2018〕8 号	关于核准西部证券股份有限公司变更公司章程重要条款的批复
陕证监许可字〔2018〕9 号	关于薛卫江证券公司董事任职资格的批复
陕证监许可字〔2018〕10 号	关于薛卫江证券公司董事任职资格的批复
陕证监许可字〔2018〕11 号	关于核准陈吉证券公司董事长类人员任职资格的批复
陕证监许可字〔2018〕12 号	关于核准中邮证券有限责任公司设立 3 家分支机构的批复
陕证监许可字〔2018〕13 号	关于核准徐朝晖证券公司董事长任职资格的批复
陕证监许可字〔2018〕14 号	关于核准开源证券股份有限公司设立 6 家分支机构的批复
陕证监许可字〔2018〕15 号	关于核准中邮证券有限责任公司设立 3 家分支机构的批复
深证局许可字〔2018〕1 号	深圳证监局关于核准王习平证券公司经理层高级管理人员任职资格的批复
深证局许可字〔2018〕2 号	深圳证监局关于核准王东光证券公司独立董事任职资格的批复
深证局许可字〔2018〕3 号	深圳证监局关于核准安信证券股份有限公司变更公司章程重要条款的批复
深证局许可字〔2018〕4 号	深圳证监局关于核准平安证券股份有限公司变更公司章程重要条款的批复
深证局许可字〔2018〕5 号	深圳证监局关于核准谌传立证券公司经理层高级管理人员任职资格的批复
深证局许可字〔2018〕6 号	深圳证监局关于核准中国中投证券有限责任公司变更公司章程重要条款的批复
深证局许可字〔2018〕7 号	深圳证监局关于核准祝要斌证券公司监事会主席任职资格的批复
深证局许可字〔2018〕8 号	深圳证监局关于核准陈柏春证券公司经理层高级管理人员任职资格的批复
深证局许可字〔2018〕9 号	深圳证监局关于核准刘绫证券公司董事任职资格的批复
深证局许可字〔2018〕10 号	深圳证监局关于核准周中国证券公司经理层高级管理人员任职资格的批复

续表

发文字号	发文标题
深证局许可字〔2018〕11 号	深圳证监局关于核准安信证券股份有限公司设立 17 家分支机构的批复
深证局许可字〔2018〕12 号	深圳证监局关于核准汪棣证券公司独立董事任职资格的批复
深证局许可字〔2018〕13 号	深圳证监局关于核准国信证券股份有限公司变更公司章程重要条款的批复
深证局许可字〔2018〕14 号	深圳证监局关于核准华泰联合证券有限责任公司变更公司章程重要条款的批复
深证局许可字〔2018〕15 号	深圳证监局关于核准华鑫证券有限责任公司变更公司章程重要条款的批复
深证局许可字〔2018〕16 号	深圳证监局关于核准吕春卫证券公司副董事长类人员任职资格的批复
深证局许可字〔2018〕17 号	深圳证监局关于核准陈蒙举证券公司经理层高级管理人员任职资格的批复
深证局许可字〔2018〕18 号	深圳证监局关于核准五矿证券有限公司设立 5 家分支机构的批复
深证局许可字〔2018〕19 号	深圳证监局关于核准汤维清证券公司董事任职资格的批复
深证局许可字〔2018〕20 号	深圳证监局关于核准联储证券有限责任公司变更公司章程重要条款的批复
深证局许可字〔2018〕21 号	深圳证监局关于核准唐臻怡证券公司经理层高级管理人员任职资格的批复
深证局许可字〔2018〕22 号	深圳证监局关于核准渤海汇金证券资产管理有限公司变更公司章程重要条款的批复
深证局许可字〔2018〕23 号	深圳证监局关于核准中山证券有限责任公司变更公司章程重要条款的批复
深证局许可字〔2018〕24 号	深圳证监局关于核准王宁证券公司经理层高级管理人员任职资格的批复
深证局许可字〔2018〕25 号	深圳证监局关于核准胡传高证券公司经理层高级管理人员任职资格的批复
深证局许可字〔2018〕26 号	深圳证监局关于核准世纪证券有限责任公司变更公司章程重要条款的批复
深证局许可字〔2018〕27 号	深圳证监局关于核准东亚前海证券有限责任公司设立 3 家分支机构的批复
深证局许可字〔2018〕28 号	深圳证监局关于核准叶胜利证券公司经理层高级管理人员任职资格的批复
深证局许可字〔2018〕29 号	深圳证监局关于核准李珂证券公司董事任职资格的批复
深证局许可字〔2018〕30 号	深圳证监局关于核准金德环证券公司独立董事任职资格的批复
深证局许可字〔2018〕31 号	深圳证监局关于核准五矿证券有限公司变更公司章程重要条款的批复
深证局许可字〔2018〕32 号	深圳证监局关于核准前海期货有限公司变更股权的批复
深证局许可字〔2018〕33 号	深圳证监局关于核准汇丰前海证券有限责任公司设立 3 家分支机构的批复
深证局许可字〔2018〕34 号	深圳证监局关于核准平安证券股份有限公司设立 5 家分支机构的批复
深证局许可字〔2018〕35 号	深圳证监局关于核准赵鹏证券公司监事任职资格的批复
深证局许可字〔2018〕36 号	深圳证监局关于核准联储证券有限责任公司变更公司章程重要条款的批复
深证局许可字〔2018〕37 号	深圳证监局关于核准孟祥泰证券公司独立董事任职资格的批复
深证局许可字〔2018〕38 号	深圳证监局关于核准周郧证券公司监事会主席任职资格的批复
深证局许可字〔2018〕39 号	深圳证监局关于核准华鑫证券有限责任公司设立 6 家分支机构的批复
深证局许可字〔2018〕40 号	深圳证监局关于核准刘汉西证券公司经理层高级管理人员任职资格的批复
深证局许可字〔2018〕41 号	深圳证监局关于核准杜海江证券公司经理层高级管理人员任职资格的批复

续表

发文字号	发文标题
深证局许可字〔2018〕42 号	深圳证监局关于核准郑宇证券公司经理层高级管理人员任职资格的批复
深证局许可字〔2018〕43 号	深圳证监局关于核准招商证券股份有限公司设立 16 家分支机构的批复
深证局许可字〔2018〕44 号	深圳证监局关于核准联储证券有限责任公司设立 7 家分支机构的批复
深证局许可字〔2018〕45 号	深圳证监局关于核准彭沛然证券公司独立董事任职资格的批复
深证局许可字〔2018〕46 号	深圳证监局关于核准杨维彬证券公司董事任职资格的批复
深证局许可字〔2018〕47 号	深圳证监局关于核准王佳证券公司监事任职资格的批复
深证局许可字〔2018〕48 号	深圳证监局关于核准张轶伟证券公司董事任职资格的批复
深证局许可字〔2018〕49 号	深圳证监局关于核准罗飞证券公司独立董事任职资格的批复
深证局许可字〔2018〕50 号	深圳证监局关于核准林伟证券公司董事任职资格的批复
深证局许可字〔2018〕51 号	深圳证监局关于核准银泰证券有限责任公司设立 5 家分支机构的批复
深证局许可字〔2018〕52 号	深圳证监局关于核准何之江证券公司经理层高级管理人员任职资格的批复
深圳局许可字〔2018〕53 号	深圳证监局关于核准招商证券股份有限公司变更公司章程重要条款的批复
深圳局许可字〔2018〕54 号	深圳证监局关于核准许长安证券公司监事任职资格的批复
深圳局许可字〔2018〕55 号	深圳证监局关于核准梁琪证券公司独立董事任职资格的批复
深圳局许可字〔2018〕56 号	深圳证监局关于核准林兆辉证券公司董事任职资格的批复
深圳局许可字〔2018〕57 号	深圳证监局关于核准李全证券公司独立董事任职资格的批复
深圳局许可字〔2018〕58 号	深圳证监局关于核准蔡元证券公司经理层高级管理人员任职资格的批复
深圳局许可字〔2018〕59 号	深圳证监局关于核准姚飞证券公司董事任职资格的批复
深圳局许可字〔2018〕60 号	深圳证监局关于核准李力证券公司经理层高级管理人员任职资格的批复
深圳局许可字〔2018〕61 号	深圳证监局关于核准黄元华证券公司董事任职资格的批复
深圳局许可字〔2018〕62 号	深圳证监局关于核准第一创业证券股份有限公司变更公司章程重要条款的批复
深圳局许可字〔2018〕63 号	深圳证监局关于核准赵佳证券公司董事任职资格的批复
深圳局许可字〔2018〕64 号	深圳证监局关于核准中山证券有限责任公司设立 9 家证券分支机构的批复
深圳局许可字〔2018〕65 号	深圳证监局关于核准孙毅证券公司经理层高级管理人员任职资格的批复
深圳局许可字〔2018〕66 号	深圳证监局关于核准平安证券股份有限公司变更公司章程重要条款的批复
深圳局许可字〔2018〕67 号	深圳证监局关于核准汪芳证券公司经理层高级管理人员任职资格的批复
深圳局许可字〔2018〕68 号	深圳证监局关于核准吕春卫证券公司董事长类人员任职资格的批复
深证局许可字〔2018〕69 号	深圳证监局关于核准卢国聪证券公司经理层高级管理人员任职资格的批复
深证局许可字〔2018〕70 号	深圳证监局关于核准匡涛证券公司董事任职资格的批复
深证局许可字〔2018〕71 号	深圳证监局关于核准盛贇证券公司经理层高级管理人员任职资格的批复
深证局许可字〔2018〕72 号	深圳证监局关于核准东亚前海证券有限责任公司设立 4 家分支机构的批复
深证局许可字〔2018〕73 号	深圳证监局关于核准郑霞证券公司经理层高级管理人员任职资格的批复

续表

发 文 字 号	发 文 标 题
深证局许可字〔2018〕74 号	深圳证监局关于核准杨敬东证券公司经理层高级管理人员任职资格的批复
深证局许可字〔2018〕75 号	深圳证监局关于核准朱益勇证券公司经理层高级管理人员任职资格的批复
深证局许可字〔2018〕76 号	深圳证监局关于核准于春洪证券公司经理层高级管理人员任职资格的批复
深证局许可字〔2018〕77 号	深圳证监局关于核准华鑫证券有限责任公司变更公司章程重要条款的批复
深证局许可字〔2018〕78 号	深圳证监局关于核准徐鸿证券公司经理层高级管理人员任职资格的批复
深证局许可字〔2018〕79 号	深圳证监局关于核准安信证券股份有限公司变更公司章程重要条款的批复
深证局许可字〔2018〕80 号	深圳证监局关于核准长城证券股份有限公司设立 4 家证券分支机构的批复
深证局许可字〔2018〕81 号	深圳证监局关于核准叶新江证券公司经理层高级管理人员任职资格的批复
深证局许可字〔2018〕82 号	深圳证监局关于核准华鑫证券有限责任公司作为合格境内机构投资者从事境外证券投资管理业务的批复
深证局许可字〔2018〕83 号	深圳证监局关于核准曹宏证券公司董事长类人员任职资格的批复
深证局许可字〔2018〕84 号	深圳证监局关于核准曾琦琨证券公司监事任职资格的批复
深证局许可字〔2018〕85 号	深圳证监局关于核准汇丰前海证券有限责任公司变更持有 5% 以上股权实际控制人的批复
深证局许可字〔2018〕86 号	深圳证监局关于核准五矿证券有限公司设立 4 家证券分支机构的批复
深证局许可字〔2018〕87 号	深圳证监局关于核准刘付羽证券公司经理层高级管理人员任职资格的批复
深证局许可字〔2018〕88 号	深圳证监局关于核准唐松华证券公司经理层高级管理人员任职资格的批复
深证局许可字〔2018〕89 号	深圳证监局关于核准黄炎勋证券公司董事长类人员任职资格的批复
深证局许可字〔2018〕90 号	深圳证监局关于核准招商证券股份有限公司变更公司章程重要条款的批复
深证局许可字〔2018〕91 号	深圳证监局关于核准李尚荣证券公司独立董事任职资格的批复
深证局许可字〔2018〕92 号	深圳证监局关于核准第一创业证券股份有限公司设立 1 家证券分支机构的批复
深证局许可字〔2018〕93 号	深圳证监局关于核准联储证券有限责任公司变更持有 5% 以上股权的实际控制人的批复
深证局许可字〔2018〕94 号	深圳证监局关于核准朱剑锋证券公司经理层高级管理人员任职资格的批复
深证局许可字〔2018〕95 号	深圳证监局关于核准廖笑非证券公司经理层高级管理人员任职资格的批复
深证局许可字〔2018〕96 号	深圳证监局关于核准英大证券有限责任公司变更公司章程重要条款的批复
深证局许可字〔2018〕97 号	深圳证监局关于核准胡宇证券公司经理层高级管理人员任职资格的批复
深证局许可字〔2018〕98 号	深圳证监局关于核准赵敏证券公司经理层高级管理人员任职资格的批复
青证监许可〔2018〕1 号	关于核准李利证券公司独立董事任职资格的批复
青证监许可〔2018〕2 号	关于核准中信证券（山东）有限责任公司在山东省济南市设立一家证券营业部的批复

二、行 政 处 罚

(一)2018 年作出的行政处罚决定书目录

1. 处罚委作出的行政处罚决定书目录

关于杜佳林违反证券法律法规的行政处罚决定书(〔2018〕1 号)
关于徐晗坤违反证券法律法规的行政处罚决定书(〔2018〕2 号)
关于朱彬违反证券法律法规的行政处罚决定书(〔2018〕3 号)
关于上海和熙投资管理有限公司、康伟违反证券法律法规的行政处罚决定书(〔2018〕4 号)
关于浙江思考投资管理股份有限公司、张寿清、岳志斌违反证券法律法规的行政处罚决定书(〔2018〕5 号)
关于魏新违反证券法律法规的行政处罚决定书(〔2018〕6 号)
关于曹磊违反证券法律法规的行政处罚决定书(〔2018〕7 号)
关于成都华泽钴镍材料股份有限公司、王涛、王应虎等 18 名责任人员违反证券法律法规的行政处罚决定书(〔2018〕8 号)
关于沈机集团昆明机床股份有限公司、王兴、常宝强等 23 名责任人员违反证券法律法规的行政处罚决定书(〔2018〕9 号)
关于金亚科技股份有限公司、周旭辉、张法德等 17 名责任人员违反证券法律法规的行政处罚决定书(〔2018〕10 号)
关于文宏违反证券法律法规的行政处罚决定书(〔2018〕11 号)
关于孟祥龙违反证券法律法规的行政处罚决定书(〔2018〕12 号)
关于冯志浩违反证券法律法规的行政处罚决定书(〔2018〕13 号)
关于刘文金违反证券法律法规的行政处罚决定书(〔2018〕14 号)
关于姚丽违反证券法律法规的行政处罚决定书(〔2018〕15 号)
关于潘园根违反证券法律法规的行政处罚决定书(〔2018〕16 号)
关于徐康军、翁惠萍违反证券法律法规的行政处罚决定书(〔2018〕18 号)
关于李晓辉违反证券法律法规的行政处罚决定书(〔2018〕19 号)
关于王守武违反证券法律法规的行政处罚决定书(〔2018〕20 号)
关于王爱英违反证券法律法规的行政处罚决定书(〔2018〕21 号)
关于廖英强违反证券法律法规的行政处罚决定书(〔2018〕22 号)
关于福建卫东投资集团有限公司、卞友苏、邱一希违反证券法律法规的行政处罚决定书(〔2018〕23 号)
关于施立新、陈淼媛、翁凛磊违反证券法律法规的行政处罚决定书(〔2018〕24 号)

续表

关于文高永权、王交英、宋翼湘等4名责任人员违反证券法律法规的行政处罚决定书(〔2018〕25号)
关于广州安州投资管理有限公司、王福亮违反证券法律法规的行政处罚决定书(〔2018〕26号)
关于北八道集团有限公司、林庆丰、林玉婷等4名责任人员违反证券法律法规的行政处罚决定书(〔2018〕27号)
关于北八道集团有限公司、林庆丰、林玉婷等4名责任人员违反证券法律法规的行政处罚决定书(〔2018〕28号)
关于北八道集团有限公司、林庆丰、林玉婷等4名责任人员违反证券法律法规的行政处罚决定书(〔2018〕29号)
关于广州安州投资管理有限公司、王福亮违反证券法律法规的行政处罚决定书(〔2018〕30号)
关于青岛市恒顺众昇集团股份有限公司、陈肖强、刘涛等15名责任人员违反证券法律法规的行政处罚决定书(〔2018〕31号)
关于万家文化违反证券法律法规的行政处罚决定书(〔2018〕32号)
关于宁波圣莱达电器股份有限公司违反证券法律法规的行政处罚决定书(〔2018〕33号)
关于王良友违反证券法律法规的行政处罚决定书(〔2018〕34号)
关于石朝辉违反证券法律法规的行政处罚决定书(〔2018〕35号)
关于何思模违反证券法律法规的行政处罚决定书(〔2018〕36号)
关于陈汉腾违反证券法律法规的行政处罚决定书(〔2018〕37号)
关于郭玮违反证券法律法规的行政处罚决定书(〔2018〕38号)
关于汤义炜违反证券法律法规的行政处罚决定书(〔2018〕39号)
关于郭亚军违反证券法律法规的行政处罚决定书(〔2018〕40号)
关于汤李炜违反证券法律法规的行政处罚决定书(〔2018〕41号)
关于江卫东违反证券法律法规的行政处罚决定书(〔2018〕42号)
关于刘晓东、杨威、李儒柏违反证券法律法规的行政处罚决定书(〔2018〕43号)
关于周良超违反证券法律法规的行政处罚决定书(〔2018〕44号)
关于陈贤违反证券法律法规的行政处罚决定书(〔2018〕45号)
关于国信证券股份有限公司、龙飞虎、王晓娟等5名责任人员违反证券法律法规的行政处罚决定书(〔2018〕46号)
关于高勇违反证券法律法规的行政处罚决定书(〔2018〕47号)
关于曹世斌违反证券法律法规的行政处罚决定书(〔2018〕48号)
关于甘肃盛达集团股份有限公司、赵满堂、王军保违反证券法律法规的行政处罚决定书(〔2018〕49号)
关于庞大汽贸集团股份有限公司、庞庆华、武成等4名责任人员违反证券法律法规的行政处罚决定书(〔2018〕50号)
关于王仕宏、陈杰违反证券法律法规的行政处罚决定书(〔2018〕51号)
关于黄炳文、钟琼违反证券法律法规的行政处罚决定书(〔2018〕52号)
关于张磊违反证券法律法规的行政处罚决定书(〔2018〕53号)

续表

关于五洋建设集团股份有限公司、陈志樟、王永敏等 21 名责任人员违反证券法律法规的行政处罚决定书(〔2018〕54 号)
关于王麒诚、杨涛违反证券法律法规的行政处罚决定书(〔2018〕55 号)
关于浙江福士达集团有限公司、王坚、张述违反证券法律法规的行政处罚决定书(〔2018〕56 号)
关于王智斌违反证券法律法规的行政处罚决定书(〔2018〕57 号)
关于缪路漫违反证券法律法规的行政处罚决定书(〔2018〕58 号)
关于褚连江违反证券法律法规的行政处罚决定书(〔2018〕59 号)
关于谢一峰违反证券法律法规的行政处罚决定书(〔2018〕60 号)
关于郁红高违反证券法律法规的行政处罚决定书(〔2018〕61 号)
关于姚磊违反证券法律法规的行政处罚决定书(〔2018〕62 号)
关于曾玉山违反证券法律法规的行政处罚决定书(〔2018〕63 号)
关于边炯违反证券法律法规的行政处罚决定书(〔2018〕64 号)
关于王清违反证券法律法规的行政处罚决定书(〔2018〕65 号)
关于浙江万好万家文化股份有限公司、万好万家集团有限公司、孔德永违反证券法律法规的行政处罚决定书(〔2018〕66 号)
关于成艳娴、顾慧佳、顾鎔违反证券法律法规的行政处罚决定书(〔2018〕67 号)
关于许海霞违反证券法律法规的行政处罚决定书(〔2018〕68 号)
关于严谨违反证券法律法规的行政处罚决定书(〔2018〕69 号)
关于大华会计师事务所、张晓义、高德惠、谭荣违反证券法律法规的行政处罚决定书(〔2018〕70 号)
关于上海通金投资有限公司、刘璟违反证券法律法规的行政处罚决定书(〔2018〕71 号)
关于中植投资发展(北京)有限公司、李轩、赵云昊、杨霁违反证券法律法规的行政处罚决定书(〔2018〕72 号)
关于东莞勤上光电股份有限公司、李旭亮、胡玄跟、陈永洪违反证券法律法规的行政处罚决定书(〔2018〕73 号)
关于王凯违反证券法律法规的行政处罚决定书(〔2018〕74 号)
关于吴光明违反证券法律法规的行政处罚决定书(〔2018〕75 号)
关于中原证券股份有限公司、卫晓磊、穆晓芳违反证券法律法规的行政处罚决定书(〔2018〕76 号)
关于上海阜兴金融控股(集团)有限公司、朱一栋、李卫卫等 5 名责任人员违反证券法律法规的行政处罚决定书(〔2018〕77 号)
关于立信会计师事务所、邹军梅、程进违反证券法律法规的行政处罚决定书(〔2018〕78 号)
关于龙宝参茸股份有限公司、孙孝贤、孙立国等 16 名责任人违反证券法律法规的行政处罚决定书(〔2018〕79 号)
关于潘勇违反证券法律法规的行政处罚决定书(〔2018〕80 号)
关于马永威违反证券法律法规的行政处罚决定书(〔2018〕81 号)
关于李构违反证券法律法规的行政处罚决定书(〔2018〕82 号)

续表

关于杨绍华违反证券法律法规的行政处罚决定书(〔2018〕83 号)
关于黄万忠违反证券法律法规的行政处罚决定书(〔2018〕84 号)
关于胡忠权违反证券法律法规的行政处罚决定书(〔2018〕85 号)
关于于洪瑞、王风雷违反证券法律法规的行政处罚决定书(〔2018〕86 号)
关于樊通兴违反证券法律法规的行政处罚决定书(〔2018〕87 号)
关于马永威违反证券法律法规的行政处罚决定书(〔2018〕88 号)
关于胡宜东、覃辉、康璐等 14 名责任人员违反证券法律法规的行政处罚决定书(〔2018〕89 号)
关于林震森违反证券法律法规的行政处罚决定书(〔2018〕90 号)
关于黄钦坚违反证券法律法规的行政处罚决定书(〔2018〕91 号)
关于周凡娜、陈锡林违反证券法律法规的行政处罚决定书(〔2018〕92 号)
关于重庆中新融鑫投资中心、喻炜、韩仁东违反证券法律法规的行政处罚决定书(〔2018〕93 号)
关于金宇轮胎集团有限公司、延惠峰违反证券法律法规的行政处罚决定书(〔2018〕94 号)
关于任良成、任良斌违反证券法律法规的行政处罚决定书(〔2018〕95 号)
关于广州市裕鼎投资有限公司、江瑜、胡菊华、吴惠玲违反证券法律法规的行政处罚决定书(〔2018〕96 号)
关于浙江新三板资产管理有限公司、张方平、兰际伟违反证券法律法规的行政处罚决定书(〔2018〕97 号)
关于中和资产评估有限公司、冯道祥、何俊违反证券法律法规的行政处罚决定书(〔2018〕98 号)
关于青岛东海恒信投资管理有限公司、史吏、陈建国违反证券法律法规的行政处罚决定书(〔2018〕99 号)
关于北京泛涵投资管理有限公司、陈支左、陈美花违反证券法律法规的行政处罚决定书(〔2018〕100 号)
关于济南华尔泰富投资管理有限公司、时玉祥、田相永违反证券法律法规的行政处罚决定书(〔2018〕101 号)
关于北京礼一投资有限公司、深圳礼一投资有限公司、林伟健违反证券法律法规的行政处罚决定书(〔2018〕102 号)
关于冀晓斌违反证券法律法规的行政处罚决定书(〔2018〕103 号)
关于王法铜违反证券法律法规的行政处罚决定书(〔2018〕104 号)
关于贺文哲、贺凯违反证券法律法规的行政处罚决定书(〔2018〕105 号)
关于刘江伟违反证券法律法规的行政处罚决定书(〔2018〕106 号)
关于张小伟违反证券法律法规的行政处罚决定书(〔2018〕107 号)
关于刘坚违反证券法律法规的行政处罚决定书(〔2018〕108 号)
关于林红、苏艳芝、王红梅违反证券法律法规的行政处罚决定书(〔2018〕109 号)
关于东方花旗证券有限公司、郑剑辉、蔡军强违反证券法律法规的行政处罚决定书(〔2018〕110 号)
关于贵州长征天成控股股份有限公司、王国生、马滨岚等 5 名责任人员违反证券法律法规的行政处罚决定书(〔2018〕112 号)
关于杭五一违反证券法律法规的行政处罚决定书(〔2018〕113 号)
关于银信资产评估有限公司、梅惠民、李琦、龚沈璐违反证券法律法规的行政处罚决定书(〔2018〕114 号)

续表

关于中天运会计师事务所、朱晓崴、李朝阳违反证券法律法规的行政处罚决定书(〔2018〕115 号)
关于湖北仰帆控股股份有限公司、钱汉新、滕祖昌等 18 名责任人员违反证券法律法规的行政处罚决定书(〔2018〕116 号)
关于长生生物科技股份有限公司、高俊芳、张晶等 18 名责任人员违反证券法律法规的行政处罚决定书(〔2018〕117 号)
关于北京新华汇嘉投资管理有限公司、王卫东违反证券法律法规的行政处罚决定书(〔2018〕118 号)
关于立信会计师事务所、周铮文、陶奇违反证券法律法规的行政处罚决定书(〔2018〕119 号)
关于何邦建违反证券法律法规的行政处罚决定书(〔2018〕121 号)
关于韩雁林违反证券法律法规的行政处罚决定书(〔2018〕122 号)
关于朱德胜违反证券法律法规的行政处罚决定书(〔2018〕123 号)
关于龙英违反证券法律法规的行政处罚决定书(〔2018〕124 号)
关于宁波天一世纪投资有限责任公司、周方洁违反证券法律法规的行政处罚决定书(〔2018〕125 号)
关于瑞华会计师事务所、王晓江、刘少锋、张富平违反证券法律法规的行政处罚决定书(〔2018〕126 号)
关于郑领滨违反证券法律法规的行政处罚决定书(〔2018〕127 号)
关于蓝海宸通投资控股(上海)有限公司、苏思通违反证券法律法规的行政处罚决定书(〔2018〕128 号)
关于雅利(上海)资产管理有限公司、吕沈强违反证券法律法规的行政处罚决定书(〔2018〕129 号)
关于朱益宁违反证券法律法规的行政处罚决定书(〔2018〕130 号)

2. 地方局作出的处罚决定书目录

序号	单　位	名　称	文　号
1	北京证监局	关于中科云网科技集团股份有限公司违反证券法规的行政处罚决定书	〔2018〕1 号
		关于孟凯违反证券法规的行政处罚决定书	〔2018〕2 号
		关于深圳华彩京西物联投资管理企业(普通合伙)、晁龙违反证券法规的行政处罚决定书	〔2018〕3 号
		关于文细棠违反证券法规的行政处罚决定书	〔2018〕4 号
		关于刘志学违反证券法规的行政处罚决定书	〔2018〕5 号
		关于刘军违反证券法规的行政处罚决定书	〔2018〕6 号
		关于北京中企华资产评估有限责任公司、胡奇、张齐虹、周跃龙、熊昭霞违反证券法规的行政处罚决定书	〔2018〕7 号
		关于上海时光科技股份有限公司、李晋文违反证券法规的行政处罚决定书	〔2018〕8 号
		关于英大基金管理有限公司、张传良、宗宽广违反证券法规的行政处罚决定书	〔2018〕9 号

续表

序号	单　位	名　称	文　号
2	河北证监局	中国证券监督管理委员会河北监管局行政处罚决定书	〔2018〕1号
		中国证券监督管理委员会河北监管局行政处罚决定书	〔2018〕2号
3	山西证监局	关于贾俊琪违反证券法规的行政处罚决定书	〔2018〕1号
		关于和合期货有限公司违反期货法规的行政处罚决定书	〔2018〕2号
		关于山西三维集团股份有限公司违反证券法规的行政处罚决定书	〔2018〕3号
		关于吴朝晖违反证券法规的行政处罚决定书	〔2018〕4号
4	辽宁证监局	关于ST烯碳行政处罚决定书	〔2018〕1号
5	吉林证监局	中国证券监督管理委员会吉林监管局行政处罚决定书(郑一帆)	〔2018〕1号
		中国证券监督管理委员会吉林监管局行政处罚决定书(樊云)	〔2018〕2号
		中国证券监督管理委员会吉林监管局行政处罚决定书(东方汇金期货等6名责任人)	〔2018〕3号
		中国证券监督管理委员会吉林监管局行政处罚决定书(融钰集团等10名责任人)	〔2018〕4号
		中国证券监督管理委员会吉林监管局行政处罚决定书(管健)	〔2018〕5号
		中国证券监督管理委员会吉林监管局行政处罚决定书(冯铁)	〔2018〕6号
6	黑龙江证监局	行政处罚决定书(张春娣内幕交易“同达创业”)	〔2018〕1号
		行政处罚决定书(许雁君内幕交易“同达创业”)	〔2018〕2号
		行政处罚决定书(黑龙江省容维证券数据程序化有限公司违法违规)	〔2018〕3号
		行政处罚决定书(大通期货经纪有限公司违法违规)	〔2018〕4号
		行政处罚决定书(姜亮亮内幕交易“宝泰隆”)	〔2018〕5号
		行政处罚决定书(潘广明内幕交易“宝泰隆”)	〔2018〕6号
		行政处罚决定书(海南海药投资有限公司、深圳赛乐敏生物科技有限公司、海南赛乐敏生物科技有限公司等8人超比例持股)	〔2018〕7号
7	上海证监局	邹文杰内幕交易“飞田通信”行政处罚决定书	〔2018〕1号
		张华伟短线交易“鹏欣资源”行政处罚决定书	〔2018〕2号
		樊菁涉嫌内幕交易“金力泰”行政处罚决定书	〔2018〕3号
		上海普天邮通科技股份有限公司信息披露违法行政处罚决定书	〔2018〕4号
		郑建华违反证券法律法规行政处罚决定书	〔2018〕5号
		张冬莉违反证券法律法规行政处罚决定书	〔2018〕6号
		谢仲华违反证券法律法规行政处罚决定书	〔2018〕7号
		王允强违反证券法律法规行政处罚决定书	〔2018〕8号
		孙会英违反证券法律法规行政处罚决定书	〔2018〕9号
		沈忠华违反证券法律法规行政处罚决定书	〔2018〕10号

续表

序号	单　　位	名　　称	文　　号
		陆贤薇违反证券法律法规行政处罚决定书	〔2018〕11 号
		陆维林违反证券法律法规行政处罚决定书	〔2018〕12 号
		刘玛琳违反证券法律法规行政处罚决定书	〔2018〕13 号
		李中耀违反证券法律法规行政处罚决定书	〔2018〕14 号
		李颖违反证券法律法规行政处罚决定书	〔2018〕15 号
		李林臻违反证券法律法规行政处罚决定书	〔2018〕16 号
		李军违反证券法律法规行政处罚决定书	〔2018〕17 号
		江建平违反证券法律法规行政处罚决定书	〔2018〕18 号
		顾乃凤违反证券法律法规行政处罚决定书	〔2018〕19 号
		丛惠生违反证券法律法规行政处罚决定书	〔2018〕20 号
		曹宏斌违反证券法律法规行政处罚决定书	〔2018〕21 号
		蔡桂保违反证券法律法规行政处罚决定书	〔2018〕22 号
		费屹立违反证券法律法规行政处罚决定书	〔2018〕23 号
		上海界龙集团有限公司违反证券法律法规行政处罚决定书	〔2018〕24 号
		费钧德违反证券法律法规行政处罚决定书	〔2018〕25 号
		上海中毅达股份有限公司信息披露违法行政处罚决定书	〔2018〕26 号
		林旭楠违反证券法律法规行政处罚决定书	〔2018〕27 号
		任鸿虎违反证券法律法规行政处罚决定书	〔2018〕28 号
		盛燕违反证券法律法规行政处罚决定书	〔2018〕29 号
		吴邦兴违反证券法律法规行政处罚决定书	〔2018〕30 号
		陈国坤违反证券法律法规行政处罚决定书	〔2018〕31 号
		陈两武违反证券法律法规行政处罚决定书	〔2018〕32 号
		陈亚莉违反证券法律法规行政处罚决定书	〔2018〕33 号
		刘晓桥违反证券法律法规行政处罚决定书	〔2018〕34 号
		马庆银违反证券法律法规行政处罚决定书	〔2018〕35 号
		秦健智违反证券法律法规行政处罚决定书	〔2018〕36 号
		武舸违反证券法律法规行政处罚决定书	〔2018〕37 号
		谢若锋违反证券法律法规行政处罚决定书	〔2018〕38 号
		杨士军违反证券法律法规行政处罚决定书	〔2018〕39 号
		杨永华违反证券法律法规行政处罚决定书	〔2018〕40 号
		赵海燕违反证券法律法规行政处罚决定书	〔2018〕41 号
		徐清波违反证券法律法规行政处罚决定书	〔2018〕42 号

续表

序号	单位	名称	文号
		陈国中违反证券法律法规行政处罚决定书	〔2018〕43 号
		钟佳顺私下接受客户委托买卖证券违法行为行政处罚决定书	〔2018〕44 号
		吴永根内幕交易上海界龙实业集团股份有限公司股票行政处罚决定书	〔2018〕45 号
		费钧德违反证券法律法规行政处罚决定书	〔2018〕46 号
		费屹立违反证券法律法规行政处罚决定书	〔2018〕47 号
		上海界龙集团有限公司信息披露违法违规行为行政处罚决定书	〔2018〕48 号
		上海界龙实业集团股份有限公司信息披露违法违规行为行政处罚决定书	〔2018〕49 号
		张海峰违反证券法律法规行政处罚决定书	〔2018〕50 号
		北京大观投资管理有限公司操纵市场行为行政处罚决定书	〔2018〕51 号
		徐志霖违反证券法律法规行政处罚决定书	〔2018〕52 号
8	江苏证监局	江苏证监局行政处罚决定书(三房巷等)	〔2018〕1 号
		江苏证监局行政处罚决定书(鑫申财富、高斌)	〔2018〕2 号
		江苏证监局行政处罚决定书(张锋、徐斌武)	〔2018〕3 号
		江苏证监局行政处罚决定书(季奎余)	〔2018〕4 号
		江苏证监局行政处罚决定书(黄永琪)	〔2018〕5 号
		江苏证监局行政处罚决定书(黄伟兴)	〔2018〕6 号
		江苏证监局行政处罚决定书(陆卫忠)	〔2018〕7 号
		江苏证监局行政处罚决定书(周琳)	〔2018〕8 号
		江苏证监局行政处罚决定书(北京非凡、杨臣、广讯公司、叶云宙、CHANG YUHUI)	〔2018〕9 号
		江苏证监局行政处罚决定书(王坚)	〔2018〕10 号
9	浙江证监局	关于对申科滑动轴承股份有限公司、何全波、何建东、陈兰燕违反证券法规的行政处罚决定书	〔2018〕1 号
		关于对嵊州市永宇冲片股份有限公司、魏永良、邢利、钱纪香违反证券法规的行政处罚决定书	〔2018〕2 号
		关于对美都能源股份有限公司、闻掌华、翁永堂、徐国强、沈旭涛违反证券法规的行政处罚决定书	〔2018〕3 号
		关于对万隆(上海)资产评估有限公司、侯红骏、刘希广违反证券法规的行政处罚决定书	〔2018〕4 号
		关于对应广希违反证券法规的行政处罚决定书	〔2018〕5 号
		关于对王利坚违反证券法规的行政处罚决定书	〔2018〕6 号
		关于对周国建违反证券法规的行政处罚决定书	〔2018〕7 号

续表

序号	单　位	名　称	文　号
10	安徽证监局	韩玉红涉嫌违法买卖山鹰纸业股票案	〔2018〕1 号
		独轶涉嫌违法买卖股票案	〔2018〕2 号
		陈晓飞涉嫌违规代理客户交易股票案	〔2018〕3 号
		紫光集团及其一致行动人涉嫌违法增持“文一科技”案	〔2018〕4 号
11	福建证监局	行政处罚决定书(众和股份)	〔2018〕1 号
		行政处罚决定书(万星溢)	〔2018〕2 号
		行政处罚决定书(颜财光)	〔2018〕3 号
		行政处罚决定书(黄浩云)	〔2018〕4 号
		行政处罚决定书(张鹏程)	〔2018〕5 号
		行政处罚决定书(陈芳)	〔2018〕6 号
12	江西证监局	行政处罚决定书(赵海月、周勇、赵平)	〔2018〕1 号
13	山东证监局	山东证监局行政处罚决定书(王宜明)	〔2018〕1 号
		山东证监局行政处罚决定书(鑫秋农业等)	〔2018〕2 号
		山东证监局行政处罚决定书(南京雷奥投资管理有限公司、周信钢)	〔2018〕3 号
		山东证监局行政处罚决定书(徐康)	〔2018〕4 号
14	湖北证监局	关于武汉凡谷电子技术股份有限公司、孟凡博、王志松、范志辉违反证券法规的行政处罚决定书	〔2018〕1 号
		关于刘素芳违反证券法规的行政处罚决定书	〔2018〕2 号
		关于苏金菊违反证券法规的行政处罚决定书	〔2018〕3 号
		关于李文违反证券法规的行政处罚决定书	〔2018〕4 号
		关于武汉银都文化传媒股份有限公司违反证券法规的行政处罚决定书	〔2018〕5 号
		关于关杭军违反证券法规的行政处罚决定书	〔2018〕6 号
15	湖南证监局	行政处罚决定书(孙述荣)	〔2018〕1 号
		行政处罚决定书(尔康制药)	〔2018〕2 号
		行政处罚决定书(中兵红箭)	〔2018〕3 号
16	广东证监局	关于徐自发违反证券法规的行政处罚决定书	〔2018〕1 号
		关于林广茂违反证券法规的行政处罚决定书	〔2018〕2 号
		关于蒋乐辉违反证券法规的行政处罚决定书	〔2018〕3 号
		关于谢竞违反证券法规的行政处罚决定书	〔2018〕4 号
		关于广州宝尊投资管理有限公司、徐璜明、王柏胜、周斌违反证券法规的行政处罚决定书	〔2018〕5 号
		关于朱康军违反证券法规的行政处罚决定书	〔2018〕6 号

续表

序号	单　位	名　称	文　号
		关于中青朗顿(太湖)教育文化科技股份有限公司、周凡、谢昌国、宗伟违反证券法规的行政处罚决定书	〔2018〕7 号
		关于刘登红违反证券法规的行政处罚决定书	〔2018〕8 号
		关于李培尚违反证券法规的行政处罚决定书	〔2018〕9 号
		关于杨萍违反证券法规的行政处罚决定书	〔2018〕10 号
		关于深圳市捷安德实业有限公司、李嘉杰违反证券法规的行政处罚决定书	〔2018〕11 号
		关于姚逸宇违反证券法规的行政处罚决定书	〔2018〕12 号
		关于广东温迪数字传播股份有限公司、关丽芬、王立军、罗淑妮违反证券法规的行政处罚决定书	〔2018〕13 号
		关于柯荣卿违反证券法规的行政处罚决定书	〔2018〕14 号
		关于蔡楚瑜违反证券法规的行政处罚决定书	〔2018〕15 号
		关于陈磊违反证券法规的行政处罚决定书	〔2018〕16 号
		关于叶烁违反证券法规的行政处罚决定书	〔2018〕17 号
		关于立信会计师事务所(特殊普通合伙)、高敏、康跃华违反证券法规的行政处罚决定书	〔2018〕18 号
17	广西监管局	行政处罚决定书(周寅)	〔2018〕1 号
		行政处罚决定书(一铭软件股份有限公司、余时均、黄珍、黄彦林)	〔2018〕2 号
18	重庆证监局	行政处罚决定书(张清)	〔2018〕1 号
		行政处罚决定书(胡世清)	〔2018〕2 号
		行政处罚决定书(王亦天)	〔2018〕3 号
		行政处罚决定书(罗嫒媛)	〔2018〕4 号
		行政处罚决定书(吕兴平)	〔2018〕5 号
		行政处罚决定书(张鑫)	〔2018〕6 号
		行政处罚决定书(蒋涛)	〔2018〕7 号
19	四川证监局	行政处罚决定书(胡铁刚)	〔2018〕1 号
		行政处罚决定书(潘敏智)	〔2018〕2 号
		行政处罚决定书(陈燕)	〔2018〕3 号
		行政处罚决定书(余永祥)	〔2018〕4 号
		行政处罚决定书(马鹃)	〔2018〕5 号
		行政处罚决定书(袁媛)	〔2018〕6 号
		行政处罚决定书(唐安林)	〔2018〕7 号
20	云南证监局	行政处罚决定书(云南罗平锌电股份有限公司、杨建兴、李尤立、喻永贤等 21 名责任人员)	〔2018〕1 号

续表

序号	单　位	名　称	文　号
21	陕西证监局	行政处罚决定书(王顺龙、王新龙)	〔2018〕1 号
		行政处罚决定书(张文学)	〔2018〕2 号
22	新疆证监局	关于新疆浩源天然气股份有限公司、周举东、冷新卫等 12 名责任人违反证券法规的行政处罚决定书	〔2018〕1 号
23	深圳证监局	关于何洪涛违反证券法规的行政处罚决定书	〔2018〕1 号
		关于金丽违反证券法规的行政处罚决定书	〔2018〕2 号
		关于王伟违反证券法规的行政处罚决定书	〔2018〕3 号
		关于国民技术、罗昭学、喻俊杰、刘红晶违反证券法规的行政处罚决定书	〔2018〕4 号
		关于谢敏违反证券法规的行政处罚决定书	〔2018〕5 号
		关于深圳中国农大科技股份有限公司、李林琳、江玉明、杨斌违反证券法规的行政处罚决定书	〔2018〕6 号
		关于深圳市联建光电股份有限公司、何吉伦、周昌文、朱贤洲、刘虎军、褚伟晋、黄允炜、姚太平、熊瑾玉、蒋皓、段武杰、向健勇;马伟晋、李小芬、谢志明、张爱明、肖连启、杨再飞、肖志兴、苑晓雷、钟菊英违反证券法规的行政处罚决定书	〔2018〕7 号
24	大连证监局	行政处罚决定书	〔2018〕1 号
		行政处罚决定书	〔2018〕2 号
25	宁波证监局	关于亿晶光电等违反证券法规的行政处罚决定书	〔2018〕1 号
		关于勤诚达投资等违反证券法规的行政处罚决定书	〔2018〕2 号
		关于唐玉华违反证券法规的行政处罚决定书	〔2018〕3 号
26	青岛证监局	行政处罚决定书(青岛奥盖克化工股份有限公司、王在军、刘武)	〔2018〕1 号
		行政处罚决定书(青岛亨达股份有限公司、单存礼、王吉万等 13 名责任人员)	〔2018〕2 号

(二)典 型 案 例

丹东欣泰电气股份有限公司不服证监会行政处罚决定行政诉讼案

一、基本案情

上诉人:丹东欣泰电气股份有限公司

被上诉人:中国证监会

我会《行政处罚决定书》(〔2016〕84 号)认定:欣泰电气将包含虚假财务数据的 IPO 申请

文件报送中国证监会并获得中国证监会核准的行为,违反了《证券法》第十三条关于公开发行新股应当符合的条件中"最近三年财务会计文件无虚假记载,无其他重大违法行为"和第二十条第一款"发行人向国务院证券监督管理机构或者国务院授权的部门报送的证券发行申请文件,必须真实、准确、完整"的规定,构成《证券法》第一百八十九条所述"发行人不符合发行条件,以欺骗手段骗取发行核准"的行为。对欣泰电气该项违法行为,直接负责的主管人员为温某乙、刘某胜,其他直接责任人员为于某洋、王某珩、孙某东、陈某超、胡某勇、王某华、蔡某、宋某萍、赵某年、蒋某福、范某喜、孙某贵、韩某、陈某翀。同时,温某乙作为欣泰电气实际控制人,商议并同意以外部借款等方式虚构收回应收款项,安排、筹措资金且承担相关资金成本,其行为已构成《证券法》第一百八十九条第二款所述"发行人的控股股东、实际控制人指使从事前款违法行为"的行为。欣泰电气披露的2013年年度报告、2014年半年度报告、2014年年度报告存在虚假记载及2014年年度报告存在重大遗漏的行为,违反了《证券法》第六十三条有关"发行人、上市公司依法披露的信息,必须真实、准确、完整,不得有虚假记载、误导性陈述或者重大遗漏"的规定,构成《证券法》第一百九十三条所述"发行人、上市公司或者其他信息披露义务人未按照规定披露信息,或者披露的信息有虚假记载、误导性陈述或者重大遗漏"的行为。对欣泰电气该项违法行为,直接负责的主管人员为温某乙、刘某胜,其他直接责任人员为于某洋,王某珩、蔡某、陈某超、宋某萍、孙某东、赵某年、蒋某福、范某喜、孙某贵、韩某、陈某翀、杜某宁。同时,温某乙作为欣泰电气实际控制人,其行为已构成《证券法》第一百九十三条第三款所述"发行人、上市公司或者其他信息披露义务人的控股股东、实际控制人指使从事前两款违法行为"的行为。

根据当事人违法行为的事实、性质、情节与社会危害程度,依据《证券法》第一百八十九条的规定,我会决定:一、对欣泰电气处以非法所募资金的3%即772万元罚款;二、对温某乙处以802万元罚款,其中作为直接负责的主管人员处以30万元罚款,作为实际控制人处以欣泰电气非法所募资金的3%即772万元罚款;三、对刘某胜处以30万元罚款;四、对于某洋、王某珩分别处以10万元罚款;五、对孙某东、蔡某、陈某翀、陈某超、王某华、胡某勇、宋某萍分别处以5万元罚款;六、对蒋某福、赵某年、范某喜、韩某、孙某贵分别处以3万元罚款。依据《证券法》第一百九十三条第一款、第三款的规定,我会决定:一、对欣泰电气责令改正,给予警告,并处以60万元罚款;二、对温某乙给予警告,并处以90万元罚款;其中作为直接负责的主管人员处以30万元罚款,作为实际控制人处以60万元罚款;三、对刘某胜给予警告,并处以30万元罚款;四、对于某洋、王某珩给予警告,并分别处以10万元罚款;五、对蔡某、陈某超、宋某萍、孙某东、赵某年、蒋某福、范某喜、孙某贵、韩某、陈某翀、杜某宁给予警告,并分别处以3万元罚款。综合上述两项行政处罚意见,我会决定:一、对欣泰电气责令改正,给予警告,并处以832万元罚款;二、对温某乙给予警告,并处以892万元罚款;三、对刘某胜给予警告,并处以60万元罚款;四、对于某洋、王某珩给予警告,并分别处以20万元罚款;五、对孙某东、蔡某、陈某超、宋某萍、陈某翀给予警告,并分别处以8万元罚款;六、对蒋某福、赵某年、范某喜、韩某、孙某贵给予警告,并分别处以6万元罚款;七、对王某华、胡某勇分别处以5万元罚款;八、对杜某宁给予警告,并处以3万元罚款。

2016年7月5日,中国证监会作出《行政处罚决定书》(〔2016〕84号),并于2016年7月7日向欣泰电气送达,欣泰电气不服被诉处罚决定中针对公司的部分,向我会申请行政复议。2016年11月30日,我会作出复议决定,维持被诉处罚中针对欣泰电气的部分。欣泰电气不服《复议决定书》(〔2016〕126号),向北京市一中院提起诉讼。一审法院判决驳回欣泰电气的诉讼请求。2018年3月26日,北京市高院作出终审裁定,驳回欣泰电气上诉,维持一审判决。

二、焦点问题评析

本案争议焦点为:一是欺诈发行的构成要件以及欣泰电气是否符合该构成要件;二是被诉处罚决定事实认定是否需要专业机构审计或鉴定;三是被诉处罚决定是否存在明显不当。

(一)欺诈发行的构成要件以及欣泰电气是否符合该构成要件

上诉人主张,上诉人的违法行为不符合《证券法》第一百八十九条欺诈发行的构成要件。

二审判决认为,关于欺诈发行的构成要件以及欣泰电气是否符合该要件的问题。从法律文义和规范体系统一性的视角分析,《证券法》第十三条规定的发行新股的条件应当与第一百八十九条规定的"不符合发行条件"具有内在关联和前后衔接性,前者规定的发行条件自然且理当作为后者认定是否符合发行条件的标准。对于"骗取发行核准"的理解,发行人可能实质上不符合发行条件而骗取发行核准,也可能本来符合发行条件而为了"骗取"一个更好的发行价格以筹集更多资本,不论属于两种情形中的哪一种,只要在特定发行文件中存在重大虚假记载或陈述,都属于"骗取发行核准"的范畴,与发行人剔除虚假记载内容后是否依然符合发行条件并无必然关系。法院认为,招股说明书与财务会计文件的确存在名称、形式以及内容涵盖面上有所不同,但也存在交织,其中公司财务会计文件是招股说明书的重要内容之一,二者实质上是整体和部分、形式和内容的关系,招股说明书等 IPO 申请文件中对财务数据的虚假记载是财务会计文件虚假记载的一种表现形式。因此,欣泰电气的主张不成立,我会认定欣泰电气符合《证券法》第一百八十九条第一款规定证券欺诈发行的构成要件并无不当。

(二)被诉处罚决定事实认定是否需要专业机构审计或鉴定

上诉人主张,中国证监会对上诉人相关财务数据造假的认定,应当以司法鉴定部门或者专业审计部门的意见作为依据。

二审判决认为,关于被诉处罚决定事实认定是否需要专业机构审计或鉴定问题。在涉及专业性事实认定中,外聘专业机构就专业问题出具意见并不属于中国证监会在开展执法活动中必须履行的法定义务。本案中,欣泰电气认为我会未对财务会计文件等专业性问题委托专业鉴定或审计机构出具意见从而导致认定事实错误的主张缺少法律依据,法院不予支持。

(三)被诉处罚决定是否存在明显不当

上诉人主张,上诉人存在依法应当从轻或者减轻处罚的情节。

二审判决认为,关于被诉处罚决定是否存在明显不当问题。这涉及行政处罚自由裁量权的司法审查强度问题,法院认为,证券金融领域相较之其他行政领域更具有一定的特殊性,金融监管部门对市场的监管奉行依法审慎监管原则,这也要求法院对金融监管执法行为进行司法监督必须恪守适度原则基础上开展合法性审查,不能逾越金融监管执法规律或者超越司法权边界实施监督。本案中,我会处罚在法律规定的幅度范围内,且与欣泰电气违法行为的性质、情节以及危害程度基本相当,不构成裁量上的明显不当。欣泰电气的主张缺乏事实和法律依据,法院不予支持。

综上,二审法院认为,被诉处罚决定和被诉复议决定合法有据,欣泰电气的上诉主张不能成立,法院不予支持。判决驳回上诉,维持一审判决。

三、办案体会

欺诈发行是证券市场最为严重的违法行为,严重侵蚀证券市场的运行基础。该案由黄炜主席助理代表我会出庭应诉,是中央部委负责人首次出庭应诉的案件。庭审过程中,我会向对方当事人坚定回应了关于本案违法事实和法律适用的意见,也向全社会阐明了证券发行监管的基本立场和法理逻辑,堪称一堂生动的 IPO 法制教育课,引起了社会各界的广泛关注,取得了良好的法律效果和社会效果。

九龙山国旅不服证监会行政处罚决定行政诉讼案

一、案件基本情况

原告：九龙山

被告：中国证监会

2007年11月16日，根据股权分置改革承诺，九龙山国旅与上海九龙山股份有限公司（A股上市公司，以下简称上海九龙山）原控股股东签订股权转让协议，约定九龙山国旅受让上海九龙山15.25%的限售股股份，股份所有权转移日为在中国证券登记结算有限责任公司上海分公司办理完毕标的股份的过户登记手续之日。2008年2月28日，商务部批准前述股权转让。2008年9月2日，证监会核准豁免九龙山国旅等公司的要约收购义务。2009年1月13日，上述股权转让完成过户手续。2009年3月2日，上述限售股解禁流通上市。2009年3月2日至6月5日期间，九龙山国旅减持上海九龙山股份，减持后持股比例为11.58%，净盈利8444万元。2011年12月13日，我会作出行政处罚决定，认定九龙山国旅构成短线交易，责成上海九龙山董事会向九龙山国旅追讨短线交易收益，并对九龙山国旅给予警告并处10万元罚款。

2012年2月，九龙山国旅不服上述行政处罚，向我会申请行政复议。因本案涉及短线交易违法行为的认定问题比较复杂，2012年5月我会专门召开行政复议委员会对本案进行审议，经审议决定维持原处罚决定。在我会行政复议维持后，九龙山国旅又提起行政诉讼，法院一审、二审均判决驳回其诉讼请求。九龙山国旅不服，向最高法院申请再审。最高法院认为其申请符合再审条件，于2015年9月裁定提审本案。

二、再审争议焦点

（一）标的股票属性不影响短线交易的认定

再审申请人主张，《证券法》第四十七条规定的上市公司股票不包括该上市公司的非流通股部分。

再审判决认为，上市公司非流通股的转让与流通股相比，具有交易时间的延长性、交易价格的协商性、法律关系的复杂性和交易成功的不确定性等较多不可控性因素。尤其是本案所涉的因履行上市公司股权分置改革承诺而转让的具有涉外因素的非流通法人股，交易过程历时股权分置改革承诺、股权转让协议签订、外商投资主管部门审批和证券监管部门审批等环节，涉及的法律关系复杂，各环节进度更非股权交易双方当事人所能预测和控制。但是，非流通股转让过程虽然具有上述不可控因素，但不能完全排除其在《证券法》第四十七条规定的六个月限制期内完成交易的可能性，且《证券法》第四十七条明确规定短线交易的标的是上市公司的股票，并没有将上市公司的非流通股排除在外。因此，相关再审理由不能成立。

（二）短线交易主体判断实质采取“一端说”

再审申请人主张，上市公司股东要构成短线交易，首先应获得持有5%以上股份股东的身份，然后在6个月内有一组以上反向买卖交易行为，与“股东身份两端说”保持一致。

再审判决指出，对此问题，证券法理论和执法实践存在“一端说”“两端说”和“折中说”的分歧；为慎重起见，最高法院根据《立法法》第六十四条规定，正式向全国人大法工委提出法律询问。全国人大法工委作出书面答复认为：《证券法》第四十七条第一款并没有作出只有在当事人具备上市公司董事、监管、高级管理人员、持有上市公司股份百分之五以上的股东身份后，在六个月内买卖本公司股票的行为才适用本条规定的限制；当事人在买入上市公司股票时不是“上市公司董事、监事、高级管理人员”，在买入后六个月内卖出时具备上述身份的，或者当事人因买入上市公司股票才成为“持有上市公司股份百分之五以上的股东”，其后又在六个月内卖出该上市公司股票的，均应当适用《证券法》第四十七条第一款的规定。最高法院参照适用该意见。据此，相关再审理由不能成立。

(三)行为人的主观方面并非短线交易行为构成要件

再审申请人主张，其并无利用内幕信息交易的主观意图，其将部分减持资金用于支持上市公司发展，并非为短线交易获利。

再审判决认为，《证券法》第四十七条的立法目的是防止上市公司特定人员利用对公司的控制优势或者信息优势，短时间内买卖公司股票获取不正当利益。该条是内幕交易的事先防范和吓阻机制，其违法构成要件中，并不强调行为人主观上是否具有利用控制优势和信息优势获取利益的目的和意图，而是采取简化的客观判断标准和无过错责任原则，即只要行为人客观上具备第四十七条规定的特定人员的身份并在六个月限制期内买卖股票即构成短线交易，至于其买卖股票时是否具有利用控制优势和信息优势获取利益的主观意图以及实际上是否利用了这些优势，均不是短线交易的构成要件。因此，相关再审理由不能成立。

(四)股票买入时点应当以过户登记为准

再审申请人主张，股票过户登记之前，受让人已经取得股东地位的，应以其实际成为公司股东日作为短线交易的买入时间点；九龙山国旅作为上海九龙山的股东地位在商务部为上海九龙山换发外商投资企业批准证书时已经确立，应以该时间为买入时点。

再审判决认为，《合同法》第一百三十三条规定，“标的物的所有权自标的物交付时起转移，但法律另有规定或者当事人另有约定的除外。”《物权法》第二十三条规定，“动产物权的设立和转让，自交付时发生效力，但法律另有规定的除外。”《公司法》第一百四十条规定，“无记名股票的转让，由股东将该股票交付给受让人后即发生转让的效力。”《证券法》第一百六十条第二款规定，“证券登记结算机构应当根据证券登记结算的结果，确认证券持有人持有证券的事实，提供证券持有人登记资料。”根据上述法律规定，公开发行股票的交易需要向受让人交付股票后，才能最终发生股权转让的效力；对于上市公司股票的交付，原则上以证券登记结算机构的过户登记作为交付。

再审判决进一步阐明，股权作为股东所享有的一种特殊形态的权利，具有复合性，是一束权利的集合，其既具有普通物权的特征，也具有社员权的特征，既含有财产性权利，也含有非财产性权利。上市公司股票的转让，是股票所承载股权的全部转让，包括财产性权利和非财产性权利，应当遵循法律关于上市公司股票转让的基本规则，原则上以过户登记作为生效时间。因此，相关再审理由不能成立。

(五)责成上海九龙山董事会行使归入权的性质问题

再审申请人主张，处罚决定书主文中责成九龙山董事会向九龙山国旅追讨短线交易收益，该项内容不属于短线交易行政法律责任，证监会超越职权实施行政处罚，应予撤销。

再审判决认为，短线交易所得收益的收回问题属于相关违法人员对上市公司承担的民事责任，追讨权由公司董事会负责，如果公司董事会不行使该权利，股东可以通过诉讼方式追讨，由此产生的纠纷，应当通过民事途径予以解决，可由当事人自由处分，不属于行政违法责任范畴。对于因行政违法行为可能导致的民事责任承担问题，除法律明确规定外，行政机关不能直接作出裁定，但可以在作出处理决定时一并通过建议、晓喻或者提示等指导方式告知相关主体妥当行使民事救济权利。该类指导行为是行政机关向相关利害关系人提出的指导建议，主要目的是敦促相关利害关系人及时、正确地选择民事争议的解决途径，不具有拘束力和强制性。因此，证监会在处罚决定中责成上海九龙山董事会追讨收益的行为属于行政指导，不属于行政处罚，不具有强制性，指导内容对后续民事诉讼不产生预决效力。

再审判决进一步指出，证监会的指导行为存在以下瑕疵：一是行文格式不规范，该指导行为不属于行政处罚内容，应当附于处罚决定主文之后，将指导内容列于对九龙山国旅的行政处罚决定主文中，在文书格式上存在错误；二是措辞用语有瑕疵，“责成”一词具有强制色彩，与行政指导行为系为更好地实现管理目的而采取的指导、建议等非强制手段的行为性质不符；三是建议内容欠妥当，该指导行为直接明确上海九龙山应当收回的短线交易收益数额，容易对外产生处罚决定已经对短线交易收益数额作出明确认定，后续行为应当予以认可的误解。上述瑕疵虽不影响原审法院裁判结果的正确性，但建议证监会在此后的执法活动中引以为鉴。

三、办案体会

再审判决围绕九龙山国旅买卖涉案股票是否构成《证券法》第四十七条第一款规定的短线交易这一焦点问题，就短线交易的标的、主体、主观意图、买入时点等重要问题作了充分阐释，并就我会处罚决定责成上市公司董事会收回短线交易收益的行为性质作了明确界定，为我会日后在该领域加强监管执法提供了强有力的支持。

三、行 政 复 议

（一）2018 年作出的行政复议决定书目录

发 文 标 题	发 文 字 号
关于张淑欣的行政复议决定书	〔2018〕1 号
关于张淑欣的行政复议决定书	〔2018〕2 号
关于张淑欣的行政复议决定书	〔2018〕3 号
关于张淑欣的行政复议决定书	〔2018〕4 号
关于张淑欣的行政复议决定书	〔2018〕5 号
关于张淑欣的行政复议决定书	〔2018〕6 号
关于张淑欣的行政复议决定书	〔2018〕7 号
关于张淑欣的行政复议决定书	〔2018〕8 号
关于张淑欣的行政复议决定书	〔2018〕9 号
关于中兴华会计师事务所、聂捷慧、张学锋、李尊农的行政复议决定书	〔2018〕10 号
关于高宝坤的行政复议决定书	〔2018〕11 号
关于吴文沛的行政复议决定书	〔2018〕12 号
关于王雪菊的行政复议决定书	〔2018〕13 号
关于顾海滨的行政复议决定书	〔2018〕14 号
关于阮克荣的行政复议决定书	〔2018〕15 号
关于朱乔春的行政复议决定书	〔2018〕16 号
关于仲兴涛的行政复议决定书	〔2018〕17 号
关于张云三的行政复议决定书	〔2018〕18 号
关于约翰·保罗·卡梅伦的行政复议决定书	〔2018〕19 号
关于张云三的行政复议决定书	〔2018〕20 号

续表

发文标题	发文字号
关于朱乔春的行政复议决定书	〔2018〕21 号
关于朱乔春的行政复议决定书	〔2018〕22 号
关于安徽华柳柳工工程机械销售服务有限公司的行政复议决定书	〔2018〕23 号
关于朱乔春的行政复议决定书	〔2018〕24 号
关于过瑞堂的行政复议决定书	〔2018〕25 号
关于刘岳均的行政复议决定书	〔2018〕26 号
关于朱乔春的行政复议决定书	〔2018〕27 号
关于王国祥的行政复议决定书	〔2018〕28 号
关于薛兵元的行政复议决定书	〔2018〕29 号
关于徐立业的行政复议决定书	〔2018〕30 号
关于徐再聪的行政复议决定书	〔2018〕31 号
关于杨金柱的行政复议决定书	〔2018〕32 号
关于张素格、方飞彪、蒋丽、满洁、周林妹、谭冬梅、吴家荣的行政复议决定书	〔2018〕33 号
关于杨金柱的行政复议决定书	〔2018〕34 号
关于杨金柱的行政复议决定书	〔2018〕35 号
关于吴文沛的行政复议决定书	〔2018〕36 号
关于上海量沛资产管理有限公司的行政复议决定书	〔2018〕37 号
关于张军伟的行政复议决定书	〔2018〕38 号
关于贾友宝的行政复议决定书	〔2018〕39 号
关于贾友宝的行政复议决定书	〔2018〕40 号
关于杨金柱的行政复议决定书	〔2018〕41 号
关于贾小伟的行政复议决定书	〔2018〕42 号
关于朱乔春的行政复议决定书	〔2018〕43 号
关于杨金柱的行政复议决定书	〔2018〕44 号
关于李小平的行政复议决定书	〔2018〕45 号
关于王璐嘉的行政复议决定书	〔2018〕46 号
关于邹嵘的行政复议决定书	〔2018〕47 号
关于王璐嘉的行政复议决定书	〔2018〕48 号
关于胡凤滨的行政复议决定书	〔2018〕49 号
关于陈俊的行政复议决定书	〔2018〕50 号
关于杨金柱的行政复议决定书	〔2018〕51 号
关于杨金柱的行政复议决定书	〔2018〕52 号

续表

发 文 标 题	发 文 字 号
关于杨金柱的行政复议决定书	〔2018〕53 号
关于杨金柱的行政复议决定书	〔2018〕54 号
关于杨金柱的行政复议决定书	〔2018〕55 号
关于杨金柱的行政复议决定书	〔2018〕56 号
关于杨金柱的行政复议决定书	〔2018〕57 号
关于杨金柱的行政复议决定书	〔2018〕58 号
关于王利强的行政复议决定书	〔2018〕59 号
关于杨金柱的行政复议决定书	〔2018〕60 号
关于吉林信托有限责任公司的行政复议决定书	〔2018〕61 号
关于高福波的行政复议决定书	〔2018〕62 号
关于杨雄胜的行政复议决定书	〔2018〕63 号
关于王璐嘉的行政复议决定书	〔2018〕64 号
关于樊良的行政复议决定书	〔2018〕65 号
关于林安的行政复议决定书	〔2018〕66 号
关于王璐嘉的行政复议决定书	〔2018〕67 号
关于王璐嘉的行政复议决定书	〔2018〕68 号
关于杨金柱的行政复议决定书	〔2018〕69 号
关于臧忠华的行政复议决定书	〔2018〕70 号
关于杨金柱的行政复议决定书	〔2018〕71 号
关于朱春秋的行政复议决定书	〔2018〕72 号
关于陈俊的行政复议决定书	〔2018〕73 号
关于张国政的行政复议决定书	〔2018〕74 号
关于曾改雄的行政复议决定书	〔2018〕75 号
关于杨超的行政复议决定书	〔2018〕76 号
关于陈俊的行政复议决定书	〔2018〕77 号
关于杨金柱的行政复议决定书	〔2018〕78 号
关于王炜的行政复议决定书	〔2018〕79 号
关于王璐嘉的行政复议决定书	〔2018〕80 号
关于王璐嘉的行政复议决定书	〔2018〕81 号
关于王璐嘉的行政复议决定书	〔2018〕82 号
关于杨金柱的行政复议决定书	〔2018〕83 号
关于陈慧萍的行政复议决定书	〔2018〕84 号

续表

发文标题	发文字号
关于刘斌的行政复议决定书	〔2018〕85 号
关于刘斌的行政复议决定书	〔2018〕86 号
关于王璐嘉的行政复议决定书	〔2018〕87 号
关于王璐嘉的行政复议决定书	〔2018〕88 号
关于王璐嘉的行政复议决定书	〔2018〕89 号
关于王璐嘉的行政复议决定书	〔2018〕90 号
关于朱春秋的行政复议决定书	〔2018〕91 号
关于朱春秋的行政复议决定书	〔2018〕92 号
关于谢丰宇的行政复议决定书	〔2018〕93 号
关于高宝申的行政复议决定书	〔2018〕94 号
关于孟祥龙的行政复议决定书	〔2018〕95 号
关于王爱英的行政复议决定书	〔2018〕96 号
关于北八道集团有限公司的行政复议决定书	〔2018〕97 号
关于北八道集团有限公司的行政复议决定书	〔2018〕98 号
关于北八道集团有限公司的行政复议决定书	〔2018〕99 号
关于潘园根行政复议决定书	〔2018〕100 号
关于彭思图行政复议决定书	〔2018〕101 号
关于王璐嘉的行政复议决定书	〔2018〕102 号
关于王璐嘉的行政复议决定书	〔2018〕103 号
关于巨荣杰、巨荣波、胡凤杰的行政复议决定书	〔2018〕104 号
关于王璐嘉的行政复议申请书	〔2018〕105 号
关于何忌模的行政复议决定书	〔2018〕106 号
关于青岛市恒顺众昇集团股份有限公司的行政复议决定书	〔2018〕107 号
关于陈肖强的行政复议决定书	〔2018〕108 号
关于陈肖强的行政复议决定书	〔2018〕109 号
关于姚刚的行政复议决定书	〔2018〕110 号
关于刘涛的行政复议决定书	〔2018〕111 号
关于刘涛的行政复议决定书	〔2018〕112 号
关于莫柏欣的行政复议决定书	〔2018〕113 号
关于贾晓钰的行政复议决定书	〔2018〕114 号
关于贾玉兰的行政复议决定书	〔2018〕115 号
关于陈旭光的行政复议决定书	〔2018〕116 号

续表

发 文 标 题	发 文 字 号
关于王文天的行政复议决定书	〔2018〕117 号
关于叶迎春的行政复议决定书	〔2018〕118 号
关于应明的行政复议决定书	〔2018〕119 号
关于曲少波的行政复议决定书	〔2018〕120 号
关于张培荣的行政复议决定书	〔2018〕121 号
关于付大志的行政复议决定书	〔2018〕122 号
关于张振波的行政复议决定书	〔2018〕123 号
关于王华容的行政复议决定书	〔2018〕124 号
关于蒋琬文的行政复议决定书	〔2018〕125 号
关于杨金柱的行政复议决定书	〔2018〕126 号
关于韩家修的行政复议决定书	〔2018〕127 号
关于杨金柱的行政复议决定书	〔2018〕128 号
关于杨金柱的行政复议决定书	〔2018〕129 号
关于杨金柱的行政复议决定书	〔2018〕130 号
关于杨金柱的行政复议决定书	〔2018〕131 号
关于杨金柱的行政复议决定书	〔2018〕132 号
关于杨金柱的行政复议决定书	〔2018〕133 号
关于中青郎顿太湖教育文化科技股份有限公司的行政复议决定书	〔2018〕134 号
关于周凡的行政复议决定书	〔2018〕135 号
关于宗伟的行政复议决定书	〔2018〕136 号
关于谢昌国的行政复议决定书	〔2018〕137 号
关于盛燕的行政复议决定书	〔2018〕138 号
关于应伯远的行政复议决定书	〔2018〕139 号
关于应伯远的行政复议决定书	〔2018〕140 号
关于林永康的行政复议决定书	〔2018〕141 号
关于陈孙华的行政复议决定书	〔2018〕142 号
关于深圳日昇创沅资产管理有限公司的行政复议决定书	〔2018〕143 号
关于曹世斌的行政复议决定书	〔2018〕144 号
关于邹慧楠的行政复议决定书	〔2018〕145 号
关于大连景元昆泰商贸有限公司的行政复议决定书	〔2018〕146 号
关于高宝坤的行政复议决定书	〔2018〕147 号
关于何榕的行政复议决定书	〔2018〕148 号

续表

发 文 标 题	发 文 字 号
关于文高永权的行政复议决定书	〔2018〕149 号
关于王交英的行政复议决定书	〔2018〕150 号
关于宋翼湘的行政复议决定书	〔2018〕151 号
关于杨金柱的行政复议决定书	〔2018〕152 号
关于杨金柱的行政复议决定书	〔2018〕153 号
关于刘斌的行政复议决定书	〔2018〕154 号
关于刘斌的行政复议决定书	〔2018〕155 号
关于王璐嘉的行政复议决定书	〔2018〕156 号
关于王璐嘉的行政复议决定书	〔2018〕157 号
关于刘斌的行政复议决定书	〔2018〕158 号
关于五洋建设集团股份有限公司的行政复议决定书	〔2018〕159 号
关于陈志樟的行政复议决定书	〔2018〕160 号
关于王永敏的行政复议决定书	〔2018〕161 号
关于姚志伟的行政复议决定书	〔2018〕162 号
关于刘永军的行政复议决定书	〔2018〕163 号
关于徐伟英的行政复议决定书	〔2018〕164 号
关于陈志龙的行政复议决定书	〔2018〕165 号
关于李明的行政复议决定书	〔2018〕166 号
关于陈晓、沈建峰、宣芝萍的行政复议决定书	〔2018〕167 号
关于陈静的行政复议决定书	〔2018〕168 号
关于袁芳的行政复议决定书	〔2018〕169 号
关于夏晓峰的行政复议决定书	〔2018〕170 号
关于谯永平的行政复议决定书	〔2018〕171 号
关于周炳贵的行政复议决定书	〔2018〕172 号
关于俞永灿的行政复议决定书	〔2018〕173 号
关于张杭生的行政复议决定书	〔2018〕174 号
关于黎海明的行政复议决定书	〔2018〕175 号
关于姚建新的行政复议决定书	〔2018〕176 号
关于章洪涛的行政复议决定书	〔2018〕177 号
关于钟琼的行政复议决定书	〔2018〕178 号
关于李卫卫的行政复议决定书	〔2018〕179 号

续表

发文标题	发文字号
关于孙秀章的行政复议决定书	〔2018〕180 号
关于郁红高的行政复议决定书	〔2018〕181 号
关于邹慧楠的行政复议决定书	〔2018〕182 号
关于杨金柱的行政复议决定书	〔2018〕183 号
关于立信会计师事务所的行政复议决定书	〔2018〕184 号

（二）典型案例

阮某某不服安徽证监局行政处罚行政诉讼案

一、基本案情

上诉人：阮某某

被上诉人：安徽证监局

2015 年 9 月 21 日，9:31:24 至 10:01:41，“阮某某”账户累计申报买入“益民集团”18 笔，合计 6,955,000 股，买入申报量占市场该股同期申报量的 19.35%。申报前后该股委比数值均出现正向大幅变化。申报买入后，在极短的时间内撤单，申报买入间隔最短为 7 秒，平均时间间隔为 26 秒。该时段内，“益民集团”股票振幅为 +4.32%，股价由 8.75 元上涨至 9.02 元。该账户于 10:02:53、10:03:23、10:03:31 进行了 3 笔反向卖出申报，未成交，后全部撤单。

2015 年 9 月 21 日，13:30:01 至 13:43:00，“阮某某”账户累计申报买入“市北高新”14 笔，合计 1,844,000 股，买入申报量占市场同期（当日）申报量的 26.94%。申报前后该股委比数值出现较大正向变化，14 笔买入申报中，除即时成交 2 笔外，12 笔申报全部或部分撤单，申报与撤单时间间隔极短。该时段内，“市北高新”股票振幅为 +6.63%，股份由 18.03 元上涨至 19.25 元。“阮某某”账户于 13:58:50 进行了 1 笔反向卖出申报，获得 66,885.06 元。

据此，安徽证监局认为，阮某某违反了《证券法》第七十七条第一款第（四）项的规定，构成《证券法》第二百零三条所述操纵证券市场行为，决定对其处以 30 万元罚款。阮某某对上述处罚不服，向我会申请行政复议，我会复议维持了处罚决定。在我会行政复议维持后，阮某某又提起行政诉讼，法院一审、二审均判决驳回其诉讼请求。

二、焦点问题评析

本案争议焦点主要集中在：1. 安徽证监局作出两次《行政处罚事先告知书》是否违反法定程序。2. 一审法院判决将《指引》作为本案认定行政处罚的主要依据是否属于适用法律错误。

1. 安徽证监局作出两次《行政处罚事先告知书》是否违反法定程序。

上诉人认为，安徽证监局分别于 2017 年 5 月 15 日和 2017 年 8 月 21 日两次作出案号相同的《行政处罚事先告知书》，违反法定程序。

二审法院认为，安徽证监局在作出第一次《行政处罚事先告知书》后，充分听取并结合阮某某的陈述申辩意见，对涉案行为操纵时段及最终处罚数额进行了调整，并将调整后拟处罚的内容和当事人享有的权利进行了第二次告知,最终作出了一个更有利于阮某某的处罚决定。安徽证监局在案件处理中做出了两次告知,充分保障了当事人的陈述、申辩权,没有因为当事人的申辩而加重处罚,程序上并无违法之处。

2. 一审法院判决将《指引》作为本案认定行政处罚的主要依据是否属于适用法律错误。

上诉人认为,一审判决将《指引》作为本案认定行政处罚的主要依据属于适用法律错误的问题。

二审法院认为,《指引》是证监会根据《证券法》的立法宗旨,结合实践中已经达成的共识制定的。一审法院在论述操纵证券市场行为的具体含义时参与了《指引》的相关规定。一审法院在论述中明确表示《指引》是"审理本案的参考文件"。安徽证监局作出行政处罚决定的依据是《证券法》相关规定,一审法院在充分论证操纵证券市场行为含义的基础上支持了安徽证监局作出行政处罚的法律依据。

三、办案体会

本案关于《证券法》操纵市场兜底性条款的法律适用逻辑、虚假申报操纵行为的构成要件、违法所得的认定等方面的裁判意见,对于我会进一步规范监管执法工作具有一定指导意义。

徐某某不服证监会信息公开答复行政复议决定裁决案

一、基本案情

申请人:徐某某

被申请人:中国证监会

2017年12月25日,申请人向我会提交信息公开申请表,申请公开"清整联办〔2017〕29号、清整联办〔2017〕30号、清整联办〔2017〕31号"。2017年12月29日,被申请人作出证监信息公开〔2017〕850号告知书,答复申请人申请公开的信息不属于应公开的政府信息。申请人对告知书不服,向我会申请行政复议。2018年3月2日,被申请人作出了维持的行政复议决定(〔2018〕30号)。申请人对此不服,向国务院法制办申请裁决。

二、焦点问题评析

国务院法制办对此案进行了书面审理。本案争议焦点为:"清整联办〔2017〕29号、清整联办〔2017〕30号、清整联办〔2017〕31号"是否属于我会应予公开的政府信息范围。

申请人主张:撤销证监信息公开〔2017〕850号告知书;撤销〔2018〕30号行政复议决定,责令被申请人重新作出答复。

国务院法制办认为,申请人申请公开的"清整联办〔2017〕29号、清整联办〔2017〕30号、清整联办〔2017〕31号",系联席会议办公室为了贯彻国务院关于清理整顿各类交易场所的要求,落实统筹协调责任,向联席会议有关成员单位、地方人民政府发送的函件或通知。不对申请人的权利义务产生设定,不属于《政府信息公开条例》规定应予公开的政府信息。被申请人作出书面答复,告知申请人其申请公开的信息不属于政府信息公开的范畴,符合法律规定。被申请人作出维持的行政复议决定,并无不当。维持了我会作出的证监信息公开〔2017〕850号告知书和〔2018〕30号行政复议决定。

三、办案体会

本案明确了我会在日常工作中制作或者获取的内部管理信息以及处于讨论、研究或者审查中的过程性信息,一般不属于《政府信息公开条例》所指应公开的政府信息范畴,对于今后办理同类案件具有指导意义。

陈某某、陶某某不服四川证监局行政处罚行政诉讼案

一、基本案情

原告：陈某某、陶某某

道地：四川证监局

2015年，四川证监局对成都前锋电子股份有限公司（以下简称前锋股份或上市公司）涉嫌信息披露违法行为启动立案调查。调查发现，前锋股份存在未依法披露重大诉讼、重大担保事项的违法行为。具体为：2010年12月9日，五洲证券有限公司破产清算组起诉前锋股份，要求其履行8700万元出资义务，涉诉金额巨大，占上市公司净资产比例高，属于应予披露的重大诉讼事项。在2011年至2015年期间，前锋股份控股子公司北京标准前锋商贸有限公司以其名下定期存单为时任董事总经理朱某控制的企业提供22次担保，共计3.72亿元，涉及交易次数众多、交易金额巨大，属于应予披露的重大担保事项。陈某某、陶某某作为前锋股份独立董事，依法对上市公司信息披露事项负有法定保证责任。前锋股份未依法披露相关重大诉讼及担保事项，陈某某、陶某某在前锋股份存在重大遗漏的相关年度报告上签字，且没有提供证据显示其勤勉尽责，对前锋股份相关违法事项实施必要的、有效的监督。

依据《证券法》的相关规定，四川证监局在履行了立案调查、集体讨论决策、行政处罚事先告知，听取当事人陈述申辩意见等程序后，作出行政处罚决定书（〔2016〕1号），认定前锋股份相关行为违反了《证券法》第六十三条、第六十六条和第六十七条的有关规定，构成了《证券法》第一百九十三条第一款所述违法行为；认定陈某某、陶某某系前锋股份涉案违法行为的其他直接责任人员，对其给予警告，并分别处以3万元罚款。陈某某、陶某某在行政处罚决定书送达后，先后提起行政复议申请、行政诉讼及上诉，我会、北京市西城区人民法院、北京市第二中级人民法院分别作出行政复议决定及行政判决书，均认为四川证监局处罚决定认定事实清楚，程序合法，并无不当之处。

二、焦点问题评析

本案中，两级法院归纳的争议焦点为“不知情是否系独立董事免责理由及勤勉尽责的证明责任”。

原告认为，一是其作为独立董事对公司未按照法律规定披露信息的违法事情，未参与，不知情，无法依据《证券法》第六十八条第三款的规定承担保证责任。二是被告并未提供证据证明原告在担任独立董事期间有“未尽勤勉尽责”的行为。对于前锋股份存在信息披露违法行为，原告作为独立董事并没有过错，不应当承担法律责任。

法院认为：本案前锋股份公司存在未依法披露发生的重大诉讼及重大担保事件的违法行为，原告作为独立董事在未披露重大诉讼及担保事件的年度报告上签字，应当承担相应的法律责任。法院认为，不知情并非信息披露违法处罚案件的免责事由。董事应当对公司经营状况包括法律风险、财务现状持续关注，积极获取相应的信息。对涉及公司重大诉讼及担保事件，作为独立董事应当知晓，这是董事对公司承担“勤勉义务”的基本要求。

三、办案体会

两级法院的判决支持与认可了四川证监局的行政处罚决定以及我会的行政复议决定。本案司法判决，对今后类似案件具有较强的借鉴意义。对“勤勉尽责”是否承担行政责任的标准、举证责任分配等方面提供有利的借鉴，也为今后类似案件执法过程提供了多层次的考量视角，有利于提高法律适用能力和监管执法水平。

邹某某不服证监会信息公开答复行政复议决定裁决案

一、基本案情

申请人:邹某某

被申请人:中国证监会

2013 年 6 月 15 日,申请人向我会申请公开“天津市海运股份有限公司(含流通股和非流通股)2007 年 6 月 28 日至今确定实际控制人所依据的规范性文件”。我会作出监管信息公开〔2013〕18 号告知书,告知申请人:“您申请公开的信息不属于我会的监管信息。根据《公司法》、《证券法》的规定,相关信息属于上市公司应当披露的信息,可在上市公司 2013 年 4 月发布的《海口美兰国际机场有限责任公司关于实际控制人的说明公告》、《大新华物流控股(集团)有限责任公司关于实际控制人相关情况的说明公告》等有关信息披露文件中查询。”申请人对证监会信息公开(〔2013〕18 号)告知书不服,向我会申请行政复议。我会经审查,作出维持的行政复议决定书(〔2014〕68 号)。申请人对此不服,向国务院申请裁决。

二、焦点问题评析

国务院法制办对此案进行了书面审理。本案争议焦点为:天津市海运股份有限公司 2007 年 6 月 28 日至今确定实际控制人所依据的规范性文件是否属于我会应当公开的政府信息。

申请人主张:1. 我会应当公开天津市海运股份有限公司 2007 年 6 月 28 日至今确定实际控制人所依据的规范性文件。2. 我会未履行对上市公司变更实际控制人的信息披露监管职责,属于行政不作为。

2017 年 3 月 9 日,国务院法制办就本案作出最终裁决,认为《中华人民共和国政府信息公开条例》第二条规定:“本条例所称政府信息,是指行政机关在履行职责过程中制作或者获取的,以一定形式记录、保存的信息。”据此,行政机关向申请人提供的政府信息,应当是在履行职责过程中制作或者获取,并以一定形式记录、保存的信息。该信息应当是现有的,不需要行政机关汇总、加工或重新制作。国务院法制办进一步认定,本案中,申请人提出的政府信息公开申请,实际上是就有关问题向行政机关进行咨询。申请人要求获取的信息,不属于《中华人民共和国政府信息公开条例》规定应当公开的政府信息,我会不负有予以公开的法定职责。此外,关于申请人反映我会未履行对上市公司变更实际控制人的信息披露监管职责的问题,与我会作出的政府信息公开答复行为无关,不属于本案审查范围,裁决驳回申请人提出的行政复议裁决申请。

三、办案体会

近年来,我会收到大量要求回答“是否”“是什么”“事实依据”“法律依据”等属于以信息公开名义进行法律、政策或业务咨询等的申请。本案明确了何种情形属于咨询事项而非《政府信息公开条例》的调整范围,对于我会处理以信息公开申请的形式提出咨询的情况具有较强的指导意义。

王某不服证监会信息公开行政复议决定行政诉讼案

一、基本案情

原告：王某

被告：中国证监会

2018年2月12日，王某向我会申请公开：“证监会制定的《关于做好加强上市公司治理专项活动有关工作的通知》（证监公司字〔2007〕29号，以下简称29号文）、《上市公司辖区监管责任制工作规定》（证监公司字〔2005〕42号，以下简称42号文）文件。”2月28日，又申请公开：“证监会制定的关于发布《上市公司的收购及相关股份权益变动活动监管工作规程》的通知（证监公司字〔2007〕20号，以下简称20号文）文件及文件中四个附件的具体内容。”

2018年3月28日，我会作出《监管信息告知书》（证监信息公开〔2008〕130号，以下简称《告知书》），告知王某：上述文件属于我会内部管理信息。根据《国务院办公厅关于做好政府信息依申请公开工作的意见》（国办发〔2010〕5号），上述信息不属于《政府信息公开条例》所指应公开的政府信息。

王某对《告知书》不服，向我会申请行政复议。2018年7月17日，我会作出《行政复议决定书》（附件3），认为42号文制定目的是整合本会上市公司监管资源、提高监管效率和监管效果，文件内容主要是我会系统内对上市公司的监管职责分工，属于内部文件，因此维持《告知书》将42号文认定为内部管理信息的答复；由于天津证监局在《关于天津市海运股份有限公司治理状况综合评价及整改建议的函》中已引用29号文作为监管依据、20号文则是规范上市公司收购及相关股份权益变动活动的监管工作规程，对行政相对人的权利义务有一定的影响，将29、20号文以内部管理信息为由不予公开，缺乏法律依据，因此撤销将29号文、20号文及其四个附件认定为内部管理信息的答复。为此，我们对29、20号文信息公开申请重新予以处理，向王某主动公开了两份文件。

王某对《告知书》以及《行政复议决定书》第一项不服，认为我会也应当向其公开42号文，向北京市第一中级人民法院（以下简称一中院）提起了行政诉讼。

二、焦点问题评析

（一）一审争议焦点

本案争议焦点为：原告申请公开的信息是否属于内部管理信息，是否属于《政府信息公开条例》所指应公开的政府信息。

原告认为：原告原为海航科技股份有限公司的职工，在2008年12月国有控股企业改制中，因要求海航科技置换国有企业职工身份而被辞退，未得到任何安置补偿，因此，原告向被告申请相关政府信息，维持自己的合法权益。请求撤销被诉告知书中不予公开42号文的内容，撤销被诉复议决定第一项，并责令其公开42号文。

一审法院认为：42号文的制定目的在于整合被告的上市公司监管资源、提高监管效率和监管效果，其内容主要涉及被告系统内部对于上市公司监管工作的分工以及相应的工作规程，并非对外执法的依据，仅是内部分工和责任分配的依据，以该文件属于内部管理信息为由不予公开并无不当。被告在被诉复议决定中明确表示，申请人提出的其他复议请求是对信息公开所涉具体行政行为的合法性提出质疑，不属于政府信息公开条例的调整范畴，故不存在遗漏复议请求的情形。综上，一中院判决驳回王某诉讼请求。

（二）二审（终审）情况

上诉人认为：相关证据可以证明2007年至2008年海航科技股份有限公司实施国有企业改制未支付职工国有身份转换经济补偿金，一审判决未予采信，认定事实不清。42号文是为监督中国证监会以及天津证监局是否合法履行相关验收手续、划分相关责任的重要依据,中国证监会应主动公开,保障王某的知情权和监督权。一审法院认为42号文属于内部管理信息违反《最高人民法院关于审理政府信息公开行政案件若干问题的规定》第五条第一款规定,中国证监会拒绝公开的理由不成立。综上,请求二审法院撤销一审法院作出的(2018)京01行初1298号行政判决书,直接改判,支持王某一审诉讼请求。判令中国证监会承担一审、二审诉讼费用。

二审法院认为:政府信息公开条例中所指信息应为行政机关在对外履行法定职责过程中制作或者获取的信息,如果相关信息仅基于行政机关的内部管理而形成,不对外直接产生权利义务影响,则不属于政府信息公开条例所指应公开的政府信息。本案中,42号文属于内部管理信息,不属于政府信息公开条例所指应公开的政府信息。综上,一审法院判决驳回王某诉讼请求并无不当,二审法院予以维持。

三、办案体会

42号文是规范上市公司监管责任分工的内部性文件。42号文发文对象是各证监局与沪深证券交易所,主要是对我会上市公司监管责任的内部分工,即将上市公司监管任务量化到岗、监管责任分解到人,旨在整合我会上市公司监管资源、提高监管效率和监管效果,属于规范内部管理事务的内部性文件。本案明确了内部管理信息不属于《中华人民共和国政府信息公开条例》规定的应予公开的政府信息范围,对今后办理同类案件具有较强的指导意义。

四、监 管 措 施

(一)2018年证监会作出的监管措施决定书目录

发 文 字 号	发 文 标 题
行政监管措施〔2018〕1号	关于对谢威采取出具警示函行政监管措施的决定
行政监管措施〔2018〕2号	关于对瑞华会计师事务所(特殊普通合伙)采取出具警示函措施的决定
行政监管措施〔2018〕3号	关于对齐桂华、赵月采取出具警示函措施的决定
行政监管措施〔2018〕4号	关于对彭军、赵红涛采取出具警示函措施的决定
行政监管措施〔2018〕5号	关于对天弘基金管理有限公司采取责令改正措施的决定
行政监管措施〔2018〕6号	关于对正衡资产评估有限责任公司采取出具警示函措施的决定
行政监管措施〔2018〕7号	关于对资产评估师于开峰、郑晓云采取出具警示函措施的决定
行政监管措施〔2018〕8号	关于对资产评估师郑晓云、白武钰采取出具警示函措施的决定
行政监管措施〔2018〕9号	关于对国金证券股份有限公司采取出具警示函措施的决定
行政监管措施〔2018〕10号	关于对天风证券股份有限公司采取出具警示函措施的决定
行政监管措施〔2018〕11号	关于对上海富诚海富通资产管理有限公司采取责令改正措施的决定
行政监管措施〔2018〕12号	关于对北京方正富邦创融资产管理有限公司采取责令改正措施的决定
行政监管措施〔2018〕13号	关于对博时资本管理有限公司采取出具警示函措施的决定

续表

发文字号	发文标题
行政监管措施〔2018〕14号	关于对余维佳采取监管谈话措施的决定
行政监管措施〔2018〕15号	关于对李勇采取监管谈话措施的决定
行政监管措施〔2018〕16号	关于对阎小庆采取监管谈话措施的决定
行政监管措施〔2018〕17号	关于对北京兴华会计师事务所(特殊普通合伙)采取出具警示函措施的决定
行政监管措施〔2018〕18号	关于对刘会林、陈跃华采取出具警示函措施的决定
行政监管措施〔2018〕19号	关于对吴亦忻、卜晓丽采取出具警示函措施的决定
行政监管措施〔2018〕20号	关于对上海东洲资产评估有限公司及武钢、吴元晨采取出具警示函措施的决定
行政监管措施〔2018〕21号	关于对天健会计师事务所(特殊普通合伙)采取出具警示函措施的决定
行政监管措施〔2018〕22号	关于对贺梦然、刘利亚采取出具警示函措施的决定
行政监管措施〔2018〕23号	关于对陈祖珍、徐平采取出具警示函措施的决定
行政监管措施〔2018〕24号	关于对北京中同华资产评估有限公司及资产评估师吕艳冬、徐兴宾采取出具警示函措施的决定
行政监管措施〔2018〕25号	关于对立信会计师事务所(特殊普通合伙)采取出具警示函措施的决定
行政监管措施〔2018〕26号	关于对李顺利、万萍采取出具警示函措施的决定
行政监管措施〔2018〕27号	关于对朱蓬、王智恺采取出具警示函措施的决定
行政监管措施〔2018〕28号	关于对北京永拓会计师事务所(特殊普通合伙)采取出具警示函措施的决定
行政监管措施〔2018〕29号	关于对荆秀梅采取出具警示函措施的决定
行政监管措施〔2018〕30号	关于对荆秀梅、李景伟采取出具警示函措施的决定
行政监管措施〔2018〕31号	关于对万从新、张静采取出具警示函措施的决定
行政监管措施〔2018〕32号	关于对致同会计师事务所(特殊普通合伙)及注册会计师王玉才、肖晓燕采取出具警示函措施的决定
行政监管措施〔2018〕33号	关于对中联资产评估集团有限公司及资产评估师鲁杰钢、郝俊虎采取监管谈话措施的决定
行政监管措施〔2018〕34号	关于对中兴华会计师事务所(特殊普通合伙)及注册会计师王洪威、郭淑萍采取监管谈话措施的决定
行政监管措施〔2018〕35号	关于对大信会计师事务所(特殊普通合伙)采取出具警示函措施的决定
行政监管措施〔2018〕36号	关于对注册会计师孔庆华、杨成、宁光美、覃小玲采取出具警示函措施的决定
行政监管措施〔2018〕37号	关于对注册会计师李国平、舒佳敏采取出具警示函措施的决定
行政监管措施〔2018〕38号	关于对注册会计师朱劲松、张志采取出具警示函措施的决定
行政监管措施〔2018〕39号	关于对注册会计师钟永和、杨林采取出具警示函措施的决定
行政监管措施〔2018〕40号	关于对长江证券承销保荐有限公司采取监管谈话措施的决定
行政监管措施〔2018〕41号	关于对光大证券股份有限公司采取出具警示函措施的决定

续表

发 文 字 号	发 文 标 题
行政监管措施〔2018〕42 号	关于对李建、伍仁飚采取监管谈话措施的决定
行政监管措施〔2018〕43 号	关于对刘连杰、李彦芝采取出具警示函措施的决定
行政监管措施〔2018〕44 号	关于对铁维铭、秦洪波采取出具警示函措施的决定
行政监管措施〔2018〕45 号	关于对王飞、曾丽萍采取出具警示函措施的决定
行政监管措施〔2018〕46 号	关于对北京卓信大华资产评估有限公司及资产评估师刘春茹、高虎采取出具警示函措施的决定
行政监管措施〔2018〕47 号	关于对中通诚资产评估有限公司采取出具警示函措施的决定
行政监管措施〔2018〕48 号	关于对中兴财光华会计师事务所(特殊普通合伙)采取责令改正措施的决定
行政监管措施〔2018〕49 号	关于对阎丽明、刘斌采取出具警示函措施的决定
行政监管措施〔2018〕50 号	关于对王荣前、刘永采取出具警示函措施的决定
行政监管措施〔2018〕51 号	关于对刘永、刘金辉采取出具警示函措施的决定
行政监管措施〔2018〕52 号	关于对姚庚春、李晓斐采取出具警示函措施的决定
行政监管措施〔2018〕53 号	关于对许洪磊、周墨采取出具警示函措施的决定
行政监管措施〔2018〕54 号	关于对许洪磊、周墨采取出具警示函措施的决定
行政监管措施〔2018〕55 号	关于对孙国伟、吴小辉采取出具警示函措施的决定
行政监管措施〔2018〕56 号	关于对厦门东亚机械工业股份有限公司采取出具警示函措施的决定
行政监管措施〔2018〕57 号	关于对井冈山旅游发展股份有限公司采取出具警示函措施的决定
行政监管措施〔2018〕58 号	关于对西南证券股份有限公司采取公开谴责并责令改正措施的决定
行政监管措施〔2018〕59 号	关于对国海证券股份有限公司采取责令改正、增加内部合规检查次数并提交合规检查报告措施的决定
行政监管措施〔2018〕60 号	关于对中国国际金融股份有限公司采取责令改正、增加内部合规检查次数并提交合规检查报告措施的决定
行政监管措施〔2018〕61 号	关于对华林证券股份有限公司采取责令改正、增加内部合规检查次数并提交合规检查报告措施的决定
行政监管措施〔2018〕62 号	关于对徐鸣镝采取公开谴责措施的决定
行政监管措施〔2018〕63 号	关于对众华会计师事务所(特殊普通合伙)及注册会计师林德伟、吉同刚采取出具警示函措施的决定
行政监管措施〔2018〕64 号	关于对朱明、夏莲文采取暂不受理与行政许可有关文件 12 个月措施的决定
行政监管措施〔2018〕65 号	关于对中铝国际工程股份有限公司采取出具警示函监管措施的决定
行政监管措施〔2018〕66 号	关于对国信证券股份有限公司采取责令改正措施的决定
行政监管措施〔2018〕67 号	关于对国金证券股份有限公司采取责令改正措施的决定
行政监管措施〔2018〕68 号	关于对太平洋证券股份有限公司采取出具警示函措施的决定
行政监管措施〔2018〕69 号	关于对中信证券股份有限公司采取监管谈话措施的决定

续表

发文字号	发文标题
行政监管措施〔2018〕70 号	关于对黄超和曾春采取监管谈话措施的决定
行政监管措施〔2018〕71 号	关于对叶建中和董文采取出具警示函监管措施的决定
行政监管措施〔2018〕72 号	关于对华夏银行股份有限公司采取责令改正监管措施的决定
行政监管措施〔2018〕73 号	关于对张铁、徐炯炜采取监管谈话措施的决定
行政监管措施〔2018〕74 号	关于对摩根士丹利华鑫基金管理有限公司采取责令改正措施的决定
行政监管措施〔2018〕75 号	关于对国泰君安证券股份有限公司采取出具警示函监管措施的决定
行政监管措施〔2018〕76 号	关于对江苏国茂减速机股份有限公司采取出具警示函监管措施的决定
行政监管措施〔2018〕77 号	关于对张建华、吴国梅采取暂不受理与行政许可有关文件 6 个月措施的决定
行政监管措施〔2018〕78 号	关于对中航证券有限公司采取监管谈话措施的决定
行政监管措施〔2018〕79 号	关于对申万宏源证券承销保荐有限责任公司采取监管谈话措施的决定
行政监管措施〔2018〕80 号	关于对国泰君安证券股份有限公司采取监管谈话措施的决定
行政监管措施〔2018〕81 号	关于对程荣峰采取出具警示函措施的决定
行政监管措施〔2018〕82 号	关于对张丽丽、王初采取出具警示函措施的决定
行政监管措施〔2018〕83 号	关于对武彩玉、成燕采取出具警示函措施的决定
行政监管措施〔2018〕84 号	关于对徐文、苏海灵采取出具警示函措施的决定
行政监管措施〔2018〕85 号	关于对徐小明、张辉波采取出具警示函措施的决定
行政监管措施〔2018〕86 号	关于对长沙景嘉微电子股份有限公司采取出具警示函监管措施的决定
行政监管措施〔2018〕87 号	关于对国泰君安证券股份有限公司及黄央、陈泽采取出具警示函监管措施的决定
行政监管措施〔2018〕88 号	关于对注册会计师罗军采取出具警示函措施的决定
行政监管措施〔2018〕89 号	关于对注册会计师李正卫采取出具警示函措施的决定
行政监管措施〔2018〕90 号	关于对长江证券承销保荐有限公司采取责令更换高级管理人员措施的决定
行政监管措施〔2018〕91 号	关于对长江证券承销保荐有限公司采取责令增加内部合规检查次数并提交合规检查报告措施的决定
行政监管措施〔2018〕92 号	关于对孙玉龙采取认定为不适当人选和暂不受理与行政许可有关文件 12 个月措施的决定
行政监管措施〔2018〕93 号	关于对张圩、罗霄采取暂不受理与行政许可有关文件 12 个月措施的决定
行政监管措施〔2018〕94 号	关于对谢涛、俞捷采取暂不受理与行政许可有关文件 12 个月措施的决定
行政监管措施〔2018〕95 号	关于对吴同欣、孙兴涛采取暂不受理与行政许可有关文件 12 个月措施的决定

(二)2018年派出机构作出的监管措施决定书目录

发文字号	发文标题
中国证券监督管理委员会北京监管局行政监管措施决定书〔2018〕1号	关于对姜永康采取监管谈话措施的决定
中国证券监督管理委员会北京监管局行政监管措施决定书〔2018〕2号	关于对长盛基金管理有限公司采取暂停办理相关业务措施的决定
中国证券监督管理委员会北京监管局行政监管措施决定书〔2018〕3号	关于对北京太空板业股份有限公司采取出具警示函措施的决定1
中国证券监督管理委员会北京监管局行政监管措施决定书〔2018〕4号	关于对林培富采取监管谈话措施的决定
中国证券监督管理委员会北京监管局行政监管措施决定书〔2018〕5号	关于对周兵采取监管谈话措施的决定
中国证券监督管理委员会北京监管局行政监管措施决定书〔2018〕6号	关于对华电重工股份有限公司采取出具警示函措施的决定
中国证券监督管理委员会北京监管局行政监管措施决定书〔2018〕7号	关于对浙商证券股份有限公司采取出具警示函措施的决定1
中国证券监督管理委员会北京监管局行政监管措施决定书〔2018〕8号	关于对*ST弘高时任董事、监事、高级管理人员采取出具警示函措施的决定
中国证券监督管理委员会北京监管局行政监管措施决定书〔2018〕9号	关于责令国都证券股份有限公司北京朝阳路证券营业部限期改正的决定
中国证券监督管理委员会北京监管局行政监管措施决定书〔2018〕10号	关于对北京弘高创意建筑设计股份有限公司采取出具责令改正措施的决定
中国证券监督管理委员会北京监管局行政监管措施决定书〔2018〕11号	关于对北京首航艾启威节能技术股份有限公司采取出具警示函措施的决定
中国证券监督管理委员会北京监管局行政监管措施决定书〔2018〕12号	关于对北京启明乐投资产管理有限公司采取出具警示函的行政监管措施的决定
中国证券监督管理委员会北京监管局行政监管措施决定书〔2018〕13号	关于对和灵投资管理(北京)有限公司采取出具警示函的行政监管措施的决定
中国证券监督管理委员会北京监管局行政监管措施决定书〔2018〕14号	关于对邓鸿鹰采取监管谈话措施的决定
中国证券监督管理委员会北京监管局行政监管措施决定书〔2018〕15号	关于对马宏波采取监管谈话措施的决定
中国证券监督管理委员会北京监管局行政监管措施决定书〔2018〕16号	关于对中衍期货有限公司采取责令改正监管措施的决定
中国证券监督管理委员会北京监管局行政监管措施决定书〔2018〕17号	关于对中国高科集团股份有限公司采取出具警示函措施的决定
中国证券监督管理委员会北京监管局行政监管措施决定书〔2018〕18号	关于对雷蒙德(北京)科技股份有限公司采取出具警示函措施的决定

续表

发文字号	发文标题
中国证券监督管理委员会北京监管局行政监管措施决定书〔2018〕19号	关于对北京光慧智通咨询服务有限公司采取出具警示函措施的决定
中国证券监督管理委员会北京监管局行政监管措施决定书〔2018〕20号	关于对尚智逢源(北京)基金销售有限公司采取责令改正并暂停办理公募基金销售业务的行政监管措施的决定
中国证券监督管理委员会北京监管局行政监管措施决定书〔2018〕21号	关于对鄂长俊采取出具警示函措施的决定
中国证券监督管理委员会北京监管局行政监管措施决定书〔2018〕22号	关于对刘磊采取出具警示函措施的决定
中国证券监督管理委员会北京监管局行政监管措施决定书〔2018〕23号	关于对亚泰都会(北京)城市规划建筑园林设计研究院股份有限公司采取下发警示函措施的决定
中国证券监督管理委员会北京监管局行政监管措施决定书〔2018〕24号	关于对广发银行股份有限公司北京分行采取责令改正措施的决定
中国证券监督管理委员会北京监管局行政监管措施决定书〔2018〕25号	关于对联想投资有限公司采取出具警示函行政监管措施的决定
中国证券监督管理委员会北京监管局行政监管措施决定书〔2018〕26号	关于对新时代证券股份有限公司采取责令改正的行政监管措施的决定
中国证券监督管理委员会北京监管局行政监管措施决定书〔2018〕27号	关于对北京银行股份有限公司采取责令改正行政监管措施的决定
中国证券监督管理委员会北京监管局行政监管措施决定书〔2018〕28号	关于对鼎信汇金(北京)投资管理有限公司采取责令改正的行政监管措施的决定
中国证券监督管理委员会北京监管局行政监管措施决定书〔2018〕29号	关于对北京圆融通资产管理有限公司采取出具警示函的行政监管措施的决定
中国证券监督管理委员会北京监管局行政监管措施决定书〔2018〕30号	关于对北京市天元律师事务所及刘冬、荣姗姗采取监管谈话措施的决定
中国证券监督管理委员会北京监管局行政监管措施决定书〔2018〕31号	关于对北银丰业资产管理有限公司采取暂停办理相关业务行政监管措施的决定
中国证券监督管理委员会北京监管局行政监管措施决定书〔2018〕32号	关于对格林大华期货有限公司采取出具警示函监管措施的决定
中国证券监督管理委员会北京监管局行政监管措施决定书〔2018〕33号	关于对国寿安保基金管理有限公司采取责令改正并暂停办理相关业务措施的决定
中国证券监督管理委员会北京监管局行政监管措施决定书〔2018〕34号	关于对吴道洪采取责令改正措施的决定
中国证券监督管理委员会北京监管局行政监管措施决定书〔2018〕35号	关于对神雾科技集团股份有限公司采取责令改正措施的决定1
中国证券监督管理委员会北京监管局行政监管措施决定书〔2018〕36号	关于对温艳采取监管谈话措施的决定
中国证券监督管理委员会北京监管局行政监管措施决定书〔2018〕37号	关于对体育之窗文化股份有限公司采取出具警示函措施的决定
中国证券监督管理委员会北京监管局行政监管措施决定书〔2018〕38号	关于对西南证券股份有限公司采取出具警示函措施的决定
中国证券监督管理委员会北京监管局行政监管措施决定书〔2018〕39号	关于对傅强采取出具警示函措施的决定

续表

发文字号	发文标题
中国证券监督管理委员会北京监管局行政监管措施决定书〔2018〕40 号	关于对李强采取出具警示函措施的决定 1
中国证券监督管理委员会北京监管局行政监管措施决定书〔2018〕41 号	关于对九泰基金管理有限公司采取责令改正并暂停办理相关业务措施的决定
中国证券监督管理委员会北京监管局行政监管措施决定书〔2018〕42 号	关于对大华会计师事务所(特殊普通合伙)及注册会计师马宁、赵玮采取出具警示函的决定
中国证券监督管理委员会北京监管局行政监管措施决定书〔2018〕43 号	关于对二六三控股股东李小龙采取监管谈话行政监管措施的决定
中国证券监督管理委员会北京监管局行政监管措施决定书〔2018〕44 号	关于对汪佳采取出具警示函措施的决定
中国证券监督管理委员会北京监管局行政监管措施决定书〔2018〕45 号	关于对北京海涛国际旅行社股份有限公司采取出具警示函措施的决定
中国证券监督管理委员会北京监管局行政监管措施决定书〔2018〕46 号	关于对许涛采取出具警示函措施的决定
中国证券监督管理委员会北京监管局行政监管措施决定书〔2018〕47 号	关于对开元资产评估有限公司及资产评估师颜世涛、王腾飞采取出具警示函措施的决定
中国证券监督管理委员会北京监管局行政监管措施决定书〔2018〕48 号	关于对北京弘高中太投资有限公司采取责令改正措施的决定
中国证券监督管理委员会北京监管局行政监管措施决定书〔2018〕49 号	关于对北京弘高慧目投资有限公司采取责令改正措施的决定
中国证券监督管理委员会北京监管局行政监管措施决定书〔2018〕50 号	关于对辛宇采取出具警示函措施的决定
中国证券监督管理委员会北京监管局行政监管措施决定书〔2018〕51 号	关于对北京光慧鸿途科技股份有限公司出具警示函和责令公开说明措施的决定
中国证券监督管理委员会北京监管局行政监管措施决定书〔2018〕52 号	关于对北京光慧智通咨询服务有限公司采取出具警示函和责令公开说明措施的决定
中国证券监督管理委员会北京监管局行政监管措施决定书〔2018〕53 号	关于对民生证券股份有限公司采取出具警示函措施的决定
中国证券监督管理委员会北京监管局行政监管措施决定书〔2018〕54 号	关于对董瑞倩采取出具警示函措施的决定
中国证券监督管理委员会北京监管局行政监管措施决定书〔2018〕55 号	关于对桑迎采取出具警示函措施的决定
中国证券监督管理委员会北京监管局行政监管措施决定书〔2018〕56 号	关于对五矿发展股份有限公司采取出具警示函措施的决定
中国证券监督管理委员会北京监管局行政监管措施决定书〔2018〕57 号	关于对北京恒宇天泽基金销售有限公司采取责令改正的行政监管措施的决定
中国证券监督管理委员会北京监管局行政监管措施决定书〔2018〕58 号	关于对北京汉富融信资产管理合伙企业(有限合伙)采取责令改正的行政监管措施的决定
中国证券监督管理委员会北京监管局行政监管措施决定书〔2018〕59 号	关于对中投华北(北京)投资基金管理有限公司采取责令改正的行政监管措施的决定
中国证券监督管理委员会北京监管局行政监管措施决定书〔2018〕60 号	关于对北京中证天通会计师事务所(特殊普通合伙)及注册会计师李朝辉、孙太宏采取出具警示函措施的决定

续表

发文字号	发文标题
中国证券监督管理委员会北京监管局行政监管措施决定书〔2018〕61 号	关于对中审华会计师事务所（特殊普通合伙）及注册会计师马长松、欧伟胜采取出具警示函措施的决定
中国证券监督管理委员会北京监管局行政监管措施决定书〔2018〕62 号	关于对廖云龙采取出具警示函监管措施的决定
中国证券监督管理委员会北京监管局行政监管措施决定书〔2018〕63 号	关于对平安金控投资基金管理（北京）有限公司采取责令改正的行政监管措施的决定
中国证券监督管理委员会北京监管局行政监管措施决定书〔2018〕64 号	关于对中兴财光华会计师事务所（特殊普通合伙）及注册会计师赵海滨、张咏梅采取出具警示函措施的决定
中国证券监督管理委员会北京监管局行政监管措施决定书〔2018〕65 号	关于对新时代证券股份有限公司采取责令改正并增加合规检查次数措施的决定
中国证券监督管理委员会北京监管局行政监管措施决定书〔2018〕66 号	关于对大恒新纪元科技股份有限公司采取出具警示函措施的决定
中国证券监督管理委员会北京监管局行政监管措施决定书〔2018〕67 号	关于对北京天首投资管理有限公司采取责令改正的行政监管措施的决定
中国证券监督管理委员会北京监管局行政监管措施决定书〔2018〕68 号	关于对北京大白汇财投资管理有限公司采取责令改正的行政监管措施的决定
中国证券监督管理委员会北京监管局行政监管措施决定书〔2018〕69 号	关于对北京赛伯乐绿科云诺投资管理有限公司采取责令改正的行政监管措施的决定
中国证券监督管理委员会北京监管局行政监管措施决定书〔2018〕70 号	关于对中兴财光华会计师事务所（特殊普通合伙）及注册会计师王荣前、丛培红采取出具警示函措施的决定
中国证券监督管理委员会北京监管局行政监管措施决定书〔2018〕71 号	关于对大公国际资信评估有限公司采取责令改正监管措施的决定 1
中国证券监督管理委员会北京监管局行政监管措施决定书〔2018〕72 号	关于对东方万通（北京）投资管理有限公司采取责令改正的行政监管措施的决定
中国证券监督管理委员会北京监管局行政监管措施决定书〔2018〕73 号	关于对梁伟泓采取出具警示函措施的决定
中国证券监督管理委员会北京监管局行政监管措施决定书〔2018〕74 号	关于对华商基金管理有限公司采取出具警示函措施的决定
中国证券监督管理委员会北京监管局行政监管措施决定书〔2018〕75 号	关于对中准会计师事务所（特殊普通合伙）和注册会计师臧德盛、张晓雪采取责令改正的决定
中国证券监督管理委员会北京监管局行政监管措施决定书〔2018〕76 号	关于对北京裕源大通科技股份有限公司采取出具警示函措施的决定
中国证券监督管理委员会北京监管局行政监管措施决定书〔2018〕77 号	关于对同创九鼎投资管理集团股份有限公司采取出具警示函措施的决定
中国证券监督管理委员会北京监管局行政监管措施决定书〔2018〕78 号	关于对亿城投资基金管理（北京）有限公司采取责令改正的行政监管措施的决定
中国证券监督管理委员会北京监管局行政监管措施决定书〔2018〕79 号	关于对北信瑞丰基金管理有限公司采取责令改正的行政监管措施的决定 2
中国证券监督管理委员会北京监管局行政监管措施决定书〔2018〕80 号	关于对郭亚采取出具警示函行政监管措施的决定
中国证券监督管理委员会北京监管局行政监管措施决定书〔2018〕81 号	关于对众升财富（北京）基金销售有限公司出具警示函的决定

续表

发文字号	发文标题
中国证券监督管理委员会北京监管局行政监管措施决定书〔2018〕82 号	关于对北京财智联合理财顾问有限公司采取责令改正的行政监管措施的决定
中国证券监督管理委员会北京监管局行政监管措施决定书〔2018〕83 号	关于对北京天星资本股份有限公司采取责令改正的行政监管措施的决定
中国证券监督管理委员会北京监管局行政监管措施决定书〔2018〕84 号	关于对中国银河证券股份有限公司北京中关村大街证券营业部采取出具警示函措施的决定
中国证券监督管理委员会北京监管局行政监管措施决定书〔2018〕85 号	关于对北京京瑞丰年投资管理有限公司采取责令改正的行政监管措施的决定
中国证券监督管理委员会北京监管局行政监管措施决定书〔2018〕86 号	关于对国投信达(北京)投资基金集团有限公司采取责令改正的行政监管措施的决定
中国证券监督管理委员会北京监管局行政监管措施决定书〔2018〕87 号	关于对北京大成律师事务所采取出具警示函措施的决定
中国证券监督管理委员会北京监管局行政监管措施决定书〔2018〕88 号	关于对首创京都期货有限公司采取责令改正监管措施的决定
中国证券监督管理委员会北京监管局行政监管措施决定书〔2018〕89 号	关于对中国国际期货股份有限公司采取责令改正监管措施的决定
中国证券监督管理委员会北京监管局行政监管措施决定书〔2018〕90 号	关于对北京懒猫金融信息服务有限公司采取责令改正措施的决定
中国证券监督管理委员会北京监管局行政监管措施决定书〔2018〕91 号	关于对东方网力科技股份有限公司采取出具警示函措施的决定
中国证券监督管理委员会北京监管局行政监管措施决定书〔2018〕92 号	关于对中信银行股份有限公司采取责令改正措施的决定
中国证券监督管理委员会北京监管局行政监管措施决定书〔2018〕93 号	关于对许晴旺、江小林采取监管谈话措施的决定
中国证券监督管理委员会北京监管局行政监管措施决定书〔2018〕94 号	关于对东方金诚国际信用评估有限公司采取出具警示函监管措施的决定 1
中国证券监督管理委员会北京监管局行政监管措施决定书〔2018〕95 号	关于对北京中关村科技发展(控股)股份有限公司采取出具警示函措施的决定
中国证券监督管理委员会北京监管局行政监管措施决定书〔2018〕96 号	关于对夏英采取出具警示函措施的决定
中国证券监督管理委员会北京监管局行政监管措施决定书〔2018〕97 号	关于对曹卫红采取出具警示函措施的决定
中国证券监督管理委员会北京监管局行政监管措施决定书〔2018〕98 号	关于对深圳英大资本管理有限公司采取责令改正措施的决定
中国证券监督管理委员会北京监管局行政监管措施决定书〔2018〕99 号	关于对北京嘉轩财富资产管理有限公司采取责令改正的行政监管措施的决定
中国证券监督管理委员会北京监管局行政监管措施决定书〔2018〕100 号	关于对朱志采取出具警示函措施的决定
中国证券监督管理委员会北京监管局行政监管措施决定书〔2018〕101 号	关于对符健采取出具警示函措施的决定
津证监措施〔2018〕1 号	关于对联合信用评级有限公司采取出具警示函措施 的决定

续表

发文字号	发文标题
津证监措施〔2018〕2 号	关于对天津北方网新媒体集团股份有限公司采取出具警示函措施的决定
津证监措施〔2018〕3 号	关于对天津中亿渤海股权投资基金管理有限公司采取责令改正措施的决定
津证监措施〔2018〕4 号	关于对天时（天津）股权投资基金管理合伙企业（有限合伙）采取责令改正措施的决定
津证监措施〔2018〕5 号	关于对天津赛富盛元投资管理中心（有限合伙）采取责令改正措施的决定
津证监措施〔2018〕6 号	关于对一德期货有限公司采取责令改正监管措施的决定
津证监措施〔2018〕7 号	关于对周军波采取监管谈话措施的决定
津证监措施〔2018〕8 号	关于对天津房地产集团有限公司采取出具警示函措施的决定
津证监措施〔2018〕9 号	关于对长江租赁有限公司采取出具警示函措施的决定
津证监措施〔2018〕10 号	关于对长城证券股份有限公司采取出具警示函措施的决定
津证监措施〔2018〕11 号	关于对天津市房地产信托集团有限公司
津证监措施〔2018〕12 号	关于对亚太（集团）会计师事务所（特殊普通合伙）及注册会计师邹泉水、李亚东采取出具警示函措施的决定
河北证监局行政监管措施决定书〔2018〕2 号	河北证监局关于对姚笑采取出具警示函行政监管措施的决定
河北证监局行政监管措施决定书〔2018〕3 号	河北证监局关于对中国船舶重工集团动力股份有限公司及相关人员采取出具警示函行政监管措施的决定
河北证监局行政监管措施决定书〔2018〕4 号	河北证监局关于对国家电投集团东方新能源股份有限公司及相关责任人采取出具警示函监管措施的决定
河北证监局行政监管措施决定书〔2018〕7 号	河北证监局关于对黄国胜采取监管谈话行政监管措施的决定
河北证监局行政监管措施决定书〔2018〕8 号	河北证监局关于对上海图赛新能源科技集团有限公司采取出具警示函行政监管措施的决定
河北证监局行政监管措施决定书〔2018〕10 号	河北证监局关于对蔡苏佳采取出具警示函行政监管措施的决定
河北证监局行政监管措施决定书〔2018〕11 号	河北证监局关于对应华江采取出具警示函行政监管措施的决定
河北证监局行政监管措施决定书〔2018〕13 号	河北证监局关于对杜林虎采取监管谈话行政监管措施的决定
山西证监局行政监管措施决定书〔2018〕1 号	关于对振兴生化股份有限公司采取出具警示函措施的决定
山西证监局行政监管措施决定书〔2018〕2 号	关于对史曜瑜采取监管谈话措施的决定
山西证监局行政监管措施决定书〔2018〕3 号	关于对振兴集团有限公司采取出具警示函措施的决定
山西证监局行政监管措施决定书〔2018〕4 号	关于对英洛华科技股份有限公司采取责令改正措施的决定

续表

发文字号	发文标题
山西证监局行政监管措施决定书〔2018〕5 号	关于对常州耀翔瑞天投资中心(有限合伙)采取警示函措施的决定
山西证监局行政监管措施决定书〔2018〕6 号	关于对和合期货有限公司采取责令改正监管措施的决定
山西证监局行政监管措施决定书〔2018〕7 号	关于对山西三维集团股份有限公司、王玉柱等 28 名责任人员采取出具警示函措施的决定
山西证监局行政监管措施决定书〔2018〕8 号	关于对阳煤化工股份有限公司采取出具责令改正措施的决定
山西证监局行政监管措施决定书〔2018〕9 号	关于对山西漳泽电力股份有限公司采取出具责令改正措施的决定
山西证监局行政监管措施决定书〔2018〕10 号	关于对山西三维集团股份有限公司、王玉柱、田旭东、王永义、李杰伟采取出具警示函措施的决定
山西证监局行政监管措施决定书〔2018〕11 号	关于对山西澳坤生物农业股份有限公司采取出具责令改正措施的决定
山西证监局行政监管措施决定书〔2018〕12 号	关于对李学功、李亮、王俊兰采取出具警示函措施的决定
山西证监局行政监管措施决定书〔2018〕13 号	关于对振兴集团有限公司采取出具警示函措施的决定
山西证监局行政监管措施决定书〔2018〕14 号	关于对和合期货有限公司采取责令改正监管措施的决定
山西证监局行政监管措施决定书〔2018〕15 号	关于对刘晓洁、袁锦滢、韩玉敏采取出具警示函监管措施的决定
山西证监局行政监管措施决定书〔2018〕16 号	关于对和合资产管理(上海)有限公司采取责令改正监管措施的决定
山西证监局行政监管措施决定书〔2018〕17 号	关于对山西唐是文化创意股份有限公司采取出具警示函措施的决定
山西证监局行政监管措施决定书〔2018〕18 号	关于对白凤岗采取出具警示函措施的决定
山西证监局行政监管措施决定书〔2018〕19 号	关于对中审众环会计师事务所采取出具警示函措施的决定
山西证监局行政监管措施决定书〔2018〕20 号	关于对袁丽丽采取出具警示函措施的决定
山西证监局行政监管措施决定书〔2018〕21 号	关于对振兴生化股份有限公司及其相关责任人采取出具警示函措施的决定
中国证监会辽宁监管局行政监管措施决定书〔2018〕1 号	关于对东海证券股份有限公司采取出具警示函措施的决定
中国证监会辽宁监管局行政监管措施决定书〔2018〕2 号	关于对抚顺特殊钢股份有限公司采取责令改正措施的决定
中国证监会辽宁监管局行政监管措施决定书〔2018〕3 号	关于对辽宁同益物流股份有限公司采取出具警示函监管措施的决定
中国证监会辽宁监管局行政监管措施决定书〔2018〕4 号	关于对沈阳中北通磁科技股份有限公司采取出具警示函措施的决定
中国证监会辽宁监管局行政监管措施决定书〔2018〕5 号	关于对中喜会计师事务所(特殊普通合伙)采取出具警示函措施的决定
中国证监会辽宁监管局行政监管措施决定书〔2018〕6 号	关于对国盛期货有限责任公司采取责令改正和监管谈话措施的决定

续表

发文字号	发文标题
中国证监会辽宁监管局行政监管措施决定书〔2018〕7 号	关于对国盛期货有限责任公司首席风险官李勇采取监管谈话措施的决定
中国证监会辽宁监管局行政监管措施决定书〔2018〕8 号	关于对沈阳市城市建设投资集团有限公司采取出具警示函措施的决定
中国证监会辽宁监管局行政监管措施决定书〔2018〕9 号	关于对网信证券有限责任公司采取出具警示函监管措施的决定
中国证监会辽宁监管局行政监管措施决定书〔2018〕10 号	关于对神雾节能股份有限公司采取责令改正措施的决定
中国证监会辽宁监管局行政监管措施决定书〔2018〕11 号	关于对大信会计师事务所（特殊普通合伙）采取出具警示函措施的决定
吉证监决〔2018〕1 号	关于对中兴财光华会计师事务所（特殊普通合伙）采取出具警示函措施的决定
吉证监决〔2018〕2 号	关于对吉林吉恩镍业股份有限公司采取出具警示函措施的决定
吉证监决〔2018〕3 号	关于对吉林九台农村商业银行股份有限公司采取责令改正措施的决定
吉证监决〔2018〕4 号	关于对吉林省安托投资管理有限公司采取责令改正措施的决定
吉证监决〔2018〕5 号	关于对吉林省普泰股权投资基金管理有限责任公司采取责令改正措施的决定
吉证监决〔2018〕6 号	关于对吉林利源精制股份有限公司采取出具警示函措施的决定
吉证监决〔2018〕7 号	关于对五矿经易期货有限公司采取责令改正监管措施的决定
吉证监决〔2018〕8 号	关于对长春农村商业银行股份有限公司采取责令改正措施的决定
黑龙江证监局行政监管措施决定书〔2018〕1 号	关于对哈尔俩工大高新技术产业开发股份有限公司采取责令改正措施的决定
黑龙江证监局行政监管措施决定书〔2018〕2 号	关于对哈尔滨工业大学高新技术开发总公司采取警示函措施的决定
黑龙江证监局行政监管措施决定书〔2018〕3 号	关于对中审亚太会计师事务所（特殊普通合伙）采取出具警示函措施的决定
黑龙江证监局行政监管措施决定书〔2018〕4 号	关于对哈尔滨电气集团有限公司采取出具警示函措施的决定
黑龙江证监局行政监管措施决定书〔2018〕5 号	关于对大通证券股份有限公司采取出具警示函措施的决定
黑龙江证监局行政监管措施决定书〔2018〕6 号	关于对华泰联合证券有限责任公司采取出具警示函措施的决定
黑龙江证监局行政监管措施决定书〔2018〕7 号	关于对中山证券有限责任公司采取出具警示函措施的决定
黑龙江证监局行政监管措施决定书〔2018〕8 号	关于对亿阳集团股份有限公司采取出具警示函措施的决定

续表

发文字号	发文标题
黑龙江证监局行政监管措施决定书〔2018〕9 号	关于对哈尔滨工大高新技术产业开发股份有限公司采取责令改正措施的决定
黑龙江证监局行政监管措施决定书〔2018〕10 号	关于对大通期货经纪有限公司采取责令改正措施的决定
黑龙江证监局行政监管措施决定书〔2018〕11 号	关于对利安达会计师事务所(特殊普通合伙)采取出具警示函措施的决定
黑龙江证监局行政监管措施决定书〔2018〕12 号	关于对黑龙江国中水务股份有限公司采取出具警示函措施的决定
黑龙江证监局行政监管措施决定书〔2018〕13 号	关于对黑龙江省信创股权投资基金管理有限公司采取责令改正措施的决定
黑龙江证监局行政监管措施决定书〔2018〕14 号	关于对金洲慈航集团股份有限公司采取责令改正措施的决定
黑龙江证监局行政监管措施决定书〔2018〕15 号	关于对黑龙江中盛股权投资基金管理有限公司采取责令改正措施的决定
黑龙江证监局行政监管措施决定书〔2018〕16 号	关于对黑龙江凌顶投资有限责任公司采取责令改正措施的决定
黑龙江证监局行政监管措施决定书〔2018〕17 号	关于对黑龙江乾泰资产管理有限公司采取责令改正措施的决定
黑龙江证监局行政监管措施决定书〔2018〕18 号	关于对哈尔滨开拓者股权投资基金管理有限公司采取出具警示函措施的决定
黑龙江证监局行政监管措施决定书〔2018〕19 号	关于对大信会计师事务所(特殊普通合伙)采取责令改正措施的决定
黑龙江证监局行政监管措施决定书〔2018〕20 号	关于对大通期货经纪有限公司采取责令改正措施的决定
黑龙江证监局行政监管措施决定书〔2018〕21 号	关于对大通期货经纪有限公司采取责令改正措施的决定
黑龙江证监局行政监管措施决定书〔2018〕22 号	关于对黑河金禾农业科技股份有限公司采取出具警示函措施的决定
黑龙江证监局行政监管措施决定书〔2018〕23 号	关于对黑龙江瑟克赛思股权投资基金管理有限公司采取出具警示函措施的决定
沪证监决〔2018〕1 号	关于对中诚信证券评估有限公司采取出具警示函措施的决定
沪证监决〔2018〕2 号	关于对上海新世纪资信评估投资服务有限公司采取出具警示函措施的决定
沪证监决〔2018〕12 号	关于对上海中毅达股份有限公司采取出具警示函措施的决定
沪证监决〔2018〕13 号	关于对上海量子花光艺科技股份有限公司采取出具警示函措施的决定
沪证监决〔2018〕14 号	关于对上海广泽食品科技股份有限公司采取出具警示函措施的决定
沪证监决〔2018〕18 号	关于对周宏采取出具警示函监管措施的决定
沪证监决〔2018〕19 号	关于对爱建证券有限责任公司出具警示函措施的决定
沪证监决〔2018〕20 号	关于对葛剑秋采取出具警示函措施的决定

续表

发文字号	发文标题
沪证监决〔2018〕32号	关于对光大证券股份有限公司上海仙霞路营业部采取出具警示函措施的决定
沪证监决〔2018〕33号	关于对鲁剑采取出具警示函措施的决定
沪证监决〔2018〕35号	关于对董捷采取出具警示函措施的决定
沪证监决〔2018〕67号	关于对上海汇纳信息科技股份有限公司采取出具警示函措施的决定
沪证监决〔2018〕68号	关于对深圳市中恒汇志投资有限公司采取责令改正措施的决定
沪证监决〔2018〕70号	关于对厦门百汇兴投资有限公司采取出具警示函措施的决定
沪证监决〔2018〕72号	关于对上海森洋投资咨询有限公司采取责令改正措施的决定
沪证监决〔2018〕73号	关于对上海汇正财经顾问有限公司采取责令改正措施的决定
沪证监决〔2018〕79号	关于对谢坚采取出具警示函措施的决定
沪证监决〔2018〕81号	关于对北京申安联合有限公司采取出具警示函措施的决定
沪证监决〔2018〕85号	关于对上海神开石油化工装备股份有限公司采取出具警示函措施的决定
沪证监决〔2018〕86号	关于对长江证券承销保荐有限公司采取责令改正措施的决定
沪证监决〔2018〕87号	关于对深圳君银证券投资咨询顾问有限公司上海分公司采取责令改正并暂停新增客户措施的决定
沪证监决〔2018〕92号	关于对协鑫集成科技股份有限公司采取出具警示函措施的决定
沪证监决〔2018〕100号	关于对刘庆武采取出具警示函措施的决定
沪证监决〔2018〕101号	关于对四川映业文化发展有限公司采取出具警示函措施的决定
沪证监决〔2018〕112号	关于对华菁证券有限公司采取出具警示函措施的决定
沪证监决〔2018〕113号	关于对吴烨采取出具警示函措施的决定
沪证监决〔2018〕121号	关于对林翃采取出具警示函监管措施的决定
沪证监决〔2018〕123号	关于对张明炜采取出具警示函措施的决定
沪证监决〔2018〕124号	关于对申万宏源证券有限公司采取出具警示函措施的决定
沪证监决〔2018〕126号	关于对李文英采取出具警示函监管措施的决定
沪证监决〔2018〕128号	关于对上海神开石油化工装备股份有限公司采取出具警示函措施的决定
沪证监决〔2018〕129号	关于对李芳英采取出具警示函措施的决定
沪证监决〔2018〕130号	关于对王祥伟采取出具警示函措施的决定

续表

发 文 字 号	发 文 标 题
沪证监决〔2018〕131 号	关于对四川映业文化发展有限公司采取出具警示函措施的决定
沪证监决〔2018〕132 号	关于对上海大名城企业股份有限公司采取责令改正措施的决定
沪证监决〔2018〕139 号	关于对傅瀛采取出具警示函措施的决定
沪证监决〔2018〕140 号	关于对上海鹏盾电子商务股份有限公司采取出具警示函措施的决定
沪证监决〔2018〕141 号	关于对中兴财光华会计师事务所(特殊普通合伙)采取出具警示函措施的决定
沪证监决〔2018〕142 号	关于对黑龙江省容维证券数据程序化有限公司上海分公司采取责令改正并暂停新增客户措施的决定
沪证监决〔2018〕143 号	关于对上海游久游戏股份有限公司采取出具警示函措施的决定
沪证监决〔2018〕148 号	关于对上海新兰德投资咨询有限公司采取责令改正及增加内部合规检查次数并提交合规检查报告措施的决定
沪证监决〔2018〕149 号	关于对上海森洋投资咨询有限公司采取暂停新增客户措施的决定
沪证监决〔2018〕150 号	关于对中诚信证券评估有限公司采取出具警示函措施的决定
沪证监决〔2018〕156 号	关于对上海新世纪资信评估投资服务有限公司采取出具警示函措施的决定
江苏证监局措施决定书〔2018〕001 号	关于对侯辉采取出具警示函的行政监管措施决定
江苏证监局措施决定书〔2018〕002 号	关于对新城控股集团股份有限公司采取出具警示函措施的决定
江苏证监局措施决定书〔2018〕003 号	关于对大连华讯投资股份有限公司南京分公司采取责令改正措施的决定
江苏证监局措施决定书〔2018〕004 号	关于对江苏百瑞赢证券咨询有限公司采取责令改正措施的决定
江苏证监局措施决定书〔2018〕005 号	关于对徐州金联瑞星软件科技股份有限公司采取责令改正措施的决定
江苏证监局措施决定书〔2018〕006 号	关于对吕尚简采取责令改正措施的决定
江苏证监局措施决定书〔2018〕007 号	关于对浙江高创投资有限公司采取责令改正措施的决定
江苏证监局措施决定书〔2018〕008 号	关于对永嘉鹏辉贸易有限公司采取责令改正措施的决定
江苏证监局措施决定书〔2018〕009 号	关于对浙江良精新能源股份有限公司采取责令改正措施的决定
江苏证监局措施决定书〔2018〕010 号	关于对南京中乾融投股权投资基金管理有限公司采取出具警示函措施的决定
江苏证监局措施决定书〔2018〕011 号	关于对江苏中杏艺禾资本管理有限公司采取出具警示函措施的决定
江苏证监局措施决定书〔2018〕012 号	关于对苏州固锝杨小平采取出具警示函措施的决定

续表

发 文 字 号	发 文 标 题
江苏证监局措施决定书〔2018〕013 号	关于对无锡农村商业银行股份有限公司采取责令改正措施的决定
江苏证监局措施决定书〔2018〕014 号	关于对江苏康缘医药商业有限公司采取出具警示函措施的决定
江苏证监局措施决定书〔2018〕015 号	关于对包月璿采取出具警示函措施的决定
江苏证监局措施决定书〔2018〕016 号	关于对贵州外滩安防设备有限公司采取出具警示函监管措施的决定
江苏证监局措施决定书〔2018〕017 号	江苏证监局关于对张天伟采取出具警示函措施的决定
江苏证监局措施决定书〔2018〕018 号	关于对赵建光、赵达虹、北京建元时代投资管理中心(有限合伙)等 9 名责任人员采取出具警示函监管措施的决定
江苏证监局措施决定书〔2018〕019 号	江苏证监局关于对江苏保千里视像科技集团股份有限公司采取出具警示函措施的决定
江苏证监局措施决定书〔2018〕020 号	关于对江苏华佳丝绸股份有限公司采取责令改正措施的决定
江苏证监局措施决定书〔2018〕021 号	关于对江苏康生医疗股份有限公司采取出具警示函措施的决定
江苏证监局监管措施决定书〔2018〕022 号	关于对林向东、沈美霞采取出具警示函措施的决定
江苏证监局监管措施决定书〔2018〕023 号	关于对俞金键、吴伟英、谈金麟 采取出具警示函措施的决定
江苏证监局监管措施决定书〔2018〕024 号	关于对德诺车道采取出具警示函措施的决定
江苏证监局监管措施决定书〔2018〕025 号	关于对南京芒冠光电科技股份有限公司采取责令改正措施的决定
江苏证监局监管措施决定书〔2018〕026 号	关于对赵文龙采取责令改正措施的决定
江苏证监局监管措施决定书〔2018〕027 号	关于对东海证券股份有限公司采取出具警示函措施的决定
江苏证监局监管措施决定书〔2018〕028 号	关于对苏州财路基金销售有限公司采取责令改正措施的决定
江苏证监局监管措施决定书〔2018〕029 号	关于对匡建东采取出具警示函措施的决定
江苏证监局监管措施决定书〔2018〕030 号	关于对海润光伏科技股份有限公司采取出具警示函措施的决定
江苏证监局监管措施决定书〔2018〕031 号	江苏证监局关于对江苏苏美材料股份有限公司采取责令改正措施的决定
江苏证监局监管措施决定书〔2018〕032 号	关于对庄敏、深圳日昇创沅资产管理有限公司、陈海昌、庄明、蒋俊杰采取责令改正措施的决定
江苏证监局行政监管措施决定书〔2018〕033 号	江苏证监局关于对宁波瑞峰财富股权投资合伙企业(有限合伙)采取责令改正措施的决定
江苏证监局行政监管措施决定书〔2018〕034 号	江苏证监局关于对冷志顺、周永富采取 出具警示函措施的决定
江苏证监局行政监管措施决定书〔2018〕035 号	关于对石炼采取出具警示函措施的决定
江苏证监局行政监管措施决定书〔2018〕036 号	关于对徐千采取出具警示函措施的决定

续表

发文字号	发文标题
江苏证监局行政监管措施决定书〔2018〕037 号	关于对李林臻采取出具警示函措施的决定
江苏证监局行政监管措施决定书〔2018〕038 号	关于对南京普天通信股份有限公司采取出具警示函措施的决定
江苏证监局行政监管措施决定书〔2018〕039 号	关于对江苏宝达汽车股份有限公司采取出具警示函措施的决定
江苏证监局行政监管措施决定书〔2018〕040 号	[紧急]关于对南京康尼机电股份有限公司采取责令改正措施的决定
江苏证监局行政监管措施决定书〔2018〕041 号	关于对冯冠华采取出具警示函措施的决定
江苏证监局行政监管措施决定书〔2018〕042 号	关于对杨建中采取出具警示函措施的决定
江苏证监局行政监管措施决定书〔2018〕044 号	关于对大信会计师事务所(特殊普通合伙)及注册会计师万方全、周仲东采取监管谈话措施的决定
江苏证监局行政监管措施决定书〔2018〕045 号	关于对江苏中南建设集团股份有限公司 采取出具警示函措施的决定
江苏证监局行政监管措施决定书〔2018〕046 号	关于对科林环保装备股份有限公司 采取出具警示函措施的决定
江苏证监局行政监管措施决定书〔2018〕047 号	关于对黎东采取出具警示函措施的决定
江苏证监局行政监管措施决定书〔2018〕048 号	关于对冯玮采取出具警示函措施的决定
江苏证监局行政监管措施决定书〔2018〕049 号	关于对李曾敏采取出具警示函措施的决定
江苏证监局行政监管措施决定书〔2018〕050 号	江苏证监局关于对王宇采取责令改正监管措施的决定
江苏证监局行政监管措施决定书〔2018〕051 号	江苏证监局关于对杨振华采取责令改正监管措施的决定
江苏证监局行政监管措施决定书〔2018〕052 号	江苏证监局关于对江苏蓝丰生物化工股份有限公司采取责令改正监管措施的决定
江苏证监局行政监管措施决定书〔2018〕053 号	江苏证监局关于对刘宇采取责令改正监管措施的决定
江苏证监局行政监管措施决定书〔2018〕054 号	江苏证监局关于对熊军采取责令改正监管措施的决定
江苏证监局行政监管措施决定书〔2018〕055 号	关于对江苏悦达善达股权投资基金管理有限公司采取出具警示函措施的决定
江苏证监局行政监管措施决定书〔2018〕056 号	江苏证监局关于对陈瀚海采取出具警示函措施的决定
江苏证监局行政监管措施决定书〔2018〕057 号	江苏证监局关于对西部证券股份有限公司、王克宇、胡健采取出具警示函监管措施的决定
江苏证监局行政监管措施决定书〔2018〕058 号	关于对江苏壹泽资本投资管理有限公司采取出具警示函措施的决定
江苏证监局行政监管措施决定书〔2018〕059 号	关于对亿鑫投资管理扬州有限公司采取出具警示函措施的决定
江苏证监局行政监管措施决定书〔2018〕060 号	关于对南京雷奥投资管理有限公司采取出具警示函措施的决定
江苏证监局行政监管措施决定书〔2018〕061 号	关于对南通金信通达投资管理有限公司 采取责令改正措施的决定
江苏证监局行政监管措施决定书〔2018〕062 号	关于对无锡乐金投资管理有限公司采取出具警示函措施的决定

续表

发 文 字 号	发 文 标 题
江苏证监局行政监管措施决定书〔2018〕063 号	关于对昆山美吉特灯都管理有限公司采取出具警示函措施的决定
江苏证监局行政监管措施决定书〔2018〕064 号	关于对上海富诚海富通资产管理有限公司采取责令改正措施的决定
江苏证监局行政监管措施决定书〔2018〕065 号	关于对江苏派诺光电科技股份有限公司采取责令改正措施的决定
江苏证监局行政监管措施决定书〔2018〕066 号	江苏证监局关于对中兴财光华会计师事务所(特殊普通合伙)及注册会计师吴小辉、徐俊伟采取出具警示函措施的决定
江苏证监局行政监管措施决定书〔2018〕067 号	关于对弘业期货股份有限公司采取责令改正监管措施的决定
江苏证监局行政监管措施决定书〔2018〕068 号	关于对盐城诚达投资有限责任公司采取出具警示函措施的决定
江苏证监局行政监管措施决定书〔2018〕069 号	关于对江苏悦达集团有限公司采取出具警示函措施的决定
江苏证监局行政监管措施决定书〔2018〕070 号	关于对江苏悦达投资股份有限公司采取出具警示函措施的决定
江苏证监局行政监管措施决定书〔2018〕071 号	[紧急]关于对弘业期货股份有限公司采取出具警示函监管措施的决定
江苏证监局行政监管措施决定书〔2018〕072 号	江苏证监局关于对中南红文化集团股份有限公司采取出具警示函监管措施的决定
江苏证监局行政监管措施决定书〔2018〕073 号	江苏证监局关于对中南红文化集团股份有限公司采取责令改正监管措施的决定
江苏证监局行政监管措施决定书〔2018〕074 号	江苏证监局关于对陈少忠采取责令改正监管措施的决定
江苏证监局行政监管措施决定书〔2018〕075 号	江苏证监局关于对田自强采取责令改正监管措施的决定
江苏证监局行政监管措施决定书〔2018〕076 号	关于对南京王者之风建筑装饰股份有限公司采取出具警示函措施的决定
江苏证监局行政监管措施决定书〔2018〕077 号	关于对李兴华采取出具警示函措施的决定
江苏证监局行政监管措施决定书〔2018〕078 号	关于对张家港中讯邮电科技股份有限公司采取出具警示函措施的决定
江苏证监局行政监管措施决定书〔2018〕079 号	关于对陆正明采取出具警示函措施的决定
江苏证监局行政监管措施决定书〔2018〕080 号	关于对万联证券股份有限公司采取出具警示函措施的决定
浙证监措施〔2018〕1 号	关于对汤奇青采取出具警示函措施的决定
浙证监措施〔2018〕2 号	关于对杭州湖汇山投资有限公司采取责令改正监管措施的决定
浙证监措施〔2018〕3 号	关于对万隆(上海)资产评估有限公司采取出具警示函措施的决定 2
浙证监措施〔2018〕4 号	关于对何恩波、廖栩栩采取出具警示函措施的决定
浙证监措施〔2018〕5 号	关于对浙江盛天文化传媒股份有限公司及相关人员采取出具警示函措施的决定

续表

发 文 字 号	发 文 标 题
浙证监措施〔2018〕6 号	关于对郑志刚采取出具警示函监管措施的决定
浙证监措施〔2018〕7 号	关于对陈虹采取出具警示函措施的决定
浙证监措施〔2018〕8 号	关于对蚂蚁(杭州)基金销售有限公司采取责令改正措施的决定
浙证监措施〔2018〕9 号	关于对浙江中捷环洲供应链集团股份有限公司采取出具警示函措施的决定
浙证监措施〔2018〕10 号	关于对喀什星河创业投资有限公司采取出具警示函措施的决定
浙证监措施〔2018〕11 号	关于对宁波沅熙股权投资合伙企业(有限合伙)采取出具警示函措施的决定
浙证监措施〔2018〕12 号	关于对韩景利、杨金山采取出具警示函措施的决定
浙证监措施〔2018〕13 号	关于对邵国峰采取出具警示函措施的决定
浙证监措施〔2018〕14 号	关于对季晓蓉采取责令改正措施的决定
浙证监措施〔2018〕15 号	关于对赵西刚采取出具警示函措施的决定
浙证监措施〔2018〕16 号	关于对浙江丹鹤资产管理有限公司采取责令改正监管措施的决定
浙证监措施〔2018〕17 号	关于对浙江万马投资集团有限公司采取出具警示函措施的决定
浙证监措施〔2018〕18 号	关于对北京兴华会计师事务所(特殊普通合伙)采取出具警示函措施的决定
浙证监措施〔2018〕19 号	关于对杭州顶点财经网络传媒有限公司采取责令暂停新增客户措施的决定
浙证监措施〔2018〕20 号	关于对浙江金观诚财富管理有限公司法定代表人采取监管谈话措施的决定
浙证监措施〔2018〕21 号	关于对杭州金转源投资管理合伙企业(有限合伙)法定代表人采取监管谈话措施的决定
浙证监措施〔2018〕22 号	关于对浙江金诚资产管理有限公司法定代表人采取监管谈话措施的决定
浙证监措施〔2018〕23 号	关于对杭州金仲兴投资管理有限公司法定代表人采取监管谈话措施的决定
浙证监措施〔2018〕24 号	关于对杭州观复投资管理合伙企业(有限合伙)法定代表人采取监管谈话措施的决定
浙证监措施〔2018〕25 号	关于对浙江新三板资产管理有限公司采取出具警示函措施的决定
浙证监措施〔2018〕26 号	关于对华侨基金管理有限公司采取责令改正措施的决定
浙证监措施〔2018〕27 号	关于对浙大网新科技股份有限公司及相关人员采取出具警示函措施的决定
浙证监措施〔2018〕28 号	关于对浙江浙大网新集团有限公司采取出具警示函措施的决定
浙证监措施〔2018〕29 号	关于对浙江祥云科技股份有限公司采取出具警示函措施的决定

续表

发 文 字 号	发 文 标 题
浙证监措施〔2018〕30号	关于对深圳市创新投资集团有限公司采取出具警示函措施的决定
浙证监措施〔2018〕31号	关于对中天运会计师事务所（特殊普通合伙）采取出具警示函措施的决定
浙证监措施〔2018〕32号	关于对周明良、钟民均采取出具警示函措施的决定
浙证监措施〔2018〕33号	关于对浙江菲达环保科技股份有限公司采取责令改正措施的决定
浙证监措施〔2018〕34号	关于对浙江大东南集团有限公司采取出具警示函措施的决定
浙证监措施〔2018〕35号	关于对浙江金观诚财富管理有限公司采取责令改正并暂停办理基金销售相关业务措施的决定
浙证监措施〔2018〕36号	关于对贝因美婴童食品股份有限公司及相关人员采取出具警示函措施的决定(2018)
浙证监措施〔2018〕37号	关于对北京骊悦金实投资中心（有限合伙）采取出具警示函措施的决定
浙证监措施〔2018〕38号	关于对中麦控股有限公司采取责令改正措施的决定
浙证监措施〔2018〕39号	关于对巴士在线股份有限公司采取责令改正措施的决定
浙证监措施〔2018〕40号	关于对浙江司太立制药股份有限公司及相关人员采取出具警示函措施的决定
浙证监措施〔2018〕41号	关于对杭州天目山药业股份有限公司及相关人员采取出具警示函措施的决定
浙证监措施〔2018〕42号	关于对周鑫、王献蜀、蒋中瀚、吴旻、林盼东采取出具警示函措施的决定
浙证监措施〔2018〕43号	关于对余钦采取出具警示函措施的决定
浙证监措施〔2018〕44号	关于对华风投资咨询有限公司采取责令改正措施的决定
浙证监措施〔2018〕45号	关于对浙江康盛股份有限公司采取责令改正措施的决定
浙证监措施〔2018〕46号	关于对陈汉康、周景春、高翔、毛泽璋采取出具警示函措施的决定
浙证监措施〔2018〕47号	关于对宝鼎科技股份有限公司及相关人员采取出具警示函措施的决定
浙证监措施〔2018〕48号	关于对北京兴华会计师事务所（特殊普通合伙）采取出具警示函措施的决定——〔2018〕48号
浙证监措施〔2018〕49号	关于对国都证券股份有限公司采取出具警示函措施的决定——〔2018〕49号
浙证监措施〔2018〕50号	关于对浙江同花顺云软件有限公司采取责令处分措施的决定
浙证监措施〔2018〕51号	关于对中大期货有限公司采取责令改正措施的决定
浙证监措施〔2018〕52号	关于对杭州锦泉投资管理有限公司采取责令改正措施的决定
浙证监措施〔2018〕53号	关于对陈静采取出具警示函措施的决定

续表

发 文 字 号	发 文 标 题
浙证监措施〔2018〕54 号	关于对刘云舒采取出具警示函措施的决定
浙证监措施〔2018〕55 号	关于对谢谦采取出具警示函措施的决定
浙证监措施〔2018〕56 号	关于对胡曾意采取出具警示函措施的决定
浙证监措施〔2018〕57 号	关于对章世俊采取出具警示函措施的决定
浙证监措施〔2018〕58 号	关于对中大期货有限公司采取责令改正措施的决定 - 20180920
浙证监措施〔2018〕59 号	关于对祝玲莉采取出具警示函措施的决定
浙证监措施〔2018〕60 号	关于对陈忠宝采取出具警示函措施的决定
浙证监措施〔2018〕61 号	关于对方献军采取出具警示函措施的决定
浙证监措施〔2018〕62 号	关于对鲁峰采取出具警示函措施的决定
浙证监措施〔2018〕63 号	关于对宣伟瑜采取出具警示函措施的决定
浙证监措施〔2018〕64 号	关于对叶磊采取出具警示函措施的决定
浙证监措施〔2018〕65 号	关于对大连华讯投资股份有限公司杭州分公司采取出具警示函措施的决定
浙证监措施〔2018〕66 号	关于对浙江厚兴股权投资基金管理有限公司采取责令改正措施的决定
浙证监措施〔2018〕67 号	关于对朗生投资(香港)有限公司及其一致行动人丰勤有限公司采取出具警示函措施的决定
浙证监措施〔2018〕68 号	关于对闫伟采取认定为不适当人选措施的决定
浙证监措施〔2018〕69 号	关于对仁东控股股份有限公司及相关人员采取出具警示函措施的决定
浙证监措施〔2018〕70 号	关于对浙江东晶电子股份有限公司采取出具警示函措施的决定(2018)
浙证监措施〔2018〕71 号	关于对苏思通采取出具警示函措施的决定
浙证监措施〔2018〕72 号	关于对中审亚太会计师事务所(特殊普通合伙)采取出具警示函措施的决定——〔2018〕72 号
浙证监措施〔2018〕73 号	关于对杭州阿拉丁信息科技股份有限公司及相关人员采取出具警示函措施的决定
浙证监措施〔2018〕74 号	关于对陈国才采取出具警示函措施的决定
浙证监措施〔2018〕75 号	关于对杭州紫潭投资管理有限公司采取责令改正措施的决定
浙证监措施〔2018〕76 号	关于对浙江智盛辉恒资产管理有限公司采取出具警示函措施的决定
浙证监措施〔2018〕77 号	关于对朱珊珊采取出具警示函措施的决定
浙证监措施〔2018〕78 号	关于对杭州金仲兴投资管理有限公司采取出具警示函措施的决定
浙证监措施〔2018〕79 号	关于对杭州观复投资管理合伙企业(有限合伙)采取出具警示函措施的决定

续表

发文字号	发文标题
浙证监措施〔2018〕80号	关于对韦杰采取出具警示函措施的决定
浙证监措施〔2018〕81号	关于对傅康洲采取出具警示函措施的决定
浙证监措施〔2018〕82号	关于对俞高霞采取出具警示函措施的决定
浙证监措施〔2018〕83号	关于对包杨兵采取出具警示函措施的决定
浙证监措施〔2018〕84号	关于对西藏东方财富证券股份有限公司台州鑫泰街证券营业部采取责令改正措施的决定
浙证监措施〔2018〕85号	关于对广发证券股份有限公司台州白云山西路证券营业部采取责令改正措施的决定
浙证监措施〔2018〕86号	关于对浙江嘉得资产管理有限公司采取责令改正措施的决定
浙证监措施〔2018〕87号	关于对浙江安禅资产管理有限公司采取责令改正措施的决定
浙证监措施〔2018〕88号	关于对郭华强采取出具警示函措施的决定
浙证监措施〔2018〕89号	关于对信雅达系统工程股份有限公司采取出具警示函措施的决定
浙证监措施〔2018〕90号	关于对刁建敏采取出具警示函措施的决定
浙证监措施〔2018〕91号	关于对金龙机电股份有限公司采取出具警示函措施的决定
浙证监措施〔2018〕92号	关于对金绍平采取出具警示函措施的决定
浙证监措施〔2018〕93号	关于对叶灵巧采取出具警示函措施的决定
浙证监措施〔2018〕94号	关于对何坚高采取监管谈话措施的决定
浙证监措施〔2018〕95号	关于对杭州喜洲投资有限公司采取出具警示函措施的决定
浙证监措施〔2018〕96号	关于对联讯证券股份有限公司杭州分公司采取责令改正措施的决定
安徽证监局行政监管措施决定书〔2018〕1号	关于对深圳市国诚投资咨询有限公司合肥分公司采取责令暂停新增客户措施的决定
安徽证监局行政监管措施决定书〔2018〕2号	关于对海通证券股份有限公司阜阳清河东路证券营业部采取责令增加内部合规检查次数并提交合规检查报告措施的决定
安徽证监局行政监管措施决定书〔2018〕3号	关于对西藏东方财富证券股份有限公司合肥潜山路证券营业部采取责令增加内部合规检查次数措施的决定
安徽证监局行政监管措施决定书〔2018〕4号	关于对杭州顶点财经网络传媒有限公司合肥分公司采取责令暂停新增客户措施的决定
安徽证监局行政监管措施决定书〔2018〕5号	关于对安徽白兔湖动力股份有限公司采取出具警示函措施的决定
安徽证监局行政监管措施决定书〔2018〕6号	关于对安徽华信国际控股股份有限公司采取出具警示函措施的决定
安徽证监局行政监管措施决定书〔2018〕7号	关于对上海华信国际集团有限公司采取出具警示函措施的决定

续表

发文字号	发文标题
安徽证监局行政监管措施决定书〔2018〕8 号	关于对中弘控股股份有限公司采取出具警示函措施的决定
安徽证监局行政监管措施决定书〔2018〕9 号	关于对安徽盛运环保(集团)股份有限公司采取出具警示函措施的决定
安徽证监局行政监管措施决定书〔2018〕10 号	关于对中弘控股股份有限公司及其财务总监刘祖明采取出具警示函措施的决定
安徽证监局行政监管措施决定书〔2018〕11 号	关于对中弘控股股份有限公司采取责令改正措施的决定
安徽证监局行政监管措施决定书〔2018〕12 号	关于对安徽盛运环保(集团)股份有限公司采取责令改正措施的决定
安徽证监局行政监管措施决定书〔2018〕13 号	关于对开晓胜采取责令改正措施的决定
安徽证监局行政监管措施决定书〔2018〕14 号	关于对光亮采取出具警示函措施的决定
安徽证监局行政监管措施决定书〔2018〕15 号	关于对徽商期货有限责任公司采取责令改正措施的决定
安徽证监局行政监管措施决定书〔2018〕16 号	关于对刘金锁采取出具警示函措施的决定
安徽证监局行政监管措施决定书〔2018〕17 号	关于对湖南巨景证券投资顾问有限公司安徽分公司采取责令暂停新增客户措施的决定
安徽证监局行政监管措施决定书〔2018〕18 号	关于对融捷投资控股集团有限公司采取出具警示函措施的决定
安徽证监局行政监管措施决定书〔2018〕19 号	关于对王继红、吴学军采取出具警示函措施的决定
安徽证监局行政监管措施决定书〔2018〕20 号	关于对开晓胜采取监管谈话措施的决定
安徽证监局行政监管措施决定书〔2018〕21 号	关于对中弘控股股份有限公司采取出具警示函措施的决定
安徽证监局行政监管措施决定书〔2018〕22 号	关于对上海证券通投资资讯科技有限公司合肥分公司责令暂停新增客户措施的决定
安徽证监局行政监管措施决定书〔2018〕23 号	关于对安徽乐金健康科技股份有限公司采取监管谈话措施的决定
安徽证监局行政监管措施决定书〔2018〕24 号	关于对合肥百货大楼集团股份有限公司采取责令改正措施的决定
安徽证监局行政监管措施决定书〔2018〕25 号	关于对合肥欧普民生投资管理(有限合伙)企业采取监管谈话措施的决定
安徽证监局行政监管措施决定书〔2018〕26 号	关于对大华会计师事务所(特殊普通合伙)采取出具警示函措施的决定
安徽证监局行政监管措施决定书〔2018〕27 号	关于对铁建蓝海广德投资管理有限公司采取责令改正措施的决定
安徽证监局行政监管措施决定书〔2018〕28 号	关于对上瑞资产管理有限公司采取责令改正措施的决定
安徽证监局行政监管措施决定书〔2018〕29 号	关于对安徽赋成资产管理有限公司采取责令改正措施的决定
安徽证监局行政监管措施决定书〔2018〕30 号	关于对安徽开河投资管理有限公司采取责令改正措施的决定
安徽证监局行政监管措施决定书〔2018〕31 号	关于对宋天阳采取出具警示函措施的决定

续表

发 文 字 号	发 文 标 题
安徽证监局行政监管措施决定书〔2018〕32 号	关于对安徽钜瑞资产管理有限公司采取责令改正措施的决定
安徽证监局行政监管措施决定书〔2018〕33 号	关于对中城投集团第六工程局有限公司采取出具警示函措施的决定
安徽证监局行政监管措施决定书〔2018〕34 号	关于对北京中证天通会计师事务所采取出具警示函措施的决定
安徽证监局行政监管措施决定书〔2018〕35 号	关于对安徽瑞格电梯服务股份有限公司采取出具警示函措施的决定
安徽证监局行政监管措施决定书〔2018〕36 号	关于对芜湖歌斐资产管理有限公司采取监管谈话措施的决定
安徽证监局行政监管措施决定书〔2018〕37 号	关于对众华会计师事务所采取出具警示函措施的决定
安徽证监局行政监管措施决定书〔2018〕38 号	关于对安徽梦舟实业股份有限公司采取责令改正措施的决定
安徽证监局行政监管措施决定书〔2018〕39 号	关于对霍尔果斯船山文化传媒有限公司采取出具警示函措施的决定
安徽证监局行政监管措施决定书〔2018〕40 号	关于对安粮期货采取出具警示函措施的决定
安徽证监局行政监管措施决定书〔2018〕41 号	关于对苏福男采取出具警示函措施的决定
安徽证监局行政监管措施决定书〔2018〕42 号	关于对新光控股集团有限公司采取责令改正措施的决定
安徽证监局行政监管措施决定书〔2018〕43 号	关于对新光圆成股份有限公司、虞云新采取责令改正措施的决定
江西证监局行政监管措施决定书〔2018〕1 号	关于对江西洪都航空工业股份有限公司采取出具警示函措施的决定
江西证监局行政监管措施决定书〔2018〕2 号	关于对江西瑞奇期货有限公司采取出具警示函措施的决定
江西证监局行政监管措施决定书〔2018〕3 号	关于对江西华伍电力有限公司及相关责任人采取出具警示函措施的决定
江西证监局行政监管措施决定书〔2018〕4 号	关于对张华、徐坚采取责令参加培训措施的决定
江西证监局行政监管措施决定书〔2018〕5 号	关于对江西云济投资有限公司采取责令定期报告措施的决定
江西证监局行政监管措施决定书〔2018〕6 号	关于对江西省能源集团有限公司采取监管谈话措施的决定
江西证监局行政监管措施决定书〔2018〕7 号	关于对新余美福景投资管理中心（有限合伙）采取责令改正措施的决定
江西证监局行政监管措施决定书〔2018〕8 号	关于对中科阜兴资产管理（南昌）有限公司采取出具警示函措施的决定
江西证监局行政监管措施决定书〔2018〕9 号	关于对江西大华新材料股份有限公司采取责令改正措施的决定
江西证监局行政监管措施决定书〔2018〕10 号	关于对北京兴华会计师事务所（特殊普通合伙）及注册会计师刘会林、叶茜采取出具警示函措施的决定
山东监管局行政监管措施决定书〔2018〕1 号	关于对中审亚太会计师事务所（特殊普通合伙）及注册会计师何夕灵、曾凡超采取监管谈话措施的决定

续表

发 文 字 号	发 文 标 题
山东监管局行政监管措施决定书〔2018〕2 号	关于对鲁证期货股份有限公司采取责令改正措施的决定
山东监管局行政监管措施决定书〔2018〕3 号	关于对海益宝科技股份有限公司采取出具警示函措施的决定
山东监管局行政监管措施决定书〔2018〕4 号	关于对山东厚观资产管理有限公司采取出具警示函措施的决定
山东监管局行政监管措施决定书〔2018〕5 号	关于对华林证券股份有限公司采取责令增加内部合规检查次数措施的决定
山东监管局行政监管措施决定书〔2018〕6 号	关于对张士超采取认定为不适当人选措施的决定
山东监管局行政监管措施决定书〔2018〕7 号	关于对北京北大未名生物工程集团有限公司采取出具警示函措施的决定
山东监管局行政监管措施决定书〔2018〕8 号	关于对山东新华医药集团有限责任公司及相关责任人采取出具警示函措施的决定
山东监管局行政监管措施决定书〔2018〕9 号	关于对潍坊亚星化学股份有限公司采取出具警示函措施的决定
山东监管局行政监管措施决定书〔2018〕10 号	关于对苏从跃采取出具警示函措施的决定
山东监管局行政监管措施决定书〔2018〕11 号	关于对孙岩采取出具警示函措施的决定
山东监管局行政监管措施决定书〔2018〕12 号	关于对华鑫证券有限责任公司烟台迎春大街证券营业部采取责令改正并责令增加内部合规检查次数监管措施的决定
山东监管局行政监管措施决定书〔2018〕13 号	关于对耿培梁采取出具警示函措施的决定
山东监管局行政监管措施决定书〔2018〕14 号	关于对瑞华会计师事务所(特殊普通合伙)及注册会计师李荣坤、张吉范采取出具警示函措施的决定
山东监管局行政监管措施决定书〔2018〕15 号	关于对烟台市双兴创业投资有限公司采取出具警示函措施的决定
山东监管局行政监管措施决定书〔2018〕16 号	关于对烟台市双兴创业投资有限公司法定代表人王真光采取出具警示函措施的决定
山东监管局行政监管措施决定书〔2018〕17 号	关于对山东德衡律师事务所及高涛、刘永法采取出具警示函措施的决定
山东监管局行政监管措施决定书〔2018〕18 号	关于对烟台中安祥茂资产管理有限公司采取出具警示函措施的决定
山东监管局行政监管措施决定书〔2018〕19 号	关于对邹平县电力集团有限公司采取出具警示函措施的决定
山东监管局行政监管措施决定书〔2018〕20 号	关于对国信证券股份有限公司采取出具警示函措施的决定
山东监管局行政监管措施决定书〔2018〕21 号	关于对山东和信会计师事务所(特殊普通合伙)采取出具警示函措施的决定
山东监管局行政监管措施决定书〔2018〕22 号	关于对中诚信证券评估有限公司采取出具警示函措施的决定
山东监管局行政监管措施决定书〔2018〕23 号	关于对北京市奋迅律师事务所采取出具警示函措施的决定

续表

发文字号	发文标题
山东监管局行政监管措施决定书〔2018〕24号	关于对PACIFIC RAINBOW INTERNATIONAL，INC采取出具警示函措施的决定
山东监管局行政监管措施决定书〔2018〕25号	关于对山东龙力生物科技股份有限公司及程少博、高立娟、高卫先采取出具警示函措施的决定
山东监管局行政监管措施决定书〔2018〕26号	关于对大信会计师事务所（特殊普通合伙）及注册会计师吴育岐、鲁家顺采取监管谈话措施的决定
山东监管局行政监管措施决定书〔2018〕27号	关于对山东地矿股份有限公司采取责令改正措施的决定
山东监管局行政监管措施决定书〔2018〕28号	关于对张虹采取出具警示函措施的决定
山东监管局行政监管措施决定书〔2018〕29号	关于对张宪依采取出具警示函措施的决定
山东监管局行政监管措施决定书〔2018〕30号	关于对薛希凤采取出具警示函措施的决定
山东监管局行政监管措施决定书〔2018〕31号	关于对马立东采取出具警示函措施的决定
山东监管局行政监管措施决定书〔2018〕32号	关于对山东永邦投资有限公司采取出具警示函措施的决定
山东监管局行政监管措施决定书〔2018〕33号	关于对山东柒诚资产管理有限公司采取出具警示函措施的决定
山东监管局行政监管措施决定书〔2018〕34号	关于对山东柒诚资产管理有限公司法定代表人王玉峰采取出具警示函措施的决定
山东监管局行政监管措施决定书〔2018〕35号	关于对中泰证券股份有限公司采取责令改正并责令增加内部合规检查次数监管措施的决定
山东监管局行政监管措施决定书〔2018〕36号	关于对张学林采取监管谈话、认定不适当人选监管措施的决定
山东监管局行政监管措施决定书〔2018〕37号	关于对山东天业恒基股份有限公司及曾昭秦、王永文、蒋涛、岳彩鹏采取出具警示函措施的决定
山东监管局行政监管措施决定书〔2018〕38号	关于对洪业化工集团股份有限公司采取出具警示函措施的决定
山东监管局行政监管措施决定书〔2018〕39号	关于对山东未名生物医药股份有限公司采取出具警示函措施的决定
山东监管局行政监管措施决定书〔2018〕40号	关于对潘爱华、丁学国、王立君采取出具警示函措施的决定
山东监管局行政监管措施决定书〔2018〕41号	关于对中泰证券股份有限公司淄博桓台中心大街证券营业部采取责令改正监管措施的决定
山东监管局行政监管措施决定书〔2018〕42号	关于对王学礼采取监管谈话监管措施的决定
山东监管局行政监管措施决定书〔2018〕43号	关于对中天运会计师事务所（特殊普通合伙）及注册会计师魏艳霞、徐建来采取出具警示函行政监管措施的决定
山东监管局行政监管措施决定书〔2018〕44号	关于对杜恩莉采取出具警示函措施的决定
山东监管局行政监管措施决定书〔2018〕45号	关于对周利飞采取出具警示函措施的决定
山东监管局行政监管措施决定书〔2018〕46号	关于对山东登海种业股份有限公司及陶旭东、王元仲、原绍刚采取出具警示函措施的决定
山东监管局行政监管措施决定书〔2018〕47号	关于对张培峰采取出具警示函措施的决定

续表

发文字号	发文标题
山东监管局行政监管措施决定书〔2018〕48 号	关于对中信建投期货有限公司济南营业部采取出具警示函措施的决定
山东监管局行政监管措施决定书〔2018〕49 号	关于对淄博齐翔腾达化工股份有限公司采取责令改正措施的决定
山东监管局行政监管措施决定书〔2018〕50 号	关于对车成聚、祝振茂采取出具警示函措施的决定
山东监管局行政监管措施决定书〔2018〕51 号	关于对山东三维石化工程股份有限公司采取责令改正措施的决定
山东监管局行政监管措施决定书〔2018〕52 号	关于对曲思秋、高勇、王文旭采取出具警示函措施的决定
山东监管局行政监管措施决定书〔2018〕53 号	关于对中审众环会计师事务所(特殊普通合伙)及注册会计师李玉平、马征采取出具警示函行政监管措施的决定
山东监管局行政监管措施决定书〔2018〕54 号	关于对平原信达化工股份有限公司采取出具警示函行政监管措施的决定
山东监管局行政监管措施决定书〔2018〕55 号	关于对山东仁和资产管理有限公司采取出具警示函措施的决定
山东监管局行政监管措施决定书〔2018〕56 号	关于对山东星景股权投资管理有限公司采取出具警示函措施的决定
山东监管局行政监管措施决定书〔2018〕57 号	关于对山东高速投资基金管理有限公司采取出具警示函措施的决定
山东监管局行政监管措施决定书〔2018〕58 号	关于对山东科耐燃气冰箱制造股份有限公司及董事长兼总经理张天恒采取出具警示函行政监管措施的决定
山东监管局行政监管措施决定书〔2018〕59 号	关于对济南永大投资有限公司采取出具警示函措施的决定
山东监管局行政监管措施决定书〔2018〕60 号	关于对山东新北洋信息技术股份有限公司采取出具警示函措施的决定
山东监管局行政监管措施决定书〔2018〕61 号	关于对山东未名生物医药股份有限公司采取出具警示函措施的决定
山东监管局行政监管措施决定书〔2018〕62 号	关于对潘爱华、丁学国、方言采取出具警示函措施的决定
山东监管局行政监管措施决定书〔2018〕63 号	关于对邹城市利民建设发展有限公司及宋轩源采取出具警示函措施的决定
山东监管局行政监管措施决定书〔2018〕64 号	关于对山东水发天源水务集团有限公司及刘源、丁海平、祝林采取出具警示函措施的决定
山东监管局行政监管措施决定书〔2018〕65 号	关于对威海市国有资本运营有限公司及项颉、赵熙君、丁海采取出具警示函措施的决定
山东监管局行政监管措施决定书〔2018〕66 号	关于对中审华会计师事务所(特殊普通合伙)采取出具警示函措施的决定
山东监管局行政监管措施决定书〔2018〕67 号	关于对济南老来寿生物股份有限公司及张银生、刘振伟采取出具警示函措施的决定
山东监管局行政监管措施决定书〔2018〕68 号	关于对中兴华会计师事务所(特殊普通合伙)及注册会计师李晖、张爱国采取出具警示函行政监管措施的决定
山东监管局行政监管措施决定书〔2018〕69 号	关于对胜利德润能源股份有限公司、赵锡军采取责令改正措施的决定

续表

发 文 字 号	发 文 标 题
山东监管局行政监管措施决定书〔2018〕70 号	关于对山东鲁阳节能材料股份有限公司采取出具警示函措施的决定
山东监管局行政监管措施决定书〔2018〕71 号	关于对山西证券股份有限公司济宁昊泰闸路证券营业部采取责令改正措施的决定
山东监管局行政监管措施决定书〔2018〕72 号	关于对深圳市大生农业集团有限公司采取出具警示函措施的决定
山东监管局行政监管措施决定书〔2018〕73 号	关于对中审华会计师事务所（特殊普通合伙）及注册会计师张利、刘峰采取出具警示函行政监管措施的决定
山东监管局行政监管措施决定书〔2018〕74 号	关于对洪业化工集团股份有限公司采取出具警示函措施的决定
山东监管局行政监管措施决定书〔2018〕75 号	关于对华泰集团有限公司采取出具警示函措施的决定
山东监管局行政监管措施决定书〔2018〕76 号	关于对山东华泰纸业股份有限公司采取出具警示函措施的决定
山东监管局行政监管措施决定书〔2018〕77 号	关于对李晓亮等三人采取出具警示函措施的决定
山东监管局行政监管措施决定书〔2018〕78 号	关于对中喜会计师事务所（特殊普通合伙）及注册会计师马燕、单鹏飞采取出具警示函行政监管措施的决定
山东监管局行政监管措施决定书〔2018〕79 号	关于对山东联创互联网传媒股份有限公司及李洪国、胡安智采取出具警示函措施的决定
山东监管局行政监管措施决定书〔2018〕80 号	关于对亚太（集团）会计师事务所（特殊普通合伙）及注册会计师孙克山、邓雪平采取出具警示函行政监管措施的决定
山东监管局行政监管措施决定书〔2018〕81 号	关于对济南老来寿生物集团股份有限公司董事长张银生采取监管谈话措施的决定
山东监管局行政监管措施决定书〔2018〕82 号	关于对瑞康医药集团股份有限公司采取出具警示函措施的决定
山东监管局行政监管措施决定书〔2018〕83 号	关于对中润资源投资股份有限公司及李明吉、石鹏、贺明采取出具警示函监管措施的决定
山东监管局行政监管措施决定书〔2018〕84 号	关于对山东晨鸣纸业集团股份有限公司采取出具警示函措施的决定
山东监管局行政监管措施决定书〔2018〕85 号	关于对陈洪国采取监管谈话措施的决定
山东监管局行政监管措施决定书〔2018〕86 号	关于对瑞华会计师事务所（特殊普通合伙）及注册会计师王燕、景传轩、赵艳美、王宗佩采取出具警示函措施的决定
山东监管局行政监管措施决定书〔2018〕87 号	关于对孔令军采取出具警示函措施的决定
山东监管局行政监管措施决定书〔2018〕88 号	关于对尹吉增采取出具警示函措施的决定
河南证监局行政监管措施决定书〔2018〕1 号	关于对中原证券股份有限公司实施责令改正等监督管理措施的决定
河南证监局行政监管措施决定书〔2018〕2 号	关于对华信期货股份有限公司实施责令改正措施的决定
河南证监局行政监管措施决定书〔2018〕3 号	关于对河南和信证券投资顾问股份有限公司实施责令改正等行政监管措施的决定
河南证监局行政监管措施决定书〔2018〕4 号	关于对第一拖拉机股份有限公司实施责令改正措施的决定

续表

发 文 字 号	发 文 标 题
河南证监局行政监管措施决定书〔2018〕5 号	关于对大华会计师事务所(特殊普通合伙)实施出具警示函的决定
河南证监局行政监管措施决定书〔2018〕6 号	关于对黑龙江容维证券数据程序化有限公司河南分公司实施责令改正措施的决定
河南证监局行政监管措施决定书〔2018〕7 号	关于对北京中方信富投资管理咨询有限公司郑州分公司实施责令改正措施的决定
河南证监局行政监管措施决定书〔2018〕8 号	关于对深圳君银证券投资咨询顾问有限公司河南分公司实施责令改正措施的决定
河南证监局行政监管措施决定书〔2018〕9 号	关于对河南豫鹰资产管理有限公司实施责令改正监管措施的决定
河南证监局行政监管措施决定书〔2018〕10 号	关于对河南泓铭资产管理有限公司实施责令改正监管措施的决定
河南证监局行政监管措施决定书〔2018〕11 号	关于对河南建信豫资股权投资基金管理有限公司实施责令改正监管措施的决定
河南证监局行政监管措施决定书〔2018〕12 号	关于对中原航空港产业投资基金管理有限公司实施责令改正监管措施的决定
河南证监局行政监管措施决定书〔2018〕13 号	关于对中原期货股份有限公司实施责令改正监管措施的决定
河南证监局行政监管措施决定书〔2018〕14 号	关于对广州经传多赢投资咨询有限公司河南分公司实施责令改正并暂停新增客户措施的决定
河南证监局行政监管措施决定书〔2018〕15 号	关于对云南产业投资管理有限公司郑州分公司实施责令改正并暂停新增客户措施的决定
河南证监局行政监管措施决定书〔2018〕16 号	关于对刘红军实施出具警示函措施的决定
河南证监局行政监管措施决定书〔2018〕17 号	关于对河南亚太能源科技股份有限公司实施出具警示函措施的决定
河南证监局行政监管措施决定书〔2018〕18 号	关于对孙红州实施出具警示函措施的决定
河南证监局行政监管措施决定书〔2018〕19 号	关于对河南彩虹光网络印刷股份有限公司实施出具警示函措施的决定
河南证监局行政监管措施决定书〔2018〕20 号	关于对左克光实施出具警示函措施的决定
河南证监局行政监管措施决定书〔2018〕21 号	关于对郑州远见安全装备股份有限公司实施出具警示函措施的决定
河南证监局行政监管措施决定书〔2018〕22 号	关于对河南黄河旋风股份有限公司副总经理陈俊实施监管谈话措施的决定
河南证监局行政监管措施决定书〔2018〕23 号	关于对和耕传承基金销售有限公司实施责令改正监管措施的决定
湖北证监局行政监管措施决定书[2018]1 号	湖北证监局关于对武汉长江经济联合发展股份有限公司采取出具警示函措施的决定
湖北证监局行政监管措施决定书[2018]2 号	湖北证监局关于对湖北武昌鱼股份有限公司采取出具警示函监管措施的决定
湖北证监局行政监管措施决定书[2018]3 号	湖北证监局关于对同致信德(北京)资产评估有限公司采取出具警示函监管措施的决定

续表

发文字号	发文标题
湖北证监局行政监管措施决定书[2018]4号	湖北证监局关于对袁湘群、邓厚香采取出具警示函措施的决定
湖北证监局行政监管措施决定书[2018]5号	湖北证监局关于对天津顺航海运有限公司采取出具警示函措施的决定
湖北证监局行政监管措施决定书[2018]6号	湖北证监局关于对西藏金益信和企业管理有限公司采取出具警示函措施的决定
湖北证监局行政监管措施决定书[2018]7号	湖北证监局关于对深圳市上元资本管理有限公司采取出具警示函措施的决定
湖北证监局行政监管措施决定书[2018]9号	湖北证监局关于对东海基金管理有限责任公司采取出具警示函措施的决定
湖北证监局行政监管措施决定书[2018]10号	湖北证监局关于对卓尔控股有限公司采取出具警示函措施的决定
湖北证监局行政监管措施决定书[2018]11号	湖北证监局关于对武汉农尚环境股份有限公司监事徐成龙采取出具警示函措施的决定
湖北证监局行政监管措施决定书[2018]12号	湖北证监局关于对李佳采取监管谈话措施的决定
湖北证监局行政监管措施决定书[2018]13号	湖北证监局关于对长江证券股份有限公司采取责令改正措施的决定
湖北证监局行政监管措施决定书[2018]14号	湖北证监局关于对新理益集团有限公司采取出具警示函措施的决定
湖北证监局行政监管措施决定书[2018]15号	湖北证监局关于对武汉中证通投资咨询有限公司采取责令改正并暂停新增客户监管措施的决定
湖北证监局行政监管措施决定书[2018]16号	湖北证监局关于对凯迪生态环境科技股份有限公司采取出具警示函措施的决定
湖北证监局行政监管措施决定书[2018]17号	湖北证监局关于对阳光凯迪新能源集团有限公司采取出具警示函措施的决定
湖北证监局行政监管措施决定书[2018]18号	湖北证监局关于对张海龙等人采取出具警示函措施的决定
湖北证监局行政监管措施决定书[2018]19号	湖北证监局关于对高义兵采取监管谈话措施的决定
湖北证监局行政监管措施决定书[2018]20号	湖北证监局关于对深圳市国诚投资咨询有限公司武汉分公司采取出具警示函监管措施的决定
湖北证监局行政监管措施决定书[2018]21号	湖北证监局关于对东方金钰股份有限公司出具警示函措施的决定
湖北证监局行政监管措施决定书[2018]22号	湖北证监局关于对赵宁采取出具警示函措施的决定
湖北证监局行政监管措施决定书[2018]23号	湖北证监局关于对武汉和薪源投资管理有限公司采取出具警示函措施的决定
湖北证监局行政监管措施决定书[2018]24号	湖北证监局关于对武汉信用基金管理有限公司采取出具警示函措施的决定
湖北证监局行政监管措施决定书[2018]25号	湖北证监局关于对湖北能源集团股份有限公司采取责令改正措施的决定
湖北证监局行政监管措施决定书[2018]26号	湖北证监局关于对大连华讯投资股份有限公司武汉分公司采取责令改正并暂停新增客户监管措施的决定

续表

发文字号	发文标题
湖北证监局行政监管措施决定书[2018]27号	湖北证监局关于对上海证券通投资资讯科技有限公司湖北分公司采取责令改正并暂停新增客户监管措施的决定
湖北证监局行政监管措施决定书[2018]28号	湖北证监局关于对民众证券投资咨询有限公司武汉分公司采取责令改正并暂停新增客户监管措施的决定
湖北证监局行政监管措施决定书[2018]29号	湖北证监局关于对深圳市新兰德证券投资咨询有限公司武汉分公司采取责令改正并暂停新增客户监管措施的决定
湖北证监局行政监管措施决定书[2018]30号	湖北证监局关于对凯迪生态环境科技股份有限公司采取责令改正措施的决定
湖北证监局行政监管措施决定书[2018]31号	湖北证监局关于对北京兴华会计师事务所(特殊普通合伙)及注册会计师洪一五、时磊采取出具警示函措施的决定
湖北证监局行政监管措施决定书[2018]32号	湖北证监局关于对北京宇驰瑞德投资有限公司采取出具警示函措施的决定
湖北证监局行政监管措施决定书[2018]33号	湖北证监局关于对蓝鼎实业(湖北)有限公司采取出具警示函措施的决定
湖北证监局行政监管措施决定书[2018]34号	湖北证监局关于对武汉市伯嘉基金销售有限公司采取出具警示函监管措施的决定
湖北证监局行政监管措施决定书[2018]35号	湖北证监局关于对湖北银行股份有限公司采取责令改正措施的决定
湖北证监局行政监管措施决定书[2018]36号	湖北证监局关于对美尔雅期货有限公司采取责令改正措施的决定
湖北证监局行政监管措施决定书[2018]37号	湖北证监局关于对金宏斌采取监管谈话措施的决定
湖北证监局行政监管措施决定书[2018]38号	湖北证监局关于对汉口银行股份有限公司采取出具警示函措施的决定
湖北证监局行政监管措施决定书[2018]39号	湖北证监局关于对高升控股股份有限公司采取责令改正措施的决定
湖北证监局行政监管措施决定书[2018]40号	湖北证监局关于对高升控股股份有限公司采取出具警示函措施的决定
湖北证监局行政监管措施决定书[2018]41号	湖北证监局关于对湖北美尔雅股份有限公司采取出具警示函措施的决定
湖北证监局行政监管措施决定书[2018]42号	湖北证监局关于对东风汽车股份有限公司采取出具警示函措施的决定
湖北证监局行政监管措施决定书[2018]43号	湖北证监局关于对武汉昭融汇利投资管理有限责任公司采取出具警示函措施的决定
湖北证监局行政监管措施决定书[2018]44号	湖北证监局关于对武汉阿迪克电子股份有限公司采取出具警示函措施的决定
湖北证监局行政监管措施决定书[2018]45号	湖北证监局关于对武汉维特科思教育股份有限公司采取出具警示函措施的决定
湖北证监局行政监管措施决定书[2018]46号	湖北证监局关于对湖北裕国菇业股份有限公司采取出具警示函措施的决定
湖北证监局行政监管措施决定书[2018]47号	湖北证监局关于对中审华会计师事务所(特殊普通合伙)及签字会计师张利、李永山采取出具警示函措施的决定

续表

发 文 字 号	发 文 标 题
湖北证监局行政监管措施决定书[2018]48 号	湖北证监局关于对林际军、张辉德采取出具警示函措施的决定
湖北证监局行政监管措施决定书[2018]49 号	湖北证监局关于对湖北视纪印象科技股份有限公司采取责令改正措施的决定
湖南证监局行政监管措施决定书〔2018〕1 号	关于对钟桥前采取出具警示函措施的决定
湖南证监局行政监管措施决定书〔2018〕2 号	关于对湖南天雁机械股份有限公司采取出具警示函措施的决定
湖南证监局行政监管措施决定书〔2018〕3 号	关于对湖南红宇耐磨新材料股份有限公司采取责令改正措施的决定
湖南证监局行政监管措施决定书〔2018〕4 号	关于对朱红玉采取出具警示函措施的决定
湖南证监局行政监管措施决定书〔2018〕5 号	关于对高斯贝尔数码科技股份有限公司采取责令改正措施的决定
湖南证监局行政监管措施决定书〔2018〕6 号	关于对高斯贝尔数码科技股份有限公司采取责令公开说明措施的决定
湖南证监局行政监管措施决定书〔2018〕7 号	关于对深圳市国诚投资咨询有限公司湖南分公司采取责令暂停新增客户措施的决定
湖南证监局行政监管措施决定书〔2018〕8 号	关于对湖南千山制药机械股份有限公司采取出具警示函措施的决定
湖南证监局行政监管措施决定书〔2018〕9 号	关于对刘祥华采取监管谈话措施的决定
湖南证监局行政监管措施决定书〔2018〕10 号	关于对杨代斌、王莲采取出具警示函监管措施的决定
湖南证监局行政监管措施决定书〔2018〕11 号	关于对长沙博能科技股份有限公司采取责令改正监管措施的决定
湖南证监局行政监管措施决定书〔2018〕12 号	关于对湖南久联资产管理有限公司采取责令改正监管措施的决定
湖南证监局行政监管措施决定书〔2018〕13 号	关于对湖南兆为投资管理有限公司采取责令改正监管措施的决定
湖南证监局行政监管措施决定书〔2018〕14 号	关于对湖南伟大股权投资基金管理有限公司采取责令改正监管措施的决定
湖南证监局行政监管措施决定书〔2018〕15 号	关于对湖南元升六屏资产管理有限公司采取出具警示函监管措施的决定
湖南证监局行政监管措施决定书〔2018〕16 号	关于对巴氏财团(湖南)投资有限公司采取责令改正监管措施的决定
湖南证监局行政监管措施决定书〔2018〕17 号	关于对长沙明爵资产管理有限公司采取出具警示函监管措施的决定
湖南证监局行政监管措施决定书〔2018〕18 号	关于对深圳君银证券投资咨询顾问有限公司长沙分公司采取责令改正措施的决定
湖南证监局行政监管措施决定书〔2018〕19 号	关于对湖南力天高新材料股份有限公司采取责令改正监管措施的决定
湖南证监局行政监管措施决定书〔2018〕20 号	关于对熊猫金控股份有限公司采取责令公开说明措施的决定
湖南证监局行政监管措施决定书〔2018〕21 号	关于对赵伟平采取出具警示函措施的决定

续表

发文字号	发文标题
湖南证监局行政监管措施决定书〔2018〕22 号	关于对德盛期货有限公司采取责令改正监管措施的决定
湖南证监局行政监管措施决定书〔2018〕23 号	关于对金信期货有限公司采取责令改正监管措施的决定
湖南证监局行政监管措施决定书〔2018〕24 号	关于对郭任重采取出具警示函监管措施的决定
湖南证监局行政监管措施决定书〔2018〕25 号	关于对彭洪林采取出具警示函监管措施的决定
湖南证监局行政监管措施决定书〔2018〕26 号	关于对龚跃采取出具警示函监管措施的决定
湖南证监局行政监管措施决定书〔2018〕27 号	关于对霍青山采取出具警示函监管措施的决定
湖南证监局行政监管措施决定书〔2018〕28 号	关于对湖南中宝立信资产管理有限责任公司采取出具警示函监管措施的决定
湖南证监局行政监管措施决定书〔2018〕29 号	关于对湖南巨景证券投资顾问有限公司采取责令暂停新增客户监督管理措施的决定
湖南证监局行政监管措施决定书〔2018〕30 号	关于对马军采取监管谈话措施的决定
湖南证监局行政监管措施决定书〔2018〕31 号	关于对湖南高盛板业股份有限公司采取责令改正监管措施的决定
湖南证监局行政监管措施决定书〔2018〕32 号	关于对东莞证券股份有限公司采取出具警示函的监督管理措施的决定
湖南证监局行政监管措施决定书〔2018〕33 号	关于对华容县鑫源农业发展有限公司及陈明、胡良清采取出具警示函措施的决定
湖南证监局行政监管措施决定书〔2018〕34 号	关于对天健会计师事务所(特殊普通合伙)注册会计师贺梦然、胡萍、严芬采取监管谈话措施的决定
广东证监局行政监管措施决定书〔2018〕1 号	关于对广东三凯新材料股份有限公司采取出具警示函措施的决定
广东证监局行政监管措施决定书〔2018〕2 号	关于对汕头市金森源化工股份有限公司采取责令改正措施的决定
广东证监局行政监管措施决定书〔2018〕3 号	关于对金鹰基金管理有限公司采取责令改正措施的决定
广东证监局行政监管措施决定书〔2018〕4 号	关于对珠海迈科智能科技股份有限公司采取出具警示函措施的决定
广东证监局行政监管措施决定书〔2018〕5 号	关于对广州凯盛电子科技股份有限公司采取出具警示函措施的决定
广东证监局行政监管措施决定书〔2018〕6 号	关于对广东拓捷科技股份有限公司采取出具警示函措施的决定
广东证监局行政监管措施决定书〔2018〕7 号	关于对林春洪采取出具警示函措施的决定
广东证监局行政监管措施决定书〔2018〕8 号	关于对中泰证券股份有限公司采取出具警示函措施的决定
广东证监局行政监管措施决定书〔2018〕9 号	关于对上海证券之星综合研究有限公司广州分公司采取责令暂停新增客户措施的决定
广东证监局行政监管措施决定书〔2018〕10 号	关于对深圳君银证券投资咨询顾问有限公司广州分公司采取责令暂停新增客户措施的决定
广东证监局行政监管措施决定书〔2018〕11 号	关于对湖南巨景证券投资顾问有限公司广州分公司采取责令暂停新增客户措施的决定

续表

发文字号	发文标题
广东证监局行政监管措施决定书〔2018〕12号	关于对陕西巨丰投资资讯有限责任公司广州分公司采取责令暂停新增客户措施的决定
广东证监局行政监管措施决定书〔2018〕13号	关于对北京中方信富投资管理咨询有限公司广东分公司采取责令暂停新增客户措施的决定
广东证监局行政监管措施决定书〔2018〕14号	关于对北京中资北方投资顾问有限公司广州分公司采取责令暂停新增客户措施的决定
广东证监局行政监管措施决定书〔2018〕15号	关于对上海证券之星综合研究有限公司广东分公司采取责令暂停新增客户措施的决定
广东证监局行政监管措施决定书〔2018〕16号	关于对北京盛世创富证券投资顾问有限公司广州分公司采取责令暂停新增客户措施的决定
广东证监局行政监管措施决定书〔2018〕17号	关于对广东科德投资顾问有限公司采取责令改正措施的决定
广东证监局行政监管措施决定书〔2018〕18号	关于对瑞华会计师事务所（特殊普通合伙）采取出具警示函措施的决定
广东证监局行政监管措施决定书〔2018〕19号	关于对天健会计师事务所（特殊普通合伙）采取出具警示函措施的决定
广东证监局行政监管措施决定书〔2018〕20号	关于对广东中广信资产评估有限公司采取出具警示函措施的决定
广东证监局行政监管措施决定书〔2018〕21号	关于对汤锦东、林少坚采取出具警示函措施的决定
广东证监局行政监管措施决定书〔2018〕22号	关于对张云鹤、齐晓丽采取出具警示函措施的决定
广东证监局行政监管措施决定书〔2018〕23号	关于对何晓娟、刘艺采取出具警示函措施的决定
广东证监局行政监管措施决定书〔2018〕24号	关于对金鹰基金管理有限公司采取出具警示函措施的决定
广东证监局行政监管措施决定书〔2018〕25号	关于对广东优泊投资合伙企业（有限合伙）采取出具警示函措施的决定
广东证监局行政监管措施决定书〔2018〕26号	关于对佳都新太科技股份有限公司采取出具警示函措施的决定
广东证监局行政监管措施决定书〔2018〕27号	关于对梁平、尤安龙、王淑华采取出具警示函措施的决定
广东证监局行政监管措施决定书〔2018〕28号	关于对广东梅雁吉祥水电股份有限公司采取责令改正措施的决定
广东证监局行政监管措施决定书〔2018〕29号	关于对广州亚投股权投资基金管理有限公司采取责令改正措施的决定
广东证监局行政监管措施决定书〔2018〕30号	关于对南方风机股份有限公司、王娜采取责令改正措施的决定
广东证监局行政监管措施决定书〔2018〕31号	关于对杨子善采取责令改正措施的决定
广东证监局行政监管措施决定书〔2018〕32号	关于对蒋九明采取出具警示函措施的决定
广东证监局行政监管措施决定书〔2018〕33号	关于对广州璟云资产管理有限公司采取责令改正措施的决定
广东证监局行政监管措施决定书〔2018〕34号	关于对广东博众证券投资咨询有限公司采取责令暂停新增客户的决定

续表

发文字号	发文标题
广东证监局行政监管措施决定书〔2018〕35 号	关于对广东风华高新科技股份有限公司采取出具警示函等措施的决定
广东证监局行政监管措施决定书〔2018〕36 号	关于对李泽中采取出具警示函措施的决定
广东证监局行政监管措施决定书〔2018〕37 号	关于对陈绪运采取出具警示函措施的决定
广东证监局行政监管措施决定书〔2018〕38 号	关于对王金全采取出具警示函措施的决定
广东证监局行政监管措施决定书〔2018〕39 号	关于对幸建超采取出具警示函措施的决定
广东证监局行政监管措施决定书〔2018〕40 号	关于对王广军采取出具警示函措施的决定
广东证监局行政监管措施决定书〔2018〕41 号	关于对廖永忠采取出具警示函措施的决定
广东证监局行政监管措施决定书〔2018〕42 号	关于对木林森股份有限公司采取出具警示函措施的决定
广东证监局行政监管措施决定书〔2018〕43 号	关于对广州银行股份有限公司采取责令改正监管措施的决定
广东证监局行政监管措施决定书〔2018〕44 号	关于对大信会计师事务所(特殊普通合伙)采取出具警示函措施的决定
广东证监局行政监管措施决定书〔2018〕45 号	关于对牛良文、岑溯鹏采取出具警示函措施的决定
广东证监局行政监管措施决定书〔2018〕46 号	关于对吕小奇采取出具警示函措施的决定
广东证监局行政监管措施决定书〔2018〕47 号	关于对广州毅昌科技股份有限公司采取出具警示函措施的决定
广东证监局行政监管措施决定书〔2018〕48 号	关于对广州凯程基金管理有限公司采取责令改正措施的决定
广东证监局行政监管措施决定书〔2018〕49 号	关于对北京市中伦(深圳)律师事务所采取出具警示函措施的决定
广东证监局行政监管措施决定书〔2018〕50 号	关于对东莞市铭众实业投资有限公司采取出具警示函措施的决定
广东证监局行政监管措施决定书〔2018〕51 号	关于对广东省建筑工程集团有限公司采取出具警示函措施的决定
广东证监局行政监管措施决定书〔2018〕52 号	关于对汕头市澄海区沪美蓄电池有限公司采取出具警示函措施的决定
广东证监局行政监管措施决定书〔2018〕53 号	关于对广发合信产业投资管理有限公司采取责令改正措施的决定
广东证监局行政监管措施决定书〔2018〕54 号	关于对广发信德智胜投资管理有限公司采取责令改正措施的决定
广东证监局行政监管措施决定书〔2018〕55 号	关于对广州德同投资管理有限公司采取责令改正措施的决定
广东证监局行政监管措施决定书〔2018〕56 号	关于对保利(横琴)资本管理有限公司采取责令改正措施的决定
广东证监局行政监管措施决定书〔2018〕57 号	关于对广东尚伟投资管理有限责任公司采取责令改正措施的决定
广东证监局行政监管措施决定书〔2018〕58 号	关于对广东金晟丰投资管理有限公司采取责令改正措施的决定

续表

发文字号	发文标题
广东证监局行政监管措施决定书〔2018〕59号	关于对广东恒信基金管理有限公司采取责令改正措施的决定
广东证监局行政监管措施决定书〔2018〕60号	关于对珠海横琴新区盛世股权投资基金管理有限公司采取责令改正措施的决定
广东证监局行政监管措施决定书〔2018〕61号	关于对广州恒兆源投资管理中心(有限合伙)采取出具警示函措施的决定
广东证监局行政监管措施决定书〔2018〕62号	关于对广东省广告集团股份有限公司采取出具警示函措施的决定
广东证监局行政监管措施决定书〔2018〕63号	关于对申银万国期货有限公司广州营业部采取出具警示函措施的决定
广东证监局行政监管措施决定书〔2018〕64号	关于对金瑞期货股份有限公司佛山营业部采取责令改正措施的决定
广东证监局行政监管措施决定书〔2018〕65号	关于对广东懋峰资产管理有限公司采取责令改正措施的决定
广东证监局行政监管措施决定书〔2018〕66号	关于对方炎林采取责令改正措施的决定
广东证监局行政监管措施决定书〔2018〕67号	关于对瑞元资本管理有限公司采取责令改正措施的决定
广东证监局行政监管措施决定书〔2018〕68号	关于对孙迪采取出具警示函措施的决定
广东证监局行政监管措施决定书〔2018〕69号	关于对张继枫、观富钦采取出具警示函措施的决定
广东证监局行政监管措施决定书〔2018〕70号	关于对德奥通用航空股份有限公司采取出具警示函措施的决定
广东证监局行政监管措施决定书〔2018〕71号	关于对广东猛狮新能源科技股份有限公司采取出具警示函措施的决定
广东证监局行政监管措施决定书〔2018〕72号	关于对中科沃土基金管理有限公司采取责令改正措施的决定
广东证监局行政监管措施决定书〔2018〕73号	关于对广州格新资产管理有限公司采取出具警示函措施的决定
广东证监局行政监管措施决定书〔2018〕74号	关于对广州兆威电子科技股份有限公司采取出具警示函措施的决定
广东证监局行政监管措施决定书〔2018〕75号	关于对张泽民、李景相采取出具警示函措施的决定
广东证监局行政监管措施决定书〔2018〕76号	关于对星期六股份有限公司采取出具警示函措施的决定
广东证监局行政监管措施决定书〔2018〕77号	关于对广发期货有限公司采取责令改正措施的决定
广东证监局行政监管措施决定书〔2018〕78号	关于对华泰期货有限公司采取责令改正措施的决定
广东证监局行政监管措施决定书〔2018〕79号	关于对广州金控期货有限公司采取责令改正措施的决定
广东证监局行政监管措施决定书〔2018〕80号	关于对北京中证天通会计师事务所(特殊普通合伙)采取出具警示函措施的决定
广东证监局行政监管措施决定书〔2018〕81号	关于对中喜会计师事务所(特殊普通合伙)采取出具警示函措施的决定
广东证监局行政监管措施决定书〔2018〕82号	关于对童全勇、罗东日采取出具警示函措施的决定
广东证监局行政监管措施决定书〔2018〕83号	关于对童全勇、冯维采取出具警示函措施的决定

续表

发文字号	发文标题
广东证监局行政监管措施决定书〔2018〕84 号	关于对蒋建友、曹岳龙采取出具警示函措施的决定
广东证监局行政监管措施决定书〔2018〕85 号	关于对广东珀源私募证券投资基金管理有限公司采取出具警示函措施的决定
广东证监局行政监管措施决定书〔2018〕86 号	关于对北京中方信富投资管理咨询有限公司广东分公司采取责令改正措施的决定
广东证监局行政监管措施决定书〔2018〕87 号	关于对谢航采取监管谈话措施的决定
广东证监局行政监管措施决定书〔2018〕88 号	关于对广东嘉应制药股份有限公司采取出具警示函措施的决定
广东证监局行政监管措施决定书〔2018〕89 号	关于对陈泳洪、黄利兵、陈晓燕采取出具警示函措施的决定
广东证监局行政监管措施决定书〔2018〕90 号	关于对广东东方锆业科技股份有限公司采取出具警示函措施的决定
广东证监局行政监管措施决定书〔2018〕91 号	关于对吴锦鹏、江春、陈志斌采取出具警示函措施的决定
广东证监局行政监管措施决定书〔2018〕92 号	关于对广东科德投资顾问有限公司采取责令暂停新增客户措施的决定
广东证监局行政监管措施决定书〔2018〕93 号	关于对李俊膰采取监管谈话措施的决定
广东证监局行政监管措施决定书〔2018〕94 号	关于对联讯证券股份有限公司采取出具警示函措施的决定
广东证监局行政监管措施决定书〔2018〕95 号	关于对广州雪球投资管理有限公司采取责令改正措施的决定
广东证监局行政监管措施决定书〔2018〕96 号	关于对东莞勤上光电股份有限公司采取责令改正措施的决定
广东证监局行政监管措施决定书〔2018〕97 号	关于对陈永洪、马锐采取出具警示函措施的决定
广东证监局行政监管措施决定书〔2018〕98 号	关于对广州基岩资产管理有限公司采取责令改正措施的决定
广东证监局行政监管措施决定书〔2018〕99 号	关于对张顺和、韩燕采取监管谈话措施的决定
广东证监局行政监管措施决定书〔2018〕100 号	关于对宝武集团广东韶关钢铁有限公司采取责令改正措施的决定
广东证监局行政监管措施决定书〔2018〕101 号	关于对广东韶钢松山股份有限公司采取责令改正措施的决定
广东证监局行政监管措施决定书〔2018〕102 号	关于对岭南生态文旅股份有限公司采取出具警示函措施的决定
广东证监局行政监管措施决定书〔2018〕103 号	关于对尹洪卫、杜丽燕、冯学高采取出具警示函措施的决定
广东证监局行政监管措施决定书〔2018〕104 号	关于对万联证券股份有限公司采取责令增加内部合规检查次数并提交合规检查报告措施的决定
广东证监局行政监管措施决定书〔2018〕105 号	关于对国融证券股份有限公司广州华夏路证券营业部采取责令改正措施的决定
广东证监局行政监管措施决定书〔2018〕106 号	关于对易方达基金管理有限公司采取出具警示函措施的决定
广东证监局行政监管措施决定书〔2018〕107 号	关于对李培勇采取出具警示函措施的决定

续表

发文字号	发文标题
广东证监局行政监管措施决定书〔2018〕108 号	关于对方炎林采取出具警示函措施的决定
广东证监局行政监管措施决定书〔2018〕109 号	关于对广东天龙油墨集团股份有限公司采取出具警示函措施的决定
广东证监局行政监管措施决定书〔2018〕110 号	关于对冯毅等 13 人采取出具警示函措施的决定
广东证监局行政监管措施决定书〔2018〕111 号	关于对广州市万隆证券咨询顾问有限公司采取责令改正措施的决定
广东证监局行政监管措施决定书〔2018〕112 号	关于对陈建顺采取责令改正措施的决定
广东证监局行政监管措施决定书〔2018〕113 号	关于对广东明珠集团股份有限公司全体董事采取责令参加培训措施的决定
广东证监局行政监管措施决定书〔2018〕114 号	关于对广东明珠集团股份有限公司采取责令改正措施的决定
广东证监局行政监管措施决定书〔2018〕115 号	关于对林文卿、林臻采取出具警示函措施的决定
广东证监局行政监管措施决定书〔2018〕116 号	关于对拉萨市金刚玻璃实业有限公司采取出具警示函措施的决定
广东证监局行政监管措施决定书〔2018〕117 号	关于对广东金刚玻璃科技股份有限公司采取出具警示函措施的决定
广东证监局行政监管措施决定书〔2018〕118 号	关于对罗伟广采取出具警示函措施的决定
广东证监局行政监管措施决定书〔2018〕119 号	关于对广东雪莱特光电科技股份有限公司采取出具警示函措施的决定
广东证监局行政监管措施决定书〔2018〕120 号	关于对柴国生、柴华采取出具警示函措施的决定
广东证监局行政监管措施决定书〔2018〕121 号	关于对张桃华采取出具警示函措施的决定
广东证监局行政监管措施决定书〔2018〕122 号	关于对欧浦智网股份有限公司采取出具警示函措施的决定
广东证监局行政监管措施决定书〔2018〕123 号	关于对马苏、魏来采取出具警示函措施的决定
广东证监局行政监管措施决定书〔2018〕124 号	关于对陈礼豪采取出具警示函措施的决定
重庆证监局行政监管措施决定书〔2018〕1 号	关于对重庆瑞普电气实业股份有限公司采取责令改正措施的决定
重庆证监局行政监管措施决定书〔2018〕3 号	关于对华融渝富股权投资基金管理有限公司采取责令改正措施的决定
重庆证监局行政监管措施决定书〔2018〕5 号	关于对西南证券股份有限公司采取监管谈话措施的决定
重庆证监局行政监管措施决定书〔2018〕6 号	关于对胡晓莉、葛馨采取监管谈话措施的决定
重庆证监局行政监管措施决定书〔2018〕7 号	关于对重庆东河水电股份有限公司采取责令改正措施的决定
重庆证监局行政监管措施决定书〔2018〕9 号	关于对重庆梅安森科技股份有限公司采取出具警示函措施的决定
重庆证监局行政监管措施决定书〔2018〕10 号	关于对重庆茂余燃气设备股份有限公司采取责令改正措施的决定
重庆证监局行政监管措施决定书〔2018〕11 号	关于对重庆茂余燃气设备股份有限公司刘开全采取监管谈话措施的决定

续表

发文字号	发文标题
重庆证监局行政监管措施决定书〔2018〕12 号	关于对重庆广建装饰股份有限公司采取责令改正措施的决定
重庆证监局行政监管措施决定书〔2018〕13 号	关于叶东采取出具警示函措施的决定
重庆证监局行政监管措施决定书〔2018〕14 号	关于对李云采取出具警示函措施的决定
重庆证监局行政监管措施决定书〔2018〕15 号	关于对左洪波、褚淑霞、李文秀、褚春波采取责令改正措施的决定
重庆证监局行政监管措施决定书〔2018〕17 号	关于对重庆东金投资顾问有限公司采取出具警示函措施的决定
重庆证监局行政监管措施决定书〔2018〕20 号	关于对中节能太阳能股份有限公司采取出具警示函措施的决定
重庆证监局行政监管措施决定书〔2018〕21 号	关于对巨人网络集团股份有限公司采取责令改正措施的决定
重庆证监局行政监管措施决定书〔2018〕22 号	关于对重庆水木兴华股权投资基金管理有限公司采取责令改正措施的决定
重庆证监局行政监管措施决定书〔2018〕23 号	关于对重庆勤晟股权投资基金管理有限公司采取出具警示函措施的决定
重庆证监局行政监管措施决定书〔2018〕24 号	关于对重庆信三威投资咨询中心(有限合伙)采取责令改正措施的决定
重庆证监局行政监管措施决定书〔2018〕25 号	关于对重庆高特佳股权投资基金管理有限公司采取责令改正措施的决定
重庆证监局行政监管措施决定书〔2018〕26 号	关于对中电投先融(上海)资产管理有限公司采取出具警示函措施的决定
重庆证监局行政监管措施决定书〔2018〕27 号	关于对蒋文权采取出具警示函措施的决定
重庆证监局行政监管措施决定书〔2018〕28 号	关于对梁潇采取出具警示函措施的决定
重庆证监局行政监管措施决定书〔2018〕29 号	关于对亚信股权投资基金管理(重庆)有限公司采取出具警示函措施的决定
重庆证监局行政监管措施决定书〔2018〕30 号	关于对中电投先融期货股份有限公司采取责令改正并暂停办理新增资产管理业务措施的决定
重庆证监局行政监管措施决定书〔2018〕31 号	关于对深圳前海亿信投资管理有限公司采取出具警示函措施的决定
重庆证监局行政监管措施决定书〔2018〕32 号	关于对重庆罗曼耐磨新材料股份有限公司采取责令改正措施的决定
重庆证监局行政监管措施决定书〔2018〕33 号	关于对重庆罗曼耐磨新材料股份有限公司牟元全、李龙吉、梁钊选、唐代刚采取出具警示函措施的决定
重庆证监局行政监管措施决定书〔2018〕35 号	关于对重庆勤晟股权投资基金管理有限公司采取出具警示函措施的决定
四川证监局行政监管措施决定书[2018]1 号	关于对天健会计师事务所(特殊普通合伙)及阮响华、陈洪涛采取出具警示函措施的决定
四川证监局行政监管措施决定书[2018]2 号	关于对成都市路桥工程股份有限公司采取责令改正措施的决定
四川证监局行政监管措施决定书[2018]3 号	关于对郑渝力、周维刚、邱小玲、伍和平和郭皓采取出具警示函措施的决定

续表

发文字号	发文标题
四川证监局行政监管措施决定书[2018]4号	关于对四川大决策投资顾问有限公司采取责令暂停新增客户四川证监局行政监管措施的决定
四川证监局行政监管措施决定书[2018]5号	关于对四川美丰化工股份有限公司采取出具警示函措施的决定
四川证监局行政监管措施决定书[2018]6号	关于对吕磊采取出具警示函措施的决定
四川证监局行政监管措施决定书[2018]7号	关于对宜宾市民生冷链股份有限公司采取出具警示函措施的决定
四川证监局行政监管措施决定书[2018]8号	关于对印纪娱乐传媒股份有限公司采取出具警示函措施的决定
四川证监局行政监管措施决定书[2018]9号	关于对成都华泽钴镍材料股份有限公司采取出具警示函措施的决定
四川证监局行政监管措施决定书[2018]10号	关于对鹏博士电信传媒集团股份有限公司采取出具警示函措施的决定
四川证监局行政监管措施决定书[2018]11号	关于对四川大墨投资管理有限公司采取出具警示函措施的决定
四川证监局行政监管措施决定书[2018]12号	关于对湖南巨景证券投资咨询顾问有限公司天府新区分公司采取责令暂停新增客户四川证监局行政监管措施的决定
四川证监局行政监管措施决定书[2018]13号	关于对雅安正兴汉白玉股份有限公司采取责令改正措施的决定
四川证监局行政监管措施决定书[2018]14号	关于对正源控股股份有限公司采取出具警示函措施的决定
四川证监局行政监管措施决定书[2018]15号	关于对茂业商业股份有限公司采取责令改正措施的决定
四川证监局行政监管措施决定书[2018]16号	关于对西藏麦田创业投资有限公司采取出具警示函措施的决定
四川证监局行政监管措施决定书[2018]17号	关于对广州证券股份有限公司攀枝花炳草岗大街证券营业部采取出具警示函措施的决定
四川证监局行政监管措施决定书[2018]18号	关于对大连华讯投资股份有限公司四川分公司采取出具警示函四川证监局行政监管措施的决定
四川证监局行政监管措施决定书[2018]19号	关于对倍特期货有限公司采取责令改正四川证监局行政监管措施的决定
四川证监局行政监管措施决定书[2018]20号	关于对华西证券股份有限公司采取出具警示函四川证监局行政监管措施的决定
四川证监局行政监管措施决定书[2018]21号	关于对成都曦和海昇投资管理有限公司采取出具警示函措施的决定
四川证监局行政监管措施决定书[2018]22号	关于对四川鼎浩发展股权投资基金管理有限责任公司采取出具警示函措施的决定
四川证监局行政监管措施决定书[2018]23号	关于对成都光控医疗健康创业投资管理有限公司采取出具警示函措施的决定
四川证监局行政监管措施决定书[2018]24号	关于对四川弘远新兴产业股权投资基金管理有限公司采取出具警示函措施的决定

续表

发 文 字 号	发 文 标 题
四川证监局行政监管措施决定书[2018]25号	关于对成都创投世豪投资管理有限公司采取责令改正四川证监局行政监管措施的决定
四川证监局行政监管措施决定书[2018]26号	关于对成都武侯科技产业发展股权投资基金管理有限公司采取责令改正四川证监局行政监管措施的决定
四川证监局行政监管措施决定书[2018]27号	关于对上海达渡资产管理合伙企业(有限合伙)采取出具警示函措施的决定
四川证监局行政监管措施决定书[2018]28号	关于对四川达威科技股份有限公司采取出具警示函措施的决定
四川证监局行政监管措施决定书[2018]29号	关于对吴冬梅采取出具警示函措施的决定
四川证监局行政监管措施决定书[2018]30号	关于对凉山州锡成新材料股份有限公司采取出具警示函措施的决定
四川证监局行政监管措施决定书[2018]31号	关于对宜宾市民生冷链股份有限公司采取出具警示函措施的决定
四川证监局行政监管措施决定书[2018]32号	关于对江苏天鼎证券投资咨询有限公司四川分公司采取责令改正并暂停新增客户四川证监局行政监管措施的决定
四川证监局行政监管措施决定书[2018]33号	关于对深圳君银证券投资咨询顾问有限公司成都分公司采取责令改正并暂停新增客户四川证监局行政监管措施的决定
四川证监局行政监管措施决定书[2018]34号	关于对北京中富金石咨询有限公司四川分公司采取责令改正并暂停新增客户四川证监局行政监管措施的决定
四川证监局行政监管措施决定书[2018]35号	关于对陕西华江新材料有限公司采取责令改正措施的决定
四川证监局行政监管措施决定书[2018]36号	关于对上海乐铮网络科技有限公司采取出具警示函措施的决定
四川证监局行政监管措施决定书[2018]37号	关于对四川升达林产工业集团采取责令公开说明监管措施的决定
四川证监局行政监管措施决定书[2018]38号	关于对四川金宇汽车城(集团)股份有限公司采取出具警示函措施的决定
四川证监局行政监管措施决定书[2018]39号	关于对上海乐铮网络科技有限公司和安徽鸿旭新能源汽车有限公司采取责令改正措施的决定
四川证监局行政监管措施决定书[2018]40号	关于对印纪娱乐传媒股份有限公司采取出具警示函措施的决定
四川证监局行政监管措施决定书[2018]41号	关于对吴冰采取出具警示函措施的决定
四川证监局行政监管措施决定书[2018]42号	关于对中贵首控(成都)股权投资基金管理有限公司采取出具警示函措施的决定
四川证监局行政监管措施决定书[2018]43号	关于对刘猛、韩开平和姬晓辉采取出具警示函措施的决定
四川证监局行政监管措施决定书[2018]44号	关于对马达采取出具警示函四川证监局行政监管措施的决定
四川证监局行政监管措施决定书[2018]45号	关于对成都中屹银丰股权投资基金管理有限公司采取责令改正四川证监局行政监管措施的决定

续表

发文字号	发文标题
四川证监局行政监管措施决定书[2018]46 号	关于对成都宏光资产管理有限公司采取责令改正四川证监局行政监管措施的决定
四川证监局行政监管措施决定书[2018]47 号	关于对成都汉银股权投资基金管理有限公司采取责令改正四川证监局行政监管措施的决定
四川证监局行政监管措施决定书[2018]48 号	关于对成都文轩股权投资基金管理有限公司采取责令改正四川证监局行政监管措施的决定
四川证监局行政监管措施决定书川证监公司[2018]21 号	关于对成都华泽钴镍材料股份有限公司采取责令改正措施的决定
云南证监局行政监管措施决定书〔2018〕1 号	云南证监局关于对云南红塔银行股份有限公司采取责令改正措施的决定
云南证监局行政监管措施决定书〔2018〕2 号	云南证监局关于对云南产业投资管理有限公司采取责令改正措施的决定
云南证监局行政监管措施决定书〔2018〕3 号	云南证监局关于对云南欣绿茶花股份有限公司采取出具警示函措施的决定
云南证监局行政监管措施决定书〔2018〕4 号	云南证监局关于对罗平锌电采取出具警示函措施的决定
云南证监局行政监管措施决定书〔2018〕5 号	云南证监局关于对李尤立采取采取出具警示函措施的决定
云南证监局行政监管措施决定书〔2018〕6 号	云南证监局关于对喻永贤采取出具警示函措施的决定
云南证监局行政监管措施决定书〔2018〕7 号	云南证监局关于对杨建兴采取出具警示函措施的决定
云南证监局行政监管措施决定书〔2018〕8 号	云南证监局关于对红塔证券股份有限公司采取出具警示函措施的决定
云南证监局行政监管措施决定书〔2018〕9 号	云南证监局关于对沈机集团昆明机床股份有限公司采取出具警示函措施的决定
云南证监局行政监管措施决定书〔2018〕10 号	云南证监局关于对云南德谦股权投资基金管理有限公司采取责令改正措施的决定
云南证监局行政监管措施决定书〔2018〕11 号	云南证监局关于对昆明中证城市发展基金管理有限公司采取责令改正措施的决定
云南证监局行政监管措施决定书〔2018〕12 号	云南证监局关于对云南维和药业股份有限公司采取责令改正措施的决定
云南证监局行政监管措施决定书〔2018〕13 号	云南证监局关于对云南鸿运嘉工贸发展股份有限公司采取出具警示函措施的决定
云南证监局行政监管措施决定书〔2018〕14 号	云南证监局关于对毕马威华振会计师事务所(特殊普通合伙)及注册会计师彭菁、钟丹、马于翀采取出具警示函措施的决定
云南证监局行政监管措施决定书〔2018〕15 号	云南证监局关于对瑞华会计师事务所(特殊普通合伙)及注册会计师高哲、孙瑞采取出具警示函措施的决定
云南证监局行政监管措施决定书〔2018〕16 号	云南证监局关于对云南沃森生物技术股份有限公司及李云春、姜润生、张荔、周华采取出具警示函措施的决定
云南证监局行政监管措施决定书〔2018〕17 号	云南证监局关于对云南省工业投资控股集团有限责任公司采取出具警示函措施的决定
云南证监局行政监管措施决定书〔2018〕18 号	云南证监局关于对云南煤业能源股份有限公司及彭伟、李立、李小军、马云丽、张小可采取出具警示函措施的决定

续表

发文字号	发文标题
陕证监措施[2018]1号	关于对黑龙江省容维证券数据程序化有限公司陕西分公司采取责令改正监管措施的决定
陕证监措施[2018]2号	关于对江苏百瑞赢证券咨询有限公司西安分公司采取暂停新增客户监管措施的决定
陕证监措施[2018]3号	关于对广州联华实业有限公司采取责令改正监管措施的决定
陕证监措施[2018]4号	关于对陕西广播电视集团有限公司采取出具警示函措施的决定
陕证监措施[2018]5号	关于对郭鸿宝、李瑶、李军、张建阁采取监管谈话措施的决定
陕证监措施[2018]6号	关于对陕西坚瑞沃能股份有限公司采取出具警示函措施的决定
陕证监措施[2018]7号	关于对吴一坚、秦川、张梅、孙圣明、陶玉、侯亦文采取出具警示函措施的决定
陕证监措施[2018]8号	关于对西部证券股份有限公司采取限制业务活动责令限期改正并处分有关责任人员措施的决定
陕证监措施[2018]9号	关于对秦川机床工具集团股份公司采取出具警示函措施的决定
陕证监措施[2018]10号	关于对陕西建设机械股份有限公司采取出具警示函措施的决定
陕证监措施[2018]11号	关于对万隆(上海)资产评估有限公司采取出具警示函措施的决定
陕证监措施[2018]12号	关于对杨宏军、李长安、白海红采取出具警示函措施的决定
陕证监措施[2018]13号	关于对华龙证券股份有限公司采取出具警示函措施的决定
陕证监措施[2018]14号	关于对国盛证券有限责任公司宝鸡行政中心证券营业部采取责令改正并增加内部合规检查次数措施的决定
陕证监措施[2018]15号	关于对王志荣采取责令改正措施的决定
陕证监措施[2018]16号	关于对陕西投资集团有限公司采取出具警示函措施的决定
陕证监措施[2018]17号	关于对金堆城钼业股份有限公司采取出具警示函措施的决定
陕证监措施[2018]18号	关于对陕西航天动力高科技股份有限公司采取出具警示函措施的决定
陕证监措施[2018]19号	关于对韩城市新东方投资服务有限责任公司采取出具警示函措施的决定
陕证监措施[2018]20号	关于对渭南金控资本管理企业(有限合伙)采取出具警示函措施的决定
陕证监措施[2018]21号	关于对中盈基金管理有限公司采取出具警示函措施的决定
陕证监措施[2018]22号	关于对陕西德盈投资管理有限公司采取监管谈话措施的决定

续表

发文字号	发文标题
陕证监措施[2018]23号	关于对陕西财帮资产管理有限公司采取出具警示函措施的决定
陕证监措施[2018]24号	关于对西安正阳财务咨询服务有限公司采取出具警示函措施的决定
陕证监措施[2018]25号	关于对陕西中睿博远投资管理有限公司采取出具警示函措施的决定
陕证监措施[2018]26号	关于对陕西金控国际资产管理有限公司采取监管谈话措施的决定
陕证监措施[2018]27号	关于对西安旅游集团大唐金控投资有限公司采取监管谈话措施的决定
陕证监措施[2018]28号	关于对西安复思尔湾投资管理有限公司采取出具警示函措施的决定
陕证监措施[2018]29号	关于对陕西蓝鲸投资管理有限公司采取监管谈话措施的决定
陕证监措施[2018]30号	关于对西部期货有限公司采取责令改正措施的决定
陕证监措施[2018]31号	关于对陕西黄河矿业(集团)有限责任公司采取出具警示函措施的决定
陕证监措施[2018]32号	关于对齐岳采取监管谈话措施的决定
陕证监措施[2018]33号	关于对中节能环保装备股份有限公司采取出具警示函措施的决定
陕证监措施[2018]34号	关于对西安华新新能源股份有限公司采取出具警示函措施的决定
陕证监措施[2018]35号	关于对迈科期货股份有限公司采取出具警示函措施的决定
陕证监措施[2018]36号	关于对谢昉采取出具警示函措施的决定
陕证监措施[2018]37号	关于对国海证券股份有限公司及付航、周筱俊采取出具警示函措施的决定
陕证监措施[2018]38号	关于对同致信德(北京)资产评估有限公司及袁湘群、邓厚香采取出具警示函措施的决定
陕证监措施[2018]39号	关于对坚瑞沃能采取出具警示函措施的决定
陕证监措施[2018]40号	关于对大信会计师事务所(特殊普通合伙)及李炜、雷超采取出具警示函措施的决定
陕证监措施[2018]41号	关于对立信会计师事务所(特殊普通合伙)及吴旻、黄晔采取出具警示函措施的决定
陕证监措施[2018]42号	关于对郭鸿宝采取出具警示函措施的决定
深圳证监局行政监管措施决定书〔2018〕1号	深圳证监局关于对广田控股集团有限公司采取责令改正措施的决定
深圳证监局行政监管措施决定书〔2018〕2号	深圳证监局关于对王睿采取出具警示函措施的决定
深圳证监局行政监管措施决定书〔2018〕3号	深圳证监局关于对张翼采取出具警示函措施的决定
深圳证监局行政监管措施决定书〔2018〕4号	深圳证监局关于对信达新兴财富(北京)资产管理有限公司采取出具警示函的行政监管措施的决定

续表

发 文 字 号	发 文 标 题
深圳证监局行政监管措施决定书〔2018〕5 号	深圳证监局关于对中投互联(深圳)股权投资基金管理有限公司采取出具责令改正行政监管措施的决定
深圳证监局行政监管措施决定书〔2018〕6 号	深圳证监局关于对欧菲科技股份有限公司采取监管谈话措施的决定
深圳证监局行政监管措施决定书〔2018〕7 号	深圳证监局关于对肖燕松采取监管谈话措施的决定
深圳证监局行政监管措施决定书〔2018〕8 号	深圳证监局关于对鹏元资信评估有限公司采取出具警示函措施的决定
深圳证监局行政监管措施决定书〔2018〕9 号	深圳证监局关于对郑泗滨采取出具警示函措施的决定
深圳证监局行政监管措施决定书〔2018〕10 号	深圳证监局关于对中国宝安集团股份有限公司采取责令改正措施的决定
深圳证监局行政监管措施决定书〔2018〕11 号	深圳证监局关于对陈政立采取监管谈话措施的决定
深圳证监局行政监管措施决定书〔2018〕12 号	深圳证监局关于对贺德华采取监管谈话措施的决定
深圳证监局行政监管措施决定书〔2018〕13 号	深圳证监局关于对英大证券有限责任公司采取出具警示函措施的决定
深圳证监局行政监管措施决定书〔2018〕14 号	深圳证监局关于对深圳市证通电子股份有限公司采取责令改正措施的决定
深圳证监局行政监管措施决定书〔2018〕15 号	深圳证监局关于对曾胜强采取监管谈话措施的决定
深圳证监局行政监管措施决定书〔2018〕16 号	深圳证监局关于对许忠慈采取监管谈话措施的决定
深圳证监局行政监管措施决定书〔2018〕17 号	深圳证监局关于对麦昊天采取监管谈话措施的决定
深圳证监局行政监管措施决定书〔2018〕18 号	深圳证监局关于对深圳君银证券投资咨询顾问有限公司采取责令改正措施的决定
深圳证监局行政监管措施决定书〔2018〕19 号	深圳证监局关于对中审众环会计师事务所(特殊普通合伙)及注册会计师赵文凌、刘钧采取出具警示函措施的决定
深圳证监局行政监管措施决定书〔2018〕20 号	深圳证监局关于对深圳雷曼光电科技股份有限公司采取责令改正措施的决定
深圳证监局行政监管措施决定书〔2018〕21 号	深圳证监局关于对李漫铁采取监管谈话措施的决定
深圳证监局行政监管措施决定书〔2018〕22 号	深圳证监局关于对刘才忠采取监管谈话措施的决定
深圳证监局行政监管措施决定书〔2018〕23 号	深圳证监局关于对深圳市长方集团股份有限公司采取责令改正措施的决定
深圳证监局行政监管措施决定书〔2018〕24 号	深圳证监局关于对邓子长采取监管谈话措施的决定
深圳证监局行政监管措施决定书〔2018〕25 号	深圳证监局关于对杨文豪采取监管谈话措施的决定
深圳证监局行政监管措施决定书〔2018〕26 号	深圳证监局关于对深圳市宝鹰建设控股集团股份有限公司采取责令改正措施的决定
深圳证监局行政监管措施决定书〔2018〕27 号	深圳证监局关于对古少波采取监管谈话措施的决定
深圳证监局行政监管措施决定书〔2018〕28 号	深圳证监局关于对温武艳采取监管谈话措施的决定
深圳证监局行政监管措施决定书〔2018〕29 号	深圳证监局关于对中航三鑫股份有限公司采取责令改正措施的决定

续表

发 文 字 号	发 文 标 题
深圳证监局行政监管措施决定书〔2018〕30 号	深圳证监局关于对朱强华采取出具警示函措施的决定
深圳证监局行政监管措施决定书〔2018〕31 号	深圳证监局关于对姚婧采取出具警示函措施的决定
深圳证监局行政监管措施决定书〔2018〕32 号	深圳证监局关于对深圳市瀚信资产管理有限公司采取出具警示函措施的决定
深圳证监局行政监管措施决定书〔2018〕33 号	深圳证监局关于对深圳前海金万鸿基金管理有限公司采取出具警示函措施的决定
深圳证监局行政监管措施决定书〔2018〕34 号	深圳证监局关于对信达澳银基金管理有限公司采取出具警示函措施的决定
深圳证监局行政监管措施决定书〔2018〕35 号	深圳证监局关于对胡秋采取出具警示函措施的决定
深圳证监局行政监管措施决定书〔2018〕36 号	深圳证监局关于对安信基金管理有限责任公司采取出具警示函措施的决定
深圳证监局行政监管措施决定书〔2018〕37 号	深圳证监局关于对于华采取监管谈话行政监管措施的决定
深圳证监局行政监管措施决定书〔2018〕38 号	深圳证监局关于对西藏东方财富证券股份有限公司深圳分公司采取责令改正措施的决定
深圳证监局行政监管措施决定书〔2018〕39 号	深圳证监局关于对联储证券有限责任公司采取出具警示函行政监管措施的决定
深圳证监局行政监管措施决定书〔2018〕40 号	关于对新华财富资产管理有限公司采取出具警示函措施的决定
深圳证监局行政监管措施决定书〔2018〕41 号	关于对摩根士丹利华鑫基金管理有限公司采取责令改正并暂停办理相关业务措施的决定
深圳证监局行政监管措施决定书〔2018〕42 号	深圳证监局关于对东吴证券股份有限公司深圳分公司采取责令增加内部合规检查次数并提交合规检查报告的决定
深圳证监局行政监管措施决定书〔2018〕43 号	关于对世纪证券有限责任公司采取责令改正行政监管措施的决定
深圳证监局行政监管措施决定书〔2018〕44 号	深圳证监局关于对撒承德采取监管谈话措施的决定
深圳证监局行政监管措施决定书〔2018〕45 号	关于对邓韶勇采取监管谈话措施的决定
深圳证监局行政监管措施决定书〔2018〕46 号	深圳证监局关于对深圳大通实业股份有限公司采取出具警示函措施的决定
深圳证监局行政监管措施决定书〔2018〕47 号	深圳证监局关于对青岛亚星实业有限公司采取出具警示函措施的决定
深圳证监局行政监管措施决定书〔2018〕48 号	深圳证监局关于对姜剑采取出具警示函措施的决定
深圳证监局行政监管措施决定书〔2018〕49 号	深圳证监局关于对深圳前海榜样资本管理有限公司采取出具警示函措施的决定
深圳证监局行政监管措施决定书〔2018〕50 号	深圳证监局关于对吕军涛采取出具警示函措施的决定
深圳证监局行政监管措施决定书〔2018〕51 号	深圳证监局关于对杨林耘采取出具警示函措施的决定
深圳证监局行政监管措施决定书〔2018〕52 号	深圳证监局关于对李文君采取出具警示函措施的决定
深圳证监局行政监管措施决定书〔2018〕53 号	深圳证监局关于对民生加银基金管理有限公司采取责令改正并暂停办理相关业务措施的决定

续表

发文字号	发文标题
深圳证监局行政监管措施决定书〔2018〕54号	深圳证监局关于对深圳市炜烨基金管理有限公司采取出具警示函措施的决定
深圳证监局行政监管措施决定书〔2018〕55号	深圳证监局关于对深圳市融通资本管理股份有限公司采取责令改正并暂停办理相关业务措施的决定
深圳证监局行政监管措施决定书〔2018〕56号	深圳证监局关于对深圳金汇期货经纪有限公司采取暂停新增资产管理业务监管措施的决定
深圳证监局行政监管措施决定书〔2018〕57号	深圳证监局关于对中投天琪期货有限公司采取暂停新增资产管理业务监管措施的决定
深圳证监局行政监管措施决定书〔2018〕58号	深圳证监局关于对中审众环会计师事务所(特殊普通合伙)及注册会计师罗芸、苗树东采取出具警示函措施的决定
深圳证监局行政监管措施决定书〔2018〕59号	深圳证监局关于对欧菲科技股份有限公司采取出具警示函措施的决定
深圳证监局行政监管措施决定书〔2018〕60号	深圳证监局关于对蔡荣军采取出具警示函措施的决定
深圳证监局行政监管措施决定书〔2018〕61号	深圳证监局关于对谭振林采取出具警示函措施的决定
深圳证监局行政监管措施决定书〔2018〕62号	深圳证监局关于对李素雯采取出具警示函措施的决定
深圳证监局行政监管措施决定书〔2018〕63号	深圳证监局关于对深圳中和阳光股权投资基金管理有限公司采取出具警示函措施的决定
深圳证监局行政监管措施决定书〔2018〕64号	深圳证监局关于对英大证券有限责任公司采取出具警示函措施的决定
深圳证监局行政监管措施决定书〔2018〕65号	深圳证监局关于对深圳市德赋资产管理有限公司采取出具警示函措施的决定
深圳证监局行政监管措施决定书〔2018〕66号	深圳证监局关于对深圳瑞朝资本管理有限公司采取出具警示函措施的决定
深圳证监局行政监管措施决定书〔2018〕67号	深圳证监局关于对郑孝和采取公开谴责措施的决定
深圳证监局行政监管措施决定书〔2018〕68号	深圳证监局关于对上海立信资产评估有限公司及资产评估师谢岭、万健华采取出具警示函措施的决定
深圳证监局行政监管措施决定书〔2018〕69号	深圳证监局关于对大华会计师事务所(特殊普通合伙)及注册会计师莫建民、陈良采取出具警示函措施的决定
深圳证监局行政监管措施决定书〔2018〕70号	深圳证监局关于对中航期货有限公司采取责令改正监督管理措施的决定
深圳证监局行政监管措施决定书〔2018〕71号	深圳证监局关于对王子洪采取出具警示函监督管理措施的决定
深圳证监局行政监管措施决定书〔2018〕72号	深圳证监局关于对肖军生采取出具警示函监督管理措施的决定
深圳证监局行政监管措施决定书〔2018〕73号	深圳证监局关于对陈明学采取出具警示函措施的决定
深圳证监局行政监管措施决定书〔2018〕74号	深圳证监局关于对孙笑武采取出具警示函措施的决定
深圳证监局行政监管措施决定书〔2018〕75号	深圳证监局关于对刘志斌采取出具警示函措施的决定
深圳证监局行政监管措施决定书〔2018〕76号	深圳证监局关于对郭良周采取出具警示函监督管理措施的决定

续表

发 文 字 号	发 文 标 题
深圳证监局行政监管措施决定书〔2018〕77 号	深圳证监局关于对韩正辉采取出具警示函监督管理措施的决定
深圳证监局行政监管措施决定书〔2018〕78 号	深圳证监局关于对中投天琪期货有限公司采取责令改正监督管理措施的决定
深圳证监局行政监管措施决定书〔2018〕79 号	深圳证监局关于对胡宇清采取出具警示函监督管理措施的决定
深圳证监局行政监管措施决定书〔2018〕80 号	深圳证监局关于对施展采取出具警示函监督管理措施的决定
深圳证监局行政监管措施决定书〔2018〕81 号	深圳证监局关于对卢赣平采取出具警示函监督管理措施的决定
深圳证监局行政监管措施决定书〔2018〕82 号	深圳证监局关于对金瑞期货股份有限公司采取责令改正并暂停新增资产管理业务监督管理措施的决定
深圳证监局行政监管措施决定书〔2018〕83 号	深圳证监局关于对深圳亚联发展科技股份有限公司采取责令改正措施的决定
深圳证监局行政监管措施决定书〔2018〕84 号	深圳证监局关于对叶琼采取监管谈话措施的决定
深圳证监局行政监管措施决定书〔2018〕85 号	深圳证监局关于对王永彬采取监管谈话措施的决定
深圳证监局行政监管措施决定书〔2018〕86 号	深圳证监局关于对孟令章采取监管谈话措施的决定
深圳证监局行政监管措施决定书〔2018〕87 号	深圳证监局关于对蒋华良采取监管谈话措施的决定
深圳证监局行政监管措施决定书〔2018〕88 号	深圳证监局关于对陈道军采取监管谈话措施的决定
深圳证监局行政监管措施决定书〔2018〕89 号	深圳证监局关于对张萍、邓智慧采取监管谈话措施的决定
深圳证监局行政监管措施决定书〔2018〕90 号	深圳证监局关于对深圳市前海中精国投股权基金管理有限公司采取出具警示函措施的决定
深圳证监局行政监管措施决定书〔2018〕91 号	深圳证监局关于对高峰、张帆、涂卫东采取监管谈话措施的决定
深圳证监局行政监管措施决定书〔2018〕92 号	深圳证监局关于对深圳前海汇能金融控股集团有限公司采取出具警示函措施的决定
深圳证监局行政监管措施决定书〔2018〕93 号	深圳证监局关于对深圳市恒富汇通投资管理有限公司采取出具警示函措施的决定
深圳证监局行政监管措施决定书〔2018〕94 号	深圳证监局关于对长城证券股份有限公司采取出具警示函措施的决定
深圳证监局行政监管措施决定书〔2018〕95 号	深圳证监局关于对安信证券股份有限公司采取责令增加内部合规检查次数措施的决定
青岛监管局行政监管措施决定书〔2018〕1 号	关于对乐视基金销售（青岛）有限公司采取出具警示函措施的决定
青岛监管局行政监管措施决定书〔2018〕2 号	关于对青岛亨达股份有限公司采取出具警示函措施的决定
青岛监管局行政监管措施决定书〔2018〕3 号	关于对浙商证券股份有限公司青岛深圳路证券营业部采取出具警示函措施的决定
青岛监管局行政监管措施决定书〔2018〕4 号	关于对安信证券股份有限公司采取出具警示函措施的决定

续表

发文字号	发文标题
青岛监管局行政监管措施决定书〔2018〕5号	关于对首创证券有限责任公司青岛东海西路证券营业部采取出具警示函措施的决定
青岛监管局行政监管措施决定书〔2018〕6号	关于对金灵、邵峰采取出具警示函措施的决定
青岛监管局行政监管措施决定书〔2018〕7号	关于对巨野县军融网络科技中心(有限合伙)采取出具警示函措施的决定
青岛监管局行政监管措施决定书〔2018〕8号	关于对乐视基金销售(青岛)有限公司采取 暂停公募基金销售业务3个月措施的决定
青岛监管局行政监管措施决定书〔2018〕9号	关于对西藏东方财富证券股份有限公司青岛同兴路证券营业部采取责令改正并责令增加内部合规检查次数监管措施的决定
青岛监管局行政监管措施决定书〔2018〕10号	关于对乐视基金销售(青岛)有限公司采取暂停公募基金销售业务12个月措施的决定
青岛监管局行政监管措施决定书〔2018〕11号	关于对青岛力鼎投资有限公司采取公开谴责措施的决定
青岛监管局行政监管措施决定书〔2018〕12号	关于对栾晓丽采取公开谴责措施的决定
青岛监管局行政监管措施决定书〔2018〕13号	关于对董坤采取公开谴责措施的决定
青岛监管局行政监管措施决定书〔2018〕14号	关于对宫伟采取监管谈话措施的决定
青岛监管局行政监管措施决定书〔2018〕15号	关于对山东高速信业城市发展股权投资基金管理有限公司采取出具警示函监管措施的决定
青岛监管局行政监管措施决定书〔2018〕16号	关于对青岛城投金控股权投资管理有限公司采取出具警示函监管措施的决定
青岛监管局行政监管措施决定书〔2018〕17号	关于对青岛海银达创业投资有限公司采取责令改正监管措施的决定
青岛监管局行政监管措施决定书〔2018〕18号	关于对青岛获多利财富管理有限公司采取责令改正监管措施的决定
青岛监管局行政监管措施决定书〔2018〕19号	关于对青岛中金卓越基金管理有限公司采取责令改正监管措施的决定
青岛监管局行政监管措施决定书〔2018〕20号	关于对李正光采取出具警示函措施的决定
青岛监管局行政监管措施决定书〔2018〕21号	关于对青岛汇森能源设备股份有限公司采取出具警示函措施的决定
青岛监管局行政监管措施决定书〔2018〕22号	关于对山东新华锦国际股份有限公司采取出具警示函及责令改正监管措施的决定
青岛监管局行政监管措施决定书〔2018〕23号	关于对青岛奥盖克化工股份有限公司采取出具警示函措施的决定
青岛监管局行政监管措施决定书〔2018〕24号	关于对青岛国坤基金管理有限公司采取责令改正措施的决定

第四部分　市场自律法治

一、上海证券交易所

（一）2018 年制定、修改的规则目录

编号	发文文号	规则标题	发文机构	发布时间
1	上证发〔2018〕1 号	关于融资融券标的证券 2017 年第四季度定期调整有关事项的通知	上海证券交易所	2018/1/5
2	上证发〔2018〕4 号	关于发布《股票质押式回购交易及登记结算业务办法（2018 年修订）》的通知	上海证券交易所	2018/1/12
3	上证发〔2018〕6 号	《上海证券交易所上市公司股份协议转让业务办理指引》	上海证券交易所	2018/1/26
4	上证发〔2018〕8 号	关于开展"一带一路"债券试点的通知	上海证券交易所	2018/3/2
5	上证发〔2018〕9 号	关于发布《上海证券交易所上市公司创业投资基金股东减持股份实施细则》的通知	上海证券交易所	2018/3/2
6	上证发〔2018〕13 号	关于发布《上海证券交易所纪律处分和监管措施实施办法（2018 年修订）》的通知	上海证券交易所	2018/3/23
7	上证发〔2018〕14 号	关于发布《上海证券交易所自律管理听证实施细则》的通知	上海证券交易所	2018/3/23
8	上证发〔2018〕17 号	关于融资融券标的证券 2018 年第一季度定期调整有关事项的通知	上海证券交易所	2018/4/13
9	上证发〔2018〕20 号	关于修改《上海证券交易所股票上市规则》若干条文的通知	上海证券交易所	2018/4/20
10	上证发〔2018〕22 号	关于发布《上海证券交易所 中国证券登记结算有限责任公司债券质押式三方回购交易及结算暂行办法》的通知	上海证券交易所、中国证券登记结算有限责任公司	2018/4/24
11	上证发〔2018〕24 号	关于加强重点监控账户管理工作的通知	上海证券交易所	2018/4/27
12	上证发〔2018〕28 号	关于发布实施《上海证券交易所资产支持证券存续期信用风险管理指引（试行）》有关事项的通知	上海证券交易所	2018/5/11
13	上证发〔2018〕29 号	关于发布《上海证券交易所资产支持证券定期报告内容与格式指引》的通知	上海证券交易所	2018/5/11
14	上证发〔2018〕31 号	关于债券质押式三方回购业务交易经手费有关事项的通知	上海证券交易所	2018/5/14

续表

编号	发文文号	规则标题	发文机构	发布时间
15	上证发〔2018〕36 号	关于中国铁路建设债券上市交易有关事项的通知	上海证券交易所	2018/6/1
16	上证发〔2018〕38 号	关于发布《上海证券交易所试点创新企业股票或存托凭证上市交易实施办法》的通知	上海证券交易所	2018/6/15
17	上证发〔2018〕39 号	关于修改《上海证券交易所股票上市规则》第 1.1 条、第 1.2 条的通知	上海证券交易所	2018/6/15
18	上证发〔2018〕40 号	关于发布《上海市场首次公开发行股票网上发行实施细则(2018 年修订)》的通知	上海证券交易所、中国证券登记结算有限责任公司	2018/6/15
19	上证发〔2018〕41 号	关于发布《上海市场首次公开发行股票网下发行实施细则(2018 年修订)》的通知	上海证券交易所、中国证券登记结算有限责任公司	2018/6/15
20	上证发〔2018〕42 号	关于发布《上海证券交易所证券发行上市指引(2018 年修订)》的通知	上海证券交易所	2018/6/15
21	上证发〔2018〕43 号	关于发布《上海证券交易所红筹公司存托凭证上市公告书内容与格式指引》的通知	上海证券交易所	2018/6/15
22	上证发〔2018〕44 号	关于发布《试点创新企业股票或存托凭证交易风险揭示书必备条款》的通知	上海证券交易所	2018/6/15
23	上证发〔2018〕45 号	关于红筹企业存托凭证上市与交易相关收费事宜的通知	上海证券交易所	2018/6/15
24	上证发〔2018〕49 号	关于交易型开放式指数基金网上现金认购业务有关事项的通知	上海证券交易所	2018/6/29
25	上证发〔2018〕50 号	关于融资融券标的证券 2018 年第二季度定期调整有关事项的通知	上海证券交易所	2018/7/6
26	上证发〔2018〕51 号	关于互联互通机制港股通股票调入相关安排的通知	上海证券交易所、深圳证券交易所	2018/7/14
27	上证发〔2018〕53 号	关于发布实施《上海证券交易所章程(2018 年修订)》的通知	上海证券交易所	2018/7/20
28	上证发〔2018〕56 号	关于上海证券交易所减免部分收费项目的通知	上海证券交易所	2018/7/31
29	上证发〔2018〕59 号	关于修订《上海证券交易所交易规则》的通知	上海证券交易所	2018/8/6
30	上证发〔2018〕60 号	关于修改《上海证券交易所沪港通业务实施办法》第四十条的通知	上海证券交易所	2018/8/6
31	上证发〔2018〕61 号	关于修改《上海证券交易所风险警示板股票交易管理办法》第八条的通知	上海证券交易所	2018/8/6
32	上证发〔2018〕62 号	关于修改《上海证券交易所证券异常交易实时监控细则》第四条、第八条的通知	上海证券交易所	2018/8/6
33	上证发〔2018〕63 号	关于新股上市初期交易监管有关事项的通知	上海证券交易所	2018/8/6
34	上证发〔2018〕73 号	关于修改《上海证券交易所沪港通业务实施办法》第二十三条和第一百零八条的通知	上海证券交易所	2018/9/7
35	上证发〔2018〕80 号	关于融资融券标的证券 2018 年第三季度定期调整有关事项的通知	上海证券交易所	2018/10/12

续表

编号	发文文号	规则标题	发文机构	发布时间
36	上证发〔2018〕82号	关于发布《上海证券交易所债券担保品处置平台服务指引》的通知	上海证券交易所	2018/10/16
37	上证发〔2018〕87号	关于发布《上海证券交易所与伦敦证券交易所互联互通存托凭证上市交易暂行办法》的通知	上海证券交易所	2018/11/2
38	上证发〔2018〕88号	关于发布《上海证券交易所与伦敦证券交易所互联互通中国存托凭证上市预审核业务指引》的通知	上海证券交易所	2018/11/2
39	上证发〔2018〕89号	关于发布《上海证券交易所与伦敦证券交易所互联互通存托凭证跨境转换业务指引》的通知	上海证券交易所	2018/11/2
40	上证发〔2018〕90号	关于发布《上海证券交易所与伦敦证券交易所互联互通中国存托凭证做市业务指引》的通知	上海证券交易所	2018/11/2
41	上证发〔2018〕91号	关于发布《上海证券交易所与伦敦证券交易所互联互通中国存托凭证交易风险揭示书必备条款》的通知	上海证券交易所	2018/11/2
42	上证发〔2018〕92号	关于发布《上海证券交易所与伦敦证券交易所互联互通中国存托凭证上市公告书内容与格式指引》的通知	上海证券交易所	2018/11/2
43	上证发〔2018〕93号	关于上海证券交易所与伦敦证券交易所互联互通中国存托凭证业务信息披露时段相关事项的通知	上海证券交易所	2018/11/2
44	上证发〔2018〕94号	关于上海证券交易所与伦敦证券交易所互联互通中国存托凭证上市与交易相关收费事宜的通知	上海证券交易所	2018/11/2
45	上证发〔2018〕97号	关于发布《上海证券交易所股票上市规则(2018年11月修订)》的通知	上海证券交易所	2018/11/16
46	上证发〔2018〕98号	关于发布《上海证券交易所上市公司重大违法强制退市实施办法》的通知	上海证券交易所	2018/11/16
47	上证发〔2018〕99号	关于发布《上海证券交易所退市公司重新上市实施办法(2018年11月修订)》的通知	上海证券交易所	2018/11/16
48	上证发〔2018〕100号	关于发布《上海证券交易所上市公司高送转信息披露指引》的通知	上海证券交易所	2018/11/23
49	上证发〔2018〕109号	关于发布《上海证券交易所公司债券上市规则(2018年修订)》的通知	上海证券交易所	2018/12/7
50	上证发〔2018〕110号	关于发布《上海证券交易所非公开发行债券挂牌转让规则》的通知	上海证券交易所	2018/12/7
51	上证发〔2018〕112号	关于发布《上海证券交易所上市基金流动性服务业务指引(2018年修订)》的通知	上海证券交易所	2018/12/14
52	上证发〔2018〕115号	关于发布《上海证券交易所上市公司可转换公司债券发行实施细则(2018年修订)》的通知	上海证券交易所	2018/12/28

续表

编号	发文文号	规则标题	发文机构	发布时间
53	上证发〔2018〕116号	关于发布上市公司行业信息披露指引第二十一号至第二十八号及修订部分上市公司行业信息披露指引的通知	上海证券交易所	2018/12/28
54	上证发〔2018〕117号	关于发布《上海证券交易所上市公司筹划重大事项停复牌业务指引》的通知	上海证券交易所	2018/12/28

(二)2018年纪律处分决定书目录

1.股票类

序号	文件标题	文号	发文日期
1	关于对中国船舶重工集团动力股份有限公司及有关责任人予以通报批评的决定	纪律处分决定书〔2018〕1号	2018/1/11
2	关于对西安宏盛科技发展股份有限公司及有关责任人予以通报批评的决定	纪律处分决定书〔2018〕2号	2018/1/11
3	关于对华仪电气股份有限公司及有关责任人予以纪律处分的决定	纪律处分决定书〔2018〕3号	2018/1/12
4	关于对正源控股股份有限公司及其股东和有关责任人予以通报批评的决定	纪律处分决定书〔2018〕4号	2018/1/12
5	关于对贵州长征天成控股股份有限公司及有关责任人予以纪律处分的决定	纪律处分决定书〔2018〕5号	2018/1/16
6	关于对上海岩石企业发展股份有限公司及有关责任人予以通报批评的决定	纪律处分决定书〔2018〕10号	2018/2/13
7	关于对柳州化工股份有限公司副总经理陆胜云予以通报批评的决定	纪律处分决定书〔2018〕11号	2018/3/14
8	关于对上海交大昂立股份有限公司时任董事兼常务副总裁葛剑秋予以通报批评的决定	纪律处分决定书〔2018〕12号	2018/3/14
9	关于对安徽口子酒业股份有限公司监事冯本濂予以公开谴责的决定	纪律处分决定书〔2018〕13号	2018/3/16
10	关于对上海普天邮通科技股份有限公司及有关责任人予以通报批评的决定	纪律处分决定书〔2018〕16号	2018/3/28
11	关于对海润光伏科技股份有限公司及有关责任人予以纪律处分的决定	纪律处分决定书〔2018〕17号	2018/3/28
12	关于对方正证券股份有限公司及其控股股东、控股股东关联方和有关责任人予以纪律处分的决定	纪律处分决定书〔2018〕18号	2018/3/28
13	关于对内蒙古包钢钢联股份有限公司及有关责任人予以通报批评的决定	纪律处分决定书〔2018〕20号	2018/4/11

续表

序号	文件标题	文　　号	发文日期
14	关于对新奥生态控股股份有限公司、控股股东新奥控股投资有限公司及其一致行动人、相关股东和有关责任人予以通报批评的决定	纪律处分决定书〔2018〕21号	2018/4/17
15	关于对安徽新力金融股份有限公司及有关责任人予以纪律处分的决定	纪律处分决定书〔2018〕22号	2018/4/17
16	关于对山东江泉实业股份有限公司控股股东及实际控制人予以通报批评的决定	纪律处分决定书〔2018〕23号	2018/4/17
17	关于对三一重工股份有限公司副总裁谢志霞予以通报批评的决定	纪律处分决定书〔2018〕25号	2018/4/20
18	关于对亿晶光电科技股份有限公司及其实际控制人、股权受让方和有关责任人予以公开谴责的决定	纪律处分决定书〔2018〕26号	2018/4/25
19	关于对沈机集团昆明机床股份有限公司及有关责任人予以纪律处分的决定	纪律处分决定书〔2018〕27号	2018/4/26
20	关于对东方金钰股份有限公司及董事长赵宁予以通报批评的决定	纪律处分决定书〔2018〕28号	2018/5/3
21	关于对文一三佳科技股份有限公司股东紫光集团有限公司予以通报批评的决定	纪律处分决定书〔2018〕31号	2018/6/6
22	关于对潍坊亚星化学股份有限公司及有关责任人予以通报批评的决定	纪律处分决定书〔2018〕32号	2018/6/14
23	关于对航天通信控股集团股份有限公司及有关责任人予以通报批评的决定	纪律处分决定书〔2018〕33号	2018/6/14
24	关于对莲花健康产业集团股份有限公司、霍尔果斯中新云投创业投资有限公司和有关责任人予以纪律处分的决定	纪律处分决定书〔2018〕34号	2018/6/21
25	关于对江苏三房巷实业股份有限公司时任总经理卞建峰和关联方江阴新伦化纤有限公司予以通报批评的决定	纪律处分决定书〔2018〕35号	2018/6/26
26	关于对安阳钢铁股份有限公司、控股股东安阳钢铁集团有限责任公司及有关责任人予以通报批评的决定	纪律处分决定书〔2018〕36号	2018/6/28
27	关于对五矿发展股份有限公司及有关责任人予以通报批评的决定	纪律处分决定书〔2018〕37号	2018/6/21
28	关于对中源协和细胞基因工程股份有限公司和董事会秘书张晴予以通报批评的决定	纪律处分决定书〔2018〕38号	2018/6/25
29	关于对武汉长江通信产业集团股份有限公司股东武汉长江经济联合发展股份有限公司予以通报批评的决定	纪律处分决定书〔2018〕39号	2018/6/25
30	关于对南京化纤股份有限公司的股东金光华、金婷予以通报批评的决定	纪律处分决定书〔2018〕40号	2018/6/25
31	关于对上海海立（集团）股份有限公司控股股东上海电气（集团）总公司予以通报批评的决定	纪律处分决定书〔2018〕41号	2018/6/27
32	关于对南威软件股份有限公司时任董事兼副总经理张鹏程予以通报批评的决定	纪律处分决定书〔2018〕43号	2018/8/16
33	关于对辽宁福鞍重工股份有限公司及有关责任人予以通报批评的决定	纪律处分决定书〔2018〕44号	2018/8/20

续表

序号	文件标题	文号	发文日期
34	关于对五矿发展股份有限公司和时任董事会秘书王宏利予以通报批评的决定	纪律处分决定书〔2018〕45号	2018/8/20
35	关于对美都能源股份有限公司及有关责任人予以纪律处分的决定	纪律处分决定书〔2018〕46号	2018/8/20
36	关于对哈药集团人民同泰医药股份有限公司股东海南海药投资有限公司予以通报批评的决定	纪律处分决定书〔2018〕47号	2018/8/21
37	关于对青岛海尔股份有限公司副总经理兼财务总监宫伟予以通报批评的决定	纪律处分决定书〔2018〕48号	2018/8/24
38	关于对上海普天邮通科技股份有限公司及有关责任人予以纪律处分的决定	纪律处分决定书〔2018〕49号	2018/9/19
39	关于对赤峰吉隆黄金矿业股份有限公司股东王国菊予以公开谴责的决定	纪律处分决定书〔2018〕51号	2018/10/12
40	关于对红星美凯龙家居集团股份有限公司时任副总经理谢坚予以通报批评的决定书	纪律处分决定书〔2018〕52号	2018/10/31
41	关于对义乌华鼎锦纶股份有限公司股东王俊元予以公开谴责的决定	纪律处分决定书〔2018〕53号	2018/10/23
42	关于对南京新街口百货商店股份有限公司股东吕小奇予以公开谴责的决定	纪律处分决定书〔2018〕54号	2018/10/23
43	关于对辽宁时代万恒股份有限公司、关联方辽宁万恒集团有限公司及有关责任人予以通报批评的决定	纪律处分决定书〔2018〕55号	2018/11/2
44	关于对上海益民商业集团股份有限公司时任董事杜爱武予以通报批评的决定	纪律处分决定书〔2018〕56号	2018/10/30
45	关于对诺力智能装备股份有限公司控股股东丁毅及其一致行动人丁韫潞予以通报批评的决定	纪律处分决定书〔2018〕57号	2018/11/5
46	关于对抚顺特殊钢股份有限公司及有关责任人予以公开谴责的决定	纪律处分决定书〔2018〕58号	2018/11/5
47	关于对甘肃蓝科石化高新装备股份有限公司及有关责任人予以纪律处分的决定	纪律处分决定书〔2018〕59号	2018/11/12
48	关于对太原狮头水泥股份有限公司及有关责任人予以通报批评的决定	纪律处分决定书〔2018〕60号	2018/11/12
49	关于对中珠医疗控股股份有限公司及有关责任人予以通报批评的决定	纪律处分决定书〔2018〕61号	2018/11/14
50	关于对浙江祥源文化股份有限公司、西藏龙薇文化传媒有限公司及有关责任人予以纪律处分的决定	纪律处分决定书〔2018〕62号	2018/11/19
51	关于对江苏鹿港文化股份有限公司股东陈瀚海予以通报批评的决定	纪律处分决定书〔2018〕63号	2018/11/16
52	关于对上海游久游戏股份有限公司及有关责任人予以通报批评的决定	纪律处分决定书〔2018〕64号	2018/11/19
53	关于对引力传媒股份有限公司及时任董事会秘书张蓓予以通报批评的决定	纪律处分决定书〔2018〕65号	2018/11/19
54	关于对上海凌云实业发展股份有限公司、关联方广州嘉业伟域商业有限公司及有关责任人予以通报批评的决定	纪律处分决定书〔2018〕66号	2018/11/19

续表

序号	文件标题	文　号	发文日期
55	关于对浙江海正药业股份有限公司及有关责任人予以纪律处分的决定	纪律处分决定书〔2018〕67 号	2018/11/30
56	关于对浙江海正药业股份有限公司资产评估机构万隆（上海）资产评估有限公司及有关责任人予以通报批评的决定	纪律处分决定书〔2018〕68 号	2018/11/30
57	关于对海南椰岛（集团）股份有限公司及有关责任人予以公开谴责的决定	纪律处分决定书〔2018〕69 号	2018/12/6
58	关于对浙江中国小商品城集团股份有限公司及有关责任人予以通报批评的决定	纪律处分决定书〔2018〕70 号	2018/12/6
59	关于对长春中天能源股份有限公司及有关责任人予以通报批评的决定	纪律处分决定书〔2018〕71 号	2018/12/14
60	关于对云南煤业能源股份有限公司及有关责任人予以通报批评的决定	纪律处分决定书〔2018〕72 号	2018/12/13
61	关于对山西安泰集团股份有限公司及有关责任人予以通报批评的决定	纪律处分决定书〔2018〕73 号	2018/12/19
62	关于对上海创兴资源开发股份有限公司控股股东厦门百汇兴投资有限公司予以通报批评的决定	纪律处分决定书〔2018〕74 号	2018/12/19
63	关于对北京万东医疗科技股份有限公司实际控制人、时任董事长吴光明予以纪律处分的决定	纪律处分决定书〔2018〕75 号	2018/12/14
64	关于对上海普天邮通科技股份有限公司及有关责任人予以纪律处分的决定	纪律处分决定书〔2018〕76 号	2018/12/21
65	关于对湖北武昌鱼股份有限公司及其评估机构同致信德（北京）资产评估有限公司和有关责任人予以通报批评的决定	纪律处分决定书〔2018〕77 号	2018/12/21
66	关于对上海中毅达股份有限公司及有关责任人予以纪律处分的决定	纪律处分决定书〔2018〕78 号	2018/12/27
67	关于对上海飞乐音响股份有限公司及有关责任人予以纪律处分的决定	纪律处分决定书〔2018〕79 号	2018/12/27
68	关于对江苏保千里视像科技集团股份有限公司及其控股股东暨实际控制人庄敏、有关股东和责任人予以纪律处分的决定	纪律处分决定书〔2018〕80 号	2018/12/28
69	关于对山东天业恒基股份有限公司及其控股股东山东天业房地产开发集团有限公司、实际控制人兼时任董事长曾昭秦和有关责任人予以纪律处分的决定	纪律处分决定书〔2018〕81 号	2018/12/28
70	关于对上海界龙实业集团股份有限公司、控股股东上海界龙集团有限公司及有关责任人予以纪律处分的决定	纪律处分决定书〔2018〕82 号	2018/12/27
71	关于对新疆亿路万源实业投资控股股份有限公司及有关责任人予以公开谴责的决定	纪律处分决定书〔2018〕83 号	2018/12/28
72	关于对浙江菲达环保科技股份有限公司及有关责任人予以公开谴责的决定	纪律处分决定书〔2018〕84 号	2018/12/28

续表

序号	文件标题	文　号	发文日期
73	关于对哈尔滨工大高新技术产业开发股份有限公司及其控股股东哈尔滨工业大学高新技术开发总公司、关联方哈尔滨工大集团股份有限公司和有关责任人予以纪律处分的决定	纪律处分决定书〔2018〕85 号	2018/12/28
74	关于对哈药集团人民同泰医药股份有限公司予以通报批评的决定	纪律处分决定书〔2018〕86 号	2018/12/28
75	关于对广东东阳光科技控股股份有限公司股东袁灵斌和李军予以公开谴责的决定	纪律处分决定书〔2018〕87 号	2018/12/28
76	关于对广西慧球科技股份有限公司股东上海和熙投资管理有限公司及其法定代表人康伟予以公开谴责的决定	纪律处分决定书〔2018〕88 号	2018/12/28
77	关于对哈药集团股份有限公司及其控股股东哈药集团有限公司、收购人中信资本控股有限公司和有关责任人予以通报批评的决定	纪律处分决定书〔2018〕89 号	2018/12/28

2. 债券类

序号	文件标题	文　号	发文日期
1	关于对都江堰市集聚农业有限公司予以通报批评的决定	纪律处分决定书〔2018〕9 号	2018/2/2

3. 交易类

序号	文件标题	文　号	发文日期
1	关于对东海基金－工商银行－东海基金－鑫龙 72 号资产管理计划(第一期)名下证券账户实施限制交易纪律处分的决定	纪律处分决定书〔2018〕6 号	2018/1/16
2	关于对邵寅飞名下证券账户实施限制交易纪律处分的决定	纪律处分决定书〔2018〕7 号	2018/1/30
3	关于对华夏人寿保险股份有限公司－自有资金证券账户实施限制交易纪律处分的决定	纪律处分决定书〔2018〕8 号	2018/2/2
4	关于对董杰名下证券账户实施限制交易纪律处分的决定	纪律处分决定书〔2018〕14 号	2018/3/22
5	关于对孙煜名下证券账户实施限制交易纪律处分的决定	纪律处分决定书〔2018〕15 号	2018/3/23
6	关于对卢荣妹名下证券账户实施限制交易纪律处分的决定	纪律处分决定书〔2018〕19 号	2018/3/30
7	关于对曹黎明名下证券账户实施限制交易纪律处分的决定	纪律处分决定书〔2018〕24 号	2018/4/16
8	关于对谢玲兰名下证券账户实施限制交易纪律处分的决定	纪律处分决定书〔2018〕29 号	2018/5/16
9	关于对张柱名下证券账户实施限制交易纪律处分的决定	纪律处分决定书〔2018〕30 号	2018/5/16
10	关于对陈浩名下证券账户实施限制交易纪律处分的决定	纪律处分决定书〔2018〕42 号	2018/8/1

(三)2018年同意上市通知、暂停上市决定书以及终止上市决定书目录

1. 股票类

同意上市通知书目录		
序号	标　　题	文　　号
1	关于新疆火炬燃气股份有限公司人民币普通股股票上市交易的通知	自律监管决定书〔2018〕2号
2	关于科华控股股份有限公司人民币普通股股票上市交易的通知	自律监管决定书〔2018〕3号
3	关于德邦物流股份有限公司人民币普通股股票上市交易的通知	自律监管决定书〔2018〕11号
4	关于红星美凯龙家居集团股份有限公司人民币普通股股票上市交易的通知	自律监管决定书〔2018〕12号
5	关于上海天永智能装备股份有限公司人民币普通股股票上市交易的通知	自律监管决定书〔2018〕14号
6	关于宣城市华菱精工科技股份有限公司人民币普通股股票上市交易的通知	自律监管决定书〔2018〕17号
7	关于成都银行股份有限公司人民币普通股股票上市交易的通知	自律监管决定书〔2018〕18号
8	关于南都物业服务股份有限公司人民普通股股票上市交易的通知	自律监管决定书〔2018〕20号
9	关于北京淳中科技股份有限公司人民币普通股股票上市交易的通知	自律监管决定书〔2018〕21号
10	关于嘉友国际物流股份有限公司人民币普通股股票上市交易的通知	自律监管决定书〔2018〕23号
11	关于中源家居股份有限公司人民币普通股股票上市交易的通知	自律监管决定书〔2018〕24号
12	关于河北养元智汇饮品股份有限公司人民币普通股股票上市交易的通知	自律监管决定书〔2018〕25号
13	关于天津七一二通信广播股份有限公司人民币普通股股票上市交易的通知	自律监管决定书〔2018〕26号
14	关于今创集团股份有限公司人民币普通股股票上市交易的通知	自律监管决定书〔2018〕27号
15	关于江苏金融租赁股份有限公司人民币普通股股票上市交易的通知	自律监管决定书〔2018〕28号
16	关于倍加洁集团股份有限公司人民币普通股股票上市交易的通知	自律监管决定书〔2018〕30号
17	关于湖南盐业股份有限公司人民币普通股股票上市交易的通知	自律监管决定书〔2018〕35号
18	关于上海爱婴室商务服务股份有限公司人民币普通股股票上市交易的通知	自律监管决定书〔2018〕37号
19	关于浙江长城电工科技股份有限公司人民币普通股股票上市交易的通知	自律监管决定书〔2018〕39号
20	关于振德医疗用品股份有限公司人民币普通股股票上市交易的通知	自律监管决定书〔2018〕40号
21	关于江西沃格光电股份有限公司人民币普通股股票上市交易的通知	自律监管决定书〔2018〕42号

续表

序号	标　　题	文　　号
22	关于江苏鼎胜新能源材料股份有限公司人民币普通股股票上市交易的通知	自律监管决定书〔2018〕47 号
23	关于仙鹤股份有限公司人民币普通股股票上市交易的通知	自律监管决定书〔2018〕48 号
24	关于广东文灿压铸股份有限公司人民币普通股股票上市交易的通知	自律监管决定书〔2018〕49 号
25	关于芜湖伯特利汽车安全系统股份有限公司人民币普通股股票上市交易的通知	自律监管决定书〔2018〕50 号
26	关于无锡药明康德新药开发股份有限公司人民币普通股股票上市交易的通知	自律监管决定书〔2018〕54 号
27	关于亚普汽车部件股份有限公司人民币普通股股票上市交易的通知	自律监管决定书〔2018〕55 号
28	关于福达合金材料股份有限公司人民币普通股股票上市交易的通知	自律监管决定书〔2018〕68 号
29	关于科沃斯机器人股份有限公司人民币普通股股票上市交易的通知	自律监管决定书〔2018〕79 号
30	关于富士康工业互联网股份有限公司人民币普通股股票上市交易的通知	自律监管决定书〔2018〕83 号
31	关于绿色动力环保集团股份有限公司人民币普通股股票上市交易的通知	自律监管决定书〔2018〕84 号
32	关于亿嘉和科技股份有限公司人民币普通股股票上市交易的通知	自律监管决定书〔2018〕85 号
33	关于南京证券股份有限公司人民币普通股股票上市交易的通知	自律监管决定书〔2018〕86 号
34	关于中信建投证券股份有限公司人民币普通股股票上市交易的通知	自律监管决定书〔2018〕88 号
35	关于地素时尚股份有限公司人民币普通股股票上市交易的通知	自律监管决定书〔2018〕91 号
36	关于彤程新材料集团股份有限公司人民币普通股股票上市交易的通知	自律监管决定书〔2018〕92 号
37	关于江苏省新能源开发股份有限公司人民币普通股股票上市交易的通知	自律监管决定书〔2018〕93 号
38	关于浙江芯能光伏科技股份有限公司人民币普通股股票上市交易的通知	自律监管决定书〔2018〕97 号
39	关于新疆东方环宇燃气股份有限公司人民币普通股股票上市交易的通知	自律监管决定书〔2018〕98 号
40	关于密尔克卫化工供应链服务股份有限公司人民币普通股股票上市交易的通知	自律监管决定书〔2018〕100 号
41	关于长飞光纤光缆股份有限公司人民币普通股股票上市交易的通知	自律监管决定书〔2018〕102 号
42	关于金华春光橡塑科技股份有限公司人民币普通股股票上市交易的通知	自律监管决定书〔2018〕109 号
43	关于安徽长城军工股份有限公司人民币普通股股票上市交易的通知	自律监管决定书〔2018〕110 号
44	关于北京康辰药业股份有限公司人民币普通股股票上市交易的通知	自律监管决定书〔2018〕120 号
45	关于上海汇得科技股份有限公司人民币普通股股票上市交易的通知	自律监管决定书〔2018〕122 号
46	关于中铝国际工程股份有限公司人民币普通股股票上市交易的通知	自律监管决定书〔2018〕123 号
47	关于宁波永新光学股份有限公司人民币普通股股票上市交易的通知	自律监管决定书〔2018〕124 号
48	关于上海雅运纺织化工股份有限公司人民币普通股股票上市交易的通知	自律监管决定书〔2018〕125 号

续表

序号	标　　题	文　　号
49	关于江苏丰山集团股份有限公司人民币普通股股票上市交易的通知	自律监管决定书〔2018〕128 号
50	关于浙江捷昌线性驱动科技股份有限公司人民币普通股股票上市交易的通知	自律监管决定书〔2018〕129 号
51	关于长沙银行股份有限公司人民币普通股股票上市交易的通知	自律监管决定书〔2018〕130 号
52	关于天风证券股份有限公司人民币普通股股票上市交易的通知	自律监管决定书〔2018〕136 号
53	关于武汉贝斯特通信集团股份有限公司人民币普通股股票上市交易的通知	自律监管决定书〔2018〕142 号
54	关于中国人民保险集团股份有限公司人民币普通股股票上市交易的通知	自律监管决定书〔2018〕143 号
55	关于青岛海容商用冷链股份有限公司人民币普通股股票上市交易的通知	自律监管决定书〔2018〕152 号
56	关于江苏利通电子股份有限公司人民币普通股股票上市交易的通知	自律监管决定书〔2018〕158 号
57	关于无锡上机数控股份有限公司人民币普通股股票上市交易的通知	自律监管决定书〔2018〕162 号
恢复(重新)上市通知书目录		
1	关于中国长江航运集团南京油运股份有限公司人民币普通股股票重新上市交易的通知	自律监管决定书〔2018〕139 号
暂停上市决定书目录		
1	《关于对海润光伏科技股份有限公司股票实施暂停上市的决定》	自律监管决定书〔2018〕75 号
2	《关于对上海普天邮通科技股份有限公司股票实施暂停上市的决定》	自律监管决定书〔2018〕76 号
终止上市决定书目录		
1	《关于终止吉林吉恩镍业股份有限公司股票上市的决定》	自律监管决定书〔2018〕72 号
2	《关于终止沈机集团昆明机床股份有限公司股票上市的决定》	自律监管决定书〔2018〕73 号
3	《关于中外运空运发展股份有限公司股票终止上市的决定》	自律监管决定书〔2018〕160 号

2. 债券类

同意上市通知书目录		
序号	标　　题	文　　号
1	关于 2017 年第一期泸州临港产业园区建设项目收益债券上市的公告	
2	关于 2017 年监利县丰源城市投资开发有限责任公司公司债券上市的公告	
3	关于云南省能源投资集团有限公司公开发行 2017 年可续期公司债券(第一期)(品种一)上市的公告	
4	关于 2017 年第二期常州市金坛区交通产业集团有限公司公司债券上市的公告	
5	关于上海华信国际集团有限公司 2017 年公开发行可续期公司债券(第二期)上市的公告	

续表

序号	标　题	文　号
6	关于中国民生投资股份有限公司公开发行 2017 年公司债券(第一期)上市的公告	
7	关于中国铁建投资集团有限公司 2017 年公开发行可续期公司债券(第一期)上市的公告	
8	关于 2017 年第一期南充市嘉陵发展投资有限公司公司债券上市的公告	
9	关于 2017 年鹤岗市城市建设投资开发有限责任公司公司债券上市的公告	
10	关于昌润投资控股集团有限公司公开发行 2017 年度公司债券(第一期)上市的公告	
11	关于 2017 年第一期定远县城市建设投资有限公司公司债券上市的公告	
12	关于 2017 年襄阳市住房投资有限公司公司债券上市的公告	
13	关于 2017 年第一期湖南森特实业投资有限公司公司债券上市的公告	
14	关于 2017 年第二期宿迁市城市建设投资(集团)有限公司公司债券上市的公告	
15	关于 2017 年重庆市武隆城乡建设发展(集团)有限公司城市停车场建设专项债券(第二期)上市的公告	
16	关于宁夏泰瑞制药股份有限公司 2017 年公开发行公司债券(第二期)上市的公告	
17	关于 2017 年第一期泰州凤城河建设发展有限公司公司债券上市的公告	
18	关于 2017 年金华融盛投资发展集团有限公司公司债券上市的公告	
19	关于南京高精传动设备制造集团有限公司公开发行 2017 年公司债券(第三期)上市的公告	
20	关于 2017 年第一期西平县产业集聚区投融资有限公司公司债券上市的公告	
21	关于山东银鹰化纤有限公司公开发行 2017 年公司债券(第一期)上市的公告	
22	关于上海复星高科技(集团)有限公司公开发行 2018 年公司债券(第一期)上市的公告	
23	关于中航国际租赁有限公司公开发行 2018 年公司债券(第一期)上市的公告	
24	关于 2017 年第一期桐城市建设投资发展有限责任公司城市停车场建设专项债券上市的公告	
25	关于 2017 年射洪县国有资产经营管理集团有限公司公司债券(第一期)上市的公告	
26	关于国都证券股份有限公司 2018 年公开发行公司债券(第一期)上市的公告	
27	关于中国南方航空集团有限公司公开发行 2018 年可续期公司债券(第一期)(面向合格投资者)上市的公告	
28	关于红狮控股集团有限公司公开发行 2018 年“一带一路”公司债券上市的公告	

续表

序号	标　题	文　号
29	关于重庆力帆控股有限公司2018年面向合格投资者公开发行公司债券(第一期)上市的公告	
30	关于吉林省高速公路集团有限公司2018年公开发行公司债券(第一期)上市的公告	
31	关于厦门路桥建设集团有限公司公开发行2018年公司债券(第一期)上市的公告	
32	关于中国南方航空集团有限公司公开发行2018年可续期公司债券(第二期)(面向合格投资者)上市的公告	
33	关于辽宁成大股份有限公司2018年公开发行公司债券(第一期)上市的公告	
34	关于中融新大集团有限公司公开发行2018年公司债券(第一期)(品种二)上市的公告	
35	关于中融新大集团有限公司公开发行2018年公司债券(第一期)(品种一)上市的公告	
36	关于2017年第一期贵阳白云城市建设投资集团有限公司公司债券上市的公告	
37	关于2017年第二期贵阳白云城市建设投资集团有限公司公司债券上市的公告	
38	关于2017年成都兴蜀投资开发有限责任公司城市停车场建设专项债券上市的公告	
39	关于2017年成都兴蜀投资开发有限责任公司城市停车场建设专项债券上市的公告	
40	关于南京紫金投资集团有限责任公司2018年公开发行公司债券(第一期)上市的公告	
41	关于招商证券股份有限公司面向合格投资者公开发行2018年公司债券(第一期)上市的公告	
42	关于2015年海航基础产业集团有限公司公司债券上市的公告	
43	关于中银国际证券股份有限公司2018年公开发行公司债券(面向合格投资者)上市的公告	
44	关于2018年苏州市吴中城区建设发展有限公司公司债券上市的公告	
45	关于2018年安徽潜山县投资有限公司公司债券上市的公告	
46	关于国联证券股份有限公司公开发行2018年公司债券(第一期)(面向合格机构投资者)上市的公告	
47	关于中国建筑第六工程局有限公司公开发行2018年可续期公司债券上市的公告	
48	关于无锡市新发集团有限公司2018年公开发行公司债券(面向合格投资者)(第一期)(品种一)上市的公告	
49	关于中国建材股份有限公司2018年公开发行公司债券(第一期)上市的公告	
50	关于东风汽车集团股份有限公司2018年公开发行公司债券(第一期)上市的公告	

续表

序号	标　　题	文　　号
51	关于联想控股股份有限公司公开发行 2018 年公司债券(第一期)上市的公告	
52	关于陕西投资集团有限公司 2018 年面向合格投资者公开发行公司债券(第一期)(品种二)上市的公告	
53	关于陕西投资集团有限公司 2018 年面向合格投资者公开发行公司债券(第一期)(品种一)上市的公告	
54	关于安徽省投资集团控股有限公司 2018 年公开发行公司债券(第一期)(面向合格投资者)上市的公告	
55	关于新疆新业国有资产经营(集团)有限责任公司公开发行 2018 年公司债券(第一期)(品种一)上市的公告	
56	关于 2018 年贵州省红果经济开发区开发有限责任公司养老产业专项债券上市的公告	
57	关于 2017 年寿县国有资产投资运营(集团)有限公司公司债券上市的公告	
58	关于 2017 年太和县国有资产投资运营有限公司公司债券上市的公告	
59	关于 2018 年第一期营口北海新区城区开发建设投资有限公司公司债券上市的公告	
60	关于 2018 年第一期吉水县城市建设投资开发有限公司城市地下综合管廊建设专项债券上市的公告	
61	关于 2018 年重庆市铜梁区金龙城市建设投资(集团)有限公司城市停车场建设专项债券上市的公告	
62	关于海通证券股份有限公司面向合格投资者公开发行 2018 年公司债券(第一期)上市的公告	
63	关于 2018 年第一期秭归县楚元投资有限责任公司养老产业专项债券上市的公告	
64	关于深圳香江控股股份有限公司公开发行 2018 年公司债券(第一期)上市的公告	
65	关于宁夏宝丰能源集团股份有限公司公开发行 2018 年公司债券(第一期)上市的公告	
66	关于上海复星高科技(集团)有限公司公开发行 2018 年公司债券(第二期)上市的公告	
67	关于 2018 年第一期兴义市信恒城市建设投资有限公司公司债券上市的公告	
68	关于上海国际集团资产管理有限公司公开发行 2018 年公司债券(第一期)上市的公告	
69	关于 2016 年肥西县城乡建设投资有限公司公司债券上市的公告	
70	关于北京市国有资产经营有限责任公司 2018 年公开发行公司债券(第一期)(品种二)上市的公告	
71	关于北京市国有资产经营有限责任公司 2018 年公开发行公司债券(第一期)(品种一)上市的公告	
72	关于东辰控股集团有限公司 2018 年公司债券(第一期)上市的公告	

续表

序号	标　　题	文　　号
73	关于武汉当代科技产业集团股份有限公司 2018 年公开发行公司债券(第一期)上市的公告	
74	关于 2018 年第一期嘉禾铸都发展集团有限公司公司债券上市的公告	
75	关于绿城房地产集团有限公司公开发行 2018 年公司债券(品种一)上市的公告	
76	关于厦门象屿集团有限公司公开发行 2018 年公司债券(第一期)上市的公告	
77	关于上海浦东路桥建设股份有限公司 2018 年公开发行公司债券(第一期)上市的公告	
78	关于深圳航空有限责任公司发行的深圳航空有限责任公司 2018 年公开发行公司债券(第一期)(品种二)上市的公告	
79	关于天津市房地产信托集团有限公司公开发行 2018 年公司债券(第一期)(品种二)上市的公告	
80	关于天津市房地产信托集团有限公司公开发行 2018 年公司债券(第一期)(品种一)上市的公告	
81	关于 2018 年第一期普定县夜郎国有资产投资营运有限责任公司城市停车场建设专项债券上市的公告	
82	关于晶澳太阳能有限公司 2018 年面向合格投资者公开发行公司债券(第一期)上市的公告	
83	关于重庆高速公路集团有限公司公开发行 2018 年公司债券(第一期)上市的公告	
84	关于武汉商贸国有控股集团有限公司公开发行 2018 年公司债券(品种一)上市的公告	
85	关于新天绿色能源股份有限公司公开发行 2018 年可续期绿色公司债券(第一期)上市的公告	
86	关于招金矿业股份有限公司 2018 年公开发行公司债券(第一期)上市的公告	
87	关于中国建材股份有限公司 2018 年公开发行公司债券(第二期)上市的公告	
88	关于大华(集团)有限公司 2018 年公开发行公司债券(第一期)上市的公告	
89	关于国投电力控股股份有限公司 2018 年面向合格投资者公开发行可续期公司债券(第一期)上市的公告	
90	关于金地(集团)股份有限公司 2018 年公司债券(第一期)(品种一)上市的公告	
91	关于上海大众公用事业(集团)股份有限公司 2018 年公开发行公司债券(第一期)(品种一)上市的公告	
92	关于天风证券股份有限公司公开发行 2018 年公司债券(第一期)上市的公告	
93	关于宜华企业(集团)有限公司 2018 年面向合格投资者公开发行公司债券(第一期)上市的公告	
94	关于福州市国有资产投资发展集团有限公司 2018 年公开发行公司债券(第一期)上市的公告	

续表

序号	标　　题	文　　号
95	关于吉林省高速公路集团有限公司 2018 年公开发行公司债券(第二期)上市的公告	
96	关于上海璞泰来新能源科技股份有限公司公开发行 2018 年创新创业公司债券上市的公告	
97	关于中国银河证券股份有限公司公开发行 2018 年公司债券(第一期)上市的公告	
98	关于中信富通融资租赁有限公司 2018 年公开发行公司债券(第一期)上市的公告	
99	关于中信证券股份有限公司面向合格投资者公开发行 2018 年公司债券(第一期)上市的公告	
100	关于舟山交通投资集团有限公司 2018 年公司债券(第一期)品种一上市的公告	
101	关于 2018 年第一期淮南市城市建设投资有限责任公司公司债券上市的公告	
102	关于国泰君安证券股份有限公司公开发行 2018 年公司债券(第一期)上市的公告	
103	关于江西省省属国有企业资产经营(控股)有限公司公开发行 2018 年公司债券(第一期)上市的公告	
104	关于锦江国际(集团)有限公司 2018 年公开发行公司债券(第一期)上市的公告	
105	关于山东高速集团有限公司公开发行 2018 年可续期公司债券(第一期)上市的公告	
106	关于绍兴市城市建设投资集团有限公司 2018 年面向合格投资者公开发行公司债券(第一期)上市的公告	
107	关于 2018 年杭州市钱江新城投资集团有限公司城市停车场建设专项债券上市的公告	
108	关于台州市金融投资有限责任公司 2018 年公开发行公司债券(第一期)上市的公告	
109	关于中国铁建股份有限公司 2018 年公开发行可续期公司债券(第一期)上市的公告	
110	关于海通证券股份有限公司面向合格投资者公开发行 2018 年公司债券(第二期)上市的公告	
111	关于河南中原高速公路股份有限公司面向合格投资者公开发行 2018 年公司债券(第一期)上市的公告	
112	关于南京安居建设集团有限责任公司 2018 年公开发行公司债券(第一期)上市的公告	
113	关于 2017 年第二期随州市城市投资集团有限公司城市停车场建设专项债券上市的公告	
114	关于 2018 年第一期盐城市城南新区开发建设投资有限公司绿色债券上市的公告	
115	关于国家开发投资集团有限公司面向合格投资者公开发行 2018 年公司债券(第一期)上市的公告	

续表

序号	标　　题	文　　号
116	关于泸州老窖集团有限责任公司2018年公开发行公司债券(第一期)上市的公告	
117	关于陕西投资集团有限公司2018年面向合格投资者公开发行公司债券(第二期)(品种二)上市的公告	
118	关于陕西投资集团有限公司2018年面向合格投资者公开发行公司债券(第二期)(品种一)上市的公告	
119	关于上海临港经济发展(集团)有限公司公开发行2018年绿色公司债券(品种二)上市的公告	
120	关于上海临港经济发展(集团)有限公司公开发行2018年绿色公司债券上市的公告	
121	关于北京汽车股份有限公司面向合格投资者公开发行2018年可续期公司债券(第一期)上市的公告	
122	关于兖州煤业股份有限公司公开发行2018年可续期公司债券(第一期)上市的公告	
123	关于上海陆家嘴金融贸易区开发股份有限公司公开发行2018年公司债券(第一期)上市的公告	
124	关于重庆龙湖企业拓展有限公司公开发行2018年住房租赁专项公司债券(第一期)(品种一)上市的公告	
125	关于2018年第一期广东粤海控股集团有限公司城市停车场建设专项债券上市的公告	
126	关于2018年邵阳赛双清建设投资经营集团有限公司公司债券(第一期)上市的公告	
127	关于2018年第一期济宁市新城发展投资有限责任公司公司债券上市的公告	
128	关于南京栖霞建设股份有限公司公开发行2018年公司债券(第一期)上市的公告	
129	关于天风证券股份有限公司公开发行2018年公司债券(第二期)上市的公告	
130	关于云南省能源投资集团有限公司公开发行2018年可续期公司债券(第一期)(品种一)上市的公告	
131	关于重庆三峡担保集团股份有限公司2018年面向合格投资者公开发行公司债券(第一期)上市的公告	
132	关于2018年第一期临邑县城市开发投资有限公司公司债券上市的公告	
133	关于福建福日电子股份有限公司公开发行2018年公司债券(第一期)上市的公告	
134	关于广西荣和有限责任公司公开发行2018年公司债券(第一期)(品种一)上市的公告	
135	关于广州珠江实业开发股份有限公司公开发行2018年公司债券(第一期)上市的公告	
136	关于华立医药集团有限公司2018年面向合格投资者公开发行公司债券(第一期)上市的公告	
137	关于山东高速集团有限公司公开发行2018年可续期公司债券(第二期)上市的公告	

续表

序号	标　　题	文　　号
138	关于天津市政投资有限公司2018年公开发行公司债券(第一期)(品种一)上市的公告	
139	关于天津市政投资有限公司2018年公开发行公司债券(第一期)(品种二)上市的公告	
140	关于2018年陕西金融控股集团有限公司绿色债券上市的公告	
141	关于华能国际电力股份有限公司2018年公开发行公司债券(第一期)上市的公告	
142	关于新风祥控股集团有限责任公司公开发行2018年公司债券(第一期)上市的公告	
143	关于2018年第一期重庆市万盛经济技术开发区开发投资集团有限公司公司债券上市的公告	
144	关于陕西延长石油(集团)有限责任公司公开发行2018年公司债券(第一期)上市的公告	
145	关于2018年舟山海城建设投资集团有限公司公司债券(第一期)上市的公告	
146	关于2018年第一期江苏洋口港建设发展集团有限公司公司债券上市的公告	
147	关于北京市基础设施投资有限公司2018年面向合格投资者公开发行公司债券(第一期)(品种二)上市的公告	
148	关于北京市基础设施投资有限公司2018年面向合格投资者公开发行公司债券(第一期)(品种一)上市的公告	
149	关于上海张江(集团)有限公司公开发行2018年公司债券(第一期)上市的公告	
150	关于阳泉煤业(集团)股份有限公司公开发行2018年可续期公司债券(第一期)上市的公告	
151	关于2018年伟驰控股集团有限公司公司债券(第一期)上市的公告	
152	关于上海帝泰发展有限公司公开发行2018年公司债券(第一期)上市的公告	
153	关于2018年青岛西海岸发展(集团)有限公司公司债券上市的公告	
154	关于中国南方航空集团有限公司公开发行2018年公司债券(第一期)(面向合格投资者)上市的公告	
155	关于珠海华发综合发展有限公司公开发行2018年绿色公司债券(第一期)(品种一)上市的公告	
156	关于2018年第二期吉水县城市建设投资开发有限公司城市地下综合管廊建设专项债券上市的公告	
157	关于2018年第一期马鞍山郑蒲港新区建设投资有限公司公司债券上市的公告	
158	关于2018年宜兴拓业实业有限公司公司债券(品种一)上市的公告	
159	关于平安不动产有限公司面向合格投资者公开发行2018年公司债券(第一期)上市的公告	
160	关于中国中化股份有限公司2018年公司债券(第一期)(品种一)上市的公告	

续表

序号	标　　题	文　　号
161	关于杭州市金融投资集团有限公司 2018 年公开发行公司债券(第一期)(品种二)上市的公告	
162	关于杭州市金融投资集团有限公司 2018 年公开发行公司债券(第一期)(品种一)上市的公告	
163	关于江西省省属国有企业资产经营(控股)有限公司公开发行 2018 年公司债券(第二期)上市的公告	
164	关于南方水泥有限公司 2018 年公开发行公司债券(第一期)上市的公告	
165	关于山东海科化工集团有限公司 2018 年公开发行公司债券(第一期)上市的公告	
166	关于中国核工业建设集团有限公司公开发行 2018 年公司债券(第一期)上市的公告	
167	关于 2018 年京山县京诚投资开发有限公司公司债券上市的公告	
168	关于 2018 年泸州市工业投资集团有限公司公司债券上市的公告	
169	关于光大证券股份有限公司 2018 年公开发行公司债券(第一期)(品种二)上市的公告	
170	关于光大证券股份有限公司 2018 年公开发行公司债券(第一期)(品种一)上市的公告	
171	关于攀钢集团攀枝花钢钒有限公司公开发行 2018 年公司债券(第一期)上市的公告	
172	关于五矿资本控股有限公司 2018 年公开发行公司债券(第一期)上市的公告	
173	关于中国兵器工业集团有限公司 2018 年面向合格投资者公开发行公司债券(第一期)上市的公告	
174	关于 2018 年第一期武汉地铁集团有限公司绿色债券上市的公告	
175	关于 2018 年荆门市东宝区城乡建设投资有限公司公司债券上市的公告	
176	关于 2018 年芜湖新马投资有限公司公司债券上市的公告	
177	关于特变电工股份有限公司公开发行 2018 年可续期公司债券(第一期)(品种一)上市的公告	
178	关于北京住总集团有限责任公司 2018 年公开发行公司债券(第一期)上市的公告	
179	关于华数数字电视传媒集团有限公司公开发行 2018 年公司债券(第一期)上市的公告	
180	关于南京证券股份有限公司 2018 年公开发行公司债券(第一期)上市的公告	
181	关于中国铁建股份有限公司 2018 年公开发行可续期公司债券(第二期)上市的公告	
182	关于 2016 年扬中市交通投资发展有限公司公司债券(品种二)挂牌的公告	
183	关于广州国资发展控股有限公司公开发行 2018 年公司债券(第一期)上市的公告	

续表

序号	标　　题	文　　号
184	关于上海国有资产经营有限公司 2018 年公司债券(第一期)上市的公告	
185	关于安徽军工集团控股有限公司 2018 年公开发行公司债券上市的公告	
186	关于北京华胜天成科技股份有限公司 2018 年公开发行公司债券(第一期)(品种一)上市的公告	
187	关于南山集团有限公司 2018 年公开发行公司债券(第一期)(品种二)上市的公告	
188	关于南山集团有限公司 2018 年公开发行公司债券(第一期)(品种一)上市的公告	
189	关于新疆特变电工集团有限公司 2018 年公开发行公司债券(第一期)(品种二)上市的公告	
190	关于新疆特变电工集团有限公司 2018 年公开发行公司债券(第一期)(品种一)上市的公告	
191	关于中国核工业建设集团有限公司公开发行 2018 年公司债券(第二期)上市的公告	
192	关于 2016 年合江县阜阳国有资产经营投资(集团)有限公司公司债券挂牌的公告	
193	关于云南省能源投资集团有限公司公开发行 2018 年可续期公司债券(第二期)(品种一)上市的公告	
194	关于南方工业资产管理有限责任公司 2018 年公司债券(第一期)上市的公告	
195	关于鹏博士电信传媒集团股份有限公司 2018 年面向合格投资者公开发行公司债券上市的公告	
196	关于上海市北高新(集团)有限公司 2018 年公开发行公司债券(第一期)上市的公告	
197	关于深圳市燃气集团股份有限公司 2018 年公开发行公司债券(第一期)上市的公告	
198	关于中国建材股份有限公司 2018 年公开发行公司债券(第三期)(品种二)上市的公告	
199	关于中国建材股份有限公司 2018 年公开发行公司债券(第三期)(品种一)上市的公告	
200	关于中国远洋海运集团有限公司公开发行 2018 年公司债券(第一期)上市的公告	
201	关于中国化学工程集团有限公司公开发行 2018 年可交换公司债券(第一期)挂牌的公告	
202	关于 2018 年第一期温岭市国有资产投资集团有限公司公司债券上市的公告	
203	关于国家电力投资集团有限公司公开发行 2018 年公司债券(第一期)上市的公告	
204	关于国泰君安证券股份有限公司公开发行 2018 年公司债券(第二期)上市的公告	
205	关于河南中原高速公路股份有限公司面向合格投资者公开发行 2018 年公司债券(第二期)上市的公告	

续表

序号	标　　题	文　　号
206	关于江苏省国信资产管理集团有限公司面向合格投资者公开发行 2018 年公司债券(第一期)(品种二)上市的公告	
207	关于江苏省国信资产管理集团有限公司面向合格投资者公开发行 2018 年公司债券(第一期)(品种一)上市的公告	
208	关于厦门国贸集团股份有限公司公开发行 2018 年可续期公司债券上市的公告	
209	关于厦门象屿集团有限公司公开发行 2018 年公司债券(第二期)上市的公告	
210	关于山东省金融资产管理股份有限公司公开发行 2018 年公司债券(第一期)上市的公告	
211	关于绍兴市城市建设投资集团有限公司 2018 年面向合格投资者公开发行公司债券(第二期)上市的公告	
212	关于深圳航空有限责任公司 2018 年公开发行公司债券(第二期)品种二上市的公告	
213	关于雅砻江流域水电开发有限公司 2018 年面向合格投资者公开发行公司债券(第一期)上市的公告	
214	关于中国科学院控股有限公司 2018 年公开发行公司债券(第一期)(面向合格投资者)上市的公告	
215	关于 2018 年第一期龙源电力集团股份有限公司绿色债券上市的公告	
216	关于 2018 年哈尔滨市城市建设投资集团有限公司公司债券上市的公告	
217	关于 2018 年来安县城市基础设施开发有限公司公司债券上市的公告	
218	关于 2018 年庐江县城市建设投资有限公司公司债券上市的公告	
219	关于天津创业环保集团股份有限公司公开发行 2018 年公司债券(第一期)上市的公告	
220	关于新疆新业国有资产经营(集团)有限责任公司公开发行 2018 年公司债券(第二期)上市的公告	
221	关于新兴际华集团有限公司 2018 年公开发行可续期公司债券(第一期)(品种二)上市的公告	
222	关于新兴际华集团有限公司 2018 年公开发行可续期公司债券(第一期)品种一上市的公告	
223	关于 2018 年第一期贵阳白云工业发展投资有限公司公司债券上市的公告	
224	关于景德镇市国资运营投资控股集团有限责任公司 2018 年公开发行公司债券(第一期)上市的公告	
225	关于君华集团有限公司 2018 年公开发行公司债券(第一期)上市的公告	
226	关于神州租车有限公司 2018 年公司债券(第一期)(品种一)上市的公告	
227	关于同济堂医药有限公司 2018 年第一期公开发行公司债券(品种二)上市的公告	
228	关于同济堂医药有限公司 2018 年第一期公开发行公司债券(品种一)上市的公告	

续表

序号	标　　题	文　　号
229	关于新疆金融投资有限公司2018年面向合格投资者公开发行可续期公司债券(第一期)上市的公告	
230	关于中国能源建设股份有限公司2018年公开发行公司债券(第一期)上市的公告	
231	关于2018年第一期威海市文登区城市资产经营有限公司城市停车场建设专项债券上市的公告	
232	关于2018年第一期芜湖宜居投资(集团)有限公司养老产业专项债券上市的公告	
233	关于宁波开发投资集团有限公司公开发行2018年公司债券(第一期)上市的公告	
234	关于同方国信投资控股有限公司公开发行2018年可续期公司债券(第一期)上市的公告	
235	关于浙江省能源集团有限公司2018年面向合格投资者公开发行公司债券(第一玥)上市的公告	
236	关于2018年荣成市经济开发投资公司城市停车场建设专项债券上市的公告	
237	关于东方集团股份有限公司2018年公开发行公司债券(第一期)品种二上市的公告	
238	关于南京新工投资集团有限责任公司2018年公开发行公司债券(第一期)(品种二)上市的公告	
239	关于南京新工投资集团有限责任公司2018年公开发行公司债券(第一期)(品和一)上市的公告	
240	关于威海市国有资本运营有限公司公开发行2018年公司债券(第一期)上市的公告	
241	关于中国铁建投资集团有限公司2018年公开发行可续期公司债券(第一期)上市的公告	
242	关于2013年巢湖市城镇建设投资有限公司公司债券上市的公告	
243	关于陕西煤业股份有限公司面向合格投资者公开发行2018年公司债券(第一期)上市的公告	
244	关于上海华谊(集团)公司2018年面向合格投资者公开发行公司债券(第一期)上市的公告	
245	关于无锡市国联发展(集团)有限公司公开发行2018年公司债券(第一期)上市的公告	
246	关于扬州市城建国有资产控股(集团)有限责任公司2018年面向合格投资者公开发行公司债券上市的公告	
247	关于中国冶金科工股份有限公司2018年公开发行公司债券(第一期)(品种二)上市的公告	
248	关于中国冶金科工股份有限公司2018年公开发行公司债券(第一期)(品种一)上市的公告	
249	关于中国中煤能源股份有限公司2018年公开发行公司债券(第一期)(品种二)上市的公告	
250	关于中国中煤能源股份有限公司2018年公开发行公司债券(第一期)(品种一)上市的公告	

续表

序号	标 题	文 号
251	关于2018年第一期彭山发展控股有限责任公司养老产业专项债券上市的公告	
252	关于2018年第一期泗阳县佳鼎实业有限公司公司债券上市的公告	
253	关于2018年都江堰新城建设投资有限责任公司公司债券（第一期）上市的公告	
254	关于歌山控股集团有限公司公开发行2018年公司债券（面向合格投资者）（第一期）上市的公告	
255	关于2018年第一期安吉县城市建设投资集团有限公司海绵城市绿色债券上市的公告	
256	关于2018年第二期重庆市万盛经济技术开发区开发投资集团有限公司公司债券上市的公告	
257	关于广东省粤电集团有限公司公开发行2018年公司债券（第一期）（面向合格投资者）上市的公告	
258	关于南京中电熊猫信息产业集团有限公司公开发行2018年公司债券（第一期）上市的公告	
259	关于中科实业集团（控股）有限公司2018年公开发行公司债券（第一期）上市的公告	
260	关于2018年嘉兴市湘家荡发展投资集团有限公司绿色债券上市的公告	
261	关于2018年云阳县人和投资开发有限公司公司债券上市的公告	
262	关于广东粤财投资控股有限公司2018年公开发行公司债券（第一期）上市的公告	
263	关于国家电力投资集团有限公司公开发行2018年公司债券（第二期）上市的公告	
264	关于国投电力控股股份有限公司2018年面向合格投资者公开发行可续期公司债券（第二期）上市的公告	
265	关于海通证券股份有限公司面向合格投资者公开发行2018年公司债券（第三期）上市的公告	
266	关于日照港股份有限公司公开发行2018年公司债券（第一期）上市的公告	
267	关于西安迈科金属国际集团有限公司公开发行2018年公司债券（第一期）上市的公告	
268	关于中国兵器装备集团有限公司2018年可续期公司债券（第一期）上市的公告	
269	关于2018年第一期谷城县建设投资经营有限公司公司债券上市的公告	
270	关于2018年嘉兴市秀湖发展投资有限公司公司债券上市的公告	
271	关于2018年西安高新区草堂科技产业基地发展有限公司公司债券上市的公告	
272	关于2018年于都县振兴投资开发有限公司公司债券上市的公告	
273	关于国家开发投资集团有限公司面向合格投资者公开发行2018年公司债券（第二期）上市的公告	
274	关于江海证券有限公司2018年公开发行公司债券上市的公告	

续表

序号	标　题	文　号
275	关于江苏交通控股有限公司2018年公开发行公司债券(面向合格投资者)(第一期)上市的公告	
276	关于2018年第一期广东省广业集团有限公司绿色公司债券上市的公告	
277	关于2018年唐山金融控股集团股份有限公司公司债券上市的公告	
278	关于国电电力发展股份有限公司2018年公开发行公司债券(面向合格投资者)(第一期)上市的公告	
279	关于国家电力投资集团有限公司公开发行2018年公司债券(第三期)上市的公告	
280	关于上海隧道工程股份有限公司2018年公开发行公司债券(第一期)上市的公告	
281	关于贵安新区开发投资有限公司公开发行2018年公司债券(第一期)上市的公告	
282	关于中国建筑第五工程局有限公司公开发行2018年可续期公司债券(第一期)(品种一)上市的公告	
283	关于成龙建设集团有限公司公开发行2018年公司债券(第一期)上市的公告	
284	关于华夏幸福基业股份有限公司2018年公开发行公司债券(第一期)(品种一)上市的公告	
285	关于华夏幸福基业股份有限公司2018年公开发行公司债券(第一期)(品种二)上市的公告	
286	关于苏州元禾控股股份有限公司公开发行2018年创新创业公司债券(第一期)上市的公告	
287	关于中信泰富有限公司2018年公开发行公司债券(第一期)上市的公告	
288	关于2018年第九期中国铁路建设债券(5年期)上市的公告	
289	关于2018年第九期中国铁路建设债券(20年期)上市的公告	
290	关于北京市文化投资发展集团有限责任公司面向合格投资者公开发行2018年公司债券(第一期)上市的公告	
291	关于国电电力发展股份有限公司2018年公开发行公司债券(面向合格投资者)(第二期)上市的公告	
292	关于四川发展(控股)有限责任公司公开发行2018年公司债券(第一期)上市的公告	
293	关于苏州城市建设投资发展有限责任公司公开发行2018年公司债券(面向合格投资者)(第一期)上市的公告	
294	关于保集控股集团有限公司2018年公开发行公司债券(第一期)上市的公告	
295	关于金地(集团)股份有限公司2018年公司债券(第二期)(品种二)上市的公告	
296	关于金地(集团)股份有限公司2018年公司债券(第二期)(品种一)上市的公告	
297	关于中国铁建股份有限公司2018年公开发行可续期公司债券(第三期)上市的公告	

续表

序号	标　　题	文　　号
298	关于安徽省高速地产集团有限公司2018年公开发行公司债券上市的公告	
299	关于北京市农业投资有限公司2018年公开发行公司债券(第一期)上市的公告	
300	关于泸州市兴泸投资集团有限公司2018年公开发行公司债券(第一期)(品种二)上市的公告	
301	关于泸州市兴泸投资集团有限公司2018年公开发行公司债券(第一期)(品种一)上市的公告	
302	关于宁波经济技术开发区控股有限公司公开发行2018年公司债券上市的公告	
303	关于天津城市基础设施建设投资集团有限公司2018年公开发行公司债券(第一期)(品种二)上市的公告	
304	关于中国泛海控股集团有限公司2018年公开发行公司债券(第一期)上市的公告	
305	关于中国建材股份有限公司公开发行2018年可续期公司债券(第一期)(品种二)上市的公告	
306	关于中国建材股份有限公司公开发行2018年可续期公司债券(第一期)(品种一)上市的公告	
307	关于中国中煤能源股份有限公司2018年公开发行公司债券(第二期)(品种一)上市的公告	
308	关于2018年第一期长沙市城北投资有限公司公司债券上市的公告	
309	关于国家电力投资集团有限公司公开发行2018年可续期公司债券(第二期)上市的公告	
310	关于国家电力投资集团有限公司公开发行2018年可续期公司债券(第一期)上市的公告	
311	关于2018年第一期南充市嘉陵发展投资有限公司公司债券上市的公告	
312	关于上海临港控股股份有限公司2018年面向合格投资者公开发行公司债券(第一期)(品种二)上市的公告	
313	关于上海临港控股股份有限公司2018年面向合格投资者公开发行公司债券(第一期)(品种一)上市的公告	
314	关于中国建材股份有限公司2018年公开发行公司债券(第四期)品种二上市的公告	
315	关于中国建材股份有限公司2018年公开发行公司债券(第四期)品种一上市的公告	
316	关于2018年湖南常德市德源投资开发有限公司公司债券上市的公告	
317	关于2018年乳山市城市国有资产经营有限公司公司债券上市的公告	
318	关于齐鲁交通发展集团有限公司公开发行2018年公司债券(第一期)(面向合格投资者)上市的公告	
319	关于招商证券股份有限公司面向合格投资者公开发行2018年公司债券(第二期)(品种二)上市的公告	
320	关于招商证券股份有限公司面向合格投资者公开发行2018年公司债券(第二期)(品种一)上市的公告	

续表

序号	标　　题	文　　号
321	关于华夏幸福基业股份有限公司2018年公开发行公司债券(第二期)上市的公告	
322	关于陕西旅游集团有限公司2018年公开发行公司债券(第一期)上市的公告	
323	关于新希望集团有限公司2018年公开发行公司债券(第一期)(品种一)上市的公告	
324	关于中国建材国际工程集团有限公司公开发行2018年公司债券(第一期)(用于一带一路项目)上市的公告	
325	关于贵州产业投资(集团)有限责任公司2018年公开发行公司债券(第一期)(面向合格投资者)上市的公告	
326	关于金地(集团)股份有限公司2018年公司债券(第三期)(品种二)上市的公告	
327	关于金地(集团)股份有限公司2018年公司债券(第三期)(品种一)上市的公告	
328	关于内蒙古伊泰煤炭股份有限公司公开发行2018年公司债券(第一期)上市的公告	
329	关于武汉当代科技产业集团股份有限公司2018年公开发行公司债券(第二期)上市的公告	
330	关于中国泛海控股集团有限公司2018年公开发行公司债券(第二期)上市的公告	
331	关于中信证券股份有限公司面向合格投资者公开发行2018年公司债券(第二期)(品种二)上市的公告	
332	关于中信证券股份有限公司面向合格投资者公开发行2018年公司债券(第二期)(品种一)上市的公告	
333	关于2017年第一期西安高新控股有限公司公司债券上市的公告	
334	关于2018年第一期成都花园水城城乡建设投资有限责任公司公司债券上市的公告	
335	关于2018年第一期南京江北新区产业投资集团有限公司公司债券上市的公告	
336	关于中银集团投资有限公司2018年公开发行公司债券(第一期)上市的公告	
337	关于2018年弋阳县城市建设投资开发有限公司公司债券(第一期)上市的公告	
338	关于铁牛集团有限公司2018年公开发行公司债券(第一期)上市的公告	
339	关于西安高新技术产业开发区房地产开发公司公开发行2018年公司债券(第一期)上市的公告	
340	关于阳泉煤业(集团)股份有限公司公开发行2018年可续期公司债券(第二期)上市的公告	
341	关于2018年福州城市建设投资集团有限公司城市停车场建设专项债券(第一期)上市的公告	
342	关于2018年第一期益阳市城市建设投资开发有限责任公司城市停车场建设专项债券上市的公告	

续表

序号	标　　题	文　　号
343	关于河北建设投资集团有限责任公司公开发行 2018 年公司债券(第一期)上市的公告	
344	关于 2018 年第一期西安高新控股有限公司公司债券上市的公告	
345	关于北京居然之家投资控股集团有限公司 2018 年公开发行公司债券(第一期)上市的公告	
346	关于中国建筑第二工程局有限公司 2018 年面向合格投资者公开发行可续期公司债券(第一期)(品种一)上市的公告	
347	关于 2018 年第十期中国铁路建设债券(20 年期)上市的公告	
348	关于 2018 年第十期中国铁路建设债券(5 年期)上市的公告	
349	关于盛屯矿业集团股份有限公司公开发行 2018 年公司债券(第一期)上市的公告	
350	关于中国核工业集团有限公司 2018 年公开发行公司债券(第一期)上市的公告	
351	关于 2018 年黄山城投集团有限公司绿色公司债券上市的公告	
352	关于 2018 年韶山高新建设投资有限公司公司债券上市的公告	
353	关于中庚地产实业集团有限公司 2018 年公开发行公司债券(第一期)上市的公告	
354	关于中国蓝星(集团)股份有限公司 2018 年公开发行公司债券(第一期)上市的公告	
355	关于重庆华宇集团有限公司 2018 年公开发行公司债券(第一期)上市的公告	
356	关于 2018 年湖北省交通投资集团有限公司公司债券上市的公告	
357	关于佛山市公用事业控股有限公司公开发行 2018 年公司债券(第一期)上市的公告	
358	关于西部矿业股份有限公司公开发行 2018 年公司债券(第一期)上市的公告	
359	关于 2018 年第一期定远县城市建设投资有限公司公司债券上市的公告	
360	关于 2018 年歙县城市建设投资开发有限公司公司债券上市的公告	
361	关于中国中煤能源股份有限公司 2018 年公开发行公司债券(第三期)(品种二)上市的公告	
362	关于中国中煤能源股份有限公司 2018 年公开发行公司债券(第三期)(品种一)上市的公告	
363	关于广西交通投资集团有限公司 2018 年公司债券(第一期)上市的公告	
364	关于宁夏国有资本运营集团有限责任公司 2018 年公开发行公司债券(第一期)上市的公告	
365	关于中国诚通控股集团有限公司公开发行 2018 年公司债券(第一期)上市的公告	
366	关于广东省联泰集团有限公司公开发行 2018 年公司债券(第一期)上市的公告	

续表

序号	标　　题	文　　号
367	关于联想控股股份有限公司公开发行2018年公司债券(第二期)(品种一)上市的公告	
368	关于北京金隅集团股份有限公司2018年面向合格投资者公开发行公司债券(第一期)(品种二)上市的公告	
369	关于北京金隅集团股份有限公司2018年面向合格投资者公开发行公司债券(第一期)(品种一)上市的公告	
370	关于国电电力发展股份有限公司2018年公开发行公司债券(面向合格投资者)(第三期)上市的公告	
371	关于国泰君安证券股份有限公司公开发行2018年公司债券(第三期)(品种二)上市的公告	
372	关于国泰君安证券股份有限公司公开发行2018年公司债券(第三期)(品种一)上市的公告	
373	关于光明食品(集团)有限公司2018年公开发行公司债券(第一期)上市的公告	
374	关于天津城市基础设施建设投资集团有限公司2018年公开发行公司债券(第二期)(品种二)上市的公告	
375	关于天津城市基础设施建设投资集团有限公司2018年公开发行公司债券(第二期)(品种一)上市的公告	
376	关于招商证券股份有限公司面向合格投资者公开发行2018年公司债券(第三期)(品种二)上市的公告	
377	关于国投电力控股股份有限公司2018年面向合格投资者公开发行可续期公司债券(第三期)上市的公告	
378	关于华电国际电力股份有限公司公开发行2018年可续期公司债券(第一期)(品种二)上市的公告	
379	关于华电国际电力股份有限公司公开发行2018年可续期公司债券(第一期)(品种一)上市的公告	
380	关于金地(集团)股份有限公司2018年公司债券(第四期)上市的公告	
381	关于广西交通投资集团有限公司2018年公司债券(第二期)上市的公告	
382	关于中国建材股份有限公司2018年公开发行公司债券(第五期)(品种二)上市的公告	
383	关于中国建材股份有限公司2018年公开发行公司债券(第五期)(品种一)上市的公告	
384	关于中国科学院控股有限公司2018年公开发行公司债券(第二期)(面向合格投资者)(品种二)上市的公告	
385	关于中国科学院控股有限公司2018年公开发行公司债券(第二期)(面向合格投资者)(品种一)上市的公告	
386	关于中国铁建投资集团有限公司2018年公开发行可续期公司债券(第二期)(品种二)上市的公告	
387	关于中国铁建投资集团有限公司2018年公开发行可续期公司债券(第二期)(品种一)上市的公告	
388	关于重庆高速公路集团有限公司公开发行2018年公司债券(第二期)上市的公告	

续表

序号	标　　题	文　　号
389	关于国开证券股份有限公司面向合格投资者公开发行2018年公司债券上市的公告	
390	关于2018年第十一期中国铁路建设债券(5年期)上市的公告	
391	关于2018年第十一期中国铁路建设债券(20年期)上市的公告	
392	关于2018年平度市国有资产经营管理有限公司公司债券上市的公告	
393	关于福建省能源集团有限责任公司2018年公开发行公司债券(第一期)上市的公告	
394	关于康美药业股份有限公司面向合格投资者公开发行2018年公司债券(第一期)(品种一)上市的公告	
395	关于中关村发展集团股份有限公司2018年公开发行可续期公司债券(第一期)上市的公告	
396	关于中国远洋海运集团有限公司面向合格投资者公开发行2018年公司债券(第二期)(品种二)上市的公告	
397	关于中国远洋海运集团有限公司面向合格投资者公开发行2018年公司债券(第二期)(品种一)上市的公告	
398	关于中节能风力发电股份有限公司公开发行2018年绿色公司债券(第一期)上市的公告	
399	关于江河创建集团股份有限公司公开发行2018年公司债券(第一期)上市的公告	
400	关于中国华电集团资本控股有限公司公开发行2018年公司债券(第一期)上市的公告	
401	关于富海集团有限公司2018年公开发行公司债券(面向合格投资者)(第一期)上市的公告	
402	关于广州开发区金融控股集团有限公司公开发行2018年公司债券(第一期)(品种二)上市的公告	
403	关于广州开发区金融控股集团有限公司公开发行2018年公司债券(第一期)(品种一)上市的公告	
404	关于际华集团股份有限公司2018年公司债券(第一期)(品种一)上市的公告	
405	关于上海大众公用事业(集团)股份有限公司2018年公开发行公司债券(第二期)(品种二)上市的公告	
406	关于上海大众公用事业(集团)股份有限公司2018年公开发行公司债券(第二期)(品种一)上市的公告	
407	关于2018年第一期绵阳安州投资控股集团有限公司城市停车场建设专项债券上市的公告	
408	关于北大方正集团有限公司公开发行2018年公司债券(第一期)上市的公告	
409	关于格力地产股份有限公司2018年公开发行公司债券(品种二)上市的公告	
410	关于格力地产股份有限公司2018年公开发行公司债券(品种一)上市的公告	

续表

序号	标　　题	文　　号
411	关于上海国际集团资产管理有限公司公开发行2018年公司债券(第二期)上市的公告	
412	关于新兴际华集团有限公司2018年公开发行可续期公司债券(第二期)品种一上市的公告	
413	关于北京亦庄国际投资发展有限公司2018年公司债券(第一期)上市的公告	
414	关于杭州市金融投资集团有限公司2018年公开发行公司债券(第二期)(品种二)上市的公告	
415	关于杭州市金融投资集团有限公司2018年公开发行公司债券(第二期)(品种一)上市的公告	
416	关于恒安(中国)投资有限公司公开发行2018年公司债券(第一期)上市的公告	
417	关于山东省商业集团有限公司公开发行2018年公司债券(第一期)上市的公告	
418	关于上海张江(集团)有限公司公开发行2018年公司债券(第二期)上市的公告	
419	关于唐山三友化工股份有限公司2018年公司债券(第一期)品种一上市的公告	
420	关于远洋地产有限公司公开发行2018年公司债券(第一期)上市的公告	
421	关于陕西燃气集团有限公司公开发行2018年公司债券(第一期)上市的公告	
422	关于五矿资本控股有限公司2018年公开发行公司债券(第二期)上市的公告	
423	关于天津城市基础设施建设投资集团有限公司2018年公开发行公司债券(第三期)(品种一)上市的公告	
424	关于天津城市基础设施建设投资集团有限公司2018年公开发行公司债券(第三期)(品种二)上市的公告	
425	关于2018年第一期宿迁高新开发投资有限公司公司债券上市的公告	
426	关于2018年广州珠江实业集团有限公司社会领域产业政府和社会资本合作(PPP)项目专项债券上市的公告	
427	关于四川省投资集团有限责任公司公开发行2018年公司债券(第一期)上市的公告	
428	关于中国中煤能源股份有限公司2018年公开发行公司债券(第四期)(品种一)上市的公告	
429	关于福建省能源集团有限责任公司2018年公开发行公司债券(第二期)上市的公告	
430	关于光明食品(集团)有限公司2018年公开发行公司债券(第二期)上市的公告	
431	关于2018年第一期桐城市建设投资发展有限责任公司城市停车场建设专项债券上市的公告	
432	关于中储发展股份有限公司2018年公开发行公司债券(第一期)上市的公告	

续表

序号	标　　题	文　　号
433	关于中国建筑第五工程局有限公司公开发行2018年可续期公司债券(第二期)上市的公告	
434	关于中国长江电力股份有限公司公开发行2018年公司债券(第一期)上市的公告	
435	关于2017年义乌市城市投资建设集团有限公司城市停车场和地下综合管廊专项债券上市的公告	
436	关于2018年南京溧水城市建设集团有限公司城市停车场建设专项债券上市的公告	
437	关于厦门建发集团有限公司公开发行2018年可续期公司债券(第一期)上市的公告	
438	关于厦门翔业集团有限公司2018年面向合格投资者公开发行公司债券(第一期)上市的公告	
439	关于2018年第一期宜宾市南溪区财源国有资产经营有限责任公司公司债券上市的公告	
440	关于2018年陕西省高速公路建设集团公司可续期企业债券(第一期)上市的公告	
441	关于四川发展(控股)有限责任公司公开发行2018年公司债券(第二期)上市的公告	
442	关于旭辉集团股份有限公司公开发行2018年公司债券(第一期)(品种一)上市的公告	
443	关于中国长江三峡集团有限公司公开发行2018年绿色公司债券(第一期)(品种二)上市的公告	
444	关于中国长江三峡集团有限公司公开发行2018年绿色公司债券(第一期)(品种一)上市的公告	
445	关于海通证券股份有限公司面向合格投资者公开发行2018年公司债券(第四期)上市的公告	
446	关于华数数字电视传媒集团有限公司公开发行2018年公司债券(第二期)上市的公告	
447	关于招商证券股份有限公司面向合格投资者公开发行2018年公司债券(第四期)(品种一)上市的公告	
448	关于大连金玛商城企业集团有限公司2018年公开发行公司债券(第一期)上市的公告	
449	关于新疆广汇实业投资(集团)有限责任公司公开发行2018年公司债券(第一期)(品种二)上市的公告	
450	关于重庆龙湖企业拓展有限公司公开发行2018年公司债券(第一期)上市的公告	
451	关于2018年淮安市金湖交通投资有限公司公司债券上市的公告	
452	关于广东粤海控股集团有限公司2018年公开发行公司债券(第一期)上市的公告	
453	关于南京安居建设集团有限责任公司2018年公开发行公司债券(第二期)上市的公告	
454	关于攀钢集团攀枝花钢钒有限公司公开发行2018年公司债券(第二期)上市的公告	

续表

序号	标　　题	文　　号
455	关于山东招金集团有限公司 2018 年公开发行可续期公司债券(第一期)(品种二)上市的公告	
456	关于中国建材股份有限公司 2018 年公开发行公司债券(第六期)(品种二)上市的公告	
457	关于中国建材股份有限公司 2018 年公开发行公司债券(第六期)(品种一)上市的公告	
458	关于广汇汽车服务有限责任公司公开发行 2018 年公司债券(第一期)上市的公告	
459	关于华电国际电力股份有限公司公开发行 2018 年可续期公司债券(第二期)(品种二)上市的公告	
460	关于华电国际电力股份有限公司公开发行 2018 年可续期公司债券(第二期)(品种一)上市的公告	
461	关于上海市北高新(集团)有限公司 2018 年公开发行公司债券(第二期)上市的公告	
462	关于阳泉煤业(集团)股份有限公司公开发行 2018 年可续期公司债券(第三期)上市的公告	
463	关于 2018 年第一期永修县城市建设投资开发有限公司公司债券在上海证券交易所上市的公告	
464	关于华电福新能源股份有限公司公开发行 2018 年可续期公司债券(第一期)(品种一)上市的公告	
465	关于华电福新能源股份有限公司公开发行 2018 年可续期公司债券(第一期)(品种二)上市的公告	
466	关于中国建材股份有限公司公开发行 2018 年可续期公司债券(第二期)(品种一)上市的公告	
467	关于中国建材股份有限公司公开发行 2018 年可续期公司债券(第二期)(品种二)上市的公告	
468	关于福建省电子信息(集团)有限责任公司公开发行 2018 年公司债券(第一期)上市的公告	
469	关于内蒙古双欣能源化工有限公司公开发行 2018 年公司债券(面向合格投资者)(第一期)上市的公告	
470	关于中国民生投资股份有限公司公开发行 2018 年公司债券(第一期)上市的公告	
471	关于北京亦庄国际投资发展有限公司 2018 年公司债券(第二期)上市的公告	
472	关于上海复星医药(集团)股份有限公司 2018 年公开发行公司债券(第一期)上市的公告	
473	关于 2018 年第十二期中国铁路建设债券(10 年期)上市的公告	
474	关于 2018 年第十二期中国铁路建设债券(5 年期)上市的公告	
475	关于 2018 年第一期北京市基础设施投资有限公司公司债券(品种二)上市的公告	
476	关于 2018 年第一期北京市基础设施投资有限公司公司债券(品种一)上市的公告	

续表

序号	标　　题	文　　号
477	关于2018年第一期浙江武义城市建设投资集团有限公司城市停车场建设专项债券上市的公告	
478	关于2018年树业环保科技股份有限公司绿色债券上市的公告	
479	关于广东省路桥建设发展有限公司公开发行2018年公司债券(第一期)上市的公告	
480	关于2018年第一期眉山市东坡发展投资有限公司公司债券在上海证券交易所上市的公告	
481	关于上海复星高科技(集团)有限公司公开发行2018年公司债券(第三期)上市的公告	
482	关于云南省城市建设投资集团有限公司2018年公开发行公司债券(第一期)(品种一)上市的公告	
483	关于珠海华发综合发展有限公司公开发行2018年公司债券(品种一)上市的公告	
484	关于广东粤财投资控股有限公司2018年公开发行公司债券(第二期)(品种一)上市的公告	
485	关于广东粤财投资控股有限公司2018年公开发行公司债券(第二期)(品种二)上市的公告	
486	关于南方水泥有限公司2018年公开发行公司债券(第二期)(品种一)上市的公告	
487	关于南山集团有限公司2018年公开发行公司债券(第二期)(品种一)上市的公告	
488	关于云南省城市建设投资集团有限公司2018年公开发行公司债券(第一期)(品种二)上市的公告	
489	关于招金矿业股份有限公司2018年公开发行公司债券(第二期)上市的公告	
490	关于中国供销集团有限公司公开发行2018年可续期公司债券(第一期)上市的公告	
491	关于2018年毕节市七星关区新宇建设投资有限公司公司债券(第一期)上市的公告	
492	关于2018年第二期江苏洋口港建设发展集团有限公司公司债券上市的公告	
493	关于2018年第二期武汉地铁集团有限公司绿色债券上市的公告	
494	关于2018年第一期北京首都旅游集团有限责任公司公司债券(品种二)上市的公告	
495	关于2018年第一期北京首都旅游集团有限责任公司公司债券(品种一)上市的公告	
496	关于北京市基础设施投资有限公司2018年面向合格投资者公开发行公司债券(第二期)(品种一)上市的公告	
497	关于北京市基础设施投资有限公司2018年面向合格投资者公开发行公司债券(第二期)(品种二)上市的公告	
498	关于中国光大水务有限公司2018年公开发行公司债券(第一期)(品种二)上市的公告	

续表

序号	标　　题	文　　号
499	关于中国光大水务有限公司 2018 年公开发行公司债券(第一期)(品种一)上市的公告	
500	关于中国华能集团有限公司公开发行 2018 年公司债券(第一期)(品种二)上市的公告	
501	关于中国华能集团有限公司公开发行 2018 年公司债券(第一期)(品种三)上市的公告	
502	关于中国华能集团有限公司公开发行 2018 年公司债券(第一期)(品种四)上市的公告	
503	关于中国华能集团有限公司公开发行 2018 年公司债券(第一期)(品种一)上市的公告	
504	关于福建阳光集团有限公司 2018 年公开发行公司债券(第一期)上市的公告	
505	关于重庆龙湖企业拓展有限公司公开发行 2018 年住房租赁专项公司债券(第二期)(品种一)上市的公告	
506	关于 2018 年泗县城市建设投资有限公司公司债券上市的公告	
507	关于国家电力投资集团有限公司 2018 年公开发行公司债券(第四期)上市的公告	
508	关于中国诚通控股集团有限公司公开发行 2018 年公司债券(第二期)(品种一)上市的公告	
509	关于 2018 年第一期厦门轨道交通集团有限公司公司债券上市的公告	
510	关于复地(集团)股份有限公司 2018 年公开发行公司债券(第一期)上市的公告	
511	关于江苏省国信资产管理集团有限公司面向合格投资者公开发行 2018 年公司债券(第二期)上市的公告	
512	关于上海建工集团股份有限公司公开发行 2018 年可续期公司债券(第一期)(品种一)上市的公告	
513	关于招金矿业股份有限公司 2018 年公开发行公司债券(第三期)上市的公告	
514	关于中国蓝星(集团)股份有限公司 2018 年公开发行公司债券(第二期)上市的公告	
515	关于 2018 年第二期广东省广业集团有限公司绿色公司债券上市的公告	
516	关于 2018 年第二期永修县城市建设投资开发有限公司公司债券上市的公告	
517	关于 2018 年杭州良渚文化城集团有限公司城市停车场建设专项债券上市的公告	
518	关于 2018 年沂源宏鼎资产经营有限公司公司债券上市的公告	
519	关于南昌工业控股集团有限公司公开发行 2018 年公司债券(第一期)上市的公告	
520	关于 2018 年第一期广西百色百东投资有限公司公司债券上市的公告	
521	关于 2018 年射洪县国有资产经营管理集团有限公司公司债券(第一期)上市的公告	

续表

序号	标　　题	文　　号
522	关于国家电力投资集团有限公司 2018 年公开发行公司债券(第五期)上市的公告	
523	关于中国南方航空集团有限公司公开发行 2018 年公司债券(第二期)(面向合格投资者)上市的公告	
524	关于中国兵器装备集团有限公司 2018 年公司债券(第一期)(品种一)上市的公告	
525	关于 2018 年浙江湖州南浔经济建设开发有限公司公司债券(第一期)上市的公告	
526	关于安徽国元金融控股集团有限责任公司公开发行 2018 年公司债券(第一期)上市的公告	
527	关于北京汽车集团有限公司 2018 年公开发行公司债券上市的公告	
528	关于成都产业投资集团有限公司 2018 年公开发行公司债券(第一期)上市的公告	
529	关于广东南方报业传媒集团有限公司 2018 年公开发行公司债券(第一期)上市的公告	
530	关于国家电力投资集团有限公司 2018 年公开发行公司债券(第六期)上市的公告	
531	关于绿城房地产集团有限公司公开发行 2018 年公司债券(第二期)上市的公告	
532	关于 2018 年上饶县城市建设投资开发有限公司公司债券上市的公告	
533	关于保利文化集团股份有限公司公开发行 2018 年公司债券(第一期)上市的公告	
534	关于云南省工业投资控股集团有限责任公司 2018 年公开发行公司债券(第一期)上市的公告	
535	关于北大方正集团有限公司公开发行 2018 年公司债券(第二期)上市的公告	
536	关于招商证券股份有限公司面向合格投资者公开发行 2018 年公司债券(第五期)(品种一)上市的公告	
537	关于绿城房地产集团有限公司公开发行 2018 年公司债券(第一期)上市的公告	
538	关于中国石油化工集团有限公司 2018 年公司债券(第一期)(品种一)上市的公告	
539	关于北京市基础设施投资有限公司 2018 年面向合格投资者公开发行公司债券(第三期)(品种二)上市的公告	
540	关于北京市基础设施投资有限公司 2018 年面向合格投资者公开发行公司债券(第三期)(品种一)上市的公告	
541	关于南京新港开发总公司面向合格投资者公开发行 2018 年公司债券(第一期)上市的公告	
542	关于 2018 年第一期海宁市尖山新区开发有限公司公司债券上市的公告	
543	关于北京市基础设施投资有限公司 2018 年公开发行绿色可续期公司债券(第一期)(品种一)上市的公告	

续表

序号	标　　题	文　　号
544	关于深圳航空有限责任公司2018年公开发行公司债券(第三期)(品种二)上市的公告	
545	关于中国中车集团有限公司公开发行2018年公司债券(第一期)(品种一)上市的公告	
546	关于中国兵器工业集团有限公司2018年面向合格投资者公开发行公司债券(第二期)上市的公告	
547	关于中国诚通控股集团有限公司公开发行2018年公司债券(第三期)(品种一)上市的公告	
548	关于2018年第一期安宁发展投资集团有限公司城市地下综合管廊建设专项债券上市的公告	
549	关于华能国际电力股份有限公司2018年公开发行公司债券(第二期)(品种二)上市的公告	
550	关于上海纺织(集团)有限公司2018年公开发行公司债券(第一期)上市的公告	
551	关于中国铝业股份有限公司面向合格投资者公开发行2018年公司债券(第一期)(品种二)上市的公告	
552	关于中国铝业股份有限公司面向合格投资者公开发行2018年公司债券(第一期)(品种一)上市的公告	
553	关于中国中化股份有限公司公开发行2018年可续期公司债券(第一期)(品种二)上市的公告	
554	关于中国中化股份有限公司公开发行2018年可续期公司债券(第一期)(品种一)上市的公告	
555	关于2018年当涂县城乡建设投资有限责任公司公司债券上市的公告	
556	关于2018年第一期桃源县经济开发区开发投资有限公司公司债券上市的公告	
557	关于佛山市公用事业控股有限公司公开发行2018年公司债券(第二期)上市的公告	
558	关于中国燃气控股有限公司公开发行2018年公司债券(第一期)(品种一)上市的公告	
559	关于2018年海门南黄海建设发展有限公司公司债券上市的公告	
560	关于华福证券有限责任公司2018年公开发行公司债券(第一期)(品种一)上市的公告	
561	关于山东如意科技集团有限公司2018年公司债券(面向合格投资者)(第一期)上市的公告	
562	关于首创置业股份有限公司公开发行2018年公司债券(第一期)(品种一)上市的公告	
563	关于云南省能源投资集团有限公司公开发行2018年可续期公司债券(第三期)(品种一)上市的公告	
564	关于中国北方工业有限公司公开发行2018年公司债券(第一期)上市的公告	
565	关于2018年瑞安市国有资产投资集团有限公司城市停车场建设专项债券(第一期)上市的公告	

续表

序号	标　　题	文　　号
566	关于福建省电子信息(集团)有限责任公司公开发行2018年可续期公司债券(第一期)上市的公告	
567	关于国家电力投资集团有限公司2018年公开发行公司债券(第七期)上市的公告	
568	关于华宝投资有限公司2018年公开发行公司债券(第一期)(面向合格投资者)(品种一)上市的公告	
569	关于2018年第一期湖南天易融通创业投资有限公司公司债券上市的公告	
570	关于内蒙古双欣能源化工有限公司公开发行2018年公司债券(面向合格投资者)(第二期)上市的公告	
571	关于中国航空集团有限公司公开发行2018年公司债券(第一期)上市的公告	
572	关于湘财证券股份有限公司公开发行2018年公司债券(第一期)(品种二)上市的公告	
573	关于湘财证券股份有限公司公开发行2018年公司债券(第一期)(品种一)上市的公告	
574	关于北京居然之家投资控股集团有限公司2018年公开发行公司债券(第二期)上市的公告	
575	关于北京居然之家投资控股集团有限公司2018年公开发行公司债券(第二期)上市的公告	
576	关于广东省粤电集团有限公司公开发行2018年公司债券(第二期)(面向合格投资者)上市的公告	
577	关于四川广安爱众股份有限公司公开发行2018年公司债券(第一期)上市的公告	
578	关于旭辉集团股份有限公司公开发行2018年公司债券(第二期)上市的公告	
579	关于中国化工油气股份有限公司2018年公开发行公司债券(第一期)上市的公告	
580	关于海通恒信国际租赁股份有限公司2018年公开发行公司债券(第一期)(品种一)上市的公告	
581	关于深圳香江控股股份有限公司公开发行2018年公司债券(第二期)上市的公告	
582	关于中国葛洲坝集团绿园科技有限公司公开发行2018年绿色公司债券(第一期)上市的公告	
583	关于中国通用技术(集团)控股有限责任公司2018年公开发行公司债券(第一期)(品种一)上市的公告	
584	关于中民投租赁控股有限公司2018年面向合格投资者公开发行公司债券(第一期)上市的公告	
585	关于2018年第一期景德镇陶瓷文化旅游发展有限责任公司城市停车场建设专项债券上市的公告	
586	关于2018年第一期舟山群岛新区蓬莱国有资产投资集团有限公司公司债券上市的公告	

续表

序号	标　　题	文　　号
587	关于2018年酉阳县桃花源旅游投资(集团)有限公司公司债券上市的公告	
588	关于海南航空控股股份有限公司公开发行2018年可续期公司债券(第一期)上市的公告	
589	关于海南航空控股股份有限公司公开发行2018年可续期公司债券(第二期)上市的公告	
590	关于杭州市城市建设投资集团有限公司2018年公开发行公司债券(第一期)上市的公告	
591	关于江苏天目湖(集团)有限公司2018年公开发行公司债券上市的公告	
592	关于2018年第一期赣州市南康区城市建设发展集团有限公司双创孵化专项债券上市的公告	
593	关于2018年第一期孟州市投资开发有限公司公司债券上市的公告	
594	关于2018年第一期华晨汽车集团控股有限公司公司债券(品种一)上市的公告	
595	关于2018年第一期华晨汽车集团控股有限公司公司债券(品种二)上市的公告	
596	关于福建省能源集团有限责任公司2018年公开发行公司债券(第三期)上市的公告	
597	关于江苏永钢集团有限公司公开发行2018年公司债券(第一期)(面向合格投资者)上市的公告	
598	关于中国长江电力股份有限公司公开发行2018年公司债券(第二期)上市的公告	
599	关于广汇汽车服务有限责任公司公开发行2018年公司债券(第二期)上市的公告	
600	关于2018年第二期安吉县城市建设投资集团有限公司海绵城市绿色债券上市的公告	
601	关于康美药业股份有限公司面向合格投资者公开发行2018年公司债券(第二期)(品种二)上市的公告	
602	关于中国保利集团有限公司公开发行2018年公司债券(第一期)上市的公告	
603	关于2018年都江堰新城建设投资有限责任公司公司债券(第二期)上市的公告	
604	关于奥园集团有限公司2018年公开发行公司债券(第一期)(品种二)上市的公告	
605	关于天津城市基础设施建设投资集团有限公司2018年公开发行公司债券(第四期)(品种一)上市的公告	
606	关于上海建工集团股份有限公司公开发行2018年可续期公司债券(第二期)上市的公告	
607	关于淄博矿业集团有限责任公司2018年面向合格投资者公开发行公司债券(第一期)上市的公告	
608	关于2018年第一期广西东投集团有限公司公司债券上市的公告	

续表

序号	标　　题	文　　号
609	关于光大证券股份有限公司2018年公开发行公司债券(第二期)(品种一)上市的公告	
610	关于华宝投资有限公司2018年公开发行公司债券(第二期)(面向合格投资者)(品种二)上市的公告	
611	关于华宝投资有限公司2018年公开发行公司债券(第二期)(面向合格投资者)(品种一)上市的公告	
612	关于南方水泥有限公司2018年公开发行公司债券(第三期)品种一上市的公告	
613	关于中国中化股份有限公司公开发行2018年可续期公司债券(第二期)(品种二)上市的公告	
614	关于中国中化股份有限公司公开发行2018年可续期公司债券(第二期)(品种一)上市的公告	
615	关于中航国际租赁有限公司公开发行2018年公司债券(第二期)上市的公告	
616	关于北京汽车集团有限公司2018年公开发行公司债券(第二期)上市的公告	
617	关于东港投资发展集团有限公司2018年面向合格投资者公开发行公司债券(第一期)上市的公告	
618	关于海南航空控股股份有限公司公开发行2018年可续期公司债券(第三期)上市的公告	
619	关于中广核风电有限公司公开发行2018年可续期公司债券(第一期)(品种二)上市的公告	
620	关于中广核风电有限公司公开发行2018年可续期公司债券(第一期)(品种一)上市的公告	
621	关于北大方正集团有限公司公开发行2018年公司债券(第三期)上市的公告	
622	关于北京鸿坤伟业房地产开发有限公司2018年公开发行公司债券(第一期)上市的公告	
623	关于福建阳光集团有限公司2018年公开发行公司债券(第二期)上市的公告	
624	关于宁波开发投资集团有限公司公开发行2018年公司债券(第二期)上市的公告	
625	关于福建阳光集团有限公司2018年公开发行公司债券(第二期)上市的公告	
626	关于中国建材国际工程集团有限公司公开发行2018年公司债券(第二期)(用于“一带一路”项目)上市的公告	
627	关于2018年第一期常德市鼎城江南新城建设投资开发有限公司公司债券上市的公告	
628	关于2018年赣州市章贡区建设投资集团有限公司公司债券上市的公告	
629	关于河北建设投资集团有限责任公司公开发行2018年公司债券(第二期)上市的公告	
630	关于闽西兴杭国有资产投资经营有限公司公开发行2018年公司债券(第一期)上市的公告	

续表

序号	标　　题	文　　号
631	关于南京新港开发总公司面向合格投资者公开发行2018年公司债券(第二期)(品种一)上市的公告	
632	关于雪松实业集团有限公司2018年公开发行公司债券(第一期)上市的公告	
633	关于中交一公局集团有限公司2018年面向合格投资者公开发行可续期公司债券(第一期)上市的公告	
634	关于紫金矿业集团股份有限公司公开发行2018年可续期公司债券(第一期)上市的公告	
635	关于厦门建发集团有限公司公开发行2018年可续期公司债券(第二期)(品种一)上市的公告	
636	关于新疆广汇实业投资(集团)有限责任公司公开发行2018年公司债券(第二期)(品种二)上市的公告	
637	关于2018年舟山海城建设投资集团有限公司公司债券(第二期)上市的公告	
638	关于成都高新投资集团有限公司2018年公开发行公司债券(第一期)上市的公告	
639	关于红星美凯龙控股集团有限公司公开发行2018年公司债券(第一期)(品种一)上市的公告	
640	关于新兴际华集团有限公司2018年公开发行可续期公司债券(第三期)(品种一)上市的公告	
641	关于中国华能集团有限公司公开发行2018年可续期公司债券(第一期)(品种二)上市的公告	
642	关于中国华能集团有限公司公开发行2018年可续期公司债券(第一期)(品种一)上市的公告	
643	关于珠海格力集团有限公司2018年公开发行公司债券(第一期)(品种一)上市的公告	
644	关于2018年贵州水城经济开发区高科开发投资有限公司公司债券上市的公告	
645	关于国家电力投资集团有限公司2018年公开发行公司债券(第八期)(品种二)上市的公告	
646	关于国家电力投资集团有限公司2018年公开发行公司债券(第八期)(品种一)上市的公告	
647	关于宁夏晟晏实业集团有限公司2018年公开发行公司债券(第一期)(面向合格投资者)上市的公告	
648	关于上海浦东土地控股(集团)有限公司公开发行2018年公司债券(第一期)上市的公告	
649	关于天津城市基础设施建设投资集团有限公司2018年公开发行公司债券(第五期)(品种二)上市的公告	
650	关于天津城市基础设施建设投资集团有限公司2018年公开发行公司债券(第五期)(品种一)上市的公告	
651	关于宜华企业(集团)有限公司2018年面向合格投资者公开发行公司债券(第二期)上市的公告	

续表

序号	标　　题	文　　号
652	关于云南城投置业股份有限公司2018年公开发行公司债券(第一期)(品种一)上市的公告	
653	关于中国建材股份有限公司公开发行2018年可续期公司债券(第三期)(品种二)上市的公告	
654	关于中国建材股份有限公司公开发行2018年可续期公司债券(第三期)(品种一)上市的公告	
655	关于中国长江三峡集团有限公司公开发行2018年绿色公司债券(第二期)(品种一)上市的公告	
656	关于2018年成都金融城投资发展有限责任公司专项债券上市的公告	
657	关于2018年沛县经济开发区发展有限公司公司债券(第一期)上市的公告	
658	关于海通恒信国际租赁股份有限公司2018年公开发行公司债券(第二期)(品种一)上市的公告	
659	关于中国大唐集团有限公司公开发行2018年可续期公司债券(第二期)(品种二)上市的公告	
660	关于中国大唐集团有限公司公开发行2018年可续期公司债券(第二期)(品种三)上市的公告	
661	关于中国大唐集团有限公司公开发行2018年可续期公司债券(第二期)(品种一)上市的公告	
662	关于中交疏浚(集团)股份有限公司2018年公司债券(第一期)上市的公告	
663	关于2018年第二期赣州市南康区城市建设发展集团有限公司双创孵化专项债券上市的公告	
664	关于2018年第一期江苏交通控股有限公司公司债券上市的公告	
665	关于广东腾越建筑工程有限公司公开发行2018年公司债券(第一期)(品种一)上市的公告	
666	关于同方国信投资控股有限公司2018年面向合格投资者公开发行公司债券(第一期)(品种一)上市的公告	
667	关于中国民生投资股份有限公司公开发行2018年公司债券(第二期)上市的公告	
668	关于中交第一航务工程局有限公司公开发行2018年可续期公司债券(第一期)上市的公告	
669	关于红狮控股集团有限公司公开发行2018年扶贫专项公司债券上市的公告	
670	关于海南航空控股股份有限公司公开发行2018年可续期公司债券(第四期)上市的公告	
671	关于闽西兴杭国有资产投资经营有限公司公开发行2018年公司债券(第二期)上市的公告	
672	关于新凤祥控股集团有限责任公司公开发行2018年公司债券(第二期)上市的公告	
673	关于新疆金融投资有限公司2018年面向合格投资者公开发行可续期公司债券(第二期)上市的公告	

续表

序号	标　　题	文　　号
674	关于 2018 年第二期湖南天易融通创业投资有限公司公司债券上市的公告	
675	关于 2018 年第一期中国邮政集团公司企业债券上市的公告	
676	关于 2018 年云阳县城市开发投资(集团)有限公司城市停车场建设专项债券(第一期)上市的公告	
677	关于广州市城市建设开发有限公司 2018 年面向合格投资者公开发行公司债券(第一期)(品种二)上市的公告	
678	关于广州市城市建设开发有限公司 2018 年面向合格投资者公开发行公司债券(第一期)(品种一)上市的公告	
679	关于平安证券股份有限公司面向合格投资者公开发行 2018 年公司债券(第一期)上市的公告	
680	关于上海复星高科技(集团)有限公司公开发行 2018 年公司债券(第四期)上市的公告	
681	关于青岛城市建设投资(集团)有限责任公司 2018 年公开发行可续期公司债券(第一期)(品种二)上市的公告	
682	关于上海陆家嘴金融贸易区开发股份有限公司公开发行 2018 年公司债券(第二期)上市的公告	
683	关于中国华能集团有限公司公开发行 2018 年可续期公司债券(第二期)(品种二)上市的公告	
684	关于中国华能集团有限公司公开发行 2018 年可续期公司债券(第二期)(品种一)上市的公告	
685	关于中国远洋海运集团有限公司面向合格投资者公开发行 2018 年公司债券(第三期)(品种二)上市的公告	
686	关于 2018 年第二期长沙市城北投资有限公司公司债券上市的公告	
687	关于 2018 年第一期彭泽县城市建设投资有限公司公司债券上市的公告	
688	关于 2018 年第一期乌苏市兴融建设投资有限责任公司公司债券上市的公告	
689	关于 2018 年朔州市投资建设开发有限公司公司债券(第一期)上市的公告	
690	关于 2018 年温州市瓯江口开发建设投资集团有限公司城市停车场建设专项债券上市的公告	
691	关于 2018 年射洪县国有资产经营管理集团有限公司公司债券(第二期)上市的公告	
692	关于 2018 年射洪县国有资产经营管理集团有限公司公司债券(第三期)上市的公告	
693	关于金诚信矿业管理股份有限公司公开发行 2018 年公司债券(第一期)(面向合格投资者)上市的公告	
694	关于华安证券股份有限公司 2018 年公开发行公司债券(第一期)上市的公告	
695	关于江苏洋河集团有限公司 2018 年公开发行公司债券(第一期)(品种二)上市的公告	

续表

序号	标　　题	文　　号
696	关于江苏洋河集团有限公司2018年公开发行公司债券(第一期)(品种一)上市的公告	
697	关于国家电力投资集团有限公司2018年公开发行公司债券(第九期)(品种二)上市的公告	
698	关于国家电力投资集团有限公司2018年公开发行公司债券(第九期)(品种一)上市的公告	
699	关于红星美凯龙家居集团股份有限公司2018年公开发行公司债券(第一期)(品种一)上市的公告	
700	关于新华水力发电有限公司2018年面向合格投资者公开发行可续期绿色公司债券(第一期)上市的公告	
701	关于中国邮政集团公司2018年公司债券(第一期)上市的公告	
702	关于中国中铁股份有限公司公开发行2018年可续期公司债券(第一期)(品种二)上市的公告	
703	关于中国中铁股份有限公司公开发行2018年可续期公司债券(第一期)(品种一)上市的公告	
704	关于2018年弋阳县城市建设投资开发有限公司公司债券(第二期)上市的公告	
705	关于中国中化股份有限公司公开发行2018年可续期公司债券(第三期)(品种二)上市的公告	
706	关于中国中化股份有限公司公开发行2018年可续期公司债券(第三期)(品种一)上市的公告	
707	关于2018年第二期温岭市国有资产投资集团有限公司公司债券上市的公告	
708	关于2018年第一期乌鲁木齐高铁枢纽综合开发建设投资有限公司城市停车场建设专项债券上市的公告	
709	关于福建省投资开发集团有限责任公司公开发行2018年纾困专项债券上市的公告	
710	关于新疆广汇实业投资(集团)有限责任公司公开发行2018年公司债券(第三期)(品种二)上市的公告	
711	关于2018年第二期孟州市投资开发有限公司公司债券上市的公告	
712	关于2018年第二期温岭市国有资产投资集团有限公司公司债券上市的公告	
713	关于2018年第一期泰州凤城河建设发展有限公司公司债券上市的公告	
714	关于2018年杭州余杭旅游集团有限公司绿色债券上市的公告	
715	关于杭州萧山国际机场有限公司公开发行2018年公司债券(第一期)上市的公告	
716	关于山东省商业集团有限公司公开发行2018年公司债券(第二期)上市的公告	
717	关于上海国际集团资产管理有限公司公开发行2018年公司债券(第三期)上市的公告	
718	关于浙江省浙商资产管理有限公司2018年公开发行公司债券(第一期)(品种一)上市的公告	

续表

序号	标　　题	文　　号
719	关于中国建材股份有限公司2018年公开发行公司债券(第七期)(品种二)上市的公告	
720	关于中国建材股份有限公司2018年公开发行公司债券(第七期)(品种一)上市的公告	
721	关于青岛城市建设投资(集团)有限责任公司2018年公开发行公司债券(第一期)上市的公告	
722	关于中国铝业股份有限公司面向合格投资者公开发行2018年公司债券(第二期)(品种二)上市的公告	
723	关于中国铝业股份有限公司面向合格投资者公开发行2018年公司债券(第二期)(品种一)上市的公告	
724	关于中国中铁股份有限公司公开发行2018年可续期公司债券(第二期)(品种二)上市的公告	
725	关于中国中铁股份有限公司公开发行2018年可续期公司债券(第二期)(品种一)上市的公告	
726	关于中建方程投资发展集团有限公司2018年公开发行可续期公司债券(第一期)(品种一)上市的公告	
727	关于上海医药集团股份有限公司公开发行2018年公司债券(第一期)上市的公告	
728	关于中国光大集团股份公司2018年面向合格投资者公开发行公司债券(第一期)上市的公告	
729	关于2018年安顺市西秀区工业投资(集团)有限公司公司债券(第一期)上市的公告	
730	关于福建福晟集团有限公司公开发行2018年公司债券(第一期)(品种二)上市的公告	
731	关于特变电工股份有限公司公开发行2018年可续期公司债券(第二期)上市的公告	
732	关于中国广核集团有限公司2018年面向合格投资者公开发行公司债券(第一期)上市的公告	
733	关于中民投租赁控股有限公司2018年面向合格投资者公开发行公司债券(第二期)上市的公告	
734	关于重庆龙湖企业拓展有限公司公开发行2018年公司债券(第二期)(品种一)上市的公告	
735	关于2018年第二期海宁市尖山新区开发有限公司公司债券上市的公告	
736	关于2018年第二期华晨汽车集团控股有限公司公司债券上市的公告	
737	关于内蒙古蒙电华能热电股份有限公司公开发行2018年可续期公司债券(第一期)(品种二)上市的公告	
738	关于内蒙古蒙电华能热电股份有限公司公开发行2018年可续期公司债券(第一期)(品种一)上市的公告	
739	关于台州市金融投资有限责任公司2018年公开发行纾困专项公司债券(第一期)上市的公告	
740	关于2018年安吉县国有资本投资运营有限公司城市停车场建设专项债券(第一期)上市的公告	

续表

序号	标　题	文　号
741	关于2018年第二期宿迁高新开发投资有限公司公司债券上市的公告	
742	关于2018年青岛市即墨区城市旅游开发投资有限公司城市停车场建设专项债券上市的公告	
743	关于国家电力投资集团有限公司2018年公开发行公司债券(第十期)(品种二)上市的公告	
744	关于国家电力投资集团有限公司2018年公开发行公司债券(第十期)(品种一)上市的公告	
745	关于柳州市投资控股有限公司公开发行2018年公司债券(第一期)上市的公告	
746	关于唐山三友化工股份有限公司2018年公司债券(第二期)(品种一)上市的公告	
747	关于重庆三峡融资担保集团股份有限公司2018年公开发行可续期公司债券(第一期)上市的公告	
748	关于宁夏远高实业集团有限公司2018年公开发行公司债券(第一期)(面向合格投资者)上市的公告	
749	关于2018年泰兴市兴黄综合投资开发有限公司公司债券(第一期)上市的公告	
750	关于广东省路桥建设发展有限公司公开发行2018年公司债券(第二期)上市的公告	
751	关于宜华企业(集团)有限公司2018年面向合格投资者公开发行公司债券(第三期)上市的公告	
752	关于2018年第二期绵阳安州投资控股集团有限公司城市停车场建设专项债券上市的公告	
753	关于海通证券股份有限公司面向合格投资者公开发行2018年公司债券(第五期)上市的公告	
754	关于湖北省联合发展投资集团有限公司公开发行2018年可续期公司债券(第一期)(品种一)上市的公告	
755	关于上海复星高科技(集团)有限公司公开发行2018年公司债券(第五期)上市的公告	
756	关于物产中大集团股份有限公司公开发行2018年可续期公司债券(第一期)上市的公告	
757	关于中航国际租赁有限公司公开发行2018年可续期公司债券(第一期)(品种一)上市的公告	
758	关于2018年第二期兴义市信恒城市建设投资有限公司公司债券上市的公告	
759	关于北京市基础设施投资有限公司2018年公开发行绿色可续期公司债券(第二期)(品种二)上市的公告	
760	关于北京市基础设施投资有限公司2018年公开发行绿色可续期公司债券(第二期)(品种一)上市的公告	
761	关于海南航空控股股份有限公司公开发行2018年可续期公司债券(第五期)上市的公告	
762	关于上海市北高新股份有限公司2018年公开发行公司债券(第一期)上市的公告	

续表

序号	标　　题	文　　号
763	关于苏州元禾控股股份有限公司公开发行2018年创新创业公司债券(第二期)上市的公告	
764	关于云南省建设投资控股集团有限公司2018年公开发行可续期公司债券(第一期)(品种二)上市的公告	
765	关于中航证券有限公司面向合格投资者公开发行2018年公司债券(第一期)上市的公告	
766	关于中交一公局集团有限公司2018年面向合格投资者公开发行可续期公司债券(第二期)上市的公告	
767	关于2018年第二期兴义市信恒城市建设投资有限公司公司债券上市的公告	
768	关于2018年海宁市城市发展投资集团有限公司公司债券上市的公告	
769	关于锡江国际(集团)有限公司2018年公开发行公司债券(第二期)上市的公告	
770	关于齐鲁交通发展集团有限公司公开发行2018年公司债券(第二期)(面向合格投资者)上市的公告	
771	关于上海豫园旅游商城股份有限公司2018年面向合格投资者公开发行公司债券(第一期)(品种一)上市的公告	
772	关于天津城市基础设施建设投资集团有限公司2018年公开发行公司债券(第六期)(品种二)上市的公告	
773	关于天津城市基础设施建设投资集团有限公司2018年公开发行公司债券(第六期)(品种一)上市的公告	
774	关于中国中铁股份有限公司公开发行2018年可续期公司债券(第三期)(品种二)上市的公告	
775	关于中国中铁股份有限公司公开发行2018年可续期公司债券(第三期)(品种一)上市的公告	
776	关于中建三局集团有限公司面向合格投资者公开发行2018年可续期公司债券(第一期)上市的公告	
777	关于2018年第二期北京市基础设施投资有限公司公司债券(品种二)上市的公告	
778	关于2018年第二期北京市基础设施投资有限公司公司债券(品种一)上市的公告	
779	关于北京首创股份有限公司2018年公开发行绿色公司债券上市的公告	
780	关于2018年洛阳市西苑城市发展投资有限公司公司债券(第一期)上市的公告	
781	关于华泰证券股份有限公司2018年面向合格投资者公开发行公司债券(第一期)(品种二)上市的公告	
782	关于华泰证券股份有限公司2018年面向合格投资者公开发行公司债券(第一期)(品种一)上市的公告	
783	关于厦门建发集团有限公司公开发行2018年可续期公司债券(第三期)上市的公告	
784	关于西安高新技术产业开发区房地产开发公司公开发行2018年公司债券(第二期)上市的公告	

续表

序号	标　　题	文　　号
785	关于2018年第二期宜宾市南溪区财源国有资产经营有限责任公司公司债券上市的公告	
786	关于2018年第一期临沂振东建设投资有限公司公司债券上市的公告	
787	关于2018年第一期马鞍山市博望区城市发展投资有限责任公司城市地下综合管廊建设专项债券上市的公告	
788	关于2018年桐乡市崇福皮草产业开发投资有限公司公司债券上市的公告	
789	关于都城伟业集团有限公司2018年公开发行公司债券(第一期)上市的公告	
790	关于联想控股股份有限公司公开发行2018年公司债券(第三期)上市的公告	
791	关于西安迈科金属国际集团有限公司公开发行2018年公司债券(第二期)上市的公告	
792	关于中国南方航空股份有限公司2018年公开发行公司债券(第一期)上市的公告	
793	关于中交路桥建设有限公司面向合格投资者公开发行2018年可续期公司债券(第一期)上市的公告	
794	关于保利文化集团股份有限公司公开发行2018年公司债券(第二期)上市的公告	
795	关于国药控股股份有限公司2018年公开发行公司债券(第一期)上市的公告	
796	关于龙源电力集团股份有限公司公开发行2018年绿色公司债券(第一期)上市的公告	
797	关于中铁铁龙集装箱物流股份有限公司公开发行2018年公司债券(第一期)上市的公告	
798	关于2018年南京滨江投资发展有限公司公司债券上市的公告	
799	关于2018年邵阳赛双清建设投资经营集团有限公司公司债券(第二期)上市的公告	
800	关于首创置业股份有限公司公开发行2018年公司债券(第二期)(品种二)上市的公告	
801	关于首创置业股份有限公司公开发行2018年公司债券(第二期)(品种一)上市的公告	
802	关于泰州三福重工集团有限公司公开发行2018年公司债券(第一期)上市的公告	
803	关于天津保税区投资控股集团有限公司公开发行2018年可续期公司债券(第一期)(品种一)上市的公告	
804	关于中储发展股份有限公司2018年公开发行公司债券(第二期)上市的公告	
805	关于保集控股集团有限公司2018年公开发行公司债券(第二期)上市的公告	
806	关于广州富力地产股份有限公司公开发行2018年公司债券(第一期)(品种一)上市的公告	

续表

序号	标　　题	文　　号
807	关于青岛城市建设投资(集团)有限责任公司 2018 年公开发行可续期公司债券(第二期)(品种二)上市的公告	
808	关于山东高速集团有限公司公开发行 2018 年可续期公司债券(第三期)上市的公告	
809	关于上海复星医药(集团)股份有限公司 2018 年公开发行公司债券(第二期)(品种二)上市的公告	
810	关于上海复星医药(集团)股份有限公司 2018 年公开发行公司债券(第二期)(品种一)上市的公告	
811	关于镇江国有投资控股集团有限公司公开发行 2018 年公司债券(第一期)上市的公告	
812	关于 2018 年赤壁市蓝天城市建设投资开发有限责任公司城市停车场建设专项债券上市的公告	
813	关于四川沱牌舍得集团有限公司 2018 年公开发行公司债券(第一期)(面向合格投资者)上市的公告	
814	关于悦达资本股份有限公司 2018 年面向合格投资者公开发行公司债券(第一期)上市的公告	
815	关于 2018 年第二期安宁发展投资集团有限公司城市地下综合管廊建设专项债券上市的公告	
816	关于东风汽车集团股份有限公司 2018 年公开发行公司债券(第二期)(品种二)上市的公告	
817	关于东风汽车集团股份有限公司 2018 年公开发行公司债券(第二期)(品种一)上市的公告	
818	关于天津城市基础设施建设投资集团有限公司 2018 年公开发行公司债券(第七期)(品种二)上市的公告	
819	关于天津城市基础设施建设投资集团有限公司 2018 年公开发行公司债券(第七期)(品种一)上市的公告	
820	关于中国铁建投资集团有限公司 2018 年公开发行可续期公司债券(第三期)上市的公告	
821	关于中国中化股份有限公司公开发行 2018 年可续期公司债券(第四期)(品种二)上市的公告	
822	关于中国中化股份有限公司公开发行 2018 年可续期公司债券(第四期)(品种一)上市的公告	
823	关于紫光集团有限公司公开发行 2018 年公司债券(第一期)上市的公告	
824	关于 2018 年绍兴柯岩建设投资有限公司公司债券上市的公告	
825	关于 2018 年扬州易盛德产业发展有限公司公司债券(第一期)上市的公告	
826	关于北京京能电力股份有限公司公开发行 2018 年公司债券(第一期)上市的公告	
827	关于广州市时代控股集团有限公司 2018 年面向合格投资者公开发行公司债券(第一期)(品种二)上市的公告	
828	关于广州市时代控股集团有限公司 2018 年面向合格投资者公开发行公司债券(第一期)(品种一)上市的公告	

续表

序号	标题	文号
829	关于湖北省联合发展投资集团有限公司公开发行2018年可续期公司债券(第二期)上市的公告	
830	关于2018年第二期临沂振东建设投资有限公司公司债券上市的公告	
831	关于2018年第一期哈尔滨合力投资控股有限公司公司债券上市的公告	
832	关于2018年第一期江西和济投资有限公司小微企业增信集合债券上市的公告	
833	关于2018年什邡市国有投资控股集团有限公司公司债券上市的公告	
834	关于大众交通(集团)股份有限公司2018年公开发行公司债券(第一期)上市的公告	
835	关于广东粤海控股集团有限公司2018年公开发行公司债券(第二期)上市的公告	
836	关于福建福晟集团有限公司公开发行2018年公司债券(第二期)上市的公告	
837	关于宁夏农垦集团有限公司公开发行2018年公司债券(第一期)上市的公告	
838	关于新大陆科技集团有限公司2018年公开发行公司债券(第一期)上市的公告	
839	关于2018年第一期梧州市城市建设投资开发有限公司城市地下综合管廊建设专项债券上市的公告	
840	关于2018年第一期信丰县城市建设投资开发有限公司公司债券上市的公告	
841	关于花样年集团(中国)有限公司2018年公开发行公司债券(第一期)上市的公告	
842	关于华夏幸福基业股份有限公司2018年公开发行公司债券(第三期)(品种二)上市的公告	
843	关于华夏幸福基业股份有限公司2018年公开发行公司债券(第三期)(品种一)上市的公告	
844	关于江苏亨通光电股份有限公司公开发行2018年公司债券(面向合格投资者)(第一期)上市的公告	
845	关于景德镇市国资运营投资控股集团有限责任公司2018年公开发行公司债券(第二期)上市的公告	
846	关于山东省商业集团有限公司2018年公开发行可续期公司债券(第一期)上市的公告	
847	关于2018年永安市国有资产投资经营有限责任公司双创孵化专项债券(第一期)上市的公告	
848	关于2018年浙江省国有资本运营有限公司公司债券(第一期)上市的公告	
849	关于内蒙古伊泰煤炭股份有限公司公开发行2018年公司债券(第二期)上市的公告	
850	关于天津保税区投资控股集团有限公司公开发行2018年可续期公司债券(第二期)(品种一)上市的公告	

续表

序号	标　题	文　号
851	关于阳泉煤业(集团)股份有限公司公开发行2018年可续期公司债券(第四期)上市的公告	
852	关于2018年第一期上海国盛(集团)有限公司公司债券上市的公告	
853	关于2018年陕西省交通建设集团公司可续期公司债券上市的公告	
854	关于2018年铜仁市水务投资有限责任公司城市地下综合管廊建设专项债券上市的公告	
855	关于北京市海淀区国有资本经营管理中心2018年面向合格投资者公开发行支持优质企业发展专项债券(第一期)上市的公告	
856	关于同方国信投资控股有限公司2018年面向合格投资者公开发行公司债券(第二期)(品种一)上市的公告	
857	关于中国中铁股份有限公司公开发行2018年可续期公司债券(第四期)(品种二)上市的公告	
858	关于中国中铁股份有限公司公开发行2018年可续期公司债券(第四期)(品种一)上市的公告	
859	关于2018年第一期江苏海州湾发展集团有限公司公司债券上市的公告	
860	关于2018年福建漳州城投集团有限公司公司债券上市的公告	
861	关于广汇汽车服务有限责任公司公开发行2018年公司债券(第三期)上市的公告	
862	关于厦门象屿集团有限公司公开发行2018年可续期公司债券(第三期)上市的公告	
863	关于中国万向控股有限公司公开发行2018年公司债券(第一期)(品种一)上市的公告	
864	关于中泰证券股份有限公司公开发行2018年公司债券(第一期)上市的公告	
865	关于中远海运发展股份有限公司2018年面向合格投资者公开发行可续期公司债券(第一期)(品种一)上市的公告	
866	关于2018南京地铁集团有限公司公司债券上市的公告	
867	关于2018年大冶市城市建设投资开发有限公司公司债券上市的公告	
868	关于2018年嘉善县国有资产投资有限公司公司债券(第一期)上市的公告	
869	关于2018年江苏先行建设有限公司绿色债券上市的公告	
870	关于2018年无锡惠基产业发展有限公司公司债券上市的公告	
871	关于海亮集团有限公司公开发行2018年公司债券(第一期)上市的公告	
872	关于2018年成都高新投资集团有限公司城市停车场建设专项债券上市的公告	
873	关于2018年第二期泗阳县佳鼎实业有限公司公司债券上市的公告	
874	关于安徽省投资集团控股有限公司2018年公开发行公司债券(第二期)(面向合格投资者)上市的公告	

续表

序号	标　　题	文　　号
875	关于江苏苏美达集团有限公司2018年公开发行可续期公司债券(第一期)上市的公告	
876	关于漳州市九龙江集团有限公司公开发行2018年可续期公司债券(第一期)上市的公告	
877	关于2018年第二期浙江武义城市建设投资集团有限公司城市停车场建设专项债券上市的公告	
878	关于2018年第一期佛山市禅城区城市设施开发建设有限公司公司债券上市的公告	
879	关于2018年广东省高速公路有限公司公司债券(第一期)上市的公告	
880	关于2018年南充航空港投资开发有限公司公司债券上市的公告	
恢复上市通知书目录		
1	关于2014年甘肃省电力投资集团有限责任公司公司债券恢复上市的通知	自律监管决定书〔2018〕69号
2	关于2015年中国五矿股份有限公司公司债券恢复上市的通知	自律监管决定书〔2018〕80号
3	关于2013年甘肃省国有资产投资集团有限公司公司债券恢复上市的通知	自律监管决定书〔2018〕89号
4	关于2014年第二期中国有色矿业集团有限公司公司债券恢复上市的通知	自律监管决定书〔2018〕104号
5	关于2013年山西潞安矿业(集团)有限责任公司公司债券恢复上市的通知	自律监管决定书〔2018〕112号
6	关于2012年昆明钢铁控股有限公司公司债券恢复上市的通知	自律监管决定书〔2018〕114号
7	关于中国节能环保集团有限公司2016年绿色公司债券恢复上市的通知	自律监管决定书〔2018〕121号
暂停上市决定书目录		
1	关于对重庆钢铁集团矿业有限公司2016年公开发行公司债券(第一期)实施暂停上市的决定	自律监管决定书〔2018〕56号
2	关于对2014年天津水务投资集团有限公司公司债券实施暂停上市的决定	自律监管决定书〔2018〕57号
3	关于对现代牧业(集团)有限公司2016年公开发行公司债券实施暂停上市的决定	自律监管决定书〔2018〕59号
4	关于对现代牧业(集团)有限公司2017年公开发行公司债券实施暂停上市的决定	自律监管决定书〔2018〕60号
5	关于对2013年楚雄州开发投资有限公司公司债券实施暂停上市的决定	自律监管决定书〔2018〕70号
6	关于对中国节能环保集团有限公司公司债券实施暂停上市的决定	自律监管决定书〔2018〕71号
7	关于对2014年云南路桥股份有限公司公司债券实施暂停上市的决定	自律监管决定书〔2018〕74号
8	关于对2012年鄂尔多斯市华研投资集团有限责任公司公司债券实施暂停上市的决定	自律监管决定书〔2018〕101号
私募债与ABS挂牌无异议函目录		
1	关于对四川省港航开发有限责任公司非公开发行公司债券挂牌转让无异议的函	上证函〔2018〕1号

续表

序号	标　　题	文　　号
2	关于对南京滨江投资发展有限公司非公开发行公司债券挂牌转让无异议的函	上证函〔2018〕2 号
3	关于对厦门住宅建设集团有限公司非公开发行公司债券挂牌转让无异议的函	上证函〔2018〕3 号
4	关于对丰县经济开发区投资发展有限责任公司非公开发行公司债券挂牌转让无异议的函	上证函〔2018〕4 号
5	关于对西南能矿集团股份有限公司非公开发行公司债券挂牌转让无异议的函	上证函〔2018〕5 号
6	关于对新沂市交通投资有限公司非公开发行公司债券挂牌转让无异议的函	上证函〔2018〕6 号
7	关于对安徽省外经建设(集团)有限公司非公开发行公司债券挂牌转让无异议的函	上证函〔2018〕7 号
8	关于对安徽省粮油食品进出口(集团)公司非公开发行公司债券挂牌转让无异议的函	上证函〔2018〕8 号
9	关于对山东清源集团有限公司非公开发行公司债券挂牌转让无异议的函	上证函〔2018〕9 号
10	关于常德自来水供水收费收益权资产支持专项计划资产支持证券挂牌转让无异议的函	上证函〔2018〕10 号
11	关于连云港硕项湖一期水务资产收费收益权资产支持专项计划资产支持证券挂牌转让无异议的函	上证函〔2018〕11 号
12	关于对华西证券－雅居乐国际广场商业物业资产支持专项计划资产支持证券挂牌转让无异议的函	上证函〔2018〕12 号
13	关于对国君资管山财大莱芜校区 PPP 资产支持专项计划资产支持证券挂牌转让无异议的函	上证函〔2018〕13 号
14	关于对东兴企融－金盛河西江东门广场资产支持专项计划资产支持证券挂牌转让无异议的函	上证函〔2018〕14 号
15	关于对中国中投证券－金隅股份腾达大厦资产支持专项计划资产支持证券挂牌转让无异议的函	上证函〔2018〕15 号
16	关于对光证资管－九州通应收账款第三期资产支持专项计划资产支持证券挂牌转让无异议的函	上证函〔2018〕16 号
17	关于对居然之家信托受益权资产支持专项计划资产支持证券挂牌转让无异议的函	上证函〔2018〕17 号
18	关于对赤峰水务水费收费收益权资产支持专项计划资产支持证券挂牌转让无异议的函	上证函〔2018〕18 号
19	关于对兴证资管－至纯科技应收账款一期资产支持专项计划资产支持证券挂牌转让无异议的函	上证函〔2018〕19 号
20	关于对联储证券有限责任公司非公开发行证券公司短期公司债券挂牌转让无异议的函	上证函〔2018〕20 号
21	关于对上海华信国际集团有限公司非公开发行短期公司债券挂牌转让无异议的函	上证函〔2018〕21 号
22	关于对财富证券有限责任公司非公开发行次级债券挂牌转让无异议的函	上证函〔2018〕22 号

续表

序号	标　　题	文　　号
23	关于对交银施罗德－交银鸿远资产支持专项计划资产支持证券挂牌转让无异议的函	上证函〔2018〕23 号
24	关于对国开－杭州青山湖安置房信托受益权资产支持专项计划资产支持证券挂牌转让无异议的函	上证函〔2018〕24 号
25	关于对锦州华信资产经营(集团)有限公司非公开发行公司债券挂牌转让无异议的函	上证函〔2018〕25 号
26	关于对淄博市临淄区公有资产经营有限公司非公开发行公司债券挂牌转让无异议的函	上证函〔2018〕27 号
27	关于对华福－华兴信托受益权一期资产支持专项计划资产支持证券挂牌转让无异议的函	上证函〔2018〕30 号
28	关于对中海恒信－中民国际租赁四期资产支持专项计划资产支持证券挂牌转让无异议的函	上证函〔2018〕31 号
29	关于对华泰资管－中信银行睿信 2 号至 11 号资产支持专项计划资产支持证券挂牌转让无异议的函	上证函〔2018〕32 号
30	关于对北京市肖家河污水处理厂绿色资产支持专项计划资产支持证券挂牌转让无异议的函	上证函〔2018〕33 号
31	关于对宜春交通投资集团有限公司非公开发行公司债券挂牌转让无异议的函	上证函〔2018〕34 号
32	关于对上海易鑫融资租赁有限公司非公开发行公司债券挂牌转让无异议的函	上证函〔2018〕35 号
33	关于对吉林市国有资本投资运营有限公司非公开发行公司债券挂牌转让无异议的函	上证函〔2018〕36 号
34	关于对新疆生产建设兵团国有资产经营有限责任公司非公开发行可续期公司债券挂牌转让无异议的函	上证函〔2018〕37 号
35	关于对华泰资管－春申 2 号资产支持专项计划资产支持证券挂牌转让无异议的函	上证函〔2018〕45 号
36	关于对联储证券金惠热力资产支持专项计划资产支持证券挂牌转让无异议的函	上证函〔2018〕46 号
37	关于对阜康热电信托受益权资产支持专项计划资产支持证券挂牌转让无异议的函	上证函〔2018〕47 号
38	关于对河北信息产业投资集团有限公司非公开发行公司债券挂牌转让无异议的函	上证函〔2018〕48 号
39	关于对绵阳市投资控股(集团)有限公司非公开发行公司债券挂牌转让无异议的函	上证函〔2018〕49 号
40	关于对昆明市公共租赁住房开发建设管理有限公司非公开发行公司债券挂牌转让无异议的函	上证函〔2018〕50 号
41	关于对平安福田－中车信融资产支持专项计划资产支持证券挂牌转让无异议的函	上证函〔2018〕59 号
42	关于对天风证券－创富租赁三期资产支持专项计划资产支持证券挂牌转让无异议的函	上证函〔2018〕64 号
43	关于对云南锡业集团(控股)有限责任公司非公开发行公司债券挂牌转让无异议的函	上证函〔2018〕65 号

续表

序号	标　　题	文　　号
44	关于对华泰资管 - 国泰君安融出资金债权资产支持专项计划资产支持证券挂牌转让无异议的函	上证函〔2018〕67 号
45	关于对玉溪市红塔区国有资产经营有限责任公司非公开发行公司债券挂牌转让无异议的函	上证函〔2018〕68 号
46	关于对渭南市城市投资集团有限公司非公开发行公司债券挂牌转让无异议的函	上证函〔2018〕71 号
47	关于对中融新大集团有限公司非公开发行公司债券挂牌转让无异议的函	上证函〔2018〕72 号
48	关于对山东博汇纸业股份有限公司非公开发行公司债券挂牌转让无异议的函	上证函〔2018〕76 号
49	关于对国金 - 先锋太盟八期资产支持专项计划资产支持证券挂牌转让无异议的函	上证函〔2018〕77 号
50	关于对新疆华凌工贸(集团)有限公司非公开发行公司债券挂牌转让无异议的函	上证函〔2018〕78 号
51	关于对厦门经济特区房地产开发集团有限公司非公开发行公司债券挂牌转让无异议的函	上证函〔2018〕79 号
52	关于对邦信资产管理有限公司非公开发行公司债券挂牌转让无异议的函	上证函〔2018〕90 号
53	关于对重庆供销控股(集团)有限公司非公开发行公司债券挂牌转让无异议的函	上证函〔2018〕91 号
54	关于对国联证券股份有限公司非公开发行公司债券挂牌转让无异议的函	上证函〔2018〕92 号
55	关于对国泰君安证券股份有限公司非公开发行公司债券挂牌转让无异议的函	上证函〔2018〕93 号
56	关于对国联证券股份有限公司非公开发行次级债券挂牌转让无异议的函	上证函〔2018〕94 号
57	关于对信阳华信投资集团有限责任公司非公开发行公司债券挂牌转让无异议的函	上证函〔2018〕98 号
58	关于对湖州市城市投资发展集团有限公司非公开发行绿色公司债券挂牌转让无异议的函	上证函〔2018〕99 号
59	关于对潍坊联兴新材料科技股份有限公司非公开发行公司债券挂牌转让无异议的函	上证函〔2018〕100 号
60	关于对杭州金投融资租赁有限公司非公开发行公司债券挂牌转让无异议的函	上证函〔2018〕101 号
61	关于对中国中投证券 - 南京地铁信托受益权一期绿色资产支持专项计划资产支持证券挂牌转让无异议的函	上证函〔2018〕102 号
62	关于对杭州湖滨银泰资产支持专项计划资产支持证券挂牌转让无异议的函	上证函〔2018〕103 号
63	关于对重庆出版集团有限公司非公开发行公司债券挂牌转让无异议的函	上证函〔2018〕104 号
64	关于对中信 - 华电大厦一期资产支持专项计划资产支持证券挂牌转让无异议的函	上证函〔2018〕105 号

续表

序号	标　　题	文　　号
65	关于对郑州宇通集团有限公司非公开发行可交换公司债券挂牌转让无异议的函	上证函〔2018〕106 号
66	关于对泰州市交通产业集团有限公司非公开发行公司债券挂牌转让无异议的函	上证函〔2018〕107 号
67	关于对苏州市相城城市建设有限责任公司非公开发行公司债券挂牌转让无异议的函	上证函〔2018〕108 号
68	关于天风证券－创富租赁三期资产支持专项计划资产支持证券挂牌转让无异议的函	上证函〔2018〕109 号
69	关于对中信证券－自如 2 号第 1－8 期房租分期信托受益权资产支持专项计划资产支持证券挂牌转让无异议的函	上证函〔2018〕111 号
70	关于对中泰证券－兴证资管－弘信博格租赁资产支持专项计划资产支持证券挂牌转让无异议的函	上证函〔2018〕123 号
71	关于对山西潞安矿业(集团)有限责任公司非公开发行公司债券挂牌转让无异议的函	上证函〔2018〕124 号
72	关于对大连冷冻机股份有限公司非公开发行可交换公司债券挂牌转让无异议的函	上证函〔2018〕125 号
73	关于对花园红木家具城信托受益权资产支持专项计划资产支持证券挂牌转让无异议的函	上证函〔2018〕127 号
74	关于对中国中投证券－亚中物流租金资产支持专项计划资产支持证券挂牌转让无异议的函	上证函〔2018〕128 号
75	关于对江山永泰投资控股有限公司非公开发行绿色公司债券挂牌转让无异议的函	上证函〔2018〕129 号
76	关于对武汉园林绿化建设发展有限公司非公开发行公司债券挂牌转让无异议的函	上证函〔2018〕130 号
77	关于对南京高精传动设备制造集团有限公司非公开发行公司债券挂牌转让无异议的函	上证函〔2018〕132 号
78	关于对聊城市安泰城乡投资开发有限责任公司非公开发行公司债券(保障性住房)挂牌转让无异议的函	上证函〔2018〕133 号
79	关于对中国中投证券－德远保理－中建八局供应链金融资产支持专项计划资产支持证券挂牌转让无异议的函	上证函〔2018〕134 号
80	关于对广发恒进－国药租赁二期资产支持专项计划资产支持证券挂牌转让无异议的函	上证函〔2018〕135 号
81	关于对重庆市鹏欣国有资产投资经营有限公司非公开发行公司债券挂牌转让无异议的函	上证函〔2018〕136 号
82	关于对山西证券－盛业保理医药资产一期资产支持专项计划资产支持证券挂牌转让无异议的函	上证函〔2018〕140 号
83	关于对德邦花呗消费授信融资资产支持专项计划资产支持证券挂牌转让无异议的函	上证函〔2018〕142 号
84	关于对招商创融－华润置地购房尾款资产支持专项计划资产支持证券挂牌转让无异议的函	上证函〔2018〕153 号
85	关于对东兴证券股份有限公司非公开发行公司债券挂牌转让无异议的函	上证函〔2018〕156 号

续表

序号	标　　题	文　　号
86	关于对霍山应流投资管理有限公司非公开发行可交换公司债券挂牌转让无异议的函	上证函〔2018〕159 号
87	关于对招商证券股份有限公司非公开发行公司债券挂牌转让无异议的函	上证函〔2018〕160 号
88	关于对岳阳市城市建设投资有限公司非公开发行公司债券挂牌转让无异议的函	上证函〔2018〕161 号
89	关于对华融证券－融侨集团购房尾款资产支持专项计划资产支持证券挂牌转让无异议的函	上证函〔2018〕162 号
90	关于对腾冲市建安城乡投资开发有限公司非公开发行公司债券挂牌转让无异议的函	上证函〔2018〕163 号
91	关于对北京海淀科技金融资本控股集团股份有限公司非公开发行公司债券挂牌转让无异议的函	上证函〔2018〕164 号
92	关于对国泰君安证券股份有限公司非公开发行次级债券挂牌转让无异议的函	上证函〔2018〕165 号
93	关于对国金－沣邦租赁一期资产支持专项计划资产支持证券挂牌转让无异议的函	上证函〔2018〕168 号
94	关于对华能天成融资租赁有限公司非公开发行绿色公司债券挂牌转让无异议的函	上证函〔2018〕169 号
95	关于对天津市浩通物产有限公司非公开发行公司债券挂牌转让无异议的函	上证函〔2018〕170 号
96	关于对内蒙古包钢钢联股份有限公司非公开发行公司债券挂牌转让无异议的函	上证函〔2018〕171 号
97	关于对国金－电子城物业租金资产支持专项计划资产支持证券挂牌转让无异议的函	上证函〔2018〕175 号
98	关于对柳州市投资控股有限公司非公开发行公司债券挂牌转让无异议的函	上证函〔2018〕176 号
99	关于对上海君实生物医药科技股份有限公司非公开发行创新创业可转换公司债券挂牌转让无异议的函	上证函〔2018〕177 号
100	关于对宁波碧海供水有限公司供水收费收益权资产支持专项计划资产支持证券挂牌转让无异议的函	上证函〔2018〕180 号
101	关于对博时－第 1 车贷汽车金融资产支持专项计划资产支持证券挂牌转让无异议的函	上证函〔2018〕181 号
102	关于对南京雨花经济技术发展有限公司非公开发行公司债券挂牌转让无异议的函	上证函〔2018〕184 号
103	关于对鑫福 1 号资产支持专项计划资产支持证券挂牌转让无异议的函	上证函〔2018〕195 号
104	关于对哈尔滨机场专用路收费收益权资产支持专项计划资产支持证券挂牌转让无异议的函	上证函〔2018〕196 号
105	关于对联储证券科誉高瞻租赁二期资产支持专项计划资产支持证券挂牌转让无异议的函	上证函〔2018〕197 号
106	关于对北京长安投资集团有限公司非公开发行公司债券挂牌转让无异议的函	上证函〔2018〕198 号
107	关于对惠尔明(福建)化学工业股份有限公司非公开发行创新创业可转换公司债券挂牌转让无异议的函	上证函〔2018〕199 号

续表

序号	标　　题	文　　号
108	关于对光大花呗消费授信融资资产支持专项计划资产支持证券挂牌转让无异议的函	上证函〔2018〕200 号
109	关于对广东省出版集团有限公司非公开发行可交换公司债券挂牌转让无异议的函	上证函〔2018〕201 号
110	关于对首创证券有限责任公司 2018 年非公开发行次级债券挂牌转让无异议的函	上证函〔2018〕203 号
111	关于对九州合创－蒙能集团乌斯太热电厂供电合同债权资产支持专项计划资产支持证券挂牌转让无异议的函	上证函〔2018〕204 号
112	关于对东方证券股份有限公司非公开发行次级债券挂牌转让无异议的函	上证函〔2018〕205 号
113	关于对大同煤矿集团有限责任公司非公开发行公司债券挂牌转让无异议的函	上证函〔2018〕206 号
114	关于对中电投融和融资租赁有限公司非公开发行公司债券挂牌转让无异议的函	上证函〔2018〕209 号
115	关于对中信建投证券股份有限公司非公开发行公司债券挂牌转让无异议的函	上证函〔2018〕210 号
116	关于对华金－裕中能源供热合同债权资产支持专项计划资产支持证券挂牌转让无异议的函	上证函〔2018〕211 号
117	关于对东营鲁方金属材料有限公司非公开发行公司债券挂牌转让无异议的函	上证函〔2018〕212 号
118	关于对国金－金光一带一路资产支持专项计划资产支持证券挂牌转让无异议的函	上证函〔2018〕216 号
119	关于对阿拉尔统众国有资产经营有限责任公司非公开发行公司债券挂牌转让无异议的函	上证函〔2018〕217 号
120	关于对中信证券－小米 1 号供应链应付账款资产支持专项计划资产支持证券挂牌转让无异议的函	上证函〔2018〕219 号
121	关于对华泰－中交三航局应收账款资产支持专项计划资产支持证券挂牌转让无异议的函	上证函〔2018〕222 号
122	关于对平安国美鹏润大厦信托受益权资产支持专项计划资产支持证券挂牌转让无异议的函	上证函〔2018〕223 号
123	关于对鹏欣环球资源股份有限公司非公开发行公司债券挂牌转让无异议的函	上证函〔2018〕224 号
124	关于对启迪控股股份有限公司非公开发行公司债券挂牌转让无异议的函	上证函〔2018〕225 号
125	关于对中泰天风－易鑫四期资产支持专项计划资产支持证券挂牌转让无异议的函	上证函〔2018〕232 号
126	关于对江苏国泰国际集团有限公司非公开发行公司债券挂牌转让无异议的函	上证函〔2018〕233 号
127	关于对南山集团有限公司非公开发行可交换公司债券挂牌转让无异议的函	上证函〔2018〕234 号
128	关于对申港证券－悦达租赁一期资产支持专项计划资产支持证券挂牌转让无异议的函	上证函〔2018〕235 号

续表

序号	标　　题	文　　号
129	关于对深圳市卓越商业管理有限公司非公开发行公司债券挂牌转让无异议的函	上证函〔2018〕236 号
130	关于对重庆市渝南资产经营有限公司非公开发行公司债券挂牌转让无异议的函	上证函〔2018〕238 号
131	关于对平安－万象美物业资产支持专项计划资产支持证券挂牌转让无异议的函	上证函〔2018〕239 号
132	关于对广州证券－广州越秀物业费资产支持专项计划资产支持证券挂牌转让无异议的函	上证函〔2018〕240 号
133	关于对申万宏源－西南证券融出资金债权 1 号资产支持专项计划资产支持证券挂牌转让无异议的函	上证函〔2018〕241 号
134	关于对招商固收－吉利控股集团智慧融资租赁资产支持专项计划资产支持证券挂牌转让无异议的函	上证函〔2018〕242 号
135	关于对中国银河证券股份有限公司非公开发行次级债券挂牌转让无异议的函	上证函〔2018〕243 号
136	关于对国正小贷二期资产支持专项计划资产支持证券挂牌转让无异议的函	上证函〔2018〕244 号
137	关于对平安－湘潭公交客运经营收费收益权资产支持专项计划资产支持证券挂牌转让无异议的函	上证函〔2018〕245 号
138	关于对青岛国信发展(集团)有限责任公司非公开发行绿色公司债券挂牌转让无异议的函	上证函〔2018〕246 号
139	关于对国都证券－齐鲁水务污水处理收费收益权绿色资产支持专项计划资产支持证券挂牌转让无异议的函	上证函〔2018〕247 号
140	关于对临沂矿业集团有限责任公司非公开发行公司债券挂牌转让无异议的函	上证函〔2018〕248 号
141	关于对湖北省长江产业投资集团有限公司非公开发行公司债券挂牌转让无异议的函	上证函〔2018〕249 号
142	关于对广东炜田环保新材料股份有限公司非公开发行创新创业可转换公司债券挂牌转让无异议的函	上证函〔2018〕250 号
143	关于对中国中投证券－东莞证券融出资金债权 2 号资产支持专项计划资产支持证券挂牌转让无异议的函	上证函〔2018〕251 号
144	关于对华泰资管－康富租赁 3 期资产支持专项计划资产支持证券挂牌转让无异议的函	上证函〔2018〕252 号
145	关于对株洲高科汽车园投资发展有限公司非公开发行公司债券挂牌转让无异议的函	上证函〔2018〕253 号
146	关于对翔宇实业集团有限公司非公开发行公司债券挂牌转让无异议的函	上证函〔2018〕254 号
147	关于对绿城房地产集团有限公司非公开发行住房租赁专项公司债券挂牌转让无异议的函	上证函〔2018〕256 号
148	关于对俊发地产有限责任公司非公开发行公司债券挂牌转让无异议的函	上证函〔2018〕257 号
149	关于对 2018 中金远东一带一路资产支持专项计划资产支持证券挂牌转让无异议的函	上证函〔2018〕260 号

续表

序号	标　　题	文　　号
150	关于对大同－佐力、金汇小贷资产支持专项计划资产支持证券挂牌转让无异议的函	上证函〔2018〕261 号
151	关于对光证固收－南方资本－前海结算供应链金融 1 号资产支持专项计划资产支持证券挂牌转让无异议的函	上证函〔2018〕271 号
152	关于对国金证券股份有限公司非公开发行公司债券挂牌转让无异议的函	上证函〔2018〕272 号
153	关于对德邦蚂蚁供应链金融应收账款资产支持专项计划资产支持证券挂牌转让无异议的函	上证函〔2018〕274 号
154	关于对山西证券－豫盛 1 号资产支持专项计划资产支持证券挂牌转让无异议的函	上证函〔2018〕275 号
155	关于对济南轨道交通集团有限公司非公开发行公司债券挂牌转让无异议的函	上证函〔2018〕276 号
156	关于对中节能嘉实 2 号绿色资产支持专项计划资产支持证券挂牌转让无异议的函	上证函〔2018〕277 号
157	关于对华润－光大－今典红树林度假酒店资产支持专项计划资产支持证券挂牌转让无异议的函	上证函〔2018〕279 号
158	关于对海通恒信 X 号资产支持专项计划资产支持证券挂牌转让无异议的函	上证函〔2018〕280 号
159	关于对中信证券－上海世贸商城资产支持专项计划资产支持证券挂牌转让无异议的函	上证函〔2018〕281 号
160	关于对信达宁远 2018 年第二期资产支持专项计划资产支持证券挂牌转让无异议的函	上证函〔2018〕282 号
161	关于对中信证券－滴滴第 1－20 期 CP 资产支持专项计划资产支持证券挂牌转让无异议的函	上证函〔2018〕283 号
162	关于对华泰资管－海通证券融出资金债权 2018 年一至五期资产支持专项计划资产支持证券挂牌转让无异议的函	上证函〔2018〕284 号
163	关于对青海省水利水电（集团）有限责任公司非公开发行公司债券挂牌转让无异议的函	上证函〔2018〕285 号
164	关于对天津市金地城市建设有限公司非公开发行公司债券挂牌转让无异议的函	上证函〔2018〕286 号
165	关于对世纪金花股份有限公司非公开发行可交换公司债券挂牌转让无异议的函	上证函〔2018〕287 号
166	关于对东莞证券股份有限公司非公开发行短期公司债券挂牌转让无异议的函	上证函〔2018〕291 号
167	关于对中金－贵诚惠农微贷资产支持专项计划资产支持证券挂牌转让无异议的函	上证函〔2018〕292 号
168	关于对曲江建设物业费资产支持专项计划资产支持证券挂牌转让无异议的函	上证函〔2018〕293 号
169	关于对聚信国际租赁 2018 年第一期资产支持专项计划资产支持证券挂牌转让无异议的函	上证函〔2018〕294 号
170	关于对中金花呗 2018 年消费授信融资资产支持专项计划资产支持证券挂牌转让无异议的函	上证函〔2018〕295 号

续表

序号	标　题	文　号
171	关于对宏源热力供热收费收益权资产支持专项计划资产支持证券挂牌转让无异议的函	上证函〔2018〕296 号
172	关于对平安－六盘水公交经营收费收益权绿色资产支持专项计划资产支持证券挂牌转让无异议的函	上证函〔2018〕297 号
173	关于对渤海汇金－天房集团购房尾款资产支持专项计划资产支持证券挂牌转让无异议的函	上证函〔2018〕298 号
174	关于对上海证券有限责任公司非公开发行证券公司短期公司债券挂牌转让无异议的函	上证函〔2018〕299 号
175	关于对中孚热力供热收费权资产支持专项计划资产支持证券挂牌转让无异议的函	上证函〔2018〕300 号
176	关于对平安汇通－璀璨供应链金融资产支持专项计划资产支持证券挂牌转让无异议的函	上证函〔2018〕301 号
177	关于对华泰资管－同心 1 号资产支持专项计划资产支持证券挂牌转让无异议的函	上证函〔2018〕302 号
178	关于对宝钛集团有限公司非公开发行公司债券挂牌转让无异议的函	上证函〔2018〕303 号
179	关于对天脊煤化工集团股份有限公司非公开发行公司债券挂牌转让无异议的函	上证函〔2018〕304 号
180	关于对夏门禹洲鸿图地产开发有限公司非公开发行公司债券挂牌转让无异议的函	上证函〔2018〕305 号
181	关于对 2018 平安租赁一期资产支持专项计划资产支持证券挂牌转让无异议的函	上证函〔2018〕306 号
182	关于对平安国际融资租赁有限公司非公开发行公司债券挂牌转让无异议的函	上证函〔2018〕307 号
183	关于对方正证券股份有限公司非公开发行公司债券挂牌转让无异议的函	上证函〔2018〕308 号
184	关于对方正证券股份有限公司非公开发行证券公司短期公司债券挂牌转让无异议的函	上证函〔2018〕309 号
185	关于对天富能源三期资产支持专项计划资产支持证券挂牌转让无异议的函	上证函〔2018〕311 号
186	关于对华泰资管－联想保理及考拉保理债权一期资产支持专项计划资产支持证券挂牌转让无异议的函	上证函〔2018〕312 号
187	关于对民生－中联利拓一期资产支持专项计划资产支持证券挂牌转让无异议的函	上证函〔2018〕313 号
188	关于对兰州兰石集团有限公司非公开发行公司债券挂牌转让无异议的函	上证函〔2018〕314 号
189	关于对皖新光大阅嘉一期资产支持专项计划资产支持证券挂牌转让无异议的函	上证函〔2018〕316 号
190	关于对中泰湘财－邳州安置房信托受益权资产支持专项计划资产支持证券挂牌转让无异议的函	上证函〔2018〕317 号
191	关于对广东顺控城投置业有限公司非公开发行公司债券挂牌转让无异议的函	上证函〔2018〕318 号
192	关于对湘潭振湘国有资产经营投资有限公司非公开发行公司债券挂牌转让无异议的函	上证函〔2018〕319 号

续表

序号	标　　题	文　　号
193	关于对世茂－华能－开源住房租赁信托受益权资产支持专项计划资产支持证券挂牌转让无异议的函	上证函〔2018〕334 号
194	关于对东方财富－浙江广厦建设职业技术学院信托受益权资产支持专项计划资产支持证券挂牌转让无异议的函	上证函〔2018〕335 号
195	关于对长城证券－逸锟保理 1－8 号资产支持专项计划资产支持证券挂牌转让无异议的函	上证函〔2018〕336 号
196	关于对兴证资管－中泰证券－奥克斯租赁七期资产支持专项计划资产支持证券挂牌转让无异议的函	上证函〔2018〕337 号
197	关于对兴业证券股份有限公司非公开发行公司债券挂牌转让无异议的函	上证函〔2018〕338 号
198	关于对力帆实业（集团）股份有限公司非公开发行公司债券挂牌转让无异议的函	上证函〔2018〕339 号
199	关于对方正科技集团股份有限公司非公开发行公司债券挂牌转让无异议的函	上证函〔2018〕340 号
200	关于对湖北省鄂西生态文化旅游圈投资有限公司非公开发行公司债券挂牌转让无异议的函	上证函〔2018〕341 号
201	关于对格力地产股份有限公司非公开发行公司债券挂牌转让无异议的函	上证函〔2018〕342 号
202	关于对岚桥集团有限公司非公开发行公司债券挂牌转让无异议的函	上证函〔2018〕344 号
203	关于对招商－新城控股购房尾款资产支持专项计划资产支持证券挂牌转让无异议的函	上证函〔2018〕346 号
204	关于对北京链家房地产经纪有限公司非公开发行公司债券挂牌转让无异议的函	上证函〔2018〕347 号
205	关于对海通证券股份有限公司非公开发行次级债券挂牌转让无异议的函	上证函〔2018〕348 号
206	关于对悦达资本股份有限公司非公开发行公司债券挂牌转让无异议的函	上证函〔2018〕349 号
207	关于对苏州高新区自来水有限公司非公开发行公司债券挂牌转让无异议的函	上证函〔2018〕350 号
208	关于对东方集团股份有限公司非公开发行可交换公司债券挂牌转让无异议的函	上证函〔2018〕353 号
209	关于对泉州市泉港区水利水务建设发展有限公司非公开发行公司债券挂牌转让无异议的函	上证函〔2018〕354 号
210	关于对广东东阳光科技控股股份有限公司非公开发行公司债券挂牌转让无异议的函	上证函〔2018〕355 号
211	关于对河南能源化工集团有限公司非公开发行公司债券挂牌转让无异议的函	上证函〔2018〕356 号
212	关于对华融证券股份有限公司非公开发行次级债券挂牌转让无异议的函	上证函〔2018〕357 号
213	关于对 2018 远东一期资产支持专项计划资产支持证券挂牌转让无异议的函	上证函〔2018〕358 号
214	关于对长江证券－龙元建设 2018 年第一期应收账款资产支持专项计划资产支持证券挂牌转让无异议的函	上证函〔2018〕359 号

续表

序号	标　　题	文　　号
215	关于对武汉光谷融资租赁有限公司非公开发行公司债券挂牌转让无异议的函	上证函〔2018〕363 号
216	关于对青岛城乡建设融资租赁有限公司非公开发行公司债券挂牌转让无异议的函	上证函〔2018〕364 号
217	关于对浙江省交通投资集团有限公司非公开发行可交换公司债券挂牌转让无异议的函	上证函〔2018〕365 号
218	关于对长江易见－滇中保理 1 号资产支持专项计划资产支持证券挂牌转让无异议的函	上证函〔2018〕366 号
219	关于对扬州市交通产业集团有限责任公司非公开发行公司债券挂牌转让无异议的函	上证函〔2018〕369 号
220	关于对常熟市发展投资有限公司非公开发行公司债券挂牌转让无异议的函	上证函〔2018〕371 号
221	关于对百度－长安新生－天风 2017 年第二期资产支持专项计划资产支持证券挂牌转让无异议的函	上证函〔2018〕372 号
222	关于对天风证券股份有限公司非公开发行次级债券挂牌转让无异议的函	上证函〔2018〕373 号
223	关于对德邦证券股份有限公司非公开发行次级债券挂牌转让无异议的函	上证函〔2018〕374 号
224	关于对青岛城市建设投资(集团)有限责任公司非公开发行公司债券挂牌转让无异议的函	上证函〔2018〕375 号
225	关于对新疆广汇实业投资(集团)有限责任公司非公开发行公司债券挂牌转让无异议的函	上证函〔2018〕376 号
226	关于对华融融德资产管理有限公司非公开发行公司债券挂牌转让无异议的函	上证函〔2018〕377 号
227	关于对华泰资管－春申 3 号资产支持专项计划资产支持证券挂牌转让无异议的函	上证函〔2018〕386 号
228	关于对建投汇融－信睿资产支持专项计划资产支持证券挂牌转让无异议的函	上证函〔2018〕387 号
229	关于对上实租赁七期资产支持专项计划资产支持证券挂牌转让无异议的函	上证函〔2018〕388 号
230	关于对鑫苑置业购房尾款资产支持专项计划资产支持证券挂牌转让无异议的函	上证函〔2018〕389 号
231	关于对江阴市公有资产经营有限公司非公开发行公司债券挂牌转让无异议的函	上证函〔2018〕390 号
232	关于对光大国君－中远海运租赁 2018 年第一期资产支持专项计划资产支持证券挂牌转让无异议的函	上证函〔2018〕391 号
233	关于对中信证券－读秒“拿去花”第二期消费分期资产支持专项计划资产支持证券挂牌转让无异议的函	上证函〔2018〕392 号
234	关于对华金－华发股份购房尾款资产支持专项计划资产支持证券挂牌转让无异议的函	上证函〔2018〕393 号
235	关于对中银证券诚泰租赁 2018 年第一期资产支持专项计划资产支持证券挂牌转让无异议的函	上证函〔2018〕394 号

续表

序号	标　　题	文　　号
236	关于对中金－唯品花资产支持专项计划资产支持证券挂牌转让无异议的函	上证函〔2018〕395 号
237	关于对渤海汇金－康达环保污水处理项目绿色资产支持专项计划资产支持证券挂牌转让无异议的函	上证函〔2018〕396 号
238	关于对光证资管－逸锟保理供应链金融第 X 期资产支持专项计划资产支持证券挂牌转让无异议的函	上证函〔2018〕399 号
239	关于对国融－邹城热电供热和供电收费收益权资产支持专项计划资产支持证券挂牌转让无异议的函	上证函〔2018〕400 号
240	关于对兴瀚资管－鑫安 3 号资产支持专项计划资产支持证券挂牌转让无异议的函	上证函〔2018〕401 号
241	关于对东方邦信置业有限公司非公开发行公司债券挂牌转让无异议的函	上证函〔2018〕403 号
242	关于对东证融汇金选 1 号资产支持专项计划资产支持证券挂牌转让无异议的函	上证函〔2018〕404 号
243	关于对高和城市更新权益型房托一号资产支持专项计划资产支持证券挂牌转让无异议的函	上证函〔2018〕407 号
244	关于对湖北省资产管理有限公司非公开发行公司债券挂牌转让无异议的函	上证函〔2018〕408 号
245	关于对东证融汇－鼎益租赁二期资产支持专项计划资产支持证券挂牌转让无异议的函	上证函〔2018〕409 号
246	关于对吉林省信用担保投资集团有限公司非公开发行公司债券挂牌转让无异议的函	上证函〔2018〕412 号
247	关于对广东飞企互联科技股份有限公司非公开发行创新创业公司债券挂牌转让无异议的函	上证函〔2018〕413 号
248	关于对紫光集团有限公司非公开发行公司债券挂牌转让无异议的函	上证函〔2018〕423 号
249	关于对新力地产有限公司非公开发行公司债券挂牌转让无异议的函	上证函〔2018〕424 号
250	关于对西藏道衡投资有限公司非公开发行可交换公司债券挂牌转让无异议的函	上证函〔2018〕425 号
251	关于对长兴汽运收费收益权资产支持专项计划资产支持证券挂牌转让无异议的函	上证函〔2018〕426 号
252	关于对如日资产支持专项计划资产支持证券挂牌转让无异议的函	上证函〔2018〕438 号
253	关于对长城证券－雅居乐购房尾款资产支持专项计划资产支持证券挂牌转让无异议的函	上证函〔2018〕439 号
254	关于对中信建投－远洋亿家物业费资产支持专项计划资产支持证券挂牌转让无异议的函	上证函〔2018〕440 号
255	关于对浙江海洋租赁四期资产支持专项计划资产支持证券挂牌转让无异议的函	上证函〔2018〕441 号
256	关于对天津市房地产发展（集团）股份有限公司非公开发行公司债券挂牌转让无异议的函	上证函〔2018〕443 号
257	关于对广州富力地产股份有限公司非公开发行公司债券挂牌转让无异议的函	上证函〔2018〕448 号

续表

序号	标　　题	文　　号
258	关于对开源证券－联储证券融出资金债权1号资产支持专项计划资产支持证券挂牌转让无异议的函	上证函〔2018〕449号
259	关于对兴证资管－兴泽1号资产支持专项计划资产支持证券挂牌转让无异议的函	上证函〔2018〕450号
260	关于对江西方大钢铁集团有限公司非公开发行可交换公司债券挂牌转让无异议的函	上证函〔2018〕451号
261	关于对银河茂业集团一期资产支持专项计划资产支持证券挂牌转让无异议的函	上证函〔2018〕467号
262	关于对广州市时代控股集团有限公司非公开发行公司债券挂牌转让无异议的函	上证函〔2018〕469号
263	关于对德邦花呗消费授信融资资产支持专项计划资产支持证券挂牌转让无异议的函	上证函〔2018〕471号
264	关于对华鑫证券融出资金债权一期－六期资产支持专项计划资产支持证券挂牌转让无异议的函	上证函〔2018〕477号
265	关于对金融街威斯汀酒店资产支持专项计划资产支持证券挂牌转让无异议的函	上证函〔2018〕478号
266	关于对国药租赁三期资产支持专项计划资产支持证券挂牌转让无异议的函	上证函〔2018〕480号
267	关于对国开证券－广西租赁资产支持专项计划资产支持证券挂牌转让无异议的函	上证函〔2018〕481号
268	关于对国美电器有限公司非公开发行公司债券挂牌转让无异议的函	上证函〔2018〕489号
269	关于对国君资管君诚2号资产支持专项计划资产支持证券挂牌转让无异议的函	上证函〔2018〕490号
270	关于对中国中投证券有限责任公司非公开发行公司债券挂牌转让无异议的函	上证函〔2018〕491号
271	关于对中信建投证券股份有限公司非公开发行公司债券挂牌转让无异议的函	上证函〔2018〕492号
272	关于对富国资产亨通亿通供热收费收益权资产支持专项计划资产支持证券挂牌转让无异议的函	上证函〔2018〕494号
273	关于对华西－云库汇－首创置业购房尾款资产支持专项计划资产支持证券挂牌转让无异议的函	上证函〔2018〕498号
274	关于对2018平安租赁三期小微租赁资产支持专项计划资产支持证券挂牌转让无异议的函	上证函〔2018〕499号
275	关于对广发恒进－联合保理供应链金融资产支持专项计划资产支持证券挂牌转让无异议的函	上证函〔2018〕501号
276	关于对首创置业股份有限公司非公开发行住房租赁专项可续期公司债券挂牌转让无异议的函	上证函〔2018〕502号
277	关于对中信建投－中泰证券融出资金债权1号1－5期资产支持专项计划资产支持证券挂牌转让无异议的函	上证函〔2018〕505号
278	关于对红星美凯龙购房尾款资产支持专项计划资产支持证券挂牌转让无异议的函	上证函〔2018〕506号
279	关于对京东金融－华泰资管2018年第2－9期供应链保理合同债权资产支持专项计划资产支持证券挂牌转让无异议的函	上证函〔2018〕507号

续表

序号	标　　题	文　　号
280	关于对郑州地产集团有限公司非公开发行公司债券挂牌转让无异议的函	上证函〔2018〕508 号
281	关于对北京首都开发股份有限公司非公开发行公司债券挂牌转让无异议的函	上证函〔2018〕509 号
282	关于对安徽省皖北煤电集团有限责任公司非公开发行可交换公司债券挂牌转让无异议的函	上证函〔2018〕513 号
283	关于对国君资管君同 1 号资产支持专项计划资产支持证券挂牌转让无异议的函	上证函〔2018〕516 号
284	关于对甘肃省农垦集团有限责任公司非公开发行公司债券挂牌转让无异议的函	上证函〔2018〕517 号
285	关于对中金花呗 2018 年消费授信融资资产支持专项计划资产支持证券挂牌转让无异议的函	上证函〔2018〕522 号
286	关于对辽宁方大集团实业有限公司非公开发行可交换公司债券挂牌转让无异议的函	上证函〔2018〕523 号
287	关于对山西证券－豫盛 2 号资产支持专项计划资产支持证券挂牌转让无异议的函	上证函〔2018〕524 号
288	关于对阿克苏地区绿色实业开发有限公司非公开发行公司债券挂牌转让无异议的函	上证函〔2018〕525 号
289	关于对奥园集团有限公司非公开发行公司债券挂牌转让无异议的函	上证函〔2018〕526 号
290	关于对天风－河南能源供气资产支持专项计划资产支持证券挂牌转让无异议的函	上证函〔2018〕527 号
291	关于对汇通十三期资产支持专项计划资产支持证券挂牌转让无异议的函	上证函〔2018〕528 号
292	关于对华鑫－摩根士丹利华鑫－唯品会供应链金融第（×）期资产支持专项计划资产支持证券挂牌转让无异议的函	上证函〔2018〕529 号
293	关于对融通资本国融 2 号信托受益权资产支持专项计划资产支持证券挂牌转让无异议的函	上证函〔2018〕533 号
294	关于对平安－建发购房尾款资产支持专项计划资产支持证券挂牌转让无异议的函	上证函〔2018〕534 号
295	关于对湖南省交通水利建设集团有限公司非公开发行公司债券挂牌转让无异议的函	上证函〔2018〕535 号
296	关于对赣发租赁二期资产支持专项计划资产支持证券挂牌转让无异议的函	上证函〔2018〕537 号
297	关于对中泰－汇融二期信托受益权资产支持专项计划资产支持证券挂牌转让无异议的函	上证函〔2018〕538 号
298	关于对中国电建地产集团有限公司非公开发行公司债券挂牌转让无异议的函	上证函〔2018〕539 号
299	关于对赣州开发区建设投资（集团）有限公司非公开发行公司债券挂牌转让无异议的函	上证函〔2018〕540 号
300	关于对城发投资集团有限公司非公开发行公司债券挂牌转让无异议的函	上证函〔2018〕541 号
301	关于对中航国际租赁有限公司非公开发行公司债券挂牌转让无异议的函	上证函〔2018〕543 号

续表

序号	标　　题	文　　号
302	关于对天风－蛋壳公寓信托受益权资产支持专项计划资产支持证券挂牌转让无异议的函	上证函〔2018〕544号
303	关于对爱建－经发物业资产支持专项计划资产支持证券挂牌转让无异议的函	上证函〔2018〕545号
304	关于对2018平安租赁二期资产支持专项计划资产支持证券挂牌转让无异议的函	上证函〔2018〕546号
305	关于对财通资管东方圣城租赁一期资产支持专项计划资产支持证券挂牌转让无异议的函	上证函〔2018〕549号
306	关于对平安－同煤集团供应链金融资产支持专项计划资产支持证券挂牌转让无异议的函	上证函〔2018〕550号
307	关于对湖北省路桥集团有限公司非公开发行公司债券挂牌转让无异议的函	上证函〔2018〕551号
308	关于对新城控股集团股份有限公司非公开发行公司债券挂牌转让无异议的函	上证函〔2018〕552号
309	关于对天风证券－比亚迪新能源汽车中央财政补贴绿色资产支持专项计划资产支持证券挂牌转让无异议的函	上证函〔2018〕554号
310	关于对平安汇通－宝龙－联易融供应链金融1－10号资产支持专项计划资产支持证券挂牌转让无异议的函	上证函〔2018〕557号
311	关于对华泰资管－方正保理1－10号资产支持专项计划资产支持证券挂牌转让无异议的函	上证函〔2018〕558号
312	关于对东吴－悦达租赁－汽车金融2018年一期资产支持专项计划资产支持证券挂牌转让无异议的函	上证函〔2018〕559号
313	关于对华泰资管－红星美凯龙购房尾款第一期资产支持专项计划资产支持证券挂牌转让无异议的函	上证函〔2018〕560号
314	关于对长城证券－北京合生汇资产支持专项计划资产支持证券挂牌转让无异议的函	上证函〔2018〕561号
315	关于对天风证券－比亚迪新能源汽车租赁绿色资产支持专项计划资产支持证券挂牌转让无异议的函	上证函〔2018〕562号
316	关于对绍兴市城市建设投资集团有限公司非公开发行可续期公司债券挂牌转让无异议的函	上证函〔2018〕569号
317	关于对海通－中铁建资管一期应收账款资产支持专项计划资产支持证券挂牌转让无异议的函	上证函〔2018〕570号
318	关于对中原资产管理有限公司非公开发行公司债券挂牌转让无异议的函	上证函〔2018〕571号
319	关于对湖州市交通投资集团有限公司非公开发行公司债券挂牌转让无异议的函	上证函〔2018〕572号
320	关于对株洲金科建设投资经营集团有限公司非公开发行公司债券挂牌转让无异议的函	上证函〔2018〕573号
321	关于对江苏康缘集团有限责任公司非公开发行公司债券挂牌转让无异议的函	上证函〔2018〕575号
322	关于对南京丰盛产业控股集团有限公司非公开发行公司债券挂牌转让无异议的函	上证函〔2018〕576号

续表

序号	标　　题	文　　号
323	关于对江苏盛泽投资有限公司非公开发行公司债券挂牌转让无异议的函	上证函〔2018〕577 号
324	关于对中信证券 – 易鑫租赁二期资产支持专项计划资产支持证券挂牌转让无异议的函	上证函〔2018〕579 号
325	关于对长城证券 – 一方 1 – 20 期供应链金融资产支持专项计划资产支持证券挂牌转让无异议的函	上证函〔2018〕580 号
326	关于对乾途·建交第二期中银资产支持专项计划资产支持证券挂牌转让无异议的函	上证函〔2018〕581 号
327	关于对重庆市合川农村农业投资(集团)有限公司非公开发行公司债券挂牌转让无异议的函	上证函〔2018〕584 号
328	关于对嘉善县国有资产投资有限公司非公开发行公司债券挂牌转让无异议的函	上证函〔2018〕585 号
329	关于对郑州航空港兴港投资集团有限公司非公开发行公司债券挂牌转让无异议的函	上证函〔2018〕586 号
330	关于对中国中投证券 – 光大证券融出资金债权资产支持专项计划资产支持证券挂牌转让无异议的函	上证函〔2018〕587 号
331	关于对红星美凯龙控股集团有限公司非公开发行可交换公司债券挂牌转让无异议的函	上证函〔2018〕589 号
332	关于对乌鲁木齐市城市交通投资有限责任公司非公开发行绿色公司债券挂牌转让无异议的函	上证函〔2018〕594 号
333	关于对澳洋集团有限公司非公开发行公司债券挂牌转让无异议的函	上证函〔2018〕601 号
334	关于对国泰租赁有限公司非公开发行公司债券挂牌转让无异议的函	上证函〔2018〕602 号
335	关于对联储证券有限责任公司非公开发行次级债券挂牌转让无异议的函	上证函〔2018〕603 号
336	关于对安顺市城市建设投资有限责任公司非公开发行公司债券挂牌转让无异议的函	上证函〔2018〕604 号
337	关于对商赢环球股份有限公司非公开发行公司债券挂牌转让无异议的函	上证函〔2018〕607 号
338	关于对中山证券 – 奥园集团第一期资产支持计划资产支持证券挂牌转让无异议的函	上证函〔2018〕605 号
339	关于对新时代 – 阳光城购房尾款资产支持专项计划资产支持证券挂牌转让无异议的函	上证函〔2018〕606 号
340	关于对眉山市资产经营有限公司非公开发行公司债券挂牌转让无异议的函	上证函〔2018〕608 号
341	关于对洛阳 LYC 轴承有限公司非公开发行公司债券挂牌转让无异议的函	上证函〔2018〕609 号
342	关于对瑞安市国有资产投资集团有限公司非公开发行公司债券挂牌转让无异议的函	上证函〔2018〕610 号
343	关于对平安汇通 – 北大资源购房尾款资产支持专项计划资产支持证券挂牌转让无异议的函	上证函〔2018〕611 号
344	关于对 2018 平安租赁四期资产支持专项计划资产支持证券挂牌转让无异议的函	上证函〔2018〕619 号

续表

序号	标　题	文　号
345	关于对华泰资管－海通证券股票质押式回购债权2018年一至五期资产支持专项计划资产支持证券挂牌转让无异议的函	上证函〔2018〕620号
346	关于对山西证券－原银1号资产支持专项计划资产支持证券挂牌转让无异议的函	上证函〔2018〕621号
347	关于对平安证券－中化保理－金茂供应链金融1－20号资产支持专项计划资产支持证券挂牌转让无异议的函	上证函〔2018〕622号
348	关于对佳源创盛控股集团有限公司非公开发行公司债券挂牌转让无异议的函	上证函〔2018〕623号
349	关于对湖南省高速公路投资集团有限公司非公开发行公司债券挂牌转让无异议的函	上证函〔2018〕624号
350	关于对陕西旅游集团有限公司非公开发行公司债券挂牌转让无异议的函	上证函〔2018〕625号
351	关于对南京江宁城市建设集团有限公司非公开发行公司债券挂牌转让无异议的函	上证函〔2018〕626号
352	关于对兖矿集团有限公司非公开发行公司债券挂牌转让无异议的函	上证函〔2018〕627号
353	关于对隆鑫控股有限公司非公开发行可交换公司债券挂牌转让无异议的函	上证函〔2018〕628号
354	关于对爱建证券有限责任公司非公开发行公司债券挂牌转让无异议的函	上证函〔2018〕629号
355	关于对广东腾越建筑工程有限公司非公开发行公司债券挂牌转让无异议的函	上证函〔2018〕630号
356	关于对工银瑞信投资－致诚1号资产支持专项计划资产支持证券挂牌转让无异议的函	上证函〔2018〕631号
357	关于对开源－云联供应链金融资产支持专项计划资产支持证券挂牌转让无异议的函	上证函〔2018〕633号
358	关于对融通资本国贸金海峡租赁一期资产支持专项计划资产支持证券挂牌转让无异议的函	上证函〔2018〕634号
359	关于对晋城宏圣建筑工程有限公司非公开发行公司债券挂牌转让无异议的函	上证函〔2018〕635号
360	关于对金华融盛投资发展集团有限公司非公开发行公司债券挂牌转让无异议的函	上证函〔2018〕636号
361	关于对南京新城科技园建设发展有限责任公司非公开发行公司债券挂牌转让无异议的函	上证函〔2018〕637号
362	关于对盐城市海兴投资有限公司非公开发行绿色公司债券挂牌转让无异议的函	上证函〔2018〕638号
363	关于对交银施罗德－苏银金桂1－20号资产支持专项计划资产支持证券挂牌转让无异议的函	上证函〔2018〕639号
364	关于对华福－文儒1号资产支持专项计划资产支持证券挂牌转让无异议的函	上证函〔2018〕640号
365	关于对兴化市城市建设投资有限公司非公开发行公司债券挂牌转让无异议的函	上证函〔2018〕642号

续表

序号	标 题	文 号
366	关于对汝州市鑫源投资有限公司非公开发行公司债券挂牌转让无异议的函	上证函〔2018〕643号
367	关于对中信建投－渝地民心佳园资产支持专项计划资产支持证券挂牌转让无异议的函	上证函〔2018〕654号
368	关于对保利置业集团有限公司非公开发行公司债券挂牌转让无异议的函	上证函〔2018〕655号
369	关于对秦皇岛城市发展投资控股集团有限公司非公开发行公司债券挂牌转让无异议的函	上证函〔2018〕656号
370	关于对东岭集团股份有限公司非公开发行公司债券挂牌转让无异议的函	上证函〔2018〕657号
371	关于对南京中电熊猫信息产业集团有限公司非公开发行公司债券挂牌转让无异议的函	上证函〔2018〕658号
372	关于对联发集团有限公司非公开发行公司债券挂牌转让无异议的函	上证函〔2018〕659号
373	关于对铜仁市九龙地矿投资开发有限责任公司非公开发行社会责任公司债券(扶贫)挂牌转让无异议的函	上证函〔2018〕660号
374	关于对利辛县春蕾农业发展有限责任公司非公开发行扶贫专项公司债券挂牌转让无异议的函	上证函〔2018〕661号
375	关于对新疆中瑞恒远商贸集团有限公司非公开发行公司债券挂牌转让无异议的函	上证函〔2018〕662号
376	关于对申万宏源－东兴证券融出资金债权1号1－5期资产支持专项计划资产支持证券挂牌转让无异议的函	上证函〔2018〕663号
377	关于对中国一拖集团有限公司非公开发行可交换公司债券挂牌转让无异议的函	上证函〔2018〕665号
378	关于对中山平安－前海结算供应链金融1－15号资产支持专项计划资产支持证券挂牌转让无异议的函	上证函〔2018〕666号
379	关于对中国中投证券－金地商置应收款项资产支持专项计划资产支持证券挂牌转让无异议的函	上证函〔2018〕667号
380	关于对华泰－物产金属供应链金融资产支持专项计划资产支持证券挂牌转让无异议的函	上证函〔2018〕668号
381	关于对兴业证券股份有限公司非公开发行次级债券挂牌转让无异议的函	上证函〔2018〕670号
382	关于对申万宏源－永达融资租赁一期资产支持专项计划资产支持证券挂牌转让无异议的函	上证函〔2018〕673号
383	关于对广东珠江投资股份有限公司非公开发行公司债券挂牌转让无异议的函	上证函〔2018〕674号
384	关于对光大花呗第五至第十四期消费授信融资资产支持专项计划资产支持证券挂牌转让无异议的函	上证函〔2018〕676号
385	关于对延吉市集中供热热费收益权资产支持专项计划资产支持证券挂牌转让无异议的函	上证函〔2018〕677号
386	关于对中联前海开源－恒大租赁住房一号资产支持专项计划资产支持证券挂牌转让无异议的函	上证函〔2018〕678号
387	关于对苏州革新百集传媒科技股份有限公司非公开发行创新创业公司债券挂牌转让无异议的函	上证函〔2018〕679号

续表

序号	标　　题	文　　号
388	关于对赤水市城市建设投资经营有限公司非公开发行公司债券挂牌转让无异议的函	上证函〔2018〕680 号
389	关于对苏州高新区经济发展集团总公司非公开发行公司债券挂牌转让无异议的函	上证函〔2018〕681 号
390	关于对新疆天富集团有限责任公司非公开发行公司债券挂牌转让无异议的函	上证函〔2018〕682 号
391	关于对山西潞安矿业(集团)有限责任公司非公开发行公司债券挂牌转让无异议的函	上证函〔2018〕683 号
392	关于对华泰证券股份有限公司非公开发行公司债券挂牌转让无异议的函	上证函〔2018〕684 号
393	关于对中国中投证券－武汉地产应收款项资产支持专项计划资产支持证券挂牌转让无异议的函	上证函〔2018〕686 号
394	关于对如皋市交通投资发展有限公司非公开发行公司债券挂牌转让无异议的函	上证函〔2018〕687 号
395	关于对乌鲁木齐经济技术开发区建设发展总公司非公开发行公司债券挂牌转让无异议的函	上证函〔2018〕688 号
396	关于对财通证券股份有限公司非公开发行次级债券挂牌转让无异议的函	上证函〔2018〕689 号
397	关于对江苏安东控股集团有限公司非公开发行公司债券挂牌转让无异议的函	上证函〔2018〕691 号
398	关于对深圳茂业商厦有限公司非公开发行可交换公司债券挂牌转让无异议的函	上证函〔2018〕692 号
399	关于对九州合创－延吉梦都美景区入园凭证资产支持专项计划资产支持证券挂牌转让无异议的函	上证函〔2018〕700 号
400	关于对长江楚越－苏宁 1－10 期供应链金融资产支持专项计划资产支持证券挂牌转让无异议的函	上证函〔2018〕701 号
401	关于对江苏南通三建集团股份有限公司非公开发行公司债券挂牌转让无异议的函	上证函〔2018〕702 号
402	关于对大同证券有限责任公司非公开发行次级债券挂牌转让无异议的函	上证函〔2018〕703 号
403	关于对天风－泛海民生金融中心 2018 年第一期资产支持专项计划资产支持证券挂牌转让无异议的函	上证函〔2018〕705 号
404	关于对天风－泛海民生金融中心 2018 年第二期资产支持专项计划资产支持证券挂牌转让无异议的函	上证函〔2018〕706 号
405	关于对天弘创新中车信融一期资产支持专项计划资产支持证券挂牌转让无异议的函	上证函〔2018〕708 号
406	关于对华林－南钢应收账款资产支持专项计划资产支持证券挂牌转让无异议的函	上证函〔2018〕709 号
407	关于对宁夏晟晏实业集团有限公司非公开发行公司债券挂牌转让无异议的函	上证函〔2018〕710 号
408	关于对水发集团有限公司非公开发行可续期公司债券挂牌转让无异议的函	上证函〔2018〕711 号

续表

序号	标　　题	文　　号
409	关于对成都兴城投资集团有限公司非公开发行公司债券挂牌转让无异议的函	上证函〔2018〕712号
410	关于对国金-融联1期资产支持专项计划资产支持证券挂牌转让无异议的函	上证函〔2018〕713号
411	关于对四川省铁路产业投资集团有限责任公司非公开发行绿色公司债券挂牌转让无异议的函	上证函〔2018〕714号
412	关于对大航控股集团有限公司非公开发行公司债券挂牌转让无异议的函	上证函〔2018〕715号
413	关于对峨眉山市开源国有投资控股集团有限公司非公开发行公司债券挂牌转让无异议的函	上证函〔2018〕716号
414	关于对新汶矿业集团有限责任公司非公开发行公司债券挂牌转让无异议的函	上证函〔2018〕717号
415	关于对新津县交通建设投资有限责任公司非公开发行公司债券挂牌转让无异议的函	上证函〔2018〕718号
416	关于对成都市新津水城水务投资有限责任公司非公开发行公司债券挂牌转让无异议的函	上证函〔2018〕719号
417	关于对深圳盛屯集团有限公司非公开发行可交换公司债券挂牌转让无异议的函	上证函〔2018〕720号
418	关于对苏州吴中国太发展有限公司非公开发行公司债券挂牌转让无异议的函	上证函〔2018〕723号
419	关于对江西省旅游集团有限责任公司非公开发行公司债券挂牌转让无异议的函	上证函〔2018〕724号
420	关于对湖州织里城市建设投资运营集团有限公司非公开发行公司债券挂牌转让无异议的函	上证函〔2018〕725号
421	关于对国联华光供热收益权绿色资产支持专项计划资产支持证券挂牌转让无异议的函	上证函〔2018〕726号
422	关于对贵阳高新产业投资(集团)有限公司非公开发行公司债券挂牌转让无异议的函	上证函〔2018〕727号
423	关于对中国银河证券股份有限公司非公开发行公司债券挂牌转让无异议的函	上证函〔2018〕728号
424	关于对联易融-中信证券供应链金融第1-10期资产支持专项计划资产支持证券挂牌转让无异议的函	上证函〔2018〕729号
425	关于对大晟时代文化投资股份有限公司非公开发行公司债券挂牌转让无异议的函	上证函〔2018〕730号
426	关于对南京市江宁区自来水总公司非公开发行公司债券挂牌转让无异议的函	上证函〔2018〕731号
427	关于对中金花呗2018年消费授信融资资产支持专项计划资产支持证券挂牌转让无异议的函	上证函〔2018〕732号
428	关于对贵州双龙航空港开发投资(集团)有限公司非公开发行公司债券挂牌转让无异议的函	上证函〔2018〕733号
429	关于对都江堰岷江水务集团有限公司非公开发行公司债券挂牌转让无异议的函	上证函〔2018〕734号

续表

序号	标　　题	文　　号
430	关于对上海宝龙实业发展(集团)有限公司非公开发行公司债券挂牌转让无异议的函	上证函〔2018〕736 号
431	关于对泸州阜阳投资集团有限公司非公开发行公司债券挂牌转让无异议的函	上证函〔2018〕737 号
432	关于对昆明滇池国家旅游度假区国有资产投资经营管理(集团)有限责任公司非公开发行公司债券挂牌转让无异议的函	上证函〔2018〕738 号
433	关于对远洋地产有限公司非公开发行公司债券挂牌转让无异议的函	上证函〔2018〕739 号
434	关于对深圳平安金融科技咨询有限公司非公开发行公司债券挂牌转让无异议的函	上证函〔2018〕742 号
435	关于对山东金鲁班集团有限公司非公开发行公司债券挂牌转让无异议的函	上证函〔2018〕743 号
436	关于对安顺市西秀区城镇投资发展有限公司非公开发行公司债券挂牌转让无异议的函	上证函〔2018〕744 号
437	关于对金元荣泰国际投资管理(北京)有限公司非公开发行可交换公司债券挂牌转让无异议的函	上证函〔2018〕745 号
438	关于对新疆广汇实业投资(集团)有限责任公司非公开发行可交换公司债券挂牌转让无异议的函	上证函〔2018〕746 号
439	关于 2018 易鑫租赁三期资产支持专项计划资产支持证券挂牌转让无异议的函	上证函〔2018〕755 号
440	关于对阜宁县自来水有限公司非公开发行公司债券挂牌转让无异议的函	上证函〔2018〕756 号
441	关于对大华社区商业资产支持专项计划资产支持证券挂牌转让无异议的函	上证函〔2018〕757 号
442	关于对丹阳高新区投资发展有限公司非公开发行公司债券挂牌转让无异议的函	上证函〔2018〕758 号
443	关于对江海证券 – 中铁十局 2018 年第一期应收账款资产支持专项计划资产支持证券挂牌转让无异议的函	上证函〔2018〕759 号
444	关于对华泰荣成一期信托受益权资产支持专项计划资产支持证券挂牌转让无异议的函	上证函〔2018〕760 号
445	关于对佳美联易融资产支持专项计划资产支持证券挂牌转让无异议的函	上证函〔2018〕761 号
446	关于对东方证券股份有限公司非公开发行公司债券挂牌转让无异议的函	上证函〔2018〕762 号
447	关于对重庆市通达投资有限公司非公开发行公司债券挂牌转让无异议的函	上证函〔2018〕763 号
448	关于对华福 – 兴福 1 号资产支持专项计划资产支持证券挂牌转让无异议的函	上证函〔2018〕764 号
449	关于对太仓市水务集团有限公司非公开发行公司债券挂牌转让无异议的函	上证函〔2018〕765 号
450	关于对滨海县水务发展有限公司非公开发行公司债券挂牌转让无异议的函	上证函〔2018〕766 号

续表

序号	标 题	文 号
451	关于对上海三盛宏业投资(集团)有限责任公司非公开发行可交换公司债券挂牌转让无异议的函	上证函〔2018〕767 号
452	关于对山西亚宝投资集团有限公司非公开发行可交换公司债券挂牌转让无异议的函	上证函〔2018〕768 号
453	关于对兴证资管－中铁建资管应收账款一期资产支持专项计划资产支持证券挂牌转让无异议的函	上证函〔2018〕771 号
454	关于对中信银行智信 2－20 号资产支持专项计划资产支持证券挂牌转让无异议的函	上证函〔2018〕772 号
455	关于对中金－悠唐广场资产支持专项计划资产支持证券挂牌转让无异议的函	上证函〔2018〕773 号
456	关于对申港－保集物业资产支持专项计划资产支持证券挂牌转让无异议的函	上证函〔2018〕774 号
457	关于对云南省城市建设投资集团有限公司非公开发行公司债券挂牌转让无异议的函	上证函〔2018〕775 号
458	关于对景德镇陶瓷文化旅游发展有限责任公司非公开发行公司债券挂牌转让无异议的函	上证函〔2018〕776 号
459	关于对坤鼎投资管理集团股份有限公司非公开发行创新创业公司债券挂牌转让无异议的函	上证函〔2018〕777 号
460	关于对华安证券股份有限公司非公开发行次级债券挂牌转让无异议的函	上证函〔2018〕778 号
461	关于对天弘创新－美好生活供应链第 1－8 期资产支持专项计划资产支持证券挂牌转让无异议的函	上证函〔2018〕779 号
462	关于对天风－联合保理 1－24 号资产支持专项计划资产支持证券挂牌转让无异议的函	上证函〔2018〕780 号
463	关于对华西－重庆华宇瑞融资产支持专项计划资产支持证券挂牌转让无异议的函	上证函〔2018〕781 号
464	关于对天风－先锋太盟一期资产支持专项计划资产支持证券挂牌转让无异议的函	上证函〔2018〕782 号
465	关于对郑州投资控股有限公司非公开发行公司债券挂牌转让无异议的函	上证函〔2018〕783 号
466	关于对中航证券有限公司非公开发行次级债券挂牌转让无异议的函	上证函〔2018〕784 号
467	关于对江苏京源环保股份有限公司非公开发行创新创业公司债券挂牌转让无异议的函	上证函〔2018〕785 号
468	关于对中国国际金融股份有限公司非公开发行次级债券挂牌转让无异议的函	上证函〔2018〕789 号
469	关于对华创证券有限责任公司非公开发行次级债券挂牌转让无异议的函	上证函〔2018〕793 号
470	关于对华福－辉玥供应链 1－20 号资产支持专项计划资产支持证券挂牌转让无异议的函	上证函〔2018〕794 号
471	关于对湖北交投实业发展有限公司非公开发行公司债券挂牌转让无异议的函	上证函〔2018〕795 号
472	关于对瑞安房地产－佛山岭南站资产支持专项计划资产支持证券挂牌转让无异议的函	上证函〔2018〕797 号

续表

序号	标　　题	文　　号
473	关于对东证融汇－东兴企融－民生连银金奥费尔蒙国际中心资产支持专项计划资产支持证券挂牌转让无异议的函	上证函〔2018〕798 号
474	关于对南通苏通科技产业园控股发展有限公司非公开发行公司债券挂牌转让无异议的函	上证函〔2018〕799 号
475	关于对湖北清能投资发展集团有限公司非公开发行公司债券挂牌转让无异议的函	上证函〔2018〕800 号
476	关于对中国国际金融股份有限公司非公开发行公司债券挂牌转让无异议的函	上证函〔2018〕801 号
477	关于对国君资管联东 U 谷一期资产支持专项计划资产支持证券挂牌转让无异议的函	上证函〔2018〕803 号
478	关于对中民－亚联公务机资产支持专项计划资产支持证券挂牌转让无异议的函	上证函〔2018〕804 号
479	关于对贵州省盘县红腾开发投资有限公司非公开发行公司债券挂牌转让无异议的函	上证函〔2018〕805 号
480	关于对醴陵市渌江投资控股集团有限公司非公开发行公司债券挂牌转让无异议的函	上证函〔2018〕807 号
481	关于对常州产业投资集团有限公司非公开发行公司债券挂牌转让无异议的函	上证函〔2018〕808 号
482	关于对财达－长城禹洲物业资产支持专项计划资产支持证券挂牌转让无异议的函	上证函〔2018〕809 号
483	关于对海通恒信国际租赁股份有限公司非公开发行公司债券挂牌转让无异议的函	上证函〔2018〕810 号
484	关于对建投汇宇－搜候光华路资产支持专项计划资产支持证券挂牌转让无异议的函	上证函〔2018〕816 号
485	关于对本钢集团有限公司非公开发行公司债券挂牌转让无异议的函	上证函〔2018〕817 号
486	关于对济宁市市中区城建投资有限公司非公开发行公司债券挂牌转让无异议的函	上证函〔2018〕818 号
487	关于对株洲高科集团有限公司非公开发行公司债券挂牌转让无异议的函	上证函〔2018〕819 号
488	关于对宁德市交通投资集团有限公司非公开发行公司债券挂牌转让无异议的函	上证函〔2018〕820 号
489	关于对招商华润－联易融－耀彩供应链资产支持专项计划资产支持证券挂牌转让无异议的函	上证函〔2018〕821 号
490	关于对招商创融－瑞茂通一期应收账款资产支持专项计划资产支持证券挂牌转让无异议的函	上证函〔2018〕822 号
491	关于对中信建投花呗消费授信融资资产支持专项计划资产支持证券挂牌转让无异议的函	上证函〔2018〕823 号
492	关于对湖州市城市投资发展集团有限公司非公开发行公司债券挂牌转让无异议的函	上证函〔2018〕824 号
493	关于对景瑞地产(集团)有限公司非公开发行公司债券挂牌转让无异议的函	上证函〔2018〕825 号
494	关于对镇江城市建设产业集团有限公司非公开发行公司债券挂牌转让无异议的函	上证函〔2018〕826 号

续表

序号	标　　题	文　　号
495	关于对遵义经济技术开发区投资建设有限公司非公开发行公司债券挂牌转让无异议的函	上证函〔2018〕827 号
496	关于对江苏永钢集团有限公司非公开发行公司债券挂牌转让无异议的函	上证函〔2018〕828 号
497	关于对平安国际融资租赁有限公司非公开发行绿色公司债券挂牌转让无异议的函	上证函〔2018〕829 号
498	关于对中银证券－致远 1 号资产支持专项计划资产支持证券挂牌转让无异议的函	上证函〔2018〕837 号
499	关于对常熟市滨江城市建设经营投资有限责任公司非公开发行公司债券挂牌转让无异议的函	上证函〔2018〕838 号
500	关于对中民筑友科技投资有限公司非公开发行创新创业公司债券挂牌转让无异议的函	上证函〔2018〕839 号
501	关于对海通恒信小微 1－5 号资产支持专项计划资产支持证券挂牌转让无异议的函	上证函〔2018〕840 号
502	关于对光大华润－保利置业 2018 年第一期资产支持专项计划资产支持证券挂牌转让无异议的函	上证函〔2018〕843 号
503	关于对中信建投－世纪金源 I 号资产支持专项计划资产支持证券挂牌转让无异议的函	上证函〔2018〕844 号
504	关于对华安证券股份有限公司非公开发行公司债券挂牌转让无异议的函	上证函〔2018〕845 号
505	关于对山煤国际能源集团股份有限公司非公开发行可续期公司债券挂牌转让无异议的函	上证函〔2018〕846 号
506	关于对兴证资管－中泰证券－奥克斯租赁八期资产支持专项计划资产支持证券挂牌转让无异议的函	上证函〔2018〕847 号
507	关于对苏州市吴中国裕资产经营有限公司非公开发行公司债券挂牌转让无异议的函	上证函〔2018〕848 号
508	关于对山西煤炭进出口集团有限公司非公开发行可续期公司债券挂牌转让无异议的函	上证函〔2018〕849 号
509	关于对泸州市工业投资集团有限公司非公开发行公司债券挂牌转让无异议的函	上证函〔2018〕850 号
510	关于对张家界天门旅游经济投资有限责任公司非公开发行公司债券挂牌转让无异议的函	上证函〔2018〕851 号
511	关于对常德财鑫金融控股集团有限责任公司非公开发行公司债券挂牌转让无异议的函	上证函〔2018〕852 号
512	关于对宜昌交通旅游产业发展集团有限公司 非公开发行公司债券挂牌转让无异议的函	上证函〔2018〕853 号
513	关于对民生证券股份有限公司非公开发行公司债券挂牌转让无异议的函	上证函〔2018〕854 号
514	关于对开源－天通 1 号资产支持专项计划资产支持证券挂牌转让无异议的函	上证函〔2018〕857 号
515	关于对国君鑫宁 2018 年第一期资产支持专项计划资产支持证券挂牌转让无异议的函	上证函〔2018〕858 号
516	关于对水发集团有限公司非公开发行公司债券挂牌转让无异议的函	上证函〔2018〕859 号

续表

序号	标　　题	文　　号
517	关于对哈尔滨秋林集团股份有限公司非公开发行公司债券挂牌转让无异议的函	上证函〔2018〕860 号
518	关于对德邦花呗授信付款资产支持专项计划资产支持证券挂牌转让无异议的函	上证函〔2018〕862 号
519	关于对中信证券 – 联易融 – 信易 1 – 25 期供应链金融资产支持专项计划资产支持证券挂牌转让无异议的函	上证函〔2018〕863 号
520	关于对安徽淮海实业发展集团有限公司非公开发行绿色公司债券挂牌转让无异议的函	上证函〔2018〕864 号
521	关于对重庆公路物流基地建设有限公司非公开发行公司债券挂牌转让无异议的函	上证函〔2018〕865 号
522	关于对建德市资产经营投资有限公司非公开发行公司债券挂牌转让无异议的函	上证函〔2018〕866 号
523	关于对潮州市南浔区交通投资集团停车场投资开发有限公司非公开发行公司债券挂牌转让无异议的函	上证函〔2018〕867 号
524	关于对云南城投置业股份有限公司非公开发行公司债券挂牌转让无异议的函	上证函〔2018〕868 号
525	关于对江苏金海投资有限公司非公开发行公司债券挂牌转让无异议的函	上证函〔2018〕869 号
526	关于对中国平煤神马能源化工集团有限责任公司非公开发行公司债券挂牌转让无异议的函	上证函〔2018〕870 号
527	关于对河南有线电视网络集团有限公司非公开发行公司债券挂牌转让无异议的函	上证函〔2018〕871 号
528	关于对中金借呗 2018 年消费贷款资产支持专项计划资产支持证券挂牌转让无异议的函	上证函〔2018〕872 号
529	关于对中山 – 新力资产支持专项计划资产支持证券挂牌转让无异议的函	上证函〔2018〕873 号
530	关于对青岛海洋投资集团有限公司非公开发行可续期公司债券挂牌转让无异议的函	上证函〔2018〕874 号
531	关于对开源 – 中铝租赁供给侧改革 1 号资产支持专项计划资产支持证券挂牌转让无异议的函	上证函〔2018〕877 号
532	关于对安吉县城西北开发有限公司非公开发行公司债券挂牌转让无异议的函	上证函〔2018〕878 号
533	关于对泸州市龙马潭区国有资产经营有限公司非公开发行公司债券挂牌转让无异议的函	上证函〔2018〕879 号
534	关于对扬州市江都沿江开发有限公司非公开发行公司债券挂牌转让无异议的函	上证函〔2018〕887 号
535	关于对平安证券股份有限公司非公开发行次级债券挂牌转让无异议的函	上证函〔2018〕888 号
536	关于对中电投融和融资租赁有限公司非公开发行公司债券挂牌转让无异议的函	上证函〔2018〕890 号
537	关于对中山证券 – 新捷 – 联易融供应链金融 1 – 20 期资产支持专项计划资产支持证券挂牌转让无异议的函	上证函〔2018〕891 号

续表

序号	标　　题	文　　号
538	关于对衡阳市发展投资集团有限公司非公开发行公司债券挂牌转让无异议的函	上证函〔2018〕894 号
539	关于对中铁建设 2018 年第一期应收账款资产支持专项计划资产支持证券挂牌转让无异议的函	上证函〔2018〕895 号
540	关于对华泰资管 – 中飞租二期资产支持专项计划资产支持证券挂牌转让无异议的函	上证函〔2018〕896 号
541	关于对北京高能时代环境技术股份有限公司非公开发行绿色公司债券挂牌转让无异议的函	上证函〔2018〕897 号
542	关于对平安证券股份有限公司非公开发行公司债券挂牌转让无异议的函	上证函〔2018〕898 号
543	关于对宋都基业投资股份有限公司非公开发行公司债券挂牌转让无异议的函	上证函〔2018〕899 号
544	关于对淮安新城投资开发有限公司非公开发行公司债券挂牌转让无异议的函	上证函〔2018〕900 号
545	关于对睢县发展投资有限公司非公开发行扶贫专项公司债券挂牌转让无异议的函	上证函〔2018〕901 号
546	关于对株洲市国有资产投资控股集团有限公司非公开发行公司债券挂牌转让无异议的函	上证函〔2018〕902 号
547	关于对株洲市国有资产投资控股集团有限公司非公开发行可续期公司债券挂牌转让无异议的函	上证函〔2018〕903 号
548	关于对中信证券 – 普洛斯仓储物流 1 – 10 期资产支持专项计划资产支持证券挂牌转让无异议的函	上证函〔2018〕904 号
549	关于对联储证券 – 鑫航供应链金融资产支持专项计划资产支持证券挂牌转让无异议的函	上证函〔2018〕905 号
550	关于对德邦鑫盈 1 号资产支持专项计划资产支持证券挂牌转让无异议的函	上证函〔2018〕906 号
551	关于对招商创融 – 中铁置业资产支持专项计划资产支持证券挂牌转让无异议的函	上证函〔2018〕907 号
552	关于对山东公用控股有限公司非公开发行公司债券挂牌转让无异议的函	上证函〔2018〕908 号
553	关于对鹰潭市龙岗资产运营有限公司非公开发行公司债券挂牌转让无异议的函	上证函〔2018〕909 号
554	关于对邳州经济开发区经发建设有限公司非公开发行公司债券挂牌转让无异议的函	上证函〔2018〕910 号
555	关于对中泰天风 – 金保贝供应链金融 1 – 12 期资产支持专项计划资产支持证券挂牌转让无异议的函	上证函〔2018〕912 号
556	关于对桓台县金海公有资产经营有限公司非公开发行公司债券挂牌转让无异议的函	上证函〔2018〕913 号
557	关于对昆明发展投资集团有限公司非公开发行公司债券挂牌转让无异议的函	上证函〔2018〕914 号
558	关于对花样年集团(中国)有限公司非公开发行公司债券挂牌转让无异议的函	上证函〔2018〕916 号

续表

序号	标　　题	文　　号
559	关于对潍坊市城市建设发展投资集团有限公司非公开发行公司债券挂牌转让无异议的函	上证函〔2018〕917 号
560	关于对华西证券 – 新希望地产资产支持专项计划资产支持证券挂牌转让无异议的函	上证函〔2018〕919 号
561	关于对华融证券 – 汇永保理一期资产支持专项计划资产支持证券挂牌转让无异议的函	上证函〔2018〕920 号
562	关于对长江资管 – 武汉地产公租房资产支持专项计划资产支持证券挂牌转让无异议的函	上证函〔2018〕921 号
563	关于对南京江宁城市建设集团有限公司非公开发行可续期公司债券挂牌转让无异议的函	上证函〔2018〕922 号
564	关于对平顶山天安煤业股份有限公司非公开发行绿色公司债券挂牌转让无异议的函	上证函〔2018〕924 号
565	关于对铜仁梵能移动能源有限公司非公开发行绿色项目收益专项公司债券挂牌转让无异议的函	上证函〔2018〕925 号
566	关于对云南省滇中产业发展集团有限责任公司非公开发行可交换公司债券挂牌转让无异议的函	上证函〔2018〕926 号
567	关于对威海蓝创建设投资有限公司非公开发行公司债券挂牌转让无异议的函	上证函〔2018〕927 号
568	关于对天津海泰控股集团有限公司非公开发行公司债券挂牌转让无异议的函	上证函〔2018〕928 号
569	关于对华远地产股份有限公司非公开发行公司债券挂牌转让无异议的函	上证函〔2018〕929 号
570	关于对华泰佳越 – 国瑞置业一期资产支持专项计划资产支持证券挂牌转让无异议的函	上证函〔2018〕930 号
571	关于对南京江北新区公用资产投资发展有限公司非公开发行公司债券挂牌转让无异议的函	上证函〔2018〕933 号
572	关于对淮安市淮阴区城市资产经营有限公司非公开发行公司债券挂牌转让无异议的函	上证函〔2018〕934 号
573	关于对常州东方新城建设有限公司非公开发行公司债券挂牌转让无异议的函	上证函〔2018〕935 号
574	关于对中大元通租赁 2018 年度第一期资产支持专项计划资产支持证券挂牌转让无异议的函	上证函〔2018〕936 号
575	关于对中信证券 – 鹭信一期资产支持专项计划资产支持证券挂牌转让无异议的函	上证函〔2018〕937 号
576	关于对光大借呗第一至第十期消费贷款资产支持专项计划资产支持证券挂牌转让无异议的函	上证函〔2018〕938 号
577	关于对金元 – 佳源国际购房尾款资产支持专项计划资产支持证券挂牌转让无异议的函	上证函〔2018〕939 号
578	关于对中山证券 – 前海结算供应链金融资产支持专项计划资产支持证券挂牌转让无异议的函	上证函〔2018〕940 号
579	关于对重庆建桥实业发展有限公司非公开发行公司债券挂牌转让无异议的函	上证函〔2018〕942 号

续表

序号	标　　题	文　　号
580	关于对漳州市九龙江集团有限公司非公开发行公司债券挂牌转让无异议的函	上证函〔2018〕943 号
581	关于对新疆生产建设兵团国有资产经营有限责任公司非公开发行公司债券挂牌转让无异议的函	上证函〔2018〕944 号
582	关于对光证资管－成都环球中心资产支持专项计划资产支持证券挂牌转让无异议的函	上证函〔2018〕945 号
583	关于对上实租赁 2018 年资产支持专项计划资产支持证券挂牌转让无异议的函	上证函〔2018〕946 号
584	关于对君创租赁 2018 年第一期资产支持专项计划资产支持证券挂牌转让无异议的函	上证函〔2018〕947 号
585	关于对华金证券－合生创展－联易融供应链金融 1－24 号资产支持专项计划资产支持证券挂牌转让无异议的函	上证函〔2018〕948 号
586	关于对中金－平安－绿城酒店资产支持专项计划资产支持证券挂牌转让无异议的函	上证函〔2018〕955 号
587	关于对财通资管－华泰－创富租赁一期资产支持专项计划资产支持证券挂牌转让无异议的函	上证函〔2018〕956 号
588	关于对国君－中铁建一期应收账款资产支持专项计划资产支持证券挂牌转让无异议的函	上证函〔2018〕957 号
589	关于对 2018 平安租赁六期资产支持专项计划资产支持证券挂牌转让无异议的函	上证函〔2018〕958 号
590	关于对中银国际证券股份有限公司非公开发行次级债券挂牌转让无异议的函	上证函〔2018〕959 号
591	关于对复地（集团）股份有限公司非公开发行公司债券挂牌转让无异议的函	上证函〔2018〕960 号
592	关于对深圳市龙光控股有限公司非公开发行公司债券挂牌转让无异议的函	上证函〔2018〕961 号
593	关于对天地源股份有限公司非公开发行公司债券挂牌转让无异议的函	上证函〔2018〕962 号
594	关于对建信飞驰－建行票据 1－20 号资产支持专项计划资产支持证券挂牌转让无异议的函	上证函〔2018〕966 号
595	关于对华西证券－旭辉购房尾款资产支持专项计划资产支持证券挂牌转让无异议的函	上证函〔2018〕970 号
596	关于对晋能集团有限公司非公开发行公司债券挂牌转让无异议的函	上证函〔2018〕971 号
597	关于对山东国惠投资有限公司非公开发行公司债券挂牌转让无异议的函	上证函〔2018〕972 号
598	关于对贵阳泉丰文化产业投资有限公司非公开发行项目收益专项公司债券挂牌转让无异议的函	上证函〔2018〕973 号
599	关于对长沙市轨道交通集团有限公司非公开发行公司债券挂牌转让无异议的函	上证函〔2018〕974 号
600	关于对大同证券－慈溪公交收费收益权资产支持专项计划资产支持证券挂牌转让无异议的函	上证函〔2018〕978 号
601	关于对融信（福建）投资集团有限公司非公开发行公司债券挂牌转让无异议的函	上证函〔2018〕979 号

续表

序号	标　　题	文　　号
602	关于对华金诚融－鼎益租赁三期资产支持专项计划资产支持证券挂牌转让无异议的函	上证函〔2018〕982 号
603	关于对 2018 海尔租赁第一期资产支持专项计划资产支持证券挂牌转让无异议的函	上证函〔2018〕983 号
604	关于对华福－兴和 1 号资产支持专项计划资产支持证券挂牌转让无异议的函	上证函〔2018〕984 号
605	关于对 2018 国药控股融资租赁第二期资产支持专项计划资产支持证券挂牌转让无异议的函	上证函〔2018〕985 号
606	关于对德邦借呗消费贷款资产支持专项计划资产支持证券挂牌转让无异议的函	上证函〔2018〕986 号
607	关于对万家共赢同享 2 号资产支持专项计划资产支持证券挂牌转让无异议的函	上证函〔2018〕987 号
608	关于对南京江北新区建设投资集团有限公司非公开发行公司债券挂牌转让无异议的函	上证函〔2018〕988 号
609	关于对招商创融－民生汇富－金辉大厦资产支持专项计划资产支持证券挂牌转让无异议的函	上证函〔2018〕990 号
610	关于对浙江湖州南浔经济建设开发有限公司非公开发行公司债券挂牌转让无异议的函	上证函〔2018〕991 号
611	关于对天津市东丽城市基础设施投资集团有限公司非公开发行公司债券挂牌转让无异议的函	上证函〔2018〕992 号
612	关于对中信证券－海融汇供应链金融第 1－15 期资产支持专项计划资产支持证券挂牌转让无异议的函	上证函〔2018〕993 号
613	关于对中信证券－小米小贷 2 号第 1－5 期资产支持专项计划资产支持证券挂牌转让无异议的函	上证函〔2018〕994 号
614	关于对济南高新控股集团有限公司非公开发行公司债券挂牌转让无异议的函	上证函〔2018〕995 号
615	关于对九州证券股份有限公司非公开发行次级债券挂牌转让无异议的函	上证函〔2018〕996 号
616	关于对泸州兴阳投资集团有限公司非公开发行公司债券挂牌转让无异议的函	上证函〔2018〕997 号
617	关于对平安－国家电投可再生能源电价附加补助资产支持专项计划资产支持证券挂牌转让无异议的函	上证函〔2018〕1002 号
618	关于对中信建投－中化金茂物业费资产支持专项计划资产支持证券挂牌转让无异议的函	上证函〔2018〕1003 号
619	关于对湖南财信投资控股有限责任公司非公开发行公司债券挂牌转让无异议的函	上证函〔2018〕1004 号
620	关于对永城煤电控股集团有限公司非公开发行公司债券挂牌转让无异议的函	上证函〔2018〕1007 号
621	关于对国君中铁十六局应收账款资产支持专项计划资产支持证券挂牌转让无异议的函	上证函〔2018〕1014 号
622	关于对开源－平裕保理 1－20 期供应链金融资产支持专项计划资产支持证券挂牌转让无异议的函	上证函〔2018〕1015 号

续表

序号	标　　题	文　　号
623	关于对开源－平安－新希望供应链金融1－20号资产支持专项计划资产支持证券挂牌转让无异议的函	上证函〔2018〕1016号
624	关于对百色百矿集团有限公司非公开发行公司债券挂牌转让无异议的函	上证函〔2018〕1017号
625	关于对隆基泰和置业有限公司非公开发行公司债券挂牌转让无异议的函	上证函〔2018〕1018号
626	关于对交银施罗德－平遥古城景区运营管理费资产支持专项计划资产支持证券挂牌转让无异议的函	上证函〔2018〕1019号
627	关于对无锡市滨湖城市投资发展有限责任公司非公开发行公司债券挂牌转让无异议的函	上证函〔2018〕1020号
628	关于对舟山海城建设投资集团有限公司非公开发行公司债券挂牌转让无异议的函	上证函〔2018〕1021号
629	关于对万融保理－中建七局－交银施罗德资管1－20期资产支持专项计划资产支持证券挂牌转让无异议的函	上证函〔2018〕1022号
630	关于对浣江水务供水收费权资产支持专项计划资产支持证券挂牌转让无异议的函	上证函〔2018〕1024号
631	关于对山西潞安矿业（集团）有限责任公司非公开发行公司债券挂牌转让无异议的函	上证函〔2018〕1025号
632	关于对国都证券－蚌埠公交经营收费收益权资产支持专项计划资产支持证券挂牌转让无异议的函	上证函〔2018〕1027号
633	关于对中国有色矿业集团有限公司非公开发行公司债券挂牌转让无异议的函	上证函〔2018〕1028号
634	关于对江苏广湖建设有限公司非公开发行公司债券挂牌转让无异议的函	上证函〔2018〕1029号
635	关于对湖州市南浔区国有资产投资控股有限责任公司非公开发行公司债券挂牌转让无异议的函	上证函〔2018〕1030号
636	关于对南通国有资产投资控股有限公司非公开发行公司债券挂牌转让无异议的函	上证函〔2018〕1031号
637	关于对珠海华发实业股份有限公司非公开发行2018年公司债券（第二期）挂牌转让无异议的函	上证函〔2018〕1032号
638	关于对国融证券－遵义道桥应收账款资产支持专项计划资产支持证券挂牌转让无异议的函	上证函〔2018〕1036号
639	关于对山西领泰－天津爱琴海购物公园资产支持专项计划资产支持证券挂牌转让无异议的函	上证函〔2018〕1037号
640	关于对锦州华信供热收费收益权资产支持专项计划资产支持证券挂牌转让无异议的函	上证函〔2018〕1038号
641	关于对太仓港协鑫发电有限公司非公开发行公司债券挂牌转让无异议的函	上证函〔2018〕1039号
642	关于对重庆高新区开发投资集团有限公司非公开发行公司债券挂牌转让无异议的函	上证函〔2018〕1040号
643	关于对陕西煤业化工集团有限责任公司非公开发行公司债券挂牌转让无异议的函	上证函〔2018〕1042号

续表

序号	标　　题	文　　号
644	关于对广发恒进－青岛城投2018年1期资产支持专项计划资产支持证券挂牌转让无异议的函	上证函〔2018〕1043号
645	关于对成都天府水城城乡水务建设有限公司非公开发行绿色公司债券挂牌转让无异议的函	上证函〔2018〕1045号
646	关于对农银穗盈 申万宏源 桂林交投公交票款资产支持专项计划资产支持证券挂牌转让无异议的函	上证函〔2018〕1053号
647	关于对大同煤矿集团有限责任公司非公开发行公司债券挂牌转让无异议的函	上证函〔2018〕1056号
648	关于对华晨汽车集团控股有限公司非公开发行公司债券挂牌转让无异议的函	上证函〔2018〕1057号
649	关于对昆山龙腾光电有限公司非公开发行创新创业公司债券挂牌转让无异议的函	上证函〔2018〕1058号
650	关于对山西兰花煤炭实业集团有限公司非公开发行公司债券挂牌转让无异议的函	上证函〔2018〕1059号
651	关于对天津滨海新区建设投资集团有限公司非公开发行公司债券挂牌转让无异议的函	上证函〔2018〕1060号
652	关于对国开花呗第1－10期消费授信融资资产支持专项计划资产支持证券挂牌转让无异议的函	上证函〔2018〕1061号
653	关于对广发恒进－中关村科技租赁3期资产支持专项计划资产支持证券挂牌转让无异议的函	上证函〔2018〕1067号
654	关于对北大方正集团有限公司非公开发行公司债券挂牌转让无异议的函	上证函〔2018〕1068号
655	关于对重庆经开区开发建设有限公司非公开发行公司债券挂牌转让无异议的函	上证函〔2018〕1069号
656	关于对浙商证券股份有限公司非公开发行次级债券挂牌转让无异议的函	上证函〔2018〕1072号
657	关于对华夏幸福基业控股股份公司非公开发行公司债券挂牌转让无异议的函	上证函〔2018〕1073号
658	关于对汇通信诚租赁有限公司非公开发行公司债券挂牌转让无异议的函	上证函〔2018〕1074号
659	关于对仁寿发展投资集团有限公司非公开发行公司债券挂牌转让无异议的函	上证函〔2018〕1075号
660	关于对桐乡市华友投资有限公司非公开发行可交换公司债券挂牌转让无异议的函	上证函〔2018〕1076号
661	关于对平湖市国有资产控股集团有限公司非公开发行公司债券挂牌转让无异议的函	上证函〔2018〕1083号
662	关于对汝州市产业集聚区发展投资有限公司非公开发行公司债券挂牌转让无异议的函	上证函〔2018〕1084号
663	关于对湖南省轻工盐业集团有限公司非公开发行公司债券挂牌转让无异议的函	上证函〔2018〕1085号
664	关于对开源－北京自来水供水收费权2018年第一期资产支持专项计划资产支持证券挂牌转让无异议的函	上证函〔2018〕1087号

续表

序号	标　　题	文　　号
665	关于对国融证券股份有限公司非公开发行次级债券挂牌转让无异议的函	上证函〔2018〕1088 号
666	关于对大同煤业股份有限公司非公开发行可续期公司债券挂牌转让无异议的函	上证函〔2018〕1089 号
667	关于对永城煤电控股集团有限公司非公开发行可续期公司债券挂牌转让无异议的函	上证函〔2018〕1090 号
668	关于对广西百色开发投资集团有限公司非公开发行公司债券挂牌转让无异议的函	上证函〔2018〕1091 号
669	关于对江海－台州路桥客运收费收益权资产支持专项计划资产支持证券挂牌转让无异议的函	上证函〔2018〕1094 号
670	关于对江苏创鸿资产管理有限公司非公开发行公司债券挂牌转让无异议的函	上证函〔2018〕1095 号
671	关于对国君资管苏鑫 1 期资产支持专项计划资产支持证券挂牌转让无异议的函	上证函〔2018〕1096 号
672	关于对太平洋证券霍林郭勒供热收费收益权资产支持专项计划资产支持证券挂牌转让无异议的函	上证函〔2018〕1097 号
673	关于对诚泰租赁 2018 年第二期资产支持专项计划资产支持证券挂牌转让无异议的函	上证函〔2018〕1102 号
674	关于对国药租赁四期资产支持专项计划资产支持证券挂牌转让无异议的函	上证函〔2018〕1103 号
675	关于对中金公司－中建八局 2018 年第一期－第五期应收账款资产支持专项计划资产支持证券挂牌转让无异议的函	上证函〔2018〕1104 号
676	关于对华金－悦达租赁一期资产支持专项计划资产支持证券挂牌转让无异议的函	上证函〔2018〕1106 号
677	关于对天风－正荣地控购房尾款二期资产支持专项计划资产支持证券挂牌转让无异议的函	上证函〔2018〕1107 号
678	关于对中联前海开源－远洋集团资产支持专项计划资产支持证券挂牌转让无异议的函	上证函〔2018〕1108 号
679	关于对 2018 远东三期资产支持专项计划资产支持证券挂牌转让无异议的函	上证函〔2018〕1109 号
680	关于对中金公司－建业集团购房尾款资产支持专项计划资产支持证券挂牌转让无异议的函	上证函〔2018〕1110 号
681	关于对华泰资管－江苏银行融元 4－12 号资产支持专项计划资产支持证券挂牌转让无异议的函	上证函〔2018〕1111 号
682	关于对渤海汇金－云城投银泰城资产支持专项计划资产支持证券挂牌转让无异议的函	上证函〔2018〕1112 号
683	关于对国开－云南城乡投保山棚改安置房资产支持专项计划资产支持证券挂牌转让无异议的函	上证函〔2018〕1113 号
684	关于对中建七局－建信应收账款资产支持专项计划资产支持证券挂牌转让无异议的函	上证函〔2018〕1114 号
685	关于对江苏博融农业发展有限公司非公开发行公司债券挂牌转让无异议的函	上证函〔2018〕1115 号

续表

序号	标　　题	文　　号
686	关于对中信建投证券股份有限公司非公开发行次级债券挂牌转让无异议的函	上证函〔2018〕1119 号
687	关于对德邦花呗授信付款资产支持专项计划资产支持证券挂牌转让无异议的函	上证函〔2018〕1123 号
688	关于对中国化工农化有限公司非公开发行公司债券挂牌转让无异议的函	上证函〔2018〕1127 号
689	关于对陕西省西咸新区空港新城开发建设集团有限公司非公开发行公司债券挂牌转让无异议的函	上证函〔2018〕1128 号
690	关于对平安汇通－海伦堡创意园资产支持专项计划资产支持证券挂牌转让无异议的函	上证函〔2018〕1130 号
691	关于对武汉航空港发展集团有限公司非公开发行公司债券挂牌转让无异议的函	上证函〔2018〕1132 号
692	关于对湖北荆门城建集团有限公司非公开发行公司债券挂牌转让无异议的函	上证函〔2018〕1134 号
693	关于对江海证券－西塘古镇入园凭证资产支持专项计划资产支持证券挂牌转让无异议的函	上证函〔2018〕1135 号
694	关于对平安－尚融供应链金融资产支持专项计划资产支持证券挂牌转让无异议的函	上证函〔2018〕1136 号
695	关于对长城证券－国赢一期资产支持专项计划资产支持证券挂牌转让无异议的函	上证函〔2018〕1139 号
696	关于对中信证券－朗诗物业资产支持专项计划资产支持证券挂牌转让无异议的函	上证函〔2018〕1140 号
697	关于对三门峡市投资集团有限公司非公开发行公司债券挂牌转让无异议的函	上证函〔2018〕1141 号
698	关于对招商全球－吉利控股集团智慧融资租赁 2018 年第二期资产支持专项计划资产支持证券挂牌转让无异议的函	上证函〔2018〕1142 号
699	关于对国金－融联 2 期资产支持专项计划资产支持证券挂牌转让无异议的函	上证函〔2018〕1143 号
700	关于对国药控股(中国)融资租赁有限公司非公开发行公司债券挂牌转让无异议的函	上证函〔2018〕1144 号
701	关于对江阴市公有资产经营有限公司非公开发行可续期公司债券挂牌转让无异议的函	上证函〔2018〕1145 号
702	关于对招商富力－海南度假酒店资产支持专项计划资产支持证券挂牌转让无异议的函	上证函〔2018〕1146 号
703	关于对中国中投证券－武汉地铁信托受益权二期绿色资产支持专项计划资产支持证券挂牌转让无异议的函	上证函〔2018〕1147 号
704	关于阳泉煤业(集团)股份有限公司非公开发行可续期公司债券挂牌转让无异议的函	上证函〔2018〕1148 号
705	关于对国信证券－中航国际租赁有限公司 2018 年第一期资产支持专项计划资产支持证券挂牌转让无异议的函	上证函〔2018〕1150 号
706	关于对江苏省长荡湖文化旅游发展有限公司非公开发行公司债券挂牌转让无异议的函	上证函〔2018〕1151 号

续表

序号	标　　题	文　　号
707	关于对长江证券－山西天然气供气合同债权资产支持专项计划资产支持证券挂牌转让无异议的函	上证函〔2018〕1152号
708	关于对中金借呗2018年消费贷款资产支持专项计划资产支持证券挂牌转让无异议的函	上证函〔2018〕1153号
709	关于对中金花呗2018年授信付款资产支持专项计划资产支持证券挂牌转让无异议的函	上证函〔2018〕1154号
710	关于对华泰资管－康富租赁4期绿色资产支持专项计划资产支持证券挂牌转让无异议的函	上证函〔2018〕1155号
711	关于对国信证券－链融科技供应链金融第1－10期资产支持专项计划资产支持证券挂牌转让无异议的函	上证函〔2018〕1156号
712	关于对信达地产股份有限公司非公开发行公司债券挂牌转让无异议的函	上证函〔2018〕1157号
713	关于对首创证券有限责任公司非公开发行短期公司债券挂牌转让无异议的函	上证函〔2018〕1158号
714	关于对建投汇筑－中建二局1－5号应收账款资产支持专项计划资产支持证券挂牌转让无异议的函	上证函〔2018〕1160号
715	关于对北京居然之家投资控股集团有限公司非公开发行公司债券挂牌转让无异议的函	上证函〔2018〕1161号
716	关于对北京元年科技股份有限公司非公开发行创新创业公司债券挂牌转让无异议的函	上证函〔2018〕1163号
717	关于对湖北凯乐科技股份有限公司非公开发行公司债券挂牌转让无异议的函	上证函〔2018〕1164号
718	关于对苏州金泉新材料股份有限公司非公开发行创新创业公司债券挂牌转让无异议的函	上证函〔2018〕1165号
719	关于对汇通十四期资产支持专项计划资产支持证券挂牌转让无异议的函	上证函〔2018〕1169号
720	关于对天风－二三四五租赁一期资产支持专项计划资产支持证券挂牌转让无异议的函	上证函〔2018〕1188号
721	关于对上银光明地产购房尾款资产支持专项计划资产支持证券挂牌转让无异议的函	上证函〔2018〕1189号
722	关于对新疆天富能源股份有限公司非公开发行绿色公司债券挂牌转让无异议的函	上证函〔2018〕1190号
723	关于对巨化集团有限公司非公开发行可交换公司债券挂牌转让无异议的函	上证函〔2018〕1191号
724	关于对光大花呗第九至第十八期消费授信融资资产支持专项计划资产支持证券挂牌转让无异议的函	上证函〔2018〕1194号
725	关于对上海全筑建筑装饰集团股份有限公司非公开发行公司债券挂牌转让无异议的函	上证函〔2018〕1195号
726	关于对岳阳惠临投资发展有限公司非公开发行公司债券挂牌转让无异议的函	上证函〔2018〕1196号
727	关于对聚信国际租赁2018年第二期资产支持专项计划资产支持证券挂牌转让无异议的函	上证函〔2018〕1201号

续表

序号	标　　题	文　　号
728	关于对中和农信2018年第一期公益小额贷款资产支持专项计划资产支持证券挂牌转让无异议的函	上证函〔2018〕1202号
729	关于对株洲市城市建设发展集团有限公司非公开发行公司债券挂牌转让无异议的函	上证函〔2018〕1203号
730	关于对德清县恒达建设发展有限公司非公开发行公司债券挂牌转让无异议的函	上证函〔2018〕1204号
731	关于对招商创融-联易融-福晟集团供应链资产支持专项计划资产支持证券挂牌转让无异议的函	上证函〔2018〕1205号
732	关于对国信-天士力医药营销应收账款一期资产支持专项计划资产支持证券挂牌转让无异议的函	上证函〔2018〕1206号
733	关于对德邦借呗消费贷款资产支持专项计划资产支持证券挂牌转让无异议的函	上证函〔2018〕1207号
734	关于对中国大唐集团煤业有限责任公司非公开发行公司债券挂牌转让无异议的函	上证函〔2018〕1210号
735	关于对平安汇通-远洋中国购房尾款资产支持专项计划资产支持证券挂牌转让无异议的函	上证函〔2018〕1213号
736	关于对2018平安租赁八期资产支持专项计划资产支持证券挂牌转让无异议的函	上证函〔2018〕1214号
737	关于对德邦兰州城乡公交收费收益权绿色资产支持专项计划资产支持证券挂牌转让无异议的函	上证函〔2018〕1215号
738	关于对工银瑞投-云南交投嵩功高速车辆通行费收费收益权资产支持专项计划资产支持证券挂牌转让无异议的函	上证函〔2018〕1216号
739	关于对东方集团有限公司非公开发行公司债券挂牌转让无异议的函	上证函〔2018〕1217号
740	关于对连云港市工业投资集团有限公司非公开发行公司债券挂牌转让无异议的函	上证函〔2018〕1218号
741	关于对二十冶集团应收账款资产支持专项计划资产支持证券挂牌转让无异议的函	上证函〔2018〕1219号
742	关于对建投福田-中车信融资产支持专项计划资产支持证券挂牌转让无异议的函	上证函〔2018〕1223号
743	关于对国元证券-安徽再贷款四期资产支持专项计划资产支持证券挂牌转让无异议的函	上证函〔2018〕1224号
744	关于对河南中原金控有限公司非公开发行公司债券挂牌转让无异议的函	上证函〔2018〕1225号
745	关于对国君资管鹭诚1号资产支持专项计划资产支持证券挂牌转让无异议的函	上证函〔2018〕1231号
746	关于对中国中投证券-联易融-威新1-30期供应链金融资产支持专项计划资产支持证券挂牌转让无异议的函	上证函〔2018〕1232号
747	关于对东亚前海-招商创融-福晟集团应收账款资产支持专项计划资产支持证券挂牌转让无异议的函	上证函〔2018〕1233号
748	关于对东方花呗第1-10期授信付款资产支持专项计划资产支持证券挂牌转让无异议的函	上证函〔2018〕1234号
749	关于对东方借呗第1-10期消费贷款资产支持专项计划资产支持证券挂牌转让无异议的函	上证函〔2018〕1235号

续表

序号	标　　题	文　　号
750	关于对信达证券股份有限公司非公开发行次级债券挂牌转让无异议的函	上证函〔2018〕1236 号
751	关于对海通证券股份有限公司非公开发行证券公司短期公司债券挂牌转让无异议的函	上证函〔2018〕1237 号
752	关于对开源－普者黑国家级景区扶贫资产支持专项计划资产支持证券挂牌转让无异议的函	上证函〔2018〕1238 号
753	关于对中山证券－景悦一期资产支持专项计划资产支持证券挂牌转让无异议的函	上证函〔2018〕1239 号
754	关于对英大证券－华电国际电费应收账款资产支持专项计划资产支持证券挂牌转让无异议的函	上证函〔2018〕1240 号
755	关于对中银证券－中铁保理第 1－20 期资产支持专项计划资产支持证券挂牌转让无异议的函	上证函〔2018〕1241 号
756	关于对凤起 2018 年第一期资产支持专项计划资产支持证券挂牌转让无异议的函	上证函〔2018〕1244 号
757	关于对英大证券－国家电投电费应收账款资产支持专项计划资产支持证券挂牌转让无异议的函	上证函〔2018〕1245 号
758	关于对美克投资集团有限公司非公开发行可交换公司债券挂牌转让无异议的函	上证函〔2018〕1246 号
759	关于对联众新能源有限公司非公开发行可交换公司债券挂牌转让无异议的函	上证函〔2018〕1247 号
760	关于对隆基泰和物业费资产支持专项计划资产支持证券挂牌转让无异议的函	上证函〔2018〕1249 号
761	关于对泰州华信药业投资有限公司非公开发行公司债券挂牌转让无异议的函	上证函〔2018〕1250 号
762	关于对河北省新合作控股集团有限公司非公开发行公司债券挂牌转让无异议的函	上证函〔2018〕1251 号
763	关于对国君－中国电建可再生能源电价附加补助绿色 1－5 期资产支持专项计划资产支持证券挂牌转让无异议的函	上证函〔2018〕1254 号
764	关于对忠旺精制高端制造供应链 1－4 号资产支持专项计划资产支持证券挂牌转让无异议的函	上证函〔2018〕1256 号
765	关于对东兴证券股份有限公司非公开发行次级债券挂牌转让无异议的函	上证函〔2018〕1257 号
766	关于对广西建工集团有限责任公司非公开发行公司债券挂牌转让无异议的函	上证函〔2018〕1262 号
767	关于对华创阳安股份有限公司非公开发行公司债券挂牌转让无异议的函	上证函〔2018〕1263 号
768	关于对菱花集团有限公司非公开发行绿色公司债券挂牌转让无异议的函	上证函〔2018〕1264 号
769	关于对汝州市温泉水生态投资建设有限公司非公开发行公司债券挂牌转让无异议的函	上证函〔2018〕1265 号
770	关于对光大证券股份有限公司非公开发行次级债券挂牌转让无异议的函	上证函〔2018〕1266 号

续表

序号	标　　题	文　　号
771	关于对华夏幸福基业控股股份公司非公开发行短期公司债券挂牌转让无异议的函	上证函〔2018〕1267 号
772	关于对中信证券 – 中国电建工程应收账款资产支持专项计划资产支持证券挂牌转让无异议的函	上证函〔2018〕1273 号
773	关于对平安 – 云投租赁 2018 年第一期资产支持专项计划资产支持证券挂牌转让无异议的函	上证函〔2018〕1274 号
774	关于对长安新生 – 天风 2018 年 1 期资产支持专项计划资产支持证券挂牌转让无异议的函	上证函〔2018〕1275 号
775	关于对天风 – 人福医药应收账款一期资产支持专项计划资产支持证券挂牌转让无异议的函	上证函〔2018〕1276 号
776	关于对上海云克网络科技有限公司非公开发行创新创业公司债券挂牌转让无异议的函	上证函〔2018〕1277 号
777	关于对淮安高新控股有限公司非公开发行公司债券挂牌转让无异议的函	上证函〔2018〕1278 号
778	关于对哈尔滨秋林集团股份有限公司非公开发行公司债券挂牌转让无异议的函	上证函〔2018〕1281 号
779	关于对华福 – 浙商银行鑫汇系列 1 – 20 号资产支持专项计划资产支持证券挂牌转让无异议的函	上证函〔2018〕1282 号
780	关于对中信建投 – 红星美凯龙资产支持专项计划资产支持证券挂牌转让无异议的函	上证函〔2018〕1283 号
781	关于对泰兴泰通汽渡收费收益权资产支持专项计划资产支持证券挂牌转让无异议的函	上证函〔2018〕1284 号
782	关于对中信证券 – 中建二局 – 联易融供应链资产支持专项计划 1 – 12 期资产支持证券挂牌转让无异议的函	上证函〔2018〕1285 号
783	关于对中信建投 – 勒泰二号资产支持专项计划资产支持证券挂牌转让无异议的函	上证函〔2018〕1287 号
784	关于对常州新港经济发展有限公司非公开发行公司债券挂牌转让无异议的函	上证函〔2018〕1288 号
785	关于对海通 – 中核中原一期应收账款资产支持专项计划资产支持证券挂牌转让无异议的函	上证函〔2018〕1291 号
786	关于对平安 – 中建八局 1 – 5 号应收账款资产支持专项计划资产支持证券挂牌转让无异议的函	上证函〔2018〕1292 号
787	关于对招商创融 – 中铁工业应收账款资产支持专项计划资产支持证券挂牌转让无异议的函	上证函〔2018〕1293 号
788	关于对国金 – 红星小贷资产支持专项计划资产支持证券挂牌转让无异议的函	上证函〔2018〕1294 号
789	关于对西江股份电力上网收费权绿色资产支持专项计划资产支持证券挂牌转让无异议的函	上证函〔2018〕1295 号
790	关于对天风 – 度小满教育贷 2018 年 1 – 10 期资产支持专项计划资产支持证券挂牌转让无异议的函	上证函〔2018〕1296 号
791	关于对德邦证券 – 中建八局 2018 年第一期 – 第五期应收账款资产支持专项计划资产支持证券挂牌转让无异议的函	上证函〔2018〕1297 号

续表

序号	标　　题	文　　号
792	关于对中财租赁2018年第一期资产支持专项计划资产支持证券挂牌转让无异议的函	上证函〔2018〕1298号
793	关于对山东省金融资产管理股份有限公司非公开发行公司债券挂牌转让无异议的函	上证函〔2018〕1299号
794	关于对中建七局－恒丰银行－申万宏源第1－5期资产支持专项计划资产支持证券挂牌转让无异议的函	上证函〔2018〕1303号
795	关于对平安－中铁一局1－3期应收账款资产支持专项计划资产支持证券挂牌转让无异议的函	上证函〔2018〕1304号
796	关于对海通－华泰资管－中渝广场物业资产支持专项计划资产支持证券挂牌转让无异议的函	上证函〔2018〕1305号
797	关于对2018年平安租赁九期资产支持专项计划资产支持证券挂牌转让无异议的函	上证函〔2018〕1306号
798	关于对象山县大目湾新城投资开发有限公司非公开发行公司债券挂牌转让无异议的函	上证函〔2018〕1307号
799	关于对天津保税区投资控股集团有限公司非公开发行公司债券挂牌转让无异议的函	上证函〔2018〕1308号
800	关于对平安证券－乌海热力供热收费收益权资产支持专项计划资产支持证券挂牌转让无异议的函	上证函〔2018〕1309号
801	关于对华泰资管－华能信托诚惠信托受益权1－3期资产支持专项计划资产支持证券挂牌转让无异议的函	上证函〔2018〕1310号
802	关于对昆山阳澄湖文商旅集团有限责任公司非公开发行公司债券挂牌转让无异议的函	上证函〔2018〕1311号
803	关于对阳泉煤业（集团）有限责任公司非公开发行扶贫专项公司债券挂牌转让无异议的函	上证函〔2018〕1312号
804	关于对江苏银宝控股集团有限公司非公开发行公司债券挂牌转让无异议的函	上证函〔2018〕1313号
805	关于对正荣地产控股股份有限公司非公开发行住房租赁专项公司债券挂牌转让无异议的函	上证函〔2018〕1314号
806	关于对中银证券－中铁建工二期资产支持专项计划资产支持证券挂牌转让无异议的函	上证函〔2018〕1345号
807	关于对宏信－卓越物业信托受益权资产支持专项计划资产支持证券挂牌转让无异议的函	上证函〔2018〕1346号
808	关于对建业住宅集团（中国）有限公司非公开发行公司债券挂牌转让无异议的函	上证函〔2018〕1347号
809	关于对句容福源农业旅游发展有限公司非公开发行公司债券挂牌转让无异议的函	上证函〔2018〕1348号
810	关于对淮安市交通控股有限公司非公开发行公司债券挂牌转让无异议的函	上证函〔2018〕1349号
811	关于对宁海县城投集团有限公司非公开发行公司债券挂牌转让无异议的函	上证函〔2018〕1350号
812	关于对中信建投—万达广场长江经济带一期资产支持专项计划资产支持证券挂牌转让无异议的函	上证函〔2018〕1354号

续表

序号	标　　题	文　　号
813	关于对汕头花园集团有限公司非公开发行公司债券挂牌转让无异议的函	上证函〔2018〕1355 号
814	关于对河北省资产管理有限公司非公开发行公司债券挂牌转让无异议的函	上证函〔2018〕1356 号
815	关于对山东滕建投资集团有限公司非公开发行公司债券挂牌转让无异议的函	上证函〔2018〕1357 号
816	关于对昆山国创投资集团有限公司非公开发行公司债券挂牌转让无异议的函	上证函〔2018〕1358 号
817	关于对常州市城市建设(集团)有限公司非公开发行公司债券挂牌转让无异议的函	上证函〔2018〕1359 号
818	关于对 2018 平安租赁七期资产支持专项计划资产支持证券挂牌转让无异议的函	上证函〔2018〕1361 号
819	关于对平安－华电福新 1－15 号可再生能源电价附加补助绿色资产支持专项计划资产支持证券挂牌转让无异议的函	上证函〔2018〕1362 号
820	关于对广西金融投资集团有限公司非公开发行公司债券挂牌转让无异议的函	上证函〔2018〕1363 号
821	关于对泰州华信药业投资有限公司非公开发行公司债券挂牌转让无异议的函	上证函〔2018〕1364 号
822	关于对中国泛海控股集团有限公司非公开发行公司债券挂牌转让无异议的函	上证函〔2018〕1365 号
823	关于对广西金融投资集团有限公司非公开发行纾困专项公司债券挂牌转让无异议的函	上证函〔2018〕1366 号
824	关于对中山证券有限责任公司非公开发行次级债券挂牌转让无异议的函	上证函〔2018〕1367 号
825	关于对广西金融投资集团有限公司非公开发行短期公司债券挂牌转让无异议的函	上证函〔2018〕1368 号
826	关于对启程 1－20 号供应链金融资产支持专项计划资产支持证券挂牌转让无异议的函	上证函〔2018〕1376 号
827	关于对国君－中铁建二期应收账款资产支持专项计划资产支持证券挂牌转让无异议的函	上证函〔2018〕1377 号
828	关于对 2018 易鑫租赁四期资产支持专项计划资产支持证券挂牌转让无异议的函	上证函〔2018〕1378 号
829	关于对华西证券－前海结算海伦堡 2 期 1－10 号资产支持专项计划资产支持证券挂牌转让无异议的函	上证函〔2018〕1379 号
830	关于对申港－亿达物业信托受益权资产支持专项计划资产支持证券挂牌转让无异议的函	上证函〔2018〕1380 号
831	关于对重庆开乾投资(集团)有限公司非公开发行扶贫专项公司债券挂牌转让无异议的函	上证函〔2018〕1381 号
832	关于对国开－上海地产第一至八期公共租赁住房资产支持专项计划资产支持证券挂牌转让无异议的函	上证函〔2018〕1382 号
833	关于对中国化学 2018 年第 1－10 期应收账款资产支持专项计划资产支持证券挂牌转让无异议的函	上证函〔2018〕1383 号

续表

序号	标　　题	文　　号
834	关于对京东金融－华泰资管2018年第7－14期供应链保理合同债权资产支持专项计划资产支持证券挂牌转让无异议的函	上证函〔2018〕1384号
835	关于对兴业－中交一公局集团应收账款1－10期资产支持专项计划资产支持证券挂牌转让无异议的函	上证函〔2018〕1385号
836	关于对广西柳州市建设投资开发有限责任公司非公开发行公司债券挂牌转让无异议的函	上证函〔2018〕1386号
837	关于对山东宏桥新型材料有限公司非公开发行公司债券挂牌转让无异议的函	上证函〔2018〕1387号
838	关于对常熟市城市经营投资有限公司非公开发行公司债券挂牌转让无异议的函	上证函〔2018〕1388号
839	关于对浙江金汇五金产业有限公司非公开发行公司债券挂牌转让无异议的函	上证函〔2018〕1389号
840	关于对中信建投－中国电子1－10期应收账款资产支持专项计划资产支持证券挂牌转让无异议的函	上证函〔2018〕1316号
841	关于对青海省投资集团有限公司非公开发行公司债券挂牌转让无异议的函	上证函〔2018〕1317号
842	关于对中国铁建房地产集团有限公司非公开发行公司债券挂牌转让无异议的函	上证函〔2018〕1318号
843	关于对广州证券－江西长运公交票款资产支持专项计划资产支持证券挂牌转让无异议的函	上证函〔2018〕1319号
844	关于对天风－北辰长沙洲际酒店资产支持专项计划资产支持证券挂牌转让无异议的函	上证函〔2018〕1320号
845	关于对天津于家堡投资控股（集团）有限公司非公开发行公司债券挂牌转让无异议的函	上证函〔2018〕1321号
846	关于对正太集团有限公司非公开发行公司债券挂牌转让无异议的函	上证函〔2018〕1322号
847	关于对海通证券股份有限公司非公开发行公司债券挂牌转让无异议的函	上证函〔2018〕1323号
848	关于对中国能建北方建投应收账款一期资产支持专项计划资产支持证券挂牌转让无异议的函	上证函〔2018〕1324号
849	关于对济南轨道交通集团有限公司非公开发行绿色公司债券挂牌转让无异议的函	上证函〔2018〕1325号
850	关于对东吴证券股份有限公司非公开发行公司债券挂牌转让无异议的函	上证函〔2018〕1326号
851	关于对陕西延长石油（集团）有限责任公司非公开发行可续期公司债券挂牌转让无异议的函	上证函〔2018〕1327号
852	关于对太平洋证券股份有限公司非公开发行次级债券挂牌转让无异议的函	上证函〔2018〕1328号
853	关于对中建安装2018第一期应收账款资产支持专项计划资产支持证券挂牌转让无异议的函	上证函〔2018〕1405号
854	关于对2018国药控股融资租赁第三期资产支持专项计划资产支持证券挂牌转让无异议的函	上证函〔2018〕1406号
855	关于对平安证券－中交四公局1－5期应收账款资产支持专项计划资产支持证券挂牌转让无异议的函	上证函〔2018〕1407号

续表

序号	标　　题	文　　号
856	关于对申万宏源－中建一局第1－3期应收账款资产支持专项计划资产支持证券挂牌转让无异议的函	上证函〔2018〕1408号
857	关于对华泰－穆悦租赁第一期资产支持专项计划资产支持证券挂牌转让无异议的函	上证函〔2018〕1409号
858	关于对华泰资管－美团生活费1－30号资产支持专项计划资产支持证券挂牌转让无异议的函	上证函〔2018〕1410号
859	关于对一创中天城投物业资产支持专项计划资产支持证券挂牌转让无异议的函	上证函〔2018〕1412号
860	关于对九州通应收账款4期资产支持专项计划资产支持证券挂牌转让无异议的函	上证函〔2018〕1413号
861	关于对新疆交通建设集团股份有限公司非公开发行公司债券挂牌转让无异议的函	上证函〔2018〕1414号
862	关于对张家港保税区金港资产经营有限公司非公开发行公司债券挂牌转让无异议的函	上证函〔2018〕1415号
863	关于对保定国家高新技术产业开发区发展有限公司非公开发行公司债券挂牌转让无异议的函	上证函〔2018〕1416号
864	关于对南京新港开发总公司非公开发行公司债券挂牌转让无异议的函	上证函〔2018〕1417号
865	关于对建信资本－中铁五局应收账款资产支持专项计划资产支持证券挂牌转让无异议的函	上证函〔2018〕1329号
866	关于对平安－漳州长运公交经营收费收益权绿色资产支持专项计划资产支持证券挂牌转让无异议的函	上证函〔2018〕1330号
867	关于对长城国瑞证券有限公司非公开发行次级债券挂牌转让无异议的函	上证函〔2018〕1331号
868	关于对海通－中国能建南方建投2018年第一期应收账款资产支持专项计划资产支持证券挂牌转让无异议的函	上证函〔2018〕1332号
869	关于对中信建投－云南建设应收账款资产支持专项计划资产支持证券挂牌转让无异议的函	上证函〔2018〕1333号
870	关于对东吴证券－海门保障房委托贷款债权资产支持专项计划资产支持证券挂牌转让无异议的函	上证函〔2018〕1334号
871	关于对无锡惠鑫汇资产经营管理有限公司非公开发行公司债券挂牌转让无异议的函	上证函〔2018〕1335号
872	关于对重庆市永川区惠通建设发展有限公司非公开发行公司债券挂牌转让无异议的函	上证函〔2018〕1336号
873	关于对云南能投物流有限责任公司非公开发行公司债券挂牌转让无异议的函	上证函〔2018〕1337号
874	关于对北京稻香湖景酒店资产支持专项计划资产支持证券挂牌转让无异议的函	上证函〔2018〕1339号
875	关于对碧桂园财通2018年第一期资产支持专项计划资产支持证券挂牌转让无异议的函	上证函〔2018〕1340号
876	关于对宁波市北仑区经济建设投资有限公司非公开发行公司债券挂牌转让无异议的函	上证函〔2018〕1341号
877	关于对河钢集团有限公司非公开发行公司债券挂牌转让无异议的函	上证函〔2018〕1342号

续表

序号	标　　题	文　　号
878	关于对宝丰县发展投资有限公司非公开发行公司债券挂牌转让无异议的函	上证函〔2018〕1343 号
879	关于对无锡国家工业设计园产业集团有限公司非公开发行公司债券挂牌转让无异议的函	上证函〔2018〕1419 号
880	关于对武汉当代科技投资有限公司非公开发行公司债券挂牌转让无异议的函	上证函〔2018〕1420 号
881	关于对广元市投资控股(集团)有限公司非公开发行公司债券挂牌转让无异议的函	上证函〔2018〕1421 号
882	关于对中信证券股份有限公司非公开发行公司债券挂牌转让无异议的函	上证函〔2018〕1422 号
883	关于对南昌市政公用投资控股有限责任公司非公开发行公司债券挂牌转让无异议的函	上证函〔2018〕1423 号
884	关于对通联数据股份公司非公开发行创新创业公司债券挂牌转让无异议的函	上证函〔2018〕1424 号
885	关于对奇艺世纪知识产权供应链金融资产支持专项计划资产支持证券挂牌转让无异议的函	上证函〔2018〕1430 号
886	关于对厦门市天地开发建设有限公司非公开发行公司债券挂牌转让无异议的函	上证函〔2018〕1431 号
887	关于对启迪科技服务有限公司非公开发行公司债券挂牌转让无异议的函	上证函〔2018〕1432 号
888	关于对海通－中国能建华东建投 2018 年第一期资产支持专项计划资产支持证券挂牌转让无异议的函	上证函〔2018〕1434 号
889	关于对江海证券－中铁八局 2018 年应收账款资产支持专项计划资产支持证券挂牌转让无异议的函	上证函〔2018〕1435 号
890	关于对山西煤炭进出口集团有限公司非公开发行公司债券挂牌转让无异议的函	上证函〔2018〕1436 号
891	关于对北京博雅立方科技有限公司非公开发行创新创业公司债券挂牌转让无异议的函	上证函〔2018〕1437 号
892	关于对苏州高新有轨电车集团有限公司非公开发行绿色公司债券挂牌转让无异议的函	上证函〔2018〕1438 号
893	关于对曹妃甸国控投资集团有限公司非公开发行公司债券挂牌转让无异议的函	上证函〔2018〕1439 号
894	关于对招商创融－锦祥一期购房尾款资产支持专项计划资产支持证券挂牌转让无异议的函	上证函〔2018〕1440 号
895	关于对华泰资管－国金租赁资产支持专项计划资产支持证券挂牌转让无异议的函	上证函〔2018〕1442 号
896	关于对南京徐庄高新技术产业集团有限公司非公开发行公司债券挂牌转让无异议的函	上证函〔2018〕1443 号
897	关于对张家港市直属公有资产经营有限公司非公开发行公司债券挂牌转让无异议的函	上证函〔2018〕1444 号
898	关于对泰州鑫泰集团有限公司非公开发行公司债券挂牌转让无异议的函	上证函〔2018〕1445 号
899	关于对上海中曼投资控股有限公司非公开发行可交换公司债券挂牌转让无异议的函	上证函〔2018〕1446 号

续表

序号	标　题	文　号
900	关于对天风平银－桑德环保绿色资产支持专项计划资产支持证券挂牌转让无异议的函	上证函〔2018〕1449 号
901	关于对中信证券－南方水泥应收账款 1 号资产支持专项计划资产支持证券挂牌转让无异议的函	上证函〔2018〕1450 号
902	关于对成都金融控股集团有限公司非公开发行纾困专项公司债券挂牌转让无异议的函	上证函〔2018〕1451 号
903	关于对成都天府水城城乡水务建设有限公司非公开发行公司债券挂牌转让无异议的函	上证函〔2018〕1452 号
904	关于对中山招商－时代控股资产支持专项计划资产支持证券挂牌转让无异议的函	上证函〔2018〕1456 号
905	关于对中金－中铁九局 2018 年应收账款资产支持专项计划资产支持证券挂牌转让无异议的函	上证函〔2018〕1457 号
906	关于对信达－三亚天域酒店资产支持专项计划资产支持证券挂牌转让无异议的函	上证函〔2018〕1458 号
907	关于对平安汇通－平安不动产朗诗租赁住房系列资产支持专项计划资产支持证券挂牌转让无异议的函	上证函〔2018〕1459 号
908	关于对国开证券－中恒国际租赁资产支持专项计划资产支持证券挂牌转让无异议的函	上证函〔2018〕1460 号
909	关于对平安－象屿购房尾款资产支持专项计划资产支持证券挂牌转让无异议的函	上证函〔2018〕1461 号
910	关于对余姚市城市建设投资发展有限公司非公开发行公司债券挂牌转让无异议的函	上证函〔2018〕1462 号
911	关于对中信证券－太平洋寿险保单贷款 2018 年第 1－6 期资产支持专项计划资产支持证券挂牌转让无异议的函	上证函〔2018〕1464 号
912	关于对华能信托－开源－世茂住房租赁资产支持专项计划资产支持证券挂牌转让无异议的函	上证函〔2018〕1465 号
913	关于对德邦花呗授信付款资产支持专项计划资产支持证券挂牌转让无异议的函	上证函〔2018〕1466 号
914	关于对光大借呗第四至第十三期消费贷款资产支持专项计划资产支持证券挂牌转让无异议的函	上证函〔2018〕1467 号
915	关于对长城贵州水务供水收费权资产支持专项计划资产支持证券挂牌转让无异议的函	上证函〔2018〕1468 号
916	关于对漳州市交通发展集团有限公司非公开发行公司债券挂牌转让无异议的函	上证函〔2018〕1469 号
917	关于对中信国安有限公司非公开发行公司债券挂牌转让无异议的函	上证函〔2018〕1470 号
918	关于对鹏欣环球资源股份有限公司非公开发行公司债券挂牌转让无异议的函	上证函〔2018〕1471 号
919	关于东方资产管理(中国)有限公司非公开发行公司债券挂牌转让无异议的函	上证函〔2018〕1472 号
920	关于对青海省投资集团有限公司非公开发行绿色公司债券挂牌转让无异议的函	上证函〔2018〕1473 号
921	关于对平安－蔷薇－建融供应链金融 1－20 号资产支持专项计划资产支持证券挂牌转让无异议的函	上证函〔2018〕1477 号

续表

序号	标　　题	文　　号
922	关于对光大招商四方－瓜子租赁2018年第一期资产支持专项计划资产支持证券挂牌转让无异议的函	上证函〔2018〕1478号
923	关于对东莞证券股份有限公司非公开发行公司债券挂牌转让无异议的函	上证函〔2018〕1479号
924	关于对湖北省联合发展投资集团有限公司非公开发行公司债券挂牌转让无异议的函	上证函〔2018〕1480号
925	关于对株洲市城市建设发展集团有限公司非公开发行可续期公司债券挂牌转让无异议的函	上证函〔2018〕1481号
926	关于对光大金瓯资产管理有限公司非公开发行公司债券挂牌转让无异议的函	上证函〔2018〕1484号
927	关于对华福－福鑫1－20号资产支持专项计划资产支持证券挂牌转让无异议的函	上证函〔2018〕1485号
928	关于对东兴－中建信息三期应收账款资产支持专项计划资产支持证券挂牌转让无异议的函	上证函〔2018〕1486号
929	关于对东吴－吴中保障房委托贷款债权资产支持专项计划资产支持证券挂牌转让无异议的函	上证函〔2018〕1487号
930	关于对平安－盐城东方－上海燕舞东方大厦资产支持专项计划资产支持证券挂牌转让无异议的函	上证函〔2018〕1489号
931	关于对平安汇通－璀璨供应链金融21－40号资产支持专项计划资产支持证券挂牌转让无异议的函	上证函〔2018〕1490号
932	关于杭州余杭水务有限公司非公开发行公司债券挂牌转让无异议的函	上证函〔2018〕1491号
933	关于对贵安新区开发投资有限公司非公开发行公司债券挂牌转让无异议的函	上证函〔2018〕1492号
934	关于对华泰－金龙汽车应收账款资产支持专项计划资产支持证券挂牌转让无异议的函	上证函〔2018〕1494号
935	关于对申港—滨丽保障房信托受益权资产支持专项计划资产支持证券挂牌转让无异议的函	上证函〔2018〕1495号
936	关于对华西证券－佳源－和信供应链金融1－20期资产支持专项计划资产支持证券挂牌转让无异议的函	上证函〔2018〕1496号
937	关于对华龙证券－中天物业一期资产支持专项计划资产支持证券挂牌转让无异议的函	上证函〔2018〕1497号
938	关于对青岛国信发展（集团）有限责任公司非公开发行公司债券挂牌转让无异议的函	上证函〔2018〕1498号
939	关于山东鲁华能源集团有限公司非公开发行公司债券挂牌转让无异议的函	上证函〔2018〕1499号
940	关于对光大证券股份有限公司非公开发行公司债券挂牌转让无异议的函	上证函〔2018〕1500号
941	关于对新疆中泰（集团）有限责任公司非公开发行公司债券挂牌转让无异议的函	上证函〔2018〕1501号
942	关于对东兴证券股份有限公司非公开发行公司债券挂牌转让无异议的函	上证函〔2018〕1502号
943	关于对江西省省属国有企业资产经营（控股）有限公司非公开发行公司债券挂牌转让无异议的函	上证函〔2018〕1503号

续表

序号	标　　题	文　　号
944	关于对平安－山西汽运客运经营收费收益权资产支持专项计划资产支持证券挂牌转让无异议的函	上证函〔2018〕1506 号
945	关于对中银证券－华金诚融－海安水务供水收费收益权资产支持专项计划资产支持证券挂牌转让无异议的函	上证函〔2018〕1507 号
946	关于对云能租赁 2018 年一期资产支持专项计划资产支持证券挂牌转让无异议的函	上证函〔2018〕1508 号
947	关于对平安合生财富广场资产支持专项计划资产支持证券挂牌转让无异议的函	上证函〔2018〕1509 号
948	关于对云客运通信托受益权资产支持专项计划资产支持证券挂牌转让无异议的函	上证函〔2018〕1510 号
949	关于对湖南粮食集团有限责任公司非公开发行公司债券挂牌转让无异议的函	上证函〔2018〕1511 号
950	关于对盐城市亭湖区公有资产投资经营有限公司非公开发行公司债券挂牌转让无异议的函	上证函〔2018〕1512 号
951	关于对嘉兴市高等级公路投资有限公司非公开发行公司债券挂牌转让无异议的函	上证函〔2018〕1513 号
952	关于对国融证券股份有限公司非公开发行次级债券挂牌转让无异议的函	上证函〔2018〕1514 号
953	关于对平安证券－平裕保理－悦秀供应链金融 1－30 期资产支持专项计划资产支持证券挂牌转让无异议的函	上证函〔2018〕1516 号
954	关于对建湖县城市建设投资有限公司非公开发行公司债券挂牌转让无异议的函	上证函〔2018〕1517 号
955	关于对湖州南浔交通水利投资建设集团有限公司非公开发行公司债券挂牌转让无异议的函	上证函〔2018〕1518 号
956	关于对南京市六合区国有资产经营(控股)有限公司非公开发行公司债券挂牌转让无异议的函	上证函〔2018〕1519 号
957	关于对中交房地产集团有限公司非公开发行公司债券挂牌转让无异议的函	上证函〔2018〕1520 号
958	关于对国泰君安证券股份有限公司非公开发行短期公司债券挂牌转让无异议的函	上证函〔2018〕1521 号
959	关于对中山－建银供应链金融 1－20 号资产支持专项计划资产支持证券挂牌转让无异议的函	上证函〔2018〕1522 号
960	关于对华泰资管－中泰证券－奥克斯租赁九期资产支持专项计划资产支持证券挂牌转让无异议的函	上证函〔2018〕1523 号
961	关于对江海－重庆新鸥鹏物业资产支持专项计划资产支持证券挂牌转让无异议的函	上证函〔2018〕1524 号
962	关于对交银施罗德－全筑股份应收账款资产支持专项计划资产支持证券挂牌转让无异议的函	上证函〔2018〕1525 号
963	关于对交银施罗德－泰豪科技应收账款资产支持专项计划资产支持证券挂牌转让无异议的函	上证函〔2018〕1526 号
964	中信建投－中和农信 1－4 号公益小额贷款资产支持专项计划资产支持证券挂牌转让无异议的函	上证函〔2018〕1527 号

续表

序号	标　　题	文　　号
965	关于对句容市茅山湖康体养生旅游度假有限公司非公开发行公司债券挂牌转让无异议的函	上证函〔2018〕1528 号
966	关于对国都证券股份有限公司非公开发行次级债券挂牌转让无异议的函	上证函〔2018〕1529 号

3. 基金类

序号	标　　题	文　　号
1	关于建信上证 50 交易型开放式指数证券投资基金上市交易的通知	自律监管决定书〔2018〕1 号
2	关于汇添富睿丰混合型证券投资基金(LOF)C 类份额上市交易的通知	自律监管决定书〔2018〕4 号
3	关于广发中证传媒交易型开放式指数证券投资基金上市交易的通知	自律监管决定书〔2018〕6 号
4	关于汇添富中证全指证券公司指数型发起式证券投资基金(LOF)上市交易的通知	自律监管决定书〔2018〕7 号
5	关于汇添富中证港股通高股息投资指数发起式证券投资基金(LOF)上市交易的通知	自律监管决定书〔2018〕8 号
6	关于平安大华沪深 300 交易型开放式指数证券投资基金上市交易的通知	自律监管决定书〔2018〕15 号
7	关于圆信永丰汇利混合型证券投资基金(LOF)上市交易的通知	自律监管决定书〔2018〕16 号
8	关于国寿安保沪深 300 交易型开放式指数证券投资基金上市交易的通知	自律监管决定书〔2018〕19 号
9	关于汇添富睿丰混合型证券投资基金(LOF)A 类份额上市交易的通知	自律监管决定书〔2018〕29 号
10	关于平安大华中证 500 交易型开放式指数证券投资基金上市交易的通知	自律监管决定书〔2018〕41 号
11	关于银河中证沪港深高股息指数型证券投资基金(LOF)A 类上市交易的通知	自律监管决定书〔2018〕43 号
12	关于富国中证 10 年期国债交易型开放式指数证券投资基金上市交易的通知	自律监管决定书〔2018〕44 号
13	关于 MSCI 中国 A 股国际通交易型开放式指数证券投资基金上市交易的通知	自律监管决定书〔2018〕45 号
14	关于广发上证 10 年期国债交易型开放式指数证券投资基金上市交易的通知	自律监管决定书〔2018〕46 号
15	关于华泰柏瑞 MSCI 中国 A 股国际通交易型开放式指数证券投资基金上市交易的通知	自律监管决定书〔2018〕58 号
16	关于建信 MSCI 中国 A 股国际通交易型开放式指数证券投资基金上市交易的通知	自律监管决定书〔2018〕61 号
17	关于华安 CES 港股通精选 100 交易型开放式指数证券投资基金上市交易的通知	自律监管决定书〔2018〕62 号
18	关于广发中证京津冀协同发展主题交易型开放式指数证券投资基金上市交易的通知	自律监管决定书〔2018〕66 号
19	关于景顺长城 MSCI 中国 A 股国际通交易型开放式指数证券投资基金上市交易的通知	自律监管决定书〔2018〕67 号

续表

序号	标　题	文　号
20	关于华夏上证 3 –5 年期中高评级可质押信用债交易型开放式指数证券投资基金上市交易的通知	自律监管决定书〔2018〕77 号
21	关于易方达 MSCI 中国 A 股国际通交易型开放式指数证券投资基金上市交易的通知	自律监管决定书〔2018〕78 号
22	关于东方红睿玺三年定期开放灵活配置混合型证券投资基金上市交易的通知	自律监管决定书〔2018〕81 号
23	关于汇添富中证新能源汽车产业指数型发起式证券投资基金(LOF)上市交易的通知	自律监管决定书〔2018〕87 号
24	关于平安大华 MSCI 中国 A 股低波动交易型开放式指数证券投资基金上市交易的通知	自律监管决定书〔2018〕94 号
25	关于平安大华 MSCI 中国 A 股国际交易型开放式指数证券投资基金上市交易的通知	自律监管决定书〔2018〕95 号
26	关于西部利得中证国有企业红利指数增强型证券投资基金(LOF)上市交易的通知	自律监管决定书〔2018〕106 号
27	关于战略新兴成指交易型开放式指数证券投资基金上市交易的通知	自律监管决定书〔2018〕111 号
28	关于东方红目标优选三年定期开放混合型证券投资基金上市交易的通知	自律监管决定书〔2018〕115 号
29	关于中金中证优选 300 指数证券投资基金(LOF)上市交易的通知	自律监管决定书〔2018〕126 号
30	关于申万菱信上证 50 交易型开放式指数发起式证券投资基金上市交易的通知	自律监管决定书〔2018〕127 号
31	关于东方红睿泽三年定期开放灵活配置混合型证券投资基金上市交易的通知	自律监管决定书〔2018〕132 号
32	关于华安 MSCI 中国 A 股国际交易型开放式指数证券投资基金上市交易的通知	自律监管决定书〔2018〕133 号
33	关于中信建投中证北京 50 交易型开放式指数证券投资基金上市交易的通知	自律监管决定书〔2018〕138 号
34	关于上证 10 年期地方政府债交易型开放式指数证券投资基金上市交易的通知	自律监管决定书〔2018〕141 号
35	关于中证银行交易型开放式指数证券投资基金上市交易的通知	自律监管决定书〔2018〕144 号
36	关于华宝标普沪港深中国增强价值指数证券投资基金(LOF)上市交易的通知	自律监管决定书〔2018〕145 号
37	关于南方瑞合三年定期开放混合型发起式证券投资基金(LOF)上市交易的通知	自律监管决定书〔2018〕146 号
38	关于富国中证价值交易型开放式指数证券投资基金上市交易的通知	自律监管决定书〔2018〕147 号
39	关于国泰恒生港股通指数证券投资基金(LOF)上市交易的通知	自律监管决定书〔2018〕148 号
40	关于新华 MSCI 中国 A 股国际交易型开放式指数证券投资基金上市交易的通知	自律监管决定书〔2018〕150 号
终止上市决定书目录		
1	关于终止上证企债 30 交易型开放式指数证券投资基金上市的决定	自律监管决定书〔2018〕13 号
2	关于景顺长城交易型货币市场基金终止上市的决定	自律监管决定书〔2018〕38 号

续表

序号	标　　题	文　　号
3	关于终止鹏华新丝路指数分级证券投资基金上市的决定	自律监管决定书〔2018〕53 号
4	关于终止德邦现金宝交易型货币市场基金上市的决定	自律监管决定书〔2018〕82 号
5	关于终止景顺长城中证 800 食品饮料交易型开放式指数证券投资基金上市的决定	自律监管决定书〔2018〕118 号
6	关于长信中证一带一路主题指数分级证券投资基金终止上市的决定	自律监管决定书〔2018〕134 号
7	关于长信量化优选混合型证券投资基金（LOF）终止上市的决定	自律监管决定书〔2018〕135 号
8	关于安信保证金交易型货币市场基金终止上市的决定	自律监管决定书〔2018〕137 号
9	关于国泰中证国有企业改革指数证券投资基金（LOF）终止上市的决定	自律监管决定书〔2018〕140 号

（四）2018 年自律管理案例

沪市区块链概念公司监管情况回顾及思考
——基于 A 等相关股票监管案例的分析

区块链作为一种底层技术，因其去中心化存储、信息高度透明等特点，近年来，越来越多的机构开始重视并参与区块链技术研发和探索行业应用，出现了大量区块链创业公司，各大互联网公司纷纷试水区块链，部分上市公司也布局区块链业务。自 2016 年以来，区块链受到各界的高度关注，相关概念股也受到市场资金的追捧，形成了强烈炒作预期。2018 年初，市场对于区块链的讨论和关注明显升温，部分公司被市场归为概念股，股票交易出现异动，炒作氛围较为明显。而区块链需解决技术标准、网络安全、资源消耗、人才缺乏及合规性等诸多难题，同时也并非所有场景都需要区块链，适合区块链的应用场景尚需探索。因此，在对涉足区块链的上市公司信息披露监管上，上交所以风险揭示为核心，及时、果断地采取了系列监管措施，督促充分揭示相关风险和重大不确定性，相关概念股股价走势趋于平稳，概念炒作热度逐渐降温，监管取得一定成效。

一、沪市区块链概念股炒作情况

2018 年初，受境内外市场联动因素影响，区块链概念开始升温，沪市约 10 家上市公司受到不同程度关注。1 月 8 日前后，沪市区块链龙头 A 率先涨停，1 月 10 日沪市相关概念股随后出现大面积涨幅异动，总体持续时间一周左右。根据沪市区块链概念公司的业务关联性及其股票交易情况，可以将相关题材股归为以下四类：

一是公司前期披露开展区块链业务，股价出现连续上涨，成为概念龙头，典型如 A。前期，A 先后公告称，与 IBM 开展合作，探索研究区块链技术在供应链管理服务领域的运用，拟投资 10.50 亿元参与设立区块链投资基金、上线供应链金融服务系统等。股票交易方面，公司股价最先出现异动，1 月 8 日至 1 月 11 日期间公司股价连续四日涨停。1 月 16 日，公司再度涨停，并带动区块链板块 B 和 C 尾盘涨停。

二是涉嫌主动“贴热点”,自行发布公司业务范围涉及区块链,典型为C、D和B。C于1月8日高调宣布布局区块链游戏业务,旗下游戏媒体率先上线区块链游戏频道。D于1月12日公告称将对持股20%的公司进行增资,以支持其开展区块链业务。B则在回复投资者问答时透露称,公司正在着手进行区块链相关技术的研发。股票交易方面,C股价于1月9日、10日连续两个交易日涨停,并于1月16日受A股价涨停带动,再次涨停。D发布上述消息时,股票处于重组停牌阶段。B于1月10日至12日连续3日上涨,其中11日达到涨停,16日受A涨停的带动,尾盘再度涨停。

三是因业务与区块链有某种联系,被市场归为区块链概念股,股价涨幅较为明显,包括E和F。E是金融区块链合作联盟(深圳)发起成员之一;F参股10%的子公司从事区块链技术研究开发业务。股票交易方面,2家公司股价1月10日涨幅分别为6.32%和5.81%,并于1月11日涨停。

四是公司虽与区块链存在某种联系,但股价涨幅相对较小,总体平稳,包括G、H和I。G参股10%的子公司专门从事区块链技术研究和开发业务;H持股21.03%的博晨技术定位于区块链技术标准与解决方案的研究开发、应用系统部署及运营;I全资子公司持股4.65%的公司从事区块链账本技术和智能证券平台开发。股票交易方面,G和I公司股价于1月10、11日均有不同程度涨幅,但未触及涨停,且自1月12日起均有较大幅度回落。H股价于1月10-12日股价连续3日上涨,每日涨幅均小于5%,公司股价于1月15日开始回落。

二、沪市区块链概念股炒作监管应对及效果评估

(一)监管应对措施

区块链概念升温后,上交所公司监管部门立刻组织分析研判,总体判断是,区块链技术仍处于开发阶段,尚难以形成稳定业务,媒体普遍过分解读,对投资者造成误导,概念炒作迹象明显。为有效遏制题材炒作对市场的扰动,上交所结合每个公司概念热度和股价情况,有所区分地采取了公告澄清、交易核查等分类监管措施。具体情况如下:

一是通过针对性的信息披露,向市场明确揭示风险。在概念板块集体性炒作的监管应对中,上交所特别强化信息披露的针对性,先后要求涨幅明显的6家公司一次或多次发布澄清公告,统一澄清目前公司业务与区块链无实质关联,以向市场充分揭示整个区块链概念的炒作状态和交易风险。其中,概念龙头A处置难度相对较大,1月16日首次澄清后,股价仍然涨停,并带动C、B两家公司股票当日尾盘再次涨停。对此,要求3家公司2次发布相关澄清和风险提示公告,关注度最高的A亦明确指出“并未从事市场所认为的区块链业务”。在监管要求督促下,公司整体澄清、直言风险,对于戳破概念泡沫,遏制进一步蔓延和炒作,发挥了重要作用。

二是通过聚焦风险点的舆论引导,向市场传递监管关注。本次对概念股炒作的监管应对中,上交所特别借助发挥了新闻媒体的舆论导向作用,将概念炒作监管中关注到的重要风险点,有效地借助媒体力量向市场传递和释放,扩大覆盖面,提高关注度,提升监管效果。例如,为配合C和B1月18日的二次澄清,通过媒体发文《沪市两公司公告与区块链无关》;为配合A1月19日的二次澄清,再次发文《概念搭边当作龙头炒,A暴涨只因过度解读》,直截了当地将公司与区块链概念划清关系,以正视听,同时向市场传递上交所对区块链概念股的监管态度,该文被多家主流媒体转载报道,在本次抑制概念炒作中发挥了重要作用。

(二)监管效果评估

从监管情况来看,本次概念炒作初现苗头时,上交所即组织研判、快速反应,及时采取分类监管措施,尤其重视概念股板块龙头对于整个板块的带动和影响,处置比较坚决和彻底,以更加明确地向市场传递过度炒作的风险和信号,总体来看,效果比较明显。其中,D、C、B、E和F股价等5家公司首次发布澄清公告当日,股价即出现大幅下跌或回调。处置难度较高的A,以及受A影响再度涨停的C和B,在公告澄清、媒体解读的组合监管措施下,股价上涨趋势得到有效抑制。

三、概念股炒作的监管思考

概念股炒作作为市场顽疾一直以来都是监

管严厉打击的对象，上交所在本次概念股炒作监管过程中，积累了一些宝贵经验，有必要进一步回顾和总结，以期为未来概念股炒作的监管提供有益经验。

一是要重视对概念板块龙头股的监管。从A的例子中可以看出，概念股板块龙头对于整个板块的带动和影响不容忽视。因此，对于市场普遍定位的概念股龙头，是监管的重中之重，相关处置应更加坚决、彻底，以更加明确地向市场传递过度炒作的风险和信号。

二是要强调公司风险揭示的针对性。通常情况，概念股可以分为两种情况：(1)公司完全无涉及热点的业务，炒作无基础；(2)有一定关联，但已过度炒作。对于第一种情况，处置相对明确，充分揭示即可；对于第二种情况，在处置上尤其要有针对性，相关澄清的重心应放在风险揭示，而非现有业务关联，防止澄而不清，反而给市场热点带来发酵空间。

三是要有意识地组织新闻媒体传递风险。概念股炒作监管应借助多方力量，新闻媒体即是有效渠道。后续，应将概念炒作监管中关注到的重要风险点，有效的借助媒体力量向市场传递和释放，扩大覆盖面，提高关注度，以提升监管效果。

沪市公司高溢价现金收购控股股东资产的监管判断和处置
——基于J、K、L3家公司监管案例的分析

控股股东行为对上市公司规范运作，持续提高公司质量至关重要。经过这几年监管整治，沪市大多数控股股东、实际控制人能够履行对公司及中小股东发展的职责，依法依规行使股东权利，积极支持上市公司发展。但2018年，上交所在监管中发现数单上市公司向控股股东或其他相关方现金收购资产的行为，相关资产质地一般，作价畸高，交易完成迅速，整体看来，相关交易可能涉嫌以合法形式侵占上市公司利益。本文也对这类资产交易的情况进行了回顾分析，选择了3单比较典型的案例，集中分析了监管中的重点、难点，对如何加大对控股股东、实际控制人的规范力度，形成了进一步的监管思考及政策建议。

一、现金高溢价资产收购交易的特征

3家涉嫌以表面合法的形式侵占上市公司利益的收购交易分别为J现金收购非关联方资产、K现金收购公司实际控制人控制的公司、L现金收购公司实际控制人控制的公司。总体来看，3家公司收购交易存在如下特征。

一是控股股东或控股股东其他相关方从交易中获取了大量现金。3单收购交易全部以现金为支付对价，交易对手都为上市公司控股股东或控股股东的潜在相关方，其通过交易获得了大量现金。例如，L的控股股东共可从上市公司获得交易对价9亿元，J相关收购中，交易对手共可从上市公司获得交易对价13.67亿元，K的控股股东可从上市公司获得交易对价共计26.9亿元。

二是收购标的资产评估增值率畸高。J的收购标的估溢价率高达3330.64%，L和K的收购标的的评估溢价率也分别达到了766.85%和363.34%，3单交易标的估值溢价率畸高。

三是收购业绩补偿明显不足。3单收购交易的交易对方都对收购标的公司做出了业绩承诺，但是业绩补偿措施能否维护上市公司利益存疑，3单收购交易的业绩补偿措施都无法覆盖各自的交易对价，在L、J、K这3单收购交易中，即使各自标的公司业绩承诺期获得的利润全部为0，交易对方仍旧分别可获得5.5亿、5.23亿、11.69亿元的股权转让款。

四是控股股东或其潜在相关方套现动机明显。上述3单收购，公司实际控制人或其潜在相关方都存在明显的套现动机。例如，L控股股东持有上市公司的股份99%的被质押，且其前期发生过短期融资券实质违约情形，资金链极度紧张，J实际控制人赶在其被证监会立案

调查通知披露前迅速完成收购交易的筹划过户,同样有明显的在证监会立案调查前突击侵占上市公司利益的嫌疑。

五是标的资产与上市公司主业缺乏协同性。标的资产给上市公司主业带来的提升有限,例如L收购的标的公司主营从事杀虫剂、杀菌剂等农药产品的研发和生产,而L则主要从事纺织燃料的研发生产,行业间无明显协同效应。

此类交易的危害十分明显。一方面,上市公司支付了大量现金,可能会背负巨额负债,严重影响自身经营业绩,进而影响股价,使中小股东利益受损。同时,购买的劣质资产也很可能成为上市公司的沉重负担。另一方面,控股股东套现具有隐秘性,负责把关的公司内控机构或外部中介机构,很容易将其作为一般交易处理,甚至在控股股东的压力面前会"睁一只眼闭一只眼"。

二、监管措施和效果分析

对于前述交易,上交所针对发现的疑点,综合采取了一系列的监管措施,以信息披露监管为基础和抓手,发函要求公司补充披露。同时,还提请公司当地证监局核查,或联合证监局开展现场检查。主要情况如下:

一是对公司披露相关交易方案及时发函问询。对于J和L,在其收购交易披露后,针对收购交易的作价、标的资产的质量、业绩真实性、关联关系等关键疑点问题分别进行问询,向市场传递监管态度并充分揭示风险,对于构成重大资产重组的K,对其重组报告书进行了重点审核,并就疑点问题发出问询函,还要求公司在其股票复牌前召开现场媒体说明会以回应市场质疑。

二是就相关交易的疑点提请证监局核查。针对上述3单收购交易,将前期通过信息披露监管发现的重大疑点和问题分别提请了3家公司当地证监局进行核查。

三是快速启动联合现场检查。就K一案,上交所会同当地证监局,快速启动了现场检查工作,发现了一些疑点和问题。

从监管效果看,交易所的信息披露问询起到了风险揭示效果,经过多次问询,资产出售方在业绩承诺上也增加了相应的年限。但是,交易所对公司问询回复的验证手段有限,对相关方的交易估值及推进很难起到实质作用。基于这一情况,针对最近出现的这几单交易,上交所经过认真分析,在提请证监局核查后,启动了局所的联合检查。从目前情况,交易所对K的联合现场检查起到了一定威慑作用,公司已主动终止该交易。

三、对此类资产交易成因及监管难点分析

前述控股股东及相关方大额套现资产交易的集中出现,其成因值得深入分析。2017年以来,在外部资金环境持续紧张,对资金监管持续从严的背景下,一些民营上市公司控股股东、实际控制人出现信用危机,原有的资金渠道受限,其大势扩张的资本运作难以为继,资金链出现断裂。上交所关注到的上市公司控股股东通过资产交易套现行为,也是在此背景下出现的侵占上市公司利益的一种方式。这一路径在股改前就已有案例,经过专项"清欠解保"整治已得到遏制,其死灰复燃与资金监管从严的大趋势密切相关。

从目前监管实践看,在对此类上市公司与控股股东及相关方的高溢价现金交易中,还存在不少难点:

一是收购交易的中介机构发挥的作用有限。在相关交易存在明显疑点,交易涉及会计师、评估师、财务顾问等中介机构存在执行程序"走过场",相关报告"量身定做"未能尽到专业机构的制约监督责任,除要求相关中介机构进行核查说明外,缺乏其他更为直接有效的监管约束措施。

二是上市公司自身股东大会制约机制失灵。上述3单交易有两单需要上市公司股东大会批准,分别为L和K,控股股东作为关联方也需要回避。但从已经通过大会审议的L的情况来看,在包括公司控股股东在内的关联方回避表决的情况下,该交易仍以86.04%高票通过,中小股东单独统计的通过率也达到81.91%,通过公司自身决策机制来制约该类型损害上市公司利益的机制失效。

三是公司董监高尤其是公司独立董事勤勉尽责仍有疑问。公司董事、监事、高级管理人员对公司负有忠实义务和勤勉义务,针对独立董事,其应认真履行职责,维护公司整体利益,尤

其要关注中小股东的合法权益不受损害。上述3笔明显存在“套现”嫌疑的交易在履行相应的董事会、监事会、独立董事审议程序时，都获得了全票通过，尤其是独董对相关事项发表的意见存在“模板化”现象，未能充分履行其应有职责。

四、进一步加强对此类交易监管的建议

就前述讨论的资产交易套现行为，总结监管实践经验，可以考虑重点做好以下几项工作。

一是加大对中介机构的责任追究力度。中介机构作为规范上市公司行为方面的看门人，对维护资本市场秩序有着重要意义。针对交易中的相关中介机构，在事中可通过发函问询、约谈的方式要求其审慎执业，就有关疑点问题发表有针对性的核查意见，在事后，一旦发现有关中介机构在执业中违反相关法律法规的问题应严厉惩治或将发现问题提交有权机关处理，以起到威慑作用。此外，针对此类交易存在的标的估值明显偏高的情况，因不同行业的差异性，还可考虑引入第三方专业行业研究员咨询机制，对于估值超过一定标准的标的公司，可聘请研究员就该行业发展发表意见。

二是提升股东大会制约机制的有效性。针对明显涉嫌侵害上市公司利益的交易，在关联股东回避的情况下仍能够高票通过公司股东大会这一情况，可以有针对性地采取一些措施。例如，要求公司明确披露是否存在“拉票”情况，公司大股东或实际控制人是否与其他股东就相关议案的表决意向做过沟通；要求公司在在公告中就拟表决交易的相关问题，有针对性的作出特别风险提示，提请投资者审慎行使投票权。同时，还可考虑公司控股股东是否有隐瞒一致行动人的情形，并就是否存在潜在一致行动人情形问题进行核查。

三是加大对公司董监高尤其是独立董事的问责力度。针对公司董监高在审议相关议案，发表相关意见不审慎未尽到其相应的勤勉尽责义务的问题，可将董监高的问责机制提前，在公司就相关董事会决议、独董意见作出之后，问询公司董监高对相关交易的审议是否履行了其勤勉尽责义务、相关独立董事是否保持了其应有的独立性，作出的相关决定维护公司整体利益，及中小股东的利益以及作出的同意该项交易决定的考虑，并在问询函中强调如董监高未尽勤勉尽责义务可能的后果。通过此种方式，可以促使相关董监高的决策更审慎，同时也能通过此种方式向公司投资者和市场传递相关监管态度。

四是发挥好现场检查的作用。新修订的《证券交易所管理办法》赋予了证券交易进行现场检查的职责。从K一案来看，交易所与当地证监局的联合现场检查起到了比较好的威慑效果，这既有前期监管问询线索比较明确的原因，也有交易所会同证监局的联合检查，更加独立客观，更具震慑作用有关。今后，可考虑对相关重大可疑事项快速反应，尽早进行常态化的监管介入，重点针对标的资产和财务信息的真实性进行现场检查，以有效遏制市场乱象。

沪市经营运作不规范公司的监管判断与处置
——以M监管案例为视角

2018年，国内外经济形势比较复杂，有些公司的控股股东出现流动性困难，侵占上市公司资金、违规要求公司提供担保的情况有所抬头。本案就是该类型中的典型案例，控股股东利用优势地位侵占上市公司利益。违规占用公司巨额资金，进行大额违规担保，公司内部治理严重失序，并由此引发出一系列的衍生风险。在M出现风险苗头之初，上交所已将其列为重大风险类公司，并采取了一系列监管措施，稳妥审慎地开展了风险化解处置工作。

一、上市公司等主体违规情况

经查明，M及其控股股东、控股股东实际控制的N在信息披露、规范运作等方面，有关

责任人在职责履行方面存在如下违规行为。

(一)控股股东控制的公司违规占用公司巨额资金

2018 年 7 月 21 日,公司披露公告称,N 非经营性占用公司巨额资金,累计占用额 101,600 万元,占公司 2017 年度经审计净资产的 23.63%,截至公告披露日,占用余额 99,775 万元。N 违规占用上市公司资金,金额巨大,性质恶劣,严重侵害上市公司利益。2018 年 8 月 30 日公司披露公告称,因为公司存在资金被 N 占用情况及未入账负债情况,还导致公告的财务数据信息披露的准确性存在重大差异,公司对 2017 年财务报表进行重大会计差错调整。上述会计差错影响公司 2017 年净利润51,627,781.54 元,导致公司 2017 年净利润降低至 78,488,310.78 元,其中减少 2017 年归属于母公司的净利润 51,627,781.54 元,减少金额占更正后归属于母公司的净利润 127,229,086.53 元的40.58%。

(二)公司为控股股东及其控制的公司违规提供巨额担保

截至 2018 年 7 月 21 日,公司及子公司为控股股东及其控制的公司 N 等公司提供多笔担保,金额累计达 590,600 万元,占公司 2017 年度经审计净资产的 137.37%,担保余额 461,543 万元,担保逾期 117,000 万元。但公司均未按规定履行董事会、股东大会决策程序,直至 2018 年 4 月 28 日才在 2017 年度报告中披露其中 5 笔合计 42,600 万元担保,迟至 2018 年 7 月 21 日才披露其余担保事项。根据公司公告,控股股东及其控制的公司 N 缺少资金流动性,公司可能因此承担巨额担保责任。公司为控股股东及其控制的公司提供担保未履行决策程序、未及时履行信息披露义务,金额巨大且导致公司可能因此承担巨额担保责任,情节严重。

(三)公司未及时披露多起重大诉讼和仲裁

截至 2018 年 7 月 21 日,公司存在 39 起诉讼和仲裁,涉案金额累计达 316,252.60 万元,占公司 2017 年度经审计净资产的 73.56%。其中截至 2016 年 8 月,涉案金额累计首次超过 2015 年度经审计资产 10%,公司迟至 2018 年 2 月 10 才披露该笔重大仲裁事项。经监管督促,公司于 2018 年 7 月 21 日才披露其余诉讼和仲裁事项。公司未及时披露多起重大诉讼和仲裁事项,累计涉诉金额巨大,情节严重。

(四)公司未及时披露主要账户被冻结情况

截至 2018 年 7 月 21 日,公司包含基本账户在内的 41 个银行账户因涉诉被冻结,公司主要账户最早于 2017 年 11 月 7 日被冻结,基本户分别于 2018 年 1 月 25 日和 2018 年 5 月 24 日被冻结。该等事项属于导致公司被实施其他风险警示的事项,且直接影响公司日常的资金周转,属于可能对投资者投资决策有重大影响的信息,但公司迟至 2018 年 4 月 28 日才在 2017 年度报告中披露其中 22 个银行账户被冻结的情况,经监管督促,迟至 2018 年 7 月 21 日才全部披露上述银行账户冻结情况,信息披露不及时,严重影响投资者的知情权。

(五)公司未及时披露重要子公司股权被冻结情况

公司所持多家控股子公司股权分别于 2018 年 1 月 26 日、2018 年 1 月 31 日、2018 年 5 月 10 日被杭州市中级人民法院、哈尔滨市中级人民法院冻结。被冻结的子公司系公司主要收入来源,属于公司重要子公司,相关冻结情况属于可能对投资者投资决策有重大影响的信息,公司应当及时披露。但公司迟至 2018 年 4 月 28 日才在 2017 年度报告中披露个别控股子公司股权被冻结的情况,经监管督促,迟至 2018 年 7 月 21 日才全部披露上述信息,信息披露不及时,严重影响投资者的知情权。

(六)公司未及时披露重大债务到期未清偿事项

截至 2018 年 7 月 21 日,公司存在多笔逾期负债,金额累计 134,575 万元,占公司 2017 年度经审计净资产的 31.30%。其中截至 2017 年 10 月 25 日,逾期负债金额累计首次超过 2016 年度经审计资产 10%。重大债务到期未清偿属于公司面临的重大风险事项,公司应当及时予以披露。经监管督促,公司于 2018 年 7 月 21 日才披露前述重大债务逾期事项,信息披露不及时,严重影响投资者的知情权。

(七)公司内部控制存在重大缺陷,巨额资金流出等无法核实,年审会计师对公司 2017 年财务报告无法表示意见

由于公司未能对分支机构实施有效的内部控制,及公司未及时披露重大诉讼、违规对外担保、银行账户及财产被法院冻结或查封等事项,年审会计师认为公司于 2017 年 12 月 31 日未

能按照《企业内部控制基本规范》和相关规定在所有重大方面保持有效的财务报告内部控制，认定公司内部控制存在重大缺陷，并对公司2017年《内部控制审计报告》出具否定意见。由于无法判断7亿元资金流出事项的交易实质、2亿元其他应付款余额的准确性、对外担保及重大诉讼事项的相关影响，年审会计师对公司2017年财务报告无法表示意见。

二、监管判断

控股股东、实际控制人是上市公司治理的重要一环，从根本上决定了上市公司的经营质量和规范运作水平。控股股东行为不当，对内拖垮上市公司生产经营，引发内部治理失序，对外导致投资者利益受损，破坏资本市场健康秩序。其中，控股股东出现流动性危机后，觊觎旗下上市公司平台，通过资金占用、违规担保等侵占上市公司资源的行为屡见不鲜，也是证监系统前些年的专项整治重点。经过前几年的治理，取得了较好的成效。但在当前市场资金趋紧、金融监管从严的环境下，部分公司的控股股东、实际控制人难以通过信用扩张转移风险，进而将手伸向上市公司，有关乱象有所抬头。

近一阶段来，沪市出现了一些典型案例，其实际控制人转而对内占用上市公司资金，或者利用违规担保方式套取上市公司资金。例如，P原实际控制人因信用危机，主导上市公司对外投资、形成大额预付账款或应收账款的交易，将资金转出挪为己用。又如，Q控股股东已资不抵债，涉及巨额欠款和诉讼，年审会计师发现公司为控股股东违规担保金额达约11.67亿元，且公司约26亿元保理资金去向不明，涉嫌被控股股东占用。此外，还有个别公司控股股东以商业票据等方式套取公司资金，通过破产重整虚增债务等复杂资本运作掏空上市公司，持续出售公司资产导致主业空心化。这些恶性违规，主要与相关主体缺乏诚信，无视法律法规，利用上市公司平台谋求私利有关。其对上市公司危害极大，也往往表明上市公司的内部控制失效和公司治理失序，生产经营面临巨大风险隐患。相关风险一旦爆发，股价往往呈现断崖式下跌，不仅投资者损失惨重，也对当前不断改良的市场生态造成负面影响。本案中，公司属高校控制的企业，但是实际控制人却极少参与公司日常经营及重要决策，公司被张某为首的时任管理层控制。张某除担任公司董事长外，还同时担任N董事长，且公司管理层中大多数成员均与公司控股股东和关联方N关系密切。上述治理情况也是M本次爆发重大风险事项的重要背景。

对于这些情况，上交所已将对控股股东、实际控制人行为的监管，纳入自律监管工作的重点之一。同时，上交所将规范控股股东、实际控制人行为作为上市公司质量专项行动的一项重要任务，从提高上市公司质量的高度，来研判问题，提出对策，为上市公司经营发展创造良好的外部治理环境。

三、交易所对公司风险的处置情况

在对M的风险揭示和处置过程中，上交所以深入摸底、提前预判、全面考虑、稳妥释放为原则，采取多项监管措施，督促公司切实核实违规事实，妥善应对风险，及时履行信息披露义务。对于公司及其控股股东的多项信息披露违规情形，上交所也已完成纪律处分程序，严肃处理相关方的违法违规行为。

一是深挖问题线索和风险隐患，及时预研预判。公司风险苗头出现于本年2月份。2月10日公司发布公告称，因现金流紧张，借款逾期，导致公司控股股东所持部分股份被法院冻结。此外，有媒体报道公司存在管理层治理不善、违规对外担保和关联资金往来等情况，也收到中小股东类似的电话举报。综合上述情况，上交所公司监管部门于2月13日向公司发出监管问询函，就股东股份被冻结、贷款逾期以及现金流状况进行问询。与此同时，组织人员结合公司治理特征、日常信息披露、以及近年财务报告等，对公司情况进行梳理，发现公司存在与N资金往来密切、传统业务经营出现困境、现金流严重吃紧等异常情况。通过上述工作，基本确定公司存在重大潜在风险。以此为指导，持续跟踪上市公司风险处置进展，加强与当地证监局、金融办的沟通，引起当地省级人民政府和实际控制人的高度重视。相关方已成立风险处置小组，牵头开展风险化解工作。

二是妥善处理中小股东与管理层争议，避免矛盾激化。在风险苗头出现后，公司中小股东与管理层间出现严重对抗。2016年公司重大资产重组完成后,重组标的成为公司收入和利润的主要来源,但重组新进中小股东对公司生产经营却少有话语权。2018 年初公司因未披露重大仲裁事项收到当地证监局的行政监管措施,加深了中小股东对公司管理层的不满。此后,22 名中小股东联名罢免公司现任全体董事和监事,公司管理层亦采取措施予以回击。为避免股东分歧演变为控制权争夺,加大风险处置难度,上交所在督促双方合法合规行使权力的同时,做适当调解,以处置重大风险为优先事项。目前各方已达成和解,矛盾暂时化解。

三是审慎做好信息披露和停复牌安排,稳妥释放风险。在风险处置中,上交所结合前期风险预判,重点关注关联方资金占用、违规对外担保、未披露诉讼以及债务逾期等风险事项,要求公司认真核查并及时履行信息披露义务。鉴于公司各项违规金额重大,将会对公司造成重大影响,且在风险爆发过程中,整个市场亦出现较大调整,为避免在事实核实不清的情况下扰动市场,上交所对公司信息披露和停复牌处理较为慎重。3 月 14 日,公司以筹划重大资产重组为由申请股票停牌,客观上为公司核实和处置风险事项创造了时间窗口。停牌期间,要求公司彻底核实各项违规情形,充分评估对公司的影响,明确后续拟采取的措施。与此同时,与当地证监局联动监管,通报发现的违规线索,并及时向证监会报告情况。在相关准备工作完备后,公司于 7 月 20 日发布相关公告,风险披露比较全面,市场反应比较稳定,媒体报道比较客观。由此,督促公司严格按照停复牌规定,及时披露重组相关进展,如期复牌,保障投资者的交易权,释放交易风险。

沪市公司重新上市的监管处置和思考
——基于 R 重新上市案例的分析

R 成立于 1993 年,主营沿海和国际航线石油运输业务,于 1997 年 6 月在上交所上市。2014 年 6 月 5 日,公司因连续四年亏损,其股票从上交所退市,此后于 2014 年 8 月 6 日在股转系统挂牌转让。2018 年 6 月 4 日,R 向上交所提交了重新上市申请,是沪市公司退市后申请重新上市的首单个案。上交所坚持市场化、法治化原则,严格按照相关规则制度,对公司提出重新上市申请依法进行了受理、审核,最终依规同意其重新上市。

一、R 重新上市的主要考虑

退市公司申请重新上市,需要符合上交所《股票上市规则》和《退市公司重新上市实施办法》规定的申请条件。总的来看,重新上市制度的目的,主要是支持退市公司在恢复持续经营能力、健全治理结构,真正达到上市公司规范运行要求后,再回到主板市场。相应地,退市公司必须专注主业、努力改善经营,真正恢复公司造血能力,才能满足规定的重新上市条件。如果只是通过变更实控人、主业等手段,在形式上、数字上达到部分重新上市申请条件,但公司主业不够扎实,仍缺乏持续经营能力,也未建立有效公司治理,其在实质上仍不符合重新上市条件。上交所一直坚决杜绝制度套利行为,对于满足重新上市标准的公司,同意其重新上市;对于一些经营空壳化、僵尸化,主营不突出的公司,依法依规不予受理或者不予同意其重新上市。

R 退市后,于当年实施了破产重整,剥离了最大亏损源 VLCC 船舶(超大型油轮),减少了巨额债务负担。此后,公司在未改变主业和实际控制人的情况下,通过自身努力,逐步改善和恢复了持续盈利能力和持续经营能力。目前,公司为全球第四、亚洲第一的 Handysize(灵便型油轮)外贸成品油船东,拥有和控制船舶 61 艘,总载重吨为 224 万吨,年货运量约 4000 万吨。

具体来说,上交所对照《股票上市规则》和《退市公司重新上市实施办法》的明确要求,逐一认定公司已经符合了重新上市的有关标准,主要体现在如下五个方面。

一是股本结构要求。公司股本总额为502340万元，社会公众股占比72.97%，符合股本总额不低于5000万元，社会公众股占总股本比例不低于10%的标准。

二是财务指标要求。公司2015－2017年三个会计年度经审计的扣非净利润分别为6.11亿元、5.29亿元和3.80亿元；经营活动产生的现金流量净额累计为32.41亿元，营业收入分别为54.79亿元、57.81亿元和37.29亿元，2017年末归属于上市公司股东的净资产分别为33.44亿元，符合规定的重新上市财务指标条件。

三是持续经营能力要求。根据公司保荐人出具的保荐意见，公司退市后，通过改革与调整，在主营业务没有发生变化、控制权没有发生变更、经营管理层没有发生重大变动的情况下，公司的资本结构明显改善，资产质量明显提高，盈利能力和持续经营能力明显增强，公司具备持续经营能力。

四是公司治理要求。根据公司保荐人出具的保荐意见，公司已建立并持续完善以股东大会、董事会、监事会等为核心的治理结构，公司治理结构健全。公司在改善公司治理、规范公司运作方面作了持续的工作，报告期内公司在所有重大方面保持了有效的财务报告内部控制。公司已建立了较为完善的内部控制制度，运作规范，不存在重大内控缺陷。另外，公司近三年主营业务一直为沿海和国际航线石油运输业务，最近三年董事、高级管理人员未发生重大变化，实际控制人也未发生变更，符合相关规定。

五是合规性要求。公司最近3个会计年度的财务会计报告均被会计师事务所出具标准无保留意见的审计报告；公司及其境内外子公司的董事、监事、高级管理人员近3年来不存在因违反相关法律法规而受到重大行政处罚的情形，不存在重大违法违规行为，符合公司及董事、监事、高级管理人员最近3年无重大违法行为，财务会计报告无虚假记载且被会计师出具标准无保留意见的条件。

二、R重新上市申请的处理过程

对于R的重新上市申请，上交所高度重视，认真组织，严格依法依规做好受理及审核工作。总的思路就是坚持市场化、法治化原则，严格依据《股票上市规则》《退市公司重新上市实施办法》规定的程序和标准，审查公司是否符合了规定的重新上市条件，是否具备了公司上市所要求的经营能力和治理水平。

在具体程序上，R的重新上市审核工作经历了业务部门初审、上市委员会审核以及上交所审议决定三个环节。初审环节，上交所相关业务部门抽调了法律、会计和行业专业人员，对公司申请重新上市文件进行了全面审核，前后发出四轮反馈意见，要求公司予以补充披露、具体落实。上市委员会审核环节，组织了由外部委员为主的7名法律、会计、金融专家，重点就公司是否符合重新上市条件以及公司持续经营能力、经营发展前景、经营管理团队等事项进行了深入讨论，并对公司进行了必要的聆讯。上市委员会经过认真审议，表决一致同意公司重新上市，同时也提出了一些需要公司进一步落实的事项。就这些事项，公司已予以落实。

2018年11月2日，上交所经总经理办公会审议，根据上市委员会的审核意见，依法依规做出了同意公司重新上市的决定。

在本所作出同意R股票重新上市的决定后，继续督促公司及时履行相关的信息披露义务，做好投资者的沟通解释工作。同时，根据上交所《退市公司重新上市实施办法》有关规定，在重新上市申请获得本所同意后的三个月内，办理完毕公司股份的重新确认、登记、托管等相关手续。为此，上交所做好重新上市的业务准备和技术支持，协调股转公司、中登公司在公司办理完成相关手续后，安排其股票于2019年1月8日上市交易。

三、R重新上市的实践意义

重新上市制度是退市制度中的一项重要配套制度，由沪深两所在2012年退市制度改革中建立，于2014年做了修订，其主要目标是要建立起能上能下的市场机制，为已退市的公司，在其持续经营能力和公司治理水平显著改善后，提供重新上市的路径。应当说，这是一项支持资本市场健康发展的基础性制度，有利于疏通退市渠道，保护中小投资者利益。

在具体制度安排上，重新上市主要参照了首次公开发行股票并上市的程序和标准。例如,在三年盈利、三年审计报告标准无保留意见、现金流量和营业收入要达到一定金额、具备持续经营能力以及健全的公司治理结构等方面,与IPO公司的要求基本一致。同时,也考虑到退市公司已经经历过公开发行,其重新上市不再募集资金,公司中小投资者众多等情况,在制度要求上也不宜完全等同于IPO公司。总的来看,重新上市的条件宽严适度,尊重了当前证券市场发展的实际情况,能够让退市公司在具备持续经营能力后有信心重新上市,也能够有效防范制度套利。

R重新上市,是重新上市制度实施以来的首单实践,对市场具有一定的积极意义,打通了公司上市、退市、重新上市的通道,有利于形成比较明确的制度预期。从公司实际情况看,公司主业比较突出,在油运行业具有领先地位,退市后没有借壳,主要靠自身努力增强了持续经营能力,这些情况为今后退市公司申请重新上市提供了比较好的示范。同时,公司受制于前期历史负担和当前航运低谷影响,也还存在一些需要关注的事项,如未分配利润为负、公司盈利有所下行等。对于这些事项,公司也做出了股份回购、盈利预测等必要安排,并经督促对外予以充分说明,提示市场和投资者充分予以关注。

二、深圳证券交易所

(一)2018年制定、修改的主要业务规则目录

序号	发布时间	文　　号	业务规则名称
综合类			
1	2018-04-23	深证上〔2018〕173号	深圳证券交易所自律监管听证程序细则
2	2018-04-23	深证上〔2018〕167号	深圳证券交易所上诉复核委员会工作细则(2018年修订)
3	2018-07-19	深证会〔2018〕271号	深圳证券交易所章程
4	2018-10-26	深证上〔2018〕497号	深圳证券交易所自律监管措施和纪律处分实施细则(2018年修订)
5	2018-12-20	深证上〔2018〕640号	深圳证券交易所上市委员会工作细则(2018年12月修订)
发行类			
6	2018-06-15	深证上〔2018〕279号	深圳市场首次公开发行股票网上发行实施细则(2018年修订)
7	2018-06-15	深证上〔2018〕279号	深圳市场首次公开发行股票网下发行实施细则(2018年修订)
8	2018-06-15	深证上〔2018〕282号	深圳证券交易所红筹公司存托凭证上市公告书内容与格式指引
9	2018-12-28	深证上〔2018〕654号	关于持续规范和完善可交换公司债券发行业务事项的通知
上市挂牌类			
10	2018-02-12	深证上〔2018〕74号	关于进一步加强债券存续期信用风险管理工作有关事项的通知
11	2018-03-02	深证上〔2018〕94号	深圳证券交易所上市公司创业投资基金股东减持股份实施细则

续表

序号	发布时间	文　号	业务规则名称
12	2018－03－02	深证上〔2018〕93号	深圳证券交易所关于开展“一带一路”债券业务试点的通知
13	2018－03－23	深证上〔2018〕134号	深圳证券交易所上市公司信息披露直通车业务指引（2018年修订）
14	2018－05－11	深证上〔2018〕200号	深圳证券交易所资产支持证券存续期信用风险管理指引（试行）
15	2018－05－11	深证上〔2018〕200号	深圳证券交易所资产支持证券定期报告内容与格式指引
16	2018－05－11	深证上〔2018〕201号	深圳证券交易所行业信息披露指引第10号——上市公司从事民用爆破相关业务
17	2018－05－11	深证上〔2018〕202号	深圳证券交易所行业信息披露指引第11号——上市公司从事珠宝相关业务
18	2018－05－11	深证上〔2018〕203号	深圳证券交易所行业信息披露指引第12号——上市公司从事软件与信息技术服务业务
19	2018－06－15	深证上〔2018〕284号	深圳证券交易所试点创新企业股票或存托凭证上市交易实施办法
20	2018－11－16	深证上〔2018〕556号	深圳证券交易所股票上市规则（2018年11月修订）
21	2018－11－16	深证上〔2018〕556号	深圳证券交易所创业板股票上市规则（2018年11月修订）
22	2018－11－16	深证上〔2018〕556号	深圳证券交易所上市公司重大违法强制退市实施办法
23	2018－11－16	深证上〔2018〕556号	深圳证券交易所退市公司重新上市实施办法（2018年修订）
24	2018－11－23	深证上〔2018〕563号	深圳证券交易所上市公司信息披露指引第1号——高比例送转股份
25	2018－12－07	深证上〔2018〕610号	深圳证券交易所公司债券上市规则（2018年修订）
26	2018－12－07	深证上〔2018〕611号	深圳证券交易所非公开发行公司债券挂牌转让规则
27	2018－12－28	深证上〔2018〕666号	深圳证券交易所上市公司信息披露指引第2号——停复牌业务
28	2018－12－28	深证上〔2018〕655号	深圳证券交易所可转换公司债券业务实施细则（2018年12月修订）
会员交易类			
29	2018－01－12	深证会〔2018〕27号	股票质押式回购交易及登记结算业务办法（2018年修订）
30	2018－04－20	中国结算发字〔2018〕77号	H股“全流通”试点业务实施细则（试行）
31	2018－04－27	深证会〔2018〕156号	关于加强重点监控账户管理工作的通知
32	2018－07－13	深证上〔2018〕323号	深圳证券交易所 中国证券登记结算有限责任公司债券质押式三方回购交易及结算暂行办法
33	2018－09－07	深证上〔2018〕422号	深圳证券交易所深港通业务实施办法（2018年修订）
34	2018－11－23	深证上〔2018〕557号	深圳证券交易所证券投资基金流动性服务业务指引

(二)2018 年纪律处分决定书目录

2018 年,深圳证券交易所共作出纪律处分决定书 154 份,处分上市公司 85 家次(公开谴责 24 家次,通报批评 61 家次),责任人员 611 人次(公开谴责 166 人次,通报批评 443 人次,公开认定 2 人次);处分债券发行人 8 家次(公开谴责 0 家,通报批评 8 家次),发行人责任人员 27 人(公开谴责 0 人,通报批评 27 人)。具体情况如下:

1. 上市公司类

编号	年份	印发日期	文　号	文件名称
1	2018	2018-01-02	深证上〔2018〕1 号	关于对山东英达钢结构有限公司及冯文杰给予公开谴责处分的决定
2	2018	2018-01-09	深证上〔2018〕16 号	关于对山东墨龙石油机械股份有限公司及相关当事人给予纪律处分的决定
3	2018	2018-01-10	深证上〔2018〕17 号	关于对融捷股份有限公司股东柯荣卿给予通报批评的决定
4	2018	2018-01-12	深证上〔2018〕23 号	关于对大连易世达新能源发展股份有限公司及相关当事人给予通报批评处分的决定
5	2018	2018-01-16	深证上〔2018〕32 号	关于对广东广州日报传媒股份有限公司及相关当事人给予通报批评纪律处分的决定
6	2018	2018-01-17	深证上〔2018〕38 号	关于对哈尔滨电气集团佳木斯电机股份有限公司及相关当事人给予纪律处分的决定
7	2018	2018-01-19	深证上〔2018〕46 号	关于对大连承运投资集团有限公司给予通报批评的决定
8	2018	2018-01-22	深证上〔2018〕49 号	关于对皇氏集团股份有限公司时任董事徐蕾蕾给予通报批评的决定
9	2018	2018-01-23	深证上〔2018〕51 号	关于对宁夏英力特化工股份有限公司董事宗维海、殷玉荣给予通报批评处分的决定
10	2018	2018-01-23	深证上〔2018〕52 号	关于对国电英力特能源化工集团股份有限公司给予通报批评处分的决定
11	2018	2018-01-23	深证上〔2018〕53 号	关于对宁夏天元锰业有限公司给予通报批评处分的决定
12	2018	2018-01-23	深证上〔2018〕54 号	关于对浙江富丽达股份有限公司给予通报批评处分的决定
13	2018	2018-01-26	深证上〔2018〕59 号	关于对北京弘高创意建筑设计股份有限公司及相关当事人给予纪律处分的决定
14	2018	2018-02-22	深证上〔2018〕76 号	关于对北京诚益通控制工程科技股份有限公司股东李龙萍、董事会秘书刘棣给予通报批评处分的决定
15	2018	2018-02-23	深证上〔2018〕77 号	关于对联想投资有限公司给予通报批评处分的决定
16	2018	2018-02-23	深证上〔2018〕78 号	关于对广州科技金融创新投资控股有限公司给予通报批评处分的决定

续表

编号	年份	印发日期	文　　号	文件名称
17	2018	2018－02－26	深证上〔2018〕79 号	关于对利安达会计师事务所（特殊普通合伙）注册会计师蒋淑霞、李杰给予通报批评处分的决定
18	2018	2018－02－26	深证上〔2018〕81 号	关于对上海嘉愈医疗投资管理有限公司给予公开谴责处分的决定
19	2018	2018－02－27	深证上〔2018〕82 号	关于对成都市路桥工程股份有限公司及相关当事人给予通报批评处分的决定
20	2018	2018－02－27	深证上〔2018〕86 号	关于对朱子孝、朱挺给予通报批评的决定
21	2018	2018－03－01	深证上〔2018〕89 号	关于对四川升达林业产业股份有限公司及相关当事人给予通报批评的决定
22	2018	2018－03－07	深证上〔2018〕101 号	关于对好利来（中国）电子科技股份有限公司时任董事黄舒婷给予通报批评处分的决定
23	2018	2018－03－08	深证上〔2018〕112 号	关于对兰州黄河企业股份有限公司及相关当事人给予通报批评处分的决定
24	2018	2018－03－12	深证上〔2018〕118 号	关于对浙江世纪华通集团股份有限公司股东汤奇青给予通报批评纪律处分的决定
25	2018	2013－03－12	深证上〔2018〕119 号	关于对巴士在线股份有限公司股东给予通报批评纪律处分的决定
26	2018	2018－03－13	深证上〔2018〕120 号	关于对杭州华星创业通信技术股份有限公司控股股东之一致行动人、董事长季晓蓉给予通报批评处分的决定
27	2018	2018－03－22	深证上〔2018〕124 号	关于对新疆准东石油技术股份有限公司及相关当事人给予纪律处分的决定
28	2018	2018－03－20	深证上〔2018〕125 号	关于对浙江祥云科技股份有限公司给予公开谴责处分的决定
29	2018	2018－04－02	深证上〔2018〕144 号	关于对梦网荣信科技集团股份有限公司股东、时任董事兼总经理左强给予公开谴责的决定
30	2018	2018－04－09	深证上〔2018〕149 号	关于对四川金宇汽车城（集团）股份有限公司及相关当事人给予通报批评处分的决定
31	2018	2018－04－25	深证上〔2018〕175 号	关于对信永中和会计师事务所（特殊普通合伙）注册会计师郭晋龙、夏斌给予通报批评的决定
32	2018	2018－05－04	深证上〔2018〕188 号	关于对利亚德光电股份有限公司及相关当事人给予通报批评处分的决定
33	2018	2018－05－09	深证上〔2018〕195 号	关于对任子行网络技术股份有限公司及实际控制人、董事长景晓军给予纪律处分的决定
34	2018	2018－05－17	深证会〔2018〕213 号	关于对广东顺威精密塑料股份有限公司股东蒋九明给予公开谴责的决定
35	2018	2018－05－21	深证会〔2018〕224 号	关于对深圳市雄韬电源科技股份有限公司及相关当事人给予通报批评处分的决定
36	2018	2018－05－23	深证上〔2018〕228 号	关于对欧浦智网股份有限公司 5% 以上股东吕小奇给予公开谴责处分的决定
37	2018	2018－05－28	深证上〔2018〕236 号	关于对恒信东方文化股份有限公司及相关当事人给予通报批评处分的决定
38	2018	2018－05－29	深证上〔2018〕238 号	关于对凯迪生态环境科技股份有限公司及相关当事人给予通报批评处分的决定

续表

编号	年份	印发日期	文　号	文件名称
39	2018	2018 - 05 - 30	深证上〔2018〕242 号	关于对宁波东控集团有限公司、宁波众元投资管理有限公司、宁波海宇投资管理有限公司和宁波乾元文化传播有限公司给予公开谴责的决定
40	2018	2018 - 06 - 06	深证上〔2018〕259 号	关于对烟台东诚药业集团股份有限公司股东 PACIFIC RAINBOW INTERNATIONAL INC. 给予公开谴责处分的决定
41	2018	2018 - 06 - 08	深证上〔2018〕269 号	关于对江苏辉丰生物农业股份有限公司及相关当事人给予纪律处分的决定
42	2018	2018 - 06 - 14	深证上〔2018〕276 号	关于对山西三维集团股份有限公司及相关当事人给予纪律处分的决定
43	2018	2018 - 06 - 19	深证会〔2018〕286 号	关于对苏州胜利精密制造科技股份有限公司及相关当事人给予通报批评的决定
44	2018	2018 - 06 - 19	深证会〔2018〕287 号	关于对天奇自动化工程股份有限公司股东黄伟兴给予公开谴责的决定
45	2018	2018 - 06 - 25	深证上〔2018〕292 号	关于对四川美丰化工股份有限公司及相关当事人给予通报批评处分的决定
46	2018	2018 - 07 - 10	深证上〔2018〕310 号	关于对湖南千山制药机械股份有限公司及相关当事人给予纪律处分的决定
47	2018	2018 - 07 - 11	深证上〔2018〕317 号	关于对林州重机集团股份有限公司及相关当事人给予通报批评的决定
48	2018	2018 - 07 - 12	深证上〔2018〕318 号	关于对成都华泽钴镍材料股份有限公司及相关当事人给予纪律处分的决定
49	2018	2018 - 07 - 12	深证上〔2018〕320 号	关于对河北常山生化药业股份有限公司及相关当事人给予通报批评处分的决定
50	2018	2018 - 07 - 23	深证上〔2018〕329 号	关于对凯迪生态环境科技股份有限公司及相关当事人给予纪律处分的决定
51	2018	2018 - 07 - 24	深证上〔2018〕330 号	关于对北京利德曼生化股份有限公司相关当事人给予通报批评处分的决定
52	2018	2018 - 07 - 24	深证上〔2018〕331 号	关于对山东地矿股份有限公司及相关当事人给予纪律处分的决定
53	2018	2018 - 07 - 24	深证上〔2018〕335 号	关于对甘肃上峰水泥股份有限公司及相关当事人给予纪律处分的决定
54	2018	2018 - 07 - 24	深证上〔2018〕336 号	关于对深圳市康达尔(集团)股份有限公司及相关当事人给予纪律处分的决定
55	2018	2018 - 08 - 06	深证上〔2018〕355 号	关于对陈炽昌、林小雅给予通报批评处分的决定
56	2018	2018 - 08 - 07	深证上〔2018〕356 号	关于对重庆梅安森科技股份有限公司及相关当事人给予通报批评处分的决定
57	2018	2018 - 08 - 07	深证上〔2018〕357 号	关于对弘毅投资产业一期基金(天津)(有限合伙)给予通报批评处分的决定
58	2018	2018 - 08 - 08	深证上〔2018〕364 号	关于对银江股份有限公司股东李欣给予公开谴责的决定
59	2018	2018 - 08 - 13	深证上〔2018〕373 号	关于对三川智慧科技股份有限公司及相关当事人给予通报批评的决定

续表

编号	年份	印发日期	文　号	文件名称
60	2018	2018－08－14	深证上〔2018〕376号	关于对吕兴平、林升智给予通报批评的决定
61	2018	2018－08－14	深证上〔2018〕377号	关于对立信会计师事务所（特殊普通合伙）王云成、肖常和给予通报批评的决定
62	2018	2018－08－16	深证上〔2018〕381号	关于对广东猛狮新能源科技股份有限公司控股股东汕头市澄海区沪美蓄电池有限公司给予公开谴责处分的决定
63	2018	2018－08－17	深证上〔2018〕383号	关于对山西同德化工股份有限公司及相关当事人给予通报批评的决定
64	2018	2018－08－17	深证上〔2018〕384号	关于对上海乐铮网络科技有限公司、安徽鸿旭新能源汽车有限公司给予公开谴责处分的决定
65	2018	2018－08－21	深证上〔2018〕386号	关于对宁波瑞峰财富股权投资合伙企业（有限合伙）给予通报批评的决定
66	2018	2018－08－21	深证上〔2018〕388号	关于对广东猛狮新能源科技股份有限公司及相关当事人给予通报批评处分的决定
67	2018	2018－08－22	深证上〔2018〕389号	关于对易事特集团股份有限公司实际控制人、时任董事长何思模给予公开谴责的决定
68	2018	2018－08－22	深证上〔2018〕391号	关于对宝鼎科技股份有限公司及相关当事人给予通报批评的决定
69	2018	2018－08－22	深证上〔2018〕392号	关于对广东省广告集团股份有限公司及相关当事人给予通报批评处分的决定
70	2018	2018－08－30	深证上〔2018〕403号	关于对贵州轮胎股份有限公司及相关当事人给予纪律处分的决定
71	2018	2018－09－03	深证上〔2018〕409号	关于对沈阳惠天热电股份有限公司及相关当事人给予通报批评处分的决定
72	2018	2018－09－03	深证上〔2018〕410号	关于对振兴生化股份有限公司及相关当事人给予通报批评处分的决定
73	2018	2018－09－04	深证会〔2018〕411号	关于对中弘控股股份有限公司及相关当事人给予纪律处分的决定
74	2018	2018－09－05	深证上〔2018〕412号	关于对海南神农基因科技股份有限公司及相关当事人给予通报批评处分的决定
75	2018	2018－09－06	深证上〔2018〕419号	关于对四川金路集团股东刘江东、张贵林给予纪律处分的决定
76	2018	2018－09－07	深证上〔2018〕421号	关于对河南辉煌科技股份有限公司董事长李海鹰给予通报批评处分的决定
77	2018	2018－09－07	深证上〔2018〕423号	关于对上海延华高科技有限公司给予通报批评处分的决定
78	2018	2018－09－07	深证上〔2018〕424号	关于对广东风华高新科技股份有限公司及相关当事人给予纪律处分的决定
79	2018	2018－09－10	深证上〔2018〕425号	关于对大连承运投资集团有限公司、黄作庆给予通报批评的决定
80	2018	2018－09－11	深证上〔2018〕426号	关于对云南罗平锌电股份有限公司及相关当事人给予纪律处分的决定

续表

编号	年份	印发日期	文　　号	文 件 名 称
81	2018	2018－09－11	深证上〔2018〕427 号	关于对德奥通用航空股份有限公司及相关当事人给予公开谴责的决定
82	2018	2018－09－12	深证上〔2018〕435 号	关于对北京腾信创新网络营销技术股份有限公司及相关当事人给予通报批评处分的决定
83	2018	2018－09－12	深证上〔2018〕437 号	关于对皇氏集团股份有限公司及相关当事人给予通报批评的决定
84	2018	2018－09－13	深证上〔2018〕438 号	关于对远大产业控股股份有限公司及相关当事人给予纪律处分的决定
85	2018	2018－09－14	深证上〔2018〕442 号	关于对福建纳川管材科技股份有限公司及相关当事人给予通报批评处分的决定
86	2018	2018－09－18	深证上〔2018〕448 号	关于对浙江尤夫高新纤维股份有限公司财务总监吕彬给予通报批评处分的决定
87	2018	2018－09－19	深证上〔2018〕450 号	关于对厦门安妮股份有限公司及相关当事人给予通报批评的决定
88	2018	2018－09－20	深证上〔2018〕454 号	关于对新疆浩源天然气股份有限公司及相关当事人给予纪律处分的决定
89	2018	2018－09－20	深证上〔2018〕456 号	关于对陕西坚瑞沃能股份有限公司及相关当事人给予纪律处分的决定
90	2018	2018－09－21	深证上〔2018〕459 号	关于对星期六股份有限公司及相关当事人给予公开谴责的决定
91	2018	2018－09－25	深证上〔2018〕460 号	关于对欧浦智网股份有限公司及相关当事人给予通报批评处分的决定
92	2018	2018－09－25	深证上〔2018〕464 号	关于对广东嘉应制药股份有限公司及相关当事人给予通报批评的决定
93	2018	2018－10－09	深证上〔2018〕471 号	关于对西安宝德自动化股份有限公司及相关当事人给予通报批评处分的决定
94	2018	2018－10－10	深证上〔2018〕473 号	关于对常州天晟新材料股份有限公司及相关当事人给予通报批评处分的决定
95	2018	2018－10－10	深证上〔2018〕474 号	关于对神雾环保技术股份有限公司及相关当事人给予通报批评的决定
96	2018	2018－10－11	深证上〔2018〕481 号	关于对中科云网科技集团股份有限公司相关当事人给予纪律处分的决定
97	2018	2018－10－12	深证上〔2018〕484 号	关于对北京弘高慧目投资有限公司和北京弘高中太投资有限公司给予公开谴责处分的决定
98	2018	2018－10－18	深证上〔2018〕491 号	关于对冀凯装备制造股份有限公司股东景华给予公开谴责处分的决定
99	2018	2018－10－19	深证上〔2018〕494 号	关于对上海联芯投资管理合伙企业(有限合伙)给予通报批评处分的决定
100	2018	2018－10－22	深证上〔2018〕495 号	关于对金龙机电股份有限公司及相关当事人给予纪律处分的决定
101	2018	2018－10－23	深证上〔2018〕500 号	关于对大连三垒机器股份有限公司股东俞洋给予公开谴责处分的决定
102	2018	2018－10－31	深证上〔2018〕508 号	关于对东江环保股份有限公司及相关当事人给予通报批评处分的决定

续表

编号	年份	印发日期	文　　号	文件名称
103	2018	2018－11－01	深证会〔2018〕510号	关于对青岛市恒顺众昇集团股份有限公司及相关当事人给予纪律处分的决定
104	2018	2018－11－01	深证上〔2018〕511号	关于对杭州远方光电信息股份有限公司及相关当事人给予通报批评处分的决定
105	2018	2018－11－01	深证上〔2018〕512号	关于对湖南尔康制药股份有限公司及相关当事人给予纪律处分的决定
106	2018	2018－11－01	深证上〔2018〕513号	关于对天健会计师事务所（特殊普通合伙）贺梦然、严芬给予通报批评处分的决定
107	2018	2018－11－01	深证上〔2018〕514号	关于对北京同有飞骥科技股份有限公司及相关当事人给予通报批评处分的决定
108	2018	2018－11－01	深证上〔2018〕516号	关于对广东宜通世纪科技股份有限公司股东方炎林给予通报批评处分的决定
109	2018	2018－11－05	深证上〔2018〕524号	关于对中润资源投资股份有限公司及相关当事人给予通报批评处分的决定
110	2018	2018－11－05	深证上〔2018〕525号	关于对深圳赫美集团股份有限公司控股股东汉桥机器厂有限公司给予通报批评的决定
111	2018	2018－11－06	深证上〔2018〕526号	关于对新海宜科技集团股份有限公司及相关当事人给予通报批评处分的决定
112	2018	2018－11－06	深证上〔2018〕527号	关于对湖南泰达企业管理有限公司给予通报批评处分的决定
113	2018	2018－11－06	深证上〔2018〕528号	关于对深圳丹邦科技股份有限公司及相关当事人给予通报批评处分的决定
114	2018	2018－11－06	深证上〔2018〕529号	关于对深圳市丹侬科技有限公司给予通报批评处分的决定
115	2018	2018－11－07	深证上〔2018〕534号	关于对江苏中利集团股份有限公司及相关当事人给予通报批评处分的决定
116	2018	2018－11－09	深证上〔2018〕543号	关于对北京荣之联科技股份有限公司及相关当事人给予通报批评的决定
117	2018	2018－11－13	深证上〔2018〕547号	关于对海南海药股份有限公司及相关当事人给予纪律处分的决定
118	2018	2018－11－16	深证上〔2018〕555号	关于对北京华谊嘉信整合营销顾问集团股份有限公司及相关当事人给予通报批评处分的决定
119	2018	2018－11－19	深证上〔2018〕558号	关于对睿康文远电缆股份有限公司及相关当事人给予通报批评的决定
120	2018	2018－11－19	深证上〔2018〕559号	关于对黄侦凯给予通报批评处分的决定
121	2018	2018－11－21	深证上〔2018〕560号	关于对华塑控股股份有限公司给予通报批评处分的决定
122	2018	2018－11－21	深证上〔2018〕561号	关于对西藏麦田创业投资有限公司及相关当事人给予通报批评处分的决定
123	2018	2018－11－22	深证上〔2018〕564号	关于对江苏蓝丰生物化工股份有限公司及相关当事人给予纪律处分的决定
124	2018	2018－11－22	深证上〔2018〕565号	关于对康得新复合材料集团股份有限公司及相关当事人给予通报批评处分的决定

续表

编号	年份	印发日期	文　　号	文 件 名 称
125	2018	2018－11－22	深证上〔2018〕566 号	关于对江苏东华测试技术股份有限公司董事长刘士钢给予通报批评处分的决定
126	2018	2018－11－23	深证上〔2018〕577 号	关于对高升控股股份有限公司及相关当事人给予纪律处分的决定
127	2018	2018－11－26	深证上〔2018〕580 号	关于对北京蓝色光标数据科技股份有限公司及相关当事人给予通报批评处分的决定
128	2018	2018－11－26	深证上〔2018〕585 号	关于对宁波东力股份有限公司及相关当事人给予通报批评处分的决定
129	2018	2018－11－27	深证上〔2018〕587 号	关于对浙江花园生物高科股份有限公司董事长邵君芳给予通报批评处分的决定
130	2018	2018－11－27	深证上〔2018〕588 号	关于对江苏雅百特科技股份有限公司及相关当事人给予通报批评处分的决定
131	2018	2018－11－28	深证上〔2018〕590 号	关于对深圳市迪威迅股份有限公司及相关当事人给予通报批评处分的决定
132	2018	2018－11－29	深证上〔2018〕591 号	关于对福建众和股份有限公司及相关当事人给予纪律处分的决定
133	2018	2018－12－04	深证上〔2018〕603 号	关于对江苏鱼跃医疗设备股份有限公司董事长兼总经理吴光明给予公开谴责的决定
134	2018	2018－12－04	深证上〔2018〕604 号	关于对罗伟广给予通报批评处分的决定
135	2018	2018－12－04	深证上〔2018〕606 号	关于对天海融合防务装备技术股份有限公司及相关当事人给予通报批评处分的决定
136	2018	2018－12－07	深证上〔2018〕612 号	关于对浙江仁智股份有限公司及相关当事人给予通报批评处分的决定
137	2018	2018－12－12	深证上〔2018〕621 号	关于对江苏雅百特科技股份有限公司及相关当事人给予纪律处分的决定
138	2018	2018－12－17	深证上〔2018〕628 号	关于对新疆准东石油技术股份有限公司原控股股东和原实际控制人给予公开谴责处分的决定
139	2018	2018－12－17	深证上〔2018〕629 号	关于对深圳市鼎发稳健股权投资合伙企业(有限合伙)给予通报批评处分的决定
140	2018	2018－12－21	深证上〔2018〕642 号	关于对东方时代网络传媒股份有限公司及相关当事人给予纪律处分的决定
141	2018	2018－12－24	深证上〔2018〕643 号	关于对上海金融发展投资基金(有限合伙)给予通报批评处分的决定
142	2018	2018－12－25	深证上〔2018〕648 号	关于对徐州科融环境资源股份有限公司及相关当事人给予纪律处分的决定
143	2018	2018－12－26	深证上〔2018〕650 号	关于对湖南千山制药机械股份有限公司实际控制人钟波、彭勋德、黄盛秋给予通报批评处分的决定
144	2018	2018－12－26	深证上〔2018〕652 号	关于对九芝堂股份有限公司及相关当事人给予通报批评处分的决定
145	2018	2018－12－21	深证上〔2018〕653 号	关于对松德智慧装备股份有限公司及相关当事人给予通报批评处分的决定
146	2018	2018－12－28	深证上〔2018〕658 号	关于对湖南电广传媒股份有限公司及相关当事人给予通报批评处分的决定

2. 债券类

编号	年份	印发日期	文　　号	文件名称
1	2018	2018－01－29	深证上〔2018〕61 号	关于对重庆西彭铝产业区开发投资有限公司及相关当事人给予通报批评处分的决定
2	2018	2018－11－23	深证上〔2018〕571 号	关于对抚州苍源中药材种植股份有限公司及相关当事人给予通报批评处分的决定
3	2018	2018－11－23	深证上〔2018〕572 号	关于对江西华伍电力有限公司及相关当事人给予通报批评的决定
4	2018	2018－11－23	深证上〔2018〕575 号	关于对阳光凯迪新能源集团有限公司等相关当事人给予通报批评处分的决定
5	2018	2018－11－26	深证上〔2018〕583 号	关于对金龙控股集团有限公司及相关当事人给予通报批评处分的决定
6	2018	2018－11－26	深证上〔2018〕584 号	关于对海南宏氏投资有限公司及相关当事人给予通报批评处分的决定
7	2018	2018－12－04	深证上〔2018〕605 号	关于对中国汇源果汁集团有限公司等相关当事人给予通报批评处分的决定
8	2018	2018－12－24	深证上〔2018〕646 号	关于对富贵鸟股份有限公司等相关当事人给予通报批评处分的决定

(三)2018 年同意上市通知、暂停上市决定书以及终止上市决定书目录

1. 股票类

同意上市通知书		
序号	标　　题	文　　号
1	关于鹏鹞环保股份有限公司人民币普通股股票在创业板上市的通知	深证上〔2018〕5 号
2	关于珠海润都制药股份有限公司人民币普通股股票上市的通知	深证上〔2018〕6 号
3	关于北京百华悦邦科技股份有限公司人民币普通股股票在创业板上市的通知	深证上〔2018〕13 号
4	关于厦门盈趣科技股份有限公司人民币普通股股票上市的通知	深证上〔2018〕22 号
5	关于成都西菱动力科技股份有限公司人民币普通股股票在创业板上市的通知	深证上〔2018〕24 号
6	关于万兴科技股份有限公司人民币普通股股票在创业板上市的通知	深证上〔2018〕33 号
7	关于广东奥飞数据科技股份有限公司人民币普通股股票在创业板上市的通知	深证上〔2018〕37 号
8	关于科顺防水科技股份有限公司人民币普通股股票在创业板上市的通知	深证上〔2018〕55 号
9	关于深圳明阳电路科技股份有限公司人民币普通股股票在创业板上市的通知	深证上〔2018〕63 号

续表

序号	标　　题	文　　号
10	关于华西证券股份有限公司人民币普通股股票上市的通知	深证上〔2018〕65 号
11	关于南京聚隆科技股份有限公司人民币普通股股票在创业板上市的通知	深证上〔2018〕66 号
12	关于御家汇股份有限公司人民币普通股股票在创业板上市的通知	深证上〔2018〕67 号
13	关于贵州泰永长征技术股份有限公司人民币普通股股票上市的通知	深证上〔2018〕75 号
14	关于润建通信股份有限公司人民币普通股股票上市的通知	深证上〔2018〕84 号
15	关于华宝香精股份有限公司人民币普通股股票在创业板上市的通知	深证上〔2018〕85 号
16	关于华夏航空股份有限公司人民币普通股股票上市的通知	深证上〔2018〕87 号
17	关于彩讯科技股份有限公司人民币普通股股票在创业板上市的通知	深证上〔2018〕127 号
18	关于广东宏川智慧物流股份有限公司人民币普通股股票上市的通知	深证上〔2018〕135 号
19	关于四川天邑康和通信股份有限公司人民币普通股股票在创业板上市的通知	深证上〔2018〕139 号
20	关于浙江锋龙电气股份有限公司人民币普通股股票上市的通知	深证上〔2018〕143 号
21	关于杭州天地数码科技股份有限公司人民币普通股股票在创业板上市的通知	深证上〔2018〕176 号
22	关于南京越博动力系统股份有限公司人民币普通股股票在创业板上市的通知	深证上〔2018〕189 号
23	关于深信服科技股份有限公司人民币普通股股票在创业板上市的通知	深证上〔2018〕206 号
24	关于深圳欣锐科技股份有限公司人民币普通股股票在创业板上市的通知	深证上〔2018〕223 号
25	关于汉嘉设计集团股份有限公司人民币普通股股票在创业板上市的通知	深证上〔2018〕227 号
26	关于宁德时代新能源科技股份有限公司人民币普通股股票在创业板上市的通知	深证上〔2018〕260 号
27	关于武汉锐科光纤激光技术股份有限公司人民币普通股股票在创业板上市的通知	深证上〔2018〕289 号
28	关于武汉明德生物科技股份有限公司普通股股票上市的通知	深证上〔2018〕306 号
29	关于深圳市捷佳伟创新能源装备股份有限公司普通股股票在创业板上市的通知	深证上〔2018〕362 号
30	关于北京新兴东方航空装备股份有限公司普通股股票上市的通知	深证上〔2018〕395 号
31	关于成都天奥电子股份有限公司普通股股票上市的通知	深证上〔2018〕404 号
32	关于鹏鼎控股(深圳)股份有限公司普通股股票上市的通知	深证上〔2018〕439 号
33	关于郑州银行股份有限公司人民币普通股股票上市的通知	深证上〔2018〕444 号
34	关于江西金力永磁科技股份有限公司普通股股票在创业板上市的通知	深证上〔2018〕449 号
35	关于广东顶固集创家居股份有限公司人民币普通股股票在创业板上市的通知	深证上〔2018〕455 号
36	关于宁波兴瑞电子科技股份有限公司普通股股票上市的通知	深证上〔2018〕457 号
37	关于无锡蠡湖增压技术股份有限公司人民币普通股股票在创业板上市的通知	深证上〔2018〕482 号
38	关于深圳迈瑞生物医疗电子股份有限公司普通股股票在创业板上市的通知	深证上〔2018〕483 号
39	关于浙江昂利康制药股份有限公司人民币普通股股票上市的通知	深证上〔2018〕493 号
40	关于长城证券股份有限公司人民币普通股股票上市的通知	深证上〔2018〕499 号

续表

序号	标　　题	文　　号
41	关于北京宇信科技集团股份有限公司普通股股票在创业板上市的通知	深证上〔2018〕523 号
42	关于苏州迈为科技股份有限公司人民币普通股股票在创业板上市的通知	深证上〔2018〕535 号
43	关于新疆交通建设集团股份有限公司人民币普通股股票上市的通知	深证上〔2018〕579 号
44	关于湖南宇晶机器股份有限公司人民币普通股股票上市的通知	深证上〔2018〕586 号
45	关于深圳市隆利科技股份有限公司人民币普通股股票在创业板上市的通知	深证上〔2018〕589 号
46	关于浙江新农化工股份有限公司人民币普通股股票上市的通知	深证上〔2018〕598 号
47	关于江苏爱朋医疗科技股份有限公司人民币普通股股票在创业板上市的通知	深证上〔2018〕615 号
48	关于中山市金马科技娱乐设备股份有限公司人民币普通股股票在创业板上市的通知	深证上〔2018〕651 号
49	关于蓝思科技股份有限公司可转换公司债券上市交易的通知	深证上〔2018〕14 号
50	关于宁波银行股份有限公司可转换公司债券上市交易的通知	深证上〔2018〕15 号
51	关于山东太阳纸业股份有限公司可转换公司债券上市交易的通知	深证上〔2018〕19 号
52	关于江西赣锋锂业股份有限公司可转换公司债券上市交易的通知	深证上〔2018〕27 号
53	关于深圳市崇达电路技术股份有限公司可转换公司债券上市交易的通知	深证上〔2018〕30 号
54	关于深圳市铁汉生态环境股份有限公司可转换公司债券上市交易的通知	深证上〔2018〕31 号
55	关于浙江双环传动机械股份有限公司可转换公司债券上市交易的通知	深证上〔2018〕34 号
56	关于广东道氏技术股份有限公司可转换公司债券上市交易的通知	深证上〔2018〕35 号
57	关于北京雪迪龙科技股份有限公司可转换公司债券上市交易的通知	深证上〔2018〕47 号
58	关于天康生物股份有限公司可转换公司债券上市交易的通知	深证上〔2018〕48 号
59	关于万达信息股份有限公司可转换公司债券上市交易的通知	深证上〔2018〕50 号
60	关于东方财富信息股份有限公司可转换公司债券上市交易的通知	深证上〔2018〕56 号
61	关于江苏江阴农村商业银行股份有限公司可转换公司债券上市交易的通知	深证上〔2018〕68 号
62	关于大族激光科技产业集团股份有限公司可转换公司债券上市交易的通知	深证上〔2018〕88 号
63	关于深圳康泰生物制品股份有限公司可转换公司债券上市交易的通知	深证上〔2018〕102 号
64	关于深圳市金新农科技股份有限公司可转换公司债券上市交易的通知	深证上〔2018〕128 号
65	关于深圳市星源材质科技股份有限公司可转换公司债券上市交易的通知	深证上〔2018〕141 号
66	关于长江证券股份有限公司可转换公司债券上市交易的通知	深证上〔2018〕145 号
67	关于利欧集团股份有限公司可转换公司债券上市交易的通知	深证上〔2018〕157 号
68	关于中化岩土集团股份有限公司可转换公司债券上市交易的通知	深证上〔2018〕163 号
69	关于吉林敖东药业集团股份有限公司可转换公司债券上市交易的通知	深证上〔2018〕191 号
70	关于三力士股份有限公司可转换公司债券上市交易的通知	深证上〔2018〕293 号
71	关于浙江华通医药股份有限公司可转换公司债券上市交易的通知	深证上〔2018〕308 号
72	关于湖北省广播电视信息网络股份有限公司可转换公司债券上市交易的通知	深证上〔2018〕337 号

续表

序号	标　　题	文　　号
73	关于广东盛路通信科技股份有限公司可转换公司债券上市交易的通知	深证上〔2018〕361 号
74	关于阜新德尔汽车部件股份有限公司可转换公司债券上市交易的通知	深证上〔2018〕363 号
75	关于广西博世科环保科技股份有限公司可转换公司债券上市交易的通知	深证上〔2018〕365 号
76	关于宁波横河模具股份有限公司可转换公司债券上市交易的通知	深证上〔2018〕367 号
77	关于天津凯发电气股份有限公司可转换公司债券上市交易的通知	深证上〔2018〕378 号
78	关于浙江东音泵业股份有限公司可转换公司债券上市交易的通知	深证上〔2018〕385 号
79	关于汕头万顺包装材料股份有限公司可转换公司债券上市交易的通知	深证上〔2018〕394 号
80	关于深圳市凯中精密技术股份有限公司可转换公司债券上市交易的通知	深证上〔2018〕393 号
81	关于岭南生态文旅股份有限公司可转换公司债券上市交易的通知	深证上〔2018〕400 号
82	关于蓝盾信息安全技术股份有限公司可转换公司债券上市交易的通知	深证上〔2018〕418 号
83	关于中航工业机电系统股份有限公司可转换公司债券上市交易的通知	深证上〔2018〕428 号
84	关于利尔化学股份有限公司可转换公司债券上市交易的通知	深证上〔2018〕509 号
85	关于深圳市洲明科技股份有限公司可转换公司债券上市交易的通知	深证上〔2018〕570 号
86	关于江苏张家港农村商业银行股份有限公司可转换公司债券上市交易的通知	深证上〔2018〕582 号
87	关于中航光电科技股份有限公司可转换公司债券上市交易的通知	深证上〔2018〕592 号
88	关于南京寒锐钴业股份有限公司可转换公司债券上市交易的通知	深证上〔2018〕623 号
89	关于苏州华源控股股份有限公司可转换公司债券上市交易的通知	深证上〔2018〕627 号
90	关于深圳市特发信息股份有限公司可转换公司债券上市交易的通知	深证上〔2018〕637 号
91	关于海南钧达汽车饰件股份有限公司可转换公司债券上市交易的通知	深证上〔2018〕641 号
暂停、恢复上市通知书		
序号	标　　题	文　　号
1	关于福建众和股份有限公司股票暂停上市的决定	深证上〔2018〕197 号
2	关于成都华泽钴镍材料股份有限公司股票暂停上市的决定和报告	深证上〔2018〕319 号
3	关于同意南京普天通信股份有限公司股票恢复上市的决定	深证上〔2018〕342 号
4	关于攀钢集团钒钛资源股份有限公司股票暂停上市的决定	深证上〔2018〕353 号
5	关于同意重药控股股份有限公司股票恢复上市的决定	深证上〔2018〕354 号
终止上市通知书		
序号	标　　题	文　　号
1	关于银基烯碳新材料集团股份有限公司股票终止上市的决定	深证上〔2018〕237 号
2	关于深圳赤湾石油基地股份有限公司股票终止上市的决定	深证上〔2018〕275 号
3	关于中弘控股股份有限公司股票终止上市的决定	深证上〔2018〕540 号

2. 债券类

公开发行公司债券同意上市通知书		
序号	标　　题	文　　号
1	关于东北证券股份有限公司2018年面向合格投资者公开发行公司债券上市的通知	深证上〔2018〕506号
2	关于北京昆仑万维科技股份有限公司2018年面向合格投资者公开发行创新创业公司债券(第一期)上市的通知	深证上〔2018〕83号
3	关于2018年河钢股份有限公司绿色债券上市的通知	深证上〔2018〕205号
4	关于奥飞娱乐股份有限公司2018年面向合格投资者公开发行公司债券(第一期)上市的通知	深证上〔2018〕107号
5	关于渤海金控投资股份有限公司2018年面向合格投资者公开发行公司债券(第三期)上市的通知	深证上〔2018〕498号
6	关于广州市香雪制药股份有限公司2018年面向合格投资者公开发行公司债券(第一期)上市的通知	深证上〔2018〕266号
7	关于普洛斯洛华中国海外控股(香港)有限公司2018年面向合格投资者公开发行"一带一路"公司债券(第二期)上市的通知	深证上〔2018〕210号
8	关于广发证券股份有限公司2018年面向合格投资者公开发行公司债券(第一期)上市的通知	深证上〔2018〕225号
9	关于深圳市创新投资集团有限公司2018年面向合格投资者公开发行创新创业公司债券(第一期)上市的通知	深证上〔2018〕161号
10	关于深圳能源集团股份有限公司2018年面向合格投资者公开发行可续期公司债券(第一期)上市的通知	深证上〔2018〕620号
11	关于2017年第一期浙江恒逸集团有限公司公司债券上市的通知	深证上〔2018〕316号
12	关于北控清洁能源集团有限公司2018年面向合格投资者公开发行绿色可续期公司债券(第一期)上市的通知	深证上〔2018〕613号
13	关于2018年江苏省美尚生态景观股份有限公司PPP项目专项债券(第一期)上市的通知	深证上〔2018〕614号
14	关于北京东方园林环境股份有限公司2018年面向合格投资者公开发行公司债券(第一期)(品种一)上市的通知	深证上〔2018〕255号
15	关于传化智联股份有限公司2018年面向合格投资者公开发行公司债券(第一期)上市的通知	深证上〔2018〕174号
16	关于东旭集团有限公司2018年面向合格投资者公开发行公司债券(第一期)上市的通知	深证上〔2018〕440号
17	关于广东省粤科金融集团有限公司2018年面向合格投资者公开发行公司债券(第二期)上市的通知	深证上〔2018〕387号
18	关于广州智光电气股份有限公司2018年面向合格投资者公开发行公司债券(第一期)上市的通知	深证上〔2018〕430号
19	关于河钢股份有限公司2018年面向合格投资者公开发行可续期公司债券(第二期)上市的通知	深证上〔2018〕382号
20	关于华明电力装备股份有限公司2018年面向合格投资者公开发行公司债券(第一期)上市的通知	深证上〔2018〕248号
21	关于深圳顺丰泰森控股(集团)有限公司2018年面向合格投资者公开发行公司债券(第一期)上市的通知	深证上〔2018〕401号

续表

序号	标　　题	文　　号
22	关于同意江苏爱康科技股份有限公司2018年面向合格投资者公开发行公司债券(第一期)上市的通知	深证上〔2018〕207号
23	关于九州证券股份有限公司2018年面向合格投资者公开发行公司债券(第一期)上市的通知	深证上〔2018〕212号
24	关于木林森股份有限公司2018年面向合格投资者公开发行公司债券(第一期)上市的通知	深证上〔2018〕328号
25	关于普洛斯洛华中国海外控股(香港)有限公司2018年面向合格投资者公开发行"一带一路"公司债券(第三期)(品种一)上市的通知	深证上〔2018〕239号
26	关于普洛斯洛华中国海外控股(香港)有限公司2018年面向合格投资者公开发行"一带一路"公司债券(第一期)上市的通知	深证上〔2018〕115号
27	关于青岛国信发展(集团)有限责任公司2018年面向合格投资者公开发行可续期公司债券(第二期)上市的通知	深证上〔2018〕470号
28	关于上海二三四五网络控股集团股份有限公司2018年面向合格投资者公开发行公司债券(品种一)上市的通知	深证上〔2018〕338号
29	关于深圳国际控股有限公司2018年面向合格投资者公开发行公司债券(第一期)上市的通知	深证上〔2018〕100号
30	关于深圳市创新投资集团有限公司2018年面向合格投资者公开发行创新创业公司债券(第二期)上市的通知	深证上〔2018〕192号
31	关于通裕重工股份有限公司2018年面向合格投资者公开发行公司债券(第二期)上市的通知	深证上〔2018〕554号
32	关于万科企业股份有限公司2018年面向合格投资者公开发行住房租赁专项公司债券(第二期)上市的通知	深证上〔2018〕548号
33	关于厦门国际港务股份有限公司2018年面向合格投资者公开发行公司债券(第一期)上市的通知	深证上〔2018〕204号
34	关于厦门金圆投资集团有限公司2018年纾困专项债券(第一期)上市的通知	深证上〔2018〕599号
35	关于徐工集团工程机械股份有限公司2018年面向合格投资者公开发行可续期公司债券(第一期)上市的通知	深证上〔2018〕639号
36	关于招商局公路网络科技控股股份有限公司2018年面向合格投资者公开发行公司债券(第一期)上市的通知	深证上〔2018〕374号
37	关于中国航空技术深圳有限公司2018年面向合格投资者公开发行公司债券(第一期)(品种一)上市的通知	深证上〔2018〕241号
38	关于TCL集团股份有限公司2018年面向合格投资者公开发行公司债券(第二期)上市的通知	深证上〔2018〕453号
39	关于比亚迪股份有限公司2018年面向合格投资者公开发行公司债券(第二期)(品种一)上市的通知	深证上〔2018〕451号
40	关于渤海租赁股份有限公司2018年面向合格投资者公开发行公司债券(第五期)上市的通知	深证上〔2018〕624号
41	关于广东省粤科金融集团有限公司2018年面向合格投资者公开发行公司债券(第一期)上市的通知	深证上〔2018〕229号
42	关于广发证券股份有限公司2018年面向合格投资者公开发行公司债券(第二期)上市的通知	深证上〔2018〕413号
43	关于恒逸石化股份有限公司2018年面向合格投资者公开发行"一带一路"公司债券上市的通知	深证上〔2018〕123号

续表

序号	标　　题	文　　号
44	关于金科地产集团股份有限公司2018年面向合格投资者公开发行公司债券(第一期)上市的通知	深证上〔2018〕113号
45	关于中材科技股份有限公司2018年面向合格投资者公开发行可续期公司债券(第一期)上市的通知	深证上〔2018〕179号
46	关于联创电子科技股份有限公司2018年面向合格投资者公开发行公司债券上市的通知	深证上〔2018〕280号
47	关于美年大健康产业控股股份有限公司2018年面向合格投资者公开发行公司债券(第一期)上市的通知	深证上〔2018〕168号
48	关于深圳华侨城股份有限公司2018年面向合格投资者公开发行公司债券(第二期)上市的通知	深证上〔2018〕158号
49	关于恒逸石化股份有限公司2018年面向合格投资者公开发行公司债券(第一期)上市的通知	深证上〔2018〕159号
50	关于深圳市立业集团有限公司2018年面向合格投资者公开发行公司债券上市的通知	深证上〔2018〕480号
51	关于苏宁易购集团股份有限公司2018年面向合格投资者公开发行公司债券(第三期)上市的通知	深证上〔2018〕305号
52	关于美的置业集团有限公司2018年面向合格投资者公开发行公司债券(第一期)上市的通知	深证上〔2018〕553号
53	关于万科企业股份有限公司2018年面向合格投资者公开发行住房租赁专项公司债券(第一期)上市的通知	深证上〔2018〕399号
54	关于北京华联商厦股份有限公司2018年面向合格投资者公开发行公司债券(第一期)上市的通知	深证上〔2018〕92号
55	关于第一创业证券股份有限公司2018年面向合格投资者公开发行公司债券(第一期)上市的通知	深证上〔2018〕71号
56	关于东旭集团有限公司2018年面向合格投资者公开发行公司债券(第二期)上市的通知	深证上〔2018〕532号
57	关于广州金融控股集团有限公司2018年面向合格投资者公开发行可续期公司债券(第一期)上市的通知	深证上〔2018〕445号
58	关于国购投资有限公司2018年面向合格投资者公开发行公司债券(第三期)、(第四期)上市的通知	深证上〔2018〕472号
59	关于湖南电广传媒股份有限公司2018年面向合格投资者公开发行公司债券(第一期)上市的通知	深证上〔2018〕91号
60	关于海能达通信股份有限公司2018年面向合格投资者公开发行公司债券(第一期)上市的通知	深证上〔2018〕574号
61	关于河钢股份有限公司2018年面向合格投资者公开发行可续期公司债券(第一期)上市的通知	深证上〔2018〕187号
62	关于华西证券股份有限公司2018年面向合格投资者公开发行公司债券(第一期)上市的通知	深证上〔2018〕544号
63	关于申万宏源集团股份有限公司2018年面向合格投资者公开发行公司债券(第一期)上市的通知	深证上〔2018〕368号
64	关于深圳市投资控股有限公司2018年纾困专项债券(第一期)上市的通知	深证上〔2018〕530号
65	关于深圳市怡亚通供应链股份有限公司2018年面向合格投资者公开发行公司债券(第一期)上市的通知	深证上〔2018〕638号

续表

序号	标　　题	文　　号
66	关于深圳市远致投资有限公司2018年面向合格投资者公开发行公司债券(第一期)上市的通知	深证上〔2018〕467号
67	关于苏宁易购集团股份有限公司2018年面向合格投资者公开发行公司债券(第二期)上市的通知	深证上〔2018〕268号
68	关于深圳市英唐智能控制股份有限公司2018年面向合格投资者公开发行公司债券(第二期)上市的通知	深证上〔2018〕299号
69	关于通裕重工股份有限公司2018年面向合格投资者公开发行公司债券(第一期)上市的通知	深证上〔2018〕311号
70	关于厦门金圆投资集团有限公司2018年面向合格投资者公开发行公司债券(第一期)上市的通知	深证上〔2018〕246号
71	关于新疆中泰化学股份有限公司2018年面向合格投资者公开发行公司债券(第一期)(品种一)上市的通知	深证上〔2018〕429号
72	关于阳光城集团股份有限公司2018年面向合格投资者公开发行公司债券(第一期)上市的通知	深证上〔2018〕539号
73	关于宜华健康医疗股份有限公司2018年面向合格投资者公开发行公司债券(第一期)上市的通知	深证上〔2018〕625号
74	关于四川科伦药业股份有限公司2018年面向合格投资者公开发行公司债券(第一期)上市的通知	深证上〔2018〕169号
75	关于牡丹江市国有资产投资控股有限公司2018年面向合格投资者公开发行公司债券(第一期)上市的通知	深证上〔2018〕443号
76	关于山东晨鸣纸业集团股份有限公司2018年面向合格投资者公开发行公司债券(第一期)上市的通知	深证上〔2018〕247号
77	关于深圳华侨城股份有限公司2018年面向合格投资者公开发行公司债券(第一期)上市的通知	深证上〔2018〕80号
78	关于深圳市特区建设发展集团有限公司2018年面向合格投资者公开发行公司债券(第二期)上市的通知	深证上〔2018〕452号
79	关于深圳市特区建设发展集团有限公司2018年面向合格投资者公开发行公司债券(第一期)上市的通知	深证上〔2018〕291号
80	关于苏宁易购集团股份有限公司2018年面向合格投资者公开发行公司债券(第一期)上市的通知	深证上〔2018〕253号
81	关于武汉市江岸国有资产经营管理有限责任公司2018年面向合格投资者公开发行公司债券(第一期)上市的通知	深证上〔2018〕270号
82	关于物美控股集团有限公司2018年面向合格投资者公开发行公司债券(第一期)上市的通知	深证上〔2018〕250号
83	关于厦门国贸控股集团有限公司2018年面向合格投资者公开发行可续期公司债券(第一期)上市的通知	深证上〔2018〕208号
84	关于新疆中泰化学股份有限公司2018年面向合格投资者公开发行公司债券(第二期)(品种一)上市的通知	深证上〔2018〕533号
85	关于中国电子科技集团公司2017年面向合格投资者公开发行公司债券(第一期)上市的通知	深证上〔2018〕18号
86	关于中国航空技术深圳有限公司2018年面向合格投资者公开发行公司债券(第三期)上市的通知	深证上〔2018〕496号

续表

序号	标　　题	文　　号
87	关于中海地产集团有限公司2018年面向合格投资者公开发行公司债券(第一期)上市的通知	深证上〔2018〕531号
88	关于中联重科股份有限公司2018年面向合格投资者公开发行公司债券(第一期)上市的通知	深证上〔2018〕634号
89	关于青岛金王应用化学股份有限公司2018年面向合格投资者公开发行公司债券(第一期)上市的通知	深证上〔2018〕265号
90	关于比亚迪股份有限公司2018年面向合格投资者公开发行公司债券(第一期)上市的通知	深证上〔2018〕240号
91	关于渤海金控投资股份有限公司2018年面向合格投资者公开发行公司债券(第二期)上市的通知	深证上〔2018〕465号
92	关于国网信息通信产业集团有限公司2018年面向合格投资者公开发行公司债券上市的通知	深证上〔2018〕341号
93	关于四川科伦药业股份有限公司2018年面向合格投资者公开发行公司债券(第二期)(品种一)上市的通知	深证上〔2018〕545号
94	关于浙江恒逸集团有限公司2018年面向合格投资者公开发行公司债券(第二期)上市的通知	深证上〔2018〕546号
95	关于江苏中南建设集团股份有限公司2017年面向合格投资者公开发行公司债券(第二期)上市的通知	深证上〔2018〕44号
96	关于克明面业股份有限公司2018年面向合格投资者公开发行公司债券(第一期)上市的通知	深证上〔2018〕505号
97	关于瑞康医药股份有限公司2018年面向合格投资者公开发行公司债券(第一期)上市的通知	深证上〔2018〕226号
98	关于深圳国际控股有限公司2018年面向合格投资者公开发行公司债券(第二期)上市的通知	深证上〔2018〕609号
99	关于云南合和(集团)股份有限公司2018年面向合格投资者公开发行公司债券(第一期)上市的通知	深证上〔2018〕160号
100	关于深圳能源集团股份有限公司2018年面向合格投资者公开发行公司债券(第一期)上市的通知	深证上〔2018〕288号
101	关于深圳市英唐智能控制股份有限公司2018年面向合格投资者公开发行公司债券(第一期)上市的通知	深证上〔2018〕64号
102	关于深圳顺丰泰森控股(集团)有限公司2018年面向合格投资者公开发行公司债券(第二期)(品种一)上市的通知	深证上〔2018〕521号
103	关于苏宁易购集团股份有限公司2018年面向合格投资者公开发行公司债券(第五期)上市的通知	深证上〔2018〕420号
104	关于北京昆仑万维科技股份有限公司2018年面向合格投资者公开发行创新创业公司债券(第二期)上市的通知	深证上〔2018〕209号
105	关于新疆中泰(集团)有限责任公司2018年面向合格投资者公开发行公司债券(第一期)上市的通知	深证上〔2018〕165号
106	关于苏宁易购集团股份有限公司2018年面向合格投资者公开发行公司债券(第四期)上市的通知	深证上〔2018〕375号
107	关于浙江盾安人工环境股份有限公司2018年面向合格投资者公开发行公司债券(第一期)上市的通知	深证上〔2018〕149号

续表

序号	标　题	文　号
108	关于中国航空技术深圳有限公司 2018 年面向合格投资者公开发行公司债券(第二期)上市的通知	深证上〔2018〕340 号
109	关于中国南山开发(集团)股份有限公司 2018 年面向合格投资者公开发行公司债券(第一期)上市的通知	深证上〔2018〕644 号
110	关于申万宏源证券有限公司 2018 年面向合格投资者公开发行公司债券(第一期)(品种一)上市的通知	深证上〔2018〕635 号
111	关于中山公用事业集团股份有限公司 2018 年面向合格投资者公开发行公司债券(第一期)上市的通知	深证上〔2018〕264 号
112	关于深圳华侨城股份有限公司 2018 年面向合格投资者公开发行公司债券(第三期)上市的通知	深证上〔2018〕194 号
113	关于 TCL 集团股份有限公司 2018 年面向合格投资者公开发行公司债券(第一期)上市的通知	深证上〔2018〕296 号
114	关于北京捷成世纪科技股份有限公司 2018 年面向合格投资者公开发行公司债券(第一期)上市的通知	深证上〔2018〕578 号
115	关于渤海金控投资股份有限公司 2018 年面向合格投资者公开发行公司债券(第四期)上市的通知	深证上〔2018〕522 号
116	关于国购投资有限公司 2018 年面向合格投资者公开发行公司债券(第一期)上市的通知	深证上〔2018〕221 号
117	关于华侨城集团有限公司 2018 年面向合格投资者公开发行公司债券(第一期)上市的通知	深证上〔2018〕402 号
118	关于朗姿股份有限公司 2018 年面向合格投资者公开发行公司债券(第一期)上市的通知	深证上〔2018〕180 号
119	关于青岛国信发展(集团)有限责任公司 2018 年面向合格投资者公开发行可续期公司债券(第一期)上市的通知	深证上〔2018〕222 号
120	关于深圳翰宇药业股份有限公司 2018 年面向合格投资者公开发行公司债券(第一期)(品种二)上市的通知	深证上〔2018〕567 号
121	关于深圳市英唐智能控制股份有限公司 2018 年面向合格投资者公开发行公司债券(第三期)上市的通知	深证上〔2018〕501 号
122	关于万达集团股份有限公司 2018 年面向合格投资者公开发行公司债券(第一期)上市的通知	深证上〔2018〕351 号
123	关于物美控股集团有限公司 2018 年面向合格投资者公开发行公司债券(第二期)(品种一)上市的通知	深证上〔2018〕479 号
124	关于新疆中泰(集团)有限责任公司 2018 年面向合格投资者公开发行公司债券(第二期)(品种二)上市的通知	深证上〔2018〕277 号
125	关于云南合和(集团)股份有限公司 2018 年面向合格投资者公开发行公司债券(第二期)上市的通知	深证上〔2018〕220 号
126	关于招商局港口控股有限公司 2018 年面向合格投资者公开发行“一带一路”公司债券上市的通知	深证上〔2018〕186 号
127	关于浙江恒逸集团有限公司 2018 年面向合格投资者公开发行公司债券(第三期)上市的通知	深证上〔2018〕569 号
128	关于重庆市涪陵国有资产投资经营集团有限公司 2018 年面向合格投资者公开发行公司债券(第一期)(品种一)上市的通知	深证上〔2018〕541 号

续表

序号	标　　题	文　　号
129	关于紫光国芯微电子股份有限公司2018年面向合格投资者公开发行公司债券(第一期)上市的通知	深证上〔2018〕243号
130	关于厦门金圆投资集团有限公司2018年面向合格投资者公开发行公司债券(第二期)上市的通知	深证上〔2018〕408号
131	关于厦门象屿集团有限公司2018年面向合格投资者公开发行可续期公司债券(第二期)上市的通知	深证上〔2018〕372号
132	关于星期六股份有限公司2018年面向合格投资者公开发行公司债券(第一期)上市的通知	深证上〔2018〕164号
133	关于浙江恒逸集团有限公司2018年面向合格投资者公开发行公司债券(第四期)上市的通知	深证上〔2018〕602号
134	关于中国电子科技集团有限公司2018年面向合格投资者公开发行公司债券(第一期)上市的通知	深证上〔2018〕360号
135	关于苏宁易购集团股份有限公司2018年面向合格投资者公开发行公司债券(第六期)上市的通知	深证上〔2018〕630号
136	关于2018年第一期深圳市投资控股有限公司公司债券上市的通知	深证上〔2018〕633号
137	关于渤海金控投资股份有限公司2018年面向合格投资者公开发行公司债券(第一期)上市的通知	深证上〔2018〕303号
138	关于广西投资集团有限公司2018年面向合格投资者公开发行公司债券(第一期)(品种一)上市的通知	深证上〔2018〕193号
139	关于国购投资有限公司2018年面向合格投资者公开发行公司债券(第二期)上市的通知	深证上〔2018〕285号
140	关于国信证券股份有限公司2018年面向合格投资者公开发行公司债券(第一期)上市的通知	深证上〔2018〕379号
141	关于海能达通信股份有限公司2018年面向合格投资者公开发行公司债券(第二期)上市的通知	深证上〔2018〕656号
142	关于恒逸石化股份有限公司2018年面向合格投资者公开发行公司债券(第二期)上市的通知	深证上〔2018〕178号
143	关于南方汇通股份有限公司2018年面向合格投资者公开发行公司债券(第一期)上市的通知	深证上〔2018〕249号
144	关于厦门国际港务股份有限公司2018年面向合格投资者公开发行公司债券(第二期)上市的通知	深证上〔2018〕601号
145	关于同意伊犁农四师国有资产投资有限责任公司2018年面向合格投资者公开发行公司债券(第一期)上市的通知	深证上〔2018〕196号
146	关于招商局蛇口工业区控股股份有限公司2018年面向合格投资者公开发行公司债券(第二期)上市的通知	深证上〔2018〕297号
147	关于浙江恒逸集团有限公司2018年面向合格投资者公开发行公司债券(第一期)上市的通知	深证上〔2018〕466号
148	关于中国国际海运集装箱(集团)股份有限公司2018年面向合格投资者公开发行可续期公司债券(第一期)上市的通知	深证上〔2018〕657号
149	关于棕榈生态城镇发展股份有限公司2018年面向合格投资者公开发行公司债券(第一期)上市的通知	深证上〔2018〕95号

续表

序号	标　　题	文　　号
150	关于普洛斯中国控股有限公司2018年面向合格投资者公开发行"一带一路"公司债券(第四期)上市的通知	深证上〔2018〕352号
151	关于深圳市龙光控股有限公司2018年面向合格投资者公开发行公司债券(第一期)上市的通知	深证上〔2018〕647号
152	关于厦门象屿集团有限公司2018年面向合格投资者公开发行可续期公司债券(第一期)上市的通知	深证上〔2018〕254号
153	关于天齐锂业股份有限公司2018年面向合格投资者公开发行公司债券(第一期)上市的通知	深证上〔2018〕114号
154	关于深圳市投资控股有限公司2018年面向合格投资者公开发行公司债券(第一期)(品种一)上市的通知	深证上〔2018〕245号
155	关于北方华锦化学工业股份有限公司2018年面向合格投资者公开发行公司债券(第一期)上市的通知	深证上〔2018〕600号
156	关于海航航空集团有限公司2018年面向合格投资者公开发行公司债券(第一期)上市的通知	深证上〔2018〕626号
157	关于招商局蛇口工业区控股股份有限公司2018年面向合格投资者公开发行公司债券(第一期)上市的通知	深证上〔2018〕185号
158	关于通裕重工股份有限公司2018年面向合格投资者公开发行公司债券(第三期)上市的通知	深证上〔2018〕636号
公开发行公司债券暂停上市决定书		
序号	标　　题	文　　号
1	关于湖北宜化化工股份有限公司相关公司债券暂停上市的决定	深证上〔2018〕177号
非公开发行公司债券无异议函		
序号	标　　题	文　　号
1	关于广发证券股份有限公司2018年证券公司短期公司债券符合深交所转让条件的无异议函	深证函〔2018〕671号
2	关于安信证券股份有限公司2018年证券公司短期公司债券符合深交所转让条件的无异议函	深证函〔2018〕256号
3	关于长江证券股份有限公司2018年证券公司次级债券符合深交所转让条件的无异议函	深证函〔2018〕159号
4	关于安信证券股份有限公司2018年证券公司次级债券符合深交所转让条件的无异议函	深证函〔2018〕22号
5	关于第一创业证券股份有限公司2018年证券公司次级债券符合深交所转让条件的无异议函	深证函〔2018〕317号
6	关于安信证券股份有限公司2018年证券公司次级债券符合深交所转让条件的无异议函	深证函〔2018〕749号
7	关于长江证券股份有限公司2018年证券公司短期公司债券符合深交所转让条件的无异议函	深证函〔2018〕531号
8	关于广州证券股份有限公司2018年证券公司次级债券符合深交所转让条件的无异议函	深证函〔2018〕278号
9	关于国海证券股份有限公司2018年证券公司次级债券符合深交所转让条件的无异议函	深证函〔2018〕173号

续表

序号	标　　题	文　　号
10	关于江阴法尔胜钢铁制品有限公司2018年非公开发行可交换公司债券符合深交所转让条件的无异议函	深证函〔2018〕144号
11	关于美的置业集团有限公司2018年非公开发行公司债券符合深交所转让条件的无异议函	深证函〔2018〕120号
12	关于广西柳工集团有限公司2018年非公开发行公司债券符合深交所转让条件的无异议函	深证函〔2018〕121号
13	关于广发证券股份有限公司2018年证券公司次级债券符合深交所转让条件的无异议函	深证函〔2018〕255号
14	关于河南易成新能源股份有限公司2018年非公开发行公司债券符合深交所转让条件的无异议函	深证函〔2018〕113号
15	关于山西证券股份有限公司2018年证券公司次级债券符合深交所转让条件的无异议函	深证函〔2018〕598号
16	关于深圳震有科技股份有限公司2018年非公开发行创新创业公司债券符合深交所转让条件的无异议函	深证函〔2018〕112号
17	关于深圳市海王生物工程股份有限公司2018年非公开发行公司债券符合深交所转让条件的无异议函	深证函〔2018〕68号
18	关于珠海赛纳打印科技股份有限公司2018年非公开发行可交换公司债券符合深交所转让条件的无异议函	深证函〔2018〕437号
19	关于西部证券股份有限公司2018年证券公司短期公司债券符合深交所转让条件的无异议函	深证函〔2018〕153号
20	关于新华联文化旅游发展股份有限公司2018年非公开发行公司债券符合深交所转让条件的无异议函	深证函〔2018〕171号
21	关于奥瑞金科技股份有限公司2018年非公开发行公司债券符合深交所转让条件的无异议函	深证函〔2018〕305号
22	关于北京北明伟业控股有限公司2018年非公开发行可交换公司债券符合深交所转让条件的无异议函	深证函〔2018〕581号
23	关于碧桂园地产集团有限公司2018年非公开发行住房租赁专项公司债券符合深交所转让条件的无异议函	深证函〔2018〕358号
24	关于甘肃省公路航空旅游投资集团有限公司2018年非公开发行公司债券符合深交所转让条件的无异议函	深证函〔2018〕807号
25	关于广东东方锆业科技股份有限公司2018年非公开发行创新创业公司债券符合深交所转让条件的无异议函	深证函〔2018〕237号
26	关于北京首航波纹管制造有限公司2018年非公开发行可交换公司债券符合深交所转让条件的无异议函	深证函〔2018〕12号
27	关于成都天星印务股份有限公司2018年非公开发行创新创业可转换公司债券符合深交所转让条件的无异议函	深证函〔2018〕179号
28	关于创新美兰(合肥)股份有限公司2017年非公开发行创新创业公司债券符合深交所转让条件的无异议函	深证函〔2018〕24号
29	关于奥克控股集团股份公司2018年非公开发行可交换公司债券符合深交所转让条件的无异议函	深证函〔2018〕782号
30	关于广发证券股份有限公司2018年非公开发行公司债券符合深交所转让条件的无异议函	深证函〔2018〕629号

续表

序号	标　　题	文　　号
31	关于鞍山钢铁集团有限公司2018年非公开发行可交换公司债券符合深交所转让条件的无异议函	深证函〔2018〕122号
32	关于甘肃省公路航空旅游投资集团有限公司2018年非公开发行可续期公司债券符合深交所转让条件的无异议函	深证函〔2018〕811号
33	关于合肥华泰集团股份有限公司2018年非公开发行可交换公司债券符合深交所转让条件的无异议函	深证函〔2018〕582号
34	关于湖南国科控股有限公司2018年非公开发行可交换公司债券符合深交所转让条件的无异议函	深证函〔2018〕635号
35	关于北京汽车集团产业投资有限公司2018年非公开发行公司债券符合深交所转让条件的无异议函	深证函〔2018〕751号
36	关于北京威卡威汽车零部件股份有限公司2018年非公开发行公司债券符合深交所转让条件的无异议函	深证函〔2018〕698号
37	关于北京信中利投资股份有限公司2018年非公开发行创新创业公司债券符合深交所转让条件的无异议函	深证函〔2018〕140号
38	关于昌吉州国有资产投资经营集团有限公司2018年非公开发行可续期公司债券符合深交所转让条件的无异议函	深证函〔2018〕500号
39	关于大族控股集团有限公司2018年非公开发行可交换公司债券符合深交所转让条件的无异议函	深证函〔2018〕318号
40	关于泛海控股股份有限公司2018年非公开发行公司债券符合深交所转让条件的无异议函	深证函〔2018〕359号
41	关于广州赛莱拉干细胞科技股份有限公司2018年非公开发行创新创业公司债券符合深交所转让条件的无异议函	深证函〔2018〕53号
42	关于湖南省高速公路建设开发总公司2018年非公开发行公司债券符合深交所转让条件的无异议函	深证函〔2018〕444号
43	关于广州紫科环保科技股份有限公司2018年非公开发行创新创业可转换公司债券符合深交所转让条件的无异议函	深证函〔2018〕110号
44	关于北京久其科技投资有限公司2015年非公开发行可交换公司债券符合深交所转让条件的无异议函	深证函〔2018〕283号
45	关于北京久其科技投资有限公司2018年非公开发行可交换公司债券符合深交所转让条件的无异议函	深证函〔2018〕539号
46	关于大同市经济建设投资有限责任公司2018年非公开发行公司债券符合深交所转让条件的无异议函	深证函〔2018〕347号
47	关于安徽中鼎控股(集团)股份有限公司2018年非公开发行可交换公司债券符合深交所转让条件的无异议函	深证函〔2018〕109号
48	关于广西金桂浆纸业有限公司2018年非公开发行公司债券符合深交所转让条件的无异议函	深证函〔2018〕573号
49	关于国元证券股份有限公司2018年非公开发行公司债券符合深交所转让条件的无异议函	深证函〔2018〕687号
50	关于湖南唐人神控股投资股份有限公司2018年非公开发行可交换公司债券符合深交所转让条件的无异议函	深证函〔2018〕699号
51	关于招商局集团有限公司2018年非公开发行可交换公司债券符合深交所转让条件的无异议函	深证函〔2018〕319号

续表

序号	标　题	文　号
52	关于湖南大康国际农业食品股份有限公司 2017 年非公开发行公司债券符合深交所转让条件的无异议函	深证函〔2018〕18 号
53	关于国信证券股份有限公司 2018 年非公开发行公司债券符合深交所转让条件的无异议函	深证函〔2018〕577 号
54	关于哈尔滨九洲电气股份有限公司 2018 年非公开发行创新创业公司债券符合深交所转让条件的无异议函	深证函〔2018〕415 号
55	关于湖南省高速公路建设开发总公司 2018 年非公开发行绿色公司债券符合深交所转让条件的无异议函	深证函〔2018〕416 号
56	关于济南高新控股集团有限公司 2018 年非公开发行公司债券符合深交所转让条件的无异议函	深证函〔2018〕413 号
57	关于江苏必康制药股份有限公司 2018 年非公开发行公司债券符合深交所转让条件的无异议函	深证函〔2018〕44 号
58	关于江苏中南建设集团股份有限公司 2018 年非公开发行公司债券符合深交所转让条件的无异议函	深证函〔2018〕367 号
59	关于茂名港集团有限公司 2018 年非公开发行公司债券符合深交所转让条件的无异议函	深证函〔2018〕610 号
60	关于南京金盛国际家居市场经营管理有限公司 2017 年非公开发行公司债券符合深交所转让条件的无异议函	深证函〔2018〕48 号
61	关于广东奥马电器股份有限公司 2018 年非公开发行公司债券符合深交所转让条件的无异议函	深证函〔2018〕66 号
62	关于湖北福星科技股份有限公司 2018 年非公开发行公司债券符合深交所转让条件的无异议函	深证函〔2018〕757 号
63	关于杭州浩天物业管理有限公司 2018 年非公开发行可交换公司债券符合深交所转让条件的无异议函	深证函〔2018〕335 号
64	关于泰禾集团股份有限公司 2018 年非公开发行公司债券符合深交所转让条件的无异议函	深证函〔2018〕414 号
65	关于江西省金融资产管理股份有限公司 2018 年非公开发行公司债券符合深交所转让条件的无异议函	深证函〔2018〕756 号
66	关于京山京源科技投资有限公司 2018 年非公开发行可交换公司债券符合深交所转让条件的无异议函	深证函〔2018〕541 号
67	关于克明面业股份有限公司 2018 年非公开发行公司债券符合深交所转让条件的无异议函	深证函〔2018〕430 号
68	关于昆明钢铁控股有限公司 2018 年非公开发行公司债券符合深交所转让条件的无异议函	深证函〔2018〕497 号
69	关于佳和农牧股份有限公司 2018 年非公开发行公司债券符合深交所转让条件的无异议函	深证函〔2018〕183 号
70	关于腾邦集团有限公司 2018 年非公开发行可交换公司债券符合深交所转让条件的无异议函	深证函〔2018〕368 号
71	关于金融街控股股份有限公司 2018 年非公开发行公司债券符合深交所转让条件的无异议函	深证函〔2018〕464 号
72	关于南京第一农药集团有限公司 2018 年非公开发行可交换公司债券符合深交所转让条件的无异议函	深证函〔2018〕243 号

续表

序号	标　　题	文　　号
73	关于康佳集团股份有限公司2018年非公开发行公司债券符合深交所转让条件的无异议函	深证函〔2018〕579号
74	关于冀中能源集团有限责任公司2018年非公开发行可交换公司债券符合深交所转让条件的无异议函	深证函〔2018〕542号
75	关于蓝思科技(香港)有限公司2018年非公开发行可交换公司债券符合深交所转让条件的无异议函	深证函〔2018〕528号
76	关于南通金轮控股有限公司2018年非公开发行可交换公司债券符合深交所转让条件的无异议函	深证函〔2018〕431号
77	关于华讯方舟科技有限公司2018年非公开发行公司债券符合深交所转让条件的无异议函	深证函〔2018〕23号
78	关于江苏爱康科技股份有限公司2017年非公开发行创新创业公司债券符合深交所转让条件的无异议函	深证函〔2018〕6号
79	关于南国置业股份有限公司2018年非公开发行公司债券符合深交所转让条件的无异议函	深证函〔2018〕799号
80	关于新疆动能东方股权投资有限公司2018年非公开发行可交换公司债券符合深交所转让条件的无异议函	深证函〔2018〕67号
81	关于深圳市胜华欣业投资有限公司2018年非公开发行可交换公司债券符合深交所转让条件的无异议函	深证函〔2018〕501号
82	关于石榴置业集团股份有限公司2018年非公开发行公司债券符合深交所转让条件的无异议函	深证函〔2018〕722号
83	关于启迪桑德环境资源股份有限公司2018年非公开发行绿色公司债券符合深交所转让条件的无异议函	深证函〔2018〕604号
84	关于青岛德锐投资有限公司2018年非公开发行可交换公司债券符合深交所转让条件的无异议函	深证函〔2018〕615号
85	关于荣盛房地产发展股份有限公司2018年非公开发行住房租赁专项公司债券符合深交所转让条件的无异议函	深证函〔2018〕793号
86	关于泰禾集团股份有限公司2018年非公开发行住房租赁专项公司债券符合深交所转让条件的无异议函	深证函〔2018〕739号
87	关于唐山冀东水泥股份有限公司2018年非公开发行公司债券符合深交所转让条件的无异议函	深证函〔2018〕810号
88	关于荣盛建设工程有限公司2018年非公开发行可交换公司债券符合深交所转让条件的无异议函	深证函〔2018〕772号
89	关于陕西省水务集团有限公司2018年非公开发行扶贫专项公司债券符合深交所转让条件的无异议函	深证函〔2018〕717号
90	关于青海盐湖工业股份有限公司2018年非公开发行公司债券符合深交所转让条件的无异议函	深证函〔2018〕484号
91	关于山西漳泽电力新能源投资有限公司2018年非公开发行公司债券符合深交所转让条件的无异议函	深证函〔2018〕701号
92	关于陕西省水务集团有限公司2018年非公开发行绿色公司债券符合深交所转让条件的无异议函	深证函〔2018〕716号
93	关于深圳市浩明投资管理有限公司2018年非公开发行可交换公司债券符合深交所转让条件的无异议函	深证函〔2018〕681号

续表

序号	标　　题	文　　号
94	关于山东水发天源水务集团有限公司2018年非公开发行公司债券符合深交所转让条件的无异议函	深证函〔2018〕527号
95	关于深圳市海普瑞药业集团股份有限公司2018年非公开发行公司债券符合深交所转让条件的无异议函	深证函〔2018〕723号
96	关于苏宁电器集团有限公司2018年非公开发行公司债券符合深交所转让条件的无异议函	深证函〔2018〕364号
97	关于深圳华强集团有限公司2018年非公开发行可交换公司债券符合深交所转让条件的无异议函	深证函〔2018〕357号
98	关于深圳市基石资产管理股份有限公司2018年非公开发行创新创业公司债券符合深交所转让条件的无异议函	深证函〔2018〕135号
99	关于深圳市龙光控股有限公司2018年非公开发行公司债券符合深交所转让条件的无异议函	深证函〔2018〕450号
100	关于龙翔投资控股集团有限公司2018年非公开发行公司债券符合深交所转让条件的无异议函	深证函〔2018〕382号
101	关于孚日控股集团股份有限公司2018年非公开发行可交换公司债券符合深交所转让条件的无异议函	深证函〔2018〕244号
102	关于石榴置业集团股份有限公司2018年非公开发行住房租赁专项公司债券符合深交所转让条件的无异议函	深证函〔2018〕363号
103	关于融创房地产集团有限公司2018年非公开发行公司债券符合深交所转让条件的无异议函	深证函〔2018〕365号
104	关于江西省正荣房地产开发有限公司2018年非公开发行公司债券符合深交所转让条件的无异议函	深证函〔2018〕366号
105	关于苏州天沃科技股份有限公司2018年非公开发行公司债券符合深交所转让条件的无异议函	深证函〔2018〕49号
106	关于申万宏源证券有限公司2018年非公开发行公司债券符合深交所转让条件的无异议函	深证函〔2018〕591号
107	关于沈阳蓝英自动控制有限公司2018年非公开发行可交换公司债券符合深交所转让条件的无异议函	深证函〔2018〕696号
108	关于天津中银实业发展有限公司2018年非公开发行公司债券符合深交所转让条件的无异议函	深证函〔2018〕389号
109	关于烟台恒邦集团有限公司2017年非公开发行可交换公司债券符合深交所转让条件的无异议函	深证函〔2018〕57号
110	关于武汉工业控股集团有限公司2018年非公开发行公司债券符合深交所转让条件的无异议函	深证函〔2018〕348号
111	关于西安曲江文化产业投资(集团)有限公司2018年非公开发行公司债券符合深交所转让条件的无异议函	深证函〔2018〕809号
112	关于香江集团有限公司2018年非公开发行可交换公司债券符合深交所转让条件的无异议函	深证函〔2018〕781号
113	关于浙江中泰钢业集团有限公司2018年非公开发行可交换公司债券符合深交所转让条件的无异议函	深证函〔2018〕59号
114	关于宜宾市翠屏区国有资产经营管理有限责任公司2018年非公开发行公司债券符合深交所转让条件的无异议函	深证函〔2018〕251号

续表

序号	标　　题	文　　号
115	关于浙江唐德影视股份有限公司2018年非公开发行公司债券符合深交所转让条件的无异议函	深证函〔2018〕55号
116	关于克拉玛依市城市建设投资发展有限责任公司2018年非公开发行公司债券符合深交所转让条件的无异议函	深证函〔2018〕56号
117	关于宝武集团广东韶关钢铁有限公司2018年非公开发行可交换公司债券符合深交所转让条件的无异议函	深证函〔2018〕64号
118	关于武汉市市政建设集团有限公司2018年非公开发行公司债券符合深交所转让条件的无异议函	深证函〔2018〕422号
119	关于新疆中泰(集团)有限责任公司2018年非公开发行可续期公司债券符合深交所转让条件的无异议函	深证函〔2018〕532号
120	关于阳泉煤业(集团)有限责任公司2018年非公开发行公司债券符合深交所转让条件的无异议函	深证函〔2018〕509号
121	关于浙江围海控股集团有限公司2018年非公开发行可交换公司债券符合深交所转让条件的无异议函	深证函〔2018〕63号
122	关于潍坊市投资集团有限公司2018年非公开发行公司债券符合深交所转让条件的无异议函	深证函〔2018〕730号
123	关于厦门国贸控股集团有限公司2018年非公开发行可续期公司债券符合深交所转让条件的无异议函	深证函〔2018〕726号
124	关于烟台恒邦集团有限公司2018年非公开发行公司债券符合深交所转让条件的无异议函	深证函〔2018〕58号
125	关于浙江我武管理咨询有限公司2018年非公开发行可交换公司债券符合深交所转让条件的无异议函	深证函〔2018〕773号
126	关于武汉市江夏农业集团有限公司2018年非公开发行公司债券符合深交所转让条件的无异议函	深证函〔2018〕808号
127	关于西藏藏格创业投资有限公司2018年非公开发行可交换公司债券符合深交所转让条件的无异议函	深证函〔2018〕13号
128	关于隆基集团有限公司2018年非公开发行可交换公司债券符合深交所转让条件的无异议函	深证函〔2018〕252号
129	关于云南锡业股份有限公司2018年非公开发行可续期公司债券符合深交所转让条件的无异议函	深证函〔2018〕638号
130	关于中交地产股份有限公司2018年非公开发行公司债券符合深交所转让条件的无异议函	深证函〔2018〕801号
131	关于西藏知合资本管理有限公司2018年非公开发行可交换公司债券符合深交所转让条件的无异议函	深证函〔2018〕750号
132	关于协鑫集团有限公司2018年非公开发行公司债券符合深交所转让条件的无异议函	深证函〔2018〕729号
133	关于新疆中泰化学股份有限公司2018年非公开发行可续期公司债券符合深交所转让条件的无异议函	深证函〔2018〕607号
非公开发行公司债券转让服务通知		
序号	标　　题	文　　号
1	关于为广发证券股份有限公司2018年证券公司短期公司债券(第二期)提供转让服务的通知	深证上〔2018〕314号

续表

序号	标　　题	文　　号
2	关于为安信证券股份有限公司2018年证券公司短期公司债券(第一期)提供转让服务的通知	深证上〔2018〕313号
3	关于为广州证券股份有限公司2018年证券公司次级债券(第一期)提供转让服务的通知	深证上〔2018〕315号
4	关于为广发证券股份有限公司2018年证券公司次级债券(第一期)提供转让服务的通知	深证上〔2018〕593号
5	关于为北讯集团股份有限公司2018年非公开发行公司债券(第二期)提供转让服务的通知	深证上〔2018〕219号
6	关于为江苏中南建设集团股份有限公司2018年非公开发行公司债券(第一期)(品种一)提供转让服务的通知	深证上〔2018〕631号
7	关于为郴州市金贵银业股份有限公司2017年非公开发行公司债券(第一期)提供转让服务的通知	深证上〔2018〕39号
8	关于为北京市政路桥股份有限公司2018年非公开发行公司债券(第一期)提供转让服务的通知	深证上〔2018〕518号
9	关于为济南高新控股集团有限公司2018年非公开发行公司债券(第一期)提供转让服务的通知	深证上〔2018〕417号
10	关于为龙跃实业集团有限公司2017年非公开发行可交换公司债券(第一期)两只债券提供转让服务的通知	深证上〔2018〕21号
11	关于为广发证券股份有限公司2018年证券公司短期公司债券(第一期)提供转让服务的通知	深证上〔2018〕170号
12	关于为安信证券股份有限公司2018年证券公司次级债券(第二期)提供转让服务的通知	深证上〔2018〕172号
13	关于为宜宾天原集团股份有限公司2018年非公开发行公司债券(第一期)提供转让服务的通知	深证上〔2018〕433号
14	关于为国元证券股份有限公司2018年非公开发行公司债券(第二期)提供转让服务的通知	深证上〔2018〕434号
15	关于为远东国际租赁有限公司2018年非公开发行公司债券(第五期)提供转让服务的通知	深证上〔2018〕552号
16	关于为丽水南城新区投资发展有限公司2017年非公开发行公司债券(第一期)提供转让服务的通知	深证上〔2018〕10号
17	关于为河南新野纺织股份有限公司2017年非公开发行公司债券(第二期)提供转让服务的通知	深证上〔2018〕12号
18	关于为泛海控股股份有限公司2018年非公开发行公司债券(第一期)提供转让服务的通知	深证上〔2018〕468号
19	关于为融创房地产集团有限公司2018年非公开发行公司债券(第一期)(品种一)提供转让服务的通知	深证上〔2018〕469号
20	关于为美盛控股集团有限公司2018年非公开发行可交换公司债券提供转让服务的通知	深证上〔2018〕618号
21	关于为泰禾集团股份有限公司2018年非公开发行公司债券(第二期)提供转让服务的通知	深证上〔2018〕487号
22	关于为长江证券股份有限公司2018年证券公司短期公司债券(第一期)提供转让服务的通知	深证上〔2018〕138号

续表

序号	标　　题	文　　号
23	关于为申万宏源证券有限公司 2018 年证券公司次级债券(第三期)(品种一)提供转让服务的通知	深证上〔2018〕478 号
24	关于为山西证券股份有限公司 2018 年证券公司短期公司债券(第一期)提供转让服务的通知	深证上〔2018〕129 号
25	关于为昆明钢铁控股有限公司 2018 年非公开发行公司债券(第一期)(品种一)等两只债券提供转让服务的通知	深证上〔2018〕594 号
26	关于为苏宁电器集团有限公司 2018 年非公开发行公司债券(第二期)(品种一)提供转让服务的通知	深证上〔2018〕595 号
27	关于为郑州公用事业投资发展集团有限公司 2018 年非公开发行可交换公司债券(第一期)提供转让服务的通知	深证上〔2018〕218 号
28	关于为雅安发展投资有限责任公司 2018 年非公开发行公司债券(第一期)提供转让服务的通知	深证上〔2018〕109 号
29	关于为第一创业证券股份有限公司 2018 年证券公司次级债券(第一期)提供转让服务的通知	深证上〔2018〕345 号
30	关于为国信证券股份有限公司 2018 年非公开发行公司债券(第三期)提供转让服务的通知	深证上〔2018〕662 号
31	关于为阳泉煤业(集团)有限责任公司 2018 年非公开发行公司债券(第二期)提供转让服务的通知	深证上〔2018〕665 号
32	关于为远东国际租赁有限公司 2018 年非公开发行公司债券(第四期)提供转让服务的通知	深证上〔2018〕446 号
33	关于为紫光集团有限公司 2018 年非公开发行公司债券(第一期)提供转让服务的通知	深证上〔2018〕267 号
34	关于为河北合佳医药科技集团股份有限公司 2018 年非公开发行创新创业可转换公司债券(第一期)提供转让服务的通知	深证上〔2018〕257 号
35	关于为岳阳市洞庭新城投资建设开发有限公司 2018 年非公开发行公司债券(品种一)(品种二)等两只债券提供转让服务的通知	深证上〔2018〕133 号
36	关于为武汉市市政建设集团有限公司 2018 年非公开发行公司债券(第一期)(品种二)提供转让服务的通知	深证上〔2018〕597 号
37	关于为大庆市城市建设投资开发有限公司 2017 年非公开发行公司债券(第一期)提供转让服务的通知	深证上〔2018〕40 号
38	关于为美的置业集团有限公司 2018 年非公开发行公司债券(第一期)提供转让服务的通知	深证上〔2018〕274 号
39	关于为基石资产管理股份有限公司 2018 年非公开发行创新创业公司债券(第一期)提供转让服务的通知	深证上〔2018〕519 号
40	关于为东北证券股份有限公司 2018 年非公开发行公司债券(第一期)提供转让服务的通知	深证上〔2018〕106 号
41	关于为广东海伦堡地产集团有限公司 2018 年非公开发行公司债券(第一期)提供转让服务的通知	深证上〔2018〕371 号
42	关于为广东海印集团股份有限公司 2017 年非公开发行公司债券(第二期)提供转让服务的通知	深证上〔2018〕20 号
43	关于为广西柳工集团有限公司 2018 年非公开发行公司债券(第一期)提供转让服务的通知	深证上〔2018〕235 号

续表

序号	标　　题	文　　号
44	关于为冀中能源峰峰集团有限公司 2018 年非公开发行公司债券(第一期)(品种一)提供转让服务的通知	深证上〔2018〕99 号
45	关于为湖北夷陵经济发展集团有限公司 2018 年非公开发行公司债券(第一期)提供转让服务的通知	深证上〔2018〕211 号
46	关于为国信证券股份有限公司 2018 年证券公司短期公司债券(第一期)提供转让服务的通知	深证上〔2018〕258 号
47	关于为江苏省冶金设计院有限公司 2017 年非公开发行创新创业公司债券(第一期)提供转让服务的通知	深证上〔2018〕42 号
48	关于为郴州市金贵银业股份有限公司 2018 年非公开发行公司债券(第一期)提供转让服务的通知	深证上〔2018〕273 号
49	关于为深圳市胜华欣业投资有限公司 2018 年非公开发行可交换公司债券(第一期)提供转让服务的通知	深证上〔2018〕520 号
50	关于为远东国际租赁有限公司 2018 年非公开发行公司债券(第二期)提供转让服务的通知	深证上〔2018〕233 号
51	关于为华讯方舟科技有限公司 2018 年非公开发行公司债券(第二期)提供转让服务的通知	深证上〔2018〕333 号
52	关于为申万宏源证券有限公司 2018 年证券公司短期公司债券(第一期)提供转让服务的通知	深证上〔2018〕98 号
53	关于为湖南太阳鸟控股有限公司 2018 年非公开发行可交换公司债券提供转让服务的通知	深证上〔2018〕432 号
54	关于为湖南省高速公路集团有限公司 2018 年非公开发行绿色公司债券(第二期)提供转让服务的通知	深证上〔2018〕549 号
55	关于为广发证券股份有限公司 2018 年证券公司短期公司债券(第五期)提供转让服务的通知	深证上〔2018〕502 号
56	关于为金科地产集团股份有限公司 2018 年非公开发行公司债券(第一期)提供转让服务的通知	深证上〔2018〕230 号
57	关于为连云港市农业发展集团有限公司 2018 年非公开发行公司债券(第二期)提供转让服务的通知	深证上〔2018〕214 号
58	关于为长江证券股份有限公司 2018 年证券公司短期公司债券(第二期)提供转让服务的通知	深证上〔2018〕217 号
59	关于为龙翔投资控股集团有限公司 2018 年非公开发行公司债券(第一期)(品种一)提供转让服务的通知	深证上〔2018〕607 号
60	关于为昆明交通产业股份有限公司 2018 年非公开发行公司债券(第一期)提供转让服务的通知	深证上〔2018〕155 号
61	关于为申万宏源证券有限公司 2018 年非公开发行公司债券(第一期)(品种一)等两只债券提供转让服务的通知	深证上〔2018〕616 号
62	关于为重庆市黔江区城市建设投资(集团)有限公司 2018 年非公开发行绿色公司债券(第一期)提供转让服务的通知	深证上〔2018〕490 号
63	关于为东旭集团有限公司 2018 年非公开发行公司债券(第二期)提供转让服务的通知	深证上〔2018〕322 号
64	关于为广西柳工集团有限公司 2018 年非公开发行公司债券(第三期)提供转让服务的通知	深证上〔2018〕476 号

续表

序号	标　　题	文　　号
65	关于为阳泉煤业(集团)有限责任公司 2018 年非公开发行公司债券(第一期)(品种二)提供转让服务的通知	深证上〔2018〕551 号
66	关于为江苏必康制药股份有限公司 2018 年非公开发行公司债券(第一期)提供转让服务的通知	深证上〔2018〕244 号
67	关于为浙江中泰钢业集团有限公司 2018 年非公开发行可交换公司债券(第一期)提供转让服务的通知	深证上〔2018〕504 号
68	关于为通化金马药业集团股份有限公司 2018 年非公开发行公司债券(第一期)提供转让服务的通知	深证上〔2018〕216 号
69	关于为山西证券股份有限公司 2018 年证券公司短期公司债券(第二期)提供转让服务的通知	深证上〔2018〕261 号
70	关于为安信证券股份有限公司 2018 年证券公司次级债券(第四期)提供转让服务的通知	深证上〔2018〕617 号
71	关于为冀中能源峰峰集团有限公司 2018 年非公开发行公司债券(第二期)(品种一)提供转让服务的通知	深证上〔2018〕151 号
72	关于为天津新金融投资有限责任公司 2018 年非公开发行公司债券(第二期)(品种二)提供转让服务的通知	深证上〔2018〕321 号
73	关于为北讯集团股份有限公司 2018 年非公开发行公司债券(第三期)提供转让服务的通知	深证上〔2018〕344 号
74	关于为天津新金融投资有限责任公司 2018 年非公开发行公司债券(第一期)(品种二)提供转让服务的通知	深证上〔2018〕182 号
75	关于为大庆市城市建设投资开发有限公司 2018 年非公开发行公司债券(第一期)(品种一)提供转让服务的通知	深证上〔2018〕517 号
76	关于为福州市建设发展集团有限公司 2018 年非公开发行公司债券(第一期)提供转让服务的通知	深证上〔2018〕370 号
77	关于为广发证券股份有限公司 2017 年非公开发行公司债券(第三期)提供转让服务的通知	深证上〔2018〕348 号
78	关于为内蒙古国有资本运营有限公司 2018 年非公开发行公司债券(第一期)提供转让服务的通知	深证上〔2018〕97 号
79	关于为北讯集团股份有限公司 2018 年非公开发行公司债券(第一期)提供转让服务的通知	深证上〔2018〕70 号
80	关于为湖南省高速公路建设开发总公司 2018 年非公开发行绿色公司债券(第一期)提供转让服务的通知	深证上〔2018〕463 号
81	关于为金科地产集团股份有限公司 2018 年非公开发行公司债券(第二期)(品种二)提供转让服务的通知	深证上〔2018〕503 号
82	关于为中国船舶重工集团公司第七二五研究所(洛阳船舶材料研究所)2017 年非公开发行可交换公司债券(第一期)提供转让服务的通知	深证上〔2018〕25 号
83	关于为长江证券股份有限公司 2018 年证券公司短期公司债券(第三期)提供转让服务的通知	深证上〔2018〕619 号
84	关于为寿光晨鸣控股有限公司 2017 年非公开发行公司债券(第一期)等两只债券提供转让服务的通知	深证上〔2018〕150 号
85	关于为安信证券股份有限公司 2018 年证券公司次级债券(第三期)提供转让服务的通知	深证上〔2018〕488 号

续表

序号	标　　题	文　　号
86	关于为天津渤海租赁有限公司 2017 年非公开发行公司债券(第一期)提供转让服务的通知	深证上〔2018〕137 号
87	关于为华西证券股份有限公司 2017 年证券公司短期公司债券(第二期)提供转让服务的通知	深证上〔2018〕111 号
88	关于为宜宾市翠屏区国有资产经营管理有限责任公司 2018 年非公开发行公司债券提供转让服务的通知	深证上〔2018〕663 号
89	关于为武汉市市政建设集团有限公司 2018 年非公开发行公司债券(第二期)提供转让服务的通知	深证上〔2018〕664 号
90	关于为安徽中鼎控股(集团)股份有限公司 2018 年非公开发行可交换公司债券提供转让服务的通知	深证上〔2018〕256 号
91	关于为国信证券股份有限公司 2018 年非公开发行公司债券(第二期)提供转让服务的通知	深证上〔2018〕130 号
92	关于为安信证券股份有限公司 2018 年证券公司次级债券(第一期)提供转让服务的通知	深证上〔2018〕132 号
93	关于为碧桂园地产集团有限公司 2018 年非公开发行住房租赁专项公司债券(第一期)提供转让服务的通知	深证上〔2018〕632 号
94	关于为广州证券股份有限公司 2018 年证券公司次级债券(第二期)提供转让服务的通知	深证上〔2018〕416 号
95	关于为连云港市农业发展集团有限公司 2018 年非公开发行公司债券(第三期)提供转让服务的通知	深证上〔2018〕234 号
96	关于为贵安新区开发投资有限公司 2018 年非公开发行公司债券提供转让服务的通知	深证上〔2018〕332 号
97	关于为创新美兰(合肥)股份有限公司 2018 年非公开发行创新创业公司债券提供转让服务的通知	深证上〔2018〕334 号
98	关于为广发证券股份有限公司 2018 年证券公司短期公司债券(第四期)提供转让服务的通知	深证上〔2018〕461 号
99	关于为渤海证券股份有限公司 2018 年证券公司短期公司债券(第一期)提供转让服务的通知	深证上〔2018〕252 号
100	关于为山西证券股份有限公司 2017 年证券公司短期公司债券(第一期)提供转让服务的通知	深证上〔2018〕43 号
101	关于为广州赛莱拉干细胞科技股份有限公司 2018 年非公开发行创新创业公司债券提供转让服务的通知	深证上〔2018〕105 号
102	关于为福州市建设发展集团有限公司 2018 年非公开发行公司债券(第二期)提供转让服务的通知	深证上〔2018〕415 号
103	关于为广发证券股份有限公司 2018 年证券公司短期公司债券(第三期)提供转让服务的通知	深证上〔2018〕369 号
104	关于为深圳市海王生物工程股份有限公司 2018 年非公开发行公司债券(第一期)提供转让服务的通知	深证上〔2018〕349 号
105	关于为国信证券股份有限公司 2018 年非公开发行公司债券(第一期)提供转让服务的通知	深证上〔2018〕69 号
106	关于为泛海控股股份有限公司 2018 年非公开发行公司债券(第二期)提供转让服务的通知	深证上〔2018〕462 号

续表

序号	标　　题	文　　号
107	关于为长江证券股份有限公司 2017 年证券公司短期公司债券(第一期)提供转让服务的通知	深证上〔2018〕58 号
108	关于为绵阳科技城发展投资(集团)有限公司 2018 年非公开发行公司债券提供转让服务的通知	深证上〔2018〕312 号
109	关于为浙江唐德影视股份有限公司 2018 年非公开发行公司债券(第一期)提供转让服务的通知	深证上〔2018〕131 号
110	关于为山西蓝焰控股股份有限公司 2018 年非公开发行公司债券(第一期)提供转让服务的通知	深证上〔2018〕231 号
111	关于为无锡华东重机科技集团有限公司 2017 年非公开发行可交换公司债券(第一期)提供转让服务的通知	深证上〔2018〕11 号
112	关于为国盛金融控股集团股份有限公司 2017 年非公开发行公司债券提供转让服务的通知	深证上〔2018〕8 号
113	关于为国元证券股份有限公司 2018 年非公开发行公司债券(第一期)(品种一)等两只债券提供转让服务的通知	深证上〔2018〕215 号
114	关于为山钢金融控股(深圳)有限公司 2018 年非公开发行公司债券(第一期)提供转让服务的通知	深证上〔2018〕156 号
115	关于为申万宏源证券有限公司 2018 年证券公司次级债券(第二期)提供转让服务的通知	深证上〔2018〕294 号
116	关于为连云港市农业发展集团有限公司 2018 年非公开发行公司债券(第一期)提供转让服务的通知	深证上〔2018〕152 号
117	关于为大庆市城市建设投资开发有限公司 2018 年非公开发行公司债券(第二期)提供转让服务的通知	深证上〔2018〕538 号
118	关于为浙江金卡高科技工程有限公司 2018 年非公开发行可交换公司债券(第一期)提供转让服务的通知	深证上〔2018〕110 号
119	关于为诚志股份有限公司 2018 年非公开发行公司债券提供转让服务的通知	深证上〔2018〕407 号
120	关于为广州紫科环保科技股份有限公司 2018 年非公开发行创新创业可转换公司债券(第一期)提供转让服务的通知	深证上〔2018〕295 号
121	关于为融创房地产集团有限公司 2018 年非公开发行公司债券(第二期)(品种一)提供转让服务的通知	深证上〔2018〕536 号
122	关于为江西省正荣房地产开发有限公司 2018 年非公开发行公司债券(第一期)提供转让服务的通知	深证上〔2018〕489 号
123	关于为阳光城集团股份有限公司 2018 年非公开发行公司债券(第一期)提供转让服务的通知	深证上〔2018〕343 号
124	关于为太和县国有资产投资控股集团有限公司 2018 年非公开发行公司债券提供转让服务的通知	深证上〔2018〕447 号
125	关于为申万宏源证券有限公司 2018 年证券公司次级债券(第一期)(品种一)等两只债券提供转让服务的通知	深证上〔2018〕183 号
126	关于为珠海赛纳打印科技股份有限公司 2015 年非公开发行可交换公司债券(第一期)等两只债券提供转让服务的通知	深证上〔2018〕62 号
127	关于为山钢金融控股(深圳)有限公司 2017 年非公开发行公司债券(第一期)提供转让服务的通知	深证上〔2018〕41 号
128	关于为山东能源重型装备制造集团有限责任公司 2018 年非公开发行公司债券(第一期)提供转让服务的通知	深证上〔2018〕103 号

续表

序号	标　　题	文　　号
129	关于为广西柳工集团有限公司 2018 年非公开发行公司债券（第二期）提供转让服务的通知	深证上〔2018〕350 号
130	关于为国信证券股份有限公司 2018 年证券公司次级债券（第一期）提供转让服务的通知	深证上〔2018〕309 号
131	关于为华讯方舟科技有限公司 2018 年非公开发行公司债券（第三期）提供转让服务的通知	深证上〔2018〕660 号
132	关于为克拉玛依市城市建设投资发展有限责任公司 2018 年非公开发行公司债券（第一期）提供转让服务的通知	深证上〔2018〕661 号
133	关于为阳光城集团股份有限公司 2018 年非公开发行公司债券（第二期）提供转让服务的通知	深证上〔2018〕608 号
134	关于为深圳市南方同正投资有限公司 2017 年非公开发行可交换公司债券提供转让服务的通知	深证上〔2018〕397 号
135	关于为武汉工业控股集团有限公司 2018 年非公开发行公司债券（第一期）（品种二）提供转让服务的通知	深证上〔2018〕475 号
136	关于为安信证券股份有限公司 2018 年证券公司短期公司债券（第二期）提供转让服务的通知	深证上〔2018〕477 号
137	关于为新沂市沭东新城投资开发有限公司 2018 年非公开发行公司债券提供转让服务的通知	深证上〔2018〕568 号
138	关于为北京久其科技投资有限公司 2015 年非公开发行可交换公司债券提供转让服务的通知	深证上〔2018〕262 号
139	关于为北京信中利投资股份有限公司 2018 年非公开发行创新创业公司债券（第一期）提供转让服务的通知	深证上〔2018〕596 号
140	关于为天津星城投资发展有限公司 2018 年非公开发行公司债券（第一期）（品种二）提供转让服务的通知	深证上〔2018〕104 号
141	关于为蚌埠投资集团有限公司 2018 年非公开发行公司债券提供转让服务的通知	深证上〔2018〕171 号
142	关于为国购投资有限公司 2017 年非公开发行公司债券（第二期）提供转让服务的通知	深证上〔2018〕96 号
143	关于为大族控股集团有限公司 2018 年非公开发行可交换公司债券（第一期）提供转让服务的通知	深证上〔2018〕431 号
144	关于为国元证券股份有限公司 2018 年非公开发行公司债券（第三期）提供转让服务的通知	深证上〔2018〕550 号
145	关于为山西证券股份有限公司 2018 年证券公司次级债券（第一期）提供转让服务的通知	深证上〔2018〕659 号
146	关于为江门市科恒实业股份有限公司 2017 年非公开发行公司债券（第一期）提供转让服务的通知	深证上〔2018〕57 号
147	关于为南京丰盛产业控股集团有限公司 2017 年非公开发行公司债券（第四期）提供转让服务的通知	深证上〔2018〕9 号
148	关于为南宁糖业股份有限公司 2017 年非公开发行公司债券提供转让服务的通知	深证上〔2018〕26 号
149	关于为青岛德锐投资有限公司 2018 年非公开发行可交换公司债券（第一期）提供转让服务的通知	深证上〔2018〕581 号

续表

序号	标　　题	文　　号
150	关于为苏宁电器集团有限公司2018年非公开发行公司债券(第一期)(品种一)提供转让服务的通知	深证上〔2018〕537号
151	关于为泰禾集团股份有限公司2018年非公开发行公司债券(第一期)提供转让服务的通知	深证上〔2018〕396号
152	关于为北京华谊嘉信整合营销顾问集团股份有限公司2017年非公开发行公司债券(第一期)、2018年非公开发行公司债券等两只债券提供转让服务的通知	深证上〔2018〕136号
153	关于为华讯方舟科技有限公司2018年非公开发行公司债券(第一期)提供转让服务的通知	深证上〔2018〕108号
154	关于为远东国际租赁有限公司2018年非公开发行公司债券(第三期)提供转让服务的通知	深证上〔2018〕405号
155	关于为东北证券股份有限公司2018年证券公司短期公司债券(第一期)提供转让服务的通知	深证上〔2018〕406号
156	关于为东旭集团有限公司2018年非公开发行公司债券(第一期)(品种二)提供转让服务的通知	深证上〔2018〕181号
157	关于为远东国际租赁有限公司2018年非公开发行公司债券(第一期)提供转让服务的通知	深证上〔2018〕184号
资产支持专项计划挂牌无异议函		
序号	标　　题	文　　号
1	关于中信证券“中信证券-泰禾集团慕盛长租公寓系列资产支持专项计划”符合深交所挂牌条件的无异议函	深证函〔2018〕293号
2	关于华金证券“华金平安-明信供应链金融1号资产支持专项计划”符合深交所挂牌条件的无异议函	深证函〔2018〕125号
3	关于川财证券“徽银川财-南翔商贸市场信托受益权资产支持专项计划“符合深交所挂牌条件的无异议函	深证函〔2018〕11号
4	关于方正证券“方正证券-融元一方保理龙腾1-X期供应链金融资产支持专项计划”符合深交所挂牌条件的无异议函	深证函〔2018〕419号
5	关于安信证券“安信证券-长江证券融出资金债权一期资产支持专项计划”符合深交所挂牌条件的无异议函	深证函〔2018〕292号
6	关于国融证券“汇通信诚2018年第一期资产支持专项计划”符合深交所挂牌条件的无异议函	深证函〔2018〕175号
7	关于中山证券“中山证券-电建物业资产支持专项计划”符合深交所挂牌条件的无异议函	深证函〔2018〕176号
8	关于德邦证券“2018平安租赁五期资产支持专项计划”符合深交所挂牌条件的无异议函	深证函〔2018〕496号
9	关于德邦证券“德邦证券-海融汇供应链第1-25期资产支持专项计划”符合深交所挂牌条件的无异议函	深证函〔2018〕524号
10	关于华安证券“南京北园置业保障房资产支持专项计划”符合深交所挂牌条件的无异议函	深证函〔2018〕207号
11	关于广发资管“广发资管-郑州银行中意汽车租赁应收款1-N号资产支持专项计划”符合深交所挂牌条件的无异议函	深证函〔2018〕432号
12	关于国君资管“国君-TCL保理-简单汇供应链金融第一期资产支持专项计划”符合深交所挂牌条件的无异议函	深证函〔2018〕540号

续表

序号	标 题	文 号
13	关于国君资管“国君－联易融供应链金融1号资产支持专项计划”符合深交所挂牌条件的无异议函	深证函〔2018〕36号
14	关于长江楚越“长江楚越－宝湾物流1－X期资产支持专项计划”符合深交所挂牌条件的无异议函	深证函〔2018〕640号
15	关于民生加银“民生加银－民生银行惠桥企业应收账款【1－30】号资产支持专项计划”符合深交所挂牌条件的无异议函	深证函〔2018〕433号
16	关于广发资管“中电投融和租赁2018年第1期资产支持专项计划”符合深交所挂牌条件的无异议函	深证函〔2018〕239号
17	关于国信证券“深创投安居集团人才租赁住房资产支持专项计划”符合深交所挂牌条件的无异议函	深证函〔2018〕264号
18	关于华福证券有限公司“华福－晋江房建安置房资产支持专项计划”符合深交所挂牌条件的无异议函	深证函〔2018〕50号
19	关于国融证券“国融－祥达租赁资产支持专项计划”符合深交所挂牌条件的无异议函	深证函〔2018〕455号
20	关于长城证券“长城－龙光－联合保理【1－24】号资产支持专项计划”符合深交所挂牌条件的无异议函	深证函〔2018〕206号
21	关于方正证券“方正证券－星河World项目一期租金资产支持专项计划”符合深交所挂牌条件的无异议函	深证函〔2018〕38号
22	关于江海证券“华强物业费委贷资产支持专项计划”符合深交所挂牌条件的无异议函	深证函〔2018〕791号
23	关于长城证券“长城－旭辉－联合保理【1－24】号资产支持专项计划”符合深交所挂牌条件的无异议函	深证函〔2018〕510号
24	关于长城证券“长城－旭辉－尚隽保理【1－24】号资产支持专项计划”符合深交所挂牌条件的无异议函	深证函〔2018〕174号
25	关于长城证券“长城证券－时代控股物业资产支持专项计划”符合深交所挂牌条件的无异议函	深证函〔2018〕123号
26	关于中山证券“中山证券－泛捷－联易融供应链金融1－10号资产支持专项计划”符合深交所挂牌条件的无异议函	深证函〔2018〕627号
27	关于中金公司“中建七局－中金2018年第一期应收账款资产支持专项计划”符合深交所挂牌条件的无异议函	深证函〔2018〕526号
28	关于中金公司“深创投中金－苏宁云创资产支持专项计划”符合深交所挂牌条件的无异议函	深证函〔2018〕525号
29	关于易方达资产“易方达资产－万科万村住房一号(1－5期)资产支持专项计划”符合深交所挂牌条件的无异议函	深证函〔2018〕420号
30	关于国信证券“国信－春耕保理－碧桂园供应链金融资产支持专项计划”符合深交所挂牌条件的无异议函	深证函〔2018〕14号
31	关于华菁证券“华菁－中集1号资产支持专项计划”符合深交所挂牌条件的无异议函	深证函〔2018〕124号
32	关于德邦证券“德邦国药朴信保理第1－10号资产支持专项计划”符合深交所挂牌条件的无异议函	深证函〔2018〕626号
33	关于中信证券“万科松花湖信托受益权资产支持专项计划”符合深交所挂牌条件的无异议函	深证函〔2018〕16号

续表

序号	标　　题	文　　号
34	关于平安证券“平安 – 建银供应链金融 1 号资产支持专项计划”符合深交所挂牌条件的无异议函	深证函〔2018〕51 号
35	关于华福证券“华福 – 兴邦 2 号资产支持专项计划”符合深交所挂牌条件的无异议函	深证函〔2018〕211 号
36	关于华融证券“前海桂金 2018 年度第一期资产支持专项计划”符合深交所挂牌条件的无异议函	深证函〔2018〕344 号
37	关于“中信证券 – 瀚华小额贷款资产支持专项计划 1 号”符合深交所挂牌条件的无异议函	深证函〔2018〕41 号
38	关于华润元大“凯京物流租赁一期资产支持专项计划”符合深交所挂牌条件的无异议函	深证函〔2018〕667 号
39	关于广发资管“广发资管 – 招商证券融出资金债权第(1 – 10)期资产支持专项计划”符合深交所挂牌条件的无异议函	深证函〔2018〕268 号
40	关于华福证券“华福 – 联易融供应链 1 – X 号资产支持专项计划”符合深交所挂牌条件的无异议函	深证函〔2018〕454 号
41	关于华泰资管“华泰佳越 – 中南寓见资产支持专项计划”符合深交所挂牌条件的无异议函	深证函〔2018〕238 号
42	关于平安证券“平安证券 – 一方恒融 – 绿金供应链金融 1 – 15 号资产支持专项计划”符合深交所挂牌条件的无异议函	深证函〔2018〕377 号
43	关于工银瑞信资管“海南省人才租赁住房第一期资产支持专项计划”符合深交所挂牌条件的无异议函	深证函〔2018〕762 号
44	关于国元证券“国元证券 – 安路通一期供应链金融 1 – X 号资产支持专项计划”符合深交所挂牌条件的无异议函	深证函〔2018〕702 号
45	关于华宝证券“华宝证券 – 户宋河水电上网收费收益权绿色扶贫资产支持专项计划”符合深交所挂牌条件的无异议函	深证函〔2018〕789 号
46	关于中金公司“能源互联网产业链 1 – X 期资产支持专项计划”符合深交所挂牌条件的无异议函	深证函〔2018〕790 号
47	关于渤海汇金“渤海汇金 – 开元酒店房托资产支持专项计划”符合深交所挂牌条件的无异议函	深证函〔2018〕456 号
48	关于山西证券股份有限公司“赣州保障房资产支持专项计划”符合深交所挂牌条件的无异议函	深证函〔2018〕40 号
49	关于平安证券“平安 – SAS 共赢链 1 – 30 号资产支持专项计划”符合深交所挂牌条件的无异议函	深证函〔2018〕711 号
50	关于平安证券“平安 – 比亚迪供应链金融【X】号资产支持专项计划”符合深交所挂牌条件的无异议函	深证函〔2018〕126 号
51	关于天风证券“天风 – 南国置业购房尾款资产支持专项计划”符合深交所挂牌条件的无异议函	深证函〔2018〕719 号
52	关于华泰资管“华泰资管 – 乾汇租赁一期资产支持专项计划”符合深交所挂牌条件的无异议函	深证函〔2018〕479 号
53	关于华鑫证券“2018 远东二期资产支持专项计划”符合深交所挂牌条件的无异议函	深证函〔2018〕564 号
54	关于第一创业“第一创业 – 文科租赁一期资产支持专项计划”符合深交所挂牌条件的无异议函	深证函〔2018〕738 号

续表

序号	标　　题	文　　号
55	关于华福证券"华福－天汇能源电力上网收费权资产支持专项计划"符合深交所挂牌条件的无异议函	深证函〔2018〕473 号
56	关于网信证券"网信－怡亚通供应链金融 1 号第一期资产支持专项计划"符合深交所挂牌条件的无异议函	深证函〔2018〕565 号
57	关于华泰资管"华泰资管－苏宁金融消费贷第一期资产支持专项计划"符合深交所挂牌条件的无异议函	深证函〔2018〕401 号
58	关于中信证券"中信金石－深圳龙岗万科广场资产支持专项计划"符合深交所挂牌条件的无异议函	深证函〔2018〕712 号
59	关于中金公司"中金－中交地产－联易融供应链金融 1－X 期资产支持专项计划"符合深交所挂牌条件的无异议函	深证函〔2018〕679 号
60	关于中金公司"万融保理－中建七局－中金 2018 年第一期－第五期保理资产支持专项计划"符合深交所挂牌条件的无异议函	深证函〔2018〕323 号
61	关于长城嘉信"长城嘉信－海王生物应收账款 1 号资产支持专项计划"符合深交所挂牌条件的无异议函	深证函〔2018〕593 号
62	关于国君资管"国君美的置业购房尾款资产支持专项计划"符合深交所挂牌条件的无异议函	深证函〔2018〕212 号
63	关于华金证券"华金证券－链融科技雅居乐供应链 1－18 号资产支持专项计划"符合深交所挂牌条件的无异议函	深证函〔2018〕718 号
64	关于华龙证券"古井－华龙－安信小贷二期资产支持专项计划"符合深交所挂牌条件的无异议函	深证函〔2018〕721 号
65	关于平安证券"平安金隅建达大厦信托受益权资产支持专项计划"符合深交所挂牌条件的无异议函	深证函〔2018〕269 号
66	关于开源证券"开源－前海结算保理供应链金融资产支持专项计划"符合深交所挂牌条件的无异议函	深证函〔2018〕331 号
67	关于财通资管"财通资管－先锋太盟第二期资产支持专项计划"符合深交所挂牌条件的无异议函	深证函〔2018〕139 号
68	关于前海开源"中联前海开源－华侨城租赁住房一号资产支持专项计划"符合深交所挂牌条件的无异议函	深证函〔2018〕761 号
69	关于中国中投证券"中国中投证券－江南银行贸易金融 1－20 号资产支持专项计划"符合深交所挂牌条件的无异议函	深证函〔2018〕763 号
70	关于中信证券"中信证券借呗第 1－X 期消费贷款资产支持专项计划"符合深交所挂牌条件的无异议函	深证函〔2018〕720 号
71	关于东兴证券"煦日 20XX 年第一期至第十期资产支持专项计划"符合深交所挂牌条件的无异议函	深证函〔2018〕668 号
72	关于华泰资管"华泰－携程金融拿去花第一期资产支持专项计划 1－10 号"符合深交所挂牌条件的无异议函	深证函〔2018〕267 号
73	关于华西证券"华西证券－侨鑫国际商业物业资产支持专项计划"符合深交所挂牌条件的无异议函	深证函〔2018〕116 号
74	关于方正证券"融元－方正证券－一方恒融碧桂园 35－82 期保理资产支持专项计划"符合深交所挂牌条件的无异议函	深证函〔2018〕117 号
75	关于江海证券"北大资源集团供应链金融 1－X 号资产支持专项计划"符合深交所挂牌条件的无异议函	深证函〔2018〕399 号

续表

序号	标　　题	文　　号
76	关于平安证券“平安－联易融供应链金融 2 号资产支持专项计划”符合深交所挂牌条件的无异议函	深证函〔2018〕400 号
77	关于建信资本“建信资本－云智 2018 资产支持专项计划”符合深交所挂牌条件的无异议函	深证函〔2018〕737 号
78	关于平安证券“平安－尚融－禹惠供应链金融 1 号资产支持专项计划”符合深交所挂牌条件的无异议函	深证函〔2018〕233 号
79	关于华泰资管“华泰资管－晟融 1－30 期资产支持专项计划”符合深交所挂牌条件的无异议函	深证函〔2018〕563 号
80	关于中金公司“中金－中铁置业－联易融供应链金融 1－X 期资产支持专项计划”符合深交所挂牌条件的无异议函	深证函〔2018〕332 号
81	关于招证资管“招商创融－北京文化创新工场资产支持专项计划”符合深交所挂牌条件的无异议函	深证函〔2018〕128 号
82	关于国金证券“国金－徐工租赁三－十二期资产支持专项计划”符合深交所挂牌条件的无异议函	深证函〔2018〕664 号
83	关于湘财证券“湘财平安－卓越四季酒店资产支持专项计划”符合深交所挂牌条件的无异议函	深证函〔2018〕337 号
84	关于平安证券“平安证券－一方恒融－合景泰富供应链金融 1－15 号资产支持专项计划”符合深交所挂牌条件的无异议函	深证函〔2018〕338 号
85	关于方正证券“万科－方正证券购房尾款资产支持专项计划第七期”符合深交所挂牌条件的无异议函	深证函〔2018〕694 号
86	关于广发资管“国药一致 1 期应收账款资产支持专项计划”符合深交所挂牌条件的无异议函	深证函〔2018〕483 号
87	关于中信证券“中信证券－信捷－联易融供应链资产支持专项计划 1－X 期”符合深交所挂牌条件的无异议函	深证函〔2018〕240 号
88	关于中信证券“横琴金投租赁二期资产支持专项计划”符合深交所挂牌条件的无异议函	深证函〔2018〕15 号
89	关于民生证券股份有限公司“惠众一期资产支持专项计划”符合深交所挂牌条件的无异议函	深证函〔2018〕52 号
90	关于华福证券“华福证券－融信集团购房尾款资产支持专项计划”符合深交所挂牌条件的无异议函	深证函〔2018〕260 号
91	关于华泰资管“房信供热信托受益权资产支持专项计划”符合深交所挂牌条件的无异议函	深证函〔2018〕39 号
92	关于华泰资管“华泰佳越－顺丰产业园一期资产支持专项计划”符合深交所挂牌条件的无异议函	深证函〔2018〕666 号
93	关于华夏资本“华夏资本－一方恒融－绿城供应链金融 1－15 期资产支持专项计划”符合深交所挂牌条件的无异议函	深证函〔2018〕76 号
94	关于天风证券“碧桂园－天风购房尾款资产支持专项计划”符合深交所挂牌条件的无异议函	深证函〔2018〕290 号
95	关于招商资管“招商创融－广田集团 2018 年第一期应收账款资产支持专项计划”符合深交所挂牌条件的无异议函	深证函〔2018〕584 号
96	关于华泰资管“华泰资管－苏宁供应链 1－10 号资产支持专项计划”符合深交所挂牌条件的无异议函	深证函〔2018〕777 号

续表

序号	标　　题	文　　号
97	关于广发资管“广发恒进－广州地铁集团地铁客运收费收益权2018年第【1－N】期绿色资产支持专项计划”符合深交所挂牌条件的无异议函	深证函〔2018〕778号
98	关于天风证券“天风证券－比亚迪新能源汽车租赁绿色资产支持专项计划”符合深交所挂牌条件的无异议函	深证函〔2018〕340号
99	关于平安证券“平安证券－一方融元－富力供应链金融【1－15】号资产支持专项计划”符合深交所挂牌条件的无异议函	深证函〔2018〕234号
100	关于平安证券“平安－云南能投供应链金融1－10号资产支持专项计划”符合深交所挂牌条件的无异议函	深证函〔2018〕677号
101	关于天风证券“三特索道集团索道乘坐凭证资产支持专项计划”符合深交所挂牌条件的无异议函	深证函〔2018〕322号
102	关于国融证券“光大招商国融－前海结算供应链金融2号资产支持专项计划”符合深交所挂牌条件的无异议函	深证函〔2018〕378号
103	关于前海开源“中联前海开源－华侨城租赁住房一号资产支持专项计划”符合深交所挂牌条件的无异议函	深证函〔2018〕336号
104	关于平安证券“平安证券－一方－融惠供应链金融1－【X】号资产支持专项计划”符合深交所挂牌条件的无异议函	深证函〔2018〕592号
105	关于江海证券“江海－启东安置房信托受益权资产支持专项计划”符合深交所挂牌条件的无异议函	深证函〔2018〕594号
106	关于前海开源“中联前海开源－合景泰富租赁住房1号资产支持专项计划”符合深交所挂牌条件的无异议函	深证函〔2018〕663号
107	关于“嘉宝股份物业费资产支持专项计划”符合深交所挂牌条件的无异议函	深证函〔2018〕99号
108	关于信达证券“国控租赁2018年第一期保理资产支持专项计划”符合深交所挂牌条件的无异议函	深证函〔2018〕291号
109	关于平安证券“平安证券－平裕保理供应链金融1－N号资产支持专项计划”符合深交所挂牌条件的无异议函	深证函〔2018〕576号
110	关于天风证券“天风－悦达保理－翼支付1－10期资产支持专项计划”符合深交所挂牌条件的无异议函	深证函〔2018〕776号
111	关于平安证券“平安证券－中铁建资产1－N号应收账款资产支持专项计划”符合深交所挂牌条件的无异议函	深证函〔2018〕315号
112	关于东证资管“天资2018年第一期资产支持专项计划”符合深交所挂牌条件的无异议函	深证函〔2018〕316号
113	关于天风证券“天风－狮桥2018年第一期资产支持专项计划”符合深交所挂牌条件的无异议函	深证函〔2018〕273号
114	关于方正证券“方正证券－一方集顺【1－25】期供应链金融资产支持专项计划”符合深交所挂牌条件的无异议函	深证函〔2018〕274号
115	关于平安证券“平安－逸锟供应链金融2－9号资产支持专项计划”符合深交所挂牌条件的无异议函	深证函〔2018〕275号
116	关于平安证券“平安－中建五局1－5号应收账款资产支持专项计划”符合深交所挂牌条件的无异议函	深证函〔2018〕137号
117	关于中信证券“中信证券－美的物业资产支持专项计划”符合深交所挂牌条件的无异议函	深证函〔2018〕100号

续表

序号	标　题	文　号
118	关于前海开源“中联前海开源－越秀租赁住房一号资产支持专项计划”符合深交所挂牌条件的无异议函	深证函〔2018〕98 号
119	关于中山证券“中山－联荣供应链金融 1－10 号资产支持专项计划”符合深交所挂牌条件的无异议函	深证函〔2018〕585 号
120	关于天风证券“中联天风－icity 美好生活中心资产支持专项计划”符合深交所挂牌条件的无异议函	深证函〔2018〕557 号
121	关于开源证券“开源证券－世联空间信托受益权一期资产支持专项计划”符合深交所挂牌条件的无异议函	深证函〔2018〕333 号
122	关于平安汇通“平安汇通－利园酒店资产支持专项计划”符合深交所挂牌条件的无异议函	深证函〔2018〕736 号
123	关于中信证券“狮桥十四期(中信证券)资产支持专项计划”符合深交所挂牌条件的无异议函	深证函〔2018〕713 号
124	关于广州证券“广州证券－格林美废弃电器电子产品处理基金补贴收益权资产支持专项计划”符合深交所挂牌条件的无异议函	深证函〔2018〕127 号
125	关于国金证券“国金－徐工汽车一期资产支持专项计划”符合深交所挂牌条件的无异议函	深证函〔2018〕235 号
126	关于天风证券“天风－天韵景园保障房资产支持专项计划”符合深交所挂牌条件的无异议函	深证函〔2018〕678 号
127	关于平安证券“平安证券－尚融保理－首开股份供应链金融【1－N】号资产支持专项计划”符合深交所挂牌条件的无异议函	深证函〔2018〕321 号
128	关于招商资管“招商资管－海伦堡物业费资产支持专项计划”符合深交所挂牌条件的无异议函	深证函〔2018〕379 号
129	关于中山证券“中山证券－合景泰富物业资产支持专项计划”符合深交所挂牌条件的无异议函	深证函〔2018〕138 号
130	关于长城证券“长城证券－鹏星船务信托受益权资产支持专项计划”符合深交所挂牌条件的无异议函	深证函〔2018〕764 号
131	关于天风证券“天风证券－比亚迪新能源汽车中央财政补贴绿色资产支持专项计划”符合深交所挂牌条件的无异议函	深证函〔2018〕341 号
132	关于申万宏源“申万宏源－长城证券融出资金债权 1 号资产支持专项计划”符合深交所挂牌条件的无异议函	深证函〔2018〕390 号
133	关于天风证券“狮桥十三期(天风)资产支持专项计划”符合深交所挂牌条件的无异议函	深证函〔2018〕583 号
134	关于天风证券“天风－渔阳饭店资产支持专项计划”符合深交所挂牌条件的无异议函	深证函〔2018〕575 号
135	关于中信建投“中信建投－远洋地产长租公寓 1 号(一－五期)资产支持专项计划”符合深交所挂牌条件的无异议函	深证函〔2018〕443 号
136	关于中信建投“中信建投－鼎程保理供应链金融【1－10】号资产支持专项计划”符合深交所挂牌条件的无异议函	深证函〔2018〕471 号
137	关于中信证券“万科－中信证券－农银购房尾款资产支持专项计划第五期”符合深交所挂牌条件的无异议函	深证函〔2018〕156 号
138	关于申万宏源证券“申万宏源－华福证券融出资金债权 1 号资产支持专项计划”符合深交所挂牌条件的无异议函	深证函〔2018〕157 号

续表

序号	标　　题	文　　号
139	关于广发资管"广发恒进－正佳企业集团正佳广场资产支持专项计划"符合深交所挂牌条件的无异议函	深证函〔2018〕361 号
140	关于中信建投"中信建投－绿地控股资产支持专项计划"符合深交所挂牌条件的无异议函	深证函〔2018〕282 号
141	关于长城证券"长城证券－华润置地物业管理费资产支持专项计划"符合深交所挂牌条件的无异议函	深证函〔2018〕93 号
142	关于华泰资管"华泰佳越－苏宁云新一期资产支持专项计划"符合深交所挂牌条件的无异议函	深证函〔2018〕280 号
143	关于招商资管"招商资管－卓越商业停车场资产支持专项计划"符合深交所挂牌条件的无异议函	深证函〔2018〕281 号
144	关于兴证资管"中联供应链金融 1 号资产支持专项计划"符合深交所挂牌条件的无异议函	深证函〔2018〕81 号
145	关于中金公司"中金印力－印象 1 号资产支持专项计划"符合深交所挂牌条件的无异议函	深证函〔2018〕731 号
146	关于华夏资本"华夏资本－优钺－景瑞三全公寓资产支持专项计划"符合深交所挂牌条件的无异议函	深证函〔2018〕151 号
147	关于中信证券"中信证券花呗第 6－X 期授信付款资产支持专项计划"符合深交所挂牌条件的无异议函	深证函〔2018〕611 号
148	关于中信证券"中信证券－链融科技供应链金融 1 号第 1－10 期资产支持专项计划"符合深交所挂牌条件的无异议函	深证函〔2018〕646 号
149	关于天风证券"天风－正奇租赁一期资产支持专项计划"符合深交所挂牌条件的无异议函	深证函〔2018〕182 号
150	关于西南证券"西南证券－申万宏源融出资金债权 1 号资产支持专项计划"符合深交所挂牌条件的无异议函	深证函〔2018〕91 号
151	关于兴业财富"兴业财富兴安 8 号资产支持专项计划"符合深交所挂牌条件的无异议函	深证函〔2018〕520 号
152	关于前海开源"中联前海开源－碧桂园租赁住房一号资产支持专项计划"符合深交所挂牌条件的无异议函	深证函〔2018〕83 号
153	关于中金公司"五冶集团应收账款资产支持专项计划"符合深交所挂牌条件的无异议函	深证函〔2018〕402 号
154	关于中信证券"中信证券－京东金融荟赢 2 号信托受益权资产支持专项计划"符合深交所挂牌条件的无异议函	深证函〔2018〕326 号
155	关于民生证券"泰禾物业信托受益权资产支持专项计划"符合深交所挂牌条件的无异议函	深证函〔2018〕491 号
156	关于天风证券"天风证券－招商财富瑞康医药供应链金融 1－10 期资产支持专项计划"符合深交所挂牌条件的无异议函	深证函〔2018〕647 号
157	关于中信证券"中信证券－狮桥 2018 年第三期资产支持专项计划"符合深交所挂牌条件的无异议函	深证函〔2018〕360 号
158	关于招商资管"招商创融－牧原股份精准扶贫供应链 1－N 期资产支持专项计划"符合深交所挂牌条件的无异议函	深证函〔2018〕529 号
159	关于华西证券"润银－华西通商小贷一期(扶贫)资产支持专项计划"符合深交所挂牌条件的无异议函	深证函〔2018〕530 号

续表

序号	标　　题	文　　号
160	关于中信证券"中信证券－京东金融京小贷荟赢1号信托受益权资产支持专项计划"符合深交所挂牌条件的无异议函	深证函〔2018〕4号
161	关于渤海汇金"中银渤海－宜信租赁一期资产支持专项计划"符合深交所挂牌条件的无异议函	深证函〔2018〕5号
162	关于中信证券"中信证券－阳光城长租公寓系列资产支持专项计划"符合深交所挂牌条件的无异议函	深证函〔2018〕180号
163	关于招商财富"招商财富－瑞康医药应收账款二期资产支持专项计划"符合深交所挂牌条件的无异议函	深证函〔2018〕403号
164	关于中金公司"中冶天工应收账款资产支持专项计划"符合深交所挂牌条件的无异议函	深证函〔2018〕734号
165	关于国信证券"国信证券－链融科技万科供应链金融1号资产支持专项计划"符合深交所挂牌条件的无异议函	深证函〔2018〕327号
166	关于中信证券"蚂蚁花呗中信证券第1－N期消费授信融资资产支持专项计划"符合深交所挂牌条件的无异议函	深证函〔2018〕150号
167	关于渤海汇金"渤海汇金－东久中国智能制造产业园资产支持专项计划"符合深交所挂牌条件的无异议函	深证函〔2018〕492号
168	关于华福证券"华福－申万宏源证券融出资金债权1号资产支持专项计划"符合深交所挂牌条件的无异议函	深证函〔2018〕92号
169	关于鑫沅资产"鑫沅－中山－天瑞旅游信托受益权精准扶贫资产支持专项计划"符合深交所挂牌条件的无异议函	深证函〔2018〕279号
170	关于长江资管"长江资管－玉柴租赁一期资产支持专项计划"符合深交所挂牌条件的无异议函	深证函〔2018〕82号
171	关于招商资管"招商创融－盛业保理第1－N期资产支持专项计划"符合深交所挂牌条件的无异议函	深证函〔2018〕84号
172	关于招商资管"招商固收－红星－联易融供应链资产支持专项计划1－X期"符合深交所挂牌条件的无异议函	深证函〔2018〕312号
173	关于华夏资本"华夏资本－中粮购房尾款1号资产支持专项计划"符合深交所挂牌条件的无异议函	深证函〔2018〕266号
174	关于五矿证券"五矿证券－亿利资源供应链资产支持专项计划1－24期"符合深交所挂牌条件的无异议函	深证函〔2018〕804号
175	关于光证资管"光证资管－光控安石商业地产第1－X期资产支持专项计划"符合深交所挂牌条件的无异议函	深证函〔2018〕806号
176	关于鑫沅资产"鑫沅资产－海昌海洋公园入园凭证资产支持专项计划"符合深交所挂牌条件的无异议函	深证函〔2018〕442号
177	关于招商资管"招商资管－安路通卓越供应链第一期资产支持专项计划"符合深交所挂牌条件的无异议函	深证函〔2018〕265号
178	关于中信证券"中和农信公益小额贷款5－N号资产支持专项计划"符合深交所挂牌条件的无异议函	深证函〔2018〕490号
179	关于中信证券"中信证券－京东金融荟享2号信托受益权资产支持专项计划"符合深交所挂牌条件的无异议函	深证函〔2018〕612号
180	关于平安证券"平安－中建四局应收账款资产支持专项计划"符合深交所挂牌条件的无异议函	深证函〔2018〕362号

续表

序号	标　　题	文　　号
181	关于中山证券“中山 – 佳兆业购房尾款第一期资产支持专项计划”符合深交所挂牌条件的无异议函	深证函〔2018〕733 号
182	关于中山证券“万科 – 中山证券 – 平银购房尾款资产支持专项计划第六期”符合深交所挂牌条件的无异议函	深证函〔2018〕325 号
183	关于中信证券“中信证券五四北泰禾广场资产支持专项计划”符合深交所挂牌条件的无异议函	深证函〔2018〕248 号
184	关于中信证券“中信证券 – 永博购房尾款资产支持专项计划”符合深交所挂牌条件的无异议函	深证函〔2018〕805 号
185	关于长城国瑞“秦川租赁 2018 年第一期租赁资产支持专项计划”符合深交所挂牌条件的无异议函	深证函〔2018〕313 号
186	关于广州证券“广州证券 – 越秀租赁资产支持专项计划”符合深交所挂牌条件的无异议函	深证函〔2018〕404 号
187	关于中金公司“中金 – 美团生意贷第 X 期资产支持专项计划”符合深交所挂牌条件的无异议函	深证函〔2018〕383 号
188	关于第一创业“中联一创 – 首创钜大奥特莱斯一号资产支持专项计划”符合深交所挂牌条件的无异议函	深证函〔2018〕732 号
189	关于华金证券“华金瑞驰 – 联易融雅居乐供应链 1 – 8 号资产支持专项计划”符合深交所挂牌条件的无异议函	深证函〔2018〕152 号
190	关于中信证券“狮桥十期资产支持专项计划”符合深交所挂牌条件的无异议函	深证函〔2018〕181 号
资产支持专项计划提供转让服务通知		
序号	标　　题	文　　号
1	关于为“碧桂园 – 天风购房尾款资产支持专项计划”提供转让服务的公告	深证会〔2018〕429 号
2	关于为“长城 – 世茂 – 尚隽保理 2 号资产支持专项计划”提供转让服务的公告	深证会〔2018〕68 号
3	关于为“长城 – 旭辉 – 联合保理 1 号资产支持专项计划”提供转让服务的公告	深证会〔2018〕577 号
4	关于为“长江楚越 – 联易融供应链 4 期资产支持专项计划”提供转让服务的公告	深证会〔2018〕315 号
5	关于为“长江证券 – 同达保理供应链 1 期资产支持专项计划”提供转让服务的公告	深证会〔2018〕138 号
6	关于为“长城 – 龙光 – 联合保理 5 号资产支持专项计划”提供转让服务的公告	深证会〔2018〕553 号
7	关于为“长城证券 – 时代控股物业资产支持专项计划”提供转让服务的公告	深证会〔2018〕228 号
8	关于为“长江楚越 – 联易融供应链 1 期资产支持专项计划”提供转让服务的公告	深证会〔2018〕66 号
9	关于为“长江楚越 – 联易融供应链 8 期资产支持专项计划”提供转让服务的公告	深证会〔2018〕539 号
10	关于为“方正证券 – 融元一方保理龙腾 2 期供应链金融资产支持专项计划”提供转让服务的公告	深证会〔2018〕394 号
11	关于为“方正证券 – 融元一方保理万科 8 期供应链资产支持专项计划”提供转让服务的公告	深证会〔2018〕303 号
12	关于为“方正证券 – 星河 World 一期租金资产支持专项计划”提供转让服务的公告	深证会〔2018〕291 号

续表

序号	标　　题	文　　号
13	关于为“方正证券－一方集顺6期供应链金融资产支持专项计划”提供转让服务的公告	深证会〔2018〕522号
14	关于为“广州证券－越秀租赁资产支持专项计划”提供转让服务的公告	深证会〔2018〕583号
15	关于为“长江楚越－联易融供应链2期资产支持专项计划”提供转让服务的公告	深证会〔2018〕109号
16	关于为“长江楚越－联易融供应链3期资产支持专项计划”提供转让服务的公告	深证会〔2018〕257号
17	关于为“北大资源集团供应链金融1号资产支持专项计划”提供转让服务的公告	深证会〔2018〕506号
18	关于为“长城－龙光－联合保理3号资产支持专项计划”提供转让服务的公告	深证会〔2018〕388号
19	关于为“长江楚越－联易融供应链6期资产支持专项计划”提供转让服务的公告	深证会〔2018〕386号
20	关于为“德邦证券浙商银行池融3号资产支持专项计划”提供转让服务的公告	深证会〔2018〕163号
21	关于为“方正证券－融元一方保理龙腾10期供应链金融资产支持专项计划”提供转让服务的公告	深证会〔2018〕503号
22	关于为“方正证券－融元一方保理龙腾1期供应链金融资产支持专项计划”提供转让服务的公告	深证会〔2018〕392号
23	关于为“方正证券－融元一方保理龙腾5期供应链金融资产支持专项计划”提供转让服务的公告	深证会〔2018〕451号
24	关于为“方正证券－融元一方保理万科4期供应链资产支持专项计划”提供转让服务的公告	深证会〔2018〕248号
25	关于为“方正证券－融元一方保理万科6期供应链资产支持专项计划”提供转让服务的公告	深证会〔2018〕282号
26	关于为“长城－龙光－联合保理2号资产支持专项计划”提供转让服务的公告	深证会〔2018〕363号
27	关于为“方正证券－融元一方保理龙腾4期供应链金融资产支持专项计划”提供转让服务的公告	深证会〔2018〕411号
28	关于为“方正证券－融元一方保理万科1期供应链资产支持专项计划”提供转让服务的公告	深证会〔2018〕114号
29	关于为“方正证券－融元一方保理万科2期供应链资产支持专项计划”提供转让服务的公告	深证会〔2018〕180号
30	关于为“方正证券－一方集顺1期供应链金融资产支持专项计划”提供转让服务的公告	深证会〔2018〕277号
31	关于为“国君美的置业购房尾款资产支持专项计划”提供转让服务的公告	深证会〔2018〕327号
32	关于为“平安－逸锟供应链金融3号资产支持专项计划”提供转让服务的公告	深证会〔2018〕537号
33	关于为“华夏资本－一方恒融－绿城供应链金融2期资产支持专项计划”提供转让服务的公告	深证会〔2018〕309号
34	关于为“华夏资本－一方恒融－绿城供应链金融3期资产支持专项计划”提供转让服务的公告	深证会〔2018〕374号
35	关于为“华夏资本－一方恒融－绿城供应链金融4期资产支持专项计划”提供转让服务的公告	深证会〔2018〕433号

续表

序号	标　　题	文　　号
36	关于为“建信资本－建设银行贸金1号资产支持专项计划”提供转让服务的公告	深证会〔2018〕39号
37	关于为“京东金融－华泰资管【18】号京东白条应收账款债权资产支持专项计划”提供转让服务的公告	深证会〔2018〕167号
38	关于为“京东金融－中信证券4号京东白条应收账款债权资产支持专项计划”提供转让服务的公告	深证会〔2018〕516号
39	关于为“平安－尚融－禹惠供应链金融1号资产支持专项计划”提供转让服务的公告	深证会〔2018〕510号
40	关于为“华福－联易融供应链1号资产支持专项计划”提供转让服务的公告	深证会〔2018〕581号
41	关于为“国金－徐工租赁三期资产支持专项计划”提供转让服务的公告	深证会〔2018〕588号
42	关于为“国君－联易融供应链金融1号资产支持专项计划”提供转让服务的公告	深证会〔2018〕161号
43	关于为“华金瑞驰－联易融雅居乐供应链1号资产支持专项计划”提供转让服务的公告	深证会〔2018〕252号
44	关于为“华夏资本－优钺－景瑞三全公寓资产支持专项计划”提供转让服务的公告	深证会〔2018〕313号
45	关于为“建投－海王生物1期应收账款债权资产支持专项计划”提供转让服务的公告	深证会〔2018〕208号
46	关于为“平安－滇中供应链金融1号资产支持专项计划”提供转让服务的公告	深证会〔2018〕206号
47	关于为“平安－四川广电供应链金融1号资产支持专项计划”提供转让服务的公告	深证会〔2018〕120号
48	关于为“平安湘财－明生供应链金融1号资产支持专项计划”提供转让服务的公告	深证会〔2018〕128号
49	关于为“平安－逸锟供应链金融2号资产支持专项计划”提供转让服务的公告	深证会〔2018〕435号
50	关于为“平安证券－一方保理万科供应链金融17号资产支持专项计划”提供转让服务的公告	深证会〔2018〕16号
51	关于为“国金－徐工汽车一期资产支持专项计划”提供转让服务的公告	深证会〔2018〕241号
52	关于为“国控租赁2018年第一期保理资产支持专项计划”提供转让服务的公告	深证会〔2018〕340号
53	关于为“国信－春耕保理－碧桂园供应链金融第一期资产支持专项计划”提供转让服务的公告	深证会〔2018〕297号
54	关于为“国信证券－链融科技万科供应链金融1号(第二期)资产支持专项计划”提供转让服务的公告	深证会〔2018〕325号
55	关于为“国信证券－链融科技万科供应链金融1号(第五期)资产支持专项计划”提供转让服务的公告	深证会〔2018〕467号
56	关于为“华福－申万宏源证券融出资金债权1号资产支持专项计划”提供转让服务的公告	深证会〔2018〕195号
57	关于为“华福－天汇能源电力上网收费权资产支持专项计划”提供转让服务的公告	深证会〔2018〕531号
58	关于为“华福证券－融信集团购房尾款资产支持专项计划”提供转让服务的公告	深证会〔2018〕457号

续表

序号	标　　题	文　　号
59	关于为“华泰－携程金融拿去花第一期资产支持专项计划 2 号”提供转让服务的公告	深证会〔2018〕596 号
60	关于为“华西证券－川投 PPP 项目资产支持专项计划”提供转让服务的公告	深证会〔2018〕58 号
61	关于为“2018 平安租赁五期资产支持专项计划”提供转让服务的公告	深证会〔2018〕459 号
62	关于为“长江楚越－联易融供应链 7 期资产支持专项计划”提供转让服务的公告	深证会〔2018〕469 号
63	关于为“广发资管－招商证券融出资金债权第 1 期资产支持专项计划”提供转让服务的公告	深证会〔2018〕541 号
64	关于为“方正证券－融元一方保理龙腾 7 期供应链金融资产支持专项计划”提供转让服务的公告	深证会〔2018〕455 号
65	关于为“方正证券－融元一方保理万科 3 期供应链资产支持专项计划”提供转让服务的公告	深证会〔2018〕212 号
66	关于为“方正证券－融元一方保理龙腾 6 期供应链金融资产支持专项计划”提供转让服务的公告	深证会〔2018〕453 号
67	关于为“方正证券－融元一方保理万科 5 期供应链资产支持专项计划”提供转让服务的公告	深证会〔2018〕259 号
68	关于为“方正证券－一方集顺 5 期供应链金融资产支持专项计划”提供转让服务的公告	深证会〔2018〕478 号
69	关于为“国君－TCL 保理－简单汇供应链金融第一期资产支持专项计划”提供转让服务的公告	深证会〔2018〕546 号
70	关于为“国信证券－链融科技万科供应链金融 1 号(第六期)资产支持专项计划”提供转让服务的公告	深证会〔2018〕476 号
71	关于为“国信证券－链融科技万科供应链金融 1 号(第四期)资产支持专项计划”提供转让服务的公告	深证会〔2018〕443 号
72	关于为“华金瑞驰－联易融雅居乐供应链 6 号资产支持专项计划”提供转让服务的公告	深证会〔2018〕535 号
73	关于为“华泰佳越－苏宁云新一期资产支持专项计划”提供转让服务的公告	深证会〔2018〕265 号
74	关于为“华夏资本－一方恒融－绿城供应链金融 1 期资产支持专项计划”提供转让服务的公告	深证会〔2018〕272 号
75	关于为“京东金融－华泰资管【20】号京东白条应收账款债权资产支持专项计划”提供转让服务的公告	深证会〔2018〕390 号
76	关于为“蚂蚁借呗德邦第一期资产支持专项计划”提供转让服务的公告	深证会〔2018〕191 号
77	关于为“平安－建银供应链金融 1 号资产支持专项计划”提供转让服务的公告	深证会〔2018〕165 号
78	关于为“平安－联易融供应链金融 2 号资产支持专项计划”提供转让服务的公告	深证会〔2018〕600 号
79	关于为“2018 远东二期资产支持专项计划”提供转让服务的公告	深证会〔2018〕501 号
80	关于为“财通资管－先锋太盟第二期资产支持专项计划”提供转让服务的公告	深证会〔2018〕224 号
81	关于为“长城－融隽 1 号资产支持专项计划”提供转让服务的公告	深证会〔2018〕244 号
82	关于为“长城－世茂－尚隽保理 3 号资产支持专项计划”提供转让服务的公告	深证会〔2018〕146 号

续表

序号	标　　题	文　　号
83	关于为“方正证券－融元一方保理龙腾3期供应链金融资产支持专项计划”提供转让服务的公告	深证会〔2018〕400号
84	关于为“方正证券－融元一方保理万科7期供应链资产支持专项计划”提供转让服务的公告	深证会〔2018〕289号
85	关于为“方正证券－融元一方保理万科9期供应链资产支持专项计划”提供转让服务的公告	深证会〔2018〕344号
86	关于为“国信证券－链融科技万科供应链金融1号(第七期)资产支持专项计划”提供转让服务的公告	深证会〔2018〕499号
87	关于为“国信证券－链融科技万科供应链金融1号(第三期)资产支持专项计划”提供转让服务的公告	深证会〔2018〕376号
88	关于为“安信证券－长江证券融出资金债权资产支持专项计划”提供转让服务的公告	深证会〔2018〕301号
89	关于为“长城－龙光－联合保理1号资产支持专项计划”提供转让服务的公告	深证会〔2018〕299号
90	关于为“长城证券－天元保障房信托受益权资产支持专项计划”提供转让服务的公告	深证会〔2018〕124号
91	关于为“长江楚越－联易融供应链5期资产支持专项计划”提供转让服务的公告	深证会〔2018〕365号
92	关于为“长江资管－玉柴租赁一期资产支持专项计划”提供转让服务的公告	深证会〔2018〕159号
93	关于为“方正证券－融元一方保理龙腾9期供应链金融资产支持专项计划”提供转让服务的公告	深证会〔2018〕493号
94	关于为“方正证券－融元一方保理万科10期供应链资产支持专项计划”提供转让服务的公告	深证会〔2018〕342号
95	关于为“方正证券－一方集顺2期供应链金融资产支持专项计划”提供转让服务的公告	深证会〔2018〕305号
96	关于为“华金瑞驰－联易融雅居乐供应链2号资产支持专项计划”提供转让服务的公告	深证会〔2018〕307号
97	关于为“方正证券－一方集顺4期供应链金融资产支持专项计划”提供转让服务的公告	深证会〔2018〕406号
98	关于为“广发恒进－正佳企业集团正佳广场资产支持专项计划”提供转让服务的公告	深证会〔2018〕461号
99	关于为“华金瑞驰－联易融雅居乐供应链3号资产支持专项计划”提供转让服务的公告	深证会〔2018〕352号
100	关于为“华夏资本－一方恒融－绿城供应链金融6期资产支持专项计划”提供转让服务的公告	深证会〔2018〕570号
101	关于为“京东金融－中信证券5号京东白条应收账款债权资产支持专项计划”提供转让服务的公告	深证会〔2018〕563号
102	关于为“蚂蚁花呗中信证券第1期消费授信融资资产支持专项计划”提供转让服务的公告	深证会〔2018〕284号
103	关于为“蚂蚁花呗中信证券第3期消费授信融资资产支持专项计划”提供转让服务的公告	深证会〔2018〕425号
104	关于为“国信证券－链融科技万科供应链金融1号(第一期)资产支持专项计划”提供转让服务的公告	深证会〔2018〕311号

续表

序号	标　题	文　号
105	关于为"华福－北京西国贸汽配基地资产支持专项计划"提供转让服务的公告	深证会〔2018〕51 号
106	关于为"华金瑞驰－联易融雅居乐供应链 5 号资产支持专项计划"提供转让服务的公告	深证会〔2018〕471 号
107	关于为"京东金融－华泰资管【19】号京东白条应收账款债权资产支持专项计划"提供转让服务的公告	深证会〔2018〕275 号
108	关于为"京东金融－华泰资管【21】号京东白条应收账款债权资产支持专项计划计划"提供转让服务的公告	深证会〔2018〕557 号
109	关于为"京东金融－中信证券 6 号京东白条应收账款债权资产支持专项计划"提供转让服务的公告	深证会〔2018〕574 号
110	关于为"蚂蚁花呗中信证券第 4 期消费授信融资资产支持专项计划"提供转让服务的公告	深证会〔2018〕427 号
111	关于为"平安－长江－联易融供应链金融 1 号资产支持专项计划"提供转让服务的公告	深证会〔2018〕107 号
112	关于为"平安证券－一方保理万科供应链金融 21 号资产支持专项计划"提供转让服务的公告	深证会〔2018〕246 号
113	关于为"平安证券－一方保理万科供应链金融 27 号资产支持专项计划"提供转让服务的公告	深证会〔2018〕518 号
114	关于为"浦银安盛资管－申万宏源证券融出资金债权 4 号资产支持专项计划"提供转让服务的公告	深证会〔2018〕134 号
115	关于为"中国中投证券－汇天保理－碧桂园－小微企业 1 期(2 号)应收账款资产支持专项计划"提供转让服务的公告	深证会〔2018〕84 号
116	关于为"国信证券－逸锟保理供应链金融 2 号资产支持专项计划"提供转让服务的公告	深证会〔2018〕98 号
117	关于为"融元－方正证券－一方恒融碧桂园 38 期保理资产支持专项计划"提供转让服务的公告	深证会〔2018〕216 号
118	关于为"狮桥十期资产支持专项计划"提供转让服务的公告	深证会〔2018〕210 号
119	关于为"万科－平银－中信建投购房尾款资产支持专项计划第四期"提供转让服务的公告	深证会〔2018〕154 号
120	关于为"中和农信公益小额贷款 5 号资产支持专项计划"提供转让服务的公告	深证会〔2018〕533 号
121	关于为"中联供应链金融 1 号资产支持专项计划"提供转让服务的公告	深证会〔2018〕338 号
122	关于为"中联前海开源－碧桂园租赁住房一号第一期资产支持专项计划"提供转让服务的公告	深证会〔2018〕193 号
123	关于为"蚂蚁花呗中信证券第 5 期消费授信融资资产支持专项计划"提供转让服务的公告	深证会〔2018〕480 号
124	关于为"蚂蚁借呗德邦第三期资产支持专项计划"提供转让服务的公告	深证会〔2018〕402 号
125	关于为"平安证券－尚融保理－首开股份供应链金融【1】号资产支持专项计划"提供转让服务的公告	深证会〔2018〕488 号
126	关于为"平安证券－一方保理万科供应链金融 23 号资产支持专项计划"提供转让服务的公告	深证会〔2018〕369 号
127	关于为"平安证券－一方恒融－合景泰富供应链金融 1 号资产支持专项计划"提供转让服务的公告	深证会〔2018〕594 号

续表

序号	标　　题	文　　号
128	关于为“秦川租赁2018年第一期租赁资产支持专项计划”提供转让服务的公告	深证会〔2018〕350号
129	关于为“融元－方正证券－一方恒融碧桂园23期保理资产支持专项计划”提供转让服务的公告	深证会〔2018〕12号
130	关于为“融元－方正证券－一方恒融碧桂园30期保理资产支持专项计划”提供转让服务的公告	深证会〔2018〕82号
131	关于为“融元－方正证券－一方恒融碧桂园32期保理资产支持专项计划”提供转让服务的公告	深证会〔2018〕169号
132	关于为“融元－方正证券－一方恒融碧桂园36期保理资产支持专项计划”提供转让服务的公告	深证会〔2018〕189号
133	关于为“中信证券－泰禾集团慕盛长租公寓1号资产支持专项计划”提供转让服务的公告	深证会〔2018〕404号
134	关于为“中信证券－兴业建投－联易融供应链资产支持专项计划3期”提供转让服务的公告	深证会〔2018〕490号
135	关于为“中信证券－阳光城长租公寓1号资产支持专项计划”提供转让服务的公告	深证会〔2018〕415号
136	关于为“平安证券－一方保理万科供应链金融18号资产支持专项计划”提供转让服务的公告	深证会〔2018〕18号
137	关于为“平安证券－一方保理万科供应链金融28号资产支持专项计划”提供转让服务的公告	深证会〔2018〕520号
138	关于为“平安证券－一方保理万科供应链金融29号资产支持专项计划”提供转让服务的公告	深证会〔2018〕565号
139	关于为“融元－方正证券－一方恒融碧桂园26期保理资产支持专项计划”提供转让服务的公告	深证会〔2018〕54号
140	关于为“融元－方正证券－一方恒融碧桂园27期保理资产支持专项计划”提供转让服务的公告	深证会〔2018〕56号
141	关于为“平安金隅建达大厦信托受益权资产支持专项计划”提供转让服务的公告	深证会〔2018〕548号
142	关于为“横琴金投租赁二期资产支持专项计划”提供转让服务的公告	深证会〔2018〕157号
143	关于为“华金瑞驰－联易融雅居乐供应链4号资产支持专项计划”提供转让服务的公告	深证会〔2018〕396号
144	关于为“华菁－中集1号资产支持专项计划”提供转让服务的公告	深证会〔2018〕269号
145	关于为“华西证券－侨鑫国际商业物业资产支持专项计划”提供转让服务的公告	深证会〔2018〕409号
146	关于为“汇通信诚2018年第一期资产支持专项计划”提供转让服务的公告	深证会〔2018〕182号
147	关于为“平安证券－一方保理万科供应链金融24号资产支持专项计划”提供转让服务的公告	深证会〔2018〕383号
148	关于为“平安证券－一方恒融－绿金供应链金融1号资产支持专项计划”提供转让服务的公告	深证会〔2018〕512号
149	关于为“平安证券－一方融元－富力供应链金融1号资产支持专项计划”提供转让服务的公告	深证会〔2018〕417号
150	关于为“平安证券－中铁建资产1号应收账款资产支持专项计划”提供转让服务的公告	深证会〔2018〕317号

续表

序号	标　　题	文　　号
151	关于为“长城－龙光－联合保理 4 号资产支持专项计划”提供转让服务的公告	深证会〔2018〕449 号
152	关于为“深创投安居集团人才租赁住房第一期资产支持专项计划”提供转让服务的公告	深证会〔2018〕551 号
153	关于为“天风－渔阳饭店资产支持专项计划”提供转让服务的公告	深证会〔2018〕586 号
154	关于为“天风－正奇租赁一期资产支持专项计划”提供转让服务的公告	深证会〔2018〕263 号
155	关于为“中电投融和租赁 2018 年第 1 期资产支持专项计划”提供转让服务的公告	深证会〔2018〕348 号
156	关于为“中和农信公益小额贷款 3 号资产支持专项计划”提供转让服务的公告	深证会〔2018〕202 号
157	关于为“中信建投－绿地控股资产支持专项计划”提供转让服务的公告	深证会〔2018〕495 号
158	关于为“中信证券花呗第 6 期授信付款资产支持专项计划”提供转让服务的公告	深证会〔2018〕572 号
159	关于为“中信证券－信捷－联易融供应链资产支持专项计划 2 期”提供转让服务的公告	深证会〔2018〕320 号
160	关于为“中信证券－信捷－联易融供应链资产支持专项计划 4 期”提供转让服务的公告	深证会〔2018〕423 号
161	关于为“中信证券－兴业建投－联易融供应链资产支持专项计划 2 期”提供转让服务的公告	深证会〔2018〕232 号
162	关于为“平安证券－一方保理万科供应链金融 22 号资产支持专项计划”提供转让服务的公告	深证会〔2018〕359 号
163	关于为“平安证券－一方保理万科供应链金融 25 号资产支持专项计划”提供转让服务的公告	深证会〔2018〕421 号
164	关于为“平安证券－一方保理万科供应链金融 31 号资产支持专项计划”提供转让服务的公告	深证会〔2018〕598 号
165	关于为“方正证券－融元一方保理龙腾 8 期供应链金融资产支持专项计划”提供转让服务的公告	深证会〔2018〕486 号
166	关于为“平安－中建五局 1 号应收账款资产支持专项计划”提供转让服务的公告	深证会〔2018〕413 号
167	关于为“天风－阳光城物业费债权资产支持专项计划”提供转让服务的公告	深证会〔2018〕136 号
168	关于为“前海桂金 2018 年度第一期资产支持专项计划”提供转让服务的公告	深证会〔2018〕474 号
169	关于为“招商创融－广田集团应收账款(第 2 期)资产支持专项计划”提供转让服务的公告	深证会〔2018〕35 号
170	关于为“融元－方正证券－一方恒融碧桂园 40 期保理资产支持专项计划”提供转让服务的公告	深证会〔2018〕237 号
171	关于为“万科－平安－融元第三期购房尾款资产支持专项计划”提供转让服务的公告	深证会〔2018〕45 号
172	关于为“万科松花湖信托受益权资产支持专项计划”提供转让服务的公告	深证会〔2018〕293 号
173	关于为“万科－中山证券－平银购房尾款资产支持专项计划第六期”提供转让服务的公告	深证会〔2018〕441 号
174	关于为“国信证券－逸锟保理供应链金融 1 号资产支持专项计划”提供转让服务的公告	深证会〔2018〕25 号

续表

序号	标　　题	文　　号
175	关于为“浦银安盛资管－申万宏源证券融出资金债权3号资产支持专项计划”提供转让服务的公告	深证会〔2018〕100号
176	关于为“融元－方正证券－一方恒融碧桂园39期保理资产支持专项计划”提供转让服务的公告	深证会〔2018〕221号
177	关于为“狮桥十三期(天风)资产支持专项计划”提供转让服务的公告	深证会〔2018〕543号
178	关于为“融元－方正证券－一方恒融碧桂园37期保理资产支持专项计划”提供转让服务的公告	深证会〔2018〕197号
179	关于为“瑞康医药应收账款一期资产支持专项计划”提供转让服务的公告	深证会〔2018〕87号
180	关于为“申万宏源－华福证券融出资金债权1号资产支持专项计划”提供转让服务的公告	深证会〔2018〕447号
181	关于为“狮桥九期资产支持专项计划”提供转让服务的公告	深证会〔2018〕116号
182	关于为“苏宁广场2017年资产支持专项计划”提供转让服务的公告	深证会〔2018〕43号
183	关于为“天风平银－启迪桑德废电产品基金补贴信托受益权绿色资产支持专项计划”提供转让服务的公告	深证会〔2018〕104号
184	关于为“招商创融－盛业保理第1期资产支持专项计划”提供转让服务的公告	深证会〔2018〕214号
185	关于为“中建七局－中金2018年第一期应收账款资产支持专项计划”提供转让服务的公告	深证会〔2018〕514号
186	关于为“中金－神州优车汽车应收账款第1期资产支持专项计划”提供转让服务的公告	深证会〔2018〕354号
187	关于为“中信证券－京东金融京小贷荟赢1号信托受益权资产支持专项计划”提供转让服务的公告	深证会〔2018〕126号
188	关于为“中信证券－信捷－联易融供应链资产支持专项计划3期”提供转让服务的公告	深证会〔2018〕431号
189	关于为“德邦证券浙商银行池融2号资产支持专项计划”提供转让服务的公告	深证会〔2018〕62号
190	关于为“招商资管－前海一方恒融第二期(5号)资产支持专项计划”提供转让服务的公告	深证会〔2018〕346号
191	关于为“中和农信公益小额贷款4号资产支持专项计划”提供转让服务的公告	深证会〔2018〕239号
192	关于为“中联前海开源－越秀租赁住房一号第一期资产支持专项计划”提供转让服务的公告	深证会〔2018〕372号
193	关于为“中山证券－电建物业资产支持专项计划”提供转让服务的公告	深证会〔2018〕367号
194	关于为“中信证券－链融科技供应链金融1号第1期资产支持专项计划”提供转让服务的公告	深证会〔2018〕559号
195	关于为“融元－方正证券－一方恒融碧桂园22期保理资产支持专项计划”提供转让服务的公告	深证会〔2018〕10号
196	关于为“融元－方正证券－一方恒融碧桂园24期保理资产支持专项计划”提供转让服务的公告	深证会〔2018〕33号
197	关于为“融元－方正证券－一方恒融碧桂园31期保理资产支持专项计划”提供转让服务的公告	深证会〔2018〕94号
198	关于为“天资2018年第一期资产支持专项计划”提供转让服务的公告	深证会〔2018〕280号

续表

序号	标　　题	文　　号
199	关于为"万科 – 中信证券 – 农银购房尾款资产支持专项计划第五期"提供转让服务的公告	深证会〔2018〕204 号
200	关于为"平安证券 – 中铁建资产 2 号应收账款资产支持专项计划"提供转让服务的公告	深证会〔2018〕527 号
201	关于为"融元 – 方正证券 – 一方恒融碧桂园 25 期保理资产支持专项计划"提供转让服务的公告	深证会〔2018〕23 号
202	关于为"融元 – 方正证券 – 一方恒融碧桂园 28 期保理资产支持专项计划"提供转让服务的公告	深证会〔2018〕70 号
203	关于为"融元 – 方正证券 – 一方恒融碧桂园 35 期保理资产支持专项计划"提供转让服务的公告	深证会〔2018〕187 号
204	关于为"中国中投证券 – 汇天保理 – 碧桂园 – 小微企业 1 期(4 号)应收账款资产支持专项计划"提供转让服务的公告	深证会〔2018〕199 号
205	关于为"申万宏源 – 长城证券融出资金债权 1 号资产支持专项计划"提供转让服务的公告	深证会〔2018〕567 号
206	关于为"天风 – 狮桥 2018 年第一期资产支持专项计划"提供转让服务的公告	深证会〔2018〕261 号
207	关于为"天风证券 – 比亚迪新能源汽车租赁绿色资产支持专项计划"提供转让服务的公告	深证会〔2018〕463 号
208	关于为"鑫沅资产 – 海昌海洋公园入园凭证资产支持专项计划"提供转让服务的公告	深证会〔2018〕438 号
209	关于为"招商创融 – 盛业保理第 2 期资产支持专项计划"提供转让服务的公告	深证会〔2018〕356 号
210	关于为"方正证券 – 一方集顺 3 期供应链金融资产支持专项计划"提供转让服务的公告	深证会〔2018〕335 号
211	关于为"平安证券 – 一方保理万科供应链金融 26 号资产支持专项计划"提供转让服务的公告	深证会〔2018〕524 号
212	关于为"华泰 – 携程金融拿去花第一期资产支持专项计划 1 号"提供转让服务的公告	深证会〔2018〕234 号
213	关于为"华夏资本 – 一方恒融 – 绿城供应链金融 5 期资产支持专项计划"提供转让服务的公告	深证会〔2018〕465 号
214	关于为"华夏资本 – 中粮购房尾款 1 号资产支持专项计划"提供转让服务的公告	深证会〔2018〕329 号
215	关于为"蚂蚁花呗中信证券第 2 期消费授信融资资产支持专项计划"提供转让服务的公告	深证会〔2018〕331 号
216	关于为"五冶集团应收账款资产支持专项计划"提供转让服务的公告	深证会〔2018〕445 号
217	关于为"西安迈科大厦资产支持专项计划"提供转让服务的公告	深证会〔2018〕29 号
218	关于为"徐工挖机应收账款资产支持专项计划"提供转让服务的公告	深证会〔2018〕148 号
219	关于为"招商创融 – 海富通 – 步步高资产支持专项计划"提供转让服务的公告	深证会〔2018〕47 号
220	关于为"招商资管 – 安路通卓越供应链第一期(1 号)资产支持专项计划"提供转让服务的公告	深证会〔2018〕497 号
221	关于为"中信证券 – 信捷 – 联易融供应链资产支持专项计划 5 期"提供转让服务的公告	深证会〔2018〕508 号

续表

序号	标 题	文 号
222	关于为“招商资管－前海一方恒融第二期(6号)资产支持专项计划”提供转让服务的公告	深证会〔2018〕555号
223	关于为“中国中投证券－汇天保理－碧桂园－小微企业1期(3号)应收账款资产支持专项计划”提供转让服务的公告	深证会〔2018〕150号
224	关于为“中信证券－京东金融荟赢2号信托受益权资产支持专项计划”提供转让服务的公告	深证会〔2018〕322号
225	关于为“长城－世茂－尚隽保理4号资产支持专项计划”提供转让服务的公告	深证会〔2018〕561号
226	关于为“中信证券－兴业建投－联易融供应链资产支持专项计划1期”提供转让服务的公告	深证会〔2018〕131号
227	关于为“中银渤海－宜信租赁一期资产支持专项计划”提供转让服务的公告	深证会〔2018〕250号
228	关于为“湘财平安－卓越四季酒店资产支持专项计划”提供转让服务的公告	深证会〔2018〕419号
229	关于为“招商固收－红星－联易融供应链资产支持专项计划1期”提供转让服务的公告	深证会〔2018〕482号
230	关于为“国信证券－逸锟保理供应链金融3号资产支持专项计划”提供转让服务的公告	深证会〔2018〕152号
231	关于为“中金－美团生意贷第一期资产支持专项计划”提供转让服务的公告	深证会〔2018〕590号
232	关于为“中金－中铁置业－联易融供应链金融1期资产支持专项计划”提供转让服务的公告	深证会〔2018〕529号
233	关于为“中信证券－京东金融1号京东金条信托受益权资产支持专项计划”提供转让服务的公告	深证会〔2018〕185号
234	关于为“中信证券－信捷－联易融供应链资产支持专项计划1期”提供转让服务的公告	深证会〔2018〕267号
235	关于为“中信证券－中旅安信安心贷1号资产支持专项计划”提供转让服务的公告	深证会〔2018〕60号
236	关于为“蚂蚁借呗德邦第二期资产支持专项计划”提供转让服务的公告	深证会〔2018〕361号
237	关于为“平安首开丽亭宝辰信托受益权资产支持专项计划”提供转让服务的公告	深证会〔2018〕75号
238	关于为“平安证券－尚融保理－首开股份供应链金融【2】号资产支持专项计划”提供转让服务的公告	深证会〔2018〕579号
239	关于为“平安证券－一方保理万科供应链金融19号资产支持专项计划”提供转让服务的公告	深证会〔2018〕20号
240	关于为“平安－中建四局应收账款资产支持专项计划”提供转让服务的公告	深证会〔2018〕484号
241	关于为“招商资管－前海一方恒融第二期(3号)资产支持专项计划”提供转让服务的公告	深证会〔2018〕14号
242	关于为“中国中投证券－汇天保理－碧桂园－小微企业1期应收账款资产支持专项计划”提供转让服务的公告	深证会〔2018〕37号
243	关于为“2017平安租赁四期资产支持专项计划”提供转让服务的公告	深证会〔2018〕72号
244	关于为“融元－方正证券－一方恒融碧桂园29期保理资产支持专项计划”提供转让服务的公告	深证会〔2018〕80号
245	关于为“平安证券－一方保理万科供应链金融20号资产支持专项计划”提供转让服务的公告	深证会〔2018〕96号

续表

序号	标　题	文　号
246	关于为“天风－云纺商业物业资产支持专项计划”提供转让服务的公告	深证会〔2018〕141 号
247	关于为“西南证券－申万宏源融出资金债权 1 号资产支持专项计划”提供转让服务的公告	深证会〔2018〕174 号
248	关于为“招商财富－瑞康医药应收账款二期资产支持专项计划”提供转让服务的公告	深证会〔2018〕381 号
249	关于为“招商创融－招商蛇口长租公寓第一期资产支持专项计划”提供转让服务的公告	深证会〔2018〕171 号
250	关于为“招商固收－红星－联易融供应链资产支持专项计划 2 期”提供转让服务的公告	深证会〔2018〕592 号
251	关于为“招商资管－前海一方恒融第二期(4 号)资产支持专项计划”提供转让服务的公告	深证会〔2018〕122 号
252	关于为“中信证券－狮桥 2018 年第三期资产支持专项计划”提供转让服务的公告	深证会〔2018〕333 号
253	关于为“中和农信公益小额贷款 2 号资产支持专项计划”提供转让服务的公告	深证会〔2018〕64 号

3. 基金类

上市通知书		
序号	标　题	文　号
1	上市通知书(工银瑞信创业板交易型开放式指数证券投资基金)	深证上〔2018〕29 号
2	上市通知书(建信创业板交易型开放式指数证券投资基金)	深证上〔2018〕90 号
3	上市通知书(南方恒生中国企业交易型开放式指数证券投资基金)	深证上〔2018〕116 号
4	上市通知书(华宝港股通恒生香港 35 指数证券投资基金(LOF))	深证上〔2018〕153 号
5	上市通知书(兴全合宜灵活配置混合型证券投资基金)	深证上〔2018〕162 号
6	上市通知书(富国中证 1000 指数增强型证券投资基金(LOF))	深证上〔2018〕271 号
7	上市通知书(东方红创新优选三年定期开放混合型证券投资基金)	深证上〔2018〕272 号
8	上市通知书(工银瑞信印度市场证券投资基金(LOF))	深证上〔2018〕339 号
9	上市通知书(平安大华港股通恒生中国企业交易型开放式指数证券投资基金)	深证上〔2018〕485 号
10	上市通知书(方正富邦深证 100 交易型开放式指数证券投资基金)	深证上〔2018〕622 号
终止上市通知书		
序号	标　题	文　号
1	终止上市通知书(融通中证大农业指数证券投资基金(LOF))	深证上〔2018〕2 号
2	终止上市通知书(长盛同丰债券型证券投资基金)	深证上〔2018〕36 号
3	终止上市通知书(长盛同辉深证 100 等权重指数证券投资基金(LOF))	深证上〔2018〕45 号
4	终止上市通知书(鹏华沪深 300 交易型开放式指数证券投资基金)	深证上〔2018〕72 号
5	终止上市通知书(景顺长城沪深 300 等权重交易型开放式指数证券投资基金)	深证上〔2018〕121 号

续表

序号	标　　题	文　　号
6	终止上市通知书（工银瑞信睿智深证100指数分级证券投资基金）	深证上〔2018〕148号
7	终止上市通知书（工银瑞信深证成份指数证券投资基金（LOF））	深证上〔2018〕190号
8	终止上市通知书（工银瑞信政府债纯债债券型证券投资基金（LOF））	深证上〔2018〕290号
9	终止上市通知书（东吴深证100指数增强型证券投资基金（LOF））	深证上〔2018〕304号
10	终止上市通知书（诺德双翼债券型证券投资基金（LOF））	深证上〔2018〕327号
11	终止上市通知书（长城久兆中小板300指数分级证券投资基金）	深证上〔2018〕346号
12	终止上市通知书（建信中证互联网金融指数分级发起式证券投资基金）	深证上〔2018〕347号
13	终止上市通知书（浙商沪深300指数分级证券投资基金）	深证上〔2018〕358号
14	终止上市通知书（万家中证创业成长指数分级证券投资基金）	深证上〔2018〕366号
15	终止上市通知书（申万菱信中证申万传媒行业投资指数分级证券投资基金）	深证上〔2018〕380号
16	终止上市通知书（银河沪深300成长增强指数分级证券投资基金）	深证上〔2018〕398号
17	终止上市通知书（国投瑞银双债丰利两年定期开放债券型证券投资基金）	深证上〔2018〕436号
18	终止上市通知书（中欧沪深300指数增强型证券投资基金（LOF））	深证上〔2018〕458号
19	终止上市通知书（国投瑞银全球新兴市场精选股票型证券投资基金（LOF））	深证上〔2018〕486号
20	终止上市通知书（华润元大中创100交易型开放式指数证券投资基金）	深证上〔2018〕507号
21	终止上市通知书（华安中证定向增发事件指数证券投资基金（LOF））	深证上〔2018〕515号
22	终止上市通知书（广发中证全指主要消费交易型开放式指数证券投资基金）	深证上〔2018〕645号
23	终止上市通知书（银华信用债券型证券投资基金（LOF））	深证上〔2018〕649号

（四）2018年自律监管典型案例

GSKG违规关联担保及资金占用监管案例

GSKG实际控制人及其关联方非经营性占用公司资金，GSKG违规为实际控制人及其关联方提供担保。对于GSKG及相关责任人的违规行为，深交所在日常监管中进行充分关注，经过三个月的监管问询，最终查实公司的违规行为，并采取了一系列的监管措施。

一、公司情况简介

GSKG是一家民营上市公司，2000年4月27日在深市主板上市。公司实际控制人为韦某某。公司主营业务为提供云基础服务，其中，全资子公司GSKJ主要提供IDC、CDN、APM和其他增值服务，全资子公司SHYY提供虚拟专用网服务和其他增值服务。

二、案例简介

2018年7月，深交所收到投资者投诉，公司涉及多起民间借贷纠纷，已被杭州中院、南昌中院等立案，深交所立即向公司发出问询函，就公司是否存在违规关联担保，是否存在实际控制人非经营性占用公司资金的情形进行重点关注。公司2018年8月18日披露《关于对深圳证券交易所关注函回复的公告》,公司称,公司实际控制人及其关联方非经营性占用公司资金余额21,352.50万元,公司违规向关联方提供担保余额4,168万元。

三、主要自律监管措施

GSKG实际控制人及其关联方违规行为披露后,引起深交所的高度关注,深交所采取了一系列的监管措施,具体如下:

(一)及时问询,查实公司违规行为

2018年7月4日,深交所在收到投资者投诉后,及时向公司发出问询函,要求公司对涉及民间借贷纠纷的具体情况进行核实;7月20日,公司对前述问询函回复后,7月24日,深交所收到公司股东的实名投诉,认为公司前次问询函回复内容不完整、不准确,深交所及时向公司发出关注函,要求梳理公司的资金占用及对外担保事项;8月18日,公司回复深交所关注函,披露了公司存在的违规行为。

(二)关注舆情,积极应对

2018年8月2日,《证券时报》发布了《钱去哪了?实探GSKG实控人韦氏家族资金投向》,报道了GSKG实际控制人韦某某及其关联方出现的资金困难,"存在高利贷、质押诉讼未披露、利用GSKG违规担保等问题,且可能已经挪用了上市公司账户资金,存在一步步掏空上市公司的嫌疑,亟需监管部门介入调查。"深交所于8月4日向公司发出关注函,就报道中涉及的相关情况进行重点问询。

(三)及时与地方证监局沟通,加强监管联动

2018年8月18日,公司披露《关于对深圳证券交易所关注函回复的公告》后,深交所就公司存在实际控制人及其关联方违规占用公司资金以及公司违规关联担保等情形及时与湖北证监局进行沟通。湖北证监局也予以高度重视,并于2018年9月27日对公司的违规行为进行立案调查。

(四)针对已查实的违规事实及时采取监管措施

针对已查实的违规行为,深交所于2018年9月26日向公司及相关责任人发出纪律处分事先告知书,并于2018年11月23日向公司及相关责任人予以纪律处分。

四、监管思考

(一)结合公司及实际控制人基本情况,及时发现违规线索

本案例中,公司实际控制人自身资金链断裂,存在掏空上市公司的动机,存在类似情形的公司应当在日常监管中进行重点关注。发现违规线索以后,深交所通过接连的监管问询,主动了解事件的详细情况,并根据公司的回函内容,查实了公司的违规行为,确定了违规主体,最终促使了违规行为得到及时查处,相关当事人受到相应处罚。

(二)加强与其他监管机构的沟通和协作,发挥监管合力

深交所通过多种方式与湖北证监局就公司及相关责任人的违规行为进行密切沟通,实施了有效监管,使得本次违规事件能够得到及时的调查和查处。建议如类似事件再次发生,交易所和证监局等监管机构应及时沟通相关情况,争取实施同步行动、联合监管以有效解决有关问题,增强监管合力。

关于对上市公司控股股东和实际控制人违规行为的监管思考——以ZYGF为例

控股股东、实际控制人的经营理念、规范运作意识,对一家企业的经营发展起着非常重要的作用,若控股股东、实际控制人合规经营理念缺失,不仅会引发其自身和上市公司违规行为发生,也会拖累上市公司的经营发展。本文结合ZYGF控股股东和实际控制人的违规案例作

出一些分析和思考。

一、案例简介

ZYGF是一家为石油开采企业提供油田动态监测等技术服务的公司，受下游行业环境影响，且因举债购买境外石油矿产资源发生较大额财务费用，公司自2015年开始业绩下滑，2015年、2016年因连续两年亏损被实施退市风险警示。公司控股股东和实控人规范运作意识薄弱，存在多项违规行为，近几年被深交所给予公开谴责处分三次，具体情况如下：

（一）控股股东所持股份被司法冻结事项披露不及时

2015年10月16日至2015年12月7日，公司控股股东和实控人因自身借款、合作纠纷、对外担保等原因涉诉，所持有的公司股份全部被司法冻结及司法轮候冻结，冻结股数分别占公司股本的16.83%和6.47%。相关方未及时将该事项告知公司，导致公司于2015年12月22日才将该事项对外披露。

2015年4月22日，控股股东将持有的16.83%的公司股权全部质押给了某信托公司。信托公司于2015年12月向法院申请对控股股东实现担保物权。2016年6月6日，控股股东收到法院于2016年5月16日作出的《民事裁定书》，裁定准许拍卖、变卖控股股东质押给信托公司的公司16.83%的股票。控股股东在收到《民事裁定书》后，向法院提出实现担保物权的异议申请。2016年6月27日，法院受理了控股股东实现担保物权异议申请。截至上市公司被告知该事项时，该案件正等待法院的进一步审理。控股股东和实控人未及时将该事项告知上市公司，导致公司于2016年7月27日才将该事项对外披露。

对于上述信息披露违规行为，深交所于2016年12月对控股股东、实控人给予公开谴责处分。

（二）违规对外担保和占用上市公司资金

2016年9月30日，公司披露收到律师函的公告，2015年9月，B投资管理有限公司与上市公司实控人签订《借款合同》，B向实控人提供短期借款2.35亿元，借款期限3个月，同时，公司与B签订《保证合同》，约定公司为上述借款提供不可撤销的连带责任保证。借款到期后，实控人未及时清偿借款本金2.35亿元，B要求公司连带清偿借款本金及对应的罚息。

2017年11月26日，公司披露收到法院传票及相关法律文书的公告，2015年1月，公司的参股公司共计借款4,000万元给两家公司，借款期限一年，同时，公司向参股公司出具担保函，约定对上述借款承担连带责任担保，担保期限为主债务期限届满之日起二年。对于上述两项担保事项，公司均未及时披露，未履行审议程序。

2017年4月28日，公司在披露年报时，披露自2014年10月至2016年7月期间，公司七名员工和实控人（同时为公司时任董事长）先后向公司借支备用金31笔、累计金额2,785万元，借支资金通过个人账户转账给控股股东或其关联方相关人员。此外，上市公司在筹划重组期间，支付给A投资管理有限公司的2,000万元重组保证金最终转入控股股东及其关联方。截至2016年12月31日，上述占用的资金已全部归还。公司控股股东及其关联方非经营性占用公司资金日最高余额为2,639万元，且未及时履行信息披露义务，公司直至在披露2016年度报告时对上述事项进行了披露。

对于上述违规行为，深交所与新疆证监局进行了多次沟通。证监会于2016年11月对公司立案调查。调查结果显示，对于上述担保事项，实控人滥用控制权，无视上市公司独立性的治理要求，越过公司董事会和股东大会，指使公司为其自身债务提供巨额担保，同时作为时任上市公司董事长，疏于内控管理，越权行使董事长权力，重大担保事项不履行内部决策审批程序，也未及时报告董事会，导致上市公司未能及时披露重大事项。对于上述以正常经营支出形式掩盖真实目的向控股股东提供财务资助事项，均系实控人主导并指使上市公司实施。深交所结合证监局调查结果，于2018年3月对公司及控股股东、实控人、主要责任人员给予公开谴责处分，对其他责任人员给予通报批评处分或发出监管函。

（三）违反减持新规

因前述违规担保和资金占用事项，2017年8月15日，公司及相关当事人收到证监局《行政处罚决定书》，对公司以及实控人等相关当事人作出了行政处罚。2018年2月初，法院完成对控股股东持有的公司16.83%股份以及实控人持有的公司6.47%股份的公开拍卖,成交金额约9亿元。公司控股股东和实控人作为公司持股5%以上股东,在上市公司和大股东因涉嫌证券期货违法犯罪被作出行政处罚决定后未满六个月减持公司股份,违反了《上市公司股东、董监高减持股份的若干规定》(证监会公告〔2017〕9号)第六条的规定。虽然上述违规行为因被动减持导致,但考虑到控股股东和实控人超出能力范围融资和对外提供担保导致所持上市公司股份被司法冻结及轮候冻结,且在所持公司股份被司法冻结期间,未采取有效措施应对股份被司法拍卖,导致上述违规行为发生,深交所于2018年12月对控股股东、实控人给予公开谴责处分。

二、对上市公司的影响

上述违规行为,除导致当事人自身被行政处罚或被给予纪律处分外,对上市公司也产生诸多不良影响。

(一)影响年报审计意见

针对上述担保事项,公司披露未发现公司审议过对外担保的议案,也没有签订该《保证合同》的审批流程及相应的用印记录。经进一步核实,在公司印章使用管理中曾出现个别人员未严格履行职责、未经审批将公章带出,且由一人携带、交还时没有写明用印明细的情形。针对上述资金占用事项,公司存在部分大额备用金借支审批手续不全及大额备用金借出后对备用金使用情况监管不到位的情形。公司内部控制因存在上述缺陷,公司2016年度被出具否定意见的内部控制鉴证报告。因会计师无法判断公司是否还存在未经批准的对外担保事项以及对财务报表可能产生的影响,以及因证监会立案调查工作尚未结束,会计师无法判断立案调查结论对公司财务报表可能产生的影响,公司2016年财务报告被出具保留意见的审计报告。

(二)影响股票交易情况

因公司2015年和2016年连续两年亏损,公司股票被实施退市风险警示处理,公司2017年度实现扭亏为盈,根据深交所《股票上市规则》的规定,公司符合申请撤销退市风险警示的条件。但会计师因无法判断公司是否还存在其他未经批准的对外担保事项以及对财务报表可能产生的影响,对公司2017年年度报告出具保留意见的审计报告。深交所于年报问询函中要求公司自查是否存在其他应实施退市风险警示处理和其他风险警示处理的情形。公司回复称无法判断是否还存在尚未暴露出的、因公司原实控人无视上市公司独立性的治理要求滥用控制权而导致的可能损害公司利益的其他违法违规事项。因此,公司股票存在被深交所依据《股票上市规则》13.1.1条和13.3.1条第(五)项的规定实施其他风险警示的可能。基于上述情况,深交所在对公司股票交易实施撤销退市风险警示的同时,对公司股票交易实施其他风险警示。

(三)影响公司生产经营

控股股东和实控人的行为,对公司后续经营产生明显拖累,若后续再暴露出未履行审议程序而对外提供担保被要求承担连带责任等情形,可能对公司业绩产生严重影响。此外,上市公司应对相关诉讼、厘清事实、履行相应信息披露义务,也会耗费大量人力物力,不利于公司正常经营。

三、监管措施

(一)强化监管问询,充分提示风险

在公司披露因存在担保事项被要求承担连带责任后,深交所高度关注,第一时间向公司发出问询函,关注上述担保事项是否属于违反规定程序对外提供担保且情形严重的情形,公司股票交易是否存在可能被实行其他风险警示情形,公司拟采取的解决措施。在公司披露2016年年报后,及时要求公司梳理资金占用和归还的具体情况,厘清违规事实。此外,不断督促公司高度关注相关诉讼等事项的进展,及时披露诉讼进展和对公司业绩的影响,并充分揭示可能存在的风险,提醒投资者充分关注。

(二)对违规行为严肃处理

本案例中,控股股东通过借支员工备用金形式占用上市公司资金,隐蔽性高,发现难度大,会计师通过执行常规审计程序也难以发现。对于该类违规行为,深交所及时督促公司认真自查,厘清事实后予以严厉打击。此外,深交所督促公司对违规行为所折射出的公司内部控制存在的缺陷及时整改。

（三）谨慎处理公司撤销退市风险警示事项

基于公司存在的潜在风险及影响，深交所在对公司股票交易实施撤销退市风险警示的同时，对公司股票交易实施其他风险警示，以提示风险。

（四）其他措施

对于上述多项违规事实，深交所与证监局做好监管协作，持续沟通。此外，密切关注股价波动情况和股票交易情况，关注媒体报道及投资者投诉情况，并及时处理。

四、思考及建议

（一）强化对公司内部控制有效性的监管

公司内部控制存在缺陷可能对公司产生如下几方面影响：一是审批管理不到位，拖累公司财务状况。如有公司合同签订审批存在重大缺陷，造成期末大额预付款项、应收账款挂账。二是公司财务基础薄弱，影响财务真实性。如有公司因对银行存款的收支未按内部控制规定完整予以账面记录或记录不实，导致货币资金账实不符；有公司在消耗性生物资产管控中的监测预警不足影响存货确认计量的真实准确。三是内控制度设置和执行的不到位滋生更多违规行为。内部控制的有效与否很大程度上决定了上市公司的违规风险程度，内控存在缺陷或者失效意味着公司治理存在问题，更易引发违规行为或风险事件的发生。

在日常监管中，特别是年报审查时，除了对财务数据重点审查，还需加强对内部控制的关注，如结合公司的风险点有针对性地问询公司某项内部控制的建设和执行情况、会计师对验证内部控制有效性所做的审计工作，尽早识别和释放风险。若内控被出具非标意见，需综合考虑内控缺陷反映出的财务数据、公司治理方面的潜在问题。

（二）加强对控股股东、实际控制人的监管

本案例中，控股股东、实控人除存在上述违规行为外，还存在未将签订委托表决权相关协议的情况真实完整及时告诉上市公司导致公司披露的信息不完整，以及因放弃认购公司非公开发行股份承诺向公司支付违约金但未如期支付的违反承诺事项。多数情况下，规范运作意识薄弱、自身存在困难的当事人会不止一次出现违规情况，因此，对于出现过违规行为的当事人，应重点关注后续还可能发生的违规事项以及对公司的影响。从2018年度的监管实践中，我们更深刻感知到上市公司控股股东和实控人自身风险对上市公司的连带影响，因受市场融资环境变化、高比例质押股份等因素影响，股东自身爆发各种风险，风险逐步传导至上市公司，使公司陷入困境。一是高比例质押股票，股价下跌时无力偿债导致出现平仓风险，直接影响上市公司控制权稳定性和生产经营。二是规范运作意识薄弱、财务状况堪忧，资金占用、违规担保等违规行为拖累上市公司，导致公司经营陷入严重困境，背负巨额负债和多起法律诉讼。

在日常监管中，应对控股股东、实控人有较全面的了解，熟悉其综合实力、资金情况，是否存在多元化投资、是否投资耗费大量资金的项目，结合质押、冻结情况，判断可能产生的占用资金、违规担保等行为。同时对是否存在侵占上市公司利益的情况保持关注和问询，并可提醒会计师重点关注。

关于对上市公司控股股东、实际控制人资金占用的监管思考

控股股东、实际控制人应当采取切实有效措施保证上市公司资产完整、财务独立，不得直接或者间接占用上市公司资金，这是上市公司规范运作不可逾越的底线。但在监管实践中，我们发现部分上市公司控股股东、实际控制人规范运作意识淡薄，导致资金占用情形的发生。2018年，因控股股东存在资金占用，深交所对上市公司KRHJ及其控股股东C公司、实际控制人毛某、时任董事长兼总经理李某予以公开谴责，对时任财务总监刘某予以通报批评。为

此,本文通过梳理该案例,介绍交易所采取的监管措施,并结合日常监管实践提出相关思考。

一、案例简介

2016 年 6 月,上市公司 KRHJ 将所持子公司 B 转让给控股股东 C 公司的母公司。同时,控股股东 C 公司、子公司 B 与 KRHJ 签订了《资金偿还暨担保协议》,B 承诺于 2016 年 12 月 31 日前向 KRHJ 返还其作为上市公司子公司期间占用的上市公司 6,986.2 万元并支付资金利息,C 公司对上述债务提供连带责任保证。此后,KRHJ 三次展期,将上述占用资金还款期限延至 2017 年 8 月。2017 年 9 月 1 日,KRHJ 公告称收到 C 公司为 B 偿还的占用资金本息共计 7,446.83 万元。2017 年 10 月,KRHJ 又公告称上述还款资金来源为借款,由于媒体出现多篇负面报道,出借方于 2017 年 9 月收回了该笔借款。2018 年 4 月 27 日,C 公司的母公司决议将 B 转让给第三方 D 公司,D 公司承诺于 2018 年 12 月 31 日前偿还上述欠款,B 公司和 C 公司对此承担担保责任。截至 2018 年 12 月,KRHJ 仍未收回上述被占用资金。

对于上述违规行为,深交所对上市公司 KRHJ 及其控股股东 C 公司、实际控制人、时任董事长兼总经理予以公开谴责,对时任财务总监予以通报批评。

二、交易所采取的监管措施

一直以来,交易所均秉持依法全面从严监管理念,高度关注上市公司控股股东、实际控制人资金占用情形,根据实际情况及时采取监管措施与证监会及其派出机构密切配合,推进检查“组合拳”,并按照规定作出相应纪律处分决定。

(一)紧跟事件动态,及时发函跟进

在公司披露相关事项后,交易所先后向 KRHJ、控股股东 C 公司、中介机构发出 2 封问询函、3 封关注函,及时跟进相关事项,要求公司及控股股东充分披露欠款偿还情况,并要求律师进行核查、年报审计师关注。

公司披露 2016 年年报后,交易所在年报事后审查中重点关注并于 2017 年 5 月向上市公司发出问询函,就 B 对上市公司欠款一再延期的原因、合理性及相关情况进行问询。2017 年 11 月,在公司公告称款项被出借方收回后,交易所向公司发出公开关注函,关注上述情况的真实性和合规性,并请律师出具意见。2018 年 3 月,控股股东 C 仍未履行其还款承诺,交易所对 KRHJ2017 年年报审计师发出关注函,提醒年报审计师注意控股股东 C 存在涉嫌占用上市公司资金情形。之后,2017 年年报审计师出具相关报告,列示了控股股东 C 资金占用明细。2018 年 4 月,交易所对 KRHJ 发出关注函,关注 B 始终未归还欠款、控股股东 C 未依约承担担保责任的事项进展。2018 年 5 月,交易所在 2017 年报审查中再次重点问询了 B 公司对公司欠款一再延期的情况及进展。

(二)约见上市公司实际控制人

根据前期公司披露公告与问询回复情况,交易所初步判断控股股东涉嫌资金占用。2018 年 1 月,交易所约谈 KRHJ 实际控制人,向实际控制人说明其行为涉嫌资金占用,了解控股股东 C 公司处理资金占用问题的进度,并督促其尽快提出切实可行的方案解决资金占用。

(三)及时与地方证监局沟通,加强监管联动

交易所与证监会及其派出机构就 KRHJ 控股股东资金占用事项始终保持密切沟通与联系。2018 年 7 月,经过多次问询,明晰控股股东违规事实后,交易所向证监会稽查局上报了 KRHJ 涉嫌违法违规的线索、向江苏证监局发出了提请现场检查函,其中就包括控股股东 C 公司涉嫌占用上市公司资金事项。

(四)启动纪律处分流程,实施自律监管

2018 年 8 月,交易所公司管理部门向 KRHJ 及其控股股东、实际控制人、时任总经理、财务负责人、董事会秘书等当事人发出处分告知函,相关当事人提出申辩、实际控制人申请了听证。

对 KRHJ 控股股东资金占用事项,交易所结合上市公司及相关当事人申辩和听证情况于 2018 年 12 月对上市公司及其控股股东、实际控制人,时任董事长兼总经理予以公开谴责,对时任财务负责人予以通报批评。

三、监管思考

上市公司控股股东、实际控制人应当具有足够的规则敬畏与遵守意识,保证上市公司资

产、财产的独立是保证上市公司独立性的重要基础。交易所对上市公司控股股东、实际控制人资金占用情形实施高密度、高强度监管,有利于保障中小股东的合法权益。在对KRHJ控股股东资金占用的监管过程中,交易所先后采取多种监管措施,通过问询、关注、约见等多种方式发现资金占用线索、提醒中介机构关注、警示实际控制人,与证监会及派出机构保持密切联系,建立检查联合制度。

(一)立足监管本位,组合实施多种监管措施

交易所作为法定监管机构,立足监管本位,强化监管主体责任,主动出击,实现监管前移。在该案中,交易所先后向KRHJ、控股股东C公司、中介机构发出2封问询函、3封关注函,及时跟进相关事项,要求公司及控股股东充分披露欠款偿还情况,并要求律师进行核查,年报审计师关注,约见上市公司实际控制人,警示资金占用违规。交易所以日常风险排查为抓手,掌握公司风险情况,用好用足各类监管措施,督促公司向市场公开真实情况,维护市场秩序

(二)借助中介机构力量,厘清违规事实

该案中,KRHJ董事会对还款期限多次延期已然构成对公司利益的损害。控股股东C公司将款项划至KRHJ账户后又收回,但上市公司并未及时披露。交易所仅凭非现场监管很难判断资金的实际流向、行为的性质。因此,交易所向律师、年报审计师发函,分别要求其核查事实、关注资金占用情况,利用中介机构的专业优势,查清相关事实,发挥中介机构看门人的作用。

(三)立足联合监管,探索监管新思路

由于交易所非现场监管存在一定的局限性,交易所充分利用现有条件,建立检查联合制度。该案中,交易所与证监会、地方证监局保持密切的联系,建立协作机制,形成顺畅的线索信息交换通道,充分拓展现场检查的广度和深度,增强监管的针对性、有效性和威慑力,形成监管凝力,及时发现违规事实、精准打击违规行为,净化了市场环境。

(五)2018年作出的限制交易措施目录

编号	发文时间	文　号	限制对象
1	2018-01-15	深圳证券交易所限制交易决定书〔2018〕1号	舒逸民
2	2018-01-16	深圳证券交易所限制交易决定书〔2018〕2号	陈海东
3	2018-01-24	深圳证券交易所限制交易决定书〔2018〕3号	富立财富投资管理有限公司
4	2018-01-31	深圳证券交易所限制交易决定书〔2018〕4号	徐英壮
5	2018-03-07	深圳证券交易所限制交易决定书〔2018〕5号	张其立
6	2018-03-07	深圳证券交易所限制交易决定书〔2018〕6号	施玉庆
7	2018-03-12	深圳证券交易所限制交易决定书〔2018〕7号	邵亚芬
8	2018-03-13	深圳证券交易所限制交易决定书〔2018〕8号	屠文斌
9	2018-03-16	深圳证券交易所限制交易决定书〔2018〕9号	香塘集团有限公司、拉萨开发区香塘同轩科技有限公司、顾振其
10	2018-03-26	深圳证券交易所限制交易决定书〔2018〕10号	常州耀翔瑞天投资中心(有限合伙)、常州京江博翔投资中心(有限合伙)
11	2018-03-27	深圳证券交易所限制交易决定书〔2018〕11号	郭耀文

续表

编号	发文时间	文　　号	限 制 对 象
12	2018－03－27	深圳证券交易所限制交易决定书〔2018〕12 号	施玉庆
13	2018－04－03	深圳证券交易所限制交易决定书〔2018〕13 号	胡友泽
14	2018－04－09	深圳证券交易所限制交易决定书〔2018〕14 号	张其立
15	2018－04－09	深圳证券交易所限制交易决定书〔2018〕15 号	徐刚
16	2018－04－09	深圳证券交易所限制交易决定书〔2018〕16 号	景建波
17	2018－04－10	深圳证券交易所限制交易决定书〔2018〕17 号	吴剑乔
18	2018－04－10	深圳证券交易所限制交易决定书〔2018〕18 号	韩小红
19	2018－04－10	深圳证券交易所限制交易决定书〔2018〕19 号	张林斌
20	2018－04－12	深圳证券交易所限制交易决定书〔2018〕20 号	田维刚
21	2018－04－12	深圳证券交易所限制交易决定书〔2018〕21 号	陈海华
22	2018－04－19	深圳证券交易所限制交易决定书〔2018〕22 号	林君
23	2018－04－23	深圳证券交易所限制交易决定书〔2018〕23 号	黄伟兴、无锡天奇投资控股有限公司
24	2018－04－23	深圳证券交易所限制交易决定书〔2018〕24 号	屠文斌
25	2018－04－24	深圳证券交易所限制交易决定书〔2018〕25 号	成碧娥
26	2018－05－03	深圳证券交易所限制交易决定书〔2018〕26 号	PACIFIC RAINBOW INTERNATIONAL INC.
27	2018－05－14	深圳证券交易所限制交易决定书〔2018〕27 号	葛藤蔓
28	2018－05－18	深圳证券交易所限制交易决定书〔2018〕28 号	上海科技创业投资有限公司
29	2018－05－22	深圳证券交易所限制交易决定书〔2018〕29 号	吴天然
30	2018－05－22	深圳证券交易所限制交易决定书〔2018〕30 号	黄春花
31	2018－05－9	深圳证券交易所限制交易决定书〔2018〕31 号	张喜春
32	2018－06－01	深圳证券交易所限制交易决定书〔2018〕32 号	韩小红
33	2018－06－04	深圳证券交易所限制交易决定书〔2018〕33 号	中国金谷国际信托有限责任公司
34	2018－06－08	深圳证券交易所限制交易决定书〔2018〕34 号	陈雪燕
35	2018－06－13	深圳证券交易所限制交易决定书〔2018〕35 号	邱炜、邱宇、西藏莱美医药投资有限公司
36	2018－06－13	深圳证券交易所限制交易决定书〔2018〕36 号	邵亚芬
37	2018－06－13	深圳证券交易所限制交易决定书〔2018〕37 号	吴宝珍
38	2018－06－14	深圳证券交易所限制交易决定书〔2018〕38 号	马华安
39	2018－06－14	深圳证券交易所限制交易决定书〔2018〕39 号	万忠波
40	2018－06－19	深圳证券交易所限制交易决定书〔2018〕40 号	黄春花
41	2018－06－21	深圳证券交易所限制交易决定书〔2018〕41 号	成碧娥
42	2018－06－29	深圳证券交易所限制交易决定书〔2018〕42 号	赵强

续表

编号	发文时间	文　　号	限制对象
43	2018－07－02	深圳证券交易所限制交易决定书〔2018〕43号	张林斌
44	2018－07－04	深圳证券交易所限制交易决定书〔2018〕44号	梁秀珊
45	2018－07－05	深圳证券交易所限制交易决定书〔2018〕45号	何艳
46	2018－07－05	深圳证券交易所限制交易决定书〔2018〕46号	深圳市前海龙光创业投资基金有限公司
47	2018－07－05	深圳证券交易所限制交易决定书〔2018〕47号	郭启寅、袁向阳、宁波高斯投资有限公司
48	2018－07－06	深圳证券交易所限制交易决定书〔2018〕48号	白晶晶
49	2018－07－12	深圳证券交易所限制交易决定书〔2018〕49号	成碧娥
50	2018－07－13	深圳证券交易所限制交易决定书〔2018〕50号	郭耀文
51	2018－07－16	深圳证券交易所限制交易决定书〔2018〕51号	喻悌奇
52	2018－07－17	深圳证券交易所限制交易决定书〔2018〕52号	陈艺敏
53	2018－07－23	深圳证券交易所限制交易决定书〔2018〕53号	融捷投资控股集团有限公司、吕向阳、张长虹
54	2018－07－24	深圳证券交易所限制交易决定书〔2018〕54号	仲嫣芬
55	2018－07－24	深圳证券交易所限制交易决定书〔2018〕55号	梁永萍
56	2018－07－26	深圳证券交易所限制交易决定书〔2018〕56号	刘江东、张贵林
57	2018－08－06	深圳证券交易所限制交易决定书〔2018〕57号	彭持
58	2018－08－07	深圳证券交易所限制交易决定书〔2018〕58号	马信琪
59	2018－08－07	深圳证券交易所限制交易决定书〔2018〕59号	景华
60	2018－08－14	深圳证券交易所限制交易决定书〔2018〕60号	上海达渡资产管理合伙企业（有限合伙）
61	2018－08－20	深圳证券交易所限制交易决定书〔2018〕61号	俞建模、俞洋
62	2018－08－20	深圳证券交易所限制交易决定书〔2018〕62号	华益科技国际（英属维尔京群岛）有限公司
63	2018－08－21	深圳证券交易所限制交易决定书〔2018〕63号	汪春苟
64	2018－08－23	深圳证券交易所限制交易决定书〔2018〕64号	孙海珍
65	2018－08－28	深圳证券交易所限制交易决定书〔2018〕65号	陈昌芬
66	2018－08－29	深圳证券交易所限制交易决定书〔2018〕66号	深圳市君如资产管理顾问有限公司
67	2018－08－31	深圳证券交易所限制交易决定书〔2018〕67号	赵晨
68	2018－09－03	深圳证券交易所限制交易决定书〔2018〕68号	中国金谷国际信托有限责任公司
69	2018－09－12	深圳证券交易所限制交易决定书〔2018〕69号	长城影视文化企业集团有限公司、赵锐勇、四川圣达集团有限公司
70	2018－09－20	深圳证券交易所限制交易决定书〔2018〕70号	广东宏远集团有限公司
71	2018－09－24	深圳证券交易所限制交易决定书〔2018〕71号	孙海珍

续表

编号	发文时间	文　　号	限制对象
72	2018 - 10 - 12	深圳证券交易所限制交易决定书〔2018〕72 号	霍尔果斯金润悦网络科技合伙企业(有限合伙)
73	2018 - 10 - 15	深圳证券交易所限制交易决定书〔2018〕73 号	江敏仪
74	2018 - 10 - 18	深圳证券交易所限制交易决定书〔2018〕74 号	宁波梅山保税港区新格雷资产管理有限公司
75	2018 - 10 - 24	深圳证券交易所限制交易决定书〔2018〕75 号	陈海东
76	2018 - 11 - 02	深圳证券交易所限制交易决定书〔2018〕76 号	胡福志
77	2018 - 11 - 08	深圳证券交易所限制交易决定书〔2018〕77 号	周骏
78	2018 - 11 - 08	深圳证券交易所限制交易决定书〔2018〕78 号	赵晨
79	2018 - 11 - 08	深圳证券交易所限制交易决定书〔2018〕79 号	江敏仪
80	2018 - 11 - 13	深圳证券交易所限制交易决定书〔2018〕80 号	马信琪
81	2018 - 11 - 16	深圳证券交易所限制交易决定书〔2018〕81 号	王建军
82	2018 - 11 - 16	深圳证券交易所限制交易决定书〔2018〕82 号	赵玉顺
83	2018 - 11 - 19	深圳证券交易所限制交易决定书〔2018〕83 号	葛藤蔓
84	2018 - 12 - 05	深圳证券交易所限制交易决定书〔2018〕84 号	马信琪
85	2018 - 12 - 11	深圳证券交易所限制交易决定书〔2018〕85 号	综合制药(香港)有限公司
86	2018 - 12 - 17	深圳证券交易所限制交易决定书〔2018〕86 号	上海骏胜资产管理有限公司
87	2018 - 12 - 17	深圳证券交易所限制交易决定书〔2018〕87 号	国亚金控资本管理有限公司
88	2018 - 12 - 19	深圳证券交易所限制交易决定书〔2018〕88 号	景建波
89	2018 - 12 - 19	深圳证券交易所限制交易决定书〔2018〕89 号	邵亚芬
90	2018 - 12 - 26	深圳证券交易所限制交易决定书〔2018〕90 号	杭州艺阳股权投资合伙企业(有限合伙)

三、上海期货交易所

(一)2018 年制定、修改的规则目录

序号	发文日期	文号和文件名称	制定、修改的规则目录
1	2018 - 03 - 01	上期所公告〔2018〕3 号关于印发《上海期货交易所白银期货合约》修订案的公告	1.《上海期货交易所白银期货合约》(修订案)

续表

序号	发文日期	文号和文件名称	制定、修改的规则目录
2	2018－04－27	上期所公告〔2018〕10 号关于发布《上海期货交易所异常交易行为管理办法》和《上海期货交易所实际控制关系账户管理办法》的公告	1.《上海期货交易所异常交易行为管理办法》 2.《上海期货交易所实际控制关系账户管理办法》
3	2018－05－02	上期所公告〔2018〕11 号关于发布《上海期货交易所结算细则》的公告	1.《上海期货交易所结算细则》(修订案)
4	2018－06－26	上期所公告〔2018〕20 号关于发布《上海期货交易所燃料油期货合约》以及相关实施细则修订案的公告	1.《上海期货交易所燃料油期货合约》(修订案) 2.《上海期货交易所结算细则》(修订案) 3.《上海期货交易所燃料油期货交割实施细则》(修订案) 4.《上海期货交易所指定交割仓库管理办法》(修订案) 5.《上海期货交易所指定交割油库管理办法》(修订案) 6.《上海期货交易所风险控制管理办法》(修订案)
5	2018－08－30	上期所公告〔2018〕33 号关于发布《上海期货交易所线材期货合约》及《上海期货交易所交割细则》修订案的公告	1.《上海期货交易所线材期货合约》(修订案) 2.《上海期货交易所交割细则修订案》(修订案)
6	2018－09－06	上期所公告〔2018〕36 号关于发布《上海期货交易所阴极铜期货期权合约》及相关规则的公告	1.《上海期货交易所阴极铜期货期权合约》 2.《上海期货交易所期权交易管理办法》 3.《上海期货交易所期权做市商管理办法》 4.《上海期货交易所期权投资者适当性管理办法》 5. 其他配套实施细则修订案
7	2018－10－15	上期所公告〔2018〕44 号关于发布《上海期货交易所螺纹钢、热轧卷板等 13 个品种合约》及《上海期货交易所交割细则》修订案的公告	1. 上海期货交易所铜铝锌铅等 13 个品种期货合约(修订案) 2.《上海期货交易所交割细则》(修订案)
8	2018－10－16	上期所公告〔2018〕45 号关于发布《上海期货交易所做市商管理办法》的公告	1.《上海期货交易所做市商管理办法》
9	2018－11－02	上期发〔2018〕301 号关于发布《上海期货交易所漂白硫酸盐针叶木浆期货合约》及相关规则的公告	1.《上海期货交易所漂白硫酸盐针叶木浆期货合约》 2.《上海期货交易所结算细则》(修订案) 3.《上海期货交易所交割细则》(修订案) 4.《上海期货交易所风险控制管理办法》(修订案) 5.《上海期货交易所套期保值交易管理办法》(修订案) 6.《上海期货交易所套利交易管理办法》(修订案)
10	2018－11－09	上期所公告〔2018〕51 号关于发布《上海期货交易所套期保值交易管理办法(修订案)》的公告	1.《上海期货交易所套期保值交易管理办法》(修订案)

(二)2018 年纪律处分决定目录

序号	处罚日期	处分对象	违规事实	处分依据	处罚措施
1	2018 - 01 - 03	自然人	对敲交易转移资金	《上海期货交易所违规处理办法》第二十九条	通报批评,暂停开仓交易 4 个月,警告
2	2018 - 01 - 03	自然人	对敲交易转移资金	《上海期货交易所违规处理办法》第二十九条	警告
3	2018 - 03 - 07	自然人、法人	对敲交易转移资金	《上海期货交易所违规处理办法》第二十九条	通报批评,暂停开仓交易 5 个月,警告
4	2018 - 03 - 07	自然人	对敲交易转移资金	《上海期货交易所违规处理办法》第二十九条	警告,暂停开仓交易 1 个月
5	2018 - 03 - 07	自然人	对敲交易转移资金	《上海期货交易所违规处理办法》第二十九条	警告,暂停开仓交易 1 个月
6	2018 - 03 - 21	法人	自成交影响结算价	《上海期货交易所违规处理办法》第二十九条	通报批评,罚款 3 万元
7	2018 - 03 - 21	法人	自成交影响结算价	《上海期货交易所违规处理办法》第二十九条	通报批评,罚款 5 万元
8	2018 - 03 - 21	法人	自成交影响结算价	《上海期货交易所违规处理办法》第二十九条	通报批评,罚款 5 万元
9	2018 - 03 - 21	法人	对敲交易转移资金	《上海期货交易所违规处理办法》第二十九条	通报批评,罚款 3 万元
10	2018 - 03 - 21	法人	对敲交易影响价格波动	《上海期货交易所违规处理办法》第二十九条	警告,暂停开仓交易 1 个月
11	2018 - 03 - 21	自然人、法人	对敲交易转移资金	《上海期货交易所违规处理办法》第二十九条	通报批评,暂停开仓交易 10 个月,罚款 3 万元
12	2018 - 05 - 17	自然人	对敲交易转移资金	《上海期货交易所违规处理办法》第二十九条	警告,暂停开仓交易 1 个月
13	2018 - 06 - 13	自然人、法人	对敲交易转移资金	《上海期货交易所违规处理办法》第二十九条	警告,暂停开仓交易 1 个月
14	2018 - 06 - 13	自然人	自成交影响结算价	《上海期货交易所违规处理办法》第二十九条	警告,暂停开仓交易 1 个月
15	2018 - 07 - 23	自然人	对敲交易转移资金	《上海期货交易所违规处理办法》第二十九条	警告,暂停开仓交易 1 个月
16	2018 - 09 - 06	自然人、法人	对敲交易转移资金	《上海期货交易所违规处理办法》第二十九条	通报批评,暂停开仓交易 6 个月,罚款 3 万元
17	2018 - 09 - 21	法人	对敲交易转移资金	《上海期货交易所违规处理办法》第二十九条	通报批评,罚款 5 万元

续表

序号	处罚日期	处分对象	违规事实	处分依据	处罚措施
18	2018－09－26	法人	对敲交易转移资金	《上海期货交易所违规处理办法》第二十九条	通报批评，罚款5万元
19	2018－10－17	自然人	对敲交易转移资金	《上海期货交易所违规处理办法》第二十九条	警告，暂停开仓交易1个月

四、大连商品交易所

（一）2018年制定、修改的规则目录

序号	发文日期	文号	文件标题
1	2018年1月19日	大商所发〔2018〕24号	关于发布实施豆油动态升贴水相关规则的通知
2	2018年2月1日	大商所发〔2018〕40号	关于修改标准仓单转让货款收付业务相关规则的通知
3	2018年3月7日	大商所发〔2018〕79号	关于修改地区升贴水结算相关规则的通知
4	2018年3月27日	大商所发〔2018〕111号	关于铁矿石期货引入境外交易者相关规则发布的通知
5	2018年4月13日	大商所发〔2018〕145号	关于修改异常交易管理相关规则的通知
6	2018年4月17日	大商所发〔2018〕154号	关于修改强行平仓时间相关规则的通知
7	2018年5月25日	大商所发〔2018〕218号	关于修改鸡蛋品种限仓规则的通知
8	2018年5月28日	大商所发〔2018〕219号	关于发布施行《大连商品交易所实际控制关系账户管理办法》及相关规则修改的通知
9	2018年6月8日	大商所发〔2018〕231号	关于修改胶合板合约及相关规则的通知
10	2018年7月11日	大商所发〔2018〕275号	关于修改焦煤合约及相关规则的通知
11	2018年7月18日	大商所发〔2018〕284号	关于标准仓单质押融资业务相关规则修改的通知
12	2018年11月23日	大商所发〔2018〕437号	关于修改玉米淀粉交割质量标准及相关规则的通知
13	2018年11月23日	大商所发〔2018〕438号	关于修改《大连商品交易所风险管理办法》的通知
14	2018年12月4日	大商所发〔2018〕466号	关于公布施行《大连商品交易所乙二醇期货合约》和相关实施细则修正案的通知
15	2018年12月7日	大商所发〔2018〕479号	关于线型低密度聚乙烯、聚丙烯期货交割免检品牌制度相关规则修改的通知
16	2018年12月14日	大商所发〔2018〕498号	关于修改玉米集团交割相关规则的通知
17	2018年12月14日	大商所发〔2018〕499号	关于修改黄大豆1号合约及相关规则的通知
18	2018年12月24日	大商所发〔2018〕519号	关于强行平仓及组合保证金相关规则修改的通知
19	2018年12月27日	大商所发〔2018〕534号	关于发布《大连商品交易所做市商管理办法》的通知
20	2018年12月28日	大商所发〔2018〕538号	关于优化业务规则体系的通知

(二)2018 年纪律措施决定目录

序号	处罚日期	处分对象	违规事实	处分依据	处罚措施
1	2018 年 3 月 5 日	自然人客户	通过对敲转移资金	《大连商品交易所违规处理办法》第二十九条	暂停开仓交易 1 个月并处警告
2	2018 年 3 月 5 日	自然人客户	通过对敲转移资金	《大连商品交易所违规处理办法》第二十九条	暂停开仓交易 3 个月并处通报批评
3	2018 年 3 月 5 日	自然人客户	通过对敲转移资金	《大连商品交易所违规处理办法》第二十九条	暂停开仓交易 2 个月并处通报批评
4	2018 年 3 月 5 日	自然人客户	通过对敲转移资金	《大连商品交易所违规处理办法》第二十九条	暂停开仓交易 1 个月并处警告
5	2018 年 3 月 5 日	自然人客户	通过对敲转移资金	《大连商品交易所违规处理办法》第二十九条	暂停开仓交易 6 个月并处通报批评
6	2018 年 3 月 5 日	自然人客户	未按交易所规定妥善管理交易编码	《大连商品交易所违规处理办法》第二十九条	警告
7	2018 年 8 月 30 日	法人客户	自成交影响价格	《大连商品交易所违规处理办法》第三十四条	警告
8	2018 年 8 月 30 日	自然人客户	自成交影响价格	《大连商品交易所违规处理办法》第三十四条	暂停开仓交易 1 个月并处警告

(三)2018 年自律监管工作报告

2018 年,在中国证监会的正确领导下,大连商品交易所(以下简称大商所)深入学习贯彻习近平新时代中国特色社会主义思想和党的十九大精神,认真落实全国证券期货监管工作会议要求,紧紧围绕服务实体经济、防范化解风险、加快改革创新三项任务,按照“保稳定、抓管理、促转型”工作方针,切实履行一线监管职责,妥善防范化解市场风险,坚决守住不发生系统性风险底线,持续保障市场安全平稳运行,有力护航大商所多元开放、国际一流衍生品交易所建设。

一、市场运行平稳,投资者结构不断优化,市场功能发挥比较充分

一是市场整体运行平稳。2018 年大商所市场累计成交量 9.82 亿手(单边,含期权,下同)、累计成交额 52.20 万亿元、日均持仓量 588.56 万手,分别占全国期货市场的 32.67%、25.74%、41.43%;市场整体换手率 0.69,低于国内平均水平。二是投资者结构不断优化。2018 年参与大商所交易的客户数为 69.78 万,其中单位客户 1.35 万;单位客户成交、持仓占比为 27.19%、52.07%,同比分别增长 5 个百分点和 6 个百分点;玉米、豆油、豆粕、聚乙烯、聚丙烯、聚氯乙烯、豆粕期权等品种的单位客户持仓占比 50% 以上,已接近境外成熟市场水平。三是市场功能发挥比较充分。2018 年以来,棕榈油、聚氯乙烯、聚丙烯、铁矿石等品种期现货价格相关性均超过 0.9,较为准确地反映了相关商品的供求关系；大商所期货价格已成为现货贸易、农产品价格保险开发和指数编制的重要依据；油脂油料企业、煤焦钢企业、化工企业等深度参与大商所期货交易，利用期货市场进行风险管理、保障稳健经营。

二、国际化平稳开局，对外开放持续深入，初步实现战略转型

2018 年是大商所实现由单一、封闭商品期货交易所向多元、开放综合性衍生品交易所战略转型的决胜之年。一是铁矿石期货成功引入境外交易者，实现了国内期货市场首个已上市品种的对外开放。截至 2018 年末，已有 113 家境外客户开户，其中 77 家境外客户参与了交易，境外客户日均成交量 1.43 万手，单日成交量最高接近 6.5 万手。二是加快推进黄大豆 1 号、黄大豆 2 号、棕榈油等期货品种的国际化。完成相关品种的国际定价中心建设方案，积极争取设立黄大豆 1 号保税交割仓库、进口非转基因大豆参与交割等有关政策支持，进一步论证棕榈油境外设库可行性。三是加强海外市场培育拓展，深化交易所海外布局。大商所与巴基斯坦商业交易所、巴西淡水河谷公司、马来西亚 FGV 集团等签署合作谅解备忘录；联合 FOW 成功举办"中国及全球衍生品市场发展论坛"；在新加坡设立了首个境外代表处，并取得了香港自动化交易服务(ATS)牌照。

三、加快推进新品种、新工具和新市场建设，做精做细现有品种，不断拓宽服务实体经济新领域

一是实现乙二醇期货成功上市，生猪期货、玉米期权顺利获批立项，粳米、干辣椒等新品种研究取得重大进展，进一步拓展期货期权市场发展空间。二是大力推进场外市场建设，于国内期交所中率先推出商品互换工具，创新推出铁矿石仓单置换业务，持续扩大仓单串换业务试点。三是通过完善交割标准、创新交割方式、优化交割布局等措施，进一步优化黄大豆 1 号、黄大豆 2 号、玉米、玉米淀粉、鸡蛋、焦煤、胶合板、纤维板等多个已上市品种合约规则。四是积极推进业务模式创新，细化期货交易商方案，改善豆粕、玉米、铁矿石和黄大豆 2 号近月合约流动性，进一步提升市场运行效率。

四、强化市场预研预判，及时出台调控措施，积极防范化解风险

(一)积极应对中美贸易摩擦影响，多维风控确保市场平稳运行

2018 年 3 月以来，受中美贸易摩擦影响，大商所部分品种运行面临严峻考验。面对新的形势，大商所始终保持监管定力，强化市场预研预判，积极出台应对措施，通过提前做好应急预案、严密监控持仓、审慎审批套保、适时调整保证金、手续费和涨跌停板参数、正确引导舆论等措施，多方面确保相关品种合约价格准确、运行平稳。

(二)切实加强对重点品种合约监控，妥善化解潜在交割风险

2018 年以来，为防范交割风险，大商所切实加强对重点品种、合约监控和风险提前处置，对临近交割月持仓结构不合理合约进行逐一排查。全年对个人客户持仓进入交割月等进行风险提示累计 40 余次，向不具备交割能力的客户发送《交割风险提示函》161 份，重点巡查交割库和现场处置风险近 70 余次，及时化解焦炭、焦煤 1901 合约，纤维板、胶合板 1810 合约的潜在交割风险，平稳完成铁矿石 1805 合约 106 万吨、鸡蛋 1807 合约 655 吨等历史最大或次大交割量的交割，全年无重大交割风险事件发生。

(三)优化规则体系，进一步加强风险管理和市场监管相关制度建设

一是为适应国际一流衍生品交易所转型发展需要，按"业务办法—品种细则"的架构对大商所规则体系进行了优化。二是为保障铁矿石顺利引入境外投资者，对《风险管理办法》等 6 项制度共 53 个条款进行修订。三是完成强制减仓制度修改，统一新老品种强制减仓模式，取消过去"逢三必减"相关规定。四是调整限仓制度，放宽鸡蛋、豆粕期权、铁矿石等 8 个品种限仓标准，满足产业客户套保需求，促进市场功能发挥。五是发布《实际控制关系账户管理办法》，整合规则制度体系，明确统一报备要求。六是加快推进套期保值管理办法、风险警示制度修改，整合异常交易管理规则、调整异常交易监控标准。七是加强国际市场风险管理和高频程序化交易监管研究，形成系列研究成果，促进国际化接轨。

五、切实履行一线监管职责,加大违法违规行为处置力度,有效保护投资者合法权益

(一)严查异常和违规交易,加强投资者交易行为监管

1. 强化异常交易管理,防止潜在违规扩大。2018 年大商所共查处异常交易行为 420 起,其中自成交达标 229 起,频繁报撤单达标 178 起,实际控制关系账户组超仓 13 起;对其中 17 名客户或实际控制关系账户组采取了限制开仓等措施。

2. 加大违规行为查处力度,做好线索排查与移送。2018 年大商所共排查违规线索 213 起,其中影响价格类线索 109 起,超仓类线索 54 起,转移资金类线索 50 起;所内正式立案调查 15 起,上报证监会 1 起;对违规客户采取监管谈话 10 余次,处理违规客户 200 余名。

3. 落实穿透式监管,做好实际控制关系账户管理。2018 年大商所继续加大实际控制关系账户监管力度,全年发出市场监察问询函 404 份,新增 460 组 1,320 名客户申报实际控制关系,新将 17 个疑似实际控制关系组 71 个账户列入重点监控名单。截至 2018 年末,已向大商所报备的实际控制关系账户组累计达 2,768 组,共涉及客户 7,431 名。

4. 加强程序化交易监管,做好程序化交易报备管理。2018 年新增 10,958 名客户向大商所履行了程序化交易报备手续,涉及会员 141 家,其中达到程序化交易认定标准的客户3,603 名。截至 2018 年末累计逾 14 万名客户向大商所申报了程序化交易。

5. 优化套期保值审批流程,完善套保交易行为管理。一是转变套保审批思路,适度放宽额度审核。全年审核套保资格 208 笔、一般月份套保建仓需求额度 420 笔、交割月份套保建仓需求额度 145 笔。二是加强套保分析,完善套保行为监管。对套保行为开展专项检查,取消 1 名客户套保额度,对 3 名客户的不当套保行为进行风险警示。

(二)落实以会员为中心监管要求,明确会员监管责任

一是贯彻落实证监会期货市场现场检查工作要求,完成对 21 家会员的现场检查工作,并就会员在投资者适当性管理、实际控制关系申报、程序化交易报备、异常交易行为监管等 9 个方面内容提出 210 项改进事项和 1 项整改事项。二是两次召开会员单位首席风险官培训,并于今年 8 月首次面向大商所全体会员的首席风险官举办监管业务培训会议,吸引了 138 家会员单位共计 146 人参加培训,切实提升会员风控和合规管理水平。

(三)完善交割制度,加强交割仓库管理

2018 年,大商所在完善交割制度、创新交割方式、优化交割布局的同时,进一步加强交割仓库(厂库)管理:全年新增交割仓库(厂库)29 家,取消交割仓库(厂库)15 家,现场检查交割仓库(厂库)142 家,其中农业品交割仓库(厂库)79 家,工业品仓库(厂库)63 家。

(四)加大市场合规宣传,做好投资者教育工作

一是加大合规宣传力度,在相关媒体发布监管报道 40 余次,修订《投资者合规交易提示手册》并向市场累计发放近 2 万册。二是丰富合规宣传渠道,在大商所官网增设"自律监管"、"监管培训"专栏,及时发布监管资讯。三是妥善处理客户投诉,全年共处理证监会信访办、投保局转办投诉举报 18 起,答复投资者实名或匿名来电来函 20 余次。

六、加强沟通配合,促进监管协作,充分发挥五位一体监管优势

在中国证监会、地方证监局、交易所、监控中心和期货业协会五位一体监管框架下,大商所积极与各方开展监管协作:一是与证监会稽查局和地方证监局就上报案件线索加强沟通,协助案件调查;二是根据证监会有关部门要求做好各类意见征求、规则制定研讨和监管案例研究等工作;三是配合证监会期货部做好会员现场检查工作;四是与湖北、深圳、大连等数家地方证监局召开监管工作交流座谈会,在稽查执法和投资者保护等方面加深合作。

七、加强系统建设,提高监管效能,不断提升监管智能化科技化水平

2018 年大商所加大对风险管理和市场监管系统建设投入力度,不断提升监管智能化科技化水平:一是配合保证金监控中心完成实际控制关系账户统一报备工作,研究开发实际控

制关系账户管理系统。二是抓紧落实证监会穿透式监管具体要求，完成客户交易行为分析系统的立项，并及时启动客户行为画像课题研究。三是积极推进新一代监察系统建设，完成舆情监测系统、内幕交易管理系统立项。四是完成期权六期系统验收测试并上线，新增实际控制关系账户、套保客户盘中实时限仓，套保客户超仓自动强平等功能。五是完成大户报告电子化系统上线，为会员与客户的报送工作提供便利。六是优化套保电子化系统，简化套保额度申请流程，支持套保申请材料电子化上传和审批留痕，提升套保审核效率和规范性。七是持续推进七期核心交易系统项目建设，进一步促进风险管理能力提升。

八、不断创新市场服务模式和手段，深化市场培育和人才培养，进一步夯实市场发展基础

一是深入贯彻“中央一号”文件精神，扩大和深化“保险＋期货”服务模式、创新推出“农民收入保障计划”试点，深化场外期权和基差贸易试点，提升服务“三农”和产业企业水平。二是举办塑料、煤焦矿、玉米、油脂油料四个产业大会和机构大宗商品衍生品论坛，参会总人数累计超4，100人，持续深化对产业客户和机构客户的培育。三是深化与行业协会、期货公司、龙头企业等各方合作，依托期货学院、EDP培训班、产业（产融）基地、十大期货投研团队评选等服务品牌，累计培训行业人才超过10万人次。四是深化高校人才培育，联合期货公司和地方协会在多家知名高校开展近50个高校期货人才培育项目，加强期货行业后备人才梯队建设。

2019年，大商所将继续落实证监会依法从严全面监管要求，以服务实体经济、服务国家战略为根本宗旨，按照“巩固、充实、提升”的方针，切实履行期货市场一线监管职责，积极防范和化解各类市场风险，严厉打击违法违规行为，进一步提升市场运行的质量与效率，为大商所多元开放、国际一流衍生品交易所建设营造平稳、健康、有序的市场环境。

五、郑州商品交易所

（一）2018年制定、修改的规则目录

序号	名　　称	发布时间	备注
1	《郑州商品交易所期货交易风险控制管理办法》	2018.1.5	修订
2	《郑州商品交易所期权交易管理办法》	2018.3.13	修订
3	《郑州商品交易所综合业务平台管理办法》	2018.3.27	制定
4	《郑州商品交易所期货交割细则》	2018.6.7	修订
5	《郑州商品交易所期货交易风险控制管理办法》	2018.8.24	修订
6	《郑州商品交易所实际控制关系账户管理办法》	2018.8.24	制定
7	《郑州商品交易所异常交易行为管理办法》	2018.8.24	制定
8	《郑州商品交易所期货交易细则》	2018.9.28	修订
9	《郑州商品交易所期货交割细则》	2018.10.17	修订

续表

序号	名　称	发布时间	备注
10	《郑州商品交易所期货交易风险控制管理办法》	2018.10.17	修订
11	《郑州商品交易所标准仓单及中转仓单管理办法》	2018.10.17	修订
12	《郑州商品交易所期货交易细则》	2018.11.9	修订
13	《郑州商品交易所期货结算细则》	2018.11.9	修订
14	《郑州商品交易所期货交割细则》	2018.11.9	修订
15	《郑州商品交易所期货交易风险控制管理办法》	2018.11.9	修订
16	《郑州商品交易所标准仓单及中转仓单管理办法》	2018.11.9	修订
17	《郑州商品交易所指定商品交割仓库管理办法》	2018.11.9	修订
18	《郑州商品交易所套期保值管理办法》	2018.11.9	修订
19	《郑州商品交易所指定存管银行管理办法》	2008.11.9	修订
20	《郑州商品交易所夜盘交易细则》	2018.11.9	修订
21	《郑州商品交易所违规处理办法》	2018.11.9	修订
22	《郑州商品交易所保税交割实施细则》	2018.11.9	制定
23	《郑州商品交易所实际控制关系账户管理办法》	2018.11.9	修订
24	《郑州商品交易所异常交易行为管理办法》	2018.11.9	修订
25	《郑州商品交易所特定品种交易者适当性管理办法》	2018.11.9	制定
26	《期货公司会员接受境外经纪机构委托开展期货交易业务管理办法》	2018.11.9	制定

(二)2018年纪律处分决定目录

序号	处分时间	违规对象	处分原因
1	2018.1.2	法人	实控组合并持仓超限
2	2018.2.23	自然人	频繁报撤单
3	2018.2.23	自然人	频繁报撤单
4	2018.3.23	自然人、特法账户	扰乱市场秩序
5	2018.4.18	自然人	对敲转移资金
6	2018.4.18	自然人	扰乱市场秩序
7	2018.4.18	自然人	对敲转移资金
8	2018.4.18	自然人	扰乱市场秩序

续表

序号	处分时间	违 规 对 象	处 分 原 因
9	2018.4.24	自然人、特法账户	实控组合并持仓超限
10	2018.5.2	自然人、法人	实控组合并持仓超限
11	2018.5.29	自然人	频繁报撤单
12	2018.5.29	自然人	频繁报撤单
13	2018.5.29	特法账户	频繁报撤单
14	2018.5.29	自然人	频繁报撤单
15	2018.5.29	自然人	频繁报撤单
16	2018.5.31	自然人	对敲转移资金
17	2018.5.31	自然人	扰乱市场秩序
18	2018.5.31	法人	扰乱市场秩序
19	2018.5.31	自然人	扰乱市场秩序
20	2018.6.4	自然人	未按要求接受风险警示谈话
21	2018.6.5	自然人	频繁报撤单
22	2018.6.5	自然人	频繁报撤单
23	2018.6.5	自然人	频繁报撤单
24	2018.6.5	自然人	频繁报撤单
25	2018.6.21	自然人	频繁报撤单
26	2018.7.2	自然人、法人	对敲转移资金
27	2018.7.2	自然人	对敲转移资金
28	2018.7.2	法人	扰乱市场秩序
29	2018.7.2	法人	虚假材料申请套报
30	2018.7.5	自然人	实控组合并持仓超限
31	2018.7.27	自然人	自成交
32	2018.7.30	自然人	自成交
33	2018.8.2	自然人、法人	对敲转移资金
34	2018.8.2	法人	扰乱市场秩序
35	2018.8.2	自然人	扰乱市场秩序
36	2018.8.2	自然人	扰乱市场秩序
37	2018.8.2	自然人	自然人违规持仓进入交割月
38	2018.8.2	自然人	自然人违规持仓进入交割月
39	2018.8.3	特法账户	频繁报撤单
40	2018.8.3	自然人	频繁报撤单

续表

序号	处分时间	违 规 对 象	处 分 原 因
41	2018.8.15	自然人	频繁报撤单
42	2018.8.23	自然人	实控组合并持仓超限
43	2018.9.14	自然人	对敲转移资金
44	2018.9.14	自然人	扰乱市场秩序
45	2018.9.14	自然人	扰乱市场秩序
46	2018.9.14	自然人	自然人违规持仓进入交割月
47	2018.9.14	自然人	自然人违规持仓进入交割月
48	2018.10.19	自然人	对敲转移资金
49	2018.10.19	自然人	扰乱市场秩序
50	2018.12.5	自然人、法人	对敲转移资金
51	2018.12.5	自然人、法人	对敲转移资金
52	2018.12.5	自然人	对敲转移资金
53	2018.12.5	自然人	扰乱市场秩序
54	2018.12.5	自然人	扰乱市场秩序
55	2018.12.5	自然人	扰乱市场秩序
56	2018.12.5	自然人	自然人违规持仓进入交割月
57	2018.12.5	自然人	自然人违规持仓进入交割月
58	2018.12.5	自然人	自然人违规持仓进入交割月
59	2018.12.5	自然人	自然人违规持仓进入交割月
60	2018.12.5	法人	虚假材料申请套报

(三)2018年自律管理案例

(一)案例基本情况

2018年7月,郑商所查处一起使用虚假材料申请套期保值的违规案件。客户甲通过期货公司向郑商所提交套期保值申请,申请材料包括销售方为丙的采购合同和采购方为丁的销售合同;其后,客户乙通过期货公司向郑商所提交套期保值申请,申请材料包括销售方为丁的采购合同和采购方为丙的销售合同。郑商所在套期保值审批中发现甲和乙提交的合同涉嫌造假。针对此种情况,郑商所及时展开调查,经调查核实,上述购销合同是伪造的,属于虚假材料。

(二)郑商所处理情况

郑商所对套期保值持仓额度实行审批制管理,会员或客户申请套期保值额度,应当按照《郑州商品交易所套期保值管理办法》,在规定时间内提交套期保值申请及相关材料。会员或客户在进行套期保值申请和交易时,存在欺诈或者违反郑商所规定行为的,郑商所有权不受理其套期保值申请、调整或者取消其套期保值持仓额度,并按照《郑州商品交易所违规处理办法》的有关规定处理。

郑商所审理后认定客户甲和乙的行为符合《郑州商品交易所违规处理办法》第二十四条有关客户在套期保值申报过程中出具虚假材料的情形,构成使用虚假材料申请套期保值的违规行为。郑商所按照规定,取消客户已获批的套期保值额度,并给予取消套期保值申请资格6个月、通报批评的纪律处分。纪律处分结果记入中国资本市场诚信信息数据库。

(三)案例思考

套期保值是期货市场服务实体经济的重要方式,郑商所实施套期保值审批管理,是为了更好地满足广大实体企业利用期货市场规避现货市场经营风险的需求。企业申请套期保值额度应当出于真实的套期保值目的和需求、使用真实的申请材料,不能利用虚假材料骗取套期保值额度,破坏市场"三公"原则和秩序。郑商所作为期货市场一线监管机构,将继续积极履行自律监管职责,严厉打击各类异常交易和违规行为。会员也应当积极主动加强投资者教育,提示客户强化风险意识,依法合规理性参与期货交易。

六、中国金融期货交易所

2018年制定、修改的规则目录

序号	文件标题	发文日期
1	关于修订《5年期国债期货合约》《10年期国债期货合约》及相关业务规则的通知	2018年2月12日
2	关于发布《2年期国债期货合约》及相关业务规则的通知	2018年8月6日
3	关于修订《中国金融期货交易所违规违约处理办法》的通知	2018年11月23日
4	关于修订《中国金融期货交易所风险控制管理办法》的通知	2018年11月23日
5	关于调整股指期货手续费标准的通知	2018年12月2日
6	关于调整沪深300、上证50、中证500股指期货交易保证金的通知	2018年12月2日
7	关于修订《中国金融期货交易所交易规则》及相关实施细则的通知	2018年12月28日
8	关于发布《中国金融期货交易所做市商管理办法》的通知	2018年12月28日

七、中国证券登记结算公司

(一)2018年制定、修改的业务规则目录

类别	序号	发布时间	业务规则名称	备注
账户管理	1	2018－12－19	《特殊机构及产品证券账户业务指南》	修订
	2	2018－12－15	《关于新设全国股转系统账户标识的通知》	制定
	3	2018－10－31	《证券账户业务指南》	修订
	4	2018－08－31	《关于使用港澳台居民居住证办理相关业务的通知》	制定
	5	2018－07－16	《关于调整国有股东账户标识方式的通知》	制定
	6	2018－06－15	《关于对证券违法案件中违反账户实名制行为加强自律管理的通知》	制定
	7	2018－01－18	《关于加强私募投资基金等产品账户管理有关事项的通知》	制定
登记与存管	8	2018－12－26	《中国结算北京分公司证券发行人业务指南》	修订
	9	2018－12－18	《中国证券登记结算有限责任公司深圳分公司发行人业务资金专户业务指南》	制定
	10	2018－12－14	《关于完善证券质押登记要素的通知》	制定
	11	2018－12－14	《D字头账户清理及补登记业务指南》	修订
	12	2018－12－07	《中国证券登记结算有限责任公司深圳分公司证券发行人业务指南》	合并
	13	2018－09－19	《中国证券登记结算有限责任公司深圳分公司证券非交易过户业务指南》	修订
	14	2018－08－20	《中国证券登记结算有限责任公司上海分公司参与人证券托管业务指南》	修订
	15	2018－08－20	《中国证券登记结算有限责任公司上海分公司营业大厅业务指南》	修订
	16	2018－08－20	《关于对沪市发行人服务协议中国结算签字事项进行更新的通知》	制定
	17	2018－07－02	《中国证券登记结算有限责任公司上海分公司证券发行人业务指南》	修订
	18	2018－06－29	《证券持有人名册业务实施细则》	修订
	19	2018－06－05	《中国结算北京分公司创新创业公司可转债转股登记业务指南》	制定
	20	2018－06－01	《全国中小企业股份转让系统挂牌公司股份特定事项协议转让业务暂行办法》	制定
	21	2018－06－01	《中国结算北京分公司投资者业务指南》	修订
	22	2018－03－16	《中国结算北京分公司两网公司和退市公司证券登记结算业务指南》	修订

续表

类别	序号	发布时间	业务规则名称	备注
清算与交收	23	2018－09－21	《中国结算深圳分公司证券资金结算业务指南》	修订
	24	2018－06－15	《中国结算北京分公司证券资金结算业务指南》	修订
	25	2018－05－17	《中国证券登记结算有限责任公司上海分公司结算账户管理及资金结算业务指南》	修订
	26	2018－05－10	《待处分证券处置业务实施细则》	制定
	27	2018－04－04	《中国证券登记结算有限责任公司深圳分公司证券交易资金前端风险控制业务指南》	制定
	28	2018－04－04	《中国证券登记结算有限责任公司上海分公司证券交易资金前端风险控制业务指南》	制定
创新类业务	29	2018－12－07	《中国证券登记结算有限责任公司深圳分公司交易型开放式基金登记结算业务指南(2018年修订)》	修订
	30	2018－07－05	《中国证券登记结算有限责任公司上海分公司创新企业境内发行存托凭证登记结算业务指南》	制定
	31	2018－07－05	《中国证券登记结算有限责任公司深圳分公司创新企业境内发行存托凭证登记结算业务指南》	制定
	32	2018－06－15	《存托凭证登记结算业务规则(试行)》	制定
	33	2018－06－15	《上海市场首次公开发行股票网上发行实施细则(2018年修订)》	修订
	34	2018－06－15	《上海市场首次公开发行股票网下发行实施细则(2018年修订)》	修订
	35	2018－06－15	《深圳市场首次公开发行股票网上发行实施细则(2018年修订)》	修订
	36	2018－06－15	《深圳市场首次公开发行股票网下发行实施细则(2018年修订)》	修订
	37	2018－04－25	《中国结算上海分公司交易型开放式基金登记结算业务指南》	修订
	38	2018－03－09	《中国证券登记结算有限责任公司深圳分公司股票质押式回购登记结算业务指南(2018修订版)》	修订
	39	2018－03－09	《中国证券登记结算有限责任公司上海分公司股票质押式回购登记结算业务指南(2018修订版)》	修订
	40	2018－01－12	《股票质押式回购交易及登记结算业务办法(2018年修订)》(深市)	修订
	41	2018－01－12	《股票质押式回购交易及登记结算业务办法(2018年修订)》(沪市)	修订
债券业务	42	2018－12－07	《中国结算深圳分公司债券登记结算业务指南》	修订
	43	2018－07－30	《中国结算深圳分公司债券质押式协议回购登记结算业务指南》	修订
	44	2018－07－20	《中国结算深圳分公司债券质押式三方回购登记结算业务指南》	制定
	45	2018－07－13	《深圳证券交易所　中国证券登记结算有限责任公司债券质押式三方回购交易及结算暂行办法》	制定
	46	2018－06－01	《关于政府支持债券开展质押式回购有关事项的通知》	制定
	47	2018－05－07	《中国证券登记结算有限责任公司上海分公司债券质押式三方回购登记结算业务指南》	制定
	48	2018－04－27	《关于面向承销机构提供公司债券存续期间相关服务的通知》	制定
	49	2018－04－24	《上海证券交易所　中国证券登记结算有限责任公司债券质押式三方回购交易及结算暂行办法》	制定
	50	2018－03－20	《中国结算深圳分公司可交换债券登记结算业务指南》	修订

续表

类别	序号	发布时间	业务规则名称	备注
融资融券和转融通	51	2018 – 12 – 20	《中国证券登记结算有限责任公司上海分公司融资融券登记结算业务指南》	修订
	52	2018 – 11 – 07	《中国证券登记结算有限责任公司融资融券登记结算业务实施细则》	修订
涉外与跨境业务	53	2018 – 11 – 26	《中国结算上海分公司　上海证券交易所与伦敦证券交易所互联互通存托凭证登记结算业务指南》	制定
	54	2018 – 11 – 02	《中国证券登记结算有限责任公司　上海证券交易所与伦敦证券交易所互联互通存托凭证登记结算业务实施细则(试行)》	制定
	55	2018 – 06 – 19	《中国结算深圳分公司港股通存管结算业务指南》	修订
	56	2018 – 05 – 22	《H 股“全流通”试点业务指南(试行)》	制定
	57	2018 – 04 – 20	《H 股“全流通”试点业务实施细则(试行)》	制定
	58	2018 – 03 – 30	《中国证券登记结算有限责任公司上海分公司港股通存管结算业务指南》	修订
基金	59	2018 – 05 – 07	《公募基金行业注册登记数据中央交换平台业务规则》	制定
	60	2018 – 05 – 07	《公募基金行业注册登记数据中央交换平台业务指引》	制定
	61	2018 – 01 – 03	《香港互认基金在内地销售登记结算业务指引(暂行)》	制定
其他	62	2018 – 10 – 26	《关于通过交易报盘方式为投资者办理中国结算网络服务身份认证相关事宜的通知》	制定
	63	2018 – 09 – 26	《中国证券登记结算有限责任公司自律管理实施细则》	制定
	64	2018 – 08 – 17	《中国证券登记结算有限责任公司上海分公司协助执法业务指南》	修订

(二)2018 年纪律措施决定目录

序号	措施采取日期	自律管理对象	惩 戒 事 由	惩 戒 种 类
1	2018 – 03 – 27	中山证券	单向视频开户的实际操作方式与报备的方案有出入,未经同意即变更非现场开户核实投资者开户意愿的方式。	口头警示
2	2018 – 07 – 17	光大银行上海分行	证券结算资金划拨业务异常,有 15 笔入账指令发送错误。	约见谈话
3	2018 – 08 – 15	高勇等 23 名投资者	违反证券账户实名制要求。	注销违规账户、限制新开户、列为实名制重点关注对象
4	2018 – 09 – 17	杨涛等 35 名投资者	违反证券账户实名制要求。	注销违规账户、限制新开户、列为实名制重点关注对象
5	2018 – 11 – 6	申万宏源证券和申万宏源西部证券	未经我公司同意即开展单向视频开户业务。	口头警示

八、中国证券金融公司

(一)2018年法治建设工作总结

2018年,中国证券金融公司(以下简称“公司”)在中国证监会党委的正确领导下,坚决贯彻落实党的十九大精神,坚持以习近平新时代中国特色社会主义思想为指导,进一步贯彻落实习近平总书记关于“推进科学立法、严格执法、公正司法、全民守法”“坚持法治国家、法治政府、法治社会一体建设”等一系列有关依法治国的重要讲话精神,严格按照《关于贯彻执行〈法治政府建设实施纲要(2015－2010年)〉的实施意见》及《分工方案》(证监发〔2016〕81号,以下简称《实施意见》),提高政治站位,强化履职担当,深入推进资本市场法治建设,取得了新的进步。现将2018年法治建设情况报告如下:

一、2018年法治建设情况

(一)加强领导,把《实施意见》的贯彻落实摆上重要日程

公司党委高度重视法治建设工作,党委主要负责同志全面履行公司法治建设“第一责任人”责任,不断完善保障和提高法治水平的体制机制。通过召开党委会等形式,研究部署法治建设工作,学习《实施意见》,坚决贯彻证监会关于法治政府建设的重大决策部署,明确提出要把法治建设作为公司党委重要政治任务,着力督导公司各部门建立健全学法用法、依法决策等方面的制度机制,自觉将公司各项工作纳入法治轨道。

(二)持之以恒正风肃纪,强化公权力监督与制约

1.细分责、硬落实、严考核,认真落实“两个责任”。公司党委切实担负起党风廉政建设主体责任,召开两次专题党委会议,从加强政治建设、纪律建设等5个方面部署全年12项重点工作。公司纪委着力发挥专责监督职责,召开3次纪委会议,学深悟透党纪处分条例等中央及证监会制度文件精神,部署安排专项检查工作。制定公司领导班子责任清单,梳理权力与责任,厘清主要风险点和防范监督问责措施。逐级制定班子成员、各部门党风廉政建设任务清单,签订党风廉政建设责任书和员工廉洁自律承诺书。运用链条式传导、倒逼式追责等督导手段,健全完善上下有机互动、逐级压力不减的责任传导机制。

2.深入学习贯彻监察法,做到公权力监督全覆盖。公司全体干部员工分层次专题学习监察法,纪委书记诠释法规、剖析案例,为关键岗位、重点人员及全体员工作两次警示教育专题讲座,使干部员工真正认识到资本市场公权力监督的重大意义,切实强化主动接受监督的思想自觉,打通公司公权力监督全覆盖的“最后一公里”。公司组织各部门对照各自职责,逐项工作、逐个流程、逐个岗位查找公权力,优化运行流程,规范权力行使,明确岗位责任人,查摆廉政风险点,评定风险等级,梳理廉政风险防控措施和领导干部管理监督措施,全面梳理公权力清单和运行流程,确认54项公权力,实现廉政风险分级管理、分级负责和责任到人,依法从严完善权力运行监督与制约。

(三)主动适应发展需要,为公司经营夯实制度基础

公司紧密围绕转融通、统计监测、维护资本市场稳定等重要职责,充分发挥法治对业务发展和公司管理的促进、保障作用:发布实施《股票质押式回购交易统计监测规则》,增强统计监测制度性和规范性;修订转融通授信管理、担保资金使用及划拨等内部基础性业务规定10余项,继续完善以业务规则为基础、以实施细则为支撑、以业务流程为依据的业务规则体系;修订《财务支出审批管理办法》等资金管理使用

办法,为资金安全提供制度保障;制定《公司定密管理规定》等多项保密制度,形成完备的涉密材料管理流程。通过不断完善制度体系,将业务运营管理纳入制度化、规范化轨道,切实将依法治司、依法办事的法治精神贯彻到公司业务发展和管理的各方面和全过程。

(四)推进决策民主化、科学化、法治化

1.坚持科学民主依法决策,加强重大决策的合法性审查。认真贯彻民主集中制,严格执行"三重一大"决策制度,制定实施《公司"三重一大"决策制度实施办法》,持续完善党委决策、执行、监督各环节的权责和工作方式,充分发挥党委把方向、管大局、保落实的作用,全年共召开党委会22次,审议"三重一大"事项81项。完善公司治理,全年召开6次董事会会议、3次股东大会、3次监事会会议,审议通过28项议案,向股东单位发送会议决议、提供审计报告数据和公司年报等事项20余项。明确公司党委会、总经理办公会议议事范围和程序衔接,严格遵守法律法规进行决策,做到法定职责必须为、法无授权不可为。班子成员全年开展调研13次,广泛听取市场机构意见和建议。

2.严格落实法律内核制度,确保规范性文件的立法程序依法、规范、有序。落实证监会《关于进一步完善规章规范性文件起草审查制定工作机制的通知》等有关规定的要求,公司制定并发布了《中国证券金融公司规章规范性文件及业务规则起草制定法律内核工作规程》,对法律内核程序的适用范围和法律内核工作的组织形式、审查内容、工作流程等进行了详细规定,明确职责、细化分工,通过层层把关的制度设计和严格的程序保障,防范法律风险,提高规章规范性文件起草工作的质量和效率。公司法律内核小组全年共完成《股票质押式回购交易统计监测规则》等多份规范性文件的审核,答复具体法律问题23条,提出修改建议30余条。

(五)加强资本市场法制研究和诚信建设,服务依法全面从严监管

1.围绕合规经营与业务创新开展法制研究,推动资本市场法治化。结合资本市场发展和自身业务定位,全面系统总结我国融券、转融券业务发展现状和存在问题,先后形成《关于我国融资融券业务发展情况的研究报告》等报告和"探索逐步建设我国集中统一证券借贷市场"等多项政策建议报证监会。

2.推进资本市场诚信建设,配合证监会探索完善以诚信激励约束机制为核心的资本市场监管新方式。认真贯彻落实《证券期货市场诚信监督管理办法》及《资本市场诚信建设实施意见(2016-2020年)》的要求部署,围绕证监会关于资本市场诚信建设的基本目标,积极参与资本市场诚信建设,严格执行并完善诚信监管约束工作机制,扩充资本市场诚信数据库诚信信息,加强公司自身诚信文化建设,通过充分发挥诚信信息在转融通业务信用评价和授信管理等方面的积极作用,以信用评价激励、引导和促进证券公司等市场主体诚实守信经营,把资本市场诚信建设工作落到实处。

(六)积极做好舆情监测和投资者教育工作,助力化解资本市场矛盾纠纷

公司高度重视资本市场舆情监测和舆论引导工作,根据证监会统一部署要求,坚持全系统舆情工作"一盘棋"思想,全面做好舆情监测工作、强化舆情信息研判和应对处理。公司党委专题研究,明确提出优化工作机制、充实专业人才、扩大网评员队伍、建立高层次专家库等具体任务。全年报送舆情信息1200余条,被会办公厅舆情简报采用53条。监测报告舆情50余篇。组织市场机构撰写文章24篇,走访、座谈专家82人次,引导市场和专家正面发声。强化投资者教育工作,累计答复"12386"投资者热线问题17次,引导市场机构与投资者之间矛盾纠纷的"就地解决"。

(七)建设高素质法治队伍

1.抓住"关键少数",推动领导干部带头尊法学法守法用法。公司党委牢牢把握习近平总书记关于"领导干部要做尊法学法守法用法的模范"这一重要指示,将提高党员领导干部法律素养作为加强公司法治建设工作的关键。公司党委班子成员以上率下,通过党委中心组学习、专题党委会议等多种方式,带头学习宪法和《中国共产党巡视工作条例》《中国共产党纪律处分条例》等党内法规以及习近平总书记在中央财经委员会第一次会议上的重要讲话精神等,不断提高运用法治思维和法治方式治理公司、履行职责、解决问题的能力和水平。

2. 创新法治宣传教育形式，进一步强化全员合规意识。公司主要普法责任部门将日常普法与集中普法相结合，坚持以《中证金融法律通讯》和公司内网“法律专栏”为法治学习宣传教育长期阵地，紧密联系证券期货监管工作实际，密切关注监管动态，实时追踪法治热点，及时解读新法新规，在证券期货法律法规和规章立改废中加强普法；重点围绕宪法学习和国家安全教育，通过制作宣传展板、编辑《宪法学习手册》、举办《以党的十九大精神为指导 推进国家治理法治化》专题视频讲座、举办法律知识竞赛等方式提高法治宣传实效。积极参加证监会系统监管干部法制专项轮训，全年共有 8 名员工接受了为期一周的法律培训，法律素养得到切实提高。

二、下一步工作打算

2019 年，公司将继续深入贯彻落实党的十九大精神，以习近平新时代中国特色社会主义思想为根本指引，切实把思想和行动统一到中央和会党委对经济金融形势的判断上和部署上来，对照《实施意见》内容，结合资本市场发展和监管工作实际，立足公司转融通、统计监测、维护资本市场稳定等重要职责，积极研判、主动担当作为，夯实业务发展的法律制度基础，充分发挥法治对业务发展和公司管理的促进、保障作用，大力推进资本市场法治宣传教育，提高干部员工运用法治思维和方式的能力，着力解决新时代资本市场法治建设的新情况、新问题，推动法治建设取得新的成绩。

（二）中证金融法律通讯（第 9 期、第 10 期）

中证金融法律通讯

（2018 年第 1 期 · 总第 9 期）

风险管理部编　　2018 年 8 月

◇**本期专题**

国家安全法制宣传教育

✓总体国家安全观：超越传统理念的“新国家安全观”

✓国家安全教育丨这些国家安全知识，你应该知道！

✓《网络安全法》解读

✓贯彻实施《反间谍法实施细则》　构筑反间防谍钢铁长城

◇特别关注

✓中国证监会关于2017年法治政府建设的情况

◇监管动态

✓证监会通报上半年规章、规范性文件制定情况

✓2018年上半年证监会行政处罚情况综述

✓证监会发布《关于修改〈关于改革完善并严格实施上市公司退市制度的若干意见〉的决定》

✓证监会部署2018年第二批专项执法行动 严厉打击资本市场屡查屡犯违法主体

✓证监会就《证券期货经营机构私募资产管理业务管理办法(征求意见稿)》及其配套细则对外公开征求意见

◇法制热点

✓一文看懂股票质押新规

◇本期专题

国家安全法制宣传教育

总体国家安全观:超越传统理念的“新国家安全观”

党的十九大把“坚持总体国家安全观”确立为新时代坚持和发展中国特色社会主义的基本方略之一,凸显总体国家安全观在习近平新时代中国特色社会主义思想中的分量之重。总体国家安全观是以习近平同志为核心的党中央对国家安全理论和实践的重大创新,是超越传统国家安全理念的“新国家安全观”,是中国为解决国家安全问题贡献的中国智慧和中国方案。

★总体国家安全观摒弃简单的片面的安全理念,是全面系统的安全观

总体国家安全观,首先表现在“总体”,即它的全面性、完整性。国家安全涉及各个领域、各个方面,既有经济的又有政治的,既有文化的又有军事的,既有社会的又有生态的,既有国际的又有国内的,既有传统的又有非传统的,等等。当前,国内外形势正在发生深刻复杂变化,中国国家安全领域和范围进一步拓展。习近平强调:“当前我国国家安全内涵和外延比历史上任何时候都要丰富,时空领域比历史上任何时候都要宽广,内外因素比历史上任何时候都要复杂。”总体国家安全观避免像过去只关注政治、军事安全而忽视经济、文化、社会、网络、生态等领域的安全,全面认识和把握各领域各方面的安全问题,比以前的安全观更具全面性、完整性。

同时,国家安全各个领域、各个方面,是一个相互联系、不可分割的整体。随着社会的发展、时代的进步,各个领域、各个方面安全的关联性更加增强,一个领域的安全出现问题,可能引发“蝴蝶效应”,导致另一个领域的安全问题,甚至造成整个国家安全都出现问题。世界上一些国家就是由于经济安全出现问题,进而引发政治动荡,导致政权垮台。总体国家安全观抛弃孤立地、简单地、片面地看待安全问题,从全局和战略的高度审视国家安全,统筹好不同领域、不同性质的安全工作,强调既重视外部安全,又重视内部安全;既重视国土安全,又重视国民安全;既重视传统安全,又重视非传统安全;既重视自身安全,又重视共同安全,充分体现了系统、辩证、全面的国家安全理念。

★总体国家安全观超越静态的相对的安全观念,是动态持续的安全观

国家安全是相对的,不是绝对的;是动态发展的,不是静态不动的。谋求国家安全不能设想“固若金汤”,而要常修“城墙”;不能追求权宜之计,而要追求长治久安。西方国家在反恐问题上把“军事手段”作为首要,动辄对一些国家进行军事打击,虽然炸死了一些恐怖分子,但却未能有效遏制恐怖主义,反而陷入“越反越恐”的怪圈,不仅未能实现国家安全的“一劳永逸”,反而让本国民众更没安全感。总体国家安全观强调维护国家安全,既重视发展问题,又重视安全问题;既要治标,更要治本;既要立足当下,

更要着眼长远;既要有应对举措,更要有后续手段,以实现国家安全的长期性、持续性。

可持续,就是要发展和安全并重以实现持久安全。发展是安全的基础,安全是发展的条件。正如贫瘠的土地长不出参天大树,贫穷落后也无法实现安全稳定。习近平强调:"全面贯彻落实总体国家安全观,必须坚持统筹发展和安全两件大事,既要善于运用发展成果夯实国家安全的实力基础,又要善于塑造有利于经济社会发展的安全环境。"发展是硬道理,稳定是硬任务。只有实现经济社会的持续发展,提高人民群众物质生活水平,才能对内夯实社会稳定的物质基础,对外打牢抵御外敌入侵的安全防线,实现可持续的国家安全。否则,国家安全只能是建立在"沙滩上的空中楼阁"。与世界上一些国家政权垮台、社会动荡形成鲜明对比的是,改革开放以来中国国家安全更加坚实,政治更加稳定,社会更加和谐,从根本上说这得益于中国经济社会的持续发展。

★总体国家安全观打破零和游戏、你输我赢的安全思维,是合作共赢的安全观

当今世界,一些国家总是幻想把自己的"盾"打得牢牢的,"御敌于国门之外",又想把自己的"矛"磨得尖尖的,"插向别人的胸膛"。"吹灭别人的灯,烧掉自己的胡子。"从自身利益、意识形态出发,搞霸权主义、强权政治和新干涉主义,动不动对其他主权国家进行军事侵略,颠覆他国政权,把自己的安全建立在别人不安全的基础之上,必然没有赢家,只能带来更大的不安全。安全不是你输我赢、你死我活,不能一个国家安全而其他国家不安全,一部分国家安全而另一部分国家不安全,更不能以牺牲别国安全谋求自身所谓绝对安全。人类只有一个地球,各国共处一个世界。当今世界,没有一个国家能实现脱离世界安全的自身安全,也没有建立在其他国家不安全基础上的安全。弱肉强食、丛林法则不是人类共存之道。穷兵黩武、强权独霸不是人类和平之策。赢者通吃、零和博弈不是人类发展之路。

总体国家安全观强调以促进国际安全为依托,既重视自身安全,又重视共同安全,坚持合作共赢、共同发展,走和平发展道路,构建人类命运共同体。这是双赢、共赢的新理念,具有广泛的包容性,也是跨越"修昔底德陷阱"的新途径。冷战已经结束,但冷战思维并没有消失,"国强必争、国强必霸"的逻辑依然存在。随着中国的发展,一些国家渲染"中国威胁论",给中国制造麻烦。中国不威胁别人,也反对别人将中国看作威胁;中国坚定维护自身的主权、安全、发展利益,也支持其他国家特别是广大发展中国家维护自身的主权、安全、发展利益。在经济全球化时代,各国安全相互关联、彼此影响,很多问题不再局限于一国内部,很多挑战也不再是一国之力所能应对。没有一个国家能凭一己之力谋求自身绝对安全,也没有一个国家可以从别国的动荡中收获稳定。各国只有坚持共同、综合、合作、可持续安全的新理念,不以大欺小、恃强凌弱,相互尊重、平等相待,以平等对话、理性协商的方式解决国际争端,以共同参与、互利合作的途径应对国际问题,在维护自身安全时不威胁别国安全,才能实现共享尊严、共享发展成果、共享安全保障,实现自我安全和共同安全的统一。

★总体国家安全观扬弃对物过度关切的安全思想,是人本民本的安全观

传统国家安全观过度关注国土安全、政权安全,而忽视人民的安全;过度强调政府在维护国家安全的作用,而忽视人民群众的主体地位。国土、资源、信息等物的安全,对国家安全非常重要。但离开人的安全,国家安全就失去意义。总体国家安全观,把对物的关切与对人的关切结合起来,既重视国土安全,又重视国民安全;坚持以人民安全为宗旨,坚持以民为本、以人为本;坚持国家安全一切为了人民、一切依靠人民,真正夯实国家安全的群众基础。"民惟邦本,本固邦宁。"

人民是国家的主人,维护国家安全的根本目的,就是为了实现人民安全,保护人民利益,为人民提供安全稳定和谐的社会生活环境,让人民安居乐业、幸福生活。人民群众是国家安全的智慧和力量源泉,国家安全的根基在人民、力量在人民、血脉在人民。维护国家安全不是国家安全部门的"独角戏",而应是广大人民群众参与的"大合唱"。"大鹏之动,非一羽之轻;骐骥之速,非一足之力。"只有紧紧依靠人民,才能打造出国家安全真正的铜墙铁壁。人民安全还是衡量国家安全的根本标准。维护国家安全,就要积极解决人民群众普遍关心的安全问

题,不断增强人民群众的安全感、获得感、幸福感。

国家安全教育 | 这些国家安全知识,你应该知道!

党的十九大高度重视国家安全,将坚持总体国家安全观列入新时代坚持和发展中国特色社会主义的基本方略并写入党章,加强国家安全教育,增强全党全国人民国家安全意识,推动全社会形成维护国家安全的强大合力!

一场看不见的反奸防谍斗争,从履行公民义务和权利开始。

一起来,从身边学会识别间谍的伪装;

一起来,履行每个公民维护国家安全的义务!

什么是国家安全?

根据国家安全法第2条规定,国家安全是指国家政权、主权、统一和领土完整、人民福祉、经济社会可持续发展和国家其他重大利益相对处于没有危险和不受内外威胁的状态,以及保障持续安全状态的能力。

为了体现总体国家安全观的要求,国家安全法从政治安全、国土安全、军事安全、经济安全、文化安全、社会安全、科技安全、信息安全、生态安全、资源安全、核安全等11个领域对国家安全任务进行了明确。

国家安全于我们而言有什么意义?

国家安全是人民福祉的保障。人民安全是国家安全的核心,国家安全工作归根结底是保障人民利益。总体国家安全观要求我们,既重视国土安全,又重视国民安全,坚持以民为本、以人为本,所有的安全问题,归根到底是由人民来感受、决定和评价的。没有政治安全,人民的思想就会摇摆不定;没有经济安全,人民的物质生活水平就无法提高;没有国土安全,人民就会颠沛流离;没有网络安全,人民就毫无隐私可言……为了人民的安全,需要做好全方位多层次的安全。国家安全法规定,国家安全工作以人民安全为宗旨,以"尊重和保障人权,依法保护公民的权利和自由"为基本原则,这是国家安全活动的根本目的。

关于国家安全,我们能做的,有很多:

公民和组织应当为反间谍工作提供便利或者其他协助。

因协助反间谍工作,本人或者其近亲属的人身安全面临危险的,可以向国家安全机关请求予以保护。国家安全机关应当会同有关部门依法采取保护措施。

国家安全　人人有责
受理举报电话12339

公民和组织的义务与权利

公民和组织发现间谍行为，应当及时向国家安全机关报告；向公安机关等其他国家机关、组织报告的，相关国家机关、组织应当立即移送国家安全机关处理。

国家安全　人人有责
受理举报电话 12339

公民和组织的义务与权利

任何个人和组织都不得非法持有属于国家秘密的文件、资料和其他物品。

国家安全　人人有责
受理举报电话 12339

公民和组织的义务与权利

在国家安全机关调查了解有关间谍行为的情况、收集有关证据时，有关组织和个人应当如实提供，不得拒绝。

国家安全　人人有责
受理举报电话 12339

公民和组织的义务与权利

任何公民和组织都应当保守所知悉的有关反间谍工作的国家秘密。

国家安全　人人有责
受理举报电话 12339

公民和组织的义务与权利

任何个人和组织都不得非法持有、使用间谍活动特殊需要的专用间谍器材。专用间谍器材由国务院国家安全主管部门依照国家有关规定确认。

国家安全　人人有责
受理举报电话 12339

当前,国际形势风云变幻,我国经济社会发生深刻变化,在决胜全面小康社会的关键时期,我国面临着复杂多变的安全和发展环境,各种可以预见和难以预见的风险因素明显增多,国家安全在党和国家工作全局中的重要性日益凸显,我们必须牢记国家安全是头等大事,采取有效措施抓好抓实这件头等大事。

国家安全,关乎你我!

《网络安全法》解读

《网络安全法》是我国第一部全面规范网络空间安全管理方面问题的基础性法律,是我国网络空间法治建设的重要里程碑,是依法治网、化解网络风险的法律重器,是让互联网在法治轨道上健康运行的重要保障。《网络安全法》将近年来一些成熟的好做法制度化,并为将来可能的制度创新做了原则性规定,为网络安全工作提供切实法律保障。本法在以下几个方面值得特别关注:

★《网络安全法》确立了网络安全法的基本原则

第一,网络空间主权原则。《网络安全法》第1条"立法目的"开宗明义,明确规定要维护我国网络空间主权。网络空间主权是一国国家主权在网络空间中的自然延伸和表现。习近平总书记指出,《联合国宪章》确立的主权平等原则是当代国际关系的基本准则,覆盖国与国交往各个领域,其原则和精神也应该适用于网络空间。各国自主选择网络发展道路、网络管理模式、互联网公共政策和平等参与国际网络空间治理的权利应当得到尊重。第2条明确规定《网络安全法》适用于我国境内网络以及网络安全的监督管理。这是我国网络空间主权对内最高管辖权的具体体现。

第二,网络安全与信息化发展并重原则。习近平总书记指出,安全是发展的前提,发展是安全的保障,安全和发展要同步推进。网络安全和信息化是一体之两翼、驱动之双轮,必须统一谋划、统一部署、统一推进、统一实施。《网络安全法》第3条明确规定,国家坚持网络安全与信息化并重,遵循积极利用、科学发展、依法管理、确保安全的方针;既要推进网络基础设施建设,鼓励网络技术创新和应用,又要建立健全网络安全保障体系,提高网络安全保护能力,做到"双轮驱动、两翼齐飞"。

第三,共同治理原则。网络空间安全仅仅依靠政府是无法实现的,需要政府、企业、社会组织、技术社群和公民等网络利益相关者的共同参与。《网络安全法》坚持共同治理原则,要求采取措施鼓励全社会共同参与,政府部门、网络建设者、网络运营者、网络服务提供者、网络行业相关组织、高等院校、职业学校、社会公众等都应根据各自的角色参与网络安全治理工作。

★《网络安全法》提出制定网络安全战略,明确网络空间治理目标,提高了我国网络安全政策的透明度

《网络安全法》第4条明确提出了我国网络安全战略的主要内容,即:明确保障网络安全的基本要求和主要目标,提出重点领域的网络安全政策、工作任务和措施。第7条明确规定,我国致力于"推动构建和平、安全、开放、合作的网络空间,建立多边、民主、透明的网络治理体系"。这是我国第一次通过国家法律的形式向世界宣示网络空间治理目标,明确表达了我国的网络空间治理诉求。上述规定提高了我国网络治理公共政策的透明度,与我国的网络大国地位相称,有利于提升我国对网络空间的国

际话语权和规则制定权，促成网络空间国际规则的出台。

★《网络安全法》进一步明确了政府各部门的职责权限，完善了网络安全监管体制

《网络安全法》将现行有效的网络安全监管体制法制化，明确了网信部门与其他相关网络监管部门的职责分工。第8条规定，国家网信部门负责统筹协调网络安全工作和相关监督管理工作，国务院电信主管部门、公安部门和其他有关机关依法在各自职责范围内负责网络安全保护和监督管理工作。这种“1+X”的监管体制，符合当前互联网与现实社会全面融合的特点和我国监管需要。

★《网络安全法》强化了网络运行安全，重点保护关键信息基础设施

《网络安全法》第三章用了近三分之一的篇幅规范网络运行安全，特别强调要保障关键信息基础设施的运行安全。关键信息基础设施是指那些一旦遭到破坏、丧失功能或者数据泄露，可能严重危害国家安全、国计民生、公共利益的系统和设施。网络运行安全是网络安全的重心，关键信息基础设施安全则是重中之重，与国家安全和社会公共利益息息相关。为此，《网络安全法》强调在网络安全等级保护制度的基础上，对关键信息基础设施实行重点保护，明确关键信息基础设施的运营者负有更多的安全保护义务，并配以国家安全审查、重要数据强制本地存储等法律措施，确保关键信息基础设施的运行安全。

★《网络安全法》完善了网络安全义务和责任，加大了违法惩处力度

《网络安全法》将原来散见于各种法规、规章中的规定上升到人大法律层面，对网络运营者等主体的法律义务和责任做了全面规定，包括守法义务，遵守社会公德、商业道德义务，诚实信用义务，网络安全保护义务，接受监督义务，承担社会责任等，并在“网络运行安全”“网络信息安全”“监测预警与应急处置”等章节中进一步明确、细化。在“法律责任”中则提高了违法行为的处罚标准，加大了处罚力度，有利于保障《网络安全法》的实施。

★《网络安全法》将监测预警与应急处置措施制度化、法制化

《网络安全法》第五章将监测预警与应急处置工作制度化、法制化，明确国家建立网络安全监测预警和信息通报制度，建立网络安全风险评估和应急工作机制，制定网络安全事件应急预案并定期演练。这为建立统一高效的网络安全风险报告机制、情报共享机制、研判处置机制提供了法律依据，为深化网络安全防护体系，实现全天候全方位感知网络安全态势提供了法律保障。

贯彻实施《反间谍法实施细则》　构筑反间防谍钢铁长城

《中华人民共和国反间谍法实施细则》（以下简称《反间谍法实施细则》）于2017年11月22日颁布施行。这是党的十九大以来维护国家安全领域的重要立法成果，是与《反间谍法》的实施密切相关的重要配套行政法规，对于维护国家主权、安全和发展利益，具有重要意义。深入贯彻实施《反间谍法实施细则》，对于国家安全机关有效履行法定职责，积极协调指导各级机关、团体和其他组织，共同构筑反间防谍钢铁长城，具有重要意义。

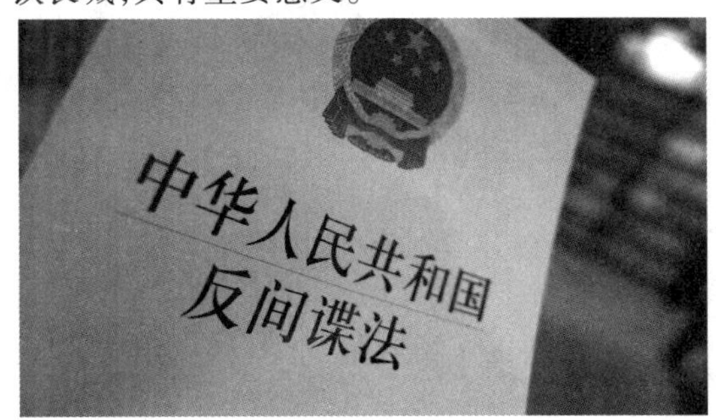

★充分认识制定《反间谍法实施细则》的重要意义

党的十九大报告强调，有效维护国家安全，健全国家安全体系，加强国家安全法治保障，提高防范和抵御安全风险能力；严密防范和坚决打击各种渗透破坏活动、暴力恐怖活动、民族分裂活动、宗教极端活动。境外间谍情报机关和其他敌对势力对我国进行的政治渗透、分裂颠覆、情报窃密、勾连策反等破坏活动，对国家政治安全、经济社会发展造成严重危害。反间谍工作在维护国家安全利益方面具有重要地位。作为国家安全法律制度体系中的重要组成部分，《反间谍法实施细则》坚持总体国家安全观，坚持国家利益至上，既保持了1994年《国家安全法实施细则》的基本内容，与有关法律法

规协调一致,又结合反间谍工作实践新增了有关规定,有利于进一步强化《反间谍法》的具体实施,有利于进一步依法防范、制止和惩治间谍行为以及其他危害国家安全的行为,是有效维护国家安全、依法打击间谍窃密活动和其他危害国家安全的行为的有力法律武器。

★全面准确把握《反间谍法实施细则》的主要内容

(一)细化界定间谍行为和其他危害国家安全的行为。《反间谍法实施细则》第一章对《反间谍法》中"境外机构、组织""境外个人""间谍组织代理人""敌对组织""资助""勾结"作出界定,明确了属于《反间谍法》第三十九条"间谍行为以外的其他危害国家安全行为"的八种情形。例如,进一步完善了对"资助""勾结"的界定。在1994年《国家安全法实施细则》基础上,《反间谍法实施细则》在关于"资助"的界定中,将提供资助的主体由"境外组织、个人"修改为"境内外组织、个人",将接受资助的对象由"境内组织、个人"修改为"组织、个人"。在关于"勾结"的界定中,将实施勾结活动的主体由"境内组织、个人"修改为"境内外组织、个人"。又如,明确界定了"间谍行为以外的其他危害国家安全行为"。在原《国家安全法实施细则》有关内容基础上,增加了"组织、策划、实施分裂国家、破坏国家统一,颠覆国家政权、推翻社会主义制度的""组织、利用邪教进行危害国家安全活动的"两类行为;在"捏造、歪曲事实,发表、散布危害国家安全的文字或者信息,或者制作、传播、出版危害国家安全的音像制品或者其他出版物"的具体行为中,增加了出版危害国家安全的出版物的情形。上述内容有利于国家安全机关在实践中准确把握、有效执法,也便于群众积极支持配合反间谍工作。

(二)充实和细化国家安全机关工作职权。《反间谍法实施细则》第二章充实了《国家安全法实施细则》的有关内容,规定了国家安全机关决定有关境外个人不得入境、通缉追捕、调查询问、检查有关嫌疑人员随带物品、配置特别通行标志和警灯、警报器等职权,同时对执法中依法出示证件、不受非法干涉、不得滥用职权等作出了规定。例如,第十一条规定,国家安全机关依法执行反间谍工作任务时,有权向有关组织和人员调查询问有关情况;第十二条规定,国家安全机关工作人员依法执行反间谍工作任务时,对发现身份不明、有危害国家安全行为的嫌疑人员,可以检查其随带物品;第十三条规定,国家安全机关执行反间谍工作紧急任务的车辆,可以配置特别通行标志和警灯、警报器。同时规定,国家安全机关履行防范、制止和惩治间谍行为以外的其他危害国家安全行为的职责,适用本细则的有关规定。对国家安全机关工作职权的细化规定,与《反间谍法》有效衔接,为国家安全机关依法开展工作、推动反间防谍机制建设提供了有力保障。

(三)充实公民和组织的义务和权利。《反间谍法实施细则》第三章规定,机关、团体和其他组织进行维护国家安全的教育,动员、组织本单位人员防范、制止间谍行为的工作,应当接受国家安全机关的协调和指导;机关、团体和其他组织应当履行《反间谍法》和本细则规定的安全防范义务,未按照要求整改或者未达到整改要求的,国家安全机关可以约谈相关负责人,将约谈情况通报该单位上级主管部门,推动落实防范间谍行为和其他危害国家安全行为的责任。同时,对"重大贡献""非法持有属于国家秘密的文件、资料和其他物品""专用间谍器材"作出界定。上述内容有利于推动机关、团体、组织增强国家安全意识,落实法定义务,积极配合专门机关开展工作。

(四)进一步明确相关法律责任。《反间谍法实施细则》第四章规定了实施危害国家安全的行为,拒绝提供间谍行为或危害国家安全的犯罪行为情况和证据,拒不提供便利条件或者拒不协助、故意阻碍国家安全机关执行反间谍工作任务,以及妨害公务造成国家安全机关工作人员人身伤害或者财物损失的法律责任;规定了对涉嫌间谍行为的人员,国家安全机关可以决定其在一定期限内不得出境,对违反《反间谍法》的境外个人,国务院国家安全主管部门可以决定限期离境或者驱逐出境,并决定其不得入境的期限。上述内容有利于督促公民和组织履行维护国家安全的责任,保障反间谍工作顺利开展。

★深入贯彻实施《反间谍法实施细则》,有效维护国家安全利益

(一)深入学习贯彻,把握内涵要义。要把学习《反间谍法实施细则》作为当前一项重要

任务，与学习贯彻党的十九大精神、学习贯彻总体国家安全观、学习贯彻《反间谍法》《国家安全法》《反恐怖主义法》等国家安全法律法规紧密结合。国家安全机关及各有关单位领导干部要发挥好“关键少数”作用，主要负责同志作为本单位法治建设第一责任人，要带头学习并认真组织好本单位的学习，将《反间谍法实施细则》纳入党委中心组学习安排，学深弄通悟透，作尊法、学法、用法、护法的带头人。国家安全机关要把《反间谍法实施细则》作为执法培训的重要内容，教育引导领导干部和广大干警深入学习领会《反间谍法实施细则》的法律内涵，全面、准确、熟练掌握立法意义、出台背景、主要内容和实施要点，在工作中熟练掌握、正确运用。

（二）依法依规履职，严格规范执法。作为反间谍工作的主管机关，国家安全机关要履行好法律赋予的职责，依法维护国家安全、保障核心利益、惩治违法犯罪、教育宣传群众，切实提升运用法治思维和法治方式开展工作的能力水平。同时，与公安、保密行政管理等其他部门和军队有关部门密切配合、加强协调，依法做好有关工作。工作中要严格依法办事，掌握权责边界，严格规范执法，确保权力在法治轨道上有效运行，依法保护公民、组织的合法权益，依法防范、制止和惩治间谍行为，争取政治效果、法律效果和社会效果有机统一。

（三）不断提升全社会国家安全法治意识和反间防谍意识，构筑反间防谍的钢铁长城。国家安全机关要认真落实“谁执法谁普法”普法责任制，结合“4·15”全民国家安全教育日、“12·4”国家宪法日等节点，将《反间谍法实施细则》作为面向社会普及国家安全法律知识的重要内容，与《国家安全法》《反间谍法》等宣传相结合，充分运用国家安全教育基地等平台和各种媒体，推动《反间谍法实施细则》进机关、进乡村、进企业、进单位、进社区、进学校，积极创新宣传教育载体和形式，扩大宣传范围，加大宣传力度，增强宣传成效。各级机关、团体和其他组织要在国家安全机关的协调和指导下，切实履行本单位维护国家安全的教育和动员、组织责任，依法为国家安全工作提供有关便利或者其他协助，强化全社会的国家安全法治意识，形成全社会共同维护国家安全的良好局面。

◇特别关注

中国证监会关于2017年法治政府建设的情况

2017年，中国证监会在以习近平同志为核心的党中央坚强领导下，坚决贯彻落实党的十八届四中全会关于全面推进依法治国的部署，认真学习领会党的十九大、中央经济工作会议、第五次全国金融工作会议的精神，严格按照《法治政府建设实施纲要（2015－2020年）》（中发〔2015〕36号，以下简称《纲要》）要求，紧紧围绕服务实体经济、防控金融风险、深化金融改革三项任务，持续加强法治政府建设，深入推进依法行政，严格规范公正文明执法，全面推进新时代资本市场法治建设，取得了新的进步。

一、2017年法治政府建设情况

（一）坚持依法全面从严监管

1.依法高效履行行政许可职责，提升服务实体经济能力。全年共接收行政许可申请2669件，发出补正、受理等各类通知6319件。特别是在履行股票发行审核职责中，坚持质量第一和确保市场稳定运行，保持新股发行常态化，优化股票发行审核流程，提高审核效率。全年共审结IPO企业633家，共419家企业完成首发申购，融资2186亿元；共266家上市公司实施再融资，融资8002亿元。全年共核准境内企业境外上市和再融资申请32件，支持境内企业在香港市场融资2165亿港元。

2.强化监督检查等日常监管，促进相关市场主体依法、规范运作。加强证券公司等证券基金期货经营机构的日常监管，全年共对160余家机构或分支机构、110余名人员采取行政监管措施，对70余家机构、60余名人员采取自律惩戒措施。加大对中介机构的监管力度,全年共对21家律师事务所从事的47个IPO证券法律项目开展专项检查,对9家律师事务所及13名律师采取行政监管措施;对2家会计师事务所、3家资产评估机构及18名注册会计师、14名资产评估师采取行政监管措施;对54家咨询机构及其分支机构、1名个人采取行政监管措施。

3. 从严查处违法行为,加强监管执法力度。通过严格查办各领域重大案件,形成强大执法威慑。全年新启动案件调查478件,新增立案312件;办结立案案件335件,同比增长43%。全年作出行政处罚决定224件,罚没款金额74.79亿元,同比增长74.74%,市场禁入44人。部署清理整顿各类交易场所"回头看"行动,基本解决地方各类交易场所的违规问题。

4. 加强一线自律监管,发挥行业自律组织职能。进一步理顺行政监管和自律管理的关系,督促、指导交易所等市场行业自律组织,发挥贴近市场一线的优势,加强其一线监管职能。沪深证券交易所大力开展"以监管会员为中心"的一线监管工作,包括证券交易所在内的市场行业自律组织全年共做出一线监管纪律处分决定300余件。

(二)完善依法行政制度体系

1. 加强重点领域立法,主动适应改革和发展需要。进一步健全符合我国国情的资本市场法制体系,扎实推进证券法修改、期货法制定及公司法、刑法修改等具有资本市场"四梁八柱"性质的基础法律立法工作,不断完善资本市场顶层制度设计。进一步完善股份减持等市场交易制度、证券交易所自律管理等一线监管制度、上市公司再融资等发行监管制度、区域性股权市场监管等资本市场规章规范性文件。全年共出台规章13件、规范性文件27件,各系统单位出台自律规则100余件。

2. 深化行政审批制度改革,落实"放管服"改革要求。贯彻落实《国务院关于修改部分行政法规的决定》(国务院令第666号),取消期货公司设立、收购、参股境外期货类经营机构行政审批事项并做好后续衔接工作。进一步做好"放管服"改革涉及的规章、规范性文件清理工作,修改、废止证券期货市场规章和规范性文件20件。

3. 落实法制部门起草重要监管制度的要求,完善立法体制机制。贯彻《纲要》关于重要行政管理法律法规由政府法制机构组织起草的要求,进一步发挥证监会法制工作部门的作用,集中专业力量组织修改、制定《上市公司股东、董监高减持股份的若干规定》《证券交易所管理办法》《证券期货市场诚信监督管理办法》《行政许可实施程序规定》《律师事务所从事证券法律业务管理办法》等多部重要监管规章、规则。

(三)推进行政决策民主化、科学化、法治化

1. 坚持科学民主依法决策,加强重大决策的合法性审查。实行决策前论证、决策中回避、票决制以及责任制,确保决策出台均严格履行程序。特别是将合法性审查工作摆在突出位置,对拟提交主席办公会议讨论的相关议题,都需要先进行合法性审查。

2. 严格落实《立法法》等法律法规要求,确保规章规范性文件的立法程序依法、规范、有序。进一步落实《证券期货规章制定程序规定》,严格按照法定程序制定各项规章,提高社会各方有序参与立法的途径和方式,保障各项立法程序要求落实到位。继续落实规章独立审查要求等工作机制,提升立法规范程度。有序推动证券期货规章规范性文件立法后评估试点相关工作。

3. 加大对具体行政行为的法律会签审查力度,提升行政决策质量。进一步落实证监会法制工作部门对有关法律、法规、规章执行的监督协调职责,加大对执法中法律问题的会签审查工作力度,全年共提出书面的法律会签审查意见约500件。按照《证券法》《行政强制法》等的要求,严格落实查封冻结强制措施的申请与审查决定相分离的体制要求,审查制发冻结决定书10份,累计冻结资金达180亿余元。

(四)坚持严格规范公正文明高效执法

1. 完善行政许可标准化制度,优化行政许可办理流程。按照国务院审改办关于行政许可标准化工作的要求,优化行政许可受理服务中心的服务规范,补充完善行政许可办结时限等办理流程。

2. 加强稽查执法规范化建设,严格规范稽查执法权力运行。形成了执法办案、执法管理、

执法培训、执法保障等稽查执法内部工作制度体系。有序推进类案证据规范的编制和相关操作规范指引的起草，统一重点执法环节的程序和标准，进一步规范一线调查办案工作。规范稽查权力运行，全面梳理风险点，研究起草权力约束的相关规范，防范廉政风险。

3. 完善行政处罚工作机制，严格行政执法程序。基本形成包括行政处罚委员会、巡回审理工作组、派出机构在内的证监会系统行政处罚工作"一盘棋"格局。在行政处罚案件审理中，严格落实首长负责制、集体讨论制，以及听证、复核制度。全年共召开听证会 84 场，复核会 88 场。

4. 推进资本市场诚信建设，探索完善以诚信激励约束机制为核心的资本市场监管新方式。深入推进资本市场诚信建设，拓宽监管资源和手段。不断扩大资本市场诚信数据库覆盖面，截至 2017 年底，共收录市场机构 6.8 万余家、人员 92.3 万余名，行政许可信息 2.66 万余条，监管执法信息 2.35 万余条。建立诚信记录查询和重大失信记录公开渠道，逐步完善《证券期货市场诚信监督管理暂行办法》等诚信法律制度规范。加强部际信息共享，拓宽联合奖惩网络，全年与外部委签署 13 份失信联合惩戒备忘录和 1 份守信联合激励备忘录。

（五）强化对行政权力的监督和制约

1. 坚持用制度约束权力，强化监管权力的运行机制。进一步规范监管权力运行，提高监管工作透明度。切实贯彻《关于进一步规范发行审核权力运行的若干意见》《中国证监会稽查办案十项禁令》要求，严格规范股票发行审核权力的运行，重点防范稽查人员可能出现的十个方面禁止性行为。修改《关于加强发行审核工作人员履职回避管理的规定》《关于加强发审委委员履职回避管理的规定》，出台《中国证监会发行审核工作预约接待办法》《关于修改〈中国证券监督管理委员会发行审核委员会办法〉的决定》等文件，依法从严完善权力运行制约和监督制度。

2. 积极接受司法监督，扎实做好行政应诉工作。2017 年，共办理行政诉讼案件 225 件，同比增长 31.6%，终审胜诉率 98%。一批证券期货监管执法的原则和标准，通过行政诉讼得到进一步的确立。在北京市高级人民法院金融审判十大典型案例中，即包含证监会胜诉的 4 例案件。同时，认真落实行政机关负责人出庭应诉要求。在北京市高级人民法院公开审理欣泰电器不服中国证监会处罚决定及复议决定上诉案中，证监会有关负责人出庭应诉，取得良好的法治效果和社会效果。

3. 积极接受人大政协监督，不断提升依法行政水平。积极做好全国人大代表建议和全国政协委员提案的答复工作，及时研究办理，切实改进工作。全年共承办全国人大议案建议 154 件，全国政协提案 137 件；共在官网公开 47 件建议提案复文，实现可公开主办件的全部公开。

4. 全面推进政务公开，不断提高监管透明度。以公开为原则，不公开为例外，推进决策公开、执行公开、管理公开、服务公开、结果公开。全年主动对外公开政府信息 14560 条；答复政府信息公开申请 1284 件。坚持每周例行新闻发布会制度，及时发布资本市场有关法律法规和政策措施，加大政策解读和舆论引导，不断健全符合资本市场特点的新闻发布体系。全年共举办 48 场例行新闻发布会，主动发布新闻超过 200 条，累计回应公众关注热点或重大舆情 50 余件。

（六）依法有效化解资本市场矛盾纠纷

1. 积极做好投资者的投诉答复处理工作，引导市场机构与投资者之间矛盾纠纷的"就地解决"。通过"12386"证监会热线服务平台，全年共接收投诉者诉求 73224 件，同比增长近 30%。平稳启动热线直转试点，在北京地区 10 家证券期货经营机构的试点过程中，超过 60% 的投诉在一周内办结，取得良好效果。

2. 完善证券期货专业调解体系机制，妥善化解市场矛盾。已初步形成覆盖全国、全领域的资本市场调解网络，专业调解组织增至 52 家。创新调解工作机制，"小额速调"业务模式已推广至全国 16 个辖区，5 家调解机构已实现网上接受申请，3 家调解机构可通过视频、电话开展调解。各相关调解组织全年共受理案件 4727 件，办结率 89.51%，调解成功率 81.26%，涉及金额 8.8 亿元，同比增长 119%。

3. 加强行政复议工作，有效化解监管矛盾。2016 年，行政复议工作机制做了进一步完善，第五届复议委员会组建，主任委员和副主任委员分别由证监会有关负责同志和法制工作部门负责人担任。2017 年,共办理行政复议案件 237 件,增长 17.9%;已办结 199 件,结案率 84%;维持原行政行为 188 件,变更原行政行为 3 件。通过行政复议,绝大多数案件实现了案结事了,有效化解了资本市场的监管矛盾。

4. 推动健全投资者赔偿新机制,切实保护投资者合法权益。组织中证中小投资者服务中心开展证券支持诉讼工作取得新进展,首次在全国范围公开征集并接受 80 名投资者委托,提起支持诉讼。截至 2017 年底,中证中小投资者服务中心已提起 7 起支持诉讼。成功组织开展首例"先行赔付"案件办理工作。兴业证券公司在欣泰电气虚假陈述案中,积极承担先行赔付责任,共与 1.2 万投资者达成和解,主动赔偿 2.4 亿元,投资者权益得到保障,市场矛盾纠纷得以化解。

(七)加强法治政府建设的组织领导和保障机制

1. 切实加强党的领导,不断提升法治政府建设水平。证监会党委高度重视法治政府建设工作,党委主要负责同志全面履行证监会法治建设"第一责任人"责任,不断完善保障和提高法治水平的体制机制。通过召开党委会等多种形式,听取法治建设有关工作汇报,及时研究解决重大问题。证监会党委要求系统各单位和部门按照《纲要》要求,结合证券期货监管工作实际,站在全面推进依法治国高度,深刻理解、坚决贯彻党中央国务院关于法治政府建设的重大决策部署。

2. 注重资源保障,优化调整机构设置。证监会通过多种工作举措,保障法治政府建设工作顺利开展。各部门、派出机构和系统单位不断完善法律内核审查制度、体制、机制,进一步重视发挥法制工作部门、法制工作小组和法制工作人员作用。持续壮大公职律师队伍,发挥其在规则起草、日常监管、稽查处罚、复议应诉等方面的作用。截至 2017 年底,已有公职律师近 700 人,比 2012 年底增加 39%。

3. 增强干部法律素养,提高依法监管的意识。首次组织 98 名局级(会管)干部以及会机关处级干部举行宪法宣誓仪式。健全多层次培训体系,提升监管干部的法律素养。全年共举办稽查执法、依法行政、应诉工作等 24 期培训班,累计培训近 1700 人。特别是与中国政法大学合作,举办证监会系统干部法制专项培训班,在"七五"普法期间实现对全系统所有监管干部的法制专项轮训,全年举办 4 期,共有 518 名监管干部接受了为期一周的法律培训。

二、下一步工作打算

2018 年,证监会将以习近平新时代中国特色社会主义思想为指导,全面贯彻落实党的十九大精神和中央经济工作会议、第五次全国金融工作会议的部署要求,对照《纲要》内容,结合资本市场发展和监管工作实际,夯实资本市场基础法律制度,大力推动《证券法》修订、《期货法》制定等立法工作,持续推进依法行政,强化行政执法责任制,坚持依法全面从严监管理念,进一步完善日常监管、案件调查、行政处罚、行政复议等协调联动的大监管、大执法工作格局,严厉打击各类违法违规行为,大力推进资本市场法治宣传教育,提高监管干部运用法治思维和方式的能力,着力解决新时代资本市场法治建设的新情况、新问题,推动法治政府建设取得新的成绩。

◇监管动态

证监会通报上半年规章、规范性文件制定情况

资本市场是法制保障、规则导向的市场。完善资本市场的制度规则,夯实资本市场制度基础,是确保资本市场长期、稳定、健康、繁荣发展的根本大计。2018 年上半年以来,证监会紧紧围绕服务实体经济、防控金融风险、深化金融改革三项任务,根据《证券法》《证券投资基金法》《期货交易管理条例》等法律、行政法规的规定要求,紧密结合实际,大力加强资本市场基

础制度建设，共制定出台规章9件、规范性文件23件，并有5件规章履行公开征求意见程序。

一是适应资本市场改革开放需要，制定修改相关制度规则。包括，制定《存托凭证发行与交易管理办法（试行）》，修改《首次公开发行股票并上市管理办法》《首次公开发行股票并在创业板上市管理办法》《证券发行与承销管理办法》《外商投资证券公司管理办法》等四部规章，制定试点红筹企业发行上市、持续监管、保荐机构尽职调查、会计处理、存托协议指引以及证券基金经营机构使用香港机构证券投资咨询服务暂行规定等十二部规范性文件。研究起草《外商投资期货公司管理办法》《证券公司和证券投资基金管理公司境外设立、收购、参股经营机构管理办法》，拟有序扩大证券业对外开放。

二是积极完善上市公司制度，会同国资委、财政部联合发布《上市公司国有股权监督管理办法》，制定《上市公司创业投资基金股东减持股份的特别规定》，修订《公开发行证券的公司信息披露编报规则第19号——财务信息的更正及相关披露》《公开发行证券的公司信息披露编报规则第14号——非标准审计意见及其涉及事项的处理》，研究起草《上市公司治理准则》《关于修改〈关于改革完善并严格实施上市公司退市制度的若干意见〉的决定》，针对上市公司监管领域出现的新问题、新情况作出规范。

三是健全多层次资本市场制度体系，制定《区域性股权市场信息报送指引（试行）》，充分发挥区域性股权市场信息报送的“监管工具箱”作用；制定《证券期货业场外市场交易系统接口》金融行业系列标准，实现对证券公司柜台市场业务的统一监管。

四是进一步强化证券期货行业机构监管，集中发力证券期货经营机构行业制度建设，密集出台了《证券期货经营机构及其工作人员廉洁从业规定》《关于加强证券公司在投资银行类业务中聘请第三方等廉洁从业风险防控的意见》《证券公司投资银行类业务内部控制指引》《关于进一步规范货币市场基金互联网销售、赎回相关服务的指导意见》等，夯实新阶段证券期货行业规范发展的基础。研究起草《证券公司股权管理规定》，拟全面系统整合证券公司股权管理相关要求，规范证券公司股东行为。

五是加强资本市场诚信制度建设，修订《证券期货市场诚信监督管理办法》，制定《关于在一定期限内适当限制特定严重失信人乘坐火车和民用航空器实施细则》，进一步丰富证券期货市场诚信监管的“工具箱”，为诚信监管装上“牙齿”。

此外，证监会还修改完善了《行政许可实施程序规定》，重点解决各证券中介服务机构暂不受理、中止审核政策不统一的问题。制定《养老目标证券投资基金指引（试行）》《证券期货投资者教育基地监管指引》等，对相关领域进行引导、规范。

这些规章、规范性文件的制定出台，完善了资本市场制度规则，健全了市场运行的体制机制，对于从根本上优化市场体系结构，规范市场主体行为，提高市场质量，具有重大意义。

2018年上半年证监会行政处罚情况综述

2018年是党的十九大宏伟蓝图的开局之年。上半年，证监会以习近平新时代中国特色社会主义思想为统领，继续深入学习贯彻党的十九大精神，推进落实中央经济工作会议和全国金融工作会议各项部署，紧紧围绕服务实体经济、防控金融风险、深化金融改革三项任务，坚持行政执法无禁区、全覆盖、零容忍，系统上下统一理念、戮力同心，严办投资者深恶痛绝的违法案件，严惩市场上兴风作浪的违法主体，共作出行政处罚决定159件，比去年同期增长41%，罚没款金额63.94亿元，市场禁入20人，进一步巩固了依法全面从严监管的良好局面，保障了资本市场的健康稳定运行。

上市公司信息披露违法类案件处罚63起。其中，昆明机床2013年至2015年年报虚假记载，虚增收入约4.83亿元，少计管理费用约2960.86万元，多计成本约2.35亿元，少计存货约5.06亿元；金亚科技2014年虚增利润约

8049.55 万元,虚增银行存款约 2.18 亿元,虚列预付工程款 3.1 亿元;华泽钴镍 2013 年至 2015 年上半年未在相关年报中披露关联方非经营性占用资金及相关的关联交易情况,2015 年未披露为关联方融资及借款提供担保的情况。上述案件均为上市公司虚假陈述典型案例,证监会依法予以严惩,涉嫌犯罪的依法移送公安机关。龙薇传媒试图以空壳公司高杠杆收购上市公司万家文化,所披露的信息存在虚假记载、误导性陈述及重大遗漏,万家文化股价出现大幅波动,损害投资者合法权益,证监会依法予以严惩。上峰水泥、山西三维等隐瞒重大环境污染被处罚信息,依法受到处罚。此外,奥盖克、海龙精密、恒顺众昇、申科股份、永宇冲片等公司因未按规定披露相关关联交易、股份质押、实际控制人权益变动、对外担保事项或重大诉讼事项等信息,均被依法处罚。证监会着眼于增强资本市场服务实体经济的核心功能,不断强化对上市公司信息披露违法案件的监管执法力度,督促上市公司聚焦实业,做强主业,提升核心竞争力,防止"脱实向虚",承担社会责任,以高质量发展回报投资者。

操纵市场类案件处罚 14 起。其中,北八道控制多达 300 余个证券账户,采用盘中拉抬、对倒交易等多种手段操纵"张家港行"等多只股票,违法所得 9.4 亿余元,被开出"史上最高额罚单";广州安州控制 22 个基金或信托产品所开立的 25 个账户实施"加杠杆"操纵,集中资金优势操纵"节能风电"价格,获利约 5057.4 万元,被罚没约 1 亿元。何思模滥用上市公司实际控制人地位,通过发布"高送转"预案提案实施"信息型"操纵获利约 6400 万元,被罚没约 1.28 亿元;廖英强利用其知名证券节目主持人的影响力实施"抢帽子"操纵,被罚没约 1.29 亿元;文高永权等四人通过联合买卖、连续买卖、发布虚假信息等多种操纵手法,间杂与做市商合谋操纵新三板挂牌公司"众意传媒"股价,四人共被罚款 180 万元;陈贤洗售操纵"国债 1507"等国债价格,释放虚假信号,扰乱市场预期,被处以 100 万元罚款。操纵市场行为干扰了真实的市场供需关系,破坏了正常的量价形成机制,造成市场信号失真,助长市场过度投机风气,欺诈中小投资者,是侵蚀公平有序市场秩序的"毒瘤",无论其手法如何翻新,穿着何种"马甲",戴上何种"面具",都难逃法律制裁。

内幕交易类案件处罚 36 起。其中,王良友内幕交易"文山电力"案、徐康军内幕交易"杉杉股份"案、应燕红内幕交易"宁波富邦"案等 24 起案件的内幕信息均涉及并购重组事项,表明该领域依然是内幕交易高发区域。上市公司并购重组事项向来是市场追逐热点,决策链条长,持续时间久,参与主体多,如不能加强内幕信息规范管理,就容易成为滋生内幕交易的温床。胡世清内幕交易"宏达股份"案、潘园根内幕交易"海翔药业"案、林竹兰内幕交易"秦川机床"案等案件的内幕信息分别涉及上市公司行使优先购买权竞购转让股权、合作投资项目、股权激励计划及高管变更事项、财务快报信息等其他种类。从违法主体来看,个别国家公职人员、国企高管人员无视党纪国法从事内幕交易,市场影响恶劣,也都依法受到严惩。界龙集团等公司实施单位内幕交易,单位及直接负责的主管人员均被依法追责。上市公司内部人利用信息优势进行内幕交易或者泄露内幕信息的行为严重破坏了公平公正的市场秩序,打击了投资者信心,削弱了中小股民的"获得感",必须通过严格公正执法严厉打击,坚决维护好公开透明的交易秩序。

私募基金违法违规案件处理 6 起。其中,集合资管计划"万联证券拓璞 2 号"的投资经理文宏,利用职务便利实施"老鼠仓"交易,涉案金额 1.84 亿,非法获利 251.44 万元。被证监会罚没 502.88 万元;凡得基金刘晓东等人实施"老鼠仓"交易,涉案金额 6.07 亿元,合计亏损 203.7 万元。共被证监会罚款 100 万元。私募证券基金从业人员利用未公开信息交易股票的行为严重背离其受托人的信义义务,在违法性质、违法手段和危害后果等方面与公募基金并无差异,依法应适用《证券投资基金法》实施行政处罚。另外,鑫申财富在鑫托宝一号募集资金未到位的情况下,提供虚假信息和材料进行备案;宝尊投资向不特定对象宣传推介私募基金,未严格落实投资者风险评估,未向投资者披露投资经理变更信息且未及时报告并更新登记备案信息,均被证监会依法处罚。近年来,随着私募基金行业的蓬勃发展,违法违规案件也呈现多发态势。私募管理机构已成为我国资本市场机构投资者的重要组成部分,对于构建稳定、健康的市场秩序，塑造成熟的投资文化发挥着基础性作用，为防止“野蛮生长”，必须依法予以重点治理，对其中的违法违规行为从严打击，推动私募管理人提升主动管理能力、风险控制能力和法律合规水平，更好服务实体经济。

超比例持股未披露及限制期内交易股票案件处罚9起。其中，和熙投资以签订收益互换协议、向投资者募集资金等多种形式募集资金，通过其管理的相关账户交易“慧球科技”，持股比例持续超过5%但未履行公告、报告、告知义务，同时在限制转让期内继续买卖该股票；思考投资及一致行动人张寿清通过大宗交易及二级市场交易方式买卖“慧球科技”，持股比例超过5%但未履行相应的报告、告知、公告义务，且违反规定在限制转让期内继续买卖该股票；广州安州、广东新价值等也均是通过管理和控制多只产品在持有相关上市公司股票触及报告、公告义务时点时未履行披露义务。重要股东的持股信息披露义务是《证券法》所构筑的信息披露规则体系的重要内容，无论是否存在收购意图，股东权益变动达到法定比例的均应按规定履行披露义务并遵守限制期内禁止交易的规定，以便监管机构、上市公司及市场参与各方及时了解股权变动情况，确保证券市场信息的公开透明。

短线交易案件处罚10起。案件涉及禁止从事短线交易的各类人员，如张华伟作为鹏欣资源持股5%以上的股东短线交易“鹏欣资源”股票，陆卫忠担任吉鑫科技副总经理期间短线交易“吉鑫科技”股票，王宜明担任合力泰董事期间短线交易“合力泰”股票，韩玉红作为山鹰纸业财务负责人短线交易“山鹰纸业”股票。上述案件反映出，部分上市公司的大股东或高管人员对于交易“自家”股票的合规意识较为淡薄，“身份感”缺失，有必要进一步强化监管约束。《证券法》所作出的短线交易限制性规定是对上市公司重要股东及董、监、高人员课以的刚性义务，也是防范内部人滥用信息优势不公平侵害中小投资者利益的“防火墙”，是内幕交易等违法行为的“前哨”，无论相关法定主体有无特定违法动机，均应一体遵循。

从业人员违法买卖股票及私下接受客户委托案件处罚8起。其中，国联证券从业人员张锋使用配偶证券账户买卖股票，徐斌武使用配偶及第三人证券账户买卖股票，二人分别被罚没约18.8万元与378.4万元；民族证券从业人员姚丽控制使用他人账户买卖股票获利，被罚没约120万元；另外，宏信证券刘军、财达证券独轶、华安证券谢竞等人在任职期间私下接受相关客户委托进行证券交易并利用亲属证券账户从事股票交易，均被依法追究相应责任。《证券法》关于禁止证券从业人员买卖股票的规定，其本意在于防范从业人员利用因任职便利所获取的信息优势与其他投资者进行不公平交易，或者抢占客户、委托人的交易机会，破坏公开公平公正的市场秩序。个别从业人员无视法律规则与职业道德，试图借用他人账户绕开法律限制，突破法律底线，必将受到法律严惩。

除上述案件外，证监会还对编造传播虚假信息、期货市场违法等其他类型案件共十余起依法作出行政处罚。

通过依法全面从严的行政处罚工作，证监会有力维护了市场“三公”原则，有效保护了投资者合法权益，树立了监管权威。下半年，证监会将继续保持执法定力，牢记使命，恪尽职守，保持行政处罚依法全面从严的压倒性态势，为建设富有国际竞争力的中国特色资本市场不懈努力。为进一步深化依法、全面、从严监管，按照稳中求进的工作总基调，近日，证监会对2017年度专项执法行动进行了总体部署。这是证监会从市场改革稳定发展的全局出发，有效防范系统性金融风险，服务供给侧结构性改革，坚决治理市场乱象，坚决打击违法行为的一项整体工作安排，也是稽查部门坚持以常态化执法为基础，以专项行动为抓手，严厉打击市场各类违法犯罪，推进资本市场改革发展的重要工作举措。

证监会发布《关于修改〈关于改革完善并严格实施上市公司退市制度的若干意见〉的决定》

近日,证监会发布了《关于修改〈关于改革完善并严格实施上市公司退市制度的若干意见〉的决定》,对 2014 年《关于改革完善并严格实施上市公司退市制度的若干意见》(以下简称《退市意见》)进行修改。

上市公司退市制度是资本市场的重要基础性制度,2014 年《退市意见》发布以来,已初步形成包括重大违法强制退市在内的多元化退市指标体系以及较为稳定的退市实施机制,对于进一步健全完善资本市场基础功能,实现上市公司退市的市场化、法治化和常态化具有重要意义。证监会在总结《退市意见》实施以来经验的基础上,贯彻落实《证券法》的规定,进一步完善重大违法强制退市的内容,提高规则的可操作性,强化证券交易所的一线监管职能,对《退市意见》进行了修改。

根据《证券法》规定和实践需要,这次修改主要包括以下三个方面。一是完善重大违法强制退市的主要情形,明确上市公司构成欺诈发行、重大信息披露违法或者其他涉及国家安全、公共安全、生态安全、生产安全和公众健康安全等领域的重大违法行为的,证券交易所应当严格依法作出暂停、终止公司股票上市交易的决定的基本制度要求。二是强化证券交易所的退市制度实施主体责任,明确证券交易所应当制定上市公司因重大违法行为暂停上市、终止上市实施规则。三是落实因重大违法强制退市公司控股股东、实际控制人、董事、监事、高级管理人员等主体的相关责任,强调其应当配合有关方面做好退市相关工作、履行相关职责的要求。

这次对退市制度的修改完善,对于进一步健全资本市场功能,增强市场主体活力,塑造理性投资文化,形成优胜劣汰的良好机制具有重要意义。对有关重大违法公司,特别是严重危害市场秩序,严重侵害群众利益,造成重大社会影响的,坚决依法实施强制退市。

上市公司退市涉及诸多方面。为做好对重大违法公司的强制退市实施工作,有关方面将加强统筹协调与工作配合,全面贯彻落实《证券法》和《退市意见》等相关规定,充分发挥退市制度积极作用,努力维护市场稳定,切实保障投资者、特别是广大中小投资者合法权益。

需要指出的是,上市公司退市改变了公司股票交易转让的方式,但公司本身仍然是股份有限公司,公司的控股股东、实际控制人、董事、监事、高级管理人员等相关责任主体,应当本着对职工负责、对投资者负责的态度,切实履行公司退市后正常生产经营的各项职责。

证监会部署 2018 年第二批专项执法行动严厉打击资本市场屡查屡犯违法主体

近一时期,证监会和交易所在线索处理和市场监控中发现,一批曾因操纵市场、内幕交易、“老鼠仓”交易等违法违规行为受过查处的不法人员,再次现身市场,触碰法律底线,恣意实施严重扰乱市场秩序的违法行为。为此,证监会稽查部门依托执法大数据系统,专门对曾被证监会查处的违法主体进行了集中搜索排查,锁定了 18 起有“老面孔”主体参与的典型案件。按照“精准立案、精准查处、精准打击”的执法原则,证监会稽查部门近日集中部署 2018 年第二批专项执法行动,调配全系统执法力量重点查办这 18 起案件。

从线索排查的初步情况看,这批案件违法主体的行为表现:一是利用他人账户,通过“马甲”掩护,隐蔽变换违法身份;二是通过虚构业务环节、拉长操作链条、销毁藏匿交易痕迹等多种方式,升级违法手段,掩饰相关违法活动;三是涉案金额巨大,行为手法凶悍,严重影响市场稳定。有的操纵市场案件累计交易金额超过100亿元，获利金额达7000万元。

这批案件不少呈现非常明显的多种违法复合糅杂的特点，有的违法主体利用身份优势，或从事内幕交易，或超比例持股不披露，或恶意侵占上市公司利益，或利用未公开信息交易股票。有的违法主体综合运用连续交易、对敲、洗售、虚假申报、蛊惑等多种手法，反复操纵股票价格，反映出这类"老面孔"主体违法恶意明显、操作手法老道、对抗经验丰富的突出特点，不少主体与市场所谓的"系""帮"关联密切，有的甚至以规避监管、边沿操作为职业，严重危害市场运行秩序，积聚市场风险，侵蚀市场信心。

证券市场公开、公平、公正的市场秩序要求参与市场活动的主体尊崇法律规范、恪守法律底线。曾经受过查处的违法人员，理应认真吸取教训，增强守法意识，严格依法行事。证监会严正警告，相关主体一而再、再而三地实施违法违规行为，这是对国家法律的严重践踏，是对监管权威的严重挑衅。证监会严正警告，对于在市场上不收敛、不收手，恶意再犯的违法人员，将以更加坚定的决心，更加有力的措施，坚决彻查严究，从快、从严、从重追究法律责任，绝不姑息迁就。证监会将通过专门的技术执法手段，密切跟踪，全方位筛查违法线索，发现一起、立案一起、查处一起。同时，证监会将进一步密切与公安机关执法协作配合，通过情报导侦、信息共享、办案协同的专门工作机制，实现案件突破，以最严格的标准，坚决追究涉案人员的刑事责任，坚决让不法分子付出应有的代价。案件进展情况，证监会将及时向社会公布。

证监会就《证券期货经营机构私募资产管理业务管理办法（征求意见稿）》及其配套细则对外公开征求意见

日前，证监会就《证券期货经营机构私募资产管理业务管理办法（征求意见稿）》及《证券期货经营机构私募资产管理计划运作管理规定（征求意见稿）》（以下统称《资管业务新规》）公开征求意见。

证监会发言人介绍，近年来，证券期货经营机构私募资管业务发展较快。截至2018年6月，证券期货经营机构私募资管业务规模合计25.91万亿元，其中证券公司及其子公司约14.92万亿元，基金公司及其子公司约10.83万亿元，期货公司及其子公司约1600亿元。现有绝大多数证券期货经营机构私募资管业务运营情况总体良好，产品投资运作较为规范，对于满足居民和企业投融资需求，改善社会融资结构，发挥了重要的积极作用。但随着市场快速发展和内外部环境变化，证券期货经营机构私募资管业务也暴露出一些问题，如，个别机构偏离资管业务本源，主动管理不足，风险控制薄弱。2016年以来，证监会持续完善私募资管业务监管规则，督促证券期货经营机构落实合规风控主体责任，行业合规风控意识有所增强，盲目扩张业务、忽视合规风控的情况得到初步遏制。

2018年4月27日，《关于规范金融机构资产管理业务的指导意见》（以下简称《指导意见》）正式发布实施，证券期货经营机构对照要求，积极推进存量业务和产品的规范。

此次征求意见的《资管业务新规》，是在系统整合证券期货经营机构私募资管业务现行监管规定的基础上，全面落实《指导意见》相关要求，并吸收近年来证监会在私募资管业务防风险领域行之有效的监管经验，对证券期货经营机构私募资管业务进行系统规范，拟作为《指导意见》配套细则发布实施。

证监会发言人表示，《资管业务新规》多数为2016年以来证监会落实依法全面从严监管，针对证券期货经营机构私募资管业务出台的政策，具有较高的政策延续性，且部分指标在对标《指导意见》后，较现行监管规定略有放宽。总体看，有利于实现证券期货经营机构存量资管业务平稳过渡，进一步提升证券期货经营机构私募资管业务的合规管理和风险控制水平，切实保护投资者合法权益，防范系统性风险。起草过程中，始终坚持四项基本原则：

一是统一监管规则,促进公平竞争。一方面,统一证券公司、基金管理公司、期货公司及其子公司等各类证券期货经营机构私募资管业务监管规则,消除监管套利。另一方面,对标《指导意见》,并与其他金融监管机构有关资管业务监管规则保持衔接一致。

二是立足有效整合,坚持问题导向。原则上不对现有监管体制和规则作大的改动,总结近年来私募资管业务突出问题和监管经验,重点在加强风险防控、规制关联交易、防范利益输送、压实经营机构主体责任等方面,完善制度体系。

三是细化指标流程,提高可操作性。按照《指导意见》的要求,《资管业务新规》进一步明确了资管产品的投资者适当性管理、非标债权类资产投资的限额管理、流动性指标管理、信息披露等具体指标和监管要求,简便可行。

四是增加规则弹性,确保平稳过渡。立足当前市场运行特点和存量资管业务情况,设置了与《指导意见》相同的过渡期,并且作了"新老划断"的柔性安排。过渡期内,各机构在有序压缩存量尚不符合《资管业务新规》规定的产品整体规模的前提下,允许存量尚不符合《资管业务新规》规定的产品滚动续作,且不统一限定整改进度,允许机构结合自身情况有序规范,逐步消化,实现新旧规则的平稳、有序衔接。过渡期结束后,对于确因特殊原因难以规范的存量非标准化债权类资产,以及未到期的存量非标准化股权类资产,经证监会同意,采取适当安排妥善处理。

证监会将根据公开征求意见情况,认真研究各方反馈意见,进一步完善后尽快发布。

◇法制热点

一文看懂股票质押新规

【导语】此次股票质押新规的目的有三个:一是"进一步聚焦股票质押式回购交易服务实体经济定位",二是"防控交易风险",三是"规范业务运作"。

2018年1月12日,中国证券业协会发布修订后的《证券公司参与股票质押式回购交易风险管理指引》(以下简称"风险管理指引"),沪深交易所与中国结算发布《股票质押式回购交易及登记结算业务办法(2018年修订)》(以下简称"业务办法"),自3月12日起正式实施。此次股票质押新规的目的有三个:一是"进一步聚焦股票质押式回购交易服务实体经济定位";二是"防控交易风险";三是"规范业务运作"。

一、股票质押新规出台的背景:风险频发,部分业务脱实向虚

2017年以来,股票质押式回购业务频频拉响警报,风险屡屡引起市场关注。

2017年11月23日,皇氏集团(002329)公告,其董事徐蕾蕾女士的证券账户于2017年11月21日卖出公司股票649,187股,卖出原因为:徐蕾蕾因股票质押未能完成到期回购,且跌破最低履约保障比例后未能实施相应履约保障措施,构成违约,被东方证券强制部分平仓。

2017年7月24日,洲际油气(600759)公告,其第一大股东广西正和拟减持占公司总股本的3.83%的股份,而减持的原因是其股票质押的资金提供方平安银行要求强制平仓,同时向法院提起了诉讼,申请了冻结广西正和持有的公司其他股份。

2017年4月28日,浙江东阳市公安局披露,鹏起科技(600614)第一大股东鼎立控股集团股份有限公司涉嫌非法吸收公众存款罪,东阳市公安局对相关责任人依法采取了强制措施。之后鼎立控股集团进入破产清算程序,而其持有的股票绝大部分被质押,质权人为长江证券和国投泰康信托。

2017年12月26日,天马股份(002122)公告,公司控股股东喀什星河创业投资有限公司在华融证券的股份质押已于2017年12月18

日到期，双方尚未签订正式的续质协议，喀什星河正与包括华融证券在内的金融机构协商股票再质押事宜，至今尚未有进一步信息披露。

与此同时，股票质押部分业务存在脱实向虚情况。

一些股票质押的融入方在融入资金后未用于实体经济生产经营，而是用于股票申购或二级市场投资，或投资于违反国家宏观条款政策、环境保护政策与产业政策的项目；一些金融机构及其管理的产品、从事贷款或个人信贷的机构、私募基金作为股票质押融入方进行融资，资金未完全流入实体经济。

如何解决这些问题，正是股票质押业务规定修订的目的所在。

二、新规对上市公司股东的八大影响

1. 单只股票市场整体质押比例不得超过50%，数百家上市公司股东参与股票质押交易受限

新规规定，单只股票市场整体比例不得超过50%。截至1月12日，沪深两市130家上市公司(名单附后)市场整体质押比例超过50%；89家上市公司市场整体质押比例在45%与50%之间；110家上市公司市场整体质押比例在40%到45%之间。

新规实施后，上市公司股东做股票质押需要抢占额度，博弈模式开启。如果一支股票总股本质押比例超过50%，所有股东都无法新增股票质押融资。而总股本质押比例在40%到50%之间的，证券公司在进行业务评审时也会非常慎重，因为股东的滚动质押融资受限。目前的业务实践中，很多股东是通过股份滚动质押融资，借新还旧，但如果新增质押融资具有不确定性，这些股东的还款能力就会受到较大影响。

2. 有业绩承诺股份补偿的股东融资受限

《风险管理指引》第13条规定，“质押股票有业绩承诺股份补偿协议的，证券公司应当识别和评估其特殊风险，……切实防范因质押股票出现股份补偿情形而产生的风险，不得以其管理的集合资产管理计划和定向资产管理客户作为融出方参与股票质押式回购交易。”

近年来，上市公司并购重组非常频繁，大多数被并购重组方股东持有的股票均有业绩承诺股份补偿，补偿期限一般为3年，今后资管产品不再能此类股份的参与股票质押式回购，这类股票的质押融资大大受限。

3. 资金用途不符合要求的股东不得融资

新规明确，融入资金要用于实体经济生产经营，不得直接或者间接用于下列用途：(1)投资于被列入国家相关部委发布的淘汰类产业目录，或者违反国家宏观调控政策、环境保护政策的项目；(2)进行新股申购；(3)通过竞价交易或者大宗交易方式买入上市交易的股票；(4)法律法规、中国证监会相关部门规章和规范性文件禁止的其他用途。

融资人在融资后，未按上述要求使用资金的怎么办？进入黑名单，后果很严重。

4. 进入黑名单的，全行业融资禁入一年

新规要求证券公司建立股票质押式回购交易黑名单制度，并通过中国证券业协会向行业披露。对记入黑名单的融入方，证券公司在披露的日期起1年内，不得向其提供融资。

5. 防止资金脱实向虚，明确融入方不得为金融机构或其发行的产品

新规要求融入方不得为金融机构或者从事贷款、私募证券投资或私募股权投资、个人借贷等业务的其他机构，或者前述机构发行的产品。符合一定政策支持的创业投资基金除外。

6. 对融入方初始交易金额做了限制，小额股票质押业务被禁止

融入方首笔初始交易金额不得低于500万元人民币，此后每笔初始交易金额不得低于50万元。

7. 股票质押率上限不得超过60%

交易所可以根据市场情况，对质押率上限进行调整，并向市场公布。

对于之前进行股票质押融资时质押率超过60%的上市公司股东，杠杆率要被动下调。

8. 利好：融入方担保物范围增加

新规之前，如果股东股票质押履约保障比例达到或低于约定数值的，只能补充质押股票或现金，如融入方无股票和现金可供补仓，就可能陷入违约的境地。新规规定，履约保障比例达到或低于约定数值的，融入方可以“补充其他担保物，担保物应为依法可以担保的其他财产或财产权利”，从而增加了融入方的担保物范围。

三、新规对证券公司的六大影响:规范业务运作强化管理人职责

1. 明确禁止券商公募资管计划参与股票质押回购业务

业务办法第 17 条规定,“证券公司及其资产管理子公司管理的公开募集集合资产管理计划不得作为融出方参与股票质押回购。”

这里指的公开募集集合资产管理计划,除了申请公募牌照的券商资管发行的公募产品,还包括券商资管在 2013 年新基金法出台前发行的大集合产品。之前的法律法规中对公募资管计划参与股票质押式回购交易未做明确规定,此次新规正式做出了规定。

2. 强化证券公司尽职调查要求,加强业务风险的事前控制

新规细化了尽职调查流程、人员、报告等内容,加强业务风险的事前控制,具体如下:

人员:证券公司对参与尽职调查人员和方式应当集中统一管理,应当成立尽职调查小组,调查小组至少安排两名人员,并指定调查小组负责人。

流程:尽职调查时应当以实地调查方式为主,辅助以其他必要的方式。证券公司应当对尽职调查获取的各项材料进行详细分析,形成尽职调查报告。

报告:尽职调查报告应当包括近三年融入方的财务状况、信用状况;融入资金用途、还款来源;质押股票的担保能力;质押股票的质押率、利率确定依据和考虑因素;存在的风险因素和应对控制措施等。尽职调查报告应当包括各部分分析内容的结论,并给出明确的整体结论意见。

3. 要求券商资管参与股票质押式回购业务强化管理人职责

新规风险管理指引中专门增加一条(第 30 条),对资管计划参与股票质押作出规定,要求“证券公司以集合资产管理计划和定向资产管理客户参与股票质押式回购交易业务的,应当强化管理人职责,重点关注融入方的信用状况、质押股票的风险情况等,加强流动性风险管理,切实防范业务可能出现的风险”。

需要注意的是,此次监管并未区分定向计划和集合计划(定向计划基本上为被动管理通道业务),均要求强化管理人职责,关注融入方的信用状况和质押股票的风险情况,而在过往的行业实践中,融入方信用状况和质押股票的风险(履约保障比例盯市除外)主要由定向计划的委托人来监控。此次新规可以说拉平了券商资管在通道业务和主动管理业务中的职责差异,或者说,在股票质押业务领域,新规并不认为有所谓的通道业务。

4. 按照分类监管原则对证券公司自有资金参与股票质押回购交易业务融资规模进行控制

新规规定:分类评价结果为 A 类的证券公司,自有资金融资余额不得超过公司净资本的 150%;分类评价结果为 B 类的证券公司,自有资金融资余额不得超过公司净资本的 100%;分类评价结果为 C 类及以下的证券公司,自有资金融资余额不得超过公司净资本的 50%。

截至 2017 年 6 月 30 日,129 家证券公司净资本为 1.5 万亿元,远高于目前券商自有资金参与股票质押式回购业务余额,所以从整体上来讲,资本金对券商自有资金参与股票质押式回购业务目前无影响,个别公司(评级低的公司和资本金较少的公司)可能会受到限制。

5. 增加暂停或停止证券公司股票质押回购交易权限的情形

与之前规则相比,增加了三种情形下,交易所可以暂停证券公司交易权限:一是未尽核查责任,导致不符合条件的融入方、融出方参与股票质押回购(之前为:未尽核查责任,导致不符合条件的集合资产管理计划或定向资产管理客户参与股票质押回购);二是内部风险控制不足,股票质押回购发生较大风险;三是从事股票质押回购时,扰乱市场秩序。

新规增加了在如下两种情形下,交易所可以终止证券公司股票质押回购交易权限:一是内部风险控制严重不足,股票质押回购发生重大风险;二是从事股票质押回购时,严重扰乱市场秩序。

新增的这几种情形,体现了监管机构更严格的防控风险要求。股票质押回购发生风险,主要的风险类型是信用风险、流动性风险和操作风险,而信用风险的市场影响更大。而内部风险控制,既体现在事前的尽职调查和项目评审,也体现在事中的风险监测和持续管理。

如何理解“从事股票质押回购时扰乱市场

秩序”，应至少包括两方面，一方面是开展股票质押业务未考虑国家宏观政策与产业政策，为大量不符合宏观调控政策与国家产业政策的融入方提供融资；另一方面是在违约处置时，因未遵守相关业务规则或者决策/操作不审慎，带来二级市场的非正常波动，严重影响了二级市场交易。

6. 要求券商在股票质押回购业务中进行集中度控制

新规要求，证券公司作为融出方的，单一证券公司接受单只 A 股股票质押的数量不得超过该股票 A 股股本的 30%。集合资产管理计划或定向资产管理客户作为融出方的，单一集合资产管理计划或定向资产管理客户接受单只 A 股股票质押的数量不得超过该股票 A 股股本的 15%。

新规实施后，股票质押业务业务规范性大大提高，潜在的风险可以得到更有效的管控，为股票质押回购业务的进一步发展奠定了坚实的基础，也可以更好的服务实体经济。

中证金融法律通讯

（2018 年第 2 期 · 总第 10 期）

风险管理部编　　2018 年 12 月

◇本期专题

宪法宣传教育

✓国家宪法日，一起学宪法！

✓宪法日说宪法：40 年宪法发展历程

✓人民网评：以宪法为根本准则

✓大家手笔：坚持党的领导是宪法一以贯之的精神

◇监管动态

✓证监会通报债券市场有关执法工作情况

✓系统重要性金融机构监管框架建立

✓证监会、财政部、国资委联合发布《关于支持上市公司回购股份的意见》

✓证监会发布《证券期货经营机构私募资产管理业务管理办法》及其配套规则

◇法制热点

✓改革开放以来我国法治建设的宝贵经验（纪念改革开放四十周年）

◇本期专题

宪法宣传教育

国家宪法日，一起学宪法！

有人说，宪法是"高大上"的法律，总觉得距离我们很遥远。真的是这样吗？事实上，宪法与你我息息相关。在第五个国家宪法日到来之际，让我们来了解一下，宪法如何保障你我的基本权利。

公民的平等权，宪法如何保障？

宪法规定，**中华人民共和国公民在法律面前一律平等。**

据此，公民不分民族、种族、性别、职业、家庭出身、宗教信仰、教育程度、财产状况、居住期限，都一律平等地享有宪法和法律规定的权利，也都平等地履行宪法和法律规定的义务。

宪法如何保障我们的人格尊严？

宪法规定，**中华人民共和国公民的人格尊严不受侵犯。**

禁止用任何方法对公民进行侮辱、诽谤和诬告陷害。

关于公民劳动的权利和义务，我国宪法如何规定？

宪法规定，**中华人民共和国公民有劳动的权利和义务**。

国家通过各种途径，创造劳动就业条件，加强劳动保护，改善劳动条件，并在发展生产的基础上，提高劳动报酬和福利待遇。

劳动是一切有劳动能力的公民的光荣职责。国有企业和城乡集体经济组织的劳动者都应当以国家主人翁的态度对待自己的劳动。国家提倡社会主义劳动竞赛，奖励劳动模范和先进工作者。国家提倡公民从事义务劳动。

宪法如何规定劳动者的休息权？

宪法规定，**中华人民共和国劳动者有休息的权利**。

国家发展劳动者休息和休养的设施，规定职工的工作时间和休假制度。

在哪些情况下，公民有获得物质帮助的权利？

宪法规定，**中华人民共和国公民在年老、疾病或者丧失劳动能力的情况下，有从国家和社会获得物质帮助的权利**。国家发展为公民享受这些权利所需要的社会保险、社会救济和医疗卫生事业。

国家和社会保障残废军人的生活，抚恤烈士家属，优待军人家属。

国家和社会帮助安排盲、聋、哑和其他有残疾的公民的劳动、生活和教育。

关于公民受教育的权利和义务，宪法是怎么规定的？

宪法规定，**中华人民共和国公民有受教育的权利和义务**。

国家培养青年、少年、儿童在品德、智力、体质等方面全面发展。

有权利就有义务，公民行使自由和权利应当注意什么？

任何公民享有宪法和法律规定的权利，同时必须履行宪法和法律规定的义务。

宪法规定，**中华人民共和国公民在行使自由和权利的时候，不得损害国家的、社会的、集体的利益和其他公民的合法的自由和权利**。

宪法日说宪法:40 年宪法发展历程

1978 年 3 月 5 日,第五届全国人大第一次会议通过 1978 年宪法。这部宪法的序言正式宣布"我国社会主义革命和社会主义建设进入了一个新的发展时期"。1978 年宪法回应了民众对法律秩序建立的期待,通过恢复设立人民检察院等体制使国家政权运行趋于正常化。但是,1978 年宪法的局限性是无法克服的,特别是仍将"无产阶级专政下的继续革命"作为宪法指导思想,这也成为 1980 年启动全面修改宪法的动因。

我国现行宪法,即 1982 年宪法,是根据党的十一届三中全会的路线方针政策,适应改革开放和社会主义现代化建设历史新时期的需要,于 1982 年 12 月 4 日由五届全国人大五次会议通过的。

1982 年宪法公布施行后,根据我国改革开放和社会主义现代化建设的实践和发展,在党中央领导下,全国人民代表大会分别于 1988 年 4 月 12 日、1993 年 3 月 29 日、1999 年? 3 月 15 日、2004 年 3 月 14 日和 2018 年 3 月 11 日通过宪法修正案,先后五次对 1982 年宪法的个别条款和部分内容作出必要的、也是十分重要的修正。通过宪法修改,我国宪法在中国特色社会主义伟大实践中紧跟时代步伐,不断与时俱进、完善发展。

改革开放 40 年来的历程充分证明,我国宪法有力坚持了中国共产党领导,有力保障了人民当家作主,有力促进了改革开放和社会主义现代化建设,有力推动了社会主义法治国家建设进程,有力维护了国家统一、民族团结、社会稳定,是符合国情、符合实际、符合时代发展要求的好宪法,是充分体现人民共同意志、充分保障人民民主权利、充分维护人民根本利益的好宪法,是推动国家发展进步、保证人民创造幸福生活、保障中华民族实现伟大复兴的好宪法。

人民网评:以宪法为根本准则

"法者,天下之程式也,万事之仪表也"。作为国家的根本大法,宪法是党和人民意志的集中体现,具有最高的法律地位、法律权威、法律效力。回顾历史可以发现,我国宪法制度的确立和发展,同党和人民进行的艰苦奋斗和创造的辉煌成就紧密相连,同党和人民开辟的前进道路和积累的宝贵经验紧密相连。作为国之九鼎重器,宪法构成了党执政兴国、团结带领全国各族人民建设中国特色社会主义的法治保障。由此而言,国家宪法日的意义正在于,塑造全社会的宪法信仰,夯实依宪治国的法治基石,凝聚共同奋斗的政治共识。

今年 3 月 11 日,是我国法治史上特别值得纪念的日子。这一天,十三届全国人大一次会议表决通过《中华人民共和国宪法修正案》,把党的十九大确定的重大理论观点和重大方针政策载入国家根本法,把党和人民在实践中取得的重大理论创新、实践创新、制度创新成果上升为宪法规定,社会主义民主法治建设迈出重大步伐。新修正的宪法,体现出新时代坚持和发展中国特色社会主义的新形势新任务,吸纳了党和国家事业发展的新成就新经验新要求,有助于我们在新时代更好地发挥宪法的国家根本法作用,把依法治国、依宪治国提高到一个新水平。

以国家宪法日为契机,我们更加注重维护宪法权威、加强宪法实施。宪法的生命力和权威并不刻在大理石上,也不记录于文本典籍中,而需要体现到依法治国的每一个环节,实施到国家政治生活的方方面面。习近平总书记强调,坚持依法治国首先要坚持依宪治国,坚持依法执政首先要坚持依宪执政。当前,我国宪法实施监督机制还不健全,我们必须把实施宪法摆在新时代全面依法治国的突出位置,采取有力措施加强宪法实施和监督工作。从现实需要看,改革发展稳定任务之重前所未有、矛盾风险挑战之多前所未有,实现国家治理现代化,尤需以宪法为遵循,更好维护宪法的尊严和权威。

以国家宪法日为契机,我们大力弘扬宪法精神,增强宪法意识。宪法是公民权利的保障书。广泛开展宪法学习宣传教育,拉近人民群众与"根本大法"之间的距离,有助于更好地维护和实现人民权利,同时使宪法实施获得更为广泛的社会关注与支持。宪法也是政治生活的教科书。国家公职人员特别是领导干部,尤其应当带头学好宪法、遵守宪法,以宪法为根本活动准则。当宪法真正成为规范国家政治生活的准绳,成为全体人民的共同信仰,我们就能不断夯实法治中国地基,推进社会主义法治国家建设进程。

回顾百年来的历史,无数仁人志士曾经为寻找一部适合自己民族的宪法而上下求索,也曾为以法治保持国家统一、维护民族团结、促进社会进步而不懈奋斗。如今，走进新时代，踏上新征程，新修正的宪法为实现“两个一百年”奋斗目标和中华民族伟大复兴的中国梦提供了有力宪法保障。我们更好维护宪法作为国家根本法的权威地位，更好发挥宪法治国安邦总章程的作用，就一定能不断厚植中国特色社会主义道路前进的根本法治保障，实现中华民族伟大复兴的中国梦。

大家手笔：坚持党的领导是宪法一以贯之的精神

董和平

宪法是国家的根本法，承担着对国家根本制度和根本任务、领导核心和指导思想、发展道路和奋斗目标等事关全国人民根本利益的重大全局性问题作出规定的主要任务。在我国，中国共产党是最高政治领导力量，中国共产党领导是中国特色社会主义最本质的特征，是中国特色社会主义制度的最大优势。对于坚持党的领导，我国宪法必然要予以记载和确认。党的领导核心地位在我国革命、建设、改革的历史进程中形成和巩固，宪法也将坚持党的领导这一行之有效的政治原则作为最高法律规范巩固下来。同时，对于如何规定坚持党的领导，宪法也展现了逻辑结构上的协调一致和立法语言上的鲜明风格。

新中国成立之初，我国制定了“五四宪法”。这部宪法主要是在序言中体现坚持党的领导的要求。宪法序言是我国宪法的灵魂，是宪法的重要组成部分，是中国人民通过宪法的形式对国家历史、现实与未来的共识的宣示，具有最高法律效力。“五四宪法”序言指出，“中国人民经过一百多年的英勇奋斗，终于在中国共产党领导下，在一九四九年取得了反对帝国主义、封建主义和官僚资本主义的人民革命的伟大胜利，因而结束了长时期被压迫、被奴役的历史，建立了人民民主专政的中华人民共和国”“我国人民在建立中华人民共和国的伟大斗争中已经结成以中国共产党为领导的各民主阶级、各民主党派、各人民团体的广泛的人民民主统一战线”。这就从历史的角度确认了党的领导地位，强调党的领导具有至关重要的作用，必须毫不动摇地坚持下去。

在继承“五四宪法”精神和立法体例的基础上，“八二宪法”对坚持党的领导的表述又有了新发展。首先，深化了对坚持党的领导重要意义的历史叙事。宪法序言更加全面地回顾了中国自1840年以来的历史，高度评价和肯定了党的领导在新中国建立、确立社会主义制度和社会主义建设中的历史地位和伟大作用。其次，在论述“中国新民主主义革命的胜利和社会主义事业的成就，都是中国共产党领导中国各族人民，在马克思列宁主义、毛泽东思想的指引下，坚持真理，修正错误，战胜许多艰难险阻而取得的”之后，站在历史逻辑与现实逻辑、制度逻辑相统一的高度，提出“中国各族人民将继续在中国共产党领导下，在马克思列宁主义、毛泽东思想指引下，坚持人民民主专政，坚持社会主义道路”，党的领导成为一条规范性更加明确的宪法原则。

今年通过的宪法修正案，基本继承了上述宪法序言对党的领导的表述，同时在宪法第一条增加“中国共产党领导是中国特色社会主义最本质的特征”。党的领导从宪法序言进入正文，以清晰的法律条文落实宪法序言提出的根本原则，这实现了党的领导在立法内容和立法方式上的历史性发展。首先，以宪法条文的形式确认党的领导，体现出我们对这一重大问题的认识更加科学。这一规定从中国特色社会主义本质的高度来把握党的领导，意味着坚持中国特色社会主义必须坚持党的领导。这有利于澄清社会上的一些模糊认识和错误思想，在全体人民中强化党的领导意识，推动把党的领导落实到国家工作全过程和各方面。其次，将对党的领导的规定放在“社会主义制度是中华人民共和国的根本制度”之后，将其与社会主义根本制度相结合，揭示了党的领导和国家根本制度的内在联系，也回答了为什么要坚持党的领导的问题。这一修改极大提高了党的领导的权威性，强化了党的领导的宪法地位，具有重要的理论和现实意义。

可见，坚持党的领导是宪法一以贯之的精神，是立法形式不断发展和立法内涵不断丰富的根本宪法原则。完善这一宪法原则，有利于全国各族人民在中国共产党的坚强领导下，凝心聚力实现中华民族伟大复兴的中国梦。

（作者为中国法学会宪法学研究会副会长）

◇监管动态

证监会通报债券市场有关执法工作情况

证监会坚决贯彻落实党中央、国务院关于债券市场监管的总体要求,依法履行《证券法》赋予的监管职责,严厉打击债券市场违法违规行为。2018 年至今,证监会查办债券市场违法违规案件 6 起,涉及欺诈发行、虚假陈述、操纵市场等行为。一是债券发行人粉饰业绩,制作虚假申报材料,骗取发行核准。二是债券发行人未按规定披露定期报告,隐瞒重大担保事项或者擅自改变募集资金用途。三是出于非法目的,人为制造虚假交易,干扰债券市场正常交易秩序。相关案件显示,债券违法违规行为侵害投资者合法权益,损害债券市场信用基础,进一步加强债券执法工作,有效查处债券违法违规行为,是促进我国债券市场健康稳定发展的必然要求。

为深入贯彻党的十九大精神,落实全国金融工作会议要求,优化监管资源配置,健全债券市场监管体系,经国务院同意,人民银行、证监会、发展改革委联合发布《关于进一步加强债券市场执法工作有关问题的意见》(以下简称《意见》)。根据《意见》,人民银行、证监会、发展改革委继续按现行职责分工做好债券市场行政监管,人民银行、发展改革委发现涉及债券违法活动的线索,及时移送证监会;《意见》明确了证监会依法对银行间债券市场、交易所债券市场违法行为开展统一的执法工作;确立了人民银行、证监会、发展改革委协同配合做好债券市场统一执法的协作机制。

债券执法事关市场运行秩序和投资者权益保护,是防范系统性风险的有力支撑。下一步,证监会将全面落实《意见》相关要求,进一步深化与人民银行、发展改革委等部门的执法协作,积极构建分工明确、密切配合、协同有效的协作机制,不断完善制度安排,按照依法全面从严监管的总体要求,积极稳妥地开展债券市场统一执法工作。

系统重要性金融机构监管框架建立

中国人民银行、银保监会、证监会 11 月 27 日联合发布《关于完善系统重要性金融机构监管的指导意见》。接受中国证券报记者采访的多位专家表示,被纳入系统重要性金融机构,将意味着更为严格的监管,将有助于督促系统重要性金融机构形成合理承担风险、避免盲目扩张的理性企业文化,有利于金融业健康发展和金融市场平稳运行。

★*有效防范系统性金融风险*

中国人民银行有关负责人表示,从我国情况看,经过近年来的快速发展,部分规模较大、复杂度较高的金融机构因与其他金融机构关联度高而居于金融体系核心,对我国金融体系整体稳健性及服务实体经济的能力具有重要影响。为此,迫切需要明确政策导向,对系统重要性金融机构的识别、监管和处置作出制度性安排,补齐监管短板,有效维护金融体系稳健运行。

从此前的国际经验看,华泰证券宏观首席分析师李超认为,2008 年国际金融危机的深刻教训即缺少对系统重要性金融机构监管,出台系统重要性金融机构监管框架对于防范我国系统性金融风险具有重大意义。国际上对全球系统重要性金融机构(GSIFI)有成熟的经验,国内的(DSIFI)也会借鉴,如可恢复与可处置方案,防止金融风险爆发时过度负的外溢性。

“历史经验表明,系统重要性金融机构因规模较大、结构和业务复杂、与其他金融机构关联性强,在金融体系中居于重要地位。其引发的系统性风险会比较隐匿、难以察觉和评估，容易被忽视。”中国人民大学重阳金融研究院高级研究员董希淼表示，但当系统性风险累积到一定程度时则会急速暴露，迅速变为系统性金融危机，且极具传染性和破坏力，严重影响金融市场稳定，甚至对宏观经济和社会稳定产生严重冲击。

国家金融与发展实验室副主任曾刚表示：“美国次贷危机中，一些该倒掉的机构，最后都被政府救助了。这些大型金融机构的股东、经营层可能会利用‘大而不能倒’的优势，利用市场的影响力和外部性来过度承担风险。大型金融机构的公司治理无法对风险进行有效约束，必须要靠外部监管进行补充。”

中国银行国际金融研究所研究员熊启跃介绍，巴塞尔协议要求成员国列出国内的系统重要性银行名单，并对这些系统重要性银行实施更严格的监管。所以，《指导意见》的出台是我国金融监管跟国际接轨的一个重要步骤。

★首批参评机构或不低于50家

央行有关负责人表示，《指导意见》主要规范系统重要性银行业、证券业、保险业机构，以及金融委认定的其他具有系统重要性、从事金融业务的机构。此外，《指导意见》还注意与其他规定相互衔接，在实施部分指出“金融控股公司适用国家有关金融控股公司监管的规定，但经金融委认定具有系统重要性的金融控股公司，同时适用本意见”。

“按照《指导意见》，此次‘系统重要性金融机构’的名单比此前市场预计的有所扩大。”董希淼表示，5家大型商业银行、国家开发银行、规模较大的股份制商业银行等银行业金融机构，资产规模大、影响范围广的证券业、保险业金融机构，都有可能纳入该名单。此外，部分从事金融业务的非金融机构，如经国务院金融委认定，也可能纳入名单，实施特别监管。

交通银行金融研究中心高级研究员武雯认为，系统性金融机构的范围涵盖银行、证券、保险机构及其他具有系统性重要性、从事金融业务的机构，可能涵盖部分金融控股公司，根据参评机构的范围披露，预计首批参评数量可能不低于50家金融机构。

在监管标准方面，曾刚预计，国内对系统性金融机构的监管标准应该不会高于国际标准，不然可能会对国内大型金融机构的竞争力造成影响。全球系统重要性金融机构必然会被划入中国的系统重要性金融机构。目前仍需等待评估细则和名单的出台。

专家表示，虽然金融稳定理事会（FSB）和巴塞尔委员会有文件，但并没有刚性规定国内系统重要性金融机构的数量必须多少家。以D－SIBs（国内系统重要性银行）为例，欧盟、瑞士和日本D－SIBs和G－SIBs（全球系统重要性银行）的数量比值都不一样。因此，评分评出来后线切在哪儿还要监管机构相机抉择。由于答记者问时还提到了合理设置监管要求和过渡期安排，甚至有可能慢慢扩围。

★将实施更严格监管

《指导意见》提出，人民银行会同银保监会、证监会针对系统重要性金融机构提出附加资本要求和杠杆率要求，报金融委审议通过后施行。根据行业发展特点，人民银行还可会同相关部门视情对高得分组别系统重要性金融机构提出流动性、大额风险暴露等其他附加监管要求。此外，《指导意见》着力完善系统重要性金融机构公司治理，从风险管理和信息系统等方面加强监管，以促其形成合理承担风险、避免盲目扩张的理性企业文化。

多位专家认为，被纳入系统重要性金融机构，最直接影响是更为严格的监管。东方证券首席经济学家邵宇认为，被定义为系统重要性对金融机构的影响有两方面：一方面，其评级或能得到提升，信用程度或能得到监管的重视。另一方面，它的资本占用会增加，因为会有额外的准备金要求。

兴业研究分析师陈昊表示，如果被定为系统重要性金融机构，意味着附加资本要求、杠杆率、风控体系、公司治理、压力测试会有更严苛的要求，因为这些金融机构如出现问题会影响整个金融系统。

武雯表示，被评为系统性重要机构对金融机构来说，更多意味着责任，要深刻认识到自身的系统重要性。首先，应该合理把握发展边界，有效控制风险承担水平。其次，不仅要考虑自身的商业利益，更要考虑作为市场引领者的社会责任，主动维护宏观金融体系稳定和金融安全。

《指导意见》指出，人民银行会同相关部门

在制定实施细则时将考虑我国金融机构实际情况,设置合理的监管要求与过渡期安排,避免短期内对金融机构造成冲击。

陈昊表示,当前银行资本压力比较大,《商业银行资本管理办法(试行)》的过渡期2018年底刚结束,如果马上把D-SIBs的资本充足率要求加上或对部分大中型银行有压力。相信监管部门会充分考虑多方面因素,包括内外部经济形势和各项因素来落地《指导意见》,避免产生太大的融资压力。

证监会、财政部、国资委联合发布《关于支持上市公司回购股份的意见》

为进一步提高上市公司质量,健全资本市场内生稳定机制,促进资本市场长期健康发展,根据《全国人民代表大会常务委员会关于修改〈中华人民共和国公司法〉的决定》的规定,证监会、财政部、国资委联合发布《关于支持上市公司回购股份的意见》(以下简称《意见》),自公布之日起施行。《意见》拓宽回购资金来源、适当简化实施程序、引导完善治理安排,鼓励各类上市公司实施股权激励或员工持股计划,强化激励约束,促进公司夯实估值基础,提升公司管理风险能力,提高上市公司质量。

《意见》主要内容包括:一是依法支持各类上市公司回购股份用于实施股权激励及员工持股计划。上市金融企业可以在合理确定回购实施价格、切实防范利益输送的基础上,依法回购股份用于实施股权激励或者员工持股计划,并按有关规定做好管理。其中,上市证券公司可以通过资管计划、信托计划等形式实施员工持股计划。二是鼓励运用其他市场工具为股份回购提供融资等支持。继续支持上市公司通过发行优先股、可转债等多种方式,为回购本公司股份筹集资金。支持实施股份回购的上市公司依法以简便快捷方式进行再融资。上市公司实施股份回购后申请再融资的,在一定规模内取消再融资间隔期限制,审核中给予优先支持。上市公司以现金为对价,采用要约或集中竞价方式回购股份的,视同上市公司现金分红,纳入现金分红的相关比例计算。三是简化实施回购的程序。上市公司股价低于其每股净资产,或者20个交易日内股价跌幅累计达到30%的,可以为维护公司价值及股东权益进行股份回购;上市公司因该情形实施股份回购并减少注册资本的,不适用股票上市已满一年和现行回购窗口期(定期报告或业绩快报公告前10日内、重大事项论证期间)限制。股东大会授权董事会实施股份回购的,可以一并授权实施再融资。四是引导完善公司治理安排。鼓励上市公司在章程中完善股份回购机制,引导董事会主动与股东沟通交流,充分发挥公司治理积极作用。

上市公司实施股份回购,要根据《公司法》和《意见》的相关要求,抓紧研究完善回购股份相关的公司治理机制,及时完善公司章程,健全内部治理安排,切实履行信息披露义务和相关决策程序。任何人不得利用上市公司回购股份从事内幕交易、操纵市场和进行证券欺诈等违法违规活动。

下一步,证监会将会同相关部门继续按照党中央、国务院的决策部署,进一步完善股份回购配套制度,稳妥推进相关工作。同时,加大监管执法力度,依法严厉查处违法违规行为,促进资本市场长期健康发展。

证监会发布《证券期货经营机构私募资产管理业务管理办法》及其配套规则

为落实党中央、国务院关于打好防范化解重大风险攻坚战的决策部署，促进统一资产管理产品监管标准，推动证券期货经营机构私募资产管理业务规范健康发展，2018 年 10 月 22 日，证监会发布了《证券期货经营机构私募资产管理业务管理办法》及《证券期货经营机构私募资产管理计划运作管理规定》（以下合称《资管细则》），作为《关于规范金融机构资产管理业务的指导意见》（以下称《指导意见》）配套实施细则，自公布之日起施行。

《资管细则》于 2018 年 7 月 20 日至 8 月 19 日向社会公开征求意见。征求意见过程中，金融机构、行业自律组织、专家学者和社会公众给予了广泛关注。证监会对反馈意见逐条进行了认真研究，充分吸收合理的意见，绝大多数意见已采纳，并相应修改完善了《资管细则》。

发布《资管细则》，既是证监会落实《指导意见》的重要举措，也是 2016 年以来证监会加强证券期货经营机构私募资管业务监管政策的巩固和提高。

在具体内容方面，《资管细则》与《指导意见》保持高度一致，部分监管指标较现行规定略有放宽，主要有七方面重点规则：一是统一法律关系，明确基本原则。依法明确各类私募资管产品均依据信托法律关系设立，并在此基础上确立了“卖者尽责、买者自负”等基本原则。二是系统界定业务形式，厘清资产类别。统一现有规则“术语体系”，系统界定业务形式、产品类型，以及标准化、非标准化资产。三是基本统一监管标准。覆盖机构展业的资格条件、管理人职责、运作规范和内控机制要求等方面。四是适当借鉴公募经验，健全投资运作制度体系。包括组合投资、强制托管、充分披露、独立运作等方面要求。五是压实经营机构主体责任。专设一章，系统规定证券期货经营机构开展私募资管业务的风险管理与内部控制机制要求。六是强化重点风险防控，补齐制度短板。重点加强流动性风险防控，以及利用关联交易向管理人或者托管人的控股股东、实际控制人输送利益的风险。七是强化一线监管，加强监管与自律协作。健全信息报送和信息共享机制，加强派出机构一线监管，强化责任追究。

在过渡期安排方面，《资管细则》立足当前市场运行特点和存量资管业务情况，设置了与《指导意见》相同的过渡期，并且作了“新老划断”的柔性安排。过渡期内，各证券期货经营机构在有序压缩存量尚不符合《资管细则》规定的产品整体规模的前提下，允许存量尚不符合《资管细则》规定的产品滚动续作，且不统一限定整改进度，允许机构结合自身情况有序规范，逐步消化，实现新旧规则的平稳、有序衔接。过渡期结束后，对于确因特殊原因难以规范的存量非标准化债权类资产，以及未到期的存量非标准化股权类资产，经证监会同意，采取适当安排妥善处理。

总体看，《资管细则》细化证券期货经营机构私募资管业务监管要求，有利于稳定市场预期，消除市场不确定性，实现证券期货经营机构存量资管业务平稳过渡；有利于促进统一同类资管业务监管标准，进一步提升证券期货经营机构私募资管业务的合规管理和风险控制水平，切实保护投资者合法权益，防范系统性风险。

下一步，证监会将继续加强证券期货经营机构私募资管业务监管，保护投资者合法权益，支持行业规范发展，有效防控金融风险，更好地服务实体经济。

◇法制热点

改革开放以来我国法治建设的宝贵经验（纪念改革开放四十周年）

张文显

【内容提要】依法治国是党领导人民治理国家的基本方式。改革开放40年来,在党的领导下,我们走出了中国特色社会主义法治道路。这条道路立足国情,是社会主义法治建设成就和经验的集中体现,成为全面依法治国取得历史性成就的根本原因。全面推进依法治国,总目标是建设中国特色社会主义法治体系、建设社会主义法治国家。我们党坚持在法治下推进改革、在改革中完善法治,以宪法为统领建设社会主义法治体系,既重视发挥法律的规范作用,又重视发挥道德的教化作用,坚持依法治国、依法执政、依法行政共同推进,法治国家、法治政府、法治社会一体建设,不断开创全面依法治国新局面。

改革开放40年是法治中国建设走过不平凡历程的40年。伴随我国经济社会持续快速发展,中国特色社会主义法治建设取得重大进步,为实现法治现代化、建成社会主义法治强国打下了坚实基础,积累了一系列宝贵经验。特别是党的十八大以来,在以习近平同志为核心的党中央坚强领导下,我国民主法治建设迈出重大步伐,科学立法保证良法善治,严格执法维护法律权威,公正司法确保公平正义,全民守法提升社会文明,法治国家、法治政府、法治社会建设相互促进,中国特色社会主义法治体系日益完善,国家治理体系和治理能力现代化稳步推进。回顾改革开放以来法治建设的历程,系统总结其成就和经验,对于在新的时代条件下全面推进依法治国、深化依法治国实践、不断推进国家治理体系和治理能力现代化具有重大意义。

★坚持和拓展中国特色社会主义法治道路

改革开放40年来,我国法治建设和全面依法治国之所以能取得历史性成就,根本原因在于我们坚定不移走中国特色社会主义法治道路。中国特色社会主义法治道路是中国特色社会主义道路在法治领域的具体体现。对于这条道路,习近平同志指出:“中国特色社会主义法治道路,是社会主义法治建设成就和经验的集中体现,是建设社会主义法治国家的唯一正确道路。”“中国特色社会主义法治道路是一个管总的东西。具体讲我国法治建设的成就,大大小小可以列举出十几条、几十条,但归结起来就是开辟了中国特色社会主义法治道路这一条。”“在坚持和拓展中国特色社会主义法治道路这个根本问题上,我们要树立自信、保持定力。”

坚持中国特色社会主义法治道路,核心要义是坚持党的领导、人民当家作主、依法治国有机统一,坚持中国特色社会主义制度,贯彻中国特色社会主义法治理论。党的领导、人民当家作主、依法治国有机统一集中反映了中国特色社会主义法治道路的本质特征和制度优势,体现了中国特色社会主义法治道路的根本性质和根本要求。

坚持中国特色社会主义法治道路,必须紧紧围绕中国共产党这一坚强领导核心,把党的领导贯彻落实到依法治国全过程和各方面。坚持党的领导,是社会主义法治的根本要求,是党和国家的根本所在、命脉所在,是全国各族人民的根本利益所系。必须发挥党总揽全局、协调各方的领导核心作用,保证党的路线方针政策和决策部署在社会主义法治国家建设中得到全面贯彻和有效执行。推进中国特色社会主义法治建设,必须坚持人民主体地位,坚持法治为了人民、依靠人民、造福人民、保护人民,把体现人民利益、反映人民愿望、维护人民权益、增进人民福祉贯穿于依法治国实践。

★坚持改革与法治双轮驱动

习近平同志指出,“改革和法治如鸟之两翼、车之两轮。”“在整个改革过程中,都要高度重视运用法治思维和法治方式,发挥法治的引领和推动作用”。坚持在法治下推进改革、在改革中完善法治,使改革因法治而得到有效推进,使法治因改革而得到不断完善,这是改革开放以来我国法治建设的一条重要经验。

党的十八大以来,我们党运用法治思维和法治方式深化改革,发挥法治对改革的引领和推动作用,确保重大改革于法有据,做到在法治轨道上推进改革,以法治凝聚改革共识、以法治引领改革方向、以法治规范改革行为、以法治化解改革风险、以法治巩固改革成果。同时,把法治纳入全面深化改革的总体部署,立法主动适应改革的要求,加强重点领域立法,修改和废止不适应改革要求的法律,同步推进立法体制、执法体制和司法体制改革。坚持立法决策和改革决策相统一,在全面深化改革总体框架内全面推进依法治国各项工作,坚定不移推进法治领域各项改革,以改革思维和改革方式推进法治中国建设。

在法治改革领域,坚持顶层设计、科学布局与试点探索、先行先试相结合。党的十八大以来,以习近平同志为核心的党中央加强对法治改革和法治建设的集中统一领导和顶层设计,提出全面推进依法治国的总目标。我们党把全面依法治国纳入“四个全面”战略布局,并与“两个一百年”奋斗目标对接,把中国特色社会主义法治体系建设与推进国家治理体系和治理能力现代化紧密联系起来,为法治建设注入强大动力。法治改革方案由党中央及中央全面深化改革领导小组(委员会)统一审议决策,重大改革由中央政治局和中央委员会决定,确保党中央对法治改革、依法治国的集中统一领导。在加强集中统一领导和顶层设计的同时,鼓励和支持地方、行业先行先试。各地在实践中探索可复制可推广的经验,又为党中央顶层设计提供了实践基础和现实依据。

★坚持以宪法为统领建设社会主义法治体系

宪法是国家的根本法,是治国安邦的总章程,具有最高的法律地位、法律权威、法律效力。我国宪法确认了中国共产党领导中国人民进行革命、建设、改革的伟大历程和重要成就,确立了工人阶级领导的、以工农联盟为基础的人民民主专政的社会主义国家的国体和人民代表大会制度的政体,规定了中国共产党领导的多党合作和政治协商制度、民族区域自治制度以及基层群众自治制度,规定了社会主义法治原则、民主集中制原则、尊重和保障人权原则等等,反映了我国各族人民的共同意志和根本利益。宪法是治国理政的总依据、全面依法治国的总依据、国家各种制度和法律法规的总依据。因而,宪法对于依法治国和法治中国建设具有统领和引领作用。

党的十九大以前,1982 年宪法曾根据我国改革开放和社会主义现代化建设实际进行过 4 次修改。2018 年,在中国特色社会主义进入新时代的历史方位和时代背景下,对现行宪法进行了第五次修改。现行宪法的历次修改都为法律的立改废释提供了宪法依据,既加快形成了中国特色社会主义法律体系,又推进了社会主义法治现代化。如今,一个以宪法为核心的中国特色社会主义法律体系不断完善,国家和社会生活各方面总体上实现了有法可依。全面推进依法治国,总目标是建设中国特色社会主义法治体系、建设社会主义法治国家。这就要求在中国共产党领导下,坚持中国特色社会主义制度,贯彻中国特色社会主义法治理论,形成完备的法律规范体系、高效的法治实施体系、严密的法治监督体系、有力的法治保障体系,形成完善的党内法规体系,实现科学立法、严格执法、公正司法、全民守法,促进国家治理体系和治理能力现代化。

★坚持依法治国与以德治国相结合

党的十六大报告将依法治国和以德治国相结合确定为党领导人民建设中国特色社会主义必须坚持的基本经验之一。我们党关于依法治国与以德治国相结合的重大创新,突破了以往法治理论中关于法治与德治不相容的僵化思维,阐明了一种现代法治和新型德治相结合的治国理政新思路。按照这种新思路,依法治国与以德治国相互补充、相互促进。

党的十八届四中全会把坚持依法治国和以德治国相结合作为实现全面推进依法治国总目标必须坚持的一条原则,强调“必须坚持一手抓法治、一手抓德治”。同时,更加深入地阐述了依法治国与以德治国的关系,指出:国家和社会治理需要法律和道德共同发挥作用,既重视发挥法律的规范作用,又重视发挥道德的教化作用,实现法律和道德相辅相成、法治和德治相得益彰。为此,要注意把一些基本道德规范转化为法律规范,使法律法规更多体现道德理念和人文关怀,通过法律的强制力来强化道德作用、确保道德底线,推动全社会道德素质提升。同时,发挥好道德的教化作用,必须以道德滋养法治精神、强化道德对法治文化的支撑作用。遵循依法治国与以德治国相结合的理念思路和决策部署,我国法治建设和道德建设呈现相得益彰的良好局面。

★坚持全面推进与重点突破相协调

改革开放以来,在全面推进依法治国过程中,我们党注重统筹推进、协调发展。例如,坚持国家、地方、社会三个层面的法治建设一起抓,依法治国、依法执政、依法行政共同推进,法治国家、法治政府、法治社会一体建设,统筹立法体制、执法体制、司法体制改革,法治建设呈现协调推进的良好局面。

党的十八大提出推进科学立法、严格执法、公正司法、全民守法。党的十八届四中全会提出全面推进依法治国。“四个全面”战略布局的提出,把全面依法治国提到了党和国家战略布局的新高度,赋予全面依法治国新的战略地位和战略使命。要把全面依法治国放在“四个全面”战略布局中来把握,深刻认识全面依法治国同其他三个“全面”的关系,从法治上为协调推进“四个全面”战略布局提供制度化方案,努力做到“四个全面”相辅相成、相互促进、相得益彰。

在全面推进依法治国过程中,我们党统筹推进法治国家、法治政府、法治社会建设各项工作,同时注重抓住关键环节、突破紧要瓶颈。例如,党的十八大以来,以习近平同志为核心的党中央大力推进司法体制改革,着眼于建设公正高效权威的社会主义司法制度、维护人民权益,着力健全司法权力分工负责、互相配合、互相制约机制,完善审级制度、司法组织体系和案件管辖制度,探索设立跨行政区划的人民法院和人民检察院,强化司法人员职业保障,完善确保依法独立公正行使审判权和检察权的制度等,办成了一批想了很多年、讲了很多年但没有办成的大事难事。

党的十九大对深化依法治国实践作出新的顶层设计和任务安排。全面推进依法治国是一项系统工程,是国家治理领域一场广泛而深刻的革命,建设社会主义法治国家是一项长期而重大的历史任务,必须在党的领导下,从我国实际出发,发挥政治优势,遵循法治规律,与时俱进提升理念观念、创新体制机制,不断开创依法治国事业新局面。

(作者为中国法学会副会长)

九、中国期货保证金监控中心公司

2018 年制定、修改的规则目录

序号	发布时间	文　　号	标　　题
1	2018 年 3 月 21 日	监控函〔2018〕56 号	关于修订《境外交易者统一开户业务操作规则》的函
2	2018 年 12 月 28 日	监控函〔2018〕275 号	关于修订《特殊单位客户统一开户业务操作 指引》和《期货公司资产管理业务统一开户 操作指引》的函

十、全国股份转让系统公司

（一）2018 年制定、修改的规则目录

序号	规 则 名 称	文　号	发布日期
挂牌业务类			
1	全国中小企业股份转让系统公开转让说明书信息披露指引——医药制造公司	股转系统公告〔2018〕298 号	2018-05-03
2	全国中小企业股份转让系统公开转让说明书信息披露指引——环境治理公司	股转系统公告〔2018〕1008 号	2018-09-19
3	全国中小企业股份转让系统主办券商挂牌推荐业务规定	股转系统公告〔2018〕1227 号	2018-10-29
4	全国中小企业股份转让系统挂牌申请文件内容与格式指引	股转系统公告〔2018〕1227 号	2018-10-29
5	全国中小企业股份转让系统公开转让说明书信息披露指引——专业技术服务公司	股转系统公告〔2018〕1497 号	2019-01-04
6	全国中小企业股份转让系统公开转让说明书信息披露指引——零售公司	股转系统公告〔2018〕1497 号	2019-01-04
7	全国中小企业股份转让系统公开转让说明书信息披露指引——互联网和相关服务公司	股转系统公告〔2018〕1497 号	2009-01-04
8	全国中小企业股份转让系统公开转让说明书信息披露指引——计算机、通信和其他电子设备制造公司	股转系统公告〔2018〕1497 号	2019-01-04
公司业务类——信息披露类			
9	全国中小企业股份转让系统挂牌公司信息披露指引——软件和信息技术服务公司	股转系统公告〔2018〕10 号	2018-01-07
10	挂牌公司信息披露及会计业务问答（四）——业绩预告、业绩快报与签字注册会计师定期轮换	股转系统公告〔2018〕48 号	2018-01-17
11	全国中小企业股份转让系统挂牌公司信息披露指引——医药制造公司	股转系统公告〔2018〕298 号	2018-05-03
12	挂牌公司信息披露及会计业务问答（五）——股权质押、冻结信息披露	—	2018-05-18
13	全国中小企业股份转让系统挂牌公司信息披露指引——环境治理公司	股转系统公告〔2018〕1008 号	2018-09-19
14	全国中小企业股份转让系统挂牌公司信息披露指引——专业技术服务公司	股转系统公告〔2018〕1497 号	2019-01-04
15	全国中小企业股份转让系统挂牌公司信息披露指引——零售公司	股转系统公告〔2018〕1497 号	2019-01-04
16	全国中小企业股份转让系统挂牌公司信息披露指引——互联网和相关服务公司	股转系统公告〔2018〕1497 号	2019-01-04

续表

序号	规 则 名 称	文　　号	发布日期
17	全国中小企业股份转让系统挂牌公司信息披露指引——计算机、通信和其他电子设备制造公司	股转系统公告〔2018〕1497 号	2019 - 01 - 04
公司业务类——融资类			
18	关于挂牌公司股票发行有关事项的规定	股转系统公告〔2018〕1220 号	2018 - 10 - 25
19	全国中小企业股份转让系统股票发行业务指引第 1 号——信息披露文件、备案文件的内容与格式	股转系统公告〔2018〕1220 号	2018 - 10 - 25
20	全国中小企业股份转让系统股票发行业务指引第 2 号——股票发行方案及发行情况报告书的内容与格式	股转系统公告〔2018〕1220 号	2018 - 10 - 25
21	全国中小企业股份转让系统股票发行业务指引第 3 号——主办券商关于股票发行合法合规性意见的内容与格式	股转系统公告〔2018〕1220 号	2018 - 10 - 25
22	全国中小企业股份转让系统股票发行业务指引第 4 号——法律意见书的内容与格式	股转系统公告〔2018〕1220 号	2018 - 10 - 25
23	全国中小企业股份转让系统股票发行业务指南	股转系统公告〔2018〕1220 号	2018 - 10 - 25
公司业务类——并购重组类			
24	全国中小企业股份转让系统非上市公众公司重大资产重组业务指引	股转系统公告〔2018〕1211 号	2018 - 10 - 26
25	挂牌公司权益变动与收购业务问答	股转系统公告〔2018〕1232 号	2018 - 10 - 26
26	挂牌公司重大资产重组业务问答	股转系统公告〔2018〕1232 号	2018 - 10 - 26
公司业务类——其他类			
27	全国中小企业股份转让系统挂牌公司证券简称或公司全称变更业务指南	股转系统公告〔2018〕973 号	2018 - 08 - 29
28	全国中小企业股份转让系统挂牌公司权益分派业务指南	股转系统公告〔2018〕974 号	2018 - 10 - 26
29	全国中小企业股份转让系统挂牌公司股票限售及解除限售业务指南	股转系统公告〔2018〕1303 号	2018 - 11 - 29
30	全国中小企业股份转让系统挂牌公司回购股份实施办法	股转系统公告〔2018〕1503 号	2018 - 12 - 28
交易监察类			
31	全国中小企业股份转让系统挂牌公司股份特定事项协议转让业务暂行办法	股转系统公告〔2018〕639 号	2018 - 06 - 01
32	全国中小企业股份转让系统挂牌公司股份特定事项协议转让业务办理指南(试行)	股转系统公告〔2018〕640 号	2018 - 06 - 01
机构业务类			
33	全国中小企业股份转让系统做市商评价办法(试行)	股转系统公告〔2018〕1233 号	2018 - 10 - 26
信息管理类			
34	全国中小企业股份转让系统证券指数管理办法(试行)	股转系统公告〔2018〕1502 号	2018 - 12 - 28

（二）2018年纪律处分决定目录

序号	文件名称	文　号	发文日期
1	关于给予衡阳鸿铭科技股份有限公司、雷霆和彭丹玉通报批评的纪律处分的决定	股转系统发〔2018〕37号	2018－01－15
2	关于给予山东天利和软件股份有限公司及祁云东通报批评的决定	股转系统发〔2018〕279号	2018－03－04
3	关于对安徽天智信息科技集团股份有限公司及相关当事人采取纪律处分的决定	股转系统发〔2018〕393号	2018－03－27
4	关于给予山东威能环保电源科技股份有限公司、张风太通报批评的纪律处分的决定	股转系统发〔2018〕699号	2018－05－25
5	关于给予宜春金洋新材料股份有限公司、彭华、桂贤友公开谴责纪律处分的决定	股转系统发〔2018〕704号	2018－05－25
6	关于给予重庆茂余燃气设备股份有限公司及刘开全通报批评的纪律处分的决定	股转系统发〔2018〕1259号	2018－06－05
7	关于给予广东拓捷科技股份有限公司、谢庆强、谢庆坚通报批评的纪律处分的决定	股转系统发〔2018〕1430号	2018－06－30

（三）2018年典型自律监管案例

一、资金占用、关联交易违规

TLH股份有限公司（以下简称“TLH”）在申报挂牌期间、挂牌后存在资金占用及关联交易违规等事宜，具体为：

（一）资金占用相关信息披露及公司治理违规

1.2015年11月10日（申报挂牌期间），TLH向其控股股东、实际控制人、董事长兼总经理祁某的个人账户汇入6,865,000.00元，向祁某所控制的公司出纳高某的账户汇入200,000元，除了归还前期所欠祁某款项4,341,154.34元外，形成祁某对公司的资金占用余额2,723,845.66元，占公司2014年期末经审计净资产24.25%。TLH未于《公开转让说明书》中，对上述资金占用及时补充披露。2.2015年11月11日至12月31日（完成挂牌后至期末），TLH向祁某拆出多笔资金，包括直接及间接方式，即通过向祁某本人账户及其所控制的公司出纳高某的账户，累计拆出4,754,977.00元，形成资金占用，占2014年期末经审计净资产的42.34%。TLH未于临时公告、2015年年报中，对上述资金占用及时披露。3.2016年度，祁某以直接方式或间接通过公司员工高某向公司借款，形成资金占用29,663,903.56元，占2015年期末经审计净资产100.91%。TLH未于临时公告、2016年半年报中，对上述资金占用及时披露。4.2017年3月20日，祁某借用公司资金 4,500,000 元,形成资金占用,占公司 2016 年期末经审计净资产 7.09%。TLH 未于临时公告中对上述资金占用及时披露。

TLH 的《公司章程》中载明公司为防止股东及其关联方占用或转移公司资金、资产及其他资源的相关安排,但因内部控制制度及财务管理不规范,导致未能有效防范实际控制人资金占用的行为。TLH 累计未及时披露的资金占用金额达 41,642,726.22 元。

(二)关联交易违规

2016 年度,公司关联方 SDWL 集团有限公司(以下简称"SDWL")借用公司资金发生额为 20,260,000 元(其中本金 20,000,000 元、利息 260,000 元),占公司 2015 年期末经审计净资产 68.92%。截至 2016 年 12 月 31 日,SDWL 归还 2,000,000 元,剩余 18,260,000 元。截至 2017 年 3 月 20 日,SDWL 归还剩余本息合计 18,468,000 元(本金 18,260,000 元、利息 208,000 元)。上述关联交易未及时履行审议程序,亦未于临时公告中及时披露。

综上,一是 TLH 未就申请挂牌期间的资金占用事项及时履行补充披露义务,违反《全国中小企业股份转让系统业务规则(试行)》(以下简称《业务规则》)第 1.5 条及《全国中小企业股份转让系统公开转让说明书内容与格式指引(试行)》第二十七条规定。二是 TLH 未就挂牌后资金占用事项及时履行信息披露义务,违反了《全国中小企业股份转让系统挂牌公司信息披露细则(试行)》(以下简称《信息披露细则》)第四十六条、《全国中小企业股份转让系统挂牌公司年度报告内容与格式指引(试行)》第二十三条、《全国中小企业股份转让系统挂牌公司半年度报告内容与格式指引(试行)》第二十四条的规定。三是 TLH 未能有效防范实际控制人资金占用的行为,违反《非上市公众公司监督管理办法》第十四条、《业务规则》第 4.1.1、4.1.2 条规定。四是 TLH 关联交易未及时履行审议程序及信息披露义务,违反了《信息披露细则》第三十五条规定。

对 TLH 违规行为,董事长兼总经理祁某负有主要责任,违反了《业务规则》第 1.4、1.5 条的规定。公司财务总监宋某及分管财务副总监兼董事赵某知悉相关情况,根据资金管理制度予以批准,违反了《业务规则》第 1.4 条的规定;董事会秘书徐某知悉公司资金占用及关联资金往来情况,未及时履行信息披露义务,违反了《业务规则》第 1.5 条的规定。

JSGZTY 会计师事务所(以下简称"JSGZTY")作为 TLH 2015 年年报审计机构,经过相关审计程序,认为 TLH 自 2015 年 11 月至 12 月期间存在控股股东、实际控制人及其关联方占用资金情形,但未在 2016 年出具的《资金占用情况的专项说明》中充分列示资金占用详细情况,未能勤勉尽责提供审计服务,未规范履行信息披露义务,违反了《业务规则》第 1.7 条的规定。

鉴于上述违规事实和情节,根据《业务规则》第 6.1、6.2 和 6.3 条的规定,全国中小企业股份转让系统有限责任公司决定:给予 TLH 和控股股东、实际控制人、董事长兼总经理祁某通报批评的纪律处分,并记入诚信档案;对财务总监宋某、分管财务副总监兼董事赵某、董事会秘书徐某采取出具警示函的自律监管措施;对 JSGZTY 会计师事务所采取要求提交书面承诺的自律监管措施。

二、违规对外担保

2015 年 11 月至 2016 年 6 月期间,MYRQ 股份有限公司(以下简称"MYRQ")为公司控股股东、实际控制人刘某及其控制的其他企业累计提供担保 5 笔,担保金额合计 5300 万元,占公司 2015 年末经审计净资产的 387.66%,具体如下:(1)2015 年 11 月 2 日,刘某控制的企业重庆 MYHNT 有限公司(以下简称"MYHNT")向中国建设银行重庆沙坪坝支行借款 700 万元,借款期限 2 个月,MYRQ 为该笔借款提供担保。(2)2015 年 11 月 11 日,刘某以公司原财务总监王某的名义向重庆市沙坪坝区捷成紫光小额贷款股份有限公司(以下简称"捷成紫光")借款 1000 万元,借款期限 3 个月,MYRQ 为该笔借款提供担保。(3)2015 年 11 月 11 日,刘某向自然人陈某借款 2000 万元,借款期限 3 个月,MYRQ 为该笔借款提供担保。(4)2016 年 6 月 6 日,MYHNT 向重庆瀚华资产管理有限公司借款 1100 万元,借款期限 3 个月,MYRQ 为该笔借款提供担保。(5)2016 年 6 月 27 日,刘某以公司员工刘某的名义向捷成紫光借款 500 万元,借款期限 2 个月,MYRQ

为该笔借款提供担保。

公司控股股东、实际控制人刘某以 MYRQ 的名义对外提供以上5笔连带责任保证担保，未履行公司内部审议程序，也未进行信息披露，构成《全国中小企业股份转让系统挂牌公司信息披露细则（试行）》（以下简称《信息披露细则（试行）》）第四十八条第十项所述的违规对外担保情形，违反了《信息披露细则（试行）》第三十五条、第四十六条第一款第九项的规定。

对以上对外担保未及时履行审议程序以及信息披露不及时的行为，MYRQ 控股股东、实际控制人、时任董事长刘某负主要责任，违反了《业务规则》第1.4、1.5和4.1.4条的规定。

鉴于上述违规事实和情节，根据《业务规则》第6.2、6.3条的规定，全国中小企业股份转让系统有限责任公司决定：给予 MYRQ 和控股股东、实际控制人、时任董事长刘某通报批评的纪律处分，并记入诚信档案。

三、挂牌公司大额定期存单质押未履行信息披露义务

STCM 股份有限公司（以下简称“STCM”）分别于2015年12月23日、24日和28日与中信信托有限责任公司（以下简称“中信信托”）、上海银行股份有限公司北京分行（以下简称“上海银行”）签署三份存单质押合同，约定以 STCM 名下的三张金额分别为5,000万元、3,620万元和2,870万元的定期存单为北京 BPRT 投资管理中心（以下简称“BPRT”）从中信信托取得的11,237万元信托贷款提供质押担保。上海银行已在 STCM 发出的质押通知单上签署确认函。STCM 前述用于质押的存单金额为11,490万元，占2015年净资产约34%。STCM 未按照规定就上述存单质押事项履行相应审议程序，且未在《公开转让说明书》中予以披露。STCM 与 BPRT 签署的《投资理财协议书之补充协议》（落款日期为2017年4月18日）未经公司内部程序审议，公司未对外披露。

2017年5月26日，北京 YLB 影视传媒有限公司因 STCM 全资子公司北京 TRYY 有限公司（以下简称“TRYY”）未按期偿还欠款本息将 TRYY 和 STCM 及公司实际控制人兼董事长郭某作为被申请人向北京仲裁委员会申请仲裁，申请金额40,322,581元。STCM 未及时对该仲裁事项进行临时信息披露，直至2017年7月12日才予以补充披露。

根据2017年6月30日《证券质押及司法冻结明细表》，STCM 实际控制人兼董事长郭某所持公司股份36,789,936股（持股比例为36.79%）被司法冻结，冻结期限为2017年6月27日起至2020年6月26日。冻结股份已在中国证券登记结算有限责任公司办理司法冻结登记。STCM 未及时对该股份质押并冻结事项进行临时信息披露，直至2017年7月12日才予以补充披露。

STCM 存在信息披露违规行为、未按规定履行内部审议程序的违规行为，违反了《全国中小企业股份转让系统业务规则（试行）》（以下简称《业务规则》）第1.5条、《全国中小企业股份转让系统公开转让说明书内容与格式指引（试行）》第三十五条，以及《全国中小企业股份转让系统挂牌公司信息披露细则（试行）》第二十二条、第二十六条、第三十七条和第四十六条的规定。对 STCM 违规行为，时任董事长郭某、董事会秘书张某负有主要责任。

鉴于上述违规事实和情节，根据《业务规则》第6.1条的规定，全国中小企业股份转让系统有限责任公司决定：对 STCM、董事长郭某和董事会秘书张某采取出具警示函的自律监管措施。

四、挂牌公司关联担保、对外借款未履行信息披露义务

TRKJ 股份有限公司（以下简称“TRKJ”）存在以下违规情形：

（一）关联担保未披露

2015年1－2月，公司控股股东、实际控制人丁某与蒋某签订三份《借款协议》，合计借款总额160万元，TRKJ 作为担保人承担连带保证责任。该借款到期后债务人未如期全额偿还。2017年5月，蒋某向法院提起诉讼主张债权，经法院一审、二审判决，丁某应偿还蒋某本金100万元及利息，TRKJ 应当承担担保责任。2018年2月，丁某已履行判决，公司担保义务解除。上述关联担保事项发生在挂牌申报前、报告期内，TRKJ 未在申报材料中如实披露该关联担保事项，构成信息披露违规。

2015年9月，丁某向陈某借款40万元，

2016年9月20日,丁某就部分未结清款项向陈某出具限期内偿还的《承诺函》,TRKJ在《承诺函》上盖章。后丁某未如期偿还,陈某将丁某与TRKJ作为共同被告起诉至法院,经法院调解,丁某和TRKJ在调解协议盖章并确认债务。后丁某与陈某按照调解协议偿还该笔借款,公司未承担还款义务。上述借款事项发生在报告期后、挂牌审查期间,TRKJ未在申报材料中如实披露该关联担保事项,构成信息披露违规。

(二)对外借款未披露

2016年11月7日,TRKJ向王某借款55.15万元,陈某提供连带担保,约定2016年底之前偿还借款。后因TRKJ和陈某未如期偿债,王某向法院提起诉讼。2017年7月17日,经法院调解,双方达成调解协议,约定TRKJ、陈某于2017年7月底前还清本息。目前该笔借款已由陈某偿还。上述借款发生在报告期后、挂牌申报审查期间,TRKJ未及时披露该笔借款事项,构成信息披露违规。

TRKJ的上述行为构成了信息披露违规。TRKJ未披露挂牌前为控股股东、实际控制人提供关联担保和对外负担债务的情形违反了《全国中小企业股份转让系统公开转让说明书内容与格式指引(试行)》第二十七条、《全国中小企业股份转让系统业务规则(试行)》(以下简称《业务规则》)第1.5条的规定。

公司控股股东、实际控制人丁某时任公司董事长兼总经理,实际控制人陈某时任公司副总经理兼董事会秘书。TRKJ未及时披露关联担保和对外借款信息,丁某作为时任董事长、陈某作为时任董事会秘书,未能忠实、勤勉地履行职责,保证公司信息披露的及时性、真实性、准确性和完整性,违反了《业务规则》第1.5条的规定。

鉴于上述违规事实和情节,依据《业务规则》第6.1条,全国中小企业股份转让系统有限责任公司决定:对TRKJ,控股股东、实际控制人、董事长兼总经理丁某,时任副总经理兼董事会秘书陈某采取出具警示函的自律监管措施。

五、并购重组违规

BYWY股份有限公司(以下简称"BYWY")于2018年2月1日、3月23日签订两个合伙协议,分别出资2900万元、2000万元认缴合伙份额,金额累计为4900万元,并均已办理完毕工商登记程序。上述协议签订发生在12个月内,根据会计师事务所出具的《审计报告》,累计投资额超过BYWY2017年度期末资产总额的50%,根据《非上市公众公司重大资产重组管理办法》(以下简称《重组办法》)第二条,上述行为构成重大资产重组。BYWY在签署上述合伙协议至完成合伙企业(私募基金)工商登记期间,未按照《重组办法》有关规定履行审议程序及信息披露义务,构成重大资产重组程序及信息披露违规。

BYWY的上述行为违反了《全国中小企业股份转让系统业务规则(试行)》(以下简称《业务规则》)第1.4条、《重组办法》第十三条、第十四条和《全国中小企业股份转让系统非上市公众公司重大资产重组业务指引(试行)》第十二条的规定。董事长莫某、董事会秘书冯某未能勤勉尽责,对公司上述违规行为负有主要责任,违反了《业务规则》第1.4、1.5条的规定。

鉴于上述违规事实和情节,根据《业务规则》第6.1条的规定,全国中小企业股份转让系统有限责任公司决定:对BYWY、董事长莫某和董事会秘书冯某采取出具警示函的自律监管措施。

六、权益变动违规

2018年9月6日,AJQR股份有限公司(以下简称"AJQR")第一大股东、实际控制人王某通过盘后协议转让减持AJQR股票2,000,000股,持股比例由45.12%变为39.17%。持股比例达到AJQR已发行股份的45%、40%时未暂停交易。本次交易不涉及第一大股东、实际控制人变动。交易后,王某仍为第一大股东、实际控制人。AJQR于2018年9月7日披露本次交易权益变动报告书。

2018年9月10日(9月8日、9日为非转让日),王某在静默期内再次减持AJQR股票,持股比例由39.17%变为37.38%。AJQR于2018年9月11日披露本次交易权益变动报告书。

股东王某的上述行为违反了《非上市公众公司收购管理办法》第十三条、《全国中小企业股份转让系统业务规则(试行)》(以下简称《业务规则》)第1.4条的规定。

鉴于上述违规事实和情节，依据《业务规则》第6.1条，全国中小企业股份转让系统有限责任公司决定：对王某采取出具警示函的自律监管措施。

七、投资者异常价格申报或成交、反向交易

2018年7月18日至23日，"DSY""ZZW"账户组在交易基础层集合竞价股票"鲁班艺术"中，通过尾盘小额、高价对倒的方式，将股票价格从2.99元拉抬至14元，涨幅为368.23%。7月24日、25日、27日、30日，"DSY"在尾盘以14元的价格向6名投资者转让共计17.5万股，累计获利185.5万元。

"DSY""ZZW"的上述交易行为违反了《全国中小企业股份转让系统股票转让细则》(以下简称《股票转让细则》)第一百零九条第(二)项"单个证券账户，或两个以上固定的或涉嫌关联的证券账户之间，大量或频繁进行反向交易"及第(三)项"单个证券账户，或两个以上固定的或涉嫌关联的证券账户，大笔申报、连续申报、密集申报或申报价格明显偏离该证券行情揭示的最近成交价"的规定。

2018年1月19日，"DSY""ZZW"曾因在尾盘以明显偏离盘中成交价的价格在账户组间交易"申昱环保"股票被出具警示函。上述账户无视监管决定，继续违规交易，且所涉股票数量不断扩大，情节特别严重。此外，在投资者此前举报的多起非法销售新三板股票案件中均涉及"DSY""ZZW"账户组。

鉴于上述违规事实和情节，根据《全国中小企业股份转让系统业务规则(试行)》第6.1条、《全国中小企业股份转让系统自律监管措施和纪律处分实施办法(试行)》第九条、第十八条和《股票转让细则》第一百一十五条的规定，全国中小企业股份转让系统有限责任公司决定：对"DSY"和"ZZW"采取限制证券账户转让(三个月)的自律监管措施。

十一、中国证券业协会

(一)2018年制定、修订的规则目录

序号	规 则 名 称	发 布 时 间	备注
1	证券公司参与股票质押式回购交易风险管理指引	2018年1月12日	修订
2	中国证券业协会会费收缴办法	2018年4月16日	修订
3	非公开发行公司债券项目承接负面清单指引	2018年5月11日	修订
4	关于进一步加强证券公司场外期权业务自律管理的通知	2018年5月28日	制定
5	关于台湾证券从业人员在大陆取得证券从业资格和申请执业证书有关事项的公告	2018年5月31日	制定
6	首次公开发行股票承销业务规范	2018年6月15日	修订
7	首次公开发行股票网下投资者管理细则	2018年6月15日	修订
8	首次公开发行股票配售细则	2018年6月15日	修订
9	关于加强证券业从业人员后续职业培训工作的通知	2018年7月20日	制定

续表

序号	规 则 名 称	发 布 时 间	备注
10	区域性股权市场自律管理与服务规范(试行)	2018 年 8 月 17 日	制定
11	关于加强对证券分析师参加有关评选活动管理的通知	2018 年 9 月 5 日	制定
12	证券公司金融工具估值指引	2018 年 9 月 7 日	制定
13	非上市公司股权估值指引	2018 年 9 月 7 日	制定
14	证券公司金融工具减值指引	2018 年 9 月 7 日	制定
15	证券基金经营机构债券投资交易业务内控指引	2018 年 12 月 25 日	制定
16	中国证券期货市场衍生品交易主协议	2018 年 12 月 27 日	修订
17	中国证券期货市场衍生品交易主协议(信用保护合约专用版)	2018 年 12 月 27 日	制定
18	中国证券期货市场衍生品交易主协议(信用保护合约专用版)备案指引	2018 年 12 月 27 日	制定

(二)2018 年纪律惩戒决定目录

序号	标题与文号	惩 戒 事 由	惩 戒 种 类	发 布 日 期
1	关于对毛怀营采取自律惩戒措施的决定(〔2018〕1 号)	违规开展证券投资咨询业务	注销执业证书,二年内不受理执业证书申请	2018 年 2 月 28 日
2	关于对边晓磊采取自律惩戒措施的决定(〔2018〕2 号)	利用职务便利违规收受好处费	注销执业证书,三年不受理执业证书申请	2018 年 4 月 4 日
3	关于对秦莹采取自律惩戒措施的决定(〔2018〕5 号)	考试严重违规	注销执业证书,三年内不受理执业注册申请	2018 年 10 月 18 日
4	关于对卢克鑫采取自律惩戒措施的决定(〔2018〕6 号)	考试严重违规	注销执业证书,三年内不受理执业注册申请	2018 年 10 月 18 日
5	关于对雷鸣采取自律惩戒措施的决定(〔2018〕7 号)	考试严重违规	注销执业证书,三年内不受理执业注册申请	2018 年 10 月 18 日
6	关于对朱三宝采取自律惩戒措施的决定(〔2018〕8 号)	考试严重违规	注销执业证书,三年内不受理执业注册申请	2018 年 11 月 20 日
7	关于对郑平采取自律惩戒措施的决定(〔2018〕9 号)	违规发布证券研究报告	暂停执业二年	2018 年 12 月 3 日
8	关于对钟显全采取自律惩戒措施的决定(〔2018〕21 号)	代理客户交易	注销执业证书,三年内不受理执业注册申请	2018 年 12 月 24 日

十二、中国期货业协会

（一）2018年制定、修改的规则目录

序号	标　　题	发布日期	备注
1	中国期货业协会会费收取办法	2018/10/10	修订类
2	期货行业诚信准则	2018/10/19	制定类
3	中国期货业协会章程	2018/11/9	修订类

（二）2018年纪律惩戒决定目录

序号	当事人	当事人所属期货公司	纪律惩戒决定名称	纪律惩戒决定文号	作出纪律惩戒决定日期	纪律惩戒措施
1	大地期货	大地期货	关于对大地期货有限公司作出纪律惩戒的决定	中期协字〔2018〕46号	2018－5－23	训诫
2	郑洁	大地期货	关于对郑洁作出纪律惩戒的决定	中期协字〔2018〕47号	2018－5－23	训诫
3	方正中期期货	方正中期期货	关于对方正中期期货有限公司作出纪律惩戒的决定	中期协字〔2018〕48号	2018－5－23	公开谴责
4	蔡玉	方正中期期货	关于对蔡玉作出纪律惩戒的决定	中期协字〔2018〕49号	2018－5－23	公开谴责
5	高石雷	方正中期期货	关于对高石雷作出纪律惩戒的决定	中期协字〔2018〕50号	2018－5－23	撤销从业资格并在3年内拒绝受理其从业资格申请
6	格林大华期货	格林大华期货	关于对格林大华期货有限公司作出纪律惩戒的决定	中期协字〔2018〕51号	2018－5－23	公开谴责
7	李小鹏	格林大华期货	关于对李小鹏作出纪律惩戒的决定	中期协字〔2018〕52号	2018－5－23	暂停从业资格6个月
8	国都期货	国都期货	关于对国都期货有限公司作出纪律惩戒的决定	中期协字〔2018〕53号	2018－5－23	公开谴责

续表

序号	当事人	当事人所属期货公司	纪律惩戒决定名称	纪律惩戒决定文号	作出纪律惩戒决定日期	纪律惩戒措施
9	海航期货	海航期货	关于对海航期货股份有限公司作出纪律惩戒的决定	中期协字〔2018〕54 号	2018－5－23	公开谴责
10	和合期货	和合期货	关于对和合期货有限公司作出纪律惩戒的决定	中期协字〔2018〕55 号	2018－5－23	公开谴责
11	袁锦滢	和合期货	关于对袁锦滢作出纪律惩戒的决定	中期协字〔2018〕56 号	2018－5－23	训诫
12	华联期货	华联期货	关于对华联期货有限公司作出纪律惩戒的决定	中期协字〔2018〕57 号	2018－5－23	公开谴责
13	华龙期货	华龙期货	关于对华龙期货股份有限公司作出纪律惩戒的决定	中期协字〔2018〕58 号	2018－5－23	公开谴责
14	华信期货	华信期货	关于对华信期货股份有限公司作出纪律惩戒的决定	中期协字〔2018〕59 号	2018－5－23	公开谴责
15	李显锋	华信期货	关于对李显锋作出纪律惩戒的决定	中期协字〔2018〕60 号	2018－5－23	公开谴责
16	混沌天成期货	混沌天成期货	关于对混沌天成期货股份有限公司作出纪律惩戒的决定	中期协字〔2018〕61 号	2018－5－23	公开谴责
17	迈科期货	迈科期货	关于对迈科期货股份有限公司作出纪律惩戒的决定	中期协字〔2018〕62 号	2018－5－23	公开谴责
18	张学东	迈科期货	关于对张学东作出纪律惩戒的决定	中期协字〔2018〕63 号	2018－5－23	训诫
19	民生期货	民生期货	关于对民生期货有限公司作出纪律惩戒的决	中期协字〔2018〕64 号	2018－5－23	训诫
20	上海东亚期货	上海东亚期货	关于对上海东亚期货有限公司作出纪律惩戒的决定	中期协字〔2018〕65 号	2018－5－23	公开谴责
21	彭赞东	上海东亚期货	关于对彭赞东作出纪律惩戒的决定	中期协字〔2018〕66 号	2018－5－23	训诫
22	袁晓宁	上海东亚期货	关于对袁晓宁作出纪律惩戒的决定	中期协字〔2018〕67 号	2018－5－23	训诫
23	赵楠	上海东亚期货	关于对赵楠作出纪律惩戒的决定	中期协字〔2018〕68 号	2018－5－23	训诫
24	上海中期期货	上海中期期货	关于对上海中期期货股份有限公司作出纪律惩戒的决定	中期协字〔2018〕69 号	2018－5－23	公开谴责
25	许一峰	上海中期期货	关于对许一峰作出纪律惩戒的决定	中期协字〔2018〕70 号	2018－5－23	训诫
26	刘民	上海中期期货	关于对刘民作出纪律惩戒的决定	中期协字〔2018〕71 号	2018－5－23	训诫
27	傅军	上海中期期货	关于对傅军作出纪律惩戒的决定	中期协字〔2018〕72 号	2018－5－23	撤销从业资格并在 3 年内拒绝受理其从业资格申请

续表

序号	当事人	当事人所属期货公司	纪律惩戒决定名称	纪律惩戒决定文号	作出纪律惩戒决定日期	纪律惩戒措施
28	深圳瑞龙期货	深圳瑞龙期货	关于对深圳瑞龙期货有限公司作出纪律惩戒的决定	中期协字〔2018〕73号	2018－5－23	公开谴责
29	刘锋	深圳瑞龙期货	关于对刘锋作出纪律惩戒的决定	中期协字〔2018〕74号	2018－5－23	训诫
30	谢拥军	深圳瑞龙期货	关于对谢拥军作出纪律惩戒的决定	中期协字〔2018〕75号	2018－5－23	撤销从业资格并在3年内拒绝受理其从业资格申请
31	北京首创期货	北京首创期货	关于对北京首创期货有限责任公司作出纪律惩戒的决定	中期协字〔2018〕76号	2018－5－23	公开谴责
32	天风期货	天风期货	关于对天风期货股份有限公司作出纪律惩戒的决定	中期协字〔2018〕77号	2018－5－23	公开谴责
33	天富期货	天富期货	关于对天富期货有限公司作出纪律惩戒的决定	中期协字〔2018〕78号	2018－5－23	公开谴责
34	五矿经易期货	五矿经易期货	关于对五矿经易期货有限公司作出纪律惩戒的决定	中期协字〔2018〕79号	2018－5－23	公开谴责
35	鑫鼎盛期货	鑫鼎盛期货	关于对鑫鼎盛期货有限公司作出纪律惩戒的决定	中期协字〔2018〕80号	2018－5－23	公开谴责
36	饶蔚	鑫鼎盛期货	关于对饶蔚作出纪律惩戒的决定	中期协字〔2018〕81号	2018－5－23	训诫
37	吴永生	鑫鼎盛期货	关于对吴永生作出纪律惩戒的决定	中期协字〔2018〕82号	2018－5－23	训诫
38	颜彩杰	鑫鼎盛期货	关于对颜彩杰作出纪律惩戒的决定	中期协字〔2018〕83号	2018－5－23	训诫
39	云晨期货	云晨期货	关于对云晨期货有限责任公司作出纪律惩戒的决定	中期协字〔2018〕84号	2018－5－23	公开谴责
40	吴小寅	云晨期货	关于对吴小寅作出纪律惩戒的决定	中期协字〔2018〕85号	2018－5－23	撤销从业资格并在3年内拒绝受理其从业资格申请
41	金文献	华鑫期货	关于对金文献作出纪律惩戒的决定	中期协字〔2018〕86号	2018－5－23	撤销从业资格并永久性拒绝受理其从业资格申请

续表

<table>
<tr><th>序号</th><th>当事人</th><th>当事人所属期货公司</th><th>纪律惩戒决定名称</th><th>纪律惩戒决定文号</th><th>作出纪律惩戒决定日期</th><th>纪律惩戒措施</th></tr>
<tr><td>42</td><td>殷娜</td><td>五矿经易期货</td><td>关于对殷娜作出纪律惩戒的决定</td><td>中期协字〔2018〕102号</td><td>2018－6－25</td><td>暂停从业资格12个月</td></tr>
<tr><td>43</td><td>中粮期货</td><td>中粮期货</td><td rowspan="4">关于对中粮期货有限公司、蔺伟、刘晓军、姜全威作出纪律惩戒的决定</td><td rowspan="4">中期协字〔2018〕103号</td><td>2018－6－25</td><td>公开谴责</td></tr>
<tr><td>44</td><td>蔺伟</td><td>中粮期货</td><td>2018－6－25</td><td>撤销从业资格并在3年内拒绝受理其从业资格申请</td></tr>
<tr><td>45</td><td>刘晓军</td><td>中粮期货</td><td>2018－6－25</td><td>暂停从业资格12个月</td></tr>
<tr><td>46</td><td>姜全威</td><td>中粮期货</td><td>2018－6－25</td><td>训诫</td></tr>
</table>

十三、中国上市公司协会

2018年制定、修改的规则目录

序号	文件名称	发布日期	备注
1	《中国上市公司协会章程》	2018/09/10	修订
2	《中国上市公司协会会费标准及管理办法》	2018/12/27	修订
3	《中国上市公司协会专业(行业)委员会管理办法》	2018/07/16	制定
4	《中国上市公司协会新闻信息工作办法》	2018/07/11	修订
5	《上市公司股份合规交易与管理手册》	2018/05/25	编写印发

十四、中国证券投资基金业协会

（一）2018年制定、修改的规则目录

序号	文件名称	发布日期	备注
1	《私募证券投资基金管理人会员信用信息报告工作规则（试行）》	2018年1月12日	制定
2	《中国证券投资基金业协会私募投资基金备案须知》	2018年1月12日	制定
3	《关于养老目标证券投资基金的基金经理注册登记有关事项通知》	2018年3月12日	制定
4	《关于进一步加强私募基金行业自律管理的决定》	2018年3月27日	制定
5	《私募投资基金非上市股权投资估值指引（试行）》	2018年3月30日	制定
6	《中国证券投资基金业协会会费收缴办法》	2018年4月16日	修订
7	《关于台湾同胞在大陆申请基金从业资格有关事项的公告》	2018年5月31日	制定
8	《私募基金登记备案相关问题解答（十五）》	2018年8月29日	制定
9	《关于为提供港股投资顾问服务的香港机构开展备案的通知》	2018年9月19日	制定
10	《关于加强私募基金信息披露自律管理相关事项的通知》	2018年9月30日	制定
11	《关于证券基金经营机构债券投资交易相关人员公示的通知》	2018年10月10日	制定
12	《私募投资基金命名指引》	2018年11月20日	制定
13	《关于加强基金从业人员后续职业培训管理的通知》	2018年12月6日	制定
14	《私募基金管理人登记须知（更新版）》	2018年12月7日	制定
15	《证券基金经营机构债券投资交易业务内控指引》	2018年12月25日	制定

（二）2018年纪律处分决定目录

序号	决定名称	当事人	纪律措施	作出日期
1	纪律处分决定书（丁肇亮、张赟）	丁肇亮、张赟	取消丁肇亮、张赟的基金从业资格，并且加入黑名单，期限为1年	2018年1月
2	纪律处分决定书（蒋宏炳、丛智慧）	蒋宏炳、丛智慧	将蒋宏炳加入黑名单，期限为1年；取消丛智慧的基金从业资格，并且加入黑名单，期限为1年	2018年1月

续表

序号	决定名称	当事人	纪律措施	作出日期
3	关于注销北京炳隆资产管理有限公司私募基金管理人登记的公告	北京炳隆资产管理有限公司	注销私募基金管理人登记	2018年1月
4	关于注销深圳市同盈股权基金管理有限公司私募基金管理人登记的公告	深圳市同盈股权基金管理有限公司	注销私募基金管理人登记	2018年1月
5	关于注销福建东方银商投资管理有限公司私募基金管理人登记的公告	东方银商投资管理有限公司	注销私募基金管理人登记	2018年2月
6	关于注销异常经营私募基金管理人登记的公告	汇奉股权投资基金管理(上海)有限公司	注销私募基金管理人登记	2018年2月
6	关于注销异常经营私募基金管理人登记的公告	鑫达众汇(北京)投资基金管理有限公司	注销私募基金管理人登记	2018年2月
6	关于注销异常经营私募基金管理人登记的公告	北京天尔投资基金管理有限公司	注销私募基金管理人登记	2018年2月
6	关于注销异常经营私募基金管理人登记的公告	山东东原创业投资有限公司	注销私募基金管理人登记	2018年2月
6	关于注销异常经营私募基金管理人登记的公告	湖北君晨博琅资产管理有限公司	注销私募基金管理人登记	2018年2月
6	关于注销异常经营私募基金管理人登记的公告	永安信(天津)股权投资基金管理有限公司	注销私募基金管理人登记	2018年2月
7	纪律处分决定书(谢争江、王鹏)	谢争江、王鹏	将谢争江、王鹏加入黑名单,期限为3年	2018年3月
8	纪律处分决定书(富诚海富通)	上海富诚海富通资产管理有限公司	暂停备案3个月	2018年3月
9	纪律处分决定书(袁毛玲、魏敬武、楚东生)	袁毛玲、魏敬武、楚东生	取消魏敬武通过资格认定方式取得的基金从业资格,并且加入黑名单,期限为1年;将袁毛玲、楚东生加入黑名单,期限为1年	2018年4月
10	纪律处分决定书(肖潇、朱慧珉)	肖潇、朱慧珉	取消肖潇、朱慧珉的基金从业资格,并将肖潇、朱慧珉加入黑名单,期限为3年	2018年4月
11	纪律处分决定书(李睿萱、郭钧、张元欣)	李睿萱、郭钧、张元欣	取消李睿萱的基金从业资格,并加入黑名单,期限为3年;将郭钧、张元欣加入黑名单,期限为3年	2018年4月
12	纪律处分决定书(张文杰、王白羽、吴殿朝)	张文杰、王白羽、吴殿朝	将张文杰、吴殿朝加入黑名单,期限为1年;取消王白羽通过资格认定方式取得的基金从业资格,并加入黑名单,期限为1年	2018年4月

续表

序号	决定名称	当事人	纪律措施	作出日期
13	纪律处分决定书(周娟、谢彦华、吴韻堃、马栋)	周娟、谢彦华、吴韻堃、马栋	将周娟加入黑名单,期限为1年;取消谢彦华、吴韻堃、马栋的基金从业资格,并加入黑名单,期限为1年	2018年4月
14	关于注销福建东方银商投资管理有限公司私募基金管理人登记的公告	福建东方银商投资管理有限公司	注销私募基金管理人登记	2018年4月
15	关于注销华夏恒业投资基金管理(北京)有限公司私募基金管理人登记的公告	华夏恒业投资基金管理(北京)有限公司	注销私募基金管理人登记	2018年4月
16	关于注销上海国渭资产管理有限公司私募基金管理人登记的公告	上海国渭资产管理有限公司	注销私募基金管理人登记	2018年4月
17	关于注销深圳市德赋资产管理有限公司私募基金管理人登记的公告	深圳市德赋资产管理有限公司	注销私募基金管理人登记	2018年4月
18	关于注销郑州百盛投资管理有限公司私募基金管理人登记的公告	郑州百盛投资管理有限公司	注销私募基金管理人登记	2018年4月
19	关于注销广西世纪红榕创业投资管理有限公司私募基金管理人登记的公告	广西世纪红榕创业投资管理有限公司	注销私募基金管理人登记	2018年4月
20	纪律处分决定书(和合资产管理(上海)有限公司、袁锦滢、蒋毅尧、郭寒冰)	和合资产管理(上海)有限公司、袁锦滢、蒋毅尧、郭寒冰	对和合资管的法定代表人袁锦滢、总经理蒋毅尧、合规负责人郭寒冰予以公开谴责;自2018年7月6日起暂停受理和合资管资产管理计划备案	2018年7月
21	纪律处分复核决定书(肖潇)	肖潇	维持原纪律处分决定,驳回申请人的复核申请	2018年8月
22	纪律处分复核决定书(朱慧珉)	朱慧珉	维持原纪律处分决定,驳回申请人的复核申请	2018年8月
23	纪律处分复核决定书(王白羽)	王白羽	维持原纪律处分决定,驳回申请人的复核申请	2018年8月
24	纪律处分决定书(刘黎明、秦晓菲、王娟、刘佳)	刘黎明、秦晓菲、王娟、刘佳	取消刘黎明、秦晓菲、王娟、刘佳的基金从业资格,并加入黑名单,期限为1年	2018年9月
25	纪律处分决定书(郭精忠、孙柏林、李伟)	郭精忠、孙柏林、李伟	取消郭精忠、孙柏林、李伟的基金从业资格,并加入黑名单,期限为1年	2018年9月
26	纪律处分决定书(王真光)	王真光	将王真光加入黑名单,期限为1年	2018年9月
27	纪律处分决定书(张琥、贾静远、陈骏)	张琥、贾静远、陈骏	取消张琥、贾静远、陈骏的基金从业资格,加入黑名单,期限为1年	2018年9月

续表

序号	决定名称	当事人	纪律措施	作出日期
28	关于注销汇融联创投资管理(青岛)有限公司私募基金管理人登记的公告	汇融联创投资管理(青岛)有限公司	注销私募基金管理人登记	2018年9月
29	关于注销烟台市双兴创业投资有限公司私募基金管理人登记的公告	双兴创业投资有限公司	注销私募基金管理人登记	2018年9月
30	关于注销烟台中安祥茂资产管理有限公司私募基金管理人登记的公告	中安祥茂资产管理有限公司	注销私募基金管理人登记	2018年9月
31	关于不再接受北京盈科(长春)律师事务所、山东德衡律师事务所出具的私募基金管理人登记法律意见书的公告	北京盈科(长春)律师事务所	不再接受律所出具的管理人登记法律意见书	2018年9月
		山东德衡律师事务所	不再接受律所出具的管理人登记法律意见书	2018年9月
32	关于注销期间届满未提交专项法律意见书私募基金管理人登记的公告	江苏中杏艺禾资本管理有限公司	注销私募基金管理人登记	2018年12月
		四川省昊宸资产管理有限公司	注销私募基金管理人登记	2018年12月
33	纪律处分复核决定书(吴韻堃)	吴韻堃	维持对其取消基金从业资格的纪律处分,不再加入黑名单,申请人可通过参加基金从业资格考试重新取得基金从业资格	2018年12月

十五、中国证券投资者保护基金公司

(一)2018年制定、修改的规则目录

序号	规则名称	文号	发布时间	备注
1	《中国证券投资者保护基金有限责任公司管理措施实施办法》	证保发〔2018〕7号	2018年2月7日	制定

（二）2018 年纪律措施决定目录

序号	主体	文号	发文日期	措施种类
1	工商银行	证保函〔2018〕69 号	2018 年 3 月 29 日	出具《整改通知书》
2	建设银行	证保函〔2018〕88 号	2018 年 4 月 10 日	
3	工商银行	证保函〔2018〕117 号	2018 年 5 月 4 日	
4	民生证券	证保函〔2018〕164 号	2018 年 6 月 11 日	
5	第一创业	证保函〔2018〕375 号	2018 年 11 月 12 日	
6	中天证券	证保函〔2018〕444 号	2018 年 12 月 5 日	

（三）2018 年典型自律管理案例

【案例 1】存管银行协助执行司法判决，误冻结客户交易结算资金。某证券公司涉及民事纠纷，2018 年 4 月 10 日收市后，SH 市某区人民法院通过最高人民法院网络执行查控系统冻结了该证券公司在 A 银行 SH 分行营业部、名为“××证券有限责任公司（客户）”的客户交易结算资金专用存款账户资金，被冻结金额 1.99 亿元。经多方协调，相关银行账户资金在第二日上午解除司法冻结，未对客户交易造成实际影响。

A 存管银行涉嫌违反《证券法》第一百三十九条和《证券公司监督管理条例》第五十九条，关于非因客户本身的债务不得冻结客户交易结算资金的相关规定，以及涉嫌违反《证券公司监督管理条例》第六十二条和《客户交易结算资金管理办法》第二十一条，关于重大异常情况及时向证监会报告的相关规定。

【案例 2】公司债的标准券折算率下调导致证券公司的经纪业务客户回购交易透支，客户交易结算资金出现缺口。2018 年 8 月 21 日，某私募基金管理人管理的 4 支私募基金产品在 B 证券公司开户，4 支私募基金仅持有“东辰控股集团有限公司 2016 年公司债券（第一期）”（证券代码：136461，以下简称“16 东辰 01”）1 支债券，债券质押后滚动进行上海市场 1 天期债券质押式正回购交易。10 月 29 日“16 东辰 01”的标准券折算率由 0.46 下调为 0，日终清算后 4 支私募基金的资金账户合计出现 9,357.97 万元透支。由于 B 证券公司未能及时妥善应对，导致客户交易结算资金连续 3 日出现 9,357.97 万元缺口。

上述情形涉嫌违反《证券法》第一百三十九条和《证券公司监督管理条例》第六十条，关于禁止挪用客户交易结算资金的相关规定。

第五部分　司 法 案 例

最高人民法院行政判决书
（九龙山短线交易案）

（2015）行监字第 24 号

再审申请人（一审原告、二审上诉人）：浙江九龙山国际旅游开发有限公司。住所地：浙江省平湖市乍浦镇外山东沙湾 7 号办公楼。

法定代表人：李勤夫，该公司董事长。

委托诉讼代理人：王涌，北京市隆安律师事务所律师。

委托诉讼代理人：卞颖华，北京隆安（杭州）律师事务所律师。

被申请人（一审被告、二审被上诉人）：中国证券监督管理委员会。住所地：北京市西城区金融大街 19 号。

委托诉讼代理人：李莉，中国证券监督管理委员会工作人员。

委托诉讼代理人：黄俊，中国证券监督管理委员会工作人员。

再审申请人浙江九龙山国际旅游开发有限公司（以下简称九龙山国旅）因诉中国证券监督管理委员会（以下简称证监会）行政处罚决定一案，不服北京市高级人民法院（2013）高行终字第 3 号行政判决，向本院申请再审。本院依照 2014 年修订前的《中华人民共和国行政诉讼法》第六十三条第二款和当时有效的《最高人民法院关于执行〈中华人民共和国行政诉讼法〉若干问题的解释》第六十三条第一款第十三项、第七十四条、第七十七条之规定，提审本案，并依法组成由审判员耿宝建、李涛、李纬华参加的合议庭，先后于 2015 年 11 月 4 日、2016 年 11 月 14 日公开开庭审理了本案。再审申请人九龙山国旅的委托诉讼代理人王涌、原委托诉讼代理人毕敏以及变更后的委托诉讼代理人卞颖华，被申请人证监会的委托诉讼代理人李莉，原委托诉讼代理人王强以及变更后的委托诉讼代理人黄俊到庭参加诉讼。现已审理终结。

一、二审法院审理查明：根据上海九龙山股份有限公司〔原上海茉织华股份有限公司，上海证券交易所股票代码：600555，现已变更为海航创新（上海）股份有限公司，以下仍简称上海九龙山〕股权分置改革的相关承诺，2007 年 11 月 16 日，日本松冈株式会社（以下简称日本松冈）与九龙山国旅签订《转让上海九龙山股份有限公司 66 254 198 股 A 股之股份转让协议》，协议约定：日本松冈将其持有的上海九龙山 66 254 198 股 A 股转让给九龙山国旅，转让价格为每股人民币 3. 29 元，总计为人民币 217 976 311元，股份所有权转移日为双方按照上海证券交易所的相关规定在中国证券登记结算有限责任公司上海分公司办理完毕标的股份的过户登记手续之日。2008 年 2 月 28 日，中华人民共和国商务部（以下简称商务部）作出《商务部关于上海九龙山股份有限公司股权转让的批复》（商资批〔2008〕155 号），批准同意前述股权转让行为。2008 年 9 月 2 日，证监会作出《关于核准豁免 RESORT PROPERTY INTERNATIONAL LIMITED、OCEAN GARDEN HOLDINGS LTD、浙江九龙山国际旅游开发有限公司及平湖茉织华实业发展有限公司要约收购上海九龙山股份有限公司股份义务的批复》

（证监许可〔2008〕1090 号），核准豁免九龙山国旅等公司因受让持有上海九龙山 66 254 198 股限售流通 A 股及 88 380 000 股 B 股股份，导致合计持有该公司 66.41% 的股份而应履行的要约收购义务。2009 年 1 月 13 日，九龙山国旅完成受让上海九龙山 66 254 198 股 A 股的过户登记手续。自 2009 年 3 月 2 日至 2009 年 6 月 5 日，九龙山国旅合计减持上海九龙山 A 股 31 892 500股，成交金额 165 390 536.49 元，盈利 112 582 401.78 元，扣除所得税后，净盈利 84 436 801.34元。九龙山国旅减持前持股比例为 15.25%，减持后持股比例为 11.58%。证监会经调查，在取得九龙山国旅证券开户资料、股票交易流水、股份转让协议及询问笔录等证据后，委托中国证券监督管理委员会上海监管局（以下简称上海证监局）于 2011 年 11 月 11 日向九龙山国旅送达了《行政处罚事先告知书》（处罚字〔2011〕10 号），对拟处罚的违法事实、理由、依据及相对人享有的陈述、申辩、听证权利进行了告知，九龙山国旅明确表示不需要陈述和申辩，不要求举行听证会。2011 年 12 月 13 日，证监会作出〔2011〕54 号行政处罚决定（以下简称 54 号处罚决定），并委托上海证监局于 2011 年 12 月 29 日向九龙山国旅送达了 54 号处罚决定。九龙山国旅不服，向证监会申请行政复议，证监会于 2012 年 5 月 18 日作出〔2012〕12 号行政复议决定，维持了 54 号处罚决定。九龙山国旅仍不服，遂向北京市第一中级人民法院提起行政诉讼。

一审法院认为：根据《中华人民共和国证券法》（以下简称证券法）第一百七十九条第一款第七项规定，证监会具有依法对违反证券市场监督管理法律、行政法规的行为进行查处的法定职责。证券法第四十七条第一款规定，上市公司董事、监事、高级管理人员、持有上市公司股份百分之五以上的股东，将其持有的该公司的股票在买入后六个月内卖出，或者在卖出后六个月内又买入，由此所得收益归该公司所有，公司董事会应当收回其所得收益。该法第一百九十五条规定，上市公司的董事、监事、高级管理人员、持有上市公司股份百分之五以上的股东，违反本法第四十七条的规定买卖本公司股票的，给予警告，可以并处三万元以上十万元以下的罚款。上述规定旨在防止上市公司具有特定身份的内部人员，以及持有一定比例以上股份的股东利用自身的身份优势、信息优势进行短线交易，侵害公司和其他投资者的合法权益，扰乱证券市场交易秩序。本案中，证监会根据查明的事实，认定九龙山国旅在 2009 年 3 月 2 日至 6 月 5 日期间，共减持上海九龙山 A 股 31 892 500 股，净盈利 84 436 801.34 元，减持前持股比例为 15.25%，减持后持股比例为 11.58%，九龙山国旅在庭审中对上述事实均不持异议，证监会据此作出被诉处罚决定并无不当。

关于九龙山国旅买入上海九龙山股票的时间应如何认定的问题。根据证券法第一百六十条第二款的规定，证券登记结算机构应当根据证券登记结算的结果，确认证券持有人持有证券的事实，提供证券持有人登记资料。由此规定可知，证券持有人持有证券的事实应当以证券登记结算的结果为依据。并且，九龙山国旅在与日本松冈签订的《转让上海九龙山股份有限公司 66 254 198 股 A 股之股份转让协议》中亦明确约定，股份所有权转移日为双方按照上海证券交易所的相关规定在中国证券登记结算有限责任公司上海分公司办理完毕标的股份的过户登记手续之日。因此，被诉处罚决定以 2009 年 1 月 13 日，即过户登记之日作为九龙山国旅买入股票的时间并无不当。九龙山国旅主张其买入股票的时间应为股份转让协议生效之日，缺乏事实及法律依据，不予支持。

关于股票买入方式及行为人主观动机是否影响短线交易行为违法性认定的问题。证券法第四十七条并未对买入股票的方式作出特别的限定，并且，通过协议转让股份虽然在形式上不同于通过证券交易所在二级市场上买卖股票，但其同样存在利用行为人的身份优势、信息优势进行短线交易获利的可能，亦应属于证券法第四十七条所禁止的短线交易方式。因此，九龙山国旅关于协议转让不在证券法第四十七条所规定的交易方式之列的主张不予支持。另外，根据证券法第四十七条规定的文义，只要特定身份的主体将其持有的公司股票在买入后六个月卖出，或者在卖出后六个月又买入，即构成该条规定所禁止的短线交易行为，而不考虑其主观上是否存在过错。故九龙山国旅关于其不具有短线交易的本意和动机的主张，不影响对其行为本身违法性的认定。

行政处罚是对违反行政管理秩序的行政相对人的人身自由、财产、名誉或者其他权益的强制性限制或者剥夺,一经作出,即要求相对人必须服从和配合,否则将导致强制执行。本案中,被诉处罚决定主文的第一项内容,即责成上海九龙山董事会向九龙山国旅等三家公司追讨短线交易所获收益,并不具备行政处罚的法律特征,证监会将该项内容列于被诉处罚决定主文应属不当。但鉴于其并未对九龙山国旅的权利义务产生实际影响,特此指正,证监会应当在今后处罚决定的行文中予以注意。综上,九龙山国旅关于撤销被诉处罚决定的诉讼请求,缺乏事实及法律依据,不予支持。北京市第一中级人民法院依照当时有效的《最高人民法院关于执行〈中华人民共和国行政诉讼法〉若干问题的解释》第五十六条第四项之规定,作出(2012)一中行初字第2828号行政判决,驳回九龙山国旅的诉讼请求。

九龙山国旅不服,向北京市高级人民法院提起上诉。

二审法院认为:为防止上市公司具有特定身份的内部人员,以及持有一定比例以上股份的股东利用自身的身份优势、信息优势进行短线交易,侵害公司和其他投资者的合法权益,扰乱证券市场交易秩序,证券法第四十七条第一款作出了如下规定,上市公司董事、监事、高级管理人员、持有上市公司股份百分之五以上的股东,将其持有的该公司的股票在买入后六个月内卖出,或者在卖出后六个月内又买入,由此所得收益归该公司所有,公司董事会应当收回其所得收益。该法第一百九十五条同时规定,上市公司的董事、监事、高级管理人员、持有上市公司股份百分之五以上的股东,违反本法第四十七条的规定买卖本公司股票的,给予警告,可以并处三万元以上十万元以下的罚款。根据上述法律的规定,结合本案,九龙山国旅在2009年3月2日至6月5日期间,共减持上海九龙山A股31 892 500股,净盈利84 436 801.34元,减持前持股比例为15.25%,减持后持股比例为11.58%,上述事实九龙山国旅均不持异议。因此,证监会据此作出54号处罚决定对九龙山国旅的处罚并无不当。

证券持有人持有证券的事实应当以证券登记结算的结果为依据,这是证券法第一百六十条第二款作出的明确规定。九龙山国旅在与日本松冈签订的《转让上海九龙山股份有限公司66 254 198股A股之股份转让协议》中亦明确约定,股份所有权转移日为双方按照上海证券交易所的相关规定在中国证券登记结算有限责任公司上海分公司办理完毕标的股份的过户登记手续之日。因此,54号处罚决定以2009年1月13日,即过户登记之日作为九龙山国旅买入涉案股票的时间并无不当。九龙山国旅提出其买入股票的时间应为股份转让协议生效之日的主张缺乏事实及法律依据。由于证券法第四十七条对买入股票的方式并未作出特别的限定,所以,通过协议转让股份亦应属于该条所禁止的短线交易方式。因此,九龙山国旅关于协议转让不在证券法第四十七条所规定的交易方式之列的诉讼主张,不予支持。根据证券法第四十七条的规定,只要特定身份的主体将其持有的公司股票在买入后六个月卖出,或者在卖出后六个月又买入,即构成该条规定所禁止的短线交易行为,并不考虑短线交易行为主体主观上是否存在过错。因此,九龙山国旅关于其不具有短线交易的本意和动机的主张,不影响对其行为违法性的认定。证监会作出的54号处罚决定主文第一项内容并不具有行政处罚的法律特征,将其列入处罚决定主文实属不当,特此指正。据此,北京市高级人民法院依照2014年修订前的《中华人民共和国行政诉讼法》第六十一条第一项规定,作出(2013)高行终字第3号行政判决,驳回上诉,维持一审判决。

九龙山国旅申请再审称:(一)证监会作出的54号行政处罚决定第一项内容存在超越职权、适用法律错误之处,且干涉了民事审判权,但一、二审法院却以"未产生实际影响"为由置之不理,直接导致再审申请人在民事诉讼中承担巨额责任。处罚决定明显超出证券法第一百九十五条规定的法律责任范围,明显超越职权,行使了人民法院的民事裁判权。54号处罚决定作出后即具有公定力、确定力和执行力,无论一、二审法院判决如何"指正",都否定不了其公定力和执行力,54号处罚决定关于短线交易收益归入权的内容,已经影响到再审申请人在相关民事诉讼中的合法权益,依法应予撤销。(二)再审申请人的行为不构成"短线交易",54

号处罚决定认定事实错误，适用法律明显不当，违背“短线交易”的立法目的。对短线交易行为的确定，应当以立法目的为导向，严格限制短线交易归入制度的适用，本案的涉案交易行为不构成短线交易：1. 再审申请人的交易无法利用内幕交易，也不可能造成“不公正性”。再审申请人“买入”行为从2006年1月通过股权分置方案、2007年11月签署转让协议、2008年2月商务部批准、2008年3月获得外商投资企业批准证书到2009年1月股权过户，历时3年之久，涉及多个政府机关批准，根本没有利用内幕信息进行交易的可能性，也不可能形成所谓不公正的结果。2. 再审申请人不具有短线交易的主观意图，再审申请人的初始交易行为，即协议买入上海九龙山股份的行为，是为了履行上海九龙山股权分置方案中的承诺，并无任何利用内幕信息获利之主观意图。其在股票过户后六个月内减持股票，主要是为了偿还签署“买入”股份的转让价款，剩余金额借给上海九龙山使用。因此，申请人涉案的交易行为均为真实存在的交易，没有短线交易的主观意图。3. 再审申请人的交易行为未对股票市场产生波动，不具有短线交易对股票市场造成的不利后果，不应该成为短线交易的规制对象。4. 再审申请人的主体不符合短线交易的构成要件。短线交易收益归入制度规制的对象是具有特定身份，且凭借其身份可以形成公司内幕交易的人，证券法第四十七条将此类人员细化为公司董事、监事、高级管理人员、持有上市公司股份5%以上的股东。短线交易构成以行为人具有上述身份为前提。而证券法第四十七条又将“短线交易”定义为行为人在六个月内有“买入卖出”或“卖出买入”之一组以上反向买卖交易行为。因此，上市公司股东要构成短线交易，则首先应获得持有5%以上股份股东之身份，然后在六个月内有一组以上反向买卖交易行为。再审申请人通过协议买入上海九龙山15.25%股份成为持股5%以上股东后，仅有一个卖出31 892 500股的行为，尚缺乏一组反向交易行为，如果认定再审申请人“购入15.25%股份、卖出31 892 500股”构成证券法第四十七条所规制的反向交易行为，再审申请人因实施该组交易行为之前尚不是持股5%以上的股东而不具备短线交易的主体资格。5. 从交易标的看，再审申请人通过协议转让“买入”限售股，限售股在禁售期内不得买卖，不仅在协议转让时无法和内幕信息相配合，而且，卖出条件的满足也取决于股改的安排和上市公司解除限售的时间，也无法和内幕信息相配合。因此，对于未上市流通的限售股，不应当纳入证券法第四十七条短线交易的标的范围。6. 从交易时间看，再审申请人协议买入涉案股票的交易完成之日应当是商务部批准之日即2008年2月28日，而非股权过户登记日。商务部批准涉案股票转让协议并换发外商投资企业批准证书后，再审申请人与日本松冈之间的股份转让协议生效，再审申请人实际参与到公司的经营管理中，在法律和事实上均成为上海九龙山的股东。（三）54号处罚决定在认定股权的买入时间时以2009年1月13日完成股权转让手续为基准点，但认定“买入”价格时却以2007年签订股份转让协议的时间点为基准点，双重标准，前后矛盾。综上，请求依法撤销北京市高级人民法院（2013）高行终字第3号行政判决；撤销被申请人证监会作出的54号处罚决定；判决由被申请人证监会承担本案全部诉讼费用。

证监会答辩称：（一）九龙山国旅符合短线交易主体资格。根据证券法第四十七条规定，并无要求交易主体必须“在买入和卖出两个时点均属于5%以上股东特定身份”，九龙山国旅交易行为符合“持有上市公司股份5%以上的股东，将其持有的该公司的股票在买入后六个月内卖出，或者在卖出后六个月内买入”的规定，构成短线交易。（二）九龙山国旅交易股票属于短线交易标的，交易方式不影响短线交易行为的认定。证券法第四十七条未对短线交易的股票属性作限制性规定，而且，本案中，虽然股票在九龙山国旅受让时为限售股，但在九龙山国旅减持时已经可以上市流通。第四十七条也未对买入股票的方式作出限制性规定，通过协议转让股份虽然在形式上不同于通过证券交易所在二级市场上买卖股票，但其同样存在利用行为人的身份优势、信息优势进行短线交易获利的可能，亦应属于证券法第四十七条所禁止的短线交易方式。（三）九龙山国旅买入股票的时间应为股票登记过户之日。根据证券法第一百六十条第二款规定“证券登记结算机构应当根据证券登记结算的结果，确认证券持有人持有证券的事实”,证券持有人持有证券的事实应当以证券登记结算的结果为依据。并且,九龙山国旅与日本松冈签订的股份转让协议中也明确约定,股份所有权转移日为双方按照上海证券交易所的相关规定在中国证券登记结算有限责任公司上海分公司办理完毕标的股份的过户登记手续之日。因此,我会以过户登记之日2009年1月13日作为九龙山国旅买入股票的时间并无不当。关于股票买入价格,九龙山国旅是通过协议受让方式取得九龙山股票,我会依据股份转让双方协议确定股票买入成本并无不当。(四)行为人主观动机、客观后果不影响短线交易行为违法性质的认定。证券法第四十七条规定,只要特定身份主体将其持有的公司股票在买入后6个月卖出,或者在卖出后6个月又买入,即构成该条规定禁止的短线交易行为。故九龙山国旅关于其不具有短线交易的主观动机和行为未对股票市场造成不利后果的主张,不影响对其行为本身违法性的认定。(五)证监会不存在超越法定职权的情形。证券法第四十七条规定“公司董事会应当收回其所得收益”,被诉行政处罚决定援引该条文,没有超出法定职权,也未对当事人九龙山国旅的权利义务产生实际影响。关于九龙山国旅被海航置业起诉的案件,属于平等主体之间的民事纠纷,与我会行政处罚不属于同一法律范畴。综上,〔2011〕54号行政处罚决定,认定事实清楚,证据确凿,适用法律正确,程序合法,内容适当。再审申请人的申请再审理由缺乏事实和法律依据,不能成立。请求本院判决维持一、二审判决,驳回九龙山国旅的诉讼请求。

本院再审查明的事实与原审查明的事实基本一致,本院予以确认。

本院另查明:商务部2008年2月28日作出《商务部关于上海九龙山股份有限公司股权转让的批复》(商资批〔2008〕155号)后,于2008年3月10日向上海九龙山颁发了商外资资审字〔2006〕0597号外商投资企业批准证书,该证书载明九龙山国旅取代日本松冈成为上海九龙山的投资者。同年6月5日举行的上海九龙山2007年度股东大会上,九龙山国旅推荐的李梦强和沈焜替代日本松冈推荐的上海九龙山第三届董事会非独立董事松冈典之和金光义孝,被选举成为第四届董事会的非独立董事,参与公司的日常经营管理。

还查明:54号处罚决定作出后,海航置业控股(集团)有限公司(上海九龙山股东)以九龙山国旅、RESORT PROPERTY INTERNATIONAL LIMITED、OCEAN GARDEN HOLDINGS LTD三名被处罚人和上海九龙山李勤夫等7名董事为被告提起民事诉讼,追讨54号行政处罚决定确定的短线交易所获收益,上海市第一中级人民法院以54号行政处罚决定经行政判决后具有预决效力为由,作出(2012)沪一中民六(商)初字第S31号民事判决,判决三名被处罚人归还54号处罚决定确定的短线交易收益并由上海九龙山李勤夫等7名董事承担连带责任,三名被处罚人不服,上诉至上海市高级人民法院,该院以本院已经提审本案为由,作出(2012)沪高民五(商)终字第S9-1号民事裁定中止诉讼。

《中华人民共和国立法法》第六十四条规定,全国人民代表大会常务委员会工作机构可以对有关具体问题的法律询问进行研究予以答复,并报常务委员会备案。本院据此向全国人民代表大会常务委员会法制工作委员会就短线交易构成以及相关法律具体问题提出法律询问,全国人民代表大会常务委员会法制工作委员会依法予以了答复。

本院认为,本案争议的焦点问题有两个:一是九龙山国旅买卖涉案股票的行为是否构成证券法第四十七条第一款规定的短线交易;二是证监会在54号处罚决定中直接责成上海九龙山董事会收回所得收益的行为性质。对上述问题分别评述如下:

一、九龙山国旅买卖涉案股票的行为是否构成证券法第四十七条第一款规定的短线交易问题。

根据证券法第四十七条的规定,上市公司董事、监事、高级管理人员及持有上市公司股份百分之五以上的股东,买入上市公司的股票后卖出,或者卖出后买入,必须间隔六个月的时间,否则构成短线交易;如果未间隔六个月,上述人员在该股票买卖中获取的收益,归该公司所有,即公司享有归入权。该条主要功能在于防止上市公司特定人员利用对公司的控制优势或者信息优势,短时间内买卖公司股票获取不正当利益,通过违法行为构成要件上的客观归责原则与内幕交易制度形成互补,进而保障证券市场的公平、公开和公正,维护投资者的信心,促进资本市场运作和公司治理更具效率。根据该条规定,结合再审申请人九龙山国旅的申请再审理由和被申请人证监会的答辩意见,本案九龙山国旅买卖涉案股票的行为是否构成短线交易,应当综合考虑涉案交易行为的标的、主体身份、主观意图和买入时点的确认等因素作出判断。

第一,关于短线交易的标的问题。证券法第四十七条规定的短线交易标的,除上市公司的流通股外,是否还包括非流通股?所谓流通股和非流通股,是20世纪90年代中期,一些国有企业改制上市时,出于维护证券市场稳定和国有资产安全等考虑,国家规定这些上市公司股份中的国家股、法人股等部分股份暂不上市流通,使上市公司的股票分为非流通股和流通股,形成股权分置。由于股权分置不能适应资本市场改革开放和稳定发展的要求,2005年国务院有关部门联合发布了关于上市公司股权分置改革的指导意见,为上市公司非流通股可上市交易作出制度安排。九龙山国旅基于经过证券监管部门批准的上海九龙山股权分置改革方案的相关承诺买入日本松冈持有的涉案股票时,该部分股票仍然属于上海九龙山的非流通股。上市公司非流通股是我国证券市场发展特定历史阶段的产物,与能够在证券交易所集中交易系统即时自由交易的流通股不同,上市公司非流通股的转让原则上只能通过协议或者拍卖等场外交易方式进行,这就导致非流通股的转让比即时交易的流通股具有交易时间的延长性、交易价格的协商性、法律关系的复杂性和交易成功的不确定性等较多不可控性因素。尤其是本案所涉的因履行上市公司股权分置改革承诺而转让的具有涉外因素的非流通法人股,交易过程历时股权分置改革承诺、股权转让协议签订、外商投资主管部门审批和证券监管部门审批等环节,涉及的法律关系复杂,各环节进度更非股权交易双方当事人所能预测和控制。但是,非流通股转让过程虽然具有上述不可控因素,但不能完全排除其在证券法第四十七条规定的六个月限制期内完成交易的可能性,且证券法第四十七条明确规定短线交易的标的是上市公司的股票,并没有将上市公司的非流通股排除在外。因此,九龙山国旅关于证券法第四十七条规定的上市公司股票不包括该上市公司的非流通股部分的再审理由,缺乏法律依据,本院不予支持。

第二,关于短线交易的主体问题。证券法第四十七条规范的短线交易构成是否以行为人具有上市公司董事、监事、高级管理人员以及持有上市公司股份百分之五以上的股东的身份为前提,并在其后六个月内实施"买入卖出"或"卖出买入"一组以上买卖交易行为。

九龙山国旅主张,上市公司持股5%以上的股东要构成证券法第四十七条规定的短线交易,首先应当符合主体要件,即成为持股5%以上的股东,然后符合行为要件,即成为持股5%以上的股东后的六个月内有一组以上"买入卖出"或"卖出买入"股票交易行为,如果成为持股5%以上的股东后的六个月内只有"买入"没有"卖出",或者只有"卖出"没有"买入"的单个交易行为,则不构成证券法第四十七条规定的短线交易。九龙山国旅通过协议买入上海九龙山15.25%股份,才具备了短线交易的主体要件,之后其仅有一个卖出31 892 500股的行为,尚缺乏一组反向的买入交易行为;同样,若认定九龙山国旅"购入15.25%股份和卖出31 892 500股"就已经构成证券法所规制的反向交易行为,九龙山国旅则因实施行为之前并非公司的内幕人员而不具备短线交易的主体资格。因此,九龙山国旅的身份及行为均不符合短线交易的构成要件。

因这一问题涉及证券法第四十七条的理解,证券法理论和执法实践存在"一端说""两端说"和"折中说"的分歧,为慎重起见,本院根据《中华人民共和国立法法》第六十四条规定正式向全国人民代表大会常务委员会法制工作委员会提出法律询问。全国人民代表大会常务委员会法制工作委员会作出法工办复〔2016〕1号《关于证券法第四十七条第一款理解问题的答复意见》明确答复本院:证券法第四十七条第一款并没有作出只有在当事人具备上市公司董事、监事、高级管理人员、持有上市公司股份百分之五以上的股东身份后,在六个月内买卖本公司股票的行为才适用本条规定的限制。当事人在买入上市公司股票时不是"上市公司董事、监事、高级管理人员",在买入后六个月内卖出时具备上述身份的,或者当事人因买入上市公司股票才成为"持有上市公司股份百分之五以上的股东",其后又在六个月内卖出该上市公司股票的,均应当适用证券法第四十七条第一款的规定。该答复系全国人民代表大会常务委员会工作机构对法律条文适用问题的具体理解,本院参照适用这一意见。因此,九龙山国旅关于"上市公司持股5%以上的股东要构成证券法第四十七条规定的短线交易,首先应当符合主体要件,即成为持股5%以上的股东,然后符合行为要件,即成为持股5%以上的股东后的六个月内有一组以上"买入卖出"或"卖出买入"股票交易行为……"的再审理由不能成立。

第三,关于短线交易的主观意图问题。证券法第四十七条规定的短线交易行为构成,是否包括行为人的主观要件,即短线交易的认定是否必须考虑行为人买卖股票的动机或目的。

证券法第四十七条的立法目的是防止上市公司特定人员利用对公司的控制优势或者信息优势,短时间内买卖公司股票获取不正当利益。该条是内幕交易的事先防范和吓阻机制,其违法构成要件中,并不强调行为人主观上是否具有利用控制优势和信息优势获取利益的目的和意图,而是采取简化的客观判断标准和无过错责任原则,即只要行为人客观上具备第四十七条规定的特定人员的身份并在六个月限制期内买卖股票即构成短线交易,至于其买卖股票时是否具有利用控制优势和信息优势获取利益的主观意图以及实际上是否利用了这些优势,均不是短线交易的构成要件。因此,再审申请人以其在交易涉案股票时不具有利用内幕信息获取短线利益的主观意图为由,主张其买入和卖出涉案股票的行为不构成证券法第四十七条规定的短线交易的理由不能成立。

第四,关于短线交易的买入时点问题。证券法第四十七条规定的六个月买卖期限需要明确买入或者卖出股票的准确时间点。因涉案股票系特殊的非流通股,如何确定九龙山国旅买入涉案股票的具体时间是本案的关键问题。《中华人民共和国合同法》第一百三十三条规定:"标的物的所有权自标的物交付时起转移,但法律另有规定或者当事人另有约定的除外。"《中华人民共和国物权法》第二十三条规定:"动产物权的设立和转让,自交付时发生效力,但法律另有规定的除外。"《中华人民共和国公司法》第一百四十条规定:"无记名股票的转让,由股东将该股票交付给受让人后即发生转让的效力。"《中华人民共和国证券法》第一百六十条第二款规定:"证券登记结算机构应当根据证券登记结算的结果,确认证券持有人持有证券的事实,提供证券持有人登记资料。"根据上述法律规定,公开发行股票的交易需要向受让人交付股票后,才能最终发生股权转让的效力;对于上市公司股票的交付,除非法律另有明确规定或者当事人之间有特别约定,原则上以证券登记结算机构的过户登记作为交付。结合证券法第四十七条规定,短线交易买入或者卖出时间点的判断,原则上应当以发生股权转让效力作为标准。本案的关键问题是,是否应当区别上市公司流通股和非流通股交易的不同?通常情况下,能够在证券交易所集中竞价交易的上市公司流通股的交易行为和过户登记同日完成,二者高度一致,因此将流通股的过户登记日作为买入或者卖出时间并无不当,但对于通过协议方式转让的非流通股,如前所述,其交易程序较为复杂,转让协议和过户登记间隔时间较长,特别是交易需要相关主管部门审批时,交易时间更是超出交易双方控制能力,仍以过户登记日作为证券法第四十七条买入和卖出的时间点是否合理,是否应当考虑股票不同于一般动产的特殊性,即除具有一般动产的财产属性外,更多是基于股东身份衍生的各项权利,进而将过户登记之前股权转让过程中受让人股东地位的实际确认时间作为买入时间点?

对此问题,九龙山国旅主张,股东地位的确立是受让人实际持有股份,享有股东权利和义务的开始,也是其利用对上市公司的控制力和信息优势进行短线交易牟利成为可能的界限。因此,股票过户登记之前,受让人已经取得股东地位的,应以其实际成为公司股东日作为短线交易的买入时间点。九龙山国旅与日本松冈2007年11月16日签订涉案股票转让协议后,商务部于2008年2月28日批准同意该次股权转让行为,并在2008年3月10日换发给上海九龙山的外商投资企业批准证书(商外资资审字〔2006〕0597号)中将投资者日本松冈替换为九龙山国旅,确认了九龙山国旅的股东身份。

同年6月5日举行的上海九龙山2007年度股东大会上，九龙山国旅行使股东权利，其推荐的李梦强和沈焜替代日本松冈推荐的松冈典之和金光义孝，被选举成为第四届董事会的非独立董事，参与公司的日常经营管理。2008年9月2日，证监会证监许可〔2008〕1090号豁免要约收购义务的批复，进一步认可九龙山国旅受让并持有上海九龙山66 254 198股A股股份的事实。因此，九龙山国旅作为上海九龙山的股东地位在商务部为上海九龙山换发外商投资企业批准证书时已经确立，该时间作为九龙山国旅"买入"涉案股票的时间更符合协议方式转让非流通股的特点。九龙山国旅和日本松冈在涉案股份转让协议中将股份所有权转移日约定为办理完毕过户登记手续之日，不影响九龙山国旅获得上海九龙山股东资格的日期。

本院认为，股权作为股东所享有的一种特殊形态的权利，具有复合性，是一束权利的集合，其既具有普通物权的特征，也具有社员权的特征，既含有财产性权利，也含有非财产性权利。上市公司股票的转让，是股票所承载股权的全部转让，包括财产性权利和非财产性权利，应当遵循法律关于上市公司股票转让的基本规则，原则上以过户登记作为生效时间，对股票过户登记之前因特殊原因而实际取得股东地位的转让效力，除法律有特别规定或者当事人有明确约定外，仍应当以证券登记结算机构的过户登记为准。本案中，九龙山国旅和日本松冈签订的涉案股票转让协议明确约定股份所有权转移日是在中国证券登记结算公司上海分公司办理完毕标的股份的过户登记手续之日，并明确股份所有权转移日前，标的公司所代表的权利由日本松冈行使。因此，涉案股票的转让生效时间，无论是依据法律规定还是当事人之间的约定，都应当是办理过户登记手续之日，证监会以该日期作为证券法第四十七条的买入时间并无不当，九龙山国旅的此项再审理由不能成立。

二、关于证监会在54号行政处罚决定中直接责成上海九龙山董事会收回所得收益的行为性质问题。

证券法第四十七条明确规定短线交易所得收益的收回权属于公司董事会，公司董事会不行使该权利时，公司股东有权提起诉讼；证券法第一百九十五条规定，证券监督管理机构对违反证券法第四十七条规定的短线交易的职权限于给予警告和罚款的处罚。因此，违反证券法第四十七条规定短线交易所得收益的收回问题属于相关违法人员对上市公司承担的民事责任，追讨权由公司董事会负责，如果公司董事会不行使该权利，股东可以通过诉讼方式追讨，由此产生的纠纷，应当通过民事途径予以解决。本案中，九龙山国旅短线交易收益的追讨，系上海九龙山董事会或者股东的民事权利，是否决定追讨、追讨多少以及如何追讨等问题均可由当事人自由处分，不属于行政违法责任范畴。需要指出的是，对于因行政违法行为可能导致的民事责任承担问题，除法律明确规定外，行政机关不能直接作出裁决，但可以在作出处理决定时一并通过建议、晓谕或者提示等指导方式告知相关主体妥当行使民事救济权利。该类指导行为是行政机关向相关利害关系人提出的指导建议，主要目的是敦促相关利害关系人及时、正确地选择民事争议的解决途径，不具有拘束力和强制性。本案中，证监会在54号行政处罚决定中直接责成上海九龙山董事会追讨收益的行为即属于对利害关系人如何处理民事责任的行政指导行为，不具有行政处罚的法律特征，对九龙山国旅的权利义务不产生实际影响。对此问题，一、二审法院已经予以明确，本院认可这一判断。且上海九龙山的股东之一海航置业控股(集团)有限公司已经以九龙山国旅等人为被告提起民事诉讼，追讨涉案短线交易收益，因此，九龙山国旅与相关利害关系人关于短线交易收益追讨问题的争议，可以在民事诉讼中予以解决。需要强调的是，因证监会的指导行为不属于行政处罚，不具有强制性，指导内容对后续民事诉讼不产生预决效力，相关法院应结合本案交易的实际情况和当事人诉辩意见，准确确定短线交易的实际收益，依法裁判。

还需要指出的是，证监会的指导行为存在以下瑕疵：第一，行文格式不规范，该指导行为虽然与54号行政处罚一并作出并载明于54号行政处罚决定书中，但不属于行政处罚内容，应当附于54号行政处罚决定主文之后，而证监会将指导内容列于对九龙山国旅的行政处罚决定主文中，在文书格式上存在错误；第二，措辞用语有瑕疵，该指导行为涉及证监会行政处罚职权之外的事项,但使用了具有强制色彩的"责成"一词,与行政指导行为系为更好地实现管理目的而采取的指导、建议等非强制手段的行为性质不符;第三,建议内容欠妥当,该指导行为直接明确上海九龙山应当收回的短线交易收益数额,容易对外产生行政处罚决定已经对短线交易收益数额作出明确认定,后续行为应当予以认可的误解。事实上在已经提起的民事诉讼中,一审法院就已经据此认定该责成内容产生了预决效力,导致不具有强制性的行政指导行为实际影响了民事案件事实的独立认定。本院在一、二审法院已经指出该项内容不具有行政处罚的法律特征,对九龙山国旅的权利义务不产生实际影响的基础上,进一步指明证监会指导行为存在的问题,不仅在于消除该行为的消极影响,更是建议证监会在此后的执法活动中引以为鉴。

综上,九龙山国旅的再审请求不能成立,证监会认定九龙山国旅的行为构成证券法第四十七条规定的短线交易并依据证券法第一百九十五条作出54号处罚决定,认定事实清楚,适用法律正确。虽然证监会在该处罚决定主文中作出的责成上海九龙山董事会追讨短线交易收益的指导行为存在瑕疵,但不影响原审法院裁判结果的正确性,且一、二审法院已经予以指正,本院亦无再审改判必要。据此,依照《中华人民共和国行政诉讼法》第六十九条、第八十九条第一款第一项的规定,《最高人民法院关于适用〈中华人民共和国行政诉讼法〉的解释》第一百一十九条第一款的规定,《最高人民法院关于适用〈中华人民共和国民事诉讼法〉的解释》第四百零七条第一款的规定,判决如下:

维持北京市高级人民法院(2013)高行终字第3号行政判决和北京市第一中级人民法院(2012)一中行初字第2828号行政判决。

一、二审案件受理费100元,由浙江九龙山国际旅游开发有限公司负担。

本判决为终审判决。

二〇一八年八月二十八日

最高人民法院行政裁定书
(唐建平操纵市场案)

(2015)行监字第1728号

再审申请人(一审原告、二审上诉人):唐建平,男,汉族,1965年8月15日出生,现住陕西省西安市雁塔区西影路四十八号13号楼3单元6层3号。

委托代理人:李圣敬,北京市浩天信和律师事务所律师。

委托代理人:蔡振明,北京市浩天信和律师事务所律师。

再审被申请人(一审被告、二审被上诉人):中国证券监督管理委员会。住所地:北京市西城区金融大街19号。

委托代理人:王平,该委员会干部。

委托代理人:刘方义,该委员会干部。

唐建平因诉中国证券监督管理委员会(以下简称证监会)证券监管行政处罚一案,不服北京市高级人民法院(2014)高行终字第3800号行政判决,向本院提出再审申请。本院依法由审判员王晓滨、审判员李德申、审判员张艳组成合议庭对本案进行了审查,现已审查终结。

证监会于2012年9月17日作出被诉(2012)43号行政处罚决定认定:自2010年4月2日至7月28日,唐建平操纵航天动力股票价格,违法所得为168,584,294元。唐建平的行为违反了《证券法》第七十七条关于禁止操纵股票价格的规定,构成了《证券法》第二百零三条所述操纵股票价格行为。遂决定没收唐建平违法所得168,584,294元,并对唐建平处以168,584,294元罚款。

北京市第一中级人民法院一审查明:2011年,证监会针对唐建平涉嫌操纵“航天动力”一案进行调查,对有关人员进行了询问。2012年5月21日,证监会向唐建平送达行政处罚事先告知书,告知其对“航天动力”操纵案调查完毕,拟对唐建平作出没收违法所得168,584,294元,并处以168,584,294元罚款的行政处罚,同时告知唐建平享有陈述、申辩及要求听证等权利。2012年6月7日,证监会应唐建平申请,举行听证会。会中,唐建平委托代理人及证监会调查人员围绕案件争议问题发表了意见,唐建平委托代理人明确表示不申请听证会主持人及有关人员回避。2012年9月17日,证监会针对唐建平操纵“航天动力”一案,经调查后作出被诉处罚决定。该决定具体认定如下事实:唐建平通过控制A381×××355等19个证券账户在2010年4月2日至7月28日期间操纵航天动力股票价格。2010年4月2日至12月23日,唐建平等19个账户买入航天动力股票60,204,340股,卖出60,204,340股。2010年4月2日至7月28日有72个交易日,唐建平等19个账户在70日内交易“航天动力”股票,交易量排名第一的有52个交易日。唐建平等19个账户交易“航天动力”的数量占市场成交量比例超过20%的有10个交易日,超过30%的有6个交易日,超过40%的有3个交易日;2010年6月24日,唐建平等19个账户交易量占市场成交量比例达到50.14%。唐建平等19个账户买入“航天动力”的数量占市场买入量比例超过20%的有29个交易日,超过30%的有10个交易日,超过40%的有4个交易日;2010年7月2日,唐建平等19个账户买入量占市场买入量比例达到56.99%。唐建平等19个账户卖出“航天动力”的数量占市场卖出量比例超过20%的有19个交易日,超过30%的有9个交易日,超过50%的有2个交易日;2010年6月24日,唐建平等19个账户卖出量占市场卖出量比例达到52.79%。自2010年4月2日,唐建平开始持有“航天动力”股票。2010年6月10日,唐建平等19个账户持有“航天动力”占“航天动力”已发行股份的比例上升至16.44%;2010年6月11日至7月28日,唐建平等19个账户持有“航天动力”的比例在16.72%至18.24%之间。2010年6月11日至7月28日的25个交易日中,唐建平有16个交易日在自己实际控制的证券账户之间交易“航天动力”,总量达到6,573,185股。唐建平在自己实际控制的证券账户之间交易“航天动力”的数量占市场成交量比例超过10%的有9个交易日,超过20%的有3个交易日;2010年7月6日达到32.06%。被诉处罚决定据上述事实认定唐建平实施了操纵“航天动力”股票价格行为。

北京市第一中级人民法院一审认为:根据《证券法》第一百七十九条第一款第七项之规定,证监会具有依法对违反证券市场监督管理法律、行政法规的行为进行查处的法定职权。本案的焦点问题为:一、唐建平是否为2010年4月2日至7月28日期间唐建平等19个账户的实际控制人;二、唐建平是否于2010年4月2日至7月28日期间实施了操纵“航天动力”股票价格的行为;三、被诉处罚决定处罚幅度是否适当;四、被诉处罚决定程序是否合法。关于焦点问题一。认定行为人实际控制某一账户,需要判断行为人是否对该账户具有管理、使用或处分的权益。行为人虽非账户的名义持有人,但通过投资关系、协议或者其他安排能够实际管理、使用或处分他人账户的,也可以视为行为人实际控制该账户。根据证监会提交的第一组证据,唐建平等19个账户在2010年4月2日到12月23日期间同时段频繁共用电脑下单,所用MAC地址(硬件地址)与IP地址(网际协议地址)高度重合,足以证明唐建平等19个账户具有同一控制关系。此外,证监会的第一组证据足以证明以下事实:首先,唐建平等19个账户绝大部分账户具有在相同证券公司营业部开户的特征;其次,唐建平等19个账户交易股票品种高度一致,交易“航天动力”所用MAC地址、IP地址具有较高的重合率,交易“航天动力”数量占市场成交量比例较高、持股量占比较高(例如:孙健博账户使用6个MAC地址下单共计33次,共用MAC地址下单次数33次,MAC地址重合率100%,其单独下单次数为零);再次,唐建平等19个账户交易股票的资金来源或去向多与原告存在关联(例如:侯宝平银河证券北京和平西里营业部尾号3326账户,资金来源1200万元,全部来自原告);最后,唐建平等19个账户于2010年4月2日至6月10日期间多次连续申报买入“航天动力”,委托价高于前一刻申买第一档价格,部分账户于2010年6月11日至7月28日期间,多次在同日内以相同价格幅度交易“航天动力”,交易“航天动力”的行动具有高度一致性(例如:2010年7月2日10点8分至10点12分、10点35分、10点37分、13点整、13点42分,张辉、唐美秀、李国荣、唐建平账户通过多次大单交易,将“航天动力”股价由18元以上连续压到17.7元。在这几次大单交易中,张辉和李国荣账户使用的IP地址均为115.170.122.104)。根据唐建平等19个账户的上述交易行为特征足以认定,唐建平等19个账户在上述期间为同一人所实际控制。另外,根据证监会的相关询问笔录及资产管理协议等证据,唐建平为股票市场职业炒家,惯用“融资融户”方式交易股票;涉案账户名义所有人中大部分与原告有亲属、朋友或同乡关系;唐建平等19个账户中的唐建平、窦晓春、孙子文和孙健博等4个账户明确为原告控制使用。因此,在上述账户为同一人实际控制的前提下,证监会的资产管理协议、资金流向、证人证明、证言、人员关系和账户关系等证据已形成明显的证据优势,且均指向唐建平一人。故在唐建平无充分证据予以否定的情况下,一审法院认为,被诉处罚决定认定唐建平为涉案账户的实际控制人并无不当。唐建平主张其并未控制唐建平等19个账户,但未提交充分的证据予以证实,故其相关诉讼主张均缺乏事实及法律依据,该院不予支持。关于焦点问题二。《证券法》第七十七条第一款第一、三项规定,单独或者通过合谋,集中资金优势、持股优势联合或者连续买卖,在自己实际控制的账户之间进行证券交易,操纵或影响证券交易价格或者证券交易量的,均构成证券市场操纵行为。本案中,唐建平等19个账户于2010年4月2日至6月10日期间为唐建平所实际控制,根据上述账户于上述期间交易“航天动力”的记录分析,上述账户交易量占比、买比重、持股比等数值均较高(例如:2010年6月4日,唐建平等19个账户买比重为38.7%,交易量占比为19.37%;2010年6月10日,唐建平等19个账户持股比达16.44%),故,上述账户在上述期间交易“航天动力”具有明显资金及持股优势。部分账户多次连续申报买入“航天动力”股票,申买价格均高于委托前一刻申买第一档价格,该交易特征在上述期间表现显著,足以说明上述账户紧密配合,通过连续买卖拉抬“航天动力”股票。而同期“航天动力”价格由14.09元上升至20.51元,涨幅高达45.60%。结合上述账户在交易量占比、买比重、持股比等数值分析,上述账户对“航天动力”股票价格走势的影响权重极高。故能够认定,上述账户的连续交易行为致使“航天动力”股票价格出现明显涨幅。2010年6月11日至7月28日期间,唐建平在自己实际控制的证券账户之间交易“航天动力”的交易量占市场成交量比例较高,多次于同日内在自己实际控制的账户间以固定价格幅度交易“航天动力”,上述显著的交易特征足以说明唐建平操纵其实际控制的账户并在上述账户间交易“航天动力”。根据上海证券交易所市场监察部向证监会提供的数据显示,“航天动力”在2010年6月23日、6月24日、7月2日、7月6日、7月7日、7月8日、7月9日、7月27日、7月28日的收盘价涨跌幅与大盘的偏离度分别为:43.67%、43.70%、33.04%、34.06%、38.27%、40.56%、39.07%、38.91%、36.42%。故同期“航天动力”股票价格与大盘涨跌幅指数出现了较高的偏离度,据此能够认定,唐建平于上述期间内在自己实际控制的账户间交易“航天动力”的行为,致使“航天动力”价格呈现上述特征。综上,通过对2010年4月2日至7月28日期间唐建平等19个账户交易“航天动力”过程中的行为特征分析,唐建平交易“航天动力”的行为符合连续交易操纵与在自己实际控制的账户间交易操纵的特征,其通过连续交易拉抬“航天动力”股价,通过在自己实际控制的账户间交易稳定“航天动力”股价,符合操纵股票价格行为的一般特征。被诉处罚决定认定唐建平于上述期间实施了连续交易操纵及在自己实际控制的账户间交易操纵的行为,致使“航天动力”股价上升,具备事实及法律依据,并无违法之处。关于焦点问题三。《证券法》第二百零三条规定:“违反本法规定,操纵证券市场的,责令依法处理非法持有的证券,没收违法所得,并处以违法所得一倍以上五倍以下的罚款……”本案中,根据上海证券交易所市场监察部向证监会提供的数据显示,在2010年4月2日至7月28日期间,唐建平等19个账户账面收益为168,584,294元。具体为:

账面盈亏 = 期末市值 + 期间卖出金额 - 期初市值 - 期间买入金额 - 配股金额 - 印花税 - 过户费 - 交易佣金估算，其中印花税按实际发生金额计算，其余税费按3‰计算，2010年7月28日余股以当日收盘价作为卖出价计算盈利。被诉处罚决定以此为依据认定唐建平的违法所得数额并不违背《证券法》及有关法律法规的规定，亦不侵害其合法权益。另外，唐建平并未提供充分证据证明证监会作出被诉处罚决定存在选择性执法的问题，故唐建平主张证监会存在选择性执法的情形，缺乏事实及法律依据，一审法院不予支持。关于焦点问题四。《行政处罚法》第四十二条第四项规定，听证由行政机关指定的非本案调查人员主持；当事人认为主持人与本案有直接利害关系的，有权申请回避。该院调取的《听证笔录》可以证明证监会告知了唐建平申请回避的权利及唐建平不申请听证会主持人阴泽琦回避的事实。唐建平主张听证会主持人阴泽琦系被告调查人员，负责证监会对本案的调查工作，但其未提交证据予以证明，且唐建平已于听证会中明确表示不申请有关人员回避，故唐建平的该项主张缺乏事实及法律依据，一审法院不予支持。证监会作出被诉处罚决定履行了告知、听证、送达等程序，并无违法之处。综上，一审法院认为被诉处罚决定认定事实清楚，适用法律正确，程序合法，处罚幅度并无不当。据此，该院依照最高人民法院《关于执行〈中华人民共和国行政诉讼法〉若干问题的解释》第五十六条第四项之规定，于2014年10月11日作出（2013）一中行初字第1171号行政判决：驳回唐建平的诉讼请求。

唐建平不服上述一审行政判决，向北京市高级人民法院提起上诉。

北京市高级人民法院二审查明：2011年，证监会针对唐建平涉嫌操纵“航天动力”一案进行调查，对有关人员进行了询问。2012年5月21日，证监会向唐建平送达行政处罚事先告知书，告知其对“航天动力”操纵案调查完毕，拟对唐建平作出没收违法所得168,584,294元，并处以168,584,294元罚款的行政处罚，同时告知唐建平享有陈述、申辩及要求听证等权利。2012年6月7日，证监会应唐建平申请，举行听证会。会中，唐建平委托代理人及证监会调查人员围绕案件争议问题发表了意见，唐建平委托代理人明确表示不申请听证会主持人及有关人员回避。2012年9月17日，证监会针对唐建平操纵“航天动力”一案作出被诉处罚决定。该决定认定如下事实：唐建平通过控制A381×××355等19个证券账户在2010年4月2日至7月28日期间操纵航天动力股票价格。2010年4月2日至12月23日，唐建平等19个账户买入航天动力股票60,204,340股，卖出60,204,340股。2010年4月2日至7月28日有72个交易日，唐建平等19个账户在70日内交易“航天动力”股票，交易量排名第一的有52个交易日。唐建平等19个账户交易“航天动力”的数量占市场成交量比例超过20%的有10个交易日，超过30%的有6个交易日，超过40%的有3个交易日：2010年6月24日，唐建平等19个账户交易量占市场成交量比例达到50.14%。唐建平等19个账户买入“航天动力”的数量占市场买入量比例超过20%的有29个交易日，超过30%的有10个交易日，超过40%的有4个交易日；2010年7月2日，唐建平等19个账户买入量占市场买入量比例达到56.99%。唐建平等19个账户卖出“航天动力”的数量占市场卖出量比例超过20%的有19个交易日，超过30%的有9个交易日，超过50%的有2个交易日；2010年6月24日，唐建平等19个账户卖出量占市场卖出量比例达到52.79%。自2010年4月2日，唐建平开始持有“航天动力”股票。2010年6月10日，唐建平等19个账户持有“航天动力”占“航天动力”已发行股份的比例上升至16.44%；2010年6月11日至7月28日，唐建平等19个账户持有“航天动力”的比例在16.72%至18.24%之间。2010年6月11日至7月28日的25个交易日中，唐建平有16个交易日在自己实际控制的证券账户之间交易“航天动力”，总量达到6,573,185股。唐建平在自己实际控制的证券账户之间交易“航天动力”的数量占市场成交量比例超过10%的有9个交易日，超过20%的有3个交易日；2010年7月6日达到32.06%。被诉处罚决定据上述事实认定原告实施了操纵“航天动力”股票价格行为。

北京市高级人民法院二审认为：本案的焦点问题是，一、唐建平在2010年4月2日至7月28日期间，是否为包括唐建平在内的19个账户的实际控制人;二、唐建平是否于2010年4月2日至7月28日期间实施了操纵“航天动力”股票价格的行为;三、被诉处罚决定的处罚幅度是否适当;四、被诉处罚决定程序是否合法。关于焦点问题一。根据证监会提交的第一组证据证明,唐建平等19个账户在2010年4月2日到12月23日期间同时段频繁共用电脑下单,所用MAC地址与IP地址高度重合足以证明唐建平等19个账户具有同一控制关系。本案涉案账户名义所有人中大部分与唐建平有亲属、朋友或同乡关系,唐建平等19个账户中的唐建平、窦晓春、孙子文和孙健博等4个账户明确为唐建平控制使用。因此,在上述账户为同一人实际控制的前提下,证监会的资产管理协议、资金流向、证人证明、证言、人员关系和账户关系等证据已形成了充分的证明力,而所有证据均指向唐建平一人。因此,在唐建平无充分证据予以否定的情况下,被诉处罚决定认定唐建平为涉案账户的实际控制人并无不当。关于焦点问题二。唐建平等19个账户于2012年4月2日至6月10日期间为唐建平所实际控制,根据上述账户于上述期间交易“航天动力”的记录分析,上述账户交易量占比、买比重、持股比等数值均较高,账户在上述期间交易“航天动力”具有明显资金及持股优势。部分账户多次连续申报买入“航天动力”股票,申买价格均高于委托前一刻申买第一档价格,该交易特征在上述期间表现显著,足以说明上述账户紧密配合,通过连续买卖拉抬“航天动力”股票。而同期“航天动力”价格由14.09元上升至20.51元,涨幅高达45.60%。结合上述账户在交易量占比、买比重、持股比等数值分析,上述账户对“航天动力”股票价格走势的影响权重极高。所以能够认定上述账户的连续交易行为致使“航天动力”股票价格出现明显涨幅。2010年6月11日至7月28日期间,唐建平在自己实际控制的证券账户之间交易“航天动力”的交易量占市场成交量比例较高,多次于同日内在自己实际控制的账户间以固定价格幅度连续交易“航天动力”上述显著的交易特征足以说明唐建平操纵其实际控制的账户并在上述账户间交易“航天动力”。根据上海证券交易所市场监察部向证监会提供的数据显示,“航天动力”在2010年6月23日、6月24日、7月2日、7月6日、7月7日、7月8日、7月9日、7月27日、7月28日的收盘价涨跌幅与大盘的偏离度分别为:43.67%、43.70%、33.04%、34.06%、38.27%、40.56%、39.07%、38.91%、36.42%,同期“航天动力”股票价格与大盘涨跌幅指数出现了较高的偏离度。据此能够认定唐建平于上述期间内在自己实际控制的账户间交易“航天动力”股票的行为,致使“航天动力”价格呈现以上特征。综上,通过对2010年4月2日至7月28日期间,唐建平等19个账户交易“航天动力”股票过程中的行为特征分析,唐建平交易“航天动力”股票的行为符合连续交易操纵与在自己实际控制的账户间交易操纵的特征,其通过连续交易拉抬“航天动力”股价,通过在自己实际控制的账户间交易稳定“航天动力”股价,符合操纵股票价格行为的一般特征。被诉处罚决定认定唐建平于上述期间实施了连续交易操纵及在自己实际控制的账户间交易操纵的行为,致使“航天动力”股价上升,具有事实及法律依据,无违法之处。关于焦点问题三。根据上海证券交易所市场监察部向证监会提供的数据显示,在2012年4月2日至7月28日期间,唐建平等19个账户账面收益为168,584,294元。具体为:账面盈亏=期末市值+期间卖出金额-期初市值-期间买入金额-配股金额印花税-过户费-交易佣金估算,其中印花税按实际发生金额计算,其余税费按3‰计算,2010年7月28日余股以当日收盘价作为卖出价计算盈利。被诉处罚决定以此为依据,认定唐建平的违法所得数额并不违背《证券法》及有关法律法规的规定。关于焦点问题四。根据一审法院调取的《听证笔录》可以证明,证监会在行政程序中告知了唐建平申请回避的权利,以及唐建平不申请听证会主持人阴泽琦回避的事实。关键在于,唐建平主张听证会主持人阴泽琦系证监会调查人员,负责证监会对本案的调查工作,应当在本案听证程序中予以回避,但唐建平未提供任何证据予以证明上述事实,因此,唐建平关于证监会违反回避原则,从而导致行政程序违法的诉讼主张,缺乏事实及法律依据,该院不予支持。据此,该院依照修改前的《中华人民共和国行政诉讼法》第六十一条第一项之规定,于2015年4月30日作出(2014)高行终字3800号行政判决:驳回上诉,维持一审判决。

唐建平向本院申请再审称：1. 证监会处罚决定及一、二审认定事实错误，指证唐建平为19个账户实际控制人的证据不足，证监会以MAC地址和IP地址认定唐建平实际控制19个账户，相关证据不符合电子证据形式要求；2. 证监会处罚听证程序违法，听证主持人阴泽琦先生同时又是主持调查工作的负责人，应当回避而不予回避；3. 即使按证监会违法认定的全部19个账户均是唐建平控制，也不构成股票价格操纵；4. 证监会计算违法所得的方法不合法，没有剔出基本面、板块因素等其他股价上涨因素导致的盈利，处罚明显仍然存在不合理和适用法律错误。为此，请求本院判决撤销一、二审行政判决；撤销证监会处罚决定，责令其重新全面客观公正调查，并依据《行政和解试点实施办法》规定依法处理；由证监会承担全部诉讼费用。

本院认为：根据一、二审法院查明的事实，结合原审审理的情况并经征询各方当事人意见，本案的争议焦点可以归纳如下：一是再审申请人唐建平是否为2010年4月2日至7月28日期间唐建平等19个账户的实际控制人？二是2010年4月2日至7月28日期间唐建平是否实施了操纵"航天动力"股票价格的行为？三是被诉处罚决定处罚幅度是否适当？四是被诉处罚决定程序是否合法？

（一）关于唐建平是否为2010年4月2日至7月28日期间唐建平等19个账户实际控制人的问题

从证券行政执法的基本规则看，判断行为人是否实际控制账户关键在于行为人对该账户是否具有管理、使用或处分权益，如果存在如下情形之一即应认定行为人实际控制该账户：行为人以自己的名义开设的账户；行为人以他人名义开设的账户；行为人虽然不是账户的名义持有人，但通过投资关系、协议或者其他安排，能够实际管理、使用或处分的他人账户。本案中，从委托下单记录来看，2010年4月2日至12月23日期间，涉案账户（除张辉账户外）的MAC地址记录共计5887次，共用MAC地址下单5293次，总体重合率为90%，其中6个账户MAC地址的重合率100%，即除张辉账户外其余18个账户有90%的交易共用电脑下单。在此期间，涉案账户的IP地址记录共计8386次，共用IP地址下单6169次，IP地址总体重合率74%，其中张辉账户IP地址与其他18个账户的重合率为97%，即张辉账户与其他18个账户有97%的交易在同一地点通过同一个路由器下单。基于上述事实，可以认定涉案19个账户MAC地址和IP地址存在高度重合。除此之外，涉案19个账户之间还具有交易股票品种高度一致、交易"航天动力"股票的行动高度一致、绝大部分账户在同一证券公司营业部开户的特征。据此，原审法院认定涉案19个账户具有同一控制关系，并无不当。根据本案证据及原审法院查明的事实，除唐建平本人账户外，其余账户的大部分持有人与唐建平存在亲属、朋友或者同乡关系，且根据相关资产管理协议、资金流向及相关证人证言等证据，均指向唐建平，据此可以认定除唐建平本人开设的账户外，唐建平与其余18个涉案账户之间存在投资关系、协议或者其他安排，故被诉行政处罚决定认定唐建平为涉案账户的实际控制人，并无不当。唐建平认为再审被申请人证监会以MAC地址和IP地址认定唐建平为19个账户实际控制人，证据不足，相关证据不符合电子证据形式要求的申请再审理由，由于唐建平并未提供涉案19个账户存在修改MAC和IP地址的证据，且有关证明唐建平等19个账户在2010年4月2日到12月23日期间同时段频繁共用电脑下单、所用MAC地址与IP地址高度重合等事实的证据，系与唐建平与其他账户持有人之间存在的资产管理协议、资金流向、证人证明、证言、人员关系和账户关系等证据相互印证，可以形成明显的证据优势，且均指向唐建平一人，能够证明唐建平等19个账户具有同一控制关系，故唐建平的该项申请再审理由因缺乏充分的证据佐证，本院不予支持。

（二）关于唐建平是否于2010年4月2日至7月28日期间实施了操纵"航天动力"股票价格行为的问题

《证券法》第七十七条第一款第一、三项规定，单独或者通过合谋，集中资金优势、持股优势联合或者连续买卖，在自己实际控制的账户之间进行证券交易，操纵或影响证券交易价格或者证券交易量的，均构成证券市场操纵行为。本案中，唐建平等19个账户于2010年4月2

日至6月10日期间为唐建平所实际控制,根据上述账户于上述期间交易“航天动力”的记录分析,上述账户交易量占比、买比重、持股比等数值均较高(例如:2010年6月4日,唐建平等19个账户买比重为38.7%,交易量占比为19.37%;2010年6月10日,唐建平等19个账户持股比达16.44%)。另根据证监会调查显示,2010年4月2日至7月28日期间,涉案账户有75%的交易日交易量第一,交易期间动用资金超过10亿元。故证监会认定涉案账户在上述期间交易“航天动力”具有明显资金及持股优势,并无不当。

2010年4月2日至6月10日期间,涉案账户大量买入“航天动力”股票,通过连续交易拉高股票价格。在此期间,涉案部分账户通过多次连续申报买入“航天动力”股票,申买价格均高于委托前一刻申买第一档价格,导致同期“航天动力”价格由14.09元上升至20.51元,涨幅高达45.60%。结合上述账户在交易量占比、买比重、持股比等数值分析,上述账户对“航天动力”股票价格走势的影响权重极高。故可以认定涉案账户的连续交易行为系导致“航天动力”股票价格出现明显涨幅的重要因素。2010年6月11日至7月28日期间,唐建平通过在自己实际控制的证券账户之间进行交易以控制“航天动力”股票价格。在此期间,唐建平买入“航天动力”股票14,823,672股,配股买入9,756,910股,卖出14,003,122股,在自己实际控制的账户之间交易“航天动力”股票6,573,185股。在此期间,唐建平通过在自己实际控制的证券账户之间进行交易“航天动力”股票的交易量占市场成交量比例较高,多次于同日内在自己实际控制的账户间以固定价格幅度交易“航天动力”股票,导致“航天动力”股票价格在18.09元至20.39元之间窄幅震荡,足以表明唐建平通过其实际控制的账户之间交易操纵了“航天动力”股票价格。

2010年4月2日至7月28日共有72个交易日,唐建平在70个交易日交易了“航天动力”股票,交易量排名第一的有52个交易日。其中,2010年6月24日,唐建平交易量占市场成交量比例为50.14%。根据上海证券交易所市场监察部向证监会提供的数据显示,“航天动力”在2010年6月23日、6月24日、7月2日、7月6日、7月7日、7月8日、7月9日、7月27日、7月28日的收盘价涨跌幅与大盘的偏离度分别为:43.67%、43.70%、33.04%、34.06%、38.27%、40.56%、39.07%、38.91%、36.42%,同期“航天动力”股票价格与大盘涨跌幅指数出现了较高的偏离度。据此,可以认定唐建平等19个账户操纵或影响了“航天动力”股票的交易价格和证券交易量。

综上,唐建平所控制的19个涉案账户的行为和影响符合《证券法》第七十七条第一款第一、三项所规定的证券市场操纵行为的特征。被诉处罚决定认定唐建平实施了操纵“航天动力”股票价格的行为,并无不当。唐建平关于其没有实施操纵股票价格行为的申请再审理由,与本案事实不符,本院不予支持。

(三)关于被诉处罚决定处罚幅度是否适当的问题

根据《证券法》第二百零三条的规定,违反本法规定,操纵证券市场的,责令依法处理非法持有的证券,没收违法所得,并处以违法所得一倍以上五倍以下的罚款。本案中,根据上海证券交易所市场监察部向证监会提供的数据,在2010年4月2日至7月28日期间,唐建平等19个账户账面收益为168,584,294元。具体为:账面盈亏=期末市值+期间卖出金额-期初市值-期间买入金额-配股金额-印花税-过户费-交易佣金估算,其中印花税按实际发生金额计算,其余税费按3‰计算,2010年7月28日余股以当日收盘价作为卖出价计算盈利。被诉处罚决定以此为依据认定唐建平的违法所得数额,并不违背《证券法》及有关法律法规的规定。唐建平认为被诉处罚决定未将航天科技类股票进行对比以及“航天动力”股票2010年业绩大幅增长导致的股价上涨因素排除在外,导致计算唐建平违法所得数额上存在明显错误的申请再审理由,因缺乏法律依据,本院不予支持。

(四)关于被诉处罚决定程序是否合法的问题

《行政处罚法》第四十二条第四项规定,听证由行政机关指定的非本案调查人员主持;当事人认为主持人与本案有直接利害关系的,有权申请回避。本案中,根据原审法院调取的《听证笔录》,可以证明证监会在听证时已告知了唐建平申请回避的权利及唐建平不申请听证会主持人阴泽琦回避的事实。唐建平认为听证会主持人阴泽琦系证监会调查人员，负责证监会对本案的调查工作，被诉行政处罚听证程序违法。由于证监会对此亦予以否认，唐建平并未提交相关证据予以证明，且唐建平在听证会中已明确表示不再申请有关人员回避，故其关于被诉处罚决定听证程序违法的申请再审理由，本院难以支持。

综上，被诉处罚决定认定事实清楚，适用法律正确，程序合法，处罚幅度于法有据。唐建平的再审申请不符合《中华人民共和国行政诉讼法》第九十一条规定的情形。依照《最高人民法院关于适用〈中华人民共和国行政诉讼法〉的解释》第一百一十六条第二款之规定，裁定如下：

驳回再审申请人唐建平的再审申请。

二〇一八年六月七日

福建省高级人民法院刑事裁定书（王斌内幕信息案）

（2018）闽刑终12号

原公诉机关福建省泉州市人民检察院。

上诉人（原审被告人）王斌，男，1960年9月20日生，汉族，研究生文化，原华夏盛世基金管理有限公司总经理，出生地福建省龙岩市，户籍地及现住址均为北京市海淀区万柳光大西园3号楼1728号。因本案于2016年9月19日被刑事拘留，2016年10月25日被取保候审，2016年12月7日经福建省泉州市人民检察院决定对其继续取保候审，2017年2月6日、2017年8月4日经泉州中院决定对其继续取保候审。2017年11月14日被逮捕。现羁押于泉州市看守所。

辩护人孟旭、李柱强，福建闽天律师事务所律师。

上诉人（原审被告人）王瑞玉，女，1968年6月12日生，汉族，大学专科文化，无业，出生地福建省龙岩市，户籍地及现住址均为福建省龙岩市新罗区西城九一南路156号。因本案于2016年6月20日被刑事拘留，2016年8月22日被取保候审，2016年12月7日经福建省泉州市人民检察院决定对其继续取保候审，2017年2月6日、2017年8月4日经泉州中院决定对其继续取保候审。2017年11月14日被逮捕。2018年3月10日被本院取保候审。

辩护人丁彦伶，上海普若律师事务所律师。

福建省泉州市中级人民法院审理福建省泉州市人民检察院指控原审被告人王斌犯泄露内幕信息罪、原审被告人王瑞玉犯内幕交易罪一案，于2017年11月13日作出（2017）闽05刑初5号刑事判决。原审被告人王斌、王瑞玉不服，提出上诉。本院依法组成合议庭，于2018年6月26日公开开庭审理了本案。福建省人民检察院指派检察员黄清奇、洪惠阳出庭履行职务。福建闽天律师事务所律师孟旭、李柱强出庭为上诉人王斌提供辩护，上海普若律师事务所律师丁彦伶为上诉人王瑞玉提供辩护。现已审理终结。

原判认定，2014年间，被告人王斌担任华夏盛世基金总经理。2014年7月7日，其向青山纸业推荐华森纸业的超声波制浆技术，并具体参与了青山纸业收购该超声波制浆技术及青山纸业非公开发行股票事项的全过程。2014年8月6日至7日，王斌参与考察洽谈，并于同月28日与青山纸业、华森纸业在北京签署《三方合作框架协议书》，约定由华夏盛世基金发行基金产品认购青山纸业定向增发的股份，华森纸业的超声波技术作价评估注入青山纸业，三方进行全面合作。2014年10月14日，青山纸业公告停牌筹划重大事项。2015年1月29日，青山纸业发布《关于签订收购超声波制浆专利技术之框架协议的公告》。2015年2月12日,青山纸业复牌并公告《2015年非公开发行股票预案》。

经中国证券监督管理委员会依法认定,青山纸业发布的《关于签订收购超声波制浆专利技术之框架协议的公告》及《2015年非公开发行股票预案》事项,属于《中华人民共和国证券法》第六十七条第二款第二项和第七十五条第二款第二项规定的内幕信息。内幕信息敏感期分别为2014年8月7日至2015年1月29日和2014年8月28日至2015年2月12日,被告人王斌具体参与上述收购事项和非公开发行股票事项谈判的全过程,知悉上述内幕信息,属于内幕信息知情人。

在上述内幕信息敏感期内,被告人王斌与其朋友尚红鹰、妹夫陈晓峰、战友王忠仪(均已另案起诉)、妹妹被告人王瑞玉联系、接触,非法将青山纸业收购超声波制浆技术和非公开发行股票的内幕信息泄露给上述亲友,导致上述亲友在该股票内幕信息敏感期内大量买入该股票共计10193280股,成交金额29368502.50元,并于青山纸业因重大事项停牌前、发布收购超声波制浆技术及非公开发行股票信息公告复牌后将所持有的青山纸业股票全部卖出,非法获利共计12299516.18元,相关交易行为明显异常,且均无正当理由或者正当信息来源。具体事实如下:

1.被告人王斌的朋友尚红鹰,在非法获知上述青山纸业定向增发及收购超声波制浆技术的内幕信息后,通过使用其本人及尚红燕、刘晓丹、李丽、刘彩凤、张顶录等人证券交易账户,在内幕信息敏感期内,利用内幕信息大量买入青山纸业股票,计8485280股,成交金额23999294.80元,且于青山纸业发布收购超声波制浆技术及非公开发行股票信息公告并复牌后全部卖出,非法获利10131009.19元。

2.被告人王斌的妹夫陈晓峰,在非法获知上述青山纸业定向增发及收购超声波制浆技术的内幕信息后,通过使用其本人及其女儿陈略婧、东北亚丰通投资有限公司的证券交易账户,在内幕信息敏感期内,利用内幕信息大量买入青山纸业股票,计1048800股,成交金额3292830元,且于青山纸业发布收购超声波制浆技术及非公开发行股票信息公告并复牌后全部卖出,非法获利1310336.69元。

3.被告人王斌的战友王忠仪,在非法获知上述青山纸业定向增发及收购超声波制浆技术的内幕信息后,告知其妻子王毅红(另案起诉),并称此次收购对于青山纸业股票是个利好消息,指示其购买青山纸业股票。王毅红随即使用其本人证券交易账户,在内幕信息敏感期内,利用内幕信息大量买入青山纸业股票,计487300股,成交金额1533458.70元,且于青山纸业发布收购超声波制浆技术及非公开发行股票信息公告并复牌后全部卖出,非法获利687665.30元。

4.被告人王瑞玉在非法获知上述青山纸业定向增发及收购超声波制浆技术的内幕信息后,通过使用其本人证券交易账户,在内幕信息敏感期内,利用内幕信息大量买入青山纸业股票,计171900股,成交金额542919元,其中,于2014年10月9日卖出70000股,成交金额261100元,于青山纸业发布收购超声波制浆技术及非公开发行股票信息公告并复牌后卖出101900股,成交金额452324元,非法获利170505元。

2016年6月20日,被告人王瑞玉在福建省龙岩市某银行办理业务时被公安机关抓获。2016年9月19日,被告人王斌在北京市其家中被公安机关抓获。

认定上述事实的证据有:

(一)综合证据部分:

证人吴冰文、黄金镖、林建平、刘洁、侯森、杨卓、智慧、郑建平等人的证言,中国证券监督管理委员会关于陈晓峰等人涉嫌犯罪的移送函(证监函〔2015〕198号)、《中华人民共和国公安部关于对陈晓峰等人涉嫌内幕交易犯罪问题依法查处的通知》(公经〔2015〕399号)、《福建省公安厅关于对陈晓峰等涉嫌内幕交易犯罪问题依法查处的通知》(闽公文〔2015〕52号)、《中华人民共和国公安部关于对王斌等人涉嫌经济犯罪案侦查工作指定管辖的通知》(公经〔2016〕428号)、《福建省公安厅关于转发公安部关于王斌案件指定管辖和认定意见的通知》(闽公经〔2016〕253号)、《福建省公安厅指定管辖决定书》(闽公经指管字〔2016〕1号)、搜查笔录、扣押物品押及文件清单、发还物品及文件清单、《三方合作框架协议书》、《关于三方协议的补充协议》、《超声波制浆技术产业化合作工作会议备忘录》、《三方合作协议书》及补充协议、青山纸业董事会决议及公告、监事会决议公告和《关于签订收购超声波制浆专利技术之框架协议的议案》、《关于筹划非公开发行并股票继续停牌的议案》、《专利技术转让框架协议》、青山纸业《2015 年非公开发行股票预案》、《简式权益变动报告书》、与 9 名特定投资者签署的《附生效条件的非公开发行股份认购协议》、福建省轻纺（控股）有限责任公司会议纪要、办公例会纪要，安阳华森纸业调研报告、青山纸业生产部实验报告，兴业证券股份有限公司关于安阳华森纸业有限责任公司尽职调查报告等证据资料、青山纸业重大资产重组方案、青山纸业的筹划重大事项停牌公告、重大资产重组停牌公告、重大资产重组进展暨继续停牌的公告、关于重大资产重组存在交易异常的风险提示性公告、关于重大资产重组延期复牌的公告、重大资产重组进展情况的公告、董事会决议及公告、监事会决议公告、关于签订收购超声波制浆专利技术之框架协议的公告、关于资产收购事项不构成重大资产重组的公告、关于筹划非公开发行并股票继续停牌的公告、关于筹划非公开发行股票停牌进展的公告、关于股东权益变动的提示性公告、股票复牌提示性公告、非公开发行股票关联交易公告、重大技改工程项目投资公告等、青山纸业的差旅单、机票、动车票、王斌邮箱截图、王斌出差报销凭证及相关的纸浆市场情况简介、超声无氯制浆漂体化新技术项目商业计划书、关于超声波清洁制浆技术的合作协议等材料、青山纸业的内幕知情人登记表、内幕知情人报备人员名单、涉及《内幕信息知情人报备表》的邮件、青山纸业的营业执照、章程、安阳华森纸业有限责任公司的营业执照等工商税务登记、财务资料、《华夏盛世基金管理有限公司第一次股东会会议纪要》、《华夏盛世基金管理有限公司第一届第一次董事会会议纪要》、董事会决议、股东会决议等、华夏盛世基金管理有限公司营业执照、章程、华夏基金管理有限公司、福建轻纺控股集团公司、河南华森纸业有限公司在 2015 年 3 月 3 日出具的《超声波清洁制浆与青山纸业合作过程的说明》、手机短信、手机通讯录、通话记录、公安部关于商请对陈晓峰等涉嫌“青山纸业”股票内幕交易案有关问题进行认定的函、中国证券监督管理委员会关于陈晓峰等人涉嫌“青山纸业”股票内幕交易案有关问题的认定函（证监函〔2016〕136 号）、青山纸业的股票 K 线图、到案经过、被告人王斌、王瑞玉户籍证明、前科证明、不起诉决定书等书证，被告人王斌的供述及辩解。

（二）涉及同案犯尚红鹰部分的证据

证人任淑文、张顶录、刘彩凤、刘晓丹、李丽、尚红燕、何永庆等证言、《协助冻结财产通知书》及张顶录首创证券开户申请资料、股票购买情况表、股票明细对账单、股票交易明细及银行交易明细等、银行交易明细、《调取证据通知书》、《协助冻结财产通知书》及尚红鹰中投证券股票购买情况表、明细对账单、交易明细、银行交易明细等、《调取证据通知书》、《协助冻结财产通知书》及尚红燕渤海证券股票购买情况表、开户申请表、明细对账单、交易明细、融资融券账户交易明细等、《调取证据通知书》、《协助冻结财产通知书》及李丽渤海证券股票购买情况表、开户申请表、明细对账单、交易明细、银行交易明细等、《调取证据通知书》、《协助冻结财产通知书》及刘晓丹渤海证券股票购买情况表、开户申请表、明细对账单、交易明细、银行交易明细等《调取证据通知书》、《协助冻结财产通知书》及刘彩凤中投证券股票购买情况表、开户申请表、明细对账单、交易明细、银行交易明细等、国医堂公司考勤表、通讯录等书证，同案犯尚红鹰（广东国医堂制药股份有限公司董事长）的供述和辩解。

（三）涉及同案犯陈晓峰部分的证据

证人王梅玉的证言，《调取证据通知书》、《协助冻结财产通知书》及陈晓峰兴业证券开户资料、股票购买情况表、股票明细等、《调取证据通知书》、《协助冻结财产通知书》及陈略婧中信证券开户资料、股票购买情况表、股票交易明细等、《调取证据通知书》、《协助冻结财产通知书》及东北亚丰通投资有限公司的中信证券开户资料、股票购买情况表、股票交易明细等、王梅玉银行账户交易明细、陈略婧银行账户交易明细、照片、名片、国医堂公司考勤表、通讯录等书证，同案犯陈晓峰的供述和辩解。

（四）涉及同案犯王忠仪、王毅红部分的证据

证人黄湧江、吴井育、王菲斐等证言，《调

取证据通知书》、《协助冻结财产通知书》及王毅红在东兴证券的开户申请表等开户资料、东兴证券的账户对账单、交易明细、王毅红在东兴证券的账户购买青山纸业股票、资金交易情况表、王忠仪、王毅红、王菲斐的银行交易明细、搜查笔录、被告人王斌的QQ邮箱截图及《二项重大技术发明和技术创新的经济价值和社会价值》等书证,同案犯王忠仪的供述和辩解,同案犯王毅红的供述和辩解。

(五)涉及被告人王瑞玉部分的证据

《调取证据通知书》、《协助冻结财产通知书》及王瑞玉中信证券开户申请资料、资金对账单、委托交易明细、历史成交明细、合并交割单、银行交易明细、IP地址查询截图、泉州市第三医院司法鉴定所司法鉴定意见书等书证,被告人王瑞玉供述和辩解。

原判认为,被告人王斌作为证券交易内幕信息知情人员,在青山纸业收购超声波制浆技术及非公开发行股票的内幕信息公开前,泄露该信息,导致他人利用内幕信息大量买入青山纸业股票10193280股,成交金额29368502.50元,非法获利共计12299516.18元,其行为已构成泄露内幕信息罪,属情节特别严重;被告人王瑞玉非法获取青山纸业收购超声波制浆技术及非公开发行股票的内幕信息后,在该内幕信息敏感期内,大量集中买入青山纸业股票计171900股,成交金额542919元,并于该股票因重大事项停牌前、公开内幕信息复牌后全部卖出,非法获利170505元,情节严重,其行为已构成内幕交易罪。被告人王斌、王瑞玉及其辩护人提出王斌的行为不构成泄露内幕信息罪、王瑞玉的行为不构成内幕交易罪的辩解、辩护意见均不能成立,不予采纳。据此,根据被告人王斌、王瑞玉犯罪的事实,犯罪的性质、情节和对于社会的危害程度,依照《中华人民共和国刑法》第一百八十条第一款、第二十五条第一款、《最高人民法院、最高人民检察院关于办理内幕交易、泄露内幕信息刑事案件具体应用法律若干问题的解释》第二条第二项、第三项、第三条、第五条、第六条第一项、第三项、第七条第一项、第三项、第十条的规定,依法判决,一、被告人王斌犯泄露内幕信息罪,判处有期徒刑六年六个月,并处罚金人民币一千二百三十五万元。二、被告人王瑞玉犯内幕交易罪,判处有期徒刑六个月,并处罚金人民币十八万元。三、被告人王瑞玉的违法所得人民币170505元予以没收,上缴国库。

上诉人王斌及其辩护人认为,中国证券监督管理委员会《关于陈晓峰等人涉嫌"青山纸业"股票内幕交易案有关问题的认定函》(以下称《认定函》)错误地把青山纸业(依法不具备重大性的内幕信息)收购超声波制浆技术主观定性为《证券法》第六十七条第二款第二项规定的重大的购置财产的内幕信息;混淆了作为公开信息的青山纸业2014年定增计划与作为内幕信息的2015年定增计划;错误认定收购超声波制浆专利技术事项和2015年非公开发行股票预案事项的内幕信息敏感期;错误认定王斌为内幕信息知情人。

上诉人王瑞玉及其辩护人认为,上诉人王瑞玉并未从王斌处获取内幕信息,而是通过已公开的信息和自身的判断交易青山纸业的股票,一审认定王瑞玉构成内幕交易罪证据不足。

检察机关出庭认为,原审判决认定事实清楚,证据确实、充分,定性准确,量刑适当。审判程序合法。各上诉人的上诉理由没有事实和法律依据,不能成立。建议驳回上诉,维持原判。

经审理查明,上诉人王斌作为证券交易内幕信息知情人员,在青山纸业收购超声波制浆技术及非公开发行股票的内幕信息公开前,泄露该信息,导致他人利用内幕信息大量买入青山纸业股票10193280股,成交金额29368502.50元,非法获利共计12299516.18元;上诉人王瑞玉非法获取青山纸业收购超声波制浆技术及非公开发行股票的内幕信息后,在该内幕信息敏感期内,大量集中买入青山纸业股票计171900股,成交金额542919元,并于该股票因重大事项停牌前、公开内幕信息复牌后全部卖出,非法获利170505元。原判认定上述犯罪事实有经一审庭审举证、质证的书证、证人证言及被告人供述等证据证实,证据来源合法,内容客观真实,上述证据均在一审判决书中逐项列明,本院依法予以确认。

上诉人王斌及其辩护人提出《认定函》错误地把青山纸业(依法不具备重大性的内幕信息)收购超声波制浆技术主观定性为《证券法》第六十七条第二款第二项规定的重大的购置财产的内幕信息的诉、辩理由。

经查,《刑法》第一百八十条第三款规定,内幕信息的范围,依照法律、行政法规的规定确定。《证券法》第七十五条规定,证券交易活动中,涉及公司的经营、财务或者对该公司证券的市场价格有重大影响的尚未公开的信息,为内幕信息,《证券法》第六十七条第二款第二项还明确规定"重大投资行为和重大购置资产的决定"属于内幕信息。本案涉及内幕信息有二项:其一是青山纸业以3亿元收购华森纸业超声波制浆技术,用于产业化建设;其二是青山纸业向包括华夏盛世等在内的特定投资者发行股份,募集资金32亿元主要用于超声波制浆生产投资建设。以上两个事项明显属于对青山纸业股票价格具有重大影响的信息,在它们被依法公告披露之前,符合《证券法》关于内幕信息的规定。客观上看,青山纸业公告上述两事项复牌后,股票价格也确实出现了大幅度的上涨。重大投资行为和重大购置资产的行为与重大资产重组属于两个不同的概念,重大资产重组属按照规定需要50%以上资产变动,而青山纸业涉案收购和非公开发行金额分别为3亿元和32亿元,显然属于重大投资和重大购置资产。故原判认定青山纸业收购超声波制浆技术和非公开发行股票属于内幕信息是正确的。上诉人王斌及其辩护人对此节的诉、辩理由,不能成立,不予采纳。

上诉人王斌及其辩护人提出一审判决混淆了作为公开信息的青山纸业的2014年定增计划与作为内幕信息的2015年定增计划的诉、辩理由。

经查,从在案证据来看,2014年8月28日轻纺公司、华夏盛世、华森纸业三方代表所签署的《三方合作框架协议书》中,三方约定的是华夏盛世预首期发行18亿元,用于推动超声波制浆技术的产业化,与青山纸业《2014年非公开发行股票预案》中预发行13亿用于莆田化纤木浆粕项目并非一致。青山纸业董事长潘士颖的证言中明确指出2014年8月28日约定华夏盛世基金认购青山纸业定向增发与2014年3月的莆田定增项目是二个不同项目。福建轻纺9月9日办公例会纪要体现,会议要求青山纸业董事长潘士颖、副董事长黄金镖配合抓紧协调青山纸业两个重点问题:一是莆田浆纤项目,争取尽快拿到建设用地;二是按照框架协议要求,积极与工信部节能环保产业投资基金对接,落实好超声波制浆技术引进的相关工作。9月22日华森纸业的刘洁等人考察青山纸业后三方签订的《补充协议》中,约定共同研究以超声波制浆技术使用青山纸业目前闲置的设备。该《补充协议》也能看出华夏基金拟发行基金推动超声波技术产业化,针对的并不是青山纸业莆田定增项目。10月10日三方合作《备忘录》更是明确了华夏盛世负责发起基金产品,青山纸业负责有关融资技术和文件准备等。10月13日办公例会体现:10月11日控股公司召开专题会议,研究部署重点发展项目,决定启动青山纸业超声波制浆项目,同时继续关注莆田30万吨浆纤、科伦并购等项目,要求各分管领导和职能部门要全力配合,积极推进项目实施。据此,2014年非公开发行是指莆田浆纤项目,而本案涉及的2015年非公开发行是超声波制浆技术以及与此相关的定向增发。因此,2014年莆田项目与本案内幕信息涉及超声波技术而引起的2015年非公开发行是两个不同的项目。上诉人王斌及其辩护人对此节的诉、辩理由,不能成立,不予采纳。

上诉人王斌及其辩护人提出一审错误认定收购超声波制浆专利技术事项和2015年非公开发行股票预案事项的内幕信息敏感期的诉、辩理由。

经查,2014年8月28日轻纺公司、华夏盛世、华森纸业三方代表所签署的《三方合作框架协议书》中,就已约定:华夏盛世基金为推动超声波制浆技术,决定联合轻纺公司等,共同设计一款基金产品,总规模为50亿,首期发行18亿。并用发行的基金产品认购轻纺公司旗下上市公司定向增发的股票等。在该《协议》中就已提及上诉人王斌所代表华夏盛世要发行基金认购青山纸业的定向增发股份,应认定青山纸业2015年定向增发的动议初始时间。根据最高人民法院、最高人民检察院《关于办理内幕交易、泄露内幕信息刑事案件具体应用法律若干问题的解释》(以下称《解释》)规定,应确定为内幕信息形成之时。2015年2月11日,青山纸业公告《2015年非公开发行股票预案》和《股东权益变动的提示性公告》,本次非公开发行对象为不超过10名的特定投资者,募集总金额计32亿元,当日公告还体现董事会决定终止

《2014 年非公开发行股票方案》。2 月 12 日,青山纸业复牌。因此,中国证监会认定 2014 年 8 月 28 日为青山纸业《2015 年非公开发行股票预案》这一内幕信息的起始时间、敏感期的结束时间为该《预案》的公告时间,是有事实与法律依据的。上诉人王斌及其辩护人对此节的诉、辩理由,不能成立,不予采纳。

上诉人王斌及其辩护人提出一审错误认定王斌为内幕信息知情人的诉、辩理由。

经查,《证券法》第七十四条列举了 7 种为内幕信息的知情人,上诉人王斌虽不符合前 6 种的情况,但符合第 7 种即:国务院证券监督管理机构规定的其他人员。首先,中国证监会《关于陈晓峰等人涉嫌"青山纸业"股票内幕交易案有关问题的认定函》,确认了上诉人王斌为本案所涉内幕信息的知情人。《证券法》赋予了证监会有权作出认定。其次,证人吴冰文、潘士颖、黄金镖、刘洁、杨卓、智慧等人证言,证实了 2014 年 7 月份上诉人王斌向青山纸业推荐华森纸业的超声波制浆技术,并推动三方合作的全过程。上诉人王斌代表华夏盛世基金直接推动青山纸业收购华森的超声波制浆技术及认购青山纸业定向增发股份,对此信息其是知情的。第三,虽然青山纸业在上报知情人员时未将上诉人王斌列入,但证人青山纸业的董秘林建平证实了当时有要求王斌提供作为内幕信息知情人应提供的相关信息,王斌以其时任中国诚通公司副总,如将其列入知情人员,就会导致诚通公司的其他高管要全部列入知情人的理由,要求不要将其列入内幕信息知情人。林建平的证言能得到其与王斌邮件信息的印证,2014 年 11 月 27 日林建平通过电子邮件形式要求王斌提供相关信息,予以上报内幕信息知情人。因此,上诉人王斌作为青山纸业、华森纸业、华夏盛世基金三方合作的推动人,事实上掌握涉案的内幕信息,应认定为内幕信息知情人。上诉人王斌及其辩护人对此节的诉、辩理由,不能成立,不予采纳。

二上诉人及其辩护人提出关于中国证监会认定函不能作为定案依据的诉、辩理由。

经查,中国证监会是国务院授权依法对全国证券期货市场实行集中统一监管的行政监管部门,对证券期货市场涉及内幕信息有关问题具有监督管理职能。在本案中,中国证监会对王斌、尚红鹰、陈晓峰等人在青山纸业收购超声波制浆技术及非公开发行股票过程中存在泄露内幕信息或在内幕信息敏感期内大量集中买入青山纸业股票并于该股票复牌公开内幕信息后全部卖出获利的行为已先行调查,收集了相关证据材料,后将案件移送公安部审查。经公安机关立案侦查并查清相关事实后,公安部向中国证监会发出《关于商请对陈晓峰等涉嫌"青山纸业"股票内幕交易案有关问题进行认定的函》,中国证监会就发函出具了认定意见。根据《最高人民法院、最高人民检察院、公安部、中国证监会关于办理证券期货违法犯罪案件工作若干问题的意见》第四条规定:"公安机关、人民检察院和人民法院在办理涉嫌证券期货犯罪案件过程中,可商请证券监管机构指派专业人员配合开展工作,协助查阅、复制有关专业资料。证券监管机构可以根据司法机关办案需要,依法就案件涉及的证券期货专业问题向司法机关出具认定意见。"该认定函是中国证监会应司法机关要求而出具的,具有客观性、合法性,可以作为定案依据。二上诉人及其辩护人对此节的诉、辩理由,不能成立,不予采纳。

上诉人王瑞玉及其辩护人提出上诉人王瑞玉并未从王斌处获取内幕信息,而是通过已公开的信息和自身的判断交易青山纸业的股票,一审认定王瑞玉构成内幕交易罪证据不足的诉、辩理由。

经查,现有证据能充分证实上诉人王瑞玉利用与内幕信息知情人王斌的特殊关系,通过联络、接触等方式获取内幕信息,并从事与该内幕信息有关的证券交易,相关交易行为在时间吻合程度、交易背离程度和利益关联程度等方面,均符合"两高"《解释》的相关规定。上诉人王斌及其辩护人对此节的诉、辩理由,不能成立,不予采纳。

本院认为,上诉人王斌作为证券交易内幕信息知情人员,在青山纸业收购超声波制浆技术及非公开发行股票的内幕信息公开前,泄露该信息,导致他人利用内幕信息大量买入青山纸业股票 10193280 股,成交金额 29368502.50 元,非法获利共计 12299516.18 元,其行为已构成泄露内幕信息罪,属情节特别严重;上诉人王瑞玉非法获取青山纸业收购超声波制浆技术及非公开发行股票的内幕信息后,在该内幕信息敏感期内，大量集中买入青山纸业股票计171900股，成交金额542919元，并于该股票因重大事项停牌前、公开内幕信息复牌后全部卖出，非法获利170505元，情节严重，其行为已构成内幕交易罪。原判认定事实清楚，证据确实、充分，定罪准确，量刑适当。审判程序合法。据此，根据《中华人民共和国刑事诉讼法》第二百三十六条第一款第(一)项之规定，裁定如下：

驳回上诉，维持原判。

本裁定为终审裁定。

二〇一八年十二月二十八日

北京市高级人民法院行政判决书
（东易律所信息公开案）

(2018)京行终6352号

上诉人(一审原告)北京市东易律师事务所，住所地北京市海淀区学院南路62号中关村资本大厦二层205－207室。

负责人郭立军，主任。

被上诉人(一审被告)中国证券监督管理委员会，住所地北京市西城区金融大街19号。

委托代理人顾军锋，中国证券监督管理委员会工作人员。

委托代理人裴思，中国证券监督管理委员会工作人员。

上诉人北京市东易律师事务所(以下简称东易所)因政府信息公开一案，不服北京市第一中级人民法院(2018)京01行初354号行政判决，向本院提起上诉。本院受理后，依法组成合议庭审理了本案。本案现已审理终结。

2017年12月27日，中国证券监督管理委员会(以下简称中国证监会)作出《监管信息告知书》(证监信息公开〔2017〕844号，以下简称被诉告知书)，根据《中华人民共和国政府信息公开条例》(以下简称政府信息公开条例)第二条、第二十一条的规定，答复东易所：关于"报请立项机构名称，对立项申请的研究记录的信息"、"起草过程中的调查研究，听取有关机关、组织和公民意见所记录信息"、"报送审查的送审稿及相关材料信息"以及"法制机构审查时，调查研究、听取意见的相关记录信息"的申请属于中国证监会在履行监管职责过程中制作的内部管理信息，不属于政府信息公开条例规定的应当公开的政府信息。关于《律师事务所从事证券法律业务管理办法》(以下简称管理办法)备案信息，中国证监会已经按照《中华人民共和国立法法》(以下简称立法法)《规章制定程序条例》《法规规章备案条例》的相关规定，将管理办法报送国务院备案，该备案信息不属于中国证监会公开范围。关于管理办法公开发布的相关信息。管理办法经中国证监会主席办公会议和中华人民共和国司法部部务会议审议通过，于2007年3月9日发布，自2007年5月1日起施行，可在中国证监会官网(www.csrc.gov.cn)"证监会令"栏目查阅。东易所不服被诉告知书，向北京市第一中级人民法院(以下简称一审法院)提起行政诉讼，请求确认被诉告知书违法并予以撤销，责令中国证监会重新作出答复，限期公开其所申请的政府信息。

一审法院经审理查明，2017年12月1日，中国证监会收到东易所提交的政府信息公开申请。东易所向中国证监会申请公开中国证监会出具《行政处罚决定书》文号〔2017〕70号所依据的管理办法的立法相关信息：1. 依据《规章制定程序条例》第九条，中国证监会制定管理办法的报请立项机构名称、中国证监会对立项申请的研究记录信息；2. 依据《规章制定程序条例》第十四条，中国证监会起草管理办法过程中调查研究，听取有关机关、组织和公民意见(如书面征求意见、听证会、座谈会等)所记录的信息;3. 依据《规章制定程序条例》第十七条,中国证监会制定管理办法过程中,报送审查的送审稿及相关材料信息;4. 依据《规章制定程序条例》第二十一条,中国证监会制定管理办法过程中,法制机构审查时,调查研究、听取意见的相关记录信息;5. 依据《规章制定程序条例》第三十一条,中国证监会对管理办法进行公开发布的相关信息;6. 依据《规章制定程序条例》第三十四条、《法规规章备案条例》第三条第二项及立法法第九十八条第四项,中国证监会将管理办法报送有关机关备案的信息。中国证监会于2017年12月20日向东易所邮寄延期答复通知书,该通知书落款日期为2017年12月21日,东易所于2017年12月21日签收。中国证监会于2017年12月27日作出被诉告知书,并于2017年12月29日向东易所邮寄送达,东易所于次日签收。2018年3月12日,东易所向一审法院提起本案诉讼。

一审法院经审理认为,1. 政府信息公开条例第二条规定,"本条例所称政府信息,是指行政机关在履行职责过程中制作或者获取的,以一定形式记录、保存的信息"。本案中,东易所申请公开的第1、2、3、4、6项信息,属于行政机关在制定规章过程中的内部信息,不属于政府信息公开条例所调整的政府信息范畴,被诉告知书中的相应答复对东易所的合法权益不产生实际影响。2. 针对东易所申请公开的第5项信息,中国证监会已经告知了查询途径,且基于上述途径能够查询到东易所申请公开的信息。关于东易所认为被诉告知书针对第5项申请提供的查询途径不够准确具体的问题,政府信息公开条例第二十一条第一项规定,"属于公开范围的,应当告知申请人获取该政府信息的方式和途径",上述规定并未限定告知途径的精确程度。如果基于行政机关提供的获取途径,申请人只需要通过简单检索即可查询获取,该告知方式即不违反政府信息公开条例的上述规定,行政机关是否进一步提供精确的网页链接,则属于便民服务的范畴。被诉告知书援引了政府信息公开条例的相关规定,答复理由及结论明确,并无东易所所称违反《最高人民法院关于审理政府信息公开行政案件若干问题的规定》第五条第一款之情形。3. 关于被诉告知书作出的程序合法性。中国证监会作出延期答复通知书并无违法之处,其寄出时间属于文书送达的规范性问题。至于东易所所提其他程序问题,或者属于内部程序事项,或者属于文书格式事项,均不属于行政行为的合法性问题。对东易所的相关诉讼主张,均不予支持。综上,依照《中华人民共和国行政诉讼法》第六十九条之规定,判决驳回东易所的诉讼请求。

东易所不服一审判决,向本院提起上诉。诉称,其申请公开的第1、2、3、4项信息属于中国证监会制定管理办法的程序性信息,依法应当予以公开,且公开便于社会公众对规章执行行为进行监督;其申请公开的第5项信息,中国证监会没有告知具体查询方式。其申请公开的第6项信息未告知不予公开的理由。综上,一审判决认定事实和适用法律均错误,请求二审法院撤销一审判决,支持上诉人的一审诉讼请求。

中国证监会在法定答辩期限内未向本院提交书面答辩意见。

本院经审理查明的事实与一审判决认定的事实一致,不再重述。

本院认为,根据政府信息公开条例第二十一条第(一)、(二)、(三)项的规定,对申请公开的政府信息,行政机关根据下列情况分别作出答复:属于公开范围的,应当告知申请人获取该政府信息的方式和途径;属于不予公开范围的,应当告知申请人并说明理由;依法不属于本行政机关公开的,应当告知申请人。本案中,对于东易所申请公开的第1、2、3、4项信息是否应当公开问题。按照国务院办公厅《关于做好政府信息依申请公开工作的意见》(国办发〔2010〕5号)第二条的规定,行政机关在日常工作中制作或者获取的内部管理信息以及处于讨论、研究或者审查中的过程性信息,一般不属于政府信息公开条例所指应公开的政府信息。东易所向中国证监会申请公开的管理办法"立项申请的研究记录信息"、"起草过程中的调查研究,听取有关机关、组织和公民意见所记录信息"、"报送审查的送审稿及相关材料信息"以及"法制机构审查时,调查研究、听取意见的相关记录信息",均属于规章制定机关在规章制定过程中内部研究讨论信息,依据上述规定并不属于政府信息公开条例所指应公开的政府信息,被诉告知书据此答复并无不当。对于东易所申请公开的第5项信息,被诉告知书认为属于公开范围，且已告知其查询官网地址以及具体栏目，应当认为尽到了法定公开和告知义务；东易所认为告知查询方式不够具体的问题，本院认可一审判决对此的意见，不再赘述。对于东易所申请公开的第6项信息，被诉告知书告知其中国证监会已将管理办法报送国务院备案，具体备案信息不属于中国证监会公开范围，该告知并无不当。此外，需要说明的是，东易所向中国证监会申请本案信息公开，缘起于中国证监会对东易所作出的〔2017〕70号行政处罚决定，东易所也已针对该处罚决定向法院提起行政诉讼，法院尚在审理程序中。东易所在本案中对被诉告知书所提出的诸多疑问，实质上是对管理办法本身合法性的质疑，而后者并不属于政府信息公开案件的审查范围。综上，一审判决驳回东易所的诉讼请求并无不当，本院应予维持。东易所的上诉主张不能成立，本院不予支持。据此，依据《中华人民共和国行政诉讼法》第八十九条第一款第（一）项的规定，判决如下：

驳回上诉，维持一审判决。

二审案件受理费人民币50元，由上诉人北京市东易律师事务所负担（已交纳）。

本判决为终审判决。

二〇一九年二月十一日

北京市高级人民法院行政判决书
（苏嘉鸿内幕信息案）

（2018）京行终445号

上诉人（一审原告）苏嘉鸿，男，1974年12月22日出生，汉族，住福建省石狮市侨光路43号5幢103室。

委托代理人徐彬，北京市首信律师事务所律师。

委托代理人由佳，北京市首信律师事务所律师。

被上诉人（一审被告）中国证券监督管理委员会，住所地北京市西城区金融大街19号。

委托代理人张娜，中国证券监督管理委员会工作人员。

委托代理人周可峰，中国证券监督管理委员会工作人员。

上诉人苏嘉鸿因被上诉人中国证券监督管理委员会（以下简称中国证监会）对其作出的行政处罚决定和行政复议决定一案，不服北京市第一中级人民法院（2017）京01行初570号行政判决，向本院提起上诉。本院受理后，依法组成合议庭公开开庭审理了本案。上诉人苏嘉鸿的委托代理人徐彬、由佳，被上诉人中国证监会的委托代理人张娜、周可峰到庭参加诉讼。经报请最高人民法院批准，本案延长审理期限90日。本案现已审理终结。

2016年4月26日，中国证监会作出〔2016〕56号《行政处罚决定书》（以下简称被诉处罚决定），其中认定苏嘉鸿存在以下违法事实：

一、内幕信息的形成、传递与公开过程

2008年下半年以来，广东威华股份有限公司（以下简称威华股份）时任董事长、控股股东李某华和其配偶刘某一直在谋划如何使威华股份摆脱经营困境，思路包括同行业兼并收购继续做大做强、收购优质资产注入威华股份、产业转型以及控股股东退出等。

2013年初，不断有人推荐各种思路及资产给李某华。1月底，威华股份财务总监蔡某萍将殷某国引见给李某华，殷某国曾是上市公司中源协和干细胞生物工程股份有限公司的高管，拟到威华股份求职，谋求更好的个人发展。

2月23日上午，殷某国自称有金矿资源，可以与威华股份合作。考虑到金矿项目不成熟，并了解到李某华和刘某拟将他们直接控股的梅州市威华铜箔制造有限公司(以下简称威华铜箔)及其控股子公司梅州市威利邦电子科技有限公司(以下简称威利邦电子)从事的铜箔、覆铜板制造和销售业务作为IT产业注入上市公司,殷某国致电长江证券承销保荐有限公司(以下简称长江保荐)总裁王某平,提及威华股份拟谋划并购项目,邀请长江保荐前来广州与威华股份领导面谈并购事宜。当日下午,李某华、威华股份时任总经理李某明、蔡某萍及董事会办公室主任高某富、殷某国,与王某平和长江保荐项目经理王某初步探讨了将IT产业并购到威华股份的思路,并确定由王某尽快去IT产业所在地梅州现场实地调研后,再行讨论。本次会议与会人员强调了信息保密的要求。

2月25日下午,在蔡某萍的安排下,王某等人实地参观了威利邦电子及威华铜箔的厂区。

3月6日,王某将《威华股份发行股份收购覆铜板业务并配套现金发行方案概况及测算》以电子邮件形式发给了李某华、李某明和蔡某萍。

3月10日,李某华、李某明、威华般份董秘刘某梅、高某富以及殷某国,与长江保荐的董事总经理周某黎等人会面。周某黎简单介绍了威华股份并购IT产业的初步方案以及长江保荐的基本情况,表达了合作意向。与会人员基本达成初步共识:鉴于威华铜箔及威利邦电子的规模和盈利能力偏弱,公司还需寻求上下游产业链或关联度高的产业一同注入,最好是上游铜矿产业。此次会议与会人员再次重申了信息保密的要求。

3月26至27日,李某明、高某富及两名外聘地质工程师组成考察工作组实地调研了云南丽江文通铜矿。

3月31日,高某富将云南丽江文通铜矿实地考察情况形成书面报告提交给了李某华和李某明,当时基本确定该项目可以作为威华股份并购IT产业的备选项目。

同期3月底,广东新价值投资有限公司罗某广通过李某明向李某华介绍赣州稀土集团有限责任公司(以下简称赣州稀土)拟借壳上市的情况,李某华对该项目较为认可。为进一步了解其真实性及具体情况,3月30日,李某华和李某明前往南昌,李某华和罗某广与据称是赣州市政府指定的选壳具体负责人姚某彪见面,李某华向姚某彪介绍了威华股份的基本情况,姚某彪表示赣州稀土拟借壳上市确有其事,但稀土矿的整合和稀土行业准入报批等工作尚在进行之中,不知何时才能完成,同时,姚某彪明确表示威华股份是民营企业,又是中小板且盘子大,纵使赣州稀土借壳,威华股份作为选壳对象的可能性都不大。

大约在4月11至14日,综合考虑各种因素,李某华认为赣州稀土借壳项目比较适合,他再次到南昌与姚某彪见面,由于姚某彪当时工作较忙,双方大概在4月13至14日见面,李某华表达了拟参与赣州稀土重组的意愿,姚某彪再次表示威华股份是民营企业,又是中小板且盘子大,很难列入选壳对象。

4月15日,考虑市场变动、信息保密及拟将集团IT产业及收购铜矿注入上市公司的想法列入于4月17日召开的威华股份董事会会议临时议题等多重因素影响,为避免股价波动,李某华电话通知刘某梅,向深圳证券交易所申请自4月16日起股票停牌5个交易日,停牌原因为控股股东正在筹划重大事项,且存在不确定性。

4月16日,威华股份公告,公司控股股东、实际控制人正在筹划涉及公司的重大事项,公司股票自当日开市起停牌,将不晚于2013年4月23日开市起复牌并公告相关事项。

大概在4月18至19日,罗某广电话询问李某明是否愿意参与赣州稀土重组的选壳投标,条件是必须保证迁址和净壳,李某明请示李某华后表示同意参与投标,罗某广同时说明如果中标可能要及时补充承诺函等相关材料,李某华决定再次前往赣州现场了解实际情况。大概在4月19至20日,李某华和李某明前往赣州,在罗某广的安排下与姚某彪见面,罗某广和姚某彪均表示结果尚不清楚,估计中标可能性不大。

4月21日上午,刘某梅接到自称是江西赣稀集团有限公司(以下简称赣稀集团)的电话,并称电话将被全程录音,在电话中向刘某梅口头核实:威华股份是否愿意被借壳,并最终净壳;借壳后是否愿意迁址。刘某梅给予了肯定回答。对方要求公司董事长尽快前往江西赣州面谈,李某华随即前往江西赣州,于当日下午与赣稀集团董事长黄某惠等人进行了第一次会面。

4月22日晚,李某明等人组成工作团队赶到江西赣州,与董事长汇合,开始与赣稀集团进行谈判。

4月23日和5月3日,威华股份先后发布2次重大事项继续停牌公告,5月9日,发布筹划重大资产重组的停牌公告。

10月30日,威华股份与赣州稀土签署了《发行股份购买资产协议》、《盈利预测补偿协议》等相关文件。

11月4日,威华股份正式对外披露《公司重大资产出售及发行股份购买资产并募集配套资金暨关联交易报告书及其摘要(草案)》以及重组方案的财务顾问报告、法律意见书、审计报告等文件。同日,"威华股份"复牌。

12月19日,威华股份发布自查暨复牌公告称,4月16日发布停牌公告的原因是资产注入事项。

二、苏嘉鸿内幕交易"威华股份"的情况

(一)账户交易情况

"浦江之星12号"账户于2009年开立于国泰君安证券。该账户交易"威华殿份"的情况为:2013年3月11日至4月12日共买入成交5,739,410股,成交金额29,155,547.96元,成交均价5.08元。3月12日至4月9日共卖出成交739,410股,成交3,845,570.73元,成交均价5.20元。获利52,445,379.22元。

"马某强"账户于2009年开立于申银万国证券,该账户交易"威华股份"的情况为:2013年3月22日至4月9日共买入成交1,414,700股,成交金额7,507,994元,成交均价5.31元。2013年4月11至15日共卖出534,700股,成交金额2,470,765.94.50元,成交均价4.62元。获利8,178,119.93元。

"朱某海"账户于2010年开立于申银万国证券。该账户交易"威华股份"的情况为:2013年3月25日至4月8日共买入成交641,700股,成交金额3,405,427.18元,成交均价5.31元。2013年4月10至12日共卖出141,700股,成交金额648,156.83元,成交均价4.57元。获利4,752,733.50元。

(二)账户资金情况

"浦江之星12号"账户的一般信托单位资金来自上海佳亨投资发展有限公司(以下简称佳亨投资,苏嘉鸿为其董事长)和苏嘉鸿,优先信托单位资金则由中海信托募集,一般信托单位份额与优先信托单位份额之间的杠杆比例为1:2。

"马某强"账户对应的三方存管同名银行账户资金主要来自苏嘉鸿、马某松及马某松的亲属等,在2012年5月11日至2013年3月8日期间,共转账存入63,886,642.07元。马某松的亲属银行账户中的资金均来源于马某松。

"朱某海"账户对应的三方存管同名银行账户资金主要来自丁某堃,在2012年2月9日至2013年3月12日期间,共转账存入30,000,000元。

(三)账户实际操作人情况

2010年5月至调查日,"浦江之星12号"账户由苏嘉鸿负责交易操作,2013年3月至4月买卖"威华股份"使用的IP地址、Mac地址是苏嘉鸿笔记本电脑的IP、Mac地址。

"马某强"账户开户后起初由马某松使用,从2012年5月11日至调查日,马某松与苏嘉鸿进行配资理财合作,账户交由苏嘉鸿操作使用,马某松从苏嘉鸿处收取固定收益,并享有在账户内资产值低于约定比例时的强制平仓权。2012年8月、9月以及2013年8月"马某强"账户买卖"中源协和"等多只股票使用的IP地址、Mac地址是苏嘉鸿笔记本电脑的IP、Mac地址。

"朱某海"账户开户后由姚某萍(朱某海之母)操作使用过,从2012年2月至调查日丁某堃从姚某萍处借用"朱某海"账户并交给苏嘉鸿负责交易操作。在苏嘉鸿操作使用期间,"朱某诲"账户的盈亏均由丁某堃享有或承担,苏嘉鸿不向丁某堃收取任何费用。2013年3月至4月"朱某海"账户买卖"威华股份"使用的IP地址、Mac地址是苏嘉鸿笔记本电脑的IP、Mac地址。

(四)当事人联络、接触情况

苏嘉鸿的手机号码与殷某国手机号码在2013年2月至4月期间有过45次通话记录和71次短信联系。苏嘉鸿称,殷某国来过上海,他有些时候会帮殷某国预定酒店,殷某国和他见面没有沟通什么具体的事情,主要是吃喝玩乐,那段时间殷某国经常和他联系一起去娱乐。

(五)交易动机及特征

苏嘉鸿在询问笔录中称,在2013年3月份,因为当时魅力中国概念很热,选择了"威华股份",买"威华股份"之前没有去上市公司做过调研。

苏嘉鸿使用"浦江之星12号"、"马某强"、"朱某海"账户于2013年3月11日至4月12日期间持续买入"威华股份",交易时点与威华股份筹划注入IT资产事项形成过程较为吻合,且上述三账户在此之前从未交易过该股。

中国证监会认为,本案涉及的事项系威华股份重大资产重组事项,无论具体方案是注入IT资产及收购铜矿还是让壳,均属于《中华人民共和国证券法》(以下简称证券法)第六十七条第二款第(二)项规定的"公司的重大投资行为和重大的购置财产的决定"。根据我国证券市场现实状况下类似事项对上市公司股票交易价格的影响、本案信息公开后"威华股份"股票价格的实际走向,结合本案事项的进展情况,至迟不晚于2013年2月23日,有关涉案事项的信息已经具备重要性从而构成内幕信息。

苏嘉鸿在内幕信息公开前与内幕信息知情人员殷某国联络、接触,相关交易行为明显异常,且其没有提供充分、有说服力的理由排除其涉案交易行为系利用内幕信息。苏嘉鸿的上述行为违反了证券法第七十三条、第七十六条第一款的规定,构成证券法第二百零二条所述内幕交易行为。

根据苏嘉鸿违法行为的事实、性质、情节与社会危害程度,依据证券法第二百零二条的规定,中国证监会决定:没收苏嘉鸿违法所得65,376,232.64元,并处以65,376,232.64元罚款。

苏嘉鸿不服被诉处罚决定,向中国证监会提出行政复议申请。中国证监会经审查,依据《中华人民共和国行政复议法》第二十八条第一款第(一)项的规定,作出〔2017〕63号《行政复议决定书》(以下简称被诉复议决定),决定维持被诉处罚决定。

苏嘉鸿不服被诉处罚决定和被诉复议决定,向北京市第一中级人民法院(以下简称一审法院)提起行政诉讼,请求撤销被诉处罚决定和被诉复议决定。

一审法院经审理查明,中国证监会认为苏嘉鸿涉嫌内幕交易,决定对其进行立案调查,并对威华股份及相关人员进行了检查、调查。经核查,中国证监会认为苏嘉鸿在内幕信息公开前与内幕信息知情人员殷某国联络、接触,相关交易行为明显异常,且其没有提供充分、有说服力的理由排除其涉案交易行为系利用内幕信息,违反了证券法第七十三条、第七十六条第一款的规定,构成证券法第二百零二条所述内幕交易行为。2015年8月27日,中国证监会向苏嘉鸿作出《行政处罚事先告知书》,并委托上海局于同年12月9日送达。同年12月11日,苏嘉鸿表示需要陈述申辩并举行听证会。同年12月25日,中国证监会向苏嘉鸿送达了《听证通知书》。2016年1月19日,中国证监会举行听证会,听取了苏嘉鸿的陈述申辩意见。

苏嘉鸿在听证及申辩材料中提出:1.资产注入及收购铜矿事项不构成内幕信息,让壳赣州稀土事项才可能构成内幕信息。资产注入只是威华股份自2008年来为了摆脱经营困境的想法之一,拟注入的IT资产是威华股份集团内部经营亏损、产能过剩的业务,不具有可行性。资产注入及收购铜矿事项仅有初步沟通、考察、未达成正式方案、决定,未具体落实并公布。2013年4月16日威华股份停牌的理由不是资产注入及收购铜矿项目而应当是让壳项目。威华股份2013年3月就开始与赣州稀土频繁接触、推进该项目。4月15日威华股份临时停牌申请显示"因为公司正在筹划涉及公司控股股东地位可能发生实质性变化的重大事项",但是资产注入事项不可能导致控股股东发生实质性变化。而且,公司4月22日继续临时停牌申请显示"目前公司控股股东(实际控制人)尚就此次重大事项还在与各方进行深入磋商和谈判",也与威华股份推进让壳项目的进展相符。2.殷某国不是内幕信息知情人。关于殷某国是否参与资产注入事项的初步沟通,现有证据存在矛盾。即使其有所参与,其只是参与IT资产注入的初步讨论,而且也未参与收购铜矿及让壳赣州稀土的相关工作。调查人员没有找到殷某国,欠缺将殷某国认定为内幕信息知情人的直接证据。3.苏嘉鸿与殷某国之间并无密切关系,只有一些日常联系,没有任何利益往来。事先告知书所述的"2013年2月至4月期间有过45次通话记录和71次短信联系"所依据的电话短信记录是调查人员向苏嘉鸿出示的,中国证监会应当说明该项证据的合法来源。根据苏嘉鸿的询问笔录,殷某国曾经到上海,所以苏嘉鸿与其有联系,但苏嘉鸿并没有确认与殷某国实际发生了“45次通话记录和71次短信联系”,且苏嘉鸿并没有在殷某国作为内幕信息知情人的敏感期内与殷某国有接触、联络,没有从殷某国处获悉内幕信息。4.根据佳亨投资2013年3月的《威华股份研究报告》,苏嘉鸿买入“威华股份”具有充分合理的理由。而且,苏嘉鸿交易“威华股份”属于正常交易,并无明显异常,其使用已有账户中的原有资金进行交易,且存在反向交易,并且具备大量充裕的资金但没有进一步买入。

对此,中国证监会认为:1.资产注入事项构成内幕信息。首先,该事项并非只停留在想法层面,在该事项进展过程中,已有公司与中介机构会商、中介机构制作方案并考察厂区、公司派人考察铜矿并在相关会议中明确保密要求等实际行动,而且公司因此申请临时停牌。尤其是公司寻找铜矿项目充分说明了公司为解决前期方案中暴露的问题而积极寻找解决方案,继续推进该项目。其次,该事项具备内幕信息的特征。一是该事项属于法律法规规定的重大事项,从我国证券市场现实情况看属于影响“威华股份”股价重大信息。二是该事项具备未公开性,虽然该事项在停牌后被让壳事项所替代,但这并不能否定其构成内幕信息。根据公司当时的经营状况,公司必须进行重组求变,让壳项目对公司可能更有利但其决定权并不在威华股份,因此公司选择资产注入事项作为其备选方案并因此停牌、再根据让壳事项的进展情况考虑是否推进该事项是合理的。而且公司12月19日的公告明确说明4月16日停牌的原因是资产注入事项,消除了其不具备未公开性的情形。此外,针对苏嘉鸿代理人提出的资产注入事项不可能导致公司4月15日停牌申请所称的“公司控股股东地位可能发生实质性变化”的相关申辩理由,公司董事会秘书的询问笔录可以佐证公司董事长有将产业过渡到女儿名下的想法,资产注入事项有可能导致控股股东发生变化。2.涉案人员询问笔录及有关会议记录证明,殷某国在威华股份资产重组过程中起到了牵线搭桥的作用,主动向公司推荐金矿资源,建议公司产业调整,向公司介绍了中介机构,也实际参与了资产注入事项的形成过程。而且,根据李某明、高某富的询问笔录,其去云南考察铜矿前曾致电询问殷某国是否同去,殷某国知悉铜矿收购事项。综上,殷某国是内幕信息知情人。3.中国证监会的调查人员查询到殷某国在2013年2月至4月间的通讯记录,汇总了殷某国与苏嘉鸿在此期间的电话、短信清单,在询问苏嘉鸿时出示了该份清单,让苏嘉鸿签字并作为其询问笔录的附件。该份清单是客观、真实的证据。而且,苏嘉鸿在接受调查询问中承认,在上述期间,殷某国曾来到上海与其见面,并且经常与苏嘉鸿联系一起去娱乐。4.苏嘉鸿交易“威华股份”的时点与资产注入及收购铜矿事项的进展情况高度吻合,但是苏嘉鸿没有为其与殷某国在涉案期间存在接触联络以及其交易行为与内幕信息形成过程高度吻合提供充分、有说服力的解释。基于此,中国证监会认为苏嘉鸿内幕交易行为成立,遂于2016年4月26日针对苏嘉鸿作出被诉处罚决定。

苏嘉鸿不服被诉处罚决定,向中国证监会提出行政复议申请。2017年3月1日,中国证监会负责法制工作的机构收到苏嘉鸿的行政复议申请。同年4月28日,中国证监会作出被诉复议决定,决定维持被诉处罚决定。苏嘉鸿仍不服,诉至一审法院。

一审庭审中,中国证监会明确表示,被诉处罚决定中记载的“3月10日,李某华、李某明,威华股份董秘刘某梅、高某富以及殷某国,与长江保荐的董事总经理周某黎等人会面……”存在笔误,其中的“3月10日”应为“3月15日”。对此,一审法院结合相关证据予以确认。针对本次会议,长江保荐出具的情况说明中仅提及IT资产注入事项考察、提供财务顾问协议、保密函以及指定联系人等情况,故对于被诉处罚决定中关于此次会议就寻求上游铜矿事项达成共识的认定,一审法院不予确认。此外,基于对在案证据和双方意见的分析,一审法院对被诉处罚决定中认定的其他事实予以确认。

一审法院经审理认为,根据证券法第一百七十九条第一款第(七)项之规定,国务院证券监督管理机构依法对违反证券市场监督管理法律、行政法规的行为进行查处;根据证券法第二百零二条之规定,中国证监会对于内幕交易行为具有查处并予以行政处罚的法定职权。

根据双方当事人的诉辩主张,本案主要争议焦点在于:一、涉案 IT 资产注入及收购铜矿事项是否构成内幕信息;二、殷某国是否属于内幕信息知情人;三、中国证监会认定苏嘉鸿知悉内幕信息并进行内幕交易行为是否合法;四、中国证监会对苏嘉鸿违法所得的认定是否合法;五、被诉处罚决定程序是否合法。

一、关于争议焦点一。一审法院认为,涉案 IT 资产注入及收购铜矿事项构成内幕信息。理由在于:1. 根据证券法第七十五条第二款第一项的规定,证券法第六十七条第二款所列重大事件属于内幕信息。证券法第六十七条中所指的"重大"是指"可能对上市公司股票交易价格产生较大影响"。威华股份 2013 年 4 月 16 日已就 IT 资产注入及收购铜矿方案申请临时停牌,说明该事项的进展程度已经存在对股价造成影响的可能性。这一信息如果公开,对一直陷入经营困境的威华股份来说,是一个重大利好消息,足以影响投资者作出投资决策,对威华股份的股票价格产生重大影响。2. 证券法第六十七条第二款所列重大事件的发生时间应当认定为内幕信息的形成之时。影响内幕信息形成的动议、筹划、决策或者执行人员,其动议、筹划、决策或者执行初始时间,应当认定为内幕信息的形成之时。当某事实的发生能够表明相关重大事项已经进入实质操作阶段并具有很大的实现可能性时,该事实的发生时点亦为内幕信息的形成时点。本案中,不晚于 2013 年 2 月 23 日,威华股份管理层已经实质启动 IT 资产注入及收购铜矿的筹划工作,已有威华股份管理层与中介机构会商、中介机构制作方案并考察厂区、威华股份派人考察铜矿并在相关会议中明确保密要求等实际行动。尤其是公司寻找铜矿项目充分说明了公司为解决前期方案中暴露的问题而积极寻找解决方案,继续推进该项目。3. 威华股份在 2013 年 12 月 19 日的公告中明确说明 4 月 16 日停牌的原因是 IT 资产注入事项,在此之前,涉案事项一直处于未公开的状态。4. IT 资产注入及收购铜矿方案被让壳方案所替代,不影响内幕信息的认定。这两个方案均是客观发生真实存在的,对市场而言都是重大利好消息,均属于证券法第六十七条规定的"公司的重大投资行为和重大的购置财产的决定",构成内幕信息。

二、关于争议焦点二。一审法院认为,现有证据能够认定殷某国在威华股份资产重组过程中起到牵线搭桥的作用,主动向公司推荐金矿资源,建议公司产业调整,向公司介绍中介机构,也实际参与 IT 资产注入事项的形成过程。2013 年 2 月 23 日,殷某国牵线搭桥,威华股份与长江保荐就 IT 产业注入事项开会讨论。同年 3 月 15 日,殷某国、威华股份管理层与长江保荐开会讨论。此外,李某华、李某明及高某富的询问笔录也可以证明,殷某国知悉铜矿收购事项。综上,殷某国应为内幕信息知情人。

三、关于争议焦点三。一审法院认为,隐蔽性是内幕交易的突出特点,如果要求行政执法机关必须掌握内幕交易的直接证据才能认定违法事实,可能导致行政执法机关难以对内幕交易行为实施有效的行政监管。因此,在内幕交易的行政处罚案件中,如果基于现有证据已经足以推定交易行为是基于获知内幕信息而实施的,即可以认定当事人存在内幕交易行为,除非当事人能够提供更为有力的证据证明其并不知悉内幕信息,或者并没有利用内幕信息。

本案中,中国证监会认定苏嘉鸿知悉内幕信息并进行内幕交易具有事实根据,理由在于:1. 在内幕信息敏感期内,2013 年 2 月至 4 月期间,苏嘉鸿与殷某国有密切的电话及短信联系,苏嘉鸿在接受调查询问时也承认其在此期间与殷某国见面。虽然苏嘉鸿对中国证监会调取的电话及短信记录的合法性持有异议,但依据证券法第一百八十条第四项的规定,中国证监会有权查阅、复制与被调查事件有关的通讯记录,故苏嘉鸿的上述异议理由不能成立。2. 苏嘉鸿在内幕信息敏感期内从事了与涉案内幕信息相关的证券交易活动,且交易时点与 IT 资产注入事项的形成过程以及考察铜矿事项的推进过程高度吻合,也与其获悉内幕信息的时间基本一致。此外,苏嘉鸿在敏感期内大量、精准地买入涉案股票,还存在卖出其他股票买入涉案股票的行为。3. 苏嘉鸿未能就其证券交易行为作出合理说明。苏嘉鸿虽然在买入涉案股票期间有反向交易,但交易量不大。关于书面研究报告,该报告并无公司盖章和形成的具体日期,苏嘉鸿对此报告的证据来源也未提供其他证据,该份报告的证明力较弱。此外,苏嘉鸿利用三个账户买入巨量涉案股票，其所称买入股份所花费的价款占其账户比例较小并不影响对其构成内幕交易的认定。综上，苏嘉鸿在内幕信息敏感期内从事与涉案内幕信息相关的证券交易活动，且未能对此作出合理说明，中国证监会据此认定苏嘉鸿的行为构成内幕交易并无不当。

四、关于争议焦点四。一审法院认为，现有证据能够证明苏嘉鸿实际操作“浦江之星12号”账户、“马某强”账户、“朱某海”账户等三个账户，买入威华股份股票，因该证券交易行为所产生的收益，具有违法性，应认定为违法所得。上述三个涉案账户因苏嘉鸿违法行为取得的利益均属于不当获利，均应认定为违法所得并予以没收。

关于本案违法所得的计算问题。本案的违法所得计算结果由深圳证券交易所计算并由中国证监会确认，深圳证券交易所的计算结果是对涉案股票账户实际交易记录的相关数据进行核算后作出的专业统计，既与苏嘉鸿的供述相一致，又与书证涉案账户股票交易的明细情况相互印证，计算数据准确。在计算内幕交易违法所得时，内幕信息敏感期之前或之后买入的证券不是内幕交易违法行为涉及的证券，不属于内幕交易认定和计算考虑的范围。在本案中，交易所纳入违法所得计算的股票是苏嘉鸿在敏感期内买入的证券。对此，中国证监会也已就卖出证券与买进证券的对应关系以及违法所得的具体计算方法作了相应解释，符合法理及执法惯例，苏嘉鸿对此提出的异议理由不能成立，不予支持。

五、关于争议焦点五。一审法院认为，中国证监会在作出被诉处罚决定前，对苏嘉鸿作出《行政处罚事先告知书》，告知了其拟作出行政处罚的事实、理由、依据及其享有的权利等。后苏嘉鸿表示需要听证，中国证监会也依据其申请召开了听证会，听取苏嘉鸿的陈述与申辩，并在被诉处罚决定中对苏嘉鸿提出的申辩理由逐一进行回应，保障了苏嘉鸿依法享有的陈述申辩权。此外，中国证监会在无法直接送达的情况下，依次采用留置送达和公告送达的方式送达被诉处罚决定，亦符合法定程序要求。关于苏嘉鸿提出的程序异议，一审法院认为，行政处罚事先告知书中记载的事实、理由和依据均为中国证监会在调查过程中形成的初步意见，有可能在听取苏嘉鸿的陈述申辩之后进行调整变化，这种调整变化恰恰是陈述申辩程序发挥作用的体现，不能据此认定中国证监会剥夺了苏嘉鸿享有的陈述申辩权。因此，苏嘉鸿对于被诉处罚决定程序提出的异议理由不能成立，不予支持。

依据证券法第二百零二条之规定，证券交易内幕信息的知情人或者非法获取内幕信息的人，在涉及证券的发行、交易或者其他对证券的价格有重大影响的信息公开前，买卖该证券，或者泄露该信息，或者建议他人买卖该证券的，责令依法处理非法持有的证券，没收违法所得，并处以违法所得一倍以上五倍以下的罚款。中国证监会基于前述查明的案件事实以及对苏嘉鸿内幕交易行为作出的认定，决定没收苏嘉鸿违法所得65,376,232.64元，并处以65,376,232.64元罚款。处罚幅度适当，符合上述法律规定。

此外，中国证监会在收到苏嘉鸿提出的行政复议申请后，在法定期限内作出复议决定，程序合法，一审法院对此依法予以确认。

综上，一审法院认为，苏嘉鸿的相关诉讼理由均不能成立，故对其要求撤销被诉处罚决定及被诉复议决定的诉讼请求，不予支持。依照《中华人民共和国行政诉讼法》第六十九条和第七十九条的规定，判决驳回苏嘉鸿的诉讼请求。

苏嘉鸿不服一审判决，向本院提起上诉，请求撤销一审判决，撤销被诉处罚决定和被诉复议决定。主要理由为：1. 一审判决认定涉案事项为内幕信息，事实认定错误，法律适用错误。中国证监会提供的证据不能证明涉案事项“重大资产重组”“注入IT资产及收购铜矿”已经形成方案，中国证监会认定涉案事项形成内幕信息主要证据不足。中国证监会认定威华股份“资产注入”事项属于证券法第六十七条第二款第二项规定的“重大事件”，法律适用错误。中国证监会没有证据证明涉案事项的决定已经作出，涉案事项具有内幕信息的重大性更无从谈起。2. 一审判决认定殷某国属于内幕信息知情人，事实不清，法律依据不明。在调查过程中，中国证监会并未找到殷某国，核实清楚殷某国的身份信息，也未对殷某国的情况展开调查；在被诉处罚决定中，中国证监会并没有明确适用哪个法律规定以认定殷某国构成内幕信息知情人,一审判决也没有适用正确的法律予以认定。3. 一审判决认定上诉人的交易构成内幕交易行为,事实不清,证据不足。中国证监会关于苏嘉鸿与殷某国“45 次通话记录”“71 次短信联系”的证据属于非法证据,不能作为认定案件事实的证据。苏嘉鸿已经向中国证监会提交了当时买进威华股份股票的分析报告,苏嘉鸿买入威华股票具有合理理由和依据。三个账户的买进时间与中国证监会认定的内幕信息形成没有高度吻合的特征。按照中国证监会的认定,内幕信息不晚于 2013 年 2 月 23 日已经形成,但是三个涉案账户一个是在 2013 年 3 月 11 日开始买进,一个是 3 月 22 日开始买进,一个是 3 月 25 日开始买进,距离内幕信息的形成时间最短也是半个多月,长的超过一个月。在苏嘉鸿交易威华股票期间,威华股份股票走势平稳,没有背离基本面,且苏嘉鸿的交易方向也没有背离股票的走势。中国证监会对于苏嘉鸿内幕交易行为的认定反复摇摆。中国证监会在其《行政处罚事先告知书》及被诉复议决定中对于内幕交易的认定皆为“较为吻合”,与被诉处罚决定中认定的“高度吻合”不同。4. 一审判决认定苏嘉鸿违法所得事实不清,证据不足。应当按照三个账户的实际情况分别计算上诉人获利所得,中国证监会依据《苏嘉鸿操纵控制账户盈利计算数据》(深交所)计算苏嘉鸿违法所得,没有显示数据的计算过程及相关事实、相关证据,确保计算结果是真实合理,没有遗漏或错误。5. 一审判决认定披诉处罚决定程序合法,事实不清,证据不足,适用法律错误。行政处罚程序不公正,不客观,没有按照法律要求客观公正收集证据、认定事实。中国证监会在《行政处罚事先告知书》、被诉处罚决定及被诉复议决定中认定苏嘉鸿知悉的内幕信息的内容、范围、法律依据以及内幕交易程度均不一致,已严重侵犯了苏嘉鸿的申辩权利。6. 一审判决认定被诉行政复议决定合法,不能成立。行政复议决定认定事实与被诉处罚决定明显不一致,且改变了被诉处罚决定的法律适用。7. 一审判决严重违反法定程序。一审判决未客观公正审查当事人的证据,将未经质证的证据作为认定案件事实的证据,侵害上诉人的程序性权利。被上诉人在一审中提交了一份涉密证据,用以证明上诉人与殷某国“45 次通话记录”“71 次短信联系”的事实,该证据无论在庭前证据交换环节还是在开庭时都没有进行质证,即使涉密也应当经过质证才能作为裁判的根据。

中国证监会答辩请求维持一审判决,驳回苏嘉鸿的上诉。主要理由为:1. 一审判决认定涉案事项为内幕信息,事实清楚,适用法律正确。威华股份注入 IT 资产及收购铜矿方案,属于证券法第六十七条第二款第二项规定的“公司的重大投资行为和重大的购置财产的决定”,至迟不晚于 2013 年 2 月 23 日,有关涉案事项的信息已构成内幕信息。威华股份 2013 年 4 月 16 日已就注入 IT 资产及收购铜矿方案申请临时停牌,说明该事项的进展程度已经存在对股价造成影响的可能性。这一信息如果公开,足以影响投资者作出投资决策,对威华股份的股票价格产生重大影响。2. 一审判决认定殷某国为内幕信息知情人,事实清楚,证据充分。涉案人员询问笔录以及有关会议记录证明,殷某国参与了资产注入事项的形成过程。殷某国在威华股份资产重组过程中起到了牵线搭桥的作用,主动向公司推荐金矿资源,建议公司产业调整,向公司介绍中介机构,也实际参与了资产注入事项的形成过程并知悉铜矿收购事项,为内幕信息知情人。3. 一审判决认定苏嘉鸿的交易构成内幕交易,事实清楚、认定正确。内幕信息敏感期内,苏嘉鸿与殷某国有过多次联络,且苏嘉鸿交易“威华股份”的时点与资产注入事项的进展情况高度吻合,交易行为异常,且没有为此交易行为提供充分有说服力的解释,构成内幕交易。4. 一审判决对苏嘉鸿的违法所得认定正确。本案违法所得的计算方法是我会惯用的计算方法,计算数据准确。由于苏嘉鸿在调查终结前仍有余股,本案以调查终结报告确定前调查部门请交易所进行计算的发函日为截止日(即 2014 年 1 月 23 日)。本案的违法所得计算结果由深圳证券交易所计算并由我会确认,深圳证券交易所的计算结果是对涉案股票账户实际交易记录的相关数据进行核算后作出的专业统计,计算数据准确。5. 一审判决认定被诉处罚决定程序合法,事实清楚,证据充分。在作出处罚决定前,依法对威华股份及相关人员进行了检查、调查,对苏嘉鸿出具《行政处罚事先告知书》,告知其拟作出行政处罚的事实、理由、依据及其享有的权利等,保障了苏嘉鸿的陈述申辩权利。6.一审判决认定被诉复议决定程序合法。被诉处罚决定与被诉复议决定并无矛盾,被诉复议决定维持被诉处罚决定正确。7.一审判决符合法定程序。对于其提交的涉密证据,一审法院未在开庭时公开质证并无不当,符合法定程序。

本院经审理,对一审判决认定的事实予以确认,不再重述。本院另查明:2013年12月4日,中国证监会询问苏嘉鸿的笔录记载了如下问答内容:"问:殷某国使用过哪些电话和你通话?答:殷某国有很多手机号码,每次和我联系都用不同的手机。我有印象的手机号码有:13920912229和18911415328。问:你的手机(号码:13818387777)与殷某国(号码:13920912229)在2013年2月至4月期间有过45次通话记录和71次短信联系(详见附件)……"2013年12月6日,中国证监会调查人员的"寻找殷某国情况执法笔录"显示:2013年12月3日上午,调查人员前往自认为殷某国任职的中投新亚太投资有限公司的办公地及注册地寻找殷某国,均没有发现中投新亚太的踪迹;当日中午,调查人员前往天津红磡投资发展股份有限公司和天津永泰红磡控股集团寻找殷某国,均未能联系上殷某国。2013年12月4日上午,调查人员用办公电话分别拨打殷某国号码为13161618210、13391990547、18911415328的手机号码及号码为022-23161999的固定电话,其中13161618210、13391990547、022-23161999都已停机;第一次拨打18911415328手机号时打通了,但没有人接电话,随后调查人员在4日、5日又拨打4次该手机号,但都没有打通。

本院认为,本案审查的标的是被诉处罚决定和行政复议决定是否合法。结合被诉处罚决定和复议决定以及双方当事人在一、二审期间的诉辩意见,本院对被诉处罚决定和复议决定是否合法、一审判决是否正确,从以下方面分别论述:

一、关于涉案事项是否为内幕信息的问题。

苏嘉鸿认为,中国证监会提供的证据不能证明涉案事项"重大资产重组""注入IT资产及收购铜矿"已经形成决定或方案,中国证监会认定涉案事项形成内幕信息主要证据不足。中国证监会认为,威华股份注入IT资产及收购铜矿方案,属于证券法第六十七条第二款第二项规定的"公司的重大投资行为和重大的购置财产的决定",至迟不晚于2013年2月23日,有关涉案事项的信息已构成内幕信息。

本院认为,依据证券法第七十五条规定,证券交易活动中,涉及公司的经营、财务或者对该公司证券的市场价格有重大影响的尚未公开的信息,为内幕信息。本法第六十七条第二款所列重大事件属于内幕信息。证券法第六十七条第二款第二项规定,公司的重大投资行为和重大的购置财产的决定为前款所称重大事件。本案中,威华股份注入IT资产及收购铜矿方案,属于公司的重大投资行为,在其未公开之前,中国证监会据此认定属于证券法第六十七条第二款第二项的内幕信息正确。影响内幕信息形成的动议、筹划、决策或者执行人员,其动议、筹划、决策或者执行初始时间,应当认定为内幕信息的形成之时。本案中,不晚于2013年2月23日,威华股份管理层已经实质启动IT资产注入及收购铜矿的筹划工作,因此中国证监会认定内幕信息至迟不晚于2013年2月23日形成,并无不当。

至于IT资产注入及收购铜矿方案被让壳方案所替代,是否影响内幕信息的认定问题,本院认同一审判决的结论,即不构成实质影响。这是因为,威华股份注入IT资产及收购铜矿方案本身构成内幕信息,并不限于该方案的对象或者方式,乃至于与该方案是否最后成功完成也并无直接关系。公司重大决策及其讨论实施过程,可能是一个动态、连续、有机关联的过程,只要启动威华股份注入IT资产及收购铜矿方案本身符合内幕信息的认定标准,内幕信息即已形成,其后实施对象、方式的变化以及是否成功等都不会实质性改变内幕信息已经形成的事实。

二、关于中国证监会认定殷某国为内幕信息知情人是否事实清楚的问题。

苏嘉鸿认为,中国证监会在调查过程中,并未找到殷某国,核实清楚殷某国的身份信息,也未对殷某国的情况展开调查,认定殷某国属于内幕信息知情人事实不清,法律依据不明。中国证监会认为,其已穷尽各种手段调查收集证据,而且即使找到了相关人员,其不配合调查的情况也很常见,虽然作为涉案人员的殷某国一直未被找到,但其他涉案人员询问笔录以及有关会议记录证明,殷某国实际参与了资产注入事项的形成过程并知悉铜矿收购事项,为内幕信息知情人。

本院认为,先调查取证,后作出认定和处理,是行政执法的基本原则。行政程序启动后,调查收集证据并在证据基础上认定事实,是行政机关负有的法定义务。根据《中华人民共和国行政处罚法》第三十六条的规定,在行政处罚一般程序中,行政机关发现公民、法人或者其他组织有依法应当给予行政处罚的行为的,必须全面、客观、公正地调查,收集有关证据。结合行政执法实践,该规定的理解主要包含以下几层含义:一是行政机关调查收集证据必须全面,在内容上既包括对相对人有利的证据,也包括对相对人不利的证据,在范围上既要向涉嫌违法的相对人进行调查,也要向了解案件事实的直接当事人和利害关系人进行调查,特别是案件涉及的直接当事方,是案件事实的直接经历者,也是权利攸关方,理当成为行政调查不可或缺的对象。二是行政机关调查收集证据必须客观,避免主观随意性,遵循证据相互印证的规则,将调查来的直接证据和间接证据、直接当事方证言与其他了解案情的证人证言相互比对,提升据以认定事实的客观性。三是行政机关调查收集证据必须公正,即调查收集证据不存在偏私或武断,不仅要做到调查手段和程序合法,还应当以当事人看得见的方式实现全面客观调查收集证据的目标。当然,上述三个方面是行政处罚一般程序中调查收集证据的原则要求,并不排除行政机关在具体调查收集证据方法、时机和手段上享有一定的裁量空间,只要裁量没有超出必要限度,法院在审查行政处罚合法性时应当予以尊重。

本案中,中国证监会认定苏嘉鸿从事法律所禁止的内幕交易,其中殷某国为内幕信息知情人是关键的事实基础,应当做到证据扎实充分。按照前述行政处罚调查收集证据的法定要求,中国证监会在认定这一关键事实的时候,应当遵循全面、客观、公正的原则调查收集有关证明殷某国为内幕信息知情人的证据,即:既调查收集有关“物”的证据,比如相关会议记录,又调查收集有关“人”的证据,比如涉案的利害关系人,在调查收集有关“人”的证据的时候,既要向知道殷某国是否参与内幕信息形成的其他人调查收集证据,也要向直接当事方的殷某国调查收集证据,以确保调查的全面性;既需要向内幕信息其他知情人调查了解内幕信息知情人范围以及殷某国是否属于内幕信息知情人,也需要直接向殷某国本人调查了解其在内幕信息形成和发展乃至传递过程中的情况,通过证据相互印证并排除矛盾来确保据以定案事实的客观性;在认定殷某国为内幕信息知情人且苏嘉鸿对此提出异议的情况下,既需要让殷某国参与调查程序并陈述其所知晓的事实,还需要将该调查程序和方式以殷某国以及受该认定影响的其他利害关系人看得见的方式展示出来,通过公开公平的程序确保调查的公正性。简而言之,中国证监会认定殷某国为内幕信息知情人,除了相关会议记录以及其他相关人员的证人证言外,还必须向殷某国本人进行调查询问,除非穷尽调查手段而客观上无法向殷某国本人进行调查了解。这就是说,虽然有关会议记录和其他涉案人员询问笔录均显示殷某国为内幕信息知情人,中国证监会还应当向作为直接当事人的殷某国进行调查了解,除非穷尽调查手段仍存在客观上无法调查的情况。至于调查的手段,一般情况下是向当事人发送调查或询问通知书,具体方式可以由中国证监会裁量;至于通知的方式,按照法律的规定和日常生活经验,可以在当事人的住所地、经常居住地或户籍所在地以及当事人的工作场所等地方向当事人进行送达,也可以根据实际情况使用电话、传真等便捷方式通知当事人接受调查或询问,并做好相应的证据留存工作。本案中,中国证监会认为需要向殷某国进行直接调查了解,实际上也为寻找殷某国接受调查采取了一定的实际行动,比如通过电话方式联系殷某国,还试图到殷某国可能从业的单位进行调查了解,但是,中国证监会的这些努力尚不构成穷尽调查方法和手段,也不能根据这些努力得出客观上存在无法向殷某国进行调查了解的情况。这是因为,中国证监会寻找殷某国的相关场所,只是殷某国可能从业的单位,并不是确定的实际可以通知到殷某国的地址,而且看不出中国证监会曾到殷某国住所地、经常居住地或户籍所在地等地方进行必要的调查了解。即使是便捷通知方式,在案证据显示,中国证监会联系殷某国的方式也并不全面，电话联络中遗漏掉了“13920912229”号码，且遗漏掉的该号码恰恰是苏嘉鸿接受询问时强调的殷某国联系方式，也是中国证监会调查人员重点询问的殷某国联系方式，更是中国证监会认定苏嘉鸿与殷某国存在数十次电话和短信联络的手机号码。执法中存在的上述疏漏，说明中国证监会对殷某国的调查询问并没有穷尽必要的调查方式和手段，直接导致其认定殷某国为内幕信息知情人的证据，因未向本人调查了解而不全面、因其他证据未能与本人陈述相互印证并排除矛盾而导致事实在客观性上存疑、因未让当事人本人参与内幕信息知情人的认定并将该过程以当事人看得见的方式展示出来而使得公正性打了折扣。据此，本院确认中国证监会在认定殷某国为内幕信息知情人时未尽到全面、客观、公正的法定调查义务，中国证监会认定殷某国为内幕信息知情人事实不清、证据不足。苏嘉鸿对该问题的主张成立，本院予以支持。

对于中国证监会认为是否向殷某国本人进行调查了解属于其执法裁量范围的主张，本院认为，殷某国系中国证监会认定的内幕信息知情人，在认定苏嘉鸿内幕交易中起着关键的“联接点”作用，依法应当纳入调查范围，中国证监会在开展调查的方式、程序和手段上存在一定的裁量空间，但在是否对殷某国进行调查了解的问题上不存在裁量的空间，因此对中国证监会的该项主张，本院不予采纳。中国证监会还认为，即使找到了殷某国，其也可能不配合调查。本院认为，这是一个基于假设的主张，本身不足为据。而且，进一步来说，中国证监会在调查过程中所需要做的是把法定调查义务履行到位，对应当开展调查的当事人穷尽调查方式和手段，无论如何，法定调查义务的履行都不是以被调查人配合为前提的，更不能以被调查人可能不配合调查为由怠于履行法定调查职责。因此，对中国证监会的该项意见，本院不予采纳。

三、关于中国证监会认定苏嘉鸿构成内幕交易是否正确的问题。

苏嘉鸿认为，其买入威华股票具有合理理由和依据，交易时间与中国证监会认定的内幕信息形成没有高度吻合的特征，且中国证监会的认定反复摇摆，在行政处罚事先告知及被诉复议决定中对于内幕交易的认定皆为“较为吻合”，与被诉处罚决定中认定的“高度吻合”不同。中国证监会认为，内幕信息敏感期内，苏嘉鸿与殷某国有过多次联络，且苏嘉鸿交易威华股份的时点与资产注入事项的进展情况高度吻合，交易行为异常，且没有为此交易行为提供充分有说服力的解释，应当推定构成内幕交易。

双方当事人的这个争议，主要涉及推定的适用条件问题，具体又分为推定的基础事实是否清楚以及基础事实是否达到相应的证明标准问题。对于推定适用空间以及本案中推定的基础事实是否清楚问题。正如一审判决所述，隐蔽性是内幕交易的突出特点，如果要求行政执法机关必须掌握内幕交易的直接证据才能认定违法事实，可能导致行政执法机关难以对内幕交易行为实施有效的行政监管。因此，在内幕交易的行政处罚案件中，如果基于现有证据已经足以推定交易行为是基于获知内幕信息而实施的，即可以认定当事人存在内幕交易行为，除非当事人能作出合理说明或提供证据排除其存在利用内幕信息从事相关证券交易活动。这项认识，也反映在最高人民法院《关于审理证券行政处罚案件证据若干问题的座谈会纪要》中，该纪要第一部分“关于证券行政处罚案件的举证问题”明确，人民法院在审理证券内幕交易行政处罚案件时，应当考虑到该类案件违法行为的特殊性，由监管机构承担主要违法事实证明责任，通过推定的方式适当向原告转移部分特定事实的证明责任。在证据法上，推定是根据严密的逻辑推理和日常生活经验，从已知事实推断未知事实存在的证明规则。根据该规则，行政机关一旦查明某一事实，即可直接认定另一事实，主张推定的行政机关对据以推定的基础事实承担举证责任，反驳推定的相对人对基础事实和推定事实的不成立承担举证责任。本案中，中国证监会认为苏嘉鸿与内幕信息知情人殷某国在内幕信息敏感期内有过多次联络，且苏嘉鸿交易威华股份的时点与资产注入事项的进展情况高度吻合，且没有为此交易行为提供充分有说服力的解释，应当推定构成内幕交易。这里，苏嘉鸿在内幕信息敏感期内与内幕信息知情人殷某国多次联络接触且苏嘉鸿证券交易活动与内幕信息进展情况高度吻合属于基础事实，苏嘉鸿的证券交易活动构成内幕交易属于推定事实。中国证监会需要对基础事实承担举证责任,苏嘉鸿则对推翻基础事实和推定事实承担举证责任,前者是后者的前提和基础,只有中国证监会认定的基础事实成立,才需要苏嘉鸿承担后续举证责任。在基础事实中,殷某国为内幕信息知情人的事实是其重要组成部分,而根据前述第二个焦点问题的分析,中国证监会对该事实的认定构成事实不清,因而导致推定的基础事实不清。在此情况下,中国证监会对苏嘉鸿证券交易活动构成内幕交易的推定亦不成立。

对于据以推定的基础事实是否达到相应证明标准问题。本院尽管已认定中国证监会推定苏嘉鸿构成内幕交易的基础事实存在事实不清问题,但对于双方当事人在本案中围绕基础事实应达到的证明标准问题的争议,仍有必要予以回应。证明标准,是法律上运用证据证明待证事实所要达到的程度要求。其重要价值之一,在于为衡量负有举证责任的一方当事人是否切实尽到举证责任提供判断标准,如果对主张的事实的证明没有达到法定的证明标准,其诉讼主张就不能成立。行政诉讼调整的对象和范围具有多样性和广泛性,不同类型行政行为的性质以及对当事人权利义务的影响程度不同,因而理论上一般认为,行政诉讼证明标准具有灵活性、中间性和层次性,需要根据具体案件情况,在排除合理怀疑的上限标准与合理可能性的下限标准之间合理确定个案中所适用的证明标准。具体到内幕交易行政处罚领域,证券监管机关应依法对被诉处罚决定的合法性承担举证责任,只是考虑到内幕交易案件在调查上的特殊性,才为证券监管机关适用推定认定事实提供一定的空间和可能,但即便如此,也要考虑到内幕交易行政处罚往往对当事人合法权益产生巨大影响,在推定的适用标准上应当秉持审慎原则,尤其是对据以推定的基础事实的证明标准,要求也应当更高。正因为此,最高人民法院《关于审理证券行政处罚案件证据若干问题的座谈会纪要》第五部分"关于内幕交易行为的认定问题"明确,当事人在内幕信息公开前与内幕信息知情人联络接触,其证券交易活动与内幕信息高度吻合,且被处罚人不能作出合理说明或者提供证据排除其存在利用内幕信息从事相关证券交易活动的,人民法院可以确认被诉处罚决定认定的内幕交易行为成立。这里"高度吻合"的标准,就是证券监管机关对据以推定的基础事实所要达到的证明程度要求,也与内幕交易行为性质以及对相对人权利义务影响程度相适应。本案中,被诉处罚决定认为苏嘉鸿与殷某国接触联络且交易威华股份的时点与内幕信息的进展情况高度吻合,且苏嘉鸿不能提供充分而有说服力的解释,据此推定苏嘉鸿构成内幕交易,被诉复议决定则认为苏嘉鸿买入威华股份的交易时点与内幕信息的形成过程较为吻合,且苏嘉鸿不能合理说明其在内幕信息公开前买入威华股份的原因,据此维持被诉处罚决定。显然,被诉处罚决定和被诉复议决定在推定构成内幕交易的基础事实的证明程度上适用了不同的标准,前者适用的是"高度吻合"标准,后者适用的是"较为吻合"标准。而对于如何看待被诉处罚决定和被诉复议决定之间不一致的关系问题。最高人民法院《关于适用〈中华人民共和国行政诉讼法〉的解释》第一百三十五条规定,复议机关决定维持原行政行为的,人民法院应当在审查原行政行为合法性的同时,一并审查复议决定的合法性;作出原行政行为的行政机关和复议机关对原行政行为合法性共同承担举证责任,可以由其中一个机关实施举证行为,复议机关对复议决定的合法性承担举证责任;复议机关作共同被告的案件,复议机关在复议程序中依法收集和补充的证据,可以作为人民法院认定复议决定和原行政行为合法的依据。由此可见,现行行政诉讼制度改变了过去将原行政行为和复议维持决定作为两个完全独立的行政行为来对待的模式,而是将复议维持决定与原行政行为作为一个整体来认识和把握,复议机关可以修正和补充原行政行为的事实和法律状态,经过修正或补充后,原行政行为已不再是原来作出时的状态,而是以复议决定修正和补充后的形式体现出来的原行政行为。因此,本案中,被诉处罚决定中的"高度吻合"已为被诉复议决定中的"较为吻合"所修正,且该修正与在案证据显示的内幕信息形成发展与相关交易活动进行的案件事实基本一致,据此可以认定,被诉处罚决定据以推定苏嘉鸿存在内幕交易的基础事实没有达到"高度吻合"的证明标准。

综合上述分析,被诉处罚决定认定苏嘉鸿

构成内幕交易事实不清，被诉复议决定维持被诉处罚决定错误，本院应当一并纠正。

四、关于被诉处罚决定对违法所得认定是否正确的问题。

苏嘉鸿认为，违法所得应当按照三个账户的实际情况分别计算，中国证监会依据深圳证券交易所《苏嘉鸿操纵控制账户盈利计算数据》计算苏嘉鸿违法所得，没有显示数据的计算过程及相关事实、相关证据。中国证监会认为，本案违法所得的计算方法是其惯用的计算方法，计算结果由深圳证券交易所计算并由中国证监会确认，深圳证券交易所的计算结果是对涉案股票账户实际交易记录的相关数据进行核算后作出的专业统计，计算数据准确。

本院认为，鉴于前述已经确认被诉处罚决定认定苏嘉鸿构成内幕交易事实不清，因此对本案被诉处罚决定违法所得计算是否正确的分析已显得没有必要，在此不再论述。需要指出的是，本案违法所得具体计算是否正确的讨论或许不再必要，但对于本案关于违法所得计算标准及其依据的争议仍有必要予以回应。本院注意到，苏嘉鸿在行政复议程序中提出被诉处罚决定对违法所得的计算有悖于中国证监会《证券市场内幕交易行为认定指引（试行）》中关于违法所得的计算标准和方式；中国证监会在被诉复议决定中指出该认定指引属于内部制定的指引性、参考性文件，不具有法律效力，不能作为行政处罚的依据；在本案二审诉讼过程中，中国证监会又提出，该指引制定于2007年，较为陈旧，目前在处理内幕交易案件时原则上已不参考该指引的内容。对此，本院认为，行政处罚不仅要合法，还要公正，而且公正不仅要实现，还要以当事人看得见、容易接受的方式实现。违法所得的计算标准和方式，不仅涉及行政处罚的合法性和公正性问题，也直接影响被处罚人的重大财产权益，理当标准明确、方式清晰，并公之于众，具有可验证性，以提升当事人对违法行为制裁后果的预期，也有利于对行政处罚进行事后监督。本案中，尽管中国证监会主张其制定的《证券市场内幕交易行为认定指引（试行）》为内部参考性文件，不具有法律效力，且较为陈旧，执法中已不再参考该指引的内容，但本院注意到，该指引能通过互联网等公开渠道查询到，且其中包括违法所得计算标准和方式等直接涉及相对人权利义务的内容，在没有证据表明该指引已被明确废止的情况下，即使该指引不具有法律效力，对被处罚人而言，在一定程度上也是评价行政处罚违法所得计算是否合法公正的重要标准，因此，苏嘉鸿在本案中主张适用该指引具有一定的合理性，中国证监会如果要否定苏嘉鸿的该主张，仅有该认定指引属于内部参考文件、违法所得的计算惯例以及证券交易所计算专业统计作为答辩理由，显然是不够的，而且计算惯例以及专业统计的合法性本身，同样需要清晰、公开的标准加以衡量。被诉复议决定认为“本案违法所得的计算符合法律规定，计算数据准确”，只有寥寥数语，没有相应的理由说明，看不出中国证监会认真审慎履行法定复议监督职责，这样的决定也很难让人信服。对此，本院认为，中国证监会作为证券监管专门机关，此前制定《证券市场内幕交易行为认定指引（试行）》，是促进自身行政权力依法公正行使的重要方式和有益尝试，即使随着资本市场的发展变化，认为该指引的许多内容需要与时俱进进行更新，那也有责任且有能力修改完善该指引。如此，既可以为自身执法提供规范指引，推进执法规范化，也可以给市场主体提供行为指引和法律预期，提升执法行为的可接受性，最终促进对内幕交易行为的规制效果。该建议，希望中国证监会认真考虑和采纳。

五、关于本案涉及的行政程序和一审程序合法性问题。

苏嘉鸿认为，被诉处罚决定程序不公正，不客观，没有按照法律要求客观公正收集证据、认定事实，而且一审判决违反法定程序，被上诉人在一审中提交了一份“涉密证据”，用以证明上诉人与殷某国“45次通话记录”“71次短信联系”的事实，该证据无论在庭前证据交换环节还是在开庭时都没有进行质证，即使涉密也应当经过质证才能作为裁判的根据。中国证监会认为，被诉处罚决定作出前依法对威华股份及相关人员进行了检查、调查，告知苏嘉鸿拟作出行政处罚的事实、理由、依据及享有的权利等，保障了苏嘉鸿的陈述申辩权利，一审法院对其提交的涉密证据未在开庭时公开质证并无不当，符合法定程序。

本院认为，不论是行政处罚程序，还是法院

审理程序,均应当做到合法公正。让当事人在每一个案件中都感受到公平正义绝非空洞的口号,很大程度上依赖于行政机关和法院在个案中通过当事人和公众看得见、容易接受的法律程序来保障和实现。中国证监会在行政程序中通过事先告知、举行听证会等形式保障了苏嘉鸿的陈述申辩权利,且不存在苏嘉鸿所主张的告知处罚依据和后续处罚决定依据不一致的情形,但行政处罚程序也存在前述未履行全面、客观、公正调查收集证据职责的问题,而后者既是事实和证据问题,也是程序问题,因而本院也应确认行政处罚程序违法。而且,对于苏嘉鸿与殷某国的通讯记录,中国证监会以“涉密”为由不予保障苏嘉鸿在行政程序中的质证权利,也构成对苏嘉鸿合法享有的陈述申辩权利的侵害,一审法院审理程序也存在同样问题,本院在此一并指出并纠正。

综上所述,被诉处罚决定事实不清、程序违法,被诉复议决定维持被诉处罚决定和一审判决驳回苏嘉鸿诉讼请求均错误,本院应予纠正。苏嘉鸿的部分上诉主张成立,本院应予支持。据此,依照《中华人民共和国行政诉讼法》第七十条第(一)项、第(三)项、第七十九条和第八十九条第一款第(二)项的规定,判决如下:

一、撤销北京市第一中级人民法院(2017)京01行初570号行政判决;

二、撤销中国证券监督管理委员会作出的〔2016〕56号行政处罚决定;

三、撤销中国证券监督管理委员会作出的〔2017〕63号行政复议决定。

一、二审案件受理费各人民币50元,均由被上诉人中国证券监督管理委员会负担(本判决送达后七日内交纳)。

本判决为终审判决。

二〇一八年七月十七日

广东省高级人民法院行政判决书(新都酒店诉深交所案)

(2018)粤行终366号

上诉人(原审原告)深圳新都酒店股份有限公司,住所地深圳市罗湖区春风路一号,统一信用代码914403006188058551。

法定代表人姜涛,总经理。

委托代理人罗春霖,广东经纶律师事务所律师。

被上诉人(原审被告)深圳证券交易所,住所地深圳市福田区深南大道2012号,统一社会信用代码142203001921951127。

法定代表人王建军,总经理。

委托代理人付彦,深圳证券交易所员工。

委托代理人杨俊,深圳证券交易所员工。

上诉人深圳新都酒店股份有限公司因与被上诉人深圳证券交易所证券监管处理决定纠纷一案,不服广东省深圳市中级人民法院(2017)粤03行初128号行政判决,向本院提起上诉。本院依法组成合议庭对本案进行了审理,现已审理终结。

原审法院经审理查明:1993年9月8日,深圳市证券管理办公室作出《关于同意深圳新都酒店股份有限公司股票的批复》(深证办复〔1993〕106号),同意深圳新都酒店股份有限公司发行股票。1993年12月20日,深圳证券交易所作出《上市通知书》(深证市〔1993〕第68号),同意深圳新都酒店股份有限公司在深圳证券交易所挂牌交易。因2013年度、2014年度连续两个会计年度的财务会计报告被出具无法表示意见的审计报告,深圳证券交易所决定深圳新都酒店股份有限公司股票自2015年5月21日起暂停上市。

2016年5月3日,深圳新都酒店股份有限公司向深圳证券交易所提出恢复上市的申请。

2016 年 5 月 9 日，深圳证券交易所作出《关于提交恢复上市补充材料有关事项的函》（公司部函〔2016〕第 3 号）。2016 年 7 月 4 日，深圳证券交易所作出《关于提交恢复上市补充材料有关事项的函》（公司部函〔2016〕第 5 号）。2017 年 4 月 25 日，天健会计师事务所作出《关于深圳新都酒店股份有限公司 2015 年度经常性损益数据的进一步说明》（天健函〔2017〕2-41 号），认定深圳新都酒店股份有限公司调整后 2015 年度扣除非经常性损益后的归属于公司普通股股东的净利润为负值。2017 年 4 月 26 日，深圳证券交易所作出《关于提交恢复上市补充材料有关事项的函》（公司部函〔2017〕第 3 号）。2017 年 4 月 28 日，广发证券股份有限公司作出《关于撤回由广发证券股份有限公司提交的与深圳新都酒店股份有限公司恢复上市相关申请文件的请示》（广发证〔2017〕298 号），向深圳证券交易所申请撤回由广发证券股份有限公司出具的关于深圳新都酒店股份有限公司恢复上市申请相关的文件。

2017 年 5 月 15 日，深圳证券交易所召开第九届上市委员会第 65 次工作会议，对深圳新都酒店股份有限公司股票恢复上市申请进行审议，深圳新都酒店股份有限公司股票恢复上市申请未获上市委员会审核同意。2017 年 5 月 16 日，深圳证券交易所根据《股票上市规则》第 14.2.17条、第 14.4.1 条第（二十七）项、第 14.4.2条的规定，对深圳新都酒店股份有限公司股票作出《关于深圳新都酒店股份有限公司股票终止上市的决定》（深证上〔2017〕311 号）。

2017 年 9 月 18 日，深圳新都酒店股份有限公司向原审法院提起本案行政诉讼，请求：1. 撤销被告深圳证券交易所作出的《关于深圳新都酒店股份有限公司股票终止上市的决定》（深证上〔2017〕311 号）；2. 由被告深圳证券交易所承担本案的全部诉讼费。

原审法院认为，本案的被诉行为是深圳证券交易所作出的关于深圳新都酒店股份有限公司股票终止上市的决定。深圳新都酒店股份有限公司认为其是行政行为，提起行政诉讼。深圳证券交易所辩称该纠纷系民事纠纷，不属于行政诉讼的受案范围。本案首先要判断的是本案是否属于行政诉讼的受案范围。

《中华人民共和国行政诉讼法》第二条规定，公民、法人或者其他组织认为行政机关和行政机关工作人员的行政行为侵犯其合法权益，有权依照本法向人民法院提起诉讼。前款所称行政行为，包括法律、法规、规章授权的组织作出的行政行为。由此，行政诉讼的被告不仅包括行政机关，还包括法律、法规、规章授权的组织。《中华人民共和国证券法》第一百一十八条规定，证券交易所依照证券法律、行政法规制定上市规则、交易规则、会员管理规则和其他有关规则，并报国务院证券监督管理机构批准。《深圳证券交易所股票上市规则（2014 年修订）》1.5 规定，本所依据法律、行政法规、部门规章、规范性文件、本规则、本所其他相关规定和中国证监会的授权，对上市公司及其董事、监事、高级管理人员、股东、实际控制人、收购人等自然人、机构及其相关人员，以及保荐人及其保荐代表人、证券服务机构及其相关人员进行监管。由此，深圳证券交易所根据《中华人民共和国证券法》的授权，有权制定上市公司的上市规则、交易规则，有权对符合条件的上市公司作出终止其股票上市交易的行为。深圳证券交易所作为法律授权的组织，其具有对上市公司上市行为进行相应管理的职权，其作出的终止上市决定是具有行政管理性质的行为，属于行政诉讼的受案范围，深圳证券交易所是本案的适格被告。深圳证券交易所主张其是自律管理的法人，作出的行为不属于行政行为的主张，该院不予采信。深圳证券交易所还以《全国人大法律委员会关于〈中华人民共和国证券法（修订草案）〉修改情况的汇报》证明涉案纠纷属于民事纠纷。但一方面，《全国人大法律委员会关于〈中华人民共和国证券法（修订草案）〉修改情况的汇报》不是行政审判的直接依据；另一方面，深圳证券交易所与上市公司之间存在民事法律关系，并不意味着两者之间就不存在行政法律关系。相反，根据《中华人民共和国证券法》、《证券交易所管理办法》的规定，深圳证券交易所与上市公司之间既存在民事法律关系，也存在行政法律关系。《最高人民法院关于对与证券交易所监管职能相关的诉讼案件管辖与受理问题的规定》规定："一、根据《中华人民共和国民事诉讼法》第三十七条和《中华人民共和国行政诉讼法》第二十二条的有关规定,指定上海证券交易所和深圳证券交易所所在地的中级人民法院分别管辖以上海证券交易所和深圳证券交易所为被告或第三人的与证券交易所监管职能相关的一审民事和行政案件。二、与证券交易所监管职能相关的诉讼案件包括:(一)证券交易所根据《中华人民共和国公司法》、《中华人民共和国证券法》、《中华人民共和国证券投资基金法》、《证券交易所管理办法》等法律、法规、规章的规定,对证券发行人及其相关人员、证券交易所会员及其相关人员、证券上市和交易活动做出处理决定引发的诉讼;(二)证券交易所根据国务院证券监督管理机构的依法授权,对证券发行人及其相关人员、证券交易所会员及其相关人员、证券上市和交易活动做出处理决定引发的诉讼;(三)证券交易所根据其章程、业务规则、业务合同的规定,对证券发行人及其相关人员、证券交易所会员及其相关人员、证券上市和交易活动做出处理决定引发的诉讼;(四)证券交易所在履行监管职能过程中引发的其他诉讼……”据此,深圳新都酒店股份有限公司作为终止上市决定的行政相对人,有权对深圳证券交易所作出的终止上市行为提起行政诉讼。本案应当作为行政诉讼案件受理,该院对本案有管辖权。

本案审查的是深圳证券交易所作出的关于深圳新都酒店股份有限公司股票终止上市决定的合法性。该院从职权依据、事实认定、法律适用和行政程序等方面对其进行合法性审查。

关于职权依据的问题。《中华人民共和国证券法》第五十六条规定,上市公司有下列情形之一的,由证券交易所决定终止其股票上市交易:(一)公司股本总额、股权分布等发生变化不再具备上市条件,在证券交易所规定的期限内仍不能达到上市条件;(二)公司不按照规定公开其财务状况,或者对财务会计报告作虚假记载,且拒绝纠正;(三)公司最近三年连续亏损,在其后一个年度内未能恢复盈利;(四)公司解散或者被宣告破产;(五)证券交易所上市规则规定的其他情形。《深圳证券交易所股票上市规则(2014年修订)》系深圳证券交易所根据《中华人民共和国证券法》的授权所制定,报中国证监会批准后生效。《深圳证券交易所股票上市规则(2014年修订)》14.4.1规定了上市公司出现二十八种情形时,深圳证券交易所有权决定终止其股票上市交易。根据上述规定,深圳证券交易所有作出终止上市公司上市的职权。

关于事实认定的问题。双方争议的焦点有两个:其一是深圳证券交易所认定深圳新都酒店股份有限公司2015年度高尔夫物业租金收入为非经常性损益,该认定是否准确;其二是深圳新都酒店股份有限公司主张深圳证券交易所存在对天健会计师事务所的不当干预,该主张是否成立。

关于深圳新都酒店股份有限公司2015年度高尔夫物业租金收入的性质问题。中国证券监督管理委员会公告2008年修订的《公开发行证券的公司信息披露解释性公告第1号——非经常性损益(2008修订)》认为,非经常性损益是指与公司正常经营业务无直接关系,以及虽与正常经营业务相关,但由于其性质特殊和偶发性,影响报表使用人对公司经营业绩和盈利能力做出正常判断的各项交易和事项产生的损益。具体到本案,其一,深圳证券交易所将深圳新都酒店股份有限公司2015年度高尔夫物业租金收入认定其为偶发性的、与经营活动无关的非经常性损益;其二,2017年4月25日,天健会计师事务所作出《关于深圳新都酒店股份有限公司2015年度经常性损益数据的进一步说明》(天健函〔2017〕2-41号),认定深圳新都酒店股份有限公司调整后2015年度扣除非经常性损益后的归属于公司普通股股东的净利润为负值;其三,2017年4月28日,广发证券股份有限公司作出《关于撤回由广发证券股份有限公司提交的与深圳新都酒店股份有限公司恢复上市相关申请文件的请示》(广发证〔2017〕298号),向深圳证券交易所申请撤回由广发证券股份有限公司出具的关于深圳新都酒店股份有限公司恢复上市申请相关的文件。基于以上理由,该院认可深圳证券交易所对深圳新都酒店股份有限公司2015年度高尔夫物业租金收入性质为非经常性损益的认定,认可深圳证券交易所关于深圳新都酒店股份有限公司2015年度扣除非经常性损益后的净利润为负值的判断。深圳新都酒店股份有限公司主张深圳证券交易所扣除非经常性损益时没有将相应成本计算进去,故事实认定错误。该院认为,深圳新都酒店股份有限公司对相应成本没有提供证据支持，且天健会计师事务所出具的《关于深圳新都酒店股份有限公司2015年度经常性损益数据的进一步说明》（天健函〔2017〕2－41号）属于专业机构的判断和认定，更加具有说服力，该院合理采信。对深圳新都酒店股份有限公司的该项理由，该院不予采纳。

关于深圳证券交易所是否存在对天健会计师事务所的不当干预的问题。深圳新都酒店股份有限公司在本案开庭审理后还要求该院调取收集下列证据：1. 向天健会计师事务所调取深圳证券交易所及深圳证监局要求其修改"2014年度高尔夫物业租金收入的会计处理结论"的具体修改内容；2. 向长沙仲裁委员会调取申请人与天健会计师事务所服务合同纠纷一案的开庭笔录。深圳新都酒店股份有限公司想借此查清深圳证券交易所是否构成对会计师事务所的不当干预。该院已经通过书面形式驳回了深圳新都酒店股份有限公司的调取证据申请和复议申请。《中华人民共和国注册会计师法》第六条第二款规定，注册会计师和会计师事务所依法独立、公正执行业务，受法律保护。第三十条规定，委托人委托会计师事务所办理业务，任何单位和个人不得干预。天健会计师事务所有权也理应独立作出相关审计报告，自己对出具的审计报告的真实性负责，不受深圳证券交易所的不当干预。本案中，深圳证券交易所确实与天健会计师事务所就审计报告的部分内容进行了沟通和交流。但，根据《深圳证券交易所股票上市规则（2014年修订）》1.5的规定，深圳证券交易所有权对保荐人及其保荐代表人、证券服务机构及其相关人员进行监管。根据《深圳证券交易所股票上市规则（2014年修订）》2.12第三款的规定，定期报告或者临时报告出现任何错误、遗漏或者误导，深圳证券交易所可以要求公司作出说明并公告，公司应当按照深圳证券交易所要求办理。深圳证券交易所与天健会计师事务所之间的相关微信聊天、邮件等内容属于正常的监管行为，深圳证券交易所作为监管方有权对有关报告表达看法或提出问题，但没有权力要求会计师事务所改变相关财务审计报告的结论，财务审计报告的结论最终还是由会计师事务所独立作出，其责任也应由会计师事务所独立承担。深圳新都酒店股份有限公司若对会计师事务所出具的审计报告等有异议，可另循法律途径解决。深圳新都酒店股份有限公司提出的关于深圳证券交易所存在不当干预，从而导致终止上市决定违法的主张不能成立，该院不予支持。

关于法律适用问题。《中华人民共和国证券法》第一百一十八条规定，证券交易所依照证券法律、行政法规制定上市规则、交易规则、会员管理规则和其他有关规则，并报国务院证券监督管理机构批准。《深圳证券交易所股票上市规则（2014年修订）》14.2.1规定，上市公司因净利润、净资产、营业收入或者审计意见类型触及本规则14.1.1条第（一）项至第（四）项规定情形其股票被暂停上市的，在法定披露期限内披露经审计的暂停上市后首个年度报告且同时符合下列条件的，可以在公司披露年度报告后的五个交易日内向本所提出恢复股票上市的书面申请：（一）最近一个会计年度经审计的净利润及扣除非经常性损益后的净利润均为正值……14.2.15规定，上市公司提出恢复上市申请时，应当向本所提交下列文件：……（十一）保荐人出具的恢复上市保荐书以及保荐协议……14.4.1规定，上市公司出现下列情形之一的，本所有权决定终止其股票上市交易：（二十七）恢复上市申请未被审核同意；……14.4.2规定，上市公司出现本规则14.4.1条第（二十六）项、第（二十七）项规定情形的，本所在不予受理或者不予同意恢复上市的同时作出终止上市决定。本案中，深圳新都酒店股份有限公司2015年度扣除非经常性损益后的净利润为负值，且缺少保荐人出具的恢复上市保荐材料，深圳证券交易所上市委员会对公司股票恢复上市的申请进行审议，作出不同意公司股票恢复上市的决定。在此基础上，深圳证券交易所根据上述规定作出涉案终止上市决定，适用法律正确，该院予以确认。

关于行政程序。深圳证券交易所根据《中华人民共和国证券法》的授权和《深圳证券交易所股票上市规则（2014年修订）》的具体程序要求作出涉案终止上市决定，程序合法，该院予以确认。

综上，被告深圳市证券交易所作出的《关于深圳新都酒店股份有限公司股票终止上市的决定》（深证上〔2017〕311号）认定事实清楚，适用法律正确，程序合法，该院予以确认。原告深圳新都酒店股份有限公司的诉讼请求不能成立,依法应予驳回。根据《中华人民共和国行政诉讼法》第六十九条的规定,判决:驳回原告深圳新都酒店股份有限公司的诉讼请求。本案诉讼费人民币50元,由原告深圳新都酒店股份有限公司负担。

上诉人深圳新都酒店股份有限公司上诉称:一、原审判决错误驳回上诉人的调查取证和复议申请,遗漏重要事实,作出错误判决。上诉人的调查取证申请符合《最高人民法院关于行政诉讼证据若干问题的规定》,原审法院不予调查取证违法,损害上诉人合法权益。原审判决已经认定被上诉人与上诉人聘请的天健所就审计报告内容进行了沟通交流,为查清就审计报告哪些内容进行了沟通交流,这种沟通交流是否构成不当干预,天健所是否应被上诉人的要求修改并推翻之前的审计意见等一系列重要事实,即使上诉人未向法院申请调查取证,原审法院也应依职权调查取证。二、二审判决认定被上诉人不存在对天健所不当干预的结论认定事实和适用法律错误。(一)原审判决认定被上诉人与天健所的相关微信聊天、邮件等内容属于正常监管属事实认定不清。按照《深圳证券交易所股票上市规则(2014年修订)》2.12第三款的规定,被上诉人认为定期报告或者临时报告出现错误的,可以要求上诉人而非上诉人聘请的会计师事务所作出说明并公告。原审判决认定被上诉人有权直接与天健所交流并提出问题、表达看法,属适用法律错误。依照前款规定,被上诉人认为定期报告或者临时报告出现错误的,可以要求上诉人作出说明并公告,因此,被上诉人要求上诉人委托的天健所进行修改,缺乏法律依据。原审判决认定被上诉人对天健所不存在不当干预,属认定事实不清,适用法律错误。原审判决认定被上诉人与天健所进行了沟通交流,但按照通常理解,这种沟通交流性质是过问,不属于正常的监管行为,是缺乏法律授权的违法行为。(二)关于高尔夫物业租金收入应如何处理,被上诉人存在不当干预天健所并发表意见的行为,违法审计独立原则。本案中,被上诉人存在不当干预上诉人聘请的天健所独立核查并发表意见的行为,表现为两种形式:一是被上诉人反复向天健所施压;二是被上诉人通过深圳证监局向天健所施压。综合系列证据,天健所在对高尔夫物业租金的会计处理问题进行核查时,被上诉人曾多次发表意见,并多次与天健所沟通讨论,甚至要求天健所依据被上诉人的要求进行修改。因此,被上诉人的行为明显违反审计独立原则,属于对天健所的不当干预。三、原审判决认可被上诉人对上诉人2015年度高尔夫物业租金收入为非经常性损益的认定,认可被上诉人关于上诉人2015年度扣除非经常性损益后的净利润为负值的判断,属事实认定不清,适用法律错误。(一)即使原审判决认可高尔夫物业租金应被视为非经常性损益,也不应仅认可该笔租金的收入为非经常性损益,却不对该收入对应的所有成本调整为非经常性损益的成本,处理明显有误。(二)上诉人多次根据被上诉人的要求作出其应当被视为经常性损益的说明,但原审法院仅采信天健所2017年4月25日出具的缺乏法律根据的说明,属认定事实不清。四、被上诉人作出终止上市决定过程中,存在程序性错误。原审判决已经认可审计处理问题的最终认定权在被上诉人,即被上诉人完全有权针对上诉人委托的天健所出具的审计意见是否有误作出独立专业的判断,并作出最终决定。但是,被上诉人收到上诉人恢复上市申请后,直接与天健所通过微信等非法方式沟通,迫使天健所依据其意见出具审计说明,导致保荐人根据该份说明撤回恢复上市保荐书,再提交上市委员会审议,得出恢复申请不符合规定的结论,缺乏法律依据。即使被上诉人有权对天健所进行监管,也应通过发函等法定方式进行。而且,被上诉人对上诉人的监管属事后监管,如果被上诉人认为天健所的审计意见有误,应作出审计意见错误的判断,而非与天健所就审计报告内容进行直接沟通交流,甚至要求天健所修改并重新出具审计说明。此外,2016年7月11日,被上诉人向深圳证监局发函提请证监局对相关问题进行核查并通过证监局对天健所进行不当干预并施压的行为,也缺乏事实和法律依据。综上,被上诉人在作出终止上市决定过程中,不仅存在不当干预天健所独立核查并发表意见的违法行为,且决定的作出在实体和程序上存在错误,该决定应予撤销。原审判决认定事实不清,适用法律错误,请求撤销原判,支持上诉人的诉讼请求。

被上诉人深圳证券交易所二审答辩称:一、其未对天健会计师事务所进行不当干预。1.依据规则对会计师事务所履行正常的监管行为。《股票上市规则》第2.12条第三款规定,定期报告或者临时报告出现任何错误、遗漏或者误导,交易所可以要求公司作出说明并公告,公司应当按照交易所要求办理。第17.1条第1款第(一)项也规定,本所可以要求上市公司及相关信息披露义务人或者其董事(会)、监事(会)和高级管理人员、保荐人及其保荐代表人、证券服务机构及其相关人员对有关问题作出解释和说明。根据上述规定,在2016年至2017年期间,被上诉人陆续发出三份《关于提交恢复上市补充材料有关事项的函》(公司部函〔2016〕第3号、公司部函〔2016〕第5号、公司部函〔2017〕第3号),函件中既要求上市公司,也明确要求会计师事务所、保荐机构对被上诉人关注的相关问题予以相应解释说明。新都酒店、天健会计师事务所以及广发证券也针对被上诉人的问题直接予以回复。因此,深圳证券交易所完全按照业务规则规定的方式履行对会计师事务所的正常监管,不存在上诉人所述的"非法定的监管方式"。2.邮件、微信等是监管人员与中介机构正常的交流方式。上诉人提供的证据表明监管人员在微信里仅仅是提示、督促会计师,出具的意见要符合形式上的要求,并尽快出具明确性的结论意见。上述要求是答辩人根据《股票上市规则》等业务规则关于真实、准确、完整、及时、公平披露信息等的规定和要求,正常履行自律监管职能,也是监管人员与市场主体的正常沟通交流,并非不当干扰。3.上诉人实施了对会计师事务所的不当干预。上诉人提交的证据不但不能证明深圳证券交易所实施不当干预,反而证明是上诉人一直向注册会计师施压,影响会计师正常的专业判断。二、关于对"扣除非经常性损益后的净利润是否为正值"的专业判断的问题。(一)上诉人是否符合恢复上市条件属于被上诉人的专业判断。《股票上市规则》第14.2.17条明确规定,本所上市委员会对公司股票恢复上市申请进行审议,作出独立的专业判断并形成审核意见,本所根据上市委员会的意见作出决定。据此,规则已经非常明确地规定上诉人"扣除非经常性损益后的净利润是否为正值"等属于被上诉人专业判断的范围,而会计师事务所出具的相关意见仅是被上诉人作出专业判断的重要参考,并不是决定依据。(二)对会计等问题依规进行了专业判断。2017年5月15日,被上诉人召开第九届上市委员会第65次工作会议对新都酒店股票恢复上市申请进行审议。根据《深圳证券交易所上市委员会工作细则》,本次会议的参会委员共7名,参会委员以随机抽取的方式产生,被上诉人纪检监察室和稽核审计部对抽取过程进行了现场监督。有2名参会委员来自会计师事务所。"扣非后净利润是否为正值"是上诉人能否恢复上市的关键。上市委员会会议对此进行了充分讨论和慎重考虑,也参考了天健会计师事务所出具的《关于深圳新都酒店股份有限公司2015年度经常性损益数据的进一步说明》,认为上诉人扣非后净利润为负值,不符合恢复上市的条件。(三)关于"扣除非经常性损益后的净利润是否为正值"的会计问题。关于上诉人提出的会计问题,会计师事务所已经扣除了高尔夫物业租金收入对应的可计入非经常性损益的成本。天健会计师事务所出具的《关于深圳新都酒店股份有限公司2015年度经常性损益数据的进一步说明》中的表格显示,2014年高尔夫物业租金收入1650万元,对经常性损益的贡献值中已抵减了因该收入额外产生的营业税金及附加290.4万元。上诉人提出的包括折旧、房产税、资产财务费用、资产减值等成本,即使上诉人在2015年度未收回任何高尔夫物业拖欠租金仍会发生,会计师事务所认为上述成本不属于与2014年高尔夫物业拖欠租金相关的能够单独辨认的支出或费用,因此未作为上述非经常性损益的抵减项。上诉人自身出具的函件也与会计师事务所结论一致。上诉人于2016年6月29日披露的《关于收到深圳证券交易所〈关于提交恢复上市补充材料有关事项的函〉的公告》显示:"公司经审计的财务报表中披露的第四季度实现的扣非净利润为31,909,123.25元,其中主要构成包括确认的高尔夫物业租金收入2950万元,实现的扣非后净利润2430.80万元。"故上诉人确认收回的2014、2015年高尔夫物业租金2950万元合计实现扣非后净利润2430.80万元,即2014年租金1650万元对应实现扣非后净利润1359.6万元,与前述会计师事务所说明中指出的2014年租金收入对经常性损益的贡献值为1359.6万元完全一致。综上，被上诉人上市委员会对“扣除非经常性损益后的净利润是否为正值”的会计问题，进行了充分审议和独立判断。三、被上诉人作出终止上市决定的程序合法正当。(一)对上诉人退市决定的程序完全符合规则规定。《证券法》第56条规定，交易所有权根据上市规则的规定决定终止股票上市交易。在《证券法》上述规定的基础上，《股票上市规则》第十四章对暂停、恢复和终止上市等事项均作出了明确的规定。答辩人严格按照上述规定对上诉人实施暂停上市、受理其恢复上市申请、审议其恢复上市申请、作出终止上市决定。被上诉人作出终止上市决定的程序合法合规、正当合理，不存在程序错误。关于上诉人所述被上诉人对会计师事务所的不当干预问题，被上诉人认为监管人员与会计师事务所通过邮件、微信交流等具体工作方式属于正常的日常监管行为，要求其尽快出具明确性的结论意见，不能含糊不清，不能误导市场广大投资者，上述监管要求是被上诉人勤勉履行自律监管职责，维护投资者特别是中小投资者合法权益的体现，不属于不当干预。(二)提请深圳证监局对有关问题进行核查符合规定。1.具有法律依据。《证券法》第179条第1款第(三)项明确规定国务院证券监督管理机构有权对证券服务机构进行监管。《中国证监会派出机构监管职责规定》第9条第(七)项规定，深圳证监局作为国务院证券监督管理机构有权对会计师事务所实施检查。第25条也明确规定派出机构负责对辖区内证券期货违法违规案件或者事项进行调查。监管实践中，证券交易所与派出机构在上市公司监管方面具有明确的职责分工，这也是自律监管与行政监管的区别。《上市公司监管协调工作规程》明确规定，证券交易所主要负责上市公司非现场监管，派出机构主要负责辖区上市公司的现场监管；证券交易所与派出机构在各自职责范围内发现需要提请对方关注或核查的事项，应当以电话、邮件、函件等形式向对方通报。上述职责分工，属于证券市场的内部监管协作机制。2.体现审慎监管要求。被上诉人对上诉人“扣除非经常性损益后的净利润是否为正值”作出独立专业判断，不以会计师事务所等第三方的专业结论为决定依据，但充分参考深圳证监局现场核查、会计师事务所等组织的专业意见。被上诉人通过召开上市委员会，经过充分讨论和审议，审慎地作出监管决定。据此，被上诉人根据明确的监管职责分工，提请深圳证监局关注或核查具体问题，正说明了被上诉人对相关专业问题充分参考了第三方的意见，审慎客观地履行自律监管职责。综上，被上诉人对上诉人作出终止上市决定的事实清楚，适用规则正确，程序合法，上诉人提出的上诉理由不能成立。请求驳回上诉，维持原判。

经审查，原审判决查明的事实属实，本院依法予以确认。

本院认为，本案是证券监管处理纠纷，二审争议焦点是深圳证券交易所作出的深证上〔2017〕311号《关于深圳新都酒店股份有限公司股票终止上市的决定》是否合法。主要争议问题有三：一是深圳证券交易所对深圳新都酒店股份有限公司2015年度高尔夫物业租金收入为非经常性损益认定是否正确；二是深圳证券交易所对天健会计师事务所是否存在不当干预；三是深圳证券交易所对深圳新都酒店股份有限公司作出终止上市决定依据是否充分。

关于深圳证券交易所对深圳新都酒店股份有限公司2015年度高尔夫物业租金收入为非经常性损益认定是否正确的问题。中国证券监督管理委员会公告2008年修订的《公开发行证券的公司信息披露解释性公告第1号——非经常性损益(2008修订)》明确规定，非经常性损益是指与公司正常经营业务无直接关系，以及虽与正常经营业务相关，但由于其性质特殊和偶发性，影响报表使用人对公司经营业绩和盈利能力做出正常判断的各项交易和事项产生的损益。本案中，2017年4月25日，天健会计师事务所作出《关于深圳新都酒店股份有限公司2015年度经常性损益数据的进一步说明》(天健函〔2017〕2-41号)，认定深圳新都酒店股份有限公司调整后2015年度扣除非经常性损益后的归属于公司普通股股东的净利润为负值，深圳证券交易所以此为基础作出判断，将深圳新都酒店股份有限公司2015年度高尔夫物业租金收入认定其为偶发性的、与经营活动无关的非经常性损益，从而认定深圳新都酒店股份有限公司2015年度扣除非经常性损益后的净利润为负值，事实和法律依据充分。深圳新都酒店股份有限公司上诉主张深圳证券交易所认定事实错误,理据不足,本院不予支持。

关于深圳证券交易所是否存在对天健会计师事务所的不当干预问题。《股票上市规则》第2.12条第三款规定,定期报告或者临时报告出现任何错误、遗漏或者误导,交易所可以要求公司作出说明并公告,公司应当按照交易所要求办理。第17.1条第1款第(一)项规定,本所可以要求上市公司及相关信息披露义务人或者其董事(会)、监事(会)和高级管理人员、保荐人及其保荐代表人、证券服务机构及其相关人员对有关问题作出解释和说明。《深圳证券交易所股票上市规则(2014年修订)》1.5规定,深圳证券交易所有权对保荐人及其保荐代表人、证券服务机构及其相关人员进行监管。本案中,深圳证券交易所虽然与天健会计师事务所就审计报告的部分内容进行过沟通交流,但沟通交流内容没有超越正常监管范围,没有有效证据证明深圳证券交易所在此过程中对天健所进行了不当干预。深圳证券交易所作为监管方有权对有关报告表达看法或提出问题,但没有权力要求会计师事务所改变相关财务审计报告的结论,财务审计报告的结论由会计师事务所独立作出,责任由会计师事务所独立承担。深圳新都酒店股份有限公司提出的关于深圳证券交易所存在不当干预,从而导致终止上市决定违法的主张不能成立,本院不予采信。

关于深圳证券交易所对深圳新都酒店股份有限公司作出终止上市决定的依据是否充分问题。《中华人民共和国证券法》第一百一十八条规定,证券交易所依照证券法律、行政法规制定上市规则、交易规则、会员管理规则和其他有关规则,并报国务院证券监督管理机构批准。《深圳证券交易所股票上市规则(2014年修订)》14.2.1规定,上市公司因净利润、净资产、营业收入或者审计意见类型触及本规则14.1.1条第(一)项至第(四)项规定情形其股票被暂停上市的,在法定披露期限内披露经审计的暂停上市后首个年度报告且同时符合下列条件的,可以在公司披露年度报告后的五个交易日内向本所提出恢复股票上市的书面申请:(一)最近一个会计年度经审计的净利润及扣除非经常性损益后的净利润均为正值……14.2.15规定,上市公司提出恢复上市申请时,应当向本所提交下列文件:……(十一)保荐人出具的恢复上市保荐书以及保荐协议……14.4.1规定,上市公司出现下列情形之一的,本所有权决定终止其股票上市交易:(二十七)恢复上市申请未被审核同意;……14.4.2规定,上市公司出现本规则14.4.1条第(二十六)项、第(二十七)项规定情形的,本所在不予受理或者不予同意恢复上市的同时作出终止上市决定。本案中,深圳新都酒店股份有限公司2015年度扣除非经常性损益后的净利润为负值,且缺少保荐人出具的恢复上市保荐材料,深圳证券交易所上市委员会对公司股票恢复上市的申请进行审议,不同意公司股票恢复上市,作出涉案终止上市决定,符合证券法律法规及证券交易规则的相关规定。

综上,深圳市证券交易所作出的深证上〔2017〕311号《关于深圳新都酒店股份有限公司股票终止上市的决定》合法,原审判决驳回深圳新都酒店股份有限公司诉讼请求的处理结果恰当,本院依法予以维持。深圳新都酒店股份有限公司上诉理据不足,本院依法予以驳回,依照《中华人民共和国行政诉讼法》第八十九条第一款第(一)项的规定,判决如下:

驳回上诉,维持原判。

本案二审案件受理费人民币50元,由深圳新都酒店股份有限公司负担。

本判决为终审判决。

二〇一八年十二月三日

北京市高级人民法院行政判决书
(欣泰电气欺诈发行案)

(2017)京行终 3243 号

上诉人(一审原告)丹东欣泰电气股份有限公司,住所地辽宁省丹东市振安区东平大街159 号。

法定代表人刘桂文,总经理。

委托代理人谢杰,上海汉盛律师事务所律师。

委托代理人 闫艳,上海汉盛律师事务所律师。

被上诉人(一审被告)中国证券监督管理委员会,住所地北京市西城区金融大街 19 号楼富凯大厦 A 座。

出庭应诉负责人黄炜,主席助理。

委托代理人张丽莎,中国证券监督管理委员会工作人员。

委托代理人赵江平,中国证券监督管理委员会工作人员。

上诉人丹东欣泰电气股份有限公司(以下简称欣泰电气)因被上诉人中国证券监督管理委员会(以下简称中国证监会)对其作出的行政处罚决定和行政复议决定一案,不服北京市第一中级人民法院(2017)京 01 行初 6 号行政判决,向本院提起上诉。本院受理后,依法组成合议庭公开开庭审理了本案。上诉人欣泰电气的委托代理人闫艳、谢杰,被上诉人中国证监会主席助理黄炜和委托代理人张丽莎、赵江平到庭参加诉讼。经报请最高人民法院批准,本案延长审理期限六个月。本案现已审理终结。

2016 年 7 月 5 日,中国证监会作出〔2016〕84 号《行政处罚决定书》(以下简称被诉处罚决定),认定欣泰电气存在以下违法事实:一、首次公开发行股票并在创业板上市(以下简称IPO)申请文件中相关财务数据存在虚假记载。2011 年 11 月,欣泰电气向中国证监会提交 IPO 申请,2012 年 7 月 3 日通过创业板发行审核委员会审核。2014 年 1 月 3 日,欣泰电气取得中国证监会《关于核准丹东欣泰电气股份有限公司首次公开发行股票并在创业板上市的批复》。为实现发行上市目的,解决欣泰电气应收账款余额过大问题,欣泰电气总会计师刘明胜向公司董事长、实际控制人温德乙建议在会计期末以外部借款减少应收账款,并于下期初再还款冲回。二人商议后,温德乙同意并与刘明胜确定主要以银行汇票背书转让形式进行冲减。2011 年 12 月至 2013 年 6 月,欣泰电气通过外部借款、使用自有资金或伪造银行单据的方式虚构应收账款的收回,在年末、半年末等会计期末冲减应收款项(大部分在下一会计期期初冲回),致使其在向中国证监会报送的 IPO 申请文件中相关财务数据存在虚假记载。其中,截至 2011 年 12 月 31 日,虚减应收账款10 156万元,少计提坏账准备 659 万元;虚增经营活动产生的现金流净额 10 156 万元。截至 2012 年 12 月 31 日,虚减应收账款 12 062 万元,虚减其他应收款 3 384 万元,少计提坏账726 万元;虚增经营活动产生的现金流净额5 290万元。截至 2013 年 6 月 30 日,虚减应收账款 15 840 万元,虚减其他应收款 5 324 万元,少计提坏账准备 313 万元;虚增应付账款 2 421万元;虚减预付账款 500 万元;虚增货币资金21 232 万元,虚增经营活动产生的现金流净额8 638 万元。以上事实,有招股说明书、客户提供的情况说明、汇票申请人提供的说明材料、欣泰电气提供的转款汇总表和明细表、欣泰电气财务凭证、银行资金流水、银行汇票等单据、当事人提供说明材料和当事人询问笔录等证据证明,足以认定。二、上市后披露的定期报告中存在虚假记载和重大遗漏。(一)《2013 年年度报告》《2014 年半年度报告》和《2014 年年度报告》中存在虚假记载。2013 年 12 月至 2014 年 12 月，欣泰电气在上市后继续通过外部借款或者伪造银行单据的方式虚构应收账款的收回，在年末、半年末等会计期末冲减应收款项（大部分在下一会计期期初冲回），导致其披露的相关年度和半年度报告财务数据存在虚假记载。其中，《2013 年年度报告》虚减应收账款 19 940 万元，虚减其他应收款 6 224 万元，少计提坏账准备 1 240 万元；虚增应付账款 1 521 万元；虚增货币资金 20 632 万元；虚增经营活动产生的现金流净额 12 238 万元。《2014 年半年度报告》虚减应收账款 9 974 万元，虚减其他应收款 6 994 万元，少计提坏账准备 272 万元；虚增应付账款 1 521 万元；虚减其他应付款 770 万元；虚增货币资金 14 767 万元；虚减经营活动产生的现金流净额 9 965 万元。《2014 年年度报告》虚减应收账款 7 262 万元，虚减其他应收款 7 478 万元，少计提坏账准备 363 万元，虚减经营活动产生的现金流净额 12 944 万元。（二）《2014 年年度报告》中存在重大遗漏。欣泰电气实际控制人温德乙以员工名义从公司借款供其个人使用，截至 2014 年 12 月 31 日，占用欣泰电气 6 388 万元。欣泰电气在《2014 年年度报告》中未披露该关联交易事项，导致《2014 年年度报告》存在重大遗漏。以上事实，有客户提供的情况说明、欣泰电气提供的转款汇总表和明细表、欣泰电气财务凭证、银行资金流水、银行汇票等单据、定期报告、董事会决议、监事会决议、定期报告书面确认意见、当事人提供说明材料和当事人询问笔录等证据证明，足以认定。

被诉处罚决定认为：欣泰电气将包含虚假财务数据的 IPO 申请文件报送中国证监会并获得中国证监会核准的行为，违反了《中华人民共和国证券法》（以下简称《证券法》）第十三条关于公开发行新股应当符合的条件中“最近三年财务会计文件无虚假记载，无其他重大违法行为”和第二十条第一款“发行人向国务院证券监督管理机构或者国务院授权的部门报送的证券发行申请文件，必须真实、准确、完整”的规定，构成《证券法》第一百八十九条所述“发行人不符合发行条件，以欺骗手段骗取发行核准”的行为。对欣泰电气该项违法行为，直接负责的主管人员为温德乙、刘明胜，其他直接责任人员为于晓洋、王永珩、孙文东、陈柏超、胡晓勇、王建华、蔡虹、宋丽萍、赵春年、蒋光福、范永喜、孙洪贵、韩冬、陈玉翀。同时，温德乙作为欣泰电气实际控制人，商议并同意以外部借款等方式虚构收回应收款项，安排、筹措资金且承担相关资金成本，其行为已构成《证券法》第一百八十九条第二款所述“发行人的控股股东、实际控制人指使从事前款违法行为”的行为。欣泰电气披露的《2013 年年度报告》、《2014 年半年度报告》、《2014 年年度报告》存在虚假记载及《2014 年年度报告》存在重大遗漏的行为，违反了《证券法》第六十三条有关“发行人、上市公司依法披露的信息，必须真实、准确、完整，不得有虚假记载、误导性陈述或者重大遗漏”的规定，构成《证券法》第一百九十三条所述“发行人、上市公司或者其他信息披露义务人未按照规定披露信息，或者披露的信息有虚假记载、误导性陈述或者重大遗漏”的行为。对欣泰电气该项违法行为，直接负责的主管人员为温德乙、刘明胜，其他直接责任人员为于晓洋，王永珩、蔡虹、陈柏超、宋丽萍、孙文东、赵春年、蒋光福、范永喜、孙洪贵、韩冬、陈玉翀、杜晓宁。同时，温德乙作为欣泰电气实际控制人，其行为已构成《证券法》第一百九十三条第三款所述“发行人、上市公司或者其他信息披露义务人的控股股东、实际控制人指使从事前两款违法行为”的行为。

根据欣泰电气违法行为的事实、性质、情节与社会危害程度，中国证监会依据《证券法》第一百八十九条的规定，决定对欣泰电气处以非法所募资金的 3% 即 772 万元罚款；依据《证券法》第一百九十三条第一款、第三款的规定，决定对欣泰电气责令改正，给予警告，并处以 60 万元罚款。综合上述两项行政处罚意见，中国证监会决定对欣泰电气责令改正，给予警告，并处以 832 万元罚款。另外，被诉处罚决定还对温德乙等 17 人作出相应行政处罚。欣泰电气不服被诉处罚决定中针对公司的部分，向中国证监会申请行政复议。2016 年 11 月 30 日，中国证监会作出〔2016〕126 号《行政复议决定书》（以下简称被诉复议决定），依据《中华人民共和国行政复议法》第二十八条第一款第（一）项之规定，决定维持被诉处罚决定中针对欣泰电气的部分。

一审法院经审理查明,2015 年 5 月,中国证监会在对欣泰电气现场检查时发现其涉嫌财务数据不真实、虚增经营活动现金流等违法线索。2015 年6 月17 日,中国证监会对欣泰电气立案调查。2015 年7 月14 日,中国证监会向欣泰电气送达调查通知书,就决定对其立案调查予以告知。2016 年5 月31 日,中国证监会向欣泰电气送达《行政处罚和市场禁入事先告知书》以及《听证通知书》。2016 年6 月17 日,中国证监会举行听证会。欣泰电气陈述申辩认为:一、欣泰电气在对历年公告的财务报表进行追溯调整后的财务数据显示,其相关年度的净利润等实质发行条件的财务指标符合原《首次公开发行股票并在创业板上市管理暂行办法》所规定的财务指标要求,因此欣泰电气不构成《证券法》第一百八十九条所述"发行人不符合发行条件,以欺骗手段骗取发行核准"的行为。二、欣泰电气虚构收回应收账款的行为发生在2011 年12 月至2013 年6 月,已超出《中华人民共和国行政处罚法》(以下简称行政处罚法)规定的两年追责期限。三、欣泰电气积极配合调查,尽力消除违法行为影响,具有从轻、减轻情节。中国证监会认为:一、公开发行新股不仅要符合原《首次公开发行股票并在创业板上市管理暂行办法》规定的财务指标,更要符合《证券法》第十三条规定的发行条件。《证券法》第十三条规定,公司公开发行新股,应当符合"最近三年财务会计文件无虚假记载,无其他重大违法行为"的条件。欣泰电气在报送的 IPO 申请文件中,相关年度财务数据存在虚假记载,不符合《证券法》第十三条规定的发行条件,应当按照《证券法》第一百八十九条予以处罚。二、欣泰电气于2014 年1 月取得核准批复。中国证监会于2015 年5 月对欣泰电气进行现场检查时发现其违法行为,距2014 年1 月尚未超过两年,不存在超出法定追责期限的问题。三、中国证监会在事先告知时,已在拟作出的行政处罚中充分考虑当事人配合调查的相关情节。2016 年7 月5 日,中国证监会作出被诉处罚决定,并于2016 年7 月7 日向欣泰电气送达。欣泰电气不服被诉处罚决定中针对公司的部分,向中国证监会申请行政复议。2016 年11 月30 日,中国证监会作出被诉复议决定,决定维持被诉处罚决定中针对欣泰电气的部分,并于2016 年12 月8 日送达欣泰电气。欣泰电气仍不服,向一审法院提起本案诉讼。

一审法院经审理认为,欣泰电气诉争理由的核心在于:第一,中国证监会对欣泰电气相关财务数据造假的认定欠缺司法鉴定部门或者专业审计部门的意见作为依据;第二,《证券法》第十三条第一款第(三)项所规定之情形,不能单独构成第一百八十九条第一款所指的"发行人不符合发行条件";第三,欣泰电气具有法定从轻或者减轻情节。一审法院认为,欣泰电气的诉讼理由均不能成立。

(一)本案欣泰电气的第一项违法行为符合《证券法》第一百八十九条第一款规定的欺诈发行违法行为的构成要件

《证券法》第一百八十九条第一款规定:"发行人不符合发行条件,以欺骗手段骗取发行核准,尚未发行证券的,处以三十万元以上六十万元以下的罚款;已经发行证券的,处以非法所募资金金额百分之一以上百分之五以下的罚款。"本案涉及其中三个构成要件:1. 发行人不符合发行条件;2. 以欺骗手段骗取发行核准;3. 已经发行证券的。欣泰电气认为,其 IPO 申请材料中存在的财务数据虚假记载,仅应认定为上述构成要件中的"以欺骗手段骗取发行核准",而不应认定为"不符合发行条件",并认为该条所指的"不符合发行条件",应指不符合公开发行新股的财务指标等条件。一审法院认为欣泰电气的上述主张不能成立。

1. 基于《证券法》相关规定的文义解释,可以认定欣泰电气构成第一百八十九条第一款所指的"发行人不符合发行条件"。《证券法》第十三条第一款第(三)项规定:"公司公开发行新股,应当符合下列条件:……(三)最近三年财务会计文件无虚假记载,无其他重大违法行为"。因此,《证券法》已经明确规定财务会计文件无虚假记载为公开发行新股的法定条件之一。如果将该规定与该条第一款第二项比较,则更可明确上述结论。该条第一款第(二)项规定的公开发行条件是公司"具有持续盈利能力,财务状况良好",而该规定与第(三)项规定是平行的两个条款。因此,从文义角度解释,财务会计文件存在虚假记载即已经不符合《证券法》第十三条第一款第(三)项所规定的公开发行新股的法定条件,《证券法》第一百八十九条第一款规定中的“不符合发行条件”当然包含该法第十三条第一款第(三)项所指情形。

2. 认定欣泰电气不符合发行条件,并不涉及对同一个违法行为重复评价的问题。基于法律适用的一般规则,违法行为人实施的一个行为当然可以同时满足一个违法行为中的不同构成要件,而行政处罚法中的“一事不二罚款”原则,则是针对同一违法行为不能基于不同的法律规范分别予以处断并予以两次以上罚款,二者有本质区别。因此,发行人为了公开发行新股而在财务会计文件中虚假记载,进而向中国证监会报送存在虚假记载的 IPO 申请文件,无论上述行为能否认定为一个完整的行为,均不影响其可以分别满足欺诈发行这一违法行为所包含的不同构成要件,即“发行人不符合发行条件”以及“以欺骗手段骗取发行核准”。欣泰电气所持将财务会计文件中的虚假记载作为“不符合发行条件”要件予以评价,可能会导致与“以欺骗手段骗取发行核准”要件重复评价之主张,不能成立。

况且,从立法目的角度分析,无论发行人的实际财务状况是否符合财务指标要求,发行人的财务会计文件存在虚假记载就足已对市场投资者的判断产生误导,从而对证券发行秩序和投资者权益造成损害,其当然属于《证券法》第一百八十九条第一款予以处罚的情形之一。如果将财务会计文件存在虚假记载仅作为“以欺骗手段骗取发行核准”要件的组成部分予以评价,显然不能体现《证券法》第十三条第一款第(三)项的立法目的,反而会导致对违法行为的危害性评价不足。

另外,被诉处罚决定对欣泰电气财务会计文件有虚假记载的认定,并非仅仅基于招股说明书,中国证监会提交的证据亦可佐证。而且,财务会计文件的虚假记载是基础,而招股说明书等 IPO 申请文件中的虚假记载是进一步体现。欣泰电气认为中国证监会将招股说明书存在虚假记载认定为财务会计文件存在虚假记载属认定事实错误,亦不足为据。

3. 基于上述分析,本案欣泰电气的实际财务状况是否符合公开发行新股的财务指标要求,已非本案所需审查之事项。至于欣泰电气主张中国证监会的其他处罚案例与本案执法标准不统一的问题。首先,欺诈发行确实涉及信息披露违法问题,但由于《证券法》第一百八十九条对于欺诈发行已有特别规定,本案欣泰电气的违法行为完全符合欺诈发行的构成要件,因此中国证监会依据《证券法》第一百八十九条对欣泰电气在 IPO 申请过程中的欺诈发行违法行为作出行政处罚并无不当。其次,欣泰电气所举其他案件中违法行为的具体情况与本案均有明显且实质的不同,与本案不具有关联性和可比性,不影响对本案欣泰电气违法行为的定性以及对处罚幅度合法性的审查。至于中国证监会在其他处罚案件中的处理是否合法,超出本案审查范围,不予评述。

(二)被诉处罚决定并无事实不清之情形

基于“程序主导及责任原则”,除非法律法规另有规定,否则行政机关对依其行政职权而启动的行政程序,具有程序推进的主导权以及就法律和事实问题作出认定的职权,行政机关应就程序及实体处理的合法性对外独立承担法律责任。

《证券法》第七条第一款明确规定,国务院证券监督管理机构依法对全国证券市场实行集中统一监督管理,故其对查处证券违法行为所涉及的相关事实及法律适用有权予以审查认定。欣泰电气的财务数据是否存在虚假记载系欺诈发行以及信息披露违法行为的基础性事实,中国证监会作为证券监管机关当然有权对属于违法行为要件的相关事实进行调查确认,并独立对外承担法律责任。虽然中国证监会也可以通过专业机构帮助其查明事实,但专业机构的意见并非中国证监会查明案件事实的必要依据。欣泰电气认为中国证监会没有就专门性问题进行认定的职权,系对行政职权的误解。本案中,欣泰电气并未就被诉处罚决定认定的相关违法事实提出相反证据或者实质性的反驳意见,其仅以被诉处罚决定欠缺司法鉴定部门或者专业审计部门的意见而主张被诉处罚决定认定事实不清,不足为据。另外,生效行政处罚决定所认定的事实固然具有证明力,但基于“程序主导及责任原则”,人民法院或者其他有权机关仍得在其主导的法律程序中,根据其审查的全部证据而对相关事实予以认定。

(三)现有证据不足以证明本案欣泰电气存在依法应当从轻或者减轻处罚的情节

《行政处罚法》第二十七条第一款对应当

从轻或者减轻处罚的情形已予明确规定,欣泰电气称其在调查过程中积极配合,但行政处罚法第二十七条第一款第(三)项明确规定的要件为,“配合行政机关查处违法行为有立功表现的”。作为行政处罚的当事人,配合行政机关的调查应是欣泰电气的基本义务,本案中并无证据证明欣泰电气有立功表现,亦无证据能够证明欣泰电气确有主动消除或者减轻违法行为危害后果之情节。至于欣泰电气所持虚构收回应收账款情节显著轻微之主张,虚构收回应收账款只是财务造假的一种手段,没有理由认为其对证券市场的危害性显著轻于其他手段的财务造假。至于欣泰电气主张其符合“其他依法从轻或者减轻行政处罚的”情形,亦无事实依据。

另外,欣泰电气为公开发行新股而连续对其财务数据进行造假,该违法行为至欣泰电气2014年1月取得核准批复时终了,中国证监会于2015年5月在对欣泰电气现场检查时发现违法线索,并经立案调查最终作出行政处罚,并未违反行政处罚法第二十九条关于处罚时效的规定。

综上,一审法院认为,经审查,被诉处罚决定认定事实清楚,证据充分,针对欣泰电气的处罚幅度适当,对被诉处罚决定及被诉复议决定的作出程序,欣泰电气未持异议,经审查亦均无违法之处。综上,欣泰电气请求撤销被诉处罚决定及被诉复议决定的诉讼请求不能成立,不予支持。故依照《中华人民共和国行政诉讼法》第六十九条、第七十九条之规定,判决驳回欣泰电气的诉讼请求。

欣泰电气不服一审判决,向本院提起上诉,请求撤销一审判决、被诉处罚决定和复议决定,主要理由为:(一)上诉人的违法行为不符合《证券法》第一百八十九条欺诈发行的构成要件。《证券法》第一百八十九条确立的欺诈发行的构成要件为:(1)发行人实际获得发行核准;(2)发行核准时通过欺骗手段获取的,即发行人通过在财务会计报告中虚假记载,并将包含了虚假记载财务信息的IPO申请文件报送证券监管机构;(3)发行人实质上并不符合法律法规等规定的公开发行证券财务指标与公司组织机构管理指标。一审判决将《证券法》第十三条规定的公司公开发行新股应当符合的条件等同于《证券法》第一百八十九条中的“发行条件”,该认定并没有基于法律完整的体系解释与实质解释,因而是错误的。从实质解释的角度分析,《证券法》第一百八十九条“发行人不符合发行条件”中的发行条件,并不涵盖《证券法》第十三条公司公开发行证券条件之一的“最近三年财务会计文件无虚假记载,无其他重大违法行为”。形式标准上不符合《证券法》第十三条公司公开发行证券条件之一的“最近三年财务会计文件无虚假记载,无其他重大违法行为”,并不意味着直接就可以认定为《证券法》第一百八十九条“发行人不符合发行条件”。而且,上诉人涉嫌在IPO申请文件中虚假记载的“文件”应当是招股说明书,中国证监会却据此认定上诉人将包含虚假财务数据的IPO申请文件报送证券监管机构获取核准,违反了《证券法》第十三条公司公开发行证券条件中“最近三年财务会计文件无虚假记载”,错误地将招股说明书与财务会计文件混同。此外,即使不进行财务造假,上诉人的财务指标等实质条件均符合公开发行证券要求,也不能认定上述人“不符合发行条件”。(二)中国证监会对上诉人相关财务数据造假的认定,应当以司法鉴定部门或者专业审计部门的意见作为依据。被诉处罚决定和被诉复议决定所依据的证据,不足以认定上诉人构成IPO申请文件财务虚假记载与上市后定期信息披露重大遗漏。因为上市申请文件、上市后定期信息披露中的财务虚假记载与重大遗漏行政处罚所涉及的专业性问题,应当由具有法定资质的专业机构以审计或者基于司法会计鉴定报告的形式予以认定,但本案中被上诉人并未在行政处罚和复议过程中基于专业审计、司法鉴定机构的结论或者鉴定对该专业性问题所涉及的案件事实进行认定。上诉人虽然对于虚构应收账款收回从而在IPO申请文件与上市后定期报告中虚假记载、重大遗漏的行为事实本身并不存在争议,但对于虚假记载、重大遗漏的具体数额,被诉处罚决定和复议决定认定事实的证据来源单一且未经全面核查确认,则存在非常明显的准确性疑问。(三)上诉人存在依法应当从轻或者减轻处罚的情节。本案认定上诉人以虚构应收账款收回的方式进行财务造假、报送包含虚假财务信息的IPO申请文件并获取发行核准的所有证据,均为来源于上诉人主动提供的财务信息、账册材料以及上诉人董事长、财务总监等在询问笔录中的言词证据。因此,涉案行为能够被最终认定为违法行为,在相当程度上是因为上诉人配合行政机关查处违法行为,而且从过去案例来看,上诉人涉及的虚构应收账款收回的行为,其情节相对于直接伪造经营数据、销售收入等行为而言,显著轻微,应当认定为上诉人符合依法从轻或减轻处罚的情形。综上,在当前证券法律框架下,证券监管中的行政主体对相对人的欺诈发行定性将会导致上市公司陷入极为困顿的境遇,对投资者所持有股票的经济权益也会产生深远影响。因此,在现有证据不足、事实不清、适用法律存在争议的情况下,应当审慎认定,不宜判决上诉人构成欺诈发行并适用严厉的行政处罚。

中国证监会答辩请求维持一审判决、驳回上诉人的上诉请求。主要理由为:(一)一审判决认定事实清楚,证据确凿,适用法律准确,说理清楚准确。欣泰电气将包含虚假财务数据的IPO申请文件报送中国证监会并获得核准的行为,违反了《证券法》第十三条和第二十条第一款的规定,构成《证券法》第一百八十九条所述"发行人不符合发行条件,以欺骗手段骗取发行核准"的行为。欣泰电气披露的《2013年年度报告》、《2014年半年度报告》存在虚假记载及《2014年年度报告》存在重大遗漏行为,违反了《证券法》第六十三条的规定,构成《证券法》第一百九十三条所述"发行人、上市公司或者其他信息披露义务人未按照规定披露信息,或者披露的信息有虚假记载、误导性陈述或者重大遗漏"的行为。(二)上诉人所提出的上诉理由缺乏事实和法律依据,不能成立。欣泰电气IPO申请文件中包含的2011年、2012年及2013年上半年财务数据存在虚假记载,不符合《证券法》第十三条规定的"最近三年财务会计文件无虚假记载"的条件,欣泰电气将这些文件报送证监会并实际取得发行核准,符合"发行人不符合发行条件"和"以欺骗手段骗取发行核准"的要件。上诉人认为被诉处罚决定将招股说明书认定为财务会计文件错误,系对招股说明书的误读,因为招股说明书的内容包含有发行人一系列财务会计文件,财务会计文件是IPO申请文件的一部分。上诉人认为其即使没有虚构收回应收账款的行为也完全符合发行上市的条件,是对发行条件的狭隘理解和对法律的误读。被诉处罚决定认定的事实证据来源和形式合法,足以证明有关事实,中国证监会基于证券市场监管机构的主体地位和所具有的专业性,有权认定有关事实和金额,不需要聘请第三方机构出具意见。而且,上诉人也不存在依法应当从轻或者减轻处罚的情节,欣泰电气虚构收回应收账款的造假手法多样,虚减应收账款的数额达到数亿元,致使其报送和披露的文件严重背离其真实的经营状况,极大误导投资者,没有理由认为欣泰电气所采用的造假手段对证券市场的危害性显著轻于其他手段的财务造假。欣泰电气虽有配合调查行为,但没有证据证明欣泰电气具有法定从轻或减轻处罚的情节。被诉处罚决定是综合考量当事人违法行为的事实、性质、情节与社会危害程度等因素后依法作出的。此外,被诉复议决定程序合法。综上,被诉处罚决定认定事实清楚,证据确凿,法律适用正确,被诉复议决定程序合法,上诉人的诉讼理由缺乏事实和依据。

本院经审理,对一审判决认定的事实予以确认,不再赘述。

本院认为,对于中国证监会证券监管职责、被诉处罚决定关于信息披露行为违法认定与处罚部分以及被诉处罚程序、行政复议程序的合法性问题,欣泰电气并无异议,本院经审查对其合法性予以确认。结合本案双方诉辩意见及本院庭审审查情况,本案争议焦点在于:一是欺诈发行的构成要件以及欣泰电气是否符合该构成要件;二是被诉处罚决定事实认定是否需要专业机构审计或鉴定;三是被诉处罚决定是否存在明显不当。

一、关于欺诈发行的构成要件以及欣泰电气是否符合该要件的问题。这是涉及本案处理定性的基础性问题。《证券法》第一百八十九条第一款规定,发行人不符合发行条件,以欺骗手段骗取发行核准,尚未发行证券的,处以三十万元以上六十万元以下的罚款;已经发行证券的,处以非法所募资金金额百分之一以上百分之五以下的罚款。对直接负责的主管人员和其他直接责任人员处以三万元以上三十万元以下的罚款。由此可见,在发行人已经发行证券的情况下,构成证券欺诈发行的构成要件主要有两个,即"发行人不符合发行条件"和"骗取发行核准”。而对于“发行人不符合发行条件”的认定标准,《证券法》第十三条第一款明确规定了公司公开发行新股应当满足法人治理结构、财务状况、盈利能力、诚信守法记录等方面的一系列法定条件。从法律文义和规范体系统一性的视角分析,《证券法》第十三条规定的发行新股的条件应当与第一百八十九条规定的“不符合发行条件”具有内在关联和前后衔接性,前者规定的发行条件自然且理当作为后者认定是否符合发行条件的标准。对于“骗取发行核准”的理解,发行人可能实质上不符合发行条件而骗取发行核准,也可能是本来符合发行条件而为了“骗取”一个更好的发行价格以筹集更多资本,不论属于两种情形中的哪一种,只要在特定发行文件中存在重大虚假记载或陈述,都属于“骗取发行核准”的范畴,与发行人剔除虚假记载内容后是否仍然符合发行条件并无必然关系。

本案中,欣泰电气对IPO申请文件中相关财务数据存在重大虚假记载的事实并无异议,而根据《证券法》第十三条第一款第(三)项的规定,公司公开发行新股应当符合“最近三年财务会计文件无虚假记载,无其他重大违法行为”的条件。这就意味着,在核准制法律框架下,公司申请公开发行新股,如果在申请核准时点的最近三年内财务会计文件存在虚假记载,则应当认定公司不符合发行条件。结合本院前述对证券欺诈发行构成要件的分析,欣泰电气IPO申请文件中的财务数据存在重大虚假记载,足以认定其“不符合发行条件”,其将包含虚假财务数据的IPO申请文件报送中国证监会申请证券发行核准的做法,属于“骗取发行核准”的行为。在此情况下,中国证监会认定欣泰电气符合《证券法》第一百八十九条第一款规定证券欺诈发行的构成要件并无不当。

欣泰电气坚持认为,《证券法》第一百八十九条第一款规定的“不符合发行条件”应指发行人实质上不符合法律法规规定的公开发行新股的财务指标与公司组织机构管理指标,欣泰电气的财务数据如果进行回溯调整,实质条件均符合公开发行证券的要求。对此,本院已经明确指出,只要IPO申请文件中的财务数据存在重大虚假记载,就可以认定不符合《证券法》第十三条规定的发行条件,即使发行人剔除虚假记载内容后的财务指标符合法律对发行新股的财务指标要求,也不能认为发行人实质上就符合发行条件。这是因为,根据《证券法》第十三条的规定,公开发行证券的发行人需要满足法人治理结构、财务状况、盈利能力、诚信守法记录等一系列法定条件,而绝不仅仅只有公司财务指标的条件。公司在申请公开发行证券时对财务数据虚假记载,既是财务会计文件编制的问题,也是公司是否诚实守信、合法经营的问题,还是公司治理结构合规性和有效性的反映。而且,根据《证券法》第三条、第五条的规定,证券的发行必须遵循公开、公平、公正的原则,禁止欺诈行为。发行人IPO申请文件财务数据存在重大虚假记载,既违反证券发行的公开、公平、公正原则,极易给市场投资者的判断造成误导,又是损害投资者利益的市场欺诈行为,侵蚀证券市场的诚实信用基石,因而不论在发行核准环节还是在后续监管环节都应当受到法律的否定性评价。由此可见,不论从证券发行的具体条件,还是从证券立法的目的出发,欣泰电气的该项主张都不能成立。

欣泰电气还认为,招股说明书与财务会计文件并不相同,中国证监会将招股说明书中存在的虚假记载认定为财务会计文件存在虚假记载是错误的。对此,本院认为,招股说明书与财务会计文件的确在名称、形式以及内容涵盖面上有所不同,但也存在交织,其中公司财务会计文件是招股说明书的重要内容之一,二者实质上是整体和部分、形式和内容的关系,招股说明书等IPO申请文件中对财务数据的虚假记载是财务会计文件虚假记载的一种表现形式。因此,欣泰电气认为中国证监会将招股说明书中的虚假记载认定为财务会计文件虚假记载构成认定错误的主张,亦不能成立。

二、关于被诉处罚决定事实认定是否需要专业机构审计或鉴定问题。这涉及行政机关在行政执法中对专业性问题的认定和处理权限问题。《证券法》第七条规定,国务院证券监督管理机构依法对全国证券市场实行集中统一监督管理。《证券法》“第十章”又专门对国务院证券监督管理机构依法对证券市场实行监督管理履行的职责和有权采取的措施作了具体的列举。这些规定,虽然没有细化到就证券监管中财务会计文件真实性等专业性事项的认定权限问题,但在现行法律没有特别规定行政机关必须对执法中的专业性问题委托专业机构进行认定和处理的情况下,中国证监会作为国家设置的专司证券市场监管的专业性机构,对涉嫌证券违法行为的事实(包括对涉及财务会计文件是否存在虚假记载等涉及专业性方面的事实)进行调查、认定并在调查基础上作出相应的处理,理当是上述法律规定的中国证监会职责权限范围的题中应有之义。当然,在法律没有明确规定的情况下,对于行政执法中专业性较强的事实认定问题,并不排除中国证监会通过外聘专业机构进行鉴定或审计并将鉴定或审计意见作为认定事实的基础,但这无疑属于中国证监会执法裁量的范畴。也就是说,在涉及专业性事实认定中,外聘专业机构就专业问题出具意见并不属于中国证监会在开展执法活动中必须履行的法定义务。本案中,欣泰电气对其在IPO申请文件中相关财务数据存在虚假记载的事实并无异议,中国证监会结合欣泰电气的陈述以及自身在职责权限范围内的调查情况,对本案事实作出认定,并无不当。欣泰电气认为中国证监会未对财务会计文件等专业性问题委托专业鉴定或审计机构出具意见从而导致认定事实错误的主张,缺乏法律依据,本院不予支持。

欣泰电气在庭审中还以最高人民法院《关于审理证券行政处罚案件证据若干问题的座谈会纪要》第三部分关于"对被诉行政处罚决定涉及的专门性问题,当事人可以向人民法院提供其聘请的专业机构、特定行业专家出具的统计分析意见和规则解释意见"的规定,来证明中国证监会未委托专业鉴定或审计机构对财务会计文件虚假记载问题出具意见导致认定事实不清的主张。本院认为,一方面,上述会议纪要记载的该部分内容,适用于行政诉讼程序中对相关专业性事实进行认定的情形,而非直接对行政机关在行政执法程序中对专业性问题认定作出的拘束性规定;另一方面,该部分内容也仅规定当事人可以向人民法院提供其聘请的专业机构、特定行业专家出具的意见,而非要求当事人必须就专业性问题向人民法院提供专业机构的专业意见,更不能推导出如果当事人没有就专业性问题提供其聘请专业机构出具的意见就导致被诉处罚决定事实不清的结果。因此,欣泰电气的该项主张,缺乏法律依据,本院不予支持。

三、关于被诉处罚决定是否存在明显不当问题。这涉及行政处罚自由裁量权的司法审查强度问题。根据《中华人民共和国行政诉讼法》第七十条第(六)项的规定,行政行为明显不当的,人民法院判决撤销或者部分撤销。具体到行政处罚领域,《中华人民共和国行政诉讼法》第七十七条规定,行政处罚明显不当的,人民法院可以判决变更,但不得加重原告的义务或者减损原告的权益。由此可见,人民法院审理行政案件,不仅要对被诉行政行为是否合法进行审查,还要对行政行为裁量是否明显不当进行审查,对行政处罚来说,如果经审查存在明显不当的还可以直接判决变更。但需要注意的是,立法在规定人民法院可以对被诉行政行为进行合理性审查的同时,还强调必须行政行为"明显不当"的才可以予以撤销或变更,由此也可以看出法律对行政裁量进行司法审查的定位,即人民法院既要履行对行政裁量的审查职责,不能怠于履行,也要秉持谦抑态度行使自己的审查权力,给予行政裁量必要的尊重。证券金融领域相较之其他行政领域更具有一定的特殊性,金融监管部门对市场的监管奉行依法审慎监管原则,这也要求法院对金融监管执法行为进行司法监督必须在恪守适度原则基础上开展合法性审查,不能逾越金融监管执法规律或者超越司法权边界施以监督。根据行政处罚法第四条第二款的规定,行政机关实施行政处罚,必须以事实为依据,与违法行为的事实、性质、情节以及社会危害程度相当。本案中,欣泰电气认为被诉处罚决定在定性和处理结果两个方面均存在明显不当的地方。在定性方面,前面已经述及,欣泰电气符合证券欺诈发行的构成要件。对于欣泰电气在一、二审程序中以中国证监会查处的其他案件为例说明本案定性不当的主张,由于欣泰电气所举案件中违法行为的性质和情节与本案并不具有可比性,且中国证监会在那些案件中处理合法适当与否也非本案审查范围,因而欣泰电气认为中国证监会定性不当的主张不能成立。在处理结果方面,欣泰电气主张其积极配合中国证监会的执法调查,对其应当从轻或减轻处罚。根据《中华人民共和国行政处罚法》第二十七条第一款第(三)项的规定,当事人配合行政机关查处违法行为有立功表现的,应当依法从轻或者减轻行政处罚。由此可见,即使欣泰电气在本案行政调查过程中有配合调查的情节,但并无证据证明其有“立功表现”,因而其仍然不符合法定的应当从轻或减轻处罚的条件。而且,根据《证券法》第一百八十九条第一款的规定,发行人不符合发行条件,以欺骗手段骗取发行核准,已经发行证券的,处以非法所募资金金额百分之一以上百分之五以下的罚款。本案中,中国证监会按照非法募集金额百分之三的标准对欣泰电气处以罚款,在上述法律规定的幅度范围内,且与欣泰电气违法行为的性质、情节以及危害程度基本相当,不构成裁量上的明显不当。因此,欣泰电气认为被诉处罚决定明显不当的主张,缺乏事实和法律依据,本院亦不予支持。

综上,被诉处罚决定和被诉复议决定合法有据,一审判决驳回欣泰电气诉讼请求正确,本院应予支持。欣泰电气的上诉主张不能成立,本院不予支持。据此,依照《中华人民共和国行政诉讼法》第八十九条第一款第(一)项的规定,判决如下:

驳回上诉,维持一审判决。

二审案件受理费人民币50元,由上诉人丹东欣泰电气股份有限公司负担(已交纳)。

本判决为终审判决。

二〇一八年三月二十六日

北京市第二中级人民法院行政判决书
(阮克荣案)

(2018)京02行终1755号

上诉人(一审原告)阮克荣,男,1975年5月1日出生,汉族,住福建省宁德市蕉城区洋中镇凤田村前门弄15号。

委托代理人吴航箭,福建天衡联合(泉州)律师事务所律师。

委托代理人李泽楠,福建天衡联合(泉州)律师事务所律师。

被上诉人(一审被告)中国证券监督管理委员会安徽监管局,住所地安徽省合肥市高新区天波路6号。

法定代表人叶锦伟,局长。

委托代理人崔丽琨,中国证券监督管理委员会安徽监管局工作人员。

委托代理人张兵,中国证券监督管理委员会安徽监管局工作人员。

被上诉人(一审被告)中国证券监督管理委员会,住所地北京市西城区金融大街19号。

委托代理人汤云龙,中国证券监督管理委员会工作人员。

委托代理人何兆飞,中国证券监督管理委员会工作人员。

上诉人阮克荣因诉中国证券监督管理委员会安徽监管局(以下简称安徽证监局)作出的〔2017〕5号《行政处罚决定书》(以下简称被诉处罚决定)及中国证券监督管理委员会(以下简称中国证监会)作出的〔2018〕15号《行政复议决定书》(以下简称被诉复议决定)一案,不服北京市西城区人民法院(以下简称一审法院)所作(2018)京0102行初262号行政判决,向本院提起上诉。本院依法组成合议庭审理了本案,现已审理终结。

2017年11月6日,安徽证监局作出被诉处罚决定,主要内容为:一、操纵“益民集团”股票。2015年9月21日9:31:24至10:01:41,“阮克荣”账户累计申报买入“益民集团”18笔,合计6,955,000股,买入申报量占市场该股同期申报量的19.35%,实际成交960,315股,成交量占申报量的13.81%。18笔买入申报中有16笔在前五档,有17笔的单笔申报量占申报时市场前十档申报量的比例超过20%。每笔申报前后该股委比数值均出现正向大幅变化。18 笔买入申报均全部或部分撤单，申报到撤单的平均时间间隔为 26 秒；部分申报在买 1 档位撤单（即临近成交时撤单），申报与撤单时间间隔极短，频繁反复操作。该时段内，“益民集团”股票振幅为 +4.32%，股价由 8.75 元上涨至 9.02 元。“阮克荣”账户于 10:02:53、10:03:23、10:03:31 进行了 3 笔反向卖出申报，累计申报卖出 720,000 股，未成交，后在 10:07:09（间隔256 秒）、10:07:26（间隔243 秒）、10:06:16（间隔 165 秒）全部撤单。

二、操纵“市北高新”股票。2015 年 9 月 21 日 13:30:01 至 13:43:00，“阮克荣”账户累计申报买入“市北高新”14 笔，合计 1,844,000 股，买入申报量占市场同期（当日）申报量的 26.94%，实际成交 226,163 股，成交量占申报量的 12.26%。14 笔买入申报中有 13 笔在前 5 档，申报前后该股委比数值出现较大正向变化，14 笔买入申报中，除即时成交 2 笔外，12 笔申报全部或部分撤单，部分申报在买一档撤单（即临近成交时撤单），申报与撤单时间间隔极短。该时段内，“市北高新”股票振幅为 +6.63%，股价由 18.03 元上涨至 19.25 元。“阮克荣”账户于 13:58:50 进行了 1 笔反向卖出申报，申报卖出 58,600 股，占当日该账户可卖出“市北高新”数量的 100%，成交 53,600 股，获利 66,885.06 元。

以上事实，有账户交易记录、上海证券交易所提供的数据、涉案人员询问笔录等证据在案证明，足以认定。听证会上，当事人及其代理人主要提出如下申辩意见：第一，当事人申报买入涉案股票是以成交为目的，不断申报、撤单是为了追涨买入。第二，当事人资金有限，合计计算申报量属于重复计算，实际可申买资金量不足以向市场传递不实信息、误导其他投资者对股票交易价格和市场供求关系的判断，对市场造成影响。第三，9 月 21 日共计卖出“市北高新”253,600 股，实际亏损 30 余万元，没有盈利。综上，请求我局不予行政处罚。经复核，我局认为，第一，当事人在涉案时段内存在买入申报频繁快速撤单、一档撤单等多种异常行为，特别是随后进行了反向卖出申报，而当事人的申辩理由无法合理解释上述行为。第二，当事人通过反复买入申报、撤单的方式循环使用资金，数倍放大了资金的使用效果和影响力，对其申报量进行合计统计符合该操纵行为的实际情况。结合其申报量的市场占比、所处档位、引起的委比数值变化等多项指标，以及该股涉案时段内的涨幅情况，当事人的行为已经对市场产生了较为明显的影响。第三，本案是对当事人操纵市场的行政处罚，违法所得是以涉案时段为计算基础，与其全天卖出该股是否获利无关。

综上，阮克荣使用其个人账户大量申报买入“益民集团”、“市北高新”股票并非以成交为目的，而是为了通过短时间内频繁申报、大量申报向市场传递不真实的买入信息，误导其他投资者对该股交易价格和市场供求关系的判断，诱导其他投资者跟进买入，推高股价，进而进行后续反向卖出，其涉案行为已经对市场产生了较为明显的影响。上述行为，违反了《中华人民共和国证券法》（以下简称《证券法》）第七十七条第一款第（四）项的规定，构成《证券法》第二百零三条所述的操纵证券市场行为。根据当事人违法行为的事实、性质、情节与社会危害程度，依据《证券法》第二百零三条的规定，我局决定：对阮克荣处以 30 万元罚款。

阮克荣对上述处罚决定不服向中国证监会提起行政复议。2018 年 2 月 8 日，中国证监会作出被诉复议决定，主要内容为：本会认为，申请人不以成交为目的，使用其个人账户大量、频繁虚假申报行为导致“益民集团”、“市北高新”股票的委托数据失真，误导其他投资者的投资决策，影响“益民集团”、“市北高新”的交易价格，扰乱了证券市场秩序，构成《证券法》第七十七条第一款第（四）项规定的操纵证券市场行为。根据申请人违法行为的事实、性质、情节与社会危害程度，依据《证券法》第二百零三条规定，对其处以 30 万元的罚款，并无不当。此外，在被申请人作出处罚决定之前，依法告知了申请人作出行政处罚决定的事实、理由及依据，并告知了其依法享有的权利。《处罚决定书》认定事实清楚，适用法律正确，程序合法。综上根据《行政复议法》第二十八条第一款第（一）项的规定，决定维持被诉处罚决定对申请人作出的行政处罚。

阮克荣向一审法院诉称：一、安徽证监局分别于 2017 年 5 月 15 日和 2017 年 8 月 21 日两次作出案号相同的《行政处罚事先告知书》，违反法定程序。二、安徽证监局作出被诉处罚决定缺乏事实和法律依据。《证券法》第七十七条第一款第(四)项规定的“其他手段操纵证券市场”,具体包括什么手段,安徽证监局未向阮克荣予以解释。安徽证监局在无明确法律依据的情况下,认定阮克荣行为系“操纵证券市场”的行为,明显违法。安徽证监局认定阮克荣买入涉案股票“非以成交为目的”,“诱导其他投资者跟进买入,推高股价,进而后续反向卖出,涉案行为对市场产生了较为明显的影响”,缺乏相应的事实依据。阮克荣股票交易的一贯风格是“追逐热点股票,快速建仓,满仓操作”。鉴于阮克荣涉案当日的资金量,以频繁申买、快速撤单为达到成交目的追涨买入的操作方式,是为了尽可能控制成本快速完成对看中股票的建仓甚至满仓,该交易方式并无不当。三、安徽证监局认定阮克荣 2015 年 9 月 21 日卖出“市北高新”股票获利 66,885.06 元属于事实认定错误。阮克荣于 2015 年 9 月 18 日买入市北高新股票,购入成本共计 5,062,057.12 元,合计 258,600 股,每股最低成本为 19.41 元。阮克荣涉案当日卖出市北高新股票,最高成交价格为每股 19.41 元,卖出前述股票收入为 4,733,630.78 元,亏损 30 余万。安徽证监局认定阮克荣卖出股票获利 66,885.06 元属于认定事实错误。四、鉴于被诉处罚决定违反法定程序,缺乏事实依据,且存在事实认定不清及事实认定错误的情形,依法应当予以撤销。中国证监会作出维持的复议决定显然错误,依法应当一并撤销。综上,阮克荣特将此案诉至法院,请法院依法撤销被诉处罚决定及复议决定。

安徽证监局一审辩称:一、行政处罚事先告知程序合法。两次送达事先告知书是为了更好履行行政执法程序,切实保护行政相对人权利,不存在程序违法。在第一次告知后,安徽证监局发现个别数据有误,在结合阮克荣的陈述申辩意见后,对交易数据进行了进一步核实,充分论证后,对处罚认定和量罚进行了相应调整,将原定的三个时段操纵减少为两个时段,获利由原来的 1,068,497.15 元减少为 66,885.06 元。拟作出的罚款数额由原来的“没收阮克荣违法所得 1,140,724.25 元,处以罚款 1,140,724.25 元”改为“对阮克荣处以 30 万元罚款”。为保障当事人的权利,安徽证监局再次向阮克荣告知拟处罚的内容及其享有的权利。第二次行政处罚告知书相较于第一次有着较大的变化,若不进行第二次告知,阮克荣无法了解拟对其进行的处罚,从而无法进行有针对性的陈述、申辩。进行第二次告知,恰好能保障阮克荣后续权利的行使。二、被诉处罚决定法律依据充分。根据《证券法》第 77 条和第 203 的规定,操纵证券市场行为是法律明确禁止的违法行为。《证券法》不可能用列举的方式穷尽所有操纵市场的手法,因此其在第 77 条列举了操纵市场的典型手段后,又赋予证券监管部门查处以其他手段操纵证券市场的法律依据。中国证监会系统一直将市场操纵行为列为打击的重点,近年来,包括虚假申报等新型操纵市场行为已经严重影响了证券市场的正常交易秩序,中国证监会系统对此操纵行为已有多个行政处罚案例,因此,安徽证监局有权根据法律的授权认定该案为操纵市场行为并进行处罚。三、被诉处罚决定事实清楚。经调查,阮克荣的操纵行为有多项交易数据予以证明,其试图通过虚假申报的方式影响短时股票走势,从反向卖出交易中获利的意图明显。阮克荣进行的是以影响个股短时走势而获利的虚假申报操纵行为,分析其操纵手法可以看出,阮克荣是利用个股短时波动来获利的,其获利不需个股当日交易明显异常或者价格走势严重偏离上证指数。同时,这种操纵手法本身的影响力也很难达到全天。因此,个股当日交易量等无明显异常情况,不能证明其无操纵行为。同理,涉案股票的整体走势以及国家政策等因素不影响本案的认定。安徽证监局通过对大量数据和事实的论证认定阮克荣进行了虚假申报的操纵行为,涉案时段内涉案股票呈现上涨形式,阮克荣的行为对市场的影响力已经显现,事实依据明显,其虚假申报的行为已经影响到了个股短时交易情况。四、涉案股票获利计算方式符合案件实际。本案的获利计算是以涉案时段为计算基础,充分考虑了本案操纵手法后得出的计算结果,符合惩戒操纵市场行为的要求和逻辑。盈利计算公式为:卖出交易的证券数量乘以(实际卖出成交价格减涉案时段前最后一笔成交价格)减去税费。安徽证监局处罚的是阮克荣在特定时段的市场操纵行为,并以此为基础计算其市场操纵获取的非法收益,因此与阮克荣前期买入成本无关,与其全天卖出该股是否获利无关。综上,安徽证监局对阮克荣作出的被诉处罚决定事实清楚,程序合法,证据充分。阮克荣提出的诉讼请求及理由没有事实和法律依据,请求法院依法判决驳回诉讼请求。

中国证监会一审辩称:一、阮克荣不以成交为目的,使用其个人账户大量、频繁虚假申报行为导致“益民集团”“市北高新”股票的委托数据失真,误导其他投资者的投资决策,影响“益民集团”“市北高新”的交易价格,扰乱了证券市场秩序,构成《证券法》第七十七条第一款第(四)项规定的操纵证券市场行为。根据阮克荣的违法行为的事实、性质、情节与社会危害程度,依据《证券法》第二百零三条规定,对其处以30万元的罚款,于法有据。此外,本案中,在安徽证监局向阮克荣作出处罚事先告知书后,因对处罚认定和量罚进行了调整,重新向阮克荣作出事先告知,告知拟对其作出行政处罚所根据的违法事实、理由、依据及其享有的相关权利,并重新计算了阮克荣提出陈述、申辩及听证的时限,且最终处罚决定以第二次告知书为基础,保障了阮克荣的陈述申辩等权利。因此,中国证监会复议维持被诉处罚决定,并无不当。二、中国证监会行政复议程序合法。2017年12月7日中国证监会收到阮克荣的行政复议申请。因申请材料不齐全,12月8日中国证监会向阮克荣发出《补正行政复议申请通知书》,12月11日收到阮克荣的补正材料。受理后,中国证监会按照法定程序进行了审理,并于2018年2月8日,作出被诉复议决定,次日邮寄送达阮克荣。综上,中国证监会在法定期限内作出行政复议决定,行政复议决定于法有据,程序合法。请求法院驳回阮克荣的诉讼请求。

一审法院经审理查明,2017年5月15日,安徽证监局以涉嫌操纵证券市场为由,向阮克荣作出《行政处罚事先告知书》(处罚字[2017]3号)。阮克荣于2017年5月24日签收了上述告知书,并于2017年5月26日提出了《申辩书》。结合阮克荣的申辩意见及相关证据材料,安徽证监局对阮克荣涉嫌操纵证券市场的违法事实进行了修改,减轻了拟对阮克荣的行政处罚,并于2017年8月21日重新作出了《行政处罚事先告知书》(处罚字[2017]3号),告知了阮克荣所认定的违法事实及理由、适用的法律、拟作出的处罚决定以及其所享有的陈述申辩及听证等权利。2017年8月23日,阮克荣签收了安徽证监局重新作出的《行政处罚事先告知书》后提出了书面的陈述和申辩意见并要求进行听证。2017年10月26日,安徽证监局针对阮克荣案举行了听证会。阮克荣的委托人吴航箭及李泽楠参加了听证会,提交了相关材料并陈述了己方观点。2017年11月6日,安徽证监局作出被诉处罚决定。2017年11月15日,阮克荣签收被诉处罚决定并于2017年12月7日向中国证监会提起行政复议。因阮克荣申请复议材料不齐全,2017年12月8日,中国证监会向其发出《补正行政复议申请通知书》。收到补正材料后,2018年2月8日,中国证监会作出被诉复议决定。

阮克荣交易“益民集团”股票的情况:涉案时间段为2015年9月21日09:31:24至10:01:41,申报买入18笔,合计6,955,000股,申报买入量占市场同时段该股申报买入量的19.35%。申报前后该股委比数值出现较大正向变化。申报买入后,阮克荣在极短的时间内撤单,申报买入到撤单的时间间隔最短为7秒,平均间隔时间为26秒。该时段内“益民集团”的股价由8.75元上涨至9.02元。10:02:53、10:03:23、10:03:31,阮克荣进行了3笔反向卖出申报,累计申报卖出720,000股,未成交。

阮克荣交易“市北高新”股票情况:涉案时间段为2015年9月21日13:30:01至13:43:00。阮克荣在该时段内累计申报买入“市北高新”14笔,合计1,844,000股,申报买入量占市场同时段该股票申报买入量的26.94%。申报前后该股委比数值出现较大正向变化。14笔买入申报中,除两笔即时成交外,其他12笔均撤单,申报买入与撤单时间间隔极短。该时段内,“市北高新”股价由18.03元上涨至19.25元。当日13:58:50阮克荣申报卖出58,600股,占当日该账户可卖出“市北高新”数量的100%,成交53,600股。

2018年9月18日,一审法院作出(2018)京0102行初262号行政判决认为:根据审理查明的事实,可以确认中国证监会作出被诉复议决定所履行的程序符合法律规定,不存在违法之处,阮克荣对此亦无异议,法院对复议程序的合法性不再赘述。庭审中各方当事人主要围绕被诉处罚决定是否合法展开辩论,争议的焦点集中在:1. 安徽证监局作出两次《行政处罚事先告知书》是否违反法定程序;2. 安徽证监局适用《证券法》第七十七条第一款第(四)项作出被诉处罚决定,法律适用是否正确;3. 操纵证券市场的认定问题;4. 违法所得的计算方法问题。法院将针对上述争议焦点分而述之。

一、安徽证监局作出两次《行政处罚事先告知书》是否违反法定程序。本院认为,《行政处罚事先告知书》的主要内容是告知行政相对人拟作出行政处罚所依据的违法事实、理由、依据及其依法享有的陈述、申辩、听证等权利,主要目的在于让行政相对人对拟作出的行政处罚陈述意见、进行合理申辩,以便行政机关在充分听取行政相对人的意见,掌握更全面的相关材料后,对拟作出的行政处罚决定进行合理修正,最终达到防止行政权力滥用及保障行政相对人合法权益的目的。本案中,阮克荣在收到安徽证监局作出的第一次《行政处罚事先告知书》后,对拟作出的处罚决定陈述了意见并提供了书面的申辩材料,安徽证监局在听取陈述意见后,结合阮克荣提供的申辩材料,对相关数据进一步核实,对认定的事实及拟作出的罚款金额进行了相应调整,由原来的"没收阮克荣违法所得 1,140,724.25 元,处以罚款 1,140,724.25 元"改为"对阮克荣处以 30 万元罚款",实质上大幅减轻了对阮克荣处罚。因拟作出的行政处罚决定作出了修改,为保障行政相对人的合法权益,安徽证监局再次作出《行政处罚事先告知书》,告知阮克荣修改后拟作出的行政处罚决定所依据的违法事实、理由、依据及享有的陈述、申辩、听证等权利。阮克荣亦就修改后的《行政处罚事先告知书》再次提交了陈述和申辩意见并提出了听证的请求。可见安徽证监局作出两次《行政处罚事先告知书》,并未侵害阮克荣所享有的陈述、申辩、要求听证等程序权利,因减轻了对阮克荣拟作出的处罚,故亦未对阮克荣的实体权益产生损害。阮克荣仅因安徽证监局作出了两次行政处罚事先告知而提出行政程序违法的主张,缺乏法律依据。《行政处罚事先告知书》是行政机关听取当事人意见的方式之一。行政机关在作出对当事人不利的行政决定前应当充分听取当事人的意见。《中华人民共和国行政处罚法》第三十二条规定,当事人有权进行陈述和申辩。行政机关必须充分听取当事人的意见,对当事人提出的事实、理由和证据,应当进行复核;当事人提出的事实、理由或者证据成立的,行政机关应当采纳。行政机关不得因当事人申辩而加重处罚。可见,判断行政处罚事先告知程序是否违法,需要考察的因素包括:1. 是否给予了当事人陈述和申辩的权利;2. 是否对当事人提出的正当理由及证据予以采纳;3. 是否因当事人的申辩而加重处罚。结合本案,安徽证监局作出两次《行政处罚事先告知书》均给予了阮克荣陈述和申辩的权利,在充分听取阮克荣意见后,对其提出的事实、理由和证据进行复核,并最终作出了一个更有利于阮克荣的行政处罚决定,程序上并无违法之处。

二、安徽证监局适用《证券法》第七十七条第一款第(四)项作出被诉处罚决定,法律适用是否正确。《证券法》第七十七条规定,禁止任何人以下列手段操纵证券市场:(一)单独或者通过合谋,集中资金优势、持股优势或者利用信息优势联合或者连续买卖,操纵证券交易价格或者证券交易量;(二)与他人串通,以事先约定的时间、价格和方式相互进行证券交易,影响证券交易价格或者证券交易量;(三)在自己实际控制的账户之间进行证券交易,影响证券交易价格或者证券交易量;(四)以其他手段操纵证券市场。操纵证券市场行为给投资者造成损失的,行为人应当依法承担赔偿责任。《证券法》第七十七条分为两款,第一款分为四项,前三项用列举的形式规定了三种常见的操纵证券市场的情形,第四项为兜底条款,规定了除前三项常见的情形外的"以其他手段操纵证券市场"的亦属于本条所指的"操纵证券市场"。兜底条款是法律文本中常见的法律表述,主要是为了弥补列举式立法模式之不足,防止法律的不周延性,使执法者可以依据法律的精神和原则,适应社会发展需要,将列举以外的新情形通过兜底条款来适用解决,而无须修改法律。我国证券市场发展历程较短,证券监管体制尚在逐步完善过程中。近年来,随着证券市场的迅速发展,证券违法行为层出不穷,形式各异,为了有效维护证券市场正常秩序,及时打击证券违法行为,《证券法》在立法技术上普遍采用了兜底条款,以便将证券市场中出现的新形式的违法行为，在遵循法律的基本原则和精神的前提下，纳入到监管的范围内。本案中，安徽监管局认为阮克荣的行为方式属于《证券法》第七十七条第一款前三项所列举的情形之外的，新的操纵证券市场的情形，故援引第四项兜底条款作为认定阮克荣操纵证券市场的法律依据，此做法符合《证券法》关于操纵证券市场的立法本意，并无违法之处。阮克荣认为《证券法》第七十七条第一款第（四）项规定的是“以其他手段操纵证券市场”，并没有明确说明“其他手段”的具体内容以及适用条件，进而主张安徽监管局适用上述兜底条款作为认定操纵证券市场的法律依据属于“没有法律依据”，实为对法律条款的误读。当然，兜底条款亦不能滥用，否则有损法之尊严与安定性。兜底条款的适用具有特定的条件，应当符合立法本意，遵循法律的原则与精神，使得法律条款之间具有内在统一性。本案中，阮克荣名为对安徽监管局适用《证券法》第七十七条第一款第（四）项兜底条款提出异议，实则是对安徽监管局认定其行为构成操纵证券市场的不予认可。因此，本案双方争议的核心问题为阮克荣的行为是否构成操纵证券市场，即本案的第三个争议焦点。

三、操纵证券市场的认定问题。何谓“操纵证券市场”，《证券法》并没有明确定义。《证券法》关于操纵证券市场的规定，主要体现在该法第七十七条，采用列举加兜底条款的立法模式。立法的模糊性给司法审查带来了一定困难，但正如前文有关兜底条款适用的论述，对“操纵证券市场”的解释也应符合立法本意，遵循法的基本原则，并使得法律条款之间精神一致，逻辑自洽，完整统一。《证券法》第七十七条第一款前三项列举的三种典型操纵证券市场行为，不论是利用资金优势、信息优势或者持股优势，其实质均是人为地以各种不正常手段制造证券行情，使得证券市场供需关系无法正常的发挥自动调节作用，最终影响证券交易价格或者证券交易量，扰乱证券市场秩序。因此，在界定“操纵证券市场”定义以及适用《证券法》第七十七条第一款第（四）项兜底条款时，都应当把握住该法条的精神实质，不能随意解释。中国证监会是证券市场的主要监督执法机关，亦是查处证券违法行为的专门机构，因此，在查处新型证券违法行为，界定何谓《证券法》第七十七条所规定的“操纵证券市场”行为方面具有丰富的专业知识和执法经验。为了明确“操纵证券市场”的具体内容，统一执法尺度，中国证监会制定的《中国证券监督管理委员会证券市场操纵行为认定指引（试行）》（以下简称《指引》）。该《指引》虽处于试行阶段，中国证监会亦称其未在官方网站公布，应属内部文件。但本院认为该《指引》在互联网上已经全文公开并被广泛知晓，且实质上已经成为中国证监会认定“操纵证券市场”行为，查处新型证券违法行为的操作规范，对证券投资者产生了外部拘束力，失去了其内部属性，应属中国证监会的规范性文件，亦是本院审理本案的参考文件。《指引》第三十条规定，本指引所称其他手段，是指《证券法》第七十七条第一款第（四）项所指的其他操纵证券市场的手段，主要指下列类型：（一）蛊惑交易操纵；（二）抢帽子交易操纵；（三）虚假申报操纵；（四）特定时间的价格或价值操纵；（五）尾市交易操纵；（六）中国证监会认定的其他操纵证券市场的行为。第三十八条规定，本指引所称虚假申报操纵，是指行为人做出不以成交为目的的频繁申报和撤销申报，误导其他投资者，影响交易价格或交易量。《指引》的上述规定对操纵证券市场行为进行了细化分类，尤其对《证券法》第七十七条第一款第（四）项兜底条款的具体内容及如何认定均予以明确，符合《证券法》关于操纵证券市场行为的立法精神。综合《证券法》第七十七条及《指引》的相关规定，一审法院认为虚假申报操纵行为应当具有三个构成要件：（一）不以成交为目的；（二）频繁申报和撤销；（三）影响证券交易价格或者证券交易量。本案中，依据审理查明的事实，可以概括出阮克荣交易股票的方式具有以下特点：1.在较短的时段内（数十分钟）频繁申报买入和撤销；2.申报买入和撤销之间间隔时间极短；3.涉案时段内，涉案的股票价格均有较大幅度的上涨；4.当日均有反向卖出涉案股票的行为。阮克荣交易股票的方式是否满足虚假申报操纵的三个构成要件，法院将予以逐项分析。首先，判断是否以成交为目的。该要件属于行为人主观思想要件。基于趋利避害的人之本能，行为人一般不会自认其在交易股票时具有“不以成交为目的”之主观思想。因此，判断行为人是否具有此主观思想，应当结合其客观行为予以推断认定。本案中,阮克荣在交易"益民集团"股票时,涉案时段内的18笔买入申报,在平均间隔26秒后均全部或部分撤销。阮克荣在交易"市北高新"股票时,在涉案的13分钟内,14笔买入申报,亦均在极短时间内全部或部分撤销。同时,阮克荣在当天均有反向卖出前期所买涉案股票的行为。结合阮克荣频繁申报买入和迅速撤销以及拉高股价后反向卖出的客观行为,推定阮克荣具有"不以成交为目的"的主观思想符合一般交易习惯和普通金融常识。其次,关于频繁申报和撤销。该要件属于客观行为要件。参照《指引》第三十九条,频繁申报和撤销是指行为人在同一交易日内,在同一证券的有效竞价范围内,按照同一买卖方向,连续、交替进行3次以上的申报和撤销申报。本案中,阮克荣在交易涉案的两只股票时,均在几十分钟内连续进行了十次以上的申报和撤销申报,完全符合关于频繁申报和撤销申报的构成要件。最后,关于影响证券交易价格或者证券交易量。该要件属于行为后果要件。依据审理查明的事实,2015年9月21日9:31:24至10:01:41时段内,阮克荣申报买入"益民集团"18笔,其中有16笔在前五档,有17笔的单笔申报量占申报时市场前十档申报量的比例超过20%。每笔申报前后该股委比数值出现正向大幅变化,该时段内股票价格上涨4.32%。2015年9月21日13:30:01至13:43:00时段内,阮克荣累计申报买入"市北高新"14笔,买入申报量占市场同期(当日)申报量的26.94%。14笔买入申报中有13笔在前5档,申报前后该股委比数值出现较大正向变化,股票价格上涨6.63%。虽然,诚如阮克荣所言,股票本身价值、国家政策、市场情绪等多种因素均有可能对短期内股票的价格和交易量产生重要影响,法院或许无法排除掉阮克荣的一切合理怀疑,无法认定阮克荣的行为是导致涉案股票的价格或交易量的变化的充要条件,但从阮克荣买入股票申报量占市场同期申报量的比值及涉案股票委比数值与股票价格的正向变化关系综合分析,法院认为可以认定阮克荣的行为对涉案股票涉案时段内的交易价格产生了重要影响。综上所述,一审法院认为阮克荣的行为符合虚假申报操纵行为构成要件,安徽监管局认定其属于《证券法》第七十七条第一款第(四)项规定的"以其他手段操纵证券市场"并无不当。

四、违法所得的计算方法问题。《证券法》对证券违法行为的违法所得如何计算问题没有作出明确规定。实践中,因证券违法行为的性质不同,手段差异,导致违法所得的计算方式亦有所不同。具体到操纵证券违法行为的计算公式,《指引》第五十一条规定,在计算违法所得的数额时,可参考下列公式或专家委员会认定的其他公式:违法所得=终点日持有证券的市值+累计卖出的金额+累计派现金额-累计买入金额-配股金额-交易费用。可见,即便在操纵证券违法行为范围内,计算违法所得亦无固定的公式。《证券法》第七十七条列举的几种常见的操纵证券市场的行为,时间跨度一般较长,多则数年,少则数月,而本案最大的特点在于安徽监管局认定阮克荣操纵证券市场的时间段极短,其中认定操纵"益民集团"股票的时间为30分钟,"市北高新"为13分钟。在如此短的时间段内,无法适用《指引》第五十一条所列的计算违法所得的参考公式。基于此类虚假申报操纵行为的特点,证券监管部门适用了与之相适应的违法所得计算公式,具体为:违法所得=卖出交易的证券数量×(实际卖出成交价格-涉案时段前最后一笔成交价格)-税费。本院认为,被告安徽证监局依据违法行为的特性适用与之相匹配的违法所得计算公式,并无违法之处。关于本案违法所得的计算问题尚有两点需要说明。第一点,一审法院认定本案中所适用的违法所得计算公式并无违法之处,一方面是因为《证券法》对此类问题没有规定,且实践中违法行为种类不同,方式各异,适用同一种固定的计算公式不符合客观规律亦很难反映出新型违法行为的真实"违法所得";另一方面是中国证监会作为证券监管领域的专门机构,在查处证券违法行为方面经验丰富且具有专业性,在不与法律规定相违背且无明显不当的前提下,法院对其行政执法中的专业判断应予尊重。违法所得计算公式因涉及违法金额的认定,关系到行政相对人的实体权益,因此,一审法院建议中国证监会在《指引》中对此予以明确规定,并随《指引》一同公布。第二点,需要指出的是,依据安徽监管局所适用的违法所得计算公式,经法院审查核实,阮克荣操纵"市北高新”股票获利数额应为 66867.06 元，而非 66885.06 元。安徽监管局认定的违法所得数额有细微错误，但依据《证券法》第二百零三条规定，没有违法所得或者违法所得不足三十万元的，处以三十万元以上三百万元以下的罚款。因被告认定的阮克荣的违法所得不足三十万元，即使违法所得计算金额有细微错误，亦不会对本案的处罚造成影响，不会侵害到阮克荣的实体权益，故本院仅在此予以指出纠正，希望安徽监管局在以后工作中更加细致认真，杜绝此类错误的再次发生。

综合上述分析，一审法院认为被诉处罚决定认定事实清楚，程序合法，并无不当之处。中国证监会作出的复议决定程序合法，结论正确。阮克荣请求撤销被诉处罚决定及被诉复议决定的诉讼请求不能成立，不予支持。故一审法院依照《中华人民共和国行政诉讼法》第六十九条、第七十九条之规定，判决驳回阮克荣的诉讼请求。

阮克荣不服一审判决，向本院提起上诉，请求撤销一审判决，支持其一审诉求。其主要上诉理由为：安徽证监局出具了两份《行政处罚事先告知书》，侵犯了上诉人的知情权，使上诉人的陈述、申辩权无法得到充分完整的保障；《指引》不具有法律效力，一审判决将《指引》作为本案认定行政处罚的主要依据属于适用法律错误；上诉人交易涉案股票的行为不符合虚假申报及操纵证券市场的构成要件，一审法院认定事实错误。

安徽证监局、中国证监会均同意一审判决，请求予以维持。

在一审诉讼期间，安徽证监局在法定期限内向法院提交并当庭出示了如下证据证明被诉处罚决定的合法性：

第一组证据：被诉处罚决定认定的事实依据。

1-1.阮克荣账户交易情况，用以证明阮克荣在2015年9月21日9:31:24至10:01:41申报买入“益民集团”；在2015年9月21日13:30:01至13:43:00申报买入“市北高新”，并存在反向卖出申报行为。

1-2.阮克荣账户交易“廊坊发展”等5支股票数据统计表；阮克荣账户交易“益民集团”“市北高新”相关数据；阮克荣账户交易“益民集团”“市北高新”相关数据表；涉案时间段内其他申报买入账户撤单情况统计。上述证据用以证明阮克荣在2015年9月21日9:31:24至10:01:41通过虚假申报的方式操纵“益民集团”；在2015年9月21日13:30:01至13:43:00通过虚假申报的方式操纵“市北高新”。

1-3.阮克荣询问笔录；阮克荣账户交易证券IP地址、MAC地址，用以证明阮克荣是操纵“益民集团”“市北高新”的责任人。

1-4.阮克荣账户交易“市北高新”违法所得情况，用以证明阮克荣账户交易“市北高新”违法所得。

第二组证据：被诉处罚决定的相关法律依据。

《证券法》第七十七条、第二百零三条。

第三组证据：被诉处罚决定程序合法的依据。

3-1.《调查通知书》；

3-2.《行政处罚事先告知书》（第二次告知）及送达回执、送达回证，授权委托书、当事人身份证明文件；

3-3.《当事人陈述申辩意见》；

3-4.《听证通知书》、《听证参加人员确认书》、代理人身份证明、参加听证会的授权委托书；

3-5.听证会笔录、听证会上当事人提交的证据、委托代理人代理词；

3-6.《行政处罚决定书》及送达回证。

以上证据用以证明，安徽证监局保障了当事人权利，调查、处罚程序合法。

第四组证据：行政处罚程序证据。

4-1.《行政处罚事先告知书》（第一次告知）及送达回证、送达回执，用以证明第一次事先告知的内容。

4-2.《申辩书》、《补充申辩书》，用以证明第一次告知后阮克荣的申辩意见。

4-3.中国证监会市场操纵行政处罚决定，证明证券监管机构已经对虚假申报类的市场操纵行为进行了处罚，安徽证监局有权根据法律授权认定该案为操纵市场行为并进行处罚。

4-4.《说明》，用以证明安徽证监局向阮克荣送达第二次告知书时，阮克荣表示第一次告知书丢失。

在一审诉讼期间，中国证监会在法定举证期限内向法院提交并当庭出示了如下证据证明被诉复议决定的合法性：

1.《行政复议申请书》及相关材料；

2.《补正行政复议申请通知书》、EMS单据及补正材料、EMS单据；

3.《行政复议答复通知书》；

4.《行政复议答复意见书》及证据目录；

5.《行政复议决定书》及EMS单据；

6. 阮克荣寄司的送达回证。

以上证据用以证明复议程序合法。

在一审诉讼期间，阮克荣在法定举证期限内向法院提交并当庭出示了如下证据证明自己主张：

1. 阮克荣身份证明；

2. 被诉处罚决定书；

3. 行政处罚事先告知书(第一次)；

4. 行政处罚事先告知书(第二次)；

证据1-4，用以证明安徽证监局作出两次行政处罚事先告知书，程序违法。

5. 阮克荣2015年9月15日至2015年9月21日股票交易明细；

6. 阮克荣2015年9月21日股票交易明细；

7. 阮克荣2015年9月21日"益民集团"股票交易明细；

8. 阮克荣2015年9月21日9:31:24-10:01:41股票交易明细；

9. 阮克荣2015年9月21日"市北高新"股票交易明细；

10. 阮克荣2015年9月21日13:30:01-13:43:00"市北高新"股票交易明细；

11. 阮克荣2015年9月22日"市北高新"股票交易明细；

12. 阮克荣2015年9月22日10:19:11-10:27:27"市北高新"股票交易明细；

13. 阮克荣2015年9月15日至9月28日资金余额；

14. 阮克荣2015年9月15日至9月28日证券余额；

15. 阮克荣2015年9月21日至9月22日资金余额；

16. 阮克荣2015年9月21日至9月22日证券余额；

17. "益民集团"2015年9月21日股票K线图；

18. "市北高新"2015年9月21日股票K线图；

19. "益民集团""市北高新"所属的上海板块指数2015年9月21日K线图；

20. "益民集团""市北高新"所属的上证指数、上海板块指数2015年9月21日分时走势图；

21. "益民集团""市北高新"2015年9月21日股票分时图；

22. 财经报道与股评文章；

23. 2015年9月1日-12月22日"市北高新"股票K线图；

24. 2015年9月2日-10月21日"益民集团"股票K线图；

证据5-24系阮克荣在听证程序中向安徽证监局提交的证据材料，用以说明阮克荣的账户情况、交易明细及涉案时段内"市北高新"和"益民集团"两只股票的走势图，证明阮克荣不存在操纵证券市场的行为。

25. 阮克荣邮寄立案相关材料，用以证明阮克荣立案符合法律规定。

经庭审质证，一审法院对上述证据作如下确认：阮克荣、安徽证监局及中国证监会提交证据材料，形式上符合《最高人民法院关于行政诉讼证据若干问题的规定》中规定的提供证据的要求，内容真实，与本案具有关联性，予以确认。

一审法院已将上述证据随案移送本院。经审查，一审法院对上述证据材料的认证意见符合《最高人民法院关于行政诉讼证据若干问题的规定》，认证意见正确，本院予以确认。

根据上述被认定合法有效的证据，本院认定一审法院审理查明的事实成立。

本院认为，《证券法》第七十七条规定，禁止任何人以下列手段操纵证券市场：(一)单独或者通过合谋，集中资金优势、持股优势或者利用信息优势联合或者连续买卖，操纵证券交易价格或者证券交易量；(二)与他人串通，以事先约定的时间、价格和方式相互进行证券交易，影响证券交易价格或者证券交易量；(三)在自己实际控制的账户之间进行证券交易，影响证券交易价格或者证券交易量；(四)以其他手段操纵证券市场。第二百零三条规定，违反本法规定，操纵证券市场的，责令依法处理非法持有的证券，没收违法所得，并处以违法所得一倍以上五倍以下的罚款;没有违法所得或者违法所得不足三十万元的,处以三十万元以上三百万元以下的罚款。单位操纵证券市场的,还应当对直接负责的主管人员和其他直接责任人员给予警告,并处以十万元以上六十万元以下的罚款。

本案中,根据当事人提供的账户交易记录、询问笔录等合法有效的证据可知,阮克荣在两个涉案时段内分别累计申报买入18笔"益民集团"股票和14笔"市北高新"股票,且均在极短时间内全部或部分撤单。同时,阮克荣在当天均有反向卖出前期所买涉案股票的行为。结合阮克荣申报量的市场占比、所处档位、引起的委比数值变化等多项指标,以及该股涉案时段内的涨幅、阮克荣获利等情况,可以认定阮克荣的行为属于不以成交为目的频繁申报和撤销申报的行为,该行为误导了其他投资者,对涉案股票涉案时段内的交易价格交易量和市场产生了较为明显的影响。据此,安徽证监局根据阮克荣实施违法行为的事实、性质、情节以及社会危害程度,认定阮克荣构成《证券法》规定的操纵证券市场行为,并在上述法定处罚种类和幅度范围内,对阮克荣作出处以30万元罚款的处罚决定,认定事实清楚,适用法律正确,不存在显失公正的情形。安徽证监局对阮克荣作出被诉处罚决定,履行了立案、调查、告知、听证等程序,程序符合法律规定,本院予以支持。中国证监会接到阮克荣的复议申请后,作出被诉复议决定,复议程序符合法律规定。

关于阮克荣主张安徽证监局作出两次《行政处罚事先告知书》违法的问题,本院认为,行政机关在作出行政处罚决定前应当充分听取当事人的意见。《中华人民共和国行政处罚法》第三十二条规定,当事人有权进行陈述和申辩。行政机关必须充分听取当事人的意见,对当事人提出的事实、理由和证据,应当进行复核;当事人提出的事实、理由或者证据成立的,行政机关应当采纳。行政机关不得因当事人申辩而加重处罚。本案中,安徽证监局在作出第一次《行政处罚事先告知书》后,充分听取并结合阮克荣的陈述申辩意见,对涉案行为操纵时段及最终处罚数额进行了调整,并将调整后拟处罚的内容和当事人享有的权利进行了第二次告知,最终作出了一个更有利于阮克荣的处罚决定。安徽证监局在案件处理中作出了两次告知,充分保障了当事人的陈述、申辩权,没有因为当事人的申辩而加重处罚,程序上并无违法之处。因此,阮克荣的上述主张没有法律依据,本院不予支持。

关于阮克荣主张一审判决将《指引》作为本案认定行政处罚的主要依据属于适用法律错误的问题,本院认为,《指引》是证监会根据《证券法》的立法宗旨,结合实践中已经达成的共识制定的。一审法院在论述操纵证券市场行为的具体含义时参考了《指引》的相关规定。一审法院在论述中明确表示《指引》是"审理本案的参考文件"。安徽证监局作出行政处罚决定的依据是《证券法》相关规定,一审法院在充分论述操纵证券市场行为含义的基础上支持了安徽证监局作出行政处罚的法律依据。因此,阮克荣认为一审判决将《指引》作为认定行政处罚主要依据的主张,缺乏相关依据,本院不予支持。

综上,一审法院依照《中华人民共和国行政诉讼法》相关规定判决驳回阮克荣的诉讼请求是正确的,本院应予维持。阮克荣的上诉理由,没有事实和法律依据,本院不予支持。依照《中华人民共和国行政诉讼法》第八十九条第一款第(一)项的规定,判决如下:

驳回上诉,维持一审判决。

一、二审案件受理费各50元,均由阮克荣负担(已交纳)。

本判决为终审判决。

二〇一八年十二月二十六日

第六部分　法律意见书选编

一、境内发行上市类

北京市金杜律师事务所关于郑州银行股份有限公司首次公开发行A股股票并上市的法律意见

致:郑州银行股份有限公司

北京市金杜律师事务所接受郑州银行股份有限公司委托,作为其本次发行上市的专项法律顾问,根据《中华人民共和国证券法》、《中华人民共和国公司法》、《首次公开发行股票并上市管理办法》、《律师事务所从事证券法律业务管理办法》、《律师事务所证券法律业务执业规则(试行)》和《公开发行证券公司信息披露的编报规则第12号——公开发行证券的法律意见书和律师工作报告》等法律、行政法规、规章和规范性文件和中国证券监督管理委员会的有关规定,就郑州银行股份有限公司本次发行上市事宜出具本法律意见。

为出具本法律意见,北京市金杜律师事务所依据《律师事务所从事证券法律业务管理办法》和《律师事务所证券法律业务执业规则(试行)》等有关规定,编制和落实了查验计划,亲自收集证据材料,查阅了按规定需要查阅的文件以及北京市金杜律师事务所认为必须查阅的其他文件。在郑州银行股份有限公司保证提供了北京市金杜律师事务所为出具本法律意见所要求郑州银行股份有限公司提供的原始书面材料、副本材料、复印材料、确认函或证明,提供给北京市金杜律师事务所的文件和材料是真实、准确、完整和有效的,并无隐瞒记载、虚假陈述和重大遗漏之处,且文件材料为副本或复印件的,其与原件一致和相符的基础上,北京市金杜律师事务所合理、充分地运用了包括但不限于面谈、书面审查、实地调查、查询、函证、复核等方式进行了查验,对有关事实进行了查证和确认。

北京市金杜律师事务所及经办律师依据《中华人民共和国证券法》、《律师事务所从事证券法律业务管理办法》和《律师事务所证券法律业务执业规则(试行)》等规定及本法律意见出具日以前已经发生或者存在的事实,严格履行了法定职责,遵循了勤勉尽责和诚实信用原则,进行了充分的核查验证,保证本法律意见所认定的事实真实、准确、完整,所发表的结论性意见合法、准确,不存在虚假记载、误导性陈述或者重大遗漏,并承担相应法律责任。

北京市金杜律师事务所仅就与郑州银行股份有限公司本次发行上市有关的法律问题发表意见,且仅根据现行中国法律发表法律意见,并不依据任何中国境外法律发表法律意见。北京市金杜律师事务所不对有关会计、审计及资产评估等非法律专业事项发表意见,在本法律意见和为本法律意见出具的《北京市金杜律师事务所为郑州银行股份有限公司首次公开发行A股股票并上市出具法律意见的律师工作报告》中对有关会计报告、审计报告和资产评估报告的某些数据和结论进行引述时,已履行了必要的注意义务,但该等引述并不视为北京市金杜律师事务所对这些数据、结论的真实性和准确性作出任何明示或默示保证。

本法律意见仅供郑州银行股份有限公司为本次发行上市之目的使用，不得用作任何其他目的。北京市金杜律师事务所同意将本法律意见和《北京市金杜律师事务所为郑州银行股份有限公司首次公开发行 A 股股票并上市出具法律意见的律师工作报告》作为郑州银行股份有限公司申请本次发行上市所必备的法律文件，随同其他材料一同上报，并承担相应的法律责任。北京市金杜律师事务所同意郑州银行股份有限公司在其为本次发行上市所制作的招股说明书（申报稿）中自行引用或按照中国证券监督管理委员会的审核要求引用本法律意见或《北京市金杜律师事务所为郑州银行股份有限公司首次公开发行 A 股股票并上市出具法律意见的律师工作报告》的相关内容，但郑州银行股份有限公司作上述引用时，不得因引用而导致法律上的歧义或曲解。

金杜按照律师行业公认的业务标准、道德规范和勤勉尽责精神，出具法律意见如下：

一、本次发行上市的批准和授权

（一）根据发行人董事会和股东大会会议决议及本所核查，发行人于 2016 年 7 月 16 日召开了第五届董事会 2016 年第 4 次临时会议，并于 2016 年 9 月 27 日召开了 2016 年第一次临时股东大会，审议通过了与发行人本次发行上市相关的议案。本所认为，发行人股东大会已经依据法定程序作出了批准发行上市的决议，上述决议的内容合法有效，上述授权范围、程序合法有效。

（二）河南银监局于 2016 年 12 月 7 日下发了《河南银监局关于郑州银行股份有限公司首次公开发行 A 股股票并上市方案的批复》（豫银监复〔2016〕392 号），河南银监局已原则同意发行人本次发行及募集资金用途；并于 2016 年 12 月 7 日下发了《河南银监局关于郑州银行股份有限公司监管意见书的函》（豫银监函〔2016〕35 号），出具了发行人截至 2016 年 6 月 30 日经营管理情况的监管意见书。

（三）河南省财政厅于 2016 年 12 月 16 日下发了《河南省财政厅关于郑州银行股份有限公司国有股权管理事项的批复》（豫财金〔2016〕73 号），河南省财政厅原则同意郑州银行国有股权管理方案；并于 2016 年 12 月 16 日下发了《河南省财政厅关于同意郑州银行股份有限公司国有股转持的批复》（豫财金〔2016〕74 号），批准了发行人国有股转持方案。

（四）发行人本次发行尚待获得中国证监会核准；本次上市尚待获得深交所审核同意。

据此，发行人本次发行上市已获得必要的发行人内部批准及授权，并已获得河南银监局的核准，尚待中国证监会核准以及深交所的审核同意。

二、发行人本次发行上市的主体资格

（一）发行人现持有河南银监局于 2010 年 10 月 26 日核发的《金融许可证》（机构编码：B1036H241010001）和河南省工商局于 2016 年 5 月 12 日核发的《营业执照》（统一社会信用代码：914100001699995779）。经本所核查，发行人自成立之日起至今依法有效存续，不存在根据法律、行政法规、部门规章及其他规范性文件及《公司章程》需要发行人终止的情形。发行人为依法设立并合法存续的股份有限公司，符合《首发办法》第八条之规定。

（二）发行人自股份有限公司成立后，持续经营时间在 3 年以上，符合《首发办法》第九条之规定。

（三）如本法律意见第四章“发行人的设立”及第六章“发行人的股本及其演变”所述，发行人的注册资本已足额缴纳，发起人或者股东用作出资的资产的财产权转移手续已经办理完毕。经本所核查，发行人的主要资产不存在重大权属纠纷，符合《首发办法》第十条之规定。

（四）根据发行人的《公司章程》和《营业执照》，发行人主要从事以下业务：吸收公众存款；发放短期、中期和长期贷款；办理国内外结算；办理票据承兑与贴现；发行金融债券；代理发行、代理兑付、承销政府债券；买卖政府债券、金融债券；从事同业拆借；外汇存款、外汇贷款、外汇汇款、外币兑换；从事银行卡业务；提供信用证服务及担保；代理收付款项及代理保险业务；提供保管箱服务；经国务院银行业监督管理机构批准的其他业务。发行人的业务经营符合法律、行政法规和《公司章程》之规定，符合国家产业政策，符合《首发办法》第十一条之规定。

(五)发行人最近三年内主营业务没有发生变化。董事、高级管理人员的变化没有对发行人的经营管理及公司治理造成不利影响。经本所核查,发行人的股权比较分散,未有股东可以对发行人股东大会决议、董事会决议产生决定性影响或者对发行人的经营方针、董事和高级管理人员的提名及任免产生决定性影响。本所认为,发行人不存在控股股东或实际控制人,发行人控制权没有发生变更。因此,发行人符合《首发办法》第十二条之规定。

(六)截至本法律意见出具之日,发行人股本总数为5,321,931,900股,其中,内资股3,803,931,900股,约占发行人股份总数的71.48%;H股1,518,000,000股,约占发行人股份总数的28.52%。发行人存在因股东资格不适格、股东无法联系等而未确权的内资股股东,其中,未确权的法人股东合计持有发行人24,386,557股股份(约占发行人股份总数的0.46%);未确权的自然人股东合计持有发行人2,294,114股股份(约占发行人股份总数的0.04%)。经核查,2015年9月8日,河南省政府下发《河南省人民政府关于确认郑州银行股份有限公司设立等事宜的函》(豫政函〔2015〕110号),确认"如郑州银行股份有限公司今后发生因历史沿革中产权变动引起的纠纷或其他问题,我省将责成郑州市政府协调解决";2015年8月26日,郑州市政府出具了《郑州市人民政府关于确认郑州银行历史沿革等情况的承诺书》,确认"如郑州银行今后发生与历史沿革中产权变动引起的纠纷或其他问题,郑州市政府负责解决"。由于发行人股权分散,未确权股份数量占发行人总股本的比例小且河南省政府已确认将责成郑州市政府协调解决日后发生的相关纠纷或其他问题,且郑州市政府已经确认将负责解决日后发生的相关纠纷或其他问题,因此,本所认为,未确权的股份对发行人的股本结构将不会产生重大不利影响。此外,由于发行人不存在控股股东和实际控制人,故不存在控股股东和受控股股东、实际控制人支配的股东持有的发行人股份发生重大权属纠纷的情形,符合《首发办法》第十三条之规定。

(七)经本所核查,发行人自成立之日起至今依法有效存续,不存在根据法律、法规和规范性文件及《公司章程》需要发行人终止的情形。

据此,本所认为,发行人具有本次发行上市的主体资格,发行人自成立之日起至今依法有效存续,不存在根据法律、法规和规范性文件及《公司章程》需要发行人终止的情形。

三、本次发行上市的实质条件

(一)公司本次发行上市符合《证券法》《商业银行法》《商业银行资本管理办法(试行)》等规定的相关条件。

1. 根据发行人提供的文件和本所的核查,发行人已依法设立了股东大会、董事会、监事会,选举了董事(包括独立董事)、监事(包括职工监事和外部监事),聘请了行长、副行长、董事会秘书、行长助理、总会计师、首席信息官等高级管理人员,董事会下设专门委员会,具备健全且运行良好的组织机构,符合《证券法》第十三条第一款第(一)项之规定。

2. 根据《审计报告》,发行人2013年度、2014年度、2015年度以及2016年1-6月并表范围内实现的净利润(以扣除非经常性损益前后较低者为计算依据)分别约为18.77亿元、24.63亿元、33.19亿元及20.79亿元,具有持续盈利能力,且财务状况良好,符合《证券法》第十三条第一款第(二)项之规定。

3. 根据《审计报告》及发行人承诺,发行人财务文件无虚假记载且无其他重大违法行为,符合《证券法》第十三条第一款第(三)项以及第五十条第一款第(四)项之规定。

4. 根据发行人《营业执照》和《公司章程》,发行人本次发行完成前股本总额为532,193.19万元,不少于3,000万元,符合《证券法》第五十条第一款第(二)项之规定。

5. 发行人公开发行的股份数不少于本次发行后发行人股份总数的10%,符合《证券法》第五十条第一款第(三)项之规定。

6. 根据《审计报告》,截至2016年6月30日,发行人并表的资本充足率为11.45%、一级资本充足率为9.69%、核心一级资本充足率为9.68%,符合《商业银行法》第三十九条第(一)款、《商业银行资本管理办法(试行)》第二十三条以及《中国银监会关于实施〈商业银行资本管理办法(试行)〉过渡期安排相关事项的通知》等相关规定。

（二）公司本次发行上市符合《首发办法》规定的相关条件

1. 主体资格

如本法律意见第二章“发行人本次发行上市的主体资格”所述，发行人具有本次发行上市的主体资格，符合《首发办法》第八条至第十三条之规定。

2. 规范运行

（1）如本法律意见第十三章“发行人股东大会、董事会、监事会议事规则及规范运作”所述，发行人已经依法建立健全股东大会、董事会、监事会、独立董事、董事会秘书制度，具备健全且运行良好的组织机构，相关机构和人员能够依法履行职责，符合《首发办法》第十四条之规定。

（2）经本所核查，发行人的董事、监事和高级管理人员已经了解与股票发行上市有关的法律法规，知悉上市公司及其董事、监事和高级管理人员的法定义务和责任，符合《首发办法》第十五条之规定。

（3）如本法律意见第十四章“发行人董事、监事、高级管理人员及其变化”所述，发行人现任董事及高级管理人员均已取得了河南银监局的任职资格核准文件，发行人现任董事、监事和高级管理人员符合法律、行政法规和部门规章规定的任职资格，不存在《首发办法》第十六条所述之情形，符合《首发办法》第十六条之规定。

（4）根据发行人出具的《郑州银行股份有限公司关于内部控制有关事项的说明》以及毕马威出具的《内控报告》，发行人于2016年6月30日在所有重大方面保持了按照财政部颁发的《内部会计控制规范——基本规范（试行）》及中国银监会颁布的《商业银行内部控制指引》标准建立的与财务报表相关的有效的内部控制，符合《首发办法》第十七条之规定。

（5）经本所核查，除本法律意见第十五章“发行人的税务”第（四）部分、第十九章“诉讼、仲裁或行政处罚”所列情形外，发行人没有《首发办法》第十八条规定情形，前述行政处罚及所涉及的违规行为不会对发行人的经营和财务状况产生重大不利影响，符合《首发办法》第十八条之规定。

（6）《公司章程》《发行人章程》已明确对外担保的审批权限和审议程序，截至本法律意见出具之日，由于发行人不存在控股股东、实际控制人，故不存在发行人为控股股东、实际控制人及其控制的其他企业进行违规担保的情形，符合《首发办法》第十九条之规定。

（7）根据《审计报告》并经本所核查，截至本法律意见出具之日，发行人有严格的资金管理制度；由于发行人不存在控股股东、实际控制人，故不存在资金被控股股东、实际控制人及其控制的其他企业以借款、代偿债务、代垫款项或者其他方式占用的情形，符合《首发办法》第二十条之规定。

3. 财务与会计

（1）根据《审计报告》及发行人承诺，截至本法律意见出具之日，发行人财务状况和资产质量良好，资产负债结构合理，具有盈利能力，现金流量正常，符合《首发办法》第二十一条之规定。

（2）根据发行人出具的《郑州银行股份有限公司关于内部控制有关事项的说明》以及毕马威出具的《内控报告》，发行人的内部控制符合《首发办法》第二十二条之规定。

（3）根据《审计报告》，发行人会计基础工作规范，财务报表的编制符合企业会计准则和相关会计制度之规定，在所有重大方面公允地反映了发行人的财务状况、经营成果和现金流量，符合《首发办法》第二十三条之规定。

（4）根据《审计报告》及发行人承诺，发行人编制财务报表以实际发生的交易或者事项为依据；在进行会计确认、计量和报告时保持应有的谨慎；对相同或者相似的经济业务，选用一致的会计政策，未进行随意变更，符合《首发办法》第二十四条之规定。

（5）根据《审计报告》及本所核查，发行人完整披露关联方关系并按重要性原则恰当披露关联交易，发行人确认其与关联方之间的关联交易以市场价格进行，不存在通过关联交易操纵利润的情形，符合《首发办法》第二十五条之规定。

（6）根据《审计报告》及本所核查，发行人符合《首发办法》第二十六条规定之下列条件：

①发行人最近三个会计年度净利润（以扣除非经常性损益前后较低者为计算依据）均为正数且累计超过3,000万元；

②发行人最近三个会计年度经营活动产生的现金流量净额累计超过 5,000 万元;最近三个会计年度营业收入累计超过 3 亿元;

③发行人本次发行前股本总额为 532,193.19 万元,不少于 3,000 万元;

④截至 2016 年 6 月 30 日,无形资产(扣除土地使用权后)占净资产的比例不高于 20%;

⑤最近一期末不存在未弥补亏损。

(7)根据《审计报告》、《企业所得税、增值税及营业税纳税情况说明的专项报告》、相关税务机关出具的证明并经本所核查,发行人 2013 年度、2014 年度、2015 年度及 2016 年 1 - 6 月,除本法律意见第十五章"发行人的税务"第(四)部分所述的税务处罚外,发行人依法纳税。该等税务处罚没有对发行人的财务和经营状况产生重大不利影响;发行人的经营成果对税收优惠不存在严重依赖,符合《首发办法》第二十七条之规定。

(8)根据《审计报告》、发行人承诺及本所核查,截至本法律意见出具之日,发行人不存在重大偿债风险,不存在影响持续经营的担保、诉讼以及仲裁等重大或有事项,符合《首发办法》第二十八条之规定。

(9)本所已审阅《审计报告》《内控报告》《招股说明书》(申报稿)等发行申报文件,由于《招股说明书》(申报稿)在编制过程中引用了《审计报告》《内控报告》的相关内容,而会计师已遵循职业道德规范,计划和实施审计工作以对财务报表是否不存在重大错报获取合理保证的要求,选择的审计程序包括对由于舞弊或错误导致的财务报表重大错报风险的评估,并在进行风险评估时,考虑与财务报表编制和公允列报相关的内部控制,审计工作还包括评价管理层选用会计政策的恰当性和作出会计估计的合理性,以及评价财务报表的总体列报,因此,发行人上述申报文件中不存在《首发办法》第二十九条所列之情形,符合《首发办法》第二十九条之规定。

(10)根据《审计报告》及经本所核查,发行人不存在《首发办法》第三十条所列之情形,符合《首发办法》第三十条之规定。

综上,本所认为,发行人已经具备本次发行上市的实质条件。

四、发行人的设立

(一)发行人设立时的基本情况

根据人民银行于 1995 年 8 月 28 日下发的《关于郑州市开展城市合作商业银行组建工作的复函》(银复〔1995〕292 号),人民银行"原则同意郑州市人民政府提出的郑州城市合作商业银行组建方案,并同意成立郑州市城市合作商业银行筹备工作领导小组"。

根据郑州市政府于 1995 年 8 月 10 日向人民银行上报的《郑州市人民政府关于组建郑州城市合作商业银行的请示》(郑政文〔1995〕153 号),郑州城市合作商业银行组建领导小组(即郑州市城市合作商业银行筹备工作领导小组)"由郑州市政府、中国人民银行郑州分行、郑州市人事局、郑州市财政局、郑州市城市信用合作社联合社等部门负责人组成",清产核资结果及资产评估结果经郑州城市合作商业银行组建领导小组认可后生效。

根据郑州城市合作商业银行组建领导小组于 1996 年 5 月 8 日向人民银行郑州分行上报的《关于筹建郑州城市合作银行的请示》(郑合银组字〔1996〕3 号),郑州城市合作商业银行组建领导小组以郑州市政府批复同意的《郑州城市信用合作社清产核资及资产评估工作实施方案》等有关政策规定为依据,并根据人民银行验收小组的整改意见整改后,认定了郑州市原四十七家城市信用社和一家城市信用合作联社营业部(以下合称四十八家城市信用社)的清产核资及资产评估结果。

根据人民银行于 1996 年 7 月 2 日下发的《关于筹建郑州城市合作银行的批复》(银复〔1996〕198 号),人民银行同意筹建发行人。

根据发行人的发起人签署的《郑州城市合作银行股份有限公司发起人协议》(以下简称《发起人协议》),发行人是由郑州市财政局、四十八家城市信用社的股东以及 14 家企业为发起人发起设立的股份有限公司。发行人设立时拟定的股份总额为 452,759,882 股,均为人民币普通股,每股面值人民币 1 元。其中,四十八家城市信用社的股东以经资产评估确认后的四十八家城市信用社的可分配净资产折价入股;其他发起人以货币资金入股。

根据郑州会计师事务所于 1996 年 8 月 6

日就发起人的出资出具的《验资报告》(郑会内验字〔96〕第40号),“郑州城市合作银行(筹)申请的注册资本为452,759,882元。根据我们的审验,截至96年8月6日止,郑州城市合作银行(筹)已收到其发起股东投入的资本肆亿伍仟贰佰柒拾伍万玖仟捌佰捌拾贰元,全部为股本”。其中,“郑州市地方财政以货币资金于8月6日前分期认股10,200万元人民币;城市信用社原有股东认股254,759,882元人民币,95年12月31日前认购完毕;其他发起人以货币资金于8月6日前分期认股9,600万元人民币”。

根据发行人提供的《郑州城市合作银行创立大会决议》,发行人于1996年8月6日召开了创立大会,审议通过《郑州城市合作银行组建情况的报告》《郑州城市合作银行章程》,并选举产生了第一届董事会董事及由股东代表出任的监事。

根据人民银行于1996年8月18日下发的《关于郑州城市合作银行开业的批复》(银复〔1996〕245号),人民银行同意发行人开业,核准《郑州城市合作银行章程》,并批复发行人开业的同时,“郑州市47家城市信用社按协议自动解散,成为该行的分支机构,城市信用合作社联合社自动终止,城市信用合作社及城市信用合作社联合社的债权债务转为该行的债权债务”。

人民银行于1996年8月23日核发了《中华人民共和国金融机构法人许可证》(许可证号:D10014910006)。

河南省工商局于1996年11月16日核发了《企业法人营业执照》(注册号:169999577－2－2)。

2015年8月26日,郑州市政府出具了《郑州市人民政府关于确认郑州银行历史沿革等情况的承诺书》(以下简称《承诺书》),确认“郑州银行的设立系依据国务院及中国人民银行的相关文件进行的,依法进行了清产核资(资产评估)、验资手续和资产转移等手续,并已获得法律、法规规定的相关政府主管部门的批准,郑州银行的设立过程整体合法合规,不存在重大法律瑕疵和重大违法违规行为,资产也不存在重大权属纠纷或潜在的重大权属纠纷等情况”。郑州市政府同时承诺,“如郑州银行今后发生与历史沿革中产权变动引起的纠纷或其他问题,郑州市政府负责解决”。

2015年9月8日,河南省政府出具了《河南省人民政府关于确认郑州银行股份有限公司设立等事宜的函》(豫政函〔2015〕110号,以下简称《确认函》),确认“郑州银行股份有限公司的设立、历次注册资本增减、其他股份变动等情况总体合法合规,不存在重大纠纷或潜在重大纠纷,并对郑州市政府的审核意见予以确认”。河南省政府同时确认,“如郑州银行股份有限公司今后发生因历史沿革中产权变动引起的纠纷或其他问题,我省将责成郑州市政府协调解决”。

综上,本所认为,发行人的设立系依据国务院、人民银行的相关文件进行的,设立过程中履行了清产核资、验资等必要程序,符合当时的法律规定,并已获得法律、法规规定的相关政府主管部门的批准。

(二)发行人名称的变更

1.根据人民银行济南分行于2000年2月21日下发的《关于同意郑州城市合作银行更名迁址的批复》(济银复〔2000〕64号),人民银行济南分行同意郑州城市合作银行更名为郑州市商业银行股份有限公司,并原则核准《郑州市商业银行股份有限公司章程》。人民银行济南分行于2000年6月16日向发行人核发了更名后的《金融机构法人许可证》(许可证号:D10024910002)。河南省工商局于2000年12月17日向发行人换发了更名后的《企业法人营业执照》(注册号:豫工商企4100001002856)。

2.根据中国银监会于2009年9月11日下发的《中国银监会关于郑州市商业银行更名的批复》(银监复〔2009〕342号),中国银监会同意郑州市商业银行股份有限公司更名为“郑州银行股份有限公司”,简称为“郑州银行”。河南银监局于2009年9月21日向发行人核发了更名后的《金融许可证》(机构编码:B1036H241010001)。河南省工商局于2009年10月10日向发行人换发了更名后的《企业法人营业执照》(注册号:410000100052554)。

经本所核查,发行人历次更名已得到相关有权部门的批准。

五、发行人的发起人和股东

(一)发起人的资格

根据国务院于1995年9月7日下发的《国务院关于组建城市合作银行的通知》(国发〔1995〕25号),城市合作银行组建时的股东为各城市信用社的法人股东和个人股东,以及在设立过程中新增加的非个人股东。

根据人民银行于1995年8月28日下发的《关于郑州市开展城市合作商业银行组建工作的复函》(银复〔1995〕292号)、人民银行于1996年7月2日下发的《关于筹建郑州城市合作银行的批复》(银复〔1996〕198号)、人民银行于1996年8月18日下发的《关于郑州城市合作银行开业的批复》(银复〔1996〕245号)以及《发起人协议》,发行人由郑州市财政局、四十八家城市信用社的股东以及郑州轻型汽车制造厂、中国长城铝业公司等14家企业共同发起设立。

根据上述文件、郑州会计师事务所于1996年8月6日出具的《验资报告》(郑会内验字〔96〕第40号)以及发行人提供的相关文件,发行人设立时的股东情况如下表:

序号	股东名称	出资形式	认购股数(万股)
1	郑州市财政局	现金	10,200
2	城市信用社原有股东总数	净资产折股	25,475.9882
3	郑州轻型汽车制造厂	现金	2,000
4	中国长城铝业公司	现金	2,000
5	河南省荥阳市化工集团	现金	1,200
6	郑州市华玉有限公司	现金	1,000
7	河南省荥阳六零化工厂	现金	1,000
8	河南花园置业有限公司	现金	500
9	白鸽(集团)股份有限公司	现金	500
10	郑州和众铝业有限公司	现金	500
11	荥阳水暖器材厂	现金	280
12	郑州农药厂	现金	200
13	郑州水泵厂	现金	200
14	郑州台隆房地产开发有限公司	现金	100
15	河南省开普化工股份有限公司	现金	100
16	英达实业公司	现金	20
	总计		45,275.9882

综上,经本所核查,本所认为,发起人的人数、住所、出资比例符合当时有关法律、法规及其他规范性文件之规定。

(二)发起人的出资

根据《验资复核报告》及发行人提供的相关文件,四十八家城市信用社进行了清产核资、资产评估等工作,组建设立发行人。有关发行人设立时出资情况请见本法律意见第四章第(一)部分"发行人设立时的基本情况"的相关描述。经核查,本所认为,发行人目前拥有的发起人用作出资的资产的财产权转移手续已经办理完毕,各发起人已投入发行人的资产产权关系清晰。

(三)目前的股东情况

1. 现有股本情况

截至本法律意见出具之日,发行人股本总数为5,321,931,900股,其中,内资股3,803,931,900股,占发行人股份总数的71.48%;H股1,518,000,000股,占发行人股份总数的28.52%。

2. 直接持有发行人5%以上股份的内资股股东情况

经本所核查,截至2016年6月30日,直接持有发行人5%以上股份的内资股股东为郑州市财政局,其持有发行人约9.22%的股份。该单位系机关法人,地址位于郑州市兴华南街39号。

3. 私募基金备案情况

经本所核查及发行人说明,除百瑞信托及

中原信托根据《私募投资基金管理人登记和基金备案办法(试行)》已履行私募基金管理人备案的相关手续外,发行人其他内资股法人股东不存在以非公开方式向合格投资者募集资金设立,或资产由基金管理人或者普通合伙人管理的情形,不属于《私募投资基金监督管理暂行办法》及《私募投资基金管理人登记和基金备案办法(试行)》中规定的私募投资基金或私募基金管理人,无须履行私募基金(或管理人)备案的相关手续。

六、发行人的股本及其演变

(一)发行人设立时的股本

发行人设立时的股权设置、股本结构、设立时的注册资本缴纳情况详见本法律意见第四章"发行人的设立"。

(二)发行人的历次股本变动情况

1.1999年至2000年变更注册资本

(1)监管部门批准

1999年3月19日,河南省政府向国务院上报了《河南省人民政府关于化解郑州城市合作银行风险的请示》(豫政文〔1999〕25号),在化解发行人风险的主要措施项下资本的注入和重组方面措施请示如下:"1.注入资金。由省、市政府向郑州合行注入8亿元股本金;2.债权转股权。将省、市政府及有关部门存款转为股权8亿元;3.对郑州合行的营业税,5年内先征后返,转作地方政府的资本金。"根据人民银行于1999年4月6日下发的《关于化解郑州城市合作银行风险的复函》(银函〔1999〕121号)记载,"《河南省人民政府关于化解郑州城市合作银行风险的请示》由国务院办公厅批转我行研办。经与财政部、中国农业银行共同研究协商,报经国务院领导同志同意,现函复如下:1.原则同意你省关于化解郑州城市合作银行风险的总体方案;2.同意你省政府向中国农业银行借款8亿元,期限5年,每年还本付息;3.郑州城市合作银行(包括更名以后)的营业税,属中央财政收入部分不得返还,必须如数上交;4.在你省注入8亿元资本金、地方单位和企业存款8亿元'债转股'后,同意对郑州城市合作银行占用人民银行的资金(包括占用同城清算资金)暂实行停息挂账"。

1999年6月10日,郑州市政府分别向河南省政府与人民银行济南分行上报《郑州市人民政府关于全面化解郑州城市合作银行风险实施方案的请示》(郑政文〔1999〕98号)及(郑政文〔1999〕99号),提请批准《关于全面化解郑州城市合作银行风险的实施方案》(以下简称《实施方案》)。《实施方案》中主要措施包括:"(1)由郑州市政府向河南省政府借款8亿元,作为资本金注入郑州合行;(2)将部分单位在郑州合行的8亿元存款转为股权,其中,省属单位存款转为股权3.75亿元,郑州市属单位存款转为股权4.25亿元;(3)进一步补充资本金,对郑州合行今后5年内缴纳的地方营业税,采取先征后退的办法,转作省财政在郑州合行的资本金;(4)冲销部分股东权益。凡郑州合行组建时,清产核资中隐瞒不报的原城市信用社债务,以及在郑州合行开业后原组建单位或股东仍操纵、指使有关支行开展账外经营所形成的债务,冲销原城市信用社股东及主要负责人的权益。"

1999年6月16日,人民银行济南分行向郑州市政府下发《关于同意郑州市人民政府关于全面化解郑州城市合作银行风险实施方案的复函》(济银复〔1999〕138号),同意郑州市政府制定的《实施方案》,请郑州市政府组织实施。

1999年6月18日,河南省政府向郑州市政府下发《河南省人民政府关于化解郑州城市合作银行风险实施方案的批复》(豫政文〔1999〕82号),原则同意郑州市政府制定的《实施方案》,请郑州市政府抓紧组织实施。

1999年10月18日,人民银行济南分行下发了《关于同意郑州城市合作银行变更资本金的批复》(济银复〔1999〕342号),根据人民银行下发的《关于化解郑州城市合作银行风险的复函》(银函〔1999〕121号),"原则同意郑州城市合作银行增资扩股160,104万元,其中省、市政府注入资本金80,000万元,单位存款转股权80,104万元。该行变更后的资本金为198,328万元。对债权转股权中不符合规定的57家单位入股的64,302万元资本金,待风险化解后予以规范"。

截至本法律意见出具之日,在上述不符合发行人股东资质的57家行政事业单位中,51家单位已通过转让、划转等方式规范完毕,剩余6家待发行人予以规范。此外,发行人将部分单位在发行人的存款合计人民币 80,104 万元转为发行人股份 80,104 万股,全部债转股单位已经在其后续所进行的股份转让或者郑州银行所进行的股份确权工作中对其所持发行人的股份进行了追认或者由发行人与相关债转股股东于 2002 年完成了债转股退股工作。

(2)内部决议

2000 年 1 月 23 日,发行人召开第二次股东大会,审议通过了《关于郑州城市合作银行增资扩股及变更注册资本金的提案》《关于修改〈郑州城市合作银行股份有限公司章程(草案)〉的提案》。

(3)验资

根据河南华为会计师事务所于 2000 年 2 月 17 日出具的《验资报告》(华为验字〔2000〕第 701 号),发行人"变更前注册资本和投入资本均为 452,759,882.00 元,因原有股东减少投入资本 70,515,364.00 元,故截止 1999 年 11 月 30 日实收资本为 382,244,518.00 元。根据我们的审验,截至 1999 年 11 月 30 日止郑州城市合作银行增加投入资本 1,601,040,000.00 元,变更后的股本总额为 1,983,284,518.00 元"。本次增资新增股本 1,601,040,000 元,增资股东及其增加股份数如下表所示:

序号	股东名称	出资形式	折合股份数(万股)
1	郑州市人民政府	现金	80,000
2	郑州市工商行政管理局直属分局	债转股	150
3	郑州市总工会	债转股	300
4	郑州信托投资公司	债转股	500
5	郑州市中心医院	债转股	200
6	郑州市城市规划管理局	债转股	800
7	郑州市港澳新城金水苑区管理委员会(办公室)	债转股	200
8	郑州市金水区财政局	债转股	150
9	郑州市第一人民医院	债转股	100
10	郑州市第五人民医院	债转股	120

续表

序号	股东名称	出资形式	折合股份数(万股)
11	郑州市三电办公室	债转股	600
12	郑州市城市公共交通客运管理处	债转股	800
13	郑州市管城回族区经济开发办公室财务部	债转股	400
14	郑州管城回族区经济开发办公室服务部	债转股	200
15	郑州市土地管理局	债转股	1,000
16	郑州市二七区城乡建设环境保护局	债转股	20
17	郑州市二七区房产管理局	债转股	10
18	郑州市二七区民政局	债转股	150
19	郑州市二七区市政管理局	债转股	30
20	郑州市二七区计划经济委员会	债转股	15
21	郑州市二七区人民防空办公室	债转股	50
22	郑州市二七区价格事务所	债转股	10
23	郑州市二七区人民政府预算外资金管理办公室	债转股	224.427
24	郑州市二七区财务开发公司	债转股	110.573
25	郑州市二七区计划生育委员会	债转股	50
26	郑州市二七区土地管理局	债转股	250
27	郑州市上街区人民政府预算外资金管理办公室	债转股	1,000
28	郑州市上街区房改资金管理中心	债转股	200
29	郑州市地方税务局直属分局	债转股	150
30	郑州市中医院	债转股	150

续表

序号	股东名称	出资形式	折合股份数（万股）
31	郑州市物价检查所	债转股	150
32	省肿瘤医院	债转股	150
33	河南省人民医院	债转股	500
34	郑州市电业局	债转股	10,000
35	河南省监狱管理局结算中心	债转股	50
36	郑州市儿童医院	债转股	80
37	郑州市第二人民医院	债转股	100
38	郑州市骨科医院	债转股	150
39	郑州市第七人民医院	债转股	82
40	河南省工商行政管理局	债转股	40
41	河南省工商局会计学会	债转股	40
42	河南省商标事务所	债转股	40
43	河南省职工保险互助会	债转股	100
44	河南省国防工会联合会	债转股	50
45	河南省新华书店	债转股	300
46	河南省总工会财务部	债转股	300
47	河南省南水北调中线工程建设办公室	债转股	500
48	河南省交通基本建设质量检测监督站	债转股	200
49	郑州市公路管理总段第一工程处	债转股	160
50	郑州市公路管理总段资金结算中心	债转股	719
51	黄河证券公司营业部	债转股	178
52	郑州市贷款修路车辆通行费征收管理办公室	债转股	400
53	郑州市地方公路管理处	债转股	60

续表

序号	股东名称	出资形式	折合股份数（万股）
54	河南人民出版社	债转股	30
55	郑州市副食品价格调节基金	债转股	1,100
56	企业挖潜改造资金（管城区财政局）	债转股	340
57	河南审计事务所	债转股	50
58	河南省建设厅预算外资金	债转股	100
59	中国郑州商品交易所	债转股	2,000
60	河南省烟草专卖局行政处	债转股	200
61	河南黄河河务局基建	债转股	150
62	河南省郑州水利学校综合经营办公室	债转股	100
63	河南省劳动模范协会	债转股	50
64	中国烟草总公司郑州中等专业学校	债转股	100
65	中共河南省委办公厅	债转股	150
66	河南科技市场事务管理部	债转股	94
67	洛阳至三门峡高速公路建设指挥部	债转股	1,670
68	河南省教育委员会图书工作委员会办公室	债转股	50
69	河南省交通厅	债转股	2,000
70	郑州黄河公路大桥管理处征收站	债转股	2,250
71	郑州市中原区财政局预算外	债转股	590
72	郑州市燃气有限公司	债转股	2,000
73	河南证券登记股份有限公司	债转股	150
74	中纺河南棉花进出口公司	债转股	100

续表

序号	股 东 名 称	出资形式	折合股份数（万股）
75	郑州市正园实业有限公司	债转股	80
76	政协河南省委员会	债转股	50
77	郑州市城市建设拆迁安置公司	债转股	500
78	郑州市自来水总公司	债转股	200
79	河南省国税局计财处	债转股	200
80	河南省监狱管理局结算中心	债转股	150
81	郑州卷烟厂供销公司	债转股	700
82	河南省电影公司	债转股	200
83	河南省经济技术开发公司	债转股	16,000
84	河南省工商行政管理学会	债转股	200
85	郑州市预算外资金管理局	债转股	10,680
86	郑州市电信局劳动服务公司	债转股	100
87	郑州市电信局通信开发总公司	债转股	2,100
88	河南东方煤炭施工设备租赁站	债转股	100
89	河南省劳动服务公司	债转股	390.5239
90	河南劳动厅（劳动就业处）	债转股	109.4761
91	郑州市中原区财政局	债转股	1,200
92	中国烟草河南进出口公司	债转股	250
93	河南恒运集团石油股份公司	债转股	1,000
94	太平洋保险公司	债转股	800
95	郑州煤炭交易中心	债转股	100
96	河南第一火电建设公司第二工程公司	债转股	300

续表

序号	股 东 名 称	出资形式	折合股份数（万股）
97	黄河水利委员会资金结算调度中心	债转股	100
98	华中电力国际贸易公司河南分公司	债转股	200
99	河南省证券公司	债转股	600
100	河南省建设投资总公司	债转股	2,000
101	省土产进出口公司劳动服务公司	债转股	100
102	河南第一电力节能有限公司	债转股	400
103	河南租赁公司	债转股	400
104	河南经济技术协作深圳公司	债转股	200
105	河南省第二轻工业供销公司	债转股	300
106	太平洋保险公司	债转股	400
107	河南省办公厅	债转股	250
108	河南省邮电职工技术协会	债转股	316
109	中国邮电工会河南省邮政委员会	债转股	420
110	中国邮电工会河南委员会	债转股	450
111	企业挖潜改造资金（郑州市财政局）	债转股	2,995
	合计		160,104

（4）核准公司章程变更

根据人民银行济南分行于2000年2月21日下发的《关于同意郑州城市合作银行更名迁址的批复》（济银复〔2000〕64号），原则核准《郑州市商业银行股份有限公司章程》，注册资本金为1,983,284,518元。

（5）换发金融机构法人许可证

人民银行济南分行于2000年6月16日向发行人核发经相应变更的《金融机构法人许可证》（许可证号：D10024910002）。

（6）工商变更登记

河南省工商局于2000年12月17日核发了变更后的《企业法人营业执照》（注册号：豫

工商企4100001002856)。

2.2002年变更注册资本

(1)监管部门批准

根据人民银行于1999年4月6日下发的《关于化解郑州城市合作银行风险的复函》(银函〔1999〕121号)、人民银行济南分行于1999年6月16日下发给郑州市政府的《关于同意郑州市人民政府关于全面化解郑州城市合作银行风险实施方案的复函》(济银复〔1999〕138号)、河南省政府于1999年6月18日下发的《河南省人民政府关于化解郑州城市合作银行风险实施方案的批复》(豫政文〔1999〕82号)及发行人于2002年6月13日向人民银行郑州中心支行上报的《关于郑州市商业银行变更资本金的请示》(郑商银文〔2002〕91号),本次资本金变动具体情况如下:

①资本金增加

自1999年1月至2002年2月,省、市财政部门以收缴发行人的营业税合计60,192,764元对发行人增资。

根据人民银行关于清理账外资金的有关精神,将发行人政六街支行经七路分理处,原资本金账户上河南和众物业管理有限公司600,000元资本金于1999年12月31日并入发行人资本金账内。

②资本金减少

1999年7月29日,发行人原债转股单位郑州市电信局通信开发总公司退股21,000,000股、郑州市电信局劳动服务公司退股1,000,000股、黄河水利委员会资金结算调度中心退股1,000,000股、河南省邮电职工技术协会退股3,160,000股、中国邮电工会河南省邮政委员会退股4,200,000股、中国邮电工会河南委员会退股4,500,000股,上述6笔退股共计34,860,000股。

1999年12月30日,发行人将郑州市城市建设拆迁安置公司债转股5,000,000股退股,债转股退股金额用于清偿不良贷款。

1999年12月30日,发行人将河南省证券公司债转股退股6,000,000股,债转股退股金额用于双方对冲债务。

(2)内部决议

2002年8月9日,发行人召开第二届董事会第十二次会议,审议通过《郑州市商业银行股份有限公司章程修改草案》中关于资本金的变更,同意资本金由1,983,284,518元变更为1,998,217,282元。

2003年4月8日,发行人召开第五次股东大会,追加同意发行人变更资本金和修改《公司章程》。

(3)验资

2002年9月18日,河南岳华会计师事务所有限公司出具《验资报告》(豫岳验字〔2002〕第021号),确认截至2002年4月27日止,发行人已收到河南省经济技术开发公司、郑州市财政局、河南和众物业管理有限公司新增注册资本合计人民币陆仟零柒拾玖万贰仟柒佰陆拾肆元,其中河南省经济技术开发公司、郑州市财政局均以收缴发行人的税款对发行人增资,河南和众物业管理有限公司新增资本金为发行人将政六街支行分理处原资本金账并入所致;发行人已减少郑州市电信局通信开发总公司、郑州市电信局劳动服务公司、黄河水利委员会资金结算调度中心、河南省邮电职工技术协会、中国邮电工会河南省邮政委员会、中国邮电工会河南委员会、郑州市城市建设拆迁安置公司、河南省证券公司注册资本合计人民币肆仟伍佰捌拾陆万元;发行人变更后的注册资本为人民币1,998,217,282元。

本次增减资股东及其增减资额、增减持股份数如下表所示:

序号	股东名称	申请增减注册资本(元)	折合股份数(股)
1	河南省经济技术开发公司	52,790,000	52,790,000
2	郑州市财政局	7,402,764	7,402,764
3	河南和众物业管理有限公司	600,000	600,000
4	郑州市电信局通信开发总公司	-21,000,000	-21,000,000
5	郑州市电信局劳动服务公司	-1,000,000	-1,000,000
6	黄河水利委员会资金结算调度中心	-1,000,000	-1,000,000
7	河南省邮电职工技术协会	-3,160,000	-3,160,000

续表

序号	股东名称	申请增减注册资本(元)	折合股份数(股)
8	中国邮电工会河南省邮政委员会	-4,200,000	-4,200,000
9	中国邮电工会河南委员会	-4,500,000	-4,500,000
10	郑州市城市建设拆迁安置公司	-5,000,000	-5,000,000
11	河南省证券公司	-6,000,000	-6,000,000
	合计	14,932,764	14,932,764

(4)核准变更注册资本及修改章程

根据人民银行济南分行于2002年9月29日下发的《关于同意郑州市商业银行变更资本金和修改章程的批复》(济银准〔2002〕404号),同意发行人增加资本金14,932,764元,注册资本由1,983,284,518元增加至1,998,217,282元;同意发行人因资本金变动对《公司章程》相关条款的修改。

(5)工商变更登记

2002年11月15日,河南省工商局向发行人核发了变更后的《企业法人营业执照》(注册号:豫工商企4100001002856)。

(6)换发金融机构法人许可证

2002年10月20日,人民银行济南分行向发行人核发经相应变更的《金融机构法人许可证》(许可证号:D10024910002)。

3.2006年变更注册资本

(1)内部决议

2006年5月22日,发行人召开第三届董事会第九次会议,审议通过了《关于郑州市商业银行不良资产处置工作实施方案的议案》《关于变更郑州市商业银行股份有限公司注册资本金的议案》《关于修改郑州市商业银行股份有限公司章程的议案》。

2006年6月28日,发行人召开第八次股东大会,审议通过了《郑州市商业银行不良资产处置工作实施方案》《郑州市商业银行变更注册资本金的提案》《关于修改本行章程的提案》,同意发行人的不良资产处置工作实施方案,同意发行人的注册资本金由1,998,217,282元变更为763,931,900元,并同意相应修改《公司章程》。

(2)监管部门批准

2006年6月29日,郑州市政府下发《郑州市人民政府关于缩减郑州市财政局等6家郑州市商业银行市属法人大股东股本金的通知》(郑政文〔2006〕111号),鉴于河南省政府常务会议研究同意缩减发行人法人大股东股本金(河南省人民政府常务会议纪要〔2006〕12号),通知要求发行人的市属法人大股东郑州市财政局、郑州市燃气有限公司、郑州市二七区财务开发公司、郑州市中原区财政局、郑州市副食品价格调节基金和上街区人民政府预算外资金管理办公室6家单位缩减股本金,用于弥补发行人以往亏损。6家市属股东单位股本金共缩减89,748.404万元。郑州市国资委、郑州市财政局及有关区人民政府据此核销上述6家单位账面资产。

2006年8月16日,郑州市政府向河南省政府上报《郑州市人民政府关于呈报郑州市商业银行不良资产处置工作实施方案的请示》(郑政文〔2006〕144号),提请河南省政府审议《郑州市商业银行不良资产处置工作实施方案》(以下简称《不良资产处置方案》),《不良资产处置方案》具体措施包括:"(一)用资本金弥补以前年度亏损。1.用省、市财政及省、市部分单位股金弥补亏损12亿元;2.全额冲销部分股东股金,弥补亏损3,144万元。共冲销原易通等14家信用社的33家法人股金及8个法定代表自然人股金共计3,144万元。(二)资产置换。由市政府出资成立商都资产管理有限责任公司,负责接收、处置和管理郑州市商业银行剥离出的不良资产。市政府将市属黄河风景名胜区及国际会展中心总评估价值为62.82亿元的两块优质资产注入郑州商行,置换出郑州市商业银行的等额不良资产。(三)财政支持。自2006年-2015年,郑州市商业银行缴纳的营业税及所得税省、市留成部分,财政等额支持郑州市商业银行,该款项用于弥补置入资产的收益和补充郑州市商业银行的资本金。"

2006年9月20日,河南省政府向郑州市政府下发《河南省人民政府关于郑州市商业银行不良资产处置工作实施方案的批复》(豫政文〔2006〕210号),"原则同意你市关于郑州市商业银行不良资产处置的实施方案,采取资本金补亏、资产置换和财政支持的方式,使郑州市商业银行各项经营指标达到金融监管要求”。

(3)验资

2006年11月10日,河南岳华会计师事务所有限公司出具《验资报告》(豫岳验字〔2006〕第014号),确认发行人“原注册资本为人民币1,998,217,282.00元,实收资本为人民币1,998,217,282.00元”;经审验,“截至2006年9月30日止,贵公司已减少实收资本人民币1,234,285,382.00元,其中,减少中国社会经济交流文化协会等33家单位的资本31,323,677.00元和杨林军等8个自然人股东的资本115,465.00元,合计减少注册资本31,439,142.00元;减少郑州市财政局等9家单位资本1,202,846,240.00元”。

《验资报告》(豫岳验字〔2006〕第014号)验资事项说明部分记载,发行人“减少注册资本用于弥补截至2005年的累计亏损1,234,285,382.00元,按每股人民币1元,减少实收资本人民币1,234,285,382.00元,增加未分配利润1,234,285,382.00元,变更后贵公司的实收资本为人民币763,931,900.00元”。

① 冲销33名法人股东、8名自然人股东的股权共计31,439,142元,具体减资情况如下表所示:

续表

序号	股东名称	申请减少注册资本金(万元)	实际减少实收资本情况(万元)
1	郑州通联经济发展公司	200	200
2	郑州市金钢磨具实业公司	80.3996	80.3996
3	河南省黄河国际实业股份有限公司	200	200
4	郑州市安得实业有限公司	50	50
5	河南省天龙国际实业有限公司	235	235
6	郑州浪潮实业公司	28.0196	28.0196
7	郑州华辆实业公司	28.0196	28.0196
8	河南省中原经济开发公司	50.035	50.035
9	中原信托投资公司	35.0245	35.0245
10	河南省人大常委会劳动服务公司	166.07	166.07
11	郑州管城区财政局劳动服务公司	250.535	250.535
12	郑州管城仁信实业开发公司	10.0214	10.0214
13	河南银通实业有限责任公司	100	100
14	河南中神移动通讯器材服务中心	30	30
15	河南朱氏汇邦实业有限公司	30	30
16	深圳国银投资发展有限公司河南分公司	5	5
17	郑州市恒通科技实业公司	5	5
18	郑州市银辉实业有限公司	30	30
19	河南省中原不动产总公司	118.328	118.328
20	中原奖学基金会	88.746	88.746
21	海南三联企业发展公司	121.39	121.39
22	郑州工银房地产投资公司	109.251	109.251
23	河南正兴经济发展总公司	24.278	24.278
24	河南豫财宾馆	10	10
25	中国社会经济交流文化协会	490	490
26	郑州市凯达房地产实业公司	50	50
27	郑州市银河铸钢厂	20	20
28	河南天地人实业有限公司	42.5	42.5
29	河南银河汽车修理有限公司	7.5	7.5
30	河南省豫发实业公司	127.25	127.25

续表

序号	股东名称	申请减少注册资本金（万元）	实际减少实收资本情况（万元）
31	河南省国兴实业贸易公司	250	250
32	河南省星火技术开发公司	47	47
33	河南省经济技术研究所	93	93
	法人股东减少资本合计	3,132.3677	3,132.3677
34	李春林	0.5	0.5
35	余留功	0.9172	0.9172
36	王福泰	0.8417	0.8417
37	杨林军	5.76	5.76
38	王德甫	1.1	1.1
39	蒋笑非	1.1007	1.1007
40	李力	0.5	0.5
41	李秀华	0.8269	0.8269
	自然人股东减少资本合计	11.5465	11.5465
	法人、自然人股东减少资本共计	3,143.9142	3,143.9142

② 缩减 9 名法人股东资本共计 1,202,846,240元，具体缩减资本情况如下表所示：

序号	股东名称	原股金（万元）	缩减的股金（万元）	剩余股金（万元）
1	河南省建设投资总公司	12,000	9,360	2,640
2	河南省经济技术开发公司	21,279	19,616.22	1,662.78
3	郑州市财政局	102,415.2764	82,067.9156	20,347.3608
4	河南省交通厅	2,000	1,560	440
5	郑州市燃气有限公司	4,000	3,120	880

续表

序号	股东名称	原股金（万元）	缩减的股金（万元）	剩余股金（万元）
6	郑州市二七区财务开发公司	2,657.3530	1,986.4884	670.8646
7	郑州市中原区财政局	1,200	936	264
8	郑州市副食品价格调节基金	1,100	858	242
9	上街区人民政府预算外资金管理办公室	1,000	780	220
4	合计	147,651.6294	120,284.624	27,367.0054

(4)批准注册资本变更

2006 年 9 月 25 日，河南银监局下发《河南银监局关于同意郑州市商业银行变更注册资本金的批复》(豫银监复〔2006〕350 号)，同意发行人注册资本金由 1,998,217,282 元变更为 763,931,900 元。

(5)核准公司章程变更

2006 年 9 月 25 日，河南银监局下发《河南银监局关于同意郑州市商业银行修改章程的批复》(豫银监复〔2006〕349 号)，同意发行人经修改的注册资本金变更为 763,931,900 元的《公司章程》。

(6)工商变更登记

河南省工商局于 2006 年 12 月 30 日核发了变更后的《企业法人营业执照》(注册号：4100001002856)。

4.2006 年至 2008 年变更注册资本

(1)内部决议

2006 年 12 月 5 日，发行人召开第三届董事会第十一次会议，审议通过了《关于郑州市商业银行股份有限公司增资扩股方案》《关于变更郑州市商业银行股份有限公司注册资本金的议案》。

2006 年 12 月 25 日，发行人召开临时股东大会，审议通过了《关于郑州市商业银行股份有限公司增加资本金方案的议案》《关于变更郑州市商业银行股份有限公司注册资本金的议案》,同意郑州市财政局投资2亿元补充资本金。

2008年5月16日,发行人召开2008年度临时股东大会,审议通过了《关于修改郑州市商业银行股份有限公司章程的议案(一)》,追加同意就此次增资变更《公司章程》。

(2)股东资格审批

2007年11月6日,郑州市政府向中国银监会上报《郑州市人民政府关于同意对郑州市商业银行投资入股的函》(郑政函〔2007〕108号),同意由郑州市财政局作为投资人,以财政结余资金向发行人增加资本金20,000万元。

2007年11月16日,发行人向中国银监会上报《关于郑州市财政局以财政结余资金向郑州市商业银行股份有限公司增资入股资格审核的请示》(郑商银文〔2007〕143号)。

2007年12月29日,中国银监会下发《中国银监会关于郑州市财政局增持郑州市商业银行股份的批复》(银监复〔2007〕627号),同意郑州市财政局增持发行人股本金20,000万元,合计持有发行人股本金44,318.45万元,占发行人增资扩股后总股本的45.98%。

(3)验资

2008年1月25日,河南永昊联合会计师事务所出具《验资报告》(豫永昊验字〔2008〕第A01-083号),确认"截至2006年12月14日止,贵公司已收到郑州市财政局以货币方式缴纳的新增注册资本人民币200,000,000.00元(人民币大写贰亿元)"。

本次增资股东及其增资额、增持股份数如下表所示:

序号	股东名称	新增出资(元)	折合股份数(股)
1	郑州市财政局	200,000,000	200,000,000
	合计	200,000,000	200,000,000

根据前述《验资报告》,发行人的注册资本由763,931,900元增加至963,931,900元。

(4)批准注册资本变更

2008年3月4日,河南银监局下发《河南银监局关于同意郑州市商业银行股份有限公司变更注册资本金的批复》(豫银监复〔2008〕42号),同意发行人注册资本金增加20,000万元,由76,393.19万元增加至96,393.19万元。

(5)核准公司章程变更

2008年6月30日,河南银监局下发《河南银监局关于同意郑州市商业银行股份有限公司修改章程的批复》(豫银监复〔2008〕182号),同意发行人修改《公司章程》。

(6)工商变更登记

河南省工商局于2008年7月29日核发了变更后的《企业法人营业执照》(注册号:410000100052554)。

5. 2008年至2009年变更注册资本

(1)第一阶段增资

①内部决议

2008年4月30日,发行人召开第三届董事会第十八次会议,审议通过了《关于郑州市商业银行股份有限公司增资扩股的议案》《关于变更郑州市商业银行股份有限公司注册资本金的议案》《关于修改郑州市商业银行股份有限公司章程的议案》。

2008年5月16日,发行人召开2008年度临时股东大会,审议通过了《关于郑州市商业银行股份有限公司增资扩股的议案》《关于变更郑州市商业银行股份有限公司注册资本金的议案》《关于修改郑州市商业银行股份有限公司章程的议案(二)》,同意百瑞信托、郑州燃气集团、中原环保等企业以每股1.253元入股发行人并同意相应修改《公司章程》。

②签订的相关协议

2008年6月10日,发行人与百瑞信托签订《入股协议书》,百瑞信托按每股股份面额1.253元人民币投资入股发行人,总投资金额为7,518万元人民币。其中,6,000万元入发行人的资本金,1,518万元用于消化历史遗留的风险资产。

2008年6月10日,发行人与郑州燃气集团签订《入股协议书》,郑州燃气集团按每股股份面额1.253元人民币投资入股发行人,投资金额为7,518万元人民币。其中,6,000万元入发行人资本金,1,518万元用于消化历史遗留的风险资产。

2008年6月10日,发行人与中原环保签订《入股协议书》,中原环保按每股股份面额1.253元人民币投资入股发行人,投资金额为

6,265 万元人民币。其中,5,000 万元入发行人的资本金,1,265 万元用于消化历史遗留的风险资产。

③国资委关于增资的批复

2008 年 5 月 29 日,郑州市国资委向中原环保下发《郑州市人民政府国有资产监督管理委员会关于中原环保股份有限公司股权投资的批复》(郑国资〔2008〕118 号),原则同意中原环保入股发行人,以每股 1.253 元的价格认购发行人本次增资股份中的 5,000 万股。其中,每股 1 元部分增加发行人实收资本,其余部分用于发行人处置不良资产。

2008 年 6 月 25 日,郑州市国资委向百瑞信托下发《郑州市人民政府国有资产监督管理委员会关于百瑞信托有限责任公司增资郑州市商业银行股份有限公司的批复》(郑国资〔2008〕137 号),原则同意百瑞信托投资入股发行人,以每股 1.253 元的价格认购发行人本次增资股份中的 6,000 万股。其中,每股 1 元部分增加发行人实收资本,其余部分用于发行人处置不良资产。

2008 年 6 月 25 日,郑州市国资委向郑州燃气集团下发《郑州市人民政府国有资产监督管理委员会关于郑州燃气集团有限公司增资郑州市商业银行股份有限公司的批复》(郑国资〔2008〕138 号),原则同意郑州燃气集团投资入股发行人,以每股 1.253 元的价格认购发行人本次增资股份中的 6,000 万股。其中,每股 1 元部分增加发行人实收资本,其余部分用于发行人处置不良资产。

④股东资格审批

2008 年 7 月 18 日,发行人向河南银监局上报《关于郑州市商业银行审查中原环保股份有限公司股东资格的报告》(郑商银文〔2008〕79 号),向河南银监局报告中原环保的股东资格审查结果。

2008 年 7 月 21 日,河南银监局下发《河南银监局关于核准百瑞信托有限责任公司和郑州燃气集团有限公司入股郑州市商业银行股份有限公司股东资格的批复》(豫银监复〔2008〕208 号),核准百瑞信托股东资格,同意其新增入股 6,000 万股,加原有股份 1,300 万股,共计7,300 万股,占发行人股份总数的 6.44%;核准郑州燃气集团的股东资格,同意其新增入股 6,000 万股,加原有股份 880 万股,共计 6,880 万股,占发行人股份总数的 6.07%。

⑤验资

2008 年 6 月 27 日,河南永昊联合会计师事务所出具《验资报告》(豫永昊验字〔2008〕第 A06－049 号),确认"截至 2008 年 6 月 27 日止,贵公司已收到百瑞信托有限责任公司、中原环保股份有限公司、郑州燃气集团有限公司以货币方式缴纳的新增注册资本人民币 170,000,000.00元(人民币大写壹亿柒千万元)"。

本次增资股东及其增资额、增持股份数如下表所示:

序号	股 东 名 称	新增出资(元)	折合股份数(股)
1	百瑞信托有限责任公司	60,000,000	60,000,000
2	郑州燃气集团有限公司	60,000,000	60,000,000
3	中原环保股份有限公司	50,000,000	50,000,000

根据前述《验资报告》,发行人的注册资本由 963,931,900 元增至 1,133,931,900 元。

⑥ 批准注册资本变更

2008 年 7 月 31 日,河南银监局下发《河南银监局关于同意郑州市商业银行股份有限公司变更注册资本金的批复》(豫银监复〔2008〕228 号),批准发行人注册资本金由 96,393.19 万元增加至 113,393.19 万元。

⑦ 批准修改公司章程

2008 年 9 月 5 日,河南银监局下发《河南银监局关于同意郑州市商业银行股份有限公司修改章程的批复》(豫银监复〔2008〕274 号),同意发行人修改《公司章程》。

(2)第二阶段增资

①内部决议

2008 年 11 月 28 日,发行人召开第三届董事会 2008 年第三次临时会议,审议通过了《关于审核郑州市城区路网建设管理公司、郑州市市政设施维修建设有限公司、郑州市市政工程总公司、郑州市污水净化有限公司、郑州市土地储备中心、郑州市环卫清洁有限公司等六家企业入股郑州市商业银行股份有限公司股东资格的议案》。

2008年12月15日，发行人召开2008年第二次临时股东大会，审议通过了《关于郑州市城区路网建设管理公司、郑州市市政设施维修建设有限公司、郑州市市政工程总公司、郑州市污水净化有限公司、郑州市土地储备中心、郑州市环卫清洁有限公司等六家企业等额投资入股郑州市商业银行股份有限公司的提案》，同意郑州市城区路网建设管理公司、郑州市市政设施维修建设有限公司、郑州市市政工程总公司、郑州市污水净化有限公司、郑州市土地储备中心、郑州市环卫清洁有限公司等六家企业（以下简称"6家法人股东"）分别以货币资金入股5,000万股，合计入股3亿股。

②签订的相关协议

2008年12月19日，发行人分别与6家法人股东签订了6份《投资入股协议书》，上述协议约定6家法人股东按每股股份面额1元人民币投资入股发行人，每家法人股东投资金额均为5,000万元人民币。

③验资

2008年12月23日，河南永昊联合会计师事务所出具《验资报告》（豫永昊验字〔2008〕第042号），确认"截至2008年12月23日止，贵公司已收到郑州市城区路网建设管理公司、郑州市市政设施维修建设有限公司、郑州市市政工程总公司、郑州市污水净化有限公司、郑州市土地储备中心、郑州市环卫清洁有限公司等6家以货币方式缴纳的新增注册资本人民币300,000,000.00元（人民币大写叁亿元）"。

本次增资股东及其增资额、增持股份数如下表所示：

序号	股东名称	新增出资（元）	折合股份数（股）
1	郑州市城区路网建设管理公司	50,000,000	50,000,000
2	郑州市市政设施维修建设有限公司	50,000,000	50,000,000
3	郑州市市政工程总公司	50,000,000	50,000,000
4	郑州市污水净化有限公司	50,000,000	50,000,000
5	郑州市土地储备中心	50,000,000	50,000,000
6	郑州市环卫清洁有限公司	50,000,000	50,000,000

根据前述《验资报告》，发行人的注册资本由1,133,931,900元增至1,433,931,900元。

④股东资质报备

2008年12月30日，发行人向河南银监局上报《关于审查郑州市城区路网建设管理公司、郑州市市政设施维修建设有限公司、郑州市市政工程总公司、郑州市污水净化有限公司、郑州市土地储备中心、郑州市环卫清洁有限公司等六家企业入股郑州市商业银行股东资格的报告》（郑商银文〔2008〕134号），向河南银监局报告6家法人股东的股东资格审查结果。

⑤批准注册资本变更

2009年3月19日，河南银监局下发《河南银监局关于同意郑州市商业银行股份有限公司变更注册资本金的批复》（豫银监复〔2009〕107号），批准发行人注册资本金由113,393.19万元增加至143,393.19万元。

⑥批准修改公司章程

2009年5月7日，河南银监局下发《河南银监局关于同意郑州市商业银行股份有限公司修改章程的批复》（豫银监复〔2009〕152号），核准发行人经修改的注册资本变更为1,433,931,900元的《公司章程》。

(3)2008年至2009年变更注册资本合并验资

2009年6月4日，河南永昊联合会计师事务所出具《验资报告》（豫永昊验字〔2009〕第A06－011号），经审验，发行人"已收到百瑞信托有限责任公司、中原环保股份有限公司、郑州燃气集团有限公司、郑州市城区路网建设管理公司、郑州市市政设施维修建设有限公司、郑州市市政工程总公司、郑州市污水净化有限公司、郑州市土地储备中心、郑州市环卫清洁有限公司以货币方式缴纳的新增注册资本人民币470,000,000.00元（人民币大写肆亿柒仟万元）"。

(4)工商变更登记

河南省工商局于2009年6月22日核发了变更后的《企业法人营业执照》(注册号:410000100052554)。

6. 2011年至2012年变更注册资本

(1)内部决议

2011年11月8日,发行人召开第三届董事会第三十三次会议,审议通过了《郑州银行股份有限公司增资扩股方案》《关于变更郑州银行股份有限公司注册资本金的议案》《关于修改〈郑州银行股份有限公司章程〉的议案》。

2011年11月10日,发行人召开2011年第一次临时股东大会,审议通过了《关于〈郑州银行股份有限公司增资扩股方案〉的议案》《关于变更郑州银行股份有限公司注册资本金的议案》《关于修改郑州银行股份有限公司章程的议案》,同意授权董事会在不低于25.08亿股(含)的增发数量内,对增发规模、投资人名单、持股数量、持股比例等事宜进行调整、决定,同意将发行人注册资本金由143,393.19万元变更为394,193.19万元,并同意相应修改《公司章程》。

(2)内部审核股东资质

2011年11月8日,发行人召开第三届董事会第三十三次会议,审议通过了《关于审查豫泰国际(河南)房地产开发有限公司、河南兴业房地产开发有限公司等6家入股郑州银行股份有限公司股东资格的议案》《关于审核河南国源贸易有限公司、河南豫发置业有限公司等56家公司入股郑州银行股份有限公司股东资格的议案》。

2011年11月10日,发行人召开2011年第一次临时股东大会,审议通过了《关于同意豫泰国际(河南)房地产开发有限公司、河南兴业房地产开发有限公司等投资人入股郑州银行股份有限公司的议案》,该议案记载,发行人选择豫泰国际(河南)房地产、河南兴业房地产等6家投资人以每股2.72元的价格投资发行人。

(3)增资扩股方案监管审批

2011年12月26日,发行人向河南银监局上报《郑州银行关于呈请审批〈郑州银行股份有限公司增资扩股方案〉的请示》(郑银文〔2011〕181号),提请河南银监局批准《郑州银行股份有限公司增资扩股方案》。2011年12月30日,河南银监局下发《河南银监局关于同意郑州银行股份有限公司实施增资扩股方案的批复》(豫银监复〔2011〕688号),批准实施《郑州银行股份有限公司增资扩股方案》,该方案记载:“(1)增发规模:本次募集新股规模为25.08亿股;(2)增发价格和募集金额:本次拟募集新股每股面值人民币1元,增发价格为2.72元/股,共计划募集资金68.22亿元,其中1元部分增加本公司实收资本,溢价部分由本公司用于处置43.13亿元置换资产;(3)新募集股东数量:计划募集法人股东62家,其中新进股东58家,原股东增持4家”。

(4)股东资质批复

2011年12月31日,河南银监局下发《河南银监局关于核准豫泰国际(河南)房地产开发有限公司等六家企业入股郑州银行股份有限公司股东资格的批复》(豫银监复〔2011〕698号),核准豫泰国际(河南)房地产、河南兴业房地产、晨东实业、中原信托、郑州投资控股、北京林瑞祥经贸有限公司的股东资格;上述六家公司经核准的投资入股数额、所持股份占增资扩股后发行人股份的比例具体如下:

序号	入股企业名称	认购股份数量(万股)	原有股份(万股)	所持股份占增资扩股后发行人股份的比例(%)
1	豫泰国际(河南)房地产开发有限公司	26,200	0	6.65
2	河南兴业房地产开发有限公司	25,000	0	6.34
3	河南晨东实业有限公司	22,600	0	5.73
4	中原信托有限公司	20,500	0	5.20
5	郑州投资控股有限公司	16,600	6,880	5.96
6	北京林瑞祥经贸有限公司	1,500	0	0.38
	合计	112,400	6,800	30.26

(5)评估

2011年3月30日,河南金方资产评估事务所有限责任公司出具的《郑州银行股份有限公司拟增资扩股项目资产评估报告书》(豫金方评报字〔2011〕第 11 号),该报告以收益法的结果作最终评估结论,评估结果为发行人股东全部权益在评估基准日 2010 年 12 月 31 日的评估值为 389,726.7 万元;以总股本 143,393.19 万元为基数计算,股东全部权益评估值折合 2.7179元/股。

(6)验资

2011 年 12 月 30 日,河南诚和会计师事务所出具《验资报告》(豫诚审字〔2011〕55 号),确认“贵公司已收到豫泰国际(河南)房地产开发有限公司、河南兴业房地产开发有限公司等 62 家出资者以货币方式缴纳的新增注册资本(实收资本)”。“贵公司本次增资前的注册资本人民币 1,433,931,900.00 元,实收资本人民币 1,433,931,900.00 元。截至 2011 年 12 月 30 日止,变更后的累计注册资本人民币 3,941,931,900.00元,实收资本 3,941,931,900.00 元”。

本次增资股东及其增持股份数如下表所示:

序号	股 东 名 称	认购股份数量(股)
1	郑州投资控股有限公司	166,000,000
2	百瑞信托有限责任公司	60,000,000
3	河南投资集团有限公司	11,000,000
4	河南省第五建筑安装工程(集团)有限公司	10,000,000
5	豫泰国际(河南)房地产开发有限公司	262,000,000
6	河南兴业房地产开发有限公司	250,000,000
7	河南晨东实业有限公司	226,000,000
8	中原信托有限公司	205,000,000
9	河南国原贸易有限公司	195,000,000
10	河南盛润控股集团有限公司	100,000,000
11	河南正弘置业有限公司	100,000,000
12	河南豫发置业有限公司	60,000,000
13	河南力天置业有限公司	50,000,000

续表

序号	股 东 名 称	认购股份数量(股)
14	河南高速公路发展有限责任公司	50,000,000
15	河南有色地质矿产有限公司	50,000,000
16	郑州市永威置业有限公司	50,000,000
17	郑州海龙实业有限公司	30,000,000
18	河南神力混凝土有限公司	30,000,000
19	舞钢中加矿业发展有限公司	30,000,000
20	河南红旗煤业股份有限公司	25,000,000
21	郑州方昕商贸有限公司	23,000,000
22	河南新东星实业发展有限公司	20,000,000
23	长葛市祥合铝材有限责任公司	20,000,000
24	郑州市第一建筑工程集团有限公司	20,000,000
25	河南省聚合置业有限责任公司	20,000,000
26	河南鸿宝集团有限公司	20,000,000
27	郑州登电煤业开发有限公司	20,000,000
28	河南新亚实业有限公司	20,000,000
29	河南志强置业有限公司	20,000,000
30	河南昌泰不锈钢板股份有限公司	20,000,000
31	北京林瑞祥经贸有限公司	15,000,000
32	郑州三兴汽车贸易有限公司	15,000,000
33	鹤壁市维多利金属有限公司	15,000,000
34	河南同舟棉业有限公司	12,000,000
35	尉氏县凯华皮革有限公司	12,000,000
36	南阳海昌房地产开发有限责任公司	12,000,000
37	新乡市纺织化纤原料有限公司	12,000,000
38	河南新邦钢铁有限公司	11,000,000
39	河南鸿泰教育投资有限公司	11,000,000
40	河南裕鸿置业有限公司	10,000,000
41	河南来美鑫进出口贸易有限公司	10,000,000
42	洛阳东一数控重机有限公司	10,000,000

续表

序号	股 东 名 称	认购股份数量(股)
43	郑州新浩霖科技有限公司	10,000,000
44	郑州后羿制药有限公司	10,000,000
45	河南太龙药业股份有限公司	10,000,000
46	郑州明腾房产服务有限公司	10,000,000
47	南阳市明伦房地产开发有限公司	10,000,000
48	郑州鑫成钢铁有限公司	10,000,000
49	郑州市鸿成房地产有限公司	10,000,000
50	河南省粮食交易物流市场有限公司	10,000,000
51	河南中原粮棉油交易市场有限公司	10,000,000
52	河南中美纯水有限公司	10,000,000
53	河南省钱币有限公司	10,000,000
54	郑州荣辉金属材料有限公司	10,000,000
55	河南育林绿化工程有限公司	10,000,000
56	郑州市嘉盛商贸有限公司	10,000,000
57	河南源升置业有限公司	10,000,000
58	河南立基房地产开发有限公司	10,000,000
59	河南康利达置业有限公司	10,000,000
60	河南鑫联鑫钢铁有限公司	10,000,000
61	郑州诚信资产经营有限公司	10,000,000
62	郑州新登企业集团有限公司	10,000,000
	合计	2,508,000,000

根据前述《验资报告》,发行人的注册资本由1,433,931,900元增至3,941,931,900元。

(7)批准注册资本变更

2011年12月31日,河南银监局下发《河南银监局关于同意郑州银行股份有限公司变更资本金的批复》(豫银监复〔2011〕707号),批准发行人注册资本金增加250,800万元,由143,393.19万元变更为394,193.19万元。

(8)批准修改公司章程

2012年1月17日,河南银监局下发《河南银监局关于同意郑州银行股份有限公司修改章程的批复》(豫银监复〔2012〕19号),同意发行人经修改的注册资本变更为394,193.19万元的《公司章程》。

(9)工商变更登记

河南省工商局于2012年2月3日核发了变更后的《企业法人营业执照》(注册号:410000100052554)。

7.2015年H股首次公开发行上市

(1)内部决议

2015年2月12日,发行人召开第四届董事会第十三次会议,审议通过了《关于郑州银行股份有限公司发行H股股票并在香港联合交易所有限公司上市的议案》《关于郑州银行股份有限公司转为境外募集股份有限公司的议案》《关于提请股东大会授权董事会及其获授权人士全权处理与发行H股股票并在香港上市有关事项的议案》等与发行人首次公开发行H股并在香港联交所上市的相关议案。

2015年3月1日,发行人召开2015年第一次临时股东大会,审议通过了《关于郑州银行股份有限公司发行H股股票并在香港联合交易所有限公司上市的议案》《关于郑州银行股份有限公司转为境外募集股份有限公司的议案》《关于提请股东大会授权董事会及其获授权人士全权处理与发行H股股票并在香港上市有关事项的议案》等与发行人首次公开发行H股并在香港联交所上市的相关议案。

(2)监管部门批准

根据河南银监局于2015年9月14日下发的《河南银监局关于郑州银行股份有限公司首次公开发行H股股票并上市方案的批复》(豫银监复〔2015〕268号),河南银监局已原则同意发行人首次公开发行H股股票,发行人所募集资金扣除发行费用后,全部用于补充发行人资本金。根据河南银监局于2015年9月14日下发的《河南银监局关于郑州银行股份有限公司监管意见书的函》(豫银监函〔2015〕23号),河南银监局认为发行人"截至2015年6月30日,各项主要监管指标符合监管要求,基本具备了较为规范的公司治理和内控机制。通过首次公开发行H股股票,将有效补充核心资本,优化股权结构,提高资本质量,增强风险抵御能力,提升核心竞争能力和可持续发展能力"。

根据中国证监会于2015年10月15日下发的《关于核准郑州银行股份有限公司发行境

外上市外资股的批复》(证监许可〔2015〕2295号),中国证监会核准发行人发行不超过138,000万股境外上市外资股,每股面值人民币1元,全部为普通股;核准郑州市财政局、郑州投资控股有限公司等发行人63个国有股东划转社保基金会的不超过13,800万股存量股份转为境外上市外资股,在符合境内外有关法律、法规和规则的情况下,可在香港交易所主板流通,具体减(转)持方案应按社保基金会的有关批复办理;获得社保基金会的批复后,发行人可到境外发行股份;完成本次发行后,发行人可到香港交易所主板上市。

2015年12月23日,发行人首次公开发行H股并在香港联交所上市,证券简称"郑州银行",证券代码"06196",发行完成后,发行人的注册资本增加至5,321,931,900元。

(3)验资

根据毕马威于2016年1月29日出具的《验资报告》(毕马威华振验字第1600243号),发行人H股发行并行使超额配售权后,变更后的注册资本为5,321,931,900元,累计实收资本(股本)为人民币5,321,931,900元。

(4)批准公司章程变更

河南银监局于2015年9月14日下发《河南银监局关于同意郑州银行股份有限公司修改章程的批复》(豫银监复〔2015〕263号),核准修订后的《郑州银行股份有限公司章程》。

(5)批准注册资本变更

河南银监局于2016年4月22日下发《河南银监局关于同意郑州银行股份有限公司变更注册资本的批复》(豫银监复〔2016〕87号),批准发行人注册资本金由人民币394,193.19万元变更为532,193.19万元。

(6)工商变更登记

河南省工商局于2016年5月12日核发了变更后的《营业执照》(统一社会信用代码:914100001699995779)。

8.经本所核查:

(1)资产评估程序

发行人2006年至2008年的增资、2008年至2009年的增资未履行资产评估以及资产评估结果备案或核准程序,发行人2011年至2012年的增资虽然进行了资产评估但未履行评估结果的备案或核准程序,但鉴于:

①发行人2006年至2008年的增资扩股系依据中国银监会的批复进行,2008年至2009年的增资扩股以及2011年至2012年的增资扩股系依据河南银监局的有关批复进行,三次增资扩股均依法履行了验资程序,取得了河南银监局关于注册资本变更的批复,并办理了工商登记备案程序。

②2015年8月26日,郑州市政府出具了《承诺书》,确认"鉴于上述三次增资扩股时的定价均考虑了郑州银行的财务状况、发展预期和盈利增长等因素,且增资扩股后,郑州银行资本金得到有效补充,业务实现快速发展且盈利水平持续大幅增长,因此,增资扩股后每股净资产均较增资前增加,国有资产实现保值增值。同时,郑州银行增资扩股与投资者协议商定入股价格时,发行定价机制合法合规,不存在利益输送现象。郑州银行历次增减资均获得相关监管部门的批复,并依法履行验资及工商登记备案程序,总体合法合规,不存在国有资产流失情形,也不存在重大违法违规行为,郑州银行股份的形成不存在虚假陈述、出资不实的情形,不存在重大诉讼、纠纷以及重大风险隐患"。郑州市政府同时承诺,"如郑州银行今后发生与历史沿革中产权变动引起的纠纷或其他问题,郑州市政府负责解决"。

③2015年9月8日,河南省政府出具了《确认函》,确认"郑州银行股份有限公司的设立、历次注册资本增减、其他股份变动等情况总体合法合规,不存在重大纠纷或潜在重大纠纷,并对郑州市政府的审核意见予以确认"。河南省政府同时确认,"如郑州银行股份有限公司今后发生因历史沿革中产权变动引起的纠纷或其他问题,我省将责成郑州市政府协调解决"。

本所认为,发行人增资过程中存在的未履行资产评估相关手续的行为不会对本次发行上市产生重大不利影响。

(2)1999年至2000年的减资程序

发行人设立时注册资本为人民币452,759,882元。其后,发行人根据省、市政府化解发行人风险的要求,冲减欠贷股东资本金人民币70,515,364元用于归还贷款。发行人未就注册资本由人民币452,759,882元减少至382,244,518元履行减资所需的内部审批、通知债权人、减资股东确认等程序。

虽然发行人未就上述减资履行相关审批、通知债权人、减资股东确认等程序,但鉴于:

①上述冲销股东权益及债转股方案已取得河南省政府下发的《河南省人民政府关于化解郑州城市合作银行风险实施方案的批复》(豫政文〔1999〕82 号)的批准。

②发行人本次增加人民币 1,601,040,000 元注册资本系在核销股东资本金人民币 70,515,364元后的实收资本人民币 382,244,518 元基础上进行的,核销股东资本金及本次增资后,发行人注册资本为人民币 1,983,284,518 元。发行人已取得人民银行济南分行下发的《关于同意郑州城市合作银行更名迁址的批复》(济银复〔2000〕64 号),核准了发行人注册资本变更为人民币 1,983,284,518 元的《公司章程》。

③发行人本次减资及增资已履行验资程序,并取得河南省工商局于 2000 年 12 月 17 日核发的《企业法人营业执照》。

④根据发行人的确认,截至本法律意见出具之日,被核销人民币 70,515,364 元资本金的相关股东、发行人债权人未就上述减资事宜向发行人提起任何诉讼或仲裁。

⑤2015 年 8 月 26 日,郑州市政府出具了《承诺书》,确认“郑州银行历次注册资本变更过程中存在冲减、核减以及缩减股份的行为,系根据相关主管部门、政府部门的要求或者获得相关主管部门、政府部门批准后进行的,且在郑州银行后续开展的股东确权中,部分股东已对其冲减、核减或缩减后的股份进行了追认,郑州银行在此过程中不存在重大违法违规行为;郑州银行历次增减资均获得相关监管部门的批复,并依法履行验资及工商登记备案程序,总体合法合规,不存在国有资产流失情形,也不存在重大违法违规行为,郑州银行股份的形成不存在虚假陈述、出资不实的情形,不存在重大诉讼、纠纷以及重大风险隐患”。郑州市政府同时承诺,“如郑州银行今后发生与历史沿革中产权变动引起的纠纷或其他问题,郑州市政府负责解决”。

⑥2015 年 9 月 8 日,河南省政府出具了《确认函》,确认发行人的设立、历次注册资本增减、其他股份变动等情况总体合法合规,不存在重大纠纷或潜在重大纠纷,并对郑州市政府的审核意见予以确认。河南省政府同时确认,“如郑州银行股份有限公司今后发生因历史沿革中产权变动引起的纠纷或其他问题,我省将责成郑州市政府协调解决”。

本所认为,该次减资未履行上述减资程序不会对本次发行上市产生重大不利影响。

(3)1999 年至 2000 年债转股股东资格

发行人本次债转股产生的股东中有 57 家行政事业单位股东资格不符合人民银行《关于向金融机构投资入股的暂行规定》(银发〔1994〕186 号)的规定。但人民银行济南分行在 1999 年 10 月 18 日下发的《关于同意郑州城市合作银行变更资本金的批复》(济银复〔1999〕342 号)中同意待发行人风险化解后规范上述 57 家行政事业单位股东资格瑕疵问题。

根据发行人的确认并经本所核查,截至本法律意见出具之日,上述 57 家行政事业单位股东中已有 51 家行政事业单位股东将所持发行人股权转让给符合资格的受让方。另有 6 家行政事业单位仍持有发行人 17,287,370 股股份(约占发行人股份总数的 0.32%)。根据发行人的确认,发行人将择机尽快推进剩余 6 家行政事业单位股东的清理工作。

综上所述,本所认为,虽然发行人本次债转股产生的股东中有 57 家行政事业单位股东资格不符合人民银行《关于向金融机构投资入股的暂行规定》(银发〔1994〕186 号)的规定,但已经过人民银行济南分行的批准,且河南省政府已对发行人的历次增减资的合法合规性予以确认,本次债转股产生的股东不符合股东资格情形不会对本次发行上市产生重大不利影响。

(4)2006 年减资程序

发行人 2006 年减资过程中未履行通知债权人程序,未取得被缩减股金及被核销股权的股东确认。但鉴于:

①本次以缩减股东股本金、冲销股东股权方式减资方案已取得河南省政府下发的《河南省人民政府关于郑州市商业银行不良资产处置工作实施方案的批复》(豫政文〔2006〕210 号)的批准,并履行了验资程序。

②本次注册资本变更已取得河南银监局下发的《河南银监局关于同意郑州市商业银行变更注册资本金的批复》(豫银监复〔2006〕350 号)批准,并已取得河南省工商局于 2006 年 12

月30日向发行人核发的注册资本变更为人民币763,931,900元的《企业法人营业执照》。

③根据发行人的确认及经本所核查，截至本法律意见出具之日，本次被缩减股金及被核销股权的股东、相关债权人未就上述减资事宜向发行人提起任何诉讼或仲裁。

④根据发行人的确认及经本所核查，截至本法律意见出具之日，全部缩减资本的股东已经在其所进行的股份转让或者发行人所进行的股份确权工作中对其所持发行人的股份进行了追认。发行人已经进一步承诺，“若其余股本被冲销的股东向本行主张股东权益的，则本行将告知其该等股份是根据河南省政府下发的《河南省人民政府关于郑州市商业银行不良资产处置工作实施方案的批复》（豫政文〔2006〕210号）进行了核销，且核销后的股本已经河南银监局核准。若该等股东就此提起诉讼，本行将积极应对”。

⑤2015年8月26日，郑州市政府出具了《承诺书》，确认“郑州银行历次注册资本变更过程中存在冲减、核减以及缩减股份的行为，系根据相关主管部门、政府部门的要求或者获得相关主管部门、政府部门批准后进行的，且在郑州银行后续开展的股东确权中，部分股东已对其冲减、核减或缩减后的股份进行了追认，郑州银行在此过程中不存在重大违法违规行为；郑州银行历次增减资均获得相关监管部门的批复，并依法履行验资及工商登记备案程序，总体合法合规，不存在国有资产流失情形，也不存在重大违法违规行为，郑州银行股份的形成不存在虚假陈述、出资不实的情形，不存在重大诉讼、纠纷以及重大风险隐患”。郑州市政府同时确认，“如郑州银行今后发生与历史沿革中产权变动引起的纠纷或其他问题，郑州市政府负责解决”。

⑥2015年9月8日，河南省政府出具了《确认函》，确认“郑州银行股份有限公司的设立、历次注册资本增减、其他股份变动等情况总体合法合规，不存在重大纠纷或潜在重大纠纷，并对郑州市政府的审核意见予以确认”。河南省政府同时确认，“如郑州银行股份有限公司今后发生因历史沿革中产权变动引起的纠纷或其他问题，我省将责成郑州市政府协调解决”。

本所认为，本次缩减股金及核销股权未履行上述减资程序不会对本次发行上市构成重大不利影响。

（三）历次股权转让

1. 法人股东股份转让情况

发行人法人股东股权变更的情况主要包括转让双方直接签订转让协议而发生的股份转让，股东名称变更，股东注销导致股份持有人变更，以及股东因企业合并而导致的股份持有人变更，司法拍卖等情形。根据2015年8月26日郑州市政府出具的《承诺书》，发行人“在历次注册资本增减、其他股份变动、内部职工持股情况以及股权登记、确认及清理过程中，履行了必要的程序，办理了相关手续，总体上合法合规，不存在国有资产流失问题；郑州银行股份形成及转让过程中，已根据相关规定进行了股权确权、清理及规范工作，股权清晰，不存在重大诉讼、纠纷或潜在重大纠纷以及重大风险隐患”；以及2015年9月8日河南省政府出具《确认函》，确认发行人“历次注册资本增减、其他股份变动等情况总体合法合规，不存在重大纠纷或潜在重大纠纷，并对郑州市政府的审核意见予以确认”。经发行人确认并经本所核查，就上述函件出具后至发行人发行H股并上市前，不存在法人股权转让的情形。根据中国证券登记结算有限责任公司提供的信息，发行人发行H股并上市后，其内资股股东所持有的内资股股份自发行人上市之日起至2016年6月30日，因司法强制执行原因而发生3笔内资股法人股东所持股份的变动，均已在中国证券登记结算有限责任公司办理了相应的过户登记手续。持有发行人H股股份的法人股东可在香港联交所转让其所持有的H股股份。经核查并经发行人确认，截至本法律意见出具之日，银监部门未对发行人法人股东的股份转让提出过异议。

2. 自然人股东股权变更情况

发行人自然人股东股权变更的情况主要包括协议转让、继承、赠与、离婚财产分割等。根据2015年8月26日郑州市政府出具的《承诺书》，发行人“在历次注册资本增减、其他股份变动、内部职工持股情况以及股权登记、确认及清理过程中，履行了必要的程序，办理了相关手续，总体上合法合规；郑州银行股份形成及转让过程中，已根据相关规定进行了股权确权、清理及规范工作,股权清晰,不存在重大诉讼、纠纷或潜在重大纠纷以及重大风险隐患”;以及2015年9月8日河南省政府出具《确认函》,确认发行人“历次注册资本增减、其他股份变动等情况总体合法合规,不存在重大纠纷或潜在重大纠纷,并对郑州市政府的审核意见予以确认”。经发行人确认并经本所核查,就上述函件出具后至发行人发行H股并上市前,不存在自然人股权转让的情形。根据中国证券登记结算有限责任公司提供的信息,发行人发行H股并上市后,其内资股股东所持有的内资股股份自发行人上市之日起至2016年6月30日,发行人未发生自然人股份转让。持有发行人H股股份的自然人股东可在香港联交所转让其所持有的H股股份。

3.经本所核查:

发行人因设立时间久远而存在部分股份变动资料无法查找及部分股份变动资料不完整(例如:缺少转让方的委托书、缺少交易双方均签字的股权转让协议等)的情形。根据发行人的确认,截至本法律意见出具之日,就发行人已经确权的股东,发行人未获悉股东之间存在有关股份变动的争议,也未收到法院等司法机关有关股份变动争议的司法文书。

除上述问题外,发行人股份变动中还存在个别国有股份转让未按当时有效的规定履行国有产权转让的审批程序或者国有股份转让未履行资产评估及其备案或核准程序、股份转让比例超过限制、个别法人股份转让的受让方及债转股股东不具有投资入股商业银行的股东资格等。

针对发行人股份变动中存在的问题,发行人进一步加强了股份变动工作的管理,制定了《股权管理办法》,对发行人股份变动行为(包括股权转让、股权更名)涉及的具体程序等进行明确具体的规定。针对部分股东不具备股东资格的问题,发行人自设立以来积极和不适格的各股东及其上级单位进行联系,通过股份转让等方式逐步减少该等不适格股东的数量。鉴于:(1)2015年8月26日,郑州市政府出具了《承诺书》,确认“郑州银行在设立、历次注册资本增减、其他股份变动、内部职工持股情况以及股权登记、确认及清理过程中,履行了必要的程序,办理了相关手续,总体上合法合规,不存在国有资产流失问题;郑州银行股份形成及转让过程中,已根据相关规定进行了股权确权、清理及规范工作,股权清晰,不存在重大诉讼、纠纷或潜在重大纠纷以及重大风险隐患”。郑州市政府同时确认,“如郑州银行今后发生与历史沿革中产权变动引起的纠纷或其他问题,郑州市政府负责解决”;(2)2015年9月8日,河南省政府出具了《确认函》,确认“郑州银行股份有限公司的设立、历次注册资本增减、其他股份变动等情况总体合法合规,不存在重大纠纷或潜在重大纠纷,并对郑州市政府的审核意见予以确认”。河南省政府同时确认,“如郑州银行股份有限公司今后发生因历史沿革中产权变动引起的纠纷或其他问题,我省将责成郑州市政府协调解决”;(3)除要求债权转股权中不符合股东资质相关规定的57家行政事业单位待发行人风险化解后予以规范之外,银行业监管部门对发行人历次股份变动未提出异议;(4)发行人已经通过制定《股权管理办法》等对股份变动行为进行了进一步规范。

本所认为,发行人上述股东股份变动存在的问题不会对本次发行上市造成重大不利影响。

(四)截至2016年6月30日,发行人董事、监事和高级管理人员持股的情况

姓名	职务	持股情况(股)	持股比例
王天宇	董事长	18,928	0.00036%
张荣顺	副董事长①	51,612	0.00097%
郭志彬	副行长	37,320	0.00070%
毛月珍	总会计师	10,647	0.00020%
姜　涛	首席信息官	5,000	0.00009%
段　萍	职工监事	4,000	0.00008%
张春阁	职工监事	14,056	0.00026%

根据人民银行2002年5月23日下发的《股份制商业银行独立董事和外部监事制度指引》的规定,商业银行不得聘任持有该商业银行1%以上股份的股东担任其独立董事职务。

① 根据发行人提供的文件,张荣顺先生已于2016年8月4日不再担任董事职务。

经本所核查，发行人独立董事均不持有发行人股份，不违反前述规定。

此外，经发行人确认，发行人的董事、监事、高级管理人员在任期内未转让其持有的发行人的股份。

（五）发行人内部职工持股和单一职工持股情况

截至2016年6月30日，发行人内部职工股持股人数为1,080人，发行人内部职工股总数为38,320,517股，约占郑州银行股份总数0.72%。

根据郑州市财政局于2015年8月28日向河南省财政厅上报的《郑州市财政局关于郑州银行股份有限公司内部职工股规范情况的报告》（郑财预〔2015〕550号），郑州市财政局确认发行人内部职工持股情况符合《关于规范金融企业内部持股的通知》的要求及相关规定。

根据河南省财政厅于2015年9月2日向财政部上报的《河南省财政厅关于郑州银行股份有限公司内部职工股规范情况的报告》（豫财金〔2015〕43号），河南省财政厅确认发行人内部职工持股情况符合《关于规范金融企业内部持股的通知》的要求及相关规定。

2015年8月26日，郑州市政府出具了《承诺书》，确认"郑州银行在设立、历次注册资本增减、其他股份变动、内部职工持股情况以及股权登记、确认及清理过程中，履行了必要的程序，办理了相关手续，总体上合法合规；郑州银行股份形成及转让过程中，已根据相关规定进行了股权确权、清理及规范工作，股权清晰，不存在重大诉讼、纠纷或潜在重大纠纷以及重大风险隐患"。郑州市政府同时承诺，"如郑州银行今后发生与历史沿革中产权变动引起的纠纷或其他问题，郑州市政府负责解决"。

2015年9月8日，河南省政府出具了《确认函》，确认"郑州银行股份有限公司的设立、历次注册资本增减、其他股份变动等情况总体合法合规，不存在重大纠纷或潜在重大纠纷，并对郑州市政府的审核意见予以确认"。河南省政府同时确认，"如郑州银行股份有限公司今后发生因历史沿革中产权变动引起的纠纷或其他问题，我省将责成郑州市政府协调解决"。

根据发行人说明，并经本所对上述函件出具后发行人职工持股情况的核查，发行人未发行新的内部职工股，且也未发生新的单一职工持股数量超过发行人总股本约1‰或50万股的情形，本所认为，截至2016年6月30日，发行人内部职工持股和单一职工持股比例等情况仍符合《关于规范金融企业内部持股的通知》的相关规定。

（六）发行人内资股股份质押、冻结情况

1. 质押

根据发行人提供的资料并经本所核查，截至2016年9月30日，发行人共有30笔股份已进行质押登记，质押股份总数共计1,522,761,970股，占发行人股份总数的28.6130%。其中，法人股东29笔，质押股份总数为1,522,756,970股，占发行人股份总数的28.6129%；自然人股东1笔，质押股份数为5,000股，占发行人股份总数的0.0001%。根据《中华人民共和国物权法》，以基金份额、证券登记结算机构登记的股权出质的，质权自证券登记结算机构办理出质登记时设立，上述质押股份均已在中国证券登记结算有限责任公司办理质押登记。

截至2016年9月30日，上述质押涉及的股份数额占发行人股份总数的28.6130%，其中：3家股东所质押的股份各自超过发行人股份总数的4%但不超过5%，2家股东所质押的股份各自超过发行人股份总数的2%但不超过3%，25家股东所质押的股份各自不超过发行人股份总数的1%，质押的股份数较分散。因此，本所认为，该等情形不会对发行人的股权结构、业务经营产生重大不利影响，不会对本次发行上市造成重大不利影响。

2. 冻结

根据发行人提供的资料并经本所核查，截至2016年9月30日，发行人共有6户股东（其中2户自然人股东、4户法人股东）的股份存在冻结情况，该等冻结股份总数为55,749,657股，占发行人股份总数的1.0475%。其中4户法人股东被冻结股份总数为55,685,637股，占发行人股份总数的1.0463%；2户自然人股东被冻结股份总数为64,020股，占发行人股份总数的0.0012%。

上述冻结涉及的股份数额占发行人股份总数的1.0475%，且冻结的股份数较分散。因此，本所认为，该等情形不会对发行人的股权结构、业务经营产生重大不利影响，不会对本次发行上市造成重大不利影响。

七、发行人的业务

(一)经营范围和经营方式

根据发行人的《公司章程》和《营业执照》,发行人经营范围为:吸收公众存款;发放短期、中期和长期贷款;办理国内外结算;办理票据承兑与贴现;发行金融债券;代理发行、代理兑付、承销政府债券;买卖政府债券、金融债券;从事同业拆借;外汇存款、外汇贷款、外汇汇款、外币兑换;从事银行卡业务;提供信用证服务及担保;代理收付款项及代理保险业务;提供保管箱服务;经国务院银行业监督管理机构批准的其他业务。

经本所核查发行人及其各分支机构、控股子公司的《金融许可证》、营业执照及人民银行及其分支机构、中国银监会及其派出机构、国家外汇管理局及其分支机构等对发行人业务的批准或备案文件以及发行人总行相关业务授权文件并经发行人确认,发行人及其各分支机构、控股子公司的经营范围和经营方式符合《商业银行法》及其他法律、行政法规、部门规章等规范性文件的规定,具体情况如下:

1. 金融许可证

根据发行人提供的相关资料及本所核查,截至2016年6月30日,发行人及其下属126家境内分支机构均已取得中国银监会派出机构核发的《金融许可证》;扶沟村镇银行已取得中国银监会派出机构核发的《金融许可证》;河南九鼎金融租赁已取得中国银监会派出机构核发的《金融许可证》。

2. 营业执照

根据发行人提供的相关资料及本所核查,截至2016年6月30日,发行人总行及其126家境内分支机构均已分别取得各地工商行政管理局核发的营业执照;扶沟村镇银行已取得工商行政管理部门核发的营业执照;河南九鼎金融租赁已取得工商行政管理部门核发的营业执照。

3. 结汇、售汇业务及其他外汇业务

根据发行人提供的相关资料及本所核查,截至2016年6月30日,发行人已经取得有关外汇管理部门关于其经营结汇、售汇业务及其他外汇业务的批准、备案。发行人共对109家分支机构进行了相关外汇业务的授权,其中58家分支机构办理了即期结售汇业务的备案。截至2016年6月30日,共有17家分支机构实际开展了外汇业务。根据发行人控股子公司确认,其均未从事外汇业务。

4. 保险兼业代理业务

根据中国保险监督管理委员会于2016年4月25日发布并生效的《中国保监会关于银行类保险兼业代理机构行政许可有关事项的通知》(保监中介〔2016〕44号)的规定,银行类机构实行法人机构申请保险兼业代理资格、法人机构持证、营业网点统一登记制度;银行类机构的法人机构取得保险兼业代理业务许可证后,其分支机构可凭法人机构的授权开展保险兼业代理业务。根据发行人提供的相关资料并经本所核查,发行人总行持有中国保险监督管理委员会2016年6月23日核发的机构编码为914100001699995779且有效期至2019年6月23日的保险兼业代理业务许可证。根据发行人提供的相关资料及发行人的确认,截至2016年6月30日,发行人开展保险兼业代理业务的70家分支机构均已获得发行人总行授权,并已完成在中国保险监督管理委员会中介云平台中介监管系统(网址:https://iir.ciitc.com.cn/iir/)中的登记。根据发行人控股子公司确认,其均未从事保险兼业代理业务。

(二)其他主要业务

根据发行人提供的相关资料并经本所核查,截至2016年6月30日,发行人总行取得的其他主要业务种类的核准或备案情况如下表所示:

序号	业务种类的核准或备案文件(文号)	业务种类
1	非金融企业债务融资工具主承及承销机构名单	非金融企业债务融资工具承销商
2	《郑州银行关于开办财务顾问业务的备案报告》(郑银文〔2013〕200号)	财务顾问业务
3	《郑州银行关于开办贷款承诺业务的备案报告》(郑银文〔2014〕201号)	贷款承诺业务

续表

序号	业务种类的核准或备案文件（文号）	业务种类
4	《郑州银行关于开办资信证明业务的备案报告》（郑银文〔2014〕202号）	资信证明业务
5	《郑州银行关于开展机构理财业务的报告》（郑银文〔2014〕267号）	机构理财业务
6	《关于核准郑州银行股份有限公司证券投资基金销售业务资格的批复》（证监许可〔2012〕536号）	证券投资基金销售业务
7	《关于同意郑州市商业银行开办储蓄卡业务的批复》（济银复〔2000〕66号）	储蓄卡业务
8	《中国银监会关于郑州银行开办信用卡业务的批复》（银监复〔2014〕344号）	信用卡业务
9	《关于郑州银行股份有限公司首次发行金融IC卡贷记卡（磁条芯片复合卡）技术标准符合性和系统安全性审核的批复》（郑银函〔2014〕118号）	金融IC贷记卡业务
10	《关于同意郑州银行开办银联贷记卡发卡业务的复函》（银联函〔2014〕264号）	银联贷记卡发卡业务
11	《关于批准部分城市合作银行加入全国统一同业拆借市场的通知》（银发〔1997〕277号）	同业拆借
12	银行间债券市场尝试做市机构名单（共48家）	银行间债券市场尝试做市机构
13	《中国银行间市场交易商协会会员资格通知书》（中市协发〔2009〕15号）	中国银行间市场交易商协会会员
14	《非金融企业债务融资工具集中簿记建档业务客户服务协议》（2015年度（FX）第0002号）	集中簿建档业务相关方
15	《关于公布2015年度公开市场业务一级交易商名单的通知》	公开市场一级交易商成员
16	《关于开办手机银行业务的备案报告》（郑银文〔2012〕148号）	电子银行业务（手机银行业务）

续表

序号	业务种类的核准或备案文件（文号）	业务种类
17	《郑州银行关于网上银行新增电子商城功能的报告》（郑银文〔2014〕158号）	电子银行业务（电子商城业务）
18	《关于郑州银行股份有限公司首次发行金融IC卡借记卡（磁条芯片复合卡）技术标准符合性和系统安全性审核的批复》（郑银函〔2014〕179号）	金融IC卡借记卡业务
19	《关于确认2015－2017年中央国库现金管理商业银行定期存款参与银行团成员名单的通知》（财库〔2015〕107号）	国库现金管理商业银行定期存款参与银行团成员
20	《郑州银行关于开办代理贵金属业务的备案报告》（郑银文〔2012〕9号）	代理销售贵金属业务
21	《郑州银行关于开办代理贵金属交易业务的备案报告》（郑银文〔2013〕111号）	代理贵金属交易业务
22	《郑州银行关于开展保管箱业务的备案报告》（郑银文〔2014〕156号）	保管箱业务
23	《关于扩大大额存单发行主体范围的通知》（市率发〔2015〕5号）	大额存单发行成员
24	关于成都银行等七家地方性银行开展非金融企业债务融资工具B类主承销业务的通知（中市协发〔2016〕66号）	非金融企业债务融资工具B类主承销业务
25	河南银监局关于郑州银行股份有限公司开办信贷资产证券化业务资格的批复（豫银监复〔2016〕107号）	信贷资产证券化业务

据此，发行人主要业务已取得中国银监会及其派出机构或其他相关政府部门必要的批准或备案，发行人可以依法开办该等业务。

（三）发行人的主营业务

根据《审计报告》、发行人确认并经本所核查，发行人的主营业务收入占其全部收入的绝大部分，主营业务突出，且最近三年内主营业务没有发生重大变化。

（四）发行人的持续经营

根据发行人最新的《营业执照》《金融许可

证》《审计报告》及发行人确认,并经本所核查,截至2016年6月30日,发行人依法存续,不存在影响其持续经营的法律障碍。

八、关联交易及同业竞争

(一)关联方

根据《企业会计准则第36号——关联方披露》、《郑州银行股份有限公司关联交易管理办法》及《审计报告》并经本所核查,截至2016年6月30日,发行人的主要关联方包括:

1. 持有发行人5%以上股份的股东

截至2016年6月30日,直接持有发行人5%以上股份的股东为郑州市财政局。

2. 持有发行人5%以上股份的股东控制、共同控制法人或其他组织

根据《公司法》《企业会计准则第36号——关联方披露》《商业银行与内部人和股东关联交易管理办法》等相关规定,发行人将持有其5%以上股份的股东控制、共同控制法人或其他组织界定为发行人的关联方。

3. 发行人控股子公司

截至2016年6月30日,发行人控股子公司为河南九鼎金融租赁、扶沟村镇银行,持股比例分别为51.0%、50.2%。具体情况见本法律意见第九章第(五)部分"发行人的对外投资情况"。

4. 发行人的联营公司

截至2016年6月30日,发行人联营公司为中牟郑银村镇银行股份有限公司、新密郑银村镇银行股份有限公司及鄢陵郑银村镇银行股份有限公司,持股比例分别为19.4%、20.0%及30.0%。具体情况见本法律意见第九章第(五)部分"发行人的对外投资情况"。

5. 发行人董事、监事和高级管理人员及与其关系密切的家庭成员

截至本法律意见出具之日,发行人现任董事共有14名,监事9名,行长1名、副行长3名、行长助理2名、总会计师1名、董事会秘书1名、首席信息官1名。具体情况见本法律意见第十四章"发行人董事、监事、高级管理人员及其变化"。

6. 关键管理人员及与其关系密切的家庭成员控制、共同控制或施加重大影响的法人或其他组织

根据《企业会计准则第36号——关联方披露》《郑州银行股份有限公司关联交易管理办法》等相关规定,发行人将董事、监事、高级管理人员及与其关系密切的家庭成员控制、共同控制或在发行人以外兼任董事、高级管理人员的法人或其它组织界定为发行人关键管理人员及与其关系密切的家庭成员控制、共同控制或施加重大影响的法人或其他组织。

7. 其他主要关联方

截至2016年6月30日,河南投资集团有限公司持有发行人1.69%股份,中原信托持有发行人3.85%股份。根据《河南投资集团有限公司2015年年度报告》,河南投资集团有限公司拥有中原信托的表决权虽然不足半数,但是对其形成实际控制,因此河南投资集团有限公司及其控股子公司被发行人认定为关联方。

(二)重大关联交易

根据《审计报告》,并经本所核查,自2013年1月1日至2016年6月30日,发行人的关联交易情况如下:

1. 发行人与主要股东之间的交易

种　类	期/年末余额(千元)			
	2016年6月30日	2015年12月31日	2014年12月31日	2013年12月31日
持有至到期投资	-	-	100,000	-
应收利息	-	-	4,701	-
同业及其他金融机构存放和拆入款项	-	-	70,414	41,563
吸收存款	175,281	236,362	919,056	530,131
应付利息	17	24	153	324
其他负债	64,285	64,285	64,285	64,285

种类	本期/年交易(千元)			
	2016 年 1－6 月	2015 年	2014 年	2013 年
利息收入	－	－	4,701	－
利息支出	417	1,332	4,421	3,760

2. 发行人与子公司之间的交易

种类	期/年末余额(千元)			
	2016 年 6 月 30 日	2015 年 12 月 31 日	2014 年 12 月 31 日	2013 年 12 月 31 日
同业及其他金融机构存放款项	430,432	40,000	－	－
应付利息	247	7	－	－

种类	本期/年交易(千元)			
	2016 年 1－6 月	2015 年	2014 年	2013 年
利息支出	3,819	7	－	－

3. 发行人与联营公司之间的交易

种类	期/年末余额(千元)			
	2016 年 6 月 30 日	2015 年 12 月 31 日	2014 年 12 月 31 日	2013 年 12 月 31 日
存放和拆放同业及其他金融机构款项	250,000	270,000	20,000	110,000
应收利息	5,629	1,671	39	2,121
其他资产	－	1,288	1,288	1,288
同业及其他金融机构存放和拆入款项	724,600	922,938	1,146,136	985,182
应付利息	1,265	1,435	1,827	2,771

种类	本期/年交易(千元)			
	2016 年 1－6 月	2015 年	2014 年	2013 年
利息收入	4,488	11,921	1,300	2,121
利息支出	23,580	73,404	59,769	2,562

4. 发行人与其他重要关联方之间的交易

种类	期/年末余额(千元)			
	2016 年 6 月 30 日	2015 年 12 月 31 日	2014 年 12 月 31 日	2013 年 12 月 31 日
发放贷款及垫款	1,082,304	240,465	1,046,896	258,413

续表

种　　类	期/年末余额(千元)			
	2016 年 6 月 30 日	2015 年 12 月 31 日	2014 年 12 月 31 日	2013 年 12 月 31 日
以公允价值计量且其变动计入当期损益的金融资产	-	70,008	-	149,938
持有至到期投资	-	100,000	-	-
应收款项类投资	2,862,000	5,533,880	6,091,380	4,713,000
应收利息	5,363	17,446	19,984	12,055
吸收存款	5,352,903	4,440,166	4,751,490	2,104,813
同业及其他金融机构存放和拆入款项	11,267	335,712	941,764	365,856
应付利息	2,312	1,845	4,023	625

种　　类	本期/年交易(千元)			
	2016 年 1－6 月	2015 年	2014 年	2013 年
利息收入	97,081	357,701	346,769	355,210
利息支出	21,147	52,367	34,783	7,749

5. 关键管理人员

(1)发行人与关键管理人员之间的交易

种　　类	期/年末余额(千元)			
	2016 年 6 月 30 日	2015 年 12 月 31 日	2014 年 12 月 31 日	2013 年 12 月 31 日
发放贷款及垫款	6,884	12,121	13,362	11,504
应收利息	9	17	24	17
吸收存款	10,805	6,519	4,251	7,757
应付利息	4	2	2	3

种　　类	本期/年交易(千元)			
	2016 年 1－6 月	2015 年	2014 年	2013 年
利息收入	185	614	624	526
利息支出	39	32	40	37

(2)关键管理人员薪酬

种　　类	本期/年发生额(千元)			
	截至 2016 年 1－6 月	2015 年	2014 年	2013 年
薪金及其他酬金	13,142	27,968	25,502	23,192
社会保险福利、住房公积金等单位缴存部分	1,213	2,597	2,154	1,650
合　　计	14,355	30,565	27,656	24,842

根据发行人报告期内的关联交易情况报告及相关董事会决议，并经本所核查，上述关联交易中的重大关联交易已根据相关监管规定的要求经过了发行人董事会的审议通过，并且关联董事均回避表决。

（三）发行人根据境内外法律、法规及规范性文件修订了《发行人章程》及《郑州银行股份有限公司关联交易管理办法》，并已经发行人2016年第一次临时股东大会和第五届董事会第八次会议批准。《公司章程》《发行人章程》规定了关联董事及关联股东分别在董事会及股东大会审议关联交易时的回避制度和决策程序，《郑州银行股份有限公司关联交易管理办法》进一步明确了关联方的范围与分类、关联方的报告和承诺、关联方的确认、关联交易的定义及分类、关联交易的审批程序、关联交易的披露、授信类和非授信类关联交易内部监控的相关规定等。

（四）同业竞争

截至本法律意见出具之日，由于发行人不存在控股股东、实际控制人，不存在发行人控股股东或实际控制人及其控制的其他企业与发行人同业竞争的情形。

（五）发行人对关联交易事项的披露

发行人对上述关联交易情况已在《招股说明书》（申报稿）中予以充分披露，且该等披露不存在重大遗漏或重大隐瞒。

九、发行人的主要财产

（一）发行人境内拥有房产及土地使用权的情况

1. 发行人占有、使用的自有物业

经核查，截至2016年6月30日，发行人已拥有及取得202处建筑面积总计为153,245.72平方米的房屋。其中，发行人已取得174处建筑面积总计为111,924.36平方米的房屋的房屋所有权证，该等房屋占发行人自有物业总建筑面积的比例约为73.04%。前述房屋中，发行人已经取得33处建筑面积总计为83,211.79平方米的房屋相应占用范围内土地的国有土地使用权证（以下简称土地使用权证），该等房屋占发行人自有物业总建筑面积的比例为54.30%。发行人实际占有、使用的尚待取得房屋所有权证及土地使用权证的自有物业为28处，建筑面积总计41,321.36平方米。该等房屋占发行人自有物业总建筑面积的比例约为26.96%。具体情况如下：

（1）发行人已经取得30处合计建筑面积为79,105.99平方米房屋的房屋所有权证，且通过出让方式依法取得该等房屋相应占用范围内土地的土地使用权证。该等房屋占发行人自有物业总建筑面积的比例约为51.62%。

本所认为，发行人合法拥有该等房屋的所有权和该等房屋所占用范围内的土地使用权，有权依法占有、使用、转让、出租、抵押或以其他方式处置该等物业。

（2）发行人已经取得3处合计建筑面积为4,105.80平方米的房屋的房屋所有权证，且通过划拨方式依法取得该等房屋相应占用范围内土地的土地使用权证。该等房屋占发行人自有物业总建筑面积的比例约为2.68%。上述房屋所属管辖的郑州市国土资源局针对上述房屋出具了说明函，认为虽然发行人上述房屋的土地使用权取得方式为划拨，但根据《中华人民共和国物权法》和相关规定，发行人仍然对上述土地享有除处分权以外的占有、使用、收益等权利。

本所认为，①发行人已经取得房屋所有权证，根据《中华人民共和国物权法》、《中华人民共和国城市房地产管理法》的规定，占有、使用该等物业不存在实质性法律障碍；②位于划拨土地上的房产，需土地使用权人依法通过出让、租赁方式取得该等房产所占用土地的使用权后，才能转让、出租和抵押该等房产；③发行人已确认，如果该等房产无法继续使用，发行人可以在相关区域内找到替代性的经营场所，该等搬迁不会对发行人的整体经营和财务状况产生重大不利影响。

（3）发行人已经取得50处合计建筑面积为10,549.28平方米的房屋的房屋所有权证书，但尚未取得该房屋相应占用范围内土地的土地使用权证。该等房屋占发行人自有物业总建筑面积的比例约为6.88%。发行人尚未取得该等房屋所占用土地的土地使用权证的原因是房地产开发单位尚因客观原因无法办理上述房屋所占用土地的土地使用权证分割。该等房屋所在各辖区国土资源局分别出具了说明函，认为未取得上述房屋的土地使用权证并非由发行人造成的客观原因造成,发行人虽未办理上述土地的土地使用权证,但仍享有《中华人民共和国物权法》等相关法规赋予的相关土地权利。

(4)发行人已经取得2处合计建筑面积为661.23平方米的房屋的房屋所有权证,但尚未取得该等房屋所占用范围内土地的土地使用权证。该等房屋占发行人自有物业总建筑面积的比例约为0.43%。发行人系由于历史原因尚未取得该等房屋所占用土地的土地使用权证。

本所认为,对于上述(3)、(4)处房产:① 发行人已经取得房屋所有权证,根据《中华人民共和国物权法》、《中华人民共和国城市房地产管理法》的规定,占有、使用该等物业不存在实质性法律障碍。但是,由于该等房屋所占用范围内的土地使用权存在当地国土资源局不予单独核发土地使用权证、由于客观原因该等房屋尚未达到办理土地使用权分割条件、历史遗留问题等原因,发行人目前尚未取得土地使用权证。因此,在取得相关土地使用权证之前,发行人不能自由转让、抵押或以其他方式处置该等物业;② 如果因土地使用权人的原因导致该等房屋占用范围内的土地被拍卖、处置,则该土地上发行人的房屋也应一并被拍卖、处置。此种情形下,发行人可能丧失对该等房屋的所有权,但有权取得被拍卖处置房屋的变现款项。鉴于该等房屋分布于不同区域,同时发生全部或大部分土地使用权及地上房屋被拍卖、处置的可能性比较低。根据发行人的确认,如果由于该等土地使用权的权属原因导致需要搬迁时,发行人可以在相关区域内找到替代性的经营场所,该等搬迁不会对发行人的整体经营和财务状况产生重大不利影响。

(5)发行人实际占有、使用89处合计建筑面积17,502.06平方米的房屋,发行人已就该等房屋与房地产开发单位签订了商品房买卖合同或与出卖人签订了房屋转让协议,并已取得房屋所有权证,正在办理该等房屋占用范围内土地的土地使用权证。该等房屋占发行人自有物业总建筑面积的比例约为11.42%。

根据发行人的确认并经本所律师核查,上述房屋中的预售房屋已经取得了合法有效的预售许可,且该等协议中需备案的均已备案登记,发行人签署的购房合同不违反中国法律的规定。

(6)发行人实际占有、使用的24处合计建筑面积35,643.18平方米的房屋,该等房屋尚待办理房屋所有权证和该等房屋占用范围内土地的土地使用权证。发行人已就该等房屋与房地产开发单位签订了商品房买卖合同或与出卖人签订了房屋转让协议,该等房屋占发行人自有物业总建筑面积的比例约为23.26%。

根据发行人的确认并经本所律师核查,上述房屋中的预售房屋已经取得了合法有效的预售许可,且该等协议中需备案的均已备案登记,发行人签署的购房合同不违反中国法律的规定。

(7)发行人实际占有、使用的4处合计建筑面积为5,678.18平方米的房屋,但未取得房屋所有权证和该等房屋占用范围内土地的土地使用权证。发行人已就该等房屋与房地产开发单位签订了房屋买卖协议,鉴于房地产开发单位尚未取得合法有效的预售许可,该等协议无法完成备案手续。该等房屋占发行人自有物业总建筑面积的比例约为3.71%。

本所认为,根据《最高人民法院关于审理商品房买卖合同纠纷案件适用法律若干问题的解释》(法释〔2003〕7号)的规定,“出卖人未取得商品房预售许可证明,与买受人订立的商品房预售合同,应当认定无效,但是在起诉前取得商品房预售许可证明的,可以认定有效。”上述房屋买卖协议可能存在被认定为无效的法律风险,发行人依据该等房屋买卖协议取得房屋所有权的能力可能受到影响。鉴于上述房屋均已投入发行人业务经营使用,如该等房屋买卖协议被认定为无效将影响发行人对该等房屋的继续使用。

发行人已确认,如果第三方权利人提出合法要求或通过诉讼取得该等房屋的房屋所有权或该等房屋所占用土地的土地使用权,需要发行人搬迁时,发行人将立即搬移至权属证书齐全或合法租赁的场所继续经营业务,该等搬迁不会对发行人的业务经营和财务状况产生重大不利影响。

2. 发行人新购置且尚未占有、使用的物业

截至2016年6月30日,发行人新购置8处房产,合同约定的总建筑面积约为17,189.24平方米。经核查,发行人已就该等房产与房地产

开发单位签订了商品房买卖合同，房地产开发单位就上述房屋已取得了合法有效的预售许可。

根据发行人的确认并经本所律师核查，发行人签署的上述商品房买卖合同不违反中国法律的规定。

3. 发行人境内拥有的在建工程

截至2016年6月30日，发行人拥有2项在建工程，建筑面积合计约10.80万平方米，具体情况如下：

(1)发行人综合办公大楼建设项目(以下简称"综合办公大楼项目")

发行人与郑州市国土资源局于2013年1月7日签署了《国有建设用地使用权出让合同》(合同号:410100－CR－2012－0284－3336)，出让宗地编号为郑政新出〔2012〕43号，出让宗地坐落于郑州龙湖副CBD地块C3－22，发行人已根据合同约定缴纳土地出让金。

郑州市国资委于2013年1月23日向发行人下发了《郑州市人民政府国有资产监督管理委员会关于郑州银行股份有限公司在郑州东区CBD副中心(龙湖)建造综合办公大楼的批复》(郑国资〔2013〕21号)，同意发行人在郑东新区CBD副中心(龙湖)中心岛外环C3－22地块投资建设综合办公大楼项目，投资总额为94,130万元，全部由发行人自筹。

郑州市郑东新区管理委员会计划财政局于2013年4月12日向发行人出具了《河南省企业投资项目备案确认书》(豫州郑东其〔2013〕00018)，同意对发行人综合办公大楼项目予以备案。

郑东新区管委会土地规划局于2013年5月20日向发行人核发了《建设用地规划许可证》(郑规地字第410100201339020号)，证载用地性质为金融保险用地，用地面积为17,907.70平方米。

郑州市国土资源局于2014年4月23日向发行人核发了《国有土地使用证》(郑国用〔2014〕第XQ1030号)，证载用途为商务金融(金融保险)，使用权类型为出让，使用权面积为10,002.63平方米。

根据发行人于2015年3月17日向郑州市城乡规划局郑东新区规划分局出具的《情况说明》，"按照建设用地使用权出让合同第15条约定，我行大楼项目开工时间不得超过2014年1月7日。因建筑高度问题需征求马头岗机场主要部门的意见，目前该项目已初步完成测量，但未获得济南军区的书面批复。鉴于上述原因，我行无法办理涉及开工的相关手续，故未能按合同约定时间开工建设，特申请签订土地出让补充合同，重新约定开工时间。"郑州市城乡规划局郑东新区规划分局于2015年3月20日确认上述《情况说明》内容"情况属实"。

根据《郑州市郑东新区管理委员会会议纪要》(郑东会纪〔2015〕94号)，郑东新区管委会于2015年8月8日召开了"2015年存量闲置建设用地集中清理处置第一次专题会议"，本次会议确定的主要内容包括龙湖金融中心区域内受空军部门限高影响的4宗土地处置问题，并确认"对位于龙湖金融中心区域内建筑高度受空军部门限高影响造成闲置的郑州银行股份有限公司(合同号:410100CR201202843336)等4宗土地，原则同意由规划分局负责出具正式闲置原因证明材料，国土分局负责在该4宗土地的规划限高问题解决后签订土地出让合同补充合同，约定自签订补充合同之日起6个月内动工建设，竣工时间相应顺延"。

郑州市国土资源局郑东新区分局于2015年9月7日出具《情况说明》，确认"根据《郑东新区管委会2015年存量闲置建设用地集中清理处置第一次专题会议纪要》(郑东会纪〔2015〕94号)文件，我局拟待该宗地规划限高问题解决后，拟定处置方案报市国土局市政府批准，并依据上述会议纪要内容及相关法律法规，与该单位签订补充合同。"

郑州市国土资源局于2015年9月14日出具《证明》，确认发行人"于2014年4月依法办理国有土地使用证，其证号为:郑国用〔2014〕字第XQ1030号，位置座落在郑东新区副CBD地块C3－22。该公司成立至今，能够严格遵守国家和地方有关国土资源管理方面的法律、法规及规范性文件，未发现因违反国土资源管理方面的法律、法规及规范性文件而受到国土资源管理部门给予的行政处罚或被国土资源管理部门予以立案调查"。

郑州市郑东新区发展改革和统计工作办公室于2016年5月25日向发行人出具了《河南省企业投资项目备案确认书》(豫郑郑东服务

〔2016〕09434 号),同意对发行人综合办公大楼项目予以备案。建设起止年限:2016 年 6 月至 2018 年 12 月。

郑州市郑东新区建设环保局于 2016 年 6 月 7 日就《郑州银行股份有限公司综合业务大楼项目环境影响报告表》(郑东建环表〔2016〕47 号)作出的审批意见,郑州市郑东新区建设环保局原则同意《郑州银行股份有限公司综合业务大楼项目环境影响报告表》中的结论和建议,原则批准该环境影响报告表。

截至本法律意见出具之日,该项目处于未施工状态,发行人正在办理其他与建设施工相关的各项许可手续。

(2)发行人金融服务中心建设项目(以下简称“金融服务中心项目”)

发行人与郑州市国土资源局于 2016 年 6 月 1 日签署了《国有建设用地使用权出让合同》(合同号:410100 – CR – 2016 – 1325 – 16534),出让宗地编号为郑政东出〔2016〕8 号,发行人已根据合同约定缴纳土地出让金。

郑州市郑东新区发展改革和统计工作办公室于 2016 年 6 月 23 日向发行人出具了《河南省企业投资项目备案确认书》(豫郑郑东服务〔2016〕11933 号),同意对发行人金融服务中心项目予以备案。

郑州市城乡规划局郑东新区规划分局于 2016 年 7 月 29 日向发行人核发了《建设用地规划许可证》(郑规地字第 410100201639027 号),证载用地性质为其他商务用地兼容旅馆用地,总用地面积为 46,763.27 平方米,建设用地面积为 36,867.30 平方米。

截至本法律意见出具之日,该项目处于未施工状态,发行人正在办理其他与建设施工相关的各项许可手续。

(二)发行人拥有的知识产权

1. 注册商标

根据中国商标网(http://sbcx.saic.gov.cn/trade/)显示的查询信息以及发行人提供的《商标注册证》等相关文件,并经本所核查,截至 2016 年 6 月 30 日,发行人在中国境内依法享有共计 116 项注册商标专用权,截至本法律意见出具之日,上述注册商标均在有效期之内。

经发行人确认,发行人在香港拥有 1 项注册商标专用权。

2. 版权

根据发行人提供的相关资料并经本所核查,截至 2016 年 6 月 30 日,发行人依法享有共计 1 个《作品登记证书》:

2016 年 3 月 9 日,中华人民共和国国家版权局向发行人核发《作品登记证书》(登记号:国作登字 – 2016 – F – 00267367),作品名称:《简单派》;作品类别为美术作品;首次发表时间为 2015 年 10 月 21 日。

3. 专利

根据中国专利公布公告系统(http://epub.sipo.gov.cn/gjcx.jsp/)显示的查询信息、发行人提供的外观设计专利证书及实用新型专利证书等相关文件并经本所核查,截至 2016 年 6 月 30 日,发行人在中国境内依法享有共计 5 项外观设计专利权及 1 项实用新型专利权,截至本法律意见出具之日,上述专利均在有效期之内。

4. 互联网域名及通用网址

根据发行人及扶沟村镇银行提供的相关资料并经本所核查,截至 2016 年 6 月 30 日,发行人及扶沟村镇银行依法享有共计 5 个互联网域名和 2 个通用网址,截至本法律意见出具之日,上述互联网域名和通用网址均在有效期内。

(三)发行人拥有主要生产经营设备的情况

发行人为非生产型公司,其主要经营设备为电脑、服务器等电子信息设备。根据发行人的确认并经本所核查,发行人依法拥有该等经营设备的所有权。

(四)发行人租赁物业

1. 截至 2016 年 6 月 30 日,发行人及其控股子公司向第三方承租了 134 处合计租赁面积为 87,962.22 平方米的房屋,其中:

(1)发行人及其控股子公司承租的 91 处合计租赁面积为 66,246.26 平方米的房屋,出租方拥有该等房产的房屋所有权证或该房产的所有权人同意出租方转租或授权其出租该房产的函件。

本所认为,出租方有权出租该等房屋,该等房屋租赁协议内容合法有效。

(2)发行人及其控股子公司承租的 43 处合计租赁面积为 21,715.96 平方米的房屋,出租方未提供拥有该等房产的房屋所有权证或该房产的所有权人同意出租方转租或授权其出租该房产的证明文件。

上述房屋中,42 处合计租赁面积为 21,203.68 平方米的房屋出租方均已出具书面承诺函,确认其具有合法的出租权利并承诺赔偿发行人因所租赁房屋存在权利瑕疵而遭受的全部损失。

本所认为,如出租方未拥有该等房屋的所有权或未获得房屋所有权人同意其出租的授权,则出租方无权出租该等房屋。如第三方针对该等房屋的所有权或出租权提出异议,发行人及其控股子公司对该等房屋的租赁可能会受到影响,但发行人及其控股子公司可根据出租方出具的承诺函向其要求赔偿。此外,在出租人就同一房屋订立数份租赁合同的情况下,发行人及其控股子公司也可能依据相关司法解释而被认定为该等房屋的合法承租人。根据发行人及其控股子公司的确认,如因上述原因导致发行人无法继续使用该等房屋,发行人及其控股子公司能够在相关区域内找到替代性的经营场所,上述情形不会对发行人及其控股子公司的财务状况和业务经营产生重大不利影响。

(3)上述承租房屋中,共有 11 份房屋租赁合同办理了房屋租赁备案;共有 45 份房屋租赁合同虽未办理房屋租赁备案,但该等房屋出租方已出具书面承诺函,确认该等房屋租赁合同非因发行人及其控股子公司的客观原因暂未办理房屋租赁登记备案手续,若因此导致发行人及其控股子公司使用租赁房屋受到影响或者遭受行政处罚等不利后果的,出租方将承担责任并予以赔偿。

本所认为,根据中国法律的相关规定,未办理租赁登记备案手续不影响相关房屋租赁协议的效力,但房地产管理部门有权责令租赁协议双方限期办理租赁登记备案,逾期不办理的,对单位可处以 1,000 元以上 10,000 元以下的罚款。因此,发行人及其控股子公司有权根据房屋租赁协议约定使用该等房屋,但是如发行人及其控股子公司未按照房地产管理部门的要求办理租赁登记备案手续,可能面临罚款的风险。根据发行人及其控股子公司的确认,发行人及其控股子公司最近三年未因租赁房屋未办理登记备案手续而受到房地产管理部门的处罚,但发行人及其控股子公司可根据出租方出具的承诺函向其要求赔偿。此外,发行人及其控股子公司已确认如果因未办理租赁备案手续导致无法继续租赁关系的,需要相关分支机构搬迁时,相关分支机构可以在相关区域内找到替代性的能够合法租赁的经营场所,该等搬迁不会对发行人及其控股子公司的经营和财务状况产生重大不利影响,上述情况亦不会对本次发行上市造成实质性影响。

(五)发行人的对外投资情况

1. 发行人控股子公司

(1)河南九鼎金融租赁

根据中国银监会于 2016 年 2 月 5 日下发的《中国银监会关于筹建河南九鼎金融租赁股份有限公司的批复》(银监复〔2016〕48 号)以及河南银监局于 2016 年 3 月 18 日下发的《河南银监局关于同意河南九鼎金融租赁股份有限公司开业的批复》(豫银监复〔2016〕73 号),中国银监会以及河南银监局同意河南九鼎金融租赁的筹建及开业。

根据《河南九鼎金融租赁股份有限公司章程》,河南九鼎金融租赁注册资本为 10 亿元,股东及其持股情况如下表所示:

股东名称	所持股份数量(万股)	持股比例
郑州银行股份有限公司	51,000	51%
郑州宇通客车股份有限公司	29,000	29%
河南天伦燃气集团有限公司	20,000	20%
合计	100,000	100%

根据河南银监局于 2016 年 3 月 21 日核发的《金融许可证》(机构编码:M0053H241010001)及河南省工商局于 2016 年 3 月 23 日核发的《营业执照》(统一社会信用代码:91410000MA3X848E20),河南九鼎金融租赁的注册资本为 10 亿元,公司类型为股份有限公司(非上市),经营范围为:融资租赁业务;转让和受让融资租赁资产;固定收益类证券投资业务;接受承租人的租赁保证金;吸收非银行股东 3 个月(含)以上定期存款;同业拆借;向金融机构借款;境外借款;租赁物变卖及处理业务;经济咨询;银监会批准的其他业务。

(2)扶沟村镇银行

根据河南银监局于 2015 年 10 月 8 日下发的《河南银监局关于同意筹建扶沟郑银村镇银行股份有限公司的批复》(豫银监复〔2015〕290

号)以及中国银监会周口监管分局于2015年12月1日下发的《周口银监分局关于同意扶沟郑银村镇银行股份有限公司开业的批复》(周银监复〔2015〕48号),河南银监局以及中国银监会周口监管分局同意扶沟村镇银行的筹建及开业。

根据《扶沟郑银村镇银行股份有限公司章程》,扶沟村镇银行注册资本为6,000万元,股东及其持股情况如下表所示:

股东名称	所持股份数量(万股)	持股比例
郑州银行股份有限公司	3,012	50.20%
周口市新桂园绿化有限公司	600	10%
扶沟县长城粮油贸易有限公司	600	10%
张福利	294	4.90%
李凯	294	4.90%
王丽	120	2%
顾洋	120	2%
吴光辉	120	2%
卢国领	120	2%
郭新杰	120	2%
李龙桢	120	2%
袁小华	120	2%
张宏博	60	1%
赵保林	60	1%
罗晨光	60	1%
赵智慧	60	1%
路庆丰	60	1%
王淑娟	60	1%
合计	6,000	100%

根据中国银监会周口监管分局于2015年12月2日核发的《金融许可证》(机构编码:S0071H341160001)及周口市工商行政管理局于2015年12月3日核发的《营业执照》(统一社会信用代码:91411600MA3X5H9Y15),扶沟村镇银行的注册资本为6,000万元,公司类型为股份有限公司(非上市),经营范围为:吸收公众存款;发放短期、中期和长期贷款;办理国内结算;办理票据承兑与贴现;从事同业拆借;从事借记卡业务;代理发行、代理兑付、承销政府债券;代理收付款项业务;经中国银行业监督管理机构批准的其他业务(涉及许可证经营的凭有效许可证或资质证经营)。

2. 发行人持股5%以上的参股公司

经核查并经发行人确认,截至2016年6月30日,发行人持股5%以上的参股公司情况如下①:

公司名称	出资额(万元)/所持股份数量(万股)	持股比例
鄢陵郑银村镇银行股份有限公司	1,800	30%
新密郑银村镇银行股份有限公司	2,000	20%
中牟郑银村镇银行股份有限公司②	5,200	19.40%

3. 发行人其他参股公司

经核查并经发行人确认,截至2016年6月30日,发行人除对城市商业银行资金清算中心出资40万元及对中国银联股份有限公司出资800万元外,发行人未在中国境内参股其他公司。

根据《商业银行法》第四十三条的规定,商业银行在中国境内不得从事信托投资和证券经营业务,不得向非自用不动产投资或者向非银行金融机构和企业投资,但国家另有规定的除外。本所认为,发行人可以投资城市商业银行资金清算中心及中国银联股份有限公司,不违反《商业银行法》的相关规定。

(六)抵债资产

根据发行人确认,截至2016年6月30日,发行人及分支机构不存在逾期尚未处置的抵债资产。

---

① 截至本法律意见出具之日,发行人还持有新郑郑银村镇银行股份有限公司720万股,持股比例为20%。

② 中牟郑银村镇银行股份有限公司于2016年7月7日变更注册资本为53,600万元,发行人所持股份数量变为10,400万股,持股比例为19.40%。

十、发行人的重大债权债务

除本法律意见第八章“关联交易及同业竞争”所述关联交易外，发行人的重大债权债务主要包括：

（一）本所审查了发行人提供的截至2016年6月30日尚未履行完毕且截至2016年6月30日贷款余额最大的前10笔贷款所对应的合同/协议，该等合同/协议的内容和形式均合法有效，发行人作为上述合同/协议的主体，履行该等合同/协议不存在实质性法律障碍。

（二）2013年发行金融债券

发行人于2012年2月11日召开的第三届董事会第三十四次会议以及于2012年2月26日召开的2012年第一次临时股东大会，审议批准了《关于郑州银行股份有限公司发行小型微型企业专项金融债券的议案》。根据发行人提供的《郑州银行股份有限公司2013年金融债券募集说明书》、《郑州银行股份有限公司2013年金融债券偿债计划和保障措施的专项报告》以及《郑州银行股份有限公司2013年金融债券发行情况公告》等发行文件，本次发行的50亿元金融债券已发行完毕，其中3年期固定利率债券规模为24亿元，5年期固定利率债券规模为26亿元。截至2016年6月30日，上述5年期金融债券尚未到期。

上述发行金融债券的事宜已获得中国银监会于2012年12月27日下发的《中国银监会关于郑州银行发行金融债券的批复》（银监复〔2012〕774号）以及人民银行于2013年3月20日下发的《中国人民银行准予行政许可决定书》（银市场许准予字〔2013〕第25号）批准。

（三）2014年发行二级资本债券

发行人于2014年3月1日召开的第四届董事会第九次会议以及于2014年3月22日召开的2014年第一次临时股东大会，审议批准了《关于郑州银行股份有限公司发行二级资本债券的议案》。根据发行人提供的《郑州银行股份有限公司2014年二级资本债券募集说明书》、《郑州银行股份有限公司2014年二级资本债券发行公告》以及《郑州银行股份有限公司2014年二级资本债券发行情况公告》等发行文件，发行人已发行20亿元二级资本债券，品种为10年期固定利率债券，在第5年末附有前提条件的发行人赎回权。

上述发行二级资本债券的事宜已获得中国银监会于2014年10月11日下发的《中国银监会关于郑州银行发行二级资本债券的批复》（银监复〔2014〕717号）和人民银行于2014年12月3日下发的《中国人民银行准予行政许可决定书》（银市场许准予字〔2014〕第236号）批准。

（四）拟发行二级资本债券

发行人于2015年5月28日召开的第四届董事会2015年第十四次会议及于2015年6月18日召开的2014年年度股东大会审议批准了《关于郑州银行股份有限公司发行二级资本债券的议案》，并于2016年7月16日召开的第五届董事会2016年第4次临时会议及于2016年9月27日召开的2016年第一次临时股东大会审议批准了《关于调整二级资本债券发行规模的议案》，发行人拟发行不超过50亿元的二级资本债券，期限不少于5年期。

上述发行二级资本债券的事宜已获得河南银监局于2016年10月28日下发的《河南银监局关于同意郑州银行发行二级资本债券的批复》（豫银监复〔2016〕307号）和人民银行于2016年12月2日下发的《中国人民银行准予行政许可决定书》（银市场许准予字〔2016〕第230号）批准。发行人将根据发行人资金需求以及市场情况一次或分次发行。

（五）拟发行绿色金融债券

发行人于2016年3月26日召开的第五届董事会第五次会议及于2016年6月17日召开的2015年股东周年大会审议批准了《关于郑州银行股份有限公司发行绿色金融债券的议案》，发行人拟发行不超过50亿元的绿色金融债券，期限为3年或5年（届时根据发行人资产负债结构并视市场情况和投资者需求而定）。

上述发行绿色金融债券的事宜已获得河南银监局于2016年8月2日下发的《河南银监局关于同意郑州银行发行绿色金融债券的批复》（豫银监复〔2016〕184号），尚待取得人民银行的批准。

（六）根据发行人承诺并经本所核查，截至2016年6月30日，发行人不存在因环境保护、知识产权、产品质量、劳动安全、人身权等原因产生的重大侵权之债。

(七)除本法律意见中第八章“关联交易及同业竞争”所述关联交易外,经发行人确认,发行人与关联方之间不存在重大债权债务关系及其他相互提供担保的情况。

(八)根据《审计报告》及发行人确认,发行人金额较大的其他应收应付款合法有效。

十一、发行人的重大资产变化及收购兼并

(一)发行人的历次增资扩股

发行人历次增减资情况详见本法律意见第六章“发行人的股本及其演变”。

(二)发行人的重大资产变化情况

除以上第(一)部分所述之外,发行人自2013年1月1日至2016年6月30日期间已经发生或拟进行的单笔金额达到或超过最近一期经审计的净资产1%的重大资产变化情况如下:

1. 发行人设立河南九鼎金融租赁

具体情况见本法律意见第九章第(五)部分“发行人的对外投资情况”。

2. 发行人处置不良资产

发行人于2016年6月17日召开的第五届董事会2016年第2次临时会议审议通过了《关于郑州银行股份有限公司关于批准不良资产批量转让处置方案及交易底价的议案》,发行人认为,批量转让的不良资产符合《金融企业不良资产批量转让管理办法》(财政部〔2012〕6号)的要求,同意对10户、本金余额310,900,606.95元的不良资产进行批量转让,同时本次资产批量转让的成交价格与账面价值的差额将通过核销方式进行处理,并按规定进行税前扣除。

根据河南省郑州市黄河公证处于2016年7月4日出具的《公证书》(〔2016〕郑黄证民字第6737号),发行人于2016年6月21日举行了2016年不良资产批量转让处置竞价会,中国华融资产管理股份有限公司河南省分公司、中国信达资产管理股份有限公司河南省分公司、中原资产管理有限公司三家资产管理公司参与本次竞价会。三家资产管理公司通过密封递交报价的方式,对不良资产包进行公开竞价,最终中国华融资产管理股份有限公司河南省分公司以5,060万元的价格中标。

根据发行人与中国华融资产管理股份有限公司河南省分公司于2016年6月28日签订的《不良资产批量转让协议》(编号:Y16160027－1),将本金余额为310,900,606.95元的不良资产以5,060万元的价格转让给中国华融资产管理股份有限公司河南省分公司。

发行人于2016年7月26日向河南银监局上报《关于郑州银行股份有限公司不良资产批量处置情况的报告》(郑银文〔2016〕272号),向郑州市财政局上报《关于郑州银行股份有限公司不良资产批量处置情况的报告》(郑银文〔2016〕273号),汇报本次不良资产批量转让工作严格依据《金融企业不良资产批量转让管理办法》(财政部〔2012〕6号)规定执行,相关尽职调查、估值、竞价、签订转让协议、公告等手续完备,本次不良资产批量转让全部结束。

本所认为,上述不良资产批量转让行为符合法律、法规和规范性文件的规定,已履行了必要的法律手续。

(三)根据发行人确认及本所核查,除上述情形外,发行人于自2013年1月1日至2016年6月30日期间未发生单笔金额达到或超过最近一期经审计的净资产1%的重大资产变化及收购兼并情况。根据发行人确认及本所核查,截至本法律意见出具之日,除上述情形外,发行人没有拟进行单笔金额达到或超过最近一期经审计的净资产1%的重大资产置换、资产剥离、资产出售或收购等计划或安排。

十二、发行人公司章程的制定和修改

发行人《公司章程》的制定及自2013年1月1日至本法律意见出具之日的修订情况如下:

(一)发行人设立时公司章程的制定情况

根据发行人于1996年8月6日召开的郑州城市合作银行股份有限公司创立大会暨第一次股东大会会议决议,会议审议通过了《郑州城市合作银行股份有限公司章程》,该章程已获得人民银行于1996年8月18日下发的《关于郑州城市合作银行开业的批复》(银复〔1996〕245号)核准。

(二)发行人自2013年1月1日至本法律意见出具之日的章程修订情况

1. 根据发行人于2014年3月22日召开的2014年第一次临时股东大会决议,会议审议通过了《关于修改〈郑州银行股份有限公司章程〉的议案》。根据发行人说明,本次章程修订仅

涉及经营范围变更,因监管部门简政放权,发行人因经营范围变更这一前置审批事项而引起的修改公司章程无须核准。经核查,发行人已根据相关监管规定就此次公司章程的变更办理了报告手续。

2. 根据发行人于2014年6月22日召开的2013年度股东大会决议,会议审议通过了《关于修订〈郑州银行股份有限公司章程〉的议案》,公司章程此次修订已获得河南银监局于2014年9月29日下发的《河南银监局关于同意郑州银行股份有限公司修改章程的批复》(豫银监复〔2014〕345号)核准。

3. 根据发行人于2015年6月18日召开的2014年度股东大会决议,会议审议通过了《关于修订〈郑州银行股份有限公司章程〉的议案》,即为了发行人首次公开发行H股并在香港联交所上市的目的,根据《到境外上市公司章程必备条款》等有关法律、法规的要求对公司章程进行了修订。公司章程此次修订已获得河南银监局于2015年9月14日下发的《河南银监局关于同意郑州银行股份有限公司修改章程的批复》(豫银监复〔2015〕263号)核准。首次公开发行H股并于香港联交所上市完成后,发行人根据《河南银监局关于同意郑州银行股份有限公司变更注册资本的批复》(豫银监复〔2016〕87号)中批准的发行人注册资本变更情况及股东大会授权,对公司章程中的注册资本、股权结构等条款进行了相应修改。

4. 根据发行人于2016年6月17日召开的2015年股东周年大会决议,会议审议通过了《关于修订〈郑州银行股份有限公司章程〉的议案》,即根据香港中央结算有限公司及《商业银行监事会工作指引》的相关要求对《公司章程》进行了修订。公司章程此次修订已获得河南银监局于2016年8月31日下发的《河南银监局关于同意郑州银行股份有限公司修改章程的批复》(豫银监复〔2016〕218号)核准。

5. 根据发行人于2016年9月27日召开的2016年第一次临时股东大会决议,会议审议通过了《关于修订〈郑州银行股份有限公司章程〉的议案》,拟定了发行人本次发行上市后适用的《发行人章程》,并授权董事长、副董事长、行长单独或共同根据境内外法律、法规及其他规范性文件的变化情况、境内外有关政府机构和监管机构的要求与建议及本次发行上市实际情况调整和修改《发行人章程》;在本次发行上市完成后,对《发行人章程》中有关注册资本、股权结构等条款作出相应的修改以及向公司登记机构及其他相关政府部门办理变更、备案、登记事宜。公司章程此次修订已获得河南银监局于2016年12月7日下发的《河南银监局关于同意郑州银行股份有限公司修改章程的批复》(豫银监复〔2016〕390号)核准。

经本所核查,发行人制定《公司章程》及自2013年1月1日至本法律意见出具之日的《公司章程》修订情况已履行了必要的程序。

十三、发行人股东大会、董事会、监事会议事规则及规范运作

(一)经本所核查,发行人依照《公司法》及《公司章程》之规定,设立了股东大会、董事会、监事会,选举了公司董事、监事并聘请了行长、副行长、董事会秘书、行长助理、总会计师、首席信息官等高级管理人员,发行人具有健全的组织机构。

(二)经本所核查,发行人依照《公司法》《商业银行法》《治理指引》等规定,发行人专门制定了《发行人章程》、股东大会议事规则、董事会议事规则、监事会议事规则,符合相关法律、法规和规范性文件的规定。

(三)股东大会、董事会、监事会

1. 股东大会

根据发行人提供的相关会议文件,发行人自2013年1月1日至2016年6月30日共召开6次股东大会会议,具体召开情况如下:

序号	会议届次	会议时间
1	2012年度股东大会	2013年6月8日
2	2014年第一次临时股东大会	2014年3月22日
3	2013年股东年会	2014年6月22日
4	2015年第一次临时股东大会	2015年3月1日
5	2014年年度股东大会	2015年6月18日
6	2015年股东周年大会	2016年6月17日

2. 董事会

根据发行人提供的相关会议文件,发行人自 2013 年 1 月 1 日至 2016 年 6 月 30 日,以现场会议(包括视频、电话会议)方式共召开 17 次董事会会议,以通讯表决方式共召开 24 次董事会会议,具体召开情况如下:

序号	会议届次	会议时间
1	第四届董事会第五次会议	2013 年 3 月 2 日
2	第四届董事会第六次会议	2013 年 4 月 26 日
3	第四届董事会 2013 年第一次临时会议	2013 年 6 月 8 日
4	第四届董事会第七次会议	2013 年 8 月 24 日
5	第四届董事会 2013 年第二次临时会议	2013 年 9 月 23 日
6	第四届董事会 2013 年度第三次临时会议	2013 年 10 月 10 日
7	第四届董事会第八次会议	2013 年 12 月 1 日
8	第四届董事会 2013 年度第四次临时会议	2013 年 12 月 13 日
9	第四届董事会 2014 年第一次临时会议	2014 年 1 月 2 日
10	第四届董事会 2014 年第二次临时会议	2014 年 1 月 7 日
11	第四届董事会第九次会议	2014 年 3 月 1 日
12	第四届董事会 2014 年第三次临时会议	2014 年 4 月 2 日
13	第四届董事会第十次会议	2014 年 4 月 27 日
14	第四届董事会 2014 年第四次临时会议	2014 年 7 月 17 日
15	第四届董事会第十一次会议	2014 年 9 月 9 日
16	第四届董事会 2014 年第五次临时会议	2014 年 9 月 11 日
17	第四届董事会 2014 年第六次临时会议	2014 年 9 月 30 日
18	第四届董事会 2014 年第七次临时会议	2014 年 10 月 20 日
19	第四届董事会第十二次会议	2014 年 11 月 2 日
20	第四届董事会 2014 年第八次临时会议	2014 年 12 月 4 日
21	第四届董事会 2014 年第九次临时会议	2014 年 12 月 26 日
22	第四届董事会第十三次会议	2015 年 2 月 12 日
23	第四届董事会 2015 年度第 1 次临时会议	2015 年 3 月 11 日
24	第四届董事会 2015 年度第 2 次临时会议	2015 年 3 月 24 日
25	第四届董事会 2015 年度第 3 次临时会议	2015 年 4 月 27 日
26	第四届董事会 2015 年度第 4 次临时会议	2015 年 4 月 29 日
27	第四届董事会 2015 年第十四次会议	2015 年 5 月 28 日
28	第四届董事会 2015 年度第 5 次临时会议	2015 年 6 月 16 日
29	第五届董事会第一次会议	2015 年 6 月 18 日
30	第五届董事会 2015 年度第 1 次临时会议	2015 年 7 月 1 日
31	第五届董事会 2015 年度第 2 次临时会议	2015 年 7 月 6 日
32	第五届董事会第二次会议	2015 年 8 月 2 日
33	第五届董事会 2015 年度第 3 次临时会议	2015 年 9 月 16 日
34	第五届董事会 2015 年度第 4 次临时会议	2015 年 9 月 26 日
35	第五届董事会第三次会议	2015 年 10 月 24 日
36	第五届董事会第四次会议	2015 年 12 月 4 日
37	第五届董事会第五次会议	2016 年 3 月 26 日
38	第五届董事会 2016 年度第 1 次临时会议	2016 年 4 月 25 日
39	第五届董事会第六次会议	2016 年 5 月 28 日
40	第五届董事会 2016 年第 2 次临时会议	2016 年 6 月 17 日
41	第五届董事会 2016 年度第 3 次临时会议	2016 年 6 月 28 日

3. 监事会

根据发行人提供的相关会议文件,发行人自 2013 年 1 月 1 日至 2016 年 6 月 30 日以现场会议(包括视频、电话会议)方式共召开 16 次监事会会议，以通讯表决方式共召开4次监事会会议，具体召开情况如下：

序号	会议届次	会议时间
1	第四届监事会第五次会议	2013年3月2日
2	第四届监事会第六次会议	2013年4月25日
3	第四届监事会2013年第一次临时会议	2013年5月22日
4	第四届监事会第七次会议	2013年8月24日
5	第四届监事会第八次会议	2013年12月1日
6	第四届监事会第九次会议	2014年3月1日
7	第四届监事会第十次会议	2014年5月13日
8	第四届监事会第十一次会议	2014年9月27日
9	第四届监事会第十二次会议	2014年12月9日
10	第四届监事会第十三次会议	2015年3月21日
11	第四届监事会第十四次会议	2015年5月29日
12	第四届监事会第十五会议	2015年6月13日
13	第五届监事会第一次会议	2015年6月18日
14	第五届监事会第二次会议	2015年9月24日
15	第五届监事会第三次会议	2015年12月30日
16	第五届监事会第四次会议	2016年3月28日
17	第五届监事会2016年第1次临时会议	2016年5月7日
18	第五届监事会2016年第2次临时会议	2016年5月27日
19	第五届监事会2016年第3次临时会议	2016年6月17日
20	第五届监事会第五次会议	2016年6月30日

经本所核查，发行人上述历次股东大会、董事会、监事会会议的召开及表决结果合法有效。

十四、发行人董事、监事、高级管理人员及其变化

（一）发行人现任董事、监事及高级管理人员的任职情况

截至本法律意见出具之日，发行人现任董事14名，其中5名为独立董事；监事9名，其中3名为职工监事，3名为外部监事；行长1名，副行长3名，董事会秘书1名，行长助理2名，总会计师1名，首席信息官1名。

1. 根据发行人提供的资料，发行人现任董事的具体情况如下：

姓名	职务	任职资格批复	主要兼职情况
王天宇	执行董事 董事长	《关于核准王天宇郑州市商业银行董事会董事任职资格的批复》（豫银监复〔2005〕415号）	中牟郑银村镇银行股份有限公司董事长
		《河南银监局关于核准王天宇郑州银行股份有限公司董事长任职资格的批复》（豫银监复〔2011〕61号）	
申学清	执行董事 行长	《河南银监局关于核准徐建新等12人郑州银行股份有限公司董事会董事任职资格的批复》（豫银监复〔2012〕324号）	无
		《河南银监局关于核准申学清郑州银行股份有限公司行长任职资格的批复》（豫银监复〔2012〕133号）	

续表

姓名	职务	任职资格批复	主要兼职情况
冯 涛	执行董事 副董事长	《河南银监局关于核准冯涛、于章林郑州银行股份有限公司董事任职资格的批复》(豫银监复〔2016〕195 号) 《河南银监局关于核准冯涛郑州银行股份有限公司副董事长任职资格的批复》(豫银监复〔2016〕193 号)	无
樊玉涛	非执行董事	《河南银监局关于核准樊玉涛等 6 人郑州银行股份有限公司董事任职资格的批复》(豫银监复〔2015〕258 号)	郑州市财政局副局长;百瑞信托董事
张敬国	非执行董事	《河南银监局关于核准徐建新等 12 人郑州银行股份有限公司董事会董事任职资格的批复》(豫银监复〔2012〕324 号)	河南正商置业有限公司法定代表人、董事;正恒国际控股有限公司主席、执行董事兼行政总裁;河南宏光正商置业有限公司法定代表人、董事;全球医疗房地产投资信托董事
梁嵩巍	非执行董事	《河南银监局关于核准徐建新等 12 人郑州银行股份有限公司董事会董事任职资格的批复》(豫银监复〔2012〕324 号)	郑州投资控股党委书记、董事长;郑州市产业发展引导基金有限公司董事长;郑州中小企业担保有限公司董事
马金伟	非执行董事	《河南银监局关于核准樊玉涛等 6 人郑州银行股份有限公司董事任职资格的批复》(豫银监复〔2015〕258 号)	晨东实业总经理
姬宏俊	非执行董事	《河南银监局关于核准徐建新等 12 人郑州银行股份有限公司董事会董事任职资格的批复》(豫银监复〔2012〕324 号)	中原信托副总裁;长城基金管理有限公司董事
于章林	非执行董事	《河南银监局关于核准冯涛、于章林郑州银行股份有限公司董事任职资格的批复》(豫银监复〔2016〕195 号)	中国城市国际金融控股集团有限公司副总裁;深圳南方长城投资控股有限公司总经理
王世豪	独立董事	《河南银监局关于核准徐建新等 12 人郑州银行股份有限公司董事会董事任职资格的批复》(豫银监复〔2012〕324 号)	徽商银行股份有限公司独立董事①;上海国家会计学院兼职教授;上海交通大学海外教育学院兼职教授;上海财经大学商学院兼职教授;城市商业银行资金清算中心理事长
李怀珍	独立董事	《河南银监局关于核准樊玉涛等 6 人郑州银行股份有限公司董事任职资格的批复》(豫银监复〔2015〕258 号)	中国民生投资股份有限公司执行董事、总裁;中民国际资本有限公司董事;中民国际控股有限公司董事
谢太峰	独立董事	《河南银监局关于核准樊玉涛等 6 人郑州银行股份有限公司董事任职资格的批复》(豫银监复〔2015〕258 号)	首都经济贸易大学金融学院教授;友利银行(中国)有限公司独立董事;中国昊华化工集团股份有限公司独立董事;格林基金管理有限公司独立董事

① 2015 年 12 月 16 日,王世豪向徽商银行股份有限公司递交辞呈,辞任徽商银行股份有限公司独立非执行董事,其辞任将于徽商银行股份有限公司正式委任其继任独立非执行董事之日起生效,截至本法律意见出具之日,其辞任尚未生效。

续表

姓名	职务	任职资格批复	主要兼职情况
吴 革	独立董事	《河南银监局关于核准樊玉涛等6人郑州银行股份有限公司董事任职资格的批复》(豫银监复〔2015〕258号)	北京市中闻律师事务所主任
陈美宝	独立董事	《河南银监局关于核准樊玉涛等6人郑州银行股份有限公司董事任职资格的批复》(豫银监复〔2015〕258号)	香港陈美宝会计师事务所总经理;致同(香港)会计师事务所有限公司副管理合伙人;信星鞋业集团有限公司独立非执行董事;南华资产控股有限公司独立非执行董事

2. 根据发行人提供的资料,发行人现任监事的具体情况如下:

姓名	职务	任职资格批复	主要兼职情况
赵丽娟	监事长、股东监事	不适用	无
汤云为	外部监事	不适用	无
刘煜辉	外部监事	不适用	中国社会科学院金融研究所研究员;中国社会科学院研究生院和南开大学教授、博士生导师;杭州银行股份有限公司独立董事;江苏银行股份有限公司独立董事;深圳键桥通讯技术股份有限公司独立董事;中原大地传媒股份有限公司独立董事;天风证券股份有限公司首席经济学家
徐长生	外部监事	不适用	华中科技大学经济学院教授;国电长源电力股份有限公司独立董事;凯迪生态环境科技股份有限公司独立董事;中原信托独立董事
孟 君	股东监事	不适用	河南正弘置业有限公司副总裁
朱志晖	股东监事	不适用	河南国原贸易有限公司董事长;郑州晖达房地产开发有限公司董事长
段 萍	职工监事	不适用	无
张春阁	职工监事	不适用	无
崔华瑞	职工监事	不适用	无

3. 根据发行人提供的资料,发行人现任高级管理人员的具体情况如下:

姓名	职务	任职资格批复	主要兼职情况
申学清	行长	《河南银监局关于核准申学清郑州银行股份有限公司行长任职资格的批复》(豫银监复〔2012〕133号)	无
夏 华	副行长	《河南银监局关于核准夏华郑州银行股份有限公司副行长任职资格的批复》(豫银监复〔2012〕39号)	无
白效锋	副行长	《河南银监局关于核准白效锋郑州市商业银行副行长任职资格的批复》(豫银监复〔2008〕98号)	无
郭志彬	副行长	《河南银监局关于核准郭志彬高级管理人员任职资格的批复》(豫银监复〔2015〕484号)	无

续表

姓名	职务	任职资格批复	主要兼职情况
张文建	行长助理	《河南银监局关于核准郭志彬、张文建郑州银行股份有限公司行长助理任职资格的批复》(豫银监复〔2011〕189号)	无
孙海刚	行长助理	《河南银监局关于核准孙海刚郑州银行股份有限公司行长助理任职资格的批复》(豫银监复〔2012〕63号)	无
毛月珍	总会计师	《河南银监局关于核准毛月珍郑州银行股份有限公司总会计师任职资格的批复》(豫银监复〔2011〕470号)	无
傅春乔	董事会秘书	《河南银监局关于核准傅春乔郑州银行董事会秘书任职资格的批复》(豫银监复〔2013〕419号)	无
姜　涛	首席信息官	《河南银监局关于核准姜涛高级管理人员任职资格的批复》(豫银监复〔2015〕494号)	无

经核查,发行人的董事及高级管理人员均已取得了河南银监局的任职资格核准文件。

(二)根据发行人自2013年1月1日以来的股东大会、董事会和监事会会议决议,职工代表大会选举结果以及其他资料,发行人董事、监事及高级管理人员自2013年1月1日至2016年6月30日的变化情况如下:

1. 发行人董事的变化情况

(1)2013年6月8日,发行人召开2012年度股东大会,会议审议并通过了《关于李东铭先生辞去郑州银行股份有限公司董事职务的议案》,同意李东铭辞去发行人董事职务。①

(2)2015年6月18日,发行人召开2014年度股东大会,会议审议并通过了《关于选举郑州银行股份有限公司第五届董事会董事的议案》,选举王天宇、申学清、张荣顺、樊玉涛、徐建新、张敬国、梁嵩巍、马金伟、姬宏俊、马磊、王世豪、李怀珍、谢太峰、吴革、陈美宝15人为发行人第五届董事会董事。

(3)2015年6月18日,发行人召开第五届董事会第一次会议,会议审议并通过了《关于选举郑州银行股份有限公司第五届董事会董事长、副董事长的议案》,选举王天宇为发行人第五届董事会董事长,选举张荣顺为发行人第五届董事会副董事长,选举徐建新为发行人第五届董事会副董事长。

(4)2016年3月25日,非执行董事马磊向发行人董事会递交书面辞职报告。2016年3月26日,发行人召开第五届董事会第五次会议,会议听取了《关于马磊先生辞去郑州银行股份有限公司董事职务的议案》,同意马磊辞去发行人非执行董事职务,自2016年3月26日起生效。会议审议并通过了《关于推选于章林先生为郑州银行股份有限公司董事候选人的议案》,同意提名于章林为发行人第五届董事会董事候选人。

(5)2016年4月16日,发行人非执行董事兼副董事长徐建新先生因病辞世。

(6)2016年5月28日,执行董事兼副董事长张荣顺向发行人董事会递交书面辞职报告。2016年5月28日,发行人召开第五届董事会第六次会议,会议听取了《关于张荣顺先生辞去郑州银行股份有限公司董事职务的议案》,同意张荣顺辞去发行人执行董事兼副董事长职务,自新任执行董事上任起生效。② 会议审议并通过了《关于推选冯涛先生为郑州银行股份有限公司董事候选人的议案》,同意提名冯涛为发行人第五届董事会候选人。

(7)2016年6月17日,发行人召开2015年股东周年大会,会议审议并通过了《关于选举于章林先生为郑州银行股份有限公司第五届董事会非执行董事的议案》,选举于章林为发行人第五届董事会非执行董事;会议审议并通过了《关于选举冯涛先生为郑州银行股份有限公司董事候选人的议案》,选举冯涛为发行人第五届董事会执行董事。

① 2012年11月21日,李东铭向发行人董事会递交书面辞职报告。

② 2016年8月4日,新任执行董事冯涛的任职资格获得《河南银监局关于核准冯涛、于章林郑州银行股份有限公司董事任职资格的批复》(豫银监复〔2016〕195号)核准,张荣顺辞任上述职务自2016年8月4日起生效。

(8)2016年6月17日,发行人召开第五届董事会2016年第2次临时会议,会议审议并通过了《关于选举郑州银行股份有限公司第五届董事会副董事长的议案》,选举冯涛为发行人第五届董事会副董事长。

2. 监事近三年的变化情况

(1)2014年2月18日,股东监事朱东晖向发行人监事会递交书面辞职报告。2014年3月1日,发行人召开第四届监事会第九次会议,会议审议并通过了《关于朱东晖同志辞去郑州银行第四届监事会股东监事及专业委员会委员的议案》,同意朱东晖辞去发行人股东监事职务。2014年6月22日,发行人召开2013年度股东年会,会议审议并通过了《关于朱东晖同志辞去郑州银行股东监事职务的议案》,同意朱东晖辞去发行人股东监事职务。

(2)2015年5月29日,发行人召开第四届监事会第十四次会议,会议审议并通过了《关于推荐段萍女士为郑州银行股份有限公司第五届监事会职工监事候选人的议案》《关于推荐张春阁女士为郑州银行股份有限公司第五届监事会职工监事候选人的议案》《关于推荐崔华瑞女士为郑州银行股份有限公司第五届监事会职工监事候选人的议案》,选举段萍、张春阁、崔华瑞为发行人第五届监事会职工监事候选人。

2015年6月4日,发行人召开第二届工会委员会2015年第二次会议,会议审议并通过了《关于段萍、张春阁、崔华瑞同志为职工监事的提案》,选举段萍、张春阁、崔华瑞为发行人第五届监事会职工监事。

(3)2015年6月18日,发行人召开2014年年度股东大会,会议审议并通过了《关于选举郑州银行股份有限公司第五届监事会监事的议案》,选举范大路、汤云为、刘煜辉、张圣平、孟君、朱志晖为发行人第五届监事会监事。

(4)2016年3月2日,监事长范大路向监事会递交书面辞职报告。2015年12月8日,外部监事张圣平向监事会递交书面辞职报告。2016年3月28日,发行人召开第五届监事会第四次会议,同意第五届监事会监事长范大路因工作调整,辞去发行人股东监事和监事长职务,自2016年3月28日起生效;同意第五届监事会外部监事张圣平因国家有关限制性规定,辞去发行人外部监事职务,自新任外部监事上任起生效[①]。会议审议并通过了《关于推选徐长生先生为郑州银行第五届监事会外部监事候选人的议案》,选举徐长生为发行人第五届监事会外部监事候选人。会议审议并通过了《关于推选赵丽娟女士为郑州银行第五届监事会监事候选人的议案》,选举赵丽娟为发行人第五届监事会监事候选人。

2016年6月17日,发行人召开2015年股东周年大会,会议审议并通过了《关于选举徐长生先生为郑州银行股份有限公司第五届监事会外部监事的议案》,选举徐长生为发行人第五届监事会外部监事;会议审议并通过了《关于选举赵丽娟女士为郑州银行股份有限公司第五届监事会监事的议案》,选举赵丽娟为发行人第五届监事会监事。

(5)2016年6月17日,发行人召开第五届监事会2016年第3次临时会议,会议审议并通过了《关于选举郑州银行股份有限公司第五届监事会监事长的议案》,选举赵丽娟为发行人第五届监事会监事长。

3. 高级管理人员近三年的变化情况

(1)2013年6月8日,发行人召开第四届董事会2013年第一次临时会议,会议审议并通过了《关于聘任傅春乔为郑州银行股份有限公司董事会秘书的议案》,同意聘任傅春乔为发行人董事会秘书。

(2)2014年3月1日,发行人召开第四届董事会第九次会议,会议审议并通过了《关于乔均安先生辞去郑州银行股份有限公司副行长职务的议案》,同意乔均安辞去发行人副行长职务。

(3)2015年10月24日,发行人召开第五届董事会第三次会议,会议审议并通过了《关于聘任郭志彬先生为郑州银行股份有限公司副行长的议案》,同意聘任郭志彬为发行人副行长。会议审议并通过了《关于聘任姜涛先生为郑州银行股份有限公司首席信息官的议案》,

① 2016年6月17日,新任外部监事徐长生的任职资格获得发行人召开的2015年股东周年大会审议并通过的《关于选举徐长生先生为郑州银行股份有限公司第五届监事会外部监事的议案》批准,张圣平辞任上述职务自2016年6月17日起生效。

同意聘任姜涛为发行人首席信息官。

(4)2016 年 3 月 26 日,发行人召开第五届董事会第五次会议,会议审议并通过了《关于赵丽娟女士辞去郑州银行股份有限公司副行长职务的议案》,同意赵丽娟辞去发行人副行长职务。

经核查,本所认为,上述董事、监事及高级管理人员的变化符合有关规定,并已履行必要的法律程序,并且上述变化未对发行人的经营管理、主营业务及持续经营等造成重大不利影响,不会对本次发行上市造成实质性法律障碍。

十五、发行人的税务

(一)根据《审计报告》、《企业所得税、增值税及营业税纳税情况说明的专项报告》及发行人确认,并经本所核查,发行人及控股子公司执行的主要税种及税率如下:

税种	税率
企业所得税	25%
营业税	3% –5%
增值税	3% –17%
城市维护建设税	5% –7%
教育费附加	3% –5%
地方教育费附加	2%

发行人及控股子公司执行的主要税种、税率符合现行法律、行政法规及规范性文件的要求。

(二)经核查发行人及其分支机构获得的金额在 100 万元以上的财政补贴的相关文件及入账凭证等资料,发行人及其分支机构系依据《河南省人民政府关于进一步促进全省产业集聚区持续健康发展财政扶持政策的通知》(豫政〔2014〕71 号)、《河南省人民政府办公厅关于转发河南省小型微型企业信贷风险补偿资金管理办法(试行)的通知》(豫政办〔2014〕118 号)等文件获得的财政补贴,本所认为,发行人及其分支机构享受的上述财政补贴合法、有效。

(三)根据发行人税务主管机关出具的纳税证明及本所核查,发行人除以下第(四)部分所述税务处罚外,发行人总行、各独立纳税的分支机构及控股子公司自 2013 年 1 月 1 日至 2016 年 6 月 30 日期间已依法纳税。

(四)税务类行政处罚

根据发行人提供的文件并经本所核查,发行人及其分支机构自 2013 年 1 月 1 日至 2016 年 6 月 30 日期间存在 1 笔被税务机关处以的税务处罚:发行人因在"业务管理费"中列支不合规发票,被郑州市国家税务局稽查局于 2013 年 11 月 13 日予以 2,000 元罚款,发行人于 2013 年 11 月 22 日已缴清上述罚款。发行人控股子公司自 2013 年 1 月 1 日至 2016 年 6 月 30 日期间不存在税务处罚。

本所认为,上述税务处罚涉及的罚款金额占发行人最近一期经审计净资产的比例非常小,且均已缴清,上述情形不会对发行人的经营产生重大不利影响,亦不构成本次发行的法律障碍。

十六、发行人的环境保护和产品质量、技术等标准

(一)根据发行人提供的文件及本所的审查,发行人自 2013 年 1 月 1 日至 2016 年 6 月 30 日期间的经营活动符合有关环境保护的要求。

(二)根据发行人提供的文件及本所的审查,发行人自 2013 年 1 月 1 日至 2016 年 6 月 30 日期间不存在因经营活动违反环境保护法律、行政法规、部门规章及其他规范性文件而受到处罚的情况。

(三)根据发行人提供的文件及本所的审查,发行人自 2013 年 1 月 1 日至 2016 年 6 月 30 日期间不存在因违反有关产品质量和技术监督方面的法律法规而受到处罚的情况。

据此,发行人在环境保护、产品质量和技术方面符合现行法律、行政法规、部门规章和其他规范性文件的有关规定。

十七、发行人募集资金的运用

根据发行人 2016 年 9 月 27 日 2016 年第一次临时股东大会审议通过的《关于郑州银行股份有限公司首次公开发行人民币普通股(A 股)股票并上市募集资金用途的议案》,在扣除发行费用后,发行人拟将本次发行所募集的资金全部用于补充发行人核心一级资本,提高资本充足水平。

根据河南银监局于2016年12月7日下发的《河南银监局关于郑州银行股份有限公司首次公开发行A股股票并上市方案的批复》(豫银监复〔2016〕392号),河南银监局已核准发行人上述募集资金用途。

本所认为,发行人本次发行上市所募集资金的用途符合国家法律、行政法规、部门规章、其他规范性文件及国家产业政策的规定。

十八、发行人业务发展目标

根据发行人《招股说明书》(申报稿),发行人的业务发展主要目标是:深入建设"商贸物流银行",进一步增强服务小微客户的竞争力,提升零售银行业务综合实力,进一步提升电子银行与互联网金融渠道以增强跨区域获客能力,深化综合经营,为客户提供综合金融服务。

本所认为,发行人上述业务发展目标与其主营业务一致,符合国家法律、行政法规、部门规章及其他规范性文件的规定,不存在潜在的法律风险。

十九、诉讼、仲裁或行政处罚

(一)诉讼、仲裁

1. 发行人及控股子公司作为原告/申请人的诉讼、仲裁案件

根据发行人提供的文件并经本所核查,截至2016年6月30日,发行人及其分支机构作为原告且单笔争议标的金额(本金)在1,000万元以上的尚未了结的诉讼案件共计8宗,涉及标的金额(本金)共计约1.67亿元。发行人及其分支机构作为申请人且单笔争议标的金额在1,000万元以上的仲裁案件共计7宗,涉及标的金额(本金)共计约1.49亿元。

由于上述案件均属发行人从事银行业务所引起的借贷纠纷或追偿贷款纠纷,本所认为,上述案件不会对发行人的经营产生重大不利影响,亦不构成本次发行的实质性法律障碍。

2. 发行人及控股子公司作为被告/被申请人的诉讼、仲裁案件

根据发行人提供的文件并经本所核查,截至2016年6月30日,发行人及其分支机构作为被告且单笔争议标的金额(本金)在100万元以上的尚未了结的诉讼案件共计2宗,案由分别为所有权纠纷之诉及储蓄存款纠纷之诉,涉及标的金额(本金)共计639万元。发行人及其分支机构不存在作为被申请人且单笔争议标的金额在100万元以上的尚未了结的仲裁案件。

本所认为,由于上述案件主要系发行人及其分支机构从事日常经营活动所引起的一般经济纠纷,且发行人及其分支机构作为被告的案件所涉及的金额占发行人最近一期经审计的净资产的比例非常小,该等案件的结果不会对发行人的财务状况和持续经营能力构成重大不利影响,亦不构成本次发行的实质性法律障碍。

3. 持有发行人5%以上股份的股东

经核查,持有发行人5%以上股份的股东不存在尚未了结的或可预见的重大诉讼、仲裁及行政处罚案件。

4. 董事长、行长

根据发行人董事长、行长及发行人出具的承诺并经本所核查,截至本法律意见出具之日,发行人现任董事长、行长不存在尚未了结的重大诉讼、仲裁案件。

(二)行政处罚(税务处罚除外)

1. 根据发行人提供的文件并经本所核查,除本法律意见第十五章"发行人的税务"所述税务处罚外,发行人总行、各分支机构及控股子公司自2013年1月1日至2016年6月30日被境内监管部门处以行政处罚共计1笔,即发行人因于2012年1月1日至2013年9月30日期间发生向借款人转嫁应由其承担的抵押房屋登记费行为,违反了《中华人民共和国价格法》等规定而被郑州市物价局罚款81.44万元,上述处罚涉及的罚款已缴清。

经本所核查,上述行政处罚未导致发行人及其分支机构之合法存续受影响或业务经营所需之批准、许可、授权或备案被撤销,包括但不限于被吊销《金融许可证》或营业执照等重大后果;上述罚款总金额占发行人最近一期经审计净资产的比例非常小,且已缴清。因此,上述情形不会对发行人的经营产生重大不利影响,也不构成发行人本次发行的法律障碍。

2. 根据发行人董事长、行长的确认及发行人出具的承诺并经本所核查,截至本法律意见出具之日,发行人现任董事长、行长不存在尚未了结的或可预见的行政处罚。

二十、发行人《招股说明书》(申报稿)法律风险的评价

经审阅发行人《招股说明书》(申报稿)及其摘要引用本法律意见相关内容的部分,本所认为,发行人《招股说明书》(申报稿)及其摘要引用本法律意见相关内容与本法律意见无矛盾之处。本所对发行人《招股说明书》(申报稿)及其摘要中引用本法律意见的相关内容无异议,确认《招股说明书》(申报稿)及其摘要不致因引用本法律意见的内容而出现虚假记载、误导性陈述或重大遗漏。

二十一、本次发行上市的总体结论性意见

基于上述事实,本所认为,除本法律意见第一章第(四)部分所述本次发行上市所需核准外,

(一)发行人符合股票发行上市法定条件,不存在重大违法违规行为。

(二)《招股说明书》(申报稿)及其摘要所引用的本法律意见和律师工作报告的内容适当。

本法律意见正本一式三份。

(此页无正文,为《北京市金杜律师事务所关于郑州银行股份有限公司首次公开发行A股股票并上市的法律意见》之签字盖章页)

北京市金杜律师事务所
负责人:王玲
经办律师:苏峥、李元媛

北京市嘉源律师事务所关于青岛港国际股份有限公司首次公开发行A股股票并上市的法律意见书

敬启者:

受青岛港委托,本所作为青岛港本次发行并上市之中国法律顾问,为青岛港本次发行并上市提供中国法律服务并出具本法律意见书及律师工作报告。

本法律意见书依据《公司法》、《证券法》、《首发办法》、《编报规则第12号》、《律师事务所从事证券法律业务管理办法》和《律师事务所证券法律业务执业规则(试行)》等中国法律法规和中国证监会的有关规定,按照律师行业公认的业务标准、道德规范和勤勉尽责精神出具。

为出具本法律意见书,本所对青岛港本次发行并上市的法律资格及其具备的条件进行了调查,查阅了本所认为出具本法律意见书所需查阅的文件,包括但不限于本次发行并上市的批准和授权、本次发行并上市的主体资格、本次发行并上市的实质条件、公司的设立、公司的独立性、公司的发起人和股东、公司的股本及演变、公司的业务、关联交易及同业竞争、公司的主要财产、公司的主要股权投资、公司的重大债权债务、公司重大资产变化及收购兼并、公司的股东大会、董事会、监事会议事规则及规范运作、公司章程的制定和修改、公司董事、监事和高级管理人员及其变化、公司的税务、公司的环境保护、安全生产和产品质量等事宜、公司募集资金的运用、诉讼、仲裁或行政处罚等方面的有关记录、资料和证明,并就有关事项向公司董事会成员及高级管理人员作了询问并进行了必要的讨论。

在前述调查过程中,本所得到公司如下保证:公司已经提供了本所认为出具本法律意见书所必需的、真实、完整的原始书面材料、副本材料或口头证言,不存在任何遗漏或隐瞒;其所提供的所有文件及所述事实均为真实、准确和完整;公司所提供的复印件与原件一致。

本所依据本法律意见书出具日以前已经发生或存在的事实及中国法律法规和中国证监会的有关规定,并基于对有关事实的了解和对法律的理解发表法律意见。在本所进行合理核查

的基础上，对于出具本法律意见书至关重要而又无法得到独立的证据支持的事实，或者基于本所专业无法作出核查及判断的重要事实，本所依赖政府有关部门、公司或者其他有关机构出具的证明文件或专业意见作出判断，并出具本法律意见书。

本所仅就与本次发行并上市涉及的中国法律问题发表意见，并不对有关审计结论、资产评估结果、投资项目分析、投资收益等发表评论。本所在本法律意见书中对会计报表、审计报告、评估报告和投资项目可行性报告等报告中某些数据和结论的引述，不表明本所对这些数据、结论的真实性和准确性做出任何明示或暗示的保证。对本次发行并上市所涉及的财务数据、投资分析等专业事项，本所未被授权、亦无权发表任何评论。

本所及本所经办律师依据《证券法》、《律师事务所从事证券法律业务管理办法》和《律师事务所证券法律业务执业规则（试行）》等规定及本法律意见书出具日以前已经发生或者存在的事实，严格履行了法定职责，遵循了勤勉尽责和诚实信用原则，对发行人的行为以及本次申请的合法、合规、真实、有效进行了充分的核查验证，保证本法律意见书所认定的事实真实、准确、完整，所发表的结论性意见合法、准确，不存在虚假记载、误导性陈述或者重大遗漏，并承担相应法律责任。

本所同意公司部分或全部在招股说明书中自行引用或按中国证监会审核要求引用本法律意见书的内容，但发行人作上述引用时，不得因引用而导致法律上的歧义或曲解。

本法律意见书仅供公司本次发行并上市之目的使用，不得用作任何其他目的之依据。本所同意将本法律意见书作为公司本次发行所必备的法律文件，随其他申请材料一起上报中国证监会，并依法对所出具的法律意见承担责任。

一、本次发行并上市的批准和授权

（一）已取得的批准和授权

1. 公司于2017年6月5日召开第二届董事会第七次会议，审议通过了与本次发行并上市相关的议案。

2. 2017年6月20日，青岛市国资委作出《青岛市政府国资委关于青岛港国际股份有限公司公开发行A股股票并上市的批复》（青国资委〔2017〕38号），原则同意公司首次公开发行A股股票并上市方案。

3. 公司于2017年6月28日召开2016年年度股东大会，审议通过了与本次发行并上市相关的议案，包括但不限于本次发行并上市方案、提请股东大会授权董事会及其授权人士全权办理本次发行并上市相关事宜。

4. 公司于2017年6月28日召开的2016年年度股东大会以特别决议形式审议通过了《关于青岛港国际股份有限公司发行股份一般性授权的议案》，同意一般性授权公司董事会根据市场情况和公司需要，发行不超过于该决议案获股东大会通过时公司已发行的H股、内资股各自20%之新增股份。

5. 公司于2017年8月25日召开的第二届董事会第九次会议，审议通过了《关于青岛港国际股份有限公司调整首次公开发行A股股票募集资金投资项目的议案》，调整本次发行A股股票募集资金投资项目，同时将募集资金规模相应调减到不超过848,000万元。

6. 2017年8月15日，青岛市国资委作出《关于青岛港国际股份有限公司国有股权管理暨国有股转持方案的批复》（青国资委〔2017〕57号），同意公司在完成本次发行并上市后，青岛港集团、青岛远洋、青岛国投分别将持有的公司64,464,449股、1,757,034股、878,517股股份划转由社保基金会持有；为保持青岛港集团对公司的控股地位，同意青岛港集团通过以自有资金上缴中央金库的方式履行国有股转持义务。具体转持股份数量或上缴资金金额将根据公司实际发行数量及发行价格最终确定。

（二）尚待取得的批准和授权

本次发行并上市尚待中国证监会核准。发行完成后的A股股票于上海证券交易所上市交易尚需获得上海证券交易所同意。

综上，本所认为：

1. 公司本次发行并上市相关事项均已经公司董事会及股东大会依现行《公司章程》规定的程序批准，前述有关决议的内容合法、有效。

2. 公司股东大会已授权董事会并由董事会转授权予董事长或副董事长办理有关具体事宜，该等授权的范围及程序合法、有效。

3. 公司本次发行并上市的发行方案已经取

得青岛市国资委的批准。

4. 公司本次发行与上市已经取得青岛市国资委关于国有股权管理及国有股转持方案的批复。

5. 本次发行并上市尚待中国证监会核准。发行完成后的A股股票于上海证券交易所上市交易尚需获得上海证券交易所同意。

二、本次发行并上市的主体资格

(一)公司的设立

1. 2013年11月14日,青岛市国资委作出《青岛市政府国资委关于青岛港(集团)有限公司发起设立青岛港国际股份有限公司的批复》(青国资规〔2013〕38号),同意青岛港集团作为主发起人,联合码来仓储、青岛远洋、中海码头、光控青岛、青岛国投等五家公司共同发起设立青岛港。

2. 2013年11月15日,公司在青岛市工商局办理了注册登记并领取了注册号为370200020002936的《企业法人营业执照》。

(二)首次公开发行H股

1. 2014年4月21日,中国证监会作出《关于核准青岛港国际股份有限公司发行境外上市外资股的批复》(证监许可〔2014〕434号),核准公司发行不超过892,941,177股的境外上市外资股并到香港联交所主板上市,每股面值人民币1元,全部为普通股。其中,公司发行不超过811,764,706股新股,国有股东出售不超过81,176,471股存量股。

2. 2014年6月6日,公司首次公开发行总计705,800,000股H股,代社保基金会出售70,580,000股,上述合计776,380,000股H股于香港联交所主板挂牌并上市交易。2014年7月2日,公司行使超额配售权发行72,404,000股H股,代社保基金会出售7,241,000股,上述合计79,645,000股H股于香港联交所主板挂牌上市。

(三)增发H股、发行内资股

根据青岛市国资委于2017年2月17日作出的《关于青岛港国际股份有限公司与上海中海码头发展有限公司资产重组及H股配售有关事宜的批复》(青国资委〔2017〕10号)以及中国证监会于2017年4月24日作出的《关于核准青岛港国际股份有限公司增发境外上市外资股的批复》(证监许可〔2017〕589号),公司向境外投资者发行243,000,000股H股,该等H股于2017年5月18日在于香港联交所主板挂牌并上市交易;公司向上海码头发行1,015,520,000股内资股并于2017年5月19日办理完毕内资股集中登记存管手续。前述243,000,000股H股及1,015,520,000股内资股发行完成后,公司的注册资本变更为603,672.40万元。

(四)现状

1. 公司目前持有青岛市工商局于2017年5月22日核发的统一社会信用代码为91370200081422810C的《营业执照》。根据该执照,公司名称为青岛港国际股份有限公司;注册资本为603,672.40万元;企业类型为其他股份有限公司(上市);法定代表人为郑明辉;住所为青岛市市北区港华路7号;经营范围为"国内沿海普通货船运输(水路运输许可证有效期限以许可证为准)。码头及其他港口设施服务;货物装卸、仓储服务;港口旅客运输服务;港口拖轮、驳运服务;船舶港口服务;港口设施、设备和机械的租赁、维修服务;压力管道的安装;管道安装配套工程;码头开发经营、管理;港口建设工程项目管理;航道疏浚、吹填;土石方工程;市政工程施工;船舶、浮船坞、房屋租赁;货物和技术的进出口业务;发布国内广告业务;国际货运代理;施工劳务作业、建筑劳务分包、港航设备安装及水上交管工程施工、机械设备制造、安装、改造、维修;制造、安装、改造、维修起重机;通信、信息化、建筑智能化、消防、工业自动化工程施工;电子设备安装工程施工;计算机技术、通信技术开发;港口通讯设施租赁;防火装置、变配电设备安装;港内送变电;供电设备维护、电力线路、照明工程安装及维修;电气工程设计及咨询;输电、供电、受电设施的试验;计量检定、校准、检测;防水防腐保温;海洋石油工程;石油化工工程施工、检维修;金属钢结构、金属储罐制造、安装。批发零售:电气设备及材料、通信设备、计算机设备、电子设备。以下限分支机构经营:港口供电、供水、供气;国内劳务派遣;汽车租赁;集装箱装卸、中转、堆存、保管、拆箱、拼箱、装箱、洗修、仓储;机械设备租赁;公路运输;普通货运;运输中介服务;通信、信息服务;停车服务;道路货运代理;客车货物配载、仓储、装卸、搬运;船舶代理;船舶服务;海洋石油作业；船舶工程安装、维护；候船厅；候船厅内客运服务；行李保管寄存（不含危险品）、打包、铅封、装卸；订购船票、站台票；港口清淤、港口建设工程管理；工具制造；外轮供水；物业管理；安全技术防范工程施工；铆焊加工；铸锻加工；轮胎翻新；船舶制造、维修；二类机动车维修；机动车整车修理、总成修理、整车维护、小修、维修救援、专项修理；绝缘防火防盗装置、通信线路、通信设备安装工程；批发、零售：建材五金、钢材、水泥、机电产品、矿石；日用百货、文体用品、纺织品、服装鞋帽、办公用品、预包装食品；汽油、柴油、润滑油、水产品及其制品、干鲜果品、冷食、饮料；生产糕点、面粉、花生油、山泉水、挂面、豆制品、风干肠；生产加工：针纺织品、绳网、塑料制品、服装、篷布网；港口工属具制修；印刷；会议服务。（依法须经批准的项目，经相关部门批准后方可开展经营活动）"。根据在"国家企业信用信息公示系统"的查询结果，公司登记状态为"在营（开业）企业"。

2. 根据现行《公司章程》，公司为永久存续的股份有限公司。

3. 根据公司提供的资料及本所律师核查，截至本法律意见书出具之日，公司不存在中国法律法规和现行《公司章程》规定的可能导致其营业终止的情形。

综上，本所认为：

1. 公司为依法设立并有效存续的股份有限公司，不存在中国法律法规和现行《公司章程》规定的可能导致其营业终止的情形。

2. 公司具备申请本次发行并上市的主体资格。

三、本次发行并上市的实质条件

（一）本次发行的类别

公司本次发行属于股份有限公司增加注册资本、面向境内社会公众首次公开发行人民币普通股（A股）。

（二）本次发行并上市的条件

本所根据《公司法》《证券法》《首发办法》等中国法律法规的规定对公司本次发行并上市的实质条件进行了逐项审查。具体如下：

1. 公司本次发行拟发行的股票为每股面值人民币1元的A股，每股的发行条件和价格相同，每一股份具有同等权利，符合《公司法》第一百二十五条、第一百二十六条的规定。

2. 经青岛市国资委批准，公司由青岛港集团、码来仓储、青岛远洋、中海码头、光控青岛、青岛国投共同发起设立，为依法设立并有效存续的股份有限公司，发起人住所均位于中国境内，具体情况请详见本法律意见书之"三、本次发行并上市的主体资格"与"四、公司的设立"的相关内容。公司符合《公司法》第七十六条、第七十八条的规定和《首发办法》第八条的规定。

3. 公司于2013年11月15日成立，自成立以来持续经营期限已超过3年。公司的历史沿革情况请详见本法律意见书之"七、公司的股本及演变"的相关内容。公司符合《首发办法》第九条的规定。

4. 截至本法律意见书出具之日，公司的注册资本为603,672.40万元，注册资本已足额缴纳，公司发起人及其他股东用作出资的资产的财产权属转移手续已办理完毕；公司的主要资产不存在重大权属纠纷，具体详见本法律意见书之"七、公司的股本及演变"中的相关内容。公司符合《公司法》第八十条、第八十三条和《首发办法》第十条的规定。

5. 根据公司提供的资料及公司书面确认并经本所律师核查，公司的主营业务为集装箱、金属矿石、煤炭、原油等各类货物的装卸和配套服务、物流及港口增值服务、港口配套服务等多种业务。公司目前主要从事的业务与《营业执照》记载的范围一致；公司的生产经营范围符合中国法律、行政法规和现行《公司章程》的规定，符合国家产业政策的规定。公司符合《首发办法》第十一条的规定。

6. 根据公司提供的资料及公司书面确认并经本所律师核查，公司近三年主营业务未发生重大变化；近三年来公司董事、高级管理人员均未发生重大变化；近三年来公司的实际控制人一直为青岛市国资委，未发生变更。公司符合《首发办法》第十二条的规定。

7. 根据公司提供的资料及公司书面确认并经本所律师核查，公司的股权清晰，控股股东和受控股股东、实际控制人支配的股东持有的公司股份不存在重大权属纠纷。公司符合《首发办法》第十三条的规定。

8. 根据公司提供的资料及公司书面确认并

经本所律师核查,公司已依法设立股东大会、董事会和监事会,并在董事会下设置了战略发展委员会、审计委员会、薪酬委员会和提名委员会,建立了独立董事、董事会秘书制度,公司具备健全且运行良好的组织机构,相关机构和人员能够依法履行职责,具体情况请详见本法律意见书之“十五、公司的股东大会、董事会、监事会议事规则及规范运作”中的相关内容。公司符合《证券法》第十三条第一款第(一)项和《首发办法》第十四条的规定。

9. 公司已经保荐机构中信证券股份有限公司辅导,辅导期间中信证券股份有限公司组织各中介机构包括本所律师向公司董事、监事和高级管理人员讲授了上市公司治理及规范运作的财务、法律知识;公司董事、监事和高级管理人员已经了解与股票发行上市有关的中国法律法规,知悉上市公司及其董事、监事和高级管理人员的法定义务和责任。公司符合《首发办法》第十五条的规定。

10. 根据公司及其董事、监事和高级管理人员书面确认并经本所律师核查,公司的董事、监事和高级管理人员符合中国法律法规及规范性文件规定的任职资格,不存在《公司法》第一百四十六条、《首发办法》第十六条规定的如下情形:

1)无民事行为能力或限制民事行为能力。

2)因贪污、贿赂、侵占财产、挪用财产或者破坏社会主义市场经济秩序,被判处刑罚,执行期满未逾五年,或者因犯罪被剥夺政治权利,执行期满未逾五年。

3)担任破产清算的公司、企业的董事或者厂长、经理,对该公司、企业的破产负有个人责任的,自该公司、企业破产清算完结之日起未逾三年。

4)担任因违法被吊销营业执照、责令关闭的公司、企业的法定代表人,并负有个人责任的,自该公司、企业被吊销营业执照之日起未逾三年。

5)个人所负数额较大的债务到期未清偿。

6)被中国证监会采取证券市场禁入措施尚在禁入期的。

7)最近36个月内受到中国证监会行政处罚,或者最近12个月内受到证券交易所公开谴责。

8)因涉嫌犯罪被司法机关立案侦查或者涉嫌违法违规被中国证监会立案调查,尚未有明确结论意见。

11. 根据公司对其2017年6月30日财务报告内部控制所编制的自我评价报告及普华永道出具的《内部控制审核报告》及公司书面确认,公司的在所有重大方面保持了有效的内部控制,在内部控制完整性、合理性及有效性方面不存在重大缺陷。公司符合《首发办法》第十七条的规定。

12. 根据有关政府部门出具的证明文件、公司提供的资料及公司书面确认并经本所律师核查,公司不存在《首发办法》第十八条的规定的如下情形:

1)最近36个月内未经法定机关核准,擅自公开或者变相公开发行过证券;或者有关违法行为虽然发生在36个月前,但目前仍处于持续状态。

2)最近36个月内违反工商、税收、土地、环保、海关以及其他法律、行政法规,受到行政处罚,且情节严重。

3)最近36个月内曾向中国证监会提出发行申请,但报送的发行申请文件有虚假记载、误导性陈述或重大遗漏;或者不符合发行条件以欺骗手段骗取发行核准;或者以不正当手段干扰中国证监会及其发行审核委员会审核工作;或者伪造、变造公司或其董事、监事、高级管理人员的签字、盖章。

4)本次报送的发行申请文件有虚假记载、误导性陈述或者重大遗漏。

5)涉嫌犯罪被司法机关立案侦查,尚未有明确结论意见。

6)严重损害投资者合法权益和社会公共利益的其他情形。

13. 根据公司提供的资料及公司书面确认并经本所律师核查,公司现行《公司章程》及《青岛港国际股份有限公司对外担保管理制度》中已明确对外担保的审批权限和审议程序,截至本法律意见书出具之日,公司不存在为控股股东、实际控制人及其控制的其他企业进行违规担保的情形。公司符合《首发办法》第十九条的规定。

14. 根据普华永道出具的《审计报告》、公司提供的资料及公司书面确认并经本所律师核查,公司有严格的资金管理制度,截至本法律意见书出具之日,不存在资金被控股股东、实际控制人及其控制的其他企业以借款、代偿债务、代垫款项或者其他方式非经营性占用的情形。公司符合《首发办法》第二十条的规定。

15. 根据普华永道出具的《审计报告》、公司提供的资料及公司书面确认,公司资产质量良好,资产负债结构合理,盈利能力较强,现金流量正常。公司符合《证券法》第十三条第一款第(二)项和《首发办法》第二十一条的规定。

16. 根据普华永道出具的《内部控制审核报告》、公司提供的资料及公司书面确认,截至报告期末,公司的内部控制在所有重大方面是有效的,普华永道出具了无保留结论的《内部控制审核报告》。公司符合《首发办法》第二十二条的规定。

17. 根据普华永道出具的《审计报告》、《内部控制审核报告》、公司提供的资料及公司书面确认,公司会计基础工作规范,财务报表的编制和披露符合企业会计准则和相关信息披露规则的规定,在所有重大方面公允地反映了公司的财务状况、经营成果和现金流量,普华永道出具了无保留意见的《审计报告》;公司近三年来财务会计文件无虚假记载,无其他重大违法行为。公司符合《证券法》第十三条第一款第(三)项、第五十条第一款第(四)项和《首发办法》第二十三条的规定。

18. 根据普华永道出具的《审计报告》、《内部控制审核报告》、公司提供的资料及公司书面确认,公司编制财务报表以实际发生的交易或者事项为依据;在进行会计确认、计量和报告时保持了应有的谨慎;对相同或者相似的经济业务,选用了一致的会计政策,不存在随意变更的情形。公司符合《首发办法》第二十四条的规定。

19. 根据普华永道出具的《审计报告》、《内部控制审核报告》、公司提供的资料及公司书面确认,公司已完整披露关联方、关联关系,并按重要性原则恰当披露关联交易,关联交易价格公允,不存在通过关联交易操纵利润的情形,公司的关联交易情况请详见本法律意见书之"九、关联交易及同业竞争"中的相关内容。公司符合《首发办法》第二十五条的规定。

20. 根据普华永道出具的《审计报告》《青岛港国际股份有限公司2014年度、2015年度及2016年度及截至2017年6月30日止6个月期间非经常性损益明细表专项报告》,公司2014年度、2015年度、2016年度经审计净利润(净利润以扣除非经常性损益前后孰低为计算依据)分别为156,717.00万元、175,090.48万元、205,624.96万元,公司近三年来连续盈利,最近三个会计年度净利润均为正数,累计金额为537,432.44万元、超过3,000万元。公司符合《首发办法》第二十六条第(一)项的规定。

21. 根据普华永道出具的《审计报告》,公司2014年度、2015年度、2016年度经审计营业收入分别为690,793.67万元、736,923.74万元、868,418.97万元,公司最近三个会计年度的营业收入累计金额为2,296,136.38万元、超过30,000万元。公司符合《首发办法》第二十六条第(二)项的规定。

22. 根据公司现行有效的《营业执照》《公司章程》并经本所律师核查,公司目前注册资本为603,672.40万元、总股本为603,672.40万股;根据公司股东大会审议通过的本次发行与上市方案,公司本次申请公开发行的股份数量为不超过67,100万股,发行完成后的公众持股量占公司发行后总股本的比例在10%以上。公司符合《证券法》第五十条第一款第(二)、(三)项和《首发办法》第二十六条第(三)项的规定。

23. 根据普华永道出具的《审计报告》,截至2017年6月30日,公司的净资产为2,331,512.16万元,无形资产(扣除土地使用权、水面养殖权和采矿权等后)为15,215.80万元,公司的无形资产(扣除土地使用权、水面养殖权和采矿权等后)占净资产的比例为0.65%、不高于20%。公司符合《首发办法》第二十六条第(四)项的规定。

24. 根据普华永道出具的《审计报告》,截至2017年6月30日,公司累计未分配利润为439,485.04万元,不存在未弥补亏损。公司符合《首发办法》第二十六条第(五)项的规定。

25. 根据主管部门出具的证明、公司提供的资料及公司书面确认并经本所律师核查,公司依法纳税,各项税收优惠符合相关中国法律法规的规定,公司的经营成果对税收优惠不存在严重依赖,具体情况请详见本法律意见书之"十七、公司的税务"的相关内容。公司符合

《首发办法》第二十七条的规定。

26. 根据公司提供的资料及公司书面确认并经本所律师核查,公司不存在重大偿债风险,不存在影响其持续经营的担保、诉讼以及仲裁等重大或有事项。公司的债权债务情况、诉讼及仲裁事项请详见本法律意见书之“十二、公司的重大债权债务”和“二十一、诉讼、仲裁或行政处罚”的相关内容。公司符合《首发办法》第二十八条的规定。

27. 根据公司书面确认,公司的申报文件中不存在如下情形,符合《首发办法》第二十九条的规定:

1)故意遗漏或虚构交易、事项或者其他重要信息。

2)滥用会计政策或者会计估计。

3)操纵、伪造或篡改编制财务报表所依据的会计记录或者相关凭证。

28. 根据公司书面确认,公司不存在《首发办法》第三十条的规定的如下影响持续盈利能力的情形:

1)公司的经营模式、产品或服务的品种结构已经或者将发生重大变化,并对公司的持续盈利能力构成重大不利影响。

2)公司的行业地位或公司所处行业的经营环境已经或者将发生重大变化,并对公司的持续盈利能力构成重大不利影响。

3)公司最近一个会计年度的营业收入或净利润对关联方或者存在重大不确定性的客户存在重大依赖。

4)公司最近一个会计年度的净利润主要来自合并财务报表范围以外的投资收益。

5)公司在用的商标、专利、专有技术以及特许经营权等重要资产或技术的取得或者使用存在重大不利变化的风险。

6)其他可能对公司持续盈利能力构成重大不利影响的情形。

综上,本所认为:

公司本次发行并上市符合《公司法》、《证券法》、《首发办法》等中国法律法规规定的首次公开发行A股并上市的各项实质条件。

四、公司的设立

(一)公司的设立过程

1. 2013年9月4日,青岛市国资委作出《青岛市政府国资委关于青岛港(集团)有限公司发起设立股份公司并H股上市方案的批复》(青国资规〔2013〕29号),原则同意青岛港集团发起设立股份公司并H股上市方案。

2. 2013年10月14日,青岛市工商局以(青)工商名预核(内)字第ww13101200143号《企业名称预先核准通知书》核准公司名称为“青岛港国际股份有限公司”。

3. 2013年10月16日,青岛港集团召开职工代表大会并审议通过《青岛港(集团)有限公司职工代表大会关于重组改制上市方案的议案》。

4. 2013年10月21日,中发国际资产评估有限公司出具《青岛港(集团)有限公司发起设立股份有限公司并H股上市项目资产评估报告》(中发评报字〔2013〕第117号),以2012年12月31日为评估基准日对青岛港集团用于出资设立青岛港的资产进行了评估,评估后的净资产值为1,065,227.95万元。前述资产评估结果已于2013年11月7日经青岛市国资委以编号为201312号的《国有资产评估项目备案表》予以备案。

5. 2013年10月28日,青岛港集团、码来仓储、青岛远洋、中海码头、光控青岛、青岛国投共同签署《发起人协议》,就各发起人的出资及出资比例、各发起人的权利、义务以及筹建股份有限公司的相关事宜进行了约定。

6. 2013年11月14日,青岛市国资委作出《青岛市政府国资委关于青岛港(集团)有限公司发起设立青岛港国际股份有限公司的批复》(青国资规〔2013〕38号),同意青岛港集团、码来仓储、青岛远洋、中海码头、光控青岛、青岛国投共同发起设立青岛港。

7. 2013年11月14日,信永中和出具编号为XYZH/2013QDA2007号的《验资报告》,验证截至2013年11月14日,公司已收到青岛港集团、码来仓储、青岛远洋、中海码头、光控青岛和青岛国投缴纳的首期出资合计1,583,586,608.22元,出资方式为货币,其中800,000,000元计入实收资本,占公司注册资本的20%;其余783,586,608.22元计入资本公积。

前述验资结果已经普华永道(具备证券、期货从业资格)于2017年9月15日出具的《青岛港国际股份有限公司实收资本验证的复核报告》(普华永道中天特审字(2017)第2311号)复核。

8.2013年11月15日,公司发起人青岛港集团、码来仓储、青岛远洋、中海码头、光控青岛、青岛国投召开公司创立大会,审议通过设立公司的相关决议。

9.2013年11月15日,公司在青岛市工商局办理了注册登记并领取了注册号为370200020002936的《企业法人营业执照》。

10.2013年12月27日,信永中和出具编号为XYZH/2013QDA2024的《验资报告》,验证截至2013年12月27日,公司已收到青岛港集团缴纳的第二期出资合计10,252,279,474.06元。其中3,200,000,000元计入实收资本,其余7,052,279,474.06元计入资本公积。

前述验资结果已经普华永道(具备证券、期货从业资格)于2017年9月15日出具的《青岛港国际股份有限公司实收资本验证的复核报告》(普华永道中天特审字(2017)第2311号)复核。

11.2013年12月31日,公司换领了《企业法人营业执照》,根据该执照,公司的注册资本和实收资本均为400,000万元。

(二)发起人协议

2013年10月28日,青岛港集团、码来仓储、青岛远洋、中海码头、光控青岛、青岛国投共同签署《发起人协议》,就各发起人的出资及出资比例、各发起人的权利、义务以及筹建股份有限公司的相关事宜进行了约定。根据《发起人协议》,发起人的出资情况如下表所示:

发起人名称	认购股数(万股)	出资金额(元)	持股比例	出资方式
青岛港集团	360,000	10,652,279,474.06	90.00%	货币及非货币资产
码来仓储	11,200	331,404,250.30	2.80%	货币
青岛远洋	9,600	284,060,785.97	2.40%	货币
中海码头	9,600	284,060,785.97	2.40%	货币
光控青岛	4,800	142,030,392.99	1.20%	货币
青岛国投	4,800	142,030,392.99	1.20%	货币
合计	400,000	11,835,866,082.28	100.00%	-

注:上述表格中存在的合计数尾数差系四舍五入造成。

(三)创立大会

1.2013年11月15日,公司发起人青岛港集团、码来仓储、青岛远洋、中海码头、光控青岛、青岛国投召开公司创立大会。发起人的授权代表出席了会议,代表公司总股份的100%。出席创立大会的发起人代表及所代表的股份数符合中国法律法规的规定。

2.会议审议并通过了设立青岛港国际股份有限公司、公司的筹办情况、设立费用、现行《公司章程》、发起人出资资产评估作价及折股情况、与主发起人青岛港集团签署《重组协议》等议案,选举产生了第一届董事会董事(不包括职工代表董事)和第一届监事会股东代表监事。

(四)重组协议

1.2013年11月15日,公司创立大会审议通过了《关于审议〈重组协议〉的议案》,同意公司与青岛港集团签署《重组协议》,并授权公司董事会对协议内容进行修订。

2.2013年11月25日,公司主发起人青岛港集团与公司签署《重组协议》,对本次重组资产的权属、价值评估、税项、收益及亏损的计算、主发起人的责任、重组的实施等事项进行了约定。

3.2013年12月18日及2014年1月4日,公司主发起人青岛港集团与公司分别签署《重组协议》之补充协议、《重组协议》之补充协议二,约定对《重组协议》中青岛港集团原拟投入公司的非货币资产范围进行调整。根据《重组协议》之补充协议,青岛港集团将其于重组基准日2012年12月31日后通过招拍挂方式获得的两宗土地使用权作为出资投入公司;根据

《重组协议》之补充协议二,青岛港集团对原投入公司的资产进行了调整,即以等额现金置换调出青岛港集团原拟投入公司的青岛港盛国际物流冷藏有限公司30%的股权、位于油港区的三宗土地(青房地权市字第2013146526号(原黄国用(2002)121号、国海证071100018号两证合一)、青房地权市字第2013146497号(原黄国用(2002)122号)、青房地权市字第2013143392号(原国海证033702020号)、1项房产(前港12#变电所)、4艘船舶及部分电子设备、车辆、机械设备等资产。前述补充协议已经公司第一届董事会第八次会议及第九次会议分别审议通过。前述补充协议已经公司第一届董事会第八次会议及第九次会议分别审议通过。该等补充协议约定的重组资产范围的局部调整已获得青岛市国资委以《青岛港国际股份有限公司企业补充审计结果备案表》(备案编号:1401)备案认可,并已于2014年5月8日召开的2014年度第一次临时股东大会上获得其他全部发起人股东的同意及确认。

4.《重组协议》及其补充协议的内容符合中国法律法规的规定,权利义务明确、清晰,不会因此引致公司设立行为存在潜在纠纷。

综上,本所认为:

1. 公司的设立符合当时中国法律法规的要求,已履行了必要的内部决策程序,并取得了有权部门的适当批准。公司已依法设立并有效存续。

2. 公司发起人所签署的《发起人协议》内容符合当时中国法律法规的要求,合法有效。

3. 公司设立已履行审计、评估、验资程序,符合当时中国法律法规的规定。

4. 公司创立大会的程序及所审议事项符合中国法律法规的规定,合法、有效。

5. 公司与主发起人签署的《重组协议》及其补充协议符合中国法律法规的规定,该等补充协议约定的重组资产范围的局部调整已获得青岛市国资委备案认可,并已获得其他全部发起人股东的同意及确认,不会因此引致公司设立行为存在潜在纠纷。

五、公司的独立性

(一)资产

1. 根据公司提供的资料及本所律师核查,公司及其主要下属企业拥有与业务经营有关的业务体系,除本法律意见书之“十、发行人的主要财产”所述相关资产权属瑕疵情形外,公司合法拥有与业务经营有关的土地、房屋、海域等主要资产的所有权或者使用权。

2. 根据公司提供的资料及本所律师核查,为经营需要,公司及其主要下属企业向青岛港集团或其控制的除公司外的下属企业租赁少量的房屋,公司已就此租赁事宜与青岛港集团签订相关关联交易协议。该等租赁为公司经营的正常安排,不存在损害公司利益的情况。

(二)人员

1. 根据公司提供的资料及本所律师核查,公司目前实行劳动合同制,具备独立的劳动、人事和工资管理制度,独立于控股股东及其控制的其他企业。

2. 根据公司提供的资料及公司书面确认并经本所律师核查,公司现任董事、监事和高级管理人员与控股股东之间不存在中国法律法规限制的交叉任职情况。公司现任高级管理人员未在公司控股股东及其控制的其他企业中担任除董事、监事以外的其他职务,也未在控股股东及其控制的其他企业领薪。

3. 根据公司提供的资料及公司书面确认并经本所律师核查,公司的财务人员未在控股股东及其控制的其他企业中担任除董事以外的其他职务。

(三)财务

1. 根据公司提供的资料及公司书面确认并经本所律师核查,公司设有独立的财务部门,有独立的财务人员从事公司的财务管理工作。公司已建立独立的财务核算体系,独立作出财务决策。

2. 公司依法办理了税务登记手续。

3. 公司开立了独立的银行账户,不存在与控股股东或其他第三方共用银行账户的情况。

4. 根据公司提供的资料及公司书面确认并经本所律师核查,截至本法律意见书出具之日,公司不存在为控股股东及其控制的其他企业提供担保的情况。

(四)机构

1. 根据现行《公司章程》的规定,公司的内部管理机构由公司董事会决定设置。公司具有经营所需的完整的组织机构。

2. 根据公司提供的资料及本所律师核查，公司已建立、健全内部经营管理机构，独立行使经营管理职权，与控股股东及其控制的其他企业间不存在机构混同的情形。

（五）业务

1. 根据公司提供的资料及本所律师核查，公司的主营业务为：集装箱、金属矿石、煤炭、原油等各类货物的装卸和配套服务、物流及港口增值服务、港口配套服务等多种业务。

2. 公司及其主要下属企业已取得在中国从事上述主营业务所必需的资质、许可及授权。

3. 根据公司提供的资料及公司书面确认并经本所律师核查，公司的业务独立于控股股东青岛港集团及其控制的其他企业，公司与控股股东及其控制的其他企业间不存在显失公平的关联交易安排。

4. 根据公司提供的资料及公司书面确认并经本所律师核查，青岛港集团已将与公司主营业务有关的资产投入公司，并且承诺不以任何形式从事或参与对公司主营业务构成或可能构成直接或间接竞争关系的业务或活动。

综上，本所认为：

1. 公司的资产完整，人员、财务、机构、业务独立，具有独立运营的能力。

2. 公司具有完整的业务体系和直接面向市场自主经营的能力。

六、公司的发起人和股东

（一）公司发起人

根据公司提供的资料及本所律师核查，公司的发起人为青岛港集团、码来仓储、青岛远洋、中海码头、光控青岛、青岛国投；截至本法律意见书出具之日，均不存在可能导致其营业终止的情形。

截至本法律意见书出具之日，前述发起人所持公司内资股股份的情况如下：

序号	股东名称	所持股数（万股）	持股比例	股份性质
1	青岛港集团	352,217.90	58.35%	国有股（SS）
2	码来仓储	11,200	1.86%	-
3	青岛远洋	9,600	1.59%	国有股（SS）
4	中海码头	9,600	1.59%	-
5	光控青岛	4,800	0.80%	-
6	青岛国投	4,800	0.80%	国有股（SS）
合计		392,217.90	64.99%	-

注 1：State - owned Shareholder。

注 2：上述表格中存在的合计数尾数差系四舍五入造成。

根据公司提供的资料及本所律师核查，上述发起人所持公司股份不存在质押、冻结或其他限制权利行使的情形，亦不存在重大权属纠纷。

（二）其他内资股股东

截至本法律意见书出具之日，上海码头直接持有公司 1,015,520,000 股，占公司总股本的 16.82%。根据公司提供的资料及本所律师核查，上海码头所持公司股份不存在质押、冻结或其他限制权利行使的情形，亦不存在重大权属纠纷。

根据上海码头现行有效的章程，截至本法律意见书出具之日，上海码头不存在可能导致其营业终止的情形。

（三）公司实际控制人

根据公司提供的资料及本所律师核查，截至本法律意见书出具之日，青岛市国资委持有公司控股股东青岛港集团 100% 的股权，为公司的实际控制人。

（四）发起人投入公司的资产

1. 青岛港集团的出资

1）根据《重组协议》，青岛港集团投入公司的资产如下：青岛港集团本部持有的记载于《评估报告》中的有关固定资产（包括但不限于机器设备及配套设备、房屋、设施、运输车辆）、无形资产、在建工程、存货、应收应付款项、银行存款等资产及相关负债。截至公司设立之日,青岛港集团投入公司的资产包括其直接持股的32家下属公司的股权,该等32家下属公司所持有的权益、资产及业务均随之进入公司。

2)根据《重组协议》之补充协议,青岛港集团将其于重组基准日2012年12月31日后通过招拍挂方式获得的两宗土地使用权作为出资投入公司;根据《重组协议》之补充协议二,青岛港集团对原投入公司的资产进行了调整,即以等额现金置换调出青岛港集团原拟投入公司的青岛港盛国际物流冷藏有限公司30%的股权、位于油港区的三宗土地(青房地权市字第2013146526号(原黄国用(2002)121号、国海证071100018号两证合一)、青房地权市字第2013146497号(原黄国用(2002)122号)、青房地权市字第2013143392号(原国海证033702020号))、1项房产(前港12#变电所)、4艘船舶及部分电子设备、车辆、机械设备等资产。该等补充协议约定的重组资产范围的局部调整已获得青岛市国资委的备案认可,并已于2014年5月8日召开的2014年度第一次临时股东大会上获得其他全部发起人股东的同意及确认。

3)青岛港集团出资包括的非货币性资产涉及的相关法律手续

(1)根据公司提供的资料及公司书面确认并经本所律师核查,青岛港集团作为出资投入公司的32家下属公司的股权,已经办理完毕股东由青岛港集团变更为公司的工商登记手续,就该等股权变动须取得相关审批机关批准的,均已取得相关机关的批准。

(2)根据公司提供的资料及公司书面确认并经本所律师核查,青岛港集团作为出资投入公司的土地使用权、房屋、船舶、车辆,已办理完毕资产权属转移至公司的手续。

(3)根据公司提供的资料及公司书面确认并经本所律师核查,青岛港集团作为出资投入公司的其他非货币性资产,包括但不限于存货(原材料、产成品、未结算工程)、固定资产(构筑物及附属设施、管道及沟槽、机器设备、电子设备、在建工程)、无形资产(软件、平板车使用权),青岛港集团与公司已办理完毕相关财产交接手续。

2. 其他发起人的出资

根据公司设立时的重组方案及《发起人协议》,码来仓储以现金331,404,250.30元出资,持有公司11,200万股,持股比例为2.80%;青岛远洋以现金284,060,785.97元出资,持有公司9,600万股,持股比例为2.40%;中海码头以现金284,060,785.97元出资,持有公司9,600万股,持股比例为2.40%;光控青岛以现金142,030,392.99元出资,持有公司4,800万股,持股比例为1.20%;青岛国投以现金142,030,392.99元出资,持有公司4,800万股,持股比例为1.20%。发起人出资涉及的验资手续

1)发起人已依照《公司法》的规定以货币资金足额缴付了首期出资80,000万元,并经信永中和于2013年11月14日出具的编号为XYZH/2013QDA2007号的《验资报告》验证。

2)根据信永中和于2013年12月27日出具的编号为XYZH/2013QDA2024号的《验资报告》,截至2013年12月27日,公司已经收到青岛港集团第二期缴纳的注册资本320,000万元。截至本法律意见书出具之日,公司各发起人的出资经验证已全部到位。

3)前述验资结果已经普华永道(具备证券、期货从业资格)于2017年9月15日出具的《青岛港国际股份有限公司实收资本验证的复核报告》(普华永道中天特审字(2017)第2311号)复核。

综上,本所认为:

1. 公司发起人股东青岛港集团、码来仓储、青岛远洋、中海码头、光控青岛、青岛国投以及公司其他内资股股东上海码头均为依法设立并有效存续的法人实体,不存在根据中国法律法规及其现行有效的公司章程规定的可能导致其营业终止的情形,具备中国法律法规规定的股东资格。根据公司提供的资料及公司书面确认并经本所律师核查,公司内资股股东所持公司股份不存在质押、冻结或其他限制权利行使的情形,亦不存在重大权属纠纷。

2. 发起人人数、住所、出资比例符合中国法律法规的规定。

3. 发起人合法持有投入公司的资产,该等资产产权关系清晰,发起人将该等资产投入公司不存在重大法律障碍。

4. 发起人已依照《公司法》、现行《公司章程》的规定完成相关出资,并经合资格的验资机构验证出资到位。

七、公司的股本及演变

（一）公司设立时的股本

1. 根据《发起人协议》，发起人出资共计11,835,866,082.28元。其中，主发起人青岛港集团投入公司的资产经评估的价值为10,652,279,474.06元，该等资产的评估结果已经青岛市国资委备案；其他发起人合计以货币出资1,183,586,608.22元。

2. 根据公司创立大会会议决议，青岛港集团投入的前述经评估的净资产按33.80%的比例折为公司股本，共计360,000万股，由青岛港集团持有。公司其他发起人以货币合计出资118,358.61万元，按33.80%的比例折为公司股本，共计40,000万股。前述股权设置方案已取得青国资规〔2013〕38号文的批复。

3. 根据公司国有股权管理方案，公司的总股本为400,000万股，其中：青岛港集团（SS）持有36,000万股，占总股本的90%；青岛远洋（SS）持有9,600万股，占总股本的2.40%；青岛国投（SS）持有4,800万股，占总股本的1.20%。该国有股权管理方案已经国务院国资委以国资产权〔2013〕1059号文批准。

4. 公司设立后的股权及股本结构如下表：

序号	股东名称	出资额（万元）	折股数（万股）	持股比例
1	青岛港集团	1,065,227.95	360,000	90.00%
2	码来仓储	33,140.43	11,200	2.80%
3	青岛远洋	28,406.08	9,600	2.40%
4	中海码头	28,406.08	9,600	2.40%
5	光控青岛	14,203.04	4,800	1.20%
6	青岛国投	14,203.04	4,800	1.20%
合计		1,183,586.62	400,000	100.00%

注：上述表格中存在的合计数尾数差系四舍五入造成。

5. 2013年11月15日，公司在青岛市工商局办理了注册登记并领取了注册号为370200020002936的《企业法人营业执照》。

（二）首次公开发行H股

1. 2013年9月4日，青岛市国资委作出《青岛市政府国资委关于青岛港（集团）有限公司发起设立股份公司并H股上市方案的批复》（青国资规〔2013〕29号），原则同意青岛港集团发起设立股份公司并H股上市方案。

2. 2013年11月15日，公司2013年第一次临时股东大会审议通过了关于发行境外上市外资股并上市的议案。

3. 2013年12月21日，国务院国资委作出《关于青岛港国际股份有限公司国有股权管理及国有股转持有关问题的批复》（国资产权〔2013〕1059号），同意公司的国有股权管理方案，并同意在公司境外发行H股时，按本次发行上限81,176.4704万股的10%计算，将青岛港集团、青岛远洋、青岛国投等3家国有股东合计持有的公司8,117.6471万股股份划转给社保基金会，青岛远洋和青岛国投应转持的股份均由青岛港集团代垫。

4. 2014年3月17日，社保基金会作出《关于青岛港国际股份有限公司香港上市国有股减转持有关问题的函》（社保基金发〔2014〕42号），委托公司出售上述国资产权〔2013〕1059号文件中批复的划入社保基金会的股份。

5. 2014年4月21日，中国证监会作出《关于核准青岛港国际股份有限公司发行境外上市外资股的批复》（证监许可〔2014〕434号），核准公司发行不超过892,941,177股的境外上市外资股并到香港联交所主板上市，每股面值人民币1元，全部为普通股。其中，公司发行不超过811,764,706股新股，国有股东出售不超过81,176,471股存量股。

6. 2014年6月6日，公司首次公开发行总计705,800,000股H股,代社保基金会出售70,580,000股,上述合计776,380,000股H股于香港联交所主板挂牌上市。2014年7月2日,公司行使超额配售权发行72,404,000股H股,代社保基金会出售7,241,000股,上述合计79,645,000股H股于香港联交所主板挂牌上市。

7. 根据信永中和于2014年7月21日出具的编号为XYZH/2014QDA2002的《验资报告》,截至2014年7月7日,上述H股发行完毕后,公司变更后的注册资本及实收资本均为4,778,204,000元,具体股本结构如下:

序号	股东名称	所持股数(万股)	持股比例
1	青岛港集团	352,217.90	73.71%
2	码来仓储	11,200	2.34%
3	青岛远洋	9,600	2.01%
4	中海码头	9,600	2.01%
5	光控青岛	4,800	1.00%
6	青岛国投	4,800	1.00%
7	H股股东	85,602.50	17.92%
合计		477,820.40	100.00%

注:上述表格中存在的合计数尾数差系四舍五入造成。

前述验资结果已经普华永道(具备证券、期货从业资格)于2017年9月15日出具的《青岛港国际股份有限公司实收资本验证的复核报告》[普华永道中天特审字(2017)第2311号]复核。

8. 2014年8月6日,公司完成了工商变更登记手续并取得了青岛市工商局换发的《营业执照》。

(三)增发H股、发行内资股

1. 根据青岛市国资委于2017年2月17日作出的《关于青岛港国际股份有限公司与上海中海码头发展有限公司资产重组及H股配售有关事宜的批复》(青国资委〔2017〕10号)以及中国证监会于2017年4月24日作出的《关于核准青岛港国际股份有限公司增发境外上市外资股的批复》(证监许可〔2017〕589号),公司向境外投资者发行243,000,000股H股,该等H股于2017年5月18日在于香港联交所主板挂牌并上市交易;公司向上海码头发行1,015,520,000股内资股并于2017年5月19日办理完毕内资股集中登记存管手续。前述243,000,000股H股及1,015,520,000股内资股发行完成后,公司的注册资本变更为603,672.40万元。

2. 关于公司向上海码头发行的1,015,520,000股内资股,其中:上海码头以其持有的青岛前湾集装箱码头有限责任公司20%的股权认购的股数为560,184,035股,认购金额为319,865.0840万元;以现金认购的股数为455,335,965股,认购金额为259,996.8360万元。上海码头所持青岛前湾集装箱码头有限责任公司20%的股权的价值已经中联资产评估集团有限公司于2017年1月19日出具的《上海中海码头发展有限公司拟转让所持青岛前湾集装箱码头有限责任公司股权项目资产评估报告》[中联评报字(2017)第83号]评估,根据该评估报告,青岛前湾集装箱码头有限责任公司截至评估基准日2016年6月30日的股东全部权益价值为1,599,325.42万元。

3. 根据普华永道于2017年5月16日、2017年5月22日分别出具的编号为普华永道中天验字(2017)第526号的《验资报告》、普华永道中天验字(2017)第527号的《验资报告》,截至2017年5月15日,上海码头认购的内资股股本1,015,520,000元已经缴足;截至2017年5月18日,公司发行H股243,000,000股募集资金净额为912,553,973元,其中增加股本243,000,000元。上述H股、内资股发行完毕后,公司变更后的注册资本及实收资本均为603,672.40万元,具体股本结构如下:

序号	股东名称	所持股数(万股)	持股比例
1	青岛港集团	352,217.90	58.35%
2	码来仓储	11,200	1.86%
3	青岛远洋	9,600	1.59%
4	中海码头	9,600	1.59%
5	光控青岛	4,800	0.80%
6	青岛国投	4,800	0.80%
7	上海码头	101,552.00	16.82%
8	H股股东	109,902.50	18.21%
合计		603,672.40	100.00%

注:上述表格中存在的合计数尾数差系四舍五入造成。

4. 2017 年 5 月 22 日，公司完成了工商变更登记手续并取得了青岛市工商局换发的《营业执照》。

综上，本所认为：

1. 公司已取得为公司设立而需取得的有权部门的适当批准，设立程序符合中国法律法规的规定。公司已依法设立并有效存续。

2. 公司设立后的股本演变已履行相关的法律程序并获得了必要的批准或同意，合法、有效。

八、公司的业务

（一）根据公司提供的资料及公司书面确认并经本所律师核查，公司目前主要从事的业务与其《营业执照》记载的范围一致。

（二）根据公司提供的资料及本所律师核查，公司的主营业务为：集装箱、金属矿石、煤炭、原油等各类货物的装卸和配套服务、物流及港口增值服务、港口配套服务等多种业务。公司近三年来主营业务未发生变更。

（三）根据公司提供的资料及本所律师核查，截至 2017 年 6 月 30 日，公司及其境内主要下属企业已取得在境内从事相关业务所必需的资质及许可，该等资质及许可合法、有效。

（四）根据普华永道出具的《审计报告》，公司近三年来的主要收入和利润来自其主营业务。

（五）根据公司提供的资料及本所律师核查，公司不存在持续经营的法律障碍。

综上，本所认为：

1. 公司的经营范围符合中国法律法规的规定。

2. 公司及其主要下属企业已依法取得在境内从事相关业务所必需的资质及许可，该等资质及许可合法、有效。

3. 公司近三年来主营业务未发生变更。

4. 公司主营业务突出，不存在持续经营的法律障碍。

九、关联交易及同业竞争

1. 公司的关联方

根据普华永道出具的《审计报告》及公司书面确认并经本所律师核查，截至 2017 年 6 月 30 日，根据《企业会计准则第 36 号——关联方披露》《上海证券交易所股票上市规则》等规定确定的公司关联方主要包括：

1）公司的实际控制人

青岛市国资委为公司的实际控制人，持有公司控股股东青岛港集团 100% 股权。

2）控股股东

青岛港集团为公司的控股股东。截至本法律意见书出具之日，青岛港集团持有公司 3,528,216,000股、占公司总股本的 58.45%，其中，青岛港集团直接持有公司 3,522,179,000 股内资股股份、占公司总股本的 58.35%，青岛港集团持有公司 6,037,000 股 H 股股份、占公司总股本的 0.10%。

3）持有发行人 5% 以上股份的其他股东

截至本法律意见书出具之日，上海码头持有公司 1,015,520,000 股，占公司总股本的 16.82%，为公司持股 5% 以上的股东。

4）公司下属全资、控股子公司及公司合营、联营企业

截至 2017 年 6 月 30 日，公司下属全资、控股子公司及公司主要合营企业的基本情况请详见本法律意见书之“十一、公司下属企业、主要合营企业、参股企业及分公司”。

5）公司及其控股股东的董事、监事、高级管理人员及其关系密切的家庭成员

公司及其控股股东青岛港集团的董事、监事、高级管理人员及其关系密切的家庭成员为公司的关联自然人。关系密切的家庭成员，包括配偶、年满 18 周岁的子女及其配偶、父母及配偶的父母、兄弟姐妹及其配偶、配偶的兄弟姐妹、子女配偶的父母。

上述关联自然人直接或者间接控制的，或者担任董事、高级管理人员的除公司及其控股子公司以外的法人或其他组织亦为公司的关联人。董事、监事、高级管理人员情况请详见本法律意见书之“十六、公司董事、监事和高级管理人员及其变化”。

6）其他关联方

除上述关联方外，公司关联方还包括公司控股股东青岛港集团之子公司、合营企业及联营企业、中远海运集团控制和共同控制的其他企业及其他根据《企业会计准则第 36 号——关联方披露》《上海证券交易所股票上市规则》等规定确定的关联方。根据中远海运集团书面说

明,其下属各层级的分公司、子公司及合营企业共计 1,729 家。截至 2017 年 6 月 30 日,除律师工作报告已经披露的情形外,公司未与中远海运集团下属其他企业发生交易。

报告期内,与公司发生关联交易的其他关联方具体如下:

序号	关联方名称	关联关系
1	青岛港通达实业公司	同受青岛港集团控制
2	青岛港湾职业技术学院	同受青岛港集团控制
3	青岛阜外心血管病医院有限公司	同受青岛港集团控制
4	青岛崂山风景区樱珠渡假村	同受青岛港集团控制
5	青岛港口投资建设(集团)有限责任公司	同受青岛港集团控制
6	青岛港投地产有限公司	同受青岛港集团控制
7	青岛盛港投资有限公司	同受青岛港集团控制
8	青岛港投船务有限公司	同受青岛港集团控制
9	青岛前湾建设发展集团有限公司	同受青岛港集团控制
10	青岛董家口铁路有限公司	同受青岛港集团控制
11	青岛国际邮轮有限公司	同受青岛港集团控制
12	青岛国际邮轮港开发建设有限公司	同受青岛港集团控制
13	青岛港基金管理有限公司	同受青岛港集团控制
14	青岛港小额贷款有限公司	同受青岛港集团控制
15	青岛港金融控股有限公司	同受青岛港集团控制
16	青岛港公安局	同受青岛港集团控制
17	青岛宏宇大酒店	同受青岛港集团控制
18	青岛港口医院投资管理有限公司	同受青岛港集团控制

续表

序号	关联方名称	关联关系
19	董家口矿石检验有限公司	青岛港董家口矿石码头有限公司之合营企业
20	青岛西岸鑫通物流有限公司	青岛前湾西港联合码头有限责任公司之合营企业
21	青岛邮轮母港开发建设有限公司	控股股东之联营公司
22	青岛港盛国际物流冷藏有限公司注 1	控股股东之联营公司
23	中国青岛外轮代理有限公司	同受中远海运集团控制
24	中国船舶燃料青岛有限公司	同受中远海运集团控制
25	中国船舶燃料舟山有限公司	同受中远海运集团控制
26	中国船舶燃料供应舟山有限公司	同受中远海运集团控制
27	中国船舶燃料广州有限公司	同受中远海运集团控制
28	中国船舶燃料湛江有限公司	同受中远海运集团控制
29	中国船舶燃料供应福建有限公司	同受中远海运集团控制
30	青岛中燃实业有限公司	同受中远海运集团控制
31	青岛中燃银达油品有限公司	同受中远海运集团控制
32	青岛港湾国际物流有限公司	同受中远海运集团控制
33	上海泛亚航运有限公司	同受中远海运集团控制
34	新鑫海航运有限公司(曾用名:中远集运东南亚有限公司)	同受中远海运集团控制
35	青岛远洋大亚物流有限公司	同受中远海运集团控制
36	青岛远洋大亚保税物流有限公司	受中远海运集团控制

续表

序号	关联方名称	关联关系
37	青岛外代报关有限公司	同受中远海运集团控制
38	青岛中远海运集运国际物流有限公司(曾用名:青岛中货国际物流有限公司)	同受中远海运集团控制
39	青岛中远海运物流有限公司(曾用名:青岛中远物流有限公司)	同受中远海运集团控制
40	青岛中远海运集装箱运输有限公司(曾用名:青岛中远国际货运有限公司)	同受中远海运集团控制
41	中海集装箱运输青岛有限公司	同受中远海运集团控制
42	青岛新东方集装箱储运有限公司	同受中远海运集团控制
43	青岛中远集装箱船务代理有限公司	同受中远海运集团控制
44	中远海运集装箱运输有限公司(中远集装箱运输有限公司)	同受中远海运集团控制
45	青岛中远物流有限公司	同受中远海运集团控制
46	河南中远海运国际货运有限公司(曾用名:河南中远国际货运有限公司)	同受中远海运集团控制
47	青岛中远海运物流国际储运有限公司	同受中远海运集团控制
48	中远航运(香港)投资发展有限公司	同受中远海运集团控制
49	汕头中远物流有限公司	同受中远海运集团控制
50	青岛远洋通信导航有限公司	同受中远海运集团控制
51	连云港远洋流体装卸设备有限公司	同受中远海运集团控制
52	中远海运国际货运有限公司	同受中远海运集团控制
53	青岛中远海运报关有限公司	同受中远海运集团控制
54	青岛远洋运输有限公司	公司之少数股东,同受中远海运集团控制

续表

序号	关联方名称	关联关系
55	中海码头发展有限公司	公司之少数股东,同受中远海运集团控制
56	海程邦达国际物流有限公司注2	子公司青岛港易通国际物流有限公司之少数股东
57	振华物流集团有限公司注2	子公司青岛港国际贸易物流有限公司之少数股东
58	青岛怡之航冷藏有限公司注2	子公司少数股东之关联方
59	青岛怡之航物流有限公司注2	子公司少数股东之关联方
60	天津振华国际船舶代理有限公司注	子公司少数股东之关联方

注1:青岛港盛国际物流冷藏有限公司作为控股股东之联营企业,已于2017年3月完成注销。

注2:于2015年度及之前,青岛港易通国际物流有限公司、青岛港国际贸易物流有限公司及青岛港怡之航冷链物流有限公司作为公司下属重要非全资子公司,其少数股东及少数股东之关联方亦被认定为公司关联方。自2016年起,该等子公司在公司财务报表中比重逐年下降,不再认定为公司下属重要子公司,因此自2016年起该等子公司的少数股东及少数股东之关联方不再认定为公司的关联方。

2. 公司与关联方的关联关系清晰、明确。公司与关联方之间近三年来发生的关联交易已经依法履行相关程序,不存在损害公司及公司非关联股东利益的情况;已签署的关联交易协议的内容不违反中国法律法规的规定,对协议双方具有法律约束力。

3. 公司通过章程及专门文件规定了关联交易公允决策的程序,该等规定合法、有效。公司已采取必要的措施对非关联股东的利益进行保护。

4. 青岛港集团及其控制的除公司及其全资、控股子公司外的其他企业目前没有以任何形式从事或参与对公司主营业务构成或可能构成直接或间接竞争关系的业务和活动。青岛港集团已与公司签署《避免同业竞争协议》且青岛港集团已出具《关于避免同业竞争的承诺》,以避免双方之间可能的竞争,该协议及承诺内容不违反中国法律法规的规定,对青岛港集团具有法律约束力。

十、公司的主要财产

(一)主要下属企业的股权

截至2017年6月30日,公司拥有的股权情况请详见本法律意见书之"十一、公司下属企业、主要合营企业、参股企业及分公司"。

(二)拥有及租赁使用的境内土地

1. 自有土地

根据公司提供的资料及公司书面确认并经本所律师核查,截至2017年6月30日,公司及其主要下属企业拥有的土地使用权共计43宗,面积合计约18,723,649.31平方米;其中,公司下属企业拥有的土地使用权共计20宗、面积合计约8,893,510.20平方米,公司主要合营企业拥有的土地使用权共计23宗、面积合计约9,830,139.11平方米。其中:

1)有证土地

公司及其主要下属企业拥有的已取得土地使用证的土地共计35宗、面积合计15,237,954.31平方米,均系通过出让方式取得;其中,公司下属企业拥有的已取得土地使用证的土地共计18宗、面积合计8,423,373.20平方米,公司主要合营企业拥有的已取得土地使用证的土地共计17宗、面积合计6,814,581.11平方米。

2)无证土地

公司及其主要下属企业拥有的尚未取得土地使用证的土地共计8宗、面积合计约3,485,695平方米,该等8宗土地面积占公司及其主要下属企业拥有土地面积的比例约为18.62%;其中,公司下属企业拥有的尚未取得土地使用证的土地共计2宗、面积合计约470,137平方米,占公司及其主要下属企业拥有土地面积的比例约为2.51%;公司主要合营企业拥有的尚未取得土地使用证的土地共计6宗、面积合计约3,015,558平方米,占公司及其主要下属企业拥有土地面积的比例约为16.11%。其中:

(1)1宗、面积合计约1,035,109平方米的土地,占公司及其主要下属企业拥有土地面积的比例约为5.53%,公司直接持股的合营企业青岛前湾集装箱码头有限责任公司下属重要公司青岛前湾联合集装箱码头有限责任公司已与青岛市国土资源和房屋管理局签署了《国有建设用地使用权出让合同》,目前正在缴纳土地出让金,之后办理土地使用证。

(2)7宗、面积合计约2,450,586平方米的土地,占公司及其主要下属企业拥有土地面积的比例约为13.09%,均系项目用地并通过填海方式取得,相应海域已取得海域使用权证书且相应填海造地项目已完成竣工验收备案,相关主体目前正在按照有关规定办理海域使用权证书换发土地使用证的手续。其中2宗、面积合计约470,137平方米的土地为公司下属企业拥有且面积占公司及其主要下属企业拥有土地面积的比例约为2.51%,其余5宗、面积合计约1,980,449平方米的土地为公司主要合营企业拥有且面积占公司及其主要下属企业拥有土地面积的比例约为10.58%。

根据公司提供的资料及公司书面确认并经本所律师核查,公司及其主要下属企业拥有的上述土地使用权不存在抵押或其他权利受到限制的情形。

2. 租赁土地

根据公司提供的资料及本所律师核查,截至2017年6月30日,公司及其主要下属企业租赁使用的土地使用权共计31宗、面积合计约1,820,660.14平方米,该等土地均已取得土地使用证书;其中,公司下属企业租赁使用的土地使用权共计28宗、面积合计约1,603,020.14平方米,公司主要合营企业租赁使用的土地使用权共计3宗、面积合计约217,640平方米。

综上,本所认为:

1. 公司及其主要下属企业合法拥有已经取得土地使用证的土地使用权。

2. 公司及其主要下属企业拥有的已签署土地出让合同的1宗土地办理取得土地使用证不存在实质障碍。

3. 公司及其主要下属企业共计7宗通过填海方式取得的土地尚待办理完毕海域使用证换发土地使用证的手续,该等土地的使用不存在现实及潜在权属争议的情形,且该等土地的80.82%(按面积占比计算)系由公司未纳入公司合并报表范围的主要合营企业拥有,因此,不会对公司及其主要下属企业的经营产生重大不利影响,不会构成本次发行的实质障碍。此外,公司控股股东已出具承诺将尽最大努力协助公司及其主要下属企业办理取得土地使用证，并承诺及时足额补偿公司及其主要下属企业因未取得土地使用证而遭受的任何行政处罚、损失、索赔、支出和费用。

4. 公司及其主要下属企业租赁使用已取得土地权属证书的土地的行为合法、有效。

（三）拥有及租赁使用的境内房屋

1. 自有房屋

根据公司提供的资料及公司书面确认并经本所律师核查，截至 2017 年 6 月 30 日，公司及其主要下属企业拥有的房屋共计 199 项、建筑面积合计约 521,441.99 平方米；其中，公司下属企业拥有的房屋共计 123 项、建筑面积合计约 353,424.53 平方米，公司主要合营企业拥有的房屋共计 76 项、建筑面积合计约 168,017.46 平方米。其中：

1）有证房屋

公司及其主要下属企业拥有的已取得房屋所有权证的房屋共计 132 项、建筑面积合计 435,177.03 平方米，均位于公司及其主要下属企业已取得土地使用证的出让性质的土地上；其中，公司下属企业拥有的已取得房屋所有权证的房屋共计 96 项、建筑面积合计 327,116.61 平方米，公司主要合营企业拥有的已取得房屋所有权证的房屋共计 36 项、建筑面积合计 108,060.42 平方米。

2）无证房屋

公司及其主要下属企业拥有的房屋中有 67 项、建筑面积合计约 86,264.96 平方米的房屋尚未取得房屋所有权证，该等 67 项无证房屋建筑面积占公司及其主要下属企业拥有房屋建筑面积的比例约为 16.54%；其中，公司下属企业拥有的尚未取得房屋所有权证的房屋共计 27 项、建筑面积合计约 26,307.92 平方米、占公司及其主要下属企业拥有房屋建筑面积的比例约为 5.05%，公司主要合营企业拥有的尚未取得房屋所有权证的房屋共计 40 项、建筑面积合计约 59,957.04 平方米、占公司及其主要下属企业拥有房屋建筑面积的比例约为 11.50%。其中：

（1）2 项、建筑面积合计约 8,116.23 平方米的房屋，占公司及其主要下属企业拥有房屋建筑面积的比例约为 1.56%，所在土地的使用权人为公司控股股东青岛港集团下属全资子公司青岛港口投资建设（集团）有限责任公司，青岛港口投资建设（集团）有限责任公司正在办理将该土地使用权转让给公司下属控股子公司青岛海业摩科瑞仓储有限公司的手续以实现房地权属一致，之后再由青岛海业摩科瑞仓储有限公司办理房屋所有权证。

（2）33 项、建筑面积合计约 51,876.64 平方米的房屋，占公司及其主要下属企业拥有房屋建筑面积的比例约为 9.95%，所在土地系填海造地，相关主体正在办理海域使用权证书换发土地使用证的手续，待取得土地使用证后再办理房屋所有权证；该等 33 项房屋中，公司下属企业拥有 8 项，建筑面积合计约 8,262.18 平方米、占公司及其主要下属企业拥有房屋建筑面积的比例约为 1.58%；公司主要合营企业拥有 25 项，建筑面积合计约 43,614.46 平方米、占公司及其主要下属企业拥有房屋建筑面积的比例约为 8.36%。

（3）9 项、建筑面积合计约 3,720.65 平方米的房屋，占公司及其主要下属企业拥有房屋建筑面积的比例约为 0.71%，相关主体正在办理所在土地的土地使用证，待取得土地使用证后办理房屋所有权证；该等 9 项房屋中，公司下属企业拥有 7 项，建筑面积合计约 3,426.65 平方米、占公司及其主要下属企业拥有房屋建筑面积的比例约为 0.66%；公司主要合营企业拥有 2 项，建筑面积合计约 294 平方米、占公司及其主要下属企业拥有房屋建筑面积的比例约为比 0.06%。

（4）10 项、建筑面积合计约 6,502.86 平方米的房屋，占公司及其主要下属企业拥有房屋建筑面积的比例约为 1.25%，所在土地系填海造地且海域使用权人为公司控股股东青岛港集团下属全资子公司青岛港口投资建设（集团）有限责任公司，青岛港口投资建设（集团）有限责任公司正在办理填海土地收储手续，之后由公司的控股子公司青岛海业摩科瑞仓储有限公司通过招拍挂方式取得相关土地使用权以实现房地权属一致，再办理房屋所有权证。

（5）13 项、建筑面积合计约 16,048.58 平方米的房屋，占公司及其主要下属企业拥有房屋建筑面积的比例约为 3.08%，均为公司主要合营企业拥有，相关主体无法办理取得房屋所有权证，原因如下：

A、9 项、建筑面积合计约 14,950.98 平方米、占公司及其主要下属企业拥有房屋建筑面积的比例约为2.87%的房屋部分建在非自有土地上。相关主体已就其中1项、建筑面积约249.17平方米的在第三方拥有的土地上建设的房屋取得第三方书面同意,根据前述书面同意,相关主体使用该等房屋已获得相关土地使用权人认可,不会对相关主体生产经营构成重大不利影响;其中4项、建筑面积合计约11,963.72平方米的在第三方拥有的土地上建设的房屋并非相关主体经营所必需,不会对相关主体后续经营构成重大不利影响;剩余4项、建筑面积合计约2,738.09平方米的房屋有部分超出相关主体自有土地的宗地界线。

B、4项、建筑面积合计约1,097.60平方米、占公司及其主要下属企业拥有房屋建筑面积的比例约为0.21%的房屋位于相关主体或公司控股股东青岛港集团下属全资子公司青岛港口投资建设(集团)有限责任公司的防波堤/栈桥上,相关主体已就使用前述房屋获得青岛港口投资建设(集团)有限责任公司的书面同意,不会对相关主体后续经营构成重大不利影响。

根据公司提供的资料及公司书面确认并经本所律师核查,公司及其主要下属企业拥有的上述房屋不存在抵押或其他权利受到限制的情形。

2. 租赁房屋

根据公司提供的资料及本所律师核查,截至2017年6月30日,公司及其主要下属企业租赁使用的房屋共计86项、建筑面积合计约127,643.91平方米;其中,公司下属企业租赁使用76项、建筑面积合计约114,629.64平方米,公司主要合营企业租赁使用10项、建筑面积合计约13,014.27平方米。其中:

1)79项、建筑面积合计约121,926.11平方米的房屋,出租方已取得房屋所有权证。该等79项房屋中,公司下属企业租赁使用72项、建筑面积合计约111,911.84平方米,公司主要合营企业租赁使用7项、建筑面积合计约10,014.27平方米。

2)7项、建筑面积合计约5,717.80平方米的房屋,出租方尚未取得房屋所有权证,该等房屋的出租人为公司控股股东及其控制的除公司及其下属全资、控股子公司外的其他企业,该等租赁房屋的面积占公司及其主要下属企业实际使用的房屋建筑面积的比例约为0.88%。该等7项房屋中,公司下属企业租赁使用4项、建筑面积合计约2,717.80平方米,公司主要合营企业租赁使用3项、建筑面积合计约3,000平方米。

综上,本所认为:

1. 公司及其主要下属企业合法拥有已取得房屋所有权证的房屋。

2. 公司及其主要下属企业拥有的67项、建筑面积占公司及其主要下属企业拥有房屋建筑面积的比例约为16.54%的无证房屋中,40项、建筑面积占公司及其主要下属企业拥有房屋建筑面积的比例约为11.50%的房屋系由公司未纳入公司合并报表范围的主要合营企业拥有;该等67项无证房屋中的54项、建筑面积占公司及其主要下属企业拥有房屋建筑面积的比例约为13.47%的房屋正在办理且将来会办理取得房屋所有权证,且公司控股股东已出具承诺将尽最大努力协助公司及其主要下属企业办理取得房屋所有权证并承诺及时足额补偿公司及其主要下属企业因未取得房屋所有权证而遭受的任何行政处罚、损失、索赔、支出和费用;其余13项无法办理取得房屋所有权证的房屋的用途主要为辅助类用途的房屋,对公司及其主要下属企业生产经营性影响较小。因此,该等无证房屋不会对公司及其主要下属企业的经营产生重大不利影响,不会构成本次发行的实质障碍。

3. 公司及其主要下属企业租赁使用的房屋中的部分房屋的出租方尚未取得房屋所有权证。由于该等房屋的出租方为公司控股股东及其控制的除公司及其下属全资、控股子公司外的其他企业,公司控股股东已出具承诺确认公司及其主要下属企业租赁的房屋不存在现实及潜在权属争议,确保公司及其主要下属企业能够正常租赁该等房屋并及时足额补偿承租方可能遭受的损失、索赔、支出和费用,因此,不会对公司的生产经营产生重大不利影响,不会构成本次发行的实质性法律障碍。

(四)在建工程

根据公司提供的资料及公司书面确认并经本所律师核查,截至2017年6月30日,公司及其主要下属企业拥有的正在建设中的工程共计

8项。具体情况如下：

1. 董家口港区港投通用泊位及配套北二突堤后方堆场项目

1)2013年1月9日，青岛市发展和改革委员会出具《关于青岛港董家口港区港投通用泊位一期工程项目核准的批复》（青发改能交核〔2013〕4号），核准该项目；2017年5月31日，青岛市发展和改革委员会出具《关于同意变更青岛港董家口港区港投通用泊位一期工程建设单位的复函》（青发改能交核〔2017〕3号），同意该项目的建设单位由青岛港口投资建设（集团）有限责任公司变更为公司，该项目其他内容不变。

2013年1月9日，青岛市发展和改革委员会出具《关于青岛港董家口港区港投通用泊位二期工程项目核准的批复》（青发改能交核〔2013〕2号），核准该项目；2017年5月31日，青岛市发展和改革委员会出具《关于同意变更青岛港董家口港区港投通用泊位二期工程建设单位的复函》（青发改能交核〔2017〕4号），同意该项目的建设单位由青岛港口投资建设（集团）有限责任公司变更为公司，该项目其他内容不变。

2017年3月17日，青岛董家口经济区管理委员会经济发展局出具《企业投资项目备案证明》（2017-370211-59-03-000007号），同意青岛港董家口港区北二突堤后方堆场工程备案。

2)2011年5月25日，青岛市环境保护局出具《关于青岛港董家口港区港投通用泊位一期工程环境影响报告书的批复》（青环审〔2011〕99号），同意该项目的建设。

2012年1月6日，青岛市环境保护局出具《关于青岛港董家口港区港投通用泊位二期工程环境影响报告书的批复》（青环审〔2012〕2号），同意该项目的建设。

2014年10月28日，青岛市环境保护局出具《关于同意青岛港董家口港区港投通用泊位一、二期工程变更建设单位的复函》（青环评函〔2014〕54号），同意该项目的建设单位由青岛港口投资建设（集团）有限责任公司变更为公司，该项目其他内容不变。

2015年12月31日，青岛市环境保护局出具《关于青岛港国际股份有限公司青岛港董家口港区港投通用泊位一、二期工程变更环境影响分析报告的函》（青环评函〔2015〕61号），同意该项目按照变更后的内容建设。

2017年3月17日，青岛市环境保护局黄岛分局出具《关于青岛港国际股份有限公司青岛港董家口港区北二突堤后方堆场工程建设项目环境影响报告表的批复》（青环黄审〔2017〕126号），同意该项目的建设。

3）公司已就该项目的用地/用海取得国海证2016B37021117693号、国海证2016B37021117709号、国海证2016B37021117672号、国海证2016B37021117689号、国海证093702028号、国海证093702060号、国海证093702010号海域使用权证书。

此外，截至本法律意见书出具之日，该项目涉及的另外1宗海域（国海证113700938号海域使用权证书）正在办理由公司控股股东青岛港集团下属全资子公司青岛港口投资建设（集团）有限责任公司转让至公司名下的变更登记手续，公司已向山东省海洋与渔业厅提交申请办理转让的有关材料。

2. 青岛港董家口港区港投万邦矿石码头工程

1）中华人民共和国国家发展和改革委员会于2015年8月19日出具《关于青岛港董家口港区港投万邦矿石码头工程项目核准的批复》（发改基础〔2015〕1880号），核准该项目。

2）中华人民共和国环境保护部于2011年7月27日出具《关于青岛港董家口港区港投万邦矿石码头工程环境影响报告书的批复》（环审〔2011〕197号），同意该项目的建设。

3）中华人民共和国国土资源部于2014年7月15日出具《关于青岛港董家口港区港投万邦矿石码头项目建设用地预审意见的复函》（国土资预审字〔2014〕112号），通过该项目用地预审。国家海洋局于2012年9月11日出具《关于青岛港董家口港区港投万邦矿石码头项目用海预审意见的函》（国海管字〔2012〕630号），同意通过该项目的用海预审；国家海洋局于2014年11月5日出具《关于青岛港董家口港区港投万邦矿石码头项目用海预审意见有关问题的复函》（国海管字〔2014〕638号），同意该项目继续按照前述用海预审意见办理项目核准手续。该项目的建设用地批复、用海批复正在办理中。

3. 青岛港董家口港区孚宝液体化工码头工程

1)青岛市发展和改革委员会于2014年1月29日出具《关于青岛港董家口港区孚宝液体化工码头工程项目核准的批复》(青发改能交核〔2014〕1号),核准该项目。

2)青岛市环境保护局于2013年6月18日出具《关于青岛港董家口港区孚宝码头工程环境影响报告书的批复》(青环审〔2013〕44号),同意该项目的建设。

3)孚宝港务(青岛)有限公司已取得国海证2015B37021106689号、国海证2015B37021106699号海域使用权证。

4. 青岛港前湾港区迪拜环球码头工程

1)中华人民共和国国家发展和改革委员会于2007年2月22日出具《关于外商独资企业建设经营青岛港前湾港区迪拜环球码头工程项目核准的批复》(发改交运〔2007〕150号),同意设立外商独资企业建设经营该项目。中华人民共和国国家发展和改革委员会于2009年1月20日出具《关于青岛港前湾港区迪拜环球码头工程、前湾港区四期工程、前湾港区泛亚码头工程项目变更的函》(发改办基础〔2009〕132号),核准该项目。

2)国家环境保护总局于2005年2月3日出具《关于青岛港前湾南港区环球货柜码头项目环境影响报告书审查意见的复函》(环审〔2005〕165号),并于2006年7月31日出具《关于同意青岛港前湾南港区环球货柜码头项目名称及内容变更备案的函》(环评函〔2006〕95号),同意该项目的建设。

3)青岛新前湾集装箱码头有限责任公司已取得国海证111100030号海域使用权证。

5. 青岛港前湾港区迪拜环球码头自动化升级工程

1)青岛市黄岛区发展和改革局于2016年6月24日出具《关于青岛新前湾集装箱码头有限责任公司青岛港前湾港区迪拜环球码头自动化升级工程项目备案的通知》(青黄发改外经〔2016〕7号),同意该项目备案。

2)该项目系上述青岛港前湾港区迪拜环球码头工程项目的升级工程,无需另行办理环境影响评价手续。

3)该项目系上述青岛港前湾港区迪拜环球码头工程项目的升级工程,不涉及新增项目用地/用海的情况。

6. 董家口港－潍坊－鲁中、鲁北输油管道工程配套潍坊罐区工程

1)潍坊滨海经济技术开发区经济发展局于2016年6月8日出具《潍坊市投资项目登记备案证明》(登记备案号:VX2016－058),同意该项目备案。

2)潍坊市环境保护局滨海区分局于2016年11月11日出具《关于潍坊港联化仓储有限公司董家口港－潍坊－鲁中、鲁北输油管道工程配套潍坊罐区工程环境影响报告书的批复》(潍滨环审字〔2016〕23号),同意该项目的建设。

3)潍坊港联化仓储有限公司已取得鲁(2017)潍坊市滨海区不动产权第0006701号土地使用证。

7. 董家口港－鲁中、鲁北输油管道工程(二期)

1)山东省发展和改革委员会于2016年12月15日出具《关于董家口港－鲁中、鲁北输油管道工程(二期)项目的批复》(鲁发改能源〔2016〕1288号),核准该项目。

2)山东省环境保护厅于2016年11月17日出具《关于董家口港－鲁中、鲁北输油管道工程(二期)环境影响报告书的批复》(鲁环审〔2016〕96号),同意该项目的建设。

3)山东省国土资源厅于2016年11月30日出具《关于董家口港－潍坊－鲁中鲁北输油管道工程(二期)阀室项目建设用地预审意见》(鲁国土资函〔2016〕416号),通过该项目用地预审。该项目的建设用地批复正在办理中。

8. 青岛港董家口港区海业摩科瑞通用码头工程

1)青岛市发展和改革委员会于2015年1月28日出具《关于青岛港董家口港区海业摩科瑞通用码头工程项目核准的批复》(青发改能交核〔2015〕2号),核准该项目。

2)青岛市环境保护局于2014年12月11日出具《关于青岛港董家口港区海业摩科瑞通用码头工程环境影响报告书的批复》(青环审〔2014〕64号),同意该项目的建设。

3)青岛海业摩科瑞物流有限公司已取得

国海证2015B37021111008号、国海证2015B37021111019号海域使用权证。

根据公司所在地港口行政管理部门出具的证明，公司及其上述主要下属企业自2014年1月1日起至证明出具之日，不存在违反港口建设相关法律法规及规范性文件规定的重大违法违规行为，也不存在因违反前述规定而受到重大行政处罚的情形。

公司承诺将尽最大努力促使公司下属企业青岛港董家口矿石码头有限公司办理取得青岛港董家口港区港投万邦矿石码头项目的用地/用海手续，并最晚于2018年6月30日前办理取得有关用地/用海批复；并承诺将尽最大努力确保公司下属企业山东港联化管道石油输送有限公司在董家口港－鲁中、鲁北输油管道工程（二期）项目取得用地批复之前不在相应地块上开工建设。

对于上述主要下属企业未取得用地/用海批复的在建工程，公司控股股东青岛港集团承诺其将尽最大努力协助上述主要下属企业办理相关用地/用海批复手续；如上述主要下属企业因在建工程未取得用地/用海批复而遭受任何行政处罚、损失、索赔、支出和费用，青岛港集团将对上述下属企业及时足额补偿。

综上，本所认为：

1. 公司及其主要下属企业拥有的上述正在建设中的工程，除青岛港董家口港区港投万邦矿石码头工程项目、董家口港－鲁中、鲁北输油管道工程（二期）项目正在办理用地/用海批复手续外，其他项目均已根据项目进度取得相关阶段所需的批复文件，包括立项批复、环境影响评价批复、土地/海域使用权权属证书。公司承诺将尽最大努力促使公司下属企业青岛港董家口矿石码头有限公司办理取得青岛港董家口港区港投万邦矿石码头项目的用地/用海手续，并最晚于2018年6月30日前办理取得有关用地/用海批复；并承诺将尽最大努力确保公司下属企业山东港联化管道石油输送有限公司在董家口港－鲁中、鲁北输油管道工程（二期）项目取得用地批复之前不在相应地块上开工建设。

2. 根据公司所在地港口行政管理部门出具的证明，公司及其上述主要下属企业自2014年1月1日起至证明出具之日，不存在违反港口建设相关法律法规及规范性文件规定的重大违法违规行为，也不存在因违反前述规定而受到重大行政处罚的情形。

3. 对于公司及其上述主要下属企业未取得用地/用海批复的在建工程，公司控股股东青岛港集团承诺其将尽最大努力协助公司及其上述主要下属企业办理相关用地/用海批复手续；如公司及其上述主要下属企业因在建工程未取得用地/用海批复而遭受任何行政处罚、损失、索赔、支出和费用，青岛港集团将对公司及其上述下属企业及时足额补偿。该等承诺合法、有效。

（五）海域

1. 根据公司提供的资料及公司书面确认并经本所律师核查，截至2017年6月30日，公司及其主要下属企业拥有34宗海域使用权，均已取得海域使用权证。

2. 根据公司提供的资料及公司书面确认并经本所律师核查，公司及其主要下属企业拥有的上述海域使用权不存在抵押或其他权利受到限制的情形。

综上，本所认为：

公司及其主要下属企业合法拥有已经取得海域使用权证的海域使用权。

（六）船舶

1. 根据公司提供的资料及公司书面确认并经本所律师核查，截至2017年6月30日，公司及其主要下属企业合计拥有49艘船舶。

2. 根据公司提供的资料及公司书面确认并经本所律师核查，公司及其主要下属企业拥有的上述船舶不存在抵押或其他权利受到限制的情形。

综上，本所认为：

公司及其主要下属企业合法拥有已经取得船舶所有权登记证书的船舶的所有权。

（七）商标

1. 根据公司提供的资料及公司书面确认并经本所律师核查，截至2017年6月30日，公司及其主要下属企业拥有的在境内注册的商标共计6项。

2. 根据公司提供的资料及公司书面确认并经本所律师核查，上述注册商标不存在质押或其他权利受到限制的情形。

综上，本所认为：

公司及其主要下属企业合法拥有上述注册商标。

(八)专利

1. 根据公司提供的资料及公司书面确认并经本所律师核查,截至2017年6月30日,公司及其主要下属企业拥有境内专利共计53项。

2. 根据公司提供的资料及公司书面确认并经本所律师核查,上述自有专利不存在质押或其他权利受到限制的情形。

综上,本所认为:

公司及其主要下属企业合法拥有上述专利。

十一、公司下属企业、主要合营企业、参股企业及分公司

1. 根据公司提供的资料及公司书面确认并经本所律师核查,截至2017年6月30日,公司下属分公司14家,公司直接及间接持股的下属企业42家(其中,公司直接持股的下属全资及控股子公司29家、公司间接持股的下属全资及控股子公司13家;境内企业41家、境外企业1家);公司直接持股的主要合营企业及该等主要合营企业直接及间接控股或具有重要影响的下属企业10家(其中,境内企业9家、境外企业1家);公司直接持股的参股企业16家。

公司已于2017年8月10日办理完成将其直接持股的下属全资子公司青岛港资产管理有限公司转让给青岛港集团下属控股子公司的工商变更登记手续;公司于2017年9月19日完成将其直接持有的青岛港国际融资租赁有限公司75%的股权转让给青岛港集团下属控股子公司的工商变更登记手续;此外,公司直接持股的下属控股子公司青岛港国际物流有限公司于2017年8月4日新设控股子公司青岛港联华国际物流有限公司。基于前述股权转让及新设立公司的情形,截至本法律意见书出具之日,公司下属分公司14家,公司直接及间接持股的下属企业41家(其中,公司直接持股的下属全资及控股子公司27家、公司间接持股的下属全资及控股子公司14家;境内企业40家、境外企业1家);公司直接持股的主要合营企业及该等主要合营企业直接及间接控股或具有重要影响的下属企业10家(其中,境内企业9家、境外企业1家);公司直接持股的参股企业16家。

2. 公司境内下属企业、主要合营企业及参股企业均依法设立并有效存续,不存在可能导致其营业终止的情形。公司持有的该等企业的股权不存在质押、冻结或其他限制权利行使的情况,亦不存在重大权属纠纷。

3. 公司已就投资境外公司依据有关中国法律法规办理了境外投资核准/备案手续。根据公司主要下属企业中的境外公司所在地律师出具的法律意见书及公司书面确认,公司持有的境外公司的股权不存在质押、冻结或其他限制权利行使的情况,亦不存在重大权属纠纷。

十二、公司的重大债权债务

1. 本所律师依据重要性原则对公司及其主要下属企业截至2017年6月30日正在履行的主要采购合同、装卸服务合同、物流服务合同、借款合同以及其他债权债务进行了核查。公司及其主要下属企业正在履行的适用中国法律的重大合同内容合法、有效,其履行无实质法律障碍。

2. 公司目前不存在因环境保护、知识产权、产品质量、劳动安全及人身权等原因产生的对公司经营构成重大不利影响的侵权之债。

3. 截至2017年6月30日,公司及其主要下属企业不存在为公司及其主要下属企业之外的第三方提供担保的情形。

4. 公司截至2017年6月30日的金额较大的其他应收、应付款均因正常的生产经营活动发生,合法、有效。

十三、公司重大资产变化及收购兼并

1. 根据公司提供的资料及本所律师核查,报告期内,公司没有合并、分立行为;除本法律意见书"七、公司的股本及演变"所述内容外,公司没有其他增资扩股行为。

2. 根据公司提供的资料及本所律师核查,报告期内,公司发生了9项单项金额在1亿元以上的主要资产出售及收购行为。该等主要资产出售及收购行为均已按照中国法律法规的规定履行了必要的法律程序。

3. 根据公司提供的资料及公司书面确认并经本所律师核查,报告期内,除上述主要资产变化及资产收购行为外,公司未发生其他合并、分立、增资扩股、减少注册资本、重大收购或出售资产等行为。

4. 根据公司书面确认,截至本法律意见书

出具之日，公司未有其他需要说明的重大资产置换、资产剥离、资产出售或收购等安排。

十四、公司章程的制定与修改

1. 公司现行《公司章程》的内容符合《公司法》《证券法》《必备条款》《补充修改意见》等有关中国法律法规的规定，符合到境外上市公司章程的有关规定。

2. 公司自设立以来制定和修改章程均已履行了必要的法律程序。

3. 公司本次发行并上市后适用的《公司章程（草案）》的制定已履行了必要的法律程序，其内容符合《公司法》《证券法》《章程指引》《上市公司治理准则》《上海证券交易所股票上市规则》等中国法律法规的要求。

十五、公司的股东大会、董事会、监事会议事规则及规范运作

1. 公司具有健全的组织机构。

2. 公司已制定《股东大会议事规则》、《董事会议事规则》和《监事会议事规则》，具有健全的股东大会、董事会、监事会议事规则，该等议事规则符合有关中国法律法规的规定。

3. 公司自成立以来的股东大会、董事会和监事会的召开程序、决议内容符合有关中国法律法规及公司章程的规定，签署的决议和会议记录真实、有效。

4. 公司自成立以来的股东大会和董事会的重大决策和授权事项不存在违反中国法律法规的情形。

十六、公司董事、监事和高级管理人员及其变化

1. 公司现任董事、监事及高级管理人员的任职资格符合中国法律法规及规范性文件以及现行《公司章程》的规定。

2. 公司董事、监事、高级管理人员的产生程序符合有关中国法律法规以及现行《公司章程》的规定，履行了必要的法律程序。

3. 公司设置了独立董事，独立董事的任职资格符合有关中国法律法规及现行《公司章程》的规定，其职权范围不违反有关中国法律法规的规定。

十七、公司的税务

1. 公司及其境内主要下属企业已依法办理了税务登记。

2. 公司及其境内主要下属企业所执行的主要税种、税率符合中国法律法规的规定。

3. 公司及其境内主要下属企业享受的税收优惠、财政补贴具有合法依据。

4. 公司及其境内主要下属企业中已发生纳税事项的企业自 2014 年 1 月 1 日至 2017 年 6 月 30 日期间均依法进行纳税申报，未因纳税问题受到重大行政处罚。

十八、公司的环境保护、安全生产和产品质量等事宜

1. 公司及其主要下属企业自 2014 年 1 月 1 日至 2017 年 6 月 30 日期间遵守环境保护有关法律法规的要求，未因环境保护问题受到重大行政处罚。

2. 公司及其主要下属企业自 2014 年 1 月 1 日至 2017 年 6 月 30 日期间未发生过重大安全生产事故，不存在严重违反安全生产有关法律法规的行为，未因安全生产问题受到重大行政处罚。

3. 公司及其主要下属企业从事的经营活动在重大方面符合产品质量、技术标准及行业规范有关法律法规的要求，自 2014 年 1 月 1 日至 2017 年 6 月 30 日期间未因产品质量、技术标准及行业规范问题受到重大行政处罚。

十九、公司募集资金的运用

1. 除经依法履行相关批准程序后变更部分募集资金投资项目外，公司前次募集资金使用情况未违反其在发行文件中所披露的用途。

2. 公司本次发行募集资金有明确的使用方向，且用于公司的主营业务。

3. 公司本次募集资金投资项目符合国家产业政策的规定；需要办理立项核准或备案手续的，已经办理相关手续；需要取得环境影响评价批复文件的，均已取得相关文件；涉及用地/用海的，均已办理取得相应阶段需取得的用地/用海批复或权属文件。

二十、公司业务发展目标

1. 公司的发展战略及发展规划与目标与其主营业务相一致。

2. 公司的业务发展目标符合国家产业政策及中国法律法规的规定,目前不存在潜在的法律风险。

二十一、诉讼、仲裁或行政处罚

1. 公司控股股东不存在尚未了结的或可预见的对本次发行构成重大不利影响的诉讼、仲裁案件,亦不存在对本次发行构成重大不利影响的行政处罚;公司控股股东的被立案调查事项不会对本次发行构成重大不利影响。

2. 持有公司5%以上股份的其他股东不存在尚未了结的或可预见的对本次发行构成重大不利影响的诉讼、仲裁案件;亦不存在对本次发行构成重大不利影响的行政处罚。

3. 公司董事长、总裁不存在尚未了结的或可预见的诉讼、仲裁案件,亦不存在行政处罚。

4. 公司及其主要下属企业不存在尚未了结的或可预见的对公司经营及本次发行构成重大不利影响的诉讼、仲裁案件,亦不存在对公司经营及本次发行构成重大不利影响的行政处罚;公司直接持股的合营企业下属控股子公司的被立案调查事项不会对本次发行构成重大不利影响。

二十二、发行人招股说明书法律风险的评价

本所未参与《招股说明书》的制作,但对其作了总括性的审阅,对《招股说明书》及其摘要中引用本法律意见书和律师工作报告的相关内容作了特别审查。

综上,本所认为:

公司《招股说明书》及其摘要不会因引用本法律意见书和律师工作报告的相关内容而出现虚假记载、误导性陈述或重大遗漏。

二十三、律师认为需要说明的其他重大法律问题

1. 根据公司书面确认及本所律师核查,公司不存在未披露但对本次发行有重大影响的重大法律问题。

2. 发行人及其股东以及发行人董事、监事、高级管理人员就本次发行并上市在《招股说明书》中作出了相关承诺,承诺已由相关责任主体签署,承诺的内容符合有关中国法律法规的要求。

3. 公司及其股东以及公司董事、监事、高级管理人员就本次发行并上市作出的相关承诺的履行的约束措施已由相关责任主体签署,符合中国证监会《关于进一步推进新股发行体制改革的意见》对相关责任主体作出公开承诺事项应同时提出未履行承诺的约束措施的相关要求。

二十四、结论意见

综上所述,本所认为:

除本次发行并上市尚待中国证监会核准且发行完成后的A股股票于上海证券交易所上市交易尚需获得上海证券交易所同意外,发行人符合股票发行上市条件,近三年来不存在重大违法违规行为;发行人的《招股说明书》及其摘要引用的本法律意见书及律师工作报告的内容适当。

本法律意见书一式五份。

(本页无正文,为《北京市嘉源律师事务所关于青岛港国际股份有限公司首次公开发行A股股票并上市的法律意见书》之签署页)

北京市嘉源律师事务所

负责人:郭斌

经办律师:史震建、李丽、刘静

北京市中伦律师事务所关于中山市金马科技娱乐设备股份有限公司首次公开发行股票并在创业板上市的法律意见书

致：中山市金马科技娱乐设备股份有限公司

北京市中伦律师事务所（以下简称本所）接受中山市金马科技娱乐设备股份有限公司（以下简称发行人、中山金马或公司）的委托，担任发行人申请首次公开发行人民币普通股（A股）并在深圳证券交易所创业板上市（以下简称"本次发行"或"本次发行上市"）事宜的专项法律顾问。

根据《中华人民共和国公司法》（以下简称《公司法》）、《中华人民共和国证券法》（以下简称《证券法》）等有关法律、法规和中国证券监督管理委员会（以下简称中国证监会）发布的《公开发行证券公司信息披露的编报规则第12号——法律意见书和律师工作报告》《首次公开发行股票并在创业板上市管理办法》（以下简称《创业板首发管理办法》）以及中国证监会、司法部联合发布的《律师事务所从事证券法律业务管理办法》《律师事务所证券法律业务执业规则（试行）》等有关规定，按照律师行业公认的业务标准、道德规范和勤勉尽责精神，本所现就发行人本次发行上市事宜出具本法律意见书。

为出具本法律意见书，本所律师根据有关法律、行政法规、规范性文件的规定和本所业务规则的要求，本着审慎性及重要性原则对发行人本次发行上市有关的文件资料和事实进行了核查和验证。

本所及经办律师根据《证券法》、《律师事务所从事证券法律业务管理办法》和《律师事务所证券法律业务执业规则（试行）》等规定及本法律意见书出具日以前已经发生或者存在的事实，严格履行了法定职责，遵循了勤勉尽责和诚实信用原则，进行了充分的核查验证，保证本法律意见书所认定的事实真实、准确、完整，所发表的结论性意见合法、准确，不存在虚假记载、误导性陈述或者重大遗漏，并愿意承担相应的法律责任。

本法律意见书依据中国现行有效的或者发行人的行为、有关事实发生或存在时有效的法律、行政法规、规章和规范性文件，并基于本所律师对该等法律、行政法规、规章和规范性文件的理解而出具。

本法律意见书仅就与本次发行上市有关的中国境内法律问题发表法律意见，本所及经办律师并不具备对有关会计、验资及审计、资产评估、投资决策等专业事项和境外法律事项发表专业意见的适当资格。本法律意见书中涉及资产评估、会计审计、投资决策、境外法律事项等内容时，均为严格按照有关中介机构出具的专业文件和发行人的说明予以引述，且并不意味着本所及本所律师对所引用内容的真实性和准确性作出任何明示或默示的保证，对这些内容本所及本所律师不具备核查和作出判断的适当资格。

本所律师在核查验证过程中已得到发行人如下保证，即发行人已经提供了本所律师认为出具法律意见书所必需的、真实的原始书面材料、副本材料或口头证言，有关材料上的签字、印章均是真实的，有关副本材料或复印件均与正本材料或原件一致。发行人所提供的文件和材料是真实、准确、完整和有效的，无任何隐瞒、虚假和重大遗漏之处。

对于出具本法律意见书至关重要而又无法得到独立证据支持的事实，本所律师有赖于有关政府部门等公共机构出具或提供的证明文件作为出具法律意见书的依据。

本所同意将本法律意见书和关于出具本法律意见书的律师工作报告作为发行人申请本次发行上市所必备的法定文件，随同其他申报材料上报中国证监会审核，并依法对所出具的法律意见承担相应的法律责任。

本所同意发行人在其为本次发行上市而编制的招股说明书中部分或全部自行引用或根据中国证监会审核要求引用本法律意见书和律师工作报告的内容,但是发行人作上述引用时,不得因引用而导致法律上的歧义或曲解。

本所及本所律师未授权任何单位或个人对本法律意见书作任何解释或说明。

本法律意见书仅供发行人为本次发行上市之目的使用,未经本所书面同意,不得用作任何其他目的或用途。

根据《证券法》第二十条的规定,按照律师行业公认的业务标准、道德规范和勤勉尽责精神,本所律师在对发行人本次发行上市有关的文件资料和事实进行核查和验证的基础上,现出具法律意见如下:

一、本次发行上市的批准和授权

(一)公司已于 2017 年 6 月 22 日召开第一届董事会第二十二次会议,依法就本次发行上市的具体方案、本次发行募集资金使用的可行性及其他必须明确的事项作出决议,并提请股东大会批准。

(二)公司本次发行上市已经依照法定程序获得于 2017 年 7 月 12 日召开的公司 2017 年第二次临时股东大会(以下简称"本次股东大会")的有效批准。经核查本次股东大会的会议通知、议案、表决票、决议及会议记录等会议资料,本次股东大会在召集、召开方式、议事程序及表决方式等方面均符合《公司法》和《公司章程》的有关规定。

(三)本次股东大会就公司本次公开发行股票的种类、发行股数、发行上市地点、发行对象、定价方式、发行方式、募集资金数额及用途、决议的有效期等事项进行了审议,会议决议的内容合法有效。

(四)本次股东大会作出授权董事会办理本次公开发行股票并在创业板上市具体事宜的决议,其授权范围和表决程序符合国家相关法律、法规和公司章程的规定,有关授权合法有效。

(五)公司本次发行尚待中国证监会核准,有关股票的上市交易尚需经深圳证券交易所审核同意。

综上所述,本所认为,发行人的本次发行上市已获得发行人内部的有效批准与授权,本次发行上市尚待中国证监会核准及深圳证券交易所审核同意。

二、发行人本次发行上市的主体资格

(一)经审阅公司现行有效的《营业执照》、《公司章程》及公司登记机关提供的公司工商登记信息档案资料,公司是依法设立并合法存续的股份有限公司,不存在法律、法规、规范性文件或公司章程规定的需要终止经营的情形。

(二)公司由中山市金马科技娱乐设备有限公司(以下简称金马有限)按经审计的原账面净资产值折股整体变更而设立,自金马有限 2007 年 11 月成立至今持续经营时间已经超过三年。

(三)公司的注册资本为 3,000 万元,根据瑞华会计师事务所(特殊普通合伙)(以下简称瑞华会计师)于 2014 年 9 月 16 日出具的瑞华验字〔2014〕40020002 号《验资报告》,公司的注册资本已足额缴纳。经本所律师查验公司主要资产的权属证书或购置发票,通过产权登记机构查询公司主要资产的权利状况,公司的主要资产不存在重大权属纠纷。

(四)公司主要经营一种业务:专业从事游乐设施的开发、生产和销售。公司的生产经营符合法律、行政法规和《公司章程》的规定,符合国家产业政策及环境保护政策。

(五)根据公司的确认,并经本所律师查阅瑞华会计师于 2017 年 6 月 5 日出具的编号为瑞华审字〔2017〕40020088 号的《中山市金马科技娱乐设备股份有限公司审计报告》(以下简称"《审计报告》")、查阅公司登记机关提供的公司工商登记信息档案资料及公司最近两年的股东大会、董事会会议资料,公司最近两年内主营业务没有发生重大变化,董事、高级管理人员没有发生重大变化,实际控制人没有发生变更。

(六)根据公司及主要股东的确认,并经本所律师审阅《公司章程》、股东名册及公司登记机关提供的公司工商登记信息档案资料,核查持有公司 5% 以上股份的主要股东的涉讼情况,公司目前的股东为邓志毅、刘喜旺、李勇、杨焯彬、邝澄佰、何锐田等 24 名自然人股东;其中,持有公司 5% 以上股份的主要股东为邓志毅、刘喜旺、李勇；且三人合计持有公司股份14,646,545股，占公司股份总数的48.822%，为公司的共同控股股东暨实际控制人。公司的股权清晰，主要股东持有公司的股份不存在重大权属纠纷。

综上所述，本所认为，发行人具备本次发行上市的主体资格。

三、本次发行上市的实质条件

发行人本次发行上市属于非上市的股份有限公司首次公开发行股票并在深圳证券交易所创业板上市。经对照《公司法》、《证券法》、《创业板首发管理办法》等法律、法规和规范性文件，本所认为，发行人本次发行上市符合有关法律、法规和规范性文件在以下方面规定的各项条件：

（一）发行人本次发行符合《公司法》第一百二十六条规定的相关条件。

（二）发行人本次发行符合《证券法》第十三条关于公开发行新股及第五十条关于股票上市的相关条件。

（三）发行人本次发行上市符合《创业板首发管理办法》规定的相关条件：

1. 公司是由金马有限按经审计的原账面净资产值折股整体变更而依法设立的股份有限公司，其持续经营时间自金马有限2007年11月成立至今已经超过三年；公司最近两年连续盈利，最近两年净利润累计不少于一千万元；根据《审计报告》，截至2017年3月31日，公司的净资产不少于二千万元，且不存在未弥补亏损；公司目前的股本总额为3,000万元，发行后的股本总额将不少于三千万元。据此，发行人符合《创业板首发管理办法》第十一条的规定。

2. 公司的注册资本为3,000万元，根据瑞华会计师于2014年9月16日出具的瑞华验字〔2014〕40020002号《验资报告》，公司的注册资本已足额缴纳；经本所律师查验公司主要资产的权属证书或购置发票，通过产权登记机构查询公司主要资产的权利状况，登录国家知识产权局网站和国家工商行政管理总局商标局网站进行检索，公司的主要资产不存在重大权属纠纷。据此，发行人符合《创业板首发管理办法》第十二条的规定。

3. 公司主要经营一种业务：专业从事游乐设施的开发、生产和销售。公司的生产经营活动符合法律、行政法规和《公司章程》的规定，符合国家产业政策及环境保护政策。据此，发行人符合《创业板首发管理办法》第十三条的规定。

4. 公司最近两年内主营业务没有发生重大变化；公司最近两年内董事、高级管理人员没有发生重大变化，实际控制人没有发生变更，符合《创业板首发管理办法》第十四条的规定。

5. 公司目前的股东为邓志毅、刘喜旺、李勇、杨焯彬、邝澄佰、何锐田等24名自然人股东。根据公司及控股股东、实际控制人的确认，并经本所律师审阅公司章程、股东名册及公司登记机关提供的公司工商登记信息档案资料，核查公司控股股东、实际控制人的涉讼情况，公司的股权清晰，控股股东、实际控制人所持公司的股份不存在重大权属纠纷。据此，发行人符合《创业板首发管理办法》第十五条的规定。

6. 公司具有完善的公司治理结构，已经依照《公司法》及《公司章程》的规定建立了健全的股东大会、董事会、监事会以及审计委员会、薪酬与考核委员会、提名委员会、战略委员会等董事会专门委员会，制定了独立董事、董事会秘书制度；根据公司的确认，并经本所律师访谈公司的主要股东、董事、监事、高级管理人员等有关人员及查阅股东大会、董事会、监事会、董事会各专门委员会会议资料，相关机构和人员能够依法履行职责；公司已经按照《公司法》及《公司章程》的规定建立了健全的股东投票计票制度，建立了发行人与股东之间的多元化纠纷解决机制，切实保障投资者依法行使收益权、知情权、参与权、监督权、求偿权等股东权利。据此，发行人符合《创业板首发管理办法》第十六条的规定。

7. 根据《审计报告》及公司的确认，及基于本所律师作为非财务专业人员的理解和判断，公司的会计基础工作规范，财务报表的编制和披露符合企业会计准则和相关信息披露规则的规定，在所有重大方面公允地反映了公司的财务状况、经营成果和现金流量；瑞华会计师已于2017年6月5日向公司出具了标准无保留意见的《审计报告》。据此，发行人符合《创业板首发管理办法》第十七条的规定。

8. 根据瑞华会计师于2017年6月5日出

具的编号为瑞华核字[2017]40020015 号的《中山市金马科技娱乐设备股份有限公司内部控制鉴证报告》(以下简称《内部控制鉴证报告》)及公司的确认,并基于本所律师作为非财务专业人员的理解和判断,公司的内部控制制度健全且被有效执行,能够合理保证公司运行效率、合法合规和财务报告的可靠性;瑞华会计师已于2017 年 6 月 5 日就公司的内部控制情况出具了无保留结论的《内部控制鉴证报告》。据此,发行人符合《创业板首发管理办法》第十八条的规定。

9. 根据公司董事、监事和高级管理人员辖区公安机关出具的证明及该等人员的陈述与确认,并经本所律师通过互联网检索该等人员的公众信息及涉讼情况,通过互联网检索中国证监会披露的《市场禁入决定书》《行政处罚决定书》及证券交易所披露的监管与处分记录,查阅公司股东大会、董事会、监事会会议资料,公司董事、监事和高级管理人员忠实、勤勉地履行其职责,具备法律、行政法规和规章规定的任职资格,且不存在《创业板首发管理办法》第十九条规定列举的情形。

10. 根据公司及其控股股东、实际控制人的确认,并经本所律师通过互联网检索公司及其控股股东、实际控制人的公众信息资料,公司及其控股股东、实际控制人最近三年内不存在损害投资者合法权益和社会公共利益的重大违法行为;根据公司及其控股股东、实际控制人的确认,并经本所律师通过互联网检索公司及其控股股东、实际控制人的公众信息资料,通过互联网检索中国证监会披露的《市场禁入决定书》《行政处罚决定书》及证券交易所披露的监管与处分记录,公司及其控股股东、实际控制人最近三年内不存在未经法定机关核准,擅自公开或者变相公开发行证券,或者有关违法行为虽然发生在三年前,但目前仍处于持续状态的情形。据此,发行人符合《创业板首发管理办法》第二十条的规定。

综上所述,本所认为,发行人已经具备了本次发行上市的实质条件。

四、发行人的设立

(一)公司是依照《公司法》及其他有关规定,由金马有限整体变更而设立的股份有限公司,于 2014 年 10 月 20 日在中山市工商行政管理局注册登记。

经核查,发行人设立的方式、程序、资格及条件等符合法律、法规和规范性文件的规定,履行了必要的法律程序,并经公司登记机关核准变更登记,是合法、有效的。

(二)公司设立时各发起人于 2014 年 9 月 5 日签署的《中山市金马科技娱乐设备股份有限公司发起人协议》(以下简称《发起人协议》),符合有关法律、法规和规范性文件的规定,为合法有效的法律文件,不存在可能引致金马有限变更为股份有限公司的行为存在潜在纠纷的法律障碍。

(三)为变更为股份有限公司,金马有限聘请了具有执行证券、期货相关业务资格的瑞华会计师对金马有限的相关财务报表进行了审计,并对注册资本的到位情况进行了验证,符合法律、法规和规范性文件的规定。

(四)经查阅创立大会暨第一次股东大会的会议通知、议案、表决票、决议及会议记录等会议资料,本所认为,发行人创立大会暨第一次股东大会的程序及所议事项符合《公司法》的规定。

五、发行人的独立性

(一)发行人业务的完整性

根据公司的确认并经本所律师访谈公司相关职能部门的负责人,及基于本所律师作为非相关专业人员的理解和判断,公司具有完整的业务体系和直接面向市场独立经营的能力。公司已经根据业务运作的需要设置了相应的生产中心、销售中心、财务中心、技术中心等职能部门,拥有与其业务规模相适应的从业人员,独立开展各项业务活动;公司独立对外签订合同,拥有独立的采购渠道和销售渠道。据此,发行人的业务具有完整性。

(二)发行人资产的完整性

根据公司的确认,并经本所律师实地调查、查阅公司主要资产的权属证书或购置发票,通过产权登记机构查询公司主要资产的权利状况,公司的资产完整。公司已经具备与生产经营有关的生产系统、辅助生产系统和配套设施,合法拥有与生产经营有关的土地、厂房、机器设备、商标、专利的所有权或使用权。据此,发行人的资产具有完整性。

（三）发行人人员的独立性

根据公司的确认并经本所律师查验公司员工名册、抽查劳动合同及工资发放记录，访谈公司人力资源中心负责人，公司的人员独立。根据公司提供的高级管理人员的简历及公司的确认，经本所律师访谈公司的高级管理人员并核查其劳动合同、工资发放记录，公司的总经理、副总经理、财务总监和董事会秘书等高级管理人员均与公司签订了劳动合同，并在公司领取薪酬，未在控股股东、实际控制人控制的其他企业中担任除董事、监事以外的其他职务，亦未在控股股东、实际控制人控制的其他企业领取薪酬；根据公司的确认并经本所律师查验公司员工名册、劳动合同及工资发放记录，访谈公司人力资源中心负责人，公司的财务人员未在控股股东、实际控制人控制的其他企业中兼职。据此，发行人的人员具有独立性。

（四）发行人财务的独立性

根据《审计报告》《内部控制鉴证报告》及公司的确认，并经本所律师访谈公司财务负责人，及基于本所律师作为非财务专业人员的理解和判断，公司的财务独立。公司建立了独立的财务核算体系，能够独立作出财务决策，具有规范的财务会计制度和财务管理制度；公司不存在与控股股东、实际控制人控制的其他企业共用银行账户的情形，也不存在控股股东、实际控制人干预公司独立作出财务决策和独立运用资金的情形。据此，发行人的财务具有独立性。

（五）发行人机构的独立性

根据公司的确认，并经本所律师访谈公司相关职能部门的负责人，公司的机构独立。公司已经建立健全内部经营管理机构，独立行使经营管理职权，与控股股东、实际控制人及其控制的其他企业间不存在机构混同的情形。据此，发行人的机构具有独立性。

（六）发行人业务的独立性

根据《审计报告》及公司的确认，并经本所律师查验公司持有的《营业执照》及相关业务资质证书，核查公司的重大业务合同，公司的业务独立。公司已取得开展业务活动相关的各项资质证书，其经营范围已经中山市工商行政管理局核准，可自主开展业务活动；公司 2014 年度、2015 年度、2016 年度合并销售前五名客户的合计营业收入占公司全部营业收入的比例分别为 50.60%、57.30%、44.11%，公司不存在营业收入或净利润严重依赖关联方或者重大不确定性客户的情形；公司的业务独立于控股股东、实际控制人及其控制的其他企业，与控股股东、实际控制人及其控制的其他企业间不存在同业竞争或者显失公平的关联交易。据此，发行人的业务具有独立性。

（七）根据发行人的确认并经本所律师审慎核查，发行人在其他方面亦不存在影响其独立性的严重缺陷。

综上所述，本所认为，发行人具有完整的业务体系和直接面向市场独立经营的能力，资产完整、人员独立、财务独立、机构独立、业务独立，在其他方面也不存在影响其独立性的严重缺陷。

六、公司的发起人、股东和实际控制人

（一）经核查，公司的发起人均为具有完全民事权利能力和民事行为能力的中国境内自然人；公司的发起人具有法律、法规和规范性文件所规定的担任股份有限公司发起人的资格；公司的发起人人数、住所、出资比例符合有关法律、法规和规范性文件的规定。

（二）经本所律师审阅公司股东名册、《公司章程》和公司登记机关提供的公司工商登记信息档案资料，公司目前的股东为邓志毅、刘喜旺、李勇、杨焯彬、邝澄伯、何锐田等 24 名自然人股东。

公司的股东均为具有完全民事行为能力的中国公民，具有法律、法规和规范性文件规定担任股份有限公司股东的资格。

公司的股东中不存在《证券投资基金法》、《私募投资基金监督管理暂行办法》和《私募投资基金管理人登记和基金备案办法（试行）》规范的私募投资基金管理人或私募投资基金。

公司股东符合《公司法》规定的法定股东人数，其住所均在中国境内，符合有关法律、法规和规范性文件的规定。

（三）截至本法律意见书出具之日，邓志毅、刘喜旺、李勇合计持有公司股份 14,646,545 股，占公司股份总数的 48.822%，是公司的共同控股股东暨实际控制人；公司的实际控制人在最近两年内未发生变更。

七、发行人的股本及演变

(一)经查阅《公司章程》、股东名册和公司登记机关提供的公司工商登记信息档案资料,公司设立时的股本总额、股本结构如下:

序号	发起人姓名	持股数量(股)	持股比例(%)
1	邓志毅	5,548,253.00	18.494
2	刘喜旺	1,849,146.00	6.164
3	李勇	1,849,146.00	6.164
4	杨焯彬	1,849,146.00	6.164
5	邝澄伯	1,849,146.00	6.164
6	何锐田	1,849,146.00	6.164
7	贾辽川	1,109,977.00	3.700
8	林泽钊	924,980.00	3.083
9	李玉成	924,980.00	3.083
10	徐淑娴	924,980.00	3.083
11	柯广龙	924,980.00	3.083
12	梁沛强	924,980.00	3.083
13	李伯强	924,980.00	3.083
14	容锡湛	924,980.00	3.083
15	邓国权	924,980.00	3.083
16	吴海康	924,980.00	3.083
17	李仲森	924,980.00	3.083
18	程伟夫	924,980.00	3.083
19	王敏慧	750,000.00	2.500
20	方华生	600,000.00	2.000
21	高庆斌	543,307.00	1.811
22	曾庆远	543,307.00	1.811
23	王晋君	450,000.00	1.500
24	陈朝阳	434,646.00	1.499
25	彭易娇	300,000.00	1.000
26	瞿海松	150,000.00	0.500
27	付娟	150,000.00	0.500
合计		30,000,000.00	100.000

公司设立时的股权设置、股本结构符合《公司法》的有关规定,有关产权界定和确认不存在任何纠纷或风险。

(二)根据《审计报告》,并经本所律师审阅公司登记机关提供的公司工商登记信息档案资料,公司设立及历次股权变动均已履行了相关法律程序,符合当时法律、法规和规范性文件的规定,历次股权变动合法、合规、真实、有效。

(三)经查阅公司登记机关提供的公司工商登记信息档案资料,并根据公司及持有公司股份5%以上的主要股东分别作出的确认,公司主要股东邓志毅、刘喜旺、李勇持有的公司股份目前不存在被质押、冻结或设定其他第三者权益的情况,亦未涉及任何争议或纠纷。

八、发行人的附属公司

(一)根据《审计报告》及公司的确认,截至本法律意见书出具之日,公司拥有中山市金马金属结构安装有限公司(以下简称金马结构安装)和中山市金马游乐设备工程有限公司(以下简称金马游乐工程)两家全资子公司以及中山市金马科技娱乐设备股份有限公司动漫游艺分公司(以下简称动漫游艺分公司)一家分支机构。

(二)经查阅公司上述附属公司的章程、《营业执照》及公司登记机关提供的工商登记信息档案资料,金马结构安装、金马游乐工程及动漫游艺分公司目前合法存续,不存在依据法律、法规等规定需要终止经营的情形。

(三)报告期内已注销的附属公司

根据中山市工商行政管理局出具的《准予注销登记通知书》(粤中核注通内字[2015]第1500282133号),中山市金马景观工程有限公司(以下简称金马景观工程)已于2015年10月29日经核准予以注销登记。

九、发行人的业务

(一)公司及其附属公司的经营范围已经中山市工商行政管理局核准,符合法律、法规和规范性文件的规定。根据公司的确认,并经本所律师审阅《审计报告》,公司及其附属公司实际从事的业务未超出其章程规定的经营范围。

(二)公司的主营业务为专业从事游乐设施的开发、生产和销售。根据公司的确认并经本所律师审阅《审计报告》,公司最近两年来持续经营该种业务,主营业务未发生变更。

(三)公司已取得了从事其业务所必要的

各项资质证书。

（四）根据《审计报告》，公司2014年度、2015年度、2016年度、2017年1-3月的主营业务收入分别为346,659,266.55元、494,367,872.33元、487,583,537.18元及80,121,687.62元，营业收入分别为347,738,017.86元、495,656,113.34元、489,128,696.28元及82,097,532.67元。主营业务占当期营业收入的比例分别为99.69%、99.74%、99.68%及97.59%，主营业务突出。

（五）根据公司的确认并经本所律师审阅《审计报告》，截至本法律意见书出具之日，公司未在中国大陆以外设立其他任何性质的机构从事经营活动。

（六）根据公司的确认并经本所律师查验公司拥有的资质证书、知识产权证书及主要经营性资产，公司不存在影响其持续经营的法律障碍。

十、关联交易及同业竞争

（一）根据公司的确认，并经本所律师查询公司工商登记档案信息资料、审阅《审计报告》、访谈公司的主要股东，公司目前的关联方主要包括：

1.持有公司股份5%以上的股东

持有公司股份5%以上的股东为以下3名自然人股东：邓志毅、刘喜旺、李勇。

2.公司的董事、监事及高级管理人员

公司共有5名董事（其中独立董事2名），3名监事，8名高级管理人员（其中总经理1名，副总经理6名，财务总监1名；总经理和1名副总经理同时兼任董事，1名副总经理同时兼任董事会秘书）。

上述第1项、第2项所列关联自然人关系密切的家庭成员亦是公司关联方。关系密切的家庭成员，包括配偶、父母及配偶的父母、兄弟姐妹及其配偶、年满十八周岁的子女及其配偶、配偶的兄弟姐妹和子女配偶的父母。

3.公司的附属公司

截至本法律意见书出具之日，公司共有两家子公司，分别为金马结构安装、金马游乐工程。报告期内已注销的子公司为金马景观工程。

4.控股股东、实际控制人直接或间接控制或担任董事、高级管理人员的其他企业包括：中山市金马游艺机有限公司（以下简称金马游艺机）、中山市金马游乐投资经营有限公司（以下简称金马投资）、中山市金马环境艺术工程有限公司（以下简称金马环艺）、中山市荔苑乐园有限公司（以下简称荔苑乐园）、中山市天伦游乐投资有限公司（以下简称天伦投资）、中山市云顶星河游乐投资有限公司（以下简称云顶星河）、长沙市云顶星河游乐园有限公司（以下简称长沙云顶星河）、中山市古镇云顶星河游乐园有限公司（以下简称古镇云顶星河）、中山市幻彩欢乐世界游乐投资有限公司（以下简称中山幻彩）。

其中：（1）2017年4月19日，经中山市工商行政管理局核准，云顶星河将其持有的古镇云顶星河100%股权转让给中山市大信新都汇商业投资有限公司；本次股权转让后，云顶星河不再持有古镇云顶星河的股权。（2）2014年10月13日，经中山市工商行政管理局核准，金马投资将其持有的中山幻彩51%股权转让给刘钟郎；本次股权转让后，金马投资不再持有中山幻彩的股权。

5.控股股东、实际控制人关系密切的家庭成员投资或控制的其他企业包括中山市溢利纯水设备有限公司（以下简称中山溢利）、中山市集新空气净化器有限公司（以下简称中山集新）、中山市百和泉净水有限公司（以下简称中山百和泉）。

其中：中山集新已于2017年5月17日经核准予以注销登记。

6.其他关联方为中山市金马机电工程安装有限公司（以下简称金马机电工程），金马机电工程原为公司副总经理高庆斌、曾庆远投资的企业，已于2014年11月3日办理注销登记手续。

（二）根据《审计报告》及公司的确认，并经本所律师核查相关的关联交易资料，公司近三年来存在的主要关联交易事项（不包含与附属公司之间的交易）如下：

1.经常性关联交易

（1）关联销售：公司向关联方荔苑乐园、天伦投资、中山幻彩、古镇云顶星河、长沙云顶星河销售产品和配件；关联方向公司采购的游乐设施在其生命周期内需持续保养、维护或修理；

公司曾因使用金马游艺机房产,与其按双方向统计部门所申报产值的比率分摊水电;公司向金马环艺和金马投资出租房产。

(2)关联采购:公司及子公司自2014年至2015年期间,曾无偿使用金马游艺机部分房产;公司所购厂房在供电部门办理户名变更前,曾与金马游艺机结算电费。

(3)商标许可:金马游艺机授权公司无偿使用其拥有的第222748号注册商标,类别为28类,许可使用期限为自2011年1月1日起至2015年3月29日止。

2. 偶发性关联交易

(1)提供担保:公司为金马游艺机取得银行贷款提供保证担保。

(2)接受担保:公司为申请银行向客户开具履约保函或预付保函等,接受公司股东及金马游艺机提供的保证担保和抵押担保。

(3)资产过户:公司为了消除与金马游艺机的同业竞争,收购了金马游艺机与游乐设施制造相关的经营性资产,部分重组资产的过户手续在报告期内办理完毕。

(4)受让股权:公司于2014年9月受让金马环艺持有的金马景观工程1%的股权,金马景观工程成为公司全资子公司。金马景观工程已于2015年10月29日经核准予以注销登记。

(5)子公司资产与业务合同转让:公司决定注销金马景观工程,将金马景观工程的固定资产及未履行完毕的3项业务合同整体转让给金马环艺。

(6)代付款:金马环艺为金马景观工程代付了其在前述3项业务合同转让前已产生但未偿付的工程款50万元。

(7)商标转让:金马环艺将其拥有的第9107244号注册商标无偿转让给公司。

(8)采购饮用水设备耗材:2014年至2015年,公司向中山溢利采购饮用水设备的维护耗材。

(9)采购空气净化器:2016年,公司向中山集新采购空气净化器74,000元。

根据公司各股东作出的确认及公司独立董事出具的独立意见,并经本所律师核查关联交易的相关资料,本所认为,金马有限改制为股份公司之前的《公司章程》及相关制度中不存在针对关联交易的相关规定,但自2012年至2014年10月公司改制为股份公司期间发生的关联交易均征得了全体股东的同意,公司独立董事对此也进行了确认,不存在损害公司或公司股东利益的情形;2014年10月股份公司成立之后,公司与关联方发生的关联交易均严格按照《公司章程》《关联交易决策制度》《独立董事工作制度》的有关规定,履行了相关决策程序,不存在损害公司及其他股东利益的情形。

(三)公司已经在现行章程及本次发行上市后适用的《公司章程(草案)》《股东大会议事规则》《董事会议事规则》《独立董事工作制度》《关联交易决策制度》等文件中对关联方回避及关联交易决策制度作出详细规定,明确了关联交易公允决策的程序。

(四)公司涉及的同业竞争问题

1. 与控股股东、实际控制人的同业竞争情形

报告期内,除金马环艺外,控股股东、实际控制人及其控制的其他企业均未从事与公司相同或类似的业务。

金马环艺主营业务为游乐场及公园环境艺术的设计及施工工程、家居环境艺术设计及装饰。报告期内,公司子公司金马景观工程原从事游乐园环境艺术及景观工程的设计施工,由于该业务不属于公司主营业务、业务开展不及预期,且与金马环艺存在同业竞争,公司决定注销金马景观工程,将其固定资产及未履行完毕的3项业务合同整体转让给金马环艺;2015年10月29日,金马景观工程完成注销。

截至本律师工作报告出具之日,公司控股股东、实际控制人及其控制的其他企业与公司均不存在同业竞争。

2. 避免同业竞争的措施

公司的控股股东、实际控制人已分别向公司出具了《关于避免同业竞争的承诺函》。该承诺函已对公司控股股东、实际控制人构成合法和有效的义务,可有效避免其及其所控制的企业与公司产生同业竞争。

(五)经审查,公司涉及的上述关联交易事项,以及避免同业竞争的措施,已经在公司本次发行上市的招股说明书及其他相关文件中进行了充分披露,不存在重大遗漏和重大隐瞒的情况。

十一、发行人的主要财产

（一）公司拥有的主要财产包括土地使用权、房产、商标、专利、著作权及主要生产设备等。根据公司的确认，并经本所律师实地调查、查阅公司主要财产的权属证书或购置发票，通过国土资源与房产管理、工商行政管理、商标专利行政管理等政府主管部门查询相关权利状况及登陆相关官方网站查询，公司的主要财产均不存在任何产权纠纷或潜在的争议。

（二）根据公司的确认并经本所律师核查，公司在中山市东利村租赁了土地用于生产经营，在中山市租赁了50余处房屋用于为员工提供住宿；金马结构安装在中山市东区租赁了1处房产用于办公。

经核查，公司租赁的位于东利村牌坊以北的部分土地及部分员工宿舍，出租方未提供产权证书。由于该等土地、房屋并不具备特殊性或不可替代性，具有较方便的替代性，公司寻找新的租赁场所并无实质性障碍，因此，该等瑕疵对本次发行不构成实质性法律障碍。

（三）根据公司的确认，并经本所律师审阅《审计报告》、公司主要财产的权属证书或购置发票，通过产权登记机构查询公司主要财产的权利状况，公司拥有的主要财产目前不存在设定抵押、质押或其他第三者权利的情形，亦未涉及任何纠纷或争议，公司对其主要财产所有权或使用权的行使不会受到任何第三者权利的限制。

十二、发行人的重大债权债务

（一）公司正在履行的重大合同均合法有效，目前不存在任何纠纷或争议，合同的履行不存在因违法或无效而引致的潜在风险。

（二）公司已履行完毕的重大合同不存在产生潜在纠纷的可能性。

（三）根据公司的确认，并经本所律师通过互联网检索公众信息，截止本法律意见书出具之日，公司不存在因环境保护、知识产权、产品质量、劳动安全、人身权等原因产生的侵权之债。

（四）根据公司的确认，并经本所律师审阅《审计报告》、访谈公司的财务负责人及瑞华会计师项目经办人员，截至本法律意见书出具之日，除本法律意见书第十节“关联交易及同业竞争”之（二）披露的关联担保外，公司与关联方之间不存在其他重大债权债务关系。

（五）根据《审计报告》，截至2017年3月31日，列入公司合并后其它应收、其他应付账目项下的主要款项已经瑞华会计师审核，债权债务关系清晰，不存在违反法律、法规限制性规定的情形。

十三、发行人重大资产变化及收购兼并

（一）根据《审计报告》及公司的确认，公司自其前身金马有限2007年11月设立以来，存在增资扩股、变更公司形式、注销金马景观工程等情况；为了消除与金马游艺机的同业竞争，公司先后收购了金马游艺机与游乐设施制造相关的经营性资产。

除此之外，公司不存在其他重大资产重组、合并、分立、增资扩股、减少注册资本、收购或出售资产等行为。

（二）根据公司的确认，并经本所律师访谈公司董事长，公司目前不存在拟进行的资产置换、资产剥离、资产出售或收购等行为。

十四、发行人章程的制定与修改

（一）经查阅公司的历次股东大会决议及公司登记机关提供的工商登记信息档案资料，《公司章程》的制定及历次修改已经履行了法定程序。

（二）经审查，公司现行章程并无违反《公司法》及国家现行有关法律、法规、规范性文件规定的内容。

（三）为本次发行上市，公司董事会依照中国证监会发布的《上市公司章程指引（2016年修订）》、《上市公司股东大会规则（2016年修订）》及其他有关规定，结合公司实际情况拟定了《公司章程（草案，上市后适用）》。

经审查，《公司章程（草案）》不存在与《上市公司章程指引（2016年修订）》重大不一致的条款，亦不存在违反现行法律、法规和规范性文件规定的内容。

十五、发行人股东大会、董事会、监事会议事规则及规范运作

（一）经核查，公司具有健全的组织机构。

(二)经核查,公司已经具备了健全的股东大会、董事会及监事会议事规则,该等议事规则符合法律、法规、规范性文件及《公司章程》的规定。

(三)经审查公司存档的历次股东大会、董事会及监事会的会议文件资料,包括会议通知、议案、表决票、决议及会议记录等,公司历次股东大会、董事会及监事会在召集、召开方式、会议提案、议事程序、表决方式、决议内容及签署等方面均合法、合规、真实、有效。

(四)经审查公司股东大会、董事会及监事会的有关会议文件资料,公司股东大会、董事会及监事会的历次授权或重大决策行为均合法、合规、真实、有效。

十六、发行人董事、监事和高级管理人员及其变化

(一)根据公司董事、监事和高级管理人员辖区公安机关出具的证明及该等人员的确认,并经本所律师通过互联网检索该等人员的公众信息及涉讼情况,通过互联网检索中国证监会披露的《市场禁入决定书》《行政处罚决定书》及证券交易所披露的监管与处分记录,审阅公司股东大会、董事会、监事会及职工代表大会会议资料,公司董事、监事及高级管理人员的任职情况符合法律、法规、规范性文件和《公司章程》的有关规定。

(二)公司近两年来董事、监事及高级管理人员没有发生重大变化。

(三)公司目前设有独立董事二名,根据公司提供的独立董事简历及公司作出的说明,并经本所律师查验,公司独立董事均具备担任独立董事的任职资格。公司现行章程、《公司章程(草案)》及《独立董事工作制度》中有关独立董事职权范围的规定不存在违反法律、法规和规范性文件有关规定的情况。

十七、发行人的税务

(一)经审阅《审计报告》、公司及其附属公司的纳税申报表、相关税收优惠文件,并经本所律师核查,公司及其附属公司执行的主要税种、税率情况及近三年享受的税收优惠情况均符合国家法律、法规和规范性文件的规定。

(二)经审阅《审计报告》、瑞华会计师出具的《中山市金马科技娱乐设备股份有限公司非经常性损益的专项审核报告》(瑞华核字〔2017〕40020014号)及公司提供的有关财政补贴资料,公司及其附属公司近三年享受的财政补贴符合国家或地方政府有关政策,真实有效。

(三)根据瑞华会计师出具的《主要税种纳税情况的专项审核报告》以及中山市国家税务局火炬高技术产业开发区税务分局、中山市地方税务局火炬高技术产业开发区税务分局、中山市国家税务局直属税务分局、中山市地方税务局城区税务分局、中山市国家税务局板芙税务分局、中山市地方税务局板芙税务分局分别出具的证明,并经本所律师访谈公司董事长、财务总监,公司及其附属公司近三年来不存在因违反税收法律、法规受到行政处罚且情节严重的情形。

十八、发行人的环境保护和产品质量、技术标准

(一)公司从事的生产经营活动符合国家有关环境保护的要求。根据中山市环境保护局出具的证明,并经本所律师通过互联网检索公司及其附属公司的公众信息,访谈公司董事长,公司及其附属公司近三年来未发生因违反有关环境保护的法律、法规受到行政处罚且情节严重的情形。

(二)公司本次发行募集资金拟投资游乐设施建设项目有关的环境影响报告书已经中山市环境保护局以中环建书〔2015〕0018号、中(板)环建登〔2015〕00022号及中(板)环建登〔2015〕00031号文审查批准。

公司本次发行募集资金拟投资研发中心建设项目有关的环境影响评价登记表已经中山市环境保护局以备案号201744200100000903文审查批准。

公司本次发行募集资金拟投资融入动漫元素游乐设施项目有关的环境影响评价登记表已经中山市环境保护局以备案号201744200100000904文审查批准。

(三)公司的产品生产符合国家有关产品质量和技术监督的要求。根据中山市质量技术监督局出具的证明,并经本所律师通过互联网检索公司及其附属公司的公众信息、访谈公司的董事长,公司及其附属公司近三年来未发生因违反有关产品质量和技术监督等方面的法律、法规受到行政处罚且情节严重的情形。

（四）根据中山市安全生产监督管理局出具的证明，并经本所律师通过互联网检索公司及其附属公司的公众信息、访谈公司董事长，公司及其附属公司近三年来不存在因违反安全生产监督管理方面的法律、行政法规和规范性文件而受到行政处罚的情形。

十九、发行人募集资金的运用

（一）公司本次发行募集资金拟投资项目已经获得公司2017年第二次临时股东大会批准，并已于2015年3月16日就游乐设施建设项目在中山市发展和改革局办理了备案手续，备案项目编号为2015－442000－24－03－000616；于2017年4月10日就研发中心建设项目在中山市发展和改革局办理了备案手续，备案项目编号为2017－442000－24－03－801445；于2017年4月14日就融入动漫元素游乐设施项目在中山市发展和改革局办理了备案手续，备案项目编号为2017－442000－24－03－801389。

（二）根据公司的确认，公司上述募集资金拟投资项目将以公司之全资子公司金马游乐工程作为实施主体。经本所律师审阅公司2017年第二次临时股东大会决议和上述项目的可行性研究报告，以上募集资金拟投资项目未涉及与他人合作投资的情况，亦不会引致公司与其股东同业竞争的情况。

二十、发行人的业务发展目标

公司的业务发展目标与其主营业务一致，符合国家法律、法规和规范性文件的规定，不存在潜在的法律风险。

二十一、诉讼、仲裁或行政处罚

（一）公司报告期内发生的诉讼、仲裁或行政处罚

1.诉讼

公司与九江民生文化旅游发展有限公司买卖合同纠纷一案，江西省高级人民法院于2016年12月30日作出(2016)赣民终563号民事判决，判令九江民生文化旅游发展有限公司向公司支付货款16,415,000.00元及违约金（违约金的计算：以12,601,250元为基数，自2014年11月26日起至2015年11月25日，按日万分之二点一计算；以16,415,000.00元为基数，自2015年11月26日起至付清之日止，按日万分之二点一计算），并承担一审案件受理费137,323元和保全费5,000元及二审案件受理费23,965.65元。

上述判决生效后，九江民生文化旅游发展有限公司并未执行，目前公司已申请强制执行。

2.行政处罚

因涟水通友建设工程劳务有限公司承建的位于中山市东区长江村水城侧的中山市金马科技娱乐设备股份有限公司中山水城制作场所01#16A悬挂过山车拆卸项目，于2016年5月26日在施工过程中发生一起一人死亡的一般生产安全事故，中山市安全生产监督管理局调查认定公司“未对承包单位的安全生产工作统一协调、管理，没有及时发现安全问题”。

中山市安全生产监督管理局于2016年8月5日对公司作出（中支）安监管罚〔2016〕79号《行政处罚决定书》：决定给予罚款人民币1.5万元的行政处罚；同日对公司采购业务员潘存汉作出（中支）安监管罚〔2016〕80号《行政处罚决定书》：决定给予罚款人民币3,000元的行政处罚。

经核查，本次事故属于一般安全事故；公司已积极采取措施，做好公司及各承包单位安全生产工作的统一协调、管理、督导和检查，防止类似事故再次发生；且中山市安全生产监督管理局已出具证明确认公司报告期内无发生较大以上（含较大）生产安全事故，因此，本所认为，公司受到的上述行政处罚不属于重大违法违规行为，不会对发行人本次发行上市构成实质性的障碍。

（二）本所律师就发行人及其附属公司、发行人的控股股东、实际控制人、持有发行人5%以上股份的其他主要股东、发行人的董事长、总经理是否涉及重大诉讼及行政处罚的事宜，与发行人的董事长、总经理进行面谈，登陆最高人民法院、中山市中级人民法院的网站进行查询，通过互联网检索公众信息，审阅相关政府主管机关出具的证明文件，并查阅公司及其附属公司、持有公司5%以上股份的主要股东分别作出的确认，截至本法律意见书出具之日：

1. 除前述第(一)项所述诉讼、行政处罚外,公司不存在尚未了结的或可以合理预见的针对其重要资产、权益和业务及其他可能对公司本次发行有实质性影响的重大诉讼、仲裁或行政处罚事项。

2. 公司董事长、总经理及控股股东、实际控制人、持有公司5%以上股份的主要股东均不存在尚未了结的或可以合理预见的重大诉讼、仲裁或行政处罚事项。

二十二、发行人招股说明书法律风险的评价

招股说明书(申报稿)与本所出具的法律意见书和律师工作报告无矛盾之处,招股说明书(申报稿)不致因引用本所法律意见书和律师工作报告的内容而出现虚假记载、误导性陈述或重大遗漏。

二十三、其他需要说明的问题

(一)根据公司2017年第二次临时股东大会作出的决议,本次发行前滚存的未分配利润由发行后的新老股东按各自所持公司股份比例共享。

(二)涉及关联方金马游艺机的诉讼

2011年,五家外国公司(ZAMPERLA, Inc.、ZAMPERLA, SPA、MAURER RIDES USA, Inc.、MAURER SOHNE GmbH & Co. KG、MAURER RIDES GmbH)在美国佛罗里达州中区奥兰多联邦地区法院(United States District Court Middle District of Florida Orlando Division,下称"美国法院")起诉五家中国公司(BEIJING SHIBAOLAI AMUSEMENT EQUIPMENT CO., LTD.、BEIJING ZHONGLIWEIYE AMUSEMENT EQUIPMENT CO., LTD.、GOLDEN HORSE AMUSEMENT EQUIPMENT CO., LTD.、BEIJING TONGJUNWEIDA PLAY EQUIPMENT CO., LTD.、BEIJING JIUHUA AMUSEMENT RIDES MANUFACTURING CO., LTD.),指控涉案中国公司在美国的商业行为构成了不正当竞争、商标侵权和违反佛罗里达州《欺诈和不公平贸易行为法案》的行为(案号:6:10 - cv - 1718 - Orl - 31KRS,下称"本案")。其中,金马游艺机(GOLDEN HORSE AMUSEMENT EQUIPMENT CO., LTD.)遭赞培拉指控其试图在美国销售5款"仿冒"赞培拉设备的产品,并使消费者误以为这5款产品是赞培拉生产的。金马游艺机该5款涉诉产品为旋转迪士高、摩托过山车、跳跃云霄、飓风飞椅、欢乐风火轮。

因金马游艺机未应诉,2012年6月,美国法院缺席判决赞培拉对金马游艺机的所有指控成立,发布永久禁止令,禁止金马游艺机在美国销售和推广任何复制、仿冒或抄袭赞培拉5款产品的设备;2012年10月,美国法院裁决金马游艺机赔偿赞培拉91,219,767美元及11,339美元律师费。

金马游艺机知悉前述判决和裁决后,聘请了律师积极应诉。

2014年7月,美国法院作出新裁决,维持2012年6月作出的缺席判决和永久禁止令,但支持了金马游艺机关于缺乏属事管辖权的抗辩,推翻了2012年10月作出的损害赔偿裁决,同时允许赞培拉提出新的损害赔偿请求。

2014年12月,赞培拉提出了新的损害赔偿请求,损害赔偿额为236,040美元。金马游艺机于2015年1月予以答辩。2015年7月,美国法院裁决赞培拉无权获得任何损害赔偿,但可以重新主张赔偿律师费及其他诉讼相关费用。

2015年7月,赞培拉重新主张赔偿律师费等诉讼费用。2016年2月3日,美国法院作出判决,判令金马游艺机赔偿赞培拉诉讼费用6,760.21美元。

截至本法律意见书出具之日,赞培拉未提出上诉。

报告期,公司生产的与金马游艺机5款涉诉产品相同的产品未在美国销售。本诉讼导致公司该等产品未来除非修改外观,否则无法进入美国市场。

综上所述,本所对公司本次发行上市发表总体结论性意见如下:

1. 公司符合《公司法》《证券法》《创业板首发管理办法》等法律、法规、规范性文件所规定的公开发行股票并在创业板上市的条件;

2. 公司及其控股股东、实际控制人的行为不存在重大违法、违规的情况;

3. 公司在招股说明书(申报稿)中引用的法律意见书和律师工作报告的内容适当,招股说明书(申报稿)不致因引用法律意见书和律

师工作报告的内容而出现虚假记载、误导性陈述或重大遗漏。

4. 公司本次发行尚待中国证监会核准，有关股票上市交易尚需经深圳证券交易所审核同意。

本法律意见书正本五份，无副本，经本所律师签字并经本所盖章后生效。

（以下为本法律意见书的签章页，无正文）

（本页为《北京市中伦律师事务所关于中山市金马科技娱乐设备股份有限公司首次公开发行股票并在创业板上市的法律意见书》的签章页）

北京市中伦律师事务所

负责人：张学兵

经办律师：章小炎、刘子丰、孙巧芬

二、境内债券发行类

北京国枫律师事务所关于中国核工业建设股份有限公司2018年公开发行可续期公司债券的法律意见书

致：中国核工业建设股份有限公司

本所接受发行人的委托，担任发行人本次发行的特聘专项法律顾问。本所根据《公司法》《证券法》《管理办法》《预审核指南（一）》《预审核指南（四）》《证券法律业务管理办法》以及《证券法律业务执业规则（试行）》等有关法律、法规及规范性文件的规定，并按照律师行业公认的业务标准、道德规范和勤勉尽责精神，出具本法律意见书。

对本法律意见书的出具，本所秉持诚实信用以及勤勉尽责的原则，声明如下：

一、本所律师依据截至本法律意见书出具日以前已经发生或存在的事实和有关法律、法规及规范性文件发表法律意见。

二、本所律师已经得到发行人如下保证，即发行人已经提供了本所律师认为出具本法律意见书所必需的、真实的、完整的原始书面材料、副本材料或者口头证言，并无虚假记载、误导性陈述及重大遗漏之处，其中有关材料上的签字与盖章均是真实的，有关副本材料和复印件均与正本材料和原件一致。

三、本所律师仅对本次发行涉及的法律问题发表法律意见，并不对有关会计、审计、评级等非法律专业事项发表任何意见。本所律师在本法律意见书中对有关会计报表、审计报告、评级报告的任何数据或结论的引述，并不意味着本所对该等数据、结论的真实性和准确性作出任何明示或默示的保证。

四、本所律师已严格履行了法定职责，遵循了勤勉尽责和诚实信用原则，对发行人主体资格、本次发行程序与发行文件的合法、合规、真实、有效性进行了充分的核查验证，并已对与本次发行有关的重大法律事项和潜在法律风险进行了审慎核查分析，保证本法律意见书不存在虚假记载、误导性陈述及重大遗漏。

五、本所律师同意发行人在其为本次发行所制作的募集说明书中自行引用或根据中国证监会/证券交易所的审核要求引用本法律意见书中的相关内容；发行人作上述引用时，不得因引用而导致法律上的歧义或曲解。

六、本所律师同意将本法律意见书作为发行人本次发行所必备的法定文件，随其他申报材料一起上报，并依法对出具的法律意见书承担相应的法律责任。

七、本法律意见书仅供发行人为本次发行之目的使用，不得用作任何其他目的。

本所律师按照《公司法》《证券法》《管理办法》《预审核指南（一）》《预审核指南（四）》等

有关法律、法规及规范性文件的规定,并按照律师行业公认的业务标准、道德规范和勤勉尽责精神,对发行人提供的有关文件和事实进行充分的核查和验证的基础上,出具法律意见如下:

一、本次发行的批准和授权

(一)本次发行已经取得的批准和授权

1. 2018 年 11 月 19 日,发行人召开公司第二届董事会第四十七次会议,审议通过了《关于公司符合公开发行可续期公司债券条件的议案》、《关于公司公开发行可续期公司债券方案的议案》,同意公司申请公开发行规模不超过 40 亿元,基础期限不超过 10 年(含 10 年)的可续期公司债券;并同意将上述议案提交发行人 2018 年第四次临时股东大会审议。

2. 2018 年 12 月 5 日,发行人召开 2018 年第四次临时股东大会,审议通过了《关于公司符合公开发行可续期公司债券条件的议案》、《关于公司公开发行可续期公司债券方案的议案》,决议具体内容如下:

(1)发行规模和发行方式

本次公开发行的可续期公司债券规模不超过人民币 40 亿元(含人民币 40 亿元),可在获得中国证监会核准后,以一次或分期形式在中国境内公开发行。具体发行规模及分期方式提请股东大会授权董事会或董事会授权人士根据公司资金需求情况和发行时市场情况,在前述范围内确定。

(2)发行对象及向公司股东配售的安排

本次公开发行的可续期公司债券仅面向合格投资者公开发行,合格投资者的范围根据中国证监会、上交所和中国证券业协会的相关规定确定。

本次公开发行可续期公司债券不向原股东配售。

(3)债券期限

本次公开发行的可续期公司债券基础期限不超过 10 年(含 10 年),在约定的基础期限期末及每一个周期末,公司有权行使续期选择权,按约定的基础期限延长 1 个周期;公司不行使续期选择权则全额到期兑付。本次公开发行的可续期公司债券可以为单一期限品种,也可以为多种期限的混合品种。

本次公开发行的可续期公司债券具体期限构成和各期限品种的发行规模授权董事会或董事会授权人士在发行前根据公司资金需求和发行时的市场情况确定。

(4)债券利率及其确定方式

本次公开发行的可续期公司债券采用固定利率形式,单利按年计息,不计复利。在公司不行使利息递延支付权的情况下,每年付息一次。如有递延,则每笔递延利息在递延期间按当期票面利率累计计息。

基础期限的票面利率将由公司与主承销商根据网下向合格投资者的簿记建档结果在预设区间范围内协商确定,在基础期限内固定不变,其后每个续期周期重置一次,重置方式由公司与主承销商按照国家有关规定协商确定。

(5)票面金额及发行价格

本次公开发行的可续期公司债券票面金额为 100 元,按面值平价发行。

(6)募集资金用途

本次公开发行的可续期公司债券募集资金扣除发行费用后拟用于偿还公司债务和/或补充流动资金。具体募集资金用途提请股东大会授权董事会或董事会授权人士根据公司资金需求情况在上述范围内确定。

(7)承销方式

本次公开发行的可续期公司债券由主承销商组织承销团,采用承销团余额包销的方式承销。

(8)赎回条款或回售条款

本次公开发行的可续期公司债券是否涉及赎回条款或回售条款及相关条款的具体内容提请股东大会授权董事会或董事会授权人士根据相关规定及市场情况确定,并在每期发行前的备案阶段进行相关的信息披露。

(9)还本付息方式

本次公开发行可续期公司债券本息支付将按照证券登记机构的有关规定统计债券持有人名单,本息支付方式及其他具体安排按照证券登记机构的相关规定办理。在公司不行使递延支付利息权的情况下,每年付息一次。

(10)利息递延支付条款

本次公开发行的可续期公司债券附设公司延期支付利息权,除非发生强制付息事件,本次发行的可续期公司债券的每个付息日,公司可自行选择将当期利息以及按照本条款已经递延的所有利息及其孳息推迟至下一个付息日支付，且不受到任何递延支付利息次数的限制。

（11）强制付息及递延支付利息的限制

本次公开发行的可续期公司债券的强制付息事件：付息日前12个月内，发生以下事件的，公司不得递延当期利息以及按照约定已经递延的所有利息及其孳息：①向普通股股东分红；②减少注册资本。

本次公开发行的可续期公司债券利息递延下的限制事项：若公司选择行使延期支付利息权，则在延期支付利息及其孳息未偿付完毕之前，公司不得有下列行为：①向普通股股东分红；②减少注册资本。

（12）上市安排

本次公开发行的可续期公司债券发行完成后，在满足上市条件的前提下，公司将申请本次发行的可续期公司债券于上交所上市交易。经监管部门批准/核准，在相关法律法规允许的前提下，公司亦可申请本次公开发行的可续期公司债券于其他交易场所上市交易。

本次公开发行的可续期公司债券核准发行后的上市交易事宜由股东大会授权董事会或董事会授权人士根据相关规定办理。

（13）担保情况

本次公开发行的可续期公司债券无担保。

（14）偿债保障措施

为进一步保障债券持有人的利益，在本次公开发行的可续期公司债券的存续期内，如公司预计不能按发行条款的约定偿付本次可续期公司债券本金或利息，提请公司股东大会授权公司董事会或董事会授权人士根据《债券受托管理协议》《债券持有人会议规则》相关条款的约定，采取多种偿债保障措施切实保障债券持有人利益。

（15）决议有效期

关于本次可续期公司债券决议自股东大会审议通过之日起生效，有效期至中国证监会核准本次可续期公司债券发行之日起24个月届满日止。

（16）有关授权事宜

为有效办理本次可续期公司债券发行过程中的具体事宜，公司董事会提请股东大会授权董事会或董事会授权人士依照相关法律法规及公司章程的规定以及届时的市场条件，从维护公司股东利益最大化的原则出发，全权办理本次发行可续期公司债券的相关事宜。授权期限为股东大会决议生效之日起至上述授权事项办理完毕之日止。具体授权内容及范围包括但不限于：

1）与本次公开发行可续期公司债券发行相关的授权事项

①依据国家法律、法规及证券监管部门的有关规定和公司股东大会决议，根据公司和市场的实际情况，制定及调整本次可续期公司债券发行的具体方案，以及修订、调整本次可续期公司债券的发行条款，包括但不限于具体发行规模、债券期限、债券利率及其确定方式、调整票面利率选择权以及设置的具体内容、发行人延期支付利息权及其相关安排、偿债保障措施（包括但不限于不向股东分配利润等措施）、发行时间及安排（包括是否分期发行、发行期数及各期发行规模等）、是否设置回售条款或赎回条款、偿付顺序、评级安排、承销安排、具体申购办法、具体配售安排、还本付息的期限和方式、募集资金用途、债券上市、交易流通、终止发行等与本次可续期公司债券发行有关的全部事宜；

②为本次发行可续期公司债券聘请中介机构，选择债券受托管理人，签署债券受托管理协议以及制定债券持有人会议规则；

③制定、批准、签署、修改、公告与本次公开发行可续期公司债券有关的各项申报材料及法律文件，并根据审批机关的要求对申报文件进行相应补充或调整；以及在本次发行完成后，办理本次发行可续期公司债券的上市、还本付息、续期选择权等事宜，包括但不限于授权、签署、执行、修改、完成与本次发行及上市相关的所有必要的文件、合同、协议、合约（包括但不限于承销协议、债券受托管理协议、上市协议及其他法律文件等）以及按相关法律法规及公司证券上市地的交易所上市规则进行相关的信息披露（包括但不限于初步及最终债务融资工具发行备忘录、与公司境内债务融资工具发行相关的所有公告、通函等）；

④根据相关证券交易场所的债券发行及上市规则，办理与本次可续期公司债券发行及上市有关的其他具体事项，包括但不限于根据有

关监管部门的要求制作、修改、报送公司境内债务融资工具发行、上市的申报材料,签署相关申报文件及其他法律文件;

⑤若监管部门对发行可续期公司债券的政策发生变化或市场条件发生变化,除涉及有关法律、法规及本公司章程规定须由股东大会重新表决的事项外,根据监管部门的意见对本次发行可续期公司债券有关事项进行相应调整,或根据实际情况决定是否继续进行本次发行的全部或部分发行工作;

⑥与相关商业银行商谈开设募集资金专项账户事宜,开立募集资金专项账户,并根据项目进展情况及时与受托管理人、存放募集资金的商业银行签订募集资金专项账户三方监管协议;

⑦办理与本次公开发行可续期公司债券有关的其他事项。

2)提请公司股东大会同意董事会在获得上述授权的条件下,除非相关法律法规另有规定,将上述授权转授予董事长及董事长授权人士行使,且该等转授权自公司股东大会审议通过之日起生效。

(二)本次发行尚需取得的批准和授权

经查验,发行人本次发行尚需取得上交所的预审核意见,并最终获得中国证监会的核准。

综上,本所律师认为,本次发行除尚需取得上交所的预审核意见,并最终获得中国证监会的核准外,发行人本次发行已经获得了必要的批准和授权。

二、发行人本次发行的主体资格

(一)发行人的基本情况

经查验,发行人现持有上海市工商局核发的统一社会信用代码为"91110000717828569P"的《营业执照》,发行人住所为上海市青浦区蟠龙路500号,法定代表人为李晓明,注册资本为262,500万元;其经核准登记的经营范围为"投资管理,工程总承包,工程施工总承包,工程勘察设计,工程技术咨询,工程管理计算机软件的开发、应用、转让,新材料、建筑材料、装饰材料、建筑机械、建筑构件的研究、生产、销售,设备租赁,物业管理,自有房屋租赁,进出口业务,承包境外工业与民用建筑工程、境内国际招标工程"。

经中国证监会《关于核准中国核工业建设股份有限公司首次公开发行股票的批复》(证监许可〔2016〕1011号)和上交所《关于中国核工业建设股份有限公司人民币普通股股票上市交易的通知》(上交所自律监管决定书〔2016〕157号)批准,发行人向社会公众公开发行52,500万股每股面值1.00元的人民币普通股(A股),并于2016年6月6日在上交所交易,股票简称"中国核建",股票代码"601611"。

发行人为已依法向社会公众公开发行股票且其股票已依法在上交所上市交易的股份有限公司。

(二)发行人的历史沿革

1. 发行人设立

(1)2010年10月25日,国务院国资委以"国资改革〔2010〕1221号"《关于中国核工业建设集团公司主营业务重组改制并上市有关事项的批复》,同意中国核建集团主营业务整体重组改制上市方案并设立发行人。

(2)2010年11月16日,国家工商总局出具"(国)登记内名预核字〔2010〕第2809号"《企业名称预先核准通知书》,核准发行人的名称为"中国核工业建设股份有限公司"。

(3)2010年12月16日,国务院国资委以"国资产权〔2010〕1450号"《关于中国核工业建设集团公司整体重组改制并上市项目资产评估结果核准的批复》,对发行人设立时出资资产评估结果予以核准。

(4)2010年12月17日,国务院国资委以"国资产权〔2010〕1452号"《关于中国核工业建设股份有限公司国有股权管理有关问题的批复》,同意发行人设立时的国有股权管理方案。发行人设立时总股本为185,000万股。作为发起人,中国核建集团持有146,520万股、中国信达持有27,472.5万股、航天投资持有9,157.5万股、中国国新持有1,850万股,该四名发起人均为国有股东。

(5)2010年12月17日,四名发起人签署《发起人协议》,一致同意以发起方式设立发行人。

(6)2010年12月17日,大信会计师出具"大信验字〔2010〕第1-0121号"《验资报告》,验证发行人收到全体发起人缴付的第一期出资款55,500万元。

（7）2010年12月19日，发行人召开创立大会，全体发起人同意以发起方式设立发行人。

（8）2010年12月21日，国家工商总局向发行人核发了注册号为100000000043017的《企业法人营业执照》，登记发行人注册资本为185,000万元，实收资本为55,500万元。

（9）2010年12月22日，国务院国资委出具“国资改革〔2010〕1473号”《关于设立中国核工业建设股份有限公司的批复》。

（10）2010年12月28日，大信会计师出具“大信验字〔2010〕第1－0130号”《验资报告》，验证发行人收到全体发起人缴付的第二期出资款，发行人设立时注册资本已经足额缴纳完毕。

（11）2011年1月13日，国家工商总局向发行人核发了注册号为100000000043017的《企业法人营业执照》，登记发行人注册资本和实收资本均为185,000万元。

2.2012年3月，增资至210,000万元

（1）2012年3月5日，发行人2012年第一次临时股东大会审议通过《关于中国核工业建设股份有限公司增资扩股的议案》，同意“公司注册资本由185,000万元增至210,000万元，股本总数由185,000万股增至210,000万股。本次增资的每股价格以公司截至2011年12月31日的每股净资产值（未经审计）为基础并进行合理溢价，确定为1.2626元/股。公司各股东分别按其原有持股比例均以货币出资形式认缴公司本次新增股份。各股东实际缴付的出资款中，25,000万元计入公司注册资本，其余计入公司资本公积”。

（2）2012年3月15日，大信会计师出具“大信验字〔2012〕第1－0019号”《验资报告》，验证发行人已经收到四名股东缴付的增资款合计31,565.66万元，其中新增注册资本（实收资本）25,000万元。

（3）2012年3月22日，国家工商总局向发行人换发《企业法人营业执照》，发行人的注册资本及实收资本由185,000万元变更为210,000万元。

3.2016年6月，首次公开发行股票并上市

经中国证监会《关于核准中国核工业建设股份有限公司首次公开发行股票的批复》（证监许可〔2016〕1011号）和上交所《关于中国核工业建设股份有限公司人民币普通股股票上市交易的通知》（上交所自律监管决定书〔2016〕157号）批准，发行人向社会公众公开发行52,500万股每股面值1.00元的人民币普通股（A股），并于2016年6月6日在上交所交易，股票简称“中国核建”，股票代码“601611”。本次发行完成后，发行人的总股本变更为262,500万股。

经查验，本所律师认为，发行人系依法经有权部门批准设立的股份有限公司，并在上海市工商局履行了必要的工商登记备案手续。

（三）发行人的合法存续

经查验发行人工商登记资料以及相关政府部门出具的证明，并经本所律师网络检索全国法院被执行人信息查询网站、中国执行信息公开网网站、中国裁判文书网网站、中华人民共和国环境保护部网站、信用中国网站、国家企业信用信息公示系统的公开信息，发行人在最近三年及一期的生产经营活动中不存在重大违法行为，亦不存在有关法律、法规、规章、规范性文件和发行人章程规定的应终止的情形，发行人为合法有效存续的股份有限公司。

经查验，本所律师认为，发行人为依法设立并合法有效存续，且其公开发行的股票在上交所上市交易的股份有限公司；截至本法律意见书出具日，不存在有关法律、法规、规章和规范性文件和发行人章程规定的应当终止的情形，具备法律、法规、规章和规范性文件规定的本次发行的主体资格。

（四）发行人的内部控制

根据发行人陈述并经查验，发行人已经根据有关法律、法规及规范性文件的规定，制定了内部管理的相关规章制度。发行人依法设置了股东大会、董事会、监事会等决策及监督机构，并制定了相关议事规则。发行人聘请了总经理、副总经理、总会计师、董事会秘书等高级管理人员，并设置了董事会办公室、总经理办公室、经营管理部、安全环保部、人力资源部、党群工作部、财务部、法律事务部、纪检监察部、科技质量信息化部等职能部门，发行人已建立了规范的公司治理结构；发行人相关管理制度明确了各职能部门在决策、执行、监督等方面的职责权限，发行人已经形成了系统的职责分工和权限制衡体系。同时，发行人的董事、监事、高级管理人员的任职均合法合规，符合《公司法》和

发行人章程的规定。

综上,本所律师认为,发行人作为依法设立并有效存续的股份有限公司,具有相关法律、法规和规范性文件规定的申请公开发行可续期公司债券的主体资格。

三、本次发行的实质条件

根据发行人陈述并经查验,本所律师认为,发行人具备《公司法》、《证券法》、《管理办法》、《预审核指南(一)》、《预审核指南(四)》等有关法律、法规及中国证监会发布的相关规定中对发行人申请本次发行所要求的下列实质性条件:

(一)根据立信会计师出具的发行人2017年度审计报告,截至2017年12月31日,发行人的净资产(合并报表口径)为1,116,416.09万元;同时根据发行人2018年三季度财务报表(未经审计),截至2018年9月30日,发行人的净资产(合并报表口径)为1,205,603.98万元。据此,发行人的净资产不低于3,000万元,符合《证券法》第十六条第一款第(一)项和《预审核指南(一)》第二章第一节第(一)项的规定。

(二)根据发行人书面确认并经查验,截至本法律意见书出具日,发行人公开发行且累计计入权益的待偿还公司债券余额为0元。根据《企业会计准则第37号——金融工具列报》(财会〔2014〕23号)和《关于印发〈金融负债与权益工具的区分及相关会计处理规定〉的通知》(财会〔2014〕13号)的规定,发行人本次公开发行的40亿元可续期公司债券将全部计入权益,因此本次发行完成后,发行人公开发行的待偿还可续期公司债券余额不超过40亿元(含40亿元),未超过发行人最近一期末净资产额的40%,符合《证券法》第十六条第一款第(二)项和《预审核指南(一)》第二章第一节第(二)项和《预审核指南(四)》第四条第二款的规定。

(三)根据立信会计师出具的发行人2015年度审计报告、2016年度审计报告和2017年度审计报告,发行人2015年度、2016年度和2017年度归属于母公司所有者净利润分别为79,753.16万元、79,851.54万元和85,301.72万元,最近三年归属于母公司所有者的平均可分配利润为81,635.47万元。经合理测算,发行人最近三个会计年度实现的年均可分配利润足以支付本次发行的可续期公司债券一年的利息,符合《证券法》第十六条第一款第(三)项和《管理办法》第十八条第(二)项和《预审核指南(一)》第二章第一节第(三)项的规定。

(四)根据《募集说明书》及发行人关于本次发行的会议文件,本次发行募集资金扣除发行费用后,拟用于偿还公司债务。本次发行筹集资金用途符合国家产业政策,将用于经核准的用途,不会用于弥补亏损和非生产性支出或转借他人,符合《证券法》第十六条第一款第(四)项、第二款和《管理办法》第十五条第一款和《预审核指南(一)》第二章第一节第(四)项的规定。

(五)根据《募集说明书》和发行人关于本次发行的会议文件,本次债券采用固定利率形式,单利按年计息,不计复利。如有递延,则每笔递延利息在递延期间按当期票面利率累计计息。基础期限的票面利率将由发行人与主承销商根据网下向合格投资者的簿记建档结果在预设区间范围内协商确定,在基础期限内固定不变,其后每个周期重置一次,最终确定的利率将不超过国务院限定的利率水平,符合《证券法》第十六条第一款第(五)项和《预审核指南(一)》第二章第一节第(五)项的规定。

(六)根据发行人提供的资料并经查验,截至本法律意见书出具日,发行人未公开发行过公司债券,不存在《证券法》第十八条第(一)项和《预审核指南(一)》第二章第二节第(一)项规定的情形。

(七)根据中国人民银行征信中心于2018年12月3日出具的《企业信用报告(银行版)》并经查验,截至2018年12月3日,发行人未结清信贷全部为正常类;发行人已结清贷款信息中欠息记录共计三笔,上述欠息记录主要系银行内部操作失误所致,且上述欠息事项均已及时结清,银行已就相关事项出具说明,证明相关"欠息记录"并非发行人原因导致,不构成发行人逾期未支付利息的情形。除上述情形外,发行人无未结清和已结清不良信贷记录,发行人在金融机构的信贷交易不存在不良和违约负债,不存在对已发行的公司债券或者其他债务有违约或迟延支付本息的事实且仍处于持续状态的情形,不存在《证券法》第十八条第(二)

项、《管理办法》第十七条第（三）项和《预审核指南（一）》第二章第二节第（二）项规定的情形。

（八）根据《募集说明书》、发行人提供的资料并经查验，发行人未公开发行过公司债券，不存在已发行的公司债券改变募集资金用途的情况，也不存在因募集资金被侵占挪用而被监管部门采取限制发行债券措施的情况，即不存在《证券法》第十八条第（三）项和《预审核指南（一）》第二章第二节第（三）项规定的情形。

（九）关于最近36个月内公司财务会计文件是否存在虚假记载以及公司是否存在限制本次发行的重大违法行为的核查情况

1. 根据发行人2015年度审计报告、2016年度审计报告和2017年度审计报告并经查验，发行人最近36个月内财务会计文件不存在虚假记载，不存在《管理办法》第十七条第（一）项和《预审核指南（一）》第二章第二节第（四）项中第1项规定的情形。

2. 经本所律师查询相关政府部门网站，报告期内，发行人最近36个月内不存在发生重大、特别重大生产安全责任事故或一年内发生2次以上较大生产安全责任事故并负主要责任，以及存在重大隐患整改不力，由省级及以上安全监管监察部门会同有关行业主管部门向社会公告，并向投资、国土资源、建设、银行、证券等主管部门通报的情形，不存在《管理办法》第十七条第（一）项和《预审核指南（一）》第二章第二节第（四）项中第3项第（1）点规定的情形。

3. 经本所律师查询相关政府部门网站，发行人及各二级子公司最近36个月不存在税务机关公布的重大税收违法案件且未缴清税款、滞纳金及罚款的情形，不存在《关于对重大税收违法案件当事人实施联合惩戒措施的合作备忘录》（发改财经〔2016〕2798号）规定的限制证券市场部分经营行为的重大税收违法行为，不存在《管理办法》第十七条第（一）项和《预审核指南（一）》第二章第二节第（四）项中第3项第（2）点规定的情形。

4. 根据发行人的书面确认并经本所律师核查，报告期内，发行人及纳入合并范围的下属子公司中，重庆融金从事房地产业务。因此，本次核查主体为重庆融金。经核查，重庆融金报告期内在建的房地产开发项目1个，尚未开工的地块共4块，其相关情况如下表所示：

序号	项目名称	项目位置	土地取得时间	项目公司	项目情况
1	中核·天玺一品一期项目	合川区合阳城街道办事处义务大道998号	2013年8月	重庆融金	在建项目
2	A-24-01地块	合川区合阳城街道高职教城区	2013年8月	重庆融金	尚未开工项目
3	A-24-02地块	合川区合阳城街道高职教城区	2013年8月	重庆融金	尚未开工项目
4	A-08-01地块	合川区合阳城街道高职教城区	2013年8月	重庆融金	尚未开工项目
5	A-11-01地块	合川区合阳城街道高职教城区	2013年8月	重庆融金	尚未开工项目

根据重庆融金所属的国土资源和房屋管理局出具的证明性文件并经查验重庆融金房地产开发项目资料，重庆融金报告期内不存在以下重大违法行为：

（1）不存在因闲置土地被行政处罚或正在接受调查的情况；

（2）重庆融金不存在直接对外转让土地使用权的行为，未曾受到国土资源部门就炒地行为作出的行政处罚，不存在因炒地正在被国土资源部门（立案）调查的情况；

（3）不存在捂盘惜售、哄抬房价的情形；不存在因捂盘惜售、哄抬房价被行政处罚或正在接受调查的情况，不存在因商品住房开发项目涉及捂盘惜售、哄抬房价正在被有关主管部门（立案）调查的情况；

（4）房地产市场调控期间，在重点调控的热点城市不存在竞拍“地王”，哄抬地价等行为；

（5）不存在因扰乱房地产市场秩序被住建部、国土资源部等主管部门查处的情形。

综上，重庆融金不存在闲置土地和炒地、捂盘惜售、哄抬房价等违法违规行为，不存在《管理办法》第十七条第(一)项、《预审核指南(一)》第二章第二节第(四)项中第3项第(3)点和《预审核指南(一)》第三章第一节第(十四)项中第2项规定的情形。

5. 根据发行人书面确认,并经本所律师查询相关政府部门网站,发行人及其下属公司报告期内不存在涉嫌违反《证券法》、《证券投资基金法》、《期货交易管理条例》等证券、期货法律法规的行为。不存在《管理办法》第十七条第(一)项和《预审核指南(一)》第二章第二节第(四)项中第3项第(4)点规定的情形。

6. 根据发行人的书面确认,并经本所律师查询相关政府部门网站,发行人报告期内不存在受到刑事处罚、行政处罚或行政监管措施等处理的重大违法行为。

(十)根据发行人提供的全体董事、监事和高级管理人员的承诺书,发行人 本次发行申请文件真实、准确完整,不存在虚假记载、误导性陈述或者重大遗漏,即符合《证券法》第二十条第一款的规定,不存在《管理办法》第十七条第(二)项和《预审核指南(一)》第二章第二节第(五)项规定的情形。

(十一)根据发行人的书面确认及本所适当核查,发行人不存在严重损害投 资者合法权益和社会公共利益的其他情形,即不存在《管理办法》第十七条第(四)项和《预审核指南(一)》第二章第二节第(六)项规定的情形。

(十二)根据发行人提供的《营业执照》及经与最新的银监会平台监管名单核对,发行人不属于地方政府融资平台公司,不存在《公司债券发行与交易管理办法》第六十九条和《预审核指南(一)》第二章第二节第(七)项规定的禁止发行的情形。

综上,本所律师认为,发行人本次发行符合《证券法》、《管理办法》、《预审核指南(一)》、《预审核指南(四)》等有关法律、法规及规范性文件规定的公开发行可续期公司债券的各项实质条件。

四、发行人的主要股东及实际控制人

根据发行人2018年第三季度报告,截至2018年9月30日,发行人的前十大股东及其持有发行人股份的情况如下:

序号	股东名称/姓名	持股数量(股)	持股比例(%)	限售股份数量(股)	质押/冻结股份数(股)
1	中国核建集团	1,621,620,000	61.78	1,621,620,000	0
2	中国信达	309,250,000	11.78	0	0
3	中国证券金融股份有限公司	78,487,724	2.99	0	0
4	全国社会保障基金理事会转持二户	41,580,000	1.58	41,580,000	0
5	航天投资	29,141,327	1.11	0	0
6	中国国新	20,475,000	0.78	0	0
7	香港中央结算有限公司	6,610,623	0.25	0	0
8	任四明	2,662,772	0.10	0	0
9	中国建设银行股份有限公司—博时主题行业混合证券投资基金(LOF)	2,640,000	0.10	0	0
10	中国建设银行股份有限公司—华宝多策略增长开发式证券投资基金	2,122,060	0.08	0	0

根据发行人2018年第三季度报告,截至2018年9月30日,中国核建集团持有发行人1,621,620,000股股份,占发行人股本总额的61.78%,为发行人的控股股东,发行人的最终实际控制人为国务院国资委。

五、发行人的业务

(一)发行人的业务情况

根据发行人现持有的上海市工商局核发的统一社会信用代码为91110000717828569P的

《营业执照》并经查询国家企业信用信息公示系统，发行人经核准的经营范围为“投资管理，工程总承包，工程施工总承包，工程勘察设计，工程技术咨询，工程管理计算机软件的开发、应用、转让，新材料、建筑材料、装饰材料、建筑机械、建筑构件的研究、生产、销售，设备租赁，物业管理，自有房屋租赁，进出口业务，承包境外工业与民用建筑工程、境内国际招标工程”。

（二）发行人主营业务突出

经查验发行人《审计报告》及2018年三季度财务报告，发行人2015年度、2016年度、2017年度及2018年1－9月的营业收入分别为4,097,002.20万元、4,140,499.58万元、4,533,363.61万元和3,622,156.13万元，其中发行人2015年度、2016年度、2017年度及2018年1－9月的主营业务收入分别为4,078,823.16万元、4,123,771.39万元、4,510,404.84万元和3,592,668.02万元。

据此，本所律师认为，发行人的主营业务突出。

（三）发行人不存在持续经营的法律障碍

经查验，发行人自设立以来持续经营，现为依法有效存续的股份有限公司，不存在根据《公司法》等法律、法规、规范性文件以及发行人章程规定需要解散的情形，发行人不存在持续经营的法律障碍。

六、本次发行的发行条款

（一）本次发行的主要条款

根据发行人关于本次发行的会议文件以及《募集说明书》，本次发行的主要条款为：

1. 发行主体：中国核建。

2. 债券名称：中国核建2018年公开发行可续期公司债券。

3. 发行规模：本次债券的发行规模为不超过人民币40亿元（含40亿元），采用分期发行方式，其中首期发行基础规模为10亿元，可超额配售不超过30亿元。

4. 债券期限及发行人续期选择权：本次公开发行的可续期公司债券基础期限不超过10年（含10年），在约定的基础期限期末及每一个周期末，公司有权行使续期选择权，按约定的基础期限延长1个周期；公司不行使续期选择权则全额到期兑付。发行人应至少于续期选择权行权年度付息日前30个交易日，在相关媒体上刊登续期选择权行使公告。本次公开发行的可续期公司债券可以为单一期限品种，也可以为多种期限的混合品种。

5. 债券利率及其确定方式：本次债券采用固定利率形式，单利按年计息，不计复利。如有递延，则每笔递延利息在递延期间按当期票面利率累计计息。

基础期限的票面利率将由发行人与主承销商根据网下向合格投资者的簿记建档结果在预设区间范围内协商确定，在基础期限内固定不变，其后每个周期重置一次。

首个周期的票面利率为初始基准利率加上初始利差，后续周期的票面利率调整为当期基准利率加上初始利差再加300个基点。初始利差为首个周期的票面利率减去初始基准利率。如果未来因宏观经济及政策变化等因素影响导致当期基准利率在利率重置日不可得，当期基准利率沿用利率重置日之前一期基准利率。

初始基准利率为簿记建档日前250个工作日中国债券信息网（www.chinabond.com.cn）（或中央国债登记结算有限责任公司认可的其他网站）公布的中债银行间固定利率国债收益率曲线中，待偿期为首个周期同等期限的国债收益率算术平均值（四舍五入计算到0.01%）；后续周期的当期基准利率为票面利率重置日前250个工作日中国债券信息网（www.chinabond.com.cn）（或中央国债登记结算有限责任公司认可的其他网站）公布的中债银行间固定利率国债收益率曲线中，待偿期为首个周期同等期限的国债收益率算术平均值（四舍五入计算到0.01%）。

6. 起息日：以《募集说明书》所载为准。

7. 利息登记日：按照上交所和中国证券登记结算有限责任公司上海分公司的相关规定办理。

8. 付息日：以《募集说明书》所载为准。

9. 兑付日：若在本次债券的某一续期选择权行权年度，发行人选择全额兑付本次债券，则该计息年度的付息日即为本次债券的兑付日（如遇法定节假日或休息日，则顺延至其后的第1个工作日）。

10. 付息、兑付方式：本次债券本息支付将按照本次债券登记机构的有关规定统计债券持有人名单,本息支付方式及其他具体安排按照债券登记机构的相关规定办理。

11. 递延支付利息条款:本次债券附设发行人延期支付利息权,除非发生监管部门要求的强制付息事件,本次债券的每个付息日,发行人可自行选择将当期利息以及按照本条款已经递延的所有利息及其孳息推迟至下一个付息日支付,且不受到任何递延支付利息次数的限制;前述利息递延不属于发行人未能按照约定足额支付利息的行为。每笔递延利息在递延期间应按当期票面利率累计计息。如发行人决定递延支付利息的,发行人应在付息日前10个交易日披露《递延支付利息公告》。递延支付的金额将按照当期执行的利率计算复息。在下个利息支付日,若发行人继续选择延后支付,则上述递延支付的金额产生的复息将加入已经递延的所有利息及其孳息中继续计算利息。

12. 强制付息事件:付息日前12个月内,发生以下事件的,发行人不得递延当期利息以及已经递延的所有利息及其孳息:(1)向普通股股东分红;(2)减少注册资本。

13. 利息递延下的限制事项:若发行人选择行使延期支付利息权,则在延期支付利息及其孳息未偿付完毕之前,发行人不得有下列行为:(1)向普通股股东分红;(2)减少注册资本。

14. 发行人赎回选择权:

(1)发行人因税务政策变更进行赎回

发行人由于法律法规的改变或修正,相关法律法规司法解释或者应用的改变或修正而不得不为本次债券的存续支付额外税费,且发行人在采取合理的审计方式后仍然不能避免该税款缴纳或补缴责任的时候,发行人有权对本次债券进行赎回。

发行人若因上述原因进行赎回,则在发布赎回公告时需要同时提供以下文件:

①由发行人总经理及总会计师签字的说明,该说明需阐明上述发行人不可避免的税款缴纳或补缴条例;

②由会计师事务所或法律顾问提供的关于发行人因法律法规的改变而缴纳或补缴税款的独立意见书,并说明变更开始的日期。

发行人有权在法律法规,相关法律法规司法解释或者应用变更后的首个付息日行使赎回权。发行人如果进行赎回,必须在该可以赎回之日(即法律法规、相关法律法规司法解释或者应用变更后的首个付息日)前20个工作日公告。赎回方案一旦公告不可撤销。

(2)发行人因会计准则变更进行赎回

根据《企业会计准则第22号——金融工具确认和计量》和《企业会计准则第37号——金融工具列报》,发行人将本次债券计入权益。若未来因企业会计准则变更或其他法律法规改变或修正,影响发行人在合并财务报表中将本次债券计入权益时,发行人有权对本次债券进行赎回。

发行人若因上述原因进行赎回,则在发布赎回公告时需要同时提供以下文件:

①由发行人总经理及总会计师签字的说明,该说明需阐明发行人符合提前赎回条件;

②由会计师事务所出具的对于会计准则改变而影响公司相关会计条例的情况说明,并说明变更开始的日期。

发行人有权在该会计政策变更正式实施日的年度末行使赎回权。发行人如果进行赎回,必须在该可以赎回之日前20个工作日公告。赎回方案一旦公告不可撤销。

发行人将以票面面值加当期利息及递延支付的利息及其孳息(如有)向投资者赎回全部本次债券。赎回的支付方式与本次债券到期本息支付相同,将按照本次债券登记机构的有关规定统计债券持有人名单,按照债券登记机构的相关规定办理。若发行人不行使赎回选择权,则本次债券将继续存续。

除了以上两种情况以外,发行人没有权利也没有义务赎回本次债券。

15. 偿付顺序:在发行人破产清算时,本次债券持有人对本金和利息享有等同于普通破产债权人的权利。

16. 会计处理:根据《企业会计准则第22号——金融工具确认和计量》和《企业会计准则第37号——金融工具列报》和《关于印发〈金融负债与权益工具的区分及相关会计处理规定〉的通知》(财会〔2014〕13号),发行人将本次债券分类为权益工具。

17. 发行方式与发行对象:本次债券以公开方式发行,发行对象为符合《公司债券发行与交易管理办法》及相关法律法规规定的合格投资者。

18. 配售规则：主承销商根据簿记建档结果对所有有效申购进行配售，机构投资者的获配售金额不会超过其有效申购中相应的最大申购金额。配售依照以下原则：按照投资者的申购利率从低到高进行簿记建档，按照申购利率从低到高对认购金额进行累计，当累计金额超过或等于本次债券发行总额时所对应的最高申购利率确认为发行利率；申购利率在最终发行利率以下（含发行利率）的投资者按照价格优先的原则配售；在价格相同的情况下，按等比例原则进行配售，同时适当考虑长期合作的投资者优先。发行人和主承销商有权决定本次债券的最终配售结果。

19. 债券票面金额：本次债券票面金额为100元。

20. 发行价格：本次债券按面值平价发行。

21. 债券形式：实名制记账式公司债券。投资者认购的本次债券在登记机构开立的托管账户托管记载。本次债券发行结束后，债券投资者按照有关主管机构的规定进行债券的转让、质押等操作。

22. 还本付息方式：在发行人不行使延期支付利息权的情况下，每年付息一次。

23. 担保方式：本次债券无担保。

24. 信用级别及资信评级机构：经联合信用评级有限公司综合评定，发行人主体信用级别为AAA，本次债券信用级别为AAA。

25. 主承销商、簿记管理人、债券受托管理人：国泰君安证券。

26. 发行方式、发行对象及向公司股东配售的安排：本次债券采用面向合格投资者公开发行的方式，可以一次或分次发行。本次债券的发行对象为符合《管理办法》第十四条规定的合格投资者，本次债券不向公司原股东优先配售。

27. 募集资金用途：本次债券募集资金扣除发行费用后用于偿还公司债务。

28. 募集资金专项账户：以《募集说明书》所载为准。

29. 承销方式：本次债券由主承销商负责组建承销团，采取承销团余额包销方式承销。

30. 上市安排：本次发行结束后，发行人将尽快向上交所提出关于本次债券上市交易的申请。具体上市时间将另行公告。

31. 拟上市交易场所：上交所。

32. 新质押式回购：发行人主体信用等级和本次债券信用等级均为AAA，本次债券符合进行新质押式回购交易的基本条件，发行人拟向上交所及债券登记机构申请新质押式回购安排。如获批准，具体折算率等事宜将按上交所及债券登记机构的相关规定执行。

33. 税务提示：根据国家有关税收法律、法规的规定，投资者投资本次债券所应缴纳的税款由投资者承担。

根据立信会计师于2018年11月26日出具的“信会师报字〔2018〕第ZG11831号”《中国核工业建设股份有限公司公开发行可续期公司债券会计处理事项专项意见》，基于对有关拟实施交易条款描述的阅读和相关会计准则的理解，发行人拥有无限延期债券期限及支付利息的权利，不存在向债券持有人交付现金或其他金融资产的合同义务，符合《企业会计准则》中权益工具的定义，本次债券募集资金扣除相关交易费用后的金额计入“其他权益工具”核算，资产负债表中列入所有者权益项下“其他权益工具”报表项目。

经查验，发行人已在发行方案中设置了续期选择权、强制付息、利息递延支付等事项，发行人本次发行条款的设置符合《管理办法》等相关法律、法规及规范性文件的规定，合法有效；根据立信会计师出具的《中国核工业建设股份有限公司公开发行可续期公司债券会计处理事项专项意见》并经查验，发行人将本次债券确认为权益工具符合《金融负债与权益工具的区分及相关会计处理规定》等相关法律、法规及规范性文件的规定。

（二）本次发行的特殊发行条款

根据《受托管理协议》及《募集说明书》，发行人对本次发行设置了特殊发行条款，其包括债券期限及发行人续期选择权、债券利率及其确定方式、递延支付利息条款、强制付息事件、利息递延下的限制事项、发行人赎回选择权、偿付顺序和会计处理等。

经查验，发行人本次发行的特殊发行条款符合《证券法》、《管理办法》、《预审核指南（四）》等相关法律、法规及规范性文件的规定。

七、本次发行的信用评级

经查验,发行人聘请联合信用评级为本次发行提供信用评级服务。

根据联合信用评级于 2018 年 11 月 30 日出具的“联合〔2018〕2044 号”《中国核工业建设股份有限公司 2018 年公开发行可续期公司债券信用评级报告》,本次债券的信用等级为 AAA,发行人的主体信用等级为 AAA,评级展望为稳定。根据联合信用评级出具的发行人 2018 年公开发行可续期公司债券信用评级报告,联合信用评级将在本次(期)债券存续期间内,持续开展跟踪评级,在每年发行人年报公告后的两个月内进行一次定期跟踪评级,并在本次债券存续期内根据有关情况进行不定期跟踪评级。联合信用评级对本次(期)债券的跟踪评级报告将在该公司网站和上交所网站公告,且在上交所网站公告的时间不晚于在联合信用评级网站、其他交易场所、媒体或者其他场合公开披露的时间;同时,跟踪评级报告将报送发行人、监管部门等。

经查验,本所律师认为本次发行的信用评级及跟踪评级安排符合《管理办法》《预审核指南(四)》等相关法律、法规及规范性文件的规定。

八、本次发行的《受托管理协议》

经查验,为本次发行事宜发行人与国泰君安证券签署了《受托管理协议》,发行人聘请国泰君安证券为本次发行的债券受托管理人,该协议自双方签字盖章且本次发行获取中国证监会发行核准并首期债券发行之日起生效。该协议的主要内容包括:受托管理事项,发行人的权利与义务,受托管理人的职责、权利和义务,受托管理事务报告,利益冲突的风险防范机制,受托管理人的变更,陈述与保证,不可抗力,违约责任,法律适用和争议解决,协议的生效、变更及终止等。

经查验,本所律师认为,《受托管理协议》载有中国证券业协会公布的发行公司债券受托管理协议必备条款,其形式和内容符合《合同法》、《管理办法》、《债券上市规则》和中国证券业协会《公司债券受托管理人执业行为准则》等法律、法规、规范性文件的相关规定,合法、有效。根据《受托管理协议》,发行人聘任国泰君安证券作为本次发行的债券受托管理人,由其代表全体债券持有人处理与本次发行的相关受托管理事务并维护全体债券持有人的合法权益。同时,根据《募集说明书》,投资者认购或持有本次发行的可续期公司债券视作同意《受托管理协议》、《债券持有人会议规则》及《募集说明书》中其他有关发行人、债券持有人、债券受托管理人等主体权利义务的相关约定。

九、本次发行的《债券持有人会议规则》

经查验,发行人制定了《债券持有人会议规则》。根据《募集说明书》,投资者认购或持有本次发行的可续期公司债券视作同意《受托管理协议》、《债券持有人会议规则》及《募集说明书》中其他有关发行人、债券持有人、债券受托管理人等主体权利义务的相关约定。据此,本所律师认为,发行人制定的《债券持有人会议规则》,符合《管理办法》《债券上市规则》及其他相关法律、法规的规定。

经查验,发行人制定的《债券持有人会议规则》明确规定了债券持有人会议权限,债券持有人会议的召集,议案,委托及授权事项,债券持有人会议的召开,表决、决议及会议记录等内容,该规则对《管理办法》《债券上市规则》等规定的债券持有人会议规则需明确的事项均作出了规定,其内容不存在与相关法律、法规的规定相抵触的情形,合法、有效。

十、本次发行的中介机构

(一)本次发行的承销机构和受托管理人

经查验,发行人已聘请国泰君安证券作为本次发行的主承销商和受托管理人。根据国泰君安证券现持有的上海市工商行政管理局颁发的统一社会信用代码为“9131000063159284XQ”的《营业执照》,国泰君安证券是在中国境内依法设立的企业法人并持有中国证监会颁发的编号为“1027000”的《经营证券期货业务许可证》。经查询中国证券业协会网站(http://www.sac.net.cn/),截至本法律意见书出具日,国泰君安证券已作为中国证券业协会会员进行登记。

根据国泰君安证券出具的《关于国泰君安证券股份有限公司受到证券监管措施及其影响

的承诺与说明》,报告期内,国泰君安证券存在受到监管部门行政处罚或被相关监管部门采取监管措施的情形,具体如下:

1."〔2015〕3 号"行政监管措施决定书

2015 年 1 月 16 日,国泰君安证券被中国证监会采取责令暂停新开融资融券客户信用账户 3 个月监管措施。在整改期间,国泰君安证券加强了对两融业务的监管与整改力度,积极开展自查,进一步加强对两融客户信用账户开设的管理。

2."〔2015〕76 号"行政监管措施决定书

2015 年 10 月 11 日,因在保荐沧州大化公开增发股票项目中风险提示不足,国泰君安证券保荐代表人周文昊、尤凌燕被中国证监会采取出具警示函的监管措施。目前,国泰君安证券已加强内部监管制度,合规部等相关部门对该事项涉及的业务人员进行问责,进一步强化有关人员合规守法意识。

3."〔2016〕15 号"行政监管措施决定书

2016 年 2 月 24 日,因场外市场部做市业务部门内部管理、控制方面存在缺陷,导致 2015 年 12 月 31 日做市股权发生报价异常事件,国泰君安证券被中国证监会上海监管局出具行政监管措施决定书,自 2016 年 2 月 29 日至 2016 年 5 月 29 日限制新增新三板做市业务。国泰君安证券已根据监管要求,对做市业务部门开展合规检查,并对相关责任人作出处分决定。

4."〔2016〕31 号"行政监管措施决定书

2016 年 6 月 15 日,因作为北京利尔高温材料股份有限公司 2015 年公司债券(第一期)受托管理人,未能及时发现和制止发行人将募集资金转借行为,国泰君安证券被中国证监会北京监管局出具警示函。国泰君安证券对本次上市公司违规使用募集资金的事件作为典型案例进行内部通报,制作相应的学习材料,在业务部门进行宣导和学习;通过业务培训,进一步提高业务人员勤勉尽责和风险责任意识;进一步完善和细化公司债券相关管理制度,加强业务流程的监控,并提高对业务管理制度的执行力和贯彻力;对相关责任人采取问责措施。

5."〔2016〕56 号"行政监管措施决定书

2016 年 8 月 16 日,因在金徽酒股份有限公司首次公开发行股票并上市项目保荐过程中,在会后重大事项承诺函中未如实说明发行人 2015 年利润分配情况且未向中国证监会履行发行人分红实施情况主动告知义务,国泰君安证券被中国证监会采取出具警示函的行政监管措施。国泰君安证券对上述事项进行内部通报,制定相关整改措施,细化相关业务流程监控,并对相关责任人采取问责措施、对相关业务人员进行培训及学习。

6."〔2017〕13 号"行政监管措施决定书

2017 年 1 月 16 日,因在推荐河北润农节水科技股份有限公司和新疆瑞兆源生态农业股份有限公司进入全国中小企业股份转让系统挂牌过程中,对企业关键业务流程等情况核查不充分,同时在持续督导参仙源参业股份有限公司过程中,在该公司被立案稽查后未在规定时间内完成并报送《持续督导现场检查工作报告》,国泰君安证券被中国证监会采取责令改正、增加内部合规检查次数并提交合规检查报告的行政监管措施。国泰君安证券已按照监管要求积极整改,进一步加强和完善新三板推荐挂牌业务的合规经营和风险管理。

7."〔2018〕75 号"行政监管措施决定书

2018 年 7 月 31 日,因在江苏国茂减速机股份有限公司首次公开发行股票并上市项目保荐过程中,保荐代表人未审慎执业,未勤勉尽责,未严格遵守执业规则,导致江苏国茂减速机股份有限公司申报文件中未如实披露会计政策调整和会计差错更正事项的董事会审议时间,国泰君安证券被中国证监会出具警示函的监管措施。目前,国泰君安证券对上述事项进行内部通报,制定相关整改措施,细化相关业务流程监控,并对相关责任人采取问责措施、对相关业务人员进行培训及学习。

8."〔2018〕006 号"行政监管措施决定书

2018 年 8 月 16 日,因作为平凉市城乡建设投资有限责任公司 2017 年非公开发行公司债券的受托管理人,未按照《公司债券受托管理人执业行为准则》的规定有效监督发行人募集资金使用及信息披露,且出具的 2017 年度受托管理事务报告中发行人募集资金使用信息与实际情况不符,违反了《公司债券发行与交易管理办法》第四条、第七条的规定。国泰君安被中国证监会甘肃证监局出具警示函的监管措施。目前,国泰君安证券已对上述事项制定相关整改措施,加强相关业务流程监控。

9. “〔2018〕80 号”行政监管措施决定书

2018 年 9 月 4 日,因对南岳电控(衡阳)工业技术股份有限公司首次公开发行股票的销售费用等事项核查不充分,内部控制有效性不足,国泰君安证券被中国证监会出具监管谈话的监管措施。目前,国泰君安证券已对上述事项制定相关整改措施,加强相关业务流程监控。

10. “〔2018〕87 号”行政监管措施决定书

2018 年 9 月 20 日,因在保荐长沙景嘉微电子股份有限公司申请非公开发行股票过程中,存在申报时未能发现并披露申请人原独立董事张玲曾被行政处罚事实的情形,国泰君安证券被中国证监会出具警示函的监管措施。目前,国泰君安证券已对上述事项制定相关整改措施,加强相关业务流程监控。

根据国泰君安证券出具的相应说明,除上述事项外,国泰君安证券不存在其他受到证券监管机构监管措施或正在接受立案调查的情况,且其在报告期内存在的上述行政监管措施均已完成相关整改工作。截至本法律意见书出具日,国泰君安证券与发行人不存在关联关系,不存在被监管部门限制债券承销或参与债券发行业务活动资格的情形,具备担任本次发行主承销商和受托管理人的主体资格。

(二)本次发行的法律服务机构

本所作为发行人本次发行的法律顾问,为发行人本次发行事宜出具了本法律意见书,本所及相关经办律师具备为发行人出具本法律意见的法定资格与资质,不存在受到证券监管机构监管措施或正在接受立案调查的情况。截至本法律意见书出具日,本所与发行人不存在关联关系,不存在被监管部门限制参与债券发行业务活动资格的情形,具备担任本次发行法律服务机构的主体资格。

(三)本次发行的审计机构

经查验,立信会计师作为审计机构对发行人 2015 – 2017 年度财务报表出具了《审计报告》。根据立信会计师现持有上海市黄浦区市场监督管理局颁发的统一社会信用代码为“91310101568093764U”的《营业执照》、上海市财政局颁发的编号为“31000006”的《会计师事务所执业证书》及财政部、中国证监会颁发的序号为“000194”的《会计师事务所证券、期货相关业务许可证》,立信会计师是在中国境内依法设立的审计机构,可依法从事证券、期货业务。

根据立信会计师出具的《关于立信会计师事务所(特殊普通合伙)受到证券监管措施及其影响的承诺与说明》,立信会计师在报告期内存在受到监管部门行政处罚或被相关监管部门采取监管措施的情形,具体如下:

1. 立信会计师受到的行政处罚情况

(1)2016 年 7 月 20 日,中国证监会作出行政处罚决定书(〔2016〕89 号),立信会计师及相关注册会计师在为上海大智慧股份有限公司提供 2013 年财务报表审计服务过程中,未能勤勉尽责,出具的审计报告文件存在虚假记载并据此责令立信会计师改正违法行为,没收业务收入 70 万元,并处以 210 万元罚款;对涉案注册会计师姜维杰、葛勤给予警告,并分别处以 10 万元罚款。

(2)2017 年 5 月 23 日,中国证监会作出行政处罚决定书(〔2017〕55 号),立信会计师及相关注册会计师在提供广西康华农业股份有限公司 2011 年至 2014 年 1 – 4 月重大资产重组财务报表审计服务过程中,未能勤勉尽责,出具的审计报告文件存在虚假记载。对立信会计师违法行为,没收其业务收入 45 万元,并处以 45 万元罚款;对涉案注册会计师王云成、肖常和给予警告,并分别处以 6 万元罚款。

(3)2017 年 6 月 15 日,财政部会计司及中国证监会会计部作出“财会便〔2017〕24 号”通知,立信会计师自 2017 年 5 月 23 日起暂停承接新的证券业务并整改两个月。2017 年 8 月 10 日,财政部会计司及中国证监会会计部下发《关于立信会计师事务所(特殊普通合伙)整改工作核查情况及处理决定的通知》(财会便〔2017〕38 号),同意立信会计师自 2017 年 8 月 10 日起恢复承接新的证券业务。

(4)2018 年 8 月 6 日,中国证监会作出行政处罚决定书(〔2018〕78 号),立信会计师及相关注册会计师在为金亚科技股份有限公司提供 2014 年财务报表审计服务过程中,未能勤勉尽责,出具的审计报告文件存在虚假记载。对立信会计师违法行为,没收其业务收入 90 万元,并处以 270 万元罚款;对涉案注册会计师邹军梅、程进给予警告,并分别处以 10 万元罚款。

2. 立信会计师收到的行政监管措施情况

(1)2015 年 1 月 5 日,中国证监会河南监管局作出行政监管措施决定书(〔2015〕2 号)。该决定涉及公司为利达光电股份有限公司,主要针对该公司 2013 年度审计工作,对立信会计师出具"警示函"。

(2)2015 年 3 月 4 日,中国证监会作出行政监管措施决定书(〔2015〕19 号)。该决定涉及公司包括上海神开石油化工装备股份有限公司,山东海化股份有限公司,华电能源股份有限公司,分别针对上述公司 2010－2013 年度审计,2012 年审计部分项目及 2013 年度审计,以及 2013 年度审计和控股股东及其他关联方占用资金情况专项审计工作,对立信会计师出具"警示函"。

(3)2015 年 5 月 29 日,中国证监会上海监管局作出行政监管措施决定书(〔2015〕38 号)。该决定涉及上海物资贸易股份有限公司,上海大智慧股份有限公司,以及注册会计师钱志昂、童冰薇、康吉言、丁陈隆、葛勤、姜维杰,分别针对上述公司 2008－2011 年度审计,以及 2013 年度审计工作,并对立信会计师以及注册会计师钱志昂、童冰薇、康吉言、丁陈隆、葛勤、姜维杰出具"警示函"。

(4)2015 年 7 月 30 日,中国证监会河南监管局作出行政监管措施决定书(〔2015〕26 号),该决定涉及新开普电子股份有限公司,针对该公司 2014 年度审计工作,对立信会计师出具"警示函"。

(5)2015 年 9 月 6 日,中国证监会深圳监管局作出行政监管措施决定书(〔2015〕38 号),该决定涉及人人乐连锁商业集团股份有限公司,针对该公司 2013 年度审计工作,对立信会计师以及注册会计师宣宜辰、杨艳出具"警示函"。

(6)2015 年 11 月 2 日,中国证监会河南监管局作出行政监管措施决定书(〔2015〕37 号),该决定涉及河南森源电气股份有限公司,针对该公司 2014 年度审计工作,对立信会计师作出"责令改正"的监管措施。

(7)2016 年 1 月 11 日,中国证监会江苏监管局作出行政监管措施决定书(〔2016〕1 号),该决定涉及国电南京自动化股份有限公司,针对该公司 2014 年度审计以及控股股东及其他关联方占用资金情况专项审计工作,对立信会计师以及注册会计师祁涛、汪开明出具"警示函"。

(8)2016 年 3 月 4 日,中国证监会作出行政监管措施决定书(〔2016〕30 号),该决定涉及中冶美利纸业股份有限公司,针对该公司 2014 年度审计工作,对立信会计师以及注册会计师李长照、王志勇出具"警示函"。

(9)2016 年 4 月 18 日,中国证监会上海监管局作出行政监管措施决定书(〔2016〕26 号),该决定涉及浙江德美彩印有限公司、浙江德兴纸塑包装有限公司、湖州德美纸制品有限公司,针对该公司 2012 年度审计工作,对立信会计师以及注册会计师唐涛、朱鑫炎出具"警示函"。

(10)2016 年 9 月 27 日,中国证监会河北监管局作出行政监管措施决定书(〔2016〕5 号),该决定涉及保定天威保变电气股份有限公司,针对该公司下属子公司保定天威卓创电工设备科技有限公司及保定天威英利新能源有限公司 2015 年度审计工作,对立信会计师出具"警示函"。

(11)2017 年 2 月 17 日,中国证监会上海监管局作出行政监管措施决定书(〔2017〕12 号),该决定涉及上海物资贸易股份有限公司,针对该公司 2014 年度审计工作,对立信会计师以及注册会计师钱志昂、丁陈隆出具"警示函"。

(12)2017 年 6 月 2 日,中国证监会广东监管局作出行政监管措施决定书(〔2017〕15 号),该决定涉及分众传媒信息技术股份有限公司,针对该公司 2015－2016 年度审计工作,对立信会计师出具"警示函"。

(13)2018 年 2 月 22 日,中国证监会作出行政监管措施决定书(〔2018〕25 号),该决定涉及苏州宝馨科技实业股份有限公司,湖北省宏源药业科技股份有限公司,分别针对上述公司 2016 年度审计,以及 2014 年和 2015 年年报审计,对立信会计师出具"警示函"。

3. 立信会计师收到的立案调查情况

(1)2015 年 7 月 16 日,中国证监会出具调查通知书(深专调查通字 20151031)。该调查主要针对立信会计师在湖北仰帆控股股份有限公司(原名武汉国药科技股份有限公司)财务报表审计过程中,涉嫌未勤勉尽责出具了含有虚假内容的审计报告而进行的立案调查,负责该项目的注册会计师为周铮文、陶奇。该调查目前尚未最终结案。

(2)2018 年 5 月 28 日,中国证监会出具的调查通知书(粤证调查通字 180123)。该调查主要针对立信会计师在广东超华科技股份有限公司财务报表审计过程中,涉嫌违反证券法律法规而进行的立案调查。该项目的注册会计师为高敏、康跃华。目前尚未最终结案。

根据立信会计师出具的相应说明,除上述事项外,其不存在其他受到证券监管机构监管措施或正在接受立案调查的情况,本次发行涉及相关《审计报告》的签字会计师陈星辉、张军书、郭健、刘均刚和闫印朝均非上述受到行政处罚/监管措施/立案调查项目的签字会计师。作为发行人报告期内相关《审计报告》的审计机构及相关签字会计师具备为发行人出具及签署审计报告的法定资格与资质,截至本法律意见书出具日,立信会计师与发行人不存在关联关系,不存在被监管部门限制参与债券发行业务活动资格的情形。

(四)本次发行的信用评级机构

经查验,发行人聘请联合信用评级为本次发行提供信用评级服务。根据联合信用评级现持有天津市南开区市场和质量监督管理局颁发的统一社会信用代码为“91120104738471845H”的《营业执照》、中国证监会颁发的编号为“ZPJ005”的《证券市场资信评级业务许可证》,联合信用评级是在中国境内依法设立的有限责任公司,可依法从事证券市场资信评级业务。根据联合信用评级出具的相应说明,联合信用评级在报告期内存在被相关监管部门采取监管措施的情形,具体如下:

1. 津证监措施字〔2014〕1 号

2014 年 3 月 5 日,中国证监会天津证监局出具《关于对联合信用评级有限公司采取出具警示函措施的决定》(津证监措施字〔2014〕1 号),指出联合信用评级未将 2012 年下半年及 2013 年上半年评级结果准确性和稳定性进行检验的统计结果分析报告在联合信用评级网站向社会公布,违反了《证券市场资信评级业务管理暂行办法》第二十一条的相关规定,天津证监局依据《证券市场资信评级业务管理暂行办法》第三十二条对联合信用评级出具警示函进行监管提醒。

2. 津证监措施字〔2016〕2 号、津证监措施字〔2016〕3 号

2016 年 2 月 1 日和 2016 年 2 月 4 日,中国证监会天津监管局先后出具《关于对联合信用评级有限公司采取出具警示函措施的决定》(津证监措施字〔2016〕2 号)和《关于对联合信用评级有限公司总经理张志军、副总经理(评级总监)万华伟采取监管谈话措施的决定》)(津证监措施字〔2016〕3 号)。

3. 沪证监决〔2016〕105 号

2016 年 12 月 15 日,中国证监会上海监管局出具《关于对联合信用评级有限公司采取责令改正监管措施的决定》(沪证监决〔2016〕105 号),指出联合信用评级在出具《珠海华发综合发展有限公司 2016 年公司债券信用评级分析报告》过程中,存在评级报告审核工作程序不当,评级活动独立性欠缺等情形,并据此提出整改要求。

4. 津证监措施〔2018〕1 号

2018 年 2 月 5 日,中国证监会天津监管局出具《关于对联合信用评级有限公司采取出具警示函措施的决定》(津证监措施〔2018〕1 号),指出联合信用评级在从事“渤钢租赁资产支持专项计划”2016 年定期跟踪评级业务的过程中发现并记载了被评级对象后续租金偿付面临较大不确定性、原始权益人整体偿债能力一般、担保方的担保能力存在很大不确定性等事实,联合信用评级对上述风险和信息,未能勤勉尽责、审慎分析,对该项业务出具了评级结果为 A 级别的评级报告,不符合行业规范和业务规则要求。

根据联合信用评级出具的说明,除上述事项外,其不存在其他受到证券监管机构监管措施或正在接受立案调查的情况,且其已针对上述监管措施事项进行了相应整改。截至本法律意见书出具日,联合信用评级未因上述监管措施而影响其正常执业,上述监管措施涉及的项目非本次债券信用评级报告的签字人员承做或签字,联合信用评级不存在被监管部门限制参与债券发行业务活动资格的情形。经查验,联合信用评级与发行人不存在关联关系,具备担任本次发行评级机构的主体资格。

十一、发行人非经营性往来占款和资金拆借情况

根据发行人提供的《审计报告》、出具的承诺并经查验，截至2017年末，公司与关联方之间的非经营性往来余额合计为24,000.00万元，占公司2017年末总资产的0.31%，占比极低。公司与关联方之间的非经营性往来余额均为公司对其参股公司重庆中核通恒水电开发有限公司的资金拆借，上述资金拆借均已履行了必要的决策程序。截至本法律意见书出具日，公司对重庆中核通恒水电开发有限公司的相关资金拆借均处于正常还款中，上述非经营性往来及资金拆借不会对公司的偿债能力产生重大不利影响。

经查验，发行人关联方往来占款及资金拆借决策权限、决策程序、定价机制等已参照企业会计准则要求执行，不存在关联方违规占用发行人资金的情形。

十二、本次发行的《募集说明书》

经本所律师审阅《募集说明书》及其摘要，对发行人在《募集说明书》及其摘要中引用的法律意见书的内容无异议，确认《募集说明书》不致因所引用内容出现虚假记载、误导性陈述或重大遗漏。

十三、本所律师认为需要说明的其他事项

（一）根据发行人提供的资料、出具的承诺并经查验，截至本法律意见书出具日，发行人不存在对发行人资产及盈利能力构成重大影响的诉讼、仲裁事项。

（二）根据发行人出具的说明并经查验，截至2018年9月30日，公司及子公司正在履行的对外担保金额为23,682.40万元，占本公司最近一期末净资产的比例为1.96%，占比较低，不存在逾期担保的情形。

（三）根据发行人出具的承诺，并经本所律师查询相关网站，发行人自身不存在被列为失信人的情形，具体如下：

1. 经检索中国执行信息公开网失信被执行人名单信息公布与查询平台（http://zxgk.court.gov.cn/shixin/new_index.html）、信用中国网站（http://www.creditchina.gov.cn/）、国家企业信用信息公示系统（http://gsxt.saic.gov.cn/），截至查询日（2018年12月3日），发行人未被列入“失信被执行人名单”，发行人不存在《关于对失信被执行人实施联合惩戒的合作备忘录》（发改财经〔2016〕41号）规定的限制发行公司债券的情形。

2. 经检索国家税务总局重大税收违法案件信息公布栏（http://hd.chinatax.gov.cn/xxk/）、国家税务总局上海市税务局网站（http://www.tax.sh.gov.cn/pub/）、国家企业信用信息公示系统（http://gsxt.saic.gov.cn/），截至查询日（2018年12月3日），发行人不属于“重大税收违法案件当事人”，发行人不存在《关于对重大税收违法案件当事人实施联合惩戒措施的合作备忘录》（发改财经〔2016〕2798号）规定的限制发行公司债券的情形。

3. 经检索中华人民共和国住房和城乡建设部网站（http:// http://www.mohurd.gov.cn/）、上海市住房和城乡建设管理委员会网站（http:// http://www.shjjw.gov.cn/gb/node2/index.html/）、信用中国网站（http://www.creditchina.gov.cn/）、国家企业信用信息公示系统（http://gsxt.saic.gov.cn/），截至查询日（2018年12月3日），发行人未被列为“安全生产领域失信生产经营单位”，发行人不存在《关于对安全生产领域失信生产经营单位及其有关人员开展联合惩戒的合作备忘录》（发改财经〔2016〕1001号）规定的限制发行公司债券的情形。

4. 经检索中华人民共和国生态环境部网站（http://www.zhb.gov.cn/）、上海环境保护局网站（http:// http://www.sepb.gov.cn/fa/cms/shhj/index.htm/）信用中国网站（http://www.creditchina.gov.cn/）、国家企业信用信息公示系统（http://gsxt.saic.gov.cn/），截至查询日（2018年12月3日），发行人未被列为“环境保护领域失信生产经营单位”，发行人不存在《关于对环境保护领域失信生产经营单位及其有关人员开展联合惩戒的合作备忘录》（发改财经〔2016〕1580号）规定的限制发行公司债券的情形。

5. 经检索中华人民共和国工业和信息化部网站（http://www.miit.gov.cn/）、国家企业信用信息公示系统（http://gsxt.saic.gov.cn/）、

信用中国网站(http://www.creditchina.gov.cn/)、中国执行信息公开网失信被执行人名单信息公布与查询平台(http://zxgk.court.gov.cn/shixin/new_index.html),截至查询日(2018年12月3日),发行人未被列为“电子认证服务行业失信机构”,发行人不存在《关于在电子认证服务行业实施守信联合激励和失信联合惩戒的合作备忘录》(发改财经〔2017〕844号)规定的限制发行公司债券的情形。

6.经检索国家企业信用信息公示系统(http://gsxt.saic.gov.cn/)、信用中国网站(http://www.creditchina.gov.cn/)、中国执行信息公开网失信被执行人名单信息公布与查询平台(http://zxgk.court.gov.cn/shixin/new_index.html)、中国证监会网站(http://www.csrc.gov.cn/pub/newsite/)、上海证券交易所网站(http://www.sse.com.cn/),截至查询日(2018年12月3日),发行人未被列为“涉金融严重失信人”,发行人不存在《关于对涉金融严重失信人实施联合惩戒的合作备忘录》(发改财经〔2017〕454号)规定的限制发行公司债券的情形。

7.经检索国家市场监督管理总局网站(http://samr.saic.gov.cn/)、上海市工商行政管理局网站(http://www.sgs.gov.cn/shaic/)、信用中国网站(http://www.creditchina.gov.cn/)、国家企业信用信息公示系统(http://gsxt.saic.gov.cn/),截至查询日(2018年12月3日),发行人未被列为“食品药品生产经营严重失信者”,发行人不存在《关于对食品药品生产经营严重失信者开展联合惩戒的合作备忘录》(发改财经〔2016〕1962号)规定的限制发行公司债券的情形。

8.经检索国家市场监督管理总局网站(http://samr.saic.gov.cn/)、上海市食品药品监督管理局网站(http:// www.shfda.gov.cn/)、中华人民共和国工业和信息化部网站(http://www.miit.gov.cn/)、信用中国网站(http://www.creditchina.gov.cn/)、国家企业信用信息公示系统(http://gsxt.saic.gov.cn/),截至查询日(2018年12月3日),发行人未被列为“盐行业生产经营严重失信者”,发行人不存在《关于对盐行业生产经营严重失信者开展联合惩戒的合作备忘录》(发改经体〔2017〕1164号)规定的限制发行公司债券的情形。

9.经检索中国银行保险监督管理委员会网站(http://www.cbrc.gov.cn/chinese/newIndex.html)、信用中国网站(http://www.creditchina.gov.cn/)、国家企业信用信息公示系统(http://gsxt.saic.gov.cn/),截至查询日(2018年12月3日),发行人未被列为“保险领域违法失信当事人”,发行人不存在《关于对保险领域违法失信相关责任主体实施联合惩戒的合作备忘录》(发改财金〔2017〕1579号)规定的限制发行公司债券的情形。

10.经检索国家统计局网站(http://www.stats.gov.cn/)、上海市统计局网站(http://www.stats - sh.gov.cn/)、信用中国网站(http://www.creditchina.gov.cn/)、国家企业信用信息公示系统(http://gsxt.saic.gov.cn/),截至查询日(2018年12月3日),发行人未被列为“统计领域严重失信企业”,发行人不存在《关于对统计领域严重失信企业及其有关人员开展联合惩戒的合作备忘录》(发改财经〔2016〕2796号)规定的限制发行公司债券的情形。

11.经检索中华人民共和国国家发展和改革委员会网站(http://www.ndrc.gov.cn/)、上海市发展和改革委员会网站(http:// www.shdrc.gov.cn/)、国家企业信用信息公示系统(http://gsxt.saic.gov.cn/)、信用中国网站(http://www.creditchina.gov.cn/)、中国执行信息公开网失信被执行人名单信息公布与查询平台(http://zxgk.court.gov.cn/shixin/new_index.html),截至查询日(2018年12月3日),发行人未被列为“电力行业严重违法失信市场主体”,发行人不存在《关于对电力行业严重违法失信市场主体及其有关人员实施联合惩戒的合作备忘录》(发改运行〔2017〕946号)规定的将失信情况作为公开发行公司债券核准的参考的情形。

12.经检索国家市场监督管理总局网站(http://samr.saic.gov.cn/)、上海市质量技术监督局网站(http://www.shzj.gov.cn/)、信用中国网站(http://www.creditchina.gov.cn/)、国家企业信用信息公示系统(http://gsxt.saic.gov.cn/),截至查询日(2018年12月3日),发行人未被列入“严重质量违法失信行为当事人”，发行人不存在《关于对严重质量违法失信行为当事人实施联合惩戒的合作备忘录》（发改财经〔2016〕2022 号）规定的限制发行公司债券的情形。

13. 经检索财政部网站（http://www.mof.gov.cn/index.htm）、上海市财政局网站（http:// www.czj.sh.gov.cn/）、中华人民共和国国家发展和改革委员会网站（http://www.ndrc.gov.cn/）、上海市发展和改革委员会网站（http:// www.shdrc.gov.cn/）、信用中国网站（http://www.creditchina.gov.cn/）、国家企业信用信息公示系统（http://gsxt.saic.gov.cn/），截至查询日（2018 年 12 月 3 日），发行人未被列为“财政性资金管理使用领域相关失信责任主体”，发行人不存在《关于对财政性资金管理使用领域相关责任主体实施联合惩戒的合作备忘录》（发改财经〔2016〕2641 号）规定的限制发行公司债券的情形。

14. 经检索中华人民共和国农业农村部网站（http://www.moa.gov.cn/）、信用中国网站（http://www.creditchina.gov.cn/）、国家企业信用信息公示系统（http://gsxt.saic.gov.cn/），截至查询日（2018 年 12 月 3 日），发行人未被列为“农资领域严重生产经营单位”，发行人不存在《关于对农资领域严重失信生产经营单位及其有关人员开展联合惩戒的合作备忘录》（发改财经〔2017〕346 号）规定的限制发行公司债券的情形。

15. 经检索中华人民共和国海关总署网站（http://www.customs.gov.cn/）、中国海关企业进出口信用信息公示平台（http://nra.chinaport.gov.cn/）、信用中国网站（http://www.creditchina.gov.cn/）、国家企业信用信息公示系统（http://gsxt.saic.gov.cn/），截至查询日（2018 年 12 月 3 日），发行人未被列为“海关失信企业”，发行人不存在《关于对海关失信企业实施联合惩戒的合作备忘录》（发改财经〔2017〕427 号）规定的限制发行公司债券的情形。

16. 经检索中华人民共和国国家发展和改革委员会网站（http://www.ndrc.gov.cn/）、上海市发展和改革委员会网站（http:// www.ndrc.gov.cn /）、国家企业信用信息公示系统（http://gsxt.saic.gov.cn/）、信用中国网站（http://www.creditchina.gov.cn/）、中国执行信息公开网失信被执行人名单信息公布与查询平台（http://zxgk.court.gov.cn/shixin/new_index.html），截至查询日（2018 年 12 月 3 日），发行人未被列为“石油天然气行业严重违法失信市场主体”，发行人不存在《关于对石油天然气行业严重违法失信主体实施联合惩戒的合作备忘录》（发改运行〔2017〕1455 号）规定的将失信情况作为公开发行公司债券核准的参考的情形。

17. 经检索中华人民共和国住房和城乡建设部网站（http://www.mohurd.gov.cn/）、上海市住房和城乡建设管理委员会网站（http://www.shjjw.gov.cn/gb/node2/index.html /）、全国建筑市场监管公共服务平台（http://jzsc.mohurd.gov.cn/）、信用中国网站（http://www.creditchina.gov.cn/）、国家企业信用信息公示系统（http://gsxt.saic.gov.cn/），截至查询日（2018 年 12 月 3 日），发行人未被列入“房地产领域相关失信责任主体”，发行人不存在《关于对房地产领域相关失信责任主体实施联合惩戒的合作备忘录》（发改财金〔2017〕1206 号）规定的从严审核发行公司债券的情形。

18. 经检索中华人民共和国国家发展和改革委员会网站（http://www.ndrc.gov.cn/）、中华人民共和国商务部网站（http://www.mofcom.gov.cn/）、中国人民银行网站（http://www.pbc.gov.cn/）、信用中国网站（http://www.creditchina.gov.cn/）、国家企业信用信息公示系统（http://gsxt.saic.gov.cn/）、中国执行信息公开网失信被执行人名单信息公布与查询平台（http://zxgk.court.gov.cn/shixin/new_index.html），截至查询日（2018 年 12 月 3 日），发行人未被列入“严重违法失信企业主体”，发行人不存在《关于对国内贸易流通领域严重违法失信主体开展联合惩戒的合作备忘录》（发改财金〔2017〕1943 号）规定的从严审核发行公司债券的情形。

19. 经检索国家质量监督检验检疫总局网站（http://samr.saic.gov.cn/）、信用中国网站（http://www.creditchina.gov.cn/）、国家企业信用信息公示系统（http://gsxt.saic.gov.cn/），截至查询日（2018 年 12 月 3 日），发行人未被列入“出入境检验检疫严重失信企业”，发行人不属于四十二部委、单位联合发布的《关于印发〈关于对出入境检验检疫企业实施守信联合激励和失信联合惩戒的合作备忘录〉的通知》(发改财金〔2018〕176 号)惩戒的出入境检验检疫领域相关失信责任主体,不存在限制发行公司债券的情形。

经查验,截至查询日发行人不存在上交所《预审核指南(一)》"附表《发行人诚信信息查询情况表》"所列示的失信情况。

综上所述,本所律师认为,发行人所涉及的上述重大事项对本次发行不构成实质性影响。

十四、结论意见

综上所述,本所律师认为,发行人本次发行符合《证券法》、《管理办法》、《预审核指南(一)》、《预审核指南(四)》等法律、法规及规范性文件的有关规定;发行人本次发行尚需取得上交所的预审核意见,并最终获得中国证监会的核准。

本法律意见书一式肆份。

(此页无正文,为《北京国枫律师事务所关于中国核工业建设股份有限公司 2018 年公开发行可续期公司债券的法律意见书》的签署页)

北京国枫律师事务所
负责人:张利国
经办律师:郭昕、杜莉莉

北京金诚同达律师事务所关于深圳华强集团有限公司 2018 年非公开发行可交换公司债券的法律意见书

致:深圳华强集团有限公司

本所接受发行人的委托,作为发行人的特聘专项法律顾问,就发行人本次发行的有关法律事项出具本法律意见书。

为出具本法律意见书,本所律师特作如下声明:

1. 本所律师根据《公司法》《证券法》《管理办法》《暂行办法》《备案办法》《负面清单》《律师事务所从事证券法律业务管理办法》《律师事务所证券法律业务执业规则》等其他相关法律、法规、规范性文件及《公司章程》,按照中国证监会的有关规定以及律师行业公认的业务标准、道德规范和勤勉尽责精神,出具本法律意见书;

2. 本所及经办律师依据本法律意见书出具日以前已发生或存在的事实和我国现行法律、法规和规则指引发表法律意见,严格履行了法定职责,遵循了勤勉尽责和诚实信用原则,对本次发行的合法合规性进行了充分的尽职调查,保证法律意见书不存在虚假记载、误导性陈述及重大遗漏;

3. 本所律师对发行人提供的与出具本法律意见书有关的所有文件、资料以及有关证言已经进行了审查、判断,并据此出具法律意见书;对本法律意见书至关重要又无法得到独立证据支持的事实,本所律师依赖于有关政府部门、发行人或者其他有关单位出具的证明文件或口头陈述作出判断;

4. 发行人保证已提供本所律师认为出具本法律意见书所必需的、真实的、完整的原始书面材料、副本材料或口头证言,并保证所提供的文件资料真实、准确,复印件与原件一致,不存在虚假陈述、重大遗漏和隐瞒;

5. 本所律师仅就发行人本次发行涉及的有关法律问题发表意见,并不对会计、审计(包括但不限于偿债能力、流动性等)等专业事项发表评论。如涉及会计、审计、资产评估等内容时,均为严格按照有关中介机构出具的报告引述,并不意味着本所对这些内容的真实性和准确性已核查或作出任何保证;

6. 本所律师同意将本法律意见书作为本次发行必备的法律文件，作为公开披露文件随同其他材料一同报送，并承担相应的法律责任；

7. 本法律意见书仅供发行人为本次发行之目的使用，不得用作任何其他目的。

本所律师根据法律、法规和规范性文件的要求，按照律师行业公认的业务标准、道德规范和勤勉尽责精神，对发行人提供的有关文件和事实进行了核查和验证，现出具法律意见书如下：

正　　文

一、本次发行的主体资格

(一)发行人的基本情况

根据发行人取得的《营业执照》及本所律师查询深圳市市场监督局商事主体登记及备案系统，发行人登记(备案)主要情况如下：

公司名称	深圳华强集团有限公司
统一社会信用代码	91440300192189521U
法定代表人	张恒春
注册资本	80,000 万元
公司类型	有限责任公司
住所	深圳市福田区深南中路华强路口
经营范围	一般经营项目：资产经营；投资兴办各类实业项目(具体项目另行申报)；移动通信设备；广播电视设备，电子计算机整机，家用电子产品，传输设备，仪器仪表，电子元件，在合法取得土地使用权范围内房地产单项开发经营业务；程控交换机、传真机、办公自动化设备、激光拾音头、模具机芯、模具加工、计算机及通讯网络工程；国内商业、物资供销业(不含专营、专控、专卖商品)；航空客票代售、揽货、水运客运、销售代理；进出口业务(具体按深贸管审字 171 号规定执行)；物业管理、信息咨询服务。污染防治、环保技术的研发、应用(不含限制项目)。黄金制品的批发与零售(不含限制项目)。 许可经营项目：无。
成立日期	1981 年 7 月 29 日
营业期限	永续经营
登记机关	深圳市市场监督局
经营状态	开业(存续)

(二)发行人的历史沿革

1. 1981 年 7 月，公司设立

华强集团的前身为广东省电子装配厂，系经 1979 年 9 月 18 日广东省计划委员会粤计军字〔1979〕341 号文批准设立。同年 9 月广东省电子装配厂更名为深圳华强电子工业公司，并于 1981 年 7 月 19 日领取深全字第 021 号营业执照，企业性质为全民所有制，注册资本为 500 万元。1994 年，根据深圳市经济发展局深经复〔1994〕314 号文、广东省经济委员会粤经企〔1994〕555 号文和广东省国有资产管理局粤国资〔1995〕12 号文批准，深圳华强电子工业公司改制为有限责任公司并将名称变更为华强集团，改制初注册资本为 7,347 万元，性质为全民(内联 - 独资)。

2. 2003 年 9 月，公司整体改制

2003 年 9 月，经广东省经济贸易委员会粤经贸函〔2003〕839 号文和广东省人民政府办公厅粤办函〔2003〕297 号文批准，华强集团实施了整体改制，广东省人民政府将其持有的华强集团 100% 股权中的 91% 转让给合丰投资及张锦墙、梁光伟、高柱荣、李烈崇、鞠耀明、谢芳谷、翁鸣、王建新、李国洪、方德厚等 10 名自然人，剩余 9% 国有股权仍由广东省人民政府持有。

本次股权转让完成后,发行人由国有独资公司变更为有限责任公司,其股权结构如下:

序号	股东姓名或名称	出资金额(元)	出资比例(%)
1	合丰投资	33,061,506	45
2	张锦墙	8,449,050	11.5
3	梁光伟	6,759,240	9.2
4	广东省人民政府	6,612,300	9
5	高柱荣	2,323,488	3.1625
6	李烈崇	2,323,488	3.1625
7	鞠耀明	2,323,488	3.1625
8	谢芳谷	2,323,488	3.1625
9	翁　鸣	2,323,488	3.1625
10	王建新	2,323,488	3.1625
11	李国洪	2,323,488	3.1625
12	方德厚	2,323,488	3.1625
合　计		73,470,000	100

3.2003 年 12 月,股权转让

2003 年 12 月 30 日,梁光伟与华强资产管理集团签订《股权转让协议书》,梁光伟将其所持有的华强集团 9.2% 股权转让给华强资产管理集团。本次股权转让完成后,华强集团的股权结构如下:

序号	股东姓名或名称	出资金额(元)	出资比例(%)
1	合丰投资	33,061,506	45
2	张锦墙	8,449,050	11.5
3	华强资产管理集团	6,759,240	9.2
4	广东省人民政府	6,612,300	9
5	高柱荣	2,323,488	3.1625
6	李烈崇	2,323,488	3.1625
7	鞠耀明	2,323,488	3.1625
8	谢芳谷	2,323,488	3.1625
9	翁　鸣	2,323,488	3.1625
10	王建新	2,323,488	3.1625
11	李国洪	2,323,488	3.1625
12	方德厚	2,323,488	3.1625
合　计		73,470,000	100

4.2004 年 5 月,股权转让

2004 年 5 月 8 日,张锦墙与深圳宝利泉签订《股权转让协议书》,张锦墙将其所持有的华强集团 11.5% 股权转让给深圳宝利泉。本次股权转让完成后,华强集团的股权结构如下:

序号	股东姓名或名称	出资金额(元)	出资比例(%)
1	合丰投资	33,061,506	45
2	深圳宝利泉	8,449,050	11.5
3	华强资产管理集团	6,759,240	9.2
4	广东省人民政府	6,612,300	9
5	高柱荣	2,323,488	3.1625
6	李烈崇	2,323,488	3.1625
7	鞠耀明	2,323,488	3.1625
8	谢芳谷	2,323,488	3.1625
9	翁　鸣	2,323,488	3.1625
10	王建新	2,323,488	3.1625
11	李国洪	2,323,488	3.1625
12	方德厚	2,323,488	3.1625
合　计		73,470,000	100

5.2006 年 3 月,股权转让

2006 年 3 月 23 日,谢芳谷、李烈崇及高柱荣分别与华强资产管理集团签订《股权转让协议书》,谢芳谷、李烈崇及高柱荣将其分别所持有的华强集团 3.1625% 股权转让给华强资产管理集团。本次股权转让完成后,华强集团的股权结构如下:

序号	股东姓名或名称	出资金额(元)	出资比例(%)
1	合丰投资	33,061,506	45

续表

序号	股东姓名或名称	出资金额（元）	出资比例（%）
2	华强资产管理集团	13,729,704	18.6875
3	深圳宝利泉	8,449,050	11.5
4	广东省人民政府	6,612,300	9
5	鞠耀明	2,323,488	3.1625
6	翁 鸣	2,323,488	3.1625
7	王建新	2,323,488	3.1625
8	李国洪	2,323,488	3.1625
9	方德厚	2,323,488	3.1625
合 计		73,470,000	100

6.2006年12月，增加注册资本至3亿元

2006年12月28日，华强集团召开股东会，审议同意将公司资本公积金及法定公积金转增注册资本，公司注册资本由7,347万元增加到30,000万元。本次增资完成后，华强集团的股权结构如下：

序号	股东姓名或名称	出资金额（万元）	出资比例（%）
1	合丰投资	13,500	45
2	华强资产管理集团	5,606.25	18.6875
3	深圳宝利泉	3,450	11.5
4	广东省人民政府	2,700	9
5	鞠耀明	948.75	3.1625
6	翁 鸣	948.75	3.1625
7	王建新	948.75	3.1625
8	李国洪	948.75	3.1625
9	方德厚	948.75	3.1625
合 计		30,000	100

7.2007年11月，股权划转

2007年11月26日，经广东省国资委粤国资产权〔2007〕214号文批准，广东省人民政府将所持华强集团9%股权无偿划转至恒健投资。本次股权划转完成后，华强集团的股权结构如下：

序号	股东姓名或名称	出资金额（万元）	出资比例（%）
1	合丰投资	13,500	45
2	华强资产管理集团	5,606.25	18.6875
3	深圳宝利泉	3,450	11.5
4	恒健投资	2,700	9
5	鞠耀明	948.75	3.1625
6	翁 鸣	948.75	3.1625
7	王建新	948.75	3.1625
8	李国洪	948.75	3.1625
9	方德厚	948.75	3.1625
合 计		30,000	100

8.2008年9月，股权转让

2008年9月18日，深圳宝利泉与升鸿投资签订《股权转让协议书》，深圳宝利泉将其所持有的华强集团11.5%股权转让给升鸿投资。本次股权转让完成后，华强集团的股权结构如下：

序号	股东姓名或名称	出资金额（万元）	出资比例（%）
1	合丰投资	13,500	45
2	华强资产管理集团	5,606.25	18.6875
3	升鸿投资	3,450	11.5
4	恒健投资	2,700	9
5	鞠耀明	948.75	3.1625
6	翁 鸣	948.75	3.1625
7	王建新	948.75	3.1625
8	李国洪	948.75	3.1625
9	方德厚	948.75	3.1625
合 计		30,000	100

9.2010年11月，股权转让

2010年11月29日，王建新与华强资产管理集团签订《股权转让协议书》，王建新将其所持有的华强集团3.1625%股权转让给华强资产管理集团。本次股权转让完成后，华强集团的股权结构如下：

序号	股东姓名或名称	出资金额（万元）	出资比例（%）
1	合丰投资	13,500	45
2	华强资产管理集团	6,555	21.85
4	升鸿投资	3,450	11.5
5	恒健投资	2,700	9
6	鞠耀明	948.75	3.1625
7	翁　鸣	948.75	3.1625
8	李国洪	948.75	3.1625
9	方德厚	948.75	3.1625
合　计		30,000	100

10.2010 年 12 月,增加注册资本至 8 亿元

2010 年 12 月 3 日,华强集团召开股东会,审议同意公司以未分配利润转增股本方式将注册资本增加至 6 亿元,合丰投资、华强资产管理集团、升鸿投资、恒建投资另共同增资 2 亿元。本次增资完成后,华强集团的股权结构如下:

序号	股东姓名或名称	出资金额（万元）	出资比例（%）
1	合丰投资	36,000	45
2	华强资产管理集团	17,480	21.85
3	升鸿投资	11,730	14.6624
4	恒健投资	7,200	9
5	鞠耀明	1,897.5	2.3719
6	翁　鸣	1,897.5	2.3719
7	李国洪	1,897.5	2.3719
8	方德厚	1,897.5	2.3719
合　计		80,000	100

11.2011 年 9 月,资产重组

2011 年 9 月 29 日,经广东省国资委粤国资函〔2011〕759 号《关于深圳华强集团有限公司 9% 国有股权置换方案的批复》批准,华强集团实施重组。恒健投资用持有的华强集团 9% 股权及部分现金与景丰投资持有的广恒顺投资 100% 股权及广西贵糖集团有限公司 100% 股权置换。本次重组完成后,发行人的股权结构如下:

序号	股东姓名或名称	出资金额（万元）	出资比例（%）
1	合丰投资	36,000	45
2	华强资产管理集团	17,480	21.85
3	升鸿投资	11,730	14.6624
4	景丰投资	7,200	9
5	鞠耀明	1,897.5	2.3719
6	翁　鸣	1,897.5	2.3719
7	李国洪	1,897.5	2.3719
8	方德厚	1,897.5	2.3719
合　计		80,000	100

12.2017 年 7 月,股权转让

2017 年 7 月 31 日,李国洪与华强资产管理集团签订股权转让协议,李国洪将其持有的 2.3719% 股权转让给华强资产管理集团。本次股权转让完成后,发行人的股权结构如下:

序号	股东姓名或名称	出资金额（万元）	出资比例（%）
1	合丰投资	36,000	45
2	华强资产管理集团	19,377.5	24.2218
3	升鸿投资	11,730	14.6625
4	景丰投资	7,200	9
5	鞠耀明	1,897.5	2.3718
6	翁　鸣	1,897.5	2.3718
7	方德厚	1,897.5	2.3718
合　计		80,000	100

13.2017 年 8 月,股权转让

2017 年 8 月 13 日,景丰投资与升鸿投资签署了《股权转让协议书》,景丰投资将其持有的 9% 股权转让给升鸿投资。本次股权转让完成后,发行人的股权结构如下:

序号	股东姓名或名称	出资金额（万元）	出资比例（%）
1	合丰投资	36,000	45
2	华强资产管理集团	19,377.5	24.2218
3	升鸿投资	18,930	23.6625

续表

序号	股东姓名或名称	出资金额（万元）	出资比例（%）
4	鞠耀明	1,897.5	2.3718
5	翁　鸣	1,897.5	2.3718
6	方德厚	1,897.5	2.3718
合　　计		80,000	100

自该次股权转让完成后至本法律意见书出具之日，发行人股权结构未发生变化。

据此，本所律师认为，发行人设立的过程符合有关法律、法规和规范性文件的规定，并取得有权部门的批准；发行人历次增资、股权变更均办理了登记（备案）手续，合法、合规，发行人股权结构真实、准确、完整。

（三）发行人的持续经营

根据工商登记（备案）资料，发行人的成立日期为 1981 年 7 月 29 日，截至本法律意见书出具之日，发行人不存在依据法律、法规和规范性文件及《公司章程》规定的需要终止的情形，为合法存续的主体，不存在持续经营的法律障碍。

综上，本所律师认为，发行人系在中国境内依法设立并有效存续的有限责任公司。截至本法律意见书出具之日，发行人不存在根据国家法律、法规、规范性文件以及《公司章程》规定的需要终止或解散的情形，具备本次发行的主体资格。

二、本次发行的批准与授权

根据《公司法》及发行人《公司章程》的有关规定，本次发行需经发行人董事会及股东会审议通过。经核查，发行人本次发行履行了如下批准与授权程序：

（一）发行人董事会决议

2018 年 2 月 9 日，发行人召开董事会会议，审议通过了《关于公司符合非公开发行可交换公司债券条件的议案》、《关于非公开发行可交换公司债券的方案的议案》、《关于公司为 2018 年非公开发行可交换公司债券设立偿债保证金专户的议案》、《关于公司 2018 年非公开发行可交换公司债券在出现预计不能按期偿付债券本息或者到期未能按期偿付债券本息时采取相应措施的议案》及《关于提请股东会授权董事会或董事会授权人士全权办理本次非公开发行可交换公司债券相关事宜的议案》等议案，并将该等议案提交发行人股东会审议。

（二）发行人股东会决议

2018 年 2 月 26 日，发行人召开股东会会议，审议通过了《关于公司符合非公开发行可交换公司债券条件的议案》、《关于非公开发行可交换公司债券的方案的议案》、《关于公司为 2018 年非公开发行可交换公司债券设立偿债保证金专户的议案》、《关于公司 2018 年非公开发行可交换公司债券在出现预计不能按期偿付债券本息或者到期未能按期偿付债券本息时采取相应措施的议案》及《关于授权董事会或董事会授权人士全权办理本次非公开发行可交换公司债券相关事宜的议案》。

综上，本所律师认为，发行人已按照《公司法》、《证券法》、《管理办法》及《公司章程》的规定履行了关于本次发行的内部决策程序。发行人董事会及股东会审议通过的有关本次发行的决议内容符合法律、法规和规范性文件以及《公司章程》的规定，董事会已取得股东会关于本次发行的授权，合法有效。发行人对本次发行的批准及授权合法、有效。

根据《管理办法》《备案办法》等法律、法规及规范性文件之规定，本期债券在发行完成后 5 个工作日内需向中国证券业协会报送备案登记表，债券发行完成后的转让需深交所作出是否同意转让的决定。

三、本次发行的实质性条件

（一）本次发行符合《公司法》、《证券法》及《管理办法》等法律、法规、规范性文件的相关规定

1. 根据《募集说明书》披露，本期债券系依照法定程序发行，期限不超过三年，符合《公司法》第一百五十三条的规定。

2. 根据《募集说明书》披露，本期债券可以转让，并且将按照深交所的交易规则交易，符合《公司法》第一百五十九条的规定。

3. 经核查，发行人本次发行可交换公司债券，未采用广告、公开劝诱和变相公开方式，符合《证券法》第十条、《管理办法》第二十六条的规定。

4. 经核查,发行人本次发行募集的资金扣除发行费用后,拟用于偿还金融机构借款和信用债券或补充流动资金等用途。本期发行可交换债募集资金拟偿还有息债务明细如下:

单位:万元

序号	债权人	借　款　日	到　期　日	借款金额
1	17SCP005	2017 – 10 – 12	2018 – 07 – 09	100,000.00
2	上海银行	2017 – 08 – 09	2018 – 08 – 09	50,000.00
3	华夏银行	2016 – 08 – 17	2018 – 08 – 17	18,500.00
4	邮储银行	2017 – 08 – 28	2018 – 08 – 27	20,000.00
5	18SCP001	2018 – 02 – 01	2018 – 10 – 19	80,000.00
6	宁波银行	2017 – 10 – 24	2018 – 10 – 24	5,000.00
7	中国银行	2017 – 11 – 07	2018 – 11 – 07	15,000.00
总　　计		—	—	318,500.00

发行人母公司为控股型公司,除投融资外,无其他经营业务。发行人历年来主要通过金融机构融资、下属企业分红等形式获取资金,并将部分资金存放于下属公司华强财务公司,形成发行人集团体系内的资金池,进行统一的资金调配。华强财务公司系中国银行业监督管理委员会批准开业的非银金融机构(批文编号为银监复〔2012〕232 号),可开展对成员单位办理存贷款的业务,系发行人集团体系内的投融资平台,发行人以及集团内其他公司的部分资金通过华强财务公司用于支持下属公司各业务板块的发展,满足各业务板块的资金需求和流动性。

发行人本次募集资金在扣除发行费用后,拟根据发行的实际情况,偿还上述部分银行借款以及信用债券。上述借款系金融机构提供给发行人的流动性贷款,最终在财务公司形成了下述用途,即用于支持下属公司的发展,具体如下:

单位:万元

公　　司	与发行人关系	金　　额	资金用途
深圳华强天盛商贸有限公司	联营单位	86,997.56	货物采购
华强方特	控股子公司	58,000.00	研发投入及广告宣传
郑州华强文化科技有限公司	控股子公司	28,600.00	项目建设运营
华强方特(天津)文化科技有限公司	控股子公司	6,400.00	项目建设运营
深圳华强联合计算机工程有限公司	控股子公司	6,500.00	货物采购
深圳华强物流发展有限公司	控股子公司	124,354.08	货物采购
合　　计	—	310,851.64	—

发行人将根据募集资金实际到位时间和金融机构贷款的到期时间,综合考虑自身资金状况,优先偿还即将到期的金融机构贷款。

考虑到募集资金实际到位时间无法确切估计,公司将本着有利于优化债务结构、尽可能节省利息费用的原则灵活安排偿还金融机构贷款。若募集资金到位时,上述个别金融机构贷款已到期偿还,剩余部分的余额不足实际募集资金净额的,对不足部分,发行人届时将用于偿还其他金融机构贷款。

综上所述,本所律师认为,本次发行募集资金投向符合国家产业政策,符合《管理办法》第十五条的规定。

5. 本次发行符合《暂行办法》规定的发行条件：

（1）发行人合计持有深圳华强510,375,966股，发行人将其持有的相应深圳华强股票（股票代码：000062. SZ）及其孳息（包括送股、转股和现金红利）一并质押给债券受托管理人，用于对本次债券持有人交换股票和本次债券本息偿付提供担保。发行人预备用于交换的深圳华强股票在本次发行前，除为本次发行设定担保外，不存在被司法冻结等其他权利受限情形。

（2）发行人预备用于交换的深圳华强股票为无限售条件流通股，预备用于交换的股票不存在限售条件，且转让该部分股票不违反发行人对上市公司等的承诺。

（3）本次发行前，发行人已将预备用于交换的股票设定了担保，设定担保的股票数量不少于债券持有人可交换股票数量。发行人已在《募集说明书》中约定了具体担保物范围、初始担保比例、维持担保比例、追加担保机制以及违约处置等事项。

（4）本次发行结束之日起6个月后，债券持有人方可按照《募集说明书》约定选择是否交换为预备用于交换的股票。

（5）发行人已在《募集说明书》中约定了可交换债券具体换股期限、换股价格及价格调整和修正机制、具体质押比例、维持担保比例、追加担保机制、换股风险与补偿机制以及违约处置等事项。

综上所述，本所律师认为，本次发行符合《暂行办法》第六十九条的规定。

6. 发行人不存在法律、法规、规范性文件禁止发行的情形

（1）发行人已发行及偿付债务融资工具情况

截至本法律意见书出具之日，发行人已发行及偿付直接债务融资工具的历史情况如下：

序号	债券名称	金额（万元）	发行日（年.月.日）	期限	利率（%）	本息兑付情况
1	11华强MTN1	200,000	2011.11.17	3年	6.65	已兑付
2	12华强MTN1	50,000	2012.02.22	3年	6.31	已兑付
3	13华强CP001	150,000	2013.08.27	180天	5.90	已兑付
4	14华强CP001	200,000	2014.03.21	1年	6.70	已兑付
5	14华强CP002	50,000	2014.05.05	1年	5.86	已兑付
6	14华强PPN001	30,000	2014.09.02	3年	7.50	已兑付
7	14华强PPN002	50,000	2014.10.28	3年	6.90	已兑付
8	15华强MTN001	130,000	2015.01.30	3年	5.80	已兑付
9	15华强SCP001	100,000	2015.03.10	270天	5.50	已兑付
10	15华强SCP002	100,000	2015.03.12	180天	5.46	已兑付
11	15华强MTN002	200,000	2015.05.11	3年	5.20	已兑付
12	15华强CP001	100,000	2015.06.10	1年	4.30	已兑付
13	15华强SCP003	50,000	2015.11.25	270天	4.30	已兑付
14	15华强SCP004	50,000	2015.12.09	270天	4.30	已兑付
15	16华强MTN001	80,000	2016.07.04	3年	3.98	存续中
16	16华强MTN002	80,000	2016.07.20	5年	4.40	存续中
17	16华强SCP001	80,000	2016.08.22	270天	2.98	已兑付

续表

序号	债券名称	金额(万元)	发行日(年.月.日)	期限	利率(%)	本息兑付情况
18	16 华强 SCP002	70,000	2016.08.26	210 天	3.10	已兑付
19	16 华强 SCP003	50,000	2016.10.18	270 天	2.96	已兑付
20	17 华强 SCP001	80,000	2017.04.05	270 天	4.77	已兑付
21	17 华强 SCP002	50,000	2017.07.11	270 天	4.85	已兑付
22	17 华强 SCP003	50,000	2017.08.03	263 天	4.80	已兑付
23	17 华强 SCP004	50,000	2017.08.17	214 天	4.82	已兑付
24	17 华强 SCP005	100,000	2017.10.10	270 天	5.14	存续中
25	18 华强 SCP001	80,000	2018.01.30	260 天	5.98	存续中
26	18 华强 SCP002	70,000	2018.03.09	270 天	6.20	存续中
27	18 华强 SCP003	50,000	2018.03.21	270 天	5.85	存续中
28	18 华强 SCP004	50,000	2018.04.03	240 天	5.70	存续中
29	18 华强 SCP005	60,000	2018.04.10	180 天	5.29	存续中
30	18 华强 MTN001	60,000	2018.04.16	3 年	6.20	存续中
31	18 华强 SCP006	50,000	2018.04.25	270 天	5.39	存续中
32	18 华强 MTN002	60,000	2018.05.08	3 年	7.00	存续中
合计		2,630,000	—	—	—	—

A. 根据发行人的书面声明及本所律师核查发行人的募集文件,发行人不存在前一次公开发行的公司债券尚未募足的情形。

B. 根据发行人书面声明及本所律师查询发行人的人民银行征信报告,发行人不存在已公开发行的公司债券或者其他债务(包括除公开发行公司债券外公开发行的其他债券和债务融资工具、私募发行债券和债务融资工具以及借贷债务等)违约或者延迟支付本息的事实并仍处于持续状态的情形。

C. 经本所律师核查,发行人不存在改变公开发行公司债券所募资金的用途、因侵占挪用募集资金被监管部门采取限制发行债券措施的情形。

(2)最近三十六个月内公司财务会计文件不存在虚假记载或有重大违法行为情形:

A. 根据《审计报告》、发行人的书面声明及本所律师查询,发行人最近三十六个月内公司财务会计文件不存在虚假记载和受到限制发行债券处罚的情形。

B. 根据发行人的书面声明及本所律师查询"广东省国土资源厅"(http://www.gdlr.gov.cn/)、"深圳市规划和国土资源委员会"(http://www.szpl.gov.cn/)、"安徽省国土资源厅"(http://www.ahgtt.gov.cn)、"芜湖市国土资源局"(http://gtj.wuhu.gov.cn)、"河南省国土资源厅"(http://www.hnblr.gov.cn)、"辽宁省国土资源厅"(http://www.lgy.gov.cn)、"沈阳市规划和国土资源局"(http://www.syghgt.gov.cn)等网站,发行人及其下属房地产子公司最近三十六个月内不存在闲置土地和炒地、捂盘惜售、哄抬房价等重大违法行为,不存在被行政处罚或立案调查的情形。

C. 根据发行人的书面声明及本所律师查询"广东省地方税务局"(http://www.gdltax.gov.cn/gdsite/index.shtml)、"广东省国家税务局"(http://www.gd-n-tax.gov.cn/pub/001032/)、"深圳市国税局"(http://www.

szgs. gov. cn/)、“深圳市地税局”(http://www. szds. gov. cn/)、“安徽省国税局”(http://www. ah-n-tax. gov. cn/)、“安徽省地税局”(http://www. ah-l-tax. gov. cn/)等网站，发行人及其子公司最近三十六个月内不存在重大税收违法案件，未被列入税收重大违法案件当事人。

D. 根据发行人的书面声明及本所律师查询“环境保护部”(http://www. zhb. gov. cn/)、“广东省环境保护厅”(http://www. gdep. gov. cn/)、“深圳市人居环境网(http://www. szhec. gov. cn/)”、“安徽省环境保护厅”(http://www. aepb. gov. cn/pages/home. html)、“芜湖市环保局”(http://hbj. wuhu. gov. cn/)、“信用中国”(http://www. creditchina. gov. cn/)等网站，发行人及其子公司最近三十六个月内不存在环境保护方面的重大违法行为，未被列入环境保护领域失信生产经营单位名单。

E. 根据发行人的书面声明及本所律师查询“国家安全生产监督管理总局”(http://www. chinasafety. gov. cn/newpage/)、“广东省安全生产监督管理局”(http://www. gdsafety. gov. cn/)、“深圳市安全生产监督管理局”(http://www. szsafety. gov. cn/)、“安徽省安全生产监督管理局”(http://www. anhuisafety. gov. cn/)、“信用中国”(http://www. creditchina. gov. cn/)等网站，发行人及其子公司最近三十六个月内不存在安全生产方面的重大违法行为，未被列入安全生产领域失信生产经营单位名单。

F. 根据发行人的书面声明及本所律师查询“中国执行信息公开网”(http://shixin. court. gov. cn/)、“失信被执行人名单”(http://shixin. court. gov. cn/index. html)“信用中国”(http://www. creditchina. gov. cn/)、“全国企业信用信息公示系统”(http://gsxt. saic. gov. cn/)等网站，发行人及其子公司未被列入失信被执行人名单。

G. 根据发行人的书面声明及本所律师查询“信用中国”(http://www. creditchina. gov. cn/)、“全国企业信用信息公示系统”(http://gsxt. saic. gov. cn/)等网站，发行人及其子公司最近三十六个月内不存在其他重大违法行为，不存在被监管部门作出限制发行债券的监管决定且在限制期内的情形。

H. 根据发行人的书面声明及本所律师查询“国家食品药品监督管理总局”(http://samr. sfda. gov. cn/)、“深圳市市场和质量监督管理委员会食品药品监管”(http://www. szmqs. gov. cn/sda/)等网站，发行人及其子公司最近三十六个月内不存在食品药品生产方面的重大违法行为，未被列入食品药品领域失信生产经营单位名单。

(3)发行人全体董事、监事、高级管理人员已在《募集说明书》上签字，承诺不存在虚假记载、误导性陈述或者重大遗漏，并承担相应的法律责任。

(4)根据发行人的书面声明及本所律师核查，发行人及其子公司不存在严重损害投资者合法权益和社会公共利益的其他情形。

综上所述，本所律师认为，发行人不存在《证券法》第十八条、《管理办法》第十七条所规定的不得发行债券的情形，不存在《关于印发〈对失信被执行人实施联合惩戒的合作备忘录〉的通知》(发改财金〔2016〕141号)、《印发〈关于对环境保护领域失信生产经营单位及其有关人员开展联合惩戒的合作备忘录〉的通知》(发改财金〔2016〕1580号)、《关于印发〈关于对安全生产领域失信生产经营单位及其有关人员开展联合惩戒的合作备忘录〉的通知》(发改财金〔2016〕1001号)等文件中规定的限制发行公司债券的情形。

(二)关于发行人不存在《负面清单》规定的情形

经发行人确认并经本所律师核查，发行人不存在《负面清单》规定的下列情形：

1. 最近24个月内公司财务会计文件存在虚假记载，或公司存在其他重大违法行为；

2. 对已发行的公司债券或者其他债务有违约或迟延支付本息的事实，仍处于继续状态；

3. 存在违规对外担保或者资金被关联方或第三方以借款、代偿债务、代垫款项等方式违规占用的情形，仍处于继续状态；

4. 最近12个月内因违反公司债券相关规定被中国证监会采取监管措施；或最近6个月内因违反公司债券相关规定被证券交易所等自律组织采取纪律处分；

5. 最近两年内财务报表曾被注册会计师出具保留意见且保留意见所涉及事项的重大影响尚未消除,或被注册会计师出具否定意见或者无法表示意见的审计报告;

6. 因严重违法失信行为,被有权部门认定为失信被执行人、失信生产经营单位或者其他失信单位,并被暂停或限制发行公司债券;

7. 擅自改变前次发行公司债券募集资金的用途而未做纠正;

8. 本次发行募集资金用途违反相关法律法规或募集资金投向不符合国家产业政策;

9. 除金融类企业外,本次发行债券募集资金用途为持有以交易为目的的金融资产、委托理财等财务性投资,或本次发行债券募集资金用途为直接或间接投资于以买卖有价证券为主要业务的公司;

10. 本次发行文件存在虚假记载、误导性陈述或重大遗漏;

11. 存在严重损害投资者合法权益和社会公共利益情形;

12. 地方融资平台公司;

13. 国土资源部等部门认定的存在"闲置土地"、"炒地"、"捂盘惜售"、"哄抬房价"等违法违规行为的房地产公司;

14. 典当行;

15. 未能同时满足以下条件的担保公司:

(1)经营融资担保业务满 3 年;

(2)注册资本不低于人民币 6 亿元;

(3)主体信用评级 AA 级(含)以上;

(4)近三年无重大违法违规行为。

16. 未能同时满足以下条件的小贷公司:

(1)经省级主管机关批准设立或备案,且成立时间满 2 年;

(2)省级监管评级或考核评级最近两年连续达到最高等级;

(3)主体信用评级达到 AA 级(含)以上。

综上,本所律师认为,发行人不属于《负面清单》限制的范围,发行人本次发行符合《公司法》《证券法》《管理办法》《暂行办法》等规定的非公开发行可交换公司债券的实质条件。

四、本次发行的主要条款

根据《募集说明书》披露,本次发行债券的主要条款如下:

1. 发行人名称:深圳华强集团有限公司。

2. 债券名称:深圳华强集团有限公司 2018 年非公开发行可交换公司债券。

3. 发行规模:本次可交换债券发行总规模不超过 30 亿元(含 30 亿元),分期发行,首期发行不超过 20 亿元(含 20 亿元)。

4. 发行对象及方式:本次债券发行对象为在中国结算公司深圳分公司开立合格证券账户且符合《管理办法》及《深圳证券交易所债券市场投资者适当性管理办法》中所规定的合格投资者条件的机构投资者(国家法律、法规另有规定除外),且债券持有人合计不得超过 200 人。发行方式采用非公开方式向合格投资者发行。

5. 票面金额及发行价格:本次债券面值为 100 元/张,按面值平价发行。

6. 债券期限:本次可交换债券的期限为发行首日起不超过 5 年(含 5 年),首期发行的可交换债期限为发行首日起不超过 3 年(含 3 年)。

7. 票面利率及确定方式:本次发行的可交换债券为固定利率,在债券存续期内固定不变。本次可交换债券采取网下发行,票面利率将由发行人与主承销商根据网下利率询价结果在预设利率区间内协商确定。本次可交换债券采用单利按年计息,不计复利。

8. 付息的期限和方式:

(1)计息年度的利息计算

计息年度的利息(以下简称年"利息")指本次可交换债持有人按持有的本次可交换债票面总金额自本期可交换债发行首日起每满一年可享受的当期利息。

年利息的计算公式为:$I = B \times i$

I:指年利息额;

B:指本期发行的可交换债持有人在计息年度(以下简称"当年"或"每年")付息债权登记日持有的本次可交换债票面总金额;

i:指可交换债当年票面利率。

(2)付息方式

①本期发行的可交换债采用每年付息一次的付息方式,计息起始日为本期可交换债发行首日。

②计息日:每年的计息日为本期发行的可交换债发行首日起每满一年的当日,每相邻的

两个计息日之间为一个计息年度(算头不算尾,即包括该计息年度起始的计息日,但不包括该计息年度结束的计息日)。

③付息债权登记日:每年的付息债权登记日为每年计息日的前一交易日,公司将在每年计息日之后的五个交易日内支付当年利息。在付息债权登记日前(包括付息债权登记日)申请交换成深圳华强A股股票的可交换债,公司不再向其持有人支付本计息年度及以后计息年度的利息。

④付息日:本期债券每年的付息日为本次债券发行首日起每满一年的当日,即本期债券存续期间每年(不含发行当年)的【】月【】日,公司将在每年付息日之后的五个交易日(含付息日当日)内支付当年利息。

⑤本期可交换债持有人所获得利息收入的应付税项由本期可交换债持有人承担。换股年度有关股利的归属等事项,根据相关法律、法规及深交所等机构的规定确定。

9.担保措施:

(1)初始质押:发行人将预备用于交换的173,796,792股深圳华强A股普通股票及其孳息(包括送股、转股、现金红利和配股)一并质押给债券受托管理人,用于对本次债券持有人交换股票和为本次可交换债本息偿付提供担保。

预备用于交换的股票在可交换时不存在限售条件,且转让该部分股票不违反发行人对上市公司、投资者、深交所的承诺。

预备用于交换的股票在本次债券发行前,除为本次发行设定质押担保外,不存在被司法冻结等其他权利受限情形。

具体质押股份数量将根据发行时深圳华强A股股票价格(按发行日前20个交易日均价计算)确定。

前二十个交易日深圳华强A股股票交易均价=前二十个交易日深圳华强A股股票交易总额/该二十个交易日深圳华强A股股票交易总量。

初始质押担保比例应当不低于130%,即在发行人向中国结算公司深圳分公司申请办理质押的股票核定价值总额将不低于本次债券发行规模的1.30倍。

(2)维持担保机制:若担保比例连续15个交易日超过140%,则发行人有权向中国结算深圳分公司申请解除对质押证券专用账户中的部分股票的质押和/或提取质押证券专用账户里的现金,但须确保在解除部分股票质押和/或提取质押证券专用账户里的现金后担保比例仍不低于140%,且用于质押的股票数量不少于可交换债券持有人按照换股价格全部转换为标的股票的数量。其中,涉及向质押专用证券账户解除担保时,优先解除现金,后解除标的股票。

担保比例按如下公式计算:

担保比例 $=(M\times P+D+C)/(B+B\times i\times t/365)$。

其中:M为质押股票数量(包括初始质押的股票,深圳华强送股、转增的股票,以及发行人追加担保的股票);P为质押股票前1个交易日的收盘价;D为质押股票在质押期间所收到的现金分红;C为发行人追加担保的现金金额;B为本次可交换债未偿还的票面余额;i为本次可交换债的票面利率;t为本次可交换债自上一次付息日至当日(算头不算尾)的天数。

(3)追加担保机制:若本次可交换债券存续期内标的股票价格出现大幅下跌导致连续15个交易日担保比例低于120%,发行人须在触发该事项之日起10个交易日内向质押专用证券账户追加标的股票和/或直接追加现金,使得担保比例达到120%水平或以上。其中,涉及向质押专用证券账户追加担保时,优先追加标的股票,后追加现金。

在上述10个交易日内,若担保比例未能恢复到120%水平或以上,受托管理人应当在该10个交易日届满之日起的10个交易日内召集债券持有人会议,由发行人提供第三方担保方案或提供其他增信措施,上述担保方案或增信措施须经出席会议的债券持有人(包括债券持有人代理人)所持表决权二分之一以上同意方为有效。

若发行人无法提供第三方担保方案或提供其他增信措施,或相关方案被债券持有人会议否决,则债券持有人有权按照债券面值及应计利息向发行人回售所持剩余债券。

发行人承诺上述用于交换以及担保质押的深圳华强A股股票在换股期内均为无限售条件流通股票且除为本次发行设定质押担保外,

不存在被查封、扣押、冻结等财产权利被限制的情形,也不存在权属争议或者依法不得转让或设定担保的其他情形,转让该部分股票亦不违反发行人对上市公司及其股票投资者以及深交所的承诺。

10. 初始换股价格

本期可交换债券的初始换股价格为【 】元/股,不低于发行日前20个交易日标的股票收盘价均价的90%(若在该20个交易日内发生过因除权、除息引起股价调整的情形,则对调整前的交易日的交易价按经过相应除权、除息调整后的价格计算)和前1个交易日标的股票交易收盘价的90%,具体初始换股价格由发行人股东会授权发行人董事会根据市场和公司具体情况与主承销商协商确定。

11. 换段期限:本期可交换债换股期为自可交换债发行结束之日起满6个月的第一个交易日起至可交换债券到期日止。即自【 】年【 】月至【 】年【 】月【 】日止。若到期日为法定节假日或休息日,则顺延至下一个交易日。

12. 起息日:本期债券的起息日为【 】年【 】月【 】日。

13. 本金支付日:本次债券的本金支付日为【 】年【 】月【 】日。如遇法定节假日或休息日,则顺延至其后的第一个交易日,顺延期间兑付款项不另计利息。

14. 募集资金专项账户:发行人按照《公司债券发行与交易管理办法》的相关要求,设立本次可交换债券募集资金专项账户,用于可交换债券募集资金的接收、存储与划转。

15. 偿债保障金:发行人在可交换债券付息日5个交易日前,将应付利息全额存入偿债保障金专户;在本次可交换债券到期日(包括回售日、赎回日等,下同)10个交易日前,将应偿付或可能偿付的债券本息的20%以上存入偿债保证金专户,并在到期日5个交易日前,将应偿付或可能偿付的债券本息全额存入偿债保证金专户。

偿债保障金自存入偿债保障金专户之日起,仅能用于兑付本次可交换债券的本金、利息、赎回款项或回售款项。

16. 主承销商、债券受托管理人、簿记管理人:发行人聘请招商证券股份有限公司作为本次债券的主承销商、簿记管理人及债券受托管理人。

17. 承销方式:本次可交换债券的发行由主承销商采取余额包销的方式承销。

18. 拟申请转让服务的场所:本次可交换债券拟于深交所挂牌转让,未来经本次可交换债券交换的深圳华强A股股票将继续在深交所交易流通。

19. 募集资金用途:本次可交换债券募集资金扣除发行费用后,拟全部用于偿还金融机构借款和信用债券。

20. 税务提示:根据国家有关税收法律、法规的规定,投资者投资本次可交换债券所应缴纳的税款由投资者承担。

21. 换股价格的确定及其调整

(1)初始换股价格的确定依据:本期可交换债券的初始换股价格为【 】元/股,不低于发行日前20个交易日标的股票收盘价均价的90%(若在该20个交易日内发生过因除权、除息引起股价调整的情形,则对调整前的交易日的交易价按经过相应除权、除息调整后的价格计算)和前1个交易日标的股票交易收盘价的90%,具体初始换股价格由发行人股东会授权发行人董事会根据市场和公司具体情况与主承销商协商确定。

(2)换股价格的调整方式及计算公式:

在本次发行可交换公司债券之后,当深圳华强A股股票因派送股票股利、转增股本、配股、派送现金股利等情况使深圳华强A股股票发生变化时,将按下述公式进行换股价格进行相应调整:

派送股票股利或转增股本:$P1 = P0/(1 + n)$;

配股:$P1 = (P0 + A \times k)/(1 + k)$;

上述两项同时进行:$P1 = (P0 + A \times k)/(1 + n + k)$;

派送现金股利:$P1 = P0 - D$;

上述三项同时进行:$P1 = (P0 - D + A \times k)/(1 + n + k)$。

其中:P0指初始换股价;n指送股或转增股本率;k指配股率;A指配股价;D指每股派送现金股利;P1指调整后换股价。

当深圳华强A股股票出现上述股份和/或股东权益变化情况时,将依次进行换股价格调整并公告相关事宜,并于公告中载明换股价格调整日、调整办法及暂停换股期间（如需）。当换股价格调整日为本次发行的可交换债持有人换股申请日或之后，交换股票登记日之前，则该持有人的换股申请按公司调整后的换股价格执行。

当发生股份回购（不包括因股权激励相关事宜造成的股份回购）、合并、分立或任何其他情形使公司股份类别、数量和/或股东权益发生变化从而可能影响本次可交换债券持有人的债权利益或换股衍生权益时，公司将视具体情况按照公平、公正、公允的原则以及充分保护本次发行的可交换债券持有人权益的原则调整换股价格。有关换股价格调整内容及操作办法将依据当时国家有关法律法规及证券监管部门的相关规定来制订。

在本期非公开发行可交换公司债券的存续期间，若标的股票发生配股、派送现金股利等情况调整换股价格将导致用于交换的股票数量少于非公开发行可交换公司债券余额全部换股所需股票，则发行人须在换股价格调整前向质押专用证券账户追加用于交换的股票数量，直至补足差额部分的股票数量。

22. 换股程序：本期可交换债券换股业务申报起始日前5个交易日内，发行人将至少披露3次《深圳华强集团有限公司2018年非公开发行可交换债券换股业务提示性公告》，换股公告载明换股条件、换股程序、换股期间、换股价格等内容。债券持有人在换股期内可以选择交换股票或者不交换股票。申请交换股票的，由债券持有人提出申请，通过证券公司向深交所申报换股指令，具体操作程序根据深交所相关规定执行。

23. 换股股数确定方式：

本次非公开发行的可交换公司债券持有人在换股期内申请换股时，换股数量的计算方式为：$Q=V/P$，并以去尾法取一股的整数倍。

其中：V为可交换公司债券持有人申请换股的可交换公司债券票面总金额；P为申请换股当日有效的换股价。

债券持有人申请转换成的股份必须是整数股。换股时不足转换1股的部分，公司将在换股日后的5个交易日内以现金兑付该部分债券的票面金额以及对应的当期应计利息。

不足转换1股的部分可交换债券当期应计利息的计算公式为：$IA=B\times i\times t/365$

其中：IA指当期应计利息；B指债券持有人持有的换股时不足转换1股的部分可交换债券票面金额；i指可交换债券的当期票面利率；t指计息天数，即从上一个付息日起至本计息半年度换股日止的实际日历天数（算头不算尾）。

24. 换股价格向下修正条款：

（1）修正条件及修正幅度

在本期可交换债券存续期最后一年内，当标的股票在任意连续30个交易日中至少15个交易日的收盘价低于当期换股价格的80%时，发行人有权在5个交易日内决定换股价格是否向下修正。

若在前述30个交易日内发生过换股价格调整的情形，则在换股价格调整日前的交易日按调整前的换股价格和收盘价计算，在换股价格调整日及之后的交易日按调整后的换股价格和收盘价计算。

（2）修正程序

如发行人董事会决定向下修正换股价格，发行人在董事会决议后第5个交易日披露可交换债券换股价格修正公告，并于公告中载明换股价格修正生效日、修正办法、暂停换股时期（如需）、可用于换股的股份不足的解决方案。

（3）确保质押股票数量不少于债券持有人可交换股票数量的措施

因换股价格向下修正造成预备用于交换的股票数量少于本期可交换债券余额全部换股所需股票时，发行人应在换股价格调整日之前向质押专用账户追加预备用于交换的股票，直至补足差额部分的股票数量。

25. 赎回条款：

（1）到期赎回条款：对于未在换股期内交换为深圳华强A股股票的本次债券，在本次债券到期日当日，公司将以本次债券票面面值（含当期应计利息）的价格向持有人赎回全部未换股的可交换债券。

（2）换股期间赎回：进入换股期当下述情形的任意一种出现时，发行人有权决定按照债券面值加上当期应计利息的价格赎回全部或部分未换股的本期债券：

A. 如果股票价格任意连续30个交易日中

至少有 15 个交易日的收盘价不低于当期换股价格的 130%；

B. 本期债券余额不足 3,000 万元时。

当期应计利息的计算公式为：$IA = B \times i \times t/365$

其中：IA 指当期应计利息；B 指债券持有人持有的可交换债券票面金额；i 指可交换债券的当期票面利率；t 指计息天数，即从上一个付息日起至本计息半年度换股日止的实际日历天数(算头不算尾)。

(3)在本次债券有效存续期内，若换股所需股票被司法冻结、扣划或者其他权利瑕疵影响至换股期终止始终不能换股，或因标的股票重大事项或出现《上市公司股东、董监高减持股份的若干规定》规定的不得减持的情形导致暂停换股时间超过债券存续期导致投资者无法换股时，发行人将对本次债券换股不足部分予以赎回。发行人应当根据剩余可预备用于交换的股票数量与换股价格的乘积除以未偿还可交换债券余额，得到覆盖比例 X，发行人将按照票面本金和票面利率计算的应计利息之和，赎回每名投资者所持有的债券余额中的部分债券，每名投资者被赎回债券的金额为：该名投资者所持有的债券余额 ×(1 - X)。

26. 赎回程序

(1)发行人应当在满足换股期间赎回条件的下一个交易日，披露是否行使赎回权相关事项。若决定行使赎回权，发行人应当在赎回登记日前至少进行三次赎回提示性公告。公告内容应当载明赎回程序、赎回登记日、赎回价格、付款方法、付款时间等内容。发行人将在赎回日当日通过中国结算深圳分公司付款并办理变更登记。赎回完成后，发行人将披露《可交换债券赎回结果公告》。

(2)在本次债券换股期间，若换股所需股票被司法冻结、扣划或者其他权利瑕疵影响至换股期终止始终不能换股，或因标的股票重大事项或出现《上市公司股东、董监高减持股份的若干规定》规定的不得减持的情形导致暂停换股时间超过债券存续期导致投资者无法换股时，发行人应当在该等事项发生之日起的五个交易日内披露行使赎回权相关公告，并在赎回登记日前至少进行三次赎回提示性公告。公告内容应当载明赎回程序、赎回登记日、赎回价格、付款方法、付款时间等内容。发行人将在赎回日当日通过中国结算深圳分公司付款并办理变更登记。赎回完成后，发行人将披露《可交换债券赎回结果公告》。

27. 回售条款

(1)回售条件

在本期债券存续期最后六个月内，当标的股票在任意连续 30 个交易日中至少 15 个交易日的收盘价低于当期换股价格的 70% 时，债券持有人有权将其持有的本期私募债券全部或部分按照债券面值加上当期应计利息的价格回售给发行人。

若在上述交易日内发生过换股价格因发生送红股、转增股本、配股以及派发现金股利、换股价格向下修正等情况而调整的情形，则在调整前的交易日按调整前的换股价格和收盘价格计算，在调整后的交易日按调整后的换股价格和收盘价格计算。

(2)回售程序

本期债券存续期内，若标的股票价格满足回售条件，发行人回售条件触发日后的 5 个交易日内发布回售提示性公告，公告将载明回售程序、回售价格、付款方法、付款时间等内容。发行人将在回售申报期截止日后，依照中国登记结算公司的相关规定支付回售款项。回售结束后，发行人将及时披露回售情况及其影响。回售完成后，发行人披露《非公开发行可交换公司债券回售结果公告》。

28. 暂停转让

本次可交换债券暂停转让事宜参照深交所相关规定执行。

换股期内，若预备用于交换的股票被司法冻结、扣划或者其他权利瑕疵影响投资者换股权利，或者出现《上市公司股东、董监高减持股份的若干规定》规定的不得减持的情形，可交换债券应当暂停转让并暂停换股；同时，发行人将与上市公司保持密切联系，及时披露预备用于交换的股票被司法冻结、扣划、其他权利瑕疵影响及停牌情况进展。若暂停换股时间超过本次可交换债券存续期间，发行人将提出公平合理的处置方案，经债券持有人会议通过后实施。

29. 指令顺序

非公开发行可交换公司债持有人在同日做

出转让、赎回、回售、换股、转托管等两项或两项以上申报或发行人在同日行使赎回权的，按转让、赎回、回售、换股、转托管顺序处理。

30. 换股涉及税费

可交换债券持有人换股时，发行人和持有人视同股票买卖缴纳相关税费，发行人将在可交换债券换股前按照中国结算深圳分公司的规定将相应税金提前存入指定账户。

经核查，本所律师认为，本次发行的品种、期限等发行条款符合《管理办法》等有关法律、法规、规范性文件的规定。

五、关于本次发行有关中介机构的合法性

（一）本次发行的承销

1. 主承销商的业务资质

根据《募集说明书》披露，招商证券担任本次发行的主承销商。

经核查，招商证券现持有深圳市市场监督局福田局核发的统一社会信用代码为91440300192238549B号《营业执照》以及中国证监会核发的编号为91440300192238549B的《经营证券期货业务许可证》。

根据本所律师查询中国证监会网站公布的合法证券公司名录（2017年11月）、“中国证券监督管理委员会证券期货市场失信记录查询平台”（http://shixin.csrc.gov.cn/honestypub/）等网站，招商证券具备从事证券服务业务资格，不存在被立案调查及被监管部门限制参与债券发行业务活动资格的情形。

据此，本所律师认为，招商证券具备担任本次发行的主承销商资格，符合《管理办法》第三十三条的相关规定。

2. 关于本次发行的《承销协议》

经核查，发行人已与主承销商招商证券签署了关于本次发行的《承销协议》。

《承销协议》的内容包括承销安排、承销方式、承销费用及支付；先决条件、备案、付息和本金兑付、声明、保证并承诺、协议的终止和解除、违约责任、通知与送达、争议的解决、反商业贿赂、其他事项等内容。

据此，本所律师认为，本次发行的《承销协议》符合《管理办法》《暂行办法》的相关规定，合法、有效。

（二）本次发行的法律顾问

发行人聘请本所为本次发行的专项法律顾问并出具本法律意见书。

本所现持有北京市司法局于2016年8月8日核发的《律师事务所执业许可证》（统一社会信用代码：31110000E00017402T）。

本所为发行人本次发行出具法律意见书的经办律师为郑素文律师和宋颖怡律师，二人分别持有经2017年度考核备案的《律师执业证》（执业证号：14403201011980213、14403201611131 62）。

根据本所自查及本所律师查询“中国证券监督管理委员会证券期货市场失信记录查询平台”（http://shixin.csrc.gov.cn/honestypub/）等网站，本所具备从事证券服务业务资格，本所及经办律师不存在立案调查及被监管部门限制参与债券发行业务活动资格的情形。

据此，本所律师认为，本所及经办律师具备为发行人本次发行提供法律服务并出具法律意见书的资格。

（三）本次发行的财务审计

经核查，天健对发行人2016年、2017年度财务报表进行审计并出具了编号为“天健审〔2017〕3-415号”及“天健审〔2018〕3-95号”标准无保留意见的审计报告。

天健现持有浙江省工商行政管理局核发的统一社会信用代码为913300005793421213号《营业执照》、浙江省财政厅核发的《会计师事务执业证书》（证书序号：025940），中华人民共和国财政部、中国证监会颁发的《会计师事务所证券、期货相关业务许可证》（证书序号：000455）。发行人最近三年审计报告的签字注册会计师张希文、林利、张骥及李联均为持有《注册会计师证书》（证书编号：4403A0892、330000011883、330000010124及330000015447）的会计师。

根据本所律师查询中国证监会从事证券期货业务会计师事务所目录（2017年4月）、“中国证券监督管理委员会证券期货市场失信记录查询平台”（http://shixin.csrc.gov.cn/honestypub/）等网站，天健不存在被立案调查及被监管部门限制参与债券发行业务活动资格的情形。

据此，本所律师认为，天健对发行人最近两个完整会计年度的财务报表进行了审计并分别出具了标准无保留意见的审计报告，符

合《管理办法》第六条的规定。经办注册会计师向发行人出具审计报告时均具备相关从业资质。

综上所述,本所律师认为,本次发行的相关中介机构具有从事本次发行的业务资格,不存在被立案调查及被监管部门限制债券承销或参与债券发行业务活动资格的情形。

六、关于与本次发行有关的重大法律事项和潜在法律风险

(一)发行人的股权投资情况

1. 发行人的主要子公司

截至2017年12月31日,发行人的主要一级子公司共14家,具体情况如下表所示:

序号	公司名称	注册资本(万元)	持股比例(%)
1	深圳华强	72,131.68	70.76
2	华强方特 (2017年11月6日更名为"华强方特文化科技集团股份有限公司")	97,199	59.81
3	深圳华强新城市投资集团有限公司	30,000	100
4	深圳华强供应链管理有限公司	20,000	100
5	深圳市鼎盛时代置业有限公司	1,500	100
6	广东华强置业有限公司	8,298.20	100
7	华强科技(香港)有限公司	6,890万美元	100
8	深圳华强高新产业园投资发展有限公司	20,833.33	52
9	华强云投资控股有限公司	20,000	100
10	深圳华强集团财务有限公司①	100,000	50
11	芜湖市华强广场置业有限公司	48,000	100
12	华强创新(香港)有限公司	950万美元	100
13	深圳华强兆阳能源有限公司②	10,000	45
14	深圳华强前海置地有限公司	10,000	100

根据发行人提供的上述主要子公司的《营业执照》、各子公司章程及股东名册等资料,并经本所律师查询"国家企业信用信息公示系统"(http://gsxt.saic.gov.cn/),发行人的主要子公司均依法设立并有效存续,发行人已取得了权属证明文件,相关股权不存在重大权属纠纷,除下列所持下属公司股权设置了质押外,发行人持有的其他主要子公司股权不存在质押等权利受限情形。

序号	下属公司名称	股东/出质人	持股比例	质权人	质押股权比例
1	深圳华强前海置地有限公司	发行人	100%	北京银行股份有限公司深圳分行	100%
2	深圳市鹏源电子有限公司	深圳华强	70%	广发银行股份有限公司深圳分行	70%
3	华强方特	发行人	59.81%	招商证券资产管理有限公司	10.36%

① 深圳华强集团财务有限公司由深圳华强集团有限公司直接持股50%、间接持股24.51%,其经营与财务决策由深圳华强集团有限公司主导。

② 深圳华强兆阳能源有限公司系由深圳华强集团有限公司持有其45%股份,为其第一大股东,取得控股权,可以决定相关经营与财务决策。

2. 发行人的主要合营公司及联营公司

截至2017年12月31日，发行人的主要合营公司及联营公司共28家，具体情况如下表所示：

序号	公司名称	注册资本（万元）	持股比例（%）
1	汕头市方特欢乐世界蓝水星旅游发展有限公司	600	50
2	北京五色石教育文化有限公司	657	49.99
3	深圳华强鼎信投资有限公司	30,000	49
4	芜湖江丰文化投资发展有限公司	10,000	49
5	济南滨河文化发展有限公司	56,500	45
6	嘉峪关文化科技产业投资有限公司	10,000	40
7	宁波华复文化科技开发有限公司	38,600	45
8	郑州华宇文化发展有限公司	64,286	7
9	安阳殷商文化旅游投资有限公司	70,000	6.43
10	芜湖华复文化投资发展有限公司	10,000	45
11	南宁东盟文化博览园有限责任公司	194,811	2.55
12	洛阳华夏文化科技开发有限公司	10,000	45
13	长沙炎黄文化科技有限公司	98,492	4.29
14	邯郸交建文化科技有限公司	65,725	7.29
15	荆州强楚文化科技有限公司	72,025	8.06
16	嘉峪关丝绸之路文化科技有限公司	1,059.60	5.63
17	绵阳华飞文化科技有限公司	114,446	5.24
18	太原市国樾文化科技有限公司	22,484	20.01
19	赣州华园文旅开发有限公司	68,206	7.58
20	大同市平城文化科技有限公司	134,569	0.72
21	深圳华强聚丰电子科技有限公司	538	19.74
22	深圳华强酷信通讯技术有限公司	2,010	30
23	湖南聚丰亲宝科技有限公司	466	30
24	深圳华强前海科技有限公司	204,000	49.02
25	自贡市城投华龙文化发展有限公司	33,969	19.95
26	深圳华强酒店管理有限公司	5,000	10
27	深圳市芯斐电子有限公司	5,620	10
28	深圳前海华强商业保理有限公司	20,000	10

（二）发行人的资信情况

1. 发行人及其子公司的授信情况

根据发行人说明及《募集说明书》等，截至2017年12月31日，发行人及其子公司的银行授信及使用情况具体如下表所示：

序号	借款主体	贷款银行	授信额度(万元)	已使用额度(万元)
1	华强集团	中国银行	1,000,000.00	91,750.00
2	华强集团	中国建设银行	925,000.00	169,300.00
3	华强集团	招商银行	900,000.00	48,000.00
4	华强集团	上海浦东发展银行	645,000.00	115,170.00
5	华强集团	国家开发银行	601,100.00	198,480.00
6	华强集团	中国工商银行	505,000.00	93,689.00
7	华强集团	兴业银行	500,000.00	0.00
8	华强集团	中国农业银行	460,000.00	141,800.00
9	华强集团	华夏银行	345,000.00	81,500.00
10	华强集团	上海银行	200,000.00	82,500.00
11	华强集团	邮储银行	200,000.00	30,000.00
12	华强集团	平安银行	180,000.00	70,000.00
13	华强集团	北京银行	200,000.00	77,000.00
14	华强集团	民生银行	150,000.00	95,000.00
15	华强集团	光大银行	130,000.00	22,820.00
16	华强集团	交通银行	120,000.00	40,000.00
17	华强集团	广东华兴银行	120,000.00	55,000.00
18	华强集团	中信银行	100,000.00	0.00
19	华强集团	渤海银行	100,000.00	30,000.00
20	华强集团	广发银行	86,960.00	35,872.00
21	华强集团	华润银行	60,000.00	10,000.00
22	华强集团	宁波银行	65,000.00	5,000.00
23	华强集团	杭州银行	10,000.00	10,000.00
24	华强集团	江苏银行	100,000.00	50,000.00
25	华强集团	恒丰银行	100,000.00	20,000.00
26	华强集团	进出口行	45,000.00	11,750.00
27	华强集团	浙商银行	120,000.00	3,000.00
28	华强集团	汇丰银行	30,000.00	28,000.00
29	华强集团	深圳农商行	30,000.00	7,500.00
30	华强集团	永隆银行	10,000.00	9,076.00
31	华强集团	徽商银行	10,000.00	7,309.00
32	香港湘海	中银香港	3,000.00(万美元)	7,115.00(万日元)
33	香港湘海	工银亚洲	5,500.00(万美元)	62,504.00(万日元)

续表

序号	借款主体	贷款银行	授信额度(万元)	已使用额度(万元)
34	香港湘海	恒生银行	5,000.00(万美元)	47,241.00(万日元)
35	香港科技	浦发银行	8,000.00(万美元)	2,000.00(万美元)
36	香港湘海	中银香港	3,000.00(万美元)	525.00(万美元)
37	香港湘海	工银亚洲	5,500.00(万美元)	4,806.00(万美元)
38	香港湘海	恒生银行	5,000.00(万美元)	4,580.00(万美元)
39	香港庆瓷	恒生银行	2,000.00(万美元)	290.00(万美元)
40	香港联汇	恒生银行	1,500.00(万美元)	1,799.00(万美元)
41	捷扬国际	恒生银行	600.00(万美元)	190.00(万美元)
42	香港淇诺	恒生银行	5000.00(万美元)	4,304.00(万美元)
43	香港庆瓷	星展银行	90.00(万港币)	14.00(万港币)
44	香港庆瓷	大新银行	600.00(万美元)	450.00(万港币)

2. 最近两年发行人与主要客户业务往来的资信情况

根据发行人的书面说明并经本所律师核查,发行人在最近两年与其主要客户发生的重要业务往来中,不存在重大违约情形。

3. 发行人已发行债务融资工具以及偿还情况

截至2017年12月31日,发行人已发行及偿付直接债务融资工具情况如本法律意见书"三、本次发行的实质条件"所述,发行人到期的债务均按时偿付,不存在已公开发行的企业债券或其他债务有违约或延迟支付本息的情况。

据此,本所律师认为,发行人资信状况良好,不存在重大违约情形。

(三)发行人的主要资产及其受限情况

1. 发行人的主要资产

根据公司提供的资料并经本所律师核查,发行人及其子公司的主要资产均已取得权属证书,不存在重大权属纠纷。

2. 发行人主要资产受限情况

(1)根据《募集说明书》及发行人说明等,截至2017年12月31日,发行人及其子公司主要受限资产情况具体如下:

项目	截至2017.12.31账面价值(万元)	受限原因
货币资金	47,572.05	保证金/人行存款准备金
存货	195,963.28	项目贷款抵押
固定资产	195,531.23	项目贷款抵押
在建工程	109,196.92	项目贷款抵押
投资性房地产	39,264.32	项目贷款抵押
无形资产	160,538.40	项目贷款抵押
合计	748,066.20	—

(2)截至2017年12月31日,发行人及其子公司主要资产租赁(投资性房地产)情况具体如下:

单位:万元

序号	项　目	建筑面积(平方米)	获取成本	评估价值
1	华强大厦3、22、23、24、25、27、28、29、30楼	12,031.12	8,426	26,156
2	宝龙工业园	60,632.23	9,967	14,860
3	电子大楼1栋、电脑车间2栋、彩电大楼3栋、华强花园D栋1-3	50,350.88	23,726	66,096

续表

序号	项　　目	建筑面积(平方米)	获取成本	评估价值
4	华强广场1栋101、2栋101、2栋A2101、402	56,189.50	76,433	260,482
5	华强花园裙楼102、202、301、302	9,935.70	16,179	25,881
6	沈阳华强电子世界商业裙楼	47,637.30	28,430	48,894
7	济南华强广场商业裙楼(负1-3楼)及商业写字楼	58,519.99	52,382	103,065
8	东莞塘厦彩电大楼	38,161.76	2,806	5,736
9	方特新天地	38,319.39	23,868	38,687
10	华强电商物流园1-3号仓库和综合楼	49,559.34	16,067	17,174
11	石家庄华强广场商业裙楼	54,799.64	40,527	85,059
12	芜湖华强广场商业裙楼	80,585.36	59,548	83,117
13	安阳市华强中心商务区集中商业	22,266.01	10,138	11,798
14	芜湖R10幼儿园	2,568.95	988.45	972
15	高新楼	28,021.79	9,187	7,583
16	梅林厂房	65,764.12	15,496	37,924
17	佛山华强广场	34,244.48	26,345	43,672
18	南通市北大街华强城电子市场(1-5层)	34,875.17	20,128	34,943
19	南通市港闸区北大街华强城74幢(16-25层)	25,263.34	14,686	26,823
20	南通市港闸区北大街华强城35幢	3,710.81	2,101	3,803
21	123#加建(1-4楼)	8,076.77	5,593	4,333
合　　计		781,514	463,020	947,058

发行人控股子公司深圳华强主要业务之一为电子市场经营和服务,发行人投资性房地产主要是深圳华强的电子市场,用于出租。其他用于出租的房产,主要是发行人及其子公司拥有的商业裙楼和办公楼。

经核查,本所律师认为,发行人已经披露的资产抵押、质押、租赁等安排系依照法律法规及《公司章程》的规定进行,该资产受限情况不会对本次发行构成影响。

(四)发行人及子公司的担保情况

根据《募集说明书》及发行人说明等,截至2017年12月31日,发行人及子公司担保情况具体如下:

被担保单位	担保起始日(年.月.日)	担保到期日(年.月.日)	担保余额(万元)
湖南华强文化科技有限公司(二级子公司)	2013.06.21	2023.06.20	35,620
深圳华强高新产业园投资发展有限公司	2016.10.21	2026.10.20	47,000
华强方特(厦门)文化科技有限公司(二级子公司)	2016.01.29	2026.01.28	63,800
深圳华强(南通)投资有限公司(二级子公司)	2016.07.26	2020.07.26	4,000
华强方特	2018.01.15	2018.12.14	28,000

续表

被担保单位	担保起始日（年.月.日）	担保到期日（年.月.日）	担保余额（万元）
芜湖华强文化科技产业有限公司	2012.01.19	2023.12.28	15,600
华强方特（沈阳）文化科技产业有限公司（二级子公司）	2012.04.20	2022.03.13	10,700
佛山华强广场投资建设有限公司（二级子公司）	2015.06.26	2018.05.29	9,076
沈阳华强供应链管理有限公司（三级子公司）	2017.02.10	2026.11.27	2,820
深圳华强永兴投资有限公司	2016.11.30	2021.09.20	50,000
合计（万元）	—	—	266,616

本所律师认为，发行人作为具有独立法人资格的企业，依法具备对外担保的主体资格与能力，上述担保事项系依照法律法规及发行人《公司章程》的规定进行，不会对发行人本次发行构成影响。

（五）发行人的控股股东及实际控制人

截至2017年12月31日，华强集团的股权结构如下图：

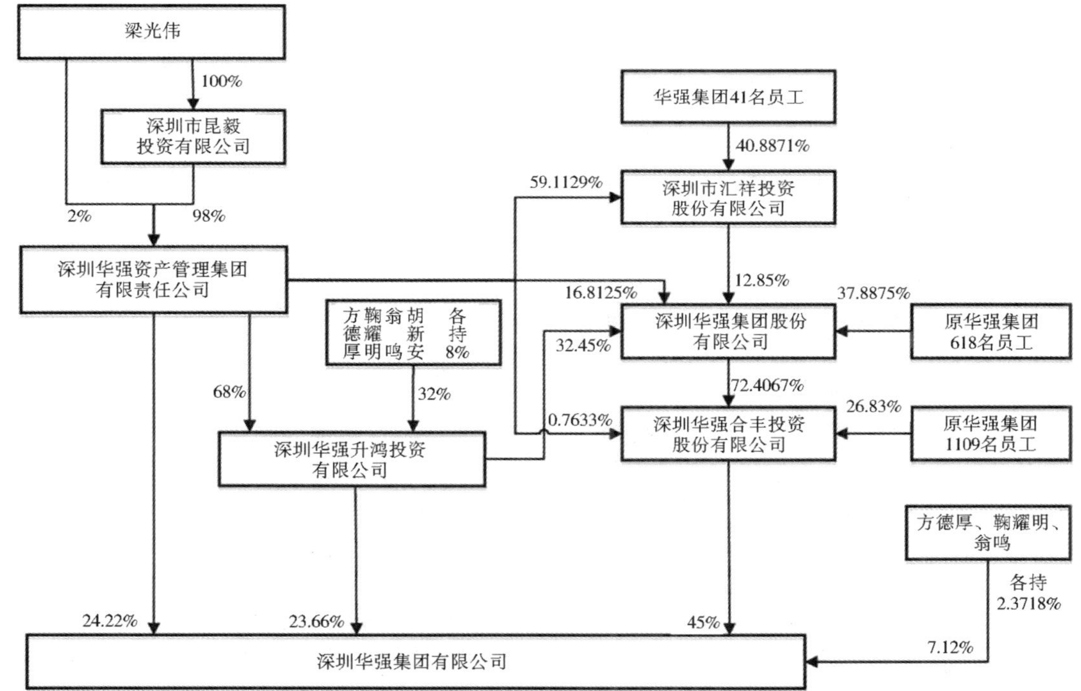

1.发行人的控股股东

根据发行人提供的工商登记（备案）资料及法人股东名册，华强资产管理集团通过下列股权控制关系成为发行人的控股股东：

（1）华强资产管理集团直接持有华强集团24.22%股权；

（2）华强资产管理集团直接持有升鸿投资68%股权，华强资产管理集团通过升鸿投资控制华强集团23.66%股权；

（3）华强资产管理集团直接持有华强集团股份16.8125%股权，华强资产管理集团直接持有汇祥投资59.1129%股权，通过汇祥投资控制华强集团股份12.85%股权，通过控制升鸿投资控制华强集团股份32.45%股权，华强资产管理集团合计控制华强集团股份62.1125%股权，华强集团股份持有合丰投资72.4067%股权。据此，华强资产管理集团通过华强集团股份、合丰投资间接控制华强集团45%

股权。

基于以上股权控制关系,华强资产管理集团合计控制的华强集团之股权比例达到92.88%,为华强集团控股股东。

2. 发行人的实际控制人

发行人的实际控制人为梁光伟。梁光伟通过其出资的全资子公司深圳市昆毅投资有限公司控制华强资产管理集团,通过华强资产管理集团控制华强集团,为华强集团实际控制人。

(六)发行人的法人治理情况

根据发行人提供的资料并经本所律师核查,发行人具备健全的组织机构,且该等组织机构符合《公司章程》的规定;发行人现有的董事、监事和高级管理人员的任职符合《公司章程》及相关法律、法规规定。

(七)诉讼、仲裁或行政处罚

根据发行人提供的相关材料,经本所律师核查,截至2017年12月31日,发行人及其下属公司尚未了结的诉讼案件主要情况如下:

1. 下属公司深圳华强电子交易网络有限公司(以下简称交易网公司)诉无锡市华方微电子有限公司(以下简称华方公司)《销售代理协议书》纠纷案:

2015年12月交易网公司向深圳市福田区人民法院提起诉讼,诉请华方公司支付全部货款共计人民币177.5万元、违约金53.25万元,合计230.75万元。深圳市福田区人民法院于2016年9月5日就此案出具一审判决书,确认解除《销售代理协议书》,要求华方公司于判决生效日起十日内向交易网公司支付货款177.5万元。华方公司不服一审判决,于2016年10月向深圳市福田区人民法院提起上诉,目前尚未收到法院开庭传票。2017年末,交易网公司在扣除对华方公司的应付款项后全额计提坏账准备。

2. 下属公司深圳市湘海电子有限公司(以下简称湘海电子公司)诉深圳市金立通信设备有限公司(以下简称金立公司) 之子公司东莞市金铭电子有限公司、东莞金卓通信科技有限公司多项买卖合同纠纷一案:

湘海电子公司想法院提起诉讼请求:1)判令被告立即向原告支付货款本金合计61,043,795.55元,利息213,394.42元(按同期人民银行贷款利率分段暂计)。2)本案诉讼费用由被告承担。

截止2017年末,尚未收到金立公司货款,湘海电子公司对账面核算的应收款项全额计提坏账准备。此数案目前正处在诉讼保全中,尚未开庭审理。

3. 下属公司石家庄华强广场房地产开发有限公司(以下简称石家庄华强地产)诉王志辉房屋买卖合同纠纷案:

王志辉于2013年2月17日以向银行按揭贷款的方式购买地上东区商业D座办公楼04单元1701-1706号房屋。后王志辉自2015年12月起中断按揭还款,银行多次催款无效后,自石家庄华强地产保证金账户划扣103万元。石家庄华强地产于2016年4月向石家庄市新华区人民法院提起诉讼。2016年11月11日,石家庄人民法院做出一审判决,判决王志辉将1701-1706号房屋交付石家庄华强地产,并支付房屋使用费19.44万元,违约金5.17万元,配合石家庄华强地产办理解除备案手续,要求石家庄华强地产退回王志辉购房款共计154.85万元。2017年6月本案审结,石家庄华强地产依据生效判决向石家庄新华区人民法院申请强制执行,但因王志辉购买的六套房屋因其他案件被石家庄市中级人民法院查封,石家庄华强地产为维护自身权益,已向石家庄市中级人民法院提出案外人执行异议,石家庄华强地产已对该部分房产确认的收入成本进行了冲减调整。

4. 石家庄华强地产起诉白三脏、王东勇担保追偿权纠纷案:

白三脏于2012年3月27日购买石家庄华强地产地下商业0-204号商铺,并签订《商品房买卖合同》,2012年4月27日白三脏与石家庄华强地产及中国银行股份有限公司签订《个人商业用房贷款合同》,由石家庄华强地产提供连带责任保证。白三脏从2015年9月21日停止还款,2015年11月3日中国银行在石家庄华强地产保证金账户划扣贷款本息共计约29万元。王东勇于2012年12月27日购买石家庄华强地产地下商业1277号商铺,并签订《商品房买卖合同》,2013年1月21日,王东勇与石家庄华强地产及中国银行股份有限公司签订《个人商业用房贷款合同》,由石家庄华强地产提供连带责任保证。王东勇从2015年7月停止还款，2015 年 11 月 3 日，中国银行在石家庄华强地产保证金账户划扣贷款本息共计约 25 万元。2016 年 4 月 25 日，石家庄华强地产向河北省石家庄中级人民法院提起上诉，请求判令白三脏、王东勇支付代偿本金利息及违约金共计约 65 万元。2016 年 5 月 25 日，石家庄市中级人民法院对该案做出一审判决，判决白三脏、王东勇偿还石家庄华强地产代偿款共计约 54 万元，驳回石家庄华强地产其他诉讼请求。目前一审判决执行中。石家庄华强地产已对该部分房产确认的收入成本进行了冲减调整。

5. 下属公司济南华强广场置业有限公司（以下简称济南置业）诉泥春林、王军商品房买卖合同纠纷案：

2014 年 10 月济南置业向济南市历下区法院提起诉讼，请求解除济南置业与泥春林、王军签订的《商品房买卖合同》，同时要求泥春林、王军返还《商品房买卖合同》中所涉及到的房屋，并支付违约金、租赁赔偿款等共计 165 万元。2015 年 7 月 9 日，历下区法院做出一审判决，判决涉案房屋归济南置业所有，泥春林、王军前期所缴纳首付款在扣除济南置业经济损失后，剩余款项退还泥春林、王军。截至 2017 年末，案件涉及的房产因泥春林等背负其它债务关系，被法院冻结查封，尚无法办理房产过户手续至济南置业。济南置业已于 2015 年对该部分房产已确认的收入成本进行了冲减调整。

6. 下属公司德州华强电子世界管理有限公司（以下简称德州华强电子）诉德州升晖照明设备有限公司（以下简称德州升晖）、王林海《联营合作合同》纠纷案：

德州华强电子与德州升晖于 2011 年 12 月 21 日签订了《联营合作合同》，于 2014 年 4 月 20 日就《联营合作合同》及相关协议签订《解除协议书》。《解除协议书》签订后，德州升晖未按协议约定执行。2015 年 6 月 26 日，德州华强电子向法院提起诉讼，请求德州升晖继续履行《解除协议书》，并支付《解除协议书》中约定已到期未支付款项合计约 95 万元，王林海承担连带责任。法院于 2015 年 10 月 20 日做出一审判决，判决支持德州华强债权请求，同时支持税金损失、利息损失请求，合计德州升晖、王林海应支付德州华强约 95 万元。目前一审判决已生效，德州华强电子已申请强制执行。截止 2017 年 12 月 31 日，德州华强电子尚未收到德州升晖公司货款，已对账面核算的应收款项全额计提坏账准备。

本所律师认为，上述未决诉讼对本次发行不构成重大影响。除上述已披露的诉讼案件外，截至 2017 年 12 月 31 日，发行人不存在其它尚未了结的或可预见的重大诉讼、仲裁及行政处罚案件。

（八）发行人的资金拆借

根据《募集说明书》和发行人说明等，2016 年至 2017 年期间，发行人的资金拆借情况如下：

1. 2016 年关联方资金拆借情况：

<table>
<tr><th>关联方</th><th>拆借金额（元）</th><th>起始日（年/月/日）</th><th>到期日（年/月/日）</th><th>利率（%）</th><th>利息（元）</th><th>决策程序</th><th>定价机制</th></tr>
<tr><td colspan="8">拆出</td></tr>
<tr><td>深圳华强天盛商贸有限公司</td><td>700,000,000.00</td><td>2016/12/01</td><td>2017/12/01</td><td rowspan="3">4.18</td><td rowspan="3">4,926,676.20</td><td rowspan="5">董事会授权贷款审批委员会或总经理并制订日常经营制度</td><td rowspan="5">参照人民银行同期贷款基准利率</td></tr>
<tr><td>深圳华强天盛商贸有限公司</td><td>201,000,000.00</td><td>2016/09/28</td><td>2018/09/28</td></tr>
<tr><td>深圳华强天盛商贸有限公司</td><td>100,000,000.00</td><td>2016/12/22</td><td>2017/12/22</td></tr>
<tr><td>深圳华强前海科技有限公司</td><td>200,000,000.00</td><td>2016/12/23</td><td>2017/12/23</td><td>4.35</td><td>59,245.46</td></tr>
<tr><td>郑州华强广场置业有限公司</td><td>400,000,000.00</td><td>2016/12/30</td><td>2017/12/30</td><td>4.35</td><td>6,062.99</td></tr>
</table>

续表

关联方	拆借金额(元)	起始日(年/月/日)	到期日(年/月/日)	利率(%)	利息(元)	决策程序	定价机制
拆出							
郑州新芒果春天房地产有限公司	50,000,000.00	2016/11/02	2018/11/02	8.00	1,132,081.51		
郑州新芒果春天房地产有限公司	100,000,000.00	2016/12/08	2018/12/08				
河南华强新芒具实业发展有限公司	250,000,000.00	2016/11/30	2019/11/30	8.00	—		

2. 2017 年关联方资金拆借情况:

关联方	拆借金额(元)	起始日	到期日	利率(%)	利息(元)	决策程序	定价机制
拆出							
深圳华强天盛商贸有限公司	631,000,000.00	2016/9/28	2019/12/07	4.26	23,913,114.60	董事会授权贷款审批委员会或总经理并制订日常经营制度	参照人民银行同期贷款基准利率
郑州新芒果春天房地产有限公司	150,000,000.00	2016/11/02	2018/12/08	8.00	12,166,666.67		
河南华强新芒果实业发展有限公司	250,000,000.00	2016/11/30	2019/11/30	8.00	20,277,777.78		
中牟新芒果房地产有限公司	125,000,000.00	2017/11/29	2018/11/29	8.00	611,111.11		
郑州广场置业有限公司	1,220,000,000.00	2017/06/27	2018/11/22	4.35	24,317,780.30		
深圳华强前海科技有限公司	1,400,000,000.00	2017/06/28	2018/12/29	4.35	21,157,916.67		

注:拆借金额系当年借款的累计金额,起始日系第一次提款日,到期日系单笔借款最晚到期日。

对联营企业的资金拆借利率系参照人民银行同期贷款基准利率。深圳华强集团财务有限公司根据成员单位的关联关系、业务经营范围提供金额和利率不同的贷款。利息根据实际提款金额、实际提款日计算,经核查,利率与已收回利息匹配。

根据公司提供的资料,资金拆借系公司下属子公司华强财务公司为联营企业提供的有息贷款。华强财务公司系中国银行业监督管理委员会批准开业的非银金融机构(批文编号为银监复〔2012〕232 号),可开展对成员单位办理贷款的业务,该类资金拆借业务系按照华强财务公司的日常经营制度,经过董事会授权贷款审批委员会或总经理批准,展开的正常业务,符合法律法规的规定。

经核查,本所律师认为,发行人的资金拆借情况合规。发行人已承诺债券存续期内不新增非经营性往来占款或资金拆借额度。

(九)发行人的关联交易

发行人报告期内关联交易主要如下:

1. 控股子公司华强方特为联营、合营的公园提供主题公园运营服务、销售特种设备、销售文化产品,华强方特的关联交易每年初经过董事会审议预算,实际发生交易时,根据公司经营制度执行管理层批准,交易价格公允,交易必要。

2. 控股子公司深圳华强为关联方提供酒店服务,系关联方日常经营活动中在深圳华强广场酒店的住宿、餐饮等消费产生，金额较小，按公司经营制度执行，交易价格公允，交易必要。

3. 为关联方提供房产租赁以及承租关联方的房产，金额较小，按公司经营制度执行，交易价格公允，交易必要。

4. 下属公司华强财务公司为关联方提供有息贷款。深圳华强集团财务有限公司系中国银行业监督管理委员会批准开业的非银金融机构（批文编号为银监复〔2012〕232 号），可开展对成员单位办理贷款的业务。贷款按照财务公司的日常经营制度执行，利率参考人民银行同期贷款基准利率，交易价格公允，交易必要。

综上，本所律师认为，发行人报告期内的关联交易履行了必要的审议程序，交易价格公允，具有必要性。

（十）发行人的在建工程

截至 2017 年 12 月 31 日，公司主要在建工程情况如下：

项目	2017 年末	
	账面余额（万元）	账面净值（万元）
文产基地工程	163,737	163,737
梅林厂房改造	67	67
华强电子世界 123#楼室内装修及机电改造一期工程	40	40
深圳一店洗手间改造工程	50	50
华强智能家居 SHUC 建造	99	99
张家口太阳能热发电站	62,252	62,252
金廊一二期项目	229,505	229,505
沈北一二期	37,202	37,202
前海置地项目	9,396	9,396
其他	4	4
合　计	502,352	502,352

根据公司提供的资料，公司 2017 年在建工程后续投资金额尚需 97.75 亿元，后续投资资金主要来源为发行人自有资金、流动资产变现、银行借款等途径。

报告期内公司经营稳定、业绩良好。2016 年和 2017 年合并财务报表营业收入分别为 1,883,406.26万元和 2,283,002.16 万元，经营活动产生的现金流量净额分别为 47,448.28 万元和 308,087.90 万元。公司流动资产中，货币资金储备充足，截至 2017 年 12 月 31 日，发行人合并报表的货币资金达 605,525.73 万元，此外，发行人最近 3 年银行授信总额度均保持在 800 亿元左右，而实际用信额度较少，有较多的可用银行授信额度。

综上所述，本所律师认为，发行人不存在未决或可预见的对本次发行具有重大不利影响的法律事项。

七、本次债券持有人权益保护

（一）债券受托管理人及债券受托管理协议

1. 根据发行人与招商证券签署的《债券受托管理协议》，发行人聘请招商证券担任本期债券的受托管理人，依法履行债券受托管理人职责，在债券存续期限内，由招商证券代表债券持有人根据《债券受托管理协议》的约定维护债券持有人的合法利益。经核查，招商证券为本次发行的承销机构，未为本期债券提供担保。经查询中国证券业协会网站，招商证券为中国证券业协会会员。

2. 经核查，《债券受托管理协议》和《募集说明书》中披露的债券受托管理的主要内容符合《管理办法》和中国证券业协会《公司债券受托管理人执业行为准则》的相关规定，《债券受托管理协议》载有中国证券业协会公布的发行公司债券受托管理协议必备条款，明确规定了受托管理的事项、发行人的权利和义务及受托管理人的职责、权利和义务，并对受托管理事务的报告、利益冲突的风险防范机制、受托管理人的变更、违约责任等事项作出明确约定，并且明确约定，投资者认购或持有本期债券将被视为接受《债务受托管理协议》。

本所律师认为，招商证券未担任本次债券的担保机构，其具备担任本期债券受托管理人的主体资格，符合《管理办法》第四十八条、第四十九条之规定。招商证券作为债券受托管理人应履行的职责约定及《债券受托管理协议》的内容符合《管理办法》第三十六条、第四十九条、第五十二条、《深圳证券交易所公司债券上市规则（2015 年修订）》、《暂行办法》及《公司债券受托管理人执业行为准则》的相关规定。

(二)本次债券持有人会议规则

1. 发行人与招商证券根据《管理办法》及相关法律文件的规定制定了《债券持有人会议规则》。《债券持有人会议规则》对公司债券持有人通过公司债券持有人会议行使权利的范围、程序等事项进行了约定,明确规定了公司债券持有人会议的权限范围、会议的召集、会议的议案、委托及授权事项、会议的召开、会议的表决、决议及会议记录等内容。

2. 发行人已在《募集说明书》中对《债券持有人会议规则》的主要内容进行了披露,并且约定债券持有人认购、持有或受让本期债券,均视为其同意并接受《债券持有人会议规则》并受之约束。

本所律师认为,发行人与债券受托管理人制定的《债券持有人会议规则》内容符合《管理办法》第五十四条、《暂行办法》及《深圳证券交易所公司债券上市规则(2015 年修订)》的相关规定。

(三)增信机制、偿债计划以及其他保障措施

1. 本期债券的担保

为保障本期债券持有人交换标的股票和本期债券本息如期足额兑付,发行人已与招商证券签署了《股票质押合同》。质押标的所担保的主债权为出质人发行的总额为不超过 30 亿元的华强集团 2018 年非公开发行可交换公司债券,包括被担保债权的种类和数量、债务人履行债务的期限、质押标的、担保范围、股票质押登记、质押财产的转让、质押股票数量、追加担保、质权的行使、债券持有人的权利、质权人的权利义务、出质人声明与承诺、质权人声明与承诺、合同成立与生效、费用承担、保密与通知等条款。全体债券持有人为募集说明书项下的债权人及《股票质押担保合同》项下的质权人,招商证券受全体债券持有人(即质权人)的委托作为《股票质押担保合同》项下质押权益的代理人。

发行人将其持有的总计 173,796,792 股深圳华强股票及其孳息(包括送股、转股和现金红利)一并质押给债券受托管理人,用于对本期债券持有人交换股票和本次可交换债券本息偿付提供担保。

(1)本次发行质押担保的初始质押股票为出质人持有并预备用于交换的一定数量的深圳华强股票(股票代码:000062. SZ),初始担保比例不低于 130%,即在发行人向中国结算深圳分公司申请办理质押的股票核定价值总额将不低于本次债券发行规模的 1.30 倍。截至本法律意见书出具之日,该 173,796,792 股深圳华强 A 股股票权属属于发行人。

(2)质押期间,上述股份因深圳华强资本公积转增股本、送股、分红、派息等资本公积转增股本和/或权益分派事项而获得的股份和红利,于该等股票和/或现金到账之日起自动成为本次非公开发行可交换公司债券的担保物。

(3)本期债券存续期内,发行人应动态维持不低于 120% 的比率。

若标的股票价格出现下跌导致连续 15 个交易日担保比例低于 120%,发行人须在触发该事项之日起 10 个交易日内向质押专用证券账户追加标的股票和/或直接追加现金,使得担保比例达到 120% 或以上。

在上述 10 个交易日内,若担保比例未能恢复到 120% 水平或以上,受托管理人应当在该 10 个交易日届满之日起的 10 个交易日内召集债券持有人会议,由发行人提供第三方担保方案或提供其他增信措施,上述担保方案或增信措施须经出席会议的债券持有人(包括债券持有人代理人)所持表决权二分之一以上同意方为有效。

若发行人无法提供第三方担保方案或提供其他增信措施,或相关方案被债券持有人会议否决,则债券持有人有权按照债券面值及应计利息向发行人回售所持剩余债券。

根据《深圳华强实业股份有限公司 2018 年第一季度报告》的说明,发行人持有深圳华强 510,375,966 股,持股比例为 70.76%,无质押或冻结的股份;发行人于 2018 年 2 月 9 日召开的董事会会议及 2018 年 2 月 26 日召开的股东会会议,均审议通过了《关于非公开发行可交换公司债券的方案的议案》等议案,同意将发行人持有的部分深圳华强 A 股股票作为质押物,用于对本次可交换公司债券换股以及本息偿付提供担保。据此,本所律师认为,发行人持有深圳华强股票合法有效,不存在质押或冻结等限制转让的情形;发行人质押其持有的深圳

华强股票的决策程序合法有效。因此，本次债券的增信措施合法有效。

2. 偿债计划

发行人已在《募集说明书》披露了对本期债券本息偿付安排、偿债资金来源等。

3. 偿债应急保障方案

发行人已在《募集说明书》披露了偿债应急保障方案：必要时可以通过预备用于本次可交换公司债券换股和本息偿付的担保、流动资产变现、银行授信、处置部分可供出售金融资产、长期股权投资来补充偿债资金。

4. 其他偿债保障措施

发行人已在《募集说明书》披露了偿债保障措施，包括：(1)切实做到募集资金专款专用：发行人将严格依照公司股东会决议及《募集说明书》披露的资金投向，确保募集资金专款专用。发行人将为本次发行的募集资金制定具体的募集资金使用计划，并督促相关部门严格按照计划执行，保证募集资金的投入、运用、稽核等方面的顺畅运作，以降低募集资金使用风险，保证投资者利益；(2)制定债券持有人会议规则：发行人已按照《管理办法》的要求制定了《债券持有人会议规则》，约定债券持有人通过债券持有人会议行使权利的范围、程序和其他重要事项，为保障本期债券本息的按约偿付做出了合理的制度安排；(3)充分发挥债券受托管理人的作用：发行人已按照《管理办法》和《公司债券受托管理人执业行为准则》的要求为债券持有人聘请了债券受托管理人，并订立了《债券受托管理协议》。在本次债券存续期限内，由债券受托管理人代表债券持有人依照《债券受托管理协议》的约定维护债券持有人的利益；(4)设立专门的偿付工作小组：发行人将在每年的财务预算中落实安排本次债券本息的偿付资金，保证本息的如期偿付，保障债券持有人的利益。在本次债券利息和本金偿付日之前的十五个工作日内，发行人将专门成立偿付工作小组，负责利息和本金的偿付及与之相关的工作；(5)设立偿债保障金专项账户，发行人将设立偿债保障金专项账户(以下简称“偿债专项账户”)，提前归集本次债券本息，以保证本次债券本息的及时、足额偿付；(6)严格的信息披露：发行人将遵循真实、准确、完整的信息披露原则，使公司偿债能力、募集资金使用等情况受到债券持有人、债券受托管理人等的监督，以防范偿债风险。公司将按《债券受托管理协议》及中国证监会的有关规定进行重大事项信息披露；(7)其他保障措施：发行人承诺当公司出现预计不能按期偿付债券本息或者到期未能按期偿付债券本息时，公司将至少采取如下措施：不以现金方式进行利润分配；暂缓重大对外投资、收购兼并等资本性支出项目的实施；主要责任人不得调离；(8)如标的公司发生合并、破产等灭失情形，本次债券的处理措施：若标的公司深圳华强发生合并、破产等灭失情形，发行人将对本次债券未换股部分按照债券面值(不含利息)的105%赎回每名债券持有人所持有的全部债券。

据此，本所律师认为，发行人本次发行的增信措施、偿债计划及偿债保护措施不违反法律、法规的相关规定，符合《管理办法》第五十六条、五十七条的有关规定。

八、本次发行的募集说明书

经本所律师核查，发行人本次发行的《募集说明书》主要包括发行概况；风险因素；发行人及本次债券的资信状况；增信机制、偿债计划及其他保障措施；发行人基本情况；财务会计信息；标的公司概况；募集资金运用；债券持有人会议；债券受托管理人；发行人、中介机构及相关人员声明；备查文件。

本所律师对《募集说明书》中引用本法律意见书相关内容进行核查，认为《募集说明书》对本法律意见书中相关内容的引用不存在虚假记载、误导性陈述或重大遗漏，不存在因上述原因而引起法律风险的情形。

九、本所承诺

本所及签字律师已出具相关承诺，确认对发行人在《募集说明书》中引用的法律意见书的内容无异议，确认募集说明书不致因所引用内容出现虚假记载、误导性陈述或重大遗漏，并对其真实性、准确性和完整性承担相应的法律责任。

十、结论意见

综上所述，本所律师认为，发行人具备本次发行的主体资格；发行人对本次发行在现阶段的内部批准和授权符合法律、法规和规范性文件及《公司章程》的规定;发行人不属于《负面清单》限制的范围,发行人本次发行符合《公司法》、《证券法》、《管理办法》、《暂行办法》等规定的非公开发行可交换公司债券的实质条件;本次债券的品种、期限等发行条款符合《管理办法》等有关法律、法规、规范性文件的规定;为本次发行提供服务的中介机构均具备从事本次发行相应的业务资格;发行人关于本次发行的债券持有人权益保护的制度设置符合《管理办法》的规定;本次发行的《募集说明书》符合《管理办法》的规定;发行人不存在对本次发行具有重大不利影响的法律事项。本期债券在发行完成后5个工作日内需向中国证券业协会报送备案登记表,债券发行完成后的转让申请需深交所作出是否同意转让的决定。

本法律意见书由经办律师签字并加盖本所公章后生效。

(本页无正文,为《北京金诚同达律师事务所关于深圳华强集团有限公司2018年非公开发行可交换公司债券的法律意见书》之签署页)

北京金诚同达律师事务所
负责人:庞正忠
经办律师:郑素文、宋颖怡

北京金诚同达律师事务所关于深圳华强集团有限公司2018年非公开发行可交换公司债券的补充法律意见书

致:深圳华强集团有限公司

本所接受发行人的委托,作为发行人的特聘专项法律顾问,就发行人本次发行的有关法律事项出具本法律意见书。

为本次发行,本所律师已出具了《北京金诚同达律师事务所关于深圳华强集团有限公司2018年非公开发行可交换公司债券的法律意见书》(以下简称《法律意见书》)。

本所律师现就深交所于2018年4月16日出具的《深圳证券交易所关于深圳华强集团有限公司2018年非公开发行可交换公司债券转让确认材料的反馈意见函》(固收部反馈函(私)〔2018〕第61号)的要求,出具本补充法律意见书。本补充法律意见书中所使用的术语、名称、简称,除特别说明外,与其在《法律意见书》中的含义相同。本所律师在《法律意见书》中所作的各项声明,适用于本补充法律意见书。本补充法律意见书构成《法律意见书》的必要补充。除本补充法律意见书的内容之外,本所律师对发行人本次非公开发行可交换公司债券的其他法律问题的意见和结论仍适用《法律意见书》中的相关表述。

本所律师根据法律、法规和规范性文件的要求,按照律师行业公认的业务标准、道德规范和勤勉尽责精神,对发行人提供的有关文件和事实进行了核查和验证,现出具补充法律意见书如下:

一、关于本次可交换债券的产品设计,请发行人补充披露以下事项:(1)在《可交换私募债发行人及承销机构承诺书》以及《募集说明书》中明确拟质押并用于换股的股票数量,结合本次可交换债券的发行规模、初始担保比例合理测算并说明拟质押股票的数量是否不少于本次发行可交换债券全部换股所需股票的数量,请主承销商及律师就上述事项进行核查并发表明确意见;(2)所有与标的股票减持相关的承诺及承诺的有效期等内容,并结合承诺相关内容说明本次债券之换股条款是否符合上述承诺;说明换股期内减持股票比例超过上述承诺(如有)的补充安排机制,请主承销商和律师发明确意见。

(一)在《可交换私募债发行人及承销机构承诺书》以及《募集说明书》中明确拟质押并用于换股的股票数量,结合本次可交换债券的发行规模、初始担保比例合理测算并说明拟质押股票的数量是否不少于本次发行可交换债券全部换股所需股票的数量，请主承销商及律师就上述事项进行核查并发表明确意见。

1. 拟质押并用于换股的股票数量

（1）拟质押并用于换股的股票数量测算

本次可交换债券发行规模预计不超过30亿元，设置的初始质押担保比例为不低于130%。根据深圳华强A股股票2018年6月5日前20个交易日均价22.44元/股计算，发行人拟质押并用于换股的深圳华强A股股票数量不低于173,796,792股，则初始担保比例不低于130%。

（2）担保事项

发行人将预备用于交换的173,796,792股深圳华强A股普通股票（股票代码：000062）及其孳息（包括送股、转股、现金红利和配股）一并质押给债券受托管理人，用于对本次债券持有人交换股票和为本次债券本息偿付提供担保。初始担保比例不低于130%，即在发行人向中国结算深圳分公司申请办理质押的股票核定价值总额将不低于本次债券发行规模的1.30倍。截至本补充法律意见书出具之日，该173,796,792股深圳华强A股股票权属属于发行人。

2. 拟质押股票的数量是否不少于本次发行可交换债券全部换股所需股票的数量的说明

（1）初始换股价格的确定

本次债券的初始换股价格不低于发行日前20个交易日标的股票收盘价均价的90%（若在该20个交易日内发生过因除权、除息引起股价调整的情形，则对调整前的交易日的交易价按经过相应除权、除息调整后的价格计算）和前1个交易日标的股票交易收盘价的90%，具体初始换股价格由发行人股东会授权发行人董事会根据市场和公司具体情况与主承销商协商确定。

（2）本次可交换债全部换股的初步测算

假定深圳华强A股股票2018年6月5日的收盘价23.36元/股为本次可交换债券的初始换股价格，根据该初始换股价格进行测算，本次可交换债券全部换股所需股票的数量为128,424,658股。

根据深圳华强A股股票2018年6月5日前20个交易日均价计算，发行人拟质押并用于换股的深圳华强A股股票数量为173,796,792股，不少于本次可交换债券全部换股所需股票的数量。

经核查，本所律师认为，根据本次可交换债券发行规模不超过30亿元，初始质押担保比例不低于130%以及深圳华强A股股票于2018年6月5日前20个交易日均价测算，发行人拟质押并用于换股的深圳华强A股股票数量为173,796,792股。假定深圳华强A股股票2018年6月5日的收盘价23.36元/股为本次可交换债券的初始换股价格，本次可交换债券全部换股所需股票的数量为128,424,658股。本次可交换债券拟质押股票的数量不少于本次可交换债券全部换股所需股票的数量。

（二）所有与标的股票减持相关的承诺及承诺的有效期等内容，并结合承诺相关内容说明本次债券之换股条款是否符合上述承诺；说明换股期内减持股票比例超过上述承诺（如有）的补充安排机制，请主承销商和律师发明确意见。

1. 发行人持有的标的股票股份限售承诺及有效期

2015年11月12日，深圳华强向华强集团非公开发行募集配套资金的10,172,666股A股股票于深交所上市。华强集团于同日作出股份限售承诺："1. 保证本公司本次交易中认购而取得的深圳华强实业股份有限公司的股份，自该等股份上市之日起三十六个月内将不以任何方式转让，包括但不限于通过证券市场公开转让或通过协议方式转让；但若政府监管机构要求调整锁定期的，则该等股份的锁定期应当相应调整。之后按中国证监会和深交所的规定执行。2. 如违反以上承诺，本公司愿意将违规出售股份所获得的利益无偿赠与上市公司。"该等股份的预计可流通时间为2018年11月12日（非交易日顺延）。

除上述限售情形外，发行人不存在其他与标的股票减持相关的承诺。

2. 发行人持有的标的股票相关的业绩承诺及承诺有效期

截至目前，发行人持有的标的股票未涉及业绩承诺事项，该事项将不会对本次债券发行产生影响。

3. 本次可交换债发行对上述承诺的影响

本次可交换债,发行人拟质押用于换股的深圳华强 A 股股票数量为 173,796,792 股,发行人直接持有深圳华强 A 股股票 510,375,966 股,其中流通股 500,203,300 股,预备用于交换的股票在可交换时不存在限售条件,且转让该部分股票不违反发行人对上市公司、投资者及深交所的承诺。

经核查,本所律师认为,本次可交换债,发行人拟质押用于换股的深圳华强 A 股股票数量为 173,796,792 股,预备用于交换的股票在可交换时不存在限售条件,且转让该部分股票不违反发行人对上市公司、投资者及深交所的承诺。此外,发行人持有的标的股票未涉及业绩承诺事项,该事项将不会对本次债券发行产生影响。

(三)请结合本次债券发行规模而非首期债券发行规模分析论证本次发行方案是否导致控股股东和实际控制人变更,请主承销商和律师核查并发表明确意见。

1. 深圳华强控股股东和实际控制人情况

截至本补充法律意见书出具之日,华强集团直接持有深圳华强 A 股股票 510,375,966 股,占深圳华强总股本 70.76%,为深圳华强的控股股东。深圳华强的实际控制人为梁光伟。

2. 本次可交换债券的发行方案对控股股东和实际控制人的影响测算

本次可交换债券预计发行总额不超过 30 亿元,发行人拟质押并用于换股的深圳华强 A 股股票数量为 173,796,792 股。

(1)初始换股价格的确定

本次债券的初始换股价格不低于发行日前 20 个交易日标的股票收盘价均价的 90%(若在该 20 个交易日内发生过因除权、除息引起股价调整的情形,则对调整前的交易日的交易价按经过相应除权、除息调整后的价格计算)和前 1 个交易日标的股票交易收盘价的 90%,具体初始换股价格由发行人股东会授权发行人董事会根据市场和公司具体情况与主承销商协商确定。

(2)本次可交换债全部换股的初步测算

假定深圳华强 A 股股票 2018 年 6 月 5 日的收盘价 23.36 元/股为本次可交换债券的初始换股价格,根据该初始换股价格进行测算,本次可交换债券全部换股所需股票的数量为 128,424,658 股,占深圳华强总股本的 17.80%。假设该初始换股价格不进行调整,且债券持有人将持有的可交换债券全部交换为深圳华强 A 股股票,则深圳华强控股股东华强集团持股比例将下降至 52.95%,深圳华强的控股股东仍为华强集团、实际控制人仍为梁光伟。

如上所述,假定深圳华强 A 股股票 2018 年 6 月 5 日的收盘价 23.36 元/股为本次可交换债券的初始换股价格,根据该初始换股价格进行测算,本次可交换债券全部换股所需股票的数量为 128,424,658 股,占深圳华强总股本的 17.80%。假设该初始换股价格不进行调整,且债券持有人将持有的可交换债券全部交换为深圳华强 A 股股票,则深圳华强控股股东华强集团持股比例将下降至 52.95%,深圳华强的控股股东仍为华强集团、实际控制人仍为梁光伟。

经核查,本所律师认为,本次可交换公司债券的发行将不会导致深圳华强的控股股东及实际控制人发生变更。

二、请发行人说明是否存在《上市公司股东、董监高减持股份的若干规定》(证监会公告〔2017〕9 号)(以下简称"《减持股份的若干规定》")、《深圳证券交易所上市公司股东及董事、监事、高级管理人员减持股份实施细则》(以下简称《减持股份实施细则》)规定的不得减持情形,并请主承销商和律师进行核查并发表明确意见。

根据发行人的书面声明和承诺,并经本所律师查询"中国证券监督管理委员会证券期货监督管理信息公开目录"(http://www.csrc.gov.cn/pub/zjhpublic/)、"中国证券监督管理委员会证券期货市场失信记录查询平台"(http://shixin.csrc.gov.cn/honestypub/)、"中国裁判文书网"(http://wenshu.court.gov.cn/)、"深圳证券交易所"(http://www.szse.cn/)、"上海证券交易所"(http://www.sse.com.cn/)、"人民检察院案件信息公开网"(http://www.ajxxgk.jcy.gov.cn/)等网站,发行人不存在《减持股份的若干规定》第六条规定的上市公司大股东不得减持股份的以下情形:

1. 因涉嫌证券期货违法犯罪,在被中国证监会立案调查或者被司法机关立案侦查期间,以及在行政处罚决定、刑事判决作出之后未满6个月；

2. 因违反证券交易所规则，被证券交易所公开谴责未满3个月的；

3. 中国证监会规定的其他情形。

根据发行人及深圳华强的书面声明和承诺，并经本所律师查询“中国证券监督管理委员会证券期货监督管理信息公开目录”（http://www.csrc.gov.cn/pub/zjhpublic/）、“中国证券监督管理委员会证券期货市场失信记录查询平台”（http://shixin.csrc.gov.cn/honestypub/）、“中国裁判文书网”（http://wenshu.court.gov.cn/）、“深圳证券交易所”（http://www.szse.cn/）、“上海证券交易所”（http://www.sse.com.cn/）、“人民检察院案件信息公开网”（http://www.ajxxgk.jcy.gov.cn/）等网站，发行人不存在《减持股份实施细则》第九条规定的上市公司大股东不得减持股份的以下情形：

1. 上市公司或者大股东因涉嫌证券期货违法犯罪，在被中国证监会立案调查或者被司法机关立案侦查期间，以及在行政处罚决定、刑事判决作出之后未满六个月的；

2. 大股东因违反证券交易所业务规则，被证券交易所公开谴责未满三个月的；

3. 法律、行政法规、部门规章、规范性文件以及深交所业务规则规定的其他情形。

根据深圳华强的书面声明和承诺，并经本所律师查询“中国证券监督管理委员会证券期货监督管理信息公开目录”（http://www.csrc.gov.cn/pub/zjhpublic/）、“中国证券监督管理委员会证券期货市场失信记录查询平台”（http://shixin.csrc.gov.cn/honestypub/）、“中国裁判文书网”（http://wenshu.court.gov.cn/）、“深圳证券交易所”（http://www.szse.cn/）、“上海证券交易所”（http://www.sse.com.cn/）、“人民检察院案件信息公开网”（http://www.ajxxgk.jcy.gov.cn/）等网站，深圳华强不存在《减持股份实施细则》第十条规定的自相关决定作出之日起至公司股票终止上市或者恢复上市前其控股股东、实际控制人、董监高不得减持其持有的公司股份的以下情形：

1. 上市公司因欺诈发行或者因重大信息披露违法受到中国证监会行政处罚；

2. 上市公司因涉嫌欺诈发行罪或者因涉嫌违规披露、不披露重要信息罪被依法移送公安机关。

综上，本所律师认为，截至本补充法律意见书出具之日，发行人不存在《减持股份的若干规定》和《减持股份实施细则》规定的不得减持的情形。

三、发行人报告期各期房地产板块业务收入的收入分别为186,437万元、244,722万元和146,597万元，请发行人：（1）补充披露报告期内是否存在违反“国办发〔2013〕17号”规定的重大违法违规行为或经国土资源部门查处且尚未按规定整改；（2）补充披露房地产市场调控期间，是否存在在重点调控的热点城市竞拍“地王”、哄抬地价等行为。请主承销商、律师就上述第两项进行核查并发表明确意见。

（一）补充披露报告期内是否存在违反“国办发〔2013〕17号”规定的重大违法违规行为或经国土资源部门查处且尚未按规定整改。

1. 根据发行人提供的书面声明及本所律师查询“广东省国土资源厅”（http://www.gdlr.gov.cn/）、“深圳市规划和国土资源委员会”（http://www.szpl.gov.cn/）、“安徽省国土资源厅”（http://www.ahgtt.gov.cn）、“芜湖市国土资源局”（http://gtj.wuhu.gov.cn）、“河南省国土资源厅”（http://www.hnblr.gov.cn）、“辽宁省国土资源厅”（http://www.lgy.gov.cn）、“沈阳市规划和国土资源局”（http://www.syghgt.gov.cn）等网站，发行人及其下属房地产子公司报告期内不存在闲置土地和炒地、捂盘惜售、哄抬房价等重大违法行为，不存在被行政处罚或立案调查的情形；

2. 根据发行人提供的书面声明并经本所律师核查，发行人及其下属房地产子公司报告期内不存在擅自改变保障性安居工程用途、套型面积等违法违规行为；

3. 根据发行人提供的书面声明并经本所律师核查，发行人及其下属房地产子公司报告期内不存在规避住房限购措施行为的项目。

综上，本所律师认为，发行人在报告期内不存在违反“国办发〔2013〕17号”规定的重大违法违规行为或经国土资源部门查处且尚未按规定整改的情形。

（二）补充披露房地产市场调控期间，是否

存在在重点调控的热点城市竞拍“地王”、哄抬地价等行为。

根据发行人提供的书面声明,并经本所律师查询“百度”(www. baidu. com)、“广东省国土资源厅”(http://www. gdlr. gov. cn/)、“深圳市规划和国土资源委员会”(http://www. szpl. gov. cn/)、“安徽省国土资源厅”(http://www. ahgtt. gov. cn)、“芜湖市国土资源局”(http://gtj. wuhu. gov. cn)、“河南省国土资源厅”(http://www. hnblr. gov. cn)、“辽宁省国土资源厅”(http://www. lgy. gov. cn)、“沈阳市规划和国土资源局”(http://www. syghgt. gov. cn)等网站,发行人及其下属房地产子公司在报告期内不存在竞拍“地王”、哄抬地价等行为。

四、报告期各期末,发行人其他应收款的账面价值分别为150,451万元、326,840万元、465,462万元,主要系发行人下属财务子公司对关联方的提供的贷款,请发行人:补充披露报告期内是否存在非经营性往来占款或资金拆借情况,如有请补充披露交易对手方名称、金额、利率、期限、决策程序、所涉交易的定价机制,影响重大的须做重大事项提示;请主承销商、律师对前述事项进行核查并就是否存在关联方资金占用、非经营性往来占款或资金拆借的合规性发表明确核查意见;对上述事项作重大事项提示并充分提示风险。

1. 根据发行人的说明及承诺,报告期内,发行人不存在关联方非经营性往来占款。

2. 报告期内,发行人的资金拆借情况如下:

(1)2016年资金拆借

关联方	拆借金额(元)	起始日(年/月/日)	到期日(年/月/日)	利率(%)	利息(元)	决策程序	定价机制
拆出							
深圳华强天盛商贸有限公司	700,000,000.00	2016/12/01	2017/12/01	4.18	4,926,676.20	董事会授权贷款审批委员会或总经理并制订日常经营制度	参照人民银行同期贷款基准利率
深圳华强天盛商贸有限公司	201,000,000.00	2016/09/28	2018/09/28				
深圳华强天盛商贸有限公司	100,000,000.00	2016/12/22	2017/12/22				
深圳华强前海科技有限公司	200,000,000.00	2016/12/23	2017/12/23	4.35	59,245.46		
郑州华强广场置业有限公司	400,000,000.00	2016/12/30	2017/12/30	4.35	6,062.99		
郑州新芒果春天房地产有限公司	50,000,000.00	2016/11/02	2018/11/02	8.00	1,132,081.51		
郑州新芒果春天房地产有限公司	100,000,000.00	2016/12/08	2018/12/08				
河南华强新芒果实业发展有限公司	250,000,000.00	2016/11/30	2019/11/30	8.00	—		

(2)2017 年资金拆借

关联方	拆借金额(元)	起始日(年/月/日)	到期日(年/月/日)	利率(%)	利息(元)	决策程序	定价机制
拆出							
深圳华强天盛商贸有限公司	631,000,000.00	2016/9/28	2019/12/07	4.26	23,913,114.60	董事会授权贷款审批委员会或总经理并制订日常经营制度	参照人民银行同期贷款基准利率
郑州新芒果春天房地产有限公司	150,000,000.00	2016/11/02	2018/12/08	8.00	12,166,666.67		
河南华强新芒果实业发展有限公司	250,000,000.00	2016/11/30	2019/11/30	8.00	20,277,777.78		
中牟新芒果房地产有限公司	125,000,000.00	2017/11/29	2018/11/29	8.00	611,111.11		
郑州广场置业有限公司	1,220,000,000.00	2017/06/27	2018/11/22	4.35	24,317,780.30		
深圳华强前海科技有限公司	1,400,000,000.00	2017/06/28	2018/12/29	4.35	21,157,916.67		

注:拆借金额系当年借款的累计金额,起始日系第一次提款日,到期日系单笔借款最晚到期日。

对联营企业的资金拆借利率系参照人民银行同期贷款基准利率。深圳华强集团财务有限公司根据成员单位的关联关系、业务经营范围提供金额和利率不同的贷款。利息根据实际提款金额、实际提款日计算,经主承销商核查,利率与已收回利息匹配。

根据公司提供的资料,资金拆借系公司下属子公司华强财务公司为联营企业提供的有息贷款。华强财务公司系中国银行业监督管理委员会批准开业的非银金融机构(批文编号为银监复〔2012〕232 号),可开展对成员单位办理贷款的业务,该类资金拆借业务系按照华强财务公司的日常经营制度,经过董事会授权贷款审批委员会或总经理批准,展开的正常业务,符合法律法规的规定。

综上,本所律师认为,发行人的资金拆借情况合法合规。

本补充法律意见书由经办律师签字并加盖本所公章后生效。

(本页无正文,为《北京金诚同达律师事务所关于深圳华强集团有限公司 2018 年非公开发行可交换公司债券的补充法律意见书》之签署页)

北京金诚同达律师事务所
负责人:庞正忠
经办律师:郑素文、宋颖怡

北京市盈科律师事务所关于广西百色开发投资集团有限公司 2018 年非公开发行公司债券的法律意见书

致:广西百色开发投资集团有限公司

北京市盈科律师事务所(以下简称本所)是具有中华人民共和国执业资格的律师事务所,具有出具本法律意见书的资格。根据本所与广西百色开发投资集团有限公司(以下简称发行人)签订的《专项法律服务委托协议》,本所接受发行人委托,担任“广西百色开发投资集团有限公司2018年非公开发行公司债券”(以下简称本次债券或本次发行)的专项法律顾问,并就本次债券的发行出具法律意见。

第一部分 声明事项

为出具本《法律意见书》,本所及本所律师特做如下声明:

(一)本所律师已根据《中华人民共和国公司法》、《中华人民共和国证券法》、《中华人民共和国合同法》、《公司债券发行与交易管理办法》(以下简称《发行与交易管理办法》)以及《非公开发行公司债券备案管理办法》(以下简称《备案管理办法》)、《非公开发行公司债券项目承接负面清单指引》(以下简称《负面清单指引》)等有关法律、法规和配套规则(以下简称《法律法规和配套规范性文件》)的规定及本《法律意见书》出具日之前已发生或存在的事实,按照律师行业公认的业务标准、道德规范和勤勉尽职精神,出具本法律意见书。

(二)本所律师已严格履行法定职责,遵循勤勉尽责和诚实信用原则,对本次发行的合法、合规、真实、有效进行了充分的核查验证,保证本法律意见书不存在虚假记载、误导性陈述和重大遗漏。

(三)本所律师同意将本《法律意见书》作为本次发行所必备的法律文件,随同其他申报材料一同上报,并愿意承担相应的法律责任。

(四)本所律师同意发行人部分或全部在《募集说明书》中自行引用或按监管机构之要求引用本法律意见书的内容,但发行人做上述引用时,不得因引用而导致法律上的歧义或曲解,本所律师有权对有关申请文件的内容进行再次审阅并确认。

(五)为出具本法律意见书,本所律师听取了发行人就本次债券有关事实所做的陈述和说明,核查了发行人本次债券的相关材料。发行人保证已经提供了本所律师为出具本《法律意见书》所必须的原始书面材料、副本材料、复印材料、确认函、证明或口头证言等,并保证其提供的所有材料和口头证言均真实、准确、完整、有效,并无隐瞒、虚假和重大遗漏之处,文件上所有签字和印章真实,且文件材料为副本或复印件的,其与原件一致或相符,并愿意承担于此相关的一切法律责任。

(六)对于本《法律意见书》至关重要而又无法得到独立证据支持的事实,本所律师依赖有关政府部门、发行人、发行人股东或者其他有关单位、个人出具的证明或类似文件及本所律师的核查出具本法律意见书。

(七)本所律师仅就本次发行的下列事项是否合法合规、是否真实有效、是否存在潜在纠纷或潜在风险发表意见,而不对有关会计、审计、评估及投资决策等专业事项发表意见。本法律意见书对有关财务会计报告、审计报告、验资报告、鉴证报告和资产评估报告书中某些数据和结论的引述,并不代表本所律师对该数据、结论的真实性和准确性作出任何明示或默示保证。本所律师并不具备核查和评价该数据、结论的适当资格。

(八)本所律师未授权任何单位或个人对本法律意见书做任何解释或说明。

(九)本法律意见书仅供发行人本次公司债券发行之目的使用,未经本所律师书面同意,不得用作任何其他目的。

第二部分 正 文

一、发行人的主体资格

(一)发行人的设立情况

1.设立情况

发行人成立于2003年7月9日,是由百色市政府以百色市土地储备中心和百色市水电投资有限责任公司分别出资5,000万元和300万元组建而成,成立时注册资本为5,300万元。

经本所律师核查,发行人系依法设立的有限公司,其设立时的初始注册资本为5,300万元。

2.发行人最新工商登记情况

发行人现持有百色市工商行政管理局核发的注册号为9145100075651807XX的《营业执照》,公司主要登记事项如下:

企业名称	广西百色开发投资集团有限公司
注册号	9145100075651807XX
住所	广西壮族自治区百色市右江区大旺路1-1号C区01座
法定代表人	刘俊
注册资本	人民币110,000.00万元
企业类型	有限责任公司
经营范围	资产营运、资本经营;房地产开发;物业管理,土地储备管理,土地开发与整治,土地使用权经营活动;城市建设项目的投资和管理,对港口、物流园区、工业园区的投资;城市道路、桥梁工程(取得资质证后,方可开展经营活动);城市内环路管理服务,污水、垃圾处理服务;码头和其他港口设施经营、在港区内从事普通货物装卸、驳运、仓储经营;铝型材、铝板、铝带、铝合金新材料、铝材产品的研发、加工、生产、销售;自营和代理一般经营项目商品和技术的进出口业务;对百色一号绿色果蔬专列的投资管理;农产品销售、网上贸易代理;网上商务咨询;农业技术推广及技术信息咨询服务。
经营期限	长期
成立日期	2003年7月9日

据此,本所律师认为,发行人设立情况符合法律法规和配套规范性文件的规定。

(二)发行人的主要历史沿革

1.2003年7月,发行人成立

发行人成立于2003年7月9日,是由百色市政府以百色市土地储备中心和百色市水电投资有限责任公司分别出资5,000万元和300万元组建而成,成立时注册资本为5,300万元。

2.2006年8月,注册资本变更

2006年8月,经百色市国资委《关于同意市开发投资公司土地使用权评估价值9,484.9万元转增注册资本的批复》(百国资复〔2006〕24号文)批准,百色市土地储备中心通过划拨国有土地使用权价值9,484.90万元作为对公司的增资,此次增资后发行人注册资本变更为14,784.90万元。

3.2009年6月,股东变更

2009年6月,经百色市政府《关于同意市开发投资有限责任公司出资人调整方案的批复》(百政函〔2009〕116号文)批准,由百色市国资委依法履行国有出资人职责,发行人原有股东办理相关国有资产划转管理手续后,公司股东变更为百色市国资委,公司变更为国有独资公司。

2009年10月,经百色市国资委《关于无偿划转国有产权的批复》(百国资复〔2009〕99号)批准,百色市政府将百色市工业投资有限公司和广西百色右江水务有限责任公司的国有股权无偿划转于发行人。

4.2011年3月,公司名称变更

2011年3月,根据百色市政府《关于同意组建广西百色开发投资集团有限公司的批复》(百政函〔2011〕19号文),发行人由百色市开发投资有限责任公司更名为广西百色开发投资集团有限公司。由百色市国资委为发行人全额出资人,出资比例为100%。

5.2011年12月,注册资本变更

2011年12月,根据百色市国资委《关于对广西百色开发投资集团有限公司将资本公积转增注册资本的批复》(百国资复〔2011〕165号文),发行人将资本公积95,215.10万元转增为公司注册资本,增资后公司注册资本变更为110,000万元。

(三)发行人存续现状

根据发行人目前持有合法有效的《营业执照》记载,截至本法律意见书出具之日,发行人依法存续,不存在法律法规和配套规范性文件及《公司章程》规定需终止、解散的情形。

综上,本所律师认为,发行人是一家在中国境内设立并有效存续的有限责任公司,具备发行本次债券的主体资格。

二、本次发行的批准和授权

(一)公司于2018年5月28日召开董事会议,审议通过了《关于非公开发行公司债券方案的议案》,同意公司本次非公开发行公司债券。

(二)2018年7月5日,股东出具《关于同意广西百色开发投资集团有限公司2018年非公开发行公司债券的批复》,同意发行人非公开发行公司债券的方案,并授权公司董事长全权办理与本次非公开发行公司债券相关事宜。

综上,本所律师认为,发行人有权机构已依法定程序做出批准本次发行的决议,决议的内容符合《发行与交易管理办法》第十一条规定,不存在违反法律、法规和配套规范性文件及《公司章程》的情形,合法有效。

三、本次发行的实质条件

(一)发行人财务制度健全,财务会计文件不存在虚假记载,发行人也无其他重大违法行为。

1. 根据发行人书面确认并经本所律师适当核查,中审众环会计师事务所(特殊普通合伙)和中审华会计师事务所(特殊普通合伙)已对发行人2016、2017年度财务报告进行审计,并分别出具了众环审字〔2017〕260009号广西百色开发投资集团有限公司审计报告、广西百色开发投资集团有限公司CAC证审字〔2018〕0403号审计报告,认为发行人财务报表在所有重大方面已经按照企业会计准则的规定编制,并公允反映了发行人的财务状况及2016年度、2017年度的经营成果和现金流量。

2. 根据发行人书面确认并经本所律师适当核查,发行人已建立了健全的企业财务会计制度,最近两年内的财务会计文件不存在虚假记载,注册会计师对发行人最近两年财务报表出具了无保留意见审计报告,发行人最近两年内财务报表不存在被出具否定意见或无法表示意见的情形,符合相关法律、法规和配套规范性文件的规定。

3. 发行人不存在重大违法违规行为和严重损害投资者合法权益及社会公共利益的行为。

4. 根据发行人书面确认及本所律师适当核查,发行人无其他重大违法、违规行为,符合法律法规和配套规范性文件的相关规定。

综上,本所律师认为,发行人财务制度健全,最近两年内的财务会计文件不存在虚假记载,注册会计师对发行人最近两年财务报表出具了无保留意见审计报告。发行人无其他重大违法违规行为,也无严重侵害投资者权益和社会公共利益的行为,符合相关法律法规和配套规范性文件的规定。

(二)发行人不存在已发行债券或其他债务违约或延迟支付本息的情形

根据发行人书面确认及本所律师适当核查,截至本法律意见书出具之日,发行人发行过2次公司债券。

根据发行人书面确认并经本所律师适当核查,截至本法律意见书出具之日,发行人不存在其他重大债务违约或延迟支付本息的情形,符合法律法规和配套规范性文件的相关规定。

(三)发行人不存在被中国证券监督管理委员会采取监管措施的情形

根据发行人书面确认并经本所律师适当核查,截至本法律意见书出具之日,发行人最近12个月内无因违反《发行与交易管理办法》的规定而遭致中国证券监督管理委员会(以下简称中国证监会)采取监管措施的情形,符合法律法规和配套规范性文件的相关规定。

(四)发行人无擅自改变募集资金用途的情形

根据发行人书面确认并经本所律师适当核查,截至本法律意见书出具之日,发行人不存在已发行的公司债券及其他债务融资工具擅自改变资金用途而未做纠正的情形,符合法律法规和配套规范性文件的相关规定。

(五)发行人不属于非公开发行公司债券项目承接负面清单内的企业

经过本所律师核查,发行人不属于《非公开发行公司债券项目承接负面清单指引》规定的企业,不存在以下情况:

1. 最近24个月内公司财务会计文件存在虚假记载,或公司存在其他重大违法行为。

2. 对已发行的公司债券或者其他债务有违约或迟延支付本息的事实,仍处于继续状态。

3. 存在违规对外担保或者资金被关联方或第三方以借款、代偿债务、代垫款项等方式违规占用的情形,仍处于继续状态。

4. 最近12个月内因违反公司债券相关规定被中国证监会采取行政监管措施;或最近6个月内因违反公司债券相关规定被证券交易所等自律组织采取纪律处分。

5. 最近两年内财务报表曾被注册会计师出具保留意见且保留意见所涉及事项的重大影响尚未消除,或被注册会计师出具否定意见或者无法表示意见的审计报告。

6. 因严重违法失信行为,被有权部门认定为失信被执行人、失信生产经营单位或者其他失信单位,并被暂停或限制发行公司债券。

7. 擅自改变前次发行公司债券募集资金的用途而未做纠正。

8. 本次发行募集资金用途违反相关法律法规或募集资金投向不符合国家产业政策。

9. 除金融类企业外，本次发行债券募集资金用途为持有以交易为目的的金融资产、委托理财等财务性投资，或本次发行债券募集资金用途为直接或间接投资于以买卖有价证券为主要业务的公司。

10. 本次发行文件存在虚假记载、误导性陈述或重大遗漏。

11. 存在严重损害投资者合法权益和社会公共利益情形。

12. 地方融资平台公司。本条所指的地方融资平台公司是指根据国务院相关文件规定，由地方政府及其部门和机构等通过财政拨款或注入土地、股权等资产设立，承担政府投资项目融资功能，并拥有独立法人资格的经济实体。

13. 国土资源部等部门认定的存在“闲置土地”“炒地”“捂盘惜售”“哄抬房价”等违法违规行为的房地产公司。

14. 典当行。

15. 未能同时满足以下条件的担保公司：

(1)经营融资担保业务满 3 年；

(2)注册资本不低于人民币 6 亿元；

(3)主体信用评级 AA 级(含)以上；

(4)近三年无重大违法违规行为。

16. 未能满足以下条件的小贷公司：

(1)经省级主管机关批准设立或备案，且成立时间满 2 年；

(2)省级监管评级或考核评级连续两年达到最高等级；

(3)主体信用评级达到 AA－或以上。

综上，本所律师认为，发行人不属于《非公开发行公司债券项目承接负面清单指引》规定的企业。

(六)本次债券募集资金用途符合法律法规规定

根据《募集说明书》披露，本次债券募集资金不超过人民币 250,000 万元(含 250,000 万元)，本次债券募集资金扣除发行费用后拟全部用于补充公司流动资金及偿还金融机构借款。

(七)发行人信用评级符合法律规定

本次债券不进行信用评级。发行人的情况已经在《募集说明书》中披露。

因此，本所律师认为，发行人本次债券不进行信用评级，相关情况已在《募集说明书》中披露，符合《发行与交易管理办法》第二十八条的规定。

(八)发本次发行申报文件不存在虚假记载、误导性陈述或重大遗漏

根据发行人书面确认并经本所律师适当核查，本次发行申报文件不存在虚假记载、误导性陈述或重大遗漏，符合相关法律法规和配套文件的规定。

综上，本所律师认为，发行人符合《发行与交易管理办法》等相关法律法规和配套规范性文件规定的非公开发行公司债券的实质条件。

四、本次发行的主要条款

(一)债券名称：广西百色开发投资集团有限公司 2018 年非公开发行公司债券。

(二)发行规模：不超过人民币 25 亿元(含 25 亿元)，拟分期发行；首期基础发行规模为 5 亿元(含 5 亿元)，可超额配售不超过 20 亿元。

(三)票面金额和发行价格：本期债券面值均为 100 元，平价发行，申购金额必须是 100 万元的整数倍，且最低认购额不少于 100 万元。

(四)债券期限：本期债券期限均为 5 年，附债券存续期内的第 3 年末发行人调整票面利率选择权和投资者回售选择权。

(五)债券形式：本期债券均为实名记账式债券，投资者认购的本次债券在中国证券登记结算有限责任公司上海分公司登记托管。

(六)债券利率及其确定方式：本次债券为固定利率债券，最终的票面利率由发行人和承销商通过市场询价协商确定，在债券存续期前 3 年固定不变；发行人有权决定在债券存续期的第 3 年末调整本次债券后 2 年的票面利率，调整后票面利率在债券存续期后 2 年固定不变。

(七)发行方式：本次公司债券在完成必要的发行手续后，拟分期发行。本次发行采取向具备相应风险识别和承担能力的合格投资者以非公开方式发行。

(八)发行对象：本次发行为向不超过 200 名特定对象以非公开发行的方式进行，特定对

象全部以现金认购。

(九)发行人调整票面利率选择权:公司有权决定是否在本期债券存续期的第3年末调整本期债券后2年的票面利率。

(十)发行人调整票面利率的披露日期:发行人将于本期债券第3个计息年度付息日前的第30个交易日向投资者披露关于是否调整本期债券票面利率以及调整幅度。

(十一)投资者回售选择权:发行人向投资者披露是否调整本期债券票面利率及调整幅度后,本期债券持有人有权在债券存续期第3年的付息日将其持有的全部或部分本期债券按票面金额回售给发行人。发行人将按照上交所和证券登记机构相关业务规则完成回售支付工作。

(十二)回售登记期:自发行人向投资者披露是否调整本期债券票面利率及调整幅度之日起的3个交易日内,债券持有人可通过指定的转让系统进行回售申报。债券持有人的回售申报经确认后不能撤销,相应的债券面值总额将被冻结交易;回售登记期不进行申报的,则视为放弃回售选择权,继续持有本期债券并接受上述关于是否调整本期债券票面利率及调整幅度的决定。

(十三)计息方式:本次债券采用单利按年计息,不计复利。

(十四)还本付息方式:利息每年支付一次,到期一次还本,最后一期利息随本金一起支付。如投资者选择回售,本期债券的付息和本金兑付工作按照上海证券交易所和登记机构相关业务规则办理。

(十五)计息期限:本期债券的计息期限自【】年【】月【】日至【】年【】月【】日;若投资者行使回售选择权,则回售部分债券的计息期限自【】年【】月【】日至【】年【】月【】日;提前偿还债券部分的计息期限分别为自【】年【】月【】日至【】年【】月【】日。

(十六)起息日:本期债券自发行首日开始计息,起息日为【】年【】月【】日。

(十七)利息登记日:付息日之前的第1个交易日为上一个计息年度的利息登记日。在利息登记日当日收市后登记在册的本期债券持有人,均有权就所持本期债券获得该利息登记日所在计息年度的利息(最后一个计息年度的利息随本金一起支付)。

(十八)付息日:付息日为【】年【】月【】日至【】年【】月【】日(如遇法定节假日或休息日,则顺延至其后的第1个交易日)。如投资者行使回售选择权,则其回售部分债券的付息日为【】年【】月【】日和【】年【】月【】日(如遇法定节假日或休息日,则顺延至其后的第1个交易日)。

(十九)本金兑付金额:若投资者放弃回售选择权,则本期债券的本金兑付金额为投资者于本金兑付日持有的本期债券票面总额;若投资者部分或全部行使回售选择权,则回售部分债券的本金兑付金额为回售部分债券的票面总额,未回售部分债券的本金兑付金额为投资者于本金兑付日持有的本期债券票面总额。每次还本时按债权登记日日终在证券登记机构托管名册上登记的各债券持有人所持债券面值占当季债券存续余额的比例进行分配(每名债券持有人所受偿的本金金额计算取位到人民币分位,小于分的金额忽略不计)。

(二十)本金兑付日:本期债券的兑付日为【】年【】月【】日(如遇法定节假日或休息日,则顺延至其后的第1个交易日);如投资者行使回售选择权,则其回售部分债券的兑付日为【】年【】月【】日(如遇法定节假日或休息日,则顺延至其后的第1个交易日)。

(二十一)担保情况:无担保。

(二十二)信用级别:本期债券不评级。

(二十三)债券受托管理人:长城证券股份有限公司。

(二十四)向公司股东配售安排:本期债券不向公司股东优先配售。

(二十五)承销方式:本次债券发行由主承销商采取余额包销的方式承销。

(二十六)募集资金用途:本次债券募集资金扣除发行费用后拟全部用于补充公司流动资金及偿还金融机构借款。

(二十七)投资者认股权或可转股权:本期债券不附投资者认股权或可转股权。

(二十八)交易流通服务场所:上海证券交易所。

(二十九)本期债券挂牌转让安排:本期公司债券发行结束后,发行人将尽快向上海证券交易所提出关于本期公司债券挂牌转让的申请,办理有关挂牌转让手续,具体挂牌时间将另行公告。

(三十)税务提示:根据国家有关税收法律、法规的规定,投资者投资本次债券所应缴纳的税款由投资者承担。

五、本次发行募集说明书

本次发行《募集说明书》为十一节,披露了发行概况,风险因素,发行人及本期债券的资信状况,增信机制、偿债计划及其他保障措施,发行人基本情况,财务会计信息,募集资金运用,债券持有人会议,债券受托管理人,发行人、中介机构及相关人员声明和备查文件等事项。

经核查,本所律师认为,发行人为本次债券发行而编制的《募集说明书》的格式和内容符合《发行与交易管理办法》等相关法律法规和配套规范性文件的规定;发行人全体董事、监事和高级管理人员亦已在《募集说明书》上签字,符合《发行与交易管理办法》第十三条的规定,《募集说明书》不存在虚假记载、误导性陈述或重大遗漏,《募集说明书》引用本法律意见书的内容没有导致法律上的歧义或曲解的情形。

六、本次发行的偿债保障措施

(一)制定债券持有人会议规则

经过本所律师核查,发行人已制订了《广西百色开发投资集团有限公司债券之债券持有人会议规则》(以下简称《债券持有人会议规则》),《债券持有人会议规则》对债券持有人会议的权限范围、债券持有人会议的召集、债券持有人会议的出席人员极其权利、债券持有人会议的召开、表决、决议及会议记录、附则等事项进行了约定。

据此,本所律师认为,发行人制定的《债券持有人会议规则》内容及信息披露要求符合《发行与交易管理办法》、深圳证券交易所《非公开发行公司债券业务管理暂行办法》以及《公司债券受托管理人职业行为准则》等法律法规和配套规范性文件的规定。

(二)设置债券受托管理人制度

根据发行人与长城证券股份有限公司签署的《广西百色开发投资集团有限公司与长城证券股份有限公司关于广西百色开发投资集团有限公司2018年非公开发行公司债券之债券受托管理协议》(以下简称《债券受托管理协议》),发行人聘请长城证券股份有限公司担任本次债券的受托管理人,根据《债券受托管理协议》的约定履行债券受托管理人职责,维护全体债券持有人的利益。

同时,经本所律师核查,《债券受托管理协议》中明确约定了受托管理事项,发行人的权利和义务,受托管理人的职责、权利和义务,受托管理事务报告,利益冲突的风险防范机制,受托管理人的变更,陈述与保证,不可抗力,违约责任,法律适用和争议解决,协议的生效、变更及终止等事项。

据此,本所律师认为,长城证券股份有限公司具备担任本次债券受托管理人的主体资格,其作为债券受托管理人应履行的职责约定及《债券受托管理协议》的内容符合《发行与交易管理办法》、上海证券交易所《非公开发行公司债券业务管理暂行办法》以及《公司债券受托管理人职业行为准则》等相关法律法规和配套规范性文件的规定。

(三)设立募集资金监管专户

公司将按照与账户监管人签署的《账户及资金监管协议》,在账户监管人处开立募集资金监管专户。公司承诺将严格按照募集说明书约定的用途使用募集资金,账户监管人将监督公司募集资金的使用。公司需从债券募集资金监管账户中提取资金的,应提前3个工作日向账户监管人提交用款申请以及资金用途证明,账户监管人对公司提交的用款申请文件及资金用途证明进行表面审查,认为资金用途符合债券募集资金用途的,账户监管人予以办理;不符合债券募集资金用途的,账户监管人有权拒绝执行。

据此,本所律师认为,本次债券资金监管符合相关法律法规和配套规范性文件的规定。

(四)设立专门的偿付工作小组

发行人指定计划财务部牵头负责协调本次债券的按期偿付工作,并通过发行人其他相关部门在每年的财务预算中落实安排本次债券本金和/或利息的兑付资金,保证本息的如期偿付,保障债券持有人的利益。

据此,本所律师认为,本次债券设立专门的偿付工作小组的设置和安排符合相关法律法规和配套规范性文件的规定。

(五)切实做到专款专用

发行人将制定专门的债券募集资金使用计划,相关业务部门对资金使用情况进行严格检查,并确保本次债券募集资金根据股东批复及募集说明书披露的用途使用。

据此,本所律师认为,本次债券资金使用计划的设置和安排符合相关法律法规和配套规范性文件的规定。

(六)严格的信息披露

发行人将遵循真实、准确、完整、及时的信息披露原则,按《债券受托管理协议》及中国证监会的有关规定进行重大事项信息披露,确保了发行人偿债能力、募集资金使用等情况能够得到债券持有人、债券受托管理人和股东的有效监督。

据此,本所律师认为,本次债券对信息披露的设置和安排符合相关法律法规和配套规范性文件的规定。

七、本次发行的相关机构

(一)主承销商和债券受托管理人:长城证券股份有限公司

住所:深圳市福田区深南大道6008号特区报业大厦16-17层

法定代表人:丁益

联系人:陈璐、张旸、徐永仲

联系地址:中国(上海)自由贸易试验区世博馆路200号A座8层

联系电话:021-31829790

邮政编码:200126

(二)发行人律师事务所:北京市盈科律师事务所

住所:上海市静安区恒丰路500号洲际商务中心15、16楼

负责人:李举东

联系人:刘雨雁

联系地址:上海市静安区恒丰路500号洲际商务中心15、16楼

联系电话:021-60561288

传真:021-60561299

邮政编码:200070

(三)发行人会计师事务所:中审众环会计师事务所(特殊普通合伙)(2016年度审计机构)、中审华会计师事务所(特殊普通合伙)(2017年度审计机构)

中审众环会计师事务所(特殊普通合伙)(2016年度审计机构)

住所:武汉市武昌区东湖路169号2-9层

首席合伙人:石文先

联系人:王早庆

联系地址:广西壮族自治区南宁市东葛路118号青秀万达东九栋16楼

联系电话:0771-3386603

传真:0771-3386602

中审华会计师事务所(特殊普通合伙)(2017年度审计机构)

住所:天津经济技术开发区第二大街21号4栋1003室

首席合伙人:方文森

联系人:缪有芳

联系地址:广西壮族自治区南宁市青秀区民族大道131号航洋国际城2号楼0613号

联系电话:18074823206

传真:0771-5320306

综上,本所律师认为,参与本次发行的前述中介机构具备从事公司债券发行相关中介业务的法定资格和条件,符合相关法律法规和配套规范性文件的规定。

八、发行人的税务情况

(一)发行人适用的税种和税率

项目	税　种	计税依据	税　率
1	增值税	按照税法规定计算的销售货物和应税劳务收入为基础计算销项税额。在扣除当期允许抵扣的进项税额后,差额部分为应交增值税。	6%、13%、17%
2	城市维护建设税	按实际缴纳的营业税、增值税、消费税之和计算缴纳	7%
3	教育费附加	按实际缴纳的营业税、增值税、消费税之和计算缴纳	4%
4	企业所得税	按应纳税所得额计算缴纳	15%、25%

（二）报告期内税务合规情况

经本所律师查询广西壮族自治区税务局及国家税务总局网站，未查询到发行人及其子公司存在重大税收违法行为。

综上，本所律师认为，发行人报告期内依法履行纳税义务，不存在因违反税务管理法律、法规而受到主管税务机关行政处罚的情形。

九、发行人的信用及安全生产情况

截至本核查意见书出具之日，主承销商对发行人及发行人所有子公司进行了失信信息查询，查询结果如下：

内　　容	查询路径	查询结果
是否为失信被执行人	全国法院失信被执行人名单信息公布与查询系统 http://shixin. court. gov. cn	无
证券期货市场失信记录	证券期货市场失信记录查询平台 http://shixin. csrc. gov. cn	无
安全生产领域失信生产经营单位	国家企业信用信息公示系统 http://gsxt. saic. gov. cn	无
	中华人民共和国应急管理部 http://www. chinasafety. gov. cn	无
	“信用中国”网站 http://www. creditchina. gov. cn	无
环境保护领域失信生产经营单位	国家企业信用信息公示系统 http://gsxt. saic. gov. cn	无
	中华人民共和国环境保护部 http://www. mep. gov. cn	无
	“信用中国”网站 http://www. creditchina. gov. cn	无

综上，发行人未被有权部门认定为失信被执行人、失信生产经营单位或者其他失信单位。

十、发行人诉讼、仲裁及行政处罚

（一）根据发行人的说明及本所律师适当核查，截至本法律意见书出具日，发行人不存在其他尚未了结或可预见的重大诉讼、仲裁。

（二）经审慎查验及发行人确认，截至本法律意见书出具之日，发行人董事长、总经理、财务负责人及其他高级管理人员不存在尚未了结的或可预见的重大诉讼、仲裁及行政处罚案件。

十一、需要说明的其他事项

（一）发行人公司治理情况

经过审慎差异及发行人确认，发行人是按照《公司法》组建，实行公司决策层和执行层分离，并具有完善法人治理结构的国有独资公司。公司设有董事会、监事会、总裁和经营班子。公司为国有独资公司，不设股东会，出资人为公司重大事项决策方；董事会对出资人负责，执行出资人的决议；监事会对董事会、公司高级管理人员、公司财务状况进行监督评价；总裁和经营班子负责公司的日常经营管理，是决策的执行者。

根据《公司章程》，公司设立董事会，董事会成员为6人，其中职工董事至少1人，由公司职工代表大会选举产生。董事会设董事长一人，副董事长一至二人。董事长、副董事长经市人民政府同意提名人选（在董事会成员中产生）后由百色市国资委委派。董事长因故不能履行职权时，可以指定副董事长或其他董事代行其职权。

（二）发行人资产受限情况

截至2018年3月末，发行人受限资产合计176,489.38万元，在发行人净资产中的占比为12.11%。受限资产包括抵押资产和质押资产。截至2018年3月末，发行人资产受限明细如下表所示：

单位：万元

项　　目	金额	受限原因
土地使用权及房产	132,980.72	贷款抵押
货币资金	43,508.66	质押及保证金
合　　计	176,489.38	–

截至2018年3月末，发行人抵押资产明细如下表所示：

单位:万元

<table>
<tr><th>资产种类</th><th>土地证/房产证号</th><th>座　落</th><th>受限原因</th><th>入账价值(万元)</th></tr>
<tr><td>土地使用权</td><td>百国用(2013)第00832号</td><td>百色市城东路5号</td><td>贷款抵押</td><td>4,214.00</td></tr>
<tr><td>土地使用权</td><td>百国用(2013)第000774号</td><td>竹州街旁竹州农贸交易中心地块</td><td>贷款抵押</td><td>6,146.40</td></tr>
<tr><td>土地使用权</td><td>百国用(2013)第000789号</td><td>城南环路(龙旺大桥东)旁城南环路商业长廊地块</td><td>贷款抵押</td><td>14,036.19</td></tr>
<tr><td>土地使用权</td><td>百国用(2013)第000869号</td><td>龙景4号路旁龙景商业中心B区地块</td><td>贷款抵押</td><td>53,317.68</td></tr>
<tr><td>土地使用权</td><td>百国用(2013)第000725号</td><td>龙景区中心轴线中心地块</td><td>贷款抵押</td><td>31,664.00</td></tr>
<tr><td>土地使用权</td><td>百国用(2011)第00145号</td><td>百色市迎龙区交警大道旁(迎龙区YL01-05-45)</td><td>贷款抵押</td><td rowspan="2">8,447.00</td></tr>
<tr><td>房屋所有权</td><td>桂百房权证百字第00072261号</td><td>百色市迎龙区交警大道旁迎龙区YL01-05-45第1、2、3幢第2层</td><td>贷款抵押</td></tr>
<tr><td>土地使用权</td><td>百国用(2013)第00109号</td><td>百色市江滨三路旁(百林桥右江北岸A地块)</td><td>贷款抵押</td><td>4,771.90</td></tr>
<tr><td>土地使用权</td><td>百国用(2013)第00111号</td><td>百色市龙景区环岛一路旁(LJ02-10-01地块)</td><td>贷款抵押</td><td>3,864.94</td></tr>
<tr><td>土地使用权</td><td>桂(2016)百色市不动产权字第0000052号</td><td>百色市四塘镇南昆铁路旁(百东新区BD02-07-02地块)</td><td>贷款抵押</td><td>6,518.61</td></tr>
<tr><td colspan="4">合计</td><td>132,980.72</td></tr>
</table>

经过本所律师适当核查,发行人上述资产受限事项对本次发行不构成实质性法律障碍。

(三)发行人对外担保情况

截至法律意见书签署日,发行人累计未到期对外担保余额合计84,699.80万元,发行人对外担保均为保证担保。截至本《法律意见书》签署日,被担保单位经营正常,发行人代偿的可能性较小。

截至法律意见书签署日,发行人提供对外担保情况明细如下表所示:

单位:万元

被担保单位	担保类型	担保余额
中油广西田东石油化工总厂有限公司	保证担保	39,460.00
广西福地产业投资有限公司	保证担保	23,500.00
百色新铝电力有限公司	保证担保	9,400.00
广西百色西江投资发展有限公司	保证担保	8,339.80

续表

被担保单位	担保类型	担保余额
广西靖西万生隆投资有限公司	保证担保	4,000.00
合计	-	84,699.80

经过本所律师适当核查,发行人所涉担保事项对本次发行不构成实质性法律障碍。但是仍然不能排除被担保主体未来发生经营困难,无法偿还到期债务情况,从而导致发行人发生代偿风险的可能。

(四)中介机构提供服务的情况

1. 中审华会计师事务所(特殊普通合伙)(以下简称中审华)于2017年4月29日收到中国证监会浙江监管局《行政处罚决定书》(〔2017〕3号),就其所对杭州天目药业股份有限公司(以下简称天目药业)审计一事进行了行政处罚,责令改正违法行为,没收业务收入45万元,并处以45万元罚款;对相关签字会计师给予警告,并分别处以3万元罚款。除上述因杭州天目山药业股份有限公司一案外,中审华及中审华的合伙人、注册会计师不存在其他被中国证监会及其派出机构调查或者责令整改的情形。经核查中审华出具的说明，中审华向广西百色开发投资集团有限公司出具的审计报告不存在虚假记载、误导性陈述或重大遗漏，并对其真实性、准确性、完整性承担个别和连带的法律责任；中审华承诺在执业中严格遵照《中华人民共和国证券法》等相关法律法规和《中国注册会计师执业准则》的规定，及时采取措施加强内部管理，建立健全质量控制制度，确保审计执业质量，诚实守信、勤勉尽责。签字经办注册会计师保证并声明，本次签字注册会计师本人并非杭州天目药业股份有限公司审计项目组成员，不存在其他被中国证监会及其派出机构、司法行政机关、会计主管机关进行立案调查或者责令整改的情形；向广西百色开发投资集团有限公司出具的审计报告不存在虚假记载、误导性陈述或重大遗漏，并对其真实性、准确性、完整性承担个别和连带的法律责任；承诺在执业中严格遵照《中华人民共和国证券法》等相关法律法规和《中国注册会计师执业准则》的规定，确保审计执业质量，诚实守信、勤勉尽责。

2. 2017 年 3 月 7 日，中审众环会计师事务所(特殊普通合伙)(以下简称中审众环)收到中国证券监督管理委员会行政监管措施决定书〔2017〕38 号。该决定是在对中审众环内部治理、质量控制及独立性遵循情况进行了检查，抽查了中审众环执行的北京金自天正智能控制股份有限公司和晨光生物科技集团股份有限公司 2015 年年报审计项目后，针对全面检查和项目抽查中涉及内部治理、质量控制、独立性和执业质量中存在的瑕疵，对中审众环采取责令整改的监督管理措施。2018 年 2 月 11 日，中审众环收到中国证券监督管理委员会深圳证监局行政监管措施决定书〔2018〕19 号。该决定是在对中国宝安集团股份有限公司 2016 年年报审计执业项目进行了专项检查后，对该项目涉及：“一、未充分关注资产减值测试中相关预测数据的合理性；二、未对采矿权的摊销实施审计程序；三、未对坏账准备计提的合理性获取充分、恰当的审计证据；四、未能识别销售与收款循环存在的内部控制缺陷”四方面的问题，对中审众环采取出具警示函的监督管理措施。对照上述相应行政监管措施决定书提到的问题，中审众环各项目组已进行了全面、系统、及时整改，并将整改情况以书面形式向证监会等监管机构进行了汇报。截至本核查意见出具日，审计机构上述事项，对发行人本次债券发行不构成实质性障碍。

3. 长城证券股份有限公司

长城证券股份有限公司收到的处罚及整改情况如下：

(1)2016 年 2 月 2 日，主承销商收到股转公司的《关于对长城证券股份有限公司采取出具警示函、责令改正自律监管措施的决定》(股转系统函〔2016〕744 号)，股转公司指出主承销商未严格执行股转公司投资者适当性管理要求，并对主承销商采取了出具警示函、责令改正的自律监管措施。针对此自律监管措施，主承销商已采取了增加复核环节、加强合规检查与培训、完善风控系统、追责责任人员等措施，对股转系统业务适当性管理工作中存在的问题进行了全面整改。

(2)2016 年 3 月 2 日，主承销商收到股转公司的《关于给予长城证券股份有限公司约见谈话、要求提交书面承诺自律监管措施的决定》(股转系统发〔2016〕39 号)，股转公司指出主承销商作为新三板挂牌公司的主办券商未能履行勤勉尽责义务，未能发现新三板挂牌公司存在公司治理不规范和信息披露不准确、不完整、不及时的违规行为，并对主承销商采取约见谈话、要求提交书面承诺的自律监管措施。主承销商已按照要求提交了书面承诺，并通过加强合规培训、完善业务制度等措施完成了整改。

(3)2016 年 4 月 12 日，股转公司公司业务部向主承销商出具了《关于对长城证券股份有限公司的监管意见函》(〔2016〕27 号)，该函指出主承销商作为主办券商未能在挂牌公司信息披露过程中履行勤勉尽责义务，并对主承销商出具监管意见函。主承销商通过加强合规培训、完善业务制度、成立持续督导部等系列措施加强持续督导管理。

(4)2016 年 5 月 11 日，北京证监局向北京中关村大街营业部(以下简称中关村营业部)出具了《关于对长城证券股份有限公司北京中关村大街证券营业部采取责令增加内部合规检查次数》(中国证券监督管理委员会北京监管局行政监管措施决定书〔2016〕23 号),指出中关村营业部在代销金融产品业务方面存在的问题。主承销商已通过上线电子合同系统功能、加强合规培训、完善代销金融产品业务适当性制度等措施进行了全面整改,并增加代销金融产品业务的合规检查次数,切实规范开展代销金融产品业务。

(5)因主承销商作为深圳市怡亚通供应链股份有限公司(以下简称怡亚通)2014 年公司债券的受托管理机构,未能在债券存续期内持续有效督导怡亚通履行信息披露义务,深圳证监局于 2016 年 6 月 14 日向主承销商出具了《深圳证监局关于对长城证券股份有限公司采取出具警示函措施的决定》(中国证券监督管理委员会深圳监管局行政监管措施决定书〔2016〕36 号)。公司已对相关人员进行追责。公司组织多部门从管理制度、尽职调查、销售发行、受托管理等方面进行全面认真自查,避免类似违规事件再次发生。此外,公司完善相关受托管理业务制度,规范公司债券受托管理业务良性发展。

(6)2016 年 6 月 14 日,股转公司公司业务部向主承销商出具了《关于对长城证券股份有限公司的监管意见函》(公司业务部发〔2016〕68 号),该函指出主承销商作为奥宇节能的主办券商未能勤勉尽责,未能及时、真实、准确、完整地履行信息披露等义务,并对主承销商出具监管意见函。主承销商就该事项认真反思、总结经验教训,并通过加强合规培训、完善业务制度、成立持续督导部等系列措施加强持续督导管理,努力杜绝类似问题再次发生。

(7)2016 年 9 月 6 日,中国金融期货交易所向主承销商出具了《关于对长城证券 - 证券自营采取限制开仓等措施的决定》,该文件指出主承销商证券自营在 2016 年 7 月 11 日至 14 日期间存在虚假申报行为和套期保值交易违规行为,并对主承销商证券自营采取谈话提醒、限制在国债期货品种上开仓 3 个月的监管措施。就本次违规事件,主承销商深刻认识到风控与合规在业务开展中的重要性,并通过全面自查、完善交易流程、梳理交易下单及审批权限、加强责任追究等一系列措施彻底杜绝此类事项再度发生。

(8)2017 年 5 月 17 日,甘肃证监局向兰州金昌南路证券营业部出具了《关于对长城证券股份有限公司兰州金昌南路证券营业部采取出具警示函措施的决定》(中国证券监督管理委员会甘肃监管局行政监管措施决定书〔2017〕4 号),指出营业部存在未及时换领经营证券期货业务许可证以及存量客户回访率不足的问题。营业部已按要求换领了经营证券期货业务许可证。公司加强对客户回访工作的合规检查,并对相关人员进行了责任追究。

(9)2017 年 5 月 23 日,云南证监局向昆明西昌路证券营业部出具了《关于对长城证券股份有限公司昆明西昌路证券营业部采取出具警示函措施的决定》(中国证券监督管理委员会云南监管局行政监管措施决定书〔2017〕14 号),指出营业部在投资顾问业务开展过程中未按规定对客户进行分类管理和服务,存在客户适当性管理不到位的问题。公司已按照《证券期货投资者适当性管理办法》对各项业务的适当性管理工作进行了全面的梳理与完善,并完善了客户风险等级的分类管理,加强客户分类服务,严格执行《证券期货投资者适当性管理办法》,切实保护投资者合法权益。

除上述情形外,主承销商未受到中国证监会及其派出机构、中国人民银行及其分支机构或其他行业自律组织所出具的其他行政处罚、行政监管措施或自律监管措施。上述事项已整改完毕,不会对本次发行构成实质性障碍。

综上,本所律师认为:中审华会计师事务所(特殊普通合伙)、中审众环会计师事务所(特殊普通合伙)、长城证券股份有限公司已对处罚或监管措施涉及的相关问题进行了整改,不影响其承接业务并出具相关申报文件。

(五)发行人非经营性往来占款或资金拆借情况

最近两年及一期,发行人非经营性往来款占款列示如下:

单位:万元

	2018 年 3 月 31 日	2017 年 12 月 31 日	2016 年 12 月 31 日
广西百兴控股有限公司	24,812.97	27,241.30	—
广西百兴金兰新材料有限公司	34,100.44	34,100.30	—

2017 年,发行人分别与百色市国资委子公司广西百兴控股有限公司及其子公司广西百兴金兰新材料有限公司签订了《最高额临时资金借款合同》,最高额借款分别为 5 亿元,采取分期借款的形式借出,借款期限为 1 年,借款人还款来源为销售回笼等经营收入。

发行人制定了《财务管理办法》,如果公司因为承接或开展业务确需与政府部门及相关国有单位发生相关资金往来的,必须严格按照《财务管理办法》中有关资金往来规定的决策权限和审批程序严格执行。

上述借款通过了发行人的董事会或领导班子会议决议,发行人对外借款所履行的程序合法合规。

(六)发行人应收政府部门款项情况

长期应收百色市财政局的市政工程款具体账龄情况如下,百色市财政局每年根据财政资金安排情况向发行人付款。

单位:万元

期限	1 年以内	1－3 年	3 年以上	合计
百色市财政局	26,005.55	177,442.03	148,762.05	352,209.63

发行人与政府部门签订的委托代建协议中约定的代建方式包括前期工作及实施阶段代建,即根据批准的项目建议书,开展工程可行性研究报告、勘察、初步设计、施工图的编制工作,同时按照国家现行法律法规及百色市的有关规定,对项目的设计、施工、监理和重要设备材料采购等进行招标活动,负责项目的质量、进度及投资控制,负责筹措资金垫资建设,统一协调和管理项目勘察、设计、施工、监理及其他参建各方的关系,组织竣工验收等。

实际操作中,政府部门每年根据财政资金安排通过发行人间接为市政工程项目支付相关工程费用,并按合同约定向发行人按总投资额的一定比例收取建设管理费。故从建设资金来源和发行人实现收益的方式来看,发行人所开展的市政工程项目不属于 BT 项目。

根据代建协议的约定,政府部门没有逐年回购义务,不存在财预〔2012〕463 号文中禁止的地方政府以逐年回购责任等方式举借政府性债务的情形,符合《预算法》和财预〔2012〕463 号文等关于地方政府债务管理的有关规定。

(七)变更土地性质则需缴足额缴纳土地出让金的风险

截至报告期末,发行人土地使用权中的公园、机关团体用地等公益性资产账面价值共计 108,774.46 万元,除两宗账面价值合计为 3,481.33万元的土地使用权外,其余土地使用权均在财预〔2012〕463 号发布以前由国土资源局出具《国有建设用地划拨决定书》并根据土地评估报告入账的地块,如发行人变更土地性质则需缴足额缴纳土地出让金。

综上所述,本所律师认为:

1. 发行人系依法设立并合法存续的有限责任公司,具备债券发行的主体资格。发行人本次的发行申请符合法律、法规及配套规范性规定的条件,并已获得其内部有效的授权和批准。

2. 本次债券发行的《募集说明书》基本格式和主要内容符合有关规定,募集说明书中引用的法律意见书内容适当。

3. 发行人本次债券发行的主承销商、受托管理人、审计机构和律师事务所均具备为发行人本次债券发行提供专业服务的法律资格。

4. 截至本法律意见书出具日,发行人不存在对其本次债券发行构成实质影响的重大法律事项或潜在法律风险。

5. 发行人需就本次债券的发行向中国证券业协会申请备案。

(八)对发行人划转和转回百兴金兰股权

的核查

经过本所律师核查发行人将百兴金兰51%股权划转到百兴控股的国资委请示及百色市国资委批复、百兴控股将百兴金兰的51%股权划转让给发行人的国资委请示等文件资料,情况属实合理。截至法律意见书出具日,尚未取得百色市国资委的批复。

(九)对发行人开展的代建项目合规情况的核查

经本所律师核查,截至2018年6月末,发行人开展的市政工程项目全部采取委托代建业务模式。发行人不存在地方政府及所属机关事业单位、社会团体以委托单位建设并承担逐年回购责任等方式举借政府性债务的情形。

(十)对发行人本次发行公司债券是否符合关于地方政府性债务管理的相关文件要求的核查

1.《国务院关于加强地方政府性债务管理的意见》(国发〔2014〕43号)

(1)根据《国务院关于加强地方政府性债务管理的意见》(国发〔2014〕43号),财政部制定了《地方政府存量债务纳入预算管理清理甄别办法》(财预〔2014〕351号,以下简称《办法》)。依据《办法》,清理甄别工作的目的是清理存量债务,甄别政府债务,为将政府债务分门别类纳入全口径预算管理奠定基础。

经与发行人确认,本所律师对发行人的地方政府债务甄别情况进行了核查。发行人本次发行的公司债券不会作为地方政府债务上报财政局,不涉及新增地方政府债务。本次债券的本息偿付由发行人自身经营所得支付,不纳入地方政府财政预算,不存在违反上述规定的情况。

(2)根据《国务院关于加强地方政府性债务管理的意见》(国发〔2014〕43号),政府债务只能通过政府及其部门举借,不得通过企事业单位等举借。

经本所律师核查发行人有权机构决议并经发行人说明,发行人本次发行公司债券募集资金(扣除发行费用后)拟用于偿还金融机构借款和补充流动资金的用途。发行人已按照《公司法》《公司章程》履行了相应的决策程序,于2018年5月28日召开董事会议,审议通过了《关于发行公司债券方案的议案》,并于2018年7月5日取得了唯一股东百色市国资委出具的《关于同意广西百色开发投资集团有限公司2018年非公开发行公司债券的批复》。发行人承诺将严格按照公司内部决议和《广西百色开发投资集团有限公司2018年非公开发行公司债券募集说明书》约定的募集资金用途进行使用,不用于偿还地方债务,不转借他人,不用于地方政府融资平台。因此发行人不存在为政府举债的情况,不违反上述规定

(3)根据《国务院关于加强地方政府性债务管理的意见》(国发〔2014〕43号),剥离融资平台公司政府融资职能,融资平台公司不得新增政府债务。

经本所律师核查,发行人不属于地方融资平台公司,本次发行公司债券不属于为政府举债、新增地方政府债务的情况,不违反上述规定。

2.《关于进一步规范地方政府举债融资行为的通知》(财预〔2017〕50号)

(1)根据《关于进一步规范地方政府举债融资行为的通知》(财预〔2017〕50号),地方政府不得将公益性资产、储备土地注入融资平台公司,不得承诺将储备土地预期出让收入作为融资平台公司偿债资金来源,不得利用政府性资源干预金融机构正常经营行为。

经本所律师核查,发行人不属于地方政府融资平台。财预〔2017〕50号文出台后,地方政府不存在向发行人注入公益性资产及储备土地的情况。发行人已承诺本次债券的本息偿付由公司自身经营所得支付,不存在将储备土地预期出让收入作为偿债资金来源的情况。

(2)根据《关于进一步规范地方政府举债融资行为的通知》(财预〔2017〕50号),进一步健全信息披露机制,融资平台公司在境内外举债融资时,应当向债权人主动书面声明不承担政府融资职能,并明确自2015年1月1日起其新增债务依法不属于地方政府债务。

经本所律师核查,发行人不属于地方政府融资平台。发行人本次发行的公司债券不作为地方政府债务上报财政局,不涉及新增地方政府债务,不存在违反上述规定的情况。

(3)根据《关于进一步规范地方政府举债融资行为的通知》(财预〔2017〕50号),金融机构为融资平台公司等企业提供融资时,不得要

求或接受地方政府及其所属部门以担保函、承诺函、安慰函等任何形式提供担保。

发行人有息债务主要为信用借款、保证借款和抵押借款,除信用借款外,发行人抵押借款主要通过发行人房屋所有权、土地使用权、银行承兑汇票保证金和信用证保证金等进行抵质押。

除上述借款外,发行人存续期内债务融资工具为“12 百色开投债”和“14 百色开投债”,上述债务融资工具均为信用债券,未采用外部担保增信措施。

经本所律师核查,发行人债务融资除采用信用借款和自有资产抵质押外,不存在由地方各级政府及所属机关事业单位、社会团体为发行人融资提供保证担保或承诺承担偿债责任的情形,也不存在以机关事业单位及社会团体的国有资产为发行人融资进行抵质押担保的情形。地方政府及其所属部门未通过出具担保函、承诺函等直接或变相担保协议,为发行人融资进行担保。

本次发行公司债券为信用债券,未采用其他外部担保增信措施,不存在由地方政府及其所属部门为发行人本次债券融资进行担保情形;相关中介及金融服务机构为发行人提供融资服务时,未要求或接受地方政府及其所属部门以出具担保函、承诺函等任何形式提供担保。

综上,发行人不存在违反上述规定的情况。

3.《中华人民共和国预算法》

根据《预算法》第三十五条第二款和第三款的规定,经国务院批准的省、自治区、直辖市的预算中必需的建设投资的部分资金,可以在国务院确定的限额内,通过发行地方政府债券举借债务的方式筹措。举借债务的规模,由国务院报全国人民代表大会或者全国人民代表大会常务委员会批准。省、自治区、直辖市依照国务院下达的限额举借的债务,列入本级预算调整方案,报本级人民代表大会常务委员会批准。举借的债务应当有偿还计划和稳定的偿还资金来源,只能用于公益性资本支出,不得用于经常性支出。除前款规定外,地方政府及其所属部门不得以任何方式举借债务。

经本所律师核查,发行人本次债券发行所募集的资金拟用于偿还金融机构借款和补充流动资金的用途,并非用于公益事业;发行人对债券自行偿还,发行人是本债券的唯一偿债主体;偿债的资金来源于发行人日常经营所产生的营业收入、净利润、经营活动现金流和政府补贴资金等。地方政府对本次债券并不负有任何偿还责任、担保责任或者任何救助责任,本次债券不属于政府性债务,符合《中华人民共和国预算法》第三十五条第二款和第三款的规定。

(十一)关于发行人对百色市财政局、田阳县财政局等单位的应收款项对是否符合关于地方政府性债务管理的有关规定的核查

发行人对百色市财政局、田阳县财政局等单位的应收款项,主要是由于发行人受托建设市政工程项目和保障房项目结算款而产生,发行人作为受托人,以委托代建的模式签订相关协议,并按照委托人与受托人的角色设定了各自的权利义务。

发行人应收款项符合《预算法》、国发〔2014〕43 号文,以及财预〔2017〕50 号文等关于地方政府债务管理的相规定,主要理由如下:

1. 应收款项的形成是基于真实业务

截至 2018 年 6 月末,发行人其他应收款合计 348,448.66 万元,其中应收田阳县财政局 30,814.86 万元,为发行人子公司百色新山开发投资有限责任公司为田阳县政府部门委托代建市政工程项目形成的应收款,其中应收百色市财政局 24,653.79 万元,为百色市政府部门回购发行人以购代建保障房而形成的应收款。

截至 2018 年 6 月末,发行人长期应收款合计 386,833.77 万元,其中百色市财政局 330,423.34 万元,百色新山铝产业示范园管理委员会 6,800.00 万元,靖西县龙祥投资经营有限责任公司 2,605.43 万元,为发行人或其子公司为政府部门委托代建市政工程项目形成的应收款。

发行人对政府及相关部门的其他应收款和长期应收款的发生,均是其正常的业务所致,没有通过 BT 业务、委托代建进行融资的情形,也没有非经营性资金往来。

2. 发行人作为地方实体化转型的国有企业,不承担政府融资职能

发行人收入结构中有多项市场化业务,发行人不承担政府融资职能。发行人发行各种债券产品,都以其自身信用作为偿还来源,没有增加地方政府债务。符合《预算法》、国发〔2014〕

43 号文中关于地方政府债务管理方面的规定。

3. 关于财预〔2017〕50 号文的相关规定

(1)发行人符合财预〔2017〕50 号文中关于加强融资平台公司融资管理的规定

发行人自主经营,地方政府及其所属部门没有干预融资平台公司日常运营和市场化融资;发行人资产中,不存在财预〔2017〕50 号文出台后地方政府注入的公益性资产、储备土地,也不存在将储备土地预期出让收入作为偿债资金来源的情形,没有利用政府性资源干预金融机构正常经营行为。政府没有出具各种担保函、安慰函。

(2)发行人符合财预〔2017〕50 号文关于地方政府举债融资机制的规定

发行人发行的债券,不属于地方政府债务,也不属于政府债券;当地政府及其所属部门没有以文件、会议纪要、领导批示等任何形式,要求或决定发行人为政府举债或变相为政府举债;当地政府及其所属部门没有为发行人的债务以任何方式提供担保,没有承诺为发行人的融资承担偿债责任。

(十二)对发行人报告期内房地产业务的核查

截至本核查意见书出具之日,经查询住房和城乡建设部、国土资源部、百色市住房和城乡规划建设委员会、百色市国土资源局等网站,发行人报告期内不存在违反"国办发〔2013〕17 号"规定的重大违法违规行为,不存在经国土资源部门查处的违法违规行为;发行人不在重点调控的热点城市开展房地产业务,不存在在重点调控的热点城市竞拍"地王",哄抬地价等行为;不存在因扰乱房地产市场秩序被住建部、国土资源部等主管部门查处的情形。

(十三)对发行人诚信信息查询

本所律师查询了相关部门门户网站、"信用中国"、企业信用信息公示系统、最高人民法院失信被执行人信息查询平台、国家税务总局重大税收违法案件信息公布栏、广西壮族自治区地方税务局、百色市国家税务局网站、国家应急管理部网站、国家环保部门官方网站及百色市环保局网站、国家工业和信息化部网站、中国证监会证券期货市场失信信息公开查询平台、国家食品药品监督管理局网站、中华人民共和国商务部、国家质量监督检验检疫总局网站、农业部农安信用查询平台、中国海关企业进出口信用信息公示平台、住房和城乡建设部网站、国家能源局网站等等有关资料,确认发行人及其主要子公司不是附表所列示的失信单位。查询结果如下:

查询事项	查询结果
1. 发行人是否为失信被执行人?	□是　√否
2. 发行人是否为重大税收违法案件当事人?	□是　√否
3. 发行人是否为安全生产领域失信生产经营单位?	□是　√否　□不适用
4. 发行人是否为环境保护领域失信生产经营单位?	□是　√否　□不适用
5. 发行人是否为电子认证服务行业失信机构?	□是　□否　√不适用
6. 发行人是否为涉金融严重失信人?	□是　√否　□不适用
7. 发行人是否为食品药品生产经营严重失信者?	□是　√否　□不适用
8. 发行人是否为盐业行业生产经营严重失信者?	□是　□否　√不适用
9. 发行人是否为保险领域违法失信当事人?	□是　□否　√不适用
10. 发行人是否为统计领域严重失信企业?	□是　□否　√不适用
11. 发行人是否为电力行业严重违法失信市场主体?	□是　□否　√不适用
12. 发行人是否为国内贸易流通领域严重违法失信主体?	□是　√否　□不适用
13. 发行人是否为石油天然气行业严重违法失信主体?	□是　□否　√不适用

续表

查 询 事 项	查 询 结 果
14. 发行人是否为严重质量违法失信行为当事人?	□是　√否　□不适用
15. 发行人是否为财政性资金管理使用领域相关失信责任主体?	□是　√否　□不适用
16. 发行人是否为农资领域严重失信生产经营单位?	□是　√否　□不适用
17. 发行人是否为海关失信企业?	□是　√否　□不适用
18. 发行人是否为失信房地产企业?	□是　√否　□不适用
19. 发行人是否为出入境检验检疫严重失信企业?	□是　√否　□不适用

本法律意见书于二〇一八年十月十二日出具,正本一式八份,无副本。本法律意见书自本所盖章及经办律师签字后生效。

北京市中伦律师事务所关于北方华锦化学工业股份有限公司2018年公开发行公司债券的法律意见书

致:北方华锦化学工业股份有限公司

根据北方华锦化学工业股份有限公司(以下简称发行人、华锦股份或上市公司)与北京市中伦律师事务所(以下简称本所)签订的《专项法律顾问合同》,本所接受华锦股份的委托,担任华锦股份本次公开发行公司债券的特聘专项法律顾问。

本所根据《中华人民共和国公司法》(下称《公司法》)、《中华人民共和国证券法》(下称《证券法》)以及中国证券监督管理委员会(下称中国证监会)发布的《公司债券发行与交易管理办法》(下称《管理办法》)等有关法律、法规和规范性文件的规定,按照律师行业公认的业务标准、道德规范和勤勉尽责精神,就发行人申请在中国境内公开发行不超过人民币50亿元公司债券(下称本次发行或本次发行债券)事宜,出具《关于北方华锦化学工业股份有限公司2018年公开发行公司债券的法律意见书》(以下简称本法律意见书)。

第一部分　引　　言

为出具本法律意见书,本所律师根据有关法律、行政法规、规范性文件的相关规定和本所业务规则的有关要求,本着审慎性及重要性原则对发行人本次发行有关的文件资料和事实进行了核查和验证,并听取了相关人员就有关事实的陈述和说明。

就发行人提供的文件、资料和陈述,本所及本所律师已得到发行人的如下保证:

1. 文件上所有的签名、印鉴都是真实的;

2. 所有提供给本所及本所律师的文件的原件都是真实的;

3. 所有提供给本所及本所律师的文件的复印件都与其原件一致;

4. 该等文件中所陈述的事实均真实、准确、完整,并没有遗漏和/或误导。

为出具本法律意见书,本所律师特作如下声明:

(一)本所及经办律师根据《证券法》、《律师事务所从事证券法律业务管理办法》和《律师事务所证券法律业务执业规则(试行)》等规定及本法律意见书出具日以前已经发生或者存在的事实,严格履行了法定职责,遵循了勤勉尽责和诚实信用原则,进行了充分的核查验证,保证本法律意见书所认定的事实真实、准确、完整,所发表的结论性意见合法、准确,不存在虚假记载、误导性陈述或者重大遗漏,并愿意承担相应的法律责任。

(二)本所律师依据我国现行有效的或者发行人的行为、有关事实发生或存在时适用的法律、行政法规和规范性文件,并基于本所律师对该等规定的理解而发表法律意见。

(三)本法律意见书仅就与本次发行有关的中国境内法律问题发表法律意见,本所及经办律师并不具备对有关会计、验资及审计、资产评估、资信评级、投资决策等专业事项和境外法律事项发表专业意见的适当资格。本法律意见书中涉及资产评估、会计审计、资信评级、投资决策、境外法律事项等内容时,均为严格按照有关中介机构出具的专业文件和发行人的说明予以引述。

(四)本所同意将本法律意见书作为发行人申请本次发行必备的法定文件,随同其他申报材料一同上报,并依法对所出具的法律意见承担相应的法律责任。

(五)本法律意见书仅供发行人为本次发行之目的使用,未经本所书面同意,不得用作任何其他目的或用途。

第二部分 正 文

一、本次发行的主体资格

(一)发行人是依据中国法律、法规的规定设立,且其发行的人民币普通股(A股)股票在深交所上市交易的股份有限公司

根据盘锦市工商行政管理局于2018年5月28日核发的统一社会信用代码为91211100279309506B的《营业执照》,并经本所律师登录国家企业信用信息公示系统查询,发行人的基本情况如下:

名称	北方华锦化学工业股份有限公司
类型	股份有限公司
统一社会信用代码	91211100279309506B
住所	辽宁省盘锦市双台子区红旗大街
法定代表人	任勇强

续表

注册资本	159,944.2537万人民币元
成立日期	1997.01.23
营业期限	1997.01.23至长期
经营范围	1.3-丁二烯;氨;苯;苯乙烯;丙烯;氮(压缩的);二甲苯;工业用丁二烯抽余碳四;工业用丁二烯抽余液;甲苯;裂解燃料油(混合苯3#);硫磺;煤油;石脑油;碳九;碳五馏分;氩(液化的);氧(液化的);液化石油气;乙烯;石油产品及化工产品生产销售(除易燃易爆危险品);塑料制品、建安工程、压力容器制造、普通货物运输(以上各项限分公司经营)。(依法须经批准的项目,经相关部门批准后方可开展经营活动。)

发行人的股票已在深交所上市,股票代码为"000059",股票简称为"华锦股份"。

(二)发行人为依法有效存续的股份有限公司

根据发行人现行有效的《公司章程》,发行人为永久存续的股份有限公司。

(三)经本所律师查验发行人现行有效的《营业执照》、《公司章程》、工商登记资料,在互联网上进行必要的检索等,发行人目前合法存续,没有出现法律、法规、规范性文件或《公司章程》规定的需要公司终止的情形。

(四)发行人未出现股东大会决议解散或因合并、分立而需解散的情形,亦无因不能清偿到期债务而依法宣告破产的情形。

(五)发行人未出现依法被吊销营业执照、责令关闭或者被撤销的情形。

(六)发行人未出现被人民法院依照《公司法》第一百八十二条的规定予以解散的情形。

经核查,本所律师认为:发行人具备《公司法》、《证券法》和《管理办法》等法律、法规、规范性文件规定的本次发行的主体资格。

二、本次发行的主要条款

根据发行人第六届董事会第十三次会议及2018年第六次临时股东大会审议通过的《关于公司符合公开发行公司债券条件的议案》、《关于发行不超过人民币50亿元公司债券的议案》并结合《募集说明书》,本次发行方案的主要内容如下:

（一）发行规模

本次债券票面总额不超过50亿元。具体发行规模提请股东大会授权董事会，根据公司资金需求情况和发行时市场情况，在上述范围内确定。

（二）发行方式

本次发行采取面向符合《管理办法》规定的合格投资者公开发行方式，在获得中国证监会核准后，采取分期形式在中国境内公开发行。

（三）票面金额及发行价格

本次债券面值100元，按面值平价发行。

（四）发行对象及配售规则

本次债券的发行对象为符合《管理办法》规定的合格投资者。本次债券不向上市公司股东配售。

（五）债券期限

本次债券期限为不超过5年（含5年）。

（六）担保方式

本次债券为无担保债券。

（七）承销方式

本次债券由主承销商负责组建承销团，采取余额包销的方式承销。

（八）募集资金用途

本次发行的募集资金在扣除发行费用后，拟用于补充公司营运资金、偿还银行贷款或项目建设等符合国家法律法规规定的用途。

（九）债券利率及其确定方式

本期债券为固定利率，票面利率将根据簿记建档的结果，由公司与主承销商按照国家有关规定协商一致，并经监管部门备案后确定。本次债券票面利率采取单利按年计息，不计复利，逾期不另计息。

（十）偿债保障措施

为了充分、有效地维护债券持有人的利益，发行人为本期债券的按时、足额偿付制定了一系列工作计划，包括设立专门的偿付工作小组、充分发挥债券受托管理人的作用、制定债券持有人会议规则、严格履行信息披露义务、发行人承诺等，努力形成一套确保债券安全兑付的保障措施。

（十一）上市场所

深交所。

（十二）决议的有效期

本次发行的股东大会决议有效期为自股东大会审议通过之日起24个月。

经核查，本所律师认为：上述本次发行的主要条款符合《证券法》、《管理办法》等法律法规的有关规定。

三、本次发行的批准和授权

本所律师核查了有关本次发行的董事会会议决议和会议记录、股东大会通知、股东大会决议和会议记录等文件，履行了必要的核查程序。发行人本次发行已取得的批准和授权如下：

（一）董事会、股东大会的批准

1. 发行人于2018年7月13日召开第六届董事会第十三次会议，审议并通过了《关于公司符合公开发行公司债券条件的议案》、《关于发行不超过人民币50亿元公司债券的议案》等议案，并提交发行人股东大会审议。

2. 发行人于2018年7月30日召开2018年第六次临时股东大会，审议并通过了上述与本次发行相关的议案。

（二）本次发行的授权事项

根据发行人董事会、股东大会做出的相关决议，发行人股东大会授权董事会或董事会获授权人士全权办理本次发行相关事宜，包括但不限于：

1. 决定并聘请本次公司债券发行相关的中介机构。

2. 依据国家法律、法规及证券监管部门的有关规定，根据公司和市场的实际情况，决定本次公司债券的具体发行方案以及修改、调整本次公司债券的发行条款，包括但不限于具体发行规模、发行方式、配售安排、债券期限、债券利率或其确定方式、发行时机、是否分期发行及发行期数及各期发行规模、是否设置回售或赎回条款、制定担保方案、网上网下发行比例、评级安排、具体申购办法、还本付息安排、偿债保障和上市安排等与发行条款有关的一切事宜，以及在股东大会确定的募集资金用途范围内决定募集资金的具体使用等事宜。

3. 制定、批准、签署、修改、公告与本次发行公司债有关的各项法律文件，并根据监管部门的要求对申报文件进行相应补充或调整。

4. 代表公司进行公司债券产品发行、上市相关的谈判，进行适当的信息披露。

5. 选择债券受托管理人，签署债券受托管理协议及制定债券持有人会议规则。

6. 在本次发行完成后,办理本次发行公司债券的上市事宜。

7. 如国家法律法规或监管部门的相关政策或市场条件发生变化,除根据有关法律法规及公司章程规定必须由股东大会重新决议的事项外,可依据有关法律法规、公司章程的规定和监管部门的意见(如有)对本次公司债券发行的相关事项进行相应调整,或根据实际情况决定是否继续实施本次公司债券的发行。

8. 全权负责办理与本次公司债券发行及上市有关的其他事项。

经核查,本所律师认为:除尚需获得中国证监会关于本次发行的核准外,发行人已就本次发行取得了《公司法》、《证券法》、《管理办法》及《公司章程》规定的批准或授权,该等已经取得的批准或授权合法有效。

四、本次发行的实质条件

经核查,本所律师认为,发行人已经具备了《证券法》、《管理办法》等相关法律、法规、规范性文件规定的发行公司债券的各项条件,具体如下:

(一)根据发行人《2018 年半年度报告》,截至 2018 年 6 月 30 日,发行人合并后的净资产额为 13,469,558,227.11 元,不低于 3,000 万元,符合《证券法》第十六条第一款第(一)项的规定。

(二)根据发行人出具的确认函以及本所律师查阅发行人公告文件,本次发行前发行人的累计债券余额为 0 元,本次发行完成后发行人的累计债券余额不超过发行人最近一期末净资产额的 40%,符合《证券法》第十六条第一款第(二)项的规定。

(三)根据瑞华审字〔2016〕14010037 号、〔2017〕14020037 号、〔2018〕14020001 号标准无保留意见的《审计报告》(以下合称《审计报告》),发行人 2015 年度、2016 年度、2017 年度合并后的归属于母公司所有者的净利润分别为 328,685,540.04 元、1,803,243,467.38 元以及 1,845,279,650.89 元,最近三年平均可分配利润为 1,325,736,219.44 元,在国家限定的利率水平范围内,发行人 2015 年度、2016 年度和 2017 年度平均可分配利润可支付本次债券一年的利息,符合《证券法》第十六条第一款第(三)项的规定。

(四)根据发行人 2018 年第六次临时股东大会审议通过的《关于发行不超过人民币 50 亿元公司债券的议案》及《募集说明书》,发行人本次发行募集的资金在扣除发行承销费用后,拟用于补充公司营运资金、偿还银行贷款或项目建设等符合国家法律法规规定的用途。发行人本次发行募集资金的使用符合国家产业政策,符合《证券法》第十六条第一款第(四)项的规定。

(五)根据发行人 2018 年第六次临时股东大会审议通过的《关于发行不超过人民币 50 亿元公司债券的议案》及《募集说明书》,本次债券为固定利率债券,票面利率将根据簿记建档的结果,由公司与主承销商按照国家有关规定协商一致,并经监管部门备案后确定。根据发行人的书面承诺,本次债券的利率将不超过国务院限定的利率水平,符合《证券法》第十六条第一款第(五)项的规定。

(六)根据发行人 2018 年第六次临时股东大会审议通过的《关于发行不超过人民币 50 亿元公司债券的议案》及《募集说明书》,发行人将建立专项账户用于本次债券募集资金的接收、存储、划转与本息偿付;本次发行的募集资金将用于核准的用途;符合《管理办法》第十五条的规定。

(七)截至本法律意见书出具之日,发行人不存在《证券法》第十八条及《管理办法》第十七条规定的禁止发行公司债券的以下情形:

1. 根据发行人出具的确认函以及本所律师查阅发行人公告文件,发行人本次发行前曾于 2012 年 11 月 9 日发行北方华锦化学工业股份有限公司 2012 年公司债券,该公司债券已经按时兑付兑息,并于 2017 年 11 月 7 日摘牌。发行人不存在前一次公开发行的公司债券尚未募足的情形。

2. 根据发行人出具的确认函以及发行人于 2018 年 6 月 28 日打印的《企业信用报告》并经本所律师核查,截至 2018 年 6 月 30 日,发行人不存在对已公开发行的公司债券或者其他债务(包括公开发行的其他债券和债务融资工具、非公开发行的债券和债务融资工具以及借贷债务,不包括日常生产经营中的应付账款等负债)有违约或者延迟支付本息的事实且仍处于继续状态的情形。

3. 根据发行人出具的确认函以及本所律师查阅发行人公告文件,发行人本次发行前公开发行的公司债券已经按时兑付兑息并摘牌,发行人前次公开发行公司债券募集资金用途符合相关批准文件及公告内容,不存在改变公开发行公司债券所募集资金用途、募集资金被侵占挪用的情况,不存在违反《证券法》第十八条第(三)项规定的禁止发行的情形。

4. 根据瑞华针对发行人2015年至2017年的财务报表出具的《审计报告》以及发行人《2018年半年度报告》、发行人出具的确认函并经本所律师通过查询发行人所在地税务主管机关(包括国税和地税)网站、国家企业信用信息公示系统、信用中国网站、中国证监会及深交所网站、发行人公告等方式进行核查,发行人不存在最近三十六个月内因公司财务会计文件存在虚假记载而被监管部门采取限制发行债券措施的情形,发行人不存在重大税收违法的情形,发行人亦不存在被税务主管机关(包括国税和地税)公布为重大税收违法案件且未缴清税款、滞纳金和罚款的企业的情形或最近三十六个月内因发生其他重大违法行为被监管部门作出限制发行债券的监管决定且在限制期内的情形。

5. 根据发行人出具的确认函以及发行人董事、监事和高级管理人员出具的承诺,发行人本次发行申请文件不存在虚假记载、误导性陈述或者重大遗漏的情形。

6. 根据发行人出具的确认函并经本所律师核查,发行人不存在严重损害投资者合法权益和社会公共利益的其他情形。

(八)根据发行人出具的确认函、发行人董事、监事和高级管理人员以及参与本次发行的证券服务机构出具的承诺,本次发行的申请文件以及证券服务机构所出具的文件均为真实、准确、完整的,符合《证券法》第二十条的规定。

(九)发行人本次债券募集资金的用途已在《募集说明书》中披露,符合《管理办法》第四十四条的规定。

五、发行人报告期内的重大资产重组情况

根据发行人公告的文件及发行人的说明,经本所律师核查,本次发行债券前36个月内,发行人未进行重大资产重组,本次发行债券不涉及发行人业绩模拟计算情形,发行人不存在违反《上市公司重大资产重组管理办法》第五十一条规定的情形。

六、发行人的股权结构

本所律师核查了包括但不限于发行人的工商资料、中国证券登记结算有限责任公司提供的股东名册、《2018年半年度报告》等文件,发行人的股权结构如下:

(一)发行人的前五大股东情况

根据《2018年半年度报告》,截至2018年6月30日,发行人前五大普通股股东持股情况如下:

序号	股东姓名/名称	直接持股数量(股)	持股比例
1	北方华锦化学工业集团有限公司	514,417,536	32.16%
2	振华石油控股有限公司	158,601,100	9.92%
3	中兵投资管理有限责任公司	92,400,539	5.78%
4	黄杰	20,979,198	1.31%
5	陈前平	15,159,704	0.95%

(二)发行人的股份质押情况

根据发行人《2018年半年度报告》、发行人的公告文件、发行人出具的确认函并经本所律师核查,截至2018年6月30日,持有发行人5%以上股份的股东所持的发行人的股份不存在权属争议、质押、冻结的情形。

经核查,本所律师认为:发行人的股权结构真实、准确、完整并已在中国证券登记结算有限责任公司深圳分公司进行了相关权属登记;持有发行人5%以上股份的股东所持发行人的股份不存在重大权属纠纷、质押或其他受限情形。

七、发行人的全资、控股子公司

本所律师核查了包括但不限于发行人全资、控股子公司的营业执照等,检索了国家企业信用信息公示系统,并取得了发行人出具的确认函,发行人的全资、控股子公司的基本情况如下:

(一)内蒙古化工

内蒙古化工系发行人的全资子公司,内蒙化工现持有东乌珠穆沁旗工商行政管理局核发的《营业执照》。内蒙古化工的基本信息如下:

名称	内蒙古华锦化工有限公司
类型	有限责任公司(法人独资)
统一社会信用代码/注册号	911525255756526244
住所	内蒙古自治区锡林郭勒盟东乌珠穆沁旗乌镇工业园区
法定代表人	李万忠
注册资本	15,000.00 万元
成立日期	2011 年 05 月 12 日
营业期限	2011 年 05 月 12 日至 2031 年 05 月 11 日
经营范围	机械设备、机电设备、电线电缆、金属材料、五金交电、日用品、办公用品、塑料制品的批发、零售。(依法须经批准的项目,经相关部门批准后方可开展经营活动)

(二)富腾热电

富腾热电系发行人的全资子公司,富腾热电现持有盘锦市工商行政管理局核发的《营业执照》。富腾热电的基本信息如下:

名称	盘锦辽河富腾热电有限公司
类型	有限责任公司(法人独资)
统一社会信用代码/注册号	91211100710938546K
住所	盘锦市双台子区
法定代表人	徐竹林
注册资本	20,013.00 万元
成立日期	2001 年 10 月 17 日
营业期限	2001 年 10 月 17 日至 2024 年 10 月 17 日
经营范围	生产和销售热能和电力;电力承修类三级、承试类三级。(依法须经批准的项目,经相关部门批准后方可开展经营活动。)

(三)锦天化

锦天化系发行人的全资子公司,锦天化现持有葫芦岛市工商行政管理局核发的《营业执照》。锦天化的基本信息如下:

名称	锦西天然气化工有限责任公司
类型	有限责任公司(法人独资)
统一社会信用代码/注册号	912114001237134579
住所	连山区化工街
法定代表人	费建民
注册资本	59,532.60 万元
成立日期	1996 年 09 月 27 日
营业期限	1996 年 09 月 27 日至长期
经营范围	肥料、化工产品加工制造与销售[危险化学品仅限尿素(中间产品氨);甲醇;碳酸二甲酯生产];劳务;房屋租赁;道路货物运输:道路普通货物运输;机电设备维修;住宿、餐饮服务、预包装食品零售(仅限分公司经营);汽车美容;日用百货;经营本企业及所属企业自产产品及相关技术的出口业务;经营本企业及所属企业生产科研所需原辅材料、机械设备、仪器仪表及相关技术进口业务。(依法须经批准的项目,经相关部门批准后方可开展经营活动。)

(四)工程公司

工程公司系发行人的全资子公司,工程公司系现持有盘锦市双台子区市场监督管理局核发的《营业执照》。工程公司的基本信息如下

名称	辽宁华锦化工工程有限责任公司
类型	有限责任公司(法人独资)
统一社会信用代码/注册号	912111006612417845
住所	双台子区红旗大街
法定代表人	张有利
注册资本	917.77 万元
成立日期	2003 年 06 月 03 日
营业期限	2003 年 06 月 03 日至 2033 年 06 月 02 日

续表

经营范围	房屋建筑工程施工总承包三级、无损检测专业承包三级；A2 级压力容器制造；GB 类、GC 类、GD 类压力管道安装；锅炉维修；安全阀校验。（依法须经批准的项目，经相关部门批准后方可开展经营活动。）

（五）北沥公司

北沥公司系发行人的控股子公司，北沥公司系现持有盘锦市工商行政管理局核发的《营业执照》。北沥公司的基本信息如下：

名称	盘锦北方沥青股份有限公司
类型	股份有限公司
统一社会信用代码/注册号	91211100122433701L
住所	盘锦市兴隆台区新工街
法定代表人	董成功
注册资本	80,981.61 万元
成立日期	1994 年 06 月 20 日
营业期限	1994 年 06 月 20 日至 2024 年 06 月 19 日
经营范围	3 号喷气燃料（煤油）、硫酸、燃料油（柴油）、溶剂油、石脑油生产；润滑油、沥青系列产品生产、销售；化工原料（除易燃易爆危险品）及产品［含燃料油（闪点大于 61 摄氏度）］销售；出口本企业自产的沥青系列产品、化工产品（除易燃易爆危险品）；进口本企业生产、科研所需的原辅材料、机械设备、仪器、仪表及零配件。（依法须经批准的项目，经相关部门批准后方可开展经营活动。）

1. 北方石油

北方石油系北沥公司的全资子公司，北方石油现持有盘锦市兴隆台区市场监督管理局核发的《营业执照》。北方石油的基本信息如下：

名称	盘锦北方石油科技有限公司
类型	有限责任公司（法人独资）
统一社会信用代码/注册号	9121110331896765X1
住所	辽宁省盘锦市兴隆台区新工街

续表

法定代表人	董成功
注册资本	100.00 万元
成立日期	2015 年 06 月 05 日
营业期限	2015 年 06 月 05 日至 2025 年 06 月 04 日
经营范围	石油产品检测、技术服务。（依法须经批准的项目，经相关部门批准后方可开展经营活动。）

（六）锦阳化工

锦阳化工系发行人的控股子公司，锦阳化工现持有盘锦市工商行政管理局核发的《营业执照》。锦阳化工的基本信息如下：

名称	盘锦锦阳化工有限公司
类型	有限责任公司
统一社会信用代码/注册号	91211100680091953R
住所	盘锦市双台子区华锦精细化工园区（双台子区双盛街道 2111020090140229 号）
法定代表人	徐竹林
注册资本	13,000.00 万元
成立日期	2008 年 12 月 02 日
营业期限	2008 年 12 月 02 日至长期
经营范围	化工产品销售（除易燃易爆危险品及剧毒品）；1,2,4 – 三甲基苯及附属产品生产销售。（依法须经批准的项目，经相关部门批准后方可开展经营活动。）

经核查，本所律师认为：发行人的全资、控股子公司范围真实、准确、完整，发行人子公司均依法设立并有效存续，发行人已取得了必要权属证明或其他控制权文件，发行人持有的全资、控股子公司的股权不存在重大权属纠纷、不存在质押或其他受限情形。

八、发行人的主要财产

根据发行人的《审计报告》、《2018 年半年度报告》、发行人及其全资、控股子公司的土地证、房产证并经本所律师核查，截至 2018 年 6

月 30 日,发行人及其全资、控股子公司拥有的主要资产如下:

(一)土地

根据发行人提供的土地证等文件并经本所律师核查,发行人及其全资、控股子公司拥有的土地使用权情况如下:

序号	土地证编号	使用权类型	面积(㎡)	用途	终止日期(年-月-日)	使用权人
1	盘国用(2008)第 300096 号	出让	257,371.3	工业	2057-9-20	发行人
2	盘国用(2008)第 300095 号	出让	14,365	工业	2058-4-1	发行人
3	盘国用(2008)第 300094 号	出让	213,314	工业	2058-4-1	发行人
4	盘国用(2008)第 300086 号	出让	250,194	工业	2058-4-1	发行人
5	盘国用(2008)第 300101 号	出让	45,035.3	工业	2056-6-12	发行人
6	盘国用(2008)第 300103 号	出让	21,011.7	工业	2056-6-12	发行人
7	盘国用(2008)第 300104 号	出让	175,545.3	工业	2056-6-12	发行人
8	盘国用(2008)第 300099 号	出让	47,519	工业	2058-4-1	发行人
9	盘国用(2008)第 300098 号	出让	35,038.5	工业	2056-6-12	发行人
10	盘国用(2008)第 300097 号	出让	26.3	工业	2056-6-12	发行人
11	盘国用(2008)第 300092 号	出让	209,771	工业	2058-4-1	发行人
12	盘国用(2008)第 300091 号	出让	11,065.7	工业	2056-6-12	发行人
13	盘国用(2008)第 300090 号	出让	6,753.2	工业	2056-6-12	发行人
14	盘国用(2008)第 300089 号	出让	108	工业	2058-4-1	发行人
15	盘国用(2008)第 300088 号	出让	11,057.1	工业	2056-6-12	发行人
16	盘国用(2008)第 300087 号	出让	1,377	工业	2058-4-1	发行人
17	盘国用(2008)第 300085 号	出让	723	工业	2058-4-1	发行人
18	盘国用(2008)第 300102 号	出让	3,420.9	工业	2056-6-12	发行人
19	盘国用(2008)第 300084 号	出让	27,986	工业	2058-4-1	发行人
20	盘国用(2008)第 300100 号	出让	28,014	工业	2057-9-20	发行人
21	盘国用(2008)第 300093 号	出让	3,805	工业	2058-4-1	发行人
22	盘国用(2012)第 300013 号	出让	25,898.9	工业	2061-8-29	发行人
23	盘国用(2011)第 300074 号	出让	132,951.7	工业	2061-4-30	发行人
24	盘国用(2006)第 100053 号	出让	234,567.5	工业	2047-4-8	发行人
25	盘国用(2012)第 300181 号	作价出资(入股)	1694.3	工业	2050-3-22	发行人
26	盘国用(2012)第 300180 号	作价出资(入股)	108,347.8	工业	2050-3-22	发行人
27	盘国用(2012)第 300178 号	作价出资(入股)	82,845.3	工业	2050-3-22	发行人
28	盘国用(2012)第 300183 号	作价出资(入股)	60,519.8	工业	2050-3-22	发行人
29	盘国用(2012)第 300179 号	作价出资(入股)	64,0641.5	工业	2050-3-22	发行人

续表

序号	土地证编号	使用权类型	面积（㎡）	用途	终止日期（年－月－日）	使用权人
30	盘国用（2012）第300182号	作价出资（入股）	23,759.6	工业	2050－3－22	发行人
31	盘国用（2012）第300177号	作价出资（入股）	132,706.9	工业	2050－3－22	发行人
32	葫芦岛市国用（2004）第000042号	租赁	13,170.2	工业	2046－11－18	锦天化
33	葫芦岛市国用（2004）第000040号	租赁	15,856.5	工业	2046－11－18	锦天化
34	葫芦岛市国用（2004）第000044号	租赁	21,361.9	商业	2046－11－18	锦天化
35	葫芦岛市国用（2004）第000043号	租赁	17,367.4	工业	2036－11－18	锦天化
36	葫芦岛市国用（2005）第000017号	租赁	6,258.9	瞻仰景观休闲用地	2046－11－18	锦天化
37	盘国用〔2001〕字第300207号	出让	111,304.10	工业	2050－3－23	富腾热电
38	营口国用（2013）3007号	出让	720.00	工业	2062－12－13	发行人
39	营口国用（2013）2003号	出让	510	工业	2062－12－12	发行人
40	营口国用（2012）2029号	出让	345.32	工业	2062－6－17	发行人
41	辽（2017）盘锦市不动产权第1003491号、辽（2017）盘锦市不动产权第1003492号	出让	5,302.5	工业	2067－8－27	工程公司
42	盘双国用（2016）第100002号	出让	63,490.80	工业	2065－5－28	发行人
43	盘国用（2004）第300217号	出让	98,407.8	工业	2053－9－21	北沥公司
44	盘国用（2007）第300103号	出让	61,530	工业	2056－11－28	北沥公司
45	盘国用（2005）第300010号	出让	10,696.9	工业	2055－1－24	北沥公司
46	盘兴国用（2014）第300004号	出让	16958.30	工业	2053－10－12	北沥公司
47	盘国用（2004）第300183号	出让	81,969.4	工业	2053－10－12	北沥公司
48	盘国用（2004）第300218号	出让	1,936.9	工业	2053－10－12	北沥公司
49	盘兴国用（2014）第300003号	出让	4,938.7	工业	2053－10－12	北沥公司
50	盘国用（2004）第300219号	出让	5,301.4	工业	2053－10－12	北沥公司
51	辽（2017）盘锦市不动产权第2005758号	出让	68,524.7	工业	2062－12－23	北沥公司
52	辽（2017）盘锦市不动产权第2005759号	出让	76,719.10	工业	2062－12－23	北沥公司
53	辽（2017）盘锦市不动产权第2005866号	出让	19,921.20	工业	2062－12－23	北沥公司
54	葫芦岛市国用（2004）000039	租赁	340,665	工业	2046－11－18	锦天化
55	连山国用（2005）000146号	出让	32,941.7	工业	2055－5－31	锦天化
56	连山国用（2005）000145号	出让	1,990	工业	2055－5－31	锦天化

（二）房产

根据发行人提供的房产证等文件并经本所律师核查，发行人及其全资、控股子公司拥有如下房产：

序号	所有权人	房产证编号	房 屋 地 址	面积(m^2)	用途
1	华锦股份	盘房权证双字第 C150237817 号	双台子区华锦工业园	205.35	工业
2	华锦股份	盘房权证双字第 C150248568 号	双台子区城郊乡谷家	883.94	工业
3	华锦股份	盘房权证双字第 C150248569 号	双台子区城郊乡谷家	135.3	工业
4	华锦股份	盘房权证双字第 C150248570 号	双台子区城郊乡谷家	49.17	工业
5	华锦股份	盘房权证双字第 C150248571 号	双台子区城郊乡谷家	396.9	工业
6	华锦股份	盘房权证双字第 C150248572 号	双台子区城郊乡谷家	127.3	工业
7	华锦股份	盘房权证双字第 C150248573 号	双台子区城郊乡谷家	231.25	工业
8	华锦股份	盘房权证双字第 C150248574 号	双台子区城郊乡谷家	1512.3	工业
9	华锦股份	盘房权证双字第 C150248575 号	双台子区城郊乡谷家	697.95	工业
10	华锦股份	盘房权证双字第 C150248576 号	双台子区城郊乡谷家	236.6	工业
11	华锦股份	盘房权证双字第 C150248577 号	双台子区城郊乡谷家	74.34	工业
12	华锦股份	盘房权证双字第 C150248580 号	双台子区城郊乡谷家	1707.79	工业
13	华锦股份	盘房权证双字第 C150248581 号	双台子区城郊乡谷家	20.65	工业
14	华锦股份	盘房权证双字第 C150248582 号	双台子区城郊乡谷家	68.12	工业
15	华锦股份	盘房权证双字第 C150248583 号	双台子区城郊乡谷家	353.75	工业
16	华锦股份	盘房权证双字第 C150248584 号	双台子区城郊乡谷家	144.1	工业
17	华锦股份	盘房权证双字第 C150248585 号	双台子区城郊乡谷家	166.4	工业
18	华锦股份	盘房权证双字第 C150248586 号	双台子区城郊乡谷家	327.41	工业
19	华锦股份	盘房权证双字第 C150248587 号	双台子区城郊乡谷家	1103.52	工业
20	华锦股份	盘房权证双字第 C150248588 号	双台子区城郊乡谷家	253.69	工业
21	华锦股份	盘房权证双字第 C150248589 号	双台子区城郊乡谷家	2308.21	工业
22	华锦股份	盘房权证双字第 C150248590 号	双台子区城郊乡谷家	717.58	工业
23	华锦股份	盘房权证双字第 C150248591 号	双台子区城郊乡谷家	15375.8	工业
24	华锦股份	盘房权证双字第 C150248592 号	双台子区城郊乡谷家	84.14	工业
25	华锦股份	盘房权证双字第 C150248593 号	双台子区城郊乡谷家	2099.64	工业
26	华锦股份	盘房权证双字第 C150248594 号	双台子区城郊乡谷家	71.76	工业
27	华锦股份	盘房权证双字第 C150248595 号	双台子区城郊乡谷家	335.52	工业
28	华锦股份	盘房权证双字第 C150248603 号	双台子区城郊乡谷家	1103.52	工业
29	华锦股份	盘房权证双字第 C150248604 号	双台子区城郊乡谷家	1353.67	工业
30	华锦股份	盘房权证双字第 C150248672 号	双台子区城郊乡谷家	213.53	工业
31	华锦股份	盘房权证双字第 C150248673 号	双台子区城郊乡谷家	412.43	工业
32	华锦股份	盘房权证双字第 C150248674 号	双台子区城郊乡谷家	281.41	工业
33	华锦股份	盘房权证双字第 C150248675 号	双台子区城郊乡谷家	1706.67	工业

续表

序号	所有权人	房产证编号	房屋地址	面积(m^2)	用途
34	华锦股份	盘房权证双字第 C150248676 号	双台子区城郊乡谷家	3593.38	工业
35	华锦股份	盘房权证双字第 C150248677 号	双台子区城郊乡谷家	2867.17	工业
36	华锦股份	盘房权证双字第 C150248678 号	双台子区城郊乡谷家	6460.54	工业
37	华锦股份	盘房权证双字第 C150248679 号	双台子区城郊乡谷家	429.7	工业
38	华锦股份	盘房权证双字第 C150248680 号	双台子区城郊乡谷家	42.25	工业
39	华锦股份	盘房权证双字第 C150248681 号	双台子区城郊乡谷家	152.36	工业
40	华锦股份	盘房权证双字第 C150248682 号	双台子区城郊乡谷家	3880.97	工业
41	华锦股份	盘房权证双字第 C150248683 号	双台子区城郊乡谷家	119.88	工业
42	华锦股份	盘房权证双字第 C150248684 号	双台子区城郊乡谷家	96.05	工业
43	华锦股份	盘房权证双字第 C150248687 号	双台子区城郊乡谷家	1057.16	工业
44	华锦股份	盘房权证双字第 C150248688 号	双台子区城郊乡谷家	2132.6	工业
45	华锦股份	盘房权证双字第 C150248689 号	双台子区城郊乡谷家	56.81	工业
46	华锦股份	盘房权证双字第 C150248690 号	双台子区城郊乡谷家	1485.84	工业
47	华锦股份	盘房权证双字第 C150248691 号	双台子区城郊乡谷家	541.94	工业
48	华锦股份	盘房权证双字第 C150248692 号	双台子区城郊乡谷家	1424.85	工业
49	华锦股份	盘房权证双字第 C150248693 号	双台子区城郊乡谷家	247.52	工业
50	华锦股份	盘房权证双字第 C150248694 号	双台子区城郊乡谷家	24.48	工业
51	华锦股份	盘房权证双字第 C150248695 号	双台子区城郊乡谷家	744.8	工业
52	华锦股份	盘房权证双字第 C150248696 号	双台子区城郊乡谷家	191.52	工业
53	华锦股份	盘房权证双字第 C150248697 号	双台子区城郊乡谷家	306.25	工业
54	华锦股份	盘房权证双字第 C150248698 号	双台子区城郊乡谷家	1243.98	工业
55	华锦股份	盘房权证双字第 C150248699 号	双台子区城郊乡谷家	334.89	工业
56	华锦股份	盘房权证双字第 C150248701 号	双台子区城郊乡谷家	2608.59	工业
57	华锦股份	盘房权证双字第 C150248702 号	双台子区华锦工业园	90.4	工业
58	华锦股份	盘房权证双字第 C150248703 号	双台子区华锦工业园	466.62	工业
59	华锦股份	盘房权证双字第 C150248706 号	双台子区华锦工业园	164.26	工业
60	华锦股份	盘房权证双字第 C150248707 号	双台子区华锦工业园	337.68	工业
61	华锦股份	盘房权证双字第 C150248708 号	双台子区华锦工业园	1340.64	工业
62	华锦股份	盘房权证双字第 C150248709 号	双台子区华锦工业园	120.13	工业
63	华锦股份	盘房权证双字第 C150248710 号	双台子区华锦工业园	1582.21	工业
64	华锦股份	盘房权证双字第 C150248711 号	双台子区华锦工业园	454.45	工业
65	华锦股份	盘房权证双字第 C150248712 号	双台子区华锦工业园	326.99	工业

续表

序号	所有权人	房产证编号	房 屋 地 址	面积(m^2)	用途
66	华锦股份	盘房权证双字第 C150248713 号	双台子区华锦工业园	222.28	工业
67	华锦股份	盘房权证双字第 C150248714 号	双台子区华锦工业园	851.4	工业
68	华锦股份	盘房权证双字第 C150248715 号	双台子区华锦工业园	283.05	工业
69	华锦股份	盘房权证双字第 C150248716 号	双台子区华锦工业园	778.05	工业
70	华锦股份	盘房权证双字第 C150248717 号	双台子区华锦工业园	238	工业
71	华锦股份	盘房权证双字第 C150248718 号	双台子区华锦工业园	81.6	工业
72	华锦股份	盘房权证双字第 C150248719 号	双台子区华锦工业园	576.72	工业
73	华锦股份	盘房权证双字第 C150248720 号	双台子区华锦工业园	37.5	工业
74	华锦股份	盘房权证双字第 C150248721 号	双台子区华锦工业园	43.56	工业
75	华锦股份	盘房权证双字第 C150248722 号	双台子区华锦工业园	224	工业
76	华锦股份	盘房权证双字第 C150248725 号	双台子区华锦工业园	194.48	工业
77	华锦股份	盘房权证双字第 C150248726 号	双台子区华锦工业园	88.72	工业
78	华锦股份	盘房权证双字第 C150248727 号	双台子区华锦工业园	138.04	工业
79	华锦股份	盘房权证双字第 C150248729 号	双台子区华锦工业园	544	工业
80	华锦股份	盘房权证双字第 C150248730 号	双台子区华锦工业园	59.33	工业
81	华锦股份	盘房权证双字第 C150248731 号	双台子区华锦工业园	54.78	工业
82	华锦股份	盘房权证双字第 C150248732 号	双台子区华锦工业园	248.46	工业
83	华锦股份	盘房权证双字第 C150248733 号	双台子区华锦工业园	308.49	工业
84	华锦股份	盘房权证双字第 C150248734 号	双台子区华锦工业园	120.96	工业
85	华锦股份	盘房权证双字第 C150248735 号	双台子区华锦工业园	672.5	工业
86	华锦段份	盘房权证双字第 C150248736 号	双台子区华锦工业园	35.5	工业
87	华锦段份	盘房权证双字第 C150248737 号	双台子区华锦工业园	288.86	工业
88	华锦股份	盘房权证双字第 C150248749 号	双台子区辽河化肥厂厂区	40.5	厂房
89	华锦股份	盘房权证双字第 C150248750 号	双台子区辽河化肥厂厂区	230.1	厂房
90	华锦股份	盘房权证双字第 C150248751 号	双台子区辽河化肥厂厂区	24.75	厂房
91	华锦股份	盘房权证双字第 C150248752 号	双台子区辽河化肥厂厂区	216	厂房
92	华锦股份	盘房权证双字第 C150248753 号	双台子区辽河化肥厂厂区	51.2	办公
93	华锦股份	盘房权证双字第 C150248754 号	双台子区辽河化肥厂厂区	273	厂房
94	华锦股份	盘房权证双字第 C150248755 号	双台子区辽河化肥厂厂区	1408.75	厂房
95	华锦股份	盘房权证双字第 C150248756 号	双台子区辽河化肥厂厂区	224.56	厂房
96	华锦股份	盘房权证双字第 C150248757 号	双台子区辽河化肥厂厂区	239.5	厂房
97	华锦股份	盘房权证双字第 C150248758 号	双台子区辽河化肥厂厂区	342	仓库

续表

序号	所有权人	房产证编号	房屋地址	面积(m^2)	用途
98	华锦股份	盘房权证双字第 C150248759 号	双台子区辽河化肥厂厂区	618.35	厂房
99	华锦股份	盘房权证双字第 C150248760 号	双台子区辽河化肥厂厂区	22.04	仓库
100	华锦股份	盘房权证双字第 C150248761 号	双台子区辽河化肥厂厂区	1137.6	仓库
101	华锦股份	盘房权证双字第 C150248762 号	双台子区辽河化肥厂厂区	1080	仓库
102	华锦股份	盘房权证双字第 C150248763 号	双台子区辽河化肥厂厂区	48	办公
103	华锦股份	盘房权证双字第 C150248764 号	双台子区辽河化肥厂厂区	24.5	商业服务
104	华锦股份	盘房权证双字第 C150248765 号	双台子区辽河化肥厂厂区	58.5	厂房
105	华锦股份	盘房权证双字第 C150248766 号	双台子区辽河化肥厂厂区	7436	仓库
106	华锦股份	盘房权证双字第 C150248767 号	双台子区辽河化肥厂厂区	311.5	仓库
107	华锦股份	盘房权证双字第 C150248768 号	双台子区辽河化肥厂厂区	107.1	商业服务
108	华锦股份	盘房权证双字第 C150248769 号	双台子区辽河化肥厂厂区	128	厂房
109	华锦股份	盘房权证双字第 C150248770 号	双台子区辽河化肥厂厂区	560	仓库
110	华锦股份	盘房权证双字第 C150248771 号	双台子区辽河化肥厂厂区	36.5	仓库
111	华锦股份	盘房权证双字第 C150248772 号	双台子区辽河化肥厂厂区	104.3	办公
112	华锦股份	盘房权证双字第 C150248773 号	双台子区辽河化肥厂厂区	561.75	仓库
113	华锦股份	盘房权证双字第 C150248774 号	双台子区辽河化肥厂厂区	142.5	办公
114	华锦股份	盘房权证双字第 C150248775 号	双台子区辽河化肥厂厂区	75	办公
115	华锦股份	盘房权证双字第 C150248776 号	双台子区辽河化肥厂厂区	189	厂房
116	华锦股份	盘房权证双字第 C150248777 号	双台子区辽河化肥厂厂区	1255	厂房
117	华锦股份	盘房权证双字第 C150248778 号	双台子区辽河化肥厂厂区	1307.3	办公
118	华锦股份	盘房权证双字第 C150248779 号	双台子区辽河化肥厂厂区	465	厂房
119	华锦股份	盘房权证双字第 C150248780 号	双台子区华锦工业园	73.15	工业
120	华锦股份	盘房权证双字第 C150248781 号	双台子区华锦工业园	109.71	工业
121	华锦股份	盘房权证双字第 C150248782 号	双台子区华锦工业园	123.25	工业
122	华锦股份	盘房权证双字第 C150248783 号	双台子区华锦工业园	36.81	工业
123	华锦股份	盘房权证双字第 C150248784 号	双台子区华锦工业园	4098.93	工业
124	华锦股份	盘房权证双字第 C150248785 号	双台子区华锦工业园	153.31	工业
125	华锦股份	盘房权证双字第 C150248786 号	双台子区华锦工业园	225.7	工业
126	华锦股份	盘房权证双字第 C150248787 号	双台子区华锦工业园	2409.5	工业
127	华锦股份	盘房权证双字第 C150248788 号	双台子区华锦工业园	141.11	工业
128	华锦股份	盘房权证双字第 C150248789 号	双台子区华锦工业园	1851	工业

续表

序号	所有权人	房产证编号	房 屋 地 址	面积(m^2)	用途
129	华锦股分	盘房权证双字第 C150248790 号	双台子区华锦工业园	2150.9	工业
130	华锦股分	盘房权证双字第 C150248791 号	双台子区华锦工业园	475	工业
131	华锦股份	盘房权证双字第 C150248792 号	双台子区华锦工业园	440.3	工业
132	华锦股份	盘房权证双字第 C150248793 号	双台子区华锦工业园	228.66	工业
133	华锦股份	盘房权证双字第 C150248794 号	双台子区华锦工业园	2295.5	工业
134	华锦股份	盘房权证双字第 C150248795 号	双台子区华锦工业园	4027.08	工业
135	华锦股份	盘房权证双字第 C150248796 号	双台子区华锦工业园	950	工业
136	华锦股份	盘房权证双字第 C150248797 号	双台子区华锦工业园	286.75	工业
137	华锦股份	盘房权证双字第 C150248798 号	双台子区华锦工业园	100	工业
138	华锦股份	盘房权证双字第 C150248799 号	双台子区华锦工业园	3185.02	工业
139	华锦股份	盘房权证双字第 C150248800 号	双台子区华锦工业园	289.75	工业
140	华锦股份	盘房权证双字第 C150248801 号	双台子区华锦工业园	225.7	工业
141	华锦股份	盘房权证双字第 C150248802 号	双台子区华锦工业园	114.73	工业
142	华锦股份	盘房权证双字第 C150248803 号	双台子区华锦工业园	118.75	工业
143	华锦股份	盘房权证双字第 C150248804 号	双台子区华锦工业园	190	工业
144	华锦股份	盘房权证双字第 C150248805 号	双台子区华锦工业园	205.35	工业
145	华锦股份	盘房权证双字第 C150248806 号	双台子区华锦工业园	675.25	工业
146	华锦股份	盘房权证双字第 C150248807 号	双台子区华锦工业园	203.5	工业
147	华锦股份	盘房权证双字第 C150251807 号	双台子区华锦工业园	675.25	工业
148	华锦股份	盘房权证双字第 C150248808 号	双台子区华锦工业园	1001	工业
149	华锦股份	盘房权证双字第 C150248809 号	双台子区华锦工业园	620.95	工业
150	华锦股份	盘房权证双字第 C150248810 号	双台子区华锦工业园	118.75	工业
151	华锦股份	盘房权证双字第 C150248811 号	双台子区华锦工业园	175.75	工业
152	华锦股份	盘房权证双字第 C150248812 号	双台子区华锦工业园	203.5	工业
153	华锦股份	盘房权证双字第 C150248813 号	双台子区华锦工业园	232.75	工业
154	华锦股份	盘房权证双字第 C150248814 号	双台子区华锦工业园	3698.08	工业
155	华锦股份	盘房权证双字第 C150248815 号	双台子区华锦工业园	118.75	工业
156	华锦股份	盘房权证双字第 C150248816 号	双台子区华锦工业园	36.47	工业
157	华锦股份	盘房权证双字第 C150248817 号	双台子区华锦工业园	3194.58	工业
158	华锦股份	盘房权证双字第 C150248818 号	双台子区华锦工业园	118.75	工业
159	华锦股份	盘房权证双字第 C150248819 号	双台子区华锦工业园	2445.39	工业
160	华锦股分	盘房权证双字第 C150248820 号	双台子区华锦工业园	298.9	工业

续表

序号	所有权人	房产证编号	房 屋 地 址	面积(m^2)	用途
161	华锦股份	盘房权证双字第 C150248821 号	双台子区华锦工业园	60.7	工业
162	华锦股份	盘房权证双字第 C150248822 号	双台子区华锦工业园	391.14	工业
163	华锦股份	盘房权证双字第 C150248823 号	双台子区华锦工业园	1586.81	工业
164	华锦股份	盘房权证双字第 C150248824 号	双台子区华锦工业园	136	工业
165	华锦股份	盘房权证双字第 C150248825 号	双台子区华锦工业园	1565.6	工业
166	华锦股份	盘房权证双字第 C150248826 号	双台子区华锦工业园	289.75	工业
167	华锦股份	盘房权证双字第 C150248827 号	双台子区华锦工业园	40.97	工业
168	华锦股份	盘房权证双字第 C150248828 号	双台子区华锦工业园	536.25	工业
169	华锦股份	盘房权证双字第 C150248829 号	双台子区华锦工业园	676.9	工业
170	华锦股份	盘房权证双字第 C150248830 号	双台子区华锦工业园	261.25	工业
171	华锦股份	盘房权证双字第 C150248831 号	双台子区华锦工业园	50.23	工业
172	华锦股份	盘房权证双字第 C150248832 号	双台子区华锦工业园	27.47	工业
173	华锦股份	盘房权证双字第 C150248833 号	双台子区华锦工业园	736.32	工业
174	华锦股份	盘房权证双字第 C150248834 号	双台子区华锦工业园	187.62	工业
175	华锦股份	盘房权证双字第 C150248835 号	双台子区华锦工业园	3260.84	工业
176	华锦股份	盘房权证双字第 C150248836 号	双台子区华锦工业园	1664.25	工业
177	华锦股份	盘房权证双字第 C150248837 号	双台子区华锦工业园	27.47	工业
178	华锦股份	盘房权证双字第 C150248838 号	双台子区华锦工业园	4335.09	工业
179	华锦股份	盘房权证双字第 C150248839 号	双台子区华锦工业园	1534.95	工业
180	华锦股份	盘房权证双字第 C150248840 号	双台子区华锦工业园	1534.95	工业
181	华锦股份	盘房权证双字第 C150248841 号	双台子区华锦工业园	2017.56	工业
182	华锦股份	盘房权证双字第 C150248842 号	双台子区华锦工业园	1562.36	工业
183	华锦股份	盘房权证双字第 C150248843 号	双台子区华锦工业园	9078.16	工业
184	华锦股份	盘房权证双字第 C150248844 号	双台子区华锦工业园	27.47	工业
185	华锦股份	盘房权证双字第 C150248845 号	双台子区华锦工业园	609.94	工业
186	华锦股份	盘房权证双字第 C150248846 号	双台子区华锦工业园	214.07	工业
187	华锦股份	盘房权证双字第 C150248847 号	双台子区华锦工业园	703.28	工业
188	华锦股份	盘房权证双字第 C150248848 号	双台子区华锦工业园	288.36	工业
189	华锦股份	盘房权证双字第 C150248849 号	双台子区城郊乡谷家	97.08	工业
190	华锦股份	盘房权证双字第 C150248850 号	双台子区城郊乡谷家	44.52	工业
191	华锦股份	盘房权证双字第 C150248851 号	双台子区城郊乡谷家	3133.58	工业
192	华锦股份	盘房权证双字第 C150248852 号	双台子区城郊乡谷家	71.87	工业

续表

序号	所有权人	房产证编号	房屋地址	面积(m²)	用途
193	华锦股份	盘房权证双字第 C150248853 号	双台子区城郊乡谷家	31.52	工业
194	华锦股份	盘房权证双字第 C150248854 号	双台子区城郊乡谷家	437.46	工业
195	华锦股份	盘房权证双字第 C150248855 号	双台子区城郊乡谷家	47.62	工业
196	华锦股份	盘房权证双字第 C150248856 号	双台子区城郊乡谷家	1993.47	工业
197	华锦股份	盘房权证双字第 C150248857 号	双台子区城郊乡谷家	132.97	工业
198	华锦股份	盘房权证双字第 C150248858 号	双台子区城郊乡谷家	45.99	工业
199	华锦股份	盘房权证双字第 C150248859 号	双台子区城郊乡谷家	618.8	工业
200	华锦股份	盘房权证双字第 C150248860 号	双台子区城郊乡谷家	586.72	工业
201	华锦股份	盘房权证双字第 C150248861 号	双台子区城郊乡谷家	58.41	工业
202	华锦股份	盘房权证双字第 C150248863 号	双台子区城郊乡谷家	77.55	工业
203	华锦股份	盘房权证双字第 C150248865 号	双台子区城郊乡谷家	346.75	工业
204	华锦股份	盘房权证双字第 C150248866 号	双台子区城郊乡谷家	2516.11	工业
205	华锦股份	盘房权证双字第 C150248867 号	双台子区城郊乡谷家	5329.6	工业
206	华锦股份	盘房权证双字第 C150248868 号	双台子区城郊乡谷家	35.44	工业
207	华锦股份	盘房权证双字第 C150248869 号	双台子区城郊乡谷家	1691.97	工业
208	华锦股份	盘房权证双字第 C150248870 号	双台子区城郊乡谷家	1625.7	工业
209	华锦股份	盘房权证双字第 C150248871 号	双台子区城郊乡谷家	1369.3	工业
210	华锦股份	盘房权证双字第 C150248872 号	双台子区城郊乡谷家	6570	工业
211	华锦股份	盘房权证双字第 C150248873 号	双台子区城郊乡谷家	193.13	工业
212	华锦股份	盘房权证双字第 C150248874 号	双台子区城郊乡谷家	3009.97	工业
213	华锦股份	盘房权证双字第 C150248875 号	双台子区城郊乡谷家	704	工业
214	华锦股份	盘房权证双字第 C150248876 号	双台子区城郊乡谷家	3510.51	工业
215	华锦股份	盘房权证双字第 C150248877 号	双台子区城郊乡谷家	120.25	工业
216	华锦股份	盘房权证双字第 C150248878 号	双台子区城郊乡谷家	1452	工业
217	华锦股份	盘房权证双字第 C150248879 号	双台子区城郊乡谷家	109.4	工业
218	华锦股份	盘房权证双字第 C150248880 号	双台子区城郊乡谷家	1103.52	工业
219	华锦股份	盘房权证双字第 C150248881 号	双台子区城郊乡谷家	400.2	工业
220	华锦股份	盘房权证双字第 C150248882 号	双台子区城郊乡谷家	800.28	工业
221	华锦股份	盘房权证双字第 C150248883 号	双台子区城郊乡谷家	488.56	工业
222	华锦股份	盘房权证双字第 C150248884 号	双台子区城郊乡谷家	272.73	工业
223	华锦股份	盘房权证双字第 C150248885 号	双台子区城郊乡谷家	592.2	工业
224	华锦股份	盘房权证双字第 C150248886 号	双台子区城郊乡谷家	89.05	工业

续表

序号	所有权人	房产证编号	房 屋 地 址	面积(m^2)	用途
225	华锦股份	盘房权证双字第 C150248887 号	双台子区城郊乡谷家	3480.48	工业
226	华锦股份	盘房权证双字第 C150248888 号	双台子区城郊乡谷家	64.58	工业
227	华锦股份	盘房权证双字第 C150248889 号	双台子区城郊乡谷家	74.58	工业
228	华锦股份	盘房权证双字第 C150248890 号	双台子区城郊乡谷家	276.39	工业
229	华锦股份	盘房权证双字第 C150248891 号	双台子区城郊乡谷家	1998.92	工业
230	华锦股份	盘房权证双字第 C150248892 号	双台子区城郊乡谷家	40.61	工业
231	华锦股份	盘房权证双字第 C150248893 号	双台子区城郊乡谷家	584.47	工业
232	华锦股份	盘房权证双字第 C150248894 号	双台子区城郊乡谷家	701.45	工业
233	华锦股份	盘房权证双字第 C150248895 号	双台子区城郊乡谷家	953.8	工业
234	华锦股份	盘房权证双字第 C150248896 号	双台区城郊乡谷家	521.26	工业
235	华锦股份	盘房权证双字第 C150248897 号	双台区城郊乡谷家	66.6	工业
236	华锦股份	盘房权证双字第 C150248898 号	双台子区城郊乡谷家	978.12	工业
237	华锦股份	盘房权证双字第 C150248899 号	双台子区城郊乡谷家	1103.52	工业
238	华锦股份	盘房权证双字第 C150248900 号	双台子区城郊乡谷家	1807.08	工业
239	华锦股份	盘房权证双字第 C150248901 号	双台区城郊乡谷家	459.53	工业
240	华锦股份	盘房权证双字第 C150248902 号	双台子区城郊乡谷家	214.84	工业
241	华锦股份	盘房权证双字第 C150248904 号	双台子区城郊乡谷家	2198.21	工业
242	华锦股份	盘房权证双字第 C150248907 号	双台子区红旗大街	3824.79	办公
243	华锦股份	盘房权证双字第 C150248908 号	双台子区辽河化肥厂厂区	496.2	厂房
244	华锦股份	盘房权证双字第 C150248911 号	双台子区辽河化肥厂厂区	644.02	厂房
245	华锦股份	盘房权证双字第 C150248912 号	双台子区辽河化肥厂厂区	1480	商业服务
246	华锦股份	盘房权证双字第 C150248913 号	双台子区辽河化肥厂厂区	2042	办公
247	华锦股份	盘房权证双字第 C150248914 号	双台子区辽河化肥厂厂区	977.2	厂房
248	华锦股份	盘房权证双字第 C150248915 号	双台子区辽河化肥厂厂区	204.18	办公
249	华锦股份	盘房权证双字第 C150248916 号	双台子区辽河化肥厂厂区	1399.65	厂房
250	华锦股份	盘房权证双字第 C150248917 号	双台子区辽河化肥厂厂区	1210	厂房
251	华锦股份	盘房权证双字第 C150248918 号	双台子区辽河化肥厂厂区	1245	厂房
252	华锦股份	盘房权证双字第 C150248919 号	双台子区辽河化肥厂厂区	204.4	厂房
253	华锦股份	盘房权证双字第 C150248920 号	双台子区辽河化肥厂厂区	1195.84	办公
254	华锦股份	盘房权证双字第 C150248921 号	双台子区辽河化肥厂厂区	1400.74	办公
255	华锦股份	盘房权证双字第 C150248922 号	双台子区辽河化肥厂厂区	423.8	厂房
256	华锦股份	盘房权证双字第 C150248923 号	双台子区辽河化肥厂厂区	336	厂房

续表

序号	所有权人	房产证编号	房屋地址	面积(m^2)	用途
257	华锦股份	盘房权证双字第 C150248924 号	双台子区辽河化肥厂厂区	616	厂房
258	华锦股份	盘房权证双字第 C150248925 号	双台子区辽河化肥厂厂区	324	办公
259	华锦股份	盘房权证双字第 C150248926 号	双台子区辽河化肥厂厂区	918	办公
260	华锦股份	盘房权证双字第 C150248927 号	双台子区辽河化肥厂厂区	192.5	厂房
261	华锦股份	盘房权证双字第 C150248928 号	双台子区辽河化肥厂厂区	414.75	厂房
262	华锦股份	盘房权证双字第 C150248929 号	双台子区辽河化肥厂厂区	98	办公
263	华锦股份	盘房权证双字第 C150248930 号	双台子区辽河化肥厂厂区	161.7	厂房
264	华锦股份	盘房权证双字第 C150248931 号	双台子区辽河化肥厂厂区	96.6	厂房
265	华锦股份	盘房权证双字第 C150248932 号	双台子区辽河化肥厂厂区	1131.9	厂房
266	华锦股份	盘房权证双字第 C150248933 号	双台子区辽河化肥厂厂区	52	厂房
267	华锦股份	盘房权证双字第 C150248934 号	双台子区华锦工业园	217.62	工业
268	华锦股份	盘房权证双字第 C150248935 号	双台子区华锦工业园	495.36	工业
269	华锦股份	盘房权证双字第 C150248936 号	双台子区华锦工业园	37.62	工业
270	华锦股份	盘房权证双字第 C150248937 号	双台子区华锦工业园	375.84	工业
271	华锦股份	盘房权证双字第 C150248938 号	双台子区华锦工业园	132.44	工业
272	华锦股份	盘房权证双字第 C150248939 号	双台子区华锦工业园	358.75	工业
273	华锦股份	盘房权证双字第 C150248940 号	双台子区华锦工业园	2077	工业
274	华锦股份	盘房权证双字第 C150248941 号	双台子区华锦工业园	261.49	工业
275	华锦股份	盘房权证双字第 C150248942 号	双台子区华锦工业园	522	工业
276	华锦股份	盘房权证双字第 C150248943 号	双台子区华锦工业园	141.12	工业
277	华锦股份	盘房权证双字第 C150248944 号	双台子区华锦工业园	2380.07	工业
278	华锦股份	盘房权证双字第 C150248945 号	双台子区华锦工业园	1106.46	工业
279	华锦股份	盘房权证双字第 C150248946 号	双台子区华锦工业园	17.6	工业
280	华锦股份	盘房权证双字第 C150248947 号	双台子区华锦工业园	22.79	工业
281	华锦股份	盘房权证双字第 C150248948 号	双台子区华锦工业园	446.16	工业
282	华锦股份	盘房权证双字第 C150248949 号	双台子区辽河化肥厂厂区	561	厂房
283	华锦股份	盘房权证双字第 C150248950 号	双台子区辽河化肥厂厂区	1369	办公
284	华锦股份	盘房权证双字第 C150248951 号	双台子区华锦工业园	262.75	工业
285	华锦股份	盘房权证双字第 C150248952 号	双台子区华锦工业园	125.88	工业
286	华锦股份	盘房权证双字第 C150248953 号	双台子区华锦工业园	236.16	工业
287	华锦股份	盘房权证双字第 C150248954 号	双台子区华锦工业园	219.6	工业
288	华锦股份	盘房权证双字第 C150248955 号	双台子区华锦工业园	391	工业

续表

序号	所有权人	房产证编号	房 屋 地 址	面积(m^2)	用途
289	华锦股份	盘房权证双字第 C150248956 号	双台子区华锦工业园	792.36	工业
290	华锦股份	盘房权证双字第 C150248957 号	双台子区华锦工业园	2142	工业
291	华锦股份	盘房权证双字第 C150248958 号	双台子区华锦工业园	2056.65	工业
292	华锦股份	盘房权证双字第 C150248959 号	双台子区华锦工业园	110.22	工业
293	华锦股份	盘房权证双字第 C150248960 号	双台子区华锦工业园	1015.56	工业
294	华锦股份	盘房权证双字第 C150248961 号	双台子区华锦工业园	3166.14	工业
295	华锦股份	盘房权证双字第 C150248962 号	双台子区华锦工业园	1168.55	工业
296	华锦股份	盘房权证双字第 C150248963 号	双台子区华锦工业园	286.38	工业
297	华锦股份	盘房权证双字第 C150248964 号	双台子区华锦工业园	1988.28	工业
298	华锦股份	盘房权证双字第 C150248965 号	双台子区华锦工业园	19957.47	工业
299	华锦股份	盘房权证双字第 C150248966 号	双台子区华锦工业园	3457.33	工业
300	华锦股份	盘房权证双字第 C150248967 号	双台子区华锦工业园	1075.5	工业
301	华锦股份	盘房权证双字第 C150248968 号	双台子区华锦工业园	63.36	工业
302	华锦股份	盘房权证双字第 C150248969 号	双台子区华锦工业园	838.97	工业
303	华锦股份	盘房权证双字第 C150248970 号	双台子区华锦工业园	110.22	工业
304	华锦股份	盘房权证双字第 C150248971 号	双台子区华锦工业园	1505.08	工业
305	华锦股份	盘房权证双字第 C150248972 号	双台子区华锦工业园	217.62	工业
306	华锦股份	盘房权证双字第 C150248973 号	双台子区华锦工业园	43.56	工业
307	华锦股份	盘房权证双字第 C150248974 号	双台子区华锦工业园	93.52	工业
308	华锦股份	盘房权证双字第 C150248975 号	双台子区华锦工业园	908.72	工业
309	华锦股份	盘房权证双字第 C150248976 号	双台子区华锦工业园	217.62	工业
310	华锦股份	盘房权证双字第 C150248977 号	双台子区华锦工业园	156.56	工业
311	华锦股份	盘房权证双字第 C150248978 号	双台子区华锦工业园	335.34	工业
312	华锦股份	盘房权证双字第 C150248979 号	双台子区华锦工业园	286.38	工业
313	华锦股份	盘房权证双字第 C150248980 号	双台子区华锦工业园	418.8	工业
314	华锦股份	盘房权证双字第 C150248981 号	双台子区华锦工业园	229.36	工业
315	华锦股份	盘房权证双字第 C150248982 号	双台子区华锦工业园	3278.88	工业
316	华锦股份	盘房权证双字第 C150248983 号	双台子区华锦工业园	261.25	工业
317	华锦股份	盘房权证双字第 C150248984 号	双台子区华锦工业园	392.25	工业
318	华锦股份	盘房权证双字第 C150248985 号	双台子区华锦工业园	1041.6	工业
319	华锦股份	盘房权证双字第 C150248986 号	双台子区华锦工业园	2436.3	工业
320	华锦股份	盘房权证双字第 C150248987 号	双台子区华锦工业园	236.16	工业

续表

序号	所有权人	房产证编号	房屋地址	面积(m^2)	用途
321	华锦股份	盘房权证双字第 C150248988 号	双台子区华锦工业园	816.64	工业
322	华锦股份	盘房权证双字第 C150248989 号	双台子区华锦工业园	851.12	工业
323	锦天化	葫房权证连字第 200908274 号	连山区锦天化化工有限公司空分厂房	978	工交
324	锦天化	葫房权证连字第 200908446 号	连山区锦天化化工有限公司机车人员倒班室	159.5	工交
325	锦天化	葫房权证连字第 200908379 号	连山区化工街	2412.43	商业服务
326	锦天化	葫房权证连字第 200908371 号	连山区锦天化化工有限公司脱盐水厂房	1404.6	工交
327	锦天化	葫房权证连字第 200908406 号	连山区锦天化化工有限公司散装仓库	7744	工交
328	锦天化	葫房权证连字第 200908354 号	连山区锦天化化工有限公司销售办公室	218.4	工交
329	锦天化	葫房权证连字第 200908346 号	连山区锦天化化工有限公司仓库	6891.9	工交
330	锦天化	葫房权证连字第 200908369 号	连山区锦天化化工有限公司办公室	259.2	工交
331	锦天化	葫房权证连字第 200908399 号	连山区化工街	589.87	工交
332	锦天化	葫房权证连字第 200908362 号	连山区锦天化化工有限公司铁运调度室	221.31	工交
333	锦天化	葫房权证连字第 200908356 号	连山区锦天化化工有限公司水汽楼	1319.1	工交
334	锦天化	葫房权证连字第 200908279 号	连山区化工街	129.16	工交
335	锦天化	葫房权证连字第 200908343 号	连山区化工街	210.2	工交
336	锦天化	葫房权证连字第 200908245 号	连山区锦天化化工有限公司高压泵房	337.14	工交
337	锦天化	葫房权证连字第 200908256 号	连山区化工街	48.75	工交
338	锦天化	葫房权证连字第 200908243 号	连山区锦天化化工有限公司尿素巡检	29.25	工交
339	锦天化	葫房权证连字第 200908391 号	连山区锦天化化工有限公司铆焊厂房	2912.93	工交
340	锦天化	葫房权证连字第 200908408 号	连山区化工街	1625	工交
341	锦天化	葫房权证连字第 200908307 号	连山区锦天化化工有限公司厂部办公楼	8100	工交
342	锦天化	葫房权证连字第 200908341 号	连山区锦天化化工有限责任公司单身公寓	3422.48	工交
343	锦天化	葫房权证连字第 200908264 号	连山区锦天化化工有限公司东门卫	338.46	工交
344	锦天化	葫房权证连字第 200908244 号	连山区化工街	214.84	工交
345	锦天化	葫房权证连字第 200908259 号	连山区锦天化化工有限公司消防队	1180	工交
346	锦天化	葫房权证连字第 200908270 号	连山区锦天化化工有限公司小车库	2004	工交
347	锦天化	葫房权证连字第 200908262 号	连山区化工街	197.04	工交
348	锦天化	葫房权证连字第 200908412 号	连山区化工街	57.7	工交
349	锦天化	葫房权证连字第 200908349 号	连山区化工街	74.4	工交

续表

序号	所有权人	房产证编号	房 屋 地 址	面积(m^2)	用途
350	锦天化	葫房权证连字第 200908378 号	连山区锦天化化工有限公司快锅	16	工交
351	锦天化	葫房权证连字第 200908376 号	连山区化工街	2046.88	工交
352	锦天化	葫房权证连字第 200908308 号	连山区锦天化化工有限公司主配电	1948.2	工交
353	锦天化	葫房权证连字第 200908246 号	连山区化工街	2300	工交
354	锦天化	葫房权证连字第 200908469 号	连山区锦天化化工有限公司包装楼	3402	工交
355	锦天化	葫房权证连字第 200908464 号	连山区锦天化化工有限公司压缩机厂房	2266.2	工交
356	锦天化	葫房权证连字第 200908283 号	连山区锦天化化工有限责任公司主控楼	4178	工交
357	锦天化	葫房权证连字第 200908358 号	连山区锦天化化工有限公司精制水厂方	286	工交
358	锦天化	葫房权证连字第 200908435 号	连山区锦天化化工有限责任公司金秋宾馆	3341.79	商业服务
359	锦天化	葫房权证连字第 200908424 号	连山区化工街	20	工交
360	锦天化	葫房权证连字第 200908427 号	连山区化工街	338.81	工交
361	锦天化	葫房权证连字第 200908474 号	连山区锦天化化工有限责任公司金秋宾馆洗衣房	236.8	工交
362	锦天化	葫房权证连字第 200908430 号	连山区锦西天然气化工有限责任公司	1070.6	工交
363	锦天化	葫房权证连字第 200908425 号	连山区化工街	91.98	工交
364	锦天化	葫房权证连字第 200908395 号	连山区化工街	11495.60	工交
365	锦天化	葫房权证连字第 200908449 号	连山区化工街	720	工交
366	锦天化	葫房权证连字第 200908413 号	连山区化工街	231.25	工交
367	锦天化	葫房权证连字第 200908306 号	连山区化工街	178.63	工交
368	富腾热电	盘房权证双字第 2002597 号	双台子区化工街	116	其他用途
369	富腾热电	盘房权证双字第 2002603 号	双台子区化工街	62	其他用途
370	富腾热电	盘房权证双字第 2002595 号	双台子区化工街	821	其他用途
371	富腾热电	盘房权证双字第 2002587 号	双台子区化工街	672	其他用途
372	富腾热电	盘房权证双字第 2002585 号	双台子区化工街	108	其他用途
373	富腾热电	盘房权证双字第 2002596 号	双台子区化工街	620	其他用途
374	富腾热电	盘房权证双字第 2002593 号	双台子区化工街	151.9	其他用途
375	富腾热电	盘房权证双字第 2002598 号	双台子区化工街	202	其他用途

续表

序号	所有权人	房产证编号	房 屋 地 址	面积(m^2)	用途
376	富腾热电	盘房权证双字第 2002594 号	双台子区化工街	386	车库
377	富腾热电	盘房权证双字第 2002604 号	双台子区化工街	99	其他用途
378	富腾热电	盘房权证双字第 2002591 号	双台子区化工街	5100	厂房
379	富腾热电	盘房权证双字第 2002590 号	双台子区化工街	355.25	其他用途
380	富腾热电	盘房权证双字第 2002588 号	双台子区化工街	219	其他用途
381	富腾热电	盘房权证双字第 2002601 号	双台子区化工街	6819	其他用途
382	富腾热电	盘房权证双字第 2002599 号	双台子区化工街	246	其他用途
383	富腾热电	盘房权证双字第 2002589 号	双台子区化工街	300	其他用途
384	富腾热电	盘房权证双字第 2002600 号	双台子区化工街	520	其他用途
385	富腾热电	盘房权证双字第 2002586 号	双台子区化工街	399	其他用途
386	富腾热电	盘房权证双字第 2002602 号	双台子区化工街	1152	其他用途
387	富腾热电	盘房权证双字第 2002592 号	双台子区化工街	70	其他用途
388	富腾热电	盘房权证双字第 2002606 号	双台子区化工街	168	其他用途
389	富腾热电	盘房权证双字第 2002605 号	双台子区化工街	2228	办公
390	工程公司	辽(2017)盘锦市不动产权第 1003491 号	双台子区辽河化肥厂厂区 1	992.3	办公
391	工程公司	辽(2017)盘锦市不动产权第 1003492 号	双台子区辽河化肥厂厂区 2	331.5	办公

(三)承租房产

根据发行人提供的租赁协议、公告文件并经本所律师核查,发行人目前租赁华锦集团土地使用权(使用面积合计 971,898.75 平方米),租赁期限截止 2025 年 12 月 31 日。

(四)其他资产

发行人的其他资产主要是机器设备、商标、专利等。

经核查,本所律师认为:

1. 发行人及其全资、控股子公司合法拥有上述主要资产,已取得完备的权属证书或证明,不存在重大权属纠纷;

2. 除本法律意见书中已披露的租赁情形外,发行人及其全资、控股子公司拥有的主要资产没有设定其他权利限制。

九、发行人资金拆借和资金占用情况

根据发行人的《审计报告》、发行人 2015－2017 年年度报告、发行人 2015－2017 年非经营性资金占用及其他关联资金往来情况汇总表的专项审核报告、《2018 年半年度报告》、发行人出具的确认函并经本所律师核查,自 2015 年 1 月 1 日起至 2018 年 6 月 30 日止,发行人资金拆借和资金占用的情况如下:

（一）资金拆借

1. 2015 年度资金拆借

关联方	拆借金额（元）	起始日	到期日	说明
拆入				
兵工财务有限责任公司	30,000,000.00	2015-03-20	2016-03-20	保证借款
兵工财务有限责任公司	19,000,000.00	2015-12-23	2016-12-23	保证借款
兵工财务有限责任公司	40,000,000.00	2015-12-23	2016-12-23	保证借款
兵工财务有限责任公司	40,000,000.00	2015-11-30	2016-11-30	保证借款
兵工财务有限责任公司	20,000,000.00	2015-07-31	2016-07-31	保证借款
兵工财务有限责任公司	100,000,000.00	2015-12-30	2016-12-30	信用借款
兵工财务有限责任公司	200,000,000.00	2015-03-20	2016-03-20	信用借款
兵工财务有限责任公司	325,000,000.00	2015-07-31	2016-07-31	信用借款

2. 2016 年度资金拆借

关联方	拆借金额（元）	起始日	到期日	说明
拆入				
兵工财务有限责任公司	325,000,000.00	2016-08-17	2017-06-30	信用借款
兵工财务有限责任公司	400,000,000.00	2016-12-09	2017-12-09	信用借款
兵工财务有限责任公司	20,000,000.00	2016-08-17	2017-08-17	保证借款
兵工财务有限责任公司	40,000,000.00	2016-11-28	2017-11-28	保证借款
兵工财务有限责任公司	40,000,000.00	2016-12-14	2017-12-14	保证借款
兵工财务有限责任公司	19,000,000.00	2016-12-23	2017-12-23	保证借款
兵工财务有限责任公司	30,000,000.00	2016-03-23	2017-03-23	保证借款

3. 2017 年度资金拆借

关联方	拆借金额（元）	起始日	到期日	说明
拆入				
兵工财务有限责任公司	30,000,000.00	2017-03-31	2018-03-31	保证借款
兵工财务有限责任公司	20,000,000.00	2017-09-07	2018-09-07	保证借款
兵工财务有限责任公司	40,000,000.00	2017-11-23	2018-11-23	保证借款
兵工财务有限责任公司	40,000,000.00	2017-12-07	2018-12-07	保证借款
兵工财务有限责任公司	225,000,000.00	2017-06-23	2018-06-23	信用借款
兵工财务有限责任公司	100,000,000.00	2017-05-26	2018-05-26	信用借款
兵工财务有限责任公司	100,000,000.00	2017-02-24	2018-02-24	信用借款
兵工财务有限责任公司	200,000,000.00	2017-12-14	2018-12-14	信用借款

4. 2018 年 1 – 6 月份资金拆借

关联方	拆借金额(元)	起始日	到期日	说明
拆入				
兵工财务有限责任公司	225,000,000.00	2018 – 06 – 20	2019 – 06 – 20	信用借款
兵工财务有限责任公司	500,000,000.00	2018 – 06 – 14	2019 – 06 – 14	信用借款
兵工财务有限责任公司	20,000,000.00	2018 – 06 – 20	2019 – 06 – 20	保证借款
兵工财务有限责任公司	40,000,000.00	2017 – 11 – 23	2018 – 11 – 23	保证借款
兵工财务有限责任公司	40,000,000.00	2017 – 12 – 07	2018 – 12 – 07	保证借款
兵工财务有限责任公司	200,000,000.00	2017 – 12 – 14	2018 – 12 – 14	信用借款
兵工财务有限责任公司	200,000,000.00	2018 – 01 – 11	2018 – 12 – 14	信用借款
兵工财务有限责任公司	100,000,000.00	2018 – 02 – 01	2018 – 11 – 30	信用借款
兵工财务有限责任公司	100,000,000.00	2018 – 04 – 13	2018 – 07 – 13	信用借款
兵工财务有限责任公司	100,000,000.00	2018 – 05 – 29	2019 – 05 – 29	信用借款

经本所律师核查,对于报告期内的资金拆借,发行人于 2013 年 5 月 22 日召开的第五届董事会第十五次会议及 2013 年 6 月 7 日召开的 2013 年度第三次临时股东大会审议通过《关于兵工财务有限责任公司为公司及下属子分公司提供金融服务的议案》;于 2016 年 5 月 27 日召开的第五届董事会第四十八次会议及 2016 年 6 月 14 日召开的 2016 年度第一次临时股东大会审议通过《关于兵工财务有限责任公司为公司及下属子分公司提供金融服务的议案》;于 2016 年 9 月 13 日召开的第五届董事会第五十一次会议审议通过《关于向兵工财务申请综合授信额度的议案》;于 2017 年 9 月 20 日召开的第五届董事会第六十次会议审议通过《关于向兵工财务申请综合授信额度的议案》。

根据发行人的《审计报告》、发行人 2015 – 2017 年年度报告、发行人 2015 – 2017 年非经营性资金占用及其他关联资金往来情况汇总表的专项审核报告、《2018 年半年度报告》、发行人出具的确认函并经本所律师核查,自 2015 年 1 月 1 日起至 2018 年 6 月 30 日止,发行人不存在非经营性资金拆出的情况。

经核查,本所律师认为:发行人上述资金拆借已经履行了公司章程规定的决策程序,资金拆借行为合法合规。

(二)资金占用

经本所律师核查,最近三年及一期发行人不存在资金被控股股东、实际控制人及其控制的其他企业占用的情况。

十、发行人及其重要子公司的失信情况

(一)被列入失信被执行人名单情况

经本所律师核查中国执行信息公开网(http://shixin. court. gov. cn/)、信用中国网站(http://www. creditchina. gov. cn/)、国家企业信用信息公示系统网站(http://www. gsxt. gov. cn),发行人及其全资、控股子公司不存在被列入失信被执行人名单的情形。

(二)被列入安全生产领域失信生产经营单位名单情况

经本所律师核查信用中国网站(http://www. creditchina. gov. cn/)、国家企业信用信息公示系统网站(http://www. gsxt. gov. cn)、中华人民共和国应急管理部网站(http://www. chinasafety. gov. cn)、辽宁省安全生产监督管理局网站(http://www. lnsafety. gov. cn/),发行人及其全资、控股子公司不存在被列入安全生产领域失信生产经营单位名单的情形。

(三)被列入环保领域失信生产经营单位的情况

经本所律师核查信用中国网站(http://

www. creditchina. gov. cn/)、国家企业信用信息公示系统网站(http://www. gsxt. gov. cn)、中华人民共和国生态环境部网站(http://www. zhb. gov. cn/)、辽宁省环境保护厅网站(http://http://www. lnepb. gov. cn/),发行人及其全资、控股子公司不存在被列入环保领域失信生产经营单位的情形。

经本所律师核查,发行人及其重要子公司不存在因严重违法、失信行为被有权部门认定为失信被执行人、失信生产经营单位或其他失信单位,并被暂停或限制发行公司债券情形。

十一、发行人的媒体质疑的重大事项

经本所律师通过互联网检索、查阅中国证监会、证券交易所公告以及发行人出具确认函等方式进行核查,发行人不存在媒体质疑的重大事项。

十二、发行人的董事、监事和高级管理人员

本所律师查阅了中国证监会、深交所网站的相关公告,发行人出具的确认函,发行人董事、监事以及高级管理人员出具的声明与承诺等文件。

经核查,本所律师认为:截至本法律意见书出具之日,发行人的董事、监事和高级管理人员不存在涉嫌重大违纪违法的行为。

十三、发行人诉讼、仲裁和行政处罚

(一)发行人及其全资、控股子公司尚未了结的诉讼及仲裁事项

根据发行人提供的相关材料以及发行人出具的确认函并经本所律师核查,截至本法律意见书出具之日,发行人及其全资、控股子公司尚未了结的诉讼及仲裁案件具体如下:

序号	案由	原告	被告	审理法院	标的金额	案件起因	诉讼进展
1	保证合同纠纷	深圳中润富银一期股权投资基金企业(有限合伙)	华锦股份	深圳前海合作区人民法院	3,775万元	2014年12月3日,原告收到被告发出的《北方华锦化学工业股份有限公司非公开发行股票认购邀请书》,原告按照认购邀请书的要求申购并支付了申购保证金3400万元。2017年3月7日,原告起诉要求退还保证金3400万元及利息375万元(计算到2017年2月28日),总计3775万元。	一审判决被告返还原告申购保证金3400万元及利息。被告提起上诉。目前该案正在审理中。
2	建设工程施工合同纠纷	华锦股份	大连市政设施修建总公司/大连市神沟非开挖施工有限公司	盘锦市中级人民法院	28,372,262元	2008年7月7日原告与大连市政设施修建总公司签订了《施工承包合同》。合同签订后,大连市政设施修建总公司在原告不知情的情况下将该工程违法转包给大连市神沟非开挖施工有限公司进行施工,导致工程质量问题。	一审判决,判决大连市神沟非开挖施工有限公司赔偿北方华锦股份公司1513.4187万元,大连市政设施修建总公司承担连带责任。被告提起上诉。目前该案正在审理中。

续表

序号	案由	原告	被告	审理法院	标的金额	案件起因	诉讼进展
3	环境污染侵权纠纷	郑东升、郑宏伟、郑宏波	盘锦利生环保产品有限公司/华锦股份/华锦集团	盘锦市双台子区人民法院	329 万元	原告以在盘锦利生环保产品有限责任公司附近鱼塘中的鱼被粉煤灰污染死亡为由,向法院起诉。	目前该案正在审理中。
4	工伤保险待遇纠纷	李洪春	华锦股份	盘锦市双台子区人民法院	473,971.41 元	原告在工作过程中因液氨泄漏导致双目失明。	目前该案正在审理中。
5	建设工程施工合同纠纷	中国二冶集团有限公司	内蒙化工/华锦股份	东乌珠穆沁旗人民法院	5,346,594.03 元	被告逾期未支付监理费、违约金以及窝工费用等费用。	目前该案正在审理中。
6	建设工程施工合同纠纷	王明发	河北丰润建筑安装股份有限公司/内蒙化工/华锦股份	东乌珠穆沁旗人民法院	1,978,805 元	被告逾期未支付工程款。	一审判决河北丰润建筑安装股份有限公司支付原告工程款 812,198.00 元以及利息。河北丰润建筑安装股份有限公司提起上诉。目前该案正在审理中。
7	建设工程施工合同纠纷	赤峰日月中天工程监理有限公司	内蒙化工/华锦股份	东乌珠穆沁旗人民法院	1,426,249 元	被告逾期未支付监理费、违约金以及窝工费用等费用。	目前该案正在审理中。

经核查,本所律师认为:发行人及其全资、控股子公司除上述已披露的案件外,不存在其他尚未了结的诉讼、仲裁案件;上述尚未了结的诉讼的标的金额较小,相关诉讼请求对发行人的经营影响较小,不构成对发行人生产经营产生重大影响的重大诉讼,不会对本次发行造成重大不利影响或构成任何实质性障碍。

(二)发行人及其全资、控股子公司未决或者可预见的行政处罚

根据华锦股份出具的确认函,并经本所律师查询信用中国网站(http://www.creditchina.gov.cn/)、国家企业信用信息公示系统网站(http://www.gsxt.gov.cn)以及华锦股份及其全资、控股子公司的主管工商、税收、社保、公积金、安监、环保等部门的网站,华锦股份及其全资、控股子公司不存在对本次发行具有重大不利影响的未决或者可预见的行政处罚案件。

经核查,本所律师认为:发行人不存在未决或者可预见的对发行人本次发行具有重大不利影响的诉讼、仲裁及行政处罚案件。

十四、本次发行的募集资金用途

根据《募集说明书》,发行人本次发行募集的资金在扣除发行承销费用后,拟用于补充公司营运资金、偿还银行贷款或项目建设等符合国家法律法规规定的用途。

经核查,本所律师认为:发行人本次债券募集资金的用途符合法律法规的有关规定,上述募集资金的用途无须办理相关主管机关的审批或核准、备案。

十五、本次发行的增信措施

根据《募集说明书》,本次债券为无担保债券。

经核查,本所律师认为:本次发行的增信措施符合《管理办法》等法律法规的相关规定。

十六、本次发行的信用评级

发行人已委托了经中国证监会认定具有从事证券服务业务资格的资信评级机构中诚信对本次债券进行信用评级,根据中诚信出具的《北方华锦化学工业股份有限公司 2018 年公开发行公司债券信用评级报告》,发行人主体信用等级为 AAA,评级展望为稳定,本次债券信用等级为 AAA。

经核查,本所律师认为:发行人已委托了经中国证监会认定具有从事证券服务业务资格的资信评级机构对本次债券进行了信用评级,符合《管理办法》第十九条的规定。

十七、本次发行的承销

发行人已与国泰君安、中信证券、中信建投签订了《承销协议》。根据本所律师核查,前述承销协议中已界定了发行人与承销商之间的权利义务关系,明确了承销商的包销责任,同时还约定了本次债券内容、本次发行的发行和托管、募集款项的划付、承销费用及相关费用、声明与保证、保密与通知、违约责任、成立与生效、其他等基本条款,符合《管理办法》第三十六条的规定。

十八、本次发行的证券服务机构的资格

就本次发行的证券服务机构的资格,本所律师在互联网对公开信息进行了必要的检索,查阅了中国证监会和证券交易所网站的公告信息,核查了证券服务机构的资质文件以及出具的说明。根据本所律师核查,参与本次发行的证券服务机构的资格情况如下:

(一)承销商

国泰君安作为本次发行的牵头主承销商已经领取了统一社会信用代码为 9131000063159284XQ 的《营业执照》,同时持有中国证监会颁发的《经营证券期货业务许可证》,具备从事本次债券发行的承销业务资格。

中信证券作为本次发行的联席主承销商已经领取了统一社会信用代码为 914403001017814402 的《营业执照》,同时持有中国证监会颁发《经营证券期货业务许可证》,具备从事本次债券发行的承销业务资格。

中信建投为本次发行的联席主承销商已经领取了统一社会信用代码为 91110000781703453H 的《营业执照》,同时持有中国证监会颁发的《经营证券期货业务许可证》,具备从事本次债券发行的承销业务资格。

(二)法律顾问

本所作为本次发行的法律顾问,已经取得了统一社会信用代码为 31110000E00018675X 的《律师事务所执业许可证》,具有合法的执业资格。

(三)审计机构

瑞华作为发行人的审计机构,已经取得了统一社会信用代码为 9111010856949923XD 的《营业执照》、证书编号为 11010130 的《会计师事务所证券、期货相关业务许可证》,具有从事证券业务的资格。

(四)评级机构

中诚信作为本次发行的信用评级机构,已经领取了统一社会信用代码为 91310118134618359H 的《营业执照》和编号为 ZPJ001 的《证券市场资信评级业务许可证》,具有从事证券业务的资格。

(五)债券受托管理人

本次发行的债券受托管理人由本次发行的承销机构国泰君安担任,经核查,国泰君安为中国证券业协会会员,同时不作为本次发行提供担保的机构,具有担任债券受托管理人的资格。

(六)中介机构被监管部门限制债券承销或参与债券发行业务活动资格的情况

根据中国证监会诚信档案以及各中介机构的说明,本次债券证券服务机构被监管部门采取监管措施的情形具体如下:

1. 国泰君安证券股份有限公司

(1)中国证监会行政监管措施决定书〔2015〕3 号

2015 年 1 月 16 日,国泰君安被中国证监会采取责令暂停新开融资融券客户信用账户 3 个月监管措施。在整改期间,国泰君安加强了对两融业务的监管与整改力度,积极开展自查,进一步加强对两融客户信用账户开设的管理。

(2)中国证监会行政监管措施决定书〔2015〕76 号

2015 年 10 月 11 日,因在保荐沧州大化公

开增发股票项目中风险提示不足,公司保荐代表人周文昊、尤凌燕被中国证监会采取出具警示函监管措施(《中国证监会行政监管措施决定书〔2015〕76号》)。目前国泰君安已加强内部监管制度,合规部等相关部门对该事项涉及的业务人员进行问责,进一步强化有关人员合规守法意识。

(3)中国证券监督管理委员会上海监管局行政监管措施决定书〔2016〕15号

2016年2月24日,因国泰君安场外市场部做市业务部门内部管理、控制方面存在缺陷,导致2015年12月31日做市股权发生报价异常事件,国泰君安被中国证券监督管理委员会上海监管局出具行政监管措施决定书,自2016年2月29日至2016年5月29日限制新增新三板做市业务。目前,国泰君安已根据监管要求,对做市业务部门开展合规检查,并对相关责任人作出处分决定。

(4)中国证券监督管理委员会北京监管局行政监管措施决定书〔2016〕31号

2016年6月15日,因作为北京利尔高温材料股份有限公司2015年公司债券(第一期)受托管理人,未能及时发现和制止发行人将募集资金转借行为,国泰君安被中国证券监督管理委员会北京监管局出具警示函。目前,国泰君安对本次上市公司违规使用募集资金的事件作为典型案例进行内部通报,制作相应的学习材料,在业务部门进行宣导和学习;通过业务培训,进一步提高业务人员勤勉尽责和风险责任意识;进一步完善和细化公司债券相关管理制度,加强业务流程的监控,并提高对业务管理制度的执行力和贯彻力;对相关责任人采取问责措施。

(5)中国证券监督管理委员会行政监管措施决定书〔2016〕56号

2016年8月16日,因作为金徽酒股份有限公司首次公开发行股票并上市项目保荐过程中,在会后重大事项承诺函中未如实说明发行人2015年利润分配情况,且未向中国证券监督管理委员会履行发行人分红实施情况主动告知义务,国泰君安被中国证券监督管理委员会采取出具警示函的行政监管措施。目前,国泰君安对上述事项进行内部通报,制定相关整改措施,细化相关业务流程监控,并对相关责任人采取问责措施、对相关业务人员进行培训及学习。

(6)中国证券监督管理委员会行政监管措施决定书〔2017〕13号

2017年1月16日,因在推荐河北润农节水科技股份有限公司和新疆瑞兆源生态农业股份有限公司进入全国中小企业股份转让系统挂牌过程中,对企业关键业务流程等情况核查不充分,同时在持续督导参仙源参业股份有限公司过程中,在参仙源被立案稽查后未在规定时间内完成并报送《持续督导现场检查工作报告》,国泰君安被中国证券监督管理委员会采取责令改正、增加内部合规检查次数并提交合规检查报告的行政监管措施。目前,国泰君安已按照监管要求积极整改,进一步加强和完善新三板推荐挂牌业务的合规经营和风险管理。

(7)中国证券监督管理委员会行政监管措施决定书〔2018〕75号

2018年7月31日,因在江苏国茂减速机股份有限公司首次公开发行股票并上市项目保荐过程中,保荐代表人未审慎执业,未勤勉尽责,未严格遵守职业规则,导致江苏国茂减速机股份有限公司申报文件中未如实披露会计政策调整和会计差错更正事项的董事会审议时间,国泰君安被中国证券监督管理委员会出具警示函的监管措施。目前,国泰君安对上述事项进行内部通报,制定相关整改措施,细化相关业务流程监控,并对相关责任人采取问责措施,对相关业务人员进行培训及学习。

经本所律师核查,国泰君安已严格按照监管机构的要求,对上述监管事项及时进行了有效整改,并能够严格执行相关监管法律法规,上述监管措施不会对本次债券发行构成实质性障碍。

2. 中信证券股份有限公司

(1)2015年1月16日,中国证监会向中信证券出具《关于对中信证券股份有限公司采取责令暂停新开融资融券客户信用账户3个月措施的决定》(中国证监会行政监管措施决定书〔2015〕1号)

2014年12月,中国证监会对中信证券融资类业务和期权业务进行检查,检查发现中信证券存在向在中信证券及与中信证券具有控制关系的其他证券公司从事证券交易的时间连续计算不足半年的客户融资融券、违规为到期融资融券合约展期等问题。

2015年1月16日,中国证监会向中信证券出具《关于对中信证券股份有限公司采取责令暂停新开融资融券客户信用账户3个月措施的决定》。

中信证券在收到监管函件当日,即由证券金融业务线开始启动对逾期合约的了结与强制平仓工作,并根据“合约逾期时间由长至短”的原则,坚决对逾期客户进行强制平仓。具体安排如下:对于逾期合约,自2015年1月19日至2015年1月23日,由中信证券证券营业部提示客户在此期间内尽快自行了结;自2015年1月26日至2015年2月13日,由中信证券证券金融业务线对逾期客户进行强制平仓,了结逾期合约。今后融资融券业务开展过程中,将严格按照监管规定,不为中信证券及与中信证券具有控制关系的其他证券公司从事证券交易的时间连续计算不足半年的客户融资融券。

(2)2015年1月23日,因创智信息科技项目,中国证监会非上市公众公司监管部(以下简称非公部)向中信证券出具《关于对中信证券股份有限公司采取监管谈话措施的决定》(中国证监会行政监管措施决定书〔2015〕14号)

2015年1月23日,中国证监会非公部向中信证券出具《关于对中信证券股份有限公司采取监管谈话措施的决定》,中信证券有关业务负责人接受了中国证监会非公部监管谈话。本次监管措施的原因主要涉及中信证券投行项目中被重组方委托贷款收益是否符合经常性损益的认定,以及长期股权投资的评估方法是否可选择账面价值评估的事项。中信证券收到上述监管函件后,高度重视并立即进行整改,整改措施包括:组织投行部门员工加强业务学习,提高专业判断水平,增强对监管规定理解的深入性及全面性;加强质控和内核环节的质量控制,进一步提高项目执行质量,加强对重点问题的把握;将本项目作为重点案例进行宣讲,避免在后续工作中再次出现类似问题;要求在今后业务开展过程中,加强与监管部门的沟通,更好地把握监管政策和精神。

(3)2015年8月17日,因皖江物流非公开发行项目,证监会对中信证券保荐代表人李石玉、刘隆文出具了《关于对李石玉、刘隆文采取出具警示函措施的决定》(中国证监会行政监管措施决定书〔2015〕74号)

2015年8月17日,中国证监会对中信证券保荐代表人李石玉、刘隆文出具了《关于对李石玉、刘隆文采取出具警示函措施的决定》,认定李石玉、刘隆文在保荐安徽皖江物流(集团)股份有限公司(发行人)2014年度非公开发行股票并上市项目中,对发行人的购销情况,发行人与供应商、客户之间业务的真实性核查不充分,违反了《证券发行上市保荐业务管理办法》第四条有关规定。中信证券在收到上述监管函件后高度重视,组织相关人员分析问题原因、总结教训,并组织投行部门员工加强业务学习,提高专业判断水平,进一步提高项目执行质量,避免此类事件的再次发生。

(4)2015年10月11日,因东方电气可转债项目,证监会对中信证券保荐代表人钱伟琛、徐欣出具了《关于对钱伟琛、徐欣采取出具警示函措施的决定》(中国证监会行政监管措施决定书〔2015〕75号)

2015年10月11日,中国证监会对中信证券保荐代表人钱伟琛、徐欣出具了《关于对钱伟琛、徐欣采取出具警示函措施的决定》,认定钱伟琛、徐欣在保荐东方电气股份有限公司(发行人)2014年公开发行可转债项目中,风险揭示不足、未督促发行人在证券发行募集文件中充分披露业绩大幅下滑的风险,违反了《证券发行上市保荐业务管理办法》第四条有关规定。中信证券在收到上述监管函件后高度重视,组织相关人员分析问题原因、总结教训,并组织投行部门员工加强业务学习,提高专业判断水平,进一步提高项目执行质量,避免此类事件的再次发生。

(5)2015年11月26日,中信证券收到中国证监会调查通知书(稽查总队调查通字153121号)

其中提及:因中信证券涉嫌违反《证券公司监督管理条例》相关规定,中国证监会决定对中信证券进行立案调查。

经核实,本次调查的范围是中信证券在融资融券业务开展过程中,存在违反《证券公司监督管理条例》第八十四条“未按照规定与客户签订业务合同”规定之嫌。中信证券将全面配合中国证监会的相关调查工作,同时严格按照有关规定履行信息披露义务。

(6)2016 年 3 月 16 日,因中信证券泉州宝洲路营业部存在员工违反监管规定和中信证券内部制度为客户融资提供便利的问题,证监会福建监管局对中信证券泉州宝洲路营业部出具《关于对中信证券股份有限公司泉州宝洲路证券营业部采取出具警示函措施的决定》(中国证监会福建监管局行政监管措施决定书〔2016〕3 号)

2016 年 3 月 16 日,因中信证券泉州宝洲路营业部存在员工违反监管规定和中信证券内部制度为客户融资提供便利的问题,证监会福建监管局对中信证券泉州宝洲路营业部出具《关于对中信证券股份有限公司泉州宝洲路证券营业部采取出具警示函措施的决定》。中信证券此前已根据福建证监局的要求认真开展了自查自纠工作,在收到上述监管函件后,中信证券高度重视,深刻总结反思,汲取教训,将对相关责任人进行内部通报批评并处以经济处罚,杜绝此类事件再次发生。

(7)2017 年 1 月 17 日,因中信证券台州府中路证券营业部存在内部控制不完善、经营管理混乱、原负责人罗海燕未能勤勉尽责等问题,浙江证监局对台州府中路证券营业部出具《关于对台州府中路证券营业部采取责令改正措施的决定》(中国证监会浙江监管局行政监管措施决定书〔2017〕6 号)。在收到上述监管函件后,中信证券分支机构在重大事项报告、营业部设备管理、印章管理、员工证券投资行为管理等方面进行了整改,确保营业部规范经营。

(8)2017 年 2 月 8 日,因中信证券北京好运街营业部未经同意擅自在中信证券官网和"券商中国"微信公众号发布"2016 年双 11 活动宣传推介材料",宣传推介材料部分表述片面强调收益,违反了相关外部监管规定,深圳证监局对中信证券出具了《深圳证监局关于对中信证券股份有限公司采取责令增加内部合规检查次数措施的决定》(中国证监会深圳监管局行政监管措施决定书〔2017〕2 号)。收到上述监管函件后,中信证券高度重视,已完成相关事项的整改,并已向深圳证监局提交了增加内部合规检查次数的具体方案,后续将按方案落实合规检查。

(9)2017 年 5 月 24 日,中信证券公告收到证监会《行政处罚事先告知书》(处罚字〔2017〕57 号)。中信证券在司度(上海)贸易有限公司从事证券交易时间连续计算不足半年的情况下,为其提供融资融券服务,违反了《证券公司融资融券业务管理办法》(证监会公告〔2011〕31 号)第十一条的规定,构成《证券公司监督管理条例》第八十四条第(七)项"未按照规定与客户签订业务合同"所述行为。依据《证券公司监督管理条例》第八十四条第(七)项的规定,中国证监会拟决定:责令公司改正,给予警告,没收违法所得人民币 61,655,849.78 元,并处人民币 308,279,248.90 元罚款。具体处罚事项将以我司最终收到的行政处罚决定书为准。此事件发生以来的近两年间,在监管机构的指导下,中信证券持续完善相关内控机制,今后中信证券将进一步加强日常经营管理,依法合规地开展各项业务。

(10)2017 年 9 月 22 日,因中信证券北京安外大街证券营业部存在以下问题:①违规为机构客户通过邮寄资料方式开立账户;②客户的账户资料用印缺失、日期涂改;③采用违规手段为客户开户申请单套印印章等。北京证监局认为该营业部存在内部控制不完善的问题,出具了《关于对中信证券股份有限公司北京安外大街证券营业部采取责令改正措施的决定》(〔2017〕118 号)。收到上述监管函件后,中信证券高度重视,积极制定并落实整改方案,并对相关责任人员进行问责。

(11)2018 年 5 月 22 日,中国证监会对中信证券出具《关于对中信证券股份有限公司采取监管谈话措施的决定》(〔2018〕69 号)、中国证监会对我司保荐代表人黄超、曾春出具《关于对黄超和曾春采取监管谈话措施的决定》(〔2018〕70 号)、中国证监会对我司保荐代表人叶建中、董文出具《关于对叶建中和董文采取出具警示函监管措施的决定》(〔2018〕71 号)。上述监管函件认定中信证券作为宁夏宝丰能源集团股份有限公司首次公开发行股票并上市的保荐机构,未勤勉尽责、缺少必要的职业审慎,存在对申报项目把关不严的问题;认定黄超、曾春在担任宁夏宝丰能源集团股份有限公司首次公开发行股票并上市保荐代表人的过程中,未勤勉尽责、缺少必要的职业审慎,存在对申报项目把关不严的问题；认定叶建中、董文在担任青岛港国际股份有限公司首次公开发行股票并上市保荐代表人的过程中，出具的专业文件不符合真实、准确、完整的要求；以上行为违反了《首次公开发行股票并上市管理办法》第五条和《证券发行上市保荐业务管理办法》第四条的规定。中信证券在收到上述监管函件后高度重视，督促各项目组勤勉尽责、扎实推进项目，审慎判断决策，提高执业质量和风险意识，避免此类事件的再次发生。

经本所律师核查，中信证券股份有限公司未因上述监管措施而影响正常执业，亦不存在被监管部门限制债券承销或参与债券发行业务活动资格的情形，上述监管措施或行政处罚不会对本次发行构成实质性障碍。

3. 中信建投证券股份有限公司

2015 年以来，中信建投证券被相关监管部门采取监管措施以及相应整改措施情况说明如下：

（1）《关于对中信建投证券股份有限公司采取监管谈话措施的决定》（证监会：行政监管措施决定书〔2015〕13 号）

2015 年 1 月 23 日，中国证监会就中信建投证券在担任创智信息科技股份有限公司重大资产重组项目独立财务顾问时，发表的专业意见有误等问题，出具了《关于对中信建投证券股份有限公司采取监管谈话措施的决定》，要求有关负责人于 2015 年 1 月 29 日到证监会非上市公众公司监管部接受监管谈话。对此，中信建投证券责成投资银行业务部及项目组进行检讨与反思，向投资银行部重申严格执行多级复核制度的必要性，督促业务部有效落实质控机制，强化项目自查以及质控核查。投资银行部进一步增加了质控人员，增强质控力量，加强了审核和管理工作力度。中信建投证券针对投行项目质量控制情况，增加了法律合规部的专项合规检查及稽核审计部的专项稽查等内部检查程序。

（2）《关于对中信建投证券股份有限公司采取暂停新开户证券账户 1 个月措施的决定》（证监会：行政监管措施决定书〔2015〕79 号）

2015 年 11 月 4 日，中国证监会就中信建投证券存在外部接入具有分账户功能的第三方交易终端软件，未对外部系统接入实施有效管理，对相关客户身份情况缺乏了解，以及自查过程中存在漏报信息系统外部接入账户等问题，出具了《行政监管措施决定书》，要求中信建投证券暂停新开证券账户 1 个月，暂停期间不得新增经纪业务客户，并按照相关规定的要求落实整改。对此，中信建投证券在整改期间（2015 年 11 月 7 日 –2015 年 12 月 6 日）暂停新开证券账户，包括 A 股证券账户、B 股证券账户、封闭式基金账户；暂停上述证券账户的加挂业务，包括客户转托管转入加挂证券账户、存量客户加挂沪深证券账户。同时，中信建投证券在前期清理涉嫌配资账户、阶段性整改的基础上，持续强化外部系统接入管理、加强代销和通道类业务管理、认真履行客户适当性义务，并部署开展专项业务合规风控检查、加大合规培训力度、加强公司业务线中台建设工作，提升了合规管理能力。

（3）《关于给予中信建投证券股份有限公司自律监管措施的决定》（股转系统：股转系统发〔2016〕110 号）

2016 年 4 月 25 日，全国中小企业股份转让系统有限责任公司就中信建投证券在西部超导项目中，未能对西部超导存在的信息披露不规范、会计核算及财务管理不规范、内控机制不完善等问题勤勉尽责、及时发现和督导整改，向中信建投证券出具了《关于给予中信建投证券股份有限公司自律监管措施的决定》，要求中信建投证券提交书面承诺的自律监管措施，承诺认真督导挂牌公司执行相关规定。对此，中信建投证券投资银行部已经按时提交了书面承诺，并对西部超导进行培训，要求提高信息披露及内控水平；投资银行部正在招聘持续督导人员，加强挂牌公司持续督导工作。

（4）《关于给予中信建投证券股份有限公司采取出具警示函、责令改正自律监管措施的决定》（股转系统：股转系统发〔2016〕233 号）

2016 年 8 月 22 日，全国中小企业股份转让系统有限责任公司就中信建投证券在新三板投资者适当性管理过程中，存在为不符合条件的投资者开通新三板交易权限、自查报告未如实上报上述违规开户情况及未将投资者账户正确报送为合格投资者，全国中小企业股份转让系统给予出具警示函、责令改正的自律监管措施，向中信建投证券出具了《关于给予中信建投证券股份有限公司采取出具警示函、责令改正自律监管措施的决定》,要求中信建投证券在3个月内尽快完善投资者适当性内部管理制度、规范业务权限开通工作并提交书面改正报告。针对投资者适当性管理问题,中信建投证券已经完成违规账户的整改并及时提交了书面整改报告,同时,中信建投证券进一步完善了投资者适当性管理制度,优化了适当性管理业务流程,提高投资者开户门槛到10个交易日,中信建投证券强化了事后检查及监督机制,并对相关责任人员进行合规问责,提高了全员合规意识及投资者适当性管理水平。

(5)《中国人民银行泸州市中心支行行政处罚决定书》(泸银罚字〔2016〕4号)

2016年10月10日,中国人民银行泸州市中心支行(简称"泸州人行")向中信建投证券股份有限公司泸州迎晖路营业部下达了行政处罚决定书。泸州人行认为营业部未按照《金融机构客户身份识别和客户身份资料及交易记录保存管理办法》的规定履行客户身份识别义务,在对客户进行初次识别、持续识别、重新识别及客户洗钱风险等级划分四个方面存在违规情形,决定对泸州营业部处20万元罚款,并对单位主要负责人、分管反洗钱工作直接负责人和其他直接责任人员处1万元罚款2016年11月7日,营业部向泸州人行上报了《反洗钱整改报告》,从反洗钱组织机构及内控制度建设、客户身份识别、客户洗钱风险管理等方面对整改措施、整改步骤及下一步反洗钱工作计划等情况进行了总结汇报。2016年11月8日,泸州人行向营业部出具了《关于对中信建投证券股份有限公司泸州迎晖路证券营业部反洗钱检查问题整改情况的反馈意见》,认为泸州营业部对检查整改高度重视、整改措施有力、整改问题落实,达到了其提出的整改要求。

(6)《关于对中信建投证券股份有限公司采取自律监管措施的决定》(股转系统发〔2016〕360号)

2016年11月16日,全国中小企业股份转让系统有限责任公司向中信建投证券出具了《关于给予中信建投证券股份有限公司采取自律监管措施的决定》,认为中信建投证券作为速达科技主办券商及重大资产重组独立财务顾问,未能在信息披露事前审查中发现速达科技对重组行为存在误判,也未能在明知公司交易行为构成重大资产重组的情况下督导公司规范履行相关程序。针对速达科技项目,中信建投证券已经按时提交了书面承诺及整改报告,并对速达科技进行培训,要求其严格按照法律法规规定开展重组及信息披露工作,中信建投证券明确了项目负责人、内核责任人、持续督导专员与重组企业的定期沟通机制,制定了更加细化的《新三板并购重组业务指引》,针对所有重组类项目进行了专项自查,并对相关业务人员进行专项培训。

(7)《关于对中信建投证券股份有限公司采取自律监管措施的决定》(股转系统发〔2016〕388号)

2016年11月30日,全国中小企业股份转让系统有限责任公司向中信建投证券出具了《关于对中信建投证券股份有限公司采取自律监管措施的决定》,认为中信建投证券作为珠海伊斯佳科技股份有限公司推荐挂牌的主办券商,未在公开转让说明书公司治理及公司财务部分披露伊斯佳股利分配事项,未充分对公开转让说明书的完整性进行核查。针对伊斯佳项目,中信建投证券已按时提交书面承诺,并加强了对挂牌企业的沟通与控制。中信建投证券细化了新三板尽调相关标准,进一步完善了制度要求,加强了对项目承做人员的培训,加强了新三板业务的内控管理,并对相关责任人员进行合规问责。

(8)《关于对中信建投证券股份有限公司采取自律惩戒措施的决定》(中国证券业协会自律惩戒措施决定书〔2017〕38号)

2017年8月9日,中国证券业协会向中信建投证券出具了《关于对中信建投证券股份有限公司采取自律惩戒措施的决定》。证券业协会认为,在2016年各地证监局对辖区内公司债券发行人开展的专项现场检查中发现中信建投证券受托管理项目存在募集资金及信息披露方面的问题,中信建投证券作为受托管理人,未及时完全履行受托管理人职责,违反了证券业协会《公司债券受托管理人执业行为准则》的相关规定,依据有关规定对中信建投证券采取警示的自律管理措施。收到上述自律惩戒措施后,中信建投证券高度重视,就相关项目受托管理履职情况向中国证券业协会提交书面了说明。中信建投证券已进一步完善受托管理内部流程及内控管理，细化受托管理相关标准，完善制度要求，并加强项目受托管理人员的培训，提升受托管理能力和水平。

(9)《关于对中信建投证券股份有限公司南京龙园西路证券营业部采取出具警示函措施的决定》(中国证监会江苏监管局行政监管措施决定书〔2017〕76 号)

2017 年 12 月 4 日，中国证监会江苏监管局出具了《关于对中信建投证券股份有限公司南京龙园西路证券营业部采取出具警示函措施的决定》，认为中信建投证券南京龙园西路证券营业部在证券账户开立业务过程中，存在客户风险承受能力结果失实、缺失的情形，未能全面、准确地了解客户的风险承受能力，违反了《证券期货投资者适当性管理办法》第三条的相关规定。上述问题反映出营业部在业务流程管理、内部控制等方面存在薄弱环节，根据《证券期货投资者适当性管理办法》第三十七条的规定，对营业部采取出具警示函的行政监管措施。收到上述行政监管措施后，中信建投证券高度重视，积极进行整改，责令全公司范围内进行自查，以正式发文形式要求全国各分支机构落实投资者适当性管理措施。同时，中信建投证券在全国范围内规范业务流程，升级管理系统，加强内部控制，强化适当性管理，并对龙园西路营业部进行通报批评，就相关人员进行合规问责。

(10)《关于对中信建投证券股份有限公司采取自律惩戒措施的决定》(〔2017〕87 号)

2017 年 12 月 27 日，中国证券业协会向中信建投证券出具了《关于对中信建投证券股份有限公司采取自律惩戒措施的决定》。证券业协会认为，在 2017 年从业人员执业行为现场检查中，发现中信建投证券存在个别投资主办人档案中缺少身份证复印件、学历学位证书等材料；营业部材料中未见个别经纪人的执业前培训记录材料；部分员工提交离职备案时间较晚的问题。上述情形与《证券业从业人员资格管理实施细则(试行)》第十二条的规定不符，因此决定对中信建投证券采取警示的自律管理措施。收到上述决定后，中信建投证券高度重视，积极进行整改，全面检查并补充公司在职员工，尤其是保荐代表人、投资主办、分析师、投顾等四类特定资格人员业绩档案中的相关材料；全面检查并补充公司经纪人的岗前培训材料；严格执行协会关于员工执业资格离职备案的相关规定，确保在规定时间内完成备案操作；全面梳理公司资格管理相关的规章制度，并坚决做好宣导和执行工作。

经核查，本所律师认为，2015 年以来中信建投证券除上述监管措施外未被采取其他行政监管措施或受到证券监督管理部门的其他行政处罚。上述监管措施不属于被监管部门限制债券承销或参与债券发行业务活动资格的情况，不会对本次债券发行构成实质性障碍。

4. 瑞华会计师事务所(特殊普通合伙)

瑞华会计师事务所(特殊普通合伙)被相关监管部门立案调查、受到行政处罚的情形如下：

(1)有关行政处罚的情况

1)2017 年 3 月，瑞华会计师事务所接到中国证券监督管理委员会《行政处罚决定书》(〔2017〕22 号)。因瑞华会计师事务所作为辽宁振隆特产股份有限公司(以下简称振隆特产)首次公开发行股票并上市(IPO)审计机构，在对振隆特产 2012 年、2013 年及 2014 年财务报表进行审计过程中未勤勉尽责，出具的审计报告存在虚假记载。中国证券监督管理委员会决定，责令瑞华会计师事务所改正违法行为，没收业务收入 130 万元，并处以 260 万元罚款。对签字注册会计师侯立勋、肖捷给予警告，并分别处以 10 万元罚款。

2)2017 年 3 月，瑞华会计师事务所接到中国证券监督管理委员会广东监管局《行政处罚决定书》(〔2017〕3 号)。因瑞华会计师事务所在为东莞勤上光电股份有限公司(以下简称勤上光电)2013 年年度财务报表提供审计服务过程中，未勤勉尽责，出具的勤上光电 2013 年年度审计报告、关联方占用上市公司资金情况的专项审核报告存在虚假记载，发表了不恰当的审计意见。中国证券监督管理委员会广东证监局决定，没收瑞华会计师事务所业务收入 95 万元，并处以 95 万元的罚款。对签字注册会计师刘涛、孙忠英给予警告，并分别处以 5 万元罚款。

3)2017 年 1 月，瑞华会计师事务所接到中国证券监督管理委员会《行政处罚决定书》

(〔2017〕1 号)。因瑞华会计师事务所在审计海南亚太实业发展股份有限公司(以下简称亚太实业)2013 年年度财务报表过程中未勤勉尽责,出具的审计报告存在虚假记载,中国证券监督管理委员会决定,责令瑞华会计师事务所改正,没收亚太实业 2013 年度年报审计业务收入 39 万元,并处以 78 万元的罚款。对签字注册会计师秦宝、温亭水给予警告,并分别处以 5 万元罚款。

4)2016 年 12 月,瑞华会计师事务所接到中国证券监督管理委员会深圳证监局《行政处罚决定书》(〔2016〕8 号)。因原国富浩华会计师事务所(特殊普通合伙)(已合并更名为瑞华会计师事务所(特殊普通合伙),以下简称国富浩华)在深圳键桥通讯技术股份有限公司(以下简称键桥通讯)2012 年度财务报表审计过程中,未勤勉尽责,出具存在虚假记载的审计报告,中国证券监督管理委员会深圳证监局决定,责令国富浩华改正,没收键桥通讯 2012 年度年报审计业务收入 70 万元,并处以 70 万元的罚款,由国富浩华所法律主体的承继者瑞华会计师事务所(特殊普通合伙)承担。对签字注册会计师支梓、陈满薇给予警告,并分别处以 10 万元罚款。

(2)有关立案调查的情况说明

1)2016 年 5 月,瑞华会计师事务所收到中国证券监督管理委员会调查通知书(成稽调查通字 16027 号)。本次调查主要针对瑞华会计师事务所在成都华泽钴镍材料股份有限公司 2013 - 2014 年年报审计过程中涉嫌违反证券法律法规而进行的立案调查。目前,此调查尚未结案。

2)2015 年 11 月,瑞华会计师事务所收到中国证券监督管理委员会调查通知书(深证调查通字 15229 号)。本次调查主要针对瑞华会计师事务所深圳市零七股份有限公司 2014 年年报审计项目。目前,此调查尚未结案。

上述被行政处罚项目及立案调查项目的签字注册会计师未参与北方华锦化学工业股份有限公司审计工作,北方华锦化学工业股份有限公司签字注册会计师也未参与上述被行政处罚项目及立案调查项目的审计工作。

经本所律师核查,按照中国证监会的现有规定,上述立案调查的情况对北方华锦化学工业股份有限公司本次公开发行公司债券不构成实质性影响。

(3)暂停承接新的证券业务并限期整改的情况

2017 年 2 月 14 日,财政部、证监会印发《关于责令瑞华会计师事务所(特殊普通合伙)暂停承接新的证券业务并限期整改的通知》(财会便〔2017〕3 号),主要内容为:①责令瑞华会计师事务所自受到第二次行政处罚之日(2017 年 1 月 6 日)起暂停承接新的证券业务;②自受到第二次行政处罚之日起,瑞华会计师事务所应向财政部、证监会提交书面整改计划,于 2 个月内完成整改并提交整改报告;③财政部、证监会将对瑞华会计师事务所整改情况进行核查,根据核查情况做出是否允许瑞华会计师事务所恢复承接新的证券业务的决定。在整改和接受核查期间,瑞华会计师事务所首席合伙人、审计业务主管合伙人和质量控制主管合伙人不得离职、办理退伙或转所手续。

2017 年 1 月 7 日,瑞华按照财会〔2012〕2 号文件要求,向财政部、证监会提交书面整改计划表,并于 2 月 28 日向财政部、证监会报送了书面整改报告。整改报告中梳理了瑞华会计师事务所近年来被证券监管机构立案调查的 6 宗案件(其中 2 宗案件尚未结案)和正在配合调查的 2 宗案件,列明了瑞华会计师事务所通过自查发现的需要整改的问题 20 项(涉及内部治理、人员管理、财务管理、业务管理、质量控制等方面),并逐项说明了整改完成情况及下一步持续改进的举措。

财政部和证监会成立联合核查组对整改结果进行了核查,并于 2017 年 4 月 7 日出具了《关于瑞华会计师事务所(特殊普通合伙)整改工作核查情况及处理决定的通知》(财会便〔2017〕12 号),同意瑞华会计师事务所自 2017 年 4 月 7 日起恢复承接新的证券业务。

财会便〔2017〕3 号通知所述暂停承接新的证券业务之界定原则为:对于 2017 年 1 月 6 日之前已聘请瑞华会计师事务所担任审计师的 2016 年度年报审计、IPO 审计、重大资产重组审计、发债审计等证券业务,不属于新承接的证券业务,瑞华会计师事务所可以继续承做。

瑞华会计师事务所承接北方华锦化学工业股份有限公司审计业务是在 2017 年 1 月 6 日

之前发生的，不属于暂停承接新的证券业务之范围，瑞华会计师事务所立案事宜及暂停承接新业务期间不涉及发行人2017年审计机构聘任工作。

财会便〔2017〕3号通知所述被行政处罚项目的签字注册会计师未参与北方华锦化学工业股份有限公司审计工作，北方华锦化学工业股份有限公司签字注册会计师也未参与通知所述被行政处罚项目的审计工作。

经核查，本所律师认为，按照中国证监会的现有规定，上述被暂停承接新的证券业务情况对发行人本次公开发行公司债券不构成实质性影响。

5. 北京市中伦律师事务所

本所不存在被监管部门限制参与债券发行业务活动资格的情况，不会对本次债券发行构成实质性障碍。

6. 中诚信证券评估有限公司

中诚信证券评估有限公司受到的行政处罚及监管措施如下：

(1)2013年11月，中诚信证券评估有限公司接受中国证监会上海监管局、中国证券业协会、上海交易所对资信评级机构的2013年度现场检查。根据检查结果，中国证监会上海监管局于2014年3月21日对中诚信证评作出了《关于对中诚信证券评估有限公司采取出具警示函措施的决定》(沪证监决〔2014〕7号)。

根据2013年年度检查结论，并针对(沪证监决〔2014〕7号)警示函提出的问题，中诚信证评仔细梳理内控制度和流程，对存在的问题进行具体解决，并向监管部门进行了汇报。2014年7月，中诚信证评在接受中国证监会上海监管局、中国证券业协会、上海交易所对资信评级机构的现场检查中，监管部门对检查结果表示肯定。

(2)2015年10月21日至27日，中诚信证券评估有限公司接受中国证监会上海监管局、中国证券业协会、上海交易所对资信评级机构的2015年度现场检查。根据检查结果，中国证监会上海监管局于2016年1月28日对中诚信证券评估有限公司做出了《关于对中诚信证券评估有限公司采取出具警示函的决定》(沪证监决〔2016〕9号)。

中诚信证券评估有限公司收到(沪证监决〔2016〕9号)警示函后，针对所提出的问题及监管部门的口头意见，对内控制度和流程进行了进一步的梳理和完善，及时向监管部门进行了总结汇报。

(3)2017年7月18日至25日，中诚信证券评估有限公司接受中国证监会上海监管局、中国证券业协会、上海交易所对资信评级机构的2017年度现场检查。根据检查结果，中国证监会上海监管局于2018年1月2日对中诚信证券评估有限公司作出了《关于对中诚信证券评估有限公司采取出具警示函的决定》(沪证监决〔2018〕1号)。

中诚信证券评估有限公司收到沪证监决(2018)1号警示函后，针对所提出的问题及监管部门的口头意见，对内控制度和流程进行了进一步的梳理和完善，加强了项目评级工作的质量审核，及时向监管部门进行了汇报。

(4)2018年4月220日，中诚信证券评估有限公司收到中国证监会山东监管局出具的《关于对中诚信证券评估有限公司采取出具警示函的决定》(〔2018〕22号)，中诚信证券评估有限公司对所提出的的问题进行了针对性的措施，并及时向监管部门进行了汇报。

除上述事项外，中诚信证券评估有限公司不存在其他受到证券监管机构监管措施或正在接受立案调查的情况，不存在被采取其他行政监管措施或受到其他证券监督管理部门行政处罚的情形，不存在被证券监管机构限制评级业务活动资格的情况，亦不存在被暂停承接新的评级业务的情况。

中诚信证券评估有限公司已经及时解决了监管措施所提出的问题，并向监管部门进行了汇报。

经核查，本所律师认为，上述监管措施的出具对中诚信证券评估有限公司的内部管理体系的完善起到了正面的促进作用，对中诚信证券评估有限公司的日常业务以及业务资质均无实质性影响，对本次公开发行公司债券不构成实质性影响。

因此，本所律师认为，相关中介机构均符合《管理办法》等相关规定。

经核查，本所律师认为：

1. 国泰君安、中信证券、中信建投系依法设立并合法存续，具备从事本次发行的承销业务

资格,符合《管理办法》第三十三条的规定;

2. 本次发行的审计报告、评级报告均由具有从事证券服务业务资格的机构出具,法律意见书由律师事务所出具并由执业律师和所在律师事务所负责人签署,符合《管理办法》第六条的规定;

3. 本次发行的承销商、会计师事务所、律师事务所、评级机构等中介机构不存在被监管部门限制债券承销或参与债券发行业务活动资格的情形;

4. 本次发行的债券受托管理人由国泰君安担任,为中国证券业协会会员,同时未为本次发行提供担保,符合《管理办法》第四十九条的规定。

十九、本次发行的债券持有人权益保护措施

(一)发行人已聘请国泰君安担任本次债券的债券持有人的债券受托管理人,并与其签订了《债券受托管理协议》,其主要内容包括:受托管理事项,发行人的权利和义务,债券受托管理人的权利和义务,受托管理事务报告,利益冲突的风险防范机制,受托管理人的变更,不可抗力,违约责任,法律适用和争议解决,协议的生效、变更及终止,通知,附则等基本条款。

(二)发行人已制订了《债券持有人会议规则》,其主要内容包括:总则,债券持有人会议的权限,债券持有人会议的召集,议案、委托及授权事项,债券持有人会议的召开,债券持有人会议的召表决、决议及会议记录,附则等。

(三)《募集说明书》已披露了《债券受托管理协议》、《债券持有人会议规则》的主要内容,并已说明投资者认购或持有本次债券视作同意《债券受托管理协议》、《债券持有人会议规则》及《募集说明书》中其他有关发行人、债券持有人权利义务的相关约定。

(四)《募集说明书》已披露了构成债券违约的情形、违约责任及其承担方式以及公司债券发生违约后的诉讼、仲裁或其他争议解决机制。

经核查,本所律师认为:

1. 国泰君安为本次发行的承销机构,发行人聘请其作为本次发行债券持有人的债券受托管理人并与其签订《债券受托管理协议》;同时,发行人已在《募集说明书》中约定,投资者认购或持有本次债券视作同意《债券受托管理协议》、《债券持有人会议规则》及《募集说明书》中其他有关发行人、债券持有人权利义务的相关约定,符合《管理办法》第四十八条的规定;

2. 发行人已制订《债券持有人会议规则》,且已在《募集说明书》中予以披露,《债券持有人会议规则》已明确债券持有人通过债券持有人会议行使权利的范围,债券持有人会议的召集、通知、决策机制和其他重要事项,符合《管理办法》第五十四条的规定;

3. 发行人已在《募集说明书》中约定债券违约的情形、违约责任及其承担方式以及公司债券发生违约后的诉讼、仲裁或其他争议解决机制等内容,符合《管理办法》第五十七条的规定;

4.《债券持有人会议规则》和《债券受托管理协议》符合《管理办法》和《深圳证券交易所公司债券上市规则》和中国证券业协会《公司债券受托管理人执业行为准则》的相关规定,《债券受托管理协议》已载有中国证券业协会公布的发行公司债券受托管理协议必备条款;

5.《募集说明书》中约定的争议解决机制符合法律法规的相关规定。

二十、《募集说明书》法律风险的评价

本所及经办律师已审阅《募集说明书》及其摘要,确认《募集说明书》及其摘要与本所出具的法律意见书无矛盾之处。本所及经办律师对发行人在《募集说明书》及其摘要中引用的法律意见书内容无异议,确认《募集说明书》及其摘要不致因上述内容而出现虚假记载、误导性陈述或重大遗漏,并对其真实性、准确性和完整性承担相应的法律责任。

二十一、结论意见

综上所述,本所律师认为:

(一)除尚需获得中国证监会关于本次发行的核准外,发行人已经取得了本次发行所需取得的各项合法批准和授权;

(二)发行人具备《证券法》和《管理办法》等相关法律、法规、规范性文件规定的发行公司债券的主体资格和实质条件;

（三）本次发行的募集资金运用、担保、信用评级、承销、债券持有人权益保护措施等符合相关法律、法规的有关规定；

（四）本次发行的《债券持有人会议规则》和《债券受托管理协议》的相关内容符合相关法律、法规的有关规定；

（五）参与本次发行的承销机构、审计机构、资信评级机构均具有从事相关业务的资格；

（六）发行人不存在尚未了结的或可以合理预见的对发行人本次发行具有重大不利影响的诉讼、仲裁或行政处罚；

（七）本次债券《募集说明书》及其摘要不致因所引用本法律意见书内容而出现虚假记载、误导性陈述或重大遗漏。

本法律意见书正本一式叁份。

（本页无正文，为《北京市中伦律师事务所关于北方华锦化学工业股份有限公司2018年公开发行公司债券的法律意见书》之签署页）

北京市中伦律师事务所
负责人：张学兵
经办律师：李娜、余洪彬

北京市中伦律师事务所关于北京元年科技股份有限公司2018年非公开发行创新创业公司债券的法律意见书

致：北京元年科技股份有限公司

第一部分　引　　言

一、出具本法律意见书的依据

北京市中伦律师事务所（以下简称本所）接受北京元年科技股份有限公司（以下简称发行人）的委托，作为北京元年科技股份有限公司2018年非公开发行创新创业公司债券（以下简称本次发行，本次发行的公司债券简称本期债券）事宜的特聘专项法律顾问，根据《中华人民共和国公司法》《中华人民共和国证券法》《公司债券发行与交易管理办法》《上海证券交易所非公开发行公司债券业务管理暂行办法》等有关法律、法规、规范性文件的规定和要求，按照律师行业公认的业务标准、道德规范和勤勉尽责精神，就发行人本次发行事宜出具本法律意见书。

一、本所律师声明的事项

对本法律意见书，本所律师声明如下：

（一）本所律师依据本法律意见书出具日以前已经发生或存在的事实，和我国现行法律、行政法规及规范性文件发表法律意见。本所律师已严格履行法定职责，遵循了勤勉尽责和诚实信用原则，对发行人的行为以及本次发行的合法、合规、真实、有效进行了充分的核查验证，保证本法律意见书不存在虚假记载、误导性陈述或重大遗漏。

（二）本所律师仅就与本次发行有关的法律问题发表法律意见，并不对有关会计、审计等专业事项发表意见。在本法律意见书中对审计等内容的描述，均为对有关中介机构出具的文件的引述，并不代表本所律师对该等内容的真实性和准确性的判断或做出任何明示或默示的保证。

（三）发行人已经承诺其向本所提供的为出具本法律意见书必需的原始书面材料、副本材料或陈述均真实、合法、有效，不存在虚假记载、误导性陈述及重大遗漏；发行人向本所提供的有关副本材料或复印件与原件一致。对于本法律意见书至关重要而又无独立证据支持的事实，本所律师依赖有关政府部门、发行人或其他有关单位出具的证明文件出具本法律意见书。

（四）本所及本所律师同意将本法律意见书作为发行人本次发行必备的法律文件，随同其他材料一同上报，并愿意承担相应的法律责任。

(五)本所律师同意发行人在《北京元年科技股份有限公司2018年非公开发行创新创业公司债券募集说明书》中部分或全部引用本法律意见书的内容,但发行人作上述引用时,不得因该等引用而导致法律上的歧义或曲解。

(六)本法律意见书仅供发行人本次发行之目的使用,不得用作任何其他目的。本法律意见书应作为一个整体使用,不应分解使用或进行可能导致歧义的部分引述。仅本所律师有权对本法律意见书作解释或说明。

三、本法律意见书中有关简称

除非本法律意见书明确另有所指,以下词语在本法律意见书中具有如下含义:

发行人/元年科技	指	北京元年科技股份有限公司
元年有限	指	北京元年软件有限公司,系发行人元年科技的前身
元年国际	指	北京元年国际软件有限公司
云规信息	指	上海云规信息科技有限公司
诺亚舟咨询	指	北京元年诺亚舟咨询有限公司
云峰国际	指	北京元年云峰国际旅行社有限公司
武汉元年	指	元年东方软件有限公司
元年智享	指	北京元年智享科技有限公司
金财信诚	指	北京金财信诚科技有限公司
静学教育	指	北京静学教育科技有限公司
元年文璟	指	北京元年文璟科技有限公司
诺亚舟咨询天津分公司	指	北京元年诺亚舟咨询有限公司天津分公司
本期债券	指	北京元年科技股份有限公司2018年非公开发行的创新创业公司债券
北京工商局海淀分局	指	北京市工商行政管理局海淀分局
首创证券	指	首创证券有限责任公司
中喜事务所	指	中喜会计师事务所(特殊普通合伙)
首创担保	指	北京首创融资担保有限公司
《公开转让说明书》	指	《北京元年科技股份有限公司公开转让说明书》
《2015年度报告》	指	发行人于2016年3月18日在全国中小企业股份转让系统公示的《北京元年科技股份有限公司2015年度报告》
《2016年度报告》	指	发行人于2017年3月14日在全国中小企业股份转让系统公示的《北京元年科技股份有限公司2016年度报告》
《2017年度报告》	指	发行人于2018年3月26日在全国中小企业股份转让系统公示的《北京元年科技股份有限公司2017年度报告》
《2018年半年度报告》	指	发行人于2018年8月20日在全国中小企业股份转让系统公示的《北京元年科技股份有限公司2018半年度报告》
《2016年度审计报告》	指	中喜会计师事务所(特殊普通合伙)于2017年3月10日出具的中喜审字〔2017〕第0525号《审计报告》
《2017年度审计报告》	指	中喜会计师事务所(特殊普通合伙)于2018年3月22日出具的中喜审字〔2018〕第0536号《审计报告》

续表

《募集说明书》	指	《北京元年科技股份有限公司2018年非公开发行创新创业公司债券募集说明书》
《承销协议》	指	《北京元年科技股份有限公司2018年非公开发行创新创业公司债券主承销协议》
《债券受托管理协议》	指	《北京元年科技股份有限公司2018年非公开发行创新创业公司债券受托管理协议》
《债券持有人会议规则》	指	《北京元年科技股份有限公司2018年非公开发行创新创业公司债券债券持有人会议规则》
《担保函》	指	《北京首创融资担保有限公司关于北京元年科技股份有限公司非公开发行公司债券的担保函》
本所	指	北京市中伦律师事务所
《公司法》	指	《中华人民共和国公司法》
《证券法》	指	《中华人民共和国证券法》
《管理办法》	指	《公司债券发行与交易管理办法》
《业务管理暂行办法》	指	《上海证券交易所非公开发行公司债券业务管理暂行办法》(上证发〔2015〕50号)
《公司章程》	指	《北京元年科技股份有限公司章程》
元	指	人民币元
万元	指	人民币万元

基于上述,本所现就发行人本次发行事宜发表如下法律意见:

第二部分　正　　文

一、本次发行的批准与授权

(一)2017年5月31日,发行人召开第二届董事会第十次会议,审议通过《关于公司符合非公开发行创新创业公司债条件的议案》《关于非公开发行创新创业公司债券发行方案的议案》《关于申请北京首创投资担保有限公司为本次非公开发行创新创业公司债券提供担保以及实际控制人韩向东及其配偶方颖,实际控制人郝宇晓及其配偶刘艳霞,股东元年之舟咨询有限公司、北京元年之众咨询有限公司,全资子公司北京元年诺亚舟咨询有限公司为该担保提供反担保的议案》《关于提请股东大会授权董事会全权办理本次债券发行有关事宜的议案》等议案,同意发行人面向合格投资者非公开发行规模不超过人民币4,000万元(债券面值每张人民币100元,数量不超过40万张),期限不超过3年的创新创业公司债券,募集资金将用于归还银行贷款和补充公司运营资金。

2017年6月15日,发行人2017年第二次临时股东大会,审议通过《关于公司符合非公开发行创新创业公司债条件的议案》《关于非公开发行创新创业公司债券发行方案的议案》《关于申请北京首创投资担保有限公司为本次非公开发行创新创业公司债券提供担保以及实际控制人韩向东及其配偶方颖,实际控制人郝宇晓及其配偶刘艳霞,股东元年之舟咨询有限公司、北京元年之众咨询有限公司,全资子公司北京元年诺亚舟咨询有限公司为该担保提供反担保的议案》《关于提请股东大会授权董事会全权办理本次债券发行有关事宜的议案》等议案,同意发行人面向合格投资者非公开发行规模不超过人民币4,000万元(债券面值每张人民币100元,数量不超过40万张),期限不超过3年的创新创业公司债券,募集资金将用于归还银行贷款和补充公司运营资金;同意授权董事会全权办理本次债券发行有关事宜。

(二)2018年6月11日,发行人召开第二届董事会第二十三次会议,审议通过《关于公司非公开发行创新创业公司债券决议有效期延期的议案》,为确保本次发行事宜的顺利推进,同意将本次非公开发行创新创业公司债券决议有效期自有效期届满之日起延长12个月。除延长有效期外,本次非公开发行创新创业公司债券的其他内容保持不变。

2018年6月28日,发行人召开2018年第二次临时股东大会,审议通过《关于公司非公开发行创新创业公司债券决议有效期延期的议案》,同意将本次非公开发行创新创业公司债券决议有效期自有效期届满之日起延长12个月。

(三)2018年8月20日,发行人召开第二届董事会第二十五次会议,审议通过《关于修订公司〈非公开发行创新创业公司债券发行方案〉》等议案,鉴于发行过程中主承销商发生变更,为确保本次发行事宜的顺利推进,同意将本次非公开发行创新创业公司债券发行方案中的主承销商由国泰君安证券股份有限公司变更为首创证券有限责任公司,本次发行决议有效期自本次发行公司债券方案修订议案提交公司股东大会审议通过之日起12个月。

2018年9月4日,发行人召开2018年第三次临时股东大会,审议通过《关于修订公司〈非公开发行创新创业公司债券发行方案〉》等议案,同意主承销商由国泰君安证券股份有限公司变更为首创证券有限责任公司,本次发行决议有效期自本次发行公司债券方案修订议案经本次股东大会审议通过之日起12个月。

综上,本所律师认为,发行人本次发行已经获得发行人内部必要的批准和授权;上述决议的内容合法、有效;本次发行尚待向中国证券业协会进行备案。

二、发行人本次发行的主体资格

根据发行人提供的工商登记资料并经本所律师核查:

(一)发行人前身为北京诺亚舟企业顾问有限公司(元年有限曾用名),系成立于2004年2月13日的有限责任公司,设立时注册资本为100万元。

(二)2013年7月3日,经北京市工商行政管理局核准,元年有限依法整体变更为股份有限公司并取得注册号为110108006452567的《企业法人营业执照》,注册资本为5,000万元。

(三)2015年12月7日,发行人股票在全国股转系统挂牌公开转让,股票代码为834507。

(四)发行人现持有北京工商局海淀分局于2018年9月5日核发的统一社会信用代码为9111010875872474XN的《营业执照》,根据该《营业执照》,发行人企业名称为“北京元年科技股份有限公司”,住所为北京市海淀区知春路68号院1号楼3层301－29,法定代表人为韩向东,注册资本为12,034万元,公司类型为股份有限公司(非上市、自然人投资或控股),营业期限自2004年2月13日至长期,经营范围为“技术开发、服务、咨询、转让;基础软件服务;计算机系统服务;数据处理;设计、制作、代理、发布广告;销售计算机软件及辅助设备、电子产品;出版物零售。(企业依法自主选择经营项目,开展经营活动;出版物零售以及依法须经批准的项目,经相关部门批准后依批准的内容开展经营活动;不得从事本市产业政策禁止和限制类项目的经营活动)”。

根据发行人的书面说明并经本所律师核查,发行人自设立之日至2012年度,已通过历次工商年检,并依据国家工商行政管理总局发布的《关于停止企业年度检验工作的通知》(工商企字〔2014〕28号)通过全国企业信用信息公示系统公示其2013年度至2017年度报告,不存在依据法律、法规、规范性文件及《公司章程》规定需要终止的情形。

综上,本所律师认为,发行人依法有效存续,具备本次发行的主体资格。

三、本次发行的实质条件

根据发行人提供的相关资料、发行人的书面说明以及《募集说明书》等资料并经本所律师核查,发行人本次发行符合如下条件:

(一)根据发行人第二届董事会第二十五次会议决议、2018年第三次临时股东大会决议及《募集说明书》,本次发行以非公开方式进行,发行对象为不超过200名的合格投资者,符合《管理办法》第二十六条的规定。

(二)根据第二届董事会第二十五次会议决议、2018年第三次临时股东大会决议及《募集说明书》,本次发行募集的资金扣除发行费用后,拟用于归还银行贷款和补充公司运营资金。发行人已指定专项账户，用于本次发行募集资金的接收、存储、划转与本息偿付。本次发行所募集资金投向符合国家产业政策，且未用于弥补亏损、非生产性支出及转借他人，符合《管理办法》第十五条的规定。

（三）根据《募集说明书》，本次发行不聘请信用评级公司对发行人进行主体信用评级、债项信用评级以及后续的跟踪评级，符合《管理办法》第二十八条的规定。

（四）发行人不存在《非公开发行公司债券项目承接负面清单指引（2018 年修订）》中所列的不适合非公开发行公司债券的情形：

1. 根据《公开转让说明书》《2015 年度报告》《2016 年度报告》《2017 年度报告》《2018 年半年度报告》《募集说明书》及发行人的书面说明，发行人的主营业务为以全面预算为核心、管理会计为依托，为企业客户提供绩效管理相关的管理咨询、软件销售、实施、运维等服务，不属于房地产公司、典当行、担保公司或小贷公司。

2. 根据《公开转让说明书》《2015 年度报告》《2016 年度报告》《2017 年度报告》《2018 年半年度报告》及发行人的书面说明并经本所律师核查，发行人不属于根据国务院相关文件规定，由地方政府及其部门和机构等通过财政拨款或注入土地、股权等资产设立，承担政府投资项目融资功能的地方融资平台公司。

3. 根据《2016 年度审计报告》《2017 年度审计报告》《2016 年度报告》《2017 年度报告》《2018 年半年度报告》《募集说明书》及发行人的书面说明并经本所律师核查证监会等网站的公开信息，发行人不存在以下不适合非公开发行公司债券的违法违规情形：

（1）最近 24 个月内公司财务会计文件存在虚假记载，或公司存在其他重大违法行为；

（2）对已发行的公司债券或者其他债务有违约或迟延支付本息的事实，仍处于继续状态；

（3）存在违规对外担保或者资金被关联方或第三方以借款、代偿债务、代垫款项等方式违规占用的情形，仍处于继续状态；

（4）最近 12 个月内因违反公司债券相关规定被中国证监会采取行政监管措施，或最近 6 个月内因违反公司债券相关规定被证券交易所等自律组织采取纪律处分；

（5）最近两年内财务报表曾被注册会计师出具保留意见且保留意见所涉及事项的重大影响尚未消除，或被注册会计师出具否定意见或者无法表示意见的审计报告；

（6）因严重违法失信行为，被有权部门认定为失信被执行人、失信生产经营单位或者其他失信单位，并被暂停或限制发行公司债券；

（7）擅自改变前次发行债券募集资金的用途而未做纠正；

（8）本次发行募集资金用途违反相关法律法规或募集资金投向不符合国家产业政策；

（9）本次发行债券募集资金用途为持有以交易为目的的金融资产、委托理财等财务性投资，或本次发行债券募集资金用途为直接或间接投资于以买卖有价证券为主要业务的公司；

（10）本次发行文件存在虚假记载、误导性陈述或重大遗漏；

（11）截至本法律意见书出具之日，存在严重损害投资者合法权益和社会公共利益的情形。

本所律师认为，发行人不存在《非公开发行公司债券项目承接负面清单指引（2018 年修订）》规定的不得非公开发行公司债券的情形。

（五）本次发行完成后拟在上海证券交易所转让，本期债券仅限于合格投资者范围内转让；转让后，持有同次发行债券的合格投资者合计不得超过 200 人；此外，发行人依法完成本次发行后，申请转让时仍须符合《业务管理暂行办法》第 2.1 条规定的条件。

综上，本所律师认为，本次发行具备《管理办法》等规定的非公开发行公司债券的实质性条件；本次发行完成后在上海证券交易所转让时应符合《管理办法》《业务管理暂行办法》等规定。

四、发行人的股东和实际控制人

（一）发行人的股东

1. 发行人的股权结构

根据中国证券登记结算有限责任公司北京分公司于 2018 年 6 月 30 日出具的《证券持有人名册》，截至 2018 年 6 月 29 日，发行人共有 116 名股东，发行人的总股本为 120，340，000 股，发行人的股东持股情况如下：

序号	股东名称/姓名	持股数量(股)	持股比例(%)
1	高瓴智成长江(湖北)人工智能股权投资基金合伙企业(有限合伙)	9,560,000	7.9442
2	上海嘉涅投资管理中心(有限合伙)	8,660,000	7.1963
3	北京元年之舟咨询有限公司	8,435,300	7.0096
4	宽带诚柏长江(湖北)投资基金合伙企业(有限合伙)	7,940,000	6.5980
5	温州睿祥投资中心(有限合伙)	6,191,600	5.1451
6	杨洪	5,470,800	4.5461
7	李珍芳	5,317,800	4.4190
8	韩向东	4,840,800	4.0227
9	郝宇晓	4,840,800	4.0227
10	苏州工业园区惠真股权投资中心(有限合伙)	4,420,000	3.6730
11	宁波梅山保税港区光华八九八盈科股权投资合伙企业(有限合伙)	4,410,000	3.6646
12	北京同渡信成创业投资合伙企业(有限合伙)	4,032,258	3.3507
13	厦门市软件信息产业创业投资有限公司	3,612,800	3.0022
14	新余高新区国信高鹏大数据投资合伙企业(有限合伙)	3,225,806	2.680600
15	北京中域昭拓股权投资中心(有限合伙)	3,225,806	2.6806
16	海通兴泰(安徽)新兴产业投资基金(有限合伙)	2,940,000	2.4431
17	李彤	2,663,700	2.2135
18	北京荷塘探索创业投资有限公司	2,230,000	1.8531
19	北京云鼎天元投资合伙企业(有限合伙)	2,002,000	1.6636
20	常州高正久益创业投资中心(有限合伙)	2,000,000	1.6620
21	青岛兴瑞智新股权投资中心(有限合伙)	1,973,467	1.6399
22	北京元年之众咨询有限公司	1,875,000	1.5581
23	温州浚泉信远投资合伙企业(有限合伙)	1,503,000	1.2490
24	厦门璐博菁瑞投资合伙企业(有限合伙)	1,350,000	1.1218
25	杭州翊资誉友投资管理合伙企业(有限合伙)	1,341,000	1.1143
26	盛桢智	1,210,600	1.0060
27	姜长龙	1,000,000	0.8310
28	北京水木扬帆创业投资中心(有限合伙)	1,000,000	0.8310
29	赣州易正投资管理合伙企业(有限合伙)	961,000	0.7986
30	北京道和盛世投资管理中心(有限合伙)	888,900	0.7387
31	韩立慧	882,000	0.7329
32	安信证券股份有限公司	838,000	0.6964
33	深圳市安兰资本投资有限公司	806,451	0.6701

续表

序号	股东名称/姓名	持股数量(股)	持股比例(%)
34	天风天信财富投资管理有限公司－楚商天信私募投资基金	806,451	0.6701
35	周欣	778,230	0.6467
36	张羽	744,700	0.6188
37	南通同渡信康创业投资合伙企业(有限合伙)	735,000	0.6108
38	苏州工业园区易联投资中心(有限合伙)	645,161	0.5361
39	北京瑞和信业投资有限公司	603,600	0.5016
40	屠永钢	562,000	0.4670
41	夏善民	508,700	0.4227
42	申万宏源证券有限公司	392,100	0.3258
43	唐琴南	300,000	0.2493
44	曹向阳	292,000	0.2426
45	东北证券股份有限公司	274,370	0.2280
46	支磊	262,000	0.2177
47	张亚	231,000	0.1920
48	吴枘恒	200,000	0.1662
49	昆山玖兆鹏翔投资管理合伙企业(有限合伙)	199,000	0.1654
50	深圳嘉泽三号投资合伙企业(有限合伙)	120,000	0.0997
51	肖桂东	79,000	0.0656
52	缑梅菊	79,000	0.0656
53	刘春慧	77,000	0.0640
54	王淑芳	61,000	0.0507
55	叶芬芬	48,000	0.0399
56	程伟忠	48,000	0.0399
57	许晨坪	48,000	0.0399
58	易定友	42,000	0.0349
59	董叶明	40,000	0.0332
60	孙杰	34,000	0.0283
61	马涛	32,000	0.0266
62	朱景海	30,000	0.0249
63	楼嫣	30,000	0.0249
64	楼正祥	27,000	0.0224
65	长沙协锐企业管理咨询合伙企业(有限合伙)	26,000	0.0216

续表

序号	股东名称/姓名	持股数量(股)	持股比例(%)
66	王筱玲	23,000	0.0191
67	贾关保	21,000	0.0175
68	龙林	19,000	0.0158
69	谢永超	16,800	0.0140
70	唐琪辉	16,000	0.0133
71	梁松	15,000	0.0125
72	王亮	15,000	0.0125
73	章耿源	14,000	0.0116
74	李小玲	13,000	0.0108
75	黄瑞光	10,000	0.0083
76	余晴燕	10,000	0.0083
77	董丽	10,000	0.0083
78	程承	10,000	0.0083
79	郭慧萍	10,000	0.0083
80	张大炎	10,000	0.0083
81	任凤	10,000	0.0083
82	钱祥丰	8,000	0.0066
83	张伟杰	7,000	0.0058
84	解文轶	7,000	0.0058
85	常熟综鼎恒利接力投资有限公司	7,000	0.0058
86	金绍勇	6,000	0.0050
87	孔为平	6,000	0.0050
88	珠海市诚隆飞越投资合伙企业(有限合伙)	6,000	0.0050
89	刘英虹	5,000	0.0042
90	肖毅鹏	5,000	0.0042
91	深圳市诚隆投资股份有限公司	5,000	0.0042
92	洪新华	4,000	0.0033
93	王先铨	4,000	0.0033
94	谢剑茗	4,000	0.0033
95	何丽芳	3,000	0.0025
96	陆佳	3,000	0.0025
97	顾勤	3,000	0.0025

续表

序号	股东名称/姓名	持股数量(股)	持股比例(%)
98	张帆	3,000	0.0025
99	孙爱华	3,000	0.0025
100	徐文红	3,000	0.0025
101	李淑荣	2,000	0.0017
102	陆青	2,000	0.0017
103	王锦兵	2,000	0.0017
104	北京星昱吉科技有限公司	2,000	0.0017
105	陆乃将	2,000	0.0017
106	李钢	1,000	0.0008
107	朱立峰	1,000	0.0008
108	李丽	1,000	0.0008
109	单志祥	1,000	0.0008
110	胡礼舟	1,000	0.0008
111	周天牧	1,000	0.0008
112	王春生	1,000	0.0008
113	王杰	1,000	0.0008
114	霍锦连	1,000	0.0008
115	杭州一百一投资管理有限公司	1,000	0.0008
116	昆山佳聚信网络科技有限公司	1,000	0.0008
合计		120,340,000	100

经审阅《募集说明书》中披露的发行人股权结构的相关内容，本所律师认为，《募集说明书》中披露的发行人股权结构真实、准确，发行人已在中国证券登记结算有限责任公司北京分公司办理相应的股份登记。

2. 发行人股份质押及其他第三方权利情况

根据中国证券登记结算有限责任公司北京分公司于2018年6月30日出具的《证券持有人名册》及发行人的书面说明，截至2018年6月29日，发行人的股份质押情况如下：

2017年6月5日，首创担保、发行人分别与北京元年之舟咨询有限公司、北京元年之众咨询有限公司签署编号为CGIG2017字第0468－1号、0468－2号、CGIG2017字第0468－3号、0468－4号的《股权质押反担保合同》，约定首创担保为发行人在4,000万元额度内向发行人的债权人提供保证担保，为确保首创担保的合法权益，北京元年之舟咨询有限公司、北京元年之众咨询有限公司分别以其持有的发行人8,225,300股、1,485,000股的股份向首创担保提供质押反担保（详见本法律意见书正文之"九、本期债券的增信措施"）。

根据中国证券登记结算有限责任公司北京分公司于2018年6月30日出具的《证券持有人名册》及发行人的书面说明，截至2018年6月29日，除上述股份质押情况外，发行人的股份不存在其他质押、冻结或设定其他第三方权益的情形。

（二）发行人的实际控制人

根据中国证券登记结算有限责任公司北京

分公司于2018年9月11日出具的《证券持有人名册》及发行人的书面说明,截至2018年9月10日,韩向东、郝宇晓、李彤、盛桢智四名自然人股东分别直接持有发行人4.02%、4.02%、2.21%、1.01%的股份,韩向东、郝宇晓、李彤、盛桢智分别通过北京元年之舟咨询有限公司间接持有发行人3.72%的股份,韩向东通过北京元年之众咨询有限公司间接持有发行人0.76%的股份,韩向东通过上海嘉涅投资管理中心(有限合伙)间接持有发行人0.14%的股份,韩向东、郝宇晓、李彤、盛桢智直接和间接共同持有发行人15.88%的股份。

韩向东、郝宇晓、李彤、盛桢智四人合计直接持有北京元年之舟咨询有限公司53.08%的股权,韩向东直接持有北京元年之众咨询有限公司48.5%的股权,韩向东通过北京元启科技咨询有限公司[①]持有上海嘉涅投资管理中心(有限合伙)1.9%的份额并担任其执行事务合伙人委派代表,韩向东、郝宇晓、李彤、盛桢智实际控制北京元年之舟咨询有限公司、北京元年之众咨询有限公司和上海嘉涅投资管理中心(有限合伙)。韩向东、郝宇晓、李彤、盛桢智与北京元年之舟咨询有限公司、北京元年之众咨询有限公司、上海嘉涅投资管理中心(有限合伙)合计直接持有发行人27.02%的股份。

韩向东、郝宇晓、李彤、盛桢智是发行人创业团队的主要成员,自2008年4月以来,韩向东、郝宇晓、李彤、盛桢智行使股东权利时均保持一致,直接和间接合计持有、控制发行人的股权数量均处于相对控股地位。2011年9月30日,前述四名自然人股东签订《一致行动协议》,进一步以书面形式确认在其作为发行人股东期间保持一致行动,在公司的所有重大事宜上按照协商一致的立场共同行使股东权利。另外,根据上海嘉涅投资管理中心(有限合伙)与发行人于2018年2月9日签署的《认购协议》,上海嘉涅投资管理中心(有限合伙)通过股票发行取得发行人股份对应的股东投票权之全部权限一次性地、完整地、不可撤销地、无偿地委托给韩向东先生行使。目前,发行人其他股东主要为财务投资人,且持股比例最高为7.94%。综上,韩向东、郝宇晓、李彤、盛桢智合计持股比例虽然未达到50%,但实际上韩向东、郝宇晓、李彤、盛桢智能够对公司决策产生重大影响并能够实际支配公司的经营决策。

此外,韩向东、郝宇晓、李彤、盛桢智一直担任发行人的董事和/或高级管理人员,其中,韩向东一直担任发行人的执行董事、董事长兼总经理,前述四名股东对公司发展具有无可替代的深远影响,实际控制着发行人的经营管理。其他股东除委派一定比例的董事、监事之外,不参与公司实际经营管理。

综上,韩向东、郝宇晓、李彤、盛桢智为发行人的实际控制人,共同对发行人行使实际控制权。

五、发行人的对外投资

(一)发行人全资及控股公司

根据发行人的书面说明并经本所律师核查,截至本法律意见书出具之日,发行人拥有5家全资子公司元年国际、云规信息、诺亚舟咨询、武汉元年和元年智享,1家全资孙公司云峰国际。

1. 元年国际

根据元年国际的全套工商档案及发行人的书面说明,截至本法律意见书出具之日,发行人持有元年国际100%的股权。元年国际现持有北京工商局海淀分局于2018年3月29日核发的统一社会信用代码为91110108MA00AUY26R的《营业执照》,根据该《营业执照》,元年国际的具体情况如下:

名称	北京元年国际软件有限公司
住所	北京市海淀区知春路68号院1号楼3层301-16
法定代表人	韩向东
注册资本	2,000万元
公司类型	有限责任公司(法人独资)

① 北京元启科技咨询有限公司系由韩向东持有100%股权的有限责任公司,并担任上海嘉涅投资管理中心(有限合伙)的执行事务合伙人。

续表

经营范围	软件开发;软件咨询;经济贸易咨询;技术开发、技术服务、技术咨询、技术转让;计算机系统服务;数据处理(数据处理中的银行卡中心、PUE值在1.5以上的云计算数据中心除外);设计、制作、代理、发布广告;销售计算机、软件及辅助设备、电子产品。(企业依法自主选择经营项目,开展经营活动;依法须经批准的项目,经相关部门批准后依批准的内容开展经营活动;不得从事本市产业政策禁止和限制类项目的经营活动。)
成立日期	2016年12月29日
营业期限	自2016年12月29日至2046年12月28日

2. 云规信息

根据云规信息的全套工商档案及发行人的书面说明,截至本法律意见书出具之日,发行人持有云规信息100%的股权。云规信息现持有上海市杨浦区市场监督管理局于2018年8月30日核发的统一社会信用代码为91310110MA1G87YU8J的《营业执照》,根据该《营业执照》,云规信息的具体情况如下:

名称	上海云规信息科技有限公司
住所	上海市杨浦区军工路100号112幢101室
法定代表人	李彤
注册资本	700万元
公司类型	有限责任公司(非自然人投资或控股的法人独资)
经营范围	信息科技、网络科技、电子科技、计算机软硬件技术领域内的技术咨询、技术服务、技术转让、技术开发;电子商务(不得从事金融业务),计算机网络系统工程服务;企业管理咨询,商务信息咨询,会务服务,财务咨询,旅游咨询,计算机软硬件及辅助设备、电子产品、日用百货、办公用品、文化用品、体育用品、数码产品、家用电器、服装、鞋帽、针纺织品、化妆品、工艺礼品、摄影摄像器材和设备、母婴用品、玩具、汽车用品、办公家具、劳防用品、通讯器材和设备(除卫星电视广播地面接收设施)、仪器仪表、机械设备、五金交电、建材、食品、运动器材、家用电器的销售;票务代理服务,酒店管理,设计、制作、代理、发布各类广告,出版物经营。(依法须经批准的项目,经相关部门批准后方可开展经营活动。)
成立日期	2016年8月19日
营业期限	2016年8月19日至不约定期限

3. 诺亚舟咨询

根据诺亚舟咨询的全套工商档案及发行人的书面说明,截至本法律意见书出具之日,发行人持有诺亚舟咨询100%的股权。诺亚舟咨询现持有北京工商局海淀分局于2018年5月24日核发的统一社会信用代码为9111010878618700 5Y的《营业执照》,根据该《营业执照》,诺亚舟咨询的具体情况如下:

名称	北京元年诺亚舟咨询有限公司
住所	北京市海淀区知春路68号院1号楼3层301－12
法定代表人	韩向东
注册资本	1,000万元
公司类型	有限责任公司(法人独资)
经营范围	出版物零售;财务咨询(不得开展审计、验资、查账、评估、会计咨询、代理记账等需要经专项审批的业务,不得出具相应的审计报告、验资报告、查账报告、评估报告等文学材料);企业管理;企业管理咨询;软件技术开发、技术服务、技术转让;企业管理方面的技术培训;销售计算机、软件及辅助设备。(企业依法自主选择经营项目,开展经营活动;出版物零售以及依法须经批准的项目,经相关部门批准后依批准的内容开展经营活动;不得从事本市产业政策禁止和限制类项目的经营活动。)
成立日期	2006年3月2日
营业期限	自2006年3月2日至2026年3月1日

4. 武汉元年

根据武汉市工商行政管理局信息中心出具的《企业信息咨询报告》及发行人的书面说明,

截至本法律意见书出具之日，发行人持有武汉元年100%的股权。武汉元年现持有武汉市工商行政管理局于2017年11月21日核发的统一社会信用代码为91420100MA4KWLEA5B的《营业执照》，根据该《营业执照》，武汉元年的具体情况如下：

名称	元年东方软件有限公司
住所	武汉市东湖新技术开发区花城大道8号武汉软件新城2期B8栋7楼
法定代表人	韩向东
注册资本	5,000万元
公司类型	有限责任公司（自然人投资或控股的法人独资）
经营范围	软件开发；软件咨询；计算机系统服务；数据处理；设计、制作、发布广告；计算机、软件及辅助设备、电子产品的批发兼零售。（依法须经审批的项目，经相关部门审批后方可开展经营活动。）
成立日期	2017年9月25日
营业期限	自2017年9月25日至长期

5. 元年智享

根据元年智享的全套工商档案及发行人的书面说明，截至本法律意见书出具之日，发行人持有元年智享100%的股权。元年智享现持有北京工商局海淀分局于2018年7月11日核发的统一社会信用代码为91110108MA01DDJK95的《营业执照》，根据该《营业执照》，元年智享的具体情况如下：

名称	北京元年智享科技有限公司
住所	北京市海淀区知春路68号院1号楼3层301－23
法定代表人	韩向东
注册资本	5,000万元
公司类型	有限责任公司（法人独资）
经营范围	技术开发、技术转让、技术推广、技术咨询；应用软件服务；软件开发；计算机系统服务；数据处理（数据处理中的银行卡中心、PUE值在1.5以上的云计算数据中心除外）；电脑动画设计；软件咨询；产品设计；基础软件服务；销售计算机、软件及辅助设备。（企业依法自主选择经营项目，开展经营活动；依法须经批准的项目，经相关部门批准后依批准的内容开展经营活动；不得从事本市产业政策禁止和限制类项目的经营活动。）
成立日期	2018年7月11日
营业期限	自2018年7月11日至2048年7月10日

6. 云峰国际

根据云峰国际的全套工商档案及发行人的书面说明，截至本法律意见书出具之日，发行人的全资子公司云规信息持有云峰国际100%的股权。云峰国际现持有北京工商海淀分局于2018年7月9日核发的统一社会信用代码为91110108MA00FMPWXF的《营业执照》，根据该《营业执照》，云峰国际的具体情况如下：

名称	北京元年云峰国际旅行社有限公司
住所	北京市海淀区知春路68号院1号楼三层301－19
法定代表人	韩向东
注册资本	100万元
公司类型	有限责任公司（法人独资）
经营范围	国内旅游业务；入境旅游业务；旅游信息咨询；承办展览展示活动；经济贸易咨询；组织文化艺术交流活动（不含营业性演出）；汽车租赁（不含九座以上客车）；软件开发；设计、制作、代理、发布广告；教育咨询；会议服务；门票销售代理；餐饮管理；运输代理服务；航空机票销售代理。（企业依法自主选择经营项目，开展经营活动；国内旅游业务、入境旅游业务以及依法须经批准的项目，经相关部门批准后依批准的内容开展经营活动；不得从事本市产业政策禁止和限制类项目的经营活动。）
成立日期	2017年6月28日
营业期限	自2017年6月28日至2047年6月27日

（二）发行人参股公司

根据《2018年半年度报告》、发行人的书面说明并经本所律师核查，截至本法律意见书出具之日，发行人拥有2家参股公司静学教育和元年文璟，发行人全资子公司诺亚舟咨询拥有1家参股公司金财信诚。

1. 静学教育

根据静学教育的公司章程，截至本法律意见书出具之日，发行人持有静学教育3%的股权。静学教育现持有北京工商局海淀分局于2018年5月24日核发的统一社会信用代码为91110108MA01AQM46M的《营业执照》，根据该《营业执照》，静学教育的具体情况如下：

名称	北京静学教育科技有限公司
住所	北京市海淀区永澄北路2号院1号楼A座五层515室
法定代表人	李凤吟
注册资本	1,000万元
公司类型	有限责任公司(自然人投资或控股)
经营范围	技术开发、技术咨询、技术服务、技术转让；软件开发；教育咨询(中介服务除外)；销售计算机、软件及辅助设备、电子产品；承办展览展示活动；会议服务；企业管理咨询；企业策划；产品设计。(企业依法自主选择经营项目，开展经营活动；依法须经批准的项目，经相关部门批准后依批准的内容开展经营活动；不得从事本市产业政策禁止和限制类项目的经营活动。)
成立日期	2018年3月14日
营业期限	自2018年3月14日至2048年3月13日

2. 元年文璟

根据元年文璟的公司章程，截至本法律意见书出具之日，发行人持有元年文璟11.5%的股权。元年文璟现持有北京市工商行政管理局朝阳分局于2018年8月28日核发的统一社会信用代码为91110105MA01EAMD8K的《营业执照》，根据该《营业执照》，元年文璟的具体情况如下：

名称	北京元年文璟科技有限公司
住所	北京市朝阳区永安东里甲3号院1号楼15层1808A

续表

法定代表人	李文军
注册资本	1,000万元
公司类型	其他有限责任公司
经营范围	技术服务、技术转让、技术开发、技术推广、技术咨询；销售计算机、软件及辅助设备；应用软件服务(不含医用软件)；软件开发；计算机系统服务；数据处理(数据处理中的银行卡中心、PUE值在1.5以上的云计算数据中心除外)；电脑图文设计；产品设计；基础软件服务。(企业依法自主选择经营项目，开展经营活动；依法须经批准的项目，经相关部门批准后依批准的内容开展经营活动；不得从事本市产业政策禁止和限制类项目的经营活动。)
成立日期	2018年8月28日
营业期限	自2018年8月28日至长期

3. 金财信诚

根据金财信诚的公司章程，截至本法律意见书出具之日，诺亚舟咨询持有金财信诚10%的股权。金财信诚现持有北京工商局海淀分局于2018年5月9日核发的统一社会信用代码为91110108MA009N148H的《营业执照》，根据该《营业执照》，金财信诚的具体情况如下：

名称	北京金财信诚科技有限公司
住所	北京市海淀区中关村大街18号11层1119-48
法定代表人	张春光
注册资本	100万元
公司类型	有限责任公司(自然人投资或控股)
经营范围	技术开发、技术推广、技术咨询、技术服务、技术转让；计算机系统服务、基础软件服务；应用软件服务；软件开发；软件咨询；产品设计；模型设计；包装装潢设计；经济贸易咨询；文化咨询；公共关系服务；会议服务；工艺美术设计；电脑动画设计；企业策划；设计、制作、发布、代理广告；市场调查；企业管理咨询；组织文化艺术交流活动(不含营业性演出)；文艺创作；影视策划；翻译服务；自然科学研究与试

续表

	验发展;工程和技术研究与试验发展;农业科学研究与试验发展;医学研究与试验发展;数据处理(数据处理中的银行卡中心、PUE值在1.5以上的云计算数据中心除外)。(企业依法自主选择经营项目,开展经营活动;依法须经批准的项目,经相关部门批准后依批准的内容开展经营活动;不得从事本市产业政策禁止和限制类项目的经营活动。)
成立日期	2016年11月21日
营业期限	自2016年11月21日至2036年11月20日

(三)发行人的分支机构

根据发行人的书面说明并经本所律师核查,截至本法律意见书出具之日,发行人全资子公司诺亚舟咨询拥有1家分支机构诺亚舟咨询天津分公司。诺亚舟咨询天津分公司现持有天津市武清区市场和质量监督管理局于2017年9月21日核发的统一社会信用代码为91120222MA05WJWU74的《营业执照》,根据该《营业执照》,诺亚舟咨询天津分公司的具体情况如下:

名称	北京元年诺亚舟咨询有限公司天津分公司
营业场所	天津市武清区京津科技谷产业园和园道89号29栋603室-80(集中办公区)

续表

负责人	韩向东
类型	有限责任公司分公司
经营范围	财务咨询(不得开展审计、验资、查账、评估、会计咨询、代理记账等需要经专项审批的业务,不得出具相应的审计报告、验资报告、查账报告、评估报告等文学材料),企业管理咨询,软件技术开发、技术服务、技术转让,销售计算机、软件及辅助设备。(依法须经批准的项目,经相关部门批准后方可开展经营活动。)
成立日期	2017年9月21日

综上,本所律师认为,发行人所投资的公司依法设立并有效存续;发行人持有的子公司的股权履行了相应的登记程序,权属清晰,不存在重大权属纠纷;根据本所律师登陆国家企业信用信息公示系统(http://www.gsxt.gov.cn)获得的查询结果、发行人提供的子公司的部分工商档案及发行人的书面说明,发行人持有的子公司的股权不存在质押等权利受限的情形。

六、发行人的主要财产

(一)土地使用权和房产

根据发行人提供的《不动产权证书》及发行人的书面说明,截至本法律意见书出具之日,发行人及其子公司拥有的房产如下:

序号	不动产权证号	权利人	坐落	权利类型	权利性质	用途	面积(m^2)	权利限制
1	鄂(2018)武汉市东开不动产权第0024717号	武汉元年	东湖新技术开发区花城大道8号武汉软件新城二期一组团B8栋7层01号	房屋(构筑物)所有权	市场化商品房	其他	1,538.74	抵押(详见本法律意见书正文"六、发行人的主要财产况")
2	鄂(2018)武汉市东开不动产权第0024718号	武汉元年	东湖新技术开发区花城大道8号武汉软件新城二期一组团B8栋6层01号	房屋(构筑物)所有权	市场化商品房	其他	1,538.74	

根据发行人的书面说明,除上述房产外,发行人及其子公司未拥有土地使用权或其他自有房产,其他办公和营业场所系通过租赁方式取得。

(二)知识产权

1.注册商标

根据发行人向本所提供的国家工商行政管理总局商标局核发的商标注册证等证明文件及发行人的书面说明,并经本所律师核查,截至本法律意见书出具之日,发行人及其子公司正在使用的注册商标情况如下:

序号	商标内容	注册人	注册证号	类号	有效期	核定使用商品
1	元年 YUANIAN	发行人	19088975	42	2017.3.14－2027.3.13	计算机编程；计算机软件设计；计算机软件更新；计算机软件咨询；计算机软件维护；计算机系统设计；计算机程序复制；计算机软件的安装；计算机系统分析；计算机程序和数据的数据转换（非有形转换）；云计算；软件运营服务
2	元年 YUANIAN	发行人	19088975	9	2017.3.14－2027.3.13	已录制的计算机程序（程序）；已录制的计算机操作程序；计算机；计算机外围设备；计算机软件（已录制）；可下载的计算机应用软件；光盘；电子出版物（可下载）；计算机程序（可下载软件）；计算机游戏软件
3	元 年	发行人	6326518	9	2010.3.28－2020.3.27	计算机；已录制的计算机程序（程序）；已录制的计算机操作程序；计算机外围设备；计算机软件（已录制）；电脑软件（录制好的）；光盘；电子出版物（可下载）；计算机程序（可下载软件）；计算机游戏软件
4	元 年	发行人	6326517	42	2010.6.28－2020.6.27	计算机编程；计算机软件设计；计算机软件更新；计算机软件升级；计算机软件维护；计算机系统分析；计算机系统设计；计算机程序复制；计算机软件的安装；计算机程序和数据的数据转换（非有形转换）

经核查，本所律师认为，上述商标均已经国家工商行政管理总局商标局核准注册，发行人合法有效拥有上述注册商标专用权。

2. 计算机软件著作权

（1）发行人拥有的计算机软件著作权

根据发行人向本所提供的国家版权局核发的《计算机软件著作权登记证书》及发行人的书面说明，截至本法律意见书出具之日，发行人及其子公司共拥有91项计算机软件著作权，具体情况如下：

序号	著作权人	软件名称	登记号	权利取得方式/范围	首次发表时间	登记日期
1	发行人	元年企业绩效管理软件V1.0	2007SRBJ2994	原始取得/全部权利	2006.10.26	2007.11.28
2	发行人	元年全面预算编制软件V2.0	2008SRBJ5763	原始取得/全部权利	2008.6.11	2008.12.8
3	发行人	元年物流业作业成本管理软件V1.0	2008SRBJ5766	原始取得/全部权利	2006.5.21	2008.12.8
4	发行人	元年离散制造业ERP软件V2.0	2008SRBJ5767	原始取得/全部权利	2006.5.17	2008.12.8
5	发行人	元年财务分析软件V2.0	2008SRBJ5781	原始取得/全部权利	2008.8.18	2008.12.9
6	发行人	元年成本控制软件V2.0	2008SRBJ5792	原始取得/全部权利	2008.5.15	2008.12.9
7	发行人	元年HFM数据直连软件V2.1	2008SRBJ5795	原始取得/全部权利	2006.8.2	2008.12.9

续表

序号	著作权人	软件名称	登记号	权利取得方式/范围	首次发表时间	登记日期
8	发行人	元年预算管理智能客户端软件 V2.0	2008SRBJ5797	原始取得/全部权利	2008.6.15	2008.12.9
9	发行人	元年印刷业 ERP 软件 V1.0	2008SRBJ5799	原始取得/全部权利	2007.2.10	2008.12.9
10	发行人	元年钢铁行业 ERP 软件 V1.0	2008SRBJ5800	原始取得/全部权利	2007.8.1	2008.12.9
11	发行人	元年连续制造业作业成本管理软件 V1.0	2008SRBJ5801	原始取得/全部权利	2007.4.17	2008.12.9
12	发行人	元年 Planning Mapping 及数据集成软件 V4.03	2008SRBJ5814	原始取得/全部权利	2006.5.10	2008.12.9
13	发行人	元年报表合并软件 V2.3	2008SRBJ5819	原始取得/全部权利	2007.8.16	2008.12.9
14	发行人	元年全面预算管理软件 V3.0	2010SR058124	原始取得/全部权利	2009.6.11	2010.11.2
15	发行人	元年预算控制软件 V3.0	2010SR058485	原始取得/全部权利	2009.8.16	2010.11.3
16	发行人	元年网络报销软件 V2.0	2010SR058486	原始取得/全部权利	2010.3.16	2010.11.3
17	发行人	元年集团企业预算控制软件 V5.0	2011SR086800	原始取得/全部权利	2011.8.30	2011.11.24
18	发行人	元年主数据管理软件 V2.0	2011SR086802	原始取得/全部权利	2011.8.18	2011.11.24
19	发行人	元年电子审批付款软件 V2.5	2011SR101926	原始取得/全部权利	2011.3.10	2011.12.27
20	发行人	元年全面预算管理软件 V3.5	2011SR101855	原始取得/全部权利	2011.10.10	2011.12.27
21	发行人	元年网络报销软件 V3.0	2011SR101545	原始取得/全部权利	2011.4.30	2011.12.27
22	发行人	元年航空行业预算控制软件 V3.0	2011SR101846	原始取得/全部权利	2011.3.18	2011.12.27
23	发行人	元年家电行业全面预算管理软件 V3.0	2011SR101595	原始取得/全部权利	2011.4.15	2011.12.27
24	发行人	元年制药行业预算控制软件 V3.0	2011SR101817	原始取得/全部权利	2011.4.12	2011.12.27
25	发行人	元年预算控制软件 V3.5	2011SR101542	原始取得/全部权利	2011.8.22	2011.12.27
26	发行人	E7 – DP 调度平台 V1.0	2013SR104720	原始取得/全部权利	2012.12.29	2013.9.25
27	发行人	E7 – CFS 合并报表系统 V1.0	2013SR104719	原始取得/全部权利	2013.1.22	2013.9.25
28	发行人	E7 – CC4N 费用控制系统 V3.53	2013SR104694	原始取得/全部权利	2012.9.11	2013.9.25
29	发行人	E7 – Mobile 移动应用系统 V2.0	2013SR104692	原始取得/全部权利	2013.5.10	2013.9.25
30	发行人	元年 Android 网络报销移动审批系统 V2.1	2014SR200830	原始取得/全部权利	2013.6.11	2014.12.19

续表

序号	著作权人	软件名称	登记号	权利取得方式/范围	首次发表时间	登记日期
31	发行人	元年报表分析软件 V1.0	2014SR201482	原始取得/全部权利	2014.8.1	2014.12.19
32	发行人	元年 IOS 网络报销移动审批系统 V2.1	2014SR201675	原始取得/全部权利	2013.6.11	2014.12.19
33	发行人	元年全面预算管理软件 V5.1	2014SR201159	原始取得/全部权利	2014.9.10	2014.12.19
34	发行人	元年网络报销软件 V6.0	2014SR201181	原始取得/全部权利	2014.11.1	2014.12.19
35	发行人	元年通用数据集成软件 V1.0	2014SR201670	原始取得/全部权利	2014.4.1	2014.12.19
36	发行人	元年报表平台软件 V1.0	2014SR201104	原始取得/全部权利	2012.11.1	2014.12.19
37	发行人	元年预算审批流程管理软件 V1.0	2014SR201175	原始取得/全部权利	2014.2.1	2014.12.19
38	发行人	E7 – Planning4N 全面预算管理软件 V5.0	2015SR148502	原始取得/全部权利	2013.8.15	2015.7.31
39	发行人、上海国家会计学院（亚太财经与发展学院）	预算管理电子沙盘系统 V1.0	2016SR235052	原始取得/全部权利	2016.4.22	2016.8.25
40	发行人	元年酒店经营管控系统 V1.0	2016SR242823	原始取得/全部权利	2016.3.25	2016.8.31
41	发行人	E7 – MBase 多维库系统 V1.0	2016SR242830	原始取得/全部权利	2016.5.16	2016.8.31
42	发行人	元年物流行业财务共享中心系统 V1.0	2016SR383750	原始取得/全部权利	2016.10.12	2016.12.21
43	发行人	E7 – Planning4J 全面预算管理系统 V5.6	2016SR384741	原始取得/全部权利	2016.10.10	2016.12.21
44	发行人	云快报费用报销及差旅管理系统 V3.0	2016SR404270	原始取得/全部权利	2016.9.1	2016.12.29
45	发行人	E7 – MBase 多维库系统 V2.0	2017SR402798	原始取得/全部权利	2017.3.28	2017.7.27
46	发行人	E7 – Planning4J 全面预算管理系统 V6.0	2017SR415204	原始取得/全部权利	2017.4.26	2017.8.1
47	发行人	元年物流行业财务共享中心系统 V2.0	2017SR415474	原始取得/全部权利	2017.5.24	2017.8.1
48	发行人	E7 – 元年财务共享软件 V6.5	2017SR516169	原始取得/全部权利	2017.7.25	2017.9.14
49	发行人	E7 – 元年财务共享软件 V7.0	2017SR591995	原始取得/全部权利	2017.10.15	2017.10.27
50	发行人	元年支出管控系统 V1.0	2017SR676357	原始取得/全部权利	2017.10.1	2017.12.8
51	云规信息	云规云快报 iOS 软件 V1.0	2016SR333841	原始取得/全部权利	2016.9.18	2016.11.17

续表

序号	著作权人	软件名称	登记号	权利取得方式/范围	首次发表时间	登记日期
52	云规信息	云规云快报安卓软件 V1.0	2016SR333850	原始取得/全部权利	2016.9.18	2016.11.17
53	云规信息	云规云快报机票预定软件 V1.0	2016SR334478	原始取得/全部权利	2016.9.18	2016.11.17
54	云规信息	云规云快报微信软件 V1.0	2016SR335289	原始取得/全部权利	2016.9.18	2016.11.17
55	云规信息	云规云快报费用报销及差旅管理软件 V3.0	2016SR346969	原始取得/全部权利	2016.9.18	2016.11.30
56	云规信息	云规云快报验发票公众号软件 V1.0	2017SR337703	原始取得/全部权利	2017.3.15	2017.7.3
57	云规信息	云规与快报机票预订软件 V2.0	2017SR337713	原始取得/全部权利	2017.3.30	2017.7.3
58	云规信息	云规云快报安卓软件 V2.0	2017SR342482	原始取得/全部权利	2017.4.30	2017.7.4
59	云规信息	云规云快报费用报销及差旅管理软件 V4.0	2017SR347646	原始取得/全部权利	2017.4.30	2017.7.6
60	云规信息	云规云快报微信软件 V2.0	2017SR347804	原始取得/全部权利	2017.4.15	2017.7.6
61	云规信息	云规云快报 IOS 软件 V2.0	2017SR360443	原始取得/全部权利	2017.4.30	2017.7.11
62	云规信息	云规云快报合伙人软件 V1.0	2017SR406205	原始取得/全部权利	2017.2.28	2017.7.21
63	云规信息	验发票 V5.0	2018SR063695	原始取得/全部权利	2018.1.10	2018.1.25
64	云规信息	云规云快报费用报销软件 V5.0	2018SR440315	原始取得/全部权利	2018.3.10	2018.6.12
65	云规信息	云规云快报差旅管理软件 V5.0	2018SR440335	原始取得/全部权利	2018.5.10	2018.6.12
66	云规信息	云规云快报商城管理软件 V5.0	2018SR440327	原始取得/全部权利	2018.5.1	2018.6.12
67	诺亚舟咨询	诺亚舟医疗行业全面预算管理软件 V3.0	2011SR075281	原始取得/全部权利	2011.6.10	2011.10.20
68	诺亚舟咨询	诺亚舟集成工作流软件 V1.0	2012SR097583	原始取得/全部权利	2011.3.1	2012.10.17
69	诺亚舟咨询	诺亚舟数据集成软件 V1.0	2012SR097663	原始取得/全部权利	2011.5.15	2012.10.17
70	诺亚舟咨询	诺亚舟报表数据处理软件 V1.0	2012SR097580	原始取得/全部权利	2011.12.16	2012.10.17
71	诺亚舟咨询	诺亚舟数据仓库管理软件 V1.0	2012SR097573	原始取得/全部权利	2011.12.20	2012.10.17
72	诺亚舟咨询	诺亚舟茶叶行业全面预算管理软件 V3.0	2012SR097577	原始取得/全部权利	2011.8.27	2012.10.17
73	诺亚舟咨询	MDM 主数据管理系统 V1.0	2015SR144591	原始取得/全部权利	2013.8.20	2015.7.27
74	诺亚舟咨询	诺亚舟职能云报表系统 V1.0	2017SR388776	原始取得/全部权利	2014.12.9	2017.7.21

续表

序号	著作权人	软件名称	登记号	权利取得方式/范围	首次发表时间	登记日期
75	诺亚舟咨询	诺亚舟 OLAP 数据库平台 V1.0	2017SR388917	原始取得/全部权利	2015.12.22	2017.7.21
76	诺亚舟咨询	诺亚舟职能移动终端系统 V1.0	2017SR389029	原始取得全部权利	2015.6.18	2017.7.21
77	诺亚舟咨询	诺亚舟快销行业全面预算管理系统 V1.0	2017SR389037	原始取得/全部权利	2015.10.15	2017.7.21
78	诺亚舟咨询	诺亚舟预算个性化门户系统 V1.0	2017SR406086	原始取得/全部权利	2016.6.16	2017.7.27
79	诺亚舟咨询	诺亚舟预算表单提报管理平台 V1.0	2017SR406089	原始取得/全部权利	2016.3.23	2017.7.27
80	诺亚舟咨询	诺亚舟预算外部审批管理平台 V1.0	2017SR406132	原始取得/全部权利	2016.11.24	2017.7.27
81	诺亚舟咨询	诺亚舟预算三元扩展管理系统 V1.0	2017SR406160	原始取得/全部权利	2016.10.20	2017.7.27
82	诺亚舟咨询	诺亚舟 BI 单点登录管理平台 V1.0	2017SR409240	原始取得/全部权利	2016.2.18	2017.7.28
83	北京元年东方软件有限公司	元年快销行业全面预算管理系统 V1.0	2017SR137148	原始取得/全部权利	2017.1.24	2017.4.25
84	北京元年东方软件有限公司	元年零售行业共享中心管理系统 V1.0	2017SR203857	原始取得/全部权利	2017.2.8	2017.5.24
85	北京元年东方软件有限公司	C1 – Planning 计划预算管理软件 V10.5	2017SR260735	原始取得/全部权利	2017.2.16	2017.6.13
86	武汉元年	C1 – Planning 计划预算管理软件 V10.8	2017SR702401	原始取得/全部权利	2017.12.4	2017.12.18
87	武汉元年	C1 – BA 业务分析软件 V10.8	2018SR299958	原始取得/全部权利	2018.3.20	2018.5.3
88	武汉元年	C1 – Consolidation 合并报表管理软件 V10.8	2018SR349292	原始取得/全部权利	2018.4.20	2018.5.17
89	武汉元年	C1 – Data Power 分布式数据库软件 V10.8	2018SR381902	原始取得/全部权利	2018.4.25	2018.5.25
90	武汉元年	C1 – Planning 计划预算管理软件 V10.2	2018SR410305	原始取得/全部权利	2017.1.12	2018.6.1
91	武汉元年	C1 – Budgeting controller 预算控制软件 V10.8	2018SR623717	原始取得/全部权利	2018.7.1	2018.8.7

根据发行人提供的资料及发行人的书面说明，“北京元年东方软件有限公司”系元年国际的曾用名，于 2018 年 3 月 29 日经北京工商局海淀分局核准变更名称。截至本法律意见书出具之日，“北京元年东方软件有限公司”所拥有的上述第 83 项至第 85 项软件著作权的更名手续正在办理过程中。

经核查发行人及其子公司拥有的《计算机

软件著作权登记证书》,本所律师认为,发行人及其子公司合法拥有上述计算机软件著作权。

(2)融资租赁软件著作权

2016 年4 月28 日,发行人与北京市文化科技融资租赁股份有限公司签署编号为 BJWK - WHZX - HZ - 20160006 - 00 的《融资租赁合同》,约定发行人将其所有的著作权登记号为 2015SR148499、2015SR148493、2015SR198438、2015SR196465、2015SR196704、2015SR196756、2015SR196749 的软件著作权转让给北京市文化科技融资租赁股份有限公司,转让价款共计 900 万元;发行人作为承租人回租上述软件著作权,租赁期限为二十四个月,租赁利率为年利率 9%。在租赁期限届满且承租人清偿完毕租赁合同项下应向出租人支付的全部租金、留购价款及其他应付款并履行完毕其他义务,承租人按"现时现状"取得租赁物。

上述 7 项融资租赁软件著作权的具体情况如下:

序号	软件名称	登记号	首次发表时间	登记日期
1	E7 - Mobile 移动应用系统 V2.1	2015SR148493	2013.7.28	2015.7.31
2	E7 - Planning4J 全面预算管理软件 V5.0	2015SR148499	2013.12.20	2015.7.31
3	E7 - 元年财务共享软件 V6.1	2015SR196465	2015.9.15	2015.10.14
4	E7 - Planning4J 全面预算管理软件 V5.2	2015SR196704	2015.9.8	2015.10.14
5	E7 - Mobile 移动应用系统 V3.0	2015SR196749	2015.8.12	2015.10.14
6	E7 - CC4N 费用控制系统 V5.0	2015SR196756	2015.8.25	2015.10.14
7	云快报费用报销及差旅管理系统 V2.0	2015SR198438	2014.6.1	2015.10.16

截至本法律意见书出具之日,上述 7 项融资租赁软件著作权的租赁期限已届期,根据发行人的书面说明,北京市文化科技融资租赁股份有限公司正在办理上述 7 项融资租赁软件著作权的著作权人变更手续。

3. 域名

根据发行人向本所提供的《中国国家顶级域名证书》、《国际域名注册证书》等资料,并经本所律师核查,截至本法律意见书出具之日,发行人及其子公司拥有如下国际域名:

序号	域名	域名所有者	域名所属注册机构	注册日期	到期日期
1	www.sino - ma.org	发行人	阿里巴巴计算(北京)有限公司	2009.6.30	2019.6.30
2	www.yuanian.com	发行人	阿里巴巴计算(北京)有限公司	2012.8.21	2019.8.21
3	www.51ykb.com	发行人	北京新网数码信息技术有限公司	2014.7.17	2021.7.17
4	www.51yfp.com	发行人	北京新网数码信息技术有限公司	2017.1.3	2020.1.3
5	www.ync1.com	北京元年东方软件有限公司	HICHINA ZHICHENG TECHNOLOGY LTD.	2017.3.10	2019.3.10
6	ync1.com	武汉元年	阿里巴巴云计算(北京)有限公司	2017.3.10	2019.3.10

截至本法律意见书出具之日,发行人及其子公司拥有如下国家域名:

序号	域名	域名所有者	域名所属注册机构	注册日期	到期日期
1	www.epochsoft.com.cn	发行人	阿里云计算有限公司	2007.10.16	2018.10.16

续表

序号	域 名	域名所有者	域名所属注册机构	注册日期	到期日期
2	www. chinamas. cn	发行人	阿里云计算有限公司	2018.7.2	2019.7.2
3	www. ynzixun. cn	诺亚舟咨询	阿里云计算有限公司	2017.8.18	2019.8.18
4	Ync1. cn	武汉元年	阿里云计算有限公司	2017.3.10	2019.3.10
5	Ync1. com. cn	武汉元年	阿里云计算有限公司	2017.3.10	2019.3.10

本所律师认为,发行人及其子公司合法拥有上述域名。

(三)主要经营设备

根据《2018 年半年度报告》及发行人的书面说明,发行人拥有的主要经营设备为电子设备,截至 2018 年 6 月 30 日,发行人拥有的电子设备账面原值期末余额为 22,946,534.35 元。

(四)主要财产的权属纠纷和权利受限情况

根据发行人提供的相关资料并经本所律师核查,截至本法律意见书出具之日,发行人的主要财产权利受限情况如下:

1.2017 年 10 月 12 日,发行人与北京中关村银行股份有限公司签署编号为 ZGCB(ZS)20170006 的《综合授信合同》,约定北京中关村银行股份有限公司向发行人提供 3,000 万元的综合授信额度,提款期自 2017 年 10 月 12 日至 2018 年 1 月 12 日。

同日,诺亚舟咨询与北京中关村银行股份有限公司签署编号为 ZGCB(ZZ)20170006 - 02 的《最高额质押合同》,约定诺亚舟咨询以其拥有的登记号为 2017SR388776、2017SR388917、2017SR389029、2017SR389037、2017SR406086、2017SR406160、2017SR409240 的软件著作权为发行人在编号为 ZGCB(ZS)20170006 的《综合授信合同》项下最高债权额 3,000 万元债务提供质押担保。根据发行人的书面说明,前述软件著作权质押担保已办理质押登记。

2.2018 年 6 月 11 日,发行人与北京银行股份有限公司上地支行签署编号为 0488194 的《综合授信合同》,约定北京银行股份有限公司上地支行向发行人提供 3,000 万元的综合授信额度,提款期为自合同订立日起 24 个月。

发行人与北京中关村科技融资担保有限公司签署编号为 2018 年 WT0617 号《最高额委托保证合同》,发行人委托北京中关村科技融资担保有限公司为其在编号为 0488194 的《综合授信合同》项下最高额 3,000 万元债务提供保证担保。

武汉元年与北京中关村科技融资担保有限公司签署编号为 2018 年 DYF0617 号《最高额反担保(不动产抵押)合同》,约定武汉元年以其拥有的不动产权证号为鄂(2018)武汉市东开不动产权第 0024717 号、第 0024717 号的房产向北京中关村科技融资担保有限公司提供抵押反担保。根据发行人提供的《不动产权证书》,上述房产抵押已办理抵押登记。

3.2018 年 7 月 3 日,诺亚舟咨询与北京银行股份有限公司上地支行签署编号为 0485815 的《综合授信合同》,约定北京银行股份有限公司上地支行向诺亚舟咨询提供最高额 1,000 万元的综合授信额度,提款期为合同订立日起 24 个月。

诺亚舟咨询与北京中关村科技融资担保有限公司签署编号为 2018 年 WT0616 号《最高额委托保证合同》,诺亚舟咨询委托北京中关村科技融资担保有限公司为其在编号为 0485815 的《综合授信合同》项下的最高额 1,000 万元债务提供保证担保。

诺亚舟咨询与北京中关村科技融资担保有限公司签署编号为 2018 年 ZYZK0616 号《最高额反担保(应收账款质押)合同》,约定诺亚舟咨询以其不低于 5,000 万元的应收账款向北京中关村科技融资担保有限公司提供质押反担保。经本所律师登陆动产融资统一登记公示系统(https://www.zhongdengwang.org.cn/zhongdeng/index.shtml)查询,上述应收账款质押已办理质押登记。

根据发行人的书面说明并经本所律师核查,除本法律意见书披露的融资租赁软件著作权由北京市文化科技融资租赁股份有限公司转让给发行人的手续尚在办理之中外,发行人及其子公司合法拥有上述财产,其财产权属清晰,不存在权利瑕疵、权属争议纠纷或其他权属不明的情形;截至本法律意见书出具之日,除本法律意见书披露的应收账款质押、软件著作权质押、房产抵押情形外,发行人及其子公司拥有的财产不存在其他抵押、质押等权利受限的情形。

七、《募集说明书》法律风险的评价

本所律师未参与《募集说明书》的编制和讨论,但对其进行了总括性的审阅,特别对《募集说明书》中引用本法律意见书的相关内容作了审阅。本所律师认为,《募集说明书》及其摘要不会因引用本法律意见书的相关内容而出现虚假记载、误导性陈述或重大遗漏。

八、本次发行的承销及其他中介机构

(一)本次发行的承销机构

发行人聘请首创证券担任本次发行的主承销商,并由首创证券以余额包销的方式承销本期债券。

首创证券现持有北京市工商行政管理局核发的统一社会信用代码为91110000710925892P的《营业执照》及中国证券监督管理委员会核发的《中华人民共和国经营证券业务许可证》。

本所律师认为,发行人已聘请具备承销业务资质的证券公司担任本期债券的主承销商,符合《管理办法》第三十三条的规定。

(二)本次发行的审计机构

执行本次发行审计业务的中喜事务所现持有北京市工商行政管理局东城分局核发的统一社会信用代码为911101010855 3078XF的《营业执照》、北京市财政局核发的《会计师事务所执业证书》,以及财政部和中国证券监督管理委员会联合核发的《会计师事务所证券、期货相关业务许可证》。

本所律师认为,发行人已聘请具有从事证券服务业务资格的审计机构对发行人进行了审计,符合《管理办法》第六条的规定。

(三)本次发行的法律服务机构

本次发行的法律服务机构为北京市中伦律师事务所,现持有北京市司法局核发的《律师事务所执业许可证》。在本法律意见书上签字的李磐律师、陈宗尧律师均持有合法有效的《中华人民共和国律师执业证》。

本所律师认为,本所及签字律师具有为发行人本次发行出具法律意见书的合法执业资格,符合《管理办法》第六条的规定。

综上,本所律师认为,上述中介机构均具备为本次发行提供相关服务的业务资格,符合《管理办法》的相关规定。

九、本期债券的增信措施

(一)担保人的主体资格

本期债券由首创担保提供全额无条件不可撤销的连带责任保证担保,首创担保现持有北京市工商行政管理局西城分局于2017年9月28日核发的统一社会信用代码为911100006336945323的《营业执照》,根据该《营业执照》,首创担保的基本情况如下:

名称	北京首创融资担保有限公司
住所	北京市西城区闹市口大街1号院长安兴融中心4号楼3层03B－03G
法定代表人	黄自权
注册资本	100,230.8万元
公司类型	其他有限责任公司
经营范围	融资性担保业务:贷款担保、票据承兑担保、贸易融资担保、项目融资担保、信用证担保、债券担保及其他融资性担保业务。监管部门批准的其他业务:诉讼保全担保、投标担保、预付款担保、工程履约担保、尾付款如约偿付担保等履约担保;与担保业务有关的融资咨询、财务顾问等中介服务;以自有资金投资(融资性担保机构经营许可证有效期至2021年3月31日)。(企业依法自主选择经营项目,开展经营活动;依法须经批准的项目,经相关部门批准后依批准的内容开展经营活动;不得从事本市产业政策禁止和限制类项目的经营活动。)
成立日期	1997年12月5日
营业期限	自1997年12月5日至2047年12月4日

经核查,本所律师认为,首创担保为依法成立并合法存续的有限责任公司,根据《中华人民共和国担保法》及其他相关法律、法规的规

定，具有为发行人本次发行兑付提供担保的主体资格。

（二）担保人的融资担保责任余额

根据首创担保提供的《保证人对外担保余额及其占净资产的比例》及《北京首创融资担保有限公司2018年二季度财务报告》，截至2018年6月30日，首创担保融资性担保业务在保余额为148.60亿元，首创担保合并报表口径净资产为32.22亿元，首创担保的融资担保责任余额不超过其净资产的10倍，符合《融资担保责任余额计量办法》第十五条的规定。

（三）担保人对本期债券担保的内部审批程序

根据首创担保提供的《北京首创融资担保有限公司评审会议事规则》及首创担保官方网站公布的业务流程说明（https://www.scdb.com.cn/style/index_14.html），如担保金额超过1,000万元（不含1,000万元）的项目由评审委员会集体决策。

2017年3月30日，首创担保评审委员会作出决议，同意为发行人非公开发行的4,000万元公司债券提供担保，期限3年。

本所律师认为，首创担保已就其为本期债券提供担保取得内部授权，相关担保事项合法有效。

（四）担保协议

2017年6月5日，发行人与首创担保签署了编号为CGIG2017字第0468号《担保授信及追偿合同》，约定首创担保为发行人发行的4,000万元3年期公司债券的本金、利息向本期债券持有人提供保证担保。

经核查，本所律师认为，发行人与首创担保签署的《担保授信及追偿合同》中的约定内容不违反《中华人民共和国担保法》和《中华人民共和国合同法》等禁止性规定，该《担保授信及追偿合同》真实、合法、有效。

（五）担保函

首创担保向发行人本次发行出具了《北京首创融资担保有限公司关于北京元年科技股份有限公司非公开发行公司债券的担保函》，承诺对发行人本次发行的债券提供全额无条件不可撤销的连带责任保证担保。

经核查，本所律师认为，《担保函》的内容不违反《中华人民共和国担保法》和《中华人民共和国合同法》等禁止性规定，该担保函真实、合法、有效。

（六）反担保

根据发行人的书面说明并经本所律师核查，发行人就本次债券担保向首创担保提供如下反担保：

1.2017年6月5日，首创担保与诺亚舟咨询、发行人签署编号为CGIG2017字第0468号《信用反担保合同》，约定首创担保为发行人在4,000万元额度内向发行人的债权人提供保证担保，为确保首创担保的合法权益，诺亚舟咨询作为反担保人，向首创担保承担反担保的保证责任。

2.同日，首创担保与北京元年之舟咨询有限公司、发行人签署编号为CGIG2017字第0468－1、0468－2号《股权质押反担保合同》，约定首创担保为发行人在4,000万元额度内向发行人的债权人提供保证担保，为确保首创担保的合法权益，北京元年之舟咨询有限公司以其持有的发行人8,225,300股的股份向首创担保提供质押反担保。

3.同日，首创担保与北京元年之众咨询有限公司、发行人签署编号为CGIG2017字第0468－3、0468－4号《股权质押反担保合同》，约定首创担保为发行人在4,000万元额度内向发行人的债权人提供保证担保，为确保首创担保的合法权益，北京元年之众咨询有限公司以其持有的发行人1,485,000股的股份向首创担保提供质押反担保。

4.同日，韩向东及其配偶方颖出具编号为CGIG2017字第0468－1号《个人无限连带责任承诺函》，约定首创担保为发行人在4,000万元额度内向发行人的债权人提供保证担保，为确保首创担保的合法权益，韩向东及其配偶方颖以无限连带责任的方式，向首创担保提供反担保。

5.同日，郝宇晓及其配偶刘艳霞出具编号为CGIG2017字第0468－2号《个人无限连带责任承诺函》，约定首创担保为发行人在4,000万元额度内向发行人的债权人提供保证担保，为确保首创担保的合法权益，郝宇晓及其配偶刘艳霞以无限连带责任的方式，向首创担保提供反担保。

6.2017年11月1日，首创担保与刘艳霞、郝宇晓签署编号为 CGIG2017 字第 0468 号的《主债权及不动产抵押合同》及《主债权及不动产抵押合同之补充协议》,约定刘艳霞、郝宇晓以其所有的不动产权证号为京(2017)海不动产权第 0042408、京(2017)海不动产权第 0042409 的房产为发行人在 4,000 万元额度内向首创担保提供抵押反担保。

根据发行人提供的编号为京(2017)海不动产权第 0042408、0042409 号的《不动产权证书》及发行人的书面说明,前述房产已于 2017 年 11 月 8 日办理抵押登记。

综上,本所律师认为,首创担保具备为本期债券提供担保的主体资格,担保事项已经取得内部授权,《担保授信及追偿合同》和《担保函》真实、合法、有效。

十、与本次发行有关的协议

(一)承销协议

本所律师核查了发行人与首创证券为本次发行而签订的《北京元年科技股份有限公司 2018 年非公开发行创新创业公司债券主承销协议》。根据该协议约定,发行人聘请首创证券作为本期债券的主承销商,以余额包销的方式承销。

经核查,本所律师认为,本次发行的《承销协议》为当事人真实意思表示,内容合法、有效;《承销协议》的内容符合《管理办法》第三十六条、《业务管理暂行办法》的规定。

(二)受托管理协议

根据发行人与首创证券签署的《北京元年科技股份有限公司 2018 年非公开发行创新创业公司债券受托管理协议》,发行人聘请首创证券作为本期债券的受托管理人,在本期债券的存续期限内,由债券受托管理人依照《债券受托管理协议》的约定维护债券持有的人的利益。

首创证券的具体情况详见本法律意见书正文之“八、本次发行的承销及其他中介机构”。

经本所律师核查,《债券受托管理协议》的主要内容包括:受托管理事项,发行人的权利和义务,债券受托管理人的权利和义务,受托管理报酬及费用承担,受托管理事务报告,利益冲突的风险防范机制,债券受托管理人的变更,违约责任,争议解决等。发行人已在《募集说明书》中对《债券受托管理协议》的主要内容进行了披露,并约定投资者认购本期债券即视作接受《债券受托管理协议》关于发行人、债券受托管理人和债券持有人权利义务的相关约定。

综上,本所律师认为,发行人已为本期债券聘请了债券受托管理人;债券受托管理人系本期债券的承销机构,且未对本期债券提供担保;《债券受托管理协议》为当事人真实意思表示,内容合法、有效,符合《管理办法》第四十八条、第四十九条、《业务管理暂行办法》及《公司债券受托管理人执业行为准则》的相关规定。

(三)债券持有人会议规则

发行人与本期债券的受托管理人首创证券共同制定了《北京元年科技股份有限公司 2018 年非公开发行创新创业公司债券债券持有人会议规则》,该会议规则主要内容包括:债券持有人会议的权利,债券持有人会议的召集和通知,债券持有人会议的出席,债券持有人会议的召开,债券持有人会议的表决与决议,债券持有人会议的见证与记录等事项。发行人已在《募集说明书》中对《债券持有人会议规则》的主要内容进行了披露,并约定投资者认购本期债券即视作接受《债券持有人会议规则》的各项约定。

本所律师认为,发行人与债券受托管理人共同制定的《债券持有人会议规则》内容合法、有效,符合《管理办法》第五十四条、五十五条及《业务管理暂行办法》的相关规定。

十一、诉讼、仲裁、行政处罚及其他重要事项

(一)发行人的诉讼、仲裁

根据发行人的书面说明并经本所律师查询中国裁判文书网(http://wenshu. court. gov. cn/)等网站,截至本法律意见书出具之日,发行人及其控股子公司不存在尚未了结的或可预见的重大诉讼、仲裁案件。

(二)行政处罚及其他重要事项

根据发行人的书面说明并经本所律师查询信用中国网站(http://www. creditchina. gov. cn)、全国中小企业股份转让系统(http://www. neeq. com. cn)、国家企业信用信息公示系统(http://www. gsxt. gov. cnl)、北京市、上海市及武汉市等相关税务主管部门网站,截至本法律意见书出具之日,发行人及其控股子公

司不存在行政处罚、经营异常、重大违法行为等情形。

（三）发行人诚信信息核查

根据发行人的书面说明并经本所律师核查，截至本法律意见书出具之日，发行人及其控股子公司的诚信情况如下：

序号	项　　目	查 询 网 站	查 询 结 果
1	失信被执行人查询	中国执行信息公开网（http://zxgk. court. gov. cn/）、信用中国网站（http://www. creditchina. gov. cn）、国家企业信用信息公示系统（http://www. gsxt. gov. cnl）	未发现发行人及其控股子公司被列入失信被执行人名单
2	重大税收违法行为查询	国家税务总局网站（http://www. chinatax. gov. cn/）的“重大税收违法案件信息公布栏”、信用中国网站（http://www. creditchina. gov. cn）、国家企业信用信息公示系统（http://www. gsxt. gov. cnl）	未发现发行人及其控股子公司存在重大税收违法行为
3	安全生产领域失信生产经营单位查询	中华人民共和国应急管理部网站（http://www. chinasafety. gov. cn/）公示的安全生产失信联合惩戒“黑名单”单位名单、信用中国网站（http://www. creditchina. gov. cn）、国家企业信用信息公示系统（http://www. gsxt. gov. cnl）	未发现发行人及其控股子公司被列入安全生产失信联合惩戒“黑名单”单位名单
4	环境保护领域失信生产经营单位查询	中华人民共和国生态环境部网站（http://www. mee. gov. cn/）、信用中国网站（http://www. creditchina. gov. cn）、国家企业信用信息公示系统（http://www. gsxt. gov. cnl）	未发现发行人及其控股子公司被列入环境保护领域失信生产经营单位名单
5	电子认证服务行业失信机构查询	中华人民共和国工业和信息化部网站（http://www. miit. gov. cn/）、信用中国网站（http://www. creditchina. gov. cn）、国家企业信用信息公示系统（http://www. gsxt. gov. cnl）	未发现发行人及其控股子公司被列为电子认证服务行业失信机构
6	涉金融严重失信人查询	信用中国网站（http://www. creditchina. gov. cn）、国家企业信用信息公示系统（http://www. gsxt. gov. cnl）	未发现发行人及其控股子公司被列为涉金融严重失信人
7	食品药品生产经营严重失信者查询	国家食品药品监督管理总局网站（http://samr. cfda. gov. cn/WS01/CL0001/）、信用中国网站（http://www. creditchina. gov. cn）、国家企业信用信息公示系统（http://www. gsxt. gov. cnl）	未发现发行人及其控股子公司被列为食品药品生产经营严重失信者
8	盐业行业生产经营严重失信者查询	盐行业信用管理与公共服务平台（http://yan. bcpcn. com/website/index. jsp）、信用中国网站（http://www. creditchina. gov. cn）、国家企业信用信息公示系统（http://www. gsxt. gov. cnl）	未发现发行人及其控股子公司被列为盐业行业生产经营严重失信者
9	保险领域违法失信当事人查询	信用中国网站（http://www. creditchina. gov. cn）、国家企业信用信息公示系统（http://www. gsxt. gov. cnl）	未发现发行人及其控股子公司被列为保险领域违法失信人
10	统计领域严重失信企业查询	国家统计局网站（http://www. stats. gov. cn/）、信用中国网站（http://www. creditchina. gov. cn）、国家企业信用信息公示系统（http://www. gsxt. gov. cnl）	未发现发行人及其控股子公司被列为统计领域严重失信企业
11	电力行业严重违法失信市场主体查询	中华人民共和国国家发展和改革委员会网站（http://www. ndrc. gov. cn/）、信用中国网站（http://www. creditchina. gov. cn）、国家企业信用信息公示系统（http://www. gsxt. gov. cnl）	未发现发行人及其控股子公司被列为电力行业严重违法失信市场主体

续表

序号	项　　目	查 询 网 站	查 询 结 果
12	国内贸易流通领域严重违法失信主体查询	中国商务诚信公共服务平台(http://www.315gov.cn/)、信用中国网站(http://www.creditchina.gov.cn)、国家企业信用信息公示系统(http://www.gsxt.gov.cnl)	未发现发行人及其控股子公司被列为国内贸易流通领域严重违法失信主体
13	石油天然气行业严重违法失信主体查询	不适用	——
14	严重质量违法失信行为当事人查询	国家市场监督管理总局国家质量监督检验检疫总局网站(http://samr.saic.gov.cn/)、信用中国网站(http://www.creditchina.gov.cn)、国家企业信用信息公示系统(http://www.gsxt.gov.cnl)	未发现发行人及其控股子公司被列为严重质量违法失信行为当事人
15	财政性资金管理使用领域相关失信责任主体查询	中华人民共和国国家发展和改革委员会网站(http://www.ndrc.gov.cn/)、中华人民共和国财政部网站(http://www.mof.gov.cn/index.htm)、信用中国网站(http://www.creditchina.gov.cn)、国家企业信用信息公示系统(http://www.gsxt.gov.cnl)	未发现发行人及其控股子公司被列为财政性资金管理使用领域相关失信责任主体
16	农资领域严重失信生产经营单位查询	不适用	——
17	海关失信企业查询	中国海关企业进出口信用信息公示平台(http://nra.chinaport.gov.cn/)、信用中国网站(http://www.creditchina.gov.cn)、国家企业信用信息公示系统(http://www.gsxt.gov.cnl)	未发现发行人及其控股子公司被列为海关失信企业
18	失信房地产企业查询	不适用	——
19	出入境检验检疫严重失信企业查询	国家市场监督管理总局国家质量监督检验检疫总局网站(http://samr.saic.gov.cn/)、信用中国网站(http://www.creditchina.gov.cn)、国家企业信用信息公示系统(http://www.gsxt.gov.cnl)	未发现发行人及其控股子公司被列为出入境检验检疫严重失信企业

根据发行人的书面说明并经本所律师核查,本所律师认为,截至本法律意见书出具之日,发行人及其控股子公司不存在未决或者可预见的重大诉讼、仲裁案件、行政处罚或重大违法行为,发行人及其控股子公司未被有关部门列为失信企业。

十二、其他专项核查事项

(一)借款及担保情况

根据《2018 年半年度报告》及发行人的书面说明,截至 2018 年 6 月 30 日,发行人短期借款余额为 7,600 万元,短期借款明细情况为:

序号	贷款单位	借款人	合同金额（万元）	借款余额（万元）	担保人/担保方式	反担保
1	北京银行股份有限公司上地支行	诺亚舟咨询	3,000	1,000	北京中关村科技融资担保有限公司提供保证担保	(1)韩向东、郝宇晓、李彤、盛桢智、发行人提供保证担保；(2)郝宇晓、方颖、杨作兴、房绍卿、刘艳霞以其拥有的房产提供抵押担保；(3)诺亚舟咨询提供应收账款质押担保。
2	南京银行股份有限公司北京分行	发行人	300	300	韩向东、方颖、郝宇晓提供保证担保	——
3	南京银行股份有限公司北京分行	诺亚舟咨询	500	500	韩向东、方颖、郝宇晓、发行人提供保证担保	——
4	北京中关村银行股份有限公司	发行人	3,000	3,000	(1)韩向东、方颖、郝宇晓、李彤、盛桢智提供保证担保；(2)诺亚舟咨询提供软件著作权质押担保（详见本法律意见书正文之“六、发行人的主要财产”）。	——
5	北京银行股份有限公司上地支行	发行人	800	800	韩向东、郝宇晓、李彤、盛桢智提供保证担保	——
6	杭州银行股份有限公司北京中关村支行	诺亚舟咨询	700	700	发行人、韩向东、郝宇晓和盛桢智提供保证担保	——
7	杭州银行股份有限公司北京中关村支行	诺亚舟咨询	300	300	发行人、韩向东、郝宇晓和盛桢智提供保证担保	——
8	北京银行股份有限公司上地支行	发行人	3,000	500	北京中关村科技融资担保有限公司提供保证担保	(1)韩向东、郝宇晓、李彤、盛桢智提供保证反担保；(2)武汉元年以其拥有的房产提供抵押担保（详见本法律意见书正文之“六、发行人的主要财产”）。
9	杭州银行股份有限公司北京中关村支行	发行人	500	500	诺亚舟咨询提供保证担保	——
合计			12,100	7,600	——	——

（二）往来占款和资金拆借

根据《2018 年半年度报告》及发行人的书面说明，截至 2018 年 6 月 30 日，发行人控股股东及其他关联方不存在资金占用的情形。

1. 金额较大的其他应收款

根据《2018 年半年度报告》及发行人的书面说明，截至 2018 年 6 月 30 日，公司其他应收款共计 21,709,417.73 元，其他应收款余额前五名单位明细如下：

序号	单位名称	款项性质	金额(元)
1	备用金	备用金	5,185,554.33
2	履约保证金	履约保证金	4,561,345.00
3	房租及押金	房租及押金	3,408,120.54
4	投标保证金	投标保证金	2,651,700.00
5	云快报充值	订票软件充值款	2,234,308.70
合　　计			18,041,028.57

2. 其他应付款

根据《2018 年半年度报告》及发行人的书面说明,截至 2018 年 6 月 30 日,公司其他应付款共计 812,702.32 元,其他应付款前五名明细如下:

序号	单位名称	款项性质	金额(元)
1	北京静学教育科技有限公司	投资款	200,000.00
2	出差差旅	差旅费用	194,754.36
3	个税返还	个税返还	102,038.11
4	北京大易联合科技有限公司	往来款	66,000.00
5	昆仑海比(北京)信息科技有限公司	往来款	63,728.60
合　　计			626,521.07

根据发行人的书面说明并经本所律师核查,发行人金额较大的其他应收款、其他应付款均因发行人正常的经营活动发生,不存在非经营性往来占款和资金拆借。

十三、结论意见

综上所述,本所律师认为:

(一)发行人系依法设立并合法存续的股份有限公司,具备本次发行的主体资格。

(二)发行人已就本次发行履行了必要的内部批准和授权程序,本次发行尚待向中国证券业协会进行备案。

(三)本次发行具备《公司法》、《证券法》、《管理办法》等规定的非公开发行公司债券的实质性条件。

(四)《募集说明书》及其摘要不会因引用本法律意见书的相关内容而出现虚假记载、误导性陈述或重大遗漏。

本法律意见书经本所盖章并经本所负责人和经办律师签字后生效,正本一式五份,具有同等法律效力。

(本页为《北京市中伦律师事务所关于北京元年科技股份有限公司 2018 年非公开发行创新创业公司债券的法律意见书》的签章页)

北京市中伦律师事务所

负责人:张学兵

经办律师:李磐、陈宗尧

北京市奋迅律师事务所关于中国国际金融股份有限公司通过设立中金－平安－绿城酒店资产支持专项计划发售资产支持证券的法律意见书

致:中国国际金融股份有限公司

中国国际金融股份有限公司(以下简称中金公司或管理人)拟设立中金－平安－绿城酒店资产支持专项计划(以下简称专项计划),为设立专项计划之目的,管理人中金公司委托北京市奋迅律师事务所(以下简称本所)担任专项计划设立的专项法律顾问。本所接受中金公司的委托,根据《中华人民共和国民法总则》(以下简称《民法总则》)、《中华人民共和国民法通则》(以下简称《民法通则》)、《中华人民共和国证券法》(以下简称《证券法》)、《中华人民共和国证券投资基金法》、《中华人民共和国合同法》(以下简称《合同法》)、《中华人民共和国信托法》(以下简称《信托法》)、《中华人民共和国物权法》(以下简称《物权法》)、中国证券监督管理委员会(以下简称中国证监会)颁布的《证券公司及基金管理公司子公司资产证券化业务管理规定》(以下简称《管理规定》)、中国证券投资基金业协会(以下简称基金业协会)颁布的《资产支持专项计划备案管理办法》(以下简称《备案管理办法》)及配套规则等现行法律、行政法规、中国证监会的有关规定及规范性文件,按照律师行业公认的业务标准、道德规范和勤勉尽责的精神,对中金公司、专项计划原始权益人绿城房地产集团有限公司(以下简称绿城集团或原始权益人)、青岛绿城华川置业有限公司(以下简称青岛绿城)、舟山市普陀绿城实业投资有限公司(以下简称舟山绿城)、沈阳全运村建设有限公司(以下简称沈阳全运村)提供的有关文件和事实进行了核查和验证,就中金公司通过设立专项计划发售资产支持证券所涉有关事宜出具本法律意见书。

为出具本法律意见书,本所及本所经办律师特作出如下说明:

1. 本所及经办律师依据《证券法》、《律师事务所从事证券法律业务管理办法》和《律师事务所证券法律业务执业规则(试行)》等规定及本法律意见书出具日以前已经发生或者存在的事实,严格履行了法定职责,遵循了勤勉尽责和诚实信用原则,进行了充分的核查验证,保证本法律意见书所认定的事实真实、准确、完整,所发表的结论性意见合法、准确,不存在虚假记载、误导性陈述或者重大遗漏,并承担相应法律责任。

2. 对于本法律意见书至关重要而又无法得到独立的证据支持的事实,本所依赖中金公司、绿城集团、青岛绿城、舟山绿城、沈阳全运村、有关政府主管部门或者其他有关机构出具的证明文件、确认出具本法律意见书。

3. 为出具本法律意见书,本所经办律师查阅了认为必须查阅的文件,包括中金公司、绿城集团、青岛绿城、舟山绿城、沈阳全运村提供的有关政府部门的批文、资料、证明、有关记录、现行有关法律、行政法规和部门规章。

4. 绿城集团已向本所保证,在本所为出具本法律意见书而进行的调查过程中,绿城集团、青岛绿城、舟山绿城、沈阳全运村所提供的文件、材料和所作的陈述和说明是真实、准确、完整的,且一切足以影响本法律意见书的事实和文件均已向本所披露,而无任何隐瞒、虚假和疏漏之处。其所提供的副本材料、扫描件或复印件与其正本材料或原件是一致和相符的;所提供的文件、材料上的签署、印章是真实的,并已履行该等签署和盖章所需的法律程序,获得合法授权;所有的口头陈述和说明均与事实一致。

5. 本所仅就专项计划设立的有关法律问题发表法律意见,而未对有关信用评级、会计、审计、资产评估等非法律专业事项发表意见。本所在本法律意见书中对有关信用评级报告、会计报表、审计报告、资产评估报告中某些数据和结论的引述，并不意味着本所对该等数据、结论的真实性和准确性作出任何明示或默示的保证，本所对于该等文件的内容并不具备核查和作出评价的适当资格。

6. 为避免疑义，截至本法律意见书出具之日，专项计划相关交易文件（包括《中建投信托 · 绿城集团 CMBS 单一资金信托信托合同》及相关的信托文件）、《中金 - 平安 - 绿城酒店资产支持专项计划计划说明书》尚未签署，本所经办律师在本法律意见书中系对 2018 年 8 月 29 日版本的交易文件及《计划说明书》文本内容发表法律意见。

7. 本法律意见书仅供中金公司通过设立专项计划发售资产支持证券之目的使用，不得用作任何其他目的。

8. 本所同意将本法律意见书作为通过设立专项计划发售资产支持证券必备的法定文件，并依法对所出具的法律意见承担相应的法律责任。

9. 除本法律意见书另有说明，本法律意见书中的词语以及所述的解释规则与《中金 - 平安 - 绿城酒店资产支持专项计划标准条款》中所定义的词语以及所列示的解释规则，具有相同的含义。

基于上述，本所按照律师行业公认的业务标准、道德规范和勤勉尽责的精神，就中金公司通过设立专项计划发售资产支持证券所涉有关事宜出具本法律意见书如下：

一、关于设立专项计划的主要材料

专项计划设立的主要材料如下：

1.《中金 - 平安 - 绿城酒店资产支持专项计划计划说明书》（以下简称《计划说明书》）；

2.《中金 - 平安 - 绿城酒店资产支持专项计划资产支持证券认购协议》（以下简称《认购协议》）；

3.《中金 - 平安 - 绿城酒店资产支持专项计划标准条款》（以下简称《标准条款》）；

4.《中金 - 平安 - 绿城酒店资产支持专项计划托管协议》（以下简称《托管协议》）；

5.《中建投信托 · 绿城集团 CMBS 单一资金信托信托受益权转让协议》（以下简称《信托受益权转让协议》）；

6.《中金 - 平安 - 绿城酒店资产支持专项计划回购承诺函》（以下简称《回购承诺函》）；

7.《中建投信托 · 绿城集团 CMBS 单一资金信托信托合同》（以下简称《信托合同》）；

8.《中建投信托股份有限公司与青岛绿城华川置业有限公司之信托贷款合同》（以下简称《青岛绿城信托贷款合同》）、《中建投信托股份有限公司与舟山市普陀绿城实业投资有限公司之信托贷款合同》（以下简称《舟山绿城信托贷款合同》）和《中建投信托股份有限公司与沈阳全运村建设有限公司之信托贷款合同》（以下简称《沈阳全运村信托贷款合同》）（以下合称《信托贷款合同》）；

9.《中建投信托股份有限公司与青岛绿城华川置业有限公司之抵押合同》（以下简称《青岛绿城抵押合同》）、《中建投信托股份有限公司与舟山市普陀绿城实业投资有限公司之抵押合同》（以下简称《舟山绿城抵押合同》）和《中建投信托股份有限公司与沈阳全运村建设有限公司之抵押合同》（以下简称《沈阳全运村抵押合同》）（以下合称《抵押合同》）；

10.《中建投信托股份有限公司与青岛绿城华川置业有限公司之质押合同》（以下简称《青岛绿城质押合同》）、《中建投信托股份有限公司与舟山市普陀绿城实业投资有限公司之质押合同》（以下简称《舟山绿城质押合同》）和《中建投信托股份有限公司与沈阳全运村建设有限公司之质押合同》（以下简称《沈阳全运村质押合同》）（以下合称《质押合同》）；

11.《中建投信托股份有限公司与绿城房地产集团有限公司之保证合同》（以下简称《保证合同》）；

12.《青岛绿城华川置业有限公司资金监管协议》、《舟山市普陀绿城实业投资有限公司资金监管协议》和《沈阳全运村建设有限公司资金监管协议》（以下合称《监管协议》）；

13.《中建投信托 · 绿城集团 CMBS 单一资金信托资金保管协议》（与《信托合同》《信托贷款合同》《抵押合同》《质押合同》《保证合同》《监管协议》合称为“信托文件”）；

14.《北京市奋迅律师事务所关于中国国际金融股份有限公司通过设立中金 - 平安 - 绿城酒店资产支持专项计划发售资产支持证券之法律意见书》；

15.《中金－平安－绿城酒店资产支持专项计划优先级资产支持证券信用评级报告》。

二、关于专项计划管理人及资产支持证券销售机构的主体资格和内部授权

1. 中金公司拟担任专项计划的管理人及资产支持证券销售机构。

中金公司现持有北京市工商行政管理局于2016年1月14日核发的统一社会信用代码为91110000625909986U的《营业执照》。

中金公司现持有中国证监会于2017年12月18日核发的流水号为000000000961的《中华人民共和国经营证券期货业务许可证》，证券期货业务范围为证券经纪；证券投资咨询；与证券交易、证券投资活动有关的财务顾问；证券承销与保荐；证券自营；证券资产管理；融资融券；代销金融产品；证券投资基金代销；证券投资基金托管；外汇买卖；境外企业、境内外商投资企业的外汇资产管理；同业拆借。

根据本所经办律师适当核查，中金公司具备证券资产管理业务资格，已经履行了内部程序，取得了作为专项计划管理人及资产支持证券销售机构的合法有效的内部授权。

2. 平安证券股份有限公司（以下简称“平安证券”）拟担任专项计划的资产支持证券代理销售机构。

平安证券现持有深圳市市场监督管理局于2018年6月8日核发的统一社会信用代码为914403001000234534的《营业执照》。

平安证券现持有中国证监会于2017年9月27日核发的流水号为000000000719的《中华人民共和国经营证券期货业务许可证》，证券期货业务范围为证券经纪；证券投资咨询；与证券交易、证券投资活动有关的财务顾问；证券承销与保荐；证券自营；证券资产管理；融资融券；证券投资基金代销；代销金融产品。

根据本所经办律师适当核查，平安证券具备资产支持证券销售资格，已经履行了内部程序，取得了作为资产支持证券代理销售机构的合法有效的内部授权。

综上所述，本所经办律师认为，中金公司具备担任专项计划管理人及资产支持证券销售机构的主体资格，并已获得合法有效的内部授权。平安证券具备担任资产支持证券代理销售机构的主体资格，并已获得合法有效的内部授权。

三、关于专项计划托管人的主体资格和内部授权

上海浦东发展银行股份有限公司杭州分行（以下简称“浦发银行杭州分行”）拟担任专项计划的托管人。

浦发银行杭州分行现持有浙江省工商行政管理局于2018年1月19日核发的统一社会信用代码为913300001429245670的《营业执照》。

浦发银行杭州分行现持有中国银行业监督管理委员会（以下简称中国银监会，现已与中国保险监督管理委员会合并为中国银行保险监督管理委员会）浙江监管局于2007年6月26日核发的机构编码为B0015B233010001号的《中华人民共和国金融许可证》。

2003年9月10日，中国证监会、中国银监会出具《关于上海浦东发展银行证券投资基金托管人资格的批复》（证监基金字〔2003〕105号），批准上海浦东发展银行证券投资基金托管人资格。

2017年4月7日，上海浦东发展银行办公室出具浦银办发〔2017〕134号《关于授权分行开展资产托管业务审批事项的通知》，授权分行自行审批证券公司资产管理计划托管（含企业资产证券化托管业务）、基金专户（专项）托管（含企业资产证券化托管业务）等业务。

综上所述，本所经办律师认为，浦发银行杭州分行具备担任专项计划托管人的主体资格，并已获得合法有效的内部授权，符合《管理规定》第八条的规定。

四、关于专项计划原始权益人的主体资格和内部授权

绿城集团拟担任专项计划的原始权益人。

根据浙江省工商行政管理局于2018年6月5日核发的统一社会信用代码为913300001429292295的《营业执照》，绿城集团是成立于1995年1月6日的有限责任公司（外国法人独资），法定代表人为李永前，注册资本为40亿元（除本法律意见书另有说明,本法律意见书中的“元”均指“人民币元”),经营期限自1995年1月6日至2025年4月21日,经营范围为:房地产开发、经营、管理(依法须经批准的项目,经相关部门批准后方可开展经营活动)。

根据浙江省人民政府向绿城集团核发的批准号为商外资浙府字〔2005〕00425号的《中华人民共和国外商投资企业批准证书》及其现行有效的公司章程,并经本所经办律师于2018年8月29日在商务部业务系统统一平台的查询结果,绿城集团投资者为才智控股有限公司,出资金额为40亿元。

绿城集团董事会作出董事会决议如下:

(1)为拓宽融资渠道,促进业务发展,同意绿城集团进行商业物业抵押贷款资产证券化融资,此次资产证券化融资总规模不超过21.24亿元,期限不超过18年。为资产证券化交易结构需要,同意绿城集团委托信托公司设立单一资金信托并向青岛绿城、舟山绿城和沈阳全运村(以下合称借款人或基础债务人)分别发放不超过7.26亿元、7.41亿元和6.57亿元的信托贷款,信托贷款总规模不超过21.24亿元,期限均不超过18年,具体安排以最终签署的信托贷款合同为准。

(2)同意绿城集团将上述单一资金信托的信托受益权作为基础资产转让给中金公司设立的专项计划进行资产证券化融资;并同意在单一资金信托进行利益分配时,如现金形式的信托财产不足以支付应付未付信托费用的,绿城集团将进行补足。

(3)同意绿城集团在该项目中为借款人在信托贷款合同项下的信托贷款还款义务提供不可撤销的连带责任保证担保并承担专项计划优先级资产支持证券回购义务,具体事宜由绿城集团签署相关担保协议和回购承诺函进行约定。

(4)同意绿城集团持有专项计划全部次级资产支持证券。

(5)同意在绿城集团经营期限到期前办理完成经营期限续期,以使绿城集团经营期限可覆盖信托贷款期限。

(6)同意授权绿城集团总经理办理资产证券化融资的一切相关事宜,包括但不限于根据市场条件、政策环境以及监管部门的要求修订、调整本次资产证券化的融资方案;根据国家法律法规及监管部门的要求签署、修改与本次资产证券化融资有关的一切必要文件;办理与本次资产证券化融资有关的其他必要事宜。

本所经办律师于2018年8月29日查询了国家企业信用信息公示系统、中国裁判文书网、全国法院被执行人信息查询网、全国法院失信被执行人名单信息公布与查询系统、“信用中国”网站、环境保护部网站、应急管理部网站、国家税务总局网站、浙江省国家税务局网站、浙江省地方税务局网站、国家市场监督管理总局网站、国家统计局网站、中国银行保险监督管理委员会网站、财政部网站、农业农村部网站、海关总署网站,并审阅了绿城集团的《企业信用报告》(报告日期:2018年4月8日),上述网站及《企业信用报告》未记载绿城集团近三年存在重大违约、虚假信息披露或者其他重大违法违规行为的记录;上述网站及《企业信用报告》未记载绿城集团被列为失信被执行人的情况;上述网站及《企业信用报告》未记载绿城集团近三年涉及被责令停业整顿、吊销执照或资格等重大行政处罚;上述网站及《企业信用报告》未记载绿城集团存在正在进行的重大诉讼、仲裁和其他重大司法程序、行政程序;上述网站及《企业信用报告》未记载绿城集团存在环境保护领域失信记录或安全生产领域失信记录;上述网站及《企业信用报告》未记载绿城集团为重大税收违法案件当事人、涉金融严重失信人、食品药品生产经营严重失信者、统计领域严重失信企业、严重质量违法失信行为当事人、财政性资金管理使用领域相关失信责任主体、农资领域严重失信生产经营单位或海关失信企业。

本所经办律师认为,绿城集团为有效存续的企业法人,已获得作为专项计划原始权益人的合法有效的内部授权。

五、关于专项计划的基础资产

(一)基础资产

根据《标准条款》,专项计划基础资产为原始权益人依据《信托合同》等信托文件享有的中建投信托·绿城集团CMBS单一资金信托(以下简称单一资金信托)的全部信托受益权。

1. 信托受益权

中建投信托股份有限公司(以下简称信托受托人或中建投信托)与原始权益人拟签署《信托合同》,原始权益人作为委托人出资设立单一资金信托。《信托合同》签署并生效后,原始权益人按《信托合同》约定将全部信托资金足额交付至信托财产专户且到账时间为当日15:00之前,信托文件均已经各方适当签署,《信托贷款合同》项下信托贷款发放条件均已满足("单一资金信托已成立"这一条件除外),信托受托人已就单一资金信托完成向中国信托登记有限责任公司进行信托产品登记的手续(以下简称信托成立条件),单一资金信托于信托成立条件均获得满足的第一个工作日成立并生效;如原始权益人按《信托合同》约定将全部信托资金足额交付至信托财产专户的到账时间为当日15:00之后,且除该条件之外的其他信托成立条件均已满足,则单一资金信托于前述信托资金到账日的下一个工作日成立并生效。原始权益人于单一资金信托成立并生效之日取得其交付的全部信托资金所对应的单一资金信托的信托受益权。

2. 信托贷款

(1)借款人内部授权

A. 青岛绿城董事会作出董事会决议如下:

1)为拓宽融资渠道,促进业务发展,同意青岛绿城与舟山绿城、沈阳全运村共同进行商业物业抵押贷款资产证券化融资,此次资产证券化融资总规模不超过21.24亿元,期限不超过18年。为资产证券化交易结构需要,同意青岛绿城向信托公司借取信托贷款不超过7.26亿元,期限不超过18年,具体安排以最终签署的信托贷款合同为准。

2)同意青岛绿城在该项目中提供不动产(青岛李沧喜来登酒店)抵押担保和酒店运营收入质押担保,具体事宜由青岛绿城签署相关担保协议进行约定。

3)同意在青岛绿城经营期限到期前办理完成经营期限续期,以使青岛绿城经营期限可覆盖信托贷款期限。

4)同意授权青岛绿城总经理办理资产证券化融资的一切相关事宜,包括但不限于根据市场条件、政策环境以及监管部门的要求修订、调整本次资产证券化的融资方案;根据国家法律法规及监管部门的要求签署、修改与本次资产证券化融资有关的一切必要文件;办理与本次资产证券化融资有关的其他必要事宜。

B. 舟山绿城股东舟山绿城房地产开发有限公司作出股东决定如下:

1)为拓宽融资渠道,促进业务发展,同意舟山绿城与青岛绿城、沈阳全运村共同进行商业物业抵押贷款资产证券化融资,此次资产证券化融资总规模不超过21.24亿元,期限不超过18年。为资产证券化交易结构需要,同意舟山绿城向信托公司借取信托贷款不超过7.41亿元,期限不超过18年,具体安排以最终签署的信托贷款合同为准。

2)同意舟山绿城在本项目中提供不动产(舟山威斯汀酒店)抵押担保和酒店运营收入质押担保,具体事宜由舟山绿城签署相关担保协议进行约定。

3)同意在舟山绿城经营期限到期前办理完成经营期限续期,以使舟山绿城经营期限可覆盖信托贷款期限。

4)同意授权舟山绿城总经理办理资产证券化融资的一切相关事宜,包括但不限于根据市场条件、政策环境以及监管部门的要求修订、调整本次资产证券化的融资方案;根据国家法律法规及监管部门的要求签署、修改与本次资产证券化融资有关的一切必要文件;办理与本次资产证券化融资有关的其他必要事宜。

C. 沈阳全运村股东广伟集团有限公司作出股东决定如下:

1)为拓宽融资渠道,促进业务发展,同意沈阳全运村与青岛绿城、舟山绿城共同进行商业物业抵押贷款资产证券化融资,此次资产证券化融资总规模不超过21.24亿元,期限不超过18年。为资产证券化交易结构需要,同意沈阳全运村向信托公司借取信托贷款不超过6.57亿元,期限不超过18年,具体安排以最终签署的信托贷款合同为准。

2)同意沈阳全运村在该项目中提供不动产(沈阳新都绿城喜来登酒店)抵押担保和酒店运营收入质押担保,具体事宜由沈阳全运村签署相关担保协议进行约定。

3)同意在沈阳全运村经营期限到期前办理完成经营期限续期,以使沈阳全运村经营期限可覆盖信托贷款期限。

4)同意授权沈阳全运村总经理办理资产证券化融资的一切相关事宜,包括但不限于根据市场条件、政策环境以及监管部门的要求修订、调整本次资产证券化的融资方案;根据国家法律法规及监管部门的要求签署、修改与本次资产证券化融资有关的一切必要文件;办理与本次资产证券化融资有关的其他必要事宜。

本所经办律师认为,根据《公司法》等现行法律、行政法规和基础债务人公司章程的规定,基础债务人均已取得作为信托贷款借款人合法有效的内部授权。

(2)信托贷款的发放与偿还

中建投信托拟分别与青岛绿城、舟山绿城和沈阳全运村签署《青岛绿城信托贷款合同》、《舟山绿城信托贷款合同》和《沈阳全运村信托贷款合同》,中建投信托依据前述《信托贷款合同》于信托贷款放款日分别向青岛绿城、舟山绿城和沈阳全运村发放信托贷款4.82亿元、6.13亿元和4.97亿元。

基础债务人依据《信托贷款合同》约定的还款计划向中建投信托偿还信托贷款,中建投信托以基础债务人偿还的信托贷款本息向信托受益人分配信托利益。

本所经办律师认为,《信托贷款合同》的内容符合《合同法》、《信托法》的有关规定;依据《信托贷款合同》,中建投信托于信托贷款放款日分别向青岛绿城、舟山绿城和沈阳全运村足额发放信托贷款4.82亿元、6.13亿元和4.97亿元之日,即取得共计15.92亿元信托贷款债权。信托贷款债权的形成与取得符合《合同法》等法律法规的规定,信托贷款债权真实、合法、有效,权利归属明确、完整,且未附带任何权利限制。

信托贷款附属担保权益

(1)青岛绿城、舟山绿城、沈阳全运村提供抵押担保

1)《抵押合同》

A.青岛绿城

青岛绿城拟作为抵押人与中建投信托签署《青岛绿城抵押合同》,约定以其拥有的青岛李沧喜来登酒店房屋所有权及土地使用权为其履行《青岛绿城信托贷款合同》项下的义务(包括但不限于信托贷款还本付息义务和信托贷款加速清偿义务)提供抵押担保。《青岛绿城抵押合同》自青岛绿城和中建投信托有效签署之日起生效。

青岛绿城董事会已作出决议同意青岛绿城为其借取的信托贷款提供不动产抵押担保(详见本法律意见书借款人内部授权部分)。

B.舟山绿城

舟山绿城拟作为抵押人与中建投信托签署《舟山绿城抵押合同》,约定以其拥有的舟山威斯汀酒店房屋所有权及土地使用权为其履行《舟山绿城信托贷款合同》项下的义务(包括但不限于信托贷款还本付息义务和信托贷款加速清偿义务)提供抵押担保。《舟山绿城抵押合同》自舟山绿城和中建投信托有效签署之日起生效。

舟山绿城股东已作出决定同意舟山绿城为其借取的信托贷款提供不动产抵押担保(详见本法律意见书借款人内部授权部分)。

C.沈阳全运村

沈阳全运村拟作为抵押人与中建投信托签署《沈阳全运村抵押合同》,约定以其拥有的沈阳新都绿城喜来登酒店房屋所有权及土地使用权为其履行《沈阳全运村信托贷款合同》项下的义务(包括但不限于信托贷款还本付息义务和信托贷款加速清偿义务)提供抵押担保。《沈阳全运村抵押合同》自沈阳全运村和中建投信托有效签署之日起生效。

沈阳全运村股东已作出决定同意沈阳全运村为其借取的信托贷款提供不动产抵押担保(详见本法律意见书借款人内部授权部分)。

本所经办律师认为,上述各《抵押合同》条款不存在违反法律、行政法规的内容,青岛绿城、舟山绿城、沈阳全运村均已获得签署《抵押合同》所需的全部授权,《抵押合同》生效且其对应抵押登记手续办理完毕之日,抵押权即合法有效设立,青岛绿城、舟山绿城、沈阳全运村分别在《抵押合同》约定的抵押担保范围内承担抵押担保责任。在上述抵押登记手续办理完毕之前,抵押权尚未设立,若发生信托贷款违约事件,中建投信托无法作为抵押权人要求处置抵押物并就其处置价款优先受偿,会对专项计划资产支持证券投资者利益造成一定影响。根据《抵押合同》相关约定,未按相关合同约定办理抵押登记手续属于违约行为,抵押权人有权行使要求借款人提供新的担保、赔偿损失等权

利。同时，发生违约事件的，抵押权人有权要求限期纠正，要求借款人赔偿由此给抵押权人造成的一切直接损失。抵押登记未按期办理属于信托贷款加速清偿事件，计划管理人有权要求中建投信托宣布《信托贷款合同》项下全部贷款提前到期，要求借款人偿还全部债务、其他担保人立即履行担保责任。

2）抵押物

《抵押合同》项下抵押物为青岛绿城、舟山绿城和沈阳全运村分别享有的青岛李沧喜来登酒店、舟山威斯汀酒店和沈阳新都绿城喜来登酒店（以下合称标的物业）的土地使用权及房屋所有权。

标的物业涉及的不动产权证书、房屋所有权证书、土地使用权证书具体信息见附件一。本所经办律师认为，青岛绿城、舟山绿城和沈阳全运村分别合法享有标的物业的房屋所有权及标的物业所在地块的国有建设用地使用权；除为信托贷款提供抵押担保外，抵押财产不存在可对抗信托贷款项下抵押权的其他抵押、质押等担保负担及权利限制。

根据编号为2015年鲁中银李借字5126号的《固定资产借款合同》（以下简称《固定资产借款合同》）、编号为2015年鲁中银李抵字5126号的《抵押合同》及相关文件，青岛绿城已将青岛李沧喜来登酒店物业抵押给中国银行股份有限公司青岛李沧支行。截至本法律意见书出具日，经本所经办律师适当核查，并经青岛绿城书面确认，《固定资产借款合同》项下借款已全部偿付，中国银行股份有限公司青岛李沧支行已向青岛市不动产登记中心申请青岛李沧喜来登酒店物业的抵押权注销登记，并取得了《青岛市不动产登记中心收件回执》。根据《物权法》第一百七十七条第一款规定，主债权消灭的，担保物权消灭。因此，上述抵押权应已随《固定资产借款合同》项下借款清偿而消灭。

经本所经办律师适当核查，截至2018年6月8日，标的物业所涉建设工程未结清工程款项具体信息见附件二。

《合同法》第二百八十六条规定，发包人未按照约定支付价款的，承包人可以催告发包人在合理期限内支付价款。发包人逾期不支付的，除按照建设工程的性质不宜折价、拍卖的以外，承包人可以与发包人协议将该工程折价，也可以申请人民法院将该工程依法拍卖。建设工程的价款就该工程折价或者拍卖的价款优先受偿。《最高人民法院关于建设工程价款优先受偿权问题的批复》（法释〔2002〕16号）第一条规定，人民法院在审理房地产纠纷案件和办理执行案件中，应当依照《中华人民共和国合同法》第二百八十六条的规定，认定建筑工程的承包人的优先受偿权优于抵押权和其他债权。第四条规定，建设工程承包人行使优先权的期限为六个月，自建设工程竣工之日或者建设工程合同约定的竣工之日起计算。

为缓释上述工程款未结清事宜对基础债务人偿债能力的影响，绿城集团已向中金公司和信托受托人出具《关于对青岛绿城华川置业有限公司、舟山市普陀绿城实业投资有限公司和沈阳全运村建设有限公司提供流动性资金支持的承诺函》，承诺如任一基础债务人在专项计划存续期间内出现资金紧张时，绿城集团将通过包括但不限于增资、股东借款等方式给予该等基础债务人流动性资金支持。如任一基础债务人因运营标的物业而产生的所有成本费用及应按时清偿的借款、工程款、融资租赁租金及其他债务等无法按时偿付时，绿城集团承诺在不晚于前述费用应支付之日前第2个工作日就前述无法支付的费用金额向相应的基础债务人进行流动性资金支持，从而保证基础债务人均正常生产经营且各项债务按时履约。此外，绿城集团保证，在专项计划终止前，不行使要求基础债务人偿还其所提供的流动性资金的权利。本所经办律师认为，标的物业未结清工程款项所涉工程均已竣工超过六个月（自建设工程竣工之日及建设工程合同约定的竣工之日较晚者起算），且在绿城集团依据上述承诺向基础债务人提供流动性支持资金用于支付未结清工程款项的前提下，上述工程款未结清事宜对基础债务人、标的物业及专项计划不构成重大法律风险。

（2）青岛绿城、舟山绿城、沈阳全运村提供物业运营收入质押担保

1）《质押合同》

A. 青岛绿城

青岛绿城拟作为出质人与中建投信托签署《青岛绿城质押合同》，约定以其依据合法有效享有的特定期间［系指基准日（即2018年3月

31日)至信托贷款正常到期日,下同]内青岛李沧喜来登酒店项下物业运营收入作为质押财产,为其履行《青岛绿城信托贷款合同》项下的义务(包括但不限于信托贷款还本付息义务和信托贷款加速清偿义务)提供质押担保。《青岛绿城质押合同》自青岛绿城和中建投信托有效签署之日起生效。

青岛绿城董事会已作出决议同意青岛绿城为其借取的信托贷款提供标的物业运营收入质押担保(见本法律意见书借款人内部授权部分)

B. 舟山绿城

舟山绿城拟作为出质人与中建投信托签署《舟山绿城质押合同》,约定以其依据合法有效享有的特定期间内舟山威斯汀酒店项下物业运营收入作为质押财产,为其履行《舟山绿城信托贷款合同》项下的义务(包括但不限于信托贷款还本付息义务和信托贷款加速清偿义务)提供质押担保。《舟山绿城质押合同》自舟山绿城和中建投信托有效签署之日起生效。

舟山绿城股东已作出决定同意舟山绿城为其借取的信托贷款提供标的物业运营收入质押担保(见本法律意见书借款人内部授权部分)

C. 沈阳全运村

沈阳全运村拟作为出质人与中建投信托签署《沈阳全运村质押合同》,约定以其依据合法有效享有的特定期间内沈阳新都绿城喜来登酒店项下物业运营收入作为质押财产,为其履行《沈阳全运村信托贷款合同》项下的义务(包括但不限于信托贷款还本付息义务和信托贷款加速清偿义务)提供质押担保。《沈阳全运村质押合同》自沈阳全运村和中建投信托有效签署之日起生效。

沈阳全运村股东已作出决定同意沈阳全运村为其借取的信托贷款提供标的物业运营收入质押担保(见本法律意见书借款人内部授权部分)

本所经办律师认为,上述各《质押合同》条款不存在违反法律、行政法规的内容,青岛绿城、舟山绿城、沈阳全运村均已获得签署《质押合同》所需的全部授权,《质押合同》生效且其对应的质押登记手续办理完毕之日,质权即合法有效设立,青岛绿城、舟山绿城、沈阳全运村在《质押合同》约定的质押担保范围内承担质押担保责任。

2)质押财产

A. 青岛李沧喜来登酒店

青岛李沧喜来登酒店系由青岛绿城的分支机构青岛绿城华川置业有限公司喜来登酒店(以下简称青岛绿城喜来登)负责运营。

青岛绿城喜来登现持有如下证照:

①青岛市公安局于2014年4月10日核发的编号为Q公特D01字第683号的《特许行业许可证》,经营范围为“住宿”;

②青岛市李沧区卫生和计划生育局于2016年10月25日核发的编号为青沧卫水证字〔2016〕第0007号的《卫生许可证》,许可项目为二次供水,有效期自2016年10月25日至2020年10月24日;

③青岛市李沧区卫生和计划生育局于2017年3月27日核发的编号为青沧卫公证字〔2017〕第0029号的《卫生许可证》,许可项目为宾馆、美容店、游泳馆,有效期自2017年3月27日至2021年3月26日;

④青岛市李沧区食品药品监督管理局于2017年3月17日核发的许可证编号为JY23702130040058号的《食品经营许可证》,有效期至2022年3月16日;

⑤青岛市公安消防支队李沧区大队于2014年2月22日核发的编号为青李沧公消安检字〔2014〕第0017号的《公众聚集场所投入使用、营业前消防安全检查合格证》。

根据本所经办律师适当核查,截至本法律意见书出具之日,青岛绿城喜来登为依法设立并有效存续的企业法人分支机构,拥有经营酒店业务的相关资质,青岛绿城合法享有运营青岛李沧喜来登酒店所产生的运营收入。

B. 舟山威斯汀酒店

舟山威斯汀酒店系由舟山绿城的分支机构舟山市普陀绿城实业投资有限公司朱家尖绿城威斯汀度假酒店(以下简称舟山绿城威斯汀)负责运营。

舟山绿城威斯汀现持有如下证照:

①舟山市公安局普陀区分局于2015年11月16日核发的编号为普公特朱旅字第335号的《特许行业许可证》,经营范围为“住宿”;

②舟山市普陀区卫生和计划生育局于2015年11月11日核发的编号为(浙)卫公证

字(2014)第3309032325号的《卫生许可证》,许可范围为宾馆、饭馆、茶座、游泳场、SPA,有效期自2015年7月11日至2018年7月10日;

③舟山市普陀区卫生和计划生育局于2016年9月5日核发的编号为(浙)卫公证字(2014)第3309032325号的《卫生许可证》,许可范围为宾馆、游泳场(馆),有效期自2014年7月11日至2018年7月10日;

④舟山市市场监督管理局普陀山分局于2017年3月17日核发的许可证编号为JY23309050104249号的《食品经营许可证》,有效期至2022年3月16日;

⑤舟山市公安消防支队普陀区大队于2014年7月18日核发的编号为普公消安检字〔2014〕第0051号的《公众聚集场所投入使用、营业前消防安全检查合格证》。

根据本所经办律师适当核查,截至本法律意见书出具之日,舟山绿城威斯汀为依法设立并有效存续的企业法人分支机构,拥有经营酒店业务的相关资质,舟山绿城合法享有运营舟山威斯汀酒店所产生的运营收入。

C. 沈阳新都绿城喜来登酒店

沈阳新都绿城喜来登酒店系由沈阳全运村的分支机构沈阳全运村建设有限公司沈阳新都绿城喜来登酒店(以下简称沈阳新都喜来登)负责运营。

沈阳新都喜来登现持有如下证照:

①沈阳市公安局于2017年2月14日核发的编号为沈公特旅馆第C010号的《特许行业许可证》,经营范围为"住宿",有效期至2019年1月;

②沈阳市浑南区卫生和计划生育局于2017年11月1日核发的编号为浑卫CSX字〔2017〕第00633号的《卫生许可证》,许可项目为宾馆、公共浴室、游泳馆、大堂吧,有效期自2017年11月1日至2021年10月31日;

③沈阳新都喜来登(大堂吧)、沈阳新都喜来登(行政酒廊)、沈阳新都喜来登(全日餐厅)、沈阳新都喜来登(特色餐厅)、沈阳新都喜来登(宴会厅)、沈阳新都喜来登(员工餐厅)、沈阳新都喜来登(中餐厅)分别持有沈阳市食品药品监督管理局于2017年1月25日分别核发的许可证编号为JY22101010003410号、JY22101010003428号、JY22101010003444号、JY22101010003436号、JY22101010003452号、JY32101010000223号、JY22101010003401号的《食品经营许可证》,有效期均至2021年7月14日;

④辽宁省沈阳市东陵区公安消防大队于2013年8月20日核发的编号为沈陵公消安检字(2013)第0054号的《公众聚集场所投入使用、营业前消防安全检查合格证》。

根据本所经办律师适当核查,截至本法律意见书出具之日,沈阳新都喜来登为依法设立并有效存续的企业法人分支机构,拥有经营酒店业务的相关资质,沈阳全运村合法享有运营沈阳新都绿城喜来登酒店所产生的运营收入。

本所经办律师于2018年8月29日在中国人民银行征信中心动产融资统一登记系统平台(http://www.zhongdengwang.org.cn/rs/main.do),以青岛绿城、舟山绿城、沈阳全运村作为资金融入方对标的物业运营收入(以下简称质押财产)质押情况进行了检索,上述网站未记载以青岛绿城、舟山绿城、沈阳全运村作为资金融入方对外转让质押财产或在质押财产上设置质权的情形。另根据青岛绿城、舟山绿城、沈阳全运村提供的书面说明,青岛绿城、舟山绿城、沈阳全运村均不存在明确约定以质押财产为还款来源的贷款合同,亦未在质押财产上设置任何权利负担或限制。

3)《监管协议》

中建投信托就标的物业运营收入的归集及监管事宜,拟与基础债务人、监管银行签署《监管协议》。《监管协议》约定了定义、账户的监管、信托受托人的陈述和保证、监管银行的陈述和保证、基础债务人的陈述和保证、监管账户的管理、业务监督、监管银行的变更、监管费、协议的生效及终止、违约责任、不可抗力、保密义务、法律适用和争议解决、其他等重大事项。

《监管协议》内容符合《合同法》等相关法律法规的有关规定,在中建投信托、基础债务人及监管银行适当签署后生效。

(3)绿城集团提供保证担保

绿城集团拟作为保证人与中建投信托签署《保证合同》,约定为基础债务人履行《信托贷款合同》项下的义务(包括但不限于信托贷款还本付息义务和信托贷款加速清偿义务)提供连带责任保证担保。《保证合同》自绿城集团和中建投信托有效签署之日起生效。

绿城集团董事会已作出决议同意绿城集团为基础债务人借取的信托贷款提供连带责任保证担保(详见本法律意见书原始权益人主体资格和内部授权部分)。

本所经办律师认为,《保证合同》条款不存在违反法律、行政法规的内容,绿城集团已经获得签署《保证合同》所需的内部授权,自《保证合同》生效之日起,绿城集团为信托贷款提供的保证担保合法有效,绿城集团在《保证合同》约定的担保范围内承担连带责任保证担保责任。

综上,经本所经办律师核查,依据信托文件的约定,单一资金信托于信托成立条件均获得满足的第一个工作日成立并生效(如原始权益人按《信托合同》约定将全部信托资金足额交付至信托财产专户的到账时间为当日15:00之后,且除该条件之外的其他信托成立条件均已满足,则单一资金信托于前述信托资金到账日的下一个工作日成立并生效),绿城集团取得单一资金信托全部信托受益权。该基础资产真实、合法、有效,权利归属明确、完整且可特定化,不涉及任何诉讼、仲裁或执行程序,未附带任何担保负担或者其他权利限制。

(二)基础债务人

1. 青岛绿城

青岛绿城拟作为信托贷款的基础债务人之一。

根据青岛市工商行政管理局于2018年2月12日核发的统一社会信用代码为91370200664531410B的《营业执照》,青岛绿城的注册资本为51,776.46万元;法定代表人为胡裕波;企业类型为有限责任公司(中外合资);住所为青岛市李沧区合川路18号1层网点;营业期限自2007年08月21日至2027年08月21日;经营范围为:在"九水路以北、天水路以南、青银高速公路以东、合川路以西"的地块上从事房地产开发经营(除国家限制和禁止的项目)、房地产物业管理;货物及技术进出口;酒店管理(不含住宿、餐饮服务);餐饮管理(不含餐饮服务);装饰装修工程;自有房屋租赁;会展服务;经济信息咨询;以下项目限分支机构经营:洗衣服务,住宿,餐饮服务,宾馆,健身房,游泳馆,公共浴室,美容服务,打字复印,批发:预包装食品、日用百货、陶瓷制品。(依法须经批准的项目,经相关部门批准后方可开展经营活动)。

根据青岛市人民政府于2013年11月15日向青岛绿城核发的批准号为商外资青府字〔2008〕074号的《中华人民共和国外商投资企业批准证书》及其现行有效的公司章程,并经本所经办律师于2018年8月29日在商务部业务系统统一平台的查询结果,青岛绿城投资者分别为华益投资有限公司、绿城集团和青岛百通城市建设集团股份有限公司,分别出资25,422.56万元、20,000万元和6,353.9万元。

根据青岛绿城书面确认,截至2018年8月29日,青岛绿城生产经营符合法律、行政法规、公司章程的规定,内部控制制度健全,具有持续经营能力,无重大经营风险、财务风险和法律风险;青岛绿城近三年不存在重大违约、虚假信息披露或者其他重大违法违规行为;青岛绿城近三年未涉及被责令停业整顿、吊销执照或资格等重大行政处罚。

本所经办律师于2018年8月29日查询了国家企业信用信息公示系统、中国裁判文书网、全国法院被执行人信息查询网、全国法院失信被执行人名单信息公布与查询系统、"信用中国"网站、环境保护部网站、应急管理部网站、国家税务总局网站、山东省国家税务局网站、山东省地方税务局网站、国家市场监督管理总局网站、国家统计局网站、中国银行保险监督管理委员会网站、财政部网站、农业农村部网站、海关总署网站,并审阅了青岛绿城的《企业信用报告》(报告日期:2018年3月5日),上述网站及《企业信用报告》未记载青岛绿城近三年存在重大违约、虚假信息披露或者其他重大违法违规行为的记录;上述网站及《企业信用报告》未记载青岛绿城被列为失信被执行人的情况;上述网站及《企业信用报告》未记载青岛绿城近三年涉及被责令停业整顿、吊销执照或资格等重大行政处罚;上述网站及《企业信用报告》未记载青岛绿城存在正在进行的重大诉讼、仲裁和其他重大司法程序、行政程序;上述网站及《企业信用报告》未记载青岛绿城存在环境保护领域失信记录或安全生产领域失信记录;上述网站及《企业信用报告》未记载青岛绿城为重大税收违法案件当事人、涉金融严重失信人、食品药品生产经营严重失信者、统计领域严重失信企业、严重质量违法失信行为当事人、财政性资金管理使用领域相关失信责任主体、农资领域严重失信生产经营单位或海关失信企业。

本所经办律师认为，截至本法律意见书出具之日，基础债务人青岛绿城是依法设立、有效存续的企业法人。

2. 舟山绿城

舟山绿城拟作为信托贷款的基础债务人之一。

根据舟山市市场监督管理局普陀山分局于2017年12月19日核发的统一社会信用代码为91330903697009303B的《营业执照》，舟山绿城的注册资本为10,000万元；法定代表人为蒋安绰；企业类型为有限责任公司（自然人投资或控股的法人独资）；住所为舟山市普陀区朱家尖钓鱼礁（原宏远水产）二楼；营业期限自2009年11月05日至2029年11月04日；经营范围为：在住宿、餐饮、茶座、干湿式点心、冷热饮供应服务、预包装食品、乳制品（不含婴幼儿配方乳粉）的零售；烟草零售、打字复印、洗衣服务、泳池、健身服务、美容SPA馆、停车服务、场地租赁、会务服务、自营和代理货物和技术进出口、足浴、洗浴中心（以上限分支机构经营）；酒店及酒店式公寓发展投资。（依法须经批准的项目，经相关部门批准后方可开展经营活动）

根据舟山绿城现行有效的公司章程，其唯一股东为舟山绿城房地产开发有限公司。

根据舟山绿城书面确认，截至2018年8月29日，舟山绿城生产经营符合法律、行政法规、公司章程的规定，内部控制制度健全，具有持续经营能力，无重大经营风险、财务风险和法律风险；舟山绿城近三年不存在重大违约、虚假信息披露或者其他重大违法违规行为；舟山绿城近三年未涉及被责令停业整顿、吊销执照或资格等重大行政处罚。

本所经办律师于2018年8月29日查询了国家企业信用信息公示系统、中国裁判文书网、全国法院被执行人信息查询网、全国法院失信被执行人名单信息公布与查询系统、“信用中国”网站、环境保护部网站、应急管理部网站、国家税务总局网站、浙江省国家税务局网站、浙江省地方税务局网站、国家市场监督管理总局网站、国家统计局网站、中国银行保险监督管理委员会网站、财政部网站、农业农村部网站、海关总署网站，并审阅了舟山绿城的《企业信用报告》（报告日期：2018年1月4日），上述网站及《企业信用报告》未记载舟山绿城近三年存在重大违约、虚假信息披露或者其他重大违法违规行为的记录；上述网站及《企业信用报告》未记载舟山绿城被列为失信被执行人的情况；上述网站及《企业信用报告》未记载舟山绿城近三年涉及被责令停业整顿、吊销执照或资格等重大行政处罚；上述网站及《企业信用报告》未记载舟山绿城存在正在进行的重大诉讼、仲裁和其他重大司法程序、行政程序；上述网站及《企业信用报告》未记载舟山绿城存在环境保护领域失信记录或安全生产领域失信记录；上述网站及《企业信用报告》未记载舟山绿城为重大税收违法案件当事人、涉金融严重失信人、食品药品生产经营严重失信者、统计领域严重失信企业、严重质量违法失信行为当事人、财政性资金管理使用领域相关失信责任主体、农资领域严重失信生产经营单位或海关失信企业。

本所经办律师认为，截至本法律意见书出具之日，基础债务人舟山绿城是依法设立、有效存续的企业法人。

3. 沈阳全运村

沈阳全运村拟作为信托贷款的基础债务人之一。

根据沈阳市浑南区市场监督管理局于2018年01月19日核发的统一社会信用代码为91210112569409767J的《营业执照》，沈阳全运村的注册资本为29,000万美元；法定代表人为李骏；企业类型为有限责任公司（台港澳法人独资）；住所为辽宁省沈阳市浑南区沈中大街101－1号（101－1号）；营业期限自2011年03月04日至2031年03月04日；经营范围为：房地产开发、商品房销售；自有房屋出租，物业管理，物业服务；酒店管理；工程造价咨询；建筑工程监理；绿化工程、市政工程、建筑安装工程设计、施工。以下仅限分公司经营：餐饮服务、宾馆、酒吧、游泳馆、健身房、公共浴池、商务中心、停车场管理；批发陶瓷制品；批发日用百货、服装、健身器材；批发预包装食品；美容服务、洗衣服务、会展服务、经济信息咨询服务；代售：车、船、机票（以上经营范围涉及配额、许可证管理、国家专项管理的产品，按国家有关规定办理)。(四至范围:东临沈本大道,南临全运南路,西临沈中大街,北临全运北路。宗地编号DL－1103号全运村Z－1号地块、宗地编号DL－1104号全运村Z－2号地块、宗地编号DL－1107号全运村Z－5号块地、宗地编号DL－1111号全运村S－1号块地、宗地编号DL－1112号全运村S－2号块地、宗地编号DL－1113号全运村S－3号块地、宗地编号DL－1114号全运村S－4号块地、宗地编号DL－1105号全运村Z－3号块地、宗地编号DL－1106号全运村Z－4号块地、宗地编号DL－1108号全运村Z－6号块地、宗地编号DL－1109号全运村Z－7号块地、宗地编号DL－1110号全运村Z－8号块地)。(依法须经批准的项目,经相关部门批准后方可开展经营活动)

根据辽宁省人民政府于2013年6月28日向沈阳全运村核发的批准号为商外资沈高新独[2013]0004号的《中华人民共和国台港澳侨投资企业批准证书》、《外商投资企业变更备案回执》(编号:沈外资备201800039)及其现行有效的公司章程,并经本所经办律师于2018年8月29日在商务部业务系统统一平台的查询结果,沈阳全运村投资者为广伟集团有限公司,出资29,000万美元。

根据沈阳全运村书面确认,截至2018年8月29日,沈阳全运村生产经营符合法律、行政法规、公司章程的规定,内部控制制度健全,具有持续经营能力,无重大经营风险、财务风险和法律风险;除(2017)辽0112民初8143号判决项下的房屋买卖合同纠纷外,沈阳全运村近三年不存在重大违约、虚假信息披露或者其他重大违法违规行为;沈阳全运村近三年未涉及被责令停业整顿、吊销执照或资格等重大行政处罚。

本所经办律师于2018年8月29日查询了国家企业信用信息公示系统、中国裁判文书网、全国法院被执行人信息查询网、全国法院失信被执行人名单信息公布与查询系统、"信用中国"网站、环境保护部网站、应急管理部网站、国家税务总局网站、辽宁省国家税务局网站、辽宁省地方税务局网站、国家市场监督管理总局网站、国家统计局网站、中国银行保险监督管理委员会网站、财政部网站、农业农村部网站、海关总署网站,并审阅了沈阳全运村的《企业信用报告》(报告日期:2018年5月4日),除(2017)辽0112民初8143号判决项下的房屋买卖合同纠纷外,上述网站及《企业信用报告》未记载沈阳全运村近三年存在其他重大违约及其他重大诉讼、仲裁或其他重大司法程序;上述网站及《企业信用报告》未记载沈阳全运村近三年存在虚假信息披露或者其他重大违法违规行为的记录;上述网站及《企业信用报告》未记载沈阳全运村被列为失信被执行人的情况;上述网站及《企业信用报告》未记载沈阳全运村近三年涉及被责令停业整顿、吊销执照或资格等重大行政处罚;上述网站及《企业信用报告》未记载沈阳全运村存在正在进行的重大行政程序;上述网站及《企业信用报告》未记载沈阳全运村存在环境保护领域失信记录或安全生产领域失信记录;上述网站及《企业信用报告》未记载沈阳全运村为重大税收违法案件当事人、涉金融严重失信人、食品药品生产经营严重失信者、统计领域严重失信企业、严重质量违法失信行为当事人、财政性资金管理使用领域相关失信责任主体、农资领域严重失信生产经营单位或海关失信企业。

本所经办律师认为,截至本法律意见书出具之日,基础债务人沈阳全运村是依法设立、有效存续的企业法人。

(三)关于基础资产未被列入《资产证券化基础资产负面清单》的说明

1.本所经办律师认为,基础资产不属于以地方政府为直接或间接债务人的资产,因此基础资产不属于《资产证券化基础资产负面清单》(2014年12月24日版)(以下简称《负面清单》)第一条规定的资产。

2.本所经办律师认为,基础资产不属于以地方融资平台公司为债务人的资产,因此基础资产不属于《负面清单》第二条规定的资产。

3.本所经办律师认为,基础资产不属于矿产资源开采收益权、土地出让收益权等产生现金流的能力具有较大不确定性的资产,因此不属于《负面清单》第三条规定的资产。

4.本所经办律师认为,基础资产不属于因空置等原因不能产生稳定现金流的不动产租金债权,不属于待开发或在建占比超过10%的基础设施、商业物业、居民住宅等不动产或相关不动产收益权,因此不属于《负面清单》第四条规定的资产。

5. 本所经办律师认为,基础资产不属于不能直接产生现金流、仅依托处置资产才能产生现金流的资产,因此不属于《负面清单》第五条规定的资产。

6. 本所经办律师认为,基础资产不属于法律界定及业务形态属于不同类型且缺乏相关性的资产组合,因此不属于《负面清单》第六条规定的资产。

7. 本所经办律师认为,基础资产不属于违反相关法律法规或政策规定的资产,因此不属于《负面清单》第七条规定的资产。

8. 本所经办律师认为,基础资产不属于最终投资标的为《负面清单》第一至七条规定的资产的信托受益权,因此不属于《负面清单》第八条规定的资产。

本所经办律师认为,基础资产不属于《负面清单》列明的不适宜采用资产证券化业务形式或不符合资产证券化业务监管要求的资产。

六、关于基础资产转让的合法性以及基础资产与原始权益人、中建投信托资产实现风险隔离

(一)基础资产转让的合法性及有效性

1. 基础资产不存在法定或约定不得转让的情形

《信托法》第四十八条规定,受益人的信托受益权可以依法转让和继承,但信托文件有限制性规定的除外。经核查,《信托合同》约定,单一资金信托项下的信托受益权可依法向第三人(包括管理人(代表专项计划))转让。本所经办律师认为,基础资产不存在法定或约定不得转让的情形。

2. 专项计划文件和信托文件对基础资产转让的约定及其合法性

经本所经办律师核查,《信托受益权转让协议》约定,管理人于专项计划设立日向原始权益人支付基础资产的购买价款,管理人自该日起合法取得并享有基础资产的全部权益。基础资产转让后,原始权益人依据《信托合同》享有的委托人权利和义务同时全部转让至管理人。

综上,本所经办律师认为,专项计划文件和信托文件中关于基础资产转让的合同条款不存在违反法律、行政法规的内容;《信托合同》、《信托受益权转让协议》等合同一经相关当事人合法有效地签署并实际履行,基础资产的转让即在原始权益人与管理人之间发生法律效力;专项计划根据《信托受益权转让协议》获得基础资产真实、有效,不存在法律障碍。

(二)基础资产与原始权益人、中建投信托资产均实现风险隔离

管理人依据《信托受益权转让协议》支付转让价款后,基础资产即由原始权益人转让给管理人。《信托法》第十五条规定,信托财产与委托人未设立信托的其他财产相区别,设立信托后,委托人死亡或者依法解散、被依法撤销、被宣告破产时,委托人是唯一受益人的,信托终止,信托财产作为其遗产或者清算财产;委托人不是唯一受益人的,信托存续,信托财产不作为其遗产或者清算财产。本所经办律师认为,在专项计划依据《信托受益权转让协议》取得基础资产后,基础资产与原始权益人未设立信托的其他财产相区别,原始权益人依法解散、被依法撤销、被宣告破产时,原始权益人并非单一资金信托的受益人,单一资金信托存续,基础资产不作为原始权益人的清算财产。

《信托法》第十六条规定,信托财产与属于受托人所有的财产相区别,不得归入受托人的固有财产或者成为固有财产的一部分。受托人死亡或者依法解散、被依法撤销、被宣告破产而终止,信托财产不属于其遗产或者清算财产。本所经办律师认为,信托财产亦与属于中建投信托所有的财产相区别,中建投信托依法解散、被依法撤销、被宣告破产而终止的,信托财产不属于其清算财产。

七、关于专项计划材料中有关合同、协议

(一)《计划说明书》

管理人为规范专项计划的运作,拟制定《计划说明书》。经审查,本所经办律师认为,《计划说明书》的内容符合《管理规定》《备案管理办法》及配套规则的相关规定。资产支持证券投资者认购资产支持证券,应仔细阅读《计划说明书》全文,包括正文的"风险揭示与防范措施"。

(二)《认购协议》与《标准条款》

管理人为规范专项计划的运作,拟制定

《标准条款》、《认购协议》,《标准条款》与《认购协议》》一同构成管理人与投资者之间的资产管理合同。《标准条款》、《认购协议》规定了资产支持证券投资者和管理人之间的基本权利和义务,适用于专项计划。

《标准条款》结合《认购协议》明确约定了定义、当事人、认购资金、专项计划、专项计划资金的运用和收益、资产支持证券、认购人的陈述和保证、管理人的陈述和保证、资产支持证券持有人的权利和义务、管理人的权利和义务、专项计划的分配、信息披露、有控制权的资产支持证券持有人大会、管理人的解任和辞任、专项计划费用、风险揭示、协议终止、违约责任、不可抗力、保密义务、法律适用和争议解决等重大事项。

《认购协议》和《标准条款》符合《合同法》、《私募基金管理办法》、《管理规定》、《备案管理办法》及配套规则的有关规定。管理人根据市场情况,与资产支持证券投资者签署《认购协议》。

(三)《托管协议》

管理人根据《标准条款》的规定,拟就专项计划资产托管事宜与托管人签署《托管协议》。管理人根据《托管协议》的规定,委托托管人保管专项计划的资产,托管人为专项计划的资产提供托管服务。

《托管协议》明确规定了定义、托管人的委任、管理人的陈述和保证、托管人的陈述和保证、管理人的权利和义务、托管人的权利和义务、与专项计划有关的账户的开立和管理、指令的发送、确认和执行、资金的保管和运用、专项计划的会计核算、估值和账户核对、托管报告、托管人和管理人之间的业务监督、托管人的解任和管理人的更换、托管人的托管费、协议终止、违约责任、不可抗力、保密义务、法律适用和争议解决、其他等重大事项。

《托管协议》符合《合同法》、《管理规定》、《备案管理办法》及配套规则、的有关规定,自管理人与托管人适当签署之日起生效。

(四)《信托受益权转让协议》

管理人就专项计划基础资产转让事宜,拟与原始权益人签署《信托受益权转让协议》。该协议规定了管理人和原始权益人关于基础资产转让的基本权利义务。

《信托受益权转让协议》约定了转让标的、转让价款、陈述和保证、转让登记、权利义务的转移、税费承担、协议生效、附则等重大事项。

《信托受益权转让协议》符合《合同法》、《信托法》、《管理规定》、《备案管理办法》及配套规则的有关规定,自管理人和原始权益人适当签署之日起生效。

(五)《回购承诺函》

管理人就专项计划优先级资产支持证券的回购事宜,拟与绿城集团签署《回购承诺函》。该协议约定了管理人和绿城集团关于回购优先级资产支持证券的基本权利义务。

《回购承诺函》约定了定义、资产支持证券回购义务、承诺期间、承诺费、资产支持证券回购资金的偿还与追偿、权利义务的转让/转移、绿城集团的陈述和保证、通知、法律适用和争议解决、其他等重大事项。

《回购承诺函》符合《合同法》的有关规定,在管理人、绿城集团适当签署后,自专项计划设立日起生效。

八、关于资产支持证券投资者参与和退出专项计划的有关安排

经审查,《认购协议》和《标准条款》对资产支持证券投资者参与和退出专项计划进行了约定。

《认购协议》和《标准条款》明确约定了资产支持证券投资者参与计划的时间、方式、价格等重要事项;《标准条款》第五条明确约定了专项计划依据《认购协议》及《标准条款》终止以前,资产支持证券投资者不得要求分割专项计划资产或要求专项计划回购资产支持证券,或在其他资产支持证券投资者转让资产支持证券时主张优先购买权。

《标准条款》第六条约定,优先级资产支持证券可以通过《标准条款》约定的、上海证券交易所固定收益证券综合电子平台或中国证监会认可的其他方式转让,受委托的登记托管机构将负责该等资产支持证券的转让过户和资金交收清算。在专项计划存续期间,除非根据生效判决、裁定或计划管理人事先的书面同意,次级资产支持证券投资者不得以转让、质押等方式对所持有的次级资产支持证券进行处置,亦不

得要求计划管理人或专项计划赎回。上述约定及安排合法、有效，符合《民法总则》《民法通则》《合同法》《管理规定》《备案管理办法》及配套规则的有关规定。

九、专项计划的信用增级安排

（一）优先级/次级分层

经审查，资产支持证券分为优先级资产支持证券和次级资产支持证券。根据《标准条款》的约定，优先级资产支持证券优先于次级资产支持证券分配。次级资产支持证券为优先级资产支持证券提供了信用增级。

（二）绿城集团承担专项计划资产支持证券回购义务

绿城集团作为回购义务人，同意根据《回购承诺函》的约定承担收购专项计划资产支持证券的义务。每个专项计划开放期，如基础债务人未按约定选择提前还款的，管理人应于转售推广簿记建档日以利率调整公告日的利率将已办理退出登记的优先级资产支持证券份额面向申购人簿记建档。此种情况下，原资产支持证券持有人将该等资产支持证券于资产支持证券转售日转售给申购成功的申购人。如优先级资产支持证券存在转售差额的和/或截至转售缴款截止日，存在申购人未能足额缴纳全部申购资金的情形，管理人应于回购通知日向回购义务人发出回购通知，列明应由回购义务人回购的优先级资产支持证券份额、回购价款及管理人指定的账户信息，回购义务人接到管理人的回购通知后，应不晚于回购价款支付日向管理人指定的账户划付转售差额所对应的价款以及申购人未缴纳的申购资金。

（三）信托贷款的担保措施

信托贷款的担保措施包括基础债务人提供抵押担保和质押担保，绿城集团提供连带责任保证担保。详见本法律意见书第五部分“关于专项计划的基础资产”中的“信托贷款附属担保权益”。

（四）信托贷款借款人承担信托贷款加速清偿义务

发生信托贷款加速清偿事件，若计划管理人宣布专项计划进入加速清偿程序的，资产支持证券于资产支持证券提前到期日提前到期。计划管理人应指示信托受托人依据《信托贷款合同》的约定要求各借款人于三十个工作日内清偿信托贷款项下全部未偿本息。

为免疑义，专项计划开放期内借款人在提前还款选择日前行使提前还款选择权而选择提前偿还信托贷款全部未偿本息，或因全部优先级资产支持证券均办理退出登记而应提前偿还信托贷款全部未偿本息，或因资产支持证券转售失败而应提前偿还信托贷款全部未偿本息的，也属于借款人的信托贷款加速清偿义务。该等情形下，各借款人均应在对应的信托贷款还款日（第 $12\times n$（$1\leqslant n\leqslant 5$，n 为自然数）个信托贷款还款日）中午 12:00 前提前偿还全部信托贷款本金并结清利息，如借款人按时足额偿还全部信托贷款本息的，资产支持证券于资产支持证券提前到期日提前到期；如借款人未能按时足额还款的，且保证人未能按约定履行其保证责任的，计划管理人应宣布专项计划进入加速清偿程序。

本所经办律师认为，专项计划的上述信用增级安排符合《管理规定》的有关规定，信用增级安排的相关义务人已经取得了履行增信义务的内部授权，待相关协议生效后可以按照信托文件、专项计划文件的约定有效履行相关义务。

十、结论

经适当核查，本所经办律师认为，中金公司具备担任专项计划管理人和资产支持证券销售机构的主体资格，并已获得合法有效的内部授权；平安证券具备担任专项计划资产支持证券代理销售机构的主体资格，并已获得合法有效的内部授权；浦发银行杭州分行具备担任专项计划托管人的主体资格，并已获得合法有效的内部授权；绿城集团为有效存续的企业法人，并取得了作为专项计划原始权益人的合法有效的内部授权；基础资产真实、合法、有效，权利归属明确、完整且可特定化，不涉及任何诉讼、仲裁或执行程序，未附带任何担保负担或者其他权利限制；基础债务人均为依法设立并有效存续的企业法人；基础资产不属于《负面清单》列明的不适宜采用资产证券化业务形式或不符合资产证券化业务监管要求的资产；基础资产不存在法定或约定不得转让的情形，且专项计划根据《信托受益权转让协议》获得基础资产真实、有效，不存在法律障碍；基础资产对应信托财产与原始权益人、中建投信托资产均实现风险隔离;《计划说明书》《认购协议》《标准条款》《托管协议》《信托受益权转让协议》《回购承诺函》内容完整、合规;资产支持证券投资者参与和退出专项计划有关安排合法有效;专项计划的信用增级安排符合《管理规定》的有关规定,待相关协议生效后,信用增级安排的相关义务人可以按照信托文件、专项计划文件的约定有效履行相关义务。

本法律意见书一式捌份,具有同等效力。

(此页无正文,为《北京市奋迅律师事务所关于中国国际金融股份有限公司通过设立中金－平安－绿城酒店资产支持专项计划发售资产支持证券之法律意见书》之签字页)

北京市奋迅律师事务所

负责人:王英哲

经办律师:王剑钊、朴文一

北京市金杜律师事务所关于深圳平安大华汇通财富管理有限公司设立平安汇通－平安不动产朗诗租赁住房系列资产支持专项计划的法律意见书

致:深圳平安大华汇通财富管理有限公司

北京市金杜律师事务所(简称金杜)是经中华人民共和国[①](简称中国)北京市司法局批准设立、有资格依照现行有效的中国法律、行政法规、地方性法规、部门规章及其他规范性文件(简称中国法律),就题述事宜出具中国法律意见的律师事务所。金杜根据《中华人民共和国证券法》《证券公司及基金管理公司子公司资产证券化业务管理规定》(简称《管理规定》)、《私募投资基金监督管理暂行办法》(简称《私募基金管理办法》)、《关于发布〈资产支持专项计划备案管理办法〉及配套规则的通知》(包含其附件2《资产证券化业务基础资产负面清单指引》)(简称《备案办法》)等中国法律的规定出具本《北京市金杜律师事务所关于深圳平安大华汇通财富管理有限公司设立平安汇通－平安不动产朗诗租赁住房系列资产支持专项计划的法律意见书》(简称本法律意见书)。

本法律意见书仅就深圳平安大华汇通财富管理有限公司(简称平安汇通或管理人)设立平安汇通－平安不动产朗诗租赁住房系列资产支持专项计划(简称专项计划)的相关问题发表法律意见,并不对任何有关会计、审计、资产评估、信用评级等专业事项发表意见。金杜在本法律意见书中对有关会计报表、审计报告、资产评估报告和信用评级报告等某些数据和结论的引述,并不意味着金杜对这些数据、结论的真实性和准确性作出任何明示或默示的保证。金杜对于这些文件的内容并不具备核查和作出评价的适当资格。

鉴于专项计划的申报、发行采取"储架发行"方式,本法律意见书具有以下特点:截至本法律意见书出具日,专项计划的基础资产尚未形成、确定,本法律意见书仅就《平安汇通－平安不动产朗诗租赁住房系列资产支持专项计划标准条款》(申报上海证券交易所稿,简称《标准条款》)约定的基础资产及其底层物业资产的合格标准(简称基础资产合格标准)的条款合法性发表法律意见;每一期专项计划设立前,金杜将对基础资产的真实性、合法性、有效性、权利归属及其负担情况、基础资产与底层物业资产符合基础资产合格标准、基础资产未被列入负面清单、底层物业资产的权属情况以及基础资产转让行为的合法性及有效性等相关事项进行核查并在针对该期专项计划出具的补充法律意见书(简称补充法律意见书)中发表相应的法律意见。本法律意见书与补充法律意见书

① 为出具本法律意见书之目的,不包括我国香港特别行政区、澳门特别行政区和台湾地区。

共同构成金杜就该期专项计划发表的完整法律意见书。

为出具本法律意见书,金杜依据中国律师行业公认的业务标准、道德规范和勤勉尽责精神,对与专项计划有关的事实进行了尽职调查,查阅了金杜认为必须查阅的文件,并就专项计划及与之相关的问题向有关人员做了询问或与之进行了必要的讨论。平安汇通等专项计划参与人已经向金杜保证,其已经向金杜提供了为出具法律意见书所必要的真实、完整、有效的原始书面材料、副本材料或复印件(无论该等资料是通过电子邮件、项目工作网盘或开放内部文件系统访问权限所获取的),且所提供的副本材料或复印件与原件完全一致,所有材料涉及的所有签字、盖章、签名均真实有效。

对于出具本法律意见书至关重要而又无法得到独立证据支持的事实,金杜依赖平安汇通等专项计划参与人、有关政府主管部门或者其他有关机构出具的证明文件或确认文件以及来自全国企业信用信息公示系统(http://gsxt.saic.gov.cn/)、中国证券登记结算有限公司网站(http://www.chinaclear.cn/)、中国证券监督管理委员会网站(http://www.csrc.gov.cn/pub/newsite/)等行业主管部门网站公开获取的必要信息出具本法律意见。

金杜同意将本法律意见书作为平安汇通申请设立专项计划所必备的法律文件,并依法承担相应的责任。

本法律意见书仅供平安汇通设立专项计划之目的使用,本法律意见书不得由任何其他人使用,或用于任何其他目的。

除非上下文另有含义,在本法律意见书中所使用的词语简称与《标准条款》中的定义具有相同含义。

基于上述,金杜出具法律意见如下:

一、原始权益人、管理人、销售机构、托管人及信用增级机构的主体情况

1.1　专项计划的原始权益人

根据资产管理合同,专项计划的原始权益人为平安不动产有限公司(简称平安不动产或原始权益人)。

1.1.1　平安不动产的主体资格

根据深圳市市场监督管理局于2016年10月27日核发的《营业执照》(统一社会信用代码:91440300192305553F)、国家企业信用信息公示系统①公示信息,平安不动产的基本情况如下:

名称	平安不动产有限公司
类型	有限责任公司
住所	深圳市宝安区西乡街道铁岗水库路171号桃花源科技创新园主园孵化主楼六楼622室
法定代表人	邹益民
注册资本	2,000,000万元人民币
成立日期	1995年01月06日
营业期限	1995年01月06日至2045年06月05日
经营范围	工程管理;工程顾问及监理;装修设计;建筑装饰工程;投资管理;投资咨询;投资兴办实业(具体项目另行申报);国内贸易;受委托管理的物业的租赁业务;投资商贸流通业;物流园区投资及运营;养老产业投资;股权投资;受托管理股权投资基金;房地产信息咨询;会务服务;信息咨询;物业管理(凭资质证书开展业务)。

经核查,截至本法律意见书出具之日,平安不动产系合法设立且有效存续的有限责任公司,不存在《中华人民共和国公司法》(简称《公司法》)等中国法律及其公司章程规定的应当终止的情形。

谨根据本所经办律师在自然资源部(http://www.mnr.gov.cn/)、住房和城乡建设部(http://www.mohurd.gov.cn/)、深圳市规划和国土资源委员会(市海洋局)(http://www.szpl.gov.cn/)、深圳市住房和建设局(http://www.szjs.gov.cn/)公开信息途径的查询结果,及本所经办律师通过百度搜索引擎

① 网址:www.gsxt.gov.cn。最后查询时间:2018年12月10日。

(https://www.baidu.com/),组合输入"平安不动产有限公司"或"平安不动产""炒地""捂盘惜售""哄抬房价""闲置土地"关键词检索与平安不动产有关的"炒地""捂盘惜售""哄抬房价""闲置土地"的新闻信息。我们假设:平安不动产"炒地""捂盘惜售""哄抬房价""闲置土地"的行为均已公开披露并均可通过上述检索方式自百度搜索引擎获取。基于前述假设、核查结果以及平安不动产出具的《确认函》,截至上述网站的核查之日①前2年期间内,本所经办律师未发现平安不动产存在闲置土地、炒地、捂盘惜售、哄抬房价的违法违规行为,或存在违反"国办发〔2013〕17号"规定的重大违法违规行为,或基于上述违法违规行为存在的被国土资源部门行政处罚或调查的情况。

1.1.2　原始权益人的资质和权限

经查,平安不动产董事长于2018年9月12日就其根据专项计划文件的约定作为原始权益人参与专项计划出具了《平安不动产有限公司关于资产证券化融资的议案》。根据《平安不动产有限公司第四届董事会第十次会议决议》《平安不动产有限公司关于融资与担保事项审批授权的议案》《平安不动产有限公司2016年第六次临时股东会决议》,金杜认为,该等《平安不动产有限公司关于资产证券化融资的议案》合法、有效,平安不动产具有完全的权力、授权和合法的权利作为原始权益人签订其为当事方的专项计划文件和履行其为当事方的专项计划文件下的义务。

综上所述,金杜认为,平安不动产具备担任专项计划的原始权益人的主体资格、相应资质及权限。

1.2　专项计划的管理人、销售机构

根据资产管理合同,专项计划的管理人、销售机构为平安汇通。

1.2.1　平安汇通的主体资格

根据深圳市市场监督管理局于2016年5月10日核发的《营业执照》(统一社会信用代码:9144030005899348XM)、国家企业信用信息公示系统②公示信息,平安汇通的基本情况如下:

名称	深圳平安大华汇通财富管理有限公司
主体类型	有限责任公司(自然人投资或控股的法人独资)
住所	深圳市前海深港合作区前湾一路1号A栋201室(入驻深圳市前海商务秘书有限公司)
法定代表人	罗春风
注册资本	20,000万人民币
成立日期	2012年12月14日
经营范围	特定客户资产管理业务及中国证监会许可的其他业务。

经核查,截至本法律意见书出具之日,平安汇通系合法设立且有效存续的有限责任公司,不存在《公司法》等中国法律规定的应当终止的情形。

1.2.2　平安汇通的资质和权限

根据平安汇通国家企业信用信息公示系统公示信息,平安大华基金管理有限公司系平安汇通的全资股东。

根据中国证券监督管理委员会(简称中国证监会)于2010年12月28日出具的《关于核准设立平安大华基金管理有限公司的批复》(证监许可〔2010〕1917号),中国证监会批准平安大华基金管理有限公司设立。根据中国证监会于2017年8月16日核发的《经营证券期货业务许可证》(流水号:000000000649),平安大华基金管理有限公司经核准的经营范围为:公开募集证券投资基金管理、基金销售、特定客户资产管理。根据中国证监会于2012年11月14日出具的《关于核准平安大华基金管理有限公司设立子公司的批复》(证监许可〔2012〕1494号),中国证监会核准平安大华基金管理有限公司设立全资子公司深圳平安大华汇通财富管理有限公司,业务范围为特定客户资产管理业务以及中国证监会许可的其他业务。

根据中国证监会于2016年5月27日核发的《经营证券期货业务许可证》(流水号:000000000024),平安汇通可以从事特定客户资

① 核查日期:2018年12月11日。

② 网址:www.gsxt.gov.cn。最后查询时间:2018年12月10日。

产管理业务。

鉴上，金杜认为平安汇通系由平安大华基金管理有限公司设立且具备特定客户资产管理业务资格的基金管理公司子公司，符合《证券投资基金管理公司管理办法》第二十九条、《基金管理公司特定客户资产管理业务试点办法》第十条以及《管理规定》第二条的规定。

综上所述，金杜认为，平安汇通具备担任专项计划管理人、销售机构的主体资格、相应资质及权限。

1.3 专项计划的托管人

根据资产管理合同，专项计划的托管人为招商银行股份有限公司深圳分行（简称招商银行深圳分行或托管人）。

1.3.1 招商银行深圳分行的主体资格

根据深圳市市场监督管理局于2017年12月29日核发的《营业执照》（统一社会信用代码：9144030078278219X2）以及国家企业信用信息公示系统①公示信息，招商银行深圳分行的基本情况如下：

名称	招商银行股份有限公司深圳分行
类型	股份有限公司分公司（上市）
营业场所	深圳市福田区莲花街道深南大道2016号招商银行深圳分行大厦
负责人	岳鹰
成立日期	2005年11月30日
经营范围	办理人民币存款、贷款、结算业务；办理票据承兑和贴现；代理发行、兑付、销售政府债券；买卖政府债券；代理发行金融债券；代理收付款项及代理保险业务；提供保险箱服务；办理外汇存款、贷款、汇款；外币兑换；国际结算；外汇票据的承兑和贴现；总行授权的外汇借款；总行授权的外汇担保；总行授权的代客外汇买卖；资信调查、咨询、见证业务；经中国银行业监管委员会批准且总行授权的其他业务。

经核查，截至本法律意见书出具之日，招商银行深圳分行合法成立且有效存续，不存在《公司法》等中国法律规定的应当终止的情形。

1.3.2 托管人的资质和权限

根据中国银行业监督管理委员会深圳监管局于年2017年7月19日核发的《金融许可证》（机构编码：B0011B244030001），招商银行深圳分行已依法获得许可经营中国银行业监督管理委员会依照有关法律、行政法规和其他规定批准的业务。

根据中国证券监督管理委员会与中国人民银行于2002年11月6日联合作出的《关于招商银行证券投资基金托管人资格的批复》（文号：证监基金字〔2002〕83号），核准招商银行开展证券投资基金托管资格，可开展证券投资基金托管业务。

根据招商银行深圳分行提供的招商银行资产托管部于2018年8月21日出具的《招商银行（资产托管部）关于下发分行资产托管业务授权类别的通知》，招商银行深圳分行已经取得招商银行资产托管部关于开展资产托管业务的授权。

综上所述，金杜认为，招商银行深圳分行具备担任专项计划的托管人的主体资格、相应资质及权限。

1.4 专项计划的信用增级机构以及增信配合方

根据《标准条款》及其他专项计划文件（定义见本法律意见书第二条），为专项计划提供信用增级安排（详见本法律意见书第六条）的主体为平安不动产。根据《增信协调协议》，为平安不动产履行专项计划项下信用增级安排提供配合的主体为朗诗集团股份有限公司（简称“朗诗集团”）。

1.4.1 平安不动产的主体资格

平安不动产的主体资质详见本法律意见书1.1.1“平安不动产的主体资格”。

1.4.2 平安不动产的资质和权限

经查，平安不动产董事长于2018年9月12日就其根据专项计划文件的约定作为增信主体参与专项计划出具了《平安不动产有限公司关于资产证券化融资的议案》。根据《平安不动产有限公司第四届董事会第十次会议决议》《平安不动产有限公司关于融资与担保事项审批授权的议案》《平安不动产有限公司2016年第六次临时股东会决议》，金杜认为，该等《平安不动产有限公司关于资产证券化融资的议

① 网址：www.gsxt.gov.cn。最后查询时间：2018年12月10日。

案》合法、有效,平安不动产具有完全的权力、授权和合法的权利作为增信主体签订其为当事方的专项计划文件和履行其为当事方的专项计划文件下的义务。

1.4.3　朗诗集团的主体资格

根据南京市江北新区管理委员会行政审批局于2018年5月8日核发的《营业执照》(统一社会信用代码:91320191733161493Q)以及国家企业信用信息公示系统①公示信息,朗诗集团的基本情况如下:

名称	朗诗集团股份有限公司
类型	股份有限公司(非上市)
住所	南京高新技术开发区28幢328室
法定代表人	田明
注册资本	24050.08万元整
成立日期	2001年12月24日
经营范围	房地产开发、咨询服务;自建屋租赁;商品房销售及售后服务;建筑装饰材料、建筑机械、金属材料、水暖、电器器材销售;自营和代理各类商品和技术的进出口,但国家限定公司经营或禁止进出口的商品和技术除外;建筑材料生产、销售;建筑科技开发。(依法须经批准的项目,经相关部门批准后方可开展经营活动)

经核查,截至本法律意见书出具之日,朗诗集团合法成立且有效存续,不存在《公司法》等中国法律规定的应当终止的情形。

谨根据本所经办律师在自然资源部(http://www.mnr.gov.cn/)、住房和城乡建设部(http://www.mohurd.gov.cn/)、江苏省国土资源厅(http://www.jsmlr.gov.cn/)、江苏省住房和城乡建设厅(http://jscin.jiangsu.gov.cn/)公开信息途径的查询结果,及本所经办律师通过百度搜索引擎(https://www.baidu.com/),组合输入"朗诗集团股份有限公司"或"朗诗集团""炒地""捂盘惜售""哄抬房价""闲置土地"关键词检索与朗诗集团有关的"炒地""捂盘惜售""哄抬房价""闲置土地"的新闻信息。我们假设:朗诗集团"炒地""捂盘惜售""哄抬房价""闲置土地"的行为均已公开披露并均可通过上述检索方式自百度搜索引擎获取。基于前述假设、核查结果以及朗诗集团出具的《承诺及声明函》,截至上述网站的核查之日②前2年期间内,本所经办律师未发现朗诗集团存在闲置土地、炒地、捂盘惜售、哄抬房价的违法违规行为,或存在违反"国办发〔2013〕17号"规定的重大违法违规行为,或基于上述违法违规行为存在的被国土资源部门行政处罚或调查的情况。

二、专项计划文件的合法性

金杜审阅了管理人向金杜提供的以下专项计划相关的各项法律文件(申报上海证券交易所稿,合称专项计划文件):

2.1　资产管理合同

根据《标准条款》的约定,《标准条款》《平安汇通－平安不动产朗诗租赁住房系列资产支持专项计划说明书》(简称《计划说明书》)、《平安汇通－平安不动产朗诗租赁住房系列资产支持专项计划资产支持证券认购协议》(简称《认购协议》)及《平安汇通－平安不动产朗诗租赁住房系列资产支持专项计划风险揭示书》(简称《风险揭示书》)共同构成专项计划的资产管理合同(合称资产管理合同)。

2.1.1　《计划说明书》

《计划说明书》载明事项包括以下内容:当事人的权利义务、资产支持证券的基本情况(包括发行规模、品种、期限、预期收益率、资信评级状况、登记、托管、交易场所等);专项计划的交易结构与相关方简介;信用增级方式;原始权益人、管理人和其他主要业务参与人情况;基础资产情况、物业资产情况及现金流预测分析;专项计划的资金归集、分配及运用;专项计划资产的管理安排;原始权益人风险自留的相关情况;风险揭示与防范措施;专项计划的销售、设立与终止等事项;资产支持证券的登记及转让安排;信息披露安排;资产支持证券持有人会议相关安排;主要交易文件摘要等事宜。

《计划说明书》已经在显著位置作出以下说明:"资产支持证券仅代表专项计划权益的相应份额,不属于管理人或者其他任何服务机

① 网址:www.gsxt.gov.cn。最后查询时间:2018年12月10日。

② 核查日期:2018年12月11日。

构的负债。中国证券投资基金业协会(以下简称基金业协会)对本期专项计划的备案、上海证券交易所同意本期资产支持证券的挂牌转让,并不代表对本期证券的投资风险、价值或收益作出任何判断或保证。投资者应当认真阅读有关信息披露文件,进行独立的投资判断,自行承担投资风险。"

2.1.2　《标准条款》

《标准条款》约定的事项主要包括以下内容:资产支持专项计划的当事人、认购资金、专项计划(包括但不限于资产支持专项计划的名称、目的、投资范围、设立和存续期间、备案);专项计划资金的运用和收益;资产支持证券(包括资产支持证券品种及基本特征、取得、登记、转让、公募退出、优先级资产支持证券的开放退出及强制退出安排);认购人、管理人的陈述和保证;资产支持证券持有人的权利和义务;管理人的权利和义务;专项计划账户的开立和结息;专项计划的分配;信息披露的形式、内容、时间、存放查阅和备案;有控制权的资产支持证券持有人大会的组成、召集、召开和表决;管理人的解任和辞任;专项计划费用;风险揭示;资产管理合同和专项计划的终止;违约责任;不可抗力;保密义务;法律适用和争议解决等事宜。

2.1.3　《认购协议》与《风险揭示书》

认购人认购各类别和品种的资产支持证券,应与管理人签订《认购协议》,《认购协议》约定了资产支持证券认购人认购资产支持证券的相关事宜。

管理人制订了《风险揭示书》作为《认购协议》的附件,《风险揭示书》向认购人揭示专项计划投资风险,如与基础资产相关的风险;与资产支持证券相关的风险;与专项计划管理相关的风险及其他风险等,供认购人签署确认。

金杜认为,资产管理合同的格式与内容符合《管理规定》《备案办法》等中国法律的要求。

2.2　专项计划文件

2.2.1　《基金份额转让协议》

就专项计划购买平安不动产持有的私募基金全部基金份额事宜,管理人拟代表专项计划与平安不动产及基金管理人签订《平安不动产朗诗租赁住房系列私募投资基金基金份额转让协议》(简称《基金份额转让协议》)。《基金份额转让协议》约定了基金份额转让,私募基金的出资与投资、管理人的变更等事宜。

2.2.2　《监管协议》

就委托招商银行股份有限公司深圳分行(简称监管银行)监管特定监管账户(用于接收物业资产运营净收入及其他收入)事宜,管理人、基金管理人、监管银行拟分别与各项目公司签订《资金监管协议》(简称《监管协议》)。《监管协议》约定了监管银行的委任、陈述和保证、监管账户的开立与管理、资金的保管和运用、会计核算和账户核对、业务监督、监管银行的解任/基金管理人的更换、资产服务报告等事宜。

2.2.3　《托管协议》

管理人就委托托管人托管专项计划资金事宜拟与托管人签订《平安汇通－平安不动产朗诗租赁住房系列资产支持专项计划托管协议》(简称《托管协议》)。《托管协议》约定了托管人的委任;管理人及托管人的陈述和保证、管理人及托管人的权利与义务;与专项计划有关的账户的开立和管理;划款指令的发送、确认和执行;资金的保管和运用;专项计划的会计核算和账户核对;托管报告;托管人和管理人之间的业务监督;托管人的解任和管理人的更换;托管人的托管费等事宜。

2.2.4　《资产服务协议》

就委托项目公司作为资产服务机构为物业资产的经营、管理和租赁提供相关服务,管理人(代表专项计划)、基金管理人(代表私募基金)及项目公司拟签订《平安汇通－平安不动产朗诗租赁住房系列资产支持专项计划资产服务协议》(简称《资产服务协议》),《资产服务协议》约定了资产服务机构的委任、服务范围、权力和职责等事宜。

2.2.5　《差额支付承诺函》

就专项计划资产支持证券的增信事宜,平安不动产作为差额支付承诺人向管理人(代表专项计划)出具了《平安汇通－平安不动产朗诗租赁住房系列资产支持专项计划差额支付承诺函》(简称《差额支付承诺函》),将作为《计划说明书》的组成部分之一,每一个认购人认购专项计划项下的资产支持证券,应与管理人分别签署《认购协议》,一旦认购人签署了《认购协议》即视为对《差额支付承诺函》的接受,同时也构成差额支付承诺人合法有效的承诺,差额支付承诺人应按照《标准条款》、《认购协议》和《差额支付承诺函》的规定向管理人(代表资产支持证券持有人)承诺对专项计划资金不足以支付优先级资产支持证券的各期预期收益和应付本金的差额部分承担补足义务。《差额支付承诺函》明确约定了承诺的范围、承诺期间、差额支付的启动条件、差额支付义务的承担、差额支付资金的偿还与追偿、法律适用与争议解决、差额支付承诺函的生效等重大事项。

2.2.6 《优先收购权协议》

就平安不动产作为优先收购权人向私募基金支付权利维持费以取得私募基金份额及底层资产(包括但不限于项目公司及/或 SPV 股权、股东借款债权及附属担保权益、物业资产等)的优先收购权的安排,管理人(代表专项计划)、基金管理人(代表私募基金)拟与平安不动产签订《平安不动产朗诗租赁住房系列私募投资基金优先收购权协议》(简称《优先收购权协议》)。《优先收购权协议》约定了优先收购权的权利维持费、优先收购权的行使等事宜。

2.2.7 《证券收购价款监管协议》

就委托证券收购价款监管银行监管特定监管账户(用于接收证券收购权人根据《增信安排协议》支付的收购优先级资产支持证券的对价资金)事宜,管理人、平安不动产及证券收购价款监管银行拟签订《平安汇通-平安不动产朗诗租赁住房系列资产支持专项计划证券收购价款监管协议》(简称《证券收购价款监管协议》)。《证券收购价款监管协议》约定了账户的监管、管理人及证券收购价款监管银行的陈述与保证、证券收购价款监管账户的管理与证券收购价款监管账户的使用和监督、业务监督、证券收购价款监管银行或管理人的变更、监管费等事宜。

2.2.8 《增信安排协议》

就平安不动产作为信用增级机构为专项计划提供信用增级服务,管理人拟代表专项计划与平安不动产签订《平安汇通-平安不动产朗诗租赁住房系列资产支持专项计划增信安排协议》(简称《增信安排协议》)。《增信安排协议》约定了平安不动产拟为专项计划优先级资产支持证券的退出提供流动性支持,即如果截至某一开放退出行权日前的第5个工作日(R-5日),根据管理人确认完成开放退出的优先级资产支持证券信息,存在全部或部分该开放退出行权日对应的开放退出登记期内申请开放退出并经确认的优先级资产支持证券未完成开放退出的,平安不动产将无条件、不可撤销地提供流动性支持的相关安排等事宜。

2.2.9 《增信协调协议》

就专项计划的增信协调安排,平安不动产作为信用增级机构,朗诗集团股份有限公司(简称朗诗集团或增信配合方)与管理人(代表专项计划)拟签署《平安汇通-平安不动产朗诗租赁住房系列资产支持专项计划增信协调协议》(简称《增信协调协议》)。《增信协调协议》约定了平安不动产在依据《差额支付承诺函》《优先收购权协议》《增信安排协议》承担相关责任后,朗诗集团将在平安不动产承担相关责任的当日将相应支付平安不动产支付金额*50%的款项支付至平安不动产的指定账户。在特定情况下,朗诗集团将根据《增信安排协调协议》的约定,支付特定金额款项至保证金账户,以担保朗诗集团履行《增信协调协议》项下的义务。

金杜认为,前述各项专项计划文件的主要内容反映了专项计划的基本情况和交易安排,其内容没有违反中国法律的禁止性规定,具有合法性。

2.3 私募基金设立文件

2.3.1 《基金合同》

就设立平安不动产朗诗租赁住房系列私募投资基金(简称私募基金)及发行作为专项计划基础资产的基金份额之事宜,届时确定的私募基金管理人分别作为私募基金各期的基金管理人与招商银行深圳分行(简称基金托管人)拟签订《平安不动产朗诗租赁住房系列私募投资基金基金合同》(简称《基金合同》)。《基金合同》约定了基金管理人、基金托管人、基金份额持有人的声明与承诺;私募基金的基本情况;私募基金的募集;私募基金的成立与备案;私募基金的申购、赎回与转让;当事人及权利义务;基金份额持有人大会;私募基金份额的登记;私募基金的投资;私募基金的财产;指令的发送、确认和执行;交易及清算交收安排;基金财产处分;私募基金的估值和会计核算;私募基金的费用与税收;私募基金的收益分配;信息披露;风险揭示;基金合同的效力、变更、解除与终止;私募基金的清算;基金管理人与基金托管人的解任和更换;违约责任;不可抗力;保密义务法律适用与争议的处理等事宜。

2.3.2　《基金托管协议》

基金管理人就委托基金托管人托管私募基金资金事宜拟与基金托管人签订《平安不动产朗诗租赁住房系列私募投资基金托管协议》(简称《基金托管协议》)。《基金托管协议》约定了承诺与声明、基金财产的保管、基金账户的开立与管理、指令的发送、确认及执行、基金资产的估值和会计核算、投资监督与核查、基金信息披露、基金费用、基金收益分配、文件档案保管、协议变更与终止、违约责任、终止清算、保密义务、争议处理、反虚假宣传条款等事宜。

2.3.3　《基金份额认购书》与《基金风险揭示书》

基金管理人拟与平安不动产签订《平安不动产朗诗租赁住房系列私募投资基金份额认购书》(简称《基金份额认购书》),约定平安不动产认购私募基金的全部基金份额(简称基金份额)的相关事宜。

基金管理人拟与平安不动产签订《平安不动产朗诗租赁住房系列私募投资基金风险揭示书》(简称《基金风险揭示书》),向作为私募基金投资者的平安不动产揭示私募基金的相关风险。

金杜认为,《基金合同》《基金托管协议》《基金份额认购书》以及《基金风险揭示书》(合称私募基金设立文件)的格式及内容符合《私募基金管理办法》等中国法律的要求。

三、基础资产的真实性、合法性、权利归属及其负担情况

鉴于专项计划的申报、发行采取"储架发行"方式,截至本法律意见书出具之日,专项计划的基础资产尚未形成、确定,本法律意见书仅就基础资产合格标准的条款合法性出具意见。每一期专项计划设立前,金杜将对基础资产的真实性、合法性、有效性、权利归属及其负担情况、基础资产与底层物业资产符合基础资产合格标准、基础资产未被列入负面清单、底层物业资产的权属情况等相关事项进行核查并在补充法律意见书中发表相应的法律意见。

3.1　基础资产的基本情况

根据资产管理合同的约定,专项计划的基础资产为平安不动产朗诗租赁住房系列私募投资基金的基金份额。

根据《基金合同》的约定,私募基金的投资范围包括:(1)购买项目公司及/或SPV100%股权,并由基金管理人(代表私募基金)与项目公司原股东签署《股权转让协议》;(2)以前述股权收购所需资金以外的募集资金,作为项目公司股东向项目公司发放股东借款(简称股东借款),并由基金管理人(代表私募基金)与项目公司签署《借款合同》;或向项目公司原股东购买其持有的股东借款债权,并由基金管理人(代表私募基金)与项目公司原股东签署《债权转让协议》;(3)在基金管理人(代表私募基金)成为项目公司股东后,基金管理人可视情况向项目公司增资。

金杜认为,该等《借款合同》不违反《中华人民共和国合同法》及《最高人民法院关于审理民间借贷案件适用法律若干问题的规定》的强制性规定,合法有效。

前述股权收购、股东借款发放及/或债权转让款项支付完毕后,私募基金全部基金份额对应的基金财产为:(1)基金管理人代表私募基金持有的项目公司及/或SPV100%股权;(2)基金管理人代表私募基金对项目公司享有的股东借款债权。私募基金通过持有项目公司及/或SPV100%股权实现对物业资产的投资和控制。

3.2　基础资产合格标准

为确保每一期专项计划基础资产的真实性、合法性和有效性,管理人于《标准条款》中约定了如下基础资产合格标准用以筛选拟入池的基础资产:

"合格标准:就基础资产及物业资产而言,系指在专项计划设立日:

a)基金管理人合法成立且有效存续,不存在中国法律规定的应当终止的情形,经私募基金管理人登记具备担任私募基金的基金管理人的资质及权限,有权设立并管理私募基金,发售基金份额;

b)私募基金设立文件(含私募基金的《基金合同》《基金份额认购书》《基金风险揭示书》《基金托管协议》)已签署并生效,私募基金已

按照中国法律规定及私募基金设立文件约定成立,且私募基金已完成备案手续,原始权益人合法持有全部基金份额,原始权益人对基金份额认购、对私募基金设立文件的签署以及对私募基金的出资情况符合中国法律规定以及私募基金设立文件、《基金份额转让协议》约定,基金份额上不存在质押或任何其他第三方权利限制或权利负担;

c)基金份额真实、合法,为完整、权属明确、可特定化的财产权利,可依法进行转让,基础资产符合《管理规定》《资产支持专项计划备案管理办法》(含其附件)等有关的中国法律的要求,未被列入基础资产负面清单;

d)基金管理人(代表私募基金)已持有项目公司及/或SPV100%股权或根据生效的《股权转让协议》有权在专项计划设立日起的五十个工作日(反向吸收合并的情况下为一百八十个工作日)内依法取得项目公司100%股权,且该等股权的权利负担情况符合以下条件之一:

(i)除为担保私募基金直接或间接的各种投资外,项目公司及/或SPV股权上不存在质权,且不存在任何其他第三方权利限制或权利负担,或

(ii)项目公司及/或SPV股权上存在质权,

i. 项目公司及/或SPV作为该等质权所担保主债权的债务人,已生效的专项计划文件、私募基金设立文件与私募基金投资相关合同就该等质权对应的主债务的及时清偿已设置合法可行的资金安排,在专项计划设立后的十个工作日内、通过相关投资安排明确的资金路径,可以以专项计划募集资金清偿该等主债务,并在专项计划设立后三十个工作日内解除项目公司及/或SPV股权的质押,或

ii. 项目公司及/或SPV不是该等质权所担保主债权的债务人,该等质权所担保主债权的债务人,已于专项计划设立日前(含当日)清偿完毕该等主债权项下债务,且该等质权对应的主债权债权人、质权人已书面同意及时配合债务人清偿主债权、并在专项计划设立后三十个工作日内解除项目公司及/或SPV股权的质押;

e)项目公司所持有的物业资产的权属情况应符合以下条件之一:

(i)项目公司已取得物业资产的房屋所有权,或

(ii)根据符合中国法律规定、已生效的物业资产权属变更相关协议的约定,物业资产的原产权人已以合法方式将物业资产的权属转移给项目公司,项目公司已有权实际占用和使用物业资产,享有和承担与该物业资产相关的全部收益(包括但不限于该物业资产的公寓住宿费、服务费和其他物业运营收益)和成本,且项目公司将在专项计划设立日起的确定时限内办妥物业资产的《不动产权证书》,被登记为物业资产唯一的所有权人;

f)物业资产的房屋所有权初始登记情况符合以下条件之一:

(i)物业资产已完成房屋所有权初始登记,且其房屋所有权真实、合法、有效;或

(ii)建设单位合法拥有物业资产占用范围内土地的土地使用权,已取得《国有土地使用权证》,已就物业资产完成竣工验收备案手续取得竣工验收备案表(书),并已向计划管理人书面承诺将在专项计划设立日起的确定时限内办理完毕该等物业资产有效、完整的房屋所有权初始登记、领取《不动产权证书》(如有),并提供了符合中国法律规定的具体时间进度计划和安排;

g)物业资产的权利负担情况符合以下条件之一:

(i)除为担保私募基金向项目公司发放的借款所设立的抵押权(如有)外,物业资产上不存在抵押权,且不存在任何其他第三方权利限制或权利负担,或

(ii)除为担保私募基金向项目公司发放的借款所设立的抵押权(如有)外,物业资产上存在抵押权,

i. 项目公司作为该等抵押权所担保主债权的债务人,已生效的专项计划文件、私募基金设立文件与私募基金投资相关合同就该等抵押权对应的主债务的及时清偿已设置合法可行的资金安排,在专项计划设立后的二十个工作日内、通过相关投资安排明确的资金路径,可以以专项计划募集资金清偿该等主债务,并在专项计划设立后六十个工作日内解除物业资产抵押,或

ii. 项目公司不是该等抵押权所担保主债权的债务人,该等抵押权所担保主债权的债务

人,已于专项计划设立日前(含当日)清偿完毕该等主债权项下债务,且该等抵押权对应的主债权债权人、抵押权人已书面同意及时配合债务人清偿主债权、并在专项计划设立后六十个工作日内解除物业资产抵押;

h)在出租率核算基准日,物业资产长租公寓部分的整体出租率(已出租房间数/总房间数)不低于20%,且资产服务机构已于《资产服务协议》中承诺,于自专项计划设立之日起满6个月之日,物业资产中长租公寓部分的整体出租率(已出租房间数/总房间数)不低于60%;

i)项目公司有权出租物业资产和取得物业资产运营收入;

j)基础资产可以根据《基金份额转让协议》的约定进行合法有效的转让,且无需取得《基金份额转让协议》当事人以外的其他主体的同意;

k)基础资产、物业资产、项目公司及其股权均不涉及诉讼、仲裁、执行或破产程序;

l)物业资产的建设用地使用权期限截止日不早于专项计划的法定到期日;

m)物业资产位于中国境内一二线城市,主要用于长租公寓运营且已处于开业状态;

n)向私募基金转让项目公司股权的主体均为平安不动产及/或朗诗集团、平安集团直接/间接持有股权的子公司、朗诗集团直接/间接持有股权的子公司或平安集团及朗诗集团共同直接/间接持有股权的子公司。"

本所经办律师认为,基础资产合格标准的条款约定不违反中国法律的禁止性规定,具有合法性。

3.3　基金管理人

私募基金由基金管理人依据《私募基金管理办法》及《管理规范》等中国法律规定和《基金合同》的约定设立并管理。

基于本项目为储架注册发行,截至本法律意见书出具之日,拟作为私募基金管理人的私募基金管理人尚未确定,本所将在注册额度下每期发行的法律意见书中对私募基金管理人的合法主体资格及资质和权限发表核查意见。

四、基础资产转让行为的合法性及有效性

经核查,平安不动产董事长于2018年9月12日作出的《平安不动产有限公司关于资产证券化融资的议案》及平安不动产出具的《承诺及声明函》,平安不动产确认将所持全部私募基金份额转让给专项计划已取得董事长作为平安不动产内部必要的授权,且已取得所需的政府审批、许可或进行了政府备案;或者并不存在这样的审批、许可或备案要求。除此之外,由于专项计划的申报、发行采取"储架发行"方式,截至本法律意见书出具日,专项计划的基础资产尚未形成、确定,本法律意见书仅就基础资产合格标准的条款合法性出具意见。每一期专项计划设立前,金杜将对基础资产转让行为的合法性及有效性等相关事项进行核查并在补充法律意见书中发表相应的法律意见。

五、风险隔离的效果

5.1　基础资产所有权转让及风险隔离

如本法律意见书第四条所述,根据《基金份额转让协议》进行的基础资产的转让合法有效。自专项计划设立日起,管理人代表专项计划享有基础资产的所有权,原始权益人对基础资产不再享有任何权利,基础资产即与原始权益人的固有财产相分离;且基础资产自始与基金管理人的固有财产及其管理的其他基金财产相分离。在原始权益人破产或基金管理人破产的情形下,基础资产不会被视为原始权益人或基金管理人的破产财产,可实现破产隔离。

5.2　项目公司及/或SPV股权转让及风险隔离

如本法律意见书第3.1条所述,股权转让依法完成后,基金管理人(代表私募基金)依法持有项目公司及/或SPV的全部股权,项目公司及/或SPV原股东对项目公司及/或SPV的股权不再享有任何权利。届时若项目公司及/或SPV原股东破产,项目公司及/或SPV的股权不会被视为项目公司及/或SPV原股东的破产财产,可实现破产隔离。

5.3　管理人为基础资产管理所作的风险隔离措施

自专项计划设立日起,管理人在托管人处设立专项计划账户,对专项计划单独记账、独立核算,保证了基础资产独立于管理人的固有财产。

六、关于专项计划信用增级安排的合法性、有效性

根据专项计划文件,专项计划的信用增级措施如下:

6.1 结构化分层

根据资产管理合同,专项计划发售的资产支持证券分为优先级资产支持证券与次级资产支持证券。在专项计划进行的分配中,优先级资产支持证券持有人应获分配的未分配本金和预期收益的分配顺序优先于次级资产支持证券的本金和收益。

6.2 差额支付承诺

根据《标准条款》及《差额支付承诺函》,如发生差额支付启动事件,平安不动产应补足专项计划届时可供分配的财产不足以支付专项计划费用并在相应的兑付日(T 日)使全部优先级资产支持证券持有人应获分配的未分配本金及预期收益获得足额分配的差额。

6.3 流动性支持

根据《标准条款》及《增信安排协议》,如果截至某一开放退出行权日前的第 5 个工作日(R－5 日),根据管理人确认完成开放退出的优先级资产支持证券信息,存在全部或部分该开放退出行权日对应的开放退出登记期内申请开放退出并经确认的优先级资产支持证券未完成开放退出的,管理人应通知增信安排人于开放退出行权日(R 日)买入该等优先级资产支持证券,平安不动产应无条件、不可撤销地不晚于开放退出行权日前的第 1 个工作日(R－1 日)将流动性支持金存放于证券收购价款监管账户,并于开放退出行权日(R 日)完成买入该等优先级资产支持证券的交易。

6.4 权利维持费

根据《基金合同》及《优先收购权协议》,平安不动产享有以取得私募基金份额及底层资产(包括但不限于项目公司及/或 SPV 股权、股东借款债权及附属担保权益、物业资产等)的优先收购权,为此平安不动产将向私募基金支付权利维持费。

金杜认为,上述各项信用增级安排不违反《管理规定》等中国法律禁止性规定,上述信用增级安排内容合法;如本法律意见书第 1.4 条所述,平安不动产具备担任专项计划的信用增级机构的主体资格、相应资质及权限;上述信用增级安排涉及的信用增级措施文件拟由相关当事人经适当授权后签署,待专项计划及私募基金成立后生效,对相关当事人具有法律约束力,因此上述信用增级安排具有法律效力。

七、原始权益人及增信配合方的资信及重大违法情况

7.1 原始权益人的资信及重大违法情况

根据中国人民银行征信中心出具的平安不动产《企业信用报告(银行版)》(机构信用代码:G1044030401032740V,中征码:4402000001481340),截至该报告的报告日期 2018 年 8 月 8 日,平安不动产在 15 家金融机构的业务仍未结清,当前未结清信贷业务余额合计余额为 746,000.00 万元,无关注类或不良类未结清业务信息。

根据最高人民法院全国法院被执行人信息查询系统①、全国法院失信被执行人名单信息公布与查询系统②查询结果,截至 2018 年 10 月 23 日,平安不动产不存在被公布为失信被执行人的情况。

根据应急管理部网站③、生态环境部网站④、国家市场监督管理总局网站⑤、国家发展和改革委员会网站⑥和财政部网站⑦、"信用中国"网站⑧和国家企业信用信息公示系统⑨查询结果,截至 2018 年 10 月 23 日,平安不动产不存在经上述网络渠道公示的安全生产领域、环

---

① 网址:zhixing. court. gov. cn/search/。最后查询时间:2018 年 12 月 10 日。

② 网址:shixin. court. gov. cn。最后查询时间:2018 年 12 月 10 日。

③ 网址:www. chinasafety. gov. cn。最后查询时间:2018 年 12 月 10 日。

④ 网址:www. mee. gov. cn。最后查询时间:2018 年 12 月 10 日。

⑤ 网址:www. aqsiq. gov. cn。最后查询时间:2018 年 12 月 10 日。

⑥ 网址:www. ndrc. gov. cn。最后查询时间:2018 年 12 月 10 日。

⑦ 网址:www. mof. gov. cn。最后查询时间:2018 年 12 月 10 日。

⑧ 网址:www. creditchina. gov. cn。最后查询时间:2018 年 12 月 10 日。

⑨ 网址:www. gsxt. gov. cn。最后查询时间:2018 年 12 月 10 日。

境保护领域、产品质量领域、财政性资金管理使用领域的失信记录。

根据国家税务总局网站[①]、平安不动产注册地主管税务部门网站(国家税务总局广东省税务局网站群[②]、国家税务总局深圳市国家税务局网站[③])查询结果,平安不动产不存在在上述网络渠道被公示为重大税收违法案件当事人的情况。

7.2　增信配合方的资信及重大违法情况

根据最高人民法院全国法院被执行人信息查询系统[④]、全国法院失信被执行人名单信息公布与查询系统[⑤]查询结果,截至2018年10月23日,朗诗集团不存在被公布为失信被执行人的情况。

根据应急管理部网站[⑥]、生态环境部网站[⑦]、国家市场监督管理总局网站[⑧]、国家发展和改革委员会网站[⑨]和财政部网站[⑩]、"信用中国"网站[⑪]和国家企业信用信息公示系统[⑫]查询结果,截至2018年10月23日,朗诗集团不存在经上述网络渠道公示的安全生产领域、环境保护领域、产品质量领域、财政性资金管理使用领域的失信记录。

根据国家税务总局网站[⑬]、朗诗集团注册地注册地主管税务部门网站(国家税务总局江苏省税务局网站群[⑭]、国家税务总局南京市税务局网站群[⑮])查询结果,朗诗集团不存在在上述网络渠道被公示为重大税收违法案件当事人的情况。

八、结论

综上,金杜认为,原始权益人、管理人、托管人、信用增级机构具备相应的主体资格、资质及权限;专项计划文件内容没有违反中国法律的禁止性规定,具有合法性;基础资产合格标准的条款约定不违反中国法律的禁止性规定,具有合法性,基金管理人具备相应的主体资格、资质及权限;基础资产与原始权益人等主体风险隔离措施合法、有效;专项计划信用增级安排合法、有效。

每一期专项计划设立前,金杜将对基础资产的真实性、合法性、有效性、权利归属及其负担情况、基础资产与底层物业资产符合基础资产合格标准、基础资产未被列入负面清单、底层物业资产的权属情况以及基础资产转让行为的合法性及有效性等相关事项进行核查并在补充法律意见书中发表相应的法律意见。

每一期专项计划在按照资产管理合同约定的条件发行完毕后设立完成。管理人应当自专项计划设立完成后5个工作日内将设立情况报中国证券投资基金业协会备案。

本法律意见书仅为本法律意见中所说明的事项出具,不得被作为就其他事项而出具的法律意见。本法律意见书仅反映截至本法律意见书出具之日的尽职调查结果,仅供深圳平安大华汇通财富管理有限公司为开展本项目的挂牌转让申请工作而向上海证券交易所提交申请文件之目的而使用,未经我们书面同意,不得被任何其他方为任何其他目的使用或依赖。

---

① 网址:www. chinatax. gov. cn。最后查询时间:2018年12月10日。

② 国家税务总局广东省税务局网站,网址:www. gd－n－tax. gov. cn。最后查询时间:2018年12月10日。

③ 国家税务总局深圳市税务局网站,网址:www. sz-tax. gov. cn。最后查询时间:2018年12月10日。

④ 网址:zhixing. court. gov. cn/search/。最后查询时间:2018年12月10日。

⑤ 网址:shixin. court. gov. cn。最后查询时间:2018年12月10日。

⑥ 网址:www. chinasafety. gov. cn。最后查询时间:2018年12月10日。

⑦ 网址:www. mee. gov. cn。最后查询时间:2018年12月10日。

⑧ 网址:www. aqsiq. gov. cn。最后查询时间:2018年12月10日。

⑨ 网址:www. ndrc. gov. cn。最后查询时间:2018年12月10日。

⑩ 网址:www. mof. gov. cn。最后查询时间:2018年12月10日。

⑪ 网址:www. creditchina. gov. cn。最后查询时间:2018年12月10日。

⑫ 网址:www. gsxt. gov. cn。最后查询时间:2018年12月10日。

⑬ 网址:www. chinatax. gov. cn。最后查询时间:2018年12月10日。

⑭ 国家税务总局江苏省税务局网站,网址:http://www. jsgs. gov. cn/。最后查询时间:2018年12月10日。

⑮ 国家税务总局南京市税务局网站,网址:http://www. jsgs. gov. cn/col/col6137/index. html,最后查询时间:2018年12月10日。

本法律意见书正本一式壹份,无副本。

(此页无正文,为《北京市金杜律师事务所关于深圳平安大华汇通财富管理有限公司设立平安汇通-平安不动产朗诗租赁住房系列资产支持专项计划的法律意见书》的签署页)

北京市金杜律师事务所
负责人:王玲
经办律师:方榕、胡喆

北京市金杜律师事务所关于深圳平安大华汇通财富管理有限公司设立平安汇通-平安不动产朗诗租赁住房1期资产支持专项计划的补充法律意见书

致:深圳平安大华汇通财富管理有限公司

北京市金杜律师事务所(简称金杜)是经中华人民共和国[①](简称中国)北京市司法局批准设立、有资格依照现行有效的中国法律、行政法规、地方性法规、部门规章及其他规范性文件(简称中国法律),就题述事宜出具中国法律意见的律师事务所。金杜根据《中华人民共和国证券法》《证券公司及基金管理公司子公司资产证券化业务管理规定》(简称《管理规定》)、《私募投资基金监督管理暂行办法》(简称《私募基金管理办法》)、《关于发布〈资产支持专项计划备案管理办法〉及配套规则的通知》(包含其附件2《资产证券化业务基础资产负面清单指引》)(简称《备案办法》)等中国法律的规定出具本《北京市金杜律师事务所关于深圳平安大华汇通财富管理有限公司设立平安汇通-平安不动产朗诗租赁住房1期资产支持专项计划的补充法律意见书》(简称本补充法律意见书)。

就平安汇通-平安不动产朗诗租赁住房系列资产支持专项计划,金杜已于2018年10月26日出具《北京市金杜律师事务所关于深圳平安大华汇通财富管理有限公司设立平安汇通-平安不动产朗诗租赁住房系列资产支持专项计划的法律意见书》(简称《总体法律意见书》),就原始权益人、管理人、销售机构、托管人、信用增级机构的主体资格、资质及权限;专项计划文件的合法性;专项计划基础资产合格标准的条款合法性;基金管理设立文件的合法有效性;基础资产与原始权益人等主体风险隔离的有效性;专项计划信用增级安排的合法性、有效性;原始权益人及增信配合方的资信及重大违法情况的情况发表意见。

鉴于《总体法律意见书》出具时基础资产尚未形成且本平安汇通-平安不动产朗诗租赁住房1期资产支持专项计划(简称专项计划)为平安汇通-平安不动产朗诗租赁住房系列资产支持专项计划额度范围内的一期专项计划,因此金杜在本补充法律意见书中主要对在《总体法律意见书》中未予发表明确法律意见的基础资产的真实性、合法性、有效性、权利归属及其负担情况、未被列入负面清单、底层物业资产的权属情况以及基础资产转让行为的合法性及有效性等相关事项进行核查并发表法律意见。本补充法律意见书与《总体法律意见书》共同构成金杜就专项计划发表的完整法律意见书。

本补充法律意见书仅就深圳平安大华汇通财富管理有限公司(简称平安汇通或管理人)设立本专项计划的相关问题发表法律意见,并不对任何有关会计、审计、资产评估、信用评级等专业事项发表意见。金杜在本补充法律意见书中对有关会计报表、审计报告、资产评估报告和信用评级报告等某些数据和结论的引述,并不意味着金杜对这些数据、结论的真实性和准确性作出任何明示或默示的保证。金杜对于这些文件的内容并不具备核查和作出评价的适当

① 为出具本补充法律意见书之目的,不包括我国香港特别行政区、澳门特别行政区和台湾地区。

资格。

为出具本补充法律意见书，金杜依据中国律师行业公认的业务标准、道德规范和勤勉尽责精神，对与专项计划有关的事实进行了尽职调查，查阅了金杜认为必须查阅的文件，并就专项计划及与之相关的问题向有关人员做了询问或与之进行了必要的讨论。平安汇通等专项计划参与人已经向金杜保证，其已经向金杜提供了为出具补充法律意见书所必要的真实、完整、有效的原始书面材料或副本材料，或询问笔录。

对于出具本补充法律意见书至关重要而又无法得到独立证据支持的事实，金杜依赖平安汇通等专项计划参与人、有关政府主管部门或者其他有关机构出具的证明文件或确认文件出具法律意见。

金杜同意将本补充法律意见书作为平安汇通申请设立专项计划所必备的法律文件，并依法承担相应的责任。

本补充法律意见书仅供平安汇通设立专项计划之目的使用，本补充法律意见书不得由任何其他人使用，或用于任何其他目的。

除非上下文另有含义，在本补充法律意见书中所使用的词语简称与《平安汇通－平安不动产朗诗租赁住房1期资产支持专项计划标准条款》（申报上海证券交易所稿，简称《标准条款》）中的定义具有相同含义。

基于上述，金杜出具法律意见如下：

一、基础资产的真实性、合法性、权利归属及其负担情况

1.1　基础资产的详情

根据资产管理合同的约定，专项计划的基础资产为平安不动产朗诗租赁住房1期私募投资基金（简称私募基金）的基金份额。

私募基金由基金管理人依据《私募基金管理办法》及《管理规范》等中国法律规定和《基金合同》的约定设立并管理。

1.1.1　上海朗青投资管理有限公司（以下简称上海朗青）

根据中国（上海）自由贸易试验区市场监督管理局于2016年12月26日核发的《营业执照》（统一社会信用代码：91310000301445986F）以及国家企业信用信息公示系统公示信息[①]，基金管理人的基本情况如下：

名称	上海朗青投资管理有限公司
类型	有限责任公司（台港澳法人独资）
住所	中国（上海）自由贸易试验区富特北路211号302部位368室
法定代表人	徐伟力
注册资本	美元500万
成立日期	2014年5月28日
营业期限	2014年5月28日至2044年5月27日
经营范围	投资管理，投资信息咨询（依法须经批准的项目，经相关部门批准后方可开展经营活动）

经核查，截至本法律意见书出具之日，基金管理人合法成立且有效存续，不存在《公司法》等中国法律规定的应当终止的情形。

根据中国证券投资基金业协会网站私募基金管理人综合查询系统公示信息[②]，截至本法律意见书出具之日，基金管理人已办理完成私募基金管理人登记，登记编号为P1065211。

综上所述，金杜认为，上海朗青具备担任私募基金基金管理人的主体资格、相应资质及权限，有权成立并管理私募基金，发售基金份额。

根据《平安不动产朗诗租赁住房1号私募投资基金基金合同》（包括对该合同的任何修改或补充，统称《基金合同》）约定，投资者按照《基金合同》约定认购基金份额的认购金额达到私募基金计划募集总额，且该等投资者已签订《平安不动产朗诗租赁住房1号私募投资基金份额认购书》（包括对该认购书的任何修改或补充，统称《基金份额认购书》）并经投资回访确认（如适用）或在投资冷静期届满未提出解除其作为签署一方的基金文件要求（在暂不适用回访确认制度的情形下），基金管理人宣布成立并向基金托管人发出《资产托管业务起始运作通知书》载明私募基金成立日，私募基金管理人应于私募基金成立（含）起的20个工

① 网址：www.gsxt.gov.cn。最后查询时间：2018年12月10日。

② 网址：http://gs.amac.org.cn/amac-infodisc/res/pof/manager/index.html，最后查询时间：2018年12月10日

作日内根据中国法律及中国证券投资基金业协会的相关规定向中国证券投资基金业协会进行私募基金备案。

根据私募基金文件,专项计划的原始权益人平安不动产有限公司(简称平安不动产或原始权益人)拟与基金管理人签订《基金份额认购书》,认购私募基金的全部份额。鉴此,金杜认为,私募基金将于平安不动产签订《基金份额认购书》且认购金额达到私募基金计划募集总额,并经投资回访(如适用)或在投资冷静期届满未提出解除其作为签署一方的基金文件要求,私募基金将于上海朗青宣布成立之日起合法成立,届时平安不动产将于私募基金成立时通过认购取得全部基金份额,基金份额将作为平安不动产合法持有的财产,平安不动产将有权作为原始权益人向专项计划转让作为基础资产的基金份额。

根据《基金份额认购书》约定,平安不动产应于《基金份额认购书》签署后3个工作日内实缴基金出资人民币100万元(1元人民币的基金出资对应1份基金份额),剩余基金出资将按照基金管理人缴款通知书的时间缴付。根据《标准条款》及《平安不动产朗诗租赁住房1号私募投资基金份额转让协议》(申报上海证券交易所版,简称《基金份额转让协议》)的约定,管理人将代表专项计划根据《基金份额转让协议》的约定于专项计划设立日购买平安不动产(作为原始权益人)所持私募基金的全部基金份额,并依法取得该等基金份额,同时承继平安不动产在《基金合同》和《基金份额认购书》项下实缴剩余全部基金出资的义务,并于专项计划设立日实缴剩余全部基金出资。根据《基金合同》和《基金份额转让协议》约定,管理人代表专项计划实缴完毕剩余全部基金出资后,私募基金全部基金出资即缴付完毕,私募基金将按照《基金合同》约定的方式进行投资。

根据平安不动产出具的《承诺及声明函》,在平安不动产持有基金份额的期间内,不会在基金份额上设置质押或任何其他第三方权利限制。

综上,金杜认为,在私募基金按照私募基金文件成立后,作为专项计划基础资产的基金份额真实、合法,为完整、权属明确、可特定化的财产权利,可依法进行转让。基础资产符合《管理规定》《备案办法》的要求,专项计划的基础资产符合基础资产合格标准,基础资产未被列入基础资产负面清单。

1.2　私募基金的投资

1.2.1　私募基金购买项目公司股权

根据专项计划文件及私募基金文件约定,基金管理人(代表私募基金)拟自中云置业(中云置业全称见本补充法律意见书第1.3.1条,简称"项目公司")原股东购买项目公司的全部股权,并与项目公司原股东签订《股权转让协议》(合称《股权转让协议》)。

1.2.2　私募基金基于项目公司股东身份向项目公司发放股东借款

根据专项计划文件及私募基金文件约定,基金管理人(代表私募基金)拟与项目公司签署《借款合同》(简称《借款合同》),由私募基金分别向项目公司发放一笔股东借款。

1.3　私募基金的基金财产

1.3.1　项目公司的基本情况

(1)上海中云置业有限公司

根据上海市浦东新区市场监督管理局于2017年12月28日核发的《营业执照》(统一社会信用代码:913101155726910700)、上海中云置业有限公司(简称"中云置业")现行有效的公司章程、国家企业信用信息公示系统①公示信息,中云置业的基本情况如下:

名称	上海中云置业有限公司
类型	有限责任公司(自然人投资或控股的法人独资)
住所	上海市浦东新区洲海路1090、1114号301
法定代表人	徐伟力
注册资本	人民币20,000万元整
成立日期	2011年4月13日
营业期限	2011年4月13日至不约定期限
经营范围	房地产开发、经营,物业管理,酒店管理(依法须经批准的项目,经相关部门批准后方可开展经营活动)

经核查中云置业的《营业执照》、公司章程

① 网址:www. gsxt. gov. cn。最后查询时间:2018年12月10日。

等材料，并经查询国家企业信用信息公示系统，截至本补充法律意见书出具之日，中云置业系合法设立且有效存续的有限责任公司，不存在《公司法》等中国法律及其公司章程规定的应当终止的情形。

根据国家企业信用信息公示系统①公开信息，中云置业唯一股东为上海著久企业管理咨询有限公司（简称著久管理或项目公司原股东），著久管理股东之一为深圳恒创投资管理有限公司，深圳恒创投资管理有限公司唯一股东为平安不动产。中云置业属于平安不动产间接持有股权的子公司。

根据中国裁判文书网②、人民法院公告网③、全国法院被执行人信息查询系统④及中云置业承诺，中云置业股权未涉及争议、仲裁、执行、破产程序或被采取诉讼保全措施。

1.3.2　项目公司股权他项权利

根据国家企业信用信息公示系统⑤及上海市浦东新区市场监督管理局档案室于2018年9月27日出具的《档案机读材料》，项目公司股权他项权利情况如下：

登记编号	1520180035
出质人	上海著久企业管理咨询有限公司
质权人	中国工商银行股份有限公司上海市浦东开发区支行
出质股权数额	20,000
出质股权比例	100%
设立登记日期	2018年1月22日
状态	有效

项目公司已于2018年11月23日向中国工商银行股份有限公司上海市浦东开发区支行出具了《关于提前还款、解除抵押的申请》。

中国工商银行股份有限公司上海市浦东开发区支行已于2018年11月26日出具了《关于提前还款、解除抵押的同意书》，同意项目公司提前还款并配合办理完成项目公司股权质押的解除及注销程序。

1.3.3　项目公司股权质押解除

根据《基金合同》约定，基金管理人应代表私募基金，向著久管理购买项目公司的全部股权，并就此与项目公司原股东签订《股权转让协议》。《股权转让协议》约定，如项目公司存在股权质押，则在基金运作起始日后30个工作日内，完成股权解押手续。金杜认为，该等《股权转让协议》不违反《中华人民共和国合同法》（简称《合同法》）、《中华人民共和国物权法》、《中华人民共和国公司法》的强制性规定，合法有效。一经合法有效签署，对签署方具有约束力。

1.3.4　项目公司股权转让

根据《基金合同》约定，基金管理人应代表私募基金，向著久管理购买项目公司的全部股权，并就此与项目公司原股东签订《股权转让协议》。根据深圳市世联资产评估有限公司出具的《深圳平安大华汇通财富管理有限公司开展资产证券化项目涉及的上海中云置业有限公司股东全部权益价值项目资产评估报告》（世联资产评报字BJ［2018］0100）（以下简称《评估报告》），中云置业股东全部权益价值30,161.88万元。

根据《最高人民法院关于适用〈中华人民共和国合同法〉若干问题的解释（二）》第十九条的规定，对于合同法第七十四条规定的“明显不合理的低价”，人民法院应当以交易当地一般经营者的判断，并参考交易当时交易地的物价部门指导价或者市场交易价，结合其他相关因素综合考虑予以确认。转让价格达不到交易时交易地的指导价或者市场交易价百分之七十的，一般可以视为明显不合理的低价；对转让价格高于当地指导价或者市场交易价百分之三十的，一般可以视为明显不合理的高价。

金杜认为，该等《股权转让协议》不违反《合同法》《中华人民共和国物权法》《中华人民共和国公司法》的强制性规定，合法有效。一经合法有效签署，对签署方具有约束力；在《股

① 网址：www.gsxt.gov.cn。最后查询时间：2018年12月10日。

② 网址：wenshu.court.gov.cn，最后查询时间：2018年12月10日。

③ 网址：https://rmfygg.court.gov.cn/，最后查询时间：2018年12月10日。

④ 网址：http://zhixing.court.gov.cn/search/，最后查询时间：2018年12月10日。

⑤ 网址：www.gsxt.gov.cn。最后查询时间：2018年12月10日。

权转让协议》对价不低于评估价格70%且不高于评估价格的130%的前提下,股权转让对价公允。

1.3.5　对项目公司的股东借款债权

如本补充法律意见书第1.2.2条所述,私募基金拟根据《借款合同》向项目公司发放一笔股东借款,项目公司应按《借款合同》的约定按期向私募基金偿还借款本息。

金杜认为,该等《借款合同》不违反《合同法》及《最高人民法院关于审理民间借贷案件适用法律若干问题的规定》(简称《民间借贷司法解释》)的强制性规定,合法有效。

综上,在私募基金受让项目公司变更后,以专项计划募集资金实缴对私募基金的出资,并由私募基金以其实缴出资,向项目公司原股东支付项目公司股权收购价款以及向项目公司发放股东借款的安排不违反中国法律的规定,且专项计划募集、私募基金出资、股权投资和发放股东借款等交易安排有序衔接,合法可行。

前述股权收购、股东借款发放完毕后,私募基金全部基金份额对应的基金财产为:(i)基金管理人代表私募基金持有的项目公司100%股权;及(ii)基金管理人代表私募基金对项目公司享有的股东借款债权。私募基金通过持有项目公司100%股权实现对物业资产的投资和控制。

1.4　物业资产

1.4.1　物业资产的基本信息

根据专项计划文件及私募基金文件,专项计划的底层物业资产为中云置业持有的位于上海市浦东新区张杨北路3209、3239号,洲海路1088弄1,2号,车库,张杨北路3211－3237号(单),洲海路1090－1114号(双)中的物业(简称朗诗寓森兰项目或物业资产)(物业资产权属信息详见本补充法律意见书附件二)。

(1)朗诗寓森兰项目

朗诗寓森兰项目的所有权人为中云置业。根据金杜适当核查,中云置业现持有朗诗寓森兰项目的房屋所有权及其占用范围内的土地使用权,朗诗寓森兰项目的不动产权属信息见附件二。中云置业所持朗诗寓森兰项目的房屋所有权真实、合法、有效,朗诗寓森兰项目系中云置业的合法财产,并将朗诗寓森兰项目对外出租。

根据朗诗寓森兰项目物业资产《上海市房地产权证》[沪房地浦字(2016)第092938号]、《上海市房地产权证》[沪房地浦字(2016)第092939号],物业资产土地用途均为商业用地。另根据中云置业与朗诗寓森兰项目承租人签署的《上海中云置业有限公司长租公寓服务合同》、《租赁合同》(定义见本补充法律意见书第1.4.4条,以下同),朗诗寓森兰项目拟出租用于居住用途、商业配套。根据《国务院办公厅关于加快培育和发展住房租赁市场的若干意见》(国办发〔2016〕39号,下称国办发〔2016〕39号文)①和《上海市人民政府办公厅关于加快培育和发展本市住房租赁市场的实施意见》(沪府办〔2017〕49号)②有关允许将商业用房等按规定改建为租赁住房的规定,我们认为将商业用房改建用于租赁住房符合政策规定,中云置业可据此办理土地用途变更为居住用途的手续。中云置业已出具《承诺及声明函》,承诺将根据国土、规划行政主管部门的要求,办理朗诗寓森兰项目用于租赁住房部分的相关手续,确保符合居住用房的建设规范和标准,完成公安消防等有关职能部门按照改建后的实际使用性质进行的审批验收等手续,确保物业资产用于租赁住房部分可以用于租赁住房用途,且不会销售该等物业。

1.4.2　物业资产的权属与收益

中云置业持有上海市浦东新区房地产登记处于2016年9月30日核发的《上海市房地产

① 《国务院办公厅关于加快培育和发展住房租赁市场的若干意见》(国办发〔2016〕39号文)第(十二)条:“允许改建房屋用于租赁。允许将商业用房等按规定改建为租赁住房,土地使用年限和容积率不变,土地用途调整为居住用地……”

② 《上海市人民政府办公厅关于加快培育和发展本市住房租赁市场的实施意见》(沪府办〔2017〕49号):“四、加大租赁住房供应,实现住有所居目标(二)允许商办用房等按照规定改建用于住房租赁。对于区域商办闲置过大,职住不平衡的,按照‘以区为主、总量控制、守住底线’的原则,在符合规划要求,保证使用安全、消防安全、配套完善的前提下,由区政府牵头,组织相关部门进行综合评估,建立快速审批通道,探索实施并联审批,允许将商办用房等按照规定改建为租赁住房,签订土地补充出让合同,土地使用年限和容积率不变。改建后按照变更许可后的审批要求,进行规划、建设及消防审核验收,可以办理住房租赁合同登记备案……”

权证》,具体情况如下:

权利人:	上海中云置业有限公司
证书编号:	沪房地浦字(2016)第092938号
坐落:	张杨北路3211-3237号(单),洲海路1090-1114号(双)
用途:	商业用地
宗地面积:	16621平方米
建筑面积:	4035.56平方米

权利人:	上海中云置业有限公司
证书编号:	沪房地浦字(2016)第092939号
坐落:	张杨北路3209、3239号,洲海路1088弄1,2号,车库
用途:	商业用地
宗地面积:	16621平方米
建筑面积:	39507.29平方米

鉴此,金杜认为,中云置业合法拥有物业资产的权属,有权实际占用和使用物业资产,享有和承担与物业资产相关的全部收益(包括但不限于物业资产的租金收益和物业运营收益)和成本。

根据中国裁判文书网①、人民法院公告网②、全国法院被执行人信息查询系统③及中云置业承诺,物业资产未涉及争议、仲裁、执行、破产程序或被采取诉讼保全措施。

1.4.3　物业资产上的他项权利

根据中云置业提供的不动产查册资料④,物业资产存在抵押权利限制,具体情况如下:

不动产登记证明编号	沪(2016)浦字不动产证明第14035183号
抵押人	上海中云置业有限公司
质权人	中国工商银行股份有限公司上海市浦东开发区支行
被担保债权数额	520,000,000元
债务履行期间	2016.12.8-2036.12.7
状态	有效

项目公司已于2018年11月23日向中国工商银行股份有限公司上海市浦东开发区支行出具了《关于提前还款、解除抵押的申请》。

中国工商银行股份有限公司上海市浦东开发区支行已于2018年11月26日出具了《关于提前还款、解除抵押的同意书》,同意项目公司提前还款并配合办理完成物业资产抵押的解除及注销程序。

根据《基金合同》约定,基金管理人应代表私募基金,向著久管理购买项目公司的全部股权,并就此与项目公司原股东签订《股权转让协议》。《股权转让协议》约定,如目标物业存在抵押权,则在基金运作起始日后20个工作日内,清偿抵押权对应的主债务,并在基金运作起始日后60个工作日内,完成物业解押手续。金杜认为,该等《股权转让协议》不违反《合同法》《中华人民共和国物权法》《中华人民共和国公司法》的强制性规定,合法有效。一经合法有效签署,对签署方具有约束力。

1.4.4　物业资产运营情况

中云置业与上海朗诗寓(简称上海朗诗寓)商业管理有限公司签署《上海森兰中环国际项目委托经营管理合同》,约定自2017年11月30日起至2027年11月29日由上海朗诗寓运营管理物业资产,为中云置业提供经营管理服务并收取服务费用。

中云置业与各长租公寓承租人(简称入住方)分别签署《上海中云置业有限公司长租公寓服务合同》(简称长租合同),由中云置业向入住方提供仅限日常生活居住的公寓,并为入住方提供相关公寓服务;入住方承担按长租合同约定支付公寓住宿费及服务费。

中云置业与上海协信远翰企业管理有限公司(简称协信远翰)签署了《上海中云置业有限公司与上海协信远翰企业管理有限公司关于中云国际大厦-2号楼之租赁合同》(简称租赁合同),约定自2018年5月5日起20年,中云置

① 网址:wenshu.court.gov.cn,最后查询时间:2018年12月10日。

② 网址:https://rmfygg.court.gov.cn/,最后查询时间:2018年12月10日。

③ 网址:http://zhixing.court.gov.cn/search/,最后查询时间:2018年12月10日。

④ 朗诗寓森兰项目不动产查册时间:2018年10月24日。

业将2号楼1-4层出租予协信远翰用于培训机构教学场所之用,并为协信远翰提供物业管理服务;协信远翰承担按照租赁合同支付租金及物业管理费。

金杜认为,上述物业资产运营安排不违反法律、行政法规的强制性规定,具有合法性。

1.4.5 物业资产的投保情况

根据中云置业提供的编号为10217013900503160229《森兰中环国际大厦财产一切险保险单》,中国平安财产保险股份有限公司为物业资产中的固定资产(含装修费用)提供财产一切险,保险期限为2018年9月5日0时起至2019年12月31日24日止。

根据中云置业提供的编号为10217023900365790026７《森兰中环国际大厦财产一切险保险单》,中国平安财产保险股份有限公司为物业资产中的建筑物提供财产一切险,第一受益人为中国工商银行股份有限公司上海市浦东开发区支行,保险期限为2018年1月3日0时起至2019年1月2日24日止。

根据中云置业提供的编号为10217013900503255980《森兰中环国际大厦机器损坏险保险单》,中国平安财产保险股份有限公司为物业资产中的空调给排水等设备提供机器损坏险,保险期限为2018年9月5日0时起至2019年12月31日24日止。

根据中云置业提供的编号为10217013900503157465《森兰中环国际大厦财产公众责任险保单》,中国平安财产保险股份有限公司为物业资产提供公众责任险,保险期限为2018年9月5日0时起至2019年12月31日24日止。

综上,金杜认为,在中云置业按时、足额支付保费且未违反保险合同其他义务的前提下,物业资产中的前述财产已经获得中国平安财产保险股份有限公司承保。

综上,金杜认为,受限于物业持有人按照其出具的承诺函完成各承诺事项,专项计划的底层物业资产符合基础资产合格标准;项目公司有权依法占有、使用或出租物业资产并取得租金收入;根据中云置业提供的不动产查册资料,物业资产存在其他抵押、查封、扣押、冻结等他项权利和权利限制。

二、基础资产转让行为的合法性及有效性

2.1 专项计划的原始权益人为平安不动产。如《总体法律意见书》所述,平安不动产为依法设立并有效存续的企业法人;如本补充法律意见书第1.1条所述,平安不动产经签订《基金份额认购书》并经投资回访确认后于私募基金设立时取得全部基金份额,该等基金份额为平安不动产合法持有的财产。

2.2 专项计划的管理人为平安汇通。如《总体法律意见书》所述,平安汇通具备担任专项计划管理人、销售机构的主体资格,在专项计划设立后,其有权代表专项计划向原始权益人购买作为基础资产的全部基金份额。

2.3 作为专项计划基础资产的基金份额不属于法律法规所禁止转让的财产或权利,具备可转让性。如本补充法律意见书第1.1条所述,平安不动产承诺在其持有基金份额的期间内,不会在基金份额上设置质押或任何其他第三方权利限制。

2.4 如《总体法律意见书》所述,平安不动产的董事长已作出决定批准了基础资产转让事项。管理人与原始权益人拟就基础资产的转让签署《基金份额转让协议》,根据《基金份额转让协议》的约定,基金份额的转让自专项计划设立日生效,原始权益人自专项计划设立日起,不再享有基金份额的所有权。

综上所述,金杜认为,基础资产的转让不违反中国法律的禁止性规定,根据生效的《基金份额转让协议》进行的基础资产转让行为合法、有效,原始权益人将于专项计划设立日将其持有的作为基础资产的全部基金份额完整转让给专项计划。

三、结论

综合《总体法律意见书》及本补充法律意见书,金杜认为,原始权益人、管理人、销售机构、托管人、信用增级机构具备相应的主体资格、资质及权限;专项计划文件内容没有违反中国法律的禁止性规定,具有合法性;在私募基金按照私募基金文件设立后,专项计划的基础资产中的基金份额真实、合法,为完整、权属明确、可特定化的财产权利,可依法进行转让;基础资产符合《管理规定》《备案办法》的要求,基础资

产与底层物业资产符合基础资产合格标准，基础资产未被列入基础资产负面清单；基础资产的转让不违反中国法律的禁止性规定，根据生效的《基金份额转让协议》进行的基础资产转让行为合法、有效；基础资产与原始权益人等主体风险隔离措施合法、有效；专项计划信用增级安排合法、有效。

专项计划在按照资产管理合同约定的条件发行完毕后设立完成。管理人应当自专项计划设立完成后5个工作日内将设立情况报中国证券投资基金业协会备案。

本补充法律意见书正本一式五份，无副本。

（此页无正文，为《北京市金杜律师事务所关于深圳平安大华汇通财富管理有限公司设立平安汇通－平安不动产朗诗租赁住房1期资产支持专项计划的补充法律意见书》的签署页）

北京市金杜律师事务所
负责人：王玲
经办律师：方榕、胡喆

北京市竞天公诚律师事务所关于中信信托有限责任公司中信信托－唐山世园会 PPP 项目资产支持专项计划的法律意见书

致：中信信托有限责任公司（以下称中信信托）

根据北京市竞天公诚律师事务所（以下称本所）与中信信托签署的《中信信托－唐山世园会 PPP 项目资产支持专项计划专项法律服务协议》，本所担任中信信托拟作为管理人设立的“中信信托－唐山世园会 PPP 项目资产支持专项计划”（以下简称专项计划）的专项法律顾问，本所指定任国兵律师、林淑兰律师作为本次发行专项计划的承办律师，并获授权为本次发行专项计划出具法律意见书。

本所根据截至本法律意见书出具之日已公布并有效施行的与本次发行专项计划有关的法律、行政法规和中国证券监督管理委员会（以下简称中国证监会）、中国银行保险监督管理委员会（以下简称中国银保监会）的有关部门规章和规范性文件，按照律师行业公认的业务标准、道德规范和勤勉尽责精神，出具本法律意见书。

第一部分　本法律意见书的范围及声明

一、项目方案概要

本所审查了管理人提交的专项计划文件，本所理解专项计划的方案如下：

管理人拟通过设立专项计划募集资金，以资产支持证券投资者交付的认购资金向原始权益人购买基础资产，即：由原始权益人直接持有的，并拟由管理人代表专项计划在交割日根据《基金份额转让协议》约定向原始权益人收购的私募基金全部基金份额。管理人以基础资产所产生的现金流为偿付支持，并通过资产支持证券的结构化分层、信用触发机制（包括加速清偿事件和违约事件）的设置等方式进行信用增级，在此基础上发行专项计划项下优先级资产支持证券和次级资产支持证券。资产支持证券持有人根据专项计划文件的约定获取投资收益，承担投资风险。

除上下文另有规定以外，本法律意见书中的词语以及所述的解释规则与《中信信托－唐山世园会 PPP 项目资产支持专项计划专项计划文件及申报材料之主定义表》中所定义的词语以及所列示的解释规则具有相同的含义。

二、法律意见书的范围

根据专项计划有关的法律法规要求，本所主要从以下方面对本次发行专项计划的合法合规性发表意见：

1. 管理人、销售机构/推广机构、托管人及原始权益人的资质及权限。

2. 专项计划文件的合法合规性。

3. 基础资产、底层资产的真实性、合法性、权利归属及其负担情况、特定化、完整性、是否符合 PPP 项目相关的合格标准。

4. 基础资产转让行为的合法有效性。

5. 风险隔离的效果。

6. 专项计划信用增级安排的合法性、有效性。

7. 基础资产、底层资产未被列入负面清单的相关意见。

8. 可能影响资产支持证券投资者利益的其他重大事项。

三、出具法律意见书的假设和声明

1. 本所出具本法律意见书基于以下假设:

(1)所有提供给本所的文件和资料,其签名、印章都是真实的,其内容均为真实、准确、完整和有效,无任何隐瞒、虚假和遗漏。

(2)所有提供给本所的文件和资料的副本、复印件、扫描件、传真、电子邮件或通过其他电子传输方式形成的文件和资料均与其原件是一致的,并且原件是真实、准确、完整和有效的。

(3)提交给本所的文件和资料中签署该等文件和资料的人士均具有完全民事权利能力和完全民事行为能力并有权或已经取得有效授权,并履行了签署及履行该等文件和资料所必需的所有内、外部审批程序,其签署及履行该等文件和资料不违反其应适用的境内、外法律及其公司章程或其他相关组织性文件,不存在任何可能导致影响提交给本所的文件和资料之法律效力或影响本所发表法律意见的事实情况或其他安排;取得文件、资料以及向本所提交文件、资料的手续都是合法的,该等文件和资料的签署系基于其真实意思表示。

(4)提交给本所的文件和资料中,各方在该等文件和资料中关于事实的陈述和保证(本法律意见书中对之专门发表意见的事实除外)均真实、准确、完整,不存在虚假记载、误导性陈述或者遗漏。

(5)管理人具有完善的合规、风控制度以及风险处置应对措施,能有效控制业务风险;最近 1 年未因重大违法违规行为受到行政处罚。

2. 为出具本法律意见书,本所特作如下声明:

(1)截至本法律意见书出具日,中国政企合作投资基金股份有限公司与管理人之间的《中信信托 - 唐山世园会 PPP 项目资产支持专项计划基金份额转让协议 2》尚未正式签署,因此,本法律意见书在对专项计划文件发表意见时仅针对除《中信信托 - 唐山世园会 PPP 项目资产支持专项计划基金份额转让协议 2》外的专项计划文件进行分析和论证。在《中信信托 - 唐山世园会 PPP 项目资产支持专项计划基金份额转让协议 2》正式签署后,本所将对《中信信托 - 唐山世园会 PPP 项目资产支持专项计划基金份额转让协议 2》进行补充核查并发表补充法律意见(下称补充法律意见)。本法律意见书与后续《中信信托 - 唐山世园会 PPP 项目资产支持专项计划基金份额转让协议 2》正式签署后的补充法律意见共同构成本所律师就专项计划设立发表的完整法律意见。

(2)本法律意见书系依据本法律意见书出具之日以前已经发生或存在的事实,并基于对事实的了解和对可适用的法律法规的理解而出具。本所在本法律意见中就文件的合法有效性出具意见时是以该等事项发生之时所应适用的有关法律、行政法规为依据,同时也充分考虑了有关政府机构给予的有关批准、确认和备案。

(3)本法律意见书仅对专项计划文件中涉及的中国(香港特别行政区、澳门特别行政区以及台湾地区除外)境内法律问题发表法律意见,并不对有关会计、审计、税收、信用评级、资产评估、投资决策等非法律专业事项和境外法律事项(如有)发表意见,亦不对专项计划涉及的业务参与人的资信状况、市场信用状况等发表意见;本法律意见书中涉及会计、审计、税收、信用评级、资产评估、投资决策等专业事项和境外法律事项(如有)等内容时,均为严格按照有关机构出具的专业文件和公司的说明引述,并不意味着本所及本所律师对这些引述内容的真实性和准确性做出任何明示或默示的评价、意见和保证,对这些内容本所及本所律师不具备核查和作出判断的适当资格。

(4)本所不对除中国(香港特别行政区、澳门特别行政区以及台湾地区除外)以外的其他国家和地区的法律进行调查,亦不就该等法律出具或者暗示任何意见；并且，本所假设该等国家和地区的法律规定不会对本法律意见书中的观点构成任何影响。本法律意见书仅对中国（香港特别行政区、澳门特别行政区以及台湾地区除外）法律事项（以本法律意见书所发表意见事项为限）发表意见，对其他事项（包括但不限于涉及的其他国家和地区的法律事项及本法律意见书未发表意见的其他事项）本所均不以任何形式发表或者给予任何意义上的法律意见和评价。

（5）对于出具本法律意见书至关重要而又无法得到独立证据支持的事实，或者基于本所专业无法作出核查及判断的重要事实，本所依赖有关政府主管部门、专项计划涉及的相关业务参与人出具的证明文件、说明或承诺或口头陈述出具法律意见。

（6）本所对本法律意见书所涉及有关事实的了解和判断，最终依赖于专项计划涉及的相关业务参与人向本所提供的文件、资料及所作书面说明、承诺、口头陈述的真实性、合法性、完整性、准确性和有效性。

（7）本所及本所承办律师根据律师行业公认的业务标准、道德规范和勤勉尽责精神，对专项计划文件以及所涉及的法律问题进行了合理、必要的审查，并在此基础上出具本法律意见书。

（8）本法律意见书仅供管理人发行专项计划使用，不用于其他任何目的。

（9）本所同意管理人将本法律意见书作为设立专项计划的文件，并依法对本法律意见书承担责任。

第二部分　出具法律意见书依据的文件和法律

一、出具法律意见书依据的文件

为出具法律意见书，本所审查了如下文件和资料：

1. 管理人《营业执照》（统一社会信用代码：91110000101730993Y）；

2. 管理人《机构信用代码证》（代码：G10110105001777901）；

3. 管理人《中华人民共和国金融许可证》；

4. 中国证券监督管理委员会《关于信托公司试点参与企业资产证券化业务有关事项的函》（债券部函〔2018〕488号）；

5.《中信信托有限责任公司公文审批件》（文号：2018年2565号）；

6.《中信信托关于设立中信信托－唐山世园会PPP项目资产支持专项计划之承诺函》（以下简称《承诺函》）；

7. 托管人《营业执照》（统一社会信用代码：91320500837711496R（1/1））；

8. 托管人《中华人民共和国金融许可证》；

9. 托管人《关于核准中信实业银行证券投资基金托管资格的批复》（编号：证监基金字〔2004〕125号）；

10. 托管人《中信银行股份有限公司2018年度授权书》（苏州分行）；

11. 托管人《中信银行资产托管项目立项审批表（分行审批权限2.0版）》；

12. 中信聚信（北京）资本管理有限公司《营业执照》；

13.《中信聚信（北京）资本管理有限公司公文审批件》（文号：聚2018年72号）；

14. 中国政企合作投资基金股份有限公司《营业执照》；

15.《中国政企合作投资基金管理有限责任公司总经理办公会会议纪要》（第1期）；

16.《中信信托·唐山世园会PPP项目契约型私募基金基金合同》（编号：S201804040001－A01、S201804040001－A02、S201804040001－B01、S201804040001－B02、S201804040001－C01、S201804040001－C02、S201804040001－D01、S201804040001－D02、S201804040001－E01、S201804040001－E02、S201804040001－F01、S201804040001－F02、S201804040001－G01、S201804040001－G02、S201804040001－G03，统称《基金合同》）；

17.《中信信托·唐山世园会PPP项目契约型私募基金募集说明书》；

18.《中信信托·唐山世园会PPP项目契约型私募基金风险揭示书》；

19.《基金份额转让协议》（编号：S201804040001－转1）；

20.《中信信托有限责任公司中信·唐山世园会PPP项目契约型私募基金成立公告》

(2018 年 5 月 2 日);

21.《私募投资基金备案证明》(备案编码:SEC620);

22.《中信·唐山世园会 PPP 项目投资集合资金信托计划信托单位认购书》;

23.《中信·唐山世园会 PPP 项目投资集合资金信托计划资金信托合同》(编号:P2015M12ATSSY0001-0001);

24.《原状分配协议书》(编号:P2015M12ATSSY0001-TR10);

25.《中信信托-唐山世园会 PPP 项目资产支持专项计划说明书》(简称《计划说明书》);

26.《中信信托-唐山世园会 PPP 项目资产支持专项计划标准条款》(简称《标准条款》);

27.《中信信托-唐山世园会 PPP 项目资产支持专项计划资产支持证券认购协议》(简称《认购协议》);

28.《中信信托-唐山世园会 PPP 项目资产支持专项计划风险揭示书》(简称《风险揭示书》);

29.《中信信托-唐山世园会 PPP 项目资产支持专项计划基金份额转让协议 1》(编号:S201811120001-TR01)、《中信信托-唐山世园会 PPP 项目资产支持专项计划基金份额转让协议 2》(编号:S201811120001-TR02,未完全盖章版本)、《中信信托-唐山世园会 PPP 项目资产支持专项计划基金份额转让协议 3》(编号:S201811120001-TR03),统称《基金份额转让协议》;

30.《中信信托-唐山世园会 PPP 项目资产支持专项计划托管协议》(简称《托管协议》);

31.《中信信托-唐山世园会 PPP 项目资产支持专项计划尽职调查材料清单》中所列材料。

以上文件中第 16 至 18 项统称为基金文件,第 22、23 项统称为信托计划文件,第 25 至 30 项统称为专项计划文件。

上述文件和资料以留存本所的为准。

二、主要援引的法律

为出具法律意见书,本所主要援引了以下法律、行政法规、规章以及规范性文件:

1.《中华人民共和国民法总则》(2017 年 3 月 15 日第十二届全国人民代表大会第五次会议通过,自 2017 年 10 月 1 日起施行)。

2.《中华人民共和国民法通则》(1986 年 4 月 12 日第六届全国人民代表大会第四次会议通过,根据 2009 年 8 月 27 日第十一届全国人民代表大会常务委员会第十次会议《关于修改部分法律的决定》修正,自 1987 年 1 月 1 日起施行)。

3.《中华人民共和国合同法》(1999 年 3 月 15 日第九届全国人民代表大会第二次会议通过,1999 年 3 月 15 日中华人民共和国主席令第 15 号公布,自 1999 年 10 月 1 日起施行)(简称《合同法》)。

4.《中华人民共和国信托法》(2001 年 4 月 28 日第九届全国人民代表大会 常务委员会第二十一次议通过,2001 年 4 月 28 日中华人民共和国主席令第 50 号公布,自 2001 年 10 月 1 日起施行)。

5.《信托公司管理办法》(2007 年 1 月 23 日中国银行业监督管理委员会令〔2007〕第 2 号公布,自 2007 年 3 月 1 日起施行)。

6.《中华人民共和国担保法》(1995 年 6 月 30 日第八届全国人民代表大会常务委员会第十四次会议通过,1995 年 6 月 30 日中华人民共和国主席令第五十号公布,自 1995 年 10 月 1 日起施行)。

7.《中华人民共和国公司法》(1993 年 12 月 29 日第八届全国人民代表大会常务委员会第五次会议通过,根据 1999 年 12 月 25 日第九届全国人民代表大会常务委员会第十三次会议《关于修改〈中华人民共和国公司法〉的决定》第一次修正,根据 2004 年 8 月 28 日第十届全国人民代表大会常务委员会第十一次会议《关于修改〈中华人民共和国公司法〉的决定》第二次修正,2005 年 10 月 27 日第十届全国人民代表大会常务委员会第十八次会议修订,根据 2013 年 12 月 28 日第十二届全国人民代表大会常务委员会第六次会议《关于修改〈中华人民共和国海洋环境保护法〉等七部法律的决定》第三次修正,自 2014 年 3 月 1 日起施行)。

8.《中华人民共和国公司登记管理条例》(1994 年 6 月 24 日中华人民共和国国务院令

第156号发布，根据2005年12月18日《国务院关于修改〈中华人民共和国公司登记管理条例〉的决定》修订，根据国务院2005年12月18日中华人民共和国国务院令第451号发布，根据2014年2月19日《国务院关于废止和修改部分行政法规的决定》修订，自2014年3月1日起施行）。

9.《金融许可证管理办法》（2003年5月26日中国银行业监督管理委员会令2003年第2号公布，自2003年7月1日起施行，根据2006年12月28日中国银行业监督管理委员会第五十五次主席会议《关于修改〈金融许可证管理办法〉的决定》修正）。

10.《私募投资基金监督管理暂行办法》（经2014年6月30日中国证券监督管理委员会第51次主席办公会议审议通过，2014年8月21日公布，自公布之日起施行）。

11.《证券公司及基金管理公司子公司资产证券化业务管理规定》（中国证券监督管理委员会公告〔2014〕49号，自2014年11月19日开始施行）（简称《资产证券化业务管理规定》）。

12.《证券公司及基金管理公司子公司资产证券化业务尽职调查工作指引》（中国证券监督管理委员会公告〔2014〕49号，自2014年11月19日开始施行）。

13.《证券公司及基金管理公司子公司资产证券化业务信息披露指引》（中国证券监督管理委员会公告〔2014〕49号，自2014年11月19日开始施行）（简称《信息披露指引》）。

14.《资产支持专项计划备案管理办法》（中国证券投资基金业协会中基协函〔2014〕459号发布，自2014年12月24日开始施行）。

15.《资产证券化业务基础资产负面清单指引》（中国证券投资基金业协会中基协函〔2014〕459号发布，自2014年12月24日开始施行）（简称《负面清单指引》）。

16.《资产证券化业务风险控制指引》（中国证券投资基金业协会中基协函〔2014〕459号发布，自2014年12月24日开始施行）。

17.《资产支持专项计划说明书内容与格式指引（试行）》（中国证券投资基金业协会中基协函〔2014〕459号发布，自2014年12月24日开始施行）（简称《计划说明书指引（试行）》）。

18.《资产支持证券认购协议与风险揭示书》（中国证券投资基金业协会中基协函〔2014〕459号发布，自2014年12月24日开始施行）（简称《认购协议与风险揭示书指引》）。

19.《国家发展改革委 中国证监会关于推进传统基础设施领域政府和社会资本合作（PPP）项目资产证券化相关工作的通知》（发改投资〔2016〕2698号，自2016年12月21日起施行）。

20.《财政部、中国人民银行、中国证监监督管理委员会关于规范开展政府和社会资本合作项目资产证券化有关事宜的通知》（财金〔2017〕55号，自2017年6月7日起施行）。

21.《上海证券交易所政府和社会资本合作（PPP）项目资产支持证券挂牌条件确认指南》（简称《挂牌指南》）。

第三部分　法律意见书正文

一、管理人、销售机构/推广机构、托管人及原始权益人的资质及权限

（一）管理人

中信信托为专项计划的管理人。

1. 本所律师审查了中信信托持有的《营业执照》，并查询了全国企业信用信息公示系统①，截至2018年12月6日（以下简称尽调基准日），中信信托系合法存续的企业法人。

本所律师审查了中信信托持有的《关于信托公司试点参与企业资产证券化业务有关事项的函》（中国证券监督管理委员会债券部函〔2018〕488号），中信信托具备担任资产支持专项计划管理人的试点资格。

2. 经本所律师查询全国企业信用信息公示系统及中国银保监会网站②，中信信托在尽调基准日前一年内不存在因重大违法违规行为受到行政处罚的情形。根据管理人出具的《承诺函》，管理人具有完善的合规、风控制度以及风险处置应对措施，能有效控制业务风险；最近一年未因重大违法违规行为受到行政处罚。

---

① http://gsxt.saic.gov.cn/，下同。

② http://www.cbrc.gov.cn/chinese/newIndex.html，下同。

本所律师认为,中信信托具备担任专项计划管理人的主体资格,符合《资产证券化业务管理规定》第十二条的规定。

3. 根据中信信托出具的《承诺函》及《中信信托有限责任公司公文审批件》(文号:2018 年 2565 号),中信信托已就担任专项计划的管理人相关事宜根据其公司内部业务管理规定完成了审批程序。

综上,本所律师认为,中信信托具备担任专项计划管理人的资格和权限。

(二)销售机构/推广机构

专项计划的销售机构/推广机构为中信信托及/或其指定的具有证券承销资格的主体。

根据《关于信托公司试点参与企业资产证券化业务有关事项的函》(中国证券监督管理委员会债券部函〔2018〕488 号),中信信托可以自行销售或委托具备证券承销资格的公司销售资产支持证券。

因此,本所律师认为,中信信托具有销售该专项计划资产支持证券的资格,并有权委托具备证券承销资格的公司销售该专项计划资产支持证券。

根据中信信托出具的《承诺函》及《中信信托有限责任公司公文审批件》(文号:2018 年 2565 号),中信信托已就担任专项计划的销售机构相关事宜根据其公司内部业务管理规定完成了审批程序。并且,中信信托承诺,若专项计划的销售机构系其委托的机构的,将确保该销售机构具有证券承销资格。

综上,本所律师认为,中信信托具备担任专项计划销售机构的资格和权限,经其委托的有证券承销资格的公司可作为专项计划的销售机构。

(三)托管人

中信银行股份有限公司苏州分行为专项计划的托管人。

1. 本所律师审查了托管人的《营业执照》,并查询了全国企业信用信息公示系统,截至尽调基准日,中信银行股份有限公司苏州分行合法存续。

2. 本所律师审查了托管人的《营业执照》、《中华人民共和国金融许可证》、《关于核准中信实业银行证券投资基金托管资格的通知》(编号:证监基金字〔2004〕125 号)、《中信银行股份有限公司 2018 年度授权书》以及《中信银行资产托管项目立项审批表(分行审批权限 2.0 版)》,中信银行股份有限公司苏州分行具备担任专项计划托管人的资格,并已就担任专项计划的托管人相关事宜根据其公司内部业务管理规定完成了审批程序。

综上,本所律师认为,中信银行股份有限公司苏州分行具备担任专项计划托管人的资格和权限。

(四)原始权益人

中信信托(代表其固有财产)、中国政企合作投资基金股份有限公司以及中信聚信(北京)资本管理有限公司为专项计划的原始权益人。

1. 原始权益人的主体资格及权限

(1)原始权益人之中信信托(代表其固有财产)

根据北京市工商行政管理局核发的《营业执照》(统一社会信用代码:91110000101730993Y),中信信托的基本情况如下:

企业名称	中信信托有限责任公司
法定代表人	陈一松
公司住所	北京市朝阳区新源南路 6 号京城大厦
成立日期	1988 年 03 月 01 日
注册资本	1000000.000000 万人民币
企业类型	其他有限责任公司
经营范围	资金信托;动产信托;不动产信托;有价证券信托;其他财产或财产权信托;作为投资基金或者基金管理公司的发起人从事投资基金业务;经营企业资产的重组、购并及项目融资、公司理财、财务顾问等业务;受托经营国务院有关部门批准债券的承销业务;办理居间、咨询、资信调查等业务;代保管及保管箱业务;以存放同业、拆放同业、贷款、租赁、投资方式运用固有财产;以固有财产为他人提供担保;从事同业拆借;法律法规规定或中国银行业监督管理委员会批准的其他业务。(依法须经批准的项目,经相关部门批准后依批准的内容开展经营活动。)

本所律师审查了中信信托持有的《营业执照》，并查询了全国企业信用信息公示系统，截至尽调基准日，中信信托系合法存续的企业法人。

根据中信信托提交的《中信信托有限责任公司公文审批件》（文号：2018 年 2565 号），中信信托已就其作为原始权益人发起设立专项计划并签署和履行其作为当事方的专项计划文件相关事宜根据其公司内部业务管理规定完成了审批程序。

（2）原始权益人之中国政企合作投资基金股份有限公司

根据北京市工商行政管理局核发的《营业执照》（统一社会信用代码：91110000MA003XRC3X），中国政企合作投资基金股份有限公司的基本情况如下：

企业名称	中国政企合作投资基金股份有限公司
法定代表人	周成跃
公司住所	北京市海淀区高梁桥斜街 59 号院 5 号楼 404－5 室
成立日期	2016 年 03 月 04 日
注册资本	18000000.000000 万人民币
企业类型	其他股份有限公司（非上市）
经营范围	非证券业务的投资、投资管理、咨询；股权投资；债券投资；项目投资；投资管理；资产管理；企业管理；经济信息咨询。（企业依法自主选择经营项目，开展经营活动；依法须经批准的项目，经相关部门批准后依批准的内容开展经营活动；不得从事本市产业政策禁止和限制类项目的经营活动。）

本所律师审查了中国政企合作投资基金股份有限公司持有的《营业执照》，并查询了全国企业信用信息公示系统，截至尽调基准日，中国政企合作投资基金股份有限公司系合法存续的企业法人。

根据中国政企合作投资基金管理有限责任公司总经理办公会会议纪要，中国政企合作投资基金股份有限公司有权将所持私募基金的基金份额转让给专项计划。

（3）原始权益人之中信聚信（北京）资本管理有限公司

根据北京市工商行政管理局核发的《营业执照》（统一社会信用代码：91110000593818085A），中信聚信（北京）资本管理有限公司的基本情况如下：

企业名称	中信聚信（北京）资本管理有限公司
法定代表人	蔡成维
公司住所	北京市朝阳区新源南路 6 号 1 号楼 45 层 4506 室
成立日期	2012 年 04 月 17 日
注册资本	50000.000000 万人民币
企业类型	有限责任公司（法人独资）
经营范围	投资管理；经济信息咨询。（"1. 未经有关部门批准，不得以公开方式募集资金；2. 不得公开开展证券类产品和金融衍生品交易活动；3. 不得发放贷款；4. 不得对所投资企业以外的其他企业提供担保；5. 不得向投资者承诺投资本金不受损失或者承诺最低收益"；企业依法自主选择经营项目，开展经营活动；依法须经批准的项目，经相关部门批准后依批准的内容开展经营活动；不得从事本市产业政策禁止和限制类项目的经营活动。）

本所律师审查了中信聚信（北京）资本管理有限公司持有的《营业执照》，并查询了全国企业信用信息公示系统，截至尽调基准日，中信聚信（北京）资本管理有限公司系合法存续的企业法人。

根据中信聚信（北京）资本管理有限公司提交的《中信聚信（北京）资本管理有限公司公文审批件》（文号：聚 2018 年 72 号），中信聚信（北京）资本管理有限公司已就其作为原始权益人发起设立专项计划并签署和履行其作为当事方的专项计划文件相关事宜根据其公司内部业务管理规定完成了审批程序。

2. 根据本所律师在最高人民法院的被执行人信息查询系统①和全国法院失信被执行人名单信息公布与查询系统②查询原始权益人的资信情况，本所律师认为，截至尽调基准日，原始

① 网址：http://zxgk.court.gov.cn/，下同。

② 网址：http://shixin.court.gov.cn/，下同。

权益人未被列入失信被执行人名单。

本所律师查询了中华人民共和国生态环境部网站①、“信用中国”网站②、国家企业信用信息公示系统查询原始权益人的情况,截至尽调基准日,原始权益人不存在环境保护领域失信记录。

综上,本所律师认为,中信信托(代表其固有财产)、中国政企合作投资基金股份有限公司以及中信聚信(北京)资本管理有限公司具备担任专项计划原始权益人的资格和权限;截至尽调基准日,原始权益人未被列入失信被执行人名单,原始权益人亦不存在环境保护领域失信记录。

二、专项计划文件的合法合规性

(一)《计划说明书》

管理人按照《计划说明书指引(试行)》的有关规定制定了《计划说明书》。经审查,《计划说明书》主要规定了以下内容:当事人权利和义务;资产支持证券的基本情况;专项计划的交易结构与相关方简介;专项计划的信用增级方式;原始权益人、计划管理人和其他主要业务参与人情况;基础资产情况及现金流预测分析;专项计划现金流归集、投资及分配;专项计划资产的管理安排;原始权益人风险自留的相关情况;风险揭示与防范措施;专项计划的销售、设立及终止等事项;资产支持证券的登记及转让安排;信息披露安排;有控制权的资产支持证券持有人会议相关安排;主要交易文件摘要;《资产证券化业务规定》要求披露或明确的其他事项;违约责任及争议解决;备查文件的存放及查阅方式等。

本所律师认为,《计划说明书》不违反法律和行政法规的强制性规定,不违反《资产证券化业务管理规定》、《信息披露指引》以及《计划说明书指引(试行)》的规定。

(二)《标准条款》

按照专项计划文件的规定,《标准条款》、《风险揭示书》是《认购协议》不可分割的部分,《认购协议》、《标准条款》、《风险揭示书》与《计划说明书》一并构成管理人与认购人间的《资产管理合同》,认购人签署《认购协议》、《风险揭示书》即视为接受《资产管理合同》的约束。

经审查,《标准条款》主要规定了以下内容:定义与释义;当事人;专项计划的基本要素;销售与认购;专项计划资产的管理、运用和处分;资产支持证券;认购人的陈述和保证;管理人的陈述和保证;认购人/资产支持证券持有人的权利和义务;管理人的权利和义务;托管人的权利和义务;信息披露;有控制权的资产支持证券持有人会议;管理人的解任和辞任;专项计划费用;风险揭示;专项计划的终止与清算;违约责任;不可抗力;保密义务;法律适用和争议解决以及其他等。

本所律师认为,《标准条款》于其签署完成日生效。《标准条款》的内容不违反法律和行政法规的强制性规定,不违反《资产证券化业务管理规定》的规定。

(三)《认购协议》

就专项计划资产支持证券的认购事宜,管理人与认购人签署《认购协议》。

经审查,《认购协议》主要规定了以下内容:认购资产支持证券的面值、类别、单价、份额及总价;认购款的支付时间;资产支持证券的登记托管;协议的生效和期限;违约责任与争议解决等。

本所律师认为,《认购协议》将于其签署完成日生效。《认购协议》的内容不违反法律和行政法规的强制性规定,不违反《资产证券化业务管理规定》、《认购协议与风险揭示书指引》的规定。

(四)《风险揭示书》

就专项计划的投资风险揭示事宜,管理人制作了由认购人签署的《风险揭示书》。

经审查,《风险揭示书》揭示了专项计划面临的包括但不限于以下风险:与基础资产相关的风险(包括原始权益人的破产风险、基金管理人的管理风险、现金流预测风险、第一付款义务人无法足额偿付的风险、基础资产回收款不足的风险、第一付款义务人提前还款和私募基金提前分配基金利益的风险、风险后置风险、基

① 网址:http://datacenter.mep.gov.cn/websjzx/dataproduct/resourceproduct/queryResourceList.vm?rcode=04,下同。

② 网址:https://www.creditchina.gov.cn/chengxinwenhua/chengxindajiatan/

础资产涉及关联交易可能带来的风险、基础资产现金流的划转风险、丧失特许经营权的风险)、与资产支持证券相关的风险(包括资产支持证券信用增级措施相关风险、资产支持证券的利率风险、资产支持证券的流动性风险、评级风险、购买力风险)、与专项计划管理相关的风险(包括中信信托持续经营能力及持续履约能力风险、托管人违约违规风险、专项计划账户管理风险、参与机构尽责履约风险)、其他风险(包括政策法律风险、税收风险、发生不可抗力事件的风险、技术风险和操作风险)以及特殊风险揭示(包括投资风险、其他不可预知、不可防范的风险)等。

本所律师认为,《风险揭示书》将于其签署完成日生效。《风险揭示书》的内容不违反法律和行政法规的强制性规定,不违反《资产证券化业务管理规定》、《认购协议与风险揭示书指引》的规定。

(五)《基金份额转让协议》

依据《标准条款》的规定,就专项计划基础资产购买事宜,管理人与各原始权益人分别签署《基金份额转让协议》。

经审查,《基金份额转让协议》主要约定了以下内容:定义与释义;基础资产转让;先决条件;转让方的陈述和保证;受让方的陈述和保证;转让方和受让方的承诺;交易费用;违约责任;不可抗力;保密义务;法律适用和争议解决等事项。

本所律师认为,《基金份额转让协议》将于其签署完成日生效。《基金份额转让协议》的内容不违反法律和行政法规的强制性规定。

(六)其他专项计划文件

其他专项计划文件主要系指《托管协议》。

本所审查了《托管协议》,认为《托管协议》于其签署完成日生效。《托管协议》的内容不违反法律和行政法规的强制性规定。

三、基础资产、底层资产的真实性、合法性、权利归属及其负担情况、特定化、完整性、是否符合 PPP 项目相关的合格标准

(一)基础资产概况

专项计划的原始权益人为中信信托(代表其固有财产)、中国政企合作投资基金股份有限公司以及中信聚信(北京)资本管理有限公司。专项计划项下的基础资产为由原始权益人直接持有的,并拟由管理人代表专项计划在交割日根据《基金份额转让协议》约定向原始权益人收购的私募基金全部基金份额。基础资产交割完成后,管理人代表专项计划成为私募基金的唯一基金份额持有人,基金管理人按照基金文件约定的基金份额所适用的业绩比较基准计算基金份额持有人最高可获分配的基金利益。

专项计划项下基础资产的基本情况如下:

原始权益人	基础资产的规模及类型
中信信托(代表其固有财产)	3000 万份 A 类基金份额、3000 万份 B 类基金份额、3000 万份 C 类基金份额、3500 万份 D 类基金份额、3500 万份 E 类基金份额、4000 万份 F 类基金份额、10,700 万份 G 类基金份额
中国政企合作投资基金股份有限公司	3000 万份 A 类基金份额、3000 万份 B 类基金份额、3000 万份 C 类基金份额、3500 万份 D 类基金份额、3500 万份 E 类基金份额、4000 万份 F 类基金份额、10,000 万份 G 类基金份额
中信聚信(北京)资本管理有限公司	100 万份 G 类基金份额

(二)基础资产的真实性、合法性、权利归属及其负担情况、特定化、完整性、是否符合 PPP 项目相关的合格标准

1. 中信信托作为私募基金的基金管理人的资质

如前所述,中信信托系合法存续的企业法人,本所律师查询了中国证券投资基金业协会网站①,截至尽调基准日,中信信托于 2015 年 4 月 16 日登记为“私募股权、创业投资基金管理人”,登记编号为 P1010737,因此,中信信托具备设立私募基金的资质,有权担任私募基金的基金管理人。

2. 基础资产形成的真实性、合法性及其权利归属

(1)根据中信信托出具的《中信信托有限

① 网址:http://www.amac.org.cn/,下同。

责任公司中信·唐山世园会 PPP 项目契约型私募基金成立公告》(2018 年 5 月 2 日),私募基金已合法成立。

原始权益人中中信信托(代表其固有财产)及中信聚信(北京)资本管理有限公司所持基金份额系通过认购的方式持有。中信信托以及中信聚信(北京)资本管理有限公司均已签署其作为合同当事人一方的基金文件,基金文件均合法有效,且二者均已交付其所认购的基金份额对应的全部认购资金并分别持有相应基金份额。因此,在专项计划成立前,原始权益人中信信托(代表其固有财产)及中信聚信(北京)资本管理有限公司真实、合法地持有基础资产。

原始权益人中中国政企合作投资基金股份有限公司系通过自中信信托受让的方式持有基金份额,中国政企合作投资基金股份有限公司与中信信托签署的《基金份额转让协议》(编号:S201804040001 - 转 1)合法有效,中国政企合作投资基金股份有限公司已就其所受让的基金份额支付完毕所有转让价款。根据《基金份额转让协议》(编号:S201804040001 - 转 1)的约定,中国政企合作投资基金股份有限公司支付给中信信托的基金份额转让价款等额于"中国政企合作投资基金股份有限公司受让的基金份额数量 ×1 元/份",上述基金份额在转让日(即中国政企合作投资基金股份有限公司将基金份额转让价款支付至中信信托指定账户之日)之前(不含转让日)的基金利益归转让方中信信托所有,上述基金份额自转让日(含转让日)起的基金利益归受让方中国政企合作投资基金股份有限公司所有;而根据《基金合同》的约定,每 1 元投资本金对应 1 份基金份额,每份基金份额预计可获分配的基金利益为 1 元投资本金以及按照该份基金份额适用的业绩比较基准及实际存续天数核算的投资收益之和。因此,本所律师认为,鉴于每份基金份额对应的投资本金均为 1 元且每份基金份额均是按照固定的业绩比较基准及实际存续天数核算基金收益,而每份基金份额在转让日前、转让日后的基金收益分别属于转让方、受让方,因此,基金份额转让价款在转让日按照 1 元/份的价格确定,具有公允性。

并且,根据中信信托(作为基金管理人)出具的承诺函,中信信托(作为基金管理人)已同意上述基金份额转让,并确认上述基金份额已转让至中国政企合作投资基金股份有限公司,各方已办理完毕所需的全部转让手续;因此,在专项计划成立前,原始权益人中国政企合作投资基金股份有限公司真实、合法地持有基础资产。

(2)根据中信信托提供的《私募投资基金备案证明》(备案编码:SEC620),私募基金已于 2018 年 9 月 21 日完成了备案手续。本所律师查询了中国证券投资基金业协会网站,截至尽调基准日,中信信托已办理完毕私募基金的备案手续,基金编号为:SEC620。

(3)经本所查询中国裁判文书网[①]和全国法院被执行人信息网,截至尽调基准日,基础资产不存在权属纠纷或涉及诉讼、仲裁、执行或破产程序。

3. 基础资产的负担情况

根据中信信托(作为私募基金的基金管理人)出具的《承诺函》以及经本所律师查询中登网中征动产融资统一登记平台[②],截至尽调基准日,基础资产未附带抵押、质押等担保负担或者其他权利限制,符合《资产证券化业务管理规定》第二十四条的规定。

4. 基础资产的特定化、完整性

(1)从法律性质上看,基础资产为私募基金的基金份额,可以清晰识别,在基础资产转移至专项计划之前,基础资产可以与原始权益人的其他财产明确区分,同时,在基础资产转移至专项计划之后,基础资产作为专项计划资产由托管人托管,并独立于管理人、托管人及其他业务参与人的固有财产及其合法管理(托管)的其他资产,可特定化。并且,根据基金文件的规定,基金管理人应将基金份额的基金利益直接分配至基金份额持有人(即专项计划)的指定受益账户,因此,管理人能够对专项计划存续期间基础资产产生的现金流流转过程进行监督。

(2)从基础资产的规模来看,基础资产为私募基金项下的全部基金份额,交割日后,专项计划将成为私募基金的唯一基金份额持有人;从《基金份额转让协议》的约定来看,自交割日

---

① 网址:http://www.court.gov.cn/zgcpwsw/,下同。

② 网址:http://rs.zhongdengwang.com/,下同。

（含该日）起，原始权益人将基础资产的全部所有权和相关权益均转让给专项计划，管理人代表专项计划承担基础资产的全部风险，享有基础资产所产生的全部收益。因此，基础资产具有完整性。

基于上述，本所律师认为，基础资产可以清晰识别，可特定化，且具有完整性。

5. 基础资产是否符合 PPP 项目相关的合格标准

基础资产的最终还款来源为底层资产，底层资产为 PPP 项目相关的资产，因此，关于基础资产是否符合 PPP 项目相关的合格标准详见本部分第（三）项的论证意见。

综上，本所律师认为，基础资产真实存在，合法有效，原始权益人合法持有基础资产，截至尽调基准日，基础资产不存在权属纠纷或涉及诉讼、仲裁、执行或破产程序，基础资产未附带抵押、质押等担保负担或者其他权利限制，并且，基础资产可以清晰识别，可特定化，并具有完整性。

（三）底层资产概况及历史沿革

1. 底层资产概况

基础资产最终还款来源为底层资产，就本专项计划而言，底层资产系指基金管理人代表私募基金作为 PPP 项目社会资本及作为 PPP 项目公司股东根据 PPP 项目文件的约定持有的自交割日（含该日）起收取建设运营补贴等款项的合同权利；并且，专项计划在取得私募基金项下全部基金份额后即合法享有底层资产。

2. 底层资产历史沿革

基金管理人系通过投资“中信·唐山世园会 PPP 项目投资集合资金信托计划”（以下简称信托计划）并成为信托计划唯一受益人，在信托计划终止时以届时信托财产原状形式获得信托利益分配的方式取得并持有底层资产，从底层资产形成的时间先后顺序来看，取得方式为：2015 年 6 月 26 日，中信信托（作为信托计划受托人）以信托计划募集资金向项目公司（即唐山世园投资发展有限公司，下同）缴纳注册资本 6.08 亿元，中信信托代表信托计划持有底层资产；2018 年 5 月 2 日，中信信托（作为私募基金的基金管理人）设立私募基金并将私募基金财产全部用于认购中信信托作为信托受托人的信托计划项下 60800 万份 A3 类信托单位，私募基金由此成为信托计划的唯一受益人；2018 年 5 月 2 日，中信信托（作为受托人）向信托计划唯一受益人（即私募基金）以原状形式分配信托财产，由此，中信信托（代表私募基金）作为信托计划的唯一受益人通过原状分配最终持有底层资产。

3. PPP 项目历史沿革

底层资产的现金流最终来源于 PPP 项目本身，因此，本所律师对 PPP 项目的历史沿革进行简要梳理如下：

（1）项目立项及四证取得情况

2013 年 8 月 27 日，唐山市路南区发展改革局向唐山市南湖生态城开发建设投资有限责任公司核发《河北省固定资产投资项目核准证》（证号：路南发改准字〔2013〕7 号），核准“唐山世园会综合展示中心”项目，项目总建筑面积 58665 平方米。2015 年 6 月 2 日，唐山市路南区发展改革局向唐山市南湖生态城管理委员会核发《关于“唐山世园会综合展示中心项目”建设主体变更的函》（路南发改函〔2015〕31 号），同意将路南发改准字〔2013〕7 号中的项目实施主体变更为唐山世园投资发展有限公司（即项目公司）。

2013 年 12 月 18 日，唐山市南湖生态城开发建设投资有限责任公司与唐山市国土资源局签署《国有建设用地使用权出让合同》（合同编号：c13020020130134），唐山市南湖生态城开发建设投资有限责任公司作为受让方取得 PPP 项目对应地块；2015 年 5 月 25 日，项目公司取得 PPP 项目的《国有土地使用权证》（编号：冀唐国用〔2015〕第 9171 号）；2015 年 6 月 19 日，项目公司取得 PPP 项目的《建设用地规划许可证》（编号：地字第 130201201500061 号）；2015 年 8 月 12 日，项目公司取得 PPP 项目的《建设工程规划许可证》（编号：建字第 130201201500092 号）；2015 年 8 月 19 日，项目公司取得 PPP 项目的《建设工程施工许可证》（编号：130202201508190101、130202201508190201、130202201508190301）。

（2）项目识别阶段

根据财政部政府和社会资本合作中心[①]公

① 网址：http://www.cpppc.org:8083/efmisweb/ppp/projectLibrary/getProjInfoNational.do?projId=ca3b79120cb24208afc3df57d273276d，下同。

示的本项目在项目识别阶段的公开信息,专家组评估意见为:本PPP项目已通过物有所值评价和财政承受能力论证,唐山市政府具备操作本PPP项目的财政承受能力;唐山市财政局在其于2015年4月15日出具的《唐山市财政局关于2016年唐山世界园艺博览会基础设施及配套项目PPP模式实施方案物有所值验证结论》以及《唐山市财政局关于2016年唐山世界园艺博览会基础设施及配套项目PPP模式实施方案财政承受能力验证结论》中的意见为:本PPP项目是物有所值,物当其用的,财政可承受能力评估结果为通过验证。

(3)项目准备阶段

根据财政部政府和社会资本合作中心公示的本项目在项目准备阶段的公开信息,本项目的合作期限为15年,运作方式为BOT,以竞争性磋商的方式选择社会资本;并且,唐山市人民政府已对实施机构(即PPP项目合同的政府方签约主体,南湖生态城管理委员会)出具授权文件,并于2015年4月17日出具《唐山市人民政府关于同意〈2016年唐山世界园艺博览会基础设施及配套项目PPP模式实施方案〉的批复》,明确已审核通过实施机构编制的《2016年唐山世界园艺博览会基础设施及配套项目PPP模式实施方案》,方案内容包括但不限于:①唐山市政府授权南湖生态城管理委员会作为实施机构,项目运作方式为BOT,合作期限15年,以竞争性磋商的方式选择社会资本,并与社会资本共同出资组建项目公司,由项目公司取得特许经营权,负责世园会项目的建设及后期运营管理;②本项目的回报机制为以政府建设运营补贴确保项目公司还本付息并实现社会资本的合理投资回报;③唐山市政府在特许经营期内将相关协议中的全部支付义务纳入唐山市政府预算,唐山市财政部门逐年提供年度预算审批相应文件等内容),要求实施机构依法依规履行社会资本采购等工作程序。

(4)项目采购阶段

根据财政部政府和社会资本合作中心公示的本项目在项目采购阶段的公开信息,2015年4月30日,实施机构在河北省政府采购网发布《2016年唐山世界园艺博览会基础设施及配套项目采用政府与社会资本合作(PPP)模式资格预审公告》,以竞争性磋商的采购方式选择社会资本。

2015年5月5日,唐山市政府采购中心在河北省政府采购网发布《2016年唐山世界园艺博览会基础设施及配套项目采用政府与社会资本合作(PPP)模式竞争性磋商预成交公告》,确定预成交社会资本(供应商)名称为中信信托。2015年5月7日,中信信托收到唐山市政府采购中心发送的《唐山市政府采购中心中标通知书》,确定中信信托在2016年唐山世界园艺博览会基础设施及配套项目采用政府与社会资本合作(PPP)模式项目中被确定为中标人,项目年回报率为8%。

2015年6月5日,实施机构与项目公司签署《唐山市南湖生态城管理委员会("甲方")与唐山世园投资发展有限公司("乙方")关于2016年唐山世界园艺博览会基础设施及配套项目之合作(PPP)合同》(以下简称PPP合同),项目本级行财政部门以及项目本级人民政府均批准了拟签署的PPP合同,PPP合同签署生效。2016年、2017年及2018年,项目本级人民政府已将PPP项目合同中约定的政府财政支出责任纳入年度预算。

(5)项目执行阶段

根据财政部政府和社会资本合作中心公示的本项目在项目执行阶段的公开信息,2015年4月23日,项目公司成立;2015年6月26日,中信信托设立信托计划,并以信托计划募集资金向项目公司缴纳注册资本6.08亿元。2015年7月29日,项目公司向国家开发银行河北省分行融资23亿元。

根据实施机构与项目公司、中信信托于2017年6月25日签署的《关于2016年唐山世界园艺博览会基础设施及配套项目之补充合作合同》(以下简称补充合作合同),实施机构确认项目公司及中信信托的投资建设工作已完成,建设考核已达标,因此各方确认实施机构支付本项目全部建设补贴的全部前置条件已全部达成;对运营期内的运营补贴,将于每自然年度结束后的三个月内对上年度运营情况进行绩效考核,并结合绩效考核的结果确定付费金额后进行支付。

实施机构与中信信托、项目公司于2018年12月5日签署了《确认书》,确认归属于中信信托的建设运营补贴款金额、付款时间及收款账户等,根据补充合作合同及《确认书》,实施机构应支付的建设运营补贴金额中归属于中信信托的建设运营补贴由中信信托收取。

(四)底层资产的真实性、合法性、权利归属及其负担情况、特定化、完整性

1. 底层资产的真实性、合法性及权利归属

经本所律师对底层资产中 PPP 项目的立项及四证(即《国有土地使用权证》、《建设用地规划许可证》、《建设工程规划许可证》及《建设工程施工许可证》)的核查以及根据财政部政府和社会资本合作中心公示的本项目在识别、准备、采购及执行阶段的公开信息,本所律师认为,PPP 项目真实、合法存在,中信信托已依法通过竞争性磋商的方式中标成为 PPP 项目的社会资本。

根据《验资报告》(中兴财光华(唐)审验字(2015)第 01007 号),中信信托(作为信托计划受托人)已根据 PPP 项目文件的约定履行完毕支付交易对价(即向项目公司缴纳注册资本 6.08 亿元)的义务,PPP 项目文件合法有效,中信信托代表信托计划持有底层资产。

中信信托以私募基金财产投资信托计划时,信托计划系由中信信托作为受托人合法设立的资金信托,信托计划文件合法有效,且中信信托(代表私募基金)已向信托计划受托人交付其所认购的信托单位对应的全部认购资金并持有 60800 万份 A3 类信托单位;根据编号为 P2015M12ATSSY0001 - TR10 的《原状分配协议书》,受托人与受益人(即私募基金)有效签署该协议书即视为受托人已按照信托计划文件的约定向受益人分配完毕信托利益,自该协议书生效之日起,受益人(即私募基金)享有 PPP 项目文件约定的中信信托作为社会资本的权利(即底层资产)。

根据项目公司全体股东于 2018 年 9 月 17 日出具的《唐山世园投资发展有限公司股东会决议》第七项,项目公司全体股东均已同意"中信信托有限责任公司原代表'中信·唐山世园会 PPP 项目投资集合资金信托计划'对公司出资并享有股东权益,现代表'中信信托·唐山世园会 PPP 项目契约型私募基金'对公司出资并享有股东权益。"因此,本所律师认为,除中信信托以外的项目公司其他股东已同意中信信托的出资来源由信托计划变更为私募基金。

经本所 2018 年 10 月 18 日至唐山市工商行政管理局查询项目公司的工商档案,在中信信托对项目公司出资系来源于信托计划资金的期间,其股东信息并未登记为中信信托(代表信托计划)或类似表述,在中信信托对项目公司的出资来源由信托计划变更为私募基金后,虽各股东已同意中信信托上述变更事宜,但工商登记的信息中亦未将中信信托登记为中信信托(代表私募基金)或类似表述,因此,本所律师认为,就目前唐山市的工商登记部门的实际操作而言,对于项目公司股东中信信托的出资来源由信托计划变更为私募基金,无需办理相应的工商变更登记。并且,中信信托已出具《承诺函》,承诺项目公司股东中信信托的出资来源由信托计划变更为私募基金无需办理相应的工商变更登记。

综上,本所律师认为,私募基金真实、合法地持有底层资产。

经本所律师查询中国裁判文书网和全国法院被执行人信息网,截至尽调基准日,底层资产不存在权属纠纷或涉及诉讼、仲裁、执行或破产程序。

2. 底层资产的负担情况

根据中信信托(作为私募基金的基金管理人)出具的《承诺函》以及经本所律师查询中登网中征动产融资统一登记平台,截至尽调基准日,底层资产不存在附带抵押、质押等担保负担或者其他权利限制,符合《资产证券化业务管理规定》第二十四条的规定。

3. 底层资产的特定化、完整性

(1)从法律性质上看,底层资产为基金管理人代表私募基金作为 PPP 项目社会资本及作为 PPP 项目公司股东根据 PPP 项目文件的约定持有的自交割日(含该日)起收取建设运营补贴等款项的合同权利,可以清晰识别,在专项计划存续期间,底层资产独立于基金管理人、基金托管人的固有财产及基金管理人管理的其他基金财产,可特定化。并且,根据 PPP 项目文件的规定,第一付款义务人应将底层资产的现金流回款直接支付至私募基金的基金专户,因此,基金管理人能够对专项计划存续期间底层资产产生的现金流流转过程进行监督。

(2)从底层资产的规模来看,底层资产为基金管理人代表私募基金作为 PPP 项目社会

资本及作为 PPP 项目公司股东根据 PPP 项目文件的约定持有的自交割日(含该日)起收取建设运营补贴等款项的合同权利,基金管理人为底层资产的唯一权利人,因此,底层资产具有完整性。

基于上述,本所律师认为,底层资产可以清晰识别,可特定化,且具有完整性。

4. 底层资产是否符合 PPP 项目相关的合格标准

就本专项计划而言,底层资产为基金管理人代表私募基金作为 PPP 项目社会资本及作为 PPP 项目公司股东根据 PPP 项目文件的约定持有的自交割日(含该日)起收取建设运营补贴等款项的合同权利,因此,本所律师参照《上交所挂牌指南》中关于“PPP 项目收益权”的基础资产合格标准对底层资产进行核查,经核查,底层资产符合 PPP 项目相关的合格标准,具体而言:

(1)PPP 项目已按规定完成 PPP 项目实施方案评审以及必要的审批、核准或备案等相关手续,项目公司与政府方已签订有效的 PPP 项目文件,已按规定完成特许经营项目实施方案审定,根据 PPP 项目文件,项目公司已获得 PPP 项目的特许经营权。

(2)根据 PPP 项目文件,PPP 项目属于新建项目,回报机制为可行性缺口补助。实施机构支付建设运营补贴的情况在 PPP 项目文件中已有明确、清晰的约定,即:实施机构在其于 2017 年参与签署的补充合作合同中已书面确认,项目公司及中信信托的投资建设工作已完成,建设考核已达标,实施机构支付 PPP 项目全部建设补贴的全部前置条件已全部达成,对运营期内的运营补贴,实施机构将于每自然年度结束后的三个月内对上年度运营情况进行绩效考核,并结合绩效考核的结果确定付费金额后进行支付。并且,实施机构已在 PPP 合同中书面承诺其将逐年于付款日前 15 日出具相关文件,以证明相应的支付义务已纳入财政预算。

(3)本专项计划中,原始权益人系以其所持基金份额作为基础资产交付至专项计划,底层资产仍由中信信托(代表私募基金)持有,并不涉及转让。

(4)根据项目公司于 2015 年 7 月与国家开发银行签署的《国家开发银行股份有限公司人民币资金借款合同(2015 年度)》及《国家开发银行股份有限公司人民币资金贷款应收账款质押合同》,项目公司将其有权处分、依法可以出质的在 2016 年唐山世界园艺博览会基础设施及配套项目 PPP 合同项下的全部权益和收益质押给国家开发银行。但本专项计划的底层资产系指中信信托代表私募基金作为 PPP 项目社会资本及作为 PPP 项目公司股东根据 PPP 项目文件的约定持有的自交割日(含该日)起收取建设运营补贴等款项的合同权利,并不属于项目公司有权处置的应收账款,因此,项目公司与国家开发银行的上述质押安排并不涉及底层资产。如本所律师在前面论述,截至尽调基准日,底层资产不存在附带抵押、质押等担保负担或者其他权利限制。

(5)根据中信信托出具的《承诺函》,截至该函出具之日,项目公司与 PPP 项目的政府方不存在因 PPP 项目文件的重大违约、不可抗力因素影响 PPP 项目持续建设运营或导致付费机制重大调整等情形,也不存在因 PPP 项目文件或相关合同及其他重大纠纷而影响 PPP 项目持续建设运营,或可能导致付费机制重大调整的协商、调解、仲裁或诉讼等情形。

(6)经本所律师审查,截至尽调基准日现行有效的 PPP 项目文件,PPP 项目不存在政府方违规提供担保或政府方采用固定回报、回购安排、明股实债等方式进行变相债务融资情形。

(7)根据 PPP 合同、补充合作合同及《确认书》,PPP 合同的预期到期日为特许经营期届满后,实施机构按约定支付全部建设运营补贴(最后一期建设运营补贴预计于 2030 年 4 月支付)且项目公司办理完毕移交手续之日。根据专项计划文件,资产支持证券的最晚一个预期到期日为 2030 年 5 月 15 日。由于最后一期的建设运营补贴款支付后还需经过私募基金的分配以及专项计划的分配流程,因此,PPP 项目合同到期日客观上会早于资产支持证券的最晚到期日,但该等情形并非交易结构设计而导致,而是由于分配流程的原因所致,且 PPP 合同的预期到期日与资产支持证券的最晚到期日之间的间隔时间较短;因此,本所律师理解,该等情形从监管精神上不违背《挂牌指南》的规定。

综上,本所律师认为:

基础资产、底层资产的形成和存续真实、合

法、有效，原始权益人合法享有基础资产，基金管理人（代表私募基金）合法持有底层资产，专项计划在取得私募基金项下全部基金份额后即合法享有底层资产；截至尽调基准日，基础资产及底层资产不存在权属纠纷或涉及诉讼、仲裁、执行或破产程序，且基础资产及底层资产均不存在附带抵押、质押等担保负担或者其他权利限制，符合《资产证券化业务管理规定》第二十四条的规定。

并且，基础资产及底层资产可以清晰识别，可特定化，并具有完整性；基础资产及底层资产符合《上交所挂牌指南》规定的 PPP 项目收益权的基础资产合格标准。

四、基础资产转让行为的合法有效性

（一）原始权益人就转让基础资产履行内部决策程序的情况

如前所述，原始权益人已就将其合法持有的基金份额作为基础资产转让至专项计划相关事宜履行了内部决策程序。

（二）基础资产是否存在禁止或限制转让的情形

中国法律不禁止原始权益人转让其所持私募基金的基金份额，并且，经本所律师审查，基金文件中约定“经基金管理人同意，投资人可向符合《关于规范金融机构资产管理业务的指导意见》规定的合格投资者转让其拥有的基金份额”，而根据中信信托出具的《承诺函》，中信信托（作为基金管理人）同意原始权益人将其所持基金份额转让给专项计划。因此，本所认为，专项计划项下基础资产不存在法定或约定的禁止或限制转让的情形。

而就底层资产而言，本次专项计划设立过程中的基础资产转让并不涉及底层资产的所有权主体发生变动，即无论是在专项计划设立日前还是专项计划设立日后，底层资产均由中信信托（代表私募基金）持有。

（三）基础资产转让需履行的程序及转让的合法合规性

专项计划项下基础资产的转让无需取得中国政府部门的批准或在中国政府部门办理转让登记手续，但应根据基金文件约定到私募基金的基金管理人处办理转让手续。

原始权益人将其所持私募基金的全部基金份额作为基础资产转让给专项计划后，专项计划将成为私募基金项下唯一的基金份额持有人，经本所律师公开检索，现行法律、行政法规及私募基金的相关监管规定中仅规定了单只私募基金的投资者人数累计不得超过《证券投资基金法》《公司法》《合伙企业法》等法律规定的特定数量，但并未规定单只私募基金的投资人人数最低要求，因此，本所律师认为，专项计划成为私募基金项下唯一的基金份额持有人合法合规。

（四）基础资产转让的公允性

按照《基金份额转让协议》的约定，管理人支付给原始权益人的基础资产转让价格等额于“原始权益人向管理人转让的基金份额数量×1 元/份”，基础资产在交割日之前（不含交割日）的基金利益归转让方所有，基础资产自交割日（含交割日）起的基金利益归受让方所有；而根据《基金合同》的约定，每 1 元投资本金对应 1 份基金份额，每份基金份额预计可获分配的基金利益为 1 元投资本金以及按照该份基金份额适用的业绩比较基准及实际存续天数核算的投资收益之和。

综合上述约定，鉴于基础资产中的每份基金份额对应的投资本金均为 1 元且每份基金份额均是按照固定的业绩比较基准及实际存续天数核算基金收益，而每份基金份额在交割日前、交割日后的基金收益分别属于转让方、受让方，因此，本所理解，基础资产转让价款在交割日按照 1 元/份的价格确定，具有公允性。就原始权益人中国政企合作投资基金股份有限公司与管理人之间的基础资产转让的公允性待《中信信托 - 唐山世园会 PPP 项目资产支持专项计划基金份额转让协议 2》最终签署生效后本所将进行补充核查并发表补充法律意见。

综上，本所经审查认为：

1. 原始权益人已就将其合法持有的基金份额作为基础资产转让至专项计划相关事宜履行了内部决策程序。

2. 专项计划项下基础资产不存在法定的禁止或限制转让的情形，基础资产转让行为已获得基金管理人的同意。

3. 专项计划项下基础资产的转让无须取得中国政府部门的批准或在中国政府部门办理转让登记手续，但应根据基金文件约定到私募基金的基金管理人处办理转让手续。

五、风险隔离的效果

1. 根据《基金份额转让协议》的约定，在专项计划成功设立，且受让方(管理人，代表专项计划)按约定向转让方(原始权益人)支付了全部基础资产转让价款之日(即交割日)，原始权益人将其自交割日起对于基础资产的全部所有权和相关权益均转让给管理人(代表专项计划)，受让方自交割日起承担基础资产的全部风险，享有基础资产所产生的全部收益，基础资产产生的利益(即基金份额的基金利益)直接支付给专项计划，而不经过原始权益人的账户或其他任何账户，从而实现了与原始权益人的风险隔离。

2. 此外，根据《中华人民共和国企业破产法》第三十一条第(二)项的规定，人民法院受理破产申请前一年内，债务人的财产以明显不合理的价格进行交易的，管理人有权请求人民法院予以撤销。根据管理人与中信聚信(北京)资本管理有限公司以及中信信托(代表固有财产)签署的《基金份额转让协议》，管理人支付的基础资产转让价款等额于原始权益人为获得该等基础资产(即基金份额)而支付的交易对价，该等交易对价具有公允性，因此，基础资产转让行为被撤销的风险较小。在中国政企合作投资基金股份有限公司与管理人之间的《基金份额转让协议2》正式签署后，本所将对该等《基金份额转让协议2》进行补充核查并发表补充法律意见。

3. 根据专项计划文件，在专项计划设立之前，管理人以专项计划名义在托管银行开立独立的人民币资金账户作为专项计划账户，专项计划的相关货币收支活动，包括但不限于接收基础资产回收款及其他应属专项计划的款项等均必须通过该账户进行。

基于上述，本所律师认为，交割日后，基础资产不再属于原始权益人所有，能够有效地实现基础资产与原始权益人风险的隔离。

六、专项计划信用增级安排的合法性、有效性

本法律意见书所称的信用增级安排系指下列交易安排：

(一)优先级/次级的结构化安排

根据不同的风险和收益特征，本专项计划的资产支持证券分为优先级资产支持证券和次级资产支持证券；专项计划项下次级资产支持证券为优先级资产支持证券提供信用增级，各兑付日分配时，优先级资产支持证券的分配顺序优先于次级资产支持证券。

(二)信用触发机制

专项计划设置了“加速清偿事件”和“违约事件”两类信用触发机制。信用触发机制一旦触发将引致基础资产现金流支付机制的重新安排。

违约事件发生前，如果加速清偿事件被触发，则收益科目的余额将不再用于次级资产支持证券期间收益的支付(包括其后续期间收益的支付)，而是将余额全部转入本金科目，用于优先级资产支持证券本金的兑付；如果违约事件被触发，则管理人将立即重新安排基础资产回收款的分配机制，将不再区分本金科目和收益科目，而是将全部基础资产回收款在支付专项计划应承担的税收、费用后优先用于偿付优先级资产支持证券的预期收益和未偿本金，在按上述顺序足额分配后仍有剩余资产时，方可向次级资产支持证券持有人进行分配。

综上，本所律师认为，上述信用增级安排均不违反法律、行政法规的强制性规定，并符合《资产证券化业务管理规定》的有关规定，是合法有效的，并能够在一定程度上保护优先级资产支持证券投资者的权益。

七、基础资产、底层资产未被列入负面清单的相关意见

根据对基础资产相关文件(即基金文件)的查阅，本所律师认为，基础资产不属于《负面清单指引》列示的负面清单范畴。

基础资产的最终投资标的为底层资产，根据对底层资产相关文件(即PPP项目文件)的查阅，本所律师认为，底层资产不属于《负面清单指引》列示的负面清单范畴。就第一付款义务人而言，虽然其属于地方政府指定主体，但是地方政府在本项目中的付款义务属于地方政府按照事先公开的收益约定规则，在政府与社会资本合作模式(PPP)下应当支付或承担的财政补贴，因此，不属于负面清单范畴。

综上,经本所律师核查,基础资产及底层资产未被列入负面清单。

八、可能影响资产支持证券投资者利益的其他重大事项

(一)专项计划管理人与原始权益人的关系

专项计划的管理人为中信信托,原始权益人包括中信信托(代表其固有财产)及中信聚信(北京)资本管理有限公司,中信聚信(北京)资本管理有限公司系中信信托的全资子公司。

《中华人民共和国公司法》第二百一十六条第(四)项规定,"关联关系,是指公司控股股东、实际控制人、董事、监事、高级管理人员与其直接或者间接控制的企业之间的关系,以及可能导致公司利益转移的其他关系。但是,国家控股的企业之间不仅因为同受国家控股而具有关联关系。"《企业会计准则第36号——关联方披露》(财会[2006]3号)第三条规定,"一方控制、共同控制另一方或对另一方施加重大影响,以及两方或两方以上同受一方控制、共同控制或重大影响的,构成关联方。"

本所律师认为,专项计划的管理人本身系原始权益人之一,且管理人与原始权益人中信聚信(北京)资本管理有限公司存在关联关系,管理人已在《计划说明书》中充分披露管理人与原始权益人的上述关联关系等有关事项,并对可能存在的风险以及拟采取的风险防范措施予以说明。

(二)不合格基础资产的赎回安排

根据原始权益人与专项计划管理人签署/拟签署的《基金份额转让协议》第2.6条约定,专项计划存续期间,如受让方(管理人,代表专项计划)发现某一笔基础资产属于不合格基础资产(即不符合合格资产标准的基础资产),转让方(原始权益人)应根据受让方的通知赎回该不合格基础资产。

经本所审查,上述签署/拟签署的《基金份额转让协议》第2.6条关于不合格基础资产赎回的约定不违反法律、行政法规的强制性规定,合法有效。

(三)经审查,除专项计划文件披露内容外,本所律师认为,不存在可能影响资产支持证券投资者利益的其他重大事项。

第四部分　结论意见

经审查,本所律师认为:

1. 管理人、销售机构、托管人及原始权益人的资质及权限均符合法律、行政法规以及中国证监会、中国基金业协会颁布的现行有效的资产证券化业务相关规定,截至尽调基准日,原始权益人未被列入失信被执行人名单,原始权益人亦不存在环境保护领域失信记录。

2. 专项计划文件于其签署完成之日生效,经本所律师审查,专项计划文件内容不违反法律和行政法规的强制性规定,不违反中国证监会、中国基金业协会颁布的现行有效的资产证券化业务相关规定;在专项计划文件约定的相关生效条件全部满足后,该等文件对相关当事人具有合法、有效的约束力。

3. 基础资产、底层资产的形成和存续真实、合法、有效,原始权益人合法享有基础资产,基金管理人(代表私募基金)合法持有底层资产,专项计划在取得私募基金项下全部基金份额后即合法享有底层资产;截至尽调基准日,基础资产及底层资产不存在权属纠纷或涉及诉讼、仲裁、执行或破产程序,且基础资产及底层资产均不存在附带抵押、质押等担保负担或者其他权利限制,符合《资产证券化业务管理规定》第二十四条的规定。并且,基础资产及底层资产可以清晰识别,可特定化,并具有完整性;基础资产及底层资产符合《上交所挂牌指南》规定的PPP项目收益权的基础资产合格标准。

4. 原始权益人已就将其合法持有的基金份额作为基础资产转让至专项计划相关事宜履行了内部决策程序;专项计划项下基础资产不存在法定的禁止或限制转让的情形,基础资产转让行为已获得基金管理人的同意;专项计划项下基础资产的转让无需取得中国政府部门的批准或在中国政府部门办理转让登记手续,但应根据基金文件约定到私募基金的基金管理人处办理转让手续。

5. 专项计划已设置风险隔离措施,有利于保障资产支持证券持有人的权益,隔离相关风险。

6. 专项计划项下信用增级安排不违反法律、行政法规的强制性规定,并符合《资产证

券化业务管理规定》的有关规定,是合法有效的。

7. 专项计划的基础资产及底层资产未被列入负面清单。

8. 除专项计划文件披露内容外,不存在可能影响资产支持证券投资者利益的其他重大事项。

本法律意见书正本一式叁份,贰份交中信信托有限责任公司,壹份由本所留存,无副本。

(本页为《北京市竞天公诚律师事务所关于中信信托有限责任公司中信信托－唐山世园会PPP项目资产支持专项计划之法律意见书》之签署页)

北京市竞天公诚律师事务所

负责人:赵洋

经办律师:任国兵、林淑兰

三、境外发行上市类

北京市金杜律师事务所关于中国铁塔股份有限公司首次公开发行境外上市外资股并上市的法律意见书

致:中国铁塔股份有限公司

北京市金杜律师事务所(以下简称本所)接受中国铁塔段份有限公司(以下简称发行人)的委托,担任发行人首次公开发行境外上市外资股(以下简称H股)并在香港联合交易所有限公司主板上市(以下简称本次发行上市)的专项中国法律顾问,根据《中华人民共和国证券法》(以下简称《证券法》)、《中华人民共和国公司法》(以下简称《公司法》)、《律师事务所从事证券法律业务管理办法》(以下简称《证券法律业务管理办法》)、《律师事务所证券法律业务执业规则(试行)》(以下简称《证券法律业务执业规则》)等法律、行政法规、部门规章、规范性文件以及中国证券监督管理委员会(以下简称中国证监会)的有关规定(以下合称中国法律法规或法律法规),就发行人本次发行上市事宜出具本法律意见书。

为出具本法律意见书,本所律师依据中国法律法规的规定,编制查验计划和法律尽职调查文件清单,收集证据材料,查阅按中国法律法规规定需要查阅的文件以及本所律师认为必须查阅的其他文件。在发行人提供的本所律师为出具本法律意见书要求发行人提供的原始书面材料、副本材料、复印材料、确认函、承诺函、说明或证明(以下合称文件材料)是真实、准确、完整和有效的,不存在虚假记载、误导性陈述和重大遗漏,且文件材料为副本或复印件的,其与原件一致和相符的前提下,本所律师合理、充分地运用了包括但不限于面谈、书面审查、实地调查、查询、复核等查验方式,对有关事实进行了核查和验证。

本所律师依据中国法律法规的规定以及本法律意见书出具日以前已经发生或者存在的事实,严格履行了法定职责,遵循了勤勉尽责和诚实信用原则,进行了充分的核查验证。保证本法律意见书所认定的事实真实、准确、完整,所发表的结论性意见合法、准确,不存在虚假记载、误导性陈述或者重大遗漏。

本所律师仅就与发行人本次发行上市涉及的中国法律问题发表意见,并不对任何中国境外法律事项发表法律意见,也不对有关会计、审计及资产评估等非法律专业事项发表意见。在本法律意见书中对有关会计报告、审计报告和资产评估报告的某些数据和结论进行引述时,本所律师已履行了必要的注意义务,但该等引述并不视为本所对这些数据、结论的真实性和准确性作出任何明示或默示保证。

本法律意见书仅供发行人为本次发行上市

之目的使用,不得用作任何其他目的。本所律师同意将本法律意见书作为发行人申请本次发行上市所必备的法律文件,随同其他文件材料一同上报中国证监会。

释义

在本法律意见书中,除非文义另有所指,下列词语具有下述含义:

简　　称	释　　义
发行人、公司或中国铁塔	中国铁塔股份有限公司(曾用名:中国通信设施服务股份有限公司)
中国移动	中国移动通信有限公司
中国联通	中国联合网络通信有限公司
中国电信	中国电信股份有限公司
国新控股	中国国新控股有限责任公司
移动集团	中国移动通信集团有限公司
联通集团	中国联合网络通信集团有限公司
电信集团	中国电信集团有限公司
三大电信企业	移动集团、联通集团、电信集团以及上述三个集团公司的分公司及子公司,中国移动、中国联通、中国电信以及上述三家公司的分公司以及子公司
中企华	北京中企华资产评估有限公司
环保部	原中华人民共和国环境保护部,现中华人民共和国生态环境部
工信部	中华人民共和国工业和信息化部
国务院国资委	中华人民共和国国务院国有资产监督管理委员会
国家工商总局	原国家工商行政管理总局,现中华人民共和国国家市场监督管理总局
北京市工商局	北京市工商行政管理局
香港	中华人民共和国香港特别行政区
香港联交所	香港联合交易所有限公司
《证券法》	2014年8月31日,第十二届全国人民代表大会常务委员会第十次会议修订的《中华人民共和国证券法》
《公司法》	2013年12月28日,第十二届全国人民代表大会常务委员会第六次会议修订的《中华人民共和国公司法》
《特别规定》	1994年8月4日,国务院第160号令《关于股份有限公司境外募集股份及上市的特别规定》
《必备条款》	1994年8月27日,原国务院证券委员会、原国家经济体制改革委员会证委发〔1994〕21号《国务院证券委员会、国家经济体制改革委员会关于执行〈到境外上市公司章程必备条款〉的通知》
《补充修改意见》	1995年4月3日,中国证监会海外上市部、原国家经济体制改革委员会生产体制司证监海函〔1995〕1号《关于到香港上市公司对公司章程作补充修改的意见函》
《上市规则》	《香港联合交易所有限公司证券上市规则》及其不时修订

续表

简　　称	释　　义
《电信条例》	2016 年 2 月 6 日,根据《国务院关于修改部分行政法规的决定》(国务院令第 666 号)第二次修订的《中华人民共和国电信条例》
中国	中华人民共和国,仅为本法律意见书之目的,不包括香港特别行政区、澳门特别行政区及台湾地区
中国法律法规或法律法规	截至本法律意见书出具日,中国现行有效的法律、行政法规、部门规章及规范性文件
《公司章程》	发行人 2018 年第一次临时股东大会审议通过的《中国铁塔股份有限公司章程》
《公司 H 股章程》	本次发行上市后适用的《中国铁塔股份有限公司章程》
报告期、近三年	2015 年 1 月 1 日至 2017 年 12 月 31 日
元、万元	人民币元、万元
本所	北京市金杜律师事务所
企业信息网	国家企业信用信息公示系统(http://www.gsxt.gov.cn/)

本所根据中国法律法规的规定,按照中国律师行业公认的业务标准、道德规范和勤勉尽责精神,对发行人提供的文件材料及有关事实进行了审查和验证,现出具法律意见如下:

一、本次发行上市的批准和授权

(一)2018 年 5 月 3 日,发行人第二届董事会第二次会议审议通过《关于中国铁塔股份有限公司首次公开发行境外上市外资股(H 股)并上市方案的议案》《关于中国铁塔股份有限公司首次公开发行境外上市外资股(H 股)并上市相关授权事项的议案》等与本次发行上市相关的议案。

2018 年 5 月 3 日,发行人 2018 年第二次,临时股东大会审议通过《关于中国铁塔股份有限公司首次公开发行境外上市外资股(H 股)并上市方案的议案》《关于中国铁塔股份有限公司首次公开发行境外上市外资股(H 股)并上市相关授权事项的议案》等与本次发行上市相关的议案。

根据前述会议决议,本次发行上市方案主要内容如下:

1. 发行模式:发行人本次拟发行境外上市外资股(H 股)并在香港联交所主板上市。

2. 发行上市地:本次发行选择香港联交所作为上市地。

3. 发行上市时间:发行人将在股东大会关于本次发行并上市的相关决议有效期内选择适当的时机和发行窗口完成本次发行上市,具体发行及上市时间由股东大会授权董事会或董事会授权人士根据境外资本市场状况、审批进展及其他情况决定。

4. 本次发行股票种类和面值:本次发行的股票为向符合资格的投资者募集并在香港联交所主板挂牌上市的境外上市外资股(H 股),每股均为人民币 1 元。

5. 发行方式:本次发行方式为香港公开发行及国际配售。根据国际资本市场的惯例和情况,国际配售可包括但不限于:(1)依据美国 1933 年《证券法》及其修正案项下 144A 规则于美国向合资格机构购买人进行的发售;(2)依据美国 1933 年《证券法》及其修正案项下 S 条例进行的美国境外发行。

6. 发行规模:本次发行的 H 股股数拟不超过 4,311,487 万股(行使超额配售选择权之前),即不超过发行后公司股本总额 25%;同时授予承销商(或其代表)不超过上述发行的 H 股股数 15% 的超额配售选择权,即在承销商(或其代表)全额行使超额配售选择权的情况下,发行人本次发行的 H 股股数拟不超过 4,958,210万股(含不超过 646,723 万股的超额配售股份),即不超过超额配售后公司股本总额 27.72%。最终发行数量由股东大会授权董事会或董事会授权其他人士根据法律规定、监管机构批准及市场情况确定。

7. 发行对象：本次发行的对象为符合相关条件的境外投资者及依据中国相关法律有权进行境外证券投资的境内合格投资者。

8. 定价方式：本次发行价格将根据国际惯例，充分考虑发行风险及投资者接受能力等情况下，结合发行时资本市场情况、市场认购情况，根据路演和簿记建档的结果，参考发行人所处行业的一般估值水平，协商确定。

9. 募集资金用途：本次发行所募集的资金，在扣除发行费用后，将主要用于以下用途：约60%用于资本开支，约30%用于偿还银行贷款，约10%用于一般运营资金。

10. 发售和分配原则：香港公开发售部分将根据接获认购者的有效申请数目决定配发给认购者的股份数目。国际配售部分占本次发行的比例将根据香港公开发售部分比例（经回拨后）决定。

11. 转为境外募集股份并上市的股份有限公司：根据本次发行上市计划，发行人将根据法律法规及监管机构的要求转为境外募集股份并上市的股份有限公司。

12. 决议有效期：本次发行上市方案决议的有效期为18个月，自本公司股东大会批准之日起计算。

本所律师认为，发行人2018年第二次临时股东大会会议的召集、召开符合中国法律法规以及《公司章程》的规定，上述决议内容合法、有效。本次发行上市已经取得必要的发行人内部批准和授权，有关授权范围、程序合法、有效。

（二）2017年11月6日，国务院国资委下发《关于中国铁塔股份有限公司国有股权管理有关问题的批复》（国资产权〔2017〕1155号），批准发行人国有股权管理方案。

（三）2018年3月29日，国务院国资委下发《关于中国铁塔股份有限公司首次公开发行股票并上市有关事项的批复》（国资改革〔2018〕171号），原则同意发行人上市方案。

发行人本次发行上市尚待获得中国证监会的核准。

综上，本所律师认为，除尚待获得中国证监会的核准外，发行人本次发行上市已获得了根据中国法律法规规定应获得的必要的批准和授权。

二、本次发行上市的主体资格

根据北京市工商局核发的统一社会信用代码为91110000717843275N的《营业执照》并经检索企业信息网，发行人基本情况如下：

名称	中国铁塔股份有限公司
地址	北京市海淀区阜成路73号19层
法定代表人	佟吉禄
注册资本	12934461.5024万
类型	其他股份有限公司（非上市）
经营范围	铁塔建设、维护、运营；基站机房、电源、空调配套设施和室内分布系统的建设、维护、运营及基站设备的维护。（企业依法自主选择经营项目，开展经营活动；依法须经批准的项目，经相关部门批准后依批准的内容开展经营活动；不得从事本市产业政策禁止和限制类项目的经营活动。）
成立日期	2014年7月15日
经营期限	2014年7月15日至长期

截至2017年12月31日，发行人的股权结构如本法律意见书附件一所示。

根据发行人《营业执照》、主管工商行政管理部门出具的合规证明、企业信息网显示信息并经核查，本所律师认为，截至本法律意见书出具日，发行人依法设立并存续，不存在根据有关法律法规及《公司章程》需要终止的情形，具备申请本次发行上市的主体资格。

三、发行人的设立

2014年7月11日，中国移动、中国联通、中国电信签署《中国通信设施服务股份有限公司发起人协议》，同意共同发起设立“中国通信设施服务股份有限公司”（发行人曾用名）。根据该协议，发行人股份总数为100亿股，每股面值人民币1元，股本总额为人民币100亿元。其中：中国移动认缴40亿股，持股比例40%，2014年7月31日前实缴13.4亿元，2014年9月30日前实缴13.4亿元，2014年12月31日前实缴13.2亿元；中国联通认缴30.1亿股，持股比例30.1%，2014年7月31日前实缴10.1亿元，2014年9月30日前实缴10亿元，2014年12月31日前实缴10亿元；中国电信认缴29.9亿股，持股比例29.9%，2014年7月31日前实缴10

亿元,2014 年 9 月 30 日前实缴 10 亿元,2014 年 12 月 31 日前实缴 9.9 亿元。

2014 年 7 月 11 日,发行人创立大会审议通过如下议案:(1)《关于〈中国通信设施服务有限公司筹备情况的报告〉的议案》;(2)《关于〈中国通信设施服务股份有限公司筹备费用的报告〉的议案》;(3)《关于设立中国通信设施服务有限公司及发起人出资情况的议案》;(4)《关于〈中国通信设施服务股份有限公司章程〉的议案》;(5)《关于选举中国通信设施服务股份有限公司第一届董事会成员的议案》,选举刘爱力、佟吉禄、王镭、赵芳、董晓庄、司芙蓉、邵广禄、李张挺为公司第一届董事会董事;(6)《关于选举中国通信设施服务股份有限公司第一届监事会股东代表监事的议案》,选举张继平、高玲玲、郭小林为公司第一届监事会股东代表监事;(7)《关于授权中国通信设施服务股份有限公司董事会办理工商登记及相关事宜的议案》。

2014 年 7 月 11 日,发行人第一届董事会第一次会议审议通过如下议案:(1)《关于选举中国通信设施服务股份有限公司董事长的议案》;(2)《关于聘任中国通信设施服务股份有限公司总经理的议案》。

2014 年 7 月 11 日,发行人第一届监事会第一次会议审议通过《关于选举中国通信设施服务股份有限公司监事会主席的议案》。

2014 年 7 月 15 日,国家工商总局下发《准予设立登记通知书》[(国)登记内设字〔2014〕第 23 号]准予发行人设立登记手续。

2014 年 7 月 15 日,国家工商总局向发行人核发注册号为 100000000045096 的《营业执照》。

根据中国建设银行单位客户专用回单(流水号分别为:110001900D050008616、110001900D050012882 及 110001900D050020235),截至 2014 年 12 月 31 日,中国移动已经实际缴纳出资合计人民币 40 亿元;根据中国建设银行单位客户专用回单(流水号分别为:1107436009A3AUL00EU、110001900D050006979 及 110001900D050040242),截至 2014 年 12 月 31 日,中国联通已经实际缴纳出资合计人民币 30.1 亿元;根据中国建设银行单位客户专用回单(流水号分别为:110001900D050035706、1108636000040000019 及 110001900D050039372,截至 2014 年 12 月 31 日,中国电信已经实际缴纳出资合计人民币 29.9 亿元。

发行人设立时,股本结构如下:

股东名称	出资金额(万元)	持股比例
中国移动	400,000	40%
中国联通	301,000	30.1%
中国电信	299,000	29.9%
合计	1,000,000	100%

综上,本所律师认为,发行人设立履行了必要的手续,符合法律法规的规定。

四、发起人和股东

(一)发起人及股东的资格

根据发行人《公司章程》等文件,发行人现有 4 名股东。其中,中国移动、中国联通、中国电信为发行人的发起人。发行人股东的具体情况如下:

1. 中国移动

根据发行人提供的中国移动所持有的统一社会信用代码为 91110000717851160R 的《营业执照》并经检索企业信息网,中国移动基本情况如下:

名称	中国移动通信有限公司
住所	北京市西城区金融大街 29 号
法定代表人	尚冰
注册资本	164,184.830000 万
类型	有限责任公司(外国法人独资)
经营范围	经营 GSM 数字移动通信业务;IP 电话业务;因特网接入服务业务、因特网骨干网数据传送业务;从事移动通信、IP 电话和因特网等网络的设计、投资和建设;移动通信、IP 电话和因特网等设施的安装、工程施工和维修;经营与移动通信、IP 电话和因特网业务相关的系统集成、漫游结算清算、技术开发、技术服务、广告业务、设备销售以及其他电信及信息服务;出售、出租移动电话终端设备、IP 电话设备、因特网设备及其配件,并提供售后服务;业务培训、会议服务;住宿(学员住宿)(限分支机构经营);餐饮服务、游泳馆(限分支机构经营)。(依法须经批准的项目,经相关部门批准后依批准的内容开展经营活动。)
成立日期	2004 年 02 月 27 日

2. 中国联通

根据发行人提供的中国联通所持有的统一社会信用代码为91110000710939135P的《营业执照》并经检索企业信息网，中国联通基本情况如下：

名称	中国联合网络通信有限公司
住所	北京市西城区金融大街21号
法定代表人	王晓初
注册资本	21,304,479.782769万
类型	有限责任公司（台港澳法人独资）
经营范围	在全国范围内经营固定网本地电话业务（含本地无线环路业务）、公众电报和用户电报业务、国内通信设施服务业务、固定网国内长途电话业务、固定网国际长途电话业务、IP电话业务（限Phone－Phone的电话业务）、900/1800MHz GSM第二代数字蜂窝移动通信业务、WCDMA第三代数字蜂窝移动通信业务、LTE/第四代数字蜂窝移动通信业务（TD－LTE/LTE FDD）、卫星国际专线业务、因特网数据传送业务、国际数据通信业务、26GHz无线接入业务；在北京、上海、天津、河北（不含石家庄）、山西、内蒙古、辽宁、吉林、哈尔滨、江苏（不含南京）、浙江、安徽、福建、江西、山东（不含济南、青岛）、郑州、湖北（不含武汉）、湖南、广东、广西、海南、四川、贵州、云南、拉萨、陕西、甘肃、青海、宁夏、新疆等范围内经营3.5GHz无线接入业务。在全国范围内经营国内甚小口径终端地球站（VSAT）通信业务、固定网国内数据传送业务、无线数据传送业务、用户驻地网业务、网络托管业务、在线数据处理与交易处理业务、国内因特网虚拟专用网业务、因特网数据中心业务、语音信箱业务、传真存储转发业务、X.400电子邮件业务、因特网接入服务业务和信息服务业务（含固定网电话信息服务业务、互联网信息服务业务和移动网信息服务业务）。经营与通信及信息业务相关的系统集成、设备生产销售、设计施工业务；技术开发、技术服务、技术咨询、技术培训；寻呼机、手机及其配件的销售、维修；电信卡的制作、销售；客户服务；房屋租赁；编辑、出版、发行电话号码簿。（涉及许可证或国家专项规定的，须凭许可证经营或按专项规定办理相关手续）设计、制作、发布、代理国内外各类广告。（经营项目按照外商投资企业批准证书登记以及依法须经批准的项目，经相关部门批准后依批准的内容开展经营活动。）
成立日期	2000年04月21日

3. 中国电信

根据发行人提供中国电信所持有的统一社会信用代码为9111000071093019X7的《营业执照》并经检索企业信息网，中国电信基本情况如下：

名称	中国电信股份有限公司
住所	北京市西城区金融大街31号
法定代表人	杨杰
注册资本	8,093,236.832100万
类型	其他股份有限公司（上市）
经营范围	基础电信业务：在全国范围内经营800MHzCDMA第二代数字蜂窝移动通信业务、CDMA2000第三代数字蜂窝移动通信业务和LTE/第四代数字蜂窝移动通信业务（TD－LTE/LTE-FDD）；在北京、上海、江苏、浙江、安徽、福建、江西、湖北、湖南、广东、广西、海南、重庆、四川、贵州、云南、陕西、甘肃、青海、宁夏、新疆21省（自治区、直辖市）经营固定网本地电话业务（含本地无线环路业务）、固定网国内长途电话业务、固定网国际长途电话业务、IP电话业务（限Phone－Phone的电话业务）、卫星国际专线业务、因特网数据传送业务、国际数据通信业务、公众电报和用户电报业务、26GHz无线接入业务、国内通信设施服务业务；在南京、合肥、昆明、湖北、湖南、海南、四川、贵州、甘肃范围内经营3.5GHz无线接入业务；增值电信业务：在北京、上海、江苏、浙江、安徽、福建、江西、湖北、湖南、广东、广西、海南、重庆、四川、贵州、云南、陕西、甘肃、青海、宁夏、新疆21省（自治区、直辖市）经营第二类基础电信业务中的国内甚小口径终端地球站通信业务、固定网国内数据传送业务、用户驻地网业务、网络托管业务（比照增值电

续表

	信业务管理)、第一类增值电信业务中的互联网数据中心业务、国内互联网虚拟专用网业务、互联网接入服务业务;第二类增值电信业务中的在线数据处理与交易处理业务、存储转发类业务、国内呼叫中心业务和信息服务业务以及无线数据传送业务;在天津、河北、山西、内蒙古、辽宁、吉林、黑龙江、山东、河南、西藏等10省(自治区、直辖市)经营第二类增值电信业务中的信息服务业务(仅限移动网信息服务);IPTV传输服务:服务内容为IPTV集成播控平台与电视用户端之间提供信号传输和相应技术保障,传输网络为利用固定通信网络(含互联网)架设IPTV信号专用传输网络,IPTV传输服务在限定的地域范围内开展;互联网地图服务(有效期至2019年12月31日);利用信息网络经营音乐娱乐产品,游戏产品(含网络游戏虚拟货币发行),艺术品、演出剧(节)目、表演、动漫产品、从事网络文化产品的展览、比赛活动;经营与通信及信息业务相关的系统集成、技术开发、技术服务、技术咨询、信息咨询、设备及计算机软硬件等的生产、销售、安装和设计与施工;房屋租赁;通信设施租赁;安全技术防范系统的设计、施工和维修;广告业务。(企业依法自主选择经营项目,开展经营活动;依法须经批准的项目,经相关部门批准后依批准的内容开展经营活动;不得从事本市产业政策禁止和限制类项目的经营活动。)
成立日期	2002年9月10日

4. 国新控股

根据发行人提供的国新控股所持有的统一社会信用代码为91110000717828315T的《营业执照》并经检索企业信息网,国新控股基本情况如下:

名称	中国国新控股有限责任公司
住所	北京市海淀区复兴路9号博兴大厦6层
法定代表人	刘东生

续表

注册资本	1,550,000万元
类型	有限责任公司(国有独资)
经营范围	从事授权范围内的国有资产经营与管理;国有股权经营与管理;受托管理;资本运营;为开展上述业务所进行的投资和咨询业务。(企业依法自主选择经营项目,开展经营活动;依法须经批准的项目,经相关部门批准后依批准的内容开展经营活动;不得从事本市产业政策禁止和限制类项目的经营活动。)
成立日期	2010年12月1日

经适当核查,本所律师认为,各发行人股东均合法存续,具有法律法规规定的担任发行人股东的资格。

(二)股东的人数、住所、出资比例

如本法律意见书第四部分"发起人和股东"第(一)部分"发起人及股东的资格"所述,发行人的股东为中国移动、中国联通、中国电信和国新控股,均为住所位于境内的法人。

根据2017年7月24日移动集团出具的编号为0000002016090208181的《企业产权登记表》记载,发行人的国家出资企业为移动集团;发行人的企业级次为7级;发行人注册资本为12,934,461.5024万元;股权结构如下:中国移动出资4,915,095.3709万元,股权比例为38%;中国联通出资3,634,583.6822万元,股权比例为28.1%;中国电信出资3,608,714.7592万元,股权比例27.9%;国新控股出资776,067.6901万元,股权比例6%。前述发行人的股东均为中国境内企业。

经核查,本所律师认为,发行人的股东人数、住所、出资比例符合有关法律法规之规定。

五、发行人的股本及其演变

(一)发行人的股权设置、股本结构

根据发行人现行有效的《公司章程》、国务院国资委国资产权〔2017〕1155号《关于中国铁塔股份有限公司国有股权管理有关问题的批复》,发行人的股权设置、股本结构情况如下表所示:

股东	持股数(万股)	占股本总额的比例	股权性质
中国移动	4,915,095.3709	38%	参照国有股东管理
中国联通	3,634,583.6822	28.1%	参照国有股东管理
中国电信	3,608,714.7592	27.9%	SS
国新控股	776,067.6901	6%	SS
合计	12,934,461.5024	100%	

经核查,本所律师认为,发行人的股权设置符合法律法规的规定,依法履行了必要的审批程序。

(二)发行人历次工商登记变动

发行人自成立至本法律意见书出具日,其历次工商登记变动情况如下:

1. 2014 年 8 月,变更公司名称、住所

2014 年 8 月 25 日,发行人召开临时股东大会决议如下:审议并通过《关于中国通信设施服务股份有限公司名称和住所变更的议案》,同意将名称修改为中国铁塔股份有限公司,并将住所修改为北京市海淀区阜成路 73 号 19 层,并修改公司章程相应内容和条款。

2014 年 9 月 2 日,国家工商总局向发行人核发注册号为 100000000045096 的《营业执照》。

2. 2016 年 2 月,增加注册资本

(1)决策程序

2015 年 10 月 14 日,发行人 2015 年第一次临时股东大会决议如下:1)审议通过关于豁免 2015 年第一次临时股东大会通知时限的议案;2)审议通过关于确认存量铁塔相关资产评估结果的议案;3)审议通过关于发行股份及支付现金购买存量铁塔相关资产的议案,同意公司与相关方签署《关于发行股份及支付现金购买存量铁塔相关资产的协议》、《关于购买存量铁塔相关资产的协议》;4)审议通过关于发行股份、变更注册资本及修改《公司章程》部分条款的议案:①同意以 1 元/股的价格发行合计不超过 13,502,863 万股的股份,其中,向中国电信发行 3,747,299 万股;向中国联通发行 3,774,305 万股;向中国移动、移动集团江苏有限公司、移动集团山东有限公司、移动集团广东有限公司、移动集团河南有限公司、移动集团浙江有限公司、移动集团安徽有限公司、移动集团河北有限公司、移动集团湖南有限公司、移动集团湖北有限公司发行 5,111,088 万股,上述中国移动及其下属子公司持有的股份对应的股东权利及义务由中国移动统一行使和履行,中国移动下属子公司持有的相关股份于股份发行完成后 30 日内或 2015 年 12 月 31 日前转移至中国移动统一持有;向国新控股发行 870,172 万股;②同意公司注册资本增加至 129,344,615,024 元人民币;③同意相应修改《公司章程》,包括第十一条修改为“公司注册资本 129,344,615,024 元人民币”,第十二条增加一款为“公司于 2015 年 12 月 31 日新增注册资本 119,344,615,024 元,出资方式为现全和资产出资”,第十三条增加一款为“公司于 2015 年 12 月 31 日新增注册资本 119,344,615,024 元,由股东在 2016 年 1 月 30 日前缴付”;5)审议通过关于提请股东大会授权董事会办理发行股份及支付现金购买存量铁塔相关资产的相关事宜的议案:同意授权董事会全权办理本次交易相关事宜,包括但不限于根据存量铁塔相关资产交割情况,确定具体发行股份数额,发行对象及其取得的股份数额;发行股份完成后,根据发行股份的具体情况修改注册资本数额、《公司章程》关于注册资本、出资方式、出资缴付期限等相关条款,办理相关工商变更登记、与本次交易有关的其他备案事项;在法律、法规、规范性文件及《公司章程》允许的范围内办理与本次交易有关的其他事宜;本授权有效期自股东大会审议通过之日起至本次交易完成之日;6)审议通过关于新增一名董事的议案。

2015 年 10 月 14 日,中国移动及其下属 31 家子公司、中国联通及其下属 1 家子公司、中国电信、国新控股与中国铁塔签署《关于发行股份及支付现金购买存量铁塔相关资产的协议》。

2015 年 10 月 14 日,移动集团及其下属 24 家子公司、联通集团及其下属 7 家子公司、电信集团及其下属 11 家子公司与中国铁塔签署《关于购买存量铁塔相关资产的协议》。

(2)资产评估及备案情况

就发行人发行股份及支付现金购买存量铁塔相关资产,中企华就所涉及的相关资产及负债进行了资产评估并出具了资产评估报告。

中国铁塔拟发行股份及支付现金购买的中国移动及其下属 31 家子公司、中国联通及其下属 1 家子公司、中国电信的存量资产资产评估及备案情况如下：

序号	评估基准日	评估报告编号	评估对象	净资产评估值（万元）	备案日期	备案表
1	2014 年 10 月 31 日	中企华评报字[2015]第 1286－2－1 号	中国电信 30 省分公司的铁塔相关资产及负债	2,267,991.26	2015 年 10 月 30 日	Z55620150032663
2	2015 年 3 月 31 日	中企华评报字[2015]第 1286－2－2 号	中国电信 30 省分公司的铁塔相关资产及负债	1,091,743.31	2015 年 10 月 30 日	Z55620150032664
3	2014 年 10 月 31 日	中企华评报字[2015]第 1286－4－1 号	中国联通拟认购中国铁塔股份及向其转让资产	4,992,607.12	—	已备案
4	2015 年 3 月 31 日	中企华评报字[2015]第 1286－4－2 号	中国联通拟认购中国铁塔股份及向其转让资产	1,342,506.17	—	已备案
5	2014 年 10 月 31 日	中企华评报字[2015]第 1286－6－1 号	中国移动 31 省移动公司的铁塔相关资产及负债	8,667,595.56	2015 年 10 月 30 日	Z55720150492668
6	2015 年 3 月 31 日	中企华评报字[2015]第 1286－5－2 号	移动集团 26 省分公司和 17 省通信服务公司的铁塔相关资产及负债	204,598.37	2015 年 10 月 30 日	Z55720150482667
7	2015 年 3 月 31 日	中企华评报字[2015]第 1286－6－2 号	中国移动 31 省移动公司的铁塔相关资产及负债	2,692,955.16	2015 年 10 月 30 日	Z55720150502669

中国铁塔拟现金购买移动集团及其下属 24 家子公司、联通集团及其下属 7 家子公司、电信集团及其下属 11 家子公司的存量铁塔相关资产评估和备案情况如下：

序号	评估基准日	评估报告编号	评估对象	净资产评估值（万元）	备案日期	备案表
1	2014 年 10 月 31 日	中企华评报字[2015]第 1286－1－1 号	电信集团拟向中国铁塔转让的 16 省分子公司及 30 省网络资产分公司的铁塔相关资产及负债	274,630.03	2015 年 10 月 30 日	Z55620150032662
2	2015 年 3 月 31 日	中企华评报字[2015]第 1286－1－2 号	电信集团拟向中国铁塔转让的 10 省分子公司及 18 省网络资产分公司的铁塔相关资产	41,845.23	2015 年 10 月 30 日	Z55620150032665
3	2014 年 10 月 31 日	中企华评报字[2015]第 1286－3－1 号	联通集团拟向中国铁塔转让资产	3,402.3	—	已备案
4	2015 年 3 月 31 日	中企华评报字[2015]第 1286－3－2 号	联通集团拟向中国铁塔转让资产	234.69	—	已备案

续表

序号	评估基准日	评估报告编号	评 估 对 象	净资产评估值(万元)	备案日期	备 案 表
5	2014年10月31日	中企华评报字[2015]第1286-5-1号	移动集团31省分公司和24省通信服务公司的铁塔相关资产及负债	1,241,445.20	2015年10月30日	Z55720150472666
6	2015年3月31日	中企华评报字[2015]第1286-5-2号	移动集团26省分公司和17省通信服务公司的铁塔相关资产及负债	204,598.37	2015年10月30日	Z55720150482667

(3)交割确认函

就发行人发行股份及支付现金购买存量铁塔相关资产,相关主体均签署了交割确认函。

中国铁塔拟发行股份及支付现金购买的中国移动及其下属31家子公司、中国联通及其下属1家子公司、中国电信的存量资产资产的交割确认情况如下:

序号	签署日期	卖　　方	买方	买方应支付对价		
				现金部分(元)	股份部分(股)	总计(元)
1	2015年12月31日	中国电信	中国铁塔	2,965,991,748(中国电信向中国铁塔支付现金对价/增资款)	33,097,147,592	30,131,155,844
2	2016年1月25日	中国联通并代表其下属1家子公司	中国铁塔	21,322,296,460	33,335,836,822	54,658,133,282
3	2016年1月28日	中国移动并代表其下属31家子公司	中国铁塔	57,585,303,085	45,150,953,709	102,736,256,794

中国铁塔拟现金购买移动集团及其下属24家子公司、联通集团及其下属7家子公司、电信集团及其下属11家子公司的存量铁塔资产的交割确认情况如下:

序号	签署日期	卖　　方	买方	买方应支付对价		
				现金部分(元)	股份部分(股)	总计(元)
1	2015年12月31日	电信集团并代表下属11家子公司	中国铁塔	2,965,991,748	—	2,965,991,748
2	2016年1月25日	联通集团并代表其下属7家子公司	中国铁塔	32,015,400	—	32,015,400
3	2016年1月28日	移动集团并代表其下属24家子公司	中国铁塔	12,960,799,693	—	12,960,799,693

根据《关于发行股份及支付现金购买存量铁塔相关资产的协议》及《关于购买存量铁塔相关资产的协议》约定,于交割日次日起,目标资产将被视为买方的发行人合法拥有。除另有约定外,于交割日后(不含当日),与目标资产相关的权利、利益由发行人享有,与目标资产相关的义务、责任亦由发行人承担。

(4)股份认购协议

为认购发行人为本次增资而新发行的股份的协议签署情况列表如下:

序号	签署日期	卖　　方	买方	认购方式	认购股份(股)	实 缴 日 期
1	2016 年 1 月 30 日	移动集团安徽有限公司(中国移动子公司)	中国铁塔	资产出资	5,833,769,398	2015 年 12 月 31 日前
2	2016 年 1 月 30 日	移动集团广东有限公司(中国移动子公司)	中国铁塔	资产出资	7,300,716,496	2015 年 12 月 31 日前
3	2016 年 1 月 30 日	移动集团河北有限公司(中国移动子公司)	中国铁塔	资产出资	4,375,693,430	2015 年 12 月 31 日前
4	2016 年 1 月 30 日	移动集团河南有限公司(中国移动子公司)	中国铁塔	资产出资	7,193,824,937	2015 年 12 月 31 日前
5	2016 年 1 月 30 日	移动集团江苏有限公司(中国移动子公司)	中国铁塔	资产出资	6,501,405,824	2015 年 12 月 31 日前
6	2016 年 1 月 30 日	移动集团山东有限公司(中国移动子公司)	中国铁塔	资产出资	8,053,048,991	2015 年 12 月 31 日前
7	2016 年 1 月 30 日	移动集团浙江有限公司(中国移动子公司)	中国铁塔	资产出资	5,892,494,633	2015 年 12 月 31 日前
8	2016 年 1 月 29 日	中国联通	中国铁塔	资产出资	33,335,836,822	2015 年 12 月 31 日前
9	2016 年 1 月 29 日	中国电信	中国铁塔	资产出资	30,131,155,844	2015 年 12 月 31 日前
10				现金出资	2,965,991,748	2016 年 1 月 30 日前
11	2016 年 1 月 29 日	国新控股	中国铁塔	现金出资	7,760,676,901	2016 年 1 月 30 日前

其中,根据发行人与中国移动及其下属 31 家子公司、中国联通及其下属 1 家子公司、中国电信、国新控股于 2015 年 10 月 14 日签署的《关于发行股份及支付现金购买存量铁塔相关资产的协议》约定,移动集团安徽有限公司、移动集团广东有限公司、移动集团河北有限公司、移动集团河南有限公司、移动集团江苏有限公司、移动集团山东有限公司、移动集团浙江有限公司作为中国移动的子公司所享有的股东权利及义务由中国移动统一行使和履行。中国移动及其下属子公司将尽其合理努力,于股份发行完成后的 30 日内或 2015 年 12 月 31 日前。将中国移动下属子公司所持有的发行人股份转移至中国移动并由中国移动统一持有。

2016 年 2 月 24 日,北京市工商局向发行人换发统一社会信用代码为 9111000071784375N 的《营业执照》。本次增资完成后,发行人的注册资本及股本结构情况如下:

续表

股东名称	持股数量(万股)	持股比例
中国移动	4,915,095.3709	38%
中国联通	3,634,583.6822	28.1%
中国电信	3,608,714.7592	27.9%
国新控股	776,067.6901	6%
合计		100%

经核查,本所律师认为,发行人的股权变动符合法律法规的规定,依法履行了必要的决策、备案和登记等程序。

(三)股份质押情况

国新控股质押发行人部分股份的情况如下:

2016 年 1 月 29 日,国新控股与交银国际信托有限公司签署《交银国际 · 稳健 1490 号单—资金信托第一期股权质押合同》(编号 2015X03TZ685 - 8 - 1),国新控股将其持有的中国铁塔 2.32% 的股份(30 亿股股份)、对应的出资额 30 亿元出质给交银国际信托有限公司。

根据北京市工商局于2016年4月14日核发的《股权出质设立登记通知书》[（京）股质登设字〔2016〕第00002080号]，国新控股完成股份质押设立登记，将其持有的中国铁塔30亿股股份质押给交银国际信托有限公司，质押登记编号为91110000717843275N_0001。根据北京市工商局于2017年12月12日核发的《股权出质变更登记通知书》[（京）股质登设字〔2017〕第00006125号]，国新控股完成股份质押变更登记，登记编号为91110000717843275N_0001，股份质押数额变更为20亿股。

根据发行人提供的文件及确认并经核查，除国新控股持有发行人的部分股份设置质押外，截至本法律意见书出具日，发行人的股东所持发行人其他股份均未设置质押。

本所律师认为，国新控股在持有的发行人部分股份上设置质押不违反中国法律法规的规定，不会对本次发行上市构成实质性障碍。

六、发行人的业务

（一）发行人的业务范围和经营方式

根据发行人《公司章程》、现持有的《营业执照》，发行人经营范围为："铁塔建设、维护、运营；基站机房、电源、空调配套设施和室内分布系统的建设、维护、运营及基站设备的维护。（企业依法自主选择经营项目，开展经营活动；依法须经批准的项目，经相关部门批准后依批准的内容开展经营活动；不得从事本市产业政策禁止和限制类项目的经营活动）。"

（二）发行人的业务资质

根据发行人提供的资料、确认并经本所律师核查，截至本法律意见书出具日，发行人持有两份基础电信业务经营许可证：

1. 2015年12月31日，工信部核发的、编号为A2－20150001的《中华人民共和国基础电信业务经营许可证》，业务种类为第二类基础电信业务中的国内通信设施服务业务，业务覆盖范围（服务项目）为全国，有效期至2020年12月31日。

2. 2015年11月11日，工信部核发的、编号为A2－20150888的《中华人民共和国增值电信业务经营许可证》，业务种类为第二类基础电信业务中的网络托管业务（比照增值电信业务管理），业务覆盖范围（服务项目）为全国，有效期至2020年11月11日。

此外，根据发行人提供的资料、确认并经核查，截至2017年12月31日，发行人共有省级分公司31家，地市级分公司378家。省级分公司基本情况参见本法律意见书附件二"省级分公司基本情况"。

经核查，本所律师认为，发行人的经营范围符合相关法律法规的规定，已经依法取得了现阶段生产经营所必需的业务资质；发行人上述分公司合法设立，有效存续。

（三）主营业务

根据发行人的《营业执照》、发行人的确认并经本所律师核查。发行人的主营业务为铁塔建设、维护、运营；基站机房、电源、空调配套设施和室内分布系统的建设、维护、运营及基站设备的维护，发行人业务收入和利润主要来自于主营业务，发行人的主营业务突出。

（四）重大业务变更

根据发行人工商档案、历次变更的《营业执照》、发行人的确认并经本所律师核查，发行人自设立以来主营业务没有发生重大变更。

（五）持续经营

根据发行人《营业执照》、发行人的确认并经本所律师核查，发行人不存在法律法规及《公司章程》规定的需要终止的情形，不存在持续经营的实质性法律障碍。

七、发行人的主要财产

（一）发行人自有站址类物业

根据发行人确认，截至2017年12月31日，发行人在境内共拥有1,925,946个站址。根据发行人确认并经本所律师核查，该等站址涉及的自有物业包括34,306宗土地使用权、408,074处自有站址配套机房。具体情况如下：

1. 发行人拥有的土地使用权

（1）发行人以自己名义拥有的土地使用权

1）发行人以出让或授权经营方式取得的土地使用权

发行人拥有18,431宗以出让或授权经营方式取得土地使用权，占自有土地使用权总数的53.77%。发行人以出让和授权经营方式取得的土地使用权，已经取得国有土地使用证。

本所律师认为：①在出让土地所取得的

《国有土地使用证》载明的有效使用期限内,发行人有权依法独立占有、使用该等土地,有权依法赠与、转让、出租、抵押或以其他符合中国法律法规的方式处分该等土地使用权。②对发行人以授权经营方式取得国有土地使用权,在授权经营的有效使用期限内,发行人有权依法独立占有、使用该等土地使用权。

2)发行人以划拨方式取得的土地使用权

发行人拥有60宗以划拨方式取得的土地使用权,占自有土地使用权总数的0.18%。发行人已经就上述划拨土地取得划拨性质的国有土地使用证。

本所律师认为,在划拨土地所取得的《国有土地使用证》载明的有效使用期限内,根据《中华人民共和国物权法》和相关规定,发行人有权按照取得土地使用权证记载的划拨土地用途占有、使用该等划拨土地。发行人已经取得划拨国有土地使用权证,第三方主张该等土地使用权的可能性较低,发行人因该等土地而发生权属纠纷或讼争或不能继续使用该等土地的可能性较低。除非发行人为该等划拨土地办理了出让手续,否则不能处分该等划拨土地。但该等划拨土地未办理出让手续不会对发行人占有和使用该等土地造成重大不利影响,不会对发行人的整体生产经营产生重大不利影响。

(2)发行人需办理更名过户手续的土地使用权

发行人需办理更名过户手续的土地使用权共计15,815宗,占自有土地总数的46.14%。

根据发行人确认并经本所律师适当核查,该等土地使用权为三大电信企业2015年存量铁塔相关资产注入交割至发行人占有、使用。该等土地的《国有土地使用证》记载的权利人仍为三大电信企业,与实际拥有人不一致,发行人需要办理《国有土地使用证》过户更名手续。根据存量铁塔相关资产注入交易的协议,三大电信企业与发行人约定,于交割日次日(即2015年11月1日)起,该等土地使用权即视为被发行人合法拥有。三大电信企业将给予发行人必要协助,包括但不限于提供办证所需的资料。

本所律师认为,虽然该等土地的证载权利人与实际拥有人不一致,但根据存量铁塔相关资产注入交易的协议,发行人可以占有、使用该等土地。三大电信企业已经取得国有土地使用权证,第三方主张该等土地使用权的可能性较低,发行人因该等土地而发生权属纠纷或讼争或不能继续使用该等土地的可能性较低。根据工信部、国土资源部、住建部2017年9月21日联合下发《关于加强移动通信铁塔站址用地及规划管理工作的通知》(工信部联通信〔2017〕234号)(以下简称三部委通知),“对于因历史原因手续不全的铁塔站址,遵循‘尊重历史、面对现实’的原则,分期分批逐步处理、陆续解决。”该等土地使用权未过户更名的情况不会对发行人占有和使用该等土地造成重大不利影响,不会对发行人的整体生产经营造成重大不利影响。发行人以及三大电信企业根据法律法规以及行政主管部门要求提供文件材料并支付相关费用后,该等国有土地使用权办理过户更名手续不存在实质性法律障碍。

2. 发行人自有站址配套机房[1]

根据发行人确认并经本所律师适当核查,截至2017年12月31日,发行人自有站址配套机房的数量共计408,074处。

(1)发行人已取得房屋所有权证的配套机房

发行人已经取得7,249处配套机房的房屋所有权证,占自有配套机房总数的1.78%。

本所律师认为,发行人合法拥有该等配套机房的所有权,有权依法占有、使用或以其他方式处置该等机房。

(2)发行人需办理房屋所有权证更名过户手续的配套机房

发行人需办理房屋所有权证更名过户手续的配套机房共计17,088项,占自有配套机房总数的4.19%。

根据发行人确认并经本所律师适当核查,该等配套机房为三大电信企业2015年存量铁塔相关资产注入交割至发行人占有、使用。该等配套机房的房屋所有权证记载的权利人仍为三大电信企业,与实际拥有人不一致,发行人需办理房屋所有权证过户更名手续。根据存量铁塔相关资产注入交易的协议,三大电信企业与发行人约定,于交割日次日(即2015年11月1

① 注:本法律意见书中“配套机房”是指铁塔配套的砖混结构或者钢架结构的机房。

日）起，该等配套机房的房屋所有权即被发行人合法拥有。三大电信企业将给予发行人必要协助，包括但不限于提供办证所需的资料。

本所律师认为，虽然该等配套机房的所有权证证载权利人与实际拥有人不一致，但根据存量铁塔相关资产注入交易的协议，发行人可以占有、使用该等配套机房。三大电信企业已经取得房屋所有权证，第三方主张该等配套机房所有权的可能性较低，发行人因该等配套机房而发生权属纠纷或讼争，或不能继续使用该等配套机房的可能性较低。根据三部委通知，该等配套机房的证载权利人与实际拥有人不一致的情况不会对发行人占有和使用该等配套机房造成重大不利影响，该等情形不会对发行人的整体生产经营造成重大不利影响。发行人以及三大电信企业根据法律法规以及行政主管部门要求提供的文件材料并支付相关费用后，该等配套机房办理过户更名手续不存在实质性法律障碍。

（3）其他配套机房

除上述两类配套机房外，发行人还拥有共计383,737项其他配套机房，占自有配套机房总数的94.03%。

根据发行人确认并经本所律师适当核查：①该等配套机房是发行人主营业务资产的专用配套设施，而非可供居住或者对外出租、转让、抵押的房产，发行人实际上无法且无须单独对外出租、转让、抵押该等配套机房，该等配套机房不具有独立利用价值；②发行人未因占有、使用该等配套机房发生任何对其整体生产经营造成重大不利影响的纠纷或讼争；发行人未因该等配套机房未办理产权登记被处以对其整体生产经营造成重大不利影响的行政处罚；③发行人可以在较短的时间以其他替代形式安置配套机房设备。

本所律师认为，由于配套机房不具有独立利用价值，且因发行人所处行业的特殊性，该等配套机房具有数量多、分布区域广、单体面积小、搭建成本低、经济价值少的特点，发生大规模拆除或仅因为未办理产权登记被处以重大行政处罚的可能性较低。上述情形不会对发行人的整体生产经营造成重大不利影响，发行人可以依现状继续占有和使用该等配套机房。

（二）发行人通过租赁或其他形式取得使用权的站址类物业

根据发行人确认并经本所律师适当核查，截至2017年12月31日，发行人通过租赁或其他形式取得使用权的站址类物业共计1,846,317处。其中：

1. 发行人已经签署租赁协议的物业

（1）发行人已经签署租赁协议，且出租方已提供租赁物业的权属证明或者取得所有权人转租或授权出租的证明文件的站址类租赁物业共计238,422处，占站址类租赁物业的总数的12.92%。

本所律师认为，出租方有权出租该等土地及房屋，该等土地及房屋租赁协议内容合法有效。发行人可以在租赁合同约定的期限内有权依法占有、使用该等物业。

（2）发行人已经签署租赁协议，但无法取得租赁物业的权属证明或者无法取得所有权人转租或者授权出租的证明文件的站址类租赁物业共计691,669处，占站址类租赁物业的总数的37.47%。

根据发行人确认并经本所律师适当核查：发行人未因占有、使用该等租赁物业发生任何对公司整体生产经营造成重大不利影响的纠纷或讼争。如因上述情形无法继续占有使用该等房屋的，发行人将尽一切最大努力寻找相同或类似的替代物业。

本所律师认为，依据发行人签署的租赁协议，发行人在租赁期限内可以持续使用上述物业。如第三方针对该等土地使用权、房屋所有权或相应的出租权提出异议，发行人对该等土地及房屋的租赁可能会受到影响，但发行人可根据相应的租赁协议以及《合同法》的规定向出租方主张违约责任并要求赔偿损失。如因上述情形无法继续占有使用该等房屋的，发行人将尽最大努力寻找相同或类似的替代物业。上述情况不会对发行人的整体经营产生重大不利影响。

2. 发行人未签署或未能提供租赁协议的物业

（1）发行人承接三大电信企业作为承租方签署的租赁协议项下全部权利和义务的物业，共计42,745处，占站址类租赁物业总数的2.32%。

根据发行人确认并经本所律师适当核查：

①发行人没有直接与上述租赁物业的出租方签署物业租赁协议或者补充协议;②根据发行人与三大电信企业2015年签署的存量铁塔相关资产交易的协议,三大电信企业作为承租方与出租方签署的物业租赁协议项下的权利或义务、收益或损失,均归属发行人;三大电信企业就该等物业租赁协议收取或持有的任何利益,所有权属于发行人;三大电信企业将按照发行人要求行使和履行在该等物业租赁协议项下的权利和义务,不修改任何条款或终止任何物业租赁协议;发行人与三大电信企业将尽最大合理的努力在另行商定期限内完成转名手续和/或取得合同对方的同意函;③发行人未因占有、使用上述租赁协议签署方为三大电信企业的租赁物业发生对公司整体生产经营造成重大不利益影响的诉讼或纷争。

本所律师认为,三大电信企业作为承租方已经就该等租赁物业与出租方签署了租赁协议,根据2015年发行人与三大电信企业签署的存量铁塔相关资产交易协议,上述租赁协议的全部权利和义务已经由三大电信企业转至发行人,发行人没有直接与出租方签署物业租赁协议或者补充协议,此种情形下,出租方有权要求三大电信企业或发行人支付租金及相关费用。经核查,上述租赁物业尚未支付完毕的租金及相关费用实际由发行人承担,通过三大电信企业转付给出租方,发行人可以继续依据三大电信企业与相关业主签署的租赁合同占有、使用相关的物业。如未来相关业主或者拥有合法权利的第三方要求重新签署或者补充签署租赁协议或者做出任何使用安排的,发行人与相应的出租方和/或者拥有合法权利的第三方达成一致意见后,可以依据届时签署的协议继续占有和使用该等站址物业。发行人整体生产经营因上述情形受到重大不利影响的可能性较低。

(2)位于荒山、戈壁或沙漠等地点,无适格权利主体作为出租方而未能签署租赁协议的物业共计95,053处,占站址类租赁物业总数的5.15%。

根据发行人确认并经本所律师适当核查:由于上述物业位于诸如荒山、戈壁或沙漠等地理位置,没有适格权利主体与发行人签署书面协议。报告期内,发行人未因该等情形而发生任何对公司整体生产经营造成重大不利影响的纠纷或讼争。

本所律师认为,结合《电信条例》、《电信建设管理办法》及其他法规文件对通信基站、铁塔为公共基础设施的认定以及“三部委通知”中“对于因历史原因手续不全的铁塔站址,遵循‘尊重历史、面对现实’的原则,分期分批逐步处理、陆续解决”的明确表述,发行人可以继续占有和使用该等站址物业,该等站址被大规模拆除的可能性较低,上述情况不会对发行人的整体经营产生重大不利影响。

(3)发行人未签署租赁协议,纳入规划由发行人免费使用或者向发行人免费提供的物业,共计294,649项,占站址类租赁物业总数的15.96%。

根据发行人确认并经本所律师适当核查:①免费使用的站址类物业主要包括:已经纳入各省或地市通讯基础设施专项规划、城市建设总体规划、建设总体规划等相应规划,可以免费使用的物业;以及由业主、运营商、政府、学校、医院、其他公共事业单位等免费向发行人提供的物业;②发行人虽未与上述免费使用的物业提供方签署书面的租赁协议,报告期内,未因占有、使用上述物业发生任何对公司整体生产经营造成重大不利影响的纠纷或讼争。

本所律师认为,发行人与相应的物业提供方虽然没有签署物业租赁合同,但相应的物业已经纳入各省或地市通讯基础设施专项规划、城市建设总体规划、建设总体规划等相应规划,或者相关省、自治区及直辖市的地方性法规规定公共场所、公共设施及公共机构的办公场所应当为公共通信设施建设免费提供必要的场地或者无偿开放和接入便利条件。在相应的规划没有改变之前或者公共场所、公共设施或者公共机构的办公场所性质变更为非公共性质之前,发行人可以继续免费占有、使用相应物业。发行人与该等物业提供方就占有使用该等物业而产生纠纷或讼争的可能性较低。如未来相应的物业提供方要求与发行人签署租赁协议或者做出任何有偿使用安排的,发行人将根据届时的实际需要、收费情况、周边可替代点,决定是否继续占有使用该等物业,并决定是否与该等免费物业提供方签署相应的书面文件;发行人与相应的物业提供方达成一致意见后,可以继续占有和使用该等站址物业。

(4)发行人未签署租赁协议,通过行为推定与物业产权人建立租赁关系的物业,共计247,713项,占站址类租赁物业总数的13.42%。

根据发行人确认并经本所律师适当核查:①未能签署租赁合同的主要原因包括:占有使用三大电信企业相关物业的安排已经在2015年存量铁塔相关资产注入交易协议中进行了约定;或者发行人已向出租方支付租金且出租方已经持续收取租金。②报告期内,未因实际占有、使用该等租赁物业发生任何对公司整体生产经营产生重大不利影响的纠纷或讼争。

本所律师认为,根据最高人民法院关于适用《中华人民共和国合同法》若干问题的解释(二)(《合同法司法解释(二)》)第二条:"当事人未以书面形式或者口头形式订立合同,但从双方从事的民事行为能够推定双方有订立合同意愿的,人民法院可以认定是以合同法第十条第一款中的'其他形式'订立的合同。但法律另有规定的除外。"发行人与相应物业的提供方、出租方和/或三大电信企业虽然没有签署物业租赁合同,但是以《合同法司法解释(二)》"其他形式"实际建立物业租赁占有使用关系。发行人可以继续向相应的出租方和/或三大电信企业提供服务的方式占有、使用相应物业的权利。发行人与该等物业提供方、出租方和/或三大电信企业就占有使用该等物业而产生纠纷或讼争的可能性较低。如未来相应的物业提供方、出租方和/或三大电信企业要求与发行人签署租赁协议或者做出其他使用安排的,发行人将根据届时的实际需要、收费情况、周边可替代点,决定是否继续占有使用该等物业,并决定是否与该等物业提供方、出租方和/或三大电信企业签署相应的书面文件。发行人与相应的物业提供方、出租方和/或三大电信企业达成一致意见后,可以继续占有和使用该等站址物业。

(5)发行人无法提供租赁协议等原始证明文件的物业,共计236,066项,占站址类租赁物业总数的12.79%。

根据发行人确认,虽然由于各种历史原因造成租赁关系存续的证明文件丢失,但发行人确认曾签署租赁协议或者其他文件的方式与相应的出租方和/或者拥有合法权利的第三方就相关物业占有、使用进行了约定,并已实际占有、使用该等物业。自发行人成立至今,发行人一直占有使用该等站址物业,未发生对发行人整体生产经营产生重大不利影响的纠纷或纷争。

本所律师认为,根据发行人的确认,发行人已与相应的出租方和/或者拥有合法权利的第三方签署过租赁合同,发行人实际占有、使用该等物业。如未来相应的出租方和/或者拥有合法权利的第三方要求与发行人重新签署租赁协议或者做出任何有偿使用安排的,发行人将根据届时的实际需要、收费情况、周边可替代点,决定是否继续占有使用该等物业,并决定是否就该等物业签署相应的书面文件。发行人与相应的出租方和/或者拥有合法权利的第三方达成一致意见后,依据届时签署的协议继续占有和使用该等站址物业。

(三)发行人自有综合类物业

1.根据发行人确认并经本所律师适当核查,截至2017年12月31日,发行人已经取得169处合计建筑面积约为17,230.38平方米综合类物业的房屋所有权证书,该等综合类物业相应占用范围内的土地使用权系通过出让方式取得,并取得了土地使用权证。此类自有物业主要用于办公、办公车位等用途。

本所律师认为,发行人合法拥有该等综合类物业的房屋所有权和该等综合类物业所占用范围内的土地使用权,有权依法占有、使用或以其他方式处置该等物业。

2.根据发行人提供的房屋买卖合同等资料并经本所律师适当核查,截至2017年12月31日,发行人已与第三方签订共计6份房屋买卖合同,约定购买合计建筑面积约为29,195.63平方米的综合类物业。该房屋买卖合同尚在履行过程中,发行人与出售方将根据房屋买卖合同的约定办理房屋过户手续。

本所律师认为,发行人依据要求向相关行政主管部门递交申请材料并交纳相关税费,取得该等房屋的所有权证明文件不存在实质性法律障碍。

(四)发行人通过租赁取得使用权的综合类物业

根据发行人确认并经本所律师适当核查,截至2017年12月31日,发行人通过租赁取得使用权的综合类物业共计2,423处,合计面积

约为956,131.33平方米。此类租赁物业主要用于办公、宿舍、库房等用途。具体情况如下:

1. 发行人已经签署租赁协议,出租方已提供租赁物业的权属证明或者取得所有权人转租或授权出租的证明文件的综合类租赁物业共计1,549处、合计面积约为557,974.36平方米,占综合类租赁物业的总数的63.93%、总面积的58.36%。

本所律师认为,出租方有权出租该等房屋,该等房屋租赁协议内容合法有效。发行人可以在租赁合同约定的期限内有权依法占有、使用该等物业。

2. 发行人已经签署租赁协议,但无法取得租赁物业的权属证明或者无法取得所有权人转租或授权出租的证明文件的综合类租赁物业共计874处、合计面积约为398,156.98平方米,占综合类租赁物业总数的36.07%、总面积的41.64%。

根据发行人确认并经本所律师适当核查:报告期内,发行人未因占有、使用该等租赁物业发生任何对公司整体生产经营产生重大不利影响的纠纷或讼争。

本所律师认为,如第三方针对该等土地使用权、房屋所有权或相应的出租权提出异议,发行人对该等土地及房屋的租赁可能会受到影响。但发行人可根据相应的租赁协议以及《合同法》的规定向出租方主张违约责任并根据部分出租方出具的承诺函要求赔偿损失。在第三方提出异议之前,发行人可以依照现状占有使用该等租赁物业。上述情形不会对发行人的整体生产经营造成重大不利影响。在第三方提出异议之前,发行人可以按现状继续占有、使用该等租赁物业,向出租方支付租全和费用。

(五)知识产权

1. 注册商标

根据发行人提供的资料、确认并经本所律师公开检索核查,截至2017年12月31日,发行人在中国境内拥有115项已取得商标注册证且在有效期内的注册商标,具体情况参见本法律意见书附件三"商标情况"。

本所律师认为,发行人依据其持有的商标注册证合法享有上述115项中国注册商标的商标专用权。截至本法律意见书出具日,上述商标专用权不存在质押或其他权利受到限制的情形。

2. 专利

根据发行人提供的资料、确认并经本所律师公开检索核查,截至2017年12月31日,发行人拥有154项在中国境内授权且在有效期内的专利,具体情况参见本法律意见书附件四"专利情况"。

本所律师认为,发行人依据其持有的专利权属证书合法享有上述154项专利权。截至本法律意见书出具日,上述专利权不存在质押或其他权利受到限制的情形。

3. 计算机软件著作权

根据发行人提供的资料、确认并经本所律师公开检索核查,截至2017年12月31日,发行人持有2项计算机软件著作权,具体情况如下:

序号	著作权名称	著作权人	登记号	取得方式	权利范围
1	FSU嵌入式系统[简称:FEU]V1.0	中国铁塔	2017SR300381	原始取得	全部权利
2	中国铁塔基站运维监控物联网平台[简称:基站运维监控物联网平台]V1.0	中国铁塔	2016SR253261	原始取得	全部权利

本所律师认为,发行人依据其持有的登记证书合法享有上述2项计算机软件著作权。截至本法律意见书出具日,上述计算机软件著作权不存在质押或其他权利受到限制的情形。

4. 域名

根据发行人提供的资料、确认并经本所律师公开检察核查,截至2017年12月31日,发行人持有3名域名,具体情况如下:

序号	域名	权利人	注册日期	到期日期
1	chinatowercom. cn	中国铁塔	2014 年 7 月 27 日	2026 年 7 月 27 日
2	tower. com. cn	中国铁塔	2001 年 5 月 21 日	2024 年 6 月 21 日
3	china－tower. com	中国铁塔	2015 年 4 月 29 日	2019 年 4 月 29 日

本所律师认为,发行人是上述域名的合法注册人,依法享有该域名项下各项权利。截至本法律意见书出具日,上述域名不存在质押或其他权利受到限制的情形。

(六)对外股权投资

根据发行人提供的资料、确认并经核查,截至本法律意见书出具日,发行人无对外股权投资,没有设立子公司。

八、发行人的重大债权、债务及重大合同

根据发行人提供的资料、确认并经本所律师核查,截至本法律意见书出具日,发行人正在履行的重大合同如下:

(一)借款及担保合同

截至本法律意见书出具日,发行人正在履行的借款合同具体参见本法律意见书附件五“正在履行的借款合同”。

截至本法律意见书出具日,发行人未就前述正在履行的借款合同提供担保。

(二)《商务定价协议》及其补充协议

2016 年 7 月 8 日,发行人分别与中国移动、中国联通以及中国电信签署《商务定价协议》及相关附件,对塔类产品、室分产品、传输产品和服务产品的起租及结算进行约定。

发行人分别于 2018 年 1 月 31 日与中国移动和中国联通、于 2018 年 2 月 1 日与中国电信签署《〈商务定价协议〉补充协议》,对《商务定价协议》附件 1《产品目录及定价》中塔类产品定价相关内容进行了调整。

发行人分别于 2018 年 4 月 20 日与中国联通、于 2018 年 4 月 26 日与中国移动、于 2018 年 4 月 28 日与中国电信签署《服务协议》,对产品服务、服务标准、权利义务等事项进行约定。

(三)其他重大业务合同

截至本法律意见书出具日,发行人正在履行的对生产经营活动有重大影响的合同,包括发行人在日常生产经营签署的业务合同主要为收入类合同和支出类合同,其中收入类合同主要包括物资采购类合同、工程类合同、维护类合同、技术类合同、综合服务类合同、站址服务类合同以及知识产权类合同,支出类合同主要包括租赁服务类合同、代维服务类合同以及资产处置类合同等。

根据发行人提供的资料、确认并经核查,本所律师认为,上述合同符合合同法的相关规定,不违反现行中国法律法规强制性或禁止性规定;上述合同有效,对合同签署方具有法律约束力,履行该等合同不存在实质性法律障碍。

九、发行人报告期内的重大资产变化及收购兼并

(一)发行人报告期的历次增资及发行股份购买资产的情况参见本法律意见书第五部分“发行人的股本及其演变”。

(二)根据发行人提供的资料、确认并经本所律师核查,发行人报告期内没有发生合并、分立、减少注册资本的情况;除本法律意见书第五部分“发行人的股本及其演变”披露的增资情况外,发行人未发生重大资产收购兼并。

(三)根据发行人的确认,截至本法律意见书出具日,发行人没有拟进行的重大资产置换、资产剥离、重大资产出售或收购等计划或安排。

十、发行人章程的制定与修改

(一)公司章程的制定与修改

根据发行人提供的股东大会决议等相关文件并经本所律师核查,发行人《公司章程》的制定及其修改情况如下:

1. 2014 年 7 月 11 日,发行人创立大会审议并通过《关于〈中国通信设施服务股份有限公司章程〉的议案》。

2. 2014 年 8 月 25 日,发行人临时股东大会

审议并通过《关于中国通信设施服务股份有限公司名称和住所变更的议案》,同意将公司名称修改为“中国铁塔股份有限公司”,并将公司住所修改为北京市海淀区阜成路 73 号 19 层,并修改公司章程相应内容和条款。

3. 2015 年 10 月 14 日,发行人 2015 年第一次临时股东大会审议通过关于发行股份、变更注册资本及修改《公司章程》部分条款的议案。

4. 2016 年 8 月 12 日,发行人 2015 年度股东大会审议通过《关于修订公司章程的议案》,增加党建条款。

5. 2018 年 5 月 3 日,发行人 2018 年第一次临时股东大会审议通过关于《关于修订中国铁塔股份有限公司章程的议案》,同意修改、增加党建、独立董事等条款。

本所律师认为,发行人《公司章程》的修改已履行必要的股东大会审批程序。

(二)发行人现行章程

发行人现行《公司章程》共 17 章、92 条,经核查,其内容不违反现行法律法规的规定。

(三)本次发行上市后的章程

2018 年 5 月 3 日,为本次发行并上市之目的,发行人 2018 年第二次临时股东大会决议同意根据《必备条款》《特别规定》《补充修改意见》等相关法律法规及《上市规则》对《公司章程》进行修订,并授权董事会或董事会授权人士按境内外有关政府机关或监管机构的要求与建议及本次发行的实际情况,对公司本次发行并上市后适用的《公司 H 股章程》进行相应修改。修订后的《公司 H 股章程》将于本次发行上市之日起生效。经核查,公司通过的《公司 H 股章程》,已载明了《必备条款》《特别规定》《补充修改意见》规定的相关内容。

十一、发行人的股东大会、董事会、监事会

(一)发行人的组织机构

经核查,发行人已按照《公司法》及《公司章程》的规定,设立了股东大会、董事会、监事会。发行人现任董事 7 名,其中 3 名为独立董事;发行人现任监事 6 名,其中 2 名为职工监事;发行人现有 1 名总经理、2 名副总经理、1 名总会计师、1 名纪委书记,1 名董事会秘书。

本所律师认为,发行人具有健全的组织机构。

(二)发行人的股东大会、董事会和监事会议事规则

2018 年 5 月 3 日,发行人 2018 年第二次临时股东大会审议通过了《关于修订〈股东大会议事规则〉的议案》、《关于修订〈董事会议事规则〉的议案》和《关于修订〈监事会议事规则〉的议案》,制订了将于本次发行上市后生效的《股东大会议事规则》《董事会议事规则》《监事会议事规则》。

本所律师认为,发行人制订的将于本次发行上市后生效的股东大会、董事会和监事会议事规则符合相关法律法规的规定。

(三)发行人的股东大会、董事会、监事会

根据发行人提供的资料、确认并经本所律师核查,本所律师认为,发行人近三年股东大会、董事会、监事会会议的表决结果合法、有效。

十二、发行人董事、监事和高级管理人员及其变化

(一)现任董事、监事及高级管理人员的任职情况

根据发行人提供的资料,截至本法律意见书出具日,发行人现任董事、监事以及高级管理人员的具体情况如下:

序号	姓名	职　务	兼职情况
1	佟吉禄	董事长、执行董事、总经理	无
2	董昕	董事	移动集团副总经理、总法律顾问,中国移动有限公司执行董事、副总经理兼财务总监
3	邵广禄	董事	联通集团副总经理,中国联合网络通信(香港)股份有限公司执行董事、高级副总裁,电讯盈科有限公司非执行董事,中国通信服务股份有限公司非执行董事
4	张志勇	董事	电信集团副总经理,中国通信服务股份有限公司董事长

续表

序号	姓名	职　务	兼职情况
5	樊澄	独立董事	无
6	苏力	独立董事	国家开发投资公司外部董事,中国航空器材集团有限公司外部董事,中国工艺(集团)公司外部董事
7	谢湧海	独立董事	中银国际英国保诚资产管理有限公司董事长兼非执行董事,交银国际控股有限公司独立非执行董事,华金国际资本控股有限公司独立非执行董事,国安国际有限公司非独立执行董事,大唐西市丝路投资控股有限公司独立非执行董事,域高国际控股有限公司独立非执行董事
8	李文民	监事会主席、职工代表监事、党委委员、工会副主席、党群工作部主任	无
9	高玲玲	监事	移动集团内审部总经理
10	郭小林	监事	联通集团审计部总经理
11	王志学	监事	国新控股资本运营管理部副总经理、投资发展部副总经理,上海三爱富新材料股份有限公司董事
12	隋以勋	监事	电信集团审计部总经理,中国电信监事会主席、监事、审计部总经理
13	王宏伟	职工代表监事	无
14	高步文	副总经理	无
15	顾晓敏	副总经理	无
16	高春雷	总会计师(财务负责人)	无
17	孙宝田	纪委书记	无

除上述董事、监事和高级管理人员之外,发行人还聘请了一名董事会秘书。

根据发行人的确认、发行人现任董事、监事和高级管理人员的确认并经本所律师核查,发行人现任董事、监事和高级管理人员的任职资格符合法律法规以及《公司章程》的规定。

(二)报告期内董事、监事及高级管理人员变化情况

根据发行人提供的资料并经本所律师核查,报告期内发行人董事、监事和高级管理人员的变化情况如下:

1. 董事变动情况

2015 年 10 月 14 日,中国铁塔 2015 年第一次临时股东大会审议选举莫德旺为董事。

2018 年 3 月 21 日,刘爱力董事因工作调整辞去发行人董事长、董事职务。同日,中国铁塔第一届董事会第十七次会议选举佟吉禄为董事长。

2018 年 5 月 3 日,中国铁塔 2018 年第一次临时股东大会审议通过《关于董事会换届选举的议案》,选举佟吉禄为公司第二届董事会执行董事,董昕、邵广禄、张志勇为公司第二届董事会非执行董事,苏力、樊澄、谢湧海为公司第二届董事会独立非执行董事。

2018 年 5 月 3 日,中国铁塔第二届董事会第一次会议选举佟吉禄为董事长。

2. 监事变动情况

2016 年 8 月 22 日,张继平监事因退休辞去公司监事及监事会主席职务。

2017 年 1 月 11 日,中国铁塔 2017 年第一次临时股东大会审议选举柯瑞文为公司监事。

2017 年 4 月 13 日,中国铁塔第一届监事会第六次会议审议通过《关于选举柯瑞文先生为监事会主席的议案》,选举柯瑞文为公司监事

会主席。

2018 年 4 月 12 日,发行人第一届工会会员代表大会第二次会议审议通过《关于选举职工代表监事的议案》,选举王宏伟、李文民为公司职工代表监事。

2018 年 5 月 3 日,中国铁塔 2018 年第一次临时股东大会审议通过《关于选举第二届监事会股东代表监事的议案》,选举高玲玲、郭小林、王志学、隋以勋为公司第二届监事会股东代表监事。

2018 年 5 月 3 日,中国铁塔第二届监事会第一次会议选举李文民为公司监事会主席。

3. 高级管理人员变动情况

2017 年 10 月 16 日,董晓庄副总经理因退休辞去公司副总经理职务。

综上,本所律师认为,上述董事、监事及高级管理人员的变化已履行必要的法律程序,符合有关法律法规及《公司章程》的规定。上述变化未对发行人的经营管理、主营业务及持续经营等造成重大不利影响,不会对本次发行上市造成实质性法律障碍。

(三)发行人的独立非执行董事

2018 年 5 月 3 日,中国铁塔 2018 年第一次临时股东大会审议通过《关于董事会换届选举的议案》,选举樊澄、苏力、谢湧海为公司第二届董事会独立非执行董事。

经核查,本所律师认为,发行人独立非执行董事任职资格符合有关法律法规之规定,职权范围不违反有关法律法规之规定。

十三、发行人的税务

(一)发行人税务登记情况

根据发行人提供的资料并经发行人确认,截至 2017 年 12 月 31 日,发行人执行的主要税种及法定税率如下:

序号	税　种	计税基础	税　率
1	企业所得税	应纳税所得额	重庆、四川、陕西、广西、贵州、甘肃、西藏、宁夏、新疆、云南省分公司企业所得税率为 15%;其他省分公司企业所得税率为 25%
2	增值税	销售收入、服务收入	塔类站址服务执行 6% 的税率;室分站址增值服务执行 6% 的税率,室分站址基础服务执行 11% 的税率

经核查,本所律师认为,发行人及其境内分公司已经办理税务登记,发行人执行的上述税种、税率符合现行法律法规的规定。

(二)税收优惠

根据发行人提供的资料、确认并经本所律师核查,截至 2017 年 12 月 31 日,发行人报告期内享受的主要税收优惠情况如下:

依据国家税务总局《关于深入实施西部大开发战略有关企业所得税问题的公告》(国家税务总局公告 2012 年第 12 号)、《关于深入实施西部大开发战略有关税收政策问题的通知》等法律法规,中国铁塔甘肃省分公司、广西壮族自治区分公司、贵州省分公司、宁夏回族自治区分公司、陕西省分公司、四川省分公司、西藏自治区分公司、新疆分公司、云南省分公司、重庆市分公司享受"设在西部地区的鼓励类企业减按 15% 的税率征收企业所得税"的税收优惠政策。

经核查,本所律师认为,发行人报告期内享受的主要税收优惠符合有关法律法规的规定。

(三)财政补贴

根据发行人提供的资料及确认并经本所律师核查,发行人报告期内没有收到单笔金额在 100 万元以上的财政补贴情况。

(四)发行人近三年依法纳税情况

根据发行人的确认、发行人所在地的税务机关出具的证明并经本所律师核查,发行人及其省级分公司依法纳税,报告期内不存在对本次发行上市构成实质性法律障碍的因违反税收方面的法律法规而受到税务机关处罚的情形。

十四、发行人的环境保护

根据发行人提供的资料、确认并经公开检索核查,截至 2017 年 12 月 31 日,发行人共受到 5 笔罚款金额 10 万元以上的环保处罚,均因发行人未进行环评审批而引起,具体情况参见本法律意见书第十七部分"发行人的诉讼、仲裁或行政处罚"。

根据《环境影响评价法》、《建设项目环境影响评价分类管理名录》及《建设项目环境影响登记表备案管理办法》（环境保护部令第41号）规定，全部无线通讯项目需填报环境影响登记表并报备案。2017年10月26日，环保部、工信部、中国铁塔、移动集团、联通集团及电信集团共同签署《通信基站环境保护工作备忘录》（环办辐射函〔2017〕1990号，以下简称《工作备忘录》）。根据《工作备忘录》规定，各运营商是天线装置的所有者，也是通信基站电磁辐射环境影响的产生者，应依法履行环境影响登记表备案手续。对于在中国铁塔的站址上架设天线的通信基站，各运营商原则上统一书面委托中国铁塔办理环境影响登记表备案手续。但发生违反《建设项目环境影响登记表备案管理办法》有关规定的情况时，依法由天线所属的运营商承担其法律责任。

基于上述，本所律师认为，上述处罚不会对发行人整体生产经营成实质性障碍。发行人及其分公司报告期内不存在对本次发行上市构成实质性法律障碍的因违反环境保护方面的法律法规而受到相关环保主管部门处罚的情形。

十五、发行人募集资金的运用

根据发行人2018年第二次临时股东大会决议，本次发行上市所募集资金在扣除发行费用后，约60%用于资本开支，约30%用于偿还银行贷款，约10%用于一般运营资金。

根据发行人的确认，铁塔类站址建设具有单体价值低但数量多且分布广泛、按需求单体建设、建设周期短、占地面积小、建设地点相对灵活、多采用租赁物业、铁塔及其配套机器等设备可以重复利用等特点，并且该类建设需要根据运营商或者其他第三方提出的需求匹配发行人内部的站址资源或者发行人另行协助寻找合适地址，建设地址具有不确定性。

因此，在募集资金投资项目计划阶段，发行人无法确定未来建设需求的具体建设站址和建设内容，政府投资主管部门和行业主管部门有关募集资金投资项目的审批、核准或备案文件对于发行人不适用。

根据《中华人民共和国环境影响评价法》、《建设项目环境影响评价分类管理名录》、《建设项目环境影响登记表备案管理办法》以及由环保部、工信部与电信集团、移动集团、联通集团、发行人等六方签署的《通信基站环境保护工作备忘录》，国家对环境影响登记表实行备案管理。各运营商是天线装置的所有者，也是通信基站电磁辐射环境影响的产生者，应依法履行环境影响登记表备案手续。对于在铁塔公司的站址上架设天线的通信基站，各运营商原则上统一书面委托铁塔公司办理环境影响登记表备案手续。发生违反《建设项目环境影响登记表备案管理办法》有关规定的情况时，依法由天线所属的运营商承担其法律责任。对于新建铁塔，应当在建设项目建成并投入生产运营前，登录网上备案系统，在网上备案系统注册真实信息，在线填报并提交建设项目环境影响登记表。

因此，在募集资金投资项目计划阶段，无须履行环境影响登记表备案手续，政府环境保护部门有关募集资金投资项目的审批、核准或备案文件对于发行人并不适用。

根据发行人的确认并经核查，本所律师认为，发行人本次发行募集资金用于发行人的主营业务，上述募集资金用途符合国家产业政策和利用外资等法律法规的相关规定。

十六、发行人的诉讼、仲裁或行政处罚

（一）重大诉讼、仲裁

根据发行人的确认并经本所律师核查，截至本法律意见书出具日，发行人没有正在进行尚未了结的标的金额在1000万元以上的诉讼或仲裁。

（二）行政处罚

根据发行人提供的资料、确认并经本所律师核查，发行人报告期内受到的罚款金额10万元以上行政处罚共6起，具体情况如下：

1. 2016年5月15日，深圳市南山区城市管理行政执法局《行政处罚决定书》（〔2016〕深南城行决字第8099号）载明，中国铁塔深圳市分公司因损坏城市绿化用地108平方米，违反了《深圳经济特区市容和环境卫生管理条例》相关规定罚款10.8万元。中国铁塔深圳市分公司已缴纳罚款。

2. 2016年12月9日，广东省海丰县环境保护局《行政处罚决定书》（海环罚决定〔2016〕32号）载明，中国铁塔汕尾分公司因未向环保部

门报送环境影响评价报告文件擅自建设并投资运行使用,违反了《广东省建设项目环境保护管理条例》相关规定责令停止生产(运行使用)并处罚款10万元。中国铁塔汕尾分公司已提起行政诉讼。2017年11月1日,汕尾市城区法院下发《行政判决书》(〔2017〕粤1502行初3号),判决撤销海丰县环境保护局2016年12月9日作出的海初罚决字〔2016〕32号行政处罚决定书。

3. 2017年6月1日,抚顺市环保局顺城分局《行政处罚决定书》(顺环罚决字〔2017〕第054号)载明,中国铁塔抚顺分公司国存量接收基站站址无环评手续,违反了《环境保护法》相关规定,责令立即停止生产并处以罚款10万元整。中国铁塔抚顺分公司提起行政复议,2017年9月19日,抚顺市政府下发《行政复议决定书》(抚政复字〔2017〕第20号),决定撤销抚顺市环保局顺城分局作出的《行政处罚决定书》(顺环罚决字〔2017〕第054号),责令被申请人在60日内重新作出具体行政行为。根据中国铁塔抚顺分公司提供的说明和确认,抚顺市环保局未再重新作出具体行政行为。

4. 2016年7月8日,包头市环境保护局《行政处罚决定书》(包环罚〔2016〕42号)载明,中国铁塔包头市分公司未取得环评批复文件的情况下开工建设,违反《环境保护法》和《环境影响评价法》相关规定,责令停止违法行为恢复原状并罚款10万元整。中国铁塔包头市分公司已缴纳罚款。

5. 2017年8月2日,海南省三亚市生态环境保护局《行政处罚决定书》(三环罚决字〔2017〕39号)载明,中国铁塔三亚市分公司和中国电信股份有限公司海南分公司未办理环境影响评价审批手续擅自动工建设及配套环境保护设施未经验收投入使用违反了《环境影响评价法》相关规定,合并处罚款15万元。中国铁塔三亚市分公司提请行政复议,2017年12月7日,三亚市人民政府作出《行政复议决定书》(三府复决字〔2017〕第499号),维持三亚市生态环境保护局于2017年8月2日作出的三环罚决字〔2017〕39号《行政处罚决定书》。中国铁塔三亚市分公司和中国电信股份有限公司海南分公司已缴纳罚款。

6. 2016年8月31日,成都市环境保护局成环罚字〔2016〕第43号《行政处罚决定书》载明,中国铁塔成都市分公司因未依法进行环评审批开工建设违反了《环境保护法》相关规定,责令停止建设和罚款10万元整。中国铁塔成都市分公司已缴纳罚款。

根据发行人的确认并经本所律师核查,上述处罚金额占发行人收入或利润的比例较小,上述处罚不会对发行人整体财务和生产经营造成实质性障碍,亦不会对发行人本次发行上市造成重大不利影响。

(三)发行人的董事长、总经理涉及的重大诉讼、仲裁或行政处罚

根据发行人、发行人董事长及总经理的确认并经本所律师核查,截至本法律意见书出具日,发行人的董事长、总经理不存在尚未了结的任何重大诉讼、仲裁或行政处罚。

十七、本次发行上市的结论意见

综上,本所律师认为,发行人申请本次发行上市符合《证券法》、《公司法》、《特别规定》等中国法律法规规定的条件,本次发行尚需获得中国证监会的核准。

本法律意见书正本一式三份。

(本页无正文,为《北京市金杜律师事务所关于中国铁塔股份有限公司首次公开发行境外上市外资股并上市的法律意见书》之签字盖章页)

北京市金杜律师事务所
单位负责人:王玲
经办律师:唐丽子、苏峥、郭亮

北京市尚公律师事务所关于齐鲁高速公路股份有限公司首次公开发行境外上市外资股(H股)并在香港联合交易所有限公司主板上市的法律意见书

致:齐鲁高速公路股份有限公司

齐鲁高速公路股份有限公司(以下简称公司或发行人)拟发行境外上市外资股(H股)并在香港联合交易所有限公司主板上市(以下简称本次发行上市)。根据公司与本所签订的《专项法律顾问合同》,公司聘请本所作为其本次发行上市的中国法律顾问,为公司本次发行上市提供中国法律服务并出具法律意见书。

根据《中华人民共和国公司法》、《中华人民共和国证券法》和《国务院关于股份有限公司境外募集股份及上市的特别规定》等有关法律、法规和规范性文件的规定以及中国证券监督管理委员会的有关规定,本所律师就本次发行上市有关中国法律事项出具本法律意见书。

为出具本法律意见书,本所律师依据中国律师行业公认的业务标准和道德规范审查了本所认为必须查阅的文件,包括发行人及相关各方提供的有关文件和资料,并就发行人及相关各方提供的文件、资料和所做的陈述,本所及本所律师已得到发行人及相关各方的如下保证:

——文件上所有的签名、印鉴都是真实的;

——所有提供给本所的文件的原件都是真实的;

——所有提供给本所的文件的复印件都与其原件一致;

——该等文件中所陈述的事实均真实、准确、完整;

——提交给本所律师的副本文件与正本均为一致。

为出具本法律意见书,本所及本所律师特作如下声明:

1. 本所及经办律师依据《证券法》、《律师事务所从事证券法律业务管理办法》和《律师事务所证券法律业务执业规则(试行)》等规定及本法律意见书出具日以前已经发生或者存在的事实,严格履行了法定职责,遵循了勤勉尽责和诚实信用原则,进行了充分的核查验证,保证本法律意见所认定的事实真实、准确、完整,所发表的结论性意见合法、准确,不存在虚假记载、误导性陈述或者重大遗漏,并承担相应法律责任。

2. 本法律意见书系按照出具日以前已经发生或存在的事实,根据现行有效的中国法律、法规和规章而出具。本法律意见书中,法律法规和规范性文件指中国现行有效的法律、国务院颁布的行政法规、地方性法规、自治条例和单行条例、国务院各部委、中国人民银行、审计署和具有行政管理职能的直属机构及地方人民政府制定的规章、最高人民法院司法解释、最高人民检察院司法解释和其他规范性文件。本法律意见书所使用的“法律”“依法”“有关法律、法规”“有关法律”“有关法规”“有关规定”等,除非另有明确说明,则仅指中国法律法规和规范性文件。本法律意见不对有关法律政策的变化或者调整做出任何预测,亦不会根据该等预测出具任何意见或者建议。本所并未就中国以外的其他司法管辖区域的法律事项进行调查,亦不就中国以外的其他司法管辖区域的法律问题发表意见。

3. 本所律师对本法律意见书所涉及的有关事实的了解,最终依赖于发行人及相关各方向本所提供的文件、资料及所作陈述,且发行人及相关各方已向本所及本所律师保证了其真实性、完整性和准确性。

4. 本所仅就与本次发行上市涉及的中国法律问题发表意见,并不对发行人是否符合香港联交所的上市条件发表意见,亦不对有关审计结论、资产评估结果、会计师报告、投资项目分析、投资收益等发表评论。本所在本法律意见书中对会计报表、审计报告、评估报告等报告中某些数据和结论的引述,不表明本所对这些数据、结论的真实性和准确性做出任何明示或暗示的保证。对本次发行上市所涉及的财务数据、投资等专业事项,本所未被授权、亦无权发表任何评论。

5. 在本所进行合理核查的基础上,对于出具本法律意见书至关重要而又无法得到独立证据支持的事实,或者基于本所专业无法作出核查及判断的重要事实,本所依赖政府有关部门、公司或者其他有关机构出具的证明文件或专业意见发表法律意见,其中涉及到的境外法律事项,本所引用境外律师提供的相关法律意见。

6. 本所及本所律师已尽合理努力及谨慎履行尽职调查义务。本所及本所律师在合理所知范围(以本法律意见书披露为准)确信本法律意见书不存在虚假记载、误导性陈述及重大遗漏。

7. 本所及本所律师同意将本法律意见书作为发行人申请本次发行上市所必备的法律文件,随同其他材料一起上报,并愿意就本法律意见书中的真实性、完整性和准确性承担相应的法律责任。

8. 本法律意见书仅供发行人为本次发行上市之目的使用,非经本所及本所律师书面同意,不得用作任何其他目的之依据。

本法律意见书出具及生效的前提是:(1)构成本法律意见书主要依据的政府有关文件是真实的;(2)本法律意见书引用事实和数据所依据的财务报告、审计报告和评估报告及其内容是真实、全面和完整的;(3)公司提交给本所律师的各种文件、资料及情况说明是真实、全面和准确的;(4)公司或公司高级管理人员签章的承诺书和类似文件所记载的各项承诺、声明和保证是真实的。

基于以上声明和保证,本所作为发行人本次发行上市的中国法律顾问,已按照律师行业公认的业务标准、道德规范和勤勉尽职精神,对本次发行上市以及发行人为此提供或披露的资料、文件和有关事实以及所涉及的法律问题进行了合理及必要的核查与验证。在此基础上本所出具法律意见如下:

一、本次发行上市的批准和授权

(一)发行人董事会、股东大会的批准和授权

2017年3月7日,发行人召开一届二次董事会会议,会议审议并通过《关于公司首次公开发行境外上市外资股(H股)股票并在香港联合交易所有限公司主板上市的议案》《关于公司本次H股发行及上市方案的议案》《关于授权董事会及/或获董事会授权人士处理以下事项的议案》等与本次发行上市相关的议案。

2017年4月18日,发行人召开2017年第一次临时股东大会,会议审议并通过《关于公司首次公开发行境外上市外资股(H股)股票并在香港联合交易所有限公司主板上市的议案》《关于公司本次H股发行及上市方案的议案》《关于授权董事会及/或获董事会授权人士处理以下事项的议案》等与本次发行上市相关的议案。

2017年6月11日,发行人召开一届四次董事会,会议审议并通过《关于H股发行并上市后适用的〈齐鲁高速公路股份有限公司股东大会议事规则〉的议案》《关于H股发行并上市后适用的〈齐鲁高速公路股份有限公司董事会议事规则〉的议案》《关于H股发行并上市后适用的〈齐鲁高速公路股份有限公司董事会秘书工作规则〉的议案》《关于同意齐鲁高速公路股份有限公司转为境外募集股份有限公司的议案》《关于公司首次公开发行H股募集资金使用及投向计划的议案》《关于H股上市前滚存利润分配方案的议案》《关于授权董事会及其获授权人士全权处理因境外发行上市需向中国证监会申报事项及相关手续的议案》等与本次发行上市相关的议案。

2017年6月26日,发行人召开2017年第二次临时股东大会,会议审议并通过《关于H股发行并上市后适用的〈齐鲁高速公路股份有限公司股东大会议事规则〉的议案》《关于H股发行并上市后适用的〈齐鲁高速公路股份有限公司董事会议事规则〉的议案》《关于H股发行并上市后适用的〈齐鲁高速公路股份有限公司监事会议事规则〉的议案》《关于同意齐鲁高速公路股份有限公司转为境外募集股份有限公司的议案》《关于公司首次公开发行H股募集资

金使用及投向计划的议案》《关于H股上市前滚存利润分配方案的议案》《关于授权董事会及其获授权人士全权处理因境外发行上市需向中国证监会申报事项及相关手续的议案》等与本次发行上市相关的议案。

2017年11月26日，发行人召开一届五次董事会，会议审议并通过《关于设立董事会各专业委员会的议案》《关于董事会各专业委员会人员组成的议案》《关于制订董事会各专业委员会工作规则的议案》《关于制订〈齐鲁高速公路股份有限公司董事会成员多元化政策〉的议案》《关于H股发行并上市后适用的〈齐鲁高速公路股份有限公司关连交易管理制度〉的议案》《关于H股发行并上市后适用的〈齐鲁高速公路股份有限公司对外担保管理制度〉的议案》《关于H股发行并上市后适用的〈齐鲁高速公路股份有限公司投资者关系管理制度〉的议案》《关于H股发行并上市后适用的〈齐鲁高速公路股份有限公司信息披露管理办法〉的议案》《关于本次发行境外上市外资股(H股)募集资金使用计划的议案》等与本次发行上市相关的议案。

2017年12月12日，发行人召开2017年第三次临时股东大会，会议审议并通过《关于设立董事会各专业委员会的议案》《关于H股发行并上市后适用的〈齐鲁高速公路股份有限公司关连交易管理制度〉的议案》《关于H股发行并上市后适用的〈齐鲁高速公路股份有限公司对外担保管理制度〉的议案》《关于本次发行境外上市外资股(H股)募集资金使用计划的议案》等与本次发行上市相关的议案。

(二)2017年12月13日，山东省国资委作出《关于齐鲁高速公路股份有限公司发行H股股票并在香港联交所主板上市及国有股权管理方案的批复》(鲁国资收益字〔2017〕74号)，批准了发行人的国有股权管理方案，并批复同意发行人发行不超过50,000万股H股股票(若全额行使超额配售权，则不超过57,500万股)，并在香港联交所主板上市。

综上，本所律师认为：

1. 发行人本次发行上市已获得发行人董事会、股东大会的批准。发行人股东大会会议通过的决议符合有关法律、法规、规范性文件及发行人《公司章程》的规定。发行人已就本次发行上市取得必要的内部批准和授权。

2. 发行人股东大会对董事会及其获授权人士办理本次发行上市有关事宜的授权范围、程序合法有效。

3. 公司境外发行上市所涉国有股权管理方案已取得山东省国资委的批准。

4. 山东省国资委已批复同意发行人发行H股股票并在香港联交所主板上市。

5. 截至本法律意见书出具日，发行人本次发行上市除尚需取得中国证监会的核准和香港联交所的批准或同意之外，发行人已就本次发行上市获得中国境内必要的批准和授权。

二、发行人本次发行上市的主体资格

(一)2016年10月18日，山东省国资委以《关于山东济菏高速公路有限公司整体变更设立齐鲁高速公路股份有限公司(筹)有关问题的批复》(鲁国资收益字〔2016〕64号)批准由齐鲁交通集团、中远海运和山东建设发起设立齐鲁高速公路股份有限公司。

(二)发行人现持有济南市工商局于2017年7月5日核发的《营业执照》(统一社会信用代码为91370100758253271C)。根据该《营业执照》，发行人成立于2004年1月6日，注册资本为150,000万元，住所为济南市高新区经十东路7000号汉峪金融商务中心三区4号楼2301室，法定代表人为李刚，公司类型为股份有限公司(台港澳与境内合资、未上市)，经营范围为公路、桥梁、隧道及配套设施的建设、养护、管理及运营；建筑装饰装修；筑路工程技术咨询及服务；建筑机械的加工、维修；自有设备租赁；道路救援清障服务；对港口、公路、水路运输建设与经营；公路信息网络维护。(依法须经批准的项目，经相关部门批准后方可开展经营活动)

(三)经本所律师适当核查，发行人为永久存续的股份有限公司。截至本法律意见出具之日，发行人不存在法律、法规和《公司章程》规定的需要终止的情形。

综上，本所律师认为：

1. 发行人自成立之日起至本法律意见书出具之日，依法设立并有效存续，不存在根据中国法律、法规和《公司章程》规定需要终止的情形。

2. 发行人具备申请本次发行上市的主体资格。

三、本次发行上市的实质条件

公司本次发行上市为发行人申请发行境外上市外资股上市。公司本次发行上市须符合中国法律、法规规定的实质条件:

(一)公司为发起设立的股份有限公司,发起人不少于2人,且超过一半发起人的住所位于中国境内。公司设立方式、发起人人数和发起人住所等符合《公司法》第七十六条第(一)项、第七十八条及《特别规定》第六条之规定。

(二)公司系由三家法人股东发起设立,经核查:符合资格的验资机构中兴华会计师事务所(特殊普通合伙)对发起人实际出资予以验证,并出具《股改验资报告》。发起人的出资已于2016年3月31日全部到位,符合《公司法》第八十条的规定。

(三)公司本次境外发行后适用的《公司章程》(H股),已经公司股东大会通过,该《公司章程》(H股)已载明《章程必备条款》及《补充修改意见的函》所要求的内容,符合《特别规定》第十三条之规定。

综上,本所律师认为:

1. 公司具备中国法律、法规规定的本次发行上市的实质条件。

2. 公司本次发行上市需获得中国证监会核准及香港联交所的批准或同意。

四、发行人的设立

(一)济菏高速的董事会决策程序

2016年10月17日,济菏高速召开第二届董事会第五次会议,同意济菏高速以2016年3月31日作为股改基准日,整体变更为股份有限公司;同意济菏高速本次整体变更设立股份公司的方案;同意授权成立股份公司筹委会,负责股份公司筹建的相关事宜等(济菏高速的设立的具体情况见本法律意见书“七、发行人的股本及其演变”)。

(二)获得国有资产监督管理机构批复

2016年10月18日,山东省国资委以《关于山东济菏高速公路有限公司整体变更设立齐鲁高速公路股份有限公司(筹)有关问题的批复》(鲁国资收益字〔2016〕64号)批准由济菏高速以改制基准日2016年3月31日登记在册的全体股东为发起人,整体变更为齐鲁高速公路股份有限公司。

(三)发起人协议

2016年10月17日,济菏高速全体股东齐鲁交通集团、中远(香港)集团有限公司与山东建设签署《齐鲁高速公路股份有限公司发起人协议书》,对股份公司的名称、住所和法定代表人、设立股份公司的目的、股份公司宗旨、经营范围和经营期限、设立方式、股本结构和注册资本、发起人的权利和义务、发起人的声明、保证和承诺、权利义务的承继、股份公司的筹建、股份公司的组织机构、财务会计制度和利润分配、协议的修改、变更和终止、违约责任、适用的法律及争议的解决等作出约定。该协议的签署及内容符合有关法律、法规和规范性文件的规定。

(四)资产评估及验资程序

2016年10月16日,中企华出具《股改评估报告》。根据该报告,济菏高速选用资产基础法评估结果作为评估结论,于评估基准日(2016年3月31日)的净资产账面价值为186,131.61万元,净资产评估价值为242,561.95万元。2016年11月23日,山东省国资委以《山东省国资委关于核准山东济菏高速公路有限公司股份制改建评估项目的通知》(鲁国资产权字〔2016〕49号)核准了上述资产评估结果。

2016年11月4日,中兴华会计师事务所(特殊普通合伙)出具了《股改验资报告》。经审验,截至2016年3月31日,发行人已收到全体股东拥有的济菏高速截至2016年3月31日止经审计的净资产人民币186,131.61万元。根据公司折股方案,将收到的的净资产按1:0.8059的折股比例折合股份总数150,000万股,每股面值1元,总计股本人民币150,000万元,超过折股部分的净资产36,131.61万元计入资本公积。

(五)创立大会

2016年11月17日,齐鲁交通集团、中远海运、山东建设召开发行人创立大会暨2016年第一次临时股东大会并通过如下决议:同意济菏高速整体变更设立齐鲁高速公路股份有限公司,注册资本150,000万元;审议并通过股份公司章程;选举李刚、冷平、王少臣、吴登义、苏晓东、李杰、王龙、彭晖为股份公司第一届董事会成员；选举孟庆惠、刘立刚、吴永福为股份公司第一届监事会成员，与职工监事连胜国、侯清红、郝德红共同组成监事会。

（六）工商登记

2016年12月6日，经济南市工商局核准，发行人取得了统一社会信用代码为91370100758253271C的《营业执照》，公司名称为齐鲁高速公路股份有限公司，注册资本为150,000万元，住所为济南市高新区经十东路7000号汉峪金融商务中心三区4号楼2301室，法定代表人为李刚，类型为股份有限公司（台港澳与境内合资、未上市），经营范围：公路、桥梁、隧道及配套设施的建设、养护、管理及运营；建筑装饰装修；筑路工程技术咨询及培训服务；建筑机械的加工、维修；自有设备租赁。（依法须经批准的项目，经相关部门批准后方可开展经营活动）

综上，本所律师认为：

1. 发行人设立的程序、资格、条件、方式均符合当时法律、法规和规范性文件的规定，并已得到有权部门的批准。

2. 发行人设立时履行了资产评估和验资程序，且上述资产评估和验资机构具备相应的资格，符合当时法律、法规和规范性文件的规定。

3. 发行人设立时发起人会议的召集、召开程序及所审议事项符合法律、法规和规范性文件的规定。

五、发行人的独立性

（一）发行人业务的独立性

根据发行人现行有效的《营业执照》及《公司章程》，经本所适当核查并经发行人确认，本所律师认为，截至本法律意见书出具之日，发行人具有完整的业务体系和直接面向市场独立经营的能力，独立从事其《营业执照》所记载的经营范围内的业务，发行人业务独立于控股股东及其控制的其他企业（发行人业务的具体情况见本法律意见书“八、发行人的业务”）。

（二）发行人资产的独立性

根据《发起人协议》、《股改评估报告》、《审计报告》、发行人《营业执照》及发行人确认，除本法律意见书“十、发行人的主要财产”中另有说明者外，发行人及其子公司合法拥有并使用其主要资产（发行人资产的具体情况见本法律意见书“十、发行人的主要财产”）。截至本法律意见书出具日，不存在发行人资产被控股股东或其他关联方非法经营占用之情形，发行人具备与其经营有关的业务体系及相关资产。

（三）发行人人员的独立性

经本所律师核查并经发行人确认，发行人具有较为完善的劳动、人事及工资管理制度；发行人的总经理、副总经理、财务总监、董事会秘书、总经济师等高级管理人员均未在发行人控股股东及其控制的其他企业中担任除董事、监事以外的其他职务，也未在控股股东及其控制的其他企业领薪；发行人的财务人员未在控股股东及其控制的其他企业中兼职。

（四）发行人机构独立性

1. 发行人已根据《公司章程》规定设立了股东大会、董事会及监事会等决策、监督机构，聘任了总经理、副总经理、董事会秘书、财务总监、总经济师等高级管理人员，设立了经营所需的董事会办公室、综合办公室、党群工作部、人力资源部、企业管理部、财务管理部、安全运营部、工程养护部、信息技术部、审计法务部共10个职能部门。发行人建立健全了内部经营管理机构，独立行使经营管理职权。

2. 截至本法律意见书出具日，发行人住所为济南市高新区经十东路7000号汉峪金融商务中心三区4号楼2301室，与控股股东分开，不存在与控股股东混合经营、合署办公的情形。截至本法律意见书出具日，不存在齐鲁交通集团和实际控制人干预发行人机构设置的情形，也不存在发行人与齐鲁交通集团、实际控制人控制的其他企业之间机构混同的情形。发行人机构独立。

（五）发行人财务独立性

经本所律师核查并经发行人确认，发行人设立了独立的财务会计部门，建立了独立的财务会计核算体系和财务管理制度并独立进行财务决策；发行人具有规范的财务会计制度；发行人依法独立设立账户，未与控股股东、实际控制人及其控制的其他企业共用银行账户。

综上，本所律师认为：

截至本法律意见书出具日，发行人的业务、资产、人员、机构、财务独立于控股股东及实际控制人，具有完整的业务体系和面向市场自主经营管理的能力。

六、发起人及股东

(一)发行人的发起人及股东

根据发行人设立时的批准文件、《发起人协议》以及工商登记信息等资料,发行人设立时的发起人为齐鲁交通集团、中远海运及山东建设。截至本法律意见书出具日,发行人的股东未发生变更,发行人股本结构如下:

股东名称	出资方式	股份数额(股)	持股比例(%)
齐鲁交通集团	净资产	778,500,000	51.90
中远海运	净资产	600,000,000	40.00
山东建设	净资产	121,500,000	8.10
合　计		1,500,000,000	100.00

1. 齐鲁交通发展集团有限公司

齐鲁交通集团为发行人主要发起人,持有山东省工商行政管理局核发的统一社会代码为91370000348875342T的《营业执照》,其基本情况如下:

公司名称	齐鲁交通发展集团有限公司
成立日期	2015年6月30日
注册资金	2,269,058.38万元人民币
注册地址	山东省济南市龙奥西路1号银丰财富广场D座
法定代表人	徐春福
经营范围	公路桥梁等交通基础设施的投融资、建设、收费、运营、养护和管理;土木工程、机电工程建设项目的勘察、设计、咨询、施工、监理、项目代建;工程设计、采购、施工总承包;服务区、停车区、加油(气)站、广告、文化传媒的经营开发;油气及新能源的综合开发与利用;交通建材的采购、开发及经营;公路、桥梁的沿线综合开发经营;交通职业技能教育培训;公路装备制造及销售;通信工程;绿色交通、智能交通的研发、应用、推广及销售;国有产(股)权经营管理及处置;资产管理;股权投资、管理及经营;企业重组、收购、兼并;投资咨询;招标代理;数据研发分析服务;土地、房屋、机械设备租赁;道路清障、拖车、停车服务;机场、港口、码头、航空、航道、航运的投资、建设、运营和管理;物流相关基础设施的投资、建设与运营、物流信息服务;钢铁、煤炭、矿产品、化工产品(不含危险化学品、监控化学品、易制毒及国家专项许可产品)销售;茶叶、花卉苗木的种植、加工、销售,园林绿化;饮料制造与销售;国际贸易(依法须经批准的项目,经相关部门批准后方可开展经营活动)

根据齐鲁交通集团的公司章程,其股权结构情况如下:

股东名称	出资额(万元)	出资比例(%)
山东省国资委	1,588,340.866	70.00
山东省社会保障基金理事会	680,717.514	30.00
合　计	2,269,058.38	100.00

2. 中远海运(香港)有限公司

中远海运为发行人的发起人之一,中远海运持有有效的商业登记证书,其基本情况如下:

公司名称	中远海运(香港)有限公司
注册地址	香港皇后大道中183号中远大厦52层
业务性质	航运、商务
法律地位	法人实体
登记证号码	16060206-000-09-17-8
生效日期	18/09/2017
届满日期	17/09/2018

根据香港李宇祥、彭锦辉、郭威、叶泽深律师事务所(以下简称香港李宇祥)出具的《法律

意见书》、中远海运的《周年申报表》和中远海运提供的资料，中远海运的股权结构情况如下：

股东名称	出资额(元/港币)	出资比例(%)
中国远洋运输有限公司	3,428,694,126	100.00
合　计	3,428,694,126	100.00

3. 神华国能山东建设集团有限公司

山东建设为发行人的发起人之一，山东建设持有山东省工商局核发的统一社会代码为9137000075176452XA 的《营业执照》，其基本情况如下：

公司名称	神华国能山东建设集团有限公司
成立日期	2003 年 6 月 23 日
注册资金	6,000 万元人民币
注册地址	山东省济南市历下区龙奥北路 8 号
法定代表人	王培新
经营范围	承装(修、试)电力设施业务(有效期限以许可证为准)。基础工程技术开发及咨询服务;机械电子设备、建筑材料销售;电力工程、水利水电工程、公路工程、矿山工程、港口工程的建设施工(凭资质证书经营);备案范围内的进出口业务;工程监理(须凭资质证书经营);电站工程调试;招标代理;电站技术检测与鉴定,电站技术服务;电力工程技术及管理咨询;电站节能服务;电厂检修和维护;城市和道路照明工程施工;送变电工程施工;市政公用工程施工;房屋租赁;工程设计;特种设备无损检测;锅炉化学清洗。(依法须经批准的项目,经相关部门批准后方可开展经营活动)

根据山东建设的公司章程，其股权结构情况如下：

股东名称	出资额(万元)	出资比例(%)
神华国能集团有限公司	6,000	100.00
合计	6,000	100.00

本所律师认为，发起人均依法设立并合法有效存续，截至本法律意见书出具日，未出现根据有关法律、行政法规、规范性文件及各发起人章程规定需要终止的情形。各发起人具备法律、法规和规范性文件规定担任发行人发起人的主体资格。

(二)发行人股东人数、住所、出资比例的合法性

经本所律师核查，发行人的股东为齐鲁交通集团、中远海运、山东建设。其中齐鲁交通集团、山东建设为中国法人；根据香港李宇祥出具的《法律意见书》，中远海运为依香港法设立且住所位于香港的境外法人。发起人股东半数以上在中国境内拥有住所，符合《公司法》的规定，发行人的股东对发行人的出资比例亦符合现行法律、法规和规范性文件的规定。

综上，本所律师认为：发行人的发起人人数、住所、出资比例符合相关法律、法规和规范性文件的规定。齐鲁交通集团、中远海运、山东建设均为依法成立、合法存续的企业法人，具有有关中国法律规定的担任股东的资格。

七、发行人的股本及其演变

(一)济菏高速的股本及其演变

1. 2004 年 1 月有限公司设立

2003 年 12 月 5 日，山东省工商局核发《企业名称预先核准通知书》[(鲁)名称预核企字〔2003〕第 0407 号]，同意山东鲁能基础工程投资有限公司(以下简称山东鲁能)和省公路局共同出资设立山东济菏高速公路有限公司。

2003 年 12 月 28 日，山东鲁能和省公路局召开股东会，审议通过济菏高速公司章程，并选举公司董事、监事。山东天恒信有限责任会计事务所于 2003 年 12 月 31 日出具了《验资报告》(天恒信验报字〔2003〕第 3060 号)，查验截止 2003 年 12 月 31 日，济菏高速已收到全体股东缴纳的注册资本合计人民币 20,000 万元，其中省公路局以货币资金出资 8,000 万元，山东鲁能以货币资金出资 12,000 万元。2004 年 1 月 6 日，济菏高速在山东省工商局完成设立登记，取得了《企业法人营业执照》。

济菏高速设立时的股权结构如下：

股东名称	出资额(万元)	出资比例(%)
山东鲁能基础工程投资有限公司	12,000	60.00
山东省交通厅公路局	8,000	40.00
合计	20,000	100.00

2.2007 年 8 月济菏高速第一次增资至71,220万元

2007 年 8 月 2 日,济菏高速召开股东会,决议增资 51,220 万元,增资全部由省公路局以货币形式认缴,山东鲁能建设集团有限公司①放弃认缴。增资后,济菏高速的注册资本增至 71,220 万元,省公路局和山东鲁能建设集团有限公司分别持股 83.15% 和 16.85%。上述增资由山东信和有限责任会计师事务所验证,并于 2007 年 8 月 4 日出具了《验资报告》(信和验字〔2007〕第 28 号)。2007 年 8 月 8 日,济菏高速就增资事项于山东省工商行政管理局完成工商变更登记,并取得换发的《企业法人营业执照》。

本次增资完后,济菏高速股权结构如下:

股东名称	出资额(万元)	出资比例(%)
山东省交通厅公路局	59,220	83.15
山东鲁能建设集团有限公司	12,000	16.85
合计	71,220	100.00

3.2010 年 9 月济菏高速第二次增资至148,050 万元

2007 年 12 月 29 日,济菏高速召开 2007 年度股东会会议,决议增资 76,830 万元,本次增资全部由省公路局以货币形式认缴,山东鲁能建设集团有限公司放弃认缴。增资后,济菏高速的注册资本增至 148,050 万元,省公路局和山东鲁能建设集团有限公司分别持股 91.90% 和 8.10%。上述增资由山东信和有限责任会计师事务所验证,并于 2010 年 8 月 9 日出具了《验资报告》(信和验字〔2010〕第 28 号)。2010 年 9 月 2 日,山东省财政厅出具《关于确认山东省交通厅公路局对外投资的批复》(鲁财资〔2010〕57 号),确认截至 2007 年 9 月 7 日,济菏高速的实收资本为 148,050 万元,其中省公路局出资 136,050 万元,占 91.90%。2010 年 9 月 15 日,济菏高速就增资事项在山东省工商局完成工商变更登记,后取得换发的《企业法人营业执照》。

本次增资完后,济菏高速股权结构如下:

股东名称	出资额(万元)	出资比例(%)
山东省交通厅公路局	136,050	91.90
山东鲁能建设集团有限公司	12,000	8.10
合计	148,050	100.00

4.2011 年 3 月中远(香港)集团有限公司②受让 40% 公司股权,济菏高速变更为中外合资有限公司

根据济菏高速召开的股东会,股东会同意省公路局转让其持有的济菏高速 40% 的股权给中远(香港)集团有限公司。2009 年 3 月 6 日,山东省财政厅出具了《关于同意山东省交通厅公路局转让股权投资的复函》(鲁财资〔2009〕27 号),同意省公路局转让其持有的济菏高速 40% 的股权。2010 年 9 月 20 日,临沂天恒信资产评估有限公司出具《山东济菏高速公路有限公司股权转让股权评估报告书》(临天恒信评报字〔2010〕第 1060 号),以 2010 年 3 月 31 日为评估基准日,评估省公路局拟转让的 40% 股权价值为 138,826 万元。2010 年 10 月 21 日,山东省财政厅出具《关于对山东济菏高速公路有限公司股权转让评估项目予以核准的通知》(鲁财资〔2010〕74 号),确认上述股权的评估价值。

2011 年 1 月 28 日,省公路局和中远(香港)集团有限公司签署《产权交易合同》[(2011)年(008)号],根据该合同,省公路局转让其所持济菏高速 40% 股权经山东产权交易所公开挂牌后,因只产生一个受让方,依法以协议转让方式实施转让,转让价格为 138,826 万元。同日,山东鲁能建设集团有限公司出具

① 2004 年 5 月 11 日,山东鲁能基础工程投资有限公司变更为山东鲁能建设投资集团有限公司;2006 年 2 月 13 日变更为山东鲁能建设集团有限公司。

② 2016 年 11 月 1 日,中远(香港)集团有限公司名称变更为中远海运(香港)有限公司。

《关于同意股权转让的声明》,同意本次股权转让,并放弃优先购买权。2011 年 3 月 25 日,山东产权交易中心核发《产权交易凭证》(鲁产权鉴字第 444 号),确认本次产权交易的合法性。

2011 年 3 月 7 日,济南市商务局出具《关于山东济菏高速公路有限公司变更为中外合资企业的批复》(济商务外资字〔2011〕30 号),同意中远(香港)集团有限公司购买省公路局持有的济菏高速 40% 的股权,并随文颁发《中华人民共和国台港澳侨投资企业批准证书》(商外资鲁府济字〔2011〕0202 号)。

2011 年 3 月 24 日,济菏高速在济南市工商局①完成变更登记,取得换发的《企业法人营业执照》,公司类型变更为有限责任公司(台港澳与境内合资)。本次股权转让完成后,济菏高速股权结构如下:

股 东 名 称	出资额(万元)	出资比例(%)
山东省交通运输厅公路局②	76,830	51.90
中远(香港)集团有限公司	59,220	40.00
山东鲁能建设集团有限公司	12,000	8.10
合计	148,050	100.00

5. 2015 年 12 月公司 51.90% 的股权无偿划转至齐鲁交通集团

2015 年 5 月 14 日,山东省人民政府出具《关于同意齐鲁交通发展集团有限公司组建工作有关事宜的批复》(鲁政字〔2015〕95 号),同意将省公路局持有的包括济菏高速股权在内的 6 个经营性公路项目股权及其它公路资产一次性划转至齐鲁交通集团。

2015 年 8 月 31 日,山东省财政厅出具《关于同意资产移交的函》(鲁财资〔2015〕56 号),同意将省公路局持有的公司股权及其他公路资产等移交给齐鲁交通集团;同日,省公路局与齐鲁交通集团签署《经营性公路项目股权移交协议》。

2015 年 12 月 21 日,济南市商务局出具《关于山东济菏高速公路有限公司股权转让的批复》(济商务审批字〔2015〕144 号),同意省公路局将其持有的济菏高速 51.9% 的股权无偿划转给齐鲁交通集团,并随文颁发《中华人民共和国台港澳投资企业批准证书》(商外资鲁府济字〔2011〕0202 号)。

2015 年 12 月 28 日,济菏高速取得济南市工商局核发的《营业执照》。本次划转完成后,济菏高速股权结构如下:

股 东 名 称	出资额(万元)	出资比例(%)
齐鲁交通发展集团有限公司	76,830	51.90
中远(香港)集团有限公司	59,220	40.00
神华国能山东建设集团有限公司③	12,000	8.10
合 计	148,050	100.00

经本所律师核查,本所律师认为,济菏高速设立时的股权设置、股本结构合法有效,济菏高速设立后的历次增资及股权转让事项合法有效。

(二)股份公司的股本及其演变

2016 年 12 月,发行人整体变更为股份有限公司,股份公司的设立见本法律意见书"四、发行人的设立"。

(三)国有股权设置及管理方案

截至本法律意见书出具日,发行人股本为 1,500,000,000 元。根据山东省国资委《关于山东济菏高速公路有限公司整体变更设立齐鲁高速公路股份有限公司(筹)有关问题的批复》(鲁国资收益字〔2016〕64 号)、《关于齐鲁高速公路股份有限公司发行 H 股股票并在香港联交所主板上市及国有股权管理方案的批复》(鲁国资收益字〔2017〕74 号),发行人股东齐鲁交通集团、中远海运及山东建设所持公司的股份均为国有法人股。

综上,本所律师认为:

1. 发行人及其前身济菏高速设立时的股权

① 2011 年 3 月 24 日,公司的工商登记由山东省工商行政管理局变更为济南市工商行政管理局。

② 2011 年 1 月 20 日,山东省交通厅公路局更名为山东省交通运输厅公路局,简称"省公路局"。

③ 2011 年 3 月 28 日,山东鲁能建设集团有限公司更名为国网能源山东建设集团有限公司;2013 年 1 月 4 日,更名为神华国能山东建设集团有限公司。

设置、股本结构合法有效,发行人股东对发行人的出资已缴足。

2. 发行人的设立符合当时适用的中国法律的规定,发行人设立后股本未发生变动。

3. 截止本法律意见书出具日,发行人股东所持有的股份不存在权属纠纷,不存在股份质押、冻结或其他权利受限制或可能引致风险的情形。

4. 本次发行上市涉及的国有股权管理事宜已取得山东省国资委的批准。

八、发行人的业务

(一)发行人的经营范围

1. 根据发行人现行有效的《营业执照》,发行人的经营范围为"公路、桥梁、隧道及配套设施的建设、养护、管理及运营;建筑装饰装修;筑路工程技术咨询及服务;建筑机械的加工、维修;自有设备租赁;道路救援清障服务;对港口、公路、水路运输建设与经营;公路信息网络维护。(依法须经批准的项目,经相关部门批准后方可开展经营活动)"。

2. 根据发行人子公司广告公司的《营业执照》,广告公司的经营范围为"国内广告业务;广告牌租赁;汽车租赁;自有场地租赁;自有房屋租赁;物业管理;房地产中介服务;礼仪庆典服务;会务服务;室内外装饰装修工程;企业形象策划;企业管理咨询;组织文化艺术交流活动。(依法须经批准的项目,经相关部门批准后方可开展经营活动)"。

经发行人确认并经本所律师核查,本所律师认为,发行人及广告公司的经营范围符合有关中国法律及其各自公司章程的规定。

(二)发行人在中国大陆以外的业务

经发行人确认及本所律师适当核查,发行人目前经营的业务全部在中国大陆境内。

(三)发行人及其子公司的经营业务许可情况

1. 发行人的特许经营权和收费批复

根据发行人与省交通厅签订的《特许权协议》,发行人拥有济菏高速公路的特许经营权。特许经营权情况详见本法律意见书"十、发行人的主要财产"之"(一)济菏高速公路特许经营权"。

2007 年 9 月 12 日,山东省物价局、省交通厅联合作出《关于济菏高速公路车辆通行费收费标准的批复》(鲁价费发〔2007〕183 号),同意对通过济菏高速公路的机动车辆,除国家规定免收通行费的车辆外,均缴纳车辆通行费。收费期限为 27 年,至 2034 年 9 月 22 日止。

本所律师认为,发行人依法取得了济菏高速公路的特许经营权和收费批复,取得了开展业务所必要的许可。

2. 子公司广告公司经营业务的行政许可情况

(1)广告经营权的特许经营许可批复

2016 年 12 月 14 日,省交通厅作出《关于山东济菏高速公路有限公司附属设施等资产重组的批复》(鲁交财〔2016〕80 号),同意济菏高速的资产重组方案,并将济菏高速公路沿线的广告经营权授予广告公司运营。

(2)广告牌非公路标志设置许可证的办理情况

根据发行人提供的资料及书面确认,截至本法律意见书出具日,广告公司已取得 76 块广告牌的非公路标志设置许可证(以下简称设置许可证),可根据该等设置许可证的规定建设、运营广告牌。其中,43 块广告牌已建成并根据设置许可证开展运营,剩余 33 块为广告公司已规划但尚未建设的广告牌,广告公司可依据前述取得的设置许可证进行广告牌的建设和运营。

根据公司的确认,广告公司现有 9 块位于济菏高速济南路段的已建成广告牌尚未取得设置许可证,但在开展经营活动。根据济南市公路管理局出具的证明及发行人确认,该 9 块广告牌未取得设置许可证系因政府统一部署,济南市公路管理局暂停核发设置许可证所致,该局将根据上级部门统一安排,在可以办理设置许可证手续时办理。发行人确认已准备好相关材料,在政府部门可以办理非公路标志设置许可证手续时将尽快办理。

根据发行人确认,广告公司报告期内曾存在因政府部门原因,未及时取得设置许可证就开展经营活动的情形,对于广告公司在报告期内的经营行为广告公司的主管公路局及省公路局已出具合规证明如下:

a. 根据菏泽市公路管理局、泰安市公路局、济宁市公路局出具的合规证明,广告公司在有关广告业务及广告牌经营业务等方面，无违反法律、法规、规章和规范性文件的行为，未受到行政处罚。

b. 根据济南市公路管理局出具的合规证明，广告公司在该局管辖的国省道范围内，在有关广告业务及广告牌经营业务等方面，无违反相关法律法规规章和规范性文件等行为，未受到行政处罚。根据政府统一部署，该局暂停核发非公路标志设置许可证，该局将根据上级部门统一安排，在可以办理非公路标志设置许可证手续时办理。

c. 根据省公路局出具的合规证明，广告公司自成立至证明开具日，能够遵守中华人民共和国有关广告业务及广告牌经营业务等方面的法律、法规、规章及行业规范性文件，依法开展生产、经营活动，不存在违反相关法律、法规、规章和规范性文件的行为，亦未受到任何行政处罚。

综上，本所律师认为：

(1)根据《山东省公路系统公路标志和非公路标志管理办法》的规定，非公路标志设置要严格按程序办理相关许可手续。广告公司尚有9块广告牌未取得设置许可证不符合该规定，鉴于发行人的主要业务来源于公路收费，广告收入占比很小，且广告公司该部分广告牌未取得设置许可证系因政府部门原因导致，发行人亦已准备相关材料，在政府部门可以办理设置许可证手续时将尽快办理。我们认为该事项不会对本次发行上市构成实质性法律障碍。

(2)除上述披露外，基于前述及本所适当核查，广告公司已经取得其运营所需的重要证照，其运营在重大方面符合中国法律规定。

(四)发行人不存在持续经营的法律障碍

根据《审计报告》、发行人的《营业执照》及发行人说明，并经本所律师核查，本所律师认为，发行人合法存续，不存在影响其持续经营的法律障碍。

九、关联交易和同业竞争

(一)关联交易

1. 关联交易情况

本法律意见书系为发行人在境外发行股票并上市所涉及的中国法律问题而出具，有关“关联方”及“关联交易”的界定及“关联交易”的调查结果，均由发行人根据香港律师按照香港联交所《上市规则》相关规定加以判断和认定后提供。本所仅对被认定为关联交易的相关协议在中国法律项下的合法性进行审核。发行人与关联方签订的正在履行的主要关联交易合同具体情况请见本法律意见书“附件一：关联交易合同表”。

2. 发行人上市后关联交易的决策程序

为本次发行上市之目的，发行人根据《公司法》、《章程必备条款》及《补充修改意见的函》的规定以及香港联交所的相关要求和规定制订了公司本次发行上市后适用的《公司章程》(H股)，并经发行人2016年年度股东大会审议通过，其中对关联交易决策程序有以下规定：

(1)《公司章程》(H股)第79条第4款规定：“股东大会审议有关关连交易事项时，如果公司股票上市的交易所的上市规则有要求，则关连股东不应当参与表决，其所代表的有表决权的股份数不计入有效表决总数。”

(2)《公司章程》(H股)第115条规定：“公司向其他企业投资或者为他人提供担保，除法律法规或公司股票上市地交易所上市规则、本章程另有规定外，由董事会决议。但是，公司为公司股东或者实际控制人及其关连方提供担保的，必须经股东大会决议”。

(3)《公司章程》(H股)第123条规定：“董事与董事会会议决议事项所涉及的企业有关连关系的(指在交易对方任职董事或高级管理人员，或能直接或间接控制交易对方的法人单位、或该交易对方直接或间接控制的法人单位任职董事或高级管理人员)，不得对该项决议行使表决权，也不得代理其他董事行使表决权。该董事会会议由过半数的无关连关系董事出席即可举行，董事会会议所作决议须经无关连关系董事过半数通过。出席董事会的无关连董事人数不足三人的，应将该事项提交股东大会审议。”

3. 关联方关于关联交易公允的承诺

齐鲁交通集团及中远海运已分别作出书面承诺：截至承诺函出具之日，除本法律意见书已经披露的情形外，齐鲁交通集团/中远海运及其全资、控股下属企业与发行人不存在其他重大关联交易，齐鲁交通集团/中远海运及其之任何联系人亦不存在将在发行人上市后、与发行人持续进行的关联交易。在不与法律、法规相抵触的前提下,承诺齐鲁交通集团/中远海运以及其全资、控股下属企业在与发行人进行关联交易时将按公平、公开的市场原则进行,并履行法律、法规、规范性文件和《公司章程》规定的程序。齐鲁交通集团/中远海运承诺齐鲁交通集团/中远海运及其全资、控股的下属企业不通过与发行人之间的关联交易谋求特殊的利益,不会进行有损发行人及其中小股东利益的关联交易。

(二)同业竞争

1. 同业竞争情况

根据《招股说明书》、交通流量专家出具的《山东省济菏高速公路交通量和通行费收益预测研究》及发行人书面确认,齐鲁交通集团及中远海运在中国持有若干公路公司的权益及若干公路资产与济菏高速公路皆不构成竞争;齐鲁交通集团持有的10%或以上股权的与公路运输相关的公司的业务与发行人的业务不会构成现在或潜在的竞争。

2. 避免同业竞争协议

为了避免和减少未来可能发生的同业竞争,在省交通厅与发行人于2004年9月26日签订的《特许权协议》、齐鲁交通集团及中远海运分别与发行人签订的《避免同业竞争协议》中已做出如下安排:

(1)《特许权协议》中的避免同业竞争承诺

特许机关承诺,在项目高速公路左右各50公里的范围内,不新建与项目高速公路走向相同的其他高等级公路(无论是特许机关自行新建或通过任何第三方新建)。

(2)《避免同业竞争协议》

经发行人一届五次董事会及2017年第三次临时股东大会审议通过,发行人与齐鲁交通集团及中远海运于2017年12月12日分别签订《避免同业竞争协议》,齐鲁交通集团及中远海运就避免其本身及其控制的除发行人及其控股子公司以外的企业与发行人及其控股子公司发生同业竞争或者潜在的同业竞争做出安排,以避免可能的同业竞争风险。

综上,本所律师认为:

1. 上述披露的关联交易协议已经相关方签署,并经发行人董事会和股东大会审议通过,内容真实、有效,对协议各方具有法律约束力。

2. 本次发行上市后适用的《公司章程》(H股)已规定了关联交易公允决策的程序。

3. 发行人与齐鲁交通集团、中远海运分别签订了《避免同业竞争协议》,以避免双方之间可能发生的同业竞争,该协议内容符合国内相关法律法规的规定,协议生效后对协议双方均有法律约束力并可强制执行。

十、发行人的主要财产

根据发行人及其子公司目前提供的资料,发行人主要资产如下所列:

(一)济菏高速公路特许经营权

1. 特许经营权基本情况

2004年9月26日,经山东省人民政府授权,省交通厅与济菏高速签署《特许权协议》。根据《特许权协议》,发行人被授予的特许权为:设计、建设济菏高速公路的权利;养护、运营和管理济菏高速公路的权利,包括但不限于济菏高速公路竣工通车后对济菏高速公路的维修养护及车辆通行费的收费权。

2. 收费批复

2007年9月12日,山东省物价局、省交通厅联合作出《关于济菏高速公路车辆通行费收费标准的批复》(鲁价费发〔2007〕183号),同意对通过济菏高速公路的机动车辆,除国家规定免收通行费的车辆外,均缴纳车辆通行费。收费期限为27年,至2034年9月22日止。

(二)长期股权投资

截至本法律意见书出具日,公司共拥有1家子公司即广告公司。广告公司的具体情况如下:

1. 广告公司为发行人的全资子公司,发行人直接持有其100%的股权。

2. 广告公司的设立、变更情况如下:

(1)广告公司设立于2015年1月15日,设立时的唯一股东为服务公司。广告公司设立时的注册资本为300万元人民币,由服务公司以货币出资方式认缴出资。

(2)2016年4月16日,服务公司作出股东决定,将其对广告公司的出资方式由货币出资变更为实物出资,并通过变更后的公司章程。服务公司用于出资的实物为其拥有的济菏高速公路沿线的75块广告牌。2016年4月22日,青岛润德资产评估事务所就上述实物出资出具了《山东济菏高速服务有限公司广告牌出资项目资产评估报告书》(〔2016〕润德所评报字011号)。2016年4月25日,山东润德有限责任会计师事务所出具了《验资报告》(〔2016〕润德所验字025号),确认服务公司对广告公司的75块广告牌已出资到位。广告公司已于2016年5月5日完成本次变更的工商备案登记。

(3)2017年4月,服务公司将其持有的广告公司100%股权转让给发行人,并于2017年4月26日完成工商变更登记(相关情况详见本法律意见书"十二、公司重大资产变化及收购兼并")。

3.广告公司的现状

广告公司目前持有济南高新技术产业开发区管委会市场监管局于2017年6月29日核发的《营业执照》(统一社会信用代码为91370102306901426P),企业类型为有限责任公司(外商投资企业法人独资);住所为山东省济南市高新区经十东路7000号汉峪金融商务中心三区4号楼2101室;法定代表人为张焕振;注册资本及实收资本为300万元;成立日期为2015年1月15日;经营期限为2015年1月15日至长期;经营范围为:国内广告业务;广告牌租赁;汽车租赁;自有场地租赁;自有房屋租赁;物业管理;房地产中介服务;礼仪庆典服务;会务服务;室内外装饰装修工程;企业形象策划;企业管理咨询;组织文化艺术交流活动。(依法须经批准的项目,经相关部门批准后方可开展经营活动)

除上述情况外,截至本法律意见书出具日,发行人在中国境内未拥有其他股权投资权益的情形。

(三)发行人拥有的房屋建筑物

截至本法律意见书出具日,发行人拥有位于汉峪金谷A3-4楼21层至24层的4处房屋及50处地下停车位(以下合称汉峪金谷物业)、以及位于康桥颐东公馆的28处房产(以下简称康桥颐东物业),汉峪金谷物业及康桥颐东物业均未办理房屋权属证书,上述物业的相关情况如下:

1.汉峪金谷物业

根据发行人提供的资料并经本所律师适当核查,截至本法律意见书出具日,发行人拥有的汉峪金谷物业为房屋4处及地下停车位(以下简称车位)50处,共计54处。目前4处房屋已办理《济南市商品房买卖合同》的网签手续,总面积为6259.3平方米,总价款为62,322,598元。50处车位已签署《济南市商品房买卖合同》,总面积为1235.14平方米,总价款为10,119,115.8元,但尚未办理网签手续。截至本法律意见书出具日,汉峪金谷物业均未办理房屋权属证书。根据发行人与济南高新签署的《济南市商品房买卖合同》,上述4处房屋的基本情况如下表:

序号	楼　房　号	用途	面积(m^2)
1	汉峪金融商务中心三区4号楼2101	办公	1,565.8
2	汉峪金融商务中心三区4号楼2201	办公	1,563.85
3	汉峪金融商务中心三区4号楼2301	办公	1,565.8
4	汉峪金融商务中心三区4号楼2401	办公	1,563.85
合　计			6,259.30

就发行人购买的汉峪金谷上述4处房屋,开发商济南高新已取得汉峪金谷项目的用地、规划、建设及预售的相关批准,并已就汉峪金谷项目竣工验收取得了《房地产开发项目竣工综合验收备案证明》。上述4处房屋已交付给发行人作为经营用房使用。经核查,该4处房屋不涉及抵押、查封、冻结等权利限制的情形。

就发行人购买的50处车位,开发商济南高新已取得用地、规划、建设的相关批准,并已就汉峪金融商务中心附属设施项目A3地块地下室的竣工验收取得了《济南高新技术产业开发区建设工程竣工验收备案表》和《房地产开发项目竣工综合验收备案证明》。

针对上述汉峪金谷物业的房屋权证事宜,开发商济南高新已作出承诺:上述4处房屋及50处车位已经完成竣工验收及备案手续,4处房屋的权属证书将于2018年4月30日前办理完毕并交付给发行人,50处车位的权属证书将于2019年12月30日前办理完毕并交付给发行人,上述4处房屋及50处车位的权属证书的办理不存在障碍,不存在不能取得权属证书的情况。此外,发行人控股股东齐鲁交通集团已承诺如果因发行人未取得相关权属证书而导致发行人不能正常使用汉峪金谷物业或其任何部分的,或由于前述情况导致发行人被任何主管机关处罚或任何第三方索赔,齐鲁交通集团承诺将全额赔偿发行人因此而遭受的所有损失及由此引致的一切合理费用和开支。

2. 康桥颐东物业

根据发行人提供的合同以及书面确认,发行人向鲁源房地产购买了位于康桥颐东公馆的28处房产(以下简称康桥颐东物业)。就发行人购买的康桥颐东物业,开发商鲁源房地产已取得康桥颐东项目的用地、规划、建设及预售的相关批准,发行人与鲁源房地产签署了《济南市商品房买卖合同》,并办理了网签手续。发行人购买的28处房屋面积合计为1,829.55平方米,总价款合计为35,852,828元。根据发行人与鲁源房地产签署的《济南市商品房买卖合同》,上述房屋的基本情况如下表:

序号	楼房号	用途	面积(m^2)
1	康桥颐东项目A地块公建楼1单元1-106	商业用房	240.3
2	康桥颐东项目A地块公建楼1单元1-120	商业用房	45.88
3	康桥颐东项目A地块公建楼1单元1-122	商业用房	56.69
4	康桥颐东项目A地块公建楼1单元1-128	商业用房	54.95
5	康桥颐东项目A地块公建楼2单元2-304	其他	55.33
6	康桥颐东项目A地块公建楼2单元2-404	其他	55.33
7	康桥颐东项目A地块公建楼2单元2-903	其他	56.39
8	康桥颐东项目A地块公建楼2单元2-1003	其他	56.39
9	康桥颐东项目A地块公建楼2单元2-1602	其他	53.6
10	康桥颐东项目A地块公建楼2单元2-1610	其他	71.01
11	康桥颐东项目A地块公建楼2单元2-1801	其他	55.39
12	康桥颐东项目A地块公建楼2单元2-1802	其他	53.6
13	康桥颐东项目A地块公建楼2单元2-1803	其他	64.68
14	康桥颐东项目A地块公建楼2单元2-1804	其他	62.58
15	康桥颐东项目A地块公建楼2单元2-1805	其他	62.58
16	康桥颐东项目A地块公建楼2单元2-1807	其他	62.58
17	康桥颐东项目A地块公建楼2单元2-1901	其他	55.39
18	康桥颐东项目A地块公建楼2单元2-1902	其他	53.6
19	康桥颐东项目A地块公建楼2单元2-1903	其他	64.68
20	康桥颐东项目A地块公建楼2单元2-1904	其他	62.58
21	康桥颐东项目A地块公建楼2单元2-1905	其他	62.58
22	康桥颐东项目A地块公建楼2单元2-1906	其他	62.58
23	康桥颐东项目A地块公建楼2单元2-1907	其他	62.58
24	康桥颐东项目A地块公建楼2单元2-1908	其他	64.68
25	康桥颐东项目A地块公建楼2单元2-1909	其他	53.6
26	康桥颐东项目A地块公建楼2单元2-1910	其他	71.01
27	康桥颐东项目A地块公建楼2单元2-2102	其他	53.6
28	康桥颐东项目A地块公建楼2单元2-2201	其他	55.39
合计			1829.55

截至本法律意见书出具日,康桥颐东物业尚未办理房屋权属证书。经核查,康桥颐东物业不涉及抵押、查封、冻结等权利限制的情形。

针对上述康桥颐东物业的房屋权证事宜,开发商鲁源房地产已作出承诺:上述28处房屋的权属证书将于2019年3月29日前办理完毕并交付给发行人,上述房屋的权属证书的办理不存在障碍,不存在不能取得权属证书的情况。发行人控股股东齐鲁交通集团已承诺如果因发行人未取得相关权属证书而导致发行人不能正常使用康桥颐东物业或其任何部分的,或如由于前述情况导致发行人被任何主管机关处罚或任何第三方索赔，齐鲁交通集团承诺将全额赔偿发行人因此而遭受的所有损失及由此引致的一切合理费用和开支。

（四）在建工程

根据公司书面确认并经本所律师核查，截至本法律意见书出具日，公司账面价值超过100万元的在建工程为济广高速公路大学科技园互通立交项目，该工程现阶段已履行的审批程序如下：

1. 2014年7月9日，山东省环境保护厅作出《山东省环境保护厅关于济广高速公路大学科技园互通立交项目环境影响报告书的批复》（鲁环审〔2014〕93号），同意项目开工建设。

2. 2015年12月21日，山东省发展和改革委员会作出《山东省发展和改革委员会关于济广高速公路大学科技园互通立交项目核准的批复》（鲁发改外资〔2015〕1361号），同意济菏高速投资建设济广高速公路大学科技园互通立交项目，该核准文件有效期两年。鉴于该项目用地调整为建设用地的周期过长，导致项目在核准有效期内尚未开工建设，发行人重新提交了项目延期申请。济南市发展和改革委员会于2017年11月23日向山东省发展和改革委员会呈交了《关于转报济广高速公路大学科技园互通立交项目申请延期的请示》，目前山东省发展和改革委员会的批复手续正在办理中。

（五）租赁物业

1. 商铺租赁

（1）汉峪金谷商铺租赁合同

2017年1月16日，发行人与济南高新签署《汉峪金谷商业中心租赁合同》，根据该合同，发行人向济南高新租赁位于济南市高新区经十东路7000号汉峪金融商务中心二区商业项目的商铺，具体铺位编号为A2－LG1－29－1的商铺，套内租赁面积为360.89平方米，建筑面积为656.17平方米，租期自2016年12月22日至2025年5月15日。租赁保证金为65,863元，每月物业管理费为7874.04元（12元/平方米/月）。第一年租金总额为197,588元、第二年租金总额为395,175元，第三年至第八年按日租金方式计算，分别为3元/日/平方米、3.6元/日/平方米、3.6元/日/平方米、4.32元/日/平方米、4.32元/日/平方米、4.97元/日/平方米。

2017年1月16日，发行人与济南高新签署《汉峪金谷商业中心租赁合同之补充条款》，该补充条款对装修时间、开业时间、租金的支付、物业管理费等进行了补充约定。

（2）康桥颐东公馆商铺租赁合同

2017年8月27日，发行人与广告公司签署《康桥颐东公馆4套商铺委托经营合同书》，根据该合同，发行人将康桥颐东4套商铺（1－106、1－120、1－122、1－128）的经营权委托给广告公司自主经营或对外出租，授权委托期限自2017年9月1日起至2020年8月31日止。广告公司已根据该合同的约定将康桥颐东公馆1－120号房和1－128号房对外出租，具体如下：

a. 2017年9月14日，广告公司与赵斌签署《商铺租赁合同》，约定由广告公司向赵斌出租康桥颐东公馆1－120号房，租赁期限自2017年9月1日至2018年8月31日，租赁保证金为5,000元，租金为年付，租金总额为30,000元。

b. 2017年10月13日，广告公司与周琳签署《商铺租赁合同》，约定由广告公司向周琳出租康桥颐东公馆1－128号房，租赁期限自2017年10月14日至2018年10月13日，租赁保证金为5,000元，租金为年付，租金总额为50,000元。

2. 土地使用权租赁

2017年12月12日，发行人与齐鲁交通集团签署《土地使用权租赁协议》。根据该协议，发行人向齐鲁交通集团租赁位于济南市市中区、长清区、平阴县、泰安市东平县、济宁市汶上县、梁山县、嘉祥县、菏泽市郓城县、巨野县等9个区县的济菏高速公路主线土地，共29宗土地的国有土地使用权，面积为1,018.19万平方米用于高速公路经营之用途，租赁期限为17年9个月，自2017年1月1日起至2034年9月25日止，租金总额为40,956,000元。

截至本法律意见书出具日，齐鲁交通集团已取得《土地使用权租赁协议》中涉及的相关土地的不动产权证书，根据不动产权证书，该等土地的土地使用期限自2016年6月30日起至2066年6月29日止，齐鲁交通集团是该等土地权利人。齐鲁交通集团有权签署《土地使用权租赁协议》，并根据《土地使用权租赁协议》自

2017 年 1 月 1 日起有权向发行人出租济菏高速公路土地的土地使用权。发行人与齐鲁交通集团签署的《土地使用权租赁协议》合法、有效。

3. 房屋租赁

2017 年 12 月 12 日,发行人与齐鲁交通集团签署《房屋租赁协议》。根据该协议约定,发行人向齐鲁交通集团租赁位于济菏高速沿线的长清、孝里、平阴、平阴南、东平、梁山、嘉祥等地的 7 个高速公路管理处及 1 个养护应急处的房产合计 45 处物业,用于高速公路经营之用途,总建筑面积合计为 26,427.59 平方米,租赁期限为 17 年 5 个月,自 2017 年 5 月 1 日起至 2034 年 9 月 25 日止,租金总额为 65,650,000 元。

截至本法律意见书出具日,齐鲁交通集团尚未取得上述《房屋租赁协议》所涉及的管理处及养护应急处房产的权属证书。根据发行人提供的说明,发行人租赁管理处房产主要用于济菏高速公路运营人员的办公及休息等用途,养护应急处主要用于存放养护设备和应急物资,该等用途并非发行人生产经营的关键性用途。且出租方齐鲁交通集团已于《房屋租赁协议》中承诺,如因该等租赁房屋未取得房屋产权证书或其他与该等租赁房屋相关的问题给发行人造成损失的,齐鲁交通集团同意全额赔偿由此给发行人造成的全部损失(包括但不限于任何主管机关的处罚或任何第三方的索赔等)及由此引致的一切合理费用和开支;如因该等租赁房屋未取得房屋产权证书导致发行人需要自租赁房屋中搬迁或部分搬迁的,齐鲁交通集团承诺将全力协助发行人搬迁、为发行人提供具有同等或类似使用条件的房产使用,并承担发行人由于搬迁而遭受的所有损失及由此引致的一切合理费用和开支。

(六)商标

根据公司书面确认并经本所律师必要核查,截至本法律意见书出具日,公司不存在持有商标的情况。公司目前使用的商标为齐鲁交通集团授权使用的商标,发行人就授权商标使用事项与齐鲁交通集团签署了《商标使用许可协议》,齐鲁交通集团将以下在香港注册的 3 项商标许可给发行人无偿使用。发行人被授权无偿使用的香港注册商标的具体情况如下:

序号	商标权人	商标编号	商　　标	注册日期	类别	有效期
1	齐鲁交通集团	303933982	(A) 齐鲁交通 QLTD　(B) 齐鲁交通 QLTD	2016.10.18	6,7,9,11,12,16,19,35,36,37,39,40,42,43	2026.10.17
2	齐鲁交通集团	303934891	(A)齐鲁高速 (B)齐鲁高速	2016.10.19	6,7,9,11,12,16,19,37,39,40,42,43	2026.10.18
3	齐鲁交通集团	303934909	(A)Qilu Expressway (B)Qilu Expressway	2016.10.19	6,7,9,11,12,16,19, 37, 39, 40,42,43	2026.10.18

(七)域名

根据发行人提供的域名证书资料,截至本法律意见书出具日,发行人持有 2 项域名,该域名具体情况如下:

序号	域名	持有人	网站首页网址	有效期限	网站备案/许可证号
1	qlecl.com	发行人	www.qlecl.com	2016.4.7 – 2021.4.7	鲁 ICP 备 09096401 号 – 1
2	qleclgh.com	发行人	www.qleclgh.com	2017.2.27 – 2018.2.27	鲁 ICP 备 09096401 号 – 3

综上,本所律师认为:

1. 发行人已与省交通厅签署了《特许权协议》,依法取得济菏高速公路的特许经营权。济菏高速公路的公路通行收费取得了主管部门

的批复，在批复有效期内发行人有权收取通行费。

2. 广告公司股权权属清晰，不存在争议。广告公司依法设立，有效存续，不存在法律、法规或《公司章程》规定需要终止或解散的情形。

3. 发行人向济南高新、鲁源房地产购买的房产虽尚未取得权属证书，但已经取得必要的审批文件，该等房产不属于违章建筑，发行人使用该等房产不存在重大法律障碍。开发商已分别承诺限期办理权属证书并按时交付给发行人，且已承诺权属证书的办理不存在障碍，不存在不能取得权属证书的情况。发行人的控股股东齐鲁交通集团已就汉峪金谷物业及康桥颐东物业取得相应权证出具了承诺，承诺如因发行人未取得相关权属证书而导致发行人不能正常使用汉峪金谷物业/康桥颐东或其任何部分的，或由于前述情况导致发行人被任何主管机关处罚或任何第三方索赔，齐鲁交通集团承诺将全额赔偿发行人因此而遭受的所有损失及由此引致的一切合理费用和开支。

4. 发行人上述在建工程已履行环评手续，其他相关审批手续正在办理过程中。

5. 发行人与济南高新签署《汉峪金谷商业中心租赁合同》及其补充条款系双方真实意思表示，合同合法有效。广告公司根据与发行人签署的《康桥颐东公馆4套商铺委托经营合同书》有权将康桥颐东公馆对外出租，合同合法有效。发行人与齐鲁交通集团签署了《土地使用权租赁协议》，双方签署的协议系双方真实意思表示，协议合法有效。

6. 发行人与齐鲁交通集团签署了《房屋租赁协议》，发行人有权按照《房屋租赁协议》的约定使用相关管理处及养护应急处房产，鉴于《房屋租赁协议》项下的租赁物业并非发行人主要收入来源的高速公路主线用地，且出租方齐鲁交通集团已在《房屋租赁协议》中作出赔偿承诺，本所律师认为，上述租赁物业瑕疵对本次发行上市不构成实质性法律障碍；如第三方针对该等租赁房产的所有权或出租权提出异议，以致影响发行人在《房屋租赁协议》项下的权益时，发行人有权要求齐鲁交通集团赔偿发行人由此遭受的所有损失及由此引致的一切合理费用和开支。

7. 根据发行人与齐鲁交通集团签署的《商标使用许可协议》的约定，发行人有权根据协议的约定无偿使用被授权使用的相关商标。发行人持有的域名已取得相关域名证书，并办理了网站备案手续，合法有效。

十一、发行人的重大债权债务

根据发行人提供的资料，经本所律师必要核查，截至2017年9月30日，发行人正在履行、将要履行的金额在200万元人民币以上的重大合同如下：

（一）重大经营合同

发行人签署的《特许权协议》详见本法律意见书“十、发行人的主要财产”。

（二）关联交易协议

关联交易协议详见本法律意见书“九、关联交易和同业竞争”及“附件一：关联交易合同表”。

（三）借款合同

依据发行人确认并经本所律师必要核查，截至2017年9月30日，发行人及其子公司正在履行的借款合同参见本法律意见书“附件二：借款合同表”。

经发行人确认并经本所律师必要核查，发行人上述借款合同正常履行，不存在延期、逾期履行或违约的情形。

（四）施工合同

截至2017年9月30日，发行人及其子公司正在履行或将要履行且可能对其生产、经营活动以及资产、负债和权益产生重大影响的金额在200万元以上的施工合同参见本法律意见书“附件三：施工合同表”。

经核查，本所律师认为，该等合同合法有效，该等合同的履行不存在法律障碍。

（五）线路租赁协议

1. 2015年8月，济菏高速与山东省邮电工程有限公司签署《合同协议书》，约定由山东省邮电工程有限公司向济菏高速租用高速公路通信子管壹根，租赁期限为15年，自2015年9月1日起至2030年8月31日止，租赁总额为2,536,535元。

2. 2015年12月11日，济菏高速与中国移动通信集团山东有限公司签署《济菏高速公路通信子管租赁合同》，约定由中国移动通信集团山东有限公司向济菏高速租用高速公路通信子管壹根,租赁期限为 15 年,自 2015 年 12 月 1 日起至 2030 年 11 月 30 日止,租赁总额为 6,144,044元。

(六)土地征收合同

2017 年 6 月 27 日,发行人与济南市国土资源局长清分局、崮云湖街道办事处石围子王社区居委会、济南市长清区人力资源和社会保障局签署《土地征收补偿安置协议》,协议约定为济广高速大学科技园互通立交项目建设用地需要,经济南市人民政府决定,向崮云湖街道办事处石围子王社区居委会征收位于崮云湖街道办事处石围子王社区地段,并由发行人向崮云湖街道办事处石围子王社区居委会支付土地补偿安置总费用合计 734.4759 万元、向崮云湖街道办事处石围子王社区居委会居民一次性支付社会保障补贴 154.6590 万元。

2017 年 9 月 22 日,发行人与济南市国土资源局长清分局、崮云湖街道办事处石围子王社区居委会就上述《土地征收补偿安置协议》签署《土地征收补偿安置协议补充协议》,因《土地征收补偿安置协议》中的农用地的地类发生变化各方签署了上述补充协议,该地类发生变化不影响补偿费金额和费用拨付方式等事项。

(七)《商品房买卖合同》之补充合同

除本法律意见书“十、发行人的主要财产”之“(三)发行人拥有的房屋建筑物”披露的汉峪金谷《济南市商品房买卖合同》外,2016 年 6 月 30 日,济菏高速与济南高新签署《〈济南市商品房买卖合同〉之补充合同》,根据该补充合同,济南高新负责对济菏高速购买的汉峪金谷物业进行装修,装修费标准为 1000 元/平方米,装修费不超过 626.2 万元。

(八)担保合同

根据发行人确认及本所律师必要核查,截至本法律意见书出具之日,发行人及其子公司不存在为第三方提供担保的情况。

(九)资产收购、出售协议

发行人收购、出售资产情况,详见本法律意见书“十二、公司重大资产变化及收购兼并”。

(十)侵权之债

根据发行人的承诺并经本所律师必要核查,截至本法律意见书出具之日,发行人及其子公司不存在因环境保护、知识产权、产品质量、劳动安全、人身权等原因产生的重大侵权之债。

(十一)金额较大的其他应收、其他应付款

经本所律师必要核查并经发行人确认,截至 2017 年 9 月 30 日,发行人金额较大的其他应收、其他应付款均为正常的生产经营过程中发生,合法有效。

综上,本所律师认为:

1. 发行人及其子公司广告公司正在履行的上述重大合同内容合法、有效,不存在法律纠纷,其履行没有法律障碍。

2. 截至本法律意见书出具日,发行人及其子公司不存在因环境保护、知识产权、产品质量、劳动安全及人身权等原因而产生的重大侵权之债。

十二、公司重大资产变化及收购兼并

(一)根据发行人确认并经本所律师查验,公司自设立以来,未发生减资及分立的行为,详见本法律意见书“七、发行人的股本及其演变”。

(二)根据发行人出具的说明及提供的相关资料,并经本所律师核查,报告期内发行人存在以下资产重组情况:

1. 服务公司及油气公司的重组

(1)发行人内部审批及齐鲁交通集团审批

2017 年 3 月 7 日,发行人召开董事会并作出决议,同意向齐鲁开发转让服务公司 100% 的股权、油气公司 51% 的股权。

2017 年 4 月 17 日,齐鲁交通集团召开董事会并作出决议,同意发行人上述股权转让事项,并同意按照中通诚出具的评估报告的评估值进行转让。

2017 年 4 月 18 日,发行人召开股东大会,会议审议通过上述股权转让事项。

(2)省交通厅审批

2016 年 12 月 14 日,省交通厅作出《关于山东济菏高速公路有限公司附属设施等资产重组的批复》(鲁交财〔2016〕80 号)(以下简称资产重组批复),同意济菏高速的资产重组方案,同意济菏高速将其持有的服务公司及油气公司的股权转让给齐鲁开发。

(3)评估及备案

2017 年 4 月 13 日,中通诚出具《齐鲁高速公路股份有限公司拟转让山东济菏高速服务有限公司全部股权项目资产评估报告》,根据该评估报告，服务公司截至2016年12月31日经评估的净资产值为人民币757.52万元。2017年4月13日，中通诚出具《齐鲁高速公路股份有限公司拟转让山东济菏高速石化油气管理有限公司51%股权项目资产评估报告》，根据该评估报告，油气公司51%股权截至2016年12月31日经评估的净资产值为人民币3501.15万元。2017年4月17日，齐鲁交通集团对上述评估结果予以备案。

(4)协议签署

2017年4月18日，发行人与齐鲁开发就服务公司股权转让签署了《股权转让协议》，发行人将其持有的服务公司100%的股权以757.52万元人民币转让给齐鲁开发。

2017年4月19日，发行人与齐鲁开发就油气公司股权的转让签署了《股权转让协议》，发行人将其持有的油气公司51%的股权以3501.15万元人民币的价格转让给齐鲁开发。

(5)工商登记

2017年4月24日，油气公司、服务公司分别完成了工商变更登记。

2.发行人受让广告公司股权

(1)发行人内部审批及齐鲁交通集团审批

2017年3月7日，发行人召开董事会并作出决议，同意受让服务公司持有的广告公司100%的股权。

2017年4月17日，齐鲁交通集团召开董事会并作出决议，同意发行人上述股权受让事项，并同意该次股权受让按照中通诚出具的《齐鲁高速公路股份有限公司拟转让山东济菏高速服务有限公司全部股权项目资产评估报告》的评估值进行转让。

2017年4月18日，发行人召开股东大会，会议审议通过上述事项。

(2)省交通厅审批

2016年12月14日，省交通厅作出资产重组批复，同意服务公司将其持有的广告公司股权转让给济菏高速。

(3)评估及备案

2017年4月13日，中通诚出具《齐鲁高速公路股份有限公司拟转让山东济菏高速服务有限公司全部股权项目资产评估报告》，广告公司截至2016年12月31日的评估值为人民币800.89万元。2017年4月17日，齐鲁交通集团对上述评估结果予以备案。

(4)协议签署

2017年4月18日，发行人与服务公司就广告公司股权的转让签署了《股权转让协议》，服务公司将其持有的广告公司100%的股权以800.89万元人民币的价格转让给发行人。

(5)工商登记

2017年4月26日，广告公司完成了工商变更登记。

3.发行人转让附属设施资产

(1)发行人内部审批及齐鲁交通集团审批

2017年3月7日，发行人召开董事会并作出决议，同意向齐鲁交通集团转让济菏高速沿线相关附属设施资产。

2017年4月17日，齐鲁交通集团召开董事会并作出决议，同意发行人上述资产转让事项，并同意按照中通诚出具的《齐鲁高速公路股份有限公司拟转让部分资产价值评估项目资产评估报告》的评估值进行转让。

2017年4月18日，发行人召开股东大会，会议审议通过上述资产转让事项。

(2)外部审批

2016年12月14日，省交通厅作出资产重组批复，同意济菏高速将其持有的济菏高速公路沿线的附属设施资产转让给齐鲁交通集团。

(3)评估及备案

2017年4月13日，中通诚出具《齐鲁高速公路股份有限公司拟转让部分资产价值评估项目资产评估报告》，济菏高速沿线相关附属设施资产截至2016年12月31日经评估的净资产值为人民币22,373.34万元。2017年4月17日，齐鲁交通集团对上述评估结果予以备案。

(4)协议签署

2017年4月19日，发行人与齐鲁交通集团就济菏高速沿线相关附属设施资产转让签订了《资产转让协议书》，发行人将其持有的济菏高速沿线相关附属设施资产以22,373.34万元人民币转让给齐鲁交通集团。

(5)履行及交付情况

齐鲁交通集团已接收上述《资产转让协议书》中的相关附属设施资产并支付了全部转让价款，《资产转让协议书》已履行完毕。

综上,本所律师认为:

1. 发行人转让油气公司 51% 的股权及服务公司 100% 的股权,受让广告公司 100% 股权,出售齐鲁高速沿线相关附属设施资产已履行必要的内部决策程序;取得了齐鲁交通集团的审批同意,并履行了资产评估、备案手续;省交通厅已对上述资产重组事项予以批复。发行人本次转让油气公司及服务公司股权、受让广告公司股权、出售齐鲁高速沿线相关附属设施资产均已完成交割。

2. 公司上述资产收购、资产出售行为符合中国法律、法规的规定和规范性文件要求,发行人的上述资产收购及资产出售行为合法有效。

3. 发行人的资产收购及资产出售行为均已进行资产评估,符合中国法律法规的规定。

4. 截至本法律意见书出具日,除上述披露的情况外,发行人在报告期内未发生过对其生产经营产生重大影响的资产出售、资产收购行为,亦不存在拟进行的、可能对其生产经营产生重大影响的资产置换、资产剥离、资产出售或收购的计划或安排。

十三、发行人公司章程的制定与修改

(一)《公司章程》及修订

1. 经查证,《公司章程》由发行人创立大会暨 2016 年第一次临时股东大会审议通过,并于 2016 年 12 月 6 日经公司登记机关登记生效。

经核查,本所律师认为,发行人创立大会暨 2016 年第一次临时股东大会的召开程序和通过的《公司章程》内容符合国家法律、法规及规章的规定,该《公司章程》合法有效。

2. 2017 年 6 月 15 日,发行人召开 2016 年年度股东大会,对公司经营范围进行变更,对《公司章程》第十二条进行修订,并办理工商变更手续。

3. 2017 年 6 月 26 日,发行人召开 2017 年第二次临时股东大会,审议通过《关于修改公司章程的议案》,对董事会、监事会组成、独立非执行董事、独立监事及其任职期限作出规定。

(二)本次发行上市后适用的《公司章程》(H 股)

1. 2017 年 6 月 15 日,为本次发行上市之需要,发行人召开 2016 年年度股东大会,审议通过《关于制定齐鲁高速公路股份有限公司 H 股发行并上市后适用的公司章程的议案》,本次审议通过的《公司章程》(H 股)将于公司发行的境外上市外资股于香港联交所上市之日起生效并取代现行的《公司章程》。

2.《公司章程》(H 股)已载明了《章程必备条款》《补充修改意见的函》规定的全部内容,未对《章程必备条款》《补充修改意见的函》规定的内容进行实质性修改或删除,不存在针对股东(特别是小股东)依法行使权利的限制性规定。

综上,本所律师认为:

1.《公司章程》及本次发行上市后适用的《公司章程》(H 股)的制定与修改已履行法定程序。

2.《公司章程》的内容符合现行法律、法规和规范性文件的规定。

3. 公司本次发行上市后适用的《公司章程》(H 股)未对《章程必备条款》、《补充修改意见的函》规定内容进行实质性修改或删除,内容符合现行法律、法规和规范性文件的规定,待公司上市后生效。

十四、发行人股东大会、董事会、监事会议事规则及规范运作

(一)经本所律师核查,发行人根据《公司章程》的规定建立了股东大会、董事会、监事会等组织机构,并依据《公司章程》及相关的法律、法规和规范性文件的规定选举产生了发行人现任董事会、监事会。发行人已建立了健全的组织机构,其建立及人员产生符合法律、法规、规范性文件的规定。

(二)发行人制定了上市后生效施行的股东大会、董事会和监事会议事规则制度。经查,上述议事规则符合相关法律、法规和规范性文件的规定。

(三)根据发行人提供的文件及本所律师必要核查,发行人自设立以来共召开了五次股东大会(含发起人会议)、六次董事会、五次监事会会议。

(四)经本所律师必要核查,发行人历次召开的股东大会、董事会、监事会,均履行了《公司章程》规定的会议召集、召开程序,所决议内容也符合《公司章程》的规定。

综上，本所律师认为：

1. 发行人已按照《公司法》、《公司章程》及其他法律、法规的规定，建立、健全了股东大会、董事会、监事会等公司组织机构。

2. 发行人历次召开的股东大会、董事会、监事会的召集、召开程序、决议内容及签署均合法合规、真实、有效。

3. 发行人制定的上市后生效施行的股东大会、董事会和监事会议事规则符合《公司法》、《公司章程》的规定，程序合法合规，不存在违反法律、法规的情形。

十五、发行人董事、监事和高级管理人员及其变化

(一)发行人现任董事、监事及高级管理人员的任职情况

截至本法律意见书出具日，发行人现任董事共有8名，其中包含2名执行董事、6名非执行董事。自公司境外上市外资股的上市申请在香港联交所聆讯通过之日起，发行人董事会由12名董事组成，其中包含2名执行董事、6名非执行董事、4名独立非执行董事。

发行人现任监事共有6名，其中3名为职工监事、3名为股东代表监事。自公司境外上市外资股的上市申请在香港联交所聆讯通过之日起，监事会由8名监事组成，其中3名为职工监事、3名为股东代表监事、2名为独立监事。

发行人现任高级管理人员共6名，分别为总经理1名，副总经理3名(其中1名副总经理同时兼任董事会秘书)，财务总监1名，总经济师1名，董事会秘书1名。上述人员任职情况如下表所示：

姓名	公 司 职 务	类别
李刚	董事长、执行董事、党委书记	董事
陈大龙	副董事长、非执行董事	
王少臣	非执行董事	
吴登义	非执行董事	
李杰	非执行董事	
王龙	非执行董事	
苏晓东	非执行董事	
彭晖	执行董事、总经理、党委副书记	
吴玉祥	独立非执行董事①	
程学展	独立非执行董事	
李华	独立非执行董事	
王令方	独立非执行董事	

① 吴玉祥、程学展、李华、王令方四位独立非执行董事任期自公司境外上市外资股的上市申请在香港联交所聆讯通过之日起开始履行职务，至本届董事会任期届满。

续表

姓名	公司职务	类别
孟昕	监事会主席	监事
刘立刚	股东代表监事	
吴永福	股东代表监事	
郝德红	职工监事、企业管理部部长	
侯清红	职工监事、纪委委员、团委副书记、女职工委员会主任、党群工作部部长	
连胜国	职工监事、纪委委员、董事会办公室主任	
韦志海	独立监事①	
江晓云	独立监事	
张波	常务副总经理、党委委员	非董事高级管理人员
李安东	财务总监、党委委员	
刘强	总经济师、党委委员、工会主席、纪委书记	
陈修林	副总经理、党委委员、董事会秘书	
刘亮荣	副总经理、党委委员	

发行人独立监事韦志海先生曾担任济南永菱数控技术发展有限公司(以下简称济南永菱)的法定代表人。经本所律师适当核查,济南永菱于2003年1月13日被吊销营业执照,吊销时间距韦志海先生担任发行人监事之日已经超过三年。本所律师认为,根据《公司法》第146条的规定,济南永菱被吊销营业执照不存在影响韦志海先生担任发行人独立监事的任职资格和条件。

经本所适当核查并经发行人及董事、监事及高级管理人员确认,本所律师认为,发行人董事、监事及高级管理人员的任职情况符合中国法律法规及发行人《公司章程》的规定。

(二)根据发行人最近两年的股东大会、董事会、监事会、职工代表大会决议及工商登记资料,发行人最近两年董事、监事及高级管理人员的变化情况如下:

1. 董事变化情况

(1)2014年11月4日,济菏高速召开董事会,决议通过董事会人员组成及董事长、副董事长人选的议案,由李刚、冷平、吴登义、李杰、王龙、苏晓东、彭晖、王少臣组成公司董事会,李刚担任董事长,冷平担任副董事长。

(2)2016年11月17日,发行人召开创立大会暨第一次临时股东大会,决议选举李刚、冷平、王少臣、吴登义、苏晓东、李杰、王龙、彭晖为公司董事。

(3)2017年6月26日,发行人召开2017年第二次临时股东大会,决议选举吴玉祥、程学展、李华、王令方为独立非执行董事(根据该次股东大会,该4名独立非执行董事的任职期限为自公司境外上市外资股的上市申请在香港联交所聆讯通过之日起开始履行职务,至本届董事会任期届满)。

(4)2017年12月12日,发行人召开2017年第三次临时股东大会,因冷平董事已到退休年龄申请辞去公司董事职务,决议补选陈大龙为公司第一届董事会董事。

2. 监事变化情况

(1)2014年11月4日,济菏高速监事会由孟庆惠、刘立刚、吴永福、郝德红和侯清红组成,孟庆惠为监事会主席。

① 韦志海、江晓云两位独立监事任期自公司境外上市外资股的上市申请在香港联交所聆讯通过之日起开始履行职务,至本届监事会任期届满。

(2)2016年10月17日,发行人筹建阶段职工代表大会决议,决议选举连胜国、侯清红、郝德红为职工监事。

(3)2016年11月17日,发行人创立大会暨第一次临时股东大会,决议选举孟庆惠、刘立刚、吴永福为公司股东代表监事。

(4)2017年6月26日,发行人召开2017年第二次临时股东大会,决议选举韦志海、江晓云为独立监事(根据该次股东大会,该2名独立监事的任职期限为自公司境外上市外资股的上市申请在香港联交所聆讯通过之日起开始履行职务,至本届监事会任期届满)。

(5)2017年12月12日,发行人召开2017年第三次临时股东大会,因孟庆惠监事已到退休年龄申请辞去公司监事职务,决议补选孟昕为公司第一届监事会监事。

3.高级管理人员变化情况

(1)2014年11月4日,济菏高速董事会聘任彭晖(总经理)、张波(常务副总经理)、李安东(财务总监)、刘强(总经济师)、陈修林(副总经理)、唐卫平(副总经理)、李学书(副总经理)为公司高级管理人员。

(2)2015年4月15日,济菏高速召开董事会,决议聘任刘亮荣为副总经理,免去李学书副总经理职务。

(3)2016年11月17日,发行人召开董事会,决议聘任彭晖(总经理)、张波(常务副总经理)、唐卫平(副总经理)、李安东(财务总监)、刘强(总经济师)、陈修林(副总经理、董事会秘书)、刘亮荣(副总经理)等高级管理人员。

(4)2017年11月26日,发行人召开董事会,决议通过唐卫平因退休辞去公司副总经理职务,并暂由公司总经理彭晖先生行使其分管的副总经理职责的议案。

经本所适当核查并经发行人确认,本所律师认为,发行人董事、监事、高级管理人员的上述任职变化已履行必要的法律程序,符合《公司法》等法律法规及《公司章程》的有关规定。

(三)发行人的独立非执行董事

发行人董事会设4名独立非执行董事,分别为吴玉祥、程学展、李华、王令方,该4名独立非执行董事自公司境外上市外资股的上市申请在香港联交所聆讯通过之日起开始履行职务。

经本所适当核查并经发行人确认,本所律师认为,发行人独立非执行董事的任职符合《公司法》、《规范意见》和《公司章程》(H股)的有关规定。

综上,本所律师认为:

1.公司董事和股东代表监事均由公司依法选举产生,公司职工监事由职工代表大会民主选举产生。公司的高级管理人员均由董事会聘任。董事、监事、高级管理人员的产生、任命程序符合有关法律、法规和规范性文件及《公司章程》的规定。

2.经本所律师对涉及公司董事、监事、高级管理人员发生变动的相关文件的核查,上述董事、监事、高级管理人员的变化、选举及任命符合《公司章程》的有关规定,履行了必要的手续,是真实、合法、有效的。该变化不会影响公司的正常经营。

3.经公司及相关的董事、监事、高级管理人员承诺并经本所律师必要核查,公司董事、监事、高级管理人员符合法律、法规和《公司章程》规定的任职条件及产生程序。

4.公司董事、监事、高级管理人员不存在法律、法规规定的禁止交叉任职的情况。公司董事、监事、高级管理人员不存在《公司法》规定的不得担任公司董事、监事、高级管理人员的情形,不存在董事、高级管理人员兼任监事的情形。

十六、发行人的税务

(一)税务登记

根据发行人提供的资料并经本所必要核查,截至本法律意见书出具日,发行人及其子公司均依法办理税务登记,具体情况如下表。

序号	公司名称	“三证合一”后的统一社会信用代码	登记日期
1	发行人	91370100758253271C号	2017.7.5
2	广告公司	91370102306901426P号	2017.6.29

(二)税种、税率

根据发行人及广告公司说明,截至2017年9月30日发行人及广告公司适用的主要税种、税率情况如下:

1. 企业所得税

序号	公司名称	企业所得税税率	税收优惠
1	发行人	25%	—
2	广告公司	25%	—

2. 流转税及其他

（1）发行人的流转税及其他

主 要 税 种	税率	计 税 依 据
增值税	3%	通行费收入（不含税销售额）
	5%	不动产租赁（不含税销售额）
	6%	清障收入（不含税销售额）
城市维护建设税	7%	实际缴纳的增值税

（2）广告公司的流转税及其他

主 要 税 种	税率	计 税 依 据
增值税	3%	广告牌租赁收入（不含税销售额）
城市维护建设税	7%	实际缴纳的增值税
文化事业建设费	3%	广告牌租赁收入（含税销售额）

（三）税收优惠

根据公司确认并经本所律师必要核查，发行人及其子公司最近三年享受的税收优惠情况如下：

1. 根据公司确认并经本所律师核查，发行人最近三年不存在享受税收优惠的情况。

2. 广告公司最近三年享受的税收优惠情况如下：

根据财政部、国家税务总局颁布的《关于小型微利企业所得税优惠政策的通知》（财税〔2015〕34 号）：自 2015 年 1 月 1 日至 2017 年 12 月 31 日，对年应纳税所得额低于 20 万元（含 20 万元）的小型微利企业，其所得减按 50% 计入应纳税所得额，按 20% 的税率缴纳企业所得税，即实际税率为 10%。广告公司 2015 年 1 月 15 日（广告公司成立日）至 2015 年 12 月 31 日止期间符合小型微利企业的认定，适用所得税税率为 10%。2016 年度广告公司应纳税所得额高于 20 万元，不再符合小型微利企业的认定，不适用以上优惠，适用所得税税率为 25%。

据上述规定，广告公司自 2016 年度的企业所得税按 25% 的税率执行。

（四）税务证明

1. 发行人的税务合规情况

（1）根据济南市高新技术产业开发区国家税务局出具的《涉税信息查询结果告知书》，截止于 2017 年 10 月 31 日正常申报增值税和企业所得税，按期申报并足额缴纳，无欠税，最近三年无违法违规记录。

（2）根据济南市地方税务局高新技术产业开发区分局出具的《涉税信息查询结果告知书》，发行人因营业税、城市维护建设税、个人所得税缴纳问题，被地税稽查局下达了《税务行政处罚决定书》，并处以罚款 33，357.98 元。该处罚不属于重大行政处罚，发行人已就上述行为进行有效整改，并已补税缴纳罚款。除上述情况外，经查询金税三期管理系统，自 2014 年 1 月 1 日至 2017 年 10 月 31 日，发行人按期申报并足额缴纳各项应纳税项，无欠缴，不存在其他行政处罚情况。

2. 广告公司的税务合规情况

（1）根据济南市高新技术产业开发区国家税务局出具的《涉税信息查询结果告知书》，经查询金税三期系统，广告公司属期为 2015 年 1 月 1 日至 2017 年 10 月 31 日正常申报增值税、企业所得税，按期申报及纳税，无违法违规记录。

（2）根据济南市地方税务局高新技术产业开发区分局出具的《涉税信息查询结果告知书》，广告公司 2015 年 1 月 1 日至 2017 年 10 月 31 日按期申报纳税，无违法违规记录。

（五）发行人财政补助

经发行人确认并经本所必要核查，发行人及其子公司近三年及最近一期不存在享受财政补助的情况。

综上，本所律师认为：

1. 发行人及其子公司广告公司均已依法办理了税务登记。

2. 发行人及其子公司广告公司所执行的税种、税率符合国家有关法律法规的规定。

3. 广告公司近三年享受的税收优惠具有合法依据，合法、真实、有效。

4. 根据发行人确认、主管部门开具的合规证明和本所律师必要核查，发行人及广告公司最近三年不存在因纳税问题而受到重大处罚的情形，且目前不存在任何政府或相关部门向发行人追收税款或存在任何税务争议。

十七、公司的环境保护、安全生产和产品质量等事宜

（一）环境保护

1. 济菏高速公路的环评手续

（1）济菏高速公路：潘村至大羊段工程

2003年3月11日，山东省环境保护局作出《关于国道220线济南至菏泽高速公路潘村至大羊段建设项目环境影响报告书的批复》（鲁环审〔2003〕22号），同意项目建设。

2010年6月7日，山东省环境保护厅作出《关于济南至菏泽高速公路潘村至大羊段工程竣工环境保护验收的批复》（鲁环验〔2010〕115号），验收结论为工程竣工环境保护验收基本合格。

（2）济菏高速公路：大羊段至元庙集段工程

2003年3月8日，山东省环境保护局作出《关于国道220线济南至菏泽高速公路大羊至元庙集段建设项目环境影响报告书的批复》（鲁环审〔2003〕23号），同意项目建设。

2010年6月7日，山东省环境保护厅作出《关于济南至菏泽高速公路大羊至元庙集段工程竣工环境保护验收的批复》（鲁环验〔2010〕116号），验收结论为工程竣工环境保护验收基本合格。

2. 济广高速公路大学科技园互通立交项目环评手续

2014年6月，山东省环境保护科学研究设计院受济菏高速委托承担济广高速公路大学科技园互通立交项目影响评价工作，并编制了《济广高速公路大学科技园互通立交项目环境影响报告书》。

2014年7月9日，山东省环境保护厅作出了《关于济广高速公路大学科技园互通立交项目环境影响报告书的批复》，批复同意项目建设。

截至本法律意见书出具日，济广高速公路大学科技园互通立交项目尚未施工，待施工完成后履行项目环保竣工验收手续。

（二）安全生产

1. 根据山东省安全生产监督管理局出具的《证明》，发行人自成立至证明开具日，能严格遵守中华人民共和国有关安全生产监督管理的法律、法规、规章和规范性文件，未发生过重大安全生产事故，未因安全生产问题受到过处罚。

2. 根据山东省安全生产监督管理局出具的《证明》，广告公司自成立至证明开具日，能够严格遵守中华人民共和国有关安全生产监督管理的法律、法规、规章和规范性文件，未发生过重大安全生产事故，未因安全生产问题受到过处罚。

（三）产品质量

发行人及其子公司广告公司未从事产品制造行业，不存在产品质量事宜。根据公司确认及本所律师必要核查，公司及其子公司广告公司未因服务质量或技术问题受到行政处罚的情形。

（四）根据发行人住所地工商行政管理部门出具的《证明》及本所律师必要核查，发行人自2014年至今，未发生违反工商行政管理方面法律法规的行为，不存在被该局行政处罚的情形。

根据广告公司住所地工商行政管理部门出具的《证明》及本所律师必要核查，广告公司自2015年1月15日成立至今在济南市高新区内无违反工商法律法规而受到行政处罚的情形。

综上，本所律师认为：

1. 发行人的生产经营活动符合国家环境保护的有关法律、法规的要求，公司及其子公司广告公司报告期内不存在因违反有关环境保护法规而受到重大处罚的情形。

2. 公司及其子公司广告公司报告期内未有因业务经营和服务质量问题而受到行政处罚的情形。

3. 公司及其子公司广告公司报告期内不存在违反安全生产法律、法规和规章而受到重大行政处罚的情形。

4. 公司及其子公司广告公司报告期内在工商管理等方面没有重大违法违规行为，没有受到主管工商行政管理部门处罚的情形。

十八、关于社会保险及住房公积金事宜

(一)发行人的社会保险及住房公积金情况

根据发行人提供的资料,发行人已为职工缴纳社会保险及住房公积金,且济南市社会保险事业局、济南市住房公积金管理中心已为发行人出具证明如下:

1. 根据济南市社会保险事业局出具的《证明》,发行人在济南市参加养老、失业、医疗、工伤、生育保险,截至 2017 年 10 月 31 日,在该局信息系统中参保职工 401 人,2008 年 1 月至 2017 年 10 月申报的各项社会保险费已缴纳。

2. 根据济南市住房公积金管理中心出具的《证明》,发行人自 2005 年 3 月起至 2017 年 11 月,无因住房公积金缴存事宜受到重大行政处罚的情形。

(二)广告公司的社会保险及住房公积金情况

根据发行人提供的资料并经本所律师核查,自广告公司 2015 年 1 月 15 日设立至 2017 年 4 月底,广告公司的唯一股东为服务公司,广告公司的业务由服务公司委派其员工经营,广告公司没有聘任员工。2017 年 4 月,服务公司将其所持广告公司 100% 的股权转让给发行人,广告公司的唯一股东变更为发行人(详见本法律意见书"十二、公司重大资产变化及收购兼并")。广告公司自 2017 年 5 月起聘任员工并与所聘员工签署劳动合同,于 2017 年 6 月开始为职工缴纳社会保险及住房公积金。济南市社会保险事业局、济南市住房公积金管理中心已为广告公司出具证明如下:

1. 根据济南市社会保险事业局出具的《证明》,广告公司在济南市参加养老、失业、医疗、工伤、生育保险,截至 2017 年 10 月 31 日,在该局信息系统中参保职工 6 人,2017 年 6 月至 2017 年 10 月申报的各项社会保险费已缴纳。

2. 根据济南住房公积金管理中心出具的《证明》,广告公司自 2017 年 6 月起至 2017 年 10 月,无因住房公积金缴存事宜受到重大行政处罚的情形。

基于上述政府合规确认,本所律师认为:

发行人及广告公司在报告期内申报的各项社会保险费已缴纳;发行人及广告公司已经开立了住房公积金账户,不存在因住房公积金缴存事宜受到重大行政处罚的情况。

十九、募集资金用途

根据公司于 2017 年 12 月 12 日召开的第三次临时股东大会决议、《招股说明书》,本次发行上市募集资金在扣除发行费用后,拟用于如下用途:

(一)约 50% 将用于收购经营性收费公路、桥梁及相关基建项目或其股权;

(二)约 25% 将用于济菏高速公路的道路养护;

(三)约 10% 将用于偿还短期银行贷款;

(四)约 10% 将用作营运资金及其他一般企业用途;

(五)约 5% 将用于提升优化发行人的信息管理系统(即监控系统、通信系统、收费系统)。

同时,根据 2017 年第三次临时股东大会决议,根据上市发行情况及/或有关监管部门要求,在符合相关法律法规的前提下,股东大会全权授权董事会及/或获董事会授权人士对募集资金具体项目、及在各个项目和用途分配的金额和比例进行调整,并在必要时对募集资金投资项目及用途进行必要的调整。

根据公司确认,截止本法律意见书日,发行人尚未就收购经营性收费公路、桥梁及相关基建项目或其股权签署任何具有约束力的协议,也未就提升优化发行人的信息管理系统(即监控系统、通信系统、收费系统)开展任何实质性活动。

综上,本所律师认为:

1. 公司本次募集资金投向已经公司股东大会的批准,并授权董事会及或董事会授权人士根据上市发行情况及/或有关监管部门要求,在符合相关法律法规的前提下,对募集资金具体项目、及在各个项目和用途分配的金额和比例进行调整,并在必要时对募集资金投资项目及用途进行必要的调整。

2. 发行人本次发行上市募集资金投资项目在现阶段无须政府部门专门进行审批、核准或备案,符合固定资产投资管理有关规定。

二十、诉讼、仲裁或行政处罚

（一）发行人及其子公司重大诉讼、仲裁和行政处罚情况

1. 发行人及其子公司重大诉讼、仲裁情况

根据发行人及其子公司说明并经本所律师适当核查，截至本法律意见书出具日，发行人及广告公司不存在涉及金额1000万元及以上的尚未了结的或可预见的重大诉讼、仲裁案件。

2. 发行人及其子公司行政处罚情况

根据《济南市地方税务局稽查局税务行政处罚决定书》（济地税稽罚〔2015〕54号），公司错按3%税率申报缴纳营业税，少申报缴纳2012年度营业税4,221.20元、城市维护建设税295.48元，2013年度营业税4,634.24元、城市维护建设税324.40元，2014年度营业税5,808.90元、城市建设维护税406.62元，处以未缴纳税款百分之五十的罚款，罚款金额分别为7,332.17元、513.25元；应扣未扣个人所得税，2012年度22,142.71元、2013年26,610.16元、2014年2,271.08元，处以应扣未扣税款百分之五十的罚款，罚款金额25,511.98元。以上处罚共计33,357.4元。

发行人的主管税务局济南市地方税务局高新技术产业开发区分局出具了《涉税信息查询结果告知书》，主管税务局确认发行人已就上述行为进行有效整改，并已补税缴纳罚款，上述处罚不属于重大行政处罚。

根据发行人及其子公司说明并经本所律师核查，截至本法律意见书出具日，除上述披露的情况外，发行人及广告公司不存在其他行政处罚情况。

（二）发行人股东的诉讼、仲裁和行政处罚情况

1. 齐鲁交通集团的诉讼、仲裁和行政处罚情况

（1）根据齐鲁交通集团提供的资料并经本所律师适当核查，截至本法律意见书出具日，齐鲁交通集团有两起涉案金额超过1000万元的未决诉讼、仲裁案件，具体情况如下：

a. 2009年9月24日，山东兴盛矿业股份有限公司向临沂市中级人民法院提起诉讼，以侵权为由，请求省公路局赔偿其矿业权损失4,600万元，后于2015年6月2日撤诉；但旋即于两日后再诉，赔偿额增至17,454万元，目前该案尚在审理中。

b. 2015年12月11日，安徽建工集团有限公司向济南仲裁委员会提交仲裁申请，请求省公路局赔偿工程因材料价格上涨导致的损失2263.6043万元。2015年12月23日，省公路局向济南仲裁委员会提交反请求，请求安徽建工赔偿工期等违约损失2527.50万元。2016年7月11日，安徽建工集团有限公司变更仲裁请求，变更后的仲裁请求为请求支付工程价款等共计126,581,046.90元。目前该案尚在审理中。

上述诉讼和仲裁事项涉及主体为省公路局，并非齐鲁交通集团，但是由于涉及诉讼和仲裁的相关资产已划转至齐鲁交通集团，根据省公路局与齐鲁交通集团的约定，与移交资产有关的合同纠纷、索赔及诉讼事项均由齐鲁交通集团处理与承担。经齐鲁交通集团书面确认，除上述披露的诉讼或仲裁情况外，齐鲁交通集团不存在作为被告的、金额超过1000万元的尚未了结的或可合理预见的其他重大诉讼、仲裁案件。

（2）根据齐鲁交通集团说明并经本所律师核查，截至本法律意见书出具日，齐鲁交通集团不存在重大行政处罚情况。

2. 中远海运、山东建设的诉讼、仲裁和行政处罚情况

根据中远海运及山东建设的说明并经本所律师适当核查，截至本法律意见书出具日，中远海运及山东建设没有尚未了结的或可合理预见的重大诉讼、仲裁和行政处罚案件。

（三）根据相关人员说明并经本所律师适当核查，截至本法律意见书出具日，发行人的董事、监事及高级管理人员没有尚未了结的或可合理预见的重大诉讼、仲裁和行政处罚案件。

二十一、参与本次发行上市的中介机构

（一）境内机构

1. 北京市尚公律师事务所

本所为发行人本次发行上市的公司境内律师，本所依法持有《律师事务所执业许可证》。经办律师陈国琴律师以及陈希律师均持有《律师执业证》。

2. 北京市竞天公诚律师事务所

北京市竞天公诚律师事务所为公司本次发行上市的境外保荐人境内律师,依法持有《律师事务所执业许可证》。

3. 普华永道中天会计师事务所(特殊普通合伙)

普华永道中天会计师事务所(特殊普通合伙)为公司本次发行上市的境内审计机构,依法持有《营业执照》,持有财政部核发的《会计师事务所执业证书》,持有财政部与中国证监会联合核发的《证券、期货相关业务许可证》。

(二)境外机构

根据公司所提供的中介机构合同,公司本次聘请的主要境外中介机构包括中泰国际融资有限公司、中信建投(国际)融资有限公司、李伟斌律师行、麦家荣律师行、罗兵咸永道会计师事务所等。

二十二、结论意见

经核查,本所律师认为,发行人自成立之日起至本法律意见书出具日合法有效存续,不存在中国法律及《公司章程》中规定的需要终止的情形,具备本次发行上市的主体资格;发行人已根据《公司法》和《公司章程》的有关规定,就本次发行上市的有关事宜履行了必要的内部授权和批准程序;发行人申请本次发行上市符合《证券法》《公司法》《特别规定》及其他境内有关法律、法规和中国证监会颁布的规范性文件规定的关于境外发行并上市的有关条件;发行人本次发行上市尚待获得中国证监会核准和香港联交所批准或同意。

本法律意见书仅供发行人本次H股发行及上市之目的使用,任何人不得将其用作任何其他目的。联席保荐人及其律师可以查阅本所出具的意见,若该等机构需要在招股文件或自己报告中引用本所意见,须保证所引用的内容符合本所出具意见的本意,保证所引用表述不会导致歧义或违反本所意见的理解的情况。

本法律意见书正本六份,经本所盖章并由本所律师签字后生效。

(本页无正文,为《北京市尚公律师事务所关于齐鲁高速公路股份有限公司首次公开发行境外上市外资股(H股)并在香港联合交易所有限公司主板上市的法律意见书》之签字盖章页)

北京市尚公律师事务所
负责人:宋焕政
经办律师:陈国琴、陈希

内 容 说 明

本《报告》总结了2018年我国资本市场法制建设的主要成果，并力图反映我国资本市场法制发展的整体状况、发展水平和所处阶段。《报告》在编辑体例和内容上，主要包括以下内容：

第一部分为重要文献，收录重要文献1篇。

第二部分为法律法规，主要收录了2018年颁布的与资本市场发展相关的法律法规，包括法律及决定7件、司法解释及其他司法文件7件、行政法规和法规性文件10件、证监会规章16件，并附录证监会规范性文件目录和其他部委发布的相关部门规章及规范性文件；还收录了相关法规文件说明。

第三部分为监管执法实践，主要根据2018年行政许可、行政处罚、行政复议、监管措施等执法活动类型，分别收录了公开发布的各项决定书目录，并且选编了一些既有典型性又有较强指导意义的案例。

第四部分为市场自律法治，主要收录了各自律组织及相关机构的自律措施决定目录及自律规则目录，并选编了一些具有代表性和指导意义的自律管理案例。

第五部分为司法案例，主要收录了证券刑事和行政案件司法文书。

第六部分为法律意见书选编，收录了比较具有代表性的法律意见书。